제14판

헌법강의

양 건

法 文 社

제13판 머리말

이번 제13판에서는 종래보다 개정의 폭을 넓혔다. 지난 1년간의 새로운 판례와 입법을 반영하는 외에, 기존 판례 인용의 범위를 대폭 축소하였다. 시간의 경과와 더불어 그 중요성이 저감된다고 보이는 판례들을 삭제하거나 인용 분량을 줄였다.

새 판례와 입법들의 검토에는 종전처럼 김래영 교수가 초고를 작성한 뒤, 저자가 이를 재검토해 수정하거나 보완하였다. 법률 개정은 2024. 6. 4. 공포된 것까지, 판례는 2024. 5. 30. 선고된 것까지 수록하였다.

기존 판례 인용의 축소 작업에는 많은 분들의 도움이 있었다. 노기호 교수, 김래영 교수, 정문식 교수, 강승식 교수, 허순철 교수의 수고에 감사의 뜻을 표한다. 더불어 법문사의 여러 분들께도 고마운 마음을 전한다.

2024년 7월

저자 양 건

제12판 머리말

이번 제12판은 종전 개정판의 통례에 따랐다. 지난 제11판 이후 1년 간 새로 나온 헌법재판소·대법원 판례들을 검토·반영하고 새 입법들의 중요 내용을 소개하였다.

헌법재판소 판례는 2023년 6월 29일 선고한 결정까지, 대법원 판례는 2023년 6월 15일 선고된 것까지, 법령은 2023년 6월 19일 공표된 것까지 수록하였다.

종래처럼 김래영 교수가 새로운 판례, 입법들을 정리하여 초고를 작성한 다음, 저자가 여러 부분에 걸쳐 내용을 압축하고 다듬어 개정원고를 마무리하였다. 무더위에 수고하신 김 교수와 법문사의 여러분들께 감사의 마음을 전한다.

2023년 여름 장맛비 속에서

저자 양 건

제11판 머리말

이번 개정판의 머리말을 쓰는 심정은 여느 경우와 사뭇 다르다. 올 봄, 3월 26일, 은사이신 김철수 교수님의 부음에 접하였다. 대학 2학년 첫 헌법강의 시간에 뵌 이래 55년 간 이어진 헌법 인연이었다.

김 교수님께서 근년에 쓰신 헌법학계 회고의 글 가운데 졸저『헌법강의』에 대해 여러 촌평을 해주신 부분이 있다. 그중 두 군데를 아래에 옮긴다(대한민국학술원,『학문연구의 동향과 쟁점 - 법학(제2편 헌법학)』, 2018).

양 교수는 그의『헌법강의』…에서「헌법해석」에 관해 설명하고 있다. … 그는 많은 학자들의 이론을 검토 후에 결론을 내리고 있다.「헌법원리에 있어서 궁극적으로 대립하고 있는 것은 개인주의의 원리와 공동체주의의 원리이다. 대부분의 헌법문제는 각 두 원리를 어느 선상에서 조정하느냐라는 이익교량에 따라 그 판단이 갈린다. 그런 점에서 헌법해석의 문제는 곧 개인주의와 공동체론의 사이의 이익교량의 문제이다」고 결론을 내리고 있다. 이 설명은 미국학자들의 난삽한 이론을 잘 설명한 뒤 독자적인 결론을 내린 점에서 독창적이라고 하겠다. 102-103.

기본권제한 목적과 방식의 설명이 명확하다. … 기본권제한의 정도에서「필요한 경우란, 필요한 만큼의 정도에 한한다는 의미로 풀이할 수 있다」고 했는데 이것은 우리 헌법규정의 불비를 해석으로 보충한 것이라 하겠다. 이 규정에서 비례의 원칙을 도입한 것은 탁견이라고 하겠다. 144.

1970년대 유신 초기, 김철수 교수님의 저술을 미력이나마 도와드렸던 기억이 새롭다. 결과물이 출간되지 못한 것도 있었지만, 그 엄혹한 시대에 학문적 양심을 지켜가시는 모습이 존경스러웠고, 제자의 일석을 차지하고 있음이 자랑스럽게 느껴졌다. 남들 모르게 과분한 사랑을 받았음에도 제자 노릇을 제대로 하지 못한 불민함이 무척 송구하고 몹시 후회스럽다.

이번 제11판도 전례처럼 지난 1년간의 새로운 판례와 입법을 반영하였다. 개정법령은 2022.6.10.까지 공포된 것을, 판례는 2022.6.30에 선고한 헌법재판소 결정까지 수록하였다. 변함없이 개정작업을 도와준 김래영 교수에게 감사한다. 법문사의 여러분께도 고마움을 전한다.

2022년 한 여름

저자 양 건

제10판 머리말

기쁜 마음으로 '헌법강의 제10판'을 펴낸다. 2007년~2008년에 연이어 펴낸 '헌법강의 Ⅰ'과 '헌법강의 Ⅱ'를 합본, '헌법강의' 초판을 출간한 것이 2009년이다. 이제 12년 세월이 흘러 개정 10판을 출간하는 소회는 각별할 수밖에 없다. 우선 독자들께 깊은 감사의 마음을 전한다.

초판 출간 당시는 새로운 로스쿨제도 출범 즈음이었다. 이에 맞추어 기존의 교과서와는 다른 틀을 구상하였다. 헌법재판소 결정도 상당히 축적된 상태였기에 주요 판례들의 내용을 상세히 소개하고 결정문 원문까지 부분 인용하면서, 특히 중요한 결정에 대해서는 평석을 첨가하였다. 미국의 케이스북 체제를 참고하여 기존의 교과서 서술 체제와 절충한 것이다.

이번 개정판에서는 지금까지보다 개정의 폭을 넓혔다. 최근의 판례 및 입법을 반영하는 외에 두 가지 점에서 보완을 강화하였다. 첫째, 본문 내용을 여러 부분에 걸쳐 보충하였다. 둘째, 판례인용 부분을 전면 재검토, 상당 부분을 삭제하거나 축소하였다. 주로 오래된 판례들을 대상으로 삼았다.

본문 서술을 보완한 주요 내용은 다음과 같다.

제1편 제1장 Ⅰ. 서설 : '2. 헌법규칙과 헌법원리' 부분을 새로 첨가하였다.

제1편 제1장 Ⅶ. 입헌주의 : 내용을 보완하면서, 특히 '3. 현대의 입헌주의'에서 '(4) 입헌주의의 퇴행'을 신설하고, 이어서 '4. 전환시대와 헌법의 무력화'를 첨가하였다.

제2편 제2장 Ⅰ. 헌법 전문(前文) 1. 헌법 전문의 법적 성격 : 일제강점기 강제징용에 관련한 신일본제철 사건의 대법원판결 설명에서 대법관 2인의 반대의견 요지를 첨가하였다.

위 2. 한국헌법 전문의 내용 (2) 대한민국임시정부 법통의 계승 : 대한민국 건국일에 관련한 설명을 첨가하였다.

제3편 기본권 제15장 사회권 Ⅳ. 교육을 받을 권리 7. 교육권의 소재 : 판례인용 및 분석을 거의 삭제하고 압축하였다.

최근의 판례 · 입법의 반영 및 전반적인 정리는 종전처럼 김래영 교수가 담당해 주었다. 제10판 출간을 맞아 특별한 감사의 뜻을 표한다. 판례인용의 삭제 · 축소에는 여러 분이 수고하였다. 노기호 교수, 강승식 교수, 허순철 교수, 김지영 연구관, 이재희 연구관, 강서영 연구관 및 의견을 제시해준 독자들께 깊이 감사드린다. 최근의 판례 · 입법의 반영 및 판례인용 삭제 · 축소 작업은 최종적으로 저자가 재검토하고 확정하였다.

초판부터 지금껏 편집에 수고하신 김용석 선생을 비롯하여 법문사 관계자 여러분께 고마운 마음을 전한다.

2021년 7월 말

저자 양 건

제9판 머리말

온 지구촌이 팬데믹의 환란 속에 전전긍긍하고 있다. 이 미증유의 혼란은 헌법문제에도 영향을 미칠 수밖에 없다. 이미 개인의 신체의 자유, 이동·이주의 자유, 개인정보의 권리 등, 여러 기본권에 대한 침해가 논란되고 있다. 미국에서 9·11사태 이후 전개되었던 기본권제한 확대를 둘러싼 논의가 전 세계적 차원에서 제기되고 있는 셈이다. 모든 것이 변하고 있으며 헌법문제 또한 마찬가지이다.

이번 제9판도 종전처럼 새로운 판례·입법을 반영하기 위한 것이다. 2020년 7월 17일까지 선고된 헌법재판소판례, 동년 6월 19일까지의 대법원판례 및 동년 6월 19일까지 공포된 입법을 검토하였다. 덧붙여, 2018년의 대법원판결 가운데 특별히 중요하다고 여겨지는 판례에 관하여 설명을 보완하였다. 이른바 일제강점기 강제징용 관련 판례이다. 헌법전문의 효력 및 국제법과 헌법의 관계 등과 관련한 설명을 보충하였다.

지난 제8판 이후의 새로운 판례·입법을 정리해준 김래영 교수에게 감사의 뜻을 전한다. 김교수의 초고를 저자가 다시 검토하여 수정·보완을 거친 후 최종 확정하였다. 유달리 지루한 올여름의 장마 속에서 개정판 출간에 수고하신 법문사 여러 분께 감사한다.

2020년 8월

저자 양 건

제8판 머리말

이 개정판은 지난 제7판 이후 새로운 판례와 법령을 반영한 것이다. 그 밖의 내용에 관해서 수정한 부분은 거의 없다. 다만 새 판례의 소개와 함께, 일부 구 판례의 인용을 삭제하거나 약간 축소한 부분이 있다.

새 법령은 2019년 4월 16일 공포, 헌법재판소 판례는 2019년 4월 11일 선고한 것까지 포함하였다. 인쇄 직전 국회법 개정과 낙태처벌의 위헌여부에 관한 획기적 선례변경을 빠트릴 수 없었다.

책 분량이 점차 늘어나는 점은 저자로서 상당히 부담스럽다. 현실적으로 불가피한 점이 있기는 하지만 바람직하지는 않다. 앞으로 숙고할 문제이다.

예전처럼 김래영 교수가 작성한 수정 초고를 저자가 다시 검토, 보완하여 최종 확정하였다. 새로운 판례·법령의 반영 작업에 수고한 김 교수에게 감사의 뜻을 표한다. 아울러 법문사 관계자 여러분께 고마운 마음을 전한다.

2019년 봄날

저자 양 건

제7판 머리말

최근 1년여 우리는 87년 헌법 시행 이래 최대의 헌정위기를 겪었다. 위기 극복에 헌법의 힘이 결정적이었음은 새삼 눈여겨 볼 만하다. 이제 가히 '헌법의 시대'라고 불러도 과장이 아니다. 헌법연구에 첫 발을 디딜 무렵, 헌법이 과연 법인가라는 물음이 현실감 있게 다가왔던 그 시절을 되돌아보면 실로 엄청난 격세지감이다.

이 책이 첫 선을 보인 지 10년 세월이 흘렀다. '헌법강의 I'(2007년)에 이어 '헌법강의 II'를 출간한 것이 2008년이고, 합본으로 초판이 나온 것이 2009년이다. 실질적으로 셈하면 이 책이 제8판인 셈이다. 새로 꾸민 표지 디자인과 함께 개정판을 거듭할 수 있게 된 점, 고맙고 기쁘다.

이번 제7판 역시 종래와 마찬가지로 지난 2년간의 새로운 판례와 법령 등을 보완한 것이 주된 개정 내용이다. 새 판례·법령의 반영은 2017년 11월 말까지로 하였다. 대통령 탄핵결정에 대한 평석을 제외한 나머지 대부분은 예년처럼 김래영 교수가 작성한 초고를 저자가 재검토하여 최종 확정지었다. 그 밖에도 일부 수정·보완한 점들이 있다. 대통령제 하에서 분할정부(분점정부) 현상의 빈발에 관한 설명, 한국헌법사에 관한 일부 오류(대통령의 국가원수로서 지위에 관련한 부분)의 시정, 대통령 탄핵과 연관해 제기된 대통령의 형사상 특권에 관한 해석 문제 등이 그 주요 부분이다.

새로운 판례·법령의 검토에 노고를 아끼지 않은 김래영 교수에게 먼저 감사한다. 아울러 10년 세월, 한결같이 편집에 수고하신 김용석 선생을 비롯한 법문사 관계자 여러분께 감사의 마음을 전한다.

2018년 새해 벽두

북한산록 우거에서

저자 양 건

제6판 머리말

이번 개정판에서 초판 이래 가장 큰 폭의 수정, 보완을 가하였다. 종래에 새로운 입법과 판례를 반영하는 데 그친 것과는 다르다.

첫째, 합헌성 심사기준으로서의 이익형량의 원칙에 관하여 보완하였다. 이 원칙의 단순한 설명에 그치지 않고, 그 이론적 문제점에 대해 검토하였다(제3편 기본권, 제3장의 IV. 궁극적 합헌성 심사기준으로서의 이익형량의 원칙 및 그 밖의 관련 부분들). 또한, 이와 관련해 비례의 원칙의 핵심 요소인 법익의 균형성 이론의 문제점을 지적하였다(제3편, 제3장, III의 5. 기본권제한의 정도).

이익형량의 원칙 또는 비례의 원칙은 헌법재판을 비롯한 모든 헌법적 판단의 궁극적 핵심에 해당한다. 그런 만큼 이 부분에 관한 비판적 검토는 헌법학 또는 헌법재판 자체의 근본을 건드리는 것이라 해도 과언이 아니다. 저자의 비판적 입장은 다분히 법적 회의론(懷疑論)에 경사되어 있고, 이 점은 헌법의 영역을 넘어 법학 또는 재판 전체를 겨냥하고 있는 것이기도 하다. 이 시각은 자칫 실무 법률가를 위한 법해석론의 밑바탕을 흔드는 것이기도 하지만, 가장 본질적 문제를 그냥 덮어둘 수는 없다고 생각하였다. 저자로서는 50년 가까운 법학공부의 소산이다. 저자의 견해에 대한 동의 여부를 떠나서, 이러한 비판적 시각을 인지하느냐 여부는 실무 법률가의 업무자세에 작지 않은 차이를 가져올 수 있다고 믿는다.

이 근본적 문제의 존재 자체에 대한 인식을 불러일으킨다는 뜻에서 이번 제6판에서는 우선 이 난제에 대한 저자의 결론부분을 요약, 제시하는 것으로 만족하였다. 이 부분의 서술은 저자가 최근에 출간한 저서, 《법 앞에 불평등한가? 왜? : 법철학 · 법사회학 산책》(2015, 법문사)에서 해당 부분을 원용한 것이다. 저자의 법과 법학에 대한 회의론적 관점의 의미와 그 근거를 충분히 이해하기 위해서는 위 졸저의 후반부 전체의 참조가 필요할 것이다.

둘째, 평등이론에 관해, 특히 실질적 평등이 무엇을 의미하는지에 관한 설명을 시도하였다. 이 책의 구판에서 이 부분은 사실상 설명이 없는 상태였다. 평등 이론이 헌법이론에서 차지하는 비중을 감안한다면 이것은 큰 결함임에 틀림없었다. 이번에 그 빈 공간을 다소 메우게 된 것은 다행이다. 이 부분에 관해서는 주로 법철학자 로널드 드워킨의 헌법철학을 참조하였다. 이 부분 역시 앞의 졸저, 《법 앞에 불평등…》의 해당 부분에 의거하면서, 약간 논의를 진전시켰다.

셋째, 양심의 자유에 관한 대표적 판례라 할 양심적 병역거부 사건에 대해 좀 더 심층적 분석을 가하였다. 다수의견의 결정 이유 가운데 이 사건에서의 법익교량의 특수성을 논한 부분에 대해 이를 비판하였다.

넷째, 행정입법의 통제에 관하여, 이른바 의회거부 또는 입법거부에 관한 최근의 사례를 검토하였다.

다섯째, 종래의 개정판과 마찬가지로 새로운 판례를 소개하면서, 특히 정당해산 결정을 비롯한 일부 판례에 대해 상세한 검토를 하였다.

여섯째, 기존 판례의 인용 부분들을 재검토하여, 일부 삭제하거나 축소하였다. 더 이상 인용의 의미가 없거나 퇴색했다고 판단했기 때문이다.

일곱째, 그 밖에도, 입법 및 판례에 관해 구판에서 누락되거나 잘못된 부분을 보완하거나 수정하였다.

이처럼, 이번 제6판은 종래와는 달리, 진정한 뜻의 개정판이라고 할 수 있다. 물론 매년 쏟아지는 판례와 입법을 그때마다 반영하는 것은 필요한 일이지만, 그것을 넘는 기존 내용의 재검토는 더욱 큰 의미를 지니는 것임에 틀림없다. 현역을 떠난 후의 여유 덕분이다.

지난 제5판 이후의 새 판례 및 입법의 반영은 2015년 12월 31일까지로 하였다. 새로운 판례와 입법의 반영에는 김래영 교수가, 기존 판례 인용부분의 삭제나 축소에는 노기호 교수가 수고해 주었고, 이 초고들을 저자가 재검토하여 최종적으로 확정하였다. 두 분 교수께 깊이 감사드린다. 출간에 수고하신 법문사 관계자 여러분께도 감사의 뜻을 표한다.

2016년 1월

저자 양 건

제5판 머리말

이 책이 처음 출간된 지 이제 만 5년째다. 처음에 헌법강의I과 헌법강의II로 나뉘어 나왔고 헌법강의II가 출간된 것이 2008년이니까 실질적으로 보면 6년째가 되는 셈이다. 우선 이 책이 판을 거듭할 수 있게 된 데 대해 독자들께 감사하지 않을 수 없다.

약 4년에 걸친 두 번의 공직 경험을 마무리하고 다시 학자의 입장에서 돌아와 이 글을 쓰는 감회가 각별하다. 편안한 마음으로 머리말을 쓰게 되어 다행스럽고 감사하다.

이번 제5판의 개정내용도 기본적으로는 지난 개정판들과 마찬가지다. 기본적으로 2013년 12월 31일까지의 새로운 판례와 입법을 반영하되, 헌법재판소 판례는 2014년 1월 말까지의 내용을 수록하였다.

종전의 개정판과 한 가지 달라진 점이 있다면, 일부 사안에 관해서 내용을 전면 수정하고 학문적 입장도 변경한 점이 있다는 것이다. 통치구조 가운데 감사원 부분을 전면적으로 다시 작성하였다. 물론 이것은 감사원 재직 경험의 소산이다. 또한 대한민국 임시정부의 법통계승에 관한 헌법전문의 해석을 변경하였고, 이와 관련하여 용어 사용에서 '건국헌법' 대신 '제헌헌법'이라는 표현으로 바꾸었다.

이번 개정판의 내용은 지난번과 마찬가지로 김래영 교수가 작성한 초고를 저자가 검토하고 수정을 가한 뒤 최종적으로 개정내용을 확정하였다. 그 과정에서 정문식교수의 견해를 참고하였다. 김교수와 정교수의 수고에 감사의 뜻을 표한다. 출판을 맡아준 법문사의 관계자 여러분께도 감사의 뜻을 전한다.

2014년 1월 어느 날
눈 내리는 창밖을 보며
저자 양 건

제4판 머리말

공직을 맡고 있는 중에 제4판을 내는 감회는 각별하다. 학자적 자긍심을 새삼 느낀다. 동시에 독자들께 깊은 감사의 뜻을 표한다.

초판과 제2판 머리말에서도 밝혔지만, 이 책을 쓸 때 기본적인 의도는 깊은 내용을 쉽게 풀어쓰자는 것이었다. 이 의도가 실제로 얼마나 실현되었는지 궁금하다. 지속적인 독자들의 관심을 보면 어느 정도 결실을 이루지 않았나 생각한다.

제4판은 지난 제3판 이후의 판례와 입법을 반영한 것이다. 판례는 2012년 12월 27일 선고된 것까지, 법령은 2013년 1월 31일 개정된 것까지 반영하였다. 이 부분은 김래영 교수가 초고를 작성하고 저자가 이를 검토한 후 최종 확정하였다. 김교수에게 깊은 감사의 뜻을 표한다. 아울러 법문사의 여러분께도 감사의 마음을 전한다.

2013년 2월 중순
눈덮인 북악을 바라보며
저자 양 건

제3판 머리말

뜻밖에 다시 공직을 맡고 있는 중에 제3판을 펴낸다. 바쁜 업무 속에서 때때로 가슴 한 구석 빈 자리를 느껴온 것은 학자의 길을 떠난 데 대한 허전함 때문이었다. 출판사로부터 제3판 보완원고 부탁전화를 받고 다시 학문의 길로 들어선 느낌이었다. 그 점에서 제3판 출간이 무척 기쁘다. 독자들께 깊은 감사의 뜻을 표한다.

이 책 머리부분 서설에서 이렇게 밝혔다. '헌법적 판단의 궁극적 기준은 이익형량(利益衡量)이다.' 이 점은 40년 넘는 (헌)법 공부 말년에 얻은 단순하면서도 중요한 결론이다. 넓은 의미의 이익형량은 (헌)법문제만이 아니라 모든 사회문제에 적용되는 기본원리라는 생각이다.

제3판은 지난 제2판 이후 2011년 12월 31일까지의 판례와 입법을 보완한 것이다. 보완부분의 초고는 김래영 교수와 정문식 교수가 작성한 다음 저자가 검토하고 최종 확정하였다. 두 분 교수에게 깊은 감사의 뜻을 전한다. 아울러 곽상진 교수, 노기호 교수, 강승식 교수에게 다시 한번 고마움을 표한다. 법문사 사장님, 편집에 수고하신 김용석선생께 거듭 감사한다.

2012년 2월
북악을 바라보며
저자 양 건

제2판 머리말

30여 년간 헌법을 강의해오면서 느낀 점이 있다. 학생들이 헌법을 '이해'하기보다는 그저 단편적 지식을 암기하려 한다는 것이다. 이런 폐단을 줄이기 위해서는 교과서 서술도 달라져야 한다고 생각했다. 이 책의 집필에서 특히 유념한 것은 그 점이었다. 그간 독자들의 소감 가운데에는, 읽기 쉽다거나, 백화점식 나열이 아닌 논리적 서술이어서 헌법을 이해하는 데 도움이 된다는 등, 호의적 반응이 적지 않았다. 물론 다른 견해도 있을 것이지만 이 책 나름의 특징이나 장점이 조금이나마 느껴졌다면 여간 다행이 아닐 수 없다.

집필하면서 유의한 것은 서술 방식만은 아니다. 무엇보다도 내용에 있어서 저자 나름의 공부 결과를 논문 아닌 교과서를 통해서도 반영하고 싶었다. 물론 전체적 구성이나 내용 서술에 있어서 종래의 큰 틀을 도외시하지 않았고, 기본적으로는 기존의 성과들을 존중하고 통설이나 다수견해를 소개하는 데 소홀히 하지는 않았지만 거기에 그치지 않았다. 헌법의 일반이론, 한국헌법의 구체적 해석상의 문제, 판례의 비판적 분석 등에 걸쳐 적지 않은 부분에서 독자들은 새로운 내용이나 저자 나름의 독자적 견해들을 접할 수 있으리라 기대한다. 교재용으로서 집필한 것이고 그 때문에 책 제목에 '講義'라는 표현을 썼지만, 내용은 연구서에 버금간다고 해도 지나치지 않으리라고 본다.

처음의 집필 당시 로스쿨 출범을 앞두고 있었다. 그렇기 때문에 로스쿨 교재로서의 용도를 염두에 두지 않을 수 없었다. 이 책에서 다룬 판례 가운데 각 주제마다 대표적인 주요 판례의 전문을 별도로 활용한다면 로스쿨 교재로서 충분히 역할을 다할 수 있을 것이다. 또한 일반 법학 강의나 학습을 위해서는 책 내용을 부분적으로 취사선택하면 될 것으로 본다.

이 책은 형식상 제2판이지만 실질적으로는 제3판에 해당한다. 지난 2007년에 '헌법강의 I'을, 2008년에 '헌법강의 II'를 출간한 데 이어, 2009년에 두 책을 합본하고 보완하여 '憲法講義'를 발간했고, 2010년에는 추록을 별도로 펴냈다.

합본한 초판이 출간된 것은 저자가 잠시 관직에 몸을 담고 있을 때였다. 편집과정에서 세심한 주의를 기울이지 못한 탓에 여러 결함이 드러났다. 이 제2판에서는 그런 결함들을 고치려 최선의 노력을 기울였다. 공직선거법 등 입법 내용에 관한 일부 오류를 바로잡고, 초판 이래 최근까지의 새로운 판례와 법령 개정 등을 충실히 반영하였다. 또한 법률개정 등으로 의미가 축소된 신문법 관련 판례 등 일부 판례를 삭제하거나 축소하였다. 2010년 추록 내용을 그대로 싣지 않고 선별하여 수록하였다. 판례색인에 많은 누락이 생겼던 점도 바로잡도록 하였다. 참고문헌 소개는 과다한 분량 때문에 그만두기로 하였고, 헌법재판소법 전문을 새로 첨가하였다.

2010년 추록 작성을 도와준 김래영교수를 비롯하여, 곽상진교수, 노기호교수, 정문식교수, 강승식교수, 그리고 편집에 수고하신 김용석선생님과 법문사의 여러분들께 재삼 감사의 마음을 전한다.

2011년 1월
봄날을 기다리며
저자 양 건

머 리 말

이 책은 저자가 지난 2007년과 2008년에 연이어 출간한 '헌법강의 I'과 '헌법강의 II'를 합본한 것이다. 물론 그 후 최근에 이르기까지의 개정법령 및 새로운 판례들을 검토하여 보완하였다. 또한 책 서두의 '헌법이란 무엇인가'(제1편 제1장)에 서설을 새로 첨가하였다.

이 책을 쓰면서 저자가 특히 유념했던 점들을 요약하면 이렇다. 첫째, 눈높이를 학생들에게 맞추어 이해하기 쉽게 서술하였다. 둘째, 헌법재판소 판례를 중시하여 서술의 중심으로 삼았다. 셋째, 이론의 설명에 있어서 핵심을 요약하는 데 주력하면서도 특정 부분에서는 심층적으로 설명하였다. 넷째, 참고할 만한 미국의 주요 판례들을 소개하였다. 다섯째, 구성과 서술에 있어서 주석서에 가깝게 하려 하였다. 여섯째, 주제의 중요도에 따라 서술의 범위나 깊이를 달리 하였다(더 상세한 것은 '헌법강의 I' 머리말 참조).

이 머리말을 쓰는 시점에 저자는 대학을 떠나 공직에 몸을 담고 있다. 그런 만큼 출간에 즈음하여 소회가 각별하다. 은사이신 김철수교수님께 재삼 감사의 말씀을 올린다. 합본 출간을 위해 많은 수고를 감내한 정문식교수에게 고마운 마음을 전한다. 아울러 강승식교수의 노고에도 감사한다. 또한 지난 세월 연구실에서 함께 했던 곽상진교수, 노기호교수, 김래영교수, 그리고 거명하지 않지만 그간 여러 모로 도움을 주셨던 선후배 동료 학자들에게 새삼 감사의 뜻을 전한다.

법학계에 대해 넓고 깊은 이해를 지니신 법문사 배효선 사장님께 존경과 감사의 뜻을 표한다. 편집을 맡으신 김용석 선생님을 비롯해 책 제작에 수고하신 여러분께 고마움을 전한다. 이 책이 법학도들의 헌법공부에 도움이 되기를 바란다.

2009년 이른 봄

저자 양 건

주요 목차

제3편 기 본 권

제4편 통치구조

세부 목차

제 1 편　헌법 일반이론

제 1 장　헌법이란 무엇인가

제2장 헌 법 학

제 3 장 헌법해석

제 4 장 헌법의 제정과 변동

제 5 장 헌법보장

제 2 편 한국헌법 총론

제 1 장 한국헌법의 역사

제 2 장 헌법 전문과 한국헌법의 기본원리

제 3 장 한국헌법 최고의 통합적 원리: 자유민주적 기본질서의 보장

제 4 장 대한민국의 국가형태와 기본적 구성요소

제 5 장 통일에 관한 헌법상 기본원리

제 6 장 대외관계에 관한 헌법상 기본원리

제 7 장 정당제도에 관한 헌법상 기본원리

제 8 장 경제질서에 관한 헌법상 기본원리

제 9 장 그 밖의 헌법상 기본원리

제 3 편 기 본 권

제 1 장 기본권 서설

제 2 장 기본권의 주체와 효력범위

제 3 장 기본권의 제한: 일반원칙

제 4 장 기본권의 특별한 제한

제 5 장 기본권보장의 수단

제 6 장 인간으로서의 존엄과 가치 및 행복추구권

제7장 평 등 권

제 8 장 신체의 자유

제 9 장 사생활의 권리

제 10 장 정신적 자유(협의)

제 11 장 표현의 자유

제 12 장 경제적 · 사회적 자유

제 13 장 참 정 권

제 14 장 절차적 기본권(청구권적 기본권)

제 15 장 사 회 권

제 16 장 저 항 권

제 17 장 기본의무

제 4 편 통치구조

제 1 장 통치구조의 기본원리

제2장 국 회

제 3 장 정 부

제 4 장 법 원

제 5 장 헌법재판소

제 6 장 선거관리위원회

제 7 장 지방자치

일러두기

※ 판례 인용 표시(예)

헌재 2006.1.26. 2005헌바18, 판례집 18-1 상, 1,11-12

→ 헌법재판소 2006년 1월 26일 선고, 2005헌바18 결정, 헌법재판소판례집 제18권 1집 (상), 1은 판례가 시작하는 첫 페이지, 11-12는 인용 페이지.

헌재 2006.10.26. 2005헌가14, 공보 121, 1314,1317-1318

→ 공보 121은 헌법재판소 공보 제121호.

대판 1975.4.8. 74도3323

→ 대법원 1975년 4월 8일 선고, 74도3323 판결.

'대결'은 대법원 결정을 가리킨다.

'대재'는 대법원 재정을 가리킨다.

* 판례인용문의 처음 또는 끝 부분에서 괄호 안에 서술한 것「예: (구 국가보안법 제7조의 위헌여부. 한정합헌 결정)」은 저자가 첨가한 것이다.
* 헌법재판소 판례 인용은 원칙적으로 결정문 원문을 인용하였다. 다만 일부분은 편의상 '헌법재판소 판례집'에 게재되어 있는 '결정요지'를 인용하였다.
* 헌법재판소 판례는 2025년 7월 17일 선고한 결정까지, 대법원 판례는 2025년 7월 16일 선고한 판례까지 포함하였다. 법령인용은 공포일을 기준으로 2025년 7월 22일까지의 법령을 대상으로 하였다.

대한민국헌법

[전문개정 1987.10.29 헌법 10호]

전 문

유구한 역사와 전통에 빛나는 우리 대한국민은 3 · 1운동으로 건립된 대한민국임시정부의 법통과 불의에 항거한 4 · 19민주이념을 계승하고, 조국의 민주개혁과 평화적 통일의 사명에 입각하여 정의 · 인도와 동포애로써 민족의 단결을 공고히 하고, 모든 사회적 폐습과 불의를 타파하며, 자율과 조화를 바탕으로 자유민주적 기본질서를 더욱 확고히 하여 정치 · 경제 · 사회 · 문화의 모든 영역에 있어서 각인의 기회를 균등히 하고, 능력을 최고도로 발휘하게 하며, 자유와 권리에 따르는 책임과 의무를 완수하게 하여, 안으로는 국민생활의 균등한 향상을 기하고 밖으로는 항구적인 세계평화와 인류공영에 이바지함으로써 우리들과 우리들의 자손의 안전과 자유와 행복을 영원히 확보할 것을 다짐하면서 1948년 7월 12일에 제정되고 8차에 걸쳐 개정된 헌법을 이제 국회의 의결을 거쳐 국민투표에 의하여 개정한다.

제1장 총 강

제1조 ① 대한민국은 민주공화국이다.

② 대한민국의 주권은 국민에게 있고, 모든 권력은 국민으로부터 나온다.

제2조 ① 대한민국의 국민이 되는 요건은 법률로 정한다.

② 국가는 법률이 정하는 바에 의하여 재외국민을 보호할 의무를 진다.

제3조 대한민국의 영토는 한반도와 그 부속도서로 한다.

제4조 대한민국은 통일을 지향하며, 자유민주적 기본질서에 입각한 평화적 통일 정책을 수립하고 이를 추진한다.

제5조 ① 대한민국은 국제평화의 유지에 노력하고 침략적 전쟁을 부인한다.

② 국군은 국가의 안전보장과 국토방위의 신성한 의무를 수행함을 사명으로 하며, 그 정치적 중립성은 준수된다.

제6조 ① 헌법에 의하여 체결 · 공포된 조약과 일반적으로 승인된 국제법규는 국내법과 같은 효력을 가진다.

② 외국인은 국제법과 조약이 정하는 바에 의하여 그 지위가 보장된다.

제7조 ① 공무원은 국민전체에 대한 봉사자이며, 국민에 대하여 책임을 진다.

② 공무원의 신분과 정치적 중립성은 법률이 정하는 바에 의하여 보장된다.

제8조 ① 정당의 설립은 자유이며, 복수정당제는 보장된다.

② 정당은 그 목적 · 조직과 활동이 민주적이어야 하며, 국민의 정치적 의사형성에 참여하는데 필요한 조직을 가져야 한다.

③ 정당은 법률이 정하는 바에 의하여 국가의 보호를 받으며, 국가는 법률이 정하는 바에 의하여 정당운영에 필요한 자금을 보조할 수 있다.

④ 정당의 목적이나 활동이 민주적 기본질서에 위배될 때에는 정부는 헌법재판소에 그 해산을 제소할 수 있고, 정당은 헌법재판소의 심판에 의하여 해산된다.

제9조 국가는 전통문화의 계승 · 발전과 민족문화의 창달에 노력하여야 한다.

제 2 장 국민의 권리와 의무

제10조 모든 국민은 인간으로서의 존엄과 가치를 가지며, 행복을 추구할 권리를 가진다. 국가는 개인이 가지는 불가침의 기본적 인권을 확인하고 이를 보장할 의무를 진다.

제11조 ① 모든 국민은 법 앞에 평등하다. 누구든지 성별 · 종교 또는 사회적 신분에 의하여 정치적 · 경제적 · 사회적 · 문화적 생활의 모든 영역에 있어서 차별을 받지 아니한다.

② 사회적 특수계급의 제도는 인정되지 아니하며, 어떠한 형태로도 이를 창설할 수 없다.

③ 훈장등의 영전은 이를 받은 자에게만 효력이 있고, 어떠한 특권도 이에 따르지 아니한다.

제12조 ① 모든 국민은 신체의 자유를 가진다. 누구든지 법률에 의하지 아니하고는 체포 · 구속 · 압수 · 수색 또는 심문을 받지 아니하며, 법률과 적법한 절차에 의하지 아니하고는 처벌 · 보안처분 또는 강제노역을 받지 아니한다.

② 모든 국민은 고문을 받지 아니하며, 형사상 자기에게 불리한 진술을 강요당하지 아니한다.

③ 체포 · 구속 · 압수 또는 수색을 할 때에는 적법한 절차에 따라 검사의 신청에 의하여 법관이 발부한 영장을 제시하여야 한다. 다만, 현행범인인 경우와 장기 3년 이상의 형에 해당하는 죄를 범하고 도피 또는 증거인멸의 염려가 있을 때에는 사후에 영장을 청구할 수 있다.

④ 누구든지 체포 또는 구속을 당한 때에는 즉시 변호인의 조력을 받을 권리를 가진다. 다만, 형사피고인이 스스로 변호인을 구할 수 없을 때에는 법률이 정하는 바에 의하여 국가가 변호인을 붙인다.

⑤ 누구든지 체포 또는 구속의 이유와 변호인의 조력을 받을 권리가 있음을 고지받

지 아니하고는 체포 또는 구속을 당하지 아니한다. 체포 또는 구속을 당한 자의 가족등 법률이 정하는 자에게는 그 이유와 일시·장소가 지체없이 통지되어야 한다.

⑥ 누구든지 체포 또는 구속을 당한 때에는 적부의 심사를 법원에 청구할 권리를 가진다.

⑦ 피고인의 자백이 고문·폭행·협박·구속의 부당한 장기화 또는 기망 기타의 방법에 의하여 자의로 진술된 것이 아니라고 인정될 때 또는 정식재판에 있어서 피고인의 자백이 그에게 불리한 유일한 증거일 때에는 이를 유죄의 증거로 삼거나 이를 이유로 처벌할 수 없다.

제13조 ① 모든 국민은 행위시의 법률에 의하여 범죄를 구성하지 아니하는 행위로 소추되지 아니하며, 동일한 범죄에 대하여 거듭 처벌받지 아니한다.

② 모든 국민은 소급입법에 의하여 참정권의 제한을 받거나 재산권을 박탈당하지 아니한다.

③ 모든 국민은 자기의 행위가 아닌 친족의 행위로 인하여 불이익한 처우를 받지 아니한다.

제14조 모든 국민은 거주·이전의 자유를 가진다.

제15조 모든 국민은 직업선택의 자유를 가진다.

제16조 모든 국민은 주거의 자유를 침해받지 아니한다. 주거에 대한 압수나 수색을 할 때에는 검사의 신청에 의하여 법관이 발부한 영장을 제시하여야 한다.

제17조 모든 국민은 사생활의 비밀과 자유를 침해받지 아니한다.

제18조 모든 국민은 통신의 비밀을 침해받지 아니한다.

제19조 모든 국민은 양심의 자유를 가진다.

제20조 ① 모든 국민은 종교의 자유를 가진다.

② 국교는 인정되지 아니하며, 종교와 정치는 분리된다.

제21조 ① 모든 국민은 언론·출판의 자유와 집회·결사의 자유를 가진다.

② 언론·출판에 대한 허가나 검열과 집회·결사에 대한 허가는 인정되지 아니한다.

③ 통신·방송의 시설기준과 신문의 기능을 보장하기 위하여 필요한 사항은 법률로 정한다.

④ 언론·출판은 타인의 명예나 권리 또는 공중도덕이나 사회윤리를 침해하여서는 아니된다. 언론·출판이 타인의 명예나 권리를 침해한 때에는 피해자는 이에 대한 피해의 배상을 청구할 수 있다.

제22조 ① 모든 국민은 학문과 예술의 자유를 가진다.

② 저작자·발명가·과학기술자와 예술가의 권리는 법률로써 보호한다.

제23조 ① 모든 국민의 재산권은 보장된다. 그 내용과 한계는 법률로 정한다.

② 재산권의 행사는 공공복리에 적합하도록 하여야 한다.

③ 공공필요에 의한 재산권의 수용·사용 또는 제한 및 그에 대한 보상은 법률로써 하되, 정당한 보상을 지급하여야 한다.

제24조 모든 국민은 법률이 정하는 바에 의하여 선거권을 가진다.

제25조 모든 국민은 법률이 정하는 바에 의하여 공무담임권을 가진다.

제26조 ① 모든 국민은 법률이 정하는 바에 의하여 국가기관에 문서로 청원할 권리를 가진다.

② 국가는 청원에 대하여 심사할 의무를 진다.

제27조 ① 모든 국민은 헌법과 법률이 정한 법관에 의하여 법률에 의한 재판을 받을 권리를 가진다.

② 군인 또는 군무원이 아닌 국민은 대한민국의 영역안에서는 중대한 군사상 기밀·초병·초소·유독음식물공급·포로·군용물에 관한 죄중 법률이 정한 경우와 비상계엄이 선포된 경우를 제외하고는 군사법원의 재판을 받지 아니한다.

③ 모든 국민은 신속한 재판을 받을 권리를 가진다. 형사피고인은 상당한 이유가 없는 한 지체없이 공개재판을 받을 권리를 가진다.

④ 형사피고인은 유죄의 판결이 확정될 때까지는 무죄로 추정된다.

⑤ 형사피해자는 법률이 정하는 바에 의하여 당해 사건의 재판절차에서 진술할 수 있다.

제28조 형사피의자 또는 형사피고인으로서 구금되었던 자가 법률이 정하는 불기소처분을 받거나 무죄판결을 받은 때에는 법률이 정하는 바에 의하여 국가에 정당한 보상을 청구할 수 있다.

제29조 ① 공무원의 직무상 불법행위로 손해를 받은 국민은 법률이 정하는 바에 의하여 국가 또는 공공단체에 정당한 배상을 청구할 수 있다. 이 경우 공무원 자신의 책임은 면제되지 아니한다.

② 군인·군무원·경찰공무원 기타 법률이 정하는 자가 전투·훈련등 직무집행과 관련하여 받은 손해에 대하여는 법률이 정하는 보상외에 국가 또는 공공단체에 공무원의 직무상 불법행위로 인한 배상은 청구할 수 없다.

제30조 타인의 범죄행위로 인하여 생명·신체에 대한 피해를 받은 국민은 법률이 정하는 바에 의하여 국가로부터 구조를 받을 수 있다.

제31조 ① 모든 국민은 능력에 따라 균등하게 교육을 받을 권리를 가진다.

② 모든 국민은 그 보호하는 자녀에게 적어도 초등교육과 법률이 정하는 교육을 받게 할 의무를 진다.

③ 의무교육은 무상으로 한다.

④ 교육의 자주성·전문성·정치적 중립성 및 대학의 자율성은 법률이 정하는 바에 의하여 보장된다.

⑤ 국가는 평생교육을 진흥하여야 한다.

⑥ 학교교육 및 평생교육을 포함한 교육제도와 그 운영, 교육재정 및 교원의 지위에 관한 기본적인 사항은 법률로 정한다.

제32조 ① 모든 국민은 근로의 권리를 가진다. 국가는 사회적·경제적 방법으로 근로자의 고용의 증진과 적정임금의 보장에 노력하여야 하며, 법률이 정하는 바에 의하여 최저임금제를 시행하여야 한다.

② 모든 국민은 근로의 의무를 진다. 국가는 근로의 의무의 내용과 조건을 민주주의원칙에 따라 법률로 정한다.

③ 근로조건의 기준은 인간의 존엄성을 보장하도록 법률로 정한다.

④ 여자의 근로는 특별한 보호를 받으며, 고용·임금 및 근로조건에 있어서 부당한 차별을 받지 아니한다.

⑤ 연소자의 근로는 특별한 보호를 받는다.

⑥ 국가유공자·상이군경 및 전몰군경의 유가족은 법률이 정하는 바에 의하여 우선적으로 근로의 기회를 부여받는다.

제33조 ① 근로자는 근로조건의 향상을 위하여 자주적인 단결권·단체교섭권 및 단체행동권을 가진다.

② 공무원인 근로자는 법률이 정하는 자에 한하여 단결권·단체교섭권 및 단체행동권을 가진다.

③ 법률이 정하는 주요방위산업체에 종사하는 근로자의 단체행동권은 법률이 정하는 바에 의하여 이를 제한하거나 인정하지 아니할 수 있다.

제34조 ① 모든 국민은 인간다운 생활을 할 권리를 가진다.

② 국가는 사회보장·사회복지의 증진에 노력할 의무를 진다.

③ 국가는 여자의 복지와 권익의 향상을 위하여 노력하여야 한다.

④ 국가는 노인과 청소년의 복지향상을 위한 정책을 실시할 의무를 진다.

⑤ 신체장애자 및 질병·노령 기타의 사유로 생활능력이 없는 국민은 법률이 정하는 바에 의하여 국가의 보호를 받는다.

⑥ 국가는 재해를 예방하고 그 위험으로부터 국민을 보호하기 위하여 노력하여야 한다.

제35조 ① 모든 국민은 건강하고 쾌적한 환경에서 생활할 권리를 가지며, 국가와 국민은 환경보전을 위하여 노력하여야 한다.

② 환경권의 내용과 행사에 관하여는 법률로 정한다.

③ 국가는 주택개발정책등을 통하여 모든 국민이 쾌적한 주거생활을 할 수 있도록 노력하여야 한다.

제36조 ① 혼인과 가족생활은 개인의 존엄과 양성의 평등을 기초로 성립되고 유지

되어야 하며, 국가는 이를 보장한다.

② 국가는 모성의 보호를 위하여 노력하여야 한다.

③ 모든 국민은 보건에 관하여 국가의 보호를 받는다.

제37조 ① 국민의 자유와 권리는 헌법에 열거되지 아니한 이유로 경시되지 아니한다.

② 국민의 모든 자유와 권리는 국가안전보장·질서유지 또는 공공복리를 위하여 필요한 경우에 한하여 법률로써 제한할 수 있으며, 제한하는 경우에도 자유와 권리의 본질적인 내용을 침해할 수 없다.

제38조 모든 국민은 법률이 정하는 바에 의하여 납세의 의무를 진다.

제39조 ① 모든 국민은 법률이 정하는 바에 의하여 국방의 의무를 진다.

② 누구든지 병역의무의 이행으로 인하여 불이익한 처우를 받지 아니한다.

제3장 국 회

제40조 입법권은 국회에 속한다.

제41조 ① 국회는 국민의 보통·평등·직접·비밀선거에 의하여 선출된 국회의원으로 구성한다.

② 국회의원의 수는 법률로 정하되, 200인 이상으로 한다.

③ 국회의원의 선거구와 비례대표제 기타 선거에 관한 사항은 법률로 정한다.

제42조 국회의원의 임기는 4년으로 한다.

제43조 국회의원은 법률이 정하는 직을 겸할 수 없다.

제44조 ① 국회의원은 현행범인인 경우를 제외하고는 회기중 국회의 동의없이 체포 또는 구금되지 아니한다.

② 국회의원이 회기전에 체포 또는 구금된 때에는 현행범인이 아닌 한 국회의 요구가 있으면 회기중 석방된다.

제45조 국회의원은 국회에서 직무상 행한 발언과 표결에 관하여 국회외에서 책임을 지지 아니한다.

제46조 ① 국회의원은 청렴의 의무가 있다.

② 국회의원은 국가이익을 우선하여 양심에 따라 직무를 행한다.

③ 국회의원은 그 지위를 남용하여 국가·공공단체 또는 기업체와의 계약이나 그 처분에 의하여 재산상의 권리·이익 또는 직위를 취득하거나 타인을 위하여 그 취득을 알선할 수 없다.

제47조 ① 국회의 정기회는 법률이 정하는 바에 의하여 매년 1회 집회되며, 국회의 임시회는 대통령 또는 국회재적의원 4분의 1 이상의 요구에 의하여 집회된다.

② 정기회의 회기는 100일을, 임시회의 회기는 30일을 초과할 수 없다.

③ 대통령이 임시회의 집회를 요구할 때에는 기간과 집회요구의 이유를 명시하여야 한다.

제48조 국회는 의장 1인과 부의장 2인을 선출한다.

제49조 국회는 헌법 또는 법률에 특별한 규정이 없는 한 재적의원 과반수의 출석과 출석의원 과반수의 찬성으로 의결한다. 가부동수인 때에는 부결된 것으로 본다.

제50조 ① 국회의 회의는 공개한다. 다만, 출석의원 과반수의 찬성이 있거나 의장이 국가의 안전보장을 위하여 필요하다고 인정할 때에는 공개하지 아니할 수 있다.

② 공개하지 아니한 회의내용의 공표에 관하여는 법률이 정하는 바에 의한다.

제51조 국회에 제출된 법률안 기타의 의안은 회기중에 의결되지 못한 이유로 폐기되지 아니한다. 다만, 국회의원의 임기가 만료된 때에는 그러하지 아니하다.

제52조 국회의원과 정부는 법률안을 제출할 수 있다.

제53조 ① 국회에서 의결된 법률안은 정부에 이송되어 15일 이내에 대통령이 공포한다.

② 법률안에 이의가 있을 때에는 대통령은 제1항의 기간내에 이의서를 붙여 국회로 환부하고, 그 재의를 요구할 수 있다. 국회의 폐회중에도 또한 같다.

③ 대통령은 법률안의 일부에 대하여 또는 법률안을 수정하여 재의를 요구할 수 없다.

④ 재의의 요구가 있을 때에는 국회는 재의에 붙이고, 재적의원과반수의 출석과 출석의원 3분의 2 이상의 찬성으로 전과 같은 의결을 하면 그 법률안은 법률로서 확정된다.

⑤ 대통령이 제1항의 기간내에 공포나 재의의 요구를 하지 아니한 때에도 그 법률안은 법률로서 확정된다.

⑥ 대통령은 제4항과 제5항의 규정에 의하여 확정된 법률을 지체없이 공포하여야 한다. 제5항에 의하여 법률이 확정된 후 또는 제4항에 의한 확정법률이 정부에 이송된 후 5일 이내에 대통령이 공포하지 아니할 때에는 국회의장이 이를 공포한다.

⑦ 법률은 특별한 규정이 없는 한 공포한 날로부터 20일을 경과함으로써 효력을 발생한다.

제54조 ① 국회는 국가의 예산안을 심의·확정한다.

② 정부는 회계연도마다 예산안을 편성하여 회계연도 개시 90일전까지 국회에 제출하고, 국회는 회계연도 개시 30일전까지 이를 의결하여야 한다.

③ 새로운 회계연도가 개시될 때까지 예산안이 의결되지 못한 때에는 정부는 국회에서 예산안이 의결될 때까지 다음의 목적을 위한 경비는 전년도 예산에 준하여 집행할 수 있다.

1. 헌법이나 법률에 의하여 설치된 기관 또는 시설의 유지·운영

2. 법률상 지출의무의 이행
3. 이미 예산으로 승인된 사업의 계속

제55조 ① 한 회계연도를 넘어 계속하여 지출할 필요가 있을 때에는 정부는 연한을 정하여 계속비로서 국회의 의결을 얻어야 한다.
② 예비비는 총액으로 국회의 의결을 얻어야 한다. 예비비의 지출은 차기국회의 승인을 얻어야 한다.

제56조 정부는 예산에 변경을 가할 필요가 있을 때에는 추가경정예산안을 편성하여 국회에 제출할 수 있다.

제57조 국회는 정부의 동의없이 정부가 제출한 지출예산 각항의 금액을 증가하거나 새 비목을 설치할 수 없다.

제58조 국채를 모집하거나 예산외에 국가의 부담이 될 계약을 체결하려 할 때에는 정부는 미리 국회의 의결을 얻어야 한다.

제59조 조세의 종목과 세율은 법률로 정한다.

제60조 ① 국회는 상호원조 또는 안전보장에 관한 조약, 중요한 국제조직에 관한 조약, 우호통상항해조약, 주권의 제약에 관한 조약, 강화조약, 국가나 국민에게 중대한 재정적 부담을 지우는 조약 또는 입법사항에 관한 조약의 체결·비준에 대한 동의권을 가진다.
② 국회는 선전포고, 국군의 외국에의 파견 또는 외국군대의 대한민국 영역안에서의 주류에 대한 동의권을 가진다.

제61조 ① 국회는 국정을 감사하거나 특정한 국정사안에 대하여 조사할 수 있으며, 이에 필요한 서류의 제출 또는 증인의 출석과 증언이나 의견의 진술을 요구할 수 있다.
② 국정감사 및 조사에 관한 절차 기타 필요한 사항은 법률로 정한다.

제62조 ① 국무총리·국무위원 또는 정부위원은 국회나 그 위원회에 출석하여 국정처리상황을 보고하거나 의견을 진술하고 질문에 응답할 수 있다.
② 국회나 그 위원회의 요구가 있을 때에는 국무총리·국무위원 또는 정부위원은 출석·답변하여야 하며, 국무총리 또는 국무위원이 출석요구를 받은 때에는 국무위원 또는 정부위원으로 하여금 출석·답변하게 할 수 있다.

제63조 ① 국회는 국무총리 또는 국무위원의 해임을 대통령에게 건의할 수 있다.
② 제1항의 해임건의는 국회재적의원 3분의 1 이상의 발의에 의하여 국회재적의원 과반수의 찬성이 있어야 한다.

제64조 ① 국회는 법률에 저촉되지 아니하는 범위안에서 의사와 내부규율에 관한 규칙을 제정할 수 있다.
② 국회는 의원의 자격을 심사하며, 의원을 징계할 수 있다.

③ 의원을 제명하려면 국회재적의원 3분의 2 이상의 찬성이 있어야 한다.

④ 제2항과 제3항의 처분에 대하여는 법원에 제소할 수 없다.

제65조 ① 대통령·국무총리·국무위원·행정각부의 장·헌법재판소 재판관·법관·중앙선거관리위원회 위원·감사원장·감사위원 기타 법률이 정한 공무원이 그 직무집행에 있어서 헌법이나 법률을 위배한 때에는 국회는 탄핵의 소추를 의결할 수 있다.

② 제1항의 탄핵소추는 국회재적의원 3분의 1 이상의 발의가 있어야 하며, 그 의결은 국회재적의원 과반수의 찬성이 있어야 한다. 다만, 대통령에 대한 탄핵소추는 국회재적의원 과반수의 발의와 국회재적의원 3분의 2 이상의 찬성이 있어야 한다.

③ 탄핵소추의 의결을 받은 자는 탄핵심판이 있을 때까지 그 권한행사가 정지된다.

④ 탄핵결정은 공직으로부터 파면함에 그친다. 그러나, 이에 의하여 민사상이나 형사상의 책임이 면제되지는 아니한다.

제 4 장 정 부

제1절 대통령

제66조 ① 대통령은 국가의 원수이며, 외국에 대하여 국가를 대표한다.

② 대통령은 국가의 독립·영토의 보전·국가의 계속성과 헌법을 수호할 책무를 진다.

③ 대통령은 조국의 평화적 통일을 위한 성실한 의무를 진다.

④ 행정권은 대통령을 수반으로 하는 정부에 속한다.

제67조 ① 대통령은 국민의 보통·평등·직접·비밀선거에 의하여 선출한다.

② 제1항의 선거에 있어서 최고득표자가 2인 이상인 때에는 국회의 재적의원 과반수가 출석한 공개회의에서 다수표를 얻은 자를 당선자로 한다.

③ 대통령후보자가 1인일 때에는 그 득표수가 선거권자 총수의 3분의 1 이상이 아니면 대통령으로 당선될 수 없다.

④ 대통령으로 선거될 수 있는 자는 국회의원의 피선거권이 있고 선거일 현재 40세에 달하여야 한다.

⑤ 대통령의 선거에 관한 사항은 법률로 정한다.

제68조 ① 대통령의 임기가 만료되는 때에는 임기만료 70일 내지 40일전에 후임자를 선거한다.

② 대통령이 궐위된 때 또는 대통령 당선자가 사망하거나 판결 기타의 사유로 그 자격을 상실한 때에는 60일 이내에 후임자를 선거한다.

제69조 대통령은 취임에 즈음하여 다음의 선서를 한다.

"나는 헌법을 준수하고 국가를 보위하며 조국의 평화적 통일과 국민의 자유와 복리의 증진 및 민족문화의 창달에 노력하여 대통령으로서의 직책을 성실히 수행할 것을 국민 앞에 엄숙히 선서합니다."

제70조 대통령의 임기는 5년으로 하며, 중임할 수 없다.

제71조 대통령이 궐위되거나 사고로 인하여 직무를 수행할 수 없을 때에는 국무총리, 법률이 정한 국무위원의 순서로 그 권한을 대행한다.

제72조 대통령은 필요하다고 인정할 때에는 외교·국방·통일 기타 국가안위에 관한 중요정책을 국민투표에 붙일 수 있다.

제73조 대통령은 조약을 체결·비준하고, 외교사절을 신임·접수 또는 파견하며, 선전포고와 강화를 한다.

제74조 ① 대통령은 헌법과 법률이 정하는 바에 의하여 국군을 통수한다.

② 국군의 조직과 편성은 법률로 정한다.

제75조 대통령은 법률에서 구체적으로 범위를 정하여 위임받은 사항과 법률을 집행하기 위하여 필요한 사항에 관하여 대통령령을 발할 수 있다.

제76조 ① 대통령은 내우·외환·천재·지변 또는 중대한 재정·경제상의 위기에 있어서 국가의 안전보장 또는 공공의 안녕질서를 유지하기 위하여 긴급한 조치가 필요하고 국회의 집회를 기다릴 여유가 없을 때에 한하여 최소한으로 필요한 재정·경제상의 처분을 하거나 이에 관하여 법률의 효력을 가지는 명령을 발할 수 있다.

② 대통령은 국가의 안위에 관계되는 중대한 교전상태에 있어서 국가를 보위하기 위하여 긴급한 조치가 필요하고 국회의 집회가 불가능한 때에 한하여 법률의 효력을 가지는 명령을 발할 수 있다.

③ 대통령은 제1항과 제2항의 처분 또는 명령을 한 때에는 지체없이 국회에 보고하여 그 승인을 얻어야 한다.

④ 제3항의 승인을 얻지 못한 때에는 그 처분 또는 명령은 그때부터 효력을 상실한다. 이 경우 그 명령에 의하여 개정 또는 폐지되었던 법률은 그 명령이 승인을 얻지 못한 때부터 당연히 효력을 회복한다.

⑤ 대통령은 제3항과 제4항의 사유를 지체없이 공포하여야 한다.

제77조 ① 대통령은 전시·사변 또는 이에 준하는 국가비상사태에 있어서 병력으로써 군사상의 필요에 응하거나 공공의 안녕질서를 유지할 필요가 있을 때에는 법률이 정하는 바에 의하여 계엄을 선포할 수 있다.

② 계엄은 비상계엄과 경비계엄으로 한다.

③ 비상계엄이 선포된 때에는 법률이 정하는 바에 의하여 영장제도, 언론·출판·집회·결사의 자유, 정부나 법원의 권한에 관하여 특별한 조치를 할 수 있다.

④ 계엄을 선포한 때에는 대통령은 지체없이 국회에 통고하여야 한다.

⑤ 국회가 재적의원 과반수의 찬성으로 계엄의 해제를 요구한 때에는 대통령은 이를 해제하여야 한다.

제78조 대통령은 헌법과 법률이 정하는 바에 의하여 공무원을 임면한다.

제79조 ① 대통령은 법률이 정하는 바에 의하여 사면·감형 또는 복권을 명할 수 있다.

② 일반사면을 명하려면 국회의 동의를 얻어야 한다.

③ 사면·감형 및 복권에 관한 사항은 법률로 정한다.

제80조 대통령은 법률이 정하는 바에 의하여 훈장 기타의 영전을 수여한다.

제81조 대통령은 국회에 출석하여 발언하거나 서한으로 의견을 표시할 수 있다.

제82조 대통령의 국법상 행위는 문서로써 하며, 이 문서에는 국무총리와 관계 국무위원이 부서한다. 군사에 관한 것도 또한 같다.

제83조 대통령은 국무총리·국무위원·행정각부의 장 기타 법률이 정하는 공사의 직을 겸할 수 없다.

제84조 대통령은 내란 또는 외환의 죄를 범한 경우를 제외하고는 재직중 형사상의 소추를 받지 아니한다.

제85조 전직대통령의 신분과 예우에 관하여는 법률로 정한다.

제2절 행정부

제1관 국무총리와 국무위원

제86조 ① 국무총리는 국회의 동의를 얻어 대통령이 임명한다.

② 국무총리는 대통령을 보좌하며, 행정에 관하여 대통령의 명을 받아 행정각부를 통할한다.

③ 군인은 현역을 면한 후가 아니면 국무총리로 임명될 수 없다.

제87조 ① 국무위원은 국무총리의 제청으로 대통령이 임명한다.

② 국무위원은 국정에 관하여 대통령을 보좌하며, 국무회의의 구성원으로서 국정을 심의한다.

③ 국무총리는 국무위원의 해임을 대통령에게 건의할 수 있다.

④ 군인은 현역을 면한 후가 아니면 국무위원으로 임명될 수 없다.

제2관 국무회의

제88조 ① 국무회의는 정부의 권한에 속하는 중요한 정책을 심의한다.

② 국무회의는 대통령·국무총리와 15인 이상 30인 이하의 국무위원으로 구성한다.

③ 대통령은 국무회의의 의장이 되고, 국무총리는 부의장이 된다.

제89조 다음 사항은 국무회의의 심의를 거쳐야 한다.

1. 국정의 기본계획과 정부의 일반정책
2. 선전·강화 기타 중요한 대외정책
3. 헌법개정안·국민투표안·조약안·법률안 및 대통령령안
4. 예산안·결산·국유재산처분의 기본계획·국가의 부담이 될 계약 기타 재정에 관한 중요사항
5. 대통령의 긴급명령·긴급재정경제처분 및 명령 또는 계엄과 그 해제
6. 군사에 관한 중요사항
7. 국회의 임시회 집회의 요구
8. 영전수여
9. 사면·감형과 복권
10. 행정각부간의 권한의 획정
11. 정부안의 권한의 위임 또는 배정에 관한 기본계획
12. 국정처리상황의 평가·분석
13. 행정각부의 중요한 정책의 수립과 조정
14. 정당해산의 제소
15. 정부에 제출 또는 회부된 정부의 정책에 관계되는 청원의 심사
16. 검찰총장·합동참모의장·각군참모총장·국립대학교총장·대사 기타 법률이 정한 공무원과 국영기업체관리자의 임명
17. 기타 대통령·국무총리 또는 국무위원이 제출한 사항

제90조 ① 국정의 중요한 사항에 관한 대통령의 자문에 응하기 위하여 국가원로로 구성되는 국가원로자문회의를 둘 수 있다.

② 국가원로자문회의의 의장은 직전대통령이 된다. 다만, 직전대통령이 없을 때에는 대통령이 지명한다.

③ 국가원로자문회의의 조직·직무범위 기타 필요한 사항은 법률로 정한다.

제91조 ① 국가안전보장에 관련되는 대외정책·군사정책과 국내정책의 수립에 관하여 국무회의의 심의에 앞서 대통령의 자문에 응하기 위하여 국가안전보장회의를 둔다.

② 국가안전보장회의는 대통령이 주재한다.

③ 국가안전보장회의의 조직·직무범위 기타 필요한 사항은 법률로 정한다.

제92조 ① 평화통일정책의 수립에 관한 대통령의 자문에 응하기 위하여 민주평화통일자문회의를 둘 수 있다.

② 민주평화통일자문회의의 조직·직무범위 기타 필요한 사항은 법률로 정한다.

제93조 ① 국민경제의 발전을 위한 중요정책의 수립에 관하여 대통령의 자문에 응하기 위하여 국민경제자문회의를 둘 수 있다.

② 국민경제자문회의의 조직 · 직무범위 기타 필요한 사항은 법률로 정한다.

제3관 행정각부

제94조 행정각부의 장은 국무위원 중에서 국무총리의 제청으로 대통령이 임명한다.

제95조 국무총리 또는 행정각부의 장은 소관사무에 관하여 법률이나 대통령령의 위임 또는 직권으로 총리령 또는 부령을 발할 수 있다.

제96조 행정각부의 설치 · 조직과 직무범위는 법률로 정한다.

제4관 감사원

제97조 국가의 세입 · 세출의 결산, 국가 및 법률이 정한 단체의 회계검사와 행정기관 및 공무원의 직무에 관한 감찰을 하기 위하여 대통령 소속하에 감사원을 둔다.

제98조 ① 감사원은 원장을 포함한 5인 이상 11인 이하의 감사위원으로 구성한다.

② 원장은 국회의 동의를 얻어 대통령이 임명하고, 그 임기는 4년으로 하며, 1차에 한하여 중임할 수 있다.

③ 감사위원은 원장의 제청으로 대통령이 임명하고, 그 임기는 4년으로 하며, 1차에 한하여 중임할 수 있다.

제99조 감사원은 세입 · 세출의 결산을 매년 검사하여 대통령과 차년도국회에 그 결과를 보고하여야 한다.

제100조 감사원의 조직 · 직무범위 · 감사위원의 자격 · 감사대상공무원의 범위 기타 필요한 사항은 법률로 정한다.

제 5 장 법 원

제101조 ① 사법권은 법관으로 구성된 법원에 속한다.

② 법원은 최고법원인 대법원과 각급법원으로 조직된다.

③ 법관의 자격은 법률로 정한다.

제102조 ① 대법원에 부를 둘 수 있다.

② 대법원에 대법관을 둔다. 다만, 법률이 정하는 바에 의하여 대법관이 아닌 법관을 둘 수 있다.

③ 대법원과 각급법원의 조직은 법률로 정한다.

제103조 법관은 헌법과 법률에 의하여 그 양심에 따라 독립하여 심판한다.

제104조 ① 대법원장은 국회의 동의를 얻어 대통령이 임명한다.

② 대법관은 대법원장의 제청으로 국회의 동의를 얻어 대통령이 임명한다.

③ 대법원장과 대법관이 아닌 법관은 대법관회의의 동의를 얻어 대법원장이 임명한다.

제105조 ① 대법원장의 임기는 6년으로 하며, 중임할 수 없다.

② 대법관의 임기는 6년으로 하며, 법률이 정하는 바에 의하여 연임할 수 있다.

③ 대법원장과 대법관이 아닌 법관의 임기는 10년으로 하며, 법률이 정하는 바에 의하여 연임할 수 있다.

④ 법관의 정년은 법률로 정한다.

제106조 ① 법관은 탄핵 또는 금고 이상의 형의 선고에 의하지 아니하고는 파면되지 아니하며, 징계처분에 의하지 아니하고는 정직·감봉 기타 불리한 처분을 받지 아니한다.

② 법관이 중대한 심신상의 장해로 직무를 수행할 수 없을 때에는 법률이 정하는 바에 의하여 퇴직하게 할 수 있다.

제107조 ① 법률이 헌법에 위반되는 여부가 재판의 전제가 된 경우에는 법원은 헌법재판소에 제청하여 그 심판에 의하여 재판한다.

② 명령·규칙 또는 처분이 헌법이나 법률에 위반되는 여부가 재판의 전제가 된 경우에는 대법원은 이를 최종적으로 심사할 권한을 가진다.

③ 재판의 전심절차로서 행정심판을 할 수 있다. 행정심판의 절차는 법률로 정하되, 사법절차가 준용되어야 한다.

제108조 대법원은 법률에서 저촉되지 아니하는 범위안에서 소송에 관한 절차, 법원의 내부규율과 사무처리에 관한 규칙을 제정할 수 있다.

제109조 재판의 심리와 판결은 공개한다. 다만, 심리는 국가의 안전보장 또는 안녕질서를 방해하거나 선량한 풍속을 해할 염려가 있을 때에는 법원의 결정으로 공개하지 아니할 수 있다.

제110조 ① 군사재판을 관할하기 위하여 특별법원으로서 군사법원을 둘 수 있다.

② 군사법원의 상고심은 대법원에서 관할한다.

③ 군사법원의 조직·권한 및 재판관의 자격은 법률로 정한다.

④ 비상계엄하의 군사재판은 군인·군무원의 범죄나 군사에 관한 간첩죄의 경우와 초병·초소·유독음식물공급·포로에 관한 죄중 법률이 정한 경우에 한하여 단심으로 할 수 있다. 다만, 사형을 선고한 경우에는 그러하지 아니하다.

제 6 장 헌법재판소

제111조 ① 헌법재판소는 다음 사항을 관장한다.

1. 법원의 제청에 의한 법률의 위헌여부 심판
2. 탄핵의 심판
3. 정당의 해산 심판

4. 국가기관 상호간, 국가기관과 지방자치단체간 및 지방자치단체 상호간의 권한 쟁의에 관한 심판
5. 법률이 정하는 헌법소원에 관한 심판

② 헌법재판소는 법관의 자격을 가진 9인의 재판관으로 구성하며, 재판관은 대통령이 임명한다.

③ 제2항의 재판관중 3인은 국회에서 선출하는 자를, 3인은 대법원장이 지명하는 자를 임명한다.

④ 헌법재판소의 장은 국회의 동의를 얻어 재판관중에서 대통령이 임명한다.

제112조 ① 헌법재판소 재판관의 임기는 6년으로 하며, 법률이 정하는 바에 의하여 연임할 수 있다.

② 헌법재판소 재판관은 정당에 가입하거나 정치에 관여할 수 없다.

③ 헌법재판소 재판관은 탄핵 또는 금고 이상의 형의 선고에 의하지 아니하고는 파면되지 아니한다.

제113조 ① 헌법재판소에서 법률의 위헌결정, 탄핵의 결정, 정당해산의 결정 또는 헌법소원에 관한 인용결정을 할 때에는 재판관 6인 이상의 찬성이 있어야 한다.

② 헌법재판소는 법률에 저촉되지 아니하는 범위안에서 심판에 관한 절차, 내부규율과 사무처리에 관한 규칙을 제정할 수 있다.

③ 헌법재판소의 조직과 운영 기타 필요한 사항은 법률로 정한다.

제 7 장 선거관리

제114조 ① 선거와 국민투표의 공정한 관리 및 정당에 관한 사무를 처리하기 위하여 선거관리위원회를 둔다.

② 중앙선거관리위원회는 대통령이 임명하는 3인, 국회에서 선출하는 3인과 대법원장이 지명하는 3인의 위원으로 구성한다. 위원장은 위원중에서 호선한다.

③ 위원의 임기는 6년으로 한다.

④ 위원은 정당에 가입하거나 정치에 관여할 수 없다.

⑤ 위원은 탄핵 또는 금고 이상의 형의 선고에 의하지 아니하고는 파면되지 아니한다.

⑥ 중앙선거관리위원회는 법령의 범위안에서 선거관리·국민투표관리 또는 정당사무에 관한 규칙을 제정할 수 있으며, 법률에 저촉되지 아니하는 범위안에서 내부규율에 관한 규칙을 제정할 수 있다.

⑦ 각급 선거관리위원회의 조직·직무범위 기타 필요한 사항은 법률로 정한다.

제115조 ① 각급 선거관리위원회는 선거인명부의 작성등 선거사무와 국민투표사무

에 관하여 관계 행정기관에 필요한 지시를 할 수 있다.

② 제1항의 지시를 받은 당해 행정기관은 이에 응하여야 한다.

제116조 ① 선거운동은 각급 선거관리위원회의 관리하에 법률이 정하는 범위안에서 하되, 균등한 기회가 보장되어야 한다.

② 선거에 관한 경비는 법률이 정하는 경우를 제외하고는 정당 또는 후보자에게 부담시킬 수 없다.

제 8 장 지방자치

제117조 ① 지방자치단체는 주민의 복리에 관한 사무를 처리하고 재산을 관리하며, 법령의 범위안에서 자치에 관한 규정을 제정할 수 있다.

② 지방자치단체의 종류는 법률로 정한다.

제118조 ① 지방자치단체에 의회를 둔다.

② 지방의회의 조직·권한·의원선거와 지방자치단체의 장의 선임방법 기타 지방자치단체의 조직과 운영에 관한 사항은 법률로 정한다.

제 9 장 경 제

제119조 ① 대한민국의 경제질서는 개인과 기업의 경제상의 자유와 창의를 존중함을 기본으로 한다.

② 국가는 균형있는 국민경제의 성장 및 안정과 적정한 소득의 분배를 유지하고, 시장의 지배와 경제력의 남용을 방지하며, 경제주체간의 조화를 통한 경제의 민주화를 위하여 경제에 관한 규제와 조정을 할 수 있다.

제120조 ① 광물 기타 중요한 지하자원·수산자원·수력과 경제상 이용할 수 있는 자연력은 법률이 정하는 바에 의하여 일정한 기간 그 채취·개발 또는 이용을 특허할 수 있다.

② 국토와 자원은 국가의 보호를 받으며, 국가는 그 균형있는 개발과 이용을 위하여 필요한 계획을 수립한다.

제121조 ① 국가는 농지에 관하여 경자유전의 원칙이 달성될 수 있도록 노력하여야 하며, 농지의 소작제도는 금지된다.

② 농업생산성의 제고와 농지의 합리적인 이용을 위하거나 불가피한 사정으로 발생하는 농지의 임대차와 위탁경영은 법률이 정하는 바에 의하여 인정된다.

제122조 국가는 국민 모두의 생산 및 생활의 기반이 되는 국토의 효율적이고 균형있는 이용·개발과 보전을 위하여 법률이 정하는 바에 의하여 그에 관한 필요한 제

한과 의무를 과할 수 있다.

제123조 ① 국가는 농업 및 어업을 보호·육성하기 위하여 농·어촌종합개발과 그 지원등 필요한 계획을 수립·시행하여야 한다.

② 국가는 지역간의 균형있는 발전을 위하여 지역경제를 육성할 의무를 진다.

③ 국가는 중소기업을 보호·육성하여야 한다.

④ 국가는 농수산물의 수급균형과 유통구조의 개선에 노력하여 가격안정을 도모함으로써 농·어민의 이익을 보호한다.

⑤ 국가는 농·어민과 중소기업의 자조조직을 육성하여야 하며, 그 자율적 활동과 발전을 보장한다.

제124조 국가는 건전한 소비행위를 계도하고 생산품의 품질향상을 촉구하기 위한 소비자보호운동을 법률이 정하는 바에 의하여 보장한다.

제125조 국가는 대외무역을 육성하며, 이를 규제·조정할 수 있다.

제126조 국방상 또는 국민경제상 긴절한 필요로 인하여 법률이 정하는 경우를 제외하고는, 사영기업을 국유 또는 공유로 이전하거나 그 경영을 통제 또는 관리할 수 없다.

제127조 ① 국가는 과학기술의 혁신과 정보 및 인력의 개발을 통하여 국민경제의 발전에 노력하여야 한다.

② 국가는 국가표준제도를 확립한다.

③ 대통령은 제1항의 목적을 달성하기 위하여 필요한 자문기구를 둘 수 있다.

제10장 헌법개정

제128조 ① 헌법개정은 국회재적의원 과반수 또는 대통령의 발의로 제안된다.

② 대통령의 임기연장 또는 중임변경을 위한 헌법개정은 그 헌법개정 제안 당시의 대통령에 대하여는 효력이 없다.

제129조 제안된 헌법개정안은 대통령이 20일 이상의 기간 이를 공고하여야 한다.

제130조 ① 국회는 헌법개정안이 공고된 날로부터 60일 이내에 의결하여야 하며, 국회의 의결은 재적의원 3분의 2 이상의 찬성을 얻어야 한다.

② 헌법개정안은 국회가 의결한 후 30일 이내에 국민투표에 붙여 국회의원선거권자 과반수의 투표와 투표자 과반수의 찬성을 얻어야 한다.

③ 헌법개정안이 제2항의 찬성을 얻은 때에는 헌법개정은 확정되며, 대통령은 즉시 이를 공포하여야 한다.

부칙 〈제10호, 1987.10.29〉

제1조 이 헌법은 1988년 2월 25일부터 시행한다. 다만, 이 헌법을 시행하기 위하여 필요한 법률의 제정·개정과 이 헌법에 의한 대통령 및 국회의원의 선거 기타 이 헌법시행에 관한 준비는 이 헌법시행 전에 할 수 있다.

제2조 ① 이 헌법에 의한 최초의 대통령선거는 이 헌법시행일 40일 전까지 실시한다.

② 이 헌법에 의한 최초의 대통령의 임기는 이 헌법시행일로부터 개시한다.

제3조 ① 이 헌법에 의한 최초의 국회의원선거는 이 헌법공포일로부터 6월 이내에 실시하며, 이 헌법에 의하여 선출된 최초의 국회의원의 임기는 국회의원선거후 이 헌법에 의한 국회의 최초의 집회일로부터 개시한다.

② 이 헌법공포 당시의 국회의원의 임기는 제1항에 의한 국회의 최초의 집회일 전일까지로 한다.

제4조 ① 이 헌법시행 당시의 공무원과 정부가 임명한 기업체의 임원은 이 헌법에 의하여 임명된 것으로 본다. 다만, 이 헌법에 의하여 선임방법이나 임명권자가 변경된 공무원과 대법원장 및 감사원장은 이 헌법에 의하여 후임자가 선임될 때까지 그 직무를 행하며, 이 경우 전임자인 공무원의 임기는 후임자가 선임되는 전일까지로 한다.

② 이 헌법시행 당시의 대법원장과 대법원판사가 아닌 법관은 제1항 단서의 규정에 불구하고 이 헌법에 의하여 임명된 것으로 본다.

③ 이 헌법중 공무원의 임기 또는 중임제한에 관한 규정은 이 헌법에 의하여 그 공무원이 최초로 선출 또는 임명된 때로부터 적용한다.

제5조 이 헌법시행 당시의 법령과 조약은 이 헌법에 위배되지 아니하는 한 그 효력을 지속한다.

제6조 이 헌법시행 당시에 이 헌법에 의하여 새로 설치될 기관의 권한에 속하는 직무를 행하고 있는 기관은 이 헌법에 의하여 새로운 기관이 설치될 때까지 존속하며 그 직무를 행한다.

제 1 편

헌법 일반이론

제 1 장

헌법이란 무엇인가

I. 서 설

1. 헌법의 복합적 속성: 자유, 사회통합, 지배

(1) 헌법학의 연구대상이 되는 헌법은 주로 근대 이후의 헌법이다. 간혹 근대 이전의 어떤 사항(예컨대 1215년 영국의 대헌장)이 거론되는 경우에도 근대 이후의 헌법과 관련하여 논의되는 것이 보통이다.

근대헌법이란 18세기 말 이래 서구의 근대 시민혁명기에 나타난 헌법과 이에 영향을 받아 19세기에 걸쳐 나타난 헌법을 말한다. 이들 근대헌법의 특성은 무엇인가. 그것은 궁극적으로 한 가지 점에 집약된다. 즉 개인의 권리보장이다. 이 점은 세계 최초의 근대적 성문헌법인 미국헌법의 제정역사에서 잘 나타난다. 1787년에 제정된 미국헌법은 애초에 통치구조, 즉 의회, 대통령, 법원, 연방제 등에 관해서만 규정하였고 개인의 권리에 관한 권리장전은 두지 않았다. 그러나 각주의 헌법안 비준 과정에서 권리장전 설치의 요구가 강력히 표출되었고, 이에 따라 1791년 헌법개정의 절차를 밟아 헌법수정 제1조부터 제9조까지 개인의 권리에 관한 규정들이 첨가되었다(이를 Bill of Rights, 권리장전이라고 부르는데, 물론 이것은 영국에서의 1689년 Bill of Rights와 다르다). 이처럼 근대헌법은 곧 개인의 권리보장을 위한 기본적 법이라는 데에 핵심적 의미가 있다. 여기서 유의할 것은 사람이 그 신분을 떠나 개인으로서 일정한 권리를 갖게 되었다는 점이다.

흔히 근대헌법의 기본원리로서 개인의 권리보장과 함께 권력분립의 원리를 드는데, 권력분립원리는 곧 개인의 권리보장을 위한 도구적 원리임에 비추어 －개인의 권리보장을 위해서는 권력이 집중되어서는 안 되고 분립되어야 하므로−, 개인의 권리보장이야말로 근대헌법의 본질적 특성이라고 할 수 있다.

(2) 근대에서 개인의 권리란 곧 자유권을 의미하는 것이었다. 이런 뜻에서 근대헌법은 곧 자유권 보장을 위한 것이었다고 할 수 있다. 흔히 근대헌법을 '자유의 기술'이라고 말하는 것은 바로 이런 점에서 이해할 수 있다. 중세의 정신적, 사회경제적 속박을 벗어나 개인은 이제 가치관과 세계관의 자유로운 선택, 그리고 자유로운 직업선택 등 사회경제적 자유를 향유하게 되었고 헌법은 이를 보장하였다. 그런데 더 나아가 헌법 일반을 곧 자유의 기술로 이해하는 견해도 있다. 이러한 견해는 전적으로 옳다고 할 수는 없고, 부분적으로만 타당하다. 20세기 이후의 현대헌법에서도 자유의 기술로서 헌법의 성격은 유지되고 있고, 그런 의미에서 자유를 위한 도구로서 헌법의 의미는 현대헌법에 대해서도 타당하다. 그러나 현대헌법에서 자유의 기술로서 헌법의 성격은 크게 제한된다. 이 점은 특히 근대헌법의 기본권체계에서 핵심적 위치를 차지하던 재산권의 제한에서 현저히 나타난다. 근대 시민혁명의 중심세력인 시민계급에 대해 가장 중요한 권리는 재산권이었는데, 현대에 들어와 이 재산권 보장은 절대적 보장이 아니라 상대적 보장으로 바뀌고, 재산권 행사가 공공복리에 적합해야 한다는 사회적 의무가 강조되기에 이른 것이다. 이처럼 현대헌법에서 헌법은 단순한 자유의 기술에 그치지 않으며, 이제 헌법은 사회통합의 도구로서 의미를 지니게 된다.

현대헌법이 사회통합의 도구로서 기능한다는 것은 자유권 특히 재산권 제한에 의해 국가가 경제규제에 나서고, 이를 통해 개인의 생존을 위한 사회적 권리를 보장하는 데에서 특징적으로 나타난다. 사회통합의 도구로서 헌법의 성격을 보여주는 대표적 예가 독일의 1919년 바이마르 헌법이다. 1789년의 프랑스 인권선언에서 "소유권은 신성불가침"이라고 규정했던 것(제17조)과는 달리, 바이마르 헌법은 "소유권은 의무를 수반한다"라고 규정하였다(제153조 제3항). 또한 바이마르 헌법은 '인간다운 생활'을 위한 경제질서의 원칙을 매우 자세하게 헌법에 규정함으로써 이른바 '경제헌법'이 등장하게 되었다.

(3) 현대헌법이 사회통합의 도구로서 기능한다는 것은 곧 사적(私的) 영역에의 국가 개입을 뜻한다. 근대국가의 기본 특징은 사람의 생활영역을 사적 영역과 공적 영역으로 구분하고, 사적 영역에서의 자율성을 인정하는 것이었다. 그런데 이제 사회통합을 위하여 국가가 사적 영역에도 적극 개입하게 된 것이다.

헌법의 사회통합적 기능은 20세기 이래 현대헌법의 성격으로 설명하는 것이 보통이지만, 이미 19세기의 근대헌법에서도 그러한 성격을 찾아볼 수 있다. 예컨대 프랑스의 1848년 헌법은 무상의 초등교육, 사용자와 근로자 사이의 평등관계, 병약자와 노인 등에 대한 부조(扶助) 등 새로운 사회문제에 대한 국가의 적극적 개입의무를 규정하였다.

사적 영역에의 일정한 국가적 개입은 자유방임적 자본주의로부터 수정자본주의로의 전환을 의미한다. 유럽의 경우, 바이마르 헌법에서 보는 것처럼, 이 전환은 헌법에서 명시적으로 나타나기도 했다. 또한 이 전환 과정은 격렬한 사회적, 정치적 갈등과 투쟁을 수반하는 것이었다. 이에 비하여 미국의 경우, 수정자본주의로의 전환은 헌법의 명시적 변동없이 이루어졌다. 미국에서의 수정자본주의로의 전환은 1930년대 뉴딜정책을 통해 이루어지는데, 여러 경제적 규제를 내용으로 하는 뉴딜입법은 애초에 연방대법원으로부터 위헌판결을 받았다. 뉴딜입법에 대한 합헌판결이 처음 등장한 것은 1937년이다. 이 때 최저임금제를 규정한 주법에 관한 사건 등 두 사건에서 합헌판결이 내려졌고, 이후 경제규제입법에 대한 합헌판결이 지속되었다. 미국헌법사에서 헌법혁명(constitutional revolution)이라고 불리는 이 대전환에서 주목되는 것은, 헌법혁명이 연방대법원의 판례변경을 통해 이루어졌다는 점이다. 또한 유럽에 비해 이 대전환에 수반하는 사회정치적 갈등은 약했다고 할 수 있고, 사회주의 세력의 저항도 유럽에 비하면 미미한 것이었다.

(4) 이처럼 현대헌법은 자유의 기술인 동시에 사회통합의 도구라는 성격을 지닌다. 그러나 헌법의 사회통합적 기능을 일면적으로 단순하게 볼 것은 아니다. 모든 법이 그런 것처럼, 헌법은 기본적으로 지배의 정당화 기능을 수행한다. 막스 베버(Max Weber)가 지적한 것처럼, 근대적 지배의 정당성은 법적 지배라는 점에 그 근거가 있고, 실정법의 최고법으로서 헌법 또한 지배의 정당성의 근거가 된다. (헌)법에 의한 지배는 비인격적 지배라는 점에 특성이 있으며 이 점에서 인격적 지배와 구별된다. 그러나 비인격적인 (헌)법의 뒤편에 사람이 존재한다는 사실을 간과할 수는 없다.

위에서 본 것처럼, 헌법은 자유의 기술인 동시에 사회통합의 도구이며 또한 지배의 정당성의 근거가 된다. 이처럼 헌법은 복합적 속성을 지닌 존재이며, 어느 일면만으로 헌법의 성격을 규정지을 수는 없다.

2. 헌법규칙과 헌법원리

헌법에는 두 가지 부류의 규정이 있다. 헌법규칙과 헌법원리.

헌법규칙은 규칙(rule)으로서의 성질을 갖는 헌법규정이다. “대통령의 임기는 5년으로 하며, …”(제70조), “국회의원의 수는 … 200인 이상으로 한다”(제41조 제2항)와 같은 조항은 헌법규칙이다. 헌법규칙은 전부 아니면 무(無)라는 식의 딱 떨어지는 헌법규정이다. 헌법규칙의 해석 · 적용은 양자택일 방식이다.

헌법원리는 원리(principle)로서의 성질을 갖는 헌법규정이다. “모든 국민은 법 앞에 평등하다. …”(제11조 제1항), “모든 국민은 언론 · 출판의 자유와 집회 · 결사의 자유를 가진다”(제21조 제1항)와 같은 조항은 헌법원리이다. 헌법원리는 추상적이며 넓은 해석의 여지를 남긴다. 헌법원리의 해석 · 적용은 양자택일 방식이 아니라 정도(程度) 또는 강도(强度)가 문제된다.

헌법만이 아니라 모든 법에는 규칙으로서의 법과 원리로서의 법이 있다. 자동차 운행속도를 시속 100km로 제한하는 교통규칙은 규칙의 성질을 갖는 법이다. 민법 제2조 제1항의 ‘신의성실의 원칙’조항은 원리의 성질을 갖는 법이다(“권리의 행사와 의무의 이행은 신의에 좇아 성실히 하여야 한다”). 법률 · 명령 · 규칙 등과 같은 다른 법에 비하여 헌법에는 원리의 성질을 갖는 규정들이 많다. 대체로 기본권에 관한 규정들은 헌법원리로서의 성질을 가지며, 통치구조에 관한 규정들은 헌법규칙에 해당하는 것이 많다.

헌법의 해석 · 적용이 어려운 것은 헌법원리적 규정이 많기 때문이다. 헌법원리는 추상적이고 애매하며, 그 해석 · 적용은 불확정적이다. 이른바 헌법의 불확정성(indeterminacy)이다. 이 때문에 헌법을 해석 · 적용하여 헌법적 쟁점을 판단하는 헌법재판 역시 불확정성을 면치 못한다.

3. 이익형량(利益衡量): 헌법적 판단의 궁극적 기준

법의 본질적 속성이 무엇이냐에 관해 고래로 많은 이론들이 제시되어 왔다. 그 가운데 가장 현실주의적 관점에 선 것으로 예링(Rudolf von Jhering, 1818-1892)의 법이론을 들 수 있다. 그는 19세기 독일의 형식논리적 법학을 개념법학에 불과하다고 조롱하면서, 법에 있어서 목적의 중요성을 강조하였다. 그는 목적이야말로 모든 법의 유일한 추진력이며 법의 목적은 이익의 보호라고 말한다. 그에 의하면 서로 대립하는 이익의 조정은 사회적 지렛대의 원칙에 의해 가능하다. 이 지렛대에는 두 종류가 있으며 그 하나는 보상이며, 다른 하나는 강제이다. 보상과 강제라는 지렛대를 통해 법의 배후에 있는 이익의 조정이 이루어진다. 법의 목적으로서 이익의 보호를 강조한 예링의 법이론은 그 후 이익법학으로 이어진다. 이익법학은 이익을 법학의 중심으로 삼으면서 특히 이익형량론을 전개한 일종의 사회학적 법학이었다. 이처럼 이익을 중시한 법이론은 영국의 벤덤(J. Bentham, 1748-1832) 등 공리주의 법이론에서도 나타난 바 있다. 예링 등의 이익법학적 관점은 미국의 법이론에도 영향을 미쳤으며, 그 대표적 예로 로스코 파운드(Roscoe Pound, 1870-1964)를 들 수 있다. 파운드는 법을 사회공학(social engineering)으로 보고 법의 과제를 이익형량에서 찾았다. 파운드의 이른바 사회학적 법률학(sociological jurisprudence)은 그 후 1920-1930년대 미국의 법현실주의(legal realism)의 토대를 제공하였다(양 건, 법사회학, 2000 참조).

예링을 비롯하여 법에 있어서 이익을 중시한 법이론은 주로 민법 등 사법분야에 중점을 둔 것이었지만, 헌법과 같은 공법분야에서도 이익의 관점에 따른 이익형량론은 그대로 타당하다고 할 것이다.

헌법과 관련한 법적 판단을 '헌법적 판단'이라고 부를 수 있다. 법률의 위헌 여부에 관한 판단은 그 전형적 경우이다. 헌법적 판단의 향방은 궁극적으로 이익형량에 의해 정해진다. 예컨대 기본권을 제한하는 어떤 법률규정의 위헌 여부를 판단하는 경우, 그 판단은 궁극적으로 이익형량(利益衡量, balancing of interests)에 의해 이루어진다. 즉 개인의 기본권을 제한함으로써 얻게 될 공적 이익과 기본권 제한으로 인해 가해지는 개인적 이익의 손실을 비교하여 전자가 후자보다 크다고 인정되는 경우, 그 제한의 합헌성이 인정된다. 경우에 따라서는 일정한 헌법적 원칙이 인정되기도 하며, 이때에는 그 원칙에 의해 헌법적 판단이 내려진다. 예컨대 언론출판의 자유에 대한 제한에 관하여 사전검열금지의 원칙이 있다. 이 원칙은 우리 헌법에서는 헌법상 명시되어 있고, 미국헌법에서는 해석에 의해 판례상의 원칙으로 정립되어 있다. 이런 경우에는 마치 이익형량이 적용되지 않는 것처럼 보인다. 그러나 사전검열금지의 원칙 자체가 이미 이익형량의 결과로서 정립된 것이라고 할 수 있다. 뿐만 아니라 사전검열금지의 원칙도 이익형량에 따라 일정한 예외가 인정된다.

이처럼 헌법적 판단은 이익형량에 의해 이루어진다. 기본권 제한의 경우만이 아니라 통치구조에 관한 헌법적 판단 역시 이익형량에 의해 좌우된다. 예컨대 국회의원에 대한 국민소환을 인정하는 법률이 헌법상 인정될 수 있느냐는 문제는 궁극적으로 이를 인정함으로써 얻게 되는 이익과 그 손실 사이의 비교형량에 의해 좌우될 것이다. 헌법학에서 이익형량의 원칙을 어떤 특정한 경우에 적용되는 것으로 설명하는 것을 볼 수 있지만, 이익형량의 원칙은 어떤 특정한 경우만이 아니라 모든 헌법적 판단에 적용되는 궁극적인 원칙이라고 보아도 지나치지 않다.

헌법적 판단에 있어서 이익형량은 기본적으로 개인적 이익과 사회적 이익 사이에서 어느 쪽을 중시하느냐에 따라 좌우된다. 일례로, 국가안전보장을 위해 개인의 종교의 자유를 제한하는 경우, 국가안보라는 사회적 이익과 종교의 자유라는 개인적 이익이 충돌하며, 이 때 양 이익 가운데 어느 쪽을 더 무겁게 볼 것인가라는 문제가 발생한다. 상대적으로 개인적 이익을 더 중시하는 태도가 개인주의이며, 사회적 이익을 더 중시하는 태도가 집단주의 또는 공동체주의이다. 개인주의와 집단주의의 양 스펙트럼 사이에서 어느 위치의 태도를 갖느냐에 따라 헌법적 판단에서 이익형량의 결과가 달라질 것이다. 어느 위치의 태도가 헌법상 요구되고 있는가는 헌법을 통일적으로 이해할 때에만 파악할 수 있다.

헌법적 판단에 있어서 늘 여러 견해가 갈리고 많은 논란이 따르는 것은 이익형량의 객관성 확보가 어렵기 때문이다. 첫째, 이익형량의 객관성을 위해서는 이익의 수량화(數量化)가 필요하지만, 많은 경우 이것은 용이하지 않다. 경제적 이익은 화폐적 가치로 환산할 수 있을 것이지만 비경제적 이익의 수량화는 매우 어렵다. 둘째, 앞에서 설명한 대로, 헌법에는 원리적 성격의 규정, 곧 헌법원리 조항들이 많으며, 이들 헌법원리 조항들은 대부분 가치판단을 포함하고 있는데, 과연 가치판단의 객관성 확보가 가능한 것인가는 어려운 난제이다. 헌법적 판단에는 가치판단에 따라 여러 판단이 있을 뿐이고 하나의 올바른 판단이 존재하는 것은 아니라는 견해가 있을 수 있다. 이런 견해는 매우 현실적인 것처럼 보인다. 그러나 현대의 대표적인 영미 법철학자이자 헌법이론가이기도 한 드워킨(Ronald Dworkin)에 의하면 이른바 '어려운 사건'(hard case)에서도 '올바른 해답'(right answer)은 존재한다고 한다. 그에 의하면 전체로서의 법을 통합적으로 일관성있게 파악해야 하며 "대부분의 어려운 사건에서 이성과 상상으로 찾아야 할 올바른 대답은 존재한다"는 것이다(R. Dworkin, Law's Empire, 1986 참조). 무책임한 당파적 주장이 아니라 책임있는 헌법적 판단이 되기 위해서는 모든 헌법적 사건에서 올바른 정답이 존재한다는 믿음이 전제되어야 할 것이다.

다만, 헌법적 사건을 비롯해 모든 법적 사건에서 과연 올바른 하나의 정답이 존재하는가 여부는 여전히 논쟁적인 주제이다(이 문제에 관해서는 다음을 참조. 졸저, 《법 앞에 불평등한가? 왜? : 법철학 · 법사회학 산책》, 2015, 법문사, 209-229).

Ⅱ. 헌법의 의미

헌법은 국가의 기본법이다. 국가의 구성과 작용의 기본이 되는 법규범의 총체를 헌법이라고 부른다. 여기에서 '국가'란 무엇이고, 국가의 '구성과 작용'이란 무엇을 가리키며, 무엇이 '기본'에 해당하느냐가 문제된다.

국가의 개념정의는 관점에 따라 다양하다. 종래의 가장 일반적인 견해에 의하면, 국가란 일정한 지역을 토대로 일정한 범위의 사람들이 강제적인 통치권력하에 조직된 집단이다. 국가는 영토 · 국민 · 통치권력의 3요소로 구성된다는 전통적인 '국가 3요소'이론이 이것이다. 우리 헌법도 총강(總綱)의 첫머리(제1조 내지 제3조)에서 국가 3요소에 관한 규정을 두고 있다. 국가 3요소에서 특히 주목할 것은 통치권력이라는 요소이다. 통치권력은 단순한 힘(실력)이 아니라 통치의 정당성을 지닌 권력을 의미한다.

국가 3요소이론은 국가의 개념에 관한 사실적 관점의 국가론, 즉 사회학적 국가론에 해당한다. 이와 대비되는 것이 법적 관점의 국가론, 즉 법학적 국가론이다. 법학적 국가론에도 여러 이론이 있다. 국가를 하나의 법인으로 보는 국가법인설은 여기에 속한다. 켈젠(H. Kelsen, 1881-1973)의 국가론도 대표적인 법학적 국가론의 하나이다. 그는 국가를 곧 법질서 그 자체라고 보고 국가와 법질서를 동일시한다. 국가의 의미와 본질을 전체적으로 이해하려면 어느 하나만의 관점이 아니라 여러 관점에서의 종합적 접근이 필요하다.

국가의 '구성과 작용'이라 함은 국가의 기관이 어떻게 구성되고 그 권한은 무엇이며, 기관 상호간의 관계는 어떠하며, 국가기관과 국민의 관계는 어떠한가 등을 의미한다.

한편 무엇이 국가의 구성과 작용의 '기본'에 해당하는가는 시대와 장소에 따라 상대적이며 가변적이다(뒤의 '실질적 의미의 헌법' 참조).

1. 고유한 의미의 헌법

'헌법'(憲法)이라는 말은 외국어인 Constitution(영어, 프랑스어), Verfassung(독어)의 번역어이다. 본래 '憲法'이라는 표현은 중국의 고대 문헌에서 나타났던 것인데, 일본에서 메이지유신(明治維新) 이후 외국의 사상과 제도를 도입하면서 1870년대 이래 Constitution, Verfassung의 번역어로 사용하였다. 이후 일본만이 아니라 한국과 중국 등에서도 이 말이 정착하였다.

헌법의 원어인 Constitution, Verfassung의 사전적 의미는 '구성', '구조'이다. 여기에서 알 수 있듯이 헌법이란 국가의 구성과 작용에 관한 기본을 정한 법이다. 이것을 가리켜 '고유한 의미의 헌법'이라고 부른다. 시대를 불문하고 모든 국가는 어떤 형태이든 고유한 의미의 헌법을 갖는다.

2. 형식적 의미의 헌법과 실질적 의미의 헌법

(1) 형식적 의미의 헌법

어떤 형식상의 표지(標識)를 기준으로 하여 그 표지를 갖춘 법을 헌법이라고 부르는 경우, 이것이 곧 형식적 의미의 헌법이다. 기준이 되는 형식상의 표지는 여러 가지가 있을 수 있지만, 통상적으로는 '헌법'이라는 이름이 붙여진 성문법전, 즉 헌법전(憲法典)을 가리킨다. 형식적 의미의 헌법은 그 내용이 무엇인가는 묻지 않는다.

(2) 실질적 의미의 헌법

어떤 특정한 내용을 지닌 법을 헌법이라고 부르는 경우, 이것이 곧 실질적 의미의 헌법이다. 성문법이냐 불문법이냐 등 형식을 묻지 않는다. 앞의 고유한 의미의 헌법은 실질적 의미의 헌법 개념에 속한다. 뒤의 '입헌적 의미의 헌법'도 실질적 의미의 헌법에 속한다.

실질적 의미의 헌법은 헌법전이라는 형식 외에도 여러 다양한 형식으로 존재할 수 있다. 예컨대 의회의 제정법률(예컨대 선거법이나 정당법의 핵심조항), 또는 관습 등에서도 실질적 의미의 헌법을 찾아볼 수 있다.

국가의 구성과 작용에 관한 법적 사항, 즉 국가기관의 조직과 그 권한 및 국민의 권리와 의무에 관한 사항을 '헌법사항'이라고 부른다. 헌법사항을 좁은 의미로 사용하면, 넓은 의미의 헌법사항 가운데 그 기본 또는 근본에 해당하는 사항만을 가리킨다. 여기에서 무엇이 '기본', '근본'이냐는 문제가 제기된다. 이것은 시대와 장소에 따라 상대적이고 가변적이라고 할 것이다(참고. 헌재 2004.10.21. 2004헌마554등, 판례집 16-2, 1,40).

한편 실질적 의미의 헌법 개념과 관련하여 종래 다음과 같은 설명을 흔히 볼 수 있었다. 헌법전(형식적 의미의 헌법)에 포함되어 있지만 실질적 의미의 헌법에 해당하지 않는 것이 있을 수 있으며, 그 대표적 예로 과거 스위스 헌법의 한 조항을 들 수 있다는 것이다(1973년 개정 이전의 스위스 연방헌법 제25조의2. "모든 종류의 가축을 도살하는 방법에 있어서 출혈 전에 마비시키지 않고 살해하는 것은 예외 없이 금지한다"). 그러나 이 조항의 채택 배경을 보면 그렇게 단순하게 말할 수 없다. 1893년에 채택된 이 조항은 당시의 반(反)유대인 정서를 반영한 것으로, 유대인의 종교의식을 금지하려는 취지에서 나온 것이라는 견해가 있다. 이에 따른다면 이 조항은 소수민족의 종교의 자유에 대한 특별한 제한에 해당하는 것이었던 셈이다. 이렇게 보면 이 조항은 이 헌법 당시 스위스의 입장에서 실질적 의미의 헌법에 해당한다고 말할 수 있다.

형식적 의미의 헌법은 헌법개정을 통해, 실질적 의미의 헌법은 법률개정을 통해 변경할 수 있으므로 변경의 난이도에서 차이가 있다. 예컨대 헌법 제103조와 헌법재판소법 제4조는 대법관과 헌법재판소 재판관이라는 차이만 있을 뿐 실질적 내용면에서는 차이가 없지만, 헌법과 법률의 형식 때문에 개정의 난이도가 다르다.

3. 입헌적 의미의 헌법

입헌적 의미의 헌법은 국가의 기본법 가운데 특히 근대적 입헌주의 사상에 기초한 것을 가리킨다. 이것은 고유한 의미의 헌법과 달리 특정한 역사적 내용과 성격을 지닌 것이며, 18세기 말 이래 근대 시민혁명시기의 자유주의에 기초한 것이다. 이를 '근대적 의미의 헌법'이라고도 부른다.

입헌적 의미의 헌법은 1789년의 프랑스 인권선언 제16조에 잘 집약되어 있다. "권리의 보장이 확보되지 않고 권력의 분립이 확정되어 있지 않은 사회는 헌법을 갖고 있는 것이 아니다." 즉 입헌적 의미의 헌법은 권리보장과 권력분립을 그 핵심으로 한다. 권력분립은 권리보장을 위한 수단임에 비추어 보면, 결국 입헌적 의미의 헌법은 권리보장에 그 궁극적 의미가 있다고 할 수 있다. 입헌적 의미의 헌법은 권력의 조직화보다 권력의 제한에 그 초점이 있다.

4. 헌법의 세 측면

헌법을 비롯한 모든 법은 규범이라는 점에 그 본질적 성격이 있다. 그런데 규범은 그 자체만의 자족적(自足的)인 존재가 아니라 일정한 이념 및 현실(사실)과 관련되어 있다. 법규범은 이념의 산물인 동시에 현실의 반영이다. 법규범은 또한 현실에 대해 일정한 작용을 가한다. 이처럼 법은 규범이면서 동시에 이념적이고 현실적인 측면을 지닌다. 법의 규범적 측면을 법규범, 이념적 측면을 법이념, 현실적 측면을 법현실이라고 부른다. 헌법에 관해서도 이 세 가지 측면을 ① **헌법규범**, ② **헌법이념**, ③ **헌법현실**이라고 구분하여 부를 수 있다.

헌법의 세 측면 가운데 특히 헌법규범과 헌법현실의 구분 및 그 관계에 주목할 필요가 있다. 헌법현실이란 헌법규범과 관련된 현실을 말한다. 헌법규범과 헌법현실은 각각 규범과 사실의 세계라는 별개 차원에 속하지만, 양자는 서로 연관되어 있다. 한편에서 헌법규범은 헌법현실을 바탕으로 형성되고 변화한다. 다른 한편에서 헌법규범은 헌법현실을 규율한다. 헌법규범이 헌법현실을 규율하는 힘을 '**헌법의 규범력**(規範力)'이라고 부른다. 헌법의 규범력의 강약에 따라 헌법규범과 헌법현실의 괴리의 정도에 차이가 생긴다.

여기에서 헌법현실이라는 용어는 헌법규범과 관련된 현실을 총칭하는 넓은 의미로 사용하고 있다. 학자에 따라서는 헌법현실의 의미를 제한적으로 사용하는 경우도 있다. 예컨대 독일의 헌법학자 헷세(K. Hesse)는 헌법규범에 반(反)하는 현실까지 헌법현실(Verfassungswirklichkeit)이라고 부를 수는 없다고 한다. 헌법에 반하는 현실을 헌법현실이라고 표현함으로써 이 현실에 규범력이 부여되기 때문이라는 것이다.

헌법의 올바른 이해를 위해서는 헌법을 규범의 체계로만 보아서는 안 되며, 헌법이념과 헌법현실과의 관련 속에서 접근해야 한다. 특히 헌법현실을 떠나 헌법규범만을 오직 형식논리적으로 접근하는 헌법이론은 공허한 것이 되기 쉽다.

Ⅲ. 헌법의 분류

1. 전통적 분류

종래 헌법의 형식(성문화 여부), 성질(개정의 난이도), 제정주체 등을 기준으로 여러 분류가 행하여져 왔다.

(1) 성문헌법과 불문헌법

헌법의 형식, 특히 성문법전의 유무에 따라 성문헌법과 불문헌법으로 구분된다. 불문헌법의 예로 영국을 드는 것이 보통이다. 그러나 여기에는 주의할 점이 있다. 영국에는 헌법전은 없으나, 헌법관습 외에 실질적 의미의 헌법에 해당하는 성문형식의 여러 의회 제정법이 있다('왕위계승법', '의회법' 등).

근대의 입헌적 의미의 헌법은 대부분 성문헌법의 형식을 취하는 것이 일반적이다. 거기에는 특별한 의미가 있다. 우선 성문법은 관습법보다 우월하다는 것이 근대적 법관념에 부합하는 것이었다. 뿐만 아니라 근대 자연법론의 사회계약설에 의하면, 헌법은 사회계약이 구체화된 것이며, 계약인 이상 문서의 형식을 취하는 것이 바람직하다고 보았던 것이다.

근대적인 입헌적 의미의 헌법으로서 성문헌법의 형식을 취한 초기의 대표적 예가 1787년의 미국헌법이다. 유럽대륙에서 그 뒤를 이은 것은 프랑스의 1791년 헌법이다. 이에 앞서 1791년 같은 해에 폴란드헌법이 제정되었다.

(2) 경성헌법과 연성헌법

헌법의 개정절차에 있어서 보통의 법률개정과 같이 단순다수결에 의하는가 또는 보통의 법률개정보다 어렵게 하는가(3분의 2 이상의 특별다수결이나 국민투표를 요건으로 하는 등)에 따라 연성(軟性, flexible)헌법과 경성(硬性, rigid)헌법으로 구분된다.

근대의 입헌적 의미의 헌법은 대부분 성문헌법일 뿐만 아니라 경성헌법이기도 하다. 거기에도 이유가 있다. 헌법은 국민의 합의에 의한 사회계약문서인 만큼, 헌법에 의해 조직된 권력인 입법권의 통상적인 의사만으로는 이를 변경할 수 없게 해야 한다는 것이다.

현대 헌법은 대부분 경성헌법이지만, 뉴질랜드의 1947년 헌법처럼 연성헌법의 예도 있다.

(3) 흠정헌법 · 민정헌법 · 협약헌법 · 국약헌법

헌법제정의 주체가 누구냐에 따라 군주가 제정한 흠정(欽定)헌법, 국민이 제정한 민정헌법, 군주와 국민의 합의에 의해 제정한 협약헌법, 국가 간의 합의에 의한 국약(國約)헌법으로 구분된다. 흠정헌법은 군주주권에 입각한 것이며, 대표적 예로 프랑스의 루이18세에 의한 1814년 헌법, 일본의 1889년 메이지헌법을 들 수 있다. 민정헌법은 국민주권에 기초한 것이다. 협약헌법은 군주와 국민간의 타협에 의한 헌법으로, 프랑스의 1830년 헌법이 여기에 속한다. 국약헌법의 예로는 1871년의 독일제국헌법을 들 수 있다.

2. 새로운 분류

위의 전통적인 분류는 근대 시민혁명시기 이래 20세기 초반까지는 당시의 헌법을 이해하는 데에 의미가 있는 것이었다. 당시에는 성문헌법, 경성헌법, 민정헌법이라는 점이 특별한 의미를 가질 수 있었다. 그러나 현대의 헌법은 그 대부분이 성문, 경성, 민정헌법이므로 전통적인 분류는 별다른 의미를 갖지 못한다.

현대적인 헌법의 분류로 특히 주목을 받은 것은 비교헌법학자 칼 뢰벤슈타인(Karl Loewenstein, 1891-1973)의 분류이다. 다음은 그에 의한 새로운 분류이다(K. Loewenstein, *Political Power and the Governmental Process*, 1957).

(1) 독창적 헌법과 모방적 헌법

이 분류는 기존 헌법의 모방이냐 독창적인 헌법이냐에 따른 분류이다. 대부분의 헌법은 기존 헌법을 모방한 것이지만, 일부 독창적 헌법들이 있다(의원내각제의 영국헌법, 대통령제의 미국헌법, 1918년의 소련헌법, 5권분립제를 취한 1931년 중국 국민당헌법 등).

이 분류는 특히 20세기 이래 신생국가가 대량적으로 출현하고 새로운 헌법제정이 잇따랐던 현상과 관련하여 의미를 갖는다고 하겠다. 그러나 대부분의 모방적 헌법의 경우에도 부분적으로는 독창적인 부분이 있는 만큼, 이 분류는 상대적인 것이다.

(2) 헌법의 존재론적 분류

헌법이 실제의 정치과정에서 어떤 기능을 갖는가에 따라 규범적 헌법, 명목적 헌법, 의미론적 헌법으로 구분된다. 이를 존재론적(ontological) 분류라고 부른다.

① 규범적(normative) 헌법이란 헌법규범이 실제로 정치권력에 의하여 준수되고 있는 헌법이다. ② 명목적(nominal) 헌법이란 성문헌법전이 존재하지만 현실적인 규범으로서 기능하지 못하고 명목에 그치는 헌법이다. 명목적 헌법의 주된 기능은 교육적인 것이다. ③ 의미론적(semantic) 헌법이란 독재국가의 경우처럼 헌법이 적용되고는 있지만 실제로는 집권자의 이익만을 위한 경우이다. 흔히 '장식적 헌법'으로 번역되고 있다. 이 분류를 옷에 비유하면, 규범적 헌법은 몸에 맞는 옷과 같고, 명목적 헌법은 몸에 맞지 않은 옷과 같으며, 의미론적 헌법은 평상복이 아닌 가장(假裝) 복장과 같다.

위의 존재론적 분류는 현대 헌법의 분류로서 특별한 의미를 지닌다고 하겠다. 오늘날에는 대부분의 국가에서 입헌주의 원리에 충실한 헌법전을 갖고 있으므로, 헌법규범 그 자체만을 대상으로 헌법을 분류하는 것은 큰 의미를 지니기 어렵다. 존재론적 분류는 헌법규범과 헌법현실과의 괴리에 주목한 것인 점에서 의의가 있다. 다만 실례와 관련하여 명목적 헌법과 의미론적 헌법을 명확히 구분하기 어려운 문제점이 있다고 하겠다.

Ⅳ. 헌법의 특성

여기에서 말하는 헌법의 특성은 고유한 의미의 헌법의 특성에 한하지 않으며, 근대적 · 입헌적 의미의 헌법을 포함한 헌법의 특성을 가리킨다.

1. 헌법의 규범적 특성

(1) 조직 · 수권(授權)규범

무릇 모든 헌법은 기본적으로 권력을 조직화하는 기능을 갖는다. 헌법은 국가기관을 설정하고, 거기에 권한을 부여하며, 국가기관 상호간의 관계를 정한다. 이러한 조직규범과 수권규범으로서의 성격은 모든 헌법이 지닌 기본적인 속성이다.

근대헌법에서는 조직규범 및 수권규범으로서의 헌법이 특정한 원리, 즉 권력분립의 원리하에 형성된다.

(2) 권력제한규범

근대헌법은 단지 조직 · 수권규범에 그치는 것이 아니라 본질적으로 권력제한규범이라는 데에 기본적인 특성이 있다. 권력제한규범으로서의 성격은 두 측면에서 나타난다. 첫째, 헌법은 국민의 권리보장규범이며, 권리보장은 곧 권력제한을 전제한다. 권력을 제한하여 국민의 권리를 보장하는 것은 근대헌법의 기본원리이다. 둘째, 조직규범의 형성에 있어서 권력분립의 원리에 기초함으로써 권력을 제한한다. 권력분립의 원리에 따라 권력을 조직화하는 것은 국민의 권리를 보장하기 위한 것이다. 이렇게 보면 헌법이 권력제한규범이라는 것은 곧 헌법이 권리보장규범임을 의미한다. 근대헌법의 2대 요소인 권리장전 부분과 통치기구 부분은 궁극적으로 국민의 권리보장을 지향한다.

(3) 최고법규범

헌법은 국가의 법질서에서 형식적 및 실질적 의미에서 최고법규범이다. 헌법이 최고법규범이라는 것은 우선 헌법이 형식적으로 최고의 효력을 갖는다는 것을 뜻한다('형식적 의미의 최고법'). 헌법 외의 다른 법규범들은 헌법에 위반되어서는 안 되며, 이를 보장하기 위하여 법령에 대한 위헌심사제도(헌법 제107조, 제111조)가 규정되어 있다. 또한 대통령은 취임시에 헌법준수의 선서를 하도록 되어 있다(헌법 제69조). 외국헌법 중에는 헌법이 최고법임을 명시한 예가 있으나(미국헌법 제6조 제2항, 일본헌법 제98조 등), 우리 헌법은 이를 직접적으로 명시하고 있지는 않다. 그러나 헌법이 최고법임은 위헌법령심사제 규정, 헌법개정절차를 일반 법률개정보다 어렵게 함으로써 경성헌법임을 나타낸 규정(헌법 제128조 내지 제130조) 등에 비추어 논리적으로 당연하다.

헌법은 형식적으로 최고법일 뿐만 아니라 실질적으로도 최고법이라고 할 수 있다('실질적 의미의 최고법'). 헌법이 실질적으로 최고법이라 함은 헌법의 내용이 인간의 자유와 권리의 보장이라는 최고의 가치를 지니고 있음을 의미한다. 헌법이 형식적으로 최고의 효력을 갖는 것은 헌법이 실질적 의미에서 최고법인 점을 토대로 한다(참고. 헌재 1989.9.8. 88헌가6, 판례집 1, 199,205).

국가의 법질서는 형식적 효력의 면에서 최고법인 헌법을 정점으로 하여 그 아래에 법률－명령－처분(및 판결)이라고 하는 순서로 단계구조를 형성하고 있다. 이 단계구조는 두 가지 의미를 지닌다. 첫째, 상위의 법은 하위의 법에 의해 구체화된다. 둘째, 하위의 법은 상위의 법에 그 효력의 근거를 갖는다. 이것이 켈젠(H. Kelsen)의 '법단계설'이다.

2. 헌법의 일반적 특성

헌법은 법질서를 구성하는 다른 실정법과 비교할 때 여러 면에서 특성을 지닌다. 그 일반적 특성을 강한 이념성, 강한 추상성 및 강한 정치성으로 집약할 수 있다.

(1) 강한 이념성

헌법은 이념성이 강하다. 모든 법규범은 정도의 차이가 있으나 이념의 산물이라고 할 수 있는데, 헌법은 특히 그러하다. 헌법은 법질서 전체의 토대가 되는 최고의 가치를 내용으로 하고 있기 때문에 그 규정들은 강한 이념성을 지닌다. 특히 근대헌법은 인권보장을 최고의 이념으로 하는데, 시대와 장소에 따라 헌법의 중심적 이념은 내용을 달리 한다. 예컨대 20세기 이래의 현대 헌법은 이전에 비해 실질적 평등을 중시하고 있다.

(2) 강한 추상성

헌법은 추상성이 강하다. 모든 법규범은 정도의 차이는 있으나 추상성을 피하기 어려운데, 헌법은 다른 실정법보다 그 추상성이 더 강하다. 이것은 헌법의 규정들이 강한 이념성을 지니는 점과 관련이 있을 뿐만 아니라, 헌법이 기본법이라는 점과 연관된다. 헌법은 국가의 기본법이기 때문에 국가의 구성과 국민생활의 기본적인 사항만을 규정하며, 따라서 상대적으로 더 추상적일 수밖에 없다. 이러한 추상성을 통하여 헌법은 변화하는 현실에 따라 탄력적으로 해석되고 운용될 수 있다. 이 점에서 헌법의 추상성은 **'헌법의 개방성'**과 연결된다.

헌법조항의 추상성은 앞서 설명한 것처럼, 헌법에는 원리(principle)의 성격을 지닌 조항이 많다는 점을 반영한다.

(3) 강한 정치성

헌법은 정치성이 강하다. 모든 법규범은 정도의 차이가 있으나 정치성을 지니는데, 헌법은 특히 정치성이 강하다. 그런 뜻에서 헌법은 '정치적 법'이라고 부를 수 있다. 헌법의 강한 정치성은 헌법이 정치권력을 그 규율대상으로 하는 점에 연유한다. 헌법은 그 제정과정에서부터 대단히 정치적이다. 독일의 헌법학자 칼 슈미트(Carl Schmitt, 1888-1985)는 특히 헌법제정의 측면을 중시하여 헌법의 정치성을 강조한 대표적 학자이다. 그는 헌법의 본질을 제정자의 정치적 결단이라고 보았다. 헌법제정만이 아니라 헌법의 해석과 적용도 정치적 성격이 강하다. 헌법을 해석·적용하는 사람의 정치적 견해가 투영되는 것이 보통이기 때문이다. 흔히 헌법재판을 정치적 재판이라고 보는 것도 헌법의 본질적인 정치성에 기인한다.

V. 헌법의 법원(法源)

1. 위헌심사 기준으로서의 헌법

일반적으로 법원(法源)이란 법의 존재형식 또는 인식근거를 의미한다. 예컨대 민법의 법원에 관해서 말하면, 민법전을 비롯하여 그 외에 민사에 관한 특별법과 관습법이 민법의 법원이 되며, 판례법이 법원으로 인정되느냐가 논의된다. 그런데 헌법의 법원에 관해서는 헌법이 국가의 법 가운데 최고의 효력을 갖는 최고법이라는 점과 관련하여 다른 실정법과는 다른 특별한 의미를 지닌다. 즉 헌법의 법원은 위헌심사를 하는 경우에 그 기준으로서의 헌법을 의미한다. 오늘날 성문헌법전이 특별한 의미를 갖는 것은 바로 위헌심사의 기준이 되기 때문이다.

위헌심사의 기준이 되는 헌법이란 무엇이냐에 관하여 기본적으로 두 입장이 갈린다. 그 하나는 형식적 의미의 헌법, 즉 헌법전만을 헌법의 법원으로 인정하는 견해이고, 다른 하나는 헌법전 외에 이른바 불문헌법도 헌법의 법원으로 인정하는 견해이다. 구체적으로는 관습헌법 또는 판례헌법이 헌법의 법원으로 인정되느냐가 논란된다.

2. 관습헌법

이른바 신행정수도건설특별법 사건에서 헌법재판소는 관습헌법을 헌법의 법원으로 인정하고 성문헌법과 동등한 효력을 갖는다고 판시하였다.

(판 례) 관습헌법의 인정과 그 효력(신행정수도건설특별법)

3. 우리나라는 성문헌법을 가진 나라로서 기본적으로 우리 헌법전이 헌법의 법원(法源)이 된다. 그러나 성문헌법이라고 하여도 그 속에 모든 헌법사항을 빠짐 없이 완전히 규율하는 것은 불가능하고 또한 헌법은 국가의 기본법으로서 간결성과 함축성을 추구하기 때문에 형식적 헌법전에는 기재되지 아니한 사항이라도 이를 불문헌법 내지 관습헌법으로 인정할 소지가 있다. 특히 헌법 제정 당시 자명하거나 전제된 사항 및 보편적 헌법원리와 같은 것은 반드시 명문의 규정을 두지 아니하는 경우도 있다. 그렇다고 해서 헌법사항에 관하여 형성되는 관행 내지 관례가 전부 관습헌법이 되는 것은 아니고 강제력이 있는 헌법규범으로서 인정되려면 엄격한 요건들이 충족되어야만 하며, 이러한 요건이 충족된 관습만이 관습헌법으로서 성문의 헌법과 동일한 법적 효력을 가진다.

4. 헌법 제1조 제2항은 '대한민국의 주권은 국민에게 있고, 모든 권력은 국민으로부터 나온다'고 규정한다. 이와 같이 국민이 대한민국의 주권자이며, 국민은 최고의 헌법제정권력이기 때문에 성문헌법의 제·개정에 참여할 뿐만 아니라 헌법전에 포함되지 아니한 헌법사항을 필요에 따라 관습의 형태로 직접

형성할 수 있다. 그렇다면 관습헌법도 성문헌법과 마찬가지로 주권자인 국민의 헌법적 결단의 의사의 표현이며 성문헌법과 동등한 효력을 가진다고 보아야 한다. 국민주권주의는 성문이든 관습이든 실정법 전체의 정립에의 국민의 참여를 요구한다고 할 것이며, 국민에 의하여 정립된 관습헌법은 입법권자를 구속하며 헌법으로서의 효력을 가진다.

헌재 2004.10.21. 2004헌마554등, 판례집 16-2 하, 1,2-3

(판 례) 관습헌법의 성립요건(신행정수도건설특별법)

5. 관습헌법이 성립하기 위하여서는 관습이 성립하는 사항이 단지 법률로 정할 사항이 아니라 반드시 헌법에 의하여 규율되어 법률에 대하여 효력상 우위를 가져야 할 만큼 헌법적으로 중요한 기본적 사항이 되어야 한다. 일반적으로 실질적인 헌법사항이라고 함은 널리 국가의 조직에 관한 사항이나 국가기관의 권한 구성에 관한 사항 혹은 개인의 국가권력에 대한 지위를 포함하여 말하는 것이지만, 관습헌법은 이와 같은 일반적인 헌법사항에 해당하는 내용 중에서도 특히 국가의 기본적이고 핵심적인 사항으로서 법률에 의하여 규율하는 것이 적합하지 아니한 사항을 대상으로 한다. 일반적인 헌법사항 중 과연 어디까지가 이러한 기본적이고 핵심적인 헌법사항에 해당하는지 여부는 일반 추상적인 기준을 설정하여 재단할 수는 없고, 개별적 문제사항에서 헌법적 원칙성과 중요성 및 헌법원리를 통하여 평가하는 구체적 판단에 의하여 확정하여야 한다.

6. 관습헌법이 성립하기 위하여서는 관습법의 성립에서 요구되는 일반적 성립 요건이 충족되어야 한다. 첫째, 기본적 헌법사항에 관하여 어떠한 관행 내지 관례가 존재하고, 둘째, 그 관행은 국민이 그 존재를 인식하고 사라지지 않을 관행이라고 인정할 만큼 충분한 기간 동안 반복 내지 계속되어야 하며(반복·계속성), 셋째, 관행은 지속성을 가져야 하는 것으로서 그 중간에 반대되는 관행이 이루어져서는 아니 되고(항상성), 넷째, 관행은 여러 가지 해석이 가능할 정도로 모호한 것이 아닌 명확한 내용을 가진 것이어야 한다(명료성). 또한 다섯째, 이러한 관행이 헌법관습으로서 국민들의 승인 내지 확신 또는 폭넓은 컨센서스를 얻어 국민이 강제력을 가진다고 믿고 있어야 한다(국민적 합의).

헌재 2004.10.21. 2004헌마554등, 판례집 16-2 하, 1,3-4

헌법재판소는 위의 논지에 따라 "수도를 설정하는 것 이외에도 국명(國名)을 정하는 것, 우리말을 국어로 하고 우리글을 한글로 하는 것, 영토를 획정하고 국가주권의 소재를 밝히는 것 등이 국가의 정체성에 관한 기본적 헌법사항이 된다"고 하고, "서울이 수도라는 점은 우리의 제정헌법이 있기 전부터 전통적으로 존재하여온 헌법적 관습이며 우리 헌법조항에서 명문으로 밝힌 것은 아니지만 자명하고 헌법에 전제된 규범으로서, 관습헌법으로 성립된 불문헌법에 해당한다"고 보았다. 국기에 관해서는 2007.1.26. 대한민국국기법이 제정되어 법률상 근거를 갖게 되었다(제4조. "대한민국의 국기는 태극기로 한다").

한편 헌법재판소는 관습헌법이 성문헌법과 동등한 효력을 가지며, 관습헌법의 폐지에는 성문헌법의 개정절차가 필요하고, 그 밖에 관습헌법의 존속요건인 국민적 합의성이 소멸되면 관습헌법도 폐지된다고 보았다. 이러한 논지에 입각하여 신행정수도건설특별법은 "헌법개정사항인 수도의 이전을 헌법개정의 절차를 밟지 아니하고 단지 단순법률의 형태로 실현시킨 것으로서 결국 헌법 제130조에 따라 헌법개정에 있어서 국민이 가지는 참정권적 기본권인 국민투표권의 행사를 배제한 것이므로 동 권리를 침해하여 헌법에 위반된다"고 판시하였다(헌재 2004.10.21. 2004헌마554등, 판례집 16-2, 1,4-7).

생각건대 위헌심사 기준으로서의 헌법의 법원은 원칙적으로 성문헌법인 헌법전을 가리킨다. 여기에는 헌법전에 담겨있는 개개의 헌법규정만이 아니라 이들 규정의 원천이 되는 헌법원리(constitutional principles)도 포함된다. 헌법전 외에 기본적인 헌법사항으로서 헌법전에 흠결된 것이 명백하게 인정될 때에 한하여 보충적으로 관습헌법이 법원으로 인정된다고 할 것이다. 관습헌법을 인정하더라도 관습헌법을 내세워 헌법전을 무시하는 것은 인정되지 않는다. 다만 일정한 요건하에 '헌법의 변천'을 인정하는 견해가 있다(뒤의 '헌법의 변천' 참조).

3. 헌법판례의 법원성 여부

불문헌법의 또 다른 형태로 판례헌법이 인정되느냐는 문제가 있다. 헌법에 관한 헌법재판소 판례나 일반법원의 판례는 위헌심사 기준으로서의 헌법의 법원은 아니라고 볼 것이다. 헌법재판소의 위헌법률심판에서 내려진 합헌결정에 대하여는 기속력이 인정되지 않으며, 재판관 6인 이상의 찬성으로 판례를 변경할 수 있다(헌법재판소법 제23조 제2항 제2호). 또한 영미법계 국가와는 달리 일반 법원의 판례는 일반적 구속력을 갖지 않는다(법원조직법 제8조. "상급법원의 재판에 있어서의 판단은 해당사건에 관하여 하급심을 기속한다"). 다만 실제에 있어서 헌법판례의 실질적인 중요성은 크다.

헌법재판소는 탄핵사유로 규정되어 있는 '헌법이나 법률에 위배한 때'의 '헌법'에는 명문의 헌법규정뿐만 아니라 헌법재판소의 결정에 의하여 형성되어 확립된 불문헌법도 포함한다고 한다고 판시하고 있다(헌재 2004.5.14. 2004헌나1). 이 판례가 헌법판례의 법원성을 인정하는 것으로 해석될 여지가 없지 않지만, 그보다는 헌법판례를 소재로 그 집적을 통해 형성된 헌법원리(constitutional principle)가 헌법의 법원이라고 해석하는 것이 타당하다.

Ⅵ. 헌법의 효력근거

법단계설이 말하는 것처럼 국가의 법질서는 상위법과 하위법 간의 단계적 구조를 이룬다. 하위법은 상위법에 근거하여 제정되며, 하위법의 효력의 근거는 상위법에 있다. 명령 · 규칙의 효력의 근거는 법률에 있고, 법률의 효력의 근거는 헌법에 있다. 그렇다면 헌법은 무엇에 근거하여 제정되며, 헌법의 효력의 근거는 무엇인가. 헌법은 국가의 최고법인 만큼 헌법 그 자체의 효력의 근거는 곧 국가 법질서 전체의 효력의 근거이기도 하다. 이 문제는 헌법과 법의 본질에 관한 가장 근본적인 문제이며, 이에 관해서는 종래 다양한 이론들이 제시되어 왔다(아래의 내용은 일반적인 법효력의 근거에 관한 심헌섭, 〈법철학 I〉, 1982, 74쪽 이하를 참조한 것임).

1. 실 력 설

헌법을 비롯하여 법은 하나의 강제질서이며, 강제적인 힘(실력)이야말로 (헌)법효력의 근거라고 보는 견해이다. 법은 그것을 실현할 수 있는 힘을 지닌 자의 명령이며, 그 힘이야말로 법효력의 근거라고 보는 것이다. 이러한 견해는 그리스의 소피스트 이래 홉스(T. Hobbes, 1588-1679) 등, 여러 현실주의적 또는 실증주의적 이론가들에 의해 제시되어 왔다. 영국의 법실증주의자 오스틴(John Austin, 1790-1859)이 법은 주권자의 명령이라고 본 것도 실력설에 속한다. 이런 견해에 의한다면 대한민국 헌법의 효력의 근거는 1948년 헌법을 만든 사실상의 힘이다.

실력설은 법효력의 현실을 있는 그대로 설명해주는 것처럼 보인다. 그러나 법효력의 근거가 단순히 힘에 있다고 보기는 어렵다. 법의 효력이란 수범자(受範者)에게 당위적(當爲的)으로 법규범에 대한 복종을 요청하는 것, 곧 법의 규범적 구속성(規範的拘束性)을 의미하는 것인데, 사실상의 힘은 단지 사실상의 복종을 가져올 수 있을 뿐이지 복종의 의무라는 당위를 낳지는 못한다. 폭력배의 명령은 복종시키는 힘이 있더라도 법규범의 효력을 갖는 것은 아니다. 힘은 법의 실효성을 가져오지만 그것만으로는 법에 따라야 한다는 당위적인 규범적 구속성을 낳지는 못한다.

2. 이념설(자연법론)

법의 효력이 사실에서 나올 수 없다면 당위적인 것에서 그 근거를 찾을 수밖에 없다. 최고의 실정법인 헌법의 당위적인 근거를 초실정적(超實定的)인 가치 또는 이념에서 찾는 것이 이념설이다. 그 대표적인 것이 자연법론이다.

자연법의 의미는 다의적이지만, 일반적으로 자연법론이란 인간이 만든 실정법으로부터 독립하여 효력을 지니는 규범적·도덕적 원리들(즉 자연법)이 존재하며, 이 자연법은 실정법보다 상위의 근본적 법으로서, 실정법의 가치나 권위를 평가하는 척도가 된다고 보는 이론이다. 자연법론에 따른다면 헌법의 효력의 근거는 자연법이며, 자연법에 부합하는 헌법만이 헌법으로서의 효력을 지니게 될 것이다. 그러나 자연법론은 자연법의 존재와 그 내용의 객관성을 주장함에도 불구하고, 과연 그것을 객관적으로 확증하고 명백히 인식할 수 있는가 하는 의문 앞에 명백한 답을 주기 어렵다.

명시적으로 자연법이라는 이름을 붙이지 않더라도 법이 지향해야 할 어떠한 가치로부터 법효력의 근거를 찾는 여러 이론들이 제시되고 있다. 예컨대 법이 지향하는 윤리적 가치인 정의에서만 법효력의 근거를 찾을 수 있다는 카우프만(A. Kaufmann)의 이론 등을 들 수 있다. 그러나 자연법론을 비롯한 모든 이념설은 그것만으로는 한계가 있고 문제성을 지닌다. 사실에 토대를 두지 않고 이념만에서 법효력의 근거를 찾을 수 있는가라는 의문이 제기될 뿐만 아니라, 법이념의 내용은 주관성을 벗어나기 힘들다.

3. 근본규범 이론

자연법의 존재를 인정하지 않으면서 헌법의 효력의 근거를 다시 규범에서 찾으려는 이론으로 켈젠의 근본규범(Grundnorm) 이론을 들 수 있다. 켈젠은 존재에서 당위가 도출될 수 없으며, 규범의 효력의 근거는 또다른 규범의 효력에서만 찾을 수 있다는 전제에서 출발한다. 근본규범이란 모든 규범의 최종적인 효력 근거가 되는 규범이다. 이 최종적인 규범이 만일 사람에 의해 제정된 것이라면, 즉 실정적인 규범이라면, 다시 그 제정의 근거가 되는 수권규범(授權規範)이 무엇인가를 묻지 않을 수 없다. 그러므로 근본규범은 실정법이 아니라 실정법인 헌법의 효력의 근거로서 전제된 것이다. 그런 의미에서 그것은 '논리적으로 전제된' 규범일 뿐이다. 또한 근본규범은 실정법규범을 창설하는 권한만을 부여하는 것이지 실정법규범의 내용이 어떠해야 한다고 말하지 않는다. 근본규범은 단지 '헌법이 정하는 대로 하라'고 할 뿐이다. 그런 의미에서 근본규범은 이념적, 도덕적 원리들과는 전혀 분리된 것이다. 이처럼 근본규범은 하나의 법질서에 속하는 모든 규범의 최종적인 효력근거가 되는 규범이며, 실정적인 규범이 아니라 논리적으로 전제된 규범이다.

용어 사용과 관련해 주의할 점이 있다. 켈젠의 이론을 떠나서 '헌법의 근본규범' 또는 '실정법의 근본규범으로서의 헌법'이라는 표현을 쓰는 경우가 있다. '헌법의 근본규범'이란 헌법의 내용 가운데에서도 특히 헌법 전반의 근본적인 토대가 되는 핵심적 규정(이른바 '헌법핵')을 지칭하는 것이다. '실정법의 근본규범으로서의 헌법'이란 헌법이 실정법 가운데에 가장 기본적인 내용을 담고 있는 법규범이라는 의미이다. 이 양자의 용어는 모두 켈젠이 말하는 근본규범과는 다른 것이다.

켈젠의 근본규범 이론은 그가 자칭하는 '순수법학'(*Reine Rechtslehre*, 1934)의 입장에서 나온 것이다. 즉 사실과 당위를 엄격히 구별하며, 자연법을 비롯한 이념적, 이데올로기적 요소를 제거하고 법을 순수하게 규범논리적으로만 접근하는 방법론에 입각한 것이다. 그러나 그가 말하는 근본규범은 '논리적 전제'에 불과한 것으로, 법효력의 근거에 관한 아무 실질적인 답을 주지 못한다. 켈젠 스스로도 후년에는 근본규범이 단지 가설(假說, hypothesis)이나 의제(擬制, fiction)라고 부르기도 하였다. 그뿐만이 아니다. 순수법학이 이념적, 이데올로기적 요소를 배제한다고 하지만, 아무 내용이든 '헌법이 정한 대로 하라'는 것 자체가 정치적 의미를 벗어나기 힘들다. 또한 켈젠 스스로 근본규범은 '힘의 법에의 전화(轉化)'라고 말한 것은 규범이 사실적인 힘에서 분리되기 어려운 점을 암묵적으로 자인한 것으로 볼 수도 있다.

4. 승 인 설

헌법효력의 근거가 단순한 사실상의 힘에 있는 것이 아니고 자연법과 같은 법이념에 있는 것도 아니라면 어디에서 이를 찾을 수 있는가. 이 물음에 대한 또 다른 대답이 승인설이다. 승인설은 규범이 아닌 사실에서 법효력의 근거를 찾는 점에서 실력설과 공통되지만, 힘을 가진 자의 명령이 아니라 법에 복종하는 자의 승인에서 효력근거를 찾는 점에서 구별된다.

승인설은 개개인의 승인에서 근거를 구하는 개별적 승인설과 지배적 다수의 승인에서 근거를 찾는 일반적 승인설로 나뉜다. 개별적 승인설의 문제점은 승인하지 않는 개인에 대한 법효력의 근거를 찾기 어렵다는 것이다. 대표적인 일반적 승인설에 의하면 법효력은 지배적 다수의 윤리관에 의거한다고 보았다.

공법학자 가운데 일반적 승인설에 속하는 예로 옐리네크(Georg Jellinek, 1851-1911)를 들 수 있다. 그는 법을 '최소한의 윤리'라고 보았다. 그는 심리적 방법에 의거하여, 법의 구속성과 복종의무의 근거를 승인에서 찾았다. 그가 말하는 '사실의 규범력'(normative Kraft des Faktischen) 이론에 의하면, 순수한 사실적인 힘이 평균적인 국민들에 의해 승인될 때, 즉 사실적인 것이 규범적이라는 확신이 생길 때 법이 된다고 보았다.

5. 헌법제정권력 이론

헌법의 효력근거와 관련된 이론으로 헌법제정권력 이론이 있다. 헌법은 실정법질서의 최종적 근거가 되므로 헌법제정권력은 곧 모든 법의 궁극적 연원을 이루는 힘이라고 할 수 있다. 헌법을 제정하는 힘인 헌법제정권력이 단순한 사실적인 힘이냐 여부는 헌법제정권력에 관한 구체적 이론구성에 따라 상이하다.

(1) 시에예스의 헌법제정권력 이론

헌법제정권력 이론은 먼저 프랑스 대혁명 당시의 이론가 시에예스(Emmanuel Sieyès, 1748-1836)에 의해 체계화되었다. '제3신분이란 무엇인가'(*Qúest-ce que le triers-état?*, 1789)에서 전개된 그의 이론의 요지는 다음과 같다. 권력은 '헌법제정권력'(pouvoir constituant)과 '헌법에 의해 조직된 권력'(pouvoir constitué)으로 구분된다. 국가질서의 일반적 단계에서는 권력은 헌법에 의해 규율된다. 권력이 발동되려면 먼저 헌법에 의해 조직되고 헌법의 인정을 받아야 한다. 이것이 '헌법에 의해 조직된 권력'이다. 이에 대하여, 국가질서의 최고단계에서는 헌법에 의해서도 구속되지 않는 최고의 힘이 존재한다. 이것이 '헌법제정권력'이다. 이처럼 헌법제정권력 — 헌법 — 헌법에 의해 조직된 권력이라는 위계질서가 확립된다.

한편 시에예스에 의하면, 인간의 정치사회의 형성은 3시기를 거쳐 발달한다. 제1시기에서 인간은 개개인이 각자 '개인의사'에 의해 활동한다. 제2시기인 정치사회에로 넘어가면 개인의사에 대신하여 통일적인 '공동의사'가 나타나며 공동의사가 사회생활의 기준이 된다. 제3시기가 되면 '대의적 공동의사'가 형성된다. 국민의 공동의사를 대표하는 기관인 대의기관(의회만이 아닌 광의의 정부)이 설정되고 대의기관은 국민의 의사를 위임받은 수탁자로서 행동한다. 이처럼 정부의 권력의 마지막 근거는 국민에게 있다. 국민의 의사는 헌법에 앞서며 헌법제정권력은 국민에게 있다. 즉 국민의 의사는 헌법보다 상위에 있는 것이다. 국민의 의사는 그것이 존재함으로써 이미 합법적이다. 국민의 의사 이전에, 그 상부에는 자연법만이 있을 뿐이다. 국민은 자연법에 의해 형성되며, 반면 정부는 실정법에만 속한다. 다시 말하면 헌법제정권력을 갖는 국민은 무엇이라도 할 수 있으며, 무엇을 하더라도 그것은 합법적이다(시에예스, 박인수 역, 〈제3신분이란 무엇인가〉, 2003 참조).

이처럼 시에예스에 의하면 헌법제정권력은 국민에게 있고 국민은 무엇을 하더라도 합법적이라고 한다. 그렇다면 그가 말하는 헌법제정권력은 단순한 사실적인 힘에 그치는 것인가? 그렇게 볼 수 없다고 할 것이다. 왜냐하면 헌법제정권력의 소지자인 국민의 의사는 그 자체가 곧 합법적이라고 보고 있기 때문이다. 그는 국민주권주의에 따라 국민만이 헌법제정권력을 갖고 있다고 보고 있다. 또한 국민의 의사는 곧 합법적이라고 할 때 그 합법성의 의미는 실정법 적합성을 뜻하는 것은 아니라고 볼 것이다. 시에예스 스스로 국민의 의사 이전에 자연법이 있으며 국민은 자연법에 의해 형성된다고 말하고 있다. 이렇게 보면 시에예스의 헌법제정권력 이론은 자연법론적 성격을 지니고 있다고 해석할 수 있다.

(2) 칼 슈미트의 헌법제정권력 이론

칼 슈미트는 시에예스의 이론을 이어받아 다시 헌법제정권력 이론을 전개하였다. 그의 '헌법학'(*Verfassungslehre*, 1928)에 나타난 헌법제정권력 이론의 요지는 다음과 같다. 우선 '헌법'(Verfassung)과 '헌법률'(Verfassungsgesetz)은 구별된다. 헌법률은 헌법상의 개개의 규정이며 보통의 법률과 실질적인 차이는 없다. 헌법률의 개정절차가 법률의 개정절차보다 어렵게 되어 있는 경우에도 이 차이는 상대적인 것에 불과하다. 왜냐하면 의회의석의 구성에 따라서는 헌법률도 얼마든지 법률과 마찬가지로 개정될 수 있기 때문이다. 그렇기 때문에 헌법률은 법률이나 그 밖의 조문화된 모든 법규범과 마찬가지로 상대적 효력밖에 갖지 못한다. 헌법률은 규범으로 정립된 것이며, 그것이 정립된 것인 한에서 그 정립의 근거가 된 사태의 여하에 따라 움직여진다. 이처럼 상대적인 헌법률의 정립의 근거가 되고, 그 효력의 근거가 되는 것이 '헌법'이다. 헌법은 국가의 전체적인 조직에 관하여 내려진 결정이다. 국가란 민족의 정치적 통일체인데, 국가의 형태에 관한 전체적인 결정이 곧 헌법이다.

이 같은 의미의 헌법이라고 하더라도 절대 불변의 것은 아니다. 국가의 기본형태인 헌법은 이에 관한 다른 결정이 내려진 경우에는 국가의 동일성에 영향을 주지 않고 변화될 수 있다. 이처럼 국가의 기본형태를 결정하거나 변경하는 것은 그 국가에 있어서 궁극적인 '정치적 의지'이다. 이 정치적 의지가 곧 '헌법제정권력'(verfassunggebende Gewalt)이다. 헌법제정권력을 구속하는 규범은 존재하지 않는다. 그런 의미에서 헌법제정권력은 절대적이다. 또한 헌법제정권력은 정당성의 근거를 필요로 하지 않는다. 헌법제정권력의 작용은 그 자체가 곧 정당하다. 헌법제정권력의 주체에는 국민, 군주, 소수의 조직체라는 세 형태가 있다.

이처럼 슈미트가 말하는 헌법제정권력은 순전한 사실적인 힘이며, 정당성의 근거를 필요로 하지 않는다. 또한 시에예스와 달리 국민만이 헌법제정권력의 주체일 수 있다고 한정하지 않는다. 이 점에서 시에예스의 이론이 자연법론적 성격을 띠는 것과 다르다. 이렇게 보면 헌법제정권력이 헌법을 만든다기보다, 사실적인 실력이 헌법을 만들면 그 실력이 곧 헌법제정권력이라고 해석할 수 있다.

6. 헌법의 효력근거에 관한 결론적 고찰

위의 여러 견해들은 크게 두 부류로 나누어 볼 수 있다. ① 하나는 사실적인 것에서 효력근거를 찾는 견해이고, ② 다른 하나는 규범적인 것에서 찾는 견해이다. 실력설과 승인설은 전자에 속하고, 이념설과 근본규범 이론은 후자에 속한다. 한편 슈미트의 헌법제정권력 이론은 실력설에 속하고, 시에예스의 이론은 자연법론에 속한다고 할 수 있다.

이미 검토한 것처럼 어느 하나의 입장만으로 헌법의 효력의 근거를 만족스럽게 설명할 수는 없다. 사실적인 힘 그 자체가 곧 헌법의 효력근거라고 볼 수 없고, 사실에 기초하지 않은 법이념만으로 헌법의 효력근거가 될 수 없다. 헌법의 효력의 근거는 사실과 이념 양면 모두에서 찾아야 할 것이다. 헌법의 궁극적인 효력근거는 국민의 의사에서 구하되, 그 의사는 단순한 사실로서의 의사가 아니라 이념적 정당성을 갖춘 의사라야 한다. 즉 이념적 정당성을 갖춘 국민의 의사야말로 헌법의 효력근거라고 할 것이다.

(판 례) 이른바 12 · 12 및 5 · 17사건 등에 관한 불기소처분('집권에 성공한 내란'의 가벌성)

(재판관 김진우 등 3인의 반대의견 요지)

(위 반대의견이 헌법소원심판청구가 취하되기 전에 이루어진 평의에서 집권에 성공한 내란의 가벌성에 관하여 헌법재판소법상 인용결정에 필요한 정족수를 넘은 의견으로 밝힌 내용)

가. 형법이 내란죄를 범죄로 규정함으로써 보호하고자 하는 헌법질서는 국민주권주의와 자유민주적 기본질서에 바탕을 둔 헌법질서를 의미하며, 단순히 집권중인 정치권력이나 그 권력에 의해 유지되는 헌법질서를 의미하는 것이라고 볼 수 없다.

나. 내란의 목적을 달성하여 사실상 국가권력을 장악한 때에는 그 내란행위자에 대하여 국가의 형벌권을 발동하여 내란죄로 처벌할 방법이 사실상 없으므로 불처벌의 상태로 남아 있을 수밖에 없는 사태가 발생할 수도 있다. 그러나 이러한 상태는 국가형벌권을 담당하는 국가기관이 내란행위자에 의해 억압되고 주권자인 국민도 현실적으로 그를 배제할 힘을 갖지 못함으로써 발생되는 것일 뿐이며, 법리상 당위로서 도출되는 규범적 결과라고 말할 수는 없다.

다. 봉건적 전제국가나 독재국가에서 억압 · 배제되었던 국민의 주권을 회복하여 민주적 시민국가를 건설하기 위한 수단으로서 내란행위에 나아간 경우에는 사전 또는 사후에 국민 전체의 의사에 의하여 정당화됨으로써 처벌을 받지 않게 되는 경우도 있을 수 있으며, 만일 국민이 완전히 자유롭게 주권적인 의사를 결정할 수 있는 상태에서 내란행위에 대하여 승인을 하였다면 그 내란행위는 국민 전체의 의사에 의하여 정당화된 것으로 보아야 할 것이다.

바. 내란행위에 의하여 성립된 국가권력도 일응 사회질서유지를 위하여 법규를 제정하고 처분을 할 권한을 가지는 것이고, 사후에 내란행위자를 처벌하더라도 특단의 사정이 없는 한 그 법규나 처분의 효력은 소멸하지 아니하는 것이다. 이는 법적 안정성이라는 법의 또 다른 요구에 기하여 내란행위로 수립된 질서에 대하여도 일응의 규범력을 인정하는 것이며, 따라서 내란으로 성립한 통치체제가 그 후 내란정부로 단정된다고 해서 그 정부가 행한 대내외적인 행위의 법적 효력이 인정될 수 없게 되어 법적 공백상태와 혼란이 초래되는 것은 아니며 헌정질서가 중단되는 것도 아니다.

헌재 1995.12.15. 95헌마221등, 판례집 7-2, 697,698-699

위 사건에서 검찰의 불기소처분 이유는 실력설에 입각한 법실증주의에 의거했었다. 그러나 헌법재판소의 반대의견은 단순한 형식적인 절차를 넘어서는 국민의 승인을 헌법의 효력근거로 보았으며, 내란행위의 정당성의 판단은 자유민주적 기본질서의 보장 등 여러 요소들을 종합적으로 고려해야 한다고 보았다(다수의견은 심판청구의 취하로 심판절차가 종료되었다고 결정하였다).

Ⅶ. 입헌주의

근대 헌법은 '시민혁명이 있었는가, 없었는가'에 따라, 두 유형으로 나뉜다. 시민혁명의 소산으로 나온 '근대적 입헌주의 헌법', 그리고 시민혁명을 성사시키지 못한 채 만들어낸 '외견적 입헌주의 헌법'이 그것이다. 이 두 유형은 20세기 이후 각각 상이한 유형의 국가체제 및 국제정치적 좌표에 이르게 된다. 19세기 후반, 외견적 입헌주의 헌법을 채택한 독일과 일본은 20세기 전반에 나치즘, 군국주의라고 하는 전체주의에 빠져들었다.

1. 입헌주의의 의의

넓은 의미의 입헌주의(constitutionalism, Konstitutionalismus)란 헌법에 의하여 권력을 제한하는 통치원리를 말한다. 입헌주의의 핵심적 의미는 헌법을 통한 '권력 제한'에 있다.

흔히 입헌주의라고 말하면 근대 입헌주의를 가리키지만, 넓은 의미의 입헌주의는 중세에서도 찾아볼 수 있다('중세 입헌주의'). 예컨대 영국의 대헌장(Magna Carta, 1215)을 들 수 있다. 그러나 중세 입헌주의는 신분에 따른 자유와 신분에 따른 의회(등족회의, 等族會議)를 토대로 하는 것이었다. 그것은 신분제 사회를 기초로 하는 것이었다.

근대 입헌주의는 중세 입헌주의와 달리 신분제를 떠나 개인을 바탕으로 하는 사회를 전제한다. 근대 입헌주의 원리는 프랑스 인권선언 제16조에 잘 나타나 있는 것으로 흔히 설명된다("권리의 보장이 확보되지 않고 권력의 분립이 확정되어 있지 않은 사회는 헌법을 갖고 있는 것이 아니다"). 즉 권리보장과 권력분립을 근대 입헌주의의 2대 요소라고 부른다. 그런데 여기에서 유의할 점이 있다. 근대 입헌주의에 의한 권리보장은 신분에 따른 권리의 보장이 아니라, 인권선언 제목("인간과 시민의 권리선언")에 나타나 있는 것처럼 인간 누구나 개인으로서 갖는 '인권'의 보장이며, 이것은 국민주권에 의해 비로소 확보되고 있다는 점이다(인권선언 제3조. "모든 주권의 원리는 본질적으로 국민에게 있다"). 즉 신분을 떠난 개인의 인권보장이 가능하게 된 것은 국민주권에 의해서였다는 것이다. 이렇게 보면 근대 입헌주의 원리는 권리보장 및 권력분립 외에 국민주권을 토대로 한다고 할 수 있다.

근대 입헌주의의 기본요소로서 실질 내용의 면에서는 ① 인권보장, ② 권력분립, ③ 국민주권을, 형식적 측면에서는 ④ 성문헌법, ⑤ 경성헌법을 들 수 있다.

입헌주의 원리는 법치주의와 밀접히 연관되어 있다. 입헌주의의 핵심적 요소가 권력제한에 있는 것과 마찬가지로 법치주의 역시 권력제한을 목적으로 한다. 이 점에 비추어 입헌주의 원리를 법치주의의 요소로 보는 견해도 있다.

2. 외견적 입헌주의

입헌주의라는 말은 특히 19세기 독일의 공법사상에서 중요한 의미를 지니고 있었다. 그러나 당시 독일에서의 입헌주의는 국민주권을 부정하는 것이었다. 1850년의 프로이센 헌법은 군주주권에 입각한 흠정헌법이었다. 거기에서 입헌주의의 실제 의미는 군주와 의회의 관계에서 의회의 우위를 부정하고 의회로부터 군주권력의 독립을 강조하는 것이었다. 즉 의회에 대한 각료의 책임을 인정하는 의회주의와 대비되는 용어로 입헌주의라는 말이 사용되었던 것이다. 이처럼 권리보장과 권력분립을 어느 정도 수용하면서도 군주의 권력에 의해 이를 크게 제한하는 것을 '외견적 입헌주의'(Scheinkonstitutionalismus)라고 불렀다. 일본제국의 메이지(明治)헌법(1889)도 외견적 입헌주의에 속한다.

독일에서는 1848년 3월, 시민혁명 시도가 있은 후 실패하였지만, 일본에서는 시민혁명 시도조차 없었다.

외견적 입헌주의라는 용어를 일반화하여 사용한다면 현대의 사이비 입헌주의(예컨대 한국의 1972년 유신헌법)도 외견적 입헌주의라고 부를 수 있다.

3. 현대의 입헌주의

(1) 복지국가와 입헌주의

본래 근대 입헌주의는 개인의 형식적인 자유와 평등을 이념으로 하고 국가의 역할을 최소한의 질서유지에 한정시키는 '소극국가'와 함께 전개된 것이다. 그러나 자본주의가 고도화하여 독점자본주의가 형성됨에 따라 근로자의 지위는 더욱 열악해지고 사회경제적 약자에 대하여 자유는 공허한 것이 되어버렸다. 이에 따라 근로자를 비롯한 모든 사람들에게 인간다운 생활을 보장하기 위하여 국가가 종래 시민의 자율적 영역으로 여겨졌던 사적·경제적 영역에 개입하게 되었다. 이렇게 해서 종래의 소극국가는 '적극국가'로 변모하였다. 이러한 적극국가를 흔히 복지국가 또는 사회국가라고 부른다. 복지국가(welfare state)는 주로 영국에서 사용되어온 용어이고, 사회국가(Sozialstaat)는 독일에서 쓰이는 용어이다. 복지국가 또는 사회국가의 의미를 일반적으로 이해하면, 사회경제적 약자를 보호하고 국민의 복지를 증진하기 위하여 사회보장제도를 시행하고 완전고용정책을 비롯한 여러 경제정책을 적극적으로 추진하는 국가를 말한다.

근대 입헌주의가 소극국가를 전제했던 점에 비추어 보면 복지국가 또는 사회국가는 입헌주의와 충돌하지 않느냐라는 의문이 들 수 있다. 그러나 입헌주의는 본래 개인의 자유와 권리를 보장하기 위해 권력을 제한하려는 것이므로 자유와 권리를 실질화하려는 복지국가 또는 사회국가의 이념은 입헌주의의 이념과 대립하는 것은 아니다. 이러한 취지에서 오늘날 독일에서 사회국가와 실질적 법치국가를 결합시키는 '사회적 법치국가'(sozialer Rechtsstaat) 개념이 사용되는 것을 이해할 수 있다.

(2) 민주주의와 입헌주의

본래 입헌주의는 개인의 자유를 보장하려는 자유주의에 기초한 것이며 권력에 대한 통제를 본질적 속성으로 하는 것이다. 그렇기 때문에 주권개념에 기초하여 강력한 권력 행사를 정당화하려는 취지에서 민주주의 이념이 강조되는 경우에는 입헌주의가 상대적으로 중시되지 않는 측면이 있다. 그러나 민주주의를 단순한 다수자 지배의 원리로 보지 않고 근본적으로 개인의 자유와 평등을 실현하기 위한 것으로 이해하는 한, 입헌주의는 민주주의와 밀접히 연관된다고 할 수 있다. 입헌주의가 추구하는 권력의 통제와 자유의 보장은 국민이 능동적으로 권력의 형성과 행사에 참여하는 민주적 제도를 통하여 실현될 수 있기 때문이다. 이처럼 입헌주의와 민주주의가 결합할 때 그 각각의 이념은 현실적으로 실현될 수 있다. 그 결합이 '**입헌민주주의**'이다.

(3) '사법통치'(juristocracy)

입헌주의의 현대적 의의로서 특히 주목할 것은 헌법재판이 중시된다는 점이다. 국가의 작용이 단지 법률에 합치할 뿐만 아니라 그 법률을 비롯한 모든 국가작용이 헌법에 합치하도록 하기 위해서는 법률의 합헌성 심사를 중심으로 하는 헌법재판이 불가결하다. 모든 국가작용의 헌법적합성을 특별히 중시하고 추구하는 국가를 가리켜 **'헌법국가'**(Verfassungsstaat)라고 부르는데, 헌법국가에서 헌법적합성을 보장하는 제도적 수단으로 채택되는 것이 헌법재판이다. 이처럼 현대 입헌주의의 특성은 특히 헌법재판을 권력통제의 주요 수단으로 삼는다는 점이다.

일반적으로 현대 입헌민주주의 국가의 특징적 현상의 하나는 정치적 쟁점들의 해결을 재판을 통해 모색한다는 점이다. 이것이 **'정치의 사법화'**(judicialization of politics) 현상이다. 나아가 이 현상은 잇따라 **'사법의 정치화'** 현상을 초래하게 된다. 재판이 정치의 영향을 받고 또한 정치에 영향을 미치는 것이다. 정치의 사법화와 이에 따른 사법의 정치화를 가져오는 제도 가운데 특히 중요한 역할을 하는 것이 헌법재판제도이며 그 중심이 되는 것이 위헌법률심사제이다. 위헌법률심사는 미국에서 흔히 사법심사(judicial review)라고 불린다. 이처럼 20세기 후반 이래 사법기관을 중심으로 정치적 목적의 실현과 공공적 쟁점의 해결이 추구되고, 특히 헌법재판이 그 중심이 되는 통치를 가리켜 '사법통치'(juristocracy)라는 새로운 용어가 최근 사용되고 있다(Guarneri and Pederzoli, *From Democracy to Juristocracy?*, 2002; Ran Hirschl, *Towards Juristocracy*, 2004 참조). 오늘날 헌법재판의 핵심인 위헌법률심사제를 채택하고 있는 국가의 수는 80개 이상에 달한다. 헌법재판제도는 특히 1970년대 이후 세계사적인 민주화 물결의 도래와 함께 전 세계적으로 확산되고 있으며, 이와 더불어 사법통치 현상도 현대 입헌민주국가에서 점차 보편화되어가고 있다.

사법통치를 초래한 요인은 무엇인가. ① 근본적인 요인으로, 민주화와 이에 따른 개인의 권리의식의 향상 또는 팽창이다. 사법통치의 제도적 장치가 되는 헌법재판은 주로 기본권 침해를 쟁점으로 다루기 때문에, 권리의식의 향상은 헌법재판 활성화의 토대가 된다. ② 의회에 의해 대변되는 다수자 권력에 대한 불신이다. 위헌심사제를 통한 정치의 사법화와 사법의 정치화는 다수자 권력의 불신에 토대를 두고 있다. ③ 위헌심사제는 헌정(憲政)의 불확실성에 대한 대응책이 된다는 견해가 있다. 위헌심사제는 장래의 선거 패자들에게 일종의 '보험'을 제공한다는 것이다. 위헌심사제를 통해 정치적 소수자가 다수자에게 도전할 수 있는 기회를 갖게 된다는 '보험이론'이 그것이다(Tom Ginsburg, *Judicial Review in New Democracies*, 2003). ④ 그 밖에 이른바 '헤게모니 유지'(hegemonic preservation) 이론이 있다. 과거 영국 식민지였던 네 나라(이스라엘, 뉴질랜드, 남아프리카, 캐나다)에서 근래에 사법심사제를 채택한 배경과 결과를 분석한 이 이론에 의하면, 과거 종속적 지위에 있던 집단들의 권력이 부상하게 되자 그 위협에 직면한 지배적 엘리트 집단들이 자신들의 기본적 가치가 장래의 다수파 권력에 의해 침해받지 않도록 하기 위해 권리장전을 채택하고 사법심사제를 도입하게 되었다는 것이다. 이들 지배적 집단들의 가치관은 록크(John Locke, 1632-1704)류의 개인적 권리의 옹호였기 때문에 이러한 '권리의 헌법화'(constitutionalization of rights), 즉 권리장전 채택의 결과, 노동조합의 권리나 배분적 정의 등은 제한을 받게 되었다고 한다. 이 이론에 따르면, 사법통치에의 움직임은 전 세계적인 신자유주의 경향을 나타내는 것이라고 본다(Ran Hirschl, 위의 책).

(4) 입헌주의의 퇴행

2차 대전 이후 세계적으로 확산되어오던 민주화의 물결은 21세기 이후 난조를 보이고 있다. 필리핀과 튀르키예 등 아시아국가, 헝가리와 폴란드 등 동유럽국가, 베네주엘라 등 중남미국가, 그리고 러시아 등, 세계 도처에서 포퓰리스트적 지도자들이 등장하면서 권위주의적 행태가 펼쳐졌다. 미국조차 트럼프 대통령시대에 민주주의의 쇠퇴가 논란되었다. 이를 배경으로 '민주주의의 쇠퇴'론이 전개되고 있다.

최근의 민주주의 쇠퇴 현상에는 두 모형이 있다. 권위주의 복귀(authoritarian reversion)와 입헌주의 퇴행(constitutional retrogression)이다. 전자는 쿠데타나 비상사태선포 등에 의한 전면적인 민주제도 붕괴이다. 후자는 민주주의의 주요 제도적 전제들(특히 경쟁적 선거, 정치적 언론·결사의 권리, 법의 지배)이 동시에 교묘하고 점차적으로 침식당하는 양상으로 나타난다.

입헌주의 퇴행의 경로에는 다섯 가지가 있다. ① 헌법개정, ② 제도적 견제장치의 제거, ③ 행정권의 집중화와 정치화, ④ 정보의 왜곡, 통제 등 공공영역의 축소, ⑤ 정치적 경쟁의 배제.

입헌주의 퇴행의 위험에 대한 헌법적 안전장치는 취약하다. 입헌민주주의의 전망은 헌법제도보다는 정치지도자의 질, 국민적 저항, 정당정치의 성향에 더 좌우된다(Aziz Huq and Tom Ginsburg, "How to Lose a Constitutional Democracy", 65 *UCLA Law Review* 78, 2018).

4. 전환시대와 헌법의 무력화

오늘의 시대는 두 가지 관점에서 전환시대라 할 수 있다. 하나는 국제질서 재편이라는 관점이고, 다른 하나는 과학기술의 혁명이라는 관점이다.

국제질서 관점에서 보면, 이미 지구촌사회가 등장하고 있으며 그 핵심은 세계경제체제의 형성이다. 다른 한편, 과학기술의 측면에서, 근래의 정보통신기술과 생명기술의 발달은 '신인류'의 도래를 예견할 정도에 이르렀다. 이러한 시대적 전환은 헌법에 대해 무엇을 의미하는가.

세계경제체제와 더불어 개별 국민국가는 독자적 능력의 한계에 부딪치고 있다. 이와 함께 경제적 불평등은 심화된다. 여기에 인종적 · 문화적 갈등이 중첩되면서 국민국가는 내부적으로 극심한 갈등을 겪고 있다.

한편, 정보기술 및 생명기술의 혁명이 초래할 자유와 평등에 대한 위협은 가공할 만하다. 이른바 '디지털 독재'와 프라이버시의 실종 등, 기본권의 위기 현상이 나타나고 있다. 또한 생명공학기술의 발달은 경제적 불평등에서 더 나아가 생물학적 불평등으로 전환하는 우려를 낳고 있다.

본래 헌법은 근대 국민국가의 소산이었다. 그러나 국민국가는 지구적 차원에서 점차 쇠락하고 있다. 초국가적 기구들은 국민국가를 제약하고 있고, 국가의 내부갈등은 심화하고 있다. 오늘날 각국이 안고 있는 문제들은 대부분 국경을 넘어 걸쳐있으며 순전한 국내문제란 찾아보기 힘들다. 국민국가는 이들 문제들을 독자적으로 해결할 능력을 잃어가고 있다.

반면, 20세기 말의 냉전 종식 이후 세계질서는 예측을 넘는 혼돈의 양상을 보이고 있다. 과거의 동맹관계는 구시대 유물처럼 해체되어 가고 있다. 국민국가가 안고 있는 문제들은 대부분 국제적 대응을 필요로 하지만 국제질서는 혼란스럽다.

이 같은 전환시대의 양상과 더불어 민주주의의 쇠퇴 현상이 일어나고 있다. 포퓰리스트들의 등장과 함께 입헌민주주의가 퇴행한다. 국민국가의 쇠락과 함께 그 소산인 헌법도 점차 무력화하고 있다.

제 2 장

헌 법 학

I. 헌법학의 의의와 특성

1. 헌법학의 분야

헌법학은 헌법을 연구대상으로 하는 학문을 총칭한다. 헌법학의 분야는 헌법의 어느 측면을 어떤 방법으로 연구하느냐에 따라 나뉘며, 학자에 따라 다양하게 분류된다.

앞에서 본 것처럼, 헌법의 세 측면을 헌법규범, 헌법이념, 헌법현실로 구분하여 볼 수 있고, 그 어느 측면을 연구대상으로 하느냐에 따라 헌법학을 구분할 수 있다. ① 헌법규범을 대상으로 규범의 의미내용을 해석하는 것이 '**헌법해석학**'이다. 헌법해석학은 특정한 헌법규범의 의미를 명확히 하거나 설명하고, 헌법규정 사이의 상호관계를 체계화하며, 불명확하거나 흠결이 있는 부분에 관하여 해결방안을 제시한다. ② 헌법이념을 연구하는 분야를 '**헌법철학**'이라고 부른다. 헌법의 일반적 개념, 성격, 구조 등에 관한 원리적 설명을 목적으로 하는 '헌법일반이론'도 헌법철학에 포함시킬 수 있다. ③ 헌법현실을 연구대상으로 하는 분야가 '**헌법사회학**'이다. 헌법사회학은 헌법현실을 경험적 방법으로 연구한다. 헌법을 대상으로 하는 정치학은 헌법사회학과 중첩한다.

한편 헌법연구의 방법에 따라, 헌법을 역사적으로 연구하는 '**헌법사학**', 각국의 헌법을 비교하는 '**비교헌법학**'이 있다. 헌법사학이나 비교헌법학을 광의의 헌법사회학에 포함시킬 수도 있다.

그 밖에 정책적 관점에서 헌법을 연구하는 '**헌법정책학**'이 있다. 헌법정책학은 헌법해석학, 헌법철학, 헌법사회학 모두와 연관된 실천적, 실용적 헌법학이라고 할 수 있다. 뒤에서 보는 것처럼, 실천적·실용적 성격은 헌법해석학에서도 찾아볼 수 있다.

헌법학의 여러 분야 가운데에서 그 중심을 차지하는 것은 헌법해석학이다. 유의할 것은 충실한 헌법해석학은 헌법철학 및 헌법사회학과의 연관 속에서만 이루어질 수 있다는 점이다.

2. 헌법학의 특성

앞에서 본 것처럼 헌법은 다른 법규범과 다른 여러 특성을 지니고 있다. 헌법이 지닌 강한 이념성과 추상성 및 강한 정치성은 헌법학에도 반영된다.

첫째, 헌법은 강한 이념성을 가지고 있기 때문에 헌법연구에서도 이념적 측면이 특히 중시된다. 헌법의 규정들은 풍부한 가치개념들로 구성되어 있어서(예컨대 '인간으로서의 존엄과 가치', '평등' 등) 헌법이념을 연구하는 헌법철학의 중요성은 다른 법학분야보다 더욱 크다.

둘째, 헌법의 강한 이념성은 헌법규정의 강한 추상성을 가져오는데, 이 같은 헌법규정의 강한 추상성은 헌법해석에 있어서 다양한 해석의 여지를 가져오는 경우가 많다. 따라서 다른 법학분야에 비해 헌법해석방법론이 더욱 중요성을 갖게 된다.

셋째, 헌법은 강한 정치성을 가지고 있기 때문에 헌법연구에 있어서 정치학을 비롯한 사회과학적 연구가 중요성을 띠게 된다. 같은 이유에서 헌법사회학이 중시된다.

넷째, 헌법의 강한 정치성과 연관된 것으로, 헌법규범과 헌법현실 사이에는 큰 괴리가 생기는 경우가 많다. 따라서 헌법규범만을 논리적 방법으로 연구하는 것은 헌법현실과 동떨어질 우려가 있다. 이 때문에 헌법사회학의 연구가 특히 중요성을 갖게 된다.

위의 넷째 특성과 관련하여 특히 독일을 중심으로 종래 헌법학의 흐름을 보면, ① 헌법규범만을 대상으로 이를 논리적 방법으로 접근하는 헌법학, ② 헌법현실을 중시하여 이를 헌법이론에 반영하는 헌법학을 대별할 수 있다. 전자에 속하는 것으로 19세기 후반 이후의 국법학(國法學, Staatsrechtslehre), 켈젠의 순수법학 등을 들 수 있다. 후자에 속하는 것으로 전통적인 국법학에 도전한 칼 슈미트 또는 스멘트(Rudolf Smend, 1882-1975)의 헌법학을 들 수 있다. 슈미트는 특히 헌법제정의 정치적 성격에 주목하여 헌법을 헌법제정권력의 결단으로 파악하였고, 이를 '결단주의' 또는 '결정주의'라고 부른다. 스멘트는 특히 헌법의 사회적 기능에 주목하여 헌법을 사회통합을 위한 법질서로 파악하였고, 이를 '통합론적 헌법학'이라고 부를 수 있다.

Ⅱ. 헌법학의 흐름

1. 자연법론과 법실증주의

법학 일반이 그렇듯이 헌법학은 그 토대를 이루는 법사상이 무엇이냐에 따라 다르게 나타난다. 일반적인 법사상에 있어서 그 기조를 이루어 온 것은 자연법론과 법실증주의이며, 이것은 헌법사상에서도 마찬가지다. 헌법학의 흐름은 자연법론적 헌법학과 법실증주의적 헌법학으로 대별할 수 있다.

(1) 자연법론과 헌법학

자연법(natural law)의 의미는 시대와 장소, 사람에 따라 다양하게 이해되어 왔지만 그 공통적 요소들을 찾아볼 수 있다. 일반적으로 말하면, 자연법론이란 ① 인간이 만든 실정법으로부터 독립하여 효력과 권위를 갖는 법, 곧 자연법이 존재하며, ② 이 자연법은 보편타당한 도덕적 원리를 그 내용으로 하고, ③ 자연법은 실정법보다 상위의 법으로서, ④ 실정법의 가치나 권위를 평가할 수 있는 척도가 된다고 보는 이론이다.

고대 그리스 이래로 여러 (법)철학자들은 (실정)법을 초월하는 가치원리들에 대하여 법의 이름을 부여하여 왔다. 자연법이라고 불린 이 가치원리들은 인간의 자연적 본성에 따른 이상적 질서의 원리를 가리키는 것이었다. 자연법에 해당하는 원리로 지칭된 것으로 예컨대 '각자에게 그의 것을 주어라', '약속은 지켜야 한다' 등을 들 수 있는데, 근본적으로 자연법은 인간생활의 보편적인 도덕원리를 그 내용으로 하였다. 서구에서 17세기 이래 그로티우스(H. Grotius, 1583-1645) 등을 중심으로 근대 자연법론이 전개되었는데, 이것은 중세 자연법론의 신학적 요소를 벗겨낸 것이었다. 근대 자연법론은 인간의 본성을 이성에 있다고 보았으며, 자연법은 곧 이성에 기초한 정의 또는 사회도덕으로 파악되었다. 이후 근대 자연법론은 특히 자유와 평등을 그 기본 이념으로 내걸었다. 록크(John Locke, 1632-1704) 등은 자연권사상을 중심으로 하는 자연법론을 펼쳤고, 나아가 루쏘(Jean-Jacques Rousseau, 1712-1778)는 국민주권주의를 중심으로 하는 자연법론을 전개하였다. 19세기 초반 이래 사회사상 전반에 걸친 실증주의의 확산과 함께 법실증주의가 지배적 법사상이 되면서 자연법론은 퇴조하게 된다. 그러나 2차대전 종전 이후 특히 독일을 중심으로 나치즘에 대한 반성과 더불어 '자연법의 부활'현상이 나타났다.

자연법론자들에게 자연법의 핵심적 기능은 실정법의 가치척도가 된다는 점이다. 자연법은 실정법에 대한 평가 기준으로 작용하였으며, 자연법에 어긋나는 실정법의 효력은 인정될 수 없다고 주장되었다. 이처럼 자연법론은 실정법을 평가하고 변경시키는 계기로서 작용하였고 이 점에서 실천적 성격을 갖는다.

자연법론의 입장에 서는 경우, 이것이 헌법학 특히 헌법해석학과 어떻게 관련되는가는 헌법해석의 본질을 어떻게 보느냐에 따라 다르다. 만일 헌법해석의 본질을 단순한 헌법규범의 '인식'이라고 본다면 자연법론은 실정법에 내재하지 않은 가치를 헌법해석에 끌어들인다는 비판을 받게 된다. 그러나 헌법해석이 단순한 인식의 과정이 아니라 평가적 성격을 지닌다고 본다면 자연법에 입각한 헌법해석은 당연한 것이 된다. 자연법론에 따르는 경우, 특히 기본권과 관련하여, 헌법에 명시되어 있지 않더라도 자연법에 근거한 기본권으로 인정하는 경우가 많다.

(2) 법실증주의와 헌법학

법실증주의(legal positivism)에 대한 이해도 다양하지만 그 공통적 요소를 찾아볼 수 있다. 법실증주의의 기본 입장은 경험적으로 인식할 수 있는 법, 곧 실정법만을 법으로 인정할 수 있으며, 실정법을 초월하는 보편적 법의 존재는 인정할 수 없다는 것이다. 일반적으로 법실증주의에 의하면, ① 법은 인간이 정한 것(주로 인간이 명령한 것)이고, ② 법과 도덕은 구별되며, 양자 사이에 필연적인 관계가 있는 것은 아니다. 즉 '있는 법'과 '있어야 할 법'은 구별되어야 한다. 어떠한 내용도 법이 될 수 있으며, 나쁜 법이라고 해서 법이 아니라고 할 수는 없다고 보는 것이다.

법실증주의는 19세기 이래 20세기 전반에 이르도록 서구의 여러 나라에서 주류적인 법사상을 형성하였다. 특히 독일헌법학에서의 법실증주의적 경향에 관해서는 아래에서 다룬다.

법실증주의에 입각하는 경우, 이것이 헌법학 특히 헌법해석학과 어떻게 관련되는가의 문제 역시 헌법해석의 본질을 어떻게 보느냐에 따라 다를 수 있다. 그러나 대체로 법실증주의자들은 헌법해석의 본질을 단순한 인식의 과정으로 보았다. 이런 관점에 따르면 '악법도 법'임을 그대로 수용하고 나아가 악법에 대한 법준수의 의무를 인정한다는 점에서 비판의 대상이 된다.

(3) 결론적 고찰

자연법론의 결정적인 문제점은 객관적인 자연법의 존재를 명확히 확증할 수 없고, 설사 그것이 존재한다고 하더라도 무엇이 보편적인 자연법적 원리에 해당하는지에 대해 합의가 불가능하다는 것이다. 이러한 문제점과 관련하여 현대적 자연법론은 시대와 장소에 따라 상대적인 '구체적 자연법론'을 전개하면서, '사물의 본성'(Natur der Sache)론을 중심으로 하는 새로운 이론을 시도하였다. 이러한 신 자연법론은 자연법론을 경험적 세계와 관련시키려는 것인데, 이것은 전통적 자연법론의 핵심과는 거리가 있는 것이다.

한편 법실증주의는 법의 실정성(實定性)이야말로 법의 본질적 요소임을 밝혀준 점에서 기본적인 의의가 있다. 뿐만 아니라 법실증주의는 법적용의 자의성(恣意性)을 배제함으로써 개인의 자유를 확보한다는 자유주의적 성격을 지녔음을 간과하지 말아야 한다. 반면 법실증주의가 법의 또 다른 속성인 도덕성 또는 가치성을 도외시한 것은 그 한계라고 보지 않을 수 없다. 극단적인 법실증주의는 법률만능주의에 빠지게 된다.

본래 자연법론은 실천적 성격을 지닌 것인데 비하여 법실증주의는 과학적 태도를 중시한 것이었다. 자연법론과 법실증주의의 어느 하나를 절대화하는 경우에는 법의 전체적 성격을 파악할 수 없다. 법의 도덕성과 실정성을 결합하여 종합적으로 접근해야만 올바른 법의 이해가 가능하다. 헌법학의 관점에서도 자연법론과 법실증주의의 대립은 오늘날 큰 의미를 지니지 못한다. 현대의 자유민주주의국가의 헌법은 대부분 권리장전과 그 사법적 보장을 위한 제도(위헌심사제도)를 두고 있다. 이것은 곧 '**자연법의 헌법화**'를 의미한다. 이 때문에 헌법의 해석과 관련해 실정법을 떠난 초월적 존재로서의 자연법을 끌어댈 필요는 없어졌으며, 이제는 헌법 내부적 차원에서의 헌법해석의 문제만 남게 되었다고 할 수 있다.

2. 독일헌법학의 흐름

19세기 독일은 유럽에서 정치적 후진국이었다. 영국이나 프랑스와 달리 시민혁명은 일어나지 않았고 입헌주의는 뒤떨어져 있었다. 여기에 변화의 계기가 된 것은 1848년 프랑스 2월혁명과 제2공화국의 성립이다. 프랑스 혁명의 영향으로 독일에서도 시민혁명이 시도되었고, 이것은 1849년 프랑크푸르트 헌법의 채택으로 나타났다. 그러나 북부 프로이센의 군국주의 세력에 의해 혁명은 좌절되고 헌법은 유산되었다. 1850년 프로이센의 흠정헌법이 제정된 이후, 자유주의적 입헌주의사상과 보수적인 헌법사상이 대립하였다.

그러나 1871년 비스마르크의 주도 아래 독일제국헌법이 성립된 이후, 국법학이라는 이름의 보수적인 법실증주의 헌법학이 주류를 형성하였다. 이를 대표하는 것이 게르버(Gerber, 1823-1891)와 그의 뒤를 이은 라반트(Paul Laband, 1838-1918)이다. 라반트의 국법학은 사법학(私法學)에서의 개념법학적 방법을 지향하면서 '정치적인 것'을 법학의 세계에서 배제함을 표방하였다. 그러나 그의 철저한 법실증주의적 국법학은 외견적 입헌주의에 불과한 비스마르크적 헌법질서를 주어진 전제로 수용하는 것이었다. 그런 의미에서 그의 '국법학의 비정치화'는 실질에 있어서 '숨은 정치화'에 불과하였다. 게르버, 라반트의 법실증주의적 국법학에 있어서 헌법해석을 방향짓는 가치판단은 성문헌법에 내재하는 가치관과 일치하였으므로 외견상 마치 헌법해석이 곧 헌법의 인식에 그치는 것처럼 보였을 뿐이었다.

독일의 법실증주의적 국법학은 옐리네크(Georg Jellinek, 1851-1911)의 '일반국가학'(*Allgemeine Staatslehre*, 1900)을 통해 집대성된 것으로 일컬어진다. 여기에서 옐리네크는 국가를 법학적 방법과 사회학적 방법의 양면에서 고찰하는 방법이원론을 채택하였다. 이것은 종전의 국법학과 달리 사회학적 관점을 도입한 것이었다.

제1차 대전 패전으로 독일제국이 붕괴한 후, 1919년 바이마르 헌법이 등장하였다. 이 헌법은 독일 최초로 국민주권과 공화제에 입각한 헌법이었다. 바이마르 헌법하의 1920-30년대에는 종전의 법실증주의적 국법학에 도전하는 새로운 헌법학이 등장하였다. 법실증주의적 국법학에 대한 비판은 두 방향에서 전개되었다. 그 하나는 칼 슈미트의 '결단주의 헌법학'이다. 그는 '헌법제정권력', '예외사태' 등 과거 국법학이 다루지 않았던 주제들이야말로 헌법의 본질적 성격을 나타내는 것이라고 중시하였다(앞의 '헌법제정권력 이론' 참조). 다른 하나는 한스 켈젠의 '순수법학'이다. 이것은 슈미트와는 대립된 입장에 선 것으로, 또다른 방향에서의 국법학 비판에서 출발하였다. 켈젠은 스스로 법실증주의자를 자처하였지만 전통적인 국법학이 실정법을 의식적 또는 무의식적으로 정당화하고 미화하는 기능을 했다고 비판하였다. 그의 철저한 규범논리주의적 법실증주의는 이데올로기적 은폐로부터 벗어난 순수한 법인식(法認識)을 지향하였다(앞의 '근본규범 이론' 참조).

그 밖에 당시 새로운 헌법학을 시도한 학자로 루돌프 스멘트와 헤르만 헬러를 들 수 있다. 스멘트는 헌법의 사회적 기능에 주목하여 이른바 통합론적 헌법학을 주창하였다(루돌프 스멘트, 김승조 역, 〈국가와 헌법〉, 1994 참조). 한편 헬러(Hermann Heller, 1891-1933)는 독일 파시즘에 대한 초기 비판자였으며, 동 시대의 다른 학자들과 달리 경제영역을 국가론의 대상으로 삼았다. 그는 '사회적 법치국가'(sozialer Rechtsstaat)의 개념을 처음 사용한 것으로 알려져 있다(헤르만 헬러, 홍성방 역, 〈국가론〉, 1997 참조).

제2차 대전 후의 서독 기본법('독일연방공화국 기본법', 1949)은 '자유민주적 기본질서'의 방어를 위한 '방어적 민주주의'를 특성으로 한다(뒤의 '방어적 민주주의' 참조). 전후 독일의 헌법학도 상대적이나마 두 경향으로 나뉜다. 하나는 주어진 헌법의 객관적 인식을 중시하는 경향이고, 다른 하나는 일정한 실질가치의 고려를 강조하는 경향이다.

3. 미국헌법학의 흐름

(1) 개 관

미국은 기본적으로 판례법국가이다. 헌법처럼 성문법이 있는 경우에도 성문법의 의미내용은 판례에 의해 비로소 구체적으로 확정된다고 이해하는 것이 보통이다. 이 때문에 헌법학에서도 판례가 중심이 된다. 판례는 그 자체가 헌법이론의 표현이자 헌법이론의 원천이 된다. 또한 헌법학의 중심적 주제를 차지하는 것은 사법심사(judicial review)라고 불리는 위헌심사와 관련한 문제들이다.

먼저 헌법해석의 방법론과 관련하여 해석주의(interpretivism)와 비해석주의(non-interpretivism)의 대립이 있다. 전자는 헌법문제에 관한 결정(즉 헌법적 판단)은 성문헌법에 명시되거나 또는 명백히 내재된 규범에 의해야 한다는 입장이다. 이와 달리 후자는 성문헌법을 넘어 헌법규정 자체에서 발견될 수 없는 규범을 찾아 적용해야 한다는 입장이다.

위의 헌법해석 방법론과 관련된 문제로, 사법소극주의(judicial passivism)와 사법적극주의(judicial activism)의 대립이 있다. 전자는 사법부가 특히 위헌심사에 있어서 입법부나 행정부의 결정을 존중하여 위헌판단을 자제하는 태도이다. 반면 후자는 적극적으로 위헌판단을 하거나 선례를 변경하는 태도이다. 해석주의냐 비해석주의냐, 사법소극주의냐 사법적극주의냐의 문제는 미국 헌법학에서 지속적으로 논의되는 중심적 주제이다(뒤의 '헌법해석' 참조).

(2) 자연법론적 헌법해석과 '헌법혁명'

초기 미국의 판사들은 실정법이 불명확한 경우 그 해석에 있어서 제정자들이 형체화하려 했던 자연법에 의거하는 것이 적절하다고 보았다. 마셜(John Marshall, 1755-1835), 스토리(Joseph Story, 1779-1845) 대법관은 바로 그러한 입장을 지녔던 대표적 예이다.

자연법론의 수용 여부가 헌법해석과 관련하여 문제된 대표적 예는 경제적 자유에 관한 일련의 권리들이 헌법의 적법절차(due process of law)조항에 의해 보장되는가라는 헌법해석 논쟁이었다(미국헌법 수정 제5조. "누구든지 적법절차에 의하지 아니하고는 생명, 자유 또는 재산을 박탈당하지 아니하며……"; 수정 제14조. "어떠한 주(州)도 적법절차에 의하지 아니하고는 누구로부터도 생명, 자유 또는 재산을 박탈할 수 없으며……"). 연방대법원은 대체로 1890년경부터 이 문제를 다루기 시작했으며, 이 문제를 상징적으로 부각시킨 것이 *Lochner v. New York* 판결(1905)이었다(이 사건에서는 빵공장의 노동시간 규제에 관한 주법의 위헌 여부가 문제되었는데, 대법원은 이 주법이 계약의 자유를 침해한 것이며, 이 권리는 적법절차조항에서 말하는 '자유' 및 '재산'의 일부를 이룬다고 보았다).

이 판결과 같은 자연법론적 사법적극주의적 태도는 이미 시작에서부터 반대에 부딪혀 있었다. 그 반대론자들은 경험주의적이고 실용주의적인 법이론에 입각하였으며, 자연법론을 '초월적 넌센스'라고 반박하였다. 이 반대론은 홈즈(Oliver W. Holmes Jr., 1841-1935), 브랜다이스(Louis D. Brandeis, 1856-1941) 대법관에서 시작하여 1930년대의 법현실주의자(legal realists)에 이르러 정점에 이르렀다. 반(反)자연법론은 결국 1937년의 두 사건에서의 판례변경을 통하여 미국헌법사의 '헌법혁명'(constitutional revolution)을 가져왔다. 그 대표적 판례인 *West Coast Hotel v. Parrish* 판결(1937)에서 대법원은 판시하기를, 최저임금제를 규정한 주법은 공공복리를 위해 허용되며, 재산권의 '자연적' 결과에 대한 불법한 간섭이 아니라고 보았다. 경제규제입법의 합헌성을 널리 인정한 이 판례변경에 의하여 미국은 자유방임적 자본주의체제로부터 수정자본주의 체제로의 대전환을 이루게 된다.

(3) 절차지향적 사법심사 이론과 반론

자연법론에 입각한 헌법해석이 거부된다면 적극적인 사법심사는 무엇을 근거로 할 것인가. 이 물음에 대한 응답으로 여러 이론들이 시도되었는데 그 중에 큰 주목을 받은 거대이론(grand theory)으로 일리(John H. Ely)의 이른바 절차지향적(process-oriented) 사법심사 이론을 들 수 있다(Ely, *Democracy and Distrust*, 1980).

일리는 사법심사가 대의민주주의원리와 어떻게 조화될 수 있으며, 헌법재판에서의 판사의 개입은 어느 한도까지 허용될 수 있는가라는 문제를 다루면서, 불확정적인 헌법규정에 관련한 재판에 있어서 법원은 오직 절차에만 관여하여야 한다고 본다. 특히 그가 초점을 두고 있는 것은 정치적 절차이다. 정치적 절차란 모든 실체적 가치들이 확인되고 교량(較量)되어 우선적 보호가 주어지는 절차이다.

그에 의하면, 사법심사는 오직 '참여'의 문제에만 관여하여야 하며, 정치적 선택의 실체적 내용에 개입해서는 안 된다. 정치적 참여와 관련한 문제들, 즉 정치적 언론과 결사, 선거권, 선거구구획 등의 문제를 다룸에 있어서 법원은 정치적 절차를 모든 사람에게 열어놓음으로써 정치적 변동의 통로를 소제(掃除)해야 한다. 또한 어떤 법률이 하나의 집단을 다른 집단보다 불리하게 취급하고 있는 경우, 이러한 차별이 어떤 고차원적인 사회적 목표에 기여하는 것이 아니라 단지 특정 집단을 불리하게 만들기 위한 것일 때에는 이를 무효화시켜야 한다. 이처럼 법원의 개입은 정치적 변동의 통로의 소제(clearing the channels of political changes) 및 소수자대표의 촉진(facilitating the representation of minorities)이라고 하는 정치적 절차의 다스림(policing the political process)에 그쳐야 한다. 그렇게 함으로써 사법심사와 대의민주주의를 조화시킬 수 있다. 이 같은 이론을 일리는 '참가지향의 대표보강적 접근'(participation-oriented, representation-reinforcing approach)이라고 표현하고 있다. 요컨대 그의 절차지향적 접근에 의하면, 다수자주의적(majoritarian) 민주주의 원리에 따라 가치의 선택은 국민이 선출한 대표들에 의해 이루어져야 하지만, 대의정부가 기능장애를 일으키는 경우 즉 ① 다수파가 소수파의 정치참여를 배제하여 정치적 변동의 통로를 봉쇄하는 경우 및 ② 다수파가 편견에 의해 소수파보호를 거부하는 경우에는 법원은 이 장애를 제거하기 위하여 적극적으로 사법심사에 나서야 한다고 보는 것이다.

일리의 절차지향적 이론은 헌법해석에 관한 해석주의와 비해석주의의 갈등을 벗어나려는 시도라고 할 수 있다. 그러나 이에 대해서도 비판이 가해진다. 그 비판의 골자는 절차적 접근 역시 실질적 가치선택으로부터 자유로울 수 없다는 것이다. 특히 트라이브(Laurence H. Tribe)는 이렇게 비판한다. 우선 헌법은 여러 규정에서 실체적 가치선택을 공언하고 있다(종교의 자유와 정교분리, 사유재산권 보호 등). 뿐만 아니라 절차에 관한 헌법규정(소송절차나 선거에 관한 규정 등)을 둔 경우, 그 의미와 목적이 단순히 절차적인 것이라고 말할 수 없다. 특정한 경우에 참여절차가 헌법상 요청되고 있다면 어떤 종류의 절차가 요청되는지를 결정해야 하는데, 이때 거기에서 문제되고 있는 이익의 중요성을 고려하여야 하고, 이것은 다시 실체적인 가치와 권리에 관한 이론을 필요로 하게 된다. 더 나아가 참여절차는 그 자체가 인간이 인간으로서 대접받기 위한 일부분을 차지하고 있으며 이런 의미에서 절차 자체가 실체적인 것이 된다. 그뿐만 아니라 절차지향적 이론이 판사에 대해서는 호소력이 있다고 하더라도, 선거로 선출된 대표나 시민이 헌법적 판단을 하는 데에 있어서 이 이론은 실체적 내용을 제공해 줄 수 없다(Tribe, "The Puzzling Persistence of Process-based Constitutional

Theories," 89 *Yale L. J.* 1063(1980)). 이런 관점에서 트라이브는 헌법의 실체적 의미에 대한 분석까지를 고려하면서 헌법적 쟁점의 실체에 대해 논구하고 있다(Tribe, *American Constitutional Law*, 1978; 3rd ed. 2000).

결국 이 같은 논의들은 헌법해석과 사법심사에 관한 헌법이론이 지닌 근본적인 어려움을 보여준다. 한편에서 다수의 전제를 막기 위해 사법심사가 요청되지만, 다른 한편에서 판사에 대한 제약도 필요하게 되는데, 이 두 가지 요청을 함께 충족하는 이론은 무엇이냐는 것이다.

(4) '공화주의의 부활'

미국의 주류적 헌법이론을 실체적 가치 또는 이념적 지향의 관점에서 말한다면 이를 자유주의 헌법이론이라고 부를 수 있다. 이에 대한 비판적 관점에서 1980년대 이래 제기되고 있는 것이 이른바 공화주의(republicanism)이며, 이를 '공화주의의 부활'(republican revival)이라고 부른다.

공화주의가 무엇이냐에 대해서 논자들 사이에 일치된 견해가 있는 것은 아닌데, 거기에는 역사적 뿌리가 있다. 미국헌법 제정 당시에 주도세력이었던 연방주의자(federalists)에 대립한 이른바 반(反)연방주의자(antifederalists)의 사상이 대체로 초기의 공화주의에서 나온 것이라 할 수 있다. 당시의 공화주의 사상이 강조한 것은 개인의 사적 이익보다 공공의 이익을 중시하는 시민적 덕목(civic virtue), 마을회의와 같은 시민의 적극적 정치참여에 의한 자치(self-rule), 사회구성원 사이의 이질성보다는 그 동질성(homogeneity) 등이다.

연방주의자들은 반연방주의자들의 반대에 대응하여 자신들의 입장에 대한 이론적 정당화를 시도하였는데, 그 소산을 '재형성된 공화주의'라고 부르기도 한다. 재형성된 공화주의는 사회구성원 사이의 이질성과 사적 이익의 추구를 현실로서 수용하고 있으며, 그 내용의 상당부분은 헌법제정 당시의 헌법안 해설서라고 할 수 있는 '연방주의자 논집'(*The Federalist Papers*)에서 찾아볼 수 있다. 특히 매디슨(James Madison, 1751-1836)이 쓴 연방주의자 논집 제10편은 헌법제정자들의 정치사상의 핵심으로 평가되고 있다. 여기에서 매디슨이 주안점을 둔 것은 한 파당(faction)에 의한 정치권력 장악을 경계하는 것이었으며, 그는 이를 견제와 균형의 장치에 의해 막으려 하였다.

근래 헌법학자들이 그 부활을 거론하고 있는 공화주의의 요체는 자유주의와의 대비하에서 다음과 같이 요약된다. 자유주의는 대체로 ① 개개의 인간이 도덕적 가치의 주체이고, ② 개개인은 정부에 의해 억압당할 소지가 있으며, ③ 따라서 정당한 사회가 되기 위해서는 개인의 권리가 보장되어야 한다고 본다.

이에 대비하여 공화주의는 ① 인간은 본질적으로 정치적 동물이고, ② 이 본성은 자치정부에의 참여에 의해 실현될 수 있으며, ③ 정치공동체의 최고 목표는 시민적 덕목과 공공선(common good)의 증진에 있다고 본다.

논자에 따라서는 주류 자유주의가 개인주의 중심이고 특히 개인소유 중심적인데 비하여, 공화주의는 평등지향적이라고 파악한다. 공화주의 부활론자 가운데 대표적 이론가의 하나로 마이클먼(Frank I. Michelman)을 들 수 있다. 그는 자기와 타인, 개인과 사회 사이의 조정(reconciliation)을 강조하면서, 정치적 참여와 자치를 통한 '적극적 의미의 자유'를 주장하고 있다. 전반적으로 공화주의 헌법이론은 현대사회에서의 개인주의적 자유주의의 한계에 대한 대응책 또는 보완책으로서 그 의미가 있다고 하겠다.

4. 한국헌법학의 흐름과 과제

(1) 한국헌법학의 흐름

한국헌법학의 흐름은 특히 기본권이론을 통해 잘 드러난다. 제헌헌법의 중심적 초안작성자였던 유진오(俞鎭午, 1906-1987)는 한국헌법학의 시조라고 할 수 있는데, 그는 기본권을 실정법상의 권리로 보고 천부인권설을 부인하였다. 이어서 1950년대의 대표적 헌법학자인 한태연(韓太淵, 1916-2010)은 특히 칼 슈미트의 헌법학을 소개한 점에서 주목된다. 그는 슈미트의 이론에 따라 자유권을 전(前) 국가적인 것으로 파악하였다. 동 시대에 학문활동을 한 대표적 헌법학자로 박일경(朴一慶, 1920-1994), 문홍주(文鴻柱, 1918-2008)를 들 수 있다. 박일경은 기본권을 실정권으로 이해하였으며, 가장 철저한 법실증주의자로 평가된다. 문홍주도 기본권을 실정권으로 파악했으며, 특히 미국 판례를 소개하는 데 주력하였다.

1960년대 이래의 대표적 헌법학자로 김철수(金哲洙) 교수를 들 수 있다. 그는 전후 독일의 헌법학을 중심으로 미국과 일본의 헌법학을 아우르며 폭넓은 헌법이론을 전개하였으며, 오늘날까지 가장 분명하고 일관되게 자연법론에 입각한 자연권론을 견지하고 있다. 한편 1980년대 이후 이른바 스멘트 학파의 '통합과정론적 헌법관'이 소개되어 여러 논의를 불러일으켰다. 이 이론은 기본권을 자연권론도 실정권론도 아닌 제3의 관점에서 파악하고, 특히 '기본권의 양면성'을 중시하였다(뒤의 '기본권의 이른바 이중적 성격' 참조).

전반적으로 한국헌법학은 초기에 일본의 '수입(輸入)헌법학'의 많은 영향을 받는 가운데, 주로 독일 헌법학의 소개가 주류를 이루어 왔다. 근래에는 미국의 헌법판례와 헌법이론이 많이 소개되고 있으며, 프랑스 헌법학도 도입되고 있다. 이처럼 한국헌법학은 아직까지 외국헌법학의 도입에 크게 의존하고 있는 실정이다.

(2) 한국헌법학의 과제

앞으로의 한국헌법학의 과제는 다음과 같이 정리할 수 있다. 첫째, 헌법해석학의 정립이다. 종래 한국헌법학에 대해 흔히 지적되어온 것은 헌법연구가 헌법해석에 치중되고 법사회학적 연구가 매우 부족하다는 점이었다. 이러한 지적은 특히 과거 권위주의 시대에 헌법규범과 헌법현실 사이에 큰 괴리가 있었던 점에 비추어 헌법현실을 중시할 필요성이 컸기 때문이라고 볼 수 있다. 그러나 그렇다고 하여 종래에 헌법해석학이 충실히 이루어졌다고 할 수는 없다. 이 점 역시 권위주의 체제와 관련이 있다. 권위주의하에서는 이를 옹호하는 입장이든 비판하는 입장이든 헌법해석이 단순한 정치적 주장에 불과한 경우가 많았다. 이제 현행 1987년 헌법하에 민주화 과정이 공고하게 되고 특히 헌법재판이 활성화됨과 더불어 무엇보다도 올바른 헌법해석학의 정립이 한국헌법학의 핵심적 과제라고 하겠다. 물론 올바른 헌법해석학의 정립에는 헌법사회학 및 헌법철학적 접근이 종합적으로 이루어져야 한다.

둘째, 헌법정책학의 강화이다. 종래 헌법정책학이 부진했던 것은 일반적으로 헌법학자들의 연구시야가 협소했기 때문이다. 헌법정책학이 강화되려면 헌법사회학적 연구방법이 발전되어야 하고, 단순한 특정 외국헌법 연구를 넘어선, 본래의 비교헌법학적 접근이 필요하다.

셋째, 외국헌법 연구태도의 재정립이다. 외국헌법 연구는 종래의 헌법학에서 큰 비중을 차지해왔고 이것은 '우리 헌법학'의 부재라는 문제를 남겼지만, 중요한 것은 어떤 태도로 외국헌법을 연구하느냐는 것이다. 우리 헌법이 역사적으로나 이념적으로나 외국헌법의 큰 영향을 받은 만큼, 외국헌법 연구는 반드시 필요하다. 더욱이 오늘날의 세계화의 경향과 더불어 헌법제도의 지구적 차원의 기준이 거론되고 있는 만큼, 외국헌법 연구는 불가결하다. 다만 외국헌법의 제도나 이론을 한국에 적용함에 있어서 그 적실성(適實性, relevancy) 여부에 관한 검토가 중요하다. 또한 특정 외국헌법의 연구를 넘어선 본래의 의미의 비교헌법학이 이루어져야 한다. 그뿐만 아니라 특정한 외국 헌법이론을 곧 보편적 헌법학인 것처럼 착각하는 오류를 벗어나야 할 것이다.

제 3 장

헌법해석

I. 헌법해석의 본질

헌법이 지닌 고도의 정치적 · 이념적 차원의 추상성은 헌법해석에 있어서 광범하고 다양한 해석가능성을 가져온다. 여기에서 하나의 중요한 문제가 제기된다. 헌법의 해석자가 여러 해석의 가능성 가운데서 하나의 해석을 취할 때, 그 과정의 성격은 본질적으로 어떠한 것인가? 그것은 이미 존재하는 올바른 법의 의미를 찾아내는(discover) 과정인가, 아니면 장래를 향하여 법의 의미를 만들어내는(invent) 과정인가? 달리 말하면 헌법해석은 법발견(法發見)인가, 아니면 법창조(法創造)인가? 이 문제는 헌법해석의 방법과 관련한 가장 근본적인 문제라고 할 수 있다.

1. 헌법해석은 '법발견'이라는 견해 : 제정자 의도설

헌법해석의 본질적 성격이 장래지향적인 법창조라기보다 과거지향적인 법발견에 있다는 견해는 보다 구체적으로 '제정자 의도설'로 나타난다. 이에 따르면 헌법해석은 제정자의 의도(intention)에 따라 행해져야 한다고 본다. 제정자의도설의 근거에 대해서는 여러 가지 이유가 제시되고 있지만, 크게 대별하면 두 가지로 나누어 볼 수 있다.

(1) 제정자 의도설의 근거

첫째, 헌법해석의 중립성을 지키기 위해서는 제정자의 의도에 따라 해석할 수밖에 없다는 것이다. 이 견해의 대표적인 주창자로 보크(Robert H. Bork)를 들 수 있다. 그의 주장의 요지는 다음과 같다. 헌법적 결정은 원리에 따른(principled) 것이어야 하고, 또 중립적인 것이어야 한다. 그러기 위해서는 헌법적 결정에서의 가치선택이 법원 자신의 것이 아니라 헌법제정권자의 것이지 않으면 안 된다. 재판관은 헌법의 문언과 역사, 그리고 거기에 포함된 타당한 함축에 따라야 하며, 자기 자신의 가치선택은 정당화될 수 없다. 만일 헌법자료에 의해 가치선택이 분명히 이루어질 수 없다면 중립적인 판단은 불가능하게 되는 것이고, 사법심사의 근거는 존재하지 않게 된다 (Robert H. Bork, "Judicial Review and Democracy", *Society*, 1986 참조).

둘째의 논거는 다수결의 원칙 또는 권력분립의 원칙에 의거하고 있다. 이 주장의 요지는 다음과 같다. 사법심사는 민주적으로 선출된 기관의 의사를 좌절시킨다는 점에서 반민주적이다. 때문에 헌법의 의미를 명백히 침해한 경우에 한하여 위헌결정이 정당화될 수 있다. 그러려면 헌법의 의미가 확실하여야 하는데, 헌법의 의미의 확실성은 제정자의 의도에 따를 때에만 이루어질 수 있다. 포스너(R. Posner)의 견해도 위의 논거와 유사하다. 그에 의하면 해석자가 법제정자의 의도에 따르지 않는다면 이는 정치권력이 법제정자로부터 재판관에게로 이동되는 결과를 가져온다고 말한다 (Richard Posner, *Law and Literature*, 1988 참조).

최근 우리 헌법재판소는 제정자의도설에 입각하여(구체적으로는 개헌논의시의 국회 회의록을 기초로 하여) 군사법원법 조항을 위헌으로 선언한 사례가 있다(상세한 내용은 제3편 제14장 Ⅲ. 3. (2) 참조).

(2) 제정자 의도설 비판

제정자의도설에 대해서는 여러 비판이 가해지고 있다. 그 비판의 논거는 크게 다음의 세 갈래로 나누어 볼 수 있다.

첫째, 제정자의 의도를 확인하는 데 따르는 어려움이다. 이와 관련하여 다음과 같은 여러 문제점들이 지적될 수 있다. 우선 '제정자'의 의도란 구체적으로 누구의 의도를 지칭하는 것인가? 실제의 초안 작성자인가, 공식적인 제안권자인가, 또는 동의 절차를 거치는 경우에 동의권자인가? 이들 사이에 헌법규정에 대한 이해의 차이가 있는 경우 누구의 의사를 제정자의 의사로 볼 것인가?

뿐만 아니라 누구의 의사를 제정자의 의사로 보든 제정자의 의사를 무슨 방법으로 어떻게 확인할 것인가? 관련된 문서를 찾아내는 경우에도 그 해독은 어느 정도까지 진실일 수 있는가? 이러한 문제들은 실제에 있어서 매우 극복하기 어려운 장애가 될 것이다.

둘째, 제정자의 의도라고 할 때 그 의도는 어느 수준의 일반성을 지닌 의도를 가리키는 것인가 하는 문제가 있다. 예컨대 "모든 국민은 법 앞에 평등하다. 누구든지 성별 ……에 의하여 …… 차별을 받지 아니한다"는 규정은 남녀평등에 관한 제정자의 어떤 구체적인 의도를 나타낸 규정인가, 아니면 보다 일반적인 수준에서의 남녀평등의 원칙을 밝힌 데 그치는 것인가?

추상적이고 모호한 헌법규정을 제정자의 의도에 따라 해석한다고 할 때에 그 규정을 일정한 주제에 관한 보편적이고 일반적인 '개념'(concept)의 표현으로 보느냐, 또는 제정자의 구체적이고 특정한 '개념작용'(conception)의 표현으로 보느냐에 따라 결과가 달라진다. 그런데 일정한 헌법규정이 일반적인 개념의 표현인지, 특정한 개념작용의 표현인지를 해석자는 어떻게 결정할 수 있는가? 이것이 이른바 '의도에 대한 의도'(intent about intent)의 문제이다.

셋째, 왜 제정자의 의도에 구속되어야 하는가, 제정자의 의도에 구속되는 경우 불합리하고 바람직하지 못한 해석의 결과가 나올 수 있지 않느냐 하는 비판이다. 헌법제정자는 후세 사람들이 살아갈 새로운 상황들을 예견할 수 없었으며, 따라서 제정자의 의도에 매이기보다는 헌법의 의미를 새롭게 살려서 '살아있는 헌법'을 형성해가야 한다는 것이다.

일찍이 홈즈 대법관도 이러한 견해를 제시하였다. 그는 한 판결문에서 말하기를 "이 사건은 우리의 모든 경험에 비추어 판단되어야 하는 것이지, 백 년 전에 얘기된 것에 따라 할 것은 아니다"(*Missouri v. Holland*, 1920)라고 하였다.

(3) 비판에 대한 반론

제정자 의도설에 대한 위의 여러 비판에 대해 그 대표적 주창자인 보크(Bork)는 다시 이렇게 반론을 펼친다.

제정자의 의도를 확인하기 어렵다고 하는데, 진정코 그러하다면 그러한 경우에는 위헌심사권을 행사하지 말아야 한다. 헌법의 의미를 알 수 없다면 그 알 수 없는 헌법을 근거로 위헌 판단을 내릴 수 없다. 또한 왜 제정자의 의도에 구속돼야 하는가, 살아있는 헌법에 따라 새롭게 해석해야 한다고 하는데, 이것 역시 근거가 없다. 헌법에 명시되지 않은 새로운 권리의 보장이 필요하다면 새로 법률을 제정하여 그 권리를 규정하면 된다. 헌법은 이를 금지하지 않는다. 대부분의 자유와 권리는 헌법보다는 법률상의 것이다(Robert H. Bork, *Coercing Virtue : The Worldwide Rule of Judges*, 2002 참조).

2. 헌법해석은 '법창조'라는 견해 : 법현실주의, 비판법학

위의 견해와 대립된 것으로, 헌법해석은 법발견이 아니라 법창조라는 견해가 있다. 이 견해에 따르면 헌법해석의 본질이 이를테면 헌법을 '읽는 것'이라기보다 헌법을 '쓰는 것'에 있다고 본다.

(1) 법현실주의의 입장

널리 법해석의 본질을 법창조라고 보는 견해의 대표적인 예는 1930년대 미국의 법현실주의(legal realism)에서 찾아볼 수 있다. 그 가운데서도 특히 그 극단적인 형태는 제롬 프랭크(Jerome Frank, 1889-1957)에게서 나타난다.

그에 의하면 판결은 흔히 상식적으로 생각하는 것처럼 '법규(rules)×사실(facts)'의 결과로서 나타나는 것이 아니라, 실제에 있어서는 '판사에 대한 자극(stimuli)×판사의 퍼스낼리티(judge's personality)'의 결과로서 나타난다. 여기에서 주목되는 것은 판결은 법규와 전혀 무관하게 결정된다고 보고 있는 점이다. 여기에서는 법규의 해석이 전혀 해석자의 마음대로 이루어질 수 있다는 전제가 깔려 있다.

(2) 비판법학의 입장

법현실주의의 입장을 오늘날 이어받고 있는 것이 비판법학(critical legal studies)이다. 비판법학은 법해석의 자의적 가능성을 강조하고 형식 논리적 법사고를 배격하는 점에서 법현실주의와 공통된다. 그런데 법현실주의가 법규를 도외시하고 법률가의 행태(behavior)를 사회과학적으로 탐구하려고 하는 것과는 달리, 비판법학은 법원칙(legal doctrine)의 분석을 주된 작업으로 삼고 있다. 주목할 것은 비판법학에 있어서의 법원칙 분석의 목적이다.

비판법학에 의하면 자유주의의 원칙들은 서로 상이하고 대립된 이데올로기들을 반영하고 있으며, 궁극적으로는 '근본적 모순'(fundamental contradiction)이 존재한다. 예컨대 법원칙의 일부분은 개인주의적이고 이기적인 이념으로부터 나온 것인 데 대해, 다른 일부분은 공동체주의적이고 이타주의적인 이념에서 나온 것이며, 이들 상호간에는 필연적으로 근본적 모순관계가 존재한다. 비판법학자들의 법원칙 분석의 목적은 바로 이러한 법원칙의 모순성을 드러내는 데에 있다.

비판법학에 따르면 자유주의적 법원칙의 근본적 모순은 필연적으로 법해석에서의 체계적 일관성을 불가능하게 만든다. 헌법해석을 포함하여 모든 법해석에는 무한한 해석가능성이 있으며, 어느 하나의 해석이 다른 해석보다 더 낫다고 할 수는 없다. 법해석은 단지 정치적 상황에 의해서 그때그때 우연적으로 이루어질 뿐이다(비판법학에 관하여 양 건, 〈법사회학〉 제2판, 2000 참조).

헌법분야에서 비판법학을 대표하는 학자로 터쉬넷(Mark Tushnet)을 들 수 있다. 그는 헌법해석의 법창조적 성격을 극단적 형태로 주장한다. 예컨대 그는 미국 헌법의 평등조항의 해석에 있어서 사유재산제를 폐지하는 사회주의적 입장에서 해석할 수 있다고 주장한다(M. Tushnet, “The Dilemmas of Liberal Constitutionalism”, 42 *Ohio L. J.* 411(1981) 참조).

(3) 비판법학의 입장에 대한 비판

법해석에 관한 비판법학의 입장은 한마디로 법텍스트(legal text)의 해체(deconstruct)를 꾀하는 것이라고 할 수 있다. 이 같은 과격한 입장에 대해서 여러 비판이 가해지고 있다.

트라이브(Laurence H. Tribe)와 도르프(Michael C. Dorf)에 의하면 터쉬넷(Tushnet)에게서와 같은 헌법해석은 이른바 ‘분해의 오류’(the fallacy of disintegration)를 저지르는 전형적인 예라고 한다. 헌법의 규정 가운데 어느 하나의 규정을 뽑아내어 그것만을 고려대상으로 삼고 그것에 대해 가능한 가장 넓은 해석을 가하면서, 반면 그 규정이 보다 큰 전체의 일부를 구성하고 있음을 무시하는 것은 분해의 오류를 저지르는 해석이다(Laurence H. Tribe and Michael C. Dorf, *On Reading the Constitution*, 1991 참조).

드워킨(Ronald Dworkin)도 비판법학의 입장을 강하게 비판하고 있다. 그에 의하면, 비판법학은 법원리 사이의 경쟁관계와 모순관계를 구별하지 못하고, 전자를 후자로 혼동하고 있다고 본다. 근본적으로 비판법학은 법의 이해와 법해석에 있어서 그 최선의 상태가 아닌 최악의 상태를 보여주려고 하며, 실제로 길이 열려있음에도 닫혀있는 것처럼 보이게 하려 하고, 밝히지 않는 정치적 목적을 위해 새로운 신비화에로 향하고 있다는 것이 그의 평가다(Ronald Dworkin, *Law's Empire*, 1986. 장영민 역, 〈법의 제국〉, 2004 참조).

3. 절충적 견해

법해석을 단순히 법발견으로 보는 견해나 또는 무제약적인 법창조로 보는 견해는 위에서 본 것처럼 각기 여러 문제점을 지니고 있다. 여기에서 제3의 절충적인 견해가 제시된다. 이에 따르면 법해석은 부분적으로 법발견적 성격과 법창조적 성격을 지니고 있으나, 그 어느 하나로 단순화시켜 볼 수는 없다고 한다.

(1) 드워킨의 견해

절충적 견해의 대표적인 예로 드워킨(Ronald Dworkin)을 들 수 있다. 다음은 그의 이론의 요지이다.

기존의 법규나 선례에 의해 명백한 대답이 나타나지 않는 이른바 '어려운 사건'(hard case)에서 '올바른 해답'(right answer)은 존재하는가? 이러한 경우 재판관은 실제에 있어서 법 밖에서의 일정한 기준에 따라 결정을 하게 되고, 올바른 해답보다는 여러 가지의 해답이 있을 뿐이라고 생각하는 것이 보통이다. 그러나 어려운 사건에서도 올바른 해답은 존재한다.

구체적이고 가시적인 '규준'(規準, rules)만이 아니라 법적인 '원리'(principles)도 또한 법의 일부라고 할 수 있다. 법원리는 전체로서의 법 안에 투영된, 한 공동체의 도덕적 · 정치적 가치이며, 이것은 구체적인 법규 뒤에서 적용법규를 지시해 준다. 어려운 사건에서 재판관은 제 마음대로 사법적 재량을 행사하는 것이 아니라 지도적인 법원리에 비추어 법규를 해석한다. 이 법원리는 순수하게 재판관의 재량적인 발명품이 아니라 그 자신의 역사를 통해 발전 · 적용 · 해석되어 온 것이다.

법원리의 적용과정에서 재판관이 약간의 재량적이고 창조적인 판단을 내리는 것은 부인되지 않는다. 그러나 재판관이 법을 '만드는' 것은 아니다. 그는 기존의 법규의 토대 위에서 결정을 내리는 것이며, 이 법규는 법원리를 표현하는 것이자 동시에 법원리에 의해 지도된다.

재판관의 임무는 전체로서의 기존의 법체계의 내용을 이해하고 그의 최대한의 능력으로 이를 구체적 판단을 통해 실현시키는 것이다. 이 과정에 창조적 성격이 존재하지만, 그것은 입법자의 그것과는 다르다. 입법자는 법적 통제를 받지 않는 '정책'(policy)에 의해 움직이는데, 이 정책이란 정치적 · 경제적 · 사회적 목표를 달성하기 위한 기준이며 법체계 밖에서 법을 지시하는 것이다.

널리 '해석'(interpretation)에는 세 가지 종류의 것이 있다. 첫째는 '과학적' 해석으로, 이것은 대상에 대한 인과적 설명이다. 둘째는 '담화적'(conversational) 해석으로, 이것은 발언자의 의도에 비추어 의미를 부여하는 목적적 설명이다. 셋째는 '창조적'(creative) 해석으로, 이것은 일정한 대상을 그 대상이 속하는 장르의 최상의 것으로 만들기 위해 그 대상에 목적을 부여하는 것이다. 예술작품이나 사회적 실행(practice)에 대한 해석이 여기에 해당하며 법의 해석도 여기에 속한다. 창조적 해석은 해석자의 목적과 대상 사이의 상호작용을 통한 '형성적'(constructive) 과정이다.

형성적 해석에 있어서 열쇠가 되는 것은 '통합성'(integrity)의 이념이다. 법에 있어서의 통합성은 전체로서의 법의 일관성(coherence)을 그 핵심으로 한다. '통합성으로서 법'(law as integrity)의 관념은 법적 주장을 과거지향적 사실적 보고(報告)로 보는 전통주의(conventionalism)를 배격하는 동시에, 법을 미래지향적이며 도구적 관점에서 보는 법적 실용주의(legal pragmatism)도 부정한다. 그것은 이 두 요소를 결합하는 관점이다. 그런 점에서 재판관이 법을 발견하는 것인가, 법을 발명하는 것인가 하는 질문을 거부하며, 그 두 가지를 모두 하는 동시에 그 어느 것도 하지 않는다고 본다.

통합성의 이념에 따라 법을 해석·적용하는 재판관은 일정한 일련의 일관된 원리들 속에서 공동체의 정치적 구조와 법원칙에 대한 최상의 형성적 해석을 찾아내려 한다. 이 과정에서 재판관의 두 가지 차원의 확신이 개입된다. 그 하나는 '적합성'(fit)에 관한 확신이다. 적합성이란 법해석이 구체적 법규를 포함한 주어진 법적 사실들에 부합되어야 한다는 것을 뜻하며, 그런 점에서 사실의 차원의 것이라고 할 수 있다. 이것은 법해석이 갖추어야 할 첫 번째 요건이다. 다른 하나는 '정당화'(justification)에 관한 확신이다. 적합성을 갖춘 여러 법해석이 가능한 경우에 하나를 선택해야 하는데, 그 선택은 정치철학의 관점에서 공동체의 최상의 구조를 보여주는 방향에서 이루어져야 한다. 이것은 가치의 차원의 것이다. 이 두 가지 차원의 확신은 동시에 재판관에 대한 제약이 된다.

요컨대 "전체로서의 법실행(legal practice)에 대한 최상의 정당화에 법은 존재한다." 그리고 "대부분의 어려운 사건에서 이성과 상상으로 찾아야 할 올바른 대답은 존재한다"(드워킨, 위의 책 참조).

(2) 트라이브와 도르프의 견해

헌법학자 트라이브(Laurence H. Tribe)와 도르프(Michael C. Dorf)의 견해도 절충적 견해에 속한다고 할 수 있다. 그들의 견해를 요약해 보면 다음과 같다.

우선 제정자 의도설은 배격되어야 한다. 아울러 헌법해석이 전혀 불확정적이라는 입장도 배척되어야 한다. 또한 '분해'(dis-integration)의 해석방법이나 '초(超)통합'(hyper-integration)의 해석방법과 같은 잘못도 피해야 한다. 전자는 헌법의 전체구조를 보지 않고 부분을 확대해석하는 점에서 잘못이고, 후자는 무리하게 단일한 비전을 강조함으로써 대립된 비전 사이의 갈등을 도외시하는 잘못을 저지르고 있다.

헌법해석에는 기본적인 선택이 불가피하다. 그 선택은 가치의 선택이다. 헌법해석에서 많은 경우에 헌법에 명시되어 있지 않은 권리의 인정 여부와 관련하여 견해가 갈린다. 이때 헌법규정이나 선례에 포함된 이른바 '중심적 가치'의 추출과 관련해서 '일반성의 수준'(levels of generality)이 문제된다. 이미 보장받고 있는 권리 및 새로 주장되고 있는 권리를 각기 어느 차원과 어느 정도에서 추상화시켜 파악하느냐에 따라 결론이 달라지는데(예컨대 선례를 통해 인정된 피임기구의 자유로운 사용의 권리, 낙태의 권리 등 사생활의 보호에 관한 권리를 어느 수준에서 해석하느냐에 따라 새로 주장되는 남색(男色)의 권리의 인정 여부가 다르게 된다), 이때 가치관의 개입이 불가피하다.

헌법의 텍스트는 가치선택에 있어서 방향을 제시해 주며('channel'), 이를 토대로 헌법의 전체구조 속에서 특정한 헌법규정에 내재된 중심적 가치를 찾아낼 수 있다.

헌법해석에 있어서의 기본적인 선택은 헌법규정의 '보수적' 기능을 강조할 것인가, 아니면 '비판과 변화를 가져오는 잠재력'을 강조할 것인가의 선택이며, 이 선택은 헌법의 텍스트, 구조, 역사, 그 어느 것도 해 줄 수 없는 것이다. 이 선택은 텍스트 밖으로부터 정당화되지 않으면 안 되는데, 그러나 가능한 한 텍스트 그 자체로부터 많은 지침을 이끌어내는 식으로 행해질 수 있고 또 그렇게 해야 한다(Tribe and Dorf, 앞의 책 참조).

4. 결론적 고찰 : 이익교량으로서의 헌법해석

생각건대 법은 곧 법해석이며, 이것은 많은 추상적 규정을 담고 있는 헌법의 경우에는 더욱 타당하다고 할 수 있다. 문제는 법해석이 얼마나 '객관적'이고 설득력을 지닐 수 있느냐 하는 것이다.

제정자의도설은 법해석의 객관성을 찾아보려는 하나의 시도라고 볼 수 있다. 그러나 위에서도 지적된 것처럼 이 이론은 여러 문제점을 안고 있다. 보크(Bork)의 반론은 그 나름의 논리를 갖고 있지만, 그것은 의회의 의사에 대해 과도한 신뢰를 보내는 견해이다.

한편 제정자의도설과는 정반대의 입장에 있다고 할 수 있는 비판법학에서는 법해석은 곧 정치라고 주장하고 있다. 비판법학으로부터 받아들여야 할 중요한 시사를 결코 부인할 수는 없다고 보이는데, 그럼에도 그 극단적 형태의 주장은 그대로 수용하기는 힘들다. 자칫 법의 해체에로 귀결되기 쉽기 때문이다. 실제에 있어서 법의 해석과 적용이 해석자의 주관적 선호에 의해 정해지는 것이 보통이라고 하더라도, 트라이브(Tribe)와 도르프(Dorf)의 적절한 지적처럼 객관성을 유지하기 힘든 인간의 한계를 인정하는 것과 객관성에 접근하려는 노력을 포기하는 것은 전혀 다른 것이라고 하지 않을 수 없다.

다만 여기에서 '객관성'의 의미에 대해서는 유의할 점이 있다. 법해석에서의 객관성이란 수학적인 엄밀한 의미의 객관성과는 다를 수밖에 없다. 그러한 한에서는 넓은 의미의 주관성의 여지를 부인하기는 힘들 것이다. 그러나 법해석에서의 주관성의 여지는 드워킨(Dworkin)의 비유를 빌린다면, 아이스크림 맛에 대한 개인적 취향과는 전혀 다른 것이다. 어떤 아이스크림 맛이 제일 좋다는 말은 어디까지나 그 개인에 대해서만 해당되는 것인데 반하여, 어떤 해석이 가장 옳다는 주장은 다른 모든 사람을 향한 것이며, 그러한 뜻에서는 객관적인 것이다.

여기에서 다시 유념하여야 할 것은 트라이브와 도르프가 지적한 초통합적 해석의 오류에 대한 경계이다. 헌법해석에 있어서 궁극적인 철학과 원리가 반드시 단일한 방향에서 조화롭게 통합될 수 있는가는 의문이 아닐 수 없으며, 원리 상호간 또는 원리 내부에서의 갈등, 대립적 측면을 부인하기는 힘들 것이다. 이 갈등이 비판법학자들의 주장처럼 반드시 '근본적 모순'은 아니라고 하더라도 적어도 원리 상호간 일종의 '이익교량'을 피하기는 어려울 것이다. 이렇게 본다면 법해석, 특히 헌법해석은 궁극적으로 기본적 법원리 사이의 이익교량의 문제로 귀결된다. 이 이익교량을 보다 구체화하고 체계화하는 것이 바로 헌법해석학의 과제이다.

헌법원리에 있어서 궁극적으로 대립하고 있는 것은 개인주의적 원리와 공동체주의적 원리이다. 대부분의 헌법문제는 이 두 원리를 어느 선상에서 조정하느냐라는 이익교량에 따라 그 판단이 갈린다. 그런 점에서 헌법해석의 문제는 곧 개인주의와 공동체주의 사이의 이익교량의 문제이다.

다만, 이익교량이 과연 얼마나 객관성을 지닐 수 있느냐는 문제는 모든 법해석에 관련된 근본적인 난제이다(이 문제에 관해서는 뒤의 제3편, 제3장, IV. 궁극적인 합헌성 심사기준으로서의 이익형량의 원칙 및 다음을 참조. 졸저, 《법 앞에 불평등한가? 왜? : 법철학 · 법사회학 산책》, 2015, 법문사, 248-263).

Ⅱ. 헌법해석과 사법소극주의 · 사법적극주의

재판관의 입장에서 볼 때 헌법해석에 임하는 기본태도는 이른바 사법소극주의와 사법적극주의로 대별된다. 먼저 사법소극주의에 대해 검토하기로 한다.

1. 사법소극주의와 그 비판

사법소극주의(judicial passivism) 또는 사법자제(judicial restraint)란 사법부가 특히 위헌심사에 있어서 입법부나 행정부의 결정을 존중하여 위헌판단을 자제하는 태도를 가리킨다. 사법소극주의의 대표적인 논거는 다음과 같다.

위헌결정의 근거가 되는 헌법규정들은 흔히 매우 일반적이고 추상적인 문언으로 되어 있다. 이러한 규정들의 의미는 역사적으로 제정자의 의도를 조사해 보아도 분명히 드러나지 않고, 그 해석에 대해 사람들마다 각기 상이한 의견을 드러낸다. 이와 같은 상황에서 민주주의이론에 따르건대, 국민들 자신이 위헌 여부를 결정해야 한다. 그것은 곧 국민대표기관인 입법부 또는 행정부의 결정에 최종적 효력을 인정하는 것을 의미한다. 국민은 원한다면 다음 선거에서 이에 대한 의사표시를 할 수 있다.

이와 같은 논리에 대해서는 우선 다음과 같은 반론이 제기될 수 있다. 민주주의이론에 근거하여 사법소극주의를 주장하려면, 선거와 정치적 결정의 과정 자체가 충분히 민주주의적이라는 가정이 전제되어야 하는데, 민주주의적 과정 자체에 관한 헌법규정의 해석이 문제되는 경우에는 사법소극주의를 주장할 수 없다. 이 같은 반론은 바로 일리(J. Ely)의 이른바 절차지향적(process-oriented) 헌법재판론의 핵심이다(앞의 '미국 헌법학의 흐름' 참조). 그런데 이 같은 반론은 어디까지나 민주주의적 과정 자체에 관련한 헌법규정들의 해석에 대해서만 적용되는 것이며, 나머지 다른 헌법규정의 해석에 대해서는 해당되지 않는다.

그렇다면 나머지 다른 헌법규정들에 대해서는 사법소극주의론이 지지될 수 있는가? 이 문제는 궁극적으로 헌법해석의 본질을 어떻게 파악하느냐 하는 문제와 직결되어 있다. 사법소극주의가 옳은 주장이 되기 위해서는 헌법해석에 관한 다음의 두 입장 가운데 어느 하나가 채택되지 않으면 안 된다.

첫째, 헌법제정자 의도설과 같은 과거 지향의 해석론이다. 그러나 앞에서 검토한 것처럼 이런 입장은 받아들이기 힘들다.

둘째, 추상적 규정의 해석은 결국 해석자의 주관적 판단에 의하게 되고, 이 경우 옳은 답은 없으며 오직 상이한 답이 있을 뿐이라는 회의론적 해석론이다. 그러나 이 역시 앞에서의 검토에서 거부된 해석론이다. 드워킨의 견해처럼 어려운 사건에서도 옳은 해답은 있고, 추상적 헌법규정으로부터도 국민의 권리가 인정될 수 있다고 보는 한 소극주의론은 유지될 수 없다.

한편 민주주의론 또는 다수자주의(majoritarianism)에 의거한 소극주의에 대하여 또 다른 각도에서의 반론이 제시될 수 있다. 사법적 위헌결정이 반드시 민주주의를 침해하는 것이 아니라 도리어 증진시킬 수도 있다는 것이다.

첫째, 헌법을 채택하는 시점에 있어서 국민의 민주의식은 매우 고양된 상태에 있기 때문에 헌법제정 이후의 일시적 다수에 의한 결정보다 더 상위의 위치를 차지한다고 볼 수 있고, 따라서 정치과정에 대한 헌법적 통제는 민주주의를 증진시키는 의미가 있다.

둘째, 입법부의 결정은 많은 경우 파당적 이해관계와 압력에 의해 이루어지는 경우가 많으므로 이에 대한 헌법적 통제는 민주주의를 증진시키는 의미를 지닌다. 특히 소수자의 권리보호라는 관점에서 보면, 다수의 표를 의식하여 행동하는 입법자의 결정을 신뢰할 수 없으며, 입법부에 대한 헌법적 통제의 필요성은 더 커진다. 또한 소수자의 권리에 관한 결정을 다수자에 맡기는 것은 불공정하다.

셋째, 현실적으로 보면 치자와 피치자는 분리되어있다는 점이다. 의회는 국민이 아니며 의회의 결정을 뒤엎는 재판관의 결정이 곧 국민의 권리를 축소시키는 것은 아니다. 재판관들의 결정 역시 국민의 결정은 아니지만 그들의 결정이 국민의 권리를 증진시킬 수 있다.

2. 조잡한 사법적극주의의 극복

사법적극주의가 옳으냐의 여부는 사법적극주의를 어떻게 이해하느냐에 달려있다. 위에서 검토한 의미에서의 소극주의를 부정한다는 의미에서라면 적극주의는 옳다. 즉 헌법규정이 추상적이고 불분명한 경우에도 '통합성으로서의 법'의 관점에서 해석한 결과 위헌이라고 판단되면 그대로 입법부나 행정부의 결정을 뒤엎는 태도가 적극주의라면 그것은 옳은 태도이다.

그러나 조잡한 적극주의는 받아들일 수 없다. 헌법 텍스트, 제정의 역사, 선례, 정치문화의 전통 등을 무시하고 자신의 주관적 가치판단에 의거하여 입법부나 행정부의 결정을 뒤엎는 태도는 배척되어야 한다.

근래 전 지구적 차원의 헌법재판의 활성화(이른바 '사법통치'현상)에 대해 비판적 분석이나 평가가 내려지는 예를 볼 수 있다. 그 가운데에는 보크(Bork)에서처럼 격렬한 적극주의 비판도 나타나고 있다. 그는 적극주의를 '사법병'(judicial disease) 또는 '사법 제국주의'(judicial imperialism)라고 부르면서 이런 현상이 미국만이 아니라, 독일, 이스라엘, 캐나다, 오스트레일리아 등 세계 각국과 국제법원까지 번지고 있음을 지적한다(Bork, 앞의 책 참조).

그러나 극단적 소극주의에서 나타나는 결정적인 문제점은 의회와 국민을 동일시하는 단순한 민주주의관에 빠져 있으며, 다수의 횡포를 견제하기 위한 권력분립의 시각이 결여되어 있다는 것이다. 특히 현대 국가의 권력구조를 감안한다면 사법부에 좀 더 광범한 적극적 역할을 부여할 필요가 있다. 구체적인 정부형태에 따라 다소 차이가 있을 수 있지만, 정당정치를 통해 입법부와 행정부가 결합됨으로써 권력융합의 현상을 가져오는 것이 현대 국가의 권력구조의 일반적 양상이다. 따라서 정치권력에 대한 사법적 통제의 필요성은 더 커진다고 볼 수 있다.

Ⅲ. 합헌적 법률해석

1. 합헌적 법률해석의 의의

합헌적 법률해석이란 법률의 해석에 있어서 여러 가지 해석이 가능할 때, 그 가운데에 헌법에 합치하는 것으로 해석될 수 있는 것이 있는 경우에는 이를 위헌으로 해석하지 말고 합헌으로 해석해야 한다는 해석상의 원칙이다. 이를 '헌법합치적 법률해석' 또는 '법률의 합헌적 해석'이라고도 부른다.

합헌적 법률해석은 법률해석상의 원칙이고 헌법해석과는 개념상 별개의 것이지만, 실제로는 헌법해석과 밀접히 관련되어 있다. 이 원칙은 법률에 대한 위헌심사에서 주로 문제되는데, 위헌심사의 과정에서 법률해석만이 아니라 헌법해석이 동시에 행하여지기 때문이다.

합헌적 법률해석의 원칙은 본래 미국 판례상 형성된 '법률의 합헌추정(合憲推定)'의 원칙에서 비롯된 것이다. 법률의 합헌추정의 원칙에 의하면 법률이 위헌으로 입증되기까지는 합헌으로 추정하여야 한다고 본다. 이 원칙은 독일 연방헌법재판소 판례를 통해 합헌적 법률해석의 원칙으로 발전하였다.

우리 헌법재판소도 합헌적 법률해석의 원칙을 채택하고 있다. 법률의 의미내용을 제한적으로 해석하고 이를 전제로 합헌이라고 보는 '한정합헌결정'은 합헌적 법률해석의 소산이며, 그 밖에 '한정위헌결정'과 같은 변형결정도 합헌적 법률해석의 취지에 따른 것으로 볼 수 있다.

대법원은 합헌적 법률해석의 원칙은 모든 법령 체계에서 적용되어야 한다고 한다. 즉 국가의 법체계는 그 자체로 통일체를 이루고 있으므로 상·하규범 사이의 충돌은 최대한 배제하여야 하고, 또한 규범이 무효라고 선언될 경우에 생길 수 있는 법적 혼란과 불안정 및 새로운 규범이 제정될 때까지의 법적 공백 등으로 인한 폐해를 피하여야 할 필요성에 비추어 보면, 하위법령의 규정이 상위법령의 규정에 저촉되는지 여부가 명백하지 않은 경우에, 관련 법령의 내용과 입법 취지 및 연혁 등을 종합적으로 살펴 하위법령의 의미를 상위법령에 합치되는 것으로 해석하는 것이 가능한 경우라면, 하위법령이 상위법령에 위반된다는 이유로 쉽게 무효를 선언할 것은 아니라고 하였다(대판 2025.5.15. 2023추5050; 대판(전합) 2018.6.21. 2015두48655).

2. 합헌적 법률해석의 근거

첫째, 법질서의 통일성의 유지이다. 국가의 법질서는 최고법규범인 헌법을 정점으로 전체적인 통일성을 유지하여야 하며, 이를 위해서는 합헌적 법률해석이 필요하다.

둘째, 의회의 입법권에 대한 존중이다. 의회가 합헌적 내용의 법률을 제정하였다고 추정하는 것이 의회의 민주적 정당성에 비추어 타당하며, 권력분립의 정신에도 부합한다.

셋째, 법적 안정성의 유지이다. 법률이 합헌으로 해석될 수 있음에도 불구하고 이에 따르지 않고 위헌으로 해석한다면 이미 유효하게 시행되어 오던 법률이 무효로 되어 법적 안정성이 깨지게 된다. 법적 안정성은 정의와 더불어 법의 최고 이념의 하나이다.

3. 합헌적 법률해석의 한계

첫째, 문의적(文意的) 한계이다. 법률조문에서 사용된 말의 뜻, 즉 어의(語義)를 벗어나는 해석을 통해 합헌해석을 하는 것은 허용되지 않는다. 법률이 다의적으로 해석되더라도 거기에는 일정한 범위가 있으며, 그 범위를 넘어서는 해석은 허용할 수 없다 (서울고법 1997.2.20. 96노2721).

다만 어떤 법률해석이 문의적 한계를 벗어난 것인지는 재판관이나 법관들마다 다를 수 있다. 일례로, 청소년성보호법이 온라인서비스 이용자가 청소년이용음란물로 의심되는 자료를 발견한 경우 서비스제공자에게 '상시적으로 신고할 수 있는 조치'를 마련하도록 한 규정을 '신고조치의 접근용이성'까지 포함하는 것으로 해석할 수 있다는 다수의견과 이는 문의적 한계를 벗어났다는 재판관 2인의 반대의견이 대립하였다(헌재 2018.12.27. 2017헌마901; 사안은 신고센터 등의 명시적 메뉴가 있어야 하는지, 아니면 '1:1 상담'이나 '상담글 쓰기'도 신고센터로 볼 수 있는지에 대한 해석상 대립이었다).

둘째, 입법목적적 한계이다. 입법자가 법률을 통해 달성하려는 입법목적과 배치되는 해석을 통해 합헌해석을 하는 것은 허용되지 않는다. 입법목적을 벗어난 법률해석은 새로운 법률의 제정과 다름없다.

(판 례) 합헌적 법률해석의 근거와 한계

법률의 합헌적 해석은 헌법의 최고규범성에서 나오는 법질서의 통일성에 바탕을 두고, 법률이 헌법에 조화하여 해석될 수 있는 경우에는 위헌으로 판단하여서는 아니 된다는 것을 뜻하는 것으로서 권력분립과 입법권을 존중하는 정신에 그 뿌리를 두고 있다.

따라서, 법률 또는 법률의 위 조항은 원칙적으로 가능한 범위 안에서 합헌적으로 해석함이 마땅하나 그 해석은 법의 문구와 목적에 따른 한계가 있다. 즉, 법률의 조항의 문구가 간직하고 있는 말의 뜻을 넘어서 말의 뜻이 완전히 다른 의미로 변질되지 아니하는 범위 내이어야 한다는 문의적 한계와 입법권자가 그 법률의 제정으로써 추구하고자 하는 입법자의 명백한 의지와 입법의 목적을 헛되게 하는 내용으로 해석할 수 없다는 법목적에 따른 한계가 바로 그것이다.

왜냐하면, 그러한 범위를 벗어난 합헌적 해석은 그것이 바로 실질적 의미에서의 입법작용을 뜻하게 되어 결과적으로 입법권자의 입법권을 침해하는 것이 되기 때문이다.

헌재 1989.7.14. 88헌가5, 판례집 1, 69,86

셋째, 헌법적 한계이다. 법률의 내용이 합헌으로 해석될 수 있는가 여부는 법률해석만이 아니라 헌법해석에 따라 좌우되는데, 법률의 합헌적 해석을 이끌어내기 위해 헌법의 문의(文意)를 벗어나는 해석을 해서는 안 된다. 헌법이 수용할 수 있는 한계를 넘어서면 안 된다는 뜻에서 이를 헌법수용적 한계라고 부르기도 한다. 헌법적 한계를 넘는 경우에는 '법률의 헌법합치적 해석'이 아니라 '헌법의 법률합치적 해석'이 되고 만다(대결(전합) 2016.6.16.자 2016초기318).

일반적으로 합헌적 법률해석의 한계로서 지적되는 것은 위의 세 가지 한계이다. 그 밖에도 다음과 같은 넷째 한계가 있다고 보아야 할 것이다.

넷째, 실제의 법률의 해석 · 적용에 비추어 본 한계이다. 실제의 법률의 해석 · 적용과 전혀 다른 해석을 전제로 합헌해석을 하는 것은 인정되지 않는다고 보아야 한다. 이 점은 남용위험성과 관련하여 아래에서 설명한다.

4. 합헌적 법률해석의 남용위험성

합헌적 법률해석은 그 나름의 근거를 갖고 있으나 동시에 남용의 위험성이 크다. 합헌적 법률해석은 특히 법률의 제한적 해석을 통한 한정합헌결정의 형식으로 나타나는데, 법률의 지나친 제한적 해석은 때때로 실제의 법률해석 및 적용과 동떨어지기 쉽다. 일례로 국가보안법 제7조에 대한 한정합헌결정을 들 수 있다.

(판 례) 국가보안법 제7조에 대한 합헌적 법률해석

어떤 법률의 개념이 다의적이고 그 어의의 테두리 안에서 여러 가지 해석이 가능할 때 헌법을 그 최고 법규로 하는 통일적인 법질서의 형성을 위하여 헌법에 합치되는 해석 즉 합헌적인 해석을 택하여야 하며, 이에 의하여 위헌적인 결과가 될 해석을 배제하면서 합헌적이고 긍정적인 면은 살려야 한다는 것이 헌법의 일반 법리이다. 이러한 합헌적 제한해석과 주문예는 헌법재판제도가 정착된 여러 나라에 있어서 널리 활용되는 통례인 것으로서 법률에 일부합헌적 요소가 있음에도 불구하고 위헌적 요소 때문에 전면위헌을 선언할 때 생길 수 있는 큰 충격을 완화하기 위한 방안이기도 하다. 국가보안법 제7조 제1항 소정의 찬양 · 고무 · 동조 그리고 이롭게 하는 행위 모두가 곧바로 국가의 존립 · 안전을 위태롭게 하거나 또는 자유민주적 기본질서에 위해를 줄 위험이 있는 것이 아니므로 그 행위일체를 어의대로 해석하여 모두 처벌한다면 합헌적인 행위까지도 처벌하게 되어 위헌이 되게 된다는 것은 앞서 본 바이다. 그렇다면 그 가운데서 국가의 존립 · 안전이나 자유민주적 기본질서에 무해한 행위는 처벌에서 배제하고, 이에 실질적 해악을 미칠 명백한 위험성이 있는 경우로 처벌을 축소제한하는 것이 헌법 전문 · 제4조 · 제8조 제4항 · 제37조 제2항에 합치

되는 해석일 것이다.

헌재 1990.4.2. 89헌가113, 판례집 2, 49,62-63

위의 결정은 국가보안법 제7조의 의미를 어의(語義)보다 제한적으로 축소해석하여 합헌으로 판단하고 있는데, 여기에는 중대한 문제점이 있다. 다수의견은 "국가의 존립·안전이나 자유민주적 기본질서에 무해한 행위는 처벌에서 배제하고, 이에 실질적 해악을 미칠 명백한 위험성이 있는 경우"만 해당하는 것으로 축소제한해석하고 있으나, 이 결정 이전의 실제에 있어서는 이 해석보다 광범하게 해석·적용되어 온 것이 사실이다. 즉 '국가의 존립·안전이나 자유민주적 기본질서에 실질적 해악을 미칠 명백한 위험성'이 없는 경우에도 이 조항이 적용되는 것으로 해석되어 왔던 것이다. 그럼에도 불구하고 다수의견은 실제의 해석·적용을 고려하지 않은 제한해석을 전제로 합헌 판단을 내린 것이다. 이것은 합헌적 법률해석의 남용이며, 그 한계를 넘은 것이라고 보아야 한다.

법률의 합헌해석의 중요한 근거는 법적 안정성의 유지이다. 그러나 법적 안정성보다 정의의 이념을 더 우선시해야 할 경우에까지 법률의 합헌해석을 하는 것은 허용되지 않는다.

제 4 장

헌법의 제정과 변동

I. 헌법의 제정

1. 헌법제정의 의의

헌법제정이란 헌법을 창설하는 것이다. '헌법제정권력'이라는 개념을 사용한다면 헌법제정권력을 가진 주체가 헌법을 창설하는 것이 헌법제정이다. 헌법제정은 새로운 국가가 성립하여 헌법을 제정하는 경우, 또는 기존의 국가에서 기존의 헌법을 폐지하고 새로운 헌법을 제정하는 경우에 발생한다.

본래 전통적인 법실증주의적 헌법이론에서는 헌법제정을 연구의 대상으로 삼지 않았다. 법실증주의는 주어진 헌법에서 출발했기 때문이다. 헌법학에서 헌법제정 자체를 고찰의 대상으로 삼게 된 것은 법실증주의에 대한 비판적 태도에서 비롯한다.

2. 헌법제정권력

헌법제정에 관한 문제는 헌법제정권력 이론을 중심으로 한다. 헌법제정권력에 관한 중심적 주제는 두 가지이다. 첫째, 헌법제정권력의 주체는 누구인가의 문제이다. 둘째, 헌법제정권력의 한계에 관한 문제이다. 헌법제정권력에 한계가 있는가, 만일 있다면 그 한계의 내용은 무엇인가라는 문제이다.

(1) 헌법제정권력 이론의 기초

헌법제정권력 이론은 프랑스 대혁명 당시의 이론가 시에예스에 의해 처음 제시되었다. 그에 의하면, 헌법제정권력은 '헌법에 의해 조직된 권력'과 구별되고 이것보다 상위에 있다. 헌법제정권력의 주체는 오직 국민만이다. 국민의 의사는 그 존재에 의해 이미 합법적이며, 아무 한계가 없다. 국민의 의사 이전에, 그 상부에는 자연법만이 있을 뿐이다.

칼 슈미트는 시에예스의 이론을 이어받아 헌법제정권력 이론을 전개하였다. 그에 의하면, 헌법제정권력은 정치적 의지이다. 이 정치적 의지는 정당성의 근거를 필요로 하지 않으며 그 자체가 곧 정당하다. 헌법제정권력의 주체에는 국민, 군주, 소수의 조직체라는 세 형태가 있다.

슈미트가 말하는 헌법제정권력은 순전한 사실적인 힘이며, 정당성의 근거를 필요로 하지 않는다. 또한 시에예스와 달리 국민만이 헌법제정권력의 주체일 수 있다고 한정하지 않는다. 이 점에서 시에예스의 이론이 자연법론적 성격을 띠는 것과 다르다(시에예스와 슈미트의 헌법제정권력 이론에 관하여 더 상세한 것은 앞의 '헌법의 효력근거' 참조).

(2) 헌법제정권력의 주체와 행사방법

근대 입헌주의의 초기 단계에서는 헌법제정권력의 주체가 누구이냐가 중요한 문제였다. 실제의 헌법제정에 있어서 헌법제정권력의 주체가 국민인 경우(민정헌법), 군주인 경우(흠정헌법), 국민 및 군주인 경우(협약헌법)가 구별되었다. 그러나 오늘날에는 국민주권주의가 보편화되어 있어서 헌법제정권력의 주체가 오직 국민뿐이라는 점에 대하여 더 이상 논란은 없다.

헌법제정권력의 주체가 오직 국민만이라는 점은 헌법제정의 과정에서 반영되지 않으면 안 된다. 즉 국민이 헌법제정과정에서 직접 또는 간접으로 참여하는 절차가 필요하다. 헌법제정권력의 행사방법으로는 통상 두 가지가 있다. 그 하나는 국민의 선거에 의해 구성된 헌법제정회의(제헌의회)에서 의결하는 방법이다. 다른 하나는 헌법제정회의가 의결한 헌법안을 국민투표를 통해 확정하는 방법이다.

(3) 헌법제정권력의 한계

오늘날 헌법제정권력 이론의 중심적 주제는 헌법제정권력에 한계가 있는가, 만일 있다면 그 한계는 무엇인가라는 문제이다.

슈미트의 이론에 의하면 헌법제정권력은 정치적 의지이며 아무 한계가 없다고 한다. 한편 헌법제정권력의 주체가 오직 국민만이라는 입장에서도 국민이 제정주체인 한 아무 한계가 없다는 주장이 나올 수 있다. 그러나 국민이 제정주체라고 하더라도 헌법제정권력에는 한계가 있다고 할 것이다. 그 한계는 두 측면으로 나누어 볼 수 있다.

첫째, 실체적 내용상의 한계이다. 헌법제정을 통해 나타나는 국민의 의사는 그것이 국민의 의사라는 점에만 그치지 않고 동시에 이성적인 의사이어야 한다. 근대 입헌주의의 토대가 되는 자유주의는 무제한적 자유가 아니라 어디까지나 **이성적 자유**를 전제로 하는 것이다. 그렇다면 국민의 의사가 이성적이어야 한다는 것은 무슨 의미인가. 그 핵심은 **인간의 존엄성과 개인의 기본권 보장**에 있다고 할 것이다. 즉 헌법제정권력의 실체적 내용상의 한계는 인간의 존엄성과 개인의 기본권 보장에 있다.

둘째, 절차상의 한계이다. 국민이 헌법을 제정하는 절차는 이성적 자유를 보장하는 것이어야 한다. 제정절차가 자유롭지 못하거나 이성적 토론이 보장되지 않는다면 정당한 헌법제정권력의 행사라고 할 수 없다.

아래 판례들에서의 반대의견은 헌법제정권력의 한계를 인정한 것으로 풀이할 수 있다.

(판 례) 국민투표와 절차적 합법성(국가배상법 위헌소원)

(재판관 하경철의 반대의견)

국민투표를 거쳤다고 하여서 절차적 합법성의 결여가 치유되는 것은 아니다. 만일 국민투표에 의하여 확정되기만 하면 어떠한 내용의 헌법개정도 가능하다고 본다면, 국민투표는 불법적 "힘"의 결단을 곧 "법"으로 만드는 합법화수단 외에 다른 아무 것도 아닐 것이며, 독재권력에 의하여 언제든지 남용될 수 있는 가능성을 내포하고 있는 것이다. 그러므로 국민투표를 거쳐서 헌법개정이 되었다 하여 국민투표를 거치지 않은 헌법개정의 경우보다 더욱 높은 정당성을 부여하거나 우위의 효력을 부여할 수 없는 것이며 또 이를 이유로 하여 위헌심사가능성을 부인할 수도 없다 할 것이다.

헌재 2001.2.22. 2000헌바38, 판례집 13-1, 289,298

(판 례) 이른바 12 · 12 및 5 · 17사건 등에 관한 불기소처분('집권에 성공한 내란'의 가벌성)

(재판관 김진우 등 3인의 반대의견 요지. 앞의 '헌법의 효력근거'에서의 인용 참조)

3. 한국헌법의 제정

1948년의 제헌헌법은 그 전문에서 "……우리들 대한국민은 …… 정당(正當) 또 자유로히 선거된 대표로써 구성된 국회에서…… 이 헌법을 제정한다"고 규정하였다. 이 규정은 국민이 헌법제정자임을 밝힌 것이다. 헌법재판소 판례도 "국민은 최고의 헌법제정권력"이라고 판시하고 있다(헌재 2004.10.21. 2004헌마554등).

제헌헌법의 제정절차는 국회의 의결만에 의하고 국민투표를 거치지 않았다. 1962년 제3공화국 헌법 이래 현행 헌법에 이르기까지는 국민투표를 거쳐 헌법개정이 확정되었다(헌법제정과 헌법개정의 구별에 관하여는 뒤의 '헌법의 개정' 참조).

Ⅱ. 헌법변동의 개관

헌법은 그 제정이 매우 정치적일 뿐 아니라 제정 후에도 정치적 힘에 의하여 여러 형태의 변동을 겪는다. 헌법의 변동에는 헌법 스스로 규정하고 있는 헌법의 개정 외에도 여러 형태가 있다.

칼 슈미트의 이론을 토대로 헌법개정 외의 헌법변동의 형태를 보면 아래와 같다. ① 헌법의 파괴(Verfassungsvernichtung). 이것은 기존의 헌법만이 아니라 헌법제정권력의 주체까지 배제되어 변경되는 것이다. 혁명(예컨대 1789년의 프랑스 대혁명, 1917년의 러시아혁명 등)의 경우가 이에 해당한다. ② 헌법의 폐지(Verfassungsbeseitigung). 이것은 기존의 헌법제정권력 주체의 변경 없이 기존의 헌법을 배제하는 것이다. 쿠데타의 경우가 이에 해당한다. ③ 헌법의 침훼(侵毁)(Verfassungsdurchbrechung). 이것은 헌법조문을 변경하지 않은 채로 헌법에 위반하는 조치를 취하는 것이다. 헌법의 침해라고 부르기도 한다. 헌법의 침훼는 헌법위반에 해당한다. ④ 헌법의 정지(Verfassungs-suspension). 이것은 헌법 조문의 효력을 일시적으로 정지시키는 것이다. 이것에는 헌법에 근거한 합헌적 헌법정지와 헌법에 근거가 없는 위헌적 헌법정지가 있다. 위헌적 헌법정지는 헌법의 폐지로 연결되는 경우가 많다(예컨대 1961년의 5 · 16쿠데타와 제3공화국헌법 성립, 1972년의 10월유신과 유신헌법의 성립, 1980년의 5 · 17조치와 제5공화국헌법 성립 등).

그 밖에 헌법의 개정과 구별되는 헌법변동의 형태로 '헌법의 변천'이 있다(뒤의 설명 참조).

Ⅲ. 헌법의 개정

1. 헌법개정의 의의

(1) 헌법개정과 헌법제정의 구별

헌법개정이란 헌법이 정한 절차에 따라 헌법규정을 수정, 삭제 또는 첨가하는 것이다. 헌법개정의 형식에는 기존 헌법의 조문에 직접 변경을 가하는 방식(예컨대 우리 헌법)과 변경 내용을 기존 헌법에 추가하는 방식(예컨대 미국헌법. '수정 제1조, 수정 제2조……'의 방식)이 있다.

헌법개정은 기존 헌법과의 동일성을 유지하면서 헌법규정에 변경을 가하는 것인 점에서 헌법제정과 다르다. 헌법제정권력 이론에 따르면, 헌법제정은 헌법제정권력의 소산이며, 헌법개정은 '헌법에 의해 조직된 권력'의 소산인 점에서 다르다.

헌법개정에는 외형상 일부 규정을 개정하는 경우와 헌법규정을 전면적으로 개정하는 전면개정이 있는데, 특히 후자의 경우에 새로운 헌법의 제정과 어떻게 구별되는지가 문제된다. 그 구별의 기준은 기존 헌법과의 동일성이 유지되는가의 여부에 있다. 헌법의 동일성 여부의 문제는 헌법의 내부에 다시 단계적 구조를 인정하느냐와 관련된다. 헌법의 내부적 단계구조를 인정하는 이론에 의하면, 헌법규정은 크게 두 부류로 구분할 수 있다. 즉 ① 헌법제정자의 근본적 결단에 해당하는 규정과 ② 헌법제정자의 근본적 결단에 근거한 그 하위의 규정들이다. 이것은 칼 슈미트가 헌법과 헌법률을 구분한 이론에 뿌리를 두는 것이다(앞의 '헌법의 효력근거'에 관한 헌법제정권력 이론 참조). ①에 해당하는 것을 '헌법핵' 또는 '헌법의 근본규범'이라고 부르기도 한다. 이러한 이론에 의하면 헌법개정절차에 따라 헌법개정의 형식을 취한다고 하더라도 헌법핵에 해당하는 규정을 변경한다면 이것은 헌법개정이 아니라 실질적으로 헌법제정에 해당한다.

헌법재판소 판례 중에 이념적·논리적으로 헌법 규범 상호간의 우열을 인정한 예가 있다.

(판 례) 헌법규범 상호간의 우열(국가배상법 제2조 등 위헌소원)

(3) (……) 이른바 헌법제정권력과 헌법개정권력을 준별하고, 헌법의 개별규정 상호간의 효력의 차이를 인정하는 전제하에서 헌법제정규범에 위반한 헌법개정에 의한 규정, 상위의 헌법규정에 위배되는 하위의 헌법규정은 위헌으로 위헌심사의 대상이 된다거나, 혹은 헌법규정도 입법작용이라는 공권력 행사의 결과이므로 헌법재판소법 제68조 제1항에 의한 헌법소원의 대상이 된다는 견해가 있을 수는 있다.

(4) 그러나, 우리나라의 헌법은 제헌헌법이 초대국회에 의하여 제정된 반면 그 후의 제5차, 제7차, 제8차 및 현행의 제9차 헌법 개정에 있어서는 국민투표를 거친 바 있고, 그간 각 헌법의 개정절차조항 자체가 여러 번 개정된 적이 있으며, 형식적으로도 부분개정이 아니라 전문까지를 포함한 전면개정이 이루어졌던 점과 우리의 현행 헌법이 독일기본법 제79조 제3항과 같은 헌법개정의 한계에 관한 규정을 두고 있지 아니하고, 독일기본법 제79조 제1항 제1문과 같이 헌법의 개정을 법률의 형식으로 하도록 규정하고 있지도 아니한 점 등을 감안할 때, 우리 헌법의 각 개별규정 가운데 무엇이 헌법제정규정이고 무엇이 헌법개정규정인지를 구분하는 것이 가능하지 아니할 뿐 아니라, 각 개별규정에 그 효력상의 차이를 인정하여야 할 형식적인 이유를 찾을 수 없다. 이러한 점과 앞에서 검토한 현행 헌법 및 헌법재판소법의 명문의 규정취지에 비추어, 헌법제정권과 헌법개정권의 구별론이나 헌법개정한계론은 그 자체로서의 이론적 타당성 여부와 상관없이 우리 헌법재판소가 헌법의 개별규정에 대하여 위헌심사를 할 수 있다는 논거로 원용될 수 있는 것이 아니다.

또한 국민투표에 의하여 확정된 현행 헌법의 성립과정과 헌법 제130조 제2항이 헌법의 개정을 국민투표에 의하여 확정하도록 하고 있음에 비추어, 헌법은 그 전체로서 주권자인 국민의 결단 내지 국민적 합의의 결과라고 보아야 할 것으로, 헌법의 규정을 헌법재판소법 제68조 제1항 소정의 공권력 행사의 결과라고 볼 수도 없다.

(5) 물론 헌법은 전문과 단순한 개별조항의 상호관련성이 없는 집합에 지나지 않는 것이 아니고 하나의 통일된 가치체계를 이루고 있는 것이므로, 헌법의 전문과 각 개별규정은 서로 밀접한 관련을 맺고 있고, 따라서 헌법의 제 규정 가운데는 헌법의 근본가치를 보다 추상적으로 선언한 것도 있고, 이를 보다 구체적으로 표현한 것도 있어서 이념적·논리적으로는 규범 상호간의 우열을 인정할 수 있는 것이 사실이다. 그러나, 그렇다 하더라도, 이때에 인정되는 규범 상호간의 우열은 추상적 가치규범의 구체화에 따른 것으로 헌법의 통일적 해석에 있어서는 유용할 것이지만, 그것이 헌법의 어느 특정규정이 다른 규정의

이 국회에서 의결된 후 30일 이내에 국민투표에 붙여 국회의원선거권자 과반수의 투표와 투표자 과반수의 찬성을 얻으면 헌법개정은 확정된다. 대통령은 즉시 이를 공포하여야 한다(제130조).

헌법개정안 제안권자에 관하여 과거 제3공화국헌법에서는 대통령에게 제안권을 인정하지 않았다. 한편 1954년의 제2차 개헌에서 민의원(하원)의원 선거권자 50만인 이상의 찬성으로 헌법개정을 제안할 수 있게 하였으며, 제3공화국헌법에서도 국회의원선거권자 50만인 이상의 찬성에 의한 헌법개정 제안권을 인정했다.

헌법개정에 관하여 국민투표제를 처음 도입한 것은 1954년 제2차 개헌이다. 이 개헌에서 주권의 제약 또는 영토의 변경을 가져올 국가안위에 관한 중대사항의 헌법개정에는 국민투표를 거치게 하였다. 또한 1962년 제3공화국헌법과 1980년 제5공화국헌법 및 현행헌법에서 국민투표를 필수적으로 거치게 하였다. 1972년 유신헌법에서는 대통령이 제안한 헌법개정안에 한하여 국민투표를 거치도록 하였다.

3. 헌법개정의 한계

헌법이 정한 헌법개정절차를 거치면 어떤 헌법개정이라도 할 수 있는가 또는 헌법개정절차에 의하더라도 개정할 수 없는 한계가 있는가. 이에 관해서는 견해가 대립한다.

(1) 한계긍정론

헌법개정의 한계가 있다는 한계긍정론의 근거는 다음과 같다. ① **헌법내재적 한계**이다. 앞에서 언급한 헌법내부적 단계구조가 있다고 보는 입장에서는 헌법의 동질성을 깨는 헌법핵의 변경은 인정되지 않는다고 본다. ② **헌법초월적(자연법적) 한계**이다. 자연법론의 입장에서는 자연법에 저촉하는 헌법개정은 인정되지 않는다고 한다. ③ **실정법적 한계**이다. 헌법에서 헌법개정의 한계를 명시하는 경우에 그 개헌은 인정되지 않는다고 한다. 예컨대 1954년 제2차 헌법개정에서는 당시 헌법 제1조("대한민국은 민주공화국이다"), 제2조("대한민국의 주권은 국민에게 있고 모든 권력은 국민으로부터 나온다") 및 제7조의2(주권의 제약 또는 영토변경을 가져올 국가안위에 관한 중대사항은 국회 가결을 거친 후 국민투표를 통과해야 한다는 규정)는 개폐할 수 없다고 명시하였다(제98조). 외국헌법에서 실정법적 한계를 명시한 예로, 미국헌법(제5조. 각 주의 상원에서의 동등한 표결권을 그 주의 동의 없이 박탈할 수 없다는 규정), 독일기본법(제79조 제3항. 인간의 존엄성 보호에 관한 제1조, 민주적 · 사회적 연방국가의 원칙에 관한 제20조, 입법에 있어서 주(州)의 원칙적 협력 등의 개정금지) 등을 들 수 있다.

(2) 한계부정론

철저한 법실증주의 입장에서는 헌법개정의 한계를 부정하면서 한계긍정론의 근거를 반박한다. ① 헌법내재적 한계는 헌법규정상 근거가 없는 것이며 인정할 수 없다고 한다. ② 자연법의 존재를 부정하므로 자연법적 한계를 인정할 수 없다고 한다. ③ 실정법적 한계가 규정되어 있다고 하더라도 그 규정 자체를 개정한 후에 개정이 가능하다고 한다.

헌법재판소 판례 중에는 한계부정론에 가까운 결정이 있고, 이에 대하여 소수 반대의견이 있다(헌법규범 상호간의 우열에 관한 앞의 판례 참조. 헌재 1995.12.28. 95헌바3; 헌재 2001.2.22. 2000헌바38).

(3) 결론적 고찰

생각건대 한계긍정론이 타당하다고 본다. 우리 헌법상 헌법내재적 한계는 '자유민주적 기본질서'의 요소들이라고 할 것이다(자유민주적 기본질서의 요소에 관하여는 뒤의 '한국헌법 최고의 통합적 원리 : 자유민주적 기본질서의 보장' 참조). 자연법적 한계를 긍정하는 경우에 그 핵심은 기본권보장의 원리라고 할 것인데, 굳이 자연법론에 의거하지 않더라도 기본권보장의 원리는 자유민주적 기본질서의 요소에 해당한다고 본다. 실정법적 한계는 헌법제정자의 근본결단에 속하는 헌법핵에 해당한다고 볼 것이므로 그 한계를 인정해야 할 것이다. 한계긍정론이 다수학설이다.

현행헌법에는 헌법개정의 실정법적 한계를 명시한 규정이 없다고 보는 견해들이 있다. 이에 따르면 "대통령의 임기연장 또는 중임변경을 위한 헌법개정은 그 헌법개정 제안 당시의 대통령에 대하여는 효력이 없다"는 헌법조항(제128조 제2항)은 헌법개정의 한계가 아니라 헌법개정의 효력범위를 제한하는 조항일 뿐이라고 한다.

그러나 이러한 견해는 타당하지 않다. 헌법 제128조 제2항은 개정 당시의 대통령에게도 효력이 있는 대통령 임기연장 또는 중임변경의 개헌을 할 수 없다는 헌법개정한계에 해당한다고 볼 것이다. 만일 이 조항이 헌법개정의 한계가 아니라 헌법개정의 효력범위를 제한한 것이라고 본다면 이 조항의 개정과 함께 임기연장이나 중임변경의 개정을 하면 개정당시의 대통령에게도 효력이 있다고 할 것인데, 이러한 결과는 인정할 수 없다. 이러한 결론은 대통령의 임기연장이나 중임변경의 개정이 현직 대통령의 집권연장을 위한 수단이 되어 입헌주의 체제를 침해하였던 과거의 여러 경험에 근거한 것이다. 한국헌법사의 이러한 특수한 경험에 비추어 헌법 제128조 제2항은 단순한 헌법개정의 효력제한이 아니라 헌법개정의 한계에 해당한다고 보아야 한다.

그 밖에 헌법개정의 절차에 관한 규정이 헌법개정의 한계에 해당하느냐는 문제가 있다. 경성헌법의 원칙은 헌법개정의 한계에 해당한다고 볼 것이지만, 법률개정에 비하여 경성(硬性)의 정도를 어느 정도로 할 것인가는 개정할 수 있다고 본다.

Ⅳ. 헌법의 변천

1. 헌법변천의 의의

헌법의 변천(Verfassungswandlung)이란 헌법조항의 명시적인 변경이 없이 헌법조항의 본래의 의미가 헌법의 실제 운용에 의하여 변화하는 것을 말한다. 헌법조항의 명시적 변경이 없는 점에서 헌법개정과는 다르다. 이 개념은 옐리네크 등에 의하여 이론화되었다.

헌법변천의 실례로서 다음과 같은 경우를 들 수 있다. 미국헌법의 적법절차조항은 본래 자유방임적 자본주의 이념에 따라 해석되어 경제규제 입법에 대한 위헌판결의 근거로 원용되었으나, 1937년의 판례변경을 통한 '헌법혁명' 이래로 수정자본주의 이념에 따라 재해석되었다. 그 결과 경제규제 입법에 대한 합헌판결이 확립되었다(앞의 '미국헌법학의 흐름' 참조). 일본헌법의 경우, 제9조의 이른바 평화조항은 '육·해·공군 등 전력을 보유하지 않는다'고 명시하고 있으나 실제로 군대에 해당하는 '자위대'를 보유하고 있다.

한국헌법의 경우, 1952년 제1차 개헌 이래 참의원을 설치하는 것으로 규정하였으나 제1공화국헌법에서 이를 실제로 설치하지 않은 사례, 제3공화국헌법하에서 헌법의 규정에도 불구하고 지방의회의원의 선거를 실시하지 않은 점 등을 헌법변천의 실례로 드는 견해가 있다.

2. 헌법변천의 인정 여부

헌법규범은 다른 실정법규범에 비해 추상성이 강하다. 이것은 헌법이 변화하는 현실에 적응하여 탄력적으로 해석 · 적용되어야 할 필요성에 부응하는 기능을 갖는다. 이것이 헌법규범의 개방성을 통한 '살아있는 헌법'의 실현이다. 문제는 이러한 통상적인 헌법의 개방성을 넘어서 헌법규범에 정면으로 반하는 현실이 일정한 단계에 도달한 경우에 마치 헌법을 개정한 것과 마찬가지의 법적 효과를 인정할 수 있는가 여부이다. 이에 관해서 견해가 대립한다.

① 인정론에 의하면, 일정한 요건(즉 헌법규범에 반하는 헌법현실의 반복과 지속 및 국민의 동의 등)이 충족되면 위헌적 헌법현실이 헌법규범의 개폐와 동등한 효력을 갖는다고 본다. ② 부정론에 의하면, 위헌적인 헌법현실은 어디까지나 사실에 불과하며 법적 효력을 갖지 않는다고 본다.

생각건대 원칙적으로 헌법변천에 대하여 법적 효력을 인정할 수 없다고 할 것이다. 헌법을 비롯하여 널리 법의 효력에는 두 가지 요소가 있다. 그 첫째는 국민에게 법의 준수를 요구하는 '규범적 구속성'이고, 둘째는 실제로 준수되고 있다는 '실효성'이다. 실효성이 완전히 소멸된 헌법규범은 이미 헌법이 아니라는 주장이 있을 수 있지만, 여기에는 문제가 있다. 실효성이 어느 시점에서 완전히 소멸되었는지 확인하기 어려울 뿐 아니라, 일시적으로 실효성이 소멸된 것으로 보인다고 하더라도 장래에 다시 실효성이 소생할 가능성도 배제할 수 없다. 헌법변천의 법적 효력을 원칙적으로 인정하는 경우에는 헌법위반의 헌법현실을 쉽게 합법화할 위험이 있다. 아래에서 살펴보는 헌법보장의 관점에서도 원칙적으로 헌법변천의 법적 효력을 인정할 수 없다고 보아야 한다.

실제의 문제로서, 헌법 제3조의 영토조항에 대하여 헌법변천의 이론을 적용하려는 견해가 있으나 이는 잘못이다(뒤의 영토조항에 관한 설명 참조).

제 5 장

헌법보장

I. 서 설

1. 헌법보장의 의의

헌법보장이란 헌법에 대한 침해로부터 헌법의 규범력과 존속을 보장하는 것을 말한다. 헌법보호 또는 헌법수호라고 부르기도 한다. 헌법은 최고법규범이면서 특히 정치성이 강한 규범이기 때문에 정치적 힘에 의해 그 규범력이 훼손되거나 그 존속이 위협당하기 쉽다. 이 때문에 헌법의 침해를 사전에 예방하거나 사후에 시정하기 위한 여러 제도를 헌법 자체에 설치하는 등, 헌법보장을 위한 여러 수단이 강구되고 있다.

일반적으로 헌법보장(Verfassungsschutz)은 헌법 자체의 규범력과 존속을 보장하는 것을 의미하는데, 광의로는 국가보장(Staatsschutz)을 포함한다. 국가보장은 예컨대 외침으로부터 국가를 방어하는 것과 같이 국가의 존속 자체를 보장하는 것이다.

2. '헌법의 수호자'와 '헌법에의 의지'

헌법보장과 관련된 것으로, 독일 바이마르공화국시대에 '헌법의 수호자'(Hüter der Verfassung)가 누구냐에 관한 논쟁이 있었다. 칼 슈미트는 의회는 정당들의 각축장이기 때문에 헌법수호의 역할을 할 수 없다고 보면서, 국민이 직접 선출한 대통령이야말로 국가긴급권을 갖고 있는 중립적 권력으로서 헌법수호의 역할을 담당할 적절한 국가기관이라고 주장하였다. 이에 대해 켈젠은 헌법보장의 중점을 위헌법률을 막는 데에 두고, 헌법재판소와 같은 사법기관이 헌법수호자라고 반박하였다. 실제의 바이마르공화국 역사에서 대통령은 헌법수호의 역할을 못했고 바이마르 헌법은 나치즘에 의해 파괴되었다.

헌법보장을 위해서 어느 하나의 특정한 국가기관이 할 수 있는 역할에는 한계가 있으며, 여러 제도를 통한 다각적인 방법이 필요하다. 나아가 헌법보장을 위한 제도를 넘어서, 궁극적으로는 국민의 헌법수호 의지, 즉 국민의 '헌법에의 의지'가 헌법보장의 관건이라고 할 것이다. 헌법에의 의지를 강화하려면 국민의 인권의식을 높이고 헌법보장제도를 활성화하는 것이 필요하다.

Ⅱ. 헌법보장의 유형

헌법보장은 기준에 따라 여러 유형으로 분류된다.

1. 법적 근거에 따른 분류

헌법보장제도는 그 법적 근거에 따라 ① 헌법 자체에 규정되어 있는 헌법보장제도, ② 헌법에 규정되어 있지 않지만 이른바 초헌법적으로 인정된다고 주장되는 헌법보장제도, ③ 법률에 근거한 헌법보장제도로 구분할 수 있다.

대부분의 헌법보장제도는 헌법 자체에 규정되어 있다. 법률에 근거한 헌법보장제도의 예로는 형법상의 내란의 죄(제87조 이하), 외환(外患)의 죄(제92조 이하) 규정, 국가보안법 등을 들 수 있다.

'초헌법적 헌법보장제도'로 과거에 거론된 것은 국가긴급권과 저항권이다. 국가긴급권과 저항권은 모두 국가의 비상시기의 헌법보장수단이라는 점에서 공통되지만, 국가긴급권은 국가권력에 의한 '위로부터의 헌법보장'인데 대하여, 저항권은 국민에 의한 '아래로부터의 헌법보장'이라는 점에서 상이하다. 국가긴급권은 전쟁, 내란, 자연재해 등, 평상시를 전제한 헌법제도로는 대처할 수 없는 비상시기에 국가의 존립을 유지하기 위해 국가권력이 입헌주의적 헌법질서를 일시적으로 정지하고 비상조치를 취할 수 있는 권한을 말한다. 과거에는 초헌법적인 국가긴급권이 인정된다는 주장이 있었지만 현대헌법은 국가긴급권에 관하여 미리 헌법에 규정해두는 것이 일반적이다. 오늘날 초헌법적 국가긴급권은 인정되지 않으며 헌법위반이라고 보아야 한다.

한편 저항권에는 전통적인 자연법상의 저항권과 현대헌법에서 헌법 스스로 인정하는 실정법상의 저항권이 있다. 전자는 초헌법적인 것이지만, 후자는 헌법상 인정된 것이다(뒤의 기본권으로서의 저항권 참조). 이렇게 보면 초헌법적 헌법보장제도로 인정되는 것은 오직 자연법상의 저항권이라고 할 것이다.

2. 그 밖의 분류

헌법보장제도는 헌법침해의 발생 시점을 기준으로 ① 사전예방적 헌법보장과 ② 사후시정적(事後是正的) 헌법보장으로 구분된다. 전자의 예로 헌법의 최고규범성 명시, 헌법개정의 제한 설정을 들 수 있다. 후자의 예로는 위헌법령심사제, 탄핵제도 등을 들 수 있다. 아래에서 우리 헌법상 헌법보장제도를 이 분류에 따라 정리한다.

그 밖에 누구에 의한 헌법보장이냐에 따라 국가기관에 의한 헌법보장과 국민에 의한 헌법보장(예컨대 저항권)을 구분할 수 있다.

이른바 '방어적 민주주의'에 입각한 제도들(예컨대 위헌정당해산제도, 독일헌법상의 '기본권실효'제도 등)은 자유민주적 기본질서를 보장하기 위한 것으로 헌법보장제도에 속한다(뒤의 '방어적 민주주의' 참조).

Ⅲ. 한국헌법상 헌법보장제도

1. 사전예방적 헌법보장

우리 헌법상 인정된 사전예방적 헌법보장제도로 다음과 같은 제도들이 있다. ① 대통령의 헌법수호책임 명시(제66조 제2항), ② 대통령 취임시 헌법준수의무 선서(제69조), ③ 헌법개정에 관한 경성헌법제도 채택(제128조 내지 제130조), ④ 헌법개정의 제한 설정(제128조 제2항. 대통령의 임기연장 또는 중임제한을 위한 헌법개정은 헌법개정제안 당시의 대통령에 대해 효력이 없다고 한 것은 넓은 의미에서 헌법개정의 제한을 설정한 것이다), ⑤ 그 밖에 권력분립제도도 헌법보장제도에 해당한다고 할 수 있다.

2. 사후시정적(事後是正的) 헌법보장

우리 헌법상 인정된 사후시정적 헌법보장제도로는 다음과 같은 제도들이 있다. ① 위헌법령심사제(제107조, 제111조 제1항 제1호), ② 헌법소원제도(제111조 제1항 제5

호), ③ 위헌정당해산제도(제8조 제4항, 제111조 제1항 제3호), ④ 탄핵제도(제65조, 제111조 제1항 제2호), ⑤ 계엄제도(제77조), ⑥ 대통령의 긴급명령 · 긴급재정경제명령제도(제76조).

제 2 편

한국헌법 총론

제 1 장

한국헌법의 역사

I. 한국헌법 전사(前史)

한국헌법의 전사를 언제부터 서술할 것인가에 관해서는 다양한 견해가 있을 수 있다. 제헌헌법의 제정 당시 한국의 '유일한 공법학자'였고 헌법기초위원회 전문위원이었던 유진오(兪鎭午)에 의하면, 한민족의 민주적 정신의 각성은 조선 영조·정조시대의 실학파까지 소급할 수 있다고 한다. 또한 그에 의하면, 1895년의 '홍범14조'(洪範十四條)는 전제군주제로부터 일종의 제한군주제로 전환한 우리나라 최초의 근대적 성질을 띤 헌법이라고 한다(유진오, 〈新稿 憲法解義〉, 1953 참조).

생각건대 현행 헌법의 전문에서 이 헌법이 대한민국임시정부의 법통을 계승한다고 명시하고 있으므로, 적어도 대한민국임시정부 헌법부터 그 전사로 삼아야 할 것이다.

한편 1948년 제정된 헌법의 용어와 관련하여 일반적으로 '제헌헌법'과 '건국헌법'이라는 용어가 혼용되고 있다. 과거 학자들도 두 용어를 별다른 차이점 없이 혼용하기도 하였다. 그러나 이 문제는 재검토를 요한다. 2008년 당시 정부의 8·15기념행사의 명칭을 두고 '정부수립 60주년'이냐 '건국 60주년'이냐를 두고 이념논쟁이 있었는데, 이러한 논쟁은 위 용어의 사용과 깊은 관련이 있다. 대한민국임시정부의 법통을 인정하는 입장에서는 '건국'이라는 용어를 사용할 수 없을 것이고, 당연히 '제헌헌법'이라는 용어를 쓸 것이다.

1948년 제정된 헌법 전문에 "기미 삼일운동으로 대한민국을 건립하여……이제 민주독립국가를 재건함에 있어서"라고 명시하고 있는 점, 현행 헌법 전문의 대한민국임시정부 법통계승조항 등에 비추어 '제헌헌법'이라는 용어를 사용하는 것이 타당하다.

1. 대한민국임시정부 헌법

1919년 3·1운동 후, 여러 독립운동 단체들 중 일부가 임시정부를 구성하였다. 그 중심이 된 것은 상해임시정부이고 여기에 다른 임시정부가 통합되었다. 상해임시정부는 국호를 '대한민국'으로 정하고 1919년 4월 11일 '대한민국임시헌장' 10개 조항을 채택하였다. 이 헌장은 "제1조 대한민국은 민주공화제로 함", "제2조 대한민국은 임시정부가 임시의정원(臨時議政院)의 결의에 의하여 차(此)를 통치함"이라고 규정하였다. 국무총리에는 이승만(李承晩)을 추대하였다. 기본권에 관해서는 평등, 신교(信敎)·언론·이전·신체 및 소유의 자유, 선거권과 피선거권을 규정하였고, 특히 생명형(生命刑)과 공창제(公娼制) 폐지를 명시하였다.

이후 제1차 개헌(1919.9.11)을 통해 '대한민국임시헌법'을 실질적으로 제정하는 등, 총 5차의 개헌을 거쳤다. 제1차 개헌에서는 대통령제를 취하였고, 제4차 개헌(1940.10.9)에서는 의원내각제 요소가 많은 주석제(主席制)를 채택하였다.

대한민국임시정부 헌법과 대한민국 헌법과의 관계에 관해서는 견해의 대립이 있지만, 현행 헌법은 그 전문에서 "……우리 대한국민은 3·1운동으로 건립된 대한민국임시정부의 법통……을 계승"한다고 명시하고 있다(뒤의 '헌법 전문' 참조).

2. 미군정 시기의 기본적 법체제

1945년 9월 8일, 38선 남쪽에 미군이 진주하여 군정(military control)을 실시하였다. 미군정은 대한민국임시정부를 인정하지 않았다. 미군정 시기의 기본적 법체제는 다음과 같다.

① 태평양미국육군총사령부 포고(Proclamation). 이것은 실질적으로 헌법에 해당하는 미군정의 최고법규범이었다. 포고 제1호는 군정실시와 그 기본방침에 관한 것이었고, 제4호까지 발령되었다.

② 남조선과도입법의원 법률(Public Act). 이것은 1946년 12월 12일에 설치된 남조선과도입법의원(南朝鮮過渡立法議院)이 제정한 법률이다. 남조선과도입법의원은 군정청(軍政廳)의 자문기구적 성격을 가진 것으로, 의원 총 90명의 2분의 1은 간접선거에 의해 선거되고, 나머지 2분의 1은 군정청 군정장관이 임명하였다. 법률은 입법의원이

의결한 후, 군정장관이 인준하는 형식을 취하였다. 입법의원의 법률은 총 12건으로 실질적으로 비중이 약했다.

③ 군정청 법령(Ordinance). 이것은 재조선(在朝鮮)미국육군사령관의 명령에 의하여 미군정청 군정장관이 발한 법령이다. 한국인 민정장관이 취임한 이후인 법령 제135호부터 제199호까지는 대체로 민정장관이 건의하고 군정장관이 인준하는 형식을 취하였다. 실질적으로 중요한 법규범은 대부분 군정청 법령의 형식을 취하였다(김영수, 〈한국헌법사〉, 2000 참조).

미군정 시기는 한국법의 형성시기에 영미법적 요소들이 부분적으로 접목되는 계기가 되었다. 특히 군정청 법령 제176호에 의한 형사소송법 개정을 통하여 구속적부심사제 등 형사피의자 · 피고인 보호를 위한 영미법의 기본권보장 제도가 이 시기에 도입되었다.

Ⅱ. 제1공화국 헌법(1948년 제헌헌법)

1. 제헌헌법의 제정과정

제2차 세계대전의 전후(戰後)문제를 처리하기 위하여 1945년 12월 16일, 모스크바 3상회의(미국 · 영국 · 소련의 외무장관회의)가 열렸다. 여기에서 한국에 미 · 소(美 · 蘇)공동위원회를 설치하고 일정기간의 신탁통치에 관하여 협의한다고 합의하였다. 미 · 소공동위원회가 결렬되어 남북분단이 사실상 확정된 후인 1947년 11월 14일, 미국의 제안으로 한국문제는 UN에 상정되었다. 1948년 2월 26일, UN 소총회는 한국의 가능한 지역 내에서 UN 임시한국위원단의 감시하에 총선거를 실시하고 정부를 수립할 것을 결정하였다. 임시한국위원단의 결정에 따라 1948년 5월 10일에 국회의원 선출을 위한 총선거가 실시되었다. 선거는 미군정 법령인 '국회의원선거법'(1948. 3.17. 공포)에 따라 시행되었다. 5 · 10 총선에는 남북협상을 주장하는 정치세력(김구, 김규식 등)이 참여하지 않았다. 제헌국회 의원은 총 298명 중 북한지역에 할당된 100명을 제외하고 198명으로 구성되었다.

1948년 5월 31일, 첫 제헌국회가 개원되었다. 제헌국회는 헌법과 정부조직법을 기초할 기초위원 30명과 전문위원 10명을 선출할 것을 결의하였다. 6월 3일, 헌법기초위원회가 구성되었고, 헌법기초위원회는 전문위원 유진오의 초안을 중심으로 심의

하였다. 유진오 초안은 정부형태를 의원내각제로 하였으나 국회의장 이승만의 반대 등으로 인하여 대통령제를 기본으로 하는 것으로 변경되었다.

1948년 6월 23일, 헌법초안이 국회본회의에 상정되었고, 7월 12일에 국회에서 의결되었다. 7월 17일, 국회의장에 의해 헌법이 공포되고 즉시 시행되었다. 이로써 대한민국의 제헌헌법이 제정된 것이다.

2. 제헌헌법의 내용상 특징

(1) 정부형태와 통치구조

정부형태는 대통령제와 의원내각제의 요소가 혼합된 형태를 취하였다. 대통령제를 기본으로 하였다고 보는 것이 통상적이지만, 이원정부제(二元政府制)에 가깝다는 견해도 있다. 대통령은 행정권의 수반이지만, 대통령과 국무총리 기타 국무위원으로 조직되는 국무원을 의결기관으로 설치하였다. 대통령과 부통령은 국회에서 선출하며, 국무총리는 대통령이 임명하고 국회의 승인을 얻도록 하였다. 국무위원은 대통령이 임명하는 것으로 하였다. 국회는 단원제로 하였고, 위헌심사기관으로 헌법위원회를 두었다.

혼합된 정부형태를 취하게 된 것은 정치적 타협의 소산이다. 김성수(金性洙)가 주도한 한국민주당 세력은 의원내각제를 원했지만 이승만은 대통령제를 고집하였고, 그 타협의 결과가 혼합된 정부형태로 나타났다.

(2) 기본권

기본권조항은 법실증주의적 입장에서 규정되었다. 신앙 · 양심의 자유와 학문 · 예술의 자유와 같은 정신적 자유를 제외하고는 기본권조항마다 법률유보 조항을 두었다(예컨대 제13조. "모든 국민은 법률에 의하지 아니하고는 언론 · 출판 · 집회 · 결사의 자유를 제한받지 아니한다").

사회권(생존권)조항을 두는 한편, 재산권에 대한 사회적 제약을 강조하였다. 이것은 바이마르헌법의 영향을 크게 받은 탓이다. 특이한 조항으로서, 근로자의 노동3권 외에 이익분배균점권(利益分配均霑權) 조항을 두었다(제18조 제2항. "영리를 목적으로 하는 사기업에 있어서는 근로자는 법률이 정하는 바에 의하여 이익의 분배에 균점할 권리가 있다"). 이것은 제헌 당시 사회주의 세력에 대한 적극적 방어의 의미를 지닌 것이었지만, 실제로는 명목적인 것이었다.

(3) 경제조항

경제질서의 원리에 관하여 사회정의 실현을 기본으로 삼고 개인의 경제적 자유는 부차적인 것으로 규정하였다(제84조. "대한민국의 경제질서는 모든 국민에게 생활의 기본적 수요를 충족할 수 있게 하는 사회정의의 실현과 균형있는 국민경제의 발전을 기함을 기본으로 한다. 각인의 경제상 자유는 이 한계 내에서 보장된다"). 그 밖에 경제규제에 관한 여러 조항을 두었다. 이것은 재산권조항의 경우와 마찬가지로 헌법초안 작성참여자들이 바이마르 헌법 등 현대헌법의 영향을 받았기 때문이다.

3. 제1차 헌법개정(1952.7.7. 공포)

제헌 당시 연합하였던 이승만 세력과 한국민주당 세력이 서로 대립함에 따라 헌정은 불안정하게 전개되었다. 국회의 한국민주당 세력은 의원내각제를 주요 내용으로 하는 개헌안을 제출하였으나, 1950년 3월 13일, 부결되었다. 1950년 5월 30일의 제2대 국회의원 총선 결과, 국회의 다수세력이 이승만대통령과 대립하게 되었고, 이에 국회 의결로는 대통령 재선이 어렵다고 판단한 이승만은 대통령 직선제를 골자로 하는 개헌안을 제출하였다. 1952년 1월 18일, 이 직선제 개헌안은 국회에서 부결되었다. 이후 야당은 다시 의원내각제 개헌안을 제출하였고, 이에 대응하여 이승만은 또다시 대통령 직선제를 핵심으로 하는 개헌안을 제출하였다. 그 후 1952년 7월 4일, 야당안과 정부안을 발췌하여 절충한 개헌안이 국회에서 통과되었다.

속칭 발췌개헌이라 불리는 제1차 개헌의 주요 내용은 다음과 같다. ① 대통령과 부통령의 국민직선제 채택, ② 국회 양원제(민의원과 참의원) 채택, ③ 국회에 대한 국무원의 연대책임과 국회의 국무원불신임권 및 국무위원의 국회에 대한 개별책임, ④ 국무위원 임면에 관한 국무총리의 제청권 등이다. 국회 양원제는 실제로 시행되지 않았고, 국무원불신임권도 행사되지 못했다.

제1차 개헌은 발췌한 개헌안에 대한 공고 절차가 없이 국회에서 의결된 점, 그리고 한국전쟁 중의 비상계엄령하에서 야당의원들에 대한 폭력적 위협이 가해지는 가운데 강행된 점에서 절차적으로 위헌이라고 보아야 한다.

4. 제2차 헌법개정(1954.11.29. 공포)

1954년 5월 20일의 국회의원 총선에서 이승만의 자유당이 다수의석을 점하자 이승만은 자신에 한하여 대통령 중임제한 조항을 적용하지 않는 개헌을 시도하였다. 1954년 11월 27일, 이 개헌안에 대한 표결 결과 1표가 부족하여 부결 선포되었다(재적 203명 중 135명 찬성으로, 개헌에 필요한 재적의원 3분의 2에 1표 부족). 그러나 이틀 후인 11월 29일, 국회는 야당의원들이 퇴장하고 여당인 자유당(自由黨)의원들만 참석한 가운데 부결 선포를 취소하고 개헌안 가결을 선포하였다. 이른바 사사오입(四捨五入)에 의해 135명 찬성은 개헌 의결정족수인 재적의원 3분의 2를 충족시킨다는 주장에 따른 것이었다(203의 3분의 2는 135.33……). 이것이 속칭 사사오입 개헌인 제2차 개헌이다.

제2차 개헌의 주요 내용은 다음과 같다. ① 이 헌법 공포 당시의 대통령에 대한 대통령 중임제한 적용배제, ② 주권의 제약이나 영토변경의 경우에 국민투표를 거치게 하는 것, ③ 대통령 궐위시 부통령이 승계하는 제도, ④ 국무총리제를 폐지하고, 국무위원에 대한 개별적 불신임제 채택, ⑤ 군법회의의 헌법적 근거 명시, ⑥ 경제조항에서 자연자원 이용, 대외무역, 사기업의 국공유화 등에 관하여 국가통제를 완화하고 자유시장경제체제를 강화한 것, ⑦ 헌법개정에 관하여 국민발안제를 채택, ⑧ 헌법개정금지조항(민주공화국, 국민주권, 주권제약이나 영토변경시의 필수적 국민투표)의 명시.

제2차 개헌 역시 절차적 위헌이라고 보아야 한다. 또한 초대 대통령에 대한 중임제한 배제는 평등의 원칙에 반한다는 논란이 있다.

Ⅲ. 제2공화국 헌법(1960년 헌법)

1. 제3차 헌법개정(1960.6.15. 공포)

제3차 개헌은 4 · 19혁명의 소산이다. 1960년 3 · 15부정선거(제4대 대통령선거)에 대하여 학생을 중심으로 국민적 저항운동이 일어났다. 이승만대통령은 4월 27일 대통령직을 사임하였고, 허정(許政)을 대통령 직무대행으로 하는 과도정부가 수립되었다. 6월 15일, 의원내각제 채택을 핵심으로 하는 개헌안이 국회에서 압도적 다수에 의해 의결되었다.

제3차 개헌의 주요 내용은 다음과 같다. ① 의원내각제 정부형태의 채택, ② 국회양원제에 관한 일부규정의 개정(실제로 양원제 실시), ③ 헌법재판소 설치, ④ 대법원장과 대법관 선거제(법관자격이 있는 자로 조직된 선거인단에 의한 선거제), ⑤ 중앙선거관리위원회의 헌법기관화, ⑥ 시 · 읍 · 면장 직선제 명시, ⑦ 정당보호 등 정당조항의 신설, ⑧ 공무원의 정치적 중립성 보장, ⑨ 기본권보장의 강화(언론 · 출판 · 집회 · 결사의 자유 등 일부 자유권에 대한 개별적 법률유보 조항의 삭제, 언론 · 출판에 대한 허가제 금지 명시, 기본권의 본질적 내용의 침해금지 명시).

제1공화국하에서 이승만의 권위주의체제에 대한 반대는 야당의 의원내각제 주장으로 구체화되었다. 이 때문에 제2공화국 헌법에서의 의원내각제 채택은 거의 당연시되었다. 이 개헌은 최초의 여야 합의에 의한 개헌이라고 일컬어진다. 제2공화국 헌법은 전반적으로 입헌주의 성격을 강화하였다. 그러나 장면(張勉)총리의 민주당(民主黨)정권하에서 헌정의 실제는 매우 불안정하였다. 집권 9개월여의 기간 중, 3회의 전면개각이 있었고, 국무위원의 평균 재임기간은 2개월밖에 안 되었다.

2. 제4차 헌법개정(1960.11.29. 공포)

민주당정권이 들어선 후 3 · 15부정선거의 책임자들에 대한 처벌이 미약하다는 비판이 고조되고 급기야 이에 항의하는 시위자들이 국회의사당을 일시 점거하는 사태가 발생하였다. 국회는 11월 29일, 반민주행위자 처벌 등을 위한 소급입법의 근거를 위한 헌법개정안을 의결하였다.

제4차 개헌은 부칙에 ① 3 · 15부정선거에 관여한 반민주행위자의 처벌과 공민권 제한을 위한 특별법 및 부정축재자 처리를 위한 특별법을 제정할 수 있다는 것, ② 이에 관한 형사사건을 처리하기 위한 특별재판소와 특별검찰부를 둘 수 있다는 것 등을 명시하였다.

제4차 개헌은 소급입법에 의한 형사처벌 및 참정권과 재산권의 제한을 위하여 헌법적 근거를 마련한 것이다.

Ⅳ. 제3공화국 헌법(1962년 헌법)

1. 제5차 헌법개정(1962.12.26. 공포)

(1) 제5차 개헌의 경과

1961년 5 · 16쿠데타에 의해 '군사혁명위원회'가 설치되고 곧 그 명칭이 '국가재건최고회의'로 바뀌었다. 국가재건최고회의는 6월 6일, '국가재건비상조치법'을 제정·공포하였다. 이 법의 주요 내용은 다음과 같다. ① 국가재건최고회의는 국가권력을 통합한 최고의 통치기관의 지위를 갖는다. ② 헌법에 규정된 국민의 기본적 권리는 혁명과업수행에 저촉되지 않는 범위 내에서 보장된다. ③ 국가재건최고회의는 국군 현역장교 중에서 20인 이상 30인 이내의 최고위원으로 조직된다. ④ 국가재건회의는 헌법에 규정된 국회의 권한을 행사하고 내각은 국가재건최고회의에 대하여 연대책임을 진다. ⑤ 국가재건최고회의는 내각수반을 임명하고, 내각은 최고회의의 승인을 얻어 내각수반이 임명한다. ⑥ 대법원장과 대법원판사는 최고회의의 제청으로 대통령이 임명하고, 헌법재판소에 관한 규정은 그 효력을 정지한다. ⑦ 제2공화국 헌법은 비상조치법에 저촉되지 않는 범위 내에서만 그 효력을 갖는다.

1962년 7월 11일, 최고회의는 헌법심의위원회를 구성하였다. 12월 6일, 최고회의는 헌법개정안을 의결하였고, 12월 17일 개헌안은 국민투표에 회부되어 통과되었다. 12월 22일 최고회의에서 헌법개정안 가결이 선포되고, 12월 26일 공포되었다. 헌법 공포 후에 최고회의 박정희(朴正熙) 의장의 군정연장 성명과 뒤이은 그 철회가 있었다. 제3공화국 헌법은 그 부칙에 따라 새 국회가 집회하는 날, 1963년 12월 17일부터 효력을 발생하였다.

제3공화국 헌법의 제정과정에서 헌법심의위원회 전문위원에 여러 헌법학자들이 참여하였다. 그러나 실질적으로 헌법안의 성안에 주도적 역할을 한 것은 중앙정보부(1961년 6월 13일에 설치)의 한 위원회였다. 또한 이 헌법안 작성에는 미국 하버드대학 정치학교수 에머슨(Rupert Emerson)이 자문하였다(Bruce Cummings, *Korea's Place in the Sun : A Modern History*, 1997 참조).

(2) 제5차 개헌의 주요 내용

제5차 개헌의 형식을 취한 제3공화국 헌법은 기본적으로 다시 대통령제 정부형태를 채택하는 외에도 다방면의 헌법 변동을 가져왔다. 그 주요 내용은 다음과 같다.

① 헌법 전문(前文)의 변경. 이 헌법이 "4·19의거와 5·16혁명의 이념에 입각"한다는 것을 명시하였다. ② 정당에 대한 특권부여 등 정당국가에의 지향. 대통령선거와 국회의원선거에서 정당 추천을 필수적으로 요구하고, 국회의원이 소속정당을 이탈하거나 변경한 때, 또는 소속정당이 해산된 때에는 의원자격을 상실시켰다. ③ 기본권보장 강화. "인간으로서의 존엄과 가치"를 명시하고, 직업선택의 자유를 새로 규정하였다. 신체의 자유에 관하여 영장청구는 검찰관 청구에 의하게 하는 등 상세

한 규정을 두었다. 표현의 자유에 관하여 영화 및 연예에 대해 검열을 할 수 있고, 신문 · 통신의 발행시설기준 및 옥외집회의 시간 · 장소를 법률로 규제할 수 있다고 규정하였다. 인간다운 생활을 할 권리를 새로 규정하는 등 사회권조항을 보완하였다. 재판청구권에 관하여 민간인은 원칙적으로 군사재판을 받지 않음을 명시하였다. ④ 대통령제를 기본으로 하되 부분적인 의원내각제 요소(국회에 대한 국무총리 · 국무위원 해임건의권 부여 등)의 혼합. 다만 국무총리 임명에 국회동의는 요하지 않았다. ⑤ 국회의 단원제. ⑥ 국회의원 정수의 하한과 상한을 모두 설정(제36조 제2항, "국회의원의 수는 150인 이상 200인 이하의 범위 안에서 법률로 정한다"). ⑦ 일반법원에 위헌법률심사권 부여. 대법원장 및 대법원판사 임명에 법관추천회의제 채택. ⑧ 경제조항의 변경. 경제질서의 원칙에 관하여 개인의 경제상의 자유와 창의를 기본으로 한다고 규정하고, 그 밖에 농지소작금지를 명시하는 등 경제관련 조항을 변경하였다. ⑨ 헌법개정절차 변경. 헌법개정안은 필수적으로 국민투표에 의해 확정하도록 하고, 개정안 제안권자에서 대통령을 제외하였다.

제5차 개헌에 의한 제3공화국 헌법은 적어도 규범상으로 보면 입헌주의 헌법에 속한다고 할 수 있다. 그러나 헌정의 실제는 권위주의적 성격이 강했다.

2. 제6차 헌법개정(1969.10.21. 공포)

제6차 개헌은 이른바 3선개헌이다. 대통령은 1차에 한하여 중임할 수 있다는 규정을 고쳐 박정희대통령의 계속 집권을 가능하게 하였다. 제6차 개헌은 1969년 10월 17일의 국민투표에서 확정되어 10월 21일에 공포되었다. 그 내용은 다음과 같다.

① "대통령의 계속 재임은 3기에 한한다"라고 규정하였다. ② 국회의원 정수 상한을 200명으로부터 250명으로 높였다. ③ 국회의원이 법률이 정하는 바에 따라 국무위원을 겸직할 수 있도록 하였다. ④ 대통령에 대한 탄핵소추 요건을 강화하여 국회의원 50인 이상 발의와 재적의원 3분의 2 이상의 찬성을 얻도록 하였다(1962년 헌법은 국회의원 30인 이상의 발의와 재적의원 과반수의 찬성으로 의결한다고 규정하였다).

제6차 개헌은 정치적 혼란을 겪으면서 절차상으로도 하자를 남겼다. 개헌 의결요건을 충족하기 위하여 여당의원과 야당의원을 비정상적 방법으로 포섭하였고 야당은 정당 해체와 복원이라는 비상적 방법을 쓰기도 하였다. 특히 개헌안의 국회 표결과 국민투표법안 의결을 새벽에 국회 제3별관에서 여당의원만이 참석한 가운데 강행하였고, 국민투표 과정에서도 공무원의 관여 등 절차적 하자가 심하였다.

3. 1971년의 '국가보위에 관한 특별조치법'

3선에 성공한 박정희대통령은 1971년 12월 6일, 북한의 남침위협 증대를 내세워 이른바 '국가비상사태'를 선포하였다. 이후 12월 27일, 국회에서 야당의원들이 없는 가운데 비정상적 절차에 의해 '국가보위에 관한 특별조치법'이 의결되었다. 이 법률은 대통령에게 헌법상 근거 없는 국가긴급권을 부여하는 것이었다. 그 주요 내용은 대통령은 국가를 보위하기 위하여 신속한 사전대비조치를 취할 필요가 있을 경우 국가비상사태를 선포할 수 있으며, 국가비상사태하에서 대통령의 국회 통고만으로 국가동원령을 발하고, 물가 통제 등 경제규제를 명령하며, 언론·출판·집회·시위를 규제하고, 근로자의 단체행동권을 제한할 수 있게 하는 것 등이다. 이 법률에 대해 일부 학자는 초헌법적 긴급권 행사라고 옹호하였다. 그러나 이 법률은 위헌이며 헌법침해일 뿐이다.

(판 례) 국가보위특별조치법의 위헌성

특별조치법은 첫째, 초헌법적인 국가긴급권을 대통령에게 부여하고 있다는 점에서 이는 헌법을 부정하고 파괴하는 반입헌주의, 반법치주의의 위헌법률이다.

둘째, 국가긴급권 발동(비상사태선포)의 조건을 규정한 특별조치법 제2조의 "국가안전보장(이하 "국가안보"라 한다)에 대한 중대한 위협에 효율적으로 대처하고 사회의 안녕질서를 유지하여 국가를 보위하기 위하여 신속한 사태대비조치를 취할 필요가 있을 경우"라는 규정내용은 너무 추상적이고 광범위한 개념으로 되어 있어 거의 대통령이 마음 내키는 대로 적용할 수 있게 되어 있으므로 남용·악용의 소지가 매우 크다. 이는 기본권 제한법률 특히 형벌법규의 명확성의 원칙에 반한다. 그럼에도 불구하고 국회에 의한 사후통제장치도 전무한 상태이다. 이러한 점에서 비상사태선포에 관한 특별조치법 제2조는 위헌무효이고 비상사태선포가 합헌·유효인 것을 전제로 하여서만 합헌·유효가 될 수 있는 특별조치법의 그 밖의 규정은 모두 위헌이다.

헌재 1994.6.30. 92헌가18, 판례집 6-1, 557,569

V. 제4공화국 헌법(1972년 헌법)

1. 제7차 헌법개정(1972.12.27. 공포)

(1) 제7차 개헌의 배경과 경과

제7차 개헌에 의한 1972년 헌법은 흔히 '유신(維新)헌법'이라고 불린다. 이 헌법의 연원이 이른바 '10월 유신'에 있기 때문이다. 10월 유신의 배경을 이룬 것은 1972년의 '7·4 남북공동성명'이다. 이 공동성명에서 남북한은 자주적 통일, 평화적 통일, 사상·이념·제도의 차이를 초월한 민족대단결의 원칙에 합의하고, 이를 위하여 남북조절위원회를 설치하기로 하였다. 평화통일 원칙의 합의는 남북한관계의 대전환을 이루는 역사적 의미를 지닌 것이었으나, 남북한은 각기 체제강화의 목적으로 이 공동성명을 이용하였다. 남한에서 그것은 10월 유신과 뒤이은 유신헌법으로 나타났다.

1972년 10월 17일, 박정희대통령은 새로운 남북한관계에 대응하기 위하여 체제의 유신적 개혁을 단행한다고 발표하면서 전국에 비상계엄을 선포하고, 약 2개월간 헌법의 일부조항의 효력을 중지시키는 비상조치를 선언하였다. 이 조치의 주요 내용은 ① 국회를 해산하고 정당 및 정치활동을 중지시키며, ② 국회의 기능은 비상국무회의가 수행하고, 비상국무회의의 기능은 국무회의가 수행하며, ③ 비상국무회의는 평화통일을 지향하는 헌법개정안을 공고하여 국민투표를 통해 확정한다는 것이었다.

개헌안은 11월 21일에 실시된 국민투표를 통해 확정되었다. 부칙에 근거하여 새 헌법의 시행 전에 통일주체국민회의대의원 선거를 하고 통일주체국민회의에서 대통령선거가 행하여졌다. 12월 27일, 대통령이 취임하고 헌법이 공포·시행되었다. 유신헌법 시행 이전에 비상국무회의는 이미 여러 입법을 해두었다.

(2) 제7차 개헌의 주요 내용

제7차 개헌에 의한 유신헌법의 주요 내용은 다음과 같다.

① 전문에서 평화적 통일의 원칙을 천명하고, 대통령의 평화통일을 위한 성실의무 등을 규정하였다. 또한 전문에서 자유민주적 기본질서를 공고히 한다는 원칙을 처음으로 명시하였다. ② 전반적으로 기본권 보장을 약화하였다. 언론·출판·집회·결사의 자유를 비롯하여 여러 기본권에 대한 개별적 법률유보조항을 두었다. 기본권의 본질적 내용 침해금지 조항을 삭제하였다. 언론·출판·집회·결사에 대한

검열・허가 금지조항을 삭제하였다. 군인・경찰 등의 국가배상청구권을 제한하였다. ③ 국회 외에 통일주체국민회의를 두고, 여기에 대통령선출권 및 국회의원 3분의 1 선출권을 부여하였다. ④ 대통령 권한을 강화하여 국회해산권, 헌법적 효력을 갖는 긴급조치권, 국회의원 3분의 1 추천권, 중요정책에 대한 국민투표회부권을 부여하였다. ⑤ 대통령 임기를 6년으로 하고 중임제한을 철폐하였다. ⑥ 국회의 회기를 단축하고 국정감사권 조항을 삭제하였다. ⑦ 무소속 입후보를 인정하여 정당특혜를 삭제하였다. ⑧ 위헌심사기관으로 헌법위원회를 설치하였다. ⑨ 대통령에게 일반법관 임명권을 부여하였다. ⑩ 통일이 될 때까지 지방의회 구성을 유보하였다. ⑪ 개헌절차를 이원화하였다. 즉, 대통령이 제안한 헌법개정안은 국민투표로 확정되며, 국회의원이 제안한 헌법개정안은 국회의 의결을 거쳐 통일주체국민회의의 의결로 확정되도록 하였다(제124조 제2항).

2. 제4공화국 헌법의 성격

10월 유신을 통한 비상조치의 법적 성격에 관하여 국가긴급권 행사라고 보는 견해가 있다. 그러나 이 비상조치는 위헌적인 헌법정지일 뿐이며, 유신헌법은 헌법정지에 이은 새 헌법의 제정이다.

제7차 개헌에 의한 유신헌법은 실질적으로 새 헌법의 제정일 뿐 아니라, 그 기본성격상 종전의 헌법과 전혀 다르다. 즉 제1공화국 헌법이나 제3공화국 헌법은 적어도 헌법규범 자체는 입헌주의에 따른 것이지만, 유신헌법은 헌법규범 자체가 이미 반(反)입헌주의적인 권위주의 헌법에 속한다.

유신헌법의 시행에서 가장 두드러진 특징은 긴급조치의 악용과 남용이다. 유신헌법 비판과 개헌주장을 억압할 목적 등으로 긴급조치가 제1호(1974.1.8)부터 제9호(1975.5.13)까지 발동되었다.

유신헌법을 기반으로 하는 유신체제의 성립배경이나 성격에 관해서는 다양한 관점이 있으며 이를 종합적으로 접근할 필요가 있다. 첫째, 유신체제는 국제정세의 변화, 특히 1970년의 닉슨 독트린(미국의 아시아지역 군사개입 축소의 선언) 등으로 인한 안보위협을 배경으로 한다. 둘째, 유신체제는 중화학공업화 등 산업구조 개편과 이와 관련한 노사갈등, 급속한 경제성장과정에서 소외된 근로자・도시빈민의 저항에 대한 억압적 대응의 성격을 지닌다. 셋째, 유신체제는 박정희대통령의 집권연장 의지의 소산이다.

Ⅵ. 제5공화국 헌법(1980년 헌법)

1. 제8차 헌법개정(1980.10.27. 공포)

(1) 제8차 개헌의 경과

유신체제는 그 말기에 이르러 여러 붕괴의 조짐을 나타냈다. 1978년 12월 12일의 제10대 국회의원 총선에서 야당인 신민당이 여당인 민주공화당보다 많은 득표율을 기록하였다. 1979년 10월에는 야당 지도자 김영삼(金泳三)에 대한 국회의원 제명과 이에 대한 저항이 '부마(釜馬)항쟁'으로 이어졌다. 결국 10월 26일, 박정희 대통령이 피살됨으로써 유신체제는 붕괴된다.

그 후 12 · 12군사반란을 시작으로 1980년 5 · 17조치(비상계엄 전국확대와 계엄군의 국회점거, 정치활동 금지 등의 조치)와 5 · 18 광주민주화운동 무력진압을 거치면서 군에 의한 내란행위가 전개되었다. 5월 31일에 헌법상 근거 없는 '국가보위비상대책위원회'가 설치되고, 8월 16일 최규하(崔圭夏)대통령의 사임 후, 8월 27일 전두환(全斗煥)이 통일주체국민회의에 의해 대통령으로 선출되었다. 10월 22일 헌법개정안이 국민투표에 회부되어 확정되고, 10월 27일 공포, 발효되었다.

새 헌법의 부칙에 따라 대통령의 임명으로 구성된 '국가보위입법회의'가 입법권을 행사하여 언론기본법을 비롯한 여러 악법들을 제정하였다. 1981년 2월 25일, 전두환이 선거인단에 의해 간선되고, 3월 25일에는 국회의원 총선거가 실시되었다.

(2) 제8차 개헌의 주요 내용

제8차 개헌에 의한 제5공화국 헌법은 기본적으로 유신헌법의 골격을 유지하면서 부분적 변경을 가한 것이다. 그 주요 내용은 다음과 같다.

① 전문에서 '제5민주공화국'의 출범을 명시하였다. ② 총강에서 재외국민 보호, 정당운영자금 보조, 국군의 사명, 전통문화 계승 · 발전과 민족문화 창달을 규정하였다. ③ 기본권조항에서 여러 자유권에 대한 개별적 법률유보조항을 삭제하고, 행복추구권 · 연좌제금지 · 사생활의 자유 · 무죄추정의 원칙 · 적정임금 보장 · 환경권 · 혼인과 가족생활 보호 등을 새로이 규정하였으며, 구속적부심사제와 기본권의 본질적 내용의 침해금지를 다시 명시하였다. ④ 대통령 선출에 관하여 선거인단에 의한 간선제를 규정하고, 7년 단임제로 하였다. ⑤ 대통령의 국회해산권을 유지하되 일정한 요

건을 두었고, 긴급조치권과 마찬가지로 헌법적 차원의 효력을 갖는 비상조치권을 인정하되 약간의 제한을 부가하였다. ⑥ 국회의 국정조사권을 명시하고, 국회의원선거 비례대표제의 근거를 규정하였다. ⑦ 일반법관의 임명권을 다시 대법원장에게 부여하였다. ⑧ 경제조항에서 독과점 규제, 중소기업보호, 소비자보호 등을 규정하였다. ⑨ 부칙에서 국가보위입법회의를 과도적 국회권한 대행기관으로 규정하고, 소급적 참정권제한 입법의 근거를 명시하였다.

2. 제5공화국 헌법의 성격

제5공화국 헌법은 유신헌법과의 단절을 표방하여 '제5민주공화국'임을 자칭하였다. 그러나 부분적으로 입헌주의적 성격을 회복했을 뿐이고, 전반적으로는 권위주의 헌법의 성격을 벗어나지 못하였다.

12 · 12군사반란에 관하여 헌법재판소 다수의견은 검사의 기소유예 처분을 정당하다고 판단하였다(헌재 1995.1.20. 94헌마246).

한편 5 · 17내란행위의 합헌성 여부가 다투어진 사건에서 헌법재판소 다수의견은 헌법소원 취하로 인한 심판절차 종료를 결정하였다(헌재 1995.12.14. 95헌마221등). 또한 헌법재판소 다수의견은 국가보위입법회의 입법의 절차적 위헌 여부에 관하여 위헌적 하자가 없다고 결정하였다. 그러나 입법회의 입법의 실체적 합헌성 여부는 현행 헌법하에서 다툴 수 있다고 보았다(헌재 1994.4.28. 91헌바15등; 헌재 1989.12.18. 89헌마32등).

Ⅶ. 제6공화국 헌법(1987년 헌법)

1. 제9차 헌법개정(1987.10.29. 공포)

(1) 제9차 개헌의 경과

제5공화국 말기에 여당인 민주정의당은 의원내각제 개헌을 시도하였으나 야당인 신한민주당과 다수 국민은 대통령 직선제를 주장하였다. 민주화 요구는 대통령 직선제로 구체화되었다. 1987년, '박종철군 고문살인사건'으로 촉발된 '6월 시민항쟁'의 승리로 전두환정권은 종말을 맞게 된다. 이른바 '6 · 29'선언으로 대통령 직선제 개헌이 공언되고, 여야 합의에 의한 개헌안이 마련되었다. 10월 27일 국민투표에 의해 개헌이 확정되고, 10월 29일에 공포된 데 이어, 1988년 2월 25일부터 새 헌법이 시행되었다.

(2) 제9차 개헌의 주요 내용

제9차 개헌에 의한 현행 제6공화국 헌법은 유신헌법과 제5공화국 헌법의 권위주의적 성격을 벗어나 입헌주의를 회복한 헌법이다. 그 주요 내용은 다음과 같다.

① 전문에서 대한민국임시정부의 법통 계승을 명시하였다. ② 총강에서 국군의 정치적 중립을 명시하였다. ③ 기본권조항에서 적법절차 조항과 범죄피해자구조청구권이 신설되고, 언론·출판·집회·결사에 대한 허가·검열제 금지가 다시 명시되었으며, 최저임금제 실시와 노인·청소년 복지향상 등 사회권 조항이 보완되었다. ④ 대통령제를 기본으로 하되, 국무총리·국무위원 해임건의권 등 의원내각제 요소를 혼합하였다. ⑤ 대통령 직선제를 규정하고, 5년 단임제를 채택하였으며, 국회해산권과 비상조치권을 폐지하고 긴급명령권 등을 규정하였다. ⑥ 국회의 국정감사권을 부활하는 등 국회권한을 강화하였다. ⑦ 대법관 임명에 국회동의를 얻도록 하였다. ⑧ 헌법재판소를 설치하고 특히 헌법소원제도를 채택하였다.

2. 제6공화국 헌법의 성격

현행 제6공화국 헌법은 헌법개정의 형식을 취했으나 실질적으로는 새 헌법의 제정이다. 제4·제5공화국 헌법의 권위주의 성격을 벗어나 입헌주의를 회복한 점에서 의미가 크다.

현행 헌법의 제정과정에서 기본적으로 유신헌법 이전의 상태를 회복한다는 취지가 강했다. 이에 따라 제3공화국 헌법으로 돌아가는 토대 위에서 이를 부분적으로 수정·보완하는 기조를 취하였다.

절차적 측면에서 볼 때, 현행 헌법은 여야 합의에 의한 것이라는 점에서 의미가 있다. 그러나 헌법제정과정에서 국민의 적극적 참여의 기회가 주어지지 않았다는 문제점이 지적된다. 다만 이에 관해서는 당시의 특수한 정치적 상황 속에서 조속한 헌법안 작성의 필요성이 있었다는 반론의 여지가 있다.

Ⅷ. 한국헌법사의 몇 가지 패턴

1948년 제헌헌법 이래 현행 헌법에 이르는 한국헌법사에서 몇 가지 패턴이 나타나 있음을 볼 수 있다. 그 패턴을 넷으로 나누어 볼 수 있다.

① 헌법규범과 헌법현실의 괴리로 인한 명목적 헌법화의 현상이다. 헌법규범은 입헌주의에 입각하고 있으나 헌법현실은 권위주의로 나타나는 것이다. 제1공화국과 제3공화국의 경우가 여기에 해당한다.

② 헌법규범 자체가 악법인 권위주의 체제의 경우이다. 헌법규범이 이미 입헌주의를 벗어나 있는 것이다. 제4공화국과 제5공화국 헌법의 경우가 여기에 해당한다. 제4공화국의 유신헌법이 가장 전형적이고, 제5공화국 헌법은 유신헌법보다 부분적으로 입헌주의적 요소를 회복하였지만, 기본적으로는 권위주의를 벗어나지 못하였다. 헌법현실을 보면 도리어 제5공화국 헌법 시대가 더 전제주의적 성격이 강했다고 볼 수 있는 측면이 있다. 이것은 5 · 18 광주민주화운동 당시 대학살이 있었고 그 후 상당기간에 걸쳐 공포정치 기간이 지속되었다는 점에 비추어 그렇다. 제5공화국 시대는 우리 헌정사에서 '공포정치시대'였다.

③ 헌법규범과 헌법현실이 입헌주의 성격을 지니고 있으나, '헌법적 안정성'이 매우 떨어진 경우이다. 제2공화국 헌법이 여기에 해당한다. 제2공화국의 헌법현실에서는 권력담당자들이 입헌주의를 유지할 능력을 갖추지 못했을 뿐 아니라, 국민들 역시 헌법적 안정성의 중요성을 인식하지 못하고 헌법적 불안정을 방조하였다.

④ 헌법규범과 헌법현실의 괴리를 좁히고 헌법의 규범력을 확대하는 경우이다. 1987년 이래 현행 헌법이 여기에 해당한다. 민주화의 공고화(鞏固化)와 더불어 입헌주의의 확대, 즉 헌법의 규범력 확대가 나타나면서 상호 선(善)순환의 관계를 나타내는 것이다.

Ⅸ. 현행헌법의 운용상 특징과 문제점

현행 제6공화국 헌법의 운용상 두드러진 특징과 문제점으로 특히 두 가지를 지적할 수 있다.

1. '분할정부' 현상

1987년 이래의 헌정체제에서 두드러진 현상의 하나는 '여소야대' 현상의 빈발이다. 분할정부 또는 분점(分占)정부(divided government)로 불리는 이 현상은 1988년 총선부터 2020년 총선까지 9회의 국회의원 총선 가운데 5회의 총선에서 발생했다. 처음 4회의 총선(13대-16대 국회)에서는 모두 분할정부를 초래했다. 이후 2004년, 2008년, 2012년, 총3회의 총선(17대-19대 국회)에서는 거꾸로 모두 여대야소, 곧 단일정부(unified government) 결과가 나타났고, 2016년 총선에서는 다시 분할정부로 회귀했다.

여대야소의 단일정부를 가져온 3회의 총선을 보면, 모두 특별한 사정이 있었음을 간취할 수 있다. 2004년의 총선 결과는 당시 '(노무현)대통령탄핵 역풍'이라는 특수 상황의 소산이었을 뿐 아니라, 2005년 4 · 30 재보선을 통해 다시 분할정부로 되돌아갔다. 2008년 4월의 총선은 전년인 2007년 12월의 대통령선거와 근접하여 이뤄진 선거였다. 2012년 4월의 총선 역시 2012년 12월의 대통령 선거를 앞둔 비교적 근접한 선거로 볼 수 있다. 대통령선거와 국회의원선거의 시기가 동시에 이뤄지는 동시선거, 또는 두 선거의 선거일이 근접한 근접선거의 경우, 단일정부를 가져오는 것이 상례이다. 반대로 중간선거의 경우, 국회의원 총선은 현직 대통령에 대한 불만 표출의 마당이 되고, 그 결과 분할정부를 유발하는 것이 보통이다. 2020년 총선에서는 '촛불항쟁' 이후의 특수한 정치상황 하에서 여대야소의 결과를 가져왔다. 2022년 3월 대통령 선거에서 승리한 윤석열 정부의 출범으로 여소야대가 되었으나, 2025년 윤석열 대통령 파면결정에 이은 대통령 선거에서 승리한 이재명 대통령의 취임으로 다시 여대야소가 되었다.

대통령제를 운용하면서 과거에 없던 이런 현상의 요인은 무엇인가. 첫째, 과거 권위주의 시대에 단일정부(unified government)를 보장해주던 여러 장치들, 특히 선거제도의 불공정성이 제거되었다. 둘째, 정당체제가 다당제로 변화하였다. 1987년 이래 지역을 기반으로 한 다당제가 지속돼 왔으며 이로 인해 국회 제1당의 과반수 획득이 어렵게 된 것이다. 셋째, 대통령과 국회의원의 임기 차이로 인하여 동시선거가 치러지지 못한 점이 분할정부를 촉진하였다. 대통령 임기 중의 중간선거는 현직 대통령에 대한 비판과 불만 표출의 마당이 되는 것이 통례이다.

분할정부 현상은 어떻게 대응되어 왔는가. 역대 대통령들은 총선의 결과로 야기된 분할정부 상황을 그대로 수용하지 않았다. 정당간의 합당, 이른바 '의원 빼내오기', 연정(聯政) 등을 통해 분할정부를 뒤엎고 단일정부를 조작해 냈다. 그 결과 정당 간의 갈등과 대립은 더욱 악화되었다.

분할정부 현상을 그대로 수용하면서 어떻게 대응하는가는 대통령제 운용의 성패를 좌우할 수 있는 중대한 문제이다. 분할정부 아래에서 대통령과 의회의 대립은 대통령제가 지닌 가장 큰 제도적 취약점이다. 각기 민주적 정당성을 지닌 대통령과 의회가 끝까지 대립하는 경우, 이 '정당성의 충돌'을 제도적으로 해결할 방법이 없는 것이다. 동시선거 등의 제도적 대응책을 통해 분할정부 출현의 가능성을 줄일 수 있지만, 아주 없앨 수는 없다. 분할정부 아래에서 정상적 헌정 운용의 능력이 있어야만 대통령제를 성공적으로 지속할 수 있는 것이다.

2. 헌법재판의 활성화

1988년에 출범한 헌법재판소는 당초 예상과는 달리 상당히 적극적인 태도를 보여왔다. 양적으로 위헌결정이 많았을 뿐 아니라 질적으로도 실제로 중요한 사건들에서 이른바 사법적극주의 태도를 보여왔다(예컨대 영화검열 위헌결정, 동성동본금혼 위헌결정, 과외금지 위헌결정 등). 그러나 정치적으로 민감한 사건에서는 소극적 태도를 벗어나지 않았다(예컨대 5 · 18특별법 사건, 교원노조 사건, 대통령탄핵 사건 등). 이런 점에서 적어도 2004년 전반까지 헌법재판소의 사법적 태도는 **'제한적 적극주의'**에 머물렀다.

현실의 정치와 관련하여 헌법재판소가 국민적 주목을 받게 된 것은 2004년의 대통령탄핵 사건과 수도이전 사건(신행정수도특별법 사건)을 계기로 한다. 특히 수도이전 사건에서의 위헌결정은 헌법재판소가 단순한 사법기관이 아니라 정치적 기관임을 분명하게 보여 주었다. 이 결정을 통해 헌법재판소는 종래의 제한적 적극주의를 넘어 '정치적 성년'이 되었다. 그러나 이와 동시에 헌법재판소는 격렬한 비판의 대상이 되기 시작했다. 일부 학자들은 헌법재판 또는 입헌주의가 반(反)민주주의적이라고 비판했고, '사법 쿠데타'라는 정치적 비난까지 나왔다. 그러나 '사법통치'(juristocracy)라고 불리는 헌법재판의 정치적 역할 증대는 오늘날 선진민주주의 국가의 보편적 현상이다. 역사적으로 민주화의 물결과 함께 헌법재판제도 채택이 확대되어 왔다는 점도 헌법재판과 입헌주의가 결코 반민주주의적이지 않다는 것을 보여준다(앞의 입헌주의와 관련한 '사법통치' 참조).

다만 헌법재판의 정치적 역할 확대에 따라 헌법재판이 정치적, 이념적으로 편향되지 않게 하기 위한 제도적 장치를 고려할 필요가 있다. 이 점에 비추어 특히 현행 헌법상 재판관 선임방식과 재판관 자격에 관한 조항들이 과연 적절한 것인지 재고되어야 한다.

제 2 장

헌법 전문과 한국헌법의 기본원리

Ⅰ. 헌법 전문(前文)

> **(전 문)**
> 유구한 역사와 전통에 빛나는 우리 대한국민은 3・1운동으로 건립된 대한민국임시정부의 법통과 불의에 항거한 4・19민주이념을 계승하고, 조국의 민주개혁과 평화적 통일의 사명에 입각하여 정의・인도와 동포애로써 민족의 단결을 공고히 하고, 모든 사회적 폐습과 불의를 타파하며, 자율과 조화를 바탕으로 자유민주적 기본질서를 더욱 확고히 하여 정치・경제・사회・문화의 모든 영역에 있어서 각인의 기회를 균등히 하고, 능력을 최고도로 발휘하게 하며, 자유와 권리에 따르는 책임과 의무를 완수하게 하여, 안으로는 국민생활의 균등한 향상을 기하고 밖으로는 항구적인 세계평화와 인류공영에 이바지함으로써 우리들과 우리들의 자손의 안전과 자유와 행복을 영원히 확보할 것을 다짐하면서 1948년 7월 12일에 제정되고 8차에 걸쳐 개정된 헌법을 이제 국회의 의결을 거쳐 국민투표에 의하여 개정한다.
>
> 1987년 10월 29일

1. 헌법 전문의 법적 성격

우리 헌법은 1948년 제헌헌법 이래 헌법의 전문(preamble)을 두고 있다. 외국의 많은 헌법에서도 전문을 두고 있으나, 이탈리아 헌법 등의 경우처럼 전문을 두지 않은 예도 있다. 헌법 전문은 일반적으로 헌법제정의 유래, 헌법제정자, 헌법의 목적과 기본원리 등을 그 내용으로 한다.

헌법 전문의 법적 성격에 관해서는 국가마다 차이가 있다. 미국 판례에서 헌법 전문을 재판규범으로 인정한 예는 찾아보기 어렵다. 그러나 독일 판례는 전문으로부터 해석규칙과 입법기준을 얻을 수 있다고 보고 있다. 일본의 다수학설도 전문의 법적 성격을 인정하고 있으나 재판규범 인정 여부에 관해서는 견해의 차이가 있다.

우리의 다수 학설은 전문의 법적 성격을 인정하고 있다. 문제는 어느 정도의 법적 성격을 인정하느냐는 것이다. 특히 구체적인 재판규범으로서 인정되느냐가 문제된다. 이에 관해서는 우선 재판규범의 의미가 무엇인지를 검토해야 한다. 재판규범의 의미를 구체적 사건의 재판에서 판단기준이 된다는 뜻으로 넓게 이해한다면 전문도 재판규범이라고 보아야 한다. 한편 특정한 규정을 직접 근거로 하여 사법적 구제를 청구할 수 있는 법규범, 즉 재판에 의해 집행할 수 있는 법규범의 의미로 재판규범을 이해한다면, 전문에 대해 그러한 좁은 의미의 재판규범성을 인정할 수 있느냐에 대해서는 견해의 차이가 있다.

생각건대 위와 같은 좁은 의미의 재판규범성을 인정하느냐 여부는 일률적으로 볼 것은 아니며, 전문의 규정 내용에 따라 개별적으로 판단해야 할 것이다. 헌법 전문은 ① 헌법전(憲法典)의 일부로서 원칙적으로 헌법 본문과 동일한 법적 성격을 지닌다. ② 헌법 본문 및 법령의 해석기준과 입법의 지침이 된다. ③ 전문에 규정된 헌법의 기본원리를 변경하는 헌법개정은 인정되지 않는다. ④ 구체적 사건에서 판단기준이 된다는 의미에서 재판규범성을 지니지만, 사법적 구제의 직접 근거가 되는지 여부는 전문 내용에 따라 판단해야 한다.

헌법재판소 판례는 전문이 헌법이나 법률의 해석기준이 된다고 보고 있다. 그러나 전문 규정('3 · 1정신')을 근거로 개별적 기본권성을 도출할 수 없다고 본 판례가 있다.

(판 례) 전문의 3 · 1정신 계승 규정과 개별적 기본권의 도출(한일어업협정의 위헌여부)

청구인들이 침해받았다고 주장하는 기본권 가운데 "헌법전문에 기재된 3 · 1정신"은 우리나라 헌법의 연혁적 · 이념적 기초로서 헌법이나 법률해석에서의 해석기준으로 작용한다고 할 수 있지만, 그에 기하여 곧바로 국민의 개별적 기본권성을 도출해낼 수는 없다고 할 것이므로, 본안판단의 대상으로부터 제외하기로 한다.

헌재 2001.3.21. 99헌마139등, 판례집 13-1, 676,693

(판 례) 3 · 1 운동 규정과 독립유공자들에 대한 응분의 예우를 할 헌법적 의무

헌법은 전문(前文)에서 "3 · 1운동으로 건립된 대한민국임시정부의 법통을 계승"한다고 선언하고 있다. 이는 대한민국이 일제에 항거한 독립운동가의 공헌과 희생을 바탕으로 이룩된 것임을 선언한 것이고, 그렇다면 국가는 일제로부

터 조국의 자주독립을 위하여 공헌한 독립유공자와 그 유족에 대하여는 응분의 예우를 하여야 할 헌법적 의무를 지닌다고 보아야 할 것이다. 다만 그러한 의무는 국가가 독립유공자의 인정절차를 합리적으로 마련하고 독립유공자에 대한 기본적 예우를 해주어야 한다는 것을 뜻할 뿐이며, 당사자가 주장하는 특정인을 반드시 독립유공자로 인정하여야 하는 것을 뜻할 수는 없다.

헌재 2006.6.30. 2004헌마859, 판례집 17-1, 1016,1020

(판 례) 3·1운동 규정과 일본군 위안부들을 보호할 헌법적 의무

우리 헌법은 전문에서 "3·1운동으로 건립된 대한민국임시정부의 법통"의 계승을 천명하고 있는바, 비록 우리 헌법이 제정되기 전의 일이라 할지라도 국가가 국민의 안전과 생명을 보호하여야 할 가장 기본적인 의무를 수행하지 못한 일제강점기에 일본군위안부로 강제 동원되어 인간의 존엄과 가치가 말살된 상태에서 장기간 비극적인 삶을 영위하였던 피해자들의 훼손된 인간의 존엄과 가치를 회복시켜야 할 의무는 대한민국임시정부의 법통을 계승한 지금의 정부가 국민에 대하여 부담하는 가장 근본적인 보호의무에 속한다고 할 것이다.

(……) 피청구인의 작위의무는 헌법에서 유래하는 작위의무로서 그것이 법령에 구체적으로 규정되어 있는 경우라고 할 것이다.

나아가 특히, 우리 정부가 직접 일본군위안부 피해자들의 기본권을 침해하는 행위를 한 것은 아니지만, 위 피해자들의 일본에 대한 배상청구권의 실현 및 인간으로서의 존엄과 가치의 회복을 하는 데 있어서 현재의 장애상태가 초래된 것은 우리 정부가 청구권의 내용을 명확히 하지 않고 '모든 청구권'이라는 포괄적 개념을 사용하여 이 사건 협정을 체결한 것에도 책임이 있다는 점에 주목한다면, 피청구인에게 그 장애상태를 제거하는 행위로 나아가야 할 구체적 작위의무가 있음을 부인하기 어렵다.

헌재 2011.8.30. 2006헌마788, 공보 154, 1285,1294

헌법재판소는 위 판례와 같은 취지에서 국가는 원폭피해자들이 일본국에 대하여 가지는 배상청구권에 관한 분쟁을 해결할 의무가 있다고 하였고(헌재 2011.8.30. 2008헌마648), 두 경우 모두 국가가 분쟁해결절차를 이행하였다고 할 수 없으므로 국가(피청구인은 두 경우 모두 외교통상부장관이다)의 부작위는 위헌이라고 하였다. 그러나 한국인 BC급 전범들이 일제의 강제동원과 이에 따른 국제전범재판에 따른 처벌로 입은 피해와 관련하여서는 협정의 해석에 관한 한·일 양국 간의 분쟁이 현실적으로 존재하는지 여부가 분명하지 않으므로, 대한민국(외교통상부장관)에게 한일청구권협정 제3조

에 따른 분쟁해결절차에 나아가야 할 구체적 작위의무가 인정된다고 보기 어렵다는 것이 판례이다(헌재 2021.8.31. 2014헌마888; 4인 재판관의 반대의견에 의하면, 역사적 정의를 바로 세우고 침해된 인간의 존엄과 가치를 회복하여야 할 작위의무가 있고, 일제의 불법적인 강제동원으로 인한 피해는 국제전범재판과는 관련이 없다).

한편 '태평양전쟁 전후 국외 강제동원희생자 등 지원에 관한 법률' 중 태평양전쟁 전후 강제동원된 자 중 국외강제동원생환자에 대하여만 의료비를 지급하도록 한 규정 및 국외강제동원희생자 또는 그 유족에 대하여만 위로금 및 의료지원금을 지급하도록 한 규정에 대하여는 합헌결정을 하였다(헌재 2011.2.24. 2009헌마94; 헌재 2011.12.29. 2009헌마182등; 헌재 2012.7.26. 2011헌바352).

대법원은 일제강점기하에서 일본 군수기업에 강제 징용된 우리 국민의 (일본기업에 대한) 손해배상청구권이 인정된다고 판시하였다. 이 판결은 조약(청구권협정)의 해석에 있어서 헌법 전문(前文)의 법적 효력을 중시하고 있다.

(판 례) 일본 민간회사에 강제동원된 우리 국민의 손해배상청구권

2. 국제재판관할의 존재 여부

(……) 대한민국은 이 사건의 당사자 및 분쟁이 된 사안과 실질적 관련성이 있다고 할 것이고, 따라서 대한민국 법원은 이 사건에 대하여 국제재판관할권을 가진다.

3. 일본판결의 승인 여부

민사소송법 제217조 제3호는 외국법원의 확정판결의 효력을 인정하는 것이 대한민국의 선량한 풍속이나 그 밖의 사회질서에 어긋나지 아니하여야 한다는 점을 외국판결 승인요건의 하나로 규정하고 있는데, 여기서 외국판결의 효력을 인정하는 것, 즉 외국판결을 승인한 결과가 대한민국의 선량한 풍속이나 그 밖의 사회질서에 어긋나는지 여부는 그 승인 여부를 판단하는 시점에서 외국판결의 승인이 대한민국의 국내법 질서가 보호하려는 기본적인 도덕적 신념과 사회질서에 미치는 영향을 외국판결이 다룬 사안과 대한민국과의 관련성의 정도에 비추어 판단하여야 하고, 이때 그 외국판결의 주문뿐 아니라 이유 및 외국판결을 승인할 경우 발생할 결과까지 종합하여 검토하여야 한다.

(……) 일본판결의 이유에는 일본의 한반도와 한국인에 대한 식민지배가 합법적이라는 규범적 인식을 전제로 하여, 일제의 국가총동원법과 국민징용령을 한반도와 원고 등에게 적용하는 것이 유효하다고 평가한 부분이 포함되어 있다.

그러나 대한민국 제헌헌법은 그 전문에서 "유구한 역사와 전통에 빛나는 우리들 대한국민은 기미삼일운동으로 대한민국을 건립하여 세상에 선포한 위대

한 독립정신을 계승하여 이제 민주독립국가를 재건함에 있어서"라고 하고, 부칙 제100조에서는 "현행법령은 이 헌법에 저촉되지 아니하는 한 효력을 가진다."고 하며, 부칙 제101조는 "이 헌법을 제정한 국회는 단기 4278년 8월 15일 이전의 악질적인 반민족행위를 처벌하는 특별법을 제정할 수 있다."고 규정하였다. 또한 현행헌법도 그 전문에 "유구한 역사와 전통에 빛나는 우리 대한국민은 3·1운동으로 건립된 대한민국임시정부의 법통과 불의에 항거한 4·19 민주이념을 계승하고"라고 규정하고 있다. 이러한 대한민국 헌법의 규정에 비추어 볼 때, 일제강점기 일본의 한반도 지배는 규범적인 관점에서 불법적인 강점에 지나지 않고, 일본의 불법적인 지배로 인한 법률관계 중 대한민국의 헌법정신과 양립할 수 없는 것은 그 효력이 배제된다고 보아야 한다. 그렇다면 일본판결 이유는 일제강점기의 강제동원 자체를 불법이라고 보고 있는 대한민국 헌법의 핵심적 가치와 정면으로 충돌하는 것이므로, 이러한 판결 이유가 담긴 일본판결을 그대로 승인하는 결과는 그 자체로 대한민국의 선량한 풍속이나 그 밖의 사회질서에 위반되는 것임이 분명하다. 따라서 우리나라에서 일본판결을 승인하여 그 효력을 인정할 수는 없다.

4. 원고들의 피고에 대한 청구권의 존부

(……) 다. 청구권협정에 의한 원고 등의 청구권의 소멸 여부

청구권협정은 일본의 식민지배 배상을 청구하기 위한 협상이 아니라 샌프란시스코 조약 제4조에 근거하여 한일 양국 간의 재정적·민사적 채권·채무관계를 정치적 합의에 의하여 해결하기 위한 것으로서, 청구권협정 제1조에 의해 일본 정부가 대한민국 정부에 지급한 경제협력자금은 제2조에 의한 권리문제의 해결과 법적 대가관계가 있다고 보이지 않는 점, 청구권협정의 협상과정에서 일본 정부는 식민지배의 불법성을 인정하지 않은 채, 강제동원피해의 법적 배상을 원천적으로 부인하였고, 이에 따라 한일 양국의 정부는 일제의 한반도 지배의 성격에 관하여 합의에 이르지 못하였는데, 이러한 상황에서 일본의 국가권력이 관여한 반인도적 불법행위나 식민지배와 직결된 불법행위로 인한 손해배상청구권이 청구권협정의 적용대상에 포함되었다고 보기는 어려운 점 등에 비추어 보면, 원고 등의 손해배상청구권에 대하여는 청구권협정으로 개인청구권이 소멸하지 아니하였음은 물론이고, 대한민국의 외교적 보호권도 포기되지 아니하였다고 봄이 상당하다.

나아가 국가가 조약을 체결하여 외교적 보호권을 포기함에 그치지 않고 국가와는 별개의 법인격을 가진 국민 개인의 동의 없이 국민의 개인청구권을 직접적으로 소멸시킬 수 있다고 보는 것은 근대법의 원리와 상충되는 점, (……) 원고 등의 청구권이 청구권협정의 적용대상에 포함된다고 하더라도 그 개인청

구권 자체는 청구권협정만으로 당연히 소멸한다고 볼 수는 없고, 다만 청구권 협정으로 그 청구권에 관한 대한민국의 외교적 보호권이 포기됨으로써 일본의 국내 조치로 해당 청구권이 일본국 내에서 소멸하더라도 대한민국이 이를 외교적으로 보호할 수단을 상실하게 될 뿐이다.

따라서 원고 등의 피고에 대한 청구권은 청구권협정으로 소멸하지 아니하였으므로, 원고들은 피고에 대하여 이러한 청구권을 행사할 수 있다.

라. 피고가 소멸시효 완성의 항변을 할 수 있는지 여부

(……) 구 미쓰비시와 실질적으로 동일한 법적 지위에 있는 피고가 소멸시효의 완성을 주장하여 원고들에 대한 불법행위로 인한 손해배상채무 또는 임금지급채무의 이행을 거절하는 것은 현저히 부당하여 신의성실의 원칙에 반하는 권리남용으로서 허용될 수 없다.

대판 2012.5.24. 2009다22549

위 대법원 판결과 같은 날, 유사한 내용의 사건(피고 신일본제철)에서도 동일한 취지의 판결이 선고되었다(대판 2012.5.24. 2009다68626).

이후 재상고된 사건에서 대법원은 이전 환송판결의 취지에 따라 재상고를 기각하였다(대판 2018.11.29. 2013다67587; 대판 2018.10.30. 2013다61381). 이 가운데 피고 신일본제철 사건(대판 2018.10.30. 2013다61381)은 대법원 전원합의체 판결이었으며, 일부 대법관의 별개의견과 반대의견이 있었다.

대법원의 환송판결 및 재상고심에서의 대법원 전원합의체 다수의견의 요지는 다음과 같다. 첫째, 대한민국 헌법 규정에 비추어 볼 때 일제강점기 일본의 한반도 지배는 규범적인 관점에서 불법적인 강점에 지나지 않고, 일본의 불법적인 지배로 인한 법률관계 중 대한민국의 헌법정신과 양립할 수 없는 것은 그 효력이 배제된다고 보아야 한다. 둘째, 청구권협정은 일본의 불법적 식민지배에 대한 배상을 청구하기 위한 협상이 아니라 기본적으로 샌프란시스코 조약 제4조에 근거하여 한일 양국 간의 재정적 · 민사적 채권 · 채무관계를 정치적 합의에 의하여 해결하기 위한 것이었다. 셋째, 청구권협정의 적용대상에 강제노동 위자료청구권은 포함되지 않는다. 넷째, 원고의 위자료청구권이 인정된다.

한편 대법관 2인의 반대의견 요지는 아래와 같다.

청구권협정 제2조는 대한민국 국민과 일본 국민의 상대방 국가 및 그 국민에 대한 청구권까지 대상으로 하고 있음이 분명하므로 청구권협정을 국민 개인의 청구권과는 관계없이 양 체약국이 서로에 대한 외교적 보호권만을 포기

하는 내용의 조약이라고 해석하기 어렵다.

청구권협정 제2조에서 규정하고 있는 '완전하고도 최종적인 해결'이나 '어떠한 주장도 할 수 없는 것으로 한다'라는 문언의 의미는 개인청구권의 완전한 소멸까지는 아니더라도 '대한민국 국민이 일본이나 일본 국민을 상대로 소로써 권리를 행사하는 것은 제한된다'는 뜻으로 해석하는 것이 타당하다.

생각건대, 위 대법원 판결의 다수의견은 기본적으로 일본의 식민지배가 불법이라는 점에 중점을 두고 있고, 그 근거로서 제헌헌법의 전문('3·1운동으로 대한민국 건립') 및 현행헌법의 전문('3·1운동으로 건립된 대한민국임시정부의 법통 계승') 규정을 들고 있다. 이것은 앞에서 본 헌법재판소의 결정(일본군 위안부 및 원폭피해자의 배상청구권 사건)과 같은 취지이다.

한편, 국회의 의결을 거친 조약은 국내법상 법률과 동등한 효력을 가지며, 이 점은 헌법재판소 결정에서도 확인되어 있다. 따라서 청구권협정과 같은 조약의 해석은 상위법인 헌법에 부합하는 방향에서 해석되어야 한다. 이렇게 보면, 헌법전문 규정의 법적 효력을 중시하여 이에 근거하고 있는 대법원 다수의견은 헌법에 충실한 의견이라고 풀이된다.

다만, 헌법의 또 다른 조항인 제6조 제1항의 국제법존중주의에 비추어 반론을 제기할 여지가 없지 않다. 대법원의 청구권협정 해석이 조약해석에 관한 국제법의 일반원칙에 저촉된다는 주장이 있다.

나아가, 위 대법원 판결이 헌법의 국제법존중주의에 반하지 않는다고 판단하더라도, 이 같은 판결은 오직 한국의 국내법인 헌법과 법률만에 근거한 것이며, 그것이 국제법에 부합하는지 여부는 별개의 문제로 남는다. 즉, 일본의 식민지배의 불법성 문제 및 청구권협정 해석문제에 관한 대법원 판결이 국제법상 수용될 수 있는지 여부는 별개의 문제다. 한국의 국제법학자들 견해 가운데에도 이 판결이 국제법에 저촉된다는 주장이 있다. (헌법과 국제법의 관계에 관하여는 후술 참조)

2. 한국헌법 전문의 내용

(1) 헌법제정의 주체와 유래

전문은 "……우리 대한국민은……1948년 7월 12일에 제정되고 8차에 걸쳐 개정된 헌법을 이제 국회의 의결을 거쳐 국민투표에 의하여 개정한다"고 하여 국민이 헌법제정자이며, 현행 헌법이 1948년 제헌헌법의 9차 개정임을 밝히고 있다. 1960년의 제3차 개헌, 1962년의 제5차 개헌, 1972년의 제7차 개헌, 1987년의 제9차 개헌은 모두 실질적으로 새 헌법의 제정임에도 불구하고, 형식상 헌법개정임을 명시하고 있다.

(2) 대한민국임시정부 법통의 계승

현행 헌법의 전문은 "3·1운동으로 건립된 대한민국임시정부의 법통……을 계승"한다고 규정하고 있다. 이것은 종전의 전문에서 단지 '3·1운동의 독립정신'을 계승한다고 밝힌 것과 달리 "대한민국임시정부의 법통"을 계승한다고 명시한 점에서 새로운 것이다.

임시정부법통 계승의 명시는 어떠한 법적 의미를 지니는가. 임시정부 주석이었던 김구(金九)가 1948년 5·10총선에 참여하지 않았던 점에서 헌법현실 측면에서는 임시정부 계승을 인정하기 어렵지만, 헌법이념이나 헌법규범적으로는 임시정부 법통을 계승하고 있다고 볼 것이다. 이것은 특히 다음과 같은 점에서 나타난다. 1919년 4월 13일의 대한민국임시정부헌장 제1조는 "대한민국은 민주공화제로 함"이라고 규정하였는데, 대한민국헌법은 제헌헌법 이래 현행 헌법에 이르기까지 제1조에서 이 조항을 계승하여 "대한민국은 민주공화국이다"라고 규정하고 있다.

헌법재판소 판례도 같은 취지이다. 일본군 위안부 보호의무에 관한 사건에서 헌법재판소는 "비록 우리 헌법이 제정되기 전의 일이라 할지라도……피해자들의 훼손된 인간의 존엄과 가치를 회복시켜야 할 의무는 대한민국임시정부의 법통을 계승한 지금의 정부가 국민에 대하여 부담하는 가장 근본적인 보호의무에 속한다"고 보고 있다(헌재 2011.8.30. 2006헌마788).

또한, 친일반민족행위자 재산의 국가귀속에 관한 사건에서 헌법재판소는 '임시정부 법통 계승'의 의미를 이렇게 풀이하고 있다.

(판 례) 대한민국임시정부 법통 계승의 의미

'대한민국이 3·1운동으로 건립된 대한민국임시정부의 법통을 계승'한다고 선언한 헌법 전문의 의미는, 오늘날의 대한민국이 일제에 항거한 독립운동가의 공헌과 희생을 바탕으로 이룩된 것이라는 점(헌재 2005.6.30. 2004헌마859, 판례집 17-1, 1016,1020) 및 나아가 현행 헌법은 일본제국주의의 식민통치를 배격하고 우리 민족의 자주독립을 추구한 대한민국임시정부의 정신을 헌법의 근간으로 하고 있다는 점을 뜻한다고 볼 수 있다.

헌재 2011.3.31. 2008헌바141등, 판례집 23-1 상, 276,305-306

위 판례에서 임시정부 법통계승의 의미를 '임시정부의 정신'의 계승으로 해석하고 있는데, 그 후 헌법재판소와 대법원은 더 나아가, 앞의 일본군 위안부 사건 및 강제징용 사건 판례에서 본 것처럼, 국가의 국민 보호의무 및 개인의 권리(청구권) 보호의 근거로서 전문의 임시정부 법통계승 규정을 원용하고 있다.

이처럼 헌법재판소 판례는 전문의 '임시정부 법통계승' 규정에 대해 단순한 '정신 계승'을 넘어 실제적인 법적 의미를 부여하고 있다.

대한민국의 건국일이 언제인가라는 문제와 관련하여, 위 판례에 비추어 보면 1919년 건국론이 유력하다고 볼 수 있다. 그러나 국제법의 관점에서 보면 1948년 8월 15일이라고 볼 것이다. 1933년의 '국가의 권리의무에 관한 몬테비데오 협약'에 의하면, 국제법상 국가 형성의 요건으로 ① 영구적 주민, ② 확정된 영토, ③ 정부, ④ 타국과의 관계 체결 능력을 들고 있다. 정부의 성립요건을 실효적 통치권의 확립이라고 본다면 상해임시정부 수립을 건국으로 보기 어렵다(이 문제에 관해 상세한 것은 졸저, <헌법의 이름으로>, 2018, 사계절, 410 이하 참조).

(3) 4 · 19이념의 계승

전문은 "불의에 항거한 4 · 19민주이념을 계승"한다고 규정하고 있다. 1962년 제3공화국 헌법과 1972년 제4공화국 헌법의 전문에서는 '4 · 19의거와 5 · 16혁명의 이념'을 계승한다고 규정했고, 제5공화국 헌법의 전문에서는 이를 삭제하고 '3 · 1운동의 독립정신'만을 명시했었다.

4 · 19이념 계승의 법적 의미는 특히 국민의 저항권을 간접적으로나마 인정한 데에 있다. 이 점은 전문에서 "불의에 항거한" 4 · 19민주이념이라고 규정한 데에서도 나타난다(뒤의 '저항권' 참조).

(4) 자유민주적 기본질서의 확립

전문은 "자유민주적 기본질서를 더욱 확고히 하여……"라고 규정하고 있다. 우리 헌법에서 '자유민주적 기본질서'의 확립을 처음 명시한 것은 1972년 유신헌법의 전문에서이며, 이후 현행 헌법의 전문에까지 지속되고 있다.

자유민주적 기본질서의 확립을 명시한 것은 우리 헌법이 '방어적 민주주의'를 기본원리로 채택하고 있음을 밝힌 것이며, 이 점에서 의미가 크다(뒤의 '한국헌법 최고의 통합적 원리: 자유민주적 기본질서의 보장' 참조).

(5) 기타 헌법의 이념

전문은 그 밖에 우리 헌법의 기본이념에 관하여 여러 규정을 두고 있다. 그 내용은 ① "평화적 통일의 사명에 입각"한다는 평화통일주의, ② "동포애로써 민족의 단결을 공고히" 한다는 민족주의, ③ "각인의 기회를 균등히 하고" "국민생활의 균등한 향상을 기하고"라는 복지국가주의, ④ "세계평화와 인류공영에 이바지"한다는 국제평화주의 등이다.

Ⅱ. 한국헌법의 기본원리

1. 헌법원리의 법적 의의

헌법의 기본원리, 즉 헌법원리(constitutional principles)는 헌법 전체에 투영된 공동체의 기본적 가치이다. 드워킨(R. Dworkin)의 법이론이 밝히고 있듯이, 개별적 법규정으로 나타나는 구체적인 규준(規準, rules)만이 아니라 원리(principles)도 법의 일부이다. 마찬가지로 헌법원리도 헌법의 일부이다. 헌법원리는 ① 헌법과 법령의 해석 기준이 되며, ② 헌법을 구체화하는 입법의 지침이 된다. ③ 헌법원리의 변경은 헌법개정의 한계가 된다. 무엇이 헌법원리에 해당하는가는 헌법의 전문과 본문을 통합적으로 일관되게 이해한 토대 위에서 추출될 수 있다. 한국헌법의 기본원리는 아래와 같이 정리할 수 있다.

2. 한국헌법의 개별적 기본원리

한국헌법의 개별적 기본원리로서 ① 국민주권주의, ② 권력분립주의, ③ 기본권보장, ④ 방어적 민주주의, ⑤ 평화통일주의, ⑥ 국제평화주의, ⑦ 수정자본주의적 경제질서, ⑧ 법치주의를 들 수 있다. 그 밖에 이른바 문화국가원리를 헌법원리의 하나로 보는 견해가 있다. 헌법 제9조는 전통문화의 계승·발전과 민족문화의 창달을 국가의 의무로 규정하고 있다.

(1) 국민주권주의

헌법 제1조는 "① 대한민국은 민주공화국이다. ② 대한민국의 주권은 국민에게 있고, 모든 권력은 국민으로부터 나온다"라고 하여 국민주권주의를 명시하고 있다. 헌법 전문에서 국민이 헌법제정자라고 한 규정도 국민주권주의를 나타낸다. 그 밖에 국회의원 · 대통령선거권을 규정한 조항(제41조 제1항, 제67조 제1항), 국민투표권(제72조, 제130조)을 규정한 조항도 모두 국민주권주의에 근거한 것이다.

(2) 권력분립주의

국가권력의 조직원리는 권력분립주의를 기본으로 한다. 권력분립주의는 자유주의에 기초한 것이며, 국민의 자유를 보장하기 위한 국가권력의 조직원리가 곧 권력분립주의이다. 헌법은 "입법권은 국회에 속한다"(제40조), "행정권은 대통령을 수반으로 하는 정부에 속한다"(제66조 제4항), "사법권은 법관으로 구성된 법원에 속한다"(제101조 제1항)라고 하여 권력분립주의에 입각하고 있다.

권력분립주의에 입각하되 특히 입법권과 행정권의 관계를 어떻게 구성하느냐는 정부형태에 따라 상이하다. 우리 헌법은 대통령제를 기본으로 하면서 부분적으로 의원내각제 요소를 혼합하고 있다.

(3) 기본권 보장

개인의 기본권 보장은 근대 헌법의 기본원리이다. 근대 입헌주의의 또 하나의 원리인 권력분립주의는 개인의 기본권 보장을 위한 것이다. 헌법은 제10조에서 기본권 보장에 관한 원칙을, 제37조에서는 기본권제한에 관한 원칙을 규정하고 있다. 헌법 제10조의 "인간으로서의 존엄과 가치", "개인이 가지는 불가침의 기본적 인권"이라는 규정에 비추어, 우리 헌법의 기본권조항은 자연법론적 입장에 서 있다고 할 수 있다. 우리 헌법은 포괄적 기본권인 인간의 존엄과 행복추구권을 규정하고, 상세한 사회권조항을 두었으며, 사생활의 권리 · 환경권 · 범죄피해자구조청구권 등 여러 새로운 기본권을 규정하고 있는 점에 특징이 있다.

(4) 방어적 민주주의

헌법은 전문에서 "자유민주적 기본질서를 더욱 확고히" 한다고 규정하고 있다. 그뿐만 아니라 제4조에서 "자유민주적 기본질서에 입각한 평화적 통일정책"을 수립 · 추진한다고 명시하였으며, 제8조 제4항에서는 "정당의 목적이나 활동이 민주적 기본질서에 위배"될 때에는 정당해산사유가 된다고 규정하고 있다. 이처럼 헌법은 자유민주적 기본질서의 보장을 원리적 차원에서 천명하고 있을 뿐 아니라 이를 위하여 정당해산제도를 채택하고 있으며, 또한 이를 통일정책의 기본으로 삼고 있다. 이것은 우리 헌법이 이른바 방어적 민주주의에 입각하고 있음을 나타내는 것이다. 즉 자유민주적 기본질서의 보장을 위하여 자유의 적에 대하여 적극적으로 방어하겠다는 것이다. 이에 관해서는 아래에서 다시 설명한다.

(5) 평화통일주의

분단국가 헌법으로서 우리 헌법은 무력이 아닌 평화적 통일의 원리를 천명하고 있다. 현행 헌법은 전문에서 평화적 통일의 사명을 규정한 데 이어, 특히 제4조의 통일조항을 신설하여 자유민주적 기본질서에 입각한 평화적 통일정책의 수립·추진을 명시하였다. 또한 대통령의 의무로서 "평화적 통일을 위한 성실한 의무"를 규정하고(제66조 제3항), 취임시에 "평화적 통일……에 노력"할 것을 선서하도록 규정하고 있다(제69조). 우리 헌법은 1972년 제4공화국 헌법 이래 평화통일주의를 명시하고 있다.

(6) 국제평화주의

현대 헌법은 국가의 대외관계의 원리를 규정하는 예가 많다. 우리 헌법은 대외관계의 원리로서 국제평화주의를 밝히고 있다. 전문에서 "항구적인 세계평화와 인류공영에 이바지"한다고 천명한 데 이어, 침략전쟁의 부인(제5조) 및 조약의 국내적 효력의 인정과 외국인 지위보장(제6조) 등, 국제평화주의에 입각한 조항들을 두고 있다.

(7) 수정자본주의적 경제질서

헌법은 제9장에서 경제질서에 관한 구체적 규정을 두고 있다. 우리 헌법상 경제질서의 원리는 헌법 제119조에 규정되어 있다. "① 대한민국의 경제질서는 개인과 기업의 경제상의 자유와 창의를 존중함을 기본으로 한다. ② 국가는 균형있는 국민경제의 성장 및 안정과 적정한 소득의 분배를 유지하고, 시장의 지배와 경제력의 남용을 방지하며, 경제주체간의 조화를 통한 경제의 민주화를 위하여 경제에 관한 규제와 조정을 할 수 있다." 헌법 제119조 제1항에서 경제적 자유 존중을 경제질서의 기본으로 한다고 함은 곧 사유재산제와 시장경제가 경제질서의 기본이라는 의미이다. 헌법 제119조 제2항에서 국가가 "균형있는 국민경제의 성장과 안정……경제적 민주화를 위하여 경제에 관한 규제와 조정을 할 수 있다"라고 함은 복지국가 실현을 위한 국가의 경제적 규제가 경제질서의 부차적 원리라는 의미이다. 이러한 경제질서를 수정자본주의적 경제질서라고 부를 수 있다.

헌법재판소 판례와 다수 학설은 우리 헌법의 경제질서를 '사회적 시장경제질서'라고 부르고 있다. 이것은 독일의 경제질서를 표현하는 사회적 시장경제질서를 그대로 차용한 것이다. 그러나 '사회적 시장경제'라는 용어는 독일 특유의 경제질서를 지칭하는 의미가 강하다. 따라서 '수정자본주의적 경제질서'라는 보다 보편적 용어를 사용하는 것이 적절하다.

(8) 법치주의

법치주의는 국가작용이 객관적인 법에 근거를 두고 법에 따라 행하여져야 한다는 원리이다. 근대 이래로 여기에서의 법은 의회가 제정한 법률을 의미하였으며, 그런 뜻에서 법치주의의 핵심적 의미는 국가작용이 의회가 제정한 법률에 근거하고 법률에 따라 행하여져야 한다는 것이다. 우리 헌법은 직접 법치주의를 명시하고 있지는 않다. 그러나 헌법 제37조 제2항(법률에 의한 기본권제한), 제13조 제1항 및 제2항(소급입법 금지), 제75조(위임입법의 제한), 제103조(사법권 독립) 등은 법치주의 원리에 기초한 규정들이다.

제 3 장

한국헌법 최고의 통합적 원리 : 자유민주적 기본질서의 보장

위에서 열거한 한국헌법의 여러 기본원리들 가운데 그 핵심적 내용들을 포괄하여 하나의 표현으로 집약한다면 그것은 '자유민주적 기본질서의 보장'이다. 자유민주적 기본질서의 보장은 우리 헌법 전체를 관통하는 최고의 통합적 원리라고 할 수 있고, 이것은 곧 우리 헌법이 '방어적 민주주의'에 입각하고 있음을 뜻한다.

I. 방어적 민주주의

1. 개　관

연혁적으로 방어적 민주주의는 독일 바이마르 시대의 역사적 경험을 배경으로 한다. 바이마르 시대에 민주주의에 대한 이해는 전반적으로 철저한 가치상대주의에 기초하였다. 민주주의는 특정한 가치를 절대화하지 않고 어떤 내용의 가치라도 다원주의적으로 이를 수용하며, 다양한 가치들 가운데에서의 선택은 다수결 방법으로 결정하면 되는 것으로 이해되었다. 민주주의에 대한 이러한 형식적 이해는 결국 바이마르 공화국의 붕괴를 가져왔다. 민주주의를 부정하는 극단주의 세력인 나치에 의해 합법적 절차를 거쳐 민주주의가 파괴된 것이다.

이 같은 역사적 경험에 대한 반성으로 2차대전 후 서독에서 등장한 것이 방어적 민주주의(wehrhafte Demokratie) 또는 전투적 민주주의(streitbare Demokratie)이다. 방어적 민주주의는 민주주의의 적(敵)이 민주주의 자체를 공격하는 것을 방어하며, 자유의 적에게 자유를 파괴하는 자유를 허용하지 않겠다는 것이다. 민주주의의 적으로부터 보호하려는 민주주의의 핵심적 가치를 표현한 것이 '자유민주적 기본질서'(freiheitlich-demokratische Grundordnung)이다.

독일 기본법에서 방어적 민주주의 사상을 제도화하여 나타난 것이 위헌정당해산제도와 기본권실효제도이다. 위헌정당해산제도는 우리 헌법에도 채택되어 있으나, 기본권실효제도는 독일 기본법 특유의 제도이다. 이것은 일정한 기본권(언론 · 출판 · 집회 · 결사의 자유, 교수의 자유, 통신의 자유, 재산권, 망명권)을 자유민주적 기본질서에 대한 공격을 위해 남용하는 자는 이 기본권의 효력을 상실한다는 제도이며, 그 결정은 연방헌법재판소에 의한다(독일 기본법 제18조). 그 밖에 독일 기본법은 "교수의 자유는 헌법에 대한 충성으로부터 벗어나지 못한다"고 규정하고 있다(제5조 제3항). 또한 결사의 자유에 관하여, 그 목적이나 활동이 헌법질서에 반하는 단체는 금지된다고 규정하고 있다(제9조 제2항). 방어적 민주주의는 이차대전 후 서독 기본법 특유의 헌법원리로서, 파시즘이나 공산주의 같은 전체주의의 배격에 주안점이 있다.

2. 방어적 민주주의의 한계

본래 방어적 민주주의는 민주주의의 적인 전체주의로부터 민주주의를 보호하기 위한 것이다. 그러나 방어적 민주주의가 지닌 문제점이 있다. 민주주의의 방어를 지나치게 강조하다보면 자칫 정신적 자유나 표현의 자유 등을 지나치게 제한하여 민주주의의 가치를 스스로 파괴하는 위험이 있다는 것이다. 즉 민주주의의 과잉방어는 민주주의의 자기부정이 될 위험이 있다.

이러한 위험을 피하기 위해서 방어적 민주주의에도 일정한 한계가 있지 않으면 안 된다. 그 한계는 민주주의 방어를 위한 기본권 등의 제한은 어디까지나 비례의 원칙을 지켜야 한다는 것이다. 비례의 원칙을 벗어난 제한은 민주주의의 과잉방어이며 그 자체로 헌법침해가 된다.

Ⅱ. 한국헌법상 자유민주적 기본질서의 보장

1. 헌법조항

우리 헌법에서 직접 '자유민주적 기본질서'라는 규정이 나타나는 것은 헌법 전문과 제4조의 통일조항이다. 헌법 전문은 "자유민주적 기본질서를 더욱 확고히 하여……"라고 규정하여 자유민주적 기본질서의 보장이 헌법의 기본원리임을 밝히고 있다. 헌법 제4조는 "대한민국은 통일을 지향하며, 자유민주적 기본질서에 입각한 평화적 통일정책을 수립하고 이를 추진한다"고 하여 통일이 자유민주적 기본질서에 입각해야 한다고 명시하고 있다.

그 밖에 제8조 정당조항에서 "정당의 목적이나 활동이 민주적 기본질서에 위배될 때에는" 정당해산 사유가 된다고 규정하고 있다(제4항). 여기에서 '민주적 기본질서'의 의미를 자유민주적 기본질서와 동일하게 해석하는 것이 다수 학설의 입장이다(뒤의 정당조항 설명 참조).

2. 자유민주적 기본질서의 의미

자유민주적 기본질서의 의미에 관하여 헌법재판소는 다음과 같이 판시하고 있다.

(판 례) 자유민주적 기본질서의 의미(국가보안법 제7조의 위헌 여부)

자유민주적 기본질서에 위해를 준다 함은 모든 폭력적 지배와 자의적 지배 즉 반국가단체의 일인독재 내지 일당독재를 배제하고 다수의 의사에 의한 국민의 자치, 자유 · 평등의 기본 원칙에 의한 법치주의적 통치질서의 유지를 어렵게 만드는 것이고, 이를 보다 구체적으로 말하면 기본적 인권의 존중, 권력분립, 의회제도, 복수정당제도, 선거제도, 사유재산과 시장경제를 골간으로 한 경제질서 및 사법권의 독립 등 우리의 내부 체제를 파괴 · 변혁시키려는 것으로 풀이할 수 있을 것이다.

헌재 1990.4.2. 89헌가113, 판례집 2, 49,63

위 결정은 국가보안법 제7조를 제한해석하여 자유민주적 기본질서에 위해를 주는 경우에 한하여 처벌하는 한 합헌이라고 판단하면서 자유민주적 기본질서의 개념을 정의하고 있다. 이 개념정의는 독일 연방헌법재판소의 1952년 사회주의제국당(SRP) 위헌판결에서 제시되고 1956년 독일공산당(KPD) 위헌판결에서 재확인된 개념정의를 거의 그대로 따온 것인데, 대단히 중요한 한 가지 점에서 차이가 있다. 즉 자유민주적 기본질서를 구성하는 요소에 관하여 한국 헌법재판소 결정은 독일 판결에는 빠져있는 한 가지를 그 요소로 첨가하고 있다. 그것은 "사유재산과 시장경제를 골간으로 한 경제질서"이다. 독일 판례가 자유민주적 기본질서의 개념을 정치적 요소에 한정한 것과 달리, 한국 판례는 거기에 덧붙여 경제적 요소를 포함시키고 있는 것이다. 이 점은 제4조의 통일조항과 제8조의 정당조항 해석과 관련하여 매우 중요한 의미를 지니는 차이점이다.

(판 례) 우리 헌법에서의 자유민주적 기본질서와 그 내용(제주4·3특별법 사건)

(1) 대한민국의 주권을 가진 우리 국민들은 헌법을 제정하면서 국민적 합의로 대한민국의 정치적 존재형태와 기본적 가치질서에 관한 이념적 기초로서 헌법의 지도원리를 설정하였다. 이러한 헌법의 지도원리는 국가기관 및 국민이 준수하여야 할 최고의 가치규범이고, 헌법의 각 조항을 비롯한 모든 법령의 해석기준이며, 입법권의 범위와 한계 그리고 국가정책결정의 방향을 제시한다.

(2) 먼저 우리 헌법은 전문에 "자율과 조화를 바탕으로 자유민주적 기본질서를 더욱 확고히 하여……"라고 선언하고, 제4조에 "자유민주적 기본질서에 입각한 평화적 통일정책을 수립하고 이를 추진한다."라고 규정함으로써 자유민주주의 실현을 헌법의 지향이념으로 삼고 있다. 즉 국가권력의 간섭을 배제하고, 개인의 자유와 창의를 존중하며 다양성을 포용하는 자유주의와 국가권력이 국민에게 귀속되고, 국민에 의한 지배가 이루어지는 것을 내용적 특징으로 하는 민주주의가 결합된 개념인 자유민주주의를 헌법질서의 최고 기본가치로 파악하고, 이러한 헌법질서의 근간을 이루는 기본적 가치를 '기본질서'로 선언한 것이다. 우리 재판소도 "우리 헌법은 자유민주적 기본질서의 보호를 그 최고의 가치로 인정하고 있고, 그 내용은 모든 폭력적 지배와 자의적 지배 즉 반국가단체의 일인독재 내지 일당독재를 배제하고 다수의 의사에 의한 국민의 자치, 자유·평등의 기본원칙에 의한 법치주의적 통치질서를 말한다. 구체적으로는 기본적 인권의 존중, 권력분립, 의회제도, 복수정당제도, 선거제도, 사유재산과 시장경제를 골간으로 한 경제질서 및 사법권의 독립 등을 의미한다"고 천명한 바 있다(헌재 1990.4.2. 89헌가113, 판례집 2, 49,64; 1994.4.28. 89헌마221, 판례집 6-1, 239,259-260 참조).

(3) 또한 우리 헌법은 정당에 대하여도 민주적 기본질서를 해하지 않는 범위

내에서의 정당활동을 보장하고 있다. 즉 헌법 제8조 제2항 및 제4항에 "정당은 그 목적·조직과 활동이 민주적이어야 하며……", "정당의 목적이나 활동이 민주적 기본질서에 위배될 때에는 ……헌법재판소의 심판에 의하여 해산된다."고 명시하고 있다. 따라서 어떠한 정당이 외형상 민주적 기본질서를 추구한다고 하더라도 그 구체적인 강령 및 활동이 폭력적 지배를 추구함으로써 자유민주적 기본질서를 위반되는 경우 우리 헌법 질서에서는 용인될 수 없는 것이다.

(4) 한편 우리 헌법은 자유민주적 기본질서의 일부인 시장경제 및 사유재산권의 보장에 대하여도 제23조 제1항 전문에서 "모든 국민의 재산권은 보장된다.", 제119조 제1항에서 "대한민국의 경제질서는 개인과 기업의 경제상의 자유와 창의를 존중함을 기본으로 한다."고 각 규정하고 있다. 우리 재판소도 이를 구체화하여 "우리 헌법은 사유재산제도와 경제활동에 관한 사적자치의 원칙을 기초로 하는 자본주의 시장경제질서를 기본으로 하고 있음을 선언하고 있다. 국민 개개인에게 자유스러운 경제활동을 통하여 생활의 기본적 수요를 스스로 충족시킬 수 있도록 하고 사유재산의 자유로운 이용·수익과 그 처분 및 상속을 보장해 주는 것이 인간의 자유와 창의를 보장하는 지름길이고 궁극적으로는 인간의 존엄과 가치를 증대시키는 최선의 방법이라는 이상을 배경으로 하고 있다"고 밝힌 것이다(헌재 1997.8.21. 88헌가19등, 판례집 9-2, 243,257-258).

물론 우리 헌법은 그 전문에서 "모든 영역에 있어서 각인의 기회를 균등히 하고 ……안으로는 국민생활의 균등한 향상을 기하고"라고 천명하고, 제23조 제2항과 여러 '사회적 기본권' 관련 조항, 제119조 제2항 이하의 경제질서에 관한 조항 등에서 모든 국민에게 그 생활의 기본적 수요를 충족시키려는 이른바 사회국가의 원리를 동시에 채택하여 구현하려하고 있다. 그러나 이러한 사회국가의 원리는 자유민주적 기본질서의 범위내에서 이루어져야 하고, 국민 개인의 자유와 창의를 보완하는 범위내에서 이루어지는 내재적 한계를 지니고 있다 할 것이다. 우리 재판소도 "우리 헌법은 자유민주적 기본질서 및 시장경제질서를 기본으로 하면서 위 질서들에 수반되는 모순을 제거하기 위하여 사회국가원리를 수용하여 실질적인 자유와 평등을 아울러 달성하려는 근본이념을 가지고 있다"라고 판시한 것은 이러한 맥락에서 이루어진 것이다(헌재 1998. 5.28. 96헌가4등, 판례집 10-1, 522,533-534; 1996.4.25. 92헌바47, 판례집 8-1, 370,380 참조).

(5) 따라서 우리 헌법은 폭력적, 자의적인 지배 즉 일인 내지 일당독재를 지지하거나, 국민들의 기본적 인권을 말살하는 어떠한 지배원리도 용인하지 않는다. 형식적으로는 권력분립·의회제도·복수정당제도·선거제도를 유지하면서

실질적으로는 권력집중을 획책하여 비판과 견제기능을 무력화하고, 자유 · 비밀선거의 외형만을 갖춰 구성된 일당독재를 통하여 의회제도를 형해화하거나, 또는 헌법상 보장된 기본권을 인정하지 아니함으로써 사유재산 및 시장경제질서를 부정하는 공산주의를 신봉하는 정당이나 집단은 우리 헌법의 이념과 배치되고, 이러한 이념을 추구한 정당 또는 단체와 그 구성원들의 활동도 헌법과 법률에 의하여 보호되지 아니한다고 할 것이다.

(6) 결국 우리 국민들의 정치적 결단인 자유민주적 기본질서 및 시장경제원리에 대한 깊은 신념과 준엄한 원칙은 현재뿐 아니라 과거와 미래를 통틀어 일관되게 우리 헌법을 관류하는 지배원리로서 모든 법령의 해석기준이 되므로 이 법의 해석 및 적용도 이러한 틀안에서 이루어져야 할 것이다.

헌재 2001.9.27. 2000헌마238등, 판례집 13-2, 383,400-402

한편, 헌법재판소는 '통합진보당'에 대한 정당해산 결정에서 '민주적 기본질서'의 의미 및 그 적용에 관하여 판시하였다(헌재 2014.12.19. 2013헌다1. 뒤의 '정당의 해산'에 관한 설명 참조).

3. 자유민주적 기본질서의 법적 의의

우리 헌법에서 자유민주적 기본질서에 관한 규정은 전문, 제4조 통일조항 및 제8조 정당조항 세 곳에 그치고 있지만, 방어적 민주주의에 기초한 자유민주적 기본질서의 보장은 우리 헌법의 기본원리를 가장 포괄적으로 나타내는 최고의 원리이다.

우리 헌법에서 '자유민주적 기본질서'를 직접 처음으로 명시한 것은 1972년 유신헌법의 전문이다. 이 사실은 이 규정의 명시적 채택이 주로 북한의 위협에 대응하기 위한 것이라는 추정을 가능하게 한다. 다른 한편, 방어적 민주주의가 본래 독일에서 파시즘 배격의 취지에서 등장한 점에 비추어 보면, 파시즘에 가까운 유신헌법에서 이 규정이 처음 채택된 것은 아이러니라고 하겠다. 현행 헌법하에서 이 규정의 현실적 의미는 북한 및 대한민국 내의 공산주의 세력에 대한 방어에 있다고 할 것이다.

헌법 제4조 및 제8조 외에도 자유민주적 기본질서 보장의 원리가 지닌 법적 의의를 다음과 같이 정리할 수 있다.

① 헌법제정자의 근본 결단에 해당하며 헌법핵에 속한다. ② 헌법 및 법령 해석의 기준이 되고 입법의 지침이 된다. ③ 헌법개정절차에 의해서도 변경할 수 없는 헌법개정의 한계에 해당한다. ④ 국가권력을 구속할 뿐 아니라 기본권 행사의 한계를 설

정한다. 즉 자유민주적 기본질서를 침해할 목적으로 기본권을 남용해서는 안 된다.

자유민주적 기본질서의 보장은 개별적 입법을 통해서도 구체화되어 있다. 대표적으로 국가보안법을 들 수 있다. 이 법 제7조를 비롯한 여러 조항에서는 "국가의 존립·안전이나 자유민주적 기본질서를 위태롭게 한다는 정을 알면서" 반국가단체나 그 구성원 등을 찬양하는 행위 등을 처벌하고 있다.

제 4 장 대한민국의 국가형태와 기본적 구성요소

I. 대한민국의 국가형태

▮ **(헌법 제1조)** ① 대한민국은 민주공화국이다.

1. 국가형태의 의의와 분류

국가형태란 국가의 조직 형태 등 국가의 전체적 성격을 나타내는 유형을 말한다. 국가형태의 분류는 학자에 따라 상이하다. 전통적인 국가형태 분류 가운데 통설적 견해에 의하면, 먼저 주권의 소재에 따른 국체(國體)와 주권의 행사형태에 따른 정체(政體)를 구분한다. 국체는 군주국가와 공화국가로 구분된다. 정체는 민주정체와 독재정체, 또는 전제정체와 제한정체 등으로 구분된다.

국가형태에 관하여 국체와 정체를 구분하는 견해는 오늘날 거의 유지되고 있지 않다. 무엇보다도 주권의 소재에 따라 군주국가와 공화국가를 구별하는 국체의 개념이 실제와 부합하지 않기 때문이다. 예컨대 일본은 군주제를 취하고 있으나 국민주권주의에 입각하고 있고, 영국도 군주가 있지만 국민주권주의의 영국적 형태라고 할 의회주권주의에 입각하고 있다.

오늘날 일반적인 의미를 지니는 국가형태 분류는 다음과 같다. ① 제도로서의 군주를 두느냐 여부에 따라 군주국과 공화국으로 구분한다.

② 국가권력이 권력분립주의에 따라 통제되어 행사되느냐 여부에 따라 입헌주의국가와 전제주의국가로 구분한다. 입헌주의국가는 다시 정부형태에 따라 대통령제, 의원내각제, 이원정부제 등으로 구분된다. 전제주의국가는 크게 전체주의(totalitarianism)와 권위주의(authoritarianism)로 구분된다. 전체주의는 파시즘이나 공산주의처럼

단일한 국가이데올로기와 단일한 국가정당을 기반으로 한다는 점에서 권위주의와 구별된다.

③ 각 주(州)를 기초로 하는 분권주의에 입각하느냐 여부에 따라 연방국가와 단일국가로 구분된다. 그러나 연방의 개념정의는 매우 다양하며 고정적이지 않다.

④ 국가결합에 속하여 있는 국가와 그렇지 않은 국가로 구분된다. 국가결합의 대표적 형태는 국가연합(confederation of states)이다. 국가연합은 연합 자체가 국제법인격을 갖지 않고 그 구성국가가 각기 국제법인격을 갖는다. 연방(federation)의 경우에 각 주는 국제법인격을 갖지 않고 연방이 국제법인격을 갖는 것과 다르다. 국가연합의 예로 1781-1787년의 북아메리카 국가연합(13주 연합), 1815-1866년의 독일연합, 영연합(英聯合, British Commonwealth of Nations), 소련 해체 후의 독립국가연합(Commonwealth of Independent States) 등이 있다. 오늘날의 유럽연합(EU)은 연방국가에 접근하는 새로운 형태의 국가연합이라고 할 수 있다.

2. '민주공화국'의 의미

헌법 제1조 제1항은 "대한민국은 민주공화국이다"라고 하여 국호(國號), 즉 국가의 명칭이 '대한민국'이며, 국가형태가 '민주공화국'임을 규정하고 있다. 대한민국이라는 국호는 1919년에 성립한 '대한민국임시정부'를 이념적으로 계승하고 있음을 나타낸다.

'민주공화국'의 의미에 관하여 제헌헌법의 중심적 초안자였던 유진오는 다음과 같이 해석한다. 20세기 초기에 이르기까지는 공화국과 민주국은 동의어로 사용하였으나 근래 공화국 중에도 나치스 독일 같은 독재정체나 소련 같은 소비에트제도를 채택하는 국가가 있어서 공화국의 정치형태가 일정하지 않다. 제1조에서 공화국이라는 명칭만 사용하지 않고 권력분립을 기본으로 하는 공화국임을 명시하기 위하여 특히 '민주공화국'이라는 명칭을 사용한 것이다. 대한민국의 국체는 공화국이고 정체는 민주국인데 이를 합하여 '민주공화국'이라 한 것이다(유진오, 앞의 책 참조).

앞의 설명대로 오늘날에는 국체와 정체를 구별하지 않는 것이 일반적이다. 민주공화국의 의미는 다음과 같이 풀이하는 것이 적절하다. 첫째, '공화국'은 군주제도를 두지 않는다는 의미이다. 이 점 외에 헌법사상의 한 흐름으로서의 '공화주의'를 나타내는 것인가라는 문제가 제기될 수 있다(앞의 '미국헌법학의 흐름' 참조). 그러나 공화국 규정이 자유주의와 대비되는 의미의 공화주의를 뜻한다고 보는 것은 무리이다.

둘째, '민주'에는 두 가지 의미가 있다고 본다. 하나는 국민주권주의이다. 다른 하나는 전제주의에 대립하는 의미의 입헌주의, 즉 권력분립에 입각하여 국가권력 행사를 통제하는 체제라는 의미이다.

Ⅱ. 국민주권

(헌법 제1조) ② 대한민국의 주권은 국민에게 있고, 모든 권력은 국민으로부터 나온다.

1. 주권의 의미

주권(sovereignty)이라는 개념은 서구에서 절대주의 군주가 중앙집권국가를 형성하는 과정에서 등장하였다. 이 개념을 처음 이론적으로 주장한 것은 16세기 후반 프랑스의 보댕(Jean Bodin, 1530-1596)이다. 그는 군주의 권력이 대외적으로는 로마교황으로부터 독립하고 대내적으로는 봉건영주에 대해 최고임을 주장하기 위해 이 개념을 사용하였다. 이처럼 주권 개념은 군주주권을 옹호하는 이론으로 시작되었다. 그 후 군주제가 변화하여 입헌주의적 제약을 받으면서 군주의 권력과 국가권력의 개념을 구별하는 관념이 생기게 되고 이에 따라 주권 개념이 다의적으로 쓰이게 되었다.

오늘날 주권이라는 용어는 대체로 다음 세 가지의 서로 다른 의미로 사용된다. ① 국가의 대외적 독립성과 대내적 최고성을 지칭하는 의미, ② 국가의 통치권 그 자체를 지칭하는 의미, ③ 국가의 최고의사의 결정권을 지칭하는 의미.

헌법과 헌법이론에서 주권이라는 개념을 사용할 때에는 주로 ③의 의미로 쓰는 경우가 많다. 이런 의미의 주권은 국가 내부에서 최고결정권의 소재가 어디에 있느냐는 문제에 관한 것이다. 한편 입법권 · 행정권 · 사법권 등을 총칭하는 국가의 통치권은 주권과 구별하여 사용하는 것이 일반적이다.

헌법 제1조 제2항의 "대한민국의 주권은 국민에게 있고"라는 규정에서 '주권'은 ③의 의미, 즉 국가의 최고의사의 결정권을 의미한다. "모든 권력은 국민으로부터 나온다"는 규정의 '권력'은 ②의 의미, 즉 국가의 통치권(입법권 · 행정권 · 사법권 등)을 의미한다.

2. 주권이론의 전개

주권 개념은 보댕과 홉스의 군주주권 이론에서 출발하였지만 그 후 근대 서구에서 주권이론은 국민주권론을 중심으로 전개되었다. 국민주권론은 절대군주의 전제적 지배에 대항한 혁명이론이었고, 시민혁명 이후 근대 입헌주의 헌법에서 널리 채택되었다.

주권이론의 모국인 프랑스에서 국민주권론을 전개한 대표적 이론가는 루쏘(Jean-Jacques Rousseau, 1712-1778)이다. 그에 의하면 주권은 개개 시민(citoyen)의 총체인 인민(peuple)에게 있고, 인민은 직접 현실적으로 주권을 행사한다. 그러나 시민혁명 후 프랑스의 주권론에서는 루쏘 류의 '인민(peuple)주권'론에 대항하여 '국민(nation)주권'론이 부각되었다. 여기에서 'nation'의 의미가 무엇인가에 관해서는 논란이 있다. 일반적인 견해에 의하면, 'nation'은 실재하는 국민을 지칭하는 것이 아니라 추상적이고 관념적인 통일체로서의 국민이다. 'peuple주권'론에서 주권의 주체는 유권자인 시민의 총체이며 현실적인 주권행사 능력이 있는데 비하여, 'nation주권'론에서 주권의 주체는 관념적 통일체인 국민이기 때문에 현실적인 주권행사 능력이 없다. 실제적으로 'nation주권'론은 군주주권과 직접적인 민중지배 모두를 거부하는 정치적 의미를 지닌 것이었다.

'peuple주권'론의 경우, 인민은 인민대표에 대하여 지시하고 명령하는 관계(이른바 기속위임)에 있으나, 'nation주권'론의 경우, 국민은 국민대표에 대하여 지시하고 명령할 수 없는 관계(이른바 자유위임)에 있다고 본다.

한편 독일에서는 19세기 후반 이래 국가주권론이 중심을 이루었다. 국가주권론은 국가법인설을 기초로 한다. 법적으로 보면 법인으로서의 국가가 통치권의 주체가 된다. 국가주권론에 의하면 주권이라는 개념은 국가권력의 최고·독립성이라는 본래의 의미에서만 사용되어야 하며, 군주주권이냐 국민주권이냐의 문제는 주권의 문제가 아니라 국가의 최고의사를 결정하는 최고기관이 누구이냐의 문제일 뿐이라고 본다. 이 국가주권론은 주권의 주체가 군주냐 국민이냐는 현실적 문제를 회피하는 정치적 의미를 지닌 것이었다. 그런 면에서 이 이론은 19세기 후반 독일의 입헌군주제를 법이론적으로 옹호한 이론이었다.

영국에서 주권론은 의회주권(parliamentary sovereignty)의 원리로 나타났다. 다이시(Albert V. Dicey, 1835-1922)에 의하면 의회주권의 원리란 의회는 무슨 법률이라도 제정할 수 있고, 누구도 의회의 입법보다 우선할 수 없다는 것을 말한다. 이것은 특히 법원도 의회의 법률을 무효로 할 수 없다는 데에서 중요한 의미가 있다. 이처럼 영국의 의회주권은 의회의 입법권의 무제한성과 최고성을 의미하는 것이었다. 반면 정치적 의미의 주권자는 선거민이라고 보고 있다. 즉 법적 주권자는 의회이고 정치적 주권자는 선거민이라고 보는 것이다.

다른 한편 미국에서는 주권론이 별로 발전하지 못하였다. 미국 헌법의 전문은 국민이 헌법을 제정한다고 명시한 점에서 국민주권론을 수용하고 있지만, 이 이론이 더 이상 진전되지는 않았다. 이것은 미국의 경우, 국가가 공적 영역을 독점하는 것이 아니라 사적인 사회적 결합이 공적 영역의 담당자로서 중요한 역할을 하는 다원주의적 특성 때문이다.

3. 국민주권의 의미

헌법 제1조 제2항은 국민주권의 원리를 규정하고 있다. 이와 유사한 규정은 여러 외국헌법에서 볼 수 있다. 독일 기본법은 "모든 국가권력은 국민(Volk)으로부터 유래한다. 그것은 선거와 투표를 통해서, 그리고 입법, 집행 및 사법의 개별적 기관을 통해서 국민에 의하여 행사된다"고 규정하고 있다(제20조 제2항). 1958년 프랑스 제5공화국 헌법은 "국가(nation)의 주권은 인민(peuple)에 속하며, 인민은 그들의 대표자에 의하여 그리고 국민투표수단을 통하여 이를 행사한다"고 규정하고 있다(제3조 제1항).

우리 헌법 제1조 제2항에서 규정한 국민주권이 무엇을 의미하는가에 관하여 여러 논의가 있다. 이 논의는 특히 다음 두 가지 문제에 관한 견해의 차이를 보여주고 있다. ① '주권'의 의미 또는 성격을 어떻게 이해할 것인가, ② '국민'의 의미를 어떻게 해석할 것인가. 이에 관한 대표적인 두 견해를 정리하면 이러하다.

제1설에 의하면, 주권은 '국정에 관한 최종적인 결정권'을 의미한다. 국민의 의미는 두 가지로 구분된다. ① 주권보유자로서의 국민은 '이념적 통일체로서의 전체 국민'이며, ② 주권행사자로서의 국민은 '유권자의 총체'를 뜻한다.

제2설에 의하면, 주권은 국가권력의 정당성의 근거를 의미한다. 국민주권이란 국가권력의 정당성의 근거가 국민에게 있다는 뜻이며, 국민이 직접 통치권을 행사한다는 의미는 아니다.

생각건대 주권의 일차적 의미는 국가권력의 정당성의 근거 또는 원천이라고 할 것이지만 그것만으로 끝난다고 할 수는 없다. 역사적으로도 본래 주권은 단지 추상적인 이념이나 관념이 아니라 현실적인 권력적 요소와 불가분하게 관련되어 있었다. 주권은 국가권력의 정당성의 근거인 동시에 현실적인 권력적 요소를 포함한다고 보아야 할 것이다. 주권을 단순한 권력의 정당성의 근거로만 이해하는 것은 주권을 관념화하고 현실적으로 무력하게 할 소지가 있다. 이렇게 볼 때, 국민이 주권자라는 의미는 권력의 정당성의 근거가 국민에게 있다는 것만이 아니라 현실적으로도 국민이 어느 정도이든 권력을 행사한다는 것을 뜻한다고 보아야 한다.

이 같은 전제하에 ① 주권을 권력의 정당성의 근거라는 측면에서 보는 경우, 이때의 국민은 전체 국민을 의미한다. 여기에서 '전체 국민'의 의미는 '국적을 보유하는 자의 총체'를 의미한다고 볼 것이다. 전체 국민의 의미를 '이념적 통일체'로서의 국민이라고 말하는 견해는 그것이 실체적으로 무엇을 의미하는지 불투명하다. ② 한편 주권을 현실적인 권력의 측면에서 보는 경우, 이때의 국민은 유권자의 총체를 의미한다.

주권에 어느 정도의 현실적인 권력적 요소를 포함시킬 것인가는 국가의 전통과 경험 등의 차이에 따라 차이가 있을 것이지만, 우선 최소한의 것은 헌법제정권력이다. 역사적으로도 국민주권론은 국민의 헌법제정권력을 뒷받침하는 것이었다. 헌법제정권력 외에 주권의 권력적 요소로서 다른 무엇이 포함되는가에 관해서는 견해의 차이가 있을 수 있다. 예컨대 국민주권으로부터 국민의 헌법개정권(구체적으로 헌법개정에 대한 국민투표권)을 도출할 것인가에 관해서는 견해가 갈릴 수 있다. 또한 국회의원에 대한 국민소환권을 별개의 헌법규정 없이 법률만으로 인정할 수 있는가에 관해서도 견해가 갈릴 수 있다. 이러한 문제들은 주권의 의미에 어느 정도의 현실적인 권력적 요소를 인정할 것인가에 따라 결론이 다를 것이다.

(판 례) 국민주권의 의미

지금까지 우리나라의 헌법체제하에서의 국민주권론은 실질적인 국민주권론이 되지 못하고 형식적인 국민주권론을 합리화하는 데 공헌하였으며, 국민대표론은 민의를 실제로 반영하는 현대적 대표론이 되지 못하고 민의와 동떨어진 권력의 자의적, 독단적 행사만을 합리화하는 전근대적 대표론에 머무르고 있는 점이 적지 않았다. (……)

헌법상의 국민주권론을 추상적으로 보면 전체국민이 이념적으로 주권의 근원이라는 전제 아래 형식적인 이론으로 만족할 수 있으나, 현실적으로 보면 구체적인 주권의 행사는 투표권 행사인 선거를 통하여 이루어지는 것이다. 실질

> 적 국민주권을 보장하기 위하여 유권자들이 자기들의 권익과 전체국민의 이익을 위해 적절하게 주권을 행할 수 있도록 민주적인 선거제도가 마련되어야 하고, 국민 각자의 참정권을 합리적이고 합헌적으로 보장하는 선거법을 제정하지 않으면 안 된다.
>
> 헌재 1989.9.8. 88헌가6, 판례집 1, 199,207-208

위의 헌법재판소 결정은 국민주권이 단순히 권력의 정당성의 근거에 그치는 것이 아니라 현실적인 권력적 요소를 포함한다는 취지로 풀이할 수 있다. 판례에서 보는 것처럼 선거는 국민주권을 실현하는 핵심적 수단이다(헌재 1994.7.29. 93헌가4등).

Ⅲ. 국 민

> **(헌법 제2조)** ① 대한민국의 국민이 되는 요건은 법률로 정한다.
> ② 국가는 법률이 정하는 바에 의하여 재외국민을 보호할 의무를 진다.

1. 국민의 개념

국민이란 국가에 소속하는 개개의 자연인 또는 그 전체의 집합체를 말한다. 국민은 헌법의 효력이 미치는 인적 범위이다.

개인이 특정한 국가에 소속되는지 여부는 국적에 따라 결정되므로, 국민이란 국적을 보유하는 자 또는 그 집합체를 의미한다. 국민은 외국국적을 가진 외국인 또는 국적이 없는 무국적자와 구별된다. 법률에서 외국인이라고 표기할 때에는 무국적자를 포함한 의미로 사용하는 것이 일반적이다.

근대 국민국가(nation state)의 구성요소인 국민은 자연적 존재로서의 민족이나 종족이 아니라 인위적인 결합으로서의 국민이다. 국민은 국가를 전제한 법적인 개념이며, 이 점에서 인민(people)과 구별된다. 인민은 국가와 구별되는 사회의 개념을 전제로 하며 사회 구성원을 의미한다.

국민의 헌법상 지위는 여러 측면으로 나누어 볼 수 있으며, 각각의 지위에 따라 국민의 의미도 상이하다.

① '주권보유자로서의 국민'은 전체 국민, 즉 국적보유자의 총체이다. 헌법 전문의 '대한국민', 제1조 제2항의 국민은 여기에 해당한다.

② '주권행사자로서의 국민'은 유권자의 총체이다. 선거권과 국민투표권의 주체로서의 국민은 여기에 해당한다.

③ '기본권주체로서의 국민'은 대한민국 국적을 가진 개개인이다. 일정한 경우에는 법인도 포함한다. 헌법 제10조 이하 기본권조항의 국민은 여기에 해당한다.

④ '기본의무주체로서의 국민'도 대한민국 국적을 가진 개개인이다. 기본의무를 규정한 헌법 제38조, 제39조의 국민은 여기에 해당한다.

2. 국 적

국적은 국민이 되는 법적 자격이다. 헌법은 국적의 취득과 상실 등에 관하여 직접 규정하지 않고 법률에 위임하고 있다. 그 법률이 국적법이다. 국적법은 일정한 헌법상의 제한을 받는다. 그 제한의 기본은 인간의 존엄과 평등의 원칙이다. 국적법은 속인주의(혈통주의), 부모양계(父母兩系)혈통주의 등을 원칙으로 하고 있다.

(판 례) 헌법사항으로서의 국적과 헌법상 요청

국적은 국가와 그의 구성원 간의 법적 유대(法的 紐帶)이고 보호와 복종관계를 뜻하므로 이를 분리하여 생각할 수 없다. (……) 헌법의 위임에 따라 국적법이 제정되나 그 내용은 국가의 구성요소인 국민의 범위를 구체화, 현실화하는 헌법사항을 규율하고 있는 것이다. (……)

헌법의 위임에 따라 국민되는 요건을 법률로 정할 때에는 인간의 존엄과 가치, 평등원칙 등 헌법의 요청인 기본권 보장원칙을 준수하여야 하는 입법상의 제한을 받기 때문에, 국적에 관한 모든 규정은 정책의 당부 즉 입법자가 합리적인 재량의 범위를 벗어난 것인지 여부가 심사기준이 된다는 법무부장관의 주장은 받아들이지 아니한다.

헌재 2000.8.31. 97헌가12, 판례집 12-2, 167,176,179-180

대한민국 성립 이전의 조선인의 국적에 관하여 헌법과 국적법에는 명시적 규정이 없다. 또한 북한주민이 대한민국 국민인지 여부가 문제된다. 대법원 판례에 의하면, 미군정하의 조선 국적의 보유자는 대한민국 국적을 취득하였다고 보며, 또한 북한주민도 대한민국 국민이라고 보고 있다.

(판 례) 조선인 국적과 북한주민의 국적

남조선과도정부법률 제11호 국적에관한임시조례제2조제1호는 조선인을 부친으로 하여 출생한 자는 조선의 국적을 가지는 것으로 규정하고 있고, 제헌헌법은 제3조에서 대한민국의 국민되는 요건을 법률로써 정한다고 규정하면서 제100조에서 현행 법령은 이 헌법에 저촉되지 아니하는 한 효력을 가진다고 규정하고 있는바, 원고는 조선인인 위 이승호를 부친으로 하여 출생함으로써 위 임시조례의 규정에 따라 조선국적을 취득하였다가 1948. 7. 17. 제헌헌법의 공포와 동시에 대한민국 국적을 취득하였다 할 것이고, 설사 원고가 북한법의 규정에 따라 북한국적을 취득하여 1977. 8. 25. 중국 주재 북한대사관으로부터 북한의 해외공민증을 발급받은 자라 하더라도 북한지역 역시 대한민국의 영토에 속하는 한반도의 일부를 이루는 것이어서 대한민국의 주권이 미칠 뿐이고, 대한민국의 주권과 부딪치는 어떠한 국가단체나 주권을 법리상 인정할 수 없는 점에 비추어 볼 때 이러한 사정은 원고가 대한민국 국적을 취득하고, 이를 유지함에 있어 아무런 영향을 끼칠 수 없다.

대판 1996.11.12. 96누1221

(1) 국적의 취득

국적의 취득에는 선천적 취득과 후천적 취득이 있다. 선천적 취득은 출생에 의한 국적취득이다. 후천적 취득에는 인지(認知), 귀화, 국적회복 등이 있다(국적법 제3조 내지 제9조).

선천적 취득에 관하여 국적법은 속인주의(혈통주의)를 원칙으로 하고 예외적으로 속지주의를 인정하고 있다(같은 법 제2조). 구 국적법은 부계혈통주의를 취하였으나, 헌법재판소는 이것이 남녀평등원칙 및 가족생활에 있어서의 양성평등원칙 위반으로 위헌이라고 판시하였다. 현행 국적법은 부모양계혈통주의를 채택하고 있다.

(판 례) 부계혈통주의의 위헌성

부계혈통주의 원칙을 채택한 구법조항은 출생한 당시의 자녀의 국적을 부의 국적에만 맞추고 모의 국적은 단지 보충적인 의미만을 부여하는 차별을 하고 있으므로 위헌이라는 결론에 이르게 된다. (……)

국적취득에서 혈통주의는 사회적 단위인 가족에로의 귀속을 보장하는 한편 특정한 국가공동체로의 귀속을 담보하며 부모와 자녀간의 밀접한 연관관계를 잇는 기본이 된다. 만약 이러한 연관관계를 부와 자녀 관계에서만 인정하고 모와 자녀 관계에서는 인정하지 않는다면, 이는 가족 내에서의 여성의 지위를 폄

하(貶下)하고 모의 지위를 침해하는 것이다. 그러므로 구법조항은 헌법 제36조 제1항이 규정한 "가족생활에 있어서의 양성의 평등원칙"에 위배된다.

헌재 2000.8.31. 97헌가12, 판례집 12-2, 167,181-183

이와 관련하여, 헌법재판소는 다음과 같이 결정하였다. 즉, '1978. 6. 14.부터 1998. 6. 13. 사이에 태어난 사람은 2004. 12. 31.까지 법무부장관에게 신고함으로써 국적을 취득할 수 있다'고 규정한 국적법 부칙 제7조 제1항은 이들 청구인들과 1998. 6. 14. 이후에 태어남으로써 출생만으로 대한민국 국적을 취득하는 모계출생자를 달리 취급하고 있는데, 이는 국적관계를 조기에 확정하는 동시에 모계출생자가 이러한 권리를 남용할 가능성을 억제하는 한편, 불필요한 행정낭비를 줄이며, 아직 대한민국 국적자가 아니라 외국인인 모계출생자에 대하여 대한민국 국적을 취득할 의사가 있는지를 확인하기 위한 것으로서, 합리적 이유있는 차별이라고 판시하였다(헌재 2015.11.26. 2014헌바211). 한편 헌법재판소는 국적회복허가와 관련되는 기본권은 행복추구권과 거주이전의 자유라고 하였다(헌재 2020.2.27. 2017헌바434).

(2) 국적의 상실과 복수국적 제한적 허용

대한민국 국민이 자진하여 외국국적을 취득한 때에는 국적을 상실한다(같은 법 제15조). 외국인이 대한민국 국적을 취득하면 외국국적을 포기하여야 한다(같은 법 제10조). 다만 법률개정(2010.5.4)으로 복수국적을 제한적으로 허용하고 있다(과거 법률에서는 이중국적자라는 용어를 사용하였으나 개정법률에서는 복수국적자라는 용어를 쓰고 있다). 외국인이 한국 국적을 취득한 경우, 법률에서 규정한 일정한 사람(혼인관계를 유지하고 있는 결혼이민자, 대한민국에 특별한 공로가 있거나 우수 외국인재로서 특별귀화한 자 등)은 대한민국에서 외국국적을 행사하지 아니하는 조건으로 외국국적을 유지하면서 대한민국 국적을 계속 보유할 수 있다. 다만 복수국적자가 관계 법령에 따라 외국국적을 보유한 상태에서 직무를 수행할 수 없는 분야에 종사하려면 외국국적을 포기하여야 한다(같은 법 제10조, 제11조의2).

(판 례) 복수국적자와 병역의무 이행(구 판례)

복수국적자가 대한민국 국민의 병역의무나 국적선택제도에 관하여 아무런 귀책사유 없이 알지 못하는 경우란 상정하기 어려운 점, 귀책사유 없이 국적선택기간을 알지 못하는 외국 거주 복수국적자라면 그가 생활영역에서 외국의 국적과 대한민국 국적을 함께 가지고 있다는 사실이 그의 법적 지위에 별다른 영향을 미치지 않을 것인 점, 이 사건 법률조항들이 병역법 제2조, 제8조를 아울러 살펴보아야 제1국민역에 편입되는 시기를 알 수 있도록 하고 있다는 것만으로 불완전한 입법이라거나, 수범자가 이를 알 것이라고 기대하기 어렵다고 할 수 없는 점, 이 사건 법률조항들이 민법상 성년에 이르지 못한 복수국적자로 하여금 18세가 되는 해의 3월 31일까지 국적을 선택하도록 하고 있다는 것만으로 현저하게 불합리하다거나 국적이탈의 자유를 과도하게 제한하고 있다고 보기 어려운 점 등을 고려하여, 이 사건 법률조항들이 복수국적자의 국적이탈의 자유를 침해하지 않는다는 선례의 견해를 그대로 유지하기로 한다.

(박한철 재판관 등 4인의 위헌의견 있음)

헌재 2015.11.26. 2013헌마805등, 판례집 27-2 하, 346,347

(판 례) 복수국적자와 병역의무 이행(판례변경)

복수국적자의 주된 생활근거지나 대한민국에서의 체류 또는 거주 경험 등 구체적 사정에 따라서는 사회통념상 심판대상 법률조항이 정하는 기간 내에 국적이탈 신고를 할 것으로 기대하기 어려운 사유가 인정될 여지가 있다. 주무관청이 구체적 심사를 통하여, 주된 생활근거를 국내에 두고 상당한 기간 대한민국 국적자로서의 혜택을 누리다가 병역의무를 이행하여야 할 시기에 근접하여 국적을 이탈하려는 복수국적자를 배제하고 병역의무 이행의 공평성이 훼손되지 않는다고 볼 수 있는 경우에만 예외적으로 국적선택 기간이 경과한 후에도 국적이탈을 허가하는 방식으로 제도를 운용한다면, 병역의무 이행의 공평성이 훼손될 수 있다는 우려는 불식될 수 있다.

병역준비역에 편입된 복수국적자의 국적선택 기간이 지났다고 하더라도, 그 기간 내에 국적이탈 신고를 하지 못한 데 대하여 사회통념상 그에게 책임을 묻기 어려운 사정 즉, 정당한 사유가 존재하고, 병역의무 이행의 공평성 확보라는 입법목적을 훼손하지 않음이 객관적으로 인정되는 경우라면, 병역준비역에 편입된 복수국적자에게 국적선택 기간이 경과하였다고 하여 일률적으로 국적이탈을 할 수 없다고 할 것이 아니라, 예외적으로 국적이탈을 허가하는 방안을 마련할 여지가 있다.

심판대상 법률조항의 존재로 인하여 복수국적을 유지하게 됨으로써 대상자가 겪어야 하는 실질적 불이익은 구체적 사정에 따라 상당히 클 수 있다. 국가에 따라서는 복수국적자가 공직 또는 국가안보와 직결되는 업무나 다른 국적국과 이익충돌 여지가 있는 업무를 담당하는 것이 제한될 가능성이 있다. 현실적으로 이러한 제한이 존재하는 경우, 특정 직업의 선택이나 업무 담당이 제한되는 데 따르는 사익 침해를 가볍게 볼 수 없다.

심판대상 법률조항은 과잉금지원칙에 위배되어 청구인의 국적이탈의 자유를 침해한다.

헌재 2020.9.24. 2016헌마889, 공보 288, 1275

위 헌법재판소의 헌법불합치결정에 따라 국적법이 개정되었다. 2022.9.15. 개정 법률은 국적 이탈의 허가를 신청할 수 있는 복수국적자를 병역의무 이행의 공평성 확보 차원에서 출생지, 해외로 이주한 연령, 주된 생활의 근거 등에 기초하여 일정한 범위로 제한하였다(제14조의2 제1항 신설).

3. 재외국민 보호

헌법에서 재외국민 보호를 명시한 것은 제5공화국 헌법 이후이다. 재외국민이란 대한민국 국적을 가지고 외국에 거주하는 자를 말한다. 법률상 재외국민이라는 용어는 개개 법률에 따라 차이가 있다. 재외국민등록법은 "외국의 일정한 지역에 계속하여 90일 이상 거주 또는 체류할 의사를 가지고 당해 지역에 체류하는 대한민국국민은 이 법에 의하여 등록을 하여야 한다"고 규정하고 있다(제2조). '재외동포'는 재외국민보다 넓은 개념이다. 재외동포법('재외동포의 출입국과 법적 지위에 관한 법률')에 의하면, "대한민국의 국민으로서 외국의 영주권을 취득한 자 또는 영주할 목적으로 외국에 거주하고 있는 자"('재외국민') 및 "대한민국의 국적을 보유하였던 자(대한민국정부 수립 이전에 국외로 이주한 동포를 포함한다) 또는 그 직계비속으로서 외국국적을 취득한 자 중 대통령령이 정하는 자"('외국국적동포')를 합하여 재외동포라고 부르고 있다. 2019.7.2. 개정 시행령은 대한민국국적을 가졌던 사람의 손자녀(3세대)에서 출생에 의하여 대한민국국적을 보유했던 사람의 직계비속을 모두 외국국적동포로 인정하였다(제3조). 재외동포재단법은 대한민국 국민으로서 외국에 장기체류하거나 외국의 영주권을 취득한 사람과 국적에 관계없이 한민족(韓民族)의 혈통을 지닌 사람으로서 외국에서 거주·생활하는 사람 모두를 재외동포로 규정하고 있다(제2조).

2023.5.9. 재외동포정책에 대한 기본적인 사항을 규정한 재외동포기본법이 제정되었다(2023.11.10. 시행). 주요내용은 다음과 같다. 재외동포는 '대한민국 국민으로서 외국에 장기체류하거나 외국의 영주권을 취득한 사람' 또는 '출생에 의하여 대한민국의 국적을 보유하였던 사람(대한민국 정부 수립 전에 국외로 이주한 사람을 포함한다) 또

는 그 직계비속으로서 대한민국 국적을 가지지 아니한 사람'을 말한다(제2조 제1호). 재외동포청장은 관계 중앙행정기관의 장과 협의하여 5년마다 기본계획을 수립·시행하고, 연도별로 시행계획을 수립·시행한다(제7조, 제8조).

대한민국 국적을 가지고 있는 영유아 중에서 재외국민인 영유아를 보육료·양육수당의 지원대상에서 제외하는 것은 국내에 거주하면서 재외국민인 영유아를 양육하는 부모를 차별하는 것이므로 위헌이라는 것이 판례의 입장이다(헌재 2018.1.25. 2015헌마1047).

재외국민 보호에 관한 주된 헌법적 문제는 재외국민의 기본권 제한, 특히 국내에 거주하는 국민보다 더 넓게 기본권을 제한하는 것이 합헌인가의 여부이다.

(판 례) 재외국민 보호와 재외국민의 기본권(해직공무원 보상에서의 제한)

헌법 제2조 제2항에는 "국가는 법률이 정하는 바에 의하여 재외국민을 보호할 의무를 진다"고 규정하였다. 그러나 헌법 제2조 제2항에서 규정한 재외국민을 보호할 국가의 의무에 의하여 재외국민이 거류국에 있는 동안 받는 보호는 조약 기타 일반적으로 승인된 국제법규와 당해 거류국의 법령에 의하여 누릴 수 있는 모든 분야에서의 정당한 대우를 받도록 거류국과의 관계에서 국가가 하는 외교적 보호와 국외거주 국민에 대하여 정치적인 고려에서 특별히 법률로써 정하여 베푸는 법률·문화·교육 기타 제반영역에서의 지원을 뜻하는 것이다. 그러므로 국내에서 공직자로서 근무하다가 자신의 의사에 반하여 해직된 자에 대하여 국가가 사회보장적 목적의 보상을 위하여 제정한 위 특조법과 위 헌법규정의 보호법익은 다른 차원이라고 할 것이다. 따라서 위 특조법에서 이민 간 이후의 보상을 배제하는 규정을 두었다고 하여도 국가가 헌법 제2조 제2항에 규정한 재외국민을 보호할 의무를 행하지 않은 경우라고 할 수는 없다.

(……) "이민"이라 함은 우리나라 국민이 생업에 종사하기 위하여 외국에 이주하거나 외국인과의 혼인 및 연고관계로 인하여 이주하는 자를 의미하는데(해외이주법 제2조 제1항) 실제는 국외에서 직장을 구하여 외화를 벌어들이기 위하여 편의상 이민의 절차를 밟는 경우가 적지 아니하며 이러한 경우에는 국적법 제12조 소정의 사유에 의하여 국적을 상실하지 않는 한, 대한민국의 재외국민으로서의 기본권을 의연 향유한[다].

헌재 1993.12.23. 89헌마189, 판례집 5-2, 622,646,655

(판 례) 재외국민의 국정선거권과 부재자투표제를 인정한 판례

3. 단지 주민등록이 되어 있는지 여부에 따라 선거인명부에 오를 자격을 결정하여 그에 따라 선거권 행사 여부가 결정되도록 함으로써 엄연히 대한민국의 국민임에도 불구하고 주민등록법상 주민등록을 할 수 없는 재외국민의 선거권 행사를 전면적으로 부정하고 있는 법 제37조 제1항은 어떠한 정당한 목적도 찾기 어려우므로 헌법 제37조 제2항에 위반하여 재외국민의 선거권과 평등권을 침해하고 보통선거원칙에도 위반된다.

4. 직업이나 학문 등의 사유로 자진 출국한 자들이 선거권을 행사하려고 하면 반드시 귀국해야 하고 귀국하지 않으면 선거권 행사를 못하도록 하는 것은 헌법이 보장하는 해외체류자의 국외 거주·이전의 자유, 직업의 자유, 공무담임권, 학문의 자유 등의 기본권을 희생하도록 강요한다는 점에서 부적절하[다].

5. 국내거주 재외국민은 주민등록을 할 수 없을 뿐이지 '국민인 주민'이라는 점에서는 '주민등록이 되어 있는 국민인 주민'과 실질적으로 동일하므로 지방선거 선거권 부여에 있어 양자에 대한 차별을 정당화할 어떠한 사유도 존재하지 않[는다].

6. '외국의 영주권을 취득한 재외국민'과 같이 주민등록을 하는 것이 법령의 규정상 아예 불가능한 자들이라도 지방자치단체의 주민으로서 오랜 기간 생활해 오면서 그 지방자치단체의 사무와 얼마든지 밀접한 이해관계를 형성할 수 있고, (……) 주민등록만을 기준으로 함으로써 주민등록이 불가능한 재외국민인 주민의 지방선거 피선거권을 부인하는 법 제16조 제3항은 헌법 제37조 제2항에 위반하여 국내거주 재외국민의 공무담임권을 침해한다.

7. 국민투표는 국가의 중요정책이나 헌법개정안에 대해 주권자로서의 국민이 그 승인 여부를 결정하는 절차인데, 주권자인 국민의 지위에 아무런 영향을 미칠 수 없는 주민등록 여부만을 기준으로 하여, 주민등록을 할 수 없는 재외국민의 국민투표권 행사를 전면적으로 배제하고 있는 국민투표법 제14조 제1항은 앞서 본 국정선거권의 제한에 대한 판단에서와 동일한 이유에서 청구인들의 국민투표권을 침해한다.

헌재 2007.6.28. 2004헌마644, 판례집 19-1, 859,860-862

헌법재판소는 주민등록이 되어 있지 않고 국내거소신고도 않은 재외국민이라고 하더라도 추상적 위험 내지 선거기술상의 이유로 국민투표권을 박탈할 수 없다고 하였다(헌재 2014.7.24. 2009헌마256등).

한편 재외동포법상 외국국적동포 사이, 특히 정부수립이전 이주동포(주로 중국동포

및 구 소련동포)와 정부수립이후 이주동포(주로 재미동포) 사이의 차별이 평등위반이 아니냐는 문제가 있었다. 헌법재판소는 이에 대해 헌법불합치결정을 내렸다.

(판 례) 재외동포 사이의 차별적 혜택

정부수립이전이주동포를 재외동포법의 적용대상에서 제외하는 차별취급은 그 차별의 기준이 목적의 실현을 위하여 실질적인 관계가 있다고 할 수 없고, 차별의 정도 또한 적정한 것이라고는 도저히 볼 수 없으므로, 이 사건 심판대상규정은 합리적 이유 없이 정부수립이전이주동포를 차별하는 자의적인 입법이어서 헌법 제11조의 평등원칙에 위배되고, 이로 인하여 청구인들의 평등권을 침해하는 것이다.

헌재 2001.11.29. 99헌마494, 판례집 13-2, 714,730

헌법재판소 결정에 의하면, '대일항쟁기 강제동원 피해조사 및 국외강제동원 희생자 등 지원에 관한 특별법'에서 사할린 지역 강제동원 피해자의 경우 1938년 4월 1일부터 1990년 9월 30일까지의 기간 중 또는 국내로 돌아오는 과정에서 사망하거나 행방불명된 사람에 한하여 국외강제동원 희생자에 포함된다고 한 규정 및 대한민국의 국적을 갖고 있지 아니한 국외강제동원 희생자의 유족을 위로금 지급대상에서 제외한다는 규정은 '정의·인도와 동포애로써 민족의 단결을 공고히' 할 것을 규정한 헌법 전문의 정신 또는 헌법상 재외국민 보호의무에 위반된다고 할 수 없다(헌재 2015.12.23. 2013헌바11).

우리 국민의 해외여행 및 진출이 증가함에 따라 우리 국민이 해외에서 각종 사건·사고 등 위급한 상황에 처하는 경우가 증가하고, 전 세계적으로 민간인을 상대로 한 테러가 발생하고 있는 등 재외국민보호의 필요성이 커짐에 따라 재외국민보호에 관한 기본법에 해당하는 '재외국민보호를 위한 영사조력법'을 새로 제정하였다(법률 제16221호, 2019.1.15. 제정, 2021.1.16. 시행). 주요내용은 다음과 같다.

① 재외국민은 외국에 거주, 체류 또는 방문하는 대한민국 국민을 말한다(제2조 제1호; 여러 법률에서 규정하고 있는 재외국민의 개념 정의 중 가장 넓다). ② 국가는 영사조력을 통해 사건·사고로부터 재외국민의 생명·신체 및 재산을 보호하기 위하여 노력하여야 하며, 이를 위하여 필요한 재외국민보호정책을 수립·시행하여야 한다(제3조). ③ 재외국민보호기본계획 및 집행계획 등 재외국민의 보호에 관한 사항을 심의하기 위하여 외교부장관 소속으로 재외국민보호위원회를 둔다(제6조). ④ 형사절차상의 영사조력, 재외국민 범죄피해 시, 사망 시, 실종 시 및 해외위난상황 발생 시의 각 영사

조력, 미성년자 · 환자인 재외국민에 대한 영사조력을 구체적으로 규정하였다(제11조부터 제16조까지). ⑤ 재외국민이 폭행, 협박 등의 행위를 하여 영사조력의 제공에 현저한 지장을 초래하는 등의 경우에는 해당 재외국민에 대한 영사조력의 제공을 거부하거나 중단할 수 있다(제18조). ⑥ 재외국민은 영사조력 과정에서 자신의 생명 · 신체 및 재산의 보호에 드는 비용을 부담하도록 하되, 재외국민을 긴급히 보호할 필요가 있는 경우로서 사건 · 사고에 처한 재외국민이 본인의 무자력 등으로 인하여 비용을 부담하기 어렵다고 판단되는 경우에는 국가가 그 비용을 부담할 수 있다(제19조).

Ⅳ. 영 역

(헌법 제3조) 대한민국의 영토는 한반도와 그 부속도서로 한다.

1. 영역의 개념

영역은 국가가 국제법상 한계 내에서 원칙적으로 배타적 통치권을 행사하는 공간이다. 영역은 헌법의 효력이 미치는 장소적 범위에 해당한다. 영역은 영토, 영해, 영공으로 구성된다. 영역에 대한 국가의 통치권을 영토권 또는 영역고권(領域高權)이라고 부른다.

(1) 영 토

영토는 영역을 구성하는 육지와 그 지하이다. 헌법 제3조에 따라 대한민국의 영토는 한반도와 그 부속도서이다. 이 조항이 남북한의 법적 관계 및 통일문제에 대하여 어떤 의미를 지니는지에 대하여 논의가 많다. 이에 관해서는 뒤에 따로 설명한다.

영토는 자연적 사실이나 국제조약에 의하여 변경될 수 있다. 헌법 제3조에 변경을 가하는 영토의 변경에는 당연히 헌법개정이 필요하다.

(판 례) 기본권으로서의 영토권(한일어업협정 사건)

청구인들은, 이 사건 협정에서 독도가 우리나라의 영토인 사실을 망각하고 독도를 중간수역에 포함시킴으로써 영해 및 배타적 경제수역에 대한 대한민국 국민인 청구인들의 영토권을 침해하였다고 주장한다. (……)

> 영토조항이 국민 개개인의 주관적 권리인 기본권을 보장하는 것으로 해석하는 견해는 거의 존재하지 않는 것으로 보인다. (……)
>
> 영토조항만을 근거로 하여 독자적으로는 헌법소원을 청구할 수 없다할지라도, 모든 국가권능의 정당성의 근원인 국민의 기본권 침해에 대한 권리구제를 위하여 그 전제조건으로서 영토에 관한 권리를, 이를테면 영토권이라 구성하여, 이를 헌법소원의 대상인 기본권의 하나로 간주하는 것은 가능한 것으로 판단된다.
>
> (이 사건 협정으로 인하여 독도의 영해와 배타적 경제수역에 대한 영토권이 침해되었다는 청구인들의 주장은 이유 없다고 기각결정)
>
> 헌재 2001.3.21. 99헌마139등, 판례집 13-1, 676,694-695

(2) 영 해

영해는 영토에 접속하여 영역을 구성하는 일정한 범위의 해역이다. 영해의 범위는 각국에 따라 일정하지 않다. '영해 및 접속수역법'에 의하면 한국의 영해는 기선(基線), 즉 영해 폭의 기준이 되는 해안 저조선(低潮線)으로부터 12해리의 수역이다. 다만, 대통령령으로 정하는 바에 따라 일정수역의 경우에는 12해리 이내에서 영해의 범위를 따로 정할 수 있다(제1조). 접속수역은 기선에서 24해리의 수역으로 영해를 제외한 것이다. 접속수역은 관세·재정·출입국관리 또는 보건·위생에 관한 법규 위반을 방지하고 제재를 가할 수 있는 수역이다(제3조의2, 제6조의2). 한편 '배타적 경제수역 및 대륙붕에 관한 법률'은 '해양법에 관한 국제연합협약'에 따라 배타적 경제수역과 대륙붕을 설정하고 있다. 배타적 경제수역은 영해기선으로부터 그 바깥쪽 200해리의 선까지에 이르는 수역 중 대한민국의 영해를 제외한 것으로, 다음과 같은 권리를 가진다. 1. 해저의 상부 수역, 해저 및 그 하층토에 있는 생물이나 무생물 등 천연자원의 탐사·개발·보존 및 관리를 목적으로 하는 주권적 권리와 해수, 해류 및 해풍을 이용한 에너지 생산 등 경제적 개발 및 탐사를 위한 그 밖의 활동에 관한 주권적 권리, 2. 인공섬·시설 및 구조물의 설치·사용, 해양과학 조사, 해양환경의 보호 및 보전사항에 관하여 협약에 규정된 관할권, 3. 협약에 규정된 그 밖의 권리(법 제2조, 제3조). 대륙붕은 협약에 따라 영해 밖으로 영토의 자연적 연장에 따른 대륙변계(大陸邊界)의 바깥 끝까지 또는 대륙변계의 바깥 끝이 200해리에 미치지 아니하는 경우에는 기선으로부터 200해리까지의 해저지역의 해저와 그 하층토로 이루어진다. 다만, 대륙변계가 기선으로부터 200해리 밖까지 확장되는 곳에서는 협약에 따라 정한다. 대륙붕에서는 다음과 같은 권리를 가진다. 1. 대륙붕의 탐사를 위한 주권적 권리, 2. 해저와 하층토의 광물, 그 밖의 무생물자원 및 정착성 어종에 속하는 생물체(협약 제77조제4항에 규정된 정착성 어종에 속하는 생물체를 말한다)의 개발을 위한 주권적 권리, 3. 협약에 규정된 그 밖의 권리.

헌법재판소는 '대한민국과 일본국 간의 어업에 관한 협정(1998.11.28. 조약 제1447호로 체결되고 1999.1.22. 발효된 것)' 중 독도 등을 중간수역으로 정한 것은 배타적 경제수역을 직접 규정한 것이 아니어서 독도의 영유권문제나 영해문제와는 직접적인 관련을 가지지 아니하므로 헌법상 영토조항을 위반한 것은 아니라고 판시하였다(헌재 2009.2.26. 2007헌바35).

(3) 영 공

영공은 영토 및 영해의 상공이다. 영공의 범위에 관해서는 영공무한계설, 대기권설 등 여러 견해가 있으나, 지배가능한 상공에 한정된다는 실효적 지배설이 일반적이다.

2. 남북한관계에 관한 영토조항의 법적 의미

(1) 학 설

각국의 입법례를 보면 헌법에 영토에 관한 규정을 두는 나라도 있고 그렇지 않은 나라도 있다. 제헌헌법 이래 우리 헌법에서 영토조항을 두고 있는 이유는 무엇인가. 유진오에 의하면, 대한민국 헌법은 남한에만 시행되는 것이 아니고 우리나라의 고유의 영토 전체에 시행되는 것임을 명시하기 위하여 특히 본조항을 설치한 것이라고 한다(유진오, 앞의 책 참조). 대한민국 헌법이 우리나라 고유의 영토 전체에 포함되는 북한지역에도 시행되는 것이라는 의미는 대한민국 헌법이 북한지역에서도 준수될 것을 규범적으로 요구하고 있다는 것, 즉 규범적 구속성이라는 의미의 효력이 북한지역에도 미친다는 것을 의미한다.

영토조항은 남북한의 법적 관계에 대하여 어떤 의미를 지니는 것인가. 이에 관해서는 여러 견해가 대립하고 있다.

① 제1설에 의하면, 헌법 제3조는 대한민국 헌법이 북한지역에도 적용된다는 것을 규정한 것으로, 대한민국이 한반도에서 유일한 합법정부이고, 북한지역은 불법적으로 점령된 미수복지역임을 선언한 것이라고 본다. 또한 북한 지배체제를 찬양 · 지지하는 행위를 처벌하는 국가보안법의 근거가 되고 있다고 본다. 이 견해는 유진오의 해석에 기초한 것으로, 이를 논리적으로 연역한 것이다. 이를 **'북한 불법단체설'**

이라 명명할 수 있다.

② 제2설에 의하면, 영토조항의 엄격한 법적 효력을 부인하고, 이를 한반도 전체에 대한 정통성을 주장하는 정치적 선언으로 이해한다. 이를 **'정치적 선언설'**이라 명명할 수 있다.

③ 제3설은 제1설에 일정한 변경을 가하는 견해이다. 여기에 속하는 어떤 견해에 의하면, 영토조항에 대해 '헌법의 변천'이론을 적용한다. 1972년 7·4남북공동성명 이래 일련의 조치들, 특히 1991년 남북한의 UN가입, 1992년 남북기본합의서 발효 등에 의하여 영토조항의 본래의 법적 의미가 거의 상실되었다고 보는 것이다. 이를 **'헌법변천설'**이라 명명할 수 있다.

제3설에 속하는 또다른 견해에 의하면, 영토조항의 법적 효력을 인정하면서도, 제3조 영토조항과 제4조 통일조항의 관계에서 통일조항이 영토조항보다 우선한다고 보고, 그런 한에서 제1설에 따른 법적 의미가 제한당한다고 본다. 통일조항이 영토조항보다 우선한다는 근거로서는 통일조항이 특별법이나 신법의 위치에 있다고 본다. 이를 **'통일조항 우위설'**이라 명명할 수 있다.

(2) 판 례

대법원 판례는 일찍부터 일관되게 제1설의 입장을 취하고 있다.

(판 례) 북한의 법적 지위(국가보안법)

헌법 제3조는 '대한민국의 영토는 한반도와 그 부속도서로 한다'고 규정하고 있어 법리상 이 지역에서는 대한민국의 주권과 부딪치는 어떠한 국가단체도 인정할 수가 없는 것이므로(당원 1961.9.28. 선고 4292형상48 판결 참조), 비록 북한이 국제사회에서 하나의 주권국가로 존속하고 있고, 우리정부가 북한 당국자의 명칭을 쓰면서 정상회담 등을 제의하였다 하여 북한이 대한민국의 영토고권을 침해하는 반국가단체가 아니라고 단정할 수 없[다].

대판 1990.9.25. 90도1451

(판 례) 대한민국 법률의 효력범위

이 법규정(저작권법)의 효력은 대한민국 헌법 제3조에 의하여 여전히 대한민국의 주권범위 내에 있는 북한지역에도 미치는 것이다.

대판 1990.9.28. 89누6396

(판 례) 개성공업지구 현지기업 사이의 건물인도청구

대한민국 법원은 개성공업지구 현지기업 사이의 민사분쟁에 대하여 당연히 재판관할권을 가진다고 할 것이고, 이는 소송의 목적물이 개성공업지구 내에 있는 건물 등이라고 하여 달리 볼 것이 아니다.

대판 2016.8.30. 2015다255265

대법원 판례에 따르건대 영토조항의 법적 의미는 다음과 같이 정리할 수 있다. ① 북한은 대한민국의 주권을 침해하는 반국가단체이다. ② 대한민국의 헌법과 법령이 북한지역에도 효력을 미친다. ③ 북한주민도 대한민국 국적을 갖는다.

한편 헌법재판소 결정 가운데 직접 헌법의 영토조항에 대한 해석을 제시한 것은 찾아 볼 수 없다. 다만 국가보안법 위헌 여부에 관한 결정 등에서 북한의 지위에 관한 간접적 언급을 발견할 수 있다.

(판 례) 북한의 정치적 실체 인정

제6공화국 헌법이 지향하는 통일은 평화적 통일이기 때문에 마치 냉전시대처럼 빙탄불상용의 적대관계에서 접촉·대화를 무조건 피하는 것으로 일관할 수는 없는 것이고 자유민주적 기본질서에 입각한 통일을 위하여 때로는 북한을 정치적 실체로 인정함도 불가피하게 된다. 북한집단과 접촉·대화 및 타협하는 과정에서 자유민주적 기본질서에 위해를 주지 않는 범위 내에서 때로는 그들의 주장을 일부 수용하여야 할 경우도 나타날 수 있다.

헌재 1990.4.2. 89헌가113, 판례집 2, 49,60-61

(3) 학설과 판례의 비판적 검토

대법원 판례는 제1설에 입각하고 있다. 제1설을 비판하는 제2설과 제3설을 먼저 살펴본다. 제2설은 다음과 같은 문제점을 지닌다. 우선 영토조항의 법적 효력을 부인하는 것은 헌법제정자의 의도에 부합하지 않는다. 제정자의도가 헌법해석에서 어떤 의미를 지니는가에 대해서는 여러 견해가 있지만, 적어도 제정자의 의도가 중요한 참고사항이 됨은 부인할 수 없다. 제정자 의도에 반하는 해석을 제시하려면 헌법에 토대를 둔 타당한 근거를 제시하지 않으면 안 된다. 또한 헌법해석에 있어서 헌법규정에 대하여 그 법적 효력을 인정하는 방향에서 해석하는 것이 원칙이다.

제3설 가운데 '헌법의 변천'이론을 적용하는 견해도 타당하지 않다. 헌법의 변천을 인정할 수 있느냐는 것부터 문제가 되지만, 이를 인정한다고 하더라도 헌법의 변

천에 해당한다고 볼 수 없다. 왜냐하면 국가보안법 사건 등에 관한 대법원 판례에서 보는 것처럼 영토조항을 제1설에 따라 해석 · 적용하는 법집행이 지속되고 있기 때문이다.

한편 제3설 가운데 헌법 제4조의 통일조항이 영토조항에 우선한다는 견해도 근거가 없다. 통일조항이 특별법적 지위에 있다고 볼 근거는 없다. 통일조항이 신법우선의 원칙에 따라 우선한다는 견해도 있지만, 동일 법전 내의 규정 상호 간에 신법우선의 원칙이 적용된다는 합리적 근거는 없다. 통일조항이 영토조항보다 헌법이념상 우월하다는 합리적 근거도 없다(영토조항과 통일조항의 관계에 관하여는 아래에서 다시 다룬다).

제1설에 관해서는 한 가지 유의할 점이 있다. 제1설에 따라 대한민국이 한반도에서 유일한 합법정부라는 것은 어디까지나 대한민국 헌법상 그렇다는 것이다. 과거에 UN이 대한민국을 한반도에서 유일한 합법정부임을 인정했다는 서술이 적지 않았으나 그것은 부정확한 것이다. 1948년 12월 12일, UN한국위원단 설치에 관한 UN총회 결의에 의하면, "(유엔한국)임시위원단이 감시하고 협의할 수 있었던, 전체 한국의 대다수 인민이 거주하고 있는 한국 지역에서 실효적 통치와 관할권을 갖는 합법적 정부(대한민국정부)가 수립되었다는 점, 또 이 정부는 임시위원회의 감시 아래에서 한국의 그 지역 유권자들의 자유로운 의사가 적법하게 표현된 선거에 근거하고 있다는 점, 그리고 이것이 한국에서 유일한 그러한 정부임을 선언한다."(Declares that there has been established a lawful government(the Government of the Republic of Korea) having effective control and jurisdiction over that part of Korea where the Temporary Commission was able to observe and consult and in which the great majority of the people of all Korea reside; that this Government is based on elections which were a valid expression of the free will of the electorate of that part of Korea and which were observed by the Temporary Commission; and that this is the only such Government in Korea)고 하였다.

위 결의 인용문의 마지막 부분, '한국에서 유일한 그러한 정부'는 명확한 표현으로 보기 힘들다. '그러한(such)'이라는 단어의 해석에 따라서는, 대한민국 정부가 '남한지역에서 유일한 합법정부'라는 의미로, 또는 '전 한반도 지역에서 유일한 합법정부'라는 의미로, 그 어느 쪽으로도 주장될 여지가 있다.

다른 한편 대법원 판례의 입장과 관련하여 검토할 문제가 있다. 대법원 판례의 해석에 따를 때, 그간의 대북조치, 특히 1992년의 남북기본합의서의 내용이 영토조항에 부합하느냐는 문제가 제기된다. 기본합의서에 의하면, "남과 북은 서로 상대방의 체제를 인정하고 존중한다"(제1조)고 되어 있고, 상대방에 대한 무력불사용과 불가침을 합의하고 있다(제9조). 이러한 규정은 법적으로 어떤 의미를 지니는가? 합의서 전문에서 "쌍방 사이의 관계가 나라와 나라 사이의 관계가 아닌 통일을 지향하는 과정에서 잠정적으로 형성되는 특수관계"라고 규정하고 있으므로, 남북한의 법적 관계가 국가와 국가간의 관계가 아님은 분명하다. 그렇다고 하더라도 합의서 제1조에 비추어보는 한, 비록 상호간의 관계에서 상대방을 국가로 승인하지는 않지만(그것은 법적으로 분단의 고착화를 의미할 수 있기 때문에), 적어도 상대방을 불법적 집단으로 보지는 않는다는 것이 함축되어 있다고 할 수 있다. 이렇게 본다면 기본합의서의 내용은 대법원 판례에 따르는 한, 영토조항 위반이라고 판단하지 않을 수 없다. 그런데 대법원 판례는 기본합의서가 법적 구속력이 없다고 보고 있다(대판 1999.7.23. 98두14525). 헌법재판소도 기본합의서가 "일종의 공동성명 또는 신사협정"에 불과하다고 보고 있다.

(판 례) 남북기본합의서의 법적 성격

소위 남북합의서는 남북관계를 "나라와 나라 사이의 관계가 아닌 통일을 지향하는 과정에서 잠정적으로 형성되는 특수관계"(전문 참조)임을 전제로 하여 이루어진 합의문서인바, 이는 한민족공동체 내부의 특수관계를 바탕으로 한 당국간의 합의로서 남북당국의 성의있는 이행을 상호 약속하는 일종의 공동성명 또는 신사협정에 준하는 성격을 가짐에 불과하다. 따라서 남북합의서의 채택·발효 후에도 북한이 여전히 적화통일의 목표를 버리지 않고 각종 도발을 자행하고 있으며 남·북한의 정치, 군사적 대결이나 긴장관계가 조금도 해소되지 않고 있음이 엄연한 현실인 이상, 북한의 반국가단체성이나 국가보안법의 필요성에 관하여는 아무런 상황변화가 있었다고 할 수 없다.

헌재 1997.1.16. 92헌바6등, 판례집 9-1, 1,23

다만 2000년부터 2004년 사이에 남북한 사이에 체결된 투자보장·이중과세방지·청산결제·상사분쟁해결절차 등에 대한 '4개 경협합의서'와 그 이행을 위하여 체결된 9개의 후속합의서는 법적 구속력 있는 조약으로 보아야 한다는 견해가 유력하다. 남북한 당국이 법적 구속력을 갖는다는 의사에 따라 체결하였고, 국회의 동의를 받았으며, 공포되고 관보에 게재되었음을 근거로 한다. 4대 경협합의서는 2000.12.6. 서명(체결)되었고, 2003.6.30. 국회의 동의를 받았으며, 같은 해 8.18. 발효되었다.

위에서의 검토에 비추어 남북한관계에 관한 영토조항의 법적 의미는 다음과 같이 정리할 수 있다. ① 북한지역도 대한민국 영토이다. 즉 대한민국 헌법의 효력(실효성이 아니라 규범적 구속성이라는 의미의 제한적 효력)이 북한지역에도 미친다. ② 북한지역은 미수복지역이며, 북한정권은 불법단체이다. ③ 앞의 지적과 관련하여, 북한은 국가보안법상 '반국가단체'에 해당한다고 볼 헌법상 근거의 하나가 영토조항이다(국가보안법 제정의 헌법상 근거는 헌법 제37조 제2항이다. 국가보안법 제2조의 '반국가단체' 개념정의에 "정부를 참칭"한 단체가 포함되어 있는데, 여기에 북한이 해당한다고 볼 헌법상 근거가 영토조항이다). ④ 통일의 방식은 대한민국 헌법하에 국토수복의 형식만 인정된다. 단 이 점은 영토조항만에 근거한 것이며, 헌법 제4조의 통일조항과의 관련하에서 여러 해석이 나올 수 있다.

제 5 장
통일에 관한 헌법상 기본원리

(헌법 제4조) 대한민국은 통일을 지향하며, 자유민주적 기본질서에 입각한 평화통일 정책을 수립하고 이를 추진한다.

I. 서 설

1. 역대 헌법상 통일관련 규정

① 1948년 제헌헌법은 통일과 관련된 조항으로 영토조항만을 두었다. 분단국가라는 현실은 헌법상 반영되지 않았다. ② 1962년 제3공화국 헌법에서 영토조항 외에, "국토수복 후의 국회의원의 수는 따로 법률로 정한다"(부칙 제8조)고 규정하여, 분단국가의 현실을 처음으로 인정하였다. ③ 1972년 제4공화국 헌법에서 영토조항 외에 평화통일의 원칙을 처음으로 명시하였다. ④ 1987년 현행 헌법에서 영토조항 외에 제4조의 통일조항을 신설하였다. 제4조는 평화통일의 원칙 외에 특히 "자유민주적 기본질서에 입각한" 통일정책의 수립·추진을 명시하였다.

2. 분단 당시 서독 기본법과의 비교

국가 분단의 현실을 헌법에서 어떻게 대응하는가라는 점에서 우리 헌법과 독일 분단 당시 서독 기본법과는 큰 차이가 있다. 기본적으로 서독 기본법은 분단의 현실을 그대로 수용하였다. ① 우선 분단의 현실을 감안하여 헌법이라는 이름을 붙이지 않고 기본법(Grundgesetz)이라는 공식 명칭을 사용하였다. ② 기본법의 적용지역이 서독 내의 각 주에 한정됨을 명시하였다(개정 전 제23조). ③ 기본법의 시간적 효력을 한정하여, 새로운 헌법의 발효시에 효력을 상실한다고 명시하였다(개정 전 제146조). ④ 전문에서 통일의 성취를 헌법상 요청으로 명시하였다. ⑤ 통일의 방식에 관하여 두 가지 상이한 방식을 예정하였다. 그 하나는 동독지역의 서독에의 가맹 방식(이른바 흡수통일 방식)이다(개정 전 제23조. "독일의 기타 부분에 대해서는 그 가맹에 따라 기본법의 효력을 발생한다"). 다른 하나는 새로운 통일헌법의 제정에 의한 통일방식(이른바 합의통일 방식)이다(개정 전 제146조. "본 기본법은 독일국민이 자유로운 결정에 의하여 의결한 헌법이 효력을 발생하는 날에 그 효력을 상실한다").

이처럼 서독 기본법은 장소적 및 시간적 효력에 있어서 기본법이 통일시까지의 '잠정헌법'임을 스스로 명시하였고, 통일 방식에 관해서도 흡수통일과 합의통일의 방식을 모두 수용하는 규정을 설치하였다. 반면 우리 헌법은 처음에 분단현실을 전혀 헌법에 반영하지 않는 '완전헌법'의 형태로 출발하였다. 제3공화국 헌법에서 처음 분단현실을 인정하였지만, 통일방식을 '국토수복'만에 한정하였다. 제4공화국 헌법 이후 비로소 평화통일의 원칙을 명시하였다.

Ⅱ. 통일조항의 법적 의미

현행 헌법에서 처음 설치된 제4조 통일조항의 법적 의미는 다음과 같이 정리될 수 있다. ① "대한민국은 통일을 지향하며"라고 규정하여, 국가에 대하여 통일실현의 책무를 부과하고 있다. 이와 관련하여 대통령에게 "평화적 통일을 위한 성실한 의무"를 부과하고(헌법 제66조 제3항), 대통령자문기관으로 민주평화통일자문회의를 둘 수 있다고 규정하고 있다(헌법 제92조).

② 통일의 방법이 무력에 의하지 않은 평화통일이어야 함을 명시하고 있다. 평화통일의 원칙은 헌법 전문, 대통령의 의무(제66조 제3항)와 취임선서 조항(제69조), 민주평화통일자문회의 조항(제92조)에서도 명시되어 있다.

③ "자유민주적 기본질서에 입각한 평화적 통일정책을 수립하고 추진한다"는 것은 통일의 방법, 절차 및 통일한국의 체제가 자유민주적 기본질서에 입각해야 한다는 것을 뜻한다. 통일한국의 체제가 자유민주주의 체제여야 한다는 의미가 포함되어 있느냐 여부는 이견의 소지가 없지 않으나, 헌법 제4조의 문의(文意)에 의하거나, 헌법 전문에서 "자유민주적 기본질서를 더욱 확고히" 한다는 우리 헌법 최고의 기본원

리에 비추어 이를 긍정하는 것이 타당하다.

Ⅲ. 영토조항과 통일조항의 관계

1. 학설의 검토

헌법 제3조의 영토조항과 헌법 제4조의 통일조항의 관계, 특히 양 조항의 충돌 여부에 관하여 견해가 갈리고 있다. 이 문제는 앞의 영토조항의 법적 의미에 관한 견해와 직결되어 있다.

① 영토조항에 관한 제1설(북한 불법단체설)에 입각한다면 영토조항과 통일조항의 충돌 여부는 경우에 따라 다르다. 먼저 양 조항이 충돌하지 않고 조화될 수 있는 경우가 있다. 그것은 국토수복 형태의 통일, 즉 이른바 흡수통일을 평화적으로 성취하는 경우이다. 한국헌법하의 평화적인 흡수통일은 영토조항과 통일조항을 모두 충족시킨다. 반면 남북한이 대등한 법적 지위에서 합의에 의한 통일을 이루는 경우, 즉 이른바 합의통일은 통일조항에는 합치되지만 영토조항에 위반된다. 후자의 경우 양 조항은 충돌한다.

② 제2설(정치적 선언설)에 의하면 양 조항은 상충되지 않는다.

③ 제3설(헌법변천설이나 통일조항우위설)에 의하는 경우에도 양 조항은 상충되지 않는다.

결국 대법원 판례가 입각하고 있는 제1설에 따르면, 영토조항과 통일조항은 상충되는 경우와 그렇지 않은 경우가 있다. 중요한 것은 제1설에 의하더라도 반드시 양 조항이 충돌하는 것은 아니며, 양 조항이 조화되는 해석이 가능하다는 점이다.

2. 헌법재판소 판례

영토조항과 통일조항의 관계에 관하여 헌법재판소가 직접 명시적으로 판단한 결정은 찾아볼 수 없다, 다만 이 문제에 관한 헌법재판소의 입장을 추정할 수 있는 판례가 있다. 이 판례는 1991년 개정된 국가보안법의 합헌 여부에 관한 것이다. 여기에서 헌법재판소는 북한이 여전히 국가보안법상 반국가단체에 해당하며, 국가보안법과 '남북교류협력에 관한 법률'이 서로 충돌하지 않는다고 보면서 다음과 같이 판시하고 있다.

(판 례) 북한의 이중적 성격(국가보안법과 남북교류협력법의 충돌 여부)

국가보안법은 구법이건 신법이건 모두 북한을 바로 "반국가단체"로 규정하고 있지는 아니하다(구법 제2조, 신법 제2조 참조). 따라서 국가보안법이 북한을 반국가단체로 규정하고 있음을 전제로 한 위헌주장은 형사절차상의 사실인정 내지 법적용의 문제를 헌법문제로 오해한 것이어서, 이러한 주장은 남·북한관계의 변화여부에 불구하고 이유 없는 것이다.

(……) 요컨대, 현 단계에 있어서의 북한은 조국의 평화적 통일을 위한 대화와 협력의 동반자임과 동시에 대남적화노선을 고수하면서 우리 자유민주주의 체제의 전복을 획책하고 있는 반국가단체라는 성격도 함께 갖고 있음이 엄연한 현실인 점에 비추어, 헌법의 전문과 제4조가 천명하는 자유민주적 기본질서에 입각한 평화적 통일정책을 수립하고 이를 추진하는 법적 장치로서 남북교류협력에관한법률 등을 제정·시행하는 한편, 국가의 안전을 위태롭게 하는 반국가활동을 규제하기 위한 법적 장치로서 국가보안법을 제정·시행하고 있는 것으로서, 위 두 법률은 상호 그 입법목적과 규제대상을 달리하고 있는 것이므로 남북교류협력에관한법률 등이 공포·시행되었다 하여 국가보안법의 필요성이 소멸되었다거나 북한의 반국가단체성이 소멸되었다고는 할 수 없다(헌법재판소 1993.7.29. 선고 92헌바48 결정 참조).

그러므로 국가의 존립·안전과 국민의 생존 및 자유를 수호하기 위하여 국가보안법의 해석·적용상 북한을 반국가단체로 보고 이에 동조하는 반국가활동을 규제하는 것 자체가 헌법이 규정하는 국제평화주의나 평화통일의 원칙에 위반된다고 할 수 없다.

헌재 1997.1.16. 92헌바6등, 판례집 9-1, 1,22-24

위 결정은 북한이 동반자임과 동시에 반국가단체임이 현실이라고 말하고 있다. 이는 '현실'에서 북한이 이중적 성격을 가지고 있음을 나타낸 것이다. 그 밖에 국가보안법의 통일조항 위반 여부, 남북교류협력법상 북한주민과의 접촉에 통일부장관 허가를 받도록 한 조항의 위헌 여부에 관하여 헌법재판소는 각각 합헌결정을 내리고 있다.

(판 례) 국가보안법의 평화통일 원칙 위반 여부

북한이 남·북한의 유엔동시가입, 소위 남북합의서의 채택·발효 및 남북교

류협력에관한법률 등의 시행 후에도 대남적화노선을 고수하면서 우리 자유민주주의체제의 전복을 획책하고 지금도 각종 도발을 계속하고 있음이 엄연한 현실인 점에 비추어, 국가의 존립·안전과 국민의 생존 및 자유를 수호하기 위하여 국가보안법의 해석·적용상 북한을 반국가단체로 보고 이에 동조하는 반국가활동을 규제하는 것 자체가 헌법이 규정하는 국제평화주의나 평화통일의 원칙에 위반된다고 할 수 없다.

헌재 1997.1.16. 89헌마240, 판례집 9-1, 45,76

(판 례) 남북교류협력법의 평화통일 원칙 위반 여부

국가의 안전과 자유민주적 기본질서를 보장하고 국민의 안전을 확보하는 가운데 평화적 통일을 이루기 위한 기반을 조성하기 위하여 북한주민 등과의 접촉에 관하여 남북관계의 전문기관인 통일부장관에게 그 승인권을 준 이 사건 법률조항은 평화통일의 사명을 천명한 헌법 전문이나 평화통일원칙을 규정한 헌법 제4조, 대통령의 평화통일의무에 관하여 규정한 헌법 제66조 제3항의 규정 및 기타 헌법상의 통일관련조항에 위반된다고 볼 수 없다.

헌재 2000.7.20. 98헌바63, 판례집 12-2, 52,65

헌법재판소 결정(2005년)에 의하면, 외국환거래의 일방 당사자가 북한의 주민일 경우, 그가 외국환거래법상 '거주자'나 '비거주자'에 해당하는지 또는 남북교류법상 '북한의 주민'에 해당하는지 여부는 법률해석의 문제에 불과한 것이고, 헌법 제3조의 영토조항과는 관련이 없다고 한다.

(판 례) 남한과 북한 주민 사이의 외국환 거래와 통일조항

이 사건 법률조항(외국환거래법)은 형벌법규로서, 법에 의하여 신고를 하여야 하는 거래 또는 행위를 하고자 하는 거주자 또는 비거주자는 그 신고를 하지 아니하고는 당해 거래 또는 행위에 관한 지급을 해서는 아니되고(제15조 제3항), 이를 위반하여 지급을 한 자에 대하여는 3년 이하의 징역 또는 2억 원 이하의 벌금에 처한다(제27조 제1항 제8호 후단)는 내용의 규정이다. (……)

당해 사건과 같이 남한과 북한 주민 사이의 외국환 거래에 대하여는 법 제15조 제3항에 규정되어 있는 "거주자 또는 비거주자" 부분 즉 대한민국 안에 주소를 둔 개인 또는 법인인지 여부가 문제되는 것이 아니라, 남북교류법 제26조 제3항의 "남한과 북한" 즉 군사분계선 이남지역과 그 이북지역의 주민인지 여부가 문제되는 것이다. 즉, 외국환거래의 일방 당사자가 북한의 주민일 경우

그는 이 사건 법률조항의 '거주자' 또는 '비거주자'가 아니라 남북교류법의 '북한의 주민'에 해당하는 것이다. 그러므로, 당해 사건에서 아태위원회가 법 제15조 제3항에서 말하는 '거주자'나 '비거주자'에 해당하는지 또는 남북교류법상 '북한의 주민'에 해당하는지 여부는 위에서 본 바와 같은 법률해석의 문제에 불과한 것이고, 헌법 제3조의 영토조항과는 관련이 없는 것이다.

헌재 2005.6.30. 2003헌바114, 판례집 17-1, 879,893

위 결정에서 헌법재판소는 '남한과 북한의 주민'이라는 행위 주체 사이에 '투자 기타 경제에 관한 협력사업'이라는 행위를 할 경우에는 남북교류법이 다른 법률보다 우선적으로 적용되고, 필요한 범위 내에서 외국환거래법 등이 준용된다고 보고 있다. 이 결정의 이유에 관한 설명에서 헌법재판소는 대법원의 한 판례를 인용하면서 그 취지를 수용하고 있다. 즉, "개별 법률의 적용 내지 준용에 있어서는 남북한의 특수관계적 성격을 고려하여 북한지역을 외국에 준하는 지역으로, 북한주민 등을 외국인에 준하는 지위에 있는 자로 규정할 수 있다고 할 것이다"라고 보는 것이다.

이 결정 이후, '남북관계 발전에 관한 법률'이 제정되었다(2005.12.29. 제정 법률 제7763호, 2014.5.20., 일부개정, 법률 제12584호. 약칭 '남북관계발전법'). 이 법률은 헌법이 규정한 평화적 통일을 구현하기 위하여 제정된 것으로, 남북관계 발전의 기본원칙 등을 밝힌 데 이어, 남북관계 발전과 정부의 책무, 남북회담대표, 남북합의서 체결 등에 관하여 규정하고 있다.

이 법률은 남북관계 발전의 기본원칙으로, "① 남북관계의 발전은 자주·평화·민주의 원칙에 입각하여 남북공동번영과 한반도의 평화통일을 추구하는 방향으로 추진되어야 한다. ② 남북관계의 발전은 국민적 합의를 바탕으로 투명과 신뢰의 원칙에 따라 추진되어야 하며, 남북관계는 정치적·파당적 목적을 위한 방편으로 이용되어서는 아니된다"라고 규정하고 있다(제2조). 제1항에서 밝힌 '자주·평화·민주의 원칙'은 1972년의 7·4남북공동성명에서 밝힌 '자주·평화·민족대단결'의 원칙과 부분적으로 일치한다.

또한, 이 법률 제3조는 남북한관계의 성격에 관하여 다음과 같이 규정한다. "① 남한과 북한의 관계는 국가간의 관계가 아닌 통일을 지향하는 과정에서 잠정적으로 형성되는 특수관계이다. ② 남한과 북한간의 거래는 국가간의 거래가 아닌 민족내부의 거래로 본다." 제1항은 1992년의 남북기본합의서 전문의 일부 내용과 동일하며, 제2항은 관세에 관한 협정들과의 관계를 염두에 둔 것으로 풀이된다.

한편, 남북관계발전법 제3조의 내용이 앞의 헌법재판소 결정(헌재 2005.6.30. 2003헌바114)의 일부 내용("남북한의 특수관계적 성격을 고려하여 북한지역을 외국에 준하는 지역으로, 북한주민 등을 외국인에 준하는 지위에 있는 자로 규정할 수 있다"는 내용)과 서로 상충하지 않는가라는 문제가 제기될 수 있다.

생각건대, 남북한의 법적 관계에 관련한 모든 입법과 그 시행에 있어서 어떤 특정한 원리에 따라 이를 논리적으로 수미일관하게 관철시키기는 어렵다고 할 것이다. 이것은 근본적으로 남북한이 서로 '적이자 동시에 동지'라는 남북한관계의 이중성에서 비롯한다.

2020. 12. 29. 개정 남북관계발전법(법률 제17763호)은 군사분계선 일대에서의 북한에 대한 확성기 방송, 시각매개물(게시물) 게시 및 전단 등 살포행위를 하여 국민의 생명·신체에 위해를 끼치거나 심각한 위험을 발생시키는 행위를 금지하고, 처벌조항을 신설하였다(제24조, 제25조).

한편 헌법상의 여러 통일관련 조항들로부터 국민 개개인의 통일에 대한 기본권이 도출될 수 있는지 여부에 대하여 헌법재판소는 이를 부정하고 있다.

(판 례) 통일에 대한 기본권의 인정 여부

헌법상의 여러 통일관련 조항들은 국가의 통일의무를 선언한 것이기는 하지만, 그로부터 국민 개개인의 통일에 대한 기본권, 특히 국가기관에 대하여 통일과 관련된 구체적인 행위를 요구하거나 일정한 행동을 할 수 있는 권리가 도출된다고 볼 수는 없다.

헌재 2000.7.20. 98헌바63, 판례집 12-2, 52,65

3. 결론적 고찰

앞에서 검토한 것처럼 영토조항에 관한 제1설(북한 불법단체설)에 따르더라도 영토조항과 통일조항이 충돌 없이 조화되는 경우가 있다. 독일통일처럼 무력에 의하지 않는 흡수통일은 영토조항과 통일조항 모두에 합치되는 통일방식이다. 그러나 한국정부의 통일정책은 흡수통일을 부정하고 있으며, 남북한의 대등한 지위를 전제로 합의에 의한 통일헌법의 제정과 이를 통한 통일을 추구하고 있다. 이러한 통일방식은 제4조 통일조항에는 부합하지만 영토조항과는 합치하지 않는다.

한편 헌법재판소 판례는 이 문제에 관하여 명확한 판단을 내리지 않고 있다. 위의 1997년 결정(헌재 1997.1.16. 92헌바6등)은 북한이 "평화적 통일을 위한 대화와 협력의 동반자임과 동시에 대남적화노선을 고수하면서 우리 자유민주주의체제의 전복을 획책하고 있는 반국가단체라는 성격도 함께 갖고 있음이 엄연한 현실"이라고 판시하고, 이러한 현실인식을 기초로 국가보안법과 남북교류협력법이 서로 충돌하지 않는다고 보았다. 이것은 남북한관계의 현실적인 이중성을 그대로 반영한 것으로 이해할 수 있다. 현실에서 남북한은 한편에서 화해·협력과 평화공존을 추구하면서 다른 한편에서는 아직도 적대적 대립관계를 벗어나지 못하고 있다. 그러나 현실의 이중성이 사실로서 존재하고 이것을 그대로 인식하더라도, 사실이 아닌 규범의 세계에서 이중성은 용인되기 어렵다. 한편에서 상대방을 자신과 대등한 법적 존재로 인정하면서, 동시에 상대방을 불법한 존재로 볼 수는 없다. 상대방을 불법단체이면서 동시에 합법단체라고 말할 수는 없는 것이다.

위의 헌법재판소 1997년 결정은 북한의 이중적 성격을 '현실'이라고 인식하고, 국가보안법과 남북교류협력법은 각각의 성격에 대응한 것으로 보고 있는 것이며, 이 결정이 직접 영토조항과 통일조항의 법적 관계에 관하여 판시하고 있는 것은 아니다.

제 6 장

대외관계에 관한 헌법상 기본원리

(헌법 제5조) ① 대한민국은 국제평화의 유지에 노력하고 침략적 전쟁을 부인한다. ② 국군은 국가의 안전보장과 국토방위의 신성한 의무를 수행함을 사명으로 하며, 그 정치적 중립성은 준수된다.

(헌법 제6조) ① 헌법에 의하여 체결·공포된 조약과 일반적으로 승인된 국제법규는 국내법과 같은 효력을 가진다.
② 외국인은 국제법과 조약이 정하는 바에 의하여 그 지위가 보장된다.

I. 국제평화주의

1. 서 설

헌법은 전문에서 "항구적인 세계평화와 인류공영에 이바지함"을 천명한 데 이어 제5조에서 "국제평화의 유지에 노력하고 침략적 전쟁을 부인한다"고 명시하고 있다. 헌법에 대외관계에 관한 기본원리를 규정하는 예는 일찍이 시민혁명기의 헌법 이래로 여러 헌법에서 볼 수 있다. 민주주의를 지향한 근대헌법이 전쟁금지 등 평화주의 원리를 헌법에 명시한 것은 평화주의와 민주주의가 밀접한 관련성을 갖기 때문이다. 제1차 대전 후 국제연맹체제가 위기에 빠졌을 때 한 법학자가 "민주주의 없이 평화는 없다"고 말하면서, 국제적 의의와 효과를 갖는 헌법규정들을 '국제헌법'이라고 부른 것은 이 점을 잘 나타내준다(Mirkine-Guetzévitch, *Droit Constitutionnel International*, 1933).

헌법에서 전쟁금지를 명시한 것은 프랑스 1791년·1848년·1946년의 각 헌법, 브라질 1891년·1934년의 각 헌법, 1931년 스페인 헌법 등 여러 예에서 볼 수 있다.

다만 이들 헌법의 전쟁금지 조항은 모두 침략전쟁을 금지한 것이며, 어디까지나 제한적 의미의 전쟁금지를 규정한 것이었다(예컨대 프랑스 1791년 헌법 제6편 제1항. "프랑스 국민은 정복을 위한 어떠한 전쟁도 기도하지 않으며, 무력을 인민의 자유에 대하여 행사하지 않는다"). 독일 기본법도 "……침략전쟁 수행의 준비는 위헌이다. 이러한 행위는 처벌된다"고 규정하고 있다(제26조 제1항).

특이한 것은 현행 일본헌법의 평화조항이다(제9조. "① 일본국민은 정의와 질서를 기조로 하는 국제평화를 성실히 희구하며, 국권의 발동인 전쟁과 무력에 의한 위협 또는 무력의 행사는 국제분쟁을 해결하는 수단으로서는 영구히 이를 방기(放棄)한다. ② 전항의 목적을 달성하기 위하여 육·해·공군 기타의 전력은 이를 보유하지 않는다. 국가의 교전권은 이를 인정하지 않는다"). 일본의 유력한 학설은 이 조항이 침략전쟁만이 아니라 모든 전쟁을 방기하는 의미라고 해석한다. 또한 이 평화조항은 모든 전력(戰力)을 보유하지 않는다고 명시한 점에서 유례가 없는 규정이다. 그러나 실제로는 자위대(自衛隊)라는 이름의 군대를 보유하고 있다.

국제법적으로도 전쟁금지를 위한 시도가 지속되어 왔다. 제1차 대전 이전에는 전쟁이 국제법상 합법적인 분쟁해결수단으로 인정되었으나, 1919년의 국제연맹규약, 1928년의 '전쟁포기에 관한 조약'(통칭 '不戰條約') 등은 국가정책수단으로서의 전쟁을 금지하였다. 1945년의 UN헌장도 전쟁이라는 용어를 피하고 '평화의 파괴'(breach of the peace) 등의 표현을 사용하면서 전쟁불법화의 원칙을 채택하고 있다. 그러나 UN헌장은 국가의 자위권을 인정하고 있다.

2. 침략전쟁의 부인

헌법 제5조는 "……침략적 전쟁을 부인한다"고 명시하고 있다. 국제법상 '전쟁'이란 선전포고나 최후통첩에 의해 전의(戰意)가 표명된 국가간 무력투쟁이며, 전시국제법의 적용을 받는 것을 가리킨다. 헌법에서 금지하는 전쟁은 이 같은 국제법상 전쟁에 한하지 않고, 선전포고 없는 사실상의 전쟁, 즉 '무력의 행사'도 포함한다.

헌법은 모든 전쟁을 부인하는 것이 아니라 침략전쟁을 부인한다. 침략전쟁이란 국가정책수단으로서의 전쟁을 의미한다. 따라서 침략전쟁이 아닌 자위전쟁은 인정된다. 자위전쟁은 적의 무력공격에 대하여 방위하기 위한 전쟁이다. 자위권은 국가의 고유한 권리이며 개별적 자위만이 아니라 집단적 자위도 포함한다. 집단적 자위(collective self-defence)는 타국에 대한 무력공격에 대하여 그 방위를 원조하기 위한 방위행동이다. UN헌장 제51조는 집단적 자위권을 인정하고 있다.

헌법재판소는 이른바 '평화적 생존권'을 기본권의 하나로 인정한 적이 있다(헌재 2006.2.23. 2005헌마268). 그러나 그 후 판례를 변경하여 평화적 생존권을 기본권으로 인정하지 않았다(헌재 2009.5.28. 2007헌마369).

(판 례) 침략전쟁 여부에 대한 사법심사(이라크 파병)

이 사건 파견결정은 그 성격상 국방 및 외교에 관련된 고도의 정치적 결단을 요하는 문제로서, 헌법과 법률이 정한 절차를 지켜 이루어진 것임이 명백하므로, 대통령과 국회의 판단은 존중되어야 하고 우리 재판소가 사법적 기준만으로 이를 심판하는 것은 자제되어야 한다. 오랜 민주주의 전통을 가진 외국에서도 외교 및 국방에 관련된 것으로서 고도의 정치적 결단을 요하는 사안에 대하여는 줄곧 사법심사를 자제하고 있는 것도 바로 이러한 취지에서 나온 것이라 할 것이다. 이에 대하여는 설혹 사법적 심사의 회피로 자의적 결정이 방치될 수도 있다는 우려가 있을 수 있으나 그러한 대통령과 국회의 판단은 궁극적으로는 선거를 통해 국민에 의한 평가와 심판을 받게 될 것이다.

헌재 2004.4.29. 2003헌마814, 판례집 16-1, 601,606-607

(판 례) 평화적 생존권(미군부대이전협정)

오늘날 전쟁과 테러 혹은 무력행위로부터 자유로워야 하는 것은 인간의 존엄과 가치를 실현하고 행복을 추구하기 위한 기본 전제가 되는 것이므로, 달리 이를 보호하는 명시적 기본권이 없다면 헌법 제10조와 제37조 제1항으로부터 평화적 생존권이라는 이름으로 이를 보호하는 것이 필요하다. 그 기본 내용은 침략전쟁에 강제되지 않고 평화적 생존을 할 수 있도록 국가에 요청할 수 있는 권리라고 볼 수 있을 것이다.

그런데 이 사건 조약들은 미군기지의 이전을 도모하기 위한 것이고, 그 내용만으로는 장차 우리나라가 침략적 전쟁에 휩싸이게 된다는 것을 인정하기 곤란하다. 그러므로 이 사건에서 평화적 생존권의 침해가능성이 있다고 할 수 없다.

헌재 2006.2.23. 2005헌마268, 판례집 18-1 상, 298,304

(판 례) 평화적 생존권(전시증원연습, 판례변경)

평화적 생존권을 헌법에 열거되지 아니한 기본권으로서 특별히 새롭게 인정할 필요성이 있다거나 그 권리내용이 비교적 명확하여 구체적 권리로서의 실질에 부합한다고 보기 어렵다 할 것이다.

결국 청구인들이 평화적 생존권이란 이름으로 주장하고 있는 평화란 헌법의 이념 내지 목적으로서 추상적인 개념에 지나지 아니하고, 개인의 구체적 권리로서 국가에 대하여 침략전쟁에 강제되지 않고 평화적 생존을 할 수 있도록 요청할 수 있는 효력 등을 지닌 것이라고 볼 수 없다. 따라서 평화적 생존권은 헌법상 보장되는 기본권이라고 할 수는 없다 할 것이다.

헌재 2009.5.28. 2007헌마369, 공보 152, 1208,1212

Ⅱ. 국군의 사명과 정치적 중립성

1. 국군의 사명

헌법 제5조 제2항은 "국가의 안전보장과 국토방위의 신성한 의무를 수행함"이 국군의 사명이라고 규정하고 있다. 이 조항은 침략전쟁 부인을 뒷받침하는 규정이다. 이미 1948년 제헌헌법은 "국군은 국토방위의 신성한 의무를 수행함을 사명으로 한다"고 규정하였는데, 이 조항은 제3공화국 헌법에서 삭제되었다. 제5공화국 헌법은 "국군은 국가의 안전보장과 국토방위의 신성한 의무를 수행함을 사명으로 한다"고 규정하여(제4조 제2항) "국가의 안전보장"의 의무를 첨가하였다. 현행 헌법은 제5공화국 헌법의 규정을 유지하면서 여기에 "그 정치적 중립성은 준수된다"는 규정을 부가하고 있다.

국가안전보장은 국외의 위협만이 아니라 국내적 위협에 대한 보장까지 포함한다는 의미에서 국토방위보다 더 넓은 개념으로 볼 수 있다. 특히 국내적 위협에 대한 국군의 안전보장 의무의 구체적 내용은 법률에 근거하지 않으면 안 된다.

군에 관한 그 밖의 헌법규정으로, 대통령의 선전포고권(제73조) 및 국군통수권(제74조), 선전포고 · 국군외국파견 · 외국군대 국내주류에 대한 국회의 동의권(제60조 제2항), 국무총리와 관계국무위원의 군사(軍事)에 관한 부서(副署)제도(제82조), 국무총리와 국무위원 문민(文民)제도(제86조 제3항), 군사에 관한 중요사항의 국무회의 심의(제89조 제6호) 등이 있다.

2. 국군의 정치적 중립성

헌법은 국군의 사명을 규정함과 함께 국군의 정치적 중립성 준수를 명시하고 있다. 이 조항은 현행 헌법에서 새롭게 규정된 것이다. 그 취지는 5·16쿠데타와 5·17내란행위 등 과거 군에 의한 헌법침해 경험에 대한 반성과 경고에 있다.

과거 대통령령인 군인복무규율은 군인의 정당 기타 정치단체 가입 등 정치적 중립성을 해하는 행위를 금지하였다(제18조). 이 내용은 대통령령이 아니라 법률로 규정되어야 하므로 위헌이라는 비판이 많았다. 현재는 군인복무규율을 폐지하고 '군인의 지위 및 복무에 관한 기본법'(법률 제13631호, 2015.12.29. 제정, 2016.6.30. 시행)이 제정·시행되고 있다(현재는 2018.12.24. 개정 법률이 시행되고 있다). 주요 내용은 다음과 같다.

① 상관의 범위에 국군통수권자가 포함된다(제2조 제3호). ② 군인은 대한민국 국민으로서 일반 국민과 동일하게 헌법상 보장된 권리를 가지고, 이들 권리는 법률에서 정한 군인의 의무에 따라 군사적 직무의 필요성 범위에서 제한될 수 있다(제10조). ③ 군인이 국방 및 군사에 관한 사항을 군 외부에 발표하거나, 군을 대표하여 또는 군인의 신분으로 대외활동을 하고자 할 때에는 국방부장관의 허가를 받아야 하나, 순수한 학술·문화·체육 등의 분야에서 개인적으로 대외활동을 하는 경우로서 직무수행에 지장이 없는 경우에는 그러하지 아니하다(제16조). ④ 의료권 보장을 명시하였다(제17조). ⑤ 군인에게 일반적으로 인정되는 충성·성실·전쟁법 준수·명령복종 의무 외에 군기문란행위·사적 제재·불온표현물 소지 및 전파·집단행위·정치운동 등의 금지의무를 명시하였다(제20조부터 제34조까지). ⑥ 군인은 다문화 가치를 존중하여야 한다(제37조). ⑦ 군인의 기본권 보장 및 기본권 침해에 대한 권리보호를 위하여 군인권보호관을 둔다(제42조). 군형법은 정치관여죄를 처벌하고 있다(제94조).

국군의 정치적 중립성을 보장하기 위해 헌법은 문민통제(civilian control)에 관한 조항을 두고 있다. 국무총리와 관계국무위원의 군사에 관한 부서제도(제82조), 국무총리와 국무위원 문민제도(제86조 제3항), 군사에 관한 중요사항의 국무회의 심의(제89조 제6호) 등이 그것이다.

Ⅲ. 국제법의 국내적 효력

1. 국제법과 국내법의 관계

(1) 문제의 소재

국제법과 국내법의 관계라는 문제는 양자가 동일한 사항을 규율하는 경우에 발생한다. 국제법의 규율대상은 원칙적으로 국가이며 그 규율사항은 주로 국가와 국가 사이의 문제이다. 개인의 생활관계를 규율하는 것은 국내법이며, 국제법은 개인의 생활관계에 간접적으로 영향을 미치는 것이 보통이다. 그러나 개인의 생활관계라고 하더라도 그것이 특별히 국제적으로 조정할 필요가 있을 때에는 국제법의 규율사항이 된다. 예컨대 외국인의 지위와 같은 문제는 국내법의 규율사항인 동시에 국제법이 다루는 사항이기도 하다. 이러한 문제는 이른바 세계화 현상과 함께 점점 확대된다. 반면 오늘날에는 국내법, 특히 헌법에서 국제관계에 관한 규정을 두는 경우도 많으며(이른바 '국제헌법'), 이런 경우에는 역으로 국내법에서 국제관계를 규율함으로써 국제법과 국내법이 동일한 사항을 규율하게 된다. 이와 같이 국제법과 국내법이 동일한 사항을 규율하는 경우에 다음과 같은 문제가 발생한다.

① 국제법은 국가를 구속함과 함께 국내의 생활관계에 대해서도 직접 법적 효력을 갖는가? ② 이것이 인정된다면 그러한 국제법의 국내적 효력은 어디에 근거하는 것인가? 그 근거는 이를 인정하는 국내법의 존재를 전제로 해서만 가능한 것인가? ③ 국제법과 국내법의 내용이 서로 저촉하는 경우 어느 것이 우선하는가? 즉 국제법은 국내법상 어느 순위의 효력을 갖는가? 이런 여러 문제들을 가리켜 국제법의 국내적 효력의 문제라고 부른다.

(2) 일원론과 이원론

국제법과 국내법의 관계에 대해 처음 법이론적 해명이 시도된 것은 19세기 말, 트리펠(H. Triepel)에 의해서이다(Triepel, *Völkerrecht und Landesrecht*, 1899). 그는 먼저 국제법과 국내법의 관계에 관한 일원론과 이원론을 구분한다. 일원론은 국제법과 국내법이 기본적으로 동일한 법체계에 속한다고 본다. 일원론은 다시 국제법우위론과 국내법우위론으로 구분된다. 반면 이원론은 양자가 서로 근본적 성격을 달리하는 별개의 법체계에 속한다고 본다.

일원론과 이원론은 각기 시대적 또는 이데올로기적 한계를 가진 것으로서, 그 어느 것을 취하든 이를 논리적으로 관철시키는 경우에 그 결과는 각국에서의 실제와 일치하지 않게 된다. 오늘날에는 각국의 실제에 중점을 두어 실제적으로 고찰하는 것이 보통이다.

2. 조약의 국내적 효력

(1) 조약의 개념

조약이란 국제법 주체 사이의 문서에 의한 합의를 가리킨다. 구두(口頭)에 의한 합의는 조약으로 보지 않는다. 본래 조약은 국가 간의 문서에 의한 합의를 의미하였으나, 오늘날에는 국가 외에 국제기구도 국제법 주체로 인정됨에 따라 국가와 국제기구 사이, 또는 국제기구와 국제기구 사이의 문서에 의한 합의도 조약에 포함된다. 다만 헌법재판소는 예외적으로 구두합의도 조약의 성질을 가질 수 있다고 한다(헌재 2019.12.27. 2016헌마253). 실제의 용어상 조약(treaty)이라는 명칭이 붙은 것에 한정하지 않으며, 협약(convention), 규약(covenant), 협정(agreement) 등 어느 용어이든 모두 조약에 해당된다.

헌법상 조약은 두 가지로 구분된다. 그 체결과정에서 국회의 동의가 필요한 조약(헌법 제60조 제1항)과 그렇지 않은 조약이다. 이 구분에 따라 조약의 국내적 효력, 특히 국내법상 효력의 순위에 차이가 있게 된다.

(2) 조약의 국내적 효력의 근거

조약이 국내적으로 법적 효력을 갖는 것은 국제법 그 자체에 근거하는 것은 아니다. 조약 자체의 고유한 효력은 국가에 대하여 조약의 국내적 실시의 의무를 부과하는 데에 그치며, 이 의무를 불이행하는 경우에 국제책임이 발생한다. 조약이 국내적으로 효력을 발생하기 위해서는 조약을 국내법질서로 도입하는 과정, 즉 국내법을 통한 전환이 필요하다. 이 점에서는 이원론이 타당하다고 할 수 있다.

조약을 국내법질서로 도입하는 방식에는 두 가지가 있다. ① 조약의 내용이 국내법으로 전환되어 국내법으로서 국내적 효력을 갖는 방식이 있다. 이를 변형(transformation)의 방식이라 부른다. ② 조약이 국제법으로서의 성질을 그대로 가지고 그 자체로서 국내적으로 효력을 갖는 방식이 있다. 이를 수용(incorporation)의 방식이라 부른다. 변형 방식은 이원론에 따른 것이고, 수용 방식은 일원론에 따른 것이라고 할 수 있다. 변형의 방식을 취하는 경우에는 조약의 국내법상 효력의 순위의 문제는 특별히 발생하지 않는다. 변형이 어떤 국내법 형식을 취하였는지에 따라 그에 따르면 될 것이기 때문이다. 반면 수용 방식의 경우에는 조약의 국내법상 효력의 순위가 문제된다.

변형의 방식을 취하는 예는 많지 않으며 대표적으로 영국을 들 수 있다. 미국, 프랑스, 일본 등은 수용의 방식을 취한다. 독일의 지배적 학설과 판례는 변형이론에 입각하여 해석하고 있다.

우리 헌법 제6조 제1항은 "헌법에 의하여 체결 · 공포된 조약과 일반적으로 승인된 국제법규는 국내법과 같은 효력을 가진다"라고 규정할 뿐, 수용 방식인지 또는 변형 방식인지는 명확하지 않다. 이 규정은 수용의 방식을 취한 것으로 해석함이 타당하다. 수용의 방식이 조약의 국내적 실시를 더 원활히 한다는 점에서 국제협조의 정신에 부합하기 때문이다. '영해 및 접속수역법'에서 그 제7조의 "대한민국의 영해 및 접속수역과 관련하여 이 법에서 규정하지 아니한 사항에 관하여는 헌법에 의하여 체결 · 공포된 조약이나 일반적으로 승인된 국제법규에 따른다"는 조항을 신설하면서 개정이유에 "조약 등의 내용을 포괄적으로 국내법에 '수용'하도록 하는 규정을 신설하여"라고 밝힌 점을 보면 우리나라는 원칙적으로 수용 방식을 채택하고 있다고 볼 수 있다.

조약이 국내법과 같은 효력을 갖기 위해서는 "헌법에 의하여 체결 · 공포된" 것이어야 한다. 이것은 헌법에 규정된 절차에 합치하여 조약이 체결 · 공포되어야 함을 뜻한다. 헌법은 "대통령은 조약을 체결 · 비준"하며(제73조), 국회는 일정한 조약에 대해 "조약의 체결 · 비준에 대한 동의권을 가진다"고 규정하고 있다(제60조 제1항). 조약의 '체결'이란 조약을 국내적으로 최종 성립시키는 절차이며, '비준'이란 해당 국가기관이 조약의 성립을 확인하는 절차이다. 조약의 체결에 비준의 절차가 필요한 조약이 있고 그렇지 않은 조약이 있다. 비준을 거치는가 여부는 조약을 체결하는 당사국간의 합의에 따르며, 일반적으로 중요성이 큰 조약의 체결은 비준을 거친다.

(3) 조약의 국내적 직접적용성의 문제

조약이 변형이나 수용을 통하여 국내적으로 효력을 갖는다는 것은 조약이 국내적으로 실효성을 가질 수 있는 상태가 되었다는 것을 의미할 뿐이고 아직 실효성을 가지고 있다는 의미는 아니다. 조약이 국내적으로 실효성을 가지려면, 즉 행정기관이나 법원을 통해 적용되거나 개인에게 권리나 의무를 발생시키려면 그 조약이 직접적용성 또는 자기집행성(自己執行性)을 가지고 있어야 한다.

조약의 직접적용성 또는 자기집행성의 의미가 정확히 무엇이냐에 관해서는 여러 견해가 있지만, 다음과 같이 정의하는 것이 타당하다. 즉 직접적용성이란 특별한 입법조치가 필요 없이 법원이나 행정기관에 의해 직접적용될 수 있는 것을 뜻한다. 직접적용성이 있는지 여부에 따라 조약을 자기집행적(self-executing) 조약과 비자기집행적(non-self-executing) 조약으로 구분할 수 있다. 특정한 조약이 자기집행적이냐 여부는 최종적으로 법원 및 헌법재판소가 그 통상적인 권한행사를 통해 결정할 문제이다. 헌법재판소의 아래의 결정은 조약의 직접적용성 여부를 심사대상으로 삼고 있다.

(판 례) 조약의 직접적용성 여부와 그 심사

이 사건 조항(국제통화기금협정 제9조; 저자)은 각 국회의 동의를 얻어 체결된 것이므로 헌법 제6조 제1항에 따라 국내법적 효력을 가지며, 그 효력의 정도는 법률에 준하는 효력이라고 이해된다.

한편 이 사건 조항은 재판권 면제에 관한 것이므로 성질상 국내에 바로 적용될 수 있는 법규범으로서 위헌법률심판의 대상이 된다고 할 것이다.

헌재 2001.9.27. 2000헌바20, 판례집 13-2, 322,328

특히 조약의 내용이 개인에게 조세를 부과하거나 일정한 행위를 범죄로 규정하고 형벌을 가하는 경우, 별도의 입법조치 없이 조약을 직접 적용할 수 있는가, 만일 이를 인정한다면 조세법률주의, 죄형법정주의 위반이 아니냐는 문제가 있다.

(판 례) 조약의 직접적용성과 죄형법정주의

마라케쉬협정(세계무역기구 설립을 위한 협정; 저자)도 적법하게 체결되어 공포된 조약이므로 국내법과 같은 효력을 갖는 것이어서 그로 인하여 새로운 범죄를 구성하거나 범죄자에 대한 처벌이 가중된다고 하더라도 이것은 국내법에 의하여 형사처벌을 가중한 것과 같은 효력을 갖게 되는 것이다. 따라서 마라케쉬협정에 의하여 관세법위반자의 처벌이 가중된다고 하더라도 이를 들어 법률에 의하지 아니한 형사처벌이라거나 행위시의 법률에 의하지 아니한 형사처벌이라고 할 수 없으므로, 마라케쉬협정에 의하여 가중된 처벌을 하게 된 구 특가법 제6조 제2항 제1호나 농안법 제10조의3이 죄형법정주의에 어긋나거나 청구인의 기본적 인권과 신체의 자유를 침해하는 것이라고 할 수 없다.

헌재 1998.11.26. 97헌바65, 판례집 10-2, 685,699

위 결정은 조세나 형벌을 부과하는 내용의 조약의 경우에도 직접적용성이 인정됨을 전제하고 있다. 뒤에서 보는 것처럼 국회의 동의를 얻어 체결된 조약은 법률의 효력을 가지므로 별도의 이중적인 조치가 필요 없다고 볼 것이다.

(판 례) 법원의 조약 직접 적용

우리나라가 가입한 조약은 (……) 개별 규정의 구체적인 내용과 성질 등에 따라 직접적인 재판규범이 될 수 있다. 난민의 불법 입국 또는 체류에 따른 형사처벌과 관련하여, 난민협약 제31조 제1호는 "체약국은 그 생명 또는 자유가 제1조의 의미에 있어서 위협되고 있는 영역으로부터 직접 온 난민으로서 허가 없이 그 영역에 입국하거나 또는 그 영역 내에 있는 자에 대하여 불법으로 입국하거나 또는 불법으로 있는 것을 이유로 형벌을 과하여서는 아니 된다. 다만 그 난민이 지체 없이 당국에 출두하고 또한 불법으로 입국하거나 또는 불법으로 있는 것에 대한 상당한 이유를 제시할 것을 조건으로 한다."라고 규정하였다. 앞서 본 바와 같이 난민협약이 기본적으로 법률과 동일한 국내법적 효력을 갖는 점에다가 위 조항이 체약국에 구체적인 요건을 충족한 난민에 대하여 형벌을 과하지 아니할 것을 직접적으로 요구한 점을 더하여 보면, 위 조항은 난민협약에 가입하고 이를 비준한 우리나라 형사재판에서 형 면제의 근거조항이 된다.

대판 2023.3.13. 2021도3652

(4) 조약의 국내법적 효력의 순위

헌법 제6조 제1항은 조약이 "국내법과 같은 효력을 가진다"라고 규정할 뿐이고 조약이 국내법상 어느 순위의 효력을 갖는지에 관해서는 언급이 없다. 이 문제는 헌법해석에 맡겨져 있다.

조약의 국내법적 효력의 순위에 관한 각국의 제도는 일정하지 않으며 다음과 같이 분류할 수 있다. ① 헌법과 동위(同位) 또는 헌법보다 우위의 효력을 인정하는 제도(네덜란드, 오스트리아), ② 헌법보다 하위이고 법률보다 상위의 효력을 인정하는 제도(프랑스), ③ 법률과 동위의 효력을 인정하는 제도(미국, 독일).

조약의 국내법적 효력의 순위는 조약이 국회의 동의를 얻어 체결된 것인지 여부에 따라 달리 보아야 한다. 국회의 동의를 얻어 체결된 조약은 법률과 동등한 효력을 가지며, 국회동의 없이 체결된 조약은 법률보다 하위의 명령과 같은 효력을 갖는다고 할 것이다. 다수설의 견해도 이와 같다. 헌법재판소는 조약도 위헌법률심판의 대상이 된다고 보면서, 국회동의를 얻어 체결된 조약은 법률에 준하는 효력을 갖는다고 판시하고 있다(헌재 2001.9.27. 2000헌바20).

다만 개별법에서 조약의 효력순위를 규정하는 경우도 있다. 예컨대 국내법에 대한 보충적 효력만을 인정할 수도 있다. 앞에서 살펴본 '영해 및 접속수역법' 제7조가 그 예이다. 반면, 범죄인 인도법 제3조의2는 '인도조약과의 관계'라는 표제로 "범죄인 인도에 관하여 인도조약에 이 법과 다른 규정이 있는 경우에는 그 규정에 따른다"고 규정하여 범죄인 인도조약이 국내법에 우선함을 명시하고 있다.

조약 가운데 특히 국제인권조약의 국내적 효력에 관한 여러 판례가 있다. 일례로 헌법재판소는 사립학교법상 사립학교 교원에게 노동3권을 인정치 않는 것은 위헌이 아니냐는 문제와 관련하여 이 법률규정과 국제법과의 관계에 관하여 판시하고 있다.

(판 례) 국제인권법의 국내법적 효력

국제연합의 "인권에 관한 세계선언"에 관하여 보면, (……) 모든 국민과 모든 나라가 달성하여야 할 공통의 기준으로 선언하는 의미는 있으나 그 선언내용인 각 조항이 바로 보편적인 법적구속력을 가지거나 국제법적 효력을 갖는 것으로 볼 것은 아니다.

다만 실천적 의미를 갖는 것은 위 선언의 실효성을 뒷받침하기 위하여 마련된 "경제적 · 사회적및문화적권리에관한국제규약"(1990.6.13. 조약 1006호, 이른바 에이(A)규약) "시민적및정치적권리에관한국제규약"(1990.6.13. 조약 1007호, 이른바 비(B)규약)이다. 체약국이 입법조치 기타 모든 적당한 방법에 의하여 권리의 완전한 실현을 점진적으로 달성하려는 "경제적 · 사회적및문화적권리에관한국제규약"은 제4조에서 "……국가가 이 규약에 따라 부여하는 권리를 향유함에 있어서, 그러한 권리의 본질과 양립할 수 있는 한도 내에서, 또한 오직 민주사회에서의 공공복리증진의 목적으로 반드시 법률에 의하여 정하여지는 제한에 의해서만, 그러한 권리를 제한할 수 있음을 인정한다"하여 일반적 법률유보조항을 두고 있고, 제8조 제1항 에이호에서 국가안보 또는 공공질서를 위하여 또는 타인의 권리와 자유를 보호하기 위하여 민주사회에서 필요한 범위 내에서는 법률에 의하여 노동조합을 결성하고 그가 선택한 노동조합에 가입하는 권리의 행사를 제한할 수 있다는 것을 예정하고 있다.

다음으로 체약국의 가입과 동시에 시행에 필요한 조치를 취하도록 의무화하고 있는 "시민적및정치적권리에관한국제규약"의 제22조 제1항에도 "모든 사람은 자기의 이익을 보호하기 위하여 노동조합을 결성하고 이에 가입하는 권리를 포함하여 다른 사람과의 결사의 자유에 대한 권리를 갖는다"고 규정하고 있으나 같은 조 제2항은 그와 같은 권리의 행사에 대하여는 법률에 의하여 규정되고, 국가안보 또는 공공의 안전, 공공질서, 공중보건 또는 도덕의 보호 또는 타인의 권리 및 자유의 보호를 위하여 민주사회에서 필요한 범위 내에서는 합법적인 제한을 가하는 것을 용인하는 유보조항을 두고 있을 뿐 아니라, 특히 위 제22조는 우리의 국내법적인 수정의 필요에 따라 가입당시 유보되었기 때문에 직접적으로 국내법적 효력을 가지는 것도 아니다. 따라서 위 규약 역시 권리의 본질을 침해하지 아니하는 한 국내의 민주적인 대의절차에 따라 필요한 범위 안에서 근로기본권의 법률에 의한 제한은 용인하고 있는 것으로서 위에서 본 교원의 지위에 관한 법정주의와 정면으로 배치되는 것은 아니라고 할 것이다.

(……) 결국 위 각 선언이나 규약 및 권고문이 우리의 현실에 적합한 교육제도의 실시를 제약하면서까지 교원에게 근로3권이 제한 없이 보장되어야 한다든가 교원단체를 전문직으로서의 특수성을 살리는 교직단체로서 구성하는 것을 배제하고 반드시 일반노동조합으로서만 구성하여야 한다는 주장의 근거로 삼을 수는 없고, 따라서 사립학교법 제55조, 제58조 제1항 제4호는 헌법전문이나 헌법 제6조 제1항에 나타나 있는 국제법 존중의 정신에 어긋나는 것이라고 할 수 없다.

헌재 1991.7.22. 89헌가106, 판례집 3, 387,426-429

위 결정 외에도 국내의 법률 또는 처분이 자유권규약 등에 위배되는지 여부를 판단한 여러 판례가 있다. 구치소 수용자에 대한 일간지구독금지처분이 자유권규약에 위배되지 않는다고 보았고(헌재 1998.10.29. 98헌마4), 집단적 노무제공 거부행위를 업무방해죄로 처벌하는 형법규정이 강제노역을 금지하는 자유권규약에 위반하지 않는다고 판시하였다(헌재 1998.7.16. 97헌바23). 또한 공무원의 노동3권 제한이 국제인권규약에 위반하지 않는다고 보았다(헌재 2005.10.27. 2003헌바50등). 이들 결정에서 헌법재판소는 국제인권규약이 국내법상 어느 순위의 효력을 갖는지에 관해 명확한 판단을 제시하지 않은 채 국내법의 국제인권규약 위반 여부를 심판하고 있다. 국제인권규약은 법률과 동등한 효력을 갖는다고 보는 것이 타당하다(이 문제에 관하여는 뒤의 '국제인권기구에 의한 기본권보장' 참조).

헌법재판소도 최근 "국내법과 동일한 효력을 가지는 국제협약은 위헌심사의 기준이 되지 못한다"고 판시하여 이러한 점을 분명히 하였다(헌재 2016.3.31. 2013헌가2).

한편 **'행정협정'**이라는 용어와 관련하여 유의할 점이 있다. 미국 헌법상 조약의 체결에는 상원의 동의가 필요한데 미국의 역대 대통령들은 여러 경우에 상원의 동의

없이 독자적으로 조약을 체결하고 이를 행정협정(executive agreement)이라고 불러왔다(예컨대 해외주둔미군의 법적 지위에 관한 협정 등). 특정한 조약이 미국에 대해서는 행정협정이라고 하더라도 한국에 대해서는 국회 동의가 필요한 경우가 있음을 주의하여야 한다.

(5) '국제법존중주의'의 의미

헌법 제6조 제1항을 가리켜 흔히 국제법존중주의를 밝힌 규정이라고 해석한다. 국제법의 국내법으로서의 효력을 인정한다는 것은 국제법의 국내적 준수의 가능성을 의미한다는 점에서 국제법존중주의의 뜻이 포함되어 있다고 할 수 있다. 그러나 국제법의 국내법으로서의 효력을 인정한다고 해서 국제법이 국내법보다 우선하는 효력을 가진다는 것은 아니다.

(판 례) 국제법의 국내법적 효력(부정수표단속법과 국제인권규약)

헌법 제6조 제1항의 국제법존중주의는 우리나라가 가입한 조약과 일반적으로 승인된 국제법규가 국내법과 같은 효력을 가진다는 것으로서 조약이나 국제법규가 국내법에 우선한다는 것은 아니다.

헌재 2001.4.26. 99헌가13, 판례집 13-1, 761,773

헌법재판소 판례 중에 법률의 자유권규약 등 위반 여부를 판단하면서 이를 헌법 제6조 제1항의 '국제법존중주의' 위반 여부의 문제로 다룬 것들이 있다. 예컨대 앞에 인용한 사건에서 교원에 대해 노동3권을 인정하지 않은 것이 자유권규약과 사회권규약 등에 위반한 것이 아니며 따라서 헌법 제6조 1항의 국제법존중주의에 위반하지 않았다고 판시하였다(헌재 1991.7.22. 89헌가106, 판례집 3, 387,429). 그러나 헌법 제6조 제1항은 국내법이 국제법을 위반하면 곧 위헌이라는 의미의 국제법존중주의를 뜻하는 것은 아니다. 법률이 조약과 저촉한다고 해서 이것이 곧 헌법 제6조 제1항 위반이라고 볼 수는 없다. 헌법 제6조 제1항은 일정한 국제법이 국내법으로서 효력을 갖되 그 국내법상 효력의 순위는 해석에 맡긴다는 것이고, 그 해석상 원칙에 따라 특정한 경우에 국제법 또는 국내법이 우월적 효력을 갖는다는 의미이다.

생각건대 국제법존중주의가 특별히 의미를 가질 수 있는 것은 다음과 같은 경우이다. 다수설과 판례는 국회동의를 얻어 체결된 조약에 대해 법률과 동등한 효력을 인정하고 있다. 이에 따르면 조약과 법률이 저촉하는 경우에는 특별법우선의 원칙 및 신법우선의 원칙에 따라 판단하면 될 것인데, 실제로는 이들 원칙을 적용하더라도 명확한 결정이 내려질 수 없는 경우가 적지 않다. 일차적으로 특별법우선의 원칙을 적용함에 있어서 조약과 법률 가운데 어느 것이 특별법의 위치에 있는지는 기준에 따라 일정하지 않다. 인적(人的) 규율대상을 기준으로 하는가 또는 규율사항을 기준으로 하는가에 따라 조약이 특별법이 될 수도 있고 법률이 특별법이 될 수도 있다. 따라서 특별법우선의 원칙만으로 어느 것이 우선한다는 판단이 나오지 않는다. 이같이 불명확한 경우에 조약이 특별법에 해당되는 기준을 선택함으로써 조약을 우선시키는 것이 국제법존중주의에 합치한다. 국제법존중주의는 이러한 경우에 특별한 의미를 갖게 된다. 조약보다 법률을 우선 적용하는 경우에는 국제법상 책임을 져야 하므로, 이러한 결과를 피하기 위해서라도 불명확한 경우에는 조약을 우선 적용하는 것이 바람직하다.

일제강점기 강제징용자의 배상청구권에 관한 대법원 판결이 국제법존중주의에 부합하는지 여부에 관해서는 논란의 여지가 있다. (이에 관해서는 앞의 '1. 헌법전문의 법적 성격; 2. 한국헌법 전문의 내용' 참조)

3. 일반적으로 승인된 국제법규와 그 국내적 효력

(1) '일반적으로 승인된 국제법규'의 의미

헌법 제6조 제1항에서 규정한 '일반적으로 승인된 국제법규'는 국제관습법을 의미한다. 국제관습법 외에 '우리나라가 체결당사국이 아닌 조약'이라도 국제사회에서 보편적으로 승인하고 있는 조약은 '일반적으로 승인된 국제법규'에 포함된다는 견해들이 있다. 이러한 견해에 의하면 예컨대 집단살해금지협약을 그 일례로 든다. 그러나 우리나라는 이 조약(Convention on the Prevention and Punishment of the Crime of Genocide)의 체결당사국이다(1951.1.12. 발효).

헌법재판소는 "우리나라가 가입하지 않았지만 일반성을 지닌 국제조약과 국제관습법에서 양심적 병역거부권을 인정한다면 우리나라에서도 일반적으로 승인된 국제법규로서 양심적 병역거부의 근거가 될 수 있다. 그러나 양심적 병역거부권을 명문으로 인정한 국제인권조약은 아직까지 존재하지 않으며, (……) 전 세계적으로 양심적 병역거부권 보장에 관한 국제관습법이 형성되었다고 할 수 없으므로"라고 하여, 일반적으로 승인된 국제법규에 양자 모두 포함되는 것으로 보는 듯하다(헌재 2011.8.30. 2008헌가22).

생각건대 '헌법에 의하여 체결·공포된 조약'이 아닌 조약은 국내법으로서의 효력을 인정할 수 없다. 만일 우리나라가 체결당사국이 아닌 조약 중에 일반적으로 승인된 국제법규에 해당하는 조약이 있다면 그것은 조약의 내용이 국제관습법으로 인정되는 것이어야 한다. 따라서 '일반적으로 승인된 국제법규'란 국제관습법을 의미한다고 본다.

특정한 국제규범이 일반적으로 승인된 국제법규에 해당하는지 여부는 누가 결정하는가. 그 결정권한은 재판과정에서 법원과 헌법재판소가 갖는다고 할 것이다.

(2) 일반적으로 승인된 국제법규의 국내법적 효력

일반적으로 승인된 국제법규가 국내법상 어느 순위의 효력을 갖는지에 대해서 헌법에는 명시적인 규정이 없다. 이에 관해서는 견해의 차이가 있다.

① 제1설에 의하면 조약과 마찬가지로 법률과 동등한 효력이 있다고 본다. ② 제2설에 의하면 국제법규의 내용에 따라 각각 법률보다 상위의 효력, 법률과 동등한 효력, 또는 법률보다 하위의 효력을 갖는다고 본다. 제2설이 타당하다. 일반적으로 승인된 국제법규 중에는 헌법보다 하위이지만 법률보다 상위의 효력을 인정해야 할 것이 있다고 본다. 독일 기본법은 '국제법의 일반원칙'이 법률에 우선한다고 명시하고 있다(제25조).

Ⅳ. 외국인의 법적 지위의 보장

헌법 제6조 제2항은 "외국인은 국제법과 조약이 정하는 바에 의하여 그 지위가 보장된다"고 규정하고 있다. 여기에서 국제법이란 국제관습법을 말하고 조약이란 우리나라가 체결한 조약을 의미한다. 국제관습법은 일반 국제법이고 조약은 특별 국제법인 점에 비추어, 일차적으로 조약에 따르고 조약이 없는 경우 국제관습법에 따라 외국인의 지위를 보장한다는 의미이다.

외국인이 헌법상 기본권 주체가 되느냐에 관해서는 뒤의 '기본권의 주체'에서 설명한다.

제 7 장

정당제도에 관한 헌법상 기본원리

> **(헌법 제8조)** ① 정당의 설립은 자유이며, 복수정당제는 보장된다.
> ② 정당은 그 목적 · 조직과 활동이 민주적이어야 하며, 국민의 정치적 의사형성에 참여하는데 필요한 조직을 가져야 한다.
> ③ 정당은 법률이 정하는 바에 의하여 국가의 보호를 받으며, 국가는 법률이 정하는 바에 의하여 정당의 운영에 필요한 자금을 보조할 수 있다.
> ④ 정당의 목적이나 활동이 민주적 기본질서에 위배될 때에는 정부는 헌법재판소에 그 해산을 제소할 수 있고, 정당은 헌법재판소의 심판에 의하여 해산된다.

I. 서 설

1. 헌법과 정당

역사적으로 입헌정치 초기에 정당은 부정적으로 인식되었다. 예컨대 미국 헌법의 제정자들은 파당(faction)을 위험한 악(惡)으로 보았고 헌법제정의 기본취지를 파당의 폐해를 통제하는 데 두었다(*The Federalist Papers*, No.10, 1787 참조). 그러나 오늘날 정당은 현대 민주정치에서 불가결한 요소로 되어 있다.

정당에 대한 국가의 태도의 변화를 트리펠(H. Triepel)은 4단계로 나누고 있다. ① 적대시 단계, ② 무시 단계, ③ 승인과 합법화 단계, ④ 헌법에의 수용 단계.

헌법에 정당조항을 둔 대표적 예로 1949년 독일 기본법(제21조), 프랑스 제5공화국 헌법(제4조) 등을 들 수 있다. 그 밖에 1978년 스페인 헌법(제6조), 1975년 그리스 헌법(제29조), 1988년 브라질 헌법(제17조) 등에서 정당조항을 두고 있다.

2. 한국헌법의 정당조항

1948년 제헌헌법에는 정당조항이 없었다. 한국헌법에서 처음 정당조항이 채택된 것은 1960년 제2공화국헌법(제13조 제2항)이다. 여기에서 정당에 대한 보호와 위헌정당 해산에 관하여 규정하였다.

1962년 제3공화국헌법은 정당조항을 강화하였다. 복수정당제 보장을 명시하는 외에도 정당에 대한 특혜조항을 두었다. 대통령선거 및 국회의원선거에서 후보자는 필수적으로 정당추천을 받도록 하였고(제64조 제3항, 제36조 제3항), 국회의원이 당적을 이탈, 변경하거나 소속정당이 해산된 경우에 의원직을 상실한다고 규정하였다(제38조).

1972년 제4공화국헌법은 기본적인 정당조항은 유지하되 위의 특혜조항을 삭제하였다. 1980년 제5공화국헌법은 정당에 대한 국고보조금 조항을 신설하였다. 현행 헌법은 약간의 자구를 변경하는 외에는 제5공화국헌법의 정당조항을 유지하고 있다.

3. 정당과 현대 민주정치

현대국가의 대의제 민주정치에서는 국민의 정치적 의사의 형성과 국가의 의사결정에서 정당이 불가결하고 중요한 역할을 담당한다. 이를 가리켜 정당국가라고 부른다. 정당국가 경향에 따라 현대 민주정치는 19세기적 대의제 민주정치와는 다른 양상을 나타낸다. ① 의회의 의원은 국민대표로서보다 정당대표로서의 성격이 강해진다. ② 국가의사의 결정과정에서 의회보다 정당이 중심적 역할을 하게 된다. ③ 선거의 의미가 의원선출보다 정당 선택에 있게 되고, 선거가 국민투표적 성격을 지니게 된다. ④ 고전적인 권력분립의 원리가 변질된다. 정당을 통한 의회와 행정부의 결합으로 인하여 권력융합 현상이 일반화한다. 정당국가 경향을 중시하고 강조한 대표적 학자로 라이프홀쯔(G. Leibholz)를 들 수 있다.

정당국가의 원리를 어느 정도 수용하느냐에 따라 특히 국회의원의 정당에 대한 기속(羈束)을 어느 정도까지 법적으로 인정할 것인가가 좌우된다. 이 문제는 자유위임(自由委任)의 원칙, 즉 국회의원의 발언 · 표결 등의 활동을 국회의원의 자율적 결정에 맡기는 원칙을 정당국가 원리에 의해 어느 정도 제한할 수 있는가의 문제이다.

(판 례) 자유위임에 대한 정당국가적 제한(소속 상임위원회 강제전임에 관한 국회의원과 국회의장간 권한쟁의)

무릇 국회의원의 원내활동을 기본적으로 각자에 맡기는 자유위임은 자유로운 토론과 의사형성을 가능하게 함으로써 당내민주주의를 구현하고 정당의 독재화 또는 과두화를 막아주는 순기능을 갖는다. 그러나 자유위임은 의회 내에서의 정치의사형성에 정당의 협력을 배척하는 것이 아니며, 의원이 정당과 교섭단체의 지시에 기속되는 것을 배제하는 근거가 되는 것도 아니다. 또한 국회의원의 국민대표성을 중시하는 입장에서도 특정 정당에 소속된 국회의원이 정당기속 내지는 교섭단체의 결정(소위 '당론')에 위반하는 정치활동을 한 이유로 제재를 받는 경우, 국회의원 신분을 상실하게 할 수는 없으나 "정당내부의 사실상의 강제" 또는 소속 "정당으로부터의 제명"은 가능하다고 보고 있다. 그렇다면, 당론과 다른 견해를 가진 소속 국회의원을 당해 교섭단체의 필요에 따라 다른 상임위원회로의 전임(사·보임)하는 조치는 특별한 사정이 없는 한 헌법상 용인될 수 있는 "정당내부의 사실상 강제"의 범위 내에 해당한다고 할 것이다.

헌재 2003.10.30. 2002헌라1, 판례집 15-2, 17,33-34

생각건대 정당국가 원리를 법적으로 어느 정도 수용할 것인가는 정당정치의 현실에 비추어 판단해야 할 것이다. 한국의 정당정치가 아직 낮은 단계에 머물러 있음을 볼 때 의원의 정당에 대한 기속은 매우 제한적인 범위에서만 인정해야 할 것이다.

Ⅱ. 정당의 개념과 법적 성격

1. 정당의 개념

정당법에 의하면 정당이란 "국민의 이익을 위하여 책임있는 정치적 주장이나 정책을 추진하고 공직선거의 후보자를 추천 또는 지지함으로써 국민의 정치적 의사형성에 참여함을 목적으로 하는 국민의 자발적 조직"을 말한다(제2조). 이 개념 정의에 따르면 정당은 ① 국민의 정치적 의사형성에 참여함을 목적으로 하며, ② 정치적 주장이나 정책을 추진하고, ③ 공직선거의 후보를 추천 또는 지지하는, ④ 자발적 조직이다. 이 가운데 특히 주목할 것은 ③과 ④이다.

정당은 공직선거에 후보를 추천하고 지지한다는 점에서 다른 정치적 단체와 구별되며, 선거참여는 정당 개념의 필수적 요소이다. 이 때문에 정당법은 정당등록취소 사유의 하나로, "최근 4년간 임기만료에 의한 국회의원선거 또는 임기만료에 의한 지방자치단체의 장선거나 시 · 도의회의원선거에 참여하지 아니한 때"를 규정하고 있다(제44조 제1항 제2호).

또한 정당은 자발적 조직이며, 이 점에서 국가기관 또는 국가에 의해 강제적으로 조직된 단체와 다르다.

2. 정당의 법적 성격

정당의 법적 형태나 성격은 각국의 실정법에 따라 상이하다. 우리의 정당법은 정당에게 법인격을 부여하지 않는다.

정당의 법적 성격을 형식적 차원에서 보면 '민법상 법인격 없는 사단'이라고 할 수 있다. 헌법재판소에 의하면 정당은 법인격 없는 사단에 해당한다. 또한 정당은 기본권주체로서 헌법소원의 청구인적격이 있다(헌재 1991.3.11. 91헌마21). 하급심판례로서 1979년의 이른바 신민당총재단직무집행정지 가처분결정은 정당이 사법(私法)상의 법인격없는 사단이며 정당내부 분쟁이 사법심사의 대상이 된다고 보았다(서울민사지방법원 제16부 1979.9.8. 79카21709). 헌법재판소는 중앙당 뿐만 아니라 지구당도 독자성을 가진 단체로서 법인격 없는 사단으로 보고있다.

(판 례) 정당의 법적 형태(1)

정당의 법적 지위는 적어도 그 소유재산의 귀속관계에 있어서는 법인격 없는 사단(社團)으로 보아야 하고, 중앙당과 지구당과의 복합적 구조에 비추어 정당의 지구당은 단순한 중앙당의 하부조직이 아니라 어느 정도의 독자성을 가진 단체로서 역시 법인격 없는 사단에 해당한다고 보아야 할 것이다. 그런데 민법은 법인이 아닌 사단의 재산은 그 구성원의 총유(總有)로 보고, 그 구성원은 정관 기타 규약에 좇아 총유물을 사용 · 수익할 수 있다고 규정하고 있다(민법 제275조 및 제276조 제2항 참조).

헌재 1993.7.29. 92헌마262, 판례집 5-2, 211,216-217

(판 례) 정당의 법적 형태(2)

정당은 국민의 이익을 위하여 책임 있는 정치적 주장이나 정책을 추진하고 공직선거의 후보자를 추천 또는 지지함으로써 국민의 정치적 의사형성에 참여함을 목적으로 하는 국민의 자발적 조직으로(정당법 제2조), 그 법적 성격은 일반적으로 사적·정치적 결사 내지는 법인격 없는 사단으로 파악되고 있고, 이러한 정당의 법률관계에 대하여는 정당법의 관계 조문 이외에 일반 사법 규정이 적용된다.

그리고 정당의 대통령선거 후보선출은 자발적 조직 내부의 의사결정에 지나지 아니한다.

그렇다면 정당은 위에서 본 공권력의 주체에 해당하지 아니하고, 따라서 청구인들 주장과 같이 한나라당이 대통령선거 후보경선과정에서 여론조사 결과를 반영한 것을 일컬어 헌법소원심판의 대상이 되는 공권력의 행사에 해당한다 할 수 없다.

헌재 2007.10.30. 2007헌마1128, 공보 133, 1134

이처럼 정당은 사법(私法)상 법인격 없는 사단의 형태를 취하지만 다른 통상적인 사법상 단체와는 다른 성격을 지닌다. ① 정당은 헌법상 특별한 보호를 받는다. 정당은 국가로부터 운영자금 보조를 받을 수 있고, 해산절차 등에서도 특별한 보호를 받는다. ② 동시에 정당은 헌법상 특별한 의무를 진다. 정당의 목적·조직·활동은 민주적이어야 하며 국민의 정치적 의사형성에 참여하는 데 필요한 조직을 가져야 한다(헌법 제8조).

한편 정당은 국가기관과도 다른 성격을 지닌다. 정당은 국가기관과 달리 ① 그 설립이 자유이고, ② 공권력을 행사하지 않으며, ③ 내부조직 등에서 국가기관과 상이하다.

이와 같이 정당은 사법상 사단의 형식을 취하면서도 다른 사법상 단체와 다르고 국가기관도 아닌 중간적 성격의 조직이다. 요약한다면 정당은 헌법상 특별한 지위가 부여된 사적 결사이다. 정당의 이러한 법적 성격은 정당이 사회의 정치적 의사를 국가에 연결시키는 중개자로서 기능함을 반영한 것이다.

(판 례) 정당의 기능과 헌법적 지위

정당은 자발적 조직이기는 하지만 다른 집단과는 달리 그 자유로운 지도력을 통하여 무정형적(無定型的)이고 무질서적인 개개인의 정치적 의사를 집약하여 정리하고 구체적인 진로와 방향을 제시하며 국정을 책임지는 공권력으로까지 매개하는 중요한 공적 기능을 수행하기 때문에 헌법도 정당의 기능에 상응하는 지위와 권한을 보장함과 동시에 그 헌법 질서를 존중해 줄 것을 요구하고 있는 것이다.

헌재 1991.3.11. 91헌마21, 판례집 3, 91,113

Ⅲ. 정당설립의 자유와 복수정당제의 보장

정당의 설립은 자유이며 복수정당제는 보장된다(헌법 제8조 제1항). 민주주의는 다원주의에 입각하며 복수정당제의 보장은 자유민주적 기본질서의 구성요소가 된다. 전체주의 국가의 단일한 국가정당제도는 자유민주적 기본질서에 위배되며 헌법상 인정되지 않는다.

1. 정당설립의 자유

국민은 정당의 결성·가입의 자유, 정당활동의 자유 및 정당불가입, 정당탈퇴의 자유를 가진다. 또한 정당설립의 자유는 정당조직의 자유, 즉 어떠한 조직의 정당을 결성할 것인가의 자유도 포함한다. 이 모두를 포괄하여 '**정당의 자유**'라고 부를 수 있다. 헌법 제8조 제1항에서 규정한 정당설립의 자유는 좁은 의미의 정당결성의 자유만이 아니라 정당의 자유를 의미한다. 정당의 자유는 헌법 제21조의 결사의 자유에 대한 특별법의 지위에 있다.

정당등록신청을 받은 관할 선거관리위원회는 형식적 요건을 구비하는 한 이를 거부하지 못한다(정당법 제15조).

(판 례) 정당의 자유

헌법 제8조 제1항은 정당설립의 자유, 정당조직의 자유, 정당활동의 자유 등을 포괄하는 정당의 자유를 보장하고 있다. 이러한 정당의 자유는 국민이 개인적으로 갖는 기본권일 뿐만 아니라, 단체로서의 정당이 가지는 기본권이기도 하다.

헌재 2004.12.16. 2004헌마456, 판례집 16-2, 618,625

(판 례) 정당설립의 자유의 내용

정당설립의 자유는 당연히 정당존속의 자유와 정당활동의 자유를 포함하는 것이다. 한편, 정당의 명칭은 그 정당의 정책과 정치적 신념을 나타내는 대표적인 표지에 해당하므로, 정당설립의 자유는 자신들이 원하는 명칭을 사용하여 정당을 설립하거나 정당활동을 할 자유도 포함한다.

헌재 2014.1.28. 2012헌마431등, 판례집 26-1 상, 155,161

(판 례) 정당설립의 자유와 정당의 등록요건

(정당의 등록요건으로 "5 이상의 시 · 도당과 각 시 · 도당 1,000명 이상의 당원"을 요구하는 구 정당법 규정이 정당설립의 자유를 침해하여 위헌인지 여부. 합헌 결정)

이 사건 법률조항 중 제25조의 규정은 이른바 "지역정당"을 배제하려는 취지로 볼 수 있고, 제27조의 규정은 이른바 "군소정당"을 배제하려는 취지로 볼 수 있다. (……) 이 사건 법률조항이 비록 정당으로 등록되기에 필요한 요건으로서 5개 이상의 시 · 도당 및 각 시 · 도당마다 1,000명 이상의 당원을 갖출 것을 요구하고 있기 때문에 국민의 정당설립의 자유에 어느 정도 제한을 가하는 점이 있는 것은 사실이나, 이러한 제한은 "상당한 기간 또는 계속해서", "상당한 지역에서" 국민의 정치적 의사형성 과정에 참여해야 한다는 헌법상 정당의 개념표지를 구현하기 위한 합리적인 제한이라고 할 것이므로, 그러한 제한은 헌법적으로 정당화된다고 할 것이다.

헌재 2006.3.30. 2004헌마246, 판례집 18-1 상, 402,403-404

정당불가입의 자유를 정당의 자유에 포함시키는 통설, 판례와 달리 일반적 행동자유권으로 보장될 뿐이라는 견해도 있다.

(판 례) 헌법상 정당해산조항과 정당의 자유

헌법은 정당의 금지를 민주적 정치과정의 개방성에 대한 중대한 침해로서 이해하여 오로지 제8조 제4항의 엄격한 요건하에서만 정당설립의 자유에 대한 예외를 허용하고 있다. 이에 따라 자유민주적 기본질서를 부정하고 이를 적극적으로 제거하려는 조직도, 국민의 정치적 의사형성에 참여하는 한, '정당의 자유'의 보호를 받는 정당에 해당하며, 오로지 헌법재판소가 그의 위헌성을 확인한 경우에만 정당은 정치생활의 영역으로부터 축출될 수 있다.

헌재 1999.12.23. 99헌마135, 판례집 11-2, 800, 814-815

2. 당원 자격

정당법은 정당발기인 및 당원 자격에 관하여 규정하고 있다(제22조). 국회의원선거권이 있는 자는 누구나 정당 발기인 또는 당원이 될 수 있으나, 공무원(법령의 규정에 의하여 공무원의 신분을 가진 자를 포함한다)과 교원은 일정한 예외를 제외하고는 그 자격이 인정되지 않는다. 공무원과 교원 가운데 예외적으로 정당 발기인이나 당원이 될 수 있는 자는 다음과 같다. 대통령, 국무총리, 국무위원, 국회의원, 지방의회의원, 선거에 의해 취임하는 지방자치단체의 장, 국회 부의장의 수석비서관 · 비서관 · 비서 · 행정보조요원, 국회 상임위원회 · 예산결산특별위원회 · 윤리특별위원회 위원장의 행정보조요원, 국회의원의 보좌관 · 비서관 · 비서, 국회 교섭단체대표의원의 행정비서관, 국회 교섭단체의 정책연구위원 · 행정보조요원과 고등교육법 제14조 제1항 · 제2항에 따른 교원.

(판 례) 초 · 중등학교 교원의 정당가입, 선거운동 금지

3. 이 사건 법률조항이 청구인들과 같은 초 · 중등학교 교원의 정당가입 및 선거운동의 자유를 금지함으로써 정치적 기본권을 제한하는 측면이 있는 것은 사실이나, 공무원의 정치적 중립성 등을 규정한 헌법 제7조 제1항 · 제2항, 교육의 정치적 중립성을 규정한 헌법 제31조 제4항의 규정취지에 비추어 보면, 감수성과 모방성 그리고 수용성이 왕성한 초 · 중등학교 학생들에게 교원이 미치는 영향은 매우 크고, 교원의 활동은 근무시간 내외를 불문하고 학생들의 인격 및 기본생활습관 형성 등에 중요한 영향을 끼치는 잠재적 교육과정의 일부분인 점을 고려하고, 교원의 정치활동은 교육수혜자인 학생의 입장에서는 수업권의 침해로 받아들여질 수 있다는 점에서 현 시점에서는 국민의 교육기본권을 더욱 보장함으로써 얻을 수 있는 공익을 우선시해야 할 것이라는 점 등을 종합적으로 감안할 때, 초 · 중등학교 교육공무원의 정당가입 및 선거운동의 자유를 제한하는 것은 헌법적으로 정당화될 수 있다.

4. (……) 초 · 중등학교 교원에 대해서는 정당가입과 선거운동의 자유를 금지하면서 대학교원에게는 이를 허용한다 하더라도, 이는 양자간 직무의 본질이나 내용 그리고 근무태양이 다른 점을 고려할 때 합리적인 차별이라고 할 것이므로 청구인이 주장하듯 헌법상의 평등권을 침해한 것이라고 할 수 없다.

헌재 2004.3.25. 2001헌마710, 판례집 16-1, 422,423-424

헌법재판소 판례는 검찰총장이 퇴직 후 2년간 정당의 발기인, 당원이 될 수 없도록 한 검찰청법 규정이 위헌이라고 보았다(헌재 1997.7.16. 97헌마26). 경찰청장에 대해 동일한 제한을 가한 경찰청법 규정에 대해서도 위헌이라고 보았다(헌재 1999.12.23. 99

헌마135). 유사한 취지에서 국가인권위원회 위원이 퇴직 후 2년간 공직선거에 후보가 될 수 없게 한 규정에 대해서도 위헌 결정이 내려졌다(헌재 2004.1.29. 2002헌마788).

외국인은 당원이 될 수 없다(정당법 제22조 제2항). 자연인이 아닌 단체나 법인도 당원이 될 수 없다. 또한 2 이상의 정당의 당원이 될 수 없다(같은 법 제42조 제2항). 헌법재판소는 이 조항을 합헌이라고 하였다(헌재 2022.3.31. 2020헌마1729).

대법원은 신설합당된 정당이 정당법에서 정한 절차에 따라 적법하게 성립한 경우, 합당 전 정당의 당원이 신설합당된 정당의 당원 지위를 당연히 취득하고, 이는 정당법 제19조 제4항에 따라 합당 전 정당의 당원이 소속된 시 · 도당이 소멸된 것으로 간주되더라도 마찬가지라고 하였다(대판 2024.2.29. 2023다294791). 정당법의 "정당은 수도에 소재하는 중앙당과 특별시 · 광역시 · 도에 각각 소재하는 시 · 도당으로 구성하고"(제3조), "적어도 5 이상의 시 · 도당을 가져야 한다"(제17조)는 규정은 시 · 도당이 없는 지역에서도 당원의 존재가 가능함을 이미 상정하고 있다는 점을 이유로 하였다.

3. 정당활동의 자유

정당설립의 자유를 보장한 헌법규정(제8조 제1항)에 근거하여 정당활동의 자유가 보장된다(정당법 제37조). 정당활동의 자유 또는 정당조직의 자유에 대한 제한으로, 정당법은 중앙당(수도에 소재)과 시 · 도당(특별시 · 광역시 · 도에 소재)만을 인정하고(제3조), 지구당과 당연락소의 설치를 금지하고 있다. 그 대신 당원협의회(국회의원 지역구 및 자치구 · 시 · 군, 읍 · 면 · 동)를 둘 수 있으나 사무소는 둘 수 없도록 규정하고 있다(제37조 제3항). 헌법재판소는 지구당과 당연락소 설치 금지를 합헌으로 보았다.

(판 례) 지구당과 당연락소 설치 금지

이 사건 법률조항들이 정당으로 하여금 그 핵심적인 기능과 임무를 전혀 수행하지 못하도록 하거나 이를 수행하더라도 전혀 비민주적인 과정을 통할 수 밖에 없도록 하는 것이라면 정당의 자유의 본질적 내용을 침해하는 것이 되지만, 지구당이나 당연락소(이하 '지구당'이라고만 한다)가 없더라도 이러한 기능과 임무를 수행하는 것이 불가능하지 아니하고 특히 교통, 통신, 대중매체가 발달한 오늘날 지구당의 통로로서의 의미가 상당부분 완화되었기 때문에, 본질적 내용을 침해한다고 할 수 없다.

헌재 2004.12.16. 2004헌마456, 판례집 16-2, 618

헌법재판소는 정당의 시 · 도당 하부조직의 운영을 위한 당원협의회 등의 사무소를 두는 것을 금지한 정당법 규정도 합헌이라고 한다(헌재 2016.3.31. 2013헌가22).

Ⅳ. 정당의 헌법상 의무

정당은 공적 기능을 수행하기 때문에 헌법상 보호를 받는 동시에 헌법상 특별한 의무를 진다. 정당은 ① 국민의 정치적 의사형성에 참여하는 데 필요한 조직을 가져야 하며, ② 그 목적 · 조직 · 활동이 민주적이어야 한다(헌법 제8조 제2항).

1. 정당의 조직상 요건

정당법은 정당 조직상의 요건을 규정하고 있다. 정당은 5 이상의 시 · 도당을 가져야 한다(제17조). 시 · 도당은 1천명 이상의 당원을 가져야 하며, 법정당원수에 해당하는 수의 당원은 당해 시 · 도당의 관할구역 안에 주소를 두어야 한다(제18조). 헌법재판소는 정당의 시 · 도당은 1천인 이상의 당원을 가져야 한다고 규정한 정당법 조항을 합헌이라고 하였다(헌재 2022.11.24. 2019헌마445).

정당에 둘 수 있는 유급사무직원은 중앙당에는 100명을 초과할 수 없으며(단, 근로에 대한 대가를 제공받음이 없이 직책수행에 소요되는 활동비만을 지급받는 정당의 간부 및 보조금 배분대상정당의 정책연구소의 연구원은 그 수에서 제외한다), 시 · 도당에는 총 100명 이내에서 각 시 · 도당별로 중앙당이 정한다(제30조 제1항, 제4항).

2. 정당의 목적 · 조직 · 활동의 민주성

헌법상 정당설립의 자유는 정당조직의 자유와 정당활동의 자유를 포함하지만, 헌법은 동시에 정당의 목적 · 조직 · 활동은 민주적이어야 한다고 명시하고 있다. 정당조직의 자유 및 정당활동의 자유의 한계를 설정한 것이다.

정당의 목적이 민주적이어야 한다고 함은 정당의 목적이 민주적 기본질서에 위배되어서는 안 된다는 의미이다. 정당법에 따라 정당은 그 강령과 당헌을 공개해야 한다(제28조).

정당의 조직 · 활동이 민주적이어야 한다고 함은 정당의 기구 구성과 그 의사결정에 있어서 당원의 의사를 반영하여야 한다는 것을 의미한다. 이른바 당내민주주의가 그것이다. 정당법에 의하면 "정당은 민주적인 내부질서를 유지하기 위하여 당원의 총의를 반영할 수 있는 대의기관 및 집행기관과 소속 국회의원이 있는 경우에는 의원총회를 가져야 한다"(제29조 제1항).

당내민주주의는 특히 공직선거후보자의 추천에서 중요한 의미를 지닌다. 당내민주주의를 어느 수준과 어느 형태로 구현할 것인지는 헌법상 정당의 자유에 비추어 원칙적으로 정당이 자율적으로 결정할 것이지만, 그 최소한의 내용은 법률로 규정할 수 있다. 특히 공직선거후보자 추천에 있어서 당원 또는 대의기구의 비밀투표에 의한 후보자 선출 의무를 법률로 규정할 수 있다고 본다. 우리의 정당법과 공직선거법은 당내민주주의를 위한 정당의 의무를 최소한의 수준에서 규정하고 있다.

공직선거법 제47조 제2항은 정당이 공직선거후보자를 추천하는 때에는 민주적인 절차에 따라야 한다고만 규정하였으나, 2020.1.14. 개정법은 비례대표국회의원에 대해서는 엄격한 규정을 두었다. 그러나 2020.12.29. 개정 공직선거법은 비례대표국회의원선거 후보자추천절차 법정화를 폐지하고, 과거와 같이 '민주적인 절차에 따라야 한다'고만 규정하였다. 2024. 1. 2. 개정 정당법은 제36조의2를 신설하여 정당이 비례대표국회의원선거의 후보자를 추천하는 경우에는 '당헌·당규 또는 그 밖의 내부규약 등으로 정하는 바에 따라 민주적 절차를 거쳐 추천할 후보자를 결정한다'고 규정하여 민주적 통제를 다소 강화하였다. 정당은 공직선거후보자를 추천하기 위하여 경선을 실시할 수 있다. 당내경선을 실시하는 경우 경선후보자로서 당해 정당의 후보자로 선출되지 아니한 자는 당해 선거의 같은 선거구에서는 후보자로 등록될 수 없다(제57조의2).

또한 공직선거법은 후보자추천에 있어서 여성할당제를 규정하고 있다(제47조 제3항, 제4항, 제5항). 특히 지방의회의원선거에서 여성할당제에 강제적 효력이 부여되고 있다(제52조 제1항 제2호, 제52조 제2항).

공직선거후보자 추천에 관한 주목할 하급심판례가 있다. 2000년 이른바 '공천효력정지 가처분사건'에서 법원은 정당의 공천이 사법심사의 대상이 된다고 보고, 공천효력정지 가처분결정을 내렸다(서울지방법원 남부지원 2000.3.24. 2000카합489).

공직선거후보자 추천을 위한 정당의 당내경선에서 헌법상 선거의 기본원칙이 적용되는지가 문제된다. 대법원 판결에 따르면, "당내 경선에도 선거권을 가진 당원들의 직접·평등·비밀투표 등 일반적인 선거의 원칙이 그대로 적용되고, 대리투표는 허용되지 않는다"고 판시하여, 통합진보당 비례대표국회의원 경선에서의 대리투표를 업무방해죄로 처벌한 원심을 인정하였다(대판 2013.11.28. 2013도5117).

위 판결에 대해서는 정당의 자율성 또는 정당의 자유라는 관점에서 문제가 제기될 수 있다. 위에서 지적한 것처럼, 법률로써 당내경선에서의 비밀투표제를 규정할 수 있지만, 헌법상 선거의 원칙들이 모두 그대로 정당의 당내 경선에 적용되는지 논란이 있다.

(참고 · 미국판례) *O'Brien v. Brown*(1972).

대통령후보 선출을 위한 1972년 민주당전당대회에서 캘리포니아 주 대의원들의 자격을 둘러싸고 분쟁이 발생하였다. 정당의 해당 위원회로부터 대의원자격을 부인당한 사람들이 연방법원에 제소하였다. 연방대법원은 정당 내부문제에 관한 분쟁은 사법적 개입 없이 전당대회에 의해 해결하는 것이 적절하다고 보았다. 반면 소수의견은 이 문제가 재판가능한 문제라고 보았다.

한편 정당이 그 소속 국회의원을 제명하기 위해서는 당헌이 정하는 절차를 거치는 외에 그 소속 국회의원 전원의 2분의 1 이상의 찬성이 있어야 한다(정당법 제33조).

2020년 제21대 총선을 앞두고 각 정당들은 위성정당을 만들고 이합집산을 하면서 비례대표국회의원직을 유지하기 위하여 소위 '셀프제명'을 하고 다른 정당에 합류하는 일도 발생하였다. 이에 존속정당이 이 모 의원 등 8명을 상대로 제기한 당원제명절차취소단행가처분에서 법원은 "정당에서 비례대표가 제명 대상자로서 의결에 참여하는 것은 원칙적으로 헌법이나 공직선거법, 국회법, 정당법 등 관련 규정 및 입법 취지에 어긋나고, 비례대표가 자신에 대한 제명 결의에 직접 참여한 경우 그러한 결의에는 중대하고 명백한 하자가 존재한다"고 하였다(서울남부지법 2020.3.16.자 2020카합20088).

V. 정치자금제도와 정당에 대한 국고보조금

1. 정치자금제도

정치자금에 관하여 헌법은 특히 국고보조금에 관하여 규정하고 있고(제8조 제3항), 그 밖의 정치자금 규제에 관해서는 정치자금법이 규정하고 있다.

정치자금법에 의하면 정치자금이란 "당비, 후원금, 기탁금, 보조금과 정당의 당헌·당규 등에서 정한 부대수입, 정치활동을 위하여 정당(중앙당창당준비위원회를 포함한다), 공직선거법에 따른 후보자가 되려는 사람, 후보자 또는 당선된 사람, 후원회·정당의 간부 또는 유급사무직원, 그 밖에 정치활동을 하는 사람에게 제공되는 금전이나 유가증권 또는 그 밖의 물건과 위에 열거된 사람(정당 및 중앙당창당준비위원회를 포함한다)의 정치활동에 소요되는 비용"을 말한다(제3조 제1호).

정치자금법은 정치자금에 관한 기본원칙을 다음과 같이 규정하고 있다. ① 누구든지 이 법에 의하지 아니하고는 정치자금을 기부하거나 받을 수 없다. ② 정치자금의 회계는 공개되어야 한다. ③ 정치자금은 정치활동을 위하여 소요되는 경비로만 지출하여야 하며, 사적 경비로 지출하거나 부정한 용도로 지출하여서는 아니 된다. ④ 이 법에 의하여 1회 120만원을 초과하여 정치자금을 기부하는 자와 일정 금액을 초과하여 정치자금을 지출하는 자는 수표나 신용카드·예금계좌입금 그 밖에 실명이 확인되는 방법으로 기부 또는 지출하여야 한다. ⑤ 누구든지 타인의 명의나 가명으로 정치자금을 기부할 수 없다(제2조).

정치자금법에 정하지 아니한 방법으로 정치자금을 기부하거나 기부받은 자는 5년 이하의 징역 또는 1천만원 이하의 벌금에 처한다(제45조. 정치자금부정수수죄). 헌법재판소는 정치자금법상 "이 법에 정하지 아니한 방법"에 의한 정치자금 수수를 처벌한다는 규정이 명확성의 원칙에 위반하지 않으며 합헌이라고 보았다(헌재 2004.6.24. 2004헌바16).

(1) 당 비

당비라 함은 "명목여하에 불구하고 정당의 당헌·당규 등에 의하여 정당의 당원이 부담하는 금전이나 유가증권 그 밖의 물건"을 말한다(제3조 제3호). 정당은 당원의 정예화와 정당의 재정자립을 도모하기 위하여 당비납부제도를 설정·운영하여야 하며, 당원은 같은 정당의 타인의 당비를 부담할 수 없다(정당법 제31조). 정치자금법은 당비영수증발급제도를 규정하고 있다(제5조).

(2) 후원금

후원금이라 함은 정치자금법에 의하여 후원회에 기부하는 금전이나 유가증권 그 밖의 물건을 말한다(정치자금법 제3조 제4호). 후원회를 지정할 수 있는 자는 다음과 같이 한정되어 있다. ① 중앙당(중앙당창당준비위원회를 포함한다), ② 국회의원(국회의원선거의 당선인을 포함한다), ③ 지방의회의원(지방의회의원선거의 당선인을 포함한다), ④ 대통령선거의 후보자 및 예비후보자, ⑤ 정당의 대통령선거후보자 선출을 위한 당내경선후보자, ⑥ 지역선거구국회의원선거의 후보자 및 예비후보자(다만, 후원회를 둔 국회의원의 경우에는 그러하지 아니하다), ⑦ 중앙당 대표자 및 중앙당 최고 집행기관(그 조직형태와 관계없이 당헌으로 정하는 중앙당 최고 집행기관을 말한다)의 구성원을 선출하기 위한 당내경선후보자, ⑧ 지역구지방의회의원선거의 후보자 및 예비후보자, ⑨ 지방자치단체의 장선거의 후보자 및 예비후보자(제6조). 중앙당, 지방자치단체의 장선거의 후보자 및 예비후보자, 지방의회의원이 후원회지정권자로 추가된 것은 모두 헌법재판소의 헌법불합치결정에 따른 법 개정의 결과이다(헌재 2015.12.23. 2013헌바168; 헌재 2019.12.27. 2018헌마301; 헌재 2022.11.24. 2019헌마528등).

헌법재판소는 정치자금법상 기초자치단체장선거 후보자나 예비후보자에게 후원회 지정권을 부여하지 않은 규정의 위헌 여부에 관하여, "기초자치단체 장과 국회의원은 그 지위와 성격, 기관의 직무 및 기능의 점에서 본질적으로 다르다"는 등의 이유로 합헌이라고 판시하였다(헌재 2006.5.25. 2005헌마1095, 판례집 18-1 하, 159). 국회의원이 아닌 원외 당협위원장을 후원회지정권자에서 제외하고 있는 것도 평등권 침해가 아니라고 하였다(헌재 2022.10.27. 2018헌마972).

(판 례) 개인후원회제도에 관한 입법형성의 자유

개인후원회제도를 둘 것인지 여부 및 그에 관한 규제의 정도나 내용은 원칙적으로 입법정책의 문제로서 입법자의 입법형성의 자유에 속하는 사항이라고 하겠다.

헌재 2001.10.25. 2000헌바5, 판례집 13-2, 469,476-477

헌법재판소는 정당에 대한 후원을 금지하고 위반시 형사처벌하는 정치자금법 조항에 대하여 헌법불합치결정을 하였다. 2022년에는 '도의회'와 '시의회'의원을 후원회지정권자에서 제외하여 국회의원과 차별하는 것은 헌법에 합치하지 않는다고 하였다(헌재 2022.11.24. 2019헌마528등; 청구인들이 각 '도' 및 '시'의회의원들이었으므로 심판대상이 한정되었다).

(판 례) 정당에 대한 후원 금지 조항의 위헌성

이 사건 법률조항이 보호하려는 공익은 정당 후원회를 금지함으로써 불법 정치자금 수수로 인한 정경유착을 막고 정당의 정치자금 조달의 투명성을 확보하여 정당 운영의 투명성과 도덕성을 제고하는 것이나, 정당제 민주주의 하

에서 정당에 대한 재정적 후원이 전면적으로 금지됨으로써 정당이 스스로 재정을 충당하고자 하는 정당활동의 자유와 국민의 정치적 표현의 자유가 제한되는 불이익은 이보다 더욱 크다고 할 것이어서 법익 균형성도 충족되었다고 보기 어렵다.

(헌법불합치결정)

헌재 2015.12.23. 2013헌바168, 판례집 27-2 하, 511,532

정치자금법은 후원인의 연간기부금한도액(제11조), 후원회의 연간모금한도액(제12조), 정치자금영수증(제17조) 등에 관하여 규정하고 있다. 또한 후원금모집방법 등을 규제하고, 특히 집회에 의한 모금을 금지하고 있다(제14조).

외국인, 법인 또는 단체는 정치자금을 기부할 수 없다(제31조). 따라서 기업과 노동조합 모두 정치자금 기부가 금지된다. 본래 구법(2000.2.16 개정 전)에서는 기업 등의 정치자금 기부를 허용하면서 노동조합에 대해서는 이를 금지하였는데, 헌법재판소는 이 규정이 위헌적인 차별이라고 판시하였다(헌재 1999.11.25. 95헌마154). 이 결정 후 노동조합의 정치자금 기부를 허용하는 법률개정이 있었으나, 현행 법률에서는 기업, 노동조합을 불문하고 단체의 정치자금 기부를 금지하고 있다. 정경유착을 막는다는 취지에서 기업의 정치자금 기부금지는 타당하며, 나아가 노동조합 역시 정치자금 기부를 금지하는 것이 평등의 원칙에 부합한다. 이 점에서 현행 법률의 태도는 타당하고 합헌적이다.

헌법재판소는 구 정치자금법에서 누구든지 단체와 관련된 자금으로 정치자금을 기부할 수 없도록 한 조항(제12조 제2항)이 합헌이라고 결정하였다(헌재 2010.12.28. 2008헌바89). 다수의견에 의하면, 이 조항은 죄형법정주의의 명확성 원칙에 위반되지 아니하고, 또한 단체의 자금력을 통한 민주적 의사형성과정의 왜곡과 선거의 공정 저해를 방지하며, 단체 구성원의 의사에 반하는 기부로 인한 구성원의 정치적 표현의 자유 침해를 방지하기 위한 것으로서 과잉금지원칙에 위반하여 정치활동의 자유 및 정치적 표현의 자유를 침해한다고 볼 수도 없으므로 헌법에 위반되지 아니한다고 보았다.

(판 례) 단체의 정치자금 기부 금지

어떤 법률조항이 위헌 결정된 법률조항의 반복입법에 해당하는지 여부는 입법목적이나 동기, 입법당시의 시대적 배경 및 관련조항들의 체계 등을 종합하여 실질적 동일성이 있는지 여부에 따라 판단하여야 할 것인바, 이 사건 기부금지 조항은 그 규율영역이 위헌 결정된 법률조항과 전적으로 동일한 경우에 해당하지 않고, 노동단체에 대한 차별적 규제의 의도가 전혀 존재하지 않는다는 점에서 종전의 위헌 결정된 법률조항의 반복입법에 해당하지 않는다.

이 사건 기부금지 조항의 '단체'란 '공동의 목적 내지 이해관계를 가지고 조직적인 의사형성 및 결정이 가능한 다수인의 지속성 있는 모임'을 말하고, '단체와 관련된 자금'이란 단체의 명의로, 단체의 의사결정에 따라 기부가 가능한 자금으로서 단체의 존립과 활동의 기초를 이루는 자산은 물론이고, 단체가 자신의 이름을 사용하여 주도적으로 모집, 조성한 자금도 포함된다고 할 것인바, 그 의미가 불명확하여 죄형법정주의의 명확성 원칙에 위반된다고 할 수 없다.

이 사건 기부금지 조항은 단체의 정치자금 기부금지 규정에 관한 탈법행위를 방지하기 위한 것으로서, 단체의 정치자금 기부를 통한 정치활동이 민주적 의사형성과정을 왜곡하거나, 선거의 공정을 해하는 것을 방지하고, 단체 구성원의 의사에 반하는 정치자금 기부로 인하여 단체 구성원의 정치적 의사표현의 자유가 침해되는 것을 방지하는 것인바, 정당한 입법목적 달성을 위한 적합한 수단에 해당한다. 한편 단체의 정치적 의사표현은 그 방법에 따라 정당 · 정치인이나 유권자의 선거권 행사에 심대한 영향을 미친다는 점에서 그 방법적 제한의 필요성이 매우 크고, 이 사건 기부금지 조항은 단체의 정치적 의사표현 자체를 금지하거나 그 내용에 따라 규제하도록 한 것이 아니라, 개인과의 관계에서 불균형적으로 주어지기 쉬운 '자금'을 사용한 방법과 관련하여 규제를 하는 것인바, 정치적 표현의 자유의 본질을 침해하는 것이라고 볼 수 없다. 또한, 개인의 정치적 의사형성이 온전하게 이루어질 수 있는 범위에서의 자금모집에 관한 단체의 관여를 일반적 · 추상적으로 규범화하여 허용하는 것은 입법기술상 곤란할 뿐만 아니라, 개인의 정치적 기본권 보호라는 입법목적 달성에 충분한 수단이라고 보기 어렵고, 달리 덜 제약적 수단이 존재함이 명백하지 않은 이상 이 사건 기부금지 조항이 침해의 최소성 원칙에 위반된다고 보기 어렵다. 나아가 이 사건 기부금지 조항에 의한 개인이나 단체의 정치적 표현의 자유 제한은 내용중립적인 방법 제한으로서 수인 불가능할 정도로 큰 것이 아닌 반면, 금권정치와 정경유착의 차단, 단체와의 관계에서 개인의 정치적 기본권 보호 등 이 사건 기부금지 조항에 의하여 달성되는 공익은 대의민주제를 채택하고 있는 민주국가에서 매우 크고 중요하다는 점에서 법익균형성 원칙도 충족된다. 따라서 이 사건 기부금지 조항이 과잉금지원칙에 위반하여 정치활동의 자유 등을 침해하는 것이라 볼 수 없다.

(재판관 3인의 헌법불합치의견 있음)

헌재 2010.12.28. 2008헌바89, 판례집 22-2 하, 659,660-662

(3) 기탁금

기탁금이라 함은 정치자금을 정당에 기부하고자 하는 개인이 선거관리위원회에 기탁하는 금전이나 유가증권 그 밖의 물건을 말한다(정치자금법 제3조 제5호). 중앙선거관리위원회는 국고보조금 배분율에 따라 기탁금을 배분 · 지급한다(제23조).

2. 국고보조금

정치자금법에서 인정하는 정치자금 제공의 방식에는 위의 당비, 후원금, 기탁금 외에 국고보조금이 있다. 국고보조금제도는 제2차 대전 후 서독에서 시작된 이래 프랑스, 이탈리아, 일본 등 여러 나라에서 도입하고 있다. 국고보조금제도는 음성적인 불법 정치자금의 폐해를 줄이는 의미가 있으나 정당재정의 국고에의 의존 등 문제점도 지니고 있다.

(1) 국고보조금의 계상

국가는 정당에 대한 보조금으로 최근 실시한 임기만료에 의한 국회의원선거의 선거권자 총수에 보조금 계상단가를 곱한 금액을 매년 예산에 계상하여야 한다. 대통령선거, 임기만료에 의한 국회의원선거 또는 공직선거법 제203조 제1항의 규정에 의한 동시지방선거가 있는 연도에는 각 선거마다 보조금 계상단가를 추가한 금액을 예산에 계상하여야 한다(정치자금법 제25조).

국가는 임기만료에 의한 지역구국회의원선거, 지역구시 · 도의회의원선거 및 지역구자치구 · 시 · 군의회의원선거에서 여성후보자를 추천하는 정당에 지급하기 위한 보조금('여성추천보조금')으로, 최근 실시한 임기만료에 의한 국회의원선거의 선거권자 총수에 100원을 곱한 금액을 선거가 있는 연도의 예산에 계상하여야 한다(제26조).

(2) 국고보조금의 배분

국고보조금은 지급 당시 국회법 제33조에 의하여 동일 정당의 소속의원으로 교섭단체를 구성한 정당에 대하여 그 100분의 50을 정당별로 균등하게 분할하여 배분 · 지급한다.

이 대상이 아닌 정당으로서 5석 이상의 의석을 가진 정당에 대하여는 100분의 5씩을, 의석이 없거나 5석 미만의 의석을 가진 정당 중 다음 어느 하나에 해당하는 정당에 대하여는 보조금의 100분의 2씩을 배분 · 지급한다. ① 최근에 실시된 임기만료에 의한 국회의원선거에 참여한 정당의 경우에는 국회의원선거의 득표수 비율이 100분의 2 이상인 정당, ② 최근에 실시된 임기만료에 의한 국회의원선거에 참여한 정당 중 ①에 해당하지 아니하는 정당으로서 의석을 가진 정당의 경우에는 최근에 전국적으로 실시된 비례대표시·도의회의원선거, 지역구시·도의회의원선거, 시·도지사선거 또는 자치구·시·군의 장선거에서 당해 정당이 득표한 득표수 비율이 100분의 0.5 이상인 정당, ③ 최근에 실시된 임기만료에 의한 국회의원선거에 참여하지 아니한 정당의 경우에는 최근에 전국적으로 실시된 비례대표시·도의회의원선거, 지역구시·도의회의원선거, 시·도지사선거 또는 자치구·시·군의 장선거에서 당해 정당이 득표한 득표수 비율이 100분의 2 이상인 정당.

위의 배분·지급액을 제외한 잔여분 중 100분의 50은 지급 당시 국회의석을 가진 정당에 그 의석수의 비율에 따라 배분·지급하고, 그 잔여분은 국회의원선거의 득표수 비율에 따라 배분·지급한다(정치자금법 제27조).

여성추천보조금은 여성후보자를 추천한 정당에 대하여 일정한 기준에 따라 배분·지급한다(제26조 제2항).

헌법재판소는 정치자금법상 국고보조금 배분에 있어서 교섭단체 구성 여부에 따라 차등을 두는 규정의 위헌 여부에 관하여, 다수 의석을 가지고 있는 원내정당을 우대하고자 하는 것은 합리적 이유가 있다고 보아 합헌이라고 판시하였다(헌재 2006. 7.27. 2004헌마655).

(3) 국고보조금의 용도제한

보조금은 정당의 운영에 소요되는 경비로서 다음에 해당하는 경비 외에는 사용할 수 없다. ① 인건비, ② 사무용 비품 및 소모품비, ③ 사무소 설치·운영비, ④ 공공요금, ⑤ 정책개발비, ⑥ 당원 교육훈련비, ⑦ 조직활동비, ⑧ 선전비, ⑨ 선거관계비용.

국고보조금 배분대상정당은 정책의 개발·연구활동을 촉진하기 위하여 중앙당에 별도 법인으로 정책연구소를 설치·운영하여야 한다(정치자금법 제38조). 또한 경상보조금(선거가 있는 연도에 추가로 계상하여 지급하는 선거보조금이 아닌 통상적인 보조금) 총액의 100분의 30 이상은 정책연구소에, 100분의 10 이상은 시·도당에 배분·지급하여야 하며, 100분의 10 이상은 여성정치발전을 위하여 사용하여야 한다. 소속 당원인 공직선거의 후보자·예비후보자에게 보조금을 지원할 수 있으며, 여성추천보조금은 여성후보자의, 장애인추천보조금은 장애인후보자의 선거경비로 사용하여야 한다(제28조).

Ⅵ. 정당의 해산

1. 정당의 소멸

정당의 소멸 사유로는 세 가지가 있다. ① 등록취소, ② 자진해산, ③ 강제해산, 즉 헌법재판소의 해산결정(정당법 제7장).

정당이 다음의 어느 하나에 해당하는 때에는 당해 선거관리위원회는 그 등록을 취소한다. ① 정당법 제17조(법정시 · 도당수) 및 제18조(시 · 도당의 법정당원수)의 요건을 구비하지 못하게 된 때, ② 최근 4년간 임기만료에 의한 국회의원선거 또는 임기만료에 의한 지방자치단체의 장선거나 시 · 도의회의원선거에 참여하지 아니한 때, ③ 임기만료에 의한 국회의원선거에 참여하여 의석을 얻지 못하고 유효투표총수의 100분의 2 이상을 득표하지 못한 때(정당법 제44조).

헌법재판소는 국회의원총선거에 참여하여 의석을 얻지 못하고 유효투표총수의 100분의 2 이상을 득표하지 못한 때에 정당의 등록을 취소하도록 한 정당법 규정은 정당설립의 자유를 침해하여 헌법에 위반된다고 하였다.

(판 례) 정당등록취소조항의 위헌성

국민의 정치적 의사형성에 참여할 진지한 의사나 능력을 갖추지 못한 정당을 배제시키면서도 정당으로 하여금 국민의 지지와 신뢰를 획득할 수 있는 정책 개발에 더욱 매진하도록 할 방법이 있음에도 불구하고, 정당등록취소조항이 단 한 번의 국회의원선거에서 의석을 얻지 못하고 일정 수준의 득표를 하지 못하였다는 이유로 정당등록을 취소하는 것은 입법목적 달성을 위해 필요한 최소한의 수단이라고 볼 수 없다.

헌재 2014.1.28. 2012헌마431등, 판례집 26-1 상, 155,164

2. 정당의 강제해산

(1) 개 관

헌법 제8조 제4항은 정당의 강제해산에 관하여 규정하고 있다. 구체적으로는 정당법과 헌법재판소법에서 관련 규정을 두고 있다.

정당의 강제해산은 방어적 민주주의 사상을 구현하는 핵심적인 제도이다. 이 제도는 자유민주적 기본질서를 부정하는 정당을 강제해산함으로써 자유민주적 기본질서를 수호하려는 취지에서 나온 것이다. 강제해산제도는 정당의 목적과 활동이 민주적이어야 한다는 정당의 헌법상 의무를 구체화한 것이며, 다른 한편으로는 헌법재판소 결정에 의해서만 정당을 강제해산할 수 있다는 점에서 정당의 헌법상 특권을 의미하는 것이기도 하다.

우리 헌법은 제2공화국 헌법이래 이 제도를 규정하고 있다. 헌법재판소는 2014년 12월 19일, '통합진보당' 해산 결정을 내렸다. 이것은 정당해산제도가 채택된 이래 최초의 해산결정이다. 1958년에 진보당이 강제해산된 사례가 있으나, 이것은 행정청(공보실장)의 직권에 의한 것이었다.

(2) 강제해산의 사유

강제해산의 사유는 "정당의 목적이나 활동이 민주적 기본질서에 위배될 때"이다. 여기에서 먼저 '민주적 기본질서'의 의미는 무엇인가가 문제된다. 다수설은 민주적 기본질서의 의미를 자유민주적 기본질서와 동일한 것으로 본다. 헌법재판소 판례에 의하면 자유민주적 기본질서란 "모든 폭력적 지배와 자의적 지배 즉 반국가단체의 일인독재 내지 일당독재를 배제하고 다수의 의사에 의한 국민의 자치, 자유·평등의 기본 원칙에 의한 법치주의적 통치질서"를 말하며, 그 구체적 요소는 "기본적 인권의 존중, 권력분립, 의회제도, 복수정당제도, 선거제도, 사유재산과 시장경제를 골간으로 한 경제질서 및 사법권의 독립 등"이다(헌재 1990.4.2. 89헌가113, 판례집 2, 49,64).

생각건대 민주적 기본질서에 위배된다는 것은 민주적 기본질서의 핵심에 위배된다는 의미이며, 민주적 기본질서의 핵심은 자유민주적 기본질서이기 때문에 다수설이 타당하다고 본다. 민주주의는 포괄적 개념이며 자유민주주의와 사회민주주의를 모두 포함하는데, 사회민주주의는 자유민주주의의 요소를 부정하는 것이 아니라 자유민주주의의 요소들에 더하여 수정자본주의적 경제질서 또는 사회국가적 요소를 부가한 것이다. 이렇게 볼 때, 민주적 기본질서에 위배하면 해산사유가 된다는 것은 민주적 기본질서의 핵심인 자유민주적 기본질서에 위배하면 해산사유가 된다는 의미이다.

해산 대상인 '정당'은 중앙선거관리위원회에 등록된 기성정당을 의미한다. 기성정당만이 아니라 창당단계에 있는 정당, 즉 선거관리위원회에 신고된 창당준비위원회도 해산대상이 된다고 볼 것이다.

정당의 '목적이나 활동'이 민주적 기본질서에 위배될 때라 함은 정당의 '목적', '활동'의 양자 또는 그 어느 하나가 민주적 기본질서에 위배될 때라는 의미이다.

정당의 목적이나 활동이 민주적 기본질서에 '위배'되는지 여부는 정당의 강령과 당헌 및 당원들의 활동을 종합적으로 고려하여 판단하여야 할 것이다.

(판 례) 정당 해산(통합진보당 해산 결정)

(결정요지)

4. 정당해산심판제도는 정부의 일방적인 행정처분에 의해 진보적 야당이 등록취소되어 사라지고 말았던 우리 현대사에 대한 반성의 산물로서 제3차 헌법개정을 통해 헌법에 도입된 것이다. 우리나라의 경우 이 제도는 발생사적 측면에서 정당을 보호하기 위한 절차로서의 성격이 부각된다. 따라서 모든 정당의 존립과 활동은 최대한 보장되며, 설령 어떤 정당이 민주적 기본질서를 부정하고 이를 적극적으로 공격하는 것으로 보인다 하더라도 국민의 정치적 의사형성에 참여하는 정당으로서 존재하는 한 헌법에 의해 최대한 두텁게 보호되므로, 단순히 행정부의 통상적인 처분에 의해서는 해산될 수 없고, 오직 헌법재판소가 그 정당의 위헌성을 확인하고 해산의 필요성을 인정한 경우에만 정당정치의 영역에서 배제된다. 그러나 한편 이 제도로 인해서, 정당활동의 자유가 인정된다 하더라도 민주적 기본질서를 침해해서는 안 된다는 헌법적 한계 역시 설정된다.

5. 가. '정당의 목적'이란, 어떤 정당이 추구하는 정치적 방향이나 지향점 혹은 현실 속에서 구현하고자 하는 정치적 계획 등을 통칭한다. 이는 주로 정당의 공식적인 강령이나 당헌의 내용을 통해 드러나겠지만, 그밖에 정당대표나 주요 당직자 등의 공식적 발언, 정당의 기관지나 선전자료와 같은 간행물, 정당의 의사결정과정에서 일정한 영향력을 가지거나 정당의 이념으로부터 영향을 받은 당원들의 행위 등도 정당의 목적을 파악하는 데에 도움이 될 수 있다. 만약 정당의 진정한 목적이 숨겨진 상태라면 이 경우에는 강령 이외의 자료를 통해 진정한 목적을 파악해야 한다.

한편 '정당의 활동'이란, 정당 기관의 행위나 주요 정당관계자, 당원 등의 행위로서 그 정당에게 귀속시킬 수 있는 활동 일반을 의미한다.

나. 헌법 제8조 제4항이 의미하는 '민주적 기본질서'는, 개인의 자율적 이성을 신뢰하고 모든 정치적 견해들이 각각 상대적 진리성과 합리성을 지닌다고 전제하는 다원적 세계관에 입각한 것으로서, 모든 폭력적 · 자의적 지배를 배제하고, 다수를 존중하면서도 소수를 배려하는 민주적 의사결정과 자유 · 평등을 기본원리로 하여 구성되고 운영되는 정치적 질서를 말하며, 구체적으로는 국민주권의 원리, 기본적 인권의 존중, 권력분립제도, 복수정당제도 등이 현행 헌법상 주요한 요소라고 볼 수 있다.

다. 헌법 제8조 제4항은 정당해산심판의 사유를 “정당의 목적이나 활동이 민주적 기본질서에 위배될 때”로 규정하고 있는데, 여기서 말하는 민주적 기본질서의 ‘위배’란, 민주적 기본질서에 대한 단순한 위반이나 저촉을 의미하는 것이 아니라, 민주사회의 불가결한 요소인 정당의 존립을 제약해야 할 만큼 그 정당의 목적이나 활동이 우리 사회의 민주적 기본질서에 대하여 실질적인 해악을 끼칠 수 있는 구체적 위험성을 초래하는 경우를 가리킨다.

라. 강제적 정당해산은 헌법상 핵심적인 정치적 기본권인 정당활동의 자유에 대한 근본적 제한이므로, 헌법재판소는 이에 관한 결정을 할 때 헌법 제37조 제2항이 규정하고 있는 비례원칙을 준수해야만 한다. 따라서 헌법 제8조 제4항의 명문규정상 요건이 구비된 경우에도 해당 정당의 위헌적 문제성을 해결할 수 있는 다른 대안적 수단이 없고, 정당해산결정을 통하여 얻을 수 있는 사회적 이익이 정당해산결정으로 인해 초래되는 정당활동 자유 제한으로 인한 불이익과 민주주의 사회에 대한 중대한 제약이라는 사회적 불이익을 초과할 수 있을 정도로 큰 경우에 한하여 정당해산결정이 헌법적으로 정당화될 수 있다.

6. 대한민국은 북한이라는 현실적인 적으로부터 공격의 대상으로 선포되어 있고, 그로부터 체제 전복의 시도가 상시적으로 존재하는 상황인데, 우리의 민주적 기본질서도 궁극적으로 대한민국과 동일한 운명에 있다. 따라서 남북이 대립되어 있는 현재 한반도의 상황과 무관하지 않은 이 사건에서 우리는 입헌주의의 보편적 원리에 더하여, 우리 사회가 처해 있는 여러 현실적 측면들, 대한민국의 특수한 역사적 상황 그리고 우리 국민들이 공유하는 고유한 인식과 법 감정들의 존재를 동시에 숙고할 수밖에 없다.

7. (……) 라. 피청구인이 추구하는 북한식 사회주의 체제는 조선노동당이 제시하는 정치 노선을 절대적인 선으로 받아들이고 그 정당의 특정한 계급노선과 결부된 인민민주주의 독재방식과 수령론에 기초한 1인 독재를 통치의 본질로 추구하는 점에서 민주적 기본질서와 근본적으로 충돌한다. 또한 피청구인은 진보적 민주주의를 실현하기 위해서는 전민항쟁 등 폭력을 행사하여 자유민주주의체제를 전복할 수 있다고 하는데 이 역시 민주적 기본질서에 정면으로 저촉된다. 한편 내란관련 사건, 비례대표 부정경선 사건, 중앙위원회 폭력사건 및 관악을 지역구 여론조작 사건 등 피청구인의 활동들은 내용적 측면에서는 국가의 존립, 의회제도, 법치주의 등을 부정하는 것이고, 수단이나 성격의 측면에서는 자신의 의사를 관철하기 위해 폭력 등을 적극적으로 사용하여 민주주의 이념에 반하는 것이다.

내란관련 사건 등 앞서 본 피청구인의 여러 활동들은 그 경위, 양상, 피청구인 주도세력의 성향, 구성원의 활동에 대한 피청구인의 태도 등에 비추어 보면, 피청구인의 진정한 목적에 기초하여 일으킨 것으로서, 향후 유사상황에서 반복될 가능성이 크다. 더욱이 피청구인이 폭력에 의한 집권 가능성을 인정하고 있는 점에 비추어 피청구인의 여러 활동들은 민주적 기본질서에 대해 실질적인 해악을 끼칠 구체적 위험성이 발현된 것으로 보인다. 특히 내란관련 사건에서 피청구인 주도세력이 북한에 동조하여 대한민국의 존립에 위해를 가할 수 있는 방안을 구체적으로 논의한 것은 피청구인의 진정한 목적을 단적으로 드러낸 것으로서, 표현의 자유의 한계를 넘어 민주적 기본질서에 대한 구체적 위험성을 배가한 것이다.

결국 피청구인의 위와 같은 진정한 목적이나 그에 기초한 활동은 우리 사회의 민주적 기본질서에 대해 실질적 해악을 끼칠 수 있는 구체적 위험성을 초래하였다고 판단되므로, 민주적 기본질서에 위배된다.

8. 북한식 사회주의를 실현하고자 하는 피청구인의 목적과 활동에 내포된 중대한 위헌성, 대한민국 체제를 파괴하려는 북한과 대치하고 있는 특수한 상황, 피청구인 구성원에 대한 개별적인 형사처벌로는 정당 자체의 위험성이 제거되지 않는 등 해산 결정 외에는 피청구인의 고유한 위험성을 제거할 수 있는 다른 대안이 없는 점, 그리고 민주적 기본질서의 수호와 민주주의의 다원성 보장이라는 사회적 이익이 정당해산결정으로 인한 피청구인의 정당활동의 자유에 대한 근본적 제약이나 다원적 민주주의에 대한 일부 제한이라는 불이익에 비하여 월등히 크고 중요하다는 점을 고려하면, 피청구인에 대한 해산결정은 민주적 기본질서에 가해지는 위험성을 실효적으로 제거하기 위한 부득이한 해법으로서 비례원칙에 위배되지 아니한다.

9. 헌법재판소의 해산결정으로 정당이 해산되는 경우에 그 정당 소속 국회의원이 의원직을 상실하는지에 대하여 명문의 규정은 없으나, 정당해산심판제도의 본질은 민주적 기본질서에 위배되는 정당을 정치적 의사형성과정에서 배제함으로써 국민을 보호하는 데에 있는데 해산정당 소속 국회의원의 의원직을 상실시키지 않는 경우 정당해산결정의 실효성을 확보할 수 없게 되므로, 이러한 정당해산제도의 취지 등에 비추어 볼 때 헌법재판소의 정당해산결정이 있는 경우 그 정당 소속 국회의원의 의원직은 당선 방식을 불문하고 모두 상실되어야 한다.

(재판관 김이수의 반대의견 및 재판관 2인의 보충의견 있음)

헌재 2014.12.19. 2013헌다1, 판례집 26-2 하, 1,2-7

위의 헌법재판소 결정을 다시 요약, 정리하기로 한다.

첫째, 정당해산심판제도의 의의에 관하여, 이 제도가 "정당을 보호하기 위한 절차”이며, 동시에 “정당활동의 자유가 인정된다 하더라도 민주적 기본질서를 침해해서는 안 된다는 헌법적 한계”를 설정한 것이라고 보고 있다. 즉 이 제도가 정당의 보호와 제한이라는 양면적 성격을 갖고 있다고 본 것이다.

둘째, 정당해산 사유와 관련해, 먼저 ‘민주적 기본질서’의 의미에 대하여 판시하기를, “이것이 보장되지 않으면 우리의 입헌적 민주주의 체제가 유지될 수 없다고 평가되는 최소한의 내용”이며, “최대한 엄격하고 협소한 의미로 이해해야 한다”고 풀이하고 있다. 또한 이 점과 관련하여, “현행 헌법이 규정한 민주주의 제도의 세부적 내용에 관해서는 얼마든지 그와 상이한 주장을 개진할 수 있는 것”이며, “민주적 기본질서를 부정하지 않는 한 정당은 각자가 옳다고 믿는 다양한 스펙트럼의 이념적인 지향을 자유롭게 추구할 수 있다”고 말한다(이 내용은 결정요지에는 나타나 있지 않으며, 결정문 원문에 포함되어 있다).

한편, 민주적 기본질서의 의미 내용에 대해서는, “다원적 세계관에 입각한 것”이고, “모든 폭력적 · 자의적 지배를 배제”하며, “다수를 존중하면서도 소수를 배려하는 민주적 의사결정” 및 “자유 · 평등을 기본원리로 하여 구성되고 운영되는 정치적 질서”를 말하는 것이고, “구체적으로는 국민주권의 원리, 기본적 인권의 존중, 권력분립제도, 복수정당제도 등이 현행 헌법상 주요한 요소”라고 해석하고 있다.

헌법재판소가 민주적 기본질서의 의미를 좁게 해석하여 최소한의 내용에 국한시켜야 한다고 본 것은 정당해산제도의 남용을 우려한 것이며, 이 점에서 타당하다. 한편 그 요소로서 ‘다원적 세계관에 입각’한다고 본 점, ‘소수 배려’의 의사결정 등을 명시한 것은 주목할 만하다.

민주적 기본질서의 해석과 관련해 특히 검토할 점이 있다. 앞에서 설명한 것처럼, 민주적 기본질서의 핵심적 요소가 ‘자유민주적 기본질서’라고 본다면, 자유민주적 기본질서에 관한 헌법재판소의 기존 판례에 비추어 살펴볼 문제가 있다. 헌법재판소는 국가보안법 제7조의 위헌 여부에 관한 결정에서 자유민주적 기본질서의 개념을 정의한 바 있다(헌재 1990.4.2. 89헌가113). 이 결정에서 제시한 자유민주적 기본질서의 개념 요소와 앞의 정당해산 결정에서의 그것을 비교할 때, 표면상 다음과 같은 차이점을 발견할 수 있다.

① 국가보안법 결정에서와 달리, 정당해산 결정에서는 특히 ‘다원적 세계관’ 및 ‘소수배려의 의사결정’을 명시하고 있다. ② 국가보안법 결정에서는 자유민주적 기본질서의 요소로서, 특히 ‘사유재산과 시장경제를 골간으로 한 경제질서’를 열거하고 있으나, 정당해산 결정에서는 이것을 열거하고 있지 않다.

위의 차이점에 관하여 특히 주목할 것은 '사유재산과 시장경제' 부분이다. 정당해산 결정에서 이 요소를 명시하지 않은 점을 어떻게 평가할 것인가? 정당해산 결정에서는 '민주적 기본질서'를 '자유민주적 기본질서'와 구별하여 보았기 때문인가? 그렇게 해석할 여지가 없지 않을 것이다. 다만 반드시 그렇게 볼 것은 아니며, 다른 해석의 가능성도 있다고 본다. 정당해산 결정에서도 '기본적 인권의 존중'을 민주적 기본질서의 요소로 보고 있는 만큼, '기본적 인권의 존중'에 '사유재산권 보장'이 포함되어 있다고 본다면, 두 결정 사이에 중대한 차이가 있다고 볼 것은 아니다.

셋째, 정당해산 사유와 관련해, '정당의 목적'의 인식은 '공식적인 강령이나 당헌의 내용'만이 아니라, 다른 관련 자료를 통해서도 할 수 있고, 이 점은 특히 '숨겨진 목적'의 파악을 위해서 필요하다고 보고 있다. 한편, '정당의 활동'이란 "정당 기관의 행위나 주요 정당관계자, 당원 등의 행위로서 그 정당에게 귀속시킬 수 있는 활동 일반을 의미한다"고 보고 있다. 이처럼 '정당의 목적과 활동'의 해석에 있어서, 넓은 해석 · 적용의 가능성을 열어놓고 있다.

넷째, 민주적 기본질서의 '위배'란, "민주적 기본질서에 대한 단순한 위반이나 저촉을 의미하는 것이 아니라, 민주사회의 불가결한 요소인 정당의 존립을 제약해야 할 만큼 그 정당의 목적이나 활동이 우리 사회의 민주적 기본질서에 대하여 실질적인 해악을 끼칠 수 있는 구체적 위험성을 초래하는 경우를 가리킨다"라고 해석하고 있다. 이처럼 "실질적인 해악을 끼칠 수 있는 구체적 위험성"을 요건으로 설정하고 있음은 정당해산 제도의 남용을 우려한 기본적 입장과 상통한다.

다섯째, 정당해산의 헌법적 정당화 사유로서 '비례원칙'을 준수해야 한다고 보고 있다. 즉, "해당 정당의 위헌적 문제성을 해결할 수 있는 다른 대안적 수단이 없고, 정당해산결정을 통하여 얻을 수 있는 사회적 이익이 정당해산결정으로 인해 초래되는 정당활동 자유 제한으로 인한 불이익과 민주주의 사회에 대한 중대한 제약이라는 사회적 불이익을 초과할 수 있을 정도로 큰 경우에 한하여 정당해산결정이 헌법적으로 정당화될 수 있다"고 한다. 다시 말하면, 피해의 최소성 원칙 및 법익의 균형성 원칙에 부합해야 한다는 것이다. 이 역시 정당해산 남용 방지의 기본 입장과 상통한다. 참고로 독일연방헌법재판소는 2017년 극우로 분류되는 국가민주당(NPD) 해산심판사건에서 정당의 당원 및 의석수나 활동 등을 심사한 후 비례의 원칙을 적용하여 청구를 기각하였다.

여섯째, 한국사회의 특수성으로서 남북한 대립상황에 대한 고려의 필요성을 첨가하고 있다. "입헌주의의 보편적 원리에 더하여, 우리 사회가 처해 있는 여러 현실적 측면들, 대한민국의 특수한 역사적 상황 그리고 우리 국민들이 공유하는 고유한 인식과 법 감정들의 존재를 동시에 숙고할 수밖에 없다"고 판시한 것이다. 근본적으로 이익형량에 입각한 헌법적 판단에 있어서 보편적 기준만이 아니라 개별적 특수성을 고려하는 것은 불가피하다고 본다. 다만 정당해산제도를 남용하지 말아야 한다는 기본 입장을 손상하지 말아야 할 것이다.

일곱째, 위에서 제시된 여러 판단 기준을 사실관계에 적용함에 있어서, 다수의견과 소수의견이 갈리고 있다.

다수의견에 의하면, ① 피청구인(통합진보당)의 '주도세력'의 이념 및 활동에 비추어 볼 때, 피청구인의 목적이나 활동이 민주적 기본질서에 위배되며, 민주적 기본질서에 대해 '실질적 위험을 끼칠 구체적 위험성'이 있다고 보고 있다.

이에 따르면, 피청구인 주도세력은 북한을 추종하고 있고, 사회주의로 이행하기 위한 과도기 단계로서 '진보적 민주주의'를 제시하고 있으며, "피청구인의 진정한 목적과 활동은 1차적으로 폭력에 의하여 진보적 민주주의를 실현하고 최종적으로는 북한식 사회주의를 실현하는 것으로 판단된다"고 본다.

또한 피청구인 소속 국회의원 등이 참석한 내란관련 회합은 피청구인(정당)의 활동으로 귀속된다고 보고 있다. 나아가, "내란관련 사건에서 피청구인 주도세력이 북한에 동조하여 대한민국의 존립에 위해를 가할 수 있는 방안을 구체적으로 논의한 것은 피청구인의 진정한 목적을 단적으로 드러낸 것으로서, 표현의 자유의 한계를 넘어 민주적 기본질서에 대한 구체적 위험성을 배가한 것이다. 결국 피청구인의 위와 같은 진정한 목적이나 그에 기초한 활동은 우리 사회의 민주적 기본질서에 대해 실질적 해악을 끼칠 수 있는 구체적 위험성을 초래하였다고 판단되므로, 민주적 기본질서에 위배된다"고 판시하고 있다.

② 이 같은 판단에 따라, "피청구인에 대한 해산결정은 민주적 기본질서에 가해지는 위험성을 실효적으로 제거하기 위한 부득이한 해법으로서 비례원칙에 위배되지 아니한다"고 보고 있다. 그 근거로서는 "피청구인 구성원에 대한 개별적인 형사처벌로는 정당 자체의 위험성이 제거되지 않는 등 해산 결정 외에는 피청구인의 고유한 위험성을 제거할 수 있는 다른 대안이 없는 점, 그리고 민주적 기본질서의 수호와 민주주의의 다원성 보장이라는 사회적 이익이 정당해산결정으로 인한 피청구인의 정당활동의 자유에 대한 근본적 제약이나 다원적 민주주의에 대한 일부 제한이라는 불이익에 비하여 월등히 크고 중요하다는 점" 등을 제시하고 있다.

반면, 재판관 김이수의 반대의견에 의하면, ① 피청구인의 목적과 활동이 민주적 기본질서에 위배되지 않는다고 보고 있다. 그 근거로서, 피청구인이 주장하는 '민중주권'이 국민주권 원리를 부인하는 것이 아니고, '민생 중심의 자주자립경제체제'는 사유재산권이나 경제활동의 자유를 박탈할 것을 주장하는 것이 아니며, '코리아연방제'는 과도기적 체제로서 북한의 적화통일전략에 동조하는 것은 아니라는 점 등을 들고 있다.

② 나아가, 민주적 기본질서에 대한 실질적 해악을 끼칠 구체적 위험성이 있다고 보기에는 부족하고, 해산결정은 비례원칙에 위배된다고 보고 있다. 그 근거로서는, 소속 의원 등의 발언이 민주적 기본질서에 실질적 해악을 끼칠 구체적 위험성이 있다고 인정하면서도, 이를 피청구인 정당 전체의 책임으로 볼 수 없다는 점 등을 제시하고 있다.

한편, 다수의견에 대한 보충의견에 의하면, 정당 주도세력의 '숨겨진 목적'이 북한식 사회주의를 추구하려는 것이라는 점을 강조하고 있다.

여덟째, 정당해산을 결정하는 경우, 소속 국회의원은 의원직을 상실한다고 판시하고 있다. "헌법재판소의 해산결정으로 해산되는 정당 소속 국회의원의 의원직 상실은 정당해산심판제도의 본질로부터 인정되는 기본적 효력으로 봄이 상당하므로, 이에 관하여 명문의 규정이 있는지 여부는 고려의 대상이 되지 아니하고, 그 국회의원이 지역구에서 당선되었는지, 비례대표로 당선되었는지에 따라 아무런 차이가 없이, 정당해산결정으로 인하여 신분유지의 헌법적인 정당성을 잃으므로 그 의원직은 상실되어야 한다"는 것이다.

그 근거로서, "만일 해산되는 위헌정당 소속 국회의원들이 의원직을 유지한다면 그 정당의 위헌적인 정치이념을 정치적 의사 형성과정에서 대변하고 또 이를 실현하려는 활동을 계속하는 것을 허용함으로써 실질적으로는 그 정당이 계속 존속하여 활동하는 것과 마찬가지의 결과를 가져오게 될 것"이라는 점 등이 제시되고 있다.

위에서 정리해 본 것처럼, 정당해산의 사유 등 정당해산의 헌법적 판단 기준에 관한 한, 헌법재판소의 결정에 특별한 문제점이 있다고 보기는 어렵다. 다만 그러한 기준을 실제의 사실관계에 적용하는 과정에서, 문제된 정당의 이념이나 활동에 관한 인식, 또는 '주도세력'의 개념 설정이나 그 적용 등, 관련 사실의 인식이나 헌법적 판단기준에의 부합성 여부에 관하여 다수의견과 반대의견의 대립이 있는 것이다.

또한 뒤에서 보는 것처럼, 정당해산이 결정되는 경우, 소속 국회의원의 의원직이 자동 상실되는지 여부에 관해서는 유력한 반론이 있다.

그 밖에 위 해산인용 결정과 관련된 다른 결정들은 다음과 같다.

정당해산관련 국무회의 내용의 비공개에 대해 위헌확인을 구하는 헌법소원에 대하여, '공공기관의 정보공개에 관한 법률'에 의한 구제절차를 거치지 않아 보충성의 요건을 흠결했다는 이유로 청구를 각하하였다(헌재 2013.11.26. 2013헌마761).

한편, 정당활동정지 가처분신청에 대해서는 가처분을 허용하는 헌법재판소법 제57조가 정당활동의 자유를 침해하는 것은 아니나(헌재 2014.2.27. 2014헌마7), 신청인(정부)의 가처분 신청에 대하여는 이유없다고 하여 신청을 기각하였다(헌재 2014.12.19. 2013헌사907). 또한 정당해산심판절차에 형사소송법을 준용하지 않고 민사소송에 관한 법령을 준용할 수 있도록 규정한 헌법재판소법 제40조 제1항은 청구인(통합진보당)의 공정한 재판을 받을 권리를 침해한 것은 아니라고 하였다(헌재 2014.2.27. 2014헌마7).

(3) 강제해산의 절차

강제해산을 위한 제소는 정부가 하며 헌법재판소가 이를 심판한다. 정부의 제소는 국무회의의 심의사항이다(헌법 제89조 제14호). 정부의 제소 결정이 기속행위인가 재량행위인가에 관하여 견해의 대립이 있으나, "제소할 수 있고"라는 문언에 비추어 재량행위라고 볼 것이다. 헌법재판소의 정당해산결정에는 재판관 6인 이상의 찬성이 필요하다(헌법 제113조 제1항).

(4) 강제해산의 효력

해산결정의 효력은 헌법재판소가 해산결정을 선고한 시점에 발생한다(헌법재판소법 제59조. "정당의 해산을 명하는 결정이 선고된 때에는 그 정당은 해산된다"). 선거관리위원회는 헌법재판소의 해산결정의 통지가 있는 때에는 그 정당의 등록을 말소하고 지체없이 그 뜻을 공고하여야 하는데(정당법 제47조), 등록말소와 공고는 해산을 확인하는 행위이다.

해산결정의 효력은 다음과 같다. ① 대체정당은 금지된다. "해산된 정당의 강령(또는 기본정책)과 동일하거나 유사한 것으로 정당을 창당하지 못한다"(정당법 제40조). ② 해산된 정당의 명칭과 같은 명칭은 정당의 명칭으로 다시 사용하지 못한다(같은 법 제41조 제2항). ③ 해산된 정당의 잔여재산은 국고에 귀속한다(같은 법 제48조 제2항). ④ 해산된 정당의 소속의원이 의원직을 상실하는지 여부에 관하여는 법률에 직접적인 명시적 규정이 없다.

앞에서 본 것처럼 헌법재판소 결정에 의하면, 정당해산을 인용하는 경우에 그 소속 국회의원의 의원직은 상실된다고 보고 있다(헌재 2014.12.19. 2013헌다1. 앞의 설명 참조). 이 사건에서 헌법재판소는 지방의회의원의 의원직 상실 여부에 관해서는 판단하지 않았다. 청구취지에 포함되어 있지 않았기 때문이다. 한편, 중앙선거관리위원회는 헌법재판소의 위 결정 직후 비례대표 지방의회의원 역시 의원직을 상실한다고 결정하였다. 공직선거법 제192조 제4항 "비례대표 지방의회의원이 소속정당의 합당 · 해산 또는 제명외의 사유로 당적을 이탈 · 변경한 때에는 퇴직된다"는 규정에서 '해산'은 자진해산만을 의미한다는 이유에서였다. 이에 구 통합진보당 소속 지방의회의원 일부가 중앙선거관리위원회의 위 결정에 대하여 행정소송을 제기하였는데, 서울행정법원은 2015년 9월 "'지방의회의원 퇴직 통보'는 퇴직에 관한 법률 조항의 의미를 선언한 것에 불과하며 구체적인 사실에 관한 법 집행이 아니므로 행정소송의 대상이 되지 아니 한다"고 각하 결정을 내렸다. 반면 전주지방법원은 2015. 11. 25. 구 통합진보당 소속 전라북도의회 의원이 전라북도의회 의장을 피고로 하여 제기한 '비례대표 지방의회의원 퇴직처분 취소 및 의원직 지위확인' 소송에서 원고 승소 판결을 내렸다(2015구합407 판결). 재판부는 "지방자치법이 지방의회의 자율권을 일정 부분 보장하고 있는 이상, 중앙선관위와 전북선관위 또는 전북도의회 의장, 전북도는 원고의 지방의원직 퇴직 또는 상실 여부를 결정할 아무런 권한이 없고……공직선거법 제192조 제4항은 비례대표 지방의원이 자의로 당직을 벗어나는 경우 당연 퇴직하도록 하는 한편, 타의로 당적을 이탈 · 변경하게 되면 그 직을 보장해주겠다는 의미로 해석하는 게 자연스럽다"고 하였다. 대법원은 "입법연혁을 살펴보더라도, 이 사건 조항은 1992년 제14대 국회 출범 이후 전국구국회의원들의 탈당과 당적변경이 잇따르자 소위 '철새정치인'을 규제하기 위하여 제정된 것으로 알려져 있을 뿐, 정당의 강제해산의 실효성을 확보하거나 방어적 민주주의의 이념을 실현하기 위하여 퇴직의 예외사유로서의 해산에 어떠한 제한을 둔 것으로 보이지 않는다"고 하면서 위 전주지방법원판결을 유지한 원심을 그대로 인정하였다(대판 2021.4.29. 2016두39825).

정당해산의 경우에 소속의원의 의원직 상실 여부에 관해서는 입법으로 해결하는 것이 바람직하지만(독일 연방선거법은 의원직상실을 명시하고 있다), 해석론으로서는 의원직을 상실하지 않는다고 보는 것이 타당하다. 첫째, 선거가 국민주권의 행사라는 점에 비추어 의원직 상실은 법률에 명시된 경우에 한하는 것이 타당하다. 둘째, 위와 관련된 것으로, 자유위임의 원칙에 비추어 소속의원의 정당에 대한 기속은 헌법과 법률에 명시된 범위에 한정하는 것이 옳다. 셋째, 공직선거법에서 "비례대표국회의원 또는 비례대표지방의회의원이 소속정당의 합당 · 해산 또는 제명외의 사유로 당적을 이탈 · 변경하거나 2 이상의 당적을 가지고 있는 때에는 …… 퇴직된다"(제192조 제4항)라고 하여 해산의 경우 의원직 상실이 없다고 규정하고 있다. 여기의 '해산'은 자진해산만을 의미한다는 견해가 있을 수 있으나 그렇게 제한하여 해석할 근거는 없다고 본다. 만일 해당 의원의 활동이 정당해산결정의 근거가 된 경우에는 그 의원을 제명하는 방법(헌법 제64조 제3항)이 있다.

제 8 장
경제질서에 관한 헌법상 기본원리

(헌법 제119조) ① 대한민국의 경제질서는 개인과 기업의 경제상의 자유와 창의를 존중함을 기본으로 한다.
② 국가는 균형있는 국민경제의 성장 및 안정과 적정한 소득의 분배를 유지하고, 시장의 지배와 경제력의 남용을 방지하며, 경제주체간의 조화를 통한 경제의 민주화를 위하여 경제에 관한 규제와 조정을 할 수 있다.

(헌법 제120조) ① 광물 기타 중요한 지하자원・수산자원・수력과 경제상 이용할 수 있는 자연력은 법률이 정하는 바에 의하여 일정한 기간 그 채취・개발 또는 이용을 특허할 수 있다.
② 국토와 자원은 국가의 보호를 받으며, 국가는 그 균형있는 개발과 이용을 위하여 필요한 계획을 수립한다.

(헌법 제121조) ① 국가는 농지에 관하여 경자유전의 원칙이 달성될 수 있도록 노력하여야 하며, 농지의 소작제도는 금지된다.
② 농업생산성의 제고와 농지의 합리적인 이용을 위하거나 불가피한 사정으로 발생하는 농지의 임대차와 위탁경영은 법률이 정하는 바에 의하여 인정된다.

(헌법 제122조) 국가는 국민 모두의 생산 및 생활의 기반이 되는 국토의 효율적이고 균형있는 이용・개발과 보전을 위하여 법률이 정하는 바에 의하여 그에 관한 필요한 제한과 의무를 과할 수 있다.

(헌법 제123조) ① 국가는 농업 및 어업을 보호・육성하기 위하여 농・어촌종합개발과 그 지원 등 필요한 계획을 수립・시행하여야 한다.
② 국가는 지역간의 균형있는 발전을 위하여 지역경제를 육성할 의무를 진다.
③ 국가는 중소기업을 보호・육성하여야 한다.
④ 국가는 농수산물의 수급균형과 유통구조의 개선에 노력하여 가격안정을 도모함으로써 농・어민의 이익을 보호한다.
⑤ 국가는 농・어민과 중소기업의 자조조직을 육성하여야 하며, 그 자율적 활동과 발전을 보장한다.

(헌법 제124조) 국가는 건전한 소비행위를 계도하고 생산품의 품질향상을 촉구하기 위한 소비자보호운동을 법률이 정하는 바에 의하여 보장한다.

> **(헌법 제125조)** 국가는 대외무역을 육성하며, 이를 규제 · 조정할 수 있다.
> **(헌법 제126조)** 국방상 또는 국민경제상 긴절한 필요로 인하여 법률이 정하는 경우를 제외하고는, 사영기업을 국유 또는 공유로 이전하거나 그 경영을 통제 또는 관리할 수 없다.
> **(헌법 제127조)** ① 국가는 과학기술의 혁신과 정보 및 인력의 개발을 통하여 국민경제의 발전에 노력하여야 한다.
> ② 국가는 국가표준제도를 확립한다.
> ③ 대통령은 제1항의 목적을 달성하기 위하여 필요한 자문기구를 둘 수 있다.

Ⅰ. 개 관

20세기 이래 현대 헌법은 경제질서에 관한 원리를 규정하는 예가 적지 않다. 헌법상 경제에 관한 규정들을 총칭하여 '경제헌법'이라고 부른다. 우리 헌법 '제9장 경제'의 규정 및 경제에 관련된 기본권규정(제23조 재산권, 제15조 직업선택의 자유, 제14조 거주 · 이전의 자유, 제34조 인간다운 생활을 할 권리를 비롯한 사회권조항 등)이 이에 속한다.

우리 헌법은 제헌헌법에서 독일 바이마르헌법의 예에 따라 경제에 관한 독립된 장(章)을 설치한 이래 이를 계속 유지하고 있다. 제헌헌법에서는 "사회정의의 실현과 균형있는 국민경제의 발전"을 경제질서의 기본으로 하고 "각인의 경제상 자유는 이 한계 내에서 보장된다"(제84조)고 규정하여, 사회정의 실현을 위한 경제질서를 원칙으로 하고 개인의 경제적 자유를 부차적 원리로 규정하였다. 그러나 1962년의 제3공화국헌법 이래로 개인의 경제상 자유를 원칙으로 하고 사회정의 실현을 부차적 원리로 규정하고 있다.

Ⅱ. 복지국가, 사회국가의 의미

우리 헌법상 경제질서는 복지국가 또는 사회국가의 원리에 입각하고 있다고 보는 것이 일반적인 견해이다. 복지국가와 사회국가의 개념은 그 내용상 유사하고 혼용되기도 하며, 양자를 합성한 사회복지국가 또는 사회복지주의라는 용어가 쓰이기도 한다. 복지국가 또는 사회국가의 의미를 일반적으로 이해하면, 사회경제적 약자를 보호하고 국민의 복지를 증진하기 위하여 사회보장제도를 시행하고 완전고용정책을 비롯한 여러 경제정책을 적극적으로 추진하는 국가를 말한다. 다만 복지국가와 사회국가의 개념은 그 역사적 형성과정과 실현방법 등에서 구별될 수 있다.

1. 복지국가

오늘날 일반적으로 사용되는 복지국가(welfare state)라는 용어는 역사적으로 영국을 중심으로 형성된 개념이다. 제2차 세계대전 중 영국에서 나치스 독일의 권력국가 또는 전쟁국가(warfare state)와 대비하여 국민의 복지를 보장하는 국가라는 의미로 복지국가라는 용어가 사용되었다. 전쟁 중 국민들의 희생에 대한 보답으로 약속된 것이 복지국가의 확립이었다. 복지국가의 핵심적 내용은 사회보장제도이다. 사회보장이라는 용어가 공식적으로 처음 사용된 것은 1935년 미국의 사회보장법(Social Security Act)에서인데, 이 법률은 실업보험, 노인연금 등을 내용으로 하는 것으로, 그 실질에 있어서는 이미 앞서있던 유럽의 사회입법을 따라가는 수준이었다. 현대 복지국가의 토대로서 이것보다 더 국제적으로 주목을 받은 것은 1942년 영국에서 발표된 비버리지 보고서(*Beveridge Report*)였다. 이 보고서는 영국정부의 요청에 따라 비버리지 경(Sir William Beveridge)이 작성한 것으로, 모든 국민에게 최저생활을 보장하는 포괄적인 사회보장계획을 담고 있었다. 이 계획은 전후 노동당 정부에 의해 실행되었다.

영국과 더불어 복지국가의 모델이 된 것은 스웨덴이다. 스웨덴은 1932년 이래 사회민주당의 장기집권하에서 영국과 유사한 사회보장제도를 시행하였다. 이 두 나라는 사회보장제도를 내용으로 하는 현대 복지국가의 대표적 모델이다.

2. 사회국가

사회국가란 용어는 독일을 중심으로 형성된 개념이다. 바이마르헌법 시대의 헌법학자 헬러는 시민적 법치국가를 비판하면서 '사회적 법치국가'라는 용어를 처음 사용하였다. 이차대전 후 서독 기본법은 바이마르헌법과 달리 경제에 관한 독립된 장을 삭제하는 대신, 독일연방공화국이 '사회국가'라는 간단한 규정만을 두었다(제20조 제1항. "독일연방공화국은 민주적, 사회적 연방국가이다").

사회국가(Sozialstaat)의 의미에 대해서는 여러 입장의 해석이 제시되고 있으나, 그 기본적인 내용은 모든 사람에게 인간다운 생활을 보장하고 사회정의를 실현하기 위해 사회·경제정책을 통하여 적극적으로 경제적·사회적 영역에 관여하는 국가를 가리킨다. 사회국가 조항의 법적 성격에 관해서는 다음과 같이 직접적인 법적 효력을 갖는 것으로 보고 있다. 첫째, 사회국가는 국가의 목표를 규정한 국가목표규정이다. 둘째, 사회국가의 실현방법은 입법자에게 위임되어 있고 광범한 입법형성의 자유가 인정된다.

사회국가의 원리는 '**보충성의 원리**'에 입각하고 있다. 즉 인간다운 생활의 보장과 사회정의의 실현을 위해서는 일차적으로 개인과 사회의 자율적 노력이 우선하여야 하며, 개인과 사회의 자주적이고 자조적인 노력이 기능하지 않을 때 부차적으로 국가가 관여한다.

또한 사회국가의 원리는 법치국가 원리에 의하여 제한받는다. 사회국가는 국가의 적극적인 계획, 지도, 급부, 재분배 등을 요청하지만 동시에 국가활동의 법률합치성의 요청, 즉 법치국가 원리에 부합하여야 한다.

Ⅲ. 경제질서의 기본원리 : 헌법 제119조

1. 복지국가 지향의 수정자본주의적 경제질서

헌법 제119조는 "① 대한민국의 경제질서는 개인과 기업의 경제상의 자유와 창의를 존중함을 기본으로 한다. ② 국가는 균형있는 국민경제의 성장 및 안정과 적정한 소득의 분배를 유지하고, 시장의 지배와 경제력의 남용을 방지하며, 경제주체간의 조화를 통한 경제의 민주화를 위하여 경제에 관한 규제와 조정을 할 수 있다"고 규정하고 있다. 이 조항은 헌법상 경제질서의 기본원리를 규정한 것이고 경제헌법의 핵심조항이다.

제119조 제1항은 경제질서의 원칙이 개인과 기업의 경제적 자유의 보장에 있다는 것, 즉 경제적 자유주의에 입각하고 있음을 밝힌 것이다. 이것은 기본권 조항에서 규정한 재산권, 직업선택의 자유, 거주 · 이전의 자유 등 경제적 자유의 보장을 재확인한 것이다. 경제적 자유의 보장을 통하여 자유시장경제질서가 형성되므로 제119조 제1항은 자유시장경제질서를 보장한다는 의미를 지닌다.

한편 제119조 제2항은 국가의 경제적 개입의 목표와 근거를 밝힌 것이다. "균형있는 국민경제의 성장 및 안정과 적정한 소득의 분배를 유지하고, 시장의 지배와 경제력의 남용을 방지하며, 경제주체간의 조화를 통한 경제의 민주화를 위하여"라는 규정내용과 재산권의 사회적 의무성(제23조) 및 사회권조항(제34조 인간다운 생활을 할 권리 등)을 집약하면 경제에 관한 국가목표는 복지국가 또는 사회국가라고 할 수 있다.

헌법재판소 판례에 의하면 "우리 헌법은 자유시장경제질서를 기본으로 하면서 사회국가원리를 수용하여 실질적인 자유와 평등을 아울러 달성하려는 것을 근본이념으로 하고 있는 것이다"(헌재 1998.5.28. 96헌가4등).

(판 례) 사회국가원리

우리 헌법은 사회국가원리를 명문으로 규정하고 있지는 않지만, 헌법의 전문, 사회적 기본권의 보장(헌법 제31조 내지 제36조), 경제 영역에서 적극적으로 계획하고 유도하고 재분배하여야 할 국가의 의무를 규정하는 경제에 관한 조항(헌법 제119조 제2항 이하) 등과 같이 사회국가원리의 구체화된 여러 표현을 통하여 사회국가원리를 수용하였다. 사회국가란 한마디로, 사회정의의 이념을 헌법에 수용한 국가, 사회현상에 대하여 방관적인 국가가 아니라 경제 · 사회 · 문화의 모든 영역에서 정의로운 사회질서의 형성을 위하여 사회현상에 관여하고 간섭하고 분배하고 조정하는 국가이며, 궁극적으로는 국민 각자가 실제로 자유를 행사할 수 있는 그 실질적 조건을 마련해 줄 의무가 있는 국가이다.

헌재 2002.12.18. 2002헌마52, 판례집 14-2, 904,909

종래 학설의 일반적 경향은 헌법 제119조에서 규정한 경제질서의 기본원리를 흔히 '사회적 시장경제'라고 불러왔다. 헌법재판소 판례도 우리 헌법의 경제질서를 사회적 시장경제로 부른 예가 있다. 그러나 이 용어는 독일에서의 사회적 시장경제(soziale Marktwirtschaft)라는 용어를 그대로 차용한 것으로, 우리 헌법의 경제질서를 독일 특유의 경제질서와 동일시하는 우려가 있기 때문에 적절치 않다. 더 보편적인 용어로서 복지국가 지향의 수정자본주의적 경제질서라고 부르는 것이 적절하다.

(판 례) 사회적 시장경제질서

우리 헌법의 경제질서는 사유재산제를 바탕으로 하고 자유경쟁을 존중하는 자유시장 경제질서를 기본으로 하면서도 이에 수반되는 갖가지 모순을 제거하고 사회복지 · 사회정의를 실현하기 위하여 국가적 규제와 조정을 용인하는 사회적 시장경제질서로서의 성격을 띠고 있다(헌재 1996.4.25. 92헌바47, 판례집 8-1, 370,380; 1998.5.28. 96헌가4등, 판례집 10-1, 522,533-534).

헌재 2001.6.28. 2001헌마132, 판례집 13-1, 1441,1456

2. 국가의 경제개입과 보충의 원리

제119조 제1항과 제2항의 관계는 일차적 원리와 부차적 원리의 관계, 또는 원칙과 예외의 관계라고 할 수 있다. 즉 제1항에 따라 경제적 자유의 보장을 전제로 하면서 경제적 자유에 부수되는 문제점을 보완하는 보충적 원리가 제2항의 규정이다. 즉 우리 헌법의 경제질서는 자유주의를 기본으로 하되 고전적인 자유방임주의가 아니라 사회정의 등을 위한 국가개입을 보충적으로 인정한다는 것이다.

(판 례) 보충의 원리와 토지거래허가제

자유민주주의국가에서는 각 개인의 인격을 존중하고 그 자유와 창의를 최대한으로 존중해 주는 것을 그 이상으로 하고 있는 만큼 기본권주체의 활동은 일차적으로 그들의 자결권과 자율성에 입각하여 보장되어야 하고 국가는 예외적으로 꼭 필요한 경우에 한하여 이를 보충하는 정도로만 개입할 수 있고, 이러한 헌법상의 보충의 원리가 국민의 경제생활영역에도 적용됨은 물론이므로 사적자치의 존중이 자유민주주의국가에서 극히 존중되어야 할 대원칙임은 부인할 수 없다. 그러나 그것은 어디까지나 타개인이나 사회공동체와 조화와 균형을 유지하면서 공존공영하는 데 있어서 그것이 유익하거나 적어도 유해하지 않는 범위 내에서 용인된다는 것이지 무조건 무제한으로 존중된다는 뜻은 아닌 것이다. 외형상 유무해관계가 확연히 식별되지 않는 행위라 할지라도 개인의 자의(恣意)에 맡겨 두면 결과적으로 타인에게 해를 끼칠 우려가 있는 행위도 사적자치의 원칙이 제한받는 분야라고 할 것인데 하물며 토지투기와 같이 외견상 사회공동체에 유해한 경우 사적자치가 인정될 수 없음은 췌언을 요치 않는다.

그래서 헌법은 제119조 제2항에서 "국가는 균형있는 국민경제의 성장 및 안정과 적정한 소득의 분배를 유지하고, 시장의 지배와 경제력의 남용을 방지하며, 경제주체간의 조화를 통한 경제의 민주화를 위하여 경제에 관한 규제와 조정을 할 수 있다"라고 명시하고 있는데 이는 헌법이 이미 많은 문제점과 모순을 노정한 자유방임적 시장경제를 지향(指向)하지 않고 아울러 전체주의국가의 계획통제경제도 지양(止揚)하면서 국민 모두가 호혜공영(互惠共榮)하는 실질적인 사회정의가 보장되는 국가, 환언하면 자본주의적 생산양식이라든가 시장메커니즘의 자동조절기능이라는 골격은 유지하면서 근로대중의 최소한의 인간다운 생활을 보장하기 위하여 소득의 재분배, 투자의 유도·조정, 실업자 구제 내지 완전고용, 광범한 사회보장을 책임있게 시행하는 국가 즉 민주복지국가(民主福祉國家)의 이상을 추구하고 있음을 의미하는 것이다.

(……) 토지거래허가제는 헌법이 정하고 있는 경제질서와도 아무런 충돌이 없다고 할 것이므로 이를 사적자치의 원칙이나 헌법상의 보충의 원리에 위배된다고 할 수 없을 것이다.

헌재 1989.12.22. 88헌가13, 판례집 1, 357,376-378

위 판례는 제119조 제2항에 근거한 경제 규제가 보충의 원리에 따라야 한다고 말하고 있는데, 위 결정을 비롯하여 헌법재판소의 실제의 결정에서 보충의 원리가 충실히 적용되고 있는지에 대해서는 논란의 여지가 있다. 제119조 제1항과 제2항의 관계는 대등한 위치에서의 조화적 관계가 아니라 원칙과 예외적 보충의 관계로 보아야 한다.

다만 대법원은 제119조 제1항과 제2항은 그 우열을 가릴 수 없다고 한다.

(판 례) 제119조 제1항과 제2항의 관계(대형마트 영업 규제)

우리 헌법상 경제질서는 '개인과 기업의 경제상의 자유와 창의의 존중'이라는 기본 원칙과 '경제의 민주화 등 헌법이 직접 규정하는 특정 목적을 위한 국가의 규제와 조정의 허용'이라는 실천원리로 구성되고, 어느 한쪽이 우월한 가치를 지닌다고 할 수는 없다. 따라서 헌법 제119조 제2항에 따라 이루어진 경제규제에 관한 입법의 해석과 적용에 관하여도, 위와 같은 기본 원칙이 훼손되지 않고 실천원리가 그 한계를 벗어나지 않으면서도 기능을 발휘할 수 있도록 하여야 한다. (……)

이 사건 조항은 헌법 제119조 제2항에 따라 입법자에게 부여된 입법 재량에 기한 것으로 '대형마트 등의 시장지배와 경제력 남용의 방지' 및 '대형마트 등과 중소상인 등 경제주체간의 조화를 통한 경제의 민주화' 등 공익의 실현을 목적으로 한 경제규제에 관한 입법이라는 의미를 갖는다. 다른 한편, 이 사건 조항에 따른 영업시간 제한 및 의무휴업일 지정의 규제는 그 성질상 상대방인 대형마트 등을 운영하는 개인이나 기업이 헌법 제119조 제1항에 따라 가지는 경제상의 자유를 직접적으로 제한할 수밖에 없다. 따라서 이 사건 조항에 따른 규제는 위와 같이 서로 상반되는 공익과 사익 사이의 충돌을 수반할 수밖에 없다. (……)

이상에서 살펴본 바와 같은 헌법 제119조 제1항과 제2항의 상호관계, 이 사건 조항에 따른 규제에 관련된 이익상황의 특수성 등에 비추어 보면, 이 사건 조항에 따른 행정청의 영업시간 제한 및 의무휴업일 지정 처분에 비례원칙 위반 등 재량권 일탈·남용의 위법이 있는지 여부를 판단함에 있어서는, 행정청이 위와 같은 다양한 공익과 사익의 요소들을 고려하였는지, 나아가 행정청의 규제 여부 결정 및 규제 수단 선택에 있어서 규제를 통해 달성하려는 공익 증진의 실현 가능성과 규제에 따라 수반될 상대방 등의 불이익이 정당하고 객관적으로 비교·형량되었는지 등을 종합적으로 고려하여야 한다.

대판(전합) 2015.11.19. 2015두295

3. 위헌심사와 헌법 제119조 제1항

재산권제한에 관한 위헌심사에서 헌법재판소는 재산권 침해만이 아니라 헌법 제119조 제1항에서 규정한 자유시장경제질서 위반 여부의 문제를 아울러 심판하는 예들이 있다. 예컨대 신문고시 조항(신문판매업자가 독자에게 1년 동안 제공하는 무가지와 경품류를 합한 가액이 같은 기간에 당해 독자로부터 받는 유료신문대금의 20%를 초과하는 경우 동 무가지와 경품류의 제공행위가 '독점규제 및 공정거래에 관한 법률' 소정의 불공정거래행위에 해당한다는 규정)의 위헌 여부를 심판함에 있어서 재산권 제한에 관한 헌법 제37조 제2항 위반 여부와 함께 헌법 제119조 제1항 위반 여부를 판단하고 있다(헌재 2002.7.18. 2001헌마605). 또한 연금보험료의 강제징수에 관한 국민연금법 규정이 재산권보장 또는 행복추구권을 침해하는지 여부와 함께 헌법상의 시장경제질서에 위반되는지 여부를 판단하고 있다(헌재 2001.2.22. 99헌마365).

그러나 앞에서 지적한 것처럼 헌법 제119조 1항은 경제적 자유권 보장을 확인한 것이므로 재산권, 직업선택의 자유 등 경제적 자유권의 침해 여부의 판단과 별도로 제119조 제1항 위반 여부를 판단할 필요는 없다고 본다.

헌법재판소도 최근에는 제119조 제1항을 별도의 심사기준으로 삼지 않는 경향이다. 최근의 대형마트 영업제한 사건에서도 이 경향을 유지하였다(헌재 2018.6.28. 2016헌바77등; 헌재 2022.5.26. 2021헌마619). 헌법재판소는 이 결정에서 침해의 최소성 원칙을 '필요한 범위 내의 것인지'로 다소 완화하여 대형마트의 직업수행의 자유 침해가 아니라고 하였다.

(판 례) 헌법 제119조 제1항과 위헌심사기준

헌법상 경제질서에 관한 일반조항인 제119조는 경제에 관한 기본권 및 비례의 원칙과 같은 법치국가원리에 의하여 비로소 헌법적으로 구체화되며, 계약의

자유 침해 여부를 판단할 때 그 내용이 포함되어 고려되므로 별도로 판단하지 않는다(헌재 2002.10.31. 99헌바76등; 헌재 2015.9.24. 2013헌바393 참조).

헌재 2016.6.30. 2015헌바371등, 판례집 28-1 하, 630,637

4. 국가의 경제개입의 근거

헌법 제119조 제2항은 국가의 경제적 개입의 근거를 규정하고 있다. 과거의 헌법에서 "국가는 모든 국민에게 생활의 기본적 수요를 충족시키는 사회정의의 실현과 균형있는 국민경제의 발전을 위하여 필요한 범위 안에서 경제에 관한 규제와 조정을 한다"(제5공화국 헌법 제120조 제2항)고 규정했던 것을 더 구체화한 것이다.

경제에 관한 규제와 조정의 근거 가운데 특히 해석상 문제가 있는 것은 '**경제민주화**'의 의미이다. 이에 관하여는 학설이 갈린다. ① 제1설에 의하면 법적인 의미를 갖지 않는다고 본다. ② 제2설에 의하면 경제영역에서의 사회정의의 실현이라는 정도의 의미로 본다. ③ 제3설에 의하면 이른바 경제민주주의, 즉 근로자의 공동결정권의 근거가 된다고 본다.

헌법재판소 판례 중에는 제2설에 입각한 것이 있다.

(판 례) 경제민주화의 의미(금융산업의 구조개선에 관한 법률)

우리 헌법은 헌법 제119조 이하의 경제에 관한 장에서 균형있는 국민경제의 성장과 안정, 적정한 소득의 분배, 시장의 지배와 경제력남용의 방지, 경제주체간의 조화를 통한 경제의 민주화, 균형있는 지역경제의 육성, 중소기업의 보호육성, 소비자보호 등의 경제영역에서의 국가목표를 명시적으로 언급함으로써 국가가 경제정책을 통하여 달성하여야 할 '공익'을 구체화하고, 동시에 헌법 제37조 제2항의 기본권제한을 위한 법률유보에서의 '공공복리'를 구체화하고 있다(헌재 1996.12.26. 96헌가18, 판례집 8-2, 680,692-693). 따라서 헌법 제119조 제2항에 규정된 '경제주체간의 조화를 통한 경제민주화'의 이념도 경제영역에서 정의로운 사회질서를 형성하기 위하여 추구할 수 있는 국가목표로서 개인의 기본권을 제한하는 국가행위를 정당화하는 헌법규범이다.

헌재 2004.10.28. 99헌바91, 판례집 16-2, 104,128-129

생각건대 "경제주체간의 조화를 통한 경제민주화"란, 경제영역에서의 의사결정권의 집중을 완화한다는 의미로 본다. 제2설과 판례의 입장은 국가의 경제개입의 근거로 경제민주화를 별도로 규정한 데 대해 특별한 의미를 부여하지 않는 것이며 적절치 않다. 반면 제3설에 따라 근로자의 공동결정권을 법률로 정할 수 있는 근거로 해석한다면 보충의 원리에 위반한다고 볼 것이다. 다만 근로자의 공동결정권에 이르지 않는 정도에서 의사결정권 집중을 완화하는 제도는 허용될 수 있다고 본다. 이 견해는 제2설과 제3설의 중간적 해석이라고 할 수 있다. 헌법조항에서 근로자와 사용자만을 한정하지 않고 포괄적으로 '경제주체'라고 규정하고 있으므로 근로자·사용자 관계만이 아니라 사업자·소비자 관계 등 경제영역 전반에서의 의사결정권 집중완화의 뜻으로 해석함이 적절하다.

다만 헌법재판소는 앞서 설명한 대형마트 영업제한 사건에서 "다양한 경제주체들의 공존을 전제로 하는 경제의 민주화가 이루어져야만 경제활동에 관한 의사결정이 한 곳에 집중되지 아니하고 분산됨으로써 경제주체간의 견제와 균형을 통해 시장기능의 정상적 작동이 가능하게 된다"고 설시하였다. 앞의 제3설의 입장으로까지 나아간 것으로도 볼 수 있는 여지를 남겼다고 풀이된다.

2025년 개정 상법(법률 제20991호, 2025.7.22. 개정, 2025.7.23. 시행)은 "이사는 법령과 정관의 규정에 따라 회사를 위하여 그 직무를 충실하게 수행하여야 한다"는 규정에 '주주'에 대한 충실의무를 명문화하여(제382조의3), 이사가 그 직무를 수행함에 있어 회사뿐만 아니라 총주주의 이익을 보호하고 전체 주주의 이익을 공평하게 대우하도록 하였다. 또한 사외이사의 독립성을 강조하고 업무집행 감독기능을 강화하기 위하여, 상장회사가 선임하는 사외이사의 명칭을 "독립이사"로 변경하고 의무선임 비율을 3분의 1로 확대하였다(제542조의8 제1항; 종전 규정은 4분의 1). 자산 규모 등을 고려한 일정한 상장회사가 의무적으로 설치하여야 하는 감사위원회의 경우, 위원 선임·해임 안건과 관련하여 최대주주는 항상 특수관계인 등이 소유한 주식을 합산하여 발행주식총수의 3% 초과 소유 여부를 판단하도록 하였다(제542조의12 제4항, 제7항). 이러한 법 개정은 경제민주화의 의미에 관한 제2설로도, 제3설로도 해석될 여지가 있다.

Ⅳ. 개별적 경제조항

1. 자연자원의 국유와 그 채취 등의 특허 및 국토균형개발계획의 수립

헌법 제120조 제1항은 "광물 기타 중요한 지하자원 · 수산자원 · 수력과 경제상 이용할 수 있는 자연력은 법률이 정하는 바에 의하여 일정한 기간 그 채취 · 개발 또는 이용을 특허할 수 있다"고 규정하고 있다. 이 조항은 광물 등 자연자원이 국가 소유임을 밝히고 이를 전제로 그 채취 · 개발 · 이용을 특허할 수 있다고 규정한 것이다.

헌법 제120조 제2항은 "국토와 자원은 국가의 보호를 받으며, 국가는 그 균형있는 개발과 이용을 위하여 필요한 계획을 수립한다"고 규정하고 있다. 이에 근거한 법률로 국가균형발전특별법, 지방분권 촉진에 관한 특별법, 국토기본법, '국토의 계획 및 이용에 관한 법률' 등이 있다. '국토의 계획 및 이용에 관한 법률'의 제정과 함께 국토이용관리법 및 도시계획법은 폐지되었다.

2. 농지의 소작제도 금지 등

헌법 제121조는 '경자유전'(耕者有田)의 원칙과 소작제도 금지를 규정하고 이어서 농지의 임대차와 위탁경영은 인정된다고 규정하고 있다. 이 조항의 연혁을 보면 다음과 같다. 1948년 제헌헌법은 "농지는 농민에게 분배하며 그 분배의 방법, 소유의 한도, 소유권의 내용과 한계는 법률로써 정한다"고 규정하였고(제86조), 이에 근거한 농지개혁법에 따라 농지를 농민에게 분배하였다. 이후 1962년 제3공화국헌법은 농지개혁이 완성되었음을 전제로 "농지의 소작제도는 법률이 정하는 바에 의하여 금지된다"고 규정하였다(제113조).

1980년 제5공화국헌법은 소작제도 금지와 아울러 "농업생산성의 제고와 농지의 합리적인 이용을 위한 임대차 및 위탁경영은 법률이 인정하는 바에 의하여 인정된다"는 단서를 붙였다(제122조). 현행 헌법도 이를 유지하여 농지의 임대차와 위탁경영을 인정하고 있다.

3. 국토의 효율적 이용을 위한 제한과 의무의 부과

헌법 제122조는 "국가는 국민 모두의 생산 및 생활의 기반이 되는 국토의 효율적이고 균형있는 이용 · 개발과 보전을 위하여 법률이 정하는 바에 의하여 그에 관한 필요한 제한과 의무를 과할 수 있다"고 규정하고 있다. "국민 모두의 생산 및 생활의 기반이 되는 국토"라는 규정은 '생산 및 생활'과 관련이 있는 토지재산권에 대해 특별한 제한과 의무를 부과할 수 있음을 의미한다. 그러나 이 조항은 주의적 규정이라고 하겠다. 즉 토지의 특수성에 비추어 토지재산권에 대하여 다른 재산권보다 더 강한 사회적 제한을 가할 수 있음은 이미 헌법 제23조의 재산권 조항의 해석에 의하여 인정되는데, 헌법 제122조는 이를 확인한 것이다.

4. 농 · 어업과 지역경제 및 중소기업의 보호 · 육성

헌법 제123조는 농업과 어업, 지역경제 및 중소기업의 보호 · 육성에 관하여 규정하고 있다. 농 · 어업의 보호 · 육성에 관한 법률로 농어업 · 농어촌 및 식품산업 기본법 등이 있다. 지역경제의 육성에 관한 법률로 '지역균형개발 및 지방중소기업 육성에 관한 법률'이 있다. 중소기업 보호에 관한 법률로는 중소기업기본법 등이 있다. 그 밖에 농 · 어민, 중소기업의 자조조직에 관한 법률로 농업협동조합법, 수산업협동조합법, 중소기업협동조합법이 있다.

(판 례) 자도소주구입명령제

헌법 제123조가 규정한 지역경제육성의 목적은 일차적으로 지역간의 경제적 불균형의 축소에 있다. 특히 농업과 수산업에 의존하는 지역이 지역적 경제구조에 있어서 심한 불균형을 나타내기 때문에 헌법 제123조 제1, 4, 5항에서 경제력이 일반적으로 전국 평균 이하인 농어촌 지역과 농 · 어업 경제부문에 대한 보호 · 육성을 강조하고 있다. 또한 "지역경제의 육성"의 목표는 경제적으로 낙후된 지역의 주민이 단지 경제적인 이유로 말미암아 경제력이 강한 지역으로 이주하도록 강요되어서는 아니되고, 그의 거주지역에서 생업에 종사할 수 있는 적절한 기회가 제공되어야 한다는 일반정책적인 고려에 따른 것이기도 하다. 이로써 국가지역정책은 농 · 어촌의 이주현상과 대도시에로의 지나친 인구집중을 방지하고 국토의 균형있는 인구분산을 이루게 함으로써, 궁극적으로 경제성장과 안정이라는 경제적 목표를 달성하는데 기여할 뿐만 아니라 전국적으로 균형있는 경제, 사회, 문화적 관계를 형성하는 사회정책적 목표를 촉진토록 하는데 있다.

헌재 1996.12.26. 96헌가18, 판례집 8-2, 680,697-698

5. 소비자보호운동의 보장 : 소비자보호운동권과 소비자의 권리

헌법 제124조는 "국가는 건전한 소비행위를 계도하고 생산품의 품질향상을 촉구하기 위한 소비자보호운동을 법률이 정하는 바에 의하여 보장한다"고 규정하고 있다. 헌법에서 소비자보호에 관한 규정을 두는 예는 1978년 스페인 헌법(제51조)에서 볼 수 있다.

헌법은 소비자보호운동의 보장을 경제에 관한 장에서 규정하고 있으나 규정 내용을 보면 '소비자보호운동권'이라는 기본권을 보장한 것으로 해석할 수 있다. 더 나아가 소비자보호운동의 권리보다 포괄적인 개념으로 '소비자의 권리'를 기본권의 하나로 인정할 수 있다. 소비자의 권리는 사업자와의 관계에서 경제적 약자의 지위에 있는 소비자의 생존을 위한 권리이며, 사회권의 하나로 성격지울 수 있다.

헌법은 소비자보호운동의 목적을 좁게 규정하고 있으나 이것은 예시적인 것이다. 소비자보호운동은 경제적 약자인 소비자의 구조적 피해로부터 그 이익을 보호하는데 근본적인 목적이 있다. 소비자보호운동권의 내용으로서 특히 중요한 것은 소비자단체의 능동적인 여러 참가권을 인정하는 것이다(예컨대 소비자소송에서 소비자단체의 원고적격의 인정 등이 필요하다).

소비자보호에 관한 법률로 소비자기본법 등이 있다. 소비자기본법은 소비자의 권리와 책무, 국가 · 지방자치단체 및 사업자의 책무, 소비자단체의 역할 및 소비자와 사업자 사이의 관계, 소비자정책의 종합적 추진을 위한 기본적인 사항을 규정하고 있다. 소비자기본법에서는 소비자의 적극적 권리행사를 뒷받침하는 두 제도가 신설되었는데, 첫째는 한국소비자원의 소비자분쟁조정위원회를 통한 소비자 집단분쟁조정제도(제60조 내지 제69조)이고, 둘째는 소비자단체소송제도(제70조 내지 제76조)이다. 소비자단체소송제도는 독일의 단체소송제도를 기본으로 한 것이며, 소비자 보호기능을 주로 수행하고, 사업자의 침해행위에 대한 금지 · 중지청구만 가능하다는 점에서, 경쟁질서 확립기능도 하며 손해배상청구도 허용하는 독일의 단체소송과 차이가 있다. 법률상 요건을 갖춘 단체(소비자단체)가 사업자의 계속적인 소비자권익 침해행위에 대하여 변호사를 선임하여 법원의 허가를 받아 침해행위의 금지나 중지를 구하는 소송을 제기할 수 있다(제70조).

문제는 소비자보호운동의 일환으로 소비자불매운동이 허용될 수 있는가 하는 점인데, 헌법재판소는 최근의 판례에서 헌법이나 법률의 규정에 비추어 정당하다고 평가되는 범위에 해당하는 경우에만 소비자불매운동이 허용된다고 판시하였다.

(판 례) 소비자불매운동의 성립요건과 헌법적 허용한계

소비자불매운동은 모든 경우에 있어서 그 정당성이 인정될 수는 없고, 헌법이나 법률의 규정에 비추어 정당하다고 평가되는 범위에 해당하는 경우에만 형사책임이나 민사책임이 면제된다고 할 수 있다. 우선, i) 객관적으로 진실한 사실을 기초로 행해져야 하고, ii) 소비자불매운동에 참여하는 소비자의 의사결정의 자유가 보장되어야 하며, iii) 불매운동을 하는 과정에서 폭행, 협박, 기물파손 등 위법한 수단이 동원되지 않아야 하고, iv) 특히 물품등의 공급자나 사업자 이외의 제3자를 상대로 불매운동을 벌일 경우 그 경위나 과정에서 제3자의 영업의 자유 등 권리를 부당하게 침해하지 않을 것이 요구된다.

이 사건 청구인들은 조중동 신문의 정치적 논조를 문제삼아 조중동 뿐만 아니라 조중동에 광고를 싣는 광고주들을 상대로 집단적인 소비자불매운동을 벌이고 있는데, 특히 제3자인 위 광고주들에 대한 소비자불매운동이 정당하기 위해서는 불매운동의 취지나 목적, 성격에 비추어 볼 때, 위 광고주들을 불매운동 대상으로 선택해야 할 필요성이 있었는지, 또한 위 광고주들을 대상으로 이루어진 불매운동의 내용과 그 경위 및 정도와 사이에 긴밀한 상관관계가 존재하는지가 면밀히 검토되어야 할 것이다. (……)

하지만, 헌법이 보장하는 소비자보호운동에도 위에서 본 바와 같은 헌법적 허용한계가 분명히 존재하는 이상, 헌법이 보장하는 근로3권의 내재적 한계를 넘어선 쟁의행위가 형사책임 및 민사책임을 면할 수 없는 것과 마찬가지로, 헌법과 법률이 보장하고 있는 한계를 넘어선 소비자불매운동 역시 정당성을 결여한 것으로서 정당행위 기타 다른 이유로 위법성이 조각되지 않는 한 업무방해죄로 형사처벌할 수 있다고 할 것이다.

헌재 2011.12.29. 2010헌바54, 공보 183, 70,71

6. 대외무역의 육성과 규제

헌법 제125조는 국가가 대외무역을 육성 · 규제 · 조정할 수 있다고 규정하고 있다. 대외무역을 규제 · 조정할 수 있다는 규정은 국내산업을 보호하기 위한 것이다.

대외무역에 관한 법률로 대외무역법, '무역거래기반조성에 관한 법률', 외국환거래법 등이 있다.

7. 사영기업의 국 · 공유화 등

헌법 제126조는 "국방상 또는 국민경제상 긴절한 필요로 인하여 법률이 정하는 경우를 제외하고는, 사영기업을 국유 또는 공유로 이전하거나 그 경영을 통제 또는 관리할 수 없다"고 규정하고 있다.

(판 례) 사영기업의 국 · 공영화, 경영 통제 · 관리의 의미(자동차운수사업법)

'사영기업의 국유 또는 공유로의 이전'은 일반적으로 공법적 수단에 의하여 사기업에 대한 소유권을 국가나 기타 공법인에 귀속시키고 사회정책적 · 국민경제적 목표를 실현할 수 있도록 그 재산권의 내용을 변형하는 것을 말하며, 또 사기업의 '경영에 대한 통제 또는 관리'라 함은 비록 기업에 대한 소유권의 보유주체에 대한 변경은 이루어지지 않지만 사기업 경영에 대한 국가의 광범위하고 강력한 감독과 통제 또는 관리의 체계를 의미한다고 할 것이다. 그런데 이 사건에 있어서 이 사건 법률조항들이 규정하는 운송수입금 전액관리제로 인하여 청구인들이 기업경영에 있어서 영리추구라고 하는 사기업 본연의 목적을 포기할 것을 강요받거나 전적으로 사회 · 경제정책적 목표를 달성하는 방향으로 기업활동의 목표를 전환해야 하는 것도 아니고, 그 기업경영과 관련하여 국가의 광범위한 감독과 통제 또는 관리를 받게 되는 것도 아니며, 더구나 청구인들 소유의 기업에 대한 재산권이 박탈되거나 통제를 받게 되어 그 기업이 사회의 공동재산의 형태로 변형된 것도 아니다. 따라서 '국방상 또는 국민경제상 긴절한 필요'에 관한 요건이 충족되는지의 여부를 살펴 볼 필요도 없이, 이 사건에서 헌법 제126조의 사기업의 국 · 공유화 내지 그 경영의 통제 · 관리조항이 적용될 여지는 없다고 할 것이다.

헌재 1998.10.29. 97헌마345, 판례집 10-2, 621,635

사영기업의 국 · 공유화와 경영의 통제 · 관리는 매우 엄격한 요건하에 인정된다. ① 실질적 요건으로서 "국방상 또는 국민경제상 긴절한 필요"가 있는 경우에 한하여 인정된다. "긴절한 필요"라 함은 다른 수단으로는 목적을 달성할 수 없고 필수적으로 요구됨을 의미한다. 헌법 제23조에 의해 사유재산제도가 보장되고 헌법 제119조 제1항에 의해 경제적 자유 보장이 확인되고 있기 때문에 사영기업의 국 · 공유화와 경영의 통제 · 관리는 어디까지나 예외적으로만 인정된다. ② 형식적 요건으로서 법률이 정하는 경우에 한하여 인정된다. ③ 보상이 필요한지 여부에 대해 헌법 제126조는 언급하고 있지 않으나, 헌법 제23조 제3항에 따라 보상을 하여야 한다. 다만 국 · 공유화는 예외적으로 엄격한 요건하에 인정되는 것인 만큼, 보상의 금액이나 방법 등에서 통상적인 공용침해의 경우와 다른 보상이 인정될 수 있다고 보아야 할 것이다.

국영기업에 관한 법률로 우편법 등이 있고, 공영기업에 관한 법률로 지방공기업법이 있다. 특수법인기업에 관한 법률로 한국은행법, 한국철도공사법 등이 있다.

8. 과학기술에 관한 자문기구 설치 등

헌법 제127조는 국가가 과학기술의 혁신 등에 노력할 의무, 국가표준제도의 확립, 과학기술에 관한 대통령자문기구의 설치에 관하여 규정하고 있다.

과학기술에 관한 대통령자문기구의 설치는 필수적인 것이 아니라 임의적인 것이다. 현재 국가과학기술자문회의법에 따라 '국가과학기술자문회의'가 설치되어 있다.

제 9 장

그 밖의 헌법상 기본원리

I. 법치주의

우리 헌법은 명시적으로 법치주의 원리를 직접 규정하고 있지는 않다. 그러나 법치주의를 우리 헌법상 기본원리의 하나로 보는 것이 일반적인 견해이다.

법치주의는 매우 다의적인 개념이지만 기본적으로 '사람의 지배'에 대비되는 개념이다. 사람의 지배는 곧 자의적(恣意的) 지배이며, 그런 뜻에서 법의 지배는 자의의 배제를 핵심으로 한다. 자의를 배제한 지배가 되기 위해서는 객관적인 준칙, 곧 법에 의한 지배가 되지 않으면 안 된다. 이처럼 법치주의는 국가작용이 객관적인 법에 근거를 두고 법에 따라 행하여져야 한다는 원리이다. 근대 이래로 여기에서의 법은 의회가 제정한 법률을 의미하였으며, 그런 뜻에서 법치주의의 핵심적 의미는 국가작용이 의회가 제정한 법률에 근거하고 법률에 따라 행하여져야 한다는 것이다.

1. '법의 지배'와 '법치국가'

우리가 사용하는 법치주의란 말은 영미의 '법의 지배'와 독일의 '법치국가'에 연원을 둔 용어이다. 통상적으로 법치주의란 용어는 이 양자의 어느 하나만에 한정하지 않고 포괄적인 의미로 쓰인다.

(1) '법의 지배'

법치주의는 영미법계 국가에서 '법의 지배'(rule of law)라는 원리로 발전되어 왔다. 이 원리는 중세 이래의 법우위(法優位)사상을 그 연원으로 한다. 국왕도 신과 법의 아래에 있다는 사상이 그것이다.

영국에서 근대적 의미의 법의 지배 원리는 다이시(A.V. Dicey, 1835-1922)에 의해 정식화되었다. 그에 의하면 법의 지배는 다음의 세 가지 의미를 지닌다. 첫째, 정규적 법(regular law)의 절대적 우위를 말한다. 이것은 자의적 권력의 지배에 반대되는 것이다. 둘째, 법 앞의 평등을 말한다. 이것은 모든 계급이 통상의 법원이 운용하는 통상의 국법에 복종하는 것을 의미한다. 셋째, 영국에서 헌법은 법원에 의해 시행되는 통상의 국법의 근거가 아니라 그 결과이다. 여기에서 '통상의 국법'(the ordinary law of the land)이란 법원의 판례법인 보통법(common law) 또는 의회제정법을 말한다(Dicey, *Introduction to the Study of the Law of the Constitution*, 1885).

오늘날의 대표적 영미법철학자인 라즈(Joseph Raz)는 법의 지배를 다음과 같이 설명한다. 법의 지배의 기본적 개념은 그 언어적 의미에서 출발한다. 법의 지배는 두 측면을 지닌다. 첫째, 사람들은 법에 의해 지배되어야 하고 법에 복종해야 한다. 둘째, 그 법은 사람들이 법에 의해 지도될 수 있는 그런 법이어야 한다. 법의 지배의 이 같은 개념은 형식적인 차원의 것이다. 법의 지배에서 도출되는 기본적 원리로서 다음 여덟 가지를 들 수 있다.

① 모든 법은 장래적이고(prospective), 공개적이고, 명백해야 한다. ② 법은 상대적으로 안정적이어야 한다. ③ 특정한 법(구체적인 행정처분이나 법원의 판결 등)의 제정은 공개적이고 안정적이고 명백하며 일반적인 규칙들에 의해 지도되어야 한다. ④ 사법부의 독립은 보장되어야 한다. ⑤ 자연적 정의(natural justice)의 원리들은 준수되어야 한다('자연적 정의'란 법적 결정과정에서 지켜야 할 여러 요소들로서 주로 절차적 요소를 가리킨다). 법의 올바른 적용을 위해 공개적이고 공정한 청문, 편견의 배제 등이 지켜져야 한다. ⑥ 법원은 의회입법이나 행정처분 등의 시행에 관해서도 심사권을 가져야 한다. ⑦ 법원에 쉽게 접근할 수 있어야 한다. ⑧ 법원만이 아니라 경찰과 검찰 등 법집행기관의 재량이 법을 왜곡해서는 안 된다.

이상의 여덟 가지 원리 가운데 ①～③은 법이 갖추어야 할 원리들이고, ④～⑧은 법집행기관에 대해 요구되는 원리들이다. 라즈(Raz)는 법의 지배의 고유한 가치는 형식적인 데에 있다고 한다. '좋은 법의 지배'(the rule of the good law)는 전면적으로 사회철학의 문제이며, 법의 지배를 좋은 법의 지배의 의미로 사용한다면 법의 지배의 고유한 기능은 상실된다고 한다(Joseph Raz, "The Rule of Law and Its Virtue", *The Authority of Law*, 1979). 영미법계의 법의 지배의 특징은 법원의 지위가 중시된다는 점이다.

(2) '법치국가'

법치주의는 독일에서 '법치국가'(Rechtsstaat) 사상으로 전개되었다. 본래 법치국가란 국가의 활동을 사적자치 확보를 위한 법질서 유지에 한정하는 것을 전제로, 특히 법률에 의한 행정(법치행정)의 원리를 행정재판을 통해 보장하는 국가를 지칭하였다. 여기에서 법은 그 내용의 합리성 여부를 묻지 않는, 형식적인 법률에 지나지 않았으므로, 법치국가는 단지 '법률국가'(Gesetzesstaat)에 불과하였다.

독일의 법치국가 사상은 영미법계의 법의 지배 원리와 기본적 성격에서 차이가 있는 것이었다. 법의 지배는 민주주의와 결합하여 전개된 것인 데 비해 법치국가는 그렇지 못하였다. 즉 법의 지배는 시민계급이 의회를 통하여 입법에 참여함으로써 법률의 내용을 국민 스스로 결정한다는 원리에 입각한 것과 달리, 법치국가는 어떤 정치제도와도 결합할 수 있는 것이었다. 이처럼 법치국가는 국가작용이 행하여지는 형식을 나타내는 것에 불과하였고, 이 점에서 그것은 '형식적 법치국가'였다.

이차대전 이후 독일에서는 나치즘에 대한 반성과 더불어, 형식적 법치국가를 넘어서 '실질적 법치국가'를 지향하게 되었다. 즉 법률의 형식만이 아니라 법률내용이 자유와 평등을 지향하는 정당성을 갖출 것을 요구하게 된 것이다. 이로써 오늘날에는 영미법계의 법의 지배와 독일의 법치국가 사상은 별 차이가 없게 되었다고 할 수 있다.

2. 법치주의의 의미와 그 요소

(1) 형식적 법치주의와 실질적 법치주의

우리의 학설과 판례는 법치주의를 형식적 법치주의와 실질적 법치주의로 구분하고, 오늘날의 법치주의는 실질적 법치주의를 의미한다고 설명하는 것이 보통이다. 형식적 법치주의란 국가작용이 법률에 합치하여 행하여져야 한다는 것으로, 법률의 내용을 묻지 않는다. 이에 비해 실질적 법치주의는 국가작용이 형식적으로 법률에 합치해야 할 뿐만 아니라 법률의 내용이 자유와 평등을 구현하는 것이어야 한다거나 또는 정의에 합치할 것을 요청한다.

우리 헌법의 전체적 규정을 볼 때 우리 헌법은 형식적 법치주의에 그치지 않고 실질적 법치주의에 입각하고 있다고 할 수 있다. 그러나 위의 라즈(Raz)의 견해가 지적하는 것처럼, 법치주의의 의미를 실질적 법치주의로 이해하는 경우에는 법치주의의 고유한 존재의의는 찾기 힘들다. 실질적 법치주의란 단순히 '법의 지배'가 아니라 '좋은 법에 의한 지배'를 의미하는데, 이같이 법치주의를 '좋은 법'의 지배로 이해하는 경우, 법치주의는 자유와 평등, 정의 등, 거의 모든 헌법원리와 도덕원리를 모두 포괄하는 것이 되어버린다. 이렇게 광범한 의미의 헌법원리는 헌법원리로서의 고유한 가치를 갖기 어렵다. 법치주의의 고유한 의미는 그 형식적 측면에 있다고 보아야 한다. 이것은 우리 헌법이 형식적 법치주의에 그치고 있다는 것이 아니라 법치주의의 헌법원리로서의 기능적 유용성이 형식적 측면에 있다는 의미이다.

(2) 법치주의의 요소

학설의 일반적 경향은 법치주의를 실질적 법치주의로 이해하고 그 요소들을 매우 광범하게 파악한다. 이에 따라 자유와 평등, 기본권보장 등을 모두 법치주의의 요소로 포함시킨다. 그러나 위에서 지적한 것처럼 이것은 적절치 않다.

법치주의의 핵심은 형식적 측면에 있고 이렇게 이해하는 경우, 법치주의의 요소는 다음과 같이 두 가지 부류로 정리해 볼 수 있다. 첫째의 부류는 국가작용의 형식으로서의 법이 갖추어야 할 요건에 관한 것이다. 구체적으로는 ① 의회가 제정한 법률(형식적 의미의 법률)의 우위, ② 소급법의 금지, ③ 법의 명확성, ④ 법의 안정성 등이 그 기본요소들이다. 소급법의 금지, 법의 명확성, 법의 안정성 등의 요소는 예측가능성의 요청에서 나오는 것이다. 둘째의 부류는 법집행기관에 관한 것이다. 구체적으로는 ⑤ 법률에 의한 행정(법치행정), ⑥ 행정과 재판에서의 적법절차, ⑦ 사법권의 독립, ⑧ 검찰과 경찰 등 법집행기관의 재량에 대한 통제 등이 그 요소들이다.

이처럼 법치주의를 형식적 측면에서 이해할 때, 법치주의를 밝힌 우리 헌법상 규정으로 제37조 제2항(법률에 의한 기본권제한), 제13조 제1항 및 제2항(소급입법 금지), 제75조(위임입법의 제한), 제103조(사법권 독립) 등을 들 수 있다. 한편 입헌주의를 법치주의의 요소로 보는 견해도 있다(앞의 '입헌주의' 참조).

3. 신뢰보호의 원칙

헌법재판소는 법치주의의 파생원칙으로서 신뢰보호의 원칙이 인정된다고 한다. 이것은 독일판례를 수용한 것이다.

법의 이념의 하나는 법적 안정성이며, 법적 안정성은 수범자(受範者)인 국민들에게 예측가능성을 부여한다. 법적 안정성을 실현하기 위한 법원칙의 하나가 신뢰보호의 원칙이다. 신뢰보호의 원칙의 위반여부는 신뢰이익과 공익과의 비교교량에 의하여 결정된다.

(판 례) 헌법상 보호가치 있는 신뢰이익

신뢰보호원칙은 법률을 제정하거나 개정할 때 기존의 법질서에 대한 당사자의 신뢰를 보호할 것인가에 관한 문제로서, 일반적으로 국민이 어떤 법률이나 제도가 장래에도 그대로 존속될 것이라는 합리적인 신뢰를 바탕으로 하여 일정한 법적 지위를 형성한 경우에 이를 보호하기 위한 것이다(헌재 2001.9.27. 2000헌마152 참조).

총포소지허가를 신청하는 사람 중 청구인과 같이 반복하여 음주운전을 한 사람은 구법 하에서 허가를 받을 수 있는 것으로 신뢰하여 왔다고 하더라도, 총포의 소지는 원칙적으로 금지되고 다만 예외적으로 허가되는 것으로서 그 결격사유 역시 사회적 · 정책적 판단에 따라 새로이 규정, 시행될 수 있는 것임을 고려하여야 한다. 총포화약법의 입법연혁을 살펴보아도 1981.1.10. 법률 제3354호로 총포소지허가의 결격사유를 규정한 이래 점차 사유가 추가되고 허가의 기준이 강화되는 방향으로 수차례 개정되었다. 따라서 입법자가 반복하여 음주운전을 하는 자를 총포소지허가의 결격사유로 규제하지 않을 것이라는 데 대한 청구인의 신뢰가 보호가치 있는 신뢰라고 보기 어렵다.

헌재 2018.4.26. 2017헌바341, 판례집 30-1 상, 628,634

총포소지허가를 받은 사람이 해당 공기총을 직접 보관할 수 있을 것이라는 데에 대한 신뢰 역시 헌법상 보호가치 있는 신뢰가 아니다(헌재 2019.6.28. 2018헌바400).

(판 례) 신뢰보호원칙 위반 여부의 판단 기준

신뢰보호원칙은 헌법상 법치국가원리로부터 파생된 원칙이다. 이는 법률이 개정되는 경우 기존 법질서와의 사이에 어느 정도의 이해관계의 상충이 불가피하더라도, 기존의 법질서에 대한 당사자의 신뢰가 합리적이고 정당한 반면, 법률의 개정으로 야기되는 당사자의 손해가 극심하여 새로운 입법으로 달성하고자 하는 공익적 목적이 그러한 당사자의 신뢰가 파괴되는 것을 정당화할 수 없는 경우에 그러한 새 입법은 허용될 수 없다는 원칙을 말한다.

신뢰보호원칙의 위반 여부를 판단하기 위해서는 첫째, 국가가 법률의 제정과 같은 작용을 통해 신뢰의 기초를 형성하여야 하고, 둘째, 개인이 이러한 국가작용에 대한 신뢰에 따라 일정한 행위를 하여야 하며, 셋째, 그 개인의 신뢰와 법률의 개정으로 인한 공익을 서로 형량하여야 한다. 개인의 신뢰를 공익과 형량함에 있어서는 신뢰이익의 보호가치, 신뢰이익 침해의 정도, 신뢰의 손상 정도, 신뢰침해의 방법 등과 다른 한편으로는 새로운 입법을 통하여 실현하고자 하는 공익적 목적을 종합적으로 형량하는 것이 필요하다. 신뢰이익의 보호가치는 법률에 따른 개인의 행위가 국가에 의하여 일정방향으로 유인된 신뢰의 행사인지 아니면 단지 법률이 부여한 기회를 활용한 것으로서 원칙적으로 사적 위험부담의 범위에 속하는 것인지 여부에 따라 달라질 것이고, 개인이 어느 정도로 법적 상태의 변화를 예측할 수 있었는지, 혹은 예측하였어야 하는지 여부 또한 중요한 고려요소가 될 것이다. 그리고 경과규정의 유무와 그 내용은 신뢰이익 침해의 정도를 판단하는 데 고려요소로 작용할 수 있다(헌재 2002.11.28. 2002헌바45; 헌재 2015.10.21. 2013헌바248 등 참조).

헌재 2018.12.27. 2017헌바215, 공보 267, 82,86

(판 례) 신뢰보호원칙과 평등권

종전면허에 대하여 종전의 규정에 따라 양도 및 상속을 허용하는 것은 구법에서 신법으로 이전하는 과정에서 종전면허 취득자가 구법질서에 대하여 가지고 있던 신뢰를 보호하기 위한 것이다. 종전 면허의 경우는 발급 당시 양도 및 상속이 허용되고 있었고 면허발급 대기자들도 이를 믿고 면허를 취득하여 보유하게 된 것이지만, 신규면허의 경우는 면허 발급 전에 이미 이 사건 시행령 조항의 시행으로 양도 및 상속이 금지되고 있었으므로 당시의 면허발급 대기자들은 양도 및 상속이 금지됨을 알고 면허를 취득하게 된 것이다. 따라서 이 사건 시행령부칙조항이 종전면허와 신규면허를 자의적으로 차별하여 청구인들의 평등권을 침해한다고 할 수 없다.

헌재 2012.3.29. 2010헌마443, 판례집 24-1 상, 591,592-593

(판 례) 신뢰보호원칙과 판사임용자격

가. 판사임용자격에 관한 법원조직법 규정이 지난 40여 년 동안 유지되어 오면서, 국가는 입법행위를 통하여 사법시험에 합격한 후 사법연수원을 수료한 즉시 판사임용자격을 취득할 수 있다는 신뢰의 근거를 제공하였다고 보아야 하며, 수년간 상당한 노력과 시간을 들인 끝에 사법시험에 합격한 후 사법연수원에 입소하여 사법연수생의 지위까지 획득한 청구인들의 경우 사법연수원 수료로써 판사임용자격을 취득할 수 있으리라는 신뢰이익은 보호가치가 있다고 할 것이다. (……)

결국, 이 사건 심판대상조항은 이 사건 법원조직법 개정 시점인 2011. 7. 18. 당시에 이미 사법연수원에 입소하여 사법연수생의 신분을 가지고 있었던 자가 사법연수원을 수료하는 해의 판사 임용에 지원하는 경우에 적용되는 한 신뢰보호원칙에 반하여 청구인들의 공무담임권을 침해한다.

헌재 2012.11.29. 2011헌마786등, 공보 194, 1878

(판 례) 신뢰보호원칙과 상가임대차계약갱신요구권

임차인의 계약갱신요구권 행사 기간을 10년으로 규정한 '상가건물 임대차보호법' 개정조항을 개정법 시행 후 갱신되는 임대차에 대하여도 적용하도록 규정한 '상가건물 임대차보호법' 부칙 조항은, '개정법 시행 후 갱신되는 임대차'에는 구법조항에 따른 의무임대차기간이 경과하여 임대차가 갱신되지 않고 기간만료 등으로 종료되는 경우는 제외되고 구법조항에 따르더라도 여전히 갱신될 수 있는 경우만 포함되므로, 이 사건 부칙조항은 아직 진행과정에 있는 사안을 규율대상으로 한다. 따라서 헌법 제13조 제2항이 말하는 소급입법에 의한 재산권침해는 문제되지 않는다.

(……) 이 사건 부칙조항이 임차인의 안정적인 영업을 지나치게 보호한 나머지 임대인에게만 일방적으로 가혹한 부담을 준다고 보기는 어렵다.

헌재 2021.10.28. 2019헌마106등, 공보 301, 1363

신뢰보호의 원칙은 입법·행정·사법 등 모든 국가작용에 요청되는데, 입법작용에서의 신뢰보호의 원칙은 소급입법의 금지를 그 핵심으로 한다. 헌법재판소는 소급입법을 진정소급입법과 부진정소급입법으로 구분하여 판단하고 있다. 진정소급입법은 이미 종료된 사실관계 또는 법률관계에 작용케 하는 것이고, 부진정소급입법은 현재 진행중인 사실관계 또는 법률관계에 작용케 하는 것이다. 헌법재판소 판례에 의하면, 진정소급입법은 원칙적으로 금지되고 예외적으로 허용되는 데 반하여, 부진정소급입법은 원칙적으로 허용되지만 신뢰보호원칙의 제한을 받는다(특히 재산권보장과 신뢰보호의 원칙에 관하여 뒤의 '재산권' 참조).

(판 례) 진정소급입법과 부진정소급입법

소급입법은 새로운 입법으로 이미 종료된 사실관계 또는 법률관계에 작용케 하는 진정소급입법과 현재 진행중인 사실관계 또는 법률관계에 작용케 하는 부진정소급입법으로 나눌 수 있는바, 부진정소급입법은 원칙적으로 허용되지만 소급효를 요구하는 공익상의 사유와 신뢰보호의 요청 사이의 교량과정에서 신뢰보호의 관점이 입법자의 형성권에 제한을 가하게 되는 데 반하여, 기존의 법에 의하여 형성되어 이미 굳어진 개인의 법적 지위를 사후입법을 통하여 박탈하는 것 등을 내용으로 하는 진정소급입법은 개인의 신뢰보호와 법적 안정성을 내용으로 하는 법치국가원리에 의하여 특단의 사정이 없는 한 헌법적으로 허용되지 아니하는 것이 원칙이고, 다만 일반적으로 국민이 소급입법을 예상할 수 있었거나 법적 상태가 불확실하고 혼란스러워 보호할 만한 신뢰이익이 적

은 경우와 소급입법에 의한 당사자의 손실이 없거나 아주 경미한 경우 그리고 신뢰보호의 요청에 우선하는 심히 중대한 공익상의 사유가 소급입법을 정당화하는 경우 등에는 예외적으로 진정소급입법이 허용된다.

헌재 1999.7.22. 97헌바76, 판례집 11-2, 175,193-194

(판 례) 진정소급입법과 신뢰보호의 원칙(부당환급세액을 이미 수령한 것까지 회수하도록 법인세법 개정)

심판대상조항은 개정조항이 시행되기 전 환급세액을 수령한 부분까지 사후적으로 소급하여 개정된 징수조항을 적용하는 것으로서 헌법 제13조 제2항에 따라 원칙적으로 금지되는 이미 완성된 사실·법률관계를 규율하는 진정소급입법에 해당한다.

법인세를 부당 환급받은 법인은 소급입법을 통하여 이자상당액을 포함한 조세채무를 부담할 것이라고 예상할 수 없었고, 환급세액과 이자상당액을 법인세로서 납부하지 않을 것이라는 신뢰는 보호할 필요가 있다. 나아가 개정 전 법인세법 아래에서도 환급세액을 부당이득 반환청구를 통하여 환수할 수 있었으므로, 신뢰보호의 요청에 우선하여 진정소급입법을 하여야 할 매우 중대한 공익상 이유가 있다고 볼 수도 없다.

헌재 2014.7.24. 2012헌바105, 판례집 26-2 상, 23

(판 례) 부진정소급입법과 신뢰보호의 원칙(치과의사시험제도에 관한 의료법 개정)

신뢰보호원칙의 위배 여부는 침해받은 신뢰이익의 보호가치, 침해의 중한 정도, 신뢰침해의 방법 등과 다른 한편으로는 새로운 입법을 통해 실현코자 하는 공익목적을 종합적으로 비교형량하여 판단하여야 한다(헌재 1995.3.23. 93헌바18 등, 판례집 7-1, 376,385; 헌재 1995.6.29. 94헌바39, 판례집 7-1, 896,910 등 참조).

(……) 이미 존재하는 면허제도에 부과된 법적 규제에 또 다른 규제를 추가하였다고 하여 면허시험 응시자의 구법에 대한 신뢰가 지나치게 침해되었다고 보기는 어렵다. 입법자는 이미 면허제도가 성립되어 있는 경우 이에 대한 입법형성의 여지를 가져야 할 것이고, 오늘날과 같이 변화가 많은 경제·사회적 환경에서 새로운 제도개선을 해야 할 때마다 구법에 대한 신뢰를 일일이 보장하여야 한다면, 입법정책의 형성은 상당부분 제약될 수밖에 없기 때문이다.

(합헌결정)

헌재 2006.4.27. 2005헌마406, 공보 115, 667,673

(판 례) 부진정소급입법에서 신뢰보호가 인정되지 않은 사례

성폭력범죄를 저질러 벌금형이 확정된 체육지도자의 자격을 필요적으로 취소하도록 개정된 국민체육진흥법 조항(이하 '자격취소조항'이라 한다)을 개정법 시행 후 발생하는 자격취소사유부터 적용하도록 한 국민체육진흥법 부칙조항에 의하면 자격취소조항은 개정법 시행 후 발생하는 자격취소 사유부터 적용되는바, 자격취소조항은 '성폭력범죄를 저질러 벌금형이 확정된 경우'를 체육지도자 자격취소의 요건으로 하고 있으므로, 범죄행위가 종료되었다고 하더라도 이에 대한 형이 확정되지 않는 이상 체육지도자 자격취소에 관한 사실 내지 법률관계가 완성된 것이라고 볼 수 없다. 따라서 이 사건 부칙조항은 진행 중인 사실 내지 법률관계에 대한 규율이므로 헌법상 원칙적으로 금지되는 진정소급입법에 해당하지 아니한다.

개정 전 국민체육진흥법에 따르면, 체육지도자가 성폭력범죄로 벌금형이 확정된다고 하더라도 최대 6개월의 자격정지처분이 내려질 수 있을 뿐 필요적으로 그 자격이 취소되지는 아니하였으므로, 청구인은 개정법 시행 전 저지른 성폭력범죄에 대하여 벌금형이 확정되더라도 체육지도자 자격이 취소되지 않을 것이란 기대를 가질 수 있었다. 그런데 이러한 신뢰는 헌법상 보호가치 있는 신뢰라고 보기 어렵다. 자격취소조항의 도입경위와 입법취지를 고려하면, 체육지도자의 자격이 있는 사람이 개정법 시행 이후 성폭력범죄로 인한 형이 확정되었음에도 그 범행시기가 개정법 시행일 전이라는 사정만으로 최대 6개월의 자격정지처분만을 할 수 있도록 하는 것은 자격취소조항의 입법취지에 반할 우려가 크다. 따라서 이 사건 부칙조항은 신뢰보호원칙에 위반되지 아니한다.

헌재 2024.8.29. 2023헌바73, 공보 335, 1401,1402

헌법재판소는 위 결정에서 이 사건 부칙조항이 개정법 시행일을 기준으로 하여 성폭력범죄로 이미 벌금형이 확정된 체육지도자와 그렇지 않은 체육지도자를 달리 취급하지만, 양자는 제재처분의 요건이 충족된 상태인지와 유죄판결 등의 확정 여부가 아직 결정되지도 아니하였는지에 본질적인 차이가 있으므로 평등원칙에 위반하는 것도 아니라고 하였다.

헌법재판소는 구 토양환경보전법이 법개정을 하면서 법시행(2002. 1. 1.) 이전의 토양오염관리대상시설을 양수한 자에게도 오염원인자부담원칙을 적용하도록 한 것은 신뢰보호원칙에 위반된다고 하면서 위헌결정하였다(헌재 2012.8.23. 2010헌바28; 위 법시행일 이후의 자에 대하여는 입법형성권이 있으므로 헌법불합치 결정을 하면서 적용중지명령을 하였다). 이에 따라 동법은 2014.3.24. 정화책임의 면책범위를 확대하고 정화비용을

감면받을 수 있도록 하는 것으로 개정되었다. 따라서 위 시행일 이후에 양수한 자를 오염원인자로 보는 것은 신뢰보호의 원칙에 위반되지 않는다. 자신이 관여하지 않는 인수 이전의 토양오염에 대해서도 책임을 부담할 수 있다는 사실을 충분히 인식할 수 있었기 때문이다(헌재 2016.11.24. 2013헌가19). 또한, 무기징역의 집행 중에 있는 자의 가석방 요건을 종전 '10년 이상'에서 '20년 이상' 형 집행 경과로 강화한 개정 형법상의 부칙조항은 신뢰보호원칙에 위배되어 신체의 자유를 침해하는 것은 아니라고 하였다(헌재 2013.8.29. 2011헌마408).

위법건축물에 대하여 이행강제금을 부과하도록 하면서 이행강제금제도 도입 전의 위법건축물에 대하여도 적용의 예외를 두지 아니한 건축법 부칙 규정도 신뢰보호원칙에 위반되지 않는다고 한다(헌재 2015.10.21. 2013헌바248). 또한, 공무원의 퇴직연금 지급개시연령을 55세부터로 제한한 공무원연금법 규정도 합헌이라고 한다(헌재 2015.12.23. 2013헌바259). 신탁재산에 대한 재산세 납세의무자를 위탁자에서 수탁자로 변경하면서 변경(개정) 이전에 체결된 신탁계약에 의한 신탁재산은 구법에 의한다는 조항을 두지 않은 지방세법 규정도 신뢰보호원칙에 위반되지 않는다(헌재 2016.2.25. 2015헌바127등). 선불식 할부거래업자에게 개정 법률이 시행되기 전에 체결된 선불식 할부계약에 대하여도 소비자피해보상보험계약 등을 체결할 의무를 부과하는 것은 진정소급입법이 아니므로 소급입법금지원칙에 반하지 않고, 선수금보전의무조항을 새로이 규정한 것은 소비자들의 피해보상이라는 매우 중대한 공익을 보호하기 위한 것이므로 신뢰보호원칙에 반하지 않는다(헌재 2017.7.27. 2015헌바240). 특정조치가 규제유예 제도로 임시로 허용된 경우에는 이후 다시 이를 규제한다고 하여 신뢰보호원칙에 위반된다고 할 수는 없다. 건설폐기물 수집 · 운반업자가 건설폐기물을 임시보관장소로 수집 · 운반할 수 있는 사유 중 하나로 '매립대상 폐기물을 반입규격에 맞게 절단하기 위한 경우'를 포함하지 않고 있는 '건설폐기물의 재활용촉진에 관한 법률' 규정이 그 예이다. 동법상 절단을 위한 임시보관장소 수집 · 운반행위는 원래 허용되지 않고 있다가 2009년부터 규제유예 제도의 일환으로 허용되었는데 허용되었던 시기에는 비산먼지, 소음 등으로 인근 주민의 피해가 발생하였던 점을 고려하여 다시 이를 규제한 경우이다. 헌법재판소는 위 규정을 합헌이라 하였다(헌재 2021.7.15. 2019헌마406). 이미 구법에 의하여 사설납골당을 운영하는 사람이 법개정으로 인하여 추가, 확장된 시설을 운영하고자 하는 경우에는 재단법인을 설립하도록 강제하였다고 하더라도 신뢰보호원칙에 위반되지 않는다(헌재 2021.8.31. 2019헌바453).

Ⅱ. 공무원제도의 보장

> **(헌법 제7조)** ① 공무원은 국민전체에 대한 봉사자이며, 국민에 대하여 책임을 진다.
> ② 공무원의 신분과 정치적 중립성은 법률이 정하는 바에 의하여 보장된다.

1. 공무원의 개념과 분류

(1) 공무원의 개념

공무원의 개념은 다의적이며, 이 말이 사용되는 개별적인 경우마다 일정하지 않다. ① 가장 넓은 의미의 공무원은 모든 공무담당자를 말한다. 여기에는 국가공무원법 또는 지방공무원법상 공무원신분을 갖지 않는 자(일시적으로 위탁을 받아 공무에 종사하는 자)도 포함된다. ② 넓은 의미의 공무원은 국가나 공공단체와 공법상의 근무관계를 맺고 공무에 종사하는 자를 말한다. ③ 좁은 의미의 공무원은 신분보장이 되는 '직업공무원'을 말한다. 여기에는 정치활동이 허용되는 정치적 공무원은 포함되지 않는다. 일반적인 의미의 공무원은 ②의 넓은 의미의 공무원을 가리킨다.

(판 례) 공무원의 일반적 개념

일반적으로 말하여 공무원이란 직접 또는 간접적으로 국민에 의하여 선출 또는 임용되어 국가나 공공단체와 공법상의 근무관계를 맺고 공공적 업무를 담당하고 있는 사람들을 가리킨다.

헌재 1992.4.28. 90헌바27, 판례집 4, 255,264

(2) 공무원의 분류

공무원은 우선 ① 국가공무원(국가공무원법의 적용을 받아 국가기관에서 근무하는 공무원), ② 지방공무원(지방공무원법의 적용을 받아 지방자치단체에서 근무하는 공무원)으로 구분된다.

국가공무원과 지방공무원은 임용방식, 직무의 성질, 법적 지위 등의 차이에 따라 여러 가지로 분류된다. 국가공무원법 및 지방공무원법에 의하면 공무원은 우선 경력직공무원과 특수경력직공무원으로 구분된다. 국가공무원법에 따라 세분하면 다음과 같다.

첫째, 경력직공무원. 경력직공무원은 "실적과 자격에 의하여 임용되고 그 신분이 보장되며 평생토록 공무원으로 근무할 것이 예정되는 공무원"이다. 경력직공무원은 다시 다음과 같이 구분된다. ① 일반직공무원(기술 · 연구 또는 행정일반에 대한 업무를 담당한다), ② 특정직공무원(법관 · 검사 · 외무공무원 · 경찰공무원 · 소방공무원 · 교육공무원 · 군인 · 군무원 · 헌법재판소 헌법연구관 및 국가정보원의 직원과 특수분야의 업무를 담당하는 공무원으로서 다른 법률이 특정직공무원으로 지정하는 공무원)(국가공무원법 제2조 제2항).

둘째, 특수경력직공무원. 특수경력직공무원은 경력직공무원 외의 공무원을 말하며 그 종류는 다음과 같다. ① 정무직공무원(선거에 의하여 취임하거나 임명에 있어서 국회의 동의를 요하는 공무원 및 고도의 정책결정업무를 담당하거나 이러한 업무를 보조하는 공무원으로서 법률 또는 대통령령에서 정무직으로 지정하는 공무원), ② 별정직공무원(특정한 업무를 담당하기 위하여 별도의 자격기준에 의하여 임용되는 공무원으로서 법령에서 별정직으로 지정하는 공무원).

2. 공무원의 헌법상 지위

헌법 제7조 제1항은 공무원의 헌법상 지위에 관한 기본원리를 규정하고 있다. 헌법은 그 밖에도 공무원의 불법행위책임(제29조 제1항), 공무원의 노동3권 제한(제33조 제2항), 고위직공무원에 대한 탄핵제도(제65조) 등에 관하여 규정하고 있다.

(1) '국민전체에 대한 봉사자'로서의 공무원

공무원이 국민전체에 대한 봉사자라고 함은 공무원이 특정 집단이나 특정 정당 또는 임명권자나 상급자 등 국민 일부만을 위하여 공무를 수행해서는 안 된다는 의미이다. 이것은 국민주권주의에서 나오는 요청이다. 여기에서 말하는 공무원은 가장 넓은 의미의 공무원, 즉 모든 공무담당자를 말한다.

(2) 공무원의 '국민에 대한 책임'

"공무원이 국민에 대하여 책임을 진다"는 의미에 관하여 ① 법적 책임이 아닌 단순한 정치적 · 윤리적 책임이라고 보는 견해와 ② 법적 책임으로 보는 견해가 있다.

정치적 · 윤리적 책임으로 보는 견해는 공무원에 대한 국민소환(召喚)제도가 인정되지 않는다는 점을 근거로 한다. 그러나 국민소환제도가 인정되지 않는다고 해서 법적 책임이 인정되지 않는다고 볼 수는 없다. 여기서의 책임은 정치적 · 윤리적 책임(예컨대 선거를 통한 책임, 국회의 국무총리 · 국무위원에 대한 해임건의 등)만이 아니라 법적 책임까지 의미한다고 보아야 한다.

법적 책임을 지는 제도에는 다음의 여러 가지 형태가 있다. ① 국가배상책임과 관련한 공무원 자신의 책임(헌법 제29조), ② 고위공무원에 대한 탄핵에 의한 책임(헌법 제65조), ③ 형벌에 의한 책임, 즉 형사법상 처벌 또는 정치운동금지, 집단행위금지 등 위반에 대한 형사처벌(국가공무원법 제84조), ④ 국가공무원법 등에 의한 징계책임(국가공무원법 제78조 이하).

공직자가 직무를 수행할 때 자신의 사적 이해관계가 관련되어 공정하고 청렴한 직무수행이 저해되거나 저해될 우려가 있는 상황인 이해충돌을 사전에 예방・관리하고, 부당한 사적 이익 추구를 금지함으로써 공직자의 공정한 직무수행을 보장하고 공공기관에 대한 국민의 신뢰를 확보하기 위하여 최근 '공직자의 이해충돌 방지법'이 제정되었다(2021.5.18. 제정, 법률 제18191호, 2022.5.19. 시행).

3. 직업공무원제도의 보장

(1) 개 관

헌법 제7조 제2항은 직업공무원제도를 보장하는 규정이다. 이른바 제도보장의 일례에 속하며, 최소한 보장의 원칙이 적용된다. 직업공무원제도는 신분보장, 정치적 중립성 외에 특히 능력주의(성과주의)를 핵심요소로 한다.

헌법 제7조 제2항에서 말하는 공무원은 좁은 의미의 공무원, 즉 '직업공무원'이며, 정치활동이 허용되는 정치적 공무원, 임시직 공무원 등은 제외된다.

(판 례) 직업공무원제도의 취지

헌법 제7조 제2항은 "공무원의 신분과 정치적 중립성은 법률이 정하는 바에 의하여 보장된다"라고 규정하고 있다. 이는 직업공무원제를 규정한 것으로서 공무원으로 하여금 정권교체에 영향을 받지 아니하게 함과 동시에 동일한 정권 아래에서도 정당한 이유 없이 해임되지 아니하도록 신분을 보장하여 국민 전체의 봉사자로서 흔들림 없이 성실하게 공무를 수행할 수 있도록 하기 위한 규정이다.

헌재 1990.6.25. 89헌마220, 판례집 2, 200,204-205

(판 례) 직업공무원제도와 최소한 보장

직업공무원제도는 바로 헌법이 보장하는 제도적 보장 중의 하나임이 분명하므로 입법자는 직업공무원제도에 관하여 '최소한 보장'의 원칙의 한계 안에서 폭넓은 입법형성의 자유를 가진다. (……) 입법자가 동장의 임용의 방법이나 직무의 특성 등을 고려하여 공직상의 신분을 지방공무원법상 신분보장의 적용을 받지 아니하는 특수경력직공무원 중 별정직공무원의 범주에 넣었다 하여 바로 그 법률조항을 위헌이라고 할 수는 없는 것이다.

헌재 1997.4.24. 95헌바48, 판례집 9-1, 435,445-446

(판 례) 직업공무원제도에 있어서 공무원의 의미

우리나라는 직업공무원제도를 채택하고 있는데, 이는 (……) 헌법과 법률에 의하여 공무원의 신분이 보장되는 공직구조에 관한 제도이다. 여기서 말하는 공무원은 국가 또는 공공단체와 근로관계를 맺고 이른바 공법상 특별권력관계 내지 특별행정법관계 아래 공무를 담당하는 것을 직업으로 하는 협의의 공무원을 말하며 정치적 공무원이라든가 임시적 공무원은 포함되지 않는 것이다.

헌재 1989.12.18. 89헌마32, 판례집 1, 343,352

(2) 공무원의 신분보장

공무원의 신분은 보장된다. 국가공무원법에 의하면 "공무원은 형의 선고·징계처분 또는 이 법에 정하는 사유에 의하지 아니하고는 본인의 의사에 반하여 휴직·강임 또는 면직을 당하지 아니한다. 다만, 1급 공무원…은 그러하지 아니하다"(제68조). 그 밖에 국가공무원법은 당연퇴직(제69조), 직권면직(제70조), 직위해제(제73조의3) 등에 관하여 규정하고 있다. 징계는 파면·해임·강등·정직·감봉·견책으로 구분한다(제79조).

신분보장이 되는 공무원은 원칙적으로 공무원법상 경력직공무원에 한한다. 그러나 특수경력직에 속하는 정무직의 경우에도 특별법에 의하여 강력한 신분보장이 되는 예가 있다. 예컨대 감사위원이 그러하다(감사원법 제5조 제2항, 제8조).

직업공무원제도는 제도보장의 일종이지만, 공무원의 신분보장은 헌법상 공무담임권의 보장(제25조)에 의하여 기본권으로서 보장된다. 즉 공무담임권의 내용으로서 공직유지권이 보장된다(공직유지권에 관하여는 뒤의 '공무담임권' 참조).

(3) 공무원의 정치적 중립성

공무원의 정치적 중립성이 보장된다고 함은 곧 공무원은 정치적 중립을 지켜야 하며, 일정한 정치적 활동이 금지됨을 의미한다. 헌법이 명문으로 정당가입이나 정치

활동을 금지하고 있는 공무원으로는 헌법재판소 재판관과 중앙선거관리위원회 위원이 있다(제112조 제2항, 제114조 제4항). 공무원법에 의해 공무원은 정당 또는 정치단체의 결성·가입이 금지되고, 선거에서 특정정당이나 특정인을 지지·반대하는 행위가 금지되는 등 정치운동이 금지된다(국가공무원법 제65조). 선거관리위원회 공무원에 대하여는 특정 정당이나 후보자를 지지·반대하는 단체에의 가입·활동이 금지되는데(선거관리위원회 공무원규칙 제233조 제3항), 헌법재판소는 최근 선관위 공무원이 특정한 정치적 성향을 표방하는 단체에 가입·활동한다는 사실 자체만으로 그 정치적 중립성과 직무의 공정성, 객관성이 의심될 수 있다는 이유로 위 규정은 합헌이라고 결정하였다(헌재 2012.3.29. 2010헌마97). 그러나 대통령령으로 정하는 공무원은 정치운동이 허용되며(국가공무원법 제3조 제3항), 이를 편의상 **'정치적 공무원'**이라 부른다. 정무직 공무원은 대부분 정치적 공무원이지만, 양자는 일치하지 않는다. 예컨대 감사위원은 정무직이지만 정당에 가입하거나 정치에 관여할 수 없다(감사원법 제10조). 한편 정당법은 국·공립대학 교원의 정당가입을 인정한다(제22조).

또한 공직선거법에 의하면 "공무원 기타 정치적 중립을 지켜야 하는 자(기관·단체를 포함한다)는 선거에 대한 부당한 영향력의 행사 기타 선거결과에 영향을 미치는 행위를 하여서는 아니 된다"(제9조 제1항). 이 조항에 의해 중립의무를 지는 공무원의 범위가 문제된다. 헌법재판소 판례에 의하면 국회의원과 지방의회의원을 제외하고는 대통령 등 정무직공무원도 여기에 포함된다고 해석한다.

(판 례) 선거에서 중립의무를 지는 공무원의 범위

공선법 제9조의 '공무원'이란 원칙적으로 국가와 지방자치단체의 모든 공무원 즉, 좁은 의미의 직업공무원은 물론이고, 적극적인 정치활동을 통하여 국가에 봉사하는 정치적 공무원(예컨대 대통령, 국무총리, 국무위원, 도지사, 시장, 군수, 구청장 등 지방자치단체의 장)을 포함한다. 특히 직무의 기능이나 영향력을 이용하여 선거에서 국민의 자유로운 의사형성과정에 영향을 미치고 정당간의 경쟁관계를 왜곡할 가능성은 정부나 지방자치단체의 집행기관에 있어서 더욱 크다고 판단되므로, 대통령, 지방자치단체의 장 등에게는 다른 공무원보다도 선거에서의 정치적 중립성이 특히 요구된다(헌재 2004.5.14. 2004헌나1, 판례집 16-1, 609,635 참조).

헌재 2005.6.30. 2004헌바33, 판례집 17-1, 927,935

(판 례) 선거에서 공무원의 중립의무와 국회의원·지방의회의원

정당의 대표자이자 선거운동의 주체로서의 지위로 말미암아, 선거에서의 정

치적 중립성이 요구될 수 없는 국회의원과 지방의회의원은 공선법 제9조의 '공무원'에 해당하지 않는다.

헌재 2004.5.14. 2004헌나1, 판례집 16-1, 609,636

재선과 3선에 도전하는 지방자치단체장 역시 정당의 대표자이자 선거운동의 주체임에도 불구하고 국회의원이나 지방의회의원과 달리 공직선거법 제9조의 공무원에 해당한다고 한다면 이는 잘못이다. 여기서의 선거중립의무는 선거관리에서의 중립의무로 보는 것이 타당하다.

(판 례) 대통령의 선거중립의무

선거에서의 중립을 요구하는 내용의 이 사건 법률조항의 행위주체에 대통령이 포함된다고 볼 때, 대통령의 정치활동을 허용하고 있는 국가공무원법 조항(국가공무원법 제3조 제3항, 제65조, '국가공무원법 제3조 제3항의 공무원범위에 관한 규정' 제2조)과 상호 저촉되는 듯한 문제가 발생한다. 그러나 국가공무원법은 공무원의 인사행정에 관한 근본기준을 설정한 법으로서(제1조) 원칙적으로 공무원의 정치활동을 금지하되(제65조), 다만 대통령 등 정무직 공무원의 특성을 고려하여 예외적으로 정치활동을 허용하고 있는 데 반하여, 공직선거법은 선거의 공정을 위하여 제정된 법으로서 이 사건 법률조항에서 '정치적 중립을 지켜야 하는 공무원'들로 하여금 '선거에 대한 부당한 영향력의 행사 기타 선거결과에 영향을 미치는 행위'를 금지하는 이외에도 정무직 공무원의 선거와 관련된 정치활동을 상당 부분 제한하고 있다(공직선거법 제137조 내지 제145조). 결국 위 국가공무원법 조항은 정무직 공무원들의 일반적 정치활동을 허용하는 데 반하여, 이 사건 법률조항은 그들로 하여금 정치활동 중 '선거에 영향을 미치는 행위'만을 금지하고 있으므로, 위 법률조항은 선거영역에서의 특별법으로서 일반법인 국가공무원법 조항에 우선하여 적용된다고 할 것이다.

청구인은, 이 사건 법률조항이 그 내용의 추상성 · 포괄성 · 지침성으로 말미암아 구체적이고 특정한 행위의무를 포함하고 있지 않은 점, 공직선거법 제1장 총칙의 장에 위치해 있을 뿐 아니라 그 주변조항인 제5조, 제6조, 제7조, 제8조, 제10조도 추상적 · 지침적 강령조항의 성격을 띠고 있는 점 및 그 위반행위에 대해 형벌이나 과태료와 같은 공직선거법상의 제재가 없는 점 등에 비추어 볼 때, 위 법률조항은 선거에 있어서 공무원의 행위에 관한 선언적 주의조항에 불과하다는 취지로 주장한다.

그러나 이 사건 법률조항이 규율하는 '행위'를 앞에서 본 바와 같이 구체화할 수 있을 뿐 아니라, 일반 공무원이 이 사건 법률조항을 위반한 경우에는 직무상의 의무(다른 법령에서 공무원의 신분으로 인하여 부과된 의무 포함) 위반이나 직무태만으로 징계사유가 되고(국가공무원법 제78조 제1항 제2호), 대통령의 경우 탄핵사유가 될 수 있으므로(2004헌나1 참조) 위 법률조항의 위반에 대한 제재가 전혀 없다고 볼 수도 없다. 따라서 이 사건 법률조항이 구체적 법률효과를 발생시키지 않는 단순한 선언적·주의적 규정이라고 볼 수 없다.

헌재 2008.1.17. 2007헌마700, 판례집 20-1 상, 139,163-164

Ⅲ. 전통·민족문화의 창달

(헌법 제9조) 국가는 전통문화의 계승·발전과 민족문화의 창달에 노력하여야 한다.

1. 개 관

(1) 문화에 관한 헌법규정

우리 헌법은 특히 전통과 민족문화를 중시하여 이에 관한 명시적 규정을 둔 점에서 특징적이다. 전문에서 "유구한 역사와 전통에 빛나는 우리 대한국민"이라고 규정한 데 이어, 제9조에서 전통·민족문화 창달을 위한 국가의 책무를 명시하고 있다. 또한 대통령 취임선서의 내용 중에 "민족문화의 창달에 노력"할 것을 대통령의 책무의 하나로 규정하고 있다(제69조). 그 밖에 문화에 관하여 명시한 헌법규정으로, 전문에서 "정치·경제·사회·문화의 모든 영역에 있어서 각인의 기회를 균등히 하고……"라고 규정하고 있다.

통상적 의미의 문화 개념에 따른다면, 학문·예술·종교의 자유, 언론·출판·집회·결사의 자유, 및 교육에 관한 조항 등도 문화와 관련된 규정들이다.

한편 국제인권규약 가운데 '경제적·사회적·문화적 권리에 관한 국제규약'은 특히 '문화생활에 참가할 권리', '과학의 진보와 그 응용으로부터 이익을 향유할 권리' 등을 명시하고 있다(제15조).

(2) 문화의 의미

문화의 개념은 매우 다양하다. ① 통상적인 의미의 문화는 학문·예술·종교 등 인간의 정신적이고 창조적인 활동영역을 가리킨다. ② 인류학적 의미의 문화는 사회의 모든 생활양식, 즉 가치관, 실행, 상징물, 제도 및 인간관계 등을 총칭한다. ③ 실증적 사회과학에서는 문화의 의미를 사람의 가치관, 태도, 의견 등 순수하게 주관적 요소들에 한정하여 사용한다. 문화의 법적 의미는 경우에 따라 상이하지만 대체로 ① 또는 ②의 의미로 사용된다.

2. 이른바 문화국가의 원리

우리 헌법의 문화에 관한 규정들에 근거하여 이른바 문화국가원리를 헌법원리의 하나로 열거하는 견해들이 있다. 이것은 특히 독일에서의 문화국가 논의에 영향받은 것으로 보인다. 헌법재판소 판례 중에 문화국가원리를 우리 헌법의 기본원리로 본 예가 있다.

(1) 이른바 문화국가원리에 관한 헌법재판소 판례

(판 례) 문화국가원리

1) 우리 헌법상 문화국가원리의 의의

우리나라는 건국헌법 이래 문화국가의 원리를 헌법의 기본원리로 채택하고 있다. 우리 현행 헌법은 전문에서 "문화의 … 영역에 있어서 각인의 기회를 균등히" 할 것을 선언하고 있을 뿐 아니라, 국가에게 전통문화의 계승·발전과 민족문화의 창달을 위하여 노력할 의무를 지우고 있다(제9조).

또한 헌법은 문화국가를 실현하기 위하여 보장되어야 할 정신적 기본권으로 양심과 사상의 자유, 종교의 자유, 언론·출판의 자유, 학문과 예술의 자유 등을 규정하고 있는바, 개별성·고유성·다양성으로 표현되는 문화는 사회의 자율영역을 바탕으로 한다고 할 것이고, 이들 기본권은 견해와 사상의 다양성을 그 본질로 하는 문화국가원리의 불가결의 조건이라고 할 것이다[헌재 2000.4.27. 98헌가16, 98헌마429(병합), 427,445-446 참조].

2) 문화국가원리의 실현과 문화정책

(……) 오늘날에 와서는 국가가 어떤 문화현상에 대하여도 이를 선호하거나, 우대하는 경향을 보이지 않는 불편부당의 원칙이 가장 바람직한 정책으로 평가받고 있다. 오늘날 문화국가에서의 문화정책은 그 초점이 문화 그 자체에 있는 것이 아니라 문화가 생겨날 수 있는 문화풍토를 조성하는 데 두어야 한다.

문화국가원리의 이러한 특성은 문화의 개방성 내지 다원성의 표지와 연결되는데, 국가의 문화육성의 대상에는 원칙적으로 모든 사람에게 문화창조의 기회를 부여한다는 의미에서 모든 문화가 포함된다. 따라서 엘리트문화뿐만 아니라 서민문화, 대중문화도 그 가치를 인정하고 정책적인 배려의 대상으로 하여야 한다.

헌재 2004.5.27. 2003헌가1등, 판례집 16-1, 670,679

헌법재판소 판례 중에 문화와 직접적으로 관련된 것들이 있다. 헌법재판소는 문예진흥기금 모금의 모금액·모금대행기관의 지정·모금수수료·모금방법 및 관련자료 기타 필요한 사항을 대통령령에 위임하고 있는 구 문화예술진흥법의 규정이 헌법 제75조상의 포괄위임입법금지의 원칙 등에 위배되어 위헌이라고 판시하였는데, 여기에서 4인 재판관 의견은 "공연관람자 등이 예술감상에 의한 정신적 풍요를 느낀다면 그것은 헌법상의 문화국가원리에 따라 국가가 적극 장려할 일이지, 이것을 일정한 집단에 의한 수익으로 인정하여 그들에게 경제적 부담을 지우는 것은 헌법의 문화국가이념(제9조)에 역행하는 것이다"라고 보았다(헌재 2003.12.18. 2002헌가2).

또한 헌법재판소는 학교보건법에서 학교 정화구역 내에서의 극장시설 및 영업을 금지하고 있는 규정은 학생의 자유로운 문화향유에 관한 권리 등 행복추구권을 침해한다고 판시하였다(헌재 2004.5.27. 2003헌가1).

(2) 한국헌법상 국가와 문화의 관계

우리 헌법상 문화와 국가의 관계는 다음과 같이 정리할 수 있다. ① 국가는 문화영역의 자율성을 존중하여야 하며, 문화정책에 있어서 중립적인 위치를 지켜야 한다. 이것은 학문·예술·종교의 자유 및 표현의 자유 등에 근거한 것이다. ② 국가는 국민의 문화영역에 대한 참여에 있어서 기회의 균등을 보장해야 한다. 이것은 전문의 '문화영역에서의 기회균등' 규정 및 평등의 원칙에 근거한다. ③ 국가는 문화의 보호와 진흥을 위하여 적극적인 정책을 시행하여야 한다. 이것은 헌법 제9조의 '민족문화 창달' 규정에 근거한다. 민족문화 창달이라 함은 민족고유 문화의 창달만이 아니라 문화 자체의 창달을 의미한다. ④ 국가는 특히 전통문화의 계승·발전과 민족문화의 창달에 노력하여야 한다. 이것은 외국문화를 배척하는 문화적 국수주의(國粹主義)가 아니라 문화의 다양성을 존중하는 다문화(多文化)주의에 입각한 것이다.

현행 문화 또는 문화예술과 관련된 법률은 문화예술진흥법, 문화예술교육 지원법, 문화산업진흥 기본법 등 주로 문화예술 창작자나 사업에 대한 지원과 청소년 교육 및 관련 산업 진흥에 치우쳐 있었다. 반면 일반 국민이 마땅히 누려야 할 문화적 권리에 대해서는 소홀한 측면이 있었다는 반성 하에, 국민의 '문화권'과 국가의 책무 등을 명시하는 '문화기본법'(법률 제12134호, 2013.12.30. 제정, 2014.3.31. 시행)이 제정되었다. 그 주요내용은 다음과 같다.

① 국민의 삶의 질 향상에 중요한 영역으로서의 문화, 문화 가치의 사회 영역 전반에의 확산, 문화 표현과 활동의 자유권과 평등권 등을 명시하였다(제2조). ② 문화 개념을 사회나 사회 구성원의 고유한 정신적, 물질적, 지적, 감성적 특성의 총체로 폭넓게 규정하였다(제3조). ③ 문화 표현과 활동에서 차별받지 않고 문화를 창조하고 문화 활동에 참여하며 문화를 향유할 권리인 '문화권'에 대한 근거를 마련하였다(제4조). 2017년 개정 문화기본법은 차별금지 사유에 '정치적 견해'를 추가하였다. ④ 국가와 지방자치단체의 문화진흥정책 시행, 지역 간 문화격차의 해소, 문화향유 기회의 확대 등에 대한 책무를 규정하였다(제5조). ⑤ 문화정책의 일관성과 가치판단 준거를 제공하기 위해 문화의 다양성 · 자율성 · 창조성의 확산 등 문화정책의 기본원칙에 대한 근거를 마련하였다(제7조). ⑥ 문화유산, 국어, 문화예술, 문화산업, 문화복지, 여가문화 등에 관한 문화정책 추진 근거를 마련하였다(제9조). ⑦ 문화 인력 양성, 문화진흥을 위한 조사 · 연구 및 개발, 문화의 달, 재정 지원 등 문화 진흥 시책의 근거를 마련하였다(제10조부터 제13조까지).

이명박 · 박근혜 정부 시절의 문화계 블랙리스트 논란 후 2021년 예술인권리보장법이 제정되었다(법 내용은 제3편 제10장 Ⅳ. 3. 참조). 2022년 한 문화축제에서 대통령 부부와 검찰을 비판하는 고등학생의 작품이 대상에 선정되자, 공모전을 후원했던 문화체육관광부가 엄중경고하면서(이른바 '윤석열차' 논란), 블랙리스트 논란이 다시금 일었다. 2025. 1. 31. 개정 · 시행된 문화기본법(법률 제20744호)은 "국가와 지방자치단체는 문화예술의 진흥을 위하여 지원하되, 정당한 사유 없이 그 내용에 대하여 간섭하지 아니하여야 한다"는 조항을 신설하였다(제5조 제1항).

한편 우리나라는 '국제연합교육과학문화기구(유네스코)'에서 채택한 '문화적 표현의 다양성 보호와 증진에 관한 협약'에 가입하고, 그 이행을 위하여 '문화다양성의 보호와 증진에 관한 법률(법률 제12691호, 2014.5.28. 제정, 2014.11.29. 시행)을 제정하였다. 동 법률은 "'문화다양성'이란 집단과 사회의 문화가 집단과 사회 간 그리고 집단과 사회 내에 전하여지는 다양한 방식으로 표현되는 것을 말하며, 그 수단과 기법에 관계없이 인류의 문화유산이 표현, 진흥, 전달되는 데에 사용되는 방법의 다양성과 예술적 창작, 생산, 보급, 유통, 향유방식 등에서의 다양성을 포함한다", "'문화적 표현'이란 개인, 집단, 사회의 창의성에서 비롯된 표현으로서 문화적 정체성에서 유래하거나 문화적 정체성을 표현하는 상징적 의미, 예술적 영역 및 문화적 가치를 지니는 것을 말한다"라고 규정하고 있다(제2조). 또한 "모든 사회구성원은 문화적 표현의 자유와 권리를 가지며, 다른 사회구성원의 다양한 문화적 표현을 존중하고 이해하기 위하여 노력하여야 한다"라고 규정하여 문화적 표현의 자유를 명시하고 있다(제4조).

문화예술진흥법에 따르면 연예(演藝), 국악, 사진, 건축, 어문(語文), 출판, 만화, 게임, 애니메이션도 문화예술에 포함되어(제2조 제1항 제1호) 문화관련 제반 법령의 보호대상이 된다.

제 3 편

기 본 권

제 1 장

기본권 서설

I. 기본권의 의미

기본권(fundamental rights, Grundrechte)이란 헌법에 의해 보장되는 권리를 총칭하는 말이다. 이와 유사한 용어로 인권(human rights) 또는 기본적 인권(fundamental human rights)라는 말이 사용된다.

인권이란 말은 국가 이전(以前)의, 사람으로서의 권리라는 의미가 강하다. 그런 뜻에서 인권은 자연법론을 전제한 자연권을 가리킨다고 할 수 있다. 한편 기본적 인권이라는 용어가 우리 헌법에서 사용되고 있는 예가 있다(제10조 제2문 "국가는 개인이 가지는 기본적 인권을 확인하고 이를 보장할 의무를 진다"). 반면 우리 헌법에 기본권이라는 용어는 나타나 있지 않다. 일반적으로 우리 헌법학에서는 기본권과 기본적 인권이라는 용어를 구별하지 않고 혼용한다.

헌법에서 보장되는 권리, 즉 기본권은 국가 이전의 인권을 헌법이라는 실정법을 통해 확인함으로써 실정화(實定化)한 것이 그 중심을 이루며, 이러한 인권 외에 헌법상 보호받을 만한 기본적인 권리도 기본권에 포함된다. 다시 말하면, 기본권은 인권 및 인권 외의 기본적인 권리로 구성된다.

역사적으로 본래 기본권이라는 말은 1849년의 독일 프랑크푸르트 헌법의 제정과정에서 처음 사용되었다. 당시의 기본권이라는 말은 자연권적인 인권의 의미가 아니라 국가를 전제로 법에 의해 주어진 권리를 의미하였다. 오늘날 독일에서는 인권(Menschenrechte)은 국가 이전의 권리로서 누구에게나 보장되는 권리라는 의미로 쓰이고, 독일인에게만 보장되는 국민의 권리라는 의미로 시민권(Bürgerrechte)이라는 말이 사용되며, 이 양자를 합하여 기본권(Grundrechte)이라고 부른다.

Ⅱ. 기본권의 역사

기본권이 무엇인지 알기 위해서는 우선 그 역사적 변화를 이해할 필요가 있다. 기본권의 역사는 ① 근대 이전의 역사, ② 19세기까지의 근대적 기본권, 그리고 ③ 20세기 이후의 현대적 기본권으로 구분할 수 있다.

1. 인권사상의 싹 : 근대 이전

근대의 인권선언 이전에 인권사상의 싹은 이미 중세의 봉건사회에서 찾아볼 수 있다. 그 대표적 예로 흔히 1215년 영국의 대헌장(Magna Carta)을 드는 것이 보통이다. 대헌장은 국왕이 봉건영주들의 요구를 수용한 계약문서다. 여기에서 규정된 '자유인'의 권리는 국가 이전의 인권이라는 의미는 아니었지만, 그 후 보통법(common law)의 형성과정에서 그 속에 흡수되면서 근대 인권사상의 발전에 기여하였다.

영국에서는 그 후 1628년의 권리청원(Petition of Rights), 1689년의 권리장전(Bill of Rights)을 통해 의회의 권한이 확대되면서 국민의 권리를 확장해 갔다. 유의할 것은, 여기에서 주장된 권리들은 그 이전의 한정된 신분의 범위를 넘어서 점차 일반 국민의 권리로서 발전된 것이지만, 아직 불가침의 천부인권을 선언한 것은 아니었다는 점이다. 옐리네크의 표현에 의하면 이것은 "영국 국민의 고래(古來)로부터의 의심할 수 없는 권리"였다.

2. 근대적 기본권

(1) 근대 자연법사상과 인권선언

봉건적인 국민의 권리로부터 근대적인 개인주의적 인권에로 발전하는 데에 토대를 제공한 것은 근대 자연법사상이다. 그 중에도 특히 중요한 것은 록크의 자연법사상이다. 그 요지는 이러하다.

인간의 자연상태는 완전한 자유의 상태이며 이 자연상태에서 인간은 일정한 생래적 권리, 곧 자연권을 갖는다. 이 권리는 생명, 자유 및 재산에 대한 권리이며 이를 총칭하여 광의의 재산(property)이라고 부를 수 있다. 자연상태가 투쟁상태로 되는 것을 피하기 위해 개인들은 사회계약을 통해 정치사회, 곧 국가를 설립한다. 이 때 정부에 권력을 위임하는 것은 신탁(trust)에 따른 것이다. 즉 자연권의 확실한 보장을 위해 권력을 신탁하는 것이다. 이 신탁에 위반하여 자연권을 침해하는 때에는 저항권을 행사하여 정부를 해소시킬 수 있다(John Locke, *Two Treatises of Government*, 1690).

자연권을 핵심으로 하는 근대 자연법사상의 영향 아래 18세기 말부터 시민혁명이 일어나고 이와 더불어 여러 근대적 인권선언이 등장하게 된다. 먼저 1776년부터 1787년 사이에 미국의 여러 주 헌법에 인권선언이 포함되었다. 1776년의 버지니아 권리장전은 모든 사람의 생래적 권리로서 재산권, 행복추구의 수단에 의해 생명과 자유를 향유할 권리, 저항권을 비롯한 여러 권리를 규정하였다. 1776년의 미국 독립선언도 모든 사람의 천부적 권리로서 생명, 자유 및 행복추구의 권리와 저항권을 명시하였다. 그 후 1787년의 미국 헌법에서는 애초에 인권선언 규정이 없었으나, 헌법 비준 과정에서 나타난 각 주의 요구에 따라 1791년 헌법 수정 제1조부터 제9조까지의 권리장전을 채택하였다(미국에서는 이것을 'Bill of Rights'라고 부른다).

미국 인권선언의 직접적 요인에 관하여 옐리네크는 특히 종교의 자유에 대한 염원을 강조하였다. 그러나 비어드(Charles A. Beard)의 저서 '(미국)헌법의 경제적 해석'(*An Economic Interpretation of the Constitution*, 1913)에서 지적되고 있는 것처럼, 미국 헌법의 제정 배경에는 특히 유산계급의 재산권 보호가 중요한 요인이었음을 주목할 필요가 있다.

한편 1789년 프랑스 대혁명 후의 '인간 및 시민의 권리선언'도 미국의 인권선언과 유사한 내용들을 담고 있다. 그 전문에서 인간의 '자연적이고 양도할 수 없는 신성한 권리들'을 밝힌다고 선언하고, '인간의 자유롭고 평등한 권리'(제1조), '자연적이고 소멸될 수 없는 권리로서의 자유, 재산, 안전 및 압제에 대한 저항의 권리'(제2조), '신성 불가침한 소유권'(제17조) 등을 규정하고 있다.

프랑스의 인권선언은 미국의 인권선언에 비해 성격상 차이가 있다는 지적이 있다. 프랑스에서는 '법률은 일반의사의 표현이다'라는 입법권 우위의 사상으로 인하여, 입법권까지 구속하는 인간의 고유 권리라는 의미의 자연권 사상이 상대화되었고, 이에 따라 인권은 주로 행정권의 자의성(恣意性)을 억제하는 원리로 생각되었다는 것이다.

(2) 인권사상의 굴절 : 특히 19세기 독일의 경우

프랑스 인권선언의 영향으로 유럽 여러 나라에서 인권선언을 포함한 근대 입헌주의 헌법이 제정되었다, 그러나 19세기에는 시민혁명 당시의 자연권적인 인권사상이 대체로 쇠퇴하는 현상을 보였다. 이것은 의회제도의 확립과 함께 의회의 법률에 의한 권리 보장이라는 관념이 강해지면서, 법사상의 흐름에서 자연법론이 후퇴하고 법실증주의가 득세함을 배경으로 한다. 이런 현상은 특히 독일에서 두드러지게 나타났다.

프랑스의 1848년 2월 혁명의 영향을 받아 독일에서도 3월 혁명이 시도되었고, 당시 프랑크푸르트 국민회의에서 채택된 헌법안이 1849년에 독일제국 헌법으로 공포되었다. 이 헌법은 표현의 자유와 종교의 자유를 명시하고 사형제를 폐지하며 최초로 학문의 자유를 규정하는 등 자유주의에 입각한 것이었다. 그러나 이 프랑크푸르트 헌법은 북부 프로이센의 반대로 무효로 선언되고 결국 유산되고 말았다. 이 헌법의 제정과정에서 기본권이라는 표현이 처음 사용되었는데, 그러나 그 의미는 자연권적인 것이 아니라 법실증주의적인 것이었다. 즉 국가 이전의 인권이 아니라 국가에 의해 부여된 국민의 권리를 의미하였다.

프로이센은 1850년에 흠정(欽定)헌법을 제정하였다. 여기에는 기본권 규정이 포함되었지만 그 내용은 전적으로 법률에 맡겨진 것이었다. 그 후 비스마르크에 의해 독일이 통일되고 독일 제2제국이 성립하였다. 1871년의 비스마르크 헌법은 군주제에 입각한 것으로 기본권 규정을 두지 않았다.

비스마르크 헌법의 제정을 전후하여, 독일에서는 법실증주의적인 국법학(國法學)이 번성하였다. 당시의 대표적인 국법학자 게르버(Gerber, 1823-1891)는 기본권의 권리성을 부정하고 이를 '공법의 반사(反射)'에 불과하다고 보았다. 그를 이은 라반트(Laband, 1838-1918) 역시 기본권은 권리가 아니라 국가기관의 권한의 한계를 정한 것이라고 보았다. 철저한 법실증주의에 입각한 이들의 이론은 한마디로 독일 군주체제의 정당화 이론이었다고 할 수 있다.

3. 현대적 기본권

(1) 기본권의 사회화

19세기까지의 인권선언은 개인의 자유권을 중심으로 하는 자유주의 원리에 입각한 것이었다. 이에 대해 20세기 이후 헌법의 기본권 보장은 자유권만이 아니라 인간다운 생활을 할 권리, 곧 사회권까지 보장하게 되었다. 그 대표적인 예가 1919년의 독일 바이마르 헌법이다. 이 헌법은 '경제생활'에 관한 장을 별도로 두고 그 서두에서 "경제생활의 질서는 모든 사람에게 인간다운 생활을 보장함을 목적으로 하는 정의의 원칙에 적합하지 않으면 안 된다"(제151조)고 규정하고, 이어서 "소유권은 의무를 진다. 그 행사는 동시에 공공복리에 이바지하여야 한다"(제153조 제3항)라고 명시하였다. 그 밖에도 근로자의 단결권을 규정하고 여러 사회권 조항을 두었다. 이 바이마르 헌법은 1917년의 러시아 혁명으로 인한 사회주의 물결에 대응하는 의미를 지닌 것으로, 자본주의체제를 유지하면서 사회주의적 사상을 혼합한 것이었다. 그 후 세계 각국의 헌법에서 사회권을 보장하는 규정을 두고 국민의 복지 향상을 위한 국가의 의무를 명시하였다.

유의할 것은, 20세기 이전에도 이미 기본권의 사회화를 위한 초보적인 시도가 있었다는 점이다. 예컨대 이미 프랑스의 1848년 헌법은 사회문제에 대한 국가의 적극적 의무를 인정하여, 무상의 초등교육, 사용자와 노동자의 평등관계, 병약자와 노인 등에 대한 국가의 부조(扶助) 등을 규정하였다.

(2) 자연권 사상의 부활

19세기 이래 지배적인 법사상이었던 법실증주의는 20세기 이후 여러 새로운 법사상의 도전을 받게 된다. 독일 헌법학의 경우, 바이마르 헌법시대에 들어와 여러 새로운 이론들이 등장하여 종래의 법실증주의적 헌법이론에 대항하였다. 그 후 나치스의 경험을 거치고 제2차 대전이 끝난 후, 이른바 '자연법의 부활'과 함께 인권사상은 큰 전환을 맞게 된다.

제2차 대전 전에 법실증주의자였던 법철학자 라드브루흐(Gustav Radbruch, 1878-1949)는 전후의 논문 "합법적 불법과 초법적 법"을 통해 자연법론으로 선회하였다. 그는 법률을 초월하는 법, 곧 자연법에 비추어보면 실정법이라고 하더라도 부정의(不正義)일 수 있다고 보았다.

이러한 자연법론의 부활은 헌법에도 반영되었다. 1946년의 독일 헤센 주 헌법을 비롯한 여러 주헌법에서 저항권을 규정한 것은 그 일례이다. 나아가 1949년의 서독 기본법(Grundgesetz)에서 이 점은 더 분명히 나타나 있다. 기본법 제1조에서 "인간의 존엄은 불가침이다. 이를 존중하고 보장하는 것은 모든 국가권력의 의무다"(제1항)라고 규정하고, "불가침의 양도할 수 없는 인권을 세계의 모든 인간공동체, 평화 및 정의의 기초로서 인정한다"(제2항)고 명시한 데 이어, 이 제1조를 개정할 수 없다고 규정하였다(제79조 제3항). 또한 기본권 제한에 관하여 "어떠한 경우에도 기본권의 본질적 내용을 침해하여서는 안 된다"(제19조 제2항)고 규정하였다. 이러한 규정은 모두 기본권이 국가 이전의 자연권임을 분명히 밝힌 것이다.

(3) 기본권의 국제화

인권사상의 발전과 더불어 인권이 국내법적으로 보장되는 데 그치지 않고 국제법적으로도 보장되는 경향이 강화되었다. 인권의 국제법적 보장은 2차대전 이전에도 소수민족 보호, 부녀와 아동 매매금지 등 특정한 문제에 관해 부분적으로 나타났지만, 이것이 기본권 전반에 관해 보편화되기 시작한 것은 2차대전 이후이다. 그 초기의 대표적 예로 국제연합에서 채택된 1948년의 세계인권선언을 들 수 있다. 그러나 이것은 조약처럼 법적 구속력을 가진 것은 아니었다. 그렇기는 하지만 세계인권선언은 그 후 개별 인권조약이나 각국 국내법원에서의 원용 내지 적용 등 실제를 통해 애초의 의도를 넘는 법적 효과를 갖게 된 것으로 평가되고 있다.

그 후 국제연합에서 두 개의 국제인권규약이 성립되었다. '경제적, 사회적 및 문화적 권리에 관한 국제규약'과 '시민적 및 정치적 권리에 관한 국제규약'이 그것이다(1966년 채택, 1976년 발효). 전자는 사회권에 관한 것이고, 후자는 자유권에 관한 것이다. 한국도 1990년에 이들 국제인권규약에 가입하였다. 국제인권규약은 조약으로서 가맹국을 직접 법적으로 구속한다. 두 조약 모두 그 실시를 위한 장치를 두고 있는데, 특히 '시민적 및 정치적 권리에 관한 국제규약'의 실시를 위한 '선택의정서'에는 개인의 청원권에 해당하는 개인 통보(individual communications)제도 등 구체적인 실시를 위한 규정들이 포함되어 있다.

그 밖에 지역적 인권조약으로 '유럽 인권협약'(1953년 발효), '유럽연합 기본권헌장'(2009년 발효), '아메리카 인권협약'(1978년 발효) 등이 있고, 개별적 인권보장에 관한 것으로, '난민의 지위에 관한 조약'(1954년 발효), '여성차별철폐에 관한 조약'(1981년 발효) 등 많은 인권조약이 있다.

(4) 기본권보장의 현대적 상황

20세기 이래 국가 기능이 적극화되고 확대되는 이른바 '**적극국가**' 현상이 일반화되었다. 적극국가 현상은 두 측면이 있는데, 하나는 '복지국가'이고 다른 하나는 이른바 '위기국가'다. **위기국가**란 20세기 중반 이래 냉전 체제와 함께 위기가 항상 지속되는 상황에서 국가 기능이 강화된 현실을 가리킨다.

이러한 적극국가 현상은 기본권보장에 대해 두 가지 문제를 가져왔다. ① 복지국가 지향은 경제적 자유권과 사회권과의 갈등을 어떻게 조화할 것이냐는 문제를 제기하였다. ② 위기국가 상황은 기본권과 국가안보의 필요성을 어떻게 조정할 것이냐는 문제를 제기하였다.

이러한 문제들은 오늘날 다시 새로운 상황을 맞고 있다. ①의 문제에 관하여, 신자유주의와 결합한 세계화 현상이 확산되면서 국가의 적정 기능을 둘러싸고 논란이 지속되고 있다. 이것은 경제적 자유권과 사회권의 새로운 조정의 필요성에 관한 것이다. 한편 ②의 문제에 관해서는, 냉전의 종식 이후에도 국제 분쟁이나 국제 사회의 위기는 끊이지 않을 뿐 아니라, 테러나 코로나19 감염에 대한 대응이 기본권 제한의 확대를 가져오는 문제를 제기하고 있다. 특히 2001년 9.11사건을 겪은 미국에서는 '**사전적 보호**'(proactive protection)라는 새로운 개념이 등장하여 기본권보호의 관점에서 논란되고 있다.

다른 한편으로, 정보통신기술과 생명공학의 발달은 각각 사생활의 권리와 인간의 존엄성에 대한 새로운 형태의 침해를 가져오고 있으며, 기본권보장을 위한 새로운 문제들을 제기하고 있다. 이들 문제들은 국내법적으로만이 아니라 국제법적 대응을 요구하는 것이기도 하다.

Ⅲ. 기본권의 법적 성격

1. 자연권인가 실정권인가

기본권의 성격에 관하여 우선 문제되는 것은 기본권이 국가와 법 이전의 자연권인가 아니면 국가와 법에 의해 부여된 것인가 하는 문제이다.

19세기 이전에 자연법사상이 지배하던 시기에 인권은 국가와 법 이전에 자연상태에서의 자연법상의 권리, 곧 자연권으로 이해되었다. 미국 독립선언이나 프랑스 인권선언에 나타난 '천부적 권리' 또는 '자연적이고 양도할 수 없는 권리'라는 표현은 바로 이러한 사상에서 나온 것이다. 그러나 19세기 이래 법실증주의가 풍미하면서 인권사상에 변화가 나타났다. 특히 시민혁명이 실패하고 자유민주주의 사상이 뒤처졌던 독일에서 철저한 법실증주의에 입각한 기본권이론이 전개되었다. 앞에서 본 것처럼 독일 프랑크푸르트 헌법에서는 기본권을 실정권으로 이해하였고, 게르버, 라반트 등 법실증주의자들은 자유를 권리가 아니라 법의 반사적 이익으로 파악하였다.

그 후, 옐리네크에 이르러 법실증주의적 기본권이론은 좀 더 자유주의적 방향으로 변화를 나타낸다. 그는 '일반국가학'(*Allgemeine Staatslehre*, 1900)에서 국가를 법학적 측면과 사회학적 측면의 양면에서 고찰해야 한다는 이른바 방법이원론을 채택하여 종전의 국가학과 달리 사회학적 관점을 도입하였다. 그는 법을 만드는 힘은 입법자의 의사만이 아니며, 사실적인 힘이 사람들에 의해 승인될 때, 즉 사실적인 것이 규범적이라는 확신이 덧붙여질 때 법이 된다고 하여 이른바 '사실의 규범력'을 지적하였다. 이처럼 옐리네크는 법의 효력에 관하여 승인의 요소를 중시하였다.

그는 그 이전의 국가학에서 국민을 오직 국가권력의 객체로 보았던 견해와 달리, 개인은 국가권력의 객체로서는 의무의 주체이며, 국가의 일원으로서는 권리의 주체라고 하여, 국민의 국가에 대한 주체적 지위를 인정하였다. 그는 '주관적 공권론'(*System der subjektiven Öffentlichen Rechte*, 1892)에서 국가에 대한 개인의 지위에 따라 기본권을 소극적 지위의 자유권, 적극적 지위의 수익권, 능동적 지위의 참정권으로 구분하였다.

바이마르 헌법시대에 들어와 종래의 법실증주의와 다른 여러 새로운 헌법이론이 등장하면서 기본권이론도 변화하였다. 대표적 예로, 슈미트(Carl Schmitt, 1888-1985)는 그의 '헌법학'(*Verfassungslehre*, 1928)에서, 시민적 법치국가에서의 기본권(자유권)은 전국가적, 초 국가적 권리이며, 국가가 그 법률로 부여한 것이 아니라 국가 이전에 존재하는 것으로 인정되고 보장되는 권리라고 하였다.

그 후 2차대전 후의 서독 기본법은 나치스시대 경험의 반성으로서, 독일 역사상 최초로 기본권을 자연권으로 파악하는 전제에서 여러 규정들을 두었다. 이처럼 기본권을 법실증주의 입장에서 실정권(實定權)으로 보느냐 아니면 자연법론의 입장에서 자연권으로 보느냐는 시대에 따라서 변화를 거쳐왔다.

그렇다면 한국헌법상의 기본권 규정은 어떤 관점에서 이해할 것인가. 헌법의 여러 명시적 규정에 비추어, 기본권은 국가 이전의 모든 개인이 생래적으로 당연히 갖는 자연권으로 이해하는 것이 옳다고 본다. 첫째, 헌법 제10조의 "모든 국민은 인간으로서의 존엄과 가치를 가지며"라는 규정은 개인이 국가 이전에 인간으로서의 존엄성을 갖는다는 것으로, 이는 자연권사상의 표현이다. 둘째, 헌법 제10조 제2문의 "국가는 개인이 가지는 불가침의 기본적 인권을 확인하고 이를 보장할 의무를 진다"는 규정 역시 자연권사상의 표현이다. 국가가 기본권을 '부여'하는 것이 아니라, '확인'한다는 점, 그리고 기본권이 '불가침'의 성격을 지닌 고유한 것이라는 점은 모두 기본권을 자연권으로 파악하는 전제에서 나온 것이다. 셋째, 헌법 제37조 제2항에서 국민의 자유와 권리를 제한하는 경우에도 "자유와 권리의 본질적 내용을 침해할 수 없다"고 규정한 것 또한 기본권이 자연권임을 나타낸 것이다. 헌법재판소 판례 중에도 생명권이 자연법적 권리라고 해석하여, 자연권을 긍정한 예가 있다(헌재 1996.1.28. 95

헌바1).

이처럼 한국헌법상 기본권을 자연권이라고 파악할 수 있지만, 오늘날의 자유민주주의 헌법에서 기본권이 자연권이냐 실정권이냐는 실제적 의의는 그렇게 큰 것은 아니라고 할 수 있다. 일반적으로 자연권 개념을 인정하느냐 여부가 헌법 해석에서 특히 문제되는 것은 헌법에 명시되지 않은 기본권을 인정할 수 있느냐는 문제에서 제기되는데, 우리 헌법의 해석에서는 어느 입장에 따르든 별 차이가 없다. 왜냐하면 한국헌법에는 "모든 국민은 인간으로서의 존엄과 가치를 가지며 행복을 추구할 권리를 가진다"(제10조)는 포괄적 기본권 규정을 두고 있고, 아울러 "국민의 자유와 권리는 헌법에 열거되지 않은 이유로 경시되지 아니한다"(제37조 제1항)는 규정을 두고 있기 때문이다.

그 밖에 자연권의 인정 여부가 의미를 지니는 문제는 저항권에 관한 것인데, 이에 관해서는 뒤에 설명한다.

한국만이 아니라 오늘날의 대부분 자유민주주의 국가에서 자연법상 자연권의 내용들은 이미 헌법을 통해 실정법화되어 있다('자연법의 헌법화'). 그러므로 남아 있는 중요한 것은, 올바른 헌법해석의 방법이 무엇이냐 하는 헌법해석의 문제이다.

2. 기본권의 이른바 이중적 성격

기본권은 본질적으로 개인이 헌법상 갖는 권리이며, 그런 의미에서 '주관적 권리'의 성격을 지닌다. 그런데 기본권이 개인의 주관적 권리일 뿐만 아니라 '객관적 질서'이기도 하다는 견해가 있고, 이런 견해에서는 이를 기본권의 이중적 성격이라고 부른다. 기본권이 객관적 질서라는 말은 기본권이 국가의 법질서를 구성하는 요소라는 의미다. 기본권의 이중성 이론은 본래 독일의 이론이다. 한국의 여러 학설도 이를 따르고 있으나 이를 부인하는 견해도 있다. 한국의 헌법재판소 판례 중에 이 이론을 따른 예를 볼 수 있다.

(판 례) 기본권의 이중성

국민의 기본권은 국가권력에 의하여 침해되어서는 아니 된다는 의미에서 소극적 방어권으로서의 의미를 가지고 있을 뿐만 아니라, 헌법 제10조에서 국가는 개인이 가지는 불가침의 기본적 인권을 확인하고 이를 보장할 의무를 진다고 선언함으로써, 국가는 나아가 적극적으로 국민의 기본권을 보호할 의무를

> 부담하고 있다는 의미에서 기본권은 국가권력에 대한 객관적 규범 내지 가치질서로서의 의미를 함께 갖는다. 객관적 가치질서로서의 기본권은 입법·사법·행정의 모든 국가기능의 방향을 제시하는 지침으로서 작용하므로, 국가기관에게 기본권의 객관적 내용을 실현할 의무를 부여한다.
>
> 헌재 1995.6.29. 93헌바45, 판례집 7-1, 873,879-880

위 판례에서 보는 것처럼 국가가 적극적으로 국민의 기본권을 보장할 의무를 지며 기본권 보장이 국가권력의 지침이 된다는 뜻에서 기본권이 객관적 질서라고 이해한다면 이를 부인할 이유는 없다. 또한 헌법 제10조의 "국가는 개인이 가지는 불가침의 기본적 인권을 확인하고 보장할 의무를 진다"는 규정을 그러한 해석의 근거로 삼는 데에도 문제가 없다고 본다. 정확히 표현하면 기본권이 객관적 질서라기보다, 기본권 보장이 객관적 질서의 원리라고 말하는 것이 옳을 것이다.

기본권의 이중성을 강조하는 견해에 의하면 이 이론의 수용의 결과로 기본권 보장이 확대되고, 특히 사인(私人)간에서 기본권의 효력을 인정할 결정적 근거가 된다고 주장한다. 분명히 그러한 측면이 있음은 사실이다. 기본권의 이중성 이론은 사인간의 기본권의 효력을 비롯하여 기본권을 넓게 보장하기 위한 이론적 논거 중의 하나가 될 수 있다. 그러나 반면에 기본권의 주관적 권리성보다 객관적 질서로서의 성격을 중시하는 이론은 그 이론 전개에 따라서는 도리어 기본권 보장을 약화시키는 기능을 할 수 있음을 유의해야 할 것이다. 예컨대 언론·출판의 자유를 개인의 권리로서보다 언론·출판제도의 제도적 보장의 측면을 중시하는 견해는 개인의 언론·출판의 자유에 대한 광범한 제한을 허용하는 경향이 있다.

기본권의 객관적 질서로서의 성격과 관련하여 이른바 통합론적 기본권이론을 간략히 언급하기로 한다. 통합론적 기본권이론은 본래 독일 바이마르 시대의 헌법학자 스멘트(Rudolf Smend)의 통합론적 헌법관(憲法觀)에 토대를 둔 것이다. 이에 따르면 헌법은 사회통합을 위한 법질서를 뜻하며, 기본권은 그 법질서의 바탕이 되는 가치체계를 의미한다고 한다. 이 이론은 기본권의 이중성 이론의 토대가 되었다.

통합론적 기본권이론은 기본권의 성격에 관한 이론 중의 하나인데, 이것은 자연권론 및 실정권론과 동일한 차원에서 논의될 성질의 것은 아니다. 자연권론과 실정권론의 대립은 기본적으로 기본권의 존재근거에 관한 것이고, 이에 대해 통합론적 기본권론은 기본권의 기능에 관한 이론이라고 볼 것이다.

3. 기본권과 제도보장

헌법의 규정 가운데에는 직업공무원제도, 지방자치제도, 복수정당제도, 혼인제도 등과 같이 기본권과 관련이 있으면서 기본권과는 개념적으로 구별될 수 있는 제도를 규정한 것들이 있다. 이처럼 객관적 제도를 헌법상 보장함으로써 그 제도의 본질을 유지하려는 것을 제도보장이라고 한다. 본래 제도보장이라는 개념은 바이마르 헌법의 해석과 관련하여 슈미트가 고안한 것이다. 우리 헌법재판소 판례는 제도보장의 개념과 성격을 다음과 같이 설명한다.

(판 례) 제도보장과 기본권보장

제도적 보장은 객관적 제도를 헌법에 규정하여 당해 제도의 본질을 유지하려는 것으로서, 헌법제정권자가 특히 중요하고도 가치가 있다고 인정되고 헌법적으로 보장할 필요가 있다고 생각하는 국가제도를 헌법에 규정함으로써 장래의 법발전, 법형성의 방침과 범주를 미리 규율하려는 데 있다. 다시 말하면 이러한 제도적 보장은 주관적 권리가 아닌 객관적 법규범이라는 점에서 기본권과 구별되기는 하지만 헌법에 의하여 일정한 제도가 보장되면 입법자는 그 제도를 설정하고 유지할 입법의무를 지게 될 뿐만 아니라 헌법에 규정되어 있기 때문에 법률로써 이를 폐지할 수 없고, 비록 내용을 제한한다고 하더라도 그 본질적 내용을 침해할 수는 없다.

그러나 기본권의 보장은 헌법이 "국가는 개인이 가지는 불가침의 기본적 인권을 확인하고 이를 보장할 의무를 진다"(제10조), "국민의 자유와 권리는 헌법에 열거되지 아니한 이유로 경시되지 아니한다. 국민의 모든 자유와 권리는 국가안전보장·질서유지 또는 공공복리를 위하여 필요한 경우에 법률로써 제한할 수 있으며, 제한하는 경우에도 자유와 권리의 본질적인 내용을 침해할 수 없다"(제37조)고 규정하여 '최대한 보장의 원칙'이 적용되는 것임에 반하여, 제도적 보장은 기본권 보장의 경우와는 달리 그 본질적 내용을 침해하지 아니하는 범위 안에서 입법자에게 제도의 구체적인 내용과 형태의 형성권을 폭넓게 인정한다는 의미에서 '최소한 보장의 원칙'이 적용될 뿐인 것이다.

헌재 1997.4.24. 95헌바48, 판례집 9-1, 435,444-445

위 판례에 나타나 있는 것처럼, 제도보장은 주관적 권리가 아니라 객관적 제도의 보장이며, 최대보장의 원칙이 아니라 최소보장의 원칙이 적용된다는 점에서 기본권

보장과 구별된다. 최소보장된다는 것은 일정한 제도의 본질적 내용을 침해하지 않는 한, 입법자에게 그 제도의 내용에 관해 넓은 입법형성의 자유가 보장된다는 것을 의미한다.

제도보장은 일정한 제도를 헌법에 규정함으로써 그 제도의 핵심을 법률로 폐지하지 못하도록 하는 데 의의가 있다. 주의할 것은, 기본권 보장을 약화하는 방향에서 제도보장 이론을 남용하거나 확대해서는 안 된다는 것이다. 제도보장은 일정한 기본권 보장을 보완하는 의미를 지닌다고 이해하여야 할 것이다. 예컨대 대학의 자치라는 제도의 보장은 학문의 자유라는 기본권의 보장을 보완한다는 의미를 지닌다.

한편 기본권의 객관적 질서로서의 성격을 강조하는 입장에서는 기본권 보장과 제도보장의 구별을 부인하는 이론도 있다.

Ⅳ. 기본권의 분류

기본권을 분류하는 기준은 다양하다. 학설에 따라 여러 상이한 분류들이 있으나 통상적인 분류를 중심으로 정리한다.

1. 우리 헌법상 기본권의 내용에 따른 분류

우리 헌법상의 기본권을 그 내용에 따라 다음과 같이 분류할 수 있다. ① 인간의 존엄과 행복추구권, ② 평등권, ③ 자유권, ④ 참정권, ⑤ 사회권, ⑥ 절차적 기본권(청구권적 기본권).

(1) 인간의 존엄과 행복추구권

모든 사람의 '인간으로서의 존엄과 가치'는 모든 기본권의 근거이자 원천을 이루며, 동시에 그 자체가 기본권이기도 하다. 인간의 존엄과 행복추구권(제10조)은 포괄적 기본권이며, 헌법상 열거되지 않았더라도 기본권으로 인정되는 권리들은 여기에 포함된다. 이것은 기본권인 동시에 모든 법질서의 기본원칙이 된다.

(2) 평등권

평등권(제11조)은 '인간으로서의 존엄과 가치'에 직결된다. 평등하게 대우받을 권리는 인간 존엄의 핵심에 속한다. 평등권은 인간의 존엄·행복추구권과 마찬가지로 개인의 기본권인 동시에 전체 법질서의 기본원칙이다('평등의 원칙').

(3) 자유권

자유권은 국가 권력의 개입을 배제하여 개인의 자유로운 의사와 활동을 보장하는 기본권이다. 이것은 소극적으로 국가의 부작위를 통해 보장되는 '국가로부터의' 권리라는 의미를 지닌다. 그 내용에 따라 신체의 자유(제12조, 제13조), 사생활 영역의 자유(제16조 내지 제18조), 경제적·사회적 자유(제14조, 제15조, 제23조), 정신적 자유(제19조 내지 제22조)로 구분할 수 있다. 협의의 정신적 자유는 양심의 자유, 학문·예술의 자유, 종교의 자유 등을 말한다. 광의의 정신적 자유는 협의의 정신적 자유 외에 언론·출판·집회·결사의 자유, 즉 표현의 자유를 포함한다.

(4) 참정권

참정권은 국민이 국정에 참여하는 권리다. '국가에로의' 권리라고 말할 수 있다. 그 내용으로 선거권(제24조), 피선거권 등의 공무담임권(제25조), 국민투표권(제72조, 제130조) 등이 있다.

(5) 사회권

사회권은 사회경제적 약자가 '인간다운 생활'을 할 수 있도록 국가의 적극적인 배려를 요구할 수 있는 권리다. 사회적 기본권, 생존권 또는 생활권이라고도 부른다. 이것은 '국가에 의한' 권리라고 할 수 있고, 20세기 이후의 현대적 기본권에 속한다. 그 내용으로 인간다운 생활을 할 권리(제34조), 교육을 받을 권리(제31조), 근로의 권리(제32조), 노동3권(제33조), 환경권(제35조), 혼인과 가족생활 및 보건의 권리(제36조) 등이 있다.

(6) 절차적 기본권(청구권적 기본권)

절차적 기본권은 앞에서 말한 여러 실체적 기본권을 보호하기 위한 절차적 권리다. 흔히 청구권적 기본권이라고 부른다. 그 내용으로 청원권(제26조), 재판청구권(제27조), 국가배상청구권(제29조), 형사보상청구권(제28조), 범죄피해자구조청구권(제30조) 등이 있다.

(7) 새로운 기본권

과거에 기본권으로 인정되지 않았던 일정한 이익이 시대 상황에 따라 새롭게 헌법상의 기본권으로 인정되는 경우가 있다. 이러한 기본권을 자유권, 사회권과 구별하여 '**제3세대 인권**'이라고 부르기도 한다. 환경권을 그 대표적 예로 들 수 있다. 그 밖에도 전쟁으로 인한 피해를 당하지 않으면서 평화롭고 안전하게 살 권리, 곧 '**평화적 생존권**'을 새로운 기본권의 카테고리에 첨가하는 견해도 있다. 헌법재판소는 처음에는 평화적 생존권을 기본권으로 인정하였으나, 최근 판례를 변경하여 이를 기본권으로 인정하지 않고 있다(판례의 상세한 내용은 제2편 제6장 Ⅰ. 2. 참조).

새로운 기본권을 점차 확대시키는 경향을 '기본권의 인플레이션'이라고 부르기도 한다. 이러한 경향은 고전적 기본권의 핵심적 위치를 흐리게 한다는 문제가 없지 않다. 또한 새로운 기본권의 확대가 그것에 관련된 대립된 헌법상 이익을 소홀히 해서는 안 된다.

(8) 기본권 분류의 상대성

기본권의 내용에 따른 분류는 절대적인 것은 아니며 상대적이다. 예컨대 알 권리는 표현의 자유에 속한다고 보지만, 알 권리의 내용 중에 정보공개청구권은 절차적 기본권의 성질을 지닌다. 또한 상업적 광고는 표현의 자유의 문제인 동시에 영업의 자유라는 경제적 자유의 문제이기도 하다. 그 밖에, 교육을 받을 권리의 핵심은 사회권적 성격을 지니지만, 그 내용에 포함된 교육의 자유는 자유권적 성격을 가진다.

2. 초(超)국가적 기본권과 국가 내적(內的) 기본권

기본권은 그 성질에 따라 국가 이전의 초국가적 기본권과 국가를 전제한 국가 내적 기본권으로 구분된다. 이를 자연권과 실정권의 구분, 또는 인권과 국민의 권리의 구분으로 표현할 수도 있다.

전자에 해당하는 것으로 자유권, 평등권 등을 들 수 있고, 후자에 속하는 것으로 참정권, 사회권, 절차적 기본권 등을 들 수 있다.

3. 소극적 기본권(방어권)과 적극적 기본권(급부청구권)

기본권은 소극적으로 국가의 부작위를 요청하는가 아니면 적극적으로 국가의 작위를 요청하는가에 따라 소극적 기본권(방어권)과 적극적 기본권(급부청구권)으로 구분할 수 있다. 자유권은 국가로부터의 방어권의 성격을 가진다. 이와 달리 절차적 기본권이나 사회권은 국가의 적극적 작위를 청구하는 급부청구권의 성격을 지닌다. 개인이 다른 개인으로부터 생명, 신체, 재산을 침해당하지 않도록 국가의 보호를 청구하는 권리도 급부청구권에 속한다고 볼 것이다.

4. 현실적 기본권과 선언적 기본권

이것은 기본권의 효력에 따른 구분이다. 현실적 기본권은 입법권, 행정권, 사법권 등 모든 국가권력을 직접 구속하는 구체적인 기본권이다. 개인은 그 침해에 대해 최종적으로 재판을 통해 구제받을 수 있다. 반면 선언적 기본권 또는 프로그램적 기본권은 입법의 방침을 선언할 뿐으로, 직접 행정권과 사법권을 구속하지 않는다. 헌법상 규정된 기본권은 대부분 현실적 기본권인데, 다만 사회권에 대해서는 선언적 기본권으로 보는 것이 과거의 일반적 견해였다. 그러나 뒤에 설명하는 것처럼, 사회권도 제한된 의미에서 구체적이고 현실적인 권리로서의 효력을 갖는다고 보는 것이 근래 다수의 견해이다.

제 2 장

기본권의 주체와 효력범위

I. 기본권의 주체

기본권을 향유하는 주체는 '국민', 즉 대한민국 국적을 가진 모든 개인이다. 헌법 제2장의 제목은 '국민의 권리와 의무'라고 되어 있고, 제2장의 기본권 규정은 '모든 국민'이 일정한 기본권을 가진다고 규정하고 있다. 그러나 뒤에 설명하는 것처럼, 기본권에 따라서는 국민이 아닌 사람에게도 해석상 기본권의 주체가 된다고 보고 있다.

1. 기본권 보유능력과 기본권 행위능력

기본권의 주체와 관련하여, '기본권 보유능력'과 '기본권 행위능력'이라는 개념이 사용되고 있다. 기본권 보유능력이란 기본권의 주체가 될 수 있는 자격을 의미한다. '기본권능력'이라고도 한다. 기본권의 주체가 된다는 것은 곧 기본권 보유능력이 있다는 의미이다. 이와 구별되는 기본권 행위능력이란, 기본권의 보유능력을 가진 기본권의 주체가 구체적으로 기본권을 행사할 수 있는 능력을 말한다. 이런 개념들은 특히 태아, 사자(死者), 미성년 등이 기본권 주체가 되느냐는 문제에 관하여 사용되고 있다. 태아나 사자는 일정한 기본권 보유능력은 갖되(예컨대 태아의 생명권, 사자의 명예권), 기본권 행위능력은 없다고 본다(헌재 2008.7.31. 2004헌바81). 한편 미성년자는 기본권 보유능력을 갖되, 기본권 행위능력이 일정한 경우에 제한된다.

(판 례) 사자(死者)의 명예권과 후손의 인격권

헌법 제10조로부터 도출되는 일반적 인격권에는 개인의 명예에 관한 권리도 포함되는바(헌재 2005.10.27. 2002헌마425, 판례집 17-2, 311,319 참조), 심판대상조항에 근거하여 반민규명위원회의 조사대상자 선정 및 친일반민족행위결정이 이루어지면, 조사대상자의 사회적 평가가 침해되어 헌법 제10조에서 유래하는 일반적 인격권이 제한받는다.

다만 이 사건 결정의 조사대상자를 비롯하여 대부분의 조사대상자는 이미 사망하였을 것이 분명하나, 조사대상자가 사자인 경우에도 인격적 가치에 대한 중대한 왜곡으로부터 보호되어야 하고, 사자에 대한 사회적 명예와 평가의 훼손은 사자와의 관계를 통하여 스스로의 인격상을 형성하고 명예를 지켜온 그들 후손의 인격권, 즉 유족의 명예 또는 유족의 사자에 대한 경애추모의 정을 침해한다고 할 것이다.

따라서 심판대상조항은 조사대상자의 사회적 평가와 아울러 이를 토대로 인격상을 형성하여 온 그 유족들의 인격권을 제한한다(헌재 2010.10.28. 2007헌가23, 판례집 22-2 상, 761,767-768; 헌재 2011.3.31. 2008헌바111, 판례집 23-1 상, 258, 267-268 참조).

헌재 2013.5.30. 2012헌바19, 판례집 25-1, 303,311-312

기본권의 주체로 인정되느냐 여부는 특히 외국인, 법인의 경우에 문제된다.

2. 외 국 인

외국인이란 외국 국적자, 무국적자 및 복수 국적자를 말한다(헌재 2000.8.31. 97헌가12). 헌법재판소 판례는 외국인의 기본권 주체성에 관하여 다음과 같이 판시한다.

(판 례) 외국인의 기본권 주체성

우리 재판소는 (……) '국민' 또는 국민과 유사한 지위에 있는 '외국인'은 기본권의 주체가 될 수 있다 판시하여(헌재 1994.12.29. 93헌마120, 판례집 6-2, 477, 480) 원칙적으로 외국인의 기본권 주체성을 인정하였다. 청구인들이 침해되었다고 주장하는 인간의 존엄과 가치, 행복추구권은 대체로 '인간의 권리'로서 외국인도 주체가 될 수 있다고 보아야 하고, 평등권도 인간의 권리로서 참정권 등에 대한 성질상의 제한 및 상호주의에 따른 제한이 있을 수 있을 뿐이다. 이 사건에서 청구인들이 주장하는 바는 대한민국 국민과의 관계가 아닌, 외국국적

의 동포들 사이에 재외동포법의 수혜대상에서 차별하는 것이 평등권 침해라는 것으로서 성질상 위와 같은 제한을 받는 것이 아니고 상호주의가 문제되는 것도 아니므로, 청구인들에게 기본권주체성을 인정함에 아무런 문제가 없다.

헌재 2001.11.29. 99헌마494, 판례집 13-2, 714,723-724

불법체류 중인 외국인들이라 하더라도 불법체류라는 것은 관련법령에 의하여 체류자격이 인정되지 않는다는 것일 뿐이므로, 인간의 권리로서 외국인에게도 주체성이 인정되는 일정한 기본권에 관하여 불법체류 여부에 따라 그 인정 여부가 달라지는 것은 아니다(헌재 2012.8.23. 2008헌마430: 사안에서는 불법체류자의 주거의 자유가 인정됨을 전제로 이들에 대한 강제퇴거명령집행이 위헌이 아니라고 하였다).

(판 례) 근로(일할 환경)에 관한 권리에 있어서 외국인의 기본권 주체성

근로의 권리란 인간이 자신의 의사와 능력에 따라 근로관계를 형성하고, 타인의 방해를 받음이 없이 근로관계를 계속 유지하며, 근로의 기회를 얻지 못한 경우에는 국가에 대하여 근로의 기회를 제공하여 줄 것을 요구할 수 있는 권리를 말하며, 이러한 근로의 권리는 생활의 기본적인 수요를 충족시킬 수 있는 생활수단을 확보해 주고 나아가 인격의 자유로운 발현과 인간의 존엄성을 보장해 주는 것으로서 사회권적 기본권의 성격이 강하므로 이에 대한 외국인의 기본권주체성을 전면적으로 인정하기는 어렵다.

그러나 근로의 권리가 "일할 자리에 관한 권리"만이 아니라 "일할 환경에 관한 권리"도 함께 내포하고 있는 바, 후자(後者)는 인간의 존엄성에 대한 침해를 방어하기 위한 자유권적 기본권의 성격도 갖고 있어 건강한 작업환경, 일에 대한 정당한 보수, 합리적인 근로조건의 보장 등을 요구할 수 있는 권리 등을 포함한다고 할 것이므로 외국인 근로자라고 하여 이 부분에까지 기본권 주체성을 부인할 수는 없다. 즉 근로의 권리의 구체적인 내용에 따라, 국가에 대하여 고용증진을 위한 사회적 · 경제적 정책을 요구할 수 있는 권리는 사회권적 기본권으로서 국민에 대하여만 인정해야 하지만, 자본주의 경제질서하에서 근로자가 기본적 생활수단을 확보하고 인간의 존엄성을 보장받기 위하여 최소한의 근로조건을 요구할 수 있는 권리는 자유권적 기본권의 성격도 아울러 가지므로 이러한 경우 외국인 근로자에게도 그 기본권 주체성을 인정함이 타당하다.

헌재 2007.8.30. 2004헌마670, 판례집 19-2, 297,305

외국인은 기본권의 성질에 따라 제한적으로 기본권의 주체가 된다고 본다. 대체로 국가 이전의 인간의 권리는 그 주체로 인정되고, 국가 내적인 국민의 권리는 그 주체로 인정되지 않는다.

(판 례) 외국인의 신체의 자유

심판대상조항은 강제퇴거대상자를 대한민국 밖으로 송환할 수 있을 때까지 보호시설에 인치·수용하여 강제퇴거명령을 효율적으로 집행할 수 있도록 함으로써 외국인의 출입국과 체류를 적절하게 통제하고 조정하여 국가의 안전과 질서를 도모하고자 하는 것으로, 입법목적의 정당성과 수단의 적합성은 인정된다. 그러나 보호기간의 상한을 두지 아니함으로써 강제퇴거대상자를 무기한 보호하는 것을 가능하게 하는 것은 보호의 일시적·잠정적 강제조치로서의 한계를 벗어나는 것이라는 점, 보호기간의 상한을 법에 명시함으로써 보호기간의 비합리적인 장기화 내지 불확실성에서 야기되는 피해를 방지할 수 있어야 하는데, 단지 강제퇴거명령의 효율적 집행이라는 행정목적 때문에 기간의 제한이 없는 보호를 가능하게 하는 것은 행정의 편의성과 획일성만을 강조한 것으로 피보호자의 신체의 자유를 과도하게 제한하는 것인 점, 강제퇴거명령을 받은 사람을 보호함에 있어 그 기간의 상한을 두고 있는 국제적 기준이나 외국의 입법례에 비추어 볼 때 보호기간의 상한을 정하는 것이 불가능하다고 볼 수 없는 점, 강제퇴거명령의 집행 확보는 심판대상조항에 의한 보호 외에 주거지 제한이나 보고, 신원보증인의 지정, 적정한 보증금의 납부, 감독관 등을 통한 지속적인 관찰 등 다양한 수단으로도 가능한 점, 현행 보호일시해제제도나 보호명령에 대한 이의신청, 보호기간 연장에 대한 법무부장관의 승인제도만으로는 보호기간의 상한을 두지 않은 문제가 보완된다고 보기 어려운 점 등을 고려하면, 심판대상조항은 침해의 최소성과 법익균형성을 충족하지 못한다. 따라서 심판대상조항은 과잉금지원칙을 위반하여 피보호자의 신체의 자유를 침해한다.

행정절차상 강제처분에 의해 신체의 자유가 제한되는 경우 강제처분의 집행기관으로부터 독립된 중립적인 기관이 이를 통제하도록 하는 것은 적법절차원칙의 중요한 내용에 해당한다. 심판대상조항에 의한 보호는 신체의 자유를 제한하는 정도가 박탈에 이르러 형사절차상 '체포 또는 구속'에 준하는 것으로 볼 수 있는 점을 고려하면, 보호의 개시 또는 연장 단계에서 그 집행기관인 출입국관리공무원으로부터 독립되고 중립적인 지위에 있는 기관이 보호의 타당성을 심사하여 이를 통제할 수 있어야 한다. 그러나 현재 출입국관리법상 보호의 개시 또는 연장 단계에서 집행기관으로부터 독립된 중립적 기관에 의한 통제절차가 마련되어 있지 아니하다. 또한 당사자에게 의견 및 자료 제출의 기회를 부여하는 것은 적법절차원칙에서 도출되는 중요한 절차적 요청이므로, 심판대상조항에 따라 보호를 하는 경우에도 피보호자에게 위와 같은 기회가 보장되어야 하나, 심판대상조항에 따른 보호명령을 발령하기 전에 당사자에게 의견을 제출할 수 있는 절차적 기회가 마련되어 있지 아니하다. 따라서 심판대상조항은 적법절차원칙에 위배되어 피보호자의 신체의 자유를 침해한다. (……)

종전에 헌법재판소가 이 결정과 견해를 달리해 심판대상조항이 헌법에 위반되지 아니한다고 판시한 헌재 2018.2.22. 2017헌가29 결정은 이 결정과 저촉되는 범위 내에서 변경하기로 한다.

(헌법불합치결정: 불과 5년 만에 선례를 변경하여야 할 필요성이 인정되는지 의문이라는 3인의 반대의견이 있다)

헌재 2023.3.23. 2020헌가1등, 공보 318, 511,512,524

위 결정에 따라 2025. 3. 18. 개정 출입국관리법(법률 제20794호, 시행 2025.6.1.) 제63조는 2개월의 상한기간과 외국인보호위원회의 승인을 받는 경우 3개월 연장할 수 있으나, 통산 20개월을 넘지 못하도록 하였다.

외국인에게도 자유권, 평등권 등은 인정되지만 기본권의 내용에 따라서 내국인보다 제한될 수 있다. 예컨대 경제적 자유권은 내국민과 달리 더 큰 제한을 받을 수 있다. 토지소유권은 특별히 제한을 받는다(외국인토지법 제3조는 상호주의 원칙에 따라 외국인의 토지 소유를 금지하거나 제한할 수 있다고 규정한다). 평등권도 권리의 성질이나 상호주의 원칙에 의해 제한될 수 있다. 헌법재판소는 외국국적동포들 사이에 체류자격을 차별하고 있는 출입국관리법시행규칙에 대한 헌법소원사건에서 위 99헌마494 결정과 마찬가지로 외국국적동포들의 기본권주체성을 인정한 후, 합리적인 차별이라고 하였다(헌재 2014.4.24. 2011헌마474등).

참정권과 사회권은 원칙적으로 인정되지 않는다. 다만 선거권, 공무담임권 등의 참정권이나 사회보장을 받을 권리 등 사회권을 법률로 일정한 경우에 인정할 수 있으나(예컨대 공직선거법 제15조 제2항 제3호. 출입국관리법에 따른 영주의 체류자격 취득일 후 3년이 경과한 외국인으로서 해당 지방자치단체의 외국인등록대장에 올라 있는 사람은 지방자치단체 의회의원 및 장의 선거권이 있다), 이는 법률상 권리로 인정되는 것이며, 헌법상 기본권으로 볼 수는 없다.

재판청구권 등 절차적 기본권은 성질상 국가 내적인 권리이지만, 자유권 등의 실체적 기본권을 보장하기 위한 절차적인 기본권으로서 외국인에게도 인정된다고 본다. 다만 내용에 따라서는 특별한 제한을 가할 수 있다. 예컨대 국가배상청구권은 상호주의 원칙에 따라 인정된다(국가배상법 제7조). 다만 상호보증은 우리나라와 외국 사이에 조약이 체결되어 있을 것까지 요하는 것은 아니다(제3편 제14장 V. 3. 참조).

그 밖에, 외국인의 입국의 자유는 인정되지 않는다(헌재 2006.3.30. 2003헌마806). 외국인의 입국 허용 여부는 국제법상 국가의 주권적 권리에 속한다. 이와 관련된 것으로, 외국인의 망명권은 우리 헌법상 인정되지 않는다. 다만 국제조약을 통해 이를 인정할 수 있으나 이것이 헌법상 기본권은 아니다. 외국 헌법 중에는 독일의 경우처럼 망명권을 인정한 예가 있다(독일 기본법 제16a조).

3. 법 인

자연인만이 아니라 법인도 기본권의 성질에 따라 원칙적으로 기본권의 주체가 된다. 여기에는 두 가지 문제가 있다. 첫째, 어떤 범위의 법인에게 기본권 주체성이 인정되느냐는 문제다. 둘째, 법인에게 인정되는 기본권의 범위가 어떤가 하는 문제다.

(1) 기본권이 인정되는 법인의 범위

기본권의 주체성이 인정되는 법인은 원칙적으로 사법인에 한한다. 헌법재판소 판례에 의하면, 국가 또는 국가기관이나 공법인은 헌법의 수범자(受範者)이지 기본권의 주체가 될 수 없다. 이러한 법리에 따라 다음의 경우에 기본권 주체성을 인정하지 않았다. 국회 노동위원회(헌재 1994.12.29. 93헌마120), 지방자치단체(헌재 1997.12.24. 96헌마365; 헌재 1998.3.26. 96헌마345; 헌재 2006.2.23. 2004헌바50), 농지개량조합(헌재 2000.11.30. 99헌마190) 등.

반면 축협중앙회에 대하여는 공법인과 사법인의 성격을 겸유하고 있다고 보면서 그 기본권 주체성을 인정하였다(헌재 2000.6.1. 99헌마553).

한편 법인이 아닌 단체라도 대표자의 정함이 있고 독립된 사회적 조직체로서 활동할 때에는 기본권 주체로 인정된다(헌재 1991.6.3. 90헌마56).

정당은 사법(私法)상 법인격 없는 사단이며, 재산권이나 평등권 등 기본권의 주체로 인정된다(헌재 1991.3.11. 91헌마21; 헌재 1993.7.29. 92헌마262).

또한 국립대학에 대하여 대학의 자율성에 관한 기본권 주체성을 인정하고 있는데, 여기에는 소수 반대의견이 있다(헌재 1992.10.1. 92헌마68등). 이 사건은 서울대학교 입시요강에서 일본어가 제외된 학생이 헌법소원심판을 청구한 사건이었다. 이후 서울대학교는 영조물법인에서 국립대학법인으로 법인격이 바뀌었다. 헌법재판소는 최근 국립대학법인 서울대학교가 정보공개의무를 부담하는 경우에 있어서는 국민의 알 권리를 보호해야 할 의무를 부담하는 기본권 수범자의 지위에 있다고 하면서, "서울대학교가 기본권의 수범자로 기능하면서 행정심판의 피청구인이 된 경우 그 심판청구를 인용하는 재결에 기속되도록 정한 행정심판법 조항의 위헌성을 다투는 이 사건에서 서울대학교는 기본권의 주체가 될 수 없다"고 판시하였다(헌재 2023.3.23. 2018헌바385; 다만 이는 4인 재판관의 의견이다. 2인 재판관은 서울대학교의 기본권주체성을 인정하면서 위 조항이 합헌이라고 하였고, 3인은 위헌의견을 개진하였다). 이보다 앞서 위 행정심판법 조항을 주택재개발정비사업조합이 다툰 사건에서 헌법재판소는 전원일치 의견으로 조합이 공법인의 지위에서 기본권의 수범자로 기능하는 경우 기본권의 주체가 될 수 없다고 하였다(헌재 2022.7.21. 2019헌바543등).

헌법재판소는 주식회사 문화방송(MBC)은 공법상 재단법인인 방송문화진흥회가 최다출자자인 방송사업자로서 방송법 등 관련 규정에 의하여 공법상의 의무를 부담하고 있지만, 그 설립목적이 언론의 자유의 핵심 영역인 방송 사업이므로 이러한 업무 수행과 관련하여서는 기본권 주체가 될 수 있고, 그 운영을 광고수익에 전적으로 운영하고 있는 만큼 이를 위해 사경제주체로서 활동하는 경우에도 기본권 주체가 될 수 있다고 판시하였다(헌재 2013.9.26. 2012헌마271).

(2) 법인에게 인정되는 기본권의 범위

법인에게 인정되는 기본권은 "성질상 법인이 누릴 수 있는 기본권"이다(헌재 1991.6.3. 90헌마56). 헌법재판소 판례에서 인정된 법인의 기본권으로, 언론·출판의 자유와 재산권의 보장(헌재 1991.6.3. 90헌마56), 결사의 자유(헌재 2000.6.1. 99헌마553), 평등권, 직업수행의 자유, 거주이전의 자유(헌재 1996.3.28. 94헌바42) 등이 있다.

법인에게 원칙적으로 평등권의 주체성을 인정할 수 있지만, 특히 경제적 자유에 관한 한, 개인과의 관계에서나 다른 법인과의 관계에서나 광범한 차별적 제한이 인정된다고 볼 것이다. 예컨대 대기업의 경제적 자유에 대하여는 개인보다 더 큰 제한이 허용된다.

생명권이나 신체의 자유 등은 성질상 인정될 수 없음이 당연하다. 양심의 자유 등 정신적 자유도 성질상 인정되지 않는다는 견해가 있으나, 헌법재판소 판례 중에는 법인에게 양심의 자유가 인정됨을 전제한 것이 있다(사죄광고제도에 대한 위헌결정. 헌재 1991.4.1. 89헌마160). 이 사건에서 헌법재판소가 "법인의 경우라면 그 대표자에게 양심표명의 강제를 요구하는 결과가 된다"고 설명한 점을 근거로 헌법재판소는 법인의 양심의 자유를 인정하지 않는다고 하는 견해도 있다. 그러나 이 사건은 주식회사인 언론사의 헌법소원심판청구를 인용한 것이므로, 그 타당성 여부는 별론으로 하고 판례는 확정적으로 법인의 양심의 자유를 인정한 것으로 볼 수밖에 없다.

법인은 법률이 인격을 부여하거나 의제한 단체에 불과할 뿐인데, 그러한 법인이 실정법 이전에 존재하는 인간으로서의 존엄과 가치를 가질 수 없고, 따라서 인간존엄성에서 도출되는 인격권 역시 인정되지 않는다는 지적은 경청할 만하다. 그러나 이론적 주장과 판례의 입장 분석은 별개의 것이다. 법인이나 단체도 그 자신의 의사가 있는 것으로 의제할 수 있고, 또한 이를 보호할 필요성이 있으므로 법인이나 단체 역시 양심, 종교, 학문의 자유 등 정신적 자유권의 주체가 된다고 본다.

헌법재판소는 "헌법 제10조의 인간으로서의 존엄과 가치, 행복을 추구할 권리는 그 성질상 자연인에게 인정되는 기본권이라고 할 것이어서, 법인인 청구인들에게는 적용되지 않는다"고 판시하였다(헌재 2006.12.28. 2004헌바67, 판례집 18-2, 565,575).

반면, 대법원은 종중의 명예권을 인정하였고(대판 1997.10.24. 96다17851), 주식회사에 대하여도 경쟁업체의 비방광고로 인하여 회사의 인격·명예·신용을 포함하는 광의의 인격권이 침해되었음을 인정한 판례도 있다(대판 1996.4.12. 93다40614등). 대법원은 비법인사단도 인격권의 주체가 된다고 하였다.

(판 례) 비법인사단의 인격권과 성명권

성명권은 개인을 표시하는 인격의 상징인 이름에서 연유되는 이익을 침해받지 않고 자신의 관리와 처분 아래 둘 수 있는 권리로서 헌법상 행복추구권과 인격권의 한 내용을 이룬다(대법원 2005.11.16.자 2005스26 결정 등 참조). (……) 특정 비법인사단이 그 명칭을 상당한 기간 사용하여 활동해 옴으로써 그 명칭이 해당 비법인사단을 표상하는 것으로 널리 알려졌다면 비법인사단은 그 명칭에 관한 권리를 인정받을 수 있다.

대판 2022.11.17. 2018다249995

헌법재판소도 최근 방송사가 심의규정을 위반한 경우에 사과방송을 하도록 한 방송법 규정에 대한 위헌결정을 하면서 "법인도 인격권의 한 내용인 사회적 신용이나 명예 등의 주체가 될 수 있고 법인이 이러한 사회적 신용이나 명예 유지 내지 법인격의 자유로운 발현을 위하여 의사결정이나 행동을 어떻게 할 것인지를 자율적으로 결정하는 것도 법인의 인격권을 이룬다"고 하여 법인의 인격권을 인정하였다(헌재

2012.8.23. 2009헌가27). 또한, 선거기사심의위원회가 불공정한 선거기사를 보도하였다고 인정한 언론사에 대하여 언론중재위원회를 통하여 사과문을 게재할 것을 명하도록 하고, 해당 언론사가 사과문 게재 명령을 지체 없이 이행하지 않을 경우 형사처벌하는 공직선거법 규정에 대하여도 언론사의 인격권을 과도하게 침해하여 위헌이라고 결정하였다(헌재 2015.7.30. 2013헌가8).

다만, 정부 또는 국가기관은 명예권의 주체가 될 수 없다는 판례(대판 2011.9.2. 2010도17237)에 따르면 정부나 국가기관은 인격권의 주체도 될 수 없다고 보아야 할 것이다.

(판 례) 법인등록취소사유로서의 '공익'(대북전단 살포 사건)

민법 제38조에서 정한 비영리법인이 '공익을 해하는 행위를 한 때'란 법인의 기관이 그 직무의 집행으로서 공익을 침해하는 행위를 하거나 그 사원총회가 그러한 결의를 한 경우를 의미한다. 여기에 법인설립허가취소는 법인을 해산하여 결국 법인격을 소멸하게 하는 제재처분인 점 등을 더하여 보면, 민법 제38조에 정한 '공익을 해하는 행위를 한 때'에 해당하기 위해서는, 해당 법인의 목적사업 또는 존재 자체가 공익을 해한다고 인정되거나 해당 법인의 행위가 직접적·구체적으로 공익을 침해하는 것이어야 하고, 목적사업의 내용, 행위의 태양 및 위법성의 정도, 공익 침해의 정도와 경위 등을 종합하여 볼 때 해당 법인의 소멸을 명하는 것이 공익에 대한 불법적인 침해 상태를 제거하고 정당한 법질서를 회복하기 위한 제재수단으로서 긴요하게 요청되는 경우이어야 한다. 나아가 '해당 법인의 행위가 직접적이고도 구체적으로 공익을 침해한다.'고 하려면 해당 법인의 행위로 인하여 법인 또는 구성원이 얻는 이익과 법질서가 추구하는 객관적인 공익이 서로 충돌하여 양자의 이익을 비교형량 하였을 때 공공의 이익을 우선적으로 보호하여야 한다는 점에 의문의 여지가 없어야 한다. 또한 법인의 해산을 초래하는 설립허가취소는 헌법 제10조에 내재된 일반적 행동의 자유에 대한 침해 여부와 과잉금지의 원칙 등을 고려하여 엄격하게 판단하여야 하고(대법원 2017.12.22. 선고 2016두49891 판결), 특히 국가가 국민의 표현행위를 규제하는 경우, 표현내용과 무관하게 표현의 방법을 규제하는 것은 합리적인 공익상의 이유로 비례의 원칙(과잉금지의 원칙)을 준수하여 이루어지는 이상 폭넓은 제한이 가능하나, 표현내용에 대한 규제는 원칙적으로 중대한 공익의 실현을 위하여 불가피한 경우에 한하여 엄격한 요건 하에서 허용될 뿐이다(헌법재판소 2002.12.18. 선고 2000헌마764 결정 참조).

대판 2023.4.27. 2023두30833

Ⅱ. 기본권의 효력범위

기본권은 누구에 대한 관계에서 효력을 갖는가. 이것이 기본권의 효력범위의 문제이다. 전통적으로 기본권은 국가에 대한 것으로 이해되어 왔다. 즉 기본권은 국가에 대해 효력을 가지며, 개인이 국가에 대해 주장할 수 있는 것이었다. 그런데 오늘날에는 기본권이 단지 국가에 대해서만이 아니라 사인(私人)에 대해서도 효력을 갖는 것으로 이해되고 있다.

1. 국가에 대한 효력

> **(헌법 제10조 제2문)** 국가는 개인이 가지는 불가침의 기본적 인권을 확인하고 이를 보장할 의무를 진다.

(1) 의 의

기본권은 개인과 국가와의 관계에서 효력을 갖는다. 기본권은 모든 국가권력을 구속하며, 행정권, 사법권은 물론이고 입법권과 헌법개정권도 기본권에 구속된다. 근본적으로는 헌법제정권력까지도 기본권에 구속된다. 우리 헌법에서 이런 취지의 규정이 직접 명시되어 있지는 않지만, 헌법 제10조 제2문에서 국가가 기본권을 보장할 의무를 진다고 규정한 것은 그러한 의미로 해석된다.

기본권은 국가의 권력작용에 대해서만이 아니라 비권력적인 국고(國庫)작용에 대해서도 효력을 갖는가에 대해 의문이 제기될 수 있다. 기본권을 최대한 보장한다는 취지에서 비권력작용에 대해서도 효력을 갖는다고 본다. 즉 국가가 공권력을 행사하는 경우만이 아니라, 국가가 사법(私法)상의 주체로서 활동하는 경우에도 기본권의 효력이 미친다.

기본권의 대(對)국가적 효력의 정도는 기본권의 종류, 성격에 따라 다르다. 자유권 등 현실적 기본권은 모든 국가권력에 대해 직접 효력을 갖지만, 사회권은 직접 행정권을 구속하지는 못한다.

(2) 국가의 기본권보장 의무

헌법 제10조 제2문은 "국가는 개인이 가지는 불가침의 기본적 인권을 확인하고 이를 보장할 의무를 진다"고 규정한다. 국가가 기본권 보장의무를 진다는 것은 크게 두 가지 의미로 나누어 볼 수 있다. 첫째, 소극적으로, 국가가 개인의 기본권을 침해해서는 안 된다는 의미이다. 즉 기본권을 침해하지 말라는 부작위의 의무이다. 둘째, 적극적으로, 개인의 기본권 보호를 위해 필요한 조치를 취해야 한다는 의미이다. 즉 기본권 보호를 위한 적극적 작위의 의무가 있다는 의미이다.

국가는 기본권을 '최대한' 보장할 의무를 진다. 과거 제3공화국 헌법에서는 최대한 보장한다는 명시적 규정을 두었다. 현행 헌법에서는 명시적 규정이 없으나 마찬가지로 해석해야 할 것이다. 헌법재판소 판례도 기본권 보장은 '최대한 보장의 원칙'이 적용된다고 보고 있다(헌재 1997.4.24. 95헌바48; 헌재 2003.5.15. 2000헌마192).

국가의 기본권 최대보장 의무의 의미는 기본권의 성격에 따라 구별해서 보아야 할 것이다. 국가의 부작위를 요청하는 방어권으로서의 소극적 기본권(자유권)의 경우, 국가의 기본권에 대한 제한은 최소한에 그쳐야 한다(기본권 제한에 관한 뒤의 설명 참조). 반면 국가의 적극적 작위를 요청하는 급부청구권으로서의 적극적 기본권(국가 이외의 제3자의 침해로부터의 보호청구권, 절차적 기본권 또는 사회권)의 경우, 적절하고 효율적인 최소한의 조치 이상을 취해야 하며, 이를 '**과소보호금지의 원칙**'이라고 부를 수 있다.

국가의 보호조치가 기본권을 보호하는 데 적절한지 여부를 판단함에 있어서는 헌법재판소의 결정 선고시까지 취해진 국가행위를 전체적으로 고려하여 판단하여야 한다(헌재 2016.10.27. 2012헌마121).

국가의 기본권 보장 의무는 구체적으로 국가가 기본권보장을 위해 적극적으로 입법을 행할 입법의무를 발생시키는데, 헌법재판소는 이 입법의무에 관하여 '과소보호금지의 원칙'을 적용하고 있다.

(판 례) 기본권보장 입법의무와 과소보호금지의 원칙

1) 우리 헌법은 제10조에서 국가는 개인이 가지는 불가침의 기본적 인권을 확인하고 이를 보장할 의무를 진다고 규정함으로써, 소극적으로 국가권력이 국민의 기본권을 침해하는 것을 금지하는 데 그치지 아니하고 나아가 적극적으로 국민의 기본권을 타인의 침해로부터 보호할 의무를 부과하고 있다. 국민의 기본권에 대한 국가의 적극적 보호의무는 궁극적으로 입법자의 입법행위를 통하여 비로소 실현될 수 있는 것이기 때문에, 입법자의 입법행위를 매개로 하지 아니하고 단순히 기본권이 존재한다는 것만으로 헌법상 광범위한 방어적 기능을 갖게되는 기본권의 소극적 방어권으로서의 측면과 근본적인 차이가 있다. 즉 기본권에 대한 보호의무자로서의 국가는 국민의 기본권에 대한 침해자로서의 지위

에 서는 것이 아니라 국민과 동반자로서의 지위에 서는 점에서 서로 다르다.

따라서 국가가 국민의 기본권을 보호하기 위한 충분한 입법조치를 취하지 아니함으로써 기본권보호의무를 다하지 못하였다는 이유로 입법부작위 내지 불완전한 입법이 헌법에 위반된다고 판단하기 위하여는, 국가권력에 의해 국민의 기본권이 침해당하는 경우와는 다른 판단기준이 적용되어야 마땅하다.

국가가 소극적 방어권으로서의 기본권을 제한함으로써 기본권의 침해자로서의 지위에 서는 경우 국가는 원칙적으로 개인의 자유와 권리를 침해하여서는 아니 되며, 예외적으로 기본권을 제한하는 때에도 국가안전보장·질서유지 또는 공공복리를 위하여 필요한 경우에 한하고, 자유와 권리의 본질적인 내용을 침해할 수는 없으며 그 형식은 법률에 의하여야 하고 그 침해범위도 필요최소한도에 그쳐야 한다(헌법 제37조 제2항). 이러한 요건을 갖추지 아니한 채 국민의 기본권을 제한한 경우에는 그 침해의 정도가 비록 작다 하더라도 이는 헌법에 위반되는 위헌적인 조치라고 판단하여야 한다.

그러나 국가가 적극적으로 국민의 기본권을 보장하기 위한 제반 조치를 취할 의무를 부담하는 경우에는 설사 그 보호의 정도가 국민이 바라는 이상적인 수준에 미치지 못한다고 하여 언제나 헌법에 위반한다고 판단할 수 있는 것인지는 의문이다. 왜냐하면 국가의 기본권보호의무의 이행은 입법자의 입법을 통하여 비로소 구체화되는 것이고, 국가가 그 보호의무를 어떻게 어느 정도로 이행할 것인지는 원칙적으로 한 나라의 정치·경제·사회·문화적인 제반여건과 재정사정 등을 감안하여 입법정책적으로 판단하여야 하는 입법재량의 범위에 속하는 것이기 때문이다.

국가의 보호의무를 입법자가 어떻게 실현하여야 할 것인가 하는 문제는 원칙적으로 권력분립원칙과 민주주의원칙에 따라 국민에 의해 직접 민주적 정당성을 부여받고 자신의 결정에 대해 정치적 책임을 지는 입법자의 책임범위에 속한다. 따라서 헌법재판소는 단지 제한적으로만 입법자에 의한 보호의무의 이행을 심사할 수 있다.

2) 물론 입법자가 보호의무를 최대한으로 실현하려고 노력하는 것이 이상적이기는 하나, 그것은 헌법이 입법자에 대하여 하고 있는 요구로서 주기적으로 돌아오는 선거를 통한 국민심판의 대상이 될 문제이지, 헌법재판소에 의한 심사기준을 의미하지는 않는다. 만일 헌법재판소에 의한 심사기준을 입법자에 대한 헌법의 요구와 일치시킨다면, 이는 바로 공동체의 모든 것이 헌법재판소의 판단에 의하여 결정되는 것을 의미하며, 결과적으로 헌법재판소가 입법자를 물리치고 정치적 형성의 최종적 주체가 됨으로써 우리 헌법이 설정한 권력분립적 기능질서에 반하게 된다.

> 그러므로 헌법재판소는 권력분립의 관점에서 소위 "과소보호금지원칙"을, 즉 국가가 국민의 법익보호를 위하여 적어도 적절하고 효율적인 최소한의 보호조치를 취했는가를 기준으로 심사하게 된다. 따라서 입법부작위나 불완전한 입법에 의한 기본권의 침해는 입법자의 보호의무에 대한 명백한 위반이 있는 경우에만 인정될 수 있다. 다시 말하면 국가가 국민의 법익을 보호하기 위하여 전혀 아무런 보호조치를 취하지 않았든지 아니면 취한 조치가 법익을 보호하기에 명백하게 전적으로 부적합하거나 불충분한 경우에 한하여 헌법재판소는 국가의 보호의무의 위반을 확인할 수 있을 뿐이다.
>
> 헌재 1997.1.16. 90헌마110등, 판례집 9-1, 90,119-122

다만 헌법재판소는 판례를 변경하여 위 판례의 심판대상인 교통사고처리특례법 제4조 제1항에 대하여 동 조항이 국가의 기본권보호의무에 위반하는 것은 아니나, '업무상과실 또는 중대한 과실로 인한 교통사고로 말미암아 피해자로 하여금 상해에 이르게 한 경우 공소를 제기할 수 없도록 한 부분'은 교통사고 피해자의 재판절차진술권 및 평등권을 침해한다고 판시하였다(헌재 2009.2.26. 2005헌마764, 2008헌마118(병합)).

헌법재판소는 '기본권 보호의무'를 다음과 같이 설명하고 있다. 기본권 보호의무란 기본권적 법익을 기본권 주체인 사인에 의한 위법한 침해 또는 침해의 위험으로부터 보호하여야 하는 국가의 의무를 말하며, 주로 사인인 제3자에 의한 개인의 생명이나 신체의 훼손에서 문제되는데, 이는 타인에 의하여 개인의 신체나 생명 등 법익이 국가의 보호의무 없이는 무력화될 정도의 상황에서만 적용될 수 있다(헌재 2009.2.26. 2005헌마764등; 헌재 2011.8.30. 2007헌가12등). 따라서 국민의 생명·신체의 안전을 보호하기 위하여 필요한 최소한의 보호조치조차 취하지 아니한 경우에만 국가의 기본권 보호의무에 위반한 것이 된다(헌재 2016.12.29. 2015헌바280).

2. 사인간(私人間)의 효력

(1) 의 의

헌법의 기본권 규정은 국가권력과의 관계에서 국민의 권리를 보호하는 데에 한정되는 것인가 아니면 사인간에서도 효력을 지니는 것인가. 본래 19세기까지의 근대헌법에서 기본권은 국가로부터의 자유가 중심을 이루고, 사인간에는 사적 자치의 원칙이 지배하는 것으로 생각되어 왔다. 그러나 자본주의가 고도로 발전하고 기업, 경제단체 등 각종 사적 단체의 힘이 거대화되면서 개인의 인권을 침해하는 것이 국가 권력만이 아니고 이른바 '사회적 권력'도 인권의 침해자라는 인식이 확대되어 갔다. 이에 따라 사회적 권력으로부터의 인권 보호가 중대한 사회 문제로 부각된 것이다.

사회적 권력에 의한 인권 침해는 정치권력에 의한 침해에 비할 때 더욱 심각한 문제점을 지니는 측면이 있다. 첫째, 정치권력은 선거에 의해 그 나름의 정당성을 지니는 것이지만 사회적 권력은 그러한 정당성을 결여하고 있다는 문제가 있다. 둘째, 권리 침해의 질적 측면에 있어서 사회적 권력은 개인 생활의 세부에까지 깊이 침해하여 정신적 억압을 가하는 경우가 적지 않다.

사인간에서의 기본권 침해는 특히 고용관계에서의 남녀차별 또는 사적인 인종차별(미국의 경우)에서 문제되기 시작했고 이후 여러 사적 영역에 확대되었다. 독일에서는 기본권의 사인간의 효력의 문제를 '기본권의 제3자적 효력'의 문제라고 부르기도 한다.

(2) 법적 대응방식

사인간에서의 기본권 침해에 대한 대응의 필요성이 공감되면서 이에 대한 여러 법적 대응이 나타났다. 그 대응방식을 세 가지로 나누어 볼 수 있다.

첫째, 헌법의 기본권 규정이 사인간에서도 직접 적용된다는 것을 헌법에 명시하는 방식이다. 이 방식에는 특정한 일부 기본권규정(예컨대 노동3권 규정)이 직접 적용됨을 명시하는 예와 기본권규정 전부가 직접 적용됨을 명시하는 예가 있다. 후자의 예로서 1975년의 포르투갈 헌법이 있는데, 드문 예에 속한다.

둘째, 사인간의 기본권 침해가 특히 문제되는 영역에서 개별적인 법률로 대응하는 방식이다. 예컨대 근로기준법 제5조의 "사용자는 근로자에 대하여 남녀의 차별적 대우를 하지 못하며 국적, 신앙 또는 사회적 신분을 이유로 근로조건에 대한 차별적 처우를 하지 못한다"는 규정을 들 수 있다. 미국의 민권법(Civil Rights Act)에서 사인간의 인종차별을 금지한 것도 그 예다.

셋째, 헌법 해석에 의한 방식이다. 헌법의 기본권 규정이 사인간에도 적용된다는 해석을 통해 기본권을 사인간에서 보호하는 것이다. 이 방식에는 구체적으로 국가행위(state action)이론, 직접적용설, 간접적용설 등이 있다.

(3) 국가행위이론

국가행위이론은 미국 판례에서 채택한 이론이다. 이에 따르면 헌법의 기본권 규정은 국가와 국민간에 적용되는 것이고 사인간에는 적용되지 않는 것을 원칙으로 하면서, 다만 사인의 행위가 정부와 일정한 연관성(nexus)을 지니거나 또는 사인의 행위가 일정한 공적 기능을 수행하는 경우에는 이를 국가행위로 의제하여 헌법의 기본권 규정을 확대 적용한다는 것이다. 예컨대, 전자의 예로, 정부 청사 안의 사설 식당에서 흑인 출입을 금지하는 경우에 그 사설 식당이 정부 청사를 사용하기 때문에 이를 순수한 사적 차별이 아니라 국가행위에 의한 차별로 볼 수 있다는 것이다. 후자의 예로는 사적인 회사가 운영하는 쇼핑몰에서 어떤 의견을 담은 문서의 배포를 금지하는 것은 표현의 자유의 위헌적 침해라는 것이다.

국가행위이론은 사적 행위를 국가행위로 의제하는 것인데 이러한 의제에는 한계가 있을 수밖에 없다. 근본적으로 이 이론은 기본권을 국가에 대한 방어권만으로 이해하는 과거의 사고 방식에서 벗어나지 못한 것이다.

(4) 직접적용설과 간접적용설

기본권을 오직 국가에 대한 방어권만으로 이해하는 전통적 사고를 벗어나, 공법과 사법을 포괄한 전체 법질서의 기본원리로 이해한다면 기본권 규정이 사인간에도 적용된다는 해석을 할 수 있다. 이 해석은 직접적용설과 간접적용설로 나뉜다.

직접적용설에 의하면 기본권규정이 사인간에도 직접 적용된다고 한다. 사인간의 계약에 기본권을 침해하는 내용이 들어있다면, 이 계약은 직접 헌법위반이라고 보는 것이다. 이 견해에 대해서는 사적자치의 원칙을 침해한다는 비판이 따른다.

한편 간접적용설에 따르면 헌법의 기본권규정이 직접 사인간에 적용되는 것이 아니라, 사법(私法)의 일반조항, 특히 민법 제103조("선량한 풍속 기타 사회질서에 위반한 사항을 내용으로 하는 법률행위는 무효로 한다"), 또는 불법행위에 관한 민법 제750조("고의 또는 과실로 인한 위법행위로 타인에게 손해를 가한 자는 그 손해를 배상할 책임을 진다")를 해석, 적용함에 있어서 헌법의 기본권 규정의 취지를 끌어들임으로써 결국 간접적으로 기본권규정이 사인간에 적용된다는 것이다. 독일의 헌법재판소 판례와 일본 최고재판소 판례는 이 간접적용설을 따른다.

(5) 한국헌법의 기본권규정과 사인간의 효력

한국의 다수 학설은 다음과 같은 입장을 취한다. 기본권 가운데 절차적 기본권처럼 성질상 사인간에 적용될 수 없는 기본권을 제외하고 기본적으로 간접적용된다. 다만 제33조의 노동3권 조항처럼 헌법 규정의 취지에 비추어 사인간에 적용됨을 전제하고 있는 규정은 직접 적용된다. 노동3권 조항 외에도 언론·출판의 자유 등 일부 기본권 조항이 직접 적용된다고 보는 학설들이 있으나 그 범위에 대해서는 견해가 상이하다.

기본권규정이 사인간에도 적용될 수 있음은 우리 헌법 제10조 제2문의 규정("국가는 …… 기본적 인권을 확인하고 이를 보장할 의무를 진다")에서 그 근거를 찾을 수 있다. 국가의 기본권보장 의무는 국가가 직접 국민의 기본권을 침해해서는 안 된다는 것만이 아니고 더 나아가 사인간에서도 기본권이 침해되지 않도록 입법, 행정 및 재판상의 의무를 진다는 것을 의미한다. 이러한 국가의 기본권보장의무의 결과로 기본권규정이 사인간에도 효력을 갖게 된다.

기본권이 사인간에 효력을 갖는다는 것은 특히 계약과 같은 법률행위에 의한 기본권 침해의 경우에 특별한 의미를 지닌다. 사실행위에 의한 기본권 침해는 그 대부분이 형사법이나 민법의 불법행위 조항을 통해 이미 보호가 주어져 왔었던 것이고(예컨대 타인의 신체에 상해를 입히는 행위에 대한 형사처벌이나 손해배상), 반면 종래 사적자치에 맡겨져 국가권력이 개입하지 않던 사적 영역에 기본권 규정을 적용한다는 데에 특별한 의미를 지니는 것이다. 즉 사인간에서 기본권 효력을 인정하는 것은 사적자치의 원칙에 한계를 설정한다는 의미가 있다. 이때에 사법의 일반조항을 통해 간접 적용하면 사적자치의 원칙과 조화를 기대할 수 있다. 다만 직접 적용한다고 하더라도 사적자치와의 조화를 인정한다면 직접적용설과 간접적용설의 실질적 차이는 없다고 할 것이다.

한편 기본권의 사인간에서의 적용은 사적 영역에서의 '기본권 충돌'이라는 성격을 지닌다. 예컨대 여성이 결혼하면 퇴직한다는 고용계약의 경우, 이것은 남녀평등권 및 결혼의 자유와 기업측의 직업수행의 자유와의 충돌이라는 기본권의 충돌의 문제가 된다. 일반적으로 기본권 충돌의 경우에 법익형량의 원칙에 따라 해결하는 것과 마찬가지로 기본권의 사인간의 적용의 경우에도 구체적인 경우마다 법익형량에 따라 결과가 다를 것이다. 기본권을 사인간에서 적용한다는 것은 일정한 기본권을 사적자치의 원칙에 대립하는 헌법상 법익으로서 수용한다는 것이고, 법익형량의 결과 기본권이 우선하는지 아니면 사적자치로 나타나는 헌법상 법익이 우선하는지는 구체적인 법익형량의 결과에 따라 결정될 것이다.

제 3 장

기본권의 제한 : 일반원칙

I. 서 설

1. 기본권 제한의 의의

개인의 기본권은 무제한한 것이 아니라 일정한 제한을 받는다. 개인의 삶은 사회 속에서의 삶이며 따라서 개인의 기본권도 사회와의 관계에서 제한을 받지 않을 수 없다. 기본권의 제한을 통하여 기본권의 구체적인 보장 범위가 확정된다. 즉 기본권을 제한한다는 것은 불확정한 범위의 기본권의 내용을 확정한다는 의미가 된다.

용어상, 기본권의 '제한'과 기본권의 '한계'가 혼용되고 있다. 엄격히 구별한다면, 기본권의 제한은 기본권의 밖에서 일정한 이유로 기본권에 제한을 가한다는 뜻이고, 기본권의 한계는 기본권의 안에 처음부터 일정한 한계가 내재되어 있다는 의미이다. 이것은 기본권의 내용과 범위의 확정을 어느 시점(視點)에서 보느냐의 차이이다. 우리 헌법의 규정 방식(특히 제37조 제2항)에 비추어 기본권의 '제한'으로 이해하고 표현하는 것이 적절하다고 본다.

기본권을 어느 범위에서 제한하느냐는 기본권의 바탕이 되는 자유주의 이념을 어떻게 이해하느냐에 따라 차이가 있다. 자유주의는 기본적으로 개인주의에 바탕을 두고 있지만, 개인과 공동체 사이에서 공동체적 고려를 얼마나 중시하느냐에 따라 기본권 제한의 범위에 차이가 생기게 된다. 우리 헌법상의 기본권은 개인주의에 기초하되 공동체주의적 요소를 혼합한 것으로 이해하는 것이 타당하다.

2. 기본권의 '제한'과 기본권의 '형성'

기본권을 '제한'한다는 의미는 기본권의 성격에 따라 구별해 볼 수 있다. 자유권과 같이 소극적 기본권(방어권)의 경우, 기본권의 제한은 기본권을 축소하거나 박탈한다는 것을 의미한다. 이것이 본래의 의미의 기본권의 제한이다.

이에 비해, 절차적 기본권, 사회권, 참정권과 같이 국가의 적극적 행위를 필요로 하는 적극적 기본권(급부청구권)의 경우에는 기본권을 국가가 법질서 안에서 구체적으로 형성하기 전에는 이를 행사할 수 없다. 적극적 기본권의 경우에 기본권의 제한이라는 말을 사용한다면 그것은 본래의 제한(축소 또는 박탈)의 의미와는 다른 것이다. 즉 이 경우에 기본권의 제한이란, 기본권의 형성에 있어서 그 최대한의 보장에 미달하는 형성을 의미한다. 이처럼 광의의 제한은 형성을 포함하는 의미이고, 협의의 제한은 형성과 구별된다.

Ⅱ. 기본권 제한의 형식

기본권 제한의 형식은 우선 명시적 제한과 묵시적 제한으로 구분된다. 전자는 실정법에서 명시적으로 제한하는 것이고, 후자는 실정법상의 규정을 떠나 기본권의 당연한 한계로 인정되는 이른바 내재적 한계를 말한다.

명시적 제한은 헌법에 의한 직접적 제한(헌법직접적 제한)과 법률에 의한 제한(법률유보)으로 구분된다.

1. 이른바 내재적 한계

실정법상 규정이 없더라도 기본권의 당연한 한계로서 인정되는 내재적(內在的) 한계가 있다는 견해가 있다. 무엇이 내재적 한계에 해당하는가에 대해서는 견해가 일정치 않으나, 대체로 독일 이론에 따라 타인의 권리, 헌법질서, 도덕률을 침해하지 말아야 한다는 것을 들고 있다(독일 기본법 제2조 제1항 "누구든지 타인의 권리를 침해하지 않고 헌법질서나 도덕률에 반하지 않는 한, 자신의 인격을 자유로이 발현할 권리를 가진다).

독일 기본법에는 기본권 전반에 대한 제한의 근거 조항이 없고 개별적 기본권 조항에서 법률에 의한 제한을 할 수 있음을 규정하고 있는데, 신앙과 양심의 자유 등에는 그러한 개별적인 근거 조항이 없다. 그 때문에 신앙, 양심의 자유 등에 대한 제한의 근거로서 내재적 한계의 이론이 유용할 수 있다. 그러나 헌법 제37조 제2항과 같이 기본권 전반에 대한 제한 근거 조항이 있는 우리 헌법의 해석에서는 굳이 내재적 한계 이론을 수용할 필요가 없다고 본다. 예컨대 타인의 권리를 침해할 수 없다는 것은 내재적 한계라기보다 헌법 제37조 제2항에서 말하는 질서유지를 위한 제한에 해당한다고 볼 수 있다.

2. 헌법직접적 제한

헌법에서 직접 기본권을 제한하는 것이 헌법직접적 제한이다. 우리 헌법에서는 일부 개별적 기본권 조항에서 특별히 제한을 명시한 예들이 있다. 언론·출판의 자유에 관하여 "언론·출판은 타인의 명예나 권리 또는 공중도덕이나 사회윤리를 침해하여서는 아니 된다"는 규정(제21조 제4항), 국가배상청구권에 관하여 군인·경찰·군무원 등에 대해 이를 제한한 규정(제29조 제2항), 노동3권에 관하여 공무원에 대해 이를 제한한 규정(제33조 제2항) 등이 그것이다.

3. 법률에 의한 제한(법률유보)

법률에 의한 기본권 제한을 흔히 기본권의 법률유보라고 부른다. 기본권 제한을 법률에 맡긴다는 뜻이다. 우리 헌법에는 두 종류의 법률유보에 관한 조항이 있다. 기본권 전반에 관한 법률유보(일반적 법률유보)와 개별 기본권에 관한 법률유보(개별적 법률유보)가 그것이다. 전자에 해당하는 것이 제37조 제2항이다. 후자에 해당하는 것으로는 신체의 자유에 대해 법률로 제한할 수 있다는 규정(제12조)을 들 수 있다. 일반적 법률유보 조항이 있으므로 개별적 법률유보 조항은 특별한 법적 의미가 없으며 강조하거나 주의하는 의미를 갖는다.

4. 기본권형성적 법률유보

본래의 의미의 '기본권의 법률유보'와 구별해야 할 것으로 이른바 '기본권형성적 법률유보'가 있다. 이것은 기본권의 제한을 법률에 맡기는 것이 아니라 기본권의 구체적 내용이나 그 실제의 행사를 위한 절차를 법률에 맡기는 것이다. 우리 헌법의 참정권이나 절차적 기본권에 관한 규정에서 "법률이 정하는 바에 의하여" 일정한 권리를 가진다는 규정(예컨대 제24조 "모든 국민은 법률이 정하는 바에 의하여 선거권을 가진다", 또는 제26조 제1항 "모든 국민은 법률이 정하는 바에 의하여 국가기관에 문서로 청원할 권리를 가진다")이 그것이다.

기본권의 법률유보의 본래의 의미는 이른바 '기본권제한적 법률유보'를 가리킨다. 자유권과 같은 소극적 기본권의 법률유보는 이러한 기본권제한적 법률유보를 뜻한다. 이에 비해, 절차적 기본권이나 사회권 또는 참정권과 같은 적극적 기본권의 법률유보는 기본권형성적 법률유보를 의미한다(다만 앞의 설명처럼 기본권의 제한을 통하여 기본권의 내용과 범위가 구체적으로 확정된다고 본다면, 기본권의 제한 역시 기본권의 형성이라는 의미를 갖는다). 이 양자의 구별은 법률의 위헌심사의 기준에 있어서 차이가 있다는 데에 의미가 있다. 전자에 대해서는 '과잉(제한)금지의 원칙'이 적용되고, 후자에 대하여는 '과소보호금지의 원칙'이 적용된다(뒤의 설명 참조).

Ⅲ. 기본권의 일반적 법률유보(헌법 제37조 제2항)

> **(헌법 제37조 제2항)** 국민의 모든 자유와 권리는 국가안전보장 · 질서유지 또는 공공복리를 위하여 필요한 경우에 한하여 법률로써 제한할 수 있으며, 제한하는 경우에도 자유와 권리의 본질적인 내용을 침해할 수 없다.

1. 의　　의

헌법 제37조 제2항은 기본권 전반에 대한 법률유보, 즉 기본권의 일반적 법률유보에 관해 규정하고 있다. 이 조항은 두 가지 의미를 지닌다. 첫째, 법률로 기본권을 제한할 수 있다는 의미다. 즉 기본권 제한을 수권(授權)하는 의미다. 둘째, 기본권을 법률로 제한하려면 일정한 요건을 갖추어야 한다는 의미다. 즉 기본권제한 입법의 한계를 설정하고 있다.

헌법재판소 판례도 이러한 의미를 확인하고 있다("헌법 제37조 제2항의 규정이 기본권 제한 입법의 수권규정(授權規定)인 성질과 아울러 기본권 제한 입법의 한계규정(限界規定)의 성질을 갖고 있음…". 헌재 1989.12.22. 88헌가13).

2. 기본권제한의 대상

기본권제한의 대상은 "국민의 모든 자유와 권리"이다. 일부 학설에 의하면 자유권만이 제한대상이라고 본다. 그러나 자유권만이 아니라 모든 기본권이 법률에 의한 제한 대상이 된다고 보는 것이 문언에 충실한 해석이다. 다만 앞에서 설명한 것처럼 '제한'의 의미는 기본권의 성격에 따라 다르다. 자유권과 같은 소극적 기본권의 경우에 제한이란 본래의 의미대로 축소 또는 박탈을 의미한다. 이에 비해, 적극적 기본권의 경우에 제한의 의미는 최대한 보장에 미달하는 형성이라는 뜻이다.

이른바 절대적 기본권과 상대적 기본권을 구별하는 견해가 있다. 이에 따르면 절대적 기본권이란 어떤 경우이든 법률에 의해서도 제한할 수 없는 기본권이며, 내면적인 양심의 자유나 신앙의 자유가 이에 해당한다고 보고, 그 나머지를 상대적 기본권이라고 부르고 있다.

3. 기본권제한의 목적

기본권은 "국가안전보장 · 질서유지 또는 공공복리를 위하여" 제한할 수 있다. 기본권제한의 목적으로서의 국가안전보장, 질서유지, 공공복리는 모두 불확정한 개념이며, 이를 명확히 개념 정의하기는 어렵다.

(판 례) 국가안전보장의 개념

> 국가의 안전보장의 개념은 국가의 존립 · 헌법의 기본질서의 유지 등을 포함하는 개념으로서 결국 국가의 독립, 영토의 보전, 헌법과 법률의 기능, 헌법에 의하여 설치된 국가기관의 유지 등의 의미로 이해될 수 있을 것이다.
>
> 헌재 1992.2.25. 89헌가104, 판례집 4, 64,90

국가안전보장은 광의의 질서유지에 포함되며, 양자를 명확히 구별하기는 어렵다. 굳이 구분하자면 국가안전보장은 상대적으로 대외적 의미가 강하고 질서유지는 대내적 의미가 강하다고 볼 것이다. 기본권제한의 목적으로서의 국가안전보장은 1972년의 유신헌법에서 처음 명시된 이래 지금까지 지속되고 있으며, 이것은 국가안전보장을 강조하기 위한 것이다.

최근 판례는 국가안전보장의 개념을 더 폭넓게 보고 있다. 즉 오늘날의 국가안보의 개념은 군사적 위협뿐만 아니라 자연재난이나 사회재난, 테러 등으로 인한 안보위기에 대한 대응을 포함하는 포괄적인 것으로 이해하여야 한다고 한다(헌재 2018.6.28. 2011헌바379).

질서유지와 공공복리의 구분 역시 명확한 것은 아니다. 굳이 구분하자면 질서유지는 소극적 목적인 반면, 공공복리는 적극적 목적이라고 할 수 있다. 헌법재판소 판례 중에는 헌법 제119조 이하의 경제조항에서 규정한 국가목표가 곧 공공복리의 구체적 내용이라고 해석한 예가 있다.

(판 례) 공공복리의 의미

우리 헌법은 헌법 제119조 이하의 경제에 관한 장에서 "균형있는 국민경제의 성장과 안정, 적정한 소득의 분배, 시장의 지배와 경제력남용의 방지, 경제주체간의 조화를 통한 경제의 민주화, 균형있는 지역경제의 육성, 중소기업의 보호육성, 소비자보호 등"의 경제영역에서의 국가목표를 명시적으로 규정함으로써 국가가 경제정책을 통하여 달성하여야 할 "공익"을 구체화하고, 동시에 헌법 제37조 제2항의 기본권제한을 위한 일반법률유보에서의 "공공복리"를 구체화하고 있다.

헌재 1996.12.26. 96헌가18, 판례집 8-2, 680,692-693

질서유지와 공공복리의 구분은 상대적이지만, 헌법재판소 판례 중에는 합헌성 심사에 있어서 양자의 구분을 의미있는 것으로 중시한 예가 있다.

(판 례) 소극적 목적과 적극적 목적의 구별

긴급재정경제명령은 정상적인 재정운용·경제운용이 불가능한 중대한 재정·경제상의 위기가 현실적으로 발생하여(그러므로 위기가 발생할 우려가 있다는 이유로 사전적·예방적으로 발할 수는 없다) 긴급한 조치가 필요함에도 국회의 폐회 등으로 국회가 현실적으로 집회될 수 없고 국회의 집회를 기다려서는 그 목적을 달할 수 없는 경우에 이를 사후적으로 수습함으로써 기존질서를 유지·회복하기 위하여(그러므로 공공복리의 증진과 같은 적극적 목적을 위하여는 발할 수 없다) 위기의 직접적 원인의 제거에 필수불가결한 최소의 한도 내에서 헌법이 정한 절차에 따라 행사되어야 한다.

헌재 1996.2.29. 93헌마186, 판례집 8-1, 111,120-121

기본권제한의 법률이 갖추어야 할 목적상의 요건을 충족하기는 어렵지 않을 것이다. 전체 법질서에 비추어 허용되는 목적이라면 국가안전보장, 질서유지, 공공복리의 어느 하나에 해당한다고 볼 수 있을 것이다. 그런데 헌법재판소 판례 중에는 기본권제한의 목적상의 요건부터 갖추지 못하여 위헌이라고 결정한 드문 예가 있다.

(판 례) 동성동본금혼제도의 입법목적

이 사건 법률조항은 헌법 제10조, 제11조 제1항, 제36조 제1항에 위반될 뿐만 아니라 그 입법목적이 이제는 혼인에 관한 국민의 자유와 권리를 제한할 "사회질서"나 "공공복리"에 해당될 수 없다는 점에서 헌법 제37조 제2항에도 위반된다 할 것이다.

헌재 1997.7.16. 95헌가6등, 판례집 9-2, 1,18

4. 기본권제한의 형식

(1) 법률유보와 의회유보의 원칙

기본권제한은 형식적 의미의 법률, 즉 국회가 제정한 법률의 형식에 의하여야 한다. 이를 법률유보의 원칙이라고 한다. 법률의 효력을 갖는 조약 또는 긴급명령이나 긴급재정경제명령에 의한 제한도 가능하다.

(판 례) 의회유보의 원칙

헌법은 법치주의를 그 기본원리의 하나로 하고 있으며, 법치주의는 행정작용에 국회가 제정한 형식적 법률의 근거가 요청된다는 법률유보를 그 핵심적 내용의 하나로 하고 있다. 그런데 오늘날 법률유보원칙은 단순히 행정작용이 법률에 근거를 두기만 하면 충분한 것이 아니라, 국가공동체와 그 구성원에게 기본적이고도 중요한 의미를 갖는 영역, 특히 국민의 기본권실현에 관련된 영역에 있어서는 행정에 맡길 것이 아니라 국민의 대표자인 입법자 스스로 그 본질적 사항에 대하여 결정하여야 한다는 요구까지 내포하는 것으로 이해하여야 한다(이른바 의회유보원칙).

헌재 1999.5.27. 98헌바70, 판례집 11-1, 633,643-644

(판 례) 법률유보의 원칙(1)

토지등소유자가 도시환경정비사업을 시행하는 경우 사업시행인가 신청시 필요한 토지등소유자의 동의는 개발사업의 주체 및 정비구역 내 토지등소유자를 상대로 수용권을 행사하고 각종 행정처분을 발할 수 있는 행정주체로서의 지위를 가지는 사업시행자를 지정하는 문제로서 그 동의요건을 정하는 것은 토지등소유자의 재산권에 중대한 영향을 미치고, 이해관계인 사이의 충돌을 조정하는 중요한 역할을 담당한다. 그렇다면 사업시행인가 신청시 요구되는 토지등소유자의 동의정족수를 정하는 것은 국민의 권리와 의무의 형성에 관한 기본적이고 본질적인 사항으로 법률유보 내지 의회유보의 원칙이 지켜져야 할 영역이다. (……)

따라서 사업시행인가 신청에 필요한 동의정족수를 자치규약에 정하도록 한 이 사건 동의요건조항은 법률유보 내지 의회유보원칙에 위배된다.

헌재 2012.4.24. 2010헌바1, 판례집 24-1 하, 38,47-48

(판 례) 법률유보의 원칙(2)

유권해석위반 광고금지규정(변호사 광고에 관한 규정 제4조 제14호 및 제8조 제2항 제4호; 저자)은 변호사가 변협의 유권해석에 위반되는 광고를 할 수 없도록 금지하고 있다. 위 규정은 '협회의 유권해석에 위반되는'이라는 표지만을 두고 그에 따라 금지되는 광고의 내용 또는 방법 등을 한정하지 않고 있고, 이에 해당하는 내용이 무엇인지 변호사법이나 관련 회규를 살펴보더라도 알기 어렵다. 유권해석위반 광고금지규정 위반이 징계사유가 될 수 있음을 고려하면 적어도 수범자인 변호사는 유권해석을 통해 금지될 수 있는 내용들의 대강을 알 수 있어야 함에도, 규율의 예측가능성이 현저히 떨어지고 법집행기관의 자의적인 해석을 배제할 수 없는 문제가 있다.

따라서 위 규정은 수권법률로부터 위임된 범위 내에서 명확하게 규율 범위를 정하고 있다고 보기 어려우므로, 법률유보원칙에 위반되어 청구인들의 표현의 자유, 직업의 자유를 침해한다.

헌재 2022.5.26. 2021헌마619, 공보 308, 772,773

(판 례) 법률유보의 원칙(3)

법률유보와 관련하여 기본권제한에 관한 법률유보의 원칙은 '법률에 의한 규율'을 요청하는 것이 아니라 '법률에 근거한 규율'을 요청하는 것이므로, 기본권의 제한에는 법률의 근거가 필요할 뿐이고 기본권 제한의 형식이 반드시 법률의 형식일 필요는 없다. 또한 이 사건 조치에 법률적 근거가 구비되어 있는지 여부를 판단함에 있어서는 아래와 같은 이 사건 조치의 특성 및 그로 인한 기본권 제한의 정도가 고려되어야 한다(헌재 2005.5.26. 99헌마513등 참조) (……)

이 사건 조치로 인한 기본권 제한 정도가 은행업감독규정의 기본권 제한 정도에는 못 미치는 점을 종합하여 보면, 이 사건 조치와 관련하여 요청되는 법률적 근거의 구비 여부에 대한 심사의 정도는 그다지 강하다고 하기 어렵다. 결국 행정지도로 이루어진 이 사건 조치의 내용이 금융위원회에 적법하게 부여된 규제 권한을 벗어나지 않는 이상 법률유보원칙을 충족한다.

헌재 2023.3.23. 2019헌마1399, 공보 318, 769,774-776

법률에서 기본권을 제한할 때 그 내용의 일부를 하위법령에 위임할 수 있으나, 제한의 핵심적 내용은 반드시 법률 자체에서 규정하여야 한다. 이를 의회유보의 원칙이라고 한다. 법률보다 하위법규범에 의한 기본권제한은 법률의 근거와 위임이 있는 경우에 한한다. 또한 "법률에서 구체적으로 범위를 정하여 위임받은 사항"에 한한다는 위임입법의 한계를 지켜야 한다(헌법 제75조). 위임의 형식은 원칙적으로 대통령령·총리령 또는 부령 등 법규명령에 의하지만, 예외적으로 전문적·기술적 사항이거나 경미한 사항에 관한 위임은 행정규칙에 직접 위임할 수 있다. 위임범위의 준수여부에 대한 심사정도는 급부법률보다 제한법률에서 엄격하다(헌재 2015.11.26. 2012헌바403). 위임의 심사기준은 구성요건 등에 대해서 위임의 필요성이 있는지(위임의 필요성), 위임하는 경우에도 수권법률 조문 그 자체로부터 대통령령 등에 규정될 내용의 대강을 예측할 수 있었는지(위임범위 예측가능성) 여부이다.

(판 례) 포괄위임입법의 금지(1)(식품위생법)

심판대상조항('식품접객영업자 등 대통령령으로 정하는 영업자'는 '영업의 위생관리와 질서유지, 국민의 보건위생 증진을 위하여 총리령으로 정하는 사항'을 지켜야 한다고 규정한 구 식품위생법 규정)은 식품접객업자를 제외한 어떠한 영업자가 하위법령에서 수범자로 규정될 것인지에 대하여 아무런 기준을 정하고 있지 않다. 비록 수범자 부분이 다소 광범위하더라도 준수사항이 구체화되어 있다면 준수사항의 내용을 통해 수범자 부분을 예측하는 것이 가능할 수 있는데, '영업의 위생관리와 질서유지', '국민의 보건위생 증진'은 매우 추상적이고 포괄적인 개념이어서 이를 위하여 준수하여야 할 사항이 구체적으로 어떠한 것인지 그 행위태양이나 내용을 예측하기 어렵다. 또한 '영업의 위생관리와 국민의 보건위생 증진'은 식품위생법 전체의 입법목적과 크게 다를 바 없고, '질서유지'는 식품위생법의 입법목적에도 포함되어 있지 않은 일반적이고 추상적인 공익의 전체를 의미함에 불과하므로, 이러한 목적의 나열만으로는 식품 관련 영업자에게 행위기준을 제공해주지 못한다.

결국 심판대상조항은 수범자와 준수사항을 모두 하위법령에 위임하면서도 위임될 내용에 대해 구체화하고 있지 아니하여 그 내용들을 전혀 예측할 수 없게 하고 있으므로, 포괄위임금지원칙에 위반된다.

헌재 2016.11.24. 2014헌가6등, 공보 242, 1819

(판 례) 포괄위임입법의 금지(2)(공직선거법)

이 사건 금지조항(공직선거법 제60조제1항제5호는 제53조제8호(대통령령으로 정하는 언론인)에 규정된 자의 선거운동을 금지; 저자)은 '대통령령으로 정하는 언론인'이라고만 하여 '언론인'이라는 단어 외에 대통령령에서 정할 내용의 한계를 설정하지 않았다. 관련조항들을 종합하여 보아도 방송, 신문, 뉴스통신 등과 같이 다양한 언론매체 중에서 어느 범위로 한정될지, 어떤 업무에 어느 정도 관여하는 자까지 언론인에 포함될 것인지 등을 예측하기 어렵다. 그러므로 금지조항은 포괄위임금지원칙을 위반한다.

헌재 2016.6.30. 2013헌가1, 공보 237, 1011

(판 례) 포괄위임입법의 금지(3)(국토의 계획 및 이용에 관한 법률)

이 사건 정의조항(기반시설을 "학교 · 운동장 · 공공청사 · 문화시설 · 체육시설 등 공공 · 문화체육시설"로 정의한 국토의 계획 및 이용에 관한 법률 제2조 제6호 라목)은 이 사건 수용조항과 결합한 전반적인 규범체계 속에서 도시계획시설사업의 시행을 위해 수용권이 행사될 수 있는 대상의 범위를 확정하는 역할도 하는 것이므로, 이처럼 중대한 기본권 제한이 발생하는 영역에서는 설령 위임의 필요성이 인정된다 하더라도 이는 매우 제한적으로 인정되어야 하고, 위임 시에도 구체적인 위임의 범위를 법률에 분명하게 규정해 두어야 한다(……).

가령 어떤 체육시설을 이용하기 위해서 일반인들이 과도한 경제적 부담을 하여야 하는 시설이 있다고 한다면, 그 시설은 일반인들이 자유롭게 이용할 수 있는 시설이라고 보기 힘들어 일반적으로는 공공필요성이 있다고 보기 쉽지 않을 것이다(……).

따라서 그 자체로 공공필요성이 인정되는 교통시설이나 수도 · 전기 · 가스 공급설비 등 국토계획법상의 다른 기반시설과는 달리, 기반시설의 하나로 규정되어 있는 체육시설의 종류와 범위를 대통령령에 위임하기 위해서는, 체육시설 중 위와 같은 공공필요성이 인정되는 범위로 이 사건 정의조항을 한정해 두어야 한다. 그러나 이 사건 정의조항이 체육시설의 내용을 대통령령에 포괄적으로 위임함에 따라 기반시설로서의 체육시설의 구체적인 범위를 결정하는 일을 전적으로 행정부에게 일임한 결과가 되어 버렸다. 이로 인해 예컨대, 시행령에서 공공필요성을 인정하기 곤란한 일부 골프장과 같은 시설까지도 체육시설의 종류에 속하는 것으로 규정되는 경우에는 그러한 공공필요성이 부족한 시설을 설치하기 위해서까지 수용권이 과잉행사될 우려가 발생하게 된다.

결국 이 사건 정의조항은 개별 체육시설의 성격과 공익성을 고려하지 않은 채 구체적으로 범위를 한정하지 않고 포괄적으로 대통령령에 입법을 위임하고 있으므로, 이는 헌법상 위임입법의 한계를 일탈한 것으로서 포괄위임금지원칙에 위배된다.

헌재 2011.6.30. 2008헌바166, 판례집 23-1 하, 288,305-307

(판 례) 의회유보원칙과 포괄위임금지원칙에 위반되지 않는다고 한 사례

이 사건 위임조항(공기업 · 준정부기관으로 하여금 '공정한 경쟁이나 계약의 적정한 이행을 해칠 것이 명백하다고 판단'되는 사람 · 법인 또는 단체에 대하여 2년의 범위 내에서 일정기간 입찰참가자격을 제한할 수 있도록 하고 입찰참가자격의 제한기준 등에 관하여 필요한 사항은 기획재정부령으로 정하도록 한 '공공기관의 운영에 관한 법률'조항; 저자)은 이 사건 제한조항에 따른 제재처분에 관하여 세부적으로 필요한 사항을 기획재정부령으로 정하도록 위임하고 있다. 그런데 제재처분의 본질적인 사항인 입찰참가자격 제한처분의 주체, 사유, 대상, 기간 및 내용 등은 이 사건 제한조항에서 이미 규정되어 있으므로, 이 사건 위임조항은 의회유보원칙에 위배되지 않는다.

이 사건 위임조항은 입찰참가자격 제한처분에 관한 본질적인 사항이 아닌 세부적, 기술적이거나 가변적인 것이어서 형식적 법률로 규정하기에 적절하지 않은 사항들을 기획재정부령에 위임하고 있다. 이 사건 위임조항의 문언상 하위법령에는 입찰참가자격 제한사유인 '공정한 경쟁이나 계약의 적정한 이행을 해칠 것이 명백하다고 판단되는 경우'를 구체화하고, 제한기간의 범위 내에서 개별적 · 구체적으로 어떠한 처분을 할 것인가 등의 내용 및 그에 관한 구체적인 절차 등이 규정될 것임을 충분히 예측할 수 있다. 따라서 이 사건 위임조항은 포괄위임금지원칙에 위배되지 않는다.

헌재 2017.8.31. 2015헌바388, 공보 251, 876,877

(판 례) 위임의 형식(1)

의회의 입법독점주의에서 입법중심주의로 전환하여 일정한 범위 내에서 행정입법을 허용하게 된 동기가 사회적 변화에 대응한 입법수요의 급증과 종래의 형식적 권력분립주의로는 현대사회에 대응할 수 없다는 기능적 권력분립론에 있다는 점 등을 감안하여 헌법 제40조와 헌법 제75조, 제95조의 의미를 살펴보면, 헌법이 인정하고 있는 위임입법의 형식은 예시적인 것으로 보아야 할

것이고, 그것은 법률이 행정규칙에 위임하더라도 그 행정규칙은 위임된 사항만을 규율할 수 있으므로, 국회입법의 원칙과 상치되지도 않는다. (……) 그렇다면 일정한 요건과 기준이 충족되는 경우 고시와 같은 행정규칙으로의 위임도 가능하다고 할 것이나, 다만 이 경우 당해 행정규칙은 법규적 성격을 가지고 있어야 하고, 위임되는 내용은 행정규제기본법 제4조 제2항 단서에서 정한 바와 같이 전문적 · 기술적 사항이거나 경미한 사항이어야 한다.

헌재 2008.7.31. 2007헌가4, 공보 142, 1001,1009

헌법재판소는 최근에도 학교환경위생 정화구역 내에서 금지하는 행위 및 시설의 구체적 내용을 여성가족부고시에 위임하고 있는 청소년보호법 조항을 합헌이라고 판시하고 있다(헌재 2016.10.27. 2015헌바360등).

(판 례) 위임의 형식(2)(대법원 규칙에의 위임)

이 사건 근무평정조항은 "제1항의 근무성적평정에 관한 사항은 대법원규칙으로 정한다."라고만 규정하고 있을 뿐, 근무성적평정의 대상이나 방법 등에 관한 사항을 규정하지 아니하고 있으므로 그에 대한 예측가능성이 있는지가 문제된다. 그런데 구 법원조직법(2011.7.18. 법률 제10861호로 개정되기 전의 것)은 헌법에 의하여 사법권을 행하는 법원의 조직을 정하는 것을 입법목적으로 하면서(제1조), 대법원장은 판사에 대한 근무성적을 평정하여 그 결과를 인사관리에 반영할 수 있도록 하고 있으며(제44조의2 제1항), 근무성적이 현저히 불량하여 판사로서 정상적인 직무를 수행할 수 없는 경우 등에 있어서는 연임발령을 할 수 없도록 하고 있다(제45조의2 제2항).

판사에 대한 연임제는 판사의 임기 동안 판사의 신분을 보장하여 사법권의 독립을 보장하는 역할 외에도, 판사가 수행하는 직무의 중대성과 국가의 사법보장 책임을 감안하여 판사의 직무를 제대로 수행하지 못하는 경우 등에 있어 그러한 판사를 연임에서 제외함으로써 판사의 성실성과 전문적 숙련성 확보를 통해 사법기능 및 업무의 효율성을 높이고자 함에 그 목적이 있다. 그리고 판사의 근무성적에 대한 평정은 국민의 재판청구권의 실질적 보장을 위하여 판사의 능력 및 적성을 장기적이고 누적적 관점에서 파악함으로써 판사의 연임에 있어 객관적인 기준을 제공하는 데에 그 취지가 있다.

이처럼 관련조항의 해석과 판사에 대한 연임제 및 근무성적평정제도의 취지 등을 고려할 때, 이 사건 근무평정조항에서 말하는 '근무성적평정에 관한 사항'이란 판사의 연임 등 인사관리에 반영시킬 수 있는 것으로 사법기능 및 업무의 효율성을 위하여 판사의 직무수행에 요구되는 것, 즉 직무능력과 자질 등과 같은 평가사항, 평정권자 및 평가방법 등에 관한 사항임을 충분히 예측할 수 있다.

따라서 이 사건 근무평정조항은 포괄위임금지원칙에 위배된다고 볼 수 없다.

헌재 2016.9.29. 2015헌바331, 공보 240, 1535,1538

위 헌법재판소 결정은 위임입법이 대법원규칙인 경우에도 수권법률에 포괄위임금지원칙이 적용되어야 한다는 것이다. 컴퓨터용디스크 등의 증거조사방식에 관하여 필요한 사항을 대법원규칙으로 정하도록 한 형사소송법 규정도 동일한 취지로 판시하였다(헌재 2016.6.30. 2013헌바27). 위 결정들에는 "헌법 제108조가 대법원의 규칙제정권을 인정하면서 법률의 위임을 요구하지 않는 것은 권력분립의 정신에 비추어 사법의 자주성과 독립성을 보장하기 위한 것이므로, 대법원규칙에 입법권한을 위임한 법률조항에 대해서는 포괄위임금지원칙 위반 여부를 심사할 필요가 없다"는 반대의견이 있다.

(판 례) 포괄위임금지원칙 위반 여부 심사 기준(게임머니의 환전업 금지)

헌법 제75조와 제95조는 이러한 위임입법의 근거와 그 범위 및 한계를 제시하고 있는데, 이러한 위임의 한계로서 헌법상 제시되고 있는 '구체적으로 범위를 정하여'라 함은 법률에 이미 대통령령 등 하위법규에 규정될 내용 및 범위의 기본사항이 가능한 한 구체적이고도 명확하게 규정되어 있어서 누구라도 당해 법률 그 자체로부터 대통령령 등에 규정될 내용의 대강을 예측할 수 있어야 함을 의미한다. 그 예측가능성의 유무는 당해 특정 법 조항 하나만을 가지고 판단할 것이 아니라 관련 법조항 전체를 유기적 · 체계적으로 종합 판단하여야 하며, 각 대상법률의 성질에 따라 구체적 · 개별적으로 검토하여야 한다. 이와 같은 위임의 구체성 · 명확성의 요구정도는 그 규율대상의 종류와 성격에 따라 달라지고, 특히 형사처벌을 동반하는 처벌법규의 위임은 중대한 기본권의 침해를 가져오므로 긴급한 필요가 있거나 미리 법률로써 자세히 정할 수 없는 부득이한 사정이 있는 경우에 한정되어야 하며, 이러한 경우일지라도 법률에서 범죄의 구성요건은 처벌대상행위가 어떠한 것일 것이라고 예측할 수 있을 정도로 구체적으로 정하고, 형벌의 종류 및 그 상한과 폭을 명백히 규정하여야 한다(헌재 2000.7.20. 99헌가15 등 참조).

(2) 포괄위임금지원칙 위반 여부

(가) 위임의 필요성

(……) 이 사건 금지조항은 일정한 기준에 해당하는 게임결과물을 '환전 또

는 환전 알선하거나 재매입을 업으로 하는 행위'를 금지함으로써, '게임물의 유통질서를 저해하는 게임물 이용을 조장하는 행위'를 차단하는 조항이다. 그런데 게임물의 유통질서를 저해하는 게임물 이용을 조장하는 것은 빠르게 변화하는 게임산업의 환경 속에서 다양한 방식의 위법 · 탈법적인 행위로 나타날 가능성이 높고, 그 폐해를 신속하게 차단해야 할 필요도 있으므로, 적시에 즉각적으로 대응할 수 있도록 그 구체적인 규율을 하위 법령에 위임할 필요성이 인정된다.

(나) 예측가능성

이 사건 금지조항은 환전업, 환전알선업 및 재매입업이 금지되는 게임결과물로서 대통령령으로 정하는 '게임머니' 및 '이와 유사한 것'에 대하여 '게임 내에서 사용되는 가상의 화폐'라는 기준을 정하고 있으므로, 이는 게임물의 운영체계 안에서 게임물 이용자들 사이에 교환 · 거래를 포함한 경제활동이 가능한 성격을 가진 게임결과물이라는 점을 예측할 수 있다(헌재 2010.2.25. 2009헌바38 참조).

헌재 2022.2.24. 2017헌바438등, 판례집 34-1, 147,156-158

(2) 일반성의 요건(개별법률금지의 원칙)

기본권제한의 형식은 법률이어야 할 뿐만 아니라 그 법률은 '일반성'과 '추상성'을 가져야 한다. 이 요건은 입법 전반에 해당하는 것이지만 특히 기본권을 제한하는 입법에 대해 강조된다.

법률이 일반성을 가져야 한다는 것은 특정한 사람이나 특정한 사항에 대해서만 차별적으로 적용되어서는 안 된다는 뜻이다. 일반성이 없는 법률을 **'처분적 법률'** 또는 **'개별법률'**이라고 한다. 이것은 두 가지 점에서 문제가 있다. 첫째, 평등의 원칙에 위반한다는 점이다. 둘째, 의회가 행정 또는 사법작용을 매개하지 않고 직접 국민의 권리나 의무를 발생케 한다는 점에서 권력분립의 원칙에도 반한다는 점이다. 이 때문에 과거에는 이른바 처분적 법률금지의 원칙 또는 개별법률금지의 원칙이 주장되었다. 그러나 오늘날에는 특히 경제규제입법에서 처분적 법률의 필요성이 인정되면서 이를 어디까지 허용하거나 금지할 것인지가 논의되고 있다. 아래 헌법재판소 판례에서 보는 것처럼, 개별법률의 성격이 있다는 것만으로 곧 금지된다고 볼 것은 아니며, 구체적으로 평등의 원칙 또는 권력분립의 원칙의 위반 여부를 판단해야 할 것이다.

(판 례) 개별사건법률('5 · 18특별법')

개별사건법률은 개별사건에만 적용되는 것이므로 원칙적으로 평등원칙에 위배되는 자의적인 규정이라는 강한 의심을 불러일으킨다. 그러나 개별사건법률금지의 원칙이 법률제정에 있어서 입법자가 평등원칙을 준수할 것을 요구하는 것이기 때문에, 특정규범이 개별사건법률에 해당한다 하여 곧바로 위헌을 뜻하는 것은 아니다. 비록 특정법률 또는 법률조항이 단지 하나의 사건만을 규율하려고 한다 하더라도 이러한 차별적 규율이 합리적인 이유로 정당화될 수 있는 경우에는 합헌적일 수 있다. 따라서 개별사건법률의 위헌 여부는, 그 형식만으로 가려지는 것이 아니라, 나아가 평등의 원칙이 추구하는 실질적 내용이 정당한지 아닌지를 따져야 비로소 가려진다.

이른바 12 · 12 및 5 · 18 사건의 경우 그 이전에 있었던 다른 헌정질서파괴범과 비교해보면, 공소시효의 완성 여부에 관한 논의가 아직 진행중이고, 집권과정에서의 불법적 요소나 올바른 헌정사의 정립을 위한 과거청산의 요청에 미루어볼 때 비록 특별법이 개별적 사건법률이라고 하더라도 입법을 정당화할 수 있는 공익이 인정될 수 있다고 판단된다. 따라서 이 법률조항은 개별사건법률에 내재된 불평등요소를 정당화할 수 있는 합리적인 이유가 있으므로 헌법에 위반되지 아니한다.

헌재 1996.2.16. 96헌가2등, 판례집 8-1, 51,69-70

(판 례) 개인대상법률

(주식회사 연합뉴스를 국가기간뉴스통신사로 지정하고 이에 대한 재정지원 등을 규정한 뉴스통신진흥에관한법률 제10조 등이 개인대상법률로서 헌법에 위반되는지 여부. 합헌결정)

헌법은 처분적 법률로서 개인대상법률 또는 개별사건법률의 정의를 따로 두고 있지 않음은 물론, 처분적 법률의 제정을 금하는 명문의 규정도 두고 있지 않은바, 특정규범이 개인대상 또는 개별사건 법률에 해당한다고 하여 그것만으로 바로 헌법에 위반되는 것은 아니다. 따라서 연합뉴스사를 위한 심판대상조항의 차별적 규율이 합리적인 이유로 정당화되는 경우에는 이러한 처분적 법률도 허용된다.

헌재 2005.6.30. 2003헌마841, 판례집 17-1, 996,996-997

(3) 명확성의 요건

명확성이 없는 법률에 의한 기본권제한은 법률 적용을 받는 수범자(受範者)에게 예측가능성을 주지 않는 것이며 이 점에서 절차적 공정성을 결여하는 것이다. 또한 불명확한 법률은 자의적인 법집행을 가져온다. 이 때문에 막연한 법률에 의한 기본권제한은 불명확하다는 그 자체만으로 위헌, 무효가 된다. 형사처벌을 내용으로 하는 법률이 불명확한 경우에는 죄형법정주의 위반이 된다. 법규범의 문언은 어느 정도 일반적 · 규범적 개념을 사용하지 않을 수 없기 때문에 기본적으로 최대한이 아닌 최소한의 명확성을 요구한다(헌재 2015.9.24. 2015헌바35). 명확성의 기준은 건전한 상식과 통상적인 법감정을 가진 수범자가 공정한 경고 내지 고지로서 법규정의 의미를 합리적으로 파악할 수 있어야 한다. 이 때 문제가 되는 법규범 문언뿐만 아니라 입법목적, 법규범의 체계적 구조 등을 종합적으로 고려하여 내용을 구체화시킬 수 있어야 한다. 법규범이 다소 추상적이더라도 종국적으로 법관의 보충적 해석을 통해 규범내용이 확정될 수 있어 어떤 행위가 금지되는지 충분히 알 수 있으면 된다. 명확성의 정도는 구체적으로 기본권의 종류, 성격 등을 고려하여 종합적으로 판단하여야 하는데, 민사법규는 사회현실에 나타나는 여러 가지 현상에 관하여 일반적으로 흠결 없이 적용될 수 있어야 하므로, 형벌법규보다는 상대적으로 더 추상적인 표현을 사용할 수 있다(헌재 2011.10.25. 2009헌바234). 또한 급부행정의 영역에서는 기본권침해 영역보다는 구체성의 요구가 다소 약화될 수 있고, 다양한 사실관계를 규율하거나 사실관계가 수시로 변화될 것이 예상될 때에는 위임의 명확성 요건이 완화된다(헌재 2012.2.23. 2009헌바47).

(판 례) 명확성의 원칙

(직업안정법에서 규정하고 있는 공중도덕상 유해한 업무에 취직하게 할 목적으로 직업소개 · 근로자 모집 또는 근로자공급을 한 자 중 "공중도덕상 유해한 업무" 부분이 명확성의 요구를 충족하는지 여부. 위헌결정)

모든 법규범의 문언을 순수하게 기술적 개념만으로 구성하는 것은 입법기술적으로 불가능하고 또 바람직하지도 않기 때문에 어느 정도 가치개념을 포함한 일반적, 규범적 개념을 사용하지 않을 수 없다. 따라서 위와 같은 경우라도 당해 법률조항의 입법목적, 당해 법률의 체계 및 다른 규정들과의 상호관계를 고려하거나 이미 확립된 판례를 통한 해석방법을 통하여 그 규정의 해석 및 적용에 대한 신뢰성이 있는 원칙을 도출할 수 있어서 그 법률조항의 취지를 예측할 수 있다면 그 범위 내에서 명확성의 원칙은 유지되고 있다고 보아야 할 것이고, 또한 법관의 보충적인 가치판단을 통한 법문의 해석으로 그 의미내용을 확인해 낼 수 있다면 명확성의 원칙에 반한다고 할 수 없을 것이다(헌재 1992.2.25. 89헌가104, 판례집 4, 64,79; 1998.4.30. 95헌가16, 판례집 10-1, 327,342).

헌재 2005.3.31. 2004헌바29, 판례집 17-1, 429,432-434

어떤 법률조항이 하위법령에 규정될 내용의 범위를 구체적으로 정하는 역할을 하는 경우 명확성원칙 위반의 문제는 포괄위임금지원칙 위반의 문제로 포섭되므로 명확성원칙 위반 여부는 별도로 판단하지 않는다(헌재 2019.9.26. 2018헌바337). 자동차소유자가 국토교통부령으로 정하는 항목에 대하여 튜닝을 하려는 경우에는 관할 관청의 승인을 받도록 하고, 이를 위반한 경우 처벌하도록 정한 자동차관리법 상의 자동차 튜닝 중 '부착물'과 '추가'의 개념은 하위법령에 규정될 내용과는 별도로 독자적인 규율 내용을 정하기 위한 것이 아니고, 국토교통부령에 규정될 내용의 범위를 구체적으로 정해주기 위한 역할을 하는 경우에 불과하다(헌재 2019.11.28. 2017헌가23).

(판 례) 포괄위임금지원칙과 명확성원칙의 관계

일반적으로 법률에서 일부 내용을 하위 법령에 위임하고 있는 경우 위임을 둘러싼 법률 규정 자체에 대한 명확성의 문제는 포괄위임금지원칙 위반의 문제가 될 것이다. 다만 위임 규정이 하위 법령에 위임하고 있는 내용과는 무관하게 법률 자체에서 해당 부분을 완결적으로 정하고 있는 경우 포괄위임금지원칙 위반 여부와는 별도로 명확성의 원칙이 문제될 수 있는바, 위임입법에서 사용하고 있는 추상적 용어가 하위 법령에 규정될 내용의 범위를 구체적으로 정해주기 위한 역할을 하는지, 아니면 그와는 별도로 독자적인 규율 내용을 정하기 위한 것인지 여부에 따라 별도로 명확성원칙 위반의 문제가 나타날 수도 있고, 그렇지 않을 수도 있게 된다.

이 사건의 경우, 노조법 제42조의2 제1항은 대통령령에 정해질 필수유지업무의 요건으로 '필수공익사업의 업무 중 그 업무가 정지되거나 폐지되는 경우 공중의 생명·건강 또는 신체의 안전이나 공중의 일상생활을 현저히 위태롭게 하는 업무'일 것을 요구하고 있는바, 이는 필수유지업무로서 대통령령에서 담아내야 할 범위의 한계를 규정하고 있는 것에 불과하다. 즉, '공중의 생명·건강 또는 신체의 안전이나 공중의 일상생활을 현저히 위태롭게 하는 업무'라는 규정은 그 자체로 필수유지업무의 의미를 확정하는 것이 아니라 대통령령에 담아야 할 필수유지업무의 내용의 대강을 설명하고 있는 것이다. 그렇다면 이는 독자적인 명확성원칙의 문제가 아니라 명확성원칙이 헌법상 구체화된 포괄위임금지원칙의 문제라 할 것이므로 이 부분 청구인 주장과 관련해서는 포괄위임금지원칙 위반 여부에 대해서만 본다.

헌재 2011.12.29. 2010헌바385등, 판례집 23-2 하, 673,687-688

다음은 명확성의 원칙 위반 여부에 관한 주요 헌법재판소 판례이다.

(위헌 · 헌법불합치결정)

* 정부투자기관이 계약을 체결함에 있어서 공정한 경쟁 또는 계약의 적정한 이행을 해칠 것이 명백하다고 판단되는 자에 대하여 일정기간 입찰참가자격을 제한할 수 있도록 한 정부투자기관관리기본법 규정(헌재 2005.4.28. 2003헌바40, 헌법불합치).
* 대통령령이 정하는 바에 위반하여 행하여지는 유가증권의 시세고정 · 안정 목적의 매매거래 등을 금하고 있는 구 증권거래법 규정(헌재 2005.5.26. 2003헌가17).
* 도로교통법에서 '운전면허를 받은 사람이 자동차 등을 이용하여 범죄행위를 한 때'를 필요적 운전면허 취소사유로 규정하고 있는데, 이 규정에서 범죄의 중함 정도나 고의성 여부 측면을 전혀 고려하지 않고 자동차 등을 범죄행위에 이용하기만 하면 운전면허를 취소하도록 하고 있는 것(헌재 2005.11.24. 2004헌가28).

(합헌결정)

* 검사에 대한 징계사유 중 하나인 구 검사징계법 제2조 제3호상의 "검사로서의 체면이나 위신을 손상하는 행위를 하였을 때"(헌재 2011.12.29. 2009헌바282).
* 사회 · 문화 기관이나 단체를 통하여 일본제국주의의 '내선융화' 또는 '황민화운동'을 '적극' '주도'함으로써 일본제국주의의 식민통치 및 침략전쟁에 적극 협력한 행위를 친일반민족행위로 정의한 일제강점하 반민족행위 진상규명에 관한 특별법 규정(헌재 2013.5.30. 2012헌바19).
* 의료인이 아니면 '의료행위'를 할 수 없도록 한 의료법 조항과, 의료인이 아닌 자의 '의료행위', '한방의료행위'를 처벌하는 보건범죄단속에 관한 특별조치법 조항(헌재 2013.6.27. 2010헌마658).
* '정당한 이유' 없는 해고 등을 제한하는 근로기준법 조항(헌재 2013.12.26. 2012헌바375; 다소 일반추상적인 개념을 사용하고 있다고 하더라도 오랜 기간 법원의 판례 등이 집적되어 보충적인 가치판단을 통하여 그 의미를 확인할 수 있고, 입법 기술상의 한계, 변화하는 사회에 대한 법규범의 적응력 확보 등의 관점에서도 부적절하다고 볼 수 없다는 점을 이유로 하였다).

* '공공의 질서 및 선량한 풍속을 문란하게 할 염려가 있는' 상표는 등록할 수 없다고 규정한 상표법 조항(헌재 2014.3.27. 2012헌바55; 공정한 상품유통질서나 국제적 신의 · 명예훼손 등 일반 법질서를 해칠 우려가 있거나 상도덕이나 윤리질서에 반할 우려가 있는 상표 등이 포함되리라 예측할 수 있다는 점을 이유로 하였다).
* 공공기관이 보유 · 관리하는 '인사관리'에 관한 정보로서 공개될 경우 업무의 '공정한 수행'에 '현저한 지장'을 초래한다고 인정할 만한 상당한 이유가 있는 경우에는 공개하지 아니할 수 있도록 정하는 있는 '공공기관의 정보공개에 관한 법률' 조항(헌재 2014.3.27. 2012헌바373).
* 군형법상의 상관모욕죄의 구성요건 중 '명령복종 관계에서 명령권을 가진 사람' 부분(헌재 2016.2.25. 2013헌바111; 대통령은 군통수권자로서 당연히 상관에 해당한다고 한 사례).
* '거짓'이나 그 밖에 '부정'한 방법으로 '보조금'을 교부받은 경우에 어린이집 운영자에 대하여 반환을 명하고, 자격정지를 할 수 있도록 한 영유아보육법 조항(헌재 2016.4.28. 2015헌바247).
* 민사소송법이 규정하고 있는 소송구조의 요건 중 '소송비용'을 '지출할 자금능력이 부족한 사람'이나 '패소할 것이 명백한 경우'(헌재 2016.7.28. 2014헌바242등)
* 외국인이 귀화허가를 받기 위해서는 '품행이 단정할 것'의 요건을 갖추도록 한 국적법 규정(헌재 2016.7.28. 2014헌바421).
* '판결에 영향을 미칠 중요한 사항에 관하여 판단을 누락한 때'를 재심사유로 규정한 민사소송법 규정(헌재 2016.12.29. 2016헌바43; 판단이유의 누락이 아니라 판단누락을 재심사유로 규정하였다고 하여도 재판의 적정성을 현저히 희생하였다고 보기는 어려워 재판청구권 침해도 아니라고 하였다).
* '공상군경'을 '군인이나 경찰 · 소방 공무원으로서 국가의 수호 · 안전보장 또는 국민의 생명 · 재산 보호와 직접적인 관련이 있는 교육훈련 또는 직무수행 중 상이를 입은 자'로 정하고 있는 '국가유공자예우법' 규정(헌재 2016.12.29. 2016헌바263).
* 성매매를 '권유'하는 행위를 처벌하는 '성매매알선 등 행위의 처벌에 관한 법률 조항(헌재 2017.9.28. 2016헌바376).
* 형의 선고와 함께 소송비용 부담의 재판을 받은 피고인이 '빈곤'을 이유로 해서만 집행면제를 신청할 수 있도록 한 형사소송법 규정(헌재 2021.2.25. 2019헌바64; 재판청구권 침해도 아니라고 하였다).
* "국내에 널리 인식된 타인의 성명, 상호, 표장(標章), 그 밖에 타인의 영업임을 표시하는 표지와 동일하거나 유사한 것을 사용하여 타인의 영업상의 시설 또는 활동과 혼동하게 하는 행위"를 부정경쟁행위로 정의하고 있는 '부정경쟁방

지 및 영업비밀보호에 관한 법률' 규정(헌재 2021.9.30. 2019헌바217).

* 변호사는 '계쟁권리(係爭權利)'를 양수할 수 없다고 규정한 변호사법 규정(헌재 2021.10.28. 2020헌바488; 명확한지 혹은 예측가능한지 여부를 판단하는 기준은 일반 국민이 아닌 이 규정의 수범자인 변호사이다).
* '재산의 관리·처분에 관한 사항'을 주민소송의 대상으로 규정하고 있는 지방자치법 규정(헌재 2021.11.25. 2019헌바450).
* 공무원이 징계처분을 받은 경우 대통령령등으로 정하는 기간 동안 승진임용 및 승급을 제한하는 국가공무원법 규정(헌재 2022.3.31. 2020헌마211: 위임을 받은 대통령령등에는 강등·정직·감봉·견책이라는 징계의 종류 또는 징계사유에 따라 개별 징계처분의 취지를 담보할 정도의 승진임용 또는 승급 제한기간이 규정될 것을 예측할 수 있다고 하였다).
* 해양수산부장관으로 하여금 여객운송 서비스의 질을 높이고 공공복리를 증진하기 위하여 필요한 경우 여객운송사업자에게 '사업계획'의 변경을 명하고 이에 위반한 경우 처벌할 수 있도록 한 해운법 규정(헌재 2022.3.31. 2019헌바494).
* 누구든지 게임물의 유통질서를 저해하는 행위로서, 게임물의 이용을 통하여 획득한 유·무형의 결과물(점수, 경품, 게임 내에서 사용되는 가상의 화폐로서 대통령령이 정하는 '게임머니 및 대통령령이 정하는 이와 유사한 것'을 말한다)을 환전 또는 환전 알선하거나 재매입을 업으로 하는 행위를 하여서는 아니 된다고 규정한 '게임산업진흥에 관한 법률' 조항(헌재 2022.2.24. 2017헌바438).
* 청원주로 하여금 청원경찰이 품위를 손상하는 행위를 한 때에는 대통령령으로 정하는 징계절차를 거쳐 징계처분을 하도록 한 청원경찰법 규정(헌재 2022.5.26. 2019헌바530; 직무와 무관한 영역에서의 품위손상행위에 대하여까지 징계를 받도록 한 것은 일반적 행동자유권을 침해한다는 2인 재판관의 반대의견이 있다).
* 이용자의 개인정보를 유출한 경우로서 정보통신서비스 제공자가 법률상 요구되는 기술적·관리적 보호조치를 하지 아니한 경우 '위반행위와 관련한' 매출액의 100분의 3 이하에 해당하는 금액을 과징금으로 부과할 수 있도록 한 '정보통신망 이용촉진 및 정보보호 등에 관한 법률' 규정(헌재 2022.5.26. 2020헌바259: '위반행위와 관련한 매출액'은 위반행위로 인하여 취득한 이익만을 의미하는 것이 아니라 위반행위로 인하여 직접 또는 간접적으로 영향을 받는 서비스의 매출액을 의미하는 것임을 충분히 알 수 있다고 하였다).
* "이행강제금을 부과하기 전에 '상당한 기간'을 정하여 그 기한까지 이행되지 아니할 때에는 이행강제금을 부과·징수한다는 뜻을 미리 문서로 계고하여야 한다."고 규정한 개발제한구역의 지정 및 관리에 관한 특별조치법 조항(헌재 2023.2.23. 2019헌바550)
* "누구든지 이 법의 규정에 의한 공개장소에서의 연설·대담장소에서 기타 어

떠한 방법으로도 연설 · 대담장소 등의 질서를 문란하게 하거나 … 할 수 없다"고 규정한 공직선거법 규정(헌재 2023.5.25. 2019헌가13; 연설 · 대담을 방해할 정도에 이르지 않더라도 자유롭고 평온한 분위기를 깨뜨려 후보자 등과 선거인 사이에 원활한 소통을 저해하거나 사고가 발생할 우려가 있는 모든 행위태양을 의미하는 것으로 해석된다고 하였다).

* 국가유공자 등 예우 및 지원에 관한 법률 제13조 제2항 제2호 중 '자녀 중 국가유공자를 주로 부양한 사람을 선순위자로 정하는 부분'(헌재 2025.4.10. 2024헌가12).

(4) 이른바 '체계정당성'의 원리

기본권을 제한하는 법률은 그 법규범의 구조와 내용이 상호 배치되거나 모순되어서는 안 되며 체계와 균형을 이루어야 한다. 이를 '체계정당성'의 원리라고 한다. 헌법재판소는 체계정당성의 원리를 그 자체 독자적인 위헌심사 기준의 하나로 보고 있지는 않으며, 체계정당성 위반으로 위헌이 되기 위해서는 비례의 원칙이나 평등의 원칙 등 일정한 헌법의 규정이나 원칙을 위반하여야 한다고 한다. 따라서, 과잉금지원칙에 반하여 직업선택의 자유를 침해하는지 여부를 판단하는 경우 체계정당성 위반 여부는 별도로 판단하지 아니한다(헌재 2023.5.25. 2021헌바234).

(판 례) 체계정당성의 원리(명의신탁재산의 '증여의제'규정)

(상속세및증여세법상 증여의제조항들이 명의신탁을 이용하여 증여세를 회피하려는 목적이 인정되는 경우에 증여의제를 하는 데 그치는 것이 아니라 조세법위확장조항을 통하여 증여세가 아닌 다른 조세를 회피하려는 목적이 인정되는 경우에도, 회피하려는 조세와는 세목과 세율이 전혀 다른, 증여세를 부과하도록 증여의제를 하게 되는데, 이러한 경우의 증여세가 과징금의 성격을 가지므로 이는 체계정당성의 원칙에 위배되는지 여부가 문제된 사안이다)

'체계정당성'(Systemgerechtigkeit)의 원리라는 것은 동일 규범 내에서 또는 상이한 규범 간에 (수평적 관계이건 수직적 관계이건) 그 규범의 구조나 내용 또는 규범의 근거가 되는 원칙면에서 상호 배치되거나 모순되어서는 안 된다는 하나의 헌법적 요청(Verfassungspostulat)이다. 즉 이는 규범 상호간의 구조와 내용 등이 모순됨이 없이 체계와 균형을 유지하도록 입법자를 기속하는 헌법적 원리라고 볼 수 있다. 이처럼 규범 상호간의 체계정당성을 요구하는 이유는 입법자의 자의를 금지하여 규범의 명확성, 예측가능성 및 규범에 대한 신뢰와 법적 안정성을 확보하기 위한 것이고 이는 국가공권력에 대한 통제와 이를 통한 국민의 자유와 권리의 보장을 이념으로 하는 법치주의원리로부터 도출되는 것이라고 할 수 있다.

그러나 일반적으로 일정한 공권력작용이 체계정당성에 위반한다고 해서 곧 위헌이 되는 것은 아니다. 즉 체계정당성 위반(Systemwidrigkeit) 자체가 바로 위헌이 되는 것은 아니고 이는 비례의 원칙이나 평등원칙위반 내지 입법의 자의금지위반 등의 위헌성을 시사하는 하나의 징후일 뿐이다. 그러므로 체계정당성 위반은 비례의 원칙이나 평등원칙위반 내지 입법자의 자의금지위반 등 일정한 위헌성을 시사하기는 하지만 아직 위헌은 아니고, 그것이 위헌이 되기 위해서는 결과적으로 비례의 원칙이나 평등의 원칙 등 일정한 헌법의 규정이나 원칙을 위반하여야 한다.

헌재 2005.6.30. 2004헌바40등(병합), 판례집 17-1, 946,962-963

(판 례) 특별법에서 형법 조항과 동일한 구성요건에 대해 법정형만을 높인 경우

심판대상조항은 이 사건 형법조항과 똑같은 구성요건을 규정하면서 법정형의 상한에 '사형'을 추가하고 하한을 2년에서 5년으로 올려놓았다. 이러한 경우 검사는 심판대상조항을 적용하여 기소하는 것이 특별법 우선의 법리에 부합할 것이나, 이 사건 형법조항을 적용하여 기소할 수도 있으므로 어느 법률조항이 적용되는지에 따라 심각한 형의 불균형이 초래된다. 심판대상조항은 이 사건 형법조항의 구성요건 이외에 별도의 가중적 구성요건 표지 없이 법적용을 오로지 검사의 기소재량에만 맡기고 있어 법집행기관 스스로도 혼란을 겪을 수 있고, 수사과정에서 악용될 소지도 있다. 따라서 심판대상조항은 형벌체계상의 균형을 잃은 것이 명백하므로 평등원칙에 위반된다.

헌재 2014.11.27. 2014헌바224등, 판례집 26-2 상, 703

(판 례) 지방공무원의 정당가입 권유행위에 대하여 공직선거법보다 높은 법정형을 규정한 지방공무원법 규정의 위헌 여부

국회 의안정보시스템에 등록되어 있는 의안원문 및 회의록 등에 의하면, 그 당시 국가정보원의 대선개입 사건이 위와 같은 법 개정의 배경이 되었음을 알 수 있다. (……)

공직선거법상 부정선거운동죄(당원이 될 수 없는 공무원이 당내 경선운동을 한 경우에 이를 처벌하는 조항; 저자)는 '3년 이하의 징역 또는 600만원 이하의 벌금에 처한다'라고 규정함으로써 벌금형이 선고될 수 있음에 반하여 (2014. 1. 14. 개정된; 저자) 지방공무원법상의 정치운동죄는 (……) 벌금형의 선고가능성을 배제하고 있다.

공직선거법상 부정선거운동죄는 공무원의 경선운동 행위를 포괄적으로 금지

하고 있음에 반하여, 지방공무원법상 정치운동죄는 제57조 제2항 각 호를 통해 유권자에게 미치는 영향이 상당하거나 구체적 해악이 있다고 판단된 지방공무원의 정치운동 행위를 개별적으로 금지하고 있다. (……) 열거한 행위는 지방공무원처럼 해당 지역사회에 미칠 영향력이 큰 행위자와 결합될 경우 선거의 공정성과 유권자에게 미치는 영향이 상당할 수 있으며, 이 사건과 같은 당내경선에 한정하여 본다면 전체 유권자에 비하여 상대적으로 그 수가 많지 않은 권리당원을 늘리기 위해 정당 가입을 권유하는 행위는 당내경선 및 선거에 미치는 영향이 더 커질 수밖에 없음을 고려하면, 지방공무원법상 정치운동죄가 정하고 있는 구체적 행위에 대해서는 더 엄격한 대처가 필요할 수 있다. (……) 공무원이 선거에서 특정정당 또는 특정인을 지지하기 위하여 타인에게 정당에 가입하도록 권유하는 행위는 '선거에 관한 단순한 의견개진 및 의사표시'의 수준을 넘는 것으로서 선거운동에 해당된다. (……)

결국 포괄적으로 금지된 공무원의 경선운동 중 유권자에게 미치는 영향이 상당하거나 구체적 해악이 있다고 판단된 개별 행위유형을 특정하여 금지한 점, 범죄의 주체를 공무원에 한정함으로 인해 헌법 제7조의 정치적 중립성이 보호법익에 추가된 점, 그로 인해 범죄 피해의 중대성과 사회적 해악성 등 죄질이 가중된 점, 그러한 범죄행위에 대한 국민 일반의 가치관・법감정과 범죄예방을 위한 형사정책적 측면 등을 종합적으로 형량하여, 입법자가 지방공무원법상 정치운동죄에서 벌금형을 삭제하고 징역형과 자격정지형의 병과를 규정함으로써 공직선거법상 부정선거운동죄와 다르게 규정한 것이 현저히 불합리하거나 자의적이어서 형벌체계상의 균형을 상실하였다고 보기 어렵다.

헌재 2021.2.25. 2019헌바58, 공보 293, 405,408-411

헌법재판소는 '특정범죄 가중처벌 등에 관한 법률'상의 상습절도(헌재 2015.2.26. 2014헌가16등) 및 마약류관리에관한법률 상의 수입죄(헌재 2014.4.24. 2011헌바2)에 대하여도 동일한 취지로 위헌을 선언하면서, 인간의 존엄과 가치 및 평등원칙에 반한다고 판시하였다. 또한, 흉기 기타 위험한 물건을 휴대하여 폭행죄, 협박죄, 재물손괴죄를 범한 경우 '폭력행위등 처벌에 관한 법률'이 형법상의 법정형과 비교하여 징역형의 하한을 다같이 1년으로 올리고, 벌금형을 제외한 것도 위헌이라고 보았다(헌재 2015.9.24. 2014헌바154등). 그러나 흉기 기타 위험한 물건을 휴대하여 형법상 상해죄를 범한 사람을 가중처벌하는 '폭력행위등 처벌에 관한 법률' 조항은 형법에 이러한 가중처벌조항이 없기 때문에 책임과 형벌 간의 비례원칙에 위배되지 않는다고 판시했다(헌재 2015.9.24. 2014헌가1).

다음은 체계정당성 위반에 관한 주요 헌법재판소 판례이다.

(위헌결정)

* 동일한 밀수입 예비행위에 대하여 수입하려던 물품의 원가가 2억원 미만인 때에는 관세법이 적용되어 본죄의 2분의 1을 감경한 범위에서 처벌하는 반면, 물품원가가 2억원 이상인 경우에는 본죄에 준하여 가중처벌하도록 한 특정범죄 가중처벌 등에 관한 법률 조항(헌재 2019.2.28. 2016헌가13; 특가법상 마약범 예비에 대한 가중처벌규정이 삭제되고, 조세포탈범 예비죄는 규정이 없으며, 밀수입 예비죄가 내란·내란목적살인·외환유치·여적·살인의 예비죄보다 법정형이 높다는 점을 강조하였다).
* 예비군대원 본인의 부재시 예비군훈련 소집통지서를 수령한 같은 세대 내의 가족 중 성년자가 정당한 사유없이 소집통지서를 본인에게 전달하지 아니한 경우 형사처벌을 하는 예비군법 규정(헌재 2022.5.26. 2019헌가12; 정부의 공적 의무와 책임을 단지 행정사무의 편의를 위하여 개인에게 전가한 것이고, 국가안보의 현실 변화를 외면하였다고 하였다).
* 음주운전 금지규정 위반 또는 음주측정거부 전력이 1회 이상 있는 사람이 다시 음주운전 금지규정 위반행위를 한 경우 2년 이상 5년 이하의 징역이나 1천만 원 이상 2천만 원 이하의 벌금에 처하도록 한 도로교통법 규정(헌재 2022.5.26. 2021헌가30등; 가중요건이 되는 과거의 위반행위와 처벌대상이 되는 재범 음주운전 금지규정 위반행위 사이에 아무런 시간적 제한을 두지 않다는 이유를 들었다. 또한 음주운전 금지규정 위반 전력이 1회 이상 있는 사람이 다시 음주측정거부를 한 경우 2년 이상 5년 이하의 징역이나 1천만 원 이상 2천만 원 이하의 벌금에 처하도록 한 규정도 같은 날 위헌결정을 받았다. 헌재 2022.5.26. 2021헌가32등).
* 위와 같은 내용의 음주운항 재범 가중처벌을 두고 있는 해사안전법 규정(헌재 2022.8.31. 2022헌가10)
* 음주측정거부 전력이 1회 이상 있는 자의 음주운전 가중처벌 조항(헌재 2022.8.31. 2022헌가14)
* 음주측정거부 전력이 1회 이상 있는 자의 음주측정거부 가중처벌 조항(헌재 2022.8.31. 2022헌가18등)
* 주거침입의 기회에 행해진 강제추행 및 준강제추행의 경우에 그 하한을 '징역 5년'에서 '징역 7년'으로 상향 규정한 2020년 개정 성폭력처벌법 규정(헌재 2023.2.23. 2021헌가9등)
* 허위재무제표작성죄와 허위감사보고서작성죄에 대하여 배수벌금을 규정하면서도, '그 위반행위로 얻은 이익 또는 회피한 손실액이 없거나 산정하기 곤란한 경우'에 관한 벌금 상한액을 규정하지 아니한 '주식회사 등의 외부감사에 관한 법률' 제39조 제1항 중 '그 위반행위로 얻은 이익 또는 회피한 손실액의 2배

이상 5배 이하의 벌금'에 관한 부분(헌재 2024.7.18. 2022헌가6; 적용중지 헌법불합치결정).

(합헌결정)

* 주거침입강제추행죄와 주거침입강간죄의 법정형을 동일하게 규정한 성폭력처벌특례법 조항(헌재 2013.7.25. 2012헌바20. 강제추행의 태양이 다양하므로 위헌이라는 5인 재판관의 의견이 다수이나 정족수 미달로 합헌결정; 최근에도 5:4 합헌결정이 있었다. 헌재 2018.4.26. 2017헌바498).
* 유가증권 위조·행사조항에 벌금형을 선택형으로 규정하지 않은 형법 규정(헌재 2013.9.26. 2012헌바275).
* 무신고수입행위에 대해서 관세포탈이 있는지 여부를 불문하고 동일한 법정형으로 처벌하도록 하고, 필요적 몰수·추징을 규정하고 있는 관세법 조항(헌재 2013.10.24. 2012헌바85).
* 특정범죄 가중처벌 등에 관한 법률 중 조세포탈범을 가중처벌 하는 경우 포탈등의 2배 이상 5배 이하에 상당하는 벌금을 필요적으로 병과하도록 한 조항 및 허위 세금계산서 교부 등을 처벌하는 경우 공급가액 등의 합계액에 부가가치세율을 적용하여 계산한 세액의 2배 이상 5배 이하의 벌금을 필요적으로 병과하도록 한 조항(헌재 2015.12.23. 2015헌바244).
* '특정범죄 가중처벌 등에 관한 법률'상 수뢰액이 5천만 원 이상 1억 원 미만인 경우에는 7년 이상의 유기징역에 처하도록 한 조항 및 뇌물죄를 범한 사람에게 수뢰액의 2배 이상 5배 이하의 벌금을 필요적으로 병과하도록 한 조항(헌재 2017.7.27. 2015헌바301).
* 형법이 강도상해죄의 법정형의 하한을 7년 이상의 징역으로 규정하고, 강도치상죄도 동일한 법정형으로 규율하며, 법정형의 하한을 강간치상죄, 인질치상죄 등에 비하여 높게 규정한 것(헌재 2016.9.29. 2014헌바183등).
* 군사기밀탐지·수집죄를 범한 자가 금품이나 이익을 공여하거나 외국인을 위하여 군사기밀을 탐지·수집·누설한 자에 대하여는 그 죄에 해당하는 형의 2분의 1까지 가중처벌하도록 한 군사기밀 보호법 조항(헌재 2018.1.25. 2015헌바367).
* 위험한 물건을 휴대하여 폭행의 죄를 범하여 사람을 상해에 이르게 한 때에는 1년 이상 10년 이하의 징역에 처하도록 규정한 형법 규정(헌재 2018.7.26. 2018헌바5).
* '장사 등에 관한 법률'상의 무허가 분묘 개장죄나 형법상의 사체 등 오욕죄에는 벌금형이 규정되어 있는 반면 형법상의 분묘의 발굴죄의 법정형에는 벌금

형이 없는 것(헌재 2019.2.28. 2017헌가33).

* 특히 위험한 특정 향정신성의약품을 투약하기 위하여 매수하는 경우에도 매도하는 경우와 동일하게 무기 또는 5년 이상의 징역에 처하는 마약류관리법 규정(헌재 2019.2.28. 2016헌바382).
* 일반 향정신성의약품의 교부는 사용과 동일하게 처벌하는 반면, 특히 위험한 특정 향정신성의약품을 교부하는 행위는 향정신성의약품의 제조·수출과 동일하게 무기 또는 5년 이상의 징역에 처하는 마약류관리법 규정(헌재 2019.2.28. 2017헌바229).
* 아동·청소년의 성보호에 관한 법률 중 준강간죄를 범한 사람이 다른 사람을 상해에 이르게 한 때에는 무기징역 또는 7년 이상의 징역에 처하도록 한 조항(헌재 2019.5.30. 2017헌바462).
* 흉기나 그 밖의 위험한 물건을 지닌 채 강제추행죄를 범한 사람이 다른 사람을 상해한 때에 무기징역 또는 10년 이상의 징역에 처하도록 한 성폭력범죄의 처벌 등에 관한 특별법 규정(헌재 2020.3.26. 2018헌바206; 청구인은 특수강간상해죄 보다는 가볍게 처벌받아야 한다고 주장하였다).
* 금융투자상품의 매매, 그 밖의 거래와 관련하여 중요사항에 관하여 거짓의 기재를 한 문서를 사용하여 재산상 이익을 얻고자 하거나 금융투자상품의 매매, 그 밖의 거래를 할 목적이나 시세의 변동을 도모할 목적으로 위계를 사용하는 등의 행위를 한 자를 징역에 처하는 경우 그 위반행위로 얻은 이익 또는 회피한 손실액의 1배 이상 3배 이하에 해당하는 벌금형을 필요적으로 병과하도록 정하고 있는 구 '자본시장과 금융투자업에 관한 법률' 규정(헌재 2020.12.23. 2018헌바230).
* 사람을 공갈하여 재물의 교부를 받거나 재산상의 이익을 취득하여 그 이득액이 5억 원 이상인 경우 가중처벌하는 특정경제범죄가중처벌법 규정(헌재 2021.2.25. 2019헌바128등).
* 아동학대 신고의무자인 초·중등학교 교원이 보호하는 아동에 대하여 아동학대범죄를 범한 때에는 그 죄에 정한 형의 2분의 1까지 가중하도록 한 아동학대범죄처벌법 조항(헌재 2021.3.25. 2018헌바388).
* 정보통신망을 이용하여 거짓사실을 적시하여 명예를 훼손하는 행위를 제한하고 형사처벌하는 경우, 이를 친고죄가 아닌 반의사불벌죄로 규정한 정보통신망법 규정(헌재 2021.4.29. 2018헌바113; 표현의 자유와는 무관하다는 점을 유의하여야 한다).
* 마약류의 종류에 따른 구별 없이 가액만을 기준으로 동일하게 가중처벌하고 있는 특정범죄 가중처벌 등에 관한 법률 규정(헌재 2021.4.29. 2019헌바83).
* 타인의 주거에 침입하여 강제추행죄를 범하고자 하였으나 미수에 그친 사람이

다른 사람을 상해한 때, 그 법정형을 주거침입강간치상죄나 강간치사죄보다 가볍게 정하지 않고 무기징역 또는 10년 이상의 징역에 처하도록 한 성폭력범죄의 처벌 등에 관한 특례법 규정(헌재 2021.5.27. 2018헌바497).

* 무신고 수출입행위에 대한 필요적 몰수·추징을 규정하고, 법인의 경우 법인을 범인으로 보는 관세법 규정(헌재 2021.7.15. 2020헌바201; 법인의 업무와 관련된 무신고 수출입행위는 법인의 관리·감독 형태 등 구조적인 문제로 인하여도 발생할 수 있으므로, 무신고 수출입 업무의 귀속 주체인 법인을 행위자와 동일하게 몰수·추징 대상으로 하여 위반행위의 발생을 방지하고 관련 조항의 규범력을 확보할 필요가 있으며, 법인이 그 위반행위를 방지하기 위하여 주의와 감독을 게을리 하지 아니한 경우에는 몰수·추징 대상에서 제외된다는 점을 이유로 들었다).
* '대마를 수입'한 자를 무기 또는 5년 이상의 징역에 처하도록 규정한 '마약류 관리에 관한 법률' 조항(헌재 2022.3.31. 2019헌바242; 명확성 원칙에도 반하지 않는다고 하였다).
* 군사기지·군사시설에서 군인 상호간의 폭행죄에 반의사불벌에 관한 형법조항의 적용을 배제하고 있는 군형법 규정(헌재 2022.3.31. 2021헌바62등).
* 아동·청소년이 등장하는 아동·청소년성착취물을 배포한 자를 3년 이상의 징역에 처하도록 한 '아동·청소년의 성보호에 관한 법률 규정(헌재 2022.11.24. 2021헌바144)
* 폭력범죄를 목적으로 한 단체 또는 집단의 '구성원으로 활동한 사람'을 사형, 무기 또는 장기 4년 이상의 징역형으로 처벌하도록 한 '폭력행위 등 처벌에 관한 법률' 규정(헌재 2022.12.22. 2019헌바401등)
* 야간주거침입절도미수준강제추행죄의 법정형을 무기징역 또는 7년 이상의 징역으로 정한 성폭력처벌법 규정(헌재 2023.2.23. 2022헌가2; 행위 태양의 다양성이나 불법의 경중의 폭은 주거침입준강제추행죄의 그것만큼 넓지 않다고 하면서 같은 날 선고된 2021헌가9등 사건과 달리 판단하였다)
* 위험한 물건을 휴대하여 상해의 죄를 범한 때에는 1년 이상 10년 이하의 징역에 처하도록 규정한 형법의 특수상해죄 규정(헌재 2023.3.23. 2021헌바424)
* 국내에 도착한 물품을 신고 없이 (밀)반송하는 경우, 반송물품원가가 5억원 이상인 경우 1년 이상의 유기징역에 처하고, 물품원가에 해당하는 벌금을 필요적으로 병과하도록 한 특정범죄 가중처벌 등에 관한 법률 규정(헌재 2023.6.29. 2020헌바177)
* '마약류 관리에 관한 법률' 제2조 제3호 가목에 해당하는 향정신성의약품(오용하거나 남용할 우려가 심하고 의료용으로 쓰이지 아니하며 안전성이 결여되어 있는 것으로서 이를 오용하거나 남용할 경우 심한 신체적 또는 정신적 의존성을 일으키는 약물 또는 이를 함유하는 물질)의 수취행위를 무기 또는 5년 이상의 징역에 처하는 마약

류관리법 규정(헌재 2024.7.18. 2023헌바375).

5. 기본권제한의 정도

기본권의 제한은 국가안전보장, 질서유지, 공공복리를 위하여 "필요한 경우에 한하여" 인정된다. 필요한 경우란, 필요한 만큼의 정도에 한한다는 의미로 풀이할 수 있다.

(1) 비례의 원칙

'필요한 경우'가 무엇인지를 설명하는 가장 포괄적인 원칙이 비례(성)의 원칙이다. 우리 판례에서는 비례의 원칙과 동일한 의미로 **'과잉금지의 원칙'**이라는 용어를 혼용하고 있다. 비례의 원칙은 본래 독일 판례에서 전개되어 온 것으로, 우리 헌법재판소는 이 원칙을 수용하여 광범하게 적용해오고 있다. 판례에 의하면 비례의 원칙은 ① **목적의 정당성**, ② **수단의 적합성**, ③ **피해의 최소성**, ④ **법익의 균형성**으로 구성되며, 이 모두가 충족되어야 합헌으로 인정된다.

(판 례) 과잉금지의 원칙의 내용

과잉금지의 원칙이라는 것은 국가가 국민의 기본권을 제한하는 내용의 입법활동을 함에 있어서, 준수하여야 할 기본원칙 내지 입법활동의 한계를 의미하는 것으로서 국민의 기본권을 제한하려는 입법의 목적이 헌법 및 법률의 체제상 그 정당성이 인정되어야 하고(목적의 정당성), 그 목적의 달성을 위하여 그 방법(조세의 소급우선)이 효과적이고 적절하여야 하며(방법의 적절성), 입법권자가 선택한 기본권 제한(담보물권의 기능상실과 그것에서 비롯되는 사유재산권 침해)의 조치가 입법목적달성을 위하여 설사 적절하다 할지라도 보다 완화된 형태나 방법을 모색함으로써 기본권의 제한은 필요한 최소한도에 그치도록 하여야 하며(피해의 최소성), 그 입법에 의하여 보호하려는 공익과 침해되는 사익을 비교형량할 때 보호되는 공익이 더 커야 한다(법익의 균형성)는 헌법상의 원칙이다. 위와 같은 요건이 충족될 때 국가의 입법작용에 비로소 정당성이 인정되고 그에 따라 국민의 수인(受忍)의무가 생겨나는 것으로서, 이러한 요구는 오늘날 법치국가의 원리에서 당연히 추출되는 확고한 원칙으로서 부동의 위치를 점하고 있으며, 헌법 제37조 제2항에서도 이러한 취지의 규정을 두고 있는 것이다.

헌재 1990.9.3. 89헌가95, 판례집 2, 245,260

첫째, 목적의 정당성이란 헌법 및 법률을 비롯한 법체제 전체에 비추어 정당성이 인정된다는 뜻이다. 법률의 목적은 국가안전보장, 질서유지, 공공복리를 위한 것일 때 정당성이 인정된다. 동성동본금혼, 주민등록을 기준으로 한 재외국민 국정선거권 제한, 복수의사면허자의 복수병원개업 제한, 혼인빙자간음죄, 유신헌법상 대통령 긴급조치, 보험사기법 피의자가 수갑을 찬 채 조사받는 모습 촬영, 대학교수의 노조설립 금지 등은 목적의 정당성이 인정되지 않은 사례다.

위 판례에서는 목적의 정당성을 과잉금지의 원칙, 즉 비례의 원칙의 하나로 포함시키고 있으나, 엄격히 말하면 목적의 정당성을 제외하고 수단의 적합성, 피해의 최소성, 법익의 균형성의 세 가지만을 가리켜 비례의 원칙이라고 부르는 것이 적당하다. 법익의 균형성만을 가리켜 **협의의 비례의 원칙**이라고 부르기도 한다.

둘째, 방법의 적절성이란 일정한 목적 달성에 효과적이라는 것, 즉 목적 달성에 기여하는 방법이라는 점이 그 핵심이다. 목적 달성을 위해 "유일무이한 것일 필요는 없는 것이다"(헌재 1989.12.22. 88헌가13). 헌법재판소는 웹하드사업자로 하여금 불법음란정보 유통·확산 방지를 위한 기술적 조치를 취하도록 명하는 전기통신사업법 조항은 "미흡하기는 하나, 어느 정도 억제·차단되는 것은 분명하므로 그 제한의 실효성이 다소 의심된다는 이유만으로 수단의 적합성을 부정할 수 없다"고 판시하였다(헌재 2018.6.28. 2015헌마545).

셋째, 피해의 최소성이란 일정한 목적을 달성하는 데에 동일하게 효과적인 수단 중에 기본권을 가장 적게 침해하는 수단을 택하여야 한다는 것이다.

(판 례) 피해의 최소성(기부금품모집금지법)

입법자는 공익실현을 위하여 기본권을 제한하는 경우에도 입법목적을 실현하기에 적합한 여러 수단 중에서 되도록 국민의 기본권을 가장 존중하고 기본권을 최소로 침해하는 수단을 선택해야 한다. 기본권을 제한하는 규정은 기본권행사의 '방법'에 관한 규정과 기본권행사의 '여부'에 관한 규정으로 구분할 수 있다. 침해의 최소성의 관점에서, 입법자는 그가 의도하는 공익을 달성하기 위하여 우선 기본권을 보다 적게 제한하는 단계인 기본권행사의 '방법'에 관한 규제로써 공익을 실현할 수 있는가를 시도하고 이러한 방법으로는 공익달성이 어렵다고 판단되는 경우에 비로소 그 다음 단계인 기본권 행사의 '여부'에 관한 규제를 선택해야 한다.

법 제3조에 규정된 모집목적을 충족시키지 못하는 경우에는 기부금품을 모집하고자 하는 자는 기본권을 행사할 수 있는 길이 처음부터 막혀 있다.

따라서 법 제3조에서 허가의 조건으로서 기부금품의 모집목적을 제한하는 것은 기본권행사의 '방법'이 아니라 '여부'에 관한 규제에 해당한다. 그러나 국민의 '재산권보장과 생활안정', 즉 '모집행위에 의한 폐해나 부작용의 방지'라고 하는 법이 달성하려는 공익을 실현하기 위하여 기부금품의 모집행위를 독자적인 법률에 의하여 규율할 필요성이 비록 있다고 하더라도, 규율의 형태에 있어서 모집목적에 관한 제한보다는 기본권의 침해를 적게 가져오는 그 이전의 단계인 모집절차 및 그 방법과 모집된 기부금품의 사용에 대한 통제를 통하여, 즉 기본권행사의 '방법'을 규제함으로써 충분히 입법목적을 달성할 수 있다고 보여진다.

헌재 1998.5.28. 96헌가5, 판례집 10-1, 541,556-557

헌법재판소는 입법자가 택한 수단보다 국민의 기본권을 덜 침해하는 수단이 존재하더라도 그 다른 수단이 효과 측면에서 입법자가 선택한 수단과 동등하거나 유사하다고 단정할 만한 명백한 근거가 없는 이상 침해의 최소성 원칙에 위반된다고 할 수 없다고 한다(헌재 2013.6.27. 2011헌바278). 이는 피해의 최소성 입증에 관하여 위헌을 주장하는 청구인에게 일정한 부담을 지운 것으로 풀이된다.

주목할 것은, 최근의 헌법재판소 판례에서 피해의 최소성 원칙을 적용함에 있어서 기본권의 내용에 따라 이를 완화해야 한다고 보고 있다는 점이다.

(판 례) 피해의 최소성 원칙의 완화(상업광고 규제)

상업광고는 표현의 자유의 보호영역에 속하지만 사상이나 지식에 관한 정치적, 시민적 표현행위와는 차이가 있고, 한편 직업수행의 자유의 보호영역에 속하지만 인격발현과 개성신장에 미치는 효과가 중대한 것은 아니다. 그러므로 상업광고 규제에 관한 비례의 원칙 심사에 있어서 '피해의 최소성' 원칙은 같은 목적을 달성하기 위하여 달리 덜 제약적인 수단이 없을 것인지 혹은 입법목적을 달성하기 위하여 필요한 최소한의 제한인지를 심사하기보다는 '입법목적을 달성하기 위하여 필요한 범위 내의 것인지'를 심사하는 정도로 완화되는 것이 상당하다.

헌재 2005.10.27. 2003헌가3, 판례집 17-2, 189,198

(판 례) 피해의 최소성 원칙의 완화(주민소환제)

입법자는 주민소환제의 형성에 있어 광범위한 입법재량을 갖고 있다고 볼 수 있으나, 앞서 본 바와 같이 대의제의 본질적인 부분을 침해하여 공무담임권을 침해하여서는 아니된다는 한계를 지켜야 하므로, 이를 전제로 이 사건 법률조항이 대의제의 본질적인 부분을 침해하는지와 과잉금지원칙에 위반되어 청구인의 공무담임권을 침해하는지 여부를 살펴보아야 할 것이다.

다만, 과잉금지원칙을 심사하면서 피해의 최소성을 판단함에 있어서는 입법재량의 허용 범위를 고려하여 구체적으로는 '입법자의 판단이 현저하게 잘못되었는가' 하는 명백성의 통제에 그치는 것이 타당하다 할 것이다(헌재 2002.10. 31. 99헌바76등 판례집 14-2, 410,433-438 참조).

헌재 2009.3.26. 2007헌마843, 공보 150, 738,745

위 판례처럼 피해의 최소성 원칙을 탄력적으로 적용해야 한다고 본다면 이는 본래의 의미의 피해의 최소성 원칙과는 다른 것이며, 피해의 최소성이라는 용어도 적절치 않다고 할 것이다. 또한 이 같은 탄력적 의미의 피해의 최소성 원칙은 미국 판례에서 표현의 자유 제한 등에 적용된 '최소 제한적 수단'(the least restrictive means)의 심사기준과는 차이가 있다고 볼 것이다. '최소 제한적 수단'의 심사기준을 적용한 미국 판례에 의하면, 예컨대 교사들에게 자신이 가입한 모든 단체를 공개하도록 요구하는 것은 위헌이라고 보았다. 교사직의 적절한 수행과 무관한 개인적인 단체들까지 그 공개를 요구할 필요는 없으므로 덜 제한적인 수단이 남아 있다는 것이다(*Shelton v. Tucker*, 1960).

이처럼 피해의 최소성 원칙을 엄격한 심사와 완화된 심사로 구분하여 적용한다면 이는 곧 우리 헌법재판소가 뒤에서 보는 '이중기준의 원칙'을 채택함을 의미한다.

넷째, 법익의 균형성이란 입법에 의해 보호받는 공익과 입법에 의해 침해되는 사익을 비교하여 공익이 더 크다는 의미이다. 기본권 제한의 경우에 대립하는 이익은 공익과 사익이다. 비례의 원칙, 특히 법익의 균형성은 기본권 제한만이 아니라, 널리 법적 판단 전반에 채택되는 원칙이며, 기본권 외의 헌법적 문제(예컨대 권력분립에 관한 문제)에서 비례의 원칙을 적용하는 경우에는 공익과 공익의 비교형량이 문제되는 경우가 생길 것이다.

일반적으로 말하면 비례의 원칙을 구성하는 네 개의 요소, 즉 목적의 정당성, 방법의 적절성, 피해의 최소성 및 법익의 균형성 가운데 목적의 정당성 또는 방법의 적절성이 결여된 입법은 실제로 드물 것이다. 기본권제한의 입법에 대한 합헌성 심사에 있어서 실제로 중요한 것은 피해의 최소성과 법익의 균형성이다. 이 중에서 피해의 최소성에 관한 판단은 사실에 관한 판단인데 비해 법익의 균형성에 관한 판단은 본질적으로 가치판단의 성격을 가진다. 이렇게 보면 가장 결정적인 심사기준은 법익의 균형성, 즉 입법에 의해 보호하려는 공익과 침해되는 사익을 비교형량하여 공익이 더 커야 한다는 기준이라고 할 것이다.

실제 우리나라 헌법재판소 결정들을 보면, 법익의 균형성에 관한 판단에서 그 논거가 매우 불충실한 예가 적지 않음을 볼 수 있다. 가장 중요한 판단사항에서 그 논거가 가장 부실하다면 이것은 매우 중대한 문제점이다. 일례로 낙태죄 합헌결정을 보기로 하자. 이 결정의 다수의견에서 법익의 균형성 부분에 관한 결정문 전문은 아래와 같다.

> "자기낙태죄 조항으로 말미암아 임부의 자기결정권이 제한되는 것은 사실이나, 그 제한의 정도가 자기낙태죄 조항을 통하여 달성하려는 태아의 생명권 보호라는 공익에 비하여 결코 중하다고 볼 수 없다. 비록 자기낙태죄 조항이 낙태 근절에 큰 기여를 하지 못한다고 하더라도 이 조항이 존재함으로 인한 위축효과 및 이 조항이 없어질 경우 발생할지도 모를 인명경시풍조 등을 고려하여 보면, 자기낙태죄 조항으로 달성하려는 공익이 결코 가볍다고 할 수 없다. 따라서 자기낙태죄 조항으로 달성하려는 공익과 제한되는 사익 사이에 법익균형성도 충족된다"(헌재 2012.8.23. 2010헌바402, 판례집 24-2 상, 471,482).

위의 다수의견은 태아의 생명권 보호라는 공익과 임부의 자기결정권이라는 사익 사이의 비교형량에서 공익이 크다는 결론을 내리고 있다. 그 논거로 제시하고 있는 것은 "비록 자기낙태죄 조항이 낙태 근절에 큰 기여를 하지 못한다고 하더라도 이 조항이 존재함으로 인한 위축효과 및 이 조항이 없어질 경우 발생할지도 모를 인명경시풍조 등을 고려하여 보면, … "이라는 반쪽자리 문장이 전부이다. 우선 지적할 것은 여기에서 '비교'는 보이지 않는다. 공익의 내용을 짧게 설명하고 있을 뿐이며, 그것이 사익에 비해 크다는 결론의 논거는 한 줄도 찾아볼 수 없다(이 결정의 비판에 관한 상세한 내용은 다음을 참조. 졸저, 《법 앞에 불평등한가? 왜? : 법철학 · 법사회학 산책》, 2015, 법문사, 255-257).

한편, 법익의 균형성 또는 비례의 원칙 전반에 관련하여 생각해 보아야 할 근본적인 이론적 문제가 있다. 개인이 가지는 기본권은 다수결에 의해서도 침해할 수 없다는 것이 기본권 관념의 핵심적 의미이다. 어떤 권리가 헌법상 기본권으로 인정된다는 것은 공동체의 다수의사에 의해서도 침해하지 못한다는 뜻이다. 그렇기 때문에 국회에서 다수결에 따라 의결된 법률이라도 헌법상 기본권을 침해해서는 안 되고, 만일 침해하는 경우에는 헌법재판에 의한 위헌결정으로 이것을 무효로 할 수 있는 것이다. 그렇다면 기본권 제한의 합헌성 여부를 다루는 헌법재판에서 관련 공익이 개인의 사익보다 크다는 것만으로(설사 그 객관적 판단이 가능하다고 하더라도) 합헌이라고 볼 수 있는가?

이 문제는 기본권을 침해하는 경우에도 기본권의 본질적 내용을 침해할 수 없다는 헌법조항(제37조 제2항 후단)의 해석과 관련된다. 뒤에서 보는 것처럼 기본권의 본질적 내용의 침해 금지가 결국 비례의 원칙과 다르지 않다고 볼 수밖에 없다면, 궁극적으로 기본권 제한의 문제는 비례의 원칙, 특히 법익의 균형성 문제로 귀결된다.

다른 한편, 비례의 원칙에 대한 근본적이고 궁극적인 문제점을 간과해서는 안 된다. 그것은 서로 대립하는 이익의 비교형량이 과연 객관적으로 이루어질 수 있는가의 문제이다(이 문제에 관해서는 뒤의 'IV. 궁극적인 합헌성 심사기준으로서의 이익형량의 원칙' 참조).

아래에서 헌법재판소의 2023년 결정을 통해 비례의 원칙의 적용 실례를 보기로 한다.

(판 례) 국가보안법 제2조 제1항 등 위헌소원(국가보안법상 이적행위 및 이적표현물 제작행위 등 처벌규정에 관한 사건)

주 문

(……) 국가보안법(1991. 5. 31. 법률 제4373호로 개정된 것) 제7조 제1항 중 '찬양·고무·선전 또는 이에 동조한 자'에 관한 부분과 제7조 제5항 중 '제1항 가운데 찬양·고무·선전 또는 이에 동조할 목적으로 제작·소지·운반·반포 또는 취득한 자'에 관한 부분은 모두 헌법에 위반되지 아니한다.

이 유

(……) [심판대상조항] 국가보안법(1991. 5. 31. 법률 제4373호로 개정된 것)

(……) 제7조(찬양·고무 등) ① 국가의 존립·안전이나 자유민주적 기본질서를 위태롭게 한다는 정을 알면서 반국가단체나 그 구성원 또는 그 지령을 받은 자의 활동을 찬양·고무·선전 또는 이에 동조하거나 국가변란을 선전·선동한 자는 7년 이하의 징역에 처한다.

③ 제1항의 행위를 목적으로 하는 단체를 구성하거나 이에 가입한 자는 1년 이상의 유기징역에 처한다.

⑤ 제1항·제3항 또는 제4항의 행위를 할 목적으로 문서·도화 기타의 표현물을 제작·수입·복사·소지·운반·반포·판매 또는 취득한 자는 그 각 항에 정한 형에 처한다. (……)

5. 재판관 이은애, 재판관 이종석, 재판관 이영진, 재판관 김형두의 이적행위조항 및 이적표현물조항에 대한 합헌의견

가. 헌법재판소의 선례

(1) 헌법재판소는 2015. 4. 30. 2012헌바95등 결정에서 다음과 같은 이유로 이적행위조항이 죄형법정주의의 명확성원칙에 위배되지 아니하고, 과잉금지원칙에 위배되지 아니하여 표현의 자유를 침해하지 않는다고 판단하였다.

『(……) (나) 표현의 자유 침해 여부

(……) 2) 침해의 최소성

1991. 5. 31. 법률 제4373호로 이적행위조항이 개정되어 "국가의 존립 · 안전이나 자유민주적 기본질서를 위태롭게 한다는 정을 알면서"라는 주관적 구성요건이 추가됨으로써, 국가의 존립 · 안전이나 자유민주적 기본질서에 실질적 해악을 미칠 위험성이 명백한 행위만이 이적행위조항의 처벌대상에 포함됨이 명백해졌으므로, 이적행위조항이 단순히 정부의 정책에 반대하거나 제도개혁을 주장한다는 이유만으로 행위자를 처벌하는 수단으로 악용될 가능성은 거의 없다. (……) 가변적인 남북관계에는 항상 잠재적인 위험이 존재하고 있음을 고려할 때, 이적행위조항이 처벌대상으로 삼고 있는 반국가단체 등에 대한 '찬양', '고무', '선전', '동조' 등의 행위는 모두 국가의 안전이나 존립에 위협을 가하는 도화선이 될 수 있어 어느 하나 그 실질적 위험성이 작다고 단정할 수 없다. 따라서 이적행위조항은 침해의 최소성을 갖춘 것이다.

3) 법익의 균형성

이적행위조항을 통하여 달성하고자 하는 국가의 존립과 안전, 국민의 생존과 자유라는 중대하고 긴요한 공익에 비하여, 개인이 국가의 존립 · 안전이나 자유민주적 기본질서에 실질적 해악을 미칠 명백한 위험성이 있는 찬양 · 고무 · 선전 · 동조행위를 할 수 없게 됨으로써 제한받는 사익이 결코 크다고 할 수 없으므로, 이적행위조항은 법익의 균형성에도 반하지 아니한다. (……)』

나. 선례 변경의 필요성 인정 여부 (……)

(2) 한반도를 둘러싼 국제정세 및 북한과의 관계

(……) 한반도를 둘러싼 지정학적 위험은 여전히 존재하고, 북한으로 인한 대한민국의 체제 존립의 위협은 현재 한반도를 살아가는 우리 대한국민이 직면하고 있는 엄연한 현실인바, 북한을 반국가단체로 보아 온 전통적 입장을 변경하여야 할 만큼 국제정세나 북한과의 관계에 있어 본질적인 변화가 있다고 볼 수 없다. (……)

(4) 과잉금지원칙 위배 여부에 대한 판단

(가) 앞서 본 바와 같이 1991. 5. 31. 법률 제4373호로 국가보안법이 개정되

면서 “이를 확대해석하거나 헌법상 보장된 국민의 기본적 인권을 부당하게 제한하는 일이 있어서는 아니된다”라고 국가보안법의 해석원리를 밝힌 제1조 제2항이 신설되었으며, 이적행위조항에 “국가의 존립·안전이나 자유민주적 기본질서를 위태롭게 한다는 정을 알면서”라는 주관적 구성요건이 추가되었으므로, 이적행위조항 및 이적표현물조항을 포함한 국가보안법 제7조는 법문 자체에 의해 이미 그 적용 범위가 축소되었다.

또한 헌법재판소는 ‘국가의 존립·안전이나 자유민주적 기본질서를 위태롭게 한다’는 것은 단순히 제도에 대한 문제제기나 대안의 제시, 집권세력에 대한 비판이 아니라 대한민국의 존립을 위협, 침해하고 영토를 침략하며 헌법과 법률의 기능 및 헌법기관을 파괴·마비시키거나, 기본적 인권의 존중, 권력분립, 의회제도, 복수정당제도, 선거제도, 사유재산과 시장경제를 골간으로 한 경제질서 및 사법권의 독립 등 우리의 내부 체제를 파괴·변혁시키는 행위(헌재 1990.4.2. 89헌가113; 헌재 2015.4.30. 2012헌바95등 참조)를 뜻한다고 하여 그 의미를 엄격하게 새겨왔고, 대법원 역시 국가보안법 제7조는 국가의 존립·안전이나 자유민주적 기본질서에 실질적 해악을 미칠 명백한 위험성이 있는 경우에 한하여 제한적으로 적용되어야 한다는 해석원리를 채택한 이후, 현재까지 이를 확고하게 적용해 오고 있다(대법원 1999.10.8. 선고 99도2437 판결; 대법원 2008.4.17. 선고 2003도758 전원합의체 판결; 대법원 2020.1.9. 선고 2016도2195 판결 등 참조). (……)

(나) (……) 국가의 존립·안전이나 자유민주적 기본질서에 실질적 해악을 미칠 위험성이 있는 표현이라고 할지라도 위험이 현존하지 아니하는 단계에서는 일단 그 유통을 허용하되 정치적 공론의 장에서의 자유로운 경쟁을 통해 견제될 수 있도록 하여야 한다는 것은 고전적 자유관에 따른 견해라고 할 수 있다. 그러나 북한과 이념적으로 대립한 채 체제 전복의 위협에 노출되어 있는 우리 대한민국의 특수한 상황에서는 이를 받아들이기 어렵다. (……)

(라) 일부 청구인들 및 제청법원은 이적표현물조항이 소지·취득행위까지 처벌하도록 정하고 있는 것이 과잉금지원칙에 위배된다는 취지로도 주장한다. 그러나 이미 살펴본 바와 같이, 이적표현물조항은 국가의 존립·안전이나 자유민주적 기본질서에 실질적 해악을 미칠 명백한 위험성이 있는 경우에 한하여 적용되며, 행위자가 표현물의 이적성을 인식하는 것에 더 나아가 이적행위를 할 목적이 있었음이 인정되어야만 처벌대상이 된다. 이러한 엄격하고 제한적인 해석은 법적용 및 집행의 과정에서 이미 정착되어, (……) 더 이상 이적표현물조항 중 ‘소지·취득’에 관한 부분이 표현물의 소지나 취득만을 빌미로 행위자의 과거의 전력이나 평소의 행적을 통해 추단되는 이념적 성향에 대한 처벌

수단으로 이용되거나, 정책에 반대하는 사람이나 소수자를 탄압하는 수단으로 악용될 위험성도 희박하다. (……) 나아가 국가의 안보와 관련된 일정한 형태의 표현물의 소지행위를 형사처벌의 대상으로 삼고 있는 입법례도 드물지 않다. 예컨대, 독일은 형법 제86조에서 그 내용이 자유민주적 기본질서 및 국제적 이해와 합의에 반하는 위헌조직 선전물을 국내에 반포하거나, 반포할 목적으로 국내 또는 국외에서 제조 · 보관 · 반입 또는 반출하거나 공연히 전자기록을 통하여 그 접근을 용이하게 한 자를 처벌하도록 규정함으로써, 이적표현물조항의 '소지'와 유사한 행위태양인 '보관(vorrätig hält)'행위를 처벌하고 있다. (……)

(마) (……) 각국의 안보형사법은 고유한 헌법, 규제 대상의 성격, 각국의 상황에 따라 고유한 모습과 함의를 가지고 있으므로, 이를 일률적으로 비교할 수는 없다. (……)

(바) 이상에서 본 바와 같이, 법적용기관이 이적행위조항이나 이적표현물조항의 규범력이 미치는 범위를 필요 최소한으로 제한함으로써 남용의 가능성을 배제해 나가고 있고, 정보사회의 발달로 인해 이적표현물의 소지 · 취득행위를 규제할 필요성은 오히려 선례 결정 당시보다 더욱 커졌다고도 볼 수 있는 점 등을 고려한다면, 이적행위조항 및 이적표현물조항이 과잉금지원칙에 위배되지 아니한다고 판단한 선례를 변경할 만한 규범이나 사실상태의 변경이 있다고 볼 수 없다. (……)

6. 재판관 유남석, 재판관 정정미의 이적행위조항 및 이적표현물조항 중 '제작 · 운반 · 반포한 자'에 관한 부분에 대한 합헌의견 및 이적표현물조항 중 '소지 · 취득한 자'에 관한 부분에 대한 위헌의견

(……) 나. 다만, 이적표현물조항 중 '소지 · 취득한 자'에 관한 부분(이하 '이적표현물 소지 · 취득조항'이라 한다)은 다음과 같은 이유로 헌법에 위반된다고 생각한다. (……)

(2) 침해의 최소성 (……)

(나) (……) 단순한 이적표현물의 소지 · 취득행위는 그 자체로는 지극히 사적인 내심의 영역에서 양심을 형성하고 양심상의 결정을 내리는 과정에서 지식정보를 습득하거나 보관하는 행위에 불과하다. 이러한 양심형성의 자유는 외부의 간섭과 강제로부터 절대적으로 보호되는 기본권이므로(헌재 2004.8.26. 2002헌가1 참조), 이적표현물의 소지 · 취득행위가 반포나 판매로 이어지거나 이를 통해 형성된 양심적 결정이 외부로 표현되고 실현되지 아니한 단계에서는 이를 처벌하는 것은 허용되지 아니한다. (……)

(다) 이적표현물의 제작 · 운반 · 반포행위가 해당 표현물의 이적 내용에 대한

대외적 전파나 그 가능성을 수반하는 것과 달리, 이적표현물의 소지·취득행위는 그 자체로는 대외적 전파가능성을 수반하지 아니하므로 그 행위만으로 국가의 존립과 안전에 어떠한 위해를 가할 가능성이 있다고 보기 어렵다. (……)

(마) 외국의 입법례를 살펴보더라도, 이적표현물을 소지 또는 취득했다는 이유만으로 형사처벌의 대상으로 삼는 경우를 발견하기 어렵다. 일본은 파괴활동방지법에서 '내란·외환죄'를 목적으로 그 실행의 정당성 또는 필요성을 주장하는 '문서 또는 도화'를 '인쇄·반포 또는 공연히 게시'한 경우를 처벌하도록 규정(제38조 제2항 제2호)하면서, 그 목적을 내란과 외환의 죄를 범할 목적으로 국한하고, 처벌되는 행위태양에서 소지와 취득을 제외하고 있다. (……)

(바) 이처럼 이적표현물 소지·취득조항은 개인의 양심과 사상 형성의 필수적 전제가 되는 지식정보의 취득행위를 처벌대상으로 삼음으로써 사상의 자유와 양심의 자유를 필요 이상으로 제한하고 있고, 이적표현물의 제작, 운반, 반포 등과 같이 직접적인 전파 유통행위를 처벌하는 것만으로도 이적표현물의 전파를 신속하게 차단하여 국가의 존립·안전과 국민의 생존 및 자유를 충분히 보호할 수 있으므로 침해의 최소성 요건을 갖추지 못한 것이다.

(3) 법익의 균형성

이적표현물 소지·취득조항이 실현하고자 하는 공익은 국가의 안전 및 국민의 생존 및 자유라는 매우 중요한 공익임이 분명하지만, 대외적 전파가능성을 수반하지 아니하는 소지·취득행위를 처벌함으로써 위와 같은 공익이 얼마나 확보될 것인지 의문이다. 반면, 이적표현물 소지·취득조항과 같은 규제에 의하여 일정한 관점의 표현물에 대한 접근 자체를 차단하는 것은 사상의 자유 내지 양심의 자유에 대한 중대한 규제로 그 자체로 헌법상 용인되기 어렵다.

결국 이적표현물 소지·취득조항으로 기본권이 제한됨으로써 발생하는 불이익은 위 조항이 달성하려는 공익보다 결코 더 작다고 할 수 없으므로, 이적표현물 소지·취득조항은 법익의 균형성 요건도 충족하지 못한 것이다.

(4) 소결

그렇다면 이적표현물 소지·취득조항은 과잉금지원칙에 위반하여 양심의 자유 내지는 사상의 자유를 침해하는 것으로 헌법에 위반된다.

7. 재판관 김기영, 재판관 문형배, 재판관 이미선의 이적행위조항 및 이적표현물조항에 대한 위헌의견

(……) 표현과 사상 내지 양심에 대한 국가의 개입은 자율적이고 민주적인 논쟁의 과정 속에서 해당 표현과 사상으로 인한 위험성이 해소되지 않을 뿐 아니라 그로 인한 위험성이 우리 사회의 민주주의에 급박하고 중대한 위협으로 부상할 때에만 최후적이고 보충적으로 이루어져야 한다. (……) 표현의 자유를

헌법 제37조 제2항 소정의 과잉금지원칙에 의하여 제한하는 경우, 표현의 '방법'만을 규제하는 것은 합리적인 공익상의 이유로 폭넓은 제한이 가능한 것과 달리, 표현의 '내용' 내지 '주제'에 관한 규제는 원칙적으로 중대한 공익의 실현을 위하여 불가피한 경우에 한하여 엄격한 요건하에서 허용되어야 한다(헌재 2002.12.18. 2000헌마764; 헌재 2008.1.17. 2007헌마700 등 참조).

(……) 이적행위조항은 반국가단체나 그 구성원 등의 활동에 대한 찬양·고무·선전·동조 행위에 대하여 적극적으로 대처하고 이를 척결하여 국가의 안전과 존립, 자유민주적 기본질서를 보장하기 위한 것으로 그 입법목적이 정당하다. 또한, 반국가단체 등의 활동을 찬양·고무·선전·동조하는 행위를 형사처벌하는 것은 이러한 목적을 달성하는 효과적인 방법이므로 수단의 적합성도 인정된다. (……)

이적행위조항은 국가의 존립·안전이나 자유민주적 기본질서에 실질적 해악을 끼칠 명백하고 현존하는 위험이 있다고 볼 수 없는 행위까지 처벌함으로써 표현의 자유와 양심의 자유, 사상의 자유를 과도하게 제한하고 있으므로, 침해의 최소성을 갖추지 못하였다. (……)

결국 이적행위조항으로 인한 표현의 자유, 양심의 자유 내지 사상의 자유에 대한 제한은 매우 중대하고 실질적이며, 국가의 존립과 안전, 자유민주적 기본질서의 보장이라는 공익 달성을 위해 필요한 최소한의 범위를 넘어섰다고 할 것인바, 이로 인한 불이익이 달성하고자 하는 공익에 비해 결코 더 작다고 할 수 없으므로 법익의 균형성 역시 인정되지 아니한다.

따라서 이적행위조항은 과잉금지원칙에 반하여 표현의 자유 및 양심의 자유 내지 사상의 자유를 침해하므로 헌법에 위반된다. (……)

8. 결론

(……) 위헌결정을 위한 심판정족수에는 이르지 못하여 합헌을 선고할 수밖에 없으므로, 주문과 같이 결정한다.

헌재 2023.9.26. 2017헌바42등, 판례집 35-2, 269,276-322

위 결정은 국가보안법 제7조의 찬양, 동조 및 이적표현물 소지죄와 관련하여 처음으로 위헌의견이 다수였다는 점에서 주목된다. 합헌의견 역시 위 국가보안법 조항이 적용되지 않는 영역, 즉 한정위헌으로 해석되는 영역을 구체화하였다는 점에서는 의의가 있다. 다만 위 결정 이후의 '헌재 2024.2.2. 2023헌바381'결정에서는 위 조항에 대하여 5:4로 합헌결정을 하였다.

법원이 비례의 원칙을 적용한 예는 다음과 같다.

(판 례) 비례의 원칙과 전자정보에 대한 수사기관의 압수·수색

전자정보에 대한 수사기관의 압수·수색은 사생활의 비밀과 자유, 정보에 대한 자기결정권, 재산권 등을 침해할 우려가 크므로 포괄적으로 이루어져서는 안 되고, 비례의 원칙에 따라 수사의 목적상 필요한 최소한의 범위 내에서 이루어져야 한다. 수사기관의 전자정보에 대한 압수·수색은 원칙적으로 영장 발부의 사유로 된 범죄혐의사실과 관련된 부분만을 문서 출력물로 수집하거나 수사기관이 휴대한 정보저장매체에 해당 파일을 복제하는 방식으로 이루어져야 하고, 정보저장매체 자체를 직접 반출하거나 저장매체에 들어 있는 전자파일 전부를 하드카피나 이미징 등 형태(이하 '복제본'이라 한다)로 수사기관 사무실 등 외부로 반출하는 방식으로 압수·수색하는 것은 현장의 사정이나 전자정보의 대량성으로 인하여 관련 정보 획득에 긴 시간이 소요되거나 전문 인력에 의한 기술적 조치가 필요한 경우 등 범위를 정하여 출력 또는 복제하는 방법이 불가능하거나 압수의 목적을 달성하기에 현저히 곤란하다고 인정되는 때에 한하여 예외적으로 허용될 수 있을 뿐이다(대법원 2015.7.16.자 2011모1839 전원합의체 결정 등 참조).

대판(전합) 2021.11.18. 2016도348

(2) 이중기준의 원칙

비례의 원칙은 기본권 전반에 적용되는 포괄적인 원칙인데, 이 원칙의 틀을 수용하되 기본권의 내용, 성격의 차이에 따라 비례의 원칙을 더 세분화하는 시도가 필요하다. 여기에 참조할 것으로 이중기준(double standard)의 원칙이 있다. 이 원칙은 1930년대 뉴딜시대 이래 미국 판례에서 형성된 것이다.

이중기준의 원칙이란 위헌심사에 있어서 심사기준을 둘로 나누어 적용해야 한다는 것이다. 즉 기본권의 목록 가운데 정신적 자유와 경제적 자유를 구별하여, 전자의 제한에 대해서는 후자의 경우보다 더 엄격한 기준을 적용해야 한다는 원칙이다. 그 근거로서는 표현의 자유를 비롯한 정신적 자유는 민주정치의 과정에서 불가결하기 때문이라고 한다. 또한 이 원칙은 경제적 자유의 제한에 광범한 입법재량을 허용하는 것으로, 자유방임적 자본주의로부터 수정자본주의에로의 전환을 사법심사에 반영한 원칙이다.

경제적 자유의 제한에 대해서는 단순한 '합리성의 심사'(rationality test)기준을 적용한다. 이에 따르면 제한의 목적이 정당하고 그 수단과 정도가 그 목적과 합리적 관련성을 가지면 합헌이라고 판단한다. 이와 달리 정신활동이나 표현의 내용에 관한

제한에 대해서는 '엄격 심사'(strict scrutiny)의 기준이 적용된다. 이에 따르면 제한의 목적이 단순한 정당성을 넘어서 긴절(compelling)해야 하고, 그 수단, 정도가 단순한 합리적 관련성을 넘어 반드시 필요한(necessary) 것이어야 한다.

근래에는 심사기준이 세분되어 위의 두 기준 사이에 '중간 심사'(intermediate scrutiny)의 기준이 등장하고 있다. 더 나아가 심사기준을 개별적 경우마다 더욱 세분화하는 '연동(連動) 척도'(sliding scale)의 기준이 제시되고 있다.

우리 헌법재판소 판례에서도 심사기준을 차별화하여 경제규제 입법에 대해서는 완화된 심사기준이 적용된다고 본 예가 있다.

(판 례) 경제사회적 입법에 대한 완화된 심사기준 적용

헌법 제10조, 제15조 및 제23조에서 보장되는 계약의 자유, 경영의 자유 및 재산권도 다른 기본권과 마찬가지로 공익을 이유로 제한될 수 있지만, 이 경우에도 이러한 기본권이 공익의 실현을 위하여 필요한 정도를 넘어 과도하게 제한되어서는 아니 된다는 비례의 원칙이 준수되어야 한다(헌법 제37조 제2항).

그런데 이 사건은 청구인의 영업시설인 전기간선시설의 설치비용을 누구에게, 어느 정도로 부담시킬 것인지의 문제로서 개인의 본질적이고 핵심적 자유영역에 속하는 사항이라기보다는 사회적 연관관계에 놓여지는 경제적 활동을 규제하는 경제사회적인 입법사항에 해당하므로 비례의 원칙을 적용함에 있어서도 보다 완화된 심사기준이 적용된다고 할 것이다(헌재 2002.10.31. 99헌바76등, 판례집 14-2, 410,433 등 참조).

헌재 2005.2.24. 2001헌바71, 판례집 17-1, 196,208

비례의 원칙을 적용함에 있어서 완화된 심사기준을 적용하는 경우에 특히 중요한 의미를 갖는 것은 피해의 최소성 원칙이다. 미국 판례상 이중기준의 원칙에 따르면 경제적 자유의 제한에 대해서는 단순한 합리성 심사가 적용되는데, 단순한 합리성 심사에서는 (비례의 원칙상의 용어를 빌리면) 방법의 적절성이 요구될 뿐, 본래의 엄격한 의미의 피해의 최소성까지 요구하지는 않는다. 즉 경제적 자유의 제한에 있어서 광범한 입법재량이 인정되고 있는 것이다. 그런데 앞에서 본 것처럼, 최근의 우리 헌법재판소 판례에서도 피해의 최소성 원칙을 적용함에 있어서 상업광고 규제와 같은 경우에 완화된 심사기준을 적용해야 한다고 판시하고 있다. 즉 "입법목적을 달성하기 위하여 필요한 최소한의 제한인지를 심사하기보다는 '입법목적을 달성하기 위하여 필요한 범위 내의 것인지'를 심사"해야 한다고 보고 있다(헌재 2005.10.27. 2003

헌가3).

헌법재판소는 최근에 '심사의 강도(强度)를 완화'한다는 표현을 쓰고 있다.

(판 례) 조세, 재산권 입법에 대한 비례심사의 강도

조세 관련 법률의 목적이나 내용은 기본권 보장의 헌법이념과 이를 뒷받침하는 과잉금지원칙 등 헌법상 제반 원칙에 합치되어야 하고, 과잉금지원칙 등에 어긋나 국민의 재산권을 침해하여서는 아니 된다. 다만, 오늘날에 있어서 조세는 국가의 재정수요를 충족시킨다고 하는 본래의 기능 외에도 소득의 재분배, 자원의 적정배분, 경기의 조정 등 여러 가지 기능을 가지고 있으므로, 국민의 조세부담을 정함에 있어서 재정·경제·사회정책 등 국정전반에 걸친 종합적인 정책판단을 필요로 하고, 소득 성질의 차이 등을 이유로 하여 그 취급을 달리하는 것은 입법자가 소득세제 전반 또는 입법목적 기타 여러 가지 경제상황을 고려하여 결정할 수 있다는 점에서 비례심사의 강도는 완화될 필요가 있다(헌재 2011.10.25. 2010헌바21등 참조).

헌재 2018.6.28. 2016헌바347 등, 공보 261, 1093,1097

이것은 곧 미국 판례에서와 같은 이중기준의 원칙을 우리 헌법재판소 판례에서도 채택하고 있음을 가리키는 것이다.

나아가 재산권을 제한하는 경우에도 시혜적 성격이 강한 경우에는 현저성 또는 명백성 기준을 적용하기도 한다.

(판 례) 농업법인이 감면받은 취득세의 추징을 규정한 지방세특례제한법 조항의 위헌 여부

이 사건의 쟁점은, 농업법인이 취득한 부동산을 공익사업 등에 따라 매각하거나 다른 용도로 사용하도록 한 경우에도 감면받은 취득세를 추징하도록 규정한 심판대상조항이 청구인의 재산권을 침해하여 헌법에 위반되는지 여부이다. (……)특히 농업법인의 취득세 감면 등을 규정하고 있는 구 지방세특례제한법 제11조는 과세요건이 이미 성립한 세금에 대하여 농업법인의 기업적 농업경영을 장려하기 위하여 일종의 세제상의 지원을 하는 것이므로, 이에 대한 세금 추징의 범위를 정하는 심판대상조항은 입법자에게 광범위한 형성의 자유가 존재하는 정책적 영역에 해당한다. 따라서 심판대상조항이 청구인의 재산권을 침해하는지 여부에 대해서는 그 내용이 현저하게 합리성을 결여한 것인지 여부에 따라 이를 판단한다(헌재 2018.1.25. 2015헌바277 참조).

헌재 2018.2.22. 2016헌바420, 판례집 30-1 상, 298,302-303

헌법재판소는 최저임금의 적용을 위한 비교대상 임금의 산입 방법 등에 관한 입법자의 판단도 현저히 합리성을 결여한 것이라고 볼 수 없는 한 합헌이라고 한다(헌재 2023.2.23. 2020헌바11등). 헌법재판소는 이 결정에서 "대안들이 심판대상조항과 입법목적을 같은 정도로 달성하면서도 택시운송사업자들의 기본권을 덜 제한하는 것으로 볼 수는 없으므로" 침해의 최소성을 충족한다고 하였다. 입증책임의 전환을 의미하는 것인지는 분명하지 않다.

(3) 입법적 사실인정에 관한 입증책임

기본권을 제한하는 입법에 있어서 입법자는 일정한 경험적 사실의 인정에 기초하며, 입법을 통한 일정한 효과를 예측하게 된다. 기본권제한 법률의 위헌 여부를 심사하는 데 있어서 이러한 입법적 사실인정이나 효과예측 판단에 관한 입증책임은 누가 부담하는가. 즉 사실인정에 관한 불확실성이 있을 때 그 부담은 입법자가 지는가 또는 국민이 지는가. 일반적으로 법률의 합헌성추정이 원칙이지만 기본권제한 법률에 있어서 기본권의 영역에 따라서는 합헌추정이 배제된다는 주장이 있다. 헌법재판소 판례에 의하면 "개인의 핵심적 자유영역(생명권, 신체의 자유, 직업선택의 자유 등)을 침해하는 경우", 입법자가 입증책임을 진다고 한다.

(판 례) 입법적 사실인정에 관한 입증책임(구의료보험법상 요양기관 강제지정제)

기본권을 제한하는 법률의 위헌성여부가 미래에 나타날 법률 효과에 달려 있다면, 헌법재판소가 과연 어느 정도로 이에 관한 입법자의 예측판단을 심사할 수 있으며, 입법자의 불확실한 예측판단을 자신의 예측판단으로 대체할 수 있는 것일까?

법률이 제정되면 미래에 있어서 작용하고 효과를 발생시키므로, 입법자는 법률의 형태로써 정치적 결정을 내리는 과정에서 법률과 법현실과의 관계에 관한 일정한 예측으로부터 출발한다. 그러나 이러한 예측판단에는 항상 불확실한 요소가 내재되어 있다.

따라서 헌법재판소의 규범심사과정에서 결정의 전제가 되는 중요한 사실관계가 밝혀지지 않는다든지 특히 법률의 효과가 예측되기 어렵다면, 이러한 불확실성이 공익실현을 위하여 국민의 기본권을 침해하는 입법자와 기본권을 침해당하는 국민 중에서 누구의 부담으로 돌아가야 하는가 하는 문제가 제기된다. 법률이 개인의 핵심적 자유영역(생명권, 신체의 자유, 직업선택의 자유 등)을 침해하는 경우 이러한 자유에 대한 보호는 더욱 강화되어야 하므로, 입법자는 입법의 동기가 된 구체적 위험이나 공익의 존재 및 법률에 의하여 입법목적이 달성될 수 있다는 구체적 인과관계를 헌법재판소가 납득하게끔 소명·입증해야 할 책임을 진다고 할 것이다. 반면에, 개인이 기본권의 행사를 통하여 일반적으로 타인과 사회적 연관관계에 놓여지는 경제적 활동을 규제하는 사회·경제정책적 법률을 제정함에 있어서는 입법자에게 보다 광범위한 형성권이 인정되므로, 이 경우 입법자의 예측판단이나 평가가 명백히 반박될 수 있는가 아니면 현저하게 잘못되었는가 하는 것만을 심사하는 것이 타당하다고 본다. 이러한 한계까지는 입법자가 무엇을 공익으로 보는가, 공익을 어떠한 방법으로 실현하려고 하는가는 입법자의 형성권에 맡겨져야 한다.

헌재 2002.10.31. 99헌바76, 판례집 14-2, 410,432-433

위 판례에서 예시된 '핵심적 자유영역' 가운데 직업의 자유가 포함된 점에 대해서는 비판의 여지가 있다. 이중기준의 원칙에 따르면 경제적 자유에 속하는 직업의 자유 영역에서는 완화된 심사기준이 적용되기 때문이다. 한편 판례에서 예시된 핵심적 자유영역에 포함되어 있지 않지만, 표현의 자유를 비롯한 정신적 자유의 영역에서도 합헌성추정이 배제되고 엄격심사 기준이 적용되어야 한다(뒤의 '표현의 자유' 참조).

(4) 과소보호금지의 원칙

비례의 원칙 및 이를 더 세분화하여 보완하는 이중기준의 원칙은 본래 자유권과 같은 소극적 기본권의 제한에 대해 적용되는 원칙이다. 이에 비해, 앞서 설명한 것처럼, 절차적 기본권, 사회권, 참정권 등과 같이 적극적 기본권의 경우에 이를 제한한다는 의미는 '형성'이라고 할 수 있다. 이들 적극적 기본권의 제한이 어느 정도까지 허용되느냐, 즉 형성의 재량이 어느 범위에서 인정되느냐에 관해서는 '과소(보호)금지의 원칙'이 적용된다고 볼 것이다. 즉 법률에 의한 적극적 기본권의 형성에 있어서 적절한 최소한의 내용을 포함하여야 하며, 이에 미달하는 과소 보호를 해서는 안 된다는 것이다.

헌법재판소 판례 중에는 국가의 기본권보호 입법의무에 관해 과소보호금지의 원칙을 적용한 예가 있다. 이 판례는 교통사고처리특례법에 관한 것으로, 자동차종합보험에 가입한 교통사고운전자에 대해 일정한 사고유형 이외에는 공소를 제기할 수 없도록 한 내용이 합헌이라고 보면서 과소보호금지를 심사기준으로 채택하였다(헌재 1997.1.16. 90헌마110. 제2장에서의 판례인용 참조). 이 원칙은 적극적 기본권 전반에 대해 적용된다고 볼 것이다. 입법자가 적극적 기본권의 형성에 있어서 과소보호금지에 해당하지 않는 한, 어떤 내용을 형성하는가는 입법자의 입법재량에 맡겨져 있다.

정리하자면, 헌법 제37조 제2항에 따른 비례의 원칙은 소극적 기본권에 대해서는 과잉(제한)금지의 원칙을 의미하고, 적극적 기본권에 대해서는 과소(보호)금지의 원칙을 의미한다.

헌법재판소 판례 중에는 아래에서 보는 것처럼 기본권형성적 법률(또는 '형성법률'이라는 용어도 사용된다)에 헌법 제37조 제2항의 비례의 원칙이 적용되지 않는다는 취지의 판례가 있다. 그러나 기본권형성적 법률에 비례의 원칙이 적용되지 않는 것이 아니라, 과잉제한금지와 구별되는 과소보호금지라는 의미의 비례의 원칙이 적용된다고 설명함이 적절하다. 판례의 입장처럼 기본권형성적 법률에 대해 비례의 원칙이 적용되지 않는다고 본다면 헌법 제37조 제2항에 의한 기본권 제한의 대상이 모든 기본권이 아니라 오직 자유권만이며, 적극적 기본권(급부청구권)은 '형성'될 뿐이지 그 '제한'은 성립할 수 없다는 설명 방식을 취해야 할 것인데, 이러한 해석은 "모든 자유와 권리"가 제한의 대상이라는 헌법의 문언에 맞지 않으며, '제한'의 의미를 좁게 한정하는 것이다(앞에 설명한 기본권의 '제한'과 기본권의 '형성' 참조). 헌법 제37조 제2항에 따라 자유권만이 아니라 모든 기본권이 법률유보의 대상이라고 보면서 형성적 법률유보에는 비례의 원칙이 적용되지 않는다고 보는 것은 일관성이 없는 해석이다.

(판 례) 기본권형성적 법률과 기본권제한

헌법이 보장하는 재산권의 내용과 한계는 국회에서 제정되는 형식적 의미의 법률에 의하여 정해지므로 이 헌법상의 재산권 보장은 재산권형성적 법률유보에 의하여 실현되고 구체화하게 된다. 따라서 재산권의 구체적 모습은 재산권의 내용과 한계를 정하는 법률에 의하여 형성된다. 물론 헌법이 보장하는 재산권의 내용과 한계를 정하는 법률은 재산권을 제한한다는 의미가 아니라 재산권을 형성한다는 의미를 갖는다. 이러한 재산권의 내용과 한계를 정하는 법률의 경우에도 사유재산제도나 사유재산을 부인하는 것은 재산권 보장규정의 침해를 의미하고, 결코 재산권형성적 법률유보라는 이유로 정당화될 수 없다.

헌재 1993.7.29. 92헌바20, 판례집 5-2, 36,44-45

(판 례) 형성법률과 기본권제한

방송사업자의 주관적 권리로서 방송운영의 자유는 이를 허용하는 형성법률에 의해 비로소 그 형성된 기준에 따라 성립되는 것이므로 이러한 형성법

> 률에 대한 위헌성 판단은 기본권 제한의 한계 규정인 헌법 제37조 제2항에 따른 과잉금지 내지 비례의 원칙의 적용을 받는 것이 아니라, 그러한 형성법률이 그 재량의 한계인 자유민주주의 등 헌법상의 기본원리를 지키면서 방송의 자유의 실질적 보장에 기여하는지 여부에 따라 판단된다.
>
> 이 사건 법률조항은 여타의 법익을 위한 방송의 자유에 대한 제한이 아니라 방송사업의 운영을 규율하는 형성법률로서, (……) 민영방송사업자의 사적자치에 의한 형성이나 결정의 기본적 요소를 박탈하는 정도에 이르지 아니하므로 헌법상 기본원리를 준수하면서 그 입법형성의 재량의 범위 내에서 행해졌다고 볼 수 있어 헌법에 합치된다.
>
> 헌재 2003.12.18. 2002헌바49, 판례집 15-2 하, 502,522

다만 최근에는 "법률에 의한 재판청구권을 보장하기 위하여서는 입법자에 의한 재판청구권의 구체적 형성이 필요하다고 하더라도, 이러한 입법활동의 한계로서 입법자는 헌법 제37조 제2항의 과잉금지원칙을 준수하여야 한다"고 명시하고 있다(헌재 2019.4.11. 2018헌바431). 헌법재판소는 이 결정에서 견해를 변경한다고 하지는 않았다.

6. 기본권제한의 한계(본질적 내용의 침해금지)

헌법 제37조 제2항 단서에 의하면 국민의 기본권을 제한하는 경우에 기본권의 "본질적 내용을 침해할 수 없다." 이 조항은 기본권 제한의 한계를 규정한 것이며, 이것 역시 기본권 제한의 정도에 관한 규정으로 볼 수 있다. 이 규정의 해석에 관하여 다음과 같은 두 가지 쟁점이 있다.

첫째, 침해금지의 보호대상이 무엇인가, 즉 '무엇'의 본질적 내용인가라는 문제이다. 이에 대해서 ① 개인의 주관적 권리로 보는 주관설과 ② 객관적인 기본권제도로 보는 객관설이 대립한다. 후자로 본다면 기본권을 과도하게 제한할 우려가 있다. 예컨대 생명권의 본질적 내용을 생명권제도의 본질적 내용으로 본다면 상당한 범위의 사형제도를 허용하게 될 것이다. 이런 점에 비추어 주관설에 따라 개인의 주관적 권리의 본질적 내용을 침해할 수 없다는 것으로 해석해야 한다.

둘째, 본질적 내용이란 무엇이냐는 문제이다. 이에 대해 절대설과 상대설의 대립이 있다. ① 절대설에 의하면, 기본권마다 그 핵심에 해당하는 불변의 절대적 내용이 있고, 이것은 절대 침해할 수 없다고 한다. 이에 따르면 기본권제한에 관한 심사기준으로 비례의 원칙 외에 본질적 내용의 침해금지라는 별개의 심사기준이 존재하게 된다. ② 반면 상대설에 의하면, 본질적 내용은 불변적인 것이 아니라 가변적이라고 본다. 대표적인 상대설에 의하면 비례의 원칙에 위반하는 제한이 곧 본질적 내용의 침해에 해당한다고 본다. 즉 본질적 내용의 침해금지는 비례의 원칙의 다른 표현이라고 보는 것이다.

우리 헌법재판소 판례의 태도는 분명하지 않으며 일관되어 있지 못하다. 아래의 토지재산권 판례는 절대설에 가깝고, 생명권 판례는 상대설에 가깝다.

(판 례) 기본권의 본질적 내용의 의미

기본권의 본질적 내용은 만약 이를 제한하는 경우에는 기본권 그 자체가 무의미하여지는 경우에 그 본질적인 요소를 말하는 것으로서, 이는 개별 기본권마다 다를 수 있을 것이다.

헌재 1995.4.20. 92헌바29, 판례집 7-1, 499,509-509

(판 례) 토지재산권의 본질적 내용

토지재산권의 본질적인 내용이라는 것은 토지재산권의 핵이 되는 실질적 요소 내지 근본요소를 뜻하며, 따라서 재산권의 본질적인 내용을 침해하는 경우라고 하는 것은 그 침해로 사유재산권이 유명무실해지고 사유재산제도가 형해화(形骸化)되어 헌법이 재산권을 보장하는 궁극적인 목적을 달성할 수 없게 되는 지경에 이르는 경우라고 할 것이다.

헌재 1989.12.22. 88헌가13, 판례집 1, 357,372

(판 례) 생명권의 본질적 내용

생명권에 대한 제한은 곧 생명권의 완전한 박탈을 의미한다 할 것이므로, 사형이 비례의 원칙에 따라서 최소한 동등한 가치가 있는 다른 생명 또는 그에 못지 아니한 공공의 이익을 보호하기 위한 불가피성이 충족되는 예외적인 경우에만 적용되는 한, 그것이 비록 생명을 빼앗는 형벌이라 하더라도 헌법 제37조 제2항 단서에 위반되는 것으로 볼 수는 없다 할 것이다.

헌재 1996.11.28. 95헌바1, 판례집 8-2, 537,546

생각건대 절대설은 외견상 기본권 보장을 확고히 해주는 것처럼 보이는 장점이 있다. 그러나 절대설은 본질적 내용의 실체가 무엇인지를 설명하기 어렵다는 결정적 단점이 있다. 절대설에 의한 본질적 내용의 설명은 거의 동어반복을 벗어나지 못한다. 이런 점에 비추어 상대설에 입각한 설명이 불가피하다고 본다. 즉 개별 기본권의 본질적 내용이 존재한다고 하더라도 그 실체는 비례의 원칙에 의해 결정된다고 볼 것이다. 비례의 원칙에 따라 제한하고 남아 있는 영역이 곧 본질적 내용이라고 할 수 있다. 상대설은 예컨대 무기징역같은 종신형을 합헌이라고 논증하는 데에 적절하다 (절대설에 의한다면, 무기징역은 신체의 자유의 본질적 내용의 침해라는 결론에 이르기 쉽다).

7. 기본권의 충돌

서로 다른 기본권의 주체 사이에서 각자의 기본권이 갈등하는 경우에 이를 기본권의 충돌이라고 부른다. 예컨대 신문에서 어떤 개인의 명예를 해치는 보도를 하는 경우에 표현의 자유와 명예권이 충돌한다. 또는 낙태의 경우에 모체의 생명권이나 사생활의 권리와 태아의 생명권이 충돌한다.

이 같은 기본권의 충돌의 경우에 어느 것이 우선하는가는 구체적인 경우마다 비교형량(이익형량, 법익형량)에 따른다. 기본권의 목록 가운데 어느 하나의 기본권이 다른 기본권보다 항상 우선한다고 볼 수는 없다. 다만 예외적으로 혐연권이 사생활의 자유뿐만 아니라 생명권과 연결되기 때문에 흡연권보다 상위의 기본권이라고 인정한 경우가 있다(헌재 2004.8.26. 2003헌마457). 미국 연방대법원도 권리장전(기본권) 목록 사이에는 그 우열이 없다고 판시한 바 있다(Nebraska Press Association v. Stuart, 1976; 표현의 자유와 공정한 재판을 받을 권리가 충돌한 사안임).

기본권의 충돌에 관한 법률 규정을 해석하는 경우, 대립하는 기본권을 양립, 조화시켜 균형을 이루는 조화적 해석을 하여야 한다. '조화적 해석'은 대립하는 기본권을 비교형량하는 과정을 통해 이루어지는 것이며, 비교형량의 한 형태라고 볼 수 있다.

기본권의 충돌은 대립하는 기본권의 어느 하나의 입장에서 보면, 기본권의 제한에 속하는 문제라고 할 수 있다. 예컨대 표현의 자유와 명예권의 충돌을 표현의 자유 입장에서 보면, 타인의 권리(명예권)를 보호하기 위한 기본권(표현의 자유)의 제한의 문제이다.

8. 기본권의 경합

하나의 규제에 의해 동일한 기본권 주체의 여러 기본권이 동시에 제한 당하는 경우에 이를 기본권의 경합이라고 부른다. 예컨대 '음란 또는 저속한 출판'을 한 출판사의 등록을 취소할 수 있도록 하는 법률규정의 위헌 여부를 심사하는 경우, 이 규정은 언론·출판의 자유, 직업수행의 자유, 재산권 등을 동시에 제한하는 것이 된다. 이 경우에는 ① 사안과 관련성이 밀접한 정도 및 ② 침해의 정도가 큰 기본권을 중심으로 심사한다. ③ 또한 기본권의 내용에 있어서 특수성을 갖는 기본권의 침해를 우선하여 적용한다.

(판 례) 기본권의 경합(사안과의 밀접성 및 침해의 정도)

이 사건 법률조항은 언론·출판의 자유, 직업선택의 자유 및 재산권을 경합적으로 제약하고 있다. 이처럼 하나의 규제로 인해 여러 기본권이 동시에 제약을 받는 기본권경합의 경우에는 기본권침해를 주장하는 제청신청인과 제청법원의 의도 및 기본권을 제한하는 입법자의 객관적 동기 등을 참작하여 사안과 가장 밀접한 관계에 있고 또 침해의 정도가 큰 주된 기본권을 중심으로 해서 그 제한의 한계를 따져 보아야 할 것이다. 이 사건에서는 제청신청인과 제청법원이 언론·출판의 자유의 침해를 주장하고 있고, 입법의 일차적 의도도 출판내용을 규율하고자 하는 데 있으며, 규제수단도 언론·출판의 자유를 더 제약하는 것으로 보이므로 언론·출판의 자유를 중심으로 해서 이 사건 법률조항이 그 헌법적 한계를 지키고 있는지를 판단하기로 한다.

헌재 1998.4.30. 95헌가16, 판례집 10-1, 327,337

(판 례) 기본권의 경합(기본권내용의 특별성)

어떠한 법률규정이 직업의 자유와 행복추구권의 양자를 제한하는 외관을 띠는 경우 두 기본권의 경합 문제가 발생한다. 보호영역으로서 '직업'이 문제되는 경우 직업의 자유와 행복추구권은 서로 특별관계에 있어 기본권의 내용상 특별성을 갖는 직업의 자유의 침해 여부가 우선한다 할 것이므로, 행복추구권의 위헌 여부의 심사는 배제된다고 보아야 한다. 이를 학원강사로서의 교습행위와 관련하여 보면, 직업의 자유는 '생활의 기본적 수요를 충족시키기 위한 계속적인 소득활동으로서의 교습행위'를 자유롭게 행할 자유를 의미하고, 행복추구권은 일반적 행동의 자유에 속하는 것으로서 '생활수단성'과 '계속성'이라는 개념표지를 결하여 단지 일시적·일회적이거나 무상으로 가르치는 행위를 보호영역으로 하는 권리라고 말할 수 있다(헌재 2000.4.27. 98헌가106등, 판례집 12-1, 427,455 참조).

따라서 이 사건에 있어 청구인이 주장하는 학원강사로서의 교습행위가 앞서 본 바와 같이 직업의 자유의 보호영역에 포함되는 이상 이 사건 심판대상조항들로 인한 기본권침해는 직업의 자유에 한하여 문제된다 할 것이다.

헌재 2003.9.25. 2002헌마519, 판례집 15-2 상, 454,472

9. 기본권의 일반적 법률유보와 헌법직접적 제한의 관계

기본권의 일반적 법률유보에 관한 헌법 제37조 제2항과 헌법직접적인 기본권 제한규정의 관계는 일반법과 특별법의 관계에 있다고 할 것이다. 헌법 제37조 제2항의 비례의 원칙에 위반한다고 해석되는 경우라도 헌법직접적 제한규정에 근거한 것이라면 후자가 우선 적용된다고 해석해야 할 것이다. 예컨대 공무원의 노동3권에 관한 법률의 합헌성 여부를 심사하는 경우, 헌법 제33조 제2항("공무원인 근로자는 법률이 정하는 자에 한하여 단결권·단체교섭권 및 단체행동권을 가진다")과 헌법 제37조 제2항의 관계가 문제된다. 헌법 제33조 제2항은 일차적으로 공무원의 노동3권에 대한 헌법직접적 제한의 의미를 가지고, 이차적으로 어느 범위의 공무원에게 노동3권이 인정되는지에 관한 형성적 법률유보의 의미를 가진다. 어떤 일정한 부류의 공무원에게 전혀 노동3권을 인정하지 않는 법률의 경우, 이것이 헌법 제37조 제2항의 비례의 원칙에 위반한다고 해석되더라도 그것만으로는 위헌이 아니라는 해석이 나올 수 있다. 그 법률이 헌법 제33조 제2항에 근거하고 있기 때문이다. 그러나 기본권형성적 법률이라도 과소보호금지의 원칙에 위반한다면 위헌으로 판단될 것이다.

(판 례) 공무원의 노동3권 제한에 대한 헌법직접적 제한

(변정수재판관의 별개의견)

당연히 노동3권을 향유하여야 할 국·공립학교 교원이나 기타 공무원에 대하여 노동운동을 전면금지하고 있는 국가공무원법 제66조 제1항 본문 및 교육공무원법 제53조 제4항의 각 규정은 공무원의 노동3권의 본질적 내용을 침해하는 것이어서 헌법 제37조 제2항의 일반유보조항에 의하여서도 정당화될 수 없는 위헌적인 법률인 것은 두말할 것도 없으나 위 법률조항들이 헌법의 특별유보조항(제33조 제2항)에 근거를 두고 있기 때문에 아직은 그것에 대하여 쉽사리 위헌선언을 할 수 없을 뿐이다.

헌재 1992.4.28. 90헌바27, 판례집 4, 255,274

(판 례) 헌법의 일반규정과 특별규정

헌법 제12조 제1항은 '신체의 자유'에 관한 일반규정(一般規定)이고, 같은

조 제3항은 수사기관의 피의자에 대한 강제처분절차 등에 관한 특별규정(特別規定)이기 때문에, 수사기관의 피의자에 대한 구속영장청구에 관련된 이 사건 법률조항의 위헌성 여부는 원칙적으로 헌법적 특별규정인 헌법 제12조 제3항의 '영장주의'에 합치되는지 여부에 달려있고, 유죄판결이 확정되기 전에 당해 피의자의 '신체의 자유'가 제한되는 결과가 발생한다는 측면에 대해서는 헌법 제12조 제3항에 위배되는지 여부를 판단하는 것으로 족하며 이에 관하여 일반규정인 헌법 제12조 제1항 및 제27조 제4항의 위반 여부 등을 별도로 판단할 필요는 없다.

헌재 2003.12.18. 2002헌마593, 판례집 15-2 하, 637,638

Ⅳ. 궁극적인 합헌성 심사기준으로서의 이익형량의 원칙

1. 개 관

기본권 제한의 합헌성 심사기준으로 이익형량(balancing of interests)의 원칙이 여러 경우에 사용되고 있다. 이 원칙에 따르면 기본권을 제한함으로써 얻는 이익과 제한하지 않는 경우에 유지되는 이익을 비교하여 전자가 후자보다 클 경우에 한하여 기본권 제한이 인정되며, 후자가 더 클 경우에는 위헌이라고 본다. 이 원칙은 특히 기본권의 충돌에서 강조되고 있지만, 기본권 제한에 전반적으로 적용되는 원칙이라고 할 수 있다. 이 점은 기본권 제한 전반에 적용되는 비례의 원칙의 핵심적 내용이 법익의 균형성이며, 법익의 균형성은 곧 이익형량의 원칙에 해당한다는 점에서 잘 나타난다.

기본권 제한이 어느 정도까지 인정되는가는 개인과 사회와의 대립관계에서 개인적 이익(사익)과 사회적 이익(공익) 가운데 어느 것을 중시하느냐에 따라 좌우된다. 사익을 중시하는 입장이 개인주의이고 공익을 중시하는 입장이 공동체주의다. 우리 헌법은 기본적으로 개인주의에 입각하면서 공동체주의적 요소를 결합시키고 있는데, 문제는 공동체주의적 요소를 얼마만큼 결합시킨 것으로 이해하느냐에 따라 이익형량이 달라진다는 점이다. 여기서 알 수 있는 것처럼 이익형량의 원칙은 이를 적용하는 사람에 따라 형량의 결과가 상이할 가능성이 크다. 헌법에 부합하는 올바른 이익형량이 이루어지느냐 여부는 궁극적으로 헌법이 지향하는 전체적 가치를 얼마나 통일성있게 이해하느냐에 따라 좌우된다.

2. 이익형량의 근본적 문제점

이익형량의 원칙은 단지 헌법적 문제의 판단만이 아니라 모든 법적 문제의 판단에서 궁극적으로 적용되는 대원칙이다. 공익과 사익이 충돌하는 기본권 제한의 경우만이 아니라, 사인과 사인 사이의 법률관계를 다루는 사법 영역에서도 근본적으로는 이익형량이 관건이다.

앞에서 헌법에 부합하는 올바른 이익형량이 이루어지기 위해서는 헌법이 지향하는 전체적 가치를 통일성 있게 이해해야 한다고 지적했다. 헌법적 가치의 통일적 이해는 중요하다. 다만 여기에는 문제가 있다. 헌법적 가치를 구현하는 여러 헌법적 원리들이 상호 충돌 또는 모순 없이 병존할 수 있는 것인가?

자유민주주의를 전제하더라도 개인과 사회의 갈등은 여전하다. 자유주의적 법원리는 상당부분 개인주의적 이념에서 나온 것이지만, 동시에 다른 일부는 공동체주의적 이념에서 나온 것이다. 이들 두 부류의 원리들은 서로 조화롭게 조정될 수 있는가, 아니면 서로 근본적인 모순관계에 있는 것인가? 예컨대 질서유지 · 국가안보의 유지 · 증진이라는 원리와 개인의 표현의 자유를 최대한 보장한다는 원리는 서로 무리 없이 조화 또는 조정될 수 있는 것인가, 아니면 양자는 상호 충돌하는 모순관계에 있는가? 개인의 양심의 자유와 병역의무는 양립할 수 있는가, 아니면 서로 상극하는 모순관계인가?(양심적 병역거부에 관한 헌법재판소 결정에 있어서 법원리 상호간의 충돌에 관한 비판적 분석으로, 졸저, 《법 앞에 불평등한가? 왜? : 법철학 · 법사회학 산책》, 2015, 법문사, 220-226 참조.)

서로 상충하는 이익을 비교형량하여 어느 한 쪽의 이익이 우월하다고 판정하기 위해서는 이익의 측정을 위한 공통의 잣대가 있어야 할 것이다. 과연 그러한 잣대가 있는 것인가? 만일 그런 잣대가 없다면, 그러한 잣대 없이 이루어지는 이익형량을 객관적이라고 말할 수 있는가?

서로 다른 대상의 비교 측정을 위한 공통의 잣대를 '통약가능성'(通約可能性, commensurability)이라고 부른다. 화폐적 가치로 환산할 수 있는 경제적 이익들 상호간에는 통약가능성이 있다고 볼 것이다. 그러나 모든 법익형량이 경제적 이익에 관한 것은 아니다. 화폐가치로 환산할 수 있는 경제적 이익과 화폐가치로 환산하기 어려운 비경제적 이익, 예컨대 도덕적 이익이나 기타 정신적 이익 사이의 비교형량, 또는 화폐가치로 환산하기 힘든 정신적 이익들 사이의 비교형량은 대부분의 경우 통약불가능한 것이 아닌가? 이 같은 통약불가능성(incommensurability)의 경우에 과연 객관적인 법익형량이 있을 수 있는가?

위의 문제는 헌법적 판단만이 아니라 모든 법적 판단이 안고 있는 근본적 문제이자, 법의 궁극적 문제이다. 모든 법적 권리의 실체는 이익이며, 법적 판단은 궁극적으로 이익형량에 의거한다. 그런데 이 이익형량의 객관성 확보가 불가능하고, 이에 따라 법적 판단의 불확정성(indeterminacy)을 벗어날 수 없다면 법의 존립 자체가 허물어질 수 있다. 과연 법의 확정성과 독자성, 그리고 이에 기초한 법의 지배는 허구인가? 이 문제는 20세기 이래 특히 미국 법이론에서 지속적으로 논란되어온 논쟁적 주제이다(졸저, 《법 앞에 불평등한가? 왜? : 법철학 · 법사회학 산책》, 2015, 법문사, 제3장 및 제4장 참조).

제 4 장

기본권의 특별한 제한

위의 기본권 제한에 관한 설명은 기본권 제한의 일반적 원칙에 관한 것이다. 기본권의 특별한 제한으로 다음 두 경우가 특히 문제된다. 첫째는 평시가 아닌 국가비상시기의 기본권 제한이고, 둘째는 특수한 신분을 가진 사람에 대한 기본권 제한이다.

I. 국가긴급권에 의한 기본권 제한

평상시가 아닌 국가 비상시기에는 평시와 달리 입헌주의 원칙에 대한 예외가 허용된다. 입헌주의에 대한 예외적 조치는 첫째, 기본권에 관한 측면에서, 둘째, 권력분립의 측면에서 허용된다. 이 예외적 조치에는 헌법상 근거가 필요하다. 이른바 초헌법적 긴급권은 인정되지 않는다. 헌법상 국가 비상시기에 발동할 수 있는 국가긴급권에는 다음 두 가지가 있다.

1. 긴급명령, 긴급재정경제명령에 의한 기본권 제한

헌법 제76조 제1항은 "대통령은 내우 · 외환, 천재 · 지변 또는 중대한 재정경제상의 위기에 있어서 국가의 안전보장 또는 공공의 안녕질서를 유지하기 위하여 긴급한 조치가 필요하고 국회의 집회를 기다릴 여유가 없을 때에 한하여 최소한으로 필요한 재정 · 경제상의 처분을 하거나 이에 관하여 법률의 효력을 가지는 명령을 발할 수 있다"고 하여 긴급재정경제명령 및 처분을 규정하고 있다. 또한 동조 제2항은

"대통령은 국가의 안위에 관계되는 중대한 교전상태에 있어서 국가를 보위하기 위하여 긴급한 조치가 필요하고 국회의 집회가 불가능한 때에 한하여 법률의 효력을 가지는 명령을 발할 수 있다"고 하여 긴급명령권을 규정하고 있다.

긴급재정경제명령과 긴급명령은 법률의 효력을 가지는데, 이것은 기본권 제한의 형식의 측면에서 국회의 법률에 의하지 않는 기본권 제한이라는 점에서 예외적인 특수한 제한이다.

긴급재정경제명령에 의한 기본권 제한은 재산권, 직업의 자유, 노동3권 등 경제와 관련된 기본권을 대상으로 하고, 긴급명령에 의한 제한은 기본권 전반을 대상으로 한다고 볼 것이다.

(판 례) 긴급재정경제명령에 의한 기본권 제한

긴급재정경제명령이 아래에서 보는 바와 같은 헌법 제76조 소정의 요건과 한계에 부합하는 것이라면 그 자체로 목적의 정당성, 수단의 적정성, 피해의 최소성, 법익의 균형성이라는 기본권제한의 한계로서의 과잉금지원칙을 준수하는 것이 되는 것이다. (……)

긴급재정경제명령은 정상적인 재정운용·경제운용이 불가능한 중대한 재정·경제상의 위기가 현실적으로 발생하여(그러므로 위기가 발생할 우려가 있다는 이유로 사전적·예방적으로 발할 수는 없다) 긴급한 조치가 필요함에도 국회의 폐회 등으로 국회가 현실적으로 집회될 수 없고 국회의 집회를 기다려서는 그 목적을 달할 수 없는 경우에 이를 사후적으로 수습함으로써 기존질서를 유지·회복하기 위하여(그러므로 공공복리의 증진과 같은 적극적 목적을 위하여는 발할 수 없다) 위기의 직접적 원인의 제거에 필수불가결한 최소의 한도 내에서 헌법이 정한 절차에 따라 행사되어야 한다.

헌재 1996.2.29. 93헌마186, 판례집 8-1, 111,119-121

위 판례에서 나타나 있듯이 긴급명령, 긴급재정경제명령에 의한 기본권 제한도 법률에 의한 기본권 제한과 마찬가지로 비례의 원칙을 적용받는데, 다만 이 경우 비례의 원칙의 충족 여부는 헌법 제76조의 요건과 한계의 부합 여부로 판단된다. 또한 긴급명령, 긴급재정경제명령은 ① 오직 위기 발생 후 사후적으로, 그리고 ② 소극적인 질서회복의 목적으로만 발동될 수 있다.

2. 계엄에 의한 기본권 제한

헌법 제77조는 대통령의 계엄선포권을 규정하고 있다. "대통령은 전시·사변 또는 이에 준하는 국가비상사태에 있어서 병력으로써 군사상의 필요에 응하거나 공공의 안녕질서를 유지할 필요가 있을 때에는 법률이 정하는 바에 의하여 계엄을 선포할 수 있다"(제1항). 계엄에는 경비계엄과 비상계엄이 있다(제2항). "비상계엄이 선포된 때에는 법률이 정하는 바에 의하여 영장제도, 언론·출판·집회·결사의 자유, 정부나 법원의 권한에 관하여 특별한 조치를 할 수 있다"(제3항).

비상계엄의 경우에는 군인·군무원이 아닌 국민도 군사법원의 재판을 받는다(헌법 제27조 제2항). 또한 "비상계엄하의 군사재판은 군인·군무원의 범죄나 군사에 관한 간첩죄의 경우와 초병·초소·유독음식물공급·포로에 관한 죄 중 법률이 정한 경우에 한하여 단심으로 할 수 있다. 다만, 사형을 선고한 경우에는 그러하지 아니하다"(헌법 제110조 제4항).

'특별한 조치'에 의한 기본권 제한에 관하여 해석상의 문제가 있다.

(1) 특별한 조치의 대상

헌법 제77조 제3항은 "영장제도, 언론·출판·집회·결사의 자유"에 관하여 특별한 조치를 할 수 있다고 규정하고 있는데, 이것이 열거조항인지 예시조항인지가 문제된다. 계엄하의 특별한 조치는 예외적인 것이기 때문에 열거조항으로 보아야 한다. 이렇게 해석하는 경우, 열거되지 않은 다른 기본권에 대하여 평상시와 다른 조치를 취할 수 없는가라는 문제가 생긴다. 전시와 같은 상황에서 특히 거주·이전의 자유, 또는 재산권 등에 관한 특별한 조치의 필요성을 부정할 수 없기 때문이다.

이 문제와 관련하여, 계엄법에서 "체포·구금·압수·수색·거주·이전·언론·출판·집회·결사 또는 단체행동에 대하여 특별한 조치를 취할 수 있다"(제9조 제1항)고 하여 그 대상을 '거주·이전·단체행동'에 대해서도 확대하고 있는 것에 대해 위헌 여부가 논의되고 있다. 열거조항이라고 전제할 때 위헌이라고 보는 것이 논리적으로 명쾌하지만, 이것은 지나치게 형식적인 해석이며 계엄제도의 실질을 간과한 것이라고 보아야 할 것이다. 2025년 7월 22일 개정 계엄법은 단체행동은 그대로 두고 거주·이전은 삭제하였다.

생각건대 아래의 설명처럼 '특별한 조치'에는 그 효력과 관련하여 두 종류가 있다고 보아야 할 것이다. 하나는 헌법적 효력을 갖는 것이고, 다른 하나는 법률적 효력을 갖는 것이다. 헌법적 효력의 조치는 헌법 제77조에 열거된 기본권에 한정된다. 그러나 법률적 효력의 조치는 헌법 제37조 제2항의 일반적 법률유보에 근거하여 가능하기 때문에, 헌법 제77조에서 열거되지 않은 그 밖의 여러 기본권에 대해서도 가능하다고 본다. 이렇게 보면, 거주 · 이전 · 단체행동에 대해서 법률적 효력의 특별한 조치를 취할 수 있다고 할 것이다. 계엄법 제9조 제2항과 제3항에서는 징발, 재산 파괴 등 재산권에 관한 특별한 조치에 대해서도 규정하고 있는데, 이것 역시 헌법 제37조 제2항에 근거한 것으로 해석할 수 있다. 이렇게 보면 계엄법 제9조 제1항은 거주 · 이전 · 단체행동에 대해 법률적 효력의 특별한 조치만 인정된다고 해석하는 한 합헌이라고 볼 것이다.

(2) 특별한 조치의 효력

위의 설명처럼, 특별한 조치는 헌법적 효력을 갖는 것과 법률적 효력을 갖는 것으로 나누어볼 수 있다. 영장제도와 언론 · 출판 · 집회 · 결사에 대해서는 헌법적 효력의 특별한 조치가 인정된다고 볼 것이다. 예컨대 헌법 제21조 제2항은 언론 · 출판에 대한 검열을 금지하고 있지만, 비상계엄하에서는 검열을 행하는 특별한 조치가 허용된다고 본다. 실제로 과거 비상계엄하에서 신문 등에 대한 검열, 옥외집회 금지 등의 조치를 취하였다.

영장제도에 관해서도 헌법 제12조 제3항에서 규정한 것과 다른 조치가 허용된다고 본다. 제1공화국 시대의 헌법위원회의 결정에 의하면, 계엄하에서 영장제도의 배제가 인정되지 않는다고 보았다(1953.10.8. 결정). 비상계엄하에서의 영장제도에 관한 '특별한 조치'는 영장제도의 배제를 의미하는 것은 아니라고 볼 것이다. 비상계엄하에서도 영장제도의 핵심을 유지하되 다만 헌법 제12조 제3항이 정하는 절차와 다른 영장제도가 인정된다는 의미로 보아야 할 것이다. 영장제도의 핵심은 법관에 의한 영장의 발부이며, 비상계엄하에서도 원칙적으로 이 점은 준수되어야 한다. 다만 헌법재판소는 최근 영장주의의 본질을 인적 · 물적 독립이 보장된 법관에 의한 영장발부로 보면서도, "영장주의를 완전히 배제하는 특별한 조치는 비상계엄에 준하는 국가비상사태에 있어서도 가급적 회피하여야 할 것이고, 설사 그러한 조치가 허용된다고 하더라도 지극히 한시적으로 이루어져야 할 것"이라고 하여 비상계엄시 법관에 의한 영장발부가 예외적으로 배제될 수 있다는 취지로 판시하였다(헌재 2012.12.27. 2011헌가5).

계엄법 제12조 제2항은 비상계엄이 해제된 이후에도 "대통령이 필요하다고 인정할 때에는 군사법원의 재판권을 1월 이내에 한하여 연기할 수 있다"고 규정하고 있는데, 대법원 다수의견은 이 규정이 합헌이라고 판시하였다(대판 1985.5.28. 81도1045).

Ⅱ. 특수신분관계와 기본권 제한

공무원이나 수형자 등 특수한 신분을 가진 사람에게는 일반 국민과 달리 특별한 기본권 제한이 허용된다.

1. 이른바 특별권력관계 이론

공무원 등에 대한 특별한 기본권제한을 정당화하기 위해 과거에 흔히 사용되어온 것이 특별권력관계 이론이다. 이 이론은 본래 19세기 후반 독일의 특수한 정치상황에서 등장한 독일 특유의 이론이다. 이 이론에 의하면 특별권력관계란, 특별한 공법상의 원인(법률의 규정 또는 본인의 동의)에 의해 성립한 공권력과 국민 사이의 특별한 권력관계로서, 공권력과 일반 국민 사이의 일반권력관계와 구분된다. 특별권력관계에서는 다음과 같은 법원칙이 적용된다고 보아 왔다. 첫째, 공권력은 포괄적인 지배권(명령권, 징계권 등)을 가지며, 개개의 경우에 법률의 근거 없이 포괄적으로 지배할 수 있다. 둘째, 공권력은 특별권력관계에 속하는 사람에 대해 그들의 일반 국민으로서의 기본권을 법률의 근거 없이 제한할 수 있다. 셋째, 특별권력관계 내부에서의 공권력의 행위는 원칙적으로 사법심사의 대상이 되지 않는다.

이 같은 특별권력관계 이론은 한마디로 특별권력관계에 속하는 사람에게 법치주의 원리를 배제하는 것이다. 그렇기 때문에 이 이론은 법치주의를 헌법상의 원리로 채택하고 있는 우리 헌법이나 현대의 자유민주주의 헌법에서는 수용될 수 없는 이론이다. 이 때문에 이 이론을 법치주의에 적합하도록 수정하는 이론들이 제시되었다. 그러나 그럼에도 불구하고 이 이론에 대해서는 근본적으로 다음과 같은 비판이 따른다. 즉 공무원, 수형자, 학생 등 실질적으로 전혀 다른 성질의 여러 법률관계들을 포괄적으로 하나의 카테고리에 묶어 일괄적으로 예외적인 법원칙을 적용하려고 한다는 것이다.

이 때문에 우리 학계에서도 근래에는 이 이론을 부정하는 것이 일반적인 경향이다. 공무원, 수형자, 학생 등은 그 기본권 제한의 근거, 목적, 정도 등에 있어서 전혀 성질이 다르며, 각각의 법률관계에서 어떤 기본권을, 어떤 근거에서, 어느 정도만큼 제한할 수 있는가는 각각 개별적으로 판단하지 않으면 안 된다. 다만 편의상 이들의 특수한 법률관계를 독일 헌법학자 헷세(K. Hesse)의 용어를 빌려 흔히 '특수신분관계'(Sonderstatusverhältnis)라고 부른다.

특수신분관계에 있는 사람의 기본권에 대해서는 ① 그 관계가 설정된 목적 및 성질에 비추어, ② 합리적으로 필요한, ③ 최소한의 예외적인 특별한 제한이 허용된다고 볼 것이다.

2. 공무원의 기본권에 대한 특별한 제한

공무원의 기본권에 대한 특별한 제한으로 특히 두 가지가 문제된다. 정치적 기본권(정치적 활동에 관한 기본권) 및 노동3권에 대한 특별한 제한이 그것이다. 이 두 가지에 대해서는 헌법상 명시적인 근거조항이 있다.

헌법 제7조 제2항은 "공무원의 신분과 정치적 중립성은 법률이 정하는 바에 의하여 보장된다"고 하여 공무원의 정치적 중립성 보장을 명시하고 있다. 이는 공무원의 정치적 기본권에 대한 특별한 제한의 헌법상 근거가 된다. 이에 근거하여 국가공무원법(제65조) 및 지방공무원법(제57조)은 공무원의 정치운동 금지를 규정하고 있다(정당·정치단체의 결성과 가입 금지, 선거에서의 특정 정당이나 후보자에 대한 지지나 반대의 행위 금지 등). 또한 공직선거법은 선거에서 공무원의 중립의무를 규정하고(제9조), 공무원의 선거운동을 금지하고 있다(제60조 제1항 제4호).

공무원의 정치운동 금지에 대해서는 일정한 공무원에 대한 예외, 즉 정치운동이 허용되는 공무원의 범위를 대통령령에 위임하는 규정을 두고 있다(국가공무원법 제3조 제2항, 지방공무원법 제3조 제2항). 이것은 공무원에 대한 정치적 기본권 제한이 공무원이라는 신분 자체 때문이 아니라 그 직무의 성질에 비추어 인정되는 것임을 나타내는 것이다. 즉 공무원이라고 하더라도 그 직무의 성질에 비추어 정치운동이 허용되기도 하고 허용되지 않기도 하는 것이다. 유의할 것은 현행법상 정치운동이 허용되는 이른바 '정치적 공무원'이 공무원법상 '정무직 공무원'의 범위와 일치하는 것은 아니라는 점이다.

(판 례) 국가공무원법상의 집단행위 금지

(표현의 자유는) 공무원에게도 원칙적으로 보장되어야 하고, 제한을 하더라도 헌법 제37조 제2항에서 도출되는 과잉금지원칙을 준수하여야 한다. 더욱이 오

늘날 정치적 표현의 자유는 자유민주적 기본질서의 구성요소로서 다른 기본권에 비하여 우월한 효력을 가지므로(헌재 2004.3.25. 2001헌마710) 함부로 그 제한을 정당화해서는 안된다. 다만, 우리 헌법은 공무원이 국민전체에 대한 봉사자라는 지위에 있음을 확인하면서 공무원에 대해 정치적 중립성을 지킬 것을 요구하고 있으므로, 공무원의 경우 그 신분과 지위의 특수성에 비추어 경우에 따라서는 일반 국민에 비하여 표현의 자유가 더 제한될 수 있다. (……)

이 사건 국가공무원법 규정에서 공무원의 정치적 의사표현이 집단적으로 이루어지는 것을 금지하는 것은 이러한 의사 표출이 공직사회에 대한 국민의 신뢰에 영향을 줄 우려가 있기 때문이다. 헌법이 집회의 자유 등을 통해 집단적인 정치적 의사표현을 보장하는 것은 이것이 민주정치 실현에 불가결한 기본권으로서 국민의 정치적·사회적 의사형성 과정에 효과적인 역할을 하는 것에 기인하는 것이지만, 다수의 집단행동은 그 행위의 속성상 의사표현 수단으로서의 개인행동보다 공공의 안녕질서나 법적 평화와 마찰을 빚을 가능성이 크고, 특히 공무원이 집단적으로 정치적 의사표현을 하는 경우에는 이것이 공무원이라는 집단의 이익을 대변하기 위한 것으로 비춰질 수 있으며, 정치적 중립성의 훼손으로 공무의 공정성과 객관성에 대한 신뢰를 저하시킬 수 있다. 따라서 이 사건 국가공무원법 규정이 정치적 표현행위를 포함하여 공무원의 집단 행위를 제한하더라도 이것이 표현의 자유에 대한 과도한 제한이라고 볼 수 없다.

헌재 2014.8.28. 2011헌바32등, 판례집 26-2 상, 242,254-258
(지방공무원에 대한 동일한 결정은 헌재 2014.8.28. 2011헌바50)

헌법재판소는 '그 밖의 공무 외의 일을 위한 집단행위' 규정에 관하여, 법원이 '공익에 반하는 목적을 위하여 직무전념의무를 해태하는 등의 영향을 가져오는 집단적 행위'로 한정해석하고 있으므로 명확성 원칙에 반하지 않고, 공익을 표방하는 공무원의 집단적인 정치적 표현행위는 공익을 위한 행위에 포함되지 않는다고 하였다(헌재 2020.4.23. 2018헌마550).

(판 례) 공무원의 선거운동 기획이나 실시에의 참여 가능성

이 사건 법률조항(공직선거법 제86조 제1항 제2호)은 소위 관권선거나 공적 지위에 있는 자의 선거 개입의 여지를 철저히 불식시킴으로써 선거의 공정성을 확보하기 위하여 공무원에 대하여 선거운동의 기획에 참여하거나 그 기획의 실시에 관여하는 행위(이하 '선거운동의 기획행위'라 한다)를 전적으로 금지하고 있다. 그런데 선거의 공정성을 확보하기 위하여 선거에 대한 부당한 영향력의

행사 기타 선거결과에 영향을 미치는 행위를 금지하여 선거에서의 공무원의 중립의무를 실현하고자 한다면, 공무원이 '그 지위를 이용하여' 하는 선거운동의 기획행위를 막는 것으로도 충분하다. 이러한 점에서 이 사건 법률조항은 수단의 적정성과 피해의 최소성 원칙에 반한다. 한편, 공무원의 편향된 영향력 행사를 배제하여 선거의 공정성을 확보한다는 공익은, 그 지위를 이용한 선거운동 내지 영향력 행사만을 금지하면 대부분 확보될 수 있으므로 공무원이 그 지위를 이용하였는지 여부에 관계없이 선거운동의 기획행위를 일체 금지하는 것은 정치적 의사표현의 자유라는 개인의 기본권을 중대하게 제한하는 반면, 그러한 금지가 선거의 공정성이라는 공익의 확보에 기여하는 바는 매우 미미하다는 점에서 이 사건 법률조항은 법익의 균형성을 충족하고 있지 못하다.

헌재 2008.5.29. 2006헌마1096, 판례집 20-1 하, 270,270-271

(참고 · 미국판례) 공무원에게 정치자금 기부권유, 선거운동, 정당의 직책 취임 등을 금지한 주법을 합헌이라고 보았다(*Broadrick v. Oklahoma*, 1973). 또한 연방공무원에게 정당활동에의 적극적 참여를 금지한 연방법률을 합헌이라고 보았다(*U.S. Civil Service Commission v. Letter Carriers, AFL-CIO*, 1973).

한편 정당법은 국 · 공립 및 사립대학 교수(조교수 이상)에게 정당 가입을 인정하는 반면, 그 외의 교원에게는 이를 금지하고 있다(제22조). 초등학교와 중등학교(중 · 고교) 교원에게 정당 가입을 금지하는 것이 위헌인가 여부가 문제된다. 헌법재판소 판례는 초 · 중등학교 교원의 정당가입 · 선거운동의 금지를 합헌으로 보았다(헌재 2004.3.25. 2001헌마710). 사립학교교원과 교육공무원의 선거운동을 금지하는 공직선거법 규정 역시 합헌이라고 하였다(헌재 2019.11.28. 2018헌마222).

헌법재판소는 교원의 정당가입금지에 관하여 위와 동일한 취지의 결정을 내렸다(헌재 2014.3.27. 2011헌바42; 헌재 2020.4.23. 2018헌마551). 앞 결정에는 4인, 뒤 결정에는 3인 재판관이 반대의견을 제시했다. 헌법재판소는 2022년에도 이 조항을 6:3으로 합헌결정하였다(헌재 2022.10.27. 2019헌마1271).

그러나 초 · 중등 교육공무원이 정치단체의 결성에 관여하거나 이에 가입하는 행위를 금지한 조항은 명확성 원칙에 위반하여 위헌으로 선언되었다. 재판관 3인은 나아가 과잉금지원칙에도 위반한다고 하였다.

(판 례) 초·중등 교육공무원에 대한 정치단체 결성·가입 금지조항의 위헌성

(유남석 재판관 등 3인의 위헌의견)

국가공무원법조항 중 '그 밖의 정치단체'에 관한 부분은, '그 밖의 정치단체' 라는 불명확한 개념을 사용하고 있어, 표현의 자유를 규제하는 법률조항, 형벌의 구성요건을 규정하는 법률조항에 대하여 헌법이 요구하는 명확성원칙의 엄격한 기준을 충족하지 못하였다. 이에 대하여는, 아래 재판관 3인의 위헌의견 중 '명확성원칙 위배 여부' 부분과 의견을 모두 같이 한다. 덧붙여, 국가공무원법조항 중 '그 밖의 정치단체'에 관한 부분은 어떤 단체에 가입하는가에 관한 집단적 형태의 '표현의 내용'에 근거한 규제이므로, 더욱 규제되는 표현의 개념을 명확하게 규정할 것이 요구된다. 그럼에도 위 조항은 '그 밖의 정치단체' 라는 불명확한 개념을 사용하여, 수범자에 대한 위축효과와 법 집행 공무원의 자의적 판단 위험을 야기하고 있다. 위 조항이 명확성원칙에 위배되어 나머지 청구인들의 정치적 표현의 자유, 결사의 자유를 침해하여 헌법에 위반되는 점이 분명한 이상, 과잉금지원칙에 위배되는지 여부에 대하여는 더 나아가 판단하지 않는다.

(이석태 재판관 등 3인의 위헌의견)

국가공무원법조항 중 '그 밖의 정치단체'에 관한 부분은 형벌의 구성요건을 규정하는 법률조항이고, 나머지 청구인들의 정치적 표현의 자유 및 결사의 자유를 제한하므로, 엄격한 기준의 명확성원칙에 부합하여야 한다. 민주주의 국가에서 국가 구성원의 모든 사회적 활동은 '정치'와 관련된다. 특히 단체는 국가 정책에 찬성·반대하거나, 특정 정당이나 후보자의 주장과 우연히 일치하기만 하여도 정치적인 성격을 가진다고 볼 여지가 있다. 국가공무원법조항은 가입 등이 금지되는 대상을 '정당이나 그 밖의 정치단체'로 규정하고 있으므로, 문언상 '정당'에 준하는 정치단체만을 의미하는 것이라고 해석하기도 어렵다. 단체의 목적이나 활동에 관한 어떠한 제한도 없는 상태에서는 '정치단체'와 '비정치단체'를 구별할 수 있는 기준을 도출할 수 없다. 공무원의 정치적 중립성 및 교육의 정치적 중립성의 보장이라는 위 조항의 입법목적을 고려하더라도, '정치적 중립성' 자체가 다원적인 해석이 가능한 추상적인 개념이기 때문에, 이에 대하여 우리 사회의 구성원들이 일치된 이해를 가지고 있다고 보기 어렵다. 이는 판단주체가 법전문가라 하여도 마찬가지이다. 그렇다면 위 조항은 명확성원칙에 위배되어 나머지 청구인들의 정치적 표현의 자유 및 결사의 자유를 침해한다.

국가공무원법조항 중 '그 밖의 정치단체'에 관한 부분은 공무원의 정치적 중립성 및 교육의 정치적 중립성을 보장하기 위한 것이므로, 그 입법목적의 정당

성이 인정된다. 그러나 위 조항은 위와 같은 입법목적과 아무런 관련이 없는 단체의 결성에 관여하거나 이에 가입하는 행위까지 금지한다는 점에서 수단의 적합성 및 침해의 최소성이 인정되지 않는다. 또한 위 조항은 국가공무원법 제2조 제2항 제2호의 교육공무원 가운데 초·중등교육법 제19조 제1항의 교원(이하 '교원'이라 한다)의 직무와 관련이 없거나 그 지위를 이용한 것으로 볼 수 없는 결성 관여행위 및 가입행위까지 전면적으로 금지한다는 점에서도 수단의 적합성 및 침해의 최소성을 인정할 수 없다. 공무원의 정치적 중립성은 국민전체에 대한 봉사자의 지위에서 공직을 수행하는 영역에 한하여 요구되는 것이고, 교원으로부터 정치적으로 중립적인 교육을 받을 기회가 보장되는 이상, 교원이 기본권 주체로서 정치적 자유권을 행사한다고 하여 교육을 받을 권리가 침해된다거나 교육의 정치적 중립성이 훼손된다고 볼 수 없다. 교원이 사인의 지위에서 정치적 자유권을 행사하게 되면 직무수행에 있어서도 정치적 중립성을 훼손하게 된다는 논리적 혹은 경험적 근거는 존재하지 않는다. 공무원의 정치적 중립성 및 교육의 정치적 중립성에 대한 국민의 신뢰는 직무와 관련하여 또는 그 지위를 이용하여 정치적 중립성을 훼손하는 행위를 방지하기 위한 감시와 통제 장치를 마련함으로써 충분히 담보될 수 있다. 위 조항이 교원에 대하여 정치단체의 결성에 관여하거나 이에 가입하는 행위를 전면적으로 금지함으로써 달성할 수 있는 공무원의 정치적 중립성 및 교육의 정치적 중립성은 명백하거나 구체적이지 못한 반면, 그로 인하여 교원이 받게 되는 정치적 표현의 자유 및 결사의 자유에 대한 제약과 민주적 의사형성과정의 개방성과 이를 통한 민주주의의 발전이라는 공익에 발생하는 피해는 매우 크므로, 위 조항은 법익의 균형성도 갖추지 못하였다. 위 조항은 과잉금지원칙에 위배되어 나머지 청구인들의 정치적 표현의 자유 및 결사의 자유를 침해한다.

헌재 2020.4.23. 2018헌마551, 공보 283, 679,680

교원의 정당 가입 등 정치활동에 관해서는 교육의 정치적 중립성(헌법 제31조 제4항)이 고려되어야 하고, 동시에 교원의 직무의 성질이 중요한 판단 기준이 될 것이다. 생각건대 초·중등학교 교원의 정당 가입 자체를 금지하는 것은 과잉제한이며 위헌이라고 본다.

공무원의 정치적 의사표현에 대해 일반 국민과 다른 특별한 제한이 허용되는가라는 문제가 있다. 공무집행 방해의 정도를 고려하여 구체적인 경우마다 이익형량을 해야 할 것이다.

(판 례) 교원노조의 일체의 정치적 활동 금지

이 사건 교원노조법 규정은 교원노조의 일체의 정치활동을 금지함으로써 교원노조 및 그 조합원인 교원의 정치적 표현의 자유를 제한하고 있다. (……)

이 사건 교원노조법 규정의 입법취지가 교육의 정치적 중립성 확보와 국민의 학습권 보호에 있는 점, 현대국가에서 표현되는 모든 의견이나 활동은 그 정치성의 강약에 차이가 있을 뿐 일정 부분 정치적 주장이 될 수밖에 없으므로 '정치활동'의 범위를 한정하지 않는다면 이 사건 교원노조법 규정에 의해 금지되는 행위는 무한정 확장될 가능성이 있는 점 등을 고려할 때, 이 사건 교원노조법 규정이 비록 '일체의' 정치활동을 금지하는 것으로 규정하고 있더라도, 교원의 임금·근무조건·후생복지 등 경제적·사회적 지위 향상을 위한 활동은 노조활동의 일환으로서 교원노조에게도 당연히 허용된다고 보아야 하고, 또한 교원노조는 초·중등교육을 직접 담당하는 교원으로 구성된 교육 전문가 집단이라는 점에서 초·중등교육 교육정책과 관련된 정치적 의견표명 역시 그것이 정치적 중립성을 훼손하지 않고 학생들의 학습권을 침해하지 않을 정도의 범위 내라면 허용된다고 보아야 한다. 그러나, 교원노조가 교육문제와 연관이 없는 사안에 관하여 교원이라는 신분과 그 조직력을 이용하여 정부의 정책결정이나 집행과정에 영향력을 행사할 목적으로 하는 행위는 교육의 정치적 중립성 내지 이에 대한 국민의 신뢰를 훼손할 수 있으므로 금지되는 정치활동에 해당한다고 볼 가능성이 크다.

이상과 같이 이 사건 교원노조법 규정의 의미 내용을 축소 한정하여 해석하는 것이 가능한 이상, 위 규정이 지나치게 포괄적이고 광범위하여 명확성원칙에 위반된다고 볼 수는 없다.

(3) 과잉금지원칙 위반 여부

(가) 심사기준

위에서 본 바와 같이 정치적 표현의 자유는 자유민주적 기본질서의 구성요소로서 다른 기본권에 비하여 우월한 효력을 가지므로 초·중등교원이라 하더라도 이러한 자유는 될 수 있는 한 보장되도록 하여야 하고, 제한을 하는 경우에도 헌법 제37조 제2항에서 도출되는 과잉금지원칙을 준수하여야 한다(헌재 2008.1.17. 2007헌마700등 참조). 다만, 헌법 제31조 제4항은 교육의 정치적 중립성을 선언하고 있으므로 교육의 담당자인 교원의 표현의 자유는 정치적 영역에서 일반 국민에 비하여 더 제한될 수 있다. (……)

교원이 교원노조 활동으로 하는 행위가 아닌 개인적인 견해 표명의 경우에는 국가공무원법 등에 의해 금지되는 행위가 아닌 한 허용된다고 할 것이므로, 이 사건 교원노조법 규정이 교원노조 및 그 조합원의 정치적 표현의 자유를 과도하게 제한하는 것은 아니다. (……)

앞서 본 바와 같은 의미로 축소해석된 '정치활동'(즉, 근무조건과 같은 교원의 경제적 · 사회적 지위 향상을 위한 정치적 의사표현이나 교육 전문가 집단으로서 교육정책과 관련된 정치적 의견표명 이외의 정치활동)을 교원노조라는 집단성을 이용하여 행하는 것을 금지하는 것이 입법목적 달성에 필요한 정도를 넘은 과도한 제한이라고 보기 어렵다.

한편, 교육의 정치적 중립성에 대한 헌법적 요청과 교원의 학생에 대한 영향 등에 비추어 볼 때, 이 사건 교원노조법 규정에 의해 교원노조의 정치활동이 일부 제한된다 하더라도 그것이 교육의 정치적 중립성 확보, 학생들의 학습권 보장이라는 공익보다 크다고 할 수 없다.

결국, 이 사건 교원노조법 규정은 과잉금지원칙에 위반되지 않는다.

헌재 2014.8.28. 2011헌바32등, 판례집 26-2 상, 242,257-261

(참고 · 미국판례) 공립학교 교원이 학교 이사회의 자금정책을 비판하는 내용을 지역 신문에 서신 형태로 기고한 이유로 해직된 데 대해, 공공 관심사에 관한 시민으로서의 의사표현의 권리와 공무의 효율성을 비교 형량하여 판단해야 한다고 보면서, 이를 위헌이라고 판시하였다(*Pickering v. Board of Education*, 1968). 검찰 공무원이 전보 당하자 동료들을 상대로 상사에 관한 설문조사를 하였고 이 때문에 해직되었다. 이 해직에 대해 합헌이라고 판시하였다. 공공 관심사의 성격이 약하고 공무에 대한 상당한 방해를 했다는 점이 중시되었다(*Connick v. Meyers*, 1983).

공무원의 노동3권에 대한 특별한 제한에 관해서는 노동3권과 관련하여 뒤에 설명한다.

그 밖에 특수신분관계에서의 기본권 제한에 관한 판례로서, 헌법재판소는 신병훈련소에서의 전화 사용을 통제하는 육군 신병교육 지침서가 통신의 자유 등에 대한 위헌적 침해가 아니며 합헌이라고 결정하였다(헌재 2010.10.28. 2007헌마890). 또한 상관을 폭행한 사람을 5년 이하의 징역에 처하도록 한 군형법 규정은 책임과 형벌 간의 비례원칙에 위반되지 않고, 형법이나 폭력행위등처벌에관한법률상의 폭행죄와 달리 벌금형을 규정하지 않고 있다고 하더라도 신체의 안전을 보호법익으로 하는 이들 범죄와 달리 군조직의 위계질서를 보호하는 입법목적에 비추어 형벌체계상의 균형성을 상실하여 평등원칙에도 반하지 않는다고 한다(헌재 2016.6.30. 2015헌바132; 이에 대하여 상관폭행죄의 대상에 명령권이 없는 준상관도 포함되고, 직무수행 중인 상관 등이라는 다른 가중적 구성요건요소가 없음에도 벌금형을 제외하고 있어 비례원칙에 위반된다는 4인 재판관의 위헌의견이 있다).

3. 수용자(收容者)의 기본권에 대한 특별한 제한

수형자(受刑者)와 미결(未決)수용자, 사형확정자 등 법률과 적법한 절차에 따라 교도소·구치소 및 그 지소에 수용된 사람을 합하여 수용자라고 부른다(형의 집행 및 수용자의 처우에 관한 법률 제2조). 수용자의 기본권은 형의 집행 및 수용자의 처우에관한 법률(2007.12.21. 전부개정)에 의해 여러 특별한 제한을 받고 있다. 이 제한의 합헌성 여부는 구체적인 경우마다 비례의 원칙에 따라 판단되어야 한다. 따라서 수형자에 대하여 제한할 수 있는 기본권은 형의 집행과 도망의 방지라는 구금의 목적과 관련된 기본권에 한정되어야 하고, 그 역시 형벌의 집행을 위하여 필요한 한도를 벗어날 수 없다(헌재 2011.10.25. 2009헌마691). 헌법재판소는 그러한 기본권의 예로 신체의 자유, 거주이전의 자유, 통신의 자유 등을 거론하고 있다(헌재 2011.2.24. 2009헌마209). 헌법재판소도 수형자의 선거권을 제한하는 공직선거법 규정은 헌법에 위반된다고 하였다(헌재 2014.1.28. 2012헌마409등). (상세한 내용은 후술하는 제3편, 제13장 참정권 II. 2. 참조).

(판 례) 수용자의 지위와 기본권 제한

수용자의 경우에도 모든 기본권의 제한이 정당화될 수 없으며 국가가 개인의 불가침의 기본적인 인권을 확인하고 보장할 의무(헌법 제10조)로부터 자유로워질 수는 없다. 따라서 수용자의 지위에서 제한이 예정되어 있는 자유와 권리는 형의 집행과 도망·증거인멸의 방지라는 구금의 목적과 관련된 신체의 자유 및 거주이전의 자유 등 몇몇 기본권에 한정되어야 하며 그 역시 필요한 범위를 벗어날 수 없다. 특히 수용시설 내의 질서 및 안전 유지를 위하여 행해지는 규율과 징계를 통한 기본권의 제한은 단지 공동생활의 유지를 위하여 수용자에게 구금과는 별도로 부가적으로 가해지는 고통으로서 다른 방법으로는 그 목적을 달성할 수 없는 경우에만 예외적으로 허용되어야 할 것이다.

더구나 미결수용자의 경우 헌법 제27조 제4항에 의하여 유죄의 판결이 확정될 때까지 무죄로 추정되므로 형사절차에서 필요한 최소한의 불이익만을 입도록 할 필요성은 형이 확정된 경우에 비하여 더욱 크다고 할 수 있다.

이와 같이 수용자의 기본권 제한에 대한 구체적인 한계는 헌법 제37조 제2항에 따라 구체적인 자유·권리의 내용과 성질, 그 제한의 태양과 정도 등을 교량하여 설정하게 된다(헌재 1999.5.27. 97헌마137등, 판례집 11-1, 653,662).

헌재 2003.12.18. 2001헌마163, 판례집 15-2, 562,574-575

(판 례) 미결수용자에 대한 서신검열

질서유지 또는 공공복리를 위하여 구속제도가 헌법 및 법률상 이미 용인되어 있는 이상, 미결수용자는 구속제도 자체가 가지고 있는 일면의 작용인 사회적 격리의 점에 있어 외부와의 자유로운 교통과는 상반되는 성질을 가지고 있으므로, 증거인멸이나 도망을 예방하고 교도소 내의 질서를 유지하여 미결구금제도를 실효성 있게 운영하고 일반사회의 불안을 방지하기 위하여 미결수용자의 서신에 대한 검열은 그 필요성이 인정된다고 할 것이고, 이로 인하여 미결수용자의 통신의 비밀이 일부제한되는 것은 질서유지 또는 공공복리라는 정당한 목적을 위하여 불가피할 뿐만 아니라 유효적절한 방법에 의한 최소한의 제한으로서 헌법에 위반된다고 할 수 없다.

헌재 1995.7.21. 92헌마144, 판례집 7-2, 94

(판 례) 미결수용자의 수의 착용

수사 및 재판단계에서 유죄가 확정되지 아니한 미결수용자에게 재소자용 의류를 입게 하는 것은 미결수용자로 하여금 모욕감이나 수치심을 느끼게 하고, 심리적인 위축으로 방어권을 제대로 행사할 수 없게 하여 실체적 진실의 발견을 저해할 우려가 있으므로, 도주 방지 등 어떠한 이유를 내세우더라도 그 제한은 정당화될 수 없어 헌법 제37조 제2항의 기본권 제한에서의 비례원칙에 위반되는 것으로서, 무죄추정의 원칙에 반하고 인간으로서의 존엄과 가치에서 유래하는 인격권과 행복추구권, 공정한 재판을 받을 권리를 침해하는 것이다.

헌재 1999.5.27. 97헌마137등, 판례집 11-1, 653,654

헌법재판소는 수용자에게 상시적으로 수갑을 채우는 등의 과도한 계구(戒具)사용행위를 위헌이라고 판시하였고(헌재 2003.12.18. 2001헌마163), 구 행형법시행령에서 금치(禁置) 수형자에게 일체의 운동을 금지한 것을 위헌이라고 보았으며(헌재 2004.12.16. 2002헌마478), 금치수형자에게 집필행위를 금지한 것도 위헌이라고 판시하였다(헌재 2005.2.24. 2003헌마289). 민사법정 내에서 수갑 등의 보호장비를 사용하는 것도 허용된다(헌재 2018.6.28. 2017헌마181). 검사조사실에서 미결수용자에 대한 수갑 및 포승 등 계구사용은 무사용이 원칙이며(헌재 2005.5.26. 2004헌마49), 필요한 목적을 위한 경우에만 허용되고(헌재 2005.5.26. 2001헌마728), 선거사범인 유치장 수용자에 대하여 하의를 속옷과 함께 무릎까지 내려서 실시한 신체검사는 비례원칙에 위반되어 위헌이며(헌재 2002.7.18. 2000헌마327), 마약류 사범인 구치소 수용자에 대한 교도관 앞 항문검사를 통한 정밀신체검사는 합헌(헌재 2006.6.29. 2004헌마826), 수용자를 교정시설에 수용할 때 전자영상 검사기를 이용하여 수용자의 항문 부위에 대한 신체검사를 하는 것은 수용자의 인격권 등을 침해하지 않고(헌재 2011.5.26. 2010헌마775), 구치소장이 수용자의 거실에 폐쇄회로 텔레비전을 설치하여 계호한 행위도 수용자의 사생활의 비밀 및 자유를 침해하지 않고(헌재 2011.9.29. 2010헌마413), 엄중격리대상자의 수용거실에 CCTV를 설치하여 24시간 감시하는 행위에 대하여 다수견해는 위헌으로 보았으나 정족수 미달로 합헌결정되었다(헌재 2008.5.29. 2005헌마137등). 반면 미결수용자에 대하여 구치소 내에서 실시하는 종교행사 등에의 참석을 금지하는 것은 위헌이다(헌재 2011.12.29. 2009헌마527). 교도소장이 수용자들의 동절기 취침시간을 21:00으로 정한 행위는 수용자들의 일반적 행동자유권 침해가 아니다(헌재 2016.6.30. 2015헌마36).

헌법재판소는 금치기간 중 집필을 금지하도록 한 '형의 집행 및 수용자의 처우에 관한 법률' 조항을 합헌으로 선언하였다(헌재 2014.8.28. 2012헌마623). 이에 대하여는 집필행위 자체는 정신활동과 관계되는 지극히 개인적인 행위로서 수용시설의 질서와 안전의 유지에 어떤 위험을 줄 수 있는 행위가 아니고, 수용시설의 규율을 위반하였다는 귀책사유와 금지되는 집필행위는 그 내용적 관련성이 매우 희박하므로 청구인의 표현의 자유를 침해한다는 4인 재판관의 반대의견이 있다.

헌법재판소는 최근에도 금치처분을 받은 미결수용자에게 서신수수, 접견, 전화통화, 집필, 신문 및 자비구매도서의 구독을 제한하는 형집행법 조항을 합헌이라 선언하였다(헌재 2016.4.28. 2012헌마549등). 또한 금치처분자에 대한 텔레비전이나 공동행사참가 제한도 합헌이나, 금치처분기간 중 실외운동을 제한하는 것은 신체의 자유를 침해한다고 한다(헌재 2016.5.26. 2014헌마45). 이 결정에 따라 개정 형집행법(법률 제14281호, 2016.12.2., 일부개정)은 금치처분을 받은 자의 실외운동을 원칙적으로 허용하고, 도주나 자해의 우려가 있거나 다른 사람에게 위해를 끼칠 우려가 있는 경우, 그 밖에 시설의 안전 또는 질서를 크게 해칠 우려가 있는 경우에만 예외적으로 실외운동을 금지할 수 있도록 하였다(제112조). 2020년 개정 형집행법은 실외운동 정지나 제한을 받은 수용자에게도 매주 1회 이상의 실외운동을 할 수 있도록 하여야 한다는 규정을 신설하였다(제112조 제5항).

(판 례) 금치처분자에 대한 실외운동 정지 조항의 위헌성

구 행형법 시행령(2000. 3. 28. 대통령령 제16579호로 개정되고, 2008. 10. 29. 대통령령 제21095호로 전부개정되기 전의 것) 제145조 제2항 중 운동 부분은 금치의 처분을 받은 자는 징벌실에 수용하고, 그 기간 중 운동을 금지한다고 규정하고 있었으나, 헌법재판소는 위 조항이 수형자의 인간의 존엄과 가치, 신체의 자유 등을 침해하여 헌법에 위반된다고 결정하였다(헌재 2004.12.16. 2002헌마478 참조).

이후 2007. 12. 21. 법률 제8728호로 전부개정된 형집행법 제112조 제3항 중 제108조 제13호에 관한 부분은 금치처분을 받은 사람에 대하여 원칙적으로 실외운동을 금지하고, 다만 소장이 수용자의 권리구제, 수형자의 교화 또는 건전한 사회복귀를 위하여 특히 필요하다고 인정하면 실외운동을 허가할 수 있도록 규정하고 있다. (……)

금치처분을 받은 사람에 대한 실외운동은 원칙적으로 허용하고 징벌대상자의 특성을 고려하여 예외적으로만 제한하는 것이 바람직하며, 제한의 필요성이 인정되는 경우에도 그 제한의 최저기준을 법령에 명시하는 것이 필요하므로, 금치처분을 받았다는 이유만으로 원칙적으로 실외운동을 금지하는 이 사건 금치조항 중 제108조 제13호에 관한 부분은 신체의 자유에 대한 지나친 제한으로서 침해의 최소성에 위반된다.

헌재 2016.5.26. 2014헌마45, 공보 236, 931,940-941

한편, 미결수용자와는 달리 수형자와 소송대리인과의 접견 횟수 및 시간을 제한하는 형집행법 규정에 대하여는 헌법불합치결정을 하였다.

(판 례) 수형자와 소송대리인과의 접견 횟수 및 시간 제한

재판청구권을 실효적으로 보장하기 위해서는 소송대리인인 변호사와의 접견 시간 및 횟수를 적절하게 보장하는 것이 필수적이다.

그럼에도 불구하고 심판대상조항들은 수형자와 소송대리인인 변호사 사이의 접견 시간을 일반 접견과 동일하게 30분 이내로 제한하고 있다. 앞서 본 바와 같이 일반 접견실 운영의 현실적 문제로 인해, 일반 접견에는 교정시설에 따라 적게는 회당 7분 내지 10분의 시간이 부여된다. 다만 헌재 2013.8.29. 2011헌마122 결정에 따라 소송대리인인 변호사 접견을 접촉차단시설이 없는 곳에서 실시하도록 형집행법 시행령 규정이 개정된 후에는, 변호사 접견도 접촉차단시설이 없는 변호인 접견실에서 이루어지게 되면서, 대체적으로 일반 접견실에서보다는 많은 접견 시간이 30분 이내의 범위에서 부여되고 있다.

일반 접견실 대신 변호인 접견실을 사용하는 것으로 인한 반사적 효과로 소

송대리인인 변호사와의 접견에 과거보다 많은 시간이 주어지고는 있지만, 접견 시간의 최소한을 정하지 않은 심판대상조항들이 그대로 존재하는 이상, 추후 접견실의 현실적 운영 문제 등으로 실제 접견 시간이 다시 줄어들 수 있는 가능성은 언제든지 열려 있다. 과거 일반 접견실에서 소송대리인인 변호사 접견에 주어지던 적게는 7분 내지 10분의 시간은 소송상담이나 준비의 실무를 고려할 때 수형자의 재판청구권을 보장하기에 적절한 시간이라 보기는 어렵다.

(……) 또한 심판대상조항들은 수형자와 소송대리인인 변호사 사이의 접견 횟수를 일반 접견과 합하여 월 4회로 제한하고 있다. 소송대리인인 변호사와의 접견은 수형자로 하여금 변호사의 조력을 받을 수 있게 함으로써 재판청구권을 보장하는 것을 목적으로 하는 반면, 가족, 친구 등과의 접견은 수형자의 교화 및 갱생 등을 목적으로 한다(헌재 2009.9.24. 2007헌마738 참조). 수형자의 입장에서 변호사의 도움을 받을 권리의 핵심 중 하나는 필요한 시기에 즉시 도움을 구할 수 있는지 여부인데(헌재 2013.8.29. 2011헌마122 참조), 위와 같이 목적이 서로 다른 소송대리인인 변호사와의 접견 횟수와 가족, 친구 등과의 일반 접견 횟수를 합산하다 보니, 수형자가 소송을 제기당하는 등 수형자 스스로 소송상담이나 준비의 필요성을 예상할 수 없거나, 동시에 복수의 소송이 진행 중이어서 여러 건의 소송준비가 필요하거나, 또는 사건이 복잡하여 일정 시간 내에 여러 차례의 소송상담이나 준비가 필요한 등의 경우에는 적시에 변호사로부터 조력을 받지 못할 가능성이 있다.

헌재 2015.11.26. 2012헌마858, 판례집 27-2 하, 306,317-320

위 헌법재판소 결정 이후 형집행법 시행령은 2016. 6. 28. 다음과 같이 개정되었다. 수용자가 소송사건의 대리인인 변호사와 접견하는 시간은 월 4회, 회당 60분으로 한다. 이는 접견 횟수 제한(수형자 및 사형확정자는 매월 4회, 미결수용자는 매일 1회)에 포함되지 않는다. 소장은 접견 시간 및 횟수를 늘릴 수 있다(제59조의2). 한편, 수형자가 출정(出廷)할 때 행정법정 방청석에서 그의 변론순서가 될 때까지 대기하는 동안 수갑 1개를 착용하도록 하였다고 하여 수용자의 신체의 자유와 인격권을 침해하는 것은 아니다(헌재 2018.7.26. 2017헌마1238).

4. 학생의 기본권에 대한 특별한 제한

학생의 기본권은 교육 관련 법령이나 학칙 등에 의해 여러 특별한 제한을 받고 있다. 이 제한의 합헌성 여부 역시 구체적인 경우마다 비례의 원칙에 따라 판단되어야 한다(학생 체벌에 관해서는 뒤의 '교육을 받을 권리' 중, '교육권의 소재' 참조).

(참고・미국판례) 고교 학생이 월남전쟁 반대의 의사표시로 검정 띠를 팔에 매고 등교한데 대해 정학처분을 내린 것이 위헌이라고 보았다. '학교의 업무, 기율, 또는 타인의 권리에 대한 실질적이고 상당한 방해를 피하기 위하여 필요한' 것이 아닌 한, 의사표현을 제한할 수 없다고 판시하였다(*Tinker v. Des Moines Independent Community School District*, 1969). 고교 학생신문에 대한 검열을 합헌이라고 보았다. 학교 신문은 '공공의 포럼'(public forum)이 아니며, '정당한 교육적 목적에 합리적으로 관련되는 한', 검열과 같은 규제가 허용된다고 판시하였다(*Hazelwood School District v. Kuhlmeir*, 1988).

5. 군인의 기본권에 대한 특별한 제한

군인은 공무원 중에서도 특수한 신분의 공무원이다. 군인의 기본권은 여러 특별한 제한을 받는다. 군인은 일반법원이 아닌 군사법원의 재판을 받고, 현역을 면한 후가 아니면 국무위원이 될 수 없는 등 헌법 자체에서 규정한 특별한 제한이 있고, 법률에 의한 특별한 제한도 있다. 군인, 군무원에게만 적용되는 군형법이 그 대표적 예이다. 구 군인사법 제47조의2는 '군인의 복무에 관하여는 이 법에 규정한 것을 제외하고는 따로 대통령령이 정하는 바에 의한다'고 규정하여 기본권 침해에 관하여 아무런 규율도 하지 아니한 채 이를 대통령령에 위임하고 있었다. 이에 따라 대통령령인 군인복무규율이 군인의 지위에 관한 일반법의 역할을 하였다. 헌법재판소는 군인의 복무에 관한 일반적인 사항을 법률에 직접 규정하지 않고 대통령령에 위임한 것이 위헌은 아니라고 하였다(헌재 2010.10.28. 2008헌마638).

그러나 위 결정에는 3인의 반대의견이 있었고, 학계에서도 심한 비판이 있었다. 이에 따라 국회는 군인의 지위에 관한 일반법인 '군인의 지위 및 복무에 관한 기본법(약칭: 군인복무기본법, 법률 제13631호, 2015.12.29. 제정, 2016.6.30. 시행)'을 제정하였다. 그 주요내용은 다음과 같다.

① 국방부장관은 5년마다 군인복무정책심의위원회의 심의를 거쳐 군인복무기본정책을 수립하여야 한다(제7조). ② 군인이 국민으로서 헌법상 보장된 권리를 가지며, 이러한 권리는 법률에서 정한 의무에 따라 군사적 직무의 필요성 범위 내에서 제한될 수 있음을 명시하였다(제10조). ③ 평등대우의 원칙, 영내대기의 금지, 사생활의 비밀과 자유, 통신의 비밀보장, 종교생활의 보장, 대외발표 및 활동, 의료권의 보장, 휴

가의 보장 등 군인의 기본권과 관련된 사항을(제11조부터 제18조까지). ④ 선서, 충성의 의무, 성실의 의무, 정직의 의무, 청렴의 의무, 명령 발령자의 의무, 명령 복종의 의무, 사적 제재 및 직권남용의 금지, 군기문란 행위 등의 금지, 비밀 엄수의 의무, 직무이탈 금지, 영리행위 및 겸직 금지, 집단행위의 금지, 불온표현물 소지·전파 등의 금지, 정치 운동의 금지, 전쟁법 준수의 의무 등 군인의 의무를 규정하였다(제19조부터 제34조까지). ⑤ 의견 건의, 고충처리 등 군인의 권리구제 수단을 마련하고, 이를 이유로 불이익한 처분이나 대우를 받지 아니하도록 하였다(제39조 및 제40조). ⑥ 군인의 기본권 침해에 대한 권리구제를 위하여 군인권보호관을 두도록 하되, 그 조직 및 운영 등에 관하여는 따로 법률로 정하도록 하였다(제42조). ⑦ 다른 군인이 구타, 폭언, 성희롱 등을 한 사실을 알게 된 경우 상관이나 수사기관 등에 보고 또는 신고하도록 군인에게 의무를 부과하였다(제43조). ⑧ 신고자에 대한 비밀을 보장하고, 신고 등을 이유로 신고자에게 징계조치 등의 불이익조치를 하지 못하도록 하였다(제44조 및 제45조).

(판 례) 특수신분관계에서의 기본권 제한 법리

(육군3사관학교 사관생도인 갑이 4회에 걸쳐 학교 밖에서 음주를 하여 '사관생도 행정예규' 제12조에서 정한 품위유지의무를 위반하였다는 이유로 육군3사관학교장이 교육운영위원회의 의결에 따라 갑에게 퇴학처분을 한 사안임)

사관생도는 군 장교를 배출하기 위하여 국가가 모든 재정을 부담하는 특수교육기관인 육군3사관학교의 구성원으로서, 학교에 입학한 날에 육군 사관생도의 병적에 편입하고 준사관에 준하는 대우를 받는 특수한 신분관계에 있다(육군3사관학교 설치법 시행령 제3조). 따라서 그 존립 목적을 달성하기 위하여 필요한 한도 내에서 일반 국민보다 상대적으로 기본권이 더 제한될 수 있으나, 그러한 경우에도 법률유보원칙, 과잉금지원칙 등 기본권 제한의 헌법상 원칙들을 지켜야 한다(대법원 2018.3.22. 선고 2012두26401 전원합의체 판결 참조).

육군3사관학교 설치법 및 시행령, 그 위임에 따른 육군3사관학교 학칙 및 사관생도 행정예규 등에서 육군3사관학교의 설치 목적과 교육 목표를 달성하기 위하여 사관생도가 준수하여야 할 사항을 정하고 이를 위반한 행위에 대하여는 징계를 규정할 수 있고 이러한 규율은 가능한 한 존중되어야 한다. 이러한 전제에서 이 사건 금주조항이 기본권 제한의 헌법상 원칙인 과잉금지원칙에 위반되는지 살펴보기로 한다.

첫째, 구 예규 제12조 제1호는 "생도는 음주를 할 수 없다."라고 규정함으로써 사관생도에게 예외 없는 금주의무를 부과하고 있고, 예규 제12조 제1호는

"생도는 음주를 할 수 없다. 단, 부득이한 부모님 상/기일 등으로 본인이 음주를 하여야 할 경우 훈육대장의 승인을 받아야 한다."라고 규정함으로써 사관생도에게 원칙적으로 금주의무를 부과하면서 부모님 상/기일과 같은 부득이한 사정이 있는 경우에만 훈육대장의 승인을 얻어 음주를 허용하고 있다. 사관학교의 설치 목적과 교육 목표를 달성하기 위하여 사관학교는 사관생도에게 교내 음주 행위, 교육·훈련 및 공무 수행 중의 음주 행위, 사적 활동이라 하더라도 신분을 나타내는 생도 복장을 착용한 상태에서 음주하는 행위, 생도 복장을 착용하지 않은 상태에서 사적 활동을 하는 때에도 이로 인하여 사회적 물의를 일으킴으로써 품위를 손상한 경우 등에는 이러한 행위들을 금지하거나 제한할 필요가 있음은 물론이다. 그러나 여기에 그치지 않고 나아가 사관생도의 모든 사적 생활에서까지 예외 없이 금주의무를 이행할 것을 요구하는 것은 사관생도의 일반적 행동자유권은 물론 사생활의 비밀과 자유를 지나치게 제한하는 것이다.

둘째, 퇴학은 학적을 박탈하여 사관생도의 신분 관계를 소멸시킨다는 점에서 징계 중 가장 가혹한 처분에 해당하므로, 적어도 교육상 필요 또는 학내 질서 유지라는 징계 목적에 비추어 중한 징계 사유가 있는 경우에 예외적으로 행해져야 한다. 그런데 사관생도 행정예규 제61조에 의하면, 음주는 품위유지의무 위반으로 1급 사고이고, 이를 2회 이상 반복하여 범한 경우에는 퇴학 조치가 원칙이다. 그런데 구 예규 및 예규 제12조에서 사관생도의 모든 사적 생활에서까지 예외 없이 금주의무를 이행할 것을 요구하면서, 그 제61조에서 사관생도의 음주가 교육 및 훈련 중에 이루어졌는지 여부나 음주량, 음주 장소, 음주 행위에 이르게 된 경위 등을 묻지 않고 일률적으로 2회 위반 시 원칙으로 퇴학조치하도록 정한 것은 사관학교가 금주제도를 시행하는 취지에 비추어 보더라도 사관생도의 기본권을 지나치게 침해하는 것이다.

결국 이 사건 금주조항은 사관생도 교육의 특수성을 고려하더라도 기본권 제한을 최소화하는 방안을 전혀 강구하지 아니함으로써 사관생도의 일반적 행동자유권, 사생활의 비밀과 자유 등 기본권을 과도하게 제한하는 것으로서 무효라고 보아야 한다.

대판 2018.8.30. 2016두60591

(판 례) 군무원의 정치적 표현의 자유 제한

공무원과 국군의 정치적 중립성을 선언한 헌법의 입법목적, 심판대상조항의 입법취지 그리고 관련 규범들과의 관계 등을 종합적으로 고려하면, 심판대상조항에서 금지하는 "정치적 의견을 공표"하는 행위는 '군무원이 그 지위를 이용하여 특정 정당이나 특정 정치인 또는 그들의 정책이나 활동 등에 대한 지지나 반대 의견 등을 공표하는 행위로서 군조직의 질서와 규율을 무너뜨리거나 민주헌정체제에 대한 국민의 신뢰를 훼손할 수 있는 의견을 공표하는 행위'로 한정할 수 있다. 이와 같이 해석되는 이상, 심판대상조항이 수범자의 예측가능성을 해한다거나 법집행 당국의 자의적인 해석과 집행을 가능하게 한다고 보기는 어려우므로, 죄형법정주의의 명확성원칙에 위반된다고 할 수 없다.

군조직의 질서와 규율을 유지·강화하여 군 본연의 사명인 국방의 임무에 전력을 기울이도록 하고, 우리나라의 민주헌정체제와 이에 대한 국민의 신뢰를 보호하려는 심판대상조항의 입법목적은 정당하고, 심판대상조항에서 군무원이 연설, 문서 또는 그 밖의 방법으로 정치적 의견을 공표하는 것을 금지하고 이를 위반하면 처벌하도록 하는 것은 그러한 입법목적을 달성하기 위한 효과적이고 적합한 수단이 된다.

군무원은 그 특수한 지위로 인하여 헌법 제7조와 제5조 제2항에 따라 그 정치적 표현의 자유에 대해 엄격한 제한을 받을 수밖에 없으므로, 그 정치적 의견을 공표하는 행위 역시 이를 엄격히 제한할 필요가 있다. 그런데 심판대상조항은 가.항에서 본 바와 같이 군무원의 정치적 표현의 자유에 대한 제한을 최소한으로 줄이고 있다. 또한 군무원의 정치적 의견 공표 행위의 목적이나 내용을 고려하여 금지되는 행위를 세분화하는 등의 방법을 사용하는 것만으로는 심판대상조항의 입법목적을 충분히 달성할 수 있다고 볼 수는 없다. 그리고 심판대상조항에서 금지하는 행위는 개정된 군형법 제94조 제1항 제2호와 제5호 중 제2호에 해당하는 행위 부분에서 금지하는 행위에 대체로 포함되므로, 심판대상조항이 금지하는 정치 관여 행위를 지나치게 포괄적으로 규정하고 있다고 볼 수도 없다. 이상을 종합적으로 고려하여 보면, 심판대상조항은 침해의 최소성원칙에 위반되지도 않는다.

헌재 2018.7.26. 2016헌바139, 공보 262, 1237,1238

위 판례들을 종합하면 군인의 정치적 표현의 자유도 필요한 범위 내에서만 일반국민보다 상대적으로 더 제한될 수 있을 뿐이다. 따라서 군무원이 그 지위를 이용하여 정치적 표현을 하는 것을 제한하는 입법이 합헌이라는 결정은 어느 정도 이해할 수 있다. 그러나 일반 병(兵)의 선거운동을 전면적으로 제한한 규정이 합헌이라는 아래의 결정은 위와 같은 이유로 찬성할 수 없다.

(판 례) 병역의무를 이행하는 병(兵)의 선거운동 제한

심판대상조항(국가공무원법, 공직선거법, 군형법, 군인의 지위 및 복무에 관한 기본법 중 병의 선거운동이나 정치운동을 금지한 규정; 저자)이 병의 선거운동의 자유를 제한하는 것은, 의무복무하는 병이 본연의 업무에 전념하도록 하는 한편, 헌법이 요구하는 공무원의 정치적 중립성, 국군의 정치적 중립성을 확보하려는 것이며, 또한 선거의 공정성과 형평성을 확보하려는 것이다. (……)

병이 업무를 담당하는 동안은 '국민 전체에 대한 봉사자'이자 '국군의 일원'으로서 공무에 전념한다는 점에서는 차이가 없다. 또한, 병이 상명하복의 지휘체계에서 최하단에 있다고 하여 그 업무가 직업군인에 비하여 경미하다고 일률적으로 말할 수 없으며, 병의 업무와 직업군인의 업무가 명확히 구별되는 것도 아니다. 이처럼 병이 직업군인 등 직업공무원과 본질적으로 다르다고 할 수 없으므로, 심판대상조항이 선거와 관련하여 병에게 직업군인 등 직업공무원과 동일한 정치적 중립 의무를 부과하는 것은 청구인의 평등권을 침해하지 않는다.

헌재 2018.4.26. 2016헌마611, 판례집 30-1 하, 21,22

헌법재판소는 사회복무요원이 정당에 가입하지 못하도록 하는 것은 합헌이나 '그 밖의 정치단체'에 가입하지 못하도록 하는 병역법 조항은 위헌이라고 하였다.

(판 례) 사회복무요원의 정치적 표현의 자유 제한

가. 이 사건 법률조항 중 '정당'에 관한 부분은 사회복무요원의 정치적 중립성을 유지하고 업무전념성을 보장하기 위한 것으로, 정당은 개인적 정치활동과 달리 국민의 정치적 의사형성에 미치는 영향력이 크므로 사회복무요원의 정당 가입을 금지하는 것은 입법목적을 달성하기 위한 적합한 수단이다. 정당에 관련된 표현행위는 직무 내외를 구분하기 어려우므로 '직무와 관련된 표현행위만을 규제'하는 등 기본권을 최소한도로 제한하는 대안을 상정하기 어려우며, 위 입법목적이 사회복무요원이 제한받는 사익에 비해 중대하므로 이 사건 법률조항 중 '정당'에 관한 부분은 청구인의 정치적 표현의 자유 및 결사의 자유를 침해하지 않는다.

나. 민주주의 국가에서 국가 구성원의 모든 사회적 활동은 '정치'와 관련되고, 단체는 국가 정책에 찬성·반대하거나, 특정 정당이나 후보자의 주장과 우연히 일치하기만 하여도 정치적인 성격을 가진다고 볼 여지가 있다. '그 밖의 정치단체'는 문언상 '정당'에 준하는 정치단체만을 의미하는 것이 아니고, 단체의 목적이나 활동에 관한 어떠한 제한도 규정하고 있지 않으며, '정치적 중립성'이라는 입법목적 자체가 매우 추상적인 개념이어서, 이로부터 '정치단체'와 '비정치

단체'를 구별할 수 있는 기준을 도출할 수 없다. 이 사건 법률조항은 '정치적 목적을 지닌 행위'의 의미를 개별화 · 유형화 하지 않으며, '그 밖의 정치단체'의 의미가 불명확하므로 이를 예시로 규정하여도 '정치적 목적을 지닌 행위'의 불명확성은 해소되지 않는다. 따라서 위 부분은 명확성원칙에 위배된다.

헌재 2021.11.25. 2019헌마534, 공보 302, 1524

교원의 정치단체 가입을 금지한 국가공무원법 조항이 위헌이라는 헌재 2020.4.23. 2018헌마551 결정과 같은 취지이다. 다만 사회복무요원이 정당에 가입하고, 그 사실을 국민이 안다고 하여 국민의 정치적 의사형성에 영향을 끼친다는 논리에는 반론의 여지가 있다.

제 5 장

기본권보장의 수단

I. 서 설

우리 헌법은 기본권보장의 수단으로 다음의 여러 규정을 두고 있다. 청원권(제26조), 재판청구권(제27조), 형사보상청구권(제28조), 국가배상청구권(제29조), 행정심판제도(제107조 제3항), 위헌법률 · 명령 · 규칙 · 처분심사제도(제107조, 제111조), 헌법소원심판제도(제111조 제1항 제5호) 등.

기본권보장의 수단은 관점에 따라 여러 유형으로 구분할 수 있다. 먼저 기본권 침해의 발생 시점을 기준으로 ① 침해 발생 이전에 보장하는 사전예방적인 보장수단과 ② 침해 발생 이후에 보장하는 사후구제적인 보장수단으로 구분된다. 대부분의 기본권보장 수단은 사후구제적 수단이다. 사전예방적 수단으로 외국에서 인정된 것으로는 추상적 규범통제(법률의 위헌여부가 재판의 전제가 되지 않은 경우라도 일정한 국가기관의 청구에 의해 이를 심사하는 제도), 사전 위헌심사제(법률안 의결 후 발효 전에 일정한 국가기관의 청구에 의해 그 위헌여부를 심사하는 제도) 등이 있다. 우리 헌법상 청원권은 사후구제만이 아니라 사전예방적으로도 행사될 수 있다. 국가인권위원회의 업무와 권한도 사후구제 및 사전예방적인 것을 포함한다. 최후의 기본권보장 수단으로는 저항권을 들 수 있다.

한편 누구에 의한 기본권보장이냐에 따라 ① 입법기관에 의한 보장, ② 행정기관에 의한 보장, ③ 사법기관(법원 및 헌법재판소)에 의한 보장, ④ 기타 특별한 국내적 인권보장기구에 의한 보장 및 ⑤ 국제적 인권보장기구에 의한 보장 등으로 구분할 수 있다. 아래에서 특히 국가인권위원회 및 국제인권기구에 의한 기본권보장을 설명한다.

Ⅱ. 국가인권위원회에 의한 기본권보장

1. 국가인권위원회의 설치와 구성

유엔은 각국의 국내인권기구의 설치를 권고하여 왔으며, 특히 1993년 총회의 결의로 '국내인권기구의 지위에 관한 원칙'을 채택하였다. 우리나라는 2001년 5월 24일, 국가인권위원회법을 제정하였다. 이 법에 의한 국가인권위원회제도는 법원이나 헌법재판소에 의한 사법적 인권보장 수단이 지닌 절차상 제약(제소요건 등) 및 실제상 제약(시간과 비용 등)을 보완하는 제도로서 의미를 지닌다. 이 법은 대한민국 국민만이 아니라 국내에 있는 외국인에 대해서도 적용한다(국가인권위원회법 제4조).

국가인권위원회는 위원장 1명과 3명의 상임위원을 포함한 11명의 인권위원으로 구성된다. 위원은 국회에서 선출하는 4명(상임위원 2명을 포함), 대통령이 지명하는 4명(상임위원 1명 포함), 대법원장이 지명하는 3명을 대통령이 임명하되, 특정 성(性)이 10분의 6을 초과하지 아니하도록 하여야 한다(제5조 제6항). 위원장은 위원 중에서 대통령이 임명한다(제5조). 위원은 공무원직을 겸직할 수 없고(다만 교육공무원은 허용), 정당에 가입할 수 없다(같은 법 제9조, 제10조).

2. 국가인권위원회의 업무와 권한

(1) 국가인권위원회의 업무

국가인권위원회법상 '인권'이란 "헌법 및 법률에서 보장하거나 대한민국이 가입·비준한 국제인권조약 및 국제관습법에서 인정하는 인간으로서의 존엄과 가치 및 자유와 권리"를 말한다(법 제2조 제1호).

국가인권위원회(이하 '위원회'로 약칭)는 다음의 업무를 수행한다. 인권에 관한 법령·제도·정책·관행의 조사와 연구 및 그 개선이 필요한 사항에 관한 권고 또는 의견의 표명, 인권침해행위와 차별행위에 대한 조사와 구제, 인권상황에 대한 실태조사, 인권에 관한 교육 및 홍보, 인권침해의 유형, 판단 기준 및 그 예방 조치 등에 관한 지침의 제시 및 권고, 국제인권조약 가입 및 그 조약의 이행에 관한 연구와 권고 또는 의견의 표명, 인권의 옹호와 신장을 위하여 활동하는 단체 및 개인과의 협력, 인권과 관련된 국제기구 및 외국 인권기구와의 교류·협력, 그 밖에 인권의 보장과 향상을 위하여 필요하다고 인정하는 사항(같은 법 제19조).

(2) 조사의 개시와 대상

위원회의 권한의 핵심은 인권침해 및 차별행위의 조사와 구제조치이다. 위원회의 조사는 ① 인권침해나 차별행위를 당한 피해자 또는 그 사실을 알고 있는 사람이나 단체의 진정, ② 진정이 없더라도 믿을 만한 상당한 근거가 있고 그 내용이 중대하다고 인정할 때에는 위원회의 직권으로 행할 수 있다(같은 법 제30조).

조사대상은 ① 국가기관, 지방자치단체 또는 구금·보호시설의 업무수행과 관련하여 헌법 제10조 내지 제22조에 보장된 인권을 침해당하거나 차별행위를 당한 경우, ② 법인, 단체 또는 사인(私人)에 의하여 차별행위를 당한 경우이다. 단, 국회의 입법 및 법원과 헌법재판소의 재판은 대상에서 제외한다(같은 법 제30조). 헌법재판소는 법원의 재판을 조사대상에서 제외한 것이 합헌이라고 판시하였다(헌재 2004.8.26. 2002헌마302).

조사대상은 헌법 제10조 내지 제22조에 보장된 인권이므로 인간의 존엄권·행복추구권 및 자유권(제23조의 재산권은 제외)과 평등권에 한정되며, 사회권, 절차적 기본권(청구권적 기본권)은 제외된다고 해석된다. 그러나 사회권이나 절차적 기본권이라도 차별의 측면에서는 조사대상이 될 수 있다고 본다. 다만, 헌법재판소는 최근 청원권 침해를 이유로 제기된 진정사건을 국가인권위원회가 조사대상이 아니라는 이유로 각하한 것은 정당하다고 하였다(헌재 2011.3.31. 2010헌마13). 성희롱은 조사대상에 포함된다.

(3) 조사방법과 구제조치

위원회의 조사방법은 당사자(진정인·피해자·피진정인) 또는 관계인에 대한 출석요구, 진술청취 또는 진술서 제출요구, 당사자·관계인·관계기관에 대한 관련자료 제출요구나 관련사실 조회, 현장조사나 감정, 사실 또는 정보의 조회 등에 의한다(같은 법 제36조). 이러한 요구 등에 불응하는 자에게는 과태료가 부과된다(같은 법 제63조). 유의할 것은 강제수사권이 인정되지 않는다는 점이다.

위원회가 취할 수 있는 조치로는, 접수한 진정을 각하하거나, 조사 결과 기각할 수 있고, 다른 기관에 이송할 수 있다. 진정을 인용(認容)하는 경우에는 ① 수사기관에 대한 수사개시와 필요한 조치의 의뢰, ② 당사자에 대한 합의 권고, ③ 당사자의 신청이나 위원회의 직권에 의한 조정을 할 수 있다. 조정이 성립하거나 이의신청이 없는 경우에 조정은 재판상 화해와 동일한 효력을 갖는다. 또한 위원회는 조사 결과, ④ 피진정인이나 그 소속기관 등의 장에 대한 구제조치 또는 징계 등의 권고, ⑤ 검찰총장 등에 대한 고발, ⑥ 피해자를 위한 법률구조요청, ⑦ 일정한 경우에 진정에 대한 결정 이전에 피진정인이나 그 소속기관 등의 장에 대한 긴급구제조치의 권고를 할 수 있다(같은 법 제32조 내지 제48조).

그 밖에 기본권보장과 관련된 특별한 기구로서 '부패방지 및 국민권익위원회의 설치와 운영에 관한 법률'에 의해 설치된 '국민권익위원회'가 있다. 이 기구는 행정기관 등에 관한 고충민원처리와 이와 관련된 불합리한 행정제도를 개선하고, 부패의 효율적 예방과 규제를 위하여 국무총리 소속하에 설치된 것으로(제11조), 과거 국민고충처리위원회와 국가청렴위원회, 국무총리 행정심판위원회 등의 기능을 합쳐 2008년 2월 29일 새롭게 탄생한 기관이다. 또한, 지방자치단체 및 그 소속기관에 관한 고충민원의 처리와 행정제도의 개선을 위하여 각 지방자치단체에 시민고충처리위원회를 둘 수 있다(제32조).

한편 '남녀차별금지 및 구제에 관한 법률'이 폐지(2005.12.29)됨에 따라 이 법에 의한 '남녀차별개선위원회'의 사무는 국가인권위원회가 승계하였다.

Ⅲ. 국제인권기구에 의한 기본권보장

1. 개　　관

현재 세계적으로 다수의 국제인권조약이 존재한다. 그 중에 가장 보편적이고 대표적이라고 할 수 있는 것이 '시민적 · 정치적 권리에 관한 국제규약'(International Covenant on Civil and Political Rights. 이하 '자유권규약'이라 약칭한다) 및 '경제적 · 사회적 · 문화적 권리에 관한 국제규약'(International Covenant on Economic, Social and Cultural Rights. 이하 '사회권규약'이라 약칭한다)이다. 이 두 조약을 함께 지칭하여 흔히 '국제인권규약'이라고 부른다. 사회권규약을 A규약, 자유권규약을 B규약이라고 부르기도 하는데 이는 일본에서 통칭되는 용어일 뿐이며 공식적 용어가 아니다. 우리나라는 이 두 인권조약 및 자유권규약의 실시에 관한 '선택의정서'(Optional Protocol)에 가입하였다. 그 밖에 우리나라가 가입한 주요한 인권조약으로, 인종차별금지조약, 여성차별금지조약, 고문금지조약, 아동의 권리에 관한 조약, 부녀자의 정치적 권리에 관한 조약, 인신매매금지 등에 관한 조약, 집단살해방지와 처벌에 관한 조약, 난민의 지위에 관한 조약 등이 있다. 이들 인권조약에 가입하면서 우리나라는 국내 법률과 상충하는 일부 조약 조항에 대해 그 적용을 유보하였다. 우리 정부는 2021년 4월 20일 결사의 자유에 관한 국제노동기구(ILO) 기본협약(제87호 및 제98호 협약)에 대한 비준서를 기탁하였고, 동 협약들은 2022년 4월 20일부터 발효하여 국내법적 효력을 가지게 되었다.

2. 국제인권조약상의 개인통보제도

인권조약의 가입을 통해 국가가 지는 의무 가운데 통상적으로 가장 기본적인 것은 국가보고서의 제출이다. 이 밖에 조약내용 실시를 위한 구체적 제도로서 특히 중요한 것은 '개인통보제도'이다. 이 제도는 조약상의 권리를 침해당한 개인이 해당 조약상의 기관에 통보(이를 'communication'이라 한다)하면 해당 기관이 이를 심의하고 그 의견을 당사국에 통지하는 제도이다. 이것은 직접 개인에게 권리를 부여한 것인 점에서 매우 중요한 의미를 지닌다. 위의 자유권규약의 선택의정서에 가입한 국가에 이러한 제도가 적용되며, 인종차별금지조약, 고문방지조약 등에서도 이 제도가 채택되어 있다.

자유권규약의 경우, 실제로 우리 정부를 상대로 개인통보가 행하여진 사건들이 있다. 노동쟁의에 대한 제3자 개입금지 조항, 국가보안법 등에 관한 사건에서 자유권규약의 인권이사회(Human Rights Committee)는 규약위반이라는 결정을 내리고 일정한 구제조치를 요청하였다. 이들 사건에서 우리 정부는 이사회의 요청을 수락하지 않았다. 이사회의 결정은 권고적 효력을 가질 뿐이며, 당사국에 대한 법적 구속력을 갖지 않는다.

(판 례) 인권이사회 결정의 국내법적 효력(국가보안법)

> 시민적 및 정치적 권리에 관한 국제규약에 의하여 설치된 인권이사회에서 국가보안법의 문제점을 지적한 바 있다고 하더라도 그것만으로 국가보안법의 효력이 당연히 상실되는 것은 아니(다).
>
> 대판 1993.12.24. 93도1711

헌법재판소 결정 가운데에도 자유권규약상의 인권이사회의 결정을 받아들이지 않은 것이 있다. 1999년, 인권이사회는 준법서약제의 폐지를 권고하였지만, 헌법재판소는 이 제도가 합헌이라고 결정하였다(헌재 2002.4.25. 98헌마425등). 준법서약제는

2003년 참여정부 출범 직후 폐지되었다.

3. 국제인권조약에 근거한 국내에서의 사법적 구제

위의 개인통보제도는 국제인권조약에 근거한 국제법상의 기본권보장 수단이다. 이와는 별개로 국내에서 국제인권조약을 근거로 헌법재판소나 일반 법원에 의한 사법적 구제를 받을 수 있느냐가 문제된다. 특히 헌법재판에서 국제인권조약이 재판규범으로서 위헌여부 판단의 기준이 될 수 있느냐가 문제되는데, 이 문제는 국제인권조약의 국내적 효력 순위(서열)가 헌법과 법률과의 관계에서 어떠한가라는 문제와 관련된다. 만일 국제인권조약이 법률과 동등한 효력을 갖는다고 본다면 국제인권조약은 위헌법률심판의 대상이 될 뿐이고 위헌여부 판단의 기준이 되지는 못한다. 국제인권조약에 대해 헌법적 효력을 인정하여야만 위헌여부 판단의 기준이 될 수 있다.

헌법재판소는 국회의 동의를 얻어 체결된 조약이 국내적으로 '법률'과 같은 효력을 지닌다고 보았다. 예컨대 '대한민국과 일본국간의 어업에 관한 협정'(헌재 2001.3. 21. 99헌마139등), '국제통화기금협정'(헌재 2001.9.27. 2000헌바20), '아시아태평양지역에서의 고등교육의 수학, 졸업증서 및 학위인정에 관한 지역협약'(헌재 2003.4.24. 2002헌마611) 등. 한편 특히 국제인권조약의 국내적 효력의 순위에 관해 헌법재판소가 명시적으로 판시한 예는 찾아보기 힘들다. 그러나 국내의 법률 또는 처분이 자유권규약 등에 위배되는지 여부를 판단한 여러 판례가 있다. 구치소 수용자에 대한 일간지 구독금지처분이 자유권규약에 위배되지 않는다고 보았고(헌재 1998.10.29. 98헌마4), 집단적 노무제공 거부행위를 업무방해죄로 처벌하는 형법규정이 강제노역을 금지하는 자유권규약에 위반하지 않는다고 판시하였다(헌재 1998.7.16. 97헌바23). 또한 공무원의 노동3권 제한이 국제인권규약에 위반하지 않는다고 보았다(헌재 2005.10.27. 2003헌바50등).

(판 례) 자유권규약과 강제노역 금지(집단적 노무제공 거부에 대한 형사처벌)

1966년 제21회 국제연합(UN) 총회에서 채택된 시민적 및 정치적 권리에 관한 국제규약(1990. 6. 13. 조약 1007호, 이른바 B규약) 제8조 제3항은 법원의 재판에 의한 형의 선고 등의 경우를 제외하고 어느 누구도 강제노동을 하도록 요구되지 아니한다는 취지로 규정하고 있고, 여기서 강제노동이라 함은 본인의 의사에 반하여 과해지는 노동을 의미한다고 할 수 있는데, 이는 범죄에 대한 처벌로서 노역을 정당하게 부과하는 경우와 같이 법률과 적법한 절차에 의한 경우를 제외하고는 본인의 의사에 반하는 노역은 과할 수 없다는 의미라고 할 수 있는 우리 헌법 제12조 제1항 후문과 같은 취지라고 할 수 있다. 그렇다면 강제노역금지에 관한 위 규약과 우리 헌법은 실질적으로 동일한 내용을 규정하고 있다 할 것이므로, 이 사건 심판대상 규정 또는 그에 관한 대법원의 해석이 우리 헌법에 위반되지 않는다고 판단하는 이상 위 규약 위반의 소지는 없다 할 것이다.

헌재 1998.7.16. 97헌바23, 판례집 10-2, 243,265

(판 례) 공무원의 노동3권 제한과 국제인권규약 위반 여부

"경제적 · 사회적 및 문화적 권리에 관한 국제규약"은 제4조에서 "…… 국가가 이 규약에 따라 부여하는 권리를 향유함에 있어서, 그러한 권리의 본질과 양립할 수 있는 한도 내에서, 또한 오직 민주사회에서의 공공복리증진의 목적으로 반드시 법률에 의하여 정하여지는 제한에 의해서만, 그러한 권리를 제한할 수 있음을 인정한다" 하여 일반적 법률유보조항을 두고 있고, 제8조 제1항 (a)호에서 국가안보 또는 공공질서를 위하여 또는 타인의 권리와 자유를 보호하기 위하여 민주사회에서 필요한 범위 내에서는 법률에 의하여 노동조합을 결성하고 그가 선택한 노동조합에 가입하는 권리의 행사를 제한할 수 있다는 것을 예정하고 있다.

다음으로 "시민적 및 정치적 권리에 관한 국제규약"의 제22조 제1항에도 "모든 사람은 자기의 이익을 보호하기 위하여 노동조합을 결성하고 이에 가입하는 권리를 포함하여 다른 사람과의 결사의 자유에 대한 권리를 갖는다"고 규정하고 있으나 같은 조 제2항은 그와 같은 권리의 행사에 대하여는 법률에 의하여 규정되고, 국가안보 또는 공공의 안전, 공공질서, 공중보건 또는 도덕의 보호 또는 타인의 권리 및 자유의 보호를 위하여 민주사회에서 필요한 범위 내에서는 합법적인 제한을 가하는 것을 용인하는 유보조항을 두고 있을 뿐 아니라, 특히 위 제22조는 우리의 국내법적인 수정의 필요에 따라 가입당시 유보되었기 때문에 직접적으로 국내법적 효력을 가지는 것도 아니다.

따라서 위 규약들도 권리의 본질을 침해하지 아니하는 한 국내의 민주적인 대의절차에 따라 필요한 범위 안에서 근로기본권에 대한 법률에 의한 제한은 용인하고 있는 것으로서 위에서 본 공무원의 근로기본권을 제한하는 위 법률조항과 정면으로 배치되는 것은 아니라고 할 것이다(헌재 1991.7.22. 89헌가106, 판례집 3, 387,425-429 참조).

헌재 2005.10.27. 2003헌바50등, 판례집 17-2, 238,258

위의 결정들이 국제인권규약을 위헌여부 판단의 기준으로 인정한 것이라는 해석이 나올 수 있으나, 이 결정들이 국제인권규약에 대해 헌법적 효력을 인정한 것인지는 명확하지 않다. 헌법재판소가 법률의 인권규약 위반 여부를 심판하는 취지가 무엇인지를 명확히 해야 할 것이다. 즉 법률과 인권규약이 동위의 효력을 가진다는 것을 전제로 양자의 저촉 여부를 심판하는 것인지, 아니면 인권규약이 법률보다 상위의 효력을 가진다는 것을 전제로 법률의 인권규약 위반 여부를 심판하는 것인지를 명확히 해야 할 것이다.

헌법재판소 판례 중에 법률의 자유권규약 등 위반 여부를 판단하면서 이를 헌법 제6조 제1항의 '국제법 존중주의' 위반 여부의 문제로 다룬 것들이 있다. 예컨대 교원에 대해 근로3권을 인정하지 않은 것이 자유권규약과 사회권규약 등에 위반한 것이 아니며 따라서 헌법 제6조 제1항의 국제법존중주의에 위반하지 않았다고 판시하였다(헌재 1991.7.22. 89헌가106). 유사한 논지의 결정으로, 부정수표단속법 규정이 자유권규약에 위반하지 않는다고 본 판례가 있다(헌재 2001.4.26. 99헌가13). 그러나 헌법 제6조 제1항은 국내법이 국제법을 위반하면 곧 위헌이라는 의미의 국제법 존중주의를 뜻하는 것은 아니다. 법률이 조약과 저촉한다고 해서 이것이 곧 헌법 제6조 제1항 위반이라고 볼 수는 없다.

한편 대법원 판례 중에 법률의 자유권규약 위반 여부를 판단한 예가 있다.

(판 례) '자유권규약'과 노동쟁의 제3자 개입금지 조항

우리나라가 가입한 '시민적 및 정치적 권리에 관한 국제규약'은 제19조 제2항에서 모든 사람은 표현의 자유에 대한 권리를 가진다고 규정한 다음, 같은 조 제3항에서는 위 권리의 행사는 법률의 규정에 의하여 타인의 권리·신용의 존중 또는 국가안보 또는 공공질서·공중보건·도덕의 보호 등을 위하여 필요한 경우에 한하여 제한할 수 있다고 규정함으로써 국가안보 또는 공공질서 등을 위하여 필요한 범위 내에서는 표현의 자유에 대한 권리 행사를 법률의 규정에 의하여 제한하는 것을 인정하고 있는바, 구 노동쟁의조정법 제13조의2는 노사분쟁 해결의 자주성 및 산업평화의 유지 등 공공질서를 위하여 필요한 범위 내에서 법령에 의하여 정당한 권한을 가진 자를 제외한 제3자가 쟁의행위에 관하여 관계 당사자를 조종·선동·방해하거나 기타 이에 영향을 미칠 목적으로 개입하는 행위를 금지한 것이다.

원심이 적법하게 인정한 사실과 기록에 비추어 보면 법령상 정당한 권한을 갖지 않는 제3자인 원고가 원심 판시와 같은 성명서 및 지지광고를 파업중인

대우조선 근로자들에게 배포하게 한 행위는 위 성명서 및 지지광고의 내용과 이를 배포한 의도, 경위, 수량 등을 감안하여 볼 때, 단순한 표현행위의 범위를 넘어 쟁의행위에 영향을 미칠 목적으로 개입한 행위로서 위 법률조항의 목적인 노사분쟁 해결의 자주성 및 산업평화의 유지를 위하여 금지할 필요가 있는 행위라고 인정되므로, 원고를 위 법률조항 위반의 죄로 처벌한 것이 위 국제규약 제19조의 취지에 반하여 표현의 자유를 침해한 것이라고 볼 수는 없다 할 것이다.

그리고 위 국제규약 제2조 제3항은 위 국제규약에서 인정되는 권리 또는 자유를 침해 당한 개인이 효과적인 구제조치를 받을 수 있는 법적 제도 등을 확보할 것을 당사국 상호간의 국제법상 의무로 규정하고 있는 것이고, 국가를 상대로 한 손해배상 등 구제조치는 국가배상법 등 국내법에 근거하여 청구할 수 있는 것일 뿐, 위 규정에 의하여 별도로 개인이 위 국제규약의 당사국에 대하여 손해배상 등 구제조치를 청구할 수 있는 특별한 권리가 창설된 것은 아니라고 해석된다.

대판 1999.3.26. 96다55877

위 대법원판례는 자유권규약의 국내적 효력에 관하여 헌법 및 법률과의 관계에서 그 효력 순위(서열)가 어떠한지를 밝히고 있지 않으면서, 국내 법률이 자유권조약에 위반되는지 여부를 판단하고 있다. 이 판결이 자유권규약을 법률보다 상위의 효력을 가진 재판규범으로 인정한 것인지 여부는 명백하지 않다.

한편, 대법원 판례 중에는 남녀차별을 내용으로 하는 종래의 한 관습법이 전체 법질서에 반하기 때문에 효력을 상실했다고 보면서, 그 전체 법질서의 내용의 하나로서 여성차별철폐협약을 들고 있는 것이 있다.

(판 례) 관습법 효력상실 근거로서의 국제인권조약

1985. 1. 26.부터 국내법과 같은 효력을 가지게 된 유엔의 여성차별철폐협약(CONVENTION ON THE ELIMINATION OF ALL FORMS OF DISCRIMINATION AGAINST WOMEN)은 '여성에 대한 차별'이라 함은 정치적, 경제적, 사회적, 문화적, 시민적 또는 기타 분야에 있어서 결혼 여부와 관계없이 여성이 남녀동등의 기초 위에서 인권과 기본적 자유를 인식, 향유 또는 행사하는 것을 저해하거나 무효화하는 것을 목적으로 하는 성별에 근거한 모든 구별, 제외 또는 제한을 의미한다고 규정하면서, 위 협약의 체약국에 대하여 여성에 대한 차별을 초래하는 법률, 규칙, 관습 및 관행을 수정 또는 폐지하도록 입법을 포함한 모든 적절한 조치를 취할 것과 남성과 여성의 역할에 관한 고정관념에 근거한 편

견과 관습 기타 모든 관행의 철폐를 실현하기 위하여 적절한 조치를 취할 의무를 부과하였다.

…… 종래의 관습은, 공동선조의 분묘수호와 봉제사 등 종중의 활동에 참여할 기회를 출생에서 비롯되는 성별만에 의하여 생래적으로 부여하거나 원천적으로 박탈하는 것으로서, 위와 같이 변화된 우리의 전체 법질서에 부합하지 아니하여 정당성과 합리성이 있다고 할 수 없다. 따라서 종중 구성원의 자격을 성년 남자만으로 제한하는 종래의 관습법은 이제 더 이상 법적 효력을 가질 수 없게 되었다고 할 것이다.

대판 2005.7.21. 2002다1178

국제인권조약, 특히 자유권규약이나 사회권규약 같은 보편적 인권조약이 국내적으로 어떤 순위의 효력을 갖는가에 관해서는 여러 견해들이 있다. ① 다른 조약과 마찬가지로 법률의 효력을 갖는다는 견해, ② 헌법보다는 하위이나 법률보다 상위의 효력을 갖는다는 견해, ③ 헌법적 효력을 갖는다는 견해 등.

생각건대 자유권규약이나 사회권규약은 다른 조약과 마찬가지로 법률의 효력을 갖는다고 본다.

제 6 장

인간으로서의 존엄과 가치 및 행복추구권

> **(헌법 제10조)** 모든 국민은 인간으로서의 존엄과 가치를 가지며, 행복을 추구할 권리를 가진다. 국가는 개인이 가지는 불가침의 기본적 인권을 확인하고 이를 보장할 의무를 진다.
>
> **(헌법 제37조 제1항)** 국민의 자유와 권리는 헌법에 열거되지 아니한 이유로 경시되지 아니한다.

I. 서 설

1. 연 혁

헌법 제10조 제1문은 연혁적으로 독일 및 미국에서 유래한다. 모든 국민이 '인간으로서의 존엄과 가치'를 갖는다는 규정은 1949년의 독일 기본법 제1조 제1항("인간의 존엄은 불가침이다. 이를 존중하고 보장하는 것은 모든 국가권력의 의무다")을 참조한 것이며, 우리의 제3공화국 헌법에서 처음 규정되었다.

'행복을 추구할 권리'를 갖는다는 규정은 1776년의 미국 버지니아 권리장전과 독립선언문에서 유래하고, 일본 헌법에도 이러한 규정이 있다(제13조 제2항. "생명, 자유 및 행복추구에 대한 국민의 권리에 관하여는 공공의 복지에 반하지 아니하는 한, 입법 기타의 국정에 있어서 최대한도로 존중됨을 요한다"). 이 규정은 우리의 제5공화국 헌법에서 처음 채택되었다.

2. 법적 의의

모든 국민이 인간으로서의 존엄과 가치를 가지며 행복추구권을 갖는다는 것은 기본권 보장의 원리를 천명한 것이다.

첫째, 이것은 우리 헌법의 기본원리를 나타내는 헌법핵(또는 헌법의 근본규범)에 해당한다. 따라서 헌법을 비롯한 전체 법질서의 기본 원칙을 이루며, 모든 법규범의 해석상의 기준을 제시하는 것이다. 또한 헌법개정에 의해서도 그 취지를 변경할 수 없으며, 그런 의미에서 헌법개정의 한계를 이룬다.

(판 례) 헌법의 기본원리로서의 인간의 존엄

헌법 제10조에서 규정한 인간의 존엄과 가치는 헌법이념의 핵심으로, 국가는 헌법에 규정된 개별적 기본권을 비롯하여 헌법에 열거되지 아니한 자유와 권리까지도 이를 보장하여야 하며, 이를 통하여 개별 국민이 가지는 인간으로서의 존엄과 가치를 존중하고 확보하여야 한다는 헌법의 기본원리를 선언한 조항이다.

헌재 2000.6.1. 98헌마216, 판례집 12-1, 622,648

둘째, 이것은 국민이 국가 이전에 인간으로서 존엄하고 가치를 지닌다는 것을 뜻하는 것으로, 헌법상 보장되는 기본권이 자연권적 성격을 지님을 나타낸 것이다.

셋째, 이것은 개인과 사회의 관계에 관하여 기본적으로 개인의 존중과 전체주의의 배격을 나타낸 것이다. 인간의 존엄과 행복추구권의 보장은 개인의 존중을 기초로 하는 개인주의에 입각한 것인데, 다만 여기서의 개인주의는 사회로부터 고립된 개인을 토대로 하는 것이 아니라 공동체적 가치를 인정하는 것이다. 이를 개인주의 및 전체주의와 대비하여 '인격주의'라고 부르기도 한다.

3. 인간으로서의 존엄과 가치의 의미

인간으로서의 존엄과 가치('인간의 존엄'이라고 약칭한다)가 무슨 의미냐에 관하여 독일 학설에 따라 '인격'과 관련하여 이해하는 것이 일반적이다. 인간의 존엄이란 인간의 고유한 인격을 가리키며, 자율성을 지닌 인간을 도구로서가 아니라 그 자체 목적으로서 대하여야 한다는 것을 뜻한다.

Ⅱ. 인간의 존엄과 행복추구권의 법적 성격

인간의 존엄과 행복추구권의 법적 성격에 관하여 해석상 몇 가지 문제가 논란되고 있다. ① 행복추구권과 별개로, 인간의 존엄은 그 자체가 기본권인가, ② 인간의 존엄이 그 자체 기본권이라면, 이것은 행복추구권과 별개의 독자적인 기본권인가, ③ 인간의 존엄과 행복추구권이 기본권이라면 그것은 어떤 내용과 성격의 기본권인가.

1. 인간의 존엄은 기본권인가

모든 국민이 인간으로서의 존엄과 가치를 갖는다는 규정은 기본권 보장의 이념을 선언한 것에 그치는 것인가 아니면 구체적인 권리로서의 기본권을 규정한 것인가. 이에 관하여 견해의 대립이 있으나 인간의 존엄 자체가 기본권이라고 본다. 헌법재판소 판례도 이를 인정하고 있다.

(판 례) 인격권으로서의 인간의 존엄(간통죄 처벌)

헌법 제10조는 "모든 국민은 인간으로서의 존엄과 가치를 가지며, 행복을 추구할 권리를 가진다. 국가는 개인이 가지는 불가침의 기본적 인권을 확인하고 이를 보장할 의무를 진다"라고 규정하여 모든 기본권 보장의 종국적 목적(기본이념)이라 할 수 있는 인간의 본질이며 고유한 가치인 개인의 인격권과 행복추구권을 보장하고 있다.

헌재 1990.9.10. 89헌마82, 판례집 2, 306,310

(판 례) 독자적 기본권으로서 인간의 존엄과 가치

청구인은 이 사건 수용행위로 인하여 행복추구권, 인격권 및 인간다운 생활을 할 권리를 침해받았다는 주장도 하고 있으나, 위 기본권들의 침해를 다투는 청구인의 주장은 모두 인간의 존엄과 가치의 침해를 다투는 청구인의 주장에 포섭될 수 있으므로 별도로 판단하지 아니한다. (……) 인간의 존엄과 가치는 모든 인간을 그 자체로서 목적으로 존중할 것을 요구하고, 인간을 다른 목적을 위한 단순한 수단으로 취급하는 것을 허용하지 아니하는바, 이는 특히 국가의 형벌권 행사에 있어 매우 중요한 의미를 가진다.

헌재 2016.12.29. 2013헌마142, 28-2 하, 652,656-657

인간의 존엄을 기본권으로 볼 수 있으나, 설사 이를 부정하더라도, 행복추구권을 포괄적인 기본권으로 해석하는 한, 실제적으로 차이가 있는 것은 아니다.

2. 인간의 존엄과 행복추구권의 관계

인간의 존엄을 기본권으로 이해한다면, 이것은 행복추구권과 별개의 독자적인 기본권인가 아니면 인간의 존엄과 행복추구권을 합하여 기본권으로 이해할 것인가. 이에 관하여 견해의 대립이 있다. 헌법재판소 판례는 이에 관하여 일관되어 있지 않으며 불명확하다.

뒤에 설명하는 것처럼 인간의 존엄이나 행복추구권을 포괄적 기본권으로 이해한다면 두 개의 별도의 포괄적 기본권을 인정한다는 것은 적절치 않다. 그런 면에서는 양자를 합하여 포괄적 기본권으로서 해석함이 적절하다. 다만 그렇게 이해하더라도, 양자는 포괄적 기본권의 서로 구별될 수 있는 측면을 나타낸다고 할 수 있다. 즉 인간의 존엄은 포괄적 기본권의 정태적(靜態的) 측면을, 행복추구권은 동태적(動態的) 측면을 가리킨다고 할 수 있다. 다시 말하면, 하나의 실체의 두 측면을 가리킨다는 점에서는 양자를 구별하는 의미가 있다고 볼 수 있다. 뒤에 설명하는 것처럼, 헌법재판소 판례가 인간의 존엄을 개인의 인격권으로 해석하고, 행복추구권을 일반적 행동자유권 및 개성의 자유로운 발현권(發顯權)으로 해석하는 것은 이러한 해석과 상통한다.

3. 인간의 존엄과 행복추구권의 성격과 내용

(1) 포괄적 기본권으로서의 성격

인간의 존엄과 행복추구권은 포괄적 기본권으로서의 성격을 가진다. 헌법재판소 판례에 의하면, 행복추구권은 "포괄적이고 일반적인 성격"을 갖고 있다고 한다(헌재 1997.11.27. 97헌바10).

포괄적 기본권은 헌법 제11조 이하의 개별적 기본권과 대비된다. 포괄적 기본권은 헌법에 열거된 개별적 기본권 및 열거되지 않은 개별적 기본권의 근거가 되고 그 원천을 이루는 기본권이다. 포괄적 기본권과 개별적 기본권의 관계는 일반법과 특별법의 관계라고 할 수 있다.

(판 례) 포괄적 기본권의 보충적 성격

헌법 제10조에서 규정한 인간의 존엄과 가치는 헌법이념의 핵심으로, 국가는 헌법에 규정된 개별적 기본권을 비롯하여 헌법에 열거되지 아니한 자유와 권리까지도 이를 보장하여야 하며, 이를 통하여 개별 국민이 가지는 인간으로서의 존엄과 가치를 존중하고 확보하여야 한다는 헌법의 기본원리를 선언한 조항이다. 따라서 자유와 권리의 보장은 1차적으로 헌법상 개별적 기본권규정을 매개로 이루어지지만, 기본권제한에 있어서 인간의 존엄과 가치를 침해한다거나 기본권형성에 있어서 최소한의 필요한 보장조차 규정하지 않음으로써 결과적으로 인간으로서의 존엄과 가치를 훼손한다면, 헌법 제10조에서 규정한 인간의 존엄과 가치에 위반된다고 할 것이다.

헌재 2000.6.1. 98헌마216, 판례집 12-1, 622,648

(판 례) 개별적 기본권 침해를 주장하면서 동시에 행복추구권 침해를 주장할 수 있는지 여부

행복추구권은 다른 기본권에 대한 보충적 기본권으로서의 성격을 지니므로, 공무담임권이라는 우선적으로 적용되는 기본권이 존재하여 (……) 그 침해여부를 판단하는 이상, 행복추구권 침해 여부를 독자적으로 판단할 필요가 없다.

헌재 2000.12.14. 99헌마112등, 판례집 12-2, 399,408

행복추구권과 달리 인격권은 양심의 자유 등과 함께 독자적인 기본권으로 판단할 수 있다.

(판 례) 인격권과 양심의 자유를 동시에 제한하는 경우

이 사건 서면사과조항(가해학생에 대한 조치로 피해학생에 대한 서면사과를 규정한 학교폭력예방법 제17조 제1항 제1호; 저자)은 가해학생에게 자신의 의사나 신념에 반하여 자신의 행동이 잘못되었다는 윤리적 판단의 형성을 강요하고 이를 서면으로 표명할 것을 강제하므로 양심의 자유를 제한한다. 또한, 사과의 의사를 외부에 표명하도록 강제함으로써 인격의 자유로운 발현을 위한 의사결정이나 행동을 자율적으로 결정할 수 있는 자유도 제한하므로, 인격권 제한도 인정된다(헌재 1991.4.1. 89헌마160; 헌재 2012.8.23. 2009헌가27 참조).

헌재 2023.2.23. 2019헌바93등, 공보 317, 305,310

포괄적 기본권의 존재의의는 헌법에서 열거되지 않은 개별적 기본권의 인정 근거

가 된다는 점에 있다. 이렇게 이해하면, 헌법 제37조 제1항의 "국민의 자유와 권리는 열거되지 않은 이유로 경시되지 아니한다"는 규정은 하나의 주의적(注意的) 규정이며, 실제의 헌법해석에서 그 독자적 의의가 크지 않다고 할 수 있다. 헌법재판소 판례 중에는 일반적 행동자유권의 근거를 헌법 제10조 및 헌법 제37조 제1항에서 찾은 예가 있다. 헌법재판소는 부모의 자녀양육권은 헌법 제10조 행복추구권 및 헌법 제37조 제1항으로부터 도출된다고 하였고(헌재 2018.7.26. 2016헌마260), 사람이 태어난 즉시 '출생등록될 권리'는 출생 후 아동이 보호를 받을 수 있을 최대한 빠른 시점에 아동의 출생과 관련된 기본적인 정보를 국가가 관리할 수 있도록 등록할 권리로서, 헌법 제10조, 제34조 제1항 및 제4항, 제36조 제1항을 근거로 자유권적 성격과 사회적 기본권의 성격을 함께 가진다고 하였다(헌재 2023.3.23. 2021헌마975).

(판 례) 헌법 제37조 제1항과의 관계(결혼식 하객접대)

결혼식 등의 당사자가 자신을 축하하러 온 하객들에게 주류와 음식물을 접대하는 행위는 인류의 오래된 보편적인 사회생활의 한 모습으로서 개인의 일반적인 행동의 자유 영역에 속하는 행위라 할 것이다. 그렇다면 이는 헌법 제37조 제1항에 의하여 경시되지 아니하는 기본권이며 헌법 제10조가 정하고 있는 행복추구권에 포함되는 일반적 행동자유권으로서 보호되어야 할 기본권이라 할 것이다.

헌재 1998.10.15. 98헌마168, 판례집 10-2, 586,595

최근의 판례는 일반적 행동자유권과 개별적 기본권의 침해 여부를 함께 다루기도 한다. 일례로, 헌법재판소는 입찰담합행위를 한 사업자에게 시정을 위한 필요한 조치를 할 수 있도록 규정한 '독점규제 및 공정거래에 관한 법률' 규정에 대한 위헌소원 사건에서 일반적 행동자유권과 직업의 자유(여기서는 직업수행의 자유) 침해 여부를 동시에 심사하였다(헌재 2016.4.28. 2014헌바60).

(2) 인간의 존엄과 행복추구권의 내용

기본권으로서의 인간의 존엄(이를 '존엄권'이라 부르기도 한다)은 포괄적 기본권인데, 이를 내용적으로 보면 **'인격권'** 또는 **'일반적 인격권'**이라고 할 수 있다. 그런데 헌법재판소 판례 중에 수용자 처우에 관한 사건에서, '인간으로서의 존엄과 가치'로부터 유래하는 인격권을 침해했다고 본 예가 있다(헌재 2001.7.19. 2000헌마546). 한편, 역시 수용자 처우에 관한 사건에서, 직접 '인간의 존엄과 가치'를 침해하였다고 판시한 판례도 있다(헌재 2016.12.29. 2013헌마142). 넓은 의미의 인격권은 개인의 인격에 본질적인 생명, 신체, 건강, 성명, 명예, 초상 및 생활 등에 관한 권리의 총체이다. 특히 명예권, 성명권, 초상권 등은 인격권의 주요 내용을 이룬다. 헌법재판소 판례는 명예권이 헌법 제10조의 인격권에 근거한다고 판시하고 있다.

(판 례) 명예권의 근거로서의 일반적 인격권

헌법 제10조로부터 도출되는 일반적 인격권에는 개인의 명예에 관한 권리도 포함될 수 있으나(헌재 1999.6.24. 97헌마265, 판례집 11-1, 768,774), 여기서 말하는 '명예'는 사람이나 그 인격에 대한 '사회적 평가', 즉 객관적 · 외부적 가치평가를 말하는 것이지 단순히 주관적 · 내면적인 명예감정은 포함하지 않는다고 보아야 한다. 그와 같은 주관적 · 내면적 · 정신적 사항은 객관성과 구체성이 미약한 것이므로 법적인 개념이나 이익으로 파악하는 데는 대단히 신중을 기하지 않을 수 없기 때문이다.

헌재 2005.10.27. 2002헌마425, 판례집 17-2, 311,319

'특정인의 성명 · 초상 등을 경제적(영리적)으로 적극 사용할 수 있는 권리'로 통칭되는 소위 '퍼블리시티권'에 대하여는 그 권리성을 인정하지 않는 것이 그동안의 하급심 판례의 경향이었다. 그러나 근래 변화의 동향을 볼 수 있다. '대법원 2020.3.26.자 2019마6525 결정'이 개별 사건(BTS 화보집 무단발행)에서 부정경쟁방지법 상의 '상당한 노력과 투자에 의하여 구축된 성과물'은 법률상 보호할 가치가 있는 이익이라고 판시하였다. 또한, 2021.12.7. 개정 '부정경쟁방지 및 영업비밀보호에 관한 법률'은 그 제2조 제1호 타목에서 '국내에 널리 인식되고 경제적 가치를 가지는 타인의 성명, 초상, 음성, 서명 등 그 타인을 식별할 수 있는 표지를 공정한 상거래 관행이나 경쟁질서에 반하는 방법으로 자신의 영업을 위하여 무단으로 사용함으로써 타인의 경제적 이익을 침해하는 행위'를 부정경쟁행위 유형의 하나로 추가하였다. 이들 사례는 퍼블리시티권을 인격권에서 도출되는 새로운 권리로 볼 수 있는 소지를 보여주고 있다.

(판 례) 수사기관의 피의자에 대한 촬영허용과 인격권 침해

사람은 자신의 의사에 반하여 얼굴을 비롯하여 일반적으로 특정인임을 식별할 수 있는 신체적 특징에 관하여 함부로 촬영당하지 아니할 권리를 가지고 있으므로, 촬영허용행위는 헌법 제10조로부터 도출되는 초상권을 포함한 일반적

인격권을 제한한다고 할 것이다. 원칙적으로 '범죄사실' 자체가 아닌 그 범죄를 저지른 자에 관한 부분은 일반 국민에게 널리 알려야 할 공공성을 지닌다고 할 수 없고, 이에 대한 예외는 공개수배의 필요성이 있는 경우 등에 극히 제한적으로 인정될 수 있을 뿐이다. 피청구인은 기자들에게 청구인이 경찰서 내에서 수갑을 차고 얼굴을 드러낸 상태에서 조사받는 모습을 촬영할 수 있도록 허용하였는데, 청구인에 대한 이러한 수사 장면을 공개 및 촬영하게 할 어떠한 공익 목적도 인정하기 어려우므로 촬영허용행위는 목적의 정당성이 인정되지 아니한다. 피의자의 얼굴을 공개하더라도 그로 인한 피해의 심각성을 고려하여 모자, 마스크 등으로 피의자의 얼굴을 가리는 등 피의자의 신원이 노출되지 않도록 침해를 최소화하기 위한 조치를 취하여야 하는데, 피청구인은 그러한 조치를 전혀 취하지 아니하였으므로 침해의 최소성 원칙도 충족하였다고 볼 수 없다. 또한 촬영허용행위는 언론 보도를 보다 실감나게 하기 위한 목적 외에 어떠한 공익도 인정할 수 없는 반면, 청구인은 피의자로서 얼굴이 공개되어 초상권을 비롯한 인격권에 대한 중대한 제한을 받았고, 촬영한 것이 언론에 보도될 경우 범인으로서의 낙인 효과와 그 파급효는 매우 가혹하여 법익균형성도 인정되지 아니하므로, 촬영허용행위는 과잉금지원칙에 위반되어 청구인의 인격권을 침해하였다.

헌재 2014.3.27. 2012헌마652, 판례집 26-1 상, 534,535

몰래카메라를 처벌하는 성폭력범죄의 처벌 등에 관한 특례법 규정은 인격권에 포함된다고 볼 수 있는 '자신의 신체를 함부로 촬영당하지 않을 자유'를 보호하기 위한 것이다(헌재 2017.6.29. 2015헌바243).

(판 례) 태아의 성별정보에 대한 부모의 접근권으로서 일반적 인격권

헌법 제10조로부터 도출되는 일반적 인격권(헌재 1990.9.10. 89헌마82, 판례집 2, 306,310; 헌재 2003.6.26. 2002헌가14, 판례집 15-1, 624,642등 참조)에는 각 개인이 그 삶을 사적으로 형성할 수 있는 자율영역에 대한 보장이 포함되어 있음을 감안할 때, 장래 가족의 구성원이 될 태아의 성별정보에 대한 접근을 국가로부터 방해받지 않을 부모의 권리는 이와 같은 일반적 인격권에 의하여 보호된다고 보아야 할 것인바, 이 사건 규정은 일반적 인격권으로부터 나오는 부모의 태아 성별정보에 대한 접근을 방해받지 않을 권리를 제한하고 있다고 할 것이다.

헌재 2008.7.31. 2004헌마1010, 공보 142, 1097,1104-1105

헌법재판소는 의료인이 임신 32주 이전에 태아의 성별을 임부 등에게 알리는 것을 금지한 의료법 조항도, 태아의 생명 보호라는 입법 목적을 달성하기에 수단으로서 적합하지 않고, 부모가 태아의 성별 정보에 대한 접근을 방해받지 않을 권리를 필요 이상으로 제약하여 헌법에 위반된다고 결정하였다(헌재 2024.2.28. 2022헌마356등). 한편, 대법원은 인격권에 자기정보에 관한 것도 포함된다고 한다.

(판 례) 자기정보에 관한 인격권

변호사 정보 제공 웹사이트 운영자가 변호사들의 개인신상정보를 기반으로 변호사들의 인맥지수를 산출하여 공개하는 서비스를 제공한 사안에서, 인맥지수의 사적·인격적 성격, 산출과정에서 왜곡 가능성, 인맥지수 이용으로 인한 변호사들의 이익 침해와 공적 폐해의 우려, 그에 반하여 이용으로 달성될 공적인 가치의 보호 필요성 정도 등을 종합적으로 고려하면, 운영자가 변호사들의 개인신상정보를 기반으로 한 인맥지수를 공개하는 표현행위에 의하여 얻을 수 있는 법적 이익이 이를 공개하지 않음으로써 보호받을 수 있는 변호사들의 인격적 법익에 비하여 우월하다고 볼 수 없어, 결국 운영자의 인맥지수 서비스 제공행위는 변호사들의 개인정보에 관한 인격권을 침해하는 위법한 것이다.

대판(전합) 2011.9.2. 2008다42430

헌법재판소는 '일제강점하 반민족행위 진상규명에 관한 특별법'에서 조선총독부 중추원 참의로 활동한 행위를 친일반민족행위로 규정한 조항이 헌법에 위반되지 아니한다고 결정하였다. 이 법률조항이 비록 인격권을 제한하는 측면이 있으나, 조선총독부 중추원 참의로 활동한 행위라고 하더라도 예외 없이 친일반민족행위결정을 받는 것도 아니며, 조사대상자 등의 불이익을 최소화하기 위한 장치가 마련되어 있는 점 등에 비추어 볼 때 위헌이라 할 수 없다는 것이다(헌재 2010.10.28. 2007헌가23).

한편 앞의 설명대로 헌법 제10조의 포괄적 기본권의 정태적 차원이 존엄권, 즉 인격권인 데 대하여, 행복추구권은 그 동태적인 차원의 것이다. 헌법재판소 판례에 의하면, 행복추구권은 내용적으로 **'일반적인 행동자유권'**과 **'개성의 자유로운 발현권'**을 의미한다. 그리고 일반적 행동자유권으로부터 계약의 자유가 파생된다고 본다(헌재 1991.6.3. 89헌마204등). 계약의 자유 제한에 관한 쟁점을 다루면서 재산권 침해 여부는 판단하지 않는다고 본 판례가 있는데, 같은 취지로 해석할 수 있다(수중형 체험활동 운영자에게 참가자에게 발생한 생명·신체의 손해를 배상하기 위하여 보험에 강제가입하도록 하는 연안사고예방법 조항에 관한 사건. 헌재 2016.7.28. 2015헌마923). 또한 헌법재판소는 "개인의 인격권 · 행복추구권에는 개인의 자기운명결정권이 전제되는 것이고, 이 자기운명결정권에는 성행위여부 및 그 상대방을 결정할 수 있는 성적 자기결정권이 또한 포함되어 있(다)"(헌재 1990.9.10. 89헌마82, 판례집 2, 306,310)고 한다. 헌법재판소는 최근 성매매를 한 자를 형사처벌하는 성매매처벌법 조항은 성적 자기결정권, 사생활의 비밀과 자유 및 직업선택의 자유를 침해하지 않는다고 하였다.

(판 례) 성매매 처벌 조항의 위헌성 여부

자신의 신체를 경제적 대가 또는 성구매자의 성적 만족이나 쾌락의 수단 내지 도구로 전락시키는 행위를 허용하는 것은 단순히 사적인 영역의 문제를 넘어 인간의 존엄성을 자본의 위력에 양보하는 것이 되므로 강압에 의한 성매매와 그 본질에 있어 차이가 없다. 따라서 성매매를 근절함으로써 건전한 성풍속 및 성도덕을 확립하고자 하는 심판대상조항의 입법목적은 성매매의 자발성 여부와 상관없이 그 정당성을 인정할 수 있다. (……)

2013년 여성가족부의 성매매 실태조사에 따르면, 성매매업소가 밀집된 특정 지역, 이른바 '성매매 집결지'를 중심으로 한 성매매 업소와 성판매 여성의 수가 감소하는 추세에 있고, 성구매사범 대부분이 성매매처벌법에 의해 성매매가 처벌된다는 사실을 인지한 후 성구매를 자제하게 되었다고 응답하고 있으므로, 심판대상조항이 성매매를 규제하기 위한 형벌로서의 처단기능을 갖지 않는다고 볼 수 없다. 따라서 심판대상조항은 성매매 근절을 통한 건전한 성풍속 및 성도덕 확립이라는 입법목적 달성을 위한 적절한 수단에 해당한다고 할 것이다. (……)

성매매처벌법의 존재와 내용, 불법성 등을 인지하면서도 여전히 성매매의 유혹을 뿌리치지 못하는 사람들이 존재하고, 성구매에 대한 관대한 사회적 인식이 팽배한 현실에서 성매매 예방이나 재범방지 교육이 성구매자에 대한 형사처벌과 유사하거나 더 높은 효과를 갖는다고 단정할 수 없다. 이러한 점에서 성구매자에 대한 형사처벌이 과도하다고 볼 수 없다. (……)

사회 전반의 건전한 성풍속과 성도덕이라는 공익적 가치는 개인의 성적 자기결정권 등 기본권 제한의 정도에 비해 결코 작다고 볼 수 없다. 그러므로 심판대상조항은 법익균형성 원칙에도 위배되지 아니한다. (……)

사회 전반의 건전한 성풍속과 성도덕에 미치는 영향, 제3자에 의한 착취 문제나 성산업의 재생산 등의 측면에서 볼 때 불특정인을 상대로 한 성판매는 특정인에 대한 성판매에 비해 사회적 유해성이 훨씬 크다고 평가할 수 있으므로 그러한 차별에는 합리적 이유가 인정된다. 따라서 심판대상조항은 평등권을 침해한다고 볼 수 없다.

헌재 2016.3.31. 2013헌가2, 공보 234, 508,509

그 밖에도 행복추구권에서 소비자의 자기결정권이 파생된다고 한다(헌재 1996.12.26. 96헌가18). 이처럼 판례는 개인의 존엄과 행복추구권, 특히 행복추구권에서 '일반적인 행동자유권', '개성의 자유로운 발현권', '자기결정권'이 파생된다고 보고 있다.

자기결정권은 개인의 인격 발현에 관한 사항을 공권력의 개입 없이 각자가 자율적으로 선택하고 결정할 권리이며, 생활양식의 자기결정만이 아니라 출산 여부(낙태 여부), 치료거부, 존엄사의 권리 등을 포함한다. 자기결정권을 넓게 이해하면 일반적 행동자유권, 개성의 자유로운 발현권을 포함하는 것으로 볼 수 있으나, 좁게 이해하면 일반적 행동자유권, 개성의 자유로운 발현권의 전제를 이루는 권리라고 볼 수 있다. 자기결정권의 내용의 상당 부분은 헌법 제17조의 사생활의 자유에 포섭될 수 있으나, 자기결정권은 사생활의 자유보다 더 포괄적인 권리이다.

헌법재판소는 형법 제241조의 간통죄에 대하여 성적 자기결정권과 사생활의 자유가 함께 관련된 것으로 보고 있으며, 2008년 결정에서 다수견해는 성적 자기결정권과 사생활의 자유 침해뿐만 아니라 도덕적 비난가능성에 대한 형벌부과, 책임과 형벌간 비례원칙 위반 등을 이유로 위헌이라고 보았으나, 정족수 미달로 합헌결정을 하였다. 그러나 2015년 결정에서는 7 : 2로 위헌결정을 하였다. 다만 그 이유에 대하여는 견해가 일치하지 않았다.

(판 례) 간통죄의 위헌성

(박한철 등 5인 재판관의 위헌의견: 비례원칙 위반)

사회 구조 및 결혼과 성에 관한 국민의 의식이 변화되고, 성적 자기결정권을 보다 중요시하는 인식이 확산됨에 따라 간통행위를 국가가 형벌로 다스리는 것이 적정한지에 대해서는 이제 더 이상 국민의 인식이 일치한다고 보기 어렵고, 비록 비도덕적인 행위라 할지라도 본질적으로 개인의 사생활에 속하고 사회에 끼치는 해악이 그다지 크지 않거나 구체적 법익에 대한 명백한 침해가 없는 경우에는 국가권력이 개입해서는 안 된다는 것이 현대 형법의 추세여서 전 세계적으로 간통죄는 폐지되고 있다. 또한 간통죄의 보호법익인 혼인과 가정의 유지는 당사자의 자유로운 의지와 애정에 맡겨야지, 형벌을 통하여 타율적으로 강제될 수 없는 것이며, 현재 간통으로 처벌되는 비율이 매우 낮고, 간통행위에 대한 사회적 비난 역시 상당한 수준으로 낮아져 간통죄는 행위규제규범으로서 기능을 잃어가고, 형사정책상 일반예방 및 특별예방의 효과를 거두기도 어렵게 되었다. 부부 간 정조의무 및 여성 배우자의 보호는 간통한 배우자를 상대로 한 재판상 이혼 청구, 손해배상청구 등 민사상의 제도에 의해 보다 효과적으로 달성될 수 있고, 오히려 간통죄가 유책의 정도가 훨씬 큰 배우자의 이혼수단으로 이용되거나 일시 탈선한 가정주부 등을 공갈하는 수단으로 악용되고 있기도 하다.

결국 심판대상조항은 과잉금지원칙에 위배하여 국민의 성적 자기결정권 및 사생활의 비밀과 자유를 침해하는 것으로서 헌법에 위반된다.

(재판관 김이수의 위헌의견: 이미 파탄난 가정의 경우에도 일률적으로 처벌하는 것이 위헌)

간통죄의 본질은 자유로운 의사에 기하여 혼인이라는 사회제도를 선택한 자가 의도적으로 배우자에 대한 성적 성실의무를 위배하는 성적 배임행위를 저지른 데 있다.

혼인생활을 영위하고 있는 간통행위자 및 배우자 있는 상간자에 대한 형사처벌은 부부 간의 성적 성실의무에 기초한 혼인제도에 내포되어 있는 사회윤리적 기본질서를 최소한도로 보호하려는 정당한 목적 하에 이루어지는 것으로서 개인의 성적 자기결정권에 대한 과도한 제한이라고 하기 어렵다. 그러나 사실상 혼인관계의 회복이 불가능한 파탄상태로 인해 배우자에 대한 성적 성실의무를 더 이상 부담하지 아니하는 간통행위자나 미혼인 상간자의 상간행위 같이 비난가능성 내지 반사회성이 없는 경우도 있다.

그럼에도 불구하고, 심판대상조항이 일률적으로 모든 간통행위자 및 상간자를 형사처벌하도록 규정한 것은 개인의 성적 자기결정권을 과도하게 제한하는 국가형벌권의 과잉행사로서 헌법에 위반된다.

(재판관 강일원의 위헌의견: 벌금형을 두지 않은 것이 위헌)

간통 및 상간행위가 내밀한 사생활의 영역에 속하는 것이라고 해도 이에 대한 법적 규제를 할 필요성은 인정되고, 그에 대한 규제의 정도는 원칙적으로 입법자가 결정할 사항이므로, 입법자가 간통행위를 예방하기 위하여 형벌이라는 제재수단을 도입한 것이 그 자체로 헌법에 위반된다고 볼 수는 없다.

그러나 형법은 간통죄를 친고죄로 규정하면서, 배우자의 종용이나 유서가 있는 경우 간통죄로 고소할 수 없도록 규정하고 있는데, 소극적 소추조건인 종용이나 유서의 개념이 명확하지 않아 수범자인 국민이 국가 공권력 행사의 범위와 한계를 확실하게 예측할 수 없으므로 심판대상조항은 명확성원칙에 위배되며, 간통 및 상간행위에는 행위의 태양에 따라 죄질이 현저하게 다른 수많은 경우가 존재함에도 반드시 징역형으로만 응징하도록 한 것은 구체적 사안의 개별성과 특수성을 고려할 수 있는 가능성을 배제 또는 제한하여 책임과 형벌 간 비례의 원칙에 위배되어 헌법에 위반된다.

헌재 2015.2.26. 2009헌바17등, 판례집 27-1 상, 20,20-22

혼인빙자간음죄에 대하여는 합헌결정했던 판례를 변경하여 성적 자기결정권 등을 침해한다는 이유로 위헌으로 결정하였다(헌재 2009.11.26. 2008헌바58등). 13세 이상 16세 미만의 사람에 대하여 간음 또는 추행을 한 19세 이상의 자를 강간죄, 유사강간죄, 강제추행죄의 예에 따라 처벌하도록 한 형법 규정은 합헌이다(2024.6.27. 2022헌가40등; 13세 미만의 자와 간음한 사람을 처벌하는 조항에 대한 합헌결정은 헌재 2017.12.28. 2016헌바368).

자기결정권의 한계로서 자기책임원리가 인정된다.

(판 례) 자기결정권의 한계로서의 자기책임원리

행복추구권에서 파생되는 자기결정권 내지 일반적 행동자유권은 이성적이고 책임감 있는 사람의 자기의 운명에 대한 결정·선택을 존중하되 그에 대한 책임은 스스로 부담함을 전제로 한다. 자기책임원리는 이와 같이 자기결정권의 한계논리로서 책임부담의 근거로 기능하는 동시에, 자기가 결정하지 않은 것이나 결정할 수 없는 것에 대하여는 책임을 지지 않고 책임부담의 범위도 스스로 결정한 결과 내지 그와 상관관계가 있는 부분에 국한됨을 의미하는 책임의 한정원리로 기능한다. 이러한 자기책임원리는 인간의 자유와 유책성, 그리고 인간의 존엄성을 진지하게 반영한 원리로서 법치주의에 당연히 내재하는 원리이다(헌재 2004.6.24. 2002헌가27; 헌재 2010.6.24. 2007헌바101등 참조).

헌재 2014.7.24. 2012헌바292, 판례집 26-2 상, 51,57-59

(판 례) 독립행위가 경합하여 상해의 결과를 발생하게 한 경우 원인된 행위가 판명되지 아니한 때에는 공동정범의 예에 의하도록 규정한 형법 제263조가 책임주의원칙에 위반되는지 여부

신체에 대한 가해행위는 그 자체로 상해의 결과를 발생시킬 위험을 내포하고 있으므로, 독립한 가행행위가 경합하여 상해가 발생한 경우 상해의 발생 또는 악화에 전혀 기여하지 않은 가해행위의 존재라는 것은 상정하기 어렵고, 각 가해행위가 상해의 발생 또는 악화에 어느 정도 기여하였는지를 계량화할 수 있는 것도 아니다. 이에 입법자는 피해자의 법익 보호와 일반예방적 효과를 높일 필요성을 고려하여 다른 독립행위가 경합하는 경우와 구분하여 심판대상조

항을 마련한 것이다.

심판대상조항을 적용하기 위하여 검사는 실제로 발생한 상해를 야기할 수 있는 구체적인 위험성을 가진 가해행위의 존재를 입증하여야 하므로 이를 통하여 상해의 결과에 대하여 아무런 책임이 없는 피고인이 심판대상조항으로 처벌되는 것을 막을 수 있고, 피고인도 자신의 행위와 상해의 결과 사이에 개별 인과관계가 존재하지 않음을 입증하여 상해의 결과에 대한 책임에서 벗어날 수 있다. 또한 법관은 피고인이 가해행위에 이르게 된 동기, 가해행위의 태양과 폭력성의 정도, 피해 회복을 위한 피고인의 노력 정도 등을 모두 참작하여 피고인의 행위에 상응하는 형을 선고하므로, 가해행위자는 자신의 행위를 기준으로 형사책임을 부담한다. 이러한 점을 종합하여 보면, 심판대상조항은 책임주의원칙에 반한다고 볼 수 없다.

(재판관 이진성 등 5인의 반대의견)

심판대상조항은 독립행위가 경합하여 상해의 결과가 발생한 경우에는 원인행위가 밝혀지지 아니한 불이익을 피고인이 부담하도록 함으로써 인과관계에 관한 입증책임을 피고인에게 전가하고 있다. 수사권을 가진 검사도 입증할 수 없는 상황에서 수사권도 없는 피고인에게 인과관계를 입증하여 상해의 결과에 대한 책임에서 벗어나라고 하는 것은 사실상 불가능한 것을 요구하는 것이다. 이에 따라 독립행위가 경합하여 상해의 결과가 발생하기만 하면 가해행위자는 사실상 상해의 결과에 대하여 책임을 부담하게 될 위험이 있고, 이는 상해의 결과에 대해 책임이 없는 사람도 원인행위가 판명되지 않는다는 이유로 자신의 행위에 대한 책임 이상의 처벌을 받게 되는 것을 의미한다. 이러한 점을 모두 고려하여 보면, 심판대상조항은 법치주의와 헌법 제10조의 취지로부터 도출되는 책임주의원칙에 반한다.

(정족수 미달로 합헌결정)

헌재 2018.3.29. 2017헌가10, 판례집 30-1 상, 371,372

(판 례) 상조회사의 특수성을 고려한 자기책임원리 확장

심판대상조항('할부거래에 관한 법률' 제40조에 따른 등록취소 당시 임원 또는 지배주주였던 사람이 임원 또는 지배주주인 회사에 대해서 필요적으로 등록을 취소하도록 규정한 동조 제2항 단서 제2호 중 제20조 제4호 부분; 저자)은 선불식 할부거래업자가 일정한 사유가 있어 등록이 취소되는 데 이르렀다면, 그러한 회사의 주요 의사결정과 업무집행에 지배적 영향력을 가졌던 임원 또는 지배주주의 의지와 경영능력 등에도 일정한 문제가 있다고 볼 수 있고, 그러한 사람이 임원 또는 지배주주로서 지배적 영향력을 가지는 또 다른 회사의 사후 상조서비스 이행 능

> 력이나 불공정거래 방지 의지에도 당연히 의문이 제기될 수밖에 없다는 점을 고려한 규정이다.
>
> 이와 같이, 할부거래법상 임원, 지배주주의 정의와 그의 역할 및 지배적 영향력에 비추어 볼 때, 임원 또는 지배주주와 회사의 법인격이 다르다고 하여 책임까지도 반드시 구별하여 볼 것은 아니고, 임원 또는 지배주주의 책임과 회사의 책임은 상호 관련되어 있다고 볼 수 있다.
>
> 헌재 2019.8.29. 2018헌바210, 판례집 31-2 상, 173,183

기본권 주체의 어떤 행동(작위, 부작위 포함)이 특정한 기본권의 보호범위에 들어가지 않는 경우에는 일반적 행동자유권의 보호대상이 되는데, 이때의 행동은 사회공동체의 유지, 발전을 위하여 필요한 행위여야 한다(헌재 2017.12.28. 2016헌마311). 반면 위험한 생활방식으로 살아갈 권리도 일반적 행동자유권에 포함되는데 공공복리 등을 위하여 제한될 따름이다. 운전 중 휴대전화 사용을 금지한 도로교통법 규정은 합헌이라는 것이 그 예이다(헌재 2021.6.24. 2019헌바5). 헌법재판소 결정에 따르면, 가치있는 행동만을 그 보호영역으로 하는 것도 아니므로 자동차 운전자가 좌석안전띠를 매지 않을 권리도 일반적 행동자유권의 보호영역에는 포함된다고 하였다(헌재 2003.10.30. 2002헌마518). 이 결정에서 '공동체의 유지, 발전에 필요한 행위'라는 요건과 '사회에 가치있는 행위가 아니어도 된다'는 요건을 어떻게 구별할 수 있을지 의문이다.

일반적 행동자유권은 소극적으로 어떤 행동을 하지 않을 자유도 포함한다(헌재 2016.6.30. 2015헌마36). 사회공동체의 유지, 발전에 필요한 경우에는 소극적인 일반적 행동자유권이 제한될 수도 있다. 따라서 교통사고 발생에 고의나 과실이 있는 운전자는 물론, 아무런 책임이 없는 무과실 운전자도 자신이 운전하는 차로 인하여 교통사고가 발생하기만 하면 즉시 정차하여 사상자를 구호하는 등 필요한 조치를 할 의무가 발생한다. 이런 이유로 교통사고 발생 시 사상자 구호 등 필요한 조치를 하지 않은 자를 형사처벌하는 도로교통법 조항은 합헌이다(헌재 2019.4.11. 2017헌가28). 일반적 행동자유권에 관한 주요 헌법재판소 판례로는 앞의 결혼식 하객접대 사건(헌재 1998.10.15. 98헌마168) 외에 아래 결정들이 있다.

(판 례) 일반적 행동자유권(1)(서울광장 통행저지)

> 이 사건 통행제지행위는 서울광장에서 개최될 여지가 있는 일체의 집회를 금지하고 일반시민들의 통행조차 금지하는 전면적이고 광범위하며 극단적인 조치이므로 집회의 조건부 허용이나 개별적 집회의 금지나 해산으로는 방지할

수 없는 급박하고 명백하며 중대한 위험이 있는 경우에 한하여 비로소 취할 수 있는 거의 마지막 수단에 해당한다. 서울광장 주변에 노무현 전 대통령을 추모하는 사람들이 많이 모여 있었다거나 일부 시민들이 서울광장 인근에서 불법적인 폭력행위를 저지른 바 있다고 하더라도 그것만으로 폭력행위일로부터 4일 후까지 이러한 조치를 그대로 유지해야 할 급박하고 명백한 불법·폭력 집회나 시위의 위험성이 있었다고 할 수 없으므로 이 사건 통행제지행위는 당시 상황에 비추어 필요최소한의 조치였다고 보기 어렵고, 가사 전면적이고 광범위한 집회방지조치를 취할 필요성이 있었다고 하더라도, 서울광장에의 출입을 완전히 통제하는 경우 일반시민들의 통행이나 여가·문화 활동 등의 이용까지 제한되므로 서울광장의 몇 군데라도 통로를 개설하여 통제 하에 출입하게 하거나 대규모의 불법·폭력 집회가 행해질 가능성이 적은 시간대라든지 서울광장 인근 건물에의 출근이나 왕래가 많은 오전 시간대에는 일부 통제를 푸는 등 시민들의 통행이나 여가·문화활동에 과도한 제한을 초래하지 않으면서도 목적을 상당 부분 달성할 수 있는 수단이나 방법을 고려하였어야 함에도 불구하고 모든 시민의 통행을 전면적으로 제지한 것은 침해의 최소성을 충족한다고 할 수 없다.

또한 대규모의 불법·폭력 집회나 시위를 막아 시민들의 생명·신체와 재산을 보호한다는 공익은 중요한 것이지만, 당시의 상황에 비추어 볼 때 이러한 공익의 존재 여부나 그 실현 효과는 다소 가상적이고 추상적인 것이라고 볼 여지도 있고, 비교적 덜 제한적인 수단에 의하여도 상당 부분 달성될 수 있었던 것으로 보여 일반 시민들이 입은 실질적이고 현존하는 불이익에 비하여 결코 크다고 단정하기 어려우므로 법익의 균형성 요건도 충족하였다고 할 수 없다.

따라서 이 사건 통행제지행위는 과잉금지원칙을 위반하여 청구인들의 일반적 행동자유권을 침해한 것이다.

(위 헌)

헌재 2011.6.30. 2009헌마406, 판례집 23-1 하, 457,458

(판 례) 일반적 행동자유권(2)(아동·청소년대상 성범죄자의 매년 사진제출의무와 위반시 처벌조항)

아동·청소년대상 성범죄자의 신상정보를 등록하게 하고, 그 중 사진의 경우에는 1년마다 새로 촬영하여 제출하게 하고 이를 보존하는 것은 신상정보 등록대상자의 재범을 억제하고, 재범한 경우에는 범인을 신속하게 검거하기 위한 것이므로 그 입법목적이 정당하고, 사진이 징표하는 신상정보인 외모는 쉽게 변하고, 그 변경 유무를 객관적으로 판단하기 어려우므로 1년마다 사진제출의무를 부과하는 것은 그러한 입법목적 달성을 위한 적합한 수단이다.

외모라는 신상정보의 특성에 비추어 보면 변경되는 정보의 보관을 위하여 정기적으로 사진을 제출하게 하는 방법 외에는 다른 대체수단을 찾기 어렵고, 등록의무자에게 매년 새로 촬영된 사진을 제출하게 하는 것이 그리 큰 부담은 아닐 뿐만 아니라, 의무위반 시 제재방법은 입법자에게 재량이 있으며 형벌 부과는 입법재량의 범위 내에 있고 또한 명백히 잘못 되었다고 할 수는 없으며, 법정형 또한 비교적 경미하므로 침해의 최소성 원칙 및 법익균형성원칙에도 위배되지 아니한다. 따라서 이 사건 심판대상조항은 일반적 행동의 자유를 침해하지 아니한다.

헌재 2015.7.30. 2014헌바257, 공보 226, 1193,1194

(판 례) 일반적 행동자유권⑶(청탁금지법)

부정청탁금지조항은 사립학교 관계자와 언론인을 '공직자등'에 포함시켜 부정청탁에 따른 직무수행을 금지하고 있다. 또 금품수수금지조항은 대가성 여부를 불문하고 직무와 관련하여 금품등을 수수하는 것을 금지할 뿐만 아니라, 직무관련성이나 대가성이 없더라도 동일인으로부터 일정 금액을 초과하는 금품등의 수수를 금지하고 있다. 부정청탁금지조항과 금품수수금지조항은 금지명령의 형태로 청구인들에게 특정 행위를 금지하거나 법적 의무를 부과하여 청구인들이 하고 싶지 않은 일을 강요하고 있으므로, 청구인들의 일반적 행동자유권을 제한한다. 따라서 부정청탁금지조항과 금품수수금지조항이 과잉금지원칙에 위배하여 일반적 행동자유권을 침해하는지 여부가 문제된다. (……)

부정청탁 및 금품수수 관행을 근절하여 공적 업무에 종사하는 사립학교 관계자 및 언론인의 공정한 직무수행을 보장함으로써 국민의 신뢰를 확보하고자 하는 부정청탁금지조항과 금품수수금지조항의 입법목적은 그 정당성이 인정되고, 사립학교 관계자와 언론인이 법령과 사회상규 등에 위배되어 금품등을 수수하지 않도록 하고 누구든지 이들에게 부정청탁하지 못하도록 하는 것은 입법목적을 달성하기 위한 적정한 수단이다.

부정청탁금지조항은 부패가 빈발하는 직무영역에서 금지되는 행위를 구체적으로 열거하여 부정청탁의 유형을 제한하고 있고, 부정청탁의 행위 유형에 해당하더라도 법질서 전체와의 관계에서 정당시되는 행위는 예외를 인정하여 제재대상에서 제외하고 있으며, 언론인이나 사립학교 관계자가 부정청탁을 받고 그에 따라 직무를 수행한 경우에만 처벌하고 있다. (……)

금품수수금지조항은 직무관련성이나 대가성이 없더라도 동일인으로부터 1회 100만 원 또는 매 회계연도 300만 원을 초과하는 금품등을 수수한 경우 처벌하도록 하고 있다. (……)

이런 사정을 모두 종합하여 보면 부정청탁금지조항과 금품수수금지조항이 침해의 최소성 원칙에 반한다고 보기 어렵다.

사립학교 관계자나 언론인은 금품수수금지조항에 따라 종래 받아오던 일정한 금액 이상의 금품이나 향응 등을 받지 못하게 되는 불이익이 발생할 수는 있으나, 이런 불이익이 법적으로 보호받아야 하는 권익의 침해라 보기 어렵다. 반면 부정청탁금지조항과 금품수수금지조항이 추구하는 공익은 매우 중대하므로 법익의 균형성도 충족한다.

따라서 부정청탁금지조항과 금품수수금지조항이 과잉금지원칙을 위반하여 청구인들의 일반적 행동자유권을 침해한다고 보기 어렵다. (……)

(청탁금지법은 배우자가 공직자등(공무원, 사립학교 관계자, 언론인 등 포함)의 직무와 관련하여 수수 금지 금품등을 받은 사실을 안 경우 공직자등에게 신고의무를 부과하고, 미신고시 형벌 또는 과태료의 제재를 가하도록 규정하고 있는데; 저자), 신고조항과 제재조항은 공적 업무에 종사하는 사립학교 관계자와 언론인이 배우자를 통하여 금품등을 수수한 뒤 부정한 업무수행을 하거나 이들의 배우자를 통하여 사립학교 관계자 및 언론인에게 부정한 영향력을 끼치려는 우회적 통로를 차단함으로써 공정한 직무수행을 보장하고 이들에 대한 국민의 신뢰를 확보하고자 함에 입법목적이 있는바, 이러한 입법목적은 정당하고 수단의 적정성 또한 인정된다.

청탁금지법은 금품등 수수 금지의 주체를 가족 중 배우자로 한정하고 있으며, 사립학교 관계자나 언론인의 직무와의 관련성을 요구하여 수수 금지의 범위를 최소화하고 있고, 배우자에 대하여는 어떠한 제재도 가하지 않는다.

(……) 청탁금지법의 적용을 피하기 위한 우회적 통로를 차단함으로써 공정한 직무수행을 보장하기 위한 다른 효과적인 수단을 상정하기도 어려우므로, 신고조항과 제재조항이 침해의 최소성 원칙에 반한다고 보기 어렵다.

신고조항과 제재조항으로 달성하려는 공익이 이로 인해 제한되는 사익에 비해 더 크다고 할 것이므로, 신고조항과 제재조항이 과잉금지원칙을 위반하여 청구인들의 일반적 행동자유권을 침해한다고 보기 어렵다.

헌재 2016.7.28. 2015헌마236 등, 공보 238, 1252,1253-1254,1255,1265

(판 례) 일반적 행동자유권(4)(세월호피해자지원법상의 이의제기금지조항)

'4 · 16세월호참사 피해구제 및 지원 등을 위한 특별법'은 배상금 등의 지급 이후 효과나 의무에 관한 일반규정을 두거나 이에 관하여 범위를 정하여 하위법규에 위임한 바가 전혀 없다. 따라서 세월호피해지원법 제15조 제2항의 위임에 따라 시행령으로 규정할 수 있는 사항은 지급신청이나 지급에 관한 기술적이고 절차적인 사항일 뿐이다. 신청인에게 지급결정에 대한 동의의 의사표시 전에 숙고의 기회를 보장하고, 그 법적 의미와 효력에 관하여 안내해 줄 필요성이 인정된다 하더라도, 세월호피해지원법 제16조에서 규정하는 동의의 효력 범위를 초과하여 세월호 참사 전반에 관한 일체의 이의제기를 금지시킬 수 있는 권한을 부여받았다고 볼 수는 없다. 따라서 이의제기금지조항(배상금 등을 지급받으려는 신청인으로 하여금 '4 · 16세월호참사에 관하여 어떠한 방법으로도 일체의 이의를 제기하지 않을 것임을 서약합니다'라는 내용이 기재된 배상금 등 동의 및 청구서를 제출하도록 규정한 세월호피해지원법 시행령 제15조 중 별지 제15호 서식 가운데 일체의 이의제기를 금지한 부분)은 법률유보원칙을 위반하여 법률의 근거 없이 대통령령으로 청구인들에게 세월호 참사와 관련된 일체의 이의 제기 금지 의무를 부담시킴으로써 일반적 행동의 자유를 침해한다.

헌재 2017.6.29. 2015헌마654, 공보 249, 652,653

일반적 행동자유권에 관한 주요 헌법재판소 결정은 아래와 같다.

(위헌결정)

* 운전면허를 받은 사람이 다른 사람의 자동차 등을 훔친 경우 운전면허를 필요적으로 취소하도록 하는 것(헌재 2017.5.25. 2016헌가6).
* 3년 동안 산재보험료에 대한 산재보험급여 금액의 비율이 대통령령으로 정하는 비율에 해당하는 경우 인상하거나 인하한 비율을 산재보험료율과 합하여 '그 사업'에 대한 다음 보험연도 산재보험료율로 할 수 있도록 정한 것(헌재 2020.5.27. 2019헌바139).
* 금융회사 등에 종사하는 자에게 타인의 금융거래 내용에 관한 정보 또는 자료를 요구하는 것을 금지하고, 위반 시 형사처벌하는 것(헌재 2022.2.24. 2020헌가5).

(합헌결정)

* 허가를 받지 아니한 기부금품 모집을 형사처벌하는 것(헌재 2010.2.25. 2008헌바83).
* 계속거래업자와 계속거래계약을 체결한 소비자에게 일방적 해지권을 부여한 방문판매법 규정(헌재 2016.6.30. 2015헌바371).
* 협의상 이혼을 하려는 사람은 부부가 함께 관할 가정법원에 출석하여 협의이혼서를 제출하도록 한 것(헌재 2016.6.30. 2015헌마894).
* 성적 욕망 또는 수치심을 유발할 수 있는 다른 사람의 신체를 촬영한 촬영물을

그 의사에 반하여 반포한 범죄를 범한 사람에 대하여 유죄판결을 선고하는 경우 성폭력 치료프로그램 이수명령을 받도록 하는 성폭력처벌법 규정(헌재 2016.10.29. 2016헌바153).

* 국어기본법의 공문서 한글 전용(헌재 2016.11.24. 2012헌마854).
* 소규모 건축물로서 건축주가 직접 시공하는 건축물의 경우허가권자가 해당 건축물 설계에 참여하지 아니한 자 중에서 공사감리자를 지정하도록 한 것(헌재 2017.5.25. 2016헌마516).
* 사망 또는 1개월 이상 의식불명인 의료사고가 발생한 경우 자동으로 의료분쟁 조정절차가 개시되도록 규정한 것(헌재 2021.5.27. 2019헌마321).
* 명의신탁이 증여로 의제되는 경우 명의신탁 당사자에게 증여세의 과세가액 및 과세표준을 납세지관할세무서장에게 신고할 의무 부과(헌재 2022.2.24. 2019헌바225등).
* 이동통신사업자가 제공하는 전기통신역무를 타인의 통신용으로 제공하는 것을 금지하고, 위반 시 형사처벌하는 것(헌재 2022.6.30. 2019헌가14).
* 이자제한법에서 정한 최고이자율을 초과하여 이자를 받은 자를 1년 이하의 징역 또는 1천만 원 이하의 벌금에 처하도록 한 것(헌재 2023.2.23. 2022헌바22).
* 어린이 보호구역에서 제한속도 준수의무 또는 안전의무를 위반하여 어린이를 상해에 이르게 한 경우 1년 이상 15년 이하의 징역 또는 5백만 원 이상 3천만 원 이하의 벌금, 사망에 이르게 한 경우 무기 또는 3년 이상의 징역에 처하도록 한 것(헌재 2023.2.23. 2020헌마460등).
* 학습자가 수강을 계속할 수 없는 경우 학원설립 · 운영자로 하여금 교습비등을 반환하도록 규정한, '학원의 설립 · 운영 및 과외교습에 관한 법률'(헌재 2024.8.29. 2021헌바74; 일반적 행동자유권에서 도출되는 계약의 자유 침해가 아니라고 하였다).
* 중대재해가 발생한 경우 사업주에게 중대재해의 내용 등을 고용노동부장관에게 보고하도록 하고, 위반 시 과태료를 부과하는 산업안전보건법 규정(헌재 2025.2.27. 2021헌바111).
* 이륜자동차와 원동기장치자전거가 일반도로에서 통행할 수 있는 차로를 오른쪽 차로만으로 규정하고 있는 도로교통법 규정(헌재 2025.4.10. 2020헌마1437등).

판례의 입장 가운데 주목할 것은 행복추구권의 내용을 포괄적 자유권에 한정하고 국가에 대한 급부청구권을 포함하지 않는다고 보는 점이다(헌재 1995.7.21. 93헌가14). 헌법재판소는 최근에도 행복추구권은 국가권력의 간섭 없이 자유롭게 행복을 추구할 수 있다는 포괄적인 의미의 자유권이므로, 국가의 적극적인 관여를 필요로 하는 경우에는 행복추구권 제한과 무관하다고 하였다(헌재 2018.8.30. 2017헌바197등, 헌재 2023. 2.23. 2020헌마1271). 그러나 행복추구권을 자유권에 한정시키는 것은 문제이다. 자유권은 행복추구권의 필수적 요소이지만, 자유권을 실질적으로 의미있게 만드는 객관적 여건이 마련되어 있지 않다면 그것만으로는 공허해지기 쉽다. 행복추구권은 자율적인 개인이 인격적으로 생존하는 데에 필요한 모든 기본권을 포괄하며, 사회권을 비롯한 급부청구권도 포함한다고 보아야 할 것이다.

행복추구권도 개별적 기본권과 마찬가지로 헌법 제37조 제2항에 따라 제한될 수 있다(헌재 1990.9.10. 89헌마82; 헌재 1991.6.3. 89헌마204; 헌재 1996.2.29. 94헌마13).

헌법에 명시적으로 열거되지 않은 기본권 가운데 헌법 제10조의 인간의 존엄과 행복추구권에 근거한 것으로서, 흔히 인격권, 자기결정권, 일반적 행동의 자유권, 알 권리, 계약의 자유 등 여러 기본권이 예시되고 있음을 볼 수 있다. 그런데 이들 기본권의 내용의 상당 부분은 헌법에 명시된 개별적 기본권 규정에서 근거를 찾을 수 있다. 인격권과 자기결정권은 사생활의 자유에서, 일반적 행동의 자유권은 신체의 자유에서, 알 권리는 표현의 자유에서, 계약의 자유는 재산권 보장과 직업선택의 자유에서 각각 그 상당 부분의 근거를 찾을 수 있다. 헌법재판소는 '부모가 자녀의 이름을 지을 자유'의 근거를 혼인과 가족생활을 보장하는 헌법 제36조 제1항 및 제10조의 행복추구권 양자에서 찾고 있다(헌재 2016.7.28. 2015헌마964). 반면 다른 개별 기본권 규정에서 근거를 찾기 어려운 것으로 특히 생명권을 들 수 있다.

Ⅲ. 생 명 권

1. 의 의

생명권은 생명을 유지하고 보호받을 권리이다. 그 핵심은 생명을 침해받지 않을 권리(소극적 방어권으로서의 생명권)이며, 더 나아가 생명 보호를 위한 사회·경제적 여건의 구비를 요구할 수 있는 권리(사회권으로서의 생명권)를 포함한다.

어느 시점부터 생명으로 볼 것인가에 대해서는 여러 견해가 갈린다. ① 수정(受精)의 시점, 즉 정자와 난자의 결합으로 수정란이 발생하는 때로 보는 견해이다. 이때부터 유전 프로그램이 확정되고 수정란의 성장이 시작된다는 점에 근거한다. ② 수정란이 자궁에 착상하는 때로 보는 견해이다. 수정란의 일부만이 자궁에 착상하며, 자궁에 착상하는 때에 인간이 될 가능성이 생긴다는 점에 근거한다. ③ 수정 후 14일로 보는 견해이다. 이때에 원시선(primitive streak)이 생기면서 몇 명의 인간 개체로 성장할지(쌍둥이가 될지 여부)가 결정되며, 이때부터 개체로 확정되는 점 등에 근거한다. ④ 배아 또는 태아의 발달 단계를 세분하여 그에 따라 생명의 시점으로 보는 여러 견해들(예컨대 9주 이후 태아로부터, 또는 13주 이후 태아가 움직일 때부터 등)이 있다. 보통 14일 미만의 배아를 전배아(前胚芽, pre-embryo), 14일 이후 모든 장기들이 형성되는 8주까지를 배아(embryo), 그 이후를 태아(fetus)라고 부른다. ⑤ 출생시로 보는 견해이다. 출생 전의 배아나 태아는 기본권 주체가 될 수 없다는 점 등을 근거로 한다.

생각건대 생물학적인 생명의 시기(始期)가 곧 법적인 생명의 시기가 되는 것은 아니지만, 생명 보호를 충실히 한다는 취지에 따른다면 수정의 시점부터 국가의 생명보호의 의무가 발생한다고 볼 것이다. 다만 국가의 보호의무의 대상을 넘어 기본권 주체로서의 인간 생명의 시기를 어디로 볼 것인가는 별도로 더 검토되어야 할 문제이다.

헌법재판소는 수정된 배아인 초기배아의 기본권 주체성을 인정하지 않았다.

(판 례) 초기배아의 기본권 주체성 여부

출생 전 형성 중의 생명에 대해서 헌법적 보호의 필요성이 크고 일정한 경우 그 기본권 주체성이 긍정된다고 하더라도, 어느 시점부터 기본권주체성이 인정되는지, 또 어떤 기본권에 대해 기본권 주체성이 인정되는지는 생명의 근원에 대한 생물학적 인식을 비롯한 자연과학·기술 발전의 성과와 그에 터잡은 헌법의 해석으로부터 도출되는 규범적 요청을 고려하여 판단하여야 할 것이다. (……)

초기배아들에 해당하는 청구인 1, 2의 경우 헌법상 기본권 주체성을 인정할 수 있을 것인지에 대해 살피건대, 청구인 1, 2가 수정이 된 배아라는 점에서 형성 중인 생명의 첫걸음을 떼었다고 볼 여지가 있기는 하나 아직 모체에 착상되거나 원시선이 나타나지 않은 이상 현재의 자연과학적 인식 수준에서 독립된 인간과 배아 간의 개체적 연속성을 확정하기 어렵다고 봄이 일반적이라는 점, 배아의 경우 현재의 과학기술수준에서 모태 속에서 수용될 때 비로소 독립적인 인간으로의 성장가능성을 기대할 수 있다는 점, 수정 후 착상 전의 배아가 인간으로 인식된다거나 그와 같이 취급하여야 할 필요성이 있다는 사회적 승인이 존재한다고 보기 어려운 점 등을 종합적으로 고려할 때, 초기배아에 대한 국가의 보호필요성이 있음은 별론으로 하고, 청구인 1, 2의 기본권 주체성

을 인정하기 어렵다

헌재 2010.5.27. 2005헌마346, 공보 164, 1015,1021-1022

생명의 시기를 어느 시점으로 보든 그 시점부터 일체의 침해가 금지된다는 것은 아니다. 뒤에서 보는 것처럼 생명권을 상대적 기본권으로 보는 한, 일정한 제한을 가할 수 있다.

생명권과 직접 관련은 없지만 시체를 어떻게 처리할 것인지에 대한 자기결정권도 인정된다는 최근의 헌법재판소 결정이 있다.

(판 례) 시체 처리에 관한 자기결정권

이 사건 법률조항(인수자가 없는 시체를 생전의 본인의 의사와는 무관하게 해부용 시체로 제공될 수 있도록 규정한 '시체 해부 및 보존에 관한 법률' 제12조 제1항 본문; 저자)은 인수자가 없는 시체를 해부용으로 제공될 수 있도록 함으로써 사인(死因)의 조사와 병리학적 · 해부학적 연구의 기초가 되는 해부용 시체의 공급을 원활하게 하여 국민 보건을 향상시키고 의학 교육 및 연구에 기여하기 위한 것으로서, 그 목적의 정당성 및 수단의 적합성은 인정된다.

최근 5년간 이 사건 법률조항으로 인하여 인수자가 없는 시체를 해부용으로 제공한 사례는 단 1건에 불과하고, 실제로 의과대학이 필요로 하는 해부용 시체는 대부분 시신기증에 의존하고 있어 이 사건 법률조항이 아니더라도 의과대학에서 필요로 하는 해부용 시체는 다른 방법으로 충분히 공급될 수 있다.

그런데 시신 자체의 제공과는 구별되는 장기나 인체조직에 있어서는 본인이 명시적으로 반대하는 경우 이식 · 채취될 수 없도록 규정하고 있음에도 불구하고, 이 사건 법률조항은 본인이 해부용 시체로 제공되는 것에 대해 반대하는 의사표시를 명시적으로 표시할 수 있는 절차도 마련하지 않고 본인의 의사와는 무관하게 해부용 시체로 제공될 수 있도록 규정하고 있다는 점에서 침해의 최소성 원칙을 충족했다고 보기 어렵고, 실제로 해부용 시체로 제공된 사례가 거의 없는 상황에서 이 사건 법률조항이 추구하는 공익이 사후 자신의 시체가 자신의 의사와는 무관하게 해부용 시체로 제공됨으로써 침해되는 사익보다 크다고 할 수 없으므로 이 사건 법률조항은 청구인의 시체 처분에 대한 자기결정권을 침해한다.

헌재 2015.11.26. 2012헌마940, 판례집 27-2 하, 335,336

2. 생명권의 헌법적 근거

생명권은 헌법에 열거되지 않은 기본권이다. 헌법재판소 판례는 생명권이 자연법적 권리라고 함으로써 그 헌법적 근거를 자연법에서 찾고 있다.

(판 례) 생명권의 근거 및 태아의 생명권

인간의 생명은 고귀하고, 이 세상에서 무엇과도 바꿀 수 없는 존엄한 인간 존재의 근원이다. 이러한 생명에 대한 권리, 즉 생명권은 비록 헌법에 명문의 규정이 없다 하더라도 인간의 생존본능과 존재목적에 바탕을 둔 선험적이고 자연법적인 권리로서 헌법에 규정된 모든 기본권의 전제로서 기능하는 기본권 중의 기본권이다. 모든 인간은 헌법상 생명권의 주체가 되며, 형성 중의 생명인 태아에게도 생명에 대한 권리가 인정되어야 한다. 따라서 태아도 헌법상 생명권의 주체가 되며, 국가는 헌법 제10조에 따라 태아의 생명을 보호할 의무가 있다.

헌재 2008.7.31. 2004헌바81, 공보 142, 1032,1037

생명권은 인간의 존엄에 기초한 것이며, 헌법 제10조의 존엄권 규정에서 그 근거를 찾을 수 있다. 따라서 판례처럼 굳이 자연법에서 근거를 구할 필요는 없다. 그 밖에 학설상으로는 제12조의 신체의 자유, 제37조 제1항 등에서 근거를 찾는 견해들이 있다.

3. 생명권의 제한

생명권은 모든 기본권의 전제를 이루는 기본권이며, 그런 의미에서 최대한 보호되어야 하지만, 그러나 어떤 제한도 인정되지 않는 절대적 기본권은 아니다. 생명권도 다른 헌법적 이익과 형량하여 제한될 수 있으며, 이 점에서 법률에 의해 제한할 수 있는 상대적 기본권으로 보아야 한다.

(판 례) 생명권의 제한

한 생명의 가치만을 놓고 본다면 인간존엄성의 활력적인 기초를 의미하는 생명권은 절대적 기본권으로 보아야 함이 당연하고, 따라서 인간존엄성의 존중과 생명권의 보장이란 헌법정신에 비추어 볼 때 생명권에 대한 법률유보를 인정한다는 것은 이념적으로는 법리상 모순이라고 할 수도 있다. 그러나 현실적인 측면에서 볼 때 정당한 이유 없이 타인의 생명을 부정하거나 그에 못지 아니 한 중대한 공공이익을 침해한 경우에 국법은 그 중에서 타인의 생명이나 공공의 이익을 우선하여 보호할 것인가의 규준을 제시하지 않을 수 없게 되고, 이러한 경우에는 비록 생명이 이념적으로 절대적 가치를 지닌 것이라 하더라도 생명에 대한 법적 평가가 예외적으로 허용될 수 있다고 할 것이므로, 생명권 역시 헌법 제37조 제2항에 의한 일반적 법률유보의 대상이 될 수밖에 없다 할 것이다.

헌재 1996.11.28. 95헌바1, 판례집 8-2, 537,545-546

4. 사형제도

현행 법률은 형법, 국가보안법 등 여러 법률에서 사형을 규정하고 있는데, 헌법재판소 판례는 이를 합헌이라고 보고 있다.

(판 례) 사형제도의 합헌성

헌법 제110조 제4항이 "비상계엄하의 군사재판은 …… 법률이 정하는 경우에 한하여 단심으로 할 수 있다. 다만, 사형을 선고한 경우에는 그러하지 아니하다"고 규정함으로써 적어도 문언의 해석상으로는 간접적이나마 법률에 의하여 사형이 형벌로서 정해지고 또 적용될 수 있음을 인정하고 있는 것으로 보인다. (……)

비록 생명이 이념적으로 절대적 가치를 지닌 것이라 하더라도 생명에 대한 법적 평가가 예외적으로 허용될 수 있다고 할 것이므로, 생명권 역시 헌법 제37조 제2항에 의한 일반적 법률유보의 대상이 될 수밖에 없다 할 것이다.

(……) 생명권에 대한 제한은 곧 생명권의 완전한 박탈을 의미한다 할 것이므로, 사형이 비례의 원칙에 따라서 최소한 동등한 가치가 있는 다른 생명 또는 그에 못지 아니 한 공공의 이익을 보호하기 위한 불가피성이 충족되는 예외적인 경우에만 적용되는 한, 그것이 비록 생명을 빼앗는 형벌이라 하더라도 헌법 제37조 제2항 단서에 위반되는 것으로 볼 수는 없다.

헌재 1996.11.28. 95헌바1, 판례집 8-2, 537,544-545

위 판례의 요지는 다음과 같이 정리할 수 있다. ① 헌법 제110조 제4항이 간접적으로 사형을 인정하고 있다. ② 생명권도 헌법 제37조 제2항의 일반적 법률유보의 대상이 된다. ③ 사형이 비례의 원칙에 따라 예외적인 경우에 적용되는 한, 헌법 제

37조 제2항에 위반하지 않는다. 특히 ③과 관련하여, 본질적 내용의 침해금지를 비례의 원칙과 동일시함으로써 본질적 내용의 침해금지에 관한 이른바 상대설을 취하는 것으로 풀이된다.

헌법재판소는 위 판례 이후의 결정에서도 사형제도의 합헌성을 인정하고 있다(헌재 2010.2.25. 2008헌가23). 5인 재판관의 다수 의견 요지는 다음과 같다. 첫째, 생명권 역시 헌법 제37조 제2항에 의한 일반적 법률유보의 대상이 될 수밖에 없다. 둘째, 생명권의 경우, 다른 일반적인 기본권 제한의 구조와는 달리, 생명의 일부 박탈이라는 것을 상정할 수 없기 때문에 생명권에 대한 제한은 필연적으로 생명권의 완전한 박탈을 의미하게 되며, 생명권 제한이 정당화될 수 있는 예외적 경우에는 생명권의 박탈이 초래된다 하더라도 곧바로 기본권의 본질적 내용을 침해하는 것이라고는 볼 수 없다. 셋째, 입법목적에 있어서 사형과 동일한 효과를 나타내면서도 사형보다 범죄자에 대한 법익침해 정도가 작은 다른 형벌이 명백히 존재한다고 보기 어려우므로 사형제도가 침해최소성원칙에 어긋난다고 할 수 없다. 넷째, 오판가능성은 사법제도의 숙명적 한계이며, 이를 이유로 사형이라는 형벌의 부과 자체가 위헌이라고 할 수 없다. 다섯째, 사형제도에 의해 달성되는 범죄예방을 통한 무고한 일반국민의 생명 보호 등 중대한 공익의 보호와 정의의 실현 및 사회방위라는 공익은 극악한 범죄를 저지른 자의 생명권이라는 사익보다 결코 작다고 할 수 없을 뿐 아니라, 극악한 범죄에 대해 한정적으로 부과되는 사형이 그 범죄의 잔혹함에 비하여 과도한 형벌이라고는 볼 수 없으므로, 사형제도는 법익균형성원칙에 위배되지 아니한다. 여섯째, 사형을 선고하거나 집행하는 법관 및 교도관 등이 인간적 자책감을 가질 수 있다는 이유만으로 사형제도가 이들의 인간으로서의 존엄과 가치를 침해하는 위헌적 형벌제도라고 할 수 없다.

외국의 입법례를 보면, 독일은 기본법(제102조)에서 사형금지를 명시하고 있다. 헌법에서 명시하지 않더라도 유럽의 대부분 국가에서는 사형을 폐지하고 있다. 미국은 주법에 따라 다르다. 미국 판례에 의하면, 부당한 재량에 의해 자의적으로 적용될 수 있는 사형제도를 위헌이라고 보았으나(*Furman v. Georgia*, 1972), 사형제도 자체를 위헌으로 보고 있지는 않다(*Gregg v. Georgia*, 1976).

생각건대 특히 우리 헌법 제110조 제4항에서 사형제도를 간접적으로 인정하고 있기 때문에 헌법 해석상 사형제도의 합헌성을 인정할 수밖에 없다고 할 것이다. 그러나 이 규정은 사형을 허용하는 것일 뿐이고, 법률로 사형을 채택할 것인지 여부는 입법 재량에 맡겨져 있다. 이념적 차원을 떠나서 보더라도, 다음과 같은 법사회학적 근거에서, 사형제도는 입법을 통해 폐지되어야 한다고 본다. 첫째, 사형제도가 살인죄 등 흉악범죄에 대한 제지효과(deterrent effect)가 있는지는 입증되지 않았다. 둘째, 오판의 가능성이 남아있고, 그 피해는 회복 불가능하다는 점이다. 한편 헌법재판소 판례의 다수의견에서도 나타나 있는 것처럼, 사형을 규정하고 있는 현행 법률조항들이 비례의 원칙에 합치하는지 여부는 개별적으로 검토되어야 할 문제이다.

5. 낙 태

낙태는 인위적으로 태아('배아'를 포함한 넓은 의미의 태아)의 생명을 제거하는 것이다. 낙태의 허용 여부가 문제되고 있는데, 이 문제의 전제가 되는 것은 출생 이전의 태아에게 생명권이 인정되느냐는 문제다. 헌법재판소는 태아의 생명권 주체성을 인정하고 있다. "형성 중의 생명인 태아에게도 생명에 대한 권리가 인정되어야 한다. 따라서 태아도 헌법상 생명권의 주체가 되며, 국가는 헌법 제10조에 따라 태아의 생명을 보호할 의무가 있다"(헌재 2008.7.31. 2004헌바81. '태아는 손해배상의 청구권에 관하여는 이미 출생한 것으로 본다'는 민법 제762조의 위헌 여부. 합헌결정).

형법에서는 낙태를 처벌하고 있고, 모자보건법에서 예외적으로 다음과 같이 낙태수술(인공임신중절수술)을 허용하고 있다.

"① 의사는 다음 각 호의 1에 해당되는 경우에 한하여 본인과 배우자(사실상의 혼인관계에 있는 자를 포함한다. 이하 같다)의 동의를 얻어 인공임신중절수술을 할 수 있다. 1. 본인 또는 배우자가 대통령령이 정하는 우생학적 또는 유전학적 정신장애나 신체질환이 있는 경우, 2. 본인 또는 배우자가 대통령령이 정하는 전염성 질환이 있는 경우, 3. 강간 또는 준강간에 의하여 임신된 경우, 4. 법률상 혼인할 수 없는 혈족 또는 인척간에 임신된 경우, 5. 임신의 지속이 보건의학적 이유로 모체의 건강을 심히 해하고 있거나 해할 우려가 있는 경우

② 제1항의 경우에 배우자의 사망 · 실종 · 행방불명 기타 부득이한 사유로 인하여 동의를 얻을 수 없는 경우에는 본인의 동의만으로 그 수술을 행할 수 있다.

③ 제1항의 경우에 본인 또는 배우자가 심신장애로 의사표시를 할 수 없는 때에는 그 친권자 또는 후견인의 동의로, 친권자 또는 후견인이 없는 때에는 부양의무자의 동의로 각각 그 동의에 갈음할 수 있다"(제14조).

형법의 낙태처벌 조항에 대하여 헌법재판소는 선례를 변경하였다. 2012.8.23. 선고한 결정에서는 합헌의견과 위헌의견이 4 대 4로 갈려, 결국 합헌결정을 하였다. 그

후, 2019.4.11. 결정에서는 헌법불합치의견 4인, 단순위헌의견 3인, 합헌의견 2인으로 법률의 위헌결정을 함에 필요한 심판정족수를 충족하여 헌법불합치 결정을 선고하였다.

(판 례) 낙태처벌의 위헌성 여부(구 판례)

(사안은 임부의 낙태를 도와주는 조산사를 형사처벌하는 형법 제270조 제1항에 대한 위헌소원사건인데, 위 조항과 밀접불가분의 관계에 있는 자기낙태죄의 위헌성 심사도 같이함)

(결정요지)

인간의 생명은 고귀하고, 이 세상에서 무엇과도 바꿀 수 없는 존엄한 인간 존재의 근원이며, 이러한 생명에 대한 권리는 기본권 중의 기본권이다. 태아가 비록 그 생명의 유지를 위하여 모(母)에게 의존해야 하지만, 그 자체로 모(母)와 별개의 생명체이고 특별한 사정이 없는 한 인간으로 성장할 가능성이 크므로 태아에게도 생명권이 인정되어야 하며, 태아가 독자적 생존능력을 갖추었는지 여부를 그에 대한 낙태 허용의 판단 기준으로 삼을 수는 없다. 한편, 낙태를 처벌하지 않거나 형벌보다 가벼운 제재를 가하게 된다면 현재보다도 훨씬 더 낙태가 만연하게 되어 자기낙태죄 조항의 입법목적을 달성할 수 없게 될 것이고, 성교육과 피임법의 보편적 상용, 임부에 대한 지원 등은 불법적인 낙태를 방지할 효과적인 수단이 되기에는 부족하다. …

나아가 자기낙태죄 조항으로 제한되는 사익인 임부의 자기결정권이 위 조항을 통하여 달성하려는 태아의 생명권 보호라는 공익에 비하여 결코 중하다고 볼 수 없다. 따라서 자기낙태죄 조항이 임신 초기의 낙태나 사회적·경제적 사유에 의한 낙태를 허용하고 있지 아니한 것이 임부의 자기결정권에 대한 과도한 제한이라고 보기 어려우므로, 자기낙태죄 조항은 헌법에 위반되지 아니한다.

헌재 2012.8.23. 2010헌바402, 판례집 24-2, 471-472

(판 례) 낙태처벌의 위헌성(신 판례)

(결정요지)

(유남석 등 재판관 4인의 헌법불합치 의견)

헌법 제10조 제1문이 보호하는 인간의 존엄성으로부터 일반적 인격권이 보장되고, 여기서 개인의 자기결정권이 파생된다. 자기결정권은 인간의 존엄성을 실현하기 위한 수단으로서 인간이 자신의 생활영역에서 인격의 발현과 삶의 방식에 관한 근본적인 결정을 자율적으로 내릴 수 있는 권리다. **자기결정권에는 여성이 그의 존엄한 인격권을 바탕으로 하여 자율적으로 자신의 생활**

영역을 형성해 나갈 수 있는 권리가 포함되고, 여기에는 임신한 여성이 자신의 신체를 임신상태로 유지하여 출산할 것인지 여부에 대하여 결정할 수 있는 권리가 포함되어 있다. (……)

태아는 비록 그 생명의 유지를 위하여 모(母)에게 의존해야 하지만, 그 자체로 모(母)와 별개의 생명체이고, 특별한 사정이 없는 한 인간으로 성장할 가능성이 크므로, **태아도 헌법상 생명권의 주체가 되며, 국가는 태아의 생명을 보호할 의무가 있다.** (……)

태아가 모체를 떠난 상태에서 독자적으로 생존할 수 있는 시점인 임신 22주 내외에 도달하기 전이면서 동시에 임신 유지와 출산 여부에 관한 자기결정권을 행사하기에 충분한 시간이 보장되는 시기(이하 착상 시부터 이 시기까지를 '결정가능기간'이라 한다)까지의 낙태에 대해서는 국가가 생명보호의 수단 및 정도를 달리 정할 수 있다고 봄이 타당하다. (……)

낙태갈등 상황에서 형벌의 위하가 임신한 여성의 임신종결 여부 결정에 미치는 영향이 제한적이라는 사정과 실제로 형사처벌되는 사례도 매우 드물다는 현실에 비추어 보면, 자기낙태죄 조항이 낙태갈등 상황에서 태아의 생명 보호를 실효적으로 하지 못하고 있다고 볼 수 있다. (……)

모자보건법상의 정당화사유에는 다양하고 광범위한 사회적 · 경제적 사유에 의한 낙태갈등 상황이 전혀 포섭되지 않는다. (……) 자기낙태죄 조항은 모자보건법에서 정한 사유에 해당하지 않는다면 결정가능기간 중에 다양하고 광범위한 사회적 · 경제적 사유를 이유로 낙태갈등 상황을 겪고 있는 경우까지도 예외 없이 전면적 · 일률적으로 임신의 유지 및 출산을 강제하고, 이를 위반한 경우 형사처벌하고 있다. 따라서, **자기낙태죄 조항은 입법목적을 달성하기 위하여 필요한 최소한의 정도를 넘어 임신한 여성의 자기결정권을 제한하고 있어 침해의 최소성을 갖추지 못하였고, 태아의 생명 보호라는 공익에 대하여만 일방적이고 절대적인 우위를 부여함으로써 법익균형성의 원칙도 위반하였다고 할 것이므로, 과잉금지원칙을 위반하여 임신한 여성의 자기결정권을 침해하는 위헌적인 규정이다.** (……)

태아의 생명을 보호하기 위하여 낙태를 금지하고 형사처벌하는 것 자체가 모든 경우에 헌법에 위반된다고 볼 수는 없다. 그런데 자기낙태죄 조항과 의사낙태죄 조항에 대하여 각각 단순위헌 결정을 할 경우, 임신 기간 전체에 걸쳐 행해진 모든 낙태를 처벌할 수 없게 됨으로써 용인하기 어려운 법적 공백이 생기게 된다. 따라서 자기낙태죄 조항과 의사낙태죄 조항에 대하여 단순위헌 결정을 하는 대신 각각 헌법불합치 결정을 선고하되, 다만 **입법자의 개선입법이 이루어질 때까지 계속적용을 명하는 것이 타당하다. 입법자는**

늦어도 2020. 12. 31.까지는 개선입법을 이행하여야 하고, 그때까지 개선입법이 이루어지지 않으면 위 조항들은 2021. 1. 1.부터 효력을 상실한다.

(이석태 등 재판관 3인의 단순위헌의견)

우리는 헌법불합치의견이 지적하는 기간과 상황에서의 낙태까지도 전면적 · 일률적으로 금지하고, 이를 위반한 경우 형사처벌하는 것은 임신한 여성의 자기결정권을 침해한다는 점에 대하여 헌법불합치의견과 견해를 같이한다. 다만 우리는 여기에서 더 나아가 **이른바 '임신 제1삼분기(first trimester, 대략 마지막 생리기간의 첫날부터 14주 무렵까지)'에는 어떠한 사유를 요구함이 없이 임신한 여성이 자신의 숙고와 판단 아래 낙태할 수 있도록 하여야 한다는 점, 자기낙태죄 조항 및 의사낙태죄 조항(이하 '심판대상조항들'이라 한다)에 대하여 단순위헌결정을 하여야 한다는 점에서 헌법불합치의견과 견해를 달리 한다.** (……)

임신 제1삼분기의 낙태마저도 전면적 · 일률적으로 금지하고 있는 자기낙태죄 조항으로 인하여 제한받는 사익이 자기낙태죄 조항이 달성하는 공익보다 결코 가볍다고 볼 수 없다. 심판대상조항들은 법익의 균형성 원칙에도 위배된다. 심판대상조항들은 임신 제1삼분기에 이루어지는 안전한 낙태에 대하여조차 일률적 · 전면적으로 금지함으로써, 과잉금지원칙을 위반하여 임신한 여성의 자기결정권을 침해한다.

(조용호 등 재판관 2인의 합헌의견)

태아의 생명권을 보호하고자 하는 공익의 중요성은 태아의 성장 상태에 따라 달라진다고 볼 수 없으며, 임신 중의 특정한 기간 동안에는 임신한 여성의 인격권이나 자기결정권이 우선하고 그 이후에는 태아의 생명권이 우선한다고 할 수도 없다. (……)

자기낙태죄 조항이 임신 초기의 낙태나 사회적 · 경제적 사유에 의한 낙태를 허용하고 있지 아니한 것이 과잉금지원칙에 위배되어 임신한 여성의 자기결정권을 과도하게 제한한다고 볼 수 없다. 헌법재판소는 **이미 2012. 8. 23. 자기낙태죄 조항을 합헌으로 판단한 바 있다. 그때부터 7년이 채 경과하지 않은 현 시점에서 위 선례의 판단을 바꿀 만큼의 사정변경이 있다고 보기 어렵다.**

(굵은 글씨는 저자)

헌재 2019.4.11. 2017헌바127, 판례집 31-1, 404

유럽의 여러 나라들은 임신 후 12주 이내의 낙태를 허용하는 입법을 채택하고 있다. 독일 연방헌법재판소 판례(1975.2.25. BVerfGE 39,1)는 이들 입법례를 따랐던 개정형법조항에 대해 위헌이라고 판시하였다. 미국 판례는 태아의 '생존력'(viability) 여부라는 의학적 기준에 따라 판단하고 있다.

(참고 · 미국판례) *Roe v. Wade*(1973).

이 판결에서 처음으로, 낙태 금지는 임부의 사생활의 권리에 대한 위헌적 침해라고 판시하면서, 이른바 '3개월 구분 방식'(trimester approach)을 제시하였다. ① 임신 후 처음 3개월간, 임부는 낙태 여부의 자유로운 결정권을 갖는다. ② 처음 3개월 이후, 임부의 건강과 관련한 합리적 규제를 가할 수 있다. 처음 3개월 이내에 낙태로 인한 임부의 사망률은 출산으로 인한 사망률보다 낮지만, 그 이후에는 그렇지 않다. ③ 임신 후 세 번째 3개월간, 임부의 생명이나 건강을 위해 필요한 경우 외에는 낙태를 금지할 수 있다. 세 번째 3개월이 시작하는 시점부터 태아의 생존력, 즉 태아가 모체의 자궁 밖에서 생존할 수 있는 능력이 있다고 추정된다.

Planned Parenthood of Southeastern Pennsylvania v. Casey(1992).

이 판결에서 기본적으로 위 판결을 유지하되, 3개월 구분 방식을 취하지 않고 생존력을 갖기 이전과 이후를 구분하는 방식을 제시하였다. 개별적 경우마다 의학적 판단에 따라, ① 생존력을 갖기 이전 시기에는 임부는 '부당한 부담' 없이, 즉 실질적 장애 없이 낙태할 권리를 갖는다. ② 생존력을 갖기 이후 시기에는 임부의 생명이나 건강을 위해 필요한 경우를 제외하고 낙태를 금지할 수 있다.

Dobbs v. Jackson Women's Health Organization(JWHO)(2022).

미국 연방대법원은 2022년 6월 24일 Dobbs 사건에서 낙태의 권리는 연방헌법이 보호하는 기본권이 아니고, 낙태 규제 권한은 주(州)에 있다고 하였다. Alito 대법관 등 5인 대법관이 다수의견을 형성하였고, 존 로버츠 대법원장은 별개의 동지의견을 제시하였다. 3인 대법관은 반대의견을 제시하였다. 다수의견은 임신 15주가 경과한 경우 낙태를 규제할 권한을 주에 부여한 미시시피주법을 합헌이라고 하면서 선례인 Roe, Casey 사건을 파기한다고 명시하였다. 참고로 우리나라는 헌법재판소가 정한 법개정 시한(2020.12.31.)을 훌쩍 넘긴 현재까지도 법이 개정되지 않고 있다.

위의 헌법재판소 신 판례에 관해 몇 가지 주목할 점이 있다.

첫째, 구 판례와 신 판례의 기본적 차이는 태아의 생명권이 태아의 성장 상태에 따라 달라진다고 볼 것이냐의 여부에 있다. 구 판례는 이를 부정하였는데, 신 판례는 이를 긍정하고 있다. 구 판례의 입장은 미국 판례와 다른 독자적 입장이었고, 이에 기초하여 그 결론에서도 미국 판례와 다른 판단을 내렸다. '태아의 독자적 생존 가능성' 여부를 낙태 허용 여부의 기준으로 삼는 2019년 신 판례는 미국의 신 판례(1992년)와 유사한 입장을 취하고 있다.

둘째, '임신 제1삼분기의 낙태 자유'원칙을 주장하는 2019년 신 판례의 단순위헌의견은 미국의 1973년 판례의 입장과 유사하다.

셋째, 2019년 신 판례에서 합헌의견이 지적하고 있는 것처럼, 판례 변경을 할 만한 사정변경이 있었는지에 관하여 위헌의견에는 아무 설시가 보이지 않는다. 태아의 성장 상태에 따라 생명권의 보호 정도가 다르다는 가치관의 대 전환이 있을 뿐이다.

넷째, 헌법소송의 절차법적 차원에서, 다음과 같은 비판 내지 문제점이 따른다. ① 형벌조항에 대한 헌법불합치 결정은 소급효를 갖는다는 법원 입장과의 상충에 따르는 문제. ② '태아의 독자적 생존 가능성' 기준시점인 임신 후 22주까지는 여러 사항을 고려하라는 헌법불합치 의견은 4인 재판관의 의견일 뿐이고, 3인 재판관의 단순위헌의견은 임신 제1삼분기까지는 아무 사유없이 낙태 자유라는 것이므로, '22주'에 관련한 결정이유 부분에는 기속력을 인정할 수 없지 않은가라는 문제. ③ 2012년 합헌결정 이후 현재까지 낙태죄로 처벌받아 의사면허가 정지되었던 자에 대한 구제는 불가능하게 되는지의 문제 등.

한편, Dobbs 사건에서 미국 연방대법원은 낙태에 대한 규제와 금지는 건강 및 안전을 위한 다른 조치들과 동일한 심사기준의 적용을 받는다고 하였다.

6. 안락사 등의 문제와 이른바 '죽을 권리'

안락사(安樂死)란 회생가능성이 없거나 희박하고 고통이 심한 환자에 대해 그 고통을 제거하기 위해 환자의 생명을 단절시키는 행위를 말한다. 적극적으로 환자에게 약물을 투입하여 사망을 앞당기는 것을 적극적 안락사, 소극적으로 생명연장 장치를 제거하거나 생명연장 치료를 중단하는 것을 소극적 안락사라고 부른다.

안락사의 허용 여부에 관하여 학설은 다양하게 갈린다. 이 문제는 기본적으로 개인의 생명을 스스로 처분할 수 있는가에 달려 있다. 생명권을 보장한다고 해서 곧 자신의 생명을 처분할 권리가 인정된다고는 볼 수 없다. 인간의 존엄의 전제가 되는 생명의 존엄성은 처분할 수 있는 것이 아니기 때문이다. 이처럼 이른바 '죽을 권리'는 헌법상의 기본권으로 인정할 수 없다. 이렇게 보면 원칙적으로 안락사는 인정되지 않는다고 볼 것인데, 다만 일정한 요건하에 예외적으로 허용할 필요가 있다고 할 것이다. 왜냐하면 안락사에는 개인이 **'존엄하게 죽을 권리'**(이른바 '존엄사'의 권리)라는 측면이 개재되어 있고, 존엄하게 죽을 권리는 자기결정권에 포함된다고 할 수 있기 때문이다. 흔히 소극적 안락사의 경우만을 존엄사라고 부르지만, 존엄하게 죽을 권리의 측면은 적극적 안락사의 경우에도 인정될 수 있으며, 그 차이는 정도에 있어서의 상대적 차이라고 할 것이다.

자기결정권으로서의 존엄하게 죽을 권리가 예외적으로 인정될 수 있다고 하더라도 그 범위는 매우 한정적이라고 보아야 한다. 안락사가 인정될 수 있는 예외의 허용범위와 요건은 이익형량의 문제라고 볼 것이다. 한편에서 생명의 존엄성을 보호해야 할 공공적 이익과, 다른 한편에서 환자가 존엄하게 죽을 개인적 이익('존엄사'의 권리) 및 의료비 부담과 관련한 의료제도의 합리성이라는 이익과를 비교형량하여 결정해야 할 것이다. 특히 소극적 안락사의 경우에 존엄하게 죽을 개인적 이익 및 의료제도의 합리성의 이익이 우월하게 평가될 소지가 크다. 다만 유의할 것은 안락사를 예외적으로 인정하더라도, 회생 불가능하다는 의학적 판단의 요건을 엄격히 해야 할 뿐만 아니라, 특히 의료비 문제와 관련하여 그 남용이나 악용을 방지하는 장치가 필요하다는 것이다.

대법원은 이른바 연명치료중단을 일정한 요건 하에 허용하고 있다.

(판 례) 소극적 안락사(연명치료중단)의 허용요건

1. 연명치료 중단의 허용기준에 관한 상고이유에 대하여

나. 생명과 관련된 진료의 거부 또는 중단

자기결정권 및 신뢰관계를 기초로 하는 의료계약의 본질에 비추어 강제진료를 받아야 하는 등의 특별한 사정이 없는 한 환자는 자유로이 의료계약을 해지할 수 있다 할 것이며(민법 제689조 제1항), 의료계약을 유지하는 경우에도 환자의 자기결정권이 보장되는 범위 내에서는 제공되는 진료행위의 내용 변경을 요구할 수 있을 것이다. (……)

다. 회복불가능한 사망 단계에 진입한 환자에 대한 진료중단의 허용 요건

(1) 의학적으로 환자가 의식의 회복가능성이 없고 생명과 관련된 중요한 생체기능의 상실을 회복할 수 없으며 환자의 신체상태에 비추어 짧은 시간 내에 사망에 이를 수 있음이 명백한 경우(이하 '회복불가능한 사망의 단계'라 한다)에 이루어지는 진료행위(이하 '연명치료'라 한다)는 원인이 되는 질병의 호전을 목적으로 하는 것이 아니라 질병의 호전을 사실상 포기한 상태에서 오로지 현 상태를 유지하기 위하여 이루어지는 치료에 불과하므로, 그에 이르지 아니한 경우와는 다른 기준으로 진료중단 허용 가능성을 판단하여야 한다. (……)

생명권이 가장 중요한 기본권이라고 하더라도 인간의 생명 역시 인간으로서의 존엄성이라는 인간 존재의 근원적인 가치에 부합하는 방식으로 보호되어야 할 것이다. (……)

회복불가능한 사망의 단계에 이른 후에 환자가 인간으로서의 존엄과 가치 및 행복추구권에 기초하여 자기결정권을 행사하는 것으로 인정되는 경우에는 특별한 사정이 없는 한 연명치료의 중단이 허용될 수 있다.

(2) 환자가 회복불가능한 사망의 단계에 이르렀을 경우에 대비하여 미리 의료인에게 자신의 연명치료 거부 내지 중단에 관한 의사를 밝힌 경우(이하 '사전의료지시'라 한다)에는 비록 진료 중단 시점에서 자기결정권을 행사한 것은 아니지만 사전의료지시를 한 후 환자의 의사가 바뀌었다고 볼 만한 특별한 사정이 없는 한 사전의료지시에 의하여 자기결정권을 행사한 것으로 인정할 수 있다.

다만, 이러한 사전의료지시는 진정한 자기결정권 행사로 볼 수 있을 정도의 요건을 갖추어야 한다. 따라서 의사결정능력이 있는 환자가 의료인으로부터 직접 충분한 의학적 정보를 제공받은 후 그 의학적 정보를 바탕으로 자신의 고유한 가치관에 따라 진지하게 구체적인 진료행위에 관한 의사를 결정하여야 하며, 이와 같은 의사결정 과정이 환자 자신이 직접 의료인을 상대방으로 하여 작성한 서면이나 의료인이 환자를 진료하는 과정에서 위와 같은 의사결정 내용을 기재한 진료기록 등에 의하여 진료 중단 시점에서 명확하게 입증될 수 있어야 비로소 사전의료지시로서의 효력을 인정할 수 있다. (……)

(3) 한편, 환자의 사전의료지시가 없는 상태에서 회복불가능한 사망의 단계에 진입한 경우에는 환자에게 의식의 회복가능성이 없으므로 더 이상 환자 자신이 자기결정권을 행사하여 진료행위의 내용 변경이나 중단을 요구하는 의사를 표시할 것을 기대할 수 없다. 그러나 환자의 평소 가치관이나 신념 등에 비추어 연명치료를 중단하는 것이 객관적으로 환자의 최선의 이익에 부합한다고 인정되어 환자에게 자기결정권을 행사할 수 있는 기회가 주어지더라도 연명치료의 중단을 선택하였을 것이라고 볼 수 있는 경우에는 그 연명치료 중단에 관한 환자의 의사를 추정할 수 있다고 인정하는 것이 합리적이고 사회상규에 부합된다. (……)

라. 이 사건에 대한 판단

원심판결 이유에 의하면, 원심은 환자가 회생가능성이 없는 회복불가능한 사망과정에 진입한 경우에 환자의 진지하고 합리적인 치료중단 의사가 추정될 수 있다면 사망과정의 연장에 불과한 진료행위를 중단할 수 있다는 취지로 판단하였는바, 원심이 연명치료 중단의 기준으로 삼은 위와 같은 사유는 위에서 살펴 본 회복불가능한 사망의 단계에 이른 경우의 연명치료 중단에 관한 법리와 같은 취지이므로 정당하고, 거기에 연명치료 중단의 허용기준에 관한 법리를 오해한 위법이 없다.

2. 원고가 회복불가능한 사망의 단계에 진입하지 않았다는 상고이유에 대하여

앞서 본 바와 같이 환자의 추정적 의사에 의하여 연명치료의 중단이 허용될 수 있는 회복불가능한 사망의 단계는 의식의 회복가능성이 없고 생명과 관련된 중요한 생체기능의 상실을 회복할 수 없으며 환자의 신체상태에 비추어 짧은 시간 내에 사망에 이를 수 있음이 명백한 경우를 의미하는바, 그 단계에 이르렀는지 여부는 주치의의 소견뿐 아니라 사실조회, 진료기록 감정 등에 나타난 다른 전문의사의 의학적 소견을 종합하여 신중하게 판단하여야 한다.

대판(전합) 2009.5.21. 2009다17417

한편 헌법재판소도 최근 죽음이 임박한 환자의 '연명치료 중단에 관한 자기결정권'이 헌법상 보장된 기본권이기는 하지만, 헌법해석상 국가에게 연명치료 중단 등에 관한 법률을 제정할 입법의무가 있는 것은 아니고, 이러한 문제는 법원의 재판을 통하여 해결될 수 있는 것이라고 판시하였다. 다만 환자의 가족에게는 '연명치료 중단에 관한 자기결정권'이 인정되지 않는다고 하였다.

(판 례) 소극적 안락사(연명치료 중단)에 관한 자기결정권

4. '연명치료 중단에 관한 자기결정권' 인정 여부

(……) 헌법 제10조에서 규정하고 있는 인간의 존엄과 가치 및 행복을 추구할 권리는 생명권 못지않게 우리 헌법상 최고의 가치를 이루고 있다 할 것이므로 죽음에 임박한 환자의 생명은 그의 인간으로서의 존엄과 가치 및 행복을 추구할 권리에 부합하는 방식으로 보호되어야 한다. 또한 죽음이란 삶을 살아가는 인간이 피할 수 없는 인간 실존의 한 영역이고 이러한 의미에서 죽음이란 삶의 마지막 과정에서 겪게 되는 삶의 또 다른 형태라 할 것이므로 모든 인간은 죽음을 맞이하는 순간까지 인간으로서의 존엄과 가치를 유지할 권리를 보장받아야 한다.

다. 이와 같이 '연명치료 중단, 즉 생명단축에 관한 자기결정'은 '생명권 보호'의 헌법적 가치와 충돌하므로 '연명치료 중단에 관한 자기결정권'의 인정 여부가 문제되는 '죽음에 임박한 환자'란 '의학적으로 환자가 의식의 회복가능성이 없고 생명과 관련된 중요한 생체기능의 상실을 회복할 수 없으며 환자의 신체상태에 비추어 짧은 시간 내에 사망에 이를 수 있음이 명백한 경우', 즉 '회복 불가능한 사망의 단계'에 이른 경우를 의미한다 할 것이다(대법원 2009.5.

21. 선고 2009다17417 판결 참조). (……)

마. 그렇다면 환자가 장차 죽음에 임박한 상태에 이를 경우에 대비하여 미리 의료인 등에게 연명치료 거부 또는 중단에 관한 의사를 밝히는 등의 방법으로 죽음에 임박한 상태에서 인간으로서의 존엄과 가치를 지키기 위하여 연명치료의 거부 또는 중단을 결정할 수 있다 할 것이고, 위 결정은 헌법상 기본권인 자기결정권의 한 내용으로서 보장된다 할 것이다.

5. '연명치료 중단 등에 관한 법률'의 입법의무 인정 여부

(……) 자기결정권을 행사하여 연명치료를 중단하고 자연스런 죽음을 맞이하는 문제는 생명권 보호라는 헌법적 가치질서와 관련된 것으로 법학과 의학만의 문제가 아니라 종교, 윤리, 나아가 인간의 실존에 관한 철학적 문제까지도 연결되는 중대한 문제이므로 충분한 사회적 합의가 필요한 사항이다. 따라서 이에 관한 입법은 사회적 논의가 성숙되고 공론화 과정을 거친 후 비로소 국회가 그 필요성을 인정하여 이를 추진할 사항이다. 또한 '연명치료 중단에 관한 자기결정권'을 보장하는 방법으로서 '법원의 재판을 통한 규범의 제시'와 '입법' 중 어느 것이 바람직한가는 입법정책의 문제로서 국회의 재량에 속한다 할 것이다.

헌재 2009.11.26. 2008헌마385, 공보 158, 2219,2224-2226

외국의 입법례로 네덜란드나 미국 오리건 주법처럼 적극적 안락사까지 인정하는 드문 예가 있다. 프랑스, 대만 등의 일부 국가는 소극적 안락사를 인정하고 있다. 미국 판례는 직접적으로는 '죽을 권리'를 인정하지 않고 있으나, 최근 간접적으로 이를 인정한 판결이 나오고 있다.

(참고 · 미국판례) *Washington v. Glucksberg*(1997).

워싱턴 주법은 자살의 방조 행위를 금지하였다. 불치병에 걸린 환자들과 안락사 시술 경험이 있는 의사들이 이 법률의 위헌을 주장하며 제소하였다. 대법원은 자살할 권리나 자살을 방조할 권리는 헌법상 권리로 인정되지 않는다고 판시하였다.

Gonzales v. Oregon(2006).

오리건 주법은 의사의 처방에 의한 안락사를 인정하였다. 연방 법무부 장관은 연방 약물규제법에 의거, 안락사를 위한 약물 투입을 금지하는 행정명령을 발함으로써 위 주법의 집행을 막았다. 대법원의 다수의견(6 : 3)은 의료행위 규제권은 주에 있다고 하여 위 행정명령의 효력을 인정하지 않았다. 이 판결은

간접적으로 존엄사의 권리를 지지한 결과를 가져왔으나 아직 직접적으로 존엄사의 권리를 인정한 것은 아니다.

'죽을 권리'가 인정되지 않는다는 원칙에 비추어 자살의 교사, 방조나 촉탁에 의한 살인은 금지되며, 형법상 범죄로 처벌된다(제252조). 자살 미수를 처벌하지 않는 것은 죽을 권리를 인정해서가 아니라 입법정책적 판단에 따른 입법 재량의 문제로 보아야 할 것이다.

국회는 최근 연명의료에 대한 기본원칙, 연명의료결정의 관리 체계, 연명의료의 결정 및 그 이행 등에 필요한 사항을 정하여 임종과정에 있는 환자의 연명의료결정을 제도화하는 법률을 제정했다. 환자의 자기결정을 존중하고 환자의 존엄과 가치를 보장하며, 암환자에만 국한되어 있는 호스피스 서비스를 일정한 범위의 말기환자에게 확대 적용하도록 하고, 호스피스에 대한 체계적이고 종합적인 근거 법령을 마련하여 국민 모두가 인간적인 품위를 지키며 편안하게 삶을 마무리할 수 있도록 하였다. '호스피스·완화의료 및 임종과정에 있는 환자의 연명의료결정에 관한 법률(약칭: 연명의료결정법. 법률 제14013호, 2016.2.3. 제정, 2017.8.4. 시행). 그 주요내용은 다음과 같다.

① 제2조에서 다음과 같은 정의조항을 두었다.

"임종과정"은 회생의 가능성이 없고, 치료에도 불구하고 회복되지 않으며, 급속도로 증상이 악화되어 사망에 임박한 상태를 말한다. "연명의료"는 임종과정에 있는 환자에게 하는 심폐소생술, 혈액 투석, 항암제 투여, 인공호흡기 착용 등 대통령령으로 정하는 의학적 시술로서 치료효과 없이 임종과정의 기간만을 연장하는 것을 의미한다. "말기환자"는 적극적인 치료에도 불구하고 근원적인 회복 가능성이 없고 점차 증상이 악화되어 보건복지부령이 정하는 절차와 기준에 따라 담당의사와 해당 분야 전문의 1명으로부터 수개월 이내에 사망할 것으로 예상되는 진단을 받은 환자를 말한다. "호스피스"는 말기환자 또는 임종과정에 있는 환자와 그 가족에게 통증과 증상의 완화 등을 포함한 신체적·심리사회적·영적 영역에 대한 종합적인 평가와 치료를 목적으로 하는 의료를 일컫는다.

② 제15조부터 제20조까지에 연명의료결정의 이행에 관하여 규정하였다.

담당의사는 환자에 대한 연명의료결정을 이행하기 전에 해당 환자가 임종과정에 있는지 여부를 해당 분야의 전문의 1명과 함께 판단하여야 한다. 의료기관에서 작성된 연명의료계획서가 있는 경우, 사전연명의료의향서가 있고 담당의사가 환자에게 그 내용을 확인한 경우에는 이를 연명의료결정에 관한 환자의 의사로 본다. 연명의료계획서나 사전연명의료의향서가 없는 경우에는 환자가족 2명 이상의 일치하는 진술이 있고 담당의사 등의 확인을 거친 때에는 이를 연명의료결정에 관한 환자의 의사로 본다. 담당의사는 환자에 대한 연명의료결정시 이를 즉시 이행하고 그 결과를 기록하여야 하며, 통증 완화를 위한 의료행위와 영양분 공급, 물 공급, 산소의 단순 공급은 보류되거나 중단되어서는 아니 된다.

7. 뇌사와 장기이식

형법을 비롯하여 법률상 사망의 시기는 심장 박동이 종료한 시기(이른바 '심장사')로 보는 것이 일반적이다. 심장사에 앞선 뇌사상태를 사망, 곧 생명의 종기(終期)로 볼 수 있느냐는 문제가 있다. 이 문제는 주로 장기이식과 관련하여 논의된다

'장기등 이식에 관한 법률'에 의하면, "뇌사자가 이 법에 따른 장기등의 적출로 사망한 경우에는 뇌사의 원인이 된 질병 또는 행위로 인하여 사망한 것으로 본다"(제21조 제1항)고 규정하고 있는데, 이는 뇌사 상태를 아직 사망으로 보지 않는 것을 전제한 것이다. 그러므로 뇌사자의 장기 적출에 의한 사망을 허용하는 것은 생명권의 제한이 된다. 이를 헌법상 인정할 수 있느냐의 여부, 그리고 인정된다면 어떤 요건하에 인정될 수 있느냐는 뇌사자의 생명권과 장기이식으로 인한 이익과의 비교형량에 의해 판단되어야 할 것이다.

2020.4.7. 공포된 장기이식법(법률 제17214호, 2020.10.8. 시행) 제22조가 규정하고 있는 장기적출 요건은 다음과 같다. ① 살아있는 사람의 장기등은 본인이 동의한 경우에만 적출할 수 있다. 다만, 16세 이상인 미성년자의 장기등과 16세 미만인 미성년자의 말초혈 또는 골수를 적출하려는 경우에는 본인과 그 부모(부모가 없고 형제자매에게 말초혈 또는 골수를 이식하기 위하여 적출하려는 경우에는 법정대리인)의 동의를 함께 받아야 한다. ② 제1항 단서의 경우 부모 중 1명이 행방불명, 그 밖에 대통령령으로 정하는 부득이한 사유로 동의할 수 없으면 부모 중 나머지 1명과 제4조제6호 각 목에 따른 가족 또는 유족의 순서에 따른 선순위자 1명의 동의를 받아야 한다. ③ 뇌사자와 사망한 자의 장기등은 다음 각 호의 어느 하나에 해당하는 경우에만 적출할 수 있다. 1. 본인이 뇌사 또는 사망하기 전에 장기등의 적출에 동의한 경우. 다만, 그 가족 또는 유족이 장기등의 적출을 명시적으로 거부하는 경우는 제외한다. 2. 본인이 뇌사 또는 사망하기 전에 장기등의 적출에 동의하거나 반대한 사실이 확인되지 아니한 경우로서 그 가족 또는 유족이 장기등의 적출에 동의한 경우. 다만, 본인이 16세

미만의 미성년자인 경우에는 그 부모(부모 중 1명이 사망 · 행방불명, 그 밖에 대통령령으로 정하는 부득이한 사유로 동의할 수 없으면 부모 중 나머지 1명)가 장기등의 적출에 동의한 경우로 한정한다. ④ 제1항부터 제3항까지에 따라 동의한 사람은 장기등을 적출하기 위한 수술이 시작되기 전까지는 언제든지 장기등의 적출에 관한 동의의 의사표시를 철회할 수 있다.

2020년 개정 장기이식법은 장기등의 정의에 조혈모세포를 이식할 목적으로 채취하는 말초혈을 추가하고(제4조 제1호 나목), 20세 미만의 사람인 사람 중 골수뿐만 아니라 말초혈을 기증하려는 사람에 대해서도 자신의 장기등의 이식대상자를 선정할 수 있도록 한 것(제26조 제3항)이 특징이다. 위 법률에서 특히 문제되는 것은 뇌사자와 사망한 자의 장기적출의 경우, 본인의 사전 동의 없이 장기 적출을 인정하고 있다는 점이다.

2023. 6. 13. 개정 법률은 보건복지부장관이 장기 등의 기증 및 이식에 관한 종합계획을 5년마다 수립 · 추진하도록 하고(제7조의2), 장기구득기관의 업무에 장기등기증자와 그 유족에 대한 관리 및 지원을 추가하였다(제20조 제1항).

8. 생명복제와 생명권

생명공학의 발달과 함께 인간생명의 복제가 논란되고 있다. 일반적으로 생명복제란 개체복제, 즉 어느 한 개체와 동일한 유전자 세트를 지닌 새로운 개체를 만드는 것을 말한다. 광의의 생명복제는 개체복제만이 아니라 배아, 조직 등의 복제 또는 배아에서 줄기세포를 추출하는 것을 포함한다.

인간의 개체복제는 인간의 존엄을 침해하는 것으로 헌법상 인정될 수 없다. 한편 광의의 생명복제, 특히 근래 많이 논란되고 있는 배아줄기세포 추출은 배아의 파기를 전제하기 때문에 생명권 침해의 문제를 제기한다. 배아의 생명권 주체성을 인정하거나 적어도 배아를 국가의 보호의무의 대상으로 인정하는 한, 헌법적 문제가 제기되는 것이다. 생각건대 배아의 생명을 헌법적 보호 대상으로 인정해야 할 것이지만, 예외적으로 환자 치료를 위한 연구의 목적 등의 경우에는 비교형량의 결과, 배아의 생명보다 우선하는 헌법적 이익을 인정할 수 있을 것이다.

'생명윤리 및 안전에 관한 법률'은 인간복제를 금지하고(제20조), 임신 외 목적의 배아의 생성을 금지하고 있다(제23조 제1항). 배아를 생성하는 경우에도 특정의 성을 선택할 목적으로 난자와 정자를 선별하여 수정시키거나, 사망한 사람의 난자 또는 정자로 수정하거나, 미성년자의 난자 또는 정자로 수정하는 행위는 금지된다. 다만, 혼인한 미성년자가 그 자녀를 얻기 위하여 수정하는 것은 가능하다(제23조 제2항). 금전, 재산상의 이익 또는 그 밖의 반대급부(反對給付)를 조건으로 배아나 난자 또는 정자를 제공 또는 이용하거나 이를 유인하거나 알선하는 것도 금지된다(제23조 제3항). 다만 일정한 연구목적을 위하여 예외적으로 잔여배아(인공수태시술을 위해 사용하고 남은 배아)의 이용을 허용하고 있다(제29조).

헌법재판소는 위 법률(약칭 '생명윤리법')의 일부 조항의 위헌 여부에 관해 판시하였다. 우선 초기배아의 기본권 주체성을 부인하고, 배아생성자가 배아의 관리 또는 처분에 대해 갖는 권리를 헌법 제10조로부터 도출되는 일반적 인격권의 한 유형으로 보았으며, 잔여배아를 5년간 보존하고 이후 폐기하도록 한 생명윤리법 제16조 제1항, 제2항이 배아생성자의 배아에 대한 결정권을 침해하는 것은 아니라고 판시하였다(헌재 2010.5.27. 2005헌마346).

9. 특수신분관계와 생명권

특수한 신분관계에 있는 사람들 중에는 그 직무상 생명의 위험이 따르는 경우가 있다. 예컨대 군인, 경찰, 소방관 등의 직무가 그러한데, 이 경우에 이들의 생명권에 대한 침해가 아니냐는 문제가 제기될 수 있다. 이 문제는 기본적으로 특수신분관계에서 기본권의 예외적 제한에 관한 일반적 원칙에 따라 해결하면 될 것이다. 즉 그 관계가 설정된 목적 및 성질에 비추어 합리적으로 필요한 최소한의 예외적인 특별한 제한이 허용된다고 볼 것이다. 여기에는 생명의 희생이 예견되는 경우가 포함될 수 있다.

제 7 장

평 등 권

> **(헌법 제11조)** ① 모든 국민은 법 앞에 평등하다. 누구든지 성별·종교 또는 사회적 신분에 의하여 정치적·경제적·사회적·문화적 생활의 모든 영역에 있어서 차별을 받지 아니한다.
> ② 사회적 특수계급의 제도는 인정되지 아니하며, 어떠한 형태로도 이를 창설할 수 없다.
> ③ 훈장 등의 영전은 이를 받은 자에게만 효력이 있고, 어떠한 특권도 이에 따르지 아니한다.

I. 서 설

근대 이후 인권의 역사에서 평등의 이념은 자유의 이념과 함께 최고의 이념으로 자리잡아 왔다. 1789년 프랑스 인권선언 제1조는 이 점을 잘 나타낸다. "인간은 자유롭고 평등한 권리를 지니고 태어나 생존한다. 사회적 차별은 공동의 이익에 근거해서만 있을 수 있다." 자유의 이념과 마찬가지로 평등의 이념도 인간의 존엄성에서 도출된다. 기본권의 근거가 되는 인간의 존엄성은 당연히 모든 개인의 평등을 요청한다.

한편 인권의 역사적 전개 과정에서 자유와 평등은 서로 대립하는 측면도 보여 왔다. 19세기 이래 근대사회에서의 평등은 평등한 자유를 의미하였고, 그것은 모든 개인을 법적으로 균등하게 취급하고 자유로운 활동을 보장한다는 형식적 평등이었다. 그러나 자본주의 사회에서의 형식적 평등은 결과적으로 개인 간의 불평등을 초래하였다. 법적인 자유와 평등이 사실상의 부자유와 불평등을 가져온 것이다. 그리하여 20세기 이래 사회국가 또는 복지국가의 이념아래, 국가가 개입하여 사회·경제적 약자를 보호하는 실질적 평등의 이념이 강하게 요청되어 왔다. 오늘날에는 세계적인 신자유주의의 흐름과 더불어 자유의 이념이 다시 강조되면서 실질적 평등의 이념을 재조정하는 과제가 부각되고 있다.

Ⅱ. '법 앞에 평등'의 의미

1. 법적용 평등과 법내용 평등

헌법은 모든 국민이 '법 앞에' 평등하다고 규정하고 있다. 여기서 '법 앞에 평등'이란 규정을 형식적으로 해석하면 마치 법의 집행과 적용에서의 평등만을 의미하는 것으로 보일 수 있다. 그러나 법 앞에 평등이란 법의 집행, 적용에서의 평등('법적용 평등')만이 아니라 법의 내용까지도 평등의 원칙에 따라 정립되어야 한다는 것('법내용 평등')을 의미한다(헌재 1992.4.28. 90헌바24). 다시 말하면, 평등의 원칙은 행정권과 사법권만이 아니라 입법권까지 구속한다. 법의 내용이 개인을 불평등하게 취급하고 있다면 법적용의 평등만으로 평등이 실현될 수 없음은 말할 것도 없다. 참고로, 과거 바이마르시대 독일에서는 법적용의 평등만을 의미한다는 법적용평등설(입법자 비구속설)이 통설이었다.

2. 상대적 평등

법 앞에 '평등'하다는 것은 절대적, 기계적인 평등이 아니라 상대적 평등을 의미한다. 상대적 평등이란, '같은 것을 같게, 다른 것을 다르게' 대우하는 것이다. 즉 사실상의 차이를 고려하지 않고 동등하게 대우하는 것이 아니라, 사실상의 차이를 고려하여 그 다른 만큼 다르게 대우하는 것이다. 따라서 헌법의 '차별받지 아니한다'는 규정은 일체의 차별을 금지한다는 것은 아니다(헌재 1994.2.24. 92헌바43).

(판 례) 불합리한 차별의 금지(1)

(전문과목을 표시한 치과의원은 그 표시한 전문과목에 해당하는 환자만을 진료하여야 한다고 규정한 의료법 조항이 심판대상임)

1차 의료기관의 전문과목 표시와 관련하여 의사전문의, 한의사전문의와 치과전문의 사이에 본질적인 차이가 있다고 볼 수 없으므로, 의사전문의, 한의사 전문의와 달리 치과전문의의 경우에만 전문과목의 표시를 이유로 진료범위를 제한하는 것은 합리적인 근거를 찾기 어렵고, 치과일반의는 전문과목을 불문하고 모든 치과 환자를 진료할 수 있음에 반하여, 치과전문의는 치과의원에서 전문과목을 표시하였다는 이유로 자신의 전문과목 이외의 다른 모든 전문과목의 환자를 진료할 수 없게 되는바, 이는 보다 상위의 자격을 갖춘 치과의사에게 오히려 훨씬 더 좁은 범위의 진료행위만을 허용하는 것으로서 합리적인 이유를 찾기 어렵다. 따라서 심판대상조항은 청구인들의 평등권을 침해한다.

헌재 2015.5.28. 2013헌마799, 공보 224, 137

(판 례) 불합리한 차별의 금지(2)

건강보험 재정통합 하에서 보험가입자 간의 소득파악율의 차이는 보험료 부담의 평등 관점에서 헌법적으로 간과할 수 없는 본질적인 차이이다. (……) 직장가입자의 대부분은 임금 생활자로 보수가 100% 파악이 되는 반면, 지역가입자의 소득은 납세자의 자발적 신고를 전제로 하고 있고 분리과세되는 금융소득이나 사적연금소득 등은 세제 개편이나 관련 법령을 개정하지 않는 한 공단이 이를 '소득'으로 파악하기에 한계가 있기 때문에 여전히 지역가입자의 소득파악율은 직장가입자의 소득파악율에 비하여 낮다고 볼 수밖에 없다. (……) 그렇다면, 지역가입자에 대한 보험료 산정 · 부과 시 소득 외에 재산 등의 요소를 추가적으로 고려하는 데에 합리적 이유가 있다 할 것이고, 재산 등의 요소를 추가적으로 고려함에 있어 발생하는 문제점은 보험재정의 안정성을 유지하는 한도 내에서 개선되어 나아가는 중이므로, 심판대상조항이 헌법상 평등원칙에 위반된다고 할 수 없다.

(박한철 등 4인 재판관의 반대의견)

소득파악율이 낮다는 이유로 재산 등의 요소를 추가로 고려한 추정소득을 기준으로 보험료를 산정 · 부과하도록 정하고 있는데, 여기서 소득파악율이 낮다는 것은 공단이 보유하고 있는 과세자료의 보유비율이 낮다는 것을 의미할 뿐, 지역가입자의 소득미신고율이 높다거나 소득탈루비율이 높다는 것을 의미하지 않는다. 더욱이 지역가입자 중에서 공단이 소득자료를 보유하고 있지 않은 세대는 주로 소득이 영세하여 조세행정상 관리의 실익이 없는 사람들인데, 이들에게는 보험료 부담에 있어 특별한 배려가 필요한 것이지, 소득이 파악되지 않는다는 이유로 세대 구성원의 수나 연령을 기준으로 보험료를 부과하는 것은 사회연대의 원칙이나 사회재분배의 원리에 부합하지 않는다. (……) 보험료 부과체계를 단일화할 경우 영향을 받는 자들은 일부 고소득자들에 국한되고, 직장가입자의 피부양자 중 소득이 있는 자를 건강보험 재정에 참여시키는 것도 재정확충의 한 방법이다. 그렇다면 동일한 보험집단을 구성하고 있는 지역가입자와 직장가입자를 서로 달리 취급하고 있는 심판대상조항은 합리적 이유 없이 지역가입자를 차별하는 것이므로, 헌법상 평등원칙에 위배된다.

헌재 2016.12.29. 2015헌바199, 공보 243, 103,104

(판 례) 불합리한 차별의 금지(3)

어떠한 질병 또는 부상이 공무수행 중에 발생하였고, 그로 인하여 장애 상태에 이른 것이 분명하다면, '퇴직 후 2011. 5. 19. 개정된 구 군인연금법 제23조 제1항과 2013. 3. 22. 개정된 군인연금법 제23조 제1항(두 조항을 합하여 '신법 조항'이라 한다) 시행일 전에 장애 상태가 확정된 군인'과 '퇴직 후 신법 조항 시행일 이후에 장애 상태가 확정된 군인'은 모두 공무상 질병 또는 부상으로 인하여 장애 상태에 이른 사람으로서, 장애에 노출될 수 있는 가능성 및 위험성, 장애가 퇴직 이후의 생활에 미치는 영향, 보호의 필요성 등의 측면에서 본질적인 차이가 없다. 장애의 정도나 위험성, 생계곤란의 정도 등을 고려하지 않은 채 장애의 확정시기라는 우연한 형식적 사정을 기준으로 상이연금의 지급 여부를 달리하는 것은 불합리하다.

퇴직 후 신법 조항 시행일 전에 장애 상태로 된 군인에게 장애 상태가 확정된 때부터 상이연금을 지급하는 것이 국가의 재정형편상 어렵다면, 신법 조항 시행일 이후부터 상이연금을 지급하도록 하거나, 수급자의 생활수준에 따라 지급범위와 지급액을 달리 하는 등 국가의 재정능력을 감안하면서도 차별적 요소를 완화하는 입법을 할 수 있다. 그럼에도 불구하고, 퇴직 후 신법 조항 시행일 전에 장애 상태가 확정된 군인을 보호하기 위한 최소한의 조치도 하지 않은 것은 그 차별이 군인연금기금의 재정상황 등 실무적 여건이나 경제상황 등을 고려한 것이라고 하더라도, 그 차별을 정당화할 만한 합리적인 이유가 있는 것으로 보기 어렵다. 따라서 심판대상조항은 헌법상 평등원칙에 위반된다.

(헌법불합치결정)

헌재 2016.12.29. 2015헌바208 등, 공보 243, 112,113

헌법이 요구하는 평등이 상대적 평등이라고 한다면, 다른 것을 다른 만큼 다르게 대우하는 것은 평등의 제한이라기보다 평등의 실현이라고 할 수 있다. 동일한 사정과 조건하에서는 동등하게 대우해야 하지만, 상이한 사정과 조건하에서는 거기에 맞게 상이하게 대우하는 것, 즉 차별이 평등의 원칙에 부합하는 것이다. 이처럼 평등의 원칙이란, 같은 것을 다르게, 다른 것을 같게 대우해서는 안 된다는 것을 뜻한다. 다만 일정한 차별을 하는 경우 그것이 평등을 실현하는 차별인가 또는 불평등한 차별인가 여부의 입증부담이 차별하는 측에 있다고 본다면, 그렇게 보는 한, 차별은 평등의 제한으로 추정된다고 말할 수 있다.

3. 실질적 평등

평등이란 무엇인가, 무엇에 관한 평등인가에 관해서는 다양한 입장이 있다. ① 형식적 평등, ② 기회균등, ③ 자원의 평등, ④ 결과의 평등 등.

헌법이 보장하는 평등은 단순한 형식적 평등, 즉 평등한 자유에 그치는 것이 아니라 그 이상의 것이다. 그런 의미에서 헌법상 평등은 실질적 평등을 포함하는 광범위한 것이다. 평등을 '평등한 자유'만으로 이해하는 형식적 평등은 자유방임주의 입장에서 나온 것이며, 우리 헌법이 자유방임주의 입장이 아님은 인간다운 생활을 할 권리의 보장이나 경제질서 조항 등에 비추어 분명하다.

그러나 실질적 평등이 무엇을 의미하는지는 불명확하며, 이에 관해서는 기회의 균등, 자원의 평등, 결과의 평등 등 다양한 평등의 기준을 설정할 수 있다. 이 가운데 결과의 평등은 형식적 평등과 대척점에 있는 것으로, 보편적 차원의 결과의 평등은 사회주의적 입장에서 나온 것이다. 우리 헌법이 사회주의 지향이 아님은 말할 것도 없다.

한편, 기회의 균등은 그 의미가 반드시 명확한 것은 아니다. 기회균등이 단순히 평등한 자유, 즉 형식적 평등과 유사한 의미로 쓰이는 경우도 있다. 반면, 기회의 의미를 확장하면 자원의 의미에 가깝게 쓸 수도 있다. 대체적으로 기회균등은 자원의 평등에 비하면 형식적 평등 쪽에 가깝다고 할 수 있다.

자원의 평등은 결과를 산출하기 이전의 재료의 평등을 뜻한다. 다만 자원과 결과의 의미 구분이 불분명한 경우도 있을 것이다. 대체적으로 자원의 평등은 결과의 평등에 비하면 기회균등에 가깝다고 할 것이다.

우리 헌법이 지향하는 평등이 무슨 의미인지는 일률적으로 단정할 수 없다. 자유방임주의나 사회주의 지향이 아닌 점에서 보면, 보편적 차원에서 형식적 평등이나 결과의 평등은 아니라고 할 것이지만, 개개 사안에 따라서는 형식적 평등이라는 기준, 또는 결과의 평등이라는 기준이 적합한 경우도 있을 것이며, 따라서 우리 헌법상 평등이 형식적 평등이나 결과의 평등을 모든 경우에 배제한다고 볼 수는 없다. 다만 대체적으로 말하면 우리 헌법의 평등은 기회균등 또는 자원의 평등을 지향한다고 볼 수 있을 것이다.

실질적 평등을 실현하기 위해 형식적으로 불평등한 대우를 하는 조치가 필요할 경우도 있다. 이것이 이른바 '적극적 우대조치'의 문제이다. 이에 관해서는 뒤에 별도로 설명한다.

개개의 구체적 사안에서 어떤 평등의 기준을 적용할 것인지에 관하여 기본적으로 고려할 점이 있다. 기본적으로 모든 사람에게 동등한 배려를 하되, 개개인은 자신의 선택에 대해 책임을 져야 한다는 책임의 원칙이다. 이 점은 특히 드워킨(R. Dworkin)의 헌법철학에서 강조되고 있다.

또한 평등의 기준은 시대와 장소에 따라 가변적이라고 할 것이다. 예컨대 효용 또는 부(富)의 사회적 극대화를 강조하는 공리주의적 관점을 보편적 원리로 설정하기는 어렵지만, 일정한 단계에서 부의 극대화가 후일의 기회균등이나 자원의 평등 실현을 위해 필요하다고 볼 수도 있다(평등의 기준에 관하여 다음을 참조. 졸저, 《법 앞에 불평등한가? 왜? : 법철학 · 법사회학 산책》, 2015, 법문사, 291-300).

4. 평등권과 평등의 원칙

헌법의 평등 규정은 객관적인 법원칙인 동시에 개인의 주관적 권리를 의미한다. 즉 평등조항은 객관적인 법질서가 평등의 원리에 따라야 한다는 뜻에서 평등의 원칙을 의미할 뿐만 아니라, 개인의 기본권으로서의 평등권을 의미한다(헌재 1989.1.25. 88헌가7).

평등의 위반은 개인의 평등권의 침해일 뿐만 아니라 동시에 헌법상 다른 기본권의 침해를 가져오는 것이 보통이다. 예컨대 선거구인구 불평등은 평등권의 침해인 동시에 선거권의 침해를 의미한다. 그러나 평등 위반이 항상 다른 기본권의 침해를 가져오는 것은 아니다. 예컨대 헌법상의 기본권이 아닌 법률상의 어떤 권리를 불합리하게 차별한다면 그것은 평등권의 침해만을 의미한다. 예컨대 주민투표권은 법률상 권리이지만 법률상 권리라도 비교집단 상호간에 차별이 존재할 경우에 헌법상의 평등권 심사까지 배제되는 것은 아니다(헌재 2007.6.28. 2004헌마643).

평등원칙 심사를 위하여는 '본질적으로 동일한 비교집단'이 있어야 하는 것은 당연한 전제이다. 헌법재판소는 이와 관련하여 "자수를 형의 임의적 감면사유로 규정한 형법 제52조의 평등원칙 위반 여부를 심사함에 있어서 자수하지 않은 사람과 자

수감면을 받은 사람은 그 전제가 되는 기본적 사실관계가 서로 달라 동일한 비교집단이라 할 수 없고, 나아가 자수한 사람들 중에서 자수감면을 받은 사람과 받지 못한 사람은 모두 형법 제52조의 적용을 받는 집단이므로 상호 배타적인 '두 개의 비교집단'이라고 할 수 없고, 단지 심판대상조항의 적용 여부에 따라 결과적으로 다른 효과를 받은 것에 불과하다. 따라서 위와 같은 경우 본질적으로 동일한 두 개의 비교집단이 존재한다고 볼 수 없다"고 하였다(헌재 2013.10.24. 2012헌바278). 또한, 학교법인 역시 공익법인, 사회복지법인과 본질적으로 동일한 비교집단이라고 볼 수 없다고 하였다(헌재 2013.11.28. 2009헌바206등). 학점인정법상 교육훈련기관도 고등교육법상 대학이나 전문대학, 특성화고등학교, 독학학위법상 시험면제교육기관과 본질적으로 동일한 비교집단이 아니다(헌재 2019.11.28. 2016헌마40). 독학학위 취득시험은 독학에 의한 학사학위 취득이라는 시험의 목적 측면에서나, 평일이나 토요일에 근로 활동을 하여야 하는 응시생들을 다수 포함할 수 있다는 응시생의 구성의 측면에서나 다른 국가시험과 구별된다. 따라서 일요일에 실시하는 독학학위 취득시험 응시생들과 평일이나 토요일에 실시하는 다른 국가시험 응시생들을 본질적으로 동일한 비교집단으로 볼 수 없다(헌재 2022.12.22. 2021헌마271).

Ⅲ. 평등 위반에 관한 위헌심사 기준

1. 자의금지의 원칙

헌법상 평등의 원칙은 입법자에게 완전한 평등의 실현을 요구한다. 그러나 헌법재판소처럼 위헌심사를 하는 입장에서는 완전한 평등의 실현 여부를 위헌 여부의 심사기준으로 삼는 것은 아니다. 우리 헌법재판소는 처음에 평등 위반에 관한 위헌심사 기준으로 '자의(恣意)금지' 원칙을 채택하였다. 이 원칙에 따라서, 합리적인 이유가 없는 불합리한 차별, 즉 자의적인 차별만이 위헌이라고 보았다(헌재 1997.1.16. 90헌마110등).

(판 례) 자의금지

(고엽제후유의증(疑症)환자의 아들이 척추이분증에 걸려 고엽제후유증 2세 환자로 등록하려고 하였으나, 고엽제후유증환자의 자녀만이 고엽제후유증 2세 환자가 될 수 있다는

고엽제법 규정에 따라 등록거부당한 사안)

고엽제법 제정 당시 고엽제 2세에 대하여는 아무런 지원을 하지 아니하던 것을, 고엽제후유증환자의 자녀 중 척추이분증을 얻은 자에게 지원을 실시하도록 개선하고, 다시 그 자녀 중 말초신경병, 하지마비척추병변을 얻은 자에게도 지원을 확대하는 입법의 변천과정에 비추어 볼 때, 고엽제법에서 참전군인 등의 2세들에 대한 지원 제도를 두면서 그 수혜의 범위를 우선적으로 고엽제의 노출과 상관관계가 인정된 고엽제후유증환자의 2세만을 대상으로 한 것이 현저히 합리성을 결여한다고 할 수 없다. 즉, 고엽제와 질병 간의 상관관계가 인정된 고엽제후유증환자와 그 자녀에 대한 지원의 필요성이 아직까지 고엽제와 질병 간의 상관관계가 밝혀지지 않은 고엽제후유의증환자와 그 자녀에 대한 지원의 필요성보다 더 크다고 보아 우선적으로 지원하기로 한 입법자의 판단에는 합리적인 이유가 있으므로 이 사건 법률조항은 평등원칙에 위배되지 아니한다.

(재판관 박한철 등 5인의 헌법불합치 의견)

직접 월남전에 참전하거나 기타 업무 등을 수행한 공훈은 없으나 월남전에 참전한 사람이 복무 중 고엽제에 노출되었고, 그로 인하여 그 자녀가 특정 질병을 가진 것이 밝혀질 경우 그 희생에 대한 지원은 당연히 이루어져야 한다.

고엽제 2세들에 대한 지원 여부가 제도의 단계적 개선 문제라고 하더라도, 고엽제 2세들에 대한 지원의 근거가 '희생과 공헌의 정도' 또는 '고엽제 2세환자의 생계곤란의 정도나 보호할 만한 가치나 지원의 필요성'이라고 한다면 1세가 고엽제후유증을 얻었는지 여부로 인하여 그것이 달라진다고 할 수는 없다.

따라서 그 1세가 고엽제후유증을 얻었는지 여부에 따라 1세의 고엽제 노출과 상관관계가 있는 것으로 인정된 질병인 척추이분증을 얻은 2세들에 대한 지원 여부를 차별하는 것은 합리성을 인정하기 어려워 이 사건 법률조항에 의한 차별취급은 평등원칙에 위배된다.

헌재 2014.4.24. 2011헌바228, 판례집 26-1 하, 16,17

합리적인 차별에 관한 주요 헌법재판소 결정은 아래와 같다.

(위헌결정)

* 산업기능요원 편입이 취소되어 입영하는 경우 1년 이상 종사한 사람으로 한정하여 복무기간을 단축할 수 있도록 규정한 것은 현역병과 다른 분야 공익근무요원과 비교하여 합리적 이유 없는 차별(헌재 2011.11.24. 2010헌마746).
* 공중보건의로 복무한 사람이 사립학교 교직원으로 임용된 경우 그 복무기간을

교직원 재직기간에 산입하도록 규정하지 않은 것은 합리적 이유 없는 차별(헌재 2016.2.25. 2015헌가15).

* 국민연금법 개정규정을 신법 조항 시행 후 최초로 분할연금 지급 사유가 발생한 경우부터 적용하도록 하여, '신법 조항 시행일 전에 분할연금 지급 사유가 발생한 노령연금 수급권자'와 '신법 조항 시행일 후에 분할연금 지급 사유가 발생한 노령연금 수급권자'를 달리 취급하는 것은 자의적으로 평등원칙에 위배됨(헌재 2024.5.30. 2019헌가29).
* 병원, 치과병원, 종합병원과 달리 정신병원에 대하여는 한의사를 두어 한의과 진료과목을 추가로 설치·운영할 수 있다는 규정을 두지 아니한 의료법 규정(헌재 2025.1.23. 2021헌마886; 헌법불합치결정).

(합헌결정)

* 인터넷을 이용하여 전자문서의 형태로 주민등록표 등초본을 교부받는 경우 무료이고, 행정기관을 직접 방문하여 주민등록표를 열람하거나 등초본을 교부받은 경우 소정의 수수료를 부과하는 것(헌재 2013.7.25. 2011헌마364).
* 주민투표시 투표인명부 작성기준일을 투표일 전 19일로 정한 것(헌재 2013.7.25. 2011헌마676).
* 친고죄나 반의사불벌죄에 대한 고소 취소를 제1심 판결선고 전까지로 한정한 것(헌재 2013.3.21. 2012헌마501; 헌재 2016.11.24. 2014헌바451).
* 범인이 형사처벌을 면할 목적으로 국외에 있는 경우 그 기간 동안 공소시효가 정지되도록 한 것(헌재 2017.11.30. 2016헌바157).
* 공중보건의사가 군사교육에 소집된 기간을 복무기간에 산입하지 않은 것(헌재 2020.9.24. 2019헌마472등).
* 군인보수법이 군사교육 소집기간 동안의 보수를 지급하지 않도록 한 것(헌재 2020.9.24. 2017헌마643).
* 피해자보호명령에 전기통신 이용한 접근행위만 포함시키고 우편을 이용한 접근금지를 포함시키지 않은 것도 불합리한 차별 아님(헌재 2023.2.23. 2019헌바43).
* 형제자매를 수급권자로 인정하고 있는 국민연금법과 달리, 공무원이거나 공무원이었던 사람이 급여를 받을 유족 없이 사망한 경우 급여수급자를 유족이 아닌 직계존비속으로 한정하고 직계존비속도 없을 때에는 그 공무원이거나 공무원이었던 사람을 위하여 사용할 수 있도록 정한 공무원연금법 규정(헌재 2024.6.27. 2023헌바307).
* 직계혈족, 배우자, 동거친족, 동거가족 또는 그 배우자 이외의 친족 간에 권리행사방해죄를 범한 때는 고소가 있어야 공소를 제기할 수 있도록 한 형법 규정

(헌재 2024.6.27. 2023헌바449).

* 검사의 불기소처분에 대한 항고권자를 고소인 · 고발인으로 한정하여 고소하지 않은 범죄피해자를 항고권자에서 제외한 검찰청법 규정(헌재 2024.7.18. 2021헌마248; 고소하지 않은 범죄피해자는 헌법소원심판을 청구함으로써 부당한 불기소처분에 대한 시정을 구할 수 있다고 하였다).
* 변호사는 변리사의 업무에 관하여 변리사와 동등한 수준의 전문성을 갖추었다고 볼 수 있고, 법무법인이 변리사의 자격을 가진 변호사를 통해 변리사 업무를 수행할 수 있는 경우에 한하여 변리사 업무 수행을 허용하고 있는 것이므로, 이러한 법무법인에 대하여 특허법인과 마찬가지로 변리사 업무를 수행할 수 있도록 한 변호사법 규정(헌재 2025.1.23. 2022헌바61; 특허청장이 대리인 무자격을 이유로 상표출원 무효결정을 하자 그 처분의 취소를 구하는 소송에서, 특허청장에 보조참가를 한 제3의 상표출원자가 제기한 위헌소원 사건이고, 다른 것을 같게 본 것이 합리적 이유가 있다고 본 사례이다).
* 공무원 재직 중 음주운전으로 인하여 형사 처분을 받은 자를 퇴직공무원 포상 추천에서 제외하도록 한 '2021년 정부포상업무지침'(헌재 2025.2.27. 2021헌마1414).
* 성폭력범죄 피해자가 국민참여재판을 원하지 아니하는 경우 법원이 국민참여재판 배제결정을 할 수 있도록 규정한 '국민의 형사재판 참여에 관한 법률' 규정(헌재 2025.2.27. 2023헌바155).

헌법재판소 판례는 자의금지 원칙을 적용함에 있어서 특히 시혜적인 법률에 대해서는 광범위한 입법형성의 자유가 인정된다고 보았다(헌재 1993.12.23. 89헌마189).

(판 례) 공무원 퇴직연금 수급요건 완화와 평등권

2015. 6. 22. 공무원연금법이 개정되면서 퇴직연금의 수급요건인 재직기간이 20년에서 10년으로 완화되었는바, 이와 같은 개정을 하면서 그 적용대상을 제한하지 아니하고 이미 법률관계가 확정된 자들에게까지 소급한다면 그로 인하여 법적 안정성 문제를 야기하게 되고 상당한 규모의 재정부담도 발생하게 될 것이므로, 일정한 기준을 두어 적용대상을 제한한 것은 충분히 납득할 만한 이유가 있다. 이때 법률의 개정 · 공포일 즉시 법률을 시행하지 아니하고 약 6개월 뒤로 시행일을 정한 것은 개정법의 원활한 시행을 위하여 준비기간이 필요했기 때문으로, 심판대상조항으로 인하여 법률의 개정 · 공포일부터 시행일 사이에 퇴직한 사람이 완화된 퇴직연금 수급요건의 적용대상에서 제외된다 하더라도 이것은 불가피한 경우에 해당한다. 따라서 개정 법률을 그 시행일 전으로

소급적용하는 경과규정을 두지 않았다고 하여 이를 현저히 불합리한 차별이라고 볼 수 없으므로, 심판대상조항은 청구인의 평등권을 침해하지 아니한다.

헌재 2017.5.25. 2015헌마933, 공보 248, 552

시혜적 입법의 평등심사에 관한 주요 헌법재판소 결정은 아래와 같다.

(위헌결정)

* 수사가 진행 중이거나 형사재판이 계속중이었다가 그 사유가 소멸한 경우 잔여 퇴직급여 등에 대해 이자를 가산하는 규정을 두면서, 형이 확정되었다가 그 사유가 소멸한 경우에는 이자 가산 규정을 두지 않은 군인연금법 조항(헌재 2016.7.28. 2015헌바20).
* 근로자가 사망할 당시 근로자의 외국거주 외국인유족에게는 퇴직공제금을 지급하지 않도록 규정한 것은 대한민국 국민과 국내거주 외국인유족과 불합리한 차별(헌재 2023.3.23. 2020헌바471).

(합헌결정)

* 근로자의 날을 관공서의 공휴일에 포함시키지 않은 것은 공무원들에 대한 부당한 차별이 아니다(헌재 2015.5.28. 2013헌마343; 헌재 2022.8.31. 2020헌마1025).
* 정년을 60세 이상으로 의무화하는 법률의 시행일을 공공기관, 지방공사, 지방공단은 2016년 1월 1일부터, 상시 300명 이상 근로자를 사용하는 사업 또는 사업장, 국가 및 지방자치단체는 2017년 1월 1일부터 적용하는 것은 입법자에게 광범위한 재량이 있음(헌재 2015.6.25. 2014헌마674).
* 공무원연금법이 유족급여수급권자에서 19세 이상의 자녀를 제외한 것(헌재 2019.11.28. 2018헌바335).
* 국립묘지 안장 대상자의 사망 당시 배우자가 재혼한 경우 국립묘지에 안장된 안장 대상자와 합장할 수 없도록 한 것(헌재 2022.11.24. 2020헌바463).
* 교육공무원 호봉 획정 시 같은 수준의 2개 이상의 학교를 졸업한 경우 교원자격 취득을 위한 학력 외의 학력이 사범계학교 도는 임용된 교원자격증 표시과목과 동일한 분야인 경우에만 경력으로 산입하도록 한 규정(헌재 2023.3.23. 2020헌마1159).
* 근로자가 산업재해보상보험의 보험료를 부담하지 않는데, 특수형태근로종사자는 독립적 노동의 모습과 종속적 노동의 모습을 동시에 갖고 있어서 사업주와 그 종사자가 각각 보험료를 2분의 1씩 부담하도록 한 것(헌재 2023.3.23. 2022헌바139).

2. 심사척도의 구별 : 엄격한 심사와 완화된 심사

헌법재판소의 초기 판례는 차별의 합리성 여부의 심사, 즉 차별의 자의성 여부의 심사만을 위헌심사 기준으로 적용하여 왔다. 그 후 1999년의 이른바 '제대군인 가산점제도'사건에서 처음 명시적으로 심사척도를 두 가지로 구별하였다.

(판 례) 엄격한 심사척도와 완화된 심사척도

가) 평등위반 여부를 심사함에 있어 엄격한 심사척도에 의할 것인지, 완화된 심사척도에 의할 것인지는 입법자에게 인정되는 입법형성권의 정도에 따라 달라지게 될 것이다. 먼저 헌법에서 특별히 평등을 요구하고 있는 경우 엄격한 심사척도가 적용될 수 있다. 헌법이 스스로 차별의 근거로 삼아서는 아니 되는 기준을 제시하거나 차별을 특히 금지하고 있는 영역을 제시하고 있다면 그러한 기준을 근거로 한 차별이나 그러한 영역에서의 차별에 대하여 엄격하게 심사하는 것이 정당화된다. 다음으로 차별적 취급으로 인하여 관련 기본권에 대한 중대한 제한을 초래하게 된다면 입법형성권은 축소되어 보다 엄격한 심사척도가 적용되어야 할 것이다.

나) 그런데 가산점제도는 엄격한 심사척도를 적용하여야 하는 위 두 경우에 모두 해당한다. 헌법 제32조 제4항은 "여자의 근로는 특별한 보호를 받으며, 고용 · 임금 및 근로조건에 있어서 부당한 차별을 받지 아니한다"고 규정하여 "근로" 내지 "고용"의 영역에 있어서 특별히 남녀평등을 요구하고 있는데, 가산점제도는 바로 이 영역에서 남성과 여성을 달리 취급하는 제도이기 때문이고, 또한 가산점제도는 헌법 제25조에 의하여 보장된 공무담임권이라는 기본권의 행사에 중대한 제약을 초래하는 것이기 때문이다(가산점제도가 민간기업에 실시될 경우 헌법 제15조가 보장하는 직업선택의 자유가 문제될 것이다).

이와 같이 가산점제도에 대하여는 엄격한 심사척도가 적용되어야 하는데, 엄격한 심사를 한다는 것은 자의금지원칙에 따른 심사, 즉 합리적 이유의 유무를 심사하는 것에 그치지 아니하고 비례성원칙에 따른 심사, 즉 차별취급의 목적과 수단간에 엄격한 비례관계가 성립하는지를 기준으로 한 심사를 행함을 의미한다.

헌재 1999.12.23. 98헌마363, 판례집 11-2, 770,787-788

위 판례의 해석, 적용과 관련하여 기본적으로 두 가지 문제가 제기된다. 첫째, 엄격한 심사란 무엇이며 완화된 심사와 어떻게 다른가. 둘째, 어떠한 경우에 엄격한 심사척도가 적용되는가.

(1) 엄격한 심사와 완화된 심사의 내용

엄격한 심사는 완화된 심사에 대비된다. 위의 판례에 의하면 완화된 심사란, "자의금지원칙에 따른 심사, 즉 합리적 이유의 유무를 심사하는 것"이다. 이를 자의 심사 또는 합리성 심사라고 부를 수 있다.

이에 비해 엄격한 심사란, "비례성원칙에 따른 심사, 즉 차별취급의 목적과 수단간에 엄격한 비례관계가 성립하는지를 기준으로 한 심사"이다. 이를 비례성 심사라고 부를 수 있다. 자의 심사와 비례성 심사가 어떤 내용인지에 관하여 위 판례 이후의 한 판례에서는 다음과 같이 설명하고 있다.

(판 례) 자의 심사와 비례성 심사

평등권의 침해 여부에 대한 심사는 그 심사기준에 따라 자의금지원칙에 의한 심사와 비례의 원칙에 의한 심사로 크게 나누어 볼 수 있다.

자의심사의 경우에는 차별을 정당화하는 합리적인 이유가 있는지만을 심사하기 때문에 그에 해당하는 비교대상간의 사실상의 차이나 입법목적(차별목적)의 발견·확인에 그치는 반면에, 비례심사의 경우에는 단순히 합리적인 이유의 존부문제가 아니라 차별을 정당화하는 이유와 차별간의 상관관계에 대한 심사, 즉 비교대상간의 사실상의 차이의 성질과 비중 또는 입법목적(차별목적)의 비중과 차별의 정도에 적정한 균형관계가 이루어져 있는가를 심사한다.

헌재 2001.2.22. 2000헌마25, 판례집 13-1, 386,403

위 판례에서 자의 심사, 즉 합리성 심사의 내용에 관해 "비교대상간의 사실상의 차이나 입법목적(차별목적)의 발견·확인"이라고 말하고 있다. 합리성 심사의 내용은 다음과 같이 풀이하는 것이 타당할 것이다. 첫째, 차별의 목적이 법질서 전체에 비추어 정당해야 하고, 둘째, 차별의 수단이 그 목적에 비추어 적절하여야(즉 목적 달성에 효과가 있어야) 한다는 것이다.

한편 위 판례에 의하면, 비례성 심사란 차별목적의 비중과 차별의 정도 사이의 적절한 균형관계의 심사를 가리킨다. 아래의 판례에 의하면 비례성 심사의 핵심 내용은 '법익의 균형성'심사라고 한다.

(판 례) 비례성 심사의 본질

그동안 헌법재판소는 평등심사에 있어 원칙적으로 자의금지원칙을 기준으로 하여 심사하여 왔고, 이따금 비례의 원칙을 기준으로 심사한 것으로 보이는 경우에도 비례심사의 본질에 해당하는 '법익의 균형성(협의의 비례성)'에 대한 본격적인 심사를 하는 경우는 찾아보기 힘들었다고 할 수 있다.

그런데 헌법재판소는 1999.12.23. 선고한 98헌마363 사건(제대군인 가산점제도 사건)에서 평등위반심사를 함에 있어 '법익의 균형성' 심사에까지 이르는 본격적인 비례심사를 하고 있다.

헌재 2001.2.22. 2000헌마25, 판례집 13-1, 386,403-404

위와 같은 평등위반 심사기준은 헌법 제37조 제2항의 비례의 원칙과 관련하여 어떻게 이해하는 것이 적절할 것인가. 평등권에 대해서는 헌법 제37조 제2항의 비례의 원칙이 적용되지 않는다는 견해가 있다. 그러나 문언에 충실한 해석에 의하면 평등권의 제한 역시 헌법 제37조 제2항의 적용을 받는다고 볼 것이며, 다만 동 조항의 비례의 원칙은 평등권에 관한 한, 앞의 심사기준(엄격심사 및 완화된 심사)의 내용을 의미한다고 해석함이 적절하다.

(2) 엄격한 심사가 적용되는 경우

통상적인 경우에는 완화된 심사, 즉 합리성 심사가 적용되지만, 특별한 경우에는 엄격한 심사가 적용된다. 헌법재판소 판례(제대군인 가산점 사건)에 의하면 그 특별한 경우란 다음 두 경우이다. ① "헌법에서 특별히 평등을 요구하고 있는 경우", 즉 "헌법이 스스로 차별의 근거로 삼아서는 아니 되는 기준을 제시하거나 차별을 특히 금지하고 있는 영역을 제시하고 있"는 경우이다. ② "차별적 취급으로 인하여 관련 기본권에 대한 중대한 제한을 초래"하는 경우이다.

첫째, "헌법에서 특별히 평등을 요구하고 있는 경우"란 어떤 경우인가. 특히 문제되는 것은 헌법 제11조 제1항 제2문("누구든지 성별 · 종교 또는 사회적 신분에 의하여 정치적 · 경제적 · 사회적 · 문화적 생활의 모든 영역에 있어서 차별을 받지 아니한다")의 규정이 여기에 해당하느냐이다. 이에 관하여 판례의 입장은 명확하지 않으며, 학설도 확립되어 있지 않다. 남자에 한정한 병역의무 부과에 관한 사건에서 헌법재판소 4인 재판관 의견에 따르면, 헌법 제11조 제1항 후문은 불합리한 차별의 금지에 초점이 있는 것이고, 예시한 사유가 있는 경우에 절대적으로 차별을 금지하거나 언제나 엄격한 심사를 요구하는 것은 아니라고 한다(헌재 2010.11.25. 2006헌마328. 뒤의 성별차별에 관한 판례인용 참조). 그러나 이것이 다수의견은 아니다.

생각건대, 헌법 제11조 제1항 제2문은 "헌법에서 특별히 평등을 요구하고 있는 경우"에 해당하지 않는다고 본다. 동 조항 제2문은 제1문의 '평등'의 의미를 예시적으로 설명한 것에 불과한 것으로 볼 것이며, 여기에서 명시된 차별 기준이나 차별 영역에 대해 특별한 법적 의미를 부여하는 것은 문제가 있다. 왜냐하면 뒤에서 보는 것처럼, 특히 '사회적 신분'이나 '정치적 · 경제적 · 사회적 · 문화적 생활'의 의미는 매우 광범하며, 그처럼 광범한 경우를 모두 "특별히 평등을 요구하고 있는 경우"로 보는 것은 무리이기 때문이다.

그러나 그렇다고 해서 동 조항에서 명시된 기준에 대해 엄격심사를 적용해서는 안 된다고 해석할 것은 아니다. 엄격심사의 대상이냐의 여부는 차별 기준이나 차별 영역의 성격에 비추어 판단해야 할 것이므로, 동 조항에서 예시적으로 명시된 기준 가운데에서도 그 성격상 엄격심사의 대상으로 보아야 할 것이 있을 수 있다. 성별이나 종교에 의한 차별에 대해 엄격심사를 적용하는 데에는 나름대로의 근거가 있다. 성별이라는 기준은 개인이 선택할 수 없는 선천적인 기준일 뿐 아니라 우리의 역사적, 문화적 관점에서 보더라도 장기간 불합리한 차별이 지속되어온 기준이다. 종교라는 기준은 개인의 인격의 핵심에 관한 것이기 때문에 이를 차별 기준으로 삼는 것은 그 자체 불합리하다는 의심이 크다고 볼 수 있다.

정리하자면, 헌법 제11조 제1항 제2문에 명시된 차별 기준이나 차별 영역은 헌법에 명시되었다는 점 그것만으로는 엄격심사의 대상이 되는 것도 아니고 안 되는 것도 아니라고 할 것이다. 다시 말하면 엄격심사의 대상 여부는 동 조항에서 명시되어 있느냐에 관계없이 차별 기준이나 영역의 성질에 비추어 개별적으로 판단해야 한다는 것이다.

생각건대 차별금지 사유 가운데 엄격심사의 대상이 되는 근거로 특히 다음 두 가지를 제시할 수 있다. ① 그 사유가 인위적으로 변경할 수 없는 것인 경우, ② 역사적으로 의도적 차별을 받아온 경우.

이처럼 헌법 제11조 제1항 제2문이 곧 "헌법에서 특별히 평등을 요구하고 있는 경우"가 아니라고 본다면, 어떤 경우가 이에 해당한다고 볼 것인가. 제대군인 가산점제도 사건에서는 고용, 근로의 영역에서의 남녀평등 요구(헌법 제32조 제4항)가 여기에 해당한다고 보았다. 또한 부부자산소득 합산과세 사건에서는 혼인한 자에 대한 차별(헌법 제36조 제1항)을 여기에 해당한다고 보았다(헌재 2002.8.29. 2001헌바82).

그 밖에 여기에 해당하는 경우로, 평등선거의 원칙을 규정한 조항(헌법 제41조 제1항, 제67조 제1항) 및 교육의 기회균등을 규정한 조항(헌법 제31조 제1항)이 있다. 헌법재판소도 헌법 제31조 제1항은 헌법 제11조의 일반적 평등조항에 대한 특별규정이라고 하였다(헌재 2022.3.31. 2021헌마1230).

둘째, "관련 기본권에 대한 중대한 제한을 초래"하는 경우란 무엇인가. 위의 제대군인 가산점제도 사건 이후의 한 판례는 이에 관하여 다음과 같이 설명하고 있다.

(판 례) "관련 기본권에 대한 중대한 제한"(공무원임용시험에서 특정 자격증소지자에 대한 가산점제도)

헌법재판소는 제대군인 가산점 사건에서 "차별적 취급으로 인하여 관련 기본권에 대한 중대한 제한을 초래하게 된다면 입법형성권은 축소되어 보다 엄격한 심사척도가 적용되어야 할 것이다"고 한 바 있는데(헌재 1999.12.23. 98헌마363, 판례집 11-2, 770, 787), 이러한 판시는 차별적 취급으로 인하여 기본권에 중대한 제한을 초래할수록 보다 엄격한 심사척도가 적용되어야 한다는 취지이며, 기본권에 대한 제한이기는 하나 중대하지 않은 경우에는 엄격한 심사척도가 적용되지 않는다는 취지는 아니라고 볼 것이다.

헌재 2003.9.25. 2003헌마30, 판례집 15-2, 501,510

위 판례에 의하면, 관련 기본권에 '중대한' 제한을 초래하는 경우만이 아니라, '기본권'에 제한을 초래하기만 하면 엄격 심사가 적용된다는 것이고, 기본권에 "중대한 제한을 초래할수록 보다 엄격한 심사척도가 적용"된다고 한다.

차별적 취급으로 인하여 관련 기본권에 제한을 초래하는 것이 보통일 것이지만 언제나 반드시 그런 것은 아니다. 예컨대 어떤 차별적 취급으로 인해 헌법상 기본권이 아닌 단순한 법률상의 권리에 제한을 초래하는 경우가 있다. 이런 경우에는 그것만으로는 엄격심사의 대상이 아니라는 것이다.

3. 참고 : 미국 판례에서의 심사기준과 한국과의 비교

우리 헌법재판소 판례가 채택한 심사척도의 차등화는 미국 판례를 참조한 것으로 추정된다. 미국 판례에 의하면 평등 위반의 심사척도를 세 가지로 차등화하고 있다.

첫째, 최소한의 합리성(minimum rationality) 심사이다. 차별목적이 정당하고 차별수단이 그 목적과 합리적인 관련성을 지니는지 여부를 심사한다. 사회 · 경제적 입법에 대해 적용되어 왔으며, 전통적인 심사기준이다.

둘째, 엄격한 심사(strict scrutiny)이다. 차별목적에 있어서 긴절한 이익(compelling

interest)이 인정되고 차별수단이 그 목적을 위해 필수적(necessary)임이 인정되는지 여부를 심사한다. 엄격한 심사가 적용된 것은 두 경우이다. 그 하나는 '의심스러운 차별사유'(suspect classification)의 경우이다. 인종 차별이 여기에 해당한다. 다른 하나는 차별 취급이 '기본적 권리'(fundamental rights)를 제한하는 경우이다. 선거권, 재판을 받을 권리, 여행과 이전의 자유 등의 제한에 엄격심사가 적용되어 왔다. 이것은 1960년대 이후에 적용되어온 심사기준이다.

셋째, 중간 심사(intermediate scrutiny)이다. 차별목적이 중요하고(important) 차별수단이 그 목적에 실질적으로 관련되는지(substantially related) 여부를 심사한다. 성차별에 적용되었으며, 1970년대 이후에 적용되어온 심사기준이다.

미국 판례에서는 어느 심사기준이 적용되느냐에 따라 위헌 여부가 판가름 나는 경향을 보여왔다. 최소한의 합리성 심사가 적용되면 합헌 판결이 나오고, 엄격한 심사가 적용되면 위헌 판결이 나오는 것이 일반적이다. 이에 비하여, 한국의 헌법재판소 판례에서는 위의 제대군인 가산점제도 사건 이전에, 자의금지 원칙, 즉 합리성 심사를 적용하면서도 위헌 결정이 나온 예들이 있다(예컨대 주세법의 자도(自道)소주 구입명령제도 사건. 헌재 1996.12.26. 96헌가18). 반면 심사척도의 차등화 이후, 엄격심사를 적용하면서도 합헌 결정이 난 예를 볼 수 있다(예컨대 공무원임용시험 가산점제도 사건. 헌재 2003.9.25. 2003헌마30). 심사기준의 차등화가 지닌 이점(利點)은 이를 통해 상당한 정도의 예측가능성과 법적 안정성을 준다는 점인데, 한국 판례에서의 심사기준 차등화는 그러한 기능이 매우 낮은 것으로 보인다.

Ⅳ. 평등의 구체적 내용

헌법 제11조 제1항 제2문은 차별금지의 사유와 영역에 관해 규정하고 있다.

1. 차별금지의 사유

헌법 제11조 제1항 제2문은 차별금지의 사유, 즉 금지되는 차별 기준으로 '성별·종교 또는 사회적 신분'을 규정하고 있는데, 이것이 열거조항인지 예시조항인지가 문제된다. 다수의 학설은 예시조항으로 보며, 이러한 견해가 타당하다. 예시되어 있지 않은 차별사유, 예컨대 인종에 의한 차별도 금지된다.

헌법에서 명시된 사유를 예시적으로 보면서도 이들 사유에 특별한 법적 의미를 부여하려는 견해가 있다. 이런 견해의 하나에 따르면, 헌법에 명시된 사유에 의한 차별에 대해서는 엄격심사가 적용된다고 한다. 또다른 견해에 의하면, 예시된 사유에 의한 차별은 통상적인 경우와 달리 위헌으로 추정되며, 차별하는 측에서 위헌이 아님을 입증 부담한다고 주장한다. 헌법재판소 판례 가운데 개별 재판관의 보충의견에서 이 같은 거증(擧證)책임의 전환이 주장된 예도 있다(헌재 1997.6.26. 96헌마89, 판례집 9-1, 675). 그러나 앞의 설명처럼, 특히 '사회적 신분'의 개념이 너무 광범하고 이에 따라 엄격심사를 하거나 거증책임을 전환할 경우가 너무 광범해진다는 문제점이 있기 때문에 이런 견해들은 타당하지 않다고 본다.

(1) 성 별

앞에서의 설명처럼 성별에 의한 차별은 엄격심사의 대상이 된다고 본다. 성별이라는 사유는 개인이 선택할 수 없는 선천적 사유이며, 특히 한국 사회에서 역사적, 문화적으로 불합리한 차별 사유가 되어 왔기 때문이다.

과거에 특히 민법에서 남녀 차별의 규정이 많았으나(재산상속에서의 차별 등), 이미 입법을 통해 폐지되었다. 위헌 여부가 논란되어온 민법상 동성동본금혼, 호주제, 부성주의(父姓主義) 조항에 대해서는 헌법불합치 결정이 내려졌다(뒤의 혼인과 가족생활에 관한 권리 참조). 남성에게만 병역의무를 부과한 것은 평등권을 침해하지 않는다(헌재 2023.9.26. 2019헌마423). 남녀차별에 관한 헌법재판소의 주요 판례를 보면 다음과 같다.

(판 례) 제대군인 가산점제도

가산점제도는 수많은 여성들의 공직진출에의 희망에 걸림돌이 되고 있으며, 공무원채용시험의 경쟁률이 매우 치열하고 합격선도 평균 80점을 훨씬 상회하고 있으며 그 결과 불과 영점 몇 점 차이로 당락이 좌우되고 있는 현실에서 각 과목별 득점에 각 과목별 만점의 5퍼센트 또는 3퍼센트를 가산함으로써 합격 여부에 결정적 영향을 미쳐 가산점을 받지 못하는 사람들을 6급 이하의 공무원 채용에 있어서 실질적으로 거의 배제하는 것과 마찬가지의 결과를 초래하고 있고, 제대군인에 대한 이러한 혜택을 몇 번이고 아무런 제한 없이 부여함으로써 한 사람의 제대군인을 위하여 몇 사람의 비(非)제대군인의 기회가 박탈당할 수 있게 하는 등 차별취급을 통하여 달성하려는 입법목적의 비중에 비하여 차별로 인한 불평등의 효과가 극심하므로 가산점제도는 차별취급의 비례성을 상실하고 있다.

헌재 1999.12.23. 98헌마363, 판례집 11-2, 770,771-772

(판 례) 국적법상 부계혈통주의

부계혈통주의 원칙을 채택한 구법조항은 출생한 당시의 자녀의 국적을 부의 국적에만 맞추고 모의 국적은 단지 보충적인 의미만을 부여하는 차별을 하고 있다. 이렇게 한국인 부와 외국인 모 사이의 자녀와 한국인 모와 외국인 부 사이의 자녀를 차별취급하는 것은, 모가 한국인인 자녀와 그 모에게 불리한 영향을 끼치므로 헌법 제11조 제1항의 남녀평등원칙에 어긋난다.

헌재 2000.8.31. 97헌가12, 판례집 12-2, 167,168

(판 례) 종중 재산 처분시 남녀 차별

공동선조와 성과 본을 같이하는 후손은 남녀의 구별 없이 성년이 되면 당연히 그 구성원(종원)이 되는 것이므로(대법원 2005.7.21. 선고 2002다13850 전원합의체 판결 참조), 종중재산을 분배함에 있어 단순히 남녀 성별의 구분에 따라 그 분배 비율, 방법, 내용에 차이를 두는 것은 개인의 존엄과 양성의 평등을 기초로 한 가족생활을 보장하고, 가족 내의 실질적인 권리와 의무에 있어서 남녀의 차별을 두지 아니하며, 정치·경제·사회·문화 등 모든 영역에서 여성에 대한 차별을 철폐하고 남녀평등을 실현할 것을 요구하는 우리의 전체 법질서에 부합하지 아니한 것으로 정당성과 합리성이 없어 무효라고 할 것이다.

대판 2010.9.30. 2007다74775

대법원은 종중 규약 중 "회장은 ○○의 종손으로 한다"는 조항은 선량한 풍속 기타 사회질서에 반하거나 종중의 본질 또는 설립목적에 크게 위배되어 무효라고 하였다. 종손은 '장자계(長子系)의 남자손(男子孫)으로서 적장자손(嫡長子孫)'을 말하는데, 이는 종손과 종손이 아닌 종원, 남성 종원과 여성 종원을 차별한다고 하였다(대판 2024.12.24. 2024다274398).

(판 례) 공직자등록법상 남녀차별

혼인한 등록의무자 모두 배우자가 아닌 본인의 직계존·비속의 재산을 등록하도록 공직자윤리법이 개정되었음에도 불구하고, 개정 전 공직자윤리법 조항에 따라 이미 배우자의 직계존·비속의 재산을 등록한 혼인한 여성 등록의무자는 종전과 동일하게 계속해서 배우자의 직계존·비속의 재산을 등록하도록 규정한 공직자윤리법 부칙조항은 평등원칙에 위배된다.

(헌법재판소는 이 결정에서 혼인과 가족생활에서의 양성의 평등을 천명하고 있는 헌법 규정에 따라 엄격한 심사척도를 적용한다고 하였는데, 목적의 정당성조차 인정되지 않는다고 하였다)

헌재 2021.9.30. 2019헌가3, 판례집 33-2, 223

한편 남녀차별 금지와 그 구제에 관한 여러 입법이 있다. '남녀고용평등과 일·가정 양립지원에 관한 법률'(약칭 '남녀고용평등법')은 모집과 채용, 임금, 승진·정년·퇴직 및 해고 등에서의 차별금지, 직장 내 성희롱금지 등을 규정하고 있다.

여성을 위한 '적극적 우대조치'에 관해서는 뒤에 설명한다.

(참고·미국판례) 여성에 대한 징병면제를 합헌이라고 보았다. 여성은 전투행위에 부적합하고, 비전투요원으로 하더라도 상황에 따라 전투요원에로의 전환이 필요하다는 것이 주된 근거이다(*Rostker v. Goldberg*, 1981). 주정부 보조금을 받는 간호학교에서 여성만 입학시키는 것은 위헌이라고 보았다. 간호의 분야에서 과거 여성차별의 역사가 없으므로 여성을 우대하고 남성을 차별할 정당한 목적이 없다는 것을 주된 근거로 들었다(*Mississippi University for Women v. Hogan*, 1982). 공무원 채용에서 퇴역군인을 우대하는 것이 합헌이라고 보았다. 효과에 있어서 여성에게 불리하더라도 그것만으로 의도적 성차별이라고 볼 수 없다는 것이 주된 근거다(*Personnel Administrator of Massachusetts v. Feeney*, 1979).

위의 판례 중 특히 Feeney 판결은 한국의 군제대자 가산점제도 사건과 대비하여 주목된다. 명시적으로 성별을 차별사유로 하지 않지만 성별 차별의 효과를 초래하는 경우에 이를 성별에 의한 차별로 볼 것이냐가 문제된다. 이른바 **'사실상의 차별'** 또는 **'간접차별'**의 문제이다. 미국 판례에서는 사실상의 차별효과가 있다는 것만으로 차별로 볼 수 없고, 차별효과가 의도적(intentional) 성차별에 기인하는지 여부를 판단기준으로 삼고 있다. 이런 취지의 또다른 판례로, 검찰의 기소권 행사와 관련하여 차별의도 및 차별효과가 모두 인정되는 경우에 한하여 평등권 위반이라는 판례도 있다(United States v. Armstrong, 1996).

우리 헌법재판소는 이 점에 관해 명확하지 않다. 성차별 아닌 다른 영역에서 평등권 위반이라고 하기 위하여는 차별의도와 차별효과가 모두 필요하다는 취지로 판시한 사례도 있고, 차별의도는 없으나 차별효과만으로 법률 규정을 위헌으로 선언한 사례도 있다.

(판 례) 선거구 획정의 위헌심사시 차별의도와 차별효과가 모두 필요하다고 한 사례

일정한 집단이 자의적인 선거구 획정으로 인하여 정치과정에 참여할 기회를 의도적으로 박탈당하고 있음이 입증되어 일정 집단에 대하여 차별하고자 하는 국가권력의 의도와 그 집단에 대한 실질적인 차별효과가 명백히 드러난 경우, 즉 게리맨더링에 해당하는 경우에는 그 선거구 획정은 입법재량의 한계를 벗어난 것으로서 헌법에 위반된다고 할 것이다(헌재 1998.11.26. 96헌마54, 판례집 10-2, 742,748; 헌재 1998.11.26. 96헌마74등, 판례집 102, 764,775 참조).

헌재 2012.2.23. 2010헌마282, 판례집 24-1 상, 303,312

또다른 판례에서 헌법재판소는 "국가가 종전의 상황을 개선함에 있어서 그 개선의 효과가 일부의 사람에게만 미치고 동일한 상황 하에 있는 다른 사람에게는 미치지 않아 그들 사이에 일견 차별이 생기게 된다고 하더라도 그것만으로는 평등의 원칙을 위반한 것이라고는 할 수 없다"고 판시하였다(헌재 2005.10.27. 2003헌바50 등).

(판 례) 차별효과만으로 법률 규정을 위헌으로 선언한 사례

(……) 이 사건 3호 법률조항에서 배우자가 아무런 범위의 제한 없이 함께 다닐 수 있는 사람을 지정할 수 있도록 함으로써, 결과적으로 배우자가 있는 예비후보자는 배우자 없는 예비후보자에 비하여 독자적으로 선거운동을 할 수 있는 선거운동원 1명을 추가적으로 지정하는 효과를 누릴 수 있게 되는바, 이는 헌법 제116조 제1항의 선거운동의 기회균등 원칙에도 반한다.

헌재 2013.11.28. 2011헌마267, 공보 206, 1700,1702-1703

생각건대 차별적 효과가 매우 현저하여 의도적 차별이라고 인정되는 경우에 한하여 차별로 보아야 할 것이다. 남녀고용평등법에서는 간접차별을 원칙적으로 금지하되 일정한 예외를 허용하고 있다. 이 법률에 의하면, "사업주가 채용 또는 근로의 조건은 동일하게 적용하더라도 그 조건을 충족할 수 있는 남성 또는 여성이 다른 한 성에 비하여 현저히 적고 그로 인하여 특정 성에게 불리한 결과를 초래하며 그 조건이 정당한 것임을 입증할 수 없는 경우"도 차별로 보고 이를 금지하지만, ① 직무의 성격에 비추어 특정 성이 불가피하게 요구되는 경우, ② 임산·출산·수유(授乳) 등 모성보호를 위한 경우, ③ 적극적 고용개선조치(현존하는 고용차별을 해소하고 고용평등을 촉진하기 위하여 잠정적으로 특정 성을 우대하는 조치)의 경우는 차별로 보지 않는다(제2조 제1호, 제3호).

'장애인차별금지 및 권리구제 등에 관한 법률' 제4조 제2호는 '장애인에 대하여 형식상으로는 제한 · 배제 · 분리 · 거부 등에 의하여 불리하게 대하지 아니하지만 정당한 사유 없이 장애를 고려하지 아니하는 기준을 적용함으로써 장애인에게 불리한 결과를 초래하는 경우'를 차별행위에 해당한다고 보고 있다. 하급법원은 이를 간접차별로 보고 있다(서울중앙지법 2017.12.7. 2016가합508596; 영화관을 상대로 시각장애인에게는 화면해설을, 청각장애인에게는 자막을 제공하지 않는 것이 차별이므로 이를 제공하라는 소송이었다). 헌법재판소는 특별교통수단에 있어서 표준휠체어만을 기준으로 휠체어 고정설비의 안전기준을 정하여 표준휠체어를 이용할 수 없는 장애인을 달리 취급한 것은 불합리한 차별이라고 판단하였다(헌재 2023.5.25. 2021헌마1234).

(2) 종 교

종교는 개인 인격의 핵심에 관련된 것이기 때문에 이를 사유로 하는 차별은 엄격심사의 대상이 되어야 한다.

(판 례) 사법시험 일요일 시행

사법시험 제1차 시험 시행일을 일요일로 정하여 공고한 것은 국가공무원법 제35조에 의하여 다수 국민의 편의를 위한 것이므로 이로 인하여 청구인의 종교의 자유가 어느 정도 제한된다 하더라도 이는 공공복리를 위한 부득이한 제한으로 보아야 할 것이고 그 정도를 보더라도 비례의 원칙에 벗어난 것으로 볼 수 없고 청구인의 종교의 자유의 본질적 내용을 침해한 것으로 볼 수도 없다.

헌재 2001.9.27. 2000헌마159, 판례집 13-2, 353,354-355

법률 가운데 종교에 의한 차별 여부가 문제될 수 있는 예로 전통사찰보존법('전통사찰의 보존 및 지원에 관한 법률')이 있다. 이 법률은 '전통사찰'로 지정된 사찰 재산의 양도에 문화체육관광부장관의 허가를 받도록 하고, 대여나 담보제공에는 시 · 도지사의 허가를 받도록 하는 등(제9조), 불교 사찰에 대해 특별한 규제를 가하고 있다. 헌법재판소 판례 중에 이 조항의 합헌성 여부를 다룬 것이 있다. 이 판례에 의하면, 공용수용에 의한 전통사찰 재산의 변동에 대해서는 허가 규정(개정 전의 구법규정)을 적용하지 않는 것이 위헌적 차별이라고 보았는데(헌재 2003.1.30. 2001헌바64), 이 결정은 민족문화유산 보존상의 차별을 문제삼은 것이지 다른 종교와 대비한 차별을 이유로 한 것은 아니다. 그러나, 헌법재판소는 전통사찰의 소유로서 전법(傳法)에 제공되는 경내지의 부동산에 대하여는 전통사찰 등록 후의 금전채권으로는 압류하지 못하도록 한 위 법 제14조는 전통문화유산을 보호하기 위한 것이므로, 불교단체에 비하여 다른 종교단체를 차별하는 것이 아니라고 하였다(헌재 2012.6.27. 2011헌바34). 국립대학교 법학전문대학원 면접고사 일정이 토요일 오전으로 지정되자, 제칠일안식일예수재림교 신자인 지원자가 종교적 신념을 지키기 위해 면접 일정을 토요일 오후 마지막 순번으로 변경해 달라는 취지의 이의신청서를 제출했으나, 총장이 이를 거부하고 면접평가에 응시하지 않은 지원자에게 한 불합격 통지 처분의 취소를 구하는 사건에서 대법원은 총장의 불합격처분을 취소한 원심을 유지하였다(대판 2024.4.4. 2022두56661).

(3) 사회적 신분

사회적 신분의 의미에 관하여 학설의 대립이 있다. 선천적 신분에 한정된다는 견해가 있으나, 다수 학설은 선천적 신분만이 아니라 후천적으로 획득하는 신분을 포함한다고 본다.

판례 역시 후자의 학설과 같은 입장이다. 헌법재판소 판례에 의하면, "사회적 신분이란 사회에서 장기간 점하는 지위로서 일정한 사회적 평가를 수반하는 것을 의미한다"(헌재 1995.2.23. 93헌바43, 판례집 7-1, 235).

사회적 신분의 의미를 다수 학설, 판례와 같이 해석하는 경우, 그 범위는 매우 광범해진다. 따라서 사회적 신분에 의한 차별 모두를 엄격심사의 대상이라고 할 수는 없다. 사회적 신분에 의한 차별 가운데 엄격심사의 대상이 되는 것도 있고, 그렇지 않은 것도 있다고 할 것이다.

헌법재판소는 최근 민간기업체 근무경력이 있는 사람의 경력 인정 범위를 공무원 경력이 있는 사람 등과 달리 동일한 분야의 업무에 종사한 경력만으로 제한하고 있는 지방공무원 보수규정에 대하여 완화된 심사기준인 자의금지원칙을 적용하여 합헌이라고 하였다(헌재 2013.11.28. 2011헌마437). 조합임원 선거운동 위반죄와 관련하여 농업·수산업협동조합 임원은 '100만 원 이상의 벌금형' 확정이 당연퇴임사유인 반면 신용협동조합 임원은 하한 없는 벌금형 확정을 그 사유로 규정하였다고 하여 불합리한 차별은 아니다(헌재 2018.7.26. 2017헌마452).

(판 례) 존속상해 가중처벌

비속의 직계존속에 대한 존경과 사랑은 봉건적 가족제도의 유산이라기보다는 우리 사회윤리의 본질적 구성부분을 이루고 있는 가치질서로서, 특히 유교적 사상을 기반으로 전통적 문화를 계승·발전시켜 온 우리나라의 경우는 더욱 그러한 것이 현실인 이상, '비속'이라는 지위에 의한 가중처벌의 이유와 그 정도의 타당성 등에 비추어 그 차별적 취급에는 합리적 근거가 있으므로, 이 사건 법률조항은 헌법 제11조 제1항의 평등원칙에 반한다고 할 수 없다.

헌재 2002.3.28. 2000헌바53, 판례집 14-1, 159

(판 례) 직계존속에 대한 고소금지 규정

(자기 또는 배우자의 직계존속은 고소하지 못하도록 하는 형사소송법 제224조가 비속을 차별취급한다고 하여 제기된 위헌소원 사건에서)

(법정의견)

범죄피해자의 고소권은 형사절차상의 법적인 권리에 불과하므로 원칙적으로 입법자가 그 나라의 고유한 사법문화와 윤리관, 문화전통을 고려하여 합목적적으로 결정할 수 있는 넓은 입법형성권을 갖는다. 가정의 영역에서는 법률의 역할보다 전통적 윤리의 역할이 더 강조되고, 그 윤리에는 인류 공통의 보편적인 윤리와 더불어 그 나라와 사회가 선택하고 축적해 온 고유한 문화전통과 윤리의식이 강하게 작용할 수밖에 없다. 우리는 오랜 세월동안 유교적 전통을 받아들이고 체화시켜 이는 현재에 이르기까지 일정한 부분 엄연히 우리의 고유한 의식으로 남아 있다. 이러한 측면에서 '효'라는 우리 고유의 전통규범을 수호하기 위하여 비속이 존속을 고소하는 행위의 반윤리성을 억제하고자 이를 제한하는 것은 합리적인 근거가 있는 차별이라고 할 수 있다.

(이공현 재판관 등 5인 재판관의 위헌의견)

유교적 전통을 기반으로 한 가족제도의 기본질서 유지라는 이 사건 법률조항의 입법목적에 정당성은 있지만, 고소권을 박탈하여 기본권을 제한한다는 방식은 차별의 목적과 정도의 비례성과 관련하여 문제점이 있다. 존비속이라는 신분관계는 범죄의 죄질과 책임의 측면에서 경중을 고려할 수 있는 요소는 될 수 있을지언정 국가형벌권의 행사 자체를 부정할 이유는 되지 못한다. 법이 보호할 가치가 없는 존속에 대해서까지 국가의 형벌권 행사를 포기하고 범죄피해자인 비속에 대한 보호의무를 저버리는 것은 차별의 목적과 수단 간에 합리적인 균형관계가 있다고 볼 수 없으며, 고소권을 박탈하는 것만이 가족제도의 기본질서를 유지하기 위한 유일하고 불가결한 수단이라고 할 수도 없다.

따라서, 이 사건 법률조항은 차별 목적의 비중과 차별의 정도 간에 비례성을 갖춘 것이라고 할 수 없으므로, 헌법상 평등원칙에 위배된다.

헌재 2011.2.24. 2008헌바56, 판례집 23-1 상, 12,13

(판 례) 부부자산소득 합산과세

자산소득이 있는 모든 납세의무자 중에서 혼인한 부부가 혼인하였다는 이유만으로 혼인하지 않은 자산소득자보다 더 많은 조세부담을 하여 소득을 재분배하도록 강요받는 것은 부당하며, 부부 자산소득 합산과세를 통해서 혼인한 부부에게 가하는 조세부담의 증가라는 불이익이 자산소득합산과세를 통하여 달성하는 사회적 공익보다 크다고 할 것이므로, 소득세법 제61조 제1항이 자산소득합산과세의 대상이 되는 혼인한 부부를 혼인하지 않은 부부나 독신자에 비하여 차별취급하는 것은 헌법상 정당화되지 아니하기 때문에 헌법 제36조 제1항에 위반된다.

헌재 2002.8.29. 2001헌바82, 판례집 14-2, 170,171

(판 례) 청탁금지법의 인적 적용범위

민간부문에 종사하는 사람도 업무의 공공성으로 인하여 공직자에 버금가는 정도의 공정성 · 청렴성 및 직무의 불가매수성이 요구되는 경우에는 부정청탁 및 금품등 수수 관행을 근절할 수 있는 방향으로 제도를 정비하여 나가는 것이 바람직하다. 그러나 공무원에 버금가는 정도의 공정성 · 청렴성 및 직무의 불가매수성이 요구되는 각종 분야에 종사하는 사람 중 어느 범위까지 청탁금지법의 적용을 받도록 할 것인지는 업무의 공공성, 청탁관행이나 접대문화의 존재 및 그 심각성의 정도, 국민의 인식, 사회에 미치는 파급효 등 여러 요소를 고려하여 입법자가 선택할 사항으로 입법재량이 인정되는 영역이다. 공공적 성격의 업무를 수행하는 모든 분야를 동시에 파악하여 일괄적으로 제도 정비를 도모하는 것은 사실상 불가능하다. (……)

우리나라는 국제연합의 부패방지협약 제12조에 따라 민간부문의 부패 방지를 위한 제도 장치를 마련하여야 하는데, 영국이나 싱가포르와 같이 전체 민간부문을 대상으로 하는 입법을 하여야만 하는 것은 아니다. 민간부문 중 공공부문과 같거나 비슷한 정도의 공공성을 갖는 분야부터 이러한 제도적 장치를 단계적으로 도입하고 그 시행결과에 따라 제도를 수정하거나 확대할 수 있다. 제도의 단계적 개선과 추진과정에서 일부 차별적 상황이 초래되었다 하더라도 그런 상황이 국회의 자의적 입법에 따른 결과가 아닌 한 헌법상 평등원칙에 위배된다고 볼 수 없다(헌재 2009.3.26. 2007헌마988등 참조).

교육과 언론은 공공성이 강한 영역으로 공공부문과 민간부문이 함께 참여하고 있고 참여 주체에 따른 차별을 두기 어려운 분야이다. 국회가 민간부문의 부패 방지를 위한 제도 마련의 첫 단계로 교육과 언론을 선택한 것이 자의적 차별이라고 단정할 수 있는 자료도 없다. 국회가 당구장에서의 흡연은 제한하지 않고 피씨방을 금연구역으로 지정하는 입법을 하거나 음식점을 금연구역으로 지정하면서 영업장 넓이에 따라 보건복지부령으로 점차적으로 그 대상을 확대할 수 있도록 하는 입법을 한 것이 관련 업종 사이에 자의적 차별이라 볼 수 없는 것처럼(헌재 2013.6.27. 2011헌마315등; 헌재 2014.9.25. 2013헌마411등 참조), 민간부문 부패 방지를 위한 청탁금지법의 각종 제한이 청구인들의 일반적 행동자유권 등을 침해하지 않는 이상, 민간부문 중 교육과 언론에 대해서만 공직자와 같은 제한을 부과하였다고 하여 자의적 차별 입법이라 할 수 없다.

따라서 사립학교 관계자와 언론인 못지않게 공공성이 큰 민간분야 종사자에 대해서 청탁금지법이 적용되지 않는다는 이유만으로 부정청탁금지조항과 금품수수금지조항 및 신고조항과 제재조항이 청구인들의 평등권을 침해한다고 볼 수 없다.

헌재 2016.7.28. 2015헌마236 등, 공보 238, 1252,1272-1293

그 밖의 사회적 신분에 의한 차별로서, 혼인외의 자(婚姻外의 子)에 대한 불합리한 차별은 금지된다. 미국 판례에서는 혼인외의 자에 차별에 대해 중간심사 기준을 적용하고 있다(*Levy v. Louisiana*, 1968; *Clark v. Jeter*, 1988).

헌법재판소는 정신질환사유로 신체등급 4급 판정을 받아 보충역에 편입된 사람이 사회복지시설 운영 지원 분야 및 초·중·고 장애학생 지원 분야에 지정될 수 없도록 제한하는 사회복무요원 소집업무규정(병무청 훈령)은 합리성 기준을 적용하여 합헌이라 하였다(헌재 2018.7.26. 2016헌마163). 반면 실형을 선고받은 소년범의 경우 집행종료 또는 면제와 동시에 자격에 관한 법령을 적용함에 있어 장래를 향하여 형의 선고를 받지 않은 것으로 보도록 한 반면, 집행유예를 선고받은 소년범에 대해서는 그러한 규정을 두지 않은 소년법 조항은 불합리한 차별로 평등원칙에 위반된다고 하였다(헌재 2018.1.25. 2017헌가7등; 다만 단순위헌결정을 하는 경우 소년범의 자격에 관한 특례를 인정하는 근거마저 사라진다는 이유로 헌법불합치결정). 한편, 수형자의 배우자에 대해 인터넷화상접견과 스마트접견을 할 수 있도록 하고 미결수용자의 배우자에 대해서는 이를 허용하지 않는 '수용관리 및 계호업무 등에 관한 지침'은 평등권 침해가 아니다(헌재 2021.11.25. 2018헌마598). 군인의 경우 비용보상청구권의 제척기간을 형사소송법(무죄판결이 확정된 사실을 안 날부터 3년, 무죄판결이 확정된 때부터 5년)과 달리 무죄판결이 확정된 날부터 6개월 이내로 규정한 군사법원법 규정은 평등원칙에 위반된다(헌재 2023.8.31. 2020헌바252)."

근래 동성애자(同性愛者) 차별이 문제되고 있다. 군형법은 항문성교를 처벌하고 있다(제92조의6). 최근의 미국 판례는 동성애행위를 처벌하는 주법에 대해 위헌이라고 판시하였다(Lawrence v. Texas, 2003). 또한, 결혼을 남녀 이성간 결합으로 규정하고 동성 결혼 커플에 대해서는 이성 결혼 부부와 달리 세금이나 보건, 주택과 관련한 혜택을 주지 않는 '연방 결혼보호법(DOMA)'에 대해 위헌 결정을 내렸다(United States v. Windsor, 2013). 미국 연방대법원은 이 판결에서 결혼제도를 형성할 권한은 각 주에 있다고 판시하면서, 모든 주에서 동성결혼을 허용해야 하는가에 대해서는 판단을 유보하였다. 2015년 Obergefell v. Hodges(576 U.S. 644) 사건에서는 수정헌법 14조에 따라, 두 사람의 동성결혼은 합법이며, 동성결혼이 합법이었던 다른 주에서 동성결혼을 한 사람은 모든 주에도 인정해야 한다고 하였다. 연방대법원은 평등보호조항과 적법절차조항 모두를 근거로 하였다.

우리 대법원도 최근 동성애 혹은 동성혼과 관련하여 제한된 범위이기는 하나, 일정 부분 이를 인정하는 판결을 내렸다.

(판 례) 평등권과 동성혼

(갑이 동성인 을과 교제하다가 서로를 동반자로 삼아 함께 생활하기로 합의하고 동거하던 중 결혼식을 올린 뒤 국민건강보험공단에 건강보험 직장가입자인 을의 사실혼 배우자로 피부양자 자격취득 신고를 하여 피부양자 자격을 취득한 것으로 등록되었는데, 이 사실이 언론에 보도되자 국민건강보험공단이 갑을 피부양자로 등록한 것이 '착오 처리'였다며 갑의 피부양자 자격을 소급하여 상실시키고 지역가입자로 갑의 자격을 변경한 후 그동안의 지역가입자로서의 건강보험료 등을 납입할 것을 고지한 사안에서)

위 처분은 국민건강보험공단의 자격변경 처리에 따라 갑의 피부양자 자격을 소급하여 박탈하는 내용을 포함하므로, 국민건강보험공단이 위 처분에 앞서 갑에게 행정절차법 제21조 제1항 에 따라 사전통지를 하거나 의견 제출의 기회를 주어야 함에도 이를 하지 않은 절차적 하자가 있고, 실제척 하자와 관련하여 ① 국민건강보험법 제5조 제2항 제1호의 '배우자'에서 사실상 혼인관계에 있는 사람을 배제한다면 평등원칙에 반하는 위헌적 결과가 발생할 수 있기 때문에 국민건강보험공단이 배우자를 피보험자로 정한 쟁점 규정을 국민건강보험공단의 '자격관리 업무지침'에 따라 '사실상 혼인관계에 있는 사람'도 인우보증서를 제출할 것을 조건으로 피부양자에 포함하는 것으로 해석 · 적용하는 것은 적법하고, ② 국민건강보험공단이 위 처분을 통하여 사실상 혼인관계 있는 사람 집단에 대하여는 피부양자 자격을 인정하면서도, 동성 동반자 집단에 대해서는 피부양자 자격을 인정하지 않음으로써 두 집단을 달리 취급하고 있는데, 동성 동반자는 직장가입자와 단순히 동거하는 관계를 뛰어넘어 동거 · 부양 · 협조 · 정조의무를 바탕으로 부부공동생활에 준할 정도의 경제적 생활공동체를 형성하고 있다는 점에서 차이가 없는 점, 자격관리 업무지침에 따르면 '사실상 혼인관계에 있는 사람'의 경우 피부양자로 인정받기 위해서는 인우보증서를 제출해야 하는데, 동성 동반자도 이러한 내용의 인우보증서를 제출할 수 있다는 점에서 차이가 없는 점, 국민건강보험공단이 사실상 혼인관계에 있는 사람을 피부양자로 인정하는 이유는 그가 직장가입자의 동반자로서 경제적 생활공동체를 형성하였기 때문이지 이성 동반자이기 때문이 아닌 점 등에 비추어, 이러한 취급은 성적 지향을 이유로 본질적으로 동일한 집단을 차별하는 행위에 해당하며, ③ 건강보험제도와 피부양자제도의 의의, 취지와 연혁 등을 관련 법리와 기록에 비추어 살펴보면, 국민건강보험공단이 직장가입자와 사실상 혼인관계에 있는 사람, 즉 이성 동반자와 달리 동성 동반자인 갑을 피부양자로 인정하지 않고 위 처분을 한 것은 합리적 이유 없이 갑에게 불이익을 주어 그를 사실상 혼인관계에 있는 사람과 차별하는 것으로 헌법상 평등원칙을 위반하여 위법하다.

(이동원 대법관 등 4인의 별개의견)

국민건강보험법상 '배우자'의 개념은 이성 간의 결합을 본질로 하는 '혼인'을 전제로 하고, '동성 동반자'는 이에 해당하지 않는다. 국민건강보험공단은 이에 따라 동성 동반자인 갑을 피부양자에 해당하지 않는다고 보고 위 처분을 하였다. '동성 동반자'와 '사실상 혼인관계에 있는 사람'은 본질적으로 동일한 집단에 속한다고 볼 수 없고, 동성 동반자를 피부양자에서 제외하여 지역가입자로 분류한 것을 합리적 근거 없는 자의적 차별이라고 하기도 어렵다. 그러므로 위 처분에 실체적 하자가 있다고 할 수 없다. 따라서 다수의견 중 위 처분에 절차적 하자가 있다고 본 부분은 동의하나, 위 처분의 실체적 하자까지도 인정한 다수의견의 입장에는 동의할 수 없다.

대판(전합) 2024.7.18. 2023두36800

대법원은 위 사건에서 '동성 동반자'와 '사실혼 관계에 있는 사람'을 비교집단으로 설정하였는데, '동성 동반자'에 대한 차별을 '성별에 의한 차별', 즉 성소수자 문제가 아닌 '사회적 신분'에 의한 차별로 보았다고 판단된다. 또한 특수공익법인인 국민건강보험공단은 사적 단체 또는 사인과 달리 차별처우의 위법성이 더 폭넓게 인정될 수 있다고 하였다.

(4) 그 밖의 차별금지 사유

헌법에서 명시한 이상의 차별금지 사유는 예시적인 것이다. 그 밖의 사유에 의한 불합리한 차별도 금지되며, 그 중에는 엄격심사의 대상이 되는 것도 있을 수 있다. 앞에서 설명한 대로, 차별금지 사유 가운데 엄격심사의 대상이 되는 근거로 특히 두 가지를 들 수 있다. 첫째, 변경할 수 없는 사유. 둘째, 역사적으로 의도적 차별을 받아온 사유. 예컨대 인종 차별은 한국에서 둘째 경우에는 해당하지 않지만 첫째 경우에 해당하는 것으로, 엄격심사가 적용된다고 보아야 할 것이다.

명시되지 않은 차별금지 사유 가운데, 특히 **연령에 의한 차별**이 문제된다.

(판 례) 공무원시험 연령 제한

(공무원임용시험령에서 9급 공개경쟁채용시험의 응시연령을 28세까지로 한 부분이 응시자의 공무담임권을 침해하는지 여부 및 7급 시험의 응시연령 상한이 35세까지인 것에 비교할 때 평등권을 침해하는지 여부. 합헌결정)

가. (……) 입법자는 공무원시험의 연령제한에 있어서 인력수급 상황 등의 사정을 종합적으로 고려하여 결정할 수밖에 없을 것이고, 그러한 입법재량은 합리적인 범위의 것인 한 존중되어야 한다. 이 사건 조항에 의한 9급 공개경쟁채용시험의 응시연령 상한은 통상 고등학교 졸업 후 10년, 대학 졸업 후 5-6년에 해당되며, 군필자의 경우 그 상한은 복무기간을 고려하여 더 연장된다. 따라서 이 사건 조항은 고등학교 졸업 후 10년간, 대학을 졸업한 경우는 5-6년간 응시기회가 주어질 수 있는 것을 전제하고 있고, 한편 9급 시험 중에서도 특별채용의 경우에는 응시연령 상한이 40세까지 연장된다. 이러한 점을 종합하면 이 사건 조항이 응시연령 상한을 그와 같이 규정한 것이 비합리적이거나 불공정한 것이라 할 수 없고, 달리 입법자의 재량범위를 벗어난 것이라 단정할 수 없다.

나. 7급과 9급 국가공무원은 담당하는 업무의 성격이 다르며, 요구되는 능력과 지식에 있어서도 차이가 있다. 또한 9급 일반직 공무원의 승진소요최저연수는 2년 이상이므로, 7급으로 승진하기 위해서는 적어도 4년 이상의 기간이 필요하다. 이러한 직급에 따른 업무의 성격 및 승진에 필요한 최소기간을 감안할 때 입법자가 9급과 7급 응시자의 응시연령 상한을 달리 하는 것은 허용될 수 있는 차별이다. 다만 양 직급의 응시연령 상한의 차이가 7년이나 되는 것이 합리성을 갖추었는지가 문제되지만 기본적으로 양 직급의 연령상한을 달리하는 것이 가능하다고 보는 이상, 그 정도의 차이만으로 이를 비합리적인 자의적인 것이라거나, 공무담임권의 행사에 있어서 과잉 차별이라 볼 수 없다.

헌재 2006.5.25. 2005헌마11등, 공보 116, 837,837-838

헌법재판소는 선거권 연령을 20세로 제한하는 것이 합헌이라고 결정하였으나, 이후 국회가 입법을 통하여 19세로 낮추었다. 19세 역시 합헌으로 선언되었다(헌재 2013.7.25. 2012헌마174). 2020.1.14. 개정 공직선거법은 18세로 낮추었다. 국회의원이나 지방의회의원 및 지방자치단체장의 피선거권 연령을 25세 이상으로 제한한 것 역시 합헌 판단을 받았다(헌재 2018.6.28. 2017헌마1362등). 2022.1.18. 개정 공직선거법은 국회의원 피선거권 연령을 18세로 낮추었다.

(판 례) 국적법 부칙상 연령에 의한 차별

부칙조항은 신법이 구법상의 부계혈통주의를 부모양계혈통주의로 개정하면서 구법상 부가 외국인이기 때문에 대한민국 국적을 취득할 수 없었던 한국인 모의 자녀 중에서 신법 시행 전 10년 동안에 태어난 자에게 신고 등 일정한 절차를 거쳐 대한민국 국적을 취득하도록 하는 경과규정으로서, 구법조항의 위헌적인 차별로 인하여 불이익을 받은 자를 구제하는 데 신법 시행 당시의 연령이 10세가 되는지 여부는 헌법상 적정한 기준이 아닌 또 다른 차별취급이므로, 부칙조항은 헌법 제11조 제1항의 평등원칙에 위배된다.

헌재 2000.8.31. 97헌가12, 판례집 12-2, 167,169

그 밖에 사회적 신분에 따른 차별과 관련한 헌법재판소 판례는 다음과 같다. 초·중등교원과 대학교원의 정년연령에 차등(헌재 2000.12.14. 99헌마112등), 법관의 직위에 따른 정년연령 차등은 합헌이다(헌재 2002.10.31. 2001헌마557). 실업급여에 관한 고용보험법의 적용에 있어 65세 이후에 새로 고용된 자를 그 적용대상에서 배제한 것도 합헌이다(헌재 2018.6.28. 2017헌마238). 전문신고자로 인한 부작용 해소 및 공익신고의 건전성 제고 필요성에 따라 보상금 지급대상을 내부 공익신고자로 한정한 '공익신고자 보호법'의 보상금 제한 규정은 외부 공익신고자에 대한 불합리한 차별이 아니다(헌재 2021.5.27. 2018헌바127).

독립유공자의 손자녀 중 1명에게만 보상금을 지급하도록 하면서, 독립유공자의 선순위 자녀의 자녀에 해당하는 손자녀가 2명 이상인 경우에 나이가 많은 손자녀를 우선하도록 규정한 독립유공자예우에 관한 법률 조항은 헌법에 합치하지 않는다(헌재 2013.10.24. 2011헌마724; 헌법불합치결정). 이 결정에 따라 2014년 개정된 독립유공자예우법이 손자녀 1명에 한정하여 보상금을 지급하되, 나이가 많은 손자녀를 우선하는 규정은 합헌이다(헌재 2018.6.28. 2015헌마304). 반면, 보훈보상대상자의 부모에 대한 유족보상금 지급 시 수급권자를 1인에 한정하고 나이가 많은 자를 우선하도록 한 보훈

보상지원법 규정(헌재 2018.6.28. 2016헌가14) 및 6·25전몰군경자녀수당수급권자를 연장자 한 사람으로 한정한 것(헌재 2021.3.25. 2018헌가6)은 나이에 따른 합리적 이유 없는 차별에 해당하여 위헌이다. 헌법재판소는 최근에도 국가유공자의 유족 중 보상을 받을 자녀의 순위를 정함에 있어 협의로 지정되거나 주로 부양한 자녀가 없는 경우 나이가 많은 자녀를 선순위 유족으로 정하는 국가유공자법 규정에 대해 평등원칙 위반을 이유로 헌법불합치결정을 하였다(헌재 2025.4.10. 2024헌가12).

부사관에 최초로 임용되는 사람의 최고연령을 27세로 정한 군인사법 조항(헌재 2014.9.25. 2011헌마414), 배심원의 자격을 만 20세 이상으로 정한 국민참여재판법 규정(헌재 2021.5.27. 2019헌가19) 및 유족급여를 받을 유족이 되는 자녀의 범위에서 18세 이상인 자녀를 제외한 공무원연금법 규정(헌재 2014.5.29. 2012헌마515)은 헌법에 반하지 않는다.

(판 례) 청년고용할당제의 위헌성 여부

(대통령령으로 정하는 공공기관 및 공기업으로 하여금 매년 정원의 100분의 3 이상씩 34세 이하의 청년 미취업자를 채용하도록 한 청년고용촉진 특별법 제5조 제1항 및 같은 법 시행령 제2조 단서(이하 '청년할당제'라고 한다)가 35세 이상 미취업자들의 평등권, 직업선택의 자유를 침해하는지 여부에 관하여)

청년할당제는 일정 규모 이상의 기관에만 적용되고, 전문적인 자격이나 능력을 요하는 경우에는 적용을 배제하는 등 상당한 예외를 두고 있다. 더욱이 3년간 한시적으로만 시행하며, 청년할당제가 추구하는 청년실업해소를 통한 지속적인 경제성장과 사회 안정은 매우 중요한 공익인 반면, 청년할당제가 시행되더라도 현실적으로 35세 이상 미취업자들이 공공기관 취업기회에서 불이익을 받을 가능성은 크다고 볼 수 없다. 따라서 이 사건 청년할당제가 청구인들의 평등권, 공공기관 취업의 자유를 침해한다고 볼 수 없다.

(박한철 등 5인 재판관의 위헌의견)

청년할당제는 합리적 이유없이 능력주의 내지 성적주의를 배제한 채 단순히 생물학적인 나이를 기준으로 특정 연령층에게 특혜를 부여함으로써 다른 연령층의 공공기관 취업기회를 제한한다. 불가피하게 청년할당제를 선택할 수밖에 없는 사정이 있더라도, 채용정원의 일정 비율을 할당하는 이른바 경성(硬性)고용할당제를 강제할 것이 아니라, 채용정원은 경쟁을 통하여 공정하게 선발하되 정원 외 고용을 할당하거나 자발적인 추가 고용의 경우 재정지원 내지 조세감면 혜택을 주는 이른바 연성(軟性)고용할당제를 도입하는 것이 다른 연령층의 피해를 줄일 수 있다. 또한 청년할당제의 시행으로 얻게 되는 특정 연령층의 실업해소라는 공익보다 다른 연령층 미취업자들의 직업선택의 자유에 대한 제한이 훨씬 커서 청구인들의 직업선택의 자유를 과도하게 침해한다.

헌법 제11조는 모든 영역에서 불합리한 차별을 금지하고 있고, 이러한 헌법이념을 구현하기 위하여 입법자는 근로의 영역에 있어서 기회의 균등한 보장을 위한 법체계를 확립해 놓고 있다. 즉, 고용정책기본법, 고용상연령차별금지법, 국가인권위원회법은 고용 영역에서의 차별을 금지하고 있는바, 청년할당제는 헌법의 이념과 이를 구체화하고 있는 전체 법체계 내지 기본질서와 부합하지 아니하고 정책수단으로서의 합리성을 결여하여 헌법상 평등원칙에 위반된다.

헌재 2014.8.28. 2013헌마553, 판례집 26-2 상, 429,430

(참고 · 미국판례) 연령에 의한 차별에 대해 합리성 심사를 적용하고 있다. 경찰관 정년을 50세로 정한 것을 합헌이라고 보았다(*Massachusetts Board of Retirement v. Murgia*, 1976).

출신 지역 혹은 출신 지역 학교에 가산점을 부여하여 타 지역 혹은 타 지역 학교를 차별하는 것이 허용되는지도 문제된다. 헌법재판소는 서울특별시와 경기도가 초등교사 임용시험에서 지역가산점을 부여한 것은 헌법상 용인된다고 판단하였다.

(판 례) 초등교사 임용시험에서 지역가산점을 부여하는 조항의 위헌성 여부

지역가산점은 그 적용대상에서 제외된 자에 대해 공직 내부에서 승진이나 급여상의 불이익을 가져다주는 정도에 그치는 것이 아니라 아예 공직에의 진입 자체를 가로막을 수 있다는 점에서 공무담임권 제한의 성격이 중대하고, 또한 서로 경쟁관계에 놓여 있는 응시자들 중 일부 특정 집단만 우대하는 결과를 가져오기 때문에(헌재 2004.3.25. 2001헌마882 참조), 그 배점비율에 관한 기본적인 사항은 법률에서 직접 규정할 필요가 있는데, 이 사건 법률조항은 '제1차 시험성적 만점의 100분의 10 이내의 범위'에서 가산점을 부여할 수 있도록 규정함으로써 배점비율에 관한 기본적인 사항을 규정하고 있다.

그러므로 이 사건 법률조항이 구체적인 지역가산점의 배점비율 및 최종합격자 결정방식을 직접 규정하고 있지 않다 하여 법률유보원칙에 위배된다고 볼 수는 없으므로, 청구인 유○찬 등의 위 주장은 모두 이유 없다. (……)

이 사건의 경우에도 비교집단이 교육공무원 임용에 있어서 상충하는 이해관계를 가지고 서로 경쟁하는 관계에 놓여 있고, 가산점의 혜택에서 배제되는 자에게 발생할 수 있는 불이익은 승진 등 단순히 공무수행상의 제약이 아니라 공

직취임상의 제약이라는 성격을 가지므로, 관련 기본권에 대한 중대한 제한을 초래하게 되는 경우에 해당한다고 보아 비례원칙에 따른 심사를 함이 상당하다고 판단된다. (……)

이 사건 지역가산점규정과 같은 제도는 전국적으로 실시되고 있는바, 모든 교대 졸업자는 자신의 출신 교대 소재지에서 응시하는 경우에는 가산점을 받는 반면, 다른 지역에서 응시하는 경우에는 상대적으로 불이익을 받는다. 즉 하나의 제도가 자신의 선택에 따라 이익이 될 수도, 불이익이 될 수도 있으므로, 이 사건 지역가산점규정으로 인하여 타 지역 교대 출신 응시자들이 받는 피해는 입법 기타 공권력행사로 인하여 자신의 의사와 관계없이 받아야 하는 기본권 침해와는 달리 보아야 할 여지가 있다(헌재 2007.12.27. 2005헌가11).

이 사건 법률조항에 따르면 임용권자는 제1차 시험성적의 100분의 10 범위에서 각종 가산점을 부여할 수 있는데, [별표 2]에는 이 사건에서 문제되고 있는 지역가산점 외에 '복수 · 부전공 가산점', '어학 · 정보처리 · 체육 · 기술 분야에서의 능력에 대한 가산점', '도서 · 벽지지역가산점' 등의 다른 가산점도 함께 부여할 수 있도록 규정하고 있어, 임용권자로서는 다른 가산점을 고려하여 지역가산점을 부여하여야 하므로 제한된 범위 내에서 지역가산점을 부여할 수밖에 없고(2011학년도 임용시험에서 서울특별시는 지역가산점 외에 '국가기술자격증 가산점'에 2%를, 경기도의 경우 '정보처리능력 가산점'에 1%, '영어능력 가산점'에 2%, '한자능력 가산점'에 1%를 각 배정하였다), 교사채용시험의 최종 합격자는 제1, 2, 3차 시험성적을 합산한 점수의 고득점 순에 의해 결정되는 점에 비추어 볼 때, 해당 지역 교대 출신자에 대하여 위와 같은 범위의 가산점을 부여하는 것이 지역가산점제도의 목적을 달성하기 위하여 필요 · 최소한의 범위를 넘었다고 볼 수 없다.

전국적으로 교원임용시험 경쟁률이 높고 교원임용률이 저조한 것은 향후 저출산에 따른 지역별 초등학교 교사의 수요감소예측에 맞춰 전국 교대의 입학정원을 조정해 나감으로써 해결할 문제이지, 지역가산점을 없애는 방법으로 해결할 수 있는 문제는 아닌 것이다.

헌재 2014.4.24. 2010헌마747, 판례집 26-1 하, 101,112-114

(5) 적극적 우대조치

적극적 우대조치 또는 적극적 평등실현조치(affirmative action)란, 과거의 차별로 인한 불평등한 결과를 시정하여 실질적 평등을 실현하기 위한 조치를 말한다. 차별받아온 집단에 대해 대학 입학이나 고용 또는 정부계약 등에 있어서 일정한 이익을 부여하는 점에서 '양호한 차별'(benign discrimination)이라고 부를 수 있다. 이것은 미국에서 흑인 등 소수인종에 대한 조치로서 시작되었고, 여성에 대해서도 유사한 조치들이 취해졌다. 우대조치를 받지 못하는 집단에 대해서는 '역차별'(reverse discrimination)의 문제를 야기하게 된다.

적극적 우대조치가 평등 위반이 아니냐는 문제가 다뤄진 미국의 초기 대표적 판례는 *Regents of the Univ. of California v. Bakke*(1978)사건이다. 주립 의과대학의 입학정책에서 유색인종에 대해 할당제를 취한 결과, 합격한 유색인종 학생보다 성적이 우수한 백인 학생이 불합격되었다. 대법원의 다수의견은 적극적 우대조치가 대학 입학 정책의 결정 요인으로 사용될 수 있지만, 캘리포니아 주립 의대의 우대조치는 차별 정도가 심하여 인종차별을 금지한 민권법 위반이라고 판결하였다.

이후 적극적 우대조치에 관한 일련의 판결을 거친 후, 소수인종을 위한 적극적 우대조치에 대해 엄격심사가 적용된다는 원칙이 확립되었다. 그 대표적 판결로 *Adarand Constructors, Inc. v. Pena*(1995)사건을 들 수 있다(이 사건에서는 정부의 사업계약에 있어서 소수인종 기업에 대한 할당제를 정한 연방법률에 대해 엄격심사를 적용하고 위헌이라고 판결하였다).

한편 특히 대학 입학생선발에 있어서 적극적 우대조치와 별개의 관점에서 소수인종 학생에 대한 특별한 고려가 인정되고 있다. *Grutter v. Bollinger*(2003)사건에서 대법원은 교육적 관점에서 학생구성의 다양성(diversity)을 위하여 입학생선발의 플러스 요인의 하나로 인종을 고려하는 것은 평등위반이 아니라고 보았다. 그러나 이 판결은 과거에 대한 차별의 시정이 아니라 학생구성의 다양성을 위한 특별한 고려를 인정한 것이다.

그러나 2014년 미국 연방대법원은 공립대학에서 성과 인종에 근거한 우대입학을 금지한 미시간 주법을 합헌이라고 선언하였다(Schuette v. Coalition to Defend Affirmative Action, 572 U.S. 291). 다수의견에 의하면 위 사안은 인종차별의 합헌성 문제가 아니고, 유권자들이 자유롭게 공립대학의 입학정책을 선택할 수 있는지의 문제다. 연방대법원은 2023년 6월 29일 Students for fair Admission(SFFA) v. Harvard(600 U.S. 181) 사건에서 하버드대학의 적극적 평등실현조치를 위헌으로 결정하면서 Bakke, Bollinger 사건을 폐기하였다. 같은 날 선고된 Students for Fair Admissions v. University of North Carolina 사건도 같은 취지의 판결이다.

우리나라에서도 여성에 대한 적극적 우대조치들이 취해지고 있다. 양성평등기본법의 주요 내용은 다음과 같다. ① 여성가족부장관은 양성평등정책 기본계획을 5년마다 수립하여야 한다(제7조). ② 양성평등정책에 관한 중요사항을 심의·조정하기 위하여 국무총리 소속으로 양성평등위원회를 둔다(제11조). ③ 시·도등은 조례에 따라 시·도양성평등위원회를 둘 수 있다(제11조의2). ④ 국가와 지방자치단체는 차별로 인하여 특정 성별의 참여가 현저히 부진한 분야에 대하여 합리적인 범위에서 해당 성별의 참여를 촉진하기 위하여 관계 법령에서 정하는 바에 따라 적극적 조치를 취하도록 노력하여야 한다. 여성가족부장관은 국가기관 및 지방자치단체의 장에게 제1항에 따른 적극적 조치를 취하도록 권고하고, 그 이행 결과를 점검하여야 한다. 여성가족부장관은 '공공기관의 운영에 관한 법률' 제4조 제1항에 따른 공공기관 및 '자본시장과 금융투자업에 관한 법률'제159조 제1항에 따른 사업보고서 제출대상법인의 성별 임원 수 및 임금 현황 등에 관하여 조사하고 그 결과를 매년 공표할 수 있다(제20조).

'남녀고용평등과 일·가정 양립 지원에 관한 법률'은 **'적극적 고용개선조치'**에 관해 규정하고 있다(제2장 제4절). 고용노동부장관은 남녀고용평등 실현과 일·가정의 양립에 관한 기본계획을 5년에 한 번 수립한다(제6조의2). 또한 대통령령으로 정하는 공공기관·단체의 장이나 사업주에 대해 그 고용하고 있는 직종별 여성근로자의 비율이 일정한 기준에 미달하는 경우에 적극적 고용개선조치 시행계획을 수립, 제출할 것을 요구할 수 있다(제17조의3).

2021.5.18. 개정 남녀고용평등법은 고용에서의 차별을 개선하기 위하여 모집·채용 시 신체, 미혼 등의 조건을 제시하거나 요구할 수 없는 대상을 모든 근로자로 확대하였다(제7조). 사업주의 합리적 이유 없는 차별에 대하여 벌칙을 부과하는 소극적 보호에서 더 나아가, 해당 차별을 적극적으로 시정하도록 요구하고 이에 대해 배상을 받을 수 있는 규정을 마련하였다(제26조부터 제29조의9까지).

현행 공무원임용시험령에서는 '여성 또는 남성의 선발예정인원 초과합격'제도(양성평등채용목표제)라고 하여, "시험실시기관의 장은 여성과 남성의 평등한 공무원임용기회를 확대하기 위하여 필요하다고 인정하는 경우에는 ……한시적으로 여성 또는 남성이 시험실시단계별로 선발예정인원의 일정비율 이상이 될 수 있도록 선발예정인원을 초과하여 여성 또는 남성을 합격시킬 수 있다"(제20조 제1항)고 규정하고 있다. 나아가 동시험령은 지방인재, 중증장애인, 저소득층에 대하여도 유사한 규정을 마련하고 있다(제20조의2 내지 4). 헌법재판소는 공립중등학교 교사임용후보자 선정경쟁시험에서 양성평등채용목표제도를 실시하는 절차를 두고 있지 않은 입법부작위에 대하여, 헌법소원심판청구의 적법요건을 갖추지 못했다고 하여 각하결정을 내렸다.

(판 례) 양성평등채용목표제도를 실시하지 않는 입법부작위

헌법의 기본원리나 특정조항에 비추어 능력주의원칙에 대한 예외를 인정할 수 있는 경우가 있다. 그러한 헌법원리로는 우리 헌법의 기본원리인 사회국가원리를 들 수 있고, 헌법조항으로는 여자 · 연소자근로의 보호, 국가유공자 · 상이군경 및 전몰군경의 유가족에 대한 우선적 근로기회의 보장을 규정하고 있는 헌법 제32조 제4항 내지 제6항, 여자 · 노인 · 신체장애자 등에 대한 사회보장의무를 규정하고 있는 헌법 제34조 제2항 내지 제5항 등을 들 수 있다. 이와 같은 헌법적 요청이 있는 경우에는 합리적 범위 안에서 능력주의가 제한될 수 있다(헌재 1999.12.23. 98헌마363, 판례집 11-2, 770,796).

그런데 능력주의원칙의 예외로서 교육공무원의 임용시에 여성과 남성의 평등한 임용기회를 보장하기 위하여 여성 또는 남성이 선발예정인원의 일정비율 이상이 될 수 있도록 하는 양성평등채용목표제를 실시하는 법률을 제정할 것을 입법자에게 입법위임을 하는 그러한 규정은 우리 헌법 어디에도 없다. 또한 헌법해석상 그러한 법령을 제정하여 교육공무원 내 남녀의 성비가 균형을 이루도록 함으로써 양성의 평등을 제고하여야 할 입법자의 행위의무 내지 보호의무가 발생하였다고 볼 여지 또한 없다.

따라서 이 사건은 진정입법부작위에 대하여 헌법소원을 제기할 수 있는 경우에 해당하지 아니한다고 할 것이다.

헌재 2006.5.25. 2005헌마362, 공보 116, 845,849

한편 공직선거법은 공직선거후보자 추천에 있어서의 여성할당제를 규정하고 있다. "정당이 비례대표국회의원선거 및 비례대표지방의회의원선거에 후보자를 추천하는 때에는 그 후보자 중 100분의 50 이상을 여성으로 추천하되, 그 후보자명부의 순위의 매 홀수에는 여성을 추천하여야 한다"(제47조 제3항). "정당이 임기만료에 따른 지역구국회의원선거 및 지역구지방의회의원선거에 후보자를 추천하는 때에는 각각 전국지역구총수의 100분의 30 이상을 여성으로 추천하도록 노력하여야 한다"(같은 조 제4항).

2018년 개정 공직선거법은 비례대표지방의회의원선거에만 부여되어 있던 여성할당제의 강제적 효력을 비례대표국회의원선거에까지 확대하였다. 즉 "관할선거구선거관리위원회는 …… 제47조 제3항에 따른 여성후보자 추천의 비율과 순위(비례대표지방의회의원선거에 한한다)를 위반한 등록신청은 이를 수리할 수 없다 ……"는 규정 중 (괄호)부분을 삭제하였다(제49조 제8항). 또한 제47조 제3항에 위반한 등록은 무효로 한다(제52조 제1항 제2호). 지방의회의원선거에서 여성할당제 강제는 지역구의원선거에

도 확대되고 있다(제47조 제5항). “정당이 임기만료에 따른 지역구지방의회의원선거에 후보자를 추천하는 때에는 지역구시·도의원선거 또는 지역구자치구·시·군의원선거 중 어느 하나의 선거에 국회의원지역구(군지역을 제외하며, 자치구의 일부지역이 다른 자치구 또는 군지역과 합하여 하나의 국회의원지역구로 된 경우에는 그 자치구의 일부지역도 제외한다)마다 1명 이상을 여성으로 추천하여야 한다”(신설 2010.1.25, 2010.3.12; 제52조 제2항 “제47조제5항을 위반하여 등록된 것이 발견된 때에는 그 정당이 추천한 해당 국회의원지역구의 지역구시·도의원후보자 및 지역구자치구·시·군의원후보자의 등록은 모두 무효로 한다. 다만, 제47조제5항에 따라 여성후보자를 추천하여야 하는 지역에서 해당 정당이 추천한 지역구시·도의원후보자의 수와 지역구자치구·시·군의원후보자의 수를 합한 수가 그 지역구시·도의원 정수와 지역구자치구·시·군의원 정수를 합한 수의 100분의 50에 해당하는 수(1 미만의 단수는 1로 본다)에 미달하는 경우와 그 여성후보자의 등록이 무효로 된 경우에는 그러하지 아니하다”).

그 밖에 남성에 대한 역차별의 문제를 제기하는 여러 법령들이 있었다. 일례로, 형법상 강간죄의 객체를 ‘부녀’로 한정했었으나, 형법 개정(2012.12.18.)을 통해 ‘사람’으로 변경하였다.

여성에 대한 적극적 우대조치의 합헌성 여부는 어떤 심사기준을 적용하느냐에 따라 달라질 것이다. 성별에 따른 차별은 인위적으로 변경할 수 없는 차별 사유인 점에 비추어 엄격심사가 적용되어야 한다고 본다.

대법원은 “법원은 피해자의 청구에 따라 차별적 행위의 중지, 임금 등 근로조건의 개선, 그 시정을 위한 적극적 조치 등의 판결을 할 수 있다”고 규정한 장애인차별금지법 제48조 제2항을 근거로 차별시정을 위한 적극적 조치를 인정하였다. 대법원은 이 판결에서 법원의 적극적 조치 판결은 비례의 원칙을 준수하여야 한다고 하였다.

(판 례) 적극적 조치 판결이 비례의 원칙에 위배되는지 여부

가. 법원의 적극적 조치 판결에 관한 재량과 그 한계

(1) 장애인차별금지법은 장애를 이유로 차별받은 사람의 권익을 효과적으로 구제할 수 있도록 제46조 제1항에서 차별행위를 한 자에 대한 손해배상 청구권을 인정하고, 제48조 제2항에서 법원은 피해자의 청구에 따라 적극적 조치 판결을 할 수 있다고 규정하고 있다. 나아가 제48조 제3항은 법원은 적극적 조치가 필요하다고 판단하는 경우에는 그 이행 기간을 밝히고 이를 이행하지 아니하는 때에는 늦어지는 기간에 따라 일정한 배상을 명할 수 있도록 민사집행법 제261조의 간접강제에 관한 규정을 준용하도록 하고 있다. 이러한 각 규정의 내용과 적극적 조치 판결 제도를 도입한 입법 취지 등에 비추어 보면, 적극

적 조치 청구소송을 담당하는 법원으로서는 피고가 차별행위를 하였다고 인정하는 경우 원고의 청구에 따라 차별행위의 시정을 위한 적극적 조치 판결을 하는 것을 전향적으로 고려하여야 하고, 그 적극적 조치의 내용과 범위 등을 구체적으로 결정할 때 폭넓은 재량을 가진다고 할 것이다.

(2) 다만 비례의 원칙은 법치국가 원리에서 파생되는 헌법상의 기본원리로서 모든 국가작용에 적용되는 것이므로(대법원 2019.9.9. 선고 2018두48298 판결 참조), 법원이 적극적 조치 판결을 할 때에도 원고와 피고를 비롯한 모든 이해관계인들의 공익과 사익을 종합적으로 비교 · 형량하여야 한다. 사인(私人)인 피고에게 재정 부담을 지우는 적극적 조치 판결을 할 때는 피고의 재정상태, 재정 부담의 정도, 피고가 적극적 조치 의무를 이행할 경우 국가나 지방자치단체 등으로부터 받을 수 있는 보조금을 비롯한 인적 · 물적 지원 규모, 상대적으로 재정 부담이 적은 대체 수단이 있는지, 피고가 차별행위를 하지 않기 위해 기울인 노력의 정도 등도 아울러 고려하여야 한다.

나. 원심의 적극적 조치 판결에 관한 판단

원심은 피고 버스회사들에 원고들이 버스를 이용할 수 있도록 휠체어 탑승설비를 제공하라는 적극적 조치 판결을 하면서, 휠체어 탑승설비를 제공하여야 하는 대상 버스와 휠체어 탑승설비 제공의무의 이행기를 따로 정하지 않았다. 따라서 원심의 적극적 조치 판결이 확정된다면 피고 버스회사들은 즉시 운행하는 모든 버스에 휠체어 탑승설비를 제공하여야 한다. (……)

원심으로서는 피고 버스회사들이 운행하는 노선 중 원고들이 향후 탑승할 구체적 · 현실적인 개연성이 있는 노선, 피고 버스회사들의 자산 · 자본 · 부채, 현금 보유액이나 향후 예상영업이익 등 재정상태, 휠체어 탑승설비 제공 비용을 마련하기 위한 운임과 요금 인상의 필요성과 그 실현 가능성, 피고 버스회사들이 휠체어 탑승설비를 제공할 경우 국가나 지방자치단체 등으로부터 받을 수 있는 보조금을 비롯한 인적 · 물적 지원 규모 등을 심리한 다음 이를 토대로 이익형량을 하여 휠체어 탑승설비 제공 대상 버스와 그 의무 이행기 등을 정했어야 한다. 이러한 이익형량을 다하지 아니한 채 피고 버스회사들에 즉시 모든 버스에 휠체어 탑승설비를 제공하도록 명한 원심판결에는 법원의 적극적 조치 판결에 관한 재량의 한계를 벗어나 판결 결과에 영향을 미친 잘못이 있다.

대판 2022.2.17. 2019다217421

2. 차별금지의 영역

(1) 차별금지 영역과 위헌심사 기준

헌법 제11조 제1항 제2문은 차별금지의 영역에 관하여 "정치적 · 경제적 · 사회적 · 문화적 생활의 모든 영역에서 차별을 받지 아니한다"고 규정하고 있다. 이것은 인간 생활의 모든 영역에서의 차별 금지를 규정한 것이다. 그러나 불법의 평등까지 보장하는 것은 아니다(헌재 2016.7.28. 2014헌바372).

차별금지의 영역이 무엇이냐에 따라 헌법적 평가에 있어서 차이가 있다고 보아야 한다. 자유권 제한에 있어서 자유권의 내용에 따라 이중기준의 원칙이 적용되어야 한다는 법리는 평등권에서도 적용되어야 할 것이다. 차별금지의 영역 가운데 정치적 영역을 비롯한 정신적 영역에서의 차별에 대해서는 엄격한 심사가 적용되어야 한다. 특히 정치적 영역에서의 차별에 대해 엄격한 심사가 적용되어야 하는 이유는 무엇인가. 정치적 차별은 다른 모든 영역에서의 차별을 시정할 기회를 원천적으로 가로막는 것이기 때문이다. 반면에 경제적 영역에서의 차별 가운데 특히 적극적으로 공공복리를 위한 목적의 차별에 대해서는 완화된 심사를 적용하는 것이 타당하다.

참고로, 일본 판례에서는 경제규제의 유형을 적극적 · 정책적 목적의 규제와 소극적 · 경찰적 목적의 규제로 나누어, 후자에 대해서는 '엄격한 합리성'을 요구하는 심사기준을 적용하고 있다.

(2) 정치적 영역에서의 차별

앞에서 설명한 대로 정치적 영역에서의 차별에 대해서는 엄격 심사가 적용되어야 한다. 그러나 헌법재판소 판례에서 이 점을 확인하기는 어렵다.

정치적 영역에서의 차별에 관한 헌법재판소 판례 가운데 종래 특별히 논의되어온 대표적인 예로 **선거구인구 불평등**의 문제가 있다. 이 문제는 미국에서 헌법적 문제로 제기되기 시작하였으며, 1962년의 대법원판결(*Baker v. Carr*)에서 처음으로 사법심사의 대상이 된다고 본 이래 여러 위헌 판결이 나왔다. 독일에서는 1996년의 개정 연방선거법에서 상하 편차 25%를 최대 허용한도로 규정하였다. 일본의 1994년 법률에서는 최대선거구와 최소선거구 인구비율 2 : 1을 허용기준으로 규정하고 있다.

현행 공직선거법상 국회의원선거구는 국회의원선거구획정위원회가 정한 선거구 법률안을 국회가 확정하고, 시 · 도의원선거구 역시 국회가 정한다. 시 · 군 · 구의원

선거구는 시·군·구의원선거구획정위원회의 안을 존중하여 시·도조례로 정한다(공직선거법 제24조부터 제26조까지).

선거구인구 불평등 문제에는 다음과 같은 여러 쟁점들이 있다. ① 선거구인구 불평등으로 인한 투표가치의 불평등은 헌법위반인가. ② 이것을 헌법위반이라고 보더라도 선거구획정에서 고려해야 할 다른 요소들을 감안할 때 일정한 인구불평등은 허용할 수밖에 없는데, 그 허용한계를 정함에 있어서 무엇을 기준으로 할 것인가. 선거구 평균인구수의 상하 편차로 할 것인가, 아니면 최대선거구와 최소선거구의 인구비율로 할 것인가. ③ 일정한 기준을 선택한 다음, 어느 정도의 인구불평등을 허용한계로 볼 것인가. ④ 선거구획정의 일부가 위헌인 경우, 그 부분에 한하여 위헌으로 볼 것인가, 아니면 선거구획정 전체를 위헌으로 볼 것인가.

헌법재판소가 국회의원선거구 인구불평등을 헌법에 합치되지 않는다고 선언한 최초의 결정 요지는 다음과 같다.

평등선거의 원칙은 1인 1표(one man, one vote)를 인정함을 의미할 뿐만 아니라, 투표의 성과가치(成果價値)의 평등, 즉 1표의 투표가치가 대표자 선정이라는 선거의 결과에 대하여 기여한 정도에 있어서도 평등하여야 함을 의미한다(one vote, one value). 우리나라의 제반 여건 아래에서는 적어도 국회의원의 선거에 관한 한, 전국 선거구의 평균 인구수(전국의 인구수를 선거구수로 나눈 수치)에 그 100분의 60을 더하거나 뺀 수를 넘거나 미달하는(즉, 상하 60%의 편차를 초과하는) 선거구가 있을 경우에는, 그러한 선거구의 획정은 국회의 합리적 재량의 범위를 일탈한 것으로서 헌법에 위반된다. 선거구의 획정은 특단의 불가피한 사정이 없는 한 인접지역이 1개의 선거구를 구성하도록 함이 상당하다. 선거구구역표는 전체가 "불가분의 일체"를 이루는 것으로서 어느 한 부분에 위헌적인 요소가 있다면 선거구구역표의 전부에 관하여 위헌선언을 하여야 한다(헌재 1995.12.27. 95헌마224).

이후 지방의회의원선거구 인구불평등을 헌법불합치로 선언한 결정에서는 평균인구수 기준 상하 50%의 편차를 기준으로 하였다(헌재 2001.10.25. 2000헌마92등).

(판 례) 선거구인구 불평등(1)

인구편차 상하 33⅓%를 넘어 인구편차를 완화하는 것은 지나친 투표가치의 불평등을 야기하는 것으로, 이는 대의민주주의의 관점에서 바람직하지 아니하고, 국회를 구성함에 있어 국회의원의 지역대표성이 고려되어야 한다고 할지라도 이것이 국민주권주의의 출발점인 투표가치의 평등보다 우선시 될 수는 없다. 특히, 현재는 지방자치제도가 정착되어 지역대표성을 이유로 헌법상 원칙인 투표가치의 평등을 현저히 완화할 필요성이 예전에 비해 크지 아니하다.

또한, 인구편차의 허용기준을 완화하면 할수록 과대대표되는 지역과 과소대표되는 지역이 생길 가능성 또한 높아지는데, 이는 지역정당구조를 심화시키는 부작용을 야기할 수 있다. 같은 농·어촌 지역 사이에서도 나타날 수 있는 이와 같은 불균형은 농·어촌 지역의 합리적인 변화를 저해할 수 있으며, 국토의 균형발전에도 도움이 되지 아니한다.

나아가, 인구편차의 허용기준을 점차로 엄격하게 하는 것이 외국의 판례와 입법추세임을 고려할 때, 우리도 인구편차의 허용기준을 엄격하게 하는 일을 더 이상 미룰 수 없다.

이러한 사정들을 고려할 때, 현재의 시점에서 헌법이 허용하는 인구편차의 기준을 인구편차 상하 33⅓%를 넘어서지 않는 것으로 봄이 타당하다. 따라서 심판대상 선거구구역표 중 인구편차 상하 33⅓%의 기준을 넘어서는 선거구에 관한 부분은 위 선거구가 속한 지역에 주민등록을 마친 청구인들의 선거권 및 평등권을 침해한다.

헌재 2014.10.30. 2012헌마192등, 판례집 26-2 상, 668,669

(판 례) 선거구인구 불평등(2)

나. 선거구 간 인구편차의 헌법상 허용한계를 벗어났는지 여부

(1) 선례

헌법재판소는 2009.3.26. 2006헌마14 결정에서 자치구·시·군 의회의원(이하 '자치구·시·군의원'이라 한다) 선거구 획정에서 요구되는 인구편차의 헌법상 허용한계에 대하여 판단하였다.

당시 법정의견은 자치구·시·군의원 선거구를 획정할 때 투표가치의 평등으로서 가장 중요한 요소인 인구비례의 원칙 이외에 자치구·시·군의원의 지역대표성 및 인구의 도시집중으로 인한 도시와 농어촌 간의 극심한 인구편차와 각 분야에 있어서의 개발불균형 등 우리나라의 특수한 사정을 합리적으로 참작하여야 하므로, 인구편차 상하 60%(인구비례 4 : 1)의 기준을 자치구·시·군의원 선거구 획정에서 헌법상 허용되는 인구편차 기준으로 삼는 것이 가장 적절하다고 보았다.

(2) 인구편차의 헌법상 허용한계

(가) 인구편차 비교집단

우선 비교집단 설정에 있어서 해당 자치구·시·군 내의 선거구들만을 비교할 것인지, 아니면 해당 자치구·시·군이 속한 특별시, 광역시, 도 내의 모든

선거구를 비교할 것인지, 아니면 전국의 자치구·시·군의원 선거구 모두를 비교할 것인지가 문제된다. 우리 재판소는 이미 자치구·시·군의원 선거구와 관련하여 해당 자치구·시·군 내의 선거구들만을 비교집단으로 설정하여 인구편차를 비교하였으므로(헌재 2009.3.26. 2006헌마14 참조), 이 사건에서도 성남시 내의 선거구들만을 비교하여 판단하기로 한다.

(나) 인구편차 비교방식 및 비교기준

다음으로 인구편차의 비교방식 및 비교기준에 관하여 본다. 공직선거법은 자치구·시·군의원 선거에 관하여 하나의 선거구에서 2인 이상 4인 이하의 의원을 선출하는 중선거구제를 채택하였으므로(제26조 제2항), 서로 다른 자치구·시·군의원 선거구의 인구편차를 비교하기 위해서는 각 선거구의 의원 1인당 인구수(해당 선거구의 인구수 ÷ 의원수)를 산출하여 비교하여야 한다.

인구편차의 비교기준에 관하여, 최소선거구의 의원 1인당 인구수를 기준으로 할 것인가 아니면 해당 선거구가 속한 자치구·시·군의 의원 1인당 평균인구수(자치구·시·군의 인구수 ÷ 의원수)를 기준으로 할 것인가가 문제된다. 우리 재판소는 이미 자치구·시·군의원 선거구와 관련하여 해당 선거구가 속한 자치구·시·군의 의원 1인당 평균인구수를 기준으로 하여 인구편차의 허용기준을 제시하였으므로(헌재 2009.3.26. 2006헌마14 참조), 이 사건에서도 성남시의 의원 1인당 평균인구수를 기준으로 하여 인구편차의 허용한계를 검토하기로 한다.

(다) 인구편차 허용한계

구체적으로 선거구 획정에 있어 입법재량의 한계, 즉 헌법상 용인되는 각 자치구·시·군의원 선거구 사이의 인구편차의 한계를 어디까지 용인할 것인가는 인구비례의 원칙 이외에 참작하여야 할 2차적 요소들을 얼마나 고려하여 선거구 사이의 인구비례에 의한 투표가치 평등의 원칙을 완화할 것이냐의 문제이다(헌재 2009.3.26. 2006헌마14 참조). (……)

2006헌마14 결정에서 인구편차의 허용기준으로 삼은 인구편차 상하 60%의 기준을 적용하게 되면 1인의 투표가치가 다른 1인의 투표가치에 비하여 네 배의 가치를 가지는 경우도 발생하게 되어 투표가치의 불평등이 지나치다. 위 기준을 채택한 지 9년이 지났고, (……) 자치구·시·군의원 선거는 중선거구제로서 선거구 간 인구편차의 조정이 상대적으로 용이한 점 등을 고려하면, 현시점에서 인구편차의 허용한계를 보다 엄격하게 설정할 필요가 있다. 따라서 현시점에서 선택 가능한 방안으로 인구편차 상하 33⅓%(인구비례 2 : 1)를 기준으로 하는 방안 또는 인구편차 상하 50%(인구비례 3 : 1)를 기준으로 하는 방안이 고려될 수 있다. (……)

위 두 가지 기준 중 인구편차 상하 33⅓%의 기준이 선거권 평등의 이상에 보다 접근하는 안이지만, 위 기준을 적용할 경우 자치구·시·군의원의 지역대표성과 도시와 농어촌 간의 인구격차를 비롯한 각 분야에 있어서의 지역 간 불균형 등 2차적 요소를 충분히 고려하기 어렵다. 반면 인구편차 상하 50%를 기준으로 하는 방안은 최대선거구와 최소선거구의 투표가치의 비율이 1차적 고려사항인 인구비례를 기준으로 볼 때의 등가의 한계인 2 : 1의 비율에 그 50%를 가산한 3 : 1 미만이 되어야 한다는 것으로서, 인구편차 상하 33⅓%를 기준으로 하는 방안보다 2차적 요소를 폭넓게 고려할 수 있다(헌재 2007.3.29. 2005헌마985등 참조).

또한 인구편차의 허용기준을 엄격히 하면 기존에 존재하던 선거구를 분할하거나 다른 선거구와 통합하거나 자치구·시·군의원의 의원정수를 증가시키는 등의 방법으로 자치구·시·군의원 선거구를 조정하여야 한다. 이를 위해서는 선거구의 조정이 여러 분야에 미치게 될 영향에 대하여 면밀히 검토한 후 부정적인 영향에 대한 대책을 마련하고, 어떠한 조정안을 선택할 것인지에 관하여 사회적 합의를 형성할 필요가 있으므로, 인구편차 상하 60%의 기준에서 곧바로 인구편차 상하 33⅓%의 기준을 채택하는 경우 예기치 않은 어려움에 봉착할 가능성이 큰 점도 고려되어야 한다.

그렇다면 현재의 시점에서 자치구·시·군의원 선거구 획정과 관련하여 헌법이 허용하는 인구편차의 기준을 인구편차 상하 50%(인구비례 3 : 1)로 변경하는 것이 타당하다.

헌재 2018.6.28. 2014헌마166, 공보 261, 1132,1135-1136

위의 헌법재판소 판례는 다음과 같이 정리할 수 있다. ① 투표가치의 불평등이 합리성이 없는 정도일 경우에는 헌법위반이 된다. ② 선거구획정에 있어서 투표가치의 평등으로서 가장 중요한 요소는 인구비례의 원칙이며, 우리나라의 특수사정으로서 의원의 지역대표성과 도농간 극심한 인구편차 등 다른 요소를 참작할 수 있다. ③ 선거구인구 불평등의 허용한계를 정하는 기준은 국회의원 선거의 경우, 전국선거구 평균인구수의 상하 편차로 한다. 기초의회의원 선거의 경우, 해당 선거구의 의원 1인당 인구수를 그 선거구가 속한 자치구·시·군 의회의원 1인당 평균인구수(각 자치구·시·군의 인구수 ÷ 의원수)에 비교하는 방식으로 한다. 유의할 것은, 상하 편차를 인구수 비율로 환산할 수 있으나(예컨대 상하 50% 편차는 최대·최소 인구수 비율로 3 : 1이 된다), 상하 편차를 기준으로 삼는 것과 최대선거구와 최소선거구의 인구수 비율을 기준으로 삼는 것은 서로 다르다는 점이다(예컨대 선거구 획정에 있어서 최대·최소 비율

3 : 1을 넘지 않지만 상하 편차 50%를 벗어날 수 있다). ④ 상하 편차의 허용한계는 1995년 결정에서 상하 60%였으나, 2001년 결정에서 상하 50%(상한 · 하한 비율로 3 : 1)로 엄격해졌다. 앞으로의 권고적 기준으로서는 상하 33⅓%의 편차가 제시되었다. 이후 2014년 결정에서 인구편차 상하 33⅓%를 기준으로 하였다. 그러나 지방의회 지역선거구의 경우, 2007년 결정(2007.3.29. 2005헌마985) 이래 상하 60%의 인구편차(상한 인구수와 하한 인구수의 비율은 4 : 1)를 기준으로 해왔는데, 2018년 결정에서 상하 50%(상한 인구수와 하한 인구수의 비율은 3 : 1)로 변경되었다. 2021년 결정에서도 상하 50% 기준은 유지되었다(헌재 2021.6.24. 2018헌마405). 1995년 결정의 소수의견에서 제시된 도시유형 선거구와 농어촌유형 선거구의 구별은 아직까지 채택되지 않고 있다. ⑤ 선거구 획정의 일부가 위헌이라면 선거구 획정 전부를 위헌으로 본다. 국회의원선거의 경우에는 전체 선거구역표가 위헌으로 선언되나, 시 · 도의회의원선거의 경우에는 선거구역표 중 해당 시 · 도부분만 위헌으로 선언된다. 가령 '시 · 도의회의원지역선거구구역표 중 인천광역시의회의원지역선거구들 부분'이 주문에 표시된다(헌재 2019.2.28. 2018헌마415등). 시 · 군 · 구의회 선거 역시 '충청남도 시 · 군의회의원 지역구의 명칭 · 구역 및 의원정수에 관한 조례 제3조의 [별표 2] 중 홍성군의회의원 지역선거구들 부분'이 위헌으로 선언된다(헌재 2009.3.26. 2006헌마240등). 한편 위헌결정의 유형은 재 · 보궐선거 등을 고려하여 계속 적용을 명하는 헌법불합치결정을 한다.

그 밖에 정치적 영역에서의 차별에 관한 주요 헌법재판소 판례를 보면 다음과 같다.

(판 례) 기초의회의원선거에서 정당표방의 금지

(구 공직선거 및 선거부정 방지법) 제84조의 의미와 목적이 정당의 영향을 배제하고 인물 본위의 선거가 이루어지도록 하여 지방분권 및 지방의 자율성을 확립시키겠다는 것이라면, 이는 기초의회의원선거뿐만 아니라 광역의회의원선거, 광역자치단체장선거 및 기초자치단체장선거에서도 함께 통용될 수 있다. 그러나, 기초의회의원선거를 그 외의 지방선거와 다르게 취급을 할 만한 본질적인 차이점이 있는가를 볼 때 그러한 차별성을 발견할 수 없다. 그렇다면, 위 조항은 아무런 합리적 이유 없이 유독 기초의회의원 후보자만을 다른 지방선거의 후보자에 비해 불리하게 차별하고 있으므로 평등원칙에 위배된다.

헌재 2003.1.30. 2001헌가4, 판례집 15-1, 7,9

(판 례) 광역자치단체장선거 예비후보자 후원회

선거비용제한액 및 실제 지출액, 후원회 모금한도 등을 종합적으로 고려해 볼 때, 광역자치단체장선거의 경우 국회의원선거보다 지출하는 선거비용의 규모가 매우 크고, 후원회를 통해 선거자금을 마련할 필요성 역시 매우 크다고 할 수 있다.

(……) 후원회제도는 모든 사회구성원들로 하여금 자발적인 정치참여의식을 높여 유권자 스스로 정당이나 정치인을 후원하도록 함으로써 정치에 대한 신뢰감을 높이고 나아가 비공식적인 정치자금을 양성화시키는 계기로 작동되도록 하는 데에 그 입법목적이 있으므로, 후원회제도 자체가 광역자치단체장의 직무수행의 염결성을 저해하는 것으로 볼 수는 없다.

또한 정치자금법은 후원회제도가 정치적 영향력을 부당하게 행사하는 통로로 악용될 소지를 차단하기 위해 상세한 규정을 두고 있다. 즉 정치자금법은 제2조 제1항에서 "누구든지 이 법에 의하지 아니하고는 정치자금을 기부하거나 받을 수 없다."라고 규정하여 정치자금 조달에 있어서 법이 정하는 엄격한 절차와 방법에 따를 것을 요구하고 있고, 재산이 많은 국민의 의사가 그렇지 아니한 국민의 의사보다 정치에 더 많이 반영되어 정치적 불평등이 발생하는 것을 방지하기 위하여 후원인이 후원회에 기부할 수 있는 금액에 제한을 두고 있으며(제11조), 후원금의 구체적 모금방법에 대해서도 상세한 규정을 두고 있다(제14조 내지 제18조). 그리고 정치자금법상 후원회에 관한 규정을 위반한 경우 그 위반 내용에 따라 정치자금부정수수죄(제45조 제1항, 제2항), 각종 제한규정위반죄(제46조) 등으로 형사처벌되거나 과태료에 처하도록 하고 있다(제51조). 광역자치단체장의 직무수행의 염결성은 위와 같은 정치자금법의 후원회 제도의 투명한 운영으로 확보될 수 있다.

헌법재판소는 종전에 기초자치단체장선거의 예비후보자를 후원회지정권자에서 제외한 정치자금법 제6조 제6호에 대한 위헌소원 사건에서 기초자치단체장선거의 예비후보자를 대통령선거 및 지역구국회의원선거의 예비후보자와 달리 취급하는 것에는 합리적인 이유가 있으므로, 위 조항은 기초자치단체장선거 예비후보자의 평등권을 침해하지 아니한다고 판단한 바 있다(헌재 2016.9.29. 2015헌바228). 광역자치단체장 역시 기초자치단체장과 같이 주민의 복리에 관한 자치사무의 집행기관이라는 점에서 그 직무의 성격은 본질적으로 다르지 않으나, 그 관할구역의 범위와 권한 그리고 정치적 역할의 의미에는 현저한 차이가 있어 선거자금을 비롯한 정치자금의 수요의 측면에서 상당한 차이를 보이고(헌재 2006.5.25. 2005헌마1095 참조), 기초자치단체장과 달리 광역자치단체장은 국회의원선거보다 지출하는 선거비용의 규모가 매우 크고, 후원회를 통해 선거자금을 마련할 필요성 역시 매우 큼은 앞서 본 바와 같다.

(……) 그동안 정치자금법이 여러 차례 개정되어 후원회지정권자의 범위가 지속적으로 확대되어 왔음에도 불구하고, 국회의원선거의 예비후보자 및 그 예

비후보자에게 후원금을 기부하고자 하는 자와 광역자치단체장선거의 예비후보자 및 이들 예비후보자에게 후원금을 기부하고자 하는 자를 계속하여 달리 취급하는 것은, 불합리한 차별에 해당하고 입법재량을 현저히 남용하거나 한계를 일탈한 것이다.

(헌법불합치결정)

헌재 2019.12.27. 2018헌마301등, 판례집 31-2 하, 294,305-307

위 결정은 자치구의회의원선거의 예비후보자 후원회 문제도 다루었다. 이들도 후원회를 설치할 수 있어야 한다는 인용의견이 5인으로 다수였으나 정족수 미달로 합헌으로 결정되었다. 헌법재판소는 시 · 도 지방의회의원을 후원회지정권자에서 제외한 것도 위헌이라고 헌법불합치결정을 하였다(헌재 2022.11.24. 2019헌마528등). 구 정치자금법은 지역구지방의회의원선거의 후보자 및 예비후보자만을 후원회지정권자로 인정하였으나, 2024. 1. 2. 법 개정으로 지방의회의원 및 당선인을 추가하였다.

(판 례) 후보자 기호결정과 무소속후보자 차별

후보자기호결정에 관한 현행의 정당 의석우선제도(議席優先制度)는 다수의석을 가진 정당후보자에게 유리하고 소수의석을 가진 정당이나 의석이 없는 정당후보자 및 무소속후보자에게는 상대적으로 불리하여 차별이 있다고 할 것이나, 정당후보자에게 무소속후보자보다 우선순위의 기호를 부여하는 것은 정당제도의 존재 의의에 비추어 그 목적이 정당할 뿐만 아니라, 당적유무, 의석순, 정당명 또는 후보자성명의 "가, 나, 다"순 등 합리적 기준에 의하고 있으므로 평등권을 침해한다고 할 수 없고, 또 후보자에 대한 투표용지 게재순위를 결정하는 방법에 관한 것일 뿐이므로 공무담임권을 침해하는 것이라고 할 수 없다.

헌재 1996.3.28. 96헌마9등, 판례집 8-1, 289,290

(판 례) 선거권자 추천요건과 무소속후보자 차별

무소속후보자의 입후보에 선거권자의 추천을 받도록 하고 있는 것은 국민인 선거권자의 추천에 의한 일정한 자격을 갖추게 하여 후보자가 난립하는 현상을 방지하는 한편, 후보자등록 단계에서부터 국민의 의사가 반영되도록 함으로써 국민의 정치적 의사가 효과적으로 국정에 반영되도록 하기 위한 것이고, 이에 반하여 일정한 정강정책을 내세워 공직선거에 있어서 후보자를 추천함으로써 국민의 정치적 의사 형성에 참여함을 목적으로 하는 정치적 조직인 정당이 후보자를 추천하는 행위에는 정치적 의사나 이해를 집약한 정강정책을 후보자

를 통하여 제시하는 의미가 포함되어 있는 것이어서 무소속후보자의 경우와 같이 선거권자의 추천을 따로 받을 필요가 없으므로 무소속후보자에게만 선거권자의 추천을 받도록 한 것이 정당후보자와 불합리한 차별을 하는 것이라고 할 수 없다.

헌재 1996.8.29. 96헌마99, 판례집 8-2, 199

(판 례) 기탁금제도

1. 지역구국회의원선거의 입후보 요건으로 후보자가 납부하여야 할 기탁금을 어느 정도로 할 것인지, 그리고 그 반환에 필요한 득표수를 어떻게 정할 것인가의 문제, 즉, 기탁금의 액수와 그 반환의 요건을 정하는 문제는 우리의 선거문화와 풍토, 정치문화와 풍토, 국민경제적 여건, 그리고 국민의 법감정 등 여러 가지 요소를 종합적으로 고려하여 입법자가 정책적으로 결정할 사항이다. 그러나 기탁금을 납부하지 아니하면, 국회의원선거에 출마할 수 없게 된다는 점에서 선거에 자유로이 입후보할 자유가 제한되며, 기탁금이 과다하여 당선가능성이 있음에도 입후보하지 못한다면, 경제적 능력이 부족한 자의 참정권, 공무담임권, 평등권 등이 침해될 수도 있으므로, 기탁금액은 기탁금제도에 의하여 달성하려는 공익목적과 그로 인한 기본권제한 사이에 균형과 조화를 이루도록 적정하게 책정되어야 하는 헌법적 한계가 있다.

2. (……) 한편, 기탁금의 변동에 따른 역대 국회의원선거입후보자수의 변동추이를 살펴보면, 1,000만원에서 2,000만원 정도의 비교적 높은 기탁금수준에서 후보자의 수가 4명 내지 5명 정도로 고정되는 경향을 보이고 있어 1,500만원의 기탁금은 기탁금제도의 목적과 취지를 실현하는 데 적절하고도 실효적인 범위 내의 금액으로 보이고, 우리나라의 산업별 상용종업원의 월평균임금에 비추어 볼 때도 1,500만원의 기탁금은 다른 재산이 전혀 없는 통상적인 평균임금을 수령하는 도시근로자가 그 임금을 6개월 정도, 금융·보험업에 종사하는 근로자의 경우에는 3개월 정도 저축하면 마련할 수 있는 정도의 금액에 해당하는 것으로 나타나고 있어 과다한 금액의 설정이라고 단정하기도 어렵다.

3. (……) 역대 선거에서의 기탁금반환비율의 추이, 기탁금반환제도와 국고귀속제도의 입법취지 등을 감안하면, 유효투표총수를 후보자수로 나눈 수 또는 유효투표총수의 100분의 15 이상으로 정한 기탁금반환기준은 입법자의 기술적이고 정책적 판단에 근거한 것으로서 현저히 불합리하거나 자의적인 기준이라고 할 수 없다.

헌재 2003.8.21. 2001헌마687등, 판례집 15-2, 214,214-216

(판 례) 방송토론위원회의 후보자 선정

토론위원회가 방송토론회의 장점을 극대화하고 대담·토론의 본래 취지를 살리기 위하여, 공직선거법이 부여한 재량범위 내에서, 후보자 선정기준으로서 최소한의 당선가능성과 주요 정당의 추천에 입각한 소수의 후보자를 선정한 것은 비합리적이고 자의적이라 할 수 없다

헌재 1998.8.27. 97헌마372등, 판례집 10-2, 461,462

헌법재판소 판례에 의하면, 정치자금법에서 예비후보자 등록제도를 신설하고 후원회지정권자를 등록된 예비후보자로 한정한 것은 합헌이다(헌재 2005.2.3. 2004헌마216). 지역농협 임원 선거와 관련하여 거짓의 사실을 공표하거나 공연히 사실을 적시하여 후보자를 비방하기만 하면 범죄가 성립하도록 규정하면서 공공의 이익을 위하여 진실한 사실을 적시한 경우에 관한 위법성조각사유를 두지 않은 것과 사실적시에 의한 후보자비방행위와 허위사실공표행위에 대해 동일하게 500만원 이상 3천만원 이하의 벌금에 처하도록 규정한 농업협동조합법은 평등의 원칙에 반하지 않는다(헌재 2013.7.25. 2012헌바112).

한편, 예비후보자 및 후보자의 배우자가 함께 다니는 사람 중에서 지정한 자도 선거운동을 위하여 명함교부 및 지지호소를 할 수 있도록 한 공직선거법 제60조의3 제2항 3호를 배우자 없는 예비후보자 및 후보자의 평등권을 침해한다고 하여 위헌이다(예비후보자에 대하여는 헌재 2013.11.28. 2011헌마267; 후보자에 대하여는 헌재 2016.9.29. 2015헌마548). 2018년 개정법률에서 예비후보자의 배우자가 없는 경우 예비후보자가 지정한 1명이 배우자를 대신하여 예비후보자의 명함을 직접 줄 수 있도록 하였다(제60조의3 제2항 제1호).

(3) 경제적 영역에서의 차별

앞에서 설명한 대로 이중기준의 원칙에 비추어 경제적 영역에서의 차별, 특히 적극적으로 공공복리를 위한 목적의 차별에 대해서는 완화된 심사를 적용하는 것이 타당하다. 경제적 영역에서의 차별에 관한 주요 헌법재판소 판례를 보면 다음과 같다.

(판 례) 국유잡종재산에 대한 시효취득 배제

국유잡종재산(國有雜種財産)은 사경제적(私經濟的) 거래의 대상으로서 사적자치의 원칙이 지배되고 있으므로 시효제도(時效制度)의 적용에 있어서도 동일하게 보아야 하고, 국유잡종재산에 대한 시효취득을 부인하는 동규정은 합리적 근거

없이 국가만을 우대하는 불평등한 규정으로서 헌법상의 평등의 원칙과 사유재산권보장의 이념 및 과잉금지의 원칙에 반한다.

헌재 1991.5.13. 89헌가97, 판례집 3, 202

헌법재판소는 국가를 상대로 하는 당사자소송의 경우에는 가집행선고를 할 수 없다고 규정한 행정소송법 조항은 지방자치단체나 기타 공공단체에 비해 국가를 합리적 이유 없이 우대하는 것이므로 평등원칙에 위배된다고 하였다(헌재 2022.2.24. 2020헌가12; 유남석 재판관 등 5인은 국가를 상대로 한 민사소송의 경우와 비교하여도 평등원칙에 반한다는 보충의견을 개진하였다). 반면 국공립어린이집, 사회복지법인어린이집, 법인・단체등어린이집 등과 달리 민간어린이집에는 보육교직원 인건비를 지원하지 않는 '2020년도 보육사업안내(보건복지부지침)'는 평등원칙 위반이 아니다(헌재 2022.2.24. 2020헌마177; 민간어린이집은 영리를 추구한다는 점을 강조하였다).

(판 례) 국세징수법상 계약보증금의 국고귀속

국세징수법상 공매는 체납자와 매수인 사이의 사법상 매매계약을 체납처분청이 대행하는 성격을 가지고, 계약보증금 제도는 이러한 매매의 조건을 법정한 것으로서 위약금약정과 유사한 성격이 있으며, 이러한 점은 민사집행법상 매수신청보증 제도와 본질적으로 동일하다(……). 이 사건 법률조항(국세징수법상 공매절차에서 매각결정을 받은 매수인이 기한 내에 대금납부의무를 이행하지 아니하여 매각결정이 취소되는 경우 그가 납부한 계약보증금을 국고에 귀속하도록 규정한 국세징수법 제78조 제2항 후문; 저자)은 위약금약정의 성격을 가지는 매각의 법정조건으로서 민사집행법상 매수신청보증금과 본질적으로 동일한 성격을 가지는 국세징수법상 계약보증금을 절차상 달리 취급함으로써, 국세징수법상 공매절차에서의 체납자 및 담보권자를 민사집행법상 경매절차에서의 집행채무자 및 담보권자에 비하여 그 재산적 이익의 영역에서 합리적 이유 없이 자의적으로 차별하고 있으므로 헌법상 평등원칙에 위반된다.

헌재 2009.4.30. 2007헌가8, 공보 151, 816,817

(판 례) 약사의 업무형태에 대한 차별

변호사, 공인회계사 등 여타 전문직과 의약품제조업자 등 약사법의 규율을 받는 다른 직종들에 대하여는 법인을 구성하여 업무를 수행할 수 있도록 하면서, 약사에게만 합리적 이유 없이 이를 금지하는 것은 헌법상의 평등권을 침해하는 것이다.

헌재 2002.9.19. 2000헌바84, 판례집 14-2, 268,269

(판 례) 의사와 한의사의 물리치료사 지도권한 차별

의료행위와 한방의료행위를 구분하고 있는 이원적 의료 체계하에서 의사의 의료행위를 지원하는 행위 중 전문적 지식 및 기술을 요하는 부분에 대하여 별도의 자격제도를 마련한 의료기사제도의 입법 취지, 물리치료사 양성을 위한 교육 과정 및 그 업무 영역 등을 고려할 때, 물리치료사의 업무가 한방의료행위와도 밀접한 연관성이 있다고 보기 어렵고, 물리치료사 업무 영역에 대한 의사와 한의사의 지도능력에도 차이가 있으므로, 의사에 대해서만 물리치료사 지도권한을 인정하고 한의사에게는 이를 배제하고 있는 데에 합리적 이유가 있다. 따라서 이 사건 조항은 한의사의 평등권을 침해하지 않는다.

헌재 2014.5.29. 2011헌마552, 판례집 26-1 하, 394

(판 례) 직장가입자와 지역가입자의 건강보험료 차별

보수를 기준으로 보험료를 산정하는 직장가입자와 달리 지역가입자의 경우 소득뿐만 아니라 재산, 생활수준, 경제활동참가율 등을 참작하여 보험료를 산정하도록 한 것은, 소득파악률과 소득형태 등 양자간의 본질적 차이를 고려하여 각자의 경제적 능력에 상응하게 보험료를 산정하도록 한 것이므로 이 사건 보험료산정조항은 청구인의 평등권을 침해하지 아니한다.

헌재 2013.7.25. 2010헌바51, 공보 202, 907

(판 례) 재래시장과 도시환경정비사업간의 조합설립요건 차별

도시정비법상 도시환경정비사업을 위한 조합의 설립인가에 있어서 토지 등 소유자 4분의 3 이상의 동의를 요구하고 있는 것과 달리, 이 사건 법률조항은 시장정비사업을 위한 조합의 설립인가에 있어서 토지 등 소유자의 동의요건을 토지 등 소유자 5분의 3 이상의 동의로 완화하여 규정하고 있다.

그런데 도시정비법상의 도시환경정비사업은 상업지역 · 공업지역 등으로서 토지의 효율적 이용과 도심 또는 부도심 등 도시기능의 회복이나 상권활성화 등이 필요한 지역에서 도시환경을 개선함으로써 도시기능을 회복 · 개선하는 것을 그 목적으로 하는 반면(도시정비법 제1조, 제2조 제2호 라목), 시장정비사업은 기본적으로 낙후된 전통시장의 현대화와 유통산업의 균형 있는 성장을 도모함으로써 지역경제의 활성화와 국민경제의 발전에 이바지하고, 전통시장의 토지, 건물 소유주는 물론 전통시장 상인들의 생계도 보호하며, 또한 한시법에 의하여 전통시장을 비교적 단기간 내에 현대화하는 것을 그 목적으로 하고 있음은 앞서 본 바와 같다.

나아가 소수의 대토지 소유자와 소필지 소유자가 존재하는 지역에서 비교적

소규모로 진행되어 이해관계인이 많지 않은 통상의 도시환경정비사업과 비교할 때, 시장정비사업은 토지소유자, 건물주, 입점상인, 세입자, 노점상인 등 다양한 사람들의 이해관계가 얽혀 있어 이해관계의 조정이 어렵고, 이와 같은 복잡한 이해관계 때문에 사업기간이 장기화될 수 있고 이에 따라 그 개발이익이 크지 않을 우려가 있다.

이와 같이 시장정비사업은 그 목적과 취지 및 성격에 있어 도시환경정비사업과는 차이가 있을 뿐만 아니라, 이해관계의 조정이 어려워 도시정비법에 따른 도시환경정비사업에서의 토지 등 소유자의 동의요건을 갖추기가 어려울 것으로 충분히 예상할 수 있어 토지 등 소유자의 동의요건을 다소 완화할 필요가 있으므로, 이 사건 법률조항이 시장정비사업을 위한 조합설립의 인가에 있어 토지 등 소유자의 동의요건을 도시환경정비사업에 비하여 다소 완화하고 있다 하더라도 이를 불합리한 차별이라고 할 수 없다.

헌재 2012.7.26. 2011헌바130, 공보 190, 1344,1348-1349

불합리한 차별인지 여부는 양 제도 전체를 기준으로 판단하여야 하고, 어느 제도의 특정 부분만을 놓고 판단할 것은 아니다. 가령 물가변동률에 따라 연금액을 조정하고 있는 군인연금법과 달리 공무원연금법이 일정기간 동안 연금액 조정제도를 시행하고 있지 않다고 하더라도, 연금의 지급요건 및 기준에 있어서는 공무원연금법이 더 유리하게 규정된 측면이 적지 않으므로 공무원이 군인에 비해 불합리한 차별을 받고 있다고 단정할 수 없다는 것이 판례이다(헌재 2017.11.30. 2016헌마101등).

한편, 헌법재판소는 재래시장 재건축사업에 있어서 매도청구권의 행사요건을 '집합건물의 소유 및 관리에 관한 법률'상의 동의요건인 5분의 4보다 완화하여 토지 등 소유자의 5분의 3 이상으로 정하고 있는 구 '중소기업의 구조개선과 재래시장 활성화를 위한 특별조치법' 규정에 대하여 합헌이라 판단한 바 있다(헌재 2006.7.27. 2003헌바18). 계속근로기간 1년에 대하여 30일분 이상의 평균임금을 퇴직금으로 지급하도록 하는 퇴직금제도를 모든 사업장에 동일하게 적용하는 근로자퇴직급여 보장법이 근로자 10인 미만의 영세사업자에 대하여 특별한 배려를 하지 않았다고 하여 평등원칙에 반하는 것은 아니라고 판시하였다(헌재 2013.9.26. 2012헌바186).

헌법재판소는 산업재해보상보험법상 사업주가 제공하거나 그에 준하는 교통수단을 이용하여 출·퇴근을 하는 산재보험 가입 근로자와 달리 그 이외의 방법으로 출·퇴근을 하는 산재보험 가입 근로자에 대하여는 출·퇴근 중 발생한 재해를 업무상 재해로 인정하지 않는 것이 평등원칙에 반하지 않고, 공무원의 경우 위 경우에도 업무상 재해로 인정하더라도 자의적인 차별이 아니라고 하였다(헌재 2013.9.26. 2012헌가16; 5인의 헌법불합치의견이 다수이나 정족수 미달로 합헌 결정). 그러나 이후 판례를 변경하여 이러한 차별은 합리적인 이유가 없다고 하였다.

(판 례) 출퇴근 방법에 따른 산업재해보상보험법 적용 차별

산재보험제도는 사업주의 무과실배상책임을 전보하는 기능도 있지만, 오늘날 산업재해는 이미 개별 기업차원의 안전위생시설의 기술적 개량만으로는 방지할 수 없는 경우가 적지 않고 재해의 위험을 모두 개별 사업주에 귀속시키는 것도 불가능하게 됨에 따라, 산업재해로부터 피재근로자와 그 가족의 생활을 보장하는 기능의 중요성이 더 커지고 있다. (……)

심판대상조항(근로자가 사업주의 지배관리 아래 출퇴근하던 중 발생한 사고로 부상 등이 발생한 경우만 업무상 재해로 인정하는 산업재해보상보험법 제37조 제1항 제1호 다목; 저자)은 '사업주가 제공한 교통수단이나 그에 준하는 교통수단을 이용하는 등 사업주의 지배관리하에서 출퇴근 중 발생한 사고'만을 업무상 재해로 본다고 명시적으로 규정하여, 혜택근로자만 한정하여 보호하는 것을 명백히 밝히고 있다. 그 결과 사업장의 규모나 재정여건의 부족 또는 사업주의 일방적 의사나 개인 사정 등으로 출퇴근용 차량을 제공받지 못하거나 그에 준하는 교통수단을 지원받지 못하는 비혜택근로자는 산재보험에 가입되어 있다 하더라도 출퇴근 재해에 대하여 보상을 받을 수 없는데, 이러한 차별을 정당화할 수 있는 합리적 근거를 찾기 어렵다.

(……) 통상의 출퇴근 재해를 산재보험법상 업무상 재해로 인정할 경우 산재보험의 재정상황이 악화되거나 사업주가 부담해야 하는 보험료가 인상될 수 있다는 지적이 있다. 그러나 ① 국가가 산재보험법 제87조 제1항에 따라 가해자를 상대로 적극적으로 손해배상청구권을 대위하여 구상하는 방법, ② 보상이 가능한 출퇴근 재해의 범위를 개인적 목적으로 통상의 경로를 벗어난 경우 등은 배제하고, 합리적 경로와 방법에 따른 출퇴근행위 중 발생한 재해만 보상대상으로 제한하는 방법, ③ 출퇴근의 업무 전 단계로서의 성격 및 산재보험의 사회보장적 성격에 근거하여 근로자에게도 해당 보험료의 일정 부분을 부담시키는 방법 등 여러 가지 방법으로 산재보험의 재정 악화 문제는 어느 정도 해결할 수 있다.

반면에 통상의 출퇴근 중 재해를 입은 비혜택근로자가 가해자를 상대로 불법행위 책임을 물어도 대부분 고의·과실 등 입증책임의 어려움, 엄격한 인과관계의 요구, 손해배상액의 제한, 구제기간의 장기화 등으로 충분한 구제를 받지 못하는 것이 현실이다. 특히, 가해자의 경제적 능력이나 보험가입 여부 및

가입 보험의 보장 정도 등과 같은 우연한 상황 때문에 현실적 보상의 정도가 크게 달라진다. 이러한 사정을 고려하면, 심판대상조항으로 초래되는 비혜택근로자와 그 가족의 정신적·신체적 혹은 경제적 불이익은 매우 중대하다.

헌재 2016.9.29. 2014헌바254, 공보 240, 1474,1477-1478

그 밖에 헌법재판소 판례에 의하면, 담보물권에 의하여 담보된 채권보다 국세 등 조세채권을 우선시킨 국세기본법의 규정을 위헌이라고 판시하였다(헌재 1990.9.3. 89헌가95).

또한 최근 헌법재판소는 종전의 판례(헌재 2005.5.26. 2004헌바27등)를 변경하여, 고급오락장으로 사용할 목적이 없는 취득의 경우(본 사건의 경우 주상복합아파트를 건설하기 위한 구입)에도 중과세율을 규정한 지방세법 규정을 위헌이라고 판시하였다(헌재 2009.9.24. 2007헌바87).

(4) 그 밖의 영역에서의 차별

사회적·문화적 영역 등 그 밖의 영역에서의 차별에 관한 주요 헌법재판소 판례를 보면 다음과 같다.

(판 례) 국·공립 사범대학 출신자 우선채용

국·공립사범대학 등 출신자를 교육공무원인 국·공립학교 교사로 우선하여 채용하도록 규정한 교육공무원법 제11조 제1항은 사립사범대학졸업자와 일반대학의 교직과정이수자가 교육공무원으로 채용될 수 있는 기회를 제한 또는 박탈하게 되어 결국 교육공무원이 되고자 하는 자를 그 출신학교의 설립주체나 학과에 따라 차별하는 결과가 되는바, 이러한 차별은 이를 정당화할 합리적인 근거가 없으므로 헌법상평등의 원칙에 어긋난다.

헌재 1990.10.8. 89헌마89, 판례집 2, 332

(판 례) 국립사범대학 졸업자 중 교원미임용자 임용 등에 관한 특별법

국립사범대학 졸업자의 교원우선임용 조항에 대한 우리 재판소의 위헌결정(89헌마89) 이전에 국립사범대학을 졸업하고 시·도교육위원회별로 작성된 교사임용후보자명부에 등재되어 임용이 예정되어 있었으나, 위 위헌결정에 따라 교원으로 임용되지 아니한 자에 대하여 중등교원 임용시험에 있어서 별도의 특별정원을 마련하고, 교원자격증의 표시과목을 변경할 수 있도록 하는 국립사범대학졸업자중교원미임용자임용등에관한특별법 제5조 등이 미임용자들의 신뢰를 보호해주고자 하는 목적은 정당하고, 상대적으로 용이한 중등교원 임용의

기회를 제공하는 것은 위와 같은 입법목적의 달성을 위한 유효한 수단이다. 한편, 입법자는 위 제도의 차별효과를 최소화하기 위해, 일반정원이 축소되지 아니하도록 보호조치를 취하였으며, 미임용자들의 신뢰이익을 보호할 필요성이 다른 일반 응시자들의 불이익보다 크다고 본 입법자의 판단이 헌법적으로 부당한 것이라 하기 어려워, 미임용자들에 대한 특례규정이 중등교사임용시험을 준비하는 지위에 있어 교육공무원직을 두고 경쟁관계에 있는 자의 평등권, 공무담임권을 침해하였다고 볼 수 없다.

헌재 2006.3.30. 2005헌마598, 판례집 18-1 상, 440

(판 례) 경찰공무원과 소방공무원의 차별

(경찰공무원은 교육훈련 또는 직무수행 중 사망한 경우 '국가유공자 등 예우 및 지원에 관한 법률'상 순직군경으로 예우받을 수 있는 것과는 달리, 소방공무원은 화재진압, 구조·구급 업무수행 또는 이와 관련된 교육훈련 중 사망한 경우에 한하여 순직군경으로서 예우를 받을 수 있도록 하는 소방공무원법의 위헌 여부)

소방공무원과 경찰공무원은 업무의 내용이 서로 다르고, 그로 인해 업무수행 중에 노출되는 위험상황의 성격과 정도에 있어서도 서로 동일하다고 볼 수 없다. (……) 국가에 대한 공헌과 희생, 업무의 위험성의 정도, 국가의 재정상태 등을 고려하여 화재진압, 구조·구급 업무수행 또는 이와 관련된 교육훈련 이외의 사유로 직무수행 중 사망한 소방공무원에 대하여 순직군경으로서의 보훈혜택을 부여하지 않는다고 해서 이를 합리적인 이유 없는 차별에 해당한다고 볼 수 없다.

헌재 2005.9.29. 2004헌바53, 판례집 17-2, 174

(판 례) 소송구조에서의 민·형사 당사자 차별

민사소송은 대등한 당사자의 분쟁을 해결해 주는 수동적인 작용으로서, 소송지연과 상소 남용을 방지하기 위하여 원심재판장의 상소장심사권을 인정하였는데, 소송구조신청이 원심재판장의 상소장 심사를 회피하기 위한 편법이나 소송 지연책으로 악용되는 것을 방지하기 위하여 이 사건 법률조항이 신설되었다. 이에 반하여 형사소송은 국가가 형벌권의 주체로서 적극적으로 형벌권을 행사하는 것으로써 원칙적으로 그에 소요되는 비용을 국가가 부담하므로, 국선변호인 선정 청구가 소송 지연책 등으로 악용될 여지가 없다. 위와 같이 형사소송과 민사소송은 본질적으로 다르므로, 이 사건 법률조항이 민사소송에서의 소송구조 신청인의 평등권을 침해하였다고 할 수 없다.

헌재 2016.7.28. 2015헌마105 등, 공보 238, 1249

(판 례) 사회보장수급에 있어 일반공무원과 군인의 차별(1)

공무상 질병 또는 부상으로 '퇴직 이후에 폐질상태가 확정된 군인'에 대해서 상이연금 지급에 관한 규정을 두지 아니한 이 사건 법률조항은, 군인과 본질적인 차이가 없는 일반 공무원의 경우에는 퇴직 이후에 폐질상태가 확정된 경우에도 장해급여수급권이 인정되고 있는 것과 달리, 군인과 일반 공무원을 차별취급하고 있고, 또 폐질상태의 확정이 퇴직 이전에 이루어진 군인과 그 이후에 이루어진 군인을 차별취급하고 있는데, 군인이나 일반 공무원이 공직 수행 중 얻은 질병으로 퇴직 이후 폐질상태가 확정된 것이라면 그 질병이 퇴직 이후의 생활에 미치는 정도나 사회보장의 필요성 등의 측면에서 차이가 없을 뿐만 아니라 폐질상태가 확정되는 시기는 근무환경이나 질병의 특수성 등 우연한 사정에 의해 좌우될 수 있다는 점에서 볼 때, 위와 같은 차별취급은 합리적인 이유가 없어 정당화되기 어려우므로 평등의 원칙을 규정한 헌법 제11조 제1항에 위반된다.

(헌법불합치결정)

헌재 2010.6.24. 2008헌바128, 공보 165, 1129

(판 례) 사회보장수급에 있어 일반공무원과 군인의 차별(2)

이 사건 법률조항(군인의 퇴직 후 61세 이후에 혼인한 배우자를 유족에서 제외하고 있는 군인연금법 제3조 제1항 제4호 가목 괄호 안 후단 부분)은 앞서 본 바와 같이 군인연금의 특성에 따른 재정문제에 대처하여 연금재정의 안정을 기하고 군인연금제도의 건전한 운영을 위하여 종래의 유족인 배우자의 범위를 제한함에 있어, 군인과 일반 공무원의 정년의 차이 등을 고려하여 군인연금과 공무원연금 간의 실질적인 균형을 도모하는 과정에서 나온 입법정책적인 결정으로서 그 나름대로의 합리적 이유가 있고, 비록 이 사건 법률조항에 의하여 일정한 범위의 군인의 배우자가 유족급여의 혜택을 받지 못하게 됨으로써 일반 공무원의 배우자와 다소 차별이 생기는 측면이 있다고 하더라도, 이와 동시에 다른 한편으로는 공무원의 배우자에 비하여 넓게 그 혜택을 받게 되는 측면도 있는 점을 종합적으로 고려하면, 이 사건 법률조항이 일반 공무원의 배우자에 대한 관계에서 군인의 배우자를 자의적으로 차별하여 평등원칙을 위반하였다고 할 수 없다(……).

이 사건 법률조항은 유족인 배우자의 요건으로 재직 당시 혼인관계에 있었는지 여부와 관계없이 사망당시 부양되고 있을 것을 요구하면서, 다만 퇴직 후 61세 이후에 혼인한 배우자를 유족의 범위에서 제외하고 있는바, 이는 군인연금 재정의 안정을 기하고 군인연금제도의 건전한 운영을 도모하기 위하여 퇴직 후 일정한 연령 이후에 혼인한 배우자는 그렇지 아니한 배우자보다 유족급여 지급의 필요성이 없다고 보아 유족에서 제외하되, 그 일정한 연령을 입법재량에 의하여 61세로 설정한 것에 불과하다(……).

청구인과 같은 중단혼 배우자가 계속혼 배우자와 본질적으로 동일한 비교집단이라거나, 61세 이후의 신혼 배우자와 본질적으로 다른 비교집단이라고 할 수 없다.

그렇다면, 이 사건 법률조항이 퇴직 후 61세 이후에 혼인한 배우자를 재직 당시 혼인관계에 있었는지 여부를 묻지 않고 일률적으로 유족의 범위에서 제외하고 있는 것이 본질적으로 같은 것을 다르게 취급하거나, 본질적으로 다른 것을 같게 취급하여 평등원칙을 위배한 것이라고 볼 수 없다.

헌재 2012.6.27. 2011헌바115, 판례집 24-1 하, 731,742-743

(판 례) 형벌체계상의 균형성 상실

(야간에 흉기 기타 위험한 물건을 휴대하여 형법 제283조 제1항(협박)의 죄를 범한 자를 5년 이상의 유기징역에 처하도록 규정한 '폭력행위 등 처벌에 관한 법률' 제3조 제2항 부분이 형벌과 책임 간의 비례성원칙에 위반되는지 여부 및 다른 범죄와의 관계에서 형벌의 체계정당성에 어긋나고 평등원칙에 위반되는지 여부)

이 사건 법률조항은 지나치게 과중한 형벌을 규정함으로써 죄질과 그에 따른 행위자의 책임 사이에 비례관계가 준수되지 않아 인간의 존엄과 가치를 존중하고 보호하려는 실질적 법치국가 이념에 어긋나고, 형벌 본래의 기능과 목적을 달성하는 데 필요한 정도를 현저히 일탈하여 과잉금지원칙에 위배되며, 형벌체계상의 균형성을 상실하여 다른 범죄와의 관계에서 평등의 원칙에도 위반된다.

헌재 2004.12.16. 2003헌가12, 판례집 16-2, 446,446-447

헌법재판소는 최근 국가공무원법이 경찰공무원이나 군인공무원과 달리 일반공무원이 수뢰죄를 범하고 금고 이상의 형의 선고유예를 받은 경우에 당연퇴직하도록 규정한 것은 일반 국가공무원을 불합리하게 차별하는 것이 아니라고 판시하였다(헌재 2013.7.25. 2012헌바409). 또한 변호사시험의 시험장으로 서울 소재 4개 대학교를 선정한 피청구인(법무부장관)의 공고가 서울 응시자에 비하여 지방 응시자를 자의적으로 차별하는 것이 아니라고 하였다(헌재 2013.9.26. 2011헌마782등). 대학 · 산업대학 · 전문대학에서 의무기록사관련 학문을 전공한 사람에 대해서는 의무기록사국가시험 응시자격을 부여하고, 사이버대학에서 같은 학문을 전공한 사람에 대해서는 그 시험에 응시할 수 없도록 한 의료기사법 조항도 합헌이다(헌재 2016.10.27. 2014헌마1037; 의료기사업무 수행에 필수적 요소인 업무숙련성 연마를 위한 실습 · 실기수업이, 출석수업이 수업의 20% 이내로 제한되어 있는 사이버대학에서는 담보될 수 없다는 이유를 들었다). 내국인등과 달리 외국인 지역가입자에 대하여 보험료를 체납한 경우 다음 달부터 곧바로 보험급여를 제한하는 것은 외국인들의 평등권을 침해한다(헌재 2023.9.26. 2019헌마1165).

3. 특수계급제도의 금지와 영전일대의 원칙

헌법 제11조 제2항은 "사회적 특수계급의 제도는 인정되지 아니하며, 어떠한 형태로도 이를 창설할 수 없다"고 규정하고 있다. '사회적 특수계급'이란 조선시대의 반상(班常)제도처럼 특정한 부류의 사람들에게 각종의 특권, 특히 세습적인 특권을 부여하는 제도를 말한다. '어떠한 형태로도' 창설할 수 없다 함은 형식 여하를 불문하고 실질적으로 특수계급에 해당하는 모든 제도를 금지한다는 의미이다.

이어서 헌법 제11조 제3항은 "훈장 등의 영전은 이를 받은 자에게만 효력이 있고, 어떠한 특권도 이에 따르지 아니한다"고 규정하고 있다. 영전(榮典)이란 명예를 표창하는 취지로 인정되는 법률상의 특수지위를 뜻한다. 영전은 "이를 받은 자에게만 효력이 있다"는 것은 영전일대(榮典一代)의 원칙을 밝힌 것으로, 이는 특수계급의 발생을 방지하기 위한 것이다.

영전에 특권이 따르지 않는다는 것은 민주주의 사회에서 영전의 성질에 적합하지 않은 특전(特典)을 부정하는 것이며, 일체의 특전을 부정하는 것은 아니다. 따라서 국가유공자에게 연금과 같은 일정한 경제적 혜택을 부여하는 것은 특권에 해당하지 않는다고 본다(헌법 제32조 제6항. "국가유공자 · 상이군경 및 전몰군경의 유가족은 법률이 정하는 바에 의하여 우선적으로 근로의 기회를 부여받는다").

(판 례) 독립유공자에 대한 연금 차등지급

2. 독립유공자나 그 유족에게 국가보은적 견지에서 서훈의 등급에 따라 부가연금을 차등지급하는 것은 영전일대의 원칙을 천명한 헌법 제11조 제3항에 위배되지 아니한다.

3. 독립유공자 본인에 대한 부가연금지급에 있어 그 공헌과 희생의 정도에 따라 차등을 두는 것은 독립유공자예우에 관한 법률이 내세우는 보상의 원칙에 부합하는 것일 뿐만 아니라 실질적 평등을 구현한 것으로서 합리적인 이유가 있는 이상, 그 유족에 대한 부가연금지급에 있어서도 독립유공자 본인의 서

훈등급에 따라 차등을 두는 것은 합리적인 이유가 있으므로, 그 차등지급은 평등권을 침해한 것이 아니다.

헌재 1997.6.26. 94헌마52, 판례집 9-1, 659,659-660

그러나 국가유공자 등에 대한 특별한 혜택이 과잉한 경우에는 평등권 침해가 될 수 있다. 공무원채용시험에서의 국가유공자 등에 대한 가산점제도의 합헌 여부에 관해서는 뒤에서 설명한다(근로의 권리에 관한 헌법 제32조 제6항의 설명을 참조).

제 8 장

신체의 자유

(헌법 제12조) ① 모든 국민은 신체의 자유를 가진다. 누구든지 법률에 의하지 아니하고는 체포·구속·압수·수색 또는 심문을 받지 아니하며, 법률과 적법한 절차에 의하지 아니하고는 처벌·보안처분 또는 강제노역을 받지 아니한다.
② 모든 국민은 고문을 받지 아니하며, 형사상 자기에게 불리한 진술을 강요당하지 아니한다.
③ 체포·구속·압수 또는 수색을 할 때에는 적법한 절차에 따라 검사의 신청에 의하여 법관이 발부한 영장을 제시하여야 한다. 다만, 현행범인인 경우와 장기 3년 이상의 형에 해당하는 죄를 범하고 도피 또는 증거인멸의 염려가 있을 때에는 사후에 영장을 청구할 수 있다.
④ 누구든지 체포 또는 구속을 당한 때에는 즉시 변호인의 조력을 받을 권리를 가진다. 다만, 형사피고인이 스스로 변호인을 구할 수 없을 때에는 법률이 정하는 바에 의하여 국가가 변호인을 붙인다.
⑤ 누구든지 체포 또는 구속의 이유와 변호인의 조력을 받을 권리가 있음을 고지 받지 아니하고는 체포 또는 구속을 당하지 아니한다. 체포 또는 구속을 당한 자의 가족 등 법률이 정하는 자에게는 그 이유와 일시·장소가 지체 없이 통지되어야 한다.
⑥ 누구든지 체포 또는 구속을 당한 때에는 적부의 심사를 법원에 청구할 권리를 가진다.
⑦ 피고인의 자백이 고문·폭행·협박·구속의 부당한 장기화 또는 기망 기타의 방법에 의하여 자의로 진술된 것이 아니라고 인정될 때 또는 정식재판에 있어서 피고인의 자백이 그에게 불리한 유일한 증거일 때에는 이를 유죄의 증거로 삼거나 이를 이유로 처벌할 수 없다.

(헌법 제13조) ① 모든 국민은 행위시의 법률에 의하여 범죄를 구성하지 아니하는 행위로 소추되지 아니하며, 동일한 범죄에 대하여 거듭 처벌받지 아니한다.
② 모든 국민은 소급입법에 의하여 참정권의 제한을 받거나 재산권을 박탈당하지 아니한다.
③ 모든 국민은 자기의 행위가 아닌 친족의 행위로 인하여 불이익한 처우를 받지 아니한다.

I. 서 설

신체의 자유는 인간 존엄의 토대가 되는 기본권이다. 신체의 자유가 보장되지 않으면 다른 모든 자유와 권리는 그 의미를 잃게 된다. 우리 헌법이 기본권에 관한 규정에서 특히 신체의 자유에 관하여 상세하고 구체적으로 많은 내용을 명시하고 있는 것은 이 때문이다. 이 점은 미국 헌법을 비롯하여 다른 여러 나라의 헌법에서도 볼 수 있다.

역사적으로 신체의 자유를 보장하기 위한 제도들은 특히 영국에서 먼저 발전되었다. 영국의 근대적 형사제도는 이후 프랑스 등에 영향을 미쳤으며, 1789년의 프랑스 인권선언은 죄형법정주의(제8조)와 무죄추정의 원칙(제9조) 등을 명시하였다.

우리나라의 형사소송제도는 연혁적으로 독일법만이 아니라 미군정법령 시대 이래로 영미법의 영향을 상당히 받아왔다.

II. 신체의 자유의 의미

신체의 자유는 ① 신체를 훼손당하지 않을 권리 및 ② 신체활동의 자유를 의미한다. 신체를 훼손당하지 않을 권리는 독일 기본법에 명시되고 있으나(제2조 제2항), 우리 헌법에는 명시되어 있지 않다. 신체를 훼손당하지 않을 권리의 근거를 헌법 제10조의 인간의 존엄과 행복추구권에서 찾는 견해도 있으나, 신체의 자유 조항에 근거한다고 본다. 고문과 같은 신체 훼손의 금지가 신체의 자유 조항에 명시되어 있음은 이를 뒷받침한다. 헌법재판소 판례도 이같이 보고 있다.

(판 례) 신체의 자유의 의미와 디엔에이감식시료 채취

헌법 제12조 제1항의 신체의 자유는, 신체의 안정성이 외부로부터의 물리적인 힘이나 정신적인 위험으로부터 침해당하지 아니할 자유와 신체활동을 임의적이고 자율적으로 할 수 있는 자유를 말한다(헌재 1992.12.24. 92헌가8; 헌재 2005.5.26. 99헌마513등). 디엔에이감식시료 채취의 구체적인 방법은 구강점막 또는 모근을 포함한 모발을 채취하는 방법으로 하고, 위 방법들에 의한 채취가 불가능하거나 현저히 곤란한 경우에는 분비물, 체액을 채취하는 방법으로 한다

(디엔에이법 시행령 제8조 제1항). 그러므로 디엔에이감식시료의 채취행위는 신체의 안정성을 해한다고 볼 수 있으므로 이 사건 채취조항은 신체의 자유를 제한한다.

헌재 2020.5.27. 2017헌마1326, 판례집 32-1 하, 384,389

헌법재판소는 전동킥보드의 최고속도는 25㎞/h를 넘지 않아야 한다고 규정한 '안전확인대상생활용품의 안전기준'이 소비자 신체·생명의 안전성을 보호한다고 하더라도 위 기준은 소비자의 자기결정권 및 일반적 행동자유권을 제한할 뿐, 소비자의 신체의 자유를 제한하는 것이 아니라고 하였다(헌재 2020.2.27. 2017헌마1339; 외국전동킥보드에 비해 최고속도가 낮다는 평등권 침해 주장에 대해서는 소비자가 선택한 결과일 뿐, 위 기준으로 인한 차별이 아니라고 하였다).

병(兵)에 대한 징계처분으로서의 영창처분은 신체의 자유를 박탈하는 것까지 내용으로 하고 있으므로 엄격한 절차에 의하지 않으면 위헌이다.

(판 례) 영창처분의 위헌성

심판대상조항(병(兵)에 대한 징계처분으로 일정기간 부대나 함정(艦艇) 내의 영창, 그 밖의 구금장소에 감금하는 영창처분이 가능하도록 규정한 군인사법 제57조 제2항; 저자)에 의한 영창처분은 징계처분임에도 불구하고 신분상 불이익 외에 신체의 자유를 박탈하는 것까지 그 내용으로 삼고 있어 징계의 한계를 초과한 점, 심판대상조항에 의한 영창처분은 그 실질이 구류형의 집행과 유사하게 운영되므로 극히 제한된 범위에서 형사상 절차에 준하는 방식으로 이루어져야 하는데, 영창처분이 가능한 징계사유는 지나치게 포괄적이고 기준이 불명확하여 영창처분의 보충성이 담보되고 있지 아니한 점, 심판대상조항은 징계위원회의 심의·의결과 인권담당 군법무관의 적법성 심사를 거치지만, 모두 징계권자의 부대 또는 기관에 설치되거나 소속된 것으로 형사절차에 견줄만한 중립적이고 객관적인 절차라고 보기 어려운 점, 심판대상조항으로 달성하고자 하는 목적은 인신구금과 같이 징계를 중하게 하는 것으로 달성되는 데 한계가 있고, 병의 비위행위를 개선하고 행동을 교정할 수 있도록 적절한 교육과 훈련을 제공하는 것 등으로 가능한 점, 이와 같은 점은 일본, 독일, 미국 등 외국의 입법례를 살펴보더라도 그러한 점 등에 비추어 심판대상조항은 침해의 최소성 원칙에 어긋난다.

헌재 2020.9.24. 2017헌바157등, 공보 288, 1234

신체의 자유에 관한 헌법규정은 형사피의자 또는 형사피고인의 권리를 중심으로 규정되어 있다. 제12조는 ① 체포 · 구속 · 압수 · 수색 · 심문에 있어서의 법률주의, ② 죄형법정주의, ③ 처벌 · 보안처분 · 강제노역 등에 있어서의 적법절차, ④ 고문 금지와 진술거부권, ⑤ 체포 · 구속 · 압수 · 수색에 있어서의 영장주의, ⑥ 변호인의 조력을 받을 권리, ⑦ 체포 · 구속에 있어서의 절차적 보호(고지, 통지 등)와 체포 · 구속 적부심사 청구권, ⑧ 자백의 증거능력과 증명력의 제한, 제13조는 ① 형벌불소급의 원칙, ② 이중처벌금지, ③ 친족의 행위로 인한 불이익처우금지, 제27조는 ① 형사피고인이 신속한 공개재판을 받을 권리, ② 무죄추정의 원칙 등을 내용으로 하고 있다(제27조는 뒤의 '재판을 받을 권리'에서 다룬다).

Ⅲ. 체포·구속·압수·수색·심문 및 처벌·강제노역 등의 법률주의

헌법 제12조 제1항은 "법률에 의하지 아니하고는 체포 · 구속 · 압수 · 수색 · 심문을 받지 아니하며……"라고 하여 체포 등 신체의 자유 제한의 법률주의를 명시하고 있다. 여기서 법률이란, 국회가 제정한 형식적 의미의 법률을 의미한다. 법률의 효력을 갖는 대통령의 긴급명령(제76조)에 의하는 것도 인정된다. 또한 법률에 의하여 구체적으로 위임이 있는 경우에는 명령, 규칙에 의해서도 인정된다.

'체포'는 신체에 실력을 가하여 활동의 자유를 제한하는 것이다. '구속'은 형사소송법(제69조)상의 '구인'(拘引)과 '구금'을 포함한다. 구인은 피의자, 피고인, 증인을 법원이나 기타 일정한 장소에 강제로 인치(引致)하는 것이고, 구금은 피의자, 피고인을 구치소나 교도소 등 일정한 장소에 강제로 감금하는 것이다. '압수'는 강제로 물건의 점유를 취득하는 것이고, '수색'은 물건이나 사람을 발견하기 위하여 사람의 신체나 일정한 장소를 강제로 검색하는 것이다. '심문'은 강제로 답변을 요구하는 것이다.

헌법 제12조 제1항은 처벌, 보안처분, 강제노역에 대해서도 법률에 의하도록 규정하고 있다. '처벌'에 형사상의 처벌, 즉 형벌이 포함됨은 물론인데(이것은 죄형법정주의를 의미하며 이에 관해서는 뒤에 설명한다), 여기에 행정상의 처벌(행정질서벌이나 행정형벌)이 포함되는가에 관해서는 견해가 갈린다. 기본권 보장을 위해서는 행정상의 처벌도 포함된다고 보아야 할 것이다. 보안처분에 관해서는 뒤에 설명한다.

'강제노역'은 본인의 의사에 반하여 강제로 부과되는 노역이다. 벌금 또는 과료를 납부하지 않는 경우에 과하는 노역장유치(勞役場留置)는 법률에 의한 합헌적인 강제노역이다(형법 제70조).

(판 례) 징역형 수형자에 대한 정역(定役)의무 부과

이 사건 법률조항은 수형자의 교정교화와 건전한 사회복귀를 도모하고, 노동의 강제를 통하여 범죄에 대한 응보 및 일반예방에 기여하기 위한 것으로서 그 목적이 정당하고, 수단의 적합성도 인정된다. 또한 관련 조항에 의하면 교도소에서의 작업시간 및 그 강도 등이 과중하다고 볼 수 없고, 생산성 없이 육체적 고통만 부과하는 내용의 작업은 배제되고 기술을 습득할 수 있는 직업훈련을 통하여 재사회화를 위한 실질적인 교육이 이루어지며, 일정 정도의 작업장려금을 지급받아 노동의 가치를 인정받을 수 있다는 점 등에 비추어 볼 때, 신체의 자유에 대한 제한을 최소화하는 방식으로 집행되고 있다. 나아가 이 사건 법률조항으로 말미암아 작업이 강제됨으로써 제한되는 수형자의 개인적 이익에 비하여 징역형 수형자 개개인에 대한 재사회화와 이를 통한 사회질서 유지 및 공공복리라는 공익이 더 크므로 법익의 균형성도 인정되므로, 이 사건 법률조항은 신체의 자유를 침해하지 아니한다.

헌재 2012.11.29. 2011헌마318, 공보 194, 1864,1865

(판 례) 노역장유치조항의 합헌성

벌금에 비해 노역장유치기간이 지나치게 짧게 정해지면 경제적 자력이 충분함에도 고액의 벌금 납입을 회피할 목적으로 복역하는 자들이 있을 수 있으므로, 벌금 납입을 심리적으로 강제할 수 있는 최소한의 유치기간을 정할 필요가 있다. 또한 고액 벌금에 대한 유치기간의 하한을 법률로 정해두면 1일 환형유치금액 간에 발생하는 불균형을 최소화할 수 있다. 노역장유치조항은 주로 특별형법상 경제범죄 등에 적용되는데, 이러한 범죄들은 범죄수익의 박탈과 함께 막대한 경제적 손실을 가하지 않으면 범죄의 발생을 막기 어렵다. 노역장유치조항은 벌금 액수에 따라 유치기간의 하한이 증가하도록 하여 범죄의 경중이나 죄질에 따른 형평성을 도모하고 있고, 노역장유치기간의 상한이 3년인 점과 선고되는 벌금 액수를 고려하면 그 하한이 지나치게 장기라고 보기 어렵다. 또한 노역장유치조항은 유치기간의 하한을 정하고 있을 뿐이므로 법관은 그 범위 내에서 다양한 양형요소들을 고려하여 1일 환형유치금액과 노역장유치기간을 정할 수 있다.

이러한 점들을 종합하면 노역장유치조항은 과잉금지원칙에 반하여 청구인들의 신체의 자유를 침해한다고 볼 수 없다.

헌재 2017.10.26. 2015헌바239등, 공보 253, 1079

헌법재판소는 집단적 노무제공의 거부를 업무방해죄로 처벌하는 것이 강제노역 금지의 위반이 아니라고 한다(헌재 1998.7.16. 97헌바23).

헌법재판소는 검사실에서 피의자신문 때 수갑을 채우는 것은 신체의 자유를 제한하나(헌재 2005.5.26. 2001헌마728), 민사나 형사법정에서 수갑을 채우는 것은 나아가 인격권도 제한하는 것이라고 한다(헌재 2018.6.28. 2017헌마181; 헌재 2018.7.26. 2017헌마1238).

(판 례) 피의자신문 시 수갑해제가 필요한지 여부

인간의 존엄성 존중을 궁극의 목표로 하고 있는 우리 헌법이 제27조 제4항에서 무죄추정의 원칙을 선언하고, 제12조에서 신체의 자유와 적법절차의 보장을 강조하고 있음을 염두에 두고 앞서 본 규정들의 내용과 취지를 종합하여 보면, 검사가 조사실에서 피의자를 신문할 때 피의자가 신체적으로나 심리적으로 위축되지 않은 상태에서 자기의 방어권을 충분히 행사할 수 있도록 피의자에게 보호장비를 사용하지 말아야 하는 것이 원칙이고, 다만 도주, 자해, 다른 사람에 대한 위해 등 형집행법 제97조 제1항 각호에 규정된 위험이 분명하고 구체적으로 드러나는 경우에만 예외적으로 보호장비를 사용하여야 한다(대법원 2003.11.11.자 2003모402 결정, 헌법재판소 2005.5.26. 선고 2004헌마49 전원재판부 결정 참조).

따라서 구금된 피의자는 형집행법 제97조 제1항 각호에 규정된 사유에 해당하지 않는 이상 보호장비 착용을 강제당하지 않을 권리를 가진다. 검사는 조사실에서 피의자를 신문할 때 해당 피의자에게 그러한 특별한 사정이 없는 이상 교도관에게 보호장비의 해제를 요청할 의무가 있고, 교도관은 이에 응하여야 한다.

대결 2020.3.17.자 2015모2357

Ⅳ. 죄형법정주의

1. 의 의

죄형법정주의는 '법률 없으면 범죄 없다' 및 '법률 없으면 형벌 없다'는 두 내용으로 집약할 수 있다. 헌법 제12조 제1항의 "법률……에 의하지 아니하고는 처벌……받지 아니한다"는 규정 및 헌법 제13조 제1항의 소급처벌입법 금지 규정은

죄형법정주의 원칙을 명시한 것이다. 헌법재판소는 죄형법정주의는 자유주의, 권력분립, 법치주의 및 국민주권의 원리에 입각한 것이라고 한다(헌재 2024.3.28. 2020헌바586).

죄형법정주의의 기본적인 내용은 다음과 같다. ① 무엇이 범죄에 해당하고 거기에 무슨 형벌을 과하느냐는 국회가 제정한 형식적 의미의 법률로 규정해야 한다. 이와 관련하여, 벌칙규정을 하위명령 등에 위임할 수 있는가, 조례에 의한 벌칙의 규정은 허용되는가라는 문제가 있다. ② 법률의 규정은 명확성을 지녀야 한다. ③ 그 밖에 범죄와 형벌의 균형성, 형벌의 종류와 범위의 적정성도 죄형법정주의 원칙에 포함시킬 수 있는데, 헌법재판소 판례는 이를 헌법 제37조 제2항의 비례의 원칙 또는 적법절차의 문제 등으로 다루고 있다.

한편 헌법재판소는, "과태료는 행정상의 질서유지를 위한 행정질서벌에 해당할 뿐 형벌이라고 할 수 없어 죄형법정주의의 규율대상에 해당하지 아니한다"고 한다(헌재 1998.5.28. 96헌바83; 헌재 2016.7.28. 2015헌마236등).

(판 례) 감염병의심자가 격리 조치를 위반한 경우 이를 형사처벌하는 규정이 위헌인지 여부

(문형배 재판관 등 4인의 합헌의견)

심판대상조항[은] (…) 감염병에 대한 선제적 · 적극적 예방수단으로서 이루어진 격리 조치의 실효적 이행을 담보하기 위한 것이다. 만일 심판대상조항을 통해 격리 조치의 위반행위를 처벌하지 않고 이를 방치한다면, 감염병의심자가 격리 조치를 준수하지 아니하고 여러 사람들과 접촉함으로써 감염병이 걷잡을 수 없이 급속하게 확산될 우려가 있다. 한편 과태료 등 행정상 징벌이 형벌을 대체할 정도의 위하력을 갖추고 있다고 보기 어렵고, 감염병의심자의 실제 감염 여부 또는 문제된 격리 조치의 구체적 태양에 따른 감염병 전파 여부 등은 사후적으로 알 수 있는 사정에 해당하므로, 형벌이 아닌 과태료 등을 부과하는 방안이나 위와 같은 개별적인 사정에 근거해 가벌대상을 달리 하는 방안 등은 심판대상조항과 동일한 정도로 입법목적을 달성할 수 있는 실효적 대안이라고 볼 수 없다. 심판대상조항의 적용대상인 '감염병의심자'는 관련 조항에 따라 그 범위가 일정하게 제한되어 있고, 심판대상조항을 통해 격리 조치의 이행을 확보함으로써 감염병이 전파되지 않도록 할 공중보건상의 필요가 현저한 점 등을 고려하면 심판대상조항이 그 자체로 과도한 제한이라 보기도 어렵다.

(이미선 재판관 등 4인의 위헌의견)

감염병의심자라고 하여 감염병 전파의 위험성이 모두 동일하다고 할 수 없고, 특히 이미 감염병병원체를 보유하였거나 그렇다고 의심되는 '감염병환자

등'과 그와 단순히 접촉하였거나 접촉이 의심될 뿐인 '감염병의심자'는 감염병 전파의 위험성에 있어 분명한 차이가 있다. 또한 '격리 조치 위반행위' 가운데에는 그 구체적 태양에 따라 감염병 전파의 위험성이 발생하였다고 보기 어려운 경우도 있을 수 있다. 그럼에도 심판대상조항은 감염병 전파의 구체적 위험이 있는지 여부를 구별하지 아니한 채 격리 조치를 위반한 감염병의심자를 모두 처벌대상으로 삼고 있는바, 그로 인해 처벌의 범위가 지나치게 넓어질 우려가 있다. 한편 감염병 전파의 구체적 위험이 없는 단순한 격리 조치 위반행위에 대해서는 과태료 등의 행정적 제재를 부과하는 것만으로도 심판대상조항의 목적을 달성할 수 있고, 반드시 최후적 · 보충적 수단인 형벌을 부과해야만 격리 조치의 이행을 확보할 수 있다고 단정할 수는 없다. 그렇다면 심판대상조항은 감염병 전파의 구체적 위험이 있다고 보기 어려운 경우까지도 모두 처벌대상으로 삼고 있어 그 처벌의 범위가 필요최소한으로 제한되어 있지 않고, 과태료 등 행정적 제재수단만으로는 입법목적을 달성할 수 없다고 단정하기 어려운 위반행위에 대해서도 일률적으로 형사처벌을 과하여 형벌의 보충성 내지 최후수단성에도 반하므로, 과잉금지원칙에 위반되어 신체의 자유를 침해한다.

헌재 2025.4.10. 2021헌바329, 공보 343, 562,563

(판 례) 처벌법규의 위임

헌법 제75조와 제95조는 이러한 위임입법의 근거와 그 범위 및 한계를 제시하고 있는데, 이러한 위임의 한계로서 헌법상 제시되고 있는 '구체적으로 범위를 정하여'라 함은 법률에 이미 대통령령 등 하위법규에 규정될 내용 및 범위의 기본사항이 가능한 한 구체적이고도 명확하게 규정되어 있어서 누구라도 당해 법률 그 자체로부터 대통령령 등에 규정될 내용의 대강을 예측할 수 있어야 함을 의미한다. 그 예측가능성의 유무는 당해 특정 법 조항 하나만을 가지고 판단할 것이 아니라 관련 법조항 전체를 유기적 · 체계적으로 종합 판단하여야 하며, 각 대상법률의 성질에 따라 구체적 · 개별적으로 검토하여야 한다. 이와 같은 위임의 구체성 · 명확성의 요구정도는 그 규율대상의 종류와 성격에 따라 달라지고, 특히 형사처벌을 동반하는 처벌법규의 위임은 중대한 기본권의 침해를 가져오므로 긴급한 필요가 있거나 미리 법률로써 자세히 정할 수 없는 부득이한 사정이 있는 경우에 한정되어야 하며, 이러한 경우일지라도 법률에서 범죄의 구성요건은 처벌대상행위가 어떠한 것일 것이라고 예측할 수 있을 정도로 구체적으로 정하고, 형벌의 종류 및 그 상한과 폭을 명백히 규정하여야 한다(헌재 2000.7.20. 99헌가15; 헌재 2022.2.24. 2017헌바438등 참조).

헌재 2023.8.31. 2021헌바180, 공보 323, 1345,1349

(판 례) 처벌법규의 위임(청탁금지법 조항의 포괄위임금지원칙 위반 여부)

청탁금지법상 수수가 허용되는 외부강의등의 사례금이나 사교·의례 목적의 경조사비·선물·음식물 등의 가액은 일률적으로 법률에 규정하기 곤란한 측면이 있으므로, 사회통념을 반영하고 현실의 변화에 대응하여 유연하게 규율할 수 있도록 탄력성이 있는 행정입법에 위임할 필요성이 인정된다. 위임조항이 추구하는 입법목적 및 관련 법조항을 유기적·체계적으로 종합하여 보면, 결국 위임조항에 의하여 대통령령에 규정될 수수허용 금품등의 가액이나 외부강의등 사례금은, 직무관련성이 있는 경우이므로 100만 원을 초과하지 아니하는 범위 안에서 누구나 납득할 수 있는 정도, 즉 일반 사회의 경조사비 지출 관행이나 접대·선물 관행 등에 비추어 청탁금지법상 공공기관의 청렴성을 해하지 아니하는 정도의 액수가 될 것임을 충분히 예측할 수 있다. 따라서 위임조항이 포괄위임금지원칙에 위배되어 청구인들의 일반적 행동자유권을 침해한다고 볼 수 없다.

헌재 2016.7.28. 2015헌마236등, 공보 238, 1252,1255

지방자치단체의 조례에 처벌규정을 둘 수 있는가에 관하여 논란이 있는데, 법률의 위임이 있으면 인정된다고 본다. 지방자치제도는 헌법이 보장하는 제도이며, 그 시행에는 조례에 의한 처벌규정이 필요하기 때문이다. 지방자치법은 조례로 벌칙을 정할 때에는 법률의 위임이 있어야 한다고 규정하고 있다(제28조 제1항 단서).

헌법재판소 판례에 의하면, 형법상 뇌물죄 적용에 있어 공무원으로 의제되는 정부출연기관의 '직원'의 범위를 대통령령에 위임한 것이 죄형법정주의 및 포괄위임금지원칙 위반이 아니며 합헌이라고 보았다(헌재 2006.11.30. 2004헌바86등). 또한 주택재건축정비사업조합 및 도시환경정비사업조합은 쾌적한 주거환경을 조성하고 도시의 기능을 정비할 국가의 의무를 대신하여 실현하는 기능을 수행하기 때문에 주택재건축정비사업조합의 임원을 형법상 뇌물죄의 적용에 있어서 공무원으로 의제하는 도시 및 주거환경정비법 규정은 범죄와 형벌에 관한 입법형성권의 한계를 벗어난 것이 아니라고 하였다(헌재 2011.10.25. 2011헌바13등). 또한 노동조합법에서 처벌조항의 구성요건으로 설정된 '근로시간 면제 한도'를 고용노동부장관의 고시에 의하도록 한 규정도 합헌이라고 하였다(헌재 2014.5.29. 2010헌마606).

반면 헌법재판소는 농협 임원선거에서 정관이 정하는 행위 외의 선거운동을 한 자를 형사처벌하도록 규정한 농업협동조합법 조항에 대하여, 특수법인의 정관에 형사처벌의 구성요건을 위임한 것은 죄형법정주의 위반이며 위헌이라고 판시하였다(헌재 2010.7.29. 2008헌바106). 중소기업중앙회나 새마을금고의 임원 선거와 관련하여 정관으로 정하는 기간에는 호별방문 선거운동을 할 수 없도록 규정한 중소기업협동조합법 규정도 위헌이다(헌재 2016.11.24. 2015헌가29; 헌재 2019.5.30. 2018헌가12). 신용협동조합 이사장 선거에서 허용되는 선거운동의 방법 및 기간을 조합의 정관에 위임하고 있는 신용협동조합법 규정 역시 위헌으로 선언되었다(헌재 2020.6.25. 2018헌바278).

죄형법정주의에서의 명확성의 원칙은 앞서 본 바와 같이 행정법규나 민사법규에서의 그것보다 훨씬 엄격하게 적용된다. 그렇다고 하여 다소 개방적이거나 추상적인 개념을 사용할 수 없다는 것은 아니다. 사회와 시대의 문화에 따라 변화할 수밖에 없는 개념인 '성적 욕망 또는 수치심을 유발할 수 있는 다른 사람의 신체'를 촬영한 촬영물을 그 의사에 반하여 반포한 경우를 처벌하는 성폭력처벌법 조항을 합헌이라고 하는 헌법재판소 결정이 그 일례이다(헌재 2016.12.29. 2016헌바153).

(판 례) 처벌법규의 명확성의 원칙

죄형법정주의의 명확성원칙은 법률이 처벌하고자 하는 행위가 무엇이며 그에 대한 형벌이 어떠한 것인지를 누구나 예견할 수 있고, 그에 따라 자신의 행위를 결정할 수 있도록 구성요건을 명확하게 규정할 것을 요구한다. 형벌법규의 내용이 애매모호하거나 추상적이어서 불명확하면 무엇이 금지된 행위인지를 국민이 알 수 없어 법을 지키기가 어려울 뿐만 아니라, 범죄의 성립 여부가 법관의 자의적인 해석에 맡겨지게 되므로 죄형법정주의에 의하여 국민의 자유와 권리를 보장하려는 법치주의의 이념은 더 이상 실현될 수 없기 때문이다. 그러나 처벌법규의 구성요건이 명확하여야 한다고 하더라도 입법자가 모든 구성요건을 단순한 의미의 서술적인 개념으로 규정하여야 하는 것은 아니다. 즉 처벌법규의 구성요건이 다소 광범위하여 어떤 범위에서는 법관의 보충적인 해석을 필요로 하는 개념을 사용하였다고 하더라도, 그 점만으로 헌법이 요구하는 처벌법규의 명확성원칙에 반드시 배치되는 것이라고 볼 수는 없고, 건전한 상식과 통상적인 법 감정을 가진 사람으로 하여금 그 적용 대상자가 누구이며 구체적으로 어떠한 행위가 금지되고 있는지를 충분히 알 수 있도록 규정되어 있다면 죄형법정주의의 명확성원칙에 위배되지 않는다고 보아야 한다. 그렇게 보지 않으면 처벌법규의 구성요건이 지나치게 구체적이고 정형적이 되어 부단히 변화하는 다양한 생활관계를 제대로 규율할 수 없게 될 것이기 때문이다(헌재 2010.3.25. 2009헌가2; 헌재 2016.11.24. 2015헌바218 참조). 그리고 형벌규정에 대한 예측가능성의 유무는 당해 특정조항 하나만을 가지고 판단할 것이 아니고, 관련 법조항 전체를 유기적 · 체계적으로 종합 판단하여야 하며, 각 대상법률의 성질에 따라 구체적 · 개별적으로 검토하여야 한다(헌재 2011.10.25. 2010헌가29; 헌재 2019.8.29. 2014헌바212등; 헌재 2022.6.30. 2018헌바515 참조).

헌재 2023.10.26. 2019헌바91, 공보 325, 1623,1625

(판 례) 처벌법규의 불명확성(다른 법령에 의한 지정, 고시, 공고로 구성요건이 완성되는 경우)

'관계 중앙행정기관의 장이 소관 분야의 산업경쟁력 제고를 위하여 법령에 따라 지정 또는 고시 · 공고한 기술'을 범죄구성요건인 '산업기술'의 요건으로 하고 있는 산업기술의 유출방지 및 보호에 관한 법률 제36조 제2항 중 제14조 제1호 가운데 '부정한 방법에 의한 산업기술 취득행위'에 관한 부분은 죄형법정주의의 명확성원칙에 위반된다(동법 제2조 제1호는 "'산업기술'이라 함은 제품 또는 용역의 개발 · 생산 · 보급 및 사용에 필요한 제반 방법 내지 기술상의 정보 중에서 관계 중앙행정기관의 장이 소관 분야의 산업경쟁력 제고 등을 위하여 법령이 규정한 바에 따라 지정 또는 고시 · 공고하는 기술로서 다음 각 목의 어느 하나에 해당하는 것을 말한다. 가. 국내에서 개발된 독창적인 기술로서 선진국 수준과 동등 또는 우수하고 산업화가 가능한 기술, 나. 기존제품의 원가절감이나 성능 또는 품질을 현저하게 개선시킬 수 있는 기술, 다. 기술적 · 경제적 파급효과가 커서 국가기술력 향상과 대외경쟁력 강화에 이바지할 수 있는 기술, 라. 가목 내지 다목의 산업기술을 응용 또는 활용하는 기술"이라고 규정하고 있다).

헌재 2013.7.25. 2011헌바39, 공보 202, 918

(판 례) 양벌규정과 죄형법정주의

구 「개인정보 보호법」 제71조 제2호는 같은 법 제18조 제1항을 위반하여 이용 범위를 초과하여 개인정보를 이용한 개인정보처리자를 처벌하도록 규정하고 있고, 같은 법 제74조 제2항에서는 법인의 대표자나 법인 또는 개인의 대리인, 사용인, 그 밖의 종업원이 그 법인 또는 개인의 업무에 관하여 같은 법 제71조에 해당하는 위반행위를 하면 그 행위자를 벌하는 외에 그 법인 또는 개인에게도 해당 조문의 벌금형을 과하도록 하는 양벌규정을 두고 있다.

위 법 제71조 제2호, 제18조 제1항에서 벌칙규정의 적용대상자를 개인정보처리자로 한정하고 있기는 하나, 위 양벌규정은 벌칙규정의 적용대상인 개인정보처리자가 아니면서 그러한 업무를 실제로 처리하는 자가 있을 때 벌칙규정의 실효성을 확보하기 위하여 적용대상자를 해당 업무를 실제로 처리하는 행위자까지 확장하여 그 행위자나 개인정보처리자인 법인 또는 개인을 모두 처벌하려는 데 그 취지가 있으므로, 위 양벌규정에 의하여 개인정보처리자 아닌 행위자도 위 벌칙규정의 적용대상이 된다(대법원 1999.7.15. 선고 95도2870 전원합의체 판결, 대법원 2017.12.5. 선고 2017도11564 판결 등 참조).

그러나 구 「개인정보 보호법」은 제2조 제5호, 제6호에서 공공기관 중 법인격이 없는 '중앙행정기관 및 그 소속 기관' 등을 개인정보처리자 중 하나로 규정하고 있으면서도, 양벌규정에 의하여 처벌되는 개인정보처리자로는 같은 법 제74조 제2항에서 '법인 또는 개인'만을 규정하고 있을 뿐이고, 법인격 없는 공공기관에 대하여도 위 양벌규정을 적용할 것인지 여부에 대하여는 명문의 규정을 두고 있지 않으므로, 죄형법정주의의 원칙상 '법인격 없는 공공기관'을 위 양벌규정에 의하여 처벌할 수 없고, 그 경우 행위자 역시 위 양벌규정으로 처벌할 수 없다고 봄이 타당하다.

대판 2021.10.28. 2020도1942

(판 례) 처벌법규와 일반적 개념의 사용

명확성원칙은 법치국가원리의 한 표현으로서 기본권을 제한하는 법규범의 내용은 명확하여야 한다는 헌법상의 원칙이고, 이는 법규범의 의미내용이 불확실하면 법적 안정성과 예측가능성이 확보될 수 없으며, 법집행 당국의 자의적인 법해석과 집행이 가능하게 된다는 것을 근거로 한다. 그러나 법규범의 문언은 어느 정도 가치개념을 포함한 일반적, 규범적 개념을 사용하지 않을 수 없는 것이기 때문에 명확성원칙이란 기본적으로 최대한이 아닌 최소한의 명확성을 요구하는 것으로서, 법 문언이 법관의 보충적인 가치판단을 통해서 그 의미내용을 확인할 수 있다면 명확성원칙에 반한다고 할 수 없다(헌재 2012.12.27. 2011헌바225; 헌재 2014.5.29. 2012헌바383 등 참조).

헌재 2023.5.25. 2020헌바309등, 판례집 35-1 하, 10,15-16

(판 례) 구성요건과 법정형이 모두 불명확하다고 한 사례

(이 사건의 심판대상은 '특정범죄 가중처벌 등에 관한 법률' 제5조의4 제6항 중 '제1항 또는 제2항의 죄로 두 번 이상 실형을 선고받고 그 집행이 끝나거나 면제된 후 3년 이내에 다시 제1항 중 형법 제329조에 관한 부분의 죄를 범한 경우에는 그 죄에 대하여 정한 형의 단기의 2배까지 가중한다'는 부분이 헌법에 위반되는지 여부임)

심판대상조항은 특가법 제5조의4 제1항과는 별도의 구성요건을 규정하고 있으나, 그 구성요건 및 법정형을 정하면서 특가법 제5조의4 제1항을 인용하는 문장구조를 취하고 있다. 그 중 먼저 심판대상조항의 구성요건 즉, '제1항 중 형법 제329조에 관한 부분의 죄를 범한 경우'에 대하여 본다.

특가법 제5조의4 제1항 중 형법 제329조에 관한 부분이 위에서 본 바와 같

이 위헌으로 결정된 이상, 위헌결정된 문언이 형식적으로 존속하고 있다고 하더라도 제1항 중 형법 제329조에 관한 부분은 효력을 상실하였다. 위헌결정이 내려진 법률조항은 법질서에서 더 이상 아무런 작용과 기능을 할 수 없고 그 조항에 근거한 어떠한 행위도 할 수 없으므로, '제1항의 문언을 인용하여 간결하게 그 구성요건과 법정형을 표현'하는 범위에 형법 제329조가 포함된다고 단정하기 어렵게 되었다.

또한, 특가법 제5조의4 제6항이 제1항의 문언을 인용하여 간결하게 구성요건을 표현하였다고 새기더라도, 제1항 중 형법 제329조에 관한 부분에 대하여 이미 위헌결정이 선고됨으로써 문언 인용의 기초가 상실된 상태이므로, 심판대상조항의 '특가법 제5조의4 제1항의 죄'라는 구성요건 중 형법 제329조에 관한 부분을 '상습적으로 형법 제329조의 죄'로 해석할 근거가 사라져버린 셈이다. (……)

심판대상조항의 '특가법 제5조의4 제1항의 죄'라는 구성요건 중 형법 제329조에 관한 부분을 '상습적으로 형법 제329조의 죄'로 해석하는 것은, 위헌결정의 기속력에 따라 범죄와 형벌에 대한 규정이 사라져버렸음에도 처벌의 필요성에 집착하여 구성요건을 확대해석하는 결과에 이르게 된다. 국민에게 형사처벌을 부과하는 법률조항의 경우는 죄형법정주의의 명확성원칙상 엄격하게 해석·적용을 해야 하는 것이고, 아무리 처벌의 필요성이 있다고 하더라도 명문의 처벌규정이 없는 이상 구성요건을 확대해석하거나 유추적용하는 것은 죄형법정주의의 명확성원칙에 정면으로 반하는 것이다.

결국, 수범자의 입장에서는 '상습적으로 형법 제329조의 죄'를 범한 경우에 심판대상조항에 따라 처벌받는지 여부를 명확하게 알 수 없게 되어 버렸다.

(……) 심판대상조항의 법정형은 '그 죄에 대하여 정한 형의 단기의 2배까지 가중한다.'고 규정하고 있다. '특가법 제5조의4 제1항의 죄를 범한 경우'라는 구성요건을 '상습적으로 형법 제329조부터 제331조의 죄를 범한 경우'를 간결하게 기술한 것이라고 새겨도, 그 경우 법정형의 단기가 '특가법 제5조의4 제1항에 정한 형'의 단기인 '3년 이상의 징역'의 2배인 '6년 이상의 징역'이 되어, 법정형의 범위가 '무기 또는 6년 이상의 징역'이 될 것인지, 아니면 '상습적으로 형법 제329조'의 죄를 범한 자에 대하여 형법 제332조가 정한 형의 단기인 '1과 1/2개월 이상의 징역'의 2배인 '3개월 이상의 징역'이 되어, 법정형의 범위가 '3개월 이상 9년 이하의 징역 또는 7만 5,000원 이상 1,500만원 이하의 벌금'으로 해석할 것인지 불명확하다. 어느 해석을 취하느냐에 따라 무기징역형이 선택형이 되거나 벌금형이 선택형이 될 수 있고, 유기징역형의 하한이 24배에 이르는 형의 불균형이 발생한다.

전자로 해석할 경우, 헌재 2014헌가16등 사건에서 이미 위헌으로 결정한 특가법 제5조의4 제1항에 정한 형을 기초로 법정형을 정하는 것은, 상습절도 행위에 대한 심각한 형의 불균형으로 형벌체계상의 정당성을 잃어 특가법 제5조의4 제1항 중 절도죄 부분을 위헌으로 결정한 취지에도 정면으로 배치된다.

따라서 심판대상조항은 법정형이 불명확하다는 측면에서도 죄형법정주의의 내용인 형벌법규의 명확성원칙에 위반된다.

헌재 2015.11.26. 2013헌바343, 판례집 27-2 하, 174,180-182

(판 례) 아동청소년성보호법상 '아동·청소년 또는 아동·청소년으로 인식될 수 있는 사람이나 표현물' 규정이 명확성원칙에 반하는지 여부

아동청소년성보호법상 가상의 아동·청소년이용음란물은 '아동·청소년으로 인식될 수 있는 사람'이 등장하는 경우와 '아동·청소년으로 인식될 수 있는 표현물'이 등장하는 경우로 나누어 볼 수 있다. 전자는 아동·청소년으로 인식될 수 있는 성인 등 실제 사람이 등장하는 경우를 의미하고, 후자는 실제 아동·청소년이 아니라 아동·청소년의 이미지가 성적 행위의 주체 내지 대상으로 묘사된 경우를 의미한다고 할 수 있다.

그런데 심판대상조항은 그 판단 기준으로 "아동·청소년으로 인식될 수 있는"이라고만 정하고 있을 뿐이고 심판대상조항이나 아동청소년성보호법의 다른 조항에서도 그 판단 기준이 제시되어 있지 않아, 어느 범위까지 이에 해당하는지 불명확한 것이 아닌가 하는 의문이 들 수 있다.

그러나 아동·청소년을 성범죄로부터 보호하는 것이 아동청소년성보호법의 목적이고(제1조), 실제 아동·청소년이 등장하는지 여부를 불문하고 아동·청소년을 성적 대상으로 묘사하는 각종 매체물의 시청이 아동·청소년을 상대로 한 성범죄의 촉매가 될 수 있다는 점을 고려하여 잠재적 성범죄로부터 아동·청소년을 보호하기 위하여 2011. 9. 15. 개정(법률 제11047호)으로 가상의 아동·청소년이용음란물의 배포 등을 규제하기 시작하게 된 점, 심판대상조항이 실제 아동·청소년이 등장하는 아동·청소년이용음란물의 배포 등과 동일한 법정형으로 가상의 아동·청소년이용음란물의 배포 등을 규율하고 있는 점을 종합해 보면, 심판대상조항에서 "아동·청소년으로 인식될 수 있는"은 성적 행위의 주체나 대상인 사람 또는 표현물이 아동이나 청소년으로 인식되기에 충분한 정도의 것이어야 함을 알 수 있다.

이러한 점에서 보면, "아동·청소년으로 인식될 수 있는 사람"은 단순히 등장하는 사람이 어려보인다거나 성인이 아동·청소년과 같이 옷을 입거나 분장한 정도에 그치는 것이 아니라, 통상의 상식을 가진 일반인의 입장에서 전체적

으로 그 외모, 신원, 등장인물 사이의 관계, 그 사람을 등장시켜 각종 성적 행위를 표현한 화상 또는 영상 등 매체물의 제작 동기와 경위 등을 종합하여 볼 때, 실제 아동 · 청소년으로 오인하기에 충분할 정도의 사람이 등장하는 경우를 의미한다고 보아야 한다. 법원도 "아동 · 청소년으로 인식될 수 있는 정도에 이르기 위해서는, 등장하는 사람이 다소 어려 보인다는 사정만으로는 부족하고, 그 외모나 신체의 발육 상태, 신원, 영상물의 출처나 제작 경위 등에 대하여 주어진 여러 정보 등을 종합적으로 고려하여 사회 평균인의 시각에서 객관적으로 관찰할 때 외관상 의심의 여지없이 명백하게 아동 · 청소년으로 인식되는 경우라야 한다(대법원 2014. 9. 24. 선고 2013도4503 판결; 대법원 2014. 9. 26. 선고 2013도12607 판결 참조)"고 해석하고 있다.

다만, "아동 · 청소년으로 인식될 수 있는 표현물" 부분은, "아동 · 청소년으로 인식될 수 있는" 부분의 의미를 위와 같이 보더라도 "표현물"의 의미가 지니는 지나친 광범성으로 인하여 자칫 처벌되는 행위의 유형에 대해 예측가능성을 주지 못한다는 의심을 줄 수 있다.

여기의 표현물에는 고도의 사진 합성 기술이나 컴퓨터 그래픽을 이용하여 실제 아동 · 청소년이 등장한 것으로 오인할 정도로 만들어진 표현물만이 아니라, 아동 · 청소년을 성적 대상으로 묘사한 것이라면 그림 또는 컴퓨터 그래픽을 이용한 아동 · 청소년의 이미지, 만화나 게임물에서의 아동 · 청소년 캐릭터, 사진으로 합성된 아동 · 청소년의 이미지가 모두 포함될 수 있다.

그러나 심판대상조항의 도입 배경, 입법 취지, 법정형 등을 고려하면, "표현물" 부분의 문언적 의미의 광범성이나 추상성만을 가지고 심판대상조상에서 "아동 · 청소년으로 인식될 수 있는 표현물" 부분의 명확성여부를 판단하여서는 안 되고, 비록 사람이 아니더라도 아동 · 청소년으로 인식될 수 있는 다른 표현물을 통해 성적 행위 등을 묘사하는 것도 실제 아동 · 청소년이 등장하는 경우와 마찬가지 또는 그 이상의 폐해를 일으킬 가능성이 있다는 점과 이를 우려하여 표현물을 이용한 아동 · 청소년이용음란물도 규제 범위에 포함시킨 입법자의 의도를 충분히 고려하여 그 의미를 파악하여야 한다.

따라서 "아동 · 청소년으로 인식될 수 있는 표현물"은 "표현물"의 묘사 정도나 외관만을 가지고 판단할 것이 아니라, 전체적으로 이러한 표현물을 등장시켜 각종 성적 행위를 표현한 화상 또는 영상 등 매체물의 제작 동기와 경위, 표현된 성적 행위의 수준, 등장인물 사이의 관계, 전체적인 배경이나 줄거리, 음란성 등을 종합하여 판단하여야 할 것이다.

한편, "아동 · 청소년으로 인식될 수 있는 표현물"은 그 종류가 매우 다양할 뿐만 아니라 표현 방법 등이 컴퓨터 그래픽 등 과학 기술의 발전으로 계속 발전해가고 있어, 구체적으로 어떠한 표현물이 이에 해당할 것인지를 미리 예상하여 법에서 열거하거나 일률적으로 정해놓는 것은 곤란한 측면이 있다. 표현물의 의미나 종류를 구체적, 제한적으로 열거할 경우 오히려 아동·청소년을 성적 학대 및 성범죄의 대상으로부터 보호하고자 하는 입법취지에 부합하지 않는 결과를 초래할 수도 있다.

따라서 그 처벌대상을 정함에 있어서 어느 정도 개방적이고 추상적인 개념을 사용할 수밖에 없고, 다만 이러한 표현물을 이용하여 심판대상조항에서 정한 성적 행위를 나타낸 아동·청소년이용음란물이 아동·청소년을 상대로 한 비정상적 성적 충동을 일으키기에 충분한 행위를 담고 있어 아동·청소년을 대상으로 한 성범죄를 유발할 우려가 있는 수준의 것에 한정된다고 본다면, 법관의 양식이나 조리에 따른 보충적인 해석에 의하여 판단 기준이 구체화되어 해결될 수 있으므로, 단지 "표현물" 부분의 문언적 의미의 광범성이나 추상성만을 가지고 처벌되는 행위를 예측할 수 없다고 하여 명확성원칙에 위반된다고 볼 수는 없다.

(박한철 재판관 등 4인의 반대의견)

2011.9.15. 아동청소년성보호법 개정으로(법률 제11047호) 가상의 아동·청소년이용음란물에 대한 규제가 시작되었는바, 당시 입법 경위를 보면 "표현물"과 관련해서는 단순히 아동·청소년을 이미지화한 그림이나 만화 등이 아니라, 컴퓨터 그래픽 또는 그 밖의 기술로 마치 실제 아동·청소년이 등장한 것과 마찬가지로 보이는 표현물 내지 실제 아동·청소년의 사진을 기술적으로 합성한 표현물을 예정했던 것으로 보인다{윤석용 의원이 대표발의한 아동청소년성보호법 일부개정법률안 검토보고서(2011. 4. 여성가족위원회 수석전문위원) 참조}. 그런데 법 시행 이후 "아동·청소년으로 인식될 수 있는 표현물"에 실제 아동·청소년으로 인식될 가능성이 없는 그림, 만화 등으로 표현된 아동·청소년의 이미지도 포함되는 것인지 불명확하고, 만약 이러한 표현물도 포함된다면 그 규율범위가 지나치게 광범위하다는 비판이 일자, 관련 조항에 대한 개정 논의가 시작되었는데, 개정 논의에서는 "표현물"에 그림이나 만화도 포함될 수 있다는 입장과 실제 아동·청소년의 사진을 이용하거나 실제 아동·청소년이 등장한 것으로 오인할 수 있는 표현물로 제한하여야 한다는 반대 입장이 대립하다가, 그림, 만화 등이 더 자극적일 수 있기 때문에 "표현물"이라고 정하되 규제 대상의 광범성으로 인한 문제는 법 집행기관이 구체적 사안을 해결함에 있어 판단할 수 있다고 보고, '명백성' 요건만을 추가하는 것으로 정리된 것으로보인다{아동청소년성보호법개정안(법률제11572호)에 대한 국회(정기회) 아동·여성대상성폭력대책특별위원회회의록(법안심사소위원회) 및 제311회 국회(정기회)아동·여성대상성폭력대책특별

위원회회의록 참조}.

그러나 아동청소년성보호법에서 가상의 아동·청소년이용음란물의 제작, 배포 내지 소지 등의 행위를 실제 아동·청소년이 등장하는 아동·청소년이용음란물의 제작, 배포 내지 소지 등의 행위와 각각 동일한 법정형으로 규율하면서, 그 법정형의 수준도 형법 기타 다른 법률상의 음란물유포 행위와 비교할 때 상당히 높게 정한 점 등을 고려하면, 심판대상조항에서 "아동·청소년으로 인식될 수 있는 표현물" 부분에 단순히 그림, 만화로 표현된 아동·청소년의 이미지도 모두 포함된다고 보기는 어려운 측면이 있다. 그리고 이 부분에 관한 개정 논의에서도 의견 대립이 있었듯이 위 부분이 실제 아동·청소년으로 등장하는 것으로 오인하기에 충분할 정도로 묘사된 표현물만을 의미한다고 쉽사리 해석되지도 않는다.

그렇다면 통상의 판단능력을 가진 사람의 입장에서 볼 때, "아동·청소년으로 인식될 수 있는 표현물"이 실제 아동·청소년이 등장하는 것으로 오인하기에 충분할 정도로 묘사된 표현물만을 의미하는 것인지, 아니면 아동·청소년을 성적 대상으로 연상시키는 표현물이면 단순히 그림, 만화로 표현된 아동·청소년의 이미지도 모두 이에 해당할 수 있는 것인지 판단하기 어려우므로 처벌되는 행위가 무엇인지 미리 예측할 수 있다고 할 수 없고, 그 판단을 법 집행기관이나 법관의 보충적 해석에 전적으로 맡기고 있으므로 자의적 법 해석 내지 집행을 초래할 우려마저 있다.

따라서 이 부분은 명확성원칙에 위반된다.

헌재 2015.6.25. 2013헌가17등, 판례집 27-1 하, 402,414-416,421-422

위 결정은 '그 밖의 성적행위'라는 문구의 명확성원칙 위반여부도 다루었는데, 5 : 4의 의견으로 합헌결정을 하였다.

헌법재판소는 처벌법규의 불명확성을 인정하면서도 단순한 위헌결정이 아니고 한정합헌 결정을 내린 여러 예가 있다. 대표적으로 국가보안법 제7조에 관한 사건을 들 수 있다.

처벌법규의 불명확성을 이유로 위헌결정된 주요 헌법재판소 판례를 보면 다음과 같다.

* 건축법에서 '이 법의 규정에 의한 명령, 처분 기타 관계법령이 정한 기준'에 위반된 경우 처벌할 수 있도록 한 규정(헌재 1997.9.25. 96헌가16).

* 구 노동조합법에서 '단체협약에 위반한 자'라는 구성요건(헌재 1998.3.26. 96헌가

20).

* '가정의례의 참뜻에 비추어 합리적인 범위'외의 음식접대 금지(헌재 1998.10.15. 98헌마168).
* '보건복지부령으로 정하는 약국관리에 필요한 사항'위반을 처벌하는 규정(헌재 2000.7.20. 99헌가15).
* '공공의 안녕질서 또는 미풍양속을 해하는 내용의 통신'을 금지하는 규정(헌재 2002.6.27. 99헌마480).
* 재개발 · 재건축 · 도시환경정비사업을 시행하는 조합 등으로 하여금 '중요한 회의'가 있는 때에는 속기록 · 녹음 또는 영상자료를 만들도록 하고, 이에 위반한 경우 조합임직원 등을 처벌하는 규정(헌재 2011.10.25. 2010헌가29).
* 공공수역에 '다량'의 '토사'를 유출하거나 버려 상수원 또는 하천 · 호소를 '현저히 오염'되게 한 자를 처벌하는 수질 및 수생태계 보전에 관한 법률 조항(헌재 2013.7.25. 2011헌가26 등; 이 사건 벌칙규정이나 관련 법령 어디에도 '토사'의 의미나 '다량'의 정도, '현저히 오염'되었다고 판단할 만한 기준에 대하여 아무런 규정이 없다는 점을 이유로 하였다).
* 공중도덕상 유해한 업무에 취업시킬 목적으로 근로자를 파견한 사람을 형사처벌하도록 규정한 '파견근로자보호 등에 관한 법률 조항(헌재 2016.11.24. 2015헌가23; 공중도덕은 시대상황, 사회가 추구하는 가치 및 관습 등에 따라 그 내용이 얼마든지 변할 수 있는 규범적 개념이므로 그것만으로는 구체적으로 무엇을 의미하는지 설명하기 어렵다는 것을 이유로 하였다. 이후 성매매, 부정식품 · 부정의약품 · 부정유독물 제조, 부정의료, 위해식품판매, 병든 동물 고기 판매 및 이에 준하는 행위로 대통령령이 정하는 업무로 법개정이 이루어졌다).
* '여러 사람의 눈에 뜨이는 곳에서 공공연하게 알몸을 지나치게 내놓거나 가려야 할 곳을 내놓아 다른 사람에게 부끄러운 느낌이나 불쾌감을 준 사람'을 처벌하는 경범죄처벌법 조항(헌재 2016.11.24. 2016헌가3).
* 집단급식소에 근무하는 영양사의 직무를 포괄적으로 규정하고, 이 직무수행조항을 위반한 자를 처벌하고 있는 식품위생법의 처벌조항(헌재 2023.3.23. 2019헌바141; 지나치게 포괄적이라는 과도한 광범성 문제를 4인 재판관은 명확성의 문제로, 2인 재판관은 과잉금지원칙의 문제로 포섭하였다).

반면 아래 판례에서는 합헌결정을 내리고 있다.

* 구 노동조합법에서 '……기타 이에 영향을 미칠 목적으로 개입하는 행위'를 처벌하는 규정(헌재 1993.3.11. 92헌바33).
* 군형법에서 '정당한 명령 또는 규칙'에 위반하는 행위를 처벌하는 규정(헌재

1995.5.25. 91헌바20).

* 형법 제123조 중 '직권을 남용하여 사람으로 하여금 의무 없는 일을 하게 하거나' 부분(헌재 2006.7.27. 2004헌바46).
* 형법 제349조 중 '궁박', '현저하게 부당한 이익' 등의 부분(헌재 2006.7.27. 2005헌바19).
* 형법 제347조 중 '기망하여' 부분(헌재 2006.11.30. 2006헌바53).
* 공직선거법상 기부행위가 제한되는 자 중 '후보자가 되고자 하는 자'와 금지되는 기부행위의 대상에 '선거구민과 연고가 있는 자'에 대한 부분(헌재 2009.4.30. 2007헌바29 · 86(병합)).
* 특정범죄가중처벌 등에 관한 법률상의 '음주의 영향으로 정상적인 운전이 곤란한 상태에서 자동차를 운전하여'라는 부분(헌재 2009.5.28. 2008헌가11).
* 석유사업법상 생산 및 판매가 금지되는 '유사석유제품'(헌재 2009.5.28. 2006헌바24).
* 대통령령인 군인복무규율 가운데 군대 내에서 '불온도서'의 소지 등을 금지한 규정(헌재 2010.10.28. 2008헌마638).
* "계간 기타 추행한 자는 1년 이하의 징역에 처한다"라고 규정한 구 군형법 제92조 중 '기타 추행'에 관한 부분(헌재 2011.3.31. 2008헌가21; 헌재 2016.7.28. 2012헌바258 사건에서는 4인의 재판관이 강제성의 필요 여부, 행위의 정도, 행위의 객체 및 장소 등이 불명확하여 위헌이라는 의견을 개진하였다).
* 구 개발제한구역의 지정 및 관리에 관한 특별조치법상의 허가를 받지 아니한 '토지의 형질변경' 부분(헌재 2011.3.31. 2010헌바86).
* 형법 제311조 모욕죄의 구성요건 중 '공연히' 부분(헌재 2011.6.30. 2009헌바199).
* '범죄단체의 수괴나 간부로 활동한 자'를 가중처벌하고 있는 폭력행위 등 처벌에 관한 법률 조항(헌재 2011.4.28. 2009헌바56; 범죄단체의 존속 · 유지를 지향하는 적극적인 행위로서 그 기여의 정도가 폭력행위 등 처벌에 관한 법률에 규정된 행위에 준하는 것을 의미한다는 것을 이유로 들었다).
* 다단계판매조직 또는 이와 유사하게 순차적 · 단계적으로 가입한 가입자로 구성된 다단계조직을 이용하여 재화의 거래없이 금전거래만을 하거나 재화 등의 거래를 가장하여 사실상 금전거래만을 하는 행위를 처벌하는 '방문판매 등에 관한 법률' 조항(헌재 2012.4.24. 2009헌바329).
* 공무원이 취급하는 사건 또는 사무에 관하여 사건 해결의 청탁 등을 명목으로 금품을 수수하는 행위를 규제하는 변호사법 규정 중 '청탁한다는 명목으로 금품을 받은 자' 부분(헌재 2012.4.24. 2011헌바40).
* 형법상 퇴거불응죄의 구성요건인 '퇴거요구를 받고 응하지 아니한 자'(헌재

2012.4.24. 2011헌바48).

* 게임물의 정상적인 운영을 방해할 목적으로 게임물 관련사업자가 제공 또는 승인하지 아니한 컴퓨터프로그램이나 기기 또는 장치를 배포하거나 배포할 목적으로 제작하는 행위를 처벌하는 게임산업진흥에 관한 법률 제46조 제3의2호 중 '게임물의 정상적인 운영을 방해' 부분(헌재 2012.6.27. 2011헌마288).
* '행정관청이 단체협약 중 위법한 내용에 대하여 노동위원회의 의결을 얻어 그 시정을 명한 경우에 그 명령에 위반한 행위'를 처벌하는 노동조합법 규정(헌재 2012.8.23. 2011헌가22).
* 유치원 주변 학교환경위생 정화구역에서 성관련 '청소년유해물건'을 제작·생산·유통하는 '청소년유해업소'를 예외 없이 금지하는 학교보건법 규정(헌재 2013.6.27. 2011헌바8 등).
* 공직선거법상 '후보자가 되고자 하는 자'에 대한 비방을 처벌하는 조항(헌재 2013.6.27. 2011헌바75).
* 법에서 정한 근로자파견대상업무 외에 '근로자파견사업을 행한 자'를 형사처벌하도록 한 파견근로자보호 등에 관한 법률 조항(헌재 2013.7.25. 2011헌바395).
* '음란한 물건을 판매한 자' 및 '판매할 목적으로 음란한 물건을 소지한 자"를 처벌하는 형법 조항(헌재 2013.8.29. 2011헌바176).
* 타인의 권리를 양수하여 소송·조정 또는 그 밖의 방법으로 그 권리를 실행함을 업으로 한 자를 형벌에 처하도록 한 변호사법 조항(헌재 2013.12.26. 2012헌바35).
* 공직선거법상 기부행위제한 규정의 '연고가 있는 자', '후보자가 되고자 하는 자', '기부행위' 개념(헌재 2014.2.27. 2013헌바106).
* '치료효과를 보장하는 등 소비자를 현혹할 우려가 있는 내용의 광고'를 한 경우 형사처벌하도록 규정한 의료법 규정(헌재 2014.9.25. 2013헌바28; '현혹', '우려'의 의미, 관련 조항 등을 종합하면, '소비자를 현혹할 우려가 있는 내용의 광고'란, '광고 내용의 진실성·객관성을 불문하고, 오로지 의료서비스의 긍정적인 측면만을 강조하는 취지의 표현을 사용함으로써 의료소비자를 혼란스럽게 하고 합리적인 선택을 방해할 것으로 걱정되는 광고'를 의미하는 것으로 충분히 해석할 수 있다는 이유를 들었다).
* 의료인이 의약품 제조자 등으로부터 '판매촉진을 목적'으로 제공되는 금전 등 경제적 이익을 받는 행위를 처벌하는 의료법 조항(헌재 2015.2.26. 2013헌바374; '판매촉진 목적'이란 제공자의 목적이나 의사를 뜻하는 것이라기보다는 제공되는 경제적 이익의 객관적 성격이 '의약품 채택에 대한 대가성'을 가진다는 것을 의미하는 것으로 해석된다는 이유를 들었다).
* 입원환자에 대하여 의약분업의 예외를 인정하면서도 의사로 하여금 조제를 '자신이 직접' 담당하도록 하는 약사법 규정(헌재 2015.7.30. 2013헌바422).

* '흉기 기타 위험한 물건을 휴대하여' 형법상 상해죄를 범한 사람을 가중처벌하는 '폭력행위등 처벌에 관한 법률' 조항(헌재 2015.9.24. 2014헌가1등; 폭행죄에 관하여 동일한 결정으로는 헌재 2015.9.24. 2015헌가17).
* '특정 범죄자에 대한 위치추적 전자장치 부착 등에 관한 법률'상 성폭력범죄자에 대하여 위치추적 전자장치 부착명령을 청구하는 요건인 성범죄의 '습벽'(헌재 2015.9.24. 2015헌바35).
* 아동복지법에서 처벌대상이 되는 '아동의 정신건강 및 발달에 해를 끼치는 정서적 학대행위를 한 자' 부분(헌재 2015.10.21. 2014헌바266).
* 다른 사람 또는 단체의 집이나 그 밖의 공작물에 함부로 광고물 등을 붙이거나 거는 행위를 처벌하는 경범죄처벌법 제1조 제13호 중 '함부로 광고물 등을 붙이거나 거는 행위' 부분(헌재 2015.5.28. 2013헌바385; '함부로'는 '법적 권원이 있는 타인의 승낙이 없으면서 상당한 사유가 없는 경우'를 의미함을 충분히 알 수 있다는 이유를 들었다).
* 의료인 등으로 하여금 '거짓이나 과장된 내용의 의료광고'를 하지 못하도록 하고 이를 위반한 자를 처벌하도록 규정한 의료법 규정(헌재 2015.12.23. 2012헌마685; '거짓이나 과장된 내용'의 의료광고는 사실이 아니거나 사실보다 지나치게 부풀려진 내용을 담고 있어 일반 의료소비자에게 오인이나 혼동을 불러일으킬 염려가 있어 국민건강 및 건전한 의료경쟁질서를 해할 위험이 있는 의료광고로 해석할 수 있다는 이유를 들었다).
* '의지·보조기' 제조업자로 하여금 의지·보조기 기사를 1명 두도록 하고, 이를 위반한 경우 형사처벌하도록 한 장애인복지법 규정(헌재 2016.2.25. 2013헌바260).
* 국가 또는 지방자치단체 외의 자가 '양로시설'을 설치하고자 하는 경우 신고하도록 규정하고, 이를 위반한 경우 처벌하는 노인복지법 규정(헌재 2016.6.30. 2015헌바46).
* 공무원의 지위를 이용하여 선거에 영향을 미치는 행위를 금지하는 공직선거법 규정(헌재 2016.7.28. 2015헌바6).
* 청탁금지법상의 '부정청탁', '법령', '사회상규', '사교', '의례', '선물'(헌재 2016.7.28. 2015헌마236등).
* 옥외집회 및 시위의 경우 관할경찰관서장으로 하여금 '최소한의 범위'에서 질서유지선을 설정할 수 있도록 하고, 질서유지선의 효용을 해친 경우 형사처벌하도록 하는 집시법 규정(헌재 2016.11.24. 2015헌바218; 집시법에서 질서유지선의 설정 범위인 '최소한의 범위'에 대한 해석기준이 될 만한 것을 전혀 규정하지 않고 있다는 등의 이유로 위헌이라는 반대의견이 있다).
* '정신적인 장애가 있는 사람의 항거불능 상태를 이용하여' 간음 또는 추행한

자를 처벌하는 성폭력특례법 조항(헌재 2016.11.24. 2015헌바297).

* '공포심이나 불안감을 유발하는 문언을 반복적으로 상대방에게 도달하게 하는 행위(및 정보)'를 처벌하도록 하는 정보통신망법 조항(헌재 2016.12.29. 2014헌바434).
* 금융투자업자가 투자권유를 함에 있어서 불확실한 사항에 대하여 단정적 판단을 제공하거나 확실하다고 오인하게 할 소지가 있는 내용을 알리는 행위를 한 경우 형사처벌하도록 규정한 자본시장법 규정(헌재 2017.5.25. 2014헌바459).
* 유사석유제품을 제조하여 '조세를 포탈'한 자를 처벌하는 조세범 처벌법 규정(헌재 2017.7.27. 2012헌바323; 유사석유제품을 제조하는 것과 관련한 행위, 즉 물품의 반출 내지 재화의 공급으로 교통 · 에너지 · 환경세, 교육세, 부가가치세 등의 납부 의무가 발생하고, 그 세금을 신고 · 납부기한 내에 납부하지 아니하는 등의 사유로 조세포탈의 기수에 이른 행위를 의미한다고 볼 수 있다는 이유를 들었다).
* 공직선거 후보자의 '경력 등'을 허위로 공표하는 등의 행위를 한 자를 처벌하는 공직선거법 조항(헌재 2017.7.27. 2015헌바219; 후보자의 실적과 자질 등으로 투표자의 공정한 판단에 영향을 미치는 사항으로 충분히 해석할 수 있고, 체납실적도 이에 포함된다고 예측가능하다는 이유를 들었다).
* 폭행 · 협박으로 '철도종사자'의 '직무집행'을 방해한 자를 처벌하도록 한 철도안전법 규정(헌재 2017.7.27. 2015헌바417; 모든 철도종사자의 그 직무를 수행하기 위한 일체의 행위로 이해된다는 이유를 들었다).
* '단체나 다중의 위력으로써' 형법상 상해죄를 범한 사람을 가중 처벌하는 '폭력행위 등 처벌에 관한 법률'조항(헌재 2017.7.27. 2015헌바450).
* 금융지주회사의 임직원이 업무상 알게 된 공개되지 아니한 '정보 또는 자료를 다른 사람에게 누설'하는 것을 금지하는 금융지주회사법 조항(헌재 2017.8.31. 2016헌가11).
* '운행' 중인 자동차의 운전자를 폭행하거나 협박하여 사람을 '상해'에 이르게 한 경우에는 3년 이상의 유기징역'에 처하도록 규정한 특정범죄 가중처벌 등에 관한 법률 조항(헌재 2017.11.30. 2015헌바336; 형벌체계균형성에도 위반되지 않는다).
* 성매매알선 등 행위의 처벌에 관한 법률 중 유사성교행위를 '구강 · 항문 등 신체의 일부 또는 도구를 삽입하는 행위'로 규정하지 않고, '구강 · 항문 등 신체의 일부 또는 도구를 이용한' 유사성교행위라고 규정한 조항(헌재 2018.12.27. 2017헌바519; 구강이나 항문으로의 삽입행위 이외의 경제적 대가를 매개로 성판매자의 신체와 인격을 지배할 수 있는 다양한 형태의 성매매를 규율하기 위한 것이고 대법원 판례상으로도 해석이 명확하다는 이유를 들었다).
* '유사군복'을 판매 목적으로 소지하는 행위를 처벌하는 '군복 및 군용장구의 단속에 관한 법률' 조항(헌재 2019.4.11. 2018헌가14; 유사군복이란 일반인의 눈으로

볼 때 군인이 착용하는 군복이라고 오인할 정도로 형태 · 색상 · 구조 등이 극히 비슷한 물품을 의미하고 이른바 밀리터리 룩은 대부분 군복의 상징만 차용하였을 뿐 형태나 색상 및 구조가 진정한 군복과는 다르거나 그 유사성이 식별하기 극히 곤란한 정도에 이르지 않기 때문에, 심판대상조항의 적용을 받지 않는다는 이유를 들었다).

* 범죄수익등의 취득 또는 처분에 관한 사실을 '가장'한 자와 특정범죄를 조장하거나 적법하게 취득한 재산으로 가장할 목적으로 범죄수익등을 '은닉'한 자를 처벌하는 범죄수익 은닉의 규제 및 처벌 등에 관한 법률 규정(헌재 2019.5.30. 2017헌바228).
* 투표소 안에서 또는 투표소로부터 100미터 안에서 '소란한 언동'을 한 자를 처벌하는 공직선거법 규정(헌재 2019.5.30. 2017헌바358).
* 대한민국을 모욕할 목적으로 국기를 손상, 제거 또는 오욕한 자를 처벌하는 형법의 국기모독죄 조항(헌재 2019.12.27. 2016헌바96; '공용에 공하는 국기'에 한정하지 않아 위헌이라는 2인, 모욕의 개념이 불명확하여 위헌이라는 3인의 의견이 다수이나 정족수 미달로 합헌).
* 아동 · 청소년이용음란물을 '제작'한 자를 무기 또는 5년 이상의 징역에 처하도록 규정한 아동 · 청소년의 성보호에 관한 법률 조항(헌재 2019.12.27. 2018헌바46; 피해자의 동의 여부나 영리목적 여부를 불문하고, 기획, 지시 등을 포함하는 것으로 해석된다).
* '업무상 군사기밀을 취급하는 사람 또는 취급하였던 사람'이 그 업무상 알게 되거나 점유한 군사기밀을 타인에게 누설한 경우 3년 이상의 유기징역에 처하도록 한 군사기밀보호법 규정(헌재 2020.5.27. 2018헌바233).
* 공인회계사법에 따른 공인회계사 등록을 하지 않는 사람은 '공인회계사와 비슷한 명칭을 사용'하지 못하도록 한 규정(헌재 2020.9.24. 2017헌바412).
* 게임물 관련사업자에 대하여 '경품' 등의 제공을 통한 '사행성 조장'을 원칙적으로 금지시키고, 예외적으로 청소년게임제공업의 전체이용가 게임물에 대하여 대통령령이 정하는 경품의 종류 · 지급기준 · 제공방법 등에 의한 경품제공을 허용한 '게임산업진흥에 관한 법률'규정(헌재 2020.12.23. 2017헌바463등; 포괄위임금지원칙에도 위반하지 않고, 직업수행의 자유를 침해하는 것도 아니라고 하였다).
* 후보자가 당선될 목적으로 자신의 행위에 관하여 허위의 사실을 공표한 경우 이를 처벌하는 공직선거법 규정(헌재 2021.2.25. 2018헌바223: 과잉금지원칙에도 위반되지 않는다고 하였다).
* '출퇴근 때' 승용자동차를 함께 타는 경우에 한하여 자가용자동차의 유상운송 제공을 허용하고 있는 여객자동차운수사업법 규정(헌재 2021.4.29. 2018헌바100; 심판청구 이후 '출퇴근 때'라는 문구는 '출 · 퇴근시간대(오전 7시부터 오전 9시까지 및 오후 6시부터 오후 8시까지를 말하며, 토요일, 일요일 및 공휴일인 경우는 제외한다)'로 개

정되었다).

* 정당한 사유 없이 정보통신시스템, 데이터 또는 프로그램 등의 '운용을 방해할 수 있는' 프로그램의 유포를 금지한 '정보통신망 이용촉진 및 정보보호 등에 관한 법률' 규정(헌재 2021.7.15. 2018헌바428).
* 공무원은 '선거' 및 '당내경선'에서 특정정당 또는 특정인을 지지하기 위하여 타인에게 정당에 가입하도록 '권유 운동'을 하는 것을 할 수 없도록 한 국가공무원법상의 정당가입권유금지조항(헌재 2021.8.31. 2018헌바149; 공무원의 지위를 이용하지 않은 정당가입권유행위도 처벌하므로 위헌이라는 3인 재판관의 반대의견이 있다).
* 방송편성에 관하여 '간섭'을 금지하는 방송법 규정(헌재 2021.8.31. 2019헌바439).
* 자동차의 운전자는 고속도로등에서 자동차의 고장 등 '부득이한 사정'이 있는 경우를 제외하고는 갓길 통행을 금지한 도로교통법 규정(헌재 2021.8.31. 2020헌바100).
* 노동조합을 지배·개입하는 행위를 금지하는 노동조합 및 노동관계조정법 제81조 제4호 본문 중 '근로자가 노동조합을 조직 또는 운영하는 것을 지배하거나 이에 개입하는 행위' 부분(헌재 2022.5.26. 2019헌바341; '지배·개입행위'란 사용자가 노동조합의 조직·운영을 조종하거나 이에 간섭하는 일체의 행위로서 노동조합의 자주성을 저해하거나 저해할 위험성이 있는 행위라고 해석될 수 있다는 점을 이유로 들었다).
* 준강간, 준강제추행죄의 구성요건 중 '항거불능'(헌재 2022.1.27. 2017헌바528).
* '공무원이 지위를 이용하여' 선거운동의 기획행위를 하는 것을 금지하고 이를 위반한 경우 형사처벌하는 공직선거법 규정(헌재 2022.8.31. 2018헌바44).
* '못된 장난 등으로' 다른 사람, 단체 또는 공무수행중인 자의 업무를 방해한 사람을 20만 원 이하의 벌금, 구류 또는 과료로 처벌하는 경범죄처벌법 규정(헌재 2022.11.24. 2021헌마426; 제한되는 기본권은 일반적 행동자유권이다).
* 원외 당협위원장이나 지역구국회의원 선거를 준비하는 자는 예비후보자등록 전에는 후원회를 둘 수 없도록 하고 '정치자금'을 기부받은 경우 정치자금법에서 정하지 아니한 방법으로 정치자금을 기부받았다는 이유로 처벌하는 정치자금법 규정(헌재 2022.12.22. 2020헌바254; 정치자금에 해당하는 모든 경우를 개별적, 구체적으로 일일이 나열하기 어려운 점 등을 이유로 들었다).
* "제36조 제3호에 해당하는 위반행위를 하면 그 '행위자'를 벌한다"고 규정한 소방시설공사업법 조항'(헌재 2023.2.23. 2020헌바314; 처벌대상으로 규정하고 있는 '행위자'에는 감리업자 이외에 실제 감리업무를 수행한 감리원도 포함된다는 점을 충분히 알 수 있다고 하였다).
* 「공직선거법」 제104조 중 "누구든지 이 법의 규정에 의한 공개장소에서의 연설·대담장소에서 '기타 어떠한 방법으로도' 연설·대담장소 등의 질서를 문란하게 한 경우 이를 처벌하도록 한 공직선거법 규정(헌재 2023.5.25. 2019헌가

13; '기타 어떠한 방법으로도'는 "연설 · 대담을 방해할 정도에 이르지 않더라도 자유롭고 평온한 분위기를 깨뜨려 후보자 등과 선거인 사이에 원활한 소통을 저해하거나 사고가 발생할 우려가 있는 모든 행위태양을 의미한다는 것을 알 수 있다는 이유를 들었다).

* 「국가보안법」 제7조 제1항 중 '찬양 · 고무 · 선전 또는 이에 동조한 자'에 관한 부분 및 제7조 제5항 중 '제1항 가운데 찬양 · 고무 · 선전 또는 이에 동조할 목적으로 제작 · 소지 · 운반 · 반포 또는 취득한 자'에 관한 부분(헌재 2023.9.26. 2017헌바42등).
* 포탈하거나 환급받은 세액 또는 징수하지 아니하거나 납부하지 아니한 세액이 '연간' 10억 원 이상인 경우에 가중처벌하는 특정범죄가중처벌법 규정(헌재 2023.10.26. 2021헌바259; 대법원의 확립된 판례(대판(전합) 2000.4.20. 99도3822)를 통한 해석방법으로 가중처벌조항의 '연간'의 의미에 대하여 명확한 기간이 정해졌고, 위 전원합의체 판결 이후에 장기간 동일한 취지의 법원의 판례가 집적되었으므로, 이 부분의 불명확성은 이미 치유되었다는 이유를 들었다).
* 인체면역결핍 바이러스에 감염된 사람이 혈액 또는 '체액'을 통하여 다른 사람에게 '전파매개행위'를 하는 것을 금지하고 이를 위반한 경우를 3년 이하의 징역형으로 처벌하는 '후천성면역결핍증 예방법'규정(헌재 2023.10.26. 2019헌가30; '체액'이란 타인에게 감염을 일으킬 만한 인체면역결핍바이러스를 가진 체액으로 한정되고, '전파매개행위'는 체액이 전달되는 성행위 등과 같이 인체면역결핍바이러스 감염가능성이 있는 행위에 국한될 것임을 예측할 수 있"으며, "'의학적 치료를 받아 인체면역결핍바이러스의 전파가능성이 현저히 낮은 감염인이 상대방에게 자신이 감염인임을 알리고 한 행위'에는 적용되지 않는 것으로 해석함이 타당"하고, "이러한 보충적 해석을 통하여 의학적 치료를 받아 타인을 인체면역결핍바이러스에 감염시킬 가능성이 현저히 낮은 감염인이라 하더라도 상대방에게 자신이 감염인임을 알리지 않고 예방조치 없이 성행위를 한 경우에는, 심판대상조항에서 금지 및 처벌대상으로 규정한 '전파매개행위'에 해당할 것임을 예측할 수 있다고 하였다).
* 타인의 재물을 보관하는 자가 그 재물을 횡령하거나 그 반환을 거부한 때 처벌하는 「형법」 제355조 제1항 중 '그 반환을 거부한 때' 부분(헌재 2023.10.26. 2018헌바443).
* '기타 관계' 및 '그 밖의 관계'로 인하여 자기의 보호 또는 감독을 받는 사람에 대하여 위계 또는 위력으로써 간음 및 추행한 사람을 처벌하는 형법 규정(헌재 2024.6.27. 2023헌바11).
* 테러단체 가입을 타인에게 선동하는 사람을 처벌하는 테러방지법 제17조 제3항 중 '가입 선동'에 관한 부분(헌재 2025.1.23. 2019헌바317).
* '금융실명거래 및 비밀보장에 관한 법률' 제4조 제4항 본문 중 '제1항 제1호의 법원의 제출명령에 따라 거래정보등을 알게 된 자는 그 알게 된 거래정보등을 그 목적 외의 용도로 이용하여서는 아니 된다.' 부분 및 개인정보처리자로부터

개인정보를 제공받은 자가 개인정보를 제공받은 목적 외의 용도로 이용하는 것을 금지하는 '개인정보 보호법' 제19조 중 '제공받은 목적 외의 용도로 이용' 부분(헌재 2025.4.10. 2019헌바519; 두 조항 모두 그 목적 외의 모든 용도로 이용하는 것을 금지하는 것으로 해석되기 때문이라고 하였고, 과잉금지원칙에도 위반되지 않는다고 하였다).

(판 례) 형벌의 종류와 범위에 관한 입법형성권

어떤 행위를 범죄로 규정하고, 이에 대하여 어떠한 형벌을 과할 것인가 하는 문제는 원칙적으로 입법자가 우리의 역사와 문화, 입법당시의 시대적 상황과 국민일반의 가치관 내지 법감정, 범죄의 실태와 죄질 및 보호법익 그리고 범죄예방효과 등을 종합적으로 고려하여 결정하여야 할 국가의 입법정책에 관한 사항으로서 광범위한 입법재량 내지 형성의 자유가 인정되어야 할 분야이다. 따라서 어느 범죄에 대한 법정형이 그 죄질의 경중과 이에 대한 행위자의 책임에 비하여 지나치게 가혹한 것이어서 전체 형벌체계상 현저히 균형을 잃게 되고 이로 인하여 다른 범죄자와의 관계에 있어서 헌법상 평등의 원리에 반하게 된다거나, 그러한 유형의 범죄에 대한 형벌 본래의 기능과 목적을 달성함에 있어 필요한 정도를 일탈함으로써 헌법 제37조 제2항으로부터 파생되는 비례의 원칙 혹은 과잉금지의 원칙에 반하는 것으로 평가되는 등 입법재량권이 헌법규정이나 헌법상의 제 원리에 반하여 자의적으로 행사된 경우가 아닌 한, 법정형의 높고 낮음은 단순한 입법정책 당부의 문제에 불과하고 헌법위반의 문제는 아니라 할 것이다.

헌재 1995.4.20. 91헌바11, 판례집 7-1, 478,487

(판 례) 가석방 불가능의 절대적 종신형을 두고 있지 않은 것

현행 무기징역형제도가 상대적 종신형 외에 절대적 종신형을 따로 두고 있지 아니함으로 인하여 무기수형자들에 대하여 형벌체계상의 정당성과 균형을 상실한 것으로서 헌법 제11조의 평등원칙에 반하고 무기징역형제도가 형벌이 죄질과 책임에 상응하도록 적절한 비례성을 갖추어야 한다는 책임원칙에 반하여 위헌이라고 단정하기는 어렵다.

헌재 2010.2.25. 2008헌가23, 공보 161, 237,250

(판 례) 형벌의 적정성

(반국가행위자의 처벌에 관한 특별조치법) 제8조는 피고인의 소환불응에 대하여 전 재산 몰수를 규정한바, 설사 반국가행위자의 고의적인 소환불응을 범죄행위

라고 규정하는 취지라 해도 이러한 행위에 대해 전 재산의 몰수라는 형벌은 행위의 가벌성에 비해 지나치게 무거워 적정하지 못하고 일반형사법체계와 조화를 이루지 못하고 있다. 결국 이는 행위책임의 법리를 넘어서 자의적이고 심정적인 처벌에의 길을 열어 둠으로써 형벌체계상 정당성과 균형을 벗어나 적법절차 및 과잉금지의 원칙에 어긋난다.

헌재 1996.1.25. 95헌가5, 판례집 8-1, 1,2

(판 례) 과잉처벌 여부(1)

(연간 포탈세액이 2억 원 이상이면 포탈세액의 2배 이상 5배 이하에 상당하는 벌금을 필요적으로 병과하도록 하는 특정범죄가중처벌등에관한법률 규정이 과잉처벌에 해당하는지 여부. 합헌결정)

조세포탈범에 대한 벌금형의 필요적 병과여부는 원칙적으로 입법정책의 문제로서 (……) 법관은 정상에 따라 벌금형을 감액할 수도 있고, 벌금형만을 선고유예할 수도 있으므로 이 사건 규정이 벌금형을 반드시 병과하도록 하였다 하더라도 형벌체계상의 균형을 잃은 것이라거나 범행자를 귀책 이상으로 과잉처벌하는 것으로 보기는 어렵다.

헌재 2005.7.21. 2003헌바98, 판례집 17-2, 34,40

(판 례) 과잉처벌 여부(2)(공직선거법상 50배 과태료 조항)

이 사건 법률조항(공직선거법 제261조 제5항 제1호: 구법조항에 대하여 위헌법률심판이 제청되었으나, 신법에도 동일한 내용이 규정되어 있어 심판대상을 확장한 사례; 저자)은 의무위반자에 대하여 부과할 과태료의 액수를 감액의 여지없이 일률적으로 '제공받은 금액 또는 음식물·물품 가액의 50배에 상당하는 금액'으로 정하고 있는데, 이 사건 심판대상조항이 적용되는 '기부행위금지규정에 위반하여 물품·음식물·서적·관광 기타 교통편의를 제공받은 행위'의 경우에는 그 위반의 동기 및 태양, 기부행위가 이루어진 경위와 방식, 기부행위자와 위반자와의 관계, 사후의 정황 등에 따라 위법성 정도에 큰 차이가 있을 수밖에 없음에도 이와 같은 구체적, 개별적 사정을 고려하지 않고 오로지 기부받은 물품 등의 가액만을 기준으로 하여 일률적으로 정해진 액수의 과태료를 부과한다는 것은 구체적 위반행위의 책임 정도에 상응한 제재가 되기 어렵다. 더욱이 이 사건 구법 조항은 형벌조항인 공직선거법 제257조 제2항과 구별되는 경미한 사안에 관한 구체적 기준을 명확히 규정하지 아니함으로써, 소액의 기부행위를 규제하겠다는 애초의 입법의도와는 달리 죄형법정주의 내지 형사법규에 대한 엄격해석의 원칙 등에 비추어 고가의 물품 등을 기부 받은 경우에도 적용된다고 해석할 수밖에 없게 되어 책임원칙에 상응한 제재가 되기 어려울 뿐만 아니라, 위반행위자 간에도 현저히 형평에 어긋나는 결과를 초래하게 된다.

또한, 이러한 획일적인 기준에 따른 과태료의 액수는 제공받은 금액 또는 음식물·물품 가액의 '50배'에 상당하는 금액으로서 제공받은 물품 등의 가액 차이에 따른 과태료 액수의 차이도 적지 아니한 데다가 그와 같은 50배의 과태료가 일반 유권자들에게 소액의 경미한 제재로 받아들여질 수도 없는 것이다. 특히 이 사건 심판대상조항이 규정한 과태료 제재의 과중성은 형벌조항인 공직선거법 제257조 제2항에서 규정한 벌금형의 법정형의 상한이 500만 원인데 비하여, 이보다 경미한 사안, 예컨대 100만 원의 물품을 제공받은 경우 이 사건 심판대상조항에 따라 일률적으로 5,000만 원의 과태료를 부담하게 된다는 점에서 분명해진다.

나아가 소액의 위법한 기부행위를 근절함으로써 선거의 공정성을 확보한다는 입법목적의 달성은, 반드시 과태료의 액수가 '50배'에 상당하는 금액이 되어야만 가능한 것이 아니고, 과태료의 액수를 '50배 이하'로 정하는 등 보다 완화된 형식의 입법수단을 통하여도 얼마든지 가능한 것이다.

(헌법불합치결정)

헌재 2009.3.26. 2007헌가22, 공보 150, 583,584

헌법재판소는 위 공직선거법 규정과 동일한 내용(50배의 과태료)의 농업협동조합법 규정에 대하여도 헌법불합치결정을 하였다(헌재 2011.6.30. 2010헌가86). 음주운전 금지 규정을 '2회 이상 위반'한 사람을 2년 이상 5년 이하의 징역이나 1천만 원 이상 2천만 원 이하의 벌금에 처하도록 한 도로교통법 규정도 책임과 형벌 간의 비례원칙에 위반된다는 것이 판례이다. 가중요건이 되는 과거 위반행위와 처벌대상이 되는 재범 음주운전행위 사이에 아무런 시간적 제한을 두지 않고, 비교적 낮은 유형의 재범 음주운전행위도 일률적으로 그 법정형의 하한인 2년 이상의 징역 또는 1천만 원 이상의 벌금을 기준으로 처벌하도록 하고 있다는 점을 이유로 들었다(헌재 2021.11.25. 2019헌바446등).

한편, 헌법재판소는 공기업의 직원을 형법상 뇌물죄 적용에 있어 공무원으로 의제하는 공공기관의 운영에 관한 법률은 합헌이라고 하였다(헌재 2016.12.29. 2015헌바225). 공공기관의 과장대리급 이상의 간부직원에 대해서만 공무원 의제 규정을 적용하는 방법으로는 공기업 직원의 청렴성을 담보하기 어렵다는 이유에서이다.

그 밖에 헌법재판소 판례에 의하면, '특정경제범죄 가중처벌 등에 관한 법률'에서 금융기관 임직원의 특정범죄에 대해 죄질과 관계없이 무기 또는 10년 이상의 징역에 처하도록 규정하여, 법관으로 하여금 작량감경을 하더라도 별도의 법률상 감경사유가 없는 한 집행유예를 선고할 수 없게 한 규정(헌재 2006.4.27. 2006헌가5), 은닉이나 도굴된 문화재의 정을 알고 문화재를 보유하거나 보관한 경우 필요적 몰수형(헌재 2007.7.26. 2003헌마377), 상관살해죄의 경우 유일한 법정형으로서 사형을 규정한 군형법 조항(헌재 2007.11.29. 2006헌가13) 등이 책임과 형벌 간의 비례성 원칙 및 형벌체계의 균형성에 위반하여 위헌이라고 판시하였다.

그러나 헌법재판소는 작량감경을 하더라도 별도의 법률상 감경사유가 없는 한 집행유예의 선고를 할 수 없도록 그 법정형의 하한을 높여 놓았다 하여 곧 형벌체계상 균형을 잃었다고 할 수 없다고 하면서, 수뢰액이 5천만 원 이상인 때에는 무기 또는 10년 이상의 징역에 처하도록 한 '특정범죄 가중처벌 등에 관한 법률'의 가중처벌조항이 합헌이라고 판시하였다(헌재 2006.12.28. 2005헌바35). 금융기관 임직원이 직무에 관하여 금품 기타 이익을 1억원 이상 받으면 무기 또는 10년 이상의 징역에 처하는 특정경제범죄 가중처벌 등에 관한 법률 조항 역시 합헌으로 결정하였다(헌재 2017.12.28. 2016헌바281; 다만 부정한 청탁을 요건으로 하고 있지 않고, 변호사 · 파산관재인 · 공인회계사의 수재행위와 관련한 범죄의 법정형에 비하여 과도하므로 위헌이라는 4인 재판관의 의견이 있다).

헌법재판소는 금융기관 임직원이 수재죄를 범한 경우 수수액 2배 이상 5배 이하 벌금을 필요적으로 병과하는 '특정경제범죄 가중처벌 등에 관한 법률' 조항에 대하여 합헌결정을 내렸는데(헌재 2015.5.28. 2013헌바35등), 필요적 몰수 · 추징 규정이 있음에도 불구하고 필요적으로 2~5배의 벌금을 병과하도록 한 것은 형벌과 책임 간의 비례원칙에 위반된다는 반대견해도 있다.

(판 례) 주거침입강제추행범이 상해 또는 치상한 경우 무기 또는 10년 이상의 징역형에 처하도록 한 '성폭력범죄의 처벌 등에 관한 특례법' 규정의 위헌성

주거침입강제추행치상죄는 성적 자기결정권, 주거의 평온과 안전 및 신체의 안정성을 보호법익으로 한다. 이와 같이 중요한 보호법익을 모두 침해한 사람의 죄질, 책임의 정도 및 일반예방이라는 형사정책의 측면 등을 고려하면, 입법자가 주거침입강제추행치상죄라는 새로운 구성요건을 신설하고 법정형을 무기징역 또는 10년 이상의 징역으로 정하여 법관의 작량감경만으로는 집행유예를 선고하지 못하도록 한 것에는 합리적인 이유가 있으므로, 심판대상조항은 비례원칙에 위배되지 않는다.

형법 제297조의2에 규정된 유사강간에 해당하지 않는 추행행위를 한 경우라 할지라도 그 행위태양이나 불법의 정도 등에 비추어 강간이나 유사강간을 한 경우보다 무겁게 처벌하거나 동일하게 처벌하여야 할 필요가 있고, 입법자가 주거침입과 성적 자기결정권 및 신체의 안정성 침해라는 공통요소에 착안하여 심판대상조항의 법정형을 야간주거침입절도강간치상죄 및 특수절도강간치상죄와 동일하게 정한 것이 형벌체계상 균형성을 상실하였다고 할 수 없으며, 보호법익의 중요성 등을 고려하여 심판대상조항이 정한 불법의 크기가 성폭력처벌법 제4조, 제6조, 제7조의 죄를 범한 자 또는 그 미수범이 다른 사람을 상해하거나 상해에 이르게 한 때와 유사하고, 성폭력처벌법 제8조 제2항의 죄보다 중하다고 본 입법자의 판단이 자의적이라고 하기도 어렵다.

아울러 형법 제301조가 강간치상죄, 유사강간치상죄, 강제추행치상죄의 법정형을 동일하게 규정하고 있듯이 결합범적 구성요건을 규정한 경우 각각의 불법요소는 결합범 전체의 불법 크기에 본질적 차이를 가져온다고 보기 어려운 점, 죄질과 그에 따른 법정형을 수학적 · 기계적인 정비례 관계로 유지하는 것이 입법기술상 불가능한 점, 법관이 구체적인 양형으로 불합리한 점을 시정할 수 있는 점 등을 종합하면, 심판대상조항이 평등원칙에 위배된다고 할 수 없다.

(재판관 박한철 등 5인의 한정위헌의견)

입법자는 형법 제298조 및 제319조 제1항에서 벌금형으로 처하는 것으로 충분한 비교적 경미한 유형의 강제추행행위 및 주거침입행위도 예정하고 있고, 강제추행치상죄의 상해의 결과는 추행행위 그 자체로부터 발생한 경우, 폭행으로부터 발생한 경우는 물론 강제추행에 수반하는 행위에서 발생한 경우도 포함된다. 따라서 주거침입강제추행치상죄도 강제추행죄와 마찬가지로 다양한 행위유형을 포함하는 것이고, 그 죄질을 일률적으로 평가할 수 없다.

그럼에도 불구하고 심판대상조항은 강간에 비하여 성적 자기결정권을 침해하는 정도가 훨씬 경미한 유형의 강제추행행위로 인하여 경미한 상해의 결과가 발생한 경우에도 주거침입의 기회에 행하여졌으면 주거침입강간치상죄와 같이 무거운 법정형으로 처벌하고 있어 책임원칙에 반한다.

심판대상조항은 법정형의 하한을 10년 이상의 징역으로 정하여 작량감경을 하더라도 집행유예를 선고할 수 없도록 법관의 양형선택과 판단권을 극도로 제한하고 있고, 이러한 경우 법집행기관이 범죄의 성립 범위를 자의적으로 해석하여 법적 안정성을 해할 우려도 있다.

따라서 심판대상조항이 항문성교, 구강성교 또는 성기에 도구 등을 삽입하는 행위 등 강간에 못지않은 행위 이외의 강제추행행위에도 적용되는 것은 비례원칙 및 평등원칙에 위배된다.

헌재 2015.11.26. 2014헌바436, 판례집 27-2 하, 264,265-266

주거침입죄를 범한 사람이 준강제추행을 한 경우에 무기징역 또는 5년 이상의 징역에 처하도록 한 '성폭력범죄의 처벌 등에 관한 특례법' 규정도 책임과 형벌 간의 비례원칙에 위반되거나 형벌체계상 균형을 상실한 것은 아니라는 것이 판례이다(헌재 2020.9.24. 2018헌바171). 환각물질 섭취·흡입행위를 금지하고, 이에 위반한 경우 3년 이하의 징역이나 5천만원 이하의 벌금에 처하도록 한 화학물질관리법 규정은 책임과 형벌 간의 비례원칙에 반하지 않고, 벌금형이 마약류 관리에 관한 법률상 제2조 제3호 가목 향정신성의약품 원료식물 흡연·섭취에 따른 벌금형과 같게 규정하였다고 하여 형벌체계상 균형을 상실하여 평등원칙에 반하지도 않는다(헌재 2021.10.28. 2018헌바367).

2. 죄형법정주의의 파생원칙

죄형법정주의 원칙에서 도출되는 파생원칙으로서, ① 관습형법의 금지, ② 형벌불소급의 원칙, ③ 유추해석의 금지, ④ 절대적 부정기형(不定期刑)의 금지를 들 수 있다.

(1) 관습형법의 금지

범죄와 처벌은 성문법인 형식적 의미의 법률에 의해야 한다. 관습법에 의한 처벌은 인정되지 않는다.

(2) 형벌불소급의 원칙

헌법 제13조 제1항은 "행위시의 법률에 의하여 범죄를 구성하지 아니하는 행위로 소추되지 아니하며……"라고 하여 처벌법규의 소급적 효력을 금지하고 있다.

행위 당시의 판례에 의하면 처벌대상이 되지 아니하는 것으로 해석되었던 행위를 판례의 변경에 따라 처벌하는 것은 형벌불소급원칙에 반하는 것이 아니다(헌재 2014.5.29. 2012헌바390등).

형법은 "범죄 후 법률의 변경에 의하여 그 행위가 범죄를 구성하지 아니하거나 형이 구법보다 경한 때에는 신법에 의한다"(제1조 제2항)라고 규정하고 있는데, 헌법재판소 판례에 의하면, 이 같은 시혜적인 소급입법은 입법재량의 문제라고 보고 있다. 헌법재판소는 보안처분의 소급입법 금지는 보안처분의 성격에 따라 달리 본다. 그러나 공소시효의 정지규정을 과거에 행한 범죄에 적용하는 것은 형벌불소급의 원칙에 위반되지 않는다고 본다. 헌법재판소도 아직 공소시효가 완성되지 않은 미성년자 등에 대한 성폭력범죄 공소시효를 정지하거나 배제하도록 개정한 성폭력범죄특별법 규정은 형벌불소급의 원칙이나 신뢰보호원칙에 위반되지 않는다고 하였다(헌재 2021.6.24. 2018헌바457).

(판 례) 노역장유치기간의 하한을 정한 조항의 소급적용 여부

형벌불소급원칙에서 의미하는 '처벌'은 형법에 규정되어 있는 형식적 의미의 형벌 유형에 국한되지 않으며, 범죄행위에 따른 제재의 내용이나 실제적 효과가 형벌적 성격이 강하여 신체의 자유를 박탈하거나 이에 준하는 정도로 신체의 자유를 제한하는 경우에는 형벌불소급원칙이 적용되어야 한다. 노역장유치는 그 실질이 신체의 자유를 박탈하는 것으로서 징역형과 유사한 형벌적 성격을 가지고 있으므로 형벌불소급원칙의 적용대상이 된다.

노역장유치조항은 1억 원 이상의 벌금형을 선고받는 자에 대하여 유치기간의 하한을 중하게 변경시킨 것이므로, 이 조항 시행 전에 행한 범죄행위에 대해서는 범죄행위 당시에 존재하였던 법률을 적용하여야 한다. 그런데 부칙조항은 노역장유치조항의 시행 전에 행해진 범죄행위에 대해서도 공소제기의 시기가 노역장유치조항의 시행 이후이면 이를 적용하도록 하고 있으므로, 이는 범죄행위 당시 보다 불이익한 법률을 소급 적용하도록 하는 것으로서 헌법상 형벌불소급원칙에 위반된다.

헌재 2017.10.26. 2015헌바239등, 공보 253, 1079

위 결정은 소위 '황제노역'과 관련하여 노역장유치조항의 하한을 정한 형법 조항이 노역장유치제도의 공정성과 형평성 제고를 위한 것으로 합헌임을 확인한 결정이다. 그러나 형식적 의미의 형벌이 아니더라도 신체의 자유를 박탈하거나 이에 준하는 정도로 신체의 자유를 제한하는 경우에는 형벌불소급원칙이 적용된다는 점을 명확히 한 점에 의의가 있다. 헌법재판소는 이 결정에서 방론으로 범죄행위에 따른 제재의 내용이나 실제적 효과가 가중되거나 부수효과가 불이익하게 변경되는 경우에도 행위시법을 적용함이 바람직하다고 하였다. 다만 2018년의 한 사건에서 2인의 반대의견은 금액별 노역장유치기간의 하한 조항이 시행에 관한 경과규정인 형법 부칙조항은 형벌에 관한 법률조항이라고 할 수 없고, 따라서 재심을 청구할 수도 없다고 하였다(헌재 2018.3.29. 2016헌바202등).

(판 례) 보안처분과 소급입법금지

상습범 등에 대한 보안처분의 하나로서 신체에 대한 자유의 박탈을 그 내용으로 하는 보호감호처분은 형벌과 같은 차원에서의 적법한 절차와 헌법 제13조 제1항에 정한 죄형법정주의의 원칙에 따라 비로소 과해질 수 있는 것이라 할 수 있고, 따라서 그 요건이 되는 범죄에 관한 한 소급입법에 의한 보호감호처분은 허용될 수 없다고 할 것이다.

헌재 1989.7.14. 88헌가5, 판례집 1, 69,81

(판 례) 공소시효 정지규정과 형벌불소급의 원칙('5 · 18 특별법')

헌법 제12조 제1항과 제13조 제1항의 근본 뜻은 형벌법규는 허용된 행위와 금지된 행위의 경계를 명확히 설정하여 어떠한 행위가 금지되어 있고, 그에 위반한 경우 어떠한 형벌이 정해져 있는가를 미리 개인에 알려 자신의 행위를 그에 맞출 수 있도록 하자는 데 있다. 이로써 위 헌법조항은 실체적 형사법 영역에서의 어떠한 소급효력도 금지하고 있고, "범죄를 구성하지 않는 행위"라고 표현함으로써 절대적 소급효금지의 대상은 "범죄구성요건"과 관련되는 것임을 밝히고 있다. (……)

우리 헌법이 규정한 형벌불소급의 원칙은 형사소추가 "언제부터 어떠한 조건하에서" 가능한가의 문제에 관한 것이고, "얼마 동안" 가능한가의 문제에 관한 것은 아니다. 다시 말하면 헌법의 규정은 "행위의 가벌성"에 관한 것이기 때문에 소추가능성에만 연관될 뿐, 가벌성에는 영향을 미치지 않는 공소시효에 관한 규정은 원칙적으로 그 효력범위에 포함되지 않는다. 행위의 가벌성은 행위에 대한 소추가능성의 전제조건이지만 소추가능성은 가벌성의 조건이 아니므로 공소시효의 정지규정을 과거에 이미 행한 범죄에 대하여 적용하도록 하는 법률이라 하더라도 그 사유만으로 헌법 제12조 제1항 및 제13조 제1항에 규정한 죄형법정주의의 파생원칙인 형벌불소급의 원칙에 언제나 위배되는 것으로 단정할 수는 없다. (……)

(김용준 재판관 등 5인 재판관의 한정위헌의견)

헌법은 형사실체법의 영역에서는 형벌은 바로 신체의 자유와 직결되기 때문에 적어도 범죄구성요건과 형벌에 관한 한, 어떠한 공익상의 이유도, 국가적인 이익도 개인의 신뢰보호의 요청과 법적 안정성에 우선할 수 없다 하여 절대적인 소급효의 금지를 밝히고 있다. 그러므로 소급효의 문제는 신뢰보호를 요청하는 법익이 무엇이냐에 따라 구분하여 다르게 판단되어야 하고, 신체의 자유에 대한 소급적 침해에 대한 신뢰보호의 문제는 다른 권리의 사후적 침해에 대한 신뢰보호의 문제와 같은 잣대로 판단할 수는 없다.

> 우리는 앞에서 비록 공소시효제도가 헌법 제12조 제1항 후단 및 제13조 제1항 전단에 정한 죄형법정주의의 직접적인 적용을 받는 영역으로 볼 수 없다 하여 절대적 소급효금지의 대상인 것은 아니라고 판단한 바 있다. 그러나 개인의 인권보장을 위한 기본장치로서 피의자의 처지를 대변하는 신뢰보호원칙이나 법적 안정성의 측면에서 보면, 형벌을 사후적으로 가능하게 하는 새로운 범죄구성요건의 제정이나, 공소시효가 이미 완성되어 소추할 수 없는 상태에 이른 뒤에 뒤늦게 소추가 가능하도록 하는 새로운 법률을 제정하는 것은 결과적으로 형벌에 미치는 사실적 영향에서는 차이가 없어 실질에 있어서는 마찬가지이다. 일반적으로 절차법의 존속에 대한 신뢰가 실체법의 존속에 대한 신뢰보다 헌법적으로 어느 정도 적게 보호된다 하더라도, 절차법적 지위가 경우에 따라서는 그의 의미와 중요성 때문에 실체법적 지위와 동일한 보호를 요청할 수 있고, 공소시효가 완성된 뒤에 새로이 처벌될 수 있도록 하는 경우가 바로 그러한 예라 할 것이다. 따라서 비록 공소시효에 관한 것이라 하더라도 공소시효가 이미 완성된 경우에 그 뒤 다시 소추할 수 있도록 법률로써 규정하는 것은 헌법 제12조 제1항 후단의 적법절차의 원칙과 제13조 제1항의 형벌불소급의 원칙 정신에 비추어 헌법적으로 받아들일 수 없는 위헌적인 것이라 아니할 수 없다.
>
> 헌재 1996.2.16. 96헌가2등, 판례집 8-1, 51,83-84,94-95

헌법재판소는 기소유예처분 후 형벌법규가 행위자에게 유리하게 변경된 경우, 기소유예처분의 취소를 구하는 헌법소원심판 결정 당시 시행 중인 신법을 기준으로 기소유예처분의 위헌 여부를 판단하여야 한다고 하였다(헌재 2023.2.23. 2020헌마1739). 또한 피고인이 정식재판을 청구한 사건에 대하여 약식명령의 형보다 '중한 형'을 선고하지 못하도록 하던 형사소송법의 '불이익변경금지조항'이 '중한 종류의 형'을 선고하지 못한다는 '형종상향금지조항'으로 개정되면서, 형종상향금지조항의 시행 전에 정식재판을 청구한 사건에 대해서는 종전의 불이익변경금지조항에 따르도록 규정한 부칙은 형벌불소급원칙에 위배되지 않는다고 하였다(헌재 2023.2.23. 2018헌바513).

(3) 유추해석의 금지

유추해석은 어떤 사항에 대하여 법령의 규정이 없는 경우에 이와 유사한 사항에 관한 법령의 규정을 적용하는 것이다. 이를 처벌법규에 적용하면 죄형법정주의는 와해되고 만다. 그러므로 범죄와 형벌에 관한 법령의 해석과 적용에서 유추해석은 금지된다.

(판 례) 형법상 뇌물죄의 주체인 '공무원'에 대한 유추해석금지

형벌조항은 헌법상 규정된 죄형법정주의 원칙상 입법목적이나 입법자의 의도를 감안한 유추해석이 일체 금지되고, 법률조항의 문언의 의미를 엄격하게 해석하여야 하는바, 유추해석을 통하여 형벌법규의 적용범위를 확대하는 것은 '법관에 의한 범죄구성요건의 창설'에 해당하여 죄형법정주의 원칙에 위반된다.

형벌법규에 있어 독자적인 공무원 개념을 사용하기 위해서는 법률에 명시하는 것이 일반적 입법례인데, 우리의 경우에는 구 형법의 공무원 개념규정을 형법 제정 당시 두지 않았고, 국가공무원법 · 지방공무원법에 의한 공무원이 아니라고 하더라도 국가나 지방자치단체의 사무에 관여하거나 공공성이 높은 직무를 담당하여 청렴성과 직무의 불가매수성이 요구되는 경우에, 개별 법률에 '공무원 의제' 조항을 두어 공무원과 마찬가지로 뇌물죄로 처벌하거나, 특별규정을 두어 처벌하고 있다.

그런데 법원은 국가공무원법이나 지방공무원법에 따른 공무원이 아님에도 법령에 기하여 공무에 종사한다는 이유로 공무원 의제규정이 없는 사인을 이 사건 법률조항의 '공무원'에 포함된다고 해석하여 왔는바, 이는 결국 처벌의 필요성만을 지나치게 강조하여 범죄와 형벌에 대한 규정이 없음에도 구성요건을 확대한 것으로 죄형법정주의와 조화될 수 없다.

따라서 이 사건 법률조항의 '공무원'에 국가공무원법 · 지방공무원법에 따른 공무원이 아니고 공무원으로 간주되는 사람이 아닌 제주자치도 위촉위원이 포함된다고 해석하는 것은 법률해석의 한계를 넘은 것으로서 죄형법정주의에 위반된다.

헌재 2012.12.27. 2011헌바117, 공보 195, 104

(판 례) 처벌법규의 엄격해석원칙과 유추해석금지(코로나 19 관련)

감염병예방법은, 제18조 제3항에서 질병관리청장, 시 · 도지사 또는 시장 · 군수 · 구청장이 실시하는 역학조사에서 정당한 사유 없이 역학조사를 거부 · 방해 또는 회피하는 행위(제1호), 거짓으로 진술하거나 거짓 자료를 제출하는 행위(제2호), 고의적으로 사실을 누락 · 은폐하는 행위(제3호)를 금지하고, 제79조 제1호에서 제18조 제3항을 위반한 자를 2년 이하의 징역 또는 2,000만 원 이하의 벌금에 처하도록 규정하고 있다.

감염병예방법은, 제2조 제17호에서 "역학조사란 감염병환자등이 발생한 경우 감염병의 차단과 확산 방지 등을 위하여 감염병환자등의 발생 규모를 파악하고 감염원을 추적하는 등의 활동과 감염병 예방접종 후 이상반응 사례가 발생한 경우나 감염병 여부가 불분명하나 그 발병원인을 조사할 필요가 있는 사

례가 발생한 경우 그 원인을 규명하기 위하여 하는 활동을 말한다."라고 규정하는 한편, 제18조 제1, 2항과 제29조에서 역학조사의 주체, 시기, 내용, 방법을 정한 다음, 제18조 제4항에서 역학조사의 내용과 시기·방법 등에 관하여 필요한 사항을 대통령령으로 정하도록 규정하고 있다.

위와 같은 법 문언과 체계 등을 종합하면, 감염병예방법상 '역학조사'는 일반적으로 감염병예방법 제2조 제17호에서 정의한 활동을 말하고, 여기에는 관계자의 자발적인 협조를 얻어 실시하는 다양하고도 창의적인 활동이 포함될 수 있다. 그러나 형벌법규의 해석은 엄격하여야 하고, 처벌의 대상이 되는 행위는 수범자의 예견가능성을 보장하기 위해 그 범위가 명확히 정해져야 한다. 따라서 형벌법규의 구성요건적 요소에 해당하는 감염병예방법 제18조 제3항의 '역학조사'는, 감염병예방법 제2조 제17호의 정의에 부합할 뿐만 아니라 감염병예방법 제18조 제1, 2항과 제29조, 감염병예방법 제18조 제4항의 위임을 받은 감염병예방법 시행령이 정한 주체, 시기, 대상, 내용, 방법 등의 요건을 충족하는 활동만을 의미한다고 해석함이 타당하다.

아울러 '요구나 제의 따위를 받아들이지 않고 물리침'을 뜻하는 '거부'의 사전적 의미 등을 고려하면, 감염병예방법 제18조 제3항 제1호에서 정한 '역학조사를 거부하는 행위'가 성립하려면 행위자나 그의 공범에 대하여 감염병예방법 제18조 제3항에서 정한 '역학조사'가 실시되었음이 전제되어야 한다.

대판 2022.11.17. 2020도7290

위 대법원 판결은 종교단체 시설 관리자인 피고인들이 코로나 바이러스 감염증-19 확진자가 다녀간 행사의 참석자 명단과 관련 시설 종사자 명단을 제출해 달라는 방역당국의 요구를 거부함으로써 정당한 이유 없이 역학조사를 거부하였다는 혐의 등으로 기소된 사안이었다. 제1, 2심은, 방역당국의 명단제출요구는 감염병예방법 제2조 제17호에서 정한 '역학조사'의 정의에 포섭될 뿐만 아니라, 행사에 참석한 확진자에 대한 역학조사와 향후 있을 다른 역학조사 간의 연결 과정을 형성하는 핵심적인 사실행위에 해당하므로, 이를 거부한 피고인들의 행위는 감염병예방법 제18조 제3항 제1호에서 정한 '역학조사를 거부한 행위'에 해당한다고 보았다. 그러나 대법원은 피고인들의 행위가 감염병예방법상의 '역학조사를 거부하는 행위'에 해당하려면, 방역당국의 명단제출요구가 감염병예방법의 위임을 받은 동법시행령이 정한 역학조사의 주체, 시기, 내용, 방법 등의 요건을 충족한다는 점이 인정되어야 한다고 하면서 원심판결을 파기·환송하였다.

(4) 절대적 부정기형의 금지

부정기형은 징역, 금고 등의 자유형을 선고함에 있어서 형기를 재판에서 확정하지 않고 행형의 경과에 따라 결정하는 것이다. 형기의 장기와 단기를 정하는 상대적 부정기형은 인정된다(소년법 제60조 등). 그러나 장기와 단기를 정하지 않는 절대적 부정기형은 금지된다.

V. 적법절차의 원칙

1. 연 혁

적법절차의 원칙은 영미법에서 발전된 법원칙이다. 그 유래는 1215년의 대헌장(Magna Carta)에서 '국법'(the law of the land)에 의하지 않고는 자유민의 재산, 자유 등을 박탈할 수 없다고 한 규정에 소급한다. '적법절차'(due process of law)라는 문언이 처음 등장한 것은 1335년, 영국 에드워드(Edward) 3세 시절의 법령집에서이다.

미국에서는 1791년의 미국헌법 수정 제5조에서 "누구든지 적법절차에 의하지 아니하고는 생명, 자유 또는 재산을 박탈당하지 아니하며……"라고 규정하였고, 1868년의 수정 제14조에서 "어떠한 주(州)도 적법절차에 의하지 아니하고는 누구로부터도 생명, 자유 또는 재산을 박탈할 수 없으며……"라고 규정하였다. 이 조항은 판례에서 여러 표현을 통해 해석되었으나 그 요지는 '공정하고 개명된 사법체제'(fair and enlightened system of justice)를 의미하는 것이었다. 나아가 이 조항은 절차적 적정성만이 아니라 실체적 적정성까지 포함하는 것으로(이른바 '절차적 적법절차'로부터 '실체적 적법절차'에로) 확대되어 해석되어 왔다.

일본헌법에서는 "누구든지 법률이 정한 절차에 의하지 아니하고는 그 생명 또는 자유를 박탈당하거나 기타의 형벌을 당하지 아니한다"(제31조)고 규정하고 있고, 판례는 형사절차만이 아니라 그 외에도 확대 적용하고 있다.

한국헌법에서는 현행 헌법에서 적법절차 조항이 처음 도입되었고, '처벌, 보안처분, 강제노역'(제12조 1항 제2문)과 영장발부에 관련하여(제12조 제3항) 규정되었다.

2. 적법절차의 적용범위와 내용

헌법재판소는 적법절차의 원칙을 헌법 제12조 제1항과 제3항만이 아니라 모든 국가작용에 적용되는 헌법의 일반적인 기본원리로 해석하고 있다. 이 원칙이 적용되는 범위에 관하여, ① 형사소송절차만이 아니라 행정절차를 비롯하여 모든 국가작용에 적용되고, ② 기본권제한과 관련되든 관련되지 않든 모든 입법작용과 행정작용에 적용되며(헌재 1992.12.24. 92헌가8등), 반면 ③ 국민과 국가와의 관계가 아닌 국가기관 상호간의 관계가 문제된 경우(예컨대 탄핵소추절차)에는 적용되지 않는다고 한다(헌재 2004.5.14. 2004헌나1).

또한 헌법재판소는 적법절차의 내용에 관하여, ① 절차를 규율하는 법이 형식적 의미의 법률이어야 한다는 '절차의 적법성'만이 아니라, ② 그 법률의 절차에 관한 내용이 정의에 합치되어야 한다는 '절차의 적정성'까지 보장해야 하고(헌재 1993.7.29. 90헌바35), ③ 나아가 절차만이 아니라 실체적으로도 법률내용이 합리성과 정당성을 갖추어야 한다는 의미로 확대 해석하고 있다(헌재 1992.12.24. 92헌가8; 헌재 1998.5.28. 96헌바4). 결국 절차 및 실체에 있어서 적정성을 갖추어야 한다는 것이다.

절차적 적정성의 핵심적 내용은 ① 이해관계를 갖는 당사자에게 적절한 고지(notice)를 행하고, ② 진술 및 자료제출 등 청문(hearing)의 기회를 보장하는 데에 있다.

헌법재판소에 의하면 적법절차의 내용은 일률적으로 정하기 어렵고, 다양한 요소들을 형량하여 개별적으로 판단할 수밖에 없다고 한다.

(판 례) 적법절차의 내용(이른바 쇠고기파동 사건에서 고시(告示)의 절차)

이 원칙(적법절차원칙)이 구체적으로 어떠한 절차를 어느 정도로 요구하는지 일률적으로 정하기 어렵고, 이는 규율되는 사항의 성질, 관련 당사자의 사익, 절차의 이행으로 제고될 가치, 국가작용의 효율성, 절차에 소요되는 비용, 불복의 기회 등 다양한 요소들을 형량하여 개별적으로 판단할 수밖에 없는 것이다(헌재 2003.7.24. 2001헌가25, 판례집 15-2 상, 1,18; 헌재 2005.12.22. 2005헌마19, 판례집 17-2, 785, 796; 헌재 2006.5.25. 2004헌바12, 판례집 18-1 하, 58,67).

이 사건 기록 등에 의하면, 농림수산식품부장관은 2008. 4. 22. 농림수산식품부 공고 제2008-45호로 미국산 쇠고기 수입위생조건 개정안에 대하여 '입안예고'라는 명칭으로 예고절차를 거친 이후 미국과의 쇠고기 추가협상을 통해 부칙 제5항 내지 제9항을 비롯한 일부 내용을 추가하거나 변경함에 있어 별도의 예고절차 없이 2008. 6. 26. 이 사건 고시를 관보에 게재하였으므로, 이러한 예고절차 등과 관련하여 적법절차원칙에 위반되는지 여부가 문제될 수 있다.

그러나 원래 국민의 생명·신체의 안전 등 기본권을 보호할 의무를 어떠한 절차를 통하여 실현할 것인가에 대하여도 국가에게 폭 넓은 형성의 자유가 인정된다 할 것이므로, 농림수산식품부장관 등 관련 국가기관이 국민의 생명·신체의 안전에 영향을 미치는 고시 등의 내용을 결정함에 있어서 이해관계인의 의견을 사전에 충분히 수렴하는 것이 바람직하기는 하지만, 그것이 헌법의 적법절차 원칙상 필수적으로 요구되는 것이라고 할 수는 없다.

헌재 2008.12.26. 2008헌마419등, 판례집 20-2 하, 960,985

판례에 따르면, 원전개발에 있어서 인근 주민 및 관계 전문가 등으로부터의 의견청취절차의 시행주체가 반드시 행정기관이나 독립된 제3의 기관이어야 하는 것은 아니다. 공정성과 객관성이 담보되는 절차가 마련되어 있는 경우 전원(電源)개발사업자가 그 주체가 되어도 무방하다(헌재 2016.10.27. 2015헌바358).

헌법재판소 판례처럼 적법절차의 원칙을 확대 적용하는 경우에 헌법 제37조 제2항에 의한 비례의 원칙(과잉금지의 원칙)과의 관계가 문제된다. 판례는 적법절차의 원칙이 더 포괄적인 헌법의 기본원리라고 보고 있다.

(판 례) 적법절차의 의미와 적용범위

우리 현행 헌법에서는 제12조 제1항의 처벌, 보안처분, 강제노역 등 및 제12조 제3항의 영장주의와 관련하여 각각 적법절차의 원칙을 규정하고 있지만 이는 그 대상을 한정적으로 열거하고 있는 것이 아니라 그 적용대상을 예시한 것에 불과하다고 해석하는 것이 우리의 통설적 견해이다. 다만 현행 헌법상 규정된 적법절차의 원칙을 어떻게 해석할 것인가에 대하여 표현의 차이는 있지만 대체적으로 적법절차의 원칙이 독자적인 헌법원리의 하나로 수용되고 있으며 이는 형식적인 절차뿐만 아니라 실체적 법률내용이 합리성과 정당성을 갖춘 것이어야 한다는 실질적 의미로 확대 해석하고 있으며, 우리 헌법재판소의 판례에서도 이 적법절차의 원칙은 법률의 위헌여부에 관한 심사기준으로서 그 적용대상을 형사소송절차에 국한하지 않고 모든 국가작용 특히 입법작용 전반에 대하여 문제된 법률의 실체적 내용이 합리성과 정당성을 갖추고 있는지 여부를 판단하는 기준으로 적용되고 있음을 보여주고 있다(당 헌법재판소 1989.9.8. 선고 88헌가6 결정; 1990.11.19. 선고 90헌가48 결정 등 참조).

헌재 1992.12.24. 92헌가8, 판례집 4, 853,876-877

(판 례) 절차의 적법성과 절차의 적정성

적법절차주의는 적어도 형사소송절차에 있어서는 그 절차를 규율하는 법이 형식적 의미의 법률로 정하여져야 할 뿐만 아니라, 그 법률의 내용이 정의에 합치되는 것이어야 한다는, 다시 말하자면 절차의 적법성뿐만 아니라 절차의 적정성까지 보장되어야 한다는 뜻으로 이해하는 것이 마땅하다고 본다.

헌재 1993.7.29. 90헌바35, 판례집 5-2, 14,30

(판 례) 영창처분과 적법절차

전투경찰순경에 대한 영창처분은 그 사유가 제한되어 있고, 징계 심의 및 집행에 있어 징계대상자의 출석권과 진술권이 보장되며, 법률에 의한 별도의 불복절차가 마련되어 있는바, 이러한 점들을 종합하면 이 사건 영창조항이 헌법에서 요구하는 수준의 절차적 보장 기준을 충족하지 못했다고 볼 수 없다. 따라서 이 사건 영창조항은 적법절차원칙에 위배되지 아니한다.

(이정미 등 5인 재판관의 반대의견)

전투경찰순경에 대한 영창제도는 위와 같이 영창처분에 대하여 법관 이외의 법률전문가의 판단을 받을 기회도 차단되어 있으므로, 군의 영창제도와 비교하더라도 그 통제장치가 더욱 미약하다고 볼 수 있다.

이와 같이 이 사건 영창조항에 의한 영창처분은 행정기관에 의한 구속에 해당함에도 불구하고, 그러한 구속이 법관의 판단을 거쳐 발부된 영장에 의하지 않고 이루어지므로, 헌법 제12조 제3항의 영장주의에 위배된다.

헌재 2016.3.31. 2013헌바190, 공보 234, 552,556-558

(판 례) 적법절차와 청문의 기회 보장

(변호사법 제15조는) 법무부장관의 일방적인 명령에 의하여 변호사의 업무가 정지되게 된다는 것이다. 형사사건으로 기소된 경우에 이를 이유로 징계절차에 붙여져 그 업무를 정지시키는 것이 아니다. 따라서 징계절차에 있어서와 같이 당해 변호사가 자기에게 유리한 사실을 진술하거나 필요한 증거를 제출할 수 있는 청문의 기회가 보장되지 아니하며, 이러한 의미에서 적법절차가 존중되지 않는다.

헌재 1990.11.19. 90헌가48, 판례집 2, 393,399-400

(판 례) 사전통지와 청문의 예외적 생략

법무부장관이 형사재판에 계속 중인 사람에 대하여 행정처분으로 출국의 자유를 제한함에 있어서도 헌법에서 정한 적법절차원칙에 따라야 한다. 적법절차원칙에서 도출할 수 있는 중요한 절차적 요청 중의 하나로, 당사자에게 적절한 고지를 행할 것, 당사자에게 의견 및 자료 제출의 기회를 부여할 것 등을 들 수 있다. 그러나 이 원칙이 구체적으로 어떠한 절차를 어느 정도로 요구하는지는 규율되는 사항의 성질, 관련 당사자의 권리와 이익, 절차 이행으로 제고될 가치, 국가작용의 효율성, 절차에 소요되는 비용, 불복의 기회 등 다양한 요소를 비교하여 개별적으로 판단할 수밖에 없다(헌재 2003.7.24. 2001헌가25; 헌재 2007.10.4. 2006헌바91 참조). (……)

심판대상조항에 따른 출국금지결정은 형사재판에 계속 중인 사람의 해외도피를 방지하여 국가 형벌권을 확보하고자 함에 그 목적이 있는 것이므로 성질상 신속성과 밀행성을 요한다. 그런데 법무부장관으로 하여금 출국금지결정을 할 때 출국금지 대상자에게 사전통지를 하거나 청문을 실시하도록 한다면, 출국금지 대상자가 국가의 형벌권을 피하기 위하여 출국금지결정 이전에 외국으로 도피할 가능성을 배제하기 어렵고, 이로 인하여 국가 형벌권 확보라는 출국금지제도의 목적을 달성하는 데 지장을 초래할 우려가 크다. 나아가 출입국관리법은 법무부장관으로 하여금 출국을 금지하였을 때에는 즉시 서면으로 통지하도록 하여(제4조의4 제1항) 해당 출국금지 대상자에게 방어의 준비 및 불복의 기회를 보장하고 있고, 이의신청이나 행정소송을 통하여 출국금지 대상자가 충분히 의견을 진술하거나 자료를 제출할 기회도 보장하고 있다.

이와 같이 출국금지 대상자가 출국금지결정에 대해 사후적으로 다툴 수 있는 기회를 제공하여 절차적 참여를 보장해 주고 있으므로, 심판대상조항이 출국금지 대상자에게 사전통지를 하도록 규정하지 아니하거나 청문의 기회를 부여하고 있지 아니한 것만으로 적법절차원칙에 위배된다고 보기 어렵다.

헌재 2015.9.24. 2012헌바302, 공보 228, 1395,1398

(판 례) 인도조약에 따른 범죄인의 인도와 적법절차

(대한민국과 타일랜드왕국 간에 체결된 범죄인인도조약이 우리 형법 규정과 함께 위헌법률심판의 대상이 된 사건이다)

인도조약조항에 따른 인도조약 체약국 사이의 외교적 절차에 있어서는, 범죄인에 대한 형사절차 등에서 요구되는 것과 같은 정도의 절차적 보장이 요청된다고 보기는 어렵다 (…)

만약 청구인의 주장처럼 청구국이 피청구국에게 동의요청을 할 때마다 인도된 범죄인에게 고지를 하고, 의견 및 자료 제출의 기회 등을 부여하여야 한다면, 자칫 피청구국의 동의를 확보할 때까지 상대적으로 긴 시간이 소요되어 그 사이에 추가적 범죄에 대한 처벌의 공백이 발생할 수 있어, 청구국이 형사사법 운용의 효율성을 제고하고 사법정의의 실현이라는 목적을 달성하는데 커다란

지장을 초래할 우려가 있다 (…)

인도조약조항이 특정성의 원칙의 예외사유로 청구국으로 하여금 기한의 정함이 없이 추가적 범죄의 처벌에 대하여 피청구국의 동의를 요청하도록 하는 것은 형사사법의 정의구현이라는 목적 달성을 위하여 불가피한 측면이 있다 (…)

청구국이 피청구국의 동의를 얻어 해당 범죄인을 추가적 범죄로 구금, 기소 또는 심리할 때 해당 범죄인은 형사재판에서 피청구국의 동의에 중대한 위법사유가 존재한다는 등의 이유로 특정성의 원칙 위반을 주장하면서 이를 다툴 수 있다(대법원 2005.10.28. 선고 2005도5822 판결 참조). 아울러 인도된 범죄인은 청구국의 법률에 따른 구금, 기소 또는 심리절차에서 관련 법률에서 정한 절차적 · 실체적 권리의 보장을 충분히 받을 수 있다 (…)

인도조약조항이 인도조약에 따른 범죄인의 인도 시 특정성의 원칙을 배제하는 예외사유로 '피청구국의 동의'와 '청구국의 동의요청서 등의 제출의무'를 규정하면서도, 해당 범죄인에 대한 동의요청절차 진행 고지 및 의견 · 자료 등의 제출 기회 부여, 이의신청 절차 등을 별도로 마련하지 않고 청구국의 동의요청 기한을 정하지 않은 것이 헌법 제12조 제1항에 따른 적법절차원칙에 위반된다고 보기 어렵다.

헌재 2025.6.27. 2020헌바318, 공보 345, 621,626-627

(판 례) 친일반민족행위 의제규정과 적법절차

심판대상조항(일제강점하 반민족행위 진상규명에 관한 특별법 부칙 제2조 본문; 저자)이 적용되는 경우 반민족규명위원회가 구 반민족규명법 제2조 제7호에 따라 행한 친일반민족행위결정(이하, '종전 결정'이라 한다)이 존속하나, 심판대상조항에 따라 종전 결정이 현행 반민족규명법 제2조 제7호에 의하여 이루어진 것으로 의제된다.

그러나 종전 결정 시 조사대상자 등의 절차적 권리가 충분히 보호되었다고 볼 수 있고, 당시 조사 내용만으로도 현행 반민족규명법 제2조 제7호의 요건 충족 여부를 확인할 수 있는 점 등을 고려하면, 친일반민족행위진상규명위원회(이하, '반민족규명위원회'라 한다)가 현행 반민족규명법의 시행일 이전에 활동을 종료하였고, 처분상대방 등이 종전 결정의 효력을 다투는 항고소송을 제기하여 그 재판절차가 계속 중인 경우가 존재하는 상황에서 새롭게 반민족규명위원회를 조직하여 모든 절차를 다시 거치도록 하는 것은 무용한 절차를 반복하고 처분상대방 등의 법적 지위를 장기간 불안정하게 하는 것에 불과하다.

이러한 사정에 반민족규명법 자체가 태생적으로 과거의 행위를 역사적 · 법적으로 재평가하기 위한 진정소급입법에 해당하는 점과 현행 반민족규명법 제

2조 제7호의 개정 경위를 아울러 종합하여 보면, 입법자는 반민족규명법의 입법목적을 관철하기 위하여 과거의 행위를 법적으로 재평가하는 매우 특수하고 이례적인 공동체적 과업을 계속해서 수행해 나가는 과정에서 불가피한 입법적 결단을 한 것으로 보인다. 따라서 심판대상조항이 적법절차원칙 등에 위반된다고 볼 수 없다.

헌재 2018.4.26. 2016헌바453, 판례집 30-1 상, 587,588

헌법재판소는 위 결정과 같은 이유로 친일반민족행위자 재산의 국가귀속에 관한 특별법 부칙 제2항 본문도 합헌이라고 하였다(헌재 2018.4.26. 2016헌바454).

(판 례) 보호입원제도의 위헌성(적법절차와 과잉금지원칙의 관계(2))

(보호의무자 2인의 동의와 정신건강의학과 전문의 1인의 진단으로 정신질환자에 대한 보호입원이 가능하도록 한 정신보건법 조항의 위헌법률심판사건임)

정신질환자의 수용에서 해제에 이르기까지 일련의 과정에서 요구되는 적절한 절차보장은 결국 격리수용의 필요성에 대한 판단에 공정성과 객관성을 담보하기 위한 것으로서 실체문제와 분리될 수 없으므로 과잉금지원칙 위반 여부에서 적법절차 문제를 포함하여 검토하기로 한다. (……)

심판대상조항의 위헌성은 보호입원을 통한 치료의 필요성 등에 관하여 독립적이고 중립적인 제3자에게 판단 받을 수 있는 절차를 두지 아니한 채 보호의무자 2인의 동의와 정신과전문의 1인의 판단만으로 정신질환자 본인의 의사에 반하는 보호입원을 가능하게 함으로써, 제도의 악용이나 남용 가능성을 배제하지 못하고 있다는 점에 있다.

(헌법불합치결정)

헌재 2016.9.29. 2014헌가9, 공보 240, 1457,1460,1463

(판 례) 적법절차와 행정행위

심판대상조항(연락운송 운임수입의 배분에 관한 협의가 성립하지 아니한 때에는 당사자의 신청을 받아 국토교통부장관이 결정하도록 한 도시철도법 제34조 제2항; 저자)은 국토교통부장관이 운임수입 배분에 관한 결정을 하기 전에 거쳐야 하는 일반적인 절차에 대해 따로 규정하고 있지는 않지만, 행정절차법은 처분의 사전통지, 의견제출의 기회, 처분의 이유 제시 등을 규정하고 있고, 이는 국토교통부장관의 결정에도 적용되어 절차적 보장이 이루어지므로, 심판대상조항은 적법절차원칙에 위배되지 아니한다.

헌재 2019.6.28. 2017헌바135, 공보 273, 715

(판 례) 행정절차법상의 사전절차가 국가에 대한 행위에도 적용되는지 여부

(원고는 대한민국, 피고는 한국전력공사, 피고보조참가인(상고인)는 한국방송공사인 텔레비전방송수신료부과처분취소 사건이다)

행정청이 침해적 행정처분을 하면서 위와 같은(행정절차법 제21조 내지 제23조의 사전통지, 의견청취, 이유제시 등; 저자) 절차를 거치지 아니하였다면 원칙적으로 그 처분은 위법하여 취소를 면할 수 없다(대법원 2019.1.31. 선고 2016두64975 판결, 대법원 2020.7.23. 선고 2017두66602 판결 등 참조).

한편 행정절차법 제2조 제4호에 의하면, '당사자 등'이란 행정청의 처분에 대하여 직접 그 상대가 되는 당사자와 행정청이 직권 또는 신청에 의하여 행정절차에 참여하게 한 이해관계인을 의미하는데, 같은 법 제9조에서는 자연인, 법인, 법인 아닌 사단 또는 재단 외에 '다른 법령에 따라 권리 · 의무의 주체가 될 수 있는 자' 역시 '당사자 등'이 될 수 있다고 규정하고 있을 뿐, 국가를 '당사자 등'에서 제외하고 있지 않다. 또한 행정절차법 제3조 제2항에서 행정절차법이 적용되지 아니하는 사항을 열거하고 있는데, '국가를 상대로 한 행정행위'는 그 예외사유에 해당하지 않는다.

위와 같은 행정절차법의 규정과 행정의 공정성 · 투명성 및 신뢰성 확보라는 행정절차법의 입법취지 등을 고려해보면, 행정기관의 처분에 의하여 불이익을 입게 되는 국가를 일반 국민과 달리 취급할 이유가 없다. 따라서 국가에 대한 행정처분을 함에 있어서도 앞서 본 사전 통지, 의견청취, 이유제시와 관련한 행정절차법이 그대로 적용된다고 보아야 한다. (……)

방송법 제64조 단서에 의하면 대통령령으로 정하는 수상기에 대해서는 등록을 면제할 수 있고, 방송법 시행령 제39조 제10호는 '군 및 의무경찰대 영내에 갖추고 있는 수상기'를 등록이 면제되는 수상기로 정하고 있다. 그런데 위 시행령 제39조 각호에서는 등록이 면제되는 수상기를 제10호와 같이 수상기가 위치한 장소만을 요건으로 하는 경우와 제12호, 제13호와 같이 장소 외에 그 용도까지 함께 그 요건으로 하는 경우를 구분하여 규율하는 방식을 취하고 있다. 따라서 '군 영내'에 있는 수상기는 그 사용 목적과는 관계없이 등록의무가 면제되는 수상기로서 이에 대해서는 수신료를 부과할 수 없다.

대판 2023.9.21. 2023두39724

(판 례) 적법절차와 위법수집증거배제법칙의 예외: 이익형량에 의한 후퇴

형사소송법 제308조의2는 '위법수집증거의 배제'라는 제목으로 "적법한 절차에 따르지 아니하고 수집한 증거는 증거로 할 수 없다."라고 정하고 있다. (……) 그러나 법률에 정해진 절차에 따르지 않고 수집한 증거라는 이유만을

내세워 획일적으로 증거능력을 부정하는 것은 헌법과 형사소송법의 목적에 맞지 않는다. 실체적 진실 규명을 통한 정당한 형벌권의 실현도 헌법과 형사소송법이 형사소송 절차를 통하여 달성하려는 중요한 목표이자 이념이기 때문이다.

수사기관의 절차 위반행위가 적법절차의 실질적인 내용을 침해하는 경우에 해당하지 않고, 오히려 증거능력을 배제하는 것이 헌법과 형사소송법이 형사소송에 관한 절차 조항을 마련하여 적법절차의 원칙과 실체적 진실 규명의 조화를 도모하고 이를 통하여 형사 사법 정의를 실현하려 한 취지에 반하는 결과를 초래하는 것으로 평가되는 예외적인 경우라면, 법원은 그 증거를 유죄 인정의 증거로 사용할 수 있다고 보아야 한다 (……) 이러한 법리는 적법한 절차에 따르지 않고 수집한 증거를 기초로 하여 획득한 2차적 증거에 대해서도 마찬가지로 적용되므로, 절차에 따르지 않은 증거 수집과 2차적 증거 수집 사이 인과관계의 희석이나 단절 여부를 중심으로 2차적 증거 수집과 관련된 모든 사정을 전체적 · 종합적으로 고려하여 예외적인 경우에는 유죄 인정의 증거로 사용할 수 있다.

형사소송법 제219조, 제121조는 '수사기관이 압수 · 수색영장을 집행할 때에는 피압수자 또는 변호인은 그 집행에 참여할 수 있다.'고 정하고 있다 (……) 만일 그러한 (참여; 저자) 조치를 취하지 않았다면 압수 · 수색이 적법하다고 평가할 수 없다. 다만 피압수자 측이 위와 같은 절차나 과정에 참여하지 않는다는 의사를 명시적으로 표시하였거나 절차 위반행위가 이루어진 과정의 성질과 내용 등에 비추어 피압수자에게 절차 참여를 보장한 취지가 실질적으로 침해되었다고 볼 수 없는 경우에는 압수 · 수색의 적법성을 부정할 수 없다. 이는 수사기관이 저장매체 또는 복제본에서 혐의사실과 관련된 전자정보만을 복제 · 출력한 경우에도 마찬가지이다. (……)

이 사건 영장은 법관의 서명날인란에 서명만 있고 날인이 없으므로, 형사소송법이 정한 요건을 갖추지 못하여 적법하게 발부되었다고 볼 수 없다.

그런데도 원심이 이와 달리 이 사건 영장이 법관의 진정한 의사에 따라 발부되었다는 등의 이유만으로 이 사건 영장이 유효라고 판단한 것은 잘못이다. 그러나 위에서 본 법리와 적법하게 채택된 증거에 비추어 알 수 있는 아래와 같은 사정을 전체적 · 종합적으로 고려하면, 이 사건 영장에 따라 압수한 이 사건 파일 출력물과 이에 기초하여 획득한 2차적 증거인 검사 작성의 피고인 1에 대한 피의자신문조서, 경찰 작성의 공소외 2에 대한 피의자신문조서, 공소외 3 등의 각 법정진술은 유죄 인정의 증거로 사용할 수 있는 경우에 해당한다. (……)

이 사건 파일 출력물이 위와 같이 적법하지 않은 영장에 기초하여 수집되었다는 절차상의 결함이 있지만, 이는 법관이 공소사실과 관련성이 있다고 판단하여 발부한 영장에 기초하여 취득된 것이고, 위와 같은 결함은 피고인 1의 기본적 인권보장 등 법익 침해 방지와 관련성이 적다. 이 사건 파일 출력물의 취득 과정에서 절차 조항 위반의 내용과 정도가 중대하지 않고 절차 조항이 보호하고자 하는 권리나 법익을 본질적으로 침해하였다고 볼 수 없다. 오히려 이러한 경우에까지 공소사실과 관련성이 높은 이 사건 파일 출력물의 증거능력을 배제하는 것은 적법절차의 원칙과 실체적 진실 규명의 조화를 도모하고 이를 통하여 형사 사법 정의를 실현하려는 취지에 반하는 결과를 초래할 수 있다.
대판 2019.7.11. 2018도20504

3. 적법절차에 관한 주요 헌법재판소 판례

(위헌결정)

* 구 사회보호법상 필요적 보호감호제도(헌재 1989.7.14. 88헌가5등).
* 변호사가 기소된 경우, 청문의 기회 등을 주지 않고 법무부장관이 일방적으로 업무정지 명령을 할 수 있도록 한 규정(헌재 1990.11.19. 90헌가48).
* 무죄판결 선고시 구속영장의 실효에 관하여 일정한 경우에 검사의 의견에 좌우되도록 하는 규정(헌재 1992.12.24. 92헌가8).
* 법원의 보석허가 결정에 대하여 그 집행정지의 효과를 갖는 검사의 즉시항고를 인정한 규정(헌재 1993.12.23. 93헌가2).
* 교원이 기소된 경우, 청문의 기회 없이 직위해제를 할 수 있도록 한 규정(헌재 1994.7.29. 93헌가3).
* 중형사건에 대한 궐석재판 허용(반국가행위자의 처벌에 관한 특별조치법)(헌재 1996.1.25. 95헌가5).
* 공판기일전 증인신문제도에 있어서 피고인 등의 참여 여부를 판사의 재량으로 함으로써 반대신문권을 제한한 규정(헌재 1996.12.26. 94헌바1).
* 구 관세법상 몰수할 것으로 인정되는 물품을 압수한 경우, 일정한 요건에 해당하면 재판이나 청문절차 없이 국고에 귀속하도록 한 규정(헌재 1997.5.29. 96헌가17).
* 피고인이 자신에게 책임 없는 사유로 불출석한 경우에 궐석재판을 허용한 규정(헌재 1998.7.16. 97헌바22).
* 귀속재산처리법상 법정기간 내에 매매대금을 납부하지 않으면 예외 없이 귀속재산 매매계약이 해제되도록 한 규정(헌재 2000.6.1. 98헌가13).
* 보안관찰처분 취소 등을 구하는 행정소송절차에서는 다른 행정소송사건과 달

리 일률적으로 가처분을 할 수 없도록 한 규정(헌재 2001.4.26. 98헌바79등).

* 검사가 법원의 증인으로 채택된 수감자를 거의 매일 검사실로 하루 종일 소환하는 등, 피고인 측 변호인의 접근을 차단하는 등의 행위(헌재 2001.8.30. 99헌마496).

(합헌결정)

* 직접주의와 전문법칙(傳聞法則)의 예외를 규정한 형사소송법 제314조(헌재 1994.4.28. 93헌바26).
* 지방자치단체의 폐치, 분합을 정하는 입법과정에서 청문절차를 두되, 주민투표를 실시하지 않은 것(헌재 1994.12.19. 94헌마201).
* 음주측정 불응에 대한 처벌규정(헌재 1997.3.27. 96헌가11).
* 입법과정에서 청문회를 거치지 않은 것(세무대학 폐지법률)(헌재 2001.2.22. 99헌마613).
* 검사나 사법경찰관이 아닌 사법경찰리(司法警察吏)에게 기계적 사무보조에 한정되지 않는 수사의 보조를 하도록 한 규정(헌재 2001.10.25. 2001헌바9).
* 공무원연금 급여제한조치에 있어서 청문절차를 거치지 않은 것(헌재 2002.7.18. 2000헌바57).
* 불법게임물의 수거·폐기에 관한 행정상 즉시강제(헌재 2002.10.31. 2000헌가12).
* 범죄인 인도심사를 서울고등법원의 단심제로 한 규정(헌재 2003.1.30. 2001헌바95).
* 공정거래위원회로 하여금 부당내부거래를 한 사업자에 대하여 과징금을 부과할 수 있도록 한 것(헌재 2003.7.24. 2001헌가25).
* 범죄의 피의자로 입건된 사람들에게 경찰공무원이나 검사의 신문을 받으면서 자신의 신원을 밝히지 않고 지문채취에 불응하는 경우, 형사처벌을 통하여 지문채취를 강제하는 구 경범죄처벌법의 규정(헌재 2004.9.23. 2002헌가17등).
* 국가공무원이 형법상 일정한 범죄행위를 범하여 금고 이상의 형의 선고유예를 받은 경우 별도의 징계절차를 거치지 않고 당연퇴직하도록 규정한 국가공무원법 제69조(헌재 2013.7.25. 2012헌바409).
* 범칙금 통고처분을 받고도 납부기간 이내에 범칙금을 납부하지 아니한 사람에 대하여 행정청에 대한 이의제기나 의견진술 등의 기회를 주지 않고 경찰서장이 곧바로 즉결심판을 청구하도록 한 도로교통법 조항(헌재 2014.8.28. 2012헌바433).
* 징계시효 연장을 규정하면서, 징계절차를 진행하지 아니함을 통보하지 아니한 경우에는 징계시효가 연장되지 않는다는 예외규정을 두지 아니한 지방공무원

법 규정(헌재 2017.6.29. 2015헌바29).

* 특정공무원범죄의 범인에 대한 추징판결을 범인 외의 자가 그 정황을 알면서 취득한 불법재산 및 그로부터 유래한 재산에 대하여 사전통지나 의견진술 기회를 부여하지 않고 그 범인 외의 자를 상대로 집행할 수 있도록 규정한 '공무원 범죄에 관한 몰수 특례법'규정(헌재 2020.2.27. 2015헌가4).

4. 적법절차에 관한 헌법재판소 판례 경향의 문제점

헌법재판소 판례는 적법절차의 보장을 형사소송절차 등 신체의 자유에 관한 사항만이 아니라 모든 국가작용에 적용한다. 나아가 그 내용에 있어서도 절차적 적정성만이 아니라 실체적 적정성(법률내용의 합리성과 정당성)까지 포함하는 것으로 넓게 해석하고 있다. 그 결과 적법절차의 의미를 실질적 법치주의와 거의 동일한 것으로 확대하고 있다.

적법절차의 핵심적 의미는 절차적 적정성, 즉 절차가 합리적이고 정당해야 한다는 것에 있다. 절차적 적정성은 이해관계자에 대한 고지와 청문을 핵심으로 하며, 이러한 절차적 적정성은 처벌 등(헌법 제12조 제1항)이나 영장청구(헌법 제12조 제3항)와 같이 신체의 자유에 관한 사항만이 아니라 국민의 권리와 의무에 관한 모든 사항에 대해서, 그리고 사법절차만이 아니라 입법절차와 행정절차에 대해서도 보장할 필요가 있다. 그런 점에서 적법절차의 '적용범위'를 확대한 헌법재판소 판례의 태도는 타당하다고 본다.

그러나 적법절차의 '의미와 내용'을 실체적 법률내용의 합리성과 정당성, 즉 실체적 적정성까지 포함하는 것으로 해석하는 것은 불필요하며 타당하지 않다. 미국 판례에서 적법절차의 의미를 '실체적 적법절차'로 확대 해석한 것은 헌법에 명시되지 않은 권리의 근거를 적법절차 조항에서 찾기 위한 것이었다. 예컨대 헌법에 규정되지 않은 사생활의 권리의 헌법적 근거를 적법절차조항에서 찾았던 것이다. 그러나 우리 헌법에는 제10조와 같은 포괄적 기본권 조항이 있고, 제37조 제2항과 같은 기본권제한입법의 일반적 한계를 정한 조항이 있다. 따라서 적법절차의 의미를 실체적 적정성의 의미로 확대할 필요가 있는지 의문이다.

한편 헌법재판소 판례는 적법절차의 적용범위를 확대시키면서도, 정작 적법절차를 명시한 헌법조항(제12조 제1항과 제3항)의 해석에 있어서는 적법절차 보장의 취지를 충분히 고려하지 않는 해석을 보이고 있다. 예컨대 보안처분의 결정에 있어서 반드시 법관의 판단에 의하지 않는다고 하더라도 적법절차 위반이 아니라고 보고 있다(헌재 1997.11.27. 92헌바28).

본래 현행 헌법에서 적법절차 규정을 위 두 조항에서 처음 도입한 데에는 헌법개정 과정의 측면에서 특별한 배경이 있다. 현행헌법을 위한 헌법개정의 과정에서 보안처분 조항을 헌법에 존치할 것인지 여부 및 영장발부에 관하여 이른바 실질적 영장심사제도(영장심사에 있어서 판사가 피의자를 직접 면전에서 신문하는 제도)를 헌법에 명시할 것인지에 대하여 견해의 차이가 있었다. 이들 문제에 대한 타협의 결과, 현행 헌법의 규정처럼, '적법절차에 의한 보안처분' 및 '적법절차에 의한 영장발부'라는 조항이 등장한 것이다(이들 문제에 관해서는 보안처분 및 영장제도와 관련하여 뒤에서 더 언급한다). 적법절차의 해석에 있어서는 이러한 헌법제정사적 배경을 고려할 필요가 있다.

헌법재판소도 최근에는 형사절차에서의 적법절차는 형사절차의 기본원리이고 재판청구권의 보호영역과 중복되므로 구체적 사건에서는 공정한 재판을 받을 권리의 침해 여부를 판단하면 족하다고 한다.

(판 례) 디엔에이감식시료채취 영장절차 조항과 관련된 기본권

형사소송절차에서의 적법절차원리는 형사소송절차의 전반을 기본권 보장의 측면에서 규율하여야 한다는 기본원리를 천명하고 있는 것으로 이해하여야 하므로, 결국 포괄적, 절차적 기본권으로 파악되고 있는 재판청구권의 보호영역과 사실상 중복되는 것이어서, 공정한 재판을 받을 권리의 침해 여부에 대한 판단 속에는 적법절차원리 위반 여부에 대한 판단까지 포함되어 있다(헌재 2012.5.31. 2010헌바403; 헌재 2013.8.29. 2011헌바253등 참조). 따라서 이 사건 영장절차 조항이 적법절차원리에 위반되는지 여부는 별도로 살펴보지 아니한다.

헌재 2018.8.30. 2016헌마344 등, 공보 263, 1528,1537

위 판례와 달리, 이른바 최순실 특검 사건에서는 "적법절차원칙 위반 여부를 판단하면서 심판대상조항이 정한 특검추천방식의 정당성과 합리성을 판단하는 이상 평등원칙 위반 여부나 공정한 재판을 받을 권리 침해 여부에 대하여는 별도로 판단하지 아니한다"고 하였다(헌재 2019.2.28. 2017헌바196).

Ⅵ. 보안처분

1. 의 의

보안처분이란 사회적 위험성(범죄의 위험성 또는 책임무능력으로 인한 위험성)이 있는 자로부터 사회를 방어하기 위하여 부과하는 형벌 이외의 처분이다. 형벌을 대체하는 보안처분(예컨대 소년법상의 보호처분)과 형벌에 부가하여 보충적으로 과하는 보안처분(예컨대 보안관찰법, 폐지된 구 사회안전법 및 구 사회보호법)으로 구분된다.

보안처분은 19세기 말, 스위스의 법학자 슈토스(Carl Stoos)가 제안한 이래 각국에서 논의되고 채택된 제도이다. 우리 헌법에서는 보안처분의 근거 조항이 1972년의 유신헌법에서 처음 규정되었고, 현행 헌법은 보안처분 조항을 존속시키되 적법절차에 의한다는 규정을 추가하였다.

2. 보안처분의 법적 성격

보안처분의 법적 성격에 관하여 이것이 형벌과 구별되는지 여부가 문제된다. 이 문제는 특히 형벌에 덧붙여 부과되는 보안처분이 이중처벌이 아니냐, 보안처분에 형벌불소급의 원칙이 적용되느냐와 관련하여 논란된다. 학설상으로는 견해가 갈린다. 헌법재판소 판례는 초기에 일관된 논지를 제시하지 못하였는데, 본질적으로 형벌과 구별하는 것으로 풀이된다.

(판 례) 보안처분과 형벌의 구별(소급입법금지의 적용, 이중처벌금지의 부적용)

사회보호법이 규정하고 있는 보호감호처분이 보안처분의 하나이고, 보안처분은 행위자의 사회적 위험성에 근거하여 부과되는 것으로써 행위자의 책임에 근거하여 부과되는 형벌과 구별되는 것이기는 하지만, 상습범에 대한 보안처분인 보호감호처분은 그 처분이 행위자의 범죄행위를 요건으로 하여 형사소송절차에 따라 비로소 과해질 수 있는 것이고, 신체에 대한 자유의 박탈을 그 본질적 내용으로 하고 있는 점에서 역시 형사적 제재의 한 태양이라고 볼 수밖에 없다.

헌법이 제12조 제1항 후문에서 "……법률과 적법한 절차에 의하지 아니하고는 처벌 · 보안처분 또는 강제노역을 받지 아니한다"라고 규정하여 처벌과 보안처분을 나란히 열거하고 있는 점을 생각해 보면, 상습범 등에 대한 보안처분의 하나로서 신체에 대한 자유의 박탈을 그 내용으로 하는 보호감호처분은 형벌과 같은 차원에서의 적법한 절차와 헌법 제13조 제1항에 정한 죄형법정주의의 원칙에 따라 비로소 과해질 수 있는 것이라 할 수 있고, 따라서 그 요건이 되는 범죄에 관한 한 소급입법에 의한 보호감호처분은 허용될 수 없다고 할 것이다. (……)

사회보호법 제5조에 정한 보호감호처분은 헌법 제12조 제1항에 근거한 보안처분으로서 형벌과는 그 본질과 추구하는 목적 및 기능이 다른 별개의 독자적 의의를 가진 형사적 제재로 볼 수밖에 없다. 그렇다면, 보호감호와 형벌은 비록 다같이 신체의 자유를 박탈하는 수용처분이라는 점에서 집행상 뚜렷한 구분이 되지 않는다고 하더라도 그 본질, 추구하는 목적과 기능이 전혀 다른 별개의 제도이므로 형벌과 보호감호를 서로 병과하여 선고한다 하여 헌법 제13조 제1항에 정한 이중처벌금지의 원칙에 위반되는 것은 아니라 할 것이다.

헌재 1989.7.14. 88헌가5등, 판례집 1, 69,80-84

위 판례는 보안처분에 대하여 한편에서는 형벌과 마찬가지로 소급입법이 금지된다고 보면서, 다른 한편으로는 형벌과 다른 독자적 의의가 있다고 하여 이중처벌금지의 원칙이 적용되지 않는다고 보고 있다.

한편 형법상 선고유예의 경우에 보호관찰을 받도록 명할 수 있고(제59조의2), 집행유예의 경우에 보호관찰, 사회봉사명령 또는 수강명령을 명할 수 있도록 되어 있다(제62조의2). 또한 이 제도의 실시를 위한 '보호관찰 등에 관한 법률'이 제정되어 있다.

대법원 판례는 보호관찰이 형벌이 아니라 보안처분의 성격을 갖는 것으로서 형벌불소급의 원칙이 적용되지 않는다고 보고 있다(대판 1997.6.13. 97도703). 최근 대법원은 아동·청소년의 성보호에 관한 법률과는 달리 성폭력범죄의 처벌 등에 관한 특례법이 성인대상 성범죄자에 대한 신상공개를 법 시행 후에 범한 범죄로 한정하는 부칙 조항을 두고 있지 않으므로 소급효가 인정된다고 판단하였다(대판 2011.9.29. 2011도9253). 그러나 또다른 대법원판례에 의하면 형벌 대신 부과되는 보안처분(사회봉사명령)에 대하여 형벌불소급의 원칙이 적용된다고 보고 있다.

(판 례) 사회봉사명령에 대한 형벌불소급 원칙 적용

가정폭력처벌법이 정한 보호처분 중의 하나인 사회봉사명령은 가정폭력범죄를 범한 자에 대하여 환경의 조정과 성행의 교정을 목적으로 하는 것으로서 형벌 그 자체가 아니라 보안처분의 성격을 가지는 것이 사실이나, 한편으로 이는

가정폭력범죄행위에 대하여 형사처벌 대신 부과되는 것으로서, 가정폭력범죄를 범한 자에게 의무적 노동을 부과하고 여가시간을 박탈하여 실질적으로는 신체적 자유를 제한하게 되므로, 이에 대하여는 원칙적으로 형벌불소급의 원칙에 따라 행위시법을 적용함이 상당하다.

대결 2008.7.24.자 2008어4

앞서 언급한 보호감호에 소급효를 부인한 헌법재판소 판례와 위 대법원 판례들을 분석하여 보면 인신의 자유에 직접 영향을 미치는(즉, 형벌적인) 보안처분에는 형벌불소급의 원칙이 적용되고, 그렇지 않은 경우에는 소급효가 인정된다고 보아도 무방할 것이다. 최근 헌법재판소 판례는 이러한 입장을 명백히 하였다.

(판 례) 보안처분(위치추적 전자장치)의 소급효

이 사건 부칙조항에 따라 전자장치 부착을 통한 위치추적 감시제도가 처음 도입되어 시행될 때 부착명령의 대상에서 제외되어 있던 사람들이 법 시행 이후 약 1년 7개월이 경과한 시점에 법 개정을 통해 새로이 부착명령 대상에 포함되게 되었으므로, 위 조항이 헌법상 형벌불소급 원칙에 위배되는지 여부가 문제된다. (……)

그러나 전자장치 부착명령은 전통적 의미의 형벌이 아닐 뿐 아니라, 성폭력범죄자의 성행교정과 재범방지를 도모하고 국민을 성폭력범죄로부터 보호한다고 하는 공익을 목적으로 하며, 전자장치의 부착을 통해서 피부착자의 행동 자체를 통제하는 것도 아니라는 점에서 자유를 박탈하는 구금 형식과는 구별되고 이 사건 부칙조항이 적용되었을 때 처벌적인 효과를 나타낸다고 보기 어렵다. 그러므로 이 사건 부착명령은 범죄행위를 한 사람에 대한 응보를 주된 목적으로 그 책임을 추궁하는 사후적 처분인 형벌과 구별되는 비형벌적 보안처분으로서 소급효금지원칙이 적용되지 아니한다.

헌재 2012.12.27. 2010헌가82등, 공보 195, 54,59-61

다만, 위 판례에는 소급효 자체가 위헌이라는 송두환 재판관의 의견과 형을 종료하고 3년이 경과하지 않는 자에게도 부착명령을 할 수 있도록 한 것은 과도한 소급효 인정으로 위헌이라는 이강국 재판관 등 4인의 위헌의견이 있다. 신상정보 공개·고지명령도 비형벌적 보안처분이므로 소급처벌금지원칙이 적용되지 않는다고 한다(헌재 2016.12.29. 2015헌바196등).

헌법재판소는 최근 특정범죄의 수형자로부터 DNA 감식시료를 채취할 수 있도록

한 조항 등에 대하여 합헌결정을 내렸다.

(판 례) DNA 감식시료 채취조항 등의 위헌성 여부

이 사건 채취조항들은 범죄 수사 및 예방을 위하여 특정범죄의 수형자로부터 디엔에이감식시료를 채취할 수 있도록 하는 것이다. 디엔에이감식시료 채취대상범죄는 재범의 위험성이 높아 디엔에이신원확인정보를 수록·관리할 필요성이 높으며, 이 사건 법률은 시료를 서면 동의 또는 영장에 의하여 채취하되, 채취 이유, 채취할 시료의 종류 및 방법을 고지하도록 하고 있고, 우선적으로 구강점막, 모발에서 채취하되 부득이한 경우만 그 외의 신체부분, 분비물, 체액을 채취하게 하는 등 채취대상자의 신체나 명예에 대한 침해를 최소화하도록 규정하고 있으므로 침해최소성 요건도 갖추었다. 제한되는 신체의 자유의 정도는 일상생활에서 경험할 수 있는 정도의 미약한 것으로서 범죄 수사 및 예방의 공익에 비하여 크다고 할 수 없어 법익의 균형성도 인정된다. 따라서 이 사건 채취조항들이 과도하게 신체의 자유를 침해한다고 볼 수 없다.

디엔에이감식시료 채취대상 범죄는 범행의 방법 및 수단의 위험성으로 인하여 가중처벌되거나, 통계적으로 향후 재범할 가능성이 높은 범죄로서 디엔에이감식시료 채취 대상자군으로 삼은 것에 합리적 이유가 있다. 따라서 이 사건 채취조항들은 채취대상 범죄를 저지른 자들의 평등권을 침해하지 아니한다.

(……) 재범의 위험성이 높은 범죄를 범한 수형인 등은 생존하는 동안 재범의 가능성이 있으므로, 디엔에이신원확인정보를 수형인등이 사망할 때까지 관리하여 범죄 수사 및 예방에 이바지하고자 하는 이 사건 삭제조항은 입법목적의 정당성과 수단의 적절성이 인정된다. 디엔에이신원확인정보는 개인식별을 위한 최소한의 정보인 단순한 숫자에 불과하여 이로부터 개인의 유전정보를 확인할 수 없는 것이어서 개인의 존엄과 인격권에 심대한 영향을 미칠 수 있는 민감한 정보라고 보기 어렵고, 디엔에이신원확인정보의 수록 후 디엔에이감식시료와 디엔에이의 즉시 폐기, 무죄 등의 판결이 확정된 경우 디엔에이신원확인정보의 삭제, 디엔에이인적관리자와 디엔에이신원확인정보담당자의 분리, 디엔에이신원확인정보데이터베이스관리위원회의 설치, 업무목적 외 디엔에이신원확인정보의 사용·제공·누설 금지 및 위반시 처벌, 데이터베이스 보안장치 등 개인정보보호에 관한 규정을 두고 있으므로 이 사건 삭제조항은 침해최소성 원칙에 위배되지 않는다. 디엔에이신원확인정보를 범죄수사 등에 이용함으로써 달성할 수 있는 공익의 중요성에 비하여 청구인의 불이익이 크다고 보기 어려워 법익균형성도 갖추었다. 따라서 이 사건 삭제조항이 과도하게 개인정보자기결정권을 침해한다고 볼 수 없다. (……)

디엔에이신원확인정보의 수집·이용은 수형인 등에게 심리적 압박으로 인한 범죄예방효과를 가진다는 점에서 보안처분의 성격을 지니지만, 처벌적인 효과가 없는 비형벌적 보안처분으로서 소급입법금지원칙이 적용되지 않는다. 이 사건 법률의 소급적용으로 인한 공익적 목적이 당사자의 손실보다 더 크므로, 이 사건 부칙조항이 법률 시행 당시 디엔에이감식시료 채취 대상범죄로 실형이 확정되어 수용 중인 사람들까지 이 사건 법률을 적용한다고 하여 소급입법금지원칙에 위배되는 것은 아니다.

전과자 중 수용 중인 사람에 대하여만 이 사건 법률을 소급 적용하는 것은 입법형성권의 범위 내에 있으며, 법률 시행 전 이미 형이 확정되어 수용 중인 사람의 신뢰가치는 낮은 반면 재범의 가능성, 데이터베이스 제도의 실효성 추구라는 공익은 상대적으로 더 크다. 따라서 이 사건 부칙조항이 이 사건 법률 시행 전 형이 확정되어 수용 중인 사람의 신체의 자유 및 개인정보자기결정권을 과도하게 침해한다고 볼 수 없다.

이 사건 법률 시행 당시 이미 출소한 사람은 재범의 위험성이 현재 수용 중인 사람보다 낮다고 볼 수 있고, 평온한 사회생활을 영위하고 있는 사람에게까지 소급적용하는 것은 지나치므로, 이 사건 부칙조항이 수용 중인 사람에 대하여만 소급적용하는 것은 평등권을 침해한다고 볼 수 없다.

헌재 2014.8.28. 2011헌마28등, 판례집 26-2 상, 337,338-340

(판 례) 성충동 약물치료 명령(화학적 거세)을 위한 재범의 위험성의 판단 시점

치료감호법 제2조 제1항 제3호는 성폭력범죄를 저지른 성적 성벽이 있는 정신성적 장애자를 치료감호대상자로 규정하고 있는데, 성충동약물치료법 제2조 제1호, 제4조 제1항은 치료감호법 제2조 제1항 제3호의 정신성적 장애자를 치료명령의 대상이 되는 성도착증 환자의 한 유형으로 규정하고 있다. 따라서 성폭력범죄를 저지른 정신성적 장애자에 대하여는 치료감호와 치료명령이 함께 청구될 수도 있는데, 앞서 본 바와 같이 피청구자의 동의 없이 강제적으로 이루어지는 치료명령 자체가 피청구자의 신체의 자유와 자기결정권에 대한 중대한 제한이 되는 점, 치료감호는 치료감호법에 규정된 수용기간을 한도로 피치료감호자가 치유되어 치료감호를 받을 필요가 없을 때 종료되는 것이 원칙인 점, 치료감호와 치료명령이 함께 선고된 경우에는 성충동약물치료법 제14조에 따라 치료감호의 종료·가종료 또는 치료위탁으로 석방되기 전 2개월 이내에 치료명령이 집행되는 점 등을 감안하면, 치료감호와 치료명령이 함께 청구된 경우에는, 치료감호를 통한 치료에도 불구하고 치료명령의 집행시점에도 여전히 약물치료가 필요할 만큼 피청구자에게 성폭력범죄를 다시 범할 위험성이

있고 피청구자의 동의를 대체할 수 있을 정도의 상당한 필요성이 인정되는 경우에 한하여 치료감호와 함께 치료명령을 선고할 수 있다고 보아야 한다.

대판 2014.12.11. 2014도6930

3. 적법절차에 의한 보안처분

앞서 설명한 대로, 현행 헌법에서 '적법절차에 의하지 아니하고는 보안처분을 받지 아니한다'고 명시한 것은 헌법개정 당시 보안처분 조항의 존치 여부에 관한 찬반 의견을 타협한 소산이었다. 그렇다면 '적법절차에 의한' 보안처분이란 무엇인가. 그 핵심은 법원의 법관에 의한 보안처분 결정이라고 할 것이다. 보안처분 제도의 위험성에 관한 논란은 특히 행정기관에 의한 보안처분의 경우에 남용의 위험성이 크기 때문이며, 이 점을 고려할 때에 법관에 의한 보안처분이야말로 적법절차에 의한 보안처분의 필수요소라고 보아야 할 것이다. 그러나 보안관찰법은 보안처분의 일종인 보안관찰 결정을 보안관찰처분심의위원회의 의결을 거쳐 법무부장관이 하도록 규정하고 있고, 헌법재판소 판례는 이를 합헌이라고 보고 있다(헌재 1997.11.27. 92헌바28).

헌법재판소는 최근 보안관찰 근거조항의 합헌성을 재확인하면서, 피보안관찰자의 신고의무 위반행위에 대한 처벌조항에 대하여도 신고할 사항의 내용, 신고사항 작성의 난이도 등에 비추어 피보안관찰자에게 과도한 의무를 부과한다고 볼 수 없고, 신고의무 위반행위에 대한 형벌이 상대적으로 과중하지 아니한 점을 고려하면 이러한 제한이 사생활의 비밀과 자유를 침해한다고 할 수 없다고 판시하였다(헌재 2015.11.26. 2014헌바475).

또한 헌법재판소는 치료감호기간의 상한을 정하지 아니한 구 사회보호법 규정이 합헌이라고 보았고, 법관 아닌 사회보호위원회가 치료감호의 종료 여부를 결정하도록 한 것이 재판청구권을 침해하거나 적법절차의 원칙에 위반되지 않는다고 판시하였다(헌재 2005.2.3. 2003헌바1). 사회보호법은 폐지되고(2005.8.4) 새로 치료감호법이 제정되었다. 헌법재판소는 알코올 중독에 의한 치료감호기간을 2년을 상한으로 하여 정해 놓은 것은 신체의 자유를 침해하지 않는다고 하였다(헌재 2012.12.27. 2011헌마276). 또한 성적 성벽(性癖)이 있는 정신성적 장애인에 대하여 15년의 수용상한기간을 정한 것은 신체의 자유와 평등권 침해가 아니라고 하였다(헌재 2017.4.27. 2016헌바452).

검사만 치료감호를 청구할 수 있고 법원은 검사에게 치료감호청구를 요구할 수 있다고만 규정하여 피고인에게 치료감호청구권을 인정하지 않는 치료감호법 규정도 적법절차원칙에 위반되지 않는다고 한다(헌재 2010.4.29. 2008헌마622; 헌재 2021.1.28. 2019헌가24등; 피고인 스스로 치료감호를 청구할 수 있는 권리나 법원으로부터 직권으로 치료감호를 선고받을 수 있는 권리는 헌법상 재판청구권의 보호범위에 포함되지 않는다는 점을 이유로 하였다).

사회보호법 폐지 이전에 이미 판결이 확정된 보호감호를 종전의 사회보호법에 따라 집행하도록 한 사회보호법 부칙 조항은 신체의 자유를 침해하지 않고, 판결미확정자와의 사이에 발생한 차별은 입법재량 범위 내로서 이를 정당화할 합리적 근거가 있다고 한다(헌재 2015.9.24. 2014헌바222등).

헌법재판소는 성폭력범죄를 저지른 성도착증 환자로서 성폭력범죄를 다시 범할 위험성이 있다고 인정되는 19세 이상의 사람에 대한 검사의 약물치료명령 청구에 관해 규정한 '성폭력범죄자의 성충동 약물치료에 관한 법률' 제4조 제1항은 과잉금지원칙을 위배하여 치료대상자의 기본권을 침해한다고 볼 수 없으나, 법원의 약물치료명령 선고에 관한 같은 법률 제8조 제1항은, 장기형의 선고로 치료명령의 선고시점과 집행시점 사이에 상당한 시간적 간극이 존재하여 집행시점에서 치료의 필요성이 달라진 때에 불필요한 치료를 배제할 수 있는 절차가 없는 상태에서, 선고시점에서 치료명령청구가 이유 있는 경우 치료명령을 선고하도록 하였다는 점에서 과잉금지원칙을 위배하여 치료대상자의 신체의 자유를 침해하여 헌법에 위반된다고 하였다(헌재 2015.12.23. 2013헌가9).

Ⅶ. 고문금지, 진술거부권, 자백의 증거능력과 증명력 제한

1. 고문 금지

고문은 어떠한 경우에도 허용되지 않으며 절대적으로 금지된다. 공무원의 고문행위는 범죄에 해당하며 처벌된다(형법 제125조, '특정범죄가중처벌 등에 관한 법률' 제4조의2). 고문을 당한 사람은 국가배상청구권을 갖는다. 우리나라는 고문금지협약('고문금지 및 잔인하고 비인간적인 인격손상 처우를 금지하는 협약': Convention Against Torture and Other Cruel, Inhuman or Degrading Treatment)에 가입하고 있다.

2. 진술거부권

모든 국민은 "형사상 자기에게 불리한 진술을 강요당하지 아니한다"는 진술거부권, 즉 묵비권을 갖는다. 검사 또는 사법경찰관이 피의자의 진술을 들을 때에는 미리 진술거부권이 있음을 알려야 한다(형사소송법 제244조의3 제1항). 형사피고인은 신문에 대하여 진술을 거부할 수 있다(같은 법 제283조의2).

(판 례) 진술거부권의 의의

우리 헌법이 이와 같이 진술거부권을 국민의 기본적 권리로 보장하는 것은, 첫째 피고인 또는 피의자의 인권을 실체적 진실발견이나 사회정의의 실현이라는 국가이익보다 우선적으로 보호함으로써 인간의 존엄성과 가치를 보장하고 나아가 비인간적인 자백의 강요와 고문을 근절하려는데 있고, 둘째 피고인 또는 피의자와 검사 사이에 무기평등을 도모하여 공정한 재판의 이념을 실현하려는데 있다. 이와 같은 의미를 지닌 진술거부권은 형사절차뿐만 아니라 행정절차나 국회에서의 조사절차 등에서도 보장되며, 현재 피의자나 피고인으로서 수사 또는 공판절차에 계속중인 자뿐만 아니라 장차 피의자나 피고인이 될 자에게도 보장된다. 또한 진술거부권은 고문 등 폭행에 의한 강요는 물론 법률로써도 진술을 강요당하지 아니함을 의미한다(헌재 1997.3.27. 96헌가11, 판례집 9-1, 245,256 참조).

헌재 2005.12.22. 2004헌바25, 판례집 17-2, 695,704

(판 례) 진술거부권에 있어서의 진술의 의미

헌법 제12조 제2항에서 규정하는 진술거부권에 있어서의 진술이란, 형사상 자신에게 불이익이 될 수 있는 진술로서 범죄의 성립과 양형에서의 불리한 사실 등을 말하는 것을 의미한다(헌재 2014.9.25. 2013헌마11 참조). 2020년도 육군지시 자진신고조항은 민간법원에서 약식명령을 받아 확정된 사실만을 자진신고 하도록 하고 있는바, 위 사실 자체는 형사처벌의 대상이 아니고 약식명령의 내용이 된 범죄사실의 진위 여부를 밝힐 것을 요구하는 것도 아니므로, 범죄의 성립과 양형에서의 불리한 사실 등을 말하게 하는 것이라 볼 수 없다.

헌재 2021.8.31. 2020헌마12등, 판례집 33-2, 207,215

진술거부권이 있음을 고지하지 않은 때에는 피의자의 진술은 위법하게 수집된 증거로서 증거능력이 인정되지 않는다(대판 1992.6.26. 92도682). 또한, 검사가 실질적으로는 피의자로 소환하여 조사를 하면서 참고인 진술조서를 작성한 경우, 진술거부권을 고지하지 않았을 때에는 그 진술은 비록 임의성이 인정된다고 하더라도 증거능력이 부인된다(대판 2011.11.10. 2010도8924). 이러한 대법원 판례는 이른바 미란다 원칙(Miranda rule)의 일부를 수용한 것이다. 2007년 개정된 형사소송법에서는 적법한 절차에 따르지 않고 수집한 증거의 증거능력을 인정하지 않는 위법수집증거배제원칙을 명문화하였다(제308조의2).

(판 례) 피의자신문조서에 진술거부권 행사 여부의 기재와 증거능력

헌법 제12조 제2항, 형사소송법 제244조의3 제1항, 제2항, 제312조 제3항에 비추어 보면, 비록 사법경찰관이 피의자에게 진술거부권을 행사할 수 있음을 알려 주고 그 행사 여부를 질문하였다 하더라도, 형사소송법 제244조의3 제2항에 규정한 방식에 위반하여 진술거부권 행사 여부에 대한 피의자의 답변이 자필로 기재되어 있지 아니하거나 그 답변 부분에 피의자의 기명날인 또는 서명이 되어 있지 아니한 사법경찰관 작성의 피의자신문조서는 특별한 사정이 없는 한 형사소송법 제312조 제3항에서 정한 '적법한 절차와 방식'에 따라 작성된 조서라 할 수 없으므로 그 증거능력을 인정할 수 없다.

대판 2013.3.28. 2010도3359

(판 례) 진술거부권의 고지 대상

피의자에 대한 진술거부권의 고지는 피의자의 진술거부권을 실효적으로 보장하여 진술이 강요되는 것을 막기 위하여 인정되는 것인데, 이러한 진술거부권 고지에 관한 형사소송법의 규정 내용 및 진술거부권 고지가 갖는 실질적인 의미를 고려하면, 수사기관에 의한 진술거부권 고지의 대상이 되는 피의자의 지위는 수사기관이 조사대상자에 대하여 범죄의 혐의가 있다고 보아 실질적으로 수사를 개시하는 행위를 한 때에 인정되는 것으로 봄이 타당하다. 따라서 이러한 피의자의 지위에 있지 아니한 자에 대하여는 진술거부권이 고지되지 아니하였다 하더라도 그 진술의 증거능력을 부정할 것은 아니다.

대판 2024.5.30. 2020도9370

(참고 · 미국판례) *Miranda v. Arizona*(1966).

사법집행관이 구속되거나 기타 신체의 자유가 제약된 상태의 사람을 신문할

때에는 다음 사항을 미리 고지하여야 하며, 이를 위반하여 얻은 진술은 증거로 사용할 수 없다. ① 진술거부권이 있다는 것, ② 진술한 것은 불리한 증거로 사용될 수 있다는 것, ③ 변호인의 조력을 받을 수 있다는 것, ④ 가난으로 변호인을 스스로 선임할 수 없으면 지정변호인의 도움을 받을 수 있다는 것.

거짓말탐지기의 사용은 피검사자가 승낙하는 경우에 허용된다고 본다. 검사결과에 증거능력이 있느냐에 관하여 학설은 갈린다. 대법원 판례에 의하면, 피검사자의 진술이 거짓인지의 여부가 정확히 판정될 수 있다는 전제조건이 충족되어야 하는데, 이러한 전제조건이 충족되지 않으므로 증거능력을 부정하여야 한다고 본다(대판 1983.9.13. 83도712; 대판 1984.3.13. 84도36등).

헌법재판소는 '진술거부권을 고지받을 권리'가 기본권인지 법률상의 권리인지에 대하여는 판단하지 않았으나, 형사소송법상의 증인에 대하여는 재판장으로 하여금 진술거부권을 고지할 의무를 부과한 것과 달리, '국회에서의 증언 · 감정 등에 관한 법률'상의 증인인 경우 진술거부권을 고지받을 권리가 인정되지 않고, 또 증언거부이유를 소명하여 적극적으로 진술거부권을 행사할 수도 있기 때문에 진술거부권을 고지받지 않았다고 하여 그의 진술거부권이 제한되는 것은 아니라고 하였다(헌재 2015. 9.24. 2012헌바410).

진술거부권에 관한 헌법재판소의 주요 판례를 보면 다음과 같다.

* 교통사고시의 신고의무는 피해자의 구호 및 교통질서의 회복을 위한 조치가 필요한 범위 내에서 사고의 객관적 내용만을 신고하도록 해석하고 형사책임에 관련되는 사항에 적용되지 않는 것으로 해석하는 한 위헌이 아니다(헌재 1990. 8.27. 89헌가118).
* 군형법상 군무이탈자에 대한 복귀명령이 자수의무를 부과하는 결과가 될 수 있더라도 이것이 진술거부권의 본질적 내용의 침해라고 할 수 없다(헌재 1995. 5.25. 91헌바20).
* 음주측정은 진술이라고 볼 수 없고 진술거부권의 제한이 아니다(헌재 1997.3.27. 96헌가11).
* 도주차량운전자의 가중처벌은 진술거부권 침해가 아니다(헌재 1997.7.16. 95헌바2).
* 구 국가보안법 제10조가 규정한 불고지죄에 있어서 고지의무의 대상이 되는 것은 자신의 범죄사실이 아니고 타인의 범죄사실에 대한 것이므로 자기에게 불리한 진술을 강요받지 아니할 진술거부권의 문제가 발생할 여지가 없다(헌재 1998.7.16. 96헌바35).

* 경찰공무원의 증인적격 인정은 피고인의 진술거부권 침해와 연관성이 없다(헌재 2001.11.29. 2001헌바41).
* 정치자금의 수입·지출에 관한 내역을 회계장부에 허위 기재하거나 관할 선거관리위원회에 허위 보고한 정당의 회계책임자를 형사처벌하는 구 정치자금에 관한법률 및 정치자금의 수입·지출에 관한 명세서, 영수증 및 회계장부를 보존하지 않은 정당의 회계책임자를 형사처벌하는 정치자금법 규정은 진술거부권을 침해하는 것이 아니다(헌재 2005.12.22. 2004헌바25).
* 유사석유제품을 제조하여 '조세를 포탈'한 자를 처벌하는 조세범 처벌법 규정은 진술거부권을 제한하지 아니한다(헌재 2017.7.27. 2012헌바323; 대체유류를 제조하였다고 신고하는 것이 곧 석유사업법위반죄를 시인하는 것이나 마찬가지라고 할 수 없고, 신고의무 이행 시 과세절차가 곧바로 석유사업법위반죄의 처벌을 위한 자료의 수집·획득 절차로 이행되는 것도 아니므로, 교통·에너지·환경세 등의 납부 의무가 발생하고, 그 세금을 신고·납부기한 내에 납부하지 아니하는 등의 사유로 심판대상조항에 따라 처벌된다고 하더라도 이를 두고 심판대상조항이 형사상 불리한 진술을 강요하는 것이라고 볼 수 없다는 이유를 들었다).
* 명의신탁이 증여로 의제되는 경우 명의신탁의 당사자에게 '증여세의 과세가액 및 과세표준을 납세지관할세무서장에게 신고할 의무'를 부과하는 '상속세 및 증여세법' 규정은 형사상 불리한 진술을 강요하는 것이라고 볼 수 없다(헌재 2022.2.24. 2019헌바225등; 명의신탁의 당사자가 신고의무를 이행하는 것은 조세포탈을 확인하기 위한 것이 아니라 이미 성립한 납세의무를 확정하기 위하여 과세를 위한 기초정보를 과세관청에 제공하는 것에 불과"하고 "조세회피의 목적과 조세포탈은 그 요건이 서로 달라 그 인정 여부에 반드시 견련성이 인정되는 것은 아니고, 증여세 신고의무를 이행한다고 하여 곧 조세포탈죄를 시인하는 것이나 마찬가지라고 할 수 없으며, 신고의무 이행시 곧바로 조세포탈행위의 처벌을 위한 자료의 수집·획득 절차로 이어지는 것도 아니라는 이유를 들었다).
* 증여의제된 명의신탁재산의 경우 신고의무 및 납부의무 위반에 대해 가산세를 부과하는 '상속세 및 증여세법' 규정(헌재 2022.11.24. 2019헌바167등).

3. 자백의 증거능력과 증명력 제한

자백이란 피고인이나 피의자가 자신의 범죄사실의 전부나 일부를 인정하는 진술을 말한다. 헌법 제12조 제7항은 "피고인의 자백이 고문·폭행·협박·구속의 부당한 장기화 또는 기망 기타의 방법에 의하여 자의로 진술된 것이 아니라고 인정될 때"에는 "이를 유죄의 증거로 삼을 수 없다"고 규정하고, 형사소송법에서도 마찬가지 규정을 하고 있다(제309조). 이것은 임의성이 없는 자백의 증거능력을 부인한 것이다. 이를 '자백배제의 법칙'이라고 한다.

미국 판례에서는 위법한 절차에 의해 수집한 증거의 증거능력을 부정하는 '위법수집증거배제의 원칙'이 형성되어 있다. 우리 대법원 판례는 부분적으로 이 원칙을 수용해 오다가(대판 1987.6.23. 87도705; 1990.9.25. 90도1586; 1992.6.26. 92도682), 헌법과 형사소송법이 정한 절차에 따르지 않고 수집된 증거는 기본적 인권보장을 위해 마련된 적법절차에 따르지 않은 것으로서 원칙적으로 유죄인정의 증거로 삼을 수 없다고 확인했다(대판 2007.11.15. 2007도3061). 2007년 개정 형사소송법에서는 제308조의2에서 이를 명문으로 규정하고 있다.

자백이 임의성이 있다고 하더라도, "정식재판에서 피고인의 자백이 그에게 불리한 유일한 증거일 때"에는 "이를 이유로 처벌할 수 없다"(헌법 제12조 제7항). 형사소송법에서도 마찬가지 규정을 두고 있다(제310조). 이에 따라 자백 이외에 이를 보강하는 보강증거가 필요하다. 이처럼 자백은 그것이 임의적이라고 하더라도 그것만으로는 사실을 증명하는 힘, 즉 증명력이 제한된다. 그러나 정식재판이 아닌 즉결심판에서는 자백만으로 처벌할 수 있다('즉결심판에 관한 절차법' 제10조).

Ⅷ. 체포·구속 등에 관한 제도

1. 영장주의

(1) 의 의

헌법 제12조 제3항은 "체포 · 구속 · 압수 또는 수색을 할 때에는 적법한 절차에 따라 검사의 신청에 의하여 법관이 발부한 영장을 제시하여야 한다"라고 영장주의(令狀主義)를 규정하고 있다. 영장주의는 체포 · 구속 · 압수 · 수색 등 수사상 강제처분을 하려면 신분보장과 독립성이 보장된 법관이 발부한 영장을 제시하여야 한다는 원칙이다.

(판 례) 영장주의의 본질

영장주의란 형사절차와 관련하여 체포 · 구속 · 압수 등의 강제처분을 함에 있어서는 사법권 독립에 의하여 그 신분이 보장되는 법관이 발부한 영장에 의하지 않으면 아니 된다는 원칙이고, 따라서 영장주의의 본질은 신체의 자유를 침해하는 강제처분을 함에 있어서는 중립적인 법관이 구체적 판단을 거쳐 발부한 영장에 의하여야만 한다는 데에 있다고 할 수 있다.

헌재 1997.3.27. 96헌바28등, 판례집 9-1, 313,320

영장주의는 강제수사에만 적용된다. 형사소송법과 경찰관직무집행법에 따른 경찰서장의 공공기관에 대한 사실조회행위는 임의수사이므로 이에 응하여 이루어진 정보제공행위에는 영장주의가 적용되지 않는다(헌재 2018.8.30. 2014헌마368; 다만 개인정보자기결정권의 침해가 문제된다). 선거관리위원회 위원이나 직원의 선거범죄조사 시 자료제출요구와 같은 행정조사에는 영장주의가 적용되지 않는다(헌재 2019.9.26. 2016헌바381).

(2) 영장주의의 내용

영장주의는 구체적으로 다음의 원칙들을 포함하고 있다.

① 영장은 법관이 발부하여야 한다. 여기의 법관은 신분보장과 독립성이 보장된 법관이어야 한다. 영장에는 법관이 서명날인하여야 한다.

(판 례) 영장에 법관의 서명날인이 반드시 필요한지 여부

(……) 압수수색영장에는 (……) 대법원규칙으로 정한 사항을 기재하고 영장을 발부하는 법관이 서명날인하여야 한다(형사소송법 제219조, 제114조 제1항 본문). 이 사건 영장은 법관의 서명날인란에 서명만 있고 날인이 없으므로, 형사소송법이 정한 요건을 갖추지 못하여 적법하게 발부되었다고 볼 수 없다.

(……) 그러나 위에서 본 법리와 적법하게 채택된 증거에 비추어 알 수 있는 아래와 같은 사정을 전체적·종합적으로 고려하면, 이 사건 영장에 따라 압수한 이 사건 파일 출력물과 이에 기초하여 획득한 2차적 증거인 검사 작성의 피고인 1에 대한 피의자신문조서, 경찰 작성의 공소외 2에 대한 피의자신문조서, 공소외 3 등의 각 법정진술은 유죄 인정의 증거로 사용할 수 있는 경우에 해당한다.

이 사건 영장에는 야간집행을 허가하는 판사의 수기와 날인, 그 아래 서명날인란에 판사의 서명, 영장 앞면과 별지 사이에 판사의 간인이 있으므로, 판사의 의사에 기초하여 진정하게 영장이 발부되었다는 점은 외관상 분명하다. 당시 수사기관으로서는 영장이 적법하게 발부되었다고 신뢰할 만한 합리적인 근거가 있었고, 의도적으로 적법절차의 실질적인 내용을 침해한다거나 영장주의를 회피할 의도를 가지고 이 사건 영장에 따른 압수·수색을 하였다고 보기 어렵다.

대판 2019.7.11. 2018도20504

헌법은 이에 더하여 반드시 검사가 영장을 신청해야 한다고 규정하고 있다. 이 규정은 1962년의 제3공화국헌법 이래 채택되어 있는 것인데, 그 취지는 검사 아닌 다른 수사기관의 영장신청에서 오는 인권유린의 폐해를 방지하고자 함에 있다. 여기서 말하는 '검사'는 검찰청법상의 검사에 한정되지는 않는다. '고위공직자범죄수사처 설치 및 운영에 관한 법률'을 제정하여 고위공직자에 대한 수사를 전담하는 별도의 수사기구 및 검사를 두어 영장청구권을 부여한다고 하여 헌법상의 영장주의에 반하는 것은 아니다(헌재 2021.1.28. 2020헌마264등). 검사의 신청이라는 요건은 수사단계에서의 영장발부에 한정하여 적용되며, 공판단계에서의 영장발부에는 적용되지 않는다.

(판 례) 영장주의와 구속영장의 효력

영장주의는 이 적법절차원리에서 나온 것으로서 체포·구속 그리고 압수·수색까지도 헌법 제103조에 의하여 헌법과 법률에 의하여 양심에 따라 재판하고 또 사법권독립의 원칙에 의하여 신분이 보장된 법관의 판단에 의하여만 결정되어야 하고, 구속개시의 시점에 있어서 이 신체의 자유에 대한 박탈의 허용만이 아니라 그 구속영장의 효력을 계속 유지할 것인지 아니면 정지 또는 실효시킬 것인지의 여부의 결정도 오직 이러한 법관의 판단에 의하여만 결정되어야 한다는 것을 의미한다.

(보석(保釋)허가결정에 대하여 검사의 즉시항고를 허용하여 그 즉시항고에 대한 항고심의 재판이 확정될 때까지 그 집행이 정지되도록 한 구 형사소송법 규정은 위헌)

헌재 1993.12.23. 93헌가2, 판례집 5-2, 578,596

헌법재판소는 최근 위 판례와 동일한 취지에서 법원의 구속집행정지결정에 대하여, 검사가 즉시항고할 수 있도록 한 형사소송법 규정은 사실상 법원의 구속집행정지결정을 무의미하게 할 수 있는 권한을 검사에게 부여한 것이라는 점에서 영장주의 원칙에 위반된다고 판시하였다(헌재 2012.6.27. 2011헌가36).

한편 지방의회가 증인에 대하여 동행명령장을 발부할 수 있도록 한 조례안과, 특별검사가 참고인에게 동행명령장을 발부하는 동행명령제도에 대하여, 대법원(대판 1995.6.30. 93추113)과 헌법재판소(헌재 2008.1.10. 2007헌마1468)는 각각 위헌으로 결정하였다.

(판 례) '검사의 신청'요건의 적용범위

제5차 개정헌법이 영장의 발부에 관하여 "검찰관의 신청"이라는 요건을 규정한 취지는 검찰의 다른 수사기관에 대한 수사지휘권을 확립시켜 종래 빈번히 야기되었던 검사 아닌 다른 수사기관의 영장신청에서 오는 인권유린의 폐해를 방지하고자 함에 있다고 할 것이고, 따라서 현행 헌법 제12조 제3항 중 "검사의 신청"이라는 부분의 취지도 모든 영장의 발부에 검사의 신청이 필요하다는 것이 아니라 수사단계에서 영장의 발부를 신청할 수 있는 자를 검사로 한정한 것으로 해석함이 타당하다. 즉, 수사단계에서 영장신청을 함에 있어서는 반드시 법률전문가인 검사를 거치도록 함으로써 다른 수사기관의 무분별한 영장 신청을 막아 국민의 기본권을 침해할 가능성을 줄이고자 함에 그 취지가 있는 것이다.

(……) 영장주의는 헌법 제12조 제1항 및 제3항의 규정으로부터 도출되는 것이고, 그 중 헌법 제12조 제3항이 "……구속……을 할 때에는…… 검사의 신청에 의하여 법관이 발부한 영장……"이라고 규정한 취지는 수사단계에서의 영장주의를 특히 강조함과 동시에 수사단계에서의 영장신청권자를 검사로 한정한 데 있다고 해석된다(공판단계에서의 영장발부에 관한 헌법적 근거는 헌법 제12조 제1항이다).

그렇지 아니하고 헌법 제12조 제3항의 규정 취지를 공판단계에서의 영장발부에도 검사의 신청이 필요한 것으로 해석하는 것은 신체의 자유를 보장하기 위한 사법적 억제의 대상인 수사기관이 사법적 억제의 주체인 법관을 통제하는 결과를 낳아 오히려 영장주의의 본질에 반한다고 할 것이기 때문이다.

헌재 1997.3.27. 96헌바28등, 판례집 9-1, 313,322-323

(판 례) 공소제기 후의 압수·수색

형사소송법은 제215조에서 검사가 압수·수색 영장을 청구할 수 있는 시기를 공소제기 전으로 명시적으로 한정하고 있지는 아니하나, 헌법상 보장된 적법절차의 원칙과 재판받을 권리, 공판중심주의·당사자주의·직접주의를 지향하는 현행 형사소송법의 소송구조, 관련 법규의 체계, 문언 형식, 내용 등을 종합하여 보면, 일단 공소가 제기된 후에는 피고사건에 관하여 검사로서는 형사소송법 제215조에 의하여 압수·수색을 할 수 없다고 보아야 하며, 그럼에도 검사가 공소제기 후 형사소송법 제215조에 따라 수소법원 이외의 지방법원 판사에게 청구하여 발부받은 영장에 의하여 압수·수색을 하였다면, 그와 같이 수집된 증거는 기본적 인권 보장을 위해 마련된 적법한 절차에 따르지 않은 것으로서 원칙적으로 유죄의 증거로 삼을 수 없다.

대판 2011.4.28. 2009도10412

② 영장은 '적법한 절차에 따라서' 발부되어야 한다. 영장발부가 적법절차에 따라야 한다는 헌법규정은 현행 헌법에서 신설된 것이다. 영장발부에 있어서 적법절차의

핵심은 특히 구속영장발부에 있어서 영장실질심사의 보장에 있다. 즉 법관에 의한 구속영장심사가 서류만의 심사에 의한 형식적 심사가 아니라 법관이 면전에서 직접 심문할 수 있는 절차가 보장되어야 한다(형사소송법 제201조의2).

③ 영장은 사전에 발부되어야 한다. 즉 사전(事前)영장이 원칙이다. 다만 "현행범인인 경우와 장기 3년 이상의 형에 해당하는 죄를 범하고 도피 또는 증거인멸의 염려가 있을 때에는 사후에 영장을 청구할 수 있다"(헌법 제12조 제3항 단서).

(판 례) 영장주의의 예외(음주운전과 채혈)

음주운전 중 교통사고를 야기한 후 피의자가 의식불명 상태에 빠져 있는 등으로 도로교통법이 음주운전의 제1차적 수사방법으로 규정한 호흡조사에 의한 음주측정이 불가능하고 혈액 채취에 대한 동의를 받을 수도 없을 뿐만 아니라 법원으로부터 혈액 채취에 대한 감정처분허가장이나 사전 압수영장을 발부받을 시간적 여유도 없는 긴급한 상황이 생길 수 있다. 이러한 경우 피의자의 신체 내지 의복류에 주취로 인한 냄새가 강하게 나는 등 형사소송법 제211조 제2항 제3호가 정하는 범죄의 증적이 현저한 준현행범인의 요건이 갖추어져 있고 교통사고 발생 시각으로부터 사회통념상 범행 직후라고 볼 수 있는 시간 내라면, 피의자의 생명 · 신체를 구조하기 위하여 사고현장으로부터 곧바로 후송된 병원 응급실 등의 장소는 형사소송법 제216조 제3항의 범죄 장소에 준한다 할 것이므로, 검사 또는 사법경찰관은 피의자의 혈중알코올농도 등 증거의 수집을 위하여 의료법상 의료인의 자격이 있는 자로 하여금 의료용 기구로 의학적인 방법에 따라 필요최소한의 한도 내에서 피의자의 혈액을 채취하게 한 후 그 혈액을 영장 없이 압수할 수 있다. 다만 이 경우에도 형사소송법 제216조 제3항 단서, 형사소송규칙 제58조, 제107조 제1항 제3호에 따라 사후에 지체 없이 강제채혈에 의한 압수의 사유 등을 기재한 영장청구서에 의하여 법원으로부터 압수영장을 받아야 한다.

대판 2012.11.15. 2011도15258

(판 례) 영장주의의 예외(2)(강제채뇨)

강제채뇨는 피의자가 임의로 소변을 제출하지 않는 경우 피의자에 대하여 강제력을 사용해서 도뇨관(catheter)을 요도를 통하여 방광에 삽입한 뒤 체내에 있는 소변을 배출시켜 소변을 취득 · 보관하는 행위이다. 수사기관이 범죄 증거를 수집할 목적으로 하는 강제 채뇨는 피의자의 신체에 직접적인 작용을 수반할 뿐만 아니라 피의자에게 신체적 고통이나 장애를 초래하거나 수치심이나 굴욕감을 줄 수 있다. 따라서 피의자에게 범죄 혐의가 있고 그 범죄가 중대한지, 소변성분 분석을 통해서 범죄 혐의를 밝힐 수 있는지, 범죄 증거를 수집하기 위하여 피의자의 신체에서 소변을 확보하는 것이 필요한 것인지, 채뇨가 아닌 다른 수단으로는 증명이 곤란한지 등을 고려하여 범죄 수사를 위해서 강제채뇨가 부득이하다고 인정되는 경우에 최후의 수단으로 적법한 절차에 따라 허용된다고 보아야 한다. 이때 의사, 간호사, 그 밖의 숙련된 의료인 등으로 하여금 소변 채취에 적합한 의료장비와 시설을 갖춘 곳에서 피의자의 신체와 건강을 해칠 위험이 적고 피의자의 굴욕감 등을 최소화하는 방법으로 소변을 채취하여야 한다(……)

피고인이 메트암페타민(일명 '필로폰')을 투약하였다는 마약류 관리에 관한 법률 위반(향정) 혐의에 관하여(……) 중대하고 객관적 사실에 근거한 명백한 범죄 혐의가 있었다고 보이고, 경찰관의 장시간에 걸친 설득에도 피고인이 소변의 임의 제출을 거부하면서 판사가 적법하게 발부한 압수영장의 집행에 저항하자 경찰관이 다른 방법으로 수사 목적을 달성하기 곤란하다고 판단하여 강제로 피고인을 소변 채취에 적합한 장소인 인근 병원 응급실로 데리고 가 의사의 지시를 받은 응급구조사로 하여금 피고인의 신체에서 소변을 채취하도록 하였으며, 그 과정에서 피고인에 대한 강제력의 행사가 필요 최소한도를 벗어나지 않았으므로, 경찰관의 조치는 형사소송법 제219조, 제120조 제1항에서 정한 '압수영장의 집행에 필요한 처분'으로서 허용[된다]

대판 2018.7.12. 2018도6219

위 대법원 판결 및 일부 학설은 영장주의와 관련하여서는 강제채혈과 강제채뇨를 사실상 같은 것으로 보고 있다. 그러나 일정한 시간이 지나면 자연스럽게 배출되는 소변을 바늘이나 칼 등을 사용하지 않고서는 채취할 수 없는 혈액과 같은 것으로 볼 수는 없다는 비판이 있다.

④ 영장의 내용은 특정되어야 하며, 일반영장은 금지된다. 영장에는 공소사실(또는 범죄사실), 피의자 · 피고인, 인치(引致)구금 장소 등이 기재되어야 한다(형사소송법 제75조, 제209조).

⑤ 체포 · 구속 등을 할 때에는 영장을 반드시 '제시'하여야 한다. 이 때 제시하여야 하는 영장은 원본이어야 한다. 영장 사본만을 팩스로 보내고 실시한 압수수색에서 획득한 증거는 위법수집증거로서 증거능력이 없다(대판 2017.9.7. 2015도10648). 또한 영장 일부만 보여주고 압수수색을 하여 획득한 증거는 위법수집증거로서 증거능력이 인정되지 않는다(대판 2017.9.21. 2015도12400). 대법원은 압수수색을 집행하는 수

사기관이 피압수자로 하여금 법관이 발부한 영장에 의한 압수수색이라는 사실을 확인함과 동시에 피의자의 성명과 죄명, 압수할 물건과 수색할 장소 등 압수수색영장에 필요적으로 기재하도록 정한 사항 등을 충분히 알 수 있도록 영장을 제시하여야 한다고 하면서, 이는 개인의 사생활과 재산권의 침해를 최소화하는 한편 피압수자의 불복신청 기회를 실질적으로 보장하기 위한 것이라고 하였다.

(판 례) 압수 · 수색 과정에서의 적법절차

저장매체에 대한 압수 · 수색 과정에서 범위를 정하여 출력 또는 복제하는 방법이 불가능하거나 압수의 목적을 달성하기에 현저히 곤란한 예외적인 사정이 인정되어 전자정보가 담긴 저장매체 또는 하드카피나 이미징 등 형태를 수사기관 사무실 등으로 옮겨 복제 · 탐색 · 출력할 수는 있다(대법원 2015.7.16.자 2011모1839 전원합의체 결정 참조). 그러나 압수 · 수색 과정에서 위와 같은 예외적인 사정이 존재하였다는 점에 대하여는 영장의 집행기관인 수사기관이 이를 구체적으로 증명하여야 하고, 이러한 증명이 이루어졌음을 전제로 전자정보가 담긴 저장매체 또는 하드카피 · 이미징 등 형태를 수사기관 사무실 등으로 옮겨 복제 · 탐색 · 출력을 통하여 압수 · 수색영장을 집행하는 경우에도 그 과정에서 피의자 등에게 참여의 기회를 보장하고 혐의사실과 무관한 전자정보의 임의적 복제 등을 막기 위한 적법한 조치를 하는 등 헌법상 영장주의 및 적법절차의 원칙을 준수하여야 한다. 만약 그러한 조치를 취하지 않았다면, 그럼에도 피의자 등에 대하여 절차 참여를 보장한 취지가 실질적으로 침해되지 않았다고 볼 수 있는 특별한 사정이 없는 이상, 압수 · 수색을 적법하다고 평가할 수 없다.

대결 2022.7.14.자 2019모2584

(판 례) 압수 · 수색영장에서의 압수할 물건의 특정

헌법과 형사소송법이 구현하고자 하는 적법절차와 영장주의의 정신에 비추어 볼 때, 법관이 압수 · 수색영장을 발부하면서 '압수할 물건'을 특정하기 위하여 기재한 문언은 엄격하게 해석해야 하고, 함부로 피압수자 등에게 불리한 내용으로 확장해석 또는 유추해석을 하는 것은 허용될 수 없다.

휴대전화는 정보처리장치나 정보저장매체의 특성을 가지고 있기는 하나, 기본적으로 통신매체의 특성을 가지고 있어 컴퓨터, 노트북 등 정보처리장치나 USB, 외장하드 등 정보저장매체와는 명확히 구별되는 특성을 가지고 있다. 휴대전화, 특히 스마트폰에는 전화 · 문자메시지 · SNS 등 통신, 개인 일정, 인터

> 넷 검색기록, 전화번호, 위치정보 등 통신의 비밀이나 사생활에 관한 방대하고 광범위한 정보가 집적되어 있다. 이와 같이 휴대전화에 저장된 전자정보는 컴퓨터나 USB 등에 저장된 전자정보와는 그 분량이나 내용, 성격 면에서 현저한 차이가 있으므로, 휴대전화에 대한 압수·수색으로 얻을 수 있는 전자정보의 범위와 그로 인한 기본권 침해의 정도도 크게 다르다.
>
> 따라서 압수·수색영장에 기재된 '압수할 물건'에 휴대전화에 저장된 전자정보가 포함되어 있지 않다면, 특별한 사정이 없는 한 그 영장으로 휴대전화에 저장된 전자정보를 압수할 수는 없다.
>
> 대판 2024.9.25. 2024모2020

⑥ 영장주의에 위배되는 법률은 곧바로 헌법에 위반되는 것이고, 나아가 형식적으로는 영장주의를 준수하였더라도 실질적인 측면에서 입법자가 합리적인 선택범위를 일탈하는 등 그 입법형성권을 남용하였다면 그러한 법률은 자의금지원칙에 위배되어 헌법에 위반된다. 이러한 취지에 따라 헌법재판소는 국가보안법위반죄 등을 범한 자를 법관의 영장 없이 구속, 압수, 수색할 수 있도록 했던 구 인신구속 등에 관한 임시 특례법 제2조 제1항은 영장주의에 위배되므로 헌법에 위반된다고 하였다(헌재 2012.12.27. 2011헌가5).

⑦ 영장주의에 위반하여 수집된 증거는 그 증거능력이 부정된다. 대법원 판례에 의하면, 수사기관이 법관의 영장없이 신용카드 발행회사로부터 그 신용카드 매출전표의 거래명의자에 관한 정보를 획득하였다면, 그와 같이 수집된 증거는 위법수집된 것으로서 유죄의 증거로 삼을 수 없다고 한다(대판 2013.3.28. 2012도13607). 또한 유신헌법 당시 긴급조치 위반사건 피의자를 영장 없이 체포·구금할 수 있도록 한 긴급조치 제9호는 위헌결정을 받았으므로, 당시 사법경찰관이 영장 없이 체포하여 수사하고 이를 기초로 공소가 제기되어 유죄가 확정된 경우는 형법 제124조의 불법체포·감금죄에는 해당하지 않는다고 하더라도 형사소송법상의 재심사유 중의 하나인 '공소의 기초된 수사에 관여한 사법경찰관이 그 직무에 관한 죄를 범한 것이 확정판결에 의하여 증명된 때'와 동일한 법적 평가를 할 수 있어, 이 경우 재심사유가 된다(대결 2018.5.2.자 2015모3243).

(3) 체포영장과 구속영장

넓은 의미의 신체구속은 체포와 구속으로 대별된다. 체포는 단기간의 신체구속이며, 구속은 비교적 장기간의 구금을 의미한다. 형사소송법은 체포영장과 구속영장을 구별하고 있다.

형사소송법에 의하면 체포에는 세 가지 형태가 있다.

① 체포영장에 의한 체포(제200조의2. "① 피의자가 죄를 범하였다고 의심할 만한 상당한 이유가 있고, 정당한 이유없이 제200조의 규정에 의한 출석요구에 응하지 아니하거나 응하지 아니할 우려가 있는 때에는 검사는 관할 지방법원판사에게 청구하여 체포영장을 발부받아 피의자를 체포할 수 있고, 사법경찰관은 검사에게 신청하여 검사의 청구로 관할지방법원판사의 체포영장을 발부받아 피의자를 체포할 수 있다. 다만, 다액 50만원이하의 벌금, 구류 또는 과료에 해당하는 사건에 관하여는 피의자가 일정한 주거가 없는 경우 또는 정당한 이유없이 제200조의 규정에 의한 출석요구에 응하지 아니한 경우에 한한다. … ⑤ 체포한 피의자를 구속하고자 할 때에는 체포한 때부터 48시간이내에 제201조의 규정에 의하여 구속영장을 청구하여야 하고, 그 기간내에 구속영장을 청구하지 아니하는 때에는 피의자를 즉시 석방하여야 한다.")

② 긴급체포(제200조의3. "① 검사 또는 사법경찰관은 피의자가 사형・무기 또는 장기 3년이상의 징역이나 금고에 해당하는 죄를 범하였다고 의심할 만한 상당한 이유가 있고, 다음 각 호의 어느 하나에 해당하는 사유가 있는 경우에 긴급을 요하여 지방법원판사의 체포영장을 받을 수 없는 때에는 그 사유를 알리고 영장없이 피의자를 체포할 수 있다. 이 경우 긴급을 요한다 함은 피의자를 우연히 발견한 경우 등과 같이 체포영장을 받을 시간적 여유가 없는 때를 말한다. 1. 피의자가 증거를 인멸할 염려가 있는 때 2. 피의자가 도망하거나 도망할 우려가 있는 때 ② 사법경찰관이 제1항의 규정에 의하여 피의자를 체포한 경우에는 즉시 검사의 승인을 얻어야 한다". 제200조의4. "① 검사 또는 사법경찰관이 제200조의3의 규정에 의하여 피의자를 체포한 경우 피의자를 구속하고자 할 때에는 지체 없이 검사는 관할지방법원판사에게 구속영장을 청구하여야 하고, 사법경찰관은 검사에게 신청하여 검사의 청구로 관할지방법원판사에게 구속영장을 청구하여야 한다. 이 경우 구속영장은 피의자를 체포한 때부터 48시간 이내에 청구하여야 하며, 제200조의3 제3항에 따른 긴급체포서를 첨부하여야 한다. ② 제1항의 규정에 의하여 구속영장을 청구하지 아니하거나 발부받지 못한 때에는 피의자를 즉시 석방하여야 한다").

③ 현행범체포(제212조. "현행범인은 누구든지 영장 없이 체포할 수 있다"). 현행범이란 "범죄의 실행중이거나 실행의 즉후인 자"를 말하며, 일정한 준(準)현행범도 현행범으로 간주된다(제211조).

한편 구속에는 두 가지 형태가 있다. ① 체포 이후 피의자 신병을 계속 확보하기 위하여 행하는 구속 및 ② 체포의 절차를 거치지 않고 바로 피의자를 구금하기 위하여 행하는 구속이다. 구 형사소송법에서는 사후영장 형식의 긴급구속제도가 있었으나, 현행 법률은 긴급체포제도를 도입함으로써 긴급구속제도는 폐지되었다.

구속의 사유는 피의자 또는 피고인이 죄를 범하였다고 의심할 만한 상당한 이유가 있고, ① 일정한 주거가 없는 때, 또는 ② 증거를 인멸할 염려가 있는 때, 또는 ③

도망하거나 도망할 염려가 있는 때이다. 이때 법원은 구속사유를 심사함에 있어서 범죄의 중대성, 재범의 위험성, 피해자 및 중요 참고인 등에 대한 위해 우려 등을 고려하여야 한다. 다만 다액 50만원 이하의 벌금, 구류 또는 과료에 해당하는 사건에 관하여는 ①의 경우에만 구속할 수 있다(제70조, 제201조).

헌법재판소는 구속사유 심사시의 고려사항으로서 '범죄의 중대성', '재범의 위험성' 및 '피해자 및 중요 참고인에 대한 위해 우려'를 규정한 형사소송법 조항(제70조 제2항)은 명확성 원칙에 위반하지 않으며 합헌이라고 결정하였다(헌재 2010.11.25. 2009헌바8).

2007년 형사소송법 개정으로 구속영장심사에 있어서 판사가 피의자를 직접 심문하는 영장실질심사제도가 도입되었다(제201조의2 "① 제200조의2 · 제200조의3 또는 제212조에 따라 체포된 피의자에 대하여 구속영장을 청구 받은 판사는 지체 없이 피의자를 심문하여야 한다. 이 경우 특별한 사정이 없는 한 구속영장이 청구된 날의 다음날까지 심문하여야 한다"). 이 제도는 구속영장청구에 대하여 반드시 심문해야 하는 것이므로 '필수적' 피의자심문제도이다. 한편 체포의 절차를 거치지 않고 직접 구속영장을 청구한 경우에도, 구속영장을 청구 받은 판사는 피의자가 죄를 범하였다고 의심할 만한 이유가 있는 경우에 구인을 위한 구속영장을 발부하여 피의자를 구인한 후 심문하여야 한다. 다만, 피의자가 도망하는 등의 사유로 심문할 수 없는 경우에는 그러하지 아니하다(제201조의2 제2항).

2020년 개정 형사소송법은 검사가 사법경찰관이 신청한 영장을 정당한 이유 없이 판사에게 청구하지 아니한 경우 사법경찰관은 관할 고등검찰청에 영장 청구 여부에 대한 심의를 신청할 수 있고, 이를 심의하기 위하여 각 고등검찰청에 외부 위원으로 구성된 영장심의위원회를 둔다는 규정을 신설하였다(제221조의5).

(4) 영장주의의 예외

영장주의에 대한 예외가 인정되는 몇 가지 경우가 있다.

① 긴급체포와 현행범체포의 경우이다. 긴급체포와 현행범체포의 경우에는 체포영장 없이 체포를 한 후, 피의자를 구속하고자 할 때에는 체포한 때부터 48시간이내에 구속영장을 청구하여야 한다(제200조의2 제5항, 제200조의4 제1항, 제213조의2). 이 경우, 체포영장 없이 체포한다는 점에서 사전영장의 원칙에 대한 예외라고 할 수 있다. 검사 등이 아닌 이에 의하여 현행범인이 체포된 후 불필요한 지체 없이 검사 등에게 인도된 경우, 위 48시간의 기산점은 체포시가 아니라 검사 등이 현행범인을

인도받은 때이다(대판 2011.12.22. 2011도12927; 소말리아 해적 체포 사건).

② 체포영장을 집행하는 경우 "미리 수색영장을 발부받기 어려운 긴급한 사정이 있는 경우에 한하여" 영장없이 타인의 주거를 수색할 수 있다. 이를 넓게 허용했던 형사소송법 규정에 대해 헌법재판소가 헌법불합치 결정을 내린 데 이어, 형사소송법이 개정되었다(제216조 제1항 제1호).

(판 례) 체포영장 집행 시 영장 없이 타인의 주거를 수색할 수 있는지 여부

헌법 제12조 제3항과는 달리 헌법 제16조 후문은 "주거에 대한 압수나 수색을 할 때에는 검사의 신청에 의하여 법관이 발부한 영장을 제시하여야 한다."라고 규정하고 있을 뿐 영장주의에 대한 예외를 명문화하고 있지 않다. 그러나 헌법 제12조 제3항과 헌법 제16조의 관계, 주거 공간에 대한 긴급한 압수·수색의 필요성, 주거의 자유와 관련하여 영장주의를 선언하고 있는 헌법 제16조의 취지 등을 종합하면, 헌법 제16조의 영장주의에 대해서도 그 예외를 인정하되, 이는 ① 그 장소에 범죄혐의 등을 입증할 자료나 피의자가 존재할 개연성이 소명되고, ② 사전에 영장을 발부받기 어려운 긴급한 사정이 있는 경우에만 제한적으로 허용될 수 있다고 보는 것이 타당하다.

심판대상조항은 체포영장을 발부받아 피의자를 체포하는 경우에 필요한 때에는 영장 없이 타인의 주거 등 내에서 피의자 수사를 할 수 있다고 규정함으로써, 앞서 본 바와 같이 별도로 영장을 발부받기 어려운 긴급한 사정이 있는지 여부를 구별하지 아니하고 피의자가 소재할 개연성만 소명되면 영장 없이 타인의 주거 등을 수색할 수 있도록 허용하고 있다. 이는 체포영장이 발부된 피의자가 타인의 주거 등에 소재할 개연성은 소명되나, 수색에 앞서 영장을 발부받기 어려운 긴급한 사정이 인정되지 않는 경우에도 영장 없이 피의자 수색을 할 수 있다는 것이므로, 헌법 제16조의 영장주의 예외 요건을 벗어나는 것으로서 영장주의에 위반된다.

헌재 2018.4.26. 2015헌바370등, 판례집 30-1 상, 563,564

(판 례) 영장 없는 촬영

(경찰관들이 나이트클럽에 손님으로 가장하고 출입하여 나이트클럽 무대 위의 음란 공연을 촬영한 사건인데, 원심은 이러한 촬영이 강제수사에 해당하는데도 사전 또는 사후에 영장을 발부받지 않았으므로 그 촬영물은 위법수집증거로서 증거능력이 없다는 등의 이유로 무죄를 선고하였다)

수사기관이 범죄를 수사하면서 현재 범행이 행하여지고 있거나 행하여진 직후이고, 증거보전의 필요성 및 긴급성이 있으며, 일반적으로 허용되는 상당한

> 방법으로 촬영한 경우라면 위 촬영이 영장 없이 이루어졌다 하여 이를 위법하다고 할 수 없다(대법원 1999.9.3. 선고 99도2317 판결 등 참조). 다만 촬영으로 인하여 초상권, 사생활의 비밀과 자유, 주거의 자유 등이 침해될 수 있으므로 수사기관이 일반적으로 허용되는 상당한 방법으로 촬영하였는지 여부는 수사기관이 촬영장소에 통상적인 방법으로 출입하였는지 또 촬영장소와 대상이 사생활의 비밀과 자유 등에 대한 보호가 합리적으로 기대되는 영역에 속하는지 등을 종합적으로 고려하여 신중하게 판단하여야 한다.
>
> 대판 2023.4.27. 2018도8161

③ 비상계엄이 선포된 경우이다. "비상계엄이 선포된 때에는 법률이 정하는 바에 의하여 영장제도……에 관하여 특별한 조치를 할 수 있다"(헌법 제77조 제3항). 계엄법은 이에 관하여 헌법규정과 거의 동일한 내용을 반복하고 있으며(제9조. "비상계엄지역 안에서 계엄사령관은 군사상 필요한 때에는 체포 · 구속 · 압수 · 수색……에 대하여 특별한 조치를 할 수 있다. ……"), '특별한 조치'의 내용이 무엇인지를 규정하지 않고 있다. 법률에서 특별한 조치의 내용을 구체화하지 않고 계엄사령관에게 재위임한 것은 위헌이라고 보아야 한다.

헌법에서 규정한 '특별한 조치'는 영장제도의 배제를 의미하는 것은 아니라고 볼 것이다. 비상계엄하에서도 영장제도의 핵심을 유지하되 다만 헌법 제12조 제3항이 정하는 절차와 다른 영장제도가 인정된다는 의미로 보아야 할 것이다. 영장제도의 핵심은 법관에 의한 영장의 발부이며, 비상계엄하에서도 원칙적으로 이 점은 준수되어야 한다.

④ 징계절차에도 영장주의가 적용되는지 견해가 갈린다. 헌법재판소도 징계처분으로 영창을 규정하고 있는 '전투경찰대 설치법' 조항에 대한 위헌소원사건에서 "영장주의란 형사절차와 관련하여 체포 · 구속 · 압수 · 수색의 강제처분을 할 때 신분이 보장되는 법관이 발부한 영장에 의하지 않으면 안 된다는 원칙으로, 형사절차가 아닌 징계절차에도 그대로 적용된다고 볼 수 없다"고 하였다(헌재 2016.3.31. 2013헌바190). 그러나 5인의 반대의견은 적법절차에서 살펴본 바와 같이 영장주의가 적용된다고 하였다.

⑤ 행정상 즉시강제(行政上 卽時强制)의 경우에 영장주의의 예외가 인정되느냐가 논란된다. 행정상 즉시강제란 급박한 행정상 장해를 제거하기 위하여, 미리 의무를 명할 여유가 없거나 성질상 미리 의무를 명하여서는 행정목적을 달성할 수 없는 경우에, 직접 신체나 재산에 실력을 행사하여 행정상 필요한 상태를 실현하는 행정작

용이다(예컨대 화재가 난 장소에서 사람을 강제로 퇴출시키거나 인접한 집을 파괴하는 행위). 이 경우에 헌법상 영장제도가 적용되는가에 관하여 견해가 갈린다.

행정상 즉시강제의 경우에도 원칙적으로 영장제도가 적용된다고 보아야 할 것이지만, 다만 행정목적을 달성하기 위하여 불가피한 경우에는 예외적으로 영장제도가 배제될 수 있다는 것이 다수 학설이다(이른바 절충설). 이 견해가 타당하다. 헌법재판소 판례에 의하면 행정상 즉시강제에는 원칙적으로 영장주의가 적용되지 않는다고 한다.

(판 례) 행정상 즉시강제와 영장주의

영장주의가 행정상 즉시강제에도 적용되는지에 관하여는 논란이 있으나, 행정상 즉시강제는 상대방의 임의이행을 기다릴 시간적 여유가 없을 때 하명 없이 바로 실력을 행사하는 것으로서, 그 본질상 급박성을 요건으로 하고 있어 법관의 영장을 기다려서는 그 목적을 달성할 수 없다고 할 것이므로, 원칙적으로 영장주의가 적용되지 않는다고 보아야 할 것이다.

만일 어떤 법률조항이 영장주의를 배제할 만한 합리적인 이유가 없을 정도로 급박성이 인정되지 아니함에도 행정상 즉시강제를 인정하고 있다면, 이러한 법률조항은 이미 그 자체로 과잉금지의 원칙에 위반되는 것으로서 위헌이라고 할 것이다.

(불법게임물을 즉시 수거 · 폐기할 수 있도록 하는 행정상 즉시강제의 근거를 규정한 법률조항은 합헌)

헌재 2002.10.31. 2000헌가12, 판례집 14-2, 345,359

대법원은 최근 수출입물품에 대한 적정한 통관 등을 목적으로 세관장이 조사하는 경우에는 영장주의의 예외에 해당할 수 있으나, 마약류 수사의 일환으로 조사하는 경우에는 강제수사에 해당한다고 하여 영장이 필요하다고 하였다.

(판 례) 수출입물품 통관검사절차에서의 마약류 수사와 영장주의

수사기관에 의한 압수 · 수색의 경우 헌법과 형사소송법이 정한 적법절차와 영장주의 원칙은 법률에 따라 허용된 예외사유에 해당하지 않는 한 관철되어야 한다. 세관공무원이 수출입물품을 검사하는 과정에서 마약류가 감추어져 있다고 밝혀지거나 그러한 의심이 드는 경우, 검사는 마약류의 분산을 방지하기 위하여 충분한 감시체제를 확보하고 있어 수사를 위하여 이를 외국으로 반출하거나 대한민국으로 반입할 필요가 있다는 요청을 세관장에게 할 수 있고, 세관장은 그 요청에 응하기 위하여 필요한 조치를 할 수 있다(마약류 불법거래 방지

에 관한 특례법 제4조 제1항). 그러나 이러한 조치가 수사기관에 의한 압수·수색에 해당하는 경우에는 영장주의 원칙이 적용된다.

물론 수출입물품 통관검사절차에서 이루어지는 물품의 개봉, 시료채취, 성분분석 등의 검사는 수출입물품에 대한 적정한 통관 등을 목적으로 조사를 하는 것으로서 이를 수사기관의 강제처분이라고 할 수 없으므로, 세관공무원은 압수·수색영장 없이 이러한 검사를 진행할 수 있다. 세관공무원이 통관검사를 위하여 직무상 소지하거나 보관하는 물품을 수사기관에 임의로 제출한 경우에는 비록 소유자의 동의를 받지 않았더라도 수사기관이 강제로 점유를 취득하지 않은 이상 해당 물품을 압수하였다고 할 수 없다. 그러나 마약류 불법거래 방지에 관한 특례법 제4조 제1항에 따른 조치의 일환으로 특정한 수출입물품을 개봉하여 검사하고 그 내용물의 점유를 취득한 행위는 위에서 본 수출입물품에 대한 적정한 통관 등을 목적으로 조사를 하는 경우와는 달리, 범죄수사인 압수 또는 수색에 해당하여 사전 또는 사후에 영장을 받아야 한다.

대판 2017.7.18. 2014도8719

⑥ 이른바 별건구속(別件拘束) 또는 별건체포가 인정되느냐가 논란된다. 별건구속이란 수사기관이 특정사건에 관하여 구속영장을 청구할 정도의 증거를 수집하지 못한 경우에 이 사건을 수사할 목적으로 이미 증거를 수집하여둔 다른 사건을 이유로 피의자를 구속하는 것이다. 이에 관하여 합헌설과 위헌설이 갈린다. 별건구속은 영장주의의 취지에 배치되는 것이며 위헌이라고 보아야 한다.

⑦ 그 밖에 영장 없이 음주측정을 하는 것이 위헌이 아니냐는 문제가 있다. 도로교통법은 음주측정에 응할 의무를 지우고 이에 불응한 사람을 처벌하는 규정을 두고 있다. 헌법재판소 판례에 의하면, 음주측정은 성질상 강제될 수 있는 것이 아니며 궁극적으로 당사자의 자발적 협조가 필수적인 것이므로 이를 두고 법관의 영장을 필요로 하는 강제처분이라 할 수 없다고 하여 합헌이라고 판시하였다(헌재 1997.3.27. 96헌가11).

한편 헌법재판소는 소변강제채취(마약류 관련 수형자에 대한 마약류반응 검사)에 대하여, 당사자의 협력이 불가피하므로 강제처분이라고 할 수 없기 때문에 영장주의 위반이 아니며, 신체의 자유에 대한 위헌적 침해가 아니라고 보았다(헌재 2006.7.27. 2005헌마277). 또한 헌법재판소는 항문 내 검사(마약류사범을 구치소에 수용하는 과정에서의 정밀신체검사)가 신체의 자유에 대한 위헌적 침해가 아니라고 판시하였다(헌재 2006.6.29. 2004헌마826).

2. 체포 · 구속의 이유 등을 고지 · 통지 받을 권리

헌법 제12조 제5항은 "누구든지 체포 또는 구속의 이유와 변호인의 조력을 받을 권리가 있음을 고지받지 아니하고는 체포 또는 구속을 당하지 아니한다. 체포 또는 구속을 당한 자의 가족 등 법률이 정하는 자에게는 그 이유와 일시 · 장소가 지체없이 통지되어야 한다"고 규정하고 있다. 이것은 체포 또는 구속을 당하는 자에게 방어의 기회를 보장하기 위한 것이다. 이 규정은 피의자 · 피고인과 그 가족 등에게 체포 · 구속의 이유 등을 고지 · 통지 받을 주관적 권리를 보장하고 있다.

형사소송법은 더 구체적인 규정을 두고 있다. 피의자 · 피고인에 대하여 범죄사실의 요지, 체포 · 구속의 이유와 변호인을 선임할 수 있음을 말하고 변명할 기회를 준 후가 아니면 체포 · 구속할 수 없다. 다만 피고인이 도망한 경우에는 그러하지 아니하다(제72조, 제200조의6, 제209조). 체포 · 구속을 한 때에는 변호인이 있는 경우에는 변호인에게, 변호인이 없는 경우에는 변호인선임권자중 피의자 · 피고인이 지정한 자에게 피의 · 피고사건명, 체포 · 구속의 일시 · 장소, 범죄사실의 요지, 체포 · 구속의 이유와 변호인을 선임할 수 있는 취지를 알려야 한다. 이 통지는 지체없이 서면으로 하여야 한다(제87조, 제200조의6, 제209조, 제213조의2). 대법원은 전투경찰순경에게 체포되어 바로 호송버스에 탑승하게 되면서 경찰관에게서 피의사실의 요지 및 현행범인 체포의 이유와 변호인을 선임할 수 있음을 고지받고 변명의 기회를 제공받은 때에는 적법한 고지가 있었다고 한다(대판 2012.2.9. 2011도7193).

3. 체포 · 구속적부심사청구권

(1) 의 의

헌법 제12조 제6항은 "누구든지 체포 또는 구속을 당한 때에는 적부의 심사를 법원에 청구할 권리를 가진다"고 규정하고 있다. 체포 · 구속적부심사제도는 영국의 인신보호영장(the writ of habeas corpus)제도에서 유래한 것이다. 우리나라에서는 미군정시대에 군정법령 제176호로 도입되었고, 제헌헌법에서 채택되었다. 그 후 1972년 제4공화국헌법에서 폐지되었으나, 1980년 제5공화국헌법에서 다시 채택되었다.

현행 헌법과 형사소송법에서 규정된 체포 · 구속적부심사청구권은 체포영장 또는 구속영장 발부에 대한 재심청구의 성격을 지니고 있다.

(2) 청구권자

형사소송법에 의하면 체포·구속적부심사의 청구권자는 "체포 또는 구속된 피의자 또는 그 변호인, 법정대리인, 배우자, 직계친족, 형제자매나 가족, 동거인 또는 고용주"이다(제214조의2 제1항). 형사피고인은 청구권자가 될 수 없다. 다만 심사청구 후 피의자에 대하여 공소제기가 있는 경우(이른바 '전격기소'), 피고인의 지위를 갖게 된 심사청구인에 대하여 적부심사 관할법원이 심사를 계속할 수 있다(제214조의2 제4항 제2문). 이 조항은 헌법재판소의 헌법불합치 결정을 반영하여 신설된 것이다(이 조항이 없던 구 형사소송법상 적부심사청구권 조항에 관하여, 헌법상 독립된 법관으로부터 심사를 받고자 하는 청구인의 절차적 기회가 반대 당사자의 '전격기소'라고 하는 일방적 행위에 의하여 제한되어야 할 합리적인 이유가 없다고 하여 헌법불합치 결정이 내려졌다. 헌재 2004.3.25. 2002헌바104).

(3) 적용범위

헌법 제12조 제6항의 '체포 또는 구속'은 모든 형태의 공권력에 의하여 체포 또는 구속의 방법으로 신체의 자유를 제한하는 경우에 적용된다.

(판 례) 헌법 제12조 제6항의 적용범위

헌법 제12조 제6항은 "누구든지 체포 또는 구속을 당한 때에는 적부의 심사를 법원에 청구할 권리를 가진다."고 정하고 있다. 헌법 제12조에 규정된 신체의 자유가 수사기관 뿐만 아니라 일반 행정기관을 비롯한 다른 국가기관 등에 의하여도 직접 제한될 수 있음을 고려할 때, 헌법 제12조 제6항의 "체포 또는 구속" 역시 포괄적인 개념으로 해석해야 한다. 따라서 헌법 제12조 제6항은 모든 형태의 공권력행사기관이 체포 또는 구속의 방법으로 신체의 자유를 제한하는 사안에 대해 적용된다(헌재 2004.3.25. 2002헌바104 참조).

또한, 헌법 제12조 제6항은 당사자가 체포·구속된 원인관계 등에 대한 최종적인 사법적 판단절차와는 별도로 체포·구속 자체에 대한 적법 여부를 법원에 심사청구할 수 있는 절차를 헌법적 차원에서 보장하는 규정이므로, 입법자는 전반적인 법체계를 통하여 관련자에게 그 구체적인 절차적 권리를 제대로 행사할 수 있는 기회를 최소한 1회 이상 제공하여야 할 의무를 가진다(헌재 2004.3.25. 2002헌바104 참조).

따라서 입법자는 헌법 제12조 제6항의 위임에 따라 출입국관리법 제51조 제2항 및 제63조 제1항에 근거하여 보호된 청구인들에게 전반적인 법체계를 통하여 보호 자체에 대한 적법 여부를 법원에 심사청구할 수 있는 기회를 최소한

1회 이상 제공하여야 한다. (……)

반드시 형사절차에 의한 체포·구속과 동일한 절차를 마련하여야 함을 의미하지는 아니하며, 입법자는 이와 같은 절차를 구체화함에 있어 상대적으로 광범위한 입법형성권을 가지고 그 입법과정에서 법률의 구체적 내용, 명칭 등에 관련하여 다양한 선택을 할 수 있다(헌재 2004.3.25. 2002헌바104 참조).

헌재 2014.8.28. 2012헌마686, 판례집 26-2 상, 397,404-405

(4) 심사절차

형사소송법에 의하면 체포 또는 구속의 적부심사 청구를 받은 법원은 청구서가 접수된 때부터 48시간 이내에 피의자를 심문하고 수사관계서류와 증거물을 조사하여 그 청구가 이유 없다고 인정한 때에는 결정으로 이를 기각하고, 이유있다고 인정한 때에는 결정으로 석방을 명하여야 한다(제214조의2 제4항). 체포영장 또는 구속영장을 발부한 법관은 심문·조사·결정에 관여하지 못한다. 다만 체포영장 또는 구속영장을 발부한 법관 외에는 심문·조사·결정을 할 판사가 없는 경우에는 그러하지 아니하다. 법원의 적부심사 결정에 대하여는 항고하지 못한다(제214조의2).

체포 또는 구속적부심사결정에 의하여 석방된 피의자가 도망하거나 죄증을 인멸하는 경우를 제외하고는 동일한 범죄사실에 관하여 재차 체포 또는 구속하지 못한다(제214조의3).

적부심사를 하는 법원은 피의자의 출석을 보증할 만한 보증금의 납입을 조건으로 하여 석방을 명할 수 있다(제214조의2, 제5항). 이를 '보증금납입조건부 피의자석방제도'라고 부른다. 이것은 과거에 기소 후에만 인정되던 보석제도를 기소 전(前) 단계에도 확장한 것이다.

한편 구속된 피고인을 석방하는 제도에는 구속취소(제93조), 보석(제94조 이하), 구속집행정지(제101조)가 있다.

Ⅸ. 변호인의 조력을 받을 권리

1. 의 의

헌법 제12조 제4항에 따라 "누구든지 체포 또는 구속을 당한 때에는 즉시 변호인의 조력을 받을 권리를 가진다." 나아가 헌법 제12조 제5항은 체포·구속을 할 경우 변호인의 조력을 받을 권리가 있음을 고지하여야 한다고 규정하고 있다. 피의자·피고인에게 변호인의 조력을 받을 권리를 보장하는 취지는 피의사실이나 공소사실에 대하여 충분히 방어할 수 있도록 하고, 특히 체포·구속을 당한 경우에 신체구속의 상황에서 생기는 여러 가지 폐해를 방지하고 제거하기 위한 것이다.

변호인의 조력을 받을 권리는 변호인의 '충분한 조력'을 받을 권리를 의미한다(헌재 1992.1.28. 91헌마111).

2. 변호인의 조력을 받을 권리의 주체

헌법은 "체포 또는 구속을 당한 때에는" 변호인의 조력을 받을 권리가 있다고 규정하고 있으나, 불구속피의자도 당연히 변호인의 조력을 받을 권리를 가진다. 형사소송법은 체포·구속의 여부를 불문하고 모든 피의자와 피고인에게 변호인선임권이 있음을 규정하고 있다(제30조).

변호인의 조력을 받을 권리는 '형사사건에서 변호인의 조력을 받을 권리'를 의미하므로 형사절차가 종료되어 교정시설에 수용 중인 수형자나 미결수용자가 형사사건의 변호인이 아닌 민사재판, 행정재판, 헌법재판 등에서 변호사와 접견할 경우에는 원칙적으로 변호인의 조력을 받을 권리의 주체가 될 수 없다(헌재 2013.8.29. 2011헌마122). 그러나 헌법재판소는 최근 선례를 변경하여 헌법 제12조 제4항 본문에 규정된 '구속'에는 행정절차상의 구속도 포함된다고 하였다.

(판 례) 행정절차상 구속된 사람도 변호인의 조력을 받을 권리의 주체인지 여부

헌법 제12조 제1항은 제1문에서 "모든 국민은 신체의 자유를 가진다."고 규정한다. 신체의 자유를 보장하는 헌법 제12조 제1항 제1문은 문언상 형사절차만을 염두에 둔 것이 아님이 분명하다. 또한 신체의 자유는 그에 대한 제한이 형사절차에서 가해졌든 행정절차에서 가해졌든 간에 보장되어야 하는 자연권적 속성의 기본권이므로, 신체의 자유가 제한된 절차가 형사절차인지 아닌지는 신체의 자유의 보장 범위와 방법을 정함에 있어 부차적인 요소에 불과하다.

우리 헌법은 신체의 자유를 명문으로 규정하여 보장하는 헌법 제12조 제1항 제1문에 이어 제12조 제1항 제2문, 제2항 내지 제7항에서 신체의 자유가 제한될 우려가 있는 특별한 상황들을 열거하면서, 각각의 상황별로 신체의 자유의 보장 방법을 구체적으로 규정한다. 따라서 형사절차를 특히 염두에 둔 것이 아

닌 헌법 제12조 제1항 제1문과의 체계적 해석의 관점에서 볼 때, 헌법 제12조 제1항 제2문, 제2항 내지 제7항은 당해 헌법조항의 문언상 혹은 당해 헌법조항에 규정된 구체적인 신체의 자유 보장 방법의 속성상 형사절차에만 적용됨이 분명한 경우가 아니라면, 형사절차에 한정되지 않는 것으로 해석하는 것이 타당하다(헌재 2004.3.25. 2002헌바104; 헌재 2014.8.28. 2012헌마686 참조).

위와 같은 해석 원칙에 따라, "누구든지 체포 또는 구속을 당한 때에는 즉시 변호인의 조력을 받을 권리를 가진다."라는 내용의 헌법 제12조 제4항 본문이 형사절차에만 적용되는지에 관하여 본다.

먼저, 헌법 제12조 제4항 본문에 규정된 "구속을 당한 때"가 그 문언상 형사절차상 구속만을 의미하는 것이 분명한지 살펴본다. 사전적 의미로 '구속'이란 행동이나 의사의 자유를 제한함을 의미할 뿐 그 주체에는 특별한 제한이 없다. 헌법 제12조 제4항 본문에 규정된 "구속"은 사전적 의미의 구속 중에서도 특히 사람을 강제로 붙잡아 끌고 가는 구인과 사람을 강제로 일정한 장소에 가두는 구금을 가리키는데, 이는 형사절차뿐 아니라 행정절차에서도 가능하다.

법령상의 용례를 보더라도 '구속'이라는 용어는 선원법 제25조의2, '장애인차별금지 및 권리구제 등에 관한 법률' 제30조 등과 같이 사전적 의미의 '구속'의 의미로 사용되는 경우도 있고, '해양사고의 조사 및 심판에 관한 법률' 제48조 제3항과 같이 행정기관에 의한 구인 및 구금을 가리키거나 '과태료 체납자에 대한 감치의 재판에 관한 규칙' 제10조와 같이 과태료 체납자의 구인 및 구금을 가리키는 경우에 사용되기도 한다. 구속의 형태 중 '구금' 역시 군인사법 제57조 제2항 제2호처럼 그 주체가 행정기관인 경우에도 사용된다 (……)

결국 헌법 제12조 제4항 본문은 형사절차뿐 아니라 행정절차에도 적용된다고 해석하는 것이 헌법 제12조 제4항 본문 자체의 문리해석의 측면에서 타당하고, 변호인 조력권의 속성에도 들어맞으며, 우리 헌법이 제12조 제1항 제1문에 명문으로 신체의 자유에 관한 규정을 두어 신체의 자유를 두텁게 보호하는 취지에도 부합할 뿐 아니라, 헌법 제12조의 체계적 해석 및 목적론적 해석의 관점에서도 정당하다.

종래 이와 견해를 달리하여, 헌법 제12조 제4항 본문에 규정된 변호인의 조력을 받을 권리는 형사절차에서 피의자 또는 피고인의 방어권을 보장하기 위한 것으로서 출입국관리법상 보호 또는 강제퇴거의 절차에도 적용된다고 보기 어렵다고 판시한 우리 재판소 결정(헌재 2012.8.23. 2008헌마430)은, 이 결정 취지와 저촉되는 범위 안에서 변경한다.

헌재 2018.5.31. 2014헌마346, 공보 260, 871,875-876

헌법재판소는 위 결정에서 변호인의 조력을 받을 권리는 성질상 인간의 권리이므로 외국인도 주체가 되고, 위 결정에서 문제된 '인천공항출입국 · 외국인청장'이 난민인정신청을 한 외국인을 난민인정심사불회부결정 후 공항 환승구역 내 송환대기실에 수용한 행위는 위 헌법 조항의 구속에 해당한다고 하였다. 한편 수형자의 민사사건 등에 있어서의 변호사와의 접견교통권은 헌법상 재판을 받을 권리의 한 내용 또는 그로부터 파생되는 권리로서 보장된다(헌재 2013.9.26. 2011헌마398).

(판 례) 불구속피의자의 변호인 조력을 받을 권리

헌법이 변호인의 조력을 받을 권리가 불구속 피의자 · 피고인 모두에게 포괄적으로 인정되는지 여부에 관하여 명시적으로 규율하고 있지는 않지만, 불구속 피의자의 경우에도 변호인의 조력을 받을 권리는 우리 헌법에 나타난 법치국가원리, 적법절차원칙에서 인정되는 당연한 내용이고, 헌법 제12조 제4항도 이를 전제로 특히 신체구속을 당한 사람에 대하여 변호인의 조력을 받을 권리의 중요성을 강조하기 위하여 별도로 명시하고 있다고 할 것이다.

헌재 2004.9.23. 2000헌마138, 판례집 16-2 상, 543,555

한편 변호인이 피의자 · 피고인을 조력할 권리가 변호인의 헌법상 기본권인가 아니면 법률상 인정되는 권리에 불과한 것인가가 문제된다. 헌법재판소의 초기 판례에 의하면, 변호인과의 접견교통권은 체포 또는 구속당한 피의자 · 피고인 자신에만 한정되는 신체적 자유에 관한 기본권이고, 변호인 자신의 구속된 피의자 · 피고인과의 접견교통권은 헌법상의 권리라고는 말할 수 없으며 단지 형사소송법에 의하여 비로소 보장되는 권리임에 그친다고 보았다(헌재 1991.7.8. 89헌마181). 그러나 그 후의 판례에서는 피구속자를 조력할 변호인의 권리의 핵심부분은 변호사의 헌법상 기본권이라고 판시하였다(헌재 2003.3.27. 2000헌마474). 이 결정의 결과로 형사소송법 제35조(서류, 증거물의 열람, 등사)가 새롭게 규정되었다.

피구속자만이 아니라 피의자를 조력할 변호인의 권리의 핵심부분도 변호인의 헌법상 기본권이라고 볼 것이다.

헌법재판소는 변호인의 변호권은 헌법상 기본권임을 재차 확인하면서, 검찰수사관이 피의자신문에 참여한 변호인에게 피의자 옆이 아닌 후방에 앉으라고 욕한 것은 위헌이라고 하였다(헌재 2017.11.30. 2016헌마503; 이에는 변호인의 변호권은 법률상의 권리에 불과하다고 하면서 변호인의 직업수행의 자유를 침해한 것으로 보면 족하다는 2인의 별개의견과 법률상의 권리이므로 각하하여야 한다는 1인의 반대의견이 있다).

기본권으로서의 피의자 접견교통권이 인정되는 변호인은 미리 변호인으로 선임되어 있을 필요는 없다. '변호인이 되려는 자'에게도 피의자 접견교통권이 인정된다.

(판 례) '변호인이 되려는 자'의 피의자 접견교통권

변호인 선임을 위하여 피의자·피고인(이하 '피의자 등'이라 한다)이 가지는 '변호인이 되려는 자'와의 접견교통권은 헌법상 기본권으로 보호되어야 하고, '변호인이 되려는 자'의 접견교통권은 피의자 등이 변호인을 선임하여 그로부터 조력을 받을 권리를 공고히 하기 위한 것으로서, 그것이 보장되지 않으면 피의자 등이 변호인 선임을 통하여 변호인으로부터 충분한 조력을 받는다는 것이 유명무실하게 될 수밖에 없다. 이와 같이 '변호인이 되려는 자'의 접견교통권은 피의자 등을 조력하기 위한 핵심적인 부분으로서, 피의자 등이 가지는 헌법상의 기본권인 '변호인이 되려는 자'와의 접견교통권과 표리의 관계에 있다. 따라서 피의자 등이 가지는 '변호인이 되려는 자'의 조력을 받을 권리가 실질적으로 확보되기 위해서는 '변호인이 되려는 자'의 접견교통권 역시 헌법상 기본권으로서 보장되어야 한다(이하 '변호인'과 '변호인이 되려는 자'를 합하여 '변호인 등'이라 한다).

① 청구인은 피청구인 검사에게 접견신청을 하고 검사실에서 머무르다가 이 사건 검사의 접견불허행위로 인하여 결국 피의자 윤○현을 접견하지 못하고 검사실에서 퇴실하였으므로, 청구인의 위 피의자에 대한 접견교통권이 제한되었다고 봄이 상당한 점, ② 피의자 윤○현은 당일 야간에 계속하여 피의자신문을 받을 예정이었으므로 피의자신문에 앞서 검사실 또는 별도로 마련된 변호인 접견실에서 청구인과 위 피의자의 접견교통을 허용하는 조치를 취할 수 있었다고 보이고, 당시 구체적인 시간적·장소적 상황에 비추어 볼 때 변호인이 되려는 청구인이 현실적으로 보장할 수 있는 한계를 벗어나거나 신체구속제도 본래의 취지에서 벗어나 피의자와의 접견교통권 행사를 남용하려고 했다는 사정은 엿보이지 않는 점, ③ 변호인 등의 접견교통권은 헌법으로써는 물론 법률로써도 제한하는 것이 가능하나, 헌법이나 형사소송법은 피의자신문 중 변호인 등의 접견신청이 있는 경우 이를 제한하거나 거부할 수 있는 규정을 두고 있지 아니한 점, ④ 이 사건 접견시간 조항은 검사 또는 사법경찰관이 그 허가 여부를 결정하는 피의자신문 중 변호인 등의 접견신청의 경우에는 적용되지 않으므로, 위 조항을 근거로 변호인 등의 접견신청을 불허하거나 제한할 수는 없는 점 등을 종합해 볼 때, 청구인의 피의자 윤○현에 대한 접견신청은 '변호인이 되려는 자'에게 보장된 접견교통권의 행사 범위 내에서 이루어진 것이고, 또한 이 사건 검사의 접견불허행위는 헌법이나 법률의 근거 없이 이를 제한한 것이

므로 청구인의 접견교통권을 침해하였다고 할 것이다.

헌재 2019.2.28. 2015헌마1204, 공보 269, 289,290

3. 변호인의 조력을 받을 권리의 내용

(1) 변호인선임권

변호인의 조력을 받을 권리의 기초는 변호인선임권이다. 형사소송법에 의하면 "① 피고인 또는 피의자는 변호인을 선임할 수 있다. ② 피고인 또는 피의자의 법정대리인, 배우자, 직계친족과 형제자매는 독립하여 변호인을 선임할 수 있다"(제30조).

(2) 변호인접견교통권

변호인의 조력을 받을 권리의 핵심은 변호인과의 접견교통권(接見交通權)이다. 피의자·피고인은 변호인을 접견하고 서류나 물건을 수수하며 변호인과 상담하고 조언을 구할 권리를 가진다. 형사소송법에 의하면 "변호인 또는 변호인이 되려는 자는 신체구속을 당한 피고인 또는 피의자와 접견하고 서류 또는 물건을 수수할 수 있으며 의사로 하여금 진료하게 할 수 있다"(제34조).

(판 례) 변호인 조력을 받을 권리의 내용과 그 핵심(접견교통권)

변호인의 조력을 받을 권리가 구체적으로 어떠한 내용을 포함하는가, 그러한 권리가 헌법의 위 조항상 막바로 도출될 수 있는지 아니면 구체적인 입법형성이 있어야 비로소 부여되는지의 문제는 형사절차에서 변호인의 역할과 기능의 관점에 의하여 결정된다.

형사절차에서의 변호인은 피의자·피고인이 수사·공소기관과 대립되는 당사자의 지위에서 스스로 방어하는 것을 지원하는 조력자로서의 역할과 피의자·피고인에게 유리하게 형사절차에 영향을 미치고 피의자·피고인의 권리가 준수되는지를 감시·통제하는 역할을 담당하고 있다. 변호인의 위 역할 중 보다 중요한 것은 조력자로서의 역할이고, 이를 수행하기 위한 구체적인 권리는 입법형성이 있어야 비로소 부여되는 것이 원칙이다. 이에 형사소송법은 변호인을 통하여 수사기록을 포함한 소송기록, 증거물을 열람하고 등사할 수 있는 권리, 증거보전을 청구할 권리 및 기타 증거자료를 수집할 권리, 그리고 이에 대한 검토 결과를 토대로 공격과 방어의 준비를 할 수 있는 권리 등 변호인의 조력을 받을 권리의 구체적 내용을 자세하게 규정하고 있다.

그러나 위와 같은 구체적인 권리의 행사는 모두 변호인선임 후 변호인과의 접견을 통한 조언과 상담이 보장되어야만 이루어질 수 있다. 피의자·피고인이 변호인의 조언과 상담을 구할 수 없다면 위와 같은 구체적인 권리의 행사는 불가능하거나 간과될 수 있고, 나아가 잘못 행사되어 결과적으로 변호인의 조력을 받을 권리 자체의 존재의의를 훼손할 수 있기 때문이다. 따라서 피의자·피고인의 구속 여부를 불문하고 조언과 상담을 통하여 이루어지는 변호인의 조력자로서의 역할은 변호인선임권과 마찬가지로 변호인의 조력을 받을 권리의 내용 중 가장 핵심적인 것이 되고, 변호인과 상담하고 조언을 구할 권리는 변호인의 조력을 받을 권리의 내용 중 구체적인 입법형성이 필요한 다른 절차적 권리의 필수적인 전제요건으로서 변호인의 조력을 받을 권리 그 자체에서 막바로 도출되는 것이다.

헌재 2004.9.23. 2000헌마138, 판례집 16-2 상, 543,555-556

변호인과의 접견교통권도 엄격한 요건 하에서 그 포기가 인정된다.

(판 례) 접견교통권의 포기

(국가정보원이 탈북자들 임시보호시설에 서울시 공무원 간첩사건으로 기소되었던 갑의 동생 을을 수용하고 조사하였는데 변호사인 원고들이 국정원에 을에 대한 접견을 신청하였으나 거부당하였고, 그것이 원고들의 접견교통권을 침해한 것이라면서 국가배상을 청구한 사안임)

변호인의 접견교통권은 피의자 등이 변호인의 조력을 받을 권리를 실현하기 위한 것으로서, 피의자 등이 헌법 제12조 제4항에서 보장한 기본권의 의미와 범위를 정확히 이해하면서도 이성적 판단에 따라 자발적으로 그 권리를 포기한 경우까지 피의자 등의 의사에 반하여 변호인의 접견이 강제될 수 있는 것은 아니다.

그러나 변호인이 피의자 등에 대한 접견신청을 하였을 때 위와 같은 요건이 갖추어지지 않았는데도 수사기관이 접견을 허용하지 않은 것은 변호인의 접견교통권을 침해하는 것이고, 이 경우 국가는 변호인이 입은 정신적 고통을 배상할 책임이 있다(대법원 2003.1.10. 선고 2002다56628 판결). 이때 변호인의 조력을 받을 권리의 중요성, 수사기관에 이러한 권리를 침해할 동기와 유인이 있는 점, 피의자 등이 접견교통을 거부하는 것은 이례적이라는 점을 고려하면, 피의자 등이 헌법 제12조 제4항에서 보장한 기본권의 의미와 범위를 정확히 이해하면서도 이성적 판단에 따라 자발적으로 그 권리를 포기하였다는 점에 대해서는 이를 주장하는 사람이 증명할 책임이 있다고 보아야 한다.

대판 2018.12.27. 2016다266736

변호인과의 접견은 '자유로운 접견'이어야 한다. 변호인 접견이 반드시 변호인접견실에서 있어야 하는 것은 아니다. 코로나19와 같은 비상시기에서는 일반접견실에서 변호인 접견이 이루어졌다고 하여 자유로운 접견이 침해되지 않는 이상 변호인접견권 침해가 아니다(헌재 2025.2.27. 2021헌마368; 같은 시기, 같은 사유로 일반인과의 일반·화상 접견을 제한한 것도 접견교통권을 침해한 것이 아니라고 하였다). 접견이 이루어지는 경우, '자유로운 접견'을 제한할 수 없다. 그러나 접견 자체를 제한할 수 없다는 것은 아니다. 접견권 역시 국가안보·질서유지 또는 공공복리를 위해 필요한 경우, 법률로서 제한할 수 있다. 다만, 법령에 의한 제한이 없는 한, 수사기관의 처분은 물론 법원의 결정으로도 변호인의 접견·교통권은 제한할 수 없다(대결 1990.2.13.자 89모37).

(판 례) 변호인과의 접견교통권의 내용 및 그 제한

(청구인의 국선변호인으로 선정된 변호사가 2009.6.5. 서울구치소에 청구인에 대한 접견을 신청하였으나, 접견을 희망하는 6.6.이 현충일로 공휴일이라는 이유로 불허된 사안에서)

3. 적법요건에 관한 판단

이 사건 접견불허 처분의 직접적인 상대방은 청구인이 아니라 그 국선변호인이지만, 청구인은 이 사건 접견불허 처분으로 변호인과 접견하지 못하게 되었으므로, 이 사건 접견불허 처분은 미결수용자인 청구인의 변호인의 조력을 받을 권리를 제한하는 것이다.

4. 본안에 관한 판단

나. 변호인과의 접견교통권 제한

청구인은 헌법재판소가 "변호인과의 자유로운 접견은 신체구속을 당한 사람에게 보장된 변호인의 조력을 받을 권리의 가장 중요한 내용이어서 국가안전보장·질서유지 또는 공공복리 등 어떠한 명분으로도 제한될 수 있는 성질의 것이 아니다."(헌재 1992.1.28. 91헌마111, 판례집 4, 51,60-61)라고 판시한 것을 들어, 미결수용자와 변호인과의 접견에 대해서는 어떠한 제한도 할 수 없다고 주장한다.

그러나, 위 결정에서 어떠한 명분으로도 제한할 수 없다고 한 것은 구속된 자와 변호인 간의 접견이 실제로 이루어지는 경우에 있어서의 '자유로운 접견', 즉 '대화내용에 대하여 비밀이 완전히 보장되고 어떠한 제한, 영향, 압력 또는 부당한 간섭 없이 자유롭게 대화할 수 있는 접견'을 제한할 수 없다는 것이지(헌재 1992.1.28. 91헌마111, 판례집 4, 51,60), 변호인과의 접견 자체에 대해 아

무런 제한도 가할 수 없다는 것을 의미하는 것이 아니다.

변호인의 조력을 받을 권리 역시 다른 모든 헌법상 기본권과 마찬가지로 국가안전보장·질서유지 또는 공공복리를 위하여 필요한 경우에는 법률로써 제한할 수 있는 것이다(헌법 제37조 제2항).

그렇다면 변호인의 조력을 받을 권리의 내용 중 하나인 미결수용자의 변호인 접견권 역시 국가안전보장·질서유지 또는 공공복리를 위해 필요한 경우에는 법률로써 제한될 수 있음은 당연하다.

다. 이 사건 접견불허 처분의 근거

(……) 수용자처우법 제84조 제2항에 의해 금지되는 접견시간 제한의 의미는 접견에 관한 일체의 시간적 제한이 금지된다는 것으로 볼 수는 없고, 수용자와 변호인의 접견이 현실적으로 실시되는 경우, 그 접견이 미결수용자와 변호인의 접견인 때에는 미결수용자의 방어권 행사로서의 중요성을 감안하여 자유롭고 충분한 변호인의 조력을 보장하기 위해 접견 시간을 양적으로 제한하지 못한다는 의미로 이해하는 것이 타당하다.

그러므로 수용자처우법 제84조 제2항에도 불구하고 같은 법 제41조 제4항의 위임에 따라 수용자의 접견이 이루어지는 일반적인 시간대를 대통령령으로 규정하는 것은 가능하다고 보아야 한다.

라. 이 사건 접견불허 처분의 기본권 침해

(……) 변호인의 조력을 받을 권리를 보장하는 목적은 피의자 또는 피고인의 방어권 행사를 보장하기 위한 것이므로, 미결수용자 또는 변호인이 원하는 특정한 시점에 접견이 이루어지지 못하였다 하더라도 그것만으로 곧바로 변호인의 조력을 받을 권리가 침해되었다고 단정할 수는 없는 것이고, 변호인의 조력을 받을 권리가 침해되었다고 하기 위해서는 접견이 불허된 특정한 시점을 전후한 수사 또는 재판의 진행 경과에 비추어 보아, 그 시점에 접견이 불허됨으로써 피의자 또는 피고인의 방어권 행사에 어느 정도는 불이익이 초래되었다고 인정할 수 있어야만 하며, 그 시점을 전후한 변호인 접견의 상황이나 수사 또는 재판의 진행 과정에 비추어 미결수용자가 방어권을 행사하기 위해 변호인의 조력을 받을 기회가 충분히 보장되었다고 인정될 수 있는 경우에는, 비록 미결수용자 또는 그 상대방인 변호인이 원하는 특정 시점에는 접견이 이루어지지 못하였다 하더라도 변호인의 조력을 받을 권리가 침해되었다고 할 수 없는 것이다.

헌재 2011.5.26. 2009헌마341, 공보 176, 831,833-835

접견교통권의 비밀성은 보장되어야 한다. 헌법재판소는 미결수용자가 변호인과 접견할 때 수사관이 참여하여 입회하는 것은 변호인의 조력을 받을 권리의 위헌적 침해라고 보았다(헌재 1992.1.28. 91헌마111). 또한 미결수용자가 변호인에게 발송한 서신의 검열도 변호인의 조력을 받을 권리 및 통신비밀에 대한 위헌적 침해라고 판시하였다(헌재 1995.7.21. 92헌마144). 그러나 교도소장이 금지물품 동봉 여부를 확인하기 위하여 미결수용자와 같은 지위에 있는 수형자의 변호인이 위 수형자에게 보낸 서신을 개봉한 후 교부한 행위는 위 수형자가 변호인의 조력을 받을 권리를 침해하지 않는다(헌재 2021.10.28. 2019헌마973; 발신자가 변호사로 표시되어 있다고 하더라도 실제 변호사인지 여부 및 수용자의 변호인에 해당하는지 여부를 확인하는 것은 불가능하거나 지나친 행정적 부담을 초래한다는 점을 이유로 들었다). 그러나 구치소장이 변호인접견실에 CCTV를 설치하고 관찰하는 것은 접견내용의 비밀이 침해되거나 접견교통에 방해가 되지 않기 때문에 합헌이라는 것이 판례이다(헌재 2016.4.28. 2015헌마243).

한편 신체구속을 당한 피의자·피고인은 변호인만이 아니라 변호인이 아닌 자와도 접견교통할 권리를 가진다. 헌법재판소 판례에 의하면 이 권리는 행복추구권에 포함된 일반적 행동자유권에서 나오며, 아울러 헌법 제27조 제4항의 무죄추정의 원칙에도 그 근거를 찾을 수 있다고 한다(헌재 2003.11.27. 2002헌마193). 그러나 미결수용자의 변호인 아닌 자와의 접견교통 내용을 녹음하는 것은 접견교통권 제한의 문제가 아니고 사생활의 비밀과 자유 및 통신의 비밀 제한 문제라는 것이 판례이다(헌재 2016.11.24. 2014헌바401).

(3) 피의자신문시 변호인참여권

수사기관에서 피의자를 신문할 때 변호인이 참여할 권리가 인정되느냐가 문제된다. 종래 형사소송법상 이러한 권리의 인정여부에 관하여 논란이 있어왔다. 헌법재판소 판례와 대법원 판례는 피의자신문시 변호인참여권을 인정하였으며, 개정된 형사소송법 제243조의2에서 변호인의 참여를 인정하고 있다.

(판 례) 피의자신문시 변호인참여권

불구속 피의자나 피고인의 경우 형사소송법상 특별한 명문의 규정이 없더라도 스스로 선임한 변호인의 조력을 받기 위하여 변호인을 옆에 두고 조언과 상담을 구하는 것은 수사절차의 개시에서부터 재판절차의 종료에 이르기까지 언제나 가능하다. 따라서 불구속 피의자가 피의자신문시 변호인을 대동하여 신문과정에서 조언과 상담을 구하는 것은 신문과정에서 필요할 때마다 퇴거하여 변호인으로부터 조언과 상담을 구하는 번거로움을 피하기 위한 것으로서 불구속 피의자가 피의자신문장소를 이탈하여(예컨대, 변호인 사무실에 찾아가) 변호인의 조언과 상담을 구하는 것과 본질적으로 아무런 차이가 없다. 그렇다면, 불구속 피의자가 피의자신문시 조언과 상담을 구하기 위하여 자신의 변호인을 대동하기를 원한다면, 수사기관은 특별한 사정이 없는 한 이를 거부할 수 없다고 할 것이다.

다만, 피의자가 피의자신문시 변호인을 대동하여 조언과 상담을 받을 수 있는 권리가 변호인의 조력을 받을 권리의 핵심적 내용으로 형사절차에 직접 적용된다 하더라도, 위 조언과 상담과정이 피의자신문을 방해하거나 수사기밀을 누설하는 경우 등에까지 허용되는 것은 아니다. 왜냐하면, 조언과 상담을 통한 변호인의 조력을 받을 권리는 변호인의 '적법한' 조력을 받을 권리를 의미하는 것이지 위법한 조력을 받을 권리까지도 보장하는 것은 아니기 때문이다. (……)

살피건대, 형사소송법 제243조는 "검사가 피의자를 신문함에는 검찰청수사관 또는 서기관이나 서기를 참여하게 하여야 하고, 사법경찰관이 피의자를 신문함에는 사법경찰관리를 참여하게 하여야 한다"고 규정하고 있다. 그러나 위 조항은 피의자신문시 의무적으로 참여하여야 하는 자를 규정하고 있을 뿐 적극적으로 위 조항에서 규정한 자 이외의 자의 참여나 입회를 배제하고 있는 것은 아니다. 왜냐하면 위 조항의 입법취지는 조서기재의 정확성과 신문절차의 공정성을 담보하기 위하여 수사기관 스스로 준수해야 할 의무를 규정한 것일 뿐 변호인의 조력을 받을 권리를 포함하여 피의자·피고인에 대하여 절차법상의 권리를 제한하기 위한 것이 아니기 때문이다. 따라서 불구속 피의자가 피의자신문시 변호인의 조언과 상담을 원한다면, 앞서 본 바와 같은 위법한 조력의 우려가 있어 이를 제한하는 다른 규정이 있고 그가 이에 해당한다고 하지 않는 한 수사기관은 피의자의 위 요구를 거절할 수 없다. (……)

이 사건에 관하여 보건대, 피청구인은 청구인들이 조언과 상담을 구하기 위하여 한 피의자신문시 변호인의 참여 요구를 거부하면서 그 사유를 밝히지도 않았고, 그에 관한 자료도 제출하지도 않았다. 따라서 아무런 이유 없이 피의자신문시 청구인들의 변호인과의 조언과 상담요구를 제한한 이 사건 행위는 청구인들의 변호인의 조력을 받을 권리를 침해한다 할 것이다.

헌재 2004.9.23. 2000헌마138, 판례집 16-2 상, 543,557-558

(판 례) 피의자신문시 변호인참여권(불허가처분에 대한 준항고 인정)

형사소송법 제417조는 검사 또는 사법경찰관의 구금에 관한 처분에 불복이 있으면 법원에 그 처분의 취소 또는 변경을 청구할 수 있다고 규정하고 있는바, 이는 피의자의 구금 또는 구금 중에 행하여지는 검사 또는 사법경찰관의 처분에 대한 유일한 불복방법인 점에 비추어 볼 때, 영장에 의하지 아니한 구금이나 변호인 또는 변호인이 되려는 자와의 접견교통권을 제한하는 처분뿐만 아니라 구금된 피의자에 대한 신문에 변호인의 참여(입회)를 불허하는 처분 역시 구금에 관한 처분에 해당하는 것으로 보아야 한다.

형사소송법이 아직은 구금된 피의자의 피의자신문에 변호인이 참여할 수 있다는 명문규정을 두고 있지는 아니하지만, 신체를 구속당한 사람의 변호인과의 접견교통권이 헌법과 법률에 의하여 보장되고 있을 뿐 아니라 누구든지 체포 또는 구속을 당한 때에는 즉시 변호인의 조력을 받을 권리를 가진다고 선언한 헌법규정에 비추어, 구금된 피의자는 형사소송법의 위 규정을 유추 · 적용하여 피의자신문을 받음에 있어 변호인의 참여를 요구할 수 있고 그러한 경우 수사기관은 이를 거절할 수 없는 것으로 해석하여야 하고, 이렇게 해석하는 것은 인신구속과 처벌에 관하여 "적법절차주의"를 선언한 헌법의 정신에도 부합한다 할 것이나, 구금된 피의자가 피의자신문시 변호인의 참여를 요구할 수 있는 권리가 형사소송법 제209조, 제89조 등의 유추적용에 의하여 보호되는 권리라 하더라도 헌법상 보장된 다른 기본권과 사이에 조화를 이루어야 하며, 구금된 피의자에 대한 신문시 무제한적으로 변호인의 참여를 허용하는 것 또한 헌법이 선언한 적법절차의 정신에 맞지 아니하므로 신문을 방해하거나 수사기밀을 누설하는 등의 염려가 있다고 의심할 만한 상당한 이유가 있는 특별한 사정이 있음이 객관적으로 명백하여 변호인의 참여를 제한하여야 할 필요가 있다고 인정되는 경우에는 변호인의 참여를 제한할 수 있음은 당연하다.

대결 2003.11.11.자 2003모402

대법원은 "피의자가 변호인의 참여를 원한다는 의사를 명백하게 표시하였음에도 수사기관이 정당한 사유 없이 변호인을 참여하게 하지 아니한 채 피의자를 신문하여 작성한 피의자신문조서는 형사소송법 제312조에 정한 '적법한 절차와 방식'에 위반된 증거일 뿐만 아니라, 형사소송법 제308조의2에서 정한 '적법한 절차에 따르지 아니하고 수집한 증거'에 해당하므로 이를 증거로 할 수 없다"고 판시하였다(대판 2013.3.28. 2010도3359). 이와 같은 취지에서 대법원은 "검사 또는 사법경찰관의 부당한 신문방법에 대한 이의제기는 고성, 폭언 등 그 방식이 부적절하거나 또는 합리적 근거 없이 반복적으로 이루어지는 등의 특별한 사정이 없는 한, 원칙적으로 변호인에게 인정된 권리의 행사에 해당하며, 신문을 방해하는 행위로는 볼 수 없다. 따라서 검사 또는 사법경찰관이 그러한 특별한 사정 없이, 단지 변호인이 피의자신문 중에 부당한 신문방법에 대한 이의제기를 하였다는 이유만으로 변호인을 조사실에서 퇴거시키는 조치는 정당한 사유 없이 변호인의 피의자신문 참여권을 제한하는 것으로서 허용될 수 없다"고 하였다(대결 2020.3.17.자 2015모2357).

(4) 그 밖의 권리내용

변호인의 조력을 받을 권리는 접견교통권 외에도 변호인이 형사절차상 피의자·피고인을 방어하기 위한 절차적인 권리들을 포함한다. 그 구체적 내용은 입법형성을 통하여 구체화되지만 그 핵심은 헌법상 변호인의 조력을 받을 권리의 내용을 이룬다.

헌법재판소는 최근 사건에서도 판시하기를, 법원이 수사서류에 대한 열람·등사 허용 결정을 하였음에도 검사가 변호인의 열람·등사 신청을 거부한 행위는 피고인의 신속·공정한 재판을 받을 권리 및 변호인의 조력을 받을 권리의 위헌적 침해라고 하였다(헌재 2010.6.24. 2009헌마257). 피고인 등에 대하여 차폐시설을 설치하고 증인신문할 수 있도록 한 형사소송법 규정도 위헌이 아니라고 하였다(헌재 2016.12.29. 2015헌바221; 반대신문권이 보장되는 등의 이유를 들었다).

4. 국선변호인제도

헌법 제12조 제4항 단서에 의하면 "형사피고인이 스스로 변호인을 구할 수 없을 때에는 법률이 정하는 바에 의하여 국가가 변호인을 붙인다"고 하여 국선변호인제도를 규정하고 있다. 이를 구체화하여 형사소송법은 법원이 직권으로 반드시 국선변호인을 선정하여야 할 필요적 국선변호인제도를 다음과 같이 규정하고 있다.

> **(형사소송법 제33조)** ① 다음 각 호의 어느 하나에 해당하는 경우에 변호인이 없는 때에는 법원은 직권으로 변호인을 선정하여야 한다.
> 1. 피고인이 구속된 때
> 2. 피고인이 미성년자인 때
> 3. 피고인이 70세 이상인 때
> 4. 피고인이 듣거나 말하는 데 모두 장애가 있는 사람인 때
> 5. 피고인이 심신장애가 있는 것으로 의심되는 때
> 6. 피고인이 사형, 무기 또는 단기 3년 이상의 징역이나 금고에 해당하는 사건으로 기소된 때
>
> ② 법원은 피고인이 빈곤이나 그 밖의 사유로 변호인을 선임할 수 없는 경우에 피고인이 청구하면 변호인을 선정하여야 한다.
>
> ③ 법원은 피고인의 나이·지능 및 교육 정도 등을 참작하여 권리보호를 위하여 필요하다고 인정하면 피고인의 명시적 의사에 반하지 아니하는 범위에서 변호인을 선정하여야 한다.

(판 례) 필요적 국선변호인 선정사유에서 피고인이 구속된 때의 의미

형사소송법 제33조 제1항 제1호에서 필요적 국선변호인 선정사유 중 하나로 정한 '피고인이 구속된 때'는 피고인이 해당 형사사건에서 구속되어 재판을 받고 있는 경우에 한정되지 않고, 피고인이 별건으로 구속영장이 발부되어 집행되거나 다른 형사사건에서 유죄판결이 확정되어 그 판결의 집행으로 구금 상태에 있는 경우도 포괄한다.

대판(전합) 2024.5.23. 2021도6357

또한 형사소송법은 구속영장 발부에 관한 피의자 심문시에도 국선변호인을 선정해야 한다고 아래와 같이 규정하고 있다.

> **(형사소송법 제201조의2)** ⑧ 심문할 피의자에게 변호인이 없는 때에는 지방법원판사는 직권으로 변호인을 선정하여야 한다. 이 경우 변호인의 선정은 피의자에 대한 구속영장 청구가 기각되어 효력이 소멸한 경우를 제외하고는 제1심까지 효력이 있다.
> ⑨ 법원은 변호인의 사정이나 그 밖의 사유로 변호인 선정결정이 취소되어 변호인이 없게 된 때에는 직권으로 변호인을 다시 선정할 수 있다.

형사사건에 있어서 변호인의 조력을 받을 권리는 피의자나 피고인을 불문하고 보장되나, 그 중 특히 국선변호인의 조력을 받을 권리는 피고인에게만 인정되는 것으로 해석된다(헌재 2004.9.23. 2000헌마138; 헌재 2008.9.25. 2007헌마1126). 그러나 형사소송법은 체포 또는 구속된 피의자에게 변호인이 없는 때에는 제33조의 규정을 준용하도록 하고 있다(제214조의2 제10항). 대법원은 국선변호인의 조력을 받을 권리는 변호인의 '충분한 조력'을 받을 권리를 의미하므로 국가는 피고인이 국선변호인의 실질적인 조력을 받을 수 있도록 필요한 업무 감독과 절차적 조치를 취할 의무가 있다고 한다.

(판 례) 국선변호인의 조력을 받을 권리

1. 가. 헌법 제12조 제4항 본문은 "누구든지 체포 또는 구속을 당한 때에는 즉시 변호인의 조력을 받을 권리를 가진다."고 규정하고 있는바, 우리 헌법상의 법치국가원리, 적법절차원칙 등에 비추어 이러한 변호인의 조력을 받을 권리는 구속 피의자 · 피고인뿐만 아니라 불구속 피의자 · 피고인에게도 당연히 인정되는 것이다(헌법재판소 2004.9.23. 선고 2000헌마138 전원재판부 결정 등 참조). 나아가 헌법은 같은 항 단서에서 "다만, 형사피고인이 스스로 변호인을 구할

수 없을 때에는 법률이 정하는 바에 의하여 국가가 변호인을 붙인다."고 규정함으로써 일정한 경우 형사피고인에게 국선변호인의 조력을 받을 권리가 있음을 밝히면서 이를 보장하는 것이 국가의 공적 의무임을 천명하고 있다.

그런데 위와 같이 헌법상 보장되는 '변호인의 조력을 받을 권리'는 변호인의 '충분한 조력'을 받을 권리를 의미하므로(대법원 2003.11.11.자 2003모402 결정 등 참조), 일정한 경우 피고인에게 국선변호인의 조력을 받을 권리를 보장하여야 할 국가의 의무에는 형사소송절차에서 단순히 국선변호인을 선정하여 주는 데 그치지 않고 한 걸음 더 나아가 피고인이 국선변호인의 실질적인 조력을 받을 수 있도록 필요한 업무 감독과 절차적 조치를 취할 책무까지 포함된다고 할 것이다.

때문에 위와 같은 헌법의 취지와 정신을 구현하기 위하여 형사소송법은 일정한 경우 법원으로 하여금 직권 또는 피고인의 청구 등에 의하여 국선변호인을 선정하도록 하는 한편(제33조), 국선변호인이 선정된 사건에 관하여 변호인 없이 개정하지 못하게 하면서 만일 변호인이 출석하지 아니한 때에는 직권으로 새로운 국선변호인을 선정하도록 하였고(제282조, 제283조, 제370조), 형사소송규칙은 국선변호인을 선정한 후에도 법원으로 하여금 그 선정 취소, 사임 허가, 감독 등의 업무를 담당하도록 하고 있는 것이다(제18조 내지 제21조).

나. 한편 형사소송법 제361조의3 제1항, 제361조의2 제1항, 제2항, 제361조의4 제1항, 제364조 제1항 등에 의하면, 피고인이 항소한 경우 형사 항소심은 기본적으로 피고인 또는 변호인이 법정기간 내에 제출한 항소이유서에 포함된 항소이유에 관하여 심판하는 구조이고, 만일 법정기간 내에 적법한 항소이유서가 제출되지 아니하면 원칙적으로 피고인의 항소를 기각하도록 되어 있다. 그 결과 피고인은 항소법원으로부터 본안판단을 받을 기회를 잃게 된다. 항소심 소송절차에서 항소이유서의 작성과 제출이 지니는 위와 같은 의미와 중요성에 비추어 볼 때, 항소심 소송절차에서 국선변호인이 선정된 경우 국선변호인으로부터 충분한 조력을 받을 피고인의 권리는 공판심리 단계에서뿐만 아니라 항소이유서의 작성·제출 과정에서도 당연히 보장되어야 한다.

그러므로 피고인을 위하여 선정된 국선변호인이 법정기간 내에 항소이유서를 제출하지 아니하면 이는 피고인을 위하여 요구되는 충분한 조력을 제공하지 아니한 것으로 보아야 하고, 이런 경우에 피고인에게 책임을 돌릴 만한 아무런 사유가 없음에도 불구하고 항소법원이 형사소송법 제361조의4 제1항 본문에 따라 피고인의 항소를 기각한다면, 이는 위에서 본 바와 같이 피고인에게 국선변호인으로부터 충분한 조력을 받을 권리를 보장하고 이를 위한 국가의 의무를 규정하고 있는 헌법의 취지에 반하는 조치라고 할 것이다. 따라서 피고인과 국선변호인이 모두 법정기간 내에 항소이유서를 제출하지 아니하였다고 하더라도, 국선변호인이 항소이유서를 제출하지 아니한 데 대하여 피고인에게 귀책사유가 있음이 특별히 밝혀지지 않는 한, 항소법원은 종전 국선변호인의 선정을 취소하고 새로운 국선변호인을 선정하여 다시 소송기록접수통지를 함으로써 새로운 국선변호인으로 하여금 그 통지를 받은 때로부터 형사소송법 제361조의3 제1항의 기간 내에 피고인을 위하여 항소이유서를 제출하도록 하여야 한다.

이와 달리, 국선변호인이 선정된 경우 국선변호인이 형사소송법 제361조의3 제1항의 기간 내에 항소이유서를 제출하지 아니한 때에는 피고인 본인이 적법한 항소이유서를 제출하지 아니한 이상 형사소송법 제361조의4 제1항 본문에 따라 항소기각의 결정을 하는 것이 상당하다고 판시한 대법원 1966.5.25.자 66모31 결정 등은 이 결정의 견해에 배치되는 범위 내에서 변경하기로 한다.

(전수안 등 4인 대법관의 반대의견)

헌법이 변호인의 조력을 받을 권리와 관련하여 피고인 등에게 보장하는 것은 스스로 변호인을 선임하여 그 조력을 받을 수 있는 기회를 부여하고, 피고인 등이 스스로 변호인을 구할 수 없을 때에는 법률이 정하는 바에 따라 국가가 변호인을 선정하여 주는 것으로서, 헌법은 변호인의 구체적 변호활동에 관한 결과의 실현까지 국가 또는 법원이 책임지도록 하고 있지는 않으며, 그 변호인을 국가가 선정하여 주었다거나 법원에 국선변호인의 선정, 선정 취소, 사임 허가 등 일정한 감독권한이 있다고 하여 달리 볼 수 없다. 다수의견이 강조하는 바와 같이 헌법상 변호인의 조력을 받을 권리에 대한 보장이 단순히 국선변호인의 선정에만 그치는 것은 아니므로 그 실효적 보장을 위하여 법원에 일정한 범위 내에서 변호인에 대한 감독권한을 행사하도록 요구할 수는 있겠지만, 그렇다고 하여 중립적 지위에서 형사재판을 담당하여야 하는 법원에 피고인을 위한 전면적인 후견적 조치를 요구하거나 그에 기하여 국선변호인에 대하여 구체적으로 특정한 변호활동을 하게 할 것까지 요구할 수는 없다.

대결 2012.2.16.자 2009모1044

대법원은 위 판지(判旨)에 따라 "이해가 상반된 피고인들 중 어느 피고인이 특정 법무법인을 변호인으로 선임하고, 해당 법무법인이 담당변호사를 지정하였을 때, 법원이 위 담당변호사 중 1인 또는 수인을 다른 피고인을 위한 국선변호인으로 선정한다면, 국선변호인으로 선정된 변호사는 이해가 상반된 피고인들 모두에게 유리한 변론을 하기 어렵다. 결국 이로 인하여 위 다른 피고인은 국선변호인의 실질적 조력을 받을 수 없게 되었다고 보아야 하고, 따라서 위와 같은 국선변호인 선정은 국선변호인의 조력을 받을 피고인의 권리를 침해하는 것"이라고 하였다(대판 2015.12.23. 2015도9951).

(판 례) 시각장애인의 국선변호인의 조력을 받을 권리

형사소송규칙(이하 '규칙'이라 한다) 제156조의2 제1항은 '항소법원은 (형사소송)법 제33조 제1항 제1호 내지 제6호의 필요적 변호사건에 있어서 변호인이 없는 경우에는 지체없이 변호인을 선정한 후 그 변호인에게 소송기록접수통지를 하여야 한다. 법 제33조 제3항에 의하여 국선변호인을 선정한 경우에도 그러하다.'고 규정하고, 국선변호에 관한 예규 제6조 제2항은 '법 제33조 제3항에 해당하는 경우 또는 피고인이 시각장애인인 경우, 1심 법원은 피고인이 명시적으로 국선변호인의 선정을 원하지 않는다는 의사를 표시한 때를 제외하고 지체없이 국선변호인을 선정한다.'고 규정하고, 제8조 제1항은 '항소법원은 직권으로 소송기록과 소명자료를 검토하여 피고인이 제6조 제2항에 해당한다고 인정되는 경우 즉시 국선변호인을 선정한다.'고 규정하고 있다.

헌법상 변호인의 조력을 받을 권리를 비롯한 앞서 본 제반 규정 및 국선변호인 제도의 취지와, 피고인이 시각장애인인 경우에는 공소장 부본을 송달받을 권리(법 제266조), 소송계속 중의 관계 서류나 증거물 또는 공판조서의 열람·등사청구권(법 제35조 제1항, 제55조 제1항) 등 법이 피고인에게 보장하고 있는 권리를 자력으로 행사하기 곤란할 것임에도 소송계속 중의 관계 서류 등이 점자자료로 작성되어 제공되고 있지 아니한 현행 형사소송실무상 이를 제대로 확인하지 못한 채 공판심리에 임하게 됨으로써 효과적인 방어권을 행사하지 못할 가능성이 높은 점 등에 비추어, 법원으로서는 피고인이 시각장애인인 경우 그 장애의 정도를 비롯하여 연령·지능·교육 정도 등을 확인한 다음 권리보호를 위하여 필요하다고 인정하는 때에는 법 제33조 제3항의 규정에 의하여 피고인의 명시적 의사에 반하지 아니하는 범위 안에서 국선변호인을 선정하여 방어권을 보장해 줄 필요가 있다(대법원 2010.4.29. 선고 2010도881 판결 등 참조).

대판 2014.8.28. 2014도4496

X. 이중처벌의 금지

헌법 제13조 제1항은 "…… 동일한 범죄로 인하여 거듭 처벌받지 아니한다"라고

하여 이중처벌 금지의 원칙을 명시하고 있다. 이 원칙은 형사소송절차에서 일사부재리(一事不再理)의 원칙으로 나타난다. 즉 형사사건에서 재판이 확정되면 동일 사건의 실체에 관하여 재차 재판할 수 없다. 확정판결이 있은 때에는 면소(免訴)판결을 선고하여야 한다(형사소송법 제326조 제1호). 이중처벌 금지의 원칙은 확정된 재판의 권위를 위한 것이라기보다 인권보호를 위한 것으로, 미국 헌법상의 '이중위험(double jeopardy)의 금지'(수정 제5조. "누구도 동일한 범죄에 관하여 재차 생명이나 신체의 위험에 처해지지 아니한다")와 동일한 취지의 것이다.

(판 례) '이중'처벌 금지

이중처벌금지원칙은 처벌이 '동일한 행위'를 대상으로 행해질 때에 적용될 수 있는 것이고, 그 대상이 동일한 행위인지의 여부는 기본적 사실관계가 동일한지 여부에 의하여 가려야 한다(헌재 2004.2.26. 2001헌바80등 참조).

구 '석유 및 석유대체연료 사업법'(이하 '석유사업법'이라 한다) 제44조 제3호, 제29조 제1항 제1호에 의한 처벌은 유사석유제품을 제조하는 것으로써 구성요건을 충족하는 반면, 심판대상조항(조세범 처벌법 제5조; 저자)에 의한 처벌은 유사석유제품을 제조하여 그에 따른 교통·에너지·환경세, 교육세 및 부가가치세 등의 세금을 포탈한 때 비로소 구성요건에 해당하는 것이므로, 양자는 처벌의 대상이 되는 기본적 사실관계로서의 행위를 달리하는 것이다.

심판대상조항은 유사석유제품의 제조와 관련하여 세법의 실효성을 높이고 국민의 건전한 납세의식을 확립하기 위한 것으로서 일반적인 조세포탈범보다 엄벌에 처하도록 하기 위한 것이고(조세범 처벌법 제1조 등 참조), 석유사업법 제44조 제3호, 제29조 제1항 제1호는 석유류 제품의 유통질서를 확보함으로써 궁극적으로는 소비자를 보호하고, 인체와 환경에 유해한 배기가스의 배출을 억제하여 국민의 건강과 환경을 보호하기 위한 것이므로(석유사업법 제1조 등 참조) 그 입법목적이 서로 다르다.

따라서 석유사업법 제44조 제3호, 제29조 제1항 제1호에 의한 처벌과 심판대상조항에 의한 처벌은 이중처벌에 해당한다고 할 수 없으므로, 심판대상조항은 헌법 제13조 제1항의 이중처벌금지원칙에 위배되지 아니한다.

헌재 2017.7.27. 2012헌바323, 공보 250, 713,715

거듭 '처벌'받지 않는다고 할 때, 여기의 처벌에 모든 불이익처분이 포함되는 것은 아니다.

(판 례) 이중'처벌'금지

헌법 제13조 제1항이 정한 "이중처벌금지(二重處罰禁止)의 원칙"은 동일한 범죄행위에 대하여 국가가 형벌권을 거듭 행사할 수 없도록 함으로써 국민의 기본권 특히 신체의 자유를 보장하기 위한 것이므로, 그 "처벌"은 원칙으로 범죄에 대한 국가의 형벌권 실행으로서의 과벌(課罰)을 의미하는 것이고, 국가가 행하는 일체의 제재나 불이익처분을 모두 그에 포함된다고 할 수는 없다.

헌재 1994.6.30. 92헌바38, 판례집 6-1, 619

헌법재판소 판례에 의하면, 형벌에 덧붙여지는 구 사회보호법상의 보호감호처분(헌재 1989.7.14. 88헌가5), 보안관찰법상의 보안관찰처분(헌재 1997.11.27. 92헌바28), 행정질서벌인 과태료(헌재 1994.6.30. 92헌바38), 신상공개(헌재 2003.6.26. 2002헌가14) 등은 이중처벌에 해당하지 않는다. 또한 누범의 가중처벌(헌재 1995.2.23. 93헌바43; 헌재 2023.2.23. 2022헌바273등), 상습범의 가중처벌(헌재 1995.3.23. 93헌바59), 벌금형에 대한 노역장 유치(헌재 2011.9.29. 2010헌바188등), 실명등기하지 않은 명의신탁자에 대한 과징금 부과(헌재 2011.6.30. 2009헌바55), 과거의 일정한 법률위반 행위에 대한 제재로서의 형벌이 아니라 장래의 의무이행의 확보를 위한 강제수단인 이행강제금(헌재 2023.2.23. 2019헌바550)도 이중처벌이 아니다. 조세범처벌법이 외국항행 또는 원양어선 선박 외의 용도로 반출한 석유류를 판매한 자에게 과징금 대신 과태료(판매가액의 3배 이하)를 부가한 것도 이중처벌이 아니다(헌재 2020.11.26. 2019헌바12). 또한 피치료감호자에 대한 치료감호가 가종료 되었을 때 필요적으로 3년간의 보호관찰이 시작되도록 규정하고 있는 치료감호법 조항은 이중처벌금지원칙 및 평등원칙에 반하지 아니하고, 일반적 행동의 자유를 침해하지 않는다(헌재 2012.12.27. 2011헌마285). 또한 보호관찰이나 사회봉사 또는 수강을 명한 집행유예를 선고받은 자가 준수사항이나 명령을 위반하고 그 정도가 무거운 때에 집행유예의 선고가 취소되는 경우, 사회봉사 등 의무를 이행하였는지 여부와 관계없이 유예되었던 본형 전부를 집행하는 것이 이중처벌금지원칙에 반하지 않는다(헌재 2013. 6.27. 2012헌바345등). 나아가 하나의 형사재판절차에서 다루어진 사건을 대상으로 동시에 징역형과 자격정지형을 병과하는 것도 이중처벌금지원칙 위반이 아니다(헌재 2018.3.29. 2016헌바361).

탄핵과 징계는 이중처벌금지원칙에서 말하는 처벌에 해당하지 않는다(헌재 2021. 10.28. 2021헌나1). 공무원의 징계 사유가 공금 횡령인 경우 해당 징계 외에 공금 횡령액의 5배 내의 징계부가금을 부과하는 것은 이중처벌에 해당하지 않는다(헌재 2015.2.

26. 2012헌바435). 허위 계산서 발급·수취 행위와 허위 계산서합계표 제출행위는 동일한 거래에 기초하여 이루어진 것이라 하더라도 각각 별개로 이루어지는 행위로 보아 각 공급가액등을 별도로 산정하여 합산하도록 하여 가중처벌하는 것도 이중처벌이 아니다(헌재 2022.11.24. 2019헌바350). 또한 형법이 외국에서 형의 전부 또는 일부의 집행을 받은 자에 대하여 형을 감경 또는 면제할 수 있도록 규정한 것은 이중처벌에는 해당하지 않으나 신체의 자유를 과도하게 침해하여 위헌이라는 것이 헌법재판소 판례이다.

(판 례) 외국에서의 형의 집행을 임의적으로 고려할 수 있도록 한 규정의 위헌성

외국에서 실제로 형의 집행을 받았음에도 불구하고 우리 형법에 의한 처벌 시 이를 전혀 고려하지 않는다면 신체의 자유에 대한 과도한 제한이 될 수 있으므로 그와 같은 사정은 어느 범위에서든 반드시 반영되어야 하고, 이러한 점에서 입법형성권의 범위는 다소 축소될 수 있다.

입법자는 국가형벌권의 실현과 국민의 기본권 보장의 요구를 조화시키기 위하여 형을 필요적으로 감면하거나 외국에서 집행된 형의 전부 또는 일부를 필요적으로 산입하는 등의 방법을 선택하여 청구인의 신체의 자유를 덜 침해할 수 있음에도, 이 사건 법률조항과 같이 우리 형법에 의한 처벌 시 외국에서 받은 형의 집행을 전혀 반영하지 아니할 수도 있도록 한 것은 과잉금지원칙에 위배되어 신체의 자유를 침해한다.

(헌법불합치결정)

헌재 2015.5.28. 2013헌바129, 판례집 27-1 하, 251,252

대법원 판례에 의하면, 검사의 무혐의결정 후에 다시 공소제기하는 것(대판 1984.11.27. 84도1545), 자동차운행정지처분과 형사처벌(대판 1983.6.14. 82누439), 동일한 범죄에 대한 외국의 확정판결과 형사처벌(대판 1983.10.25. 83도3266), 동일한 사유로 인한 직위해제처분과 감봉처분(대판 1983.10.25. 83누184) 등은 일사부재리의 원칙에 위배되지 않는다. 개정 도로교통법이 2회 이상 음주운전이나 음주측정거부를 한 경우 가중처벌하는 조항을 두면서, 부칙에서 개정법 시행 이전의 위반 전과도 포함하였다고 하여 일사부재리나 형벌불소급금지 원칙에 반하는 것은 아니라는 것이 판례의 입장이다(대판 2020.8.20. 2020도7154: 개정법 시행일은 2019. 6. 25.이고 부칙은 음주운전에 대해서는 2001. 6. 30. 이후의 위반행위부터 산정하도록 한 반면, 음주측정거부에 대하여는 기산일을 정하지 않았는데, 이 사안은 음주측정거부로 기소된 사안이다).

대법원은 일사부재리 원칙을 명시하지는 않았지만, 경범죄처벌법상의 범칙금제도는 기소독점주의의 예외로서 범칙행위에 대하여 형사절차에 앞서 경찰서장의 통고처분에 따라 범칙금을 납부할 경우 이를 납부하는 사람에 대하여는 기소를 하지 않는 처벌의 특례를 마련한 것이기 때문에, 통고처분에 대한 유효한 취소가 있지 않는 이상 검사는 동일한 범칙행위에 대하여 공소를 제기할 수 없다고 하였다(대판 2021.4.1. 2020도15194).

XI. 친족의 행위로 인한 불이익처우의 금지

헌법 제13조 제3항은 "모든 국민은 자기의 행위가 아닌 친족의 행위로 인하여 불이익한 처우를 받지 아니한다"라고 하여, 근대법의 원칙인 자기책임의 원칙을 밝히고 있다. 이것은 과거 조선시대와 정부수립 이후 사실상 행하여져온 연좌제(連坐制)를 명시적으로 폐지한 것이다. 이 원칙은 1980년 제5공화국헌법에서 처음 규정되었다.

'불이익'은 형벌만이 아니라, 해외여행 제한이나 공무담임권 제한 등 국가기관에 의한 일체의 불이익을 포함한다. 또한 문언상 '친족의 행위'라고 규정되어 있으나, 친족 이외의 타인의 행위로 인한 불이익 처우도 당연히 금지된다.

그러나 위험책임의 법리에 근거한 무과실책임의 인정은 연좌제금지에 위반하는 것이 아니다.

(판 례) 무과실책임의 인정

(승객이 사망하거나 부상한 경우에는 승객이 아닌 자의 경우와는 달리 운행자에게 무과실책임을 지우고 있는 자동차손해배상보장법 규정이 자유시장 경제질서에 위반되는지 여부. 합헌결정)

자유시장 경제질서를 기본으로 하면서도 사회국가원리를 수용하고 있는 우리 헌법의 이념에 비추어 일반불법행위책임에 관하여는 과실책임의 원리를 기본원칙으로 하면서 이 사건 법률조항과 같은 특수한 불법행위책임에 관하여 위험책임의 원리를 수용하는 것은 입법정책에 관한 사항으로서 입법자의 재량에 속한다고 할 것이다.

따라서 이 사건 법률조항이 아래에서 보는 바와 같이 운행자의 재산권을 본질적으로 제한하거나 평등의 원칙에 위반되지 아니하는 이상 위험책임의 원리에 기하여 무과실책임을 지운 것만으로 헌법 제119조 제1항의 자유시장 경제질서나 청구인이 주장하는 헌법 전문 및 헌법 제13조 제3항의 연좌제금지의 원칙에 위반된다고 할 수 없다.

헌재 1998.5.28. 96헌가4등, 판례집 10-1, 522,534

반면 헌법재판소는 법인이나 개인의 대리인, 사용인 기타 종업원 등의 각종 법률 위반행위에 대해 고용주인 법인이나 개인을 처벌하는 이른바 양벌(兩罰)조항에 대해 법치국가원리로부터 도출되는 책임주의 원칙에 반하므로 위헌이라고 결정하였다. 폐기물관리법에서 법인의 대리인, 사용인, 그 밖의 종업원이 그 법인의 업무에 관하여 일정한 법위반 행위를 하는 경우 그 법인도 해당 조문의 벌금형을 과한다는 규정 등에 대해 위헌결정을 내렸다(헌재 2010.7.29. 2009헌가18). 또한 도로교통법에서 개인(영업주)의 대리인, 사용인 그 밖의 종업원이 개인의 업무에 관하여 일정한 법위반행위를 한 경우 그 개인에 대하여도 각 해당 조의 벌금 또는 과료의 형을 과한다는 규정 등에 대하여도 위헌결정을 내렸다(헌재 2010.7.29. 2009헌가14).

(판 례) 이른바 양벌(兩罰)조항

이 사건 심판대상 법률조항들에 의할 경우, 개인 영업주가 종업원 등의 위반행위와 관련하여 선임·감독상의 주의의무를 다하여 아무런 잘못이 없는 경우까지에도 영업주에게 형벌을 부과할 수밖에 없게 된다. 이처럼 이 사건 심판대상 법률조항들은 종업원 등의 범죄행위에 관하여 비난할 근거가 되는 개인 영업주의 의사결정 및 행위구조, 즉 종업원 등이 저지른 행위의 결과에 대한 영업주 개인의 독자적인 책임에 관하여 전혀 규정하지 않은 채, 단순히 개인 영업주가 고용한 종업원 등이 업무에 관하여 범죄행위를 하였다는 이유만으로 영업주 개인에 대하여 형사처벌을 과하고 있는바, 이 사건 심판대상 법률조항들은 아무런 비난받을 만한 행위를 한 바 없는 자에 대해서까지, 다른 사람의 범죄행위를 이유로 처벌하는 것으로서 형벌에 관한 책임주의에 반하는 것이라 하지 않을 수 없다(헌재 2009.7.30. 2008헌가10, 판례집 21-2 상, 64 참조). 따라서 이 사건 심판대상 법률조항들은 헌법상 법치국가의 원리 및 헌법 제10조에 위반된다.

헌재 2010.7.29. 2009헌가14, 공보 166, 1324,1331

위 판례 외에도 다수의 사건에서 같은 취지의 결정이 내려지고 있다(헌재 2010.10.28. 2010헌가23등; 헌재 2010.12.28. 2010헌가94).

그러나 법인의 종업원이나 피용자의 경우와 달리, 법인의 대표자가 법인의 업무에 관하여 일정한 범죄행위를 할 경우 그 법인도 함께 처벌하는 양벌규정은, 법인 대표자의 법규위반행위에 대한 법인의 책임은 법인 자신의 법규위반행위로 평가될 수 있는 행위에 대한 법인의 직접책임으로서, 책임주의원칙에 반하지 않는다는 것이 헌법재판소 판례이다(외국환거래법에 관하여는 헌재 2011.12.29. 2010헌바117; 관광진흥법에 관하여는 헌재 2011.10.25. 2010헌바307). 설령 법인이 대표자 등의 국외재산도피 행위로 피해만 입고 이익을 얻은바 없는 경우에도 마찬가지이다(헌재 2019.4.11. 2015헌바443). 한편 이 때의 대표자에는 그 명칭 여하를 불문하고 당해 법인을 실질적으로 경영하면서 사실상 대표하고 있는 자도 포함된다(위 2010헌바307 결정 및 대판 2011.3.24. 2010도14817).

한편 공직선거법 규정과 관련하여 연좌제 해당 여부가 문제된 판례들이 있다. 대법원판례에 의하면, 선거사무장의 선거범죄로 인한 당선무효는 연좌제금지에 위반하는 것이 아니다(대판 1997.4.11. 96도3451). 또한 헌법재판소는 배우자의 중대 선거범죄를 이유로 후보자의 당선무효를 규정한 것도 연좌제에 해당하지 않는다고 판시하였다.

(판 례) 배우자의 선거범죄로 인한 당선무효

헌법 제13조 제3항은 '친족의 행위와 본인 간에 실질적으로 의미 있는 아무런 관련성을 인정할 수 없음에도 불구하고 오로지 친족이라는 사유 그 자체만으로' 불이익한 처우를 가하는 경우에만 적용된다. 배우자는 후보자와 일상을 공유하는 자로서 선거에서는 후보자의 분신과도 같은 역할을 하게 되는바, 이 사건 법률조항은 배우자가 죄를 저질렀다는 이유만으로 후보자에게 불이익을 주는 것이 아니라, 후보자와 불가분의 선거운명공동체를 형성하여 활동하게 마련인 배우자의 실질적 지위와 역할을 근거로 후보자에게 연대책임을 부여한 것이므로 헌법 제13조 제3항에서 금지하고 있는 연좌제에 해당하지 아니한다.

헌재 2005.12.22. 2005헌마19, 판례집 17-2, 785

후보자의 배우자가 기부행위를 한 죄로 징역형 또는 300만원 이상의 벌금형의 선고를 받은 경우에 후보자의 당선을 무효로 하는 것도 위헌이 아니다(헌재 2016.9.29. 2015헌마548).

그 밖에 헌법재판소는 '반국가행위자의 처벌에 관한 특별조치법'에서 친족의 재산까지도 반국가행위자의 재산이라고 검사가 적시하기만 하면 증거조사 없이 몰수형이 선고되도록 한 규정이 연좌제에 해당하여 위헌이라고 보았다(헌재 1996.1.25. 95헌가5). 또한 공직자윤리법상 매각 또는 백지신탁의 대상이 되는 주식의 보유한도액을 결정함에 있어서 국회의원 본인뿐만 아니라 본인과 일정한 친족관계가 있는 자들의 보유주식 역시 포함하도록 하고 있는 것은 본인과 친족 사이의 실질적·경제적 관련성에 근거한 것이고, 오로지 친족관계 그 자체만으로 불이익한 처우를 가하는 것이 아니므로 헌법 제13조 제3항에 위배되지 않는다고 하였다(헌재 2012.8.23. 2010헌가65).

청탁금지법은 배우자가 공직자등(공무원, 사립학교 관계자, 언론인 등 포함)의 직무와 관련하여 수수 금지 금품등을 받은 사실을 안 경우 공직자등에게 신고의무를 부과하고, 미신고시 형벌 또는 과태료의 제재를 가하도록 규정하고 있다. 이는 공직자등 본인과 경제적 이익 및 일상을 공유하는 긴밀한 관계에 있는 배우자가 공직자등의 직무와 관련하여 수수 금지 금품등을 받은 행위는 사실상 공직자등 본인이 수수한 것과 마찬가지라는 입법자의 결단에 의한 것이다. 헌법재판소는 이러한 신고 및 제재조항에 대하여 "청탁금지법은 금품등을 받은 배우자를 처벌하는 규정을 두고 있지 않으며 신고조항과 제재조항은 배우자가 위법한 행위를 한 사실을 알고도 공직자등이 신고의무를 이행하지 아니할 때 비로소 그 의무위반 행위를 처벌하는 것이므로, 헌법 제13조 제3항에서 금지하는 연좌제에 해당하지 아니하며 자기책임 원리에도 위배되지 않는다"고 하였다(헌재 2016.7.28. 2015헌마236). 헌법재판소는 신상정보 공개·고지명령은 성범죄자의 신상정보를 대상으로 하는 것으로, 신상정보 공개·고지명령을 받은 성범죄자의 가족에 대하여 직접적으로 어떠한 처벌을 가하거나 불이익을 주는 제도라고 보기 어려워 연좌제금지원칙에 위배되지 않는다고 하였다(헌재 2016.12.29. 2015헌바196등). 고위공직자의 가족이 고위공직자의 직무와 관련하여 죄를 범한 경우 수사처의 수사대상으로 규정한 '고위공직자범죄수사처 설치 및 운영에 관한 법률' 규정 역시 연좌제금지원칙에 반하지 않는다. 헌법재판소는 "고위공직자의 가족은 고위공직자의 직무와 관련하여 스스로 범한 죄에 대해서만 수사처의 수사를 받거나 기소되므로, 친족의 행위와 본인 간에 실질적으로 의미 있는 아무런 관련성을 인정할 수 없음에도 불구하고 오로지 친족이라는 사유 그 자체만으로 불이익한 처우를 가하는 경우에만 적용되는 연좌제금지 원칙이나 자기책임의 원리 위반 여부는 문제되지 않는다"고 하였다(헌재 2021.1.28. 2020헌마264등). 직계존속이 외국에서 영주할 목적 없이 체류한 상태에서 출생한 자는 병역의무를 해소한 경우에만 국적이탈을 신고할 수 있도록 하는 국적법 규정 역시 연좌제금지원칙 위반이 아니다. 헌법재판소는 이는 복수국적의 선천적 취득과 이로 인한 국적이탈의 문제이고, 연좌제금지원칙의 규율대상이 아니라고 하였다(헌재 2023.2.23. 2019헌바462).

제 9 장

사생활의 권리

I. 서 설

1. 연 혁

사생활(privacy)의 권리가 법적으로 인정되기 시작한 것은 19세기 말엽이다. 워런-브랜다이스(Warren-Brandeis)의 논문 "사생활의 권리(The Right to Privacy)"(1890)에서 사생활의 권리는 '혼자 내버려 두어질 권리'(the right to be let alone)로 인식되었다. 이후 미국에서는 낙태 금지를 사생활의 권리의 위헌적 침해로 본 판결(*Roe v. Wade*, 1973)을 계기로 이 권리가 헌법상의 기본권으로 인정되었다. 일본에서는 1964년의 소설 '연회가 끝난 후' 사건의 판결을 시작으로 사생활의 권리를 명예권과 구별되는 독자적 권리로 인정하였다. 이 사건의 1심 판결(동경지방재판소 1964.9.12 판결)에서 이 권리를 '사생활을 함부로 공개당하지 않을 권리'로 정의하고, 일본 헌법의 행복추구권에 그 근거가 있다고 보았다. 독일에서는 기본법 제2조의 '일반적 인격권'에서 사생활의 권리의 근거를 찾고 있다.

우리 헌법에서는 1980년 제5공화국 헌법에서 '사생활의 비밀과 자유'를 처음 명시하였는데, 그 이전에도 학설상 인간의 존엄에 근거한 헌법상 기본권으로 해석되었다.

2. 사생활의 권리의 현대적 의의, 내용 및 법적 성격

사생활의 권리는 전통적인 기본권 목록에 비하면 새로운 기본권의 하나이다. 20세기 이래 한편에서는 국가와 사회의 관계에서 국가의 영역이 확장되어 가고 다른 한편에서는 사회관계의 분화가 가속화되어 왔다. 이에 따라 개개인의 '자신만의 영역'은 점차 축소되고 이른바 '벌거벗은 사회(naked society)'가 되어가는 현상이 나타나고 있다. 이런 상황에서 자신만의 사생활의 영역에 대한 욕구는 더욱 커져가고 그 법적 보장이 강하게 요청되고 있다. 최근에는 특히 '정보화 사회'의 도래와 더불어 사생활 침해의 새로운 양상이 전개되면서 사생활의 권리의 내용도 새롭게 확대되어 가는 양상이다.

사생활의 권리는 크게 두 가지 내용으로 나누어 볼 수 있다. ① 정보에 관한 사생활의 권리. 여기에는 자기정보를 공개당하지 않을 소극적 권리와 나아가 자기정보 보호를 위한 적극적인 청구권이 포함된다. 이를 '개인정보자기결정권'이라 부른다. ② 행동에 관한 사생활의 권리. 이것은 사생활을 자율적으로 결정, 형성할 권리이다.

사생활의 권리는 인간의 존엄에 근거한 인격권에 기초하고 있는데, 우리 헌법은 3개의 조항에서 이를 개별적 기본권으로 명시하고 있다. 즉 제17조의 사생활의 비밀과 자유를 비롯하여, 제16조의 주거의 자유, 제18조의 통신의 비밀에서 구체화되어 있다. 좁은 의미의 사생활의 권리는 제17조의 사생활의 비밀과 자유만을 가리키지만, 넓은 의미의 사생활의 권리는 주거의 자유 및 통신비밀 보호를 포함한다. 사생활의 권리는 기본적으로 소극적인 자유권의 성격을 갖지만, 사생활의 권리에 포함되는 '개인정보자기결정권'은 적극적인 청구권을 포함한다(뒤의 설명 참조).

Ⅱ. 사생활의 비밀과 자유

> **(헌법 제17조)** 모든 국민은 사생활의 비밀과 자유를 침해받지 아니한다.

헌법 제17조는 사생활의 '비밀'과 '자유'를 구분하여 규정하고 있다. 이 구분을 무시하는 견해도 있지만, 헌법의 문언을 존중하여 이를 구분해서 해석하는 것이 적절하다. 헌법재판소도 "헌법 제17조의 사생활의 비밀은 국가가 사생활 영역을 들여다보는 것에 대한 보호를 제공하는 기본권이며, 사생활의 자유는 국가가 사생활의 자유로운 형성을 방해하거나 금지하는 것에 대한 보호를 의미한다"라고 양자를 구분하고 있다(헌재 2011.10.25. 2009헌마691).

1. 사생활의 비밀을 침해받지 않을 권리

(1) 의 의

사생활의 비밀을 침해받지 않을 권리란, 개인의 사적(私的) 영역에 관한 사항을 자신의 의사에 반하여 공개당하지 않을 권리를 말한다. 사적 영역이란 개인의 인격적 자율의 영역이다. 사적 영역은 공적 영역과 대비되는데, 양자의 구별은 시대와 장소에 따라 상대적이며 이를 엄격히 구별하기는 어렵다.

사생활의 범위에 관하여 이를 개개인의 주관적 의사를 기준으로 할 것인가 또는 일반 사람의 감수성을 기준으로 할 것인가의 문제가 있다. 후자, 즉 일반인의 감수성이라고 하는 객관적 기준이 타당할 것이다.

명예권, 성명권, 초상권 등 개인의 인격적 징표를 보호하는 권리를 사생활의 비밀보호에 속하는 것으로 보는 견해가 있으나, 이는 헌법 제10조의 인격권에 근거하는 것으로 보는 것이 적절하다.

(2) 명예권과의 구별

사생활의 비밀을 침해받지 않을 권리는 명예권과 구별된다. 첫째, 명예는 개인의 가치에 관한 사회적 평가를 가리키는 데 대하여, 사생활은 사회적 평가와 관계없이, 비공개를 바라는 사적인 사항 자체를 말한다. 둘째, 명예훼손의 경우, 진실하다는 것은 위법성 조각의 요건이 되지만, 사생활 비밀침해의 경우, 진실하다는 것이 위법성 조각의 요건이 되지 않는다.

실제로는 사생활의 비밀 침해와 명예훼손이 동시에 성립하는 경우가 많을 것이지만, 양자는 개념적으로 구별된다. 명예훼손은 성립하지 않더라도 사생활 비밀 침해는 성립할 수 있다.

2. 개인정보자기결정권

사생활의 비밀을 침해받지 않을 권리는 본래 소극적인 자유권의 성격을 갖는 것이다. 그런데 행정기관이나 사적 기관이 개인에 관한 여러 정보를 방대하게 수집, 관리하는 현대의 정보화사회에 있어서 사생활의 권리는 더 적극적인 '개인정보자기결정권', 즉 자기에 관한 정보를 스스로 통제할 수 있는 권리로 확대되고 있다. ① 행정기관 등에 대해 자신에 관한 정보의 열람 · 정정 · 삭제 등을 요구하고, ② 개인 정보의 사용을 제한하도록 하며, ③ 그 피해를 구제받기 위한 권리 등이 그것이다. 이러한 권리는 소극적인 자유권과 구별되며 적극적인 청구권적 성격을 갖는다. 앞에 설명한 사생활의 비밀을 침해받지 않을 권리도 넓은 의미의 개인정보자기결정권에 속한다고 볼 수 있지만, 개인정보자기결정권의 특별한 의미는 적극적인 청구권적 측면에 있다.

현행 '개인정보 보호법'(2011.3.29. 제정, 법률 제10465호)은 과거 '공공기관의 개인정보보호에 관한 법률'이 공공기관의 개인정보 수집 · 처리를 규제하였던 것에서 나아가, 법적용 대상을 개인정보파일을 운용하는 모든 공공기관, 법인, 개인, 단체로 확대하였다. 개인정보보호법상의 개인정보자기결정권에 관한 규정은 다음과 같다.

① '사상 · 신념, 노동조합 · 정당의 가입 · 탈퇴, 정치적 견해, 건강, 성생활 등에 관한 정보, 그 밖에 정보주체의 사생활을 현저히 침해할 우려가 있는 개인정보로서 대통령령으로 정하는 정보("민감정보")의 수집은 원칙적으로 금지된다(제23조).

② 개인정보의 수집, 이용, 제공 등 정보처리의 단계별로 보호기준을 마련하였다. 즉 개인정보를 수집, 이용하거나 제3자에게 제공할 경우에는 정보주체의 동의 등을 얻도록 하고, 개인정보의 수집 · 이용 목적의 달성 등으로 불필요하게 된 때에는 지체 없이 개인정보를 파기하도록 하였다. 개인정보의 수집, 이용, 제공, 파기에 이르는 각 단계별로 개인정보처리자가 준수하여야 할 처리기준을 구체적으로 규정하였다(제15조 내지 제22조).

③ 주민등록번호 등 법령에 따라 개인을 고유하게 구별하기 위해 부여된 '고유식별정보'(주민등록번호 외에 여권법상의 여권번호, 도로교통법상의 운전면허번호, 외국인등록법상의 외국인등록번호)는 원칙적으로 처리를 금지하고, 별도의 동의를 얻거나 법령에 의한 경우 등에 한하여 제한적으로 예외를 인정하는 한편, 대통령령으로 정하는 개인정보처리자는 홈페이지 회원가입 등 일정한 경우 주민등록번호 외의 방법을 반드시 제공하도록 의무화하였다(제24조; 동법 시행령 제20조 제1항에 따르면 공공기관 및 인터넷 홈페이지를 운영하는 개인정보처리자로서 전년도 말 기준 직전 3개월간 그 인터넷 홈페이지를 이용한 정보주체의 수가 하루 평균 1만명 이상인 개인정보처리자가 이에 해당한다).

④ 영상정보처리기기 운영자는 일반적으로 공개된 장소에 범죄예방 등 특정 목적으로만 영상정보처리기기를 설치할 수 있다(제25조).

⑤ 개인정보 보호 기본계획, 법령 및 제도 개선 등 개인정보에 관한 주요 사항을 심의 · 의결하기 위하여 대통령 소속으로 위원장 1명, 상임위원 1명을 포함한 15명

이내의 위원으로 구성하는 개인정보 보호위원회를 둔다(제7조, 제8조).

⑥ 개인정보 영향평가제도를 도입하여, 개인정보처리자는 개인정보파일의 구축·확대 등이 개인정보 보호에 영향을 미칠 우려가 크다고 판단될 경우 자율적으로 영향평가를 수행할 수 있도록 하되, 공공기관은 정보주체의 권리침해 우려가 큰 일정한 사유에 해당될 때에는 영향평가 수행을 의무화하였다(제33조).

⑦ 개인정보 유출사실의 통지 및 신고제도를 도입하여, 개인정보처리자는 개인정보 유출 사실을 인지하였을 경우 지체 없이 해당 정보주체에게 관련 사실을 통지하고, 1만명 이상의의 개인정보가 유출된 때에는 행정안전부장관 또는 전문기관(한국정보화진흥원, 한국인터넷진흥원)에 신고하도록 하는 한편, 피해의 최소화를 위해 필요한 조치를 하도록 하였다(제34조 및 동법 시행령 제39조).

⑧ 정보주체에게 개인정보의 열람청구권, 정정·삭제 청구권, 처리정지 요구권, 손해배상청구권 등을 부여하고, 그 권리행사 방법 등을 상세히 규정하였다(제35조부터 제39조까지).

⑨ 개인정보에 관한 분쟁조정 업무를 신속하고 공정하게 처리하기 위하여 개인정보 분쟁조정위원회를 두고(제40조), 개인정보 분쟁조정위원회의 조정결정에 대해 수락한 경우 재판상 화해의 효력이 인정된다(제47조 제5항). 개인정보 피해가 대부분 대량·소액 사건인 점을 고려하여 집단분쟁조정제도를 도입하였다(제49조).

⑩ 개인정보 단체소송 제도를 도입하여, 개인정보처리자가 제49조에 따른 집단분쟁조정을 거부하거나 집단분쟁조정의 결과를 수락하지 아니한 경우에는 일정한 요건을 갖춘 소비자단체가 변호사를 소송대리인으로 선임하여 법원의 허가를 얻어 단체소송을 제기할 수 있다(제51조 내지 제57조).

대량의 주민등록번호 유출 및 악용이 빈번하게 발생함에 따라 법률 개정을 통하여(법률 제11990호, 2013.8.6. 개정, 2014.8.7. 시행) 개인정보처리자에게 보다 엄격한 의무와 책임을 부과하였다. 개인정보처리자는 정보주체의 동의를 받아 개인정보를 수집하는 경우 필요한 최소한의 정보 외의 개인정보 수집에는 동의하지 아니할 수 있다는 사실을 구체적으로 알리고 개인정보를 수집하여야 하고(제16조 제2항), 법령에서 구체적으로 주민등록번호의 처리를 요구하거나 허용한 경우·정보주체 또는 제3자의 급박한 생명, 신체, 재산의 이익을 위하여 명백히 필요하다고 인정되는 경우 및 이에 준하여 주민등록번호 처리가 불가피한 경우로서 안전행정부령으로 정하는 경우 외에는 주민등록번호를 처리할 수 없다(제24조의2 제1항). 또한 개인정보처리자는 제1항 각 호에 따라 주민등록번호를 처리하는 경우에도 정보주체가 인터넷 홈페이지를 통하여 회원으로 가입하는 단계에서는 주민등록번호를 사용하지 아니하고도 회원으로 가입할 수 있는 방법을 제공하여야 한다(제24조의2 제2항).

이러한 법령 정비에도 불구하고 카드사에서의 주민등록번호 대량 유출 등의 사고가 계속 발생할 때마다 법 개정이 이루어졌는데, 현재까지의 개정 내용을 살펴보면 다음과 같다. 주민등록번호를 보관하는 개인정보처리자에 대하여 주민등록번호를 암호화하도록 의무화하였다(제24조의2 제2항). 대통령 소속 개인정보 보호위원회에 정책·제도 개선권고권 및 이행점검권, 자료제출요구권, 개인정보 분쟁조정위원 위촉권을 부여하는 등 개인정보 보호위원회의 기능을 강화하였다(제8조 제4항·제5항, 제8조의2, 제11조 제1항, 제40조 제3항·제4항 및 제63조 제4항). 징벌적 손해배상제 및 법정 손해배상제를 도입하여 개인정보 유출 등에 따른 피해구제를 강화하였다(제39조제3항·제4항 및 제39조의2). 개인정보 보호 인증기관의 지정 및 지정취소의 법적 근거를 명확히 하였다(제32조의2). 부정한 수단이나 방법으로 취득한 개인정보를 영리 또는 부정한 목적으로 제3자에게 제공한 자에게 10년 이하의 징역 또는 1억원 이하의 벌금에 처하도록 하고, 개인정보 불법 유통 등으로 인한 범죄수익은 몰수·추징할 수 있도록 하는 등 제재수준을 강화하였다(제70조 각 호 및 제74조의2).

정보주체가 직접 또는 제3자를 통하여 이미 공개한 개인정보는 공개 당시 정보주체가 자신의 개인정보에 대한 수집이나 제3자 제공 등의 처리에 대하여 일정한 범위 내에서 동의를 하였다고 보아야 하고, 따라서 이들 정보를 영리적으로 이용하였다고 하더라도 위법하지 않다는 것이 대법원 판례이다(대판 2016.8.17. 2014다235080).

개인정보자기결정권의 헌법상 근거에 관해서는 여러 견해가 갈린다. ① 제17조의 사생활의 비밀과 자유에서 찾는 견해, ② 제10조의 인간의 존엄에서 찾는 견해, ③ 제17조와 제10조의 양자에서 찾는 견해, ④ 헌법에 명시되지 않은 독자적 기본권으로 보는 견해. 과거 헌법재판소 판례는 ④의 입장을 취하였다.

(판 례) 개인정보자기결정권의 의의와 헌법상 근거(주민등록법에 의한 지문날인제도)

개인정보자기결정권은 자신에 관한 정보가 언제 누구에게 어느 범위까지 알려지고 또 이용되도록 할 것인지를 그 정보주체가 스스로 결정할 수 있는 권리이다. 즉 정보주체가 개인정보의 공개와 이용에 관하여 스스로 결정할 권리를 말한다.

개인정보자기결정권의 보호대상이 되는 개인정보는 개인의 신체, 신념, 사회적 지위, 신분 등과 같이 개인의 인격주체성을 특징짓는 사항으로서 그 개인의 동일성을 식별할 수 있게 하는 일체의 정보라고 할 수 있고, 반드시 개인의 내밀한 영역이나 사사(私事)의 영역에 속하는 정보에 국한되지 않고 공적 생활에서 형성되었거나 이미 공개된 개인정보까지 포함한다. 또한 그러한 개인정보를 대상으로 한 조사 · 수집 · 보관 · 처리 · 이용 등의 행위는 모두 원칙적으로 개인정보자기결정권에 대한 제한에 해당한다. (……)

개인정보자기결정권의 헌법상 근거로는 헌법 제17조의 사생활의 비밀과 자유, 헌법 제10조 제1문의 인간의 존엄과 가치 및 행복추구권에 근거를 둔 일반적 인격권 또는 위 조문들과 동시에 우리 헌법의 자유민주적 기본질서 규정 또는 국민주권원리와 민주주의원리 등을 고려할 수 있으나, 개인정보자기결정권으로 보호하려는 내용을 위 각 기본권들 및 헌법원리들 중 일부에 완전히 포섭시키는 것은 불가능하다고 할 것이므로, 그 헌법적 근거를 굳이 어느 한두 개에 국한시키는 것은 바람직하지 않은 것으로 보이고, 오히려 개인정보자기결정권은 이들을 이념적 기초로 하는 독자적 기본권으로서 헌법에 명시되지 아니한 기본권이라고 보아야 할 것이다.

개인의 고유성, 동일성을 나타내는 지문은 그 정보주체를 타인으로부터 식별가능하게 하는 개인정보이므로, 시장 · 군수 또는 구청장이 개인의 지문정보를 수집하고, 경찰청장이 이를 보관 · 전산화하여 범죄수사목적에 이용하는 것은 모두 개인정보자기결정권을 제한하는 것이라고 할 수 있다.

헌재 2005.5.26. 99헌마513, 판례집 17-1, 668,682-683

생각건대 헌법 제17조는 소극적인 자유권으로서의 사생활의 권리를 규정한 것으로 보는 것이 적절하며, 개인정보자기결정권의 적극적인 청구권적 측면은 헌법 제10조의 인간의 존엄에서 찾아야 할 것이다. 사생활의 비밀을 침해받지 않을 권리를 포함한 넓은 의미의 개인정보자기결정권은 헌법 제17조 및 헌법 제10조의 양 조항에 근거한다고 볼 것이다. 헌법재판소 판례처럼 개인정보자기결정권을 헌법에 명시되지 않은 독자적 기본권으로 볼 필요는 없다. 최근에는 헌법재판소도 개인정보자기결정권은 일반적 인격권 및 사생활의 비밀과 자유에 의하여 보장된다고 한다(헌재 2020.12.23. 2017헌마416). 또한 개인의 인격에 밀접히 연관된 민감한 정보일수록 근거규정이 명확하여야 한다. 이는 공개된 정보에도 그대로 적용된다는 것이 판례이다.

(판 례) 이른바 '문화예술계 블랙리스트' 사건과 개인정보자기결정권

이 사건 정보수집 등 행위는 청구인들이 과거 야당 후보를 지지하거나 세월호 참사에 대한 정부의 대응을 비판한 의사표시에 관한 정보를 대상으로 한다.

이러한 야당 소속 후보자 지지 혹은 정부 비판은 정치적 견해로서 개인의 인격주체성을 특징짓는 개인정보에 해당하고, 그것이 지지 선언 등의 형식으로 공개적으로 이루어진 것이라고 하더라도 여전히 개인정보자기결정권의 보호범위 내에 속한다. (……)

국가권력에 의하여 개인정보자기결정권을 제한함에 있어서는 개인정보의 수집·보관·이용 등의 주체, 목적, 대상 및 범위 등을 법률에 구체적으로 규정함으로써 그 법률적 근거를 보다 명확히 하는 것이 필요하다. 다만 개인정보의 종류와 성격, 정보처리의 방식과 내용 등에 따라 근거법률의 명시적 요구 정도는 달라진다 할 것이고, 일반적으로 볼 때 개인의 인격에 밀접히 연관된 민감한 정보일수록 근거 규정을 명확히 하여야 한다는 요청은 더 강해진다고 할 수 있다(헌재 2005.7.21. 2003헌마282등 참조).

(……) '개인정보 보호법' 제15조 제1항 제3호에 따르면, 개인정보처리자로서 공공기관은 정보주체의 동의가 없고 법률에 특별한 규정이 없더라도 법령 등에서 정하는 소관 업무의 수행을 위하여 불가피한 경우에는 개인정보를 수집할 수 있고 그 수집 목적의 범위에서 이용할 수 있기는 하다. 그러나 앞서 살핀 정치적 표현행위의 지위와 민감정보에 관한 '개인정보 보호법'상 특례, 청구인들을 문화예술사업에 대한 정부지원으로부터 배제하려는 이 사건 정보수집 등 행위의 목적 등을 고려할 때 이 사건 정보수집 등 행위가 이러한 일반적인 수권조항만으로는 형식적인 법적 근거를 갖추었다고 볼 수 없다.

이 사건 정보수집 등 행위의 대상이 된 청구인들의 정치적 견해가 야당 후보의 지지나 세월호 참사 관련 시국선언에 동참하면서 표현된 것으로 이미 공개된 정보이기는 하지만, 해당 정보의 민감정보로서의 성격 및 정보주체의 의도와는 무관하거나 오히려 그에 반하는 목적인 문화예술사업의 지원배제를 목적으로 피청구인들이 해당 정보를 수집·보유·이용한 점 등을 고려하면, 이 사건 정보수집 등 행위는 당초 청구인들의 정보공개 목적 범위 내에서 처리된 것이라고 볼 여지도 없다.

헌재 2020.12.23. 2017헌마416, 공보 291, 141,148-149

헌법재판소는 채무불이행자 명부를 누구든지 보거나 복사할 것을 신청할 수 있도록 규정한 민사집행법 조항(제72조 제4항)이 개인정보자기결정권의 위헌적 침해가 아니며 합헌이라고 결정하였다(헌재 2010.5.27. 2008헌마663). 또한 조합 임원이 조합원으로부터 조합원 명부를 복사해달라는 요청에 응하여야 하고 이를 위반하면 처벌하는 도시 및 주거환경정비법 규정은 합헌이라고 하였다(헌재 2025.6.27. 2020헌바514). 조합원 명부에 포함되는 개인정보는 일반적으로 조합원의 성명과 주소, 연락처 등으로, 조합원의 민감한 정보가 포함될 여지가 적고, 관련 법령상 조합원 명부를 복사하여 준 경우에 조합원의 개인정보가 오용 또는 남용될 여지는 제한적이라고 하였다. 정보주체의 배우자나 직계혈족이 정보주체의 위임 없이도 정보주체의 가족관계 상세증명서의 교부 청구를 할 수 있도록 하는 '가족관계의 등록 등에 관한 법률' 규정도 위헌이 아니라고 하였다(헌재 2022.11.24. 2021헌마130). 추가기재 자녀에 관한 개인정보는 가족간의 신뢰의 근간을 이루는 중요한 정보이고, 위 조항은 정보주체의 배우자나 직계혈족이 스스로 정당한 법적 이익을 지키는 데 필요하다는 이유를 들었다. 또한 교원의 개인정보 공개를 금지하고 있는 '교육관련기관의 정보공개에 관한 특례법' 규정 및 교원의 "교원단체 및 노동조합 가입 현황(인원 수)"만을 공시정보로 규정하고 있는 시행령 조항은 학부모 등의 알 권리와 교원의 개인정보 자기결정권을 합리적으로 조화시킨 것으로서 알 권리를 침해하지 않는다고 판시하였다(헌재 2011.12.29. 2010헌마293). 학교생활세부사항기록부의 '행동특성 및 종합의견'에 학교폭력예방법 제17조에 규정된 가해학생에 대한 조치사항을 입력하고, 학생의 졸업과 동시에 삭제하도록 규정한 '학교생활기록 작성 및 관리지침' 규정은 합헌이라는 것이 판례이다(헌재 2016.4.28. 2012헌마630). 거짓이나 그 밖의 부정한 방법으로 보조금을 교부받거나 보조금을 유용하여 어린이집 운영정지, 폐쇄명령 또는 과징금 처분을 받은 어린이집에 대하여 그 위반사실을 공표하도록 한 영유아보육법 규정도 인격권이나 개인정보자기결정권 침해가 아니다(헌재 2022.3.31. 2019헌바520). 변호사시험 합격자 명단을 공고하도록 한 변호사법 규정은 합격자의 응시번호만을 공고하는 등 보다 덜 제한하는 수단이 존재하기 때문에 위헌이라는 견해가 다수였으나, 정족수미달로 합헌으로 결정되었다(헌재 2020.3.26. 2018헌마77).

(판 례) 수용자의 면회시 대화 녹음 및 파일제공

가. 이 사건 녹음행위는 교정시설 내의 안전과 질서유지에 기여하기 위한 것으로서, 그 목적이 정당할 뿐 아니라 수단이 적절하다. 또한 소장은 미리 접견내용의 녹음 사실 등을 고지하며, 접견기록물의 엄격한 관리를 위한 제도적 장치도 마련되어 있는 점 등을 고려할 때 침해의 최소성 요건도 갖추었고, 이 사건 녹음행위는 미리 고지되어 청구인의 접견내용은 사생활의 비밀로서의 보호가치가 그리 크지 않다고 할 것이므로 법익의 불균형성을 인정하기도 어려워, 과잉금지의 원칙에 위반하여 청구인의 사생활의 비밀과 자유를 침해하였다고 볼 수 없다.

나. 이 사건 제공행위에 의하여 제공된 접견녹음파일로 특정개인을 식별할 수 있고, 그 대화내용 등은 인격주체성을 특정짓는 사항으로 그 개인의 동일성을 식별할 수 있게 하는 정보이므로, 정보주체인 청구인의 동의 없이 접견녹음파일을 관계기관에 제공하는 것은 청구인의 개인정보자기결정권을 제한하는 것이다. 그런데 이 사건 제공행위는 형사사법의 실체적 진실을 발견하고 이를 통해 형사사법의 적정한 수행을 도모하기 위한 것으로 그 목적이 정당하고, 수단 역시 적합하다. 또한, 접견기록물의 제공은 제한적으로 이루어지고, 제공된 접견내용은 수사와 공소제기 등에 필요한 범위 내에서만 사용하도록 제도적 장치가 마련되어 있으며, 사적 대화내용을 분리하여 제공하는 것은 그 구분이 실질적으로 불가능하고, 범죄와 관련있는 대화내용을 쉽게 파악하기 어려워 전체 제공이 불가피한 점 등을 고려할 때 침해의 최소성 요건도 갖추고 있다. 나아가 접견내용이 기록된다는 사실이 미리 고지되어 그에 대한 보호가치가 그리 크다고 볼 수 없는 점 등을 고려할 때, 법익의 불균형을 인정하기도 어려우므로, 과잉금지의 원칙에 위반하여 청구인의 개인정보자기결정권을 침해하였다고 볼 수 없다.

헌재 2012.12.27. 2010헌마153, 판례집 24-2 하, 537,538

(판 례) 강제추행범 신상정보 등록과 개인정보 자기결정권

이 사건 법률조항은, 형법 제298조(강제추행)의 범죄로 유죄판결이 확정된 자를 신상정보 등록대상자로 규정하고 있다. 그러나 앞서 살핀 것처럼 신상정보 등록대상자는 일정한 신상정보를 제출할 의무를 부담하며(성폭력특례법 제33조 제1항, 제2항), 법무부장관은 제출받은 신상정보와 등록대상 성폭력범죄의 경력정보를 등록·보존·관리한다(성폭력특례법 제34조 제1항, 제35조 제1항). 따라서 이 사건 법률조항은 일정한 성폭력범죄자의 개인정보의 수집·보관·처리·이용에 관한 근거규정으로서 개인정보 자기결정권을 제한한다.

이 사건 법률조항은 성폭력 범죄자의 재범을 억제하여 사회를 방위하고, 효율적 수사를 통한 사회혼란을 방지하기 위한 것으로서 정당한 목적달성을 위한 적합한 수단에 해당한다. 전과기록이나 수사경력자료는 보다 좁은 범위의 신상정보를 담고 있고, 정보의 변동이 반영되지 않는다는 점에서 심판대상조항에 의한 정보 수집과 동일한 효과를 거둘 수 있다고 보기 어렵고, 심판대상조항이 강제추행죄의 행위태양이나 불법성의 경중을 고려하지 않고 있더라도 이는 본질적으로 성폭력범죄에 해당하는 강제추행죄의 특성을 고려한 것이라고 할 것이므로, 심판대상조항은 침해최소성이 인정된다. 또 신상정보 등록으로 인한 사익의 제한은 비교적 경미한 반면 달성되는 공익은 매우 중대하다고 할 것이어서 법익균형성도 인정된다. 따라서 심판대상조항은 과잉금지원칙에 반하

여 개인정보 자기결정권을 침해한다고 할 수 없다.

(김이수 재판관 등 2인의 반대의견)

심판대상조항은 성폭력 범죄자의 재범 방지를 주요한 입법목적 가운데 하나로 삼고 있음에도, 등록대상자의 선정에 있어 '재범의 위험성'을 전혀 요구하고 있지 않고, 행위태양의 특성이나 불법성의 경중을 고려하여 등록대상 범죄를 축소하거나, 별도의 불복절차를 두는 등 충분히 가능하고 덜 침해적인 수단을 채택하지 아니하였으므로 침해최소성에 반한다. 또 개별 사안에 따라서는 침해되는 사익과 달성되는 공익 사이의 불균형을 초래할 수 있다는 점에서 법익균형성도 인정하기 어렵다. 따라서 심판대상조항은 과잉금지원칙에 반하여 청구인들의 개인정보 자기결정권을 침해한다.

헌재 2014.7.24. 2013헌마423등, 판례집 26-2 상, 226(결정문 본문과 요지 요약)

아동・청소년 성매수죄로 유죄가 확정된 자는 신상정보 등록대상자가 되도록 규정한 성폭력처벌법 규정도 합헌이라는 것이 판례이다(헌재 2016.2.25. 2013헌마830; 다만 재범의 위험성을 전혀 요구하지 않아 위헌이라는 2인 재판관의 반대의견이 있다). '아동에게 음란한 행위를 시키거나 이를 매개하는 행위 또는 아동에게 성적 수치심을 주는 성희롱 등의 성적 학대행위를 하였다는 범죄사실로 유죄판결이 확정된 자'를 신상정보 등록대상자로 정한 규정도 합헌이라 하였다(헌재 2025.1.23. 2021헌마853). 성적목적공공장소침입죄로 형을 선고받아 확정된 자를 신상정보 등록대상자로 정한 조항도 역시 합헌으로 결정되었다(헌재 2016.10.28. 2014헌마709; 그러나 이 결정은 본 범죄는 상대적으로 경미하므로 신상정보 등록대상이 안 된다는 3인과 재범의 위험성을 요구하고 있지 않아 위헌이라는 2인 재판관의 위헌의견이 다수의견이다).

통신매체이용음란죄로 유죄판결이 확정된 자를 일률적으로 신상정보 등록대상자로 하는 것은 위헌이라는 결정이 있었다(헌재 2016.3.31. 2015헌마688). 통신매체이용음란죄에는 다양한 범죄 유형이 존재하고, 개별 행위 유형에 따라 재범 위험성 및 신상정보 등록 필요성이 현저히 다름에도 불구하고, 이 범죄로 유죄판결이 확정된 자에 대하여는 법관의 판단 등 별도의 절차 없이 필요적으로 신상정보 등록대상자가 되도록 규정하고 있어 침해의 최소성에 반한다는 것이 이유이다.

가상의 아동・청소년이용음란물배포죄로 유죄판결이 확정된 자를 신상정보 등록대상자로 하는 조항은 합헌으로 결정되었다.

(판 례) 가상의 아동 · 청소년이용음란물배포죄로 유죄판결이 확정된 자를 신상정보 등록대상자로 하는 조항의 위헌성 여부

아동 · 청소년이용음란물배포죄는 아동 · 청소년이 실제로 등장하는지 여부를 불문하고 아동 · 청소년의 성에 대한 왜곡된 인식과 비정상적인 태도를 광범위하게 형성하게 할 수 있다는 점에서 죄질이 경미하다고 할 수 없고, 헌법재판소와 대법원은 가상의 아동 · 청소년이용음란물에 대하여 제한적으로 해석하고 있어 등록조항에 따른 등록대상자의 범위는 이에 따라 제한되므로, 등록조항은 침해의 최소성을 갖추었다. 등록조항으로 인하여 제한되는 사익에 비하여 아동 · 청소년대상 성범죄 방지 및 사회 방위라는 공익이 더 크므로 법익의 균형성도 인정된다. 따라서 등록조항은 개인정보자기결정권을 침해하지 않는다.

(박한철 재판관 등 3인의 위헌의견)

실제 아동 · 청소년을 성적 대상으로 착취하지 않는 점, 피투피(P2P)를 통해 대부분 아동 · 청소년이용음란물의 배포와 소지가 동시에 이루어지는 경우가 많은 점 등을 고려하면, 신상정보 등록 여부에 있어 가상의 아동 · 청소년이용음란물 배포와 소지를 달리 취급해야 할 이유가 없다. 그럼에도 불구하고 등록조항은 가상의 아동 · 청소년이용음란물소지죄로 벌금형이 확정된 자를 등록대상에서 제외하면서도, 가상의 아동 · 청소년이용음란물배포죄로 유죄판결이 확정된 자이기만 하면 일률적으로 신상정보 등록대상자가 되도록 규정하므로, 침해의 최소성 원칙에 반한다. 등록조항이 달성하고자 하는 공익에 비하여 청구인이 신상정보 등록으로 인하여 받는 불이익이 크므로 법익의 균형성도 인정되지 않는다. 따라서 등록조항은 청구인의 개인정보자기결정권을 침해한다.

(김이수 재판관 등 2인의 위헌의견)

등록조항은 아동 · 청소년대상 성범죄의 재범 방지를 주요한 입법목적으로 삼고 있음에도 등록대상자의 선정에 있어 '재범의 위험성'을 전혀 요구하지 않는다. 아동 · 청소년이용음란물배포죄의 재범 비율이 높다는 점이 입증되지 않은 상황에서 아동 · 청소년이용음란물배포죄로 유죄판결이 확정된 자는 당연히 신상정보 등록대상자가 되도록 한 등록조항은 재범의 위험성이 인정되지 않는 등록대상자에게 불필요한 제한을 부과한다. 등록조항으로 인하여 비교적 경미한 아동 · 청소년이용음란물배포죄를 저지르고 재범의 위험성도 인정되지 않는 이들에 대하여는 달성되는 공익과 침해되는 사익 사이에 불균형이 발생할 수 있다는 점에서 법익의 균형성을 인정하기 어렵다. 따라서 등록조항은 청구인의 개인정보자기결정권을 침해한다.

(정족수 미달로 합헌결정)

헌재 2016.3.31. 2014헌마785, 판례집 28-1 상, 509,510-511

위와 같은 헌법재판소 결정들을 반영하여 개정 성폭력처벌법(법률 제14412호, 2016.12.20. 일부개정)은 아동·청소년이용음란물소지죄 외에 성적목적공공장소침입죄, 통신매체이용음란죄, 아동·청소년이용음란물 배포 및 소지죄 등의 범죄로 벌금형을 선고받은 경우에는 신상정보 등록대상 성범죄에서 제외하도록 규정하였다(제42조 제1항 단서). 헌법재판소는 최근 이 조항이 합헌이라고 판단하였다. 비록 아동·청소년이용음란물을 규제하여야 할 공익은 크나 단순소지죄의 경우는 행위 태양이나 그 불법성의 정도가 다양하기 때문에 벌금형을 선고받은 경우에는 등록대상에서 제외하도록 한 것이 입법목적에 필요한 범위 내의 제한이라고 하였다(헌재 2017.10.26. 2016헌마656). 이 결정에는 아동·청소년이용음란물 단순소지죄로 징역형을 선고받은 경우에는 재범의 위험성을 불문하고 신상정보 등록대상으로 하고 있다는 이유로 위헌이라는 반대의견이 있다.

수사경력자료의 보존 및 보존기간을 정하면서 범죄경력자료의 삭제에 대해 규정하지 않았다고 하여 개인정보 자기결정권이 침해되었다고 할 수 없다는 판례도 있다(헌재 2012.7.26. 2010헌마446). 그러나 검찰에서 기소유예처분을 받은 경우 처분일로부터 3년간 수사경력자료를 보존하고 삭제하도록 규정하면서도, 법원에서 불처분결정된 소년부송치 사건에 대하여는 수사경력자료의 보존기간 및 삭제에 관하여 규정하지 않은 형의 실효 등에 관한 법률 규정은 위헌이라는 것이 판례이다(헌재 2021.6.24. 2018헌가2; 헌법불합치결정). 헌법재판소는 최근 공직선거의 입후보자에게 실효된 형을 포함하여 금고 이상의 범죄경력을 관할선거구선거관리위원회에 제출하도록 하고, 이를 선거기간 중 선거구민에게 공개하는 것은 입후보자의 사생활의 비밀과 자유 및 개인정보자기결정권, 평등권 등을 침해하는 것이 아니라고 판시하였다(헌재 2013.12.26. 2013헌마385). 또한, 헌법재판소는 정보통신서비스 제공자가 본인확인기관으로 지정받은 경우 예외적으로 주민등록번호 수집을 허용하는 '정보통신망 이용촉진 및 정보보호 등에 관한 법률' 조항은 개인정보자기결정권을 침해하는 것이 아니라고 하였다.

(판 례) 주민등록번호 수집의 예외적 허용

심판대상조항은 주민등록번호 유출로 말미암은 피해를 최소화하기 위해 정보통신서비스 제공자가 이용자의 주민등록번호를 수집·이용하는 것을 원칙적으로 금지하면서, 방송통신위원회에 의하여 안전성과 신뢰성을 인정받은 본인확인기관에 한하여 예외적으로 본인확인업무를 수행하기 위해 허용하는 것으로서, 입법목적의 정당성과 수단의 적절성이 인정된다. 본인확인업무에 주민등록번호가 아닌 다른 고유식별정보를 활용할 수 있다고 하더라도 정확성, 신뢰성의 측면에서 주민등록번호에 비견할만한 것은 찾아보기 어려운 점, 본인확인기관은 본인확인업무라는 한정된 목적을 위해 이용자의 동의를 받아 그가 동의한 기간에만 주민등록번호를 수집 · 이용할 수 있고 수집 · 이용 목적을 달성하였거나 동의를 받은 기간이 끝난 경우 주민등록번호를 지체 없이 파기해야 하는 점, 본인확인업무의 안전성과 신뢰성을 확보하기 위한 사전 · 사후 조치들이 마련되어 있다는 점을 고려하면, 심판대상조항은 청구인의 개인정보자기결정권을 침해하지 아니한다.

헌재 2015.6.25. 2014헌마463, 판례집 27-1 하, 586

헌법재판소는 정보통신망을 통해 청소년유해매체물을 제공하는 자에게 이용자의 본인확인 의무를 부과하고 있는 청소년 보호법 규정은 성인 이용자의 알권리, 개인정보자기결정권에 대한 합헌적 제한이라고 하였다(헌재 2015.3.26. 2013헌마354). 또한 인터넷게임물 관련사업자에게 게임물 이용자의 회원가입 시 본인인증 또는 동의확보(미성년자의 경우)를 할 수 있는 절차를 마련하도록 한 게임산업진흥에 관한 법률 조항도 일반적 행동자유권과 개인정보자기결정권을 침해하는 것은 아니라고 하였다(헌재 2015.3.26. 2013헌마517).

헌법재판소는 '성폭력범죄의 처벌등에 관한 특례법 위반죄' 중 카메라등 이용촬영 및 동미수죄로 유죄 확정판결을 받은 자는 행위 태양, 불법성을 구별하지 않고 모두 신상정보 등록대상자가 되도록 규정한 위 법률 조항(제42조 제1항, 제14조 제1항, 제15조)은 개인정보자기결정권을 침해하지 않으나, 법무부장관으로 하여금 등록정보를 최초 등록일로부터 20년간 보존 · 관리하도록 한 조항(제45조 제1항)에 대하여는 헌법불합치결정을 내렸다.

(판 례) 성폭력범죄자의 신상 등록정보를 20년간 보존 · 관리하도록 한 조항의 위헌성

성범죄의 재범을 억제하고 수사의 효율성을 제고하기 위하여, 법무부장관이 등록대상자의 재범 위험성이 상존하는 20년 동안 그의 신상정보를 보존 · 관리하는 것은 정당한 목적을 위한 적합한 수단이다. 그런데 재범의 위험성은 등록대상 성범죄의 종류, 등록대상자의 특성에 따라 다르게 나타날 수 있고, 입법자는 이에 따라 등록기간을 차등화함으로써 등록대상자의 개인정보자기결정권에 대한 제한을 최소화하는 것이 바람직함에도, 이 사건 관리조항은 모든 등록대상 성범죄자에 대하여 일률적으로 20년의 등록기간을 적용하고 있으며, 이

사건 관리조항에 따라 등록기간이 정해지고 나면, 등록의무를 면하거나 등록기간을 단축하기 위해 심사를 받을 수 있는 여지도 없으므로 지나치게 가혹하다. 그리고 이 사건 관리조항이 추구하는 공익이 중요하더라도, 모든 등록대상자에게 20년 동안 신상정보를 등록하게 하고 위 기간 동안 각종 의무를 부과하는 것은 비교적 경미한 등록대상 성범죄를 저지르고 재범의 위험성도 많지 않은 자들에 대해서는 달성되는 공익과 침해되는 사익 사이의 불균형이 발생할 수 있으므로 이 사건 관리조항은 개인정보자기결정권을 침해한다.

이 사건 관리조항의 위헌성을 제거하기 위하여 등록기간의 범위를 차등적으로 규정하고 재범의 위험성이 없어지는 등 사정 변경이 있는 경우 등록의무를 면하거나 등록기간을 단축하기 위한 수단을 마련하는 것은 입법자의 형성재량의 영역에 속하므로 헌법불합치결정을 선고하고, 다만 2016. 12. 31.을 시한으로 입법자가 개선입법을 할 때까지 이 사건 관리조항의 계속적용을 명한다.

헌재 2015.7.30. 2014헌마340등, 공보 226, 1254,1255

위 결정 이후 개정된 '성폭력처벌법' 제45조 제1항 중 '카메라나 그 밖에 이와 유사한 기능을 갖춘 기계장치를 이용하여 성적 욕망 또는 수치심을 유발할 수 있는 다른 사람의 신체를 그 의사에 반하여 촬영한 범죄로 3년 이하의 징역형을 선고받은 사람'의 신상정보를 최초등록일로부터 '15년간 보존 · 관리'하도록 한 부분(헌재 2018. 3.29. 2017헌마3960) 및 제42조 제1항 중 공중밀집장소추행죄로 유죄판결이 확정된 자를 신상정보 등록대상자로 규정한 부분(헌재 2017.12.28. 2017헌마1124)은 합헌이라는 결정이 있었다. 다만 이들 결정에는 재범의 위험성을 전혀 요구하지 않았으므로 위헌이라는 2인의 반대의견이 있다. 앞의 결정에는 유죄판결 확정과 별도로 신상정보 등록 여부에 관하여 법관의 판단을 받는 절차가 없어서 위헌이라는 또 다른 2인의 반대의견이 있다. 반면 강제추행죄로 벌금형을 선고받은 사람의 신상정보를 10년 동안 보존 · 관리하고, 7년이 경과한 후에는 신상정보 등록의 면제를 신청할 수 있도록 규정한 개정 조항은 만장일치로 합헌이라고 결정하였다(헌재 2019.11.28. 2017헌마1163). 보안관찰처분대상자에게 출소 후 신고의무를 부과하는 것은 합헌이나, 재범의 위험성을 전혀 고려하지 않고 모든 대상자에게 변동사항 신고의무를 부과하고 미이행시 형사처벌을 규정한 보안관찰법 규정은 위헌이라는 것이 헌법재판소의 입장이다(헌재 2021.6.24. 2017헌바479; 헌법불합치결정).

(판 례) 주민등록번호 변경에 관한 규정을 두고 있지 않은 것이 위헌인지 여부

주민등록번호는 표준식별번호로 기능함으로써 개인정보를 통합하는 연결자로 사용되고 있어, 불법 유출 또는 오·남용될 경우 개인의 사생활뿐만 아니라 생명·신체·재산까지 침해될 소지가 크므로 이를 관리하는 국가는 이러한 사례가 발생하지 않도록 철저히 관리하여야 하고, 이러한 문제가 발생한 경우 그로 인한 피해가 최소화되도록 제도를 정비하고 보완하여야 할 의무가 있다. 그럼에도 불구하고 주민등록번호 유출 또는 오·남용으로 인하여 발생할 수 있는 피해 등에 대한 아무런 고려 없이 주민등록번호 변경을 일체 허용하지 않는 것은 그 자체로 개인정보자기결정권에 대한 과도한 침해가 될 수 있다.

비록 국가가 개인정보보호법 등으로 정보보호를 위한 조치를 취하고 있더라도, 여전히 주민등록번호를 처리하거나 수집·이용할 수 있는 경우가 적지 아니하며, 이미 유출되어 발생된 피해에 대해서는 뚜렷한 해결책을 제시해 주지 못하므로, 국민의 개인정보를 충분히 보호하고 있다고 보기 어렵다. 한편, 개별적인 주민등록번호 변경을 허용하더라도 변경 전 주민등록번호와의 연계 시스템을 구축하여 활용한다면 개인식별기능 및 본인 동일성 증명기능에 혼란이 발생할 가능성이 없고, 일정한 요건 하에 객관성과 공정성을 갖춘 기관의 심사를 거쳐 변경할 수 있도록 한다면 주민등록번호 변경절차를 악용하려는 시도를 차단할 수 있으며, 사회적으로 큰 혼란을 불러일으키지도 않을 것이다. 따라서 주민등록번호 변경에 관한 규정을 두고 있지 않은 심판대상조항은 과잉금지원칙에 위배되어 개인정보자기결정권을 침해한다.

(헌법불합치결정)

헌재 2015.12.23. 2013헌바68 등, 판례집 27-2 하, 480,481

위와 같은 헌법재판소의 위헌결정에 따라 개정 주민등록법(2016.5.29. 개정, 법률 제14191호)은 제7조의4를 신설하여 주민등록번호의 변경에 관하여 상세한 규정을 두고 있다. 동 규정은 주민등록번호의 변경을 신청할 수 있는 사람을 다음과 같이 규정하고 있다. 1. 유출된 주민등록번호로 인하여 생명·신체에 위해를 입거나 입을 우려가 있다고 인정되는 사람, 2. 유출된 주민등록번호로 인하여 재산에 피해를 입거나 입을 우려가 있다고 인정되는 사람, 3. '아동·청소년의 성보호에 관한 법률' 제2조 제6호에 따른 피해아동이나 청소년·'성폭력방지 및 피해자보호 등에 관한 법률' 제2조 제3호에 따른 성폭력피해자·'성매매알선 등 행위의 처벌에 관한 법률' 제2조 제1항 제4호에 따른 성매매피해자·'가정폭력범죄의 처벌 등에 관한 특례법' 제2조 제5호에 따른 피해자 중 유출된 주민등록번호로 인하여 피해를 입거나 입을 우려가 있다

고 인정되는 사람, 4. 그 밖에 제1호부터 제3호까지의 규정에 준하는 사람으로서 대통령령으로 정하는 사람.

헌법재판소는 형제자매에게 가족관계등록부 등의 기록사항에 관한 증명서 교부청구권을 부여하는 가족관계등록법 규정을 위헌이라 선언하였다(헌재 2016.6.30. 2015헌마924). 형제자매라고 하여 본인과 언제나 이해관계를 같이 하는 것은 아니므로 형제자매가 본인에 대한 개인정보를 오남용 또는 유출할 가능성이 있기 때문이다. 직계혈족이기만 하면 아무런 제한 없이 가족관계증명서 및 기본증명서의 교부를 청구할 수 있도록 한 규정 역시 부진정입법부작위로 위헌결정을 받았다(헌재 2020.8.28. 2018헌마927; 가정폭력범이고 이혼한 친부가 자녀의 증명서를 교부받은 경우이다). 헌법재판소의 헌법불합치결정에 따라 '가족관계의 등록 등에 관한 법률'은 다음과 같이 개정되었다(법률 제18651호, 2021.12.28. 개정, 2022.1.1. 시행).

제14조 제8항부터 제11항까지 및 제14조의2 제3항을 신설하여 가정폭력피해자 명의의 등록사항별 증명서에 대한 교부 등을 제한하였다. 가정폭력피해자 또는 그 대리인은 가정폭력피해자의 배우자 또는 직계혈족을 지정(교부제한대상자)하여 시·읍·면의 장에게 가정폭력피해자 본인의 등록사항별 증명서의 교부를 제한하거나 그 제한을 해지하도록 신청할 수 있도록 하고, 가정폭력피해자 또는 그 대리인의 교부제한 신청이 있는 경우에는 교부제한대상자 또는 그 대리인은 가정폭력피해자 본인의 등록사항별 증명서를 교부·발급받을 수 없거나 등록부등의 기록사항을 열람할 수 없도록 하였다. 또한 제15조의2를 신설하여 가정폭력피해자에 관한 기록사항의 공시를 제한하였다.

대법원은 전기통신사업자가 수사기관의 통신자료 제공 요청에 응하여 통신자료를 제공할 때에 구체적 내용을 살펴 그 제공 여부 등을 실질적으로 심사할 의무가 없으므로 전기통신사업자의 통신자료 제공은 위법하지 않다고 판결하였다.

(판 례) 전기통신사업자의 통신자료 제공

전기통신사업법 제54조 제3항에 의하여 통신자료의 제공을 요청받은 전기통신사업자에게 위와 같은 실질적인 심사를 요구하는 것은, 통신자료에 대하여는 전기통신에 관한 다른 개인정보와는 다르게 그 제공방법과 절차를 정한 입법취지에도 부합하지 않는다.

즉 통신비밀보호법에 의하면, 수사기관이 전기통신사업자에게 가입자의 전기통신 일시, 전기통신 개시·종료시간, 발·착신 통신번호 등 상대방의 가입자 번호, 사용도수, 컴퓨터통신 또는 인터넷의 사용자가 전기통신역무를 이용한 사실에 관한 컴퓨터통신 또는 인터넷의 로그기록자료, 정보통신망에 접속된 정보통신기기의 위치를 확인할 수 있는 발신기지국의 위치추적자료, 컴퓨터통신 또는 인터넷의 사용자가 정보통신망에 접속하기 위하여 사용하는 정보통신기기의 위치를 확인할 수 있는 접속지의 추적자료 등 '통신사실 확인자료'의 제공을 요청하려면 법원의 허가를 받아야 하고(제2조 제11호, 제13조 등), 전기통신의 감청 등 통신제한조치를 집행하거나 통신기관 등에 그 집행을 위탁하거나 협조를 요청하는 때에도 역시 법원의 허가를 받아야 한다(제6조, 제9조 등).

또 송수신이 완료된 전기통신의 경우에는 형사소송법 제106조, 제107조, 제219조에 따라 수사기관이 법관으로부터 발부받은 영장에 의하여 이를 압수하도록 되어 있다.

이처럼 현재 또는 과거에 이루어진 전기통신의 내용이나 외형적 정보에 대하여는 법원의 허가나 법관의 영장에 의하여만 이를 제공받을 수 있도록 한 반면, 전기통신사업법 제54조 제3항, 제4항은 이용자의 인적 사항에 관한 정보에 해당하는 통신자료에 대하여는 수사기관의 서면요청만으로도 전기통신사업자가 이를 제공할 수 있도록 하고 있는데, 이는 수사상 신속과 다른 범죄의 예방 등을 위하여 해당 개인정보의 내용과 성격 등에 따라 통신자료에 대하여는 법원의 허가나 법관의 영장 없이도 일정한 사항을 기재한 수사기관의 자료제공요청서라는 서면요청에 의해 통신자료를 제공하여 수사에 협조할 수 있도록 한 것이라고 볼 것이다.

따라서 이러한 형식적·절차적 요건 이외에 별도로 전기통신사업자에게 위와 같은 실질적 심사의무를 부과하는 것은 전기통신사업법 제54조의 입법 취지에도 부합하지 않는다고 볼 수 있다.

전기통신사업법 제54조 제3항에서 수사기관의 요청에 의하여 전기통신사업자가 제공할 수 있는 이용자의 통신자료는 그 이용자의 인적 사항에 관한 정보로서, 이는 주로 수사의 초기단계에서 범죄의 피의자와 피해자를 특정하기 위하여 가장 기초적이고 신속하게 확인하여야 할 정보에 해당하는데, 위 규정에 의한 전기통신사업자의 통신자료 제공으로 범죄에 대한 신속한 대처 등 중요한 공익을 달성할 수 있음에 비하여, 통신자료가 제공됨으로써 제한되는 사익은 해당 이용자의 인적 사항에 한정된다.

그리고 수사기관은 형사소송법 제198조 제2항 등에 의해 수사과정에서 취득한 비밀을 엄수하도록 되어 있어, 해당 이용자의 인적 사항이 수사기관에 제공됨으로 인한 사익의 침해 정도가 상대적으로 크지 않다고 할 수 있다. 따라서 전기통신사업자로서는 수사기관이 형식적·절차적 요건을 갖추어 통신자료 제공을 요청할 경우 원칙적으로 이에 응하는 것이 타당하다.

물론 전기통신사업자가 수사기관의 통신자료 제공 요청에 따라 통신자료를 제공함에 있어서, 수사기관이 그 제공 요청 권한을 남용하는 경우에는 이용자의 인적 사항에 관한 정보가 수사기관에 제공됨으로 인하여 해당 이용자의 개인정보와 관련된 기본권 등이 부당하게 침해될 가능성도 있다.

그러나 수사기관의 권한 남용에 대한 통제는 국가나 해당 수사기관에 대하여 직접 이루어져야 함이 원칙이다. 수사기관이 통신자료 제공을 요청하는 경우에도 전기통신사업자에게 실질적 심사의무를 인정하여 일반적으로 그 제공으로 인한 책임을 지게 하는 것은 국가나 해당 수사기관이 부담하여야 할 책임을 사인에게 전가시키는 것과 다름없다. 따라서 수사기관의 권한 남용에 의해 통신자료가 제공되어 해당 이용자의 개인정보에 관한 기본권 등이 침해되었다면 그 책임은 이를 제공한 전기통신사업자가 아니라, 이를 요청하여 제공받은 국가나 해당 수사기관에 직접 추궁하는 것이 타당하다.

그러므로 검사 또는 수사관서의 장이 수사를 위하여 전기통신사업법 제54조 제3항, 제4항에 의하여 전기통신사업자에게 통신자료의 제공을 요청하고, 이에 전기통신사업자가 위 규정에서 정한 형식적·절차적 요건을 심사하여 검사 또는 수사관서의 장에게 이용자의 통신자료를 제공하였다면, 검사 또는 수사관서의 장이 통신자료의 제공 요청 권한을 남용하여 정보주체 또는 제3자의 이익을 부당하게 침해하는 것임이 객관적으로 명백한 경우와 같은 특별한 사정이 없는 한, 이로 인하여 해당 이용자의 개인정보자기결정권이나 익명표현의 자유 등이 위법하게 침해된 것이라고 볼 수 없다.

이 사건에서는 명예훼손을 당하였다고 주장하는 피해자의 고소에 따라 수사관서의 장인 종로경찰서장이 그 수사를 위하여 전기통신사업법 제54조 제3항, 제4항에 따라 전기통신사업자인 피고에게 이 사건 게시물에 관한 통신자료의 제공을 요청하자, 피고가 위 규정에서 정한 요건과 절차에 따라 종로경찰서장에게 원고의 성명, 주민등록번호 등 통신자료를 제공한 것이고, 이때 피고가 원고의 이메일 주소도 제공하였으나 그 이메일 주소는 원고의 네이버 아이디에 '@naver.com'이 붙어 있는 것이어서 원고의 네이버 아이디와 별개의 개인정보를 담고 있다고 평가하기 어려워 전기통신사업법 제54조 제3항에서 정한 제공의 범위를 초과하였다고 볼 수 없으며, 달리 종로경찰서장이 그 권한을 남용하여 통신자료 제공을 요청하는 것임이 객관적으로 명백하였다거나 그로 인하여 원고의 이익을 부당하게 침해할 우려가 있었다는 등의 특별한 사정을 찾을 수 없다.

따라서 피고가 종로경찰서장의 요청에 따라 원고의 통신자료를 제공한 것은 전기통신사업법 제54조 제3항, 제4항에 의한 적법한 행위로서, 그로 인하여 피고가 원고에 대해 손해배상책임을 부담한다고 볼 수 없다.

대판 2016.3.10. 2012다105482

위 판결은 다음과 같이 정리할 수 있다. ① 통신내용, 통신사실 확인자료와 통신자의 인적사항 등의 '통신자료'는 구별된다. ② 수사관서의 장은 통신자료에 대하여는 영장 없이 전기통신사업자에게 그 확인을 구할 수 있다. ③ 전기통신사업자는 확인요청의 당, 부당을 심사할 의무가 없고, 사실상 통신자료를 제공하여야 한다. 즉 전기통신사업자는 통신자료를 제공하더라도 아무런 책임이 없다. ④ 부당 혹은 위법한 통신자료 제공에 대하여는 국가기관을 상대로 다투어야 한다.

위 판결은 이른바 '회피연아' 사건에서 장관의 행동을 비판한 글과 관련된 사건을 다루고 있다. 익명표현의 자유 및 개인정보자기결정권을 크게 제한하고 있다는 비판이 따른다.

한편 송·수신이 완료된 전기통신에 대한 압수·수색영장 집행 사실을 그 수사대상이 된 가입자에게만 통지하도록 하고, 그 상대방에 대해서는 통지하지 않도록 한 통신비밀보호법 조항은 합헌이라는 것이 판례이다(헌재 2018.4.26. 2014헌마1178).

주의할 점이 있다. 수사기관이 국가기관이나 공사단체(公私團體)에 개인정보에 관한 사실조회를 하는 것은 형사소송법과 경찰관직무집행법에 따른 적법한 수사이다. 따라서 헌법소원심판청구의 적법요건과 관련하여 사실조회조항은 기본권침해가능성이 인정되지 않으며, 또한 사실조회행위는 (독자적 의의를 갖지 않는 일련의 내부 수사과정이므로) 공권력행사성이 인정되지 않는다. 그러나 사실조회를 의뢰받은 기관이 개인정보를 제공하는 것이 합헌 혹은 적법한지 여부는 '정보주체 또는 제3자의 이익을 부당하게 침해할 우려가 있는 때'의 구체적 해석에 따른다.

(판 례) 국민건강보험공단이 경찰서장에게 요양급여내역을 제공한 것이 개인정보자기결정권을 침해하는지 여부

이 사건 정보제공행위에 의하여 제공된 청구인 김○환의 약 2년 동안의 총 44회 요양급여내역 및 청구인 박○만의 약 3년 동안의 총 38회 요양급여내역은 건강에 관한 정보로서 '개인정보 보호법' 제23조 제1항이 규정한 민감정보에 해당한다. '개인정보 보호법'상 공공기관에 해당하는 국민건강보험공단은 이 사건 정보제공조항, '개인정보 보호법' 제23조 제1항 제2호, '경찰관 직무집행법 시행령' 제8조 등에 따라 범죄의 수사를 위하여 불가피한 경우 정보주체 또는 제3자의 이익을 부당하게 침해할 우려가 있을 때를 제외하고 민감정보를

서울용산경찰서장에게 제공할 수 있다.

서울용산경찰서장은 청구인들을 검거하기 위해서 국민건강보험공단에게 청구인들의 요양급여내역을 요청한 것인데, 서울용산경찰서장은 그와 같은 요청을 할 당시 전기통신사업자로부터 위치추적자료를 제공받는 등으로 청구인들의 위치를 확인하였거나 확인할 수 있는 상태였다. 따라서 서울용산경찰서장이 청구인들을 검거하기 위하여 청구인들의 약 2년 또는 3년이라는 장기간의 요양급여내역을 제공받는 것이 불가피하였다고 보기 어렵다.

한편 급여일자와 요양기관명은 피의자의 현재 위치를 곧바로 파악할 수 있는 정보는 아니므로, 이 사건 정보제공행위로 얻을 수 있는 수사상의 이익은 없었거나 미약한 정도였다. 반면 서울용산경찰서장에게 제공된 요양기관명에는 전문의의 병원도 포함되어 있어 청구인들의 질병의 종류를 예측할 수 있는 점, 2년 내지 3년 동안의 요양급여정보는 청구인들의 건강 상태에 대한 총체적인 정보를 구성할 수 있는 점 등에 비추어 볼 때, 이 사건 정보제공행위로 인한 청구인들의 개인정보자기결정권에 대한 침해는 매우 중대하다.

그렇다면 이 사건 정보제공행위는 이 사건 정보제공조항 등이 정한 요건을 충족한 것으로 볼 수 없고, 침해의 최소성 및 법익의 균형성에 위배되어 청구인들의 개인정보자기결정권을 침해하였다(정보제공을 할 수 있도록 한 조항은 개인정보처리자에게 정보제공에 관한 재량을 부여하고 있으므로 기본권침해의 직접성이 인정되지 않는다고 하였다).

헌재 2018.8.30. 2014헌마368, 공보 263, 1455,1456

경찰관들이 집회현장에서 집회참가자들을 촬영하는 행위는 개인정보자기결정권 침해라고 본 재판관들이 다수이나 정족수 미달로 합헌결정이 내려졌다.

(판 례) 미신고 집회 등의 현장에서의 참가자들을 촬영하는 것이 위헌인지 여부

경찰은 범죄행위가 있는 경우 이에 대한 수사로서 증거를 확보하기 위해 촬영행위를 할 수 있고, 범죄에 이르게 된 경위나 그 전후 사정에 관한 것이라도 증거로 수집할 수 있다.

경찰의 촬영행위는 일반적 인격권, 개인정보자기결정권, 집회의 자유 등 기본권 제한을 수반하는 것이므로 수사를 위한 것이라고 하더라도 필요최소한에 그쳐야 한다. 다만 옥외집회나 시위 참가자 등에 대한 촬영은 사적인 영역이 아니라 공개된 장소에서의 행위에 대한 촬영인 점과 독일 연방집회법 등과 달리 현행 '집회 및 시위에 관한 법률'(이하 '집시법'이라 한다)에서는 옥외집회 · 시위 참가자가 신원확인을 방해하는 변장을 하는 것 등이 금지되고 있지 아니하

는 점이 고려될 수 있다.

미신고 옥외집회·시위 또는 신고범위를 넘는 집회·시위에서 단순 참가자들에 대한 경찰의 촬영행위는 비록 그들의 행위가 불법행위로 되지 않는다 하더라도 주최자에 대한 집시법 위반에 대한 증거를 확보하는 과정에서 불가피하게 이루어지는 측면이 있다. 이러한 촬영행위에 의하여 수집된 자료는 주최자의 집시법 위반에 대한 직접·간접의 증거가 될 수 있을 뿐만 아니라 그 집회 및 시위의 규모·태양·방법 등에 대한 것으로서 양형자료가 될 수 있다. 그리고 미신고 옥외집회·시위 또는 신고범위를 넘는 집회·시위의 주최자가 집회·시위 과정에서 바뀔 수 있고 새로이 실질적으로 옥외집회·시위를 주도하는 사람이 나타날 수 있으므로, 경찰은 새로이 집시법을 위반한 사람을 발견·확보하고 증거를 수집·보전하기 위해서는 미신고 옥외집회·시위 또는 신고범위를 넘는 집회·시위의 단순참가자들에 대해서도 촬영할 필요가 있다. 또한 미신고 옥외집회·시위 또는 신고범위를 벗어난 옥외집회·시위가 적법한 경찰의 해산명령에 불응하는 집회·시위로 이어질 수 있으므로, 이에 대비하여 경찰은 미신고 옥외집회·시위 또는 신고범위를 벗어난 집회·시위를 촬영함으로써, 적법한 경찰의 해산명령에 불응하는 집회·시위의 경위나 전후 사정에 관한 자료를 수집할 수 있다.

한편 근접촬영과 달리 먼 거리에서 집회·시위 현장을 전체적으로 촬영하는 소위 조망촬영이 기본권을 덜 침해하는 방법이라는 주장도 있으나, 최근 기술의 발달로 조망촬영과 근접촬영 사이에 기본권 침해라는 결과에 있어서 차이가 있다고 보기 어려우므로, 경찰이 이러한 집회·시위에 대해 조망촬영이 아닌 근접촬영을 하였다는 이유만으로 헌법에 위반되는 것은 아니다.

옥외집회·시위에 대한 경찰의 촬영행위는 증거보전의 필요성 및 긴급성, 방법의 상당성이 인정되는 때에는 헌법에 위반된다고 할 수 없으나, 경찰이 옥외집회 및 시위 현장을 촬영하여 수집한 자료의 보관·사용 등은 엄격하게 제한하여, 옥외집회·시위 참가자 등의 기본권 제한을 최소화해야 한다. 옥외집회·시위에 대한 경찰의 촬영행위에 의해 취득한 자료는 '개인정보'의 보호에 관한 일반법인 '개인정보 보호법'이 적용될 수 있다.

이 사건에서 피청구인이 신고범위를 벗어난 동안에만 집회참가자들을 촬영한 행위가 과잉금지원칙을 위반하여 집회참가자인 청구인들의 일반적 인격권, 개인정보자기결정권 및 집회의 자유를 침해한다고 볼 수 없다.

(재판관 이진성 등 5인의 위헌의견)

집회참가자들에 대한 촬영행위는 개인의 집회의 자유 등을 위축시킬 수 있으므로, 증거확보라는 목적 달성을 위하여 필요한 범위에서 적법절차에 따라 이루어져야 한다. 따라서 이러한 촬영행위는 불법행위가 진행 중에 있거나 그 직후에 불법행위에 대한 증거자료를 확보할 필요성과 긴급성이 있는 경우에만 허용되어야 한다.

이 사건 집회는 평화적이었으므로 미신고 집회로 변하여 집회주최자의 불법행위가 성립한 것을 제외하고는 다른 불법행위에 대한 증거자료를 확보할 필요성과 긴급성이 있었다고 할 수 없다. 또한 미신고 집회 부분에 대한 해산명령은 적법한 요건을 갖추지 못하였다. 집회가 신고범위를 벗어났다는 점을 입증하기 위한 촬영의 필요성은 있을 수 있지만, 이는 집회현장의 전체적 상황을 촬영하는 것으로 충분하다. 그러나 이 사건 촬영행위는 여러 개의 카메라를 이용해 근거리에서 집회참가자들의 얼굴을 촬영하는 방식으로 이루어졌다. 여기에는 집회참가자들에게 심리적 위축을 가하는 부당한 방법으로 집회를 종료시키기 위한 목적이 상당부분 가미되어 있었다고 보인다.

이 사건 촬영행위는 공익적 필요성에만 치중한 탓에 그로 인해 제약된 사익과의 조화를 도외시함으로써 과잉금지원칙을 위반하여 청구인들의 일반적 인격권, 집회의 자유를 침해하였다.

헌재 2018.8.30. 2014헌마843, 공보 263, 1475,1476

위 결정은 미신고 집회 또는 신고범위를 다소 벗어난 집회의 경우, 일반 참가자들이 현행범으로 돌변할 가능성만을 근거로 하여 사전채증이 허용된다고 하였다는 비판이 따른다. 한편, 시장이 경찰서장으로부터 장애인보호센터의 활동보조인들이 활동지원급여비용을 부정 수급하였다는 수사와 관련하여 이름, 생년월일, 주소의 제공요청을 받아 이를 제공한 사건에서는 정보의 필요성이 인정되고, 유출이나 남용 방지 장치를 한 점을 고려하여 합헌이라는 것이 헌법재판소 판례이다(헌재 2018.8.30. 2016헌마483). 헌법재판소는 열 손가락의 지문을 찍도록 한 주민등록법령 규정을 합헌으로 결정하였다(헌재 2024.4.25. 2020헌마542).

3. 사생활의 자유

사생활의 자유는 사생활의 평온함과 자율성을 침해받지 않을 자유를 내용으로 한다. ① 사생활의 평온함을 침해받지 않을 자유란, 예컨대 사생활의 감시를 당하지 않을 자유 등을 말한다. ② 사생활의 자율성을 침해받지 않을 자유란, 사생활을 자율적으로 형성하고 유지할 자유를 말한다. 예컨대 생활양식(복장이나 머리모양 등)을 자율적으로 결정할 자유 등이 이에 해당한다.

(판 례) 사생활의 비밀과 자유의 내용

사생활의 비밀은 국가가 사생활영역을 들여다보는 것에 대한 보호를 제공하는 기본권이며, 사생활의 자유는 국가가 사생활의 자유로운 형성을 방해하거나 금지하는 것에 대한 보호를 의미한다. 구체적으로 사생활의 비밀과 자유가 보호하는 것은 개인의 내밀한 내용의 비밀을 유지할 권리, 개인이 자신의 사생활의 불가침을 보장받을 수 있는 권리, 개인의 양심영역이나 성적 영역과 같은 내밀한 영역에 대한 보호, 인격적인 감정세계의 존중의 권리와 정신적인 내면생활이 침해받지 아니할 권리 등이다.

우리 재판소는 '사생활의 자유'란 사회공동체의 일반적인 생활규범의 범위 내에서 사생활을 자유롭게 형성해 나가고 그 설계 및 내용에 대해서 외부로부터의 간섭을 받지 아니할 권리이며, 사생활과 관련된 사사로운 자신만의 영역이 본인의 의사에 반해서 타인에게 알려지지 않도록 할 수 있는 권리인 '사생활의 비밀'과 함께 헌법상 보장되고 있는 것이라고 판시한 바 있다(헌재 2001. 8.30. 99헌바92등, 판례집 13-2, 174,203 참조).

즉, 헌법 제17조가 보호하고자 하는 기본권은 '사생활영역'의 자유로운 형성과 비밀유지라고 할 것이며, 공적인 영역의 활동은 다른 기본권에 의한 보호는 별론으로 하고 사생활의 비밀과 자유가 보호하는 것은 아니라고 할 것이다.

헌재 2003.10.30. 2002헌마518, 판례집 15-2, 185,206-207

사생활의 자율성을 침해받지 않을 자유는 이보다 더 포괄적인 '**자기결정권**'의 일부에 해당한다. 자기결정권은 개인의 인격 발현에 관한 사항을 공권력의 개입 없이 각자가 자율적으로 선택하고 결정할 권리이며 헌법 제10조에 근거한다. 헌법재판소는 흡연권을 사생활의 자유 및 인간의 존엄·행복추구권에 근거하는 것으로 보았다(헌재 2004.8.26. 2003헌마457). 한편 안전띠 착용강제는 헌법 제10조에 근거한 일반적 행동자유권의 제한으로 보면서, 사생활영역의 문제는 아니라고 보고 있다(헌재 2003.10.30. 2002헌마518).

4. 사생활의 비밀과 자유의 제한

(1) 표현의 자유와의 충돌

사생활의 비밀 보호는 표현의 자유와 충돌하며, 이 경우 양자의 이익형량에 의해 판단하여야 한다. 원칙적으로 사생활 영역은 공개의 대상이 되지 않지만, 공익을 위해 제한될 수 있다. 특히 '공적 인물'은 바로 그 공적인 성격 때문에 일반인에 비해 사생활 비밀 보호의 영역이 축소된다. 공적 인물의 이론은 명예훼손과 관련하여 형성된 법리이지만 사생활의 비밀 보호에도 적용될 필요가 있다(표현의 자유에 관한 뒤의 설명 참조).

(판 례) 공인의 사생활의 자유와 표현의 자유

> 공직자의 공무집행과 직접적인 관련이 없는 개인적인 사생활에 관한 사실이라도 일정한 경우 공적인 관심 사안에 해당할 수 있다. 공직자의 자질·도덕성·청렴성에 관한 사실은 그 내용이 개인적인 사생활에 관한 것이라 할지라도 순수한 사생활의 영역에 있다고 보기 어렵다. 이러한 사실은 공직자 등의 사회적 활동에 대한 비판 내지 평가의 한 자료가 될 수 있고, 업무집행의 내용에 따라서는 업무와 관련이 있을 수도 있으므로, 이에 대한 문제제기 내지 비판은 허용되어야 한다.
>
> 헌재 2013.12.26. 2009헌마747

소설이나 영화 등의 작품에서 특정인을 모델로 하는 경우에 사생활 비밀 침해가 성립할 수 있느냐는 문제가 있다. 부분적으로 허구(虛構)가 있더라도 사생활의 사실을 공개하거나 또는 사생활의 사실처럼 받아들여질 우려가 있다면 사생활 비밀 침해가 성립한다고 보아야 할 것이다(앞에 설명한 일본의 1964년 판례 및 뒤의 명예훼손에 관한 대법원 판례 참조).

(2) 국가안보, 범죄수사 등을 위한 제한

경찰권의 행사는 원칙적으로 사생활 영역을 침해할 수 없다. 그러나 국가안보, 범죄수사 등을 위해 사생활의 권리의 제한이 인정된다. 이때 어느 정도로 제한이 인정되는가는 이익형량에 의한다.

개인정보 보호법은 "국가안전보장과 관련된 정보 분석을 목적으로 수집 또는 제공 요청되는 개인정보 및 언론, 종교단체, 정당이 각각 취재·보도, 선교, 선거 입후보자 추천 등 고유 목적을 달성하기 위하여 수집·이용하는 개인정보에 해당하는 개인정보"는 그 적용 대상에서 제외하고 있다(제58조 제1항). 즉, 2023년 법 개정을 통하여 '공공기관이 처리하는 개인정보 중 통계법에 따라 수집되는 개인정보'와 '공중위생 등 공공의 안전과 안녕을 위하여 긴급히 필요한 경우로서 일시적으로 처리되는 개인정보'를 삭제하여 법 보호대상에 포함시켰다.

(판 례) 수사의 필요성과 위치정보 추적자료의 요청·제공 조항의 위헌성

이 사건 요청조항(통신비밀보호법 제13조 제1항; 저자)은 수사기관이 수사를 위하여 필요한 경우 법원의 허가를 얻어 전기통신사업자에게 정보주체의 위치정보 추적자료의 제공을 요청할 수 있도록 하고 있다. 이 사건에서 문제되고 있는 위치정보 추적자료는 청구인들의 인적정보와 결합하여 특정인의 위치를 파악할 수 있는 개인정보이고, 수사기관은 정보주체의 동의 없이 제공받은 위치정보 추적자료를 통해 그의 활동반경·이동경로·현재위치 등을 확인할 수 있으므로, 이 사건 요청조항은 개인정보자기결정권을 제한하고 있다. (……)

수사기관은 위치정보 추적자료의 분석을 통하여 특정 시간대 정보주체의 위치 및 이동상황에 대한 정보를 취득할 수 있고 정보주체의 예상경로 및 이동목적지 등을 유추하는 것도 가능하다. 특히, 실시간 위치정보 추적자료는 정보주체의 현재 위치와 이동상황을 제공한다는 점에서, 비록 내용적 정보가 아니지만 충분한 보호가 필요한 민감한 정보에 해당할 수 있다.

그럼에도 불구하고, 이 사건 요청조항은 '수사를 위하여 필요한 경우'만을 요건으로 하면서 전기통신사업자에게 특정한 피의자·피내사자뿐만 아니라 관련자들에 대한 위치정보 추적자료의 제공요청도 가능하도록 규정하고 있다. 즉, 이 사건 요청조항은 수사기관이 범인의 발견이나 범죄사실의 입증에 기여할 개연성만 있다면, 모든 범죄에 대하여, 수사의 필요성만 있고 보충성이 없는 경우에도, 피의자·피내사자뿐만 아니라 관련자들에 대한 위치정보 추적자료 제공요청도 가능하도록 하고 있다.

따라서 이 사건 요청조항은 입법목적 달성을 위해 필요한 범위를 벗어나 광범위하게 수사기관의 위치정보 추적자료 제공요청을 허용함으로써, 정보주체의 기본권을 과도하게 제한하고 있다.

수사기관의 위치정보 추적자료 제공요청과 관련해서는, 이 사건 요청조항의 입법목적 달성에 지장을 초래하지 아니하면서도 정보주체의 기본권을 덜 침해하는 방법이 가능하다. 예를 들면, ① 수사기관이 전기통신사업자로부터 실시간 위치정보 추적자료를 제공받는 경우 또는 불특정 다수에 대한 위치정보 추적자료를 제공받는 경우에는 수사의 필요성뿐만 아니라 보충성이 있을 때, 즉 다른 방법으로는 범죄 실행을 저지하거나 범인의 발견·확보 또는 증거의 수집·보전이 어려운 경우에 한하여, 수사기관이 위치정보 추적자료의 제공을 요청할 수 있게 하는 방법, (……)

이 사건 통지조항은 수사기관이 전기통신사업자로부터 위치정보 추적자료를 제공받은 사건에 관하여 공소를 제기하거나, 공소의 제기 또는 입건을 하지 아니하는 처분(기소중지결정을 제외한다)을 한 때에는, 그 처분을 한 날부터 30일

이내에 위치정보 추적자료를 제공받은 사실과 제공요청기관 및 그 기간 등을 서면으로 통지하도록 하고 있다. 이와 관련하여, 청구인들은 이 사건 통지조항이 기소중지결정이나 수사 중에는 수사기관에게 위치정보 추적자료를 제공받은 사실 등에 관하여 통지할 의무를 부과하지 아니하고, 수사기관이 그 사실을 통지할 때에도 위치정보 추적자료 제공요청 사유를 통지사항으로 규정하지 아니한 것이 적법절차원칙에 위배되어 개인정보자기결정권을 침해한다고 주장하므로, 이에 대하여 판단한다. (……)

수사기관의 위치정보 추적자료 제공요청은 법원의 허가를 얻어 전기통신사업자를 상대로 이루어지므로, 정보주체로서는 그 사실을 통보받기 전까지는 자신의 위치정보 추적자료가 어떤 절차와 내용으로 제공되었는지를 알 수 없는 구조이다. (……)

그럼에도 이 사건 통지조항은 수사기관이 전기통신사업자로부터 위치정보 추적자료를 제공받은 사실에 대해, 그 제공과 관련된 사건에 대하여 수사가 계속 진행되거나 기소중지결정이 있는 경우에는 정보주체에게 통지할 의무를 규정하지 않고 있다. (……) 또한 이 사건 통지조항은 수사기관이 정보주체에게 위치정보 추적자료의 제공을 통지하는 경우에도 그 사유에 대해서는 통지하지 아니할 수 있도록 함으로써 정보주체는 수사기관으로부터 통신사실 확인자료 제공사실 등에 대해 사후통지를 받더라도 자신의 위치정보 추적자료가 어떠한 사유로 수사기관에게 제공되었는지 전혀 짐작할 수도 없다. 그 결과, 정보주체는 위치정보 추적자료와 관련된 수사기관의 권한남용에 대해 적절한 대응을 할 수 없게 된다(요청조항은 통신의 자유도 침해한다고 하였고, 통지조항은 적법절차에 위배되어 개인정보자기결정권을 침해한다고 하였다. 다만 법적 공백 상태 방지를 위해 헌법불합치, 잠정적용을 선언하였다).

헌재 2018.6.28. 2012헌마191등, 공보 261, 1108,1113-1115,1117-1118

한편 '국정감사 및 조사에 관한 법률'은 감사 또는 조사가 개인의 사생활을 침해할 수 없다고 규정하고 있다(제8조).

(3) 신상공개제도와 위치추적 전자장치

범죄 예방 등의 목적으로 범죄자의 신상을 공개하는 것이 사생활 침해가 아니냐는 문제가 있다. 구 '청소년의 성보호에 관한 법률'은 청소년보호위원회가 청소년의 성을 사는 행위 등을 방지하기 위한 계도문을 게시하도록 하고, 그 게시문에 성매매 등 일정한 성관련 범죄를 범한 자의 성명, 연령, 직업 등의 신상과 범죄사실의 요지를 그 형이 확정된 후 이를 게재하여 공개할 수 있다고 규정하였다. 헌법재판소 판례는 4인 재판관의 의견에 따라 이를 합헌이라고 보았다(헌재 2003.6.26. 2002헌가14).

그러나 이 결정의 5인 재판관의 위헌의견에서 보는 것처럼, 이 사건에서 신상공개를 통한 공익보다는 개인의 사생활의 권리 및 인격권에 대한 침해가 더 크다고 볼 것이다.

2009.6.9. 법률 제9765호로 전부개정된 '아동 · 청소년의 성보호에 관한 법률'은 신상공개를 법원의 판결에 의하는 등, 공개절차를 보완하였다(제38조). 또한 성범죄자가 거주하는 지역의 주민, 어린이집 · 유치원 · 초중등학교의 장에게 고지하는 규정을 신설하였다(제38조의2). 또한 2010.4.15. 개정법은 13세 미만의 아동 · 청소년에 대하여 성폭력범죄를 저지를 경우에만 재범의 위험성을 불문하고 신상정보를 공개하도록 하던 것을 모든 아동 · 청소년에 대하여 성폭력범죄를 저지르는 경우에도 재범의 위험성을 불문하고 신상정보를 공개하도록 하였다. 헌법재판소는 재범의 위험성이 없더라도 신상공개를 할 수 있도록 한 개정 아동 · 청소년의 성보호에 관한 법률 조항을 합헌이라고 판시하였다(헌재 2013.10.24. 2011헌바106등). 아동 · 청소년대상 성범죄자의 신상정보를 고지하는 것도 합헌이다(헌재 2016.5.26. 2014헌바68).

또한 2010.4.15. 법률 제10258호로 제정 · 공포된 성폭력범죄의 처벌 등에 관한 특례법은 성인대상 성범죄자들에 대하여도 법원의 판결에 의하여 신상공개를 할 수 있도록 규정하고 있었는데(제37조. 개정된 현행법에는 제47조에 규정되어 있다), 대법원은 위 특례법이 아동 · 청소년의 성보호에 관한 법률과는 달리 소급효를 인정하고 있는 것에 대하여 합헌이라고 판단하였다.

(판 례) 성폭력처벌특례법상의 신상공개제도의 소급효

형벌법규는 문언에 따라 엄격하게 해석 · 적용하여야 하고 피고인에게 불리한 방향으로 지나치게 확장해석하거나 유추해석하여서는 아니되지만, 형벌법규의 해석에서도 법률문언의 통상적인 의미를 벗어나지 않는 한 그 법률의 입법취지와 목적, 입법 연혁 등을 고려한 목적론적 해석이 배제되는 것은 아니다(대법원 2002.2.21. 선고 2001도2819 전원합의체 판결 등 참조).

2010. 4. 15. 법률 제10258호로 제정 · 공포된 성폭력범죄의 처벌 등에 관한 특례법(이하 '특례법'이라 한다) 제37조, 제38조는 신상정보의 공개명령 제도를 규정하고 있고, 같은 법 제41조, 제42조는 신상정보의 고지명령 제도를 규정하고 있으며, 그 부칙 제1조는 시행일에 관하여 "이 법은 공포한 날부터 시행한다. 다만, 제32조부터 제42조까지 및 제43조 제1항 · 제3항은 공포 후 1년이

경과한 날부터 시행한다."고 규정하고 있고, 위 부칙 제2조 제2항은 신상정보의 공개·고지에 관한 적용례에 관하여 "제37조, 제38조, 제41조 및 제42조는 제37조, 제38조, 제41조 및 제42조의 시행 후 최초로 공개명령 또는 고지명령을 선고받은 대상자부터 적용한다."고 규정하고 있다.

이와 같이 특례법은 신상정보의 공개명령 및 고지명령 제도에 관하여 그 제도의 시행시기를 규정하면서도 그 대상이 되는 범죄가 행하여진 시기에 대해서는, 신상정보의 공개명령 및 고지명령 제도에 관하여 그에 관한 규정 시행 후에 범한 범죄로 한정하는 부칙 규정을 두고 있는 아동·청소년의 성보호에 관한 법률과는 달리 아무런 제한을 두고 있지 아니한 점, 특례법이 성인 대상 성범죄자에 대하여 신상정보의 공개명령 및 고지명령 제도를 도입한 것은 성인 대상 성범죄자 역시 재범률이 높을 뿐만 아니라 아동을 대상으로 한 성범죄도 저지르고 있으므로 성인 대상 성범죄자에 대한 신상정보를 공개함으로써 성인 대상 성범죄는 물론 아동·청소년 대상 성범죄를 미연에 예방하고자 함에 그 입법 취지가 있는 점, 신상정보의 공개명령 및 고지명령 제도는 성범죄를 한 자에 대한 응보 목적의 형벌과 달리 성범죄의 사전예방을 위한 보안처분적 성격이 강한 점 등에 비추어 보면, 특례법 제32조 제1항에 규정된 등록대상 성폭력범죄를 범한 자에 대해서는 같은 법 제37조, 제41조의 시행 전에 그 범죄를 범하고 그에 대한 공소제기가 이루어졌다고 하더라도 같은 법 제37조, 제41조의 시행 당시 공개명령 또는 고지명령이 선고되지 아니한 이상 같은 법 제37조, 제41조에 의한 공개명령 또는 고지명령의 대상이 된다고 봄이 상당하다 할 것이다.

대판 2011.9.29. 2011도9253, 2011전도152

2023. 10. 24. 법률 제19743호로 '특정중대범죄 피의자 등 신상정보 공개에 관한 법률'이 제정되어 2024. 1. 25.부터 시행되었다. 이 법은 국가, 사회, 개인에게 중대한 해악을 끼치는 특정중대범죄 사건에 대하여 수사 및 재판 단계에서 피의자 또는 피고인의 신상정보 공개에 대한 대상과 절차 등을 규정하고 있다(제1조). 이 법에서 "특정중대범죄"란 다음 어느 하나에 해당하는 죄를 말한다(제2조).

1. 형법 제2편제1장 내란의 죄 및 같은 편 제2장 외환의 죄, 2. 형법 제114조(범죄단체 등의 조직)의 죄, 3. 형법 제119조(폭발물 사용)의 죄, 4. 형법 제164조(현주건조물 등 방화)제2항의 죄, 5. 형법 제258조(중상해, 존속중상해), 제258조의2(특수상해), 제259조(상해치사) 및 제262조(폭행치사상)의 죄. 다만, 제262조(폭행치사상)의 죄의 경우 중상해 또는 사망에 이른 경우에 한정한다. 6. '특정강력범죄의 처벌에 관한 특례법' 제2

조의 특정강력범죄, 7. '성폭력범죄의 처벌 등에 관한 특례법' 제2조의 성폭력범죄, 8. '아동·청소년의 성보호에 관한 법률' 제2조제2호의 아동·청소년대상 성범죄. 다만, 같은 법 제13조, 제14조제3항, 제15조제2항·제3항 및 제15조의2의 죄는 제외한다. 9. '마약류 관리에 관한 법률' 제58조의 죄. 다만, 같은 조 제4항의 죄는 제외한다. 10. '마약류 불법거래 방지에 관한 특례법' 제6조 및 제9조제1항의 죄, 11. 제1호부터 제10호까지의 죄로서 다른 법률에 따라 가중처벌되는 죄.

헌법재판소는 19세 미만자에 대하여 성폭력범죄를 저지른 때 전자장치 부착기간의 하한을 2배 가중하는 '특정 범죄자에 대한 보호관찰 및 전자장치 부착 등에 관한 법률' 이 사생활의 비밀과 자유를 침해하지 않는다고 하였다(헌재 2016.5.26. 2014헌바68등). 헌법재판소는 이 결정에서 개인정보자기결정권, 신체의 자유, 인격권, 재판을 받을 권리 침해 여부도 함께 심사하여 합헌이라 판단하였다.

또한 강제추행죄로 유죄판결이 확정된 자의 신상정보에 대한 등록조항, 제출조항, 배포조항 및 디엔에이감식시료 채취조항도 합헌이라는 것이 판례이다(헌재 2016.3.31. 2014헌마457).

한편 현행 '특정 범죄자에 대한 보호관찰 및 전자장치 부착 등에 관한 법률'은 성범죄자뿐만 아니라 살인죄, 아동유괴죄, 강도죄 등을 범한 자들에게도 위치추적 전자장치를 부착할 수 있고, 야간외출제한 등의 조치를 취할 수 있도록 규정하고 있다.

(판 례) 위치추적 전자장치 부착 및 외출제한조치의 위헌성 여부

이 사건 전자장치부착조항은 성폭력범죄자가 그 습벽이 인정되고 재범의 위험성이 있는 경우에 위치추적을 위한 전자장치를 부착하도록 함으로써 성폭력범죄자의 행적을 추적하여 그에 의한 성폭력범죄를 방지하려는 것으로서, 성폭력범죄로부터 국민을 보호하고 성폭력범죄자의 재범을 방지하고자 하는 입법목적의 정당성 및 수단의 적절성이 인정된다. (……)

전자장치부착으로 인해 제한되는 피부착자의 자유는 자신의 위치가 24시간 국가에 노출되므로 이로 인하여 행동의 자유가 심리적으로 위축된다는 것일 뿐 행동 자체가 금지되거나 물리적으로 제한되는 것은 아닌 점, 전자장치부착법은 전자장치의 부착 후 3개월마다 가해제 여부를 결정하도록 하여 피부착자의 개선 및 교화의 정도에 따라 불필요한 전자장치의 부착이 없도록 하고 있는 등 전자장치부착에 따른 인권 침해를 최소화하기 위한 조치들을 마련하고 있는 점, 성폭력범죄는 대부분 습벽에 의한 것이고 그 습벽은 단기간에 교정되지 않고 장기간 계속될 가능성이 크다는 점에서 일반적으로는 부착기간의 상한을

높게 확보해 둘 필요가 있는 점, 날로 증가하는 성폭력범죄와 그 피해의 심각성을 고려할 때, 범죄예방 효과의 측면에서 위치추적을 통한 전자감시제도보다 덜 기본권 제한적인 수단을 쉽게 마련하기 어려운 점 등을 종합적으로 고려하면, 이 사건 전자장치부착조항에 의한 전자감시제도가 침해의 최소성 원칙에 반한다고 할 수 없다. 또한 이 사건 전자장치부착조항이 보호하고자 하는 이익에 비해 재범의 위험성이 있는 성폭력범죄자가 입는 불이익이 결코 크다고 할 수 없으므로 법익의 균형성 원칙에 반하지 아니하므로, 이 사건 전자장치부착조항이 과잉금지원칙에 위배하여 피부착자의 사생활의 비밀과 자유, 개인정보자기결정권, 인격권을 침해한다고 볼 수 없다. (……)

이 사건 준수사항조항은 단순히 전자장치 부착만으로는 재범방지 목적을 달성할 수 없다는 지적에 따라 재범의 방지를 위한 구체적인 의무사항을 부과함으로써 전자장치부착법의 입법목적을 효과적으로 달성하려는 것이므로 입법목적의 정당성 및 수단의 적절성이 인정된다. 또한 피부착자에게 출입이 금지되는 구역과 외출이 금지되는 시간을 지정하거나 치료 프로그램의 이수 등을 의무화함으로써 다양한 형태로 전자감시제도를 시행하는 것은 재범을 방지하고 피부착자의 재사회화를 위한 것으로서 이보다 덜 침해적인 수단을 찾기 어렵다.

한편 전자장치부착법에서는 준수사항의 부과가 개별 피부착자의 재범 방지 및 재사회화를 위해 탄력적으로 이루어질 수 있도록 하고 있으며, 전자장치 부착과 더불어 준수사항 이행의무를 지게 됨으로써 피부착자가 받게 되는 기본권 제한이 적다고 볼 수 없으나, 성범죄의 습벽이 강하고 특히 재범의 위험성이 높아 형벌로는 특별예방이나 사회방위 효과를 거두기 힘든 성폭력범죄자 중 전자장치 부착명령의 요건을 모두 갖추어 부착명령이 선고된 피부착자에 대하여, 부착기간의 범위 내에서 재범의 기회나 충동을 줄 수 있는 시간대나 지역으로의 외출을 제한하고 성폭력 치료 프로그램의 이수를 명함으로써 성폭력범죄로부터 국민을 보호한다고 하는 공익이 훨씬 크다고 할 것이므로, 이 사건 준수사항조항은 법익의 균형성도 인정된다.

헌재 2012.12.27. 2011헌바89, 공보 195, 94,100-103

또한 헌법재판소는 관할 법원에 미결수용자에 대한 징벌처분내용을 통보하는 것이 개인정보자기결정권을 침해하는지 여부에 대해 기각결정을 내렸다. 다만 이 사건에서 재판관 5인은 인용의견을 개진했다(헌재 2016.4.28. 2012헌마549 등).

형법 제284조의 특수협박죄로 형의 선고를 받아 확정된 사람도 디엔에이감식시료를 채취할 수 있도록 하고, 모든 채취대상자가 사망할 때까지 디엔에이신원확인정보를 데이터베이스에 수록, 관리할 수 있도록 한 '디엔에이신원확인정보의 이용 및 보호에 관한 법률'규정은 합헌이라는 것이 판례의 입장이다(헌재 2020.5.27. 2017헌마1326; 특수협박죄는 1천만원 이하의 벌금이 선택형으로 규정되어 있고, 재범률이 흉기휴대 상해범이나 강간등 상해범 등 다른 채취 대상범죄에 비하여 상대적으로 경미하다는 이유로 위헌이라는 3인 재판관의 반대의견이 있다).

(4) 그 밖의 문제

주민등록법에 근거하여 열 손가락의 지문을 날인하도록 하고 경찰청장이 주민등록증발급신청서에 날인되어 있는 지문정보를 보관·전산화하여 이를 범죄수사목적에 이용하는 행위의 위헌 여부가 문제되는데, 헌법재판소는 이를 합헌으로 보았다(헌재 2005.5.26. 99헌마513등).

서울특별시 교육감 등이 졸업생의 성명, 생년월일 및 졸업일자 정보를 교육정보시스템(NEIS)에 보유하는 행위가 개인정보자기결정권을 침해하는지 여부에 관하여, 헌법재판소는 이를 합헌이라고 판시하였다(헌재 2005.7.21. 2003헌마282등).

한편 헌법재판소에 의하면, 병역면제사유가 되는 질병명은 내밀한 사적 영역에 해당하는 민감한 개인정보로서, 공무원의 공적 활동과 무관한 사적인 정체성을 드러내는 정보이며, 개인의 선택·조정이 가능한 사항이 아니므로, 4급 이상 공무원들을 대상으로 무차별적인 병역면제 질병사유의 공개(병역공개제도)는 사생활의 침해에 해당되어 위헌이다(헌재 2007.5.31. 2005헌마1139).

청소년의 사생활의 비밀과 자유 및 개인정보자기결정권은 성인에 비해 보다 더 제한될 수 있다. 청소년유해매체물 등으로부터 청소년 보호라는 공익은 매우 중대하는 점을 주된 논거로 한다. 헌법재판소는 청소년과 전기통신서비스 제공에 관한 계약을 체결하는 이동통신사업자는 청소년에게 유해매체물 차단수단을 제공하여야 하고, 이 차단수단이 삭제되거나 15일 이상 작동하지 아니하는 경우 매월 법정대리인에게 그 사실을 통지하도록 한 전기통신사업법 규정을 합헌이라고 하였다(헌재 2020.11.26. 2016헌마738).

Ⅲ. 통신의 비밀을 침해받지 않을 권리

(헌법 제18조) 모든 국민은 통신의 비밀을 침해받지 아니한다.

1. 의 의

통신이란 의사 또는 정보를 보내고 받는 소통행위이다. 그 수단은 우편, 전기통신(전화, 전자우편, 모사전송, 무선호출 등)을 비롯하여 유·무선의 모든 송수신 수단을 포함한다. 통신은 장소가 격리된 경우만이 아니라 대면자(對面者)간의 경우도 포함한다.

통신의 비밀을 침해받지 않을 권리의 상당한 부분은 사생활의 비밀을 침해받지 않을 권리에 포함된다. 그러나 통신의 비밀 보호는 비단 사생활 영역에 한정되는 것은 아니다. 공적 영역에서도 통신비밀의 보호가 필요하다(예컨대 국가기밀의 보호). 이렇게 보면 통신의 비밀보호를 사생활의 권리의 하나로 다루는 것은 편의적인 것에 불과하다.

통신의 비밀은 공권력만이 아니라 사인(私人)에 의한 침해로부터도 보호된다. 형법(제316조), 통신비밀보호법(제3조), 전기통신사업법(제83조) 등은 통신 비밀의 침해를 처벌하고 있다.

통신의 비밀의 보호대상은 통신의 내용만이 아니며, 통신의 시간·장소·방법·당사자의 신원 등 통신에 관련된 정보도 포함한다. 통신비밀보호법은 범죄수사의 목적으로 통신개시·종료시간, 발·착신 통신번호 등 '통신사실확인자료'를 열람하거나 제공받기 위해서는 법원의 허가를 받도록 규정하고 있다(제13조).

통신의 비밀보호는 그 전제로서 통신의 자유를 포함한다. 헌법재판소는 통신의 자유가 곧 통신의 비밀보장을 의미한다고 한다(헌재 2016.12.29. 2014헌바434).

통신의 비밀보호는 주로 사생활의 자유 보호를 위한 것이지만, 동시에 표현의 자유를 보충하는 의미도 있다.

(판 례) 통신의 자유 보장의 취지

통신의 자유를 기본권으로서 보장하는 것은 사적 영역에 속하는 개인간의 의사소통을 사생활의 일부로서 보장하겠다는 취지에서 비롯된 것이라 할 것이다.

그런데 개인과 개인간의 관계를 전제로 하는 통신은 다른 사생활의 영역과 비교해 볼 때 국가에 의한 침해의 가능성이 매우 큰 영역이라 할 수 있다. 왜냐하면 오늘날 개인과 개인간의 사적인 의사소통은 공간적인 거리로 인해 우편이나 전기통신을 통하여 이루어지는 경우가 많은데, 이러한 우편이나 전기통신의 운영이 전통적으로 국가독점에서 출발하였기 때문이다. 사생활의 비밀과 자유에 포섭될 수 있는 사적 영역에 속하는 통신의 자유를 헌법이 별개의 조항을 통해서 기본권으로 보호하고 있는 이유는, 이와 같이 국가에 의한 침해의 가능성이 여타의 사적 영역보다 크기 때문이라고 할 수 있다.

헌재 2001.3.21. 2000헌바25, 판례집 13-1, 652,658

(판 례) 통신의 자유와 통신의 비밀

헌법 제18조에서는 "모든 국민은 통신의 비밀을 침해받지 아니한다."라고 규정하여 통신의 비밀보호를 그 핵심내용으로 하는 통신의 자유를 기본권으로 보장하고 있다(헌재 2001.3.21. 2000헌바25). 심판대상조항은 휴대전화 통신계약을 체결하려는 자, 즉 휴대전화를 통한 문자·전화·모바일 인터넷 등 통신기능을 사용하고자 하는 자에게 반드시 사전에 본인확인 절차를 거치는 데 동의해야만 이를 사용할 수 있도록 한다. 통신의 자유란 통신수단을 자유로이 이용하여 의사소통할 권리(헌재 2010.10.28. 2007헌마890 참조)이고, 이러한 '통신수단의 자유로운 이용'에는 자신의 인적사항을 누구에게도 밝히지 않는 상태로 통신수단을 이용할 자유, 즉 통신수단의 익명성 보장도 포함된다. 따라서 심판대상조항은 익명으로 통신하고자 하는 청구인들의 통신의 자유를 제한한다.

반면, 심판대상조항이 통신의 비밀을 제한하는 것은 아니다. 통신의 비밀이란 서신·우편·전신의 통신수단을 통하여 개인 간에 의사나 정보의 전달과 교환(의사소통)이 이루어지는 경우, 통신의 내용과 통신이용의 상황이 개인의 의사에 반하여 공개되지 아니할 자유를 의미한다(헌재 2016.11.24. 2014헌바401). 그러나 가입자의 인적사항이라는 정보는 통신의 내용·상황과 관계없는 '비내용적 정보'이며 휴대전화 통신계약 체결 단계에서는 아직 통신수단을 통하여 어떠한 의사소통이 이루어지는 것이 아니므로 통신의 비밀에 대한 제한이 이루어진다고 보기는 어렵다.

헌재 2019.9.26. 2017헌마1209, 판례집 31-2 상, 340,352-353

2. 통신의 비밀과 자유의 제한

(1) 통신비밀보호법에 의한 검열과 감청 등

통신비밀보호법은 이 법률 및 형사소송법 또는 군사법원법에 의하지 아니하고는 우편물의 검열, 전기통신의 감청(監聽, 일상적 용어인 '도청'에 해당) 등을 금지한다고 규정하고(제3조 제1항 본문), 다음과 같이 이에 대한 여러 예외를 허용하고 있다(제3조 제1항 단서).

① 우편법에 의한 폭발물 등 우편금제품, 환부우편물 등의 처리, ② 관세법에 의

한 수출입우편물 검사, ③ 형사소송법, 군사법원법, '형의 집행 및 수용자의 처우에 관한 법률' 등에 의한 수형자 등의 통신 관리, ④ 파산선고를 받은 자에 대한 통신, ⑤ 전파법에 의한 전파감시.

통신비밀보호법은 위의 예외적 허용 외에도 범죄수사 또는 국가안전보장을 위한 검열이나 감청('통신제한조치')을 일정한 요건하에 인정하고 있다(제3조 제2항). 통신제한조치는 원칙적으로 검사의 청구와 법원의 허가에 의한다(제6조). 그러나 "국가안전보장에 대한 상당한 위험이 예상되는 경우에 한하여" 정보수사기관의 장이 고등법원 수석부장판사의 허가(통신의 일방 또는 쌍방이 내국인인 경우) 또는 대통령의 승인(외국인인 경우)을 받아 통신제한조치를 할 수 있다(제7조). 일정한 긴급시에는 사후에 법원의 허가를 받는 것이 인정된다(제8조).

위와 같은 통신비밀제한 제도는 미국의 '종합 범죄단속 및 가두안전법'(Omnibus Crime Control and Safe Streets Act, 1968)의 규정과 유사한 것이다. 주거에 대한 압수, 수색에 대해서는 직접 헌법에서 영장주의 원칙을 명시하고 있는 데 비하여, 통신비밀의 제한에 대해서는 법률에 의해 영장주의에 해당하는 제도를 규정하고 있다.

통신비밀보호법에 위반하여 불법검열이나 불법감청으로 얻은 통신내용은 재판이나 징계절차에서 증거로 사용할 수 없다(제4조). 이와 관련된 것으로, 불법탐지된 통신내용에 유래하여 얻은 다른 증거도 증거능력이 제한되는가라는 문제가 있다. 미국 연방감청법(Federal Wiretap Act)은 이 경우에도 증거능력이 없다고 규정하고 있다(18 U.S.C. § 2515). 우리 통신비밀보호법에는 이에 관한 명시적 규정이 없다. 생각건대 원칙적으로 증거능력이 제한된다고 할 것이지만, 다만 이익형량에 따라서 범죄수사를 위한 공익에 비추어 증거능력이 인정되는 경우도 있다고 볼 것이다.

위법한 도청, 즉 불법감청한 내용을 보도할 수 있는가의 문제에 대해서는 표현의 자유와 관련하여 뒤에 설명한다.

감청설비의 제조, 판매, 소지, 사용 등에 관하여 국가기관의 경우와는 달리 사인의 경우에는 정보통신부장관(개정법률에서는 방송통신위원회)의 인가를 받도록 규정한 것(통신비밀보호법 제10조)에 대해 헌법재판소 판례는 합헌으로 보았다(헌재 2001.3.21. 2000헌바25).

전기통신수단에 의하지 않는 통신이라도 공개되지 아니한 타인간의 대화를 녹음하거나 전자장치 등을 이용하여 청취하는 것도 금지된다(통신비밀보호법 제14조). 대화나 전기통신의 일방당사자가 상대방과 합의 없이 통신내용을 녹음하거나 채록하는 것이 통신비밀 침해에 해당하느냐는 문제가 있다. 대법원판례는 이를 통신비밀 침해로 보지 않는다(대판 2002.10.8. 2002도123). 이에 대해서는 발언자의 이른바 음성권을 침해한 것이 아니냐는 반론이 제기될 수 있다.

한편, 통신비밀보호법에서 금지하는 감청은 “현재 이루어지고 있는 전기통신의 내용을 지득·채록하는 경우와 통신의 송·수신을 직접적으로 방해하는 것을 의미하는 것이지 전자우편이 송신되어 수신인이 이를 확인하는 등으로 이미 수신이 완료된 전기통신에 관하여 남아 있는 기록이나 내용을 열어보는 등의 행위는 포함하지 않고, 이렇게 수집된 전자우편은 통신비밀보호법 제4조에 의하여 증거능력이 배제되는 증거라고 할 수 없다”는 것이 판례이다(대판 2013.11.28. 2010도12244).

(판 례) 통신비밀보호법상 금지되는 녹음·청취의 범위(1)

통신비밀보호법은 공개되지 않은 타인 간의 대화에 관하여 다음과 같이 정하고 있다. 누구든지 이 법과 형사소송법 또는 군사법원법의 규정에 의하지 않고는 공개되지 않은 타인 간의 대화를 녹음하거나 청취하지 못하고(제3조 제1항), 위와 같이 금지하는 청취행위는 전자장치 또는 기계적 수단을 이용한 경우로 제한된다(제14조 제1항). 그리고 제3조의 규정을 위반하여 공개되지 않은 타인 간의 대화를 녹음 또는 청취한 자(제1호)와 제1호에 의하여 지득한 대화의 내용을 공개하거나 누설한 자(제2호)는 제16조 제1항에 따라 처벌받는다.

위와 같은 통신비밀보호법의 내용과 형식, 통신비밀보호법이 공개되지 않은 타인 간의 대화에 관한 녹음 또는 청취에 대하여 제3조 제1항에서 일반적으로 이를 금지하고 있는데도 제14조 제1항에서 구체화하여 금지되는 행위를 제한하고 있는 입법 취지와 체계 등에 비추어 보면, 통신비밀보호법 제14조 제1항의 금지를 위반하는 행위는 통신비밀보호법과 형사소송법 또는 군사법원법의 규정에 따른 것이라는 등의 특별한 사정이 없는 한, 제3조 제1항 위반행위에 해당하여 제16조 제1항 제1호의 처벌대상이 된다고 해석해야 한다.

통신비밀보호법 제3조 제1항이 공개되지 않은 타인 간의 대화를 녹음 또는 청취하지 못하도록 한 것은, 대화에 원래부터 참여하지 않는 제3자가 대화를 하는 타인 간의 발언을 녹음하거나 청취해서는 안 된다는 취지이다(대법원 2006.10.12. 선고 2006도4981 판결, 대법원 2014.5.16. 선고 2013도16404 판결 등 참조). 따라서 대화에 원래부터 참여하지 않는 제3자가 일반 공중이 알 수 있도록 공개되지 않은 타인 간의 발언을 녹음하거나 전자장치 또는 기계적 수단을 이용하여 청취하는 것은 특별한 사정이 없는 한 제3조 제1항에 위반된다(대법원 2016.5.12. 선고 2013도15616 판결).

‘공개되지 않았다.’는 것은 반드시 비밀과 동일한 의미는 아니고, 구체적으로 공개된 것인지는 발언자의 의사와 기대, 대화의 내용과 목적, 상대방의 수, 장소의 성격과 규모, 출입의 통제 정도, 청중의 자격 제한 등 객관적인 상황을 종합적으로 고려하여 판단해야 한다.

대판 2022.8.31. 2020도1007

(판 례) 통신비밀보호법상 금지되는 녹음·청취의 범위(2)

(경찰관 5명은 2018. 5. 17. 제보에 따라 피고인이 운영하는 성매매업소를 단속하였는데, 우선 남성인 사법경찰관 갑이 영업시간에 19:42경 손님으로 가장하여 성매매가 가능한지 여부를 문의하였고, 여종업원인 을 및 피고인과 나눈 대화를 녹음하고 … 단속 사실을 밝히고 외부에 대기하던 나머지 경찰관들을 호출하였으며, 성매매알선을 범죄사실로 하여 피고인을 현행범인으로 체포한 사안에서)

수사기관이 적법한 절차와 방법에 따라 범죄를 수사하면서 현재 그 범행이 행하여지고 있거나 행하여진 직후이고, 증거보전의 필요성 및 긴급성이 있으며, 일반적으로 허용되는 상당한 방법으로 범행현장에서 현행범인 등 관련자들과 수사기관의 대화를 녹음한 경우라면, 위 녹음이 영장 없이 이루어졌다 하여 이를 위법하다고 단정할 수 없다. 이는 설령 그 녹음이 행하여지고 있는 사실을 현장에 있던 대화상대방, 즉 현행범인 등 관련자들이 인식하지 못하고 있었더라도, 통신비밀보호법 제3조 제1항이 금지하는 공개되지 아니한 타인 간의 대화를 녹음한 경우에 해당하지 않는 이상 마찬가지이다. 다만 수사기관이 일반적으로 허용되는 상당한 방법으로 녹음하였는지 여부는 수사기관이 녹음장소에 통상적인 방법으로 출입하였는지, 녹음의 내용이 대화의 비밀 내지 사생활의 비밀과 자유 등에 대한 보호가 합리적으로 기대되는 영역에 속하는지 등을 종합적으로 고려하여 신중하게 판단하여야 한다(즉, 녹음CD는 증거능력이 인정된다; 저자 첨가).

대판 2024.5.30. 2020도9370

(판 례) 학부모가 학생을 통해 담임교사의 대화를 몰래 녹음한 경우

초등학교 담임교사가 교실에서 수업시간 중 한 발언은 통상적으로 교실 내 학생들만을 대상으로 하는 것으로서 교실 내 학생들에게만 공개된 것일 뿐, 일반 공중이나 불특정 다수에게 공개된 것이 아니므로, 대화자 내지 청취자가 다수였다는 사정만으로 '공개된 대화'로 평가할 수는 없어, 피해아동의 부모가 몰래 녹음한 피고인의 수업시간 중 발언은 '공개되지 않은 대화'에 해당하는 점, 피해아동의 부모는 피고인의 수업시간 중 발언의 상대방에 해당하지 않으므로, 위 발언은 '타인 간의 대화'에 해당하는 점을 종합하면, 피해아동의 부모

가 피해아동의 가방에 녹음기를 넣어 수업시간 중 교실에서 피고인이 한 발언을 녹음한 녹음파일, 녹취록 등은 통신비밀보호법 제14조 제1항을 위반하여 공개되지 아니한 타인 간의 대화를 녹음한 것이므로 통신비밀보호법 제14조 제2항 및 제4조에 따라 증거능력이 부정된다.

대판 2024.1.11. 2020도1538

(판 례) 인터넷개인방송을 비정상적인 방법으로 시청·녹화하는 것이 감청에 해당하는지 여부

인터넷개인방송의 방송자가 비밀번호를 설정하는 등 그 수신 범위를 한정하는 비공개 조치를 취하지 않고 방송을 송출하는 경우, 누구든지 시청하는 것을 포괄적으로 허용하는 의사라고 볼 수 있으므로, 그 시청자는 인터넷개인방송의 당사자인 수신인에 해당하고, 이러한 시청자가 방송 내용을 지득·채록하는 것은 통신비밀보호법에서 정한 감청에 해당하지 않는다. 그러나 인터넷개인방송의 방송자가 비밀번호를 설정하는 등으로 비공개 조치를 취한 후 방송을 송출하는 경우에는, 방송자로부터 허가를 받지 못한 사람은 당해 인터넷개인방송의 당사자가 아닌 '제3자'에 해당하고, 이러한 제3자가 비공개 조치가 된 인터넷개인방송을 비정상적인 방법으로 시청·녹화하는 것은 통신비밀보호법상의 감청에 해당할 수 있다. 다만, 방송자가 이와 같은 제3자의 시청·녹화 사실을 알거나 알 수 있었음에도 방송을 중단하거나 그 제3자를 배제하지 않은 채 방송을 계속 진행하는 등 허가받지 아니한 제3자의 시청·녹화를 사실상 승낙·용인한 것으로 볼 수 있는 경우에는 불특정인 혹은 다수인을 직·간접적인 대상으로 하는 인터넷개인방송의 일반적 특성상 그 제3자 역시 인터넷개인방송의 당사자에 포함될 수 있으므로, 이러한 제3자가 방송 내용을 지득·채록하는 것은 통신비밀보호법에서 정한 감청에 해당하지 않는다.

대판 2022.10.27. 2022도9877

(판 례) 전화통화 녹음파일의 증거능력

국민의 사생활 영역에 관계된 모든 증거의 제출이 곧바로 금지되는 것으로 볼 수는 없다. 형사절차에서 증거로 사용할 수 있는지는 개별적인 사안에서 효과적인 형사소추와 형사절차상 진실발견이라는 공익과 개인의 인격적 이익 등의 보호이익을 비교형량하여 허용 여부를 결정하여야 한다. (……)

증거수집 절차가 개인의 사생활 내지 인격적 이익을 중대하게 침해하여 사회통념상 허용되는 한도를 벗어난 것이라면, 단지 형사소추에 필요한 증거라는 사정만을 들어 곧바로 형사소송에서 진실발견이라는 공익이 개인의 인격적 이

익 등 보호이익보다 우월한 것으로 선불리 단정해서는 아니 된다. 그러나 그러한 한도를 벗어난 것이 아니라면 형사절차에서 증거로 사용할 수 있다(대법원 2013.11.28. 선고 2010도12244 판결, 대법원 2017.3.15. 선고 2016도19843 판결 등 참조). (……)

원심판결 이유와 적법하게 채택, 조사한 증거에 의하면, 공소외인이 피고인 1의 동의 없이 피고인 1의 휴대전화를 조작하여 피고인 1의 전화통화 내용을 모두 녹음하였고, 그 전화통화 녹음파일이 피고인 1의 휴대전화에 저장되어 있는데 수사기관이 피고인 1의 휴대전화를 적법하게 압수하여 분석하던 중 우연히 이를 발견하여 압수한 사실을 알 수 있다. (……) 그러나 공소외인은 전화통화의 일방 당사자로서 피고인 1과 직접 대화를 나누면서 피고인 1의 발언 내용을 직접 청취하였으므로, 공소외인이 피고인 1과 사이의 통화내용을 몰래 녹음하였더라도 그로 인하여 피고인 1의 사생활의 비밀, 통신의 비밀, 대화의 비밀 등이 침해되었다고 평가하기는 어렵고, 음성권 등 인격적 이익의 침해 정도도 비교적 경미하다고 보아야 한다. 공소외인은 통화내용이 피고인 1의 휴대전화에 녹음되도록 하였을 뿐, 그 녹음파일 등을 제3자에게 유출한 바도 없다.

나아가, 공소외인이 피고인들의 범행에 관한 증거로 사용하겠다는 의도나 계획 아래 전화통화를 녹음한 것이 아니고, 수사기관 역시 위 전화통화의 녹음에 어떠한 관여도 하지 않은 채 적법하게 압수한 휴대전화를 분석하던 중 우연히 이를 발견하였을 뿐이다.

한편, 이 사건 형사소추의 대상이 된 행위는, 피고인들이 수산업협동조합장 선거에서 금품을 살포하여 선거인을 매수하는 등의 방법으로 「공공단체등 위탁선거에 관한 법률」을 위반하였다는 것으로 이른바 '돈 선거'를 조장하는 중대범죄에 해당한다. 선거범죄는 대체로 계획적 · 조직적인 공모 아래 은밀하게 이루어지므로, 피고인들의 공모관계를 비롯한 구체적 범행 내용 등을 밝혀 줄 수 있는 객관적 증거인 위 전화통화 녹음파일을 증거로 사용해야 할 필요성이 높다.

따라서 공소외인이 피고인 1의 사생활 내지 인격적 이익을 침해하여 통화내용을 녹음하였더라도, 위 전화통화 녹음파일 중 공소외인과 피고인 1 사이의 전화통화 부분은 증거로 사용할 수 있다고 보아야 한다.

대판 2023.12.14. 2021도2299

전화에 의한 폭언이나 음란전화 등의 문제와 관련하여 전화 발신자 확인제도의 허용 여부가 문제된다. 수신자의 권리 보호를 위해 허용된다고 보아야 할 것이다. 이와 관련된 것으로, 검사 또는 사법경찰관은 수사나 형의 집행을 위하여 일정한 절차를 거쳐 전기통신사업자에게 통신사실 확인자료의 제공을 요청할 수 있다(통신비밀보호법 제13조). 또한 전기통신사업법 제54조 제3항은 "수사관서의 장이 통신자료(성명, 주소, 주민등록번호, 전화번호, 아이디)의 제공을 요청하면 전기통신사업자는 이에 응할 수 있다"고 규정하고 있는데, 헌법재판소는 위 조항은 전기통신사업자가 자료제공요청을 거절할 수도 있다는 이유로 헌법소원심판청구 요건인 직접성을 결여하였으므로(대법원 2012.5.24. 선고 2012도1284 판결 등 참조) 공권력의 행사에 해당하지 않는다고 하였다(헌재 2012.8.23. 2010헌마439). 그러나 헌법재판소는 이후 견해를 변경하였다. 수사기관의 장 등의 통신자료 요청, 취득 행위 자체는 공권력 행사에 해당하지 않는다는 견해를 유지하였으나, 그 근거가 되는 전기통신사업법 제83조 제3항이 직접 국민의 개인정보자기결정권을 침해한다고 하였다(헌재 2022.7.21. 2016헌마388등). 헌법재판소는 이 결정에서 위 조항이 명확성 원칙이나 과잉금지원칙에 위반하지는 않으나, 통신자료 취득행위에 대한 불복수단이 없어 적법절차원칙에 위배된다고 하였다. 또한 통신자료 요청은 임의수사이므로 영장주의가 적용되지 않는다고 하였다.

헌법재판소는 통신비밀보호법 중 2월의 범위안에서 통신제한조치기간의 연장을 청구할 수 있도록 한 조항(제6조 제7항 단서)에 대하여 헌법불합치결정을 내렸다. 이에 따르면 통신제한조치기간의 연장을 허가함에 있어 총기간 내지 총연장횟수의 제한을 두지 않고 무제한 연장을 허가할 수 있도록 규정한 부분은 과잉금지원칙을 위반하여 청구인의 통신의 비밀을 침해한다는 것이다(재판관 4인 헌법불합치의견, 재판관 2인 단순위헌의견, 재판관 3인 합헌의견. 헌재 2010.12.28. 2009헌가30).

대법원은 수사목적과 무관한 통신내용이나 제3자의 통신내용이 감청될 우려가 있어도 패킷 감청이 허용된다고 하나, 과잉금지의 원칙에 따라 패킷 감청이 필요하다는 점에 대한 소명이 있는 경우에만 허용된다고 보아야 할 것이다. 헌법재판소는 최근 인터넷회선 패킷 감청은 통신의 비밀뿐만 아니라 사생활의 비밀과 자유도 침해한다고 판시하였다.

(판 례) 패킷 감청

인터넷 통신망을 통한 송·수신은 같은 법 제2조 제3호에서 정한 '전기통신'에 해당하므로 인터넷 통신망을 통하여 흐르는 전기신호 형태의 패킷(packet)을 중간에 확보하여 그 내용을 지득하는 이른바 '패킷 감청'도 같은 법 제5조 제1항에서 정한 요건을 갖추는 경우 다른 특별한 사정이 없는 한 허용된다고 할 것이고, 이는 패킷 감청의 특성상 수사목적과 무관한 통신내용이나 제3자의 통신내용도 감청될 우려가 있다는 것만으로 달리 볼 것이 아니다.

대판 2012.10.11. 2012도7455

(판 례) 인터넷회선 패킷 감청의 위헌성

인터넷회선 감청은 인터넷회선을 통하여 흐르는 전기신호 형태의 '패킷'을 중간에 확보한 다음 재조합 기술을 거쳐 그 내용을 파악하는 이른바 '패킷감청'의 방식으로 이루어진다. 따라서 이를 통해 개인의 통신뿐만 아니라 사생활의 비밀과 자유가 제한된다.

오늘날 인터넷 사용이 일상화됨에 따라 국가 및 공공의 안전, 국민의 재산이나 생명·신체의 안전을 위협하는 범행의 저지나 이미 저질러진 범죄수사에 필요한 경우 인터넷 통신망을 이용하는 전기통신에 대한 감청을 허용할 필요가 있으므로 이 사건 법률조항(통신비밀보호법 제5조제2항; 저자)은 입법목적의 정당성과 수단의 적합성이 인정된다.

인터넷회선 감청으로 수사기관은 타인 간 통신 및 개인의 내밀한 사생활의 영역에 해당하는 통신자료까지 취득할 수 있게 된다. 따라서 통신제한조치에 대한 법원의 허가 단계에서는 물론이고, 집행이나 집행 이후 단계에서도 수사기관의 권한 남용을 방지하고 관련 기본권 제한이 최소화될 수 있도록 입법적 조치가 제대로 마련되어 있어야 한다.

법은 "범죄를 계획 또는 실행하고 있거나 실행하였다고 의심할만한 충분한 이유가 있는 경우" 보충적 수사 방법으로 통신제한조치가 활용하도록 요건을 정하고 있고, 법원의 허가 단계에서 특정 피의자 내지 피내사자의 범죄수사를 위해 그 대상자가 사용하는 특정 인터넷회선에 한하여 필요한 범위 내에서만 감청이 이루어지도록 제한이 되어 있다(법 제5조, 제6조).

그러나 '패킷감청'의 방식으로 이루어지는 인터넷회선 감청은 수사기관이 실제 감청 집행을 하는 단계에서는 해당 인터넷회선을 통하여 흐르는 불특정 다수인의 모든 정보가 패킷 형태로 수집되어 일단 수사기관에 그대로 전송되므로, 다른 통신제한조치에 비하여 감청 집행을 통해 수사기관이 취득하는 자료가 비교할 수 없을 정도로 매우 방대하다는 점에 주목할 필요가 있다.

불특정 다수가 하나의 인터넷회선을 공유하여 사용하는 경우가 대부분이므로, 실제 집행 단계에서는 법원이 허가한 범위를 넘어 피의자 내지 피내사자의 통신자료뿐만 아니라 동일한 인터넷회선을 이용하는 불특정 다수인의 통신자료까지 수사기관에 모두 수집·저장된다. 따라서 인터넷회선 감청을 통해 수사기관이 취득하는 개인의 통신자료의 양을 전화감청 등 다른 통신제한조치와 비교할 바는 아니다.

따라서 인터넷회선 감청은 집행 및 그 이후에 제3자의 정보나 범죄수사와 무관한 정보까지 수사기관에 의해 수집 · 보관되고 있지는 않는지, 수사기관이 원래 허가받은 목적, 범위 내에서 자료를 이용 · 처리하고 있는지 등을 감독 내지 통제할 법적 장치가 강하게 요구된다.

그런데 현행법은 관련 공무원 등에게 비밀준수의무를 부과하고(법 제11조), 통신제한조치로 취득한 자료의 사용제한(법 제12조)을 규정하고 있는 것 외에 수사기관이 감청 집행으로 취득하는 막대한 양의 자료의 처리 절차에 대해서 아무런 규정을 두고 있지 않다.

현행법상 전기통신 가입자에게 집행 통지는 하게 되어 있으나 집행 사유는 알려주지 않아야 되고, 수사가 장기화되거나 기소중지 처리되는 경우에는 감청이 집행된 사실조차 알 수 있는 길이 없도록 되어 있어(법 제9조의2), 더욱 객관적이고 사후적인 통제가 어렵다. 또한 현행법상 감청 집행으로 인하여 취득된 전기통신의 내용은 법원으로부터 허가를 받은 범죄와 관련되는 범죄를 수사 · 소추하거나 그 범죄를 예방하기 위하여도 사용이 가능하므로(법 제12조 제1호) 특정인의 동향 파악이나 정보수집을 위한 목적으로 수사기관에 의해 남용될 가능성도 배제하기 어렵다.

인터넷회선 감청과 동일하거나 유사한 감청을 수사상 필요에 의해 허용하면서도, 관련 기본권 침해를 최소화하기 위하여 집행 이후에도 주기적으로 경과보고서를 법원에 제출하도록 하거나, 감청을 허가한 판사에게 감청 자료를 봉인하여 제출하도록 하거나, 감청자료의 보관 내지 파기 여부를 판사가 결정하도록 하는 등 수사기관이 감청 집행으로 취득한 자료에 대한 처리 등을 객관적으로 통제할 수 있는 절차를 마련하고 있는 입법례가 상당수 있다.

이상을 종합하면, 이 사건 법률조항은 인터넷회선 감청의 특성을 고려하여 그 집행 단계나 집행 이후에 수사기관의 권한 남용을 통제하고 관련 기본권의 침해를 최소화하기 위한 제도적 조치가 제대로 마련되어 있지 않은 상태에서, 범죄수사 목적을 이유로 인터넷회선 감청을 통신제한조치 허가 대상 중 하나로 정하고 있으므로 침해의 최소성 요건을 충족한다고 할 수 없다.

이러한 여건 하에서 인터넷회선의 감청을 허용하는 것은 개인의 통신 및 사생활의 비밀과 자유에 심각한 위협을 초래하게 되므로 이 사건 법률조항으로 인하여 달성하려는 공익과 제한되는 사익 사이의 법익 균형성도 인정되지 아니한다.

헌재 2018.8.30. 2016헌마263, 공보 263, 1511,1512-1513

헌법재판소의 위 헌법불합치결정에 따라 개정된 통신비밀보호법(법률 제17090호, 2020.3.24.)은 수사기관이 인터넷 회선을 통하여 송·수신하는 전기통신에 대한 통신제한조치로 취득한 자료에 대해서는 집행종료 후 범죄수사나 소추 등에 사용하거나 사용을 위하여 보관하고자 하는 때에는 집행종료일로부터 14일 이내에 보관 등이 필요한 전기통신을 선별하여 법원으로부터 보관 등의 승인을 받도록 하고, 승인 청구를 하지 아니한 전기통신 등의 폐기절차를 마련하였다. 2022.12.27. 개정 법률은 더 강한 규정을 두었다. 즉 긴급통신제한조치가 단시간 내에 종료된 경우라도 예외 없이 법원의 허가를 받도록 하고, 긴급통신제한조치의 집행에 착수한 때부터 36시간 이내에 법원의 허가를 받지 못한 경우에는 해당 조치로 취득한 자료를 폐기하도록 하였다(제12조 제2항, 제5항).

(2) 수용자에 대한 서신검열

헌법재판소 판례는 미결수용자에 대한 서신검열을 원칙적으로 인정하되, 미결수용자와 변호인과의 교통을 위한 서신의 검열은 위헌이라고 보았다(헌재 1995.7.21. 92헌마144). 형이 확정된 수형자에 대한 서신검열 역시 인정하되, 다만 변호인의 조력을 받기 위한 예외적인 경우에 한하여 검열을 허용하지 않고 있다(헌재 1998.8.27. 96헌마398).

(판 례) 미결수용자의 접견내용의 녹음·녹화의 위헌성 여부

이 사건 녹음조항(형의 집행 및 수용자의 처우에 관한 법률 제41조 제2항 "소장은 다음 각 호의 어느 하나에 해당하는 사유가 있으면 교도관으로 하여금 수용자의 접견내용을 청취·기록·녹음 또는 녹화하게 할 수 있다. 1. 범죄의 증거를 인멸하거나 형사 법령에 저촉되는 행위를 할 우려가 있는 때, 3. 시설의 안전과 질서 유지를 위하여 필요한 때")은 수용자의 증거인멸의 가능성 및 추가범죄의 발생 가능성을 차단하고, 교정시설 내의 안전과 질서유지를 위한 것으로 목적의 정당성이 인정되며, 수용자는 증거인멸 또는 형사 법령 저촉 행위를 할 경우 쉽게 발각될 수 있다는 점을 예상하여 이를 억제하게 될 것이므로 수단의 적합성도 인정된다. 미결수용자는 접견 시 지인 등을 통해 자신의 범죄에 대한 증거를 인멸할 가능성이 있고, 마약류사범의 경우 그 중독성으로 인하여 교정시설 내부로 마약을 반입하여 복용할 위험성도 있으므로 교정시설 내의 안전과 질서를 유지할 필요성은 매우 크다. 또한, 교정시설의 장은 미리 접견내용의 녹음 사실 등을 고지하며, 접견기록물의 엄격한 관리를 위한 제도적 장치도 마련되어 있는 점 등을 고려할 때 침해의 최소성 요건도 갖추고 있다. 나아가 청구인의 접견내용을 녹음·녹화함

으로써 증거인멸이나 형사 법령 저촉 행위의 위험을 방지하고, 교정시설 내의 안전과 질서유지에 기여하려는 공익은 미결수용자가 받게 되는 사익의 제한보다 훨씬 크고 중요하므로 법익의 균형성도 인정된다. 따라서 이 사건 녹음조항은 과잉금지원칙에 위배되어 청구인의 사생활의 비밀과 자유 및 통신의 비밀을 침해하지 아니한다.

헌재 2016.11.24. 2014헌바401, 공보 242, 1851,1852

헌법재판소는 수용자가 밖으로 내보내는 모든 서신을 봉함하지 않은 상태로 교정시설에 제출하도록 한 형의 집행 및 수용자의 처우에 관한 법률 시행령 조항에 대하여 교정당국으로서는 X-ray 검색기 등의 다른 방법을 사용할 수 있으므로 피해최소성의 원칙에 반하여 수용자의 통신비밀의 자유를 침해하는 것이라고 결정하였다(헌재 2012.2.23. 2009헌마333). 이에 따라 개정 '형의 집행 및 수용자의 처우에 관한 법률 시행령'은 수용자자 서신을 보내려는 경우 해당 서신을 봉함하여 교정시설에 제출하도록 하되, 마약류사범 · 조직폭력사범 등 법무부령으로 정하는 수용자가 변호인 외의 자에게 서신을 보내려는 경우, 수용자가 같은 교정시설에 수용 중인 다른 수용자에게 서신을 보내려는 경우, 규율위반으로 조사 중이거나 징벌집행 중인 수용자가 다른 수용자에게 서신을 보내려는 경우에는 서신을 봉함하지 않은 상태로 제출하게 할 수 있도록 하였다(제65조). '군에서의 형의 집행 및 군수용자의 처우에 관한 법률 시행령' 역시 동일한 내용으로 개정되었다(제60조).

(3) 통신의 자유의 제한

통신의 비밀보호의 전제로 통신의 자유가 보장되지만, 이를 제한하는 여러 법률이 있다. 국가보안법(제8조. 반국가단체와의 통신 금지), 남북교류협력에 관한 법률(제9조의2. 북한주민과의 통신의 사전 신고), 전기통신사업법(제50조. 금지행위), 전파법(제80조. 국가기관의 폭력적 파괴를 주장하는 통신의 처벌), '정보통신망 이용촉진 및 정보보호 등에 관한 법률'(제44조의7. 불법정보의 유통금지) 등.

남북교류협력에 관한 법률에서 북한주민과의 회합, 통신에 통일부장관의 승인을 얻도록 규정한 데 대해 헌법재판소 판례는 이를 합헌으로 보았다(헌재 2000.7.20. 98헌바63). 개정 법률에서는 사전 신고제로 변경되었다(제9조의2).

헌법재판소는 '수형자의 교화 또는 건전한 사회복귀를 해칠 우려가 있는 때', '수용자의 처우 또는 교정시설의 운영에 관하여 명백한 거짓사실을 포함하고 있는 때'

등을 수용자가 작성한 집필문의 외부반출 금지사유로 규정한 형집행법 조항은 합헌이라고 하였다(헌재 2016.5.26. 2013헌바98).

Ⅳ. 주거의 자유

> **(헌법 제16조)** 모든 국민은 주거의 자유를 침해받지 아니한다. 주거에 대한 압수나 수색을 할 때에는 검사의 신청에 의하여 법관이 발부한 영장을 제시하여야 한다.

1. 의 의

주거의 자유는 사생활의 비밀과 자유를 공간적 영역에서 보호하는 것이다. 이것은 신체의 자유와 더불어 인격의 자율성 보장을 위한 핵심적 자유이다. 그러나 2015년 제정된 주거기본법 제2조는 "국민은 관계 법령 및 조례로 정하는 바에 따라 물리적·사회적 위험으로부터 벗어나 쾌적하고 안정적인 주거환경에서 인간다운 주거생활을 할 권리를 갖는다"고 규정하여 주거권을 일종의 사회적 기본권과 같은 개념으로 파악하고 있는 듯하다.

오늘날 주거의 개념은 일반적으로 넓게 해석하고 있다. 협의의 주거용 공간만이 아니라, 사무실 등 업무용 공간이라도 일반인에게 공개된 공간이 아닌 한 주거에 해당한다. 음식점이나 상점 등 일반인에게 개방된 공간은 주거에 해당하지 않으나, 이러한 공간도 출입금지의 의사가 표시되면 주거로 보아야 한다.

주거의 '침해'란, 주거자의 의사에 반하여 주거에 들어가거나 주거의 평온을 해치는 것을 말한다. 주거 밖에서 기계장치를 통해 주거 안을 녹음하거나 녹화하는 것도 주거의 자유를 침해하는 것이다.

헌법재판소는 주거침입죄를 '주거의 평온과 안전을 침해하는 범죄'라기도 하고(헌재 2004.6.24. 2003헌바53), '주거권자의 의사에 반하여 침입하는 행위를 처벌하는 것'(헌재 2016.10.28. 2014헌마709)이라고도 하여 일관된 입장을 보여주지 않는다. 주거침입죄의 보호법익을 주거의 평온 및 주거권 양자로 보느냐 양자 중 하나만으로 보느냐에 따라 법적 판단이 상이한 경우가 발생한다. 예컨대 주거권자 1인의 승낙을 받고 간통 혹은 다른 범죄행위를 목적으로 주거에 들어간 것이 침입에 해당하는지 여부이다. 대법원은 이 경우 주거침입죄를 인정하였다(대판 1984.6.26. 83도685).

그러나 대법원은 2021년 종전 판례를 변경하였다. 대법원은 주거침입죄의 보호법익은 주거권이 아니라 '주거의 사실상의 평온'이고, '침입'은 사실상의 평온을 해치는 방법으로 들어가는 것이므로, 공동거주자의 승낙을 받아 통상의 출입방법으로 들어갔다면 주거침입죄가 성립하지 않는다고 하였다(대판(전합) 2021.9.9. 2020도12630). 과거 판례에 따르면 공부한다는 핑계로 친구의 집에 가서 게임을 하거나 술을 마시는 학생들에게도 모두 주거침입죄가 성립될 수 있다는 비판이 있었다. 변경 판례가 타당하다고 본다.

대법원은 나아가 일반인의 출입이 허용된 음식점에 영업주의 승낙을 받아 통상의 출입방법으로 들어간 경우에는 설령 영업주가 실제 출입 목적을 알았더라면 출입을 승낙하지 않았을 것으로 보이더라도 주거침입죄가 성립하지 않는다고 하였다(대판(전합) 2022.3.24. 2017도18272). 이 판결은 과거 도청용 송신기를 설치할 목적으로 음식점에 출입한 것은 영업주의 명시적 또는 추정적 의사에 반한다고 보아 주거침입죄의 성립을 인정한 '대판 1997.3.28. 95도2674(이른바 '초원복집 사건')'를 변경한다고 명시하였다. 훔친 신용(또는 현금)카드로 금전을 인출하기 위하여 은행(영업소)에 출입한 경우에도 주거침입죄로 처벌하였던 판례 역시 변경된 범위에 포함된다.

2. 주거의 자유의 제한과 영장주의

주거에 대한 압수·수색에 대하여는 인신에 대한 체포·구금·압수·수색의 경우와 마찬가지로 영장주의 원칙이 적용된다.

형사상의 목적이 아닌 행정상의 목적을 위한 주거의 자유의 제한에도 영장주의 원칙이 적용되는가. 학설은 갈리고 있다. 적용된다는 견해, 적용되지 않는다는 견해, 절충설로 나뉜다. 절충설에 의하면, 순수한 행정상의 목적이거나 긴급한 경우에는 영장이 필요하지 않다고 본다. 절충설이 타당하다. 순수한 행정목적이라고 볼 수 없고 형사처벌로 연결되는 경우에는 영장이 필요하다고 할 것이다. 헌법재판소 판례는 행정상 즉시강제의 경우에 영장주의가 적용되지 않는다고 본다(헌재 2002.10.31. 2000헌가12).

제 10 장

정신적 자유(협의)

개인의 정신활동에 관한 자유권을 정신적 자유권이라고 부른다. 우리 헌법에 규정된 개별적 기본권 가운데 양심의 자유(제19조), 종교의 자유(제20조), 학문 · 예술의 자유(제22조)를 협의의 정신적 자유권이라 부르고, 여기에 언론 · 출판 · 집회 · 결사의 자유(제21조), 즉 표현의 자유를 포함하여 광의의 정신적 자유권이라 부를 수 있다.

광의의 정신적 자유권은 개인의 인격 실현을 위해서만이 아니라 특히 민주주의의 토대를 이룬다는 점에서 중요한 의미를 갖는다. 이 점에 근거하여 다른 기본권에 비해 법적으로 우월적 지위가 인정된다. '이중기준의 원칙'에 의하면 정신적 자유의 제한에 대한 위헌심사 기준은 경제적 자유권의 경우보다 엄격한 기준이 적용된다. 이러한 법리는 본래 미국의 판례와 이론에서 형성되고 강조되어 왔는데, 근래 우리나라 판례에서도 이중기준의 원칙에 해당하는 법원칙이 나타나고 있다.

I. 양심의 자유

(헌법 제19조) 모든 국민은 양심의 자유를 가진다.

1. 서　　설

본래 서구에서 양심의 자유는 내심적 측면의 종교의 자유를 의미하는 것이었다. 그러나 우리 헌법은 종교의 자유와 양심의 자유를 별개로 규정하고 있다.

양심의 자유는 정신적 자유 가운데에서도 가장 근본적인 것이다. 넓은 의미의 양심의 자유는 종교, 학문, 예술의 자유를 모두 포괄하며, 모든 내용의 내심의 자유를 의미한다. 내심이 종교적 신앙의 형태를 취할 때 종교의 자유, 진리의 탐구에 관한 것일 때 학문의 자유, 미의 추구에 관한 것일 때 예술의 자유로 나타난다. 우리 헌법은 종교, 학문, 예술의 자유를 별개로 규정하고 있으므로, 이들을 제외한 것을 양심의 자유로 파악하는 것이 적절하다.

2. 양심의 개념

양심의 의미에 관하여 이를 윤리적 측면의 내심에 한정하느냐 또는 세계관, 인생관, 주의(主義) 등 '사상'을 포함하는 넓은 의미로 해석하느냐에 관해 학설이 갈린다.

이 문제에 관한 헌법재판소 판례의 입장은 불분명한 변화를 보이고 있다.

(판 례) 양심의 개념(법위반 사실의 공표)

양심은 옳고 그른 것에 대한 판단을 추구하는 가치적·도덕적 마음가짐으로, 개인의 소신에 따른 다양성이 보장되어야 하고 그 형성과 변경에 외부적 개입과 억압에 의한 강요가 있어서는 아니 되는 인간의 윤리적 내심영역이다. 보호되어야 할 양심에는 세계관·인생관·주의·신조 등은 물론, 이에 이르지 아니하여도 보다 널리 개인의 인격형성에 관계되는 내심에 있어서의 가치적·윤리적 판단도 포함될 수 있다. 그러나 단순한 사실관계의 확인과 같이 가치적·윤리적 판단이 개입될 여지가 없는 경우는 물론, 법률해석에 관하여 여러 견해가 갈리는 경우처럼 다소의 가치관련성을 가진다고 하더라도 개인의 인격형성과는 관계가 없는 사사로운 사유나 의견 등은 그 보호대상이 아니라고 할 것이다. 이 사건의 경우와 같이 경제규제법적 성격을 가진 공정거래법에 위반하였는지 여부에 있어서도 각 개인의 소신에 따라 어느 정도의 가치판단이 개입될 수 있는 소지가 있고 그 한도에서 다소의 윤리적·도덕적 관련성을 가질 수도 있겠으나, 이러한 법률판단의 문제는 개인의 인격형성과는 무관하며, 대화와 토론을 통하여 가장 합리적인 것으로 그 내용이 동화되거나 수렴될 수 있는 포용성을 가지는 분야에 속한다고 할 것이므로 헌법 제19조에 의하여 보장되는 양심의 영역에 포함되지 아니한다고 봄이 상당하다. 한편 누구라도 자신이 비행을 저질렀다고 믿지 않는 자에게 본심에 반하여 사죄 내지 사과를 강요한다면 이는 윤리적·도의적 판단을 강요하는 것으로서 경우에 따라서는 양심의 자유를 침해하는 행위에 해당한다고 할 여지가 있으나, '법위반사실의 공표명령'은 법규정의 문언상으로 보아도 단순히 법위반사실 자체를 공표하라는 것일 뿐, 사죄 내지 사과하라는 의미요소를 가지고 있지는 아니하다. 공정거래위원회의 실제 운용에 있어서도 '특정한 내용의 행위를 함으로써 공정거래법을 위반하였다는 사실'을 일간지 등에 공표하라는 것이어서 단지 사실관계와 법을 위반하였다는 점을 공표하라는 것이지 행위자에게 사죄 내지 사과를 요구하고 있는 것으로는 보이지 않는다. 따라서 이 사건 법률조항의 경우 사죄 내지 사과를 강요함으로 인하여 발생하는 양심의 자유의 침해문제는 발생하지 않는다.

(무죄추정 위반으로 위헌결정)

헌재 2002.1.31. 2001헌바43, 판례집 14-1, 49,56

(판 례) 양심의 개념과 진지성(음주측정)

양심이란 인간의 윤리적·도덕적 내심영역의 문제이고, 헌법이 보호하려는 양심은 어떤 일의 옳고 그름을 판단함에 있어서 그렇게 행동하지 아니하고는 자신의 인격적인 존재가치가 허물어지고 말 것이라는 강력하고 진지한 마음의 소리이지, 막연하고 추상적인 개념으로서의 양심이 아니다. 음주측정에 응해야 할 것인지, 거부해야 할 것인지 그 상황에서 고민에 빠질 수는 있겠으나 그러한 고민은 선(善)과 악(惡)의 범주에 관한 진지한 윤리적 결정을 위한 고민이라 할 수 없으므로 그 고민 끝에 어쩔 수 없이 음주측정에 응하였다 하여 내면적으로 구축된 인간양심이 왜곡 굴절된다고 할 수도 없다.

따라서 음주측정요구와 그 거부는 양심의 자유의 보호영역에 포괄되지 아니하므로 이 사건 법률조항을 두고 헌법 제19조에서 보장하는 양심의 자유를 침해하는 것이라고 할 수 없다.

헌재 1997.3.27. 96헌가11, 판례집 9-1, 245,263-264

(판 례) 양심의 개념과 절박성, 구체성(준법서약)

(다수의견)

헌법이 보호하고자 하는 양심은 어떤 일의 옳고 그름을 판단함에 있어서 그렇게 행동하지 않고는 자신의 인격적 존재가치가 파멸되고 말 것이라는 강력하고 진지한 마음의 소리로서의 절박하고 구체적인 양심을 말한다. 따라서 막연하고 추상적인 개념으로서의 양심이 아니다(헌재 1997.3.27. 96헌가11, 판례집 9-1, 245,263).

(재판관 권 성의 보충의견)

종교의 자유, 사상의 자유 및 일반적인 행동의 자유 등과 중첩되지 않는 양심의 자유의 고유한 영역을 양심의 자유의 본래적 영역이라고 할 때에 이 본래적 영역에서 기능하는 양심이라는 것은 선악(善惡)을 인식, 판단하여 선(善)을 지향하는 인간의 천부적 심성을 가리킨다. 바꾸어 말하면 이것은 윤리적 문제에 관하여 선악을 인식 · 판단하고 선을 선택 · 결단하는 인간의 본성을 의미한다. 따라서 학문과 예술의 문제에 대하여 판단하고 선택하는 정신적 작용은 양심의 문제가 아니며 마찬가지로 윤리적 선악의 문제와 직접 연결되지 않는 정치적 사상과 신조 및 종교상의 교리와 원칙 등에 관한 정신적 작용도 양심의 문제는 아닌 것이다.

(재판관 김효종, 주선회의 반대의견)

우리 헌법이 보장하고 있는 양심의 자유에서의 양심은 단순한 윤리적 선악 판단보다도 더 넓은 보호범위를 지니며, 세계관 · 주의 · 신조 등까지 포함되고 있으며 이 점은 중요한 의미를 지닌다. 그러한 관점에서 헌법재판소는 사죄광고가 양심의 자유의 보호영역 내의 문제라고 보았던 것이다(위 89헌마160 결정).

이렇게 우리 재판소가 양심의 자유의 보호범위를 넓게 인정하는 것은 우리 헌법이 사상 혹은 이데올로기의 자유에 관한 보호규정을 두고 있지 않은 점을 감안하고, 민주주의의 정신적 기초로서의 양심의 자유의 중요성에 비추어 이를 폭넓게 인정하겠다는 취지이므로 타당한 판시라 아니할 수 없다. 그런데 이 사건의 다수의견은 이러한 우리 재판소의 위 선례를 고려하지 않고 오히려 양심의 범위를 도덕적 양심에 국한시키고 있다. 즉 개인의 윤리적 정체성에 관한 절박하고 구체적인 양심에 한정시키면서 이 사건을 판단하고 있다. 이는 명백히 종래의 판례취지를 축소 내지 변경하는 것이라고 할 수밖에 없다.

헌재 2002.4.25. 98헌마425등, 판례집 14-1, 351,363-373

(판 례) 양심의 개념(양심적 병역거부)

'양심상의 결정'이란 선과 악의 기준에 따른 모든 진지한 윤리적 결정으로서 구체적인 상황에서 개인이 이러한 결정을 자신을 구속하고 무조건적으로 따라야 하는 것으로 받아들이기 때문에 양심상의 심각한 갈등이 없이는 그에 반하여 행동할 수 없는 것을 말한다. (……)

양심의 자유에서 현실적으로 문제가 되는 것은 사회적 다수의 양심이 아니라, 국가의 법질서나 사회의 도덕률에서 벗어나려는 소수의 양심이다. 따라서 양심상의 결정이 어떠한 종교관 · 세계관 또는 그 외의 가치체계에 기초하고 있는가와 관계없이, 모든 내용의 양심상의 결정이 양심의 자유에 의하여 보장된다.

헌재 2004.8.26. 2002헌가1, 판례집 16-2 상, 141,151

양심의 헌법적 의미에 관하여 헌법재판소는 초기에 개인의 윤리적 판단과 사상(세계관, 인생관, 주의 등)을 포함하는 넓은 의미로 해석하다가, 근래에는 '개인의 절박하고 구체적인 윤리적 결정'으로 좁게 해석하는 듯한 태도를 보이고 있다.

생각건대 양심의 개념에는 선과 악에 관한 윤리적 판단만이 아니라 사상도 포함된다고 보아야 할 것이다. 대체로 양심은 윤리적 성격의 내용이 중심을 이루는 데 비해, 사상은 윤리적 성격의 내용만이 아니라 논리적 측면을 포함한다고 볼 수 있다. 그러나 양심과 사상의 의미를 명확히 구분하기는 어렵다. 인간의 정신활동의 내용은 서로 연관되어 있기 때문이다. 개인의 윤리적 판단 가운데에는 사상으로 불리는 가치체계에 입각한 것도 있고 그렇지 않은 것도 있다. 헌법의 양심의 자유는 그 어느 것이든 윤리적 판단의 자유를 보장한다. 뿐만 아니라 반드시 구체적인 윤리적 판단에 해당하지 않는다고 하더라도 추상적인 사상, 가치체계를 소지할 자유 역시 양심의 자유에 포함된다.

참고로, 일본 헌법은 "사상과 양심의 자유를 침해하여서는 안 된다"(제19조)고 규정하여 사상과 양심을 별개로 명시하고 있는데, 통설과 판례는 양자를 구별하지 않고 있다.

근래의 헌법재판소 판례에서 양심의 개념을 절박하고 구체적인 윤리적 결정으로 좁게 해석하고 있는 듯한 태도를 보이는 것은 양심의 개념의 문제와 양심의 자유의 제한의 문제를 혼동하고 있기 때문이다. 예컨대 준법서약서의 문제를 양심의 자유의 제한의 문제로서 보지 않고 아예 양심 영역의 문제가 아니라고 보기 위해 양심의 의미를 좁게 한정하고 있는 것이다. 특히 '진지'하고 '절박'하고 '구체적'이냐 여부는 양심의 개념에 해당하느냐 여부의 문제가 아니라, 양심의 자유를 어느 정도 제한하느냐는 보호 정도의 문제에 관한 것이라고 보아야 할 것이다.

3. 양심의 자유의 주체

양심의 자유의 주체는 자연인에 한정되는가 또는 법인이나 단체에도 인정되는가. 다수 학설은 자연인에게만 인정된다고 보고 있다.

헌법재판소는 사죄광고 사건에서 판시하기를 "법인의 경우라면 그 대표자에게 양심표명의 강제를 요구하는 결과가 된다"라고 하여(헌재 1991.4.1. 89헌마160, 판례집 3, 149,154), 실질적으로는 법인에게도 양심의 자유를 인정하고 있다. 법인이나 단체의 의사는 그 구성원이나 대표자의 의사와 직결되어 있다고 볼 것이므로 판례의 입장이 타당하다고 본다.

양심의 자유는 국가 이전의 권리로서, 외국인에게도 보장된다.

4. 양심의 자유의 내용

양심의 자유의 내용에 대해 헌법재판소 판례는 '양심형성의 자유'와 '양심실현의 자유'를 구분하여 설명하고 있다.

(판 례) 양심의 자유의 내용(양심적 병역거부)

헌법 제19조의 양심의 자유는 크게 양심형성의 내부영역과 형성된 양심을 실현하는 외부영역으로 나누어 볼 수 있으므로, 그 구체적인 보장내용에 있어서도 내심의 자유인 '양심형성의 자유'와 양심적 결정을 외부로 표현하고 실현하는 '양심실현의 자유'로 구분된다. 양심형성의 자유란 외부로부터의 부당한 간섭이나 강제를 받지 않고 개인의 내심영역에서 양심을 형성하고 양심상의 결정을 내리는 자유를 말하고, 양심실현의 자유란 형성된 양심을 외부로 표명하고 양심에 따라 삶을 형성할 자유, 구체적으로는 양심을 표명하거나 또는 양심을 표명하도록 강요받지 아니할 자유(양심표명의 자유), 양심에 반하는 행동을 강요받지 아니할 자유(부작위에 의한 양심실현의 자유), 양심에 따른 행동을 할 자유(작위에 의한 양심실현의 자유)를 모두 포함한다.

헌재 2004.8.26. 2002헌가1, 판례집 16-2 상, 141,151-152

위 판례의 양심의 자유의 내용 중, 적극적인 양심표명의 자유는 표현의 자유와 중첩되고, 작위 및 부작위에 의한 양심실현의 자유는 일반적 행동의 자유와 중첩된다. 이 때문에 특히 적극적인 양심표명의 자유 및 작위에 의한 양심실현의 자유를 양심의 자유에서 제외시키는 견해가 있다. 그러나 판례의 내용처럼 모든 양심실현의 자유를 양심의 자유의 내용으로 보는 것은 헌법적으로 의미가 있다고 본다. 왜냐하면 의사표현이나 행동 가운데 개인의 윤리적 판단이나 사상에 기초한 것은 그 외의 표현이나 행동보다 더 강하게 보장받아야 하기 때문이다. 이렇게 보면 적극적 양심표명의 자유와 표현의 자유의 관계, 그리고 작위·부작위에 의한 양심실현의 자유와 일반적 행동의 자유의 관계는 특별법과 일반법의 관계에 있다고 볼 것이다.

5. 양심의 자유의 제한

양심의 자유의 내용 중, 내심의 차원인 양심형성의 자유, 즉 양심을 형성하고 양심상의 결정을 내리는 자유는 법률로도 제한할 수 없는 절대적 기본권이다. 이에 비해 양심실현의 자유는 법률로 제한할 수 있는 상대적 기본권이다.

(판 례) 양심의 자유의 제한

양심의 자유 중 양심형성의 자유는 내심에 머무르는 한, 절대적으로 보호되는 기본권이라 할 수 있는 반면, 양심적 결정을 외부로 표현하고 실현할 수 있는 권리인 양심실현의 자유는 법질서에 위배되거나 타인의 권리를 침해할 수 있기 때문에 법률에 의하여 제한될 수 있는 상대적 자유라 할 것이다(헌재 1998.7.16. 96헌바35, 판례집 10-2, 159,166 참조).

헌재 2004.8.26. 2002헌가1, 판례집 16-2 상, 141,152

내심 차원의 양심형성의 자유가 절대적 기본권이라는 것은 애초에 물리적으로 제한할 수 없다는 이상의 의미를 지닌다. 대법원 판례에 의하면, 일기가 타인에게 보이기 위한 것이거나 타인이 볼 수 있는 상황에서 작성된 것이 아닌 한, 그 내용을 문제삼아 처벌할 수 없다고 보았다(대판 1975.12.9. 73도3392. 구 반공법위반 사건).

양심 실현의 자유(소극적 또는 적극적 양심표명의 자유 및 부작위 또는 작위에 의한 양심실현의 자유)는 법률로 제한할 수 있는 상대적 자유이지만, 이 가운데 특히 소극적인 양심표명의 자유, 즉 '침묵의 자유'에 대한 제한은 예외적으로만 허용되어야 할 것이다. 이른바 '묵비권', 즉 형사상 불리한 진술의 거부권은 신체의 자유를 보장하기 위한 것이며, 침묵의 자유와는 구별된다. '증언 거부'는 사실의 존부에 관한 것이므로 양심의 자유의 문제와 구별된다고 할 것이지만, 증언 거부가 양심을 이유로 하는 경우에는 양심의 자유의 문제가 될 수 있다.

또한 양심실현의 자유에 대한 제한의 정도는 양심의 '진지성', '절박성', '구체성'의 정도에 따라 차이가 있다고 볼 것이다. 앞에서 설명한 것처럼, 판례에서 말하는 '진지성' 등은 양심 개념에 해당되는 여부가 아니라 양심의 자유에 대한 제한의 허용 여부 및 제한의 정도에 관련되는 요소라고 보아야 할 것이다.

판례를 중심으로 양심의 자유의 제한에 관한 주요 문제를 정리, 검토하기로 한다.

(판 례) 사죄광고

사죄광고제도란 타인의 명예를 훼손하여 비행을 저질렀다고 믿지 않는 자에게 본심에 반하여 깊이 "사과한다" 하면서 죄악을 자인하는 의미의 사죄의 의사표시를 강요하는 것이므로, 국가가 재판이라는 권력작용을 통해 자기의 신념에 반하여 자기의 행위가 비행이며 죄가 된다는 윤리적 판단을 형성강요하여 외부에 표시하기를 명하는 한편 의사·감정과 맞지 않는 사과라는 도의적 의사까지 광포시키는 것이다. 따라서 사죄광고의 강제는 양심도 아닌 것이 양심인 것처럼 표현할 것의 강제로 인간양심의 왜곡·굴절이고 겉과 속이 다른 이중인격형성의 강요인 것으로서 침묵의 자유의 파생인 양심에 반하는 행위의 강제금지에 저촉되는 것이며 따라서 우리 헌법이 보호하고자 하는 정신적 기본권의 하나인 양심의 자유의 제약(법인의 경우라면 그 대표자에게 양심표명의 강제를 요구하는 결과가 된다)이라고 보지 않을 수 없다.

헌재 1991.4.1. 89헌마160, 판례집 3, 149,154

우리 판례와 달리, 일본 최고재판소 판례는 사죄광고제도 자체가 위헌은 아니라고 보았다.

(참고·일본판례) 사죄광고강제사건(최고재판소 1956.7.4 판결)

최고재판소는 판시하기를, 사죄광고 중에는 이를 강제집행하면 "채무자(가해자)의 인격을 무시하고 현저하게 그 명예를 훼손하여 의사결정의 자유 내지 양심의 자유를 부당하게 제한하는 것"이 있지만, 이 사건처럼 "단순히 사태의 진상을 고백하고 진사(陳謝)의 뜻을 표하는 데 그치는 정도"라면 이를 대체집행하여 강제하더라도 합헌이라고 보았다.

다만 헌법재판소는 '학교폭력예방 및 대책에 관한 법률'상의 서면사과조항은 양심의 자유 침해가 아니라고 한다.

(판 례) '학교폭력예방 및 대책에 관한 법률'상의 서면사과조항과 양심의 자유

학교폭력의 가해학생과 피해학생은 모두 학교라는 동일한 공간에서 생활하므로, 가해학생의 반성과 사과 없이는 피해학생의 진정한 피해회복과 학교폭력의 재발 방지를 기대하기 어렵다. 이 사건 서면사과조항에 따른 피해학생에 대한 서면사과 조치는 단순히 의사에 반한 사과명령의 강제나 강요가 아니라, 학교폭력 이후 피해학생의 피해회복과 정상적인 교우관계회복을 위한 특별한 교육적 조치로 볼 수 있다. (……)

자치위원회는 가해학생과 그 보호자에게 적정한 의견진술 기회 등 절차적 기회를 제공한 뒤에만 서면사과 조치를 내릴 수 있고, 이에 불복하는 가해학생과 그 보호자는 소속 학교에 따라 행정소송이나 민사소송을 제기하여 다툴 수

도 있다. 이 사건 서면사과조항은 학교폭력이 인정되는 것을 전제로 가해학생에게 요구되는 사과이므로, 가해학생의 양심이나 인격권에 지나친 제약을 가져온다고 보기 어렵다.

헌재 2023.2.23. 2019헌바93등, 공보 317, 305,312

(판 례) 전투경찰순경의 시위진압

시위진압방식이 공격적인 양상을 취함으로써 청구인의 개인적 경험이나 윤리관, 도덕관과 어긋난다고 하여 그러한 사실만 가지고 이 사건 진압명령이 넓은 의미의 국방의 의무를 수행하기 위하여 경찰공무원의 신분을 가지게 된 청구인의 행복추구권 및 양심의 자유를 침해하였다고 볼 수도 없다.

헌재 1995.12.28. 91헌마80, 판례집 7-2, 851,871

(판 례) 불고지죄

불고지죄는 국가의 존립과 안전에 저해가 되는 타인의 범행에 관한 객관적 사실을 고지할 의무를 부과할 뿐이고 개인의 세계관 · 인생관 · 주의 · 신조 등이나 내심에 있어서의 윤리적 판단을 그 고지의 대상으로 하는 것은 아니므로 양심의 자유 특히 침묵의 자유를 직접적으로 침해하는 것이라고 볼 수 없을 뿐만 아니라 국가의 존립 · 안전에 저해가 되는 죄를 범한 자라는 사실을 알고서도 그것이 본인의 양심이나 사상에 비추어 범죄가 되지 아니한다거나 이를 수사기관 또는 정보기관에 고지하는 것이 양심이나 사상에 어긋난다는 등의 이유로 고지하지 아니하는 것은 결국 부작위에 의한 양심실현 즉 내심의 의사를 외부에 표현하거나 실현하는 행위가 되는 것이고 이는 이미 순수한 내심의 영역을 벗어난 것이므로 이에 대하여는 필요한 경우 법률에 의한 제한이 가능하다 할 것이다.

헌재 1998.7.16. 96헌바35, 판례집 10-2, 165-166

(판 례) 준법서약서

(다수의견)

1. 내용상 단순히 국법질서나 헌법체제를 준수하겠다는 취지의 서약을 할 것을 요구하는 이 사건 준법서약은 국민이 부담하는 일반적 의무를 장래를 향하여 확인하는 것에 불과하며, 어떠한 가정적 혹은 실제적 상황하에서 특정의 사유(思惟)를 하거나 특별한 행동을 할 것을 새로이 요구하는 것이 아니다. 따라서 이 사건 준법서약은 어떤 구체적이거나 적극적인 내용을 담지 않은 채 단순한 헌법적 의무의 확인 · 서약에 불과하다 할 것이어서 양심의 영역을 건드리는 것이 아니다.

2. 양심의 자유는 내심에서 우러나오는 윤리적 확신과 이에 반하는 외부적 법질서의 요구가 서로 회피할 수 없는 상태로 충돌할 때에만 침해될 수 있다. 그러므로 당해 실정법이 특정의 행위를 금지하거나 명령하는 것이 아니라 단지 특별한 혜택을 부여하거나 권고 내지 허용하고 있는 데에 불과하다면, 수범자는 수혜를 스스로 포기하거나 권고를 거부함으로써 법질서와 충돌하지 아니한 채 자신의 양심을 유지, 보존할 수 있으므로 양심의 자유에 대한 침해가 된다 할 수 없다.

이 사건의 경우, 가석방심사등에관한규칙 제14조에 의하여 준법서약서의 제출이 반드시 법적으로 강제되어 있는 것이 아니다. 당해 수형자는 가석방심사위원회의 판단에 따라 준법서약서의 제출을 요구받았다고 하더라도 자신의 의사에 의하여 준법서약서의 제출을 거부할 수 있다. 또한 가석방은 행형기관의 교정정책 혹은 형사정책적 판단에 따라 수형자에게 주는 은혜적 조치일 뿐이고 수형자에게 주어지는 권리가 아니어서, 준법서약서의 제출을 거부하는 당해 수형자는 결국 위 규칙조항에 의하여 가석방의 혜택을 받을 수 없게 될 것이지만, 단지 그것뿐이며 더 이상 법적 지위가 불안해지거나 법적 상태가 악화되지 아니한다.

이와 같이 위 규칙조항은 내용상 당해 수형자에게 하등의 법적 의무를 부과하는 것이 아니며 이행강제나 처벌 또는 법적 불이익의 부과 등 방법에 의하여 준법서약을 강제하고 있는 것이 아니므로 당해 수형자의 양심의 자유를 침해하는 것이 아니다.

(재판관 김효종, 주선회의 반대의견)

다수의견은 이 사건 준법서약은 "단순한 헌법적 의무의 확인 · 서약에 불과하다고 할 것이어서 양심의 영역을 건드리는 것이 아니다"라고 한다. 일반인을 상대로 한 준법서약에 관한 한 그러한 판단에 이의가 없다. 그러나 이 사건에서 문제된 준법서약서제도가 국가보안법위반죄로 무기징역을 선고받아 수감중인 폭력적 방법에 의한 국가전복을 도모하려는 공산주의자에 대한 것이라면 문제는 달라진다. 폭력적 방법으로 정부를 전복할 권리는 누구에게도 보장되어 있지 않지만, 그러한 사고가 개인의 내면에 머무는 한 이를 고백하게 하거나 변경하게 하는 것은 양심의 자유를 침해하는 것이다. (……)

준법서약서제도는 과거의 사상전향서제도와는 형식적으로 다른 형태로서 국법질서를 준수하겠다는 서약서이지만, 그 실질에 있어서는 오랜 기간 공산주의에 대한 신조를 지닌 국가보안법 위반자 등으로 하여금 그러한 신조를 변경하겠다는 것을 표명하게 하고, 그럼으로써 같은 신조를 지닌 자들과 격리하게 되는 효과를 도모하는 점에서 유사하다.

설사 다수의견의 판시와 같은 양심 개념을 차용한다고 하더라도, 양심의 자유나 표현의 자유와 같은 기본권은 국가에 의한 중요한 혜택의 배제시에도 제한될 수 있다고 보아야 한다. 무엇이 그러한 혜택에 포함될 것인지는 개별적으로 논해야 할 것이나, 적어도 장기수에 있어 가석방의 배제는 그의 일생 일대의 중요한 문제로서 이에 포함시켜 보아야 할 문제이다.

헌재 2002.4.25. 98헌마425등, 판례집 14-1, 351,351-354

위 준법서약서 사건의 다수의견에 의하면, 준법서약 자체를 강제하는 것이 아니라 불응하는 경우에 특별한 혜택을 부여하지 않는 것이므로 양심의 자유의 침해가 아니라고 하고 있다. 이것은 매우 형식적인 논리이며 타당하지 않다. 소극적 제재이든 적극적 보상의 거부이든 모두 불이익에 해당하며, 내심의 내용을 이유로 혜택 부여를 배제하는 것은 양심의 자유의 제한이라고 보아야 한다.

(참고 · 미국판례) 충성선서(loyalty oath)사건

공무원이나 변호사에 대해 "헌법을 준수한다"는 선서를 요구하는 것은 합헌이라고 보았다(*Connell v. Higginbotham*, 1971; *Law Students Civil Rights Research Council v. Wadmond*, 1971). 그러나 선서의 문언이 막연한 경우에는 위헌이라고 보았다(*Baggett v. Bullitt*, 1964).

(판 례) 국기경례거부와 양심의 자유

(정부출연기관인 한국노동연구원의 연구위원이 연구원 대내행사인 경영설명회 등에서 국민의례를 거부하여 해고된 사건)

원고가 국민의례를 거부한 이유는 국기에 대한 경례나 국기에 대한 맹세가 전체주의를 연상시키기 때문이라는 것… 원고의 양심의 자유 내지 그 표현의 자유의 영역에 속하는 것으로서… 연구원 내부적인 행사 이외에 국가의 공식행사 또는 대외적인 행사에서 국민의례를 거부한 사정은 보이지 않는 점을 고려하면, 해고에 합리적인 이유가 없다(국민의례 거부를 이유로 제재를 가하거나 불이익을 주는 것은 양심의 자유를 침해할 소지가 크다).

서울남부지법 2010.5.14. 2009가합21769

(확정. 서울고법 항소기각; 대법원 상고심리불속행 기각)

위 판결은 뒤에서 다루는 종전의 대법원판례를 사실상 변경한 것으로 보인다. 과거의 대법원 판례에 따르면, 종교상의 교리를 이유로 국기경례를 거부한 학생에 대

한 퇴학처분이 합헌이라고 판시하였다(대판 1976.4.27. 75누249. 뒤의 '종교의 자유' 참조).

(판 례) 양심적 병역거부

(다수의견)

양심의 자유가 보장된다는 것은, 곧 개인이 양심상의 이유로 법질서에 대한 복종을 거부할 수 있는 권리를 부여받는다는 것을 의미하지는 않는다. 모든 개인이 양심의 자유를 주장하여 합헌적인 법률에 대한 복종을 거부할 가능성이 있으며, 개인의 양심이란 지극히 주관적인 현상으로서 비이성적 · 비윤리적 · 반사회적인 양심을 포함하여 모든 내용의 양심이 양심의 자유에 의하여 보호된다는 점을 고려한다면, '국가의 법질서는 개인의 양심에 반하지 않는 한 유효하다'는 사고는 법질서의 해체, 나아가 국가공동체의 해체를 의미한다. 그러나 어떠한 기본권적 자유도 국가와 법질서를 해체하는 근거가 될 수 없고, 그러한 의미로 해석될 수 없다. (……)

국방의 의무와 양심실현의 자유의 경우 법익교량의 특수성

양심실현의 자유의 보장 문제는 '양심의 자유'와 양심의 자유에 대한 제한을 통하여 실현하고자 하는 '헌법적 법익' 및 '국가의 법질서' 사이의 조화의 문제이며, 양 법익간의 법익형량의 문제이다.

그러나 양심실현의 자유의 경우 법익교량과정은 특수한 형태를 띠게 된다. 수단의 적합성, 최소침해성의 여부 등의 심사를 통하여 어느 정도까지 기본권이 공익상의 이유로 양보해야 하는가를 밝히는 비례원칙의 일반적 심사과정은 양심의 자유에 있어서는 그대로 적용되지 않는다. 양심의 자유의 경우 비례의 원칙을 통하여 양심의 자유를 공익과 교량하고 공익을 실현하기 위하여 양심을 상대화하는 것은 양심의 자유의 본질과 부합될 수 없다. 양심상의 결정이 법익교량과정에서 공익에 부합하는 상태로 축소되거나 그 내용에 있어서 왜곡 · 굴절된다면, 이는 이미 '양심'이 아니다. 이 사건의 경우 종교적 양심상의 이유로 병역의무를 거부하는 자에게 병역의무의 절반을 면제해 주거나 아니면 유사시에만 병역의무를 부과한다는 조건하에서 병역의무를 면제해 주는 것은 병역거부자의 양심을 존중하는 해결책이 될 수 없다.

따라서 양심의 자유의 경우에는 법익교량을 통하여 양심의 자유와 공익을 조화와 균형의 상태로 이루어 양 법익을 함께 실현하는 것이 아니라, 단지 '양심의 자유'와 '공익' 중 양자택일 즉, 양심에 반하는 작위나 부작위를 법질서에 의하여 '강요받는가 아니면 강요받지 않는가'의 문제가 있을 뿐이다.

이 사건 법률조항이 양심실현의 자유를 침해하는지의 여부

(……) 이 사건 법률조항이 양심의 자유를 침해하는지의 문제는 '입법자가

양심의 자유를 고려하는 예외규정을 두더라도 병역의무의 부과를 통하여 실현하려는 공익을 달성할 수 있는지'의 여부를 판단하는 문제이다. 입법자가 공익이나 법질서를 저해함이 없이 대안을 제시할 수 있음에도 대안을 제시하지 않는다면, 이는 일방적으로 양심의 자유에 대한 희생을 강요하는 것이 되어 위헌이라 할 수 있다. (……)

병역의무와 관련하여 의무부과의 불평등적 요소를 가능하면 제거하면서도 개인의 양심을 고려하는 수단 즉, 양심과 병역의무라는 상충하는 법익을 이상적으로 조화시키는 방안으로서 대체적 민간복무제(이하 '대체복무제'라 한다)가 고려된다. 대체복무제란 양심적 병역거부자로 하여금 국가기관, 공공단체, 사회복지시설 등에서 공익적 업무에 종사케 함으로써 군복무를 갈음하는 제도를 말하는데, 현재 실제로 다수의 국가에서 헌법상 또는 법률상의 근거에 의하여 이 제도를 도입하여 병역의무와 양심 간의 갈등상황을 해결하고 있다. 그렇다면 이 사건 법률조항의 위헌여부는 '입법자가 대체복무제도의 도입을 통하여 병역의무에 대한 예외를 허용하더라도 국가안보란 공익을 효율적으로 달성할 수 있는지'에 관한 판단의 문제로 귀결된다.

입법자는 대체복무제를 도입할 것인지를 판단함에 있어서 국가의 전반적인 안보상황, 국가의 전투력, 병력수요, 징집대상인 인적 자원의 양과 질, 대체복무제의 도입시 예상되는 전투력의 변화, 한국의 안보상황에서 병역의무가 지니는 의미와 중요성, 병역의무이행의 평등한 분담에 관한 국민적·사회적 요구, 군복무의 현실적 여건 등을 종합적으로 고려해야 하는데, 현재 우리의 안보상황에서 대체복무제를 도입하더라도 국가안보란 중대한 공익의 달성에 아무런 지장이 없는지에 관하여는 다음과 같은 상이한 평가와 판단이 가능하다. (……)

이 사건과 같이 기본권을 제한하는 법률의 위헌성여부가 미래에 나타날 법률 효과에 달려 있다면, 헌법재판소가 어느 정도로 이에 관한 입법자의 예측판단을 심사할 수 있으며, 입법자의 불확실한 예측판단을 자신의 예측판단으로 대체할 수 있는가 하는 문제가 제기된다. (……)

비록 양심의 자유가 개인의 인격발현과 인간의 존엄성실현에 있어서 매우 중요한 기본권이기는 하나, 양심의 자유의 본질이 법질서에 대한 복종을 거부할 수 있는 권리가 아니라 국가공동체가 감당할 수 있는 범위 내에서 개인의 양심상 갈등상황을 고려하여 양심을 보호해 줄 것을 국가로부터 요구하는 권리이자 그에 대응하는 국가의 의무라는 점을 감안한다면, 입법자가 양심의 자유로부터 파생하는 양심보호의무를 이행할 것인지의 여부 및 그 방법에 있어서 광범위한 형성권을 가진다고 할 것이다. (……)

'국가가 대체복무제를 채택하더라도 국가안보란 공익을 효율적으로 달성할 수 있기 때문에 이를 채택하지 않은 것은 양심의 자유에 반하는가'에 대한 판단은 '입법자의 판단이 현저하게 잘못되었는가' 하는 명백성의 통제에 그칠 수밖에 없다. (……)

현 단계에서 대체복무제를 도입하기는 어렵다고 본 입법자의 판단이 현저히 불합리하다거나 명백히 잘못되었다고 볼 수 없다.

병역의무와 양심의 자유가 충돌하는 경우 입법자는 법익형량과정에서 국가가 감당할 수 있는 범위 내에서 가능하면 양심의 자유를 고려해야 할 의무가 있으나, 법익형량의 결과가 국가안보란 공익을 위태롭게 하지 않고서는 양심의 자유를 실현할 수 없다는 판단에 이르렀기 때문에 병역의무를 대체하는 대체복무의 가능성을 제공하지 않았다면, 이러한 입법자의 결정은 국가안보라는 공익의 중대함에 비추어 정당화될 수 있는 것으로서 입법자의 '양심의 자유를 보호해야 할 의무'에 대한 위반이라고 할 수 없다. 그렇다면 이 사건 법률조항은 양심적 병역거부자의 양심의 자유나 종교의 자유를 침해하는 것이라 할 수 없다.

(재판관 김경일, 전효숙의 반대의견)

양심적 병역거부자들의 병역거부를 군복무의 고역을 피하기 위한 것이거나 국가공동체에 대한 기본의무는 이행하지 않으면서 무임승차 식으로 보호만 바라는 것으로 볼 수는 없다. 그들은 공동체의 일원으로서 납세 등 각종의무를 성실히 수행해야 함을 부정하지 않고, 집총병역의무는 도저히 이행할 수 없으나 그 대신 다른 봉사방법을 마련해달라고 간청하고 있다. 그럼에도 불구하고 병역기피의 형사처벌로 인하여 이들이 감수하여야 하는 불이익은 심대하다. 특히 병역거부에 대한 종교와 신념을 가족들이 공유하고 있는 많은 경우 부자가 대를 이어 또는 형제들이 차례로 처벌받게 되고 이에 따라 다른 가족 구성원에게 더 큰 불행을 안겨준다.

우리 군의 전체 병력수에 비추어 양심적 병역거부자들이 현역집총병역에 종사하는지 여부가 국방력에 미치는 영향은 전투력의 감소를 논할 정도라고 볼 수 없고, 이들이 반세기 동안 형사처벌 및 유·무형의 막대한 불이익을 겪으면서도 꾸준히 입영이나 집총을 거부하여 온 점에 의하면 형사처벌이 이들 또는 잠재적인 양심적 병역거부자들의 의무이행을 확보하기 위해 필요한 수단이라고 보기는 어렵다.

국방의 의무는 단지 병역법에 의하여 군복무에 임하는 등의 직접적인 집총병력형성의무에 한정되는 것이 아니므로 양심적 병역거부자들에게 현역복무의 기간과 부담 등을 고려하여 이와 유사하거나 보다 높은 정도의 의무를 부과한다면 국방의무이행의 형평성회복이 가능하다. 또한 많은 다른 나라들의 경험에서 보듯이 엄격한 사전심사절차와 사후관리를 통하여 진정한 양심적 병역거부자와 그렇지 않은 자를 가려내는 것이 가능하며, 현역복무와 이를 대체하는 복무의 등가성을 확보하여 현역복무를 회피할 요인을 제거한다면 병역기피 문제도 효과적으로 해결할 수 있다. 그럼에도 불구하고 우리 병역제도와 이 사건 법률조항을 살펴보면, 입법자가 이러한 사정을 감안하여 양심적 병역거부자들에 대하여 어떠한 최소한의 고려라도 한 흔적을 찾아볼 수 없다.

(재판관 권 성의 별개의견)

양심이 내심에 머무르지 않는 경우 비판의 대상이 되며, 비판의 기준은 보편타당성이다. 보편타당성의 내용은 윤리의 핵심 명제인 인(仁)과 의(義), 두 가지로 집약되며 적어도 보편타당성의 획득가능성과 형성의 진지함을 가진 양심이라야 헌법상 보호를 받으며, 보편타당성이 없을 때에는 헌법 제37조 제2항에 따라 제한될 수 있다. 불의한 침략전쟁을 방어하기 위하여 집총하는 것을 거부하는 것은 인(仁), 의(義), 예(禮), 지(智)가 의심스러운 행위로서 보편타당성을 가진 양심의 소리라고 인정하기 어렵다.

(재판관 이상경의 별개의견)

헌법 제39조 제1항은 기본권 제한을 명시함으로써 기본권보다 국방력의 유지라는 헌법적 가치를 우위에 놓았다고 볼 수 있고 입법자는 국방력의 유지를 위하여 매우 광범위한 입법재량을 가지고 있으므로, 헌법 제37조 제2항 및 과잉금지원칙이라는 심사기준은 적용될 수 없다. 따라서 이 사건 법률조항이 위헌이라고 판단되기 위해서는 입법자의 입법권한 행사가 정의의 수인한계를 넘어서거나 자의적으로 이루어져 입법재량의 한계를 넘어섰다는 점이 밝혀져야 한다. 양심을 이유로 한 병역거부자의 양심이라는 것 자체가 일관성 및 보편성을 결한 이율배반적인 희망사항에 불과한 것이어서 헌법의 보호대상인 양심에 포함될 수 있는지 자체가 문제될 수 있고 적어도 이를 우리 공동체를 규율하는 정의의 한 규준으로 수용하기 어렵다 할 것이므로 양심을 이유로 한 병역거부자에 대한 형벌의 부과가 정의의 외형적 한계를 넘어섰다고 볼 수 없다.

헌재 2004.8.26. 2002헌가1, 판례집 16-2 상, 141,143-145,154-160

위의 양심적 병역거부 사건의 다수의견에는 다음과 같은 문제점이 있다. 첫째, 양심의 자유의 제한을 법익형량의 문제로 보면서도 그 특수성을 강조하여 양심의 자유와 공익 사이의 택일의 문제라고 보는데, 이것이 양심의 자유에만 특유한 것인지는 의문이다. 예컨대 표현의 자유의 경우에도, 넓게 표현의 자유라는 범주에서 보면 그 보호범위가 신축적으로 되는 것으로 보일 것이지만, 개개의 구체적인 표현행위의 자유는 공익과의 관계에서 언제나 택일적으로 보호받거나 또는 보호받지 못하며, 그런 점에서는 양심의 자유와 다를 것이 없다고 볼 수 있다. 즉 개인의 자유의 보호 여부가 양자택일적이냐 신축적이냐 여부는 개인의 자유의 범주를 넓게 또는 좁게, 어떻게 설정하느냐에 따르는 문제일 뿐, 어떤 특정한 자유만의 특별한 경우는 아니라고 볼 수 있지 않은가. 이렇게 보면 개인의 자유와 공익 간의 충돌은 모든 개개의 경우에 양자택일적 관계이며, 그런 의미에서 모순적 대립관계라고 볼 수 있을 것이다(더 상세하게는 다음을 참조. 졸저, 《법 앞에 불평등한가? 왜?: 법철학·법사회학 산책》, 2015, 법문사, 225-226).

둘째, 양심상의 이유로 법질서에 대한 복종을 거부할 권리가 부여되는 것은 아니라고 보고 있는데, 이 역시 절대적인 것은 아니라고 보아야 한다. 통상적으로는 이를 긍정할 수 있으나, 상황에 따라서는 이익형량의 결과 법위반 행위에 대해 위법성 조각을 인정해야 할 경우가 있을 수 있다. 그러한 경우에 해당되는지 여부는 구체적인 경우에 따라 개별적으로 판단해야 한다.

최근 헌법재판소는 견해를 바꾸어 양심적 병역거부를 인정하였다. 입영거부를 처벌하는 병역법 조항을 위헌으로 선언한 것이 아니라, 이 조항은 합헌으로 선언하면서 대체복무제를 도입하지 않는 병역 종류 조항만을 위헌으로 선언하였다.

(판 례) 병역종류 조항의 위헌성

개인의 양심은 사회 다수의 정의관·도덕관과 일치하지 않을 수 있으며, 오히려 헌법상 양심의 자유가 문제되는 상황은 개인의 양심이 국가의 법질서나 사회의 도덕률에 부합하지 않는 경우이므로, 헌법에 의해 보호받는 양심은 법질서와 도덕에 부합하는 사고를 가진 다수가 아니라 이른바 '소수자'의 양심이 되기 마련이다.

특정한 내적인 확신 또는 신념이 양심으로 형성된 이상 그 내용 여하를 떠나 양심의 자유에 의해 보호되는 양심이 될 수 있으므로, 헌법상 양심의 자유에 의해 보호받는 '양심'으로 인정할 것인지의 판단은 그것이 깊고, 확고하며, 진실된 것인지 여부에 따르게 된다. 그리하여 양심적 병역거부를 주장하는 사람은 자신의 '양심'을 외부로 표명하여 증명할 최소한의 의무를 진다.

(……) 양심적 병역거부를 인정하는 것이 여호와의 증인 등을 비롯한 특정 종교나 교리에 대한 특별취급을 하는 것이 아니냐는 의문이 제기되기도 한다. 그러나 이는 앞서 본 것처럼 인류 공통의 염원인 평화를 수호하기 위하여 무기를 들 수 없다는 양심을 보호하고자 하는 것일 뿐, 특정 종교나 교리를 보호하고자 하는 것은 아니다. (……) 헌법 제37조 제2항의 비례원칙은, 단순히 기본

권제한의 일반원칙에 그치지 않고, 모든 국가작용은 정당한 목적을 달성하기 위하여 필요한 범위 내에서만 행사되어야 한다는 국가작용의 한계를 선언한 것이므로, 비록 이 사건 법률조항이 헌법 제39조에 규정된 국방의 의무를 형성하는 입법이라 할지라도 그에 대한 심사는 헌법상 비례원칙에 의하여야 한다 (헌재 2011.8.30. 2008헌가22등 참조).

(……) 종래 대체복무제를 도입하면 국방력의 저하, 병역의무의 형평성 저해가 우려된다는 주장이 제기되어 왔다. 우선 대체복무제의 도입이 우리나라의 국방력에 미치는 영향에 대하여 본다 (……) 2016년 병역판정검사를 받은 인원은 총 34만 명(현역 28만 1천 명, 보충역 4만 3천 명, 전시근로역 8천 명 등으로 판정)에 달한다. 이에 비하여 우리나라의 양심적 병역거부자는 연평균 약 600명 내외일 뿐이므로 병역자원이나 전투력의 감소를 논할 정도로 의미 있는 규모는 아니다. 더구나 양심적 병역거부자들을 처벌한다고 하더라도 이들을 교도소에 수감할 수 있을 뿐 입영시키거나 소집에 응하게 하여 병역자원으로 활용할 수는 없으므로, 대체복무제의 도입으로 양심적 병역거부자들이 대체복무를 이행하게 된다고 해서 병역자원의 손실이 발생한다고 할 수 없다.

물론 대체복무제가 도입됨으로써 처벌 및 그에 따른 불이익이 두려워 그동안 자신의 양심상의 확신을 외부로 드러내지 못했던 사람들이 대체복무를 신청하여 종전보다 양심적 병역거부자가 늘어날 수는 있을 것이다. 그러나 뒤에서 보듯 공정하고 객관적인 심사절차, 현역복무와 대체복무 사이의 형평성 확보 등을 통하여 진정한 양심적 병역거부자와 이를 가장한 병역기피자를 제대로 가려낸다면, 양심적 병역거부자의 숫자가 지금보다 다소 늘어나더라도 우리의 국방력에 영향을 미칠 수준에 이를 것이라고 보기는 어렵다.

한편, 급격한 출산율 감소로 인해 향후 예상되는 병역자원의 감소를 감안할 때 양심적 병역거부를 인정하기 어렵다는 지적도 있다. 그러나 오늘날의 국방력은 인적 병역자원에만 의존하는 것은 아니고, 현대전은 정보전·과학전의 양상을 띠므로, 전체 국방력에서 병역자원이 차지하는 중요성은 상대적으로 낮아지고 있다(……) 이러한 사정을 고려하면, 양심적 병역거부자에게 대체복무를 부과하더라도 우리나라의 국방력에 의미 있는 수준의 영향을 미친다고 보기는 어려울 것이다.

다음으로 대체복무제를 도입함으로써 발생할 수 있는 병역의무의 형평성 문제에 관하여 본다. 양심적 병역거부자에 대하여 대체복무를 인정하면, 양심적 병역거부를 빙자한 병역기피자들이 증가하여 국방의무의 평등한 이행확보가 어려울 수 있고, 국민개병제를 바탕으로 한 전체 병역제도의 실효성이 훼손될 수 있다는 우려가 제기된다.

이러한 우려는, 진정한 양심적 병역거부자와 양심을 가장한 병역기피자를 심사를 통하여 가려내기 어렵고, 이에 따라 대체복무제를 허용할 경우 양심을 가장한 병역기피자가 급증할 것이라는 점에 주된 근거를 두고 있다. 그러나 국가가 관리하는 객관적이고 공정한 사전심사절차와 엄격한 사후관리절차를 갖출 경우, 진정한 양심적 병역거부자와 그렇지 않은 자를 가려내는 데 큰 어려움은 없을 것으로 보인다. 즉, 대체복무를 신청할 때 그 사유를 자세히 소명하고 증빙자료를 제출하게 하고, 신청의 인용 여부는 학계 · 법조계 · 종교계 · 시민사회 등 전문분야의 위원으로 구성된 중립적인 위원회에서 결정하도록 하며, 필요한 경우 서면심사 뿐만 아니라 대면심사를 통하여 신청인 · 증인 · 참고인으로부터 증언 또는 진술을 청취할 수 있도록 하는 등 위원회에 폭넓은 사실조사 권한을 부여하고, 신청인 · 증인 · 참고인 등의 자료나 진술이 허위인 것으로 사후에 밝혀지는 경우 위원회가 재심사를 통하여 종전의 결정을 번복할 수 있도록 하는 등의 제도적 장치를 마련한다면, 양심을 가장한 병역기피자를 가려낼 수 있을 것이다.

무엇보다, 현역복무와 대체복무 사이에 복무의 난이도나 기간과 관련하여 형평성을 확보해 현역복무를 회피할 요인을 제거한다면, 심사의 곤란성과 병역기피자의 증가 문제를 효과적으로 해결할 수 있다. (……) 대체복무의 기간을 현역 복무기간보다 어느 정도 길게 하거나, 대체복무의 강도를 현역복무의 경우와 최소한 같게 하거나 그보다 더 무겁고 힘들게 함으로써 양심을 가장한 병역기피자가 대체복무 신청을 할 유인을 제거한다면, 심사의 곤란성 문제를 상당 부분 극복하고 병역기피자의 증가도 막을 수 있을 것이다.

다만, 대체복무의 기간이나 고역의 정도가 과도하여 양심적 병역거부자라 하더라도 도저히 이를 선택하기 어렵게 만드는 것은, 대체복무제를 유명무실하게 하거나 징벌로 기능하게 할 수 있으며 또 다른 기본권 침해 문제를 발생시킬 수 있다는 점에 유의할 필요가 있다. 따라서 양심적 병역거부자에 대한 대체복무제를 도입할 경우 병역기피자가 증가하고 병역의무의 형평성이 붕괴되어 전체 병역제도의 실효성이 훼손될 것이라는 견해는 다소 추상적이거나 막연한 예측에 가깝다. 반면, 이미 상당한 기간 동안 세계의 많은 나라들이 양심적 병역거부를 인정하면서도 여러 문제들을 효과적으로 해결하여 징병제를 유지해 오고 있다는 사실은, 대체복무제를 도입하면서도 병역의무의 형평을 유지하는 것이 충분히 가능하다는 사실을 강력히 시사한다.

한반도의 특수한 안보상황을 고려할 때 대체복무제를 도입하기 어렵다는 주장에 관하여 살펴본다. 한반도는 6 · 25 전쟁 이후 남북으로 분단되어 60년이 넘는 세월 동안 휴전상태로 대치하여 왔다. 최근 이러한 상황에 대한 변화의 토대가 마련되었으나 항구적인 평화의 정착을 위해서는 아직 해결해야 할 과제가 많고, 우리나라 및 주변국들을 둘러싼 국제정세도 예측하기 어려운 것이 사실이다.

그런데 앞서 보았듯이 대체복무제의 도입이 우리나라의 국방력에 유의미한 영향을 미친다거나 병역제도의 실효성을 떨어뜨린다고 보기 어려운 이상, 위와 같은 특수한 안보상황을 이유로 대체복무제를 도입하지 않거나 그 도입을 미루는 것이 정당화된다고 할 수는 없다. 실제로 미국은 제2차 세계대전 중에도 종교적 사유로 참전에 반대하는 사람들에 대하여 전투복무 대신 비전투복무 또는 국가적으로 중요한 민간업무에 복무하도록 하였고, 통일 전 서독은 동서냉전이 진행 중이던 1949년 및 1956년 각각 양심적 병역거부와 대체복무제에 관한 내용을 기본법에까지 규정하였다. 아르메니아는 아제르바이잔과 1994년까지 전쟁 후 휴전하였으나 지금까지도 소규모 무력충돌이 계속되고 있음에도 2003년 대체복무제를 도입하였다. 그리고 중국과 군사적 긴장관계에 있는 대만에서도 2000년 대체복무제를 도입하여 시행하고 있다. 이와 같은 외국의 사례들은, 안보위협이 심각하더라도 양심적 병역거부자에 대한 대체복무제를 실시하는 것이 충분히 가능하다는 사실을 실증적으로 뒷받침한다.

요컨대 (……) 대체복무제라는 대안이 있음에도 불구하고 군사훈련을 수반하는 병역의무만을 규정한 병역종류조항은 침해의 최소성 원칙에 어긋난다(……)

병역종류조항이 추구하는 공익이 국가의 존립과 모든 자유의 전제조건인 '국가안보' 및 '병역의무의 공평한 부담'이라는 대단히 중요한 것임은 부정할 수 없다. 그러나 앞서 보았듯이 병역종류조항에 대체복무제를 도입한다고 하더라도 위와 같은 공익은 충분히 달성할 수 있다고 판단된다. 반면, 병역종류조항이 대체복무제를 규정하지 아니함으로 인하여 양심적 병역거부자들이 감수하여야 하는 불이익은 심대하다.

우선 양심적 병역거부자들은 현재의 대법원 판례에 따라 처벌조항에 의하여 대부분 최소 1년 6월 이상의 징역형을 선고받으며 형 집행이 종료된 이후에도 일정기간 공무원으로 임용될 수 없다(국가공무원법 제33조 제3호, 지방공무원법 제31조 제3호). 또한 병역기피자로 간주되어 공무원 또는 일반 기업의 임·직원으로 근무하고 있었던 경우에는 해직되어 직장을 잃게 되고(병역법 제76조 제1항 제2호, 제93조 제1항), 이전에 취득하였던 각종 관허업의 특허·허가·인가·면허 등도 모두 상실한다(같은 법 제76조 제2항). 게다가 병역의무 기피자로서 인적사항과 병역의무 미이행 사항 등이 병무청 인터넷 홈페이지 등에 공개될 수 있다(같은 법 제81조의2 제1항 제3호). 이러한 법적인 불이익과는 별도로, 처벌 이후 사회생활에서는 징역형을 선고받은 전과자로서 여러 가지 유·무형의 냉대와 취업곤란을 포함한 불이익 역시 감수하여야 한다. (……)

양심적 병역거부행위는 사회공동체의 법질서에 대한 적극적인 공격행위가 아니라 자신의 양심을 지키려는 소극적이고 방어적인 행위이며, 양심적 병역거부자들은 집총 등 병역의무 이외의 분야에서는 국가공동체를 위한 어떠한 의무도 기꺼이 이행하겠다고 지속적으로 호소한다. 따라서 비록 이들의 병역거부 결정이 국가공동체의 다수의 가치와 맞지 않는다고 하더라도, 양심의 자유를 기본권으로 보장하고 있는 헌법질서 아래에서는 그 결정을 국가가 동원할 수 있는 가장 강력한 수단인 형벌권을 곧바로 발동하여야 할 정도의 반사회적인 행위라고 할 수는 없다. (……)

한편, 양심적 병역거부자를 처벌하는 것보다 이들에게 대체복무를 부과하는 것이 넓은 의미의 국가안보와 공익 실현에 오히려 더 도움이 된다고 할 수 있다.

양심적 병역거부자들을 억지로 입영시키거나 소집에 응하게 할 수 있는 방법은 사실상 없다고 볼 수 있으므로, 현 상황에서는 오로지 이들을 처벌하여 교도소에 수용하는 것만이 가능할 뿐이다. 그런데 양심적 병역거부자들이 오랜 기간 형사처벌 및 이에 뒤따르는 유·무형의 막대한 불이익을 겪으면서도 꾸준히 입영이나 집총을 거부하여 왔다는 사실을 고려하면, 형사처벌이 그들에게 특별예방효과나 일반예방효과를 가지지 못한다고 볼 수 있으므로, 병역자원을 단순히 교도소에 수용하고 있는 것은 국가안보나 공익에 거의 아무런 도움이 되지 않는 조치라고 할 수 있다.

앞서 보았듯이, 국방의 의무의 내용은 군사적 역무에 국한되는 것이 아니라 비군사적 역무까지 포함한다고 할 수 있고, 오늘날 국가안보의 개념은 군사적 위협과 같은 전통적 안보 위기뿐만 아니라, 자연재난이나 사회재난, 테러 등으로 인한 안보 위기에 대한 대응을 포함하는 포괄적 안보 개념으로 나아가고 있으며, 현대 국가에서는 후자의 중요성이 점점 더 커지고 있다. 따라서 양심적 병역거부자들에게 소방·보건·의료·방재·구호 등의 공익 관련 업무에 종사하도록 한다면, 이들을 일률적으로 처벌하여 단순히 교도소에 수용하고 있는 것보다는 넓은 의미의 안보에 실질적으로 더 유익한 효과를 거둘 수 있을 것이다. (……)

현행제도에서도 이와 유사한 병역의무 이행방식을 찾아볼 수 있다. 병역법은 사회복무요원(제26조 제1항), 예술·체육요원(제33조의7), 공중보건의사(제34조), 공익법무관(제34조의6) 등으로 복무할 수 있는 보충역 복무규정을 두고 있다. 사회복무요원의 경우를 보면, 이들은 국가기관·지방자치단체·공공단체 및 사회복지시설의 공익목적에 필요한 사회복지, 보건·의료, 교육·문화, 환경·안전 등 사회서비스업무의 지원업무, 국가기관·지방자치단체·공공단체의 공익목적에 필요한 행정업무 등의 지원업무 등에 종사한다(제26조 제1항). 이러한 사회복무요원의 복무는 30일 이내의 군사교육소집(제29조 제3항, 제55조 제1항, 병역법시행령 제108조)을 받는다는 점을 제외하면 양심적 병역거부자가 하게 될 대체복무와 그 복무 내용이 크게 다르지 않을 것이다. (……)

양심적 병역거부자에 대한 관용은 결코 병역의무의 면제와 특혜의 부여에 대한 관용이 아니다. 대체복무제는 병역의무의 일환으로 도입되는 것이고 현역복무와의 형평을 고려하여 최대한 등가성을 가지도록 설계되어야 하는 것이기 때문이다.

이상에서 본 바와 같이, 병역종류조항이 추구하는 공익은 대단히 중요한 것이기는 하나, 병역종류조항에 대체복무제를 도입한다고 하더라도 위와 같은 공익은 충분히 달성할 수 있다고 판단되는 반면, 병역종류조항에 대체복무제가 규정되지 않음으로 인하여 양심적 병역거부자가 감수하여야 하는 불이익은 심대하고, 이들에게 대체복무를 부과하는 것이 오히려 넓은 의미의 국가안보와 공익 실현에 더 도움이 된다는 점을 고려할 때, 병역종류조항은 기본권 제한의 한계를 초과하여 법익의 균형성 요건을 충족하지 못한 것으로 판단된다. (……)

법원에서도 최근 하급심에서 양심적 병역거부에 대해 무죄판결을 선고하는 사례가 증가하고 있다. 비록 우리 재판소가 지난 2011년에는 처벌조항에 대하여 합헌 결정을 하였지만(2008헌가22), 이미 2004년에는 대체복무제 도입에 관한 검토를 권고한 바 있고(2002헌가1), 이제 그로부터 약 14년이라는 결코 짧지 않은 시간이 지나고 있다. 이러한 모든 사정을 감안해 볼 때 국가는 이 문제의 해결을 더 이상 미룰 수 없으며 대체복무제를 도입함으로써 병역종류조항으로 인한 기본권 침해 상황을 제거할 의무가 있음이 분명해진다. 양심의 자유와 국가안보라는 공익을 조화시킬 수 있는 대안이 존재하며 그에 관한 우리 사회의 논의가 성숙하였음에도 불구하고, 오로지 개인에게만 책임을 전가하는 것은 국가의 중대한 임무 해태라고 하지 않을 수 없다.

다수결을 기본으로 하는 민주주의 의사결정구조에서 다수와 달리 생각하는 이른바 '소수자'들의 소리에 귀를 기울이고 이를 반영하는 것은 관용과 다원성을 핵심으로 하는 민주주의의 참된 정신을 실현하는 길이 될 것이다.

헌재 2018.6.28. 2011헌바379등, 공보 261, 1017,1031-1038

헌법재판소의 위 결정은 비록 양심적 병역거부를 정면에서 인정한 것은 아니지만 간접적으로나마 이를 인정하였다는 점에 큰 의의가 있다. 법정의견이 설시한 바와 같이 병역종류조항이 위헌으로 선언된 이상, 양심적 병역거부를 실제 판단하는 법원에서 '정당한 사유'에 대한 해석을 폭넓게 해석할 수 있게 되었다고 풀이된다. 그러나 다음과 같은 비판의 여지가 있다. 2004년이나 2011년 합헌결정 당시와 현재 어떤 사정(事情)변경이 있었는지에 대한 아무런 설명이 없는 점, 동일한 자료를 정반대로 해석한 점(병력손실 및 선별기준) 등이다. 특히 양심적 병역거부가 인정되는지에 대한 종국 판단을 하지 않고 이를 법원의 판단에 떠넘긴 것은 문제이다. 처벌조항에 대한 헌법재판소의 기존의 합헌결정들은 아래에서 보는 바와 같이 법원의 법률해석을 대상으로 한 것임을 인정한 셈이라고 풀이할 수 있다. 위헌법률심판의 대상은 법원의 해석에 의하여 구체화된 법률조항이라는 기존의 확립된 판례(헌재 2012.12.27. 2011헌바117등 다수)에 따라 처벌조항에 대하여도 충분히 위헌결정을 할 수 있었다고 본다. '(종교적) 신념에 따른 병역거부가 정당한 사유에 포함되지 않는다고 해석하는 한' 위헌이라는 한정위헌결정 방식이 그 한 방법이다.

(판 례) 양심적 병역거부 처벌조항의 '정당한 사유' 해석

3. 양심적 병역거부와 병역법 제88조 제1항의 '정당한 사유'

가. 헌법상 양심의 자유와 그 제한

(……) 개인이 자발적이고 적극적으로 양심을 실현하는 과정에서 국가 법질서와 충돌을 일으킬 수 있다. 이러한 경우에는 양심실현의 자유가 제한될 수 있다. 양심의 자유가 양심의 명령에 반한다는 이유로 법의 명령을 위반할 수 있는 일반적 자유를 뜻하지는 않는다. 어떠한 기본권적 자유도 국가와 법질서를 해체 하는 근거가 될 수 없고, 그러한 의미로 해석될 수 없다(헌법재판소 2004.8.26. 선고 2002헌가1 결정 등 참조) (……) 소극적 부작위에 의한 양심실현의 자유는 내면적 양심의 자유와 밀접하게 관련되므로 그에 대한 제한에는 더욱 세심한 배려와 신중한 접근이 필요하다.

나. 양심적 병역거부가 병역법상 '정당한 사유'에 해당하는지 여부

(1) 양심에 따른 병역거부, 이른바 양심적 병역거부는 종교적 · 윤리적 · 도덕적 · 철학적 또는 이와 유사한 동기에서 형성된 양심상 결정을 이유로 집총이나 군사훈련을 수반하는 병역의무의 이행을 거부하는 행위를 말한다. (……)

(2) 헌법상 국가의 안전보장과 국토방위의 신성한 의무, 그리고 국민에게 부여된 국방의 의무는 아무리 강조해도 지나치지 않다(대법원 2004.7.15. 선고 2004도2965 전원합의체 판결 등 참조). 국가의 존립이 없으면 기본권 보장의 토대가 무너지기 때문이다. 국방의 의무가 구체화된 병역의무는 성실하게 이행하여야 하고 병무행정 역시 공정하고 엄정하게 집행하여야 한다. 헌법이 양심의 자유를 보장하고 있다고 해서 위와 같은 가치를 소홀히 해서는 안 된다. 따라서 양심

적 병역거부의 허용 여부는 헌법 제19조 양심의 자유 등 기본권 규범과 헌법 제39조 국방의 의무 규범 사이의 충돌·조정 문제가 된다.

(3) 국방의 의무는 법률이 정하는 바에 따라 부담한다(헌법 제39조 제1항). 즉 국방의 의무의 구체적인 이행방법과 내용은 법률로 정할 사항이다. 그에 따라 병역법에서 병역의무를 구체적으로 정하고 있고, 병역법 제88조 제1항에서 입영의무의 불이행을 처벌하면서도 한편으로는 '정당한 사유'라는 문언을 두어 입법자가 미처 구체적으로 열거하기 어려운 충돌 상황을 해결할 수 있도록 하고 있다. 따라서 양심적 병역거부에 관한 규범의 충돌·조정 문제는 병역법 제88조 제1항에서 정한 '정당한 사유'라는 문언의 해석을 통하여 해결하여야 한다. 이는 충돌이 일어나는 직접적인 국면에서 문제를 해결하는 방법일 뿐만 아니라 앞에서 보았듯이 병역법이 취하고 있는 태도에도 합치하는 해석방법이다.

(4) (……) 양심적 병역거부자들은 헌법상 국방의 의무 자체를 부정하지 않는다. 단지 국방의 의무를 구체화하는 법률에서 병역의무를 정하고 그 병역의무를 이행하는 방법으로 정한 집총이나 군사훈련을 수반하는 행위를 할 수 없다는 이유로 그 이행을 거부할 뿐이다. (……) 양심적 병역거부의 현황과 함께 우리나라의 경제력과 국방력, 국민의 높은 안보의식 등에 비추어 양심적 병역거부를 허용한다고 하여 국가안전보장과 국토방위를 달성하는 데 큰 어려움이 있을 것으로는 보이지 않는다. 따라서 진정한 양심적 병역거부자에게 집총과 군사훈련을 수반하는 병역의무의 이행을 강제하고 그 불이행을 처벌하는 것은 양심의 자유에 대한 과도한 제한이 되거나 본질적 내용에 대한 위협이 된다. **자유민주주의는 다수결의 원칙에 따라 운영되지만 소수자에 대한 관용과 포용을 전제로 할 때에만 정당성을 확보할 수 있다.** 국민 다수의 동의를 받지 못하였다는 이유로 형사처벌을 감수하면서도 자신의 인격적 존재가치를 지키기 위하여 불가피하게 병역을 거부하는 양심적 병역거부자들의 존재를 국가가 언제까지나 외면하고 있을 수는 없다. 일방적인 형사처벌만으로 규범의 충돌 문제를 해결할 수 없다는 것은 이미 오랜 세월을 거쳐 오면서 확인되었다. **그 신념에 선뜻 동의할 수는 없다고 하더라도 이제 이들을 관용하고 포용할 수는 있어야 한다.**

(5) 요컨대, 자신의 내면에 형성된 양심을 이유로 집총과 군사훈련을 수반하는 병역 의무를 이행하지 않는 사람에게 형사처벌 등 제재를 해서는 안 된다. 양심적 병역거부 자에게 병역의무의 이행을 일률적으로 강제하고 그 불이행에 대하여 형사처벌 등 제재를 하는 것은 양심의 자유를 비롯한 헌법상 기본권 보장체계와 전체 법질서에 비추어 타당하지 않을 뿐만 아니라 소수자에 대한 관용과 포용이라는 자유민주주의 정신에도 위배된다. 따라서 진정한 양심에 따른

병역거부라면, 이는 병역법 제88조 제1항의 '정당한 사유'에 해당한다.

(6) 이와 달리 양심적 병역거부가 병역법 제88조 제1항에서 정한 '정당한 사유'에 해당하지 않는다고 판단한 대법원 2004.7.15. 선고 2004도2965 전원합의체 판결, 대법원 2007.12.27. 선고 2007도7941 판결 등을 비롯하여 그와 같은 취지의 판결들은 이 판결의 견해에 배치되는 범위에서 이를 모두 변경하기로 한다.

다. 대체복무제의 도입 문제와 양심적 병역거부에 대한 형사처벌 여부

헌법재판소는 최근 '양심적 병역거부자에게 대체복무를 허용하지 않는 것은 위헌이므로, 국회는 2019. 12. 31.까지 대체복무제를 도입하여야 한다'고 결정하였다(헌법재판소 2018.6.28. 선고 2011헌바379 등 결정). 이와 관련하여 대체복무제가 도입되기 전에는 양심적 병역거부가 허용되지 않는 것인지, 즉 대체복무제가 없는 이상 양심적 병역거부는 처벌되어야 하는 것인지 문제된다. 양심적 병역거부를 병역법 제88조 제1항의 정당한 사유로 인정할 것인지는 대체복무제의 존부와 논리필연적인 관계에 있지 않다. 대체복무제는 양심적 병역거부를 인정하였을 때 제기될 수 있는 병역의무의 형평성 문제를 해소하는 방안이 될 수 있다. 즉 대체복무제는 양심적 병역거부를 인정하는 것을 전제로 한다. 따라서 현재 대체복무제가 마련되어 있지 않다거나 향후 대체복무제가 도입될 가능성이 있더라도, 병역법 제 88조 제1항을 위반하였다는 이유로 기소되어 재판을 받고 있는 피고인에게 병역법 제88조 제1항이 정하는 정당한 사유가 인정된다면 처벌할 수 없다고 보아야 한다.

4. **진정한 양심적 병역거부**의 심리와 판단

가. 정당한 사유로 인정할 수 있는 양심적 병역거부를 심리하여 판단하는 것은 중요한 문제이다. 여기에서 말하는 양심은 그 신념이 깊고, 확고하며, 진실하여야 한다. 신념이 깊다는 것은 그것이 사람의 내면 깊이 자리잡은 것으로서 그의 모든 생각과 행동에 영향을 미친다는 것을 뜻한다. 삶의 일부가 아닌 전부가 그 신념의 영향력 아래 있어야 한다. 신념이 확고하다는 것은 그것이 유동적이거나 가변적이지 않다는 것을 뜻한다. 반드시 고정불변이어야 하는 것은 아니지만, 그 신념은 분명한 실체를 가진 것으로서 좀처럼 쉽게 바뀌지 않는 것이어야 한다. 신념이 진실하다는 것은 거짓이 없고, 상황에 따라 타협적이거나 전략적이지 않다는 것을 뜻한다. 설령 병역거부자가 깊고 확고한 신념을 가지고 있다고 하더라도 그 신념과 관련한 문제에서 상황에 따라 다른 행동을 한다면 그러한 신념은 진실하다고 보기 어렵다.

나. 구체적인 병역법위반 사건에서 피고인이 양심적 병역거부를 주장할 경우, 그 양심이 과연 위와 같이 깊고 확고하며 진실한 것인지 가려내는 일이 무엇보다 중요하다. 인간의 내면에 있는 양심을 직접 객관적으로 증명할 수는 없

으므로 사물의 성질상 양심과 관련성이 있는 간접사실 또는 정황사실을 증명하는 방법으로 판단하여야 한다. 예컨대 종교적 신념에 따른 양심적 병역거부 주장에 대해서는 종교의 구체적 교리가 어떠한지, 그 교리가 양심적 병역거부를 명하고 있는지, 실제로 신도들이 양심을 이유로 병역을 거부하고 있는지, **그 종교가 피고인을 정식 신도로 인정하고 있는지**, 피고인이 교리 일반을 숙지하고 철저히 따르고 있는지, 피고인이 주장하는 양심적 병역거부가 오로지 또는 주로 그 교리에 따른 것인지, **피고인이 종교를 신봉하게 된 동기와 경위**, 만일 피고인이 개종을 한 것이라면 그 경위와 이유, 피고인의 신앙기간과 실제 종교적 활동 등이 주요한 판단요소가 될 것이다. 피고인이 주장하는 양심과 동일한 양심을 가진 사람들이 이미 양심적 병역거부를 이유로 실형으로 복역하는 사례가 반복되었다는 등의 사정은 적극적인 고려요소가 될 수 있다. 그리고 위와 같은 판단 과정에서 피고인의 가정환경, 성장과정, 학교생활, 사회경험 등 전반적인 삶의 모습도 아울러 살펴볼 필요가 있다. 깊고 확고하며 진실한 양심은 그 사람의 삶 전체를 통하여 형성되고, 또한 어떤 형태로든 그 사람의 실제 삶으로 표출되었을 것이기 때문이다. 정당한 사유가 없다는 사실은 범죄구성요건이므로 검사가 증명하여야 한다(대법원 2008.6.12. 선고 2006도6445 판결 등 참조). 다만 진정한 양심의 부존재를 증명한다는 것은 마치 특정되지 않은 기간과 공간에서 구체화되지 않은 사실의 부존재를 증명하는 것과 유사하다. 위와 같은 불명확한 사실의 부존재를 증명하는 것은 사회통념상 불가능한 반면 그 존재를 주장·증명하는 것이 좀 더 쉬우므로, 이러한 사정은 검사가 증명책임을 다하였는지를 판단할 때 고려하여야 한다. 따라서 양심적 병역거부를 주장하는 피고인은 자신의 병역거부가 그에 따라 행동하지 않고서는 인격적 존재가치가 파멸되고 말 것이라는 절박하고 구체적인 양심에 따른 것이며 그 양심이 깊고 확고하며 진실한 것이라는 사실의 존재를 수긍할 만한 소명자료를 제시하고, 검사는 제시된 자료의 신빙성을 탄핵하는 방법으로 진정한 양심의 부존재를 증명할 수 있다. 이때 병역거부자가 제시해야 할 소명자료는 적어도 검사가 그에 기초하여 정당한 사유가 없다는 것을 증명하는 것이 가능할 정도로 구체성을 갖추어야 한다.

5. 이 사건의 해결 기록에 따르면 다음과 같은 사실을 알 수 있다. 피고인은 여호와의 증인 신도인 아버지의 영향으로 만 13세이던 1997. 11. 16. 침례를 받고 그 신앙에 따라 생활하면서 2003년경 최초 입영통지를 받은 이래 현재까지 신앙을 이유로 입영을 거부하고 있다. 과거 피고인의 아버지는 물론 최근 피고인의 동생도 같은 이유로 병역을 거부하여 병역법 위반으로 수감되었다. 피고인은 부양해야 할 배우자, 어린 딸과 갓 태어난 아들이 있는 상태에서 형

> 사처벌의 위험을 감수하면서도 종교적 신념을 이유로 병역거부 의사를 유지하고 있다. 위에서 본 법리에 비추어 보면, 피고인의 입영거부 행위는 진정한 양심에 따른 것으로서 병역법 제88조 제1항에서 정한 정당한 사유에 해당할 여지가 있다. 따라서 원심으로서는 위에서 본 판단방법에 따라 피고인이 주장하는 양심이 병역법 제88조 제1항의 정당한 사유에 해당하는지를 심리하여 판단했어야 한다. (굵은 글씨는 저자)
>
> 대판(전합) 2018.11.1. 2016도10912

위 대법원 판결의 긍정적 의미에도 불구하고 남아있는 쟁점들이 있다. 첫째, 병역법 시행령 등에 근거한 군종(軍宗) 장교를 지원하는 4대 종교(현행 훈령상으로는 기독교, 천주교, 불교, 원불교)는 군대를 긍정하므로 이들 종교 신자들은 애초에 종교적 신념에 따른 병역거부를 주장할 수는 없는 것인지, 둘째, 우리나라 병역거부자들의 거의 대부분은 특정 종교적 신념에 따른 것인데, 그 특정 종교의 경전 자체에서는 전쟁을 부정하고 있지 않다는 주장을 어떻게 볼 것인지, 셋째, 나아가 현대 과학에 기초한 이성적 판단에 따르면 종교 자체의 진실성을 입증하기 어렵다는 견해에 어떻게 대응할 것인지 등이다. 2019년 개정 병역법은 병역의 종류에 대체역을 추가하였다.

최근 대법원은 모태신앙으로 여호와의 증인의 신도인 피고인이 정기적으로 집회에 참석하고 생활의 상당부분을 종교활동에 매진하고 있는 것으로 보이나, 그 종교의 다른 신도들로부터 공동체 구성원으로 받아들여지는 중요한 의식인 침례를 병역거부 당시는 물론이고 원심 변론종결 당시까지도 받지 않은 점에 비추어 보면 피고인의 병역거부가 깊고 확고하며 진실한 양심에 기초한 것으로 볼 수 없다. 즉 병역거부의 정당한 사유가 없다고 하였다(대판 2020.7.9. 2019도17322; 대법원은 사실심 변론종결시까지 여호와의 증인에 정식으로 입문하는 의식인 침례를 아직까지 받지 않은 경위와 이유는 물론이고 향후 계획을 밝히거나 이를 뒷받침할 자료를 제시한 바 없다고 지적하였다). 양심적 병역거부자로 분류되어 사회복무요원으로 근무하던 자가 병무청장의 지시를 받는 것은 병역의무를 수행하는 것과 같다는 이유로 8일간 대체복무를 거부한 사건에서, 대법원은 당사자는 소속행정기관의 관리, 감독, 지시를 받고 병무행정에 관해서만 병무청장의 감독을 받을 뿐이므로 병역법상의 정당한 사유에 해당하지 않는다고 하였다(대판 2023.3.16. 2020도15554).

이른바 '양심범'의 문제도 마찬가지로 이익형량에 따라 판단해야 할 것이다. 일반적 법률, 즉 일반적으로 적용되는 법률을 양심상 결정에 의한 법위반 행위에 대해서도 그대로 적용하는 것이 원칙이지만, 상황에 따라서는 이익형량의 결과 양심의 자유 보호라는 이익이 법집행을 통한 공익보다 우월한 경우가 있을 수 있다. 특정 개인의 인격의 정체성의 측면에서 매우 진지하고 절박한 양심상의 부담을 가하는 반면 법집행을 통한 공익이 크지 않다고 인정되는 경우에는 위법성이 조각된다고 보아야 한다. 위법성조각까지 인정되는 경우가 아니라고 하더라도 양형의 과정에서 양심의 자유를 존중하는 이익형량이 이루어져야 할 것이다.

한편 대법원은 피고인에게 일정한 금원의 출연(出捐)이나 범죄행위를 뉘우치는 취지의 말이나 글을 발표하도록 하는 내용의 사회봉사를 명하고, 이에 대한 위반시 집행유예의 선고를 취소할 수 있도록 하는 것은 피고인의 양심의 자유에 대한 중대한 침해에 해당하므로 허용될 수 없다고 하고 있다.

(판 례) 집행유예를 선고하면서 사회봉사명령의 내용으로 자신의 범죄행위를 뉘우치는 글이나 말을 발표하도록 하는 것이 허용되는지 여부

이른바 범죄인에 대한 사회내 처우의 한 유형으로 도입된 사회봉사명령 등에 관하여 구체적인 사항을 정하고 있는 형법 제62조의2와 보호관찰 등에 관한 법률 제59조 내지 제64조, 특히 제59조 제1항 “법원은 형법 제62조의2의 규정에 의한 사회봉사를 명할 때에는 500시간 … 의 범위 내에서 그 기간을 정하여야 한다.” 등의 내용을 종합적으로 검토하여 보면, 현행 형법의 사회봉사는 형의 집행을 유예하면서 부가적으로 명하는 것이고 집행유예 되는 형은 자유형에 한정되고 있는 점 등에 비추어, 현행 형법에 의하여 법원이 형의 집행을 유예하는 경우 명할 수 있는 사회봉사는 자유형의 집행을 대체하기 위한 것으로서 500시간 내에서 시간 단위로 부과될 수 있는 일 또는 근로활동을 의미하는 것으로 해석된다. 따라서 법원이 형법 제62조의2의 규정에 의한 사회봉사명령으로 피고인에게 일정한 금원을 출연하거나 이와 동일시 할 수 있는 행위를 명하는 것은 허용될 수 없다고 본다.

한편, 법원이 피고인에게 유죄로 인정된 범죄행위를 뉘우치거나 그 범죄행위를 공개하는 취지의 말이나 글을 발표하도록 하는 내용의 사회봉사를 명하고 이를 위반할 경우 형법 제64조 제2항에 의하여 집행유예의 선고를 취소할 수 있도록 함으로써 그 이행을 강제하는 것은, 헌법이 보호하는 피고인의 양심의 자유, 명예 및 인격에 대한 심각하고 중대한 침해에 해당하므로, 이는 허용될 수 없다(헌법재판소 1991.4.1. 선고 89헌마160 결정, 헌법재판소 2002.1.31. 선고 2001헌바43 결정 등 참조).

대판 2008.4.11. 2007도8373

Ⅱ. 종교의 자유

> **(헌법 제20조)** ① 모든 국민은 종교의 자유를 가진다.
> ② 국교는 인정되지 아니하며, 종교와 정치는 분리된다.

1. 서 설

종교의 자유는 근대 자유주의 확립의 원동력이 된 자유권이다. 종교의 자유는 특히 기독교 칼빈파를 중심으로 하는 종교투쟁의 산물로 획득되었다. 종교의 자유가 헌법상 최초로 명시된 것은 1791년의 미국 헌법 수정 제1조를 통해서이다.

종교의 자유에 관한 주요 헌법적 문제는 크게 세 가지로 집약할 수 있다. ① 헌법상 종교의 개념은 무엇인가, ② 종교의 자유의 제한은 어느 정도까지 허용되는가, ③ 정교분리(政敎分離)의 원칙이란 무엇이며, 종교의 자유와 어떤 관계를 갖는가.

2. 종교의 자유의 내용과 성격

종교의 자유는 크게 두 가지 내용으로 구성된다. 첫째, 내면적인 신앙의 자유이다. 이것은 내심에서 어떤 신앙을 갖거나 갖지 않을 자유이다. 둘째, 외면적인 종교적 행위의 자유이다. 이것은 내심상의 신앙을 어떤 형태로든 외부로 표현하고 행동하는 자유이다. 종교적 행위의 자유는 ① 예배 등 종교의식의 자유, ② 종교적 표현의 자유(종교적 언론 · 출판 · 집회 · 결사의 자유), ③ 종교교육의 자유, ④ 종교의 선전과 전파, 즉 선교의 자유 등을 포함한다. 이들 내용은 부분적으로 서로 중첩된다. 헌법재판소는 자유로운 양로시설 운영을 통한 선교의 자유도 종교의 자유의 일환으로 인정하고 있다(헌재 2016.6.30. 2015헌바46).

종교적 표현의 자유와 일반적인 표현의 자유는 특별법과 일반법의 관계에 있다. 대법원 판례에 의하면, 종교적 목적을 위한 언론 · 출판의 경우에는 다른 일반적인 언론 · 출판에 비하여 고도의 보장을 받는다(대판 2010.9.9. 2008다84236).

종교의 자유는 국가 이전의 인간의 권리로서, 외국인에게도 보장된다. 또한 사인간에도 효력을 갖는다.

3. 종교의 개념

종래 종교의 개념 문제는 소홀히 다루어져 왔다. 그러나 종교의 개념이 무엇인가라는 문제는 종교의 자유에 관한 헌법적 논의의 출발점을 이룬다. 종교의 자유에 관한 헌법적 문제점은 종교의 자유가 어느 정도까지 제한될 수 있는가, 정교분리 원칙의 위반 여부를 판단할 기준은 무엇인가에 집약되는데, 이들 문제에 대한 대답은 종교의 개념을 어떻게 보느냐에 따라 다르게 된다. 뒤에 설명하는 것처럼, 어떤 행위가 법률에 저촉되더라도 그 행위가 종교에 입각한 것인 때에는 이익형량의 결과 위법성이 조각될 수 있다고 보아야 하는데, 이 경우에 그 행위가 종교에 입각한 것이냐 여부는 종교의 개념이 무엇이냐에 따라 좌우된다. 또한 정교분리 원칙에 위반되느냐 여부의 판단은 종교의 개념이 무엇이냐에 따라 좌우된다(예컨대 서울시가 단군성전을 짓는 것이 정교분리 위반이냐의 문제는 단군숭배가 종교이냐의 문제를 전제로 한다). 이처럼 종교의 개념에 관한 헌법적 정의는 반드시 필요하다.

종교의 개념을 정의하는 데에 있어 특히 주의할 점이 있다. 첫째, 종교에 관한 일반 국민의 통상적 관념을 존중할 필요가 있다. 둘째, 새로운 종교에 대해서도 이를 포용할 수 있어야 한다. 종교의 자유는 기성 종교만이 아니라 특히 새로운 종교를 믿는 것을 보호하는 것이 중요하기 때문이다. 이러한 점을 고려하지 않은 종교의 개념 정의는 종교의 자유를 침해할 위험이 크다.

과거에 종교의 개념 정의는 주로 믿음의 내용이 무엇인가라는 내용적 차원에서 접근되어 왔다. 예컨대 신, 내세 또는 그 밖의 초월적 존재를 믿는 것이 종교라고 정의하는 것이 보통이다. 그러나 '**내용적 접근**'은 믿음의 내용 여부에 대해 국가가 개입하는 것이어서 위험하며, 기성 종교의 관점에서 좁게 한정될 소지가 크다. 예를 들어 신과 같은 창조주를 믿는 것을 종교로 정의하는 것은 너무 협소하다.

내용적 접근의 문제점을 고려해 대안으로 제시되는 것이 '**기능적 접근**'이다. 기능적 접근은 믿음의 내용이 아니라 믿음의 기능을 묻는 것이다. 어떤 믿음이 이를 믿는 개인의 삶에 대해 갖는 기능 또는 위치가, 신을 믿는 것과 마찬가지 정도의 핵심적 기능을 하는 진지한 믿음이라면 이를 종교로 볼 수 있다는 것이다. 기능적 접근은 1960년대 이후 미국 대법원 판례에서 시도된 것이다(참고. *Torcaso v. Watkins*, 1961; *U.S. v. Seeger*, 1965).

기능적 접근은 내용적 접근의 문제점을 피할 수 있지만, 종교의 개념을 너무 넓게 확대하기 쉽다는 문제점을 지닌다. 결국 종교의 개념 정의는 어느 하나의 접근이 아니라 종합적 접근에 의거할 수밖에 없다고 할 것이다.

위의 문제와 관련된 것으로, 믿음의 내용의 진실성 여부는 심사 대상이 되지 않는다고 보아야 할 것이다. 기성 종교의 교리의 상당 부분도 입증가능한 것은 아니며, 신앙의 내용이나 교리에 대해 국가는 개입할 수 없기 때문이다. 이와 동지(同旨)의 미국 대법원판례들이 있다(*U.S. v. Ballard*, 1944; *Thomas v. Review Board of Indiana Employment Security Division*, 1981). 이렇게 보는 경우, 사교나 미신과의 구별이 문제되는데, 이 문제는 종합적 접근에 의해 극복되어야 할 것이다.

불행을 고지하거나 길흉화복에 관한 어떠한 결과를 약속하고 기도비 등의 명목으로 대가를 교부받은 경우에 전통적인 관습 또는 종교행위로서 허용될 수 있는 한계를 벗어났다면 종교의 자유의 보호영역이 아니다(대판 2017.11.9. 2016도12460; 사안은 별다른 종교활동을 한 바 없는 자가 피해자로 하여금 골프공을 치는 방법으로 액운을 쫓게 하고 다액을 기도비 명목으로 송금받아 사기죄로 기소된 사안임).

4. 종교의 자유의 제한

(1) 내면적 신앙과 외면적 행위의 구분이론

종교의 자유의 제한에 관한 종래의 전통적인 이론에 의하면, 내면적인 신앙의 자유는 법률로도 제한할 수 없는 절대적 자유권인데 비해 외면적인 종교적 행위의 자유는 상대적 자유권이라는 것이다.

종교의 자유를 제한하는 법률에는 두 종류가 있다. 그 하나는 특별히 종교 전반이나 특정 종교를 대상으로 종교적 행위를 규제하는 것이고, 다른 하나는 일반적인 법률을 종교적 행위에 대해서도 적용함으로써 결과적으로 종교의 자유를 제한하는 경우(예컨대 형법상 범인은닉죄 규정을 성직자에 대해서도 그대로 적용하거나, 병역법을 종교적 병역거부자에게 그대로 적용하는 등)이다. 종교의 자유 제한은 후자의 경우가 대부분이며 전자의 경우는 찾아보기 힘들다. 전자의 드문 예로, 전통사찰보존법을 들 수 있는데, 헌법재판소 판례는 이 법률을 종교의 제한으로 보지 않고 헌법 제9조에 근거한 민족문화유산의 존속을 위한 것으로 보았다(헌재 2003.1.30. 2001헌바64). 헌법재판소는 최근의 결정에서도 전통사찰의 소유로서 전법(傳法)에 제공되는 경내지의 부동산에 대하여는 전통사찰 등록 후의 금전채권으로는 압류하지 못하도록 한 위 법 제14조는 종교의 자유와 무관하다고 판시하였다(헌재 2012.6.27. 2011헌바34).

종래의 판례는 일반적 법률을 종교적 행위에 대해 적용함에 있어서 종교의 자유에 대한 아무 특별한 고려를 하지 않았다. 예컨대 대법원의 일관된 판례에 의하면 교리를 이유로 하는 병역거부자에 대해 병역법 위반으로 처벌하는 것이 종교의 자유의 침해가 아니라고 보고 있다(대판 1969.7.22. 69도934등. 헌법재판소 판례에 관해서는 앞의 양심의 자유를 참조). 신앙에 근거한 행위라고 하더라도 그렇지 않은 행위와 똑같이 법률의 규제를 받는다는 것이다. 아래의 설명에서 보듯이 판례의 이러한 태도는 옳지 않다.

한편, 통계청장이 실시하는 인구주택총조사에서 종교가 있는지 여부, 있다면 종교명이 무엇인지를 묻는 것은 특정 종교를 믿는다는 이유로 불이익을 주거나 종교적 확신에 반하는 행위를 강요하기 위한 것이 아니므로 종교의 자유 제한 문제가 아니라 종교를 포함한 개인정보의 수집 · 활용 등이 개인정보자기결정권을 침해하는지의 문제라는 것이 헌법재판소의 입장이다(헌재 2017.7.27. 2015헌마1094).

(2) 이익형량론

내면적 신앙과 외면적 행위를 구분하는 위의 이론은 내면적 신앙을 절대적 자유권으로 보는 점에서는 타당하지만, 외면적 행위에 관하여 신앙에 근거한 것과 그렇지 않은 것을 구별하지 않고 법적 제한을 정당화한다는 점에서는 타당하지 않다. 구체적인 이익형량의 결과, 경우에 따라서는 신앙에 근거한 법위반 행위에 대해 위법성 조각을 인정할 수 있다고 할 것이다. 이러한 법리는 1960년대 이후 미국 대법원 판례에서 채택되었다.

이 법리에 의하면 이익형량에 있어서 다음 세 가지 요인을 고려한다. ① 일정한 법적 규제가 신앙에 대해 '상당한 부담'(substantial burden)을 가하느냐의 여부, ② 법적 규제를 통해 달성하려는 세속적 이익이 긴절(compelling)한가의 여부, ③ 신앙에 대해 덜 부담을 가하는 다른 수단이 존재하느냐 여부. 이러한 이익형량의 결과, 일반적 법률의 적용 면제를 인정한 미국 판례들이 있다.

(참고 · 미국판례) *Sherbert v. Verner*(1963).

토요일을 안식일로 하는 교파(제7일 강림교)의 신도가 토요일 근무 거부로 해고되어 실업 급여를 청구하였다. 법률에 의하면 적절한 근무를 거부한 자에게 실업급여를 주지 않는다고 규정하였고, 이에 따라 실업급여가 거부되었다. 대법원은 이 거부에 긴절한 이유가 없고 신앙에 어려움을 주었다고 하여 위헌이라고 판시하였다.

Wisconsin v. Yoder(1972).

에이미쉬(Amish) 교도들은 8학년을 넘는 학교 교육이 신앙에 장애가 된다고 보고 자녀들의 의무적 취학을 거부하였다. 대법원은 이들에 대한 처벌이 위헌이라고 보았다.

최근의 미국 대법원 판례는 위의 판례들보다 후퇴하는 태도를 보여주고 있다. 종교적으로 중립적인 일반적 법률의 적용에 있어서, 신앙을 근거로 하는 적용 면제를 인정하지 않고 있다. 대표적 예로, 인디언 원주민들이 종교적 의식에서 마약을 사용한 데 대해 마약금지법을 적용하여 처벌한 것을 합헌이라고 보았다(*Employment Division v. Smith*, 1990).

2020년부터 수년간 전 세계를 휩쓸었던 코로나19와 관련하여 종교 집회를 금지하는 것이 허용되는지 문제가 되었다. 대법원은 종교의 자유와 국가의 국민의 건강권·보건권 보호의무를 이익형량하였는데, 다수의견은 종교 집회의 금지는 합헌이라고 하였다.

(판 례) 종교의 자유와 국가의 국민 보건권 보호의무

(갑 광역시장이 관내 코로나바이러스감염증-19 누적 확진자 수 급증과 특정 교회에서의 집단감염 사례 등 확진자 증가 사실을 알리면서, 사회적 거리두기를 2단계로 유지하되 사실상 3단계에 준하는 집합금지 확대 등의 조치를 취한다는 취지의 발표와 함께, 구 감염병의 예방 및 관리에 관한 법률 제49조 제1항 제2호에 따라 '관내 종교시설에 대한 집합금지' 등을 명하는 예방 조치를 하자, 관내 을 교회 및 그 대표자인 목사가 위 처분이 비례의 원칙 등을 위반하여 자신들의 종교의 자유를 침해한다며 처분의 취소를 구한 사안에서)

헌법 제34조 제6항("국가는 재해를 예방하고 그 위험으로부터 국민을 보호하기 위하여 노력하여야 한다."), 제36조 제3항("모든 국민은 보건에 관하여 국가의 보호를 받는다.")에서 정한 국가의 기본권 보호의무와 감염병예방법, 재난안전법의 내용 및 취지 등에 비추어 보면, 행정청이 전문적인 위험예측에 관한 판단에 기초하여 감염병을 예방하기 위한 여러 종류의 조치 중에서 필요한 조치를 선택한 데에 비례의 원칙 위반 등 재량권 일탈·남용의 위법이 있는지를 판단할 때에는, 감염병의 특성과 확산 추이, 예방 백신이나 치료제의 개발 여부, 예방 조치를 통해 제한 또는 금지되는 행위로 인한 감염병의 전파가능성 등 객관적 사정을 기초로, 해당 예방 조치가 행정목적을 달성할 수 있는 효과적이고 적절한 수단인지, 그러한 행정목적을 달성하는 데 해당 예방 조치보다 상대방의 권리나 이익이 덜 제한되도록 하는 합리적인 대안은 없는지, 행정청이 해당 예방 조치를 선택하면서 다양한 공익과 사익의 요소들을 고려했는지, 나아가 예방 조치를

통해 달성하려는 공익과 이에 따라 제한될 상대방의 권리나 이익이 정당하고 객관적으로 비교·형량 되었는지 등을 종합적으로 고려해야 한다.

① 위 처분은 밀폐, 밀접, 밀집된 상황에서 비말에 의한 전파가능성이 가장 높은 것으로 알려진 코로나19의 확산을 방지하여 공공의 건강과 안전을 도모하기 위한 것이고, 코로나19의 확산을 차단하기 위한 방법으로 교인들의 대면 예배라는 집합 자체의 금지를 선택한 것은 위와 같은 행정목적을 달성하기 위한 유효·적절한 수단인 점, 당시 지역 내 주민 등의 생명과 건강을 보호하기 위한 목적을 달성하는 데 위 처분보다 덜 침해적이지만 동일하게 효과적인 수단이 있었다고 보기 어려운 점, 위 처분으로 인한 종교의 자유 제한의 효과가 일시적이고 한시적으로 적용되는 점과 과학적 불확실성이 높고 질병과 관련한 환경이 빠르게 변화하는 팬데믹 상황의 특수성을 고려할 때, 위 처분으로 제한되는 을 교회 등의 종교의 자유가 이를 통하여 달성하고자 하는 공익보다 중하다고 보기 어려운 점에 비추어, 갑 시장이 위 처분을 하면서 비례의 원칙을 위반하여 을 교회 등의 종교의 자유를 침해하였다고 보기 어렵고, ② 위 처분에서 각종 시설들을 세분화하여 집합금지 대상, 10인 이상 집합금지 대상, 집합제한 대상으로 분류하여 예방 조치를 명하였는데, 갑 시장이 참가자들 사이의 물리적 거리의 확보 가능성과 더불어 특정한 목적의 집합에서 전형적으로 수반되는 행위에 대해 방역의 관점에서 어느 정도의 위험성이 있는지를 판단하여 시설들을 분류한 것으로 보이고, 이와 같은 기준의 설정은 합리성이 인정되는 점, 갑 시장이 종교시설을 오락실, 워터파크, 공연장, 실내체육시설, 목욕탕·사우나(지하), 멀티방·DVD방(지하)과 함께 집합금지 대상으로 분류하여 예방 조치를 강화한 것은 비말 발생이 많은 활동이 주로 이루어지거나 이용자의 체류시간이 비교적 길게 나타나는 등의 특징을 가진 시설들을 함께 분류한 것으로 보이고, 이와 같은 판단이 객관적이고 합리적인 범위를 벗어난 것이라고 보기 어려운 점, 코로나19 확산 초기부터 교회를 중심으로 한 집단감염 사례가 꾸준히 보고되었고, 위 처분도 특정 교회 내에서 30명의 집단감염이 발생하자 그러한 위험의 추가 발생을 선제적으로 차단하고자 하는 목적에서 이루어진 것으로서, 감염 경로나 종교시설발 확진자가 차지하는 비중, 집단감염 관련 기존 통계치 등에 비추어 합리적인 근거가 없는 것이라고 보기 어려운 점, 위 처분은 교회뿐만 아니라 관내의 종교시설 전체에 대하여 집합금지의 예방 조치를 명한 것임이 문언상 분명한 점에 비추어, 갑 시장이 위 처분을 하면서 평등의 원칙을 위반하여 을 교회 등의 종교의 자유를 침해했다고 보기 어렵다.

(김선수 대법관 등 3인의 반대의견)

갑 시장이 위 처분을 함에 있어 구체적으로 어떠한 사항들을 고려하여 전문적인 위험예측에 관한 판단을 하였는지 기록상 찾아보기 어렵고, 특히 기존에 시행되어 적정한 조치라고 평가받은 인원제한, 거리두기 등 조치의 강도를 높이는 대안을 우선적으로 고려하지 않은 채 곧바로 대면 예배를 전면적으로 금지하는 처분으로 나아간 것은 침해의 최소성을 갖춘 것으로 볼 수 없다. 국가나 지방자치단체가 헌법상 보장되는 기본권인 종교의 자유를 제한하기 위해서는 상황이 긴급하더라도 침해의 최소성을 갖추는 등 비례의 원칙을 따라야 한다. 또한 위 처분은 식당이나 결혼식장 등에 대해서는 기존의 조치를 유지하면서도 종교시설 전체에 대해 전면적인 집합금지를 명하는 것인데, 이는 방역의 관점에서 본질적으로 같은 시설들을 자의적으로 다르게 취급한 것이다. 따라서 위 처분은 비례의 원칙, 평등의 원칙을 위반한 것으로서 재량권의 범위를 일탈·남용하여 위법하다고 보기에 충분하므로, 다수의견에 찬성할 수 없다.

대판(전합) 2024.7.18. 2022두43528

헌법재판소도 감염병을 예방하기 위하여 종교집회를 제한하거나 금지하는 조치를 하도록 규정한 '감염병의 예방 및 관리에 관한 법률' 규정을 합헌이라 판단하였다(헌재 2024.6.27. 2021헌바178). 법률에서는 단순히 '집회'를 제한·금지한다고만 규정하고 있는데, 헌법재판소는 이 결정에서 '종교집회'로 한정하여 판단하였다.

(3) 개별적 문제들: 국기경례 거부, 성직자의 범인은닉, 사립학교에서의 종교교육 등

교리에 의거하여 국기경례를 거부한 데 대해 법적 제재를 가할 수 있는가라는 문제가 있다. 대법원 판례는 이를 긍정하고 있다.

(판 례) 국기경례거부

'여호와의 증인' 교파의 신도가 교리에 따라 우상숭배라고 하여 학교 교련시간에 국기경례를 거부한 이유로 제적처분을 받았다. 대법원 판례는 "종교의 자유 역시 그들이 재학하는 위 학교의 학칙과 교내질서를 해치지 않는 범위 내에서 보장되는 것"이라고 판시하면서 제적 처분이 합헌이라고 보았다.

대판 1976.4.27. 75누249

위와 유사한 사건에서 미국 대법원 판례는 처음에 합헌이라고 보았으나(*Minersville School District v. Gobitis*, 1940), 뒤의 판결에서 위헌이라고 판시하였다. 대법원은 이 문제를 직접 종교의 자유의 문제로 다루지 않고 표현을 강제당하지 않을 자유의 문제로 보면서, "중대하고 급박한 위험"이 없다고 하여 위헌이라고 판시하였다(*West Virginia State Board of Education v. Barnette*, 1943).

한편 성직자의 범인은닉 행위를 처벌하는 것이 종교의 자유에 대한 침해가 되는가라는 문제가 있다. 대법원은 이른바 미국문화원 방화 사건에서 가톨릭 사제의 범인은닉 행위가 직무상 정당한 행위에 해당하지 않는다고 보아 위법성을 인정하였다.

(판 례) 성직자의 범인은닉

사제가 죄지은 자를 능동적으로 고발하지 않은 것은 종교적 계율에 따라 그 정당성이 용인되어야 한다고 할 수 있을 것이나 그에 그치지 아니하고 적극적으로 은닉 도피케 하는 행위는 어느 모로 보나 사제의 정당한 직무범위를 벗어난 것으로서 그 동기나 목적에 있어 정당성을 인정할 수 없(다)(……).

피고인이 보호하려는 이익과 피고인의 행위로 인하여 침해되는 법익을 서로 교량하여 볼 때 현저하게 균형을 잃었으며, 피고인의 행위는 그 당시의 상황에 비추어 긴급하고 부득이한 것이라 할 수 없고 그 행위 외에 달리 다른 길을 택하는 것이 불가능하거나 또는 현저하게 곤란한 유일한 방법이라고 인정하기 어렵다.

대판 1983.3.8. 82도3248

위 대법원 판례는 이익형량론의 외관을 취하고 있는 점에서는 주목할 만하지만, 구체적인 경우에 따라 성직자의 범인은닉 행위에 대해 위법성 조각을 인정할 수 있는지 여부에 대해 분명하지 않다. 일본 판례 중에는 성직자의 범인은닉에 대해 이익형량론을 적용하여 위법성 조각을 인정한 것이 있다(고베 간이재판소 판결. 1975.2.20).

또 다른 문제로, 학교에서의 종교교육의 문제가 있다. 교육기본법은 국공립학교에서 특정 종교를 위한 종교교육을 하여서는 안 된다고 규정하고 있다(제6조 제2항). 한편 사립학교에서의 종교교육(채플 등)이 학생의 종교의 자유를 침해하는 것이 아니냐에 관해서는 논란이 있다.

(판 례) 사립대학에서의 종교교육

사립대학은 종교교육 내지 종교선전을 위하여 학생들의 신앙을 가지지 않을 자유를 침해하지 않는 범위 내에서 학생들로 하여금 일정한 내용의 종교교육을 받을 것을 졸업요건으로 하는 학칙을 제정할 수 있[다].

대판 1998.11.10. 96다37268

위 판례처럼 국공립학교와 달리 사립학교는 원칙적으로 종교교육을 할 자유가 있다. 다만 학교 선택의 자유가 인정되지 않고 있는 중고등학교에서 종교 교육을 강제하는 것은 학생의 종교의 자유에 대한 침해가 되며 위헌이라고 보아야 할 것이다.

대법원은 종립(宗立)학교에 강제배정된 학생의 종교자유 침해에 따른 손해배상책임을 인정하였다.

(판 례) 종립학교에 강제배정된 학생의 종교의 자유 침해

(사건개요)

미션스쿨인 고등학교에서 학생들을 매주 기독교식 예배에 참여하게 하였다. 원고는 이 학교 학생으로 이 예배를 거부하고 학교방송을 통한 비판 및 교육청 앞에서의 일인 시위 등, 이에 항의하는 일련의 행위를 하였다. 학교는 원고에게 전학을 권고하였으나 이에 불응하자 퇴학처분을 내렸다. 원고는 대학 입학 후 학교와 교육청을 상대로 손해배상청구소송을 제기하였다. 1심은 원고 일부 승소, 항소심은 원고청구를 전부 기각하였다. 대법원은 종립학교에서도 종교의 자유가 인정되어야 한다는 취지로 원심을 파기, 환송하였다.

(판결요지)

첫째, 고교평준화정책에 따른 학교강제배정 제도 하에서, 종립학교가 가지는 종교교육의 자유 및 운영의 자유와 학생들이 가지는 소극적 종교행위의 자유가 서로 충돌하는 경우, 구체적 사안에서의 사정을 종합적으로 고려한 이익형량과 함께 양 기본권 사이의 실제적 조화를 꾀하는 해석을 통해 이를 해결하여야 한다.

둘째, 종교적 중립성이 유지된 보편적 교양으로서의 종교교육의 범위를 넘어서서 학교의 설립이념이 된 특정의 종교교리를 전파하는 종파교육 형태의 종교교육을 실시하는 경우, 그 종교교육의 구체적인 내용과 정도, 종교교육이 일시적인 것인지 아니면 계속적인 것인지 여부, 학생들에게 그러한 종교교육에 관하여 사전에 충분한 설명을 하고 동의를 구하였는지 여부, 학생들이 불이익이 있을 것을 염려하지 아니하고 자유롭게 대체과목을 선택하거나 종교교육 참여를 거부할 수 있었는지 여부 등의 구체적인 사정을 종합적으로 고려하여 사회공동체의 건전한 법상식과 법감정에 비추어 볼 때 용인될 수 있는 한계를 초과한 종교교육이라고 보이는 경우에는 위법성을 인정할 수 있다.

대판 2010.4.22. 2008다38288

한편 헌법재판소는 국가시험을 일요일에 시행하거나(헌재 2001.9.27. 2000헌마159), 연 2회 실시하는 시험 모두를 토요일에 시행하는 것도 합헌이라고 하였다(헌재 2023. 6.29. 2021헌마171; 제칠일안식일예수재림교 신자인 청구인의 종교의 자유를 침해하는지 여부가 문제된 사건에서 시험일을 일요일로 정하는 경우 일요일에 종교적 의미를 부여하는 응시자의 종교의 자유를 제한하게 되므로, 종교의 자유 제한 문제는 기본권의 주체만을 달리하여 그대로 존속하게 된다는 이유를 들었다). 종교단체가 설립하는 학교 또는 학원 형태의 교육기관도 인가 혹은 등록을 받도록 하는 것은 종교의 자유를 침해하지 않는다고 하였다.

(판 례) 종교단체가 설립하는 학교 또는 학원에 대해서도 인가 또는 등록을 받도록 한 것

교육법 제85조 제1항 및 학원의설립·운영에관한법률 제6조가 종교교육을 담당하는 기관들에 대하여 예외적으로 인가 혹은 등록의무를 면제하여 주지 않았다고 하더라도, 헌법 제31조 제6항이 교육제도에 관한 기본사항을 법률로 입법자가 정하도록 한 취지, 종교교육기관이 자체 내부의 순수한 성직자 양성기관이 아니라 학교 혹은 학원의 형태로 운영될 경우 일반국민들이 받을 수 있는 부실한 교육의 피해의 방지, 현행 법률상 학교 내지 학원의 설립절차가 지나치게 엄격하다고 볼 수 없는 점 등을 고려할 때, 위 조항들이 청구인의 종교의 자유 등을 침해하였다고 볼 수 없고, 또한 위 조항들로 인하여 종교교단의 재정적 능력에 따라 학교 내지 학원의 설립상 차별을 초래한다고 해도 거기에는 위와 같은 합리적 이유가 있으므로 평등원칙에 위배된다고 할 수 없다.

헌재 2000.3.30. 99헌바14, 판례집 12-1, 325,325-326

위 결정과 같은 취지로, 국가 또는 지방자치단체 외의 자가 '양로시설'을 설치하고자 하는 경우 신고하도록 규정하고 이를 위반한 경우 처벌하는 노인복지법 규정도 관리·감독의 사각지대가 발생할 우려가 있고, 그 설립, 운영주체가 종교단체라고 하여 예외로 할 수 없으며, 안전사고나 인권침해를 예방하려는 공익이 더 크다고 할 것이므로 종교의 자유 침해가 아니라고 하였다(헌재 2016.6.30. 2015헌바46).

그 밖에 종교시설 내 투표소 설치가 문제된다. 해당 종교와 다른 종교를 믿는 사람들의 종교의 자유 침해가 될 수 있기 때문이다. 공직선거법(2010.1.25. 개정)은 "병영안과 종교시설 안에는 투표소를 설치하지 못한다. 다만, 종교시설의 경우 투표소를 설치할 적합한 장소가 없는 부득이한 경우에는 그러하지 아니하다" 규정하고 있다. 헌법재판소는 개정법률 이전에 이 문제가 다루어진 사건에서 심판청구이익을 인정할 수 없다고 하여 각하결정을 내렸다(헌재 2010.11.25. 2008헌마207).

5. 정교분리의 원칙

(1) 정교분리의 의의

정교분리(政敎分離)란 국가는 국민의 세속적 생활에만 관여하고 신앙적 생활은 국민의 자율에 맡겨 개입하지 않는다는 원칙이다. 즉 국가의 종교적 중립성을 나타내는 원칙이다.

정교분리의 이유 또는 근거는 종교의 자유를 충실히 보장하는 데에 있다. 국가가 어느 특정 종교를 국교로 한다거나 특별히 우대하는 경우에는 다른 종교를 제약하는 부정적 영향을 가져오게 된다. 모든 종교를 똑같이 우대한다고 가정하더라도 이것은 무종교의 자유에 대해 마찬가지 영향을 가져오게 된다.

정교분리의 원칙은 종교의 자유를 보장하기 위한 제도보장이라고 할 수 있다.

(2) 정교분리의 내용

정교분리의 내용과 정도는 각국의 역사적 배경에 따라 일정하지 않다. 오늘날 정교분리의 내용 또는 형태는 세 가지로 구분할 수 있다. ① 국교(국교란 국가가 특별히 지정하여 특권을 부여하거나 보호하는 종교를 말한다)를 인정하되 국교도 이외의 국민에게 종교의 자유를 인정하는 경우이다. 영국이 그 대표적 예에 해당한다. ② 국교는 인정하지 않으나 종교단체를 공법인으로 하고 국가와 대체로 대등한 지위를 인정하며, 고유한 사항은 각각 독자적으로 처리하되 경합적 사항은 협약을 통해 해결하는 경우이다. 독일이 이에 해당한다. ③ 국가와 종교를 완전히 분리하는 경우이다. 미국, 프랑스, 일본이 이에 해당하고 한국도 여기에 속한다.

우리 헌법상의 정교분리의 원칙은 구체적으로 다음과 같은 내용을 갖는다. ① 국교의 금지, ② 국가에 의한 특정 종교의 우대와 차별 금지, ③ 국가에 의한 종교적 활동의 금지. 그 밖에 종교의 정치개입 금지도 포함한다는 견해가 있으나, 이에 대하여는 뒤에 설명한다.

(3) 정교분리 원칙의 적용상 심사기준

구체적인 경우에 국가의 어떤 조치가 정교분리 위반에 해당하느냐 여부의 판단은 반드시 용이한 일은 아니다. 정교분리의 원칙이 국가의 종교에 대한 적대적 관계를 요청하는 것은 아니며, 분리관계와 적대관계의 구분은 분명하지 않기 때문이다. 분리를 강조하다보면 자칫 종교의 자유에 대한 침해가 될 수 있고, 분리가 미흡하면 정교분리 위반이 된다.

이 문제에 관하여 미국 대법원 판례에서 형성된 법리는 유용한 심사기준을 제시해준다. 미국에서는 주로 공립학교에서의 기도 등 종교적 행사의 문제, 그리고 사립의 종립(宗立)학교나 종교기관에 대한 재정적 혜택의 문제가 논란되어 왔는데, 판례에 의하면 다음과 같은 '세 갈래 심사'(three-pronged test)에 의해 판단한다. ① 목적에 있어서 세속적이어야 한다. ② 일차적인 효과가 세속적이어야 한다. ③ 국가의 종교에 대한 '과도한 개입'을 초래하는 것이어서는 안 된다. 이 세 갈래 심사 모두가 충족되어야 정교분리 위반이 아니다(*Lemon v. Kurtzman*, 1971).

위의 심사기준이 기본적으로 '정도'(degree)의 심사라는 성격을 면하기는 어렵다. 미국 판례 중에 이 기준에 어긋난 것으로 볼 수 있음에도 불구하고 역사적으로 수용되어왔다는 점을 강조하여 정교분리 위반이 아니라고 본 판례들이 있다. 예컨대 의회가 회기를 개시할 때 기도를 하는 것이 합헌이라고 본 판례(*Marsh v. Chambers*, 1983), 또는 종교단체에 대해 재산세와 소득세를 면제한 주법이 합헌이라고 본 판례(*Walz v. Tax Commission of New York*, 1970) 등이 있다.

(4) 개별적 문제들

정교분리의 원칙에 따라 국가는 종교단체의 내부 문제에 관여할 수 없다. 교리에 관한 것은 물론이고 종교단체의 구성원의 선임, 징계 등에 관하여 원칙적으로 관여할 수 없다(뒤의 사법권의 한계 참조). 대법원은 "종교단체의 징계결의는 종교단체 내부의 규제로서 헌법이 보장하고 있는 종교 자유의 영역에 속하는 것이므로 교인 개인의 특정한 권리의무에 관계되는 법률관계를 규율하는 것이 아니라면 원칙적으로 법원으로서는 그 효력의 유무를 판단할 수 없다고 할 것이지만, 그 효력의 유무와 관련하여 구체적인 권리 또는 법률관계를 둘러싼 분쟁이 존재하고, 또한 그 청구의 당부를 판단하기에 앞서 위 징계의 당부를 판단할 필요가 있는 경우에는 그 판단의 내용이 종교 교리의 해석에 미치지 아니하는 한 법원으로서는 위 징계의 당부를 판단하여야 한다"고 보았다(대판 2010.5.27. 2009다67665,67672; 본 사안은 교회가 제명처분된 목사, 부목사들의 사택에 대하여 명도청구를 한 사안임).

대법원은 최근의 판례에서도 "교인으로서 비위가 있는 자에게 종교적인 방법으로 징계·제재하는 종교단체 내부의 규제(권징재판)가 아닌 한 종교단체 내에서 개인이 누리는 지위에 영향을 미치는 단체법상의 행위라 하여 반드시 사법심사의 대상에서 제외하거나 소의 이익을 부정할 것은 아니라는 상고이유의 주장은 귀기울일 만하다(대판 2006.2.10. 2003다63104 등 참조). 그렇다고 하여도 종교단체가 헌법상 종교의 자유와 정교분리의 원칙에 기초하여 그 교리를 확립하고 신앙의 질서를 유지하는 자율권은 최대한 보장되어야 하므로, 종교단체의 의사결정이 종교상의 교의 또는 신앙의 해석에 깊이 관련되어 있다면, 그러한 의사결정이 종교단체 내에서 개인이 누리는 지위에 영향을 미치더라도 그 의사결정에 대한 사법적 관여는 억제되는 것이 바람직하다"고 판시하였다(대판 2011.10.27. 2009다32386).

한편 종교단체의 내부 재판에 교회법 외의 '사회 재판법'의 일반원칙이 적용되는지도 문제된다. 2심제로 운용되는 기독교 교단 재판 2심에서 1심의 정직보다 중한 면직이 선고된 경우 이를 무효로 할 수 있는지가 문제되었다.

(판 례) 교회재판에 불이익변경금지 원칙이 적용되는지 여부(총회재판위원회판결효력정지가처분)

종교단체의 징계결의는 종교단체 내부의 규제로서 헌법이 보장하고 있는 종교자유의 영역에 속하는 것이므로 교인 개인의 특정한 권리의무에 관계되는 법률관계를 규율하는 것이 아니라면 원칙적으로 법원으로서는 그 효력 유무를 판단할 수 없지만, 그 효력의 유무와 관련하여 구체적인 권리 또는 법률관계를 둘러싼 분쟁이 존재하고, 또한 그 청구의 당부를 판단하기에 앞서 위 징계의 당부를 판단할 필요가 있는 경우에는 그 판단의 내용이 종교 교리의 해석에 미치지 아니하는 한 법원으로서는 위 징계의 당부를 판단하여야 하고(대법원 2010.5.27. 선고 2009다67665, 67672 판결 참조), 종교단체 내부에서 확정된 권징재판이라고 하더라도 그 처분이 종교단체 헌법 등에서 정한 적법한 재판기관에서 내려진 것이 아니거나 그 종교단체 소정의 징계절차를 밟지 아니하거나 징계사유가 존재하지 아니하는 등의 특별한 사정이 있는 때에는 법원은 그 권징재판을 무효라고 판단할 수 있다(대법원 2015.7.23. 선고 2015다19568 판결 등 참조) (……)

이 사건에 돌아와 보건대, 채무자 장정 【1408】 제8조(준용규정)에서 "이 재판법(일반 재판법)에 규정되지 아니한 사항은 사회 재판법에 준한다."라고 정하고 있는데, 이 사건 판결은 그 주문에서 '피고소인(채권자)을 면직(△△교회 담임목사)에 처한다.'고 하여 형법상 자격형과 유사하게 채권자의 신분적 법률관계를 규율한 점, 고소인들(제1심 채무자보조참가인들)의 고소에 따라 심사위원회가 기소 여부를 심사·결정하여 재판이 진행되었고, 그 당사자가 검사와 피고인이 아니라 고소인과 피고소인(채권자)이라는 점을 제외하고는 형사소송과 유사한 절차에 따라 진행된 점 등에 비추어 보면, 위 준용규정에서 말하는 '사회 재판법'에 형사소송법의 일반 규정이 포함된다고 봄이 상당하다.

서울고법 2021.11.30.자 2021라20866(교단의 재항고취하로 확정)

위 결정은 교회법에서 '사회 재판법' 준용 규정이 없는 경우에도 형사소송법이나 민사소송법의 일반원칙이 여전히 적용되는지는 숙제로 남겼다.

특정 종교에 이익을 주거나 불이익을 가하는 것은 종교의 자유 또는 평등권 침해의 문제가 될 뿐만 아니라 정교분리 위반의 문제도 제기한다. 이 문제에 관한 것으로 전통사찰보존법이 있다. 이 법률은 '전통사찰'로 지정된 사찰 재산의 양도, 담보제공 등 일정한 재산권 행사에 허가를 받도록 하는 등(제6조), 불교 사찰에 대해 특별한 규제를 가하고 있다. 위의 세 갈래 심사기준에 따라 판단한다면 이 법률의 세속적 성격에 비추어 정교분리 위반이 아니라고 본다.

(판 례) 정교분리의 원칙과 유서 깊은 종교시설에 대한 지원

헌법 제20조 제2항은 '국교는 인정되지 아니하며, 종교와 정치는 분리된다'고 규정하여 국교불인정 및 정교분리원칙을 선언하고 있으므로, 국가나 지방자치단체 내지는 행정관청은 특정 종교에 대하여 재정지원을 하는 등 적극적으로 종교에 개입하지 않을 의무와 더불어 특정 종교를 차별하지 않을 의무가 있다고 할 것이다. 그런데 한편, 헌법 제9조는 '국가는 전통문화의 계승 · 발전과 민족문화의 창달에 노력하여야 한다'고 규정하고 있는바, 오늘날 종교적인 의식 또는 행사가 하나의 사회공동체의 문화적인 현상으로 자리잡고 있다 할 것이므로, 어떤 의식, 행사, 유형물 등이 비록 종교적인 의식, 행사 또는 상징에서 유래되었다고 하더라도 그것이 이미 우리 사회공동체 구성원들 사이에서 관습화된 문화요소로 인식되고 받아들여질 정도에 이르렀다면 이는 정교분리원칙이 적용되는 종교의 영역이 아니라 헌법적 보호가치를 지닌 문화의 의미를 갖게 되므로, 이와 같이 이미 문화적 가치로 성숙한 종교적인 의식, 행사, 유형물에 대한 국가 등의 지원은 일정 범위 내에서 전통문화의 계승 · 발전이라는 문화국가원리에 부합하며 정교분리원칙에 위반되지 않는다고 할 것이다.

(……) 풍수원성당은 1907년에 고딕양식으로 건립된 성당이고 우리나라에 현존하는 성당 중 세 번째로 오래된 성당으로서 문화재로 보호할 가치가 충분하다고 할 것이므로, 국가 등이 풍수원성당을 문화재로 지정하고 일정한 범위 내에서 보호 내지 지원을 하는 것은 정교분리원칙에 위반되지 않는다고 할 것인바, 이 사건 유현문화관광지 조성계획은 풍수원성당 관련 시설 이외에는 별

다른 관광자원을 보유하지 못한 횡성군이 위 시설 등의 활용을 통한 지역경제의 활성화를 도모하기 위한 목적에서 추진한 것으로 보이고, 이 사건 유현문화관광지 조성사업으로 풍수원성당을 원조하는 효과가 있다고 하더라도 이는 부수적이고 간접적인 효과에 불과하므로, 이 사건 유현문화관광지 조성계획이 특정 종교를 우대·조장하거나 배타적 특권을 부여하는 등 정교분리원칙에 위반된다고 할 수 없다.

대판 2009.5.28. 2008두16933

(판 례) 종교시설에 대한 부담금과 정교분리

기반시설부담금은 종교시설의 건축행위에 금전적인 부담을 가하여 종교적 행위의 자유를 제한하는데, 종교적 행위의 자유는 내심의 신앙의 자유와는 달리 절대적 자유가 아니라 질서유지와 공공복리를 위하여 법률로 제한할 수 있다(헌재 2001.9.27. 2000헌마159, 판례집 13-2, 353,361).

법 제6조 제1항, 제2항, 제7조 제1항 본문, 제9조 제1항, 제4항이 종교시설의 건축에 제한을 가하기 위한 입법목적으로 제정되었다거나 법문상 종교시설의 건축만을 규율하고 있는 것이 아니고, 특정한 종교를 목적으로 입법한 것이 명백하거나 실제 법 집행의 효과가 종교시설의 건축행위에만 미치는 경우도 아니다. 그렇다면, 기반시설부담금의 부과가 종교시설의 건축행위에 부담을 주었다고 하더라도, 이는 중립적이고 일반적으로 적용되는 법률이 우연히 종교시설에 적용된 것에 불과하다.

헌재 2010.2.25. 2007헌바131 등, 판례집 22-1 상, 104,131-132

그 밖에 군목·군신부·군승 제도를 실시하는 것, 수형자에게 성직자들이 교회(敎誨)행위를 하는 것, 성탄절이나 석가탄신일을 공휴일로 지정하는 것 등은 위의 심사기준에 비추어 위헌이 아니라고 본다. 훈련병등에게 육군훈련소 내 종교 시설에서 개최되는 개신교·불교·천주교·원불교 종교행사 중 하나에 참석하도록 한 행위는 그 자체로 종교적 행위의 외적 강제에 해당하고 위 4개 종교를 승인하고 장려한 것이자, 여타 종교 또는 무종교보다 이러한 4개 종교 중 하나를 가지는 것을 선호한다는 점을 표현한 것이라고 보여질 수 있으므로 국가의 종교에 대한 중립성을 위반하여 특정 종교를 우대하고, 국가와 종교의 밀접한 결합을 초래한다는 점에서 정교분리원칙에 위배된다고 하였다(헌재 2022.11.24. 2019헌마941).

(5) 종교의 정치관여도 금지되는가

헌법 제20조 제2항 후단은 "종교와 정치는 분리된다"라고 하여 문언상 국가의 종교적 중립성만이 아니라 종교의 정치개입도 금지하는 것처럼 보인다. 학설 중에도 종교의 정치관여가 금지된다고 보는 견해들이 적지 않다. 그러나 정교분리는 종교의 정치관여 금지를 의미하지 않는다고 본다. 첫째, 정치의 영역과 종교의 영역은 상당부분 중첩되며 이를 분리하기 어렵다. 둘째, 종교의 정치 관여를 금지한다면 이는 종교를 이유로 정치적 기본권(정당 결성과 가입의 권리, 정치적 표현의 자유 등)을 차별적으로 제한하는 것이며 위헌이라고 볼 것이다. 실제로 종교의 정치관여를 금지하는 법률을 찾아볼 수 없다. 다만 정치자금법에서 단체의 정치자금 기부를 금지하고 있는데(제31조), 이는 모든 단체에 적용되는 것이다.

(참고 · 미국판례) *McDaniel v. Paty*(1978).

테네시 주법은 목사 등 성직자가 주의 헌법회의의 대표자로 될 수 없다고 규정하였다. 대법원은 이익형량의 결과, 종교의 자유에 대한 위헌적 침해라고 보았다.

Ⅲ. 학문의 자유

> **(헌법 제22조)** ① 모든 국민은 학문과 예술의 자유를 가진다.
> ② 저작자 · 발명가 · 과학기술자와 예술가의 권리는 법률로써 보호한다.

1. 서 설

학문의 자유는 기본권의 목록 가운데에서 연혁적으로 독특하다. 학문의 자유는 독일 헌법의 특수한 전통에서 발전되어온 기본권이다. 서구의 기본권 사상은 시민혁명을 먼저 성공시킨 영국, 미국, 프랑스 등을 중심으로 전개되어 왔고, 이에 비해 독일은 정치적 자유화의 역사에서 뒤진 나라였다. 그럼에도 불구하고 유독 학문의 자유는 독일에서부터 시작된 것이다.

독일에서 학문의 자유는 대학의 자유(akademische Freiheit)를 중심으로 형성되어 왔으며, 특히 1810년의 베를린 대학의 설립을 계기로 한다. 이후 1849년의 프랑크푸르트 헌법에서 처음으로 학문의 자유를 기본권의 하나로서 명시하였다. 당시 독일에서는 아직 시민사회의 차원에서 표현의 자유를 비롯한 정신적 자유가 확보되지 못하였는데, 이런 상황에서 대학의 자치를 중심으로 하는 학문의 자유가 특별히 별개의 기본권으로 인식되고 강조된 것이다. 이것은 일반적으로 아직 자유화되지 않은 사회에서 대학에 주어진 특권적 성질을 지닌 것이었다. 이에 반하여 자유화에 앞선 영국, 미국 등에서는 표현의 자유를 비롯한 일반적인 정신적인 자유와 별개로 학문의 자유를 보장할 필요나 계기가 없었고, 19세기 후반 이후에야 대학의 성격 변화와 함께 학문의 자유가 논의되기 시작하였다.

20세기에 들어와서 1919년의 독일 바이마르 헌법에서 학문의 자유가 명시되었고, 2차대전 이후 세계의 여러 새 헌법에서 학문의 자유를 규정하였다. 한국도 1948년의 제헌헌법 이래 학문의 자유를 명시하고 있다.

학문의 자유에 관한 헌법적 문제는 학문의 자유의 제한, 교수의 자유(가르치는 자유), 대학의 자치 등이 중심을 이룬다.

2. 학문의 자유의 주체

학문의 자유는 대학을 중심으로 보장되는 것이지만 그 주체는 대학의 연구자에 한하지 않으며, 일반 국민들과 외국인에게도 보장된다.

대학의 자유는 자연인만이 아니라 법인이나 단체에게도 보장된다. 헌법재판소 판례는 공권력을 행사하는 주체인 국립대학에 대해서도 기본권의 주체성을 인정하고 있다.

(판 례) 국립대학의 기본권 주체성(서울대 입시요강)

국립대학인 서울대학교는 다른 국가기관 내지 행정기관과는 달리 공권력의 행사자의 지위와 함께 기본권의 주체라는 점도 중요하게 다루어져야 한다. (……) (서울대학교가 일본어를 선택과목에서 제외함으로써 일본어 선택 학생들이 받는) 불이익은 서울대학교가 학문의 자유와 대학의 자율권이라고 하는 기본권의 주체로서 자신의 주체적인 학문적 가치판단에 따른, 법률이 허용하는 범위 내에서의 적법한 자율권행사의 결과 초래된 반사적 불이익이어서 부득이한 일이다.

(재판관 조규광의 일부 별개의견 및 일부 반대의견)

이 사건에 있어서 대학의 자율권이란 대학의 국가에 대한 관계에 있어서의 기본권적 측면으로부터 파악되는 것이 아니라, 오히려 피청구인이 공권력의 담당자로서 영조물(營造物)인 대학시설을 이용코자 하는 입학희망자들에 대하여 그 전형선발에 관한 행정적 규제를 과하는 권한의 측면으로부터 보아야 하며, 청구인들과 피청구인의 관계는 기본권주체와 공권력담당자와의 관계일 뿐 기본권주체 상호간의 관계로 볼 수는 없다.

헌재 1992.10.1. 92헌마68등, 판례집 4, 659,659-672

3. 학문의 자유의 내용

헌법재판소 판례에 의하면, "학문의 자유에서 말하는 '학문'이란 일정한 지식수준을 기반으로 방법론적으로 정돈된 비판적인 성찰을 함으로써 진리를 탐구하는 활동을 말한다"(헌재 2003.9.25. 2001헌마814, 판례집 15-2, 443,450). 진리 탐구의 활동으로서의 학문은 객관적 사실의 인식 활동에 그치지 않고, 의미의 이해를 비롯한 가치관련적인 탐구 활동도 포함한다고 볼 것이다. 학문의 개념에 관한 헌법적 정의가 필요한 이유는 일반적 표현의 자유보다 학문의 자유가 더 강한 헌법적 보장을 받는다고 보기 때문이다.

학문의 자유는 개인의 자유권으로서 ① 연구의 자유, ② 연구 표현의 자유(연구결과 발표의 자유 및 학문적 집회 · 결사의 자유), ③ 교수의 자유(가르치는 자유)를 포함한다.

그 밖에 대학의 자치가 학문의 자유에 포함되는지가 문제된다. 역사적으로 학문의 자유는 대학에서의 연구의 자유를 중심으로 형성되어왔고, 대학의 자치는 학문의 자유를 위해 불가결한 것이다. 그러므로 대학의 자치는 학문의 자유에 근거를 둔다고 볼 것이다. 다만 우리 헌법은 제31조 제4항에서 주의적으로 대학의 자율성 보장을 특별히 명시하고 있으므로, 대학의 자치는 헌법에 이중적 근거를 갖고 있다고 할 것이다.

4. 학문의 자유의 제한

연구의 자유는 그것이 내심의 차원에 머무는 한 절대적 자유권이라고 보는 것이 종래의 지배적 견해이다. 그러나 연구의 자유를 내심상의 양심의 자유나 신앙의 자유와 마찬가지로 절대적 자유권으로 보는 견해는 오늘날 재검토될 필요가 있다. 특히 유전자 기술이나 복제배아 기술의 연구와 같은 첨단 연구의 경우, 연구의 자유와 대립하는 사생활의 권리나 인간의 존엄을 보호하기 위해 필요한 최소한도의 제한은 인정되어야 한다. '생명윤리 및 안전에 관한 법률'은 인간 복제의 금지(제11조), 인간과 동물간의 배아착상 금지(제12조) 등을 규정하고, 배아연구, 유전자검사 등에 관해 여러 제한 규정을 두고 있다.

연구의 방법이 실험 등 외면적 행위로 나타나는 경우 또는 연구 표현행위에 대해서는 헌법 제37조 제2항에 따른 제한을 받는다(헌재 1992.11.12. 89헌마88).

연구 표현의 자유와 일반적인 표현의 자유의 관계는 특별법과 일반법의 관계에 있다고 할 수 있다. 표현의 내용이 학문적인 것일 때에는 일반적 표현의 자유보다 더 강한 보장을 받는다고 할 것이다. 예컨대 '집회 및 시위에 관한 법률'에서 학문 등의 집회에 여러 제한 규정의 적용을 배제하는 것(제13조)은 이를 반영한 것이다.

학문의 자유를 제한하는 법률로서 특히 국가보안법의 적용이 문제된다. 대법원 판례에 의하면, 자유민주적 기본질서에 반하는 정치적 행동을 주창하는 것은 학문의 영역에 속하지 않는다고 본다(대판 1993.2.9. 92도1711).

헌법재판소는 최근 국립대학 교원의 성과연봉 지급에 대하여 규정한 공무원보수규정에 대하여 교원지위법정주의에 반하지 않고, 연구의욕 고취 및 교육의 수월성 제고를 통한 대학경쟁력 강화를 위한 것으로 학문의 자유를 침해하는 것이 아니라고 하였다(헌재 2013.11.28. 2011헌마282등).

5. 교수의 자유

학문의 자유의 내용에는 교수의 자유(Lehrfreiheit), 즉 가르치는 자유가 포함된다. 교수의 자유의 주체에 관하여 대학 이상의 고등교육기관에 한정되느냐 또는 초중등교육기관에서도 인정되느냐가 문제된다. 과거에는 대학 이상에 한정된다는 견해가 많았다. 그러나 원칙적으로 초중등교육기관에서도 인정된다고 볼 것이다. 다만 피교육자의 독자적 판단능력과 인격적 성숙에 차이가 있는 만큼, 초중등교육기관의 경우에는 그 인정의 정도가 좁다고 할 것이다.

헌법재판소 판례 중에는 초등교사의 교육과정이 학문의 자유에 속하지 않는다고 본 것이 있다(헌재 2003.9.25. 2001헌마814).

그러나 헌법재판소의 다른 판례에서는 원칙적으로 초중등학교 교사에 대해서도 교수의 자유를 인정하고 있다. 다만 대학에서의 교수의 자유보다 그 제한이 넓게 허용된다고 보면서, 중학교 국어 국정교과서 제도를 합헌이라고 보고 있다.

(판 례) 교사의 수업의 자유와 국정교과서제도

수업의 자유는 두텁게 보호되어야 합당하겠지만 그것은 대학에서의 교수의 자유와 완전히 동일할 수는 없을 것이며 대학에서는 교수의 자유가 더욱 보장되어야 하는 반면, 초·중·고교에서의 수업의 자유는 후술하는 바와 같이 제약이 있을 수 있다고 봐야 할 것이다.

학교교육에 있어서 교사의 가르치는 권리를 수업권이라고 한다면 그것은 자연법적으로는 학부모에게 속하는 자녀에 대한 교육권을 신탁받은 것이고, 실정법상으로는 공교육의 책임이 있은 국가의 위임에 의한 것이다. 그것은 교사의 지위에서 생기는 학생에 대한 일차적인 교육상의 직무권한(직권)이지만, 학생의 수학권의 실현을 위하여 인정되는 것으로서 양자는 상호협력관계에 있다고 하겠으나, 수학권은 헌법상 보장된 기본권의 하나로서 보다 존중되어야 하며, 그것이 왜곡되지 않고 올바로 행사될 수 있게 하기 위한 범위 내에서는 수업권도 어느 정도의 범위 내에서 제약을 받지 않으면 안 될 것이다. 왜냐하면 초·중·고교의 학생은 대학생이나 사회의 일반성인과는 달리 다양한 가치와 지식에 대하여 비판적으로 취사선택할 수 있는 독자적 능력이 부족하므로 지식과 사상·가치의 자유시장에서 주체적인 판단에 따라 스스로 책임지고 이를 선택하도록 만연히 방치해 둘 수가 없기 때문이다. 그러므로 보통교육의 단계에서 학교교재 내지 교과용 도서에 대하여 국가가 어떠한 형태로 간여하여 영향력을 행사하는 것은 부득이 한 것이며 각급 학교·학년과 학과에 따라 국정 또는 검·인정제도의 제약을 가하거나 자유발행제를 허용하거나 할 수 있는 재량권을 갖는다고 할 것이다.

헌재 1992.11.12. 89헌마88, 판례집 4, 739,756-757

이후의 판례는 또다시 교사의 수업권은 헌법상 도출되는 기본권이 아니라고 하기도 하고(헌재 2013.11.28. 2007헌마1189등), 교원으로서 학문연구의 결과를 가르치는 자유인 수업권이 학문의 자유로부터 파생될 수 있다고도 하는 등(헌재 2019.11.28. 2017헌마1356) 혼란을 보이고 있다.

대학과 초·중·고교를 막론하고 교원의 교수의 자유에는 한계가 있다. 헌법 제31조 제4항은 교육의 정치적 중립성을 명시하고 있다. 교육기본법에서는 "교육은 …… 어떠한 정치적 파당적 또는 개인적 편견의 전파를 위한 방편으로 이용되어서는 아니 된다"(제6조 제1항), "교원은 특정 정당 또는 정파를 지지하거나 반대하기 위하여 학생을 지도하거나 선동하여서는 아니 된다"(제14조 제4항)고 규정하고 있다.

교수의 자유의 한계와 관련하여 '헌법에의 충성의무'가 있는지 여부가 문제된다.

독일 기본법은 이를 명시하고 있다(제5조 제3항. "교수의 자유는 헌법에 대한 충성으로부터 벗어나지 못한다"). 우리 헌법에는 명시적 규정은 없으나, 헌법 충성의무가 있다고 해석하는 것이 타당하다. 헌법 전문의 규정("자유민주적 기본질서를 더욱 확고히 하여……"), 헌법 제4조("…… 자유민주적 기본질서에 입각한 평화적 통일정책을 수립하고 이를 추진한다"), 헌법 제8조 제4항("정당의 목적이나 활동이 민주적 기본질서에 위배될 때에는 …… 해산된다")에서 명시된 '방어적 민주주의' 이념은 우리 헌법의 기본원리에 해당한다고 볼 수 있으므로, 이 이념은 우리 헌법의 모든 규정의 해석에서 반영되어야 한다.

6. 대학의 자치

(1) 대학의 자치의 의의, 성격, 헌법적 근거

학문의 자유를 보장하기 위해서는 대학의 자치가 불가결하다. 대학의 자치는 대학에서의 연구와 교육에 관한 사항을 대학이 자율적으로 결정하는 제도이다.

대학의 자치는 학문의 자유를 보장하기 위한 제도보장으로서의 성격을 갖는다. 그런데 앞에서 설명한 대로 헌법재판소 판례(서울대 입시요강 사건)는 대학의 자치를 '대학의 자율권'이라는 대학의 기본권으로 해석한다. 대학의 자치의 보장은 기본적으로 제도보장의 성격을 갖는 것이지만, 제도와 관련하여 대학 자체 또는 대학 구성원의 기본권이 인정된다(헌재 2015.12.23. 2014헌마1149; 대학 자체의 당사자능력을 일관되게 부인하는 대법원 판례로 인하여 보충성원칙의 예외에 해당한다고 하였다).

대학의 자치는 학문의 자유에 근거한다. 우리 헌법은 별도로 제31조 제4항에서 '대학의 자율성'을 보장한다고 규정하고 있다. 이것은 이미 제22조의 학문의 자유 규정에 의해 보장되는 것을 주의적으로 강조한 것이라고 본다.

헌법 제31조 제6항은 교육제도에 관한 기본적인 사항을 법률로 정한다고 하여 교육제도법정주의를 규정하고 있는데, 이 규정과 대학의 자치와의 관계가 문제된다. 교육제도를 법률로 정함에 있어서 대학의 자치를 보장하지 않으면 안 된다고 해석해야 할 것이다.

(2) 대학의 자치의 내용

대학의 자치의 내용은 세 측면에서 검토할 필요가 있다. ① 누구로부터의 자치인가, ② 누구에 의한 자치인가, ③ 무엇에 관한 자치인가.

첫째, 누구로부터의 자치인가. 국공립대학의 경우에는 국가나 지방자치단체로부터의 자치를 의미한다. 사립대학의 경우에는 한편에서 국가로부터의 자치, 다른 한편에서는 대학이사회로부터의 자치라고 하는 양면적 의미가 있다. 사립대학의 경우에 일면적으로 국가로부터의 자치만을 강조하는 것은 잘못이다.

둘째, 누구에 의한 자치인가. 대학의 구성원은 교수, 학생, 직원이다. 이 가운데 교수의 집합체인 교수회가 자치의 주체라고 보는 것이 전통적인 제도이다. 즉 대학의 자치는 곧 '교수회 자치'(autonomy of faculty)로 이해되어 왔다. 이러한 전통적 관념과 제도에 변화가 온 것은 1960년대 후반 이후 세계적으로 일어난 대학개혁운동을 계기로 한다. 이 운동을 통해 유럽과 미국 등 여러 대학에서 학생의 대학운영 참여권이 인정되었다. 독일의 경우, '대학기준법'(Hochschulrahmengesetz)에서 교수만이 아니라 학생 등 다른 구성원에게도 참여권을 인정하되, 대학구성원의 협의기구 구성에 있어서 교수들에게 절대 다수의 의결권을 주도록 규정하고 있다.

학생의 대학운영참가가 대학 자치의 본질적 내용에 속한다고 볼 수는 없다고 할 것이다. 그러나 학생을 단순히 대학이라는 영조물(공공시설물)의 이용자로 보는 전통적 견해는 수정되어야 한다. 학생들에게도 대학운영에 대해 의견을 제시할 권리를 절차적으로 보장하여야 할 것이다.

셋째, 무엇에 관한 자치인가. ① 교수 임명 등 대학인사에 관한 사항, ② 교과과정 편성 등 연구와 교육의 행정에 관한 사항, ③ 대학시설의 관리와 질서유지에 관한 사항, ④ 대학 재정에 관한 사항 등이다. 이 가운데에서 전통적으로 가장 중시되어온 것은 교수 임명의 자율적 결정과 교수의 신분보장이다.

대법원은 사립대학교 신입생 모집실적을 교수 연봉에 반영하는 것은 적법하다고 하였다.

(판 례) 교원의 보수에 관한 사항이 '대학의 자율'의 범위 포함되는지 여부

헌법 제31조 제4항은 헌법상의 기본권으로 대학의 자율성을 보장하고 있고, 여기서 대학의 자율은 대학시설의 관리·운영만이 아니라 전반적인 것이어야 하므로 연구와 교육의 내용, 방법과 대상, 교과과정의 편성, 학생의 선발과 전형 및 교원의 임면에 관한 사항도 자율의 범위에 속하며, 이는 교원의 보수에 관한 사항도 마찬가지이다.

학교법인은 대학교육기관의 교원을 임용함에 있어 정관이 정하는 바에 따라 근무기간, 급여, 근무조건, 업적 및 성과약정 등을 계약의 조건으로 정할 수 있으므로(사립학교법 제53조의2 제3항 전문), 학교법인이 정관 또는 정관의 위임을 받은 교원보수규정 등을 통해 교원의 교육·연구·봉사 등의 업적을 일정 주

기로 평가하여 연간 보수총액을 결정하는 제도인 성과급적 연봉제를 시행하는 것도 가능하다. 그리고 사립학교 교원의 임용계약은 사립학교법이 정한 절차에 따라 이루어지는 것이지만 법적 성질은 사법상의 고용계약에 불과하므로 누구를 교원으로 임용할 것인지, 어떠한 기준과 방법으로 보수를 지급할 것인지 여부는 원칙적으로 학교법인의 자유의사 내지 판단에 달려 있다.

학교법인이 교원에 대하여 성과급적 연봉제를 시행하기 위하여 정관이나 교원보수규정 등에서 마련한 교원실적에 대한 평가항목과 기준이 사립학교법 등 교원의 인사나 보수에 관한 법령 또는 근로기준법이 정한 강행규정을 위반하거나 객관성과 합리성을 결여하여 재량권의 남용·일탈로 평가되는 등의 특별한 사정이 없는 한 그 평가항목과 기준은 가급적 존중되어야 하고, 이를 함부로 무효라고 단정하여서는 아니 된다.

사립대학교의 교수인 갑이 그 대학교를 운영하는 을 학교법인을 상대로 을 법인의 교원연봉계약제규정 중 신입생 모집실적을 교원실적 평가 대상의 하나로 삼아 보수를 차등 지급하도록 정한 규정이 을 법인의 정관이나 사립학교법 등 관련 법령에서 정한 강행규정에 위반된다며 위 규정에 따라 삭감된 보수 등의 지급을 구한 사안에서, 을 법인이 교원연봉계약제규정을 통해 신입생 모집인원 또는 충원율, 즉 신입생 모집실적을 갑에 대한 교원 실적평가의 대상으로 삼았다고 하더라도 이를 두고 을 법인의 정관이나 구 고등교육법, 사립학교법 등 관련 법령이 정한 강행규정에 위반된다고 보기 어려운데도, 이를 무효라고 본 원심의 판단에 학교법인 정관의 해석에 관한 법리오해의 잘못이 있다.

대판 2018.11.29. 2018다207854

위 판결은 학령인구의 감소, 정부의 강도 높은 대학구조조정정책 등으로 인한 사립학교의 현실적 재정상의 어려움을 감안하였다고는 하나, 신입생 모집이 대학교수의 본연의 임무인지에 대하여는 의문이 있다.

(판 례) 대학의 자율과 관련한 기본권 주체

헌법재판소는 대학의 자율성은 헌법 제22조 제1항이 보장하고 있는 학문의 자유의 확실한 보장수단으로 꼭 필요한 것으로서 대학에게 부여된 헌법상의 기본권으로 보고 있다(헌재 1992.10.1. 92헌마68등, 판례집 4, 659,670). 그러나 대학의 자치의 주체를 기본적으로 대학으로 본다고 하더라도 교수나 교수회의 주체성이 부정된다고 볼 수는 없고, 가령 학문의 자유를 침해하는 대학의 장에 대한 관계에서는 교수나 교수회가 주체가 될 수 있고, 또한 국가에 의한 침해에 있어서는 대학 자체 외에도 대학 전 구성원이 자율성을 갖는 경우도 있을 것이므로 문제되는 경우에 따라서 대학, 교수, 교수회 모두가 단독, 혹은 중첩적으로 주체가 될 수 있다고 보아야 할 것이다.

헌재 2006.4.27. 2005헌마1047등, 판례집 18-1 상, 601,601-602

헌법재판소는 최근 "연구 · 교수활동의 담당자인 교수가 그 핵심주체라 할 것이나, 연구 · 교수활동의 범위를 좁게 한정할 이유가 없으므로 학생, 직원 등도 포함될 수 있다"고 판시하였다(헌재 2013.11.28. 2007헌마1189등).

사립대학의 경우, 대학자치 주체로서 학교법인과 대학구성원의 관계가 문제된다.

(판 례) 사립대학의 학교법인과 대학구성원(1)

학교법인도 사립대학의 운영 주체로서 학교운영에 관한 자율적 결정권을 가지고 있으므로, 학교법인의 대학운영의 영역과 대학구성원에 의한 대학자치의 영역이 서로 겹칠 수 있고, 이 경우 양자의 기본권 사이에 충돌이 발생할 여지도 있다. 이와 같이 양 기본권의 보호영역이 중첩되는 관계에 있을 경우 어느 일방의 기본권을 우선하기보다는 실제적 조화의 관점에서 양자를 조정하는 방법을 도모하여야 할 것이다.

대체로 보자면, 대학 본연의 기능인 학술의 연구나 교수, 학생선발 · 지도 등과 관련된 교무 · 학사행정의 영역에서는 대학구성원의 결정이 우선한다고 볼 수 있으나, 학교법인으로서도 설립 목적을 구현하는 차원에서 조정적 개입은 가능하다고 할 것이고, 우리 법제상 학교법인에게만 권리능력이 인정되므로 각종 법률관계의 형성이나 법적 분쟁의 해결에는 법인이 대학을 대표하게 될 것이다.

한편, 대학의 재정, 시설 및 인사 등의 영역에서는 학교법인이 기본적인 윤곽을 결정하되, 대학구성원에게는 이러한 영역에 대하여 일정 정도 참여권을 인정하는 것이 필요하다.

헌재 2013.11.28. 2007헌마1189등, 판례집 25-2 하, 398,445-446

(판 례) 사립대학의 학교법인과 대학구성원(2)

(교육부장관이 사학분쟁조정위원회의 심의를 거쳐 갑 대학교를 설치 · 운영하는 을 학교법인의 이사 8인과 임시이사 1인을 선임한 데 대하여 갑 대학교 교수협의회와 총학생회 등이 이사선임처분의 취소를 구하는 소송을 제기한 사안임)

임시이사제도의 취지, 교직원 · 학생 등의 학교운영에 참여할 기회를 부여하기 위한 개방이사 제도에 관한 법령의 규정 내용과 입법 취지 등을 종합하여 보면, 구 사립학교법 및 을 법인 정관 규정은 헌법 제31조 제4항에 정한 교육의 자주

> 성과 대학의 자율성에 근거한 갑 대학교 교수협의회와 총학생회의 학교운영참여권을 구체화하여 이를 보호하고 있다고 해석되므로, 갑 대학교 교수협의회와 총학생회는 이사선임처분을 다툴 법률상 이익을 가지지만, 고등교육법령은 교육받을 권리나 학문의 자유를 실현하는 수단으로서 학생회와 교수회와는 달리 학교의 직원으로 구성된 노동조합의 성립을 예정하고 있지 아니하고, 노동조합은 근로자가 주체가 되어 자주적으로 단결하여 근로조건의 유지·개선 기타 근로자의 경제적·사회적 지위의 향상을 도모하기 위하여 조직된 단체인 점 등을 고려할 때, 학교의 직원으로 구성된 노동조합이 교육받을 권리나 학문의 자유를 실현하는 수단으로서 직접 기능한다고 볼 수는 없으므로, 개방이사에 관한 구 사립학교법과 구 사립학교법 시행령 및 을 법인 정관 규정이 학교직원들로 구성된 전국대학노동조합 을 대학교지부의 법률상 이익까지 보호하고 있는 것으로 해석할 수는 없다.
>
> 대판 2015.7.23. 2012두19496, 19502

사립학교법은 사립대학의 대학자치기구로서 대학평의원회를 설치하도록 규정하고 있다. 대학평의원회는 대학자치의 범위에 속하는 사항들 중 중요사항에 관하여 자문 또는 심의하는 기관이며, 조직 및 운영 등에 관하여 필요한 사항은 대통령령이 정하는 바에 따라 정관으로 정한다(법 제26조의2). 그 시행령에 의하면, 대학평의원회 구성은 교원·직원 및 학생 중에서 각각의 구성단위를 대표할 수 있는 11인 이상의 평의원으로 구성하고, 동문 및 학교의 발전에 도움이 될 수 있는 자를 포함할 수 있되, 어느 하나의 구성단위에 속하는 평의원의 수가 전체 평의원 정수의 2분의 1을 초과할 수 없도록 정하고 있다(시행령 제10조의6).

헌법재판소는 이 같은 대학평의원회제도가 학교법인의 사학의 자유 침해가 아니라고 판시하였다.

(판 례) 대학평의원회 제도와 학교법인의 사학운영의 자유

> 대학평의원회의 설치 목적, '심의' 내지 '자문' 권한만을 부여함으로써 학교법인 이사회의 결정권한을 제약하지 않는 점, 학교법인에 정관을 통한 자율적 형성의 여지가 부여되어 있는 점 등을 종합적으로 고려하면, 헌법의 명령인 대학의 자율성을 보장하는 일환으로 사립대학에 대학평의원회를 설치하도록 한 법 제26조의2 제1항이 학교법인의 사학운영의 자유를 침해하는 것으로 볼 수 없다.
>
> 헌재 2013.11.28. 2007헌마1189 등, 판례집 25-2 하, 398,446

(판 례) 사학운영의 자유와 등록금 결정

(사립대학 회계의 예·결산 절차에 등록금심의위원회의 심사·의결을 거치도록 한 사립학교법 규정이 문제된 사안임)

학교법인은 교육의 실시를 목적으로 설립되고 고도의 공공성을 지닌 사립학교를 설치·경영한다는 점에서 사법인이라는 그 법적 형식에도 불구하고 대단히 공익적인 역할을 수행한다. 학교법인 운영의 투명성, 효율성은 사립학교 및 그에 의해 수행되는 교육의 공공성과 직결되므로, 이를 제고하기 위하여 사적 자치를 넘어서는 새로운 제도를 형성하거나 학교법인의 자율적인 조직구성권 및 학교운영권에 공법적 규제를 가하는 것까지도 교육이나 사학의 자유의 본질적 내용을 침해하지 않는 한 궁극적으로는 입법자의 형성의 자유에 속하는 것으로 허용된다 할 것이다(헌재 2013.11.28. 2007헌마1189등 참조). (……)

이 사건 등록금위원회 조항에도 불구하고 학교회계의 예산 편성권은 당해 학교의 장에게, 예산 확정권은 이사회에게 그대로 유보되어 있고, 앞서 본 바와 같이 등록금심의위원회의 심사·의결은 이사회에 대한 구속력이 없다. 또한 고등교육법은 등록금심의위원회 위원 중 10분의 3 이상을 학생으로 구성하도록 규정하였으나 그 밖의 의사 정족수, 의결 정족수, 전문가 위원의 자격·선임에 대하여 아무런 규정을 하지 아니하고 학칙으로 정하도록 하여 등록금심의위원회의 구성과 운영에 대하여 학교의 자율에 맡기고 있다.

그렇다면, 이 사건 등록금위원회 조항이 등록금심의위원회가 학교회계의 예·결산에 대하여 심사·의결을 하도록 함으로써 학교법인이 예산 확정·집행 및 결산의 절차에 대하여 일정한 제약을 받게 되는 점은 인정되나, 위와 같은 제한은 입법목적을 달성하기 위하여 필요한 범위 내의 제한에 그치므로 청구인들의 사학 운영의 자유를 침해한다고 볼 수 없다.

헌재 2016.2.25. 2013헌마692, 공보 233, 419,424-425

대학의 자치의 핵심에 해당하는 것은 법률에 의해서도 이를 침해하여서는 안 된다. 대학의 관리 운영에 관하여는 고등교육법 등에서 여러 규제를 규정하고 있다. 고등교육법에 의하면 "학교는 교육부장관의 지도(指導)·감독을 받는다"(제5조 제1항), "교육부장관은 학교가 시설, 설비, 수업, 학사(學事), 그 밖의 사항에 관하여 교육 관계 법령 또는 이에 따른 명령이나 학칙을 위반하면 기간을 정하여 학교의 설립자·경영자 또는 학교의 장에게 그 시정이나 변경을 명할 수 있다"(제60조 제1항)라고 규정하고 있다. 이처럼 대학에 대하여 포괄적인 지도·감독권을 인정한 것은 헌법상 대학 자치의 보장에 비추어 위헌이 아니냐는 문제를 제기한다.

(판 례) 대학의 자율을 제한하는 법률에 대한 위헌심사기준(대학의 장 임용방식)

대학의 자율도 헌법상의 기본권이므로 기본권제한의 일반적 법률유보의 원칙을 규정한 헌법 제37조 제2항에 따라 제한될 수 있고, 대학의 자율의 구체적인 내용은 법률이 정하는 바에 의하여 보장되며, 또한 국가는 헌법 제31조 제6항에 따라 모든 학교제도의 조직, 계획, 운영, 감독에 관한 포괄적인 권한 즉, 학교제도에 관한 전반적인 형성권과 규율권을 부여받았다고 할 수 있고, 다만 그 규율의 정도는 그 시대의 사정과 각급 학교에 따라 다를 수밖에 없는 것이므로 교육의 본질을 침해하지 않는 한 궁극적으로는 입법권자의 형성의 자유에 속하는 것이라 할 수 있다(헌재 1991.7.22. 89헌가106, 판례집 3, 387, 416-417; 헌재 2000.4.27. 98헌가16등, 판례집 12-1, 427,449). 따라서 이 사건 법률조항(교육공무원법 제24조 등. 대학의 장 임용)이 대학의 자유를 제한하고 있다고 하더라도 그 위헌 여부는 입법자가 기본권을 제한함에 있어 헌법 제37조 제2항에 의한 합리적인 입법한계를 벗어나 자의적으로 그 본질적 내용을 침해하였는지 여부에 따라 판단되어야 할 것이고(헌재 2001.1.18. 99헌바63, 판례집 13-1, 60,70 참조), (……)

헌재 2006.4.27. 2005헌마1047등, 판례집 18-1 상, 601,615

(판 례) 학교법인의 이사회 등에 외부인사 참여 강제와 대학의 자율성

학교법인의 이사회 등에 외부인사를 참여시키는 것은 다양한 이해관계자의 참여를 통해 개방적인 의사결정을 보장하고, 외부의 환경 변화에 민감하게 반응함과 동시에 외부의 감시와 견제를 통해 대학의 투명한 운영을 보장하기 위한 것이며, 대학 운영의 투명성과 공공성을 높이기 위해 정부도 의사형성에 참여하도록 할 필요가 있는 점, 사립학교의 경우 이사와 감사의 취임 시 관할청의 승인을 받도록 하고, 관련법령을 위반하는 경우 관할청이 취임 승인을 취소할 수 있도록 하고 있는 점 등을 고려하면, 외부인사 참여 조항은 대학의 자율의 본질적인 부분을 침해하였다고 볼 수 없다.

헌재 2014.4.24. 2011헌마612, 판례집 26-1 하, 150,151-152

헌법재판소는 최근 권력분립의 원칙을 심사기준으로 사용하여 사학법인의 임시이사의 선임, 해임 등의 권한을 갖는 사학분쟁조정위원회가 대학의 자율권을 침해하는 것은 아니라고 판시한 바 있다.

(판 례) 사학분쟁조정위원회와 권력분립의 원칙

(사학분쟁)조정위원회는 행정 · 입법 · 사법부에서 추천한 인사들로 구성되고, 임기제를 취함으로써 고도의 정치적 중립성을 가지며, 위원의 자격을 법률과 회계, 그리고 교육에 전문적 지식을 갖추고 일정한 경력을 가진 자로 제한함으로써 그 인적 구성의 면에서 공정성 및 전문성을 갖추고 있다고 볼 수 있다. 또한 정치적 중립성을 엄격하게 지켜야 할 대법원장의 지위에 비추어 대법원장이 더 많은 위원을 추천하고, 대법원장이 추천한 위원 중에서 위원장을 호선하도록 한 것은 오히려 중립성이 강조되는 조정위원회의 성격을 반영한 것이다.

따라서 설치 · 기능 조항 및 구성 조항이 권력분립의 원칙을 위반한다고 볼 수는 없다.

(……) 대학의 자율성의 구체적인 내용은 법률이 정하는 바에 의하여 보장되고, 국가는 헌법 제31조 제6항에 따라 모든 학교제도의 조직 · 계획 · 운영 · 감독에 관한 포괄적인 권한, 즉 학교제도에 관한 전반적인 형성권과 규율권을 부여받는다. 다만 그 규율의 정도는 그 시대와 각급 학교의 사정에 따라 다를 수밖에 없으므로 교육의 본질을 침해하지 않는 한 궁극적으로는 입법권자의 형성의 자유에 속한다(헌재 2006.4.27. 2005헌마1047등 참조). 따라서 대학의 자율성에 대한 침해 여부를 심사함에 있어서는 입법자가 입법형성의 한계를 넘는 자의적인 입법을 하였는지 여부를 판단하여야 한다(헌재 2014.4.24. 2011헌마612 참조). (……)

정상화 조항은 임시이사가 선임된 학교법인의 정상화에 관하여 조정위원회에 주도적인 역할을 부여하면서, 학교구성원들이 정상화 과정에 참여할 수 있는 절차를 마련하고 있지 않다.

그렇다고 하여 정상화 조항이 조정위원회가 주도하는 정상화 과정에 학교구성원들이 참여하는 것을 적극적으로 배제하는 것은 아니다.

(……) 설치 · 기능 조항이 조정위원회의 심의결과나 심의과정 중 절차상 하자에 대한 이의제기절차를 규정하지 않고, 정상화 조항이 정상화 과정에서 관할청이 학교구성원에 대한 절차통지, 학교구성원의 의견진술 · 정식이사 추천 등의 절차를 거치지 아니하고 정식이사를 선임할 수 있게 하였더라도, 입법자가 입법형성의 한계를 넘는 자의적인 입법을 하여 대학의 자율성의 본질적인 부분을 침해한다고 볼 수는 없다.

헌재 2015.11.26. 2012헌바300, 판례집 27-2 하, 144,155-157

헌법재판소 판례는 교수의 기간임용제에 관하여 이 제도 자체가 위헌은 아니지만, 절차적으로 불비한 기간임용제는 위헌(헌법불합치)이라고 보았다.

(판 례) 교수 기간임용제

대학교원을 임용함에 있어 기간임용제는 정년보장제에 비하여 대학교원의 지위를 상대적으로 덜 보장하지만 정년보장제와 기간임용제는 국가가 문화국가의 실현을 위한 학문진흥의 의무를 이행함에 있어서나 국민의 교육받을 권리를 실현하는 방법면에서 각각 장단점을 가지고 있다(헌재 1998.7.16. 96헌바33 등, 판례집 10-2, 116,148 참조). 따라서 두 제도 중 어느 쪽을 택할 것인가에 대한 선택재량은 입법자에게 있으므로 입법자가 국민의 교육받을 권리에 대한 실효성 확보를 위해 기간임용제를 채택하였다고 하더라도 그 자체로 이를 위헌이라고 할 수는 없다. 그런데 이 사건 법률조항은 임용기간이 만료되는 교원을 별다른 하자가 없는 한 다시 임용하여야 하는지의 여부 및 재임용대상으로부터 배제하는 기준이나 요건 및 그 사유의 사전통지 절차에 관하여 아무런 지침을 포함하고 있지 않을 뿐만 아니라, 부당한 재임용거부의 구제에 관한 절차에 대해서도 아무런 규정을 두고 있지 않다.

그렇기 때문에 이 사건 법률조항은, 정년보장으로 인한 대학교원의 무사안일을 타파하고 연구분위기를 제고하는 동시에 대학교육의 질도 향상시킨다는 기간임용제 본연의 입법목적에서 벗어나, 사학재단에 비판적인 교원을 배제하거나 기타 임면권자 개인의 주관적 목적을 위하여 악용될 위험성이 다분히 존재한다. (헌법불합치결정)

헌재 2003.2.27. 2000헌바26, 판례집 15-1, 176,188-189

(판 례) 교수 기간임용제와 재심청구절차의 불비

교원지위법정주의에 관한 위 헌법재판소 2003.2.27. 선고 2000헌바26 결정의 취지에 비추어 볼 때, 임기가 만료된 교원이 "재임용을 받을 권리 내지 기대권"을 가진다고는 할 수 없지만 적어도 학교법인으로부터 재임용 여부에 관하여 "합리적인 기준과 정당한 평가에 의한 심사를 받을 권리"를 가진다고 보아야 한다. 그러므로 예컨대 학교법인이 아무런 기준을 정하지 아니하고 자의적으로 재임용 여부를 결정하는 경우, 학교법인이 정한 기준이 심히 불합리한 경우, 합리적인 기준이 있다고 하더라도 부당한 평가를 하여 재임용을 거부하는 경우, 그리고 관계법령 등에 정한 사전고지 및 청문절차의 의무를 위반한 경우 등은 모두 임기만료 교원의 재임용 여부에 관하여 '합리적인 기준과 정당한 평가에 의한 심사를 받을 권리'를 침해하는 것에 해당한다고 할 것이다. 그렇다면, 위와 같은 경우 임기만료 교원에 대한 재임용거부는 이 사건 교원지위법조항 소정의 "징계처분 기타 그 의사에 반하는 불리한 처분"에 버금가는 효과를 가진다고 보아야 하므로 이에 대하여는 마땅히 교육인적자원부 교원징계

재심위원회의 재심사유, 나아가 법원에 의한 사법심사의 대상이 되어야 한다. 그럼에도 불구하고 이 사건 교원지위법조항은 이에 대하여 아무런 규정을 하고 있지 아니하므로, 입법자가 법률로 정하여야 할 교원지위의 기본적 사항에는 교원의 신분이 부당하게 박탈되지 않도록 하는 최소한의 보호의무에 관한 사항이 포함되어야 한다는 헌법 제31조 제6항 소정의 교원지위법정주의에 위반된다고 할 것이다.

위에서 본 바와 같이 이 사건 심판대상조항 중 사립학교법조항의 위헌성은 기간임용제 그 자체에 있는 것이 아니라 재임용을 거부당한 교원이 구제를 받을 수 있는 길을 완전히 차단한 데 있고, 교원지위법조항도 그 자체가 위헌인 것이 아니라 재심청구 대상에 임용기간의 만료로 재임용이 거부되는 대학교원이 그에 대하여 다툴 수 있도록 포함하지 아니한 점에 있다.

(헌법불합치결정)

헌재 2003.12.18. 2002헌바14등, 판례집 15-2 하, 466,467-468

교수 기간임용제와 관련하여 '대학교원 기간임용제 탈락자구제를 위한 특별법'이 제정되었다. 이 법률은 소송 등을 통하여 이미 재임용 탈락 결정의 적정성 여부를 다투었다 할지라도 재임용을 위한 재심사를 청구할 수 있도록 하는 등의 규정을 두었다. 이 규정이 학교법인의 재산권 침해 또는 대학 자율성 침해가 아니냐에 관하여 헌법재판소는 합헌이라고 판시하였다(헌재 2006.4.27. 2005헌마1119).

한편 헌법재판소는 대학총장 선출에 있어서 교수나 교수회가 참여할 권리는 대학자치의 본질적 내용에 속한다고 보면서도, 교육공무원법에서 국공립대학의 장(총장) 임용 방식으로 간선제를 인정한 규정 및 직선의 경우에 그 선거관리를 선거관리위원회에 의무적으로 위탁시키는 규정 등에 대하여 합헌이라고 판시하였다.

(판 례) 국 · 공립대학의 장 임용방식

4. 대학의장임용추천위원회(이하 '위원회'라 한다)에서의 선정은 원칙적인 방식이 아닌 교원의 합의된 방식과 선택적이거나 혹은 실제로는 보충적인 방식으로 규정되어 있는 점, 대학의 장 후보자 선정과 관련하여 대학에게 반드시 직접선출 방식을 보장하여야 하는 것은 아니며, 다만 대학교원들의 합의된 방식으로 그 선출방식을 정할 수 있는 기회를 제공하면 족하다고 할 것인데, 교육공무원법 제24조 제4항은 대학의 장 후보자 선정을 위원회에서 할 것인지, 아니면 교원의 합의된 방식에 의할 것인지를 대학에서 우선적으로 결정하도록 하여 이를 충분히 보장하고 있는 점 (……)을 고려하면, (……) 위 규정이 매

우 자의적인 것으로서 합리적인 입법한계를 일탈하였거나 대학의 자율의 본질적인 부분을 침해하였다고 볼 수 없다.

(……)

6. 국가의 예산과 공무원이라는 인적 조직에 의하여 운용되는 국립대학에서 선거관리를 공정하게 하기 위하여 중립적 기구인 선거관리위원회에 선거관리를 위탁하는 것은 선거의 공정성을 확보하기 위한 적절한 방법인 점, 선거관리위원회에 위탁하는 경우는 대학의 장 후보자를 선정함에 있어서 교원의 합의된 방식과 절차에 따라 직접선거에 의하는 경우로 한정되어 있는 점, 선거에 관한 모든 사항을 선거관리위원회에 위탁하는 것이 아니라 선거관리만을 위탁하는 것이고 그 외 선거권, 피선거권, 선출방식 등은 여전히 대학이 자율적으로 정할 수 있는 점, 중앙선거관리위원회에서 위 선거관리와 관련한 규칙을 제정하고자 하는 경우 대학들은 교육인적자원부장관을 통하여 그 의견을 개진할 수 있는 점(교육공무원법 제24조의3 제2항), 선거관리위원회는 공공단체의 직접선거와 관련하여 조합원이 직접투표로 선출하는 조합장선거(농업협동조합법 제51조 제4항)와 교육위원 및 교육감선거(지방교육자치에 관한 법률 제51조 제1항)의 경우에도 그 선거사무를 관리하고 있는 점을 고려하면, 교육공무원법 제24조의3 제1항이 매우 자의적인 것으로서 합리적인 입법한계를 일탈하였거나 대학의 자율의 본질적인 부분을 침해하였다고 볼 수 없다.

헌재 2006.4.27. 2005헌마1047등, 판례집 18-1 상, 601,603-604

다른 한편, 학생의 대학운영참여권 인정 여부에 관하여 헌법재판소 판례는 명확한 의견을 제시하지 않고 있다.

(판 례) 학생의 대학운영참가권

청구인들이 주장하는 바와 같이 신입생모집에 관하여 의견을 개진하고 건의하며 결정에 대하여 비판하는 범위 내에서 재학생들의 대학자치에의 참여권을 비록 인정한다 하더라도, 건의·비판을 통한 참여가능성 자체가 봉쇄되지 않은 이상 재학생의 건의내용과 다른 결정이 내려졌다 하여 바로 그들의 참여권에 대한 침해가 있다고 볼 수도 없다.

헌재 1997.3.27. 94헌마277, 판례집 9-1, 404,409-410

대학평의원회 제도에 관한 헌법재판소 판례에서도 이 점에 관하여 여전히 불명확하다. 이에 따르면, 대학평의원회 구성 일원으로서 학생을 포함하는 현행 제도가 합헌이라고 판시하고 있는데, 학생의 대학운영참여권이 헌법상 권리인지에 관해서는 판단하지 않고 있다(헌재 2013.11.28. 2007헌마1189등). 다만 헌법재판소의 결정에서 "대학의 관리와 운영에 관한 사항은 학생의 학문의 자유와 관련되어 있다고 보기 어려우므로 대학의 자율 제한에 있어서는 자기관련성이 인정되지 않는다"고 판시하여(헌재 2014.4.24. 2011헌마612), 위 문제에 관해 부정적인 입장을 취하고 있는 것으로 보인다.

그 밖에 헌법재판소 판례에 의하면, 법률에 의해 대학을 폐교한다고 하여 대학의 자율성이 침해되는 것은 아니다(세무대학폐교 사건. 헌재 2001.2.22. 99헌마613). 교비회계의 전용을 금지하고 이를 위반하는 경우 처벌하는 사립학교법 규정이 사립학교 운영의 자유를 침해하는 것은 아니다(헌재 2023.8.31. 2021헌바180).

(3) 대학의 자치와 경찰권 행사

대학의 자치는 대학 내에서의 대학의 질서유지권을 포함한다. 따라서 대학의 사전 요청이나 승인이 없는 한, 대학 내에서 경찰권을 행사할 수 없다. 다만 생명, 신체, 재산의 보호를 위하여 긴급한 경우에는 예외를 인정할 수 있다고 볼 것이다.

(참고 · 일본판례) '포포로'사건(최고재판소 1963.5.22 판결)

동경대학의 학생극단 포포로가 학내에서 연극을 공연하였는데 여기에 잠입해있던 사복 경찰관들을 학생들이 발견하여 경찰수첩을 탈취하고 사죄문을 쓰게 하는 등의 행위를 하였다. 학생들은 폭력행위 등 처벌에 관한 법률 위반으로 기소되었다. 제1심 법원은 경찰관의 학내 출입행위가 헌법상의 학문의 자유를 침해한 것으로서 위법하다고 보고, 학생들의 행위는 헌법질서를 보전하기 위한 것으로 법령상 정당한 행위라 하여 무죄를 판결하였다. 제2심 법원은 검찰의 항소를 기각하였다. 최고재판소는 비록 학생들이 학내에서 한 집회라고 하더라도 이 연극은 학문적 연구의 발표가 아니라 그 내용에 비추어 정치적 활동에 해당하고, 또한 일반인에게도 공개된 것이기 때문에, 학문의 자유와 대학의 자치와 무관하다고 보면서 원심을 파기하였다.

Ⅳ. 예술의 자유와 저작자 등의 권리

> **(헌법 제22조)** ① 모든 국민은 학문과 예술의 자유를 가진다.
> ② 저작자·발명가·과학기술자와 예술가의 권리는 법률로써 보호한다.

1. 예술의 자유의 의의와 내용

우리 헌법은 예술의 자유를 일반적인 표현의 자유와 별도로 명시하고 있다. 예술의 자유를 독립적으로 규정한 것은 1919년의 독일 바이마르 헌법(제142조)에서부터이며, 오늘날 이를 별도로 규정하는 입법례는 많지 않다.

예술의 자유는 미(美)를 추구하는 활동의 자유이다. 예술의 개념에 관하여는 내용적 측면에서 정의하는 견해와 형식적 또는 기능적 측면에서 정의하는 견해 등이 있다. 예술의 개념은 어느 하나의 측면이 아니라 종합적으로 접근되어야 하며, 예술에 관한 새로운 관념을 수용할 수 있도록 넓게 정의되어야 한다. 예술의 개념에 관한 헌법적 정의가 필요한 이유는 일반적 표현의 자유보다 예술의 자유가 더 강한 헌법적 보장을 받는다고 보기 때문이다.

헌법재판소 판례에 의하면, "게임물은 예술표현의 수단이 될 수도 있(다)"고 한다(헌재 2002.2.28. 99헌바117).

예술의 자유는 예술창작의 자유와 예술표현의 자유를 내용으로 한다. 예술표현의 자유는 예술작품의 공연, 전시 등의 자유 및 예술적 집회·결사의 자유를 뜻한다. 헌법재판소 판례에 의하면, 예술품을 보급하는 사업자도 예술표현의 자유를 향유한다.

(판 례) 예술의 자유의 내용

예술의 자유의 내용으로서는 일반적으로 예술창작의 자유, 예술표현의 자유, 예술적 집회 및 결사의 자유 등을 들고 있다. 그 중 예술창작의 자유는 예술창작활동을 할 수 있는 자유로서 창작소재, 창작형태 및 창작과정 등에 대한 임의로운 결정권을 포함한 모든 예술창작활동의 자유를 그 내용으로 한다. 따라서 음반 및 비디오물로써 예술창작활동을 하는 자유도 이 예술의 자유에 포함된다.

예술표현의 자유는 창작한 예술품을 일반대중에게 전시·공연·보급할 수 있는 자유이다. 예술품보급의 자유와 관련해서 예술품보급을 목적으로 하는 예술출판자 등도 이러한 의미에서의 예술의 자유의 보호를 받는다고 하겠다. 따라서 비디오물을 포함하는 음반제작자도 이러한 의미에서의 예술표현의 자유를 향유한다고 할 것이다.

헌재 1993.5.13. 91헌바17, 판례집 5-1, 275,283

2. 예술의 자유의 제한

예술 활동이 내면에 그치지 않고 외면적 행위로 나타나는 경우에는 법률에 의해 제한될 수 있다. 예술 표현의 자유는 일반적 표현의 자유보다 더 강한 헌법적 보장을 받는다고 본다. '집회 및 시위에 관한 법률'에서 예술 등에 관한 집회에 대해 일정한 규제조항의 적용을 배제하는 것은(제15조) 이를 반영한 일례이다.

예술의 자유와 관련하여 특히 음란한 표현, 검열, 등록제 등이 문제된다(이에 관한 전반적인 설명은 뒤의 '표현의 자유' 참조). 대법원 판례에 의하면 예술작품이라도 용도에 따라서는 음란표현물에 해당할 수 있다고 본다(대판 1970.10.30. 70도1879). 한편 특정인을 모델로 하는 예술작품은 사생활의 침해가 될 수 있다고 볼 것이다(앞의 사생활의 권리에 관한 일본 판례 참조).

헌법재판소는 음반 제작자의 등록제를 합헌이라고 보았다(헌재 1993.5.13. 91헌바17). 음반 내용의 사전심의제는 사전검열에 해당하여 위헌이지만, 청소년 보호를 위한 등급심사제도는 합헌이라고 판시하였다(헌재 1996.10.31. 94헌가6). 또한 외국비디오물의 수입추천제도(헌재 2005.2.3. 2004헌가8)와 외국음반의 수입 및 국내제작 추천제도(헌재 2006.10.26. 2005헌가14), 영상물등급위원회에 의한 등급분류보류제도(헌재 2008.10.30. 2004헌가18)는 사전검열에 해당하는 것으로 위헌이라고 보았다. 한편 게임물 판매업자의 등록제는 합헌이라고 판시하였다(헌재 2002.2.28. 99헌바117).

영화와 비디오물에 관한 사항을 통합규정하여 새로 제정된 '영화 및 비디오물의 진흥에 관한 법률'(2006.4.28 제정)에 의하면, 영화의 상영 전에 영상물등급위원회에 의한 상영등급분류를 받아야 한다. 등급은 전체관람가, 12세 이상 관람가, 15세 이상 관람가, 청소년 관람불가, 제한상영가의 5등급으로 구분되며, 제한상영가 등급은 상영 및 광고·선전에 있어서 일정한 제한이 필요한 영화이다(제29조). 그러나 이 규정은 제한상영가 등급의 영화가 어떤 영화인지를 말해주기보다 제한상영가 등급을 받을 영화가 사후에 어떠한 법률적 제한을 받는지를 기술하고 있기 때문에, 헌법재판소는 이 규정을 가지고 제한상영가 영화가 어떤 영화인지를 알 수 없어 명확성 원칙에 위배되며, 영화상영등급분류의 구체적 기준을 영상물등급위원회 규정에 위임하고 있어 포괄위임금지원칙에 위반된다고 판시했다(헌재 2008.7.31. 2007헌가4; 동 사건은 구 영화진흥법에 관한 사건인데, 헌법재판소가 신법인 '영화 및 비디오물의 진흥에 관한 법률' 조항에 대하여도 심판대상을 확장한 사건이다. 주문 형식은 헌법불합치임). 이후 헌법재판소의 결정 취지에 따라 법 제29조 제2항 제5호는 "제한상영가 : 선정성 · 폭력성 · 사회적 행위 등의 표현이 과도하여 인간의 보편적 존엄, 사회적 가치, 선량한 풍속 또는 국민정서를 현저하게 해할 우려가 있어 상영 및 광고 · 선전에 일정한 제한이 필요한 영화"로 개정되었다.

영상물등급위원회의 위원은 문화예술 · 영상물 등 · 청소년 · 법률 · 교육 · 언론 분야 또는 비영리민간단체 등에서 종사하고 전문성과 경험이 있는 자 중에서 대한민국예술원법에 의한 대한민국예술원회장의 추천에 의하여 문화체육관광부장관이 위촉한다(제73조). 영화의 제작 · 수입 · 배급 · 상영 등 영화업자가 되고자 하는 자는 특별자치도지사 · 시장 · 군수 · 구청장에게 신고하여야 한다(제26조). 한편 공연법에 따르면, 청소년보호법의 기준에 의한 연소자 유해 공연물을 연소자에게 관람시킬 수 없고, 그 해당 여부를 영상물등급위원회에 확인 요청할 수 있다고 규정하고 있다(제5조).

3. 저작자 등의 권리보호

헌법 제22조 제2항은 저작자, 발명가, 과학기술자, 예술가의 권리는 법률로 보호한다고 규정하고 있다. 이 권리에 자유권도 포함될 수 있으나, 그 중심이 되는 것은 국가의 지원을 요청하는 급부청구권 및 절차적 보호를 위한 청구권 등이다. 이에 해당하는 법률로, 저작권법, 발명진흥법, 과학기술기본법, 문화예술진흥법, 대한민국학술원법, 대한민국예술원법 등이 있다.

저작자 등의 권리와 관련된 것으로 헌법 제9조가 있다("국가는 전통문화의 계승 · 발전과 민족문화의 창달에 노력하여야 한다").

헌법 제22조 제2항은 저작자 등의 권리를 법률로써 보호한다고 규정하여 입법자에게 지식재산권을 형성할 수 있는 광범위한 입법형성권을 부여하고 있다. 이는 저작권 혹은 예술가의 권리에 관한 법률조항의 위헌심사기준은 입법형성권 한계 일탈 여부임을 뜻한다. 이에 따라 헌법재판소도 법인 등의 기획 하에 법인 등의 업무에 종사하는 자가 업무상 작성하는 컴퓨터프로그램저작물의 저작자를 계약 또는 근무규칙에 정함이 없는 한 법인 등으로 규정한 저작권법 조항은 합헌이라고 하였다(헌재 2018.8.30. 2016헌가12).

한편 저작자 아닌 자를 저작자로 하여 실명(實名)이나 이명(異名)을 표시하여 저작물을 공표한 자를 처벌하는 저작권법 규정은 저작자의 권리와 직접 관련 있는 조항이 아니다. 헌법재판소는 이 조항을 합헌이라 판단하였다(헌재 2018.8.30. 2017헌바158). 청중이나 관중으로부터 당해 공연에 대한 반대급부를 받지 아니하는 경우에는 상업용 목적으로 공표된 음반 또는 영상저작물을 재생하여 공중에게 공연할 수 있다고 규정한 저작권법 규정 역시 합헌이라 하였다(헌재 2019.11.28. 2016헌마1115등).

2021.9.24. 법률 제18466호로 '예술인의 지위와 권리의 보장에 관한 법률'이 제정되어 2022.9.25.부터 시행되었다. 법 제9조(예술지원사업의 공정성 침해 금지)는 "① 국가기관등 소속 공무원 또는 예술지원기관의 임직원은 정당한 이유 없이 예술지원사업에서 차별행위를 할 목적으로 예술인 또는 예술단체의 명단을 작성하거나 예술지원기관에 작성을 지시하여 이를 이용 또는 이용에 제공하거나 이를 제공받아 이용하여서는 아니 된다. ② 예술지원사업의 지원 대상을 선정하는 심사에 참여하는 자는 위계·사술, 그 밖의 부정한 방법으로 공정한 심사를 방해하여서는 아니 된다."고 규정하고 있다. 제13조(불공정행위의 금지) 제1항은 "국가기관등, 예술지원기관 및 예술사업자는 예술인의 자유로운 예술 활동 또는 정당한 이익을 해치거나 해칠 우려가 있는 다음 각 호의 어느 하나에 해당하는 행위를 하거나 제3자로 하여금 이를 하게 하여서는 아니 된다."고 규정하고 아래 각 호에서 불공정행위의 유형을 나열하고 있다. 이는 소위 '문화계 블랙(화이트) 리스트'논란을 감안하여 입법된 것이다.

제 11 장

표현의 자유

> **(헌법 제21조)** ① 모든 국민은 언론・출판의 자유와 집회・결사의 자유를 가진다.
> ② 언론・출판에 대한 허가나 검열과 집회・결사에 대한 허가는 인정되지 아니한다.
> ③ 통신・방송의 시설기준과 신문의 기능을 보장하기 위하여 필요한 사항은 법률로 정한다.
> ④ 언론・출판은 타인의 명예나 권리 또는 공중도덕이나 사회윤리를 침해하여서는 아니 된다. 언론・출판이 타인의 명예나 권리를 침해한 때에는 피해자는 이에 대한 피해의 배상을 청구할 수 있다.

I. 서 설

언론・출판・집회・결사의 자유를 총칭하여 표현의 자유라고 부른다. 좁은 의미의 표현의 자유는 언론・출판의 자유만을 가리킨다. 집회・결사의 자유는 2인 이상의 다수인에 의한 표현의 자유이며, '집단행동에 의한 표현의 자유'라고 부르기도 한다.

1. 헌법규정의 연혁

1948년 제헌헌법은 언론・출판・집회・결사의 자유에 대한 개별적 법률유보조항을 두었다(제13조. "모든 국민은 법률에 의하지 아니하고는 언론・출판・집회・결사의 자유를 제한받지 아니한다"). 1960년 제2공화국헌법은 개별적 법률유보조항을 삭제하였으나, 1972년 유신헌법에서 부활하였고, 1980년 제5공화국헌법에서 다시 삭제되었다.

1960년 헌법은 언론・출판에 대한 허가제 금지를 명시하였다. 1962년 제3공화국헌법은 언론・출판의 허가제 및 검열제 금지와 집회・결사에 대한 허가제 금지를 명시하면서, 다만 영화나 연예에 대한 검열은 할 수 있다고 규정하였다. 허가제 · 검열제 금지 조항은 1972년 헌법에서 삭제되었다가 현행헌법에서 부활하였다.

"언론 · 출판은 타인의 명예나 권리 또는 공중도덕이나 사회윤리를 침해하여서는 아니 된다"는 규정은 1962년 헌법에서 처음 규정되었고, 1972년 헌법에서 삭제되었다가, 1980년 헌법에서 부활함과 함께 피해배상청구권 규정이 첨가되었다.

1962년 헌법은 "신문이나 통신의 발행시설기준은 법률로 정할 수 있다"는 규정을 처음 두었다. 이 규정은 1972년 헌법에서 삭제되었다. 현행헌법은 통신 · 방송의 시설기준을 법률로 정할 수 있다고 규정하는 한편, 신문에 관해서는 "신문의 기능을 보장하기 위하여 필요한 사항"은 법률로 정한다고 하여 추상적으로 규정하고 있다.

2. 표현의 자유의 중요성과 우월적 지위

(1) 표현의 자유의 중요성

표현의 자유가 갖는 중요성은 두 가지로 요약할 수 있다. 첫째, 표현의 자유는 개인의 인격을 실현하는 데에 불가결하다. 사람은 자신의 의견의 자유로운 형성과 표명을 통해 자신의 인격을 완전히 실현할 가능성을 갖는다. 둘째, 표현의 자유의 보장은 민주주의의 토대를 형성한다. 표현의 자유가 보장되지 않고는 민주주의가 불가능하다. 민주주의는 국민의 의사에 의한 정치이며, 국민의 의사에 의한 정치는 표현의 자유가 보장되어야만 가능하다. 바로 이 점에서 표현의 자유가 기본권의 카테고리 가운데 특별히 중요성을 갖는 이유가 있다. 단지 개인의 인격 실현만이 아니라 민주주의의 성립과 유지에 반드시 필요하다는 점에서 표현의 자유가 갖는 특별한 의미가 있다.

(판 례) 표현의 자유의 우월성

표현의 자유는 헌법에서 기본권으로 보장하는 것 이상으로, 민주적이고 열린 정치체제의 보존에 필수불가결하게 기여한다. 특히 정치적 표현의 자유의 행사의 보장은 매우 중요하다. 표현의 자유는 현대 자유민주주의의 존립과 발전에 필수불가결한 기본권이며 이를 최대한도로 보장하는 것은 자유민주주의 헌법의 기본원리의 하나이다(헌재 1992.6.26. 90헌가23; 헌재 1999.6.24. 97헌마265 참조). 표현의 자유가 다른 기본권에 우선하는 헌법상의 지위를 갖는다고 일컬어지는 것도 그것이 단순히 개인의 자유에 그치는 것이 아니고 통치권자를 비판함으로써 피치자가 스스로 지배기구에 참가한다고 하는 자치정체(自治政體)의 이념을 그 근간으로 하고 있기 때문이다(헌재 1992.2.25. 89헌가104 참조).

헌재 2021.11.25. 2019헌마534, 공보 302, 1524,1531-1532

(2) 사상의 시장론 : 전통적 모델과 수정모델

표현의 자유의 철학적 기초는 이른바 '사상의 시장'(marketplace of ideas)론이다. 미국 연방대법관 홈즈(Oliver Wendell Holmes Jr.)의 반대의견 속에서 전개된 이 이론에 따르면, 진리를 찾을 수 있는 최상의 방법은 '사상의 자유로운 거래'(free trade in ideas), 곧 사상의 자유시장에서의 경쟁에 있다고 한다(*Abrams v. U.S.*, 1919). 이 이론은 밀튼(J. Milton)의 '아레오파지티카'(*Areopagitica*, 1644)와 밀(J. S. Mill)의 '자유론'(*On Liberty*, 1859)에 토대를 두고 있다. 이에 따르면, 진리를 인식할 수 있는 인간의 능력에는 한계가 있으며, 이런 한계를 전제로 할 때 최선의 방법은 모든 의견을 자유롭게 허용하는 것이다. 옳은 의견과 틀린 의견의 경쟁 속에서 틀린 의견의 잘못됨이 드러나고 옳은 의견의 옳음이 더 빛을 발하게 된다는 것이다.

사상의 자유시장론의 전통적 모델에 대하여 오늘날 비판이 가해지고 있다. 수정모델에 의하면, '사상의 시장의 공정성'을 중시하면서, 경제시장과 마찬가지로 사상의 시장의 실패는 국가의 개입을 요구한다고 본다. 특히 경제적 힘이 사상의 시장을 지배할 수 있음을 주목하고, 언론매체의 독과점화 현상으로 인해 고전적인 사상의 자유시장론이 작동하기 어렵게 되었음을 지적한다. 또한 언론매체의 사회적 책임을 확보하기 위해 법적 개입이 필요하다고 주장한다. 이 문제는 뒤에 설명하는 반론권 및 언론기관에 대한 법적 규제의 영역에서 특히 논란이 된다.

(3) 표현의 자유의 우월적 지위

표현의 자유가 갖는 특별한 중요성 때문에 표현의 자유는 다른 기본권에 비해 더 '우월적 지위'(preferred position)를 지닌다. 우월적 지위를 갖는다는 것은 더 우월한 법적 보장을 받는다는 것을 의미하며, 이것은 미국 판례를 통해 형성된 법리다. 문제는 우월한 법적 보장의 내용이 무엇이냐 하는 것이다. 이에 관해서는 미국에서도 논란이 있다. 표현의 자유에 대한 제한은 합헌성 추정이 배제되어 위헌 추정을 받으며, 이 점에서 그 밖의 기본권 제한이 합헌 추정을 받는 것과 다르다는 견해가 있다. 여기에서 위헌 추정이 된다는 것은 곧 위헌 여부의 입증책임이 전환된다는 것과 마찬가지 의미이다. 미국 판례에 의하면 대체로 표현내용에 대한 제한은 위헌 추정된다고 보고 있으나, 표현의 자유에 대한 모든 제한에 대하여 위헌 추정이 되는 것은 아니다.

표현의 자유의 우월적 지위의 핵심 내용은 '이중기준'(double standard)의 원칙에 있다. 미국 판례를 통해 형성된 이 원칙에 의하면, 합헌성 여부의 심사기준에 있어서 표현의 자유를 비롯한 정신적 자유와 경제적 자유를 구분하여, 전자에 대해서는 후자보다 엄격한 심사기준을 적용한다(앞의 '기본권의 제한' 참조).

표현의 자유의 우월적 지위가 주로 미국에서 중시되는 것에 비하여, 유럽 대륙에서는 이러한 법리가 정착되었다거나 법제도화되어 있다고 말하기는 어렵다. 대체로 유럽 대륙에서는 표현의 다양성을 확보한다는 취지 아래 반론권제도나 신문 독과점 규제입법의 필요성이 강조되고, 이러한 입법을 표현의 자유의 제한이 아니라 표현의 자유의 요청으로 이해하고 있다. 다른 한편 헌법보장의 관점에서 반(反)헌법적 표현 활동에 대한 규제가 제도화되기도 한다. 표현의 자유에 관한 여러 법적 문제들은 서로 대비되는 이 두 법적 사고방식 중 어느 것을 따르느냐에 따라 달라진다.

한국 판례에서도 표현의 자유의 우월적 지위를 인정한다는 설명을 볼 수 있다. "언론의 자유는 바로 민주국가의 존립과 발전을 위한 기초가 되기 때문에 특히 우월적인 지위를 지니고 있는 것이 현대 헌법의 한 특징이다"(헌재 1991.9.16. 89헌마165, 판례집 3, 518,524). 그러나 그 구체적 내용이 무엇인지, 구체적 판례를 통해 어떻게 나타나고 있는지는 분명하지 않다.

Ⅱ. 언론·출판의 의의

1. 언론·출판과 표현매체

본래 '언론'은 말에 의한 표현, '출판'은 인쇄매체에 의한 표현을 가리키지만, 언론·출판의 자유는 표현 매체가 어떤 형태이든 가리지 않는다.

(판 례) 언론·출판의 개념

언론·출판의 자유의 내용 중 의사표현·전파의 자유에 있어서 의사표현 또는 전파의 매개체는 어떠한 형태이건 가능하며 그 제한이 없다. 즉 담화·연설·토론·연극·방송·음악·영화·가요 등과 문서·소설·시가·도화·사진·조각·서화 등 모든 형상의 의사표현 또는 의사전파의 매개체를 포함한다. 그러므로 음반 및 비디오물도 의사형성적 작용을 하는 한 의사의 표현·전파의 형식의 하나로 인정되며, 이러한 작용을 하는 음반 및 비디오물의 제작은 언론·출판의 자유에 의해서도 보호된다고 할 것이다.

헌재 1993.5.13. 91헌바17, 판례집 5-1, 275,284-285

그러나 표현 매체가 무엇이냐에 따라 거기에 적용되는 법리(法理)에는 차이가 있다. 뒤에 설명하는 것처럼 예컨대 인쇄매체냐 전파매체냐에 따라 법적 보호의 정도가 다르다.

표현의 자유는 곧 의사표현의 자유이다. '의사'에는 평가적인 의견만이 아니라 단순한 사실도 포함하는지에 대해 견해의 차이가 있다. 의견만이 아니라 사실도 포함한다고 보는 것이 옳다. 양자를 엄격히 구분하는 것이 어려울 뿐 아니라 사실의 전달을 배제할 이유가 없다.

의사표현의 자유는 의사의 표명만이 아니라 의사를 전달하는 전파(傳播)의 자유도 포함한다.

2. 상징적 언론

표현행위도 행위의 일종이지만, 표현의 자유를 보장한다는 것은 표현행위를 일반적 행위와 구별하고 일반적인 행위보다 표현행위를 법적으로 특별히 더 보호한다는 데에 의미가 있다. 즉 표현의 자유의 법리는 표현과 행위의 구분을 전제한다. 여기에서 생기는 문제가 이른바 '상징적 언론'(symbolic speech)이다. 상징적 언론이란, 예컨대 어떤 국가 정책을 반대한다는 의사를 나타내기 위해 국기를 불태우는 것처럼, 통상적인 표현수단과 다른 형태로 어떤 주제에 관한 의견이나 사상을 표현하는 행위를 말한다.

미국 판례에 의하면 상징적 언론은 구체적인 경우에 따라 헌법상 보호받기도 하고 보호받지 못하기도 한다. 어떤 의사를 표현하기 위한 행위라고 하여 모두 헌법상 보호받는 '언론'은 아니며, 어떤 행위의 언론적 요소와는 별개로 그 행위를 규제할 중대한 이익(필요성)이 인정되면 그 행위를 규제할 수 있다고 한다. 이런 법리에 따라 군대 징집 카드를 불태운 행위에 대한 처벌을 인정하였다(*U.S. v. O'Brien*, 1968). 반면 국기 소각 행위에 대한 처벌은 인정하지 않았다. 국가 정체성과 국민적 일체성을 유지하기 위한 것이라고 하더라도, 질서유지에 대한 급박한 위험이 없는 한, 정치적 반대의 의사표시를 위한 행위를 처벌할 수 없다고 본 것이다(*U.S. v. Eichman*, 1990;

Texas v. Johnson, 1989).

생각건대 상징적 언론이 표현의 자유의 보호대상이 되려면 그 표현수단 자체가 위법행위이어서는 안 된다고 할 것이다. 상징적 언론이 표현의 자유의 보호대상이 되는 경우에도 그 보호의 정도는 표현수단이 공익에 미치는 효과에 따라 다르다고 볼 것이다.

3. 상업적 광고

상업적 광고는 헌법상 표현의 자유의 보호 대상인가 아니면 영업의 자유(직업수행의 자유)의 보호대상인가라는 문제가 있다. 상업적 광고 또는 상업적 언론(commercial speech)이란 영리의 목적으로 상품이나 서비스에 관해 널리 알리거나 널리 상업적 거래를 제안하는 표현이다. 그러나 상업적 언론과 비상업적 언론의 구별은 상대적이다. 헌법재판소 판례는 상업적 광고도 표현의 자유의 보호대상으로 인정한다.

(판 례) 광고와 표현의 자유(옥외광고물등관리법 시행령)

광고가 단순히 상업적인 상품이나 서비스에 관한 사실을 알리는 경우에도 그 내용이 공익을 포함하는 때에는 헌법 제21조의 표현의 자유에 의하여 보호된다. (……) 광고물도 사상 · 지식 · 정보 등을 불특정다수인에게 전파하는 것으로서 언론 · 출판의 자유에 의한 보호를 받는 대상이 됨은 물론이다(헌재 1998.2.27. 96헌바2, 판례집 10-1, 118,124). 뿐만 아니라 국민의 알권리는 국민 누구나가 일반적으로 접근할 수 있는 모든 정보원(情報源)으로부터 정보를 수집할 수 있는 권리로서 정보수집의 수단에는 제한이 없는 권리인바, 알권리의 정보원으로서 광고를 배제시킬 합리적인 이유가 없음을 고려할 때, 광고는 이러한 관점에서도 표현의 자유에 속한다고 할 것이다.

헌재 2002.12.18. 2000헌마764, 판례집 14-2, 856,867-868

헌법재판소는 상업적 광고가 표현의 자유의 보호대상이 된다고 보면서도 광고표현의 방법을 규제하는 법령규정에 대하여 다음과 같이 합헌결정을 내렸다. 옥외광고물을 설치하는 경우 시 · 도지사의 사전허가를 받도록 한 것은 합헌이다(헌재 1998.2.27. 96헌바2). 교통수단을 이용한 광고는 교통수단 소유자 자신에 관한 내용의 광고만 허용한 것은 합헌이다(헌재 2002.12.18. 2000헌마764)(이 제한은 시행령 개정으로 삭제되었다).

과거에 상업적 광고는 영업의 자유에 속한다고 보는 것이 일반적이었고, '이중기준의 원칙'에 따르면 영업의 자유는 표현의 자유보다 약한 보호를 받는다. 이와 달리 위 판례처럼 상업적 광고도 표현의 자유의 보호 대상으로 본다는 것은 상업적 광고를 그만큼 강하게 보호한다는 것을 뜻한다. 그런데 위 판례에는 불명확한 점이 있다. 상업적 광고는 "그 내용이 공익을 포함하는 때"에 한하여 표현의 자유로서 보장받는다는 것인가, 아니면 상업적 광고 자체가 알 권리의 정보원으로서 보호대상이 된다는 것인가. 또한 상업적 광고는 일반적인 표현행위와 동등한 수준의 헌법적 보호를 받는가, 아니면 더 약한 수준의 보호를 받는가.

(참고・미국판례) 상업적 언론도 공익에 기여할 수 있는 가치를 지닌 한 헌법상 표현의 자유의 보호대상이 된다(*Bigelow v. Virginia*, 1975). 순수한 상업적 언론도 표현의 자유의 보호대상이 된다. 그러나 상업적 언론은 정치적 표현의 자유 등에 비하여 약한 정도의 보장을 받으며, 사전제한금지의 원칙 등이 적용되지 않을 수 있다(*Virginia State Board of Pharmacy v. Virgnia Citizens Consumer Council, Inc.*, 1976). 상업적 언론에 대해서는 엄격한 심사보다 완화된 심사기준이 적용된다(*Central Hudson Gas and Electricity Corporation v. Public Service Commission of New York*, 1980). 한편 광고 가운데 상업적 목적이 아닌 의견광고에는 일반적인 표현의 자유에 관한 법리가 적용된다(*New York Times v. Sullivan*, 1964).

헌법재판소는 상업적 광고에 관한 앞의 판례에 비해 분명한 법리를 제시하고 있다. 의료법상 "특정의료기관이나 특정의료인의 기능(技能)・진료방법"에 대한 의료광고를 금지한 부분이 위헌이라고 결정하면서 헌법재판소는 이렇게 판시한다.

(판 례) 의료광고 규제와 피해의 최소성 원칙의 완화

상업광고는 표현의 자유의 보호영역에 속하지만 사상이나 지식에 관한 정치적, 시민적 표현행위와는 차이가 있고, 한편 직업수행의 자유의 보호영역에 속하지만 인격발현과 개성신장에 미치는 효과가 중대한 것은 아니다. 그러므로 상업광고 규제에 관한 비례의 원칙 심사에 있어서 '피해의 최소성' 원칙은 같은 목적을 달성하기 위하여 달리 덜 제약적인 수단이 없을 것인지 혹은 입법목적을 달성하기 위하여 필요한 최소한의 제한인지를 심사하기보다는 '입법목적을 달성하기 위하여 필요한 범위 내의 것인지'를 심사하는 정도로 완화되는 것이 상당하다.

헌재 2005.10.27. 2003헌가3, 판례집 17-2, 189,198

위 판례는 상업적 광고에 대해 피해의 최소성 원칙을 완화하여 적용하여야 한다고 판시한다. 이것은 상업적 광고가 표현의 자유의 보장 대상임을 인정하되, 그 보호정도에서 다른 표현의 자유보다 낮은 수준임을 명백히 한 것이며, 미국판례의 태도와 유사하다. 그러나 헌법재판소는 위 사건에서 이러한 완화된 심사기준의 적용에도 불구하고 위헌 결정을 내리고 있다. 그 밖에 의료업무에 관한 광고의 범위와 의료광고에 필요한 사항을 보건복지부령에 위임한 의료법 규정도 명확성원칙과 포괄위임금지원칙에 위반되어 위헌으로 결정하였다(헌재 2007.7.26. 2006헌가4). 금지되는 의료광고의 범위에 대해서는 구체적으로 의료법 제56조에서 규정하고 있다.

한편 헌법재판소는 최근 건강기능식품의 표시 및 광고의 사전심의에 관하여 판시하기를, 건강기능식품의 특성, 그 상품광고의 특수한 성격 등으로 인하여 규제의 필요성이 크고, 사전심의를 절대적으로 금지할 경우 국민의 생명권, 건강권 등 다른 법익과 충돌 가능성이 있다는 등의 이유로, 건강기능식품의 표시·광고에 대한 사전심의절차는 헌법이 금지하는 사전검열에 해당하지 않으며 합헌이라고 보았다(헌재 2010.7.29. 2006헌바75).

(판 례) 변호사 광고 제한

변호사광고에 대한 합리적 규제는 필요하지만, 광고표현이 지닌 기본권적 성질을 고려할 때 광고의 내용이나 방법적 측면에서 꼭 필요한 한계 외에는 폭넓게 광고를 허용하는 것이 바람직하다. 각종 매체를 통한 변호사 광고를 원칙적으로 허용하는 변호사법 제23조 제1항의 취지에 비추어 볼 때, 변호사등이 다양한 매체의 광고업자에게 광고비를 지급하고 광고하는 것은 허용된다고 할 것인데, 이러한 행위를 일률적으로 금지하는 위 규정(변호사 광고에 관한 규정 제5조 제2항 제1호; 저자)은 수단의 적합성을 인정하기 어렵다.

대가수수 광고금지규정이 아니더라도 변호사법이나 다른 규정들에 의하여 입법목적을 달성할 수 있고, 공정한 수임질서를 해치거나 소비자에게 피해를 줄 수 있는 내용의 광고를 특정하여 제한하는 등 완화된 수단에 의해서도 입법목적을 같은 정도로 달성할 수 있다. 나아가, 위 규정으로 입법목적이 달성될 수 있을지 불분명한 반면, 변호사들이 광고업자에게 유상으로 광고를 의뢰하는 것이 사실상 금지되어 청구인들의 표현의 자유, 직업의 자유에 중대한 제한을 받게 되므로, 위 규정은 침해의 최소성 및 법익의 균형성도 갖추지 못하였다.

헌재 2022.5.26. 2021헌마619, 공보 308, 772,773

생각건대 상업적 광고에 의한 상업적 정보의 자유로운 유통은 자유시장경제의 필수적 요소이다. 그런 점에서 상업적 광고는 그 자체로서 공공적 성격을 지니며 원칙적으로 표현의 자유의 보호대상이 된다고 볼 것이다. 다만 보호의 정도에 있어서는 정치적 내용의 표현에 비하여 상대적으로 약한 정도의 보호를 받으며, 그 규제의 합헌성심사 기준도 차별화되어야 할 것이다.

한편 상업적 광고가 허위의 내용을 담고 있거나 또는 위법행위를 내용으로 하는 경우에는 헌법상 보호의 대상이 되지 않는다.

Ⅲ. 표현의 자유 제한에 대한 합헌성심사의 기준

1. '내용에 근거한 제한'과 '내용 중립적 제한'의 구별

표현의 자유에 대한 제한은 표현의 '내용에 근거한 제한'(content-based regulations)과 표현 내용과 무관한 '내용 중립적 제한'(content-neutral regulations)으로 구별할 수 있다. 미국 판례에 따르면 이 구별에 따라 합헌성 심사의 기준이 달라진다.

내용에 근거한 제한에 대하여는 '엄격한 심사'가 적용된다. 즉 '긴절한 이익'(compelling interest)을 달성하기 위해 '필요한'(necessary) 제한에 대해서만 합헌성이 인정된다. 또한 내용에 근거한 제한은 위헌으로 추정된다. 즉 입증책임은 표현을 제한하는 정부측이 부담한다(*Simon & Schuster, Inc. v. Members of the New York State Crime Victims Board*, 1991).

반면 표현의 내용이 아니라 표현의 시간·장소 또는 수단·방법을 제한하는 내용 중립적 제한에 대하여는 '중간 심사'(intermediate scrutiny)가 적용된다. 즉 표현 내용의 규제와 무관한 '중대한 이익'(important interest)을 증진시키고, 그 이익 증진에 필요한 정도보다 상당히 더(substantially more) 제한하지 않는 때에만 합헌성이 인정된다(*Turner Broadcasting System, Inc. v. FCC*, 1997).

한국 판례에서도 표현의 내용 제한과 내용 이외의 제한을 구별하는 법리를 찾아볼 수 있다.

(판 례) 옥외광고물 규제

허가나 검열은 행정권이 주체가 되어 사상이나 의견 등이 발표되기 이전에

예방적 조치로서 그 내용을 심사 · 선별하여 발표를 사전에 억제하는, 즉 허가받지 아니한 것의 발표를 금지하는 제도를 뜻(한다)……. 이 법 제3조는 일정한 지역 · 장소 및 물건에 광고물 또는 게시시설을 표시하거나 설치하는 경우에 그 광고물 등의 종류 · 모양 · 크기 · 색깔, 표시 또는 설치의 방법 및 기간 등을 규제하고 있는바, 이 법 제3조가 광고물 등의 내용을 심사 · 선별하여 광고물을 사전에 통제하려는 제도가 아님은 명백하다. 따라서 이 법 제3조가 헌법 제21조 제2항이 정하는 사전허가 · 검열에 해당되지 아니한다

헌재 1998.2.27. 96헌바2, 판례집 10-1, 118,125-126

2. 명확성의 원칙

명확성의 원칙이란 표현의 자유를 제한하는 입법이 명확하지 않으면 위헌이라는 원칙이다. 이 원칙은 기본권 제한 입법 전반에 대해 적용되지만 특히 표현의 자유에 대해 강조되며 중요한 의미를 가진다. 불명확한 입법은 사람들에게 예측가능성을 주지 못하고 합법적으로 표현할 수 있는 것까지도 스스로 자제하게 하는 이른바 '위축효과'(chilling effect)를 가져오기 때문이다. 불명확한 입법의 내용에 형벌규정이 포함된 경우에는 죄형법정주의 위반의 문제가 발생한다. 명확성의 원칙은 미국 판례상의 '막연하기 때문에 무효'(void for vagueness)의 원칙과 동종의 원칙이다.

(판 례) '전기통신사업법'상 규제대상으로서 '불온통신' 개념

"공공의 안녕질서 또는 미풍양속을 해하는"이라는 불온통신의 개념은 너무나 불명확하고, 애매하다. (……) "공공의 안녕질서", "미풍양속"이라는 것은 매우 추상적인 개념이어서 어떠한 표현행위가 과연 "공공의 안녕질서"나 "미풍양속"을 해하는 것인지, 아닌지에 관한 판단은 사람마다의 가치관, 윤리관에 따라 크게 달라질 수밖에 없고, 법집행자의 통상적 해석을 통하여 그 의미내용을 객관적으로 확정하기도 어렵다.

헌재 2002.6.27. 99헌마480, 판례집 14-1, 616,628-629

헌법재판소는 "공익을 해할 목적으로 전기통신설비에 의하여 공연히 허위의 통신을 한 자"를 형사처벌하는 전기통신기본법 조항(제47조 제1항)에 대하여, '공익' 개념이 불명확하여, 수범자인 국민에 대하여 일반적으로 허용되는 '허위의 통신' 가운데 어떤 목적의 통신이 금지되는 것인지 고지하여 주지 못하고 있으므로 명확성 원칙에

위배하여 헌법에 위반된다고 결정하였다(헌재 2010.12.28. 2008헌바157. 뒤의 '인터넷통신과 표현의 자유'에 관한 판례인용 참조).

그러나 방송통신위원회법상 방송통신심의위원회가 심의 및 시정요구를 할 수 있는 정보의 요건으로 규정되어 있는 '건전한 통신윤리의 함양을 위하여 필요한 사항' 중 '건전한 통신윤리'는 명확성의 원칙에 반하지 않는다고 하였다. 또한 방송통신위원회가 일정한 요건 하에 서비스제공자 등에게 명할 수 있는 '해당 정보의 취급거부'는 명확성 원칙에 반하지 않고, '웹사이트 폐쇄'는 '해당 정보의 취급거부'에 포함된다고 한다.

(판 례) 방송통신심의위원회의 심의대상으로서 '건전한 통신윤리' 개념

이 사건 법률조항 중 '건전한 통신윤리'라는 개념은 다소 추상적이기는 하나, 전기통신회선을 이용하여 정보를 전달함에 있어 우리 사회가 요구하는 최소한의 질서 또는 도덕률을 의미하고, '건전한 통신윤리의 함양을 위하여 필요한 사항으로서 대통령령이 정하는 정보('불건전정보')'란 이러한 질서 또는 도덕률에 저해되는 정보로서 심의 및 시정요구가 필요한 정보를 의미한다고 할 것이다. 또한 정보통신영역의 광범위성과 빠른 변화속도, 그리고 다양하고 가변적인 표현형태를 문자화하기에 어려운 점을 감안할 때, 위와 같은 함축적인 표현은 불가피하다고 할 것이다.

따라서 이 사건 법률조항이 명확성의 원칙에 반하다고 할 수 없다.

(재판관 김종대, 송두환, 이정미의 반대의견)

이 사건 법률조항의 '건전한 통신윤리'란 헌법 제21조 제4항의 '공중도덕이나 사회윤리', 방송통신위원회법 제18조 제1항의 '정보통신에서의 건전한 문화창달'과 비교하여 볼 때 동어반복이라 해도 좋을 정도로 전혀 구체화되어 있지 않은 것이다. 즉 심의위원회의 심의대상의 하나이자 시정요구의 대상이 되는 정보의 개념을 전혀 한정하지 못하고, 헌법상 기본권 제한의 요건, 헌법상 언론·출판자유의 한계 또는 방송통신위원회의 설치목적 등을 그대로 옮겨 놓은 것에 불과할 정도로 그 의미가 불명확하고 추상적이다.

이처럼 '건전한 통신윤리'라는 것은 매우 추상적인 개념이어서, 어떠한 표현행위가 과연 '건전한 통신윤리'의 함양에 필요한 사항인지 아닌지에 관한 판단은 사람마다의 가치관, 윤리관에 따라 크게 달라질 수밖에 없고, 행정기관으로서도 그 의미내용을 객관적으로 확정하기 어렵다(……).

결국, 방송통신위원회의 취급거부·정지·제한명령제도(정보통신망법 제44조의7 제3항)라는 기존의 규제제도 외에 이 사건 법률조항에 의해 심의위원회의

시정요구라는 또 하나의 표현의 내용 규제제도를 창설하면서, '건전한 통신윤리의 함양을 위하여 필요한 사항'이라는 모호하고도 추상적인 기준을 제시함으로써, 이미 헌법재판소에서 위헌이라고 판단되었던 '불온통신'이 '불건전정보'라는 모습으로 되살아난 것이다.

헌재 2012.2.23. 2011헌가13, 판례집 24-1 상, 25,35-36,43-44

(판 례) 정보통신망 이용촉진 및 정보보호 등에 관한 법률상 방송통신위원회의 '해당 정보의 취급거부'가 명확성 원칙에 반하는지 및 '웹사이트 폐쇄'가 이에 포함되는지 여부

정보통신망법상 '정보의 취급'이란 정보의 제공 또는 제공을 매개하기 위하여 컴퓨터 등을 이용하여 정보를 수집·가공·저장·검색·송신 또는 수신하는 등의 행위를 의미한다고 볼 수 있고, 웹호스팅은 정보통신망에 웹사이트를 구축하고자 하는 고객을 위하여, 자신의 서버를 임대하고 서버의 운영·관리 및 정보통신망 연결 등을 대행함으로써 고객이 독자적인 설비를 갖추지 않더라도 웹사이트를 운영할 수 있도록 해주는 역무이므로, 이러한 웹호스팅 서비스도 정보 제공의 매개를 목적으로 자신의 전기통신설비 등을 이용하여 정보를 수집·가공·저장·검색·송신 또는 수신하는 등의 '정보의 취급'에 해당한다고 보아야 하며, 따라서 이러한 웹호스팅 서비스의 중단, 즉 웹사이트 폐쇄는 해당 정보의 '취급거부'에 포함된다고 보아야 할 것이다.

헌재 2015.10.21. 2012헌바415, 공보 229, 1641,1646

다만, 위 결정에는 "이 사건 법률조항은 취급거부·정지·제한의 대상을 '해당 정보'에 한정하고 있으므로, 이 사건 법률조항의 문언해석상 취급거부의 대상은 어디까지나 '해당' 불법정보 그 자체이지 해당 불법정보가 게재된 웹사이트 전체를 취급거부의 대상이 되는 해당 정보라고 보기는 어렵[기]" 때문에 명확성의 원칙에 반한다는 재판관 2인의 반대의견이 있다.

또한 정보통신망보호법상 유통이 금지되어 있는 '범죄를 목적으로 하거나 교사 또는 방조하는 내용의 정보'에 대하여도 명확성의 원칙에 반하지 않는다고 한다(헌재 2012.2.23. 2008헌마500; 이른바 '다음 아고라' 사건). '국가보안법에서 금지하는 행위를 수행하는 내용의 정보'도 명확성 원칙에 반하지 않는다고 하였다(헌재 2014.9.25. 2012헌바325).

헌법재판소는 최근 형법상의 모욕죄 규정은 명확성의 원칙에 반하지 않는다고 판시하였다.

(판 례) 모욕죄 규정의 명확성 원칙 위반 여부(이른바 '들보잡' 사건)

건전한 상식과 통상적인 법 감정을 가진 일반인이라면 금지되는 행위가 무엇인지를 예측하는 것이 현저히 곤란하다고 보기 어렵고, 법 집행기관이 이를 자의적으로 해석할 염려도 없으므로 명확성원칙에 위배되지 아니한다.

(……) 모욕죄는 피해자의 고소가 있어야 형사처벌이 가능한 점, 그 법정형의 상한이 비교적 낮은 점, 법원은 개별 사안에서 형법 제20조의 정당행위 규정을 적정하게 적용함으로써 표현의 자유와 명예보호 사이에 적절한 조화를 도모하고 있는 점 등을 고려할 때, 심판대상조항이 표현의 자유를 침해한다고 볼 수 없다.

(박한철 등 3인 재판관의 반대의견)

심판대상조항의 구성요건인 '모욕'의 범위는 지나치게 광범위하여 타인에 대한 부정적이거나 경멸적인 내용이 있는 표현은 타인의 사회적 평가를 저하시킬 가능성이 있어 모욕에 해당하게 된다. 이에 따라 상대방의 인격을 허물어뜨릴 정도로 모멸감을 주는 혐오스러운 욕설 외에 현실 세태를 빗대어 우스꽝스럽게 비판하는 풍자·해학을 담은 문학적 표현, 부정적인 내용이지만 정중한 표현으로 비꼬아서 하는 말, 인터넷상 널리 쓰이는 다소 거친 신조어 등도 모욕죄로 처벌될 수 있으므로, 헌법상 보호받아야 할 표현까지 규제될 수 있다.

모욕죄의 형사처벌은 다양한 의견 간의 자유로운 토론과 비판을 통하여 사회공동체의 문제를 제기하고 건전하게 해소할 가능성을 제한하는바, 정치적·학술적 토론이나 의견교환과정에서 사용된 일부 부정적인 언어나 예민한 정치적·사회적 이슈에 관한 비판적 표현이 모욕에 해당하여 규제된다면, 정치적·학술적 표현행위를 위축시키고 열린 논의의 가능성이 줄어들어 표현의 자유의 본질적인 기능이 훼손된다.

헌재 2013.6.27. 2012헌바37, 판례집 25-1, 506,507

헌법재판소는 '정보통신망 이용촉진 및 정보보호에 관한 법률'에서 '비방할 목적으로' 정보통신망을 이용하여 공공연하게 사실을 드러내어 다른 사람의 명예를 훼손한 자를 처벌하고 있는 조항이 명확성의 원칙이나 과잉금지원칙에 반하지 않는다고 하였다(헌재 2016.2.25. 2013헌바105등).

그러나 구 형법상의 국가모독죄 규정의 '이익', '위신' 등의 개념은 불명확하고 적용범위가 지나치게 광범위하여 위헌이라고 한다(헌재 2015.10.21. 2013헌가20).

3. 과도한 광범성의 원칙

과도한 광범성의 원칙(overbreadth doctrine)이란 표현의 자유를 제한하는 입법이 헌법상 보호되지 않는 표현만이 아니라 헌법상 보호되는 표현까지 과도하게 광범한 제한을 가하면 위헌이라는 원칙이다. 실제에 있어서는 특정한 입법이 명확성의 원칙과 과도한 광범성의 원칙을 동시에 위반하는 것이 통상적일 것이지만, 개념적으로는 구별된다. 명확하지만 과도하게 광범한 제한에 해당할 수 있는 것이다. 헌법재판소도 이런 취지의 결정을 내렸다. 금융지주회사법의 공개되지 아니한 '정보 또는 자료'의 누설 처벌조항에서 '정보 또는 자료'가 "문언상 특별한 범위 제한이 없는 이상 모든 정보 또는 자료를 포괄하는 것으로 해석되고, 그 규제 범위가 광범위하다는 이유로 '정보 또는 자료'의 의미 자체가 불명확해지는 것은 아니다"라고 판시하였다(헌재 2017.8.31. 2016헌가11). 이 원칙은 미국 판례에서 형성된 것인데 우리 헌법재판소 판례도 이를 수용하고 있다(헌재 1998.4.30. 95헌가16).

4. 이익형량의 원칙

이익형량(balancing of interests)의 원칙은 표현의 자유와 헌법상 보호받는 다른 이익이 충돌하는 경우에 이 대립하는 이익을 비교하여 어느 것이 우선하는지를 판단하는 합헌성 심사기준이다. 예컨대 표현의 자유와 명예권이 충돌하는 경우에 적용되는 심사 기준이다. 이 원칙은 표현의 자유를 특별히 보호하는 원칙이라기보다 대립하는 이익을 조정하는 원칙이다. 구체적인 경우에 따라 비교형량의 결과가 결정된다.

위의 합헌성 심사기준 외에 표현의 자유에 관한 중요한 원칙들을 아래에서 별도로 설명한다.

Ⅳ. 사전제한 금지의 원칙

1. 사전제한과 사후제한의 구분

표현의 자유에 대한 제한은 사전제한과 사후제한으로 구분된다. 사전제한이란 특정인이 의사표현을 할 수 있는지 여부를 국가기관이 미리 결정하는 표현 규제의 방법이다. 사전제한은 일단 표현한 후에 처벌 등 제한을 가하는 사후제한보다 더 무거운 제한이다. 사전제한의 대표적인 형태로, 허가제, 검열제를 들 수 있으며, 법원의 가처분결정 또는 압수에 의한 사전제한도 이에 속한다. 사전제한은 원칙적으로 금지된다.

사전제한을 사후제한보다 무거운 제한으로 보고 원칙적으로 금지하는 근거는 무엇인가. 첫째, 기능적 관점에서의 이유다. 사후제한은 일단 표현은 행하여지는데 대해, 사전제한은 표현 자체를 아예 봉쇄하는 것이므로 더 큰 제한이라고 할 수 있다. 즉 사전제한은 사상의 자유시장에의 진입 자체를 막는 것이기 때문에 이를 금지한다는 것이다. 둘째, 역사적 관점이다. 표현의 자유의 역사는 허가제, 검열제와 같은 사전제한을 폐지하는 데에서 출발하였다. 영국에서 1694년, 검열법을 최종적으로 폐지하였는데 이로부터 표현의 자유가 전개되기 시작했다. 그 후 1791년 미국헌법 수정 제1조에서 "의회는 언론, 출판의 자유를 …… 제한하는 법률을 제정할 수 없다"고 규정하였다. 이 규정은 문언상(文言上) 마치 언론·출판의 자유가 절대적 자유인 것처럼 되어 있는데, 헌법제정자가 의도한 것은 검열법과 같은 사전제한을 금지하는 취지였다. 이처럼 역사적으로 표현의 자유란 곧 사전제한을 폐지하는 것으로 인식되었다.

미국 판례에서는 일정한 예외를 제외하고 사전제한을 금지한다. 연방대법원은 국방성 기밀문서 사건에서, 게재중지 명령을 구하는 정부측 청구에 대해, 사전제한을 정당화할 무거운 입증부담을 충족하지 못했다는 이유로 이를 기각하였다(*New York Times v. U.S.*, 1971).

표현에 대한 사전제한은 많은 경우 사후제한의 효과로 나타나기도 한다. 가령 정기간행물의 특정 내용으로 폐간 또는 정간 조치를 하는 경우, 앞으로 발행될 표현물에 대하여는 사전제한에 해당한다. 헌법재판소도 이러한 논리를 인정하고 있다.

(판 례) 이른바 문화예술계 블랙리스트에 대한 지원배제 지시

청구인들의 정치적 견해는 청구인들의 정치적 표현 행위에 의하여 표출되는 것이고, 피청구인들도 청구인들의 야당 후보 지지 선언, 정부 비판적 시국선언 등 청구인들의 정치적 표현행위를 기초로 이 사건 지원배제 지시를 실행하였다. 청구인들의 특정한 정치적 표현행위에 대한 반응으로서의 이 사건 지원배제 지시는 결국 청구인들의 정치적 표현의 자유에 대한 사후적인 제한에 해당하고, 이로 인하여 앞으로 청구인들이 유사한 정치적 표현의 자유를 행사함에 있어 중대한 제약을 초래하게 된다. 따라서 이 사건 지원배제 지시가 청구인들

의 표현의 자유를 침해하는지 여부가 문제된다. (……)

정부에 대한 반대 견해나 비판에 대하여 합리적인 홍보와 설득으로 대처하는 것이 아니라 비판적 견해를 가졌다는 이유만으로 국가의 지원에서 일방적으로 배제함으로써 정치적 표현의 자유를 제재하는 공권력의 행사는 헌법의 근본원리인 국민주권주의와 자유민주적 기본질서에 반하는 것으로 그 목적의 정당성을 인정할 수 없다(헌재 2013.3.21. 2010헌바132등 참조).

헌재 2020.12.23. 2017헌마416, 공보 291, 141,150-151

2. 허가제, 검열제의 금지

헌법 제21조 제2항은 언론・출판에 대한 허가나 검열은 인정되지 않는다고 명시하고 있다. 허가・검열이란 무엇이며, 그것은 절대적으로 금지되는 것인가.

(판 례) 영화 검열

검열금지의 원칙은 모든 형태의 사전적인 규제를 금지하는 것이 아니고, 단지 의사표현의 발표여부가 오로지 행정권의 허가에 달려있는 사전심사만을 금지하는 것을 뜻한다. 그러므로 검열은 일반적으로 허가를 받기 위한 표현물의 제출의무, 행정권이 주체가 된 사전심사절차, 허가를 받지 아니한 의사표현의 금지 및 심사절차를 관철할 수 있는 강제수단 등의 요건을 갖춘 경우에만 이에 해당하는 것이다.

헌재 1996.10.4. 93헌가13등, 판례집 8-2, 212,222

위 판례에 의하면 검열이란, ① 행정권에 의한 심사이고, ② 표현 내용에 대한 심사이며, ③ 사전 심사를 말하고, ④ 법률로써도 허용되지 않는다는 의미에서 절대 금지된다.

우선 위 판례에서 영화 검열 자체를 위헌으로 본 것은 매우 급진적이다. 미국 판례에서는 영화 검열 자체가 위헌은 아니라고 보고 있고, 일정한 절차적 보호장치가 없는 영화 검열이 위헌이라고 보고 있다(*Freedman v. Maryland*, 1965). 과거 우리 헌법(1962년 제3공화국 헌법 제18조 제2항 단서)에서 "공중도덕과 사회윤리를 위하여는 영화나 연예에 대한 검열을 할 수 있다"고 규정한 적이 있다.

위 헌법재판소 판례에서 검열의 개념 정의 가운데 가장 주목할 것은 '행정권이 주체가 된' 사전심사만 검열에 해당한다고 보는 점이다. 이에 따르면 국가기관이라도 법원에 의한 심사는 그것이 사전적 성격을 지니더라도 검열에 해당되지 않는다. 판례는 TV방영금지 가처분이 검열이 아니므로 합헌이라고 보았다.

(판 례) TV방영금지 가처분

헌법 제21조 제2항에서 규정한 검열 금지의 원칙은 모든 형태의 사전적인 규제를 금지하는 것이 아니고 단지 의사표현의 발표 여부가 오로지 행정권의 허가에 달려있는 사전심사만을 금지하는 것을 뜻하므로, 이 사건 법률조항에 의한 방영금지가처분은 행정권에 의한 사전심사나 금지처분이 아니라 개별 당사자간의 분쟁에 관하여 사법부가 사법절차에 의하여 심리, 결정하는 것이어서 헌법에서 금지하는 사전검열에 해당하지 아니한다.

일정한 표현행위에 대한 가처분에 의한 사전금지청구는 개인이나 단체의 명예나 사생활 등 인격권 보호라는 목적에 있어서 그 정당성이 인정되고 보호수단으로서도 적정하며, 이에 의한 언론의 자유 제한의 정도는 침해 최소성의 원칙에 반하지 않을 뿐만 아니라 보호되는 인격권보다 제한되는 언론의 자유의 중요성이 더 크다고 볼 수 없어 법익 균형성의 원칙 또한 충족하므로, 이 사건 법률조항은 과잉금지의 원칙에 위배되지 아니하고 언론의 자유의 본질적 내용을 침해하지 아니한다.

헌재 2001.8.30. 2000헌바36, 판례집 13-2, 229

이처럼 판례는 검열의 개념을 행정권에 의한 사전심사만으로 좁게 한정하고 이를 절대적으로 금지하고 있다. 이것은 타당한가. 행정권에 의한 사전심사와는 달리 사법기관에 의한 사전심사를 헌법상 허용하는 근거는 무엇인가. 만일 행정기관보다 법원이 덜 위험하다고 본다면 양자를 구별하는 나름대로의 근거가 될 수 있으나 법원이 덜 위험하다는 근거가 필요할 것이다. 헌법재판소는 한국광고자율심의기구에 의한 방송광고 사전심의(헌재 2008.6.26. 2005헌마506), 영상물등급위원회에 의한 등급분류보류제도(헌재 2008.10.30. 2004헌가18) 등이 행정기관에 의한 사전검열에 해당한다고 판시하였다.

한편 헌법은 검열제와 별도로 허가제의 금지를 규정하고 있다. 일반적으로 '허가'란 잠정적인 일반적 금지를 해제하여 원래의 자연적 자유를 회복시키는 처분이다. 실정법상 허가 가운데에는 표현의 내용 이외의 것을 심사하는 경우에도 이 용어를 사용하는 예가 있는데, 아래 판례(예컨대 방송사업 허가제에 관한 헌재 2001.5.31. 2000헌바43등)에서는 허가의 개념을 내용 심사에 한정하고 있다. 이런 해석에 따르는 한, 검열과 허가를 구분할 특별한 이유는 없다. 검열에는 허가의 요소가 포함되기 때문이다. 검열은 특별한 형태의 허가라고 해석할 수 있다.

허가제 금지와 관련하여, 판례는 정기간행물 등록제, 옥외광고물 설치 허가제, 방송국 개설 허가제 등이 합헌이라고 보고 있다.

(판 례) 정기간행물 등록제와 미등록 처벌

이 사건 등록규정이 정한 등록사항을 살펴보면 그 사항이 정기간행물의 제호, 종별 및 간별, 발행인, 편집인 및 인쇄인의 본적·주소·성명·생년월일(발행인 또는 인쇄인이 법인이나 단체인 경우에는 그 명칭, 주사무소의 소재지와 그 대표자의 본적·주소·성명·생년월일), 발행소의 소재지, 판형, 사용어, 발행목적과 발행내용, 보급방법과 주된 보급대상 및 지역 등 정기간행물의 외형적이고 객관적인 사항에 한정되어 있음을 알 수 있는바, 이 사건 등록규정이 정기간행물의 내용을 심사·선별하여 정기간행물을 사전에 통제하기 위한 규정이 아님은 명백하다고 할 것이다. 그렇다면 이 사건 등록규정이 허가나 검열에 해당되어 헌법 제21조 제2항에 위반된다는 주장은 이유 없다. (……) 어떤 행정법규 위반행위에 대하여 이를 단지 간접적으로 행정상의 질서에 장해를 줄 위험성이 있음에 불과한 경우(단순한 의무태만 내지 의무위반)로 보아 행정질서벌인 과태료를 과할 것인가, 아니면 직접적으로 행정목적과 공익을 침해한 행위로 보아 행정형벌을 과할 것인가, 그리고 행정형벌을 과할 경우 그 법정형의 형종과 형량을 어떻게 정할 것인가는, 당해 위반행위가 위의 어느 경우에 해당하는가에 대한 법적 판단을 그르친 것이 아닌 한 그 처벌내용은 기본적으로 입법권자가 제반사정을 고려하여 결정할 그 입법재량에 속하는 문제라고 할 수 있다(헌재 1994.4.28. 선고 91헌바14 결정 참조).

헌재 1997.8.21. 93헌바51, 판례집 9-2, 177,190-194

위 판례는 등록사항이 "외형적인 일정시설기준에 관한 것"임을 근거로 합헌이라고 보고 있다. 그러나 여기에 대해서는 다음과 같은 여러 의문이 제기된다. 등록제는 등록요건(예컨대 일정한 시설구비 요건)에 따라서는 허가제와 차이가 없다고 볼 수 있지 않은가. 미등록에 대해 행정질서벌인 과태료가 아니라 형사처벌한다면 이것은 허가제와 무슨 차이가 있는가. 일정한 경우에 등록을 취소하는 등록취소제는 사후제한일 뿐 아니라 동시에 사전제한의 성격을 갖고 있다고 볼 수 있지 않은가. 더 근본적으로 언론·출판의 자유는 정기간행물 발행의 자유를 포함하며, 등록제는 발행의 자유에 대한 사전적 제한이고, 이것은 의사표현의 형식에 관한 제한이 아니라 의사표현의 내용에 대한 제한이라고 볼 수 있지 않은가. 그렇다면 위 판례의 소수의견에서 보는 것처럼 등록제 자체가 헌법상 허가제에 해당하는 것으로 위헌으로 볼 수 있지 않은가.

구 '신문 등의 자유와 기능보장에 관한 법률'과 그 후 새로 제정된 현행 '신문 등의 진흥에 관한 법률' 및 '잡지 등 정기간행물의 진흥에 관한 법률'에서는 정기간행물 등록제를 유지하되, 과거의 시설구비 요건은 등록사항에서 삭제하였다. 헌법재판소도 인터넷신문의 명칭, 발행인과 편집인의 인적사항 등 인터넷신문의 외형적이고 객관적 사항을 제한적으로 등록하도록 하고 있는 신문법상의 등록조항은 인터넷 신문의 내용을 심사·선별하여 사전에 통제하기 위한 규정이 아님이 명백하기 때문에 사전허가금지원칙에 위반되지 않는다고 하였다(헌재 2016.10.27. 2015헌마1206등).

(판 례) 옥외광고물 설치 허가제

옥외광고물등관리법 제3조는 일정한 지역·장소 및 물건에 광고물 또는 게시시설을 표시하거나 설치하는 경우에 그 광고물 등의 종류·모양·크기·색깔, 표시 또는 설치의 방법 및 기간 등을 규제하고 있을 뿐, 광고물 등의 내용을 심사·선별하여 광고물을 사전에 통제하려는 제도가 아님은 명백하므로, 헌법 제21조 제2항이 정하는 사전허가·검열에 해당되지 아니한다.

헌재 1998.2.27. 96헌바2, 판례집 10-1, 118

(판 례) 방송사업 허가제

구조적 규제의 일종인 진입규제로서의 이 허가제는 방송의 기술적·사회적 특수성을 반영한 것으로서 정보와 견해의 다양성과 공정성을 유지한다는 방송의 공적 기능을 보장하는 것을 주된 입법목적으로 하는 것이고, 표현내용에 대한 가치판단에 입각한 사전봉쇄를 위한 것이거나 그와 같은 실질을 가진다고는 볼 수 없으므로 위의 금지된 "허가"에는 해당되지 않는다고 할 것이다(다만, 허가의 요건이나 허가제 운영내용이 기본권제한의 일반적 한계를 지키지 않았는지 또는 평등원칙에 위배되는지 여부가 문제될 수 있으나 이는 이 사건의 쟁점이 아니므로 다루지 않는다).

헌재 2001.5.31. 2000헌바43등, 판례집 13-1, 1167,1180

위 판례에 의하면 옥외광고물 설치 허가제나 방송국 개설 허가제가 '내용' 규제가 아니기 때문에 헌법상 금지되는 허가제에 해당하지 않는다고 한다. 이것은 내용 규제와 내용 중립적 규제를 구별하는 법리에 입각한 것이다. 그러나 특히 방송국 개설 허가제가 내용 규제가 아니라는 주장이 타당한지는 의문이다. 방송법과 전파법에 따르면 일정한 시설요건 등을 갖추더라도 모두 방송국 개설 허가를 받을 수 없으며, 신청자들 가운데 선택이 불가피하다. 이것은 방송이 지니는 물리적, 기술적 특수성에서 오는 것이다. 신청자들 가운데 적격자를 선택하는 기준은 개설 허가를 받은 후 예상되는 방송 내용과 무관할 수 없다. 이렇게 본다면 방송국 개설 허가가 내용 심사가 아니기 때문에 허가제에 해당하지 않는다는 것은 무리한 해석이다. 헌법재판소도 이러한 취지에서 인터넷신문의 요건으로 취재인력 3인을 포함한 상시 5인 이상의 취재 및 편집 인력을 고용하도록 한 신문법 시행령 조항을 위헌이라고 하였다(헌재 2016. 10.27. 2015헌마1206 등).

또한 헌법재판소는 외국 비디오물 수입추천제도(헌재 2005.2.3. 2004헌가8), 외국음반 국내제작에 대한 영상물등급위원회의 추천제도가 사전검열에 해당하며 위헌이라고 판시하였다(헌재 2006.10.26. 2005헌가14). 그 밖에 헌법재판소 판례는 교과서 검·인정제도(헌재 1992.11.12. 89헌마88), 정기간행물 납본제(헌재 1992.6.26. 90헌바26), 음반제작자의 등록의무(헌재 1993.5.13. 91헌바17), 영화제작자의 등록의무(헌재 1996.8.29. 94헌바15) 등이 허가제에 해당하지 않으며 합헌이라고 보고 있다. 헌법재판소는 건강기능식품의 사전광고에 대한 사전심의가 합헌이라고 판시하였는데, 건강기능식품 광고에 대한 사전심의절차가 헌법상 금지되는 사전검열에 해당하지 않는다는 것인지 아니면 건강기능식품 광고에는 사전검열금지원칙이 적용되지 않는다는 것인지(즉 적용대상이 아니라는 것인지) 분명히 밝히지는 않았다(헌재 2012.7.29. 2006헌바75). 그러나 이후 헌법재판소는 모든 표현에 사전검열금지원칙이 적용된다는 점을 분명히 밝혔으며(헌재 2015.12.23. 2015헌바75), 선례를 변경하여 건강기능식품광고 사전심의절차도 검열에 해당한다고 보아 위헌이라고 결정하였다(헌재 2018.6.28. 2016헌가8등). 의료기기 광고의 사전심의절차도 검열에 해당한다고 하여 위헌결정하였다(헌재 2020.8.25. 2017헌가35등).

3. 판례의 비판적 검토와 새로운 심사기준

헌법의 허가, 검열 금지 규정에 관한 헌법재판소 판례(건강기능식품광고 사전심의에 관한 위 판례 이전까지 종전 판례)의 요지는 다음과 같이 정리될 수 있다. 허가, 검열이란, ① 행정권에 의한, ② 표현 내용에 대한, ③ 사전심사이며, ④ 이것은 절대 금지된다.

이런 해석은 다음과 같은 문제점을 지닌다. 첫째, 법원에 의한 사전심사 역시 사전제한인데 그 문제점에 대한 고려가 없다. 사전제한에 대해서는 법원에 의한 것이라도 사후제한보다는 엄격한 요건이 적용되어야 한다. 둘째, 방송사업의 허가제가 내용심사가 아니라는 이유로 헌법 규정상의 허가제에 해당하지 않는다는 것은 근거가 박약하다. 방송사업 허가제가 합헌이라는 결론이 문제가 아니라 그 논거가 잘못되었다는 것이다. 방송사업은 그 기술적 특수성과 그와 관련한 공공성 때문에 어느 나라에서나 허가제를 취한다. 방송사업 허가에서 내용심사를 포함한 허가제가 불가피함을 받아들이는 해석을 해야 한다.

이 같은 점에 비추어 새로운 해석이 필요하다. 매체의 특성에 따라 예외적으로 허가, 검열제가 필요함을 인정해야 하며, 다만 이 예외적 경우에 검열, 허가제가 남용되지 않도록 일정한 절차적 보호장치(예컨대 불허가 결정에 대한 신속한 사법적 구제절차)가 구비됨을 요건으로 해야 한다. 즉 헌법의 허가, 검열 금지는 절대적 금지가 아니라, 매체의 특성에 따라서는 자의적이지 않는 한, 허가제, 검열제가 인정될 수 있다고 해석하여야 한다. 다시 말하면, 헌법상 허가, 검열 금지 조항은 일체의 허가, 검열의 금지가 아니라 절차적 보호장치가 없는 자의적(恣意的)인 허가, 검열을 금지하는 의미로 제한하여 해석해야 한다.

허가제 금지를 절대적 금지로 해석하는 데에서 오는 문제점은 방송만이 아니라 다른 매체에 관해서도 제기될 수 있다. 뒤에 설명하는 집회에 대한 허가제 금지와 관련해서도 이런 새로운 해석이 필요하다.

또한 법원에 의한 사전제한에 관해서 사후제한보다 엄격한 요건을 설정해야 한다. 첫째, 표현 내용이 헌법상 보호되지 않는 위법한 것임이 명백하고, 둘째, 표현이 행하여지는 경우 회복할 수 없는 성질의 해악 발생이 예견되며, 셋째, 입증책임은 표현을 제한하는 측에서 부담한다는 요건이 충족되는 경우에 한하여 법원에 의한 사전제한을 인정해야 한다.

결국 표현의 자유에 적용하는 법리는 다음의 3단계에 따라 차별화하여 재정립해야 한다. ① 허가, 검열은 원칙적으로 금지하되 매체에 따라 예외가 인정된다. ② 허가, 검열 외에 법원에 의한 사전제한(가처분 또는 압수)은 사후제한보다 엄격한 요건하에 인정된다. ③ 사후제한은 기본권 제한의 일반적 요건에 의해 인정하되, 이중기준의 원칙에 따라 우월적 지위를 보장한다.

앞서 본 헌법재판소의 새로운 판례(건강기능식품 광고의 사전심의)에서 다수의견은 모든 언론·출판에 대해 사전검열금지원칙이 적용되는 것이 아니라, "표현의 대상이나 내용, 표현매체나 형태 등"에 따라서는 사전검열금지가 적용되지 않는다고 판시하고 있다. 이것은 종래 판례에서의 경직된 해석에 한계가 있음을 헌법재판소 스스로 인식한 때문으로 보인다.

V. 명백·현존하는 위험의 원칙

1. 미국 판례상의 원칙

'명백 · 현존하는 위험의 원칙'(the clear and present danger doctrine)은 위법행위를 주장하는 등 질서 파괴의 위험이 있는 표현에 적용되는 원칙이다. 이 원칙이 처음 등장한 것은 1919년, *Schenck v. U.S.* 사건에서 홈즈(Holmes) 대법관의 판결문을 통해서이다.

> "모든 행위의 성격은 그것이 행해진 상황에 달려있다.…… 언론의 자유를 아무리 엄격히 보호한다고 하더라도 극장에서 거짓말로 불이 났다고 소리쳐서 혼란을 야기하는 사람까지 보호하지는 않을 것이다.…… 모든 경우에 문제는 이런 것이다. 즉 사용된 말이 의회가 그 방지의 권한을 가지는 중대한 해악을 가져올 명백하고 현존하는 위험을 발생시키는 상황에서 행하여졌는가, 그리고 그러한 성질의 것인가의 여부이다. 그것은 근접성(近接性)과 정도의 문제이다."

이 원칙은 이전의 '해로운 경향의 원칙'(the bad tendency doctrine)으로부터의 전환을 의미하는 것이었다. 즉 장래에 해악을 가져올 경향이 있다는 것만으로 제한할 수 없고, '중대한 해악을 가져올 명백하고 현존하는 위험'이 있어야만 제한할 수 있다는 것이다. 이 원칙은 시대와 상황에 따라 수정과 퇴행을 거치는 등 부침을 겪었는데, 1969년의 *Brandenburg v. Ohio* 판결을 통해 재형성되었다. Brandenburg 판결의 요지는 이러하다. 첫째, 의도(意圖)의 측면에서, 급박한(imminent) 폭력행사나 위법행위의 선동(incite) 또는 발생을 겨냥하여, 폭력 행사 또는 위법행위의 주장(advocacy)이 행하여지고, 둘째, 효과의 측면에서, 폭력행사나 위법행위가 선동되거나 또는 발생할 것 같은(likely) 경우에 한하여 그러한 주장을 제한할 수 있다. 즉 ① 주관적으로 급박한 위법행위의 발생을 의도하고 있으며, ② 객관적으로 위법행위가 발생할 것 같은 경우에 그 표현을 제한할 수 있다는 것이다.

명백 · 현존하는 위험의 원칙은 그 적용의 결과를 예측하기 힘들다는 문제가 있다. 이 점과 관련하여 유의할 것은, 종래 흔히 이 원칙이 표현의 자유를 우위에 두는 원칙이라고 설명되어 온 것은 정확한 이해가 아니라는 점이다. 이 원칙이 일방적으로 표현의 자유를 우위에 두는 원칙이라고 말하기는 어려우며, 그런 한에서 중립적이라고 할 수 있다.

2. 한국 판례에서의 유사 원칙

헌법재판소 판례에서 명백·현존하는 위험의 원칙과 유사한 법리를 찾아볼 수 있다.

(판 례) 국가보안법 제7조 위헌여부

국가보안법 제7조 제1항 소정의 찬양·고무·동조 그리고 이롭게 하는 행위 모두가 곧바로 국가의 존립·안전을 위태롭게 하거나 또는 자유민주적 기본질서에 위해를 줄 위험이 있는 것이 아니므로 그 행위일체를 어의대로 해석하여 모두 처벌한다면 합헌적인 행위까지도 처벌하게 되어 위헌이 되게 된다는 것은 앞서 본 바이다. 그렇다면 그 가운데서 국가의 존립·안전이나 자유민주적 기본질서에 무해한 행위는 처벌에서 배제하고, 이에 실질적 해악을 미칠 명백한 위험성이 있는 경우로 처벌을 축소제한하는 것이 헌법 전문·제4조·제8조 제4항·제37조 제2항에 합치되는 해석일 것이다. 이러한 제한해석은 표현의 자유의 우월적 지위에 비추어 당연한 요청이라 하겠다. 여기에 해당되는가의 여부는 제7조 제1항 소정의 행위와 위험과의 근접정도도 기준이 되겠지만 특히 해악이 크냐 작은냐의 정도에 따라 결정함이 합당할 것이다.

헌재 1990.4.2. 89헌가113, 판례집 2, 49,62-63

위 판례에서는 "실질적 해악을 미칠 명백한 위험"이 있는 경우에 처벌할 수 있다고 보면서, 행위와 위험과의 근접 정도보다 "해악이 크냐 적으냐의 정도"를 중시하고 있다. 한편 대법원 판례에서는 소수의견 중에 유사한 법리를 볼 수 있다. 역시 국가보안법 제7조에 관한 사건에서 대법원 소수의견은 "구체적이고 가능한 위험"이 있는 경우에만 동 조항이 적용된다고 보았다(대판 1992.3.31. 90도2033).

(판 례) 국가보안법 제7조 중 '소지' 부분의 위헌 여부

(재판관 이진성 등 5인의 위헌 의견)

이적표현물의 소지행위는 그 자체로는 대외적 전파가능성을 수반하지 아니하므로, 국가의 존립과 안전에 어떠한 위해를 가할 가능성이 있다고 보기 어렵고, 이적표현물을 소지한 사람이 이를 유포·전파할 수도 있다는 가능성은 막

연하고 잠재적인 가능성에 불과하고, 유포·전파행위 자체를 처벌함으로써 이적표현물의 유통 및 전파를 충분히 차단할 수 있으므로, 그 단계에 이르지 않은 소지행위를 미리 처벌하는 것은 과도한 규제에 해당하여 표현의 자유와 양심의 자유를 침해하므로 헌법에 위반된다.

(정족수 미달로 합헌)

헌재 2018.3.29. 2016헌바361, 판례집 30-1 상, 425,426

위 사건에서 4인 재판관의 법정의견에 따르면, 자유민주적 기본질서를 해할 목적으로 소지한 경우에만 처벌되며, 이러한 일정한 목적을 가진 소지행위는 그 표현물의 이적내용이 전파될 가능성을 배제하기 어렵고, 소지자의 의사와 무관한 전파, 유통가능성도 배제할 수 없다는 이유를 들었다. 그러나 목적성 소지 여부에 따라 처벌하는 것은 반대자나 소수자의 억압 수단으로 오·남용될 가능성을 배제할 수 없다.

Ⅵ. 타인의 명예나 권리 또는 공중도덕, 사회윤리 침해 금지

헌법 제21조 제4항은 "언론·출판은 타인의 명예나 권리 또는 공중도덕이나 사회윤리를 침해하여서는 아니 된다"고 규정하고 있다. 이 규정은 표현의 자유에 대한 헌법직접적 제한이다. 이와 관련하여, 특히 명예훼손, 음란한 표현의 금지가 문제된다.

1. 헌법상 보호받지 못하는 표현

언론·출판 등 표현은 헌법상 보호받는 표현과 보호받지 못하는 표현으로 구분되며, 보호받는 표현이라고 하더라도 헌법 제37조 제2항 등에 의한 제한을 받는다는 것이 기존의 학설과 판례(헌재 1998.4.30. 95헌가16)의 입장이었다. 이에 따라 헌법 제21조 제4항은 헌법상 보호받지 못하는 표현을 규정한 것이라고 해석되었다. 그러나 최근 헌법재판소 판례(헌재 2009.5.28. 2006헌바109 등)에 의하면 헌법상 보호받지 못하는 표현으로 분류되었던 음란물도 헌법상 표현의 자유의 보호영역에 속하고, 제21조 제4항은 제37조 제2항의 기본권 제한 사유를 표현의 자유의 영역에서 구체화한 것으로 보아야 한다고 한다(한편, 헌재 2010.12.28. 2008헌바157(소위 미네르바 사건) 결정에서의 이강국 등 5인 재판관의 보충의견도 허위사실의 표현도 표현의 자유의 보호영역에 포함된다고 하였다).

(판 례) 헌법상 보호받지 못하는 표현

문제는 헌법상 보호되지 않는 언론·출판의 한계는 무엇이며(헌법 제21조 제4항), 또 헌법상 보호되는 언론·출판이라 하더라도 공익을 위한 국가의 개입이 어느 시점에서 어디까지 허용될 것인가(헌법 제37조 제2항) 하는 점이다. (……)

결국 언론·출판의 영역에서 국가는 단순히 어떤 표현이 가치 없거나 유해하다는 주장만으로 그 표현에 대한 규제를 정당화시킬 수는 없다. 대립되는 다양한 의견과 사상의 경쟁메커니즘에 의하여 그 표현의 해악이 해소될 수 없을 때에만 비로소 국가의 개입은 그 필요성이 인정되는 것이다. 따라서 언론·출판의 영역에 있어서 국가의 개입은 원칙적으로 2차적인 것이다.

그러나 모든 표현이 시민사회의 자기교정기능에 의해서 해소될 수 있는 것은 아니다. 일정한 표현은 일단 표출되면 그 해악이 대립되는 사상의 자유경쟁에 의한다 하더라도 아예 처음부터 해소될 수 없는 성질의 것이거나 또는 다른 사상이나 표현을 기다려 해소되기에는 너무나 심대한 해악을 지닌 것이 있다. 바로 이러한 표현에 대하여는 국가의 개입이 1차적인 것으로 용인되고, 헌법상 언론·출판의 자유에 의하여 보호되지 않는데, 위에서 본 헌법 제21조 제4항이 바로 이러한 표현의 자유에 있어서의 한계를 설정한 것이라고 할 것이다.

헌재 1998.4.30. 95헌가16, 판례집 10-1, 327,339-340

(판 례) 표현의 자유의 보호영역

음란표현이 언론·출판의 자유의 보호영역에 해당하지 아니한다고 해석할 경우 음란표현에 대하여는 언론·출판의 자유의 제한에 대한 헌법상의 기본원칙, 예컨대 명확성의 원칙, 검열 금지의 원칙 등에 입각한 합헌성 심사를 하지 못하게 될 뿐만 아니라, 기본권 제한에 대한 헌법상의 기본원칙, 예컨대 법률에 의한 제한, 본질적 내용의 침해금지 원칙 등도 적용하기 어렵게 되는 결과, 모든 음란표현에 대하여 사전 검열을 받도록 하고 이를 받지 않은 경우 형사처벌을 하거나, 유통목적이 없는 음란물의 단순소지를 금지하거나, 법률에 의하지 아니하고 음란물출판에 대한 불이익을 부과하는 행위 등에 대한 합헌성 심사도 하지 못하게 됨으로써, 결국 음란표현에 대한 최소한의 헌법상 보호마저도 부인하게 될 위험성이 농후하게 된다는 점을 간과할 수 없다.

이 사건 법률조항의 음란표현은 헌법 제21조가 규정하는 언론·출판의 자유의 보호영역 내에 있다고 볼 것인바, 종전에 이와 견해를 달리하여 음란표현은 헌법 제21조가 규정하는 언론·출판의 자유의 보호영역에 해당하지 아니한다는 취지로 판시한 우리 재판소의 의견(헌재 1998.4.30. 95헌가16, 판례집 10-1, 327, 340-341)을 변경한다.

헌재 2009.5.28. 2006헌바109등, 판례집 21-1 하, 545

차별적 언사나 행동, 혐오적 표현도 헌법 제21조가 규정하는 표현의 자유의 보호영역에는 해당하되, 다만 헌법 제37조 제2항에 따라 제한할 수 있다.

(판 례) 차별·혐오표현

이 사건 조례 제5조 제3항에서 제한하고 있는 표현이 '차별적 언사나 행동, 혐오적 표현'이라는 이유만으로 표현의 자유의 보호영역에서 애당초 배제된다고 볼 수 없고, 차별적 언사나 행동, 혐오적 표현도 헌법 제21조가 규정하는 표현의 자유의 보호영역에는 해당하되, 다만 헌법 제37조 제2항에 따라 제한할 수 있는 것이다.

(……) 차별적 언사나 행동, 혐오적 표현은 단순히 부정적인 의견이 아니라 표현내용 자체가 개인이나 집단에 대한 혐오·적대감을 담고 있는 것으로, 혐오의 대상이 특정되어 있어 그 자체로 상대방인 개인이나 소수자의 인간으로서의 존엄성을 침해할 수 있다. 또한, 발화 즉시 표현의 상대방뿐만 아니라 다른 사회 구성원에게 영향을 미치며, 이를 통해 적대감을 유발시키고 고취시킴으로써 특정집단의 가치를 부정한다. (……) 민주주의 사회에서의 표현행위는 표현행위자의 자아실현 및 민주사회의 다양성 보호와 관용의 증진, 대의민주주의 사회에 대한 비판과 감시의 기능을 수행하는 중요한 행위 중 하나인 것이다. 그러나 이 사건 조례 제5조 제3항에서 금지하는 차별·혐오표현은 의견의 자유로운 교환 범위에서 발생하는 다소 과장되고, 부분적으로 잘못된 표현으로 자유로운 토론과 성숙한 민주주의를 위하여 허용되는 의사표현이 아니고, 그 경계를 넘어 '타인의 인권을 침해'할 것을 인식하였거나 최소한 인식할 가능성이 있고, 또한 결과적으로 그러한 인권침해의 결과가 발생하는 표현이다. 따라서 이는 민주주의의 장에서 허용되는 한계를 넘는 것이므로 민주주의 의사형성의 보호를 위해서도 제한되는 것이 불가피하고, 특히 그것이 육체적·정신적으로 미성숙한 학생들이 구성원으로 있는 공간에서의 문제라면 표현의 자유로 얻어지는 가치와 인격권의 보호에 의하여 달성되는 가치를 비교형량할 때에도 사상의 자유시장에서 통용되는 기준을 그대로 적용하기는 어렵다고 할 것이다.

헌재 2019.11.28. 2017헌마1356, 공보 278, 1379,1385-1387

표현의 자유에 사상의 자유시장론이 적용되고, 엄격한 심사기준이 적용되는 등 더 우월한 지위가 보장되는 이유가 민주주의의 발전과 개인의 인격형성의 기초가 되기 때문이라고 한다면, 이와 무관한 딥페이크, 여론조작 등에 대해서는 위와 같은 특별한 지위가 보장되지 않거나 아예 표현의 자유의 보호범위에 포함되지 않는다고 볼 수도 있다. 그러나 미국 연방대법원은 '허위 진술'도 표현의 자유의 보호대상이 된다고 하였다.

(미국 판례) 거짓 진술도 표현의 자유의 보호범위에 포함되는지 여부

(가짜 명예훈장 방지법(Stolen Valor Act)은 군사 훈장이나 메달을 수여받았다고 거짓으로 주장하는 행위를 범죄로 규정하며, 의회 명예훈장(Congressional Medal of Honor)이 관련된 경우에는 가중 처벌을 부과한다. 알바레즈는 자신이 명예훈장을 받았다고 거짓 주장한 혐의에 대해 유죄를 인정한 후, 이 법이 위헌이라고 주장했다. 제9연방순회항소법원은 이 법이 수정헌법 제1조(표현의 자유)를 위반한다고 판결하였고, 이에 정부가 상고한 사건이다)

단지 거짓이라는 이유만으로 어떤 표현이 수정헌법 제1조의 보호 대상에서 제외되지는 않는다. 이 법은 헌법이 보호하는 표현에 대한 '내용 기반(content-based)' 제한에 해당하고, 위헌성 심사에 '가장 엄격한 심사 기준'(most exacting scrutiny)을 적용하여야 한다. 정부가 명예훈장의 진정성을 보호하려는 목적은 의심의 여지가 없지만, 수정헌법 제1조는 표현 제한과 방지하고자 하는 피해 사이에 직접적인 인과관계가 있어야 함을 요구하며, 이번 경우에는 그러한 인과관계가 입증되지 않았다. 정부는 군사 훈장에 대한 대중의 인식이 거짓 주장으로 인해 약화된다는 증거나, 알바레즈가 온라인과 언론에서 받은 조롱과 같은 '반대 표현(counter-speech)'이 정부의 목적을 달성하는 데 충분하지 않다는 증거를 제시하지 못했다. 이 법은 "사용 가능한 효과적인 대안들 중 가장 덜 제한적인 수단"도 아니었다. 정부는 수상자 명단을 검색할 수 있는 데이터베이스를 구축함으로써 훈장 제도의 진정성을 보호할 수 있었을 가능성이 있다.

United States v. Alvarez, 567 U.S. 709(2012)

2. 명예훼손적 표현

개인의 명예권은 헌법 제10조의 인간의 존엄과 행복추구권의 내용을 이룬다. 명예권과 표현의 자유가 충돌하는 경우에는 양자를 이익형량하여 조정한다.

(판 례) 형법상 명예훼손죄 해석(김일성 애도편지 사건)

신문보도의 명예훼손적 표현의 피해자가 공적 인물인지 아니면 사인인지, 그 표현이 공적인 관심 사안에 관한 것인지 순수한 사적인 영역에 속하는 사안인지의 여부에 따라 헌법적 심사기준에는 차이가 있어야 한다. 객관적으로 국민이 알아야 할 공공성·사회성을 갖춘 사실은 민주제의 토대인 여론형성이나 공개토론에 기여하므로 형사제재로 인하여 이러한 사안의 게재를 주저하게 만들어서는 안 된다. 신속한 보도를 생명으로 하는 신문의 속성상 허위를 진실한 것으로 믿고서 한 명예훼손적 표현에 정당성을 인정할 수 있거나, 중요한 내용이 아닌 사소한 부분에 대한 허위보도는 모두 형사제재의 위협으로부터 자유로워야 한다. 시간과 싸우는 신문보도에 오류를 수반하는 표현은, 사상과 의견에 대한 아무런 제한 없는 자유로운 표현을 보장하는 데 따른 불가피한 결과이고 이러한 표현도 자유토론과 진실확인에 필요한 것이므로 함께 보호되어야 하기 때문이다. 그러나 허위라는 것을 알거나 진실이라고 믿을 수 있는 정당한 이유가 없는 데도 진위를 알아보지 않고 게재한 허위보도에 대하여는 면책을 주장할 수 없다.

2. 첫째, 명예훼손적 표현이 진실한 사실이라는 입증이 없어도 행위자가 진실한 것으로 오인하고 행위를 한 경우, 그 오인에 정당한 이유가 있는 때에는 명예훼손죄는 성립되지 않는 것으로 해석하여야 한다. 둘째, 형법 제310조 소정의 "오로지 공공의 이익에 관한 때에"라는 요건은 언론의 자유를 보장한다는 관점에서 그 적용범위를 넓혀야 한다. 셋째, 형법 제309조 소정의 "비방할 목적"은 그 폭을 좁히는 제한된 해석이 필요하다. 법관은 엄격한 증거로써 입증이 되는 경우에 한하여 행위자의 비방 목적을 인정하여야 한다.

헌재 1999.6.24. 97헌마265, 판례집 11-1, 768,768-769

위 판례에서 특히 주목되는 것은 ① 피해자가 공적 인물이냐, 표현이 공적 사안이냐 여부에 따라 심사기준에 차이를 두어 공적 인물, 공적 사안의 경우에 표현의 자유를 더 강하게 보호해야 한다고 본 점, ② 형법의 명예훼손죄 규정 해석에 있어서 표현 내용이 진실하지 않더라도 진실하다고 오인한 데에 정당한 이유가 있는 때에는 죄가 성립하지 않는다고 보아 표현의 자유를 강조한 점이다.

이 같은 판례의 태도는 미국 판례의 영향으로 보인다. 미국 판례에서는 피해자가 공직자 또는 공적 인물(public figure)인 경우, 행위자에게 '현실적 악의'(actual malice)가 있음을 피해자가 입증하여야 명예훼손 책임(민사 책임)이 성립된다고 본다. 현실적 악의란, 표현 내용이 허위임을 알았거나 진실 여부를 무모하게 무시한(reckless disregard)

것을 말한다(*New York Times v. Sullivan*, 1964; *Gertz v. Robert Welch, Inc.*, 1974).

명예훼손과 관련한 가장 기본적인 헌법 문제는 허위사실이 아닌 진실을 적시하였는데도 공익 목적이 인정되지 않는 한 이를 처벌하는 것이 합헌인지 여부이다.

(판 례) 사실적시 명예훼손죄의 위헌 여부

공연한 사실의 적시를 통한 명예훼손적 표현 역시 표현의 자유의 보호영역에 해당한다(헌재 2016.2.25. 2013헌바105등 참조). (……)

그러나 명예훼손죄로 기소되어 처벌되는 사례는 점차 증가하고, 명예훼손적 표현이 유통되는 경로도 다양해짐에 따라 그 피해가 더 커지고 있는 상황에서, 사실 적시 명예훼손죄를 형사처벌하지 아니하여야 한다는 점에 국민적 합의나 공감대가 형성되어 있다고 보기 어렵다.

이처럼 개인의 외적 명예에 관한 인격권 보호의 필요성, 일단 훼손되면 완전한 회복이 사실상 불가능하다는 보호법익의 특성, 사회적으로 명예가 중시되나 명예훼손으로 인한 피해는 더 커지고 있는 우리 사회의 특수성, 명예훼손죄의 비범죄화에 관한 국민적 공감대의 부족 등을 종합적으로 고려하면, 공연히 사실을 적시하여 다른 사람의 명예를 훼손하는 행위를 금지하고 위반시 형사처벌하도록 정하고 있다고 하여 바로 과도한 제한이라 단언하기 어렵다. (……)

징벌적 손해배상(punitive damages)이 인정됨에 따라 민사상 손해배상을 통해 형벌을 대체하는 예방이나 위하효과를 달성할 수 있는 입법례와 달리, 우리나라의 민사적인 구제방법만으로는 형벌과 같은 예방이나 위하효과를 확보하기 어렵다. 또한, 민사상 구제수단의 경우 소송비용의 부담이 있고, 소송기간이 장기화될 수 있어, 비록 민사소송에서 승소하더라도 그 사이 실추된 명예 및 그로 인한 손해를 회복하는 것은 쉽지 않다. (……) 정보통신망에서의 정보는 신속하고 광범위하게 반복·재생산되기 때문에 피해자가 명예훼손적 표현을 모두 찾아내어 반박하거나 일일이 그 삭제를 요구하는 것은 사실상 불가능하므로(헌재 2016.2.25. 2013헌바105등 참조), 가처분 등을 명예훼손에 대한 실효적 구제방법으로 보기 어렵다. 나아가 '언론중재 및 피해구제 등에 관한 법률' 제14조 내지 제17조의2가 정하고 있는 정정보도청구, 반론보도청구, 추후보도청구 등의 구제수단 역시 언론사 등이 아닌 일반 개인이 행한 명예훼손적 표현에 대하여는 적합한 구제수단이 될 수 없다. (……)

어떠한 사실이 진실에 부합하더라도 그것이 개인이 숨기고 싶은 병력·성적 지향(性的 志向)·가정사 등 사생활에 해당되는 경우, 이를 공연히 적시하는 것은 사생활의 비밀과 자유에 대한 중대한 침해가 될 수 있기에, 심판대상조항을 전부위헌으로 결정하는 것은 위험성이 매우 크다. 이러한 위험성을 해소하기 위하여, 심판대상조항의 '사실'을 '사생활의 비밀에 해당하는 사실'로 한정하는 방향으로 일부위헌 결정을 함으로써 사생활의 비밀 보호와 표현의 자유 보장을 조화시킬 수 있다는 의견이 제시될 수 있다. 심판대상조항에 대한 일부위헌 결정을 통해 그 구성요건에 '사생활의 비밀에 해당하는 사실'의 적시를 남겨둠으로써 사생활의 비밀과 자유를 보장함과 동시에, 그 구성요건에서 '사생활의 비밀에 해당하지 아니한 사실'의 적시를 배제함으로써 표현의 자유 제한을 최소화할 수 있다는 (……) 일부위헌론은 (……) 개인의 행위를 사적 영역과 공적 영역으로 명백히 구분하기 어려운 경우가 많기 때문에, '사생활의 비밀에 해당하는 사실'이 무엇인가에 대해서도 명확히 판단하기 어려운 측면이 있다. 일부위헌론에 따르더라도 처벌되어야 할 '사생활의 비밀에 해당하는 사실'의 적시와 처벌되지 않아야 할 '사생활의 비밀에 해당하지 아니하는 사실'의 적시 사이의 불명확성에 따르는 위축효과가 발생할 가능성은 여전히 존재한다.

(……) 진실한 사실이라는 이유만으로 특정인에 대한 명예훼손적 표현행위가 무분별하게 허용된다면 개인의 명예와 인격은 제대로 보호받기 어려울 것이다.

(……) 형법 제310조의 공익성이 인정되지 않음에도 불구하고 단순히 타인의 명예가 허명(虛名)임을 드러내기 위해 감추고 싶은 개인의 약점과 허물을 공연히 적시하는 것은, 자유로운 논쟁과 의견의 경합을 통해 민주적 의사형성에 기여한다는 표현의 자유의 목적에도 부합하지 않는 측면이 있다. 또한, 앞서 살펴본 바와 같이, 형법 제310조의 위법성 조각사유와 그에 관한 헌법재판소와 대법원의 해석을 통해 심판대상조항으로 인한 표현의 자유 제한은 최소화되고 있다.

(유남석 재판관 등 4인의 반대의견)

허위가 아닌 진실한 사실을 적시하는 것이 일반적으로 법질서에 의해 부정적으로 평가되는 행위로 보기 어렵다는 점에서, 진실한 사실 적시 표현행위에 대한 행위반가치를 인정하기 어렵다. (……) 진실한 사실의 적시로 손상되는 것은 잘못되거나 과장되어 있는 허명으로서 진실에 의하여 바뀌어져야 할 대상일 수 있다는 점에서, 진실한 사실 적시 표현행위에 대한 결과반가치도 인정하기 어렵다. 허명을 보호하기 위해 진실한 사실을 적시하는 표현행위를 형사처벌하는 것은 헌법적으로 정당화되기 어려운 것이다. (……)

법률전문가인 검사와 판사 사이에서도, 원심법원과 대법원의 심급 사이에서도, 명예훼손죄의 유무죄 판단 즉 '공공의 이익' 판단이 매우 어렵다는 것을 방증하는바, 하물며 일반 국민으로서는 자신의 표현행위가 형법 제310조의 '공공의 이익'에 포함될 것인지 여부를 정확히 예측할 수 없을 것이다. (……) 명예훼손죄가 '원칙적 금지, 예외적 허용'의 구조로 형성되어 있고 그 예외적 허용마저 불명확하게 규정되어 있는 상황에서, '합리적 인간'이라면 수사 및 재판절차에 회부될 위험과 고통을 회피하기 위하여 자신이 알고 있는 사실을 표현하지 않게 될 것인바, 그로 인하여 공익에 관한 진실한 사실마저도 공적 토론의 장에서 사라지게 될 우려가 있음을 지적하지 않을 수 없다.

헌재 2021.2.25. 2017헌마1113 등, 공보 293, 425,428-434

(판 례) 명예훼손죄 위법성조각사유가 군형법에도 적용되는지 여부

("피고인은 2022. 3. 15. 12:39경 공소외 1 기자가 작성하여 경향신문 인터넷 게시판에 게시한 「"안장 마친 영국군 유해, ○○○이 '다른 국적 가능성' 묵살"」이라는 제목의 기사 댓글 게시판에 국방부유해발굴감식단 △△△인 피해자 공소외 2를 지칭하며 "제보자 B씨로 추정되는 인물은 해당 사안의 □□□으로서 현재 성희롱, 갑질, 인사비리, 고발사주 등으로 검찰조사를 받고 있습니다."라는 댓글을 게시함으로써 공연히 사실을 적시하여 상관인 피해자 공소외 2의 명예를 훼손하였다"고 기소된 사안)

군형법은 제64조 제3항에서 '공연히 사실을 적시하여 상관의 명예를 훼손한 경우'에 대해 형법 제307조 제1항의 사실적시에 의한 명예훼손죄보다 형을 높여 처벌하도록 하면서 이에 대해 형법 제310조와 같이 공공의 이익에 관한 때에는 처벌하지 아니한다는 규정을 별도로 두지 않았다. 그러나 입법에도 불구하고 입법자가 의도하지 않았던 규율의 공백이 있는 사안에 대하여 법규범의 체계, 입법 의도와 목적 등에 비추어 정당하다고 평가되는 한도 내에서 그와 유사한 사안에 관한 법규범을 적용할 수 있다고 할 것인바, 형법 제307조 제1항의 행위에 대한 위법성조각사유를 규정한 형법 제310조 는 군형법 제64조 제3항의 행위에 대해 유추적용된다고 보아야 한다. 이유는 다음과 같다. 군형법상 상관명예훼손죄는 상관에 대한 사회적 평가, 즉 외부적 명예 외에 군 조직의 질서 및 통수체계 유지 역시 보호법익으로 한다. 그런데 군형법 제64조 제3항의 상관명예훼손죄는 행위의 상대방이 '상관'이라는 점에서 형법 제307조 제1항의 명예훼손죄와 구별되는 것일 뿐 구성요건적 행위인 명예훼손을 형법상의 개념과 다르게 해석할 이유가 없다. 따라서 군형법상 상관명예훼손죄와 형법상 명예훼손죄의 불법내용에 본질적인 차이가 있다고 보기 어렵고, 문제되는 행위가 '공공의 이익에 관한 때'에 해당하는지를 심사할 때에 상관명예훼손죄가 보호하고자 하는 군의 통수체계와 위계질서에 대한 침해 위험 등을 추가적으로 고려함으로써 위법성조각사유의 해당 여부를 판단하면 충분하다.

대판 2024.4.16. 2023도13333(무죄를 선고한 원심 판결 확정)

한편 실제 인물이나 사건을 모델로 한 영화 등의 작품에서 개인의 명예를 훼손한 경우에 불법행위책임 인정 여부가 문제된다. 아래 대법원 판례는 이에 관한 것이다.

(판 례) 실제 인물이나 사건을 모델로 한 영화의 명예훼손책임 인정 여부

(영화 '실미도'와 그 광고 · 홍보에 나타난 훈련병들의 출신에 관한 표현으로 인한 명예훼손책임을 부정한 사례)

(판결요지)

1. 실제 인물이나 사건을 모델로 한 영화가 허위의 사실을 적시하여 개인의 명예를 훼손하는 행위를 한 경우에도 그것이 공공의 이해에 관한 사항으로서 그 목적이 공공의 이익을 위한 것일 때에는 행위자가 적시된 사실을 진실이라고 믿었고 또 그렇게 믿을 만한 상당한 이유가 있으면 그 행위자에게 불법행위책임을 물을 수 없다고 할 것인바, (……) 특히 적시된 사실이 역사적 사실인 경우 시간이 경과함에 따라 점차 망인이나 그 유족의 명예보다는 역사적 사실에 대한 탐구 또는 표현의 자유가 보호되어야 하며 또 진실 여부를 확인할 수 있는 객관적 자료의 한계로 인하여 진실 여부를 확인하는 작업이 용이하지 아니한 점 등도 고려되어야 한다.

2. 영화의 내용이 특정인의 명예를 훼손하는 내용을 담고 있는지의 여부는 당해 영화의 객관적인 내용과 아울러 일반의 관객이 보통의 주의로 영화를 접하는 방법을 전제로, (……) 당해 영화가 내포하고 있는 보다 넓은 주제나 배경이 되는 사회적 흐름 등도 함께 고려하여야 한다.

3. (……) 광고 · 홍보의 내용이 영화에서 묘사된 허위의 사실을 넘어서는 등의 특별한 사정이 없는 한 그 광고 · 홍보행위가 별도로 명예훼손의 불법행위를 구성한다고 볼 수 없다.

대판 2010.7.15. 2007다3483

(판 례) '종북'발언과 명예훼손

타인에 대하여 비판적 의견을 표명하는 것은 극히 예외적인 사정이 없는 한 위법하다고 볼 수 없다. 다만 표현행위의 형식과 내용이 모욕적 · 경멸적인 인신공격에 해당하거나 타인의 신상에 관하여 다소간의 과장을 넘어서 사실을 왜곡하는 공표행위를 하는 등 인격권을 침해하는 정도에 이를 경우에는 의견표명으로서의 한계를 벗어난 것으로서 불법행위가 될 수 있다. 그러나 정치적 · 이념적 논쟁 과정에서 통상 있을 수 있는 수사학적인 과장이나 비유적인 표현에 불과하다고 볼 수 있는 부분에 대해서까지 금기시하고 법적 책임을 지우는 것은 표현의 자유를 지나치게 제한하는 결과가 될 수 있어 쉽게 이를 인

정할 것은 아니다. 특히 '종북'이라는 표현은 과거 북한을 무비판적으로 추종하는 태도를 뜻하는 것으로 사용되기 시작한 이후 '주체사상을 신봉하고 대한민국의 정체성과 정통성을 부정하는 반국가 · 반사회 세력'이라는 의미부터 '북한에 우호적인 태도를 보이는 사람들', '정부의 대북강경정책에 대하여 비판적인 견해를 보이는 사람들'이라는 의미에 이르기까지 다양하게 사용되고 있는데, 대한민국과 북한이 대치하고 있는 상황하에서 대한민국의 대북정책이나 북한과의 관계 변화, 북한의 대한민국에 대한 입장 또는 태도 변화, 서로 간의 긴장 정도 등 시대적 · 정치적 상황에 따라 그 용어 자체가 갖는 개념과 포함하는 범위도 지속적으로 변하고 있어, 평균적 일반인뿐만 아니라 그 표현의 대상이 된 사람이 '종북'이라는 용어에 대하여 느끼는 감정 또는 감수성도 가변적일 수밖에 없으므로 그 의미를 객관적으로 확정하기가 어렵다.

대판 2024.1.4. 2022다284513

(판 례) 양육비 미지급 부모 신상공개

피고인 갑은 양육비채권자의 제보를 받아 양육비 미지급자의 신상정보를 공개하는 인터넷 사이트 'Bad Fathers'의 운영에 관계된 사람이고 (……) 위 사이트에 병을 비롯한 피해자 5명의 이름, 얼굴 사진, 거주지, 직장명 등 신상정보를 공개하는 글이 게시되게 하고 (……) 피해자들을 비방할 목적으로 사실을 적시하였다는 정보통신망 이용촉진 및 정보보호 등에 관한 법률 위반(명예훼손)의 공소사실로 기소된 사안에서, 피고인들이 위 사이트의 신상정보 공개를 통해 양육비 미지급 사실을 알린 것은 결과적으로 양육비 미지급 문제라는 공적 관심 사안에 관한 사회의 여론형성이나 공개토론에 기여하였다고 볼 수 있으나, 글 게시 취지 · 경위 · 과정 등에 비추어 그 신상정보 공개는 특정된 개별 양육비채무자를 압박하여 양육비를 신속하게 지급하도록 하는 것을 주된 목적으로 하는 사적 제재 수단의 일환에 가까운 점, 위 사이트에서 신상정보를 공개하면서 공개 여부 결정의 객관성을 확보할 수 있는 기준이나 양육비채무자에 대한 사전 확인절차를 두지 않고 양육비 지급 기회를 부여하지도 않은 채 일률적으로 공개한 것은 우리 법질서에서 허용되는 채무불이행자 공개 제도와 비교하여 볼 때 양육비채무자의 권리를 침해하는 정도가 커 정당화되기 어려운 점, 위 사이트에서 공개된 신상정보인 얼굴 사진, 구체적인 직장명, 전화번호는 그 특성상 공개 시 양육비채무자가 입게 되는 피해의 정도가 매우 큰 반면, 피고인들에게 양육비 미지급으로 인한 사회적 문제를 공론화하기 위한 목적이 있었더라도 얼굴 사진 등의 공개는 위와 같은 공익적인 목적과 직접적인 관련성이 있다고 보기 어렵고, 얼굴 사진 등을 공개하여 양육비를 즉시 지급하도록 강제할 필요성이나 급박한 사정도 엿보이지 않는 점 등 제반 사정을 종합하면, 피고인들에게 신상정보가 공개된 피해자들을 비방할 목적이 인정된다.

대판 2024.1.4. 2022도699

(판 례) 단정적 표현과 명예훼손(학문의 자유와 의견표명; 소위 식민사관주의자 비판 사건)

(한 재야사학자가 자신의 책에서 "유명대학 사학과 교수가 그의 책에서 ① 임나일본부설이 사실이다, ② 백제는 야마토 조정의 속국・식민지이고, 야마토 조정이 백제를 통해 한반도 남부를 통치했다"고 주장했다고 기술하고, ③ "일본서기를 사실로 믿고, 스에마쯔 야스까즈의 임나일본부설을 비판하지 않고 있다"고 기술하였다는 이유로 출판물명예훼손죄로 기소된 사건임)

다른 사람의 말이나 글을 비평하면서 사용한 표현이 겉으로 보기에 증거에 의해 입증 가능한 구체적인 사실관계를 서술하는 형태를 취하고 있다고 하더라도, 글의 집필의도, 논리적 흐름, 서술체계 및 전개방식, 해당 글과 비평의 대상이 된 말 또는 글의 전체적인 내용 등을 종합하여 볼 때, 평균적인 독자의 관점에서 문제 된 부분이 실제로는 비평자의 주관적 의견에 해당하고, 다만 비평자가 자신의 의견을 강조하기 위한 수단으로 그와 같은 표현을 사용한 것이라고 이해된다면 명예훼손죄에서 말하는 사실의 적시에 해당한다고 볼 수 없다.

(……) 위 ①, ②, ③ 부분은 겉으로는 증거에 의해 입증 가능한 구체적인 사실관계를 서술하는 형태를 취하고 있어 그 부분만을 놓고 보면 사실의 적시로 오인될 소지가 없지 않으나, 이 사건 책은 피고인이 그 머리말에서 밝히고 있는 것과 같이 식민사관에 대한 비판을 목적으로 집필되었고 시종일관 위와 같은 시각에서 기존 주류사학계의 연구성과를 비판하는 내용으로 전개되는 점, 위 ①, ②, ③ 부분은 피해자 책의 특정 부분을 인용한 후 그 부분의 논리구조를 설명하거나 피해자 책의 내용을 요약한 다음 이에 대한 피고인의 해석을 제시하고, 여기에 피고인 나름대로의 비판적 평가를 덧붙이는 서술체계를 취하고 있는 점 등과 이 사건 책 및 피해자 책의 전체적인 내용 등을 종합하여 볼 때, 이 사건 책을 읽게 될 평균적인 독자의 관점에서 보면 위 ①, ②, ③ 부분은 피고인이 이 사건 책의 다른 부분에서 제시하고 있는 것과 같은 자료 내지 논증을 근거로 하여, '피해자는 임나의 지배주체가 백제라고 주장하였지만 그 밖에는 스에마쓰 야스카즈의 임나일본부설과 일본서기의 내용 대부분을 사실로 받아들였고, 표면적으로는 백제와 야마토 조정이 대등한 관계에 있는 것처럼 기술하였으나 실질적으로는 백제가 야마토 조정의 속국인 것처럼 묘사하였으므로, 결과적으로 야마토 조정이 한반도 남부를 통치했다는 임나일본부설이 사실이라고 주장한 것과 다름없다'는 취지의 피고인의 주장을 함축적이고 단정적인 문장으로 서술한 것으로서 피고인의 주관적 의견에 해당하고, 다만 피고인

이 위 의견을 강조하기 위한 수단으로 그와 같은 표현을 사용한 것이라고 이해된다고 할 것이다.

비록 위와 같은 피고인의 주장 내지 의견에 대해서는 그 내용의 합리성이나 서술방식의 공정성 등과 관련하여 비판의 여지가 있다고 할지라도 그러한 비판은 가급적 학문적 논쟁과 사상의 자유경쟁 영역에서 다루어지도록 하는 것이 바람직하고, 명예훼손죄의 구성요건을 해석하면서 겉으로 드러난 표현방식을 문제 삼아 사실의 적시에 해당한다고 쉽사리 단정함으로써 형사처벌의 대상으로 함부로 끌어들일 일은 아니다.

대판 2017.5.11. 2016도19255

대법원은 정치인의 발언에는 위법성조각사유를 넓게 인정하는 경향을 유지하고 있다.

(판 례) 정치인의 명예훼손 발언에 대한 위법성조각사유 인정 여부

국회의원 등 정치인의 발언으로서 소속 정당의 정치적 입장과 내용을 같이 하는 정치적 주장에는 국민의 지지를 얻기 위하여 어느 정도의 단정적인 어법이 종종 사용되고, 이는 수사적인 과장 표현으로 용인될 수 있으며, 국민들도 정당의 정치적 주장 등에 구체적인 사실의 적시가 수반되지 않으면 비록 단정적인 어법으로 공격하는 경우에도 대부분 이를 정치공세로 치부할 뿐 그 주장을 표현 그대로 객관적인 진실로 믿거나 받아들이지는 않는 것이 보통이므로, 명예훼손과 관련하여 정당의 정치적 주장의 위법성을 판단함에 있어서는 이러한 특수성이 충분히 고려되어야 한다. 따라서 공공의 이해와 관련된 사항에서 다른 정당 및 그 소속 정치인들의 행태 등에 대한 비판, 이와 직접적으로 관련된 각종 정치적 쟁점이나 관여 인물·단체 등에 대한 문제의 제기 등 정당의 정치적 주장에 관하여는, 그것이 어느 정도의 단정적인 어법 사용에 의해 수사적으로 과장 표현된 경우라고 하더라도 구체적 정황의 뒷받침 없이 악의적이거나 현저히 상당성을 잃은 공격이 아닌 한 가볍게 그 책임을 추궁해서는 안 된다(대법원 2005.5.27. 선고 2004다69291 판결, 대법원 2007.11.30. 선고 2005다40907 판결 등 참조).

대판 2025.6.26. 2022다242649

명예훼손죄에서의 위법성조각사유가 모욕죄에는 규정되어 있지 않다. 대법원은 이러한 경우 형법 제20조의 정당행위 규정을 원용하여 위법성을 조각한다고 판시하고 있다. 아래 판례 직전에도 "매카시스트, 철면피, 파렴치, 양두구육, 극우부패세력"

등으로 모욕한 경우 피해자의 공적 활동과 관련한 표현으로 사회상규에 위반되지 않는다고 판단한 바 있다(대판 2022.8.25. 2020도16897).

(판 례) 모욕죄와 정당행위

(노동조합원인 피고인이 페이스북에 노동조합 간부들을 상대로 '악의축'이라고 적시하여 모욕하였다는 공소사실 등으로 기소된 사안이다)

어떤 글이 모욕적 표현을 담고 있는 경우에도 그 글이 객관적으로 타당성이 있는 사실을 전제로 하여 그 사실관계나 이를 둘러싼 문제에 관한 자신의 판단과 피해자의 태도 등이 합당한가에 대한 의견을 밝히고, 자신의 판단과 의견이 타당함을 강조하는 과정에서 부분적으로 다소 모욕적인 표현이 사용된 것에 불과하다면 사회상규에 위배되지 않는 행위로서 형법 제20조에 의하여 위법성이 조각될 수 있다.

대판 2022.10.27. 2019도14421

헌법재판소는 군형법이 규정한 상관모욕죄가 과잉금지원칙에 위반하여 표현의 자유를 침해하지 않는다고 한 2016.2.25. 2013헌바111 결정을 2024.8.29. 2022헌가7 등 사건에서도 유지하였다. 그런데 2024년 결정에서는 광의의 위헌의견이 다수였다. '모욕'에 포함되는 행위유형은 지나치게 광범위하고, 심판대상조항은 군의 지휘체계에 구체적 위험을 초래하는 표현을 넘어 헌법상 보호받아야 할 표현까지 규제하여 위헌(2인), 법관이 징역형이나 금고형 외에 벌금형을 선택할 수 없도록 하여 위헌(2인), 군조직의 질서 및 통수체계에 위해를 가한다고 보기 어려운 상위 서열자에 대한 모욕까지 가중처벌의 범위에 포함시켜 헌법불합치(1인) 의견 등이 제시되었다.

3. 음란한 표현

음란한 표현은 헌법상 보장되는 언론·출판의 개념에 포함되지 않는다. 음란한 표현으로 인한 해악은 명백하고 심대(深大)하여 사상의 시장을 통한 경쟁을 통해 해소될 수 없기 때문에 아예 보호 대상 밖에 두는 것이다.

그러나 헌법재판소는 판례를 변경하여, 음란표현도 헌법 제21조가 규정하는 언론·출판의 자유의 영역에는 해당하되, 다만 헌법 제37조 제2항에 따라 제한할 수 있는 것으로 해석하여야 한다고 판시하였다.

(판 례) '음란'과 '저속'의 개념

이 사건 법률조항의 "음란" 개념은 적어도 수범자와 법집행자에게 적정한 지침을 제시하고 있다고 볼 수 있고 또 법적용자의 개인적 취향에 따라 그 의미가 달라질 수 있는 가능성도 희박하다고 하지 않을 수 없다. 따라서 이 사건 법률조항의 "음란" 개념은 그것이 애매모호하여 명확성의 원칙에 반한다고 할 수 없다. (……)

"음란"의 개념과는 달리 "저속"의 개념은 그 적용범위가 매우 광범위할 뿐만 아니라 법관의 보충적인 해석에 의한다 하더라도 그 의미내용을 확정하기 어려울 정도로 매우 추상적이다. 이 "저속"의 개념에는 출판사등록이 취소되는 성적 표현의 하한이 열려 있을 뿐만 아니라 폭력성이나 잔인성 및 천한 정도도 그 하한이 모두 열려 있기 때문에 출판을 하고자 하는 자는 어느 정도로 자신의 표현내용을 조절해야 되는지를 도저히 알 수 없도록 되어 있어 명확성의 원칙 및 과도한 광범성의 원칙에 반한다.

청소년의 건전한 심성을 보호하기 위해서 퇴폐적인 성표현이나 지나치게 폭력적이고 잔인한 표현 등을 규제할 필요성은 분명 존재하지만, 이들 저속한 표현을 규제하더라도 그 보호대상은 청소년에 한정되어야 하고, 규제수단 또한 청소년에 대한 유통을 금지하는 방향으로 좁게 설정되어야 할 것인데, (……) 청소년보호라는 명목으로 성인이 볼 수 있는 것까지 전면 금지시킨다면 이는 성인의 알권리의 수준을 청소년의 수준으로 맞출 것을 국가가 강요하는 것이어서 성인의 알권리까지 침해하게 된다.

헌재 1998.4.30. 95헌가16, 판례집 10-1, 327,327-329

위 판례에서 주목할 것은, 음란에 해당하지 않는 '저속'한 표현은 청소년을 대상으로 규제할 수 있으나 성인에게는 규제가 인정되지 않는다고 본 점이다.

그 밖에도 음란물 등으로부터 청소년을 보호하기 위한 여러 법률의 위헌 여부가 문제되었다. 헌법재판소는 구 청소년보호법에서 행정기관인 청소년보호위원회 등으로 하여금 청소년유해매체물을 결정하도록 하고, 그 결정된 매체물을 청소년에게 판매 등을 하는 경우 형사처벌하도록 하는 것이 죄형법정주의나 재판(법관에 의한 재판)을 받을 권리를 침해하는 것이 아니며 합헌이라고 판시하였다(헌재 2000.6.29. 99헌가16). 또한 구 '청소년의 성보호에 관한 법률'에서 청소년이 등장하는 '청소년이용음란물'의 제작·배포 등을 처벌하는 것이 합헌이라고 보았다(헌재 2002.4.25. 2001헌가27).

그 밖에 헌법재판소는 전기통신사업자의 전기통신역무를 이용하여 일반에게 공개를 목적으로 정보를 제공하는 자 중 청소년보호법상의 청소년유해매체물 제공자는 대통령령이 정하는 표시방법에 따라 청소년유해매체물임을 표시하도록 한 '정보통신망 이용촉진 및 정보보호 등에 관한 법률'의 규정이 죄형법정주의의 명확성 원칙에 위배되지 않는다고 보았고, 인터넷상의 청소년유해매체물 정보의 경우 19세 미만 이용금지 표시 외에 추가로 '전자적 표시'를 하도록 하여 차단소프트웨어 설치시 동 정보를 볼 수 없게 한 동법시행령 규정과 정보통신부고시가 표현의 자유를 침해하는 것이 아니라고 판시하였다(헌재 2004.1.29. 2001헌마894).

한편 대법원 판례는 음란에 해당 여부의 판단 기준으로, 작성자의 주관적 의도가 아니라 객관적으로 판단해야 하고(대판 1991.9.10. 91도1550), 전체적 내용의 흐름에 비추어 판단하며(대판 1995.6.16. 94도2413), 비록 명화라도 용도에 따라서는 음란물에 해당한다고 보았다(대판 1970.10.30. 70도1879).

대법원은 법학전문대학원 교수가 남성 성기 사진에 학술적, 사상적 주장을 덧붙인 결합 표현물을 자신의 블로그에 게시한 행위에 대해, 남성 성기 사진은 음란물에 해당하지만 결합 표현물을 통한 게시에 있어 목적의 정당성, 그 수단이나 방법의 상당성, 보호법익과 침해법익 간의 법익균형성이 인정되어 정당행위에 해당한다고 판시하여, 표현의 자유와 관련된 정당행위의 새로운 판단기준을 제시하였다.

(판 례) 표현의 자유와 관련한 정당행위의 새로운 판단기준

1. (……) 특정 표현물을 형사처벌의 대상이 될 음란 표현물이라고 하기 위하여는 그 표현물이 단순히 성적인 흥미에 관련되어 저속하다거나 문란한 느낌을 준다는 정도만으로는 부족하다. 사회통념에 비추어 전적으로 또는 지배적으로 성적 흥미에만 호소할 뿐 하등의 문학적 · 예술적 · 사상적 · 과학적 · 의학적 · 교육적 가치를 지니지 아니한 것으로서, 과도하고도 노골적인 방법에 의하여 성적 부위나 행위를 적나라하게 표현 · 묘사함으로써, 존중 · 보호되어야 할 인격체로서의 인간의 존엄과 가치를 훼손 · 왜곡한다고 볼 정도로 평가될 수 있어야 한다. 나아가 이를 판단할 때에는 표현물 제작자의 주관적 의도가 아니라 사회 평균인의 입장에서 그 전체적인 내용을 관찰하여 건전한 사회통념에 따라 객관적이고 규범적으로 평가하여야 한다.

2. 음란물이 그 자체로는 하등의 문학적 · 예술적 · 사상적 · 과학적 · 의학적 · 교육적 가치를 지니지 아니하더라도, 앞서 본 음란성에 관한 논의의 특수한 성격 때문에, 그에 관한 논의의 형성 · 발전을 위해 문학적 · 예술적 · 사상적 · 과학적 · 의학적 · 교육적 표현 등과 결합되는 경우가 있다. 이러한 경우 음란 표현의 해악이 이와 결합된 위와 같은 표현 등을 통해 상당한 방법으로

해소되거나 다양한 의견과 사상의 경쟁메커니즘에 의해 해소될 수 있는 정도라는 등의 특별한 사정이 있다면, 이러한 결합 표현물에 의한 표현행위는 공중도덕이나 사회윤리를 훼손하는 것이 아니어서, 법질서 전체의 정신이나 그 배후에 놓여 있는 사회윤리 내지 사회통념에 비추어 용인될 수 있는 행위로서, 형법 제20조에 정하여진 '사회상규에 위배되지 아니하는 행위'에 해당된다.

3. 이 사건 사진들은 오로지 남성의 발기된 성기와 음모만을 뚜렷하게 강조하여 여러 맥락 속에서 직접적으로 보여줌으로써 성적인 각성과 흥분이 존재한다는 암시나 공개장소에서 발기된 성기의 노출이라는 성적 일탈의 의미를 나타내고 있다. 나아가 여성의 시각을 배제한 남성중심적인 성관념의 발로에 따른 편향된 관점을 전달하고 있다. 따라서 단순히 성적인 흥미를 불러일으켜 저속하다거나 문란한 느낌을 준다는 정도를 넘어, 사회통념에 비추어 전적으로 또는 지배적으로 성적 흥미에만 맞춰져 있을 뿐 하등의 문학적·예술적·사상적·과학적·의학적·교육적 가치를 지니지 아니한 것으로서, 과도하고도 노골적인 방법에 의하여 성적 부위를 적나라하게 표현함으로써 인간의 존엄과 가치를 왜곡하는 음란물에 해당한다.

4. 결합 표현물인 이 사건 게시물을 통한 이 사건 사진들의 게시는 목적의 정당성, 그 수단이나 방법의 상당성, 보호법익과 침해법익 간의 법익균형성이 인정되므로, 법질서 전체의 정신이나 그 배후에 놓여 있는 사회윤리 내지 사회통념에 비추어 용인될 수 있는 행위에 해당한다.

대판 2017.10.26. 2012도13352

(판 례) 정보통신망을 통한 음란 화상·영상의 전시·유통 처벌조항의 위헌성

심판대상조항은 음란 표현에 관한 일체의 행위, 예컨대 유통 목적이 없는 음란한 영상 등의 단순소지 등의 행위까지 제한하는 것이 아니라, 음란한 영상 등을 공연히 전시함으로써 이를 유통하는 행위만을 제한하고 있고, 행위의 수단에 있어서도 '정보통신망'이라는 전파가능성이 아주 높은 정보통신매체를 이용한 유통행위만을 규율하고 있다는 점에 비추어 보면, 심판대상조항이 표현의 자유를 과도하게 제한하고 있다고 보기 어렵다(헌재 2009.5.28. 2006헌바109등 참조) (……)

성인이 합의 하에 성기를 노출하며 행하는 일반적인 성교행위 등을 내용으로 하는 '단순음란물' 등을 성인에게 유포하는 것까지 금지하고 처벌하는 것이 입법목적 달성에 필요한 것인지 문제될 수 있다. (……) 현재 정보통신망을 통한 음란물의 유통 행위가 근절되지 않은 상황에서 과태료 또는 과징금 처분만으로 입법목적을 달성하기에 충분하다고 단정하기 어렵다.

헌재 2023.2.23. 2019헌바305, 공보 317, 325,327-328

Ⅶ. 반론권 등 언론피해 구제제도

1. 언론피해 구제제도 개관

헌법 제21조 제4항 후문은 "언론 · 출판이 타인의 명예나 권리를 침해한 때에는 피해자는 이에 대한 피해의 배상을 청구할 수 있다"라고 규정하고 있다. 이것은 언론피해에 대한 손해배상청구권을 헌법에서 명시한 것으로, 주의적으로 강조하는 의미가 있다. 이 밖에도 언론피해 구제제도는 다양하다.

언론피해 구제제도는 우선 사전구제제도와 사후구제제도로 구분할 수 있다. 사전구제제도는 표현행위가 발생하기 전에 인격권 등에 대한 피해를 방지하는 제도이다. 이것은 표현행위의 부작위청구권으로 나타난다. 이 부작위청구권은 본안소송 또는 가처분절차에 의해 행사될 수 있다. '언론중재 및 피해구제 등에 관한 법률'은 부작위청구권을 명시하고 있다(제30조 제3항).

사후구제제도에는 형사상 구제제도, 민사상 구제제도, 언론피해구제에 관한 특별법상 구제제도가 있다. 형사상 구제제도로서 명예훼손죄 처벌(형법 제307조 이하) 등이 있다. 민사상 구제제도로는 불법행위의 성립을 전제한 손해배상청구권과 원상회복청구권이 있다. 특히 명예훼손의 경우에는 손해배상청구권 외에 "명예회복에 적당한 처분"을 청구할 수 있다(민법 제764조). 특별법상 구제제도에는 '언론중재 및 피해구제 등에 관한 법률'상 반론권제도가 있다.

2. 반론권 개관

반론권(right to reply)이란 신문 · 방송 등 언론사의 보도에 의해 피해를 입은 자가 그 언론사에 반론문의 게재 · 방송을 청구할 수 있는 권리이다. 반론권은 언론사의 표현행위의 위법함을 요하지 않는 점에 특징이 있고 이 점에서 민법상 불법행위에 따른 원상회복청구권과 차이가 있다. 또한 이것은 피해자의 권리이므로 게재의 비용을 지급하지 않는다. 과거에는 이를 언론사에 대한 '액세스권'(right of access)이라고 부르기도 했다.

반론권 제도는 19세기 후반 프랑스에서 시작되었다. 당시 정치적 혼란의 시기에 종래의 명예훼손제도만으로는 피해구제에 불충분하다고 보아 새로운 언론피해구제제도로 등장하였다. 오늘날에는 현대의 새로운 언론상황에 대응한 제도로 이해되고 있다. 20세기 이래의 표현수단은 신문 · 방송 등 대중매체가 중심이 되고 있는데, 대중매체가 점차 대형화, 집중화됨에 따라 '표현을 하는 자'와 '표현을 받는 자'의 분리 현상이 일어나게 되었다. 즉 대부분의 사람들은 자신의 의사를 효과적으로 사회에 전달할 수단을 갖지 못하고 수동적으로 대중매체가 보내는 정보를 받는 자의 위치에 놓이게 된다. 이러한 언론 상황에서 대중 속의 개인들이 자신의 의사를 사회에 효과적으로 전할 수 있는 제도, 또는 대중 매체에서의 의견의 다양성을 확보할 수 있는 제도로서 반론권이 의미를 갖게 된 것이다. 반면 언론사로서는 자신의 표현의 자유를 제약당하는 제도라고 할 수 있다.

반론권 제도의 구체적 내용은 나라에 따라 다르다. ① 사실 보도에 대한 반박에 한하는가 또는 의견에 대한 반론도 포함하는가, ② 신문 등 인쇄매체와 방송 등 전파매체 어느 하나에 대해 인정하는가 또는 양자 모두에 인정하는가에 따라 제도가 상이하다. 우리의 제도는 독일 제도를 모델로 한 것으로, 사실 보도에 한해 인정하며, 신문 등 인쇄매체와 방송 등 전파매체 모두에 인정한다. 사실 보도에 대해서만 인정된다는 점에서 보면 반론권이라는 용어보다는 반박권이라는 용어가 더 적절하지만, 통례에 따라 반론권이라는 용어를 쓰기로 한다.

우리나라에서는 1980년 언론기본법에 의해 '정정보도청구권'이란 이름의 반론권이 처음 인정되었고, 1987년의 '정기간행물의 등록 등에 관한 법률'에서 그대로 계승되었다. 이후 1995년 법률개정에서 용어를 종전의 정정보도청구권에서 '반론보도청구권'으로 바꾸었다. 현행 '언론중재 및 피해구제 등에 관한 법률'(2005.1.27. 제정)은 반론보도청구권을 유지하면서 이와 별도로 새로운 성격의 '정정보도청구권'을 신설하고 있다.

반론권 제도가 언론기관의 표현의 자유에 대한 위헌적 제한이 아니냐에 관해 논란이 있으나, 헌법재판소는 반론권이 헌법상 인격권에 근거한 것이며, 언론의 자유와의 충돌을 합리적으로 조정한 제도로 보아 합헌으로 판단하고 있다(헌재 1991.9.16. 89헌마165).

미국 판례는 방송에 대해서는 일정한 반론권을 합헌으로 인정하면서(*Red Lion Broadcasting Co. v. FCC*, 1969), 신문에 대한 반론권 제도는 언론기관의 표현의 자유에 대한 침해로서 위헌이라고 보았다(*Miami Herald Publishing Co. v. Tornillo*, 1974). 이것은 공공성이 중시되는 방송과 개별성이 강조되는 인쇄매체의 차이에 근거한 것이다.

반론권제도는 언론에 의한 피해구제 제도로서의 성격과 함께 언론기관의 표현의 자유를 제한한다는 점에서 양날의 칼과 같은 의미를 지닌다.

3. '언론중재 및 피해구제 등에 관한 법률'

(1) 개 관

'언론중재 및 피해구제 등에 관한 법률'(약칭 '언론중재법')은 언론사(방송사업자, 신문 등 정기간행물사업자, 뉴스통신사업자, 인터넷신문사업자 및 인터넷 멀티미디어 방송사업자)의 언론보도로 인한 피해의 구제제도를 규정하고 있다. 이 법률은 과거에 여러 법률에 있던 언론피해구제제도를 하나의 법률로 묶으면서 피해구제를 강화한 것이다.

이 법률은 구법에 비해 다음 여러 가지 점에서 차이가 있다. ① 인격권을 명시적으로 규정하였다(제5조). ② 반론보도청구권과 별개의 정정보도청구권을 규정하였다. ③ 언론중재위원회의 관할에 관하여 '조정' 외에 실질적인 '중재' 기능을 부여했고(제24조), 조정 범위에 손해배상을 포함시켰다(제18조 제2항). ④ 언론중재위원회의 절차를 소송 제기 전의 필요적 절차가 아니라 임의적 절차로 하였다. ⑤ 인터넷신문도 언론에 포함시켰다(제2조 제1호). ⑥ 언론사내에 언론피해의 자율적 예방 및 구제를 위한 고충처리인을 두도록 하였다(제6조). ⑦ 언론중재위원회에 언론사에 대한 시정권고권을 부여하여 그 권한을 강화하였다(제32조).

(2) 정정보도청구권, 반론보도청구권 및 추후보도청구권

언론중재법은 여러 특별한 언론피해 구제제도를 규정하고 있다. ① 정정보도청구권은 진실하지 않은 언론보도('사실적 주장'에 관한 보도)에 대해 그 보도가 있음을 안 날부터 3월 이내, 보도가 있은 후 6월 이내에 언론사에 정정보도를 청구할 수 있는 권리이다(제14조, 제15조). ② 반론보도청구권은 진실 여부를 불문하고 사실적 주장에 관한 보도로 인하여 피해를 입은 자가 언론사에 반론보도를 청구하는 권리이다(제16조). 허위가 아닌 보도라도 사실 보도로 인한 피해가 있을 수 있다. 예컨대 어떤 사건의 일부분에 대해서만 보도하고 관련된 사실 전체를 보도하지 않음으로써 피해가 발생할 수 있다. ③ 추후보도청구권은 언론에 의해 범죄혐의가 있거나 형사상의 조치를 받았다고 보도 또는 공표된 자가 그 형사절차가 무죄판결 또는 이와 동등한 형태로 종결된 때에 그 사실을 안 날로부터 3월 이내에 언론사에 이 사실에 관한 추후보도를 청구할 수 있는 권리이다(제17조).

정정보도청구와 반론보도청구에는 언론사의 고의·과실이나 위법성을 요하지 아니한다(제14조 제2항, 제16조 제2항). 이 점에서 민법상 불법행위에 따른 청구권과 다르다.

언론중재위원회는 정정보도청구 등 또는 손해배상에 관한 분쟁이 있는 경우에 당사자의 신청에 따라 조정 또는 중재한다(제18조, 제24조). 조정 결과 당사자간 합의가 성립하거나 합의가 성립한 것으로 간주되는 때, 또는 직권조정결과에 이의 신청이 없는 때에는 재판상 화해와 동일한 효력이 있고, 중재결정에는 확정판결과 동일한 효력이 있다(제23조 내지 제25조). 또한 동 위원회는 "언론의 보도내용에 의한 국가적 법익이나 사회적 법익 또는 타인의 법익 침해사항을 심의하여 필요한 경우 해당 언론사에 서면으로 시정을 권고할 수 있다"(제32조).

피해자는 정정보도청구 등의 소를 법원에 제기할 수 있다(제26조). 소를 제기하기 전에 필수적으로 언론중재위원회의 조정을 거쳐야 하는 것은 아니다(임의적 전치주의).

정정보도청구에 있어서 언론사의 고의·과실이나 위법성을 요하지 아니한다는 규정(제14조 제2항)은 언론의 위축을 초래하고 언론자유를 침해하기 때문에 위헌이 아닌가라는 문제가 있다. 이에 대해 헌법재판소는 정정보도로 인하여 위축될 가능성이 있는 신문의 자유와 진실에 부합한 정정보도로 인하여 얻어지는 피해구제의 이익 간에 조화를 이루고 있어서 합헌이라고 보았다(헌재 2006.6.29. 2005헌마165등).

헌법재판소는 정정보도청구권의 성격에 관하여 "반론보도청구권이나 민법상 불법행위에 기한 청구권과는 전혀 다른 새로운 성격의 청구권"이라고 보고 있다. 정정보도청구권의 성격에 관해서는 여러 견해가 갈리고 있다. 생각건대 정정보도청구권은 피해자가 작성한 문안의 게재 청구권은 아니라는 점에서 본래의 반론권과 차이가 있지만, 언론사의 위법성이 없더라도 피해자가 요구하는 내용의 게재를 청구한다는 점에서 반론권과 성격을 같이 한다. 추후보도청구권 역시 마찬가지이다. 반론권을 협의로 이해할 때에는 반론보도청구권만이 반론권에 해당한다고 보겠지만, 광의의 반론권에는 정정보도청구권과 추후보도청구권도 포함된다고 볼 수 있다.

정정보도청구권제도에 관한 헌법재판소 결정에서 또다른 쟁점은 정정보도청구의 소에서 민사집행법의 가처분절차에 관한 규정을 적용하여 그 결과 사실 인정을 '증명' 대신 '소명'만으로 할 수 있게 한 것이 위헌이 아닌가라는 문제였다. 헌법재판소는 이것이 위헌이라고 판시하였다.

한편 위 결정에서 헌법재판소는 언론중재법의 고충처리인제도 규정(제6조)은 합헌이라고 보았다.

그 밖에 언론중재법은 명예훼손 경우의 특칙을 규정하고 있다. "타인의 명예를 훼손한 자에 대하여는 법원은 피해자의 청구에 의하여 손해배상에 갈음하거나 손해배상과 함께 정정보도의 공표 등 명예회복에 적당한 처분을 명할 수 있다”(제31조).

(3) 사실적 주장과 의견표명

언론중재법에 의한 정정보도청구권과 반론보도청구권은 오직 ‘사실적 주장에 관한 언론보도’에 대해서만 적용된다(제14조 제1항, 제16조 제1항). “사실적 주장이라 함은 증거에 의하여 그 존재 여부를 판단할 수 있는 사실관계에 관한 주장을 말한다”(제2조 제14호). 이에 따라 정정보도청구권과 반론보도청구권은 의견표명에 대해서 적용되지 않는다.

사실적 주장과 의견표명이 혼재하는 보도에 대해 위 권리들이 인정되는지가 문제된다. 최근의 대법원 판례에 의하면, 여러 요소들의 종합적 판단의 결과로 의견표명으로 인정될 수 있다고 보아 반론보도청구권을 부인하는 경향을 보이고 있다.

(판 례) 사실적 주장과 의견표명의 혼재

사실적 주장과 의견의 표명을 구별하는 척도로서는, 그것이 객관적으로 입증가능하고 명확하며 역사성이 있는 것으로서 외부적으로 인식 가능한 과정이나 상태를 포함하여 원보도(原報道)의 보도대상이 된 행위자의 동기, 목적, 심리상태 등이 외부로 표출된 것이라면 이를 사실적 주장이라고 판단할 수 있을 것이다.

그러나 이러한 추상적 판단기준 자체도 언제나 명확한 것은 아니며, 사실적 주장과 논평 등이 혼재하는 형식으로 보도되는 것이 보통이므로, 그 판단기준 자체도 일의적이라 할 수 없고, 당해 원보도의 객관적인 내용과 아울러 일반의 독자가 보통의 주의로 원보도를 접하는 방법을 전제로 사용된 어휘의 통상적인 의미, 전체적인 흐름, 문구의 연결 방법뿐만 아니라, 당해 원보도가 게재한 보다 넓은 문맥이나 배경이 되는 사회적 흐름 및 독자에게 주는 전체적인 인상도 함께 고려하여야 할 것이다.

대판 2006.2.10. 2002다49040

Ⅷ. 언론사 규제에 관한 특수한 문제들

헌법 제21조 제3항은 “통신・방송의 시설기준과 신문의 기능을 보장하기 위하여 필요한 사항은 법률로 정한다”고 규정하고 있다. 이 조항에서 특히 “신문의 기능을 보장하기 위하여 필요한 사항”이 무슨 의미인지는 불명확하다. 이 조항의 제정과정

역사를 보면, 신문발행의 시설기준을 법률로 정할 수 있다는 규정을 둘 것인지에 관해 헌법 기초자들 사이에서 대립이 있었고, 그 타협의 결과가 이 조항으로 나타난 것으로 알려져 있다. 구 신문법('신문 등의 자유와 기능보장에 관한 법률')은 이러한 헌법개정 당시의 역사적 배경을 뛰어넘어 '신문 기능의 보장'이라는 취지 아래 신문사 등에 대한 광범한 규제를 가하였다. 그러나 개정법률인 '신문 등의 진흥에 관한 법률'(2010. 2.1 시행. 약칭 '신문진흥법')은 이들 규제를 대폭 폐지하고 신문의 자유를 강조하는 방향으로 선회하였다. 신문진흥법은 신문만이 아니라 인터넷신문과 인터넷뉴스서비스(속칭 '인터넷포털사이트')도 그 규율대상으로 한다.

신문진흥법에서의 주요 개정 내용은 다음과 같다. 첫째, 구 신문법에서의 엄격한 언론매체소유 규제를 폐지하였다. 일간신문 · 뉴스통신 · 방송사업 간의 상호겸영금지를 폐지하고, 일간신문 지배주주의 신문 등 복수소유 규제를 폐지하였다. 대기업은 일반일간신문 법인의 주식 또는 지분의 2분의 1을 초과하여 취득 또는 소유할 수 없도록 하였다(제18조). 둘째, 인터넷언론매체에 대한 규제를 강화였다. 언론기능을 하고 있는 인터넷포털을 '인터넷뉴스서비스'라고 규정하고 이를 규율대상으로 하였다(제2조 제5호). 인터넷뉴스서비스사업자는 기사배열의 기본방침 등을 공개하도록 하는 등, 사업자의 여러 준수사항을 규정하였다(제10조). 셋째, 일간신문의 기업자료 신고 · 공개제도, 일간신문 시장지배적 사업자 추정 제도 등을 폐지하였다. 그 밖에 외국신문 지사 · 지국을 국내에 설치하려는 경우, 종전의 허가제 대신 등록만으로 가능하게 하였고(제28조), 한국언론진흥재단을 신설하였다(제3장).

1. 신문의 자유와 신문의 공정성 · 공익성

오늘날의 표현의 자유는 단순한 개인의 자유의 차원을 넘어 신문, 방송 등 언론미디어의 자유를 그 핵심으로 한다. 미디어의 일종으로서 신문의 자유는 신문사라는 언론기업의 존재를 전제한다는 점에서 개인 차원의 표현의 자유와 차이가 있다. 신문의 자유에는 두 측면이 있다. 첫째, 실체적인 표현의 자유의 차원에서 신문의 언론활동의 자유가 보장된다. 신문의 언론활동을 위해 신문사 구성원인 기자, 편집자의 취재와 보도의 자유가 보장된다. 둘째, 언론기업의 차원에서 신문사의 설립, 조직, 경영의 자유가 보장된다. 신문의 자유는 개인의 주관적인 기본권인 동시에 자유로운 신문제도의 보장이라는 제도보장의 성격을 지닌다.

신문의 자유에 관하여 특히 문제되는 것은 신문사에 대한 기업적 측면의 규제가 신문의 언론활동의 자유를 침해해서는 안 된다는 점이다.

(판 례) 언론기업의 규제(정기간행물 등록제)

헌법상의 언론의 자유는 어디까지나 언론·출판자유의 내재적 본질적 표현의 방법과 내용을 보장하는 것을 말하는 것이지 그를 객관화하는 수단으로 필요한 객체적인 시설이나 언론기업의 주체인 기업인으로서의 활동까지 포함되는 것으로 볼 수는 없는 것이다. 다시 말해서 이는 정기간행물의 발행인이나 언론·출판기업이 표현의 자유를 누리는 주관적인 기본권과 사회일반의 권리주체 또는 기업으로서 규제받아야 하는 객관적인 사회구성원으로서의 책임을 엄연히 구분되어야 하며 기업경영주체로서는 일반 사회법질서의 규율에서 제외될 수 없는 사회조직현상의 하나로 보아야 한다는 것을 의미한다. 따라서 정기간행물 발행인에게 법률로써 언론의 건전한 발전과 그 기능의 보장을 위하여 일정한 시설을 갖추어 등록하게 하는 것은 언론자유의 본질적 내용의 간섭과는 엄연히 구분하여 이해하고 검토하여야 하는 것이다.

헌재 1992.6.26. 90헌가23, 판례집 4, 300,307

위 결정은 마치 신문사 등 언론사에 대한 기업적 규제는 표현의 자유와 무관하다는 듯한 의미로 해석될 소지가 있다. 그러나 신문사에 대한 기업적 차원의 규제에 있어서 표현의 자유 보장이라는 특수성이 고려되지 않으면 안 된다. 헌법재판소는 2006년의 신문법 결정에서 신문의 자유의 의미를 아래와 같이 해석하고 있다.

(판 례) 신문의 자유

헌법 제21조 제1항은 "모든 국민은 언론·출판의 자유와 집회·결사의 자유를 가진다"고 규정하여 언론의 자유를 보장하고 있는바, 언론의 자유에 신문의 자유와 같은 언론매체의 자유가 포함됨은 물론이다. 신문은 그 취재와 보도를 통하여 정치·경제·사회·문화 등 다양한 분야에서 일상적인 커뮤니케이션을 매개하고 있고, 특히 민주주의 정치과정에서 정치적 의사를 형성·전파하는 매체로서 중요한 역할을 담당한다. 신문의 자유는 개인의 주관적 기본권으로서 보호될 뿐만 아니라, '자유 신문'이라는 객관적 제도로서도 보장되고 있다. 객관적 제도로서의 '자유 신문'은 신문의 사경제적·사법적(私法的) 조직과 존립의 보장 및 그 논조와 경향(傾向), 정치적 색채 또는 세계관에 있어 국가권력의 간섭과 검열을 받지 않는 자유롭고 독립적인 신문의 보장을 내용으로 하는 한편, 자유롭고 다양한 의사형성을 위한 상호 경쟁적인 다수 신문의 존재는 다원주의를 본질로 하는 민주주의사회에서 필수불가결한 요소가 된다.

헌재 2006.6.29. 2005헌마165, 판례집 18-1 하, 337,385

구 신문법은 신문의 사회적 책임과 공정성 및 공익성을 강조하는 여러 조항들을 두었으나, 신문진흥법은 이들 조항을 폐지하고 신문의 자유와 책임에 관한 원칙적 규정만을 두었다(제3조 "① 신문 및 인터넷신문에 대한 언론의 자유와 독립은 보장된다. ② 신문 및 인터넷신문은 제1항의 언론자유의 하나로서 정보원에 대하여 자유로이 접근할 권리와 그 취재한 정보를 자유로이 공표할 자유를 갖는다. ③ 신문 및 인터넷신문은 인간의 존엄과 가치 및 민주적 기본질서를 존중하여야 한다").

신문은 자신의 의견을 표현할 자유가 있으며 개개 신문에 대하여 다양한 의견을 공정하게 반영하도록 의무를 지울 수는 없다. 이것은 이른바 신문의 경향보호(傾向保護, Tendenzschutz)의 원칙에 배치된다. 언론의 다양성은 개개 신문의 표현의 자유를 보장함으로써 이루어지는 것이다.

2. 언론의 다양성 보장과 신문시장 규제

(1) 신문기능 법정주의

본래 미디어의 차이에 따라 이에 대한 법적 규제의 원리도 차이가 있으며, 방송과 달리 신문에 대해서는 신문의 자유를 강조하는 것이 원칙이다. 그런데 신문법 결정에서 헌법재판소는 신문의 자유와 더불어 신문의 공적 기능을 중시하였다. 이 결정에서 헌법재판소는 헌법 제21조 제3항의 "신문의 기능을 보장하기 위하여"라는 규정을 신문의 공적 기능을 보장하기 위한 입법적 제한의 근거로 보았다. 이에 따르면 신문의 공적 기능은 민주적 여론형성에 있고, 특히 여기에는 "신문의 다양성을 유지하기 위하여"라는 의미가 포함된 것으로 해석하였다.

(판 례) 신문의 공적 기능과 신문의 다양성 보장

신문은 본질적으로 자유로워야 하지만, 공정하고 객관적인 보도를 통하여 민주적 여론형성에 기여하고 국민의 알 권리를 충족시켜야 한다는 점에서 자유에 상응하는 공적 기능을 아울러 수행하게 된다(헌재 2002.7.18. 2001헌마605, 판례집 14-2, 84,103). 이러한 신문의 공적 기능에 대한 헌법적 요청은 특히 헌법 제21조 제3항에서 두드러지게 나타난다. 헌법 제21조 제3항은 "통신·방송의 시설기준과 신문의 기능을 보장하기 위하여 필요한 사항은 법률로 정한다"고

규정하고 있는데, 이 규정에서 통신·방송의 시설기준 법정주의와 나란히 신문기능 법정주의를 정한 것은 우리 헌법이 방송뿐만 아니라 신문에 대하여도 그 공적 기능의 보장을 위한 입법형성, 즉 입법적 규율의 가능성을 예정하고 있음을 의미한다. 여기서 "신문의 기능"이란 주로 민주적 의사형성에 있고, 그것은 다원주의를 본질로 하는 민주주의사회에서 언론의 다양성 보장을 불가결의 전제로 하는 것이므로, "신문의 기능을 보장하기 위하여"란 결국 '신문의 다양성을 유지하기 위하여'란 의미도 포함하고 있다고 할 것이다. 헌법 제21조 제3항은 언론·출판으로 인한 타인의 명예나 권리의 보호를 규정하고 있는 헌법 제21조 제4항과 함께 다원화된 현대정보산업사회에서 언론·출판이 가지는 사회적 의무와 책임에 관하여 규정한 것이다(헌재 1998.2.27. 96헌바2, 판례집 10-1, 118,125; 헌재 2002.12.18. 2000헌마764, 판례집 14-2, 856,868 등 참조). 그러므로 신문의 자유가 헌법적으로 보호되어야 할 중요한 가치가 있는 기본권이라 하더라도 신문의 공적 기능과 책임을 위하여 필요한 입법적 규율은 허용된다.

(……) 신문의 독과점 또는 집중화현상과 경향보호가 결합할 경우 정치적 의견의 다양성을 전제로 하는 다원주의적 민주주의체제에 중대한 위협이 될 것이기 때문에, 개별 신문기업이 각자의 경향보호를 주장하기 위해서는 신문의 다양성 확보가 필수적인 전제가 된다고 할 것이다. 신문의 다양성을 보장하기 위한 국가의 적절한 규율은 경향보호와 모순된다기보다는 상호보완적인 것이라고 보아야 한다.

헌재 2006.6.29. 2005헌마165, 판례집 18-1 하, 337,384-385

위 판례에서 헌법 제21조 제3항을 신문의 다양성 보장을 위한 법적 규제의 근거로 삼은 것은 헌법기초자의 의도를 넘는 것일 뿐 아니라, 문언상 의미를 지나치게 확대한 것으로 보인다.

(2) 언론의 다양성 보장과 매체소유 규제 등

자유민주주의는 국민의 다양한 가치관과 의사의 존재를 전제한다. 그러므로 자유민주주의가 실현되기 위해서는 언론의 다양성이 보장되지 않으면 안 된다. 언론의 다양성이 보장되려면 개개 언론사의 자유와 국가로부터의 독립이 보장되어야 할 뿐만 아니라 전체적인 언론매체(言論媒體) 시장이 다양성을 지녀야 한다. 이와 관련하여 제기되는 문제는 현대사회에서 언론기업의 대형화와 집중화 현상이 일어남에 따라 언론매체 시장의 다양성이 저해될 우려가 있다는 점이다. 이 문제에 대응하여 언론의 다양성 보장을 위한 방안으로 제시되는 것이 매체소유에 대한 규제이다. 매체소유 규제의 형태에는 여러 가지가 있다. ① 특정한 주체의 매체소유에 대한 규제(예컨대 대기업의 매체소유 제한 등), ② 동종(同種) 매체를 복수 소유하는 데 대한 규제(예컨대 신문의 복수소유 규제 등), ③ 이종(異種) 매체를 교차소유하는 데 대한 규제(예컨대 신문사의 방송국 겸영 금지 등).

매체소유의 규제는 각국의 언론상황과 정책적 대응방식에 따라 차이가 있다. 특히 기술발전에 따른 다양한 뉴미디어의 출현과 함께 과거의 언론독점 상황도 변모하고 있고, 이에 따라 매체소유 규제에 관한 기본적 관점도 변화를 보이고 있다.

신문의 다양성 보장이라는 취지에서 구 신문법은 언론매체 소유규제 등 여러 규제조항을 두었는데, 헌법재판소는 일부조항에 대하여는 합헌결정을, 또다른 일부조항에 대해서는 위헌결정을 내린 바 있다. 일간신문의 방송 등 겸영금지는 합헌이라고 보았고, 일간신문 기업자료 신고·공개제도도 합헌이라고 판시하였다. 최근에는 방송문화진흥회가 최다출자자인 지상파방송사업자(MBC)가 계열관계에 있는 다른 지상파방송사업자(각 지역 MBC)의 주식 또는 지분을 소유하는 경우 예외적으로 소유 제한의 범위를 적용하지 않는 방송법 조항을 합헌이라 선언하였다(헌재 2015.4.30. 2012헌바358). 반면 일간신문 지배주주의 신문 복수소유 규제에 대해서는 헌법불합치결정을 내렸고, 신문사업자를 일반사업자에 비하여 더 쉽게 시장지배적 사업자로 추정되도록 한 규정도 위헌이라고 판시하였다(헌재 2006.6.29. 2005헌마165). 한편 이른바 신문고시(신문판매업자가 거래상대방에게 제공할 수 있는 무가지와 경품의 범위를 제한하는 공정거래위원회 고시)에 대해서 헌법재판소는 합헌이라고 판시한 바 있다(헌재 2002.7.18. 2001헌마605).

3. 편집권의 독립: 언론의 '내부적 자유'

언론의 자유는 본래 국가에 대한 개인의 자유를 의미하는 것이었다. 그러나 현대사회에서 언론의 자유가 언론매체의 자유를 중심으로 전개되면서 언론매체 내부에서의 언론의 자유, 즉 언론매체 내부에서 누가 언론매체의 자유의 주체인가라는 문제가 대두되었다. 통상적 의미의 언론의 '내부적 자유'는 언론매체 내부에서 발행인과 기자 사이의 관계에 관한 것이다. 즉 언론매체 내부에서 누가 내용형성의 결정권을 갖느냐는 문제이다. 이 문제는 종래 우리나라에서 주로 신문을 중심으로 신문의 편집권 독립이라는 주제로 논의되어 왔다.

언론의 내부적 자유의 문제는 주로 독일에서 많은 논의가 이루어져왔다. 이미 바이마르 시대에 발행인협회와 기자협회 사이의 단체협약에 의해 언론의 내부적 자유의 문제가 다루어졌다. 이에 따르면 신문의 원칙적 방침은 발행인이 정하고 기자는 그 범위 안에서 개별적 사항을 자유롭게 형성할 권리를 갖는 것으로 하였다. 2차대전 후 서독에서는 이 문제에 관한 법률제정이 시도되었으나 실패하고 말았다. 이후 독일 통일 후, 브란덴부르크 주의 1993년 출판법에서 이 문제에 관한 규정을 두었다. 이에 따르면 발행인측은 '언론측면의 원칙', 즉 편집의 기본방향을 서면으로 작성하여 매년 공표하여야 하고, 발행인측과 편집인측의 업무와 책임의 한계에 관해서는 양측이 합의하여 확정할 수 있다고 하였다. 또한 편집인은 그 의사에 반하는 내용을 그 자신의 것으로 공표하도록 강요당하지 않으며, 이를 거부했다는 이유로 불이익을 당해서는 안 된다고 규정하였다. 한편 독일연방헌법재판소는 발행인이 신문의 경향, 즉 기본노선의 방향을 결정하고 실현할 권한을 갖는다고 보면서도, 발행인의 권한의 범위 내에서 편집인에게 공동결정권을 부여할 것인지 여부 및 부여하는 경우에 어느 정도 부여할 것인지에 관해서는 판단을 유보하였다(1979. 11.6. BVerfGE 52,283).

우리의 구 신문법은 신문의 내부적 자유를 위한 여러 상세한 규정을 두었으나, 신문진흥법은 편집의 자유에 관한 원칙적 규정(제4조. "① 신문 및 인터넷신문의 편집의 자유와 독립은 보장된다. ② 신문사업자 및 인터넷신문사업자는 편집인의 자율적인 편집을 보장하여야 한다") 및 편집위원회 임의설치(제5조. "일반일간신문사업자는 편집위원회를 둘 수 있다") 규정만을 두었다.

생각건대 신문의 내부적 자유에 관하여 국가의 입법을 통한 관여를 인정할 것인가 여부는 기본적으로 신문의 자유를 개인적 자유로 보는가 또는 제도적 자유로 보는가에 따라 견해가 갈린다. 전자의 입장에서는 국가의 관여를 배제하고, 후자의 입장에서는 국가의 관여를 인정하는 소지를 제공한다. 이와 관련하여 헌법 제21조 제3항의 "신문의 기능을 보장하기 위하여 필요한 사항은 법률로 정한다"는 규정을 근거로 국가의 입법적 관여를 인정할 수 있느냐가 문제된다. 이 조항이 본래 신문발행시설의 법정(法定)을 위한 것이라는 헌법사적 배경을 보거나 언론의 자유가 본질적으로 개인적 자유의 성격을 지닌 점에 비추어, 신문기능 보장을 근거로 하는 법적 규제의 범위는 매우 한정적으로 해석되어야 한다. 언론의 내부적 자유에 관한 국가의 입법적 관여는 최소한의 범위에서만 인정된다고 볼 것이다.

신문의 편집권의 소재에 관하여는 발행인에게 있다는 견해, 편집인이나 기자에게 있다는 견해, 양자가 공유한다고 보는 견해가 대립한다. 생각건대 이 문제는 신문이

사기업의 형태를 취하면서 동시에 민주적 여론형성이라는 공적 기능을 수행하는 데에서 오는 갈등이라고 할 수 있다. 편집인 · 기자의 편집권이 헌법에 근거하여 직접 도출된다고 보기는 어렵다. 바람직한 것은 자율적인 편집규약에 의하여 발행인측과 편집인 · 기자측이 기능적으로 권한을 분할하는 것이다.

한편 방송법에서는 방송편성규약의 제정과 공표를 의무화하고 있다(제4조. "③ 방송사업자는 방송편성책임자를 선임하고, 그 성명을 방송시간 내에 매일 1회 이상 공표하여야 하며, 방송편성책임자의 자율적인 방송편성을 보장하여야 한다. ④ 종합편성 또는 보도에 관한 전문편성을 행하는 방송사업자는 방송프로그램제작의 자율성을 보장하기 위하여 취재 및 제작 종사자의 의견을 들어 방송편성규약을 제정하고 이를 공표하여야 한다"). 방송은 신문보다 그 공공적 성격이 강하므로 방송편성규약제도의 의무화를 위헌이라고 볼 수 없다. 헌법재판소는 방송편성에 관하여 '간섭'을 금지하고 그 위반행위자를 처벌하는 방송법 규정을 합헌이라고 선언하였다(헌재 2021.8.31. 2019헌바439). 헌법재판소는 이 결정에서 국가권력은 물론 정당, 노동조합, 광고주 등 사회의 여러 세력이, 가령 방송법상의 시청자권익보호위원회에 불만 신청, 언론중재법상의 반론권 등 법률에 정하여진 절차에 의하지 아니하고 방송편성에 개입하는 경우 민주주의에 중대한 위해가 발생한다고 하였다.

4. 취재의 자유와 취재원 증언거부

언론사의 자유는 취재의 자유를 포함한다. 취재의 자유와 관련하여 기자의 취재원(取才源) 증언거부특권이 인정되는가가 문제된다.

과거 우리의 제5공화국 시대에 언론기본법에서 기자의 증언거부특권을 인정한 예가 있었으나 광범한 예외규정이 있었을 뿐 아니라, 실제로 적용된 예는 없었다. 생각건대 기자의 증언거부특권이 헌법상 권리라고 보기는 어렵다. 그러나 법률로 그러한 특권을 인정할 수는 있다.

미국 대법원판례는 기자의 취재원 증언거부 특권을 인정하지 않고 있다. 원칙적으로 취재의 자유가 헌법상 보장된다고 보면서도, 일반인에게 인정되지 않는 헌법상 특권이 언론사에 인정되는 것은 아니라고 보았다(*Branzburg v. Hayes*, 1972).

취재의 자유와 관련하여, 위법하게 얻은 정보를 보도할 수 있는가라는 문제가 있다. 취재 수단이나 방법이 위법한 경우, 원칙적으로 형사상 및 민사상의 책임을 져야 할 것이지만, 예외적으로 보도로 인한 알 권리의 충족이 더 우월하다고 판단되는 경우에는 위법성이 없다고 보아야 할 것이다.

(참고・일본판례) 외무성기밀누설 사건(최고재판소 1978.5.31. 판결)

1971년의 오키나와 반환협정에 관한 외무성 기밀문서를 한 신문기자가 외무성 여성 사무관으로부터 얻어서 이에 관한 의혹제기 방식의 기사를 보도한 후 다시 사회당 의원에게 전하였고 이 의원이 이를 폭로하였다. 사무관은 국가공무원법 위반으로, 기자는 그 교사범으로 기소되었다. 1심 판결(동경지방재판소 1974.1.31 판결)은 이익형량의 결과, 정당행위로서 취재행위의 위법성이 조각된다고 보아 무죄를 판결하였다. 그러나 최고재판소 판결은 이 취재행위가 법질서 전체의 정신에 비추어 상당한 것으로 인정될 수 없다고 하여 위법하다고 보았다.

5. 불법감청된 정보의 보도

취재와 보도에 관한 특별한 문제로서, 불법감청으로 얻은 정보를 보도할 수 있는가라는 문제가 있다. 이것은 통신비밀 보호와 표현의 자유 및 알 권리가 충돌하는 경우이다.

이에 관한 사례로 이른바 '안기부 X파일'사건이 있다. 과거 국가안전기획부에서 주요인사의 대화를 불법감청한 정보를 텔레비전 방송국과 월간지 등에서 보도한 사건이다. 방송국 담당기자와 월간지 편집장은 통신비밀보호법 위반으로 기소되었다. 이 사건의 제1심인 서울중앙지방법원은 방송국기자에게 무죄를, 편집장에게 형의 선고유예를 판결하였다(서울중앙지법 2006.8.11. 2006고합177). 제1심 법원은 불법감청된 정보임을 인지하면서 이를 공개한 행위는 원칙적으로 위법성이 조각될 수 없으나, 다만 ① 정보의 내용이 국가안전 등 매우 중대한 공공의 이익과 직결되는 것이고, ② 그 보도를 통하여 그 정보에 대한 공공의 관심사를 충족시켜 주는 것이 언론기관에 부여된 사회적 책무를 다하는 것이라고 판단되는 경우에만 위법성이 조각될 수 있다고 보았다. 그러나 항소심인 서울고등법원은 원심을 파기하여 방송국기자에게 유죄(선고유예)를 판결하고 편집장에 대해서는 원심을 인정하였다. 이 판결은 독수독과(毒樹毒果)의 법리를 원용하면서 위 보도행위는 형법상 정당한 행위(사회상규에 위배되지 않은 행위)에 해당한다고 볼 수 없다고 보았다. 대법원은 항소심을 인정하였다.

(판 례) 불법감청된 정보의 보도('안기부 X파일 사건')

(다수의견)

통신비밀보호법이 통신비밀의 공개·누설행위를 불법 감청·녹음 등의 행위와 똑같이 처벌대상으로 하고 그 법정형도 동일하게 규정하고 있는 것은, 통신비밀의 침해로 수집된 정보의 내용에 관계없이 그 정보 자체의 사용을 금지함으로써 당초 존재하지 아니하였어야 할 불법의 결과를 용인하지 않겠다는 취지이고, 이는 불법의 결과를 이용하여 이익을 얻는 것을 금지함과 아울러 그러한 행위의 유인마저 없애겠다는 정책적 고려에 기인한 것이라고 할 것이다(……).

불법 감청·녹음 등에 관여하지 아니한 언론기관이 그 통신 또는 대화의 내용이 불법 감청·녹음 등에 의하여 수집된 것이라는 사정을 알면서도 그것이 공적인 관심사항에 해당한다고 판단하여 이를 보도하여 공개하는 행위가 형법 제20조의 정당행위로서 위법성이 조각된다고 하려면, 적어도 다음과 같은 요건을 충족할 것이 요구된다.

첫째, 그 보도의 목적이 불법 감청·녹음 등의 범죄가 저질러졌다는 사실 자체를 고발하기 위한 것으로 그 과정에서 불가피하게 통신 또는 대화의 내용을 공개할 수밖에 없는 경우이거나, 불법 감청·녹음 등에 의하여 수집된 통신 또는 대화의 내용이 이를 공개하지 아니하면 공중의 생명·신체·재산 기타 공익에 대한 중대한 침해가 발생할 가능성이 현저한 경우 등과 같이 비상한 공적 관심의 대상이 되는 경우에 해당하여야 한다(……).

둘째, 언론기관이 불법 감청·녹음 등의 결과물을 취득함에 있어 위법한 방법을 사용하거나 적극적·주도적으로 관여하여서는 아니 된다.

셋째, 그 보도가 불법 감청·녹음 등의 사실을 고발하거나 비상한 공적 관심사항을 알리기 위한 목적을 달성하는 데 필요한 부분에 한정되는 등 통신비밀의 침해를 최소화하는 방법으로 이루어져야 한다.

넷째, 언론이 그 내용을 보도함으로써 얻어지는 이익 및 가치가 통신비밀의 보호에 의하여 달성되는 이익 및 가치를 초과하여야 한다. 여기서 그 이익의 비교·형량은, 불법 감청·녹음된 타인 간의 통신 또는 대화가 이루어진 경위와 목적, 통신 또는 대화의 내용, 통신 또는 대화 당사자의 지위 내지 공적 인물로서의 성격, 불법 감청·녹음 등의 주체와 그러한 행위의 동기 및 경위, 언론기관이 그 불법 감청·녹음 등의 결과물을 취득하게 된 경위와 보도의 목적, 보도의 내용 및 그 보도로 인하여 침해되는 이익 등 제반 사정을 종합적으로 고려하여 정하여야 한다.

(이인복 등 대법관 5인의 반대의견)

(……) 불법 감청·녹음 등에 관여하지 아니한 언론기관이 이를 보도하여

공개하는 경우에 있어서, 그 보도를 통하여 공개되는 통신비밀의 내용이 중대한 공공의 이익과 관련되어 공중의 정당한 관심과 여론의 형성을 요구할 만한 중요성을 갖고 있고, 언론기관이 범죄행위나 선량한 풍속 기타 사회질서에 반하는 위법한 방법에 의하여 통신비밀을 취득한 경우에 해당하지 아니하며, 보도의 방법에서도 공적 관심사항의 범위에 한정함으로써 그 상당성을 잃지 않는 등 그 내용을 보도하여 얻어지는 이익 및 가치가 통신비밀의 보호에 의하여 달성되는 이익 및 가치를 초과한다고 평가할 수 있는 경우에는 형법 제20조 소정의 정당행위로서 이를 처벌의 대상으로 삼을 수 없다고 할 것이다. 여기서 어떠한 경우에 통신비밀의 내용이 그 공개가 허용되어야 하는 중대한 공공의 이익과 관련된 것으로 보아야 할 것인지는 일률적으로 정할 수 없고, 그 내용이 사회에 미치는 영향력과 파급효과, 통신 또는 대화 당사자의 사회적 지위·활동 내지 공적 인물로서의 성격 여부, 그 공개로 인하여 얻게 되는 공익 등을 종합적으로 고려하여 정하여야 할 것이다.

(……) 이 사건 도청자료에 담겨 있던 대화 내용은 주로 공소외 2와 공소외 1 사이에서 논의된 대통령 선거정국의 기류 변화에 따른 여야 대통령후보 진영에 대한 국내 굴지 대기업의 정치자금 지원 문제와 정치인 및 검찰 고위관계자에 대한 이른바 추석 떡값 등의 지원 문제로서, 이를 통하여 위 대기업이 대통령 선거정국에 영향력을 행사하고 그 과정에서 공권력 행사의 일선에 있는 검찰조직에 대한 영향력 강화를 도모하고 있는 것으로 여겨질 수 있는 내용들이다. 대통령중심제를 채택하고 있는 우리 헌법상 대통령 선거는 국민이 자신의 주권을 행사하는 중대한 의미를 갖는 정치행위로서 헌법에서 규정한 선거원칙에 따라 공명·정대하게 치러져야 하고, 모든 형사사건의 최종적·독점적 수사권과 기소권을 행사하는 검찰조직은 국민의 명령에 복종하는 수명자로서 그 누구보다도 법을 준수하여야 하며 그 직무의 염결성이 보장되어야 하는바, 불법적인 방법을 통해 대통령 선거와 검찰조직에 영향력을 미치려는 행태는 민주적 헌정질서의 근간을 해치는 것으로서 매우 중대한 공공의 이익과 관련되어 있다고 할 것이다. 다수의견은 위 대화가 이 사건 보도 시점으로부터 약 8년 전에 이루어졌음을 이유로 시의성이 없어 공적 관심의 대상이 아니라고 하나, 그 이후로 재계와 정치권 등의 유착관계를 근절할 법적·제도적 장치가 확립되었다고 보기 어려운 정치 환경이나 위 대화 속에서 정치자금 제공자로 거론된 대기업이 우리 사회에 미치는 영향력 등을 고려하면, 이 사건 도청자료의 공개를 통해 제기된 재계와 언론, 정치권 등의 유착 문제가 단지 과거의 일이라는 이유로 시의성이 없다고 평가 절하할 수는 없다.

대판(전합) 2011.3.17. 2006도8839

한편 미국 대법원 판례는 불법감청에 의한 정보의 보도를 일정한 요건하에 인정하였다.

(참고 · 미국판례) *Bartnicki v. Vopper*(2001).

교원노조와 학교당국의 단체협상 과정에서 노조협상자와 노조위원장과의 핸드폰 통화를 어떤 미상(未詳)의 사람이 도청하였다. 그 테이프가 라디오 프로그램 진행자에게 전해졌고 이것이 방송되었다. 위법한 도청 내용의 공개를 금지하는 법률 위반을 이유로 라디오 진행자에게 손해배상이 청구되었다. 대법원은 위 법률을 이 사안에 적용하는 한, 헌법의 언론자유에 대한 위헌적 침해라고 보면서 특히 세 가지 점을 강조했다. 첫째, 통화 내용이 공적 관심사이고, 둘째, 애초의 위법한 도청행위에 언론사가 관여하지 않았고, 셋째, 언론사가 테이프를 접한 과정에 위법행위가 없었다는 점이다.

생각건대 현대 사회에서 개인의 인격 보호를 위해 통신비밀 보호가 갖는 중대성, 그리고 불법감청으로 인한 폐해가 확산되고 있는 현실에 비추어, 통신비밀 보호보다 우월한 공익은 극히 예외적인 경우에 한하여 인정될 수 있을 것이다.

헌법재판소는 불법감청된 대화의 내용을 공개하거나 누설한 자를 처벌하는 통신비밀보호법 규정이 형법상의 명예훼손죄와 같은 위법성조각사유에 관한 특별규정을 두지 않더라도 헌법에 반하는 것은 아니라고 하였다. 이때는 형법 제20조의 '사회상규에 위배되지 아니하는 행위'에 해당하는지 여부가 문제된다(헌재 2011.8.30. 2009헌바42).

IX. 알 권리

1. 의 의

알 권리(right to know) 또는 정보의 자유(freedom of information)란, 보고 읽고 들을 권리, 즉 표현된 의사 등 정보를 받을 권리이다. 표현의 자유는 알 권리도 포함한다는 것이 일반적 견해다.

알 권리는 그 성질에 따라 두 가지로 나눌 수 있다. 첫째, 소극적 의미의 알 권리로서, 방해받지 않고 정보에 자유롭게 접근할 수 있는 권리이다. 이것은 자유권적 성질의 것이다. 독일 기본법은 이런 의미의 알 권리를 명시하고 있다(제5조 제1항. "누구든지 …… 일반적으로 접근할 수 있는 정보원으로부터 방해를 받지 않고 정보를 얻을 권리를 가진다.……"). 둘째, 적극적 의미의 알 권리로서, 정부에 대해 정보공개를 청구하는 권리이다. 이것은 청구권적 성질의 것이다. 우리나라의 '공공기관의 정보공개에 관한 법률'은 이런 의미의 알 권리를 규정하고 있으며, 이는 미국의 '정보자유법'(The Freedom of Information Act, 1966)에 비견할 수 있다.

공공기관의 정보공개에 관한 법률(법률 제11991호, 2013.8.6. 일부개정, 시행 2013.11.7.)은 정보공개 대상기관 중 공공기관의 정의를 명확히 하고, 국민의 알 권리 확대 및 행정의 투명성 제고를 위하여 공개로 분류된 정보는 국민의 청구가 없더라도 사전에 공개하도록 하며, 중앙행정기관 및 대통령령으로 정하는 공공기관은 전자적 형태로 보유·관리하는 정보 중 공개대상으로 분류된 정보를 국민의 청구가 없더라도 정보공개시스템 등을 통하여 공개하도록 하였다(제8조의2).

또한 위 법률과는 별개로 '교육관련기관의 정보공개에 관한 특례법'이 있다. 이 법률은 학교(유아교육법상의 유치원, 초·중등교육법 및 고등교육법에 따라 설립된 각급학교, 그 밖에 다른 법률에 따라 설치된 각급학교), 교육행정기관(교육부 및 그 소속 기관과 특별시·광역시·특별자치시·도 또는 특별자치도의 교육 관서), 교육연구기관(교육에 관하여 전문적으로 조사·연구를 하기 위하여 설립된 국립 또는 공립의 기관)을 적용대상으로 한다. 각급 학교의 정보공시대상을 명시하고 있는 외에는(제5조, 제5조의2, 제6조) 공공기관의 정보공개에 관한 법률이 적용된다(제4조).

2. 알 권리의 법적 근거

알 권리는 헌법에서 직접 도출되는가 아니면 법률을 통해 인정되는 법률상의 권리인가. 만일 헌법에서 직접 도출된다면 헌법의 어느 규정에 근거하는가.

(판 례) 토지조사부 및 임야조사서 열람·복사 청구

(임야조사서 또는 토지조사부의 열람·복사 신청이 있었음에도 이에 불응한 부작위는 청구인의 알 권리를 침해한 것이므로 위헌이라고 결정)

우리나라는 헌법 제21조에 언론출판의 자유 즉 표현의 자유를 규정하고 있는데, 이 자유는 전통적으로는 사상 또는 의견의 자유로운 표명(발표의 자유)과 그것을 전파할 자유(전달의 자유)를 의미하는 것으로서, (……) 사상 또는 의견의 자유로운 표명은 자유로운 의사의 형성을 전제로 하는데, 자유로운 의사의

형성은 충분한 정보에의 접근이 보장됨으로써 비로소 가능한 것이며, 다른 한편으로 자유로운 표명은 자유로운 수용 또는 접수와 불가분의 관계에 있다고 할 것이다. 그러한 의미에서 정보에의 접근 · 수집 · 처리의 자유 즉 "알 권리"는 표현의 자유에 당연히 포함되는 것으로 보아야 하는 것이다. (……)

청구인의 자기에게 정당한 이해관계가 있는 정부 보유 정보의 개시(開示) 요구에 대하여 행정청이 아무런 검토 없이 불응하였다면 이는 청구인이 갖는 헌법 제21조에 규정된 언론 출판의 자유 또는 표현의 자유의 한 내용인 "알 권리"를 침해한 것이라 할 수 있[다].

헌재 1989.9.4. 88헌마22, 판례집 1, 176,188-190

(판 례) 형사소송기록 복사 신청

정보에의 접근 · 수집 · 처리의 자유, 즉 "알 권리"는 표현의 자유와 표리일체의 관계에 있으며 자유권적 성질과 청구권적 성질을 공유하는 것이다. 자유권적 성질은 일반적으로 정보에 접근하고 수집 · 처리함에 있어서 국가권력의 방해를 받지 아니한다는 것을 말하며, 청구권적 성질을 의사형성이나 여론 형성에 필요한 정보를 적극적으로 수집하고 수집을 방해하는 방해제거를 청구할 수 있다는 것을 의미하는바 이는 정보수집권 또는 정보공개청구권으로 나타난다. (……)

"알 권리"의 실현은 법률의 제정이 뒤따라 이를 구체화시키는 것이 충실하고도 바람직하지만, 그러한 법률이 제정되어 있지 않다고 하더라도 불가능한 것은 아니고 헌법 제21조에 의해 직접 보장될 수 있다고 하는 것이 헌법재판소의 확립된 판례인 것이다. (……)

현행 실정법상 청구인에게 형사확정소송기록을 열람 · 복사할 수 있는 권리를 인정한 명문규정이 없다는 것만을 이유로 하여 위에서 본 바와 같이 요구되는 검토를 구체적으로 행함이 없이 무조건 청구인의 복사신청을 접수조차 거부하면서 복사를 해줄 수 없다라고 한 행위는 헌법 제21조에 의하여 보장되고 있는 청구인의 "알 권리"를 침해한 것이므로 위헌이라 할 것이고, 따라서 피청구인의 거부행위는 취소되어야 할 것이다.

헌재 1991.5.13. 90헌마133, 판례집 3, 234,246-250

위의 판례는 알 권리의 주된 근거를 헌법 제21조의 표현의 자유에서 찾고 그 밖에 국민주권의 원리, 인간으로서의 존엄과 가치 보장 등에 관련된 것으로 보고 있다. 또한 청구권적 의미의 알 권리, 즉 정보공개청구권이 단순히 법률상의 권리가 아니라 직접 헌법에 근거한 것으로 본 점에서 의미가 있다.

판례에 나타나 있는 것처럼, 알 권리가 표현의 자유에 포함된다고 보는 논거는 두 가지 점에서 찾을 수 있다. 첫째, 의사표현의 자유는 자유로운 의사 형성을 전제한다는 것이다. 둘째, 표현의 자유는 의사 표명의 수용과 불가분하다는 것, 즉 표현의 자유는 널리 의사소통의 자유를 의미한다는 것이다.

헌법재판소는 적극적으로 새로운 정보의 생성을 구하는 것은 알 권리의 대상에 포함되지 않는다고 한다(헌재 2015.12.23. 2015헌바66). 즉 알권리는 적어도 이미 생성되어 존재하는 정보원을 전제로 한다. 정보공개청구권의 제한과 관련하여, 헌법재판소는 공공기관이 보유·관리하는 개인정보를 개인의 사생활의 비밀 또는 자유를 침해할 우려가 있을 때 비공개할 수 있도록 규정하고 있는 '공공기관의 정보공개에 관한 법률' 제9조 제1항 제6호 본문에 대하여 합헌결정을 내렸다(헌재 2010.12.28. 2009헌바258). 헌법재판소는 시험에 관한 사항으로서 공개될 경우 업무의 공정한 수행이나 연구·개발에 현저한 지장을 초래한다고 인정할 만한 상당한 이유가 있는 정보(시험문제와 정답)는 공개하지 아니할 수 있도록 규정한 같은 법 제9조 제1항 5호 '시험' 부분에 대하여 합헌결정을 내렸다(헌재 2011.3.31. 2010헌바291; 사안은 한의사 국가시험이었고, 사법시험의 문제와 답안이 공개되는 것을 원용할 수 없다고 하였다).

인터넷 등 전자적 방법에 의한 판결서 열람·복사의 범위를 개정법 시행일인 2014.7.8. 이후 확정된 사건의 판결서로 한정하고 있는 군사법원법 부칙 제2조는 청구인의 정보공개청구권을 침해하지 않는다(헌재 2015.12.23. 2014헌마185). 반면 회계보고된 자료의 열람기간을 3월간으로 정한 정치자금법 규정은 헌법에 위반된다. 정치자금을 둘러싼 분쟁 등을 조기에 안정시킬 필요성을 인정하더라도 열람기간이 공직선거법상의 단기 공소시효조차 완성되지 아니한, 공고일부터 3개월 후에 만료된다는 점에서 국민들의 정보에 대한 접근을 본질적으로 침해할 정도로 지나치게 짧게 설정되어 있기 때문이다(헌재 2021.5.27. 2018헌마1168).

(판 례) 정보공개의무기관의 범위와 공개대상정보(사립대학의 경우)

정보공개 의무기관을 정하는 것은 입법자의 입법형성권의 범위에 속하고, 이에 따라 정보공개법 제2조 제3호는 정보공개의무를 지는 '공공기관'에 관하여 국가기관에 한정하지 않고 지방자치단체, 정부투자기관, 그 밖에 공동체 전체의 이익에 중요한 역할이나 기능을 수행하는 기관도 포함하여 정한 것이므로, 정보공개의 목적, 교육의 공공성 및 공·사립학교의 동질성, 사립학교에 대한 국가의 재정지원 및 보조 등 여러 사정에 비추어 보면, 사립대학교에 대한 국비 지원이 한정적·일시적·국부적이라는 점을 고려하더라도, 정보공개법 시행령 제2조 제1호가 정보공개의무를 지는 공공기관의 하나로 사립대학교를 들고 있는 것이 헌법이 정한 대학의 자율성 보장 이념 등에 반하거나 모법인 정보공개법의 위임 범위를 벗어났다고 볼 수 없다(대법원 2006.8.24. 선고 2004두2783 판결 참조).

(……) 교육기관정보공개법은 공공기관이 직무상 작성 또는 취득하여 관리하고 있는 정보 가운데 교육관련기관이 학교교육과 관련하여 직무상 작성 또는 취득하여 관리하고 있는 정보의 공개에 관하여 특별히 규율하는 법률이므로, 학교에 대하여 교육기관정보공개법이 적용된다고 하여 더 이상 정보공개법을 적용할 수 없게 되는 것은 아니라고 할 것이다(……).

정보공개법 제9조 제1항 제7호가 정한 '법인 등의 경영 · 영업상 비밀'은 '타인에게 알려지지 아니함이 유리한 사업활동에 관한 일체의 정보' 또는 '사업활동에 관한 일체의 비밀사항'을 의미하는 것이고 그 공개 여부는 공개를 거부할 만한 정당한 이익이 있는지 여부에 따라 결정되어야 하는데, 그러한 정당한 이익이 있는지 여부는 정보공개법의 입법 취지에 비추어 이를 엄격하게 판단하여야 한다(대법원 2011.11.24. 선고 2009두19021 판결 등 참조).

원심은 제1심판결 이유를 인용하여, 2003년부터 2008. 11. 3.까지 C대학교 자금운용위원회의 각 회의록에 관한 정보(이하 '이 사건 자금운용 회의록 정보'라 한다)와 C대학교 총장에게 보고된 2003년부터 2008년경까지 각 연도의 C대학교의 등록금 인상률 산정근거가 기재된 문서(이하 '이 사건 등록금 인상률 정보'라 한다)는 정보공개법 제9조 제1항 제7호가 정한 '법인 등의 경영 · 영업상 비밀'에는 해당하지만, ① 헌법은 교육제도 법정주의를 정하고 있고, 이에 근거한 사립학교법 등 관련 법령에 따라 사립대학교도 국가 교육제도의 한 영역을 담당하고 있으므로, 사립대학교의 재무와 회계는 건전하게 운영되어야 하며 그 설립목적과 사회 공공기관으로서의 의무에 반해서는 아니 되는 점, ② 이 사건 자금운용 회의록 정보는 현재 의사결정과정에 있는 내용이 아니라 과거 회계연도의 적립금 집행내역과 투자현황, 자금운영의 기본방향에 관한 논의에 관한 것이고, 이 사건 등록금 인상률 정보 역시 각 회계연도별 등록금 인상률을 산출한 객관적인 근거에 불과한 점, ③ 적립금 재원의 대부분이 C대학교가 사업활동이나 경영활동으로 인해 획득한 것이 아니라 개인이나 기업체가 학문의 연구 · 발전이라는 공익 목적을 위하여 출연한 기부금이기 때문에, 그 기부 목적과 취지에 어긋나지 않도록 투명한 절차에 따라 엄격하게 집행되어야 하는 점, ④ 이 사건 자금운용 회의록 정보와 등록금 인상률 정보를 공개함으로써 C대학교가 부당한 적립금 집행으로 과도하게 등록금을 인상하고 있다는 학생과 학부모의 막연한 불신과 의혹을 제거할 수 있고, 적립금 운영과 등록금 인상률 결정의 투명성과 적정성을 확보함으로써 기부문화가 더욱 활성화될 수도 있는 점 등에 비추어 볼 때, 이 사건 자금운용 회의록 정보와 등록금 인상률 정보가 공개된다고 하여 C대학교의 정당한 이익을 현저히 해할 우려가 있다고 볼 수는 없으므로, 위 각 정보는 정보공개법 제9조 제1항 제7호가 정한 비공개대상정보에 해당하지 않는다고 판단하였다.

원심의 이러한 판단은 위 법리에 따른 것으로서 정당하고, 거기에 정보공개법 제9조 제1항 제7호의 비공개대상정보에 관한 법리를 오해한 위법이 없다.

대판 2013.11.28. 2011두5049

(판 례) 대통령기록물과 정보공개청구권

대통령지정기록물을 지정하고 이에 대하여 보호기간을 정한 대통령의 행위(이하 '보호기간 설정행위'라 한다)가 현저히 불합리하다고 볼 만한 명백한 사정이 없는 한, 법원으로서는 원칙적으로 그 결정을 최대한 존중함으로써 보호기간 설정행위의 효력이 사후에 함부로 부정되지 않도록 하는 것이 바람직하다.

그러나 대통령지정기록물 보호기간 제도의 취지가 퇴임 후의 정쟁 등을 미연에 방지하기 위해 일정기간 공개를 제한하는 것이라고 하더라도, 대통령의 보호기간 설정행위는 대통령기록물법에서 정한 절차와 요건을 준수하여야만 비로소 적법하게 효력을 갖게 되는 것이므로, 보호기간 설정행위의 효력 유무에 대한 사법심사가 대통령기록물법에 의해 배제된다고 볼 수는 없다. (…) 대통령의 보호기간 설정행위는 국회가 제정한 대통령기록물법에 근거하여 이루어지는 행위이므로 근거법률이 정한 요건과 절차에 따라 이루어져야 한다. 보호기간 설정행위가 실제 법률에서 정한 요건과 절차에 따라 이루어져 효력이 있는지를 심사할 권한이 사법부에 있다는 점은 헌법이 정하고 있는 권력분립의 원칙상 당연하다. (……)

보호기간 설정행위의 요건을 정한 대통령기록물법 제17조 제1항 각 호는 '기록물의 유형'에 해당하는 부분[법령에 따른 군사·외교·통일에 관한 비밀기록물(제1호), 대내외 경제정책이나 무역거래 및 재정에 관한 기록물(제2호), 정무직공무원 등의 인사에 관한 기록물(제3호), 개인의 사생활에 관한 기록물(제4호), 대통령과 관련된 의사소통기록물(제5호), 대통령의 정치적 견해나 입장을 표현한 기록물(제6호)]과 그 '기록물을 공개할 경우 저해될 우려가 있는 공익'의 부분[국가안전보장(제1호), 국민경제의 안정(제2호), 개인 및 관계인의 생명·신체·재산 및 명예(제4호), 공개의 부적절성(제5호), 정치적 혼란(제6호)]으로 나누어져 있다. 대통령은 여기에 규정된 '기록물의 유형'에 대응하여 고유하게 설정된 '특정한 공익'의 보호를 위해서만 보호기간 설정행위를 할 수 있다.

어떠한 기록물이 대통령기록물법 제17조 제1항 각 호에서 정한 '기록물의 유형'에 해당하지 않음이 명백함에도 대통령이 이를 대통령지정기록물로 지정하고 보호기간을 설정하였다면 그 보호기간 설정행위는 대통령기록물법을 위반한 것으로서 효력을 인정할 수 없다. 이 또한 사법심사를 통해 결정될 수밖에 없다.

대판 2025.1.9. 2019두35763

(판 례) 변호사시험 성적을 알 권리

변호사시험 성적 비공개를 통하여 법학전문대학원 간의 과다경쟁 및 서열화를 방지하고, 교육과정이 충실하게 이행될 수 있도록 하여 다양한 분야의 전문성을 갖춘 양질의 변호사를 양성하기 위한 심판대상조항의 입법목적은 정당하다.

그러나 변호사시험 성적 비공개로 인하여 변호사시험 합격자의 능력을 평가할 수 있는 객관적인 자료가 없어서 오히려 대학의 서열에 따라 합격자를 평가하게 되어 대학의 서열화는 더욱 고착화된다. 또한 변호사 채용에 있어서 학교성적이 가장 비중 있는 요소가 되어 다수의 학생들이 학점 취득이 쉬운 과목 위주로 수강하기 때문에 학교별 특성화 교육도 제대로 시행되지 않고, 학교 선택에 있어서도 자신이 관심 있는 교육과정을 가진 학교가 아니라 기존 대학 서열에 따라 학교를 선택하게 되며, 법학전문대학원도 학생들이 어떤 과목에 상대적으로 취약한지 등을 알 수 없게 되어 다양하고 경쟁력 있는 법조인 양성이라는 목적을 제대로 달성할 수 없게 된다.

한편 시험 성적이 공개될 경우 변호사시험 대비에 치중하게 된다는 우려가 있으나, 좋은 성적을 얻기 위해 노력하는 것은 당연하고 시험성적을 공개하지 않는다고 하여 변호사시험 준비를 소홀히 하는 것도 아니다. 오히려 시험성적을 공개하는 경우 경쟁력 있는 법률가를 양성할 수 있고, 각종 법조직역에 채용과 선발의 객관적 기준을 제공할 수 있다. 따라서 변호사시험 성적의 비공개는 기존 대학의 서열화를 고착시키는 등의 부작용을 낳고 있으므로 수단의 적절성이 인정되지 않는다.

또한 법학교육의 정상화나 교육 등을 통한 우수 인재 배출, 대학원 간의 과다경쟁 및 서열화 방지라는 입법목적은 법학전문대학원 내의 충실하고 다양한 교과과정 및 엄정한 학사관리 등과 같이 알 권리를 제한하지 않는 수단을 통해서 달성될 수 있고, 변호사시험 응시자들은 자신의 변호사시험 성적을 알 수 없게 되므로, 심판대상조항은 침해의 최소성 및 법익의 균형성 요건도 갖추지 못하였다.

헌재 2015.6.25. 2011헌마769등, 판례집 27-1 하, 513,514

3. 알 권리와 국가기밀

알 권리의 제한에 관하여 특히 국가기밀과의 관계가 문제된다.

(판 례) 군사기밀보호법

군사기밀이라 함은 비공지의 사실로서 관계기관에 의하여 적법절차에 따라 군사기밀로 분류표시 또는 고지된 군사관련 사항이어야 할 뿐만 아니라 아울러 그 내용이 누설될 경우 국가의 안전보장에 명백한 위험이 초래된다고 할 수 있을 정도로 그 내용자체가 실질적인 비밀가치를 지닌 비공지의 사실에 한하는 것이라고 한정해석되어야 할 것이다.

군사기밀이 실질비성(實質秘性)의 요건을 충족하여야 할 것으로 해석되는 이유는 비단, 위에 설시한 "알 권리"와의 조화의 측면에서뿐만이 아니고 그 위반에 대한 높은 법정형 및 과실(단 과실범 처벌규정인 제9조는 위헌심판 대상규정은 아니다)까지도 처벌하고 있는 점에서 당연한 귀결이라고 할 것이다. 그러므로 그 내용이 명백히 국가의 안전보장에 관련된 사항(진성비밀(眞性秘密))이 아니고 다만 정부의 정치적 이익 내지 행정편의에 관련된 사항(의사비밀(擬似秘密) 내지 가성비밀(假性秘密))임에 불과할 때에는 군사기밀보호법의 보호대상이 아닌 것이다.

그리고 형사소추된 사건에서 비밀의 실질가치 유무에 대한 최종심사는 의당 법원에 의하여 객관적으로 행하여져야 할 것이며(미합중국의 정보자유법이 명문으로 법원의 실질심사권을 인정하고 있는 점(5USC §552(a)(4))은 참고가 될 수 있다) 그것은 너무나 당연한 것으로서 췌언을 요치 않는다.

"기밀"이라는 용어 자체가 한정된 사람에게만 알려진 사항을 의미하며 통상의 지식·경험을 갖추고 있는 보통의 사람이 상식으로 알고 있는 사실이라면 이미 더 이상 기밀이 될 수 없을 것이며 따라서 공지의 사실을 누설(고지라고 하는 것이 옳은 표현일 것이다)하였다면 군사기밀보호법위반으로 의율하여서는 안 될 것이다.

헌재 1992.2.25. 89헌가104, 판례집 4, 64,97-99

위 판례에서 기밀의 개념을 엄격히 한정한 점이 주목된다. 비밀로 보호받기 위해서는 비밀로 지정되었다는 이른바 '형식비'(形式秘)만으로는 부족하고, 비밀로서의 실질 가치를 지닌 '실질비'(實質秘)여야 한다고 보고 있다. 이는 알 권리와의 조화를 고려한 결과라고 하겠다.

그 밖에 선거운동의 자유의 문제도 알 권리를 포함한 표현의 자유의 문제인데, 이에 관해서는 뒤에 설명한다.

X. 방송, 인터넷과 표현의 자유

1. 매체의 특성과 표현의 자유: '매체 3분할론'의 변화

헌법상 보장되는 표현의 자유는 표현의 매체가 무엇이냐를 가리지 않지만, 매체가 무엇이냐에 따라 표현의 자유 보장의 정도는 다르며, 적용되는 법리에도 차이가 있다. 매체가 다르면 그 다른 만큼 매체에 대한 규제의 정도, 내용도 다르다. 종래 언론 매체를 인쇄매체, 방송매체, 통신매체라는 세 가지로 나누어 각각 규제의 원리, 내용 등을 달리 하여 왔다. 이른바 '매체 3분할론'이다. 특히 이 가운데 주된 언론매체로 기능해온 인쇄매체와 방송매체 사이에는 여러 면에서 적용 법리에 차이가 있었다. 기본적으로 인쇄매체에는 자유가 강조된 반면, 방송매체에는 국가의 개입이 광범하게 인정되어 왔다.

그러나 최근 인터넷 등 정보통신 기술의 발전으로 언론 환경에 혁명적 변화가 일어나면서 표현의 자유의 법리에도 새로운 문제들이 제기되고 있다. 새로운 성격의 다양한 전자매체들이 등장하는 '매체의 다양화' 및 '매체의 융합현상'으로 말미암아 종래의 매체 3분할론은 더 이상 그대로 유지하기 힘들게 되었다. 이에 따라 이 새로운 매체들에 대해 어떤 법리를 적용할 것인지에 대해 여러 논의들이 진행되고 있는 상황이다.

2. 방송과 표현의 자유

종래 어느 나라에서나 방송에 대해서는 신문·잡지 등 인쇄매체에 비해 강한 법적 규제가 행하여져 왔다. 우리의 방송법에서도 방송국 개설의 허가제를 규정하고 있고(제9조), 방송 내용의 사후심의를 규정하는 등(제32조), 인쇄매체에서 볼 수 없는 많은 제한을 가하고 있다. 이 같은 여러 광범하고 강한 제한의 근거는 무엇인가. 기본적으로는 가용(可用)한 주파수가 한정되어 있기 때문에('주파수의 희소성') 방송은 일종의 특권이며, 따라서 공적 책임이 더 무겁다는 것이다. 그 밖에도 방송은 쉽게 접근할 수 있는 매체이기 때문에(강한 '침투성') 영향력이 강하다는 등의 근거가 제시되어 왔다.

(판 례) 방송사의 인격권과 사과방송

이 사건 심판대상조항은 시청자의 권익보호와 민주적 여론 형성 및 국민문화의 향상을 도모하고 방송의 발전에 이바지하기 위하여, 공정하고 객관적인 보도를 할 책무를 부담하는 방송사업자가 심의규정을 위반한 경우 방송통신위원회로 하여금 전문성과 독립성을 갖춘 방송통신심의위원회의 심의를 거쳐 '시청자에 대한 사과'를 명할 수 있도록 규정한 것이므로, 입법목적의 정당성이 인정되고, 이러한 제재수단을 통해 방송의 공적 책임을 높이는 등 입법목적에 기여하는 점을 인정할 수 있으므로 방법의 적절성도 인정된다.

그러나 심의규정을 위반한 방송사업자에게 '주의 또는 경고'만으로도 반성을 촉구하고 언론사로서의 공적 책무에 대한 인식을 제고시킬 수 있고, 위 조치만으로도 심의규정에 위반하여 '주의 또는 경고'의 제재조치를 받은 사실을 공표하게 되어 이를 다른 방송사업자나 일반 국민에게 알리게 됨으로써 여론의 왜곡 형성 등을 방지하는 한편, 해당 방송사업자에게는 해당 프로그램의 신뢰도 하락에 따른 시청률 하락 등의 불이익을 줄 수 있다. 또한, '시청자에 대한 사과'에 대하여는 '명령'이 아닌 '권고'의 형태를 취할 수도 있다. 이와 같이 기본권을 보다 덜 제한하는 다른 수단에 의하더라도 이 사건 심판대상조항이 추구하는 목적을 달성할 수 있으므로 이 사건 심판대상조항은 침해의 최소성원칙에 위배된다.

또한 이 사건 심판대상조항은 시청자 등 국민들로 하여금 방송사업자가 객관성이나 공정성 등 저버린 방송을 했다는 점을 스스로 인정한 것으로 생각하게 만듦으로써 방송에 대한 신뢰가 무엇보다 중요한 방송사업자에 대하여 그 사회적 신용이나 명예를 저하시키고 법인격의 자유로운 발현을 저해하는 것인바, 방송사업자의 인격권에 대한 제한의 정도가 이 사건 심판대상조항이 추구하는 공익에 비해 결코 작다고 할 수 없으므로 이 사건 심판대상조항은 법익의 균형성원칙에도 위배된다.

헌재 2012.8.23. 2009헌가27, 공보 191, 1530,1531

(판 례) 방송의 자유(협찬고지 제한)

방송의 자유의 보호영역에는, 단지 국가의 간섭을 배제함으로써 성취될 수 있는 방송프로그램에 의한 의견 및 정보를 표현, 전파하는 주관적인 자유권 영역 외에 그 자체만으로 실현될 수 없고 그 실현과 행사를 위해 실체적, 조직적,

절차적 형성 및 구체화를 필요로 하는 객관적 규범질서의 영역이 존재한다. (……) 방송은 신문과 마찬가지로 여론형성에 참여하는 언론매체로서 그 기능이 같지만, 아직까지 그 기술적, 경제적 한계가 있어서 소수의 기업이 매체를 독점하고 정보의 유통을 제어하는 정보유통 통로의 유한성이 완전히 극복되었다고 할 수 없다. 또한, 누구나 쉽게 접근할 수 있는 방송매체는 음성과 영상을 통하여 동시에 직접적으로 전파되기 때문에 강한 호소력이 있고, 경우에 따라서는 대중조작이 가능하며, 방송매체에 대한 사회적 의존성이 증가하여 방송이 사회적으로 강한 영향력을 발휘하는 추세이므로 이러한 방송매체의 특수성을 고려하면 방송의 기능을 보장하기 위한 규율의 필요성은 신문 등 인쇄매체보다 높다. 그러므로 입법자는 자유민주주의를 기본원리로 하는 헌법의 요청에 따라 국민의 다양한 의견을 반영하고 국가권력이나 사회세력으로부터 독립된 방송을 실현할 수 있도록 광범위한 입법형성재량을 갖고 방송체제의 선택을 비롯하여, 방송의 설립 및 운영에 관한 조직적, 절차적 규율과 방송운영주체의 지위에 관하여 실체적인 규율을 행할 수 있다.

입법자가 방송법제의 형성을 통하여 민영방송을 허용하는 경우 민영방송사업자는 그 방송법제에서 기대되는 방송의 기능을 보장받으며 형성된 법률에 의해 주어진 범위 내에서 주관적 권리를 가지고 헌법적 보호를 받는다.

헌재 2003.12.18. 2002헌바49, 판례집 15-2, 502,503-504,517-518

위 판례는 '**방송의 자유**'가 지닌 제도적 보장으로서의 성격을 강조하고 있다. 흔히 방송에 관해서는 공공성, 공정성, 공적 책임 등이 우선적으로 강조되어 왔다. 그러나 방송에 관한 헌법상 원리에 있어서도 표현의 자유의 측면을 중시할 필요가 있다. 방송에 의한 표현의 자유, 즉 '방송의 자유'는 기본적으로 일반 공중이 방송을 통하여 공공관심사에 관하여 다양한 견해를 표현하고 접할 수 있는 권리를 의미하지만, 동시에 '방송인의 자유'라는 측면도 지닌다. 방송인의 자유는 주로 방송국 경영자의 경영의 자유 및 방송편성자의 편성의 자유를 뜻한다. 방송인의 자유는 일반 공중의 자유를 위해 제한당하는 측면이 있지만, 이 양자의 권리가 반드시 대립적인 것은 아니다. 방송인의 자유를 증진시켜야만 일반 공중의 방송에 대한 권리가 확보될 수 있는 측면이 있음을 유의해야 한다. 일반 공중의 권리를 보장한다는 취지에서 방송인의 자유를 과도하게 제한하는 경우, 도리어 일반 공중의 권리를 축소시켜 버리는 결과를 가져올 수 있다. 이 점과 관련하여 미국 방송법제의 변화에 주목할 필요가 있다. 방송규제기관인 연방통신위원회(FCC)의 '공정성의 원칙'(fairness doctrine)에 의하면, 첫째, 방송사업자는 공공적 중요성이 있는 쟁점들을 방송해야 하고, 둘째, 이러한 쟁점들을 다룰 때 중요한 대립적 견해들이 공정하게 제시되도록 조치해야 한다고 하였다. 그러나 이 원칙의 실제 운영의 결과, 위의 둘째 내용의 부담 때문에 도리어 공적 쟁점들을 다루는 것을 억제하는 효과를 가져왔기 때문에 1987년에 이 원칙을 폐지하였다.

(판 례) 한국방송공사의 방송운영의 자유와 수신료 분리징수

심판대상조항(방송법 시행령 조항)은 청구인이 지정한 자를 통하여 수신료를 징수하는 경우, 지정받은 자가 그 고유업무와 관련된 고지행위와 결합하여 수신료를 징수할 수 없도록 정하고 있다. 이는 결국 청구인의 수신료 징수방법을 제한하는 것으로, 청구인이 방송사 운영에 필요한 재무 관련 사항을 규제함으로써 방송운영의 자유를 제한한다. (……)

수신료는 공영방송사업이라는 특정한 공익사업의 경비조달에 충당하기 위하여 수상기를 소지한 특정집단에 대하여 부과되는 특별부담금에 해당한다 (……) 심판대상조항은 수신료의 구체적인 고지방법에 관한 규정인바, 이는 수신료의 부과・징수에 관한 본질적인 요소로서 법률에 직접 규정할 사항이 아니므로 이를 법률에서 직접 정하지 않았다고 하여 의회유보원칙에 위반된다고 볼 수 없다.

헌재 2024.5.30. 2023헌마820등, 판례집 36-1 하, 283,294-298

방송의 자유, 특히 방송인의 자유는 기술발전으로 인한 다(多)매체, 다채널 현상과 함께 더 강조될 필요가 있다. 이른바 '희소성'의 논거가 약해지고 있기 때문이다. 이 문제와 관련하여, 다채널의 케이블TV는 공중파 방송과 다른 특성을 지니는 만큼, 상이한 법리가 적용될 필요가 있다. 미국 연방대법원 판례에 따르면, 공중파 방송에 대해 '완화된 심사'가 적용되는 것과 달리, 케이블TV에는 인쇄매체와 공중파방송의 중간인 '중간 심사'기준이 적용된다고 한다(*Turner Broadcasting System, Inc. v. FCC*, 1997).

오늘날 전자기술의 발전과 함께 방송에 대한 탈규제 현상이 확대되고 있다. 이는 미국만이 아니라 유럽에서도 나타나는 보편적 경향이라고 할 수 있다.

(판 례) 방송사의 자유와 미디어렙(방송광고 판매 대행)제도

청구인은 방송문화진흥회가 최다출자자인 방송사업자로서 방송문화진흥회법 제5조 제2호에 따라 그 경영에 관하여 방송문화진흥회의 관리 감독을 받는다 (……) 청구인은 KBS, EBS와 함께 공영방송사로서 방송법상 특별한 취급을

받는다.

(……) 입법자는 1980. 12. 31. 법률 제3317호로 한국방송광고공사법을 제정하여 한국방송광고공사, 즉 공영미디어렙인 구 공사에게만 지상파 방송광고 판매대행의 독점적 영업권을 부여하였던 것이다.

위와 같은 독점적 미디어렙 제도에 대해 비판이 끊이질 않자 방송개혁위원회가 민영미디어렙의 시장 진출 허용을 통한 제한 경쟁의 도입을 골자로 하는 개혁안을 제안하게 되었고, 마침내 2000. 1. 12. 방송법과 한국방송광고공사법을 제·개정하기에 이르러 구 공사의 방송광고 판매대행 독점 조항을 삭제하고, 지상파방송사업자는 구 공사와 구 공사가 출자한 대행업체를 통해 방송광고를 판매할 수 있도록 하였다. 그러나 위와 같은 법률 개정에도 불구하고 구 공사의 출자는 이루어지지 않아 여전히 구 공사의 독점체제가 유지되었다.

이러한 지상파 방송광고 판매제도에 대해서는 헌법재판소가 2008. 11. 27. 2006헌마352 사건에서 헌법불합치결정을 선고하였고, 그 결과 2012. 2. 22. '방송광고판매대행 등에 관한 법률'이 제정되었으며, 이 법률에서는 방송광고 판매대행업에 허가제를 도입하여 제한 경쟁체제를 도입하고, 다만 KBS, EBS 및 청구인처럼 방송문화진흥회가 최다출자자인 방송사업자의 경우에는 구 공사의 후신인 신 공사가 위탁하는 방송광고에 한정하여 방송광고를 할 수 있도록 하는 공영체제를 그대로 유지하였다.

(2) 현행 미디어렙 제도와 공적 기능의 부여

우리나라는 원칙적으로 미디어렙을 통하지 않고서는 방송사업자가 방송광고를 판매할 수 없도록 하여 방송사와 광고주 사이에 방송광고 직접 거래를 금지하고 있다.

미디어렙에는 공영미디어렙과 민영미디어렙이 있고, 공영미디어렙은 정부가 전액을 출자한 공기업 형태의 신 공사가 있으며, 공영방송사의 방송광고 판매대행을 독점하고 있다. 민영미디어렙으로는 민영방송사인 SBS가 주식의 40%를 소유한 주식회사 미디어크리에이트가 있는데, 주로 모회사격인 SBS의 방송광고 판매를 대행한다.

우리나라의 미디어렙 제도는 기본적으로 공영이든 민영이든 미디어렙이 공적 기능을 수행해야 한다는 것을 전제로 한다(……).

5. 본안에 대한 판단

(……) 나. 이 사건 규정(MBC의 경우 한국방송광고진흥공사가 위탁하는 방송광고에 한하여 방송광고를 할 수 있도록 한 방송광고판매대행 등에 관한 법률 제5조 제2항; 저자)이 헌법불합치결정의 기속력에 반하는지 여부

헌법재판소가 2008. 11. 27. 2006헌마352 결정에서 구 공사와 구 공사가 출

자한 회사에게만 지상파 방송광고 판매대행을 허용하던 구 방송법령 규정에 대해 헌법불합치결정을 한 이유는 이러한 제도가 방송광고 판매대행 시장에 있어 외관상으로만 제한적 경쟁체제를 도입한 것일 뿐 그 실질에 있어서는 구 공사에게 방송광고 판매대행의 독점권을 부여한 것으로서 전혀 경쟁체제를 도입한 것이라 볼 수 없다는 것이었다. 즉, 구 방송법령 규정은 지상파 방송광고 판매대행 시장에 제한적 경쟁체제를 도입함과 동시에 방송의 공정성과 공익성, 다양성 확보를 위해 구 공사와 이로부터 출자를 받은 미디어렙에서 방송광고 판매대행을 할 수 있도록 하였으나, 구 공사의 재량적 판단에 방송광고 판매대행 시장의 경쟁체제 실현 여부를 맡겨 놓음으로써 구 공사가 방송광고 판매대행을 독점하도록 한 것이 헌법에 위반된다는 것이었다.

그런데 위 헌법불합치결정에 따라 제정된 방송광고판매법에서는 기존의 공영미디어렙 이외에 민영미디어렙도 방송광고 판매대행을 할 수 있도록 하는 제한 경쟁체제를 도입하고 있다. 방송광고판매법은 지상파방송사업자, 지상파방송채널사용사업자 또는 종편사업자와 같은 방송사업자의 경우 민영미디어렙이 위탁하는 방송광고를 할 수 있도록 하고 있는 것이다. 그렇다면 이 사건 규정이 독점의 위헌성을 지적하였던 종전 헌법불합치결정의 기속력에 반한다고는 볼 수 없다.

(직업수행의 자유 침해 여부도 심사하였으나 합헌 결정이 내려졌다)

헌재 2013.9.26. 2012헌마271, 공보 204, 1398,1400-1404

헌법재판소는 최근 정부광고 업무를 한국언론진흥재단에 위탁하도록 한 '정부기관 및 공공법인 등의 광고시행에 관한 법률 시행령' 조항을 합헌이라고 결정하였다 (헌재 2023.6.29. 2019헌마227). 이 결정은 지상파방송의 광고 '판매대행'과 관련한 2008년, 2013년의 헌법재판소 결정과 달리, 광고주인 정부기관 등의 광고 '구매대행'과 관련된 사건이다. 소액, 다수인 정부광고의 특성 등을 고려하여 광고대행업을 영위하는 청구인 주식회사의 직업수행의 자유 침해가 아니라고 하였다.

3. 인터넷과 표현의 자유

인터넷은 통신과 방송의 속성을 아울러 지니고 있고, 출판매체의 성격을 겸하는 측면도 있다. 이처럼 혼합된 매체에 대해서 어떤 법리를 적용할 것인가.

(판 례) 인터넷과 방송('전기통신사업법'상 '불온통신' 규제)

인터넷은 공중파방송과 달리 "가장 참여적인 시장", "표현촉진적인 매체"이다. 공중파방송은 전파자원의 희소성, 방송의 침투성, 정보수용자측의 통제능력의 결여와 같은 특성을 가지고 있어서 그 공적 책임과 공익성이 강조되어, 인쇄매체에서는 볼 수 없는 강한 규제조치가 정당화되기도 한다. 그러나 인터넷은 위와 같은 방송의 특성이 없으며, 오히려 진입장벽이 낮고, 표현의 쌍방향성이 보장되며, 그 이용에 적극적이고 계획적인 행동이 필요하다는 특성을 지닌다. 오늘날 가장 거대하고, 주요한 표현매체의 하나로 자리를 굳힌 인터넷상의 표현에 대하여 질서위주의 사고만으로 규제하려고 할 경우 표현의 자유의 발전에 큰 장애를 초래할 수 있다. 표현매체에 관한 기술의 발달은 표현의 자유의 장을 넓히고 질적 변화를 야기하고 있으므로 계속 변화하는 이 분야에서 규제의 수단 또한 헌법의 틀 내에서 다채롭고 새롭게 강구되어야 할 것이다. (위헌결정)

헌재 2002.6.27. 99헌마480, 판례집 14-1, 616,632

위 판례는 인터넷에 대해 방송보다는 더 강한 표현의 자유를 보장해야 하는 것으로 보고 있으나, 그 보호의 정도를 구체적으로 명시하지는 않고 있다. 미국 연방대법원 판례는 인터넷에 대해 '엄격한 심사'기준을 적용하면서, 그 근거로 방송과 달리 희소성 논리 및 강한 침투성의 논리가 해당하지 않음을 들고 있다(*Reno v. American Civil Liberties Union*, 1997).

인터넷에 대한 규제에 관하여 흔히 타율적 규제보다는 자율적 규제를 강조하고 있다. 그러나 인터넷 이용의 익명성에 따른 부작용, 특히 인터넷을 통한 사생활 침해 및 명예훼손의 심각성을 고려할 때, 이에 대한 법적 규제의 필요성이 제기된다. 현행 '정보통신망 이용촉진 및 정보보호 등에 관한 법률'은 이와 관련하여 다음과 같이 규정하고 있다.

① 정보통신서비스 제공자는 해당 서비스를 제공하기 위하여 이용자의 이동통신단말장치 내에 저장되어 있는 정보 및 이동통신단말장치에 설치된 기능에 대하여 접근할 수 있는 권한("접근권한")이 반드시 필요한 경우에는 접근권한이 필요한 정보 및 기능의 항목, 접근권한이 필요한 이유를, 해당 서비스를 제공하기 위하여 반드시 필요한 접근권한이 아닌 경우에는 이에 부가하여 접근권한 허용에 대하여 동의하지 아니할 수 있다는 사실을 이용자가 명확하게 인지할 수 있도록 알리고 이용자의 동의를 받아야 한다. 정보통신서비스 제공자는 해당 서비스를 제공하기 위하여 반드시

필요하지 아니한 접근권한을 설정하는 데 이용자가 동의하지 아니한다는 이유로 이용자에게 해당 서비스의 제공을 거부하여서는 아니 된다(제22조의2). ② 정보통신서비스 제공자는 본인확인기관으로 지정받거나 법령에서 이용자의 주민등록번호 수집·이용을 허용하거나 또는 영업상 목적을 위하여 이용자의 주민등록번호 수집·이용이 불가피한 정보통신서비스 제공자로서 방송통신위원회가 고시하는 경우에 해당하지 않는 한 이용자의 주민등록번호를 수집·이용할 수 없다. 정보통신서비스 제공자는 주민등록번호를 수집·이용할 수 있는 경우에도 이용자의 주민등록번호를 사용하지 아니하고 본인을 확인하는 방법("대체수단")을 제공하여야 한다(제23조의2). ③ 정보통신망을 통해 공개를 목적으로 제공된 정보로 인하여 권리침해를 받은 자는 당해 정보의 삭제 또는 반박내용의 게재를 요청할 수 있다. 정보통신서비스제공자는 이 요청을 받은 때에 지체없이 삭제 등의 필요한 조치를 취하여야 한다. 권리침해 여부를 판단하기 어렵거나 이해당사자 간에 다툼이 예상되는 경우에는 해당 정보에 대한 접근을 임시적으로 차단하는 임시조치를 할 수 있다. 이 경우 임시조치의 기간은 30일 이내로 한다(제44조의2). ④ 정보통신서비스제공자는 정보통신망에 유통되는 정보가 사생활 침해 또는 명예훼손 등 타인의 권리를 침해한다고 인정되는 경우에는 임의로 임시조치를 할 수 있다(제44조의3). ⑤ 국가기관, 지방자치단체, 공기업, 준정부기관 및 지방공사·지방공단이 게시판을 설치·운영하려면 그 게시판 이용자의 본인 확인을 위한 조치('본인확인조치')를 하여야 한다(제44조의5). ⑥ 누구든지 정보통신망을 통하여 불법정보(음란한 내용의 정보, 명예훼손 내용의 정보, 공포심이나 불안감을 유발하는 정보, 정당한 사유없이 정보통신시스템, 데이터 등을 변경·방해하는 정보, 청소년보호법에 따른 청소년유해매체물로서 법령상 의무를 이행하지 아니하고 영리목적으로 제공하는 정보, 법령에 따라 금지되는 사해행위 정보, 개인정보 보호에 관한 법령을 위반하여 개인정보를 거래하는 내용의 정보, 법령에 따라 분류된 국가기밀을 누설하는 정보, 국가보안법에서 금지하는 행위를 수행하는 내용의 정보, 그 밖에 범죄를 목적으로 하거나 교사 또는 방조하는 내용의 정보)를 유통하여서는 아니 된다(제44조의7). ⑦ 방송통신심의위원회가 명예훼손분쟁조정부를 구성한다(제44조의10).

대법원은 인터넷 게시공간에 게시된 명예훼손적 게시물의 불법성이 명백하고, 정보제공사업자가 게시물의 존재를 인식한 경우 명예훼손게시물에 대한 온라인서비스제공자의 책임을 인정하였다(대판 2009.4.16. 2008다53813). 사업자가 게시물의 존재를 인식한 경우란 첫째, 구체적·개별적 게시물의 삭제 및 차단요구를 받은 경우 둘째, 차단요구가 없는 경우라도 다른 사정으로 그 게시물이 게시된 사정을 구체적으로 인식하거나 게시물의 존재를 인식할 수 있었음이 외관상 명백히 드러난 경우를 의미한다.

헌법재판소는 허위의 인터넷 통신을 처벌하는 전기통신기본법 조항(제47조 제1항)에 대해 위헌결정을 내렸다(헌재 2010.12.28. 2008헌바157). 동 조항은 "공익을 해할 목적으로 전기통신설비에 의하여 공연히 허위의 통신을 한 자는 5년 이하의 징역 또는 5천만원 이하의 벌금에 처한다"고 규정하였다. 이 사건에서 재판관 7인의 위헌의견에 따르면, '공익' 개념이 불명확하여, 수범자인 국민에 대하여 일반적으로 허용되는 '허위의 통신' 가운데 어떤 목적의 통신이 금지되는 것인지 고지하여 주지 못하고 있으므로 명확성 원칙에 위배하여 헌법에 위반된다는 것이다.

위헌의견의 재판관 가운데 3인의 보충의견에 의하면, 위 법률조항은 '허위의 통신' 부분이 불명확하다는 점에서도 명확성 원칙에 위반된다고 보았다. 이 조항은 본래 '허위의 명의를 이용한 통신'을 규제하기 위하여 입법된 것이나, 장시간 사문화된 상태로 있다가 최근 몇 년 사이 갑작스레 내용상 허위의 통신에 대해 적용되게 되었는데, 이는 '허위' 개념의 구체적 부연 내지 체계적 배치가 부재한 결과라는 것이다.

한편 재판관 5인의 보충의견에 의하면, 위 법률조항은 과잉금지원칙에도 위반된다. 이에 따르면 허위사실의 표현도 표현의 자유의 보호영역에 속하고, 다만 헌법 제37조 제2항에 따른 제한이 가능하다고 할 것인데, 위 법률조항의 경우, 허위의 통신에 의하여 언제나 법익침해의 실질적 위험 내지 결과가 발생하는 것이 아님에도 '공익을 해할 목적'과 같은 모호하고 주관적인 요건을 동원하여 이를 금지하고 처벌함으로써 필연적으로 규제하지 않아야 할 표현까지 다함께 규제하게 되어 과잉금지원칙에 위반된다는 것이다.

반면 재판관 2인의 합헌의견에 따르면, 명확성원칙이나 과잉금지원칙에 위반하지 않는다고 보았다. 전기통신설비에 의한 허위사실의 유포는 강한 파급력을 가진 점, 명백한 허위의 사실이라도 통신이용자들에 의하여 자율적으로 신속하게 교정되기가 매우 어려운 점, 허위사실을 둘러싼 장시간의 논쟁에 막대한 사회적 비용이 소모될 수 있는 점 등을 참작하면, 지금 우리의 현실에서 일정한 범위의 명백한 허위통신에 대하여는 통상의 표현행위보다 엄격한 규제를 할 필요성이 있다고 할 것이므로, 이 법률조항이 과잉금지원칙에 위반하여 표현의 자유를 침해하는 것이라 볼 수 없다는 것이다.

위 사건의 법률조항은 명확성원칙에 비추어 문제가 있음을 부인하기는 어렵다. 그럼에도 불구하고 위헌의견의 기본적 문제점은 인터넷통신의 특수한 문제점에 대해 특별한 법적 고려를 하지 않고 있다는 점이다. 표현의 자유 제한은 미디어의 특성에 따라 달라야 하며, 더욱이 그 미디어의 한국적 특성에 대해서까지 특별한 법적 고려를 하지 않으면 안 된다. 반대의견에서 지적하는 것처럼, "전기통신설비에 의한 허위사실의 유포는 강한 파급력을 가진 점, 명백한 허위의 사실이라도 통신이용자들에 의하여 자율적으로 신속하게 교정되기가 매우 어려운 점, 허위사실을 둘러싼 장시간의 논쟁에 막대한 사회적 비용이 소모될 수 있는 점 등"에 대해 현재 한국의 현실에 비추어 특별한 법적 고려를 하여야 할 것이다.

아래 판례(인터넷 실명제 위헌결정)에 대해서도 위와 유사한 비판을 할 수 있다. 이 결정 이전에 인터넷언론사에 대하여 선거운동기간 중 당해 인터넷홈페이지의 게시판·대화방 등에 정당·후보자에 대한 지지·반대의 글을 게시할 수 있도록 하는 경우 실명을 확인받도록 하는 기술적 조치를 할 의무, 위와 같은 글이 "실명인증"의 표시가 없이 게시된 경우 이를 삭제할 의무를 부과한 공직선거법 규정은 합헌이라는 결정이 있었다(헌재 2010.2.25. 2008헌마324등). 뒤에서 보는 바와 같이 일반 인터넷실명제 위헌 결정 이후에도 선거운동기간 중의 인터넷실명제는 여전히 합헌으로 결정되었다.

(판 례) 익명표현의 자유와 인터넷실명제

이 사건 법령조항들이 표방하는 건전한 인터넷 문화의 조성 등 입법목적은 인터넷 이용자의 표현의 자유나 개인정보자기결정권을 제약하지 않는 다른 수단에 의해서도 충분히 달성할 수 있다.

우선, 불법정보의 게시로 타인에게 피해를 입힌 경우에 가해자 특정은 인터넷 주소 등의 추적 및 확인 등을 통하여서도 할 수 있다. 물론 가해자가 타인의 컴퓨터 또는 아이디를 이용하는 경우에는 위와 같은 방법으로 가해자를 찾아내지 못할 수도 있으나, 본인확인제에 의하더라도 가해자가 주민등록번호와 명의를 도용하는 경우에는 가해자를 특정하기 어려움은 마찬가지이고, 위와 같은 가해자의 은폐시도에 따른 특정의 어려움은 통상의 불법행위에서도 발생하는 문제로서 일반적인 수사기법에 의하여 극복될 수 있다.

다음으로, 게시판에 게시된 정보로 인하여 권리가 침해된 자에 대한 구제는 정보통신서비스 제공자에 의한 당해 정보의 삭제·임시조치(정보통신망법 제44조의2 제1항, 제2항), 게시판 관리·운영자에 대한 불법정보 취급의 거부·정지 또는 제한명령(정보통신망법 제44조의7 제2항, 제3항) 등으로 불법정보의 유통 및 확산을 차단하거나 사후적으로 손해배상 또는 형사처벌 등의 방법을 통하여 충분히 달성할 수 있다.

즉 현행 형사법 및 정보통신망법에 의하더라도 불법정보 등 게시에 대한 제재수단이 이미 마련되어 있고, 현재의 기술수준에서 사후적으로 불법정보 등 게시자의 신원을 확인하는 것이 불가능한 것도 아니다. 본인확인제 이외의 여러 규제조항들의 엄정한 집행을 통하여 불법정보 등 게시의 단속 및 처벌이 실질적으로 이루어진다면 본인확인제의 실시 이상의 높은 일반예방 효과를 기대할 수 있을 것으로 여겨진다. (……)

이 사건 법령조항들이 규정하는 본인확인제는 목적 달성에 필요한 범위를 넘어서는 과도한 규제를 그 내용으로 하고 있다.

우선 정보통신망법 제44조의5 제1항은 본인확인조치를 할 대상을 '게시판 이용자'로 정하고 있고, 정보통신망법 제2조 제1항 제4호는 '이용자'란 '정보통신서비스 제공자가 제공하는 정보통신서비스를 이용하는 자'로 규정하고 있다. 따라서 본인확인의 대상인 '게시판 이용자'는 '정보의 게시자' 뿐만 아니라 '정보의 열람자'도 포함한다 할 것이다. 그러나 '정보의 단순 열람자'는 인터넷상에서 정보열람만 하므로 타인의 권리를 침해하는 등의 불법행위를 할 가능성이 없어 본인확인조치를 취할 필요성이 없는 것이다.

그런 점에서 방송통신위원회는 '정보의 게시자'만이 위 '게시판 이용자'에 해당하는 것으로 축소해석하여 '정보의 게시자'에 대하여만 본인확인조치를 하도록 하고 있는바, 이는 이 사건 법령조항의 적용범위가 광범위함을 단적으로 보여 준다(……).

표현의 자유는 민주주의의 근간이 되는 중요한 헌법적 가치이므로 표현의 자유의 사전 제한을 정당화하기 위해서는 그 제한으로 인하여 달성하려는 공익의 효과가 명백하여야 한다. 그런데 이 사건 법령조항들의 경우, 우리 법상의 규제가 규범적으로 또는 현실적으로 적용되지 아니하는 통신망이 존재하고 그에 대한 인터넷 이용자의 자유로운 접근이 가능함에도 외국의 입법례에서 찾아보기 힘든 본인확인제를 규정함으로써 국내 인터넷 이용자들의 해외 사이트로의 도피, 국내 사업자와 해외 사업자 사이의 차별 내지 자의적 법집행의 시비로 인한 집행 곤란의 문제를 발생시키고 있는바, 결과적으로 당초 목적과 같은 공익을 실질적으로 달성하고 있다고 보기 어렵다(……).

반면 이 사건 법령조항들이 규정하는 본인확인제에 의한 익명표현의 자유의 제한은 매우 중대하다(……).

이 사건 본인확인제는 기간 제한 없이, 표현의 내용을 불문하고 주요 인터넷 사이트의 대부분의 게시판 이용과 관련하여 본인확인을 요구하고 있다. 이는 정보 등을 게시하고자 하는 자가 무엇이 금지되는 표현인지 확신하기 어려운 상태에서 본인의 이름, 주민등록번호 등의 노출에 따른 규제나 처벌 등 불이익을 염려하여 표현 자체를 포기하게 만들 가능성이 높고, 인터넷을 악용하는 소수의 사람들이 존재하고 있다는 이유로 대다수 시민의 정당한 의사표현을 제한하는 것으로서 익명표현의 자유에 대한 과도한 제한이라 할 것이다.

나아가 현재 주로 이용되고 있는 신용정보회사에 의한 게시판 이용자의 이름, 주민등록번호 일치 여부를 확인하는 방법에 의한 본인확인은, 주민등록번호를 부여받을 수 없는 외국인이나 주민등록번호가 없는 재외국민에 대하여 게시판에의 정보 게시를 봉쇄함으로써 그들의 표현의 자유를 사실상 박탈하는 결과에 이르고 있다.

한편 인터넷 기술의 발달에 따른 인터넷 환경의 변화로 인터넷 이용자들이 일반 게시판보다는 본인확인제의 적용을 받지 않는 모바일 게시판, 소셜 네트워크 서비스(Social Network Service) 등도 많이 이용하게 되었다. 그 결과 본인확인제는 건전한 인터넷 문화 조성이라는 공익을 인터넷 공간의 아주 제한된 범위에서만 실현하는 반면에, 위와 같이 새롭게 등장한 정보통신망상의 의사소통수단과 경쟁하여야 하는 게시판 운영자에게는 업무상 불리한 제한을 가하게 되었으며, 그로 말미암아 인터넷을 통한 여론의 형성 · 전파라는 정보통신서비스 제공자의 언론의 자유 역시 심대하게 제한받고 있다 하지 않을 수 없다.

그 밖에 정보통신서비스 제공자에 대한 본인확인정보 보관의무 부과로 인하여 게시판 이용자의 개인정보가 외부로 유출되거나 부당하게 이용될 가능성이 증가함에 따라 게시판 이용자가 입는 불이익 및 수사기관 등이 정보통신서비스 제공자에게 이용자의 개인정보 제출을 요청(전기통신사업법 제83조 제3항)하는 경우 발생할 수 있는 본인확인정보의 보관목적외 사용 우려에 비추어 보면, 개인정보자기결정권의 제한 역시 중대함을 부인할 수 없다.

결국 본인확인제로 인하여 기본권이 제한됨으로써 발생하는 인터넷게시판 이용자 및 정보통신서비스 제공자의 불이익이 본인확인제가 달성하려는 공익보다 결코 더 작다고 할 수 없으므로 법익의 균형성 역시 인정되지 않는다.

헌재 2012.8.23. 2010헌마47, 공보 191, 1631,1638-1639

(판 례) 선거운동기간 중의 인터넷실명제

선거운동기간 중 인터넷언론사 게시판 등을 통한 흑색선전이나 허위사실이 유포될 경우 언론사의 공신력과 지명도에 기초하여 광범위하고 신속한 정보의 왜곡이 일어날 수 있으므로, 실명확인조항은 이러한 인터넷언론사를 통한 정보의 특성과 우리나라 선거문화의 현실 등을 고려하여 입법된 것으로 선거의 공정성 확보를 위한 것이다. 실명확인조항은 실명확인이 필요한 기간을 '선거운동기간 중'으로 한정하고, 그 대상을 '인터넷언론사 홈페이지의 게시판 · 대화방' 등에 '정당 · 후보자에 대한 지지 · 반대의 정보'를 게시하는 경우로 제한하고 있는 점, 인터넷이용자는 실명확인을 받고 정보를 게시할 것인지 여부를 선택할 수 있고 실명확인에 별다른 시간과 비용이 소요되는 것이 아닌 점, 실명확인 후에도 게시자의 개인정보가 노출되지 않고 다만 '실명인증' 표시만이 나타나는 점 등을 고려하면, 이 사건 법률조항이 과잉금지원칙에 위배되어 게시판 이용자의 정치적 익명표현의 자유, 개인정보자기결정권 및 인터넷언론사의 언론의 자유를 침해한다고 볼 수 없다.

헌재 2015.7.30. 2012헌마734등, 공보 226, 1225,1226

인터넷에서의 일반 표현에 대해서는 실명제를 강제하는 것이 위헌이라는 결정 이후에도 선거운동기간 중의 인터넷실명제는 여전히 합헌이라고 한 위 결정에는 이정미 재판관 등 4인의 반대의견이 있다. 2021년 헌법재판소는 판례를 변경하였다. 이 결정에서 3인 재판관은 여전히 합헌의견을 개진하였다.

(판 례) 선거운동기간 중의 인터넷실명제(판례변경)

심판대상조항은 (……) 선거의 공정성을 확보하기 위한 것이므로, 익명표현이 허용될 경우 발생할 수 있는 부정적 효과를 막기 위하여 그 필요성을 인정할 수는 있다. 그러나 심판대상조항의 문제는 익명표현으로 인한 부정적 효과뿐만 아니라 긍정적 효과까지도 사전적·포괄적으로 차단하게 된다는 데에 있다. (……)

익명표현은 표현의 자유를 행사하는 하나의 방법으로서 그 자체로 규제되어야 하는 것은 아니고, 부정적 효과가 발생하는 것이 예상되는 경우에 한하여 규제될 필요가 있다. 그런데 선거운동기간 중 정치적 익명표현의 부정적 효과는 익명성 외에도 해당 익명표현의 내용과 함께 정치적 표현행위를 규제하는 관련 제도, 정치적·사회적 상황의 여러 조건들이 아울러 작용하여 발생한다. 이에 따라 사전에 특정 익명표현으로 인해 부정적 효과가 발생할 것인지를 구분할 수 있는 명확한 기준을 세우는 것은 거의 불가능하고, 사회적 합의를 통해 그 기준을 도출해내는 것도 쉽지 않다.

반면 실명인증자료 관리조항은 모든 익명표현에 대해 행정안전부장관 및 신용정보업자로 하여금 실명인증자료를 수집·관리하고, 중앙선거관리위원회의 요구에 따라 지체 없이 이를 제출하도록 정하고 있다. 이는 익명표현의 부정적 효과가 익명성 때문에 발생하는 것만은 아니라는 점을 간과하고, 모든 익명표현을 규제할 경우 책임 있는 의견이 개진되거나 위법한 표현행위가 감소할 것이라는 추상적 가능성에 의존하여 모든 익명표현을 사전적·포괄적으로 규율하려는 것이다. 선거관리위원회가 애초 선거의 공정한 관리를 위하여 설치되는 기관이라는 점을 고려하면, 심판대상조항은 표현의 자유보다 행정편의와 단속

편의를 우선하고 있다.

따라서 심판대상조항은 익명표현의 자유와 개인정보자기결정권 등을 지나치게 제한한다. (……)

실명확인제가 표방하고 있는 선거의 공정성이라는 목적은 인터넷 이용자의 표현의 자유나 개인정보자기결정권을 제약하지 않는 다른 수단에 의해서도 충분히 달성할 수 있다.

헌재 2021.1.28. 2018헌마456 등, 공보 292, 213,224-225

기존의 합헌결정을 변경한 위 결정의 결론에는 찬성한다. 인터넷운영자가 익명방과 실명방을 구분하는 등의 대안을 마련하면 선거운동기간 중이라도 본인확인제는 합헌일 수 있다고 한다. 무엇보다 익명표현의 자유가 가지는 부정적 효과뿐만 아니라 긍정적 효과도 함께 사전적·포괄적으로 차단되므로 침해의 최소성 원칙에 반한다고 판시한 점에 위 결정의 의의가 있다. 위 판시가 실질선거범죄(매수, 이해유도죄 등)와 대비되는 형식선거범죄(선거여론조사결과공표나 호별방문 등)에 널리 적용될지는 두고 볼 일이다. 다만 약 6년 사이에 입법사실에 어떤 변화가 있었는지에 관해 아무런 설명이 없다. 또한 과거 결정에서의 의견을 변경한다는 판시도 하지 않았다.

그러나 헌법재판소는 공공기관등이 게시판을 설치·운영하려면 그 게시판 이용자의 본인 확인을 위한 방법 및 절차의 마련 등 대통령령으로 정하는 필요한 조치를 하도록 정한 '정보통신망 이용촉진 및 정보보호 등에 관한 법률' 규정은 여전히 익명표현의 자유의 침해가 아니라고 한다(헌재 2022.12.22. 2019헌마654). 재판관 4인은 언어폭력, 명예훼손, 불법정보가 게시된 경우, 관리자에 의한 해당 정보의 삭제, 게시판 관리·운영자에 대한 불법정보 취급의 거부·정지 또는 제한명령, 위 정보를 게시한 이용자에 대한 민·형사상 책임의 추궁 등의 방법을 강구할 수 있으며, 이와 같은 방법을 통하여도 건전한 인터넷 문화의 조성이라는 입법목적을 달성할 수 있다는 이유를 들어 위 규정은 위헌이라는 의견을 개진하였다.

(판 례) 방송통신심의위원회의 '범죄목적 혹은 교사·방조' 인터넷 게시글 시정요구

이 사건 법률조항은 불건전정보에 대한 규제를 통하여 온라인매체의 폐해를 방지하고 전기통신사업의 건전한 발전을 도모하기 위한 것으로 입법목적의 정당성이 인정되고, 심의위원회로 하여금 불건전정보의 심의 및 시정요구를 할 수 있도록 한 것은 위와 같은 입법목적 달성에 적절한 방법이라 할 수 있다.

한편, 이 사건 법률조항에 따른 시정요구는 정보게시자의 표현의 자유에 대

한 제한을 최소화하고자 시행령에서 단계적 조치를 마련하고 있고, 시정요구의 불이행 자체에 대한 제재조치를 규정하고 있지 아니하며, 달리 불건전정보의 규제수단으로 표현의 자유를 덜 침해할 방법을 발견하기 어려우므로, 피해의 최소성 원칙에 반하지 아니하고, 인터넷 정보의 복제성, 확장성, 신속성을 고려할 때 시정요구 제도를 통해 건전한 통신윤리의 함양이라는 공익을 보호할 필요성은 매우 큰 반면, 정보게시자의 표현의 자유에 대한 제한은 해당 정보의 삭제나 해당 통신망의 이용제한에 국한되므로, 법익균형성도 충족한다 할 것이어서, 이 사건 법률조항이 과잉금지원칙에 위반하는 것이라 할 수도 없다.

(다만 위 조항은 명확성의 원칙, 법률유보원칙 및 포괄위임금지원칙에 위반된다는 3인 재판관의 반대의견이 있다)

헌재 2012.2.23. 2011헌가13, 판례집 24-1 상, 25,26-27

(판 례) 방송통신위원회의 서비스제공자에 대한 불법정보 취급거부 명령

정보통신망법 제44조의7 제1항 제8호에서 유통을 금지하는 정보가 유통된 경우 방송통신위원회의 설치 및 운영에 관한 법률 제21조 제4호에 따른 시정요구와 정보통신망법 제44조의7 제3항에 따른 방송통신위원회의 취급거부 · 정지 · 제한이라는 두 가지 단계적 내지 중첩적 규제제도가 정립되게 되었다(헌재 2012.2.23. 2008헌마500; 헌재 2012.2.23. 2011헌가13 참조). (……)

이 사건 법률조항들로 인하여 표현의 자유를 일차적으로 제한받는 자는 게시글 등을 작성하는 해당 이용자라고 할 수 있고, 이로 인하여 해당 이용자의 자유로운 의사표현을 바탕으로 여론을 형성 · 전파하려는 서비스제공자 등(청구인들)의 언론의 자유 역시 제한되는 결과가 발생한다. 한편 이 사건 법률조항들은 서비스제공자 등에게 방송통신위원회의 취급거부명령 등에 따라야 할 의무를 부과하여 서비스제공자 등의 직업수행의 자유도 제한하나, 청구인들의 주장취지 및 취급거부명령 등의 도입배경 등을 고려할 때 이 사건과 가장 밀접한 관계에 있고 또 침해의 정도가 큰 주된 기본권은 언론의 자유라 할 것이다(헌재 2010.2.25. 2008헌마324등; 헌재 2012.8.23. 2010헌마47등 참조). (……)

어떤 행위가 국가의 안전을 위태롭게 하는 반국가활동에 해당하는가의 결정은 국민의 대표기관인 입법자의 판단에 맡겨져 있는 것인바, 국가보안법에서 금지하는 행위를 수행하는 내용의 정보는 '그 자체로서 불법성이 뚜렷하고 사회적 유해성이 명백한 표현물'에 해당하는 점, 정보를 직접 유통한 작성자를 형사처벌하는 것이 아니라 해당 정보의 시정요구, 취급거부 등을 통하여 그 정보의 삭제 등을 하는 데 불과한 점, 서비스제공자 등에 대하여도 방송통신심의위원회의 시정요구 및 방송통신위원회의 명령을 이행하지 아니한 때 비로소

형사책임을 묻는 점, 이의신청 및 의견진술기회 등을 제공하고 있는 점, 사법적 사후심사가 보장되어 있는 점 등에 비추어 보면, 이 사건 법률조항들은 침해최소성과 법익균형성 요건도 충족하고 있어 과도하게 언론의 자유를 침해하지 아니한다.

헌재 2014.9.25. 2012헌바325, 판례집 26-2 상, 466(결정문 본문과 요지 요약)

(판 례) 정보통신망법상의 임시차단조치의 위헌 여부

이 사건의 쟁점은 정보통신망 이용촉진 및 정보보호 등에 관한 법률 제44조의2 제2항이 '타인의 사생활, 명예 등 권리'를 침해하는 또는 침해한다고 주장되고 있는 정보에 대하여 권리침해 주장자로부터의 '삭제등 요청'과 '소명'이라는 요건하에 정보통신서비스 제공자로 하여금 30일의 범위 내에서 임시조치를 하도록 함으로써, '사인의 사생활의 비밀과 자유 또는 인격권'과 '사인의 표현의 자유'라는 기본권 충돌상황에서 임시적으로나마 30일이라는 범위 내에서 전자에 우위를 두는 선택을 한 것이 과잉금지원칙에 위반하여 정보게재자의 표현의 자유를 지나치게 제약하는 것인지 하는 점이다(……).

(나) 침해의 최소성

이 사건 법률조항이 '사인의 사생활의 비밀과 자유, 인격권'과 '사인의 표현의 자유'가 충돌하는 상황에서 침해의 최소성 요건을 충족시켰다고 볼 수 있는지 여부는, 이 사건 법률조항이 예정하는 임시조치 이외에 정보게재자의 표현의 자유를 덜 제약하면서도 입법목적을 효과적으로 달성할 수 있는 다른 수단이 존재하는지와 이 사건 법률조항에 기한 임시조치의 절차적 요건과 내용 자체가 필요최소한의 정도로만 표현의 자유를 규제하고 있다고 평가할 수 있겠는지 하는, 두 가지 관점에서 살펴볼 수 있다.

1) 표현의 자유를 덜 침해하는 대안이 존재하는지 여부

(……) 이 사건 법률조항이 보호하려는 법익으로서 '사생활 침해'란 이를 공개하는 것 자체로 침해가 발생하고, '명예훼손' 역시 타인의 명예를 훼손할 만한 사실이 적시되어 불특정 또는 다수인이 인식할 수 있는 상태에 놓임으로써 침해가 발생하게 된다. 특히, 정보통신망에 게재되는 사생활이나 명예에 관한 정보는 단지 글에 의한 사실적시 또는 의견표명뿐만 아니라 사진이나 동영상으로 개인의 사적인 일상을 직접적으로 공개하는 등 표현에 대한 반론과 토론을 통한 자정작용이 사실상 무의미한 경우도 적지 않으며, 인터넷상의 표현의 익명성과 비대면성, 빠른 전파가능성으로 말미암아 타인의 인격 파괴에 대한 최소한의 감정적·이성적 배려마저도 상실한 채 신뢰성 없는 정보를 무차별적으로 살포하는 경우도 종종 발견되고, 아주 짧은 시간에 어떤 개인과 그와 관

련된 집단의 인격을 형해화시키고 회복 불능의 상황으로 몰아가기도 한다. 이러한 경우 정보가 공개된 상태를 그대로 두고서는 어떠한 분쟁해결절차가 사후적으로 진행된다 하더라도 사실상 그 침해를 제거해 내는 것이 불가능하다. (……) '사생활이나 명예'라는 타인의 인격적 권리가 침해된 경우 또는 침해될 것으로 예상되는 경우에는 공개 그 자체를 잠정적으로 차단할 필요성이 표현의 자유의 시의성을 보장할 필요성보다 더 크다고 할 수 있다. 결국 정보가 게재되어 공개되었다는 사실 자체가 다른 방법으로 알려지는 상황을 배제할 수 없고 그 경우에도 '사생활 침해나 명예훼손'이 동등한 정도로 발생할 수 있는 이상, 권리침해 주장자로 하여금 반박내용을 게재하도록 하거나 링크 또는 퍼나르기 금지, 검색기능을 이용한 접근 차단, 독립적이고 전문적인 기관에 의한 신속한 분쟁해결절차의 마련 등과 같은 방안들은 이 사건 법률조항의 입법목적을 효과적으로 달성할 만한 대체적인 수단이라고 할 수 없다. (……)

2) 임시조치의 절차적 요건과 내용이 필요최소한의 제한인지 여부

권리의 침해 여부를 사인인 정보통신서비스 제공자가 명확히 파악하기 어려우므로 권리침해 주장자의 '소명'을 요구함으로써 그 소명자료를 통해 권리침해 주장의 내용이 사인의 사생활, 명예, 기타 권리가 침해된다는 취지인지, 그러한 주장이 설득력이 있는지를 판단하도록 하고 있다는 점, 정보통신서비스 제공자도 서로 경쟁을 하면서 영리활동을 하는 사경제 주체이므로 단순히 사생활 침해나 명예훼손 가능성이 있는 정보를 차단함으로써 손해배상책임을 감면받으려는 동기 못지않게 자신의 서비스를 제한 없이 제공함으로써 이용자들을 더 많이 유치하려는 동기도 임시조치 여부에 관한 의사결정에 상당한 영향을 미칠 것이라는 점, 권리침해 정보의 유통, 확산을 방지하기 위해 신속한 대응이 요구되는 시점에 권리침해 주장자의 '증명'까지 요구하는 것은 무리라는 점 등에 비추어 보면, 이 사건 법률조항에 기한 임시조치가 권리침해 주장자로부터의 '소명'절차를 전제하고 있는 것은 정보게재자의 표현의 자유에 대한 침해를 최소화하기 위한 노력으로 평가할 수 있다.

또한 이 사건 법률조항은, 권리침해 주장자의 정보의 삭제요청에도 불구하고 권리의 침해 여부를 판단하기 어렵거나 이해당사자 간에 다툼이 예상되는 경우에는 해당 정보를 삭제하지 아니하고 다만 그에 대한 접근을 '30일 이내'의 범위에서 정보통신서비스 제공자가 차단하는 임시조치를 취하도록 하고 있다. 이때 '30일 이내'에 정보게재자의 재게시청구가 있을 경우라든지 등 향후의 분쟁해결절차에 관하여는 정보통신서비스 제공자의 자율에 맡김으로써, 정보의 불법성을 보다 정확히 확인하는 동시에 권리침해 주장자와 정보게재자 간의 자율적 분쟁 해결을 도모할 시간적 여유를 제공하며, 30일 이내라는 비교적 짧

은 기간 동안의 정보 접근만을 차단할 뿐이어서 정보게재자의 이익 역시 보호한다. (……)

따라서 이 사건 법률조항이 규정하고 있는 임시조치의 절차적 요건과 내용은 정보게재자의 표현의 자유를 필요최소한으로 제한하도록 설정되어 있다고 평가할 수 있으므로 이 사건 법률조항은 침해최소성 요건을 충족한다.

(다) 법익의 균형성

(……) 사생활 침해, 명예훼손 등 타인의 권리를 침해할 만한 정보가 무분별하게 유통됨으로써 타인의 인격적 법익 기타 권리에 대한 침해가 돌이킬 수 없는 상황에 이르게 될 가능성을 미연에 차단하려는 공익은 매우 절실하다.

반면 권리침해 주장자로부터 해당 정보에 대한 삭제요청이 들어온 경우 소명자료를 통하여 합리적인 판단의 기회를 가진 후 '30일'이라는 제한된 기간 동안 임시조치를 한 후 당사자 사이에 조기에 분쟁해결절차를 통하여 최종적 결론에 이르도록 유도하는 이 사건 법률조항으로 말미암아 침해되는 정보게재자의 사익이란 아무런 제한 없이 표현의 자유의 시의성을 보장받을 이익이라고 할 것인데, 제한대상인 정보가 '사생활이나 명예 등 타인의 권리'를 해하거나 해할 우려가 있는 정보라는 점, 임시조치가 취해진 이후 조기에 최종적 분쟁해결절차로 유도한다는 점, 임시조치기간 역시 최장 '30일'로서 경우에 따라서는 재게시청구만으로 즉시 정보가 재게시되는 경우도 있다는 점 등에 비추어 볼 때, 이 사건 법률조항을 통하여 달성하려는 공익과 이로써 제한되는 사익 사이에 불균형이 발생한다고 볼 수도 없다.

헌재 2012.5.31. 2010헌마88, 공보 188, 1097,1101-1103

헌법재판소는 2020.11.26. 2016헌마276등 결정에서 위 결정을 다시 확인하였다. 나아가 구체적으로 어떤 경우가 이에 해당하는지 여부는 통상적 법감정을 가진 일반인이라면 예측할 수 있고 자의적 해석의 위험이 있다고 보기 어려워 명확성 원칙에 반하지도 않는다고 하였다.

(판 례) 비방목적 사실 게시에 대한 처벌 조항

우리나라는 현재 인터넷 이용이 상당히 보편화됨에 따라 정보통신망을 이용한 명예훼손범죄가 급증하는 추세에 있고, 인터넷 등 정보통신망을 이용하여 사실에 기초하더라도 왜곡된 의혹을 제기하거나 편파적인 의견이나 평가를 추가로 적시함으로써 실제로는 허위의 사실을 적시하여 다른 사람의 명예를 훼손하는 경우와 다를 바 없거나 적어도 다른 사람의 사회적 평가를 심대하게 훼

손하는 경우가 적지 않게 발생하고 있고, 이로 인한 사회적 피해는 심각한 상황이다. 따라서 이러한 명예훼손적인 표현을 규제함으로써 인격권을 보호해야 할 필요성은 매우 크다.

심판대상조항은 이러한 명예훼손적 표현을 규제하면서도 '비방할 목적'이라는 초과주관적 구성요건을 추가로 요구하여 그 규제 범위를 최소한도로 하고 있고, 헌법재판소와 대법원은 정부 또는 국가기관의 정책결정이나 업무수행과 관련된 사항에 관하여는 표현의 자유를 최대한 보장함으로써 정보통신망에서의 명예보호가 표현의 자유에 대한 지나친 위축효과로 이어지지 않도록 하고 있다. 또한, 민사상 손해배상 등 명예훼손 구제에 관한 다른 제도들이 형사처벌을 대체하여 인터넷 등 정보통신망에서의 악의적이고 공격적인 명예훼손행위를 방지하기에 충분한 덜 제약적인 수단이라고 보기 어렵다.

(비판과 비방의 구별이 어렵다는 재판관 김이수 등 2인의 위헌의견이 있다)

헌재 2016.2.25. 2013헌바105 등, 공보 233,331

XI. 집회·결사의 자유

1. 집단적 표현의 자유의 특성

집회 · 결사의 자유는 2인 이상에 의한 집단적 표현의 자유이다. 집단적 표현의 자유는 두 가지 특성을 갖는다. 첫째, 집단적 권리이기 때문에 국가안보, 질서유지에 대한 위험성이 더 크다. 따라서 1인에 의한 표현에 비해 그 제한의 필요성도 그만큼 더 크다. 둘째, 현대 사회에서 신문 · 방송 등 언론기관의 독점화 현상과 더불어 그 중요성이 더 높아지며, 이 점에서는 이를 보장할 필요성이 더 커진다고 할 수 있다. 이 점은 첫째의 특성과 상반된 것이다. 독점화된 언론기관을 통해 자신의 의사를 사회에 전하기 어려운 사람들, 특히 소수자들이 그들의 의사를 사회에 효과적으로 전달할 수 있는 표현 수단이 필요하며, 집회 · 결사의 자유와 같은 집단적 표현의 자유는 바로 그러한 수단이 된다.

이처럼 집단적 표현의 자유는 한편에서는 그 제한의 필요성이 크고, 다른 한편에서는 반대로 그 보장의 필요성이 크다고 하는, 서로 상충하는 이중적 성격을 지닌다. 이 상충하는 이중적 성격을 어떻게 조화시키느냐는 것이 집단적 표현의 자유에 관한 법리의 기본적 과제이다.

이 점과 관련하여 주목할 점이 있다. 위에서 지적한 것처럼 집단적 의사표현의 자유는 특히 소수자의 정치적 의사표현 수단으로서 중요한 의미를 갖지만, 이러한 의미는 최근의 언론상황 변화, 특히 인터넷을 통한 의사표현 기회의 대폭적 확대와 더불어 변질되고 있다. 인터넷은 특히 조직적 소수자의 효과적 의사표현 수단이 되고 있으며, 이에 따라 집회의 자유와 같은 집단적 의사표현에 의존할 수밖에 없는 불가피성은 감소된다고 할 것이다.

2. 집회의 자유

(1) 의 의

집회란 2인 이상의 다수인이 의사표현을 목적으로 일정한 장소에서 일시적으로 회합함을 말한다. 의사표현에는 사실의 고지가 포함된다. '시위'는 장소를 이동하는 집회이며, 집회의 일종이다.

집회의 자유란 집회를 개최·진행하고, 집회에 참여하는 자유 및 소극적으로 집회에 참여하지 않을 자유 등을 말한다. 집회의 자유의 보장과 제한에 관한 입법으로 '집회 및 시위에 관한 법률'(이하 '집시법'이라 약칭)이 있다.

(판 례) 집회의 자유의 헌법적 의의와 기능

집회의 자유는 개인의 인격발현의 요소이자 민주주의를 구성하는 요소라는 이중적 헌법적 기능을 가지고 있다.

(1) 인간의 존엄성과 자유로운 인격발현을 최고의 가치로 삼는 우리 헌법질서 내에서 집회의 자유도 다른 모든 기본권과 마찬가지로 일차적으로는 개인의 자기결정과 인격발현에 기여하는 기본권이다. 인간이 타인과의 접촉을 구하고 서로의 생각을 교환하며 공동으로 인격을 발현하고자 하는 것은 사회적 동물인 인간의 가장 기본적인 욕구에 속하는 것이다. 집회의 자유는 공동으로 인격을 발현하기 위하여 타인과 함께 하고자 하는 자유, 즉 타인과의 의견교환을 통하여 공동으로 인격을 발현하는 자유를 보장하는 기본권이자 동시에 국가권력에 의하여 개인이 타인과 사회공동체로부터 고립되는 것으로부터 보호하는 기본권이다. 즉 공동의 인격발현을 위하여 타인과 함께 모인다는 것은 이미 그 자체로서 기본권에 의하여 보호될 만한 가치가 있는 개인의 자유영역인 것이다. 집회의 자유는 결사의 자유와 더불어 타인과 함께 모이는 자유를 보장하는 것이다.

(2) 집회를 통하여 국민들이 자신의 의견과 주장을 집단적으로 표명함으로써 여론의 형성에 영향을 미친다는 점에서, 집회의 자유는 표현의 자유와 더불어 민주적 공동체가 기능하기 위하여 불가결한 근본요소에 속한다. 집회의 자유는 집단적 의견표명의 자유로서 민주국가에서 정치의사형성에 참여할 수 있는 기회를 제공한다. 직접민주주의를 배제하고 대의민주제를 선택한 우리 헌법에서, 일반 국민은 선거권의 행사, 정당이나 사회단체에 참여하여 활동하는 것 외에는 단지 집회의 자유를 행사하여 시위의 형태로써 공동으로 정치의사형성에 영향력을 행사하는 가능성밖에 없다.

또한, 집회의 자유는 사회 · 정치현상에 대한 불만과 비판을 공개적으로 표출케 함으로써 정치적 불만이 있는 자를 사회에 통합하고 정치적 안정에 기여하는 기능을 한다. 특히 집회의 자유는 집권세력에 대한 정치적 반대의사를 공동으로 표명하는 효과적인 수단으로서 현대사회에서 언론매체에 접근할 수 없는 소수집단에게 그들의 권익과 주장을 옹호하기 위한 적절한 수단을 제공한다는 점에서, 소수의견을 국정에 반영하는 창구로서 그 중요성을 더해 가고 있다. 이러한 의미에서 집회의 자유는 소수의 보호를 위한 중요한 기본권인 것이다. 소수가 공동체의 정치적 의사형성과정에 영향을 미칠 수 있는 가능성이 보장될 때, 다수결에 의한 공동체의 의사결정은 보다 정당성을 가지며 다수에 의하여 압도당한 소수에 의하여 수용될 수 있는 것이다. 헌법이 집회의 자유를 보장한 것은 관용과 다양한 견해가 공존하는 다원적인 '열린 사회'에 대한 헌법적 결단인 것이다.

헌재 2003.10.30. 2000헌바67, 판례집 15-2 하, 41,52-53

집시법은 집회 · 시위에 관하여 전반적으로 규정하는 가운데 특히 옥외집회와 시위에 대해서는 특별한 제한을 두고 있다. 옥외집회란 "천정이 없거나 사방이 폐쇄되지 않은 장소에서의 집회"를 말하고, 시위란 "다수인이 공동목적을 가지고 도로 · 광장 · 공원 등 공중이 자유로이 통행할 수 있는 장소를 진행하거나 위력 또는 기세를 보여 불특정 다수인의 의견에 영향을 주거나 제압을 가하는 행위"를 말한다(제2조 제1호, 제2호). 헌법재판소 판례는 이들 개념에 관하여 아래와 같이 해석한다.

(판 례) 옥외집회의 개념(1)

집시법 제2조 제2호의 "시위(示威)"는, 그 문리와 위 개정연혁에 비추어, 다수인이 공동목적을 가지고 (1) 도로 · 광장 · 공원 등 공중이 자유로이 통행할 수 있는 장소를 진행함으로써 불특정다수인의 의견에 영향을 주거나 제압을 가하는 행위와 (2) 위력 또는 기세를 보여 불특정다수인의 의견에 영향을 주거나 제압을 가하는 행위를 말한다고 풀이해야 할 것이다. 따라서 위 (2)의 경우에는 위력 또는 기세를 보인 장소가 공중이 자유로이 통행할 수 있는 장소이든 아니든 상관없이 그러한 행위가 있고 그로 인하여 불특정다수인의 의견에 영향을 주거나 제압을 가할 개연성이 있으면 집시법상의 "시위"에 해당하는 것이고, 이 경우에는 "공중이 자유로이 통행할 수 있는 장소"라는 장소적 제한개념은 "시위"라는 개념의 요소라고 볼 수 없다. 즉 위의 장소적 제한개념은 모든 시위에 적용되는 "시위"개념의 필요불가결한 요소는 아님을 알 수 있다. (……)

그러므로 공중이 자유로이 통행할 수 없는 장소인 대학구내에서의 시위도 그것이 위 (2)의 요건에 해당하면 바로 집시법상의 시위로서 집시법의 규제대상이 되는 것이다.

(3) 한편 집시법 제2조 제1호는 옥외집회의 정의로서 "'옥외집회'라 함은 천장이 없거나 사방이 폐쇄되지 않은 장소에서의 집회를 말한다"고 규정하고 있는바 그 취지는 천장이 없거나 사방이 폐쇄되지 아니한 장소에서의 집회는 설사 그 곳이 공중이 자유로이 통행할 수 있는 장소가 아닐지라도 그 장소의 위치, 넓이, 또는 형태, 참가인원의 수, 그 집회의 목적, 성격 및 방법 등에 따라서는 시위와 마찬가지로 공공의 안녕질서에 해를 끼칠 우려가 있어 규제의 필요가 있다고 보고 이를 옥외집회로 하여 시위와 동일하게 규제의 대상으로 삼겠다는 데에 있는 것으로 이해된다.

헌재 1994.4.28. 91헌바14, 판례집 6-1, 281,294-297

위 판례는 옥외집회 및 시위의 개념을 넓게 해석하여 "공중이 자유로이 통행할 수 있는 장소"를 그 개념요소로 하지 않고 있다. 이것은 집시법에 의한 규제대상을 그만큼 넓게 하여 제한을 확대하는 해석이다.

다만, 대법원은 집회의 자유를 보장하고 있는 헌법이념에 충실하게 옥외집회의 개념을 다소 좁게 해석하고 있다.

(판 례) 옥외집회의 개념(2)

천장이 없거나 사방이 폐쇄되지 아니한 장소에서의 집회는 설사 그곳이 공중이 자유로이 통행할 수 있는 장소가 아닐지라도 그 장소의 위치와 넓이, 형태 및 참가인원의 수, 집회의 목적과 성격 및 방법 등에 따라서는 공공의 안녕질서에 해를 끼칠 우려가 있다는 점에서 이 또한 집시법에 의하여 보장 및 규제의 대상이 되는 집회에 포함된다(헌법재판소 1994. 4. 28. 선고 91헌바14 전원재판부 결정 참조).

다만 헌법이 집회의 자유를 보장하는 근본이념과 앞서 본 집시법의 규정 내용 및 입법 취지 등을 종합하여 볼 때, 집회의 목적, 방법 및 형태, 참가자의 인원 및 구성, 집회 장소의 개방성 및 접근성, 주변 환경 등에 비추어 집회 과정에서 불특정 다수나 일반 공중 등 외부와 접촉하여 제3자의 법익과 충돌하거나 공공의 안녕질서에 해를 끼칠 수 있는 상황에 대한 예견가능성조차 없거나 일반적인 사회생활질서의 범위 안에 있는 것으로 볼 수 있는 경우에는 설령 외형상 천장이 없거나 사방이 폐쇄되지 아니한 장소에서 개최되는 집회라고 하더라도 이를 집시법상 미신고 옥외집회의 개최행위로 보아 처벌하여서는 아니 될 것이다.

대판 2013.10.24. 2012도11518

집시법의 기본 구조는 다음과 같다. 먼저 일정한 집회와 시위를 금지, 제한하고(제5조, 제10조, 제11조, 제12조), 옥외집회와 시위에 대해서는 관할 경찰관서장에게 사전 신고하도록 한 다음(제6조), 관할 경찰관서장은 금지 또는 제한 대상이라고 인정되는 경우에 금지, 제한 통고를 한다(제8조). 신고하지 않거나 금지통고에 위반하는 경우 및 신고하지 아니한 시위에 참가한 자가 관할경찰서장의 해산명령을 받고도 지체 없이 해산하지 아니한 경우에는 형사처벌한다(제22조 내지 제24조). 학문 · 예술 · 체육 · 종교 · 오락 등에 관한 집회에 대해서는 신고 등 제한규정(제6조 내지 제12조)을 적용하지 않는다(제15조).

금지되는 집회 · 시위는 ① 헌법재판소 결정에 의하여 해산된 정당의 목적을 달성하기 위한 집회 · 시위, ② 집단적인 폭행 · 협박 · 손괴 · 방화 등으로 공공의 안녕 질서에 직접적인 위협을 가할 것이 명백한 집회시위이다(제5조).

특히 옥외집회 · 시위는 일출 전, 일몰 후에 금지되며, 다만 집회의 성격상 부득이하여 주최자가 질서유지인을 두고 미리 신고한 경우에는 관할 경찰관서장이 질서유지를 위한 조건을 붙여 허용할 수 있다(제10조). 또한 옥외집회 · 시위는 다음의 청사 또는 저택의 경계지점으로부터 1백미터 이내의 장소에서 금지된다. ① 국회의사당, 각급법원, 헌법재판소, ② 대통령관저, 국회의장공관, 대법원장공관, 헌법재판소장공관, ③ 국무총리공관(다만 행진의 경우에는 허용된다), ④ 국내주재 외국의 외교기관이나 외교사절의 숙소(다만 당해 외교기관이나 외교사절의 숙소를 대상으로 하지 아니하는 경우, 또는 대규모 집회나 시위로 확산될 우려가 없는 경우, 또는 외교기관의 업무가 없는 휴일에 개최되는 경우에는 외교기관이나 외교사절의 숙소의 기능이나 안녕을 침해할 우려가 없다고 인정되는 때에 한하여 허용된다)(제11조). 뒤에서 보는 바와 같이 대통령관저, 국회의사당, 국무총리공관 및 각급 법원의 경계로부터 100미터 이내에서의 옥외집회 및 시위 금지조항은 모두 헌법불합치로 결정되었다. 2020년 개정 집시법은 국회의사당, 국무총리공관, 각급 법원 및 헌법재판소의 경계로부터 100미터 이내에서도 국회의 활동을 방해할 우려가 없는 경우, 법관이나 재판관의 직무상 독립이나 구체적 사건의 재판에 영향을 미칠 우려가 없는 경우, 국무총리를 대상으로 하지 아니하는 경우 또는 대규모 집회 또는 시위로 확산될 우려가 없는 경우에 각 기관의 기능이나 안녕을 침해할 우려가 없다고 인정되는 경우에는 각 경우에 예외로 허용된다고 하였다. 구체적 사건의 재판에 영향을 미칠 우려가 있더라도 대규모 집회나 시위로 확산될 우려가 없으면 자유롭게 집회나 시위를 할 수 있다는 점과 대통령관저, 국회의장 · 대법원장 · 헌법재판소장 공관은 개정 대상에서 제외되었다는 점을 유의하여야 한다.

관할 경찰관서장은 대통령령이 정하는 주요도시의 주요도로에서의 집회나 시위에 대하여 교통소통을 위하여 필요하다고 인정할 때에는 이를 금지하거나 교통질서 유지를 위한 조건을 붙여 제한할 수 있다(제12조). 또한 관할 경찰관서장은 최소한의 범위를 정하여 질서유지선을 설정할 수 있다(제13조). 집회 · 시위의 주최자는 확성기 · 북 · 징 · 꽹과리 등의 사용으로 대통령령이 정하는 기준을 위반하는 소음을 발생시켜서는 안 된다(제14조).

늦어도 집회가 개최되기 48시간 전까지 사전신고를 하지 않으면 처벌되는데(제22조), 헌법재판소는 미리 계획도 되었고, 주최자도 있지만 집시법이 요구하는 시간 내에 신고를 할 수 없는 이른바 '긴급집회'의 경우에는 신고가능성이 존재하는 즉시 신고하는 것으로 해석되고, 따라서 신고 가능한 즉시 신고한 긴급집회의 경우까지 벌칙 조항을 적용할 수는 없다고 해석되므로 위 벌칙조항은 합헌이라고 한다(헌재 2014.1.28. 2011헌바174등; 다만 최근의 결정에서 4인 재판관은 긴급집회에 대한 규율이 전혀 없다는 이유로 위헌의견을 개진하였다. 헌재 2018.6.28. 2017헌바373).

헌법재판소는 (비록 폐지된 조항이기는 하나) 구 집시법상 재판에 영향을 미칠 염려가 있거나 미치게 하기 위한 집회 또는 시위를 금지하고 이를 위반한 자를 처벌하는 조항을 위헌으로 선언하였다(헌재 2016.9.29. 2014헌가3등). 평화적이고 학술적인 비판도 금지될 수 있다는 점을 주된 이유로 하였다. 이 결정에서 헌법재판소는 집회의 자유의 보장 대상은 평화적, 비폭력적 집회에 한정된다는 점을 분명히 하였다.

신고제의 법적 성격 및 미신고 옥외집회 · 시위에 대한 해산명령의 취지에 관해, 대법원은 아래에서 보는 것처럼, 전향적 해석을 가하고 있다. 그러나 뒤에서 설명하듯이, 이런 해석에도 불구하고 여전히 문제는 남아있다.

(판 례) 집시법상의 신고규정의 취지

집시법이 옥외집회 및 시위에 관하여 위와 같은 사전신고제를 둔 취지는 신고에 의하여 옥외집회 또는 시위의 성격과 규모 등을 미리 파악함으로써 적법한 옥외집회 또는 시위를 보호하는 한편 그로 인한 공공의 안녕질서에 대한 위험을 미리 예방하는 등 공공의 안녕질서를 함께 유지하기 위한 조치를 마련하고자 하는 데 있다(대법원 2008.10.23. 선고 2008도3974 판결 등 참조). (……)

집회의 자유가 가지는 헌법적 가치와 기능, 집회에 대한 허가 금지를 선언한 헌법정신, 앞서 본 신고제도의 취지 등을 종합하여 보면, 신고는 행정관청에 집회에 관한 구체적인 정보를 제공함으로써 공공질서의 유지에 협력하도록 하는 데에 그 의의가 있는 것이지 집회의 허가를 구하는 신청으로 변질되어서는 아니 되므로, 신고를 하지 아니하였다는 이유만으로 그 옥외집회 또는 시위를 헌법의 보호 범위를 벗어나 개최가 허용되지 않는 집회 내지 시위라고 단정할 수 없다.

따라서 집시법 제20조 제1항 제2호가 미신고 옥외집회 또는 시위를 해산명령의 대상으로 하면서 별도의 해산 요건을 정하고 있지 않더라도, 그 옥외집회 또는 시위로 인하여 타인의 법익이나 공공의 안녕질서에 대한 직접적인 위험이 명백하게 초래된 경우에 한하여 위 조항에 기하여 해산을 명할 수 있고, 이러한 요건을 갖춘 해산명령에 불응하는 경우에만 집시법 제24조 제5호에 의하여 처벌할 수 있다고 보아야 한다.

대판(전합) 2012.4.19. 2010도6388

위 판례에서 “신고는 행정관청에 집회에 관한 구체적인 정보를 제공함으로써 공공질서의 유지에 협력하도록 하는 데에 그 의의가 있는 것이지 집회의 허가를 구하는 신청으로 변질되어서는 아니 되므로”라고 말하고 있다. 그러나 미신고 옥외집회·시위에 대해서는 해산명령을 할 수 있을 뿐 아니라, 형벌에 처한다고 규정하고 있다(제22조 제2항). 단순한 행정질서벌이 아닌 행정형벌을 규정하고 있는 점에 비추어 신고의 법적 성격이 행정관청 편의를 위한 것이라는 대법원 해석은 법률규정과 부합하지 않는다. 아래 설명에서 보듯이, 신고제의 법적 의미는 허가제나 다름없다고 볼 것이다.

(2) 허가제 금지

헌법 제21조 제2항은 집회에 대한 허가제를 금지하고 있다. 집시법은 옥외집회·시위를 사전신고하도록 규정하고 있는데, 이에 대하여 신고제는 허가제가 아니므로 위헌이 아니라고 해석하는 것이 보통이다. 그러나 이런 해석에는 문제가 있다.

본래의 의미의 신고제에서 신고는 어떤 행위를 하기 위한 요건이 아니며 단순히 관할 행정기관의 행정적 편의를 위한 것으로, 그 위반에 대하여 행정질서벌인 과태료를 부과하는 데 그친다. 그러나 집시법의 신고제는 용어가 신고일 뿐이고 그 실질은 허가제나 다름없다. 신고하더라도 금지통고를 받는 경우에는 집회를 할 수 없고 그 위반에 대해 형벌이 부과되기 때문이다. 금지통고는 허가의 거부와 실질적으로 차이가 없다. 그렇다면 신고제 및 금지통고제는 실질적 허가제로서 위헌이라고 볼 것인가. 이에 관해서는 헌법의 허가금지 규정을 새로이 해석하는 것이 필요하다. 미국을 비롯하여 독일, 영국, 일본 등 여러 나라에서 모두 옥외집회나 시위에 대해 허가제를 규정하고 있다. 미국 연방대법원 판례는 허가제 자체가 위헌은 아니며 다만 허가의 기준이 협소하고 명확해야 한다고 한다. 즉 광범한 재량을 부여한 자의적(恣意的) 허가제는 위헌이라는 것이다(*Cox v. New Hampshire*, 1941; *Poulos v. New Hampshire*, 1953; *Shuttlesworth v. City of Birmingham*, 1969). 이처럼 원칙적으로 허가제를 인정하는 것은 집회·시위가 공공의 장소를 사용하고 질서유지에 특별한 위험을 미치기 때문이다. 이에 비추어 우리 헌법의 허가 금지 조항도 다음과 같이 해석되어야 한다. 즉 헌법의 허가 금지 조항은 모든 허가제를 금지하는 것이 아니라 자의적 허가제를 금지하는 것으로 한정적 해석을 해야 할 것이다. 금지되는 자의적 허가제의 핵심은, 표현의 내용에 따라 집회·시위의 가부를 결정할 수 있도록 광범한 재량이 주어진 허가제에 있다고 볼 것이다. 집시법상 신고제와 금지통고제 규정의 위헌 여부도 이 기준에 따라 판단해야 한다.

일반적으로 표현의 자유에 대한 허가, 검열 등 사전제한이 예외적으로 정당화될 수 있는 사유로 두 가지를 들 수 있다. 첫째, 특정한 표현이 헌법상 보호받지 못함이 '확실한' 경우이다. 둘째, 사전제한을 하지 않음으로써 오는 해악의 성격이 '회복될 수 없는' 경우이다. 이 법리는 집회·시위의 경우에도 그대로 적용된다.

헌법재판소는 "집단적인 폭행·협박·손괴·방화 등으로 공공의 안녕질서에 직접적인 위협을 가할 것이 명백한 집회 또는 시위"를 금지하는 규정(구 집시법 제5조 제1항 제2호)은 죄형법정주의의 명확성 원칙, 과잉금지원칙에 위반하지 않는다고 판시하였다(헌재 2010.4. 29. 2008헌바118).

(3) 시간, 장소의 제한

집회 · 시위의 표현 내용이 아닌 시간, 장소 등에 관한 제한은 어느 범위에서 제한할 수 있는가. 집시법은 광범한 제한을 가하고 있다(법 제10조 내지 제11조). 헌법재판소는 처음에 야간 옥외집회 금지조항(제10조)을 합헌으로 보았으나(헌재 1994.4.28. 91헌바14), 그 후 판례변경을 하여 헌법불합치결정을 내렸다.

(판 례) 야간 옥외집회 금지(판례변경)

헌법 제21조 제2항은, 집회에 대한 허가제는 집회에 대한 검열제와 마찬가지이므로 이를 절대적으로 금지하겠다는 헌법개정권력자인 국민들의 헌법가치적 합의이며 헌법적 결단이다. 또한 위 조항은 헌법 자체에서 직접 집회의 자유에 대한 제한의 한계를 명시한 것이므로 기본권 제한에 관한 일반적 법률유보조항인 헌법 제37조 제2항에 앞서서, 우선적이고 제1차적인 위헌심사기준이 되어야 한다. 헌법 제21조 제2항에서 금지하고 있는 '허가'는 행정권이 주체가 되어 집회 이전에 예방적 조치로서 집회의 내용 · 시간 · 장소 등을 사전심사하여 일반적인 집회금지를 특정한 경우에 해제함으로써 집회를 할 수 있게 하는 제도, 즉 허가를 받지 아니한 집회를 금지하는 제도를 의미한다.

집시법 제10조 본문은 야간옥외집회를 일반적으로 금지하고, 그 단서는 행정권인 관할경찰서장이 집회의 성격 등을 포함하여 야간옥외집회의 허용 여부를 사전에 심사하여 결정한다는 것이므로, 결국 야간옥외집회에 관한 일반적 금지를 규정한 집시법 제10조 본문과 관할 경찰서장에 의한 예외적 허용을 규정한 단서는 그 전체로서 야간옥외집회에 대한 허가를 규정한 것이라고 보지 않을 수 없고, 이는 헌법 제21조 제2항에 정면으로 위반된다. 따라서 집시법 제10조 중 "옥외집회" 부분은 헌법 제21조 제2항에 의하여 금지되는 허가제를 규정한 것으로서 헌법에 위반되고, 이에 위반한 경우에 적용되는 처벌조항인 집시법 제23조 제1호 중 "제10조 본문의 옥외집회" 부분도 헌법에 위반된다.

헌재 2009.9.24. 2008헌가25, 공보 156, 1633,1634

위 결정에서 5인의 재판관은 집시법 제10조 본문과 단서가 결합하여 허가제로 기능하므로 위헌이라는 단순위헌 의견을 개진하였고(비례원칙에도 반한다는 2인의 보충의견 있음), 2인의 재판관은 허가제는 아니나 비례원칙에 위반하여 매우 광범한 제한을 두고 있다는 이유로 헌법불합치 의견을 개진하였다. 한편 헌법재판소는 제2차 안마사 사건에서 헌법재판소 결정이유에 기속력이 미치는지 여부는 별론으로 하고, 만일 이유에 기속력이 미친다고 한다면 위헌결정 정족수와 같은 6인 이상 재판관이 찬동한 이유에 대해서만 기속력이 미칠 수 있다고 판시하였다(헌재 2008.10.30. 2006헌마1098등). 위와 같은 결정 이후, 헌법재판소는 아래에서 보는 바와 같이 집시법 제10조는 허가제가 아니라고 하면서, 일몰 후부터 자정까지 야간집회 또는 시위를 금지하는 한 위헌이라는 한정위헌결정을 내렸다. 이 결정에서 재판관 3인은 전부위헌 의견을 제시했다.

(판 례) 야간 옥외집회 또는 시위 금지

1. 헌법 제21조 제2항에 의하여 금지되는 '허가'는 '행정청이 주체가 되어 집회의 허용 여부를 사전에 결정하는 것'으로, 법률적 제한이 실질적으로 행정청의 허가 없는 옥외집회를 불가능하게 하는 것이라면 헌법상 금지되는 사전허가제에 해당하지만, 그에 이르지 아니하는 한 헌법 제21조 제2항에 반하는 것은 아니다. 이 사건 법률조항의 단서 부분은 본문에 의한 제한을 완화시키려는 것이므로 헌법이 금지하고 있는 '옥외집회에 대한 일반적인 사전허가'라고 볼 수 없다. 한편, 이 사건 법률조항 중 단서 부분은 시위에 대하여 적용되지 않으므로 야간 시위의 금지와 관련하여 헌법상 '허가제 금지' 규정의 위반 여부는 문제되지 아니한다.

2. 이 사건 법률조항은 사회의 안녕질서를 유지하고 시민들의 주거 및 사생활의 평온을 보호하기 위한 것으로서 정당한 목적 달성을 위한 적합한 수단이 된다. 그러나 '일출시간 전, 일몰시간 후'라는 광범위하고 가변적인 시간대의 옥외집회 또는 시위를 금지하는 것은 오늘날 직장인이나 학생들의 근무·학업시간, 도시화·산업화가 진행된 현대사회의 생활형태 등을 고려하지 아니하고 목적 달성을 위해 필요한 정도를 넘는 지나친 제한을 가하는 것이어서 최소침해성 및 법익균형성 원칙에 반한다.

3. 헌법재판소는 2010헌가2 결정(2014.3.27. 선고)으로 '집회 및 시위에 관한 법률' 제10조 중 '시위' 부분 등에 대하여 한정위헌결정을 한 바 있고, 이 사건에 있어서 가능한 한 심판대상조항들 중 위헌인 부분을 가려내야 할 필요성은 2010헌가2 결정에서와 마찬가지로 인정되므로, 심판대상조항들은 '일몰시간 후부터 같은 날 24시까지의 옥외집회 또는 시위'에 적용되는 한 헌법에 위반된다.

헌재 2014.4.24. 2011헌가29, 판례집 26-1 상, 574,575

한편 헌법재판소는 외교기관 부근에서의 옥외집회·시위 금지조항에 대해 위헌결정을 내렸다.

(판 례) 구 집시법상 외교기관 부근에서의 옥외집회·시위 금지

특정장소에서의 집회가 이 사건 법률조항에 의하여 보호되는 법익에 대한 직접적인 위협을 초래한다는 일반적 추정이 구체적인 상황에 의하여 부인될 수 있다면, 입법자는 '최소침해의 원칙'의 관점에서 금지에 대한 예외적인 허가를 할 수 있도록 규정해야 한다. 이 사건 법률조항에 의하여 전제된 추상적 위험성에 대한 입법자의 예측판단은 구체적으로 다음과 같은 경우에 부인될 수 있다고 할 것이다.

첫째, 외교기관에 대한 집회가 아니라 우연히 금지장소 내에 위치한 다른 항의대상에 대한 집회의 경우, 이 사건 법률조항에 의하여 전제된 법익충돌의 위험성이 작다고 판단된다. 이 사건 법률조항의 문제점은, 집회금지구역 내에서 외교기관이나 당해 국가를 항의의 대상으로 삼지 않는, 다른 목적의 집회가 함께 금지된다는 데 있다.

둘째, 소규모 집회의 경우, 일반적으로 이 사건 법률조항의 보호법익이 침해될 위험성이 작다. 예컨대 외국의 대사관 앞에서 소수의 참가자가 소음의 발생을 유발하지 않는 평화적인 피켓시위를 하고자 하는 경우, 일반 대중의 합세로 인하여 대규모시위로 확대될 우려나 폭력시위로 변질될 위험이 없는 이상, 이러한 소규모의 평화적 집회의 금지를 정당화할 수 있는 근거를 발견하기 어렵다.

셋째, 예정된 집회가 외교기관의 업무가 없는 휴일에 행해지는 경우, 외교기관에의 자유로운 출입 및 원활한 업무의 보장 등 보호법익에 대한 침해의 위험이 일반적으로 작다고 할 수 있다.

따라서 입법자가 '외교기관 인근에서의 집회의 경우에는 일반적으로 고도의 법익충돌위험이 있다'는 예측판단을 전제로 하여 이 장소에서의 집회를 원칙적으로 금지할 수는 있으나, 일반·추상적인 법규정으로부터 발생하는 과도한 기본권제한의 가능성이 완화될 수 있도록 일반적 금지에 대한 예외조항을 두어야 할 것이다. 그럼에도 불구하고 이 사건 법률조항은 전제된 위험상황이 구체적으로 존재하지 않는 경우에도 이를 함께 예외 없이 금지하고 있는데, 이는 입법목적을 달성하기에 필요한 조치의 범위를 넘는 과도한 제한인 것이다. 그러므로 이 사건 법률조항은 최소침해의 원칙에 위반되어 집회의 자유를 과도하게 침해하는 위헌적인 규정이다.

헌재 2003.10.30. 2000헌바67등, 판례집 15-2, 41,43-44

위 판례에서 최소침해의 원칙을 적용하여 위헌 결정을 내리고 있는데, 외교기관 인근만이 아니라 국회의사당 등 그 밖의 청사 부근에서의 옥외집회·시위 금지에 대해서도 동일한 법리가 적용되어야 한다. 집회의 장소 선택은 집회의 성과를 결정짓는

주요 요인이므로 집회의 장소를 선택할 자유는 집회의 자유의 한 실질을 형성하고 있다. 헌법재판소는 처음에는 국회의사당이나 법원 인근(100미터)에서의 집회를 절대 금지한 조항을 합헌이라고 판단하였다(헌재 2005.11.24. 2004헌가17, 헌재 2009.12.29. 2006헌바20). 그러나 최근에는 국회의사당에 대하여는 공원, 녹지 등 그 부지가 매우 넓은 점 등을 고려하여(헌재 2018.5.31. 2013헌바322등), 법원에 대하여는 사법행정에 대한 의사표현과 같이 재판에 영향을 미치지 않는 집회는 보호하여야 한다는 이유 등을 들어(헌재 2018.7.26. 2018헌바137), 국무총리공관에 대하여는 총리공관의 기능과 안녕과 무관한 소규모 집회 가능성 등을 들어(헌재 2015.6.28. 2015헌가28등), 국회의장공관에 대하여는 공관의 안전에 위협이 없는 장소까지 포함되어 있다는 이유로(헌재 2023.3.23. 2021헌가1) 위헌이라 선언하였다. 대통령관저(청와대)에 대하여는 집회가 금지될 필요가 없는 장소까지도 집회금지장소에 포함되고, 직접적인 위협이 될 가능성이 낮은 소규모 집회까지도 금지되기 때문에 과잉금지원칙에 위반된다고 하였다(헌재 2022.12.22. 2018헌바48등; '대통령관저'의 개념을 특별히 구별하지 않은 다수의견과 달리, 3인의 별개의견은 위 조항은 생활공간인 '공관'을 포함하는 넓은 의미의 대통령관저 인근의 모든 집회를 예외없이 금지하므로 위헌이라고 하였다). 다만 이들 경우 모두 입법형성의 자유를 인정하여 헌법불합치결정을 하였다.

한편 외교기관 부근에서의 옥외집회·시위 금지에 대한 위헌결정에 따라 일정한 예외적 허용을 규정한 개정 집시법조항(제11조 제4호) 역시 위헌이라는 주장에 대해 헌법재판소는 이를 받아들이지 않고 합헌이라고 결정하였다(헌재 2010.10.28. 2010헌마111). 대한민국을 방문하는 외국의 국가 원수를 경호하기 위하여 지정된 경호구역 안에서 경찰서장이 안전 활동의 일환으로 삼보일배행진을 제지한 행위 등은 집회 또는 시위의 자유를 침해하지 않는다(헌재 2021.10.28. 2019헌마1091).

시간과 장소가 중복되는 2개 이상의 신고가 있는 경우 그 목적으로 보아 서로 상반되거나 방해가 된다고 인정되면 뒤에 접수된 집회에 대하여 관할경찰서장이 금지를 통고할 수 있으나(제8조 제2항), 이는 집회의 자유에 대한 제한이 되기 때문에 반드시 적법한 절차에 따라야 한다.

(판 례) 적법한 절차에 따른 금지통고(두 단체에 의해 동시 접수된 집회신고의 반려처분)

"이 사건에서 피청구인은 집회신고의 접수순위를 정하는데 있어서의 안전과 질서유지를 위한다는 이유에서 청구인들의 옥외집회신고서를 일단 접수한 후 이를 아무런 법률적 근거없이 청구인들에게 반려하였고, 이에 청구인들은 그것이 옥외집회신고의 접수를 거부하거나 집회의 금지를 통고하는 것이라고 보아 형사적 처벌이나 집회해산을 피하기 위하여 위 집회의 개최를 포기하였다.

그러나 법의 집행을 책임지고 있는 국가기관인 피청구인으로서는 집회의 자유를 제한하는데 있어서 실무상 아무리 어렵더라도 법에 규정된 방식에 따라야 할 책무가 있다. 그러므로 이 사건 집회신고에 관한 사무를 처리하는데 있어서도 적법한 절차에 따라 접수순위를 확정하려는 최선의 노력을 한 후, 집시법 제8조 제2항에 따라 후순위로 접수된 집회의 금지 또는 제한을 통고하였어야 한다. 만일 접수순위를 정하기 어렵다는 현실적인 이유로 중복신고된 모든 옥외집회의 개최가 법률적 근거없이 불허되는 것이 용인된다면, 집회의 자유를 보장하고 집회의 사전허가를 금지한 헌법 제21조 제1항 및 제2항은 무의미한 규정으로 전락할 위험성이 있기 때문이다. 결국 이 사건 반려행위는 법률의 근거없이 청구인들의 집회의 자유를 침해한 것으로서 헌법상 법률유보원칙에 위반된다고 할 것이다."

헌재 2008.5.29. 2007헌마712, 판례집 20-1 하, 305,320-321

(판 례) 유령집회와 중복집회 금지통고 위반

집회 및 시위에 관한 법률(이하 '집시법'이라 한다) 제8조 제2항은 "관할경찰관서장은 집회 또는 시위의 시간과 장소가 중복되는 2개 이상의 신고가 있는 경우 그 목적으로 보아 서로 상반되거나 방해가 된다고 인정되면 뒤에 접수된 집회 또는 시위에 대하여 제1항에 준하여 그 집회 또는 시위의 금지를 통고할 수 있다"고 규정하고 있고, 그 제22조 제2항은 제8조 제2항에 따라 금지를 통고한 집회 또는 시위를 주최한 자를 처벌하도록 규정하고 있다.

따라서 집회의 신고가 경합할 경우 특별한 사정이 없는 한 관할경찰관서장은 집시법 제8조 제2항의 규정에 의하여 신고 순서에 따라 뒤에 신고된 집회에 대하여 금지통고를 할 수 있을 것이지만, 먼저 신고된 집회의 참여예정인원, 집회의 목적, 집회개최장소 및 시간, 집회 신고인이 기존에 신고한 집회 건수와 실제로 집회를 개최한 비율 등 먼저 신고된 집회의 실제 개최 가능성 여부와 양 집회의 상반 또는 방해가능성 등 제반 사정을 확인하여 먼저 신고된 집회가 다른 집회의 개최를 봉쇄하기 위한 허위 또는 가장 집회신고에 해당함이 객관적으로 분명해 보이는 경우에는, 뒤에 신고된 집회에 다른 집회금지 사유가 있는 경우가 아닌 한, 관할경찰관서장이 단지 먼저 신고가 있었다는 이유만으로 뒤에 신고된 집회에 대하여 집회 자체를 금지하는 통고를 하여서는 아니되고, 설령 이러한 금지통고에 위반하여 집회를 개최하였다고 하더라도 그러한 행위를 집시법상 금지통고에 위반한 집회개최행위에 해당한다고 보아서는 아니 될 것이다.

대판 2014.12.11. 2011도13299

그러나 위 판례에서 문제된 규정(제8조 제2항)을 악용하여 실제로는 집회 또는 시위를 할 의도가 없으면서도 다른 사람의 집회 또는 시위를 방해할 목적으로 신고만 하고 실제로는 집회 또는 시위를 개최하지 않는 사례가 빈번하게 발생하였다(이른바 '유령집회').

이에 따라 개정 집시법은 관할경찰서장이 각 옥외집회 또는 시위의 분산 개최를 권유하고, 권유가 받아들여지지 않을 때에만 뒤에 접수된 옥외집회 또는 시위에 대하여 금지를 통고할 수 있다고 규정하였다(제8조 제2, 3항). 또한 집회시위를 하지 아니하게 된 경우 집회일시 24시간 전에 철회신고서를 제출하도록 하고(제6조 제3항), 선순위 집회시위를 개최하지 않았음에도 정당한 사유 없이 철회신고서를 제출하지 아니한 경우 100만원 이하의 과태료를 부과할 수 있도록 하였다(제26조 제1항 · 제2항).

한편 미신고 시위에 대한 해산명령에 불응하는 자를 처벌하는 집시법 조항은 합헌이라는 것이 헌법재판소 판례이다.

(판 례) 미신고 시위에 대한 해산명령에 불응하는 자를 처벌하는 조항의 위헌성 여부

심판대상조항은 '신고하지 아니한 시위에 대하여 관할경찰관서장이 해산명령을 발한 경우에, 시위 참가자가 해산명령을 받고도 지체 없이 해산하지 아니한 행위'를 구성요건으로 하고 있고, '6개월 이하의 징역 또는 50만 원 이하의 벌금 · 구류 또는 과료'를 처벌 내용으로 하고 있으므로, 범죄 구성요건과 처벌의 내용을 성문의 법률로 규정하고 있다. 그리고 심판대상조항이 해산명령의 발령 여부를 관할 경찰관서장의 재량에 맡기고 있는 것은 미신고 시위 현장의 다양한 상황에 따라 탄력적 · 유동적으로 대응할 필요성이 있다는 점을 고려한 것일 뿐, 구성요건의 실질적 내용을 전적으로 관할 경찰관서장에게 위임한 것으로 볼 수 없다. 그러므로 심판대상조항은 죄형법정주의의 법률주의에 위반되지 아니한다.

집시법은 미신고 시위가 타인의 법익이나 공공의 안녕질서에 대한 직접적인 위험을 초래한 경우에 해산명령을 할 수 있도록 규정하고 있다. 심판대상조항은 이러한 해산명령 제도의 실효성 확보를 위해 해산명령에 불응하는 자를 형사처벌하도록 한 것으로서 입법목적의 정당성과 수단의 적절성이 인정된다.

집시법상 해산명령은 미신고 시위라는 이유만으로 발할 수 있는 것이 아니라, 미신고 시위로 인하여 타인의 법익이나 공공의 안녕질서에 대한 위험이 명

백하게 발생한 경우에만 발할 수 있고, 먼저 자진 해산을 요청한 후 참가자들이 자진 해산 요청에 따르지 아니하는 경우에 해산명령을 내리도록 하고 이에 불응하는 경우에만 처벌하는 점 등을 고려하면, 심판대상조항은 집회의 자유에 대한 제한을 최소화하고 있다. 해산명령에 불응하는 행위는 단순히 행정질서에 장해를 줄 위험성이 있는 정도의 의무태만 내지 의무위반이 아니고, 직접적으로 행정목적을 침해하고 나아가 공익을 침해할 고도의 개연성을 띤 행위라고 볼 수 있으므로, 심판대상조항이 법정형의 종류 및 범위의 선택에 관한 입법재량의 한계를 벗어난 과중한 처벌을 규정하였다고도 볼 수 없다.

헌재 2016.9.29. 2014헌바492, 공보 240, 1500

"집시법은 미신고 시위가 타인의 법익이나 공공의 안녕질서에 대한 직접적인 위험을 초래한 경우에 해산명령을 할 수 있도록 규정하고 있다"는 설시 부분에 대해서는 유의할 점이 있다. 집시법이 실제 위 설시와 같이 규정하고 있지는 않다. 앞서 인용한 대법원 판례(대판 2012.4.19. 2010도6388등)에서 보듯이(아래에 재인용), 대법원이 구체화한 해당 법률조항의 해석이 그렇다는 것이다. "심판대상조항이 미신고 시위를 해산명령의 대상으로 하면서 별도의 해산 요건을 정하고 있지 않더라도, 그 시위로 인하여 타인의 법익이나 공공의 안녕질서에 대한 직접적인 위험이 명백하게 초래된 경우에 한하여 위 조항에 기하여 해산을 명할 수 있고, 이러한 요건을 갖춘 해산명령에 불응하는 경우에만 집시법 제24조 제5호에 의하여 처벌할 수 있다."

헌법재판소는 위 판례와 같은 취지에서 신고범위를 뚜렷이 벗어난 집회·시위에 대한 해산명령에 불응하는 자를 처벌하는 것도 합헌이라고 하였다(헌재 2016.9.29. 2015헌바309등). 집회·시위의 단순 참가자에 대해서는 신고 범위를 뚜렷이 벗어난 행위를 하더라도 처벌하는 조항이 없고, 그 주최자에 대하여만 처벌하는 조항을 두고 있으므로 신고범위를 벗어난 행위로 인하여 질서를 유지할 수 없게 된 때에는 해산명령 이외의 다른 수단으로 질서를 회복할 수 없기 때문이라고 한다.

한편 대법원은 집시법 및 시위에 관한 법률 제11조 제1호(옥외집회·시위 금지구역)를 위반한 옥외집회 또는 시위라는 이유만으로 해산을 명할 수 있고, 이 해산명령에 불응하는 경우 처벌할 수 있다고 한다(대판 2017.5.31. 2016도21077). 집시법 제20조 제1항 제1호가 제11조를 위반한 집회 또는 시위를 해산명령의 대상으로 하면서 별도의 해산 요건을 정하고 있지 않다는 점을 이유로 하였다.

미국에서 전개되어온 '공공의 포럼'(public forum)의 법리에 의하면, 공공장소에서의 집회 제한에 대한 심사 기준은 단순한 합리성 심사보다 엄격하여야 한다고 본다.

미국 연방대법원 판례는 시간, 장소, 방법 등의 제한이 합헌이 되기 위한 조건으로, 첫째, 특정한 내용의 억압과 무관해야 하고, 둘째, 중요한 목적을 위한 것이어야 하며, 셋째, 제한의 정도가 좁게 한정되어야 한다고 한다(*Perry Educational Association v. Perry Local Educator's Association*, 1983). 이러한 법리에 따라, 연방 대법원 청사 부근에서 피케팅을 금지하는 연방법률 규정을 위헌이라고 판결하였다(*U.S. v. Grace*, 1983).

시간 · 장소에 대한 제한은 아니나, 감염병을 예방하기 위하여 집회를 제한하거나 금지하고, 이에 위반한 자를 처벌하는 '감염병의 예방 및 관리에 관한 법률' 조항은 합헌이다(헌재 2024.8.29. 2022헌바177등).

3. 결사의 자유

(1) 의 의

결사의 자유란 다수인이 공동의 목적으로 단체를 결성할 수 있는 자유를 말한다. '결사'란 자연인 또는 법인의 다수가 상당한 기간 동안 공동목적을 위하여 자유의사에 기하여 결합하고 조직화된 의사형성이 가능한 단체를 의미한다(헌재 2024.4.25. 2021헌마1258). 헌법재판소는 결사의 자유를 견해 표명과 정보유통을 집단적으로 구현시켜 사회연대를 촉진하고 국가로부터 사회의 민주성과 자율성을 구현하는 자유라고 한다(헌재 2017.6.29. 2016헌가1). 여기에는 단체 결성과 존속의 자유, 단체 활동의 자유, 결사에의 가입과 잔류의 자유, 및 소극적으로 단체에 가입하지 않을 자유와 탈퇴할 자유가 포함된다.

(판 례) 사적 단체에서의 선거운동의 자유

(……) 농협은 기본적으로 사법인적 성격을 지니고 있으므로(헌재 2012.2.23. 2011헌바154 참조), 농협의 활동도 결사의 자유 보장의 대상이 된다(헌재 2012.12.27. 2011헌마562등 참조).

결사의 자유에는 단체활동의 자유도 포함되는데, 단체활동의 자유는 단체 외부에 대한 활동뿐만 아니라 단체의 조직, 의사형성의 절차 등 단체의 내부적 생활을 스스로 결정하고 형성할 권리인 단체 내부 활동의 자유를 포함한다(헌재 2012.12.27. 2011헌마562등 참조). 농협의 이사는 이사회의 구성원이 되어, 업무집행의 의사결정에 참여하고 의결된 사항에 대하여 조합장이나 상임이사의 업무집행상황을 감독한다(제43조 제2항, 제3항, 제4항). 그러므로 선거를 통한 이사 선출행위는 결사 내 의사결정기관의 구성에 관한 자율적인 활동이고, 이사 선거 후보자의 선거운동은 결사의 자유의 보호범위에 포함된다.

이 사건 법률조항들은 이사 선거와 관련하여 전화·컴퓨터통신을 이용한 지지 호소를 할 수 없도록 하고, 이를 위반하여 선거운동을 한 자를 처벌하므로, 이사 선거 후보자의 결사의 자유를 제한한다.

헌재 2016.11.24. 2015헌바62, 공보 242, 1866,1871

위 판례에서 보듯이 사적 결사의 대표자(조합장이나 이사)를 선출함에 있어서 선거운동에 관한 사항은 결사의 자유의 보호범위에 속한다. 헌법재판소는 수산업협동조합의 조합장 선거에 있어서도 위와 동일한 판시를 하였다(헌재 2017.6.29. 2016헌가1). 직선제조합장선거의 경우 선거운동기간을 후보자등록마감일의 다음날부터 선거일 전일까지로 한정하면서 예비후보자 제도를 두지 않고, 법정된 선거운동방법만을 허용하면서 합동연설회 또는 공개토론회의 개최나 언론기관 및 단체가 주최하는 대담·토론회를 허용하지 아니한 '공공단체등 위탁선거에 관한 법률' 조항도 조합장선거의 후보자 및 선거인인 조합원의 결사의 자유를 침해하지 않는다(헌재 2017.7.27. 2016헌바372).

여기의 결사에 공법상의 결사는 포함되지 않는다. "결사란 자연인 또는 법인의 다수가 상당한 기간 동안 공동목적을 위하여 자유의사에 기하여 결합하고 조직화된 의사형성이 가능한 단체를 말하는 것으로 공법상의 결사는 이에 포함되지 아니한다"(헌재 1996.4.25. 92헌바47).

사적인 결사라고 하더라도 공적인 역무를 수행하는 경우에(가령 상공회의소) 그 결사의 자유에 관해서는 완화된 심사기준이 적용된다.

결사의 자유는 개인의 권리인 동시에 단체제도의 보장을 의미한다(헌재 2002.8.29. 2000헌가5등).

단체 자체도 결사의 자유의 주체가 된다. "법인 등 결사체도 그 조직과 의사형성에 있어서, 그리고 업무수행에 있어서 자기결정권을 가지고 있어 결사의 자유의 주체가 된다고 봄이 상당하므로, 축협중앙회는 그 회원조합들과 별도로 결사의 자유의 주체가 된다"(헌재 2000.6.1. 99헌마553).

(2) 결사의 자유의 제한

헌법 제21조 제2항은 결사의 허가제를 금지한다. 과거에 '사회단체 등록에 관한 법률'에서 등록제를 규정한 적이 있고, 그 후 '사회단체 신고에 관한 법률'로 대체되었는데, 다시 1997년에 이 법률도 폐지되었다. 명칭이 등록이든, 신고든, 이를 결사의 성립, 활동의 요건으로 한다면 실질적으로 허가제나 다름없다. 대법원은 등록제에 대하여, 등록은 결사의 성립·활동의 요건이 아니며 등록하지 아니하고도 결사의 조직과 활동을 할 수 있다고 판시하였다(대판 1967.7.18. 65누172).

결사의 자유는 헌법 제37조 제2항에 의해 법률로 제한될 수 있다. 개별 법률에서 특정한 결사를 금지하는 예가 있다. 형법에서 '범죄단체조직죄'를 처벌하고(제114조), 국가보안법에서 '반국가단체' 및 이른바 '이적단체'(제2조, 제7조 제3항)를 금지하는 것이 그 예다.

공법상의 단체에 가입을 강제하는 등, 강제결사가 허용되느냐가 문제된다. 예컨대 변호사법에서 변호사회에 등록하도록 의무화하는 등의 규정을 두는 것이 소극적 결사의 자유를 침해하지 않느냐는 문제가 제기된다. 공법상 단체에 대하여는 소극적 결사의 자유가 인정되지 않는다는 견해가 있으나, 공법상의 강제결사는 공공의 목적을 달성하기 위해 반드시 필요한 경우에 한하여 인정된다고 본다.

한편 헌법재판소 판례는 기존의 축협중앙회를 해산하여 신설되는 농협중앙회에 합병토록 하는 등의 농업협동조합법 규정을 결사의 자유 등에 대한 과잉제한이 아니라고 보았다(헌재 2000.6.1. 99헌마553). 변리사로 등록하지 않는 한 변리사업무를 취급하지 못하도록 대한변리사회 가입을 강제한 것도 합헌으로 판단하였다(헌재 2008.7.31. 2006헌마666). 그러나 최근 결정에서 변리사회는 사익을 도모하는 사법상의 법인이라는 이유로 가입강제조항은 위헌이라는 의견이 5인으로 우세하였는데, 정족수 미달로 합헌결정이 내려졌다(헌재 2017.12.28. 2015헌마1000). 안마사의 경우 의무적으로 사법인인 대한안마사협회 회원이 되어 정관을 준수하도록 강제하는 것에 대하여 다수견해는 소극적 결사의 자유를 침해하는 것으로 보았으나, 정족수미달로 합헌결정이 내려졌다(헌재 2008.10.30. 2006헌가15). 반면, 운송사업자로 구성된 협회로 하여금 연합회에 강제로 가입하게 하고 임의로 탈퇴할 수 없도록 하는 '화물자동차 운수사업법' 규정은 합헌이라는 것이 판례의 입장이다(헌재 2022.2.24. 2018헌가8; 공공재적 성격을 가지는 화물자동차 운송사업의 공익성을 강조하였다).

월남전 참전자 중 고엽제 관련자는 대한민국고엽제전우회 회원이나 월남전참전자회의 회원 둘 중 하나만 가입할 수 있도록 한 것은 결사의 자유를 침해하지 않는다는 것이 판례이다(헌재 2016.4.28. 2014헌바442). 중복지원으로 인한 예산낭비 등의 목적 및 월남전 참전자는 양 단체 중에서 선택, 변경이 가능함을 이유로 들었다. 총사원 4분의 3 이상의 동의가 있으면 사단법인을 해산할 수 있도록 규정한 민법 규정도 해산에 반대하는 자들의 결사에의 잔류의 자유 침해가 아니다(헌재 2017.5.25. 2015헌바260).

XII. 정치적 표현의 자유(선거운동의 자유 등)

1. 의 의

정치적 표현의 자유는 정치적 의사를 표현하는 자유이며, 표현의 자유 가운데 특히 정치적 내용의 표현의 자유를 가리킨다. 정치적 표현의 자유의 내용으로서, ① 일반적인 정치적 언론·출판·집회·결사의 자유 외에, ② 정당 결성·가입 및 정당활동의 자유, ③ 선거운동의 자유가 포함된다. 앞의 ②와 ③은 정치적 표현의 자유(즉, 정치적 언론·출판·집회·결사의 자유)의 특수한 형태라고 할 수 있다. ②에 관해서는 앞의 '정당제도에 관한 기본원리'에서 다루었다.

헌법재판소 판례는 위의 ①, ②, ③을 합하여 '**정치적 자유권**'이라고 부르고, 정치적 자유권과 참정권(선거권, 피선거권 등 공무담임권, 국민투표권)을 총칭하여 '**정치적 기본권**'이라는 용어를 쓰고 있다.

표현의 내용 가운데 특히 정치적 내용의 표현의 자유를 별개로 다루는 이유가 있다. 첫째, 표현의 자유는 다른 자유권에 비하여 우월한 법적 지위를 지니는데, 그 중에서도 정치적 표현의 자유는 우월적 지위를 더욱 강조할 필요가 있다. 정치적 표현의 자유는 개인의 권리라는 측면만이 아니라 민주정치의 제도적 토대라는 성격을 갖기 때문이다. 헌법재판소는 최근에도 "정치적 표현의 자유는 단순히 개인의 자유에 그치는 것이 아니고 통치권자를 비판함으로써 피치자가 스스로 지배기구에 참가하는 자치정체(自治政體)의 이념을 근간으로 한다. 정치적 표현의 자유는 자유민주적 기본질서의 구성요소로서 현대 자유민주주의의 존립과 발전에 필수불가결한 기본권이므로 정치적 표현의 자유가 억압당하는 경우 국민주권과 민주주의 정치원리는 공허한 메아리에 지나지 않게 될 것"이라고 하였다(헌재 2023.3.23. 2023헌가4). 정치적 표현의 자유를 보장하지 않고서는 국민의 의사에 의한 민주정치는 불가능하다. 둘째, 정당 결성·가입 및 정당활동의 자유와 선거운동의 자유는 정치적 표현의 자유의 특수한 형태로서, 이들에 관해서는 법적으로 특별히 고려할 사항들이 있기 때문이다.

(판 례) 정치적 표현의 자유의 우월적 효력과 제한

오늘날 정치적 표현의 자유는 실로 정치적 언론·출판·집회·결사 등 모든 영역에서의 자유를 말하므로, 이 권리는 자유민주적 기본질서의 구성요소로서 다른 기본권에 비하여 우월한 효력을 가진다고 볼 수 있다.

그러나 정치적 표현의 자유도 절대적인 것은 아니기 때문에 헌법 제37조 제2항에 따라 제한될 수 있다. 또한 선거운동 기간 중의 정치적 표현의 자유는 그 자체가 선거운동의 의미를 가지기 때문에 선거의 공정성을 확보하기 위하여 상당한 제약을 가하는 것은 불가피하다(헌재 2001.8.30. 2000헌마121등, 판례집 13-2, 263,271 참조).

헌재 2004.3.25. 2001헌마710, 판례집 16-1, 422,432

특정한 정당이나 정치인에 대한 정치자금의 기부는 그의 정치활동에 대한 지지·지원인 동시에 정책적 영향력 행사의 의도 또는 가능성을 내포하고 있다는 점에서 일종의 정치활동 내지 정치적인 의사표현에 해당한다(헌재 2010.12.28. 2008헌바89, 헌재 2017.8.31. 2016헌바45).

2. 선거운동의 자유

(1) 선거법의 기본이념

선거운동에 관해 규정하는 선거법의 기본이념은 두 가지로 집약된다. 그 하나는 선거에서의 자유, 즉 자유선거의 이념이고, 다른 하나는 공정성, 즉 공정선거의 이념이다. 자유와 공정성은 공직선거법의 목적 조항(제1조)에도 명시되어 있다.

(판 례) 선거운동의 자유와 선거의 공정(1)

선거의 공정성이란 선거의 자유와 선거운동 등에 있어서의 기회의 균등이 담보되는 것을 의미하므로, 선거의 공정성 없이는 진정한 의미에서의 선거의 자유가 보장된다고 볼 수 없다. 따라서 대의민주주의에서 후보자나 정당 등에 관한 정치적 정보 및 의견을 자유롭게 발표하고 교환하는 것을 내용으로 하는 선거운동 등 정치적 표현의 자유는 선거의 공정성을 전제로 인정되는 것이며, 선거의 공정성은 그러한 자유의 한정원리로 기능할 수 있다.

(재판관 김이수 등 3인의 반대의견)

국민의 기본권인 정치적 표현의 자유 자체가 선거의 공정성을 전제로 인정된다는 것은 자유권에 선거의 공정성이라는 한계를 설정하는 것으로, 표현의

자유와 선거의 공정성의 관계에 대해 오해의 소지가 있는 표현이다.

선거의 공정성 확보와 질서의 유지를 위한 규제는 일반국민의 정치적 표현을 포괄적·전면적으로 금지하는 것이 되어서는 아니 되고, 선거의 공정성은 국민의 정치적 의사를 정확하게 반영하는 선거를 실현하기 위한 수단과 같은 가치이지, 그 자체가 헌법적 목표는 아니다.

헌재 2014.4.24. 2011헌바17등, 판례집 26-1 상, 628,630

위 결정은 선거의 자유보다 선거의 공정을 우위에 두는 것으로 오해될 소지가 있고, 음란물과 관련하여 표현의 자유의 내재적 한계는 없다는 판례 변경과는 달리 정치적 표현의 자유인 선거운동의 자유에는 선거의 공정이라는 내재적 한계가 있다는 것으로 해석될 소지도 크다는 점에서 문제가 있다. 이 점에서 보아 반대의견이 타당하다. 최근 대법원은 경기도지사의 허위사실공표 사안과 관련하여 판결하였다. 유죄 취지의 5인의 소수의견은 "선거운동의 자유는 선거의 공정을 훼손하지 않는 범위에서 인정되고, 선거의 공정은 선거운동의 자유의 한정원리로 기능한다"고 한 반면, 무죄 취지의 7인의 다수의견은 "선거의 공정성은 자유선거의 원칙을 실현하는 수단이고, 선거의 공정성을 **크게**(굵은 글씨는 저자) 해치지 않는 한 선거운동의 자유는 최대한 보장하여야 하며, 선거의 공정을 위하여 필요하다는 이유로 부정확하거나 바람직하지 못한 표현들 모두에 무거운 법적 책임을 묻는 것은 해결책이 될 수 없다"고 하였다(대판(전합) 2020.7.16. 2019도13328).

헌법재판소는 최근 선거의 자유와 공정의 해석에서 대법원의 입장과 같이 변경한 것으로 볼 수 있는 결정을 내려 주목된다.

(판 례) 선거운동의 자유와 공정(2)

선거의 궁극적인 목적은 국민의 정치적 의사를 대의기관의 구성에 정확하게 반영하는 데에 있고, (……) 선거의 공정성은 국민의 정치적 의사를 정확하게 반영하는 선거를 실현하기 위한 수단적 가치이고, 그 자체가 헌법적 목표는 아니다. 그러므로 선거의 공정성은 정치적 표현의 자유에 대한 전면적·포괄적 제한을 정당화할 수 있는 공익이라고 볼 수 없고, 선거의 공정성이 정치적 표현의 자유를 보장하는 전제 조건이 되는 것도 아니므로 이를 이유로 선거에서 표현의 자유가 과도하게 제한되어서는 안 된다. 선거에 있어 자유와 공정은 반드시 상충관계에 있는 것만이 아니라 서로 보완하는 기능도 함께 가지고 있다.

(……) 정치적 표현에 대하여는 '자유를 원칙으로, 금지를 예외로' 하여야 하

고, '금지를 원칙으로, 허용을 예외로' 해서는 안 된다는 점은 자명하다. 따라서 선거운동 등에 대한 제한이 정치적 표현의 자유를 침해하는지 여부를 판단함에 있어서는 표현의 자유의 규제에 관한 판단기준으로서 엄격한 심사기준을 적용하여야 한다(헌재 2022.7.21. 2017헌바100등 참조).

헌재 2023.3.23. 2023헌가4, 공보 318, 551,553

우리 헌법은 자유선거의 원칙을 명시하고 있지 않으나, 헌법재판소 판례는 자유선거의 원칙이 헌법에 근거한 것이며, 그 내용으로 선거운동의 자유를 포함한다고 판시하고 있다(헌재 2001.8.30. 99헌바92).

헌법재판소는 교육감선거와 관련하여 후보자를 사퇴한 데 대한 대가를 목적으로 후보자이었던 자에게 금전을 제공한 사람을 형사처벌하도록 하고 있는 공직선거법 관련규정(이른바 사후매수죄)이 헌법에 위배되지 않는다는 결정을 선고하였다(참고. 헌재 2012.12.27. 2012헌바47, 공보 195, 167,172-177).

(2) 선거운동의 개념

선거운동의 개념에 관하여 현행 공직선거법은 다음과 같이 규정하고 있다. "선거운동이라 함은 당선되거나 되게 하거나 되지 못하게 하기 위한 행위를 말한다. 다만, 다음 각 호의 1에 해당하는 행위는 선거운동으로 보지 아니한다. 1. 선거에 관한 단순한 의견개진 및 의사표시, 2. 입후보와 선거운동을 위한 준비행위, 3. 정당의 후보자 추천에 관한 단순한 지지·반대의 의견개진 및 의사 표시, 4. 통상적인 정당활동, 5. 특정 정당 또는 후보자(후보자가 되려는 사람을 포함한다)를 지지·추천하거나 반대하는 내용 없이 투표참여를 권유하는 행위(호별로 방문하는 경우 또는 선거일에 확성장치·녹음기·녹화기를 사용하거나 투표소로부터 100미터 안에서 하는 경우는 제외한다), 6. 설날·추석 등 명절 및 석가탄신일·기독탄신일 등에 하는 의례적인 인사말을 문자메시지로 전송하는 행위"(제58조 제1항). 헌법재판소 판례는 선거운동의 개념을 더 구체적으로 다음과 같이 정의하고 있다.

(판 례) 선거운동의 개념(1)

선거운동이라 함은 특정 후보자의 당선 내지 이를 위한 득표에 필요한 모든 행위 또는 특정 후보자의 낙선에 필요한 모든 행위 중 당선 또는 낙선을 위한 것이라는 목적의사가 객관적으로 인정될 수 있는 능동적, 계획적 행위를 말하는 것으로 풀이할 수 있다. 즉, 단순한 의견개진 등과 구별되는 가벌적 행위로서의 선거운동의 표지로 당선 내지 득표(반대후보자의 낙선)에의 목적성, 그 목적성의 객관적 인식가능성, 능동성 및 계획성이 요구된다 할 것이다.

헌재 1994.7.29. 93헌가4등, 판례집 6-2, 15,47-48

개정 공직선거법(법률 제12583호, 2014.5.14. 개정)은 정당의 명칭이나 후보자의 성명·사진 또는 이를 유추할 수 있는 내용을 나타내어 현수막 등 시설물, 인쇄물, 어깨띠, 표찰, 그 밖의 표시물을 사용하여 투표참여 권유행위를 하는 것을 금지하고, 이를 위반하는 경우 처벌하는 규정을 신설하였다(제58조의2 및 제256조 제3항 제3호). 선거의 공정을 위한 것이라고 하나, 투표권유가 선거의 공정을 해한다고 생각하기는 어렵고, 정당이나 후보자를 밝히고 선거운동을 할 수 있다면 동일한 방법으로 투표권유행위도 당연히 할 수 있다고 하여야 할 것이다. 이 점에 비추어 위 규정은 과잉제한이며 위헌의 소지가 있다고 본다.

(판 례) 선거운동의 개념(2)(사전선거운동과의 구별)

선거운동의 자유와 공정 및 기회균등을 꾀하고, 정치인의 통상적인 정치활동을 보장할 필요성, 죄형법정주의 원칙에서 파생되는 형벌법규의 엄격해석의 원칙, 구 공직선거법의 전체적인 체계에서 선거운동이 차지하는 위치 및 다른 개별적 금지규정의 내용 등에 비추어 볼 때, 공직선거법상 선거운동의 의미와 금지되는 선거운동의 범위는 다음과 같은 구체적인 기준에 따라 판단하는 것이 타당하다.

'선거운동'은 특정 선거에서 특정 후보자의 당선 또는 낙선을 도모한다는 목적의사가 객관적으로 인정될 수 있는 행위를 말하는데, 이에 해당하는지는 행위를 하는 주체 내부의 의사가 아니라 외부에 표시된 행위를 대상으로 객관적으로 판단하여야 한다. 따라서 행위가 당시의 상황에서 객관적으로 보아 그와 같은 목적의사를 실현하려는 행위로 인정되지 않음에도 행위자가 주관적으로 선거를 염두에 두고 있었다거나, 결과적으로 행위가 단순히 선거에 영향을 미친다거나 또는 당선이나 낙선을 도모하는 데 필요하거나 유리하다고 하여 선거운동에 해당한다고 할 수 없다. 또 선거 관련 국가기관이나 법률전문가의 관점에서 사후적·회고적인 방법이 아니라 일반인, 특히 선거인의 관점에서 행위 당시의 구체적인 상황에 기초하여 판단하여야 하므로, 개별적 행위들의 유기적 관계를 치밀하게 분석하거나 법률적 의미와 효과에 치중하기보다는 문제 된 행위를 경험한 선거인이 행위 당시의 상황에서 그러한 목적의사가 있음을 알 수 있는지를 살펴보아야 한다.

위와 같은 목적의사는 특정한 선거에 출마할 의사를 밝히면서 그에 대한 지지를 부탁하는 등의 명시적인 방법뿐만 아니라 당시의 객관적 사정에 비추어 선거인의 관점에서 특정 선거에서 당선이나 낙선을 도모하려는 목적의사를 쉽게 추단할 수 있을 정도에 이른 경우에도 인정할 수 있다. 위와 같은 목적의사가 있었다고 추단하려면, 단순히 선거와의 관련성을 추측할 수 있다거나 선거에 관한 사항을 동기로 하였다는 사정만으로는 부족하고 특정 선거에서의 당락을 도모하는 행위임을 선거인이 명백히 인식할 만한 객관적인 사정에 근거하여야 한다. 그러한 목적의사를 가지고 하는 행위인지는 단순히 행위의 명목뿐만 아니라 행위의 태양, 즉 행위가 행하여지는 시기·장소·방법 등을 종합적으로 관찰하여 판단하여야 한다. 특히, 공직선거법이 선거일과의 시간적 간격에 따라 특정한 행위에 대한 규율을 달리하고 있는 점과 문제가 된 행위가 이루어진 시기에 따라 동일한 행위라도 선거인의 관점에서는 선거와의 관련성이 달리 인식될 수 있는 점 등에 비추어, 행위를 한 시기가 선거일에 가까우면 가까울수록 명시적인 표현 없이도 다른 객관적 사정을 통하여 당해 선거에서의 당선 또는 낙선을 도모하는 의사가 있다고 인정할 수 있으나, 선거가 실시되기 오래전에 행해져서 시간적으로 멀리 떨어진 행위라면 단순히 선거와의 관련성을 추측할 수 있다는 것만으로 당해 선거에서의 당락을 도모하는 의사가 표시된 것으로 인정될 수는 없다.

선거운동은 대상인 선거가 특정되는 것이 중요한 개념표지이므로 문제 된 행위가 특정 선거를 위한 것임이 인정되어야만 선거운동에 해당하는데, 행위 당시의 상황에서 특정 선거의 실시에 대한 예측이나 확정 여부, 행위의 시기와 특정 선거일 간의 시간적 간격, 행위의 내용과 당시의 상황, 행위자와 후보자의 관계 등 여러 객관적 사정을 종합하여 선거인의 관점에서 문제 된 행위가 특정 선거를 대상으로 하였는지를 합리적으로 판단하여야 한다. 한편 정치인은 누구나 기회가 오면 장래의 적절한 선거에 출마하여 당선될 것을 목표로 삼고 있는 사람이고, 선거운동은 특정한 선거에서 당락을 목표로 하는 행위이므로, 문제 된 행위가 특정 선거를 위한 것이라고 인정하려면, 단순히 어떤 사람이 향후 언젠가 어떤 선거에 나설 것이라는 예측을 할 수 있는 정도로는 부족하고, 특정 선거를 전제로 선거에서 당락을 도모하는 행위임을 선거인이 명백히 인식할 수 있는 객관적 사정이 있어야 한다.

정치인이 일상적인 사회활동과 통상적인 정치활동의 일환으로 선거인과 접촉하여 자신의 인격에 대한 공감과 정치적 식견에 대한 찬성과 동의를 구하는 한편, 그들의 의견을 청취·수용하여 지지를 받을 수 있는 정책을 구상·수립하는 과정을 통하여 이른바 인지도와 긍정적 이미지를 제고하여 정치적 기반을 다지는 행위에도 위와 같은 판단 기준이 그대로 적용되어야 한다. 따라서 그와 같은 일상적인 사회활동과 통상적인 정치활동에 인지도와 긍정적 이미지를 높이려는 목적이 있다 하여도 행위가 특정한 선거를 목표로 하여 선거에서 특정인의 당선 또는 낙선을 도모하는 목적의사가 표시된 것으로 인정되지 않는 한 선거운동이라고 볼 것은 아니다.

문제된 행위가 단체 등을 통한 활동의 모습으로 나타나는 경우에는 단체 등의 설립 목적과 경위, 인적 구성, 활동의 시기, 방법, 내용과 규모 등을 추가적으로 고려하여 활동이 특정 선거에서 특정인의 당선 또는 낙선을 도모하는 목적의사에 따라 행해진 것이라는 점이 당해 선거인의 관점에서 객관적으로 인정되는지를 살펴보아야 한다. 단체 등의 목적 범위 내에서 통상적으로 행해지는 한도에서는 특별한 사정이 없는 한 그러한 활동이 특정인의 당선 또는 낙선을 목적으로 한 선거운동이라고 보아서는 아니 되고, 단체의 목적이나 활동 내용이 정치 이외의 다른 전형적인 사회활동을 하는 단체가 갖는 특성에 딱 들어맞지 않는다는 이유만으로 단체의 활동을 선거운동에 해당한다고 단정하여서도 아니 된다.

대판(전합) 2016.8.26. 2015도11812

위 대법원 판결은 선거운동인지 여부를 우선 선거인의 관점에서 보아야 한다고 한다. 그렇다면 선거인의 입장에서는 득표율이 미미한 군소후보들은 당선될 가능성이 없기 때문에 이들의 득표활동은 선거운동이 될 수 없다. 또한 본인은 차차기를 노리면서 이번 선거에서는 이름을 획기적으로 알릴 목적에서 입후보한 후 활동할 뿐인데, 선거인의 관점에서는 선거운동이 될 수도 있다는 문제가 있다. 선거일로부터 오랜 기간 이전에는 일반적으로 사전선거운동이 되지 않는다는 일반적 설시에는 동의하나, 실제 선거운동을 오래 전부터 치밀한 계획 하에 하는 것이라면 이는 선거운동이라고 보아야 할 것이다. 오히려 이러한 경우가 훨씬 일반적이다. 위 문제된 사안에서 사전선거운동위반이 아니라는 결론에는 찬성하나 그 판시를 이끌어내는 논지에는 찬성할 수 없다. 최근 경기도지사의 공직선거법 위반 사건의 쟁점은 TV토론회에서의 질문에 대해 부인하면서 일부 사실을 진술하지 않은 것이 공직선거법상 허위사실공표에 해당하는지 여부였다. 대법원은 "유권자의 관점에서 어떠한 사실이 분명하게 발표되었는지를 살펴보아야 한다"고 판시하였다(대판(전합) 2020.7.16. 2019도13328). 7:5로 나뉜 위 판결의 소수의견은 '선거인들의 평균적인 인식'에 의하면 허위사실공표에 해당한다고 보았다. 정치활동의 정점이 선거운동이므로 선거운동 자유화만이 선거운동의 개념을 둘러싼 법적 문제점에 대한 근본적 해결책이 될 것이다.

헌법재판소도 최근 공직선거법의 규제대상이 되는 선거운동의 개념을 다소 엄격하게 보는듯한 결정을 하였다.

(판 례) 페이스북 계정에 기사를 단순 공유한 것이 선거운동인지 여부

공직선거법상 선거운동을 할 수 없는 공립학교교원이 '페이스북'과 같은 누리소통망을 통해 자신의 정치적인 견해나 신념을 외부에 표출하였고, 그 내용이 선거와 관련성이 인정된다고 하더라도, 그 이유만으로 섣불리 선거운동에 해당한다고 속단해서는 아니 된다. (……) 특별한 사정이 없는 한 언론의 인터넷 기사나 타인의 게시글을 단순히 '공유하기'한 행위만으로는 특정 선거에서 특정 후보자의 당선 또는 낙선을 도모하려는 목적의사가 명백히 드러났다고 단정할 수는 없다(대법원 2018.11.29. 선고 2017도2972 판결, 대법원 2019.11.28. 선고 2017도13629 판결 참조). (……)

청구인은 특정 국회의원 후보자가 거짓말을 하고 있다는 내용의 인터넷매체 게시글과 동영상을 공유하였으나, 그 글에 대한 자신의 의견은 부기하지 않아, 특별한 사정이 없는 한 타인의 게시물을 단순 공유한 이 사건 게시행위만으로는 청구인의 정치적 선호를 짐작할 수는 있겠지만, 특정 후보자의 낙선을 도모하기 위한 목적의사가 명백히 인식되는 행위로 보기는 부족하다. 그 외 청구인이 선거일에 임박하여 페이스북 계정을 개설하고 페이스북 친구를 과다하게 추가하면서 비슷한 내용의 게시물을 이례적으로 연달아 작성, 공유하였다는 등 그 목적의사를 추단할 수 있는 특별한 사정에 대한 증거는 확보되지 않았다.

따라서 이 사건 게시물의 내용과 수사과정에서 확인된 청구인의 페이스북 친구의 규모(4,583명) 및 청구인이 이 사건 게시행위 이외에 페이스북에 같은 날 같은 특정 후보자에 관한 인터넷 기사를 공유하면서 '용산참사를 잊을 수 없다'는 취지의 글을 직접 작성해 게시한 사실만으로는 청구인의 이 사건 게시행위가 특정 선거에서 특정 후보자의 낙선을 도모한다는 목적의사가 객관적으로 인정될 수 있는 능동적이고 계획적인 행위인 '선거운동'에 해당한다고 인정하기 어렵다.

헌재 2020.2.27. 2016헌마1071, 공보 281, 416,418-419

(3) 선거운동의 제한

과거 우리의 선거법(1994년 3월 16일에 새로 제정된 통합선거법 이전의 법률)은 공정성의 이념을 편향적으로 강조한 나머지 상대적으로 선거에서의 자유, 특히 선거운동의

자유를 크게 제한하였다. 선거운동의 주체, 방법, 기간에 관하여 포괄적, 원칙적으로 금지한 다음, 특별히 법이 허용한 사람들에게 한하여 특정한 기간 내에 특정한 방법으로만 선거운동을 할 수 있게 한 것이다. 이것은 선거의 과열을 막고 비용을 줄인다는 명분이 없지 않았지만 여러 문제점을 지닌 것이었다. 첫째, 후보자와 유권자 사이의 정치적 의사소통의 기회를 저해하는 것이 된다. 둘째, 정치적 기득권자에게 유리한 결과를 가져오는 경향이 있다. 셋째, 지나친 규제는 사실상 모든 후보자를 범법자로 만드는 결과를 가져오고, 그 법적 처리의 차별을 통해 정치적으로 악용될 소지가 있다.

선거운동은 정치적 표현행위이며, 정치적 표현행위는 우월한 법적 지위를 지닌다는 법원칙에 비추어 볼 때, 선거운동의 제한입법에는 원칙적으로 엄격한 심사기준이 적용되어야 한다(헌재 1994.7.29. 93헌가4등).

(4) 선거운동의 주체

현행 공직선거법은 선거운동을 할 수 없는 자를 다음과 같이 열거하고 있다(제60조). ① 대한민국 국민이 아닌 자 즉 외국인(다만 지방자치선거에서 선거권이 있는 외국인은 당해 선거에서 선거운동을 할 수 있다), ② 18세 미만의 자, ③ 선거권이 없는 자, ④ 국가공무원과 지방공무원. 단 정당의 당원이 될 수 있는 공무원(국회의원과 지방의회의원 외의 정무직공무원은 제외)은 그러하지 아니하다. ⑤ 공직선거법 제53조 제1항 제2호 내지 제8호에 해당하는 자 등(각급 선거관리위원회 위원, 교육위원회 위원, 정부투자기관의 상근임원과 상근직원, 농협·수협 등의 중앙회장·상근임원과 상근직원, 지방공사와 지방공단의 상근임원과 상근직원, 정당의 당원이 될 수 없는 사립학교 교원, 대통령령으로 정하는 언론인 등), ⑥ 향토예비군 중대장급 이상의 간부, ⑦ 통·리·반의 장 및 읍·면·동 주민자치센터에 설치된 주민자치위원회 위원, ⑧ 특별법에 의하여 설립된 국민운동단체로서 국가 또는 지방자치단체의 출연 또는 보조를 받는 단체(바르게살기운동협의회·새마을운동협의회·한국자유총연맹)의 상근 임직원 및 이들 단체 등(시·도조직 및 구·시·군조직을 포함한다)의 대표자. 다만, ①에 해당하는 사람이 예비후보자·후보자의 배우자인 경우와 ④부터 ⑧까지의 규정에 해당하는 사람이 예비후보자·후보자의 배우자이거나 후보자의 직계존비속인 경우에는 그러하지 아니하다(2010.1.25. 법률개정).

단체에 관해서는 다음에 해당하는 단체에 대해 단체명의 또는 그 대표명의의 선거운동을 할 수 없다고 규정하고 있다(같은 법 제87조). ① 국가·지방자치단체, ② 공직선거법 제53조 제1항 제4호 내지 제6호에 규정된 단체(정부투자기관, 농협수협 등, 지방공사와 지방공단), ③ 향우회 · 종친회 · 동창회 · 산악회 등 동호인회, 계모임 등 사적 모임, ④ 특별법에 의하여 설립된 국민운동단체로서 국가 또는 지방자치단체의 출연 또는 보조를 받는 단체(바르게살기운동협의회 등), ⑤ 법령에 의해 정치활동이나 공직선거 관여가 금지된 단체, ⑥ 후보자 또는 후보자 가족이 임원으로 있는 단체 등, ⑦ 구성원과반수가 선거운동을 할 수 없는 자로 이루어진 단체. 또한 선거운동을 위하여 연구소, 동우회 등 명칭이나 표방하는 목적 여하를 불문하고 사조직 등의 단체를 설립할 수 없다. 한편 노동조합은 선거운동을 할 수 있다.

(판 례) 농협 · 수협 상근직원의 선거운동금지 규정

협동조합이 가지는 공법인적 특성과 기능적 공공성에 더하여, 협동조합의 상근직원이 각 지역 주민들의 생활에 매우 밀접한 직무를 수행하고 있는 점 등을 고려해볼 때, 협동조합의 상근직원이 그 직을 그대로 유지한 채 선거운동을 할 경우에는 선거의 공정성 · 형평성이 저해될 우려가 있다. 한편, 공직선거법과 농업협동조합법 · 수산업협동조합법에는 협동조합의 상근직원이 그의 지위와 권한을 선거운동에 남용하지 못하도록 제한하는 규정들이 일부 존재하나, 그러한 규정들만으로 선거의 공정성 · 형평성이 충분히 확보될 수 있는지 불분명하고, 달리 입법목적을 달성할 수 있는 효과적인 대안을 상정하기도 어렵다. 심판대상조항은 정치적 의사표현 중 당선 또는 낙선을 위한 직접적인 활동만을 금지할 뿐이므로, 협동조합의 상근직원은 여전히 선거와 관련하여 일정 범위 내에서는 자유롭게 자신의 정치적 의사를 표현하면서 후보자에 대한 정보를 충분히 교환할 수 있다. 따라서 심판대상조항은 침해의 최소성 및 법익의 균형성을 충족한다.

(유남석 재판관 등 5인의 위헌의견)

협동조합은 일부 공법인적 특성을 가지고 있기는 하지만, 그 존립목적이나 설립 · 관리의 측면에서 볼 때 자주적 단체로서 기본적으로 사법인에 가깝다고 할 수 있다. 또한 협동조합의 상근직원이 수행하는 직무 내용은 일반 사기업 직원의 직무와 크게 다르지 않으며, 이들에게 정치적 중립성이 요구된다거나, 선거운동에 부당하게 동원할 우려가 있는 권력적 요소 내지 영향력이 있다고 볼 수도 없다. 이러한 점을 종합하여 볼 때, 특별히 협동조합의 상근직원에 대하여 선거운동을 원칙적으로 금지할 필요가 있다고 보기 어렵다.

헌재 2022.11.24. 2020헌마417, 공보 314, 1516,1517

(판 례) 언론인에 대한 선거운동금지 및 처벌조항의 위헌 여부

심판대상조항들(공직선거법 제60조 제1항 제5호는 제53조 제8호(대통령령으로 정하는 언론인)에 규정된 자의 선거운동을 금지하고 있고 제255조 제1항 제2호는 이에 위반한 자를 처벌하고 있음; 저자)은 언론이 공직선거에 미치는 영향력과 언론인이 가져야 할 고도의 공익성과 사회적 책임성에 근거하여 언론인의 선거 개입 내지 편향된 영향력 행사를 금지하여, 궁극적으로 선거의 공정성·형평성을 확보하기 위한 것으로 목적의 정당성을 인정할 수 있다. 그리고 일정 범위의 언론인에 대하여 일괄적으로 선거운동을 금지하는 것은 위와 같은 목적 달성에 적합한 수단이다.

그러나 언론인의 선거 개입으로 인한 문제는 언론매체를 통한 활동의 측면에서 즉, 언론인으로서의 지위를 이용하거나 그 지위에 기초한 활동으로 인해 발생 가능한 것이므로, 언론매체를 이용하지 아니한 언론인 개인의 선거운동까지 전면적으로 금지할 필요는 없다. 심판대상조항들의 입법목적은, 일정 범위의 언론인을 대상으로 언론매체를 통한 활동의 측면에서 발생 가능한 문제점을 규제하는 것으로 충분히 달성될 수 있다. 그런데 인터넷신문을 포함한 언론매체가 대폭 증가하고, 시민이 언론에 적극 참여하는 것이 보편화된 오늘날 심판대상조항들에 해당하는 언론인의 범위는 지나치게 광범위하다. 또한, 구 공직선거법은 언론기관에 대하여 공정보도의무를 부과하고, 언론매체를 통한 활동의 측면에서 선거의 공정성을 해할 수 있는 행위에 대하여는 언론매체를 이용한 보도·논평, 언론 내부 구성원에 대한 행위, 외부의 특정후보자에 대한 행위 등 다양한 관점에서 이미 충분히 규제하고 있다. 따라서 심판대상조항들은 선거운동의 자유를 침해한다.

헌재 2016.6.30. 2013헌가1, 판례집 28-1 하, 413,414

헌법재판소 결정에 따라 2020. 12. 개정 공직선거법은 신문·방송 등을 발행·경영하는 자와 이에 상시 고용되어 편집·제작·취재·집필·보도의 업무에 종사하는 자로서 중앙선거관리위원회규칙으로 정하는 언론인이 공직선거에 입후보하고자 하는 경우 90일 전까지 사퇴하도록 하는 규정만을 두었고, 선거운동을 할 수 없도록 한 조항은 삭제하였다(제53조 제1항 제8호 및 제60조 제1항 제5호).

주의할 점은 선거운동의 주체나 방법 제한이 선거운동의 자유를 침해하는 것인지 여부는 공직선거와 관련하여서만 문제가 된다는 점이다. 따라서 조합장 선거와 관련하여 당선인이 조합장 재임 중 기부행위를 하여 징역형 또는 100만원 이상의 벌금형을 선고받은 때에는 당선을 무효로 한다고 규정한 농업협동조합법 조항은 그의 일반

적 행동자유권을 제한하는 것이지 선거운동의 자유를 제한하는 것은 아니다. 이는 앞서 설명한 바와 같이 새마을금고 조합 임원 선거에서의 선거운동방법 제한 규정이 결사의 자유를 제한한다는 것과 마찬가지이다.

다음은 선거운동의 주체에 관한 주요 헌법재판소 판례이다.

* 구 선거법에서 선거운동원 등 한정된 자 이외의 사람은 선거운동을 할 수 없도록 포괄적 제한을 한 조항은 한정위헌(헌재 1994.7.29. 93헌가4).
* 단체에 대하여 포괄적으로 선거운동을 금지한 구 선거법 규정은 합헌(헌재 1995.5.25. 95헌마105; 헌재 1997.10.30. 96헌마94).
* 노동조합에 대해서만 예외적으로 선거운동을 허용한 조항은 합헌(헌재 1999.11.25. 98헌마141).
* 국민건강보험공단 직원의 선거운동 금지는 그 신분상의 특수성과 조직의 규모, 개인정보 지득의 정도, 선거개입시 예상되는 부작용 등에 비추어 합헌(헌재 2004.4.29. 2002헌마467).
* 선거운동기간 전에 예비후보자를 위하여 선거운동을 할 수 있는 주체에 예비후보자의 배우자를 포함시키지 않은 것은 합헌(헌재 2005.9.29. 2004헌바52).
* 공무원이 그 지위를 이용하였는지 여부에 관계없이 선거운동의 기획행위를 일체 금지하는 것은 정치적 표현의 자유를 중대하게 제한하므로 한정위헌(헌재 2008.5.29. 2006헌마1096).
* 국민운동단체인 바르게살기운동협의회는 선거기간 중 모임을 개최할 수 없도록 하고, 이를 위반하면 처벌하는 공직선거법 조항은 국가나 지방자치단체로부터 예산을 지원받아 사용하는 정치적 성향의 국민운동단체가 선거기간 중 모임을 개최하는 행위는 선거에 영향을 미치는 것으로 보고 이를 금지한 것으로서, 모임 개최 금지기간이 짧고, 관권 개입 등의 위험성 차단이라는 공익이 큰 점 등에 비추어, 책임주의 원칙이나 과잉금지원칙, 평등원칙에 위반되지 않는다(헌재 2013.12.26. 2010헌가90).
* 사회복무요원이 선거운동을 할 경우 경고처분 및 연장복무를 하게 하는 병역법 규정은 합헌(헌재 2016.10.27. 2016헌마252).
* 선거범으로서 100만원 이상의 벌금형을 선고받고 그 형이 확정된 후 5년을 경과하지 아니한 자 또는 형의 집행유예의 선고를 받고 그 형이 확정된 후 10년을 경과하지 아니한 자로서 선거권이 제한되는 결과 선거운동이 제한되는 것은 합헌(헌재 2018.1.25. 2015헌마821등; 다만 선거권이나 선거운동 제한 규정 모두 위헌이라는 의견이 다수(5인)이나 정족수 미달로 합헌결정이 내려졌다. 각종 공직선거에서의 투표율 등에 비추어 볼 때, 선거범에 대한 선거권 제한의 효과는 그리 크지 않을 수 있다는

점에서 비록 선거범이라고 하더라도 선거권 제한의 대상은 제한적이어야 한다고 하였다).

* 한국철도공사 상근직원의 선거운동을 금지하는 것은 위헌(헌재 2018.2.22. 2015헌바124).
* 공직선거법의 공무원 지위이용 선거운동죄 조항이 정치적 중립의무를 지지 않는 지방의회의원을 제외하지 않더라도 합헌(헌재 2020.3.26. 2018헌바3).
* 지방자치단체장의 선거운동을 금지하는 공직선거법 규정은 합헌(헌재 2020.3.26. 2018헌바90).
* 지방공기업에 해당하는 지방공단의 임원이 아닌 상근직원도 당내경선운동을 금지한 공직선거법 조항은 위헌(헌재 2021.4.29. 2019헌가11; 헌재 2022.12.22. 2021헌가36. 두 결정은 심판대상조문은 같으나 각기 다른 시설관리공단이다).
* 서울교통공사 상근직원이 당원이 아닌 자에게도 투표권을 부여하는 당내경선운동을 할 수 없도록 하고 이를 처벌하는 규정은 위헌(헌재 2022.6.30. 2021헌가24).

지방공사·공단의 상근임원뿐만 아니라 상근직원도 선거운동 및 선거에 영향을 미치는 행위를 할 수 없도록 한 공직선거법 규정이 잇따라 헌법재판소로부터 위헌결정을 받자(헌법재판소는 개별 지방공사나 지방공단에 대해 별개의 위헌결정을 내렸다), 2025.1.7. 개정·시행된 공직선거법(법률 제20660호) 제60조 제1항 및 제86조 제1항은 '상근직원' 부분을 삭제하였다. 그러나 중앙정부 출연의 공사·공단의 상근직원의 경우, 위와 같이 위헌결정을 받은 한국철도공사 외에는 여전히 선거운동이 금지되어 있다.

(5) 선거운동의 기간

공직선거법에 의하면 선거운동은 후보자등록 마감일의 다음날부터 선거일 전일까지에 한하여 할 수 있고, 다만 예비후보자 등의 선거운동, 후보자나 후보자가 되고자 하는 자가 자신이 개설한 인터넷 홈페이지를 이용한 선거운동은 예외로 하고 있다(제59조).

헌법재판소는 선거운동기간의 제한을 합헌이라고 보았다(헌재 1994.7.29. 93헌가4; 헌재 1995.11.30. 94헌마97; 헌재 2005.2.3. 2004헌마216; 헌재 2005.9.29. 2004헌바52). 2016년 결정에서도 사전선거운동제한은 합헌이라는 입장을 견지하고 있다(헌재 2016.6.30. 2014헌바253).

2017. 2. 7. 법률개정으로 선거일에도 문자나 인터넷·전자우편 등의 방법으로 선거운동을 할 수 있게 되었다(제59조 제2호, 제3호). 2020. 12. 29. 개정 선거법은 전

화나 말로 하는 선거운동은 선거운동기간의 제한을 받지 않는 것으로 규정하였다(제59조 제4호). 헌법재판소도 이러한 개정 이전의 구 공직선거법이 선거운동기간 전에 개별적으로 대면하여 말로 하는 선거운동까지 금지하고 이를 처벌하였던 것을 위헌이라고 하였다(헌재 2022.2.24. 2018헌바146; 다만 이 결정은 주문이 '~~ 부분은 헌법에 위반된다'임에도 불구하고 헌법재판소 스스로 한정위헌이나 일부위헌으로 분류하지 않고 단순위헌으로 분류하고 있다).

군(郡)의 장의 선거의 예비후보자등록 신청기간을 선거기간개시일 전 60일로 제한하는 공직선거법 조항은 군의 평균 인구수는 시·자치구에 비해서 적고, 대중정보매체가 널리 보급되었으며, 교통이 발달했다는 점에 비추어 지나치게 짧다고 할 수 없다는 것이 판례이다(헌재 2020.11.26. 2018헌마260; 타 선거에서의 예비후보자 등록기간이 대통령의 경우 240일 전, 지역구국회의원 및 시·도지사의 경우 120일 전, 지역구시·도의원 및 지역구시·자치구의원의 경우 90일 전과의 차별도 합리적 이유가 있다고 하였다). 선거일에 선거운동을 한 자를 처벌하는 것도 합헌이라고 한다(헌재 2021.12.23. 2018헌바152; 과잉금지원칙 위반이라는 4인의 반대의견이 있다).

(6) 선거운동의 방법

공직선거법은 선거운동의 방법에 관하여 많은 제한을 규정하고 있다. 문서·도화의 배부·게시 등에 관하여 그 시기나 방법 등을 규제하고 탈법방법에 의한 배부·게시를 금지하고 있는데(제93조), 헌법재판소는 이를 합헌이라고 판시하였다.

또한 헌법재판소는 위 규정의 문서나 도화 및 이에 유사한 것에 휴대전화 문자메세지(헌재 2009.5.28. 2007헌바24), UCC(이용자제작콘텐츠, 헌재 2009.7.30. 2007헌마718)도 포함된다고 보았으나, 판례를 변경하여 인터넷에 글이나 동영상을 올려 게시하거나 전자우편을 전송하는 방법의 선거운동은 자유로이 허용된다고 하였다.

(판 례) 인터넷 등을 이용한 정치적 표현의 자유

언론·출판의 자유는 자유로운 인격발현의 수단임과 동시에 합리적이고 건설적인 의사형성 및 진리발견의 수단이며, 민주주의 국가의 존립과 발전에 필수불가결한 기본권이고, 정치적 표현의 자유는 국민이 선거과정에서 정치적 의견을 자유로이 발표·교환함으로써 비로소 그 기능을 다하게 된다 할 것이므로, 정치적 표현 및 선거운동에 대하여는 '자유를 원칙으로, 금지를 예외로' 하여야 하고, '금지를 원칙으로, 허용을 예외로' 해서는 안 된다(……).

이 사건 법률조항에서 '인터넷 홈페이지 또는 그 게시판·대화방 등에 정보

를 게시하거나 전자우편을 전송하는 방법'으로 후보자와 정당에 관한 일정한 내용의 정보를 표현(이하 '인터넷 상 정치적 표현 내지 선거운동'이라 한다)하는 것을 금지하고 처벌하는 것은 아래와 같은 이유로 위 입법목적 달성을 위하여 적합한 수단이라고 볼 수 없다.

인터넷은 누구나 손쉽게 접근 가능한 매체이고, 이를 이용하는 비용이 거의 발생하지 아니하거나 또는 적어도 상대적으로 매우 저렴하여 선거운동비용을 획기적으로 낮출 수 있는 정치공간으로 평가받고 있고, 오히려 매체의 특성 자체가 '기회의 균형성, 투명성, 저비용성의 제고'라는 공직선거법의 목적에 부합하는 것이라고도 볼 수 있다. 게다가 현행 공직선거법은 후보자나 후보자가 되고자 하는 자, 예비후보자에게 선거운동기간 전이라도 일정한 인터넷 공간에서의 선거운동을 허용하고 있는바(제59조 제3호, 제60조의3 제1항 제3호), 이들이 선거운동기간 전에 인터넷 홈페이지 또는 전자우편을 통한 선거운동을 위하여 확보한 콘텐츠 게시공간을 이 사건에서 문제되고 있는 인터넷 공간으로 전환하여 이용할 수 있고, 그 경우 비용이 특별히 증가할 것으로는 보이지 아니한다. 선거운동원의 고용이나 관리조직의 구성 등으로 인한 비용증가 우려는 이를 직접적으로 규제하는 조항(제61조 내지 제63조, 제135조 제1, 2항, 제230조 제1항 제4호, 제261조 등)에 따라 대처할 문제이다. 따라서 선거일 전 180일부터 선거일까지 인터넷 상 정치적 표현 내지 선거운동을 제한하는 것은 후보자 간의 경제력 차이에 따른 불균형이라는 폐해를 방지한다는 입법목적의 달성을 위한 적절한 수단이라 할 수 없다.

한편, 후보자에 대한 인신공격적 비난이나 허위사실 적시를 통한 비방, 선거권 없는 19세 미만 국민, 외국인 등 선거운동을 할 수 없는 자의 선거운동을 금지하고 처벌하는 법률규정은 이미 도입되어 있고, 모두 이 사건 처벌조항보다 법정형이 높으므로, 인터넷 상에서 인신공격적 비난이나 허위사실 적시를 통한 비방 등을 하거나 선거운동을 할 수 없는 자가 선거운동에 포함되는 글을 올린 경우에는 위 규정들에 의하여 직접 처벌을 받게 되고, 이에 속하지 않는 경우, 즉 선거운동을 할 수 있는 사람이 후보자나 정당에 대한 지지·반대견해를 표시하였으나 허위사실, 비방 등이 포함되지 아니한 경우만 이 사건 법률조항에 의하여 금지되고 처벌되는 것이 되는바, 이는 이 사건 법률조항의 입법목적, 즉 흑색선전을 통한 부당한 경쟁의 방지라는 목적과의 관련성을 상실한 것이라고 할 것이다.

또한, 선거운동기간 중에는 누구에게나 인터넷을 이용한 선거운동을 허용하면서(공직선거법 제82조의4 제1항 제1호), 그보다 선거와의 시간적 거리가 있어 흑색선전 등을 교정할 여유를 가질 수 있는 선거운동기간 이전의 일정기간에 있어서 정치적 표현의 자유 행사를, 인터넷 상 의사표현의 신속성 · 확산성을 경계한다는 이유로 부정할 수는 없다. 나아가 인터넷상 정치적 표현 내지 선거운동의 경우에는 이를 접하는 수용자 또는 수신자가 그 의사에 반하여 정보를 수용하게 되는 것이 아니고, 자발적, 적극적으로 이를 선택(클릭)한 경우에 정보를 수용하게 된다는 점에서 선거의 평온을 해할 가능성이 크지 않으며, 민주주의 사회에서의 선거과정은 국민주권주의의 실현과정, 국민의 가치결단의 표현과정, 국정수행 대표자에 대한 검증과정으로서의 의미를 가지는 것이므로, 그 과정에서 발생하는 정치적 관심과 열정의 표출을 반드시 부정적으로 볼 것은 아니다.

또한, 이 사건 법률조항에서 인터넷 상 정치적 표현을 금지하는 것은 침해의 최소성에도 어긋난다.

일반유권자는 이 사건 법률조항에 의하여 선거일 전 180일부터 선거일까지(선거운동기간 제외) 후보자나 정당에 대한 정치적 표현 내지 선거운동 일체를 제한받고 있는바, 대통령 선거, 국회의원 선거, 지방선거가 순차적으로 맞물려 돌아가는 현실에 비추어 보면, 기본권 제한의 기간이 지나치게 길다. 특히, 그 긴 기간 '통상적 정당활동'은 선거운동에서 제외됨으로써(공직선거법 제58조 제1항 제4호) 정당의 정보제공 및 홍보는 계속되는 가운데, 정당의 정강 · 정책 등에 대한 지지, 반대 등 의사표현을 금지하는 것은 일반국민의 정당이나 정부의 정책에 대한 비판을 봉쇄하여 정당정치나 책임정치의 구현이라는 대의제도의 이념적 기반을 약화시키게 될 것이다.

한편, 사이버선거부정감시단의 상시적 운영, 선거관리위원회의 공직선거법 위반 정보 삭제요청 등 선거운동을 할 수 없는 자의 선거운동, 비방이나 허위사실 공표의 확산을 막기 위한 사전적 조치는 이미 별도로 입법화되어 있고, 선거관리의 주체인 중앙선거관리위원회도 인터넷 선거운동의 상시화 방안을 지속적으로 제시해오고 있으므로, 인터넷의 신속성 · 확장성으로 인한 폐해나 선거관리의 곤란이라는 이유를 들어 이 사건 법률조항을 정당화시키기는 어렵다. 무엇보다 일반유권자의 정치적 표현 내지 선거운동 속에 비방 · 흑색선전 등의 부정적 요소가 개입될 여지가 있다 하여 이 사건 법률조항과 같이 일반적 · 포괄적 금지조항으로써 인터넷 상 정치적 표현 내지 선거운동 일체를 일정한 기간 전면적으로 금지하고 처벌하는 것은 최소침해성의 요건을 충족시키지 못한다 할 것이다.

이 사건 법률조항에 대한 법익균형성 판단에는 이로써 달성하고자 하는 선거의 공정과 평온이라는 공익과 그로 인한 기본권 제한 간의 법익균형성 뿐만 아니라, 국민의 선거참여를 통한 민주주의의 발전 및 민주적 정당성의 제고라는 공익 또한 감안하여야 할 것이다. 이에 비추어 볼 때, 이 사건 법률조항이 인터넷 상 정치적 표현 내지 사전선거운동을 금지함으로써 얻어지는 선거의 공정성은 명백하거나 구체적이지 못한 반면, 인터넷을 이용한 의사소통이 보편화되고 각종 선거가 빈번한 현실에서 이 사건 법률조항이 선거일 전 180일부터 선거일까지 장기간 동안 인터넷 상 정치적 표현의 자유 내지 선거운동의 자유를 전면적으로 제한함으로써 생기는 불이익 내지 피해는 매우 크다 할 것이므로, 이 사건 법률조항은 법익균형성의 요건을 갖추지 못하였다고 할 것이다.

따라서, 이 사건 법률조항 중 '기타 이와 유사한 것'에 '정보통신망을 이용하여 인터넷 홈페이지 또는 그 게시판 · 대화방 등에 글이나 동영상 등 정보를 게시하거나 전자우편을 전송하는 방법'이 포함되는 것으로 해석하여 이를 금지하고 처벌하는 것은 과잉금지원칙에 위배하여 청구인들의 선거운동의 자유 내지 정치적 표현의 자유를 침해한다.

(한정위헌결정)

헌재 2011.12.29. 2007헌마1001, 공보 183, 159

위 판례의 취지에 따라 개정 공직선거법(2012.2.29.)은 선거일이 아닌 때에 인터넷 홈페이지 또는 그 게시판 · 대화방 등에 글이나 동영상 등을 게시하거나 전자우편을 전송하는 방법으로 선거운동을 할 수 있도록 규정하여(제59조 제3호), 온라인상으로는 선거일을 제외하고는 선거운동기간에 대한 제한이 철폐되었다. 헌법재판소도 인터넷 언론사에 대하여 선거일 전 90일부터 선거일까지 후보자 명의의 칼럼이나 저술을 게재하는 보도를 제한한 '인터넷선거보도 심의기준 규정'을 위헌이라고 선언하였다(헌재 2019.11.28. 2016헌마90; 청구인은 인터넷언론사에서 블로거로 활동하는 선거후보자이다). 헌법재판소는 이 결정에서 선거의 공정성을 해치지 않는 보도나 정치표현과 무관한 후보자 명의의 칼럼까지 광범위하게 제한될 수 있고, 경우에 따라 개인홈페이지도 인터넷언론사에 포함될 수 있다는 침해의 최소성 원칙을 강조하였다.

그러나 오프라인상에서는 여전히 탈법방법, 즉 공직선거법이 규정한 이외의 방법으로 선거일 전 180일부터 선거일까지 선거에 영향을 미치게 하기 위하여 명함 등 기타 문서를 배부하는 행위를 처벌할 수 있도록 규정하고 있고, 이 조항은 합헌으로 선언되었다.

(판 례) 탈법방법에 의한 문서·도화의 배부·게시 금지(1)

(법정의견)

심판대상조항은 이와 같은 명함을 이용한 선거운동에 대한 규제를 전제로 하여 허용되지 않는 명함의 배부를 금지·처벌하는 조항이다. 심판대상조항이 위헌으로 선언되어 명함의 배부가 전면적으로 허용된다면, 위와 같은 공직선거법상의 규제가 사실상 무의미해지고 선거의 공정성을 훼손할 위험이 있다. 이에 더하여 공직선거법이 명함을 이용한 선거운동을 다른 문서·도화, 인쇄물에 비하여 폭넓게 허용하고 있는 등의 사정까지 보태어 보면, 명함에 대하여 문서·도화, 인쇄물에 관한 위 선례와 달리 판단할 이유가 없다. 따라서 심판대상조항이 과잉금지원칙에 반하여 선거운동의 자유 및 정치적 표현의 자유를 침해하여 헌법에 위반된다고 볼 수 없다.

(재판관 이진성 등 5인의 위헌의견)

우리는 헌재 2018.4.26. 2017헌가2 결정에서 공직선거법 제93조 제1항 본문, 제255조 제2항 제5호 중 문서·도화, 인쇄물의 배부에 관한 부분이 과잉금지원칙에 반하여 정치적 표현의 자유를 침해한다는 의견을 밝힌 바 있다.

공직선거법 제60조의3 제1항 제2호, 같은 조 제2항은 예비후보자 등이 명함을 배부할 수 있도록 규정하고 있으나, 일반 유권자의 명함 배부는 이를 허용하는 규정이 없어 심판대상조항에 의하여 전면적으로 금지·처벌되고 있다. 명함은 선거에서는 후보자가 되고자 하는 자에 대한 정보와 출마 예정 사실을 간명하고 정확하게 알리는 방법으로서 의미가 있는 것이므로, 일반 유권자의 정치적 표현을 허용할 필요성이 낮다고 볼 수 없다. 또한 유급 선거운동원의 고용에 따른 폐해와 선거운동원 영입에서의 기회 불균등은 선거운동 관련 이익제공 금지조항, 기부행위 금지조항 등 다른 규정에 의하여 방지될 수 있다. 명함을 배부하는 방법은 그 효과에 비하여 비용이 저렴하고, 명함 배부에 의한 정보의 전달 방식이 반드시 일방적·수동적인 것은 아니며, 명함에 허위의 사실을 기재하는 행위에 대한 별도의 금지·처벌조항도 존재한다. 이와 같은 점에 비추어 볼 때 명함 배부를 통한 일반 유권자의 정치적 표현을 원천적으로 봉쇄하는 것은 불필요하고 과도한 기본권 제한이다.

따라서 위 2017헌가2 결정의 위헌의견은 명함의 배부 금지에 관한 심판대상조항에도 그대로 적용되므로, 심판대상조항은 과잉금지원칙에 반하여 일반 유권자의 정치적 표현의 자유를 침해하여 헌법에 위반된다.

(정족수 미달로 합헌결정)

헌재 2018.7.26. 2017헌가11, 공보 262, 1226

오프라인에서의 제한에 대한 위의 합헌결정에는 비판이 많았다. 2020.12. 개정법은 후보자가 되려는 사람이 선거일 전 180일(대통령선거의 경우 선거일 전 240일을 말한다)부터 해당 선거의 예비후보자등록신청 전까지 자신의 명함을 직접 주는 것은 가능하도록 하였다(제59조 제5호). 그러나 후보자 외의 선거인들은 여전히 제한을 받는다.

헌법재판소는 2023.3.23. 결정에서 오프라인에서의 탈법방법에 의한 문서 · 도화의 배부 · 게시 금지 규정(공직선거법 제93조 제1항)을 위헌(헌법불합치)으로 선언하였다.

(판 례) 탈법방법에 의한 문서 · 도화의 배부 · 게시 금지(2)

심판대상조항은 후보자에 대한 정치적 표현의 자유를 상당 부분 제한할 뿐 아니라, 후보자에 비하여 선거운동의 허용영역이 상대적으로 좁은 일반 유권자에 대하여는 더 광범위하게 정치적 표현의 자유를 제한한다(헌재 2022.7.21. 2017헌바100등; 헌재 2022.7.21. 2018헌바357등 참조).

다음으로, 심판대상조항은 규제기간을 '선거일 전 180일부터 선거일까지'로 정하고 있으나, 그와 같은 장기간의 규제기간이 정치적 표현의 자유를 제한할 합리적인 기준이 된다고 볼 수 없다. 이러한 시간적 범위는 일반 유권자의 정치적 표현 제한 시점의 합리적인 기준이 되지 못하고, 각종 선거가 순차적으로 맞물려 돌아가는 현실에서 국민들의 정치적 표현의 자유를 상시적으로 제한하게 되어 그로 인한 기본권 제한의 정도가 지나치게 크다(헌재 2022.7.21. 2017헌바100등; 헌재 2022.7.21. 2018헌바357등 참조).

인쇄물은 현수막, 광고물 등과 같은 시설물과 비교하여 볼 때 투입되는 비용이 상대적으로 적어 경제력 차이로 인한 선거 기회 불균형의 문제가 크지 않다. 설령 선거 기회의 불균형에 대한 우려가 있더라도 이는 공직선거법상 선거비용 제한 · 보전 제도나 인쇄물의 종류 · 금액 등을 제한하는 수단을 마련하여 방지할 수 있다(헌재 2022.7.21. 2017헌바100등; 헌재 2022.7.21. 2018헌바357등 참조).

인쇄물의 살포를 금지하는 것이 선거의 과열로 인한 무분별한 흑색선전, 허위사실유포나 비방을 방지하기 위해 불가피하다고 보기도 어렵다. 선거의 공정성을 해칠 우려가 있는 표현은 모든 정치적 표현이 아니라 무분별한 흑색선전 등에 한정되는데, 후보자에 대한 인신공격적 비난이나 허위사실 적시를 통한 비방 등은 그 행위를 직접적으로 금지하고 처벌하는 규정으로 대처하여야 할 문제이다. 그런데 공직선거법은 이 미 이러한 규정을 두고 있으며, 그 법정형도 심판대상조항보다 무겁다(헌재 2022.7.21. 2017헌바100등; 헌재 2022.7.21. 2018헌바357등 참조).

(……) 역사적으로도 사상의 자유시장의 출범과 발달을 이끈 핵심적이고도 기본적인 매체는 인쇄물이었다고 할 수 있다. 따라서 인쇄물의 특성만을 이유로 그에 대한 광범위한 규제가 정당화될 수 없다(헌재 2022.7.21. 2017헌바100등; 헌재 2022.7.21. 2018헌바357등 참조).

헌재 2023.3.23. 2023헌가4, 공보 318, 551,553-554

이 결정은 헌법재판소가 2022년부터 오프라인에서의 선거운동 및 선거에 영향을 미치는 행위를 포괄적으로 금지하는 조항에 대하여 위헌 또는 헌법불합치 결정을 한 연장선상에 있다. 이로써 개선입법의 추이를 보아야 하겠지만, 오프라인에서의 장기간(선거일 전 180일부터) 선거에 영향을 미치는 정치적 표현을 과도하게(즉 선거의 공정을 크게 해치지 않는데도) 제한하는 규제는 모두 사라졌다고 보인다.

그 예는 다음과 같다. 선거일 전 180일부터 선거에 영향을 미치게 하기 위한 광고물의 설치·진열·게시나 표시물의 착용을 금지하는 규정을 헌법불합치 선언한 결정(헌재 2022.7.21. 2017헌가1등), 선거운동기간 중 어깨띠 등 표시물을 사용을 금지한 규정을 헌법불합치 선언한 결정(헌재 2022.7.21. 2017헌가4), 누구든지 선거기간 중 선거에 영향을 미치게 하기 위하여 그 밖의 집회나 모임을 개최할 수 없도록 한 규정을 위헌으로 선언한 결정(헌재 2022.7.21. 2018헌바164) 등이 있다. 그러나 2023. 8. 30. 법률 제19696호로 개정된 공직선거법은 위 180일을 120일로 단축하고, 다른 내용은 그대로 두었다(제90조 및 제93조). 또한 선거기간 중 선거운동을 위한 집회나 모임은 여전히 모두 금지하되, 선거에 영향을 미치게 하기 위한 집회나 모임의 경우 향우회·종친회·동창회·단합대회·야유회 또는 참가 인원이 25명을 초과하는 집회나 모임의 개최만을 한정적으로 금지하여(제103조) 선거운동의 자유가 크게 확대되었다고 보기는 어렵다.

헌법재판소는 일련의 모든 결정에서 선거운동의 자유와 공정의 관계 및 피해의 최소성을 새로운 관점에서 판단하였다. 선거의 자유와 공정의 관계는 앞에서 살펴보았으므로, 선거운동 규제입법의 위헌심사에서의 피해의 최소성에 관하여 살펴본다.

(판 례) 선거운동 규제입법의 위헌심사에서의 피해의 최소성

광고물·표시물은 투입되는 비용에 따라 그 매체, 횟수, 표시물을 착용하는 사람의 수 등이 달라질 수 있고, 홍보 효과에도 상당한 차이가 발생할 수 있으며, 이에 따라 선거에서의 기회 불균형을 야기할 수 있다. 그러나 이 같은 문제는 공직선거법상 선거비용 규제 등을 통해서도 충분히 해소할 수 있다. (……)

> 심판대상조항의 위헌성은 선거에 영향을 미치게 하기 위하여 광고물을 설치 · 진열 · 게시하거나 표시물을 착용하는 행위를 제한하는 것 자체에 있는 것이 아니라, 이를 '선거일 전 180일부터 선거일까지'라는 장기간 동안 포괄적으로 규제함으로써, 현행 공직선거법이 후보자에 대하여 허용하는 매우 제한적인 경우를 제외하고는, 후보자나 일반 유권자가 사회통념상 적은 비용으로 손쉽게 제작할 수 있거나, 일상생활에서 사용하는 물건에 지지 · 반대하는 정당이나 후보자의 명칭을 기재하여 통상적인 방법으로 붙이거나 입거나 지니고 다니는 것 또는 위와 같은 물건을 사회통념상 적은 비용으로 설치 · 게시하는 등 선거의 공정성을 해치는 것이 명백하다고 볼 수 없는 정치적 표현까지 모두 금지 · 처벌하는 것에 있다.
>
> 헌재 2022.7.21. 2017헌가1등, 공보 310, 927,931-932

또한 휴대전화 문자메시지를 이용한 선거운동도 가능하고, 컴퓨터 및 컴퓨터 이용기술을 활용한 자동 동보통신의 방법으로 전송할 수 있는 사람은 후보자와 예비후보자에 한정되며, 그 횟수는 예비후보자로서 행한 횟수를 포함하여 8회를 넘을 수 없다(제59조 제2호).

현행 공직선거법은 과거에 비해 선거운동방법의 제한을 완화하고 있으나, 아직도 광범한 제한을 유지하고 있다. 일례로 호별방문금지를 들 수 있다(제106조). 헌법재판소는 일관되게 호별방문금지를 합헌이라 하고 있고(헌재 2016.12.29. 2015헌마509; 헌재 2019.5.30. 2017헌바458), 대법원도 합헌이라는 전제하에 이를 처벌하고 있다(대판 2015.11.26. 2015도9847 외 다수).

헌법재판소는 자치구 · 시 · 군의 장 후보자는 종합유선방송을 이용한 방송연설만을 할 수 있게 한 규정을 합헌이라고 판시하였고(헌재 1999.6.24. 98헌마153), 선전벽보에 비정규학력의 게재를 금지한 규정도 합헌이라고 보았다(헌재 1999.9.16. 99헌바5). 또한 선거운동으로서 2인을 초과하여 거리를 행진하는 행위, 다수의 선거구민에게 인사하는 행위, 연달아 소리지르는 행위를 금지한 규정도 합헌이라고 판시하였다(헌재 2006.7.27. 2004헌마215). 그 밖에 선거일 전 180일부터 선거기간 전까지 선거에 영향을 미치게 하기 위한 명함 배부행위를 금지한 것도 합헌이라고 판시하였고(헌재 2008.10.30. 2005헌바32), 예비후보자가 발송할 수 있는 홍보물의 수량을 선거구 안에 있는 세대수 100분의 10에 해당하는 수 이내로 제한하는 것도 합헌이라고 판시하였다(헌재 2012.3.29. 2010헌마673).

헌법재판소는 공직선거법 제251조 후보자비방죄 규정을 합헌이라고 결정한 바 있다(헌재 2010.11.25. 2010헌바53). 이 처벌 규정은 선거의 공정을 달성하기 위한 수단이 되며, 비방이라 할지라도 진실한 사실로서 공익을 위한 것이라면 처벌대상에서 제외되므로 선거운동의 자유를 과도하게 제한하지 않는다고 하였다. 또한 '후보자가 되고자 하는 자'에 대한 비방을 처벌하는 것 역시 합헌이라고 하였다(헌재 2013.6.27. 2011헌바75; 예비후보자등록을 마친 자 이외의 자를 포함시키는 것은 위헌이라는 5인 재판관의 의견이 다수이나 정족수 미달로 합헌 결정).

그러나 헌법재판소는 다음과 같이 이 견해를 변경하였다.

(판 례) 후보자비방죄의 위헌성 여부

비방금지 조항은 후보자가 되고자 하는 자의 인격과 명예를 보호하고 선거의 공정을 보장하기 위한 것이다. 그런데 비방행위가 허위사실에 해당할 경우에는 허위사실공표금지 조항으로 처벌하면 족하고, 허위가 아닌 사실에 대한 경우 후보자가 되고자 하는 자는 스스로 반박함으로써 유권자들이 그의 능력과 자질 등을 올바르게 판단할 수 있는 자료를 얻을 수 있게 하여야 한다. 비방금지 조항 단서에 위법성 조각사유가 규정되어 있기는 하나, 일단 구성요건에 해당되는 행위를 한 사람은 수사나 형사소추의 위험에 놓이게 되고, 표현의 자유에 대한 위축효과가 발생할 수 있다. 한편, 비방금지조항이 없더라도 사실을 적시한 명예훼손은 형법 제307조 제1항에 따라 처벌하여 그 가벌성을 확보할 수 있고, 수사기관과 재판기관은 선거와의 관련성을 고려하여 수사와 재판을 신속하게 진행할 수 있다. 나아가 후보자가 되고자 하는 자는 자발적으로 공론의 장에 뛰어든 사람이므로, 자신에 대한 부정적인 표현을 어느 정도 감수하여야 한다. 이를 종합하면, 비방금지 조항은 과잉금지원칙에 위배되어 정치적 표현의 자유를 침해한다.

헌재 2024.6.27. 2023헌바78, 공보 333, 1152,1153

위 결정에는 3인 재판관의 반대의견이 있다. 선거가 혼탁해질 우려가 있다는 이유를 들었다. 그런데 이 결정에는 다음과 같은 문제가 있다. 심판대상을 '후보자가 되고자 하는 자'에 한정하면서, 폐기하는 종전 결정을 헌재 2013.6.27. 2011헌바75 결정으로 한정함으로써, '후보자'에 대한 비방죄를 합헌으로 선언한 헌재 2010.11.25. 2010헌바53 결정은 여전히 유효한 판례로 남아있다는 점이다.

비례대표국회의원후보자가 공개장소에서 연설·대담하는 것을 허용하지 아니한 연설 등 금지조항 역시 합헌으로 판단되었다. 그러나 재판관 5인은 이에 대하여 위헌의견을 개진하였다.

(판 례) 비례대표국회의원후보자에 대한 연설 등 금지조항의 위헌성

(박한철 등 5인 재판관의 반대의견)

비례대표국회의원선거에서는 기본적으로 정당이 선거운동의 주체가 되어 선거공보의 작성, 방송시설을 이용한 방송연설, 신문광고, 인터넷광고 등을 할 수 있다. 그러나 여기에 할당된 지면이나 참여인원, 횟수, 시간적 범위 등이 법으로 엄격히 제한되고 있고 광고 등의 수단은 고액의 비용을 요하므로, 지지율이 낮거나 소속 국회의원 수가 적은, 그리고 재정상태가 상대적으로 열악한 신생정당이나 소수정당은 이러한 방법들을 사실상 활용하기 어려워진다. 이에 정당의 규모나 인지도에 관계없이 유권자를 접하고 선거운동을 할 수 있는 수단이 필요하다. 선거운동이 과열될 것이라는 우려는 연설·대담의 방식 및 조건을 제한함으로써 상당 부분 해소할 수 있다. 그럼에도 불구하고 연설 등 금지조항은 비례대표국회의원후보자의 연설·대담 기회 자체를 전면적으로 박탈하고 있으므로 과잉금지원칙을 위반하여 선거운동의 자유 등을 침해한다.

헌재 2016.12.29. 2015헌마509등, 공보 243, 208,209

(7) 선거운동과 후보자 차별

선거운동에 있어서 후보자 차별 가운데 특히 문제되는 것은 무소속 후보자에 대한 차별이다. 헌법재판소는 후보자 기호를 정당후보자에게 우선 배정하는 것이 합헌이라고 보았고(헌재 1996.3.28. 96헌마9등), 정당의 교섭단체의 의석수에 따라 기호순서를 배정하는 것도 합헌이라고 판시하였다(헌재 2004.2.26. 2003헌마601). 또한 현직의원에 대해 선거일 전 90일부터 의정보고활동을 금지한 것이 합헌이라고 보았고(헌재 1996.3.28. 96헌마9등), 통상적인 정당활동은 선거운동이 아니라고 한 규정도 합헌이라고 판시하였다(헌재 2001.10.25. 2000헌마193).

한편 선거방송토론위원회가 대통령선거후보자대담토론회 참석 기준에 관하여 여론조사결과 평균지지율 10% 이상인 후보자에 한정하는 것에 대해 합헌이라고 보았고(헌재 1998. 8.27. 97헌마372), 후보자 등의 대담·토론회의 개최·보도를 언론기관의 자율에 맡김으로써 언론기관에 의한 후보자 초청범위 등의 제한이 가능하도록 한 규정도 합헌이라고 판시하였다(헌재 1999.1.28. 98헌마172). 헌법재판소는 지역구국회의원선거에 있어서의 후보자대담·토론회의 초청자격을 국회에 5인 이상의 소속의원을 가진 정당 또는 직전 선거에서 3% 이상을 득표한 정당이 추천한 후보자, 최근 4년 이내 선거에서 10% 이상을 득표하였거나 여론조사결과 5% 이상의 지지율을 보여주는 후보자로 제한하는 것도 합헌이라고 판시하였다(헌재 2011.5.26. 2010헌마451).

또한 지역구국회의원후보자에게 허용하는 선거운동방법을 비례대표국회의원후보자에게 허용하지 않는 규정을 합헌이라고 보았다(헌재 2006.7.27. 2004헌마217).

(8) 판례의 경향과 그 밖의 문제

현행 공직선거법은 선거운동의 주체나 방법 등에 관하여 이전의 법률보다 자유를 확대하였으나 아직도 상당한 제한이 가해지고 있다. 이것은 선거과열의 폐해를 방지하고 선거의 공정성을 높이기 위한 것으로 이해된다. 헌법재판소 판례는 원리상으로 선거운동의 자유에 우월한 효력을 인정하면서도 실제의 심판결과에 있어서는 선거의 공정성 등을 이유로 선거법상의 광범한 제한에 대해 합헌으로 보는 경향이 강하다.

(판 례) 특정 정당 또는 후보자를 지지·추천하거나 반대하는 내용을 포함한 투표참여 권유행위를 금지하고 이를 형사처벌하는 공직선거법 규정의 위헌성 여부

건전한 상식과 통상적인 법감정을 가진 일반인이라면, ① 선거운동, 투표참여 권유행위, 특정 정당이나 후보자를 지지·추천·반대하는 행위의 의미 및 상호관계, ② 심판대상조항 이전의 선거운동과 투표참여 권유행위에 관한 공직선거법상 규율방식, ③ 심판대상조항이 신설된 경위 등을 고려하여, 심판대상조항에 의하여 금지·처벌되는 투표참여 권유행위가 '공직선거법상 허용되지 않는 방법으로 특정 정당 또는 후보자를 지지·추천·반대하는 내용을 포함하여 투표참여를 권유하는 행위로서, 그것이 공직선거법상 선거운동기간이 아닌 때에 이루어진 경우'를 의미함을 충분히 알 수 있으므로, 심판대상조항은 죄형법정주의의 명확성원칙에 위반된다고 볼 수 없다.

① 심판대상조항은 사실상 투표참여 권유를 빙자한 선거운동이 방치되지 않도록 이를 금지함으로써 선거의 공정성을 제고하기 위한 것이고, 심판대상조항을 위반한 자를 형사처벌하는 것은 그 입법목적을 달성하기 위한 효과적인 수단이 되며, ② 선거운동을 제한하는 공직선거법 규정, 심판대상조항의 처벌 범위 및 법정형 등에 비추어 심판대상조항 신설로 정치적 표현의 자유가 과도하게 제한된다고 볼 수 없고, ③ 심판대상조항으로 인한 정치적 표현의 자유의 제한 정도가 그 제한으로 달성하려는 공익상 목적인 선거의 공정성 확보에 비하여 크지 않으므로, 심판대상조항은 과잉금지원칙에 위반되어 정치적 표현의 자유를 침해한다고 할 수 없다.

헌재 2018.7.26. 2017헌가9, 공보 262, 1221

그러나 위 판례에는 다음과 같은 문제가 따른다. 첫째, 선거일로부터 4-5일 전 이틀간에 시행되는 사전투표일은 선거운동을 할 수 없는 선거일인가 아니면 선거운동기간인가가 불명확하다. 둘째, 특정한 쟁점에 대하여 여야가 첨예하게 대립하고 있을 때는 특정 정당 지지나 반대인지 여부가 불분명하다.

선거운동과 관련한 그 밖의 문제에 관한 주요 헌법재판소 판례들은 다음과 같다.

* 후보자 등의 기부행위 제한은 합헌(헌재 1997.11.27. 96헌바60).
* 선거기간 중 선거에 관한 여론조사 결과의 공표를 금지한 것은 합헌(헌재 1995. 7.21. 92헌마177).
* 제3자의 낙선운동을 선거운동에 포함한다고 보아 금지한 것은 합헌(헌재 2001. 8.30. 2000헌마121).
* 기초의회의원선거에서 후보자의 정당표방 금지는 위헌(헌재 2003.1.30. 2001헌가4).
* 지역농협의 임원선거와 관련하여 공직선거법과는 달리 허위사실적시 후보자비방과 사실적시 후보자비방을 구별하지 않고, 또한 특수한 위법성조각사유를 규정하지 않은 농업협동조합법 규정은 합헌(헌재 2012.2.23. 2010헌바480; 다만 헌재 2012. 11.29. 2011헌바137 결정에서는 5인 재판관의 위헌의견이 있었다).
* 지역농협은 기본적으로 사법인의 성격을 지니므로 조합장선거에서 선거운동을 하는 것은 선거권의 범위에 포함되지 않고, 따라서 선거운동의 방법에서 금전제공을 금지하는 것은 조합장 후보자의 일반적 행동의 자유를 제한하는 것이다(헌재 2012.2.23. 2011헌바154; 다만 헌법상 용인되는 범위 내라고 하여 합헌결정 하였다).
* 후보자와 동일시할 수 있는 배우자와 직계존비속이 독자적으로 명함을 교부할 수 있도록 한 조항은 합헌(헌재 2016.9.29. 2015헌마548).
* 당해 선거구 안에 있는 자에 대하여 후보자 등이 아닌 제3자가 기부행위를 한 경우 징역 또는 벌금형에 처하도록 정한 공직선거법 규정은 합헌(헌재 2018.3. 29. 2017헌바266).
* 예비후보자의 선거비용을 보전대상에서 제외하고 있는 공직선거법 조항 및 지역구국회의원선거의 정당추천후보자가 후원회의 후원금으로 납부하거나 지출한 기탁금과 선거비용 중 반환 · 보전받은 반환 · 보전비용을 소속정당에 인계하거나 국고에 귀속시키도록 규정한 정치자금법 조항은 합헌(헌재 2018.7.26. 2016헌마524등).
* 당내경선에서 허용되는 경선운동방법을 한정하고 이를 위반한 경우 처벌하는 공직선거법 규정은 합헌(헌재 2019.4.11. 2016헌바458등; 헌재 2022.10.27. 2021헌바125).
* 선거일 전 180일부터 선거일까지 선거에 영향을 미치게 하기 위하여 화환의

설치를 금지한 공직선거법 규정은 위헌(헌법불합치결정. 헌재 2023.6.29. 2023헌가 12; 금지기간이 장기간이고 선거비용 규제로 해결할 수 있다는 2022년부터의 일련의 결정 취지에 따른 것이라고 하였다).

제 12 장

경제적·사회적 자유

I. 재 산 권

> **(헌법 제23조)** ① 모든 국민의 재산권은 보장된다. 그 내용과 한계는 법률로 정한다.
> ② 재산권의 행사는 공공복리에 적합하도록 하여야 한다.
> ③ 공공필요에 의한 재산권의 수용·사용 또는 제한 및 그에 대한 보상은 법률로써 하되, 정당한 보상을 지급하여야 한다.

1. 서 설

역사적으로 재산권에 관한 사상은 큰 변화를 거쳐왔다. 근대 초기에 재산권은 개인의 불가침의 인권으로 인식되었다. 이 점은 근대 자연권론의 선구자인 록크(John Locke)의 '시민정부론'에서 이미 나타나 있다. 그는 자연상태에서의 개인의 자연권으로서 생명, 자유와 함께 재산(property)을 열거하고 있다. 나아가 1789년의 프랑스 인권선언은 "소유권은 신성 불가침의 권리이다"(제17조)라고 명시하였다. 또한 1791년의 미국헌법 수정 제5조에서는 "적법절차에 의하지 아니하고는 생명, 자유 또는 재산을 박탈할 수 없다"고 규정하였다. 이처럼 근대 유럽과 미국에서 재산권 보장은 개인의 자유의 물적 토대로서 중시되었다.

그러나 현대에 들어와 수정자본주의와 사회국가사상이 전개되면서 재산권은 신성 불가침한 것이 아니라 사회적 구속을 받는 것으로 이해되었다. 1919년의 바이마르 헌법은 이러한 사상을 전형적으로 나타내고 있다. "소유권은 의무를 수반한다. 소유권의 행사는 동시에 공공복리에 이바지하여야 한다"(제153조 제3항). 이후의 세계 각국의 헌법은 거의 모두 이러한 변화된 재산권사상에 입각하여 재산권을 보장하고 있다. 재산권의 이러한 성격 변화를 가리켜, 흔히 재산권의 절대적 보장으로부터 상대적 보장으로의 변화라고 부른다.

우리 헌법도 제헌헌법 이래 재산권의 '사회적 의무성'(사회적 구속성 또는 사회적 기속성이라고도 부른다)을 명시하여 왔다. 다만 공용수용 등의 경우의 보상 기준에 관한 규정은 개정을 거쳐왔다.

재산권에 관한 헌법적 문제의 핵심은 재산권의 사회적 의무성의 범위 및 이를 넘는 재산권 침해와의 구별에 관한 것이다. 이 문제에 관하여는 일방적으로 개인의 자유권으로서의 재산권 보장을 강조한다거나 또는 반대로 공공복리를 위한 사회적 구속성을 강조할 것이 아니라, 구체적인 경우마다 재산권의 성격이나 기능에 따른 차별적 접근이 필요하다. 즉 문제되고 있는 재산권이 개인의 자율적 생존을 위해 필요한 **'생존권적 재산권'**이냐 또는 **'비(非)생존권적 재산권'**이냐를 구분하여 접근해야 할 것이다. 이 점은 특히 토지재산권의 제한에서 중요한 의미를 지닌다.

2. 재산권 보장의 의미 : 이중적 성격

본래 재산권은 개인이 국가 이전에 향유하는 자연권으로서의 성격을 갖는다. 자연권으로서의 재산권은 인간이 자유롭고 자기책임적인 생존을 영위하며 인격을 실현하기 위해 재산을 취득하고 사용, 수익, 처분하는 권리이다.

자연권으로서의 재산권을 실정법인 헌법에서 보장한다는 것은 다음의 두 가지 의미를 지닌다. 첫째, 개인이 재산권을 향유할 수 있는 법제도로서의 사유재산제도를 보장한다는 뜻이다. 둘째, 사유재산제도의 토대 위에 법률에 의해 구체화된 개인의 재산권을 보장한다는 의미이다. 이처럼 재산권 보장은 사유재산제도라는 제도의 보장 및 개인의 자유권으로서의 재산권을 보장한다는 이중적 의미를 지닌다. 헌법재판소 판례도 재산권 보장을 이중적 의미로 해석하고 있다(헌재 1993.7.29. 92헌바20).

3. 재산권 보장의 내용

(1) 재산권의 의미

헌법이 보장하는 재산권은 경제적 가치가 있는 모든 사법상 및 공법상의 권리를 의미한다. 민법상의 소유권을 비롯한 물권과 채권, 지적재산권(저작권이나 산업재산권 등), 특별법상의 광업권이나 관행 어업권(헌재 1999.7.22. 97헌바76등) 등을 포함한다.

상속권도 재산권에 속하며(헌재 1998.8.27. 96헌가22등), (정리회사의) 주식도 재산권의 객체이다(헌재 2003.12.18. 2001헌바91등). 또한 정당한 사유 없는 금전의 납부를 강제당하지 않을 권리(헌재 2011.4.28. 2009헌바37), 피수용자가 일정한 경우에 그 목적물의 소유권을 다시 취득할 수 있는 권리인 환매권(헌재 2011.3.31. 2008헌바26)도 재산권으로서 보장된다. 그러나 단순한 기대이익, 반사적 이익 또는 경제적인 기회 등은 재산권에 속하지 않는다(헌재 1998.7.16. 96헌마246등). 감염병예방법에 근거한 집합제한 조치로 인하여 일반음식점 영업이 제한되어 영업이익이 감소되었다 하더라도, 재산권 제한의 문제가 아니므로 보상규정이 반드시 필요한 것은 아니다(헌재 2023.6.29. 2020헌마1669; 유례없이 높은 전파력과 치명률의 코로나19 유행으로 인하여 집합제한 또는 금지가 장기화되는 상황은 처음 겪는 것이었기 때문에, 장기간의 집합제한 또는 금지 조치로 인하여 중대한 영업상 손실이 발생하리라는 것을 예상하기 어려웠다. 따라서 입법자가 미리 집합제한 또는 금지 조치로 인한 영업상 손실을 보상하는 규정을 마련하지 않았다고 하여 곧바로 평등권을 침해하는 것이라고 할 수 없다고 하였다).

한편 재산권 보장은 사유재산의 처분과 그 상속을 포함하는 것이므로 유언자가 생전에 최종적으로 자신의 재산권에 대하여 처분할 수 있는 법적 가능성을 의미하는 유언의 자유는 헌법상 재산권의 보호를 받는다(헌재 2008.12.26. 2007헌바128).

사회보장적 성격을 갖는 공법상의 권리도 일정한 요건을 갖추면 재산권으로 인정된다.

(판 례) 공법상 권리가 재산권으로 인정되기 위한 요건

공법상의 권리가 헌법상의 재산권보장의 보호를 받기 위해서는 다음과 같은 요건을 갖추어야 한다. 첫째, 공법상의 권리가 권리주체에게 귀속되어 개인의 이익을 위하여 이용가능해야 하며(사적 유용성), 둘째, 국가의 일방적인 급부에 의한 것이 아니라 권리주체의 노동이나 투자, 특별한 희생에 의하여 획득되어 자신이 행한 급부의 등가물에 해당하는 것이어야 하며(수급자의 상당한 자기기여), 셋째, 수급자의 생존의 확보에 기여해야 한다. 이러한 요건을 통하여 사회부조와 같이 국가의 일방적인 급부에 대한 권리는 재산권의 보호대상에서 제외되고, 단지 사회법상의 지위가 자신의 급부에 대한 등가물에 해당하는 경우에 한하여 사법상의 재산권과 유사한 정도로 보호받아야 할 공법상의 권리가 인정된다. 즉 공법상의 법적 지위가 사법상의 재산권과 비교될 정도로 강력하여 그에 대한 박탈이 법치국가원리에 반하는 경우에 한하여, 그러한 성격의 공법상의 권리가 재산권의 보호대상에 포함되는 것이다.

헌재 2000.6.29. 99헌마289, 판례집 12-1, 913,948-949

(판 례) 사회보장수급권과 재산권의 성격을 함께 갖는 경우의 심사기준

(부부 모두 공무원연금법에 따른 퇴직연금 수급자인데 일방이 사망함에 따라 청구인은 공무원연금법상 유족연금을 받게 되었는데, 공무원연금공단은 청구인 본인이 퇴직연금 수급자라는 이유로 구 공무원연금법 제45조 제4항에 따라 유족연금액에서 50%를 감액한 금액을 지급하자 위 법률조항에 대해 헌법소원을 제기한 사건이다)

공무원연금법상의 연금수급권은 사회보장수급권의 성격과 아울러 재산권적 성격을 가지고 있다는 점에서 양 권리의 성격이 불가분적으로 혼재되어 있으므로, 비록 연금수급권에 재산권의 성격이 일부 있다 하더라도 그것은 사회보장법리의 강한 영향을 받지 않을 수 없다. 사회보장수급권과 재산권의 두 요소가 불가분적으로 혼재되어 있다면, 입법자로서는 연금수급권의 구체적 내용을 정함에 있어 이를 하나의 전체로서 파악하여 어느 한 쪽의 요소에 보다 중점을 둘 수도 있다(헌재 2014.5.29. 2012헌마555; 헌재 2020.5.27. 2018헌바129 참조).

따라서 유족연금수급권의 구체적인 내용을 형성함에 있어서 입법자는 공무원연금의 재정상황, 국민 전체의 소득 및 생활수준, 기타 여러 사회적 · 경제적 여건 등을 종합하여 공무원연금법의 입법목적에 맞도록 합리적인 수준에서 결정할 수 있고, 여기에 필요한 정책적인 판단 및 결정은 일차적으로 입법자의 재량에 맡겨져 있다(헌재 1999.4.29. 97헌마333; 헌재 2013.9.26. 2011헌바272 참조).

헌재 2020.6.25. 2018헌마865

(판 례) 유류분과 재산권 보장

민법 제1112조는 유류분권리자와 유류분에 관하여 획일적으로 피상속인의 직계비속과 배우자는 법정상속분의 2분의 1, 직계존속과 형제자매는 법정상속분의 3분의 1로 규정하고 있다. (……)

비록 민법 제1004조 소정의 상속인 결격사유에는 해당하지 않지만 피상속인을 장기간 유기하거나 정신적 · 신체적으로 학대하는 등의 패륜적인 행위를 일삼은 상속인의 유류분을 인정하는 것은 일반 국민의 법감정과 상식에 반한다고 할 것이다. 따라서 민법 제1112조에서 유류분상실사유를 별도로 규정하지 아니한 것은 불합리하다고 아니할 수 없다. (……) 오늘날 사회구조가 산업화를 거쳐 정보화 사회로 변화하면서 가산의 개념이 사라지고, 가족구조도 부모와 자녀로만 구성되는 핵가족제도로 보편화되었으며, 1인 가구도 증가하는 등 가족의 의미와 형태에 많은 변화가 이루어진 상황에서, 피상속인의 형제자매는 상속재산형성에 대한 기여나 상속재산에 대한 기대 등이 거의 인정되지 않음에도 불구하고 피상속인의 의사를 제한하여 유류분권을 부여하는 것은 그 타당한 이유를 찾기 어렵다. (……)

민법 제1112조에서 유류분권리자와 각 유류분을 획일적으로 정하고 있는 것 자체는 불합리하다고 보기 어렵다. 그러나 민법 제1112조 제1호부터 제3호가 유류분상실사유를 별도로 규정하지 않고, 같은 조 제4호가 유류분권리자의 범위에 피상속인의 형제자매를 포함하는 것은 현저히 불합리하다. (……)

기여분에 관한 제1008조의2를 유류분에 준용하지 않은 민법 제1118조 때문에 기여분제도와 유류분제도가 단절되고 이로 인하여 기여상속인이 정당한 대가로 받은 기여분 성격의 증여까지도 유류분반환의 대상이 됨으로써, 기여상속인과 비기여상속인 간의 실질적 형평과 연대가 무너지고, 기여상속인에게 보상을 하려고 하였던 피상속인의 의사가 부정되는 불합리한 결과를 초래한다. (……) 그렇다면 기여분에 관한 민법 제1008조의2를 유류분반환청구 사건의 성질과 절차에 반하지 않는 범위 내에서 유류분에 준용하지 않고 있는 민법 제1118조가 합리적이거나 정당하다고 보기 어렵다.

헌재 2024.4.5. 2020헌가4등, 공보 331, 613,620-624

헌법재판소 판례에 의해 재산권으로 인정된 것으로, 공무원연금법상의 연금수급권(헌재 1995.7.21. 94헌바27등), 국가유공자의 보상수급권(헌재 1995.7.21. 93헌가14), 의료보험법상의 보험급여(헌재 2003.12.18. 2002헌바1), 토지수용법상의 환매권(헌재 1994.2.24. 92헌가15등), 개인택시면허(헌재 2012.3.29. 2010헌마443등) 등이 있다.

한편 재산권으로 인정되지 않은 것으로, 약사의 한약조제권(헌재 1997.11.27. 97헌바10), 관재담당공무원이 국유재산을 취득할 수 있는 기회(헌재 1994.4.29. 96헌바55), 정년단축으로 기존 교원이 입는 경제적 불이익(헌재 2000.12.14. 99헌마112), 영업활동에 의한 영업이익 내지 영업권(헌재 2000.7.20. 99헌마452), 의료보험조합의 해산이나 합병시 적립금에 대한 권리(헌재 2000.6.29. 99헌마289), 농지개량조합 총회에서의 의결권(헌재 2000.11.30. 99헌마190), 물납(금전납부에 갈음하여 금전 외 재산으로 조세를 납부)할 권리(헌재 2007.5.31. 2006헌바49), PC방 전체가 금연구역으로 지정됨에 따라 흡연고객이 이탈함으로써 발생할 수 있는 영업이익의 감소(헌재 2013.6.27. 2011헌마315 등), 설립자나 종전이사가 사립학교 운영에 대해 가지는 재산적 이해관계(헌재 2013.11.28. 2009헌바206), '대일항쟁기 강제동원자지원법'에서의 위로금(헌재 2015.12.23. 2010헌마620) 등이 있다. 행정중심복합도시인 세종특별자치시로 이전하거나 세종시에 신설된 이전기관의 종사자들로서, 행정중심복합도시 예정지역 이전기관 종사자 주택특별공급대상자가 되었다고 하더라도, 이들은 '구 주택공급에 관한 규칙'이 인정한 '주택특별공급'을 신청할 수 있는 지위에 있다고 할 수 있을 뿐, 그 자체로 어떠한 확정적인 권리를 취득하는 것이 아니고, 주택특별공급에 당첨될 수 있을 것이라는 단순한 기대이익을 가진 것에 불과하다(헌재 2022.12.22. 2021헌마902).

또한 의료급여수급권은 저소득 국민에 대한 공공부조의 일종으로서 순수하게 사회정책적 목적에서 주어지는 권리이므로 개인의 노력과 금전적 기여를 통하여 취득되는 재산권의 보호대상에 포함되지 않는다(헌재 2009.9.24. 2007헌마1092).

공무원의 성과상여금의 재분배를 금지하는 '지방공무원 수당 등에 관한 규정'은 성과상여금을 지급받은 공무원에게는 성과상여금 처분을 제한함으로써 재산권을 제한하지만, 성과상여금을 받지 못한 공무원에게는 재산권 행사의 제한이 문제되는 것이 아니라 성과상여금 재분배에 참여하여 이를 분배받을 수 있는 일반적 행동자유권 제한의 문제이다(헌재 2016.11.24. 2015헌마1191등). 고용노동부의 최저임금 고시 역시 기업활동의 사실적 · 법적 여건에 관한 것으로 재산권 침해는 문제되지 않고, 계약의 자유 및 기업의 자유 침해 여부가 문제될 따름이다(헌재 2019.12.27. 2017헌마366).

(2) 사유재산제도의 보장

사유재산제도를 보장한다는 것은 개인이 재산권을 향유할 수 있는 사유재산제도의 핵심을 법률에 의해서도 침해할 수 없다는 것을 의미한다. 사유재산제도의 핵심이 무엇이냐 관해서는 생산수단의 사유제도를 의미한다고 보는 것이 일반적 견해이다. 생산수단의 사유화의 원칙은 헌법 제23조의 재산권 보장에 이미 포함되어 있지만, 이것과 별도로 헌법 제126조에 명시되어 있다("국방상 또는 국민경제상 긴절한 필요로 인하여 법률이 정하는 경우를 제외하고는, 사영기업을 국유 또는 공유로 이전하거나 그 경영을 통제 또는 관리할 수 없다").

(3) 사유재산권의 보장

헌법에서 재산권을 보장한다는 것은 사유재산제도의 토대 위에서 성립한 개인의 사유재산권을 보장한다는 뜻이다. 사유재산권을 보장한다는 것은 개인이 자유롭게 재산을 취득하고 사용, 수익, 처분하는 권리를 보장한다는 의미이다.

재산권은 자유권으로서의 성격을 지니지만 이를 보장하는 일정한 법제도와 불가분의 연관성을 지닌다는 점에서 다른 자유권과는 상이한 측면을 지닌다. 재산에 대한 사실상의 지배는 재산권을 형성하는 입법을 통하여 비로소 권리로서 완성된다. 이 점은 재산권에 관한 법률이 재산권의 형성인 동시에 그 제한이라는 이중적 의미를 지닌다는 것과 연관되며, 이 점에 관해서는 뒤에 설명한다.

4. 재산권의 내용 · 한계의 법정(法定)과 사회적 의무성

헌법 제23조 제1항 제2문은 "(재산권의) 내용과 한계는 법률로 정한다"고 규정하고, 이어 제2항은 "재산권의 행사는 공공복리에 적합하도록 하여야 한다"고 규정하고 있다. 이 조항들의 해석에 관하여 다음의 문제들이 제기된다. ① 이 두 조항은 어떤 관계에 있는가. ② 제1항 제2문은 재산권의 형성적 법률유보인가 또는 제한적 법률유보인가. 재산권에 관한 법률에 대해 헌법 제37조 제2항에 따른 비례의 원칙이 적용되는가. ③ 공공복리에 적합해야 한다는 의무, 즉 사회적 의무성이란 무엇인가.

(1) 헌법 제23조 제1항 제2문과 제2항의 관계

문언상 헌법 제23조 제1항 제2문과 제2항은 서로 별개의 독자적 조항인 것처럼 보인다. 즉 제1항 제2문에 따라 재산권의 내용과 한계가 법률로 정해진 것을 전제로, 제2항에 따라 재산권 행사에 있어서 공공복리에 적합해야 한다는 의무가 부과된다는 해석이다. 그러나 두 조항은 서로 연결되어 있다고 해석하는 것이 타당하다. 즉 제2항의 사회적 의무성은 제1항 제2문의 재산권의 내용, 한계의 법정(法定)에 있어서도 적용된다고 보아야 할 것이다. 재산권의 내용, 한계의 형성과 그 행사는 엄격히 구별되기 어렵고, 재산권의 내용, 한계의 형성에서 공공복리 적합의무가 적용되지 않는다면 큰 의미가 없기 때문이다. 헌법재판소 판례도 이와 마찬가지로 해석하고 있다(헌재 1998.12.24. 89헌마214등).

(2) 재산권의 '형성'인가 또는 '제한'인가

헌법 제23조 제1항 제2문의 규정은 재산권의 형성적 법률유보인가 아니면 제한적 법률유보인가에 관하여 학설이 나뉜다. 형성적 법률유보로 보는 견해가 있는가 하면, 형성적 법률유보인 동시에 제한적 법률유보의 성격도 있다고 보는 견해 등이 제시되고 있다. 만일 형성적 법률유보로 본다면 과잉제한금지의 원칙이 적용되지 않고 과소보호금지의 원칙이 적용된다고 보아야 할 것이다. 반면 제한적 법률유보로 본다면 다른 자유권과 마찬가지로 과잉제한금지의 원칙이 적용된다고 보아야 할 것이다.

헌법재판소 판례는 이 문제에 관하여 일관되지 않은 엇갈린 해석을 나타내고 있다. 재산권 형성적 법률유보에 해당하기 때문에 헌법 제37조 제2항이 적용되지 않는다고 본 판례가 있는가 하면, 형성적 법률에 해당한다고 보면서도 비례의 원칙(과잉제한금지의 의미)을 적용한 판례도 있다.

(판 례) 형성적 법률유보라고 보고 비례의 원칙을 적용하지 않은 예(민법상 취득시효 규정)

우리 헌법상의 재산권에 관한 규정은 다른 기본권 규정과는 달리 그 내용과 한계가 법률에 의해 구체적으로 형성되는 기본권형성적 법률유보의 형태를 띠고 있다. 그리하여 헌법이 보장하는 재산권의 내용과 한계는 국회에서 제정되는 형식적 의미의 법률에 의하여 정해지므로 이 헌법상의 재산권 보장은 재산권형성적 법률유보에 의하여 실현되고 구체화하게 된다. 따라서 재산권의 구체적 모습은 재산권의 내용과 한계를 정하는 법률에 의하여 형성된다. 물론 헌법이 보장하는 재산권의 내용과 한계를 정하는 법률은 재산권을 제한한다는 의미가 아니라 재산권을 형성한다는 의미를 갖는다. 이러한 재산권의 내용과 한계를 정하는 법률의 경우에도 사유재산제도나 사유재산을 부인하는 것은 재산권 보장규정의 침해를 의미하고, 결코 재산권형성적 법률유보라는 이유로 정당화될 수 없다. (……)

다음으로 위 민법 제245조 제1항의 취득시효제도가 재산권의 본질적 내용을 침해하여 헌법 제37조 제2항에 반하는지의 여부를 살핀다. 위에서 본 바와 같이 민법 제245조 제1항은 사유재산권을 부인한 것이 아니고 헌법 제23조 제1항 제2문에 의거한 토지소유권의 득실에 관한 내용과 한계를 법률로써 정하여 형성한 것이다. 그러므로 동 법조문에 의거하여 점유자가 취득시효에 의한 소유권을 취득한 반사적 효과로서 원소유자가 아무런 보상이나 배상을 받지 못하고 소유권을 상실한다고 하더라도 이는 기본권의 제한을 정한 규정이라고 할 수 없다. 따라서 기본권의 제한의 한계를 규정한 헌법 제37조 제2항에 위반되는 규정이라고 할 수 없다.

헌재 1993.7.29. 92헌바20, 판례집 5-2, 36,44-52

위 판례와 동지(同旨)의 다른 판례들도 있다(예컨대 헌재 2000.2.24. 97헌바41. 어음법상 수취인과 발행일을 어음의 필요적 기재요건으로 규정하고 이를 누락한 어음의 효력을 부인한 것이 합헌이라고 본 사건). 한편 아래 판례는 이와 다르다.

(판 례) 형성적 법률유보라고 보면서도 비례의 원칙을 적용한 예(택지소유상한)

재산권이 헌법 제23조에 의하여 보장된다고 하더라도, 입법자에 의하여 일단 형성된 구체적 권리가 그 형태로 영원히 지속될 것이 보장된다고까지 하는 의미는 아니다. 재산권의 내용과 한계를 정할 입법자의 권한은, 장래에 발생할 사실관계에 적용될 새로운 권리를 형성하고 그 내용을 규정할 권한뿐만 아니라, 더 나아가 과거의 법에 의하여 취득한 구체적인 법적 지위에 대하여까지도 그 내용을 새로이 형성할 수 있는 권한을 포함하고 있는 것이다. 그러나 이러한 입법자의 권한이 무제한적인 것은 아니다. 이 경우 입법자는 재산권을 새로이 형성하는 것이 구법에 의하여 부여된 구체적인 법적 지위에 대한 침해를 의미한다는 것을 고려하여야 한다. 따라서 재산권의 내용을 새로이 형성하는 규정은 비례의 원칙을 기준으로 판단하였을 때 공익에 의하여 정당화되는 경우에만 합헌적이다. 즉, 재산권의 내용을 새로이 형성하는 법률이 합헌적이기 위하여서는 장래에 적용될 법률이 헌법에 합치하여야 할 뿐만 아니라, 또한 과거의 법적 상태에 의하여 부여된 구체적 권리에 대한 침해를 정당화하는 이유가 존재하여야 하는 것이다. (……)

입법자가 헌법 제23조 제1항 및 제2항에 의하여 재산권의 내용을 구체적으로 형성함에 있어서는, 헌법상의 재산권 보장의 원칙과 재산권의 제한을 요청하는 공익 등 재산권의 사회적 제약성을 비교형량하여, 양 법익이 조화와 균형을 이루도록 하여야 한다. 입법자가 형성의 자유의 한계를 넘었는가 하는 것은 비례의 원칙에 의하여 판단하게 된다. 공익을 실현하기 위하여 입법자가 적용한 구체적 수단이 비례의 원칙에 합치된다고 하기 위해서는, 우선 그 입법목적이 정당하여야 하고, 입법자가 선택한 수단이 의도하는 입법목적을 달성하고 촉진하기에 적정하여야 하며, 입법목적을 달성하는 데 있어서 효율적인 여러 수단 중에서 가장 기본권을 존중하고 적게 침해하는 수단을 사용하여야 하고, 법률에 의하여 기본권이 침해되는 정도와 법률에 의하여 실현되는 공익의 비중을 전반적으로 비교형량하였을 때 양자 사이의 적정한 비례관계가 성립하여야 한다(헌재 1998.12.24. 89헌마214등, 판례집 10-2, 927,948 참조).

헌재 1999.4.29. 94헌바37, 판례집 11-1, 289,306-310

(판 례) 형성적 법률유보라고 보면서도 비례의 원칙을 적용한 예(개발제한구역)

토지의 개발이나 건축은 합헌적 법률로 정한 재산권의 내용과 한계 내에서만 가능한 것일 뿐만 아니라 토지재산권의 강한 사회성 내지는 공공성으로 말미암아 이에 대하여는 다른 재산권에 비하여 보다 강한 제한과 의무가 부과될 수 있다. 그러나, 그렇다고 하더라도 토지재산권에 대한 제한입법 역시 다른 기본권을 제한하는 입법과 마찬가지로 과잉금지의 원칙(비례의 원칙)을 준수해야 하고, 재산권의 본질적 내용인 사용·수익권과 처분권을 부인해서는 아니된다.

요컨대, 공익을 실현하기 위하여 적용되는 구체적인 수단은 그 목적이 정당해야 하며 법치국가적 요청인 비례의 원칙에 합치해야 한다.

헌재 1998.12.24. 89헌마214등, 판례집 10-2, 927,948

일반적으로 말하면, 자유권과 같은 소극적 기본권을 제한하는 법률에 대해서는 과잉제한금지의 원칙이 적용되고, 사회권이나 절차적 기본권 등 적극적 기본권을 형성하는 법률에 대해서는 과소보호금지의 원칙이 적용된다. 재산권의 내용과 한계를 정하는 법률은 판례에서 말하는 것처럼 기본권 형성적 법률이라고 할 수 있다. 그러나 재산권의 경우, 기본권 형성적 법률이라고 해서 기본권 제한적 법률의 성격이 없다고 할 수는 없다. 재산권은 본래 자유권으로서의 성격을 가지며, 재산권을 형성하는 법률은 동시에 재산권 제한의 의미를 지니기 때문이다. 재산권의 내용과 한계를 정하는 법률이 형성적 법률이라고 말하는 것은, 재산권이 자유권이면서도 다른 자유권과는 달리 법제도와 불가분의 연관성을 지닌다는 의미이고, 이것은 또한 재산권이 절대적 권리가 아니라 그 제한이 광범하게 인정될 수 있음을 강조하는 의미가 있다고 볼 것이다. 이렇게 보면 재산권의 내용과 한계를 정하는 법률에 대해서도 비례의 원칙(과잉제한금지의 원칙)이 적용된다고 할 것이다.

헌법재판소는 최근에도 여전히 재산권 형성 입법의 경우 입법형성권의 한계를 일탈하였는지 여부가 위헌심사기준이라고 판시하고 있으나, 그 기준이 구체적으로 무엇인지는 밝히고 있지 않다. 또한 사회적 연관성이 큰 재산권의 경우 비례의 원칙을 적용하되 보다 완화된 심사기준이 적용된다는 점을 명시하고 있다.

(판 례) 부양의무 미이행을 상속결격사유로 규정하지 않은 민법 조항의 위헌 여부

우리 재판소는 이미 상속권을 재산권의 일종으로 보고, 상속제도나 상속권의 내용은 입법자가 입법정책적으로 결정하여야 할 사항으로서 원칙적으로 입법자의 입법형성의 자유에 속한다고 할 것이지만, 입법자가 상속제도와 상속권의 내용을 정함에 있어서 입법형성권을 자의적으로 행사하여 헌법 제37조 제2항이 규정하는 기본권제한의 입법한계를 일탈하는 경우에는 그 법률조항은 헌법에 위반된다고 판시한 바 있다(헌재 2008.2.28. 2005헌바7; 헌재 2014.8.28. 2013헌바119). 심판대상조항은 상속결격사유에 관한 규정으로 상속권의 내용과 한계를 구체적으로 형성하므로, 심판대상조항이 부양의무를 이행한 상속인의 재산권을 침해하는지 여부도 위와 같은 심사기준을 적용하여 판단하여야 한다. 즉, 이하에서는 심판대상조항이 피상속인에 대한 부양의무를 전혀 이행하지 않은 직계

존속의 경우를 상속결격사유로 규정하지 않은 것이 입법형성권의 한계를 일탈하였는지 여부를 그 위헌심사기준으로 하여 검토하기로 한다(……).

피상속인의 의사나 피상속인에 대한 부양의무 이행 여부 등을 구체적인 상속분 산정에서 고려할 수 있는 장치를 이미 마련하고 있는 점들을 고려하면, 심판대상조항이 피상속인에 대한 부양의무를 이행하지 않은 직계존속의 경우를 상속결격사유로 규정하지 않았다고 하더라도 이것이 입법형성권의 한계를 일탈하여 다른 상속인의 재산권을 침해한다고 보기 어렵다.

헌재 2018.2.22. 2017헌바59, 판례집 30-1 상, 307,312-314

(판 례) 해상여객운송사업면허권 제한입법의 위헌심사기준

해상여객운송사업의 면허권은 사법상의 재산권과 달리 공적인 성격이 강하고, 내항 정기 여객운송사업 시장에서 동일한 항로에 대하여 일반면허를 받은 기존 사업자와 한정면허를 받은 기존 사업자 간의 경업관계를 어떻게 규율할 것인지, 나아가 헌법 제119조 제2항에 의하여 국가에 부여된 경제에 관한 폭넓은 규제 · 조정 권한의 행사를 통해 이들의 상충하는 이해관계를 어떻게 조정할 것인지 하는 문제는 사회적 연관성과 기능이 크다고 할 것이므로, 입법자가 해상여객운송사업의 면허제도를 규율 · 조정함에 있어서는 폭넓은 재량을 가진다. 따라서 심판대상조항이 과잉금지원칙에 위반되어 청구인의 재산권을 침해하는지 여부를 판단함에 있어서는 보다 완화된 심사기준이 적용되어야 할 것이다. (……) 청구인의 재산권인 해상여객운송사업의 면허권이 과도하게 제한된다고 볼 수는 없으므로, 심판대상조항은 침해의 최소성 원칙에 반한다고 보기도 어렵다.

헌재 2018.2.22. 2015헌마552, 판례집 30-1 상, 315,323-325

헌법재판소는 피상속인의 4촌 이내의 방계혈족을 최후순위 법정상속인으로 규정함으로써 피상속인의 특별연고자로서 상속재산분여청구권을 제한하는 민법 조항에 대한 위헌소원사건에서는 수단의 적절성을 검토한 후, 입법형성권이 자의적으로 행사되었거나 합리성을 상실하였다고 볼 수 없다고 판시하였다(헌재 2018.5.31. 2015헌바78). 이는 미국 연방대법원이 경제적 자유 규제입법의 위헌심사에 적용하는 완화된 심사기준과 동일한 것으로 볼 수 있다. 다만 최근에는 종전에 법률로써 인정되던 재산권의 내용을 축소하거나 그 한계를 강화하는 경우에는 비례의 원칙을 적용하여야 한다는 취지로 판시하고 있다(헌재 2019.9.26. 2016헌바314).

(3) 재산권의 사회적 의무성의 의미

헌법 제23조 제2항은 "재산권의 행사는 공공복리에 적합하여야 한다"고 하여 재산권의 사회적 의무성을 규정하고 있다. 이를 사회적 구속성 또는 사회적 기속성(羈束性)이라고도 부른다. 재산권 '행사'가 공공복리에 적합해야 한다는 것은 일단 성립된 재산권의 보유자가 그 행사에 있어서 이를 남용하지 말고 공공복리에 적합하게 행사하여야 한다는 의무를 가리키고 있는데, 그 의무의 내용은 입법에 의해 구체화된다. 그러므로 재산권 '행사'의 공공복리 적합의무의 내용은 재산권의 형성법률을 통해 구체화되는 것과 다름없다. 또한 앞에서 설명한 대로, 재산권의 '내용의 형성' 자체가 공공복리에 적합하지 않으면 안 된다. 결국 재산권의 공공복리 적합의무는 재산권 형성에 관한 입법의 지침이 된다.

역사적으로 보면 헌법에서 재산권의 사회적 의무성을 명시한 것은 사회주의로부터 자본주의를 방어하기 위한 자구책의 성격을 지닌 것이었다.

헌법재판소는 권리남용금지를 규정한 민법 제2조 제2항은 권리의 사회성 · 공공성의 원리를 규정한 것으로, 헌법 제23조 제2항이 재산권의 사회적 기속성을 선언한 것을 구체화한 것으로 볼 수 있다고 한다(헌재 2013.5.30. 2012헌바335).

재산권이 사회적 의무를 진다는 것은 곧 공공복리를 위하여 재산권 제한이 헌법상 인정된다는 것이다. 재산권의 사회적 의무성이 지니는 핵심적 의미는 보상 없이 제한이 가해진다는 점에 있다. 즉 공공복리를 위한 일정한 제한은 보상 없이 할 수 있다는 것이며, 이 점에서 헌법 제23조 제3항에서 정하는 재산권의 공용침해(공용수용, 공용사용 및 공용제한)의 경우와 구별된다. 다만 예외적으로 보상이 필요한 사회적 의무도 있을 수 있다.

(판 례) 사회적 의무성과 예외적 보상(살처분)

전염병에 걸린 가축은 적절한 방역조치를 취하지 않으면, 함께 사육하고 있는 가축, 농장에 출입하는 사람, 그리고 농장을 출입하는 야생동물 등을 통하여 인근 농장의 가축과 야생동물, 나아가 인근 주민과 일반 국민에게 전염병을 전파시킬 수 있어, 일반 국민의 생명과 건강 그리고 재산에 큰 영향을 미칠 수 있다. (가축전염병예방법 제20조의) 살처분 명령은 이처럼 가축의 전염병이 전파 가능성과 위해성이 매우 커서 타인의 생명, 신체나 재산에 중대한 침해를 가할 우려가 있는 경우 이를 막기 위해 취해지는 조치이므로, 살처분 명령으로 인한 재산권의 제약은 가축 소유자가 수인해야 하는 사회적 제약의 범위에 속한다고 보아야 한다.

> 다만 재산권의 사회적 제약을 구체화하는 법률조항이라 하더라도 권리자에게 수인의 한계를 넘어 가혹한 부담이 발생하는 예외적인 경우에는 이를 완화하는 보상규정을 두어야 하는바(헌재 1998.12.24. 89헌마214등 참조), 심판대상조항은 살처분 명령에 의하여 가축에 대한 재산권에 제약을 받게 된 가축 소유자에게 그 부담을 완화하기 위하여 보상금을 지급하도록 한 것이다.
>
> 헌재 2014.4.24. 2013헌바110, 판례집 26-1 하, 88,94

또한 도축장 사용정지 · 제한명령 역시 구제역과 같은 가축전염병의 발생과 확산을 막기 위한 것이므로 헌법 제23조 제3항의 수용 · 사용 또는 제한이 아니라 도축장 소유자들이 수인하여야 할 사회적 제약으로서 제23조 제1항의 재산권의 내용과 한계에 해당한다(헌재 2015.10.21. 2012헌바367).

사회적 의무성의 내용은 입법에 의해 구체화되는데, 입법자는 기본적으로 형성의 재량을 갖는다. 그 재량의 범위는 정신적 자유권에 비해 광범하다고 할 것이다(표현의 자유에 관한 '이중기준의 원칙'을 참조). 그러나 입법자의 형성재량은 무제한 것이 아니라, 비례의 원칙 및 재산권의 본질적 내용의 침해 금지라는 한계를 지닌다(헌재 2005.9.29. 2002헌바84등).

재산권의 사회적 의무성의 내용과 범위는 재산권의 객체의 종류에 따라 다르다. 특히 토지재산권은 그 특수성(공급의 제한으로 인한 유한성, 움직이지 못하는 부동성, 인접토지와의 연속성 등)으로 인해 공공재(公共財)적인 성격이 강하기 때문에 다른 재산권에 비해 광범한 제한을 받는다. 문화재도 재산권 행사에 있어서 일반적인 재산권 행사보다 강한 사회적 의무성이 인정된다(헌재 2007.7.26. 2003헌마377). 일반적인 물건에 대한 재산권 행사에 비하여 동물에 대한 재산권 행사는 사회적 연관성과 사회적 기능이 매우 크다 할 것이므로 이를 제한하는 경우 입법재량의 범위를 폭넓게 인정해야 한다는 것이 판례이다(헌재 2013.10.24. 2012헌바431).

또한 같은 종류의 재산권이라고 하더라도, 구체적인 경우에 그 재산권의 성격에 따라 사회적 의무성의 내용과 범위에 차이를 두어야 할 것이다. 특히 특정한 재산권이 개인의 자율적 생존을 위해 필요한 '**생존권적 재산권**'이냐 또는 '**비**(非)**생존권적 재산권**'(즉 사회적 지배력 행사의 의미를 지니는 재산권)이냐에 따라 구별해야 할 것이다. 이러한 관점은 이미 우리 헌법에도 나타나 있다. 헌법 제122조는 "국가는 국민 모두의 생산 및 생활의 기반이 되는 국토의 효율적이고 균형있는 이용 개발과 보전을 위하여 법률이 정하는 바에 의하여 그에 관한 필요한 제한과 의무를 과할 수 있다"고 규정하고 있는데, 이는 생산 및 생활을 위한 토지재산권과 그렇지 않은 토지재산권에 대한 차별적 제한(예컨대 유휴지에 대한 특별한 제한이나 의무부담)의 근거가 된다.

(판 례) 토지재산권의 사회적 의무성(택지소유상한)

재산권 행사의 사회적 의무성은 헌법 또는 법률에 의하여 일정한 행위를 제한하거나 금지하는 형태로 구체화될 것이지만, 그 정도는 재산의 종류, 성질, 형태, 조건 등에 따라 달라질 수 있다. 따라서 재산권 행사의 대상이 되는 객체가 지닌 사회적인 연관성과 사회적 기능이 크면 클수록 입법자에 의한 보다 더 광범위한 제한이 허용된다고 할 것이다. 즉, 특정 재산권의 이용이나 처분이 그 소유자 개인의 생활영역에 머무르지 아니하고 일반 국민 다수의 일상생활에 큰 영향을 미치는 경우에는 입법자가 공동체의 이익을 위하여 개인의 재산권을 규제하는 권한을 더욱 폭넓게 가진다. 그런데 토지는 원칙적으로 생산이나 대체가 불가능하여 공급이 제한되어 있고, 우리나라의 가용토지 면적은 인구에 비하여 절대적으로 부족한 반면에, 모든 국민이 생산 및 생활의 기반으로서 토지의 합리적인 이용에 의존하고 있으므로, 그 사회적 기능에 있어서나 국민경제의 측면에서 다른 재산권과 같게 다룰 수 있는 성질의 것이 아니므로 공동체의 이익이 보다 더 강하게 관철될 것이 요구된다고 할 것이다(헌재 1989.12.22. 88헌가13, 판례집 1, 357,372; 헌재 1998.12.24. 89헌마214등, 판례집 10-2, 927, 945-946 참조). 따라서 헌법 제122조는 토지가 지닌 위와 같은 특성을 감안하여 "국가는 국민 모두의 생산 및 생활의 기반이 되는 국토의 효율적이고 균형 있는 이용 · 개발과 보전을 위하여 법률이 정하는 바에 의하여 그에 관한 필요한 제한과 의무를 과할 수 있다"고 규정함으로써, 토지재산권에 대한 광범위한 입법형성권을 부여하고 있는 것이다.

헌재 1999.4.29. 94헌바37, 판례집 11-1, 289,303-304

(판 례) 사회적 의무와 수용과의 구별

(행정청이 아닌 사업주체가 새로이 설치한 공공시설이 그 시설을 관리할 관리청에 무상으로 귀속되도록 규정한 주택건설촉진법 제33조 제8항과 관련하여)

심판대상조항은 재산권의 법률적 수용이라는 법적 외관을 가지고 있으나 그 실질은 공공시설의 설치와 그 비용부담자 등에 관하여 규율하고 있는 것이므로, 이를 심사하려면 그것이 헌법 제23조 제3항에 따른 정당한 보상의 원칙에 위배되었는지가 아니라 이러한 공공시설의 설치와 관련한 부담의 부과와 그 소유권의 국가귀속이 재산권에 대한 사회적 제약의 범위 내의 제한인지 여부가 검토되어야 한다.

즉, 심판대상조항은 사업주체가 주택건설사업의 시행으로 새로 설치한 공공시설과 그 부지의 소유권을 '개별적이고 구체적으로' 박탈하려는 데 그 본질이 있는 것이 아니라, 사업지구 안의 공공시설의 소유관계를 일반적이고 추상적으로 규율함으로써 사업주체의 지위를 장래를 향하여 획일적으로 확정하고자 하는 것이므로, 재산권의 내용과 한계를 정한 것으로 이해함이 타당하다(헌재 2012.7.26. 2011헌마169; 헌재 2013.10.24. 2011헌바355등 참조). (……)

공공시설에 대한 새로운 수요가 대부분 특정한 주택건설사업의 시행으로 혜택을 보게 되는 입주민들을 위한 것임에도, 국가 또는 지방자치단체가 그와 무관한 일반 국민이 낸 세금으로 특정 주민을 위한 공공시설을 모두 설치하고 유지·관리하는 것은 국민의 부담으로 특정 사업주체나 입주민들의 부담을 덜어주는 결과가 되어 부당하다. 이와 같은 경우 공공시설 설치비용을 충당하기 위하여 일정한 이해관계가 있는 자들에게 추가적인 부담을 지워 전체공동체의 이익을 도모하면서 일반 국민과의 사이에 부담을 합리적으로 조절할 필요가 있다. (……)

공공시설의 무상귀속은 사업주체에게 부과된 원인자 또는 수익자 부담금의 성격을 띠고 있어, 결국 사업주체나 입주민들이 납부하여야 할 부담금에 대신하여 사업주체가 이를 직접 설치하여 국가 또는 지방자치단체에게 무상귀속시킨 것에 지나지 않는다. 무상귀속의 대상이 된 공공시설과 그 부지는 이미 공공시설로 용도가 지정되어 그 범위 내에서만 사용·수익이 가능할 뿐, 임의처분조차 사실상 제한을 받는다는 점에서 그 효용가치가 현저히 감소된 재산권이라 할 것인데, 심판대상조항에 의하여 공공시설의 사전확보와 효율적인 유지·관리가 가능해진다는 점에서, 심판대상조항은 가능한 최소한의 범위에서 재산권의 사회적 제약을 도모하는 것으로서 침해의 최소성원칙에 반하지 않고, 공공시설의 무상귀속으로 침해받는 사익보다는 이를 통해 달성하려는 공익이 훨씬 크다고 할 것이므로 법익균형성을 갖추었다고 볼 것이다(헌재 2012.7.26. 2011헌마169등 참조).

헌재 2015.2.26. 2014헌바177, 판례집 27-1 상, 184,191-193

(판 례) 토지재산권에 대한 사회적 제약의 허용기준(장기미집행 도시계획시설결정의 실효제도)

토지를 종래의 목적으로도 사용할 수 없거나 더 이상 법적으로 허용된 토지이용방법이 없어서 실질적으로 사용·수익을 할 수 없는 경우에 해당하지 않는 제약은 토지소유자가 수인하여야 하는 사회적 제약의 범주 내에 있는 것이고, 그러하지 아니한 제약은 손실을 완화하는 보상적 조치가 있어야 비로소 허용되는 범주 내에 있다.

헌재 2005.9.29. 2002헌바84등, 판례집 17-2, 98,120

헌법재판소는 토지거래허가제에 대해 합헌결정(헌재 1989.12.22. 88헌가13; 1997.6.26. 92헌바5), 택지소유상한제에 대해 위헌결정(헌재 1999.4.29. 94헌바37), 토지초과이득세에 대해 헌법불합치결정(헌재 1994.7.29. 92헌바49)을 내렸다.

5. 재산권의 제한과 본질적 내용의 침해금지

재산권의 제한은 두 가지 형태로 나눌 수 있다. 첫째, 재산권의 사회적 의무성에 따른 제한이다. 이 경우에 그 제한은 비례의 원칙에 부합해야 하고, 본질적 내용을 침해해서는 안 된다. 재산권 제한이 사회적 의무성의 범위를 넘지 않는 경우, 즉 비례의 원칙에 부합하고 본질적 내용을 침해하지 않은 때에는 그 제한에 대한 보상의 의무는 없다. 둘째, 재산권의 공용수용 등 공용침해(헌법 제23조 제3항)에 의한 제한이다. 이 경우에는 보상의 의무가 따른다.

위의 두 가지 형태의 재산권 제한 가운데 먼저 첫째의 경우에 관하여 판례를 중심으로 살펴본다. 재산권 제한이 어느 정도 허용되느냐는 재산의 종류나 그 사회적 의미에 따라 상이하다.

(판 례) 재산권제한의 허용정도

재산권에 대한 제한의 허용정도는 재산권행사의 대상이 되는 객체가 기본권의 주체인 국민 개개인에 대하여 가지는 의미와 다른 한편으로는 그것이 사회전반에 대하여 가지는 의미가 어떠한가에 달려 있다. 즉, 재산권 행사의 대상이 되는 객체가 지닌 사회적인 연관성과 사회적 기능이 크면 클수록 입법자에 의한 보다 광범위한 제한이 정당화된다. 다시 말하면, 특정 재산권의 이용이나 처분이 그 소유자 개인의 생활영역에 머무르지 아니하고 일반국민 다수의 일상생활에 큰 영향을 미치는 경우에는 입법자가 공동체의 이익을 위하여 개인의 재산권을 규제하는 권한을 더욱 폭넓게 가진다고 하겠다.

헌재 1998.12.24. 89헌마214등, 판례집 10-2, 927,945

재산권의 본질적 내용이 무엇이냐에 대하여 헌법재판소 판례는 다음과 같이 말하고 있다.

(판 례) 재산권의 본질적 내용(토지거래허가)

입법부라고 할지라도 수권의 범위를 넘어 자의적인 입법을 할 수 있는 것은 아니며 사유재산권의 본질적인 내용을 침해하는 입법을 할 수 없음은 물론이다(헌법 제37조 제2항 후단).

토지재산권의 본질적인 내용이라는 것은 토지재산권의 핵이 되는 실질적 요소 내지 근본요소를 뜻하며, 따라서 재산권의 본질적인 내용을 침해하는 경우라고 하는 것은 그 침해로 사유재산권이 유명무실해지고 사유재산제도가 형해화(形骸化)되어 헌법이 재산권을 보장하는 궁극적인 목적을 달성할 수 없게 되는 지경에 이르는 경우라고 할 것이다. 사유재산제도의 전면적인 부정, 재산권의 무상몰수, 소급입법에 의한 재산권박탈 등이 본질적인 침해가 된다는 데 대하여서는 이론의 여지가 없다.

헌재 1989.12.22. 88헌가13, 판례집 1, 357,372

재산권의 본질적 내용에 관한 위 판례의 설명은 극히 형식적인 차원의 것이며, 거의 동어반복에 다름없이 보인다. 실체적 차원에서 재산권의 본질적 내용은 "사적 유용성(私的有用性)과 원칙적인 처분권"을 의미한다(헌재 2003.4.24. 99헌바110). 위 판례(토지거래허가제)에서 예시한 사유재산제도의 폐지(생산수단의 국·공유화), 재산권의 무상몰수, 소급입법에 의한 재산권 박탈(헌법 제13조 제2항) 등 이외에 실체적으로 무엇이 본질적 내용 침해에 해당하는지는 비례의 원칙에 의해 판단할 수밖에 없을 것이다. 이 같은 결론은 기본권의 본질적 내용에 관한 상대설에 의거한 것이다. 그러나 헌법재판소 판례 중에는 본질적 내용의 침해금지에 관한 절대설의 입장에서, 이를 비례의 원칙과 구별하고 있는 여러 예가 있다. 위의 토지거래허가제 사건 결정도 그 일례이다.

6. 재산권의 공용침해(공용수용, 공용사용 및 공용제한)

(1) 공용수용, 공용사용, 공용제한의 의미

헌법 제23조 3항은 "공공필요에 의한 재산권의 수용·사용·제한", 즉 공용수용, 공용사용, 공용제한에 관하여 규정하고 있다. 이를 포괄하여 공용침해(公用侵害) 또는 공용제약이라고 부른다. 공용침해는 보상을 전제한 제한인 점에서 재산권의 사회적 의무성에 따른 제한과 다르다.

공용수용이란 국가 또는 공공단체가 공공필요에 의하여 개인의 재산권을 강제적으로 박탈하여 취득하는 것을 말한다(헌재 1998.3.26. 93헌바12). 이에 관한 판례로, 헌법재판소는 구 '공공용지의 취득 및 손실보상에 관한 특례법'에 의한 '협의취득'은 "그 법적 성격이 사법상의 매매계약이라 할지라도 그 실질적, 기능적 측면을 보면 공용수용과 별로 다를 바가 없다고 보아야 할 것"이기 때문에 "헌법 제23조 3항에서 말하는 '재산권의 수용'과 동일한 것으로 보아 다루는 것이 옳다"고 보았다(헌재 1994.2.24. 92헌가15). 또한 헌법재판소는 '중소기업의 구조개선과 재래시장활성화를 위한 특별조치법'(폐지. 2004.10.22)에서 재래시장 재건축사업을 위해 인정한 매도청구권은 실질적으로 헌법 제23조 제3항의 '공용수용'으로 볼 수 있다고 판시하였다(헌재 2006.7.27. 2003헌바18).

관련된 판례로, 헌법재판소는 민간사업시행자에게 집합건물법에 의한 매도청구권을 부여한 구 주택법 규정이 합헌이라고 판시하였다. 다수의견에 의하면, 이 사건 법률조항은 국민의 주거안정 및 주거수준 향상이라는 목적 아래 지구단위계획에 따라 승인받은 주택건설사업을 가능하게 하기 위하여 마련된 것이므로 입법목적의 정당성이 인정되며, 공용수용에 필요한 정도의 공공필요성도 갖추었다고 볼 수 있고, 시가에 따른 대금을 지급하도록 하여 정당한 보상을 보장하고 있어서, 매도청구권 행사로 인한 기본권 침해를 최소화하고 있다. 또한 대규모 주택건설이라는 공익사업을 원활히 추진하게 하려는 공익이 매도청구권행사로 제한을 받게 되는 사익을 능가한다 할 것이어서 법익의 균형성을 갖추고 있어 재산권을 본질적인 내용까지 침해한다거나 과잉금지의 원칙에 위배된다고 볼 수 없다고 하였다(헌재 2010.12.28. 2010헌바219).

또한 유사한 취지의 판례로, 헌법재판소는 주택재건축사업시행자에게 매도청구권을 부여한 '도시 및 주거환경정비법' 규정이 헌법에 합치하고(헌재 2010.12.28. 2008헌마571), 주택재건축사업과 달리 도시환경정비사업의 경우 그 시행자에게 수용권을 부여한 '도시 및 주거환경정비법' 규정 역시 헌법에 위반되지 않는다고 결정하였다(헌재 2011.11.24. 2010헌가95).

공용사용이란 국가 또는 공공단체가 공공필요에 의하여 개인의 재산의 사용권을 강제적으로 취득하는 것을 말한다.

공용제한이란 국가 또는 공공단체가 공공필요에 의하여 개인의 재산권을 강제적으로 제한하는 것이며, 공용수용 및 공용사용 이외의 것을 말한다. 공용제한에는 계획제한(수도권정비계획 등), 보전제한(자연보전, 문화재보전 등), 사업제한(도로, 하천, 철도 등 공익사업) 등이 있다.

(2) 사회적 의무성에 의한 제한과 공용침해의 구별기준

재산권에 대한 제한 가운데 사회적 의무성에 따른 제한에는 보상이 필요 없지만, 공용침해에 해당하는 제한에는 보상이 필요하다. 그 구별기준이 무엇이냐는 재산권에 관한 헌법적 문제 가운데 가장 중요하고도 어려운 문제이다.

이에 관한 종래의 통설은 '**특별희생**'이론이다. 공공의 이익을 위해 특정인에게 특별한 희생이 가해진 경우에는 사회 전체가 이를 보상하는 것이 형평에 맞는다는 것이다. 헌법재판소 판례도 특별희생이론에 의하고 있다.

(판 례) 특별한 희생

공공필요에 의하여 공권력의 행사로서 특정인에게 재산권의 수용·사용 또는 제한을 가하여 일반인에게 예기치 않은 특별한 희생을 가할 수 있는 경우도 국회에서 제정한 법률에 규정된 경우에 한하고 이에 대한 보상도 국회에서 제정한 법률에 의한 정당한 보상을 하여야만 한다고 헌법은 규정하였다.

헌재 1993.7.29. 92헌바20, 판례집 5-2, 36,45

특별희생이론은 공리주의(功利主義) 관점에서의 재산권 제한에 대해 한계를 설정한 것으로, 이것은 '칸트주의'에 입각한 것이라 할 수 있다. 칸트(Kant)의 '도덕형이상학 서설'에서의 정언명령(定言命令)에 따른다면, 개개인을 사회적 목적의 수단이 아니라 개개인 자체를 목적으로 보아야 하며, 개인에게 특별한 희생을 강제할 수 없다.

문제는 더 나아가 특별한 희생이냐 여부의 판단기준은 무엇이냐는 것이다. 과거 독일 판례에서는 재산권 침해의 행위가 일반적인 침해인가 또는 특정인이나 특정집단에 한정된 침해인가에 따라 판단하였다(이른바 '개별행위설'). 그러나 이러한 '형식적인 기준'만으로는 한계가 있기 때문에, 재산권 침해의 내용에 관한 여러 '실질적 기준'이 모색되었다. ① 침해의 중대성 여부, ② 재산권주체가 그 침해를 수인(受忍)할 기대가능성이 있느냐 여부, ③ 종래 인정되어온 재산권의 목적에 위배되느냐 여부 등이 그것이다.

미국 판례에서도 어떤 단일한 기준이 설정되어 있지 않다. 보상이 필요 없는 규제(regulation)와 보상이 필요한 공용침해(taking)는 정도의 차이로 보고 있다. 공용침해에 해당되는지 여부는 "본질적으로 개별적인 경우마다의 사실 심사"의 문제라고 보고 있으며(*Penn Central Transportation Co. v. New York*, 1978), 침해의 물리적 성격이나 경제적 영향 등 여러 요소들을 복합적으로 고려하여 판단하고 있다.

생각건대 어느 하나의 기준만으로는 적절한 해답을 구하기는 어려울 것이며, 위

의 여러 기준들을 종합적으로 고려하여 판단할 수밖에 없을 것이다. 헌법재판소 판례도 기본적으로 이 같은 입장이라고 풀이할 수 있다. 보상의 필요 여부에 관한 주요 헌법재판소 판례를 보면 아래와 같다.

(판 례) 도시계획법상 개발제한구역(그린벨트)

개발제한구역 지정으로 인하여 토지를 종래의 목적으로도 사용할 수 없거나 또는 더 이상 법적으로 허용된 토지이용의 방법이 없기 때문에 실질적으로 토지의 사용 · 수익의 길이 없는 경우에는 토지소유자가 수인해야 하는 사회적 제약의 한계를 넘는 것으로 보아야 한다.

개발제한구역의 지정으로 인한 개발가능성의 소멸과 그에 따른 지가의 하락이나 지가상승률의 상대적 감소는 토지소유자가 감수해야 하는 사회적 제약의 범주에 속하는 것으로 보아야 한다. 자신의 토지를 장래에 건축이나 개발목적으로 사용할 수 있으리라는 기대가능성이나 신뢰 및 이에 따른 지가상승의 기회는 원칙적으로 재산권의 보호범위에 속하지 않는다. 구역지정 당시의 상태대로 토지를 사용 · 수익 · 처분할 수 있는 이상, 구역지정에 따른 단순한 토지이용의 제한은 원칙적으로 재산권에 내재하는 사회적 제약의 범주를 넘지 않는다.

도시계획법 제21조에 의한 재산권의 제한은 개발제한구역으로 지정된 토지를 원칙적으로 지정 당시의 지목과 토지현황에 의한 이용방법에 따라 사용할 수 있는 한, 재산권에 내재하는 사회적 제약을 비례의 원칙에 합치하게 합헌적으로 구체화한 것이라고 할 것이나, 종래의 지목과 토지현황에 의한 이용방법에 따른 토지의 사용도 할 수 없거나 실질적으로 사용 · 수익을 전혀 할 수 없는 예외적인 경우에도 아무런 보상 없이 이를 감수하도록 하고 있는 한, 비례의 원칙에 위반되어 당해 토지소유자의 재산권을 과도하게 침해하는 것으로서 헌법에 위반된다. (……)

입법자가 도시계획법 제21조를 통하여 국민의 재산권을 비례의 원칙에 부합하게 합헌적으로 제한하기 위해서는, 수인의 한계를 넘어 가혹한 부담이 발생하는 예외적인 경우에는 이를 완화하는 보상규정을 두어야 한다. 이러한 보상규정은 입법자가 헌법 제23조 제1항 및 제2항에 의하여 재산권의 내용을 구체적으로 형성하고 공공의 이익을 위하여 재산권을 제한하는 과정에서 이를 합헌적으로 규율하기 위하여 두어야 하는 규정이다.

(형식적 효력을 존속시키는 헌법불합치결정)

(재판관 이영모의 반대의견)

모든 국민이 건강하고 쾌적한 환경에서 생활할 수 있는 환경권(헌법 제35조)은 인간의 존엄과 가치 · 행복추구권의 실현에 기초가 되는 기본권이므로 사유재산권인 토지소유권을 행사하는 경제적 자유보다 우선하는 지위에 있다.

도시계획법 제21조는 국가안전보장과 도시의 자연환경·생활환경의 관리·보전에 유해한 결과를 수반하는 환경오염을 미리 예방하기 위한 필요한 규제입법으로 헌법상 정당성을 갖추고 있다. 이 규제입법으로 말미암아 나대지의 이용이 제한되고 사정변경으로 인하여 토지를 사용하는 데 지장이 생겼다고 할지라도 입법목적에 어긋나지 않는 범위 안에서 이를 이용할 수 있는 방법이 있고 또 소유권자의 처분을 제한하는 것도 아니므로, 이와 같은 규제는 성질상 재산권에 내재된 사회적 제약에 불과하다고 보는 것이 상당하다. 법익의 비교형량면에서도 토지소유권자가 입는 불이익보다 국가안전보장과 공공복리에 기여하는 이익이 더 크고, 입법목적 달성을 위한 합리성·필요성을 갖추었으므로 헌법 제37조 제2항 소정의 기본권제한 한계요건을 벗어나는 것도 아니다. 뿐만 아니라 제한구역 내의 다른 토지와 서로 비교하여 보아도 나대지와 사정변경으로 인한 토지의 특성상 재산권의 박탈로 볼 수 있는 정도의 제한을 가한 합리성이 없는 차별취급으로 인정되지 아니하므로 평등원칙을 위반한 것도 아니다.

헌재 1998.12.24. 89헌마214등, 판례집 10-2, 927,928-931

(판 례) 도시계획법상 도시계획시설 지정

사인의 토지가 도로, 공원, 학교 등 도시계획시설로 지정된다는 것은, 그 효과에 있어서 사실상 당해 토지가 매수 또는 수용될 때까지 시설예정부지의 가치를 상승시키거나 계획된 사업의 시행을 어렵게 하는 변경을 하여서는 안 된다는 내용의 '변경금지의무'를 토지소유자에게 부과하는 것을 의미한다. 특히 시설예정토지의 지목이 대(垈)인 나대지의 경우, 도시계획시설결정은 사업시행자에 의한 협의매수나 수용 또는 지정해제시까지 사실상 현상태의 유지의무, 즉 건축의 금지를 의미하게 된다. 청구인들의 경우와 같이, 지목이 '대'인 토지들이 학교부지로 지정되면, 청구인들은 가까운 장래에 청구인들의 토지가 학교시설의 용도로 수용된다는 것을 예상하여야 하므로 건축물의 건축을 할 수 없는 것은 물론, 수용될 토지를 매도하는 것도 사실상 거의 불가능하고, 단지 경작을 위한 토지의 형질변경 또는 관상용식물의 가식, 주택지에서의 죽목의 재식 및 벌채의 용도로 사용하거나(법 제4조 제1항, 법시행령 제5조 제1항 제1호 및 제5호), 연차별집행계획이 공고된 후 단기간의 사용 후 철거를 하더라도 경제적으로 이를 설치할 가치가 있는 창고용 가건물과 같은 가설건축물을 도시계획사업의 시행시까지 자신의 비용으로 다시 철거한다는 조건 아래에서 건축할 수 밖에 없게 된다. (……)

도시계획시설의 지정으로 말미암아 당해 토지의 이용가능성이 배제되거나 또는 토지소유자가 토지를 종래 허용된 용도대로도 사용할 수 없기 때문에 이로 말미암아 현저한 재산적 손실이 발생하는 경우에는, 원칙적으로 사회적 제약의 범위를 넘는 수용적 효과를 인정하여 국가나 지방자치단체는 이에 대한 보상을 해야 한다. 이 사건 법률조항이 일부 토지소유자에 대하여 재산권의 사회적 기속성으로도 정당화될 수 없는 가혹한 부담을 부과하면서 그 부담을 완화하는 아무런 보상규정을 두지 않는다면, 이 사건 법률조항은 이러한 경우에 한하여 재산권의 내용과 한계를 규정함에 있어서 비례의 원칙에 위반되어 당해 토지소유자의 재산권을 과도하게 침해하는 규정이 된다고 하겠다.

(잠정적용을 명하는 헌법불합치결정)

헌재 1999.10.21. 97헌바26, 판례집 11-2, 383,405-409

(판 례) 도로편입토지 보상 여부

청구인에 대한 건축후퇴선의 지정을 가능케 한 근거 법령인 주거환경개선법 제6조 제1항 제2호, 동법 시행령 제5조 제1항 제2호 등은 이 사건과 같은 경우에 행정청의 보상의무를 필수적으로 정하고 있지 않다. 그리고 토지에 대한 재산권은 그 토지가 위치한 지역의 사회적 제반조건 및 이웃 토지의 이용과 서로 조화되어야 하는 제약이 있는 것이며, 광범위한 입법형성권하에 놓여 있는바, 이 사건에서 위 근거법령들은 좁은 도로의 주거밀집지역의 주거환경을 개선하기 위하여 대지 위에 건축을 함에 있어서 필요한 통행로를 최소한 확보하고자 토지소유자가 준수하여야 할 재산권의 내용 혹은 한계 내지 재산권행사의 공공복리성을 구체화한 합헌적인 규정으로 이해함이 상당하며, 국가에 의한 보상을 반드시 필요로 하는 헌법 제23조 제3항의 공공필요에 의한 재산권의 수용, 사용, 제한에 관련된 규정이라고 할 수 없고, 달리 헌법상 이 사건에서 보상을 해 주어야 하는 직접적인 근거를 찾아볼 수 없다. 그러므로 이 사건에서는 행정청이 청구인의 건축후퇴선 부분에 대한 보상을 해주어야 할 헌법상의 작위의무를 인정할 수 없다.

헌재 2001.1.18. 99헌마636, 판례집 13-1, 129,129-130

(판 례) 국립공원지정 보상 여부

(4인 재판관의 헌법불합치 의견)

국립공원 구역의 지정으로 인한 개발가능성의 소멸과 그에 따른 지가의 상대적인 하락이나 지가상승률의 감소는 토지소유자가 감수해야 하는 사회적 제약의 범주에 속하는 것으로 보아야 한다. 구역지정 당시의 상태대로 토지를 사용 · 수익 · 처분할 수 있는 이상, 구역지정으로 인한 토지이용의 제한은 원칙적으로 사회적 제약의 범주를 넘지 않기 때문에, 토지이용의 이러한 제한이 부동산시장에서 현실적으로 나타난 결과인 지가의 상대적 하락은 일반국민이 수인해야 하는 사회적 제약으로 보아야 하기 때문이다. (……)

토지재산권의 강한 사회성·공공성으로 인하여 다른 재산권에 비하여 보다 강한 제한과 의무가 부과될 수 있으나, 토지재산권에 대한 제한입법 역시 다른 기본권에 대한 제한입법과 마찬가지로 과잉금지의 원칙을 준수해야 하고 재산권의 본질적 내용인 사적 유용성(私的有用性)과 원칙적인 처분권(處分權)을 부인해서는 안 된다. 토지에 대한 사용제한이 언제 토지재산권의 내재적 한계로서 허용되는 사회적 제약의 범위를 넘어 특별한 재산적 손해를 발생시키는가의 문제를 판단함에 있어서, 다음의 2가지 관점이 유용한 기준을 제공한다(헌재 1998.12.24. 89헌마214등, 판례집 10-2, 927,953-954 참조).

첫째, 토지소유자가 종래 합법적으로 허용된 사용가능성을 이미 현실적으로 행사했는가 하는 점이 중요한 의미를 가진다. 헌법상의 재산권은 무엇보다도, 토지소유자가 종래의 재산권적 법질서가 존속하리라는 신뢰하에서 그의 토지에 가치를 창설한 경우 법질서의 변경에 의하여 토지에 형성된 가치가 갑자기 박탈되거나 절하되는 것으로부터 보호한다. 예컨대 자신의 토지를 농업용으로 사용하기 위하여 토지를 농지로 형성하거나, 대지에 건축물을 설치한 경우 등과 같이 토지소유자가 당시의 법질서를 신뢰하여 그에 부합되게 무엇인가를 실행에 옮겼고 이로써 자본이나 노동을 투입하여 그의 토지를 변화시켰다면, 토지소유자는 법률의 개정이나 토지재산권의 내용을 새로이 규율하는 규정으로부터 보호를 받아야 한다.

이와 같이 기존에 형성된 가치와 상태는 보상 없이는 박탈할 수 없는 재산권적 지위를 가지므로, 일단 합법적으로 설치된 건축물이 법률의 제·개정으로 인하여 사후에 불법적으로 된 경우에도 이미 한번 합법성을 부여받은 건축물은 행정청의 철거명령 등으로부터 보호되어 그 상태의 존속을 주장할 수 있다. 종래 합법적으로 행사된 토지사용권과 그로 인하여 형성된 상태는 이를 변경하려는 입법자에 대하여 계속 그의 존속을 관철할 수 있으며, 따라서 입법자는 보상 없이는 종래의 합법적인 상태나 사용을 제거 또는 금지할 수 없는 것이다. 그러므로 새로운 법규정으로 이미 실현된 토지사용을 배제한다면, 다시 말하여 구역지정 후 토지를 종래 합법적으로 행사된 토지이용의 목적으로도 사용할 수 없는 경우에는 토지재산권의 제한을 단순히 사회적 제약으로 판단할 수 없고 수용적 효과를 인정해야 한다.

둘째, 사용제한으로 인하여 토지소유자에게 법적으로 허용되는 사적 효용을 가져오는 사용방법이 없기 때문에 토지재산권의 사적 효용성이 폐지된 경우에도, 사회적 제약의 한계를 넘는 특별한 재산적 손해가 발생하였다고 보아 수용적 효과를 인정해야 한다. (……)

국립공원구역지정 후 토지를 종래의 목적으로 사용할 수 있는 원칙적인 경우의 토지소유자에게 부과하는 현상태의 유지의무나 변경금지의무는, 토지재산권의 제한을 통하여 실현하고자 하는 공익의 비중과 토지재산권의 침해의 정도를 비교해 볼 때, 토지소유자가 자신의 토지를 원칙적으로 종래 용도대로 사용할 수 있는 한 재산권의 내용과 한계를 비례의 원칙에 부합하게 합헌적으로 규율한 규정이라고 보아야 한다. 그러나 입법자가, 국립공원구역지정 후 토지를 종래의 목적으로도 사용할 수 없거나 토지를 사적으로 사용할 수 있는 방법이 없이 공원구역 내 일부 토지소유자에 대하여 가혹한 부담을 부과하면서 아무런 보상규정을 두지 않은 경우에는 비례의 원칙에 위반되어 당해 토지소유자의 재산권을 과도하게 침해하는 것이라고 할 수 있다.

(재판관 1인은 위헌의견. 위헌결정정족수가 모자라 합헌결정)

헌재 2003.4.24. 99헌바110등, 판례집 15-1, 371,395-396

(판 례) 자연환경지구에서의 건축 제한 등

(자연공원법에서 자연공원 중 자연환경지구에서의 건축행위 제한에 관하여 규정하고 자연공원의 출입제한 또는 금지에 관하여 규정한 것이 비례의 원칙에 반하는지 여부. 합헌결정)

토지를 종래의 목적으로 사용할 수 있는 경우에 있어서 자연환경지구에 대한 건축행위의 제한이나 공원구역의 출입제한 또는 일시적인 출입금지는 재산권에 내재하는 사회적 제약의 범위 내라 할 것이므로, 이 사건 법률조항들이 실현하고자 하는 공익의 비중과 그로 인하여 발생하는 토지재산권의 침해 사이에 법익균형성이 충족된다 할 것이고, 토지를 종래의 목적으로 사용할 수 없거나 또는 더 이상 법적으로 허용된 토지이용방법이 없어서 실질적으로 사용 및 수익을 전혀 할 수 없는 경우, 즉 자연환경지구 내 토지에서의 건축행위 제한과 공원구역의 출입제한 · 금지로 인한 재산권 제한이 사회적 제약의 한계를 초과하는 경우에 대하여는 자연공원법이 공원사업에 들어가는 토지와 그 토지에 정착된 물건에 대한 소유권 등 권리의 수용 · 사용과 이에 대한 손실보상 및 환매권 규정(제22조), 협의에 의한 토지 등의 매수에 관한 규정(제76조), 매수청구권 규정(제77조, 제78조) 등 적절한 보상적 조치를 마련하고 있으므로, 이 사건 법률조항들에 관하여 그를 통하여 달성하려고 하는 공익과 그로 인하여 침해되는 사익 사이에 적절한 균형이 이루어져 있다 할 것이다.

헌재 2006.1.26. 2005헌바18, 판례집 18-1 상, 1,1-2

(판 례) 도시계획시설 장기미집행의 경우

(2002.2.4. 법률 제6655호로 제정된 '국토의 계획 및 이용에 관한 법률' 제48조 제1항은 도시계획시설 고시일로부터 20년이 경과할 때까지 당해시설의 설치에 관한 도시계획시설사업이 시행되지 아니하는 경우 도시계획결정의 효력이 상실되도록 규정하면서, 부칙 제16조 제1항 제1호에서 제48조 제1항의 규정에도 불구하고 위 법 시행 당시 종전의 도시계획법에 의한 도시계획시설 중 2000.7.1. 이전에 결정·고시된 시설에 관하여는 그 기산일을 2000.7.1.로 하도록 규정하였다. 청구인 소유의 토지는 1977.3.21. 도시계획시설로 지정되었다)

심판대상조항(위 부칙 제16조 제1항)은 도시계획시설결정을 기초로 형성된 법적 안정성과 신뢰를 보호하고 도시계획의 건전한 시행을 도모하기 위한 것으로서, 달리 완화된 방법으로는 그 입법목적의 달성을 보장할 수 없고, 재산권 제약에 대하여는 적절한 보상적 조치가 마련되어 있다. 따라서 심판대상조항은 재산권을 과도하게 침해하거나 평등원칙에 위반되지 아니한다.

(이정미 등 5인 재판관의 반대의견)

입법자가 경과규정을 마련하면서 기존의 도시계획시설결정 중 2000. 7. 1. 당시 이미 20년이 도과한 것과 20년이 도과하지 않은 것을 구분하여 실효기간의 편차를 두는 등의 단계적 규율을 하는 것이 현실적으로 어렵다거나 심판대상조항이 달성하려는 공익에 방해된다고 보기 어렵고, 도시계획시설결정으로 인하여 토지재산권을 장기간 제한받는 불이익이 심판대상조항으로 달성할 공익보다 결코 작다고 할 수 없으므로, 심판대상조항은 토지소유자의 재산권을 과도하게 침해하고 평등원칙에 위반된다.

(정족수 미달로 합헌결정)

헌재 2014.7.24. 2013헌바387, 판례집 26-2 상, 164,165

위 판례들에서 일관된 논지는 ① 재산을 종래의 목적으로도 사용할 수 없거나, ② 더 이상 법적으로 허용된 이용의 방법이 없기 때문에, 실질적으로 사적 효용성이 폐지된 경우에는 수인(受忍)한도를 넘은 것이며, 보상을 해야 한다는 것이다. 또한 주목할 것은, 재산권자가 종래 합법적으로 허용된 사용가능성을 이미 현실적으로 행사했는가 하는 점이 특히 중요한 의미를 가진다는 점이다.

그 밖에 헌법재판소 판례에 의하면, 면허 없이 공유수면을 매립한 데 따른 원상회복의무가 면제된 경우, 당해 매립공사에 투입되거나 설치된 시설 기타의 물건을 국유화할 수 있도록 규정한 구 공유수면매립법 규정은 재산권 수용이 아니라 재산권의 사회적 제약을 구체화하여 재산권의 내용과 한계를 정하는 입법이라고 보았다(헌재 2005.4.28. 2003헌바73). 또한 주택재건축시 용적률 증가의 일정부분에 대하여 임대주택

공급을 의무화하는 것은 개발이익의 환수차원에서 이루어지는 것으로서, 불로소득적인 개발이익의 일정부분을 공공복리를 위해 환수하는 것이므로 원칙적으로 보상을 전제로 하지 않는 것으로서 수용과 다르다고 보았다(헌재 2008.10.30. 2005헌마222등).

최근 헌법재판소 판례에 따르면, 도로를 구성하는 부지 등에 대하여 소유권 이전, 저당권 설정 이외의 사권을 행사할 수 없도록 규정한 도로법 제3조는 이미 형성된 구체적인 재산권을 공익을 위하여 개별적 · 구체적으로 박탈하거나 제한하는 것으로서 보상을 요하는 수용 · 사용 또는 제한을 규정한 것이라고 할 수는 없고, 헌법 제23조 제1항 및 제2항에 따라 도로부지 등에 관한 재산권의 내용과 한계를 규정한 것이라고 보아야 한다고 판시하였다(헌재 2013.10.24. 2012헌바376).

(판 례) 수용과 사회적 제약의 구별

(구 토지구획정리사업법 제63조는 "구획정리사업의 시행으로 인하여 생긴 공공시설의 용에 공하는 토지는 환지처분의 공고가 있은 날의 익일에 그 관리자의 구분에 따라 국가 또는 지방자치단체에 귀속한다. 다만, 공공시설 중 초등학교 및 중고등학교교육에 필요한 학교교지 또는 시장용지는 유상으로 한다"고 규정하고 있다: 저자)

공공용지의 귀속에 관한 정리사업법 제63조는 그 규율형식의 면에서 토지구획정리사업의 시행으로 새로이 설치될 공공시설의 부지를 '개별적이고 구체적으로' 박탈하려는 데 그 본질이 있는 것이 아니라, 토지구획정리사업의 시행으로 새로이 설치된 공공시설 부지의 소유관계를 '일반적이고 추상적으로' 규율하고자 한 것이고, 그 규율목적의 면에서도 사업주체의 공공시설 부지에 대한 재산권을 박탈 · 제한함에 그 본질이 있는 것이 아니라, 사업지구 내 공공시설 부지의 소유관계를 정함으로써 사업주체의 지위를 장래를 향하여 획일적으로 확정하고자 하는 것이므로, 재산권의 내용과 한계를 정한 것으로 이해함이 타당하다(헌재 2003.8.21. 2000헌가11등; 헌재 2012.7.26. 2011헌마169; 헌재 2013.10.24. 2011헌바355 참조).

이와 같이 귀속조항에 따른 학교교지의 소유권 귀속은 헌법 제23조 제3항의 수용에 해당하지 않고, 유상조항이 수용에 대한 보상의 의미를 가지는 것도 아니므로, 그 위헌 여부에 관하여 정당한 보상의 원칙에 위배되는지는 문제되지 않는다.

다만, 학교교지의 확보와 관련한 부담의 부과와 그 소유권의 국가 등 귀속이 재산권에 대한 사회적 제약의 범위 내의 제한인지 여부가 검토되어야 한다.

(이후 침해의 최소성 및 법익의 균형성 심사까지 하였다)

헌재 2021.4.29. 2019헌바444등, 공보 295, 590,597

다만, 최근 판례는 특별희생인지를 판단하는 기준으로 비례의 원칙과 보상규정을 사용하고 있는 것으로 평가된다.

(판 례) 사회적 구속성의 판단기준: 비례의 원칙과 보상규정

(습지보호지역에서 광업권을 소유한 사람이 광업권을 매도하려는 경우 환경부장관이나 해양수산부장관이 임의로 매수할 수 있도록 한 습지보전법 규정이 심판대상임)

헌법재판소는 종래 토지재산권 침해 여부를 심사함에 있어, 토지재산권의 강한 사회성 내지 공공성을 고려하더라도 다른 기본권에 대한 제한입법과 마찬가지로 비례원칙을 준수하여야 한다고 하면서, 재산권에 대한 제약이 비례원칙에 합치하는 것이라면 그 제약은 재산권자가 수인하여야 하는 사회적 제약의 범위 내에 있는 것이고, 반대로 재산권에 대한 제약이 비례원칙에 반하여 과잉된 것이라면 그 제약은 재산권자가 수인하여야 하는 사회적 제약의 한계를 넘는 것이라고 하였다(헌재 2005.9.29. 2002헌바84등). 특히 구체적으로는 법익의 균형성 부분에서 행위제한조항의 부담을 완화하는 매수조항 등 보상규정이 존재하는지를 검토하여 위헌 여부를 판단하여 왔다(예컨대, 헌재 2006.1.26. 2005헌바18).

이 사건은 공익적 목적으로 설정된 특정 지역 내에서 일정한 행위를 제한하는 조항(이하 '행위제한조항'이라 한다)이 심판대상이 된 선례와 다르게, 보상규정의 일종으로서 토지 등의 매수를 규정한 조항(이하 '매수조항'이라 한다)만이 심판대상이 된다. 비례원칙이 심사기준이 되는 행위제한조항과는 달리 매수조항만을 심판대상으로 하여 그 위헌성을 다투는 이 사건의 경우에는 '행위제한조항이 재산권의 사회적 제약의 한계를 넘는 과도한 부담을 초래하고 있는가', '만약 그렇다면 매수조항을 비롯한 보상규정이 이러한 과도한 부담을 완화하여 재산권의 사회적 제약을 합헌적으로 조정하고 있는가'라는 두 단계의 심사를 거치는 것이 타당하다. 입법자는 재산권의 내용을 구체적으로 형성함에 있어서 헌법상의 재산권보장(헌법 제23조 제1항 제1문)과 재산권의 제한을 요청하는 공익 등 재산권의 사회적 기속성(헌법 제23조 제2항)을 함께 고려하고 조정하여 양 법익이 조화와 균형을 이루도록 하여야 하는데(헌재 1998.12.24. 89헌마214등 참조), 재산권의 내용 형성 과정에서 수인한도를 넘는 사회적 제약이 부과되고 있는 것이 확인된 상황에서는, 위와 같은 제약이 조정적 보상규정에 의하여 비례성을 회복하여 재산권이 보장되고 있는지를 검토할 필요가 있기 때문이다.

(……) 심판대상조항은 이 사건 행위제한조항의 재산권 제한에 따른 과도한 부담을 완화하여 합헌적으로 조정하는 역할을 충분히 하고 있다.

헌재 2015.10.21. 2014헌바170, 공보 229, 1661,1665

(3) 공용침해의 요건

공용침해가 인정되기 위해서는 다음과 같은 헌법상 요건들이 충족되어야 한다.

첫째, 공용침해는 "공공필요에 의한" 것이어야 한다. 공공필요의 의미는 공리주의적 관점에서 해석되어야 할 것이다. 공리주의에 의하면, 효용(utility)을 입법의 유일한 근거로 삼으며, 사회 전체의 효용의 극대화 여부가 판단의 기준이 된다. 공용침해를 통해 사회 전체의 공익이 증대된다면 곧 공공필요가 충족된다고 할 것이다. 공공필요의 요건을 엄격하게 해석할 것은 아니다.

공익사업을 위한 토지수용에 관한 일반적 법률이라고 할 수 있는 '공익사업을 위한 토지 등의 취득 및 보상에 관한 법률'에서는 '공익사업'에 한하여 토지 등의 수용을 인정하고 있다(제4조 제1호 내지 제7호).

미국 판례에서는 공용침해('taking')의 요건인 '공용'(public use)의 의미를 넓게 해석하고 있다. 문언 그대로의 '공중의 이용'에 한정하지 않으며, 공익의 정도 등에 대한 엄격한 심사를 행하지 않는다(*Berman v. Parker*, 1954). 사적 개발(private development) 등 사인(私人)을 위한 공용수용도 인정되고 있다(최근의 판례로, *Kelo v. New London*, 2005).

우리 헌법재판소도 민간기업을 수용의 주체로 규정한 '산업입지 및 개발에 관한 법률' 조항 및 이와 동일한 효과를 가지는 사인의 매도청구권을 규정한 주택법 규정을 각각 합헌으로 보았다(헌재 2009.9.24. 2007헌바114 및 헌재 2009.11.26. 2008헌바133).

헌법재판소는 민간개발자에게 관광단지 조성계획상의 조성 대상 토지면적 중 사유지의 3분의 2 이상을 취득한 경우에 토지 등을 수용할 수 있도록 한 관광진흥법 규정이 헌법 제23조 제3항의 공공필요에 위반되지 않으며, 재산권의 본질적 내용을 침해하는 것도 아니라고 하였다(헌재 2013.2.28. 2011헌바250).

위에서 살펴본 바와 같이 우리 판례는 주택, 시장, 관광단지 등 모든 분야의 개발사업에 있어서 민간사업자에게 수용권을 인정하는 조항을 합헌으로 보고 있다. 문제는 민간사업자가 어느 정도의 지분을 확보하여야 수용권을 인정할 수 있는가 및 수용당하는 토지의 기능(생활의 기초가 되는 것인지 여부)에 따라 그 요건을 달리 판단할 수 있는가일 것이다. 이러한 점에 비추어 볼 때, 관광단지로 개발되는 토지는 농 · 어촌이 대부분일 것이고, 이를 터전으로 살아가는 소유자는 그 토지가 수용되면 삶의 터전을 잃게 될 가능성이 높기 때문에 그 요건을 한층 더 강화하여야 할 것인데도, 3분의 2 이상이라는 완화된 요건으로 수용권을 인정한 것은 위헌이 아니냐는 문제를 검토하여야 한다(위 집합건물의 경우는 95%, 주택재건축사업의 경우는 토지 또는 건축물 소유자의 4분의 3 이상 및 토지면적의 3분의 2 이상의 토지소유자의 동의를 요건으로 하고 있다).

헌법재판소는 공익성이 낮은 사업시행자에게는 수용권한을 부인하는 결정을 하여 주목된다.

(판 례) 공익성이 낮은 민간개발사업자의 수용권 부인

(3) 공용수용의 요건으로서 공공필요

헌법재판소는 헌법 제23조 제3항에서 규정하고 있는 '공공필요'의 의미를 "국민의 재산권을 그 의사에 반하여 강제적으로라도 취득해야 할 공익적 필요성"으로 해석하여 왔다(헌재 1995.2.23. 92헌바14; 헌재 2000.4.27. 99헌바58; 헌재 2011.4.28. 2010헌바114등 참조). 즉 '공공필요'의 개념은 '공익성'과 '필요성'이라는 요소로 구성되어 있다.

(가) 공익성

공용수용이 허용될 수 있는 공익성을 가진 사업, 즉 공익사업의 범위는 사업시행자와 토지소유자 등의 이해가 상반되는 중요한 사항으로서, 공용수용에 대한 법률유보의 원칙에 따라 법률에서 명확히 규정되어야 한다. 공공의 이익에 도움이 되는 사업이라도 '공익사업'으로 실정법에 열거되어 있지 않은 사업은 공용수용이 허용될 수 없다. (……)

다만 법이 공용수용 할 수 있는 공익사업을 열거하고 있더라도, 이는 공공성 유무를 판단하는 일응의 기준을 제시한 것에 불과하므로, 사업인정의 단계에서 개별적·구체적으로 공공성에 관한 심사를 하여야 한다. 즉 공공성의 확보는 1차적으로 입법자가 입법을 행할 때 일반적으로 당해 사업이 수용이 가능할 만큼 공공성을 갖는가를 판단하고, 2차적으로는 사업인정권자가 개별적·구체적으로 당해 사업에 대한 사업인정을 행할 때 공공성을 판단하는 것이다.

오늘날 공익사업의 범위가 확대되는 경향에 대응하여 재산권의 존속보장과의 조화를 위해서는, '공공필요'의 요건에 관하여, 공익성은 추상적인 공익 일반 또는 국가의 이익 이상의 중대한 공익을 요구하므로 기본권 일반의 제한사유인 '공공복리'보다 좁게 보는 것이 타당하며, 공익성의 정도를 판단함에 있어서는 공용수용을 허용하고 있는 개별법의 입법목적, 사업내용, 사업이 입법목적에 이바지 하는 정도는 물론, 특히 그 사업이 대중을 상대로 하는 영업인 경우에는 그 사업 시설에 대한 대중의 이용·접근가능성도 아울러 고려하여야 한다.

(나) 필요성

공용수용을 허용하고 있는 개별법은 대부분 공익사업을 시행하기 위하여 '필요한 경우'에 토지 등을 수용할 수 있다고 규정하고 있다.

수용은 타인의 재산권을 직접적으로 박탈하는 것일 뿐 아니라, 헌법 제10조로부터 도출되는 계약의 자유 내지 피수용자의 거주이전 자유까지 문제될 수 있는 등 사실상 많은 헌법상 가치들의 제약을 초래할 수 있으므로, 헌법적 요청에 의한 수용이라 하더라도 국민의 재산을 그 의사에 반하여 강제적으로라도 취득해야 할 정도의 필요성이 인정되어야 하고, 그 필요성이 인정되기 위해서는 공용수용을 통하여 달성하려는 공익과 그로 인하여 재산권을 침해당하는 사인의 이익 사이의 형량에서 사인의 재산권침해를 정당화할 정도의 공익의 우월성이 인정되어야 한다.

특히 사업시행자가 사인인 경우에는 위와 같은 공익의 우월성이 인정되는 것 외에도 사인은 경제활동의 근본적인 목적이 이윤을 추구하는 일에 있으므로, 그 사업 시행으로 획득할 수 있는 공익이 현저히 해태되지 않도록 보장하는 제도적 규율도 갖추어져 있어야 한다(헌재 2009.9.24. 2007헌바114 참조).

다. 헌법 제23조 제3항 위반 여부

이 사건 법률조항은 이윤 추구를 우선적 목적으로 하는 민간개발자라 하더라도 개발촉진지구에서 시행하는 지역개발사업, 즉 지구개발사업의 시행자로 지정되기만 하면 실시계획의 승인을 받아 해당 지구개발사업의 시행을 위하여 타인의 재산을 수용할 수 있는 권한을 부여하고 있다. 그러나 앞서 본 바와 같이 타인의 재산을 그 의사에 반하여 강제적으로라도 취득해야 할 공익적 필요성이 인정되지 않는다면 그 재산에 대한 공용수용은 헌법 제23조 제3항에 반하므로 허용될 수 없다 할 것이다. (……)

그러나 관광휴양지 조성사업 중에는 대규모 놀이공원 사업과 같이 위와 같이 개발수준이 다른 지역에 비하여 현저하게 낮은 지역 등의 주민소득 증대에 이바지할 수 있는 등 입법목적에 대한 기여도가 높을 뿐만 아니라 그 사업이 대중을 상대로 하는 영업이면서 대중이 비용부담 등에서 손쉽게 이용할 수 있어 사업 시설에 대한 대중의 이용 · 접근가능성이 커서 공익성이 높은 사업도 있는 반면, 고급골프장, 고급리조트 등(이하 '고급골프장 등'이라 한다)의 사업과 같이 넓은 부지에 많은 설치비용을 들여 조성됨에도 불구하고 평균고용인원이 적고, 시설 내에서 모든 소비행위가 이루어지는 자족적 영업행태를 가지고 있어 개발이 낙후된 지역의 균형 발전이나 주민소득 증대 등 입법목적에 대한 기여도가 낮을 뿐만 아니라, 그 사업이 대중을 상대로 하는 영업이면서도 사업 시설을 이용할 때 수반되는 과도한 재정적 부담 등으로 소수에게만 접근이 용이하는 등 대중의 이용 · 접근가능성이 작아 공익성이 낮은 사업도 있다.

나아가 고급골프장 등의 사업을 시행하기 위하여 공용수용을 통하여 달성하려는 공익과 그로 인하여 재산권을 침해당하는 사인의 이익을 형량해 볼 때,

고급골프장 등 사업의 특성상 그 사업 운영 과정에서 발생하는 지방세수 확보와 지역경제 활성화는 부수적인 공익일 뿐이고, 이 정도의 공익이 그 사업으로 인하여 강제수용 당하는 주민들이 침해받는 기본권에 비하여 그 기본권침해를 정당화할 정도로 우월하다고 볼 수는 없다. 따라서 고급골프장 등의 사업에 있어서는 그 사업 시행으로 획득할 수 있는 공익이 현저히 해태되지 않도록 보장하는 제도적 규율이 갖추어졌는지에 관하여는 살펴볼 필요도 없이, 민간개발자로 하여금 위와 같이 공익성이 낮은 고급골프장 등의 사업 시행을 위하여 타인의 재산을 그 의사에 반하여 강제적으로라도 취득할 수 있게 해야 할 필요성은 인정되지 아니한다.

결국 이 사건 법률조항은 공익적 필요성이 인정되기 어려운 민간개발자의 지구개발사업을 위해서까지 공용수용이 허용될 수 있는 가능성을 열어두고 있어 헌법 제23조 제3항에 위반된다 할 것이다.

헌재 2014.10.30. 2011헌바172등, 판례집 26-2 상, 639,647-651

둘째, 공용침해의 형식은 '법률'에 의하여야 한다. 여기의 법률은 국회의 의결에 의한 형식적 의미의 법률을 말한다. 법률의 효력을 갖는 긴급재정명령(헌법 제76조 제1항)에 의해서도 가능하다.

공용수용은 법률에 근거한 행정처분에 의해 이루어지는 것이 보통이지만, 법률에 의해 직접 수용이 이루어지는 경우도 있다. 이를 '입법적 수용'이라 하며, 헌법재판소는 그 효력을 인정하고 있다(헌재 1998.3.26. 93헌바12. 하천법 사건).

셋째, 공용침해에 대하여는 보상이 지급되어야 한다. 이에 관해서는 아래에서 설명한다.

헌법재판소는 도시정비법상의 수용 조항의 위헌 여부를 심사할 때 헌법 제23조 제3항의 공익성(공공성)과 필요성을 먼저 심사한 후 제37조 제2항에 의한 과잉금지원칙 위반 여부를 심사한다(헌재 2019.11.28. 2017헌바241). 그러나 실제 심사는 양자가 거의 중복된다.

토지수용 등 공용침해 절차가 종료한 후, 공익사업에 해당 토지가 필요 없게 된 경우에는 환매권이 인정되고, 이는 헌법상 재산권의 내용에 포함된다.

(판 례) 토지보상법상의 환매권 행사기간 제한 조항의 위헌성

토지수용 등 절차를 종료하였다고 하더라도 공익사업에 해당 토지가 필요 없게 된 경우에는 토지수용 등의 헌법상 정당성이 장래를 향하여 소멸한 것이

므로, 이러한 경우 종전 토지소유자가 소유권을 회복할 수 있는 권리인 환매권은 헌법이 보장하는 재산권의 내용에 포함되는 권리이다. (……)

환매권 발생기간 '10년'을 예외 없이 유지하게 되면 토지수용 등의 원인이 된 공익사업의 폐지 등으로 공공필요가 소멸하였음에도 단지 10년이 경과하였다는 사정만으로 환매권이 배제되는 결과가 초래될 수 있다. 이는 침해의 최소성 원칙에 어긋난다.

(같은 내용의 구 '공공용지의 취득 및 손실보상에 관한 특례법', 구 토지수용법 조항을 합헌으로 판시한 '헌재 1994.2.24. 92헌가15등' 결정을 변경한다고 하면서 적용중지 헌법불합치 결정을 하였다)

헌재 2020.11.26. 2019헌바131, 공보 290, 1502,1503

(4) 손실보상청구의 법적 근거

헌법 제23조 3항은 "공공필요에 의한 재산권의 수용 · 사용 또는 제한 및 그에 대한 보상은 법률로써 하되, ……"라고 규정하고 있다. 이에 따라 입법자는 공용침해에 대하여 손실보상을 하여야 할 입법의무가 있다. 만일 법률에서 공용침해를 규정하면서 보상에 관한 규정을 두지 않으면 어떻게 되는가. 침해의 대상이 된 재산권자는 입법이 없더라도 헌법에 근거하여 손실보상청구를 할 수 있는가, 아니면 입법을 기다려 법률에 근거해서만 손실보상청구를 할 수 있는가. 만일 후자의 경우라면, 입법이 없는 상태에서 재산권자는 어떤 구제절차를 밟을 수 있는가.

이 문제에 관하여 우선 헌법규정에 변경이 있었음을 주목해야 한다. 1962년의 제3공화국 헌법은 "공공필요에 의한 재산권의 수용 · 사용 또는 제한은 법률로써 하되 정당한 보상을 지급하여야 한다"(제20조 제3항)고 규정하였다. 현행 헌법과는 달리 보상을 법률로써 할 것을 직접 명시하지는 않았던 것이다. 당시의 대법원 판례는 이러한 헌법규정에 따라, 재산권 수용법률에서 손실보상에 관한 규정을 두지 않더라도 헌법조항을 직접 근거로 하여 손실보상을 청구할 수 있다고 판시하였다(대판 1967.11.2. 67다1334). 이에 비하여, 1972년의 유신헌법은 "공공필요에 의한 재산권의 수용 · 사용 또는 제한 및 그 보상의 기준과 방법은 법률로 정한다"(제20조 제3항)고 규정하였고, 1980년 제5공화국 헌법은 "공공필요에 의한 재산권의 수용 · 사용 또는 제한은 법률로써 하되, 보상을 지급하여야 한다. 보상은 공익 및 관계자의 이익을 정당하게 형량하여 법률로 정한다"(제22조 제3항)고 규정하였다. 이처럼 유신헌법 이래, 그리고 현행헌법은 모두 보상에 관하여 법률로 정한다고 규정하고 있는 것이다.

헌법재판소는 손실보상을 청구하기 위해서는 입법이 있어야 하고, 공용침해 법률에 보상 규정이 없는 경우에 이를 위헌이라고 판시하였다. 즉 공용침해를 규정하면서 보상규정을 두지 않은 입법부작위가 위헌이라고 보는 것이다. 이에 따르면, 재산권자는 헌법조항만에 근거하여 손실보상청구를 할 수 없으며, 입법부작위에 대한 위헌확인을 헌법소원을 통해 청구할 수 있고, 입법을 기다려 손실보상청구를 할 수 있다.

(판 례) 보상입법부작위의 위헌성(조선철도주식의 보상금청구)

해방 후 사설철도회사(私設鐵道會社)의 전 재산을 수용하면서 그 보상절차를 규정한 군정법령 제75호에 따른 보상절차가 이루어지지 않은 단계에서 조선철도의 통일폐지법률에 의하여 위 군정법령이 폐지됨으로써 대한민국의 법령에 의한 수용은 있었으나 그에 대한 보상을 실시할 수 있는 절차를 규정하는 법률이 없는 상태가 현재까지 계속되고 있으므로, 대한민국은 위 군정법령에 근거한 수용에 대하여 보상에 관한 법률을 제정하여야 하는 입법자의 헌법상 명시된 입법의무가 발생하였으며, 위 폐지법률이 시행된 지 30년이 지나도록 입법자가 전혀 아무런 입법조치를 취하지 않고 있는 것은 입법재량의 한계를 넘는 입법의무불이행으로서 보상청구권이 확정된 자의 헌법상 보장된 재산권을 침해하는 것이므로 위헌이다.

헌재 1994.12.29. 89헌마2, 판례집 6-2, 395,396

(판 례) 보상입법부작위의 위헌성(개발제한구역)

도시계획법 제21조에 규정된 개발제한구역제도 그 자체는 원칙적으로 합헌적인 규정인데, 다만 개발제한구역의 지정으로 말미암아 일부 토지소유자에게 사회적 제약의 범위를 넘는 가혹한 부담이 발생하는 예외적인 경우에 대하여 보상규정을 두지 않은 것에 위헌성이 있는 것이고, 보상의 구체적 기준과 방법은 헌법재판소가 결정할 성질의 것이 아니라 광범위한 입법형성권을 가진 입법자가 입법정책적으로 정할 사항이므로, 입법자가 보상입법을 마련함으로써 위헌적인 상태를 제거할 때까지 위 조항을 형식적으로 존속케 하기 위하여 헌법불합치결정을 하는 것인바, 입법자는 되도록 빠른 시일 내에 보상입법을 하여 위헌적 상태를 제거할 의무가 있고, 행정청은 보상입법이 마련되기 전에는 새로 개발제한구역을 지정하여서는 아니 되며, 토지소유자는 보상입법을 기다려 그에 따른 권리행사를 할 수 있을 뿐 개발제한구역의 지정이나 그에 따른 토지재산권의 제한 그 자체의 효력을 다투거나 위 조항에 위반하여 행한 자신들의 행위의 정당성을 주장할 수는 없다.

헌재 1998.12.24. 89헌마214등, 판례집 10-2, 927,929

생각건대 위 판례들의 논지처럼, 현행 헌법이 과거 제3공화국 헌법과 달리 "보상은 법률로써 하되……"라고 명시하고 있으므로 입법이 없는 한 손실보상청구를 할 수 없다고 할 것이다. 그러나 보상에 관한 헌법규정이 단순한 선언적인 방침규정은 아니며, 입법자는 공용침해와 동시에 보상규정을 두어야 할 입법의무를 진다. 즉 공용침해를 규정하는 법률은 그와 동시에 반드시 보상에 관한 규정을 두어야 한다. 헌법 제23조 3항을 이렇게 해석한다면, 이 조항은 독일이론에서 말하는 이른바 '결합조항'(Junktim-klausel)에 해당한다고 볼 수 있다. 결합조항(결부조항 또는 불가분조항)이란, 헌법에서 일정한 사항을 법률에 위임하면서 동시에 다른 일정한 사항을 그 법률에 규정해야 한다고 요구하는 조항이다.

공용침해는 보상을 전제로 합헌성이 인정되는 것이므로 보상규정이 없는 공용침해는 위헌무효로 보는 것이 원칙이다. 그러나 위 판례들은 보상규정 없는 공용침해가 위헌이라고 보면서도, 공용침해 법률의 잠정 적용을 명하거나 형식적 효력을 존속시키는 헌법불합치 결정을 내리고 있다.

(5) 보상의 기준과 방법

헌법 제23조 3항은 공용침해에 대하여 "정당한 보상을 지급하여야 한다"고 규정하고 있다. 과거 1948년의 제헌헌법은 "상당한 보상"을 규정하였고, 제3공화국 헌법은 "정당한 보상"을 규정하였으며, 유신헌법은 "법률로 정한다"고 위임하였다. 제5공화국 헌법은 "공익 및 관계자의 이익을 정당하게 형량하여 법률로 정한다"고 규정하였다. 현행 헌법은 제3공화국 헌법처럼 다시 "정당한 보상"을 해야 한다고 규정한 것이다.

연혁적으로 보면, 제3공화국 헌법의 "정당한 보상"은 미국 헌법의 'just compensation'(수정 제5조)에 유래하는 것이며, 미국 판례는 그 의미를 재산가치의 완전한 보상, 즉 시가(時價)대로의 시가보상을 뜻한다고 해석하여 왔다. 헌법재판소 판례도 정당한 보상을 완전보상, 즉 시가보상으로 해석하고 있다.

(판 례) 정당한 보상

헌법이 규정한 '정당한 보상'이란 이 사건 소원의 발단이 된 소송사건에서와 같이 손실보상의 원인이 되는 재산권의 침해가 기존의 법질서 안에서 개인의 재산권에 대한 개별적인 침해인 경우에는 그 손실 보상은 원칙적으로 피수용재산의 객관적인 재산가치를 완전하게 보상하는 것이어야 한다는 완전보상을 뜻하는 것으로서 보상금액뿐만 아니라 보상의 시기나 방법 등에 있어서도 어떠한 제한을 두어서는 아니 된다는 것을 의미한다고 할 것이다.

재산권의 객체가 갖는 객관적 가치란 그 물건의 성질에 정통한 사람들의 자유로운 거래에 의하여 도달할 수 있는 합리적인 매매가능가격 즉 시가에 의하여 산정되는 것이 보통이다.

헌재 1990.6.25. 89헌마107, 판례집 2, 178,188-189

(판 례) 개발이익의 배제와 기준지가에 의한 보상

공익사업의 시행으로 지가가 상승하여 발생하는 개발이익은 기업자의 투자에 의하여 발생하는 것으로서 피수용자인 토지소유자의 노력이나 자본에 의하여 발생한 것이 아니다. 따라서 이러한 개발이익은 형평의 관념에 비추어 볼 때, 토지소유자에게 당연히 귀속되어야 할 성질의 것은 아니고, 오히려 투자자인 기업자 또는 궁극적으로는 국민 모두에게 귀속되어야 할 성질의 것이다.

또한 개발이익은 공공사업의 시행에 의하여 비로소 발생하는 것이므로 그것이 피수용토지가 수용당시 갖는 객관적 가치에 포함된다고 볼 수도 없다. 개발이익이란 시간적으로 당해 공익사업이 순조롭게 시행되어야 비로소 현재화될 수 있는 것이므로 아직 공익사업이 시행되기도 전에 개발이익을 기대하여 증가한 지가부분은 공익사업의 시행을 볼모로 한 주관적 가치부여에 지나지 않는다. 즉 수용에 의하여 토지소유자가 입은 손실과 공익사업의 시행으로 발생하는 이익은 별개의 문제이다. 그러므로 공익사업이 시행되기도 전에 미리 그 시행으로 기대되는 이용가치의 상승을 감안한 지가의 상승분을 보상액에 포함시킨다는 것은 피수용토지의 사업시행당시의 객관적 가치를 초과하여 보상액을 산정하는 셈이 된다. 따라서 개발이익은 그 성질상 완전보상의 범위에 포함되는 피수용자의 손실이라고는 볼 수 없으므로, 개발이익을 배제하고 손실보상액을 산정한다 하여 헌법이 규정한 정당보상의 원리에 어긋나는 것이라고는 판단되지 않는다. (……)

(구 토지수용법) 제46조 제2항이 보상액을 산정함에 있어 공익사업의 시행으로 발생할 것으로 예상되는 개발이익을 배제하고, 기준지가의 고시일 이후 시점보정을 인근토지의 가격변동율과 도매물가상승률 등에 의하여 행하도록 규정한 것은 헌법상 정당보상의 원리에 위배되는 것은 아니다.

헌재 1990.6.25. 89헌마107, 판례집 2, 178,190-191,195

(판 례) 공시지가를 기준으로 한 보상

이 사건 토지수용법 이전의 구 토지수용법(1989.4.1. 법률 제4120호로 개정되기 이전의 것) 제46조 제2항 및 구 국토이용관리법(1989.4.1. 법률 제4120호로 삭제되기 이전의 것) 제29조 내지 제29조의6의 규정이 토지에 대한 보상을 기준지가를 기준으로 하여 평가하도록 한 것의 위헌여부에 관한 판단에서, 첫째, 기준지가가 대상지역 공고일 당시의 표준지의 객관적 가치를 정당하게 반영하는 것이고(기준지가의 산정의 적정성), 둘째, 표준지와 지가산정 대상토지 사이에 가격의 유사성을 인정할 수 있도록 표준지의 선정이 적정하고(표준지의 선정의 적정성), 셋째, 대상지역 공고일 이후 수용시까지의 시가변동을 산출하는 시점보정(時點補正)의 방법이 적정하다면(시점보정의 기준의 적정성), 기준지가를 기준으로 한 보상금액의 산정은 피수용토지의 수용당시의 객관적인 가치를 반영할 수 있다고 판시한 바 있다(헌재 1990.6.25. 89헌마107; 헌재 1991.2.11. 90헌바17,18(병합) 참조). (……)

토지수용법 제46조 제2항과 지가공시법 제10조 제1항 제1호가 토지수용으로 인한 손실보상액의 산정을 공시지가를 기준으로 하되, 개발이익을 배제하고, 공시기준일로부터 재결시까지의 시점보상을 인근토지의 가격변동률과 도매물가상승률 등에 의하여 행하도록 규정한 것은 헌법 제23조 제3항에 규정한 정당보상의 원리에 위배되는 것이 아니며, 또한 위 헌법 조항의 법률유보를 넘어섰다거나 과잉금지의 원칙에 위배되었다고는 볼 수 없다.

헌재 1995.4.20. 93헌바20등, 판례집 7-1, 519,533-534,537

위 판례의 논지처럼 개발이익은 피수용자의 손실에 포함되지 않는다고 보아야 한다. 판례는 "원칙적으로" 완전한 보상을 해야 한다고 말하는데, 이것이 예외적으로 완전보상에 미달하는 '상당한 보상'을 인정하는 것인지는 불명확하다. 생각건대 피수용자의 재산권이 '생존권적 재산권'이 아닌 경우, 사회경제적 이유 등 여러 사항을 종합적으로 고려하여 시가 이하의 보상도 예외적으로 인정된다고 볼 것이다.

한편 보상의 금액 이외에 보상의 방법 등이 문제된다. '공익사업을 위한 토지 등의 취득 및 보상에 관한 법률'은 사전보상의 원칙, 현금보상의 원칙, 개인별 보상의 원칙 등을 규정하고 있다. 그러나 일정한 경우에는 현금보상 아닌 채권으로 지급할 수 있다고 규정하고 있다(제63조 제6항). 헌법재판소 판례는 반드시 금전보상을 해야 하는 것은 아니라고 보고 있다(헌재 1998.12.24. 89헌마214등).

헌법재판소는 토지의 협의취득이나 수용 후 당해 공익사업이 다른 공익사업으로 변경되는 경우 수용보상금과 환매금액과의 차액을 보상하지 않는 것은 정당한 보상과는 무관하다고 판시하였다(헌재 2012.11.29. 2011헌바49).

한편, '공익사업을 위한 토지 등의 취득 및 보상에 관한 법률'상의 공용수용에 따른 이주대책은 헌법에 따른 정당한 보상이 아니라 그와 별도로 추가로 제공되는 생활보상의 일환이다(헌재 2015.10.21. 2013헌바10).

7. 조세 · 부담금 등 공과금과 재산권

(1) 조세와 재산권

모든 국민은 납세의 의무를 지며(헌법 제38조) 국가는 과세권을 갖지만, 조세의 부과 · 징수에는 조세법률주의 및 재산권 보장 등에서 오는 한계가 있다.

(판 례) 조세와 재산권의 관계

헌법 제23조 제1항이 보장하고 있는 사유재산권은 사유재산에 관한 임의적인 이용, 수익, 처분권을 본질로 하기 때문에 사유재산의 처분금지를 내용으로 하는 입법조치는 원칙으로 재산권에 관한 입법형성권의 한계를 일탈하는 것일 뿐만 아니라 조세의 부과 징수는 국민의 납세의무에 기초하는 것으로서 원칙으로 재산권의 침해가 되지 않는다고 하더라도 그로 인하여 납세의무자의 사유재산에 관한 이용, 수익, 처분권이 중대한 제한을 받게되는 경우에는 그것도 재산권의 침해가 될 수 있는 것이다. 따라서 이 사건 법률조항이 상속세회피행위를 방지하고 조세부담의 공평을 도모하기 위한 것이라고 하더라도 그 목적이나 내용이 위와 같은 조세법률주의의 이념이나 기본권보장의 헌법이념에 합치되지 않거나 그로 인하여 사유재산에 관한 이용, 수익, 처분권이 중대한 제한을 받게 되는 경우에는 헌법에 위반된다고 보지 않을 수 없다.

헌재 1997.12.24. 96헌가19등, 판례집 9-2, 762,773

(판 례) 미실현이득에 대한 과세

과세대상인 자본이득의 범위를 실현된 소득에 국한할 것인가 혹은 미실현이득을 포함시킬 것인가의 여부는, 과세목적 · 과세소득의 특성 · 과세기술상의 문제 등을 고려하여 판단할 입법정책의 문제일 뿐, 헌법상의 조세개념에 저촉되거나 그와 양립할 수 없는 모순이 있는 것으로는 볼 수 없다.

헌재 1994.7.29. 92헌바49등, 판례집 6-2, 64,65

조세로 인한 재산권 침해는 특히 소급과세입법의 제한, 신뢰보호의 원칙과 관련하여 문제되며, 이에 관해서는 뒤에 설명한다.

(2) 부담금과 재산권

부담금이란 특정한 공익사업에 특별한 관계가 있는 자에게 그 경비의 전부나 일부를 부담시키기 위하여 부과하는 금전적 부담이다. 부담금은 부담금기본법 별표에 규정된 법률에 따르지 않고는 설치할 수 없다(부담금관리기본법 제3조). 현재 '개발이익환수에 관한 법률', 하수도법을 비롯하여 89개 법률이 나열되어 있다. 특정 공익사업에 특별한 관계가 있는 자에게 부과된다는 점에서 국민 또는 주민에게 일반적 재정충당을 위하여 부과하는 조세와 다르다. 부담금의 부과에는 재산권 보장을 위한 헌법상 한계가 있다.

(판 례) 특별부담금의 헌법적 허용한계(문화진흥기금)

특별부담금은, 특별한 과제를 위한 재정에 충당하기 위하여 특정집단에게 과업과의 관계 등을 기준으로 부과되고 공적기관에 의한 반대급부가 보장되지 않는 금전급부의무를 말하는 것인데 (……) 일반적으로 특별부담금은 그 성격에 따라 ① 일정한 과제의 수행에 필요한 재정경비를 조성하는 것을 목적으로 한 '재정충당 특별부담금'과 ② 법상의 명령이나 금지에 의하여 직접 규제하는 대신에 금전의 부담을 지워 간접적으로 일정한 국가목적의 달성을 유도하는 기능을 가진 '유도적 특별부담금'으로 나눌 수 있다(헌재 2003.1.30. 2002헌바5, 판례집 15-1, 86,96 참조). (……)

국민의 재산권이나 조세평등을 해할 우려가 있는 재정충당목적의 특별부담금은 헌법 제11조상의 평등원칙과 헌법 제37조 제2항상의 과잉금지원칙으로부터 도출되는 다음과 같은 헌법적 정당화 요건을 갖추어야 하고 그렇지 못한 경우에는 국민의 재산권을 침해하여 위헌이 될 것이다.

특별부담금은 조세의 납부의무자인 일반국민들 중 일부가 추가적으로 부담하는 또 하나의 공과금이므로 국민들 사이의 공과금 부담의 형평성 내지 조세평등을 침해하지 않기 위해서는 특별부담금은, 일반인과 구별되는 동질성을 지니어 특정집단이라고 이해할 수 있는 그러한 사람들에게만 부과되어야 하고(집단의 동질성), 특별부담금의 부과를 통하여 수행하고자 하는 특정한 경제적 · 사회적 과제와 특별히 객관적으로 밀접한 관련성이 있어야 하고(객관적 근접성), 그리하여 그러한 과제의 수행에 관하여 조세외적 부담을 져야 할 책임이 인정될 만한 집단에 대해서만 부과되어야 할 것이며(집단적 책임성), 특별부담금의 수입이 특별부담금 납부의무자의 집단적 이익을 위하여 사용되어야 할 것(집단적 효용성)이다(헌재 1998.12.24. 98헌가1, 판례집 10-2, 819,830-831; 헌재 1999.10.21. 97헌바84, 판례집 11-2, 433,453-454; 헌재 2003.1.30. 2002헌바5, 판례집15-1, 86,101 참조).

다만 재정충당목적의 특별부담금인 경우 구체적인 사안별로 위와 같은 헌법적 정당화 요건은 일정 부분 완화될 수도 있지만 적어도 객관적 근접성과 집단적 책임성은 특별부담금의 본질적인 허용요건이라고 보아야 할 것이다.

나아가 재정충당목적이 전혀 없는 순전한 유도적 특별부담금인 경우와, 재정충당의 목적과 유도의 목적이 혼재된 특별부담금의 경우에는 구체적인 사안별로 위와 같은 헌법적 정당화 요건은 일정 부분 요청되지 않을 수도 있을 것이다.

이렇게 특별부담금에 관하여 그 허용한계를 설정하는 것이, 헌법상 예정되어 있지 않은 국가재정충당의 행위형식인 특별부담금에 의하여, 국민의 재산권이 침해되는 것을 막는 것이 되어 재산권을 보장하는 헌법정신에 충실하게 되는 것이고 조세평등을 추구하는 헌법의 이념에 부합하게 되는 것이며 특별부담금의 예외성과 최소성의 원칙에도 부합하는 것이 될 것이다.

(위헌결정)

헌재 2003.12.18. 2002헌가2, 판례집 15-2 하, 367,377,380-381

(판 례) 특별부담금과 평등 원칙

학교용지부담금은 개발사업 지역의 학교시설 확보라는 특별한 공익사업의 재정을 충당하기 위하여 특정 집단에게만 반대급부 없이 부과되는 재정조달목적 부담금에 해당한다(헌재 2008.9.25. 2007헌가1; 헌재 2008.9.25. 2007헌가9 참조).

(……) 심판대상조항이 주택재개발사업의 경우 학교용지부담금 부과 대상에서 '기존 거주자와 토지 및 건축물의 소유자에게 분양하는 경우'에 해당하는 개발사업분만 제외하고, 현금청산의 대상이 되어 제3자에게 일반분양됨으로써 기존에 비하여 가구 수가 증가하지 아니하는 개발사업분을 학교용지부담금 부과 대상에서 제외하지 아니한 것은, 주택재개발사업의 시행자들 사이에 학교시설 확보의 필요성을 유발하는 정도와 무관한 불합리한 기준으로 학교용지부담금의 납부액을 달리 하는 차별을 초래하고, 이는 합리적인 이유가 없는 차별취급에 해당하므로 평등원칙에 위배된다(헌재 2013.7.25. 2011헌가32 참조).

(헌법불합치결정, 잠정적용)

헌재 2014.4.24. 2013헌가28, 판례집 26-1 상, 610,615-617

영화관람객이 입장권 가액의 100분의 3을 부담하고 영화관 경영자가 이를 징수하여 영화진흥위원회에 납부하도록 강제하는 부과금제도에 관하여, 헌법재판소 다수견해는 영화예술의 진흥이라는 국가의 문화적 책무와 영화관람객 사이에 밀접한 관련성이 없어 위헌으로 보았으나, 정족수가 미달되어 합헌으로 결정되었다(헌재 2008. 11.27. 2007헌마860). 이러한 부과금 제도는 2024. 12. 31. '영화 및 비디오물의 진흥에 관한 법률' 개정으로(법률 제20622호, 2025.1.1. 시행) 폐지되었다가, 2025. 3. 25. 같은 법 개정으로(법률 제20838호, 2025.6.26. 시행) 다시 부활하였다. 현재 부과액은 입장권 가액의 100분의 3이다.

부담금에도 이중부과금지 원칙이 적용된다.

(판 례) 부담금의 이중부과금지

수도법 제71조 제1항에 따른 원인자부담금은 수도시설의 신설 · 증설 · 개조 등 수도공사가 필요한 경우 그 수도공사를 시행하기 전에 장래에 소요될 수도시설 공사비용을 분담하도록 하는 것이고, 지방자치법 제138조 및 인천광역시 수도급수 조례 제14조에 따른 시설분담금은 이미 상수도시설 설치가 완료된 지역에 신규 급수를 신청하는 자에 대하여 급수공사비를 납부하면서 함께 기존 상수도시설의 조성비용을 분담하도록 하는 것이어서, 그 부과 · 납부시점을 달리하지만, 부과상대방이 수돗물 사용량을 증가시켜 기존 상수도시설의 용량에 부담을 유발하는 자이고, 재원조달목적이 상수도시설의 설치비용이라는 점에서 실질적으로 중복되는 요소가 있다. 따라서 이미 수도법 제71조 제1항에 따른 원인자부담금을 부담하였음에도, 이와 별도로 지방자치법 제138조 및 인천광역시 수도급수 조례 제14조에 따른 시설분담금을 추가로 부과하는 것은 위와 같이 중복되는 범위 내에서는 실질적으로 부담금관리 기본법 제5조 제1항이 금지하고 있는 부담금의 이중부과에 해당하므로 허용될 수 없다. 그리고 이러한 법리는 원인자부담금과 시설분담금을 부담하는 주체가 다른 경우에도 그대로 적용된다.

대판 2023.12.28. 2023다268686

넓은 의미의 반대급부에 따른 수수료(가령, 국가 등이 보세판매장 설치 · 운영에 있어 제공한 역무에 대한 반대급부는 아니지만 보세판매장 특허에 대한 반대급부로서의 수수료)는 반대급부와 관련 없는 부담금과 달리 헌법적 판단을 받지 않는다. 따라서 시행령 등에서 수수료를 규정하고 있더라도 법률유보의 원칙이 적용되지 않고, 과잉금지원칙 위반 여부만을 심사한다(헌재 2018.4.26. 2017헌마530).

8. 재산권보장에 관한 그 밖의 문제들

(1) 소급입법에 의한 재산권박탈 금지

> **(헌법 제13조 제2항)** 모든 국민은 소급입법에 의하여 참정권의 제한을 받거나 재산권을 박탈당하지 아니한다.

위 조항은 일반적인 소급입법금지의 원칙을 특히 재산권에 대해 적용한 것이다. 역사적으로 특히 4·19혁명과 5·16쿠데타 후의 재산권박탈 소급입법의 경험을 거친 뒤, 제3공화국 헌법 이래로 규정되었다.

소급입법은 법적 안정성과 개인의 신뢰보호를 해치는 것이기 때문에 원칙적으로 인정되지 않지만, 헌법재판소 판례에서 보는 것처럼 예외가 인정된다.

(판 례) 진정소급입법과 부진정소급입법

일반적으로 과거의 사실 또는 법률관계를 규율하기 위한 소급입법의 태양에는 이미 과거에 완성된 사실 또는 법률관계를 규율의 대상으로 하는 이른바 진정소급효의 입법과 이미 과거에 시작하였으나 아직 완성되지 아니하고 진행과정에 있는 사실 또는 법률관계를 규율의 대상으로 하는 이른바 부진정소급효의 입법이 있으며, 소급입법에 의한 재산권의 박탈이 금지되는 것은 전자인 진정소급효의 입법이고 소위 부진정소급효의 입법의 경우에는 원칙적으로 허용되는 것(헌재 1989.3.17. 선고 88헌마1 결정; 헌재 1989.12.18. 선고 89헌마32·33(병합) 결정; 헌재 1995.10.26. 선고 94헌바12 결정 등 참조)이라고 할 것이다.

헌재 1997.6.26. 96헌바94, 판례집 9-1, 631,639

(판 례) 진정소급입법의 예외적 허용

기존의 법에 의하여 형성되어 이미 굳어진 개인의 법적 지위를 사후입법을 통하여 박탈하는 것 등을 내용으로 하는 진정소급입법은 개인의 신뢰보호와 법적 안정성을 내용을 하는 법치국가원리에 의하여 특단의 사정이 없는 한 헌법적으로 허용되지 아니하는 것이 원칙이며, 진정소급입법이 허용되는 예외적인 경우로는 일반적으로 국민이 소급입법을 예상할 수 있었거나 법적 상태가 불확실하고 혼란스러웠거나 하여 보호할 만한 신뢰의 이익이 적은 경우와 소급입법에 의한 당사자의 손실이 없거나 아주 경미한 경우, 그리고 신뢰보호의 요청에 우선하는 심히 중대한 공익상의 사유가 소급입법을 정당화하는 경우 등을 들 수 있다.

헌재 1998.9.30. 97헌바38, 판례집 10-2, 530,539

(판 례) 헌법불합치결정에 대한 개선입법시한 도과와 소급효

이 사건에서 청구인들은 2009. 1. 1.부터 2009. 12. 31.까지 공무원 퇴직연금을 아무런 제한 없이 지급받고 있었는데, 이 사건 부칙조항으로 인하여 2009. 1. 1.까지 소급하여 개정 공무원연금법 제64조 제1항 제1호를 적용받게 되었고, 그에 따라 2009년도에 지급받은 퇴직급여액의 2분의 1에 대한 환수처분을 받았다. 그러므로 이 사건 부칙조항은 이미 이행기가 도래하여 청구인들이 퇴직연금을 모두 수령한 부분(2009년 1월분부터 2009년 12월분까지)에까지 사후적으로 소급하여 적용되는 것으로서 헌법 제13조 제2항에 의하여 원칙적으로 금지되는 이미 완성된 사실 · 법률관계를 규율하는 소급입법에 해당한다.

(……) 소급입법이 예외적으로 허용되기 위해서는 '그럼에도 불구하고 소급입법을 허용할 수밖에 없는 공익상의 이유'가 인정되어야 한다. 이러한 필요성도 없이 단지 소급입법을 예상할 수 있었다는 사유만으로 소급입법을 허용하는 것은 헌법 제13조 제2항의 소급입법금지원칙을 형해화시킬 수 있으므로 예외사유에 해당하는지 여부는 매우 엄격하게 판단하여야 한다.

헌법재판소가 2007. 3. 29. 구법조항에 대하여 헌법불합치결정을 하면서 입법개선을 명함에 따라, 그 결정의 취지대로 개선입법이 이루어질 것이 미리 예정되어 있기는 하였다. 그러나 그 결정이 내려진 2007. 3. 29.부터 잠정적용시한인 2008. 12. 31.까지 사이에 상당한 시간적 여유가 있었는데도 국회에서 개선입법이 이루어지지 않았다. 그로부터 다시 1년이 경과한 2009. 12. 31.에야 비로소 공무원연금법이 개정되었고, 재직 중의 사유로 금고 이상의 형을 선고받은 퇴직 공무원들은 2009. 1. 1.부터 2009. 12. 31.까지 퇴직연금을 감액 없이 전부 지급받았는데, 이는 전적으로 또는 상당부분 국회가 개선입법을 하지 않은 것에 기인하는 것이다. 이 점에 관하여 퇴직 공무원들에게 어떠한 잘못이나 책임이 있는 것이 아닌데도 그 기간 동안 지급받은 퇴직연금 등을 다시 환수하는 것은 국가기관의 잘못으로 인한 법집행의 책임을 퇴직공무원들에게 전가시키는 것으로 볼 수 있다. 그렇다면 그 기간 동안 퇴직연금 등을 온전히 지급받은 퇴직공무원들이 뒤늦게 개정된 공무원연금법에서 이 사건 부칙조항을 두어 소급적으로 환수할 것까지는 예상하지 못하였다고 볼 수 있고, 소급적으로 환수당하지 않을 것에 대한 퇴직공무원들의 신뢰이익이 적다고 할 수도 없다.

(……) 이 사건 부칙조항은 헌법 제13조 제2항에서 금지하는 소급입법에 해

당하며, 예외적으로 소급입법이 허용되는 경우에도 해당하지 아니하므로, 소급입법금지원칙에 위반하여 청구인들의 재산권을 침해한다.

헌재 2013.8.29. 2010헌바354등, 공보 203, 1121,1130-1131

(판 례) 소급과세입법의 금지

헌법 제13조 제2항은 "모든 국민은 소급입법에 의하여 (……) 재산권을 박탈당하지 아니한다"고 규정하여 소급입법에 의한 재산권의 박탈을 금지하고 있으며, 이에 따라 국세기본법 제18조 제2항, 제3항 등은 조세법분야에서 소급과세를 금지하도록 규정하고 있다. 따라서 새로운 입법으로 과거에 소급하여 과세하거나 또는 이미 납세의무가 존재하는 경우에도 소급하여 중과세하도록 하는 것은 헌법 제13조 제2항에 위반된다고 할 것이다.

헌재 1995.3.23. 93헌바18등, 판례집 7-1, 376,383

(판 례) 소급과세입법의 금지와 예외적 허용

넓은 의미의 소급입법은, 신법이 이미 종료된 사실관계에 작용하는지 아니면 현재 진행중인 사실관계에 작용하는지에 따라 일응 진정소급입법과 부진정소급입법으로 구분되고, 전자는 헌법적으로 허용되지 않는 것이 원칙이며 특단의 사정이 있는 경우에만 예외적으로 허용될 수 있는 반면, 후자는 원칙적으로 허용되지만 소급효를 요구하는 공익상의 사유와 신뢰보호의 요청 사이의 교량과정에서 신뢰보호의 관점이 입법자의 형성권에 제한을 가하게 된다(헌재 1995.10.26. 94헌바12, 판례집 7-2, 447; 1996.2.16. 96헌가2등, 판례집 8-1, 51,84-88).

헌재 1998.11.26. 97헌바58, 판례집 10-2, 673,680

위 판례에서 보는 것처럼, 진정소급입법은 원칙적으로 금지되지만 예외적으로 허용될 수 있고, 부진정소급입법은 원칙적으로 허용되지만 예외적으로 금지될 수 있다. 결국 소급입법에 의한 재산권박탈 금지 여부는 개별적 경우마다 이익형량에 의해 판단해야 할 것이다.

재산권박탈 소급입법의 예로 '친일반민족행위자 재산의 국가귀속에 관한 특별법'(제정. 2005.12.29)이 있다. 이 법률은 '일제강점하 반민족행위 진상규명에 관한 특별법'에 의거하여 '친일재산'을 정의하고(제2조), 친일재산은 그 취득, 증여 등 원인행위시에 이를 국가의 소유로 하되, 다만 제3자가 선의로 취득하거나 정당한 대가를 지급하고 취득한 권리를 해하지 못한다고 규정하고 있다(제3조). 이 법률이 헌법 제13조 제2항 위반이 아니냐는 문제가 있다. 생각건대 소급입법에 의한 재산권박탈 금지는 절대적인 것은 아니며 위 법률은 합헌이라고 본다. 소급입법 금지는 기본적으로 법적 안정성과 절차적 정의를 위한 것인데, 법의 최고이념인 실체적 정의의 요청이 법적 안정성이나 절차적 정의의 요청보다 더 크다고 인정되는 경우에는 예외적으로 소급입법이 인정될 수 있다. 위 법률은 바로 이 경우에 해당한다고 볼 것이다. 또한 이 법률은 헌법전문에서 "3 · 1운동으로 건립된 대한민국임시정부의 법통……을 계승"한다고 명시한 규정에서 그 근거를 찾을 수 있다.

(판 례) 친일반민족행위자 재산의 국가귀속 규정의 위헌 여부

(가) 소급입법금지 원칙 위반 여부

친일재산이 비록 친일행위의 대가로 취득된 재산이라고 하더라도 이는 그 당시의 재산법 관련법제에 의하여 확정적으로 취득된 재산이라 할 것이다. 따라서 현 시점에서 친일재산을 국가로 귀속시키는 행위는 진정소급입법으로서의 성격을 갖는다. 제헌 헌법은 친일재산의 환수가 헌법적으로 논란이 될 수 있다는 문제의식에 기반하여 소급입법을 통해 친일재산을 환수할 수 있는 헌법적 근거인 부칙 제101조를 마련해 두었다. 그러나 현행 헌법에는 위 부칙조항과 같은 내용의 조문이 존재하지 않는다. 오히려 "모든 국민은 소급입법에 의하여 (……) 재산권을 박탈당하지 아니한다."는 규정을 두고 있다(헌법 제13조 제2항).

그렇다면, 이 사건 귀속조항이 갖는 진정소급입법으로서의 성격이 헌법 제13조 제2항에 위배되는 것은 아닌지 문제된다(……).

① 현행 헌법 전문(前文)은 '유구한 역사와 전통에 빛나는 우리 대한국민은 3 · 1운동으로 건립된 대한민국임시정부의 법통을 계승'할 것을 규정하고 있는데, 여기서 '3 · 1운동'의 정신은 우리나라 헌법의 연혁적 · 이념적 기초로서 헌법이나 법률해석에서의 해석기준으로 작용하는 것이다(헌재 2001.3.21. 99헌마139, 판례집 13-1, 676,693 참조). '대한민국이 3 · 1운동으로 건립된 대한민국임시정부의 법통을 계승'한다고 선언한 헌법 전문의 의미는, 오늘날의 대한민국이 일제에 항거한 독립운동가의 공헌과 희생을 바탕으로 이룩된 것이라는 점(헌재 2005.6.30. 2004헌마859, 판례집 17-1, 1016,1020) 및 나아가 현행 헌법은 일본제국주의의 식민통치를 배격하고 우리 민족의 자주독립을 추구한 대한민국임시정부의 정신을 헌법의 근간으로 하고 있다는 점을 뜻한다고 볼 수 있다.

그렇다면 일제강점기에 우리 민족을 부정한 친일반민족행위자들의 친일행위에 대하여 그 진상을 규명하고 그러한 친일행위의 대가로 취득한 재산을 공적으로 회수하는 등 일본제국주의의 식민지로서 겪었던 잘못된 과거사를 청산함

으로써 민족의 정기를 바로세우고 사회정의를 실현하며 진정한 사회통합을 추구해야 하는 것은 헌법적으로 부여된 임무라고 보아야 한다.

② 또한, 다음과 같은 이유로 친일재산의 소급적 박탈은 일반적으로 소급입법을 예상할 수 있었던 이례적인 경우에 해당하며, 그로 인해 발생되는 법적 신뢰의 침해는 우리 헌법의 이념 속에서 용인될 수 있다고 보인다.

첫째, 친일재산은 국제법규를 위반하여 우리 민족을 강압으로 제압하고 불법적인 통치를 자행한 일본제국주의에 부역하여 침략행위를 정당화하고 국권 회복을 위한 항일독립운동을 탄압한 친일반민족행위의 대가로 취득한 재산이다. 따라서 친일반민족행위자측의 입장에서는 그 재산의 취득 경위에 내포된 민족배반적 성격에 비추어 향후 우리 민족이 일제로부터의 독립을 쟁취하여 민족의 정통성을 계승한 국가를 건립하였을 때에는 그러한 친일재산을 보유하고 후대에 전수하여 자신과 그 후손들이 대대로 부귀를 누리는 것이 가능하지 않을 것이라는 점에 대하여 충분히 예상할 수 있었다고 할 것이다.

둘째, 앞서 본 바와 같이 친일재산을 환수함으로써 정의를 구현하고 민족의 정기를 바로 세우며 일본제국주의에 저항한 3 · 1운동의 헌법이념을 구현하는 일은 제헌 헌법 이래 우리의 모든 헌법 속에서 면면히 계승된 가치이자 헌법적으로 부여되었던 당위라 할 수 있다. 그렇다면, 대한민국 헌법의 제정권자이자 수범자로서 그 헌법 아래에서 살아온 모든 국민들에게 친일재산의 환수를 포함한 일제 식민지 역사의 청산 작업은 언제든지 현실로 성립될 수 있는 이른바 '잠재적 현실'이었다.

셋째, 우리 선조들은 일제의 을사조약에 동조한 친일반민족행위자들의 행위로 인해 국권을 상실하였을 뿐만 아니라 그러한 친일행위로 인해 징용되거나 일본군위안부로 강제동원되는 등 수많은 고초를 겪었다. 민족 자결의 주장을 펼치며 일제의 부당한 통치에 항거하였다는 이유만으로 생명과 신체의 안전 등을 포함한 기본적 권리를 박탈당하거나 침해받기도 하였다. 그럼에도 불구하고 그로 인한 역사적 상흔의 상당 부분들은 해방 후 반세기 이상이 지난 오늘날에 이르기까지도 여전히 치유되지 않고 있다. 앞서 본 바와 같이 반민법에 따른 일제과거사 청산 작업도 실효적으로 이루어졌다고 보기 어렵다. 이에 친일반민족행위자를 역사적 · 법적으로 엄중히 평가하고 사회정의를 실현해야 한다는 사회적 요구가 현재까지 끊임없이 제기되어 왔다. 즉, 일제과거사의 청산 문제, 그 가운데에서도 친일행위의 대가로 취득한 재산의 처리 문제는 오늘에까지 우리 사회의 비중있는 사회적 과제로 남아 있다고 하겠다. 그렇다면 이와 같은 그간의 우리 사회내 논의 상황에 비추어 보더라도, 친일재산 문제가 본격적으로 불거져 친일재산의 사회적 환수 요청이 제기될 수 있을 것이라는 점은 충분히 예상가능한 일이었다.

③ 한편, 일반적으로 소급입법이 금지되는 주된 이유는 문제된 사안이 발생하기 전에 그 사안을 일반적으로 규율할 수 있는 입법을 통하여 행위시법으로 충분히 처리할 수 있었음에도 불구하고, 권력자에 의해 사후에 제정된 법을 통해 과거의 일들이 자의적으로 규율됨으로써 법적 신뢰가 깨뜨려지고 국민의 권리가 침해되는 것을 방지하기 위함이다. 그러나 과거사 청산에 관한 입법들은 그 사안이 발생하기 이전에 일반적인 규율 체계를 갖출 수 없었던 경우가 대다수였다. 역사상 과거사 청산에 관한 다수 입법들에서 소급입법의 형식을 취하는 것이 용인되어 온 것도 같은 맥락이다(……).

따라서 이 사건 귀속조항은 진정소급입법에 해당하지만 소급입법을 예상할 수 있었던 예외적인 사안이고 진정소급입법을 통해 침해되는 법적 신뢰는 심각하다고 볼 수 없는 데 반해 이를 통해 달성되는 공익적 중대성은 압도적이라고 할 수 있으므로 진정소급입법이 허용되는 경우에 해당한다. 그러므로 이 사건 귀속조항이 진정소급입법이라는 이유만으로 위헌이라 할 수 없다.

(나) 재산권 침해 여부

1) 입법목적의 정당성 및 수단의 적절성

(……) 이 사건 귀속조항은 일본제국주의의 식민통치에 협력하고 우리 민족을 탄압한 반민족행위자가 그 당시 친일반민족행위로 축재한 재산을 국가에 귀속시킴으로써 정의를 구현하고 민족의 정기를 바로 세우며 일본제국주의에 저항한 3 · 1운동의 헌법이념을 구현하기 위한 것으로써 이는 정당한 입법목적이라 할 수 있다.

민법 등 기존의 재산법 체계에 따를 때에는 비록 친일행위의 대가로 취득한 친일재산이라 하더라도 우리 법제상 정당한 재산으로 보호될 여지가 있는데 (……) 이 경우 민법 등 관련조항의 해석 및 적용에 의존하는 방법만으로는 사회정의와 민족정기에 입각한 친일재산의 처리에 난항을 겪지 않을 수 없었기 때문에, 친일반민족행위자와 그 후손이 친일재산의 이익을 향유할 수 없도록 규제할 수 있는 특별한 조치의 필요성이 강하게 요청되었고, 친일재산을 국가로 귀속시켜 이를 독립유공자를 위해 사용하고자 하는(독립유공자예우에 관한 법률 제30조) 이 사건 귀속조항은 이러한 규범적 요청의 일환으로서 앞서 본 입법목적을 달성하기 위한 적절한 수단이라 할 것이다.

2) 피해의 최소성

① 이 사건 정의조항과 귀속조항을 종합적으로 볼 때, 이 사건 귀속조항을 통하여 국가에 귀속되는 친일재산의 대상은 '일제강점하 반민족행위 진상규명에 관한 특별법'(이하 '반민규명법'이라 한다)이 정한 여러 유형의 친일반민족행위

중에서 사안이 중대하고 범위가 명백한 네 가지 행위, 즉 을사조약·한일합병 조약 등 국권을 침해한 조약을 체결 또는 조인하거나 이를 모의한 행위(반민규명법 제2조 제6호), 한일합병의 공으로 작위를 받거나 이를 계승한 행위(동조 제7호), 일본제국의회의 귀족원의원 또는 중의원으로 활동한 행위(동조 제8호), 조선총독부 중추원 부의장·고문 또는 참의로 활동한 행위(동조 제9호)를 한 자의 친일재산으로 한정하고 있고, 설사 이에 해당하는 자라 하더라도 작위를 거부·반납하거나 후에 독립운동에 적극 참여한 자 등은 예외로 인정할 수 있는 규정을 두고 있다.

② 앞서 본 바와 같이 비록 러·일전쟁 개전시부터 1945년 8월 15일까지 친일반민족행위자가 취득한 재산을 친일재산으로 추정하고 있지만 그와 같은 추정을 받게 된다 하더라도 친일반민족행위자측은 그 재산이 친일행위의 대가로 취득한 것이 아니라는 점을 입증하여 언제든지 위 추정을 번복시킬 수 있도록 하고 있다.

③ 또한, 친일재산귀속법은 친일재산의 거래로 인하여 선의의 제3자가 발생할 경우 이를 보호하도록 하는 규정을 둠으로써 이 사건 귀속조항의 소급적 적용에 따른 법적 안정성의 훼손을 최소화하고 있다{한편, 대법원은 친일재산귀속법 제3조 제1항 단서에 정한 '제3자'는 친일재산귀속법 시행일 전에 친일재산을 취득한 자뿐만 아니라 친일재산귀속법 시행일 이후에 친일재산을 취득한 자도 포함하는 것으로 보아야 한다고 판시한 바 있는데(대법원 2008.11.13. 선고 2008두13491 판결), 이러한 해석을 통해 법적 안정성의 훼손 가능성은 더욱 줄어들 것이다}. (……)

3) 법익의 균형성

과거사 청산의 정당성, 진정한 사회통합의 가치 등을 고려할 때 정의를 실현하고 민족의 정기를 바로세우며 3·1운동의 헌법이념을 구현하고자 하는 이 사건 귀속조항의 공익적 중대성은 막중하다 할 것이며, 설사 청구인들의 주장대로 이 사건 귀속조항으로 친일반민족행위자측의 재산권이 제한될 여지가 있다 하더라도 친일재산 환수의 역사적인 당위성, 환수대상 범위의 합리적 설정, 선의의 제3자 보호 등 제반 사정들에 비추어 그 제한의 정도가 이 사건 귀속조항에 의하여 보장되는 공익에 비하여 결코 중하다고 볼 수 없다. 따라서 이 사건 귀속조항은 공익과 사익간의 균형성을 도외시한 것이라고 보기 어려우므로, 법익의 균형성의 원칙에 반하지 아니한다.

헌재 2011.3.31. 2008헌바141, 판례집 23-1 상, 276,304-310

대법원은 '친일반민족행위자 재산의 국가귀속에 관한 특별법' 제2조 제2호 제2문("러·일전쟁 개전 시부터 1945. 8. 15.까지 친일반민족행위자가 취득한 재산은 친일행위의 대가로 취득한 재산으로 추정한다")는 조항은 평등권이나 재판청구권을 침해하지 않고, 적법절차원칙에도 반하지 않는다고 판시하였다(대판 2012.5.10. 2011두16858). 헌법재판소도 최근 위 조항은 일제에 저항한 3 · 1운동의 헌법이념을 구현하기 위한 것으로 '취득'과 '상속, 증여, 유증'규정 모두 과잉금지원칙 위반으로 볼 수 없고 재산권 침해가 아님을 확인하였다(헌재 2018.4.26. 2016헌바454).

대법원은 친일반민족행위자 재산의 국가귀속에 관한 특별법에 따라 이루어진 친일반민족행위자의 재산에 대한 국가귀속결정을 취소하는 판결이 행정소송에서 확정된 경우, 그 대상재산에 관하여는 2011.5.19. 개정된 친일반민족행위자 재산의 국가귀속에 관한 특별법 부칙 제2항 단서에 따라 국가가 친일반민족행위자 등을 상대로 소유권 반환 등을 구하는 민사소송을 제기하는 것이 허용되지 않는다고 하였다(대판(전합) 2024.12.19. 2019다255416). 다만 친일재산귀속법에서 정한 친일재산은 친일재산귀속법 시행에 따라 그 취득 · 증여 등 원인행위 시에 소급하여 당연히 국가의 소유로 되고, 친일재산조사위원회의 국가귀속결정은 확인 결정에 불과하므로 확인결정취소판결의 기판력이 민사소송에는 미치지 않는다고 보아야 한다는 대법관 5인의 반대의견이 있다.

(2) 신뢰보호의 원칙과 재산권보장

신뢰보호의 원칙은 법치주의 원리에 근거한 헌법상의 원칙으로, 입법작용에 대해서도 적용된다. 법률이 개정되는 경우에 구법질서에 대하여 가지고 있던 당사자의 합리적이고 정당한 신뢰는 보호되어야 한다. 이 원칙은 조세의 부과 · 징수를 비롯한 재산권 제한에 관하여 특히 문제된다.

신뢰보호의 원칙은 위에서 본 소급입법에 의한 재산권침해 금지보다도 더 포괄적인 원칙이라고 할 수 있다. 소급입법에 의한 재산권침해에 해당하지 않더라도 신뢰보호의 원칙에 위반되는 경우가 있다. "헌법 제13조 제2항이 금하고 있는 소급입법은…… 진정소급효를 가지는 법률만을 의미하는 것"(헌재 1999.4.29. 94헌바37)이며, 부진정소급입법은 헌법 제13조 제2항에 해당하지 않지만 예외적으로 신뢰보호의 원칙 위반으로 위헌이 될 수 있다(헌재 1995.10.26. 94헌바12).

신뢰보호의 원칙에 대한 위반 여부는 당사자의 신뢰보호의 필요성과 새 입법을 통해 실현하려는 공익과를 비교형량하여 판단하여야 한다.

(판 례) 부진정소급입법에 의한 신뢰보호원칙 위반

우리재판소는 신뢰보호의 원칙의 판단은 신뢰보호의 필요성과 개정법률로 달성하려는 공익을 비교형량하여 종합적으로 판단하여야 한다고 하였는바[헌재 1995.3.23. 93헌바18,31(병합); 헌재 1995.6.29. 94헌바39 참조], 이러한 판시는 부진정소급입법의 경우에도 당연히 적용되어야 할 것이다. 그런데 우리재판소는 초기에 진정·부진정 소급효를 구분하면서 부진정 소급효의 경우 "구법질서에 대하여 기대했던 당사자의 신뢰보호보다는 광범위한 입법권자의 입법형성권을 경시해서는 안 될 일이므로 특단의 사정이 없는 한 새 입법을 하면서 구법관계 내지 구법상의 기대이익을 존중하여야 할 의무가 발생하지는 않는다"라고 하여(헌재 1989.3.17. 88헌마1 참조), 부진정 소급효의 경우에 신뢰보호의 이익이 존중될 수 없다는 일반원칙을 세우고 있어 신뢰보호원칙의 판단에 대한 위 판례와 조화를 이루지 못함을 볼 수 있다. 그러나 특단의 사정을 인정하는 폭에 따라 능히 조화를 이룰 수 있다 할 것이므로 이 사건의 경우도 이와 같은 측면에서 신뢰보호와 이익과 공익을 비교형량하여 판단하여야 할 것이다(대법원도 부진정 소급입법의 경우 신뢰보호와 입법의 목적을 비교형량하여 판단하고 있다. 대판 1989.7.11. 87누1123 참조). (……)

입법자로서는 구법에 따른 국민의 신뢰를 보호하는 차원에서 상당한 기간 정도의 경과규정을 두는 것이 바람직한데도 그러한 조치를 하지 않아 결국 청구인의 신뢰가 상당한 정도로(금액상 약 5,600만원) 침해되었다고 판단된다.

헌재 1995.10.26. 94헌바12, 판례집 7-2, 447,458-462

(판 례) 조세·재정정책의 탄력적 운용과 신뢰보호의 원칙

납세의무자로서는 구법질서에 의거하여 적극적인 신뢰행위를 하였다든가 하는 사정이 없는 한 원칙적으로 세율 등 현재의 세법이 과세기간 중에 변함없이 유지되리라고 신뢰하고 기대할 수는 없다. 그렇게 되면 국가 조세·재정정책의 탄력적·합리적 운용이 불가능하기 때문이다.

헌재 1998.11.26. 97헌바58, 판례집 10-2, 673,682

조세를 비롯한 재산권제한과 신뢰보호의 원칙에 관련된 주요 헌법재판소 판례를 보면 다음과 같다.

* 조세감면규제법에서 법인의 증자금액에 대한 소득공제율을 낮추면서 개정 시점 이전에 이미 경과된 사업연도에 대하여도 이를 적용하는 것은 신뢰보호 원칙 위반으로 위헌(헌재 1995.10.26. 94헌바12).

* 구 조세감면규제법에서 공유수면매립지의 양도로 인한 소득에 대한 특별부가세의 비과세 및 감면제도를 점차적으로 축소, 폐지해 가는 과정에서 기존 법질서에 대한 신뢰와 개정법률이 달성하고자 하는 공익목적 사이의 조화를 도모하고 있으므로 신뢰보호의 원칙에 위배되지 아니한다(헌재 1995.3.23. 93헌바18 등).
* 구 조세감면규제법에서 공공사업용지의 양도소득세 감면의 종합한도액을 3억원으로 설정하여 양도소득세감면의 적용범위를 축소한 것은 합헌(헌재 1995.6.29. 94헌바39).
* 법인세의 과세기간 중에 농어촌특별세법을 제정하여 법인세를 본세로 하는 농어촌특별세를 부과하기로 하면서, 그 법 시행일 이후 최초로 종료하는 사업연도의 개시일부터 적용토록 한 것은 부진정소급입법으로 합헌(헌재 1998.11.26. 97헌바58).
* 종전에 감면되어 오던 양도소득세에 대하여, 농어촌특별세법을 신설하여 감면분 중 일부를 농어촌특 별세로 부과징수하면서, 동법 시행 이후 양도된 분에 대하여 곧바로 적용하기로 한 것은 합헌(헌재 2001.4.26. 99헌바55).
* 상장주식의 양도차익을 양도소득세의 과세대상으로 규정한 구 소득세법 규정은 이 법률조항의 시행 후에 양도된 주식에 대하여 적용되는 것이므로 합헌(헌재 2003.4.24. 2002헌바9).
* 상속세법 개정으로 공익사업 영위자가 증여세 면제혜택을 상실한 것은 합헌(헌재 2004.7.15. 2002헌바63).
* 소득세법 개정으로 상장주식에 대한 과세를 가능하게 한 것은 합헌(헌재 2006.3.30. 2006헌바6).
* 기존의 담배자동판매기를 조례 시행일로부터 3개월 이내에 철거하도록 한 조례의 부칙 규정은 장래에 향하여 자판기의 존치 · 사용을 규제할 뿐이므로 합헌(헌재 1995.4.20. 92헌마264등).
* 개발이익환수에관한법률에서 개발부담금을 부과하면서 동법 시행 전에 사업에 착수한 경우에는 착수 한 때부터 동법 시행일까지의 기간에 상응하여 안분되는 개발이익부분을 동법 제8조의 부과기준에서 제외함으로써 동법 시행 전에 사업을 시작한 자의 신뢰이익을 기본적으로 부과대상에서 제외하고 있으므로 합헌(헌재 2001.2.22. 98헌바19).
* 공무원연금법을 개정하여 연금액산정의 기초, 연금조정제도, 연금개시연령에 관해 기존의 연금수급자에게 적용하는 것은 합헌(헌재 2003.9.25. 2001헌마93등).
* 공무원연금법 부칙 경과규정에서, 종래 보수연동제에 의하여 연금액의 조정을 받아오던 기존의 연금수급자들에게 법률개정을 통해 물가연동제에 의한 연금

액조정방식을 적용하도록 한 것은 합헌. 종전의 퇴직연금수급자들은 보수 연동제의 방식에 의한 연금액조정을 통하여 물가상승률에 비하여 상대적으로 높게 인상된 연금을 지급받아 왔고 그러한 연금액의 조정이 상당기간 지속됨으로써 앞으로도 공무원의 보수인상률에 맞추어 연금액도 같은 비율로 조정되리라는 기대가 형성되어 있던 것은 부인할 수 없으나, 그렇다 하더라도 보호해야 할 퇴직연금수급자의 신뢰의 가치는 크지 않고 신뢰의 손상 또한 연금액의 상대적인 감소로서 그 정도가 심하지 않은 반면, 연금재정의 파탄을 막고 공무원연금제도를 건실하게 유지하는 것은 긴급하고도 대단히 중요한 공익이므로 이 사건 경과규정이 헌법상 신뢰보호의 원칙에 위배된다고는 볼 수 없다(헌재 2005. 6.30. 2004헌바42).

* 이미 일반분양을 완료하고 청산절차를 종료하기 전까지는 재건축사업으로 인해 발생하는 비용이나 수익의 규모가 확정되었다고 할 수 없으므로, 비록 관리처분계획인가를 받은 조합의 경우에도 사업시행인가를 받기 전에 가졌던 신뢰이익보다 보호의 필요성이 좀 더 클 뿐 절대적인 것은 아니며, 도시정비법 개정에 따라 임대주택 공급의무를 완화하여 부담하는 것이 신뢰보호원칙에 위반되는 것도 아니다(헌재 2008.10.30. 2005헌마222등).
* 재산이 국가에 귀속되는 대상이 되는 친일반민족행위자 가운데 '한일합병의 공으로 작위를 받거나 계승한 자'를 '일제로부터 작위를 받거나 계승한 자'로 개정한 친일재산귀속법 조항은 소급입법금지원칙이나 신뢰보호원칙에 반하지 않고, 과잉금지원칙에 반하여 재산권을 침해하는 것이 아니다(헌재 2013.7.25. 2012헌가1).
* 조기노령연금의 수급개시연령을 59세에서 60세로 상향조정한 국민연금법 부칙조항은 신뢰보호원칙에 위반하여 국민연금가입자의 재산권을 침해하는 것은 아니다(헌재 2013.10.24. 2012헌마906).
* 대가를 실제를 받은 경우와 대가를 받기로 약정하였으나 실제로는 받지 못한 경우도 모두 포함하는 것으로 해석되는 부가가치세법 제13조 제1항 제2호의 과세표준 중 '대가를 받는 경우'는 과잉금지원칙에 위배되지 않는다(헌재 2016. 7.28. 2014헌바423).
* '자신이 소유 중인 토지의 사용을 허용한 경우'에 면책사유에 해당하지 않는 한 오염책임을 소유자에게 묻는 토양환경보전법 규정은 1996. 1. 5. 법 제정 및 다음날 시행되었으므로 공법상 무과실책임을 부담할 수 있다는 예측이 가능하게 되었으므로 토지소유자의 재산권을 침해하는 것은 아니다(헌재 2016.11. 24. 2016헌바11).

(3) 사기업의 국 · 공유화

> **(헌법 제126조)** 국방상 또는 국민경제상 긴절한 필요로 인하여 법률이 정하는 경우를 제외하고는, 사영기업을 국유 또는 공유로 이전하거나 그 경영을 통제할 수 없다.

헌법 제9장의 경제에 관한 조항은 모두 재산권과 관련되지만, 그 중에서도 특히 직접 관련되는 것은 위 조항이다. 이 조항에 관해서는 앞의 '경제질서에 관한 기본원리'에서 설명하였다.

(4) 재산권제한에 관한 그 밖의 주요 헌법재판소 판례

(위헌결정)

* 국세채권이 피담보채권보다 1년간 소급 우선한다는 법률규정(헌재 1990.9.3. 89헌가95).

* 4층 이상 건물소유자에게 보험가입을 강제하는 법률규정(헌재 1991.6.3. 89헌마204).

* 음반, 비디오물의 판매등록을 하지 않은 무등록판매업자가 소유 또는 점유하는 음반 또는 비디오물을 필수적으로 몰수하도록 한 법률규정(헌재 1995.11.30. 94헌가3).

* 공무원이 퇴직 후 국가안보 등에 관한 법을 위반한 경우에 연금급여를 제한한 법률규정(헌재 2002.7.18. 2000헌바57).

* 파산법에서 '국세징수의 예에 의하여 청구할 수 있는 청구권'을 일률적으로 재단채권으로 규정하여 파산선고 후 연체료 청구권자에게 다른 파산채권자보다 우선하여 변제받을 수 있도록 우월한 지위를 인정함으로써 다른 채권자들의 배당률을 낮추거나 배당가능성을 아예 없애는 등 그 재산권에 실질적 제약을 가하고 있는 것(헌재 2005.12.22. 2003헌가8).

* 구 상호신용금고법상 예금자우선변제제도는 상호신용금고의 예금채권자를 우대하기 위하여 상호신용금고의 일반채권자를 불합리하게 희생시킴으로써 일반채권자의 평등권 및 재산권을 침해하는 것(헌재 2006.11.30. 2003헌가14).

* 문화재를 선의취득하여 사법상 보유권한을 취득한 후에 도굴 등의 정을 알게 된 경우에도 처벌하는 문화재보호법 규정(헌재 2007.7.26. 2003헌마377).

* 정리계획에 의하여 새로이 정리회사의 주주가 된 자가 3년 내에 주권의 교부를 청구하지 아니한 때에는 주주로서의 권리를 잃도록 규정한 것(헌재 2012.5.31. 2010헌가85).

(헌법불합치결정)

* 퇴직금전액을 질권, 저당권자의 채권보다 우선시킨 법률규정(헌재 1997.8.21. 94헌바19).
* 도시계획구역 안에서 어떠한 경우라도 토지의 사적 이용권이 배제된 상태에서 10년 이상 아무 보상 없이 수인하게 한 법률규정(헌재 1999.10.21. 97헌바26).
* 공무원의 신분 · 직무상 의무 등과 관련 없는 범죄로 인해 금고 이상의 형을 선고 받았다는 이유만으로 퇴직급여, 연금 등을 감액하는 것(헌재 2007.3.29. 2005헌바33).
* 사립학교교직원 연금법에서 죄의 종류와 내용을 묻지 않고 모든 재직 중의 사유로 금고 이상의 형을 받은 경우에 획일적으로 퇴직급여 등을 제한하도록 한 것(헌재 2010.7.29. 2008헌가15)
* 경과실로 인한 실화의 경우 실화자의 손해배상책임을 배제하고 실화피해자의 손해배상청구권을 전면 부정한 실화책임법은, 실화피해자의 보호를 외면하고, 실화자 보호와 실화피해자 보호의 필요성을 균형있게 조화시킨 것이라고 보기 어려워 적용중지 헌법불합치 결정하며, 기존의 합헌판례(헌재 1995.3.23. 92헌가4 등)를 변경(헌재 2007.8.30. 2004헌가25).
* 종합부동산세의 납세의무자 중 1주택 보유의 정황을 고려하지 아니한 채 다른 일반 주택 보유자와 동일하게 취급하여 일률적 또는 무차별적으로, 그것도 재산세에 비하여 상대적으로 고율인 누진세율을 적용하여 결과적으로 다액의 종합부동산세를 부과하는 것(헌재 2008.11.13. 2006헌바112).
* 배우자 상속공제를 인정받기 위한 요건으로 배우자상속재산분할 기한등까지 배우자의 상속재산을 분할하여 신고할 것을 요하여 분쟁 등으로 인하여 법정기한 내에 재산분할을 마치기 어려운 부득이한 사정이 있는 경우에도 적용되도록 한 것(헌재 2012.5.31. 2009헌바190; 단순위헌을 선언하면 정당한 사유없이 재산분할을 미루는 상속인들까지 배우자 상속공제를 받게 되어 부당하므로 헌법불합치 선언).
* 토양오염관리대상시설의 소유자 · 점유자, 운영자에게 토지오염관리대상시설의 양수자 · 인수자와 달리 토양오염사실에 관한 선의 · 무과실을 입증하여도 면책되지 못하도록 규정한 것(헌재 2012.8.23. 2010헌바167).
* 별거나 가출 등으로 실질적인 혼인관계가 존재하지 아니하여 연금 형성에 기여가 없는 이혼배우자에 대해서까지 법률혼 기간을 기준으로 분할연금 수급권을 인정하는 국민연금법 조항(헌재 2016.12.29. 2015헌바182).
* 상속개시일 전 10년 이내에 피상속인이 대습상속인에게 사전증여한 재산의 가액을 상속세 과세가액에 가산하는 '상속세 및 증여세법' 규정(헌재 2021.12.23. 2019헌바138).

* 납세자가 상속세 등을 물납한 후 그 부과의 전부 또는 일부를 취소하거나 감액하는 경정 결정에 따라 물납재산을 환급하는 경우에 국세환급가산금에 관한 규정을 적용하지 않도록 한 국세기본법 규정(헌재 2022.1.27. 2020헌바239).
* 선출직 공무원으로서 받게 되는 보수가 기존의 연금에 미치지 못하는 경우에도 연금 전액의 지급을 정지하도록 정한 공무원연금법 규정(헌재 2022.1.27. 2019헌바161).
* 비의료인이 개설한 의료법인(소위 사무장병원)이라는 사실을 수사기관의 수사 결과로 확인한 경우 국민건강보험공단으로 하여금 해당 요양기관이 청구한 요양급여비용의 지급을 보류할 수 있도록 규정한 국민건강보험법 규정(헌재 2023.3.23. 2018헌바433등; 지급보류처분 자체를 문제 삼은 것이 아니라 보류처분 취소에 관한 규정이 없다는 점을 문제 삼았다. 한편 이와 거의 같은 내용의 의료급여법 규정도 같은 이유로 헌법불합치결정를 받았다. 헌재 2024.6.27. 2021헌가19)
* 퇴역연금 수급자가 선거에 의한 선출직 공무원에 취임한 경우에는 그 재직기간 중 해당 퇴역연금 전부의 지급을 정지하도록 한 군인연금법 규정 중 '지방의회의원'에 관한 부분(헌재 2024.4.25. 2022헌가33).
* 상속개시 후 인지 또는 재판확정에 의하여 공동상속인이 된 자가 다른 공동상속인에 대해 그 상속분에 상당한 가액의 지급에 관한 청구권을 행사하는 경우에도 상속회복청구권에 관한 10년의 제척기간을 적용하도록 한 민법 제999조 제2항(헌재 2024.6.27. 2021헌마1588; 재산권뿐만 아니라 재판청구권도 침해한다고 하면서 종전 합헌으로 선언하였던 헌재 2010.7.29. 2005헌바89을 폐기하였다)

(한정위헌결정)
* 국유잡종재산에 대한 시효취득 금지(헌재 1991.5.13. 89헌가97).
* 퇴직 후의 사유로 공무원연금 급여를 제한한 것(헌재 2002.7.18. 2000헌바57).
* 보험급여 제한사유인 범죄행위에 경과실의 범죄행위까지 포함시키는 것(헌재 2003.12.18. 2002헌바1).
* 상속인의 범위에 "상속개시 전에 피상속인으로부터 상속재산가액에 가산되는 재산을 증여받고 상속을 포기한 자"를 포함하지 않는 것으로 해석하는 것(헌재 2008.10.30. 2003헌바10).

(합헌결정)
* 정기간행물의 납본제(헌재 1992.6.26. 90헌바26).
* 카지노사업자에 대한 납부금 부과(헌재 1999.10.21. 97헌바84).
* 국민연금에의 강제가입으로 인한 연금보험료 강제징수(헌재 2001.2.22. 99헌마365).

* '부동산실권리자 명의등기에 관한 법률'에서 명의신탁약정을 무효로 하고 명의신탁약정에 의한 수탁자명의의 등기를 금지하며 그 위반자를 형사처벌하는 것. 다만 과징금부과에 관한 일부규정은 헌법불합치(헌재 2001.5.31. 99헌가18등).
* 국외여행자에 대한 특별부담금 부과(헌재 2003.1.30. 2002헌바5).
* 먹는 샘물 수입판매업자에 대한 수질개선부담금 부과(헌재 2004.7.15. 2002헌바42).
* 사회복지사업법에서 사회복지법인의 기본재산을 처분함에 있어 보건복지부장관의 허가를 받도록 규정한 것(헌재 2005.2.3. 2004헌바10).
* 구 상속세 및 증여세법에서 명의신탁이 증여세 회피의 목적 또는 증여세 이외의 조세 회피 목적으로 이용되는 경우에 증여세를 부과하도록 규정한 것(헌재 2005.6.30. 2004헌바40).
* 도시계획법상 장기미집행 도시계획시설결정의 실효제도에 의한 재산권보호는 법률상의 권리일 뿐이고 헌법상 재산권으로부터 당연히 도출되는 권리는 아니며, 실효기간의 기산일에 관한 경과규정(헌재 2005.9.29. 2002헌바84등).
* 학교보건법에서 초·중·고등학교 및 대학교 경계선으로부터 200미터 내로 설정된 학교환경위생정화구역 안에서 여관시설 및 영업행위를 금지한 규정(헌재 2006.3.30. 2005헌바110).
* '성매매알선 등 행위의 처벌에 관한 법률'에서 집창촌에서 건물을 소유하거나 그 관리권한을 가지고 있는 자의 '성매매에 제공되는 사실을 알면서 건물을 제공하는 행위'를 처벌하는 것(헌재 2006.6.29. 2005헌마1167).
* 피상속인의 사망으로 지급하는 생명보험의 보험금을 상속재산으로 의제하여 상속세를 부과하는 것(헌재 2009.11.26. 2007헌바137).
* 국가나 지방자치단체에 등기를 신청하는 국민에게 국민주택채권을 매입하도록 하는 주택법 규정(헌재 2011.9.29. 2010헌마85).
* 재개발사업에 있어서 너무 좁은 토지의 소유자에 대하여는 현물분양 대신 현금청산할 수 있도록 규정한 도시 및 주거환경정비법 조항(헌재 2012.2.23. 2010헌바484).
* 하천관리청이 폐천부지를 양여하는 경우 하천으로 편입되기 전의 당초의 토지소유자에게 우선취득권을 부여하지 않고 있는 하천법 조항(헌재 2012.3.29. 2010헌바341등).
* 피상속인이 재산을 처분하여 받은 금액 등이 상속개시일전 1년 이내에 2억원 이상, 상속개시일전 2년 이내에 5억원 이상인 경우로서 그 용도가 객관적으로 명백하지 아니한 경우 이를 상속받은 것으로 추정하여 상속세과세가액에 산입하는 것(헌재 2012.3.29. 2010헌바342).
* 손해배상청구권의 소멸시효기간을 피해자나 그 법정대리인이 그 손해 및 가해

자를 안 날로부터 3년으로 정한 민법 규정(헌재 2012.4.24. 2011헌바31).

* 개인회생절차에 있어서 면책결정의 효력이 개인회생채권자가 채무자의 보증인에 대하여 가지는 권리에 영향을 미치지 않도록 규정한 구 개인채무자회생법 규정(헌재 2012.4.24. 2011헌바76).
* 가처분이 집행된 후 10년간 본안의 소가 제기되지 아니한 때에는 가처분을 취소할 수 있도록 하고 있는 구 민사소송법 규정(헌재 2012.4.24. 2011헌바109).
* 거주자(대한민국 안에 주소 또는 거소, 주된 사무소를 둔 개인과 법인)가 대통령령이 정하는 바에 의하여 기획재정부장관에게 신고를 하지 아니하고 취득한 해외부동산을 필요적으로 몰수·추징하도록 한 것(헌재 2012.5.31. 2010헌가97).
* 권리의 이전이나 그 행사에 등기 등을 요하는 재산에 있어서 실질소유자와 명의자가 다른 경우 증여로 의제·추정하는 것(헌재 2012.5.31. 2009헌바170등).
* 역사문화미관지구 내 토지소유자들에게 건축제한 등 재산권제한을 부과하면서 보상조치를 규정하지 않는 것(헌재 2012.7.26. 2009헌바328).
* 소유자가 농지 소재지에 거주하지 않거나 경작하지 않는 농지를 비사업용 토지로 보아 60%의 중과세율을 적용하는 것(헌재 2012.7.26. 2011헌바357).
* 임용결격사유가 존재함에도 불구하고 공무원으로 임용되어 근무하거나 근무하였던 자에게 공무원 퇴직연금수급권을 인정하지 않는 것(헌재 2012.8.23. 2010헌바425).
* 담보권의 목적인 재산의 매각대금에서 정부가 과세표준과 세액을 결정·경정 또는 수시부과결정하는 국세를 징수하는 경우 당해 국세의 납세고지서 발송일 후에 설정된 담보권의 피담보채권에 우선하여 국세를 징수할 수 있도록 한 국세기본법 규정(헌재 2012.8.23. 2011헌바97).
* 과오납 보험료 환급청구권의 소멸시효기간을 3년으로 정하고 있는 국민건강보험법 규정(헌재 2012.11.29. 2011헌마814).
* 성매매에 제공되는 사실을 알면서 건물을 제공하는 행위를 처벌하고(헌재 2012.12.27. 2012헌바235), 이로 인하여 얻은 금품 그 밖의 재산을 몰수·추징하도록 규정한 성매매알선 등 행위의 처벌에 관한 법률 규정(헌재 2012.12.27. 2012헌바46).
* 토지거래허가구역 내에서 허가받은 목적대로 토지를 이용하지 아니하는 경우 이행강제금을 부과하는 국토의 계획 및 이용에 관한 법률 규정(헌재 2013.2.28. 2012헌바94).
* 장기미등기자에 대하여 과징금을 부과하도록 규정한 부동산 실권리자명의 등기에 관한 법률 규정(헌재 2013.2.28. 2012헌바263).
* 집합건물에서 전 소유자가 체납한 관리비 중 공용부분에 관한 부분에 대해서 그 특별승계인에게 청구할 수 있도록 한 집합건물의 소유 및 관리에 관한 법률

규정(헌재 2013.5.30. 2011헌바201).

* 20년간 소유의 의사로 평온, 공연하게 부동산을 점유하는 자는 등기함으로써 그 소유권을 취득하도록 하는 민법의 취득시효규정은 헌법 제23조 제1항이 정한 재산권 보장의 이념과 한계를 위반한 것이 아니고, 동 조항은 기본권 제한을 정한 규정이 아니다(헌재 2013.5.30. 2012헌바387).
* 농업 경영에 이용하지 않는 경우에 농지소유를 원칙적으로 금지하면서 예외적인 경우에는 농지소유를 허용하는 농지법 규정이 그러한 예외에 종중을 포함하지 않은 것(헌재 2013.6.27. 2011헌바278).
* 우편물의 지연배달 기준 및 손해배상금액을 규정하고 있는 우편법 시행규칙의 별표 3이 현실적인 우편요금과 수수료의 범위 내에서 손해배상의 범위를 제한한 것(헌재 2013.6.27. 2012헌마426).
* 국민으로 하여금 건강보험에 강제로 가입하도록 한 것은 경제적인 약자에게 기본적인 의료서비스를 제공하고 소득재분배 및 위험분산의 효과를 거두기 위하여 적합하고도 반드시 필요한 조치이므로 강제가입조항은 행복추구권이나 재산권을 침해하지 아니한다(헌재 2013.7.25. 2010헌바51).
* 공익사업을 위한 토지 등의 취득 및 보상에 관한 법률이 공익사업의 시행으로 인하여 농업을 계속할 수 없게 된 농민 등에 대한 생활대책 수립의무를 규정하지 아니한 것(헌재 2013.7.25. 2012헌바71).
* 종합소득세 납부의무 위반에 대하여 미납기간을 고려하지 않고 일률적으로 미납세액의 100분의 10에 해당하는 가산세를 부과하도록 한 소득세법 규정(헌재 2013.8.29. 2011헌가27).
* 공무원이 '직무와 관련 없는 과실로 인한 경우' 및 '소속상관의 정당한 직무상의 명령에 따르다가 과실로 인한 경우'를 제외하고 재직 중의 사유로 금고 이상의 형을 받은 경우, 퇴직급여 등을 감액하도록 규정한 공무원연금법 규정(헌재 2013.8.29. 2010헌바354 등; 이와 동일한 내용을 규정한 사립학교교직원 연금법 조항에 대하여는 헌재 2013.9.26. 2010헌가89 등 및 2013.9.26. 2013헌바170, 군인연금법 조항에 대하여는 헌재 2013.9.26. 2011헌바100 결정이 있다).
* 다른 법령에 의하여 같은 종류의 급여를 받는 경우 공무원연금법상 급여에서 그 상당 금액을 공제하여 지급하도록 규정한 공무원연금법 조항 중 '장해급여'에 관한 부분(헌재 2013.9.26. 2011헌바272).
* 토지분할 시 사전에 행정청의 허가를 받도록 하는 국토의 계획 및 이용에 관한 법률 규정(헌재 2014.2.27. 2012헌바184등).
* 일정한 보증금액을 초과하는 상가건물 임대차를 상가임대차법의 적용범위에서 제외한 것(헌재 2014.3.27. 2013헌바98).

* 가입기간이 10년 미만이거나 사망, 국적 상실, 국외 이주의 경우를 제외하고는 반환일시금을 지급할 수 없도록 한 국민연금법 조항(헌재 2014.5.29. 2012 헌마248).
* 소득세법상 기타소득 등을 지급하는 자가 지급조서를 제출하지 아니한 경우 그 제출하지 아니한 분의 지급금액의 100분의 2에 상당하는 가산세를 부과하는 소득세법 규정(헌재 2014.5.29. 2012헌바28).
* 양도소득세를 미납한 경우 그 미납세액의 일정한 비율에 따른 납부불성실가산세를 부과하도록 하는 소득세법 규정(헌재 2015.2.26. 2012헌바355).
* 우편법상 손해배상을 청구할 수 있는 자를 발송인의 승인을 받은 수취인으로 규정한 우편법 규정(헌재 2015.4.30. 2013헌바383).
* 도시지역 안의 농지를 비사업용 토지로 규정하여 양도소득세 중과세율이 적용되도록 한 구소득세법 규정(헌재 2015.7.30. 2013헌바207).
* 국유림 내 산림청장과 광업권자의 석재매매계약이 해제되는 경우 해당 산지안의 매각된 석재는 국가에 귀속된다고 규정한 산지관리법 규정(헌재 2015.7.30. 2014헌바151).
* 군인연금법상 퇴역연금 수급권자가 군인연금법 · 공무원연금법 및 사립학교교직원 연금법의 적용을 받는 군인 · 공무원 또는 사립학교교직원으로 임용된 경우 그 재직기간 중 해당 연금 전부의 지급을 정지하도록 하고 있는 군인연금법 조항(헌재 2015.7.30. 2014헌바371).
* '여객자동차 운수사업법' 및 '화물자동차 운수사업법'에 따라 면허 등이 실효, 취소된 후 이러한 사유가 발생한 자동차의 소유자가 자동차 말소등록을 신청하지 않으면 시 · 도지사가 직권으로 말소등록을 할 수 있도록 정한 자동차관리법 조항(헌재 2015.9.24. 2012헌가20; 시 · 도지사가 직권으로 자동차등록을 말소하려면 저당권자 등이 이해관계인에게 통지해야 하고, 저당권자가 저당권 행서절차를 개시하는 경우에는 직권으로 말소등록을 할 수 없으며, 저당권등록이 말소되더라도 저당권자의 우선변제권은 여전히 자동차 차체에 남아있기 때문에 피해의 최소성 및 법익의 균형성에 반하지 않는다고 하였다).
* 보유기간이 1년 이상 2년 미만인 자산이 공용수용으로 양도된 경우에도 중과세하는 소득세법 규정(헌재 2015.6.25. 2014헌바256).
* 국가를 부동산 점유취득시효의 주체에서 제외하지 않은 민법 제245조 제1항(헌재 2015.6.25. 2014헌바404).
* 관리처분계획 인가 고시가 있은 때에는 종전의 토지 또는 건축물의 소유자 · 지상권자 · 전세권자 · 임차권자 등 권리자는 제54조의 규정에 의한 이전의 고시가 있은 날까지 종전의 토지 또는 건축물에 대하여 이를 사용하거나 수익할

수 없다는 '도시 및 주거환경정비법' 규정(헌재 2015.11.26. 2013헌바415; 비록 현금청산대상자 등 일부 소유자의 재산권을 사회적 제약의 범주를 벗어날 정도로 제한하고 있지만, 현금청산대상자 등 소유자의 부담을 완화하는 보상조치와 보호대책을 마련하고 있으므로 침해최소성의 원칙에 위배되지 않는다는 이유를 들었다).

* 개발제한구역 내에서 원칙적으로 죽목의 벌채를 금지하고 예외적으로 대통령령으로 정하는 일정 규모 이상의 죽목의 벌채에 대해서는 허가를 받아 이를 할 수 있도록 한 '개발제한구역의 지정 및 관리에 관한 특별조치법' 규정(헌재 2015.11.26. 2014헌바359).
* 일제에 의하여 군무원으로 강제동원되어 그 노무 제공의 대가를 지급받지 못한 미수금피해자에게 당시의 일본국 통화 1엔에 대하여 대한민국 통화 2천원으로 환산한 미수금 지원금을 지급하도록 한 구 '태평양전쟁 전후 국외 강제동원희생자 등 지원에 관한 법률' 조항(헌재 2015.12.23. 2009헌바317; 이에 대해 재판관 3인의 반대의견이 있다. 이 지원금은 단순히 시혜적인 성격에 그친다고 보기 어렵고, 이 사건 법률조항은 경제성장률 등을 고려하지 않아 미수금의 현재가치를 제대로 반영하지 못하고 있으므로, 헌법에 위반된다는 것이다).
* 채무자인 회사 자본의 10분의 1 이상에 해당하는 채권을 갖는 채권자가 회생절차개시신청을 할 수 있도록 하는 채무자 회생 및 파산에 관한 법률 규정(헌재 2015.12.23. 2014헌바149).
* 증여계약의 합의해제에 따라 신고기한 이내에 증여받은 재산을 반환하는 경우 처음부터 증여가 없었던 것으로 보는 대상에서 금전을 제외하는 상속세 및 증여세법 규정(헌재 2015.12.23. 2013헌바117).
* 신탁재산에 대한 재산세 납세의무자를 위탁자에서 수탁자로 변경한 지방세법 규정(헌재 2016.2.25. 2015헌바127등).
* 10년의 등기부취득시효를 규정한 민법 제245조(헌재 2016.2.25. 2015헌바257; 또한 점유취득시효기간인 20년에 비해 짧은 것이 평등권 위반이 아니라고 하였다).
* 입찰담합 또는 공급제한 행위를 한 사업자에게 매출액의 100분의 10을 곱한 금액을 초과하지 않는 범위 내에서 과징금을 부과할 수 있도록 한 공정거래법 규정(헌재 2016.4.28. 2014헌바60).
* 파산선고 전에 행하여진 강제집행은 파산선고에 의해 효력을 잃는다고 규정하면서 파산폐지 결정으로 인해 실효되었던 강제집행이 부활하는지에 대하여는 명시적으로 규정하고 있지 않은 채무자회생법 규정(헌재 2016.4.28. 2015헌바25; 파산폐지결정에는 소급효 없음).
* 임차인에 대한 회생절차가 개시된 경우와 달리 파산절차가 개시되고 파산관재인이 임대차계약을 해지한 경우에는 임대인의 손해배상청구를 제한하는 규정

(헌재 2016.9.29. 2014헌바292; 제한되는 손해는 해지 자체로 인한 손해에 제한되고, 차임 지급의무 불이행과 관련하여서는 임대인이 파산채권자 또는 재단채권자로서 권리를 행사할 수 있다는 점을 근거로 함).

* 토지의 가격이 취득일 당시에 비하여 현저히 상승한 경우 환매금액에 대한 협의가 성립하지 아니한 때에는 사업시행자로 하여금 환매금액의 증액을 청구할 수 있도록 한 '공익사업을 위한 토지 등의 취득 및 보상에 관한 법률' 규정(헌재 2016.9.29. 2014헌바400; 환매권은 해당 토지의 소유권을 회복하기 위하여 새로운 매매계약을 체결할 수 있는 권리이지 환매권자의 법적 지위를 공용수용이 없었던 상태로 회복시켜 주는 것은 내용으로 한다고 보기 어렵다는 점을 이유로 함).
* '지방공무원 수당 등에 관한 규정' 중 소속 공무원이 지급받은 성과상여금을 다시 배분하는 행위를 하는 등 거짓이나 부정한 방법으로 성과상여금을 받은 때에는 그 지급받은 성과상여금을 환수하고 1년의 범위에서 성과상여금을 지급하지 아니하도록 한 조항(헌재 2016.11.24. 2015헌마1191등).
* 법무법인에 관하여 합명회사사원의 무한연대책임을 정한 변호사법 규정(헌재 2016.11.24. 2014헌바203등: 변호사책임의 보충적 성격, 보험의 가입이나 감사권 행사 등으로 채무발생을 예방할 수 있다는 점 등이 이유로 설시되었다).
* 개발부담금을 개발부담금 납부 고지일 후에 저당권 등으로 담보된 채권에 우선하여 징수할 수 있도록 한 개발이익환수에 관한 법률 조항(헌재 2016.6.30. 2013헌바191; 담보권 설정 전에 개발부담금채무의 존부와 범위를 확인할 수 있으므로 예측가능성이 어느 정도 보장된다고 설시하였다).
* 공동상속인 중 피상속인으로부터 재산의 증여 또는 유증을 받은 자가 있는 경우에 그 수증재산이 자기의 상속분에 달하지 못한 때에는 그 부족한 부분의 한도에서 상속분이 있다고 규정하면서 특별수익자가 배우자인 경우 특별수익 산정에 관한 예외를 두지 아니한 민법 규정(헌재 2017.4.27. 2015헌바24).
* 회계감사인이 중요한 사항에 관하여 감사보고서에 기재하지 아니하거나 허위의 기재를 함으로써 이를 믿고 이용한 선의의 투자자에게 손해를 발생하게 한 경우, 선의의 투자자에 대한 회계감사인의 손해배상책임은 그 청구권자가 해당 사실을 안 날부터 1년 이내 또는 감사보고서를 제출한 날부터 3년 이내에 청구권을 행사하지 아니하면 소멸한다고 규정한 '자본시장과 금융투자업에 관한 법률'조항(헌재 2017.6.29. 2015헌바376등; 자본시장법상의 손해배상책임을 제척기간 경과로 물을 수 없다고 하더라도 민법상의 불법행위책임을 물을 수 있다는 점이 고려되었음).
* 법정이율을 연 5분으로 정한 민법 규정 및 계약의 이행으로 받은 금전을 계약해제에 따른 원상회복으로서 반환하는 경우 그 받은 날로부터 이자를 지급하도록 한 민법 규정(헌재 2017.5.25. 2015헌바421).
* 공무원연금법상 퇴직연금수급자가 지방의회의원에 취임한 경우 그 재직기간

중 퇴직연금 전부의 지급을 정지하도록 규정한 공무원연금법 조항(헌재 2017.7. 27. 2015헌마1052).

* 부동산매매업자가 1세대 3주택 또는 비사업용 토지를 양도한 경우 사업자로서의 종합소득산출세액과 양도소득세율을 적용한 산출세액을 비교하여 그 중 많은 것을 종합소득산출세액으로 계산하도록 한 소득세법 규정(헌재 2017.8.31. 2015헌바339).
* 공익사업 시행으로 인해 철거된 건축물을 취락지구가 아닌 지역으로 이축하는 경우 개발제한구역보전부담금을 100% 부과하는 '개발제한구역의 지정 및 관리에 관한 특별조치법' 규정(헌재 2017.9.28. 2016헌바76).
* 특별관리지역에는 그 지정 당시부터 지목이 대(垈)인 토지와 기존의 단독주택이 있는 토지에만 단독주택을 신축할 수 있도록 한 '공공주택건설 등에 관한 특별법 시행령' 조항(헌재 2017.9.28. 2016헌마18).
* 제대혈의 매매행위를 금지하고 있는 '제대혈 관리 및 연구에 관한 법률' 규정(헌재 2017.11.30. 2016헌바38).
* 사회복무요원의 보수청구권은 법령에 의하여 구체적 내용이 형성되기 전에는 단순한 기대이익에 불과하다(헌재 2019.2.28. 2017헌마374등: 사회복무요원에 현역병의 봉급에 해당하는 보수를 지급하는 것도 자의적인 차별이 아니라고 하였다).
* 범죄의 종류와 그 형의 경중을 가리지 않고 재직기간 5년 이상의 공무원에게 금고 이상의 형이 있으면 무조건 퇴직급여의 2분의 1을 감액하도록 규정하고 있는 공무원연금법 시행령 규정(헌재 2019.2.28. 2017헌바372등).
* 게임물을 이용하여 도박 그 밖의 사행행위를 하게 하거나 이를 하도록 방치한 게임물 관련사업자가 소유 또는 점유하는 게임물을 필수적으로 몰수하도록 한 게임산업진흥법 규정(헌재 2019.2.28. 2017헌바401).
* 주택재개발사업의 시행자가 토지소유자와 관계인의 재결신청 청구를 받은 날로부터 60일을 넘겨서 재결을 신청하였을 때는 그 지연된 기간에 대하여 소송촉진등에 관한 특례법에 따른 법정이율을 가산하여 보상금을 지급하도록 한 도시 및 주거환경정비법 규정(헌재 2019.5.30. 2017헌바503).
* 주택재건축사업에서 발생하는 재건축초과이익에 대하여 재건축부담금을 징수하도록 한 재건축초과이익 환수에 관한 법률 규정(헌재 2019.12.27. 2014헌바381; 주택1가구 1주택자나 실거주 목적으로 장기간 주택을 보유한 자에 대한 고려가 없어 위헌이라는 2인 재판관의 의견이 있으나, 다수의견은 재건축이익은 주로 용적률 증가에 따른 것임을 강조하였다. 한편 주택재개발사업과는 비교집단이 될 수 없다고 하였다).
* 주채무자에 대한 시효중단은 보증인에 대하여도 그 효력이 있다고 규정한 민법 조항(헌재 2019.12.27. 2017헌바206; 보증인은 보증계약시 위와 달리 정할 수 있다는 점

을 이유로 하였다).

* 기존에 설치된 전원설비의 토지 사용권한을 확보하는 사업에 관하여 전원개발사업자가 해당 토지를 공용사용할 수 있도록 한 전원개발촉진법 규정 및 이에 따른 재결을 받아 구분지상권을 설정 · 등기하면 그 구분지상권의 존속기간을 '송전선로가 존속하는 때까지'로 한 전기사업법 규정(헌재 2019.12.27. 2018헌바109).
* 주택임대차보호법상 우선면제를 받을 수 있는 금액(소액임차보증금)의 반환채권에 대한 압류를 금지하는 민사집행법 규정(헌재 2019.12.27. 2018헌마825).
* 1990년 개정 민법 시행일 이전에 발생한 전처의 출생자와 계모 사이의 친족관계를 개정 민법 시행일부터 소멸하도록 한 규정(헌재 2020.2.27. 2017헌바249).
* 회원제 골프장용 부동산의 재산세에 대하여 1천분의 40의 중과세율을 규정한 지방세법 규정(헌재 2020.3.26. 2016헌가17등; 이에는 골프장은 더 이상 호화 사치성 위락시설이 아니고 다수 일반인이 즐길 수 있는 건전한 체육활동 등의 장이므로 위헌이라는 3인 재판관의 반대의견이 있다).
* 이사회의 결의로 제3자에게 신주인수권부사채를 발행할 수 있도록 한 상법 규정(헌재 2020.3.26. 2017헌바370).
* 소방시설로 인하여 이익을 받는 자의 건축물을 과세대상으로 소방지역자원시설세를 부과하면서, 대형 화재위험 건축물에는 일반세액의 3배를 중과세하는 지방세법 규정(헌재 2020.3.26. 2017헌바387).
* 분양전환승인 신청을 받은 시장 · 군수 또는 구청장이 대통령령으로 정하는 분양전환가격에 따라 분양전환승인을 하도록 하고, 임대사업자가 임대의무기간 경과 후 6개월 이상 분양전환승인을 신청하지 아니하는 경우에는 임차인이 그 총수의 3분의 2 이상의 동의를 받아 직접 분양전환승인을 신청할 수 있도록 한 '민간임대주택에 관한 특별법'규정(헌재 2020.3.25. 2018헌바205등).
* 관리처분계획인가고시가 있으면 별도의 영업손실보상 없이 재건축사업구역 내 임차권자의 사용 · 수익을 중지시키는 도시 및 주거환경정비법 규정(헌재 2020.4.23. 2018헌가17; 임대인과 임차인이 사적자치의 원칙에 따라 해결하도록 하는 규정이라고 하였다).
* 직장가입자가 소득월액보험료를 일정 기간 이상 체납한 경우 그 체납한 보험료를 완납할 때까지 국민건강보험공단이 그 가입자 및 피부양자에 대하여 보험급여를 실시하지 아니할 수 있도록 한 국민건강보험법 규정(헌재 2020.4.23. 2017헌바244).
* 국가 및 지방자치단체의 점유를 달리 정하지 아니하고 사인의 점유와 동일하게 자주점유로 추정하고, 국가 등을 부동산 점유시효취득의 주체에서 제외하지 아

니한 민법 규정(헌재 2020.4.23. 2018헌마350).

* 공무원이거나 공무원이었던 사람이 재직 중의 사유로 금고 이상의 형을 받거나 형이 확정된 경우 퇴직급여 및 퇴직수당의 일부를 감액하여 지급함에 있어 그 이후 형의 선고의 효력을 상실하게 하는 특별사면 및 복권을 받은 경우를 달리 취급하는 규정을 두지 아니한 공무원연금법 규정(헌재 2020.4.23. 2018헌바402).
* 토지소유자 및 관계인에게 수용 개시일까지 수용된 토지나 물건의 인도의무를 부과하고 그 위반시 형사처벌을 규정한 '공익사업을 위한 토지 등의 취득 및 보상에 관한 법률' 조항(헌재 2020.5.27. 2017헌바464등; 임차상인에게는 영업의 자유가 관련 기본권이다. 이 결정에는 인도의무 위반행위에 대하여 형사처벌이 이루어진다고 하더라도 공익사업의 원활한 수행이 담보된다고 볼 수 없으므로 적합한 수단이 아니라는 4인의 반대의견이 있다).
* 연금보험료를 낸 기간이 그 연금보험료를 낸 기간과 연금보험료를 내지 아니한 기간을 합산한 기간의 3분의 2보다 짧은 경우 유족연금 지급을 제한한 국민연금법 규정(헌재 2020.5.27. 2018헌바129).
* 비상장법인의 과점주주에게 개발부담금에 대한 제2차 납부의무를 부과하는 개발이익환수에 관한 법률 규정(헌재 2020.5.27. 2018헌바465).
* 농지소유자에게 원칙적으로 그 소유 농지를 위탁경영할 수 없도록 한 농지법 규정(헌재 2020.5.27. 2018헌마362).
* 임대차 목적물인 상가건물이 유통산업발전법 제2조에 따른 대규모점포의 일부인 경우 임차인의 권리금 회수기회 보호를 인정하지 않는 '상가건물 임대차보호법' 규정(헌재 2020.7.16. 2018헌바242).
* 소액임차인이 보증금 중 일부를 우선변제 받으려면 주택에 대한 경매신청의 등기 전에 대항력을 갖추어야 한다고 규정한 주택임대차보호법 조항(헌재 2020.8.28. 2018헌바422).
* 한강을 취수원으로 한 수돗물의 최종수요자에게 물이용부담금을 부과하는 한강수계법 규정(헌재 2020.8.28. 2018헌바425).
* 업무상 재해로 휴업하여 당해 연도에 출근의무가 없는 근로자에게도 사용자는 유급휴가를 주도록 되어있는 근로기준법 규정(헌재 2020.9.24. 2017헌바433).
* 전자세금계산서를 발급하여야 할 의무가 있는 자가 전자세금계산서를 발급하지 아니하고 세금계산서의 발급시기에 전자세금계산서 외의 세금계산서를 발급한 경우에는 그 공급가액의 1퍼센트를 곱한 금액을 납부세액에 더하거나 환급세액에서 빼도록 한 구 부가가치세법 규정(헌재 2020.12.23. 2018헌바439).
* 부동산을 사실상 양수한 사람 또는 그 대리인이 등기원인을 증명하는 서면 없이 보증서를 바탕으로 발급받은 확인서로써 단독으로 소유권이전등기를 신청

할 수 있도록 한 구 '부동산소유권 이전등기 등에 관한 특별조치법' 조항(헌재 2020.12.23. 2019헌바41).

* 개성공단 전면중단 조치(헌재 2022.1.27. 2016헌마364; 적법절차원칙, 과잉금지원칙, 신뢰보호원칙 위반이 아니라고 하였다).
* 사업주체가 공급질서 교란행위를 이유로 주택공급계약을 취소한 경우 선의의 제3자 보호규정을 두고 있지 않는 주택법 규정(헌재 2022.3.31. 2019헌가26; 거래의 안전성보다 분양단계에서의 투명성과 공정성이 더 중요한 법익이라고 하였다).
* 민법에 따라 등기를 하지 아니한 경우라도 대금의 거의 전부를 지급하는 등 '부동산을 사실상 취득'한 경우 그 취득물건의 소유자 또는 양수인을 취득자로 보도록 한 지방세법 규정(헌재 2022.3.31. 2019헌바107; 과세요건명확주의에도 반하지 않는다고 하였다).
* 보험금청구권에 대하여 2년의 단기소멸시효를 규정하고, 그 기산점은 별도로 정하지 않은 구 상법 제662조(헌재 2022.5.26. 2018헌바153).
* 경유차 소유자로부터 환경개선부담금을 부과 · 징수하도록 정한 환경개선비용부담법 규정(헌재 2022.6.30. 2019헌바440).
* 전기통신금융사기의 피해자가 피해구제 신청을 하는 경우 사기이용계좌를 지급정지하는 '전기통신금융사기 피해방지 및 피해금 환급에 관한 특별법' 규정(헌재 2022.6.30. 2019헌마579; 지급정지가 이루어진 사기이용계좌 명의인의 전자금융거래를 제한하는 규정 역시 청구인의 일반적 행동자유권을 침해하지 아니한다고 하였다).
* 공유물을 현물로 분할할 수 없거나 분할로 인하여 현저히 가액이 감손될 염려가 있는 때에는 법원은 물건의 경매를 명할 수 있다고 한 민법 규정(헌재 2022.7.21. 2020헌바205).
* '학교출입문으로부터 직선거리로 50미터까지인 지역'을 교육환경보호구역 중 '절대보호구역'으로 설정하고, 이 구역 내에서 휴양콘도미니엄 등 숙박업 시설을 신축하지 못하도록 한 '교육환경 보호에 관한 법률' 규정(헌재 2022.8.31. 2020헌바307등).
* 재혼을 유족연금수급권 상실사유로 정한 공무원연금법 규정(헌재 2022.8.31. 2019헌가31; 군인연금법상의 같은 규정에 대하여는 헌재 2022.9.29. 2021헌가28).
* 조세채무에 대하여 면책의 효력이 미치지 못하도록 한 '채무자 회생 및 파산에 관한 법률' 규정(헌재 2022.9.29. 2019헌마874등).
* 집합건물의 구분소유자가 분양자 등에 대하여 가지는 공용부분 일부 하자에 관한 하자담보청구권의 제척기간을 사용검사일 등부터 5년 이하로 정한 '집합건물의 소유 및 관리에 관한 법률' 규정(헌재 2022.10.27. 2020헌바368).
* 공유물분할청구권을 규정한 민법 규정(헌재 2022.11.24. 2019헌바229).

* '육아휴직이 끝난 날 이후 12개월 이내에 신청하여야 한다'고 한 고용보험법 규정(헌재 2023.2.23. 2018헌바240).
* 국유 일반재산에 대한 사용허가나 대부계약 기간이 끝난 후 다시 사용허가나 대부계약 없이 그 재산을 계속 사용·수익하거나 점유한 자에 대하여 그 재산에 대한 사용료나 대부료의 100분의 120에 상당하는 변상금을 징수한다고 한 국유재산법 규정(헌재 2023.3.23. 2019헌바208).
* 면허의 유효기간이 정하여져 있지 아니하거나 그 기간이 1년을 초과하는 면허에 대하여 매년 그 면허가 갱신된 것으로 보아 등록면허세를 매년 부과하도록 정하고 있는 지방세법 규정(헌재 2023.3.23. 2019헌바482).
* '임차인이 3기의 차임액에 해당하는 금액에 이르도록 차임을 연체한 경우' 임대인의 권리금 회수기회 보호의무가 발생하지 않도록 규정한 상가건물임대차보호법 조항(헌재 2023.6.29. 2021헌바264).
* 전유부분과 대지사용권의 분리처분을 금지하는 한편 대지사용권은 전유부분의 처분에 따르도록 한 '집합건물의 소유 및 관리에 관한 법률' 규정(헌재 2023.6.29. 2019헌바246).
* 부가가치세법상 사업자가 사업장별 과세원칙을 따르지 아니하고, 지점의 공급가액에 대하여 본점 명의의 세금계산서를 발급하고, 이를 본점의 공급가액에 포함하여 과세표준 신고를 한 경우에 세금계산서 미발급가산세 및 일반무신고가산세를 부과하도록 규정한 부가가치세법 및 국세기본법 규정(헌재 2023.7.20. 2020헌바101).
* 공익법인이 유예기한이 지난 후에도 보유기준을 초과하여 주식을 보유하는 경우 10년을 초과하지 않는 범위에서 매년 가산세를 부과하도록 정한 '상속세 및 증여세법' 규정(헌재 2023.7.20. 2019헌바223).
* 건축법을 위반한 건축물의 이행강제금 부과에 관하여 소멸시효 또는 제척기간 규정을 두지 않은 건축법 조항(헌재 2023.8.31. 2020헌바501).
* 사업계획승인을 받은 민간사업주체가 주택건설대지면적의 95퍼센트 이상의 사용권원을 확보한 경우 사용권원을 확보하지 못한 대지의 모든 소유자에게 매도청구를 할 수 있도록 하는 주택법 규정(헌재 2023.8.31. 2019헌바221등).
* 강제추행죄의 죄질과 상관없이 군인신분을 당연히 박탈하고 군인연금을 감액하는 군인사법 및 군인연금법 규정(헌재 2024.1.25. 2021헌마1028).
* 기초생활수급자 또는 임대차보호법 상 소액임차인의 청구권을 면책제외채권에 포함시키지 아니한 '채무자 회생 및 파산에 관한 법률' 규정(헌재 2024.1.25. 2020헌마727).
* 건물을 신축하고 그 신축한 건물의 취득일부터 5년 이내에 해당 건물을 양도하

는 경우로서 환산가액을 그 취득가액으로 하는 경우에는 해당 건물 환산가액의 100분의 5에 해당하는 금액을 양도소득 결정세액에 더하도록 정한 소득세법 규정(헌재 2024.2.28. 2020헌가15).

* 임차인이 계약갱신을 요구할 경우 임대인이 정당한 사유 없이 이를 거절하지 못하도록 주택임대차보호법의 '계약갱신요구 조항', 갱신되는 임대차의 차임과 보증금 증액한도를 규정한 '차임증액한도 조항' 및 임대인이 실제 거주를 이유로 갱신 거절 후 정당한 사유 없이 제3자에게 임대한 경우의 손해배상책임 및 손해액을 규정한 '손해배상 조항'(헌재 2024.2.28. 2020헌마1343등).
* 사실혼 배우자에게 상속권을 인정하지 않은 민법 규정(헌재 2024.3.28. 2020헌바494등).
* 납세의무자가 법정신고기한까지 지방세법에 따라 산출한 세액을 신고하지 아니한 경우에는 산출세액의 100분의 20에 상당하는 금액을 가산세로 부과하도록 한 지방세기본법과 지방세법 규정(헌재 2024.3.28. 2020헌바466).
* 일감 몰아주기로 수혜법인의 지배주주 등에게 발생한 이익에 대하여 증여세를 부과하는 '상속세 및 증여세법' 규정이 간접보유주식에도 적용되도록 한 조항(헌재 2024.3.28. 2019헌바63).
* 공익사업시행지구 밖에 있는 토지등에 대한 손실보상의 청구기간을 해당 사업의 공사완료일부터 1년 이내로 제한한 '공익사업을 위한 토지 등의 취득 및 보상에 관한 법률' 규정(헌재 2024.6.27. 2020헌바596).
* 법인이 주택을 취득하는 경우 취득세율을 12%로 규정하고 있는 지방세법 '중과조항' 및 중과조항을 적용할 때 2020.7.10. 이전 주택 매매계약을 체결한 경우 종전 규정을 적용하도록 하는 부칙조항(헌재 2024.8.29. 2021헌바131).
* 골프장 입장행위에 대하여 1명 1회 입장마다 1만 2천 원의 개별소비세를 골프장 경영자에게 부과하는 개별소비세법 규정(헌재 2024.8.29. 2021헌바34; 승마장, 경마장 입장에는 개별소비세를 부과하지 않더라도 조세평등주의 위반이 아니라고 하였다).
* 징계에 의하여 파면된 경우에 해당하여 퇴직연금을 감액받은 사람이 퇴직 후 재임용되어 종전의 재직기간을 재임용 후의 재직기간에 합산하더라도 종전의 재직기간에 대한 퇴직연금을 합산 전과 동일하게 감액하여 지급하도록 정하고 있는 공무원연금법 시행령 조항(헌재 2025.1.23. 2021헌마606).
* 민간공원추진자가 일정한 현금을 예치할 경우 사업시행자 지정요건을 갖춘 것으로 보는 한편, 도시공원 부지 내에 비공원시설을 설치할 수 있도록 한 '도시공원 및 녹지 등에 관한 법률' 규정(헌재 2025.1.23. 2020헌바510; 도시공원 부지 내 토지소유자들의 재산권이 문제된 사건인데, 헌법재판소는 청구인들이 주장하는 일방적인 수용의 문제 등은 행정소송 등 적법한 절차를 통해 해결할 수 있다고 하였다).

* 채무자가 이자제한법상 최고이자율을 초과하는 이자를 임의로 지급한 경우, 원본에 충당되고 남은 금액이 있는 때에는 채권자에게 그 반환을 청구할 수 있도록 규정한 이자제한법 규정(헌재 2025.2.27. 2023헌바143; 계약의 자유 침해도 아니라고 하였다).

* 가처분이 집행된 후 3년간 본안의 소가 제기되지 아니한 때 가처분을 취소할 수 있도록 한 민사집행법 규정(헌재 2025.2.27. 2021헌바200등).

* 법무법인 구성원의 지분을 압류한 채권자가 영업년도말에 그 구성원을 퇴사시킬 수 있도록 규정한 변호사법 규정(헌재 2025.3.27. 2021헌바4; 법무법인의 재산권이 문제된 사안이고, 헌법재판소는 구성원의 채권자가 채권을 현금화하기 위해서는 인적회사로서의 성격이 강한 법무법인의 특성상 구성원의 퇴사를 청구하는 이외에 다른 방법을 찾기 어렵다는 이유를 들었다).

* 학교교육목적의 저작물 이용에 대한 보상금 지급 조항을 준용하고 있지 아니한 저작권법 규정(헌재 2025.7.17. 2023헌가8; 위 조항은 출판권자의 이해를 지나치게 해하지 않는 범위 내에서 저작물의 공정한 이용이라는 입법취지를 달성하기 위한 것으로서 재산권자가 수인하여야 하는 사회적 제약의 범위 내에 있다고 하였다).

Ⅱ. 거주·이전의 자유

(헌법 제14조) 모든 국민은 거주·이전의 자유를 가진다.

1. 서 설

역사적으로 거주·이전의 자유는 근대 자본주의의 성립에 중요한 토대를 이루었다. 토지에의 속박을 벗어남으로써 봉건적 생산관계를 넘어 자본주의적 생산관계가 가능하게 된 것이다. 이러한 역사적 성격 때문에 거주·이전의 자유는 경제적 자유로서의 측면이 중시되었다. 이와 함께 거주·이전의 자유는 다른 성격도 아울러 지닌다. 거주·이전의 자유는 신체의 구속을 당하지 않고 자유롭게 행동한다는 의미를 지니기 때문에 신체의 자유와도 밀접한 관련을 갖는다. 또한 이 자유는 오늘날 정신적, 정치적 활동을 위한 접촉의 기회를 얻는 데에 불가결하기 때문에 정신적, 정치적 자유의 측면도 지닌다.

거주·이전의 자유가 지닌 이러한 복합적 성격을 고려할 때, 이 자유의 제한에 관해서는 개개의 경우마다 개별적으로 검토하여야 한다.

2. 거주 · 이전의 자유의 주체

거주 · 이전의 자유는 원칙적으로 '국민'에게 인정되는 기본권이다. 원칙적으로 외국인은 이 자유의 주체로 인정되지 않는다. 외국인은 특히 출입국에 관하여 특별한 제한을 받는다. 자연인만이 아니라 법인도 거주 · 이전의 자유의 주체로 인정된다(헌재 2000.12.14. 98헌바104). '북한이탈주민'에게 거주 · 이전의 자유가 인정되느냐가 문제된다('북한이탈주민의 보호 및 정착지원에 관한 법률'에서는 '북한이탈주민'을 이렇게 정의한다. 제2조 제1호 "군사분계선 이북지역(이하 "북한"이라 한다)에 주소 · 직계가족 · 배우자 · 직장 등을 두고 있는 사람으로서 북한을 벗어난 후 외국 국적을 취득하지 아니한 사람"). 이 문제는 북한주민의 법적 지위를 어떻게 보느냐에 달려있다. 대법원 판례에 의하면 헌법 제3조의 영토조항에 따라 북한 국적의 북한주민도 대한민국 국민이라고 보고 있으므로(대판 1996.11.12. 96누1221), 북한이탈주민도 원칙적으로 거주 · 이전의 자유의 주체가 된다.

3. 거주 · 이전의 자유의 내용

거주 · 이전의 자유는 자신의 주소 또는 거소를 자유롭게 결정하고 이동할 수 있는 자유이다. 주소는 생활의 중심이 되는 주거의 장소이며, 거소는 일시적인 체류 장소이다. 자신의 의사에 반하여 주소나 거소를 옮기지 않을 소극적 자유도 포함된다. 여행의 자유도 여기에 포함된다.

거주 · 이전의 자유에는 국내 거주 · 이전의 자유만이 아니라 국외 거주 · 이전의 자유도 포함된다고 본다. 국외 거주 · 이전의 자유는 출국의 자유, 입국의 자유 및 해외이주의 자유를 포함한다.

거주 · 이전의 자유에 국적 변경의 자유가 포함되는지 문제된다. 일본 헌법은 특히 국적이탈의 자유를 명시하고 있다(제22조 제2항). 헌법재판소 판례는 거주 · 이전의 자유에 국외 거주 · 이전의 자유 및 국적 변경의 자유가 포함된다고 보고 있다(헌재 2004.10.28. 2003헌가18). 그러나 국적 변경의 자유에 무국적의 자유는 포함되지 않는다고 보는 것이 다수설이다. 헌법재판소는 국적이탈의 자유라는 용어를 쓰고 있으나(헌재 2023.2.23. 2019헌바462), 한편에서는 무국적 방지가 국적 관련 법령의 주된 목적이라고 하여(헌재 2014.6.26. 2011헌마502), 무국적의 자유는 인정되지 않는 것으로 보는 듯하다.

헌법재판소는 국적법에서 복수국적자에게 국적선택의 시기 또는 요건의 제한을 둠으로써, 복수국적자가 병역문제를 해소하지 않는 한 한국 국적을 이탈하지 못하게 하는 것이 국적이탈의 자유를 위헌적으로 침해한 것이 아니라고 보았다(헌재 2006.11. 30. 2005헌마739).

4. 거주 · 이전의 자유의 제한

거주 · 이전의 자유에 대한 제한은 여러 유형으로 나타난다. ① 일정한 지역에로의 이동을 직접 금지하는 경우(국가보안법, 군사기지 및 군사시설 보호법, 감염병의 예방 및 관리에 관한 법률 등), ② 일정한 행위나 이익의 향수를 위한 거주요건을 설정하는 경우(피선거권 자격으로서의 거주요건 등), ③ 특정 지역의 거주자에게 이익이나 불이익을 주는 경우(특정지역 내 부동산 등기에 대한 중과세 등), ④ 국외 거주 · 이전의 제한(출입국관리법, 여권법, 해외이주법 등) 등.

(판 례) 거주 · 이전의 자유 제한(1)(서울광장 통행저지)

거주 · 이전의 자유는 거주지나 체류지라고 볼 만한 정도로 생활과 밀접한 연관을 갖는 장소를 선택하고 변경하는 행위를 보호하는 기본권인바, 이 사건에서 서울광장이 청구인들의 생활형성의 중심지인 거주지나 체류지에 해당한다고 할 수 없고, 서울광장에 출입하고 통행하는 행위가 그 장소를 중심으로 생활을 형성해 나가는 행위에 속한다고 볼 수도 없으므로 청구인들의 거주 · 이전의 자유가 제한되었다고 할 수 없다.

헌재 2011.6.30. 2009헌마406, 판례집 23-1 하, 457

(판 례) 거주 · 이전의 자유 제한(2)

이 사건 법률(법인세법) 조항은 수도권에 인구 및 경제 · 산업시설이 밀집되어 발생하는 문제를 해결하고 국토의 균형 있는 발전을 도모하기 위하여 법인이 과밀억제권역 내에 본점의 사업용 부동산으로 건축물을 신축 · 증축하여 이를 취득하는 경우 취득세를 중과세하는 조항으로서, 구법과 달리 인구유입과 경제력 집중의 효과가 뚜렷한 건물의 신축, 증축 그리고 부속토지의 취득만을 그 적용대상으로 한정하여 부당하게 중과세할 소지를 제거하였다. 최근 대법원 판결도 구체적인 사건에서 인구유입이나 경제력집중 효과에 관한 판단을 전적으로 배제한 것으로는 보기 어렵다. 따라서 이 사건 법률조항은 거주 · 이전의 자유와 영업의 자유를 침해하지 아니한다.

헌재 2014.7.24. 2012헌바408, 판례집 26-2 상, 88

다음은 거주 · 이전의 자유의 제한에 관한 주요 헌법재판소 판례이다.

* 해직공무원의 보상금산출기간 산정에 있어 이민을 제한사유로 한 것은 합헌(헌재 1993.12.23. 89헌마189).
* 거주지 중심의 학군제는 합헌(헌재 1995.2.23. 91헌마204).
* 지방자치단체장의 피선거권 자격으로 90일 이상 주민등록을 요구한 것은 합헌(헌재 1996.6.26. 96헌마200).
* 대도시 지역 내 법인등기시에 중과세하는 것은 합헌(헌재 1996.3.28. 94헌바42).
* 수도권 과밀억제권역 내 부동산 취득에 중과세하는 것은 합헌(헌재 2000.12.14. 98헌바104).
* 자경농지에 대한 양도소득세 등의 면제에 있어서 거주요건을 요구하는 것은 합헌(헌재 2003.11.27. 2003헌바2).
* 일정금액 이상의 추징금 미납자에 대한 출국금지처분은 합헌(헌재 2004.10.28. 2003헌가18).
* 지방선거 피선거권 부여에 있어서 60일을 주민으로서의 최소 거주요건으로 보고 그러한 거주 사실을 공적으로 확인하기 위한 수단으로서 주민등록만을 기준으로 하는 것은, 주민등록이 불가능한 재외국민인 주민의 지방선거 피선거권을 부인하는 것으로서 재외국민의 공무담임권을 침해(헌재 2007.6.28. 2004헌마644등).
* 법무부장관으로 하여금 거짓이나 그 밖의 부정한 방법으로 귀화허가를 받은 자에 대하여 그 허가를 취소할 수 있도록 규정하면서도 그 취소권의 행사기간을 따로 정하고 있지 아니한 국적법 조항은 합헌(헌재 2015.9.24. 2015헌바26).
* 여행금지국가로 고시된 사정을 알면서도 외교부장관으로부터 예외적 여권사용 등의 허가를 받지 않고 여행금지국가를 방문하는 등의 행위를 형사처벌하는 여권법 규정은 합헌(헌재 2020.2.27. 2016헌마945).
* 복수국적자가 외국에 주소가 있는 경우에만 국적이탈을 신고할 수 있도록 하는 국적법 조항은 합헌(헌재 2023.2.23. 2020헌바603).
* 지방병무청장으로 하여금 병역준비역에 대하여 27세를 초과하지 않는 범위에서 단기 국외여행을 허가하도록 한 '병역의무자 국외여행 업무처리 규정'은 합헌(헌재 2023.2.23. 2019헌마1157; 28세까지 단기 국외여행 허가를 받을 수 있는 일부 병

역준비역과 비교하여 청구인의 평등권을 침해하지도 않는다고 하였다).

Ⅲ. 직업선택의 자유

▌ **(헌법 제15조)** 모든 국민은 직업선택의 자유를 가진다.

1. 서 설

역사적으로 직업선택의 자유는 근대 자본주의 성립의 토대를 이룬 기본권이다. 중세 봉건사회에서는 신분에 따라 직업이 결정되고 직업은 세습되었다. 현대에 들어와서도 국가의 계획경제하의 공산주의 사회에서 직업선택의 자유는 인정되지 않았다.

직업선택의 자유는 경제적 자유의 성격을 지니지만, 동시에 개인의 인격 실현을 위한 기초를 이룬다. 또한 개인의 자유권으로서만이 아니라 시장경제질서의 필수적인 요소가 된다. 헌법재판소 판례도 이 점을 확인하고 있다(헌재 1997.4.24. 95헌마273).

2. 직업선택의 자유의 주체와 내용

(1) 직업선택의 자유의 주체

자연인만이 아니라 법인도 직업선택의 자유의 주체가 된다(헌재 1996.3.28. 94헌바42).

외국인은 원칙적으로 이 자유의 주체성이 인정되지 않는다고 본다. 외국인에게 어느 정도로 직업선택의 자유가 인정되는가는 기본적으로 국제조약에 의해 정해진다. 이와 관련하여 헌법재판소는 최근 이미 근로관계가 형성되어 있는 예외적인 경우에 제한적으로 외국인의 직업의 자유를 인정하였다. 다만 침해에 대한 심사기준으로는 그 입법의 내용이 합리적인 근거 없이 현저히 자의적인 경우에만 헌법에 위반된다고 한다.

(판 례) 외국인의 직업선택의 자유의 주체성 여부

직업의 자유는 국가자격제도정책과 국가의 경제상황에 따라 법률에 의하여 제한할 수 있고 인류보편적인 성격을 지니고 있지 아니하므로 국민의 권리에 해당한다. 이와 같이 헌법에서 인정하는 직업의 자유는 원칙적으로 대한민국 국민에게 인정되는 기본권이지, 외국인에게 인정되는 기본권은 아니다. 국가

정책에 따라 정부의 허가를 받은 외국인은 정부가 허가한 범위 내에서 소득활동을 할 수 있는 것이므로, 외국인이 국내에서 누리는 직업의 자유는 법률 이전에 헌법에 의해서 부여된 기본권이라고 할 수는 없고, 법률에 따른 정부의 허가에 의해 비로소 발생하는 권리이다.

헌법재판소의 결정례 중에는 외국인이 대한민국 법률에 따른 허가를 받아 국내에서 일정한 직업을 수행함으로써 근로관계가 형성된 경우, 그 직업은 그 외국인의 생활의 기본적 수요를 충족시키는 방편이 되고 또한 개성신장의 바탕이 된다는 점에서 외국인은 그 근로관계를 계속 유지함에 있어서 국가의 방해를 받지 않고 자유로운 선택과 결정을 할 자유가 있고 그러한 범위에서 제한적으로 직업의 자유에 대한 기본권주체성을 인정할 수 있다고 하였다(헌재 2011. 9.29. 2007헌마1083등 참조). 하지만 이는 이미 근로관계가 형성되어 있는 예외적인 경우에 제한적으로 인정한 것에 불과하다. 그러한 근로관계가 형성되기 전단계인 특정한 직업을 선택할 수 있는 권리는 국가정책에 따라 법률로써 외국인에게 제한적으로 허용되는 것이지 헌법상 기본권에서 유래되는 것은 아니다.

헌재 2014.8.28. 2013헌마359, 공보 215, 1423,1424-1425

(2) 직업선택의 자유의 내용

헌법 제14조는 직업'선택'의 자유라고 규정하고 있지만, 직업선택의 자유에는 일단 선택한 직업을 자유롭게 수행할 자유도 포함한다. 즉 직업선택의 자유는 ① 직업을 선택할 자유(좁은 의미의 직업선택의 자유) 및 ② 직업수행의 자유를 내용으로 한다. 직업을 변경할 '전직의 자유'는 직업을 선택할 자유에 포함된다. 직업선택의 자유의 내용을 이렇게 해석할 때, 직업을 선택하는 자유와 직업수행의 자유를 포함하는 의미로 '직업의 자유'라는 용어를 사용할 수 있다(헌재 1998.3.26. 97헌마194등). 그러나 직업의 자유 보장이 입법자로 하여금 이미 형성된 직종을 한없이 유지하거나 직업종사의 요건을 계속해서 동일하게 유지할 것까지를 요구하는 것은 아니다(헌재 2016.6. 29. 2016헌마719).

'직업'이란 "생활의 기본적 수요를 충족시키기 위해서 행하는 계속적인 소득활동을 의미하며, 이러한 내용의 활동인 한 그 종류나 성질을 묻지 않는다"(헌재 1993.5. 13. 92헌마80).

(판 례) 직업의 개념

(재판관 하경철 등 4인 재판관의 의견)

직업의 개념표지들은 개방적 성질을 지녀 엄격하게 해석할 필요는 없는바, '계속성'과 관련하여서는 주관적으로 활동의 주체가 어느 정도 계속적으로 해당 소득활동을 영위할 의사가 있고, 객관적으로도 그러한 활동이 계속성을 띨 수 있으면 족하다고 해석되므로 휴가기간 중에 하는 일, 수습직으로서의 활동 따위도 이에 포함된다고 볼 것이고, 또 '생활수단성'과 관련하여서는 단순한 여가활동이나 취미활동은 직업의 개념에 포함되지 않으나 겸업이나 부업은 삶의 수요를 충족하기에 적합하므로 직업에 해당한다고 말할 수 있다.

이 사건에 있어 대학 재학생인 청구인은 여름방학을 이용하여 학원에서 강사로 일하고자 하였다고 주장하고 있고, 이에 대하여 이해관계인인 교육인적자원부장관은 방학기간 동안의 일시적·일회적 교습행위는 직업의 자유가 보호하는 직업의 범주에 속하지 않는다고 주장하고 있는바, 위에서 살펴본 '직업'의 개념에 비추어 보면 비록 학업 수행이 청구인과 같은 대학생의 본업이라 하더라도 방학기간을 이용하여 또는 휴학 중에 학비 등을 벌기 위해 학원강사로서 일하는 행위는 어느 정도 계속성을 띤 소득활동으로서 직업의 자유의 보호영역에 속한다고 봄이 상당하다.

헌재 2003.9.25. 2002헌마519, 판례집 15-2 상, 454,471-472

사회적 유해성이 있다고 하여 직업의 자유의 보호영역에서 제외되는 것은 아니다. 따라서 근로자가 회사의 영업상 주요자산에 해당하는 정보를 유출한 행위가 사회적으로 유해하다고 보더라도, 생활의 기본적 수요를 충족시키기 위한 계속적 소득활동의 일환으로 이루어진 이상 직업의 자유의 보호영역에서 제외되는 것은 아니다 (헌재 2019.12.27. 2017헌가18).

영업의 자유 또는 기업의 자유도 직업선택의 자유에 포함된다. 영업의 자유는 재산권 보장에서도 그 근거를 찾을 수 있다. 경쟁의 자유, 직장선택의 자유도 직업선택의 자유에 포함된다.

(판 례) 영업의 자유, 경쟁의 자유

직업의 자유는 영업의 자유와 기업의 자유를 포함하고, 이러한 영업 및 기업의 자유를 근거로 원칙적으로 누구나가 자유롭게 경쟁에 참여할 수 있다. 경쟁의 자유는 기본권의 주체가 직업의 자유를 실제로 행사하는 데에서 나오는 결과이므로 당연히 직업의 자유에 의하여 보장되고, 다른 기업과의 경쟁에서 국가의 간섭이나 방해를 받지 않고 기업활동을 할 수 있는 자유를 의미한다.

헌재 1996.12.26. 96헌가18, 판례집 8-2, 680,691

(판 례) 직장선택의 자유와 직장존속보호

직업의 자유는 독립적 형태의 직업활동뿐만 아니라 고용된 형태의 종속적인 직업활동도 보장한다. 따라서 직업선택의 자유는 직장선택의 자유를 포함한다. 헌법재판소도 일찍이 직업선택의 자유에 직장선택의 자유가 포함된다고 설시한바 있다(헌재 1989.11.20. 89헌가102, 판례집 1, 329,336). (……) 이러한 직장선택의 자유는 개인이 그 선택한 직업분야에서 구체적인 취업의 기회를 가지거나, 이미 형성된 근로관계를 계속 유지하거나 포기하는 데에 있어 국가의 방해를 받지 않는 자유로운 선택 · 결정을 보호하는 것을 내용으로 한다. 그러나 이 기본권은 원하는 직장을 제공하여 줄 것을 청구하거나 한번 선택한 직장의 존속보호를 청구할 권리를 보장하지 않으며, 또한 사용자의 처분에 따른 직장 상실로부터 직접 보호하여 줄 것을 청구할 수도 없다. 다만 국가는 이 기본권에서 나오는 객관적 보호의무, 즉 사용자에 의한 해고로부터 근로자를 보호할 의무를 질 뿐이다.

헌재 2002.11.28. 2001헌바50, 판례집 14-2, 668,677-678

다만 영리법인이 아닌 '사회복지법인 운영의 자유'는 행복추구권의 구체적인 한 표현인 일반적 행동자유권 내지 사적자치권으로 보장된다는 것이 판례의 입장이다 (헌재 2014.5.29. 2011헌마363).

기업의 자유에는 기업활동의 자유가 포함된다. 노조전임자의 급여를 지원하는 행위를 금지하는 노동조합 및 노동관계조정법 규정은 기업활동의 자유를 제한하는 것이기는 하나. 노동조합의 자주성 및 독립성 확보를 위하여 필요한 조항이라는 것이 판례의 입장이다(헌재 2022.5.26. 2019헌바341).

공무원직을 선택할 자유는 공무담임권에 속한다. 공무담임권은 직업의 자유에 대하여 특별기본권으로서의 위치에 서며, 공무담임권이 적용되는 한, 직업의 자유의 적용은 배제된다(헌재 1999.12.23. 99헌마135; 헌재 2000.12.14. 99헌마112). 사법시험(법)의 폐지를 규정한 변호사시험법 부칙 조항에 대한 헌법소원심판사건에서 공무담임권 침해에 대한 청구인의 주장에 대하여 헌법재판소는 위 조항과 가장 밀접한 관련이 있는 직업선택의 자유 침해 여부를 판단하는 이상 공무담임권 침해 여부는 판단하지 않는다고 하였다(헌재 2016.9.29. 2012헌마1002등).

직업선택의 자유의 내용으로서 '무직업의 자유'가 인정되느냐에 관하여 학설이 갈린다. 헌법 제32조의 근로의 의무가 법적 의무로서의 성격을 지닌다고 하더라도 그 법적 의무성은 한정된 것이므로, 원칙적으로 무직업의 자유가 인정된다고 본다.

3. 직업선택의 자유의 제한

직업선택의 자유의 제한에는 여러 유형이 있다. ① 일정한 직업에 대한 절대적인 금지(성매매업 등), ② 국가의 독점사업(우편사업, 담배전매 등 과거의 전매사업), ③ 특허제(전기사업, 도시가스사업 등), ④ 허가제 또는 등록제(음식업, 학원 등), ⑤ 자격제(변호사, 의사, 약사 등), ⑥ 겸직 금지(의약분업 등), ⑦ 시간, 장소, 방법 등에 대한 제한(영업지, 영업시간 등의 제한). 이 가운데 특허와 허가는 실제의 법령상 면허, 허가, 인가 등 여러 명칭으로 혼용되고 있다. 특허는 일정한 법적인 힘을 형성시키는 형성적 행위인데 대하여, 허가는 명령적 행위(상대적 금지의 해제)로 보아 양자를 구별하는 것이 다수설이나, 이 구별은 상대화되는 경향이 있다. 등록제는 일정한 사항을 공적 장부에 등재함으로써 일정한 법적 효과를 발생시키는 제도이며, 본래 허가제와 구별되는 것인데 실정법상으로는 허가제에 준하여 운영되는 경우가 많다.

(판 례) 허가제(직업안정법에 의한 근로자공급사업)

근로자공급사업은 그 성질상 사인이 영리를 목적으로 운영할 경우 근로자의 안전 및 보건상의 위험, 근로조건의 저하, 공중도덕상 해로운 직종에의 유입, 미성년자에 대한 착취, 근로자에 대한 중간착취, 강제근로, 인권침해, 약취 · 유인 및 인신매매 등 부작용이 초래될 가능성이 매우 크므로 근로자공급사업을 노동부장관의 허가를 받은 자만이 행할 수 있도록 제한하는 것은 그 목적의 정당성, 방법의 적절성, 피해의 최소성, 법익의 균형성 등에 비추어 볼 때 합리적인 제한이라고 할 것이고 그것이 과잉금지의 원칙에 위배되어 직업선택의 자유의 본질적인 내용을 침해하는 것으로 볼 수는 없다.

헌재 1998.11.26. 97헌바31, 판례집 10-2, 650,659

(판 례) 자격제(면허제)

의사 · 한의사나 치과의사와 같이 국민의 생명과 건강을 다루는 직업의 경우와 변호사 · 변리사나 건축사 등과 같이 전문적 지식과 기술을 가져야만 직업을 원활히 행사할 수 있다고 판단되는 직업에 대해 실시되고 있는 면허제도는 헌법상 보장된 직업선택의 자유를 국회가 제정한 법률로 전면적으로 금지시켜 놓은 다음 일정한 자격을 갖춘 자에 한하여 직업선택의 자유를 회복시켜 주는 것에 해당한다.

헌재 1998.7.16. 96헌마246, 판례집 10-2, 283,308

(판 례) 변호사시험 응시자격

변호사시험법 제5조 제1항 본문은, 양질의 법률서비스를 제공하기 위하여 다양한 학문적 배경을 가진 전문법조인을 법률이론과 실무교육을 통해 양성하고, 법학교육을 정상화하며, 과다한 응시생이 장기간 사법시험에 빠져 있음으로 인한 국가인력의 극심한 낭비와 비효율성을 막기 위한 취지에서 도입된 법학전문대학원 제도의 목적을 변호사 시험 제도와의 연계를 통하여 효과적으로 달성하기 위한 것이므로, 그 목적의 정당성과 수단의 적합성이 인정된다. 사법시험 병행제도 및 예비시험 제도는 위와 같은 입법목적을 달성하기에 부족한 것으로 보이는 반면, 법학전문대학원법은 특별전형제도, 장학금제도 등을 통해 경제적 자력이 없는 사람들에게도 법학전문대학원 과정을 이수할 기회를 부여하였고, 변호사시험법은 사법시험을 2017년까지 병행 실시하도록 하여 기존 사법시험 준비자들의 신뢰를 보호하였으므로, 위 법률조항은 침해의 최소성 원칙에도 위배되지 않는다. 또한, 위 법률조항으로 인하여 청구인이 받게 되는 불이익보다는 그것이 추구하는 공익이 더 크다고 할 것이므로 변호사시험법 제5조 제1항 본문은 과잉금지원칙을 위반하여 청구인의 직업선택의 자유를 침해한다고 보기 어렵다.

헌재 2012.3.29. 2009헌마754, 판례집 24-1 상, 564,565-566

(판 례) 자격제에 대한 입법형성범위

입법부가 일정한 전문분야에 관한 자격제도를 마련함에 있어서는 그 제도를 마련한 목적을 고려하여 정책적인 판단에 따라 자유롭게 제도의 내용을 구성할 수 있고, 그 내용이 명백히 불합리하고 불공정하지 아니하는 한 원칙적으로 입법부의 정책적 판단은 존중되어야 한다. (……)

의료기사(醫療技士) 제도의 입법목적이 의사의 진료행위를 지원하는 업무도 국민의 보건과 관련되어 있는 이상 일정한 자격자로 하여금 담당하게 함으로써 위험을 예방하려는 것이므로, 의료기사가 국민을 상대로 독자적으로 업무를 수행할 수 없도록 하고 반드시 의사의 지도하에서만 업무를 수행하도록 한 것은 그 입법목적에서 비추어 당연한 것이다.

헌재 1996.4.25. 94헌마129등, 판례집 8-1, 449,460-462

(판 례) 변리사의 소송대리 제한

이 사건 법률조항은 변리사라는 자격제도의 형성에 관련된 것이므로 입법자에게 광범위한 입법형성권이 인정되어 그 내용이 합리적인 이유 없이 자의적으로 규정된 경우에만 위헌이라고 할 것이다. 심결취소소송에서는 특허권 등 자체에 관한 전문적 내용의 쟁점이 소송의 핵심이 되므로, 이에 대한 전문가인 변리사가 소송당사자의 권익을 도모할 수 있다. 그러나 특허침해소송은 고도의 법률지식 및 공정성과 신뢰성이 요구되는 소송으로, 변호사 소송대리원칙(민사소송법 제87조)이 적용되어야 하는 일반 민사소송의 영역이므로, 소송당사자의 권익을 보호하기 위해 변호사에게만 특허침해소송의 소송대리를 허용하는 것은 그 합리성이 인정되며 입법재량의 범위 내라고 할 수 있다. 그러므로 이 사건 법률조항이 특허침해소송을 변리사가 예외적으로 소송대리를 할 수 있도록 허용된 범위에 포함시키지 아니한 것은 청구인들의 직업의 자유를 침해하지 아니한다.

헌재 2012.8.23. 2010헌마740, 공보 191, 1657

(판 례) 금융감독원 4급 이상 직원의 취업제한 조항

이 사건 취업제한 조항은 금융감독원 직원이 퇴직 이후 특정업체로의 취업을 목적으로 재직 중 특정업체에 특혜를 부여하거나, 퇴직 이후 재취업한 특정업체를 위해 재직 중에 취득한 기밀이나 정보를 이용하거나, 재직했던 부서에 대하여 부당한 영향력을 행사할 가능성을 사전에 방지함으로써 궁극적으로 금융감독원 직무의 공정성을 확보하고 건전한 금융질서를 확보하려는 것이다. 이 사건 취업제한 조항은 일정한 규모 이상에 해당하면서 취업제한대상자가 퇴직 전 소속하였던 부서의 업무와 밀접한 관련성이 인정되는 사기업체등에의 취업만 제한하고, 조사, 검사 및 감독과 각종 인·허가 업무를 담당하는 부서에서 근무하였던 금융감독원의 직원만을 취업심사대상자에 포함시키고 있으며, 4급 이상 직원만을 포함시키고 있다. 또한 퇴직 후 2년이 경과하면 제한 없이 재취업이 허용된다. 나아가 사전에 취업제한 여부의 확인을 할 수 있는 제도가 마련되어 있고, 일정한 경우 우선취업도 가능하며, 예외적으로 공직자윤리위원회의 승인을 얻어 취업할 수도 있다. 따라서 이 사건 취업제한 조항은 청구인들의 직업선택의 자유를 침해하지 아니한다.

헌재 2014.6.26. 2012헌마331, 판례집 26-1 하, 609,610

헌법재판소는 취업제한기간을 3년으로 늘린 개정 공직자윤리법 조항도 합헌이라고 하였다(헌재 2021.11.25. 2019헌마555).

(판 례) 성적목적공공장소침입범죄자의 의료기관 개설 제한

성적목적공공장소침입죄로 형을 선고받아 확정된 자로 하여금 그 형의 집행을 종료한 날부터 10년 동안 의료기관을 제외한 아동·청소년 관련기관 등을 개설하거나 그에 취업할 수 없도록 한 '아동·청소년의 성보호에 관한 법률' 조항(취업제한조항)은 피해자가 존재하지 않거나 피해자의 성적자기결정권을 침해하지 아니하는 경우에도 발생할 수 있는 성적목적공공장소침입행위를 범죄화함과 동시에 취업제한 대상 성범죄로 규정하였다. 취업제한조항이성적목적공공장소침입죄 전력만으로 그가 장래에 동일한 유형의 범죄를 저지를 것을 당연시하고, 형의 집행이 종료된 때로부터 10년이 경과하기 전에는 결코 재범의 위험성이 소멸하지 않는다고 보아, 각 행위의 죄질에 따른 상이한 제재의 필요성을 간과함으로써, 위 범죄 전력자 중 재범의 위험성이 없는 자, 위 범죄 전력이 있지만 10년의 기간 안에 재범의 위험성이 해소될 수 있는 자, 범행의 정도가 가볍고 재범의 위험성이 상대적으로 크지 않은 자에게까지 10년 동안 일률적인 취업제한을 하고 있는 것은 침해의 최소성 원칙과 법익의 균형성 원칙에 위배된다. 따라서 취업제한조항은 청구인의 직업선택의 자유를 침해한다.

헌재 2016.10.28. 2014헌마709, 공보 241, 1698,1699

(판 례) 학원설립·운영자가 학원법 위반으로 벌금형을 선고받은 경우 등록의 효력을 잃도록 하는 규정

학원설립·운영자가 '학원의 설립·운영 및 과외교습에 관한 법률'(이하 '학원법')을 위반하여 벌금형을 선고받은 경우 등록의 효력을 잃도록 규정하고 있는 학원법 제9조 제2항 본문 중 제9조 제1항 제4호에 관한 부분(이하 '이 사건 효력상실조항')은 학원법 위반으로 처벌받은 자들이 계속해서 학원을 운영함으로써 학원교육에 대한 국가의 규제·감독이 형해화되는 폐단을 방지하고, 학원교육이 최소한의 공적 기능을 수행하도록 함으로써 양질의 교육서비스를 확보하고 교육소비자를 보호하며, 국가 전체적으로 평생교육을 성공적으로 실현하고자 하는 것으로서 그 입법목적은 정당하고, 학원법 위반으로 벌금형을 선고받을 경우 학원설립·운영 등록이 당연히 실효되도록 한 것은 이와 같은 입법목적을 달성하기 위한 유효·적절한 수단이 될 수 있다.

비록 어떠한 직업분야에 관한 자격제도를 만들면서 그 자격요건 내지 결격사유를 어떻게 설정할 것인가에 관하여 입법자에게 폭넓은 입법재량이 인정되기는 하나(헌재 2008.9.25. 2007헌마419; 헌재 2009.7.30. 2007헌마1037), (……)

이미 부여받은 자격을 박탈하는 경우, 입법자로서는 입법목적을 달성하기 위해 선택할 수 있는 여러 수단 중에서 국민의 기본권을 가장 덜 제한하는 수단

을 채택하여야 하며, 보다 덜 제한적인 방법으로도 동일한 목적을 실현할 수 있음에도 불구하고 더 제한적인 방법을 선택했다면 이는 최소침해성의 원칙에 위배되는 것이다(헌재 2010.9.2. 2010헌마418).

그런데 이 사건 효력상실조항은 학원법 위반으로 벌금형을 선고받으면 일률적으로 등록의 효력을 잃도록 규정하고 있다. 그러나 벌금형은 형법 제41조가 정하는 9가지의 형벌 중에서 4번째로 가벼운 것으로 부가형인 몰수를 빼고 나면 그보다 가벼운 형벌은 구류, 과료 밖에 없어 벌금형이 중한 형벌이라거나, 사회통념상 벌금형을 선고받은 피고인의 불법 및 책임의 정도가 중하고 그에 대한 사회적 비난가능성이 높다고 보기도 어렵다. 그렇다면 입법자로서는 등록의 효력상실사유로서 벌금형 판결을 받은 학원법 위반범죄를 포괄하여 규정할 것이 아니라, 입법목적을 달성함에 반드시 필요한 범죄의 유형, 내용 등으로 그 범위를 가급적 한정하여 규정해야 할 것이다. (……)

그럼에도 이 사건 효력상실조항은 착오로 학원법 제6조의 변경등록을 지연한 경미한 법위반행위이든 거짓 또는 부정한 방법으로 학원등록을 마친 악의적 법위반행위이든 가리지 아니하고 벌금형이 확정되기만 하면 일률적으로 등록을 상실하게 하고 있어 지나친 제재라 하지 않을 수 없다. (……)

뿐만 아니라 이 사건 효력상실조항을 삭제하더라도 교육감은 피고인의 학원법 위반행위의 성격에 따라 등록을 말소하거나 1년 이내의 기간을 정하여 교습과정의 전부 또는 일부에 대한 교습의 정지를 명할 수 있는바(학원법 제17조), 이를 통하여 이 사건 효력상실조항의 입법목적을 달성하는 데 아무런 어려움이 발생하지 않는다. 오히려 교육감이 위반행위의 내용을 감안하여 적절한 지도·감독을 하거나 교육감의 처분에 따라 등록을 말소하거나 교습을 정지시키는 것이 위와 같은 입법목적을 보다 합리적으로 달성하는 방법이 될 수 있다.

따라서 이 사건 효력상실조항은 최소침해성원칙에 위배된다.

헌재 2014.1.28. 2011헌바252, 판례집 26-1 상, 54,61-63

(판 례) 선거범죄 분리 선고 규정 없는 임원 결격사유 조항

이 사건 법률조항은 새마을금고 임원 선거 과정에서 선거범죄를 범하여 벌금 100만 원 이상의 형을 선고받는 경우 임원이 될 수 없거나 선출된 임원직에서 당연히 퇴임하게 함으로써 새마을금고 임원 선거의 공정성을 도모하기 위한 것으로서, 그 입법목적의 정당성과 수단의 적합성은 인정할 수 있다. 그러나 이 사건 법률조항은 비선거범죄가 선거범죄의 양형에 영향을 미치는 것을 최소화하기 위한 방안인 분리 선고 규정을 두지 아니하여 선거범죄와 다른 죄의 동시적 경합범의 경우 변론을 분리하지 않고 하나의 형을 선고하고, 그

선고형 전부를 선거범죄에 대한 형으로 의제하여 임원 자격의 제한 여부를 확정할 수밖에 없게 함으로써, 입법목적의 달성에 필요한 정도를 넘어서는 과도한 제한을 하여 침해의 최소성원칙에 위반된다. 그리고 이 사건 법률조항으로 인하여 달성하고자 하는 새마을금고 임원 선거제도의 공정성 확보라는 공익에 비하여 새마을금고의 임원이 되고자 하거나 이미 임원으로 당선된 사람이 그 자격을 박탈당함으로써 제한받는 사익의 정도가 더 중대하다고 할 것이므로 법익의 균형성원칙에도 위반된다. 따라서 이 사건 법률조항은 과잉금지원칙에 반하여 새마을금고 임원이나 임원이 되고자 하는 사람의 직업선택의 자유를 침해한다.

이 사건 법률조항이 분리 선고 규정을 두지 않은 결과, 선거범죄가 경미하여 그것만으로 처벌되는 때에는 100만 원 미만의 벌금형을 선고받을 수 있음에도 불구하고 다른 범죄와 경합범으로 함께 처벌되면 100만 원 이상의 벌금형이나 징역형을 선고받을 수 있어 임원직을 상실할 수도 있게 되는바, 이 사건 법률조항은 선거범죄와 다른 죄의 경합범으로 기소, 처벌되는 사람과 별도로 기소, 처벌되는 사람 사이에 합리적 이유 없이 차별대우를 하는 결과를 초래하므로 헌법상 평등원칙에도 위반된다.

헌재 2014.9.25. 2013헌바208, 판례집 26-2 상, 505,506-507

(판 례) 아동 · 청소년대상 성범죄자의 취업 제한

이 사건 취업제한 조항(아동 · 청소년의 성보호에 관한 법률 제56조 제1항)은 아동 · 청소년대상 성범죄자에 대하여 일정기간 아동 · 청소년 관련기관 등을 운영하거나 그 기관 등에 취업하는 것을 제한하여 아동 · 청소년들과의 접촉을 차단함으로써, 아동 · 청소년을 성범죄로부터 보호하는 동시에 아동 · 청소년 관련기관 등의 윤리성과 신뢰성을 높여 아동 · 청소년 및 그 보호자가 이들 기관을 믿고 이용하거나 따를 수 있도록 하려는 입법목적을 지니는바 이러한 입법목적은 정당하고, 아동 · 청소년대상 성범죄 전력자에 대하여 일정기간 아동 · 청소년 관련기관 등에 취업제한을 하는 것은 적절한 수단이 될 수 있다.

그러나 이 사건 취업제한 조항은 아동 · 청소년대상 성범죄 전력에 기초하여 어떠한 예외도 없이 그 대상자가 재범의 위험성이 있다고 간주하여 일률적으로 아동 · 청소년 관련기관 등의 취업 등을 10년간 금지하고 있는 점, 특히 이 사건 취업제한 조항은 치료감호심의위원회가 아동 · 청소년대상 성범죄의 원인이 된 소아성기호증, 성적가학증 등 성적 성벽이 있는 정신성적 장애가 치료되었음을 전제로 피치료감호자에 대하여 치료감호 종료 결정을 하는 경우에도 여전히 피치료감호자에게 재범의 위험성이 있음을 전제하고 있어 치료감호제

도의 취지와도 모순되는 점, 이 사건 취업제한 조항이 범죄행위의 유형이나 구체적 태양 등을 고려하지 않은 채 범행의 정도가 가볍고 재범의 위험성이 상대적으로 크지 않은 자에게까지 10년 동안 일률적인 취업제한을 부과하고 있는 점 등을 종합하면, 이 사건 취업제한 조항은 침해의 최소성 원칙에 위배된다. 또한, 이 사건 취업제한 조항이 달성하고자 하는 공익이 우리 사회의 중요한 공익이지만 이 사건 취업제한 조항에 의하여 청구인의 직업선택의 자유가 과도하게 제한되므로, 이 사건 취업제한 조항은 법익의 균형성 원칙에도 위배된다.

헌재 2016.4.28. 2015헌마98, 공보 235, 793,794

(판 례) 성인대상 성범죄자의 의료기관 취업제한

이 사건 법률조항이 성범죄 전력만으로 그가 장래에 동일한 유형의 범죄를 다시 저지를 것을 당연시하고, 형의 집행이 종료된 때부터 10년이 경과하기 전에는 결코 재범의 위험성이 소멸하지 않는다고 보며, 각 행위의 죄질에 따른 상이한 제재의 필요성을 간과함으로써, 성범죄 전력자 중 재범의 위험성이 없는 자, 성범죄 전력이 있지만 10년의 기간 안에 재범의 위험성이 해소될 수 있는 자, 범행의 정도가 가볍고 재범의 위험성이 상대적으로 크지 않은 자에게까지 10년 동안 일률적인 취업제한을 부과하고 있는 것은 침해의 최소성 원칙과 법익의 균형성 원칙에 위배된다. 따라서 이 사건 법률조항은 청구인들의 직업선택의 자유를 침해한다.

헌재 2016.3.31. 2013헌마585 등, 공보 234, 602

4. 합헌성 심사의 기준

직업선택의 자유의 제한에 관한 합헌성 심사의 기준으로 우리 헌법재판소는 기본적으로 비례의 원칙(과잉금지의 원칙)을 적용하면서, 그 구체적인 적용에 있어서 이른바 '단계이론'에 입각한 법리를 채택하고 있다.

(1) 단계이론

단계이론이란 독일 헌법재판소의 이른바 약국판결(1958.6.11. BVerfGE 7,377)에서 제시된 이론이다. 그 요지는 이렇다. 좁은 의미의 직업선택의 자유와 직업수행의 자유를 구분하여, 후자의 제한은 전자의 제한보다 상대적으로 넓게 인정된다. ① 제한의 제1단계로서 먼저 직업수행의 자유의 제한에 의거한다. ② 직업수행의 자유의 제한에 의해 목적을 달성할 수 없고 중요한 공익을 위해 필요한 경우에 제2단계로 직

업선택의 자유의 제한이 인정된다. 직업선택의 자유의 제한에 있어서도 먼저 주관적 사유에 의한 제한(예컨대 변호사 등의 자격제)에 의한다. ③ 이를 통해서도 목적을 달성할 수 없고 중요한 공익에 대한 중대하고 명백한 위험을 방지할 필요가 있는 경우에 제3단계로서 객관적 사유에 의한 직업선택의 자유의 제한이 인정된다. 이러한 법리에 따라 적정 분포를 위한 약국의 영업허가 제한에 대해 위헌판결을 하였다.

우리 헌법재판소 판례도 단계이론의 관점을 수용하고 있다.

(판 례) 직업의 자유 제한의 단계(의약분업)

직업행사의 자유는 직업결정의 자유에 비하여 상대적으로 그 침해의 정도가 작다고 할 것이어서, 이에 대하여는 공공복리 등 공익상의 이유로 비교적 넓은 법률상의 규제가 가능하다(헌재 1993.5.13. 92헌마80, ……참조). 그러나 직업수행의 자유를 제한할 때에도 헌법 제37조 제2항에 의거한 비례의 원칙에 위배되어서는 안 된다(헌재 1989.11.20. 89헌가102……참조).

헌재 2003.10.30. 2000헌마563, 판례집 15-2 하, 84,96-97

(판 례) 주관적 요건에 의한 제한(군법무관임용법에 의한 변호사자격부여 제한)

일반적으로 직업선택의 자유를 제한함에 있어, 어떤 직업의 수행을 위한 전제요건으로서 일정한 주관적 요건을 갖춘 자에게만 그 직업에 종사할 수 있도록 제한하는 경우에는, 이러한 주관적 요건을 갖추도록 요구하는 것이, 누구에게나 제한 없이 그 직업에 종사하도록 방임함으로써 발생할 우려가 있는 공공의 손실과 위험을 방지하기 위한 적절한 수단이고, 그 직업을 희망하는 모든 사람에게 동일하게 적용되어야 하며, 주관적 요건 자체가 그 제한목적과 합리적인 관계가 있어야 한다는 비례의 원칙이 적용되어야 할 것이다.

헌재 1995.6.29. 90헌바43, 판례집 7-1, 854,868

(판 례) 객관적 사유에 의한 제한(경비업법 겸업금지)

이 사건 법률조항은 청구인들과 같이 경비업을 경영하고 있는 자들이나 다른 업종을 경영하면서 새로이 경비업에 진출하고자 하는 자들로 하여금 경비업을 전문으로 하는 별개의 법인을 설립하지 않는 한 경비업과 그 밖의 업종간에 택일하도록 법으로 강제하고 있다. 따라서 이미 선택한 직업을 어떠한 제약 아래 수행하느냐의 관점이나 당사자의 능력이나 자격과도 상관없는 객관적 사유에 의한 이러한 제한은 직업의 자유에 대한 제한 중에서도 가장 심각한 제약이 아닐 수 없다. 따라서 이러한 제한은 월등하게 중요한 공익을 위하여 명백하고 확실한 위험을 방지하기 위한 경우에만 정당화될 수 있다고 보아야 한다. 헌법재판소가 이 사건을 심사함에 있어서는 헌법 제37조 제2항이 요구하는바 과잉금지의 원칙, 즉 엄격한 비례의 원칙이 그 심사척도가 된다는 것도 바로 이러한 이유 때문이다.

헌재 2002.4.25. 2001헌마614, 판례집 14-1, 410,427-428

주의할 것은, 우리 헌법재판소 판례에서 단계이론의 관점을 수용하면서도, 직업수행의 자유의 제한에 대해 비례의 원칙을 적용한 결과, 위헌 결정이 내려진 예들이 있다는 점이다(예컨대 당구장경영자에게 18세 미만자 출입금지 표시를 하게 한 규정이 위헌이라고 본 결정. 헌재 1993.5.13. 92헌마80).

단계이론에 대해서는 특히 직업선택과 직업수행을 엄격히 구별하기 힘들다는 점 등, 문제점이 지적되고 있다. 단계이론의 기본적 관점을 수용하되, 이를 단순하게 기계적으로 적용할 수는 없다고 본다.

헌법재판소는 직업수행의 자유를 제한하는 '고용허가제 대행기관 운영에 관한 규정(고용노동부 고시)'에 대한 헌법소원사건에서, 직업수행의 자유의 위헌심사기준으로는 과잉금지의 원칙을 적용하되, 다소 완화된 심사기준을 적용할 수 있다고 하였다(헌재 2011.10.25. 2010헌마661). 그러나 최근에는 "응시기간과 응시횟수를 제한하는 것과 같이 직업선택의 자유에 대한 제한이 헌법상 용인되기 위해서는 과잉금지원칙에 따라 변호사시험제도가 추구하는 공익의 달성을 위하여 적합하고, 기본권 제약에 비추어 볼 때 필요하며, 또 제한의 목적과 적정한 비례관계를 유지하여야 한다"고 판시하여(헌재 2016.9.29. 2016헌마47등) 직업선택의 자유를 제한하는 입법의 위헌심사에서 일관된 기준이 있다고 보기는 어렵다. 헌재 2019.11.28. 2016헌마40 결정에서는 '균형적'인 비례관계라는 용어를 사용하였다.

(2) 소극적 목적의 규제와 적극적 목적의 규제를 구별하는 이론

직업의 자유를 규제하는 목적이 소극적이냐 적극적이냐에 따라 합헌성 심사의 기준을 차별화하는 이론이 있다. 이 이론은 일본 최고재판소 판례에서 제시되었다. 그 요지는 이렇다. 직업의 자유의 제한의 합헌성 여부는 합리성의 기준에 의하되, 합리성 기준의 적용에 있어서 규제의 목적에 따라 차이가 있어야 한다. ① 소극적, 경찰적 규제(소극적 목적의 규제)에 관해서는 '엄격한 합리성'의 기준이 적용된다. 즉 규제의 필요성, 합리성 및 '동일한 목적을 달성할 수 있는, 덜 제한적 수단의 유무'를 심

사한다. ② 이에 비해, 적극적, 정책적 규제(적극적 목적의 규제)에 관해서는 '명백성의 원칙'이 적용된다. 즉 '규제조치가 현저하게 불합리함이 명백한 경우에 한하여 위헌으로 한다'는 것이다. 이러한 이론에 의거하여, 일본 최고재판소는 이른바 약국거리제한 사건에서는 위헌 판결을 하고, 이른바 소매시장거리제한 사건에서는 합헌 판결을 하였다.

(참고 · 일본판례) 소매시장 거리제한 사건(최고재판소 1972.11.22 판결).

소매시장 개설의 허가요건으로 적정 분포의 규제를 가하는 것(기존 시장으로부터 일정한 거리를 두어야 한다는 제한)에 관한 사건이다. 이 규제의 목적이 경제적 기반이 약한 소매상을 과당경쟁에서 보호한다는 적극적 목적이라고 보고, 명백성의 원칙을 적용하여 합헌이라고 판결하였다.

약국 거리제한 사건(최고재판소 1975.4.30 판결).

약국 개설에 적정 분포를 요구하는 규제에 관한 사건이다. 약국의 거리제한은 국민의 생명과 건강에 대한 위험의 방지라는 소극적 목적을 위한 것이라고 보고, 엄격한 합리성의 기준을 적용하여 위헌이라고 판결하였다. 약국의 편재로 인한 경쟁 격화와 그로 인한 일부 약국의 경영 불안정, 그로 인한 불량 의약품 공급의 위험성이라는 인과관계는 합리적 근거가 없기 때문에 규제의 필요성과 합리성이 인정되지 않는다고 보았다. 또한 이 규제의 목적은 보다 덜 제한적인 행정상의 규제의 강화에 의해 충분히 달성될 수 있다고 판시하였다.

규제 목적을 구별하는 위의 이론도 여러 문제점을 지닌다. 우선 소극적 목적과 적극적 목적의 구별은 명백하지 않으며 상대적이다. 또한 규제의 목적만으로 판단하는 것은 타당하지 못하다. 생각건대 단계의 이론과 규제목적의 구별론을 모두 고려하는 종합적 판단이 타당할 것이다.

5. 직업선택의 자유의 제한에 관한 주요 헌법재판소 판례

(위헌결정)

* 변호사의 개업지 제한(헌재 1989.11.20. 89헌가102).
* 교사의 신규채용에서 국 · 공립교육대학, 사범대학, 기타 교원양성기관의 졸업자를 우선 채용하도록 한 규정(헌재 1990.10.8. 89헌마89).
* 법무사법시행규칙에 의한 법무사시험의 미실시(헌재 1990.10.15. 89헌마178).
* 형사사건으로 기소된 교원에 대한 필요적 직위해제처분(헌재 1994.7.29. 93헌가3등).

* 건축사의 업무범위 위반에 대한 필요적 등록취소(헌재 1995.2.23. 93헌가1).
* 자도(自道)소주 구입명령제도(헌재 1996.12.26. 96헌가18).
* 행정사의 겸직 금지(헌재 1997.4.24. 95헌마90).
* 검찰총장 퇴임 후 2년 이내 공직취임 금지(헌재 1997.7.16. 97헌마26).
* 치과전문의 자격시험 불실시(헌재 1998.7.16. 96헌마246).
* 여객운송사업자가 지입제 경영을 한 경우의 필요적 면허취소(헌재 2000.6.1. 99헌가11).
* 시각장애인에 한하여 안마사 자격인정을 받을 수 있도록 한 보건복지부령 규정(헌재 2006.5.25. 2003헌마715). (뒤에 다른 취지의 결정. 헌재 2008.10.30. 2006헌마1098 등).
* 행정사법 시행령에서 행정사의 수급상황을 조사하여 시험 실시가 필요하다고 인정하는 때 시험실시 계획을 수립하도록 한 규정(헌재 2010.4.29. 2007헌마910).
* 농협·축협 조합장이 금고 이상의 형을 선고받고 그 형이 확정되지 아니한 경우에도 이사가 그 직무를 대행하도록 한 농업협동조합법 규정(헌재 2013.8.29. 2010헌마562 등; 수협 조합장, 신협 이사장, 중소기업협동조합 이사장, 국회의원, 지방자치단체의 장 등에게는 이러한 직무정지조항이 없으므로 평등권도 침해한다고 하였다).
* 임원이 금고 이상의 형을 선고받은 경우 법인의 건설업 등록을 필요적으로 말소하도록 규정한 건설산업기본법 규정(헌재 2014.4.24. 2013헌바25; 건설업과 관련 없는 죄로 임원이 형을 선고받은 경우까지도 법인이 건설업을 영위할 수 없도록 하기 때문에 적절한 수단이라고 할 수 없다는 점을 이유로 들었다).
* 운전면허를 받은 사람이 자동차등을 이용하여 살인 또는 강간 등 행정안전부령이 정하는 범죄행위를 한 때 운전면허를 필요적으로 취소하도록 하는 도로교통법 규정(헌재 2015.5.28. 2013헌가6; 운전을 업으로 하는 자에 대하여는 과잉금지원칙에 위반하여 직업의 자유, 운전을 업으로 하지 않는 자에 대하여는 일반적 행동자유권 침해라고 하였다).
* 법인의 임원이 학원법을 위반하여 벌금형을 선고받은 경우, 법인의 학원설립·운영 등록이 효력을 잃도록 한 '학원의 설립·운영 및 과외교습에 관한 법률' 규정(헌재 2015.5.28. 2012헌마653).
* 전문과목을 표시한 치과의원은 그 표시한 전문과목에 해당하는 환자만을 진료하여야 한다고 규정한 의료법 조항(헌재 2015.5.28. 2013헌마799; 1차 의료기관의 전문과목 표시에 대해 불이익을 주어 치과 전문의들이 2차 의료기관에 근무하도록 유도하는 것인데, 이는 적정한 치과 의료 전달체계의 정립을 위해 적절한 방안이 될 수 없고, 또한 심판대상조항은 자신의 전문과목 환자만 진료해도 충분한 수익을 올릴 수 있는 전문과목에의 편중현상을 심화시킬 수 있으므로 수단의 적절성과 침해의 최소성을 갖추지 못하였다는 이유를 들었다).

* 수상레저안전법상 조종면허를 받은 사람이 동력수상레저기구를 이용하여 범죄행위를 하는 경우에 조종면허를 필요적으로 취소하도록 한 규정(헌재 2015.7.30. 2014헌가13; 임의적 면허취소사유로 규정하거나, 대상 범죄를 한정하지 않았다는 이유를 들었다).

* 치과전문의 자격 인정 요건으로 '외국의 의료기관에서 치과의사 전문의 과정을 이수한 사람'을 포함하지 아니한 '치과의사전문의의 수련 및 자격 인정 등에 관한 규정' 조항(헌재 2015.9.4. 2013헌마197; 이들에게 다시 국내 치과전문의 수련과정을 이수하도록 하는 목적의 정당성은 인정되나, 보다 덜 제한적인 수단이 있으므로 침해의 최소성 원칙에 반한다).

* 성인대상 성범죄로 형을 선고받아 확정된 자를 그 형의 집행이 종료한 날로부터 10년 동안 아동 · 청소년 관련 교육기관 등을 운영하거나 위 기관에 취업할 수 없도록 한 청소년성보호법 조항(헌재 2016.7.28. 2013헌마436; 이들은 예외없이 재범의 위험성이 인정된다는 잘못된 전제에 서 있는 규정이라는 점을 강조하였다).

* 청원경찰이 금고 이상의 형의 선고유예를 받은 경우 당연 퇴직되도록 규정한 청원경찰법 조항(헌재 2018.1.25. 2017헌가26; 같은 이유로 국가공무원, 지방공무원, 경찰공무원, 군무원, 향토예비군 지휘관에 대하여도 위헌결정 하였는데, 이 조항은 공무원보다 더 가혹한 제재를 가하는 조항이라고 하였다).

* 택시운전자격을 취득한 사람이 강제추행 등 성범죄를 범하여 금고 이상의 형의 집행유예를 선고받은 경우 그 자격을 취소하도록 한 여객자동차 운수사업법 규정(헌재 2018.5.31. 2016헌바14등).

* 세무사 자격 보유 변호사로 하여금 세무조정업무를 할 수 없도록 규정한 법인세법 규정(헌재 2018.4.26. 2016헌마116; 세법의 해석 · 적용은 변호사가 더 뛰어난 능력을 가지고 있는데도 세무사 자격 보유 변호사를 세무조정업무에서 전면적으로 배제시킨 것은 세무조정업무의 전문성 확보 및 부실 세무조정의 방지라는 입법목적을 달성하기 위한 수단으로서 그 적합성을 인정하기 어렵다고 하였다).

* '거짓이나 그 밖의 부정한 수단으로 운전면허를 받은 경우'에 '거짓이나 그 밖의 부정한 수단으로 받은 운전면허를 제외한 운전면허'도 필요적으로 취소하도록 한 도로교통법 규정(헌재 2020.6.25. 2019헌가9등).

* 아동학대관련범죄로 벌금형이 확정된 날부터 10년이 지나지 아니한 사람은 어린이집을 설치 · 운영하거나 어린이집에 근무할 수 없고, 같은 이유로 보육교사 자격이 취소되면 그 취소된 날부터 10년간 자격을 재교부받지 못하도록 한, 영유아보육법 규정(헌재 2022.9.29. 2019헌마813).

* 법무부장관이 2020.11.23.에 한 '코로나19 관련 제10회 변호사시험 응시자 유의사항 등 알림' 중 코로나바이러스감염증-19 확진환자의 시험 응시를 금지한 부분, 2020.11.20.에 한 '제10회 변호사시험 일시 · 장소 및 응시자준수사항 공

고' 및 이 사건 알림 중 각 자가격리자의 사전 신청 마감 기한을 '2021.1.3.(일) 18:00'까지로 제한한 부분 및 이 사건 알림 중 고위험자를 의료기관에 이송하도록 한 부분(헌재 2023.2.23. 2020헌마1736).

(한정위헌결정)

* 학교정화구역 안에서 당구장설치 금지(헌재 1997.3.27. 94헌마196등).
* 경비업자의 다른 업종 겸영 금지(헌재 2002.4.25. 2001헌마614).

(헌법불합치결정)

* 지적측량업무를 비영리법인에게만 대행할 수 있도록 한 규정(헌재 2002.5.30. 2000헌마81).
* 약사들로 구성된 법인에 의한 약국개설 금지(헌재 2002.9.19. 2000헌바84).
* 학교정화구역 안에서 극장시설 및 영업 금지(대학의 경우는 위헌이고, 유치원, 초·중·고교의 경우는 헌법불합치. 헌재 2004.5.27. 2003헌가1).
* 한의사와 의사 복수면허 의료인에게 하나의 의료기관만 설립하도록 제한(헌재 2007.12.27. 2004헌마1021).
* 태아의 성별에 대한 의사의 고지금지(헌재 2008.7.31. 2004헌마1010등).
* '마약류 관리에 관한 법률'을 위반하여 금고 이상의 실형을 선고받고 그 집행이 끝나거나 면제된 날부터 20년이 지나지 아니한 것을 택시운송사업의 운전업무 종사자격의 결격사유 및 취소사유로 정한 것(헌재 2015.12.23. 2014헌바446등).
* 세무사 자격 보유 변호사로 하여금 세무사로서 세무대리 업무를 일체 할 수 없도록 전면적으로 금지한 세무사법 조항(헌재 2018.4.26. 2015헌가19; 변호사를 세무조정업무에서 전면적으로 배제한 것은 수단의 적합성이 인정되지 않는다고 하였다).
* 아동학대관련범죄로 형을 선고받아 확정된 자로 하여금 그 형이 확정된 때부터 형의 집행이 종료되거나 집행을 받지 아니하기로 확정된 후 10년 동안 체육시설 및 초·중등교육법 제2조 각 호의 학교를 운영하거나 이에 취업 또는 사실상 노무를 제공할 수 없도록 한 아동복지법 규정(헌재 2018.6.28. 2017헌마130등; 위 판례와 마찬가지로 재범의 위험성을 문제삼았다).
* 시설경비업을 허가받은 경비업자로 하여금 허가받은 경비업무 외의 업무에 경비원을 종사하게 하는 것을 금지하고, 이를 위반한 경비업자에 대한 허가를 취소하도록 정하고 있는 경비업법 규정(헌재 2023.3.23. 2020헌가19; 필요적으로 경비업의 허가를 취소하도록 하여 피해의 최소성 원칙에 반하고 허가받은 경비업 전체를 취소하도록 하여 법익의 균형성에도 반한다고 하였다).

(합헌결정)

* 자동판매기를 통한 담배판매 금지(헌재 1995.4.20. 92헌마264등).
* 국산영화 의무상영(헌재 1995.7.21. 94헌마125).
* 노래연습장에 대한 18세 미만자의 출입 금지(헌재 1996.2.29. 94헌마13).
* 물리치료사와 임상병리사의 독자적 영업 금지(헌재 1996.4.25. 94헌마129등).
* 법무사 사무원 수의 제한(헌재 1996.4.25. 95헌마331).
* 유료 직업소개업 허가제(헌재 1996.10.31. 93헌바14).
* 학교정화구역 안에서 노래연습장 금지(헌재 1999.7.22. 98헌마480등).
* 피라미드 판매의 금지(헌재 1997.11.27. 96헌바12).
* 약사의 한약제조 금지(헌재 1997.11.27. 97헌바10).
* 무도영업에 대한 영업시간 제한(헌재 2000.7.20. 99헌마455).
* 고소고발장 작성사무를 법무사에게만 허용하고 일반행정사에게는 금지한 것(헌재 2000.7.20. 98헌마52).
* 학원의 등록제(헌재 2001.2.22. 99헌바93).
* 백화점의 셔틀버스 운행금지(헌재 2001.6.28. 2001헌마132).
* 모든 의료기관에 대한 요양기관 강제지정(헌재 2002.10.31. 99헌바76등).
* 안마사 자격인정제(헌재 2003.6.26. 2002헌가16).
* 법무사 아닌 자가 등기신청대행 등의 법무행위를 업으로 하는 것을 금지(헌재 2003.9.25. 2001헌마156).
* 대학 졸업 이상의 학력 소지자일 것을 일반학원 강사의 자격기준으로 규정한 것(헌재 2003.9.25. 2002헌마519).
* 의료기관 개설자에 대한 의약품도매상 허가 금지(헌재 2004.1.29. 2001헌바30).
* 학교정화구역 안에서 여관시설과 영업 금지(헌재 2004.10.28. 2002헌바41).
* '음반 · 비디오물 및 게임물에 관한 법률'에서 일반게임장업에서 18세이용가 게임물의 설치비율을 제한함으로써 결과적으로 전체이용가 게임물의 설치를 일정비율 강제하고, 전체이용가 게임물과 18세이용가 게임물을 구분하여 비치 · 관리하며, 18세이용가 게임물의 비치장소에는 청소년의 출입금지표시를 하도록 규정한 것(헌재 2005.2.3. 2003헌마930).
* 숙박업자에게 매년 위생교육을 받을 의무를 부과한 것(헌재 2006.2.23. 2004헌마597).
* 의료법에서 외국 치과대학 졸업자에게 국내면허취득을 위한 국가시험 응시자격으로 예비시험합격을 추가로 요구하는 것(헌재 2006.4.27. 2005헌마406).
* 변호사법에서 금고 이상의 형을 선고받고 그 집행이 종료되거나 집행을 받지 아니하기로 확정된 후 5년을 경과하지 아니한 자는 변호사가 될 수 없다고 규

정한 것(헌재 2006.4.27. 2005헌마997).

* 외국인전용 카지노업 신규허가대상을 한국관광공사에 한정하고 기존 업자들을 제외한 것(헌재 2006.7.27. 2004헌마924).
* 부정한 방법으로 자동차대여업 등록을 한 경우 필요적으로 등록을 취소하도록 한 여객자동차운수사업법 규정(헌재 2006.12.28. 2005헌바87).
* 사법시험 제1차 시험에 응시함에 어학과목을 영어로 한정하고, 다른 시험에서 일정 수준의 합격점수를 얻도록 요구하거나, 35학점 이상 법학과목 이수자에게만 사법시험응시자격을 부여하는 사법시험법 규정(헌재 2007.4.26. 2003헌마947).
* 군법무관 임용시험에 합격한 군법무관들에게 10년간 근무하여야 변호사 자격을 유지하게 하는 것(헌재 2007.5.31. 2006헌마767).
* 음주측정거부자에게 필요적으로 운전면허를 취소(헌재 2007.12.27. 2005헌바95).
* 운전면허가 취소된 상태에서 무면허운전으로 기소되어 2년간 운전면허를 취득할 수 없도록 제한(헌재 2007.12.27. 2005헌마1107).
* 학교급식 운영방식을 직영급식원칙으로 전환(헌재 2008.2.28. 2006헌마1028).
* 건축사자격시험의 응시자격으로서 건축사예비시험합격 및 건축사예비시험 응시자격 취득한 일정기간 실무경력을 요구하는 건축사법 규정(헌재 2008.5.29. 2005헌마195).
* 특별한 사정이 있는 응시자에 대하여 특별한 조치를 받을 수 있도록 하고, 사법시험 제2차 시험 응시자 모두에게 동일한 시험시간을 부여한 사법시험 실시계획 공고(헌재 2008.6.26. 2007헌마917).
* 시각장애인에게만 안마사 자격인정을 받을 수 있도록 비맹제외기준을 설정한 의료법 규정(헌재 2008.10.30. 2006헌마1098등; 헌재 2010.7.29. 2008헌마664).
* 기사의 자격취득이 없이 일정기간 건설공사업무 수행으로 중급이상의 기술자로 승급할 수 있었던 제도를 변경하여, 기사자격을 취득하지 않는 한 초급기술자에서 더 이상 기술등급이 승급되지 않도록 시행령의 변경(헌재 2008.11.27. 2007헌마389).
* '사행성 간주 게임물'의 개념을 설정하고 이에 해당하는 경우 경품제공 등을 금지한 게임제공업소의 경품취급기준에 관한 문화관광부고시(헌재 2008.11.27. 2005헌마161등).
* 개인택시운송사업면허의 양도 · 양수인가 요건인 5년 이상의 무사고 운전경력을 요하는 것과 당해 경력기간의 관할관청별 완화적용부분(헌재 2008.11.27. 2006헌마688).
* 영화관 관람객이 입장권 가액의 100분의 3을 부담하도록 하고 영화관 경영자는 이를 징수하여 영화진흥위원회에 납부하도록 강제하는 내용의 영화상영관

입장권 부과금 제도(헌재 2008.11.27. 2007헌마860, 5인의 위헌의견으로 합헌결정).

* 금고 이상의 형의 집행유예를 선고받고 그 기간이 경과한 후 2년을 경과하지 아니한 자는 변호사가 될 수 없다는 변호사법 규정(헌재 2009.10.29. 2008헌마432).
* 심야학원교습을 금지한 지방자치단체의 조례(헌재 2009.10.29. 2008헌마454; 학생의 자유로운 인격발현권, 학부모의 자녀교육권 침해도 아님).
* 비의료인에 의한 무면허 의료행위(침, 뜸 등)를 금지, 처벌하는 의료법 등의 규정(4인 재판관 합헌의견, 5인 재판관 위헌의견)(헌재 2010.7.29. 2008헌가19).
* 국민건강보험법에 따른 종합전문요양기관은 신청에 따른 별도의 지정행위 없이 당연히 산재보험 의료기관으로 되도록 규정한 산업재해보상보험법 규정(헌재 2011.6.30. 2008헌마595).
* 청원경찰이 법원에서 자격정지의 형을 선고받은 경우 국가공무원법을 준용하여 당연퇴직하도록 한 청원경찰법 규정(헌재 2011.10.25. 2011헌마85).
* 지방의회의원이 지방공사 직원의 직을 겸할 수 없도록 한 지방자치법 규정(헌재 2012.4.24. 2010헌마605; 또한 국회의원의 경우 지방공사 직원의 겸직이 허용된다 하더라도 평등권 침해가 아니라고 함).
* 외국기술사의 국내기술사 필기시험 면제 혜택을 폐지한 국가기술자격법 및 동 시행규칙(헌재 2012.4.24. 2010헌마649).
* 공인회계사 시험의 응시자격을 일정과목에 대하여 일정학점을 이수한 사람으로 제한하고 있는 공인회계사법 규정(헌재 2012.11.29. 2011헌마801).
* 주택관리사 등이 공동주택의 관리사무소장으로 근무하게 될 때 입주자에게 손해배상책임을 지도록 하고, 그 담보를 위한 보증보험 등의 가입이나 현금 공탁을 강제하며, 취업시 그 입증서류를 반드시 제출하도록 하고, 현금 공탁시 사임 등 후 3년간 공탁금을 회수하지 못하도록 규정한 주택법 조항(헌재 2012.12.27. 2011헌마44).
* 교육부장관이 학교법인 이화학당에게 한 법학전문대학원 설치인가 중 여성만을 입학자격요건으로 하는 입학전형계획을 인정한 인가처분(헌재 2013.5.30. 2009헌마514).
* 의료인이 아닌 자의 '의료행위'를 금지하는 것(헌재 2013.6.27. 2010헌마658; '사람의 생명 · 신체나 공중위생에 대한 위해발생 가능성이 낮은 의료행위'까지 일률적으로 금지하는 것은 위헌이라는 반대의견이 있다).
* PC방 전체를 금연구역으로 지정하는 것(헌재 2013.6.27. 2011헌마315등).
* 법에서 정한 근로자파견대상업무 외에 근로자파견사업을 행한 자를 형사처벌하도록 한 파견근로자보호 등에 관한 법률 규정(헌재 2013.7.25. 2011헌바395).
* 도시정비법을 위반하여 벌금 100만원 이상의 형을 선고받고 5년이 지나지 아

니한 자를 조합임원의 결격사유로 규정한 도시 및 주거환경정비법 조항(헌재 2013.7.25. 2012헌마72).

* '음란한 물건을 판매한 자'를 처벌하는 형법 조항(헌재 2013.8.29. 2011헌바176; 소비자의 사생활의 비밀과 자유를 침해하지도 않는다고 하였다).
* 요실금 수술이 필요한지 여부를 판단함에 있어서 요류역학검사는 객관적 수치를 확인할 수 있는 거의 유일하고 신뢰할 수 있는 방법이므로, 이를 반드시 실시하도록 한 보건복지부 고시 조항(헌재 2013.9.26. 2010헌마204등).
* 변호사시험법이 금고 이상의 형의 집행유예를 선고받고 그 유예기간이 지난 후 2년이 지나지 아니한 사람에 대하여 변호사시험에 응시할 수 없도록 한 것과, 법학전문대학원의 석사학위 취득 후 5년 이내로 변호사시험 응시기간을 제한하고 병역의무를 이행한 기간만을 위 응시기간에 포함하지 아니한다고 규정한 것(따라서 집행유예기간도 위 응시기간에 포함됨; 저자)(헌재 2013.9.26. 2012헌마365).
* 타인의 권리를 양수하여 소송·조정 또는 그 밖의 방법으로 그 권리를 실행함을 업으로 한 자를 형벌에 처하도록 한 변호사법 조항(헌재 2013.12.26. 2012헌바35; 남소를 방지하여 일반 국민의 법률생활상의 이익에 대한 폐해 유발을 방지하고 민사사법제도의 공정하고 원활한 운영을 확보하기 위한 것으로써, 다른 법률이 허용하는 업무행위이거나, 실질적으로 새로운 사회·경제적 필요에 따른 정당한 업무에 해당할 경우에는 적용되지 않는 등 제한적으로 운용되고 있고, 공익과 사익의 균형성도 갖추었다는 점을 이유로 들었다).
* 법학전문대학원 출신 변호사들에게 6개월간의 법률사무 종사 또는 연수 의무를 부과한 변호사법 규정(헌재 2013.10.24. 2012헌마480; 법률사무종사기관의 취업자와 미취업자, 또는 사법연수생과 법학전문대학원 출신 변호사를 차별하여 평등권을 침해하는 것도 아니라고 하였다).
* 불사용 취소심판에 의하여 소멸된 상표와 동일하거나 유사한 상표의 재출원을 3년간 금지하는 상표법 규정(헌재 2013.11.28. 2012헌바69).
* 국제결혼중개업의 등록요건으로 1억 원 이상의 자본금을 요구하는 '결혼중개업의 관리에 관한 법률' 규정(헌재 2014.3.27. 2012헌마745).
* 부가가치세법에 의한 과세기간별로 세금계산서 교부의무위반 등의 금액이 총매출액의 100분의 10 이상인 때 주류판매업면허를 취소하도록 한 주세법 규정(헌재 2014.3.27. 2012헌바178등).
* 사립대학 교원이 국회의원으로 당선된 경우 임기개시일 전까지 그 직을 사직하도록 규정한 국회법 규정(헌재 2015.4.30. 2014헌마621).
* 공인중개사가 '공인중개사의 업무 및 부동산 거래신고에 관한 법률'(이하 '공인중개사법'이라 한다) 위반으로 벌금형을 선고받으면, 등록관청으로 하여금 중개사무소 개설등록을 필요적으로 취소하도록 하는 공인중개사법 규정(헌재 2015.

5.28. 2013헌가7; 벌금형의 대상이 되는 범죄행위는 공인중개사법 위반행위로 한정되고, 구제의 필요성이 있는 경우 선고유예도 가능하므로, 벌금형의 하한을 정하지 않았다는 점만으로 최소침해성에 반한다고 보기 어렵다는 이유를 들었다).

* 개인택시운송사업자의 운전면허가 취소된 경우 개인택시운송사업면허를 취소할 수 있도록 규정한 구 여객자동차 운수사업법 규정(헌재 2015.5.28. 2013헌바29).
* '학원의 설립 · 운영 및 과외교습에 관한 법률'을 위반하여 벌금형을 선고받은 후 1년이 지나지 아니한 자는 학원설립 · 운영의 등록을 할 수 없도록 규정한 동법 제9조 제1항 제4호(헌재 2015.5.28. 2012헌마653).
* 현금영수증 의무발행업종 사업자로 하여금 거래건당 30만 원 이상인 재화 또는 용역을 공급하고 그 대금을 현금으로 받은 경우 상대방이 현금영수증 발급을 요청하지 아니하더라도 그 발급을 의무화하고, 미발급 시 현금영수증 미발급액의 50%에 상당하는 과태료를 부과하는 조세범 처벌법 조항(헌재 2015.7.30. 2013헌바56등, 공보 226, 1133).
* 다단계판매업자에 대하여 등록의무를 부과하고 그 의무를 불이행한 자을 처벌하는 방문판매등에 관한 법률 조항(헌재 2015.7.30. 2013헌바275).
* 사회복지사업 또는 그 직무와 관련하여 횡령죄 등을 저질러 집행유예의 형이 확정된 후 7년이 경과하지 아니한 사람은 사회복지시설의 종사자가 될 수 없도록 규정한 사회복지사업법 규정(헌재 2015.7.30. 2012헌마1030).
* 국토교통부장관으로부터 표준지공시지가의 조사 · 평가 등 업무 위탁을 받을 수 있는 감정평가법인을 50인 이상 감정평가사를 둔 법인으로 제한하고 있는 '부동산 가격공시 및 감정평가에 관한 법률 시행령' 조항(헌재 2015.7.30. 2013헌마536).
* 주유소인 석유판매업자의 거래상황기록부 보고기한을 매월 1회에서 매주 1회로 단축한 '석유 및 석유대체연료 사업법' 시행규칙 조항(헌재 2015.7.30. 2014헌마13; 간편한 전자보고가 가능하고 필요한 단말기와 소프트웨어 등도 정부가 지원하고 있다는 이유를 들었다).
* 직접생산 확인을 받은 제품을 하청생산하는 경우 그 중소기업자가 확인받은 모든 제품에 대하여 필요적으로 직접생산 확인을 취소하도록 한 '중소기업제품 구매촉진 및 판로지원에 관한 법률' 규정(헌재 2015.9.24. 2013헌바393).
* 비급여대상인 의료기기와 관련한 리베이트 수수행위를 징역 또는 벌금형에 처벌하는 의료법 조항(헌재 2015.11.26. 2014헌바299).
* 개인과외교습자에게 신고의무를 부과하고 신고의무를 이행하지 않은 경우 형사처벌을 하도록 규정한 학원의 설립 · 운영 및 과외교습에 관한 법률 조항(헌재 2015.12.23. 2014헌바294).

* 공무원의 근무연수 및 계급에 따라 행정사 자격시험의 제1차시험을 면제하거나 제1차시험의 전 과목과 제2차시험의 일부과목을 면제하는 행정사법 및 동법 시행령 규정(헌재 2016.2.25. 2013헌마626등).
* 법학전문대학원 입학자격을 학사학위 또는 이와 동등한 학력이 있는 자로 제한하고 있는 법학전문대학원 설치·운영에 관한 법률 규정(헌재 2016.3.31. 2014헌마1046).
* 개업공인중개사로 하여금 법령에 따른 중개보수 한도를 초과하여 금품을 받을 수 없도록 한 공인중개사법 조항(헌재 2016.5.26. 2015헌마248).
* 일반음식점영업소를 금연구역으로 지정하여 운영하도록 한 국민건강증진법 규정(헌재 2016.6.30. 2015헌마813).
* 수중형 체험활동 운영자에게 연안체험활동 안전관리 계획서를 작성하여 신고하도록 하는 연안사고예방법 조항(헌재 2016.7.28. 2015헌마923).
* 성매매 영업알선행위를 처벌하는 성매매처벌법상의 '알선 부분'(헌재 2016.9.29. 2015헌바65).
* 비의료인의 의료광고를 금지하고 처벌하는 의료법 조항(헌재 2016.9.29. 2015헌바325).
* 사법시험(법)을 폐지하도록 한 변호사시험법 부칙 조항(헌재 2016.9.29. 2012헌마1002등).
* 변호사시험의 응시기간과 응시횟수를 법학전문대학원의 석사학위 취득 후 5년 내에 5회로 제한하는 변호사시험법 조항(헌재 2016.9.29. 2016헌마47등).
* 국가기술자격증을 다른 자로부터 빌려 건설업의 등록기준을 충족시킨 경우 그 건설업 등록을 필요적으로 말소하도록 한 건설산업기본법 규정(헌재 2016.12.29. 2015헌바429).
* 법학전문대학원으로 하여금 필수적으로 외국어 능력을 입학전형자료로 활용하도록 규정하고 있는 '법학전문대학원 설치·운영에 관한 법률' 규정(헌재 2016.12.29. 2016헌마550).
* 동물검역기관의 장의 승인을 받지 않고 지정검역물의 관리에 필요한 비용을 화주로부터 징수한 경우 보관관리인의 지정을 필요적으로 취소하도록 한 가축전염병예방법 규정(헌재 2017.4.27. 2014헌바405).
* 문화재수리 등에 관한 법률 위반으로 형의 집행유예를 선고받은 문화재수리기술자의 자격을 필요적으로 취소하는 동법 규정(헌재 2017.5.25. 2015헌바373등).
* 샘플 화장품 판매 금지와 그 위반자에 대한 형사처벌을 규정한 화장품법 규정(헌재 2017.5.25. 2016헌바408; 샘플화장품은 처음부터 판매하지 않을 목적으로 만들어진 것이고, 정확한 정보가 제공되지 않기 때문이라는 점을 이유로 들었다).

* 국산 미곡등과 같은 종류의 수입 미곡등, 생산연도가 다른 미곡등을 혼합하여 유통하거나 판매하는 행위를 금지하는 양곡관리법 규정(헌재 2017.5.25. 2015헌마869).

* 국가유공자 등 단체설립에 관한 법률'에 따라 설립된 단체 중 상이를 입은 자들로 구성된 단체('상이단체')가 수익사업을 운영하면서 하청생산 납품 등 부당한 방법으로 직접 생산하지 아니한 제품을 납품한 경우에 상이단체가 받은 직접생산 확인을 전부 취소하도록 정하고 있는 '중소기업제품 구매촉진 및 판로지원에 관한 법률 조항(헌재 2017.7.27. 2016헌가9).

* 생산자 · 수입자 또는 판매자로 하여금 산양삼 유통 · 판매 또는 통관을 하는 경우 품질표시를 하도록 하고, 이를 위반하면 형사처벌하는 '임업 및 산촌 진흥촉진에 관한 법률' 규정(헌재 2017.7.27. 2017헌가8).

* 방송통신기자대등을 제조 · 판매 · 수입하려는 자에 대하여 해당 기자재의 적합성 평가를 받도록 하고, 적합성평가를 받지 않고 이를 판매하거나 판매할 목적으로 제조 · 수입한 사람을 처벌하도록 규정한 전파법 조항(헌재 2017.7.27. 2015헌바278등).

* 공기업 · 준정부기관으로 하여금 '공정한 경쟁이나 계약의 적정한 이행을 해칠 것이 명백하다고 판단'되는 사람 · 법인 또는 단체에 대하여 2년의 범위 내에서 일정기간 입찰참가자격을 제한할 수 있도록 하고 있는 '공공기관의 운영에 관한 법률' 조항(헌재 2017.8.31. 2015헌바388).

* 선박급유업을 항만별로 지방해양항만청장에게 등록하도록 하고 등록한 사항을 위반하여 선박급유업을 한 자를 처벌하도록 하는 항만운송사업법 조항(헌재 2017.8.31. 2016헌바386).

* 여객자동차운송사업의 운전자격을 취득한 자가 도주차량죄를 범하여 금고 이상의 형의 집행유예를 선고받고 그 집행유예기간 중에 있는 경우 그 운전자격을 취소하도록 규정한 '여객자동차 운수사업법' 규정(헌재 2017.9.28. 2016헌바339).

* 전문문화재수리업자에 대하여 하도급을 금지하고 이를 위반하는 경우 형벌을 부과하도록 한 '문화재수리 등에 관한 법률' 규정(헌재 2017.11.30. 2015헌바377).

* 제조업의 직접생산공정업무를 근로자파견의 대상 업무에서 제외하는 '파견근로자보호 등에 관한 법률' 조항(헌재 2017.12.28. 2016헌바346).

* 허가받은 지역 밖에서의 이송업의 영업을 금지하고 처벌하는 '응급의료에 관한 법률' 규정(헌재 2018.2.22. 2016헌바100; 영업의 자유 침해 및 경제질서 조항 위반도 주장하였으나 판단하지 않았음).

* 주방에서 발생하는 음식물 찌꺼기 등을 분쇄하여 오수와 함께 배출하는 주방용오물 분쇄기의 판매와 사용을 금지하는 환경부고시(헌재 2018.6.28. 2016헌마1151;

현재로서는 이를 허용할 수 있는 기반시설을 갖추지 못하였다는 것이 주된 이유이다).

* 사생활 등 조사업을 금지하고, 탐정 등 명칭을 사용하지 못하도록 하는 '신용정보의 이용 및 보호에 관한 법률' 조항(헌재 2018.6.28. 2016헌마473; 전자는 직업선택의 자유, 후자는 직업수행의 자유 제한에 해당한다).
* 의료급여 수가기준을 정하면서 행위별수가제로 정한 다른 질환과 달리 정신질환 입원진료 시 1일당 정액수가제로 정한 '의료급여수가의 기준 및 일반기준'(보건복지부고시) 제9조 제1항 중 '입원진료'에 관한 부분(헌재 2018.7.26. 2016헌마431).
* 신용협동조합법위반죄로 벌금형을 선고받은 경우 당연퇴직하도록 하면서 그 벌금형의 하한을 정하지 않은 조항(헌재 2018.7.26. 2017헌마452).
* 건강기능식품판매업 신고를 하지 않고 영업을 한 자를 처벌하는 규정(헌재 2018. 8.30. 2017헌바368).
* 관광진흥법에 따른 수용 또는 사용에 관한 협의가 성립되지 않거나 협의를 할 수 없는 경우 토지보상법상의 1년의 기간이 아닌 조성사업 시행 기간에 재결을 신청할 수 있도록 한 규정(헌재 2018.12.27. 2017헌바220).
* 금고 이상의 실형을 선고받고 그 집행이 종료된 날부터 3년이 경과하지 않은 경우 중개사무소 개설등록을 취소하도록 한 공인중개사법 규정(헌재 2019.2.28. 2016헌바467).
* 유사군복을 '판매 목적으로 소지'하는 행위를 처벌하는 '군복 및 군용장구의 단속에 관한 법률' 조항(헌재 2019.4.11. 2018헌가14).
* 현금영수증 의무발행업종 사업자로 하여금 건당 10만 원 이상의 현금 거래 시 의무적으로 현금영수증을 발급하도록 하고, 그 의무 위반 시 미발급 거래대금의 100분의 50에 상당하는 과태료를 부과하도록 한 법인세법 규정(헌재 2019. 8.29. 2018헌바265등).
* 중개보조원이 중개의뢰인과 직접 거래하는 것을 금지하고 있는 공인중개사법 조항(헌재 2019.11.28. 2016헌마188).
* 부정경쟁방지 및 영업비밀보호에 관한 법률상 영업비밀에 해당하지 아니하는 영업상 주요자산인 정보를 유출한 경우까지 처벌하는 형법상 업무상 배임죄 규정(헌재 2019.12.27. 2017헌가18; 위헌법률심판의 대상은 법원의 해석에 의하여 구체화된 법률 규정임을 유의).
* 만성신부전증환자에 대한 외래 혈액투석 의료급여수가의 기준을 정액수가로 규정한 보건복지부 고시(헌재 2020.4.23. 2017헌마103; 의사인 청구인의 의료행위선택권을 침해하는 것도 아니라고 하였다).
* 학원이나 체육시설이 어린이통학버스를 이용하는 경우 보호자동승의무를 규정

한 도로교통법 조항(헌재 2020.4.23. 2017헌마479).

* 택시운전자격을 취득한 자가 친족관계인 사람을 강제추행하여 금고 이상의 실형을 선고받은 경우 그 택시운전자격을 취소하도록 규정한 여객자동차운수사업법 조항(헌재 2020.5.27. 2018헌바264).
* 전국 약학대학 모집정원 1,693명 중 여자대학교 4곳에 합계 320명의 정원을 배정한 교육부장관의 '2019학년도 대학 보건 · 의료계열 학생정원 조정계획' 중 2019학년도 여자대학 약학대학의 정원을 동결한 부분(헌재 2020.7.16. 2018헌마566).
* 변호사의 겸직허가에 관한 변호사법 제38조 제2항을 법무법인에게 준용하지 않는 변호사법 제57조(헌재 2020.7.16. 2018헌바195).
* 외국 공인회계사 시험에 합격하였으나 우리 공인회계사법에 따른 등록을 하지 않은 사람은 공인회계사와 유사한 명칭을 사용하지 못하도록 한 공인회계사법 규정(헌재 2020.9.24. 2017헌바412).
* '약사 또는 한약사가 아닌 자연인'의 약국 개설을 금지하고 위반 시 형사처벌하는 약사법 조항(헌재 2020.10.29. 2019헌바249).
* 측량업의 등록을 한 측량업자가 등록기준에 미달하게 된 경우 측량업의 등록을 필요적으로 취소하도록 한 '측량 · 수로조사 및 지적에 관한 법률' 규정(헌재 2020.12.23. 2018헌바458).
* '악취와 관련된 민원이 1년 이상 지속되고, 악취가 제7조 제1항에 따른 배출허용기준을 초과하는 지역'이라는 악취관리지역 지정요건을 정한 악취방지법 규정(헌재 2020.12.23. 2019헌바25).
* 식품의약품안전처장이 식품의 사용기준을 정하여 고시하고, 고시된 사용기준에 맞지 아니하는 식품을 판매하는 행위를 금지 · 처벌하는 식품위생법 규정(헌재 2021.2.25. 2017헌바222).
* 일반지주회사의 손자회사가 국내계열회사 주식을 소유하는 것을 금지하는 '독점규제 및 공정거래에 관한 법률' 조항(헌재 2021.3.25. 2017헌바378).
* 자연인인 안경사만이 안경업소를 개설할 수 있고, 법인은 안경업소를 개설할 수 없도록 한 의료기사 등에 관한 법률 규정(헌재 2021.6.24. 2017헌가31; 5인 재판관은 헌법불합치의견을 개진하였다).
* 승합자동차의 임차인에 대한 운전자 알선 요건을 규정한 여객자동차 운수사업법 조항(헌재 2021.6.24. 2020헌마651).
* 건설업 등록기준 중 자본금기준에 미달하여 영업정지처분을 받았던 건설업자가 3년 안에 다시 동일한 자본금기준에 미달한 경우 건설업 등록을 필요적으로 말소하도록 한 건설산업기본법 규정(헌재 2021.7.15. 2019헌바230).

* 화약류가 폭발했을 때의 심대한 위험을 고려할 때, 공공의 안전 등을 위하여 일정한 시설로부터 상당한 거리를 두지 않은 화약류저장소에 대하여 행정청이 시설의 사용금지나 안전·방호를 위한 시설이전명령 등을 할 수 있도록 규정하면서 그로 인한 영업손실 등에 대하여는 아무런 보상규정을 두지 않은 총포·도검·화약류 등의 안전관리에 관한 법률 규정(헌재 2021.9.30. 2018헌바456).
* 세무사법위반으로 벌금형을 받은 세무사의 등록을 필요적으로 취소하도록 한 세무사법 규정(헌재 2021.10.28. 2020헌바221; 벌금형의 집행이 끝나거나 집행을 받지 아니하기로 확정된 후 3년이 지난 때에는 다시 세무사로 등록하여 활동할 수 있는 점을 이유로 들었다. 또한 변호사, 공인회계사, 변리사, 관세사, 공인중개사 등과는 본질적으로 동일한 집단이라고 보기 어렵다고 하였다).
* 변호사는 계쟁권리(係爭權利)를 양수할 수 없다고 규정한 변호사법 규정(헌재 2021.10.28. 2020헌바488).
* 소송사건의 대리인인 변호사가 수형자를 접견하고자 하는 경우 소송계속 사실을 소명할 수 있는 자료를 제출하도록 규정하고 있는 '형의 집행 및 수용자의 처우에 관한 법률 시행규칙' 조항(헌재 2021.10.28. 2018헌마60).
* 변호사시험에 응시하려는 사람이 납부하여야 할 응시 수수료를 일률적으로 20만 원으로 정하고 있는 변호사시험법 시행규칙 조항(헌재 2021.10.28. 2020헌마1283).
* 의료인이 아닌 자의 문신시술업을 금지하고 처벌하는 의료법과 '보건범죄 단속에 관한 특별조치법' 규정(헌재 2022.3.31. 2017헌마1343등; 문신시술은 치료목적 행위가 아니므로 여타의 무면허의료행위와 구별되어야 하고, 외국의 입법례와 같이 별도의 규제를 통하여 안전한 문신시술을 보장할 수 있으며, 사회의 인식변화에 따라 선례를 변경할 필요가 있다는 4인의 위헌의견이 있다).
* 방치폐기물 처리이행보증보험계약의 갱신명령을 불이행한 건설폐기물 처리업자의 허가를 취소하는 '건설폐기물의 재활용촉진에 관한 법률' 규정(헌재 2022.2.24. 2019헌바184).
* 접촉차단시설이 설치되지 않은 장소에서의 수용자 접견 대상을 소송사건의 대리인인 변호사로 한정한(따라서 대리인이 되려고 하는 변호사는 수용자를 접촉차단시설이 설치된 장소에서 접견하여야 하는) '형의 집행 및 수용자의 처우에 관한 법률 시행령' 규정(헌재 2022.2.24. 2018헌마1010; 비밀유지가 되지 않는 경우 소 제기 자체를 포기하는 결과가 발생할 수 있고, 교정시설의 규율 및 질서 유지를 해칠 우려가 있는 경우에 한하여 예외적으로 접촉차단시설이 설치된 장소에서 접견하도록 제한함으로써 변호사접견이 악용될 가능성을 방지할 수 있으므로 위 조항은 위헌이라는 5인 의견이 다수이나 정족수 미달로 기각).
* 한국산업인력공단의 2019.11.29.자 '2020년도 제57회 변리사 국가자격시험 시

행계획 공고' 중 영어과목을 대체하는 것으로 인정되는 영어능력검정시험을 제 1차 시험 응시원서 접수마감일인 2020.1.17.까지 실시된 시험으로 정한 부분(헌재 2022.2.24. 2020헌마290).

* 약국개설자로 하여금 약국 이외의 장소에서 의약품을 판매할 수 없도록 하고, 위반 시 처벌하는 약사법 규정(헌재 2021.12.23. 2019헌바87등).
* 외국인근로자의 사업장 변경 사유를 제한하는 외국인고용법 규정 및 외국인근로자의 책임이 아닌 사업장 변경 사유 중 근로조건 위반과 부당한 처우 등을 규정한 노동부고시 '외국인근로자의 책임이 아닌 사업장변경 사유'(헌재 2021.12.23. 2020헌마395; 청구인은 고용허가제에 따른 외국인이다. 제3편 제2장 Ⅰ. 2. 참조).
* '사업용 자동차, 사업용 화물자동차, 음식판매자동차'에 해당하지 않는 '비사업용 자동차'의 외부에는 '소유자의 성명 · 명칭 · 주소 · 업소명 · 전화번호, 자기의 상표 또는 상징형 도안' 등 '자기광고'만 표시할 수 있도록 하고 '타인광고'의 표시를 금지한 '옥외광고물 등의 관리와 옥외광고산업 진흥에 관한 법률 시행령' 규정(헌재 2022.1.27. 2019헌마327).
* 지역아동센터 시설별 신고정원의 80% 이상을 돌봄취약아동으로 구성하도록 정한 '2019년 지역아동센터 지원 사업안내'(헌재 2022.1.27. 2019헌마583; 청구인들 중 아동들과 관련하여서는 다수의견은 다양한 배경을 가진 아동, 혹은 일반아동과의 교류 제한이 인격권 침해가 아니라고 하였고, 3인 재판관의 반대의견은 인격권 침해라고 하였다).
* 사회복무요원이 복무기관의 장의 허가 없이 다른 직무를 겸하는 행위를 한 경우 경고처분하고 경고처분 횟수가 더하여질 때마다 5일을 연장하여 복무하도록 하는 병역법 규정(헌재 2022.9.29. 2019헌마938).
* 사회복무요원이 복무와 관련하여 영리행위를 하거나 복무기관의 장의 허가 없이 다른 직무를 겸하는 행위를 금지하는 병역법 규정(헌재 2022.9.29. 2019헌마535).
* 의약품 수입업 신고를 하지 아니한 자가 수입한 의약품 또는 의약품 수입업 신고를 한 경우라 하더라도 수입 품목허가를 받거나 품목신고를 하지 아니한 의약품이 모두 이에 해당하고, 수입업자뿐만 아니라 누구라도 이러한 의약품을 판매하거나 판매할 목적으로 저장 또는 진열하는 행위를 금지하고 이를 위반한 경우 처벌하는 약사법 규정(헌재 2022.10.27. 2020헌바375; 이 사건의 청구인은 수의사인데 헌법재판소는 동물의 진료에 사용되는 의약품이라고 하여 국민 신체의 안전이나 국민 보건에 미치는 영향이 경미하지 않다고 하였다).
* 각 지방검찰청 소속 공증인의 정원을 구체적으로 정한 법무부령(헌재 2022.11.24. 2019헌마572; 공증인의 정원을 법무부장관이 정하도록 한 공증인법 규정 역시 의회유보원칙 및 포괄위임금지원칙 위반도 아니라고 하였다).

* 일반 식품에 '다이어트', '체중감량' 등의 문구를 표기할 수 없도록 하는 식품 표시광고법 규정(헌재 2022.12.22. 2019헌마1328; 표현의 자유 침해도 아니라고 하였다).
* 다른 법률에 따라 설치가 금지된 장소에 배출시설을 설치한 경우 그 배출시설에 대해 필요적으로 폐쇄를 명하도록 한 대기환경보전법 규정(헌재 2022.12.22. 2020헌바500).
* 다른 사람에게 자기의 건설업 등록증을 빌려준 경우 그 건설업자의 건설업 등록을 필요적으로 말소하도록 정하고 있는 건설산업기본법 규정(헌재 2023.2.23. 2019헌바196).
* 위생안전기준 적합 여부에 대하여 수도법상 인증을 받은, 물에 접촉하는 수도용 제품이, 수도법상 정기검사 기준에 적합하지 아니한 경우 환경부장관이 그 인증을 필요적으로 취소하도록 하는 수도법 규정(헌재 2023.2.23. 2021헌바179).
* 경비업자가 시설경비업무 또는 신변보호업무 중 집단민원현장에 일반경비원을 배치하는 경우 경비원을 배치하기 48시간 전까지 배치허가를 신청하고 허가를 받도록 정한 경비업법 규정(헌재 2023.2.23. 2018헌마246; 신청서는 우편, 팩스 또는 경찰민원포털 홈페이지를 통해 온라인으로 접수하는 것도 가능하므로 지나치게 과도한 제한이라고 보기 어렵다고 하였다).
* 행정사로 하여금 그 사무소 소재지를 관할하는 시·도지사가 시행하는 연수교육을 받도록 하는 행정사법 규정(헌재 2023.3.23. 2021헌마50).
* 허가된 어업의 어획효과를 높이기 위하여 다른 어업의 도움을 받아 조업활동을 하는 행위(이른바 '공조어업')를 금지한 수산자원관리법 규정(헌재 2023.5.25. 2020헌바604).
* 어린이집 원장 또는 보육교사가 아동학대관련범죄로 처벌을 받은 경우 행정청이 재량으로 그 자격을 취소할 수 있도록 정한 유아보육법 및 아동복지법 규정(헌재 2023.5.25. 2021헌바234).
* 문화체육관광부장관이 정부광고 업무를 한국언론진흥재단에 위탁하도록 한 '정부기관 및 공공법인 등의 광고시행에 관한 법률 시행령' 조항(헌재 2023.6.29. 2019헌마227).
* 동물약국 개설자가 수의사 또는 수산질병관리사의 처방전 없이는 판매할 수 없는 동물용의약품을 규정한 '처방대상 동물용의약품 지정에 관한 규정(농림축산식품부고시)'(헌재 2023.6.29. 2021헌마199).
* 사회복지사업법을 위반하여 100만 원 이상의 벌금형을 선고받고 그 형이 확정된 후 5년이 지나지 아니한 사람에 해당하는 경우 사회복지법인 임원의 자격을 상실하도록 규정한 사회복지사업법 규정(헌재 2023.9.26. 2021헌바240).

* 공기업이 공기업의 업무를 수행하던 비정규직 근로자를 정규직 근로자로 고용한 공기업의 자회사와 수의계약을 체결할 수 있도록 한 '공기업 · 준정부기관 계약사무규칙' 조항(헌재 2023.10.26. 2019헌마871).
* 개업공인중개사로 하여금 법정 중개보수를 초과하여 금품을 받는 행위를 금지하고, 위반하면 형사처벌하는 공인중개사법 규정(헌재 2024.1.25. 2021헌마1446).
* 사업주로부터 위임을 받아 고용보험 및 산업재해보상보험에 관한 보험사무를 대행할 수 있는 기관의 자격을 일정한 기준을 충족하는 단체 또는 법인, 공인노무사 또는 세무사로 한정한 '고용보험 및 산업재해보상보험의 보험료징수 등에 관한 법률' 규정(헌재 2024.2.28. 2020헌마139).
* 대학 · 산업대학의 간호학과나 전문대학의 간호과 재학 중 일정한 교직학점을 취득한 경우에만 보건교사가 될 수 있도록 한 '초 · 중등교육법' 규정(헌재 2024.3.28. 2020헌마915).
* 국민권익위원회 심사보호국 소속 5급 이하 7급 이상의 일반직공무원으로 하여금 퇴직일부터 3년간 취업심사대상기관에 취업할 수 없도록 한 공직자윤리법 규정(헌재 2024.3.28. 2020헌마1527).
* 누구든지 국토교통부장관, 사업시행자등, 항행안전시설설치자등 또는 이착륙장을 설치 · 관리하는 자의 승인 없이 해당 시설에서의 영업행위 등을 금지하는 공항시설법 규정(헌재 2024.4.25. 2021헌바112; 사설 주차대행업을 하는 청구인이 버스, 택시, 대리운전 등과의 차별도 문제삼았으나, 헌법재판소는 위 규정은 승인 여부만을 문제삼을 뿐이므로 평등원칙은 문제되지 않는다고 하였다).
* 100세대 이상 민간임대주택단지 임대사업자가 증액할 수 있는 임대료 증액 비율의 상한을 법령에서 정하고 있는 산식에 따라 산출된 비율로 정하도록 하고, 그 상한의 최고한도는 5퍼센트를 넘지 않도록 규정하고 있는 '민간임대주택에 관한 특별법 시행령' 조항(헌재 2024.7.18. 2020헌마1434).
* 강제추행죄로 벌금형이 확정된 체육지도자의 자격을 필요적으로 취소하도록 한 구 국민체육진흥법 규정(헌재 2024.8.29. 2023헌가10).
* 보조금수령자가 거짓이나 그 밖의 부정한 방법으로 보조금을 지급받은 사유로 '보조금 관리에 관한 법률' 제33조에 따라 보조금 반환명령을 1회 이상 받은 경우 중앙관서의 장으로 하여금 해당 보조금수령자를 소관 보조사업의 수행 대상에서 배제하도록 한 구 '보조금 관리에 관한 법률' 규정(헌재 2025.1.23. 2021헌가35; 법원은 배제기간의 상한이 없다는 점을 들어 심판제청하였으나 헌법재판소는 과도한 규제가 아니라고 하였다).
* '특정범죄 가중처벌 등에 관한 법률' 제5조의9 제2항의 보복범죄를 범하여 징역형의 집행유예를 선고받은 자에 대하여 택시운전자격을 필요적으로 취소하

는 '여객자동차 운수사업법' 규정(헌재 2025.3.27. 2021헌바219).

* 제1종 환경영향평가업자가 2022. 7. 1.부터 1명 이상의 환경영향평가사를 두도록 규정한 환경영향평가법 시행령 조항(헌재 2025.3.27. 2022헌마914등).
* 아동·청소년에 대한 위계에 의한 추행죄를 범하여 금고 이상의 형의 집행유예를 선고받은 자에 대하여 택시운전자격을 필요적으로 취소하도록 규정한 '여객자동차 운수사업법' 규정(헌재 2025.5.29. 2024헌바448).

제 13 장

참 정 권

I. 서 설

1. 참정권의 의의

참정권은 국민이 국가의 의사형성에 참여하는 권리이다. 참정권의 핵심은 선거권과 피선거권이며, 그 밖에 국가의 제도에 따라 국민투표권, 국민발안권 등이 인정된다. 우리 헌법상 인정되는 참정권은 선거권, 피선거권을 비롯한 공무담임권, 그리고 국민투표권이다.

참정권과 유사한 용어로 '**정치적 기본권**'이라는 말이 사용된다. 정치적 기본권은 통상적인 의미의 참정권 외에 정치적 자유권을 포함한다. '**정치적 자유권**'에는 선거운동의 자유, 정당 가입·결성과 정당활동의 자유 및 그 밖에 모든 형태의 '정치적 표현의 자유'가 포함된다. 선거운동의 자유, 정당결성과 정당활동의 자유는 정치적 언론·출판·집회·결사의 자유의 형태를 취하므로, 결국 정치적 자유는 정치적 표현의 자유와 거의 차이가 없다고 할 수 있다(정당결성과 정당활동의 자유 등에 관해서는 앞의 '정당제도에 관한 기본원리' 참조. 선거운동의 자유에 관해서는 앞의 '정치적 표현의 자유' 참조).

참정권이라는 말에는 마치 국민 외의 다른 존재가 최종적으로 결정하는 정치에 국민이 참여한다는 어감이 없지 않다. 그러나 국민주권의 원리에 입각한 오늘날의 입헌민주정치에 있어서 참정권은 국민주권의 행사를 개인의 권리의 관점에서 파악한 것이라고 할 수 있다. 참정권과 국민주권의 이러한 관계는 1789년의 프랑스 인권선언에서도 찾아볼 수 있다. "법률은 일반의사의 표명이다. 모든 시민은 스스로 또는 대표자를 통하여 그 형성에 참여할 권리를 갖는다"(제6조).

2. 참정권의 우월적 지위

참정권이 국민주권 행사의 권리라는 점에 비추어 이 권리는 다른 기본권에 비하여 우월한 지위를 가진다. 미국 판례에서도 참정권의 핵심인 선거권을 기본적 권리(fundamental right)라고 보고 그 제한에 대하여 엄격심사의 기준을 적용하고 있다.

(판 례) 국민주권과 참정권의 우월적 지위

우리 헌법은 민주정치의 실현을 위해 모든 국민이 자유롭고 평등하게 국가의사의 형성과정에 참여하고, 국가기관의 구성원으로서 공무를 담임하는 권리와 기회를 갖도록 국민의 참정권을 필수적인 것으로 인정하고 있다.

국민이 국정에 참여하는 참정권은 국민주권의 상징적 표현으로서 국민의 가장 중요한 기본적 권리의 하나이며 다른 기본권에 대하여 우월적 지위를 가진다. 따라서 이러한 국민주권이 현실적으로 행사될 때에는 국민 개인이 가지는 불가침의 기본권으로 보장된다. 그 기본권은 대리 행사를 시킬 수 없는 국민 각자의 고유한 주관적인 권리이고, 참정권의 행사와 보장도 개인주의 사상에 기초를 두고 그 개인의 인격을 기본으로 하고 있다.

헌재 1989.9.8. 88헌가6, 판례집 1, 199,208

3. 참정권의 주체와 법적 성격

참정권은 국가를 전제한 기본권이며 그 주체는 국민이다. 외국인에게는 원칙적으로 인정되지 않는다. 그러나 법률에 의하여 한정적인 참정권을 인정할 수는 있다. 2005년의 개정에 의한 공직선거법은 지방의회의원 및 지방자치단체장 선거에서 외국인에 대하여도 영주권 취득 후 3년이 지나면 선거권을 인정하고 있다(제15조 제2항 제3호). 2009년 개정에 의한 공직선거법은 지방자치단체의 국내거소신고인명부에 올라있는 재외국민에게도 선거권을 인정하고 있다(제15조 제2항 제2호).

참정권, 특히 선거권의 법적 성격과 관련하여, 그 의무성(義務性) 여부가 문제된다. 참정권의 행사는 국가기관의 구성에 필수적으로 요청되며, 이 점에서 참정권은 권리일 뿐만 아니라 공적 직무의 성격을 지닌다는 견해가 있다. 그러나 참정권 행사를 법적 의무로 규정하느냐 여부는 국가에 따라 상이하며, 우리 헌법상으로는 의무로 규정되어 있지 않다. 다만 법률로써 투표권의 불행사에 대하여 제재를 가하느냐는 별개의 문제이며, 이것이 헌법상 금지된다고 보기는 어렵다.

Ⅱ. 선 거 권

▌ **(헌법 제24조)** 모든 국민은 법률이 정하는 바에 의하여 선거권을 가진다.

1. 선거권의 의의와 내용

선거권은 국가기관의 담당자인 공무원을 선출하는 권리이다. 선거권을 유권자 단체인 선거기관에 참여하는 권리로 설명하는 견해가 있는데, 이것은 과거 독일에서 국가를 법인으로 보고 유권자단체를 그 기관으로 파악하는 입장에서 나온 것이다.

헌법상 명시된 선거권은 대통령선거권(헌법 제67조), 국회의원선거권(헌법 제41조), 및 지방의회의원선거권(헌법 제118조 제2항)이다. 선거권의 내용은 법률에서 정하도록 되어있는데(헌법 제24조), 법률에서 인정된 선거권으로 지방자치단체장 선거권이 있다. 지방자치단체장 선거권이 헌법상 기본권인가 또는 법률상의 권리인가에 대하여는 견해의 대립이 있으나, 헌법재판소는 지방자치단체장 선거권은 헌법상 보장되는 기본권이라 하였다.

(판 례) 지방자치단체장 선거권이 헌법상의 권리인지 여부

지방의회의원에 대해서는 헌법 제118조 제2항에서 "지방의회의 …… 의원 '선거' …… 에 관한 사항은 법률로 정한다."라고 하여 지방의회의원의 선출은 선거를 통해야 함을 천명하고 그 구체적인 방법이나 내용은 법률에 유보하여, 이러한 선거권이 헌법 제24조가 보장하는 기본권임을 분명히 하고 있다. 반면에 지방자치단체의 장에 대해서는 헌법 제118조 제2항에서 "…… 지방자치단체의 장의 '선임방법' …… 에 관한 사항은 법률로 정한다."라고만 규정하여 지방의회의원의 '선거'와는 문언상 구별하고 있으므로, 지방자치단체의 장 선거권이 헌법상 보장되는 기본권인지 여부가 문제된다.

헌법에서 지방자치제를 제도적으로 보장하고 있고, 지방자치는 지방자치단체가 독자적인 자치기구를 설치해서 그 자치단체의 고유사무를 국가기관의 간섭 없이 스스로의 책임 아래 처리하는 것을 의미한다는 점에서 지방자치단체

의 대표인 단체장은 지방의회의원과 마찬가지로 주민의 자발적 지지에 기초를 둔 선거를 통해 선출되어야 한다는 것은 지방자치제도의 본질에서 당연히 도출되는 원리이다(헌재 1994.8.31. 92헌마126; 헌재 1994.8.31. 92헌마174 참조). 이에 따라 공직선거 관련법상 지방자치단체의 장 선임방법은 '선거'로 규정되어 왔고, 지방자치단체의 장을 선거로 선출하여온 우리 지방자치제의 역사에 비추어 볼 때 지방자치단체의 장에 대한 주민직선제 이외의 다른 선출방법을 허용할 수 없다는 관행과 이에 대한 국민적 인식이 광범위하게 존재한다고 볼 수 있다. 주민자치제를 본질로 하는 민주적 지방자치제도가 안정적으로 뿌리내린 현 시점에서 지방자치단체의 장 선거권을 지방의회의원 선거권, 더 나아가 국회의원 선거권 및 대통령 선거권과 구별하여 하나는 법률상의 권리로, 나머지는 헌법상의 권리로 이원화하는 것은 허용될 수 없다. 그러므로 지방자치단체의 장 선거권 역시 다른 선거권과 마찬가지로 헌법 제24조에 의해 보호되는 헌법상의 권리로 인정하여야 할 것이다.

헌재 2016.10.27. 2014헌마797, 공보 241, 1711,1714-1715

위 헌법재판소 결정은 그 근거로 "지방자치단체의 장에 대한 주민직선제 이외의 다른 선출방법을 허용할 수 없다는 관행과 이에 대한 국민적 인식이 광범위하게 존재한다고 볼 수 있다"는 점을 들고 있다. 관행에 근거한 기본권 인정을 위해서는 더 설득력 있는 결정이유가 제시되어야 할 것이다. 헌법재판소는 자치구 아닌 행정구청장은 시장이 임명하도록 한 지방자치법 조항에 대해 해당 주민에게도 구청장 선거권이 인정된다고 전제한 후, 평등권 침해 여부를 심사하여 합헌이라고 하였다(헌재 2019.8.29. 2018헌마129).

한편 구 '지방교육자치에 관한 법률'에서 교육위원 및 교육감의 선거를 주민투표로 하지 않고 그 선거인단을 학교운영위원회 위원 전원으로 구성하도록 한 데 대하여, 헌법재판소는 이를 합헌이라고 보았다(헌재 2002.3.28. 2000헌마283등).

개정된 '지방교육자치에 관한 법률'(제10046호, 2010.2.26. 개정)은 부칙 제2조 제1항에서 교육위원회 및 교육의원 제도는 2014.6.30. 폐지된다고 규정하였고, 이에 따라 시·도 의회의 교육·학예에 관한 사무를 심사하는 상임위원회는 시·도의회 의원으로만 구성된다. 교육감은 주민의 직선제로 선출된다(법 제43조).

2. 선거권의 제한

선거권의 내용은 법률이 정하는 바에 의하지만, 이는 국민의 기본권을 법률에 의하여 구체화하라는 뜻이며 선거권을 법률을 통해 구체적으로 실현하라는 의미이다. 이는 선거권을 실현하고 보장하라는 의미의 법률유보이므로, 선거권을 최대한으로 보장하도록 입법을 해야 한다. 선거권의 내용을 제한하는 경우에는 최소한의 정도에 그쳐야 하며, 선거권을 제한하는 법률에 대해서는 엄격한 심사기준을 적용해야 한다. 다만 헌법재판소는 선거권의 구체적 내용을 정하는 것은 입법자의 재량에 속한다고 본 경우도 있다.

(판 례) 선거권제한의 원칙

참정권의 제한은 국민주권에 바탕을 두고 자유·평등·정의를 실현시키려는 우리 헌법의 민주적 가치질서를 직접적으로 침해하게 될 위험성이 크기 때문에 언제나 필요한 최소한의 정도에 그쳐야 한다(헌재 1995.5.25. 91헌마67, 판례집 7-1, 722,738).

다만, 우리 헌법 아래에서 선거권도 법률이 정하는 바에 의하여 보장되는 것이므로 입법형성권을 갖고 있는 입법자가 선거법을 제정하는 경우에 헌법에 명시된 선거제도의 원칙을 존중하는 가운데 구체적으로 어떠한 입법목적의 달성을 위하여 어떠한 방법을 선택할 것인가는 그것이 현저하게 불합리하고 불공정한 것이 아닌 한 입법자의 재량영역에 속한다고 할 것이다(헌재 1997.6.26. 96헌마89, 판례집 9-1, 674,683).

헌재 2004.3.25. 2002헌마411, 판례집 16-1, 468,478

(판 례) 지방자치단체장선거에서 무투표당선조항의 위헌성 여부

심판대상조항의 입법목적은 선거에 소요되는 여러 가지 절차를 간소화하여 행정적 편의를 도모하고 선거비용을 절감하는 등 선거제도의 효율성을 제고하기 위한 것으로 그 정당성을 인정할 수 있으며, 후보자등록기한까지 후보자가 1인일 경우 투표를 생략하고 해당 후보자를 당선자로 결정하는 것은 이러한 입법목적을 달성하기 위한 적절한 수단이라 할 수 있다. (……)

후보자가 1인일 경우에도 투표를 실시하도록 하면 당선자가 없어 재선거를 하게 되는 경우도 발생할 수 있는데 이 경우 재선거 실시에 따르는 새로운 후보자 확보 가능성의 문제, 행정적인 번거로움과 시간·비용의 낭비는 물론이고

지방자치단체의 장 업무의 공백 역시 필연적으로 뒤따르게 된다. 입법자가 위와 같은 사정을 고려하여 후보자가 1인일 경우 투표를 실시하지 않고 해당 후보자를 지방자치단체의 장 당선자로 정하도록 결단한 것은 입법목적 달성에 필요한 범위를 넘은 과도한 제한이라 할 수 없으므로 심판대상조항은 청구인의 선거권을 침해하지 않는다.

헌재 2016.10.27. 2014헌마797, 공보 241, 1711,1712

(판 례) 선거권 법률유보의 의미

헌법 제24조는 모든 국민은 '법률이 정하는 바에 의하여' 선거권을 가진다고 규정함으로써 법률유보의 형식을 취하고 있지만, 이것은 국민의 선거권이 '법률이 정하는 바에 따라서만 인정될 수 있다'는 포괄적인 입법권의 유보하에 있음을 의미하는 것이 아니다. 국민의 기본권을 법률에 의하여 구체화하라는 뜻이며 선거권을 법률을 통해 구체적으로 실현하라는 의미이다.

이러한 법률유보는 선거권을 실현하고 보장하기 위한 것이지 제한하기 위한 것이 아니므로, 선거권의 내용과 절차를 법률로 규정하는 경우에도 국민주권을 선언하고 있는 헌법 제1조, 평등권에 관한 헌법 제11조, 국회의원선거와 대통령선거에 있어서 보통 · 평등 · 직접 · 비밀선거를 보장하는 헌법 제41조 및 제67조의 취지에 부합하도록 하여야 한다. 그리고 민주주의 국가에서 국민주권과 대의제 민주주의의 실현수단으로서 선거권이 갖는 이 같은 중요성으로 인해 한편으로 입법자는 선거권을 최대한 보장하는 방향으로 입법을 하여야 하며, 또 다른 한편에서 선거권을 제한하는 법률의 합헌성을 심사하는 경우에는 그 심사의 강도도 엄격하여야 하는 것이다.

따라서 선거권을 제한하는 입법은 위 헌법 제24조에 의해서 곧바로 정당화될 수는 없고, 헌법 제37조 제2항의 규정에 따라 국가안전보장 · 질서유지 또는 공공복리를 위하여 필요하고 불가피한 예외적인 경우에만 그 제한이 정당화될 수 있으며, 그 경우에도 선거권의 본질적인 내용을 침해할 수 없다.

더욱이 보통선거의 원칙은 선거권자의 능력, 재산, 사회적 지위 등의 실질적인 요소를 배제하고 성년자이면 누구라도 당연히 선거권을 갖는 것을 요구하므로 보통선거의 원칙에 반하는 선거권 제한의 입법을 하기 위해서는 헌법 제37조 제2항의 규정에 따른 한계가 한층 엄격히 지켜져야 한다.

헌재 2007.6.28. 2004헌마644, 판례집 19-1, 859,873-875.

선거권자의 연령은 2005년의 법률개정으로 19세로 되어 있다(공직선거법 제15조). 과거 선거권 연령을 20세로 규정한 데 대하여 헌법재판소는 "합리적인 재량의 범위를 벗어난 것으로 볼 수 없다"고 하여 합헌이라고 보았다(헌재 1997.6.26. 96헌마89; 헌재 2001.6.28. 2000헌마111). 또한 선거권 행사 연령을 19세 이상으로 규정하고 있는 것도 합헌이라고 하였다(헌재 2013.7.25. 2012헌마174). 2020년 법개정으로 현재 선거권자 연령은 18세 이상이다.

수형자에게 선거권을 인정하지 않는 데 대하여 논란이 있다. 공직선거법은 금치산선고를 받은 자, 금고 이상의 형의 선고를 받고 그 집행이 종료되지 아니한 자, 선거범 등으로 100만원 이상의 벌금형을 받고 5년이 경과하지 않은 자, 형의 집행유예의 선고를 받고 그 형이 확정된 후 10년을 경과하지 아니하거나 징역형의 선고를 받고 그 집행을 받지 아니하기로 확정된 후 또는 그 형의 집행이 종료되거나 면제된 후 10년을 경과하지 아니한 자(형이 실효된 자도 포함한다)는 선거권이 없다고 규정하고 있다(제18조). 헌법재판소는 100만원 이상의 벌금형을 받고 5년이 경과하지 아니한 선거범에게 선거권을 인정하지 않는 것은 합헌이라 하였다(헌재 2011.12.29. 2009헌마476; 헌재 2022.3.31. 2019헌마986). 또한 금고 이상의 형을 선고받은 수형자에게 선거권을 인정하지 않는 것도 처음에는 합헌이라고 보았는데, 이후 판례를 변경하여 수형자의 선거권을 일률적으로 부인하는 것은 헌법에 합치되지 아니하고(헌법불합치), 집행유예기간 중인 자의 선거권을 부인하는 것은 헌법에 위반된다고 하였다.

(판 례) 집행유예기간 중인 자 및 수형자의 선거권 제한(판례 변경)

선거권을 제한하는 입법은 선거의 결과로 선출된 입법자들이 스스로 자신들을 선출하는 주권자의 범위를 제한하는 것이므로 신중해야 한다. 범죄자에게 형벌의 내용으로 선거권을 제한하는 경우에도 선거권 제한 여부 및 적용범위의 타당성에 관하여 보통선거원칙에 입각한 선거권 보장과 그 제한의 관점에서 헌법 제37조 제2항에 따라 엄격한 비례심사를 하여야 한다(헌재 2009.10.29. 2007헌마1462의 위헌의견).

(……) 심판대상조항이 집행유예자와 수형자에 대하여 그가 선고받은 자유형과는 별도로 선거권을 박탈하는 것은 집행유예자 또는 수형자 자신을 포함하여 일반국민으로 하여금 시민으로서의 책임성을 함양하고 법치주의에 대한 존중의식을 제고하는 데도 기여할 수 있다. 심판대상조항이 담고 있는 이러한 목적은 정당하다고 볼 수 있고, 집행유예자와 수형자의 선거권 제한은 이를 달성하기 위한 효과적이고 적절한 방법의 하나이다. 따라서 심판대상조항은 입법목적의 정당성과 수단의 적합성은 갖추고 있다고 볼 수 있다(헌재 2009.10.29. 2007헌마1462의 위헌의견). (……)

그런데 심판대상조항은 집행유예자와 수형자에 대하여 전면적 · 획일적으로 선거권을 제한하고 있다. 심판대상조항의 적용대상은 상대적으로 가벼운 범죄를 저지른 사람에서부터 매우 심각한 중범죄를 저지른 사람에 이르기까지 아주 다양하고, 과실범과 고의범 등 범죄의 종류를 불문하며, 범죄로 인하여 침해된 법익이 국가적 법익인지, 사회적 법익인지, 개인적 법익인지 그 내용 또한 불문하고 있다.

심판대상조항의 입법목적에 비추어 보더라도, 구체적인 범죄의 종류나 내용 및 불법성의 정도 등과 관계없이 이와 같이 일률적으로 선거권을 제한하여야 할 필요성이 있다고 보기는 어렵다. 보통선거의 원칙과 선거권 보장의 중요성을 감안할 때 선거권의 제한은 필요 최소한의 범위에서 엄격한 기준에 따라 이루어져야 한다. 범죄자의 선거권을 제한할 필요가 있다 하더라도 그가 저지른 범죄의 경중을 전혀 고려하지 않고 수형자와 집행유예자 모두의 선거권을 제한하는 것은 침해의 최소성원칙에 어긋난다. (……)

심판대상조항은 집행유예자와 수형자의 선거권을 침해하는 조항으로 헌법에 위반된다. 심판대상조항 중 집행유예자에 관한 부분은 위헌선언을 통하여 선거권에 대한 침해를 제거함으로써 합헌성이 회복될 수 있다.

하지만 심판대상조항 중 수형자에 관한 부분의 위헌성은 지나치게 전면적 · 획일적으로 수형자의 선거권을 제한한다는 데 있다. 그런데 그 위헌성을 제거하고 수형자에게 헌법합치적으로 선거권을 부여하는 것은 입법자의 형성재량에 속한다. 다만 선거권이 제한되는 수형자의 범위를 범죄의 종류나 침해된 법익을 기준으로 일반적으로 정하는 것은 실질적으로 곤란하다. 공직선거법이 선거범의 경우 선거권 제한을 구체적 · 개별적으로 정하고 있는 것과 같이, 개별적인 범죄 유형별로 선거권을 제한하는 것은 해당 법률에서 별도로 마련하는 방법이 현실적이다. (……)

수형자에게 선거권을 부여하는 구체적인 방안은 입법자의 입법형성의 범위 내에 있으므로, 헌법불합치 결정을 선고한다.

헌재 2014.1.28. 2012헌마409등, 판례집 26-1 상, 136,146-149

2015년 개정 공직선거법은 1년 이상의 징역 또는 금고의 형의 선고를 받고 그 집행이 종료되지 아니하거나 그 집행을 받지 아니하기로 확정되지 아니한 사람의 선거권을 제한하되, 그 형의 집행유예를 선고받고 유예기간 중에 있는 사람은 제외한다고 규정하고 있다(제18조 제1항). 헌법재판소는 개정된 선거법 조항은 합헌이라고 하였다(헌재 2017.5.25. 2016헌마292등).

한편 주민등록이 되어있지 않은 재외국민의 선거권을 인정하지 아니하고, 또한 국내거주자에 한하여 부재자투표제도를 인정함으로써 해외거주자에 대하여 이를 인정하지 않는 데 대하여 헌법재판소는 합헌이라고 보았던 기존판례(헌재 1991.1.28. 97헌마253등; 헌재 1999.3.25. 97헌마99)를 변경하였다(헌재 2007.6.28. 2004헌마644. 제2편, 제4장, Ⅲ. 3. 재외국민의 보호, 판례참조). 이에 따라 2009.2.12. 및 2011.11.7. 법률개정으로 19세 이상으로서 선거인명부작성기준일 현재 '재외동포의 출입국과 법적 지위에 관한 법률' 제6조 제1항에 따라 해당 지방자치단체의 국내거소신고인명부에 3개월 이상 계속하여 올라 있는 국민은 그 구역에서 선거하는 지방자치단체의 의회의원 및 장의 선거권을 가지게 되었다. 한편 '출입국관리법' 제10조에 따른 영주의 체류자격 취득일 후 3년이 경과한 외국인으로서 같은 법 제34조에 따라 해당 지방자치단체의 외국인등록대장에 올라 있는 사람 역시 그 구역에서 선거하는 지방자치단체의 의회의원 및 장의 선거권을 가지게 되었다(제15조 제2항 제2호, 제3호).

헌법재판소는 부재자투표시간을 오전 10시부터 오후 4시까지로 정하고 있는 공직선거법 조항에 대하여, 투표종료시간에 대하여는 투표당일 부재자투표의 인계・발송 절차의 지연을 방지하고 투표함의 관리위험을 경감하기 위하여 부득이한 것이므로 합헌이라고 한 반면, 투표개시시간에 대하여는 일과시간에 학업이나 직장업무를 하여야 하는 자는 사실상 선거권을 행사할 수 없게 된다는 이유로 헌법불합치결정을 하였다(헌재 2012.2.23. 2010헌마601). 현행 공직선거법은 전국동시선거의 경우 전국적인 통합선거인명부 작성에 따라 부재자투표를 사전투표로 명칭변경하면서 전국 어느 사전투표소에서도 투표할 수 있도록 하였고(제44조의2), 사전투표시간도 오전 6시부터 오후 6시까지로 규정하였다(제155조 제2항). 헌법재판소는 입법자에게 선거일을 유급휴일로 규정하여야 할 헌법상의 의무가 있는 것은 아니고, 투표시간을 오후 6시까지로 하였다고 선거권이나 평등권을 침해하는 것은 아니라고 하였다(헌재 2013. 7.25. 2012헌마815등). 육군훈련소에서 군사교육을 받는 훈련병에 대하여 대통령선거 대담・토론회의 시청을 금지하더라도 선거권 침해가 아니다(헌재 2020.8.28. 2017헌마813; 기간병과의 차별도 합리적이라고 하였다). 방송광고, 후보자 등의 방송연설 등에서 한국수화언어나 자막의 방영을 재량으로 규정한 공직선거법 역시 선거권이나 평등권 침해가 아니다(헌재 2020.8.28. 2017헌마813).

한편 개표절차에 관한 공직선거법 규정도 유권자들의 선거권과 관련이 있다고 하는 것이 헌법재판소 판례이다(헌재 2013.8.29. 2012헌마326).

2020. 12. 29. 개정 공직선거법은 교통이 불편한 지역에 거주하는 선거인 또는

노약자 · 장애인 등 이동약자를 위한 교통편의 제공대책 수립 · 시행을 의무화하였다(제6조 제2항). 또한 지방자치단체의 장의 보궐선거 · 재선거는 4월 첫 번째 수요일, 10월 첫 번째 수요일 총 2회 실시하도록 하였다(제35조 제2항).

Ⅲ. 공무담임권

(헌법 제25조) 모든 국민은 법률이 정하는 바에 의하여 공무담임권을 가진다.

1. 공무담임권의 의의와 내용

공무담임권은 국가 및 공공단체의 구성원으로서 그 직무를 담당할 수 있는 권리이다. 이 권리는 선거직 공무담임권과 비(非)선거직 공무담임권으로 구분된다. 지방공기업에 해당하는 서울교통공사의 직원이라는 지위는 공무담임권의 보호영역에 속하지 않는다(헌재 2021.2.25. 2018헌마174). 선거직 공무담임권의 핵심은 선거직 피선거권에 있다. 헌법상 명시된 피선거권은 대통령피선거권, 국회의원피선거권, 지방의회의원피선거권이다.

공무담임권은 참정권에 속하지만 그 참정권적 성격은 선거직이냐 비선거직이냐에 따라 차이가 있다. 오늘날에는 비선거직 공무담임권, 특히 경력직공무원 취임의 권리는 직업선택의 자유의 성격이 강하다.

공무담임권의 내용은 공직취임의 기회를 부당하게 박탈당하지 아니할 권리, 즉 공직취임기회의 보장을 그 핵심으로 한다. 여기에서 더 나아가 공직을 부당하게 박탈당하지 않을 권리, 즉 공직유지권(공무원신분유지권)을 포함하느냐가 문제된다. 헌법재판소 판례 중에는 공직유지권의 헌법상 근거를 헌법 제7조 제2항(법률에 의한 공무원신분 보장)에서 찾거나(국회사무처공무원 자동면직 사건. 헌재 1989.12.18. 89헌마32; 선고유예 공무원 당연퇴직 사건. 헌재 1990.6.25. 89헌마220등), 또는 헌법 제7조 제2항 및 공무담임권 양자에서 찾은(농촌지도사 정년연장신청 사건. 헌재 1997.3.27. 96헌바86등) 예들이 있다. 그러나 최근의 헌법재판소 판례들은 공무담임권에서 그 근거를 구하고 있다. 이에 따르면 공무담임권의 내용은 공직취임기회의 보장만이 아니라 공직유지권도 포함한다.

공무원의 권한 또는 직무의 부당한 정지는 공무담임권의 보호영역에 포함되나(헌재 2005.5.26. 2002헌마699), 승진시험의 응시제한이나 이를 통한 승진기회의 보장 등 공직신분의 유지나 업무수행에 영향을 주지 않는 단순한 내부 승진 인사에 관한 문제(헌재 2007.6.28. 2005헌마1179), 합당한 보수를 받을 권리는 보호영역에 포함되지 않는다(헌재 2013.11.28. 2011헌마437).

공무원이 특별한 사정도 없이 특정의 장소에서 근무하는 것이나 특정의 보직을 받아 근무하는 것을 내용으로 하는 '공무수행의 자유'는 공무담임권의 보호영역에 포함되지 않는다(헌재 2014.1.28. 2011헌마239).

(판 례) 공직유지권(선고유예시 당연퇴직)

헌법 제25조는 "모든 국민은 법률이 정하는 바에 의하여 공무담임권을 가진다"고 하여 공무담임권을 기본권으로 보장하고 있다. 공무담임권이란 입법부, 집행부, 사법부는 물론 지방자치단체 등 국가, 공공단체의 구성원으로서 그 직무를 담당할 수 있는 권리를 말한다. 여기서 직무를 담당한다는 것은 모든 국민이 현실적으로 그 직무를 담당할 수 있다고 하는 의미가 아니라, 국민이 공무담임에 관한 자의적이지 않고 평등한 기회를 보장받음을 의미하는바, 공무담임권의 보호영역에는 공직취임의 기회의 자의적인 배제뿐 아니라, 공무원 신분의 부당한 박탈까지 포함되는 것이라고 할 것이다. 왜냐하면, 후자는 전자보다 당해 국민의 법적 지위에 미치는 영향이 더욱 크다고 할 것이므로, 이를 보호영역에서 배제한다면, 기본권 보호체계에 발생하는 공백을 막기 어려울 것이며, 공무담임권을 규정하고 있는 위 헌법 제25조의 문언으로 보아도 현재 공무를 담임하고 있는 자를 그 공무로부터 배제하는 경우에는 적용되지 않는다고 해석할 수 없기 때문이다(헌재 2000.12.14. 99헌마112등, 판례집 12-2, 399,409-414; 헌재 1997.3.27. 96헌바86, 판례집 9-1, 325,332-333 참조).

헌재 2002.8.29. 2001헌마788등, 판례집 14-2, 219,224-225

위 결정 외에도 공무담임권에 공직유지권이 포함된다고 본 여러 헌법재판소 판례가 있다(공무원 직권면직 사건. 헌재 2004.11.25. 2002헌바8; 지방자치단체장 유죄인정시 권한대행 사건. 헌재 2005.5.26. 2002헌마699등; 자격정지 지방공무원 당연퇴직 사건. 헌재 2005.9.29. 2003헌마127; 선거관여 공무원 당연퇴직 사건. 헌재 2005.10.27. 2004헌바41; 형사기소 국가공무원 직위해제 사건. 헌재 2006.5.25. 2004헌바12등).

생각건대 공무담임권은 공직취임기회의 보장만이 아니라 공직유지권도 포함한다고 볼 것이다. 공직유지권은 공직취임기회 보장의 논리적 연장이며, 공직유지권이 보장되지 않는다면 공직취임기회 보장은 그 의미가 크게 손상될 것이다. 공직유지권의 근거를 공무담임권에서 구하지 않고 헌법 제7조 2항의 공무원신분보장 조항에서 찾는다면 보장의 정도가 약화된다. 헌법 제7조 제2항은 직업공무원제도의 보장을 규정한 것이며, 그 보장의 정도는 제도의 본질적 내용의 보장에 그치기 때문이다.

공무담임권 제한입법의 심사기준과 관련하여 헌법재판소는 일반적으로 선거법을 위반한 공직자가 있을 경우 어떤 처벌을 받았을 때 어떤 신분상의 불이익을 가할 것인지에 관하여는 입법자가 정치문화와 선거풍토 등을 고려하여 정책적으로 정할 수 있으나, 국민이 직접 선출한 국회의원이라는 신분을 법원의 100만 원 이상 벌금형 선고로써 박탈할 수 있도록 한 공직선거법 규정은 국민이 선출한 국회의원 신분의 상실이라는 중대한 법익의 침해에 관련되는 것이므로, 위 규정에 대하여는 그에 상응하는 비례의 원칙 심사가 엄격하게 이루어져야 한다고 판시하였다(헌재 2011.12.29. 2009헌마476. 각하 · 기각 결정).

한편 공무담임권은 직업의 자유의 성격을 지닌다. 양자의 관계는 특별법과 일반법의 관계이다. 공무담임권은 직업의 자유에 우선하여 적용되는 특별법적 규정이다(헌재 1999.12.23. 99헌마135; 헌재 2006.3.30. 2005헌마598).

2. 공무담임권의 제한(피선거권 제한)

(1) 연령에 의한 제한

대통령피선거권의 연령에 관하여는 헌법이 직접 40세로 명시하고 있다(제67조 제4항). 국회의원, 지방의회의원, 지방자치단체장의 피선거권 연령은 공직선거법상 18세로 규정되어 있다(제16조 제2항, 제3항).

(2) 기탁금제도에 의한 제한

선거에서 후보난립을 막기 위한 제도로 기탁금제도가 있다. 이에 관해서는 기탁금제도 자체의 위헌 여부, 기탁금 액수의 과다로 인한 위헌 여부, 기탁금반환 기준의 위헌 여부, 정당공천후보자와 무소속후보자 사이의 기탁금 액수 차별의 위헌 여부 등이 문제되어 왔다.

(판 례) 기탁금제도 자체의 합헌성

기탁금제도는 선거에 출마하려는 자에게 입후보의 요건으로 기탁금을 납부할 것을 요구하고, 선거결과 일정한 득표수에 미달되는 경우에는 이를 반환하지 않고 국고에 귀속시킴으로써 선거에 자유롭게 입후보할 자유를 제한함과 동시에 과태료나 대집행비용을 사전확보하는 법적 효과를 갖는 것으로, 그 목적과 성격은 구체적인 기탁금의 액수와 그 반환의 기준, 정치문화와 선거풍토, 선거를 통하여 선출하려는 공직의 종류와 선거의 유형, 일인당 국민소득 등 경제적 사정과 국민의 법감정 등을 모두 고려하여 개별적·구체적으로 파악하여야 한다.

기탁금에 대한 세계 각국의 입법례를 살펴보면, 10만원 이하의 비교적 낮은 수준에서부터 우리나라나 일본 등과 같이 비교적 고액의 기탁금을 요구하는 국가에 이르기까지 매우 다양하게 나타나고 있는데, 기탁금액이 낮은 경우는 오로지 후보자등록과 선거과정에서 필수적으로 소요되는 행정비용을 사전확보(예납)하는 것에만 그 목적이 있다고 보아야 할 것이고, 비교적 고액인 경우에는 이러한 행정목적에 더하여 선거에 출마하려는 입후보자의 수를 적정한 범위로 제한함으로써 후보자난립으로 인한 선거관리사무와 비용의 증가를 방지하고, 이로써 유권자의 후보자선택을 용이하게 하며, 선거의 신뢰성 및 후보자의 진지성과 성실성을 담보하는 중대한 공익의 실현에도 그 목적이 있다고 할 것이다. (……)

국회의원을 선출하기 위한 선거에 입후보하기 위한 요건으로서 후보자가 납부하여야 할 기탁금을 어느 정도로 할 것인지, 그리고 그 반환에 필요한 득표수를 어떻게 정할 것인가의 문제 즉, 기탁금의 액수와 그 반환의 요건을 정하는 문제 또한 우리의 선거문화와 풍토, 정치문화와 풍토, 국민경제적 여건, 그리고 국민의 법감정 등 여러 가지 요소를 종합적으로 고려하여 입법자가 정책적으로 결정할 사항이라 할 것이다. (……)

대의민주주의에서 선거의 기능과 기탁금제도의 목적 및 성격, 그리고 우리의 정치문화와 선거풍토에 있어서 현실적인 필요성 등을 감안할 때, 선거의 신뢰성과 공정성을 확보하고, 유권자가 후보자선택을 용이하게 하며, 입법권과 국정의 통제 및 감시권한에 상응하는 민주적 정당성을 부여하기 위하여 후보자에게 기탁금의 납부를 요구하는 것은 필요불가결한 입후보요건의 설정이라 할 것이다.

헌재 2003.8.21. 2001헌마687등, 판례집 15-2, 214,222-223,225

(판 례) 기탁금액의 과다 여부

* 국회의원 정당공천후보자 1,000만원, 무소속후보자 2,000만원은 과다하고, 무소속후보에 대한 불합리한 차별로서 헌법불합치(헌재 1989.9.8. 88헌가6).
* 국회의원후보 2,000만원은 과다하여 위헌(헌재 2001.7.19. 2000헌마91).
* 국회의원후보 1,500만원은 합헌(헌재 2003.8.21. 2001헌마687).

* 대통령후보 3억원은 합헌(헌재 1995.5.25. 92헌마269등).

* 시 · 도의회의원후보 700만원은 과다하여 헌법불합치(헌재 1991.3.11. 91헌마21).

* 시 · 도지사후보 5,000만원, 자치구 · 시 · 군의 장 후보 1,000만원, 시 · 도의회의원후보 300만원, 자치구 · 시 · 군의원후보 200만원은 합헌(헌재 2004.3.25. 2002헌마383등).

* 대통령선거의 예비후보자등록을 신청하는 사람에게 대통령선거 기탁금의 100분의 20에 해당하는 금액인 6,000만원을 납부하도록 정한 공직선거법 규정은 합헌(헌재 2015.7.30. 2012헌마402).

* 대구교육대학교 총장임용후보자선거에서 후보자가 되려는 사람은 1,000만 원의 기탁금을 납부하도록 규정한 '대구교육대학교 총장임용후보자 선정규정'은 합헌(헌재 2021.12.23. 2019헌마825).

* 경북대학교 총장임용후보자선거의 후보자로 등록하려면 3,000만 원의 기탁금을 납부하도록 한 '경북대학교 총장임용후보자 선정 규정'은 합헌(헌재 2022.5. 26. 2020헌마1219).

공직선거법의 기탁금 규정에 의하면, 대통령후보 5억원, 지역구국회의원후보 1,500만원, 비례대표국회의원후보 500만원, 시 · 도의회의원후보 300만원, 시 · 도지사후보 5,000만원, 기초자치단체장후보 1,000만원, 기초자치단체의원후보 200만원으로 되어 있었다(제56조 제1항). 헌법재판소는 이 중에 대통령후보의 5억원 기탁금규정에 대하여 개인에게 현저하게 과다한 부담을 초래하여 공무담임권 행사기회를 비합리적으로 차별한다는 이유로 헌법불합치 결정을 내렸다(헌재 2008.11.27. 2007헌마1024; 법 개정으로 기탁금반환요건이 엄격해졌고, 기탁금으로 충당되는 선거방송비용 등도 후보자 개인부담으로 되었으므로 기탁금을 상향조정할 이유가 없다는 점을 주요이유로 하였다). 위 결정에 따라 개정 공직선거법(2012.1.17.)은 대통령후보의 기탁금을 3억원으로 규정하고 있다. 그런데 헌법재판소는 비례대표 국회의원도 지역구 국회의원과 구별 없이 일률적으로 1,500만원의 기탁금을 규정한 공직선거법 규정(비례대표 기탁금조항)은 헌법에 위반된다고 하였다.

(판 례) 비례대표 기탁금조항의 위헌성

비례대표 기탁금조항은 정당이 후보자 등록 신청을 함에 있어서의 진지성을 확보하여 선거관리업무 및 비용의 증가를 방지하고, 선거과저에서 발생하는 불법행위에 대한 과태로 및 행정대집행비용을 사전 확보하기 위한 것으로서, 그 목적의 정당성 및 수단의 적합성이 인정된다. 그런데 정당에 대한 선거로서의 성격을 가지는 국회의원선거는 인물에 대한 선거로서의 성격을 가지는 지역구 국회의원선거와 근본적으로 그 성격이 다르고, 공직선거법상 허용된 선거운동을 통하여 선거의 혼탁이나 과열을 초래할 여지가 지역국국회의원선거보다 훨씬 적다고 볼 수 있다. 또한 비례대표국회의원선거에서 실제 정당에게 부과된 전체 과태료 및 행정대집행비용의 액수는 후보자 1명에 대한 기탁금액인 1,500만원에도 현저히 미치지 못하는데, 후보자 수에 비례하여 기탁금을 증액하는 것은 지나치게 과다한 기탁금을 요구하는 것이다. 나아가 이러한 고액의 기탁금은 거대정당에게 일방적으로 유리하고, 다양해진 국민의 목소리를 제대로 대표하지 못하여 사표를 양산하는 다수대표제의 단점을 보완하기 위하여 도입된 비례대표제의 취지에도 반하는 것이다. 따라서 비례대표 기탁금 조항은 침해의 최소성 원칙에 위반되며, 위 조항을 통해 달성하고자 하는 공익보다 제한되는 정당활동의 자유 등의 불이익이 크므로 법익의 균형성 원칙에도 위반된다. 그러므로 비례대표 기탁금조항은 과잉금지원칙을 위반하여 정당활동의 자유 등을 침해한다.

(헌법불합치결정)

헌재 2016.12.29. 2015헌마1160등, 공보 243, 208,209

위 결정에는 3인 재판관의 (단순)위헌의견이 있었다. 정당 난립을 방지한다는 목적, 즉 진지성과 성실성을 결여한 정당의 선거 참여 자체를 억제한다는 목적은 오늘날 정당제 민주주의 아래에서의 정당의 기능 및 그 엄격한 설립절차와 등록요건 등에 비추어 볼 때 그 입법목적이 정당하다고 할 수 없다는 점을 이유로 들었다. 2020.3. 25. 개정 공직선거법은 비례대표국회의원 후보의 기탁금을 500만원으로 규정하였다.

헌법재판소는 예비후보자로 등록할 때 해당 선거 기탁금의 100분의 20에 해당하는 금액을 기탁금으로 납부하도록 규정한 공직선거법 제60조의2 제2항 후단 및 예비후보자가 후보자등록을 하지 않는 등 일정한 경우에는 예비후보자등록 시 납부한 기탁금이 국가 또는 지방자치단체에 귀속되도록 규정한 공직선거법 제57조 제1항 제1호 다목이 합헌이라고 결정하였다(헌재 2010.12.28. 2010헌마79).

한편 국립대학교 총장임용후보자의 자격요건으로 기탁금을 규정하였다면 이는 공무담임권 제한이 되고, 간선제 방식 하에서 1,000만원의 기탁금은 침해의 최소성에 반한다고 한다(헌재 2018.4.26. 2014헌마274).

(판 례) 기탁금 반환기준

* 유효투표총수의 3분의 1의 득표는 헌법불합치(헌재 1989.9.8. 88헌가6).
* 유효투표총수를 후보자 수로 나눈 수의 2분의 1은 합헌(헌재 1997.5.29. 96헌마143).
* 유효투표총수를 후보자 수로 나눈 수 이상이거나 유효투표총수의 100분의 20 이상은 위헌(헌재 2001.7.19. 2000헌마91).
* 유효투표총수를 후보자 수로 나눈 수 이상이거나 유효투표총수의 100분의 15 이상은 합헌(헌재 2004.3.25. 2002헌마383등).
* 총장임용후보자선거 후보자가 제1차 투표에서 최종 환산득표율의 100분의 15 이상을 득표한 경우에만 기탁금의 반액을 반환하도록 하고 반환하지 않는 기탁금은 대학 발전기금에 귀속되도록 규정한 '대구교육대학교 총장임용후보자 선정규정'은 헌법불합치(헌재 2021.12.23. 2019헌마825; 당선된 경우에도 반액을 돌려받지 못한다는 점을 강조하였다).
* 총장임용후보자선거 후보자가 제1차 투표에서 유효투표수의 100분의 15 이상을 득표한 경우에는 기탁금 전액을, 100분의 10 이상 100분의 15 미만을 득표한 경우에는 기탁금 반액을 반환하고, 반환되지 않은 기탁금은 경북대학교발전기금에 귀속하도록 정한 '경북대학교 총장임용후보자 선정 규정'은 합헌(헌재 2022.5.26. 2020헌마1219).

현행 공직선거법의 기탁금 반환기준 규정에 의하면, 유효투표총수의 100분의 15 이상은 기탁금 전액, 100분의 10 이상 100분의 15 미만이면 100분의 50에 해당하는 금액을 반환하며, 비례대표(국회의원 및 지방의회의원)후보의 경우에는 후보자명부 중 당선인이 있는 때에는 전액을 반환하도록 되어 있다(제57조). 헌법재판소는 최근 동 규정을 합헌으로 선고하였다(헌재 2011.6.30. 2010헌마542).

한편, 선거범죄로 당선이 무효로 된 자에게 이미 반환받은 기탁금과 보전받은 선거비용을 다시 반환하도록 한 공직선거법 규정은 공무담임권을 침해하는 것이 아니다(헌재 2011.4.28. 2010헌바232).

헌법재판소는 최근 예비후보자의 기탁금 반환 사유를 예비후보자의 사망, 당내경선 탈락으로 한정하고 있는 공직선거법 조항을 합헌이라고 하였다(헌재 2013.11.28. 2012헌마568; 다만 이 경우는 재산권 및 평등권과 관련될 사안이다). 그러나 지역구국회의원선거 예비후보자의 기탁금 반환 사유로 예비후보자가 당의 공천심사에서 탈락하고 후보자등록을 하지 않은 경우를 규정하지 않은 것은 위헌이다(헌재 2018.1.25. 2016헌마541; 다만 잠정적용 헌법불합치결정이 내려졌다는 점과 재산권 침해라고 한 점을 유념하여야 한다). 같은 이유로 지방자치단체의 장선거 예비후보자가 정당공천심사에서 탈락한 후 후보자등록을 하지 않은 경우를 제외한 것 역시 헌법불합치결정을 받았다(헌재 2020. 9.24. 2018헌가15등). 헌법재판소는 경북대와 대구교대 총장선거 기탁금 반환조항은 모두 재산권 제한 문제라고 하였다.

(3) 그 밖의 피선거권 제한

위와 같은 제한 외에도 공직선거법은 거주요건에 의한 제한을 비롯하여 여러 형태의 피선거권 제한을 규정하고 있다. 대통령선거의 경우 선거일 현재 5년 이상 국내에 거주하고 있을 것을 요건으로 하고 있다(제16조 제1항).

2023. 8. 8. 개정 · 시행된 정치자금법의 개정 배경은 이러하다. 구 정치자금법에 따르면 위 공직선거법 규정과 마찬가지로 정치자금부정수수죄로 100만원 이상의 벌금형의 선고를 받고 그 형이 확정된 사람은 5년간, 형의 집행유예 선고를 받고 그 형이 확정된 사람은 10년간 공무담임이 제한되었다. 2016년 형법이 개정(시행은 2018. 1. 7.)됨에 따라 집행유예의 요건이 완화되어 3년 이하의 징역 · 금고의 형뿐만 아니라 500만원 이하의 벌금의 형을 선고하는 경우에도 집행을 유예할 수 있게 되었다. 이와 관련하여, 개정 형법의 시행에 따라 정치자금부정수수죄로 100만원 이상의 벌금형을 선고받은 경우에는 공무담임이 5년간 제한되는 반면 100만원 이상의 벌금형에 대해 집행유예 선고를 받는 경우에는 공무담임이 10년간 제한되어 불합리한 문제가 발생하게 된 것이다 개정법 제57조는 다음과 같다. "제45조(정치자금부정수수죄)에 해당하는 범죄로 인하여 징역형의 선고를 받은 자는 그 집행을 받지 아니하기로 확정된 후 또는 그 형의 집행이 종료되거나 면제된 후 10년간, 금고 이상의 형의 집행유예의 선고를 받은 자는 그 형이 확정된 후 10년간, 100만원 이상의 벌금형(집행유예를 포함한다)의 선고를 받은 자는 그 형이 확정된 후 5년간 공직선거법 제266조(선거범죄로 인한 공무담임 등의 제한)제1항 각 호의 어느 하나에 해당하는 직에 취임하거나 임용될 수 없으며, 이미 취임 또는 임용된 자의 경우에는 그 직에서 퇴직된다."

(판 례) 거주요건에 의한 제한

이 사건 법률조항(지방자치단체 장의 피선거권 자격요건으로서 60일 이상 당해 지방자치단체의 관할구역 내에 주민등록이 되어 있을 것을 요구하는 구 공직선거및선거부정방지법 제16조 제3항)은 헌법이 보장한 주민자치를 원리로 하는 지방자치제도에 있어서 지연적 관계를 고려하여 당해 지역사정을 잘 알거나 지역과 사회적 · 지리적 이해관계가 있어 당해 지역행정에 대한 관심과 애향심이 많은 사람에게 피선거권을 부여함으로써 지방자치행정의 민주성과 능률성을 도모함과 아울러 우리나라 지방자치제도의 정착을 위한 규정으로서 과잉금지원칙에 위배하여 청구인의 공무담임권을 제한하고 있다고 볼 수 없다.

헌재 2004.12.16. 2004헌마376, 판례집 16-2, 598

그 밖의 피선거권 제한에 관한 주요 헌법재판소 판례는 아래와 같다.

* 지방의회의원선거에서 농업협동조합장 등에 대한 입후보금지와 겸직금지는 위헌(헌재 1991.3.11. 90헌마28).
* 초·중등교원과 교육위원의 겸직금지는 합헌(헌재 1993.7.29. 91헌마69).
* 지방의회의원선거에서 정부투자기관의 임원이나 집행간부가 아닌 직원의 입후보를 금지한 것은 위헌(헌재 1995.5.25. 91헌마67).
* 무소속후보자에게만 선거권자의 추천을 받도록 한 것은 합헌(헌재 1996.8.29. 96헌마99).
* 검찰총장 퇴임 후 2년 이내 모든 공직취임금지는 위헌(헌재 1997.7.16. 97헌마26).
* 지방자치단체의 장은 그 임기중에 그 직을 사퇴하여 대통령선거, 국회의원선거, 지방의회의원선거 및 다른 지방자치단체의 장 선거에 입후보할 수 없다는 규정은 위헌(헌재 1999.5.27. 98헌마214).
* 지방자치단체의 장으로 하여금 당해 지방자치단체의 관할구역과 같거나 겹치는 선거구역에서 실시되는 지역구 국회의원선거에 입후보하고자 하는 경우 당해 선거의 선거일 전 180일까지 그 직을 사퇴하도록 규정하고 있는 것은 다른 공무원의 경우 선거일 전 60일까지 사퇴하면 되는 것과 비교할 때 위헌(헌재 2003.9.25. 2003헌마106).
* 위의 위헌결정 이후 '선거일 전 120일까지로' 변경한 조항은 합헌(헌재 2006.7.27. 2003헌마758).
* 국가인권위원회의 인권위원은 퇴직 후 2년간 교육공무원이 아닌 공무원으로 임명되거나 구 공직선거 및 선거부정방지법에 의한 선거에 출마할 수 없도록 한 것은 위헌(헌재 2004.1.29. 2002헌마788).
* 지방자치단체 장의 계속 재임을 3기로 제한한 규정의 입법취지는 장기집권으로 인한 지역발전저해 방지와 유능한 인사의 자치단체장 진출확대로 대별할 수 있는바, 그 목적의 정당성, 방법의 적절성, 피해의 최소성, 법익의 균형성이 충족되므로 합헌(헌재 2006.2.23. 2005헌마403).
* 주민등록만을 기준으로 함으로써 주민등록이 불가능한 재외국민인 주민의 지

방선거 피선거권을 부인하는 것은 국내거주 재외국민의 공무담임권을 침해하여 헌법불합치(헌재 2007.6.28. 2004헌마644).

* 선거범으로서 100만원 이상 벌금형을 선고받아 확정되면 5년 동안 피선거권의 제한은 합헌(헌재 2008.1.17. 2004헌마41).
* 교육감후보자 자격에 관하여 후보자등록신청개시일부터 과거 2년 동안 정당의 당원이 아닌 자로 제한한 것은 합헌(헌재 2008.6.26. 2007헌마1175).
* 교육감입후보자에게 5년 이상의, 교육의원입후보자에게는 10년 이상의 교육경력 또는 교육행정경력을 요구하는 것은 합헌(헌재 2009.9.24. 2007헌마117등).
* 공무원이 국회의원재선거에 출마하는 경우 후보자등록신청 전까지 그 직에서 사퇴하도록 규정한 공직선거법 규정은 선거의 공정성 및 공무원의 직무전념성을 보장하기 위한 것으로서 합헌(헌재 2014.3.27. 2013헌마185).

3. 그 밖의 공무담임권 제한

피선거권 제한 외에 비(非)선거직 공무담임권 제한에 관한 문제가 있다. 이에 관해서 ① 공직취임기회의 제한과 ② 공직유지권(공무원신분유지권)제한이 문제된다.

(1) 공직취임기회의 제한

공직취임기회의 제한에 관한 것으로 공무원시험 연령제한이 문제된다. 헌법재판소는 공무원시험 연령제한을 기본적으로 입법재량의 문제로 보고, 9급공무원시험에서 연령 상한을 28세로 정한 것을 합헌이라고 판시하였다(헌재 2006.5.25. 2005헌마11등. 앞의 평등권, 연령에 의한 차별 참조). 그러나 5급 공무원시험 응시연령 상한을 32세까지 제한한 것은 위헌이라고 판시하였다(헌재 2008.5.29. 2007헌마1105). 또한 순경 공채시험, 소방사 · 지방소방사 공채시험 및 특채시험, 소방간부후보생 선발시험의 응시연령을 각 30세로 제한한 것은 위헌이라고 판시하였다(헌재 2012.5.31. 2010헌마278, 헌법불합치).

방위사업청 행정5급 일반임기제공무원 경력경쟁채용시험에서 변호사 자격 등록을 자격요건으로 하는 것은 합헌이다(헌재 2019.8.29. 2019헌마616). 헌법재판소는 이 사건에서 피해의 최소성을 심사함에 있어서 재량의 한계를 현저히 일탈하지 않았다고 하였다. 방위사업의 법적 지원을 위한 목적이라면 변호사 자격 등록이 아니라 변호사 관련 실무경력을 자격요건 또는 우대요건으로 하였어야 하므로 위헌이라는 4인 재판관의 반대의견이 있다.

(2) 공직유지권 제한

공직유지권 제한에 관한 것으로 당연퇴직 사유, 직위해제 사유, 정년제도 등이 문제된다.

(판 례) 공무원직의 당연퇴직 사유(판례변경)

공무원이 금고 이상의 형의 선고유예를 받은 경우에는 공무원직에서 당연히 퇴직하는 것으로 규정하고 있는 이 사건 법률조항은 금고 이상의 선고유예의 판결을 받은 모든 범죄를 포괄하여 규정하고 있을 뿐 아니라, 심지어 오늘날 누구에게나 위험이 상존하는 교통사고 관련 범죄 등 과실범의 경우마저 당연퇴직의 사유에서 제외하지 않고 있으므로 최소침해성의 원칙에 반한다.

오늘날 사회구조의 변화로 인하여 '모든 범죄로부터 순결한 공직자 집단'이라는 신뢰를 요구하는 것은 지나치게 공익만을 우선한 것이며, 오늘날 사회국가원리에 입각한 공직제도의 중요성이 강조되면서 개개 공무원의 공무담임권 보장의 중요성이 더욱 큰 의미를 가지고 있다. 일단 공무원으로 채용된 공무원을 퇴직시키는 것은 공무원이 장기간 쌓은 지위를 박탈해 버리는 것이므로 같은 입법목적을 위한 것이라고 하여도 당연퇴직사유를 임용결격사유와 동일하게 취급하는 것은 타당하다고 할 수 없다. 결국, 지방공무원법 제61조 중 제31조 제5호 부분은 헌법 제25조의 공무담임권을 침해하였다고 할 것이다. 따라서 헌법재판소가 종전에 헌재 1990.6.25. 89헌마220 결정에서 위 규정이 헌법에 위반되지 아니한다고 판시한 의견은 이를 변경하기로 한다.

헌재 2002.8.29. 2001헌마788등, 판례집 14-2, 219,219-220

피성년후견인인 국가공무원은 당연퇴직한다고 정한 국가공무원법 규정도 위헌으로 선언되었다(헌재 2022.12.22. 2020헌가8). 휴직 후 상황을 살펴 직권면직 절차 등의 방법이 있다는 이유를 들었다.

(판 례) 형사사건으로 기소된 공무원에 대한 필요적 직위해제

이 사건 규정은 공무원이 형사사건으로 기소된 경우에는 형사사건의 성격을 묻지 아니하고, 즉 고의범이든 과실범이든, 법정형이 무겁든 가볍든, 범죄의 동기가 어디에 있든지를 가리지 않고 필요적으로 직위해제처분을 하도록 규정하고 있다. (……) 즉 이 사건 규정은 형사사건으로 기소되기만 하면 그가 법 제33조 제1항 제3호 내지 제6호에 해당하는 유죄판결을 받을 고도의 개연성이 있는가의 여부에 무관하게 경우에 따라서는 벌금형이나 무죄가 선고될 가능성

이 큰 사건인 경우에 대해서까지도 당해 공무원에게 일률적으로 직위해제처분을 하지 않을 수 없도록 규정한 것이다.

(3) 입법자가 임의적 규정으로도 법의 목적을 실현할 수 있는 경우에 구체적 사안의 개별성과 특수성을 고려할 수 있는 가능성을 일체 배제하는 필요적 규정을 둔다면 이는 비례의 원칙의 한 요소인 "최소침해성의 원칙"에 위배된다는 것을 헌법재판소는 이미 여러 차례 확인하였다(헌재 1995.2.23. 93헌가1, 판례집 7-1, 130; 헌재 1995.11.30. 94헌가3, 판례집 7-2, 550 참조). 특히 이 사건과 관련하여 헌법재판소는 형사사건으로 기소된 사립학교 교원에 대하여 당해 교원의 임면권자로 하여금 필요적으로 직위해제처분을 하도록 규정하고 있는 사립학교법 제58조의2 제1항 단서에 대한 위헌여부심판제청사건(헌재 1994.7.29. 93헌가3등, 판례집 6-2, 1)에서, 기소된 사안의 위법성의 정도, 증거의 확실성여부 및 예상되는 판결의 내용 등을 고려하지 아니하고 형사사건으로 공소가 제기된 경우 일률적으로 판결의 확정시까지 직위해제처분을 하도록 한 것은 헌법 제37조 제2항의 비례의 원칙에 어긋나서 헌법 제15조의 직업선택의 자유를 침해하는 것이며 또한 무죄추정의 원칙을 규정한 헌법 제27조 제4항에도 위반된다고 선언하였다.

(위헌결정)

헌재 1998.5.28. 96헌가12, 판례집 10-1, 560,568-569

(판 례) 형사사건으로 기소된 공무원에 대한 임의적 직위해제

이 사건 법률조항의 입법목적은 형사소추를 받은 공무원이 계속 직무를 집행함으로써 발생할 수 있는 공직 및 공무집행의 공정성과 그에 대한 국민의 신뢰를 해할 위험을 예방하기 위한 것으로 정당하고, 직위해제는 이러한 입법목적을 달성하기에 적합한 수단이다. 이 사건 법률조항이 임용권자로 하여금 구체적인 경우에 따라 개별성과 특수성을 판단하여 직위해제 여부를 결정하도록 한 것이지 직무와 전혀 관련이 없는 범죄나 지극히 경미한 범죄로 기소된 경우까지 임용권자의 자의적인 판단에 따라 직위해제를 할 수 있도록 허용하는 것은 아니고, 기소된 범죄의 법정형이나 범죄의 성질에 따라 그 요건을 보다 한정적, 제한적으로 규정하는 방법을 찾기 어렵다는 점에서 이 사건 법률조항이 필요최소한도를 넘어 공무담임권을 제한하였다고 보기 어렵다. 그리고 이 사건 법률조항에 의한 공무담임권의 제한은 잠정적이고 그 경우에도 공무원의 신분은 유지되고 있다는 점에서 공무원에게 가해지는 신분상 불이익과 보호하려는 공익을 비교할 때 공무집행의 공정성과 그에 대한 국민의 신뢰를 유지하고자 하는 공익이 더욱 크다. 따라서 이 사건 법률조항은 공무담임권을 침해하지 않

는다.

헌재 2006.5.25. 2004헌바12, 판례집 18-1 하, 58

(판 례) 성인에 대한 성폭력범죄로 벌금 100만원 이상의 형이 확정된 사람은 교육공무원에 임용되지 못하도록 한 교육공무원법 규정의 위헌 여부

고등교육법상의 교원은 학생의 입학, 수업, 시험출제, 성적평가에서 졸업 후 사회진출에 이르기까지 학생에 대하여 폭넓게 영향력을 행사할 수 있는 지위에 있는 점, 대학생활 전반에 관하여 지도와 상담을 하는 고등교육법상 교원이 학생을 상대로 성폭력범죄를 저지르는 경우 학생으로서는 이러한 교원의 부당한 행위에 저항하기 힘든 취약한 지위에 있게 되고, 따라서 일단 고등교육법상의 교원으로 임용되고 나면 성폭력범죄의 의도를 가진 행위를 차단하기가 극히 어려워지는 점 등에 비추어 보면, 심판대상조항이 성인에 대한 성폭력범죄 행위로 벌금 100만 원 이상의 형을 선고받고 확정된 자에 한하여 고등교육법상의 교원으로 임용할 수 없도록 한 것은, 성폭력범죄를 범하는 대상과 형의 종류에 따라 성폭력범죄에 관한 교원으로서의 최소한의 자격기준을 설정하였다고 할 것이므로, 과잉금지원칙에 반하여 청구인의 공무담임권을 침해한다고 할 수 없다.

(유남석 재판관 등 5인의 헌법불합치의견)

심판대상조항은 벌금 100만 원 이상의 성폭력범죄 전과가 있기만 하면 고등교육법상 교원이 학생에게 미치는 영향력의 정도, 최초 임용연령의 차이 및 이에 따른 재범의 위험성, 각 대학의 임용절차 등을 전혀 고려하지 아니하고 일률적으로 영구히 고등교육법상의 교원임용 대상에서 제외하고 있는바, 이는 고등교육법상 교원에 지원하고자 하는 자의 공무담임권을 과도하게 제한하는 것이다. 다만 이와 같은 위헌적인 조항을 구체적으로 어떻게 합헌적으로 조정할 것인지는 원칙적으로 입법자의 형성재량에 속한다고 할 것이므로, 심판대상조항에 대하여 헌법불합치결정을 선고하되, 입법자의 개선입법이 있을 때까지 계속 적용을 명하는 것이 타당하다.

(정족수 미달로 합헌 결정; 참고로 아동·청소년 성범죄에 대하여는 구류, 과료, 벌금 50만원 등 벌금 100만원 이하의 모든 유죄확정판결의 경우에 위 조항이 적용된다. 또한 위 조항은 사립학교법 제52조에 의하여 사립학교교원의 자격에도 준용된다)

헌재 2020.12.23. 2019헌마502, 공보 291, 155

(판 례) 공무원 정년제도와 입법형성의 자유

공무원 정년제도는 대체로 다음과 같은 두 가지의 목적을 가진다. 그 하나는 공무원에게 정년연령까지 근무의 계속을 보장함으로써 그로 하여금 장래에 대

한 확실한 예측을 가지고 생활설계를 하는 것이 가능하게 하여 안심하고 직무에 전념하게 한다는 것이고, 다른 하나는 공무원의 교체를 계획적으로 수행하는 것에 의해서 연령구성의 고령화를 방지하고 조직을 활성화하여 공무능률을 유지·향상시킨다고 하는 것이다.

우리 재판소도 헌재 1994.4.28. 선고 91헌바15,19(병합) 결정에서 정년제도에 관하여 판시함에 있어 '정년제도를 둔 것은 직업공무원제의 요소인 공무원의 신분보장을 무한으로 관철할 때 파생되는 공직사회의 무사안일을 방지하고 인사적체를 해소하며 새로운 인재들의 공직참여기회를 확대, 관료제의 민주화를 추구하여 직업공무원제를 합리적으로 보완·운영하기 위한 것으로서 그 목적의 정당성이 인정된다'고 밝힌 바 있다.

이처럼 국가공무원법상의 정년제도는 해당 공무원으로 하여금 정년연령의 도달과 동시에 당연퇴직하게 하는 제도임에도 불구하고 앞에서 본 바와 같이 한편으로 공무원에게 정년까지 계속 근무를 보장함으로써 그 신분을 보장하고 다른 한편으로 공무원에 대한 계획적인 교체를 통하여 조직의 능률을 유지·향상시킴으로써 직업공무원제를 보완하는 기능을 수행하고 있는 것이므로 이 사건 심판대상조항이 헌법 제7조에 위반된다고 할 수 없다.

(2) 헌법 제25조 등에의 위반 여부

(……) 그런데 국가공무원법 제74조 제1항 제2호가 농촌지도사들인 청구인들이 속한 연구 및 특수기술직렬 공무원의 정년을 58세 내지 61세로 규정하여 조기에 퇴직하게 함으로써 기본권제한에 관한 과잉금지의 원칙을 위반하여 부당하게 공무담임권과 직업선택의 자유를 침해하며 나아가 행복추구권을 침해할 소지가 있을 수 있다.

그러나 앞에서 본 바와 같이 공무원 정년제도는 공무원의 신분보장과 직업공무원제의 보완을 위한 공익목적에서 마련된 것이므로 그로 인하여 공무담임권과 직업선택의 자유 및 행복추구권이 제한을 받는다 하더라도 그 제한은 목적에 있어서 정당한 것이라 할 것이다.

그리고 공무원 정년제도를 어떻게 구성할 것인가 또 그 구체적인 정년연령은 몇세로 할 것인가는 특별한 사정이 없는 한 입법정책의 문제로서 입법부에 광범위한 입법재량 내지 형성의 자유가 인정되어야 할 사항이라 할 것이므로 입법권자로서는 정년제도의 목적, 국민의 평균수명과 실업률 등 사회경제적 여건과 공무원 조직의 신진대사 등 공직 내부의 사정을 종합적으로 고려하여 합리적인 재량의 범위 내에서 이를 규정할 수 있는 것이다.

(합헌결정)

헌재 1997.3.27. 96헌바86, 판례집 9-1, 325,331-333

그 밖의 공무담임권 제한에 관한 주요 헌법재판소 판례는 아래와 같다.

* 계급정년규정을 소급적용한 구 국가안전기획부직원법 규정은 합헌(헌재 1994.4.28. 91헌바15).
* 초중등학교 교원의 정년을 65에서 62세로 단축한 교육공무원법 규정은 합헌(헌재 2000.12.14. 99헌마112등).
* 법관정년제를 규정한 법원조직법 조항은 합헌(헌재 2002.10.31. 2001헌마557).
* 지방공무원의 전출과 전입에 관한 지방공무원법 조항은 본인동의를 전제한 것으로 해석함이 타당하고 그렇게 본다면 합헌(헌재 2002.11.28. 98헌바101).
* 금고 이상의 형의 집행유예를 받은 경우 지방공무원직에서 당연히 퇴직하는 것으로 규정한 지방공무원법 조항은 합헌(헌재 2003.12.18. 2003헌마409).
* 지방자치단체의 직제가 폐지된 경우에 해당 공무원을 직권면직할 수 있도록 규정하고 있는 지방공무원법 조항은 합헌(헌재 2004.11.25. 2002헌바8).
* 향토예비군 지휘관이 금고 이상의 형의 선고유예를 받은 경우에는 그 직에서 당연해임하도록 규정하고 있는 구 향토예비군설치법시행규칙은 금고 이상의 선고유예의 판결을 받은 모든 범죄를 포괄하여 규정하고 있을 뿐 아니라, 심지어 오늘날 누구에게나 위험이 상존하는 교통사고 관련 범죄 등 과실범의 경우마저 당연해임의 사유에서 제외하지 않고 있으므로 최소침해성의 원칙에 반하여 위헌(헌재 2005.12.22. 2004헌마947).
* 선거범죄로 인한 100만원 이상 벌금형확정을 공무원직 당연퇴직사유로 규정한 공직선거법 규정은 합헌(헌재 2008.4.24. 2006헌바43등).
* 7급 및 9급 전산직 공무원시험의 응시자격으로 전산관련 산업기사 이상의 자격증 소지를 요구하는 것은 합헌(헌재 2012.7.26. 2010헌마264).
* 수뢰죄를 범하여 금고 이상의 형의 선고유예를 받은 국가공무원은 당연퇴직하도록 한 국가공무원법 규정은 공무담임권을 침해하지 않는다(헌재 2013.7.25. 2012헌바409).
* 10년 미만의 법조경력을 가진 사람의 판사임용을 위한 최소 법조경력요건을 단계적으로 2013년부터 2017년까지는 3년, 2018년부터 2021년까지는 5년, 2022년부터 2025년까지는 7년으로 정한 법원조직법 부칙은 합헌(헌재 2016.5.26. 2014헌마427).
* 금고 이상의 형의 선고유예를 받고 그 기간 중에 있는 자를 임용결격사유로 삼고, 위 사유에 해당하는 자가 임용되더라도 이를 당연무효로 하는 국가공무원법 규정은 합헌(헌재 2016.7.28. 2014헌바437).
* 채용 예정 분야의 해당 직급에 근무한 실적이 있는 군인을 전역한 날부터 3년

이내에 군무원으로 채용하는 경우 특별채용시험으로 채용할 수 있도록 한 군무원인사법 규정은 합헌(헌재 2016.10.27. 2015헌마374).

* 7급 세무직 공무원 공개경쟁채용시험에서 변호사, 공인회계사, 세무사 자격증 소지자에게 가산점을 부여하는 공무원임용시험령 조항은 합헌(헌재 2020.6.25. 2017헌마1178; 관세직에 대한 가산점 합헌결정은 헌재 2023.2.23. 2019헌마401).
* 아동에게 성적 수치심을 주는 성희롱 등의 성적 학대행위로 형을 선고받아 그 형이 확정된 사람은 일반직공무원이나 부사관으로 임용될 수 없도록 한 국가공무원법 및 군인사법 규정은 위헌(헌재 2022.11.24. 2020헌마1181; 아동과 관련이 없는 직무도 포함되고, 영구제한이라는 점을 주요이유로 들었다. 헌법불합치결정).
* 교육부 및 그 소속기관에서 근무하는 교육연구사 선발에 수석교사가 응시할 수 없도록 응시 자격을 제한한 교육부장관의 계획 및 공고는 합헌(헌재 2023.2.23. 2017헌마604).
* 아동·청소년이용음란물임을 알면서 이를 소지한 죄로 형을 선고받아 그 형이 확정된 사람은 일반직공무원에 임용될 수 없도록 한 국가공무원법 및 지방공무원법 규정은 위헌(헌재 2023.6.29. 2020헌마1605; 2020헌마1181 결정과 같은 취지라고 하였다. 헌법불합치결정).

Ⅳ. 국민투표권

1. 직접민주주의 제도

(1) 개 관

국민투표제도는 직접민주주의를 위한 대표적인 제도이다. 직접민주주의는 대의제 중심의 간접민주주의를 보완하는 기능을 한다. 직접민주주의를 위한 제도에는 국민투표제도 외에도 국민발안(國民發案), 국민소환(國民召還) 등이 있다. 국민발안은 국민이 헌법안이나 법률안을 제안할 수 있는 제도이고, 국민소환은 국민이 국가기관의 담당자를 임기 만료 전에 해직시킬 수 있는 제도이다. 우리 헌법에는 국민투표제도만이 인정되어 있다. 국민투표법(2007.5.17. 일부개정)상 19세 이상 국민에게 투표권이 있다(제7조).

(2) 레퍼렌덤과 플레비시트

국민투표제도에는 레퍼렌덤(referendum)과 플레비시트(plebiscite)라는 두 종류가 있다. 양자의 구별은 명백하지 않으며 학자들의 견해도 일정하지 않다. 양자는 모두 국민투표(국민표결)의 형식을 취하는 점에서는 차이가 없으나, 실질적인 성격이나 기능 등에 있어서 구별된다. 일반적인 이해에 따르면 레퍼렌덤은 헌법안이나 법률안의 결정에 관하여 국민의 의사를 묻는 것이고, 플레비시트는 집권자의 신임투표와 같이 정치권력 유지의 수단으로 국민의 의사를 묻는 것이다. 그러나 양자의 성격이 혼합되는 경우가 적지 않으므로 명확히 구별되는 것은 아니다.

(3) 국민소환제

우리 헌법은 국민소환제를 규정하고 있지 않은데, 법률로 국민소환제를 채택할 수 있느냐가 문제된다. 현실적으로는 특히 국회의원에 대한 국민소환제가 논의되고 있다.

생각건대 국회의원에 대한 국민소환제를 법률로 규정하는 것은 우리 헌법상의 자유위임(무기속 위임)의 원칙에 비추어 위헌의 소지가 크다. 자유위임의 원칙이란, 국회의원은 선거구민이나 특정 집단을 대표하는 것이 아니라 전체 국민의 대표자이며, 국민으로부터 명령적 위임을 받는 것이 아니라 어느 누구의 지시나 명령에도 구속되지 않고 국회의원 스스로의 독자적 판단에 의해 국민을 대표한다는 원칙이다. 이 원칙과 대립하는 것이 명령적 위임(기속위임)의 원칙이다. 명령적 위임은 중세 등족회의 등에서 채택되었던 원칙으로, 대표자는 선거민의 지시나 명령에 구속되고 선거민에게 책임을 지는 제도이다. 근대 시민혁명 이후 대부분의 나라에서 자유위임의 원칙을 택하였다.

우리 헌법상 자유위임의 원칙을 택하였다고 보는 근거로 다음의 여러 헌법규정을 드는 것이 다수 학설의 입장이다. 우선 헌법 제46조 제2항의 "국회의원은 국가이익을 우선하여 양심에 따라 직무를 행한다"는 규정과, 헌법 제7조 제1항의 "공무원은 국민 전체에 대한 봉사자"라는 규정이다.

한편 헌법재판소 판례도 우리 헌법상 자유위임의 원칙이 채택되어 있다고 해석하고 있다. 비례대표 의원이 그를 공천한 정당을 탈당할 때 의원직을 상실하는가에 관한 사건에서 헌법재판소는 다음과 같이 판시하고 있다.

(판 례) 국회의원에 대한 자유위임

전국구의원이 그를 공천한 정당을 탈당할 때 의원직을 상실하는 여부는 그 나라의 헌법과 법률이 국회의원을 이른바 자유위임(自由委任)(또는 무기속위임(無

羈束委任))하에 두었는가, 명령적 위임(命令的 委任)(또는 기속위임(羈束委任))하에 두었는가, 양 제도를 병존하게 하였는가에 달려있는데, 자유위임하의 국회의원의 지위는 그 의원직을 얻은 방법 즉 전국구로 얻었는가, 지역구로 얻었는가에 의하여 차이가 없으며, 전국구의원도 그를 공천한 정당을 탈당하였다고 하여도 별도의 법률규정이 있는 경우는 별론으로 하고 당연히 국회의원직을 상실하지는 않는다. 헌법 제7조 제1항, 제45조, 제46조 제2항의 규정들을 종합하면 헌법은 국회의원을 자유위임의 원칙하에 두었다고 할 것이고, (……)

헌재 1994.4.28. 92헌마153, 판례집 6-1, 415,415-416

이처럼 우리나라의 학설과 판례는 우리 헌법이 자유위임의 원칙을 채택하고 있다고 보는데, 이러한 자유위임의 원칙에 의하면 국회의원에 대한 국민소환은 인정될 수 없다는 결론이 도출될 수 있다. 이것은 지역구 의원이나 비례대표 의원이나 차이가 없다.

다만 자유위임의 원칙의 주된 근거로 제시되는 헌법 제46조 제2항의 의미를 제한적으로 해석하여 국민소환의 금지까지 의미하는 것은 아니라는 해석도 가능하다. 이러한 해석에 따른다면 법률로 국회의원 국민소환제를 규정하는 것이 헌법상 허용된다는 주장이 나올 수 있다. 그러나 헌법에서 특별히 국민소환제를 명시적으로 인정하지 않은 이상, 헌법 제46조 제2항 등에 비추어 자유위임의 원칙에 따르는 것이 타당하고 이에 따라 국회의원 국민소환제는 헌법상 허용되지 않는다고 보아야 할 것이다. 국민소환제는 현실적으로도 부정적 측면이 적지 않다. 국민소환제는 과도한 포퓰리즘(대중영합주의)과 정치적 불안정을 초래할 위험이 적지 않으며, 이것은 직접민주주의 제도에 공통된 것이다.

2. 우리 헌법상 국민투표권

우리 헌법상 국민투표제는 두 경우에 인정된다. ① 대통령이 국가안위에 관한 중요정책을 국민투표에 붙이는 경우(제72조)와 ② 헌법개정안에 대한 국민투표(제130조)이다.

국가안위에 관한 중요정책에 대한 국민투표는 레퍼렌덤의 의미이며 신임투표는 인정되지 않는다.

(판 례) 신임투표의 금지

헌법 제72조는 대통령에게 국민투표의 실시 여부, 시기, 구체적 부의사항, 설문내용 등을 결정할 수 있는 임의적인 국민투표발의권을 독점적으로 부여함으로써, 대통령이 단순히 특정 정책에 대한 국민의 의사를 확인하는 것을 넘어서 자신의 정책에 대한 추가적인 정당성을 확보하거나 정치적 입지를 강화하는 등, 국민투표를 정치적 무기화하고 정치적으로 남용할 수 있는 위험성을 안고 있다. 이러한 점을 고려할 때, 대통령의 부의권을 부여하는 헌법 제72조는 가능하면 대통령에 의한 국민투표의 정치적 남용을 방지할 수 있도록 엄격하고 축소적으로 해석되어야 한다.

(다) 이러한 관점에서 볼 때, 헌법 제72조의 국민투표의 대상인 '중요정책'에는 대통령에 대한 '국민의 신임'이 포함되지 않는다. 선거는 '인물에 대한 결정' 즉, 대의제를 가능하게 하기 위한 전제조건으로서 국민의 대표자에 관한 결정이며, 이에 대하여 국민투표는 직접민주주의를 실현하기 위한 수단으로서 '사안에 대한 결정' 즉, 특정한 국가정책이나 법안을 그 대상으로 한다. 따라서 국민투표의 본질상 '대표자에 대한 신임'은 국민투표의 대상이 될 수 없으며, 우리 헌법에서 대표자의 선출과 그에 대한 신임은 단지 선거의 형태로써 이루어져야 한다. 대통령이 이미 지난 선거를 통하여 획득한 자신에 대한 신임을 국민투표의 형식으로 재확인하고자 하는 것은, 헌법 제72조의 국민투표제를 헌법이 허용하지 않는 방법으로 위헌적으로 사용하는 것이다.

대통령은 헌법상 국민에게 자신에 대한 신임을 국민투표의 형식으로 물을 수 없을 뿐만 아니라, 특정 정책을 국민투표에 붙이면서 이에 자신의 신임을 결부시키는 대통령의 행위도 위헌적인 행위로서 헌법적으로 허용되지 않는다. 물론, 대통령이 특정 정책을 국민투표에 붙인 결과 그 정책의 실시가 국민의 동의를 얻지 못한 경우, 이를 자신에 대한 불신임으로 간주하여 스스로 물러나는 것은 어쩔 수 없는 일이나, 정책을 국민투표에 붙이면서 "이를 신임투표로 간주하고자 한다"는 선언은 국민의 결정행위에 부당한 압력을 가하고 국민투표를 통하여 간접적으로 자신에 대한 신임을 묻는 행위로서, 대통령의 헌법상 권한을 넘어서는 것이다. 헌법은 대통령에게 국민투표를 통하여 직접적이든 간접적이든 자신의 신임여부를 확인할 수 있는 권한을 부여하지 않는다.

(라) 뿐만 아니라, 헌법은 명시적으로 규정된 국민투표 외에 다른 형태의 재신임 국민투표를 허용하지 않는다. 이는 주권자인 국민이 원하거나 또는 국민의 이름으로 실시하더라도 마찬가지이다. 국민은 선거와 국민투표를 통하여 국가권력을 직접 행사하게 되며, 국민투표는 국민에 의한 국가권력의 행사방법의 하나로서 명시적인 헌법적 근거를 필요로 한다. 따라서 국민투표의 가능성은

국민주권주의나 민주주의원칙과 같은 일반적인 헌법원칙에 근거하여 인정될 수 없으며, 헌법에 명문으로 규정되지 않는 한 허용되지 않는다.

헌재 2004.5.14. 2004헌나1, 판례집 16-1, 609,649-650

한편 지방자치법은 주민투표제를 규정하고 있다(제13조의2. "지방자치단체의 장은 주민에게 과도한 부담을 주거나 중대한 영향을 미치는 지방자치단체의 주요 결정사항 등에 대하여 주민투표에 붙일 수 있다"). 이에 관한 법률로 주민투표법이 제정되어 있다. 주민투표권은 법률상 인정된 권리이고 헌법상 기본권에 속하는 것은 아니다(헌재 2001.6.28. 2000헌마735). 그러나 투표권에 관하여 평등원칙에 위반될 때에는 헌법소원심판의 대상이 된다(헌재 2007.6.28. 2004헌마643).

V. 소급입법에 의한 참정권제한 금지

(헌법 제13조 제2항) 모든 국민은 소급입법에 의하여 참정권의 제한을 받거나 재산권을 박탈당하지 아니한다.

소급입법에 의한 참정권 제한을 금지하는 것은 민주국가에서의 보편적인 법원칙이다. 우리 헌법사에서 참정권을 소급적으로 제한하는 입법이 여러 차례 있었음을 감안하여 헌법이 특별히 이를 명시한 것이다. 과거의 사례로서, 제1공화국 당시의 반민족행위자처벌법, 4 · 19 후의 반민족행위자공민권제한법, 5 · 16 후의 정치활동정화법, 1980년 5 · 18 후의 '정치풍토쇄신을 위한 특별조치법'이 있었다.

헌법 제13조 제2항에서 말하는 참정권이란, 통상적 의미의 참정권, 즉 선거권, 피선거권 등의 공무담임권 및 국민투표권을 가리킨다.

제 14 장

절차적 기본권(청구권적 기본권)

I. 서　설

1. 절차적 기본권의 의의

절차적 기본권은 실체적 기본권과 대비되는 기본권이다. 절차적 기본권은 자유권, 평등권, 참정권, 사회권 등 여러 실체적 기본권을 절차적으로 보장하기 위하여 국가에 대하여 적극적 행위를 청구하는 기본권이다. 헌법상 청원권(제26조), 재판청구권(제27조), 형사보상청구권(제28조), 국가배상청구권(제29조), 범죄피해자구조청구권(제30조), 손실보상청구권(제23조 제3항) 등이 여기에 속한다.

절차적 기본권을 종래 흔히 '청구권적 기본권'으로 불러왔다. 그 밖에 '기본권보장을 위한 기본권', '권리보호청구권' 등 여러 용어가 사용되고 있다. 청구권적 기본권이라는 용어는 국가의 적극적 행위를 청구하는 다른 기본권(특히 사회권)과의 구별이 나타나지 않기 때문에 절차적 기본권이라는 용어가 더 적절하다고 본다. 다만 절차적 기본권의 구체적 내용 중에는 실체적 기본권의 성격을 아울러 지닌 것들도 있다.

2. 절차적 기본권의 법적 성격

첫째, 절차적 기본권은 국가의 적극적 행위를 청구하는 기본권이며, 이 점에서 소극적으로 국가의 부작위를 요구하는 자유권과 구별된다.

둘째, 절차적 기본권은 국가의 존재를 전제하는 국가 내적 기본권이며, 이 점에서 자유권과 같은 초국가적 기본권과 다르다.

셋째, 절차적 기본권은 헌법규정에 의하여 직접 효력을 갖는 권리이다. 절차적 기본권은 입법에 의해 구체화되지만, 이 권리 자체는 헌법규정으로부터 직접 효력이 발생한다.

Ⅱ. 청 원 권

> **(헌법 제26조)** ① 모든 국민은 법률이 정하는 바에 의하여 국가기관에 문서로 청원할 권리를 가진다.
> ② 국가는 청원에 대하여 심사할 의무를 진다.

1. 의 의

청원권은 국가기관에 대하여 권리의 구제나 기타 국가기관의 권한에 속하는 사항에 대하여 의견이나 희망을 진술하고 적정한 처리를 요구하는 권리이다. 국가기관은 청원을 심사하고 그 결과를 통지할 의무를 진다. 헌법은 청원에 대한 심사의무만을 규정하고 있으나, 청원법은 더 나아가 심사결과에 대한 통지의무를 규정하고 있다(제9조 제3항). 헌법재판소 판례에 의하면, 헌법상 청원권은 청원심사 결과의 통지를 요구하는 권리까지 포함한다(헌재 2004.5.27. 2003헌마851).

권리구제 수단으로서의 청원권은 재판청구권의 확장과 더불어 상대적으로 그 비중이 약화되었다고 할 수 있다. 반면 국가기관의 의사형성에 적극적으로 참여하는 수단으로서 청원권은 그 현대적 의의를 지속하고 있다. 청원권은 국가기관의 의사형성 참여권으로서의 기능을 갖는 점에서 참정권과 유사한 기능을 한다. 예컨대 현행 헌법상 헌법개정에 관한 국민발안권은 인정되고 있지 않으나, 헌법개정에 관한 청원권의 행사는 국민발안권과 유사한 기능을 갖는다.

2. 청원권의 주체와 법적 성격

청원권은 국가 내적인 권리이지만, 외국인에게도 인정된다고 본다. 청원권을 통하여 보장받는 실체적 기본권에는 초 국가적인 자연권이 포함되므로 외국인에게도 인정하는 것이 타당하다. 청원권은 자연인만이 아니라 법인에게도 인정된다.

청원권은 실체적 기본권의 보장을 위한 절차적 기본권인데, 동시에 자유권의 성격을 지닌다는 견해가 있다. 개인이 권리구제나 국정에 관하여 국가기관에 대해 자유롭게 의견과 희망을 진술한다는 점에서 자유권의 성격을 지니는 측면이 있으나, 청원권은 더 나아가 적정한 처리를 요구하는 권리라는 점에서 자유권과는 다르다.

청원권은 국가기관에 대한 의사표시를 통하여 국가기관의 의사형성에 참여하는 기능을 하는 점에서 참정권과 유사한 기능을 하는 측면이 있다. 그러나 그것은 간접적인 기능에 그치며, 직접적인 국정참여의 권리인 참정권과는 차이가 있다.

3. 청원권의 내용

청원권의 내용은 법률이 정하는 바에 의한다. 입법자는 청원권의 내용을 법률로 정함에 있어서 광범한 재량권을 갖지만(헌재 1999.11.25. 97헌마54), 입법형성에 있어서 과소보호금지의 원칙이 적용된다. 청원권에 관한 일반적 법률로 청원법이 있고, 그 밖에 국회법(제9장)과 지방자치법(제5장 제8절)에 특별규정이 있다.

(1) 청원의 방법

청원은 문서(전자정부법에 의한 전자문서 포함)로 하여야 한다(헌법 제26조 제1항, 청원법 제9조 제1항). 다만 전자문서로 제출하는 청원은 전자적 방법을 통해 제출하여야 한다(청원법 제9조 제2항). 행정안전부장관은 전자문서로 제출된 청원의 관리를 위하여 온라인청원시스템을 구축·운영하여야 한다(제10조 제1항). 한편 청원사항이 '법률·명령·조례·규칙 등의 제정·개정 또는 폐지'나 '공공의 제도 또는 시설의 운영'에 관한 것일 때에는 청원의 내용, 접수 및 처리 상황과 결과를 온라인청원시스템에 공개하도록 청원(공개청원)할 수도 있다(제11조 제2항).

국회나 지방의회에 대한 청원은 국회의원, 지방의회의원의 소개를 얻어야 한다(국회법 제123조 제1항, 지방자치법 제73조 제1항). 헌법재판소는 이를 합헌이라고 하였다(헌재 2006.6.29. 2005헌마604).

2019.7.17. 개정 국회법은 의원의 소개가 없더라도 국회규칙으로 정하는 기간 내에 국회규칙으로 정하는 일정한 수 이상의 국민의 동의를 받는 경우에는 청원서를 제출할 수 있도록 하였다(제123조 제1항, 제2항).

(2) 청원대상기관과 청원사항

청원대상기관은 ① 국회 · 법원 · 헌법재판소 · 중앙선거관리위원회, 중앙행정기관(대통령 소속 기관과 국무총리 소속 기관을 포함한다)과 그 소속 기관, ② 지방자치단체와 그 소속기관, ③ 법령에 따라 행정권한을 가지고 있거나 행정권한을 위임 또는 위탁받은 법인 · 단체 또는 그 기관이나 개인이다(청원법 제4조).

청원사항은 피해의 구제, 공무원의 위법 · 부당한 행위에 대한 시정이나 징계의 요구, 법률 · 명령 · 조례 · 규칙 등의 제정 · 개정 또는 폐지, 공공의 제도 또는 시설의 운영, 그 밖에 국가기관 등의 권한에 속하는 사항이다(같은 법 제5조).

청원이 인정되지 않는 청원불수리 사유는, ① 국가기밀 또는 공무상 비밀에 관한 사항, ② 감사 · 수사 · 재판 · 행정심판 · 조정 · 중재 등 다른 법령에 의한 조사 · 불복 또는 구제절차가 진행 중인 사항, ③ 허위의 사실로 타인으로 하여금 형사처분 또는 징계처분을 받게 하는 사항, ④ 허위의 사실로 국가기관 등의 명예를 실추시키는 사항, ⑤ 사인간의 권리관계 또는 개인의 사생활에 관한 사항, ⑥ 청원인의 성명, 주소 등이 불분명하거나 청원내용이 불명확한 사항(제6조).

(3) 청원의 심사 및 결과통지의 의무

청원기관의 장은 청원사항을 성실하고 공정하게 조사하여야 하고(제18조), 원칙적으로 청원심의회의 심의를 거쳐 청원을 처리하여야 한다(제21조 제1항). 특별한 사유가 없는 한 청원을 접수한 날부터 90일 이내에 처리결과를 알려야 한다. 공개청원의 처리결과는 온라인청원시스템에 공개하여야 한다(제21조 제2항).

청원사항의 처리결과에 관하여 심판서나 재결서에 준하여 이유를 명시할 것까지 요구할 권리는 인정되지 않는다(헌재 1994.2.24. 93헌마213등).

(판 례) 청원처리의무와 헌법소원 대상 여부

청구인들의 청원에 대하여 이를 수리 · 심사한 후 그 결과를 청구인들에게 통지함으로써 청원에 대한 헌법 및 청원법상의 의무를 다하였다 할 것이고, 비록 피청구인의 위와 같은 처리내용이 청구인들의 기대에 미치지 못한다고 하더라도 청구인들의 청원을 방치한 것이라고는 볼 수 없으므로, 헌법소원의 대상이 되는 공권력의 불행사가 있다고 볼 수 없다.

헌재 2004.5.27. 2003헌마851, 판례집 16-1, 699,703

2018년 개정 국회법은 위원회에 회부된 청원이 고충민원으로서 정부에서 조사함이 타당하다고 인정하는 경우에는 그 의결로 국민권익위원회에 대하여 그 청원의 조사를 요구할 수 있도록 하고, 국민권익위원회는 그 조사요구를 받은 날부터 3개월 이내에 조사 및 처리결과를 해당 조사를 요구한 위원회에 보고하도록 하는 조항을 신설하였다(제127조의3).

4. 청원권의 제한

청원법은 청원불수리 사항을 규정하는 외에도, 반복청원과 이중청원을 반려할 수 있다고 규정한다(제16조). 또한 타인을 모해(謀害)할 목적으로 허위사실을 적시한 청원을 금지한다(제11조). 국회법은 재판에 간섭하거나, 국가기관을 모독하거나 혹은 국가기밀에 관한 내용의 청원을 불수리사유로 규정하고 있다(제123조 제3항).

(판 례) 교도소 수형자의 청원

헌법상 청원권이 보장된다 하더라도 청원권의 구체적 내용은 입법활동에 의하여 형성되며 입법형성에는 폭넓은 재량권이 있으므로 입법자는 수용 목적 달성을 저해하지 않는 범위 내에서 교도소 수용자에게 청원권을 보장하는 합리적인 수단을 선택할 수 있다고 할 것인바, 서신을 통한 수용자의 청원을 아무런 제한 없이 허용한다면 수용자가 이를 악용하여 검열 없이 외부에 서신을 발송하는 탈법수단으로 이용할 수 있게 되므로 이에 대한 검열은 수용 목적 달성을 위한 불가피한 것으로서 청원권의 본질적 내용을 침해한다고 할 수 없다.

헌재 2001.11.29. 99헌마713, 판례집 13-2, 739,740

Ⅲ. 재판청구권

(헌법 제27조) ① 모든 국민은 헌법과 법률이 정한 법관에 의하여 법률에 의한 재판을 받을 권리를 가진다.

② 군인 또는 군무원이 아닌 국민은 대한민국의 영역 안에서는 중대한 군사상 기밀 · 초병 · 초소 · 유독음식물공급 · 포로 · 군용물에 관한 죄 중 법률이 정한 경우와 비상계엄이 선포된 경우를 제외하고는 군사법원의 재판을 받지 아니한다.

③ 모든 국민은 신속한 재판을 받을 권리를 가진다. 형사피고인은 상당한 이유가 없는 한 지체없이 공개재판을 받을 권리를 가진다.

> ④ 형사피고인은 유죄의 판결이 확정될 때까지는 무죄로 추정된다.
> ⑤ 형사피해자는 법률이 정하는 바에 의하여 당해 사건의 재판절차에서 진술할 수 있다.

1. 의 의

재판을 받을 권리, 곧 재판청구권이란 정치권력으로부터 독립한 법원에서 신분이 보장된 법관에 의해 법률에 따라 재판을 받을 권리를 말한다. 재판청구권은 개인의 자유권 등 기본권의 침해를 구제하고 법치주의를 실현하는 데에 필수적인 기본권이다. 재판청구권은 일찍이 1215년 영국의 대헌장에서 배심재판을 받을 권리를 규정한 이래, 미국헌법에서도 배심재판을 받을 권리라는 형태로 규정하였고, 프랑스의 1791년 헌법 이래 각국 헌법에서 규정하고 있다.

재판청구권은 적극적 및 소극적 측면을 지닌다. 적극적으로는 재판이라는 국가의 행위를 청구하는 권리이고, 소극적으로는 독립이 보장되지 않은 법원에 의한 재판이나 신분보장이 안 된 법관에 의한 재판, 또는 법률에 의하지 않은 재판을 받지 않을 권리를 의미한다.

헌법 제27조 외에 재판청구권에 관한 헌법규정으로 신체의 자유와 변호인의 도움을 받을 권리에 관한 조항(제12조, 제13조), 법원과 헌법재판소에 관한 조항(제5장, 제6장)이 있다.

2. 재판청구권의 주체와 법적 성격

재판청구권은 국가를 전제한 국가 내적 기본권이지만 내국인만이 아니라 외국인에게도 보장된다. 외국인에게 보장되는 자유권 등의 초국가적 기본권이 침해된 경우에 그 구제를 받기 위하여 재판청구권이 필수적으로 보장되어야 하기 때문이다. 헌법재판소도 외국인의 재판청구권 주체성을 인정하고 소송비용 담보제공명령을 할 수 있도록 한 민사소송법 규정을 합헌이라 하였다(헌재 2011.12.29. 2011헌바57). 또한 재판청구권은 자연인만이 아니라 단체나 법인에게도 보장된다.

재판청구권은 실체적 기본권이 침해된 경우에 이를 절차적으로 보장하기 위한 절차적 기본권의 성격을 지닌다. 또한 사인간의 분쟁의 해결수단으로 재판을 청구하는 경우, 이때의 재판청구권은 재판이라는 국가의 적극적 행위를 청구하는 청구권으로서 그 자체 실체적 성격을 지닌다.

재판청구권은 개인의 국가에 대한 공권으로서 포기할 수 없다고 본다. 그러나 일반적, 추상적인 재판청구권 포기는 인정되지 않지만, 구체적 사건에 관하여 사인간에 제소하지 않기로 하는 부제소(不提訴)합의 또는 항소하지 않기로 하는 불항소(不抗訴)합의의 효력을 인정하는 것이 대법원판례의 입장이다("특정한 권리나 법률관계에 관하여 분쟁이 있어도 제소하지 아니하기로 합의한 경우 이에 위반하여 제기한 소는 권리보호의 이익이 없다." 대판 1993.5.14. 92다21760등).

3. 재판청구권의 내용

재판청구권은 ① 독립한 법원에서, ② 헌법과 법률이 정한 법관에 의하여, ③ 법률에 따라, ④ 신속하고 공개적인, ⑤ 공정한, ⑥ 재판을 받을 권리이다(이 가운데 ①은 사법권 독립의 문제이다).

재판청구권을 구체적으로 형성하는 입법은 단지 법원에 제소할 수 있는 형식적인 권리나 이론적 가능성만을 허용하는 것이 아니라 상당한 정도로 권리구제의 실효성을 보장하는 것이어야 한다(헌재 2013.3.21. 2012헌바128).

헌법재판소에 의하면 재판청구권과 같은 절차적 기본권은 원칙적으로 제도적 보장의 성격이 강하기 때문에 관련 법률에 대한 위헌심사기준은 합리성원칙 내지 자의금지원칙이 적용된다고 한다(헌재 2014.2.27. 2013헌바178).

(1) 재판의 의미

재판은 법적인 쟁송(爭訟)을 심판하는 국가작용이며, 사실확정과 법률의 해석 · 적용이라는 두 요소를 포함한다. 이 두 요소가 모두 재판의 개념에 포함된다는 것은 '헌법과 법률이 정한 법관에 의한' 재판을 받을 권리의 의미와 관련하여 중요한 의미를 지닌다(뒤의 설명 참조). 여기에서의 재판은 민사재판, 형사재판, 행정재판, 특허재판, 헌법재판 등 모든 종류의 재판을 포함한다(헌재 1992.6.26. 90헌바25).

(2) '헌법과 법률이 정한 법관'에 의한 재판

'헌법과 법률이 정한 법관'이란 단순히 형식적인 의미에서만 헌법과 법률에서 규정된 법관을 말하는 것이 아니라 헌법과 법률에 의해 재판의 독립성과 신분이 보장된 법관을 의미한다(헌재 1992.6.26. 90헌바25).

헌법 제101조 내지 제106조에서 법관에 관한 규정을 두고 있고, 구체적으로는 법원조직법 제41조 이하에서 법관의 임명, 임용자격, 임기·연임·정년, 신분보장 등에 관해 규정하고 있다. '헌법과 법률이 정한 법관'에 의한 재판인지 여부가 문제되는 여러 경우가 있다.

① **'행정심판'**은 법원이 아닌 행정기관에 의한 분쟁해결 방법이다. 헌법은 "재판의 전심(前審)절차로서 행정심판을 할 수 있다. 행정심판의 절차는 법률로 정하되, 사법절차가 준용되어야 한다"고 규정하여 행정심판의 헌법적 근거와 요건을 명시하고 있다(제107조 제3항). 과거에는 행정심판전치주의(行政審判前置主義)라고 하여 행정소송 제기 전에 행정심판을 거쳐야 하도록 되어 있었으나, 현행 행정소송법에서는 원칙적으로 행정심판절차를 임의적인 것으로 규정하였다(제18조 제1항. "취소소송은 법령의 규정에 의하여 당해 처분에 대한 행정심판을 제기할 수 있는 경우에도 이를 거치지 아니하고 제기할 수 있다. 다만, 다른 법률에 당해 처분에 대한 행정심판의 재결을 거치지 아니하면 취소소송을 제기할 수 없다는 규정이 있는 때에는 그러하지 아니하다"). 행정심판을 필요적 전심절차로서 규정하는 경우, 사법절차가 준용되고 있지 않으면 위헌이 된다. 그러나 임의적 행정심판의 경우, 사법절차가 준용되지 않더라도 위헌은 아니다.

(판 례) 필요적 행정심판과 사법절차 준용

헌법 제107조 제3항은 "재판의 전심절차로서 행정심판을 할 수 있다. 행정심판의 절차는 법률로 정하되, 사법절차가 준용되어야 한다"고 규정하고 있다. 이 헌법조항은 행정심판절차의 구체적 형성을 입법자에게 맡기고 있지만, 행정심판은 어디까지나 재판의 전심절차로서만 기능하여야 한다는 점과 행정심판절차에 사법절차가 준용되어야 한다는 점은 헌법이 직접 요구하고 있으므로 여기에 입법적 형성의 한계가 있다. 따라서 입법자가 행정심판을 전심절차가 아니라 종심절차로 규정함으로써 정식재판의 기회를 배제하거나, 어떤 행정심판을 필요적 전심절차로 규정하면서도 그 절차에 사법절차가 준용되지 않는다면 이는 헌법 제107조 제3항, 나아가 재판청구권을 보장하고 있는 헌법 제27조에도 위반된다 할 것이다. 반면 어떤 행정심판절차에 사법절차가 준용되지 않는다 하더라도 임의적 전치제도로 규정함에 그치고 있다면 위 헌법조항에 위반된다 할 수 없다. 그러한 행정심판을 거치지 아니하고 곧바로 행정소송을 제기할 수 있는 선택권이 보장되어 있기 때문이다(헌재 2000.6.1. 98헌바8, 판례집 12-1, 590,598).

한편, 헌법 제107조 제3항은 사법절차가 "준용"될 것만을 요구하고 있으나 판단기관의 독립성과 공정성, 대심적 심리구조, 당사자의 절차적 권리보장 등의 면에서 사법절차의 본질적 요소를 현저히 결여하고 있다면 "준용"의 요청에마저 위반된다고 하지 않을 수 없다(헌재 2000.6.1. 98헌바8, 판례집 12-1, 590, 601-602).

(이의신청 및 심사청구를 거치지 아니하고서는 지방세 부과처분에 대하여 행정소송을 제기할 수 없도록 한 구 지방세법 제78조 제2항이, 행정심판에 사법절차를 준용하도록 한 헌법 제107조 제3항 및 재판청구권을 보장하는 헌법 제27조에 위반한 것으로 위헌결정)

헌재 2001.6.28. 2000헌바30, 판례집 13-1, 1326,1336-1337

위 판례에서는 지방세 부과처분에 대한 이의신청 및 심사청구의 심의·의결기관인 지방세심의위원회가 그 구성과 운영에 있어서 심의·의결의 독립성과 공정성을 객관적으로 신뢰할 수 있는 토대를 충분히 갖추고 있다고 보기 어려운 점이 위헌결정의 토대가 되었다. 따라서 행정소송에 앞서 독립성과 공정성이 보장되어 있는 소청심사위원회의 소청심사를 필요적으로 거치도록 한 지방공무원법 조항은 합헌이다.

(판 례) 지방공무원의 면직처분 불복시 필요적 전치주의의 합헌성

소청심사제도에도 심사위원의 자격요건이 법관·검사 또는 변호사로 재직하는 사람, 대학에서 법률학을 담당하는 부교수 이상으로 재직하는 사람, 소속 국장급 이상의 공무원 등으로 엄격히 정해져 있고(지방공무원법 제14조 제2항), 심사위원회의 위원장도 법관 등의 자격 또는 대학의 법률학 담당 부교수 이상의 자격을 가진 위원 중 호선하도록 되어 있으며(같은 법 제15조 제1항), 임기와 신분이 보장되어 있을 뿐만 아니라 일정한 사유에 의한 제척·기피·회피에 관한 규정을 두고 있고(같은 법 제14조 제3항, 제15조의2, 제19조 제2, 3, 4항), 심사위원회의 결정은 구성원 3분의 2의 출석과 출석위원 과반수의 합의에 의하도록 하고 있는 등(같은 법 19조 제1항) 판단기관인 소청심사위원회의 독립성과 공정성이 확보되어 있다. 또한, 사실조사나 증인소환 및 검증 또는 감정 등의 증거 절차(같은 법 제17조)가 마련되어 있고, 소청인의 진술권이 보장되며(같은 법 제18조), 처분을 받은 자의 청구에 따라 소청을 심사할 경우에는 심사의 대상이 되는 처분보다 불이익한 결정을 하지 못하고, 결정은 그 이유를 구체적으로 밝힌 결정서로 하여야 하는 등(같은 법 제19조 제7, 8항) 심리절차에 있어서도 사법절차가 상당 부분 준용되어 권리구제절차로서의 실효성을 가지고 있을 뿐만 아니라 소송에 비하여 절차가 신속, 간편하고 경제적이므로 권리구제에 시간과 비용을 절약하는 긍정적 측면도 많고, 나아가 처분의 적법성 여부뿐만 아니라 처분의 당·부당의 문제에 관해서도 심사받을 수 있다.

지방공무원에 대한 소청심사제도는 시간적, 절차적으로 합리적 범위를 벗어

날 만큼 재판청구권을 제한한다고 볼 수 없다. (……) 이 사건 필요적 전치조항이 입법형성권의 한계를 벗어나 청구인의 재판청구권을 침해하였다고 할 수 없다.

헌재 2015.3.26. 2013헌바186, 판례집 27-1 상, 261,268-269

헌법재판소 판례에 의하면, 구 국가배상법에서 필요적 전심절차인 배상심의회의 배상결정에 신청인이 동의한 때에는 민사소송법상 재판상의 화해(和解)가 성립된 것으로 본다고 한 규정에 대하여, 심의회 절차가 사법절차에 준한다고 볼 수 없다는 등의 이유로 위헌결정을 내렸다(헌재 1995.5.25. 91헌가7). 또한 과거에 국가배상법상 배상심의회의 심의를 소송의 필요적 전심절차로 한 규정이 위헌이 아니냐는 논란이 있었는데, 법률개정에 의해 배상심의회에 대한 배상신청을 임의적인 것으로 규정하고 있다(국가배상법 제9조).

한편 헌법재판소는 도로교통법상의 처분에 대한 필요적 행정심판전치주의 조항을 합헌이라고 보았다(헌재 2002.10.31. 2001헌바40). 또한 토지수용법상 수용조치에 대한 불복시 이의신청을 필요적인 전심절차로 규정한 것도 합헌이라고 판시하였다(헌재 2002.11.28. 2002헌바38). 교원의 징계처분에 대한 행정심판(재심)을 필요적 전치제도로 규정한 것도 재판청구권에 위반되지 않는다고 결정하였다(헌재 2007.1.17. 2005헌바86).

② '**특허심판**'은 특허심판원에 의한 행정심판의 일종이다. 특허심판원은 특허에 관한 심판 등을 관장하며, 특허법에 따라 특허청장 소속하에 설치되어 있다(특허법 제132조의2). 특허심판원의 심결에 불복하는 경우, 특허법원에 제소할 수 있다. 특허법원의 판결에 대하여는 대법원에 상고할 수 있다(같은 법 제186조).

구법에서는 행정기관인 특허청의 심판에 불복하는 경우 바로 대법원에 제소할 수 있도록 하였는데, 이것이 '법관'에 의한 재판을 받을 권리를 침해하는 위헌이 아닌가가 문제되었다. 대법원은 법률심으로서 법률적 측면만의 심사에 그치며, 따라서 이것은 법원에 의한 사실적 측면의 심사를 배제하는 것이기 때문에 헌법불합치 결정이 내려졌다(헌재 1995.9.28. 92헌가11등).

③ **변호사 징계**에 관해서도 과거에 위헌문제가 제기되었다. 구 변호사법에 의하면, 대한변호사협회징계위원회에서 징계를 받은 변호사는 법무부변호사징계위원회에서의 이의절차를 밟은 후 곧바로 대법원에 즉시항고토록 하였는데, 이것은 법관에 의한 재판을 받을 권리를 침해하는 것으로 위헌결정이 내려졌다(헌재 2000.6.29. 99헌가9; 헌재 2002.2.28. 2001헌가18). 현행 변호사법에 의하면 법무부징계위원회의 결정에

대하여 불복이 있는 징계혐의자는 행정소송법이 정하는 바에 의하여 행정법원에 소를 제기할 수 있다(제100조).

그러나 법관에 대한 대법원장의 징계처분 취소청구소송을 대법원에 의한 단심재판에 의하도록 규정하고 있는 법관징계법 제27조는 대법원이 사실확정의 권한도 갖는 것이어서 법관에 의한 사실확정의 기회가 박탈되었다고 볼 수 없다는 것이 헌법재판소 판례이다(헌재 2012.2.23. 2009헌바34).

④ '**통고처분**'의 위헌 여부도 문제되었다. 세무서장 · 관세청장 · 세관장 등에 의한 벌금 등의 통고처분, 또는 경찰서장에 의한 범칙금의 통고처분은 그 이행 여부가 처분을 받은 당사자의 임의에 맡겨져 있고, 불복시에 정식재판을 받을 수 있으므로 위헌이 아니다(헌재 1998.5.28. 96헌바4).

⑤ '**즉결심판**'은 지방법원, 지원 또는 시 · 군법원의 판사가 20만원 이하의 벌금, 구류 또는 과료에 처할 수 있는 경미한 범죄사건을 신속 · 적정한 절차로 심판하기 위한 것이다. 즉결심판은 관할경찰서장 또는 관할해양경찰서장이 관할법원에 청구한다('즉결심판에 관한 절차법' 제1조부터 제3조). 즉결심판은 법관에 의한 재판이며 불복시 정식재판을 청구할 수 있으므로(같은 법 제14조) 위헌이 아니다.

⑥ '**약식절차**'는 공판절차를 거치지 않고 서면심리만으로 벌금, 과료, 몰수를 과하는 간이한 형사절차이다(형사소송법 제448조 이하). 약식절차는 검사의 청구에 의해 진행되는 점에서 경찰서장의 청구에 의해 진행되는 즉결심판과 다르다. 약식절차는 법관에 의한 재판이며 약식명령에 불복하는 자는 정식재판을 청구할 수 있으므로(같은 법 제453조) 위헌이 아니다.

⑦ '**독촉절차**'에서는 사법보좌관이 법원의 사무를 처리할 수 있다. 법원조직법 제54조 제2항 제1호가 규정하고 있는데, 헌법재판소는 이 규정을 합헌이라고 하였다. 지급명령신청서의 관할 및 인지를 심사하고 송달을 확인하는 등 정형적인 사무가 대부분이므로 그 업무의 내용과 성격 및 난이도 등에 비추어 볼 때, 이를 법원일반직 공무원으로서 근무한 경력이 상당한 사법보좌관이 처리하는 것은 충분히 가능하다는 점을 이유로 하였다(헌재 2020.12.23. 2019헌바353).

⑧ '**군사재판**'에서는 일반 법관이 아닌 군사법원의 재판관이 재판한다. 헌법은 "군사법원의 조직 · 권한 및 재판관의 자격은 법률로 정한다"고 규정하여(제110조 제3항) 군사법원 재판관의 자격을 일반 법관과 달리 정할 수 있는 헌법상 근거를 명시하였다. 군사법원법에 의하면, 군사법원의 재판관은 군판사 3명을 재판관으로 임명한다. 군판사는 군법무관으로서 10년 이상 복무한 영관급 이상의 장교 중에서 임명한

다(제22조부터 제24조).

헌법재판소 판지(判旨)처럼, '헌법과 법률이 정한 법관'에 의해 재판을 받을 권리라 함은 "물적 독립(헌법 제103조)과 인적 독립(헌법 제106조, 법원조직법 제46조)이 보장된 법관에 의한 재판을 받을 권리를 의미하는 것"이므로(헌재 1992.6.26. 90헌바25), 군사법원 재판관이 과연 물적, 인적 독립이 보장된 법관으로 볼 수 있느냐가 문제된다. 아래의 헌법재판소 판례는 구 군사법원법 규정에 관한 것이지만 해당 규정의 기본적 내용은 현행 법률과 다르지 않다.

(판 례) 군사법원제도의 합헌성 여부

아무리 군사법원의 조직 권한 및 재판관의 자격을 일반법원과 달리 정할 수 있다고 하여도 그것이 아무런 한계 없이 입법자의 자의에 맡겨질 수는 없는 것이고 사법권의 독립 등 헌법의 근본원리에 위반되거나 헌법 제27조 제1항의 재판청구권, 헌법 제11조 제1항의 평등권, 헌법 제12조의 신체의 자유 등 기본권의 본질적 내용을 침해하여서는 안 될 헌법적 한계가 있다고 할 것이다.

(……) 군사법원을 군부대 등에 설치하도록 하고, (……) 군사법원에 군 지휘관을 관할관으로 두도록 하고, (……) 국방부장관, 각 군 참모총장 및 관할관이 군판사 및 심판관의 임명권과 재판관의 지정권을 갖고 심판관은 일반장교중에서 임명할 수 있도록 규정한 것은 위에서 본 바와 같이 헌법 제110조 제1항, 제3항의 위임에 따라 군사법원을 특별법원으로 설치함에 있어서 군대조직 및 군사재판의 특수성을 고려하고 군사재판을 신속, 적정하게 하여 군기를 유지하고 군지휘권을 확립하기 위한 것으로서 필요하고 합리적인 이유가 있다고 할 것이다.

(……) 헌법 제110조 제2항에 의하면 군사법원의 상고심은 대법원에서 관할한다고 규정하여 대법원을 군사재판의 최종심으로 하고 있고, 군사법원법 제21조 제1항은 "군사법원의 재판관은 헌법과 법률에 의하여 그 양심에 따라 독립하여 재판한다"라고 규정하여 재판관의 재판상의 독립을, 같은 조 제2항은 "군사법원의 재판관은 재판에 관한 직무상의 행위로 인하여 징계 기타 어떠한 불이익한 처분도 받지 아니한다"라고 규정하여 재판관의 신분을 보장하고 있으며, 또한 같은 법 제22조 제3항, 제23조 제1항에 의하면 군사법원의 재판관은 반드시 일반법원의 법관과 동등한 자격을 가진 군판사를 포함시켜 구성하도록 하고 있는바, 이와 같은 사정을 감안하여 보면 군사법원법 제6조가 일반법원과 따로 군사법원을 군부대 등에 설치하도록 하였다는 사유만으로 청구인이 주장하는 바와 같이 헌법이 허용한 특별법원으로서 군사법원의 한계를 일탈하여 사

법권의 독립을 침해하고 위임입법의 한계를 일탈한 것이거나 헌법 제27조 제1항의 재판청구권, 헌법 제11조의 평등권을 본질적으로 침해한 것이라고 할 수 없고 또한 같은 법 제7조, 제23조, 제24조, 제25조가 일반법원의 조직이나 재판부구성 및 법관의 자격과 달리 군사법원에 관할관을 두고 군검찰관에 대한 임명, 지휘, 감독권을 가지고 있는 관할관이 군판사 및 심판관의 임명권 및 재판관의 지정권을 가지며 심판관은 일반장교 중에서 임명할 수 있도록 규정하였다고 하여 바로 위 조항들 자체가 청구인이 주장하는 바와 같이 군사법원의 헌법적 한계를 일탈하여 사법권의 독립과 재판의 독립을 침해하고 죄형법정주의에 반하거나 인간의 존엄과 가치, 행복추구권, 평등권, 신체의 자유, 정당한 재판을 받을 권리 및 정신적 자유를 본질적으로 침해하는 것이라고 할 수 없다.

헌재 1996.10.31. 93헌바25, 판례집 8-2, 443,452-455

위 판례에 의하면 헌법 제110조 제1항과 제3항에 따라 비록 군사법원의 조직 · 권한 및 재판관의 자격을 일반법원과 달리 정할 수 있다고 하여도 사법권의 독립 등 헌법의 근본원리에 위반되거나 헌법 제27조 제1항의 재판청구권 등의 본질적 내용을 침해하여서는 안 될 헌법적 한계가 있다고 판시한다. 그러면서도 군대조직 및 군사재판의 특수성을 고려하고, 다른 한편, 대법원을 군사재판의 최종심으로 한다는 헌법규정(제110조 제2항)과 군사법원법상 "군사법원의 재판관은 헌법과 법률에 의하여 그 양심에 따라 독립하여 심판한다"라는 규정(제21조 제1항) 등에 비추어 위헌이 아니라고 보고 있다. 그러나 군사법원법은 재판관임명방식 등을 비롯하여 재판관의 독립성을 저해하는 여러 문제조항을 안고 있어서 그 개정이 주장되고 있다.

헌법재판소는 군사법원법상 군사법경찰단계에서 10일간의 구속기간을 1차 연장허가할 수 있게 한 규정을 위헌이라고 결정하였다(헌재 2003.11.27. 2002헌마193).

또한 헌법재판소는 현역병의 군대 입대 전의 범죄에 대하여 군사법원의 재판을 받도록 하는 규정도 합헌이라고 하였다(헌재 2009.7.30. 2008헌바162).

헌법재판소는 개헌 논의 과정에서의 국회 회의록을 주된 근거로 하여, 일반 국민이 '전투용에 공하는 시설'을 손괴한 경우 군사재판을 받도록 한 군사법원법 규정을 위헌이라고 하였다(헌재 2013.11.28. 2012헌가10).

⑨ **'배심제'** 또는 **'참심제'**를 채택하는 경우, 이것이 헌법상 법관에 의한 재판을 받을 권리를 침해하는 것이 아니냐가 문제된다. 영미의 배심제(陪審制)는 비(非)법률가인 일단의 시민이 법률가인 직업적 법관과 분리하여 재판에서의 사실문제에 관한 결정권을 행사하는 제도이다. 유럽대륙의 참심제(參審制)는 법률가인 직업적 법관과 비

법률가인 참심원이 혼합하여 재판부를 구성하는 제도로서, 이 혼합된 재판부가 사실문제 및 법률문제를 판단하며 유죄 여부 및 형벌을 결정한다.

종전의 다수 학설에 의하면, 배심제에서 배심원은 사실판단에만 관여하고 법률판단에는 참여하지 않으므로 헌법상 허용되는 반면, 참심제에서 참심원은 법률판단에도 관여하므로 위헌이며 허용되지 않는다고 한다. 그러나 이것은 재판의 의미를 잘못 이해한 것이다. 헌법재판소 판례에서 보는 것처럼 재판이란 사실확정 및 법률의 해석적용이라는 두 요소를 모두 포함하는 것이므로(헌재 1992.6.26. 90헌바25), 배심원 및 참심원 모두 재판을 행하는 것이다. 그런데 배심원이나 참심원은 헌법과 법률이 정한 법관이라고 할 수 없으므로 배심제와 참심제 모두 헌법상 인정될 수 없다. 다만 배심원이나 참심원에 대하여 일종의 법관으로서의 자격을 부여하는 입법을 생각할 수 있으나, 이 경우에도 문제가 있다. 헌법상 대법원장과 대법관이 아닌 법관의 임기는 10년으로 되어 있는데(제105조 제3항), 배심원이나 참심원의 임기를 10년으로 하는 것은 실제상 불가능하기 때문이다. 이렇게 볼 때 현행 헌법하에서 배심제나 참심제의 취지를 살려 국민의 재판참여제도를 도입하는 방안은 배심원이나 참심원에게 권고적 효력만을 인정하는 '준(準)배심제' 또는 '준(準)참심제'를 채택하는 것이다.

2008년 1월 1일부터 '국민의 형사재판 참여에 관한 법률'에 따라 배심원이 형사재판에 참여하는 '국민참여재판'제도가 시행되었다. 헌법재판소는 국민주권 이념에 따라 사법권의 민주적 정당성을 위하여 도입된 것이라고 설시한 바 있다(헌재 2016.12.29. 2015헌바63). 국민참여재판의 대상이 되는 형사사건의 범위는 열거적으로 규정되어 있으며(제5조), 국민참여재판 여부는 피고인의 의사에 따른다(제8조 제1항). 배심원의 수는 법정형이 사형·무기징역 또는 무기금고에 해당하는 사건인 경우에는 9인, 그 외에는 7인이며, 피고인 또는 변호인이 공판준비절차에서 공소사실의 주요내용을 인정한 때 법원은 5인의 배심원이 참여하게 할 수 있다(제13조 제1항). 법원은 사건의 내용에 비추어 특별한 사정이 있다고 인정되고 검사·피고인 또는 변호인의 동의가 있는 경우에 한하여 결정으로 배심원의 수를 7인과 9인 중에서 제1항과 달리 정할 수 있다(제2항). 만 20세 이상의 대한민국 국민은 배심원이 될 수 있으나(제16조), 일정한 제한이 따른다(제17조부터 제20조). 배심원은 피고인이나 증인에 대하여 필요한 사항을 신문하여 줄 것을 재판장에게 요청하거나, 필요하다고 인정한 경우 재판장의 허가를 받아 각자 필기를 통해 이를 평의에 사용할 수 있다(제41조 제1항). 배심원은 변론종결 후 법정에서 재판장의 설명을 듣고 유·무죄에 관하여 평의하고, 전원의 의견이 일치하면 그에 따라 평결하되, 배심원 과반수의 요청이 있으면 심리에 관여한 판사의 의견을 들을 수 있다(제46조 제2항). 유·무죄에 관하여 배심원 전원의 의견이 일치하지 않을 때 심리에 관여한 판사의 의견을 들어야 하며, 이 때 유·무죄에 관한 평결은 다수결로 하되, 심리에 관여한 판사는 평의에 참석하여 의견은 진술해도 평결에는 참여할 수 없다(제46조 제3항). 평결이 유죄인 경우에는 심리에 관여한 판사와 함께 양형에 관하여 토의하고 그에 관한 의견도 개진한다(제46조 제4항). 다만 평결과 양형에 관한 배심원의 의견은 법원을 기속하는 것은 아니다(제46조 제5항). 이 때문에 국민참여재판제도는 준배심제로 볼 수 있다.

한편 헌법재판소는 국민참여재판을 받을 권리가 헌법상 재판청구권으로 보장되는 것은 아니고, 따라서 국민참여재판의 대상사건을 제한한 법 제5조 제1항도 합헌이라고 판시하였다(헌재 2009.11.26. 2008헌바12). 폭력행위등처벌에관한법률 위반(집단·흉기등상해)죄를 국민참여재판 대상에서 제외하더라도 위헌이 아니다(헌재 2016.12.29. 2015헌바63).

대법원은 국민참여재판 대상 사건의 피고인이 국민참여재판을 신청하였는데도 법원이 이에 대한 배제결정을 하지 않은 채 통상의 공판절차로 재판을 진행하는 것은 위법하고, 이러한 공판절차에서 행하여진 소송행위는 무효라고 하였다(대판 2011.9.8. 2011도7106). 또한 국민참여재판의 배심원의 결정에 따른 제1심 판결을 번복하기 위하여는 특별한 사정이 있어야 한다고 한다(대판 2010.3.25. 2009도14065).

(3) '법률에 의한' 재판

'법률에 의한' 재판을 받을 권리란 "절차법이 정한 절차에 따라 실체법이 정한 내용대로 재판을 받을 권리"를 말한다(헌재 1992.6.26. 90헌바25, 판례집 4, 349). '헌법에 의한 재판'도 포함한다. 법률은 합헌적인 법률이어야 한다. 형사재판에서는 형식적 의미의 법률이어야 하지만, 민사재판에서는 관습법과 같은 불문법도 포함한다.

(판 례) 법률에 의한 재판의 의미

"법률에 의한 재판"이라 함은 합헌적(合憲的)인 법률로 정한 내용과 절차에 따라, 즉 합헌적인 실체법과 절차법에 따라 행하여지는 재판을 의미한다. 따라서 형사재판에 있어서 합헌적인 실체법과 절차법에 따라 행하여지는 재판이라고 하려면, 적어도 그 기본원리라고 할 수 있는 죄형법정주의(罪刑法定主義)와 위에서 살펴본 적법절차주의에 위반되지 아니하는 실체법과 절차법에 따라 규율되는 재판이 되어야 할 것이다.

헌재 1993.7.29. 90헌바35, 판례집 5-2, 14,31

(판 례) '변론의 전취지', '자유심증주의'와 법률에 의한 재판

이 사건 자유심증 조항(민사소송법 제202조, 법원은 변론 전체의 취지와 증거조사의 결과를 참작하여 자유로운 심증으로 사회정의와 형평의 이념에 입각하여 논리와 경험의 법칙에 따라 사실주장이 진실한지 아닌지를 판단한다; 저자)은 형사소송과 달리 '증거조사의 결과'뿐만 아니라 '변론 전체의 취지'도 폭넓게 자유로운 심증의 대상인 증거원인이 되도록 하고 있고, 증거방법이나 증거가치에 관하여 법관이 원칙적으로 사회정의와 형평의 이념에 입각하여 논리와 경험의 법칙에 따라 '자유로운 심증으로' 판단하도록 하고 있는데, 이는 민사소송의 특성을 반영하여 실체적 진실 발견과 사실인정의 구체적 타당성을 확보하기 위한 것이므로 합리적인 이유가 있다. (……)

이 사건 자유심증 조항은 당사자 사이에 다툼이 있는 '사실주장'의 진실 여부를 판단하는 경우로 적용대상이 국한되고, 사회정의와 형평의 이념에 입각하여 논리와 경험의 법칙에 따라야 한다는 내용상 한계도 존재하며, 민사소송법은 일정한 경우 증거방법이나 증거력에 관하여 법정하는 예외를 두고 있을 뿐만 아니라, 이 사건 자유심증 조항은 소송에서 양 당사자에게 공통으로 적용되어 중립적이고 공정한 재판절차의 형성에 저촉되지도 아니한다. 따라서 이 사건 자유심증 조항은 민사소송에서 법관의 사실인정에 관한 증거 판단에 자의와 전단을 초래함으로써 공정한 재판절차를 훼손할 정도로 민사소송절차에 관한 입법형성의 한계를 벗어났다고 볼 수 없으므로, 헌법 제27조 제1항의 법률에 의한 재판을 받을 권리를 침해하지 아니한다.

헌재 2012.12.27. 2011헌바155, 공보 195, 125,129

(4) '신속하고 공개적인' 재판

헌법 제27조 제3항은 '신속한 재판을 받을 권리'를 명시하고 있다. 헌법재판소는 이 규정으로부터 직접적이고 구체적인 권리가 발생하는 것은 아니라고 보고 있다.

(판 례) 재판지연과 신속한 재판을 받을 권리

헌법 제27조 제3항 제1문에 의거한 국민의 신속한 재판을 받을 권리를 보장하기 위한 법규정으로는 민사소송법 제184조를 들 수 있다. 이 법규정은 심리를 신속히 진행함으로써 판결의 선고를 소가 제기된 날로부터 5월 내에, 항소심 및 상고심에 있어서는 기록의 송부를 받은 날부터 5월 내에 하도록 규정하고 있다. 이 법규정은 행정소송법 제8조 제2항에 의거하여 위 처분취소사건들의 경우에도 준용된다.

그러나 이 법규정 소정의 판결선고기간을 직무상의 훈시규정으로 해석함이

법학계의 지배적 견해이고, 법원도 이에 따르고 있으므로, 위 기간 이후에 이루어진 판결의 선고가 위법으로 되는 것은 아니다. 따라서 피청구인은 민사소송법 제184조에서 정하는 기간 내에 판결을 선고하도록 노력해야 하겠지만, 이 기간 내에 반드시 판결을 선고해야 할 법률상의 의무가 발생한다고는 볼 수 없다. (……)

헌법 제27조 제3항 제1문은 "모든 국민은 신속한 재판을 받을 권리를 가진다"라고 규정하고 있다. 그러나 신속한 재판을 받을 권리의 실현을 위해서는 구체적인 입법형성이 필요하며, 다른 사법절차적 기본권에 비하여 폭넓은 입법재량이 허용된다. 특히 신속한 재판을 위해서 적정한 판결선고기일을 정하는 것은 법률상 쟁점의 난이도, 개별사건의 특수상황, 접수된 사건량 등 여러 가지 요소를 복합적으로 고려하여 결정되어야 할 사항인데, 이때 관할 법원에게는 광범위한 재량권이 부여된다. 따라서 법률에 의한 구체적 형성 없이는 신속한 재판을 위한 어떤 직접적이고 구체적인 청구권이 발생하지 아니한다.

따라서 피청구인들이 위 보안처분들의 효력만료 전까지 판결을 선고해야 할 구체적인 의무가 헌법상으로 직접 도출된다고는 볼 수 없다. 그렇다면 피청구인들이 위와 같이 판결을 선고해야 할 구체적인 행위를 요구할 수 있는 청구인들의 권리가 헌법 제27조 제3항 제1문상의 신속한 재판을 받을 권리로부터 발생하지 아니한다고 할 것이다.

헌재 1999.9.16. 98헌마75, 판례집 11-2, 364,370-371

한편 헌법 제27조 제3항은 형사피고인의 공개재판을 받을 권리를 규정하고 있다. 이 조항은 공개재판을 받을 권리를 '형사피고인'의 권리로서 규정하고 있으나, 이 권리는 형사피고인에 한정하지 않는다. 헌법 제109조는 "재판의 심리와 판결은 공개한다. 다만, 심리는 국가의 안전보장 또는 안녕질서를 방해하거나 선량한 풍속을 해할 염려가 있을 때에는 법원의 결정으로 공개하지 아니할 수 있다"고 규정하고 있다. 이에 따라 판결은 반드시 공개해야 한다.

(5) '공정한' 재판

헌법은 '공정한' 재판을 받을 권리를 명시하고 있지는 않으나, 법치주의 원리에 비추어 재판청구권은 당연히 공정한 재판을 받을 권리를 말한다. 이 권리로부터 공격·방어권이 충분히 보장되는 재판을 받을 권리가 파생된다(헌재 1998.7.16. 97헌바22).

(판 례) 공정한 재판을 받을 권리의 성격과 심사기준

헌법 제27조 제1항 재판청구권에 의하여 보장되는 공정한 재판을 받을 권리는 원칙적으로 제도적으로 보장되는 성격이 강하므로, 그에 관하여는 상대적으로 폭넓은 입법형성권이 인정된다(헌재 2012.12.27. 2011헌바155 참조). 특히 이 사건과 같이 상속재산분할에 관한 다툼이 발생한 경우 이를 가사소송 또는 민사소송 절차에 의하도록 할 것인지, 아니면 가사비송 절차에 의하도록 할 것인지 등을 정하는 것은 원칙적으로 입법자가 소송법의 체계, 소송 대상물의 성격, 분쟁의 일회적 해결 가능성 등을 고려하여 형성할 정책적 문제이다. 따라서 가사비송 조항이 청구인의 공정한 재판을 받을 권리를 침해하는지 여부는 재판의 공정성을 훼손할 정도로 현저히 불합리한 입법형성을 함으로써 그 한계를 벗어났는지 여부에 의하여 결정된다.

헌재 2017.4.27. 2015헌바24, 공보 247, 456,461

(판 례) 공정한 재판을 받을 권리와 검사의 의무

검사는 공익의 대표자로서 실체적 진실에 입각한 국가 형벌권의 실현을 위하여 공소제기와 유지를 할 의무뿐만 아니라 그 과정에서 피고인의 정당한 이익을 옹호하여야 할 의무를 진다고 할 것이고, 검사가 수사 및 공판과정에서 피고인에게 유리한 증거를 발견하게 되었다면 피고인의 이익을 위하여 이를 법원에 제출하여야 한다(대법원 2002.2.22. 선고 2001다23447 판결 참조) (……)

경찰 조사에서 범행을 부인하던 원고가 검찰 조사 과정에서 범행을 인정하는 취지의 진술을 하게 된 경위를 비롯한 제1심 판시 사실 등을 종합하면 시료에서 원고의 정액이나 유전자가 검출되지 않았다는 취지의 국립과학수사연구원의 유전자감정서는 형사 피고사건에 대한 원고의 자백이나 부인, 소송 수행 방향의 결정 또는 방어권 행사에 결정적 영향을 미치는 자료로 볼 수 있는데, 검사가 원고에 대한 공소제기 당시 위 유전자감정서를 증거목록에서 누락하였다가 원고 측 증거신청으로 법원에 그 존재와 내용이 드러난 이후에야 증거로 제출한 것은 검사가 직무를 집행하면서 과실로 증거제출의무를 위반한 것에 해당하므로, 피고는 원고에게 이로 인한 손해를 배상하여야 한다.

대판 2022.9.16. 2021다295165

헌법이 보장한 '공정한 재판을 받을 권리'의 보호영역에는 형사재판에서 '사실 · 법리 · **양형**'과 관련하여 피고인이 자신에게 유리한 주장과 자료를 제출할 기회를 보장하는 것이 포함된다는 것이 판례이다(헌재 2021.8.31. 2019헌마516). 다만 헌법재판소는 이 결정에서 공탁규칙이 '피고인인 공탁자'가 형사공탁을 할 때 '피해자인 피공탁

자'의 성명 · 주소 · 주민등록번호를 기재하도록 규정한 결과, 피고인이 피해자의 주소 등을 모를 경우에는 공탁이 불가능하게 되더라도 이는 형사정책 측면을 고려한 것이고 피고인의 공정한 재판을 받을 권리를 침해하는 것은 아니라고 하였다. 4인 재판관은 피고인이 피해자의 인적사항을 알지 못하여 유리한 양형자료로서 변제공탁을 활용하지 못하더라도 이는 사실상 간접적 불이익에 불과하므로, 위 공탁규칙 규정은 기본권 침해가능성이 인정되지 않는다고 하였다.

(판 례) 디엔에이감식시료채취영장 발부 절차에서의 공정한 재판을 받을 권리

디엔에이감식시료채취영장 발부 여부는 채취대상자에게 자신의 디엔에이감식시료가 강제로 채취당하고 그 정보가 영구히 보관 · 관리됨으로써 자신의 신체의 자유, 개인정보자기결정권 등의 기본권이 제한될 것인지 여부가 결정되는 중대한 문제이다. 그럼에도 불구하고 이 사건 영장절차 조항은 채취대상자에게 디엔에이감식시료채취영장 발부 과정에서 자신의 의견을 진술할 수 있는 기회를 절차적으로 보장하고 있지 않을 뿐만 아니라, 발부 후 그 영장 발부에 대하여 불복할 수 있는 기회를 주거나 채취행위의 위법성 확인을 청구할 수 있도록 하는 구제절차마저 마련하고 있지 않다. 위와 같은 입법상의 불비가 있는 이 사건 영장절차 조항은 채취대상자인 청구인들의 재판청구권을 과도하게 제한하므로, 침해의 최소성 원칙에 위반된다.

이 사건 영장절차 조항에 따라 발부된 영장에 의하여 디엔에이신원확인정보를 확보할 수 있고, 이로써 장래 범죄수사 및 범죄예방 등에 기여하는 공익적 측면이 있으나, 이 사건 영장절차 조항의 불완전 · 불충분한 입법으로 인하여 채취대상자의 재판청구권이 형해화되고 채취대상자가 범죄수사 및 범죄예방의 객체로만 취급받게 된다는 점에서, 양자 사이에 법익의 균형성이 인정된다고 볼 수도 없다.

헌재 2018.8.30. 2016헌마344 등, 공보 263, 1528,1529

위와 같은 헌법재판소의 헌법불합치결정에 따라 2020년 개정 '디엔에이신원확인정보의 이용 및 보호에 관한 법률'은 다음 조항을 신설하였다. ① 검사는 디엔에이감식시료채취영장을 청구할 때 채취에 관한 채취대상자의 의견이 담긴 서면을 제출하여야 하고, 관할 지방법원 판사는 디엔에이감식시료채취영장 발부 여부를 심사하는 때에 채취대상자에게 서면에 의한 의견진술의 기회를 주어야 한다(제8조 제4항 후단, 제5항). ② 디엔에이감식시료채취영장에 의해 디엔에이감식시료가 채취된 대상자는 채취에 관한 처분에 대하여 불복이 있으면 채취가 이루어진 날부터 7일 이내에 법원

에 그 처분의 취소를 청구할 수 있다(제8조의2). ③ 디엔에이신원확인정보담당자는 디엔에이감식시료의 채취에 관한 처분 취소결정이 확정된 경우에는 데이터베이스에 수록된 디엔에이신원확인정보를 삭제하여야 한다(제13조 제3항).

(판 례) 전문증거의 예외적 증거능력 인정

이 사건 법률조항(형사소송법 제314조)은 원진술자의 외국거주를 이유로 직접주의와 전문법칙의 예외를 인정하여 전문증거의 증거능력을 인정하고 있다. 직접주의와 전문법칙의 예외를 인정하는 이유는 직접주의와 전문법칙을 모든 경우에 예외 없이 너무 철저하게 관철하면 신속한 재판과 실체적 진실발견을 저해하여 재판의 최대과제인 공정한 재판과 사법정의실현에 지장을 초래할 수 있다는 고려 때문이다.

오늘날 교통, 통신의 발달로 외국과의 교류가 활발해지고 입·출국이 자유롭고 용이해졌다고는 하나, 외국은 대한민국의 주권이 미치지 아니하는 곳으로 증인의 소환 및 송달 등의 재판권 행사가 불가능하거나 어렵다. 설사 사법공조조약이 체결된 국가에 원진술자가 거주하여 우리나라와의 사법공조가 가능하다 하더라도 공조의 범위가 한정적이고 이를 강제할 방법이 없어 원진술자를 국내의 법원으로 소환하여 진술을 듣는 것이 불가능하거나 어려운 경우가 발생할 수 있다. 이러한 경우는 사망, 질병의 경우와 마찬가지로 법원 및 수사기관의 의사와 관계없이 법관의 면전에서의 원진술자나 작성자의 진술과 이에 대한 반대신문이 부득이 방해받고, 이러한 경우 무작정 그 진술을 기다린다면 신속한 재판과 실체적 진실발견을 저해한다는 점에서 전문증거의 증거능력을 인정할 사유로서 정당성이 있다.

또한 이 사건 법률조항은 전문법칙의 예외를 인정할 필요성이 있는 경우에도 동조 단서에서 그 조서 또는 서류의 진술 및 작성이 "특히 신빙할 수 있는 상태하에서 행하여진 때에 한한다"고 규정하여 그 적용범위를 합리적으로 최소화하고 있다.

따라서 이 사건 법률조항은 공정한 재판을 받을 권리를 침해한다고 볼 수 없다.

헌재 2005.12.22. 2004헌바45, 판례집 17-2, 712,712-713.

(판 례) 공정한 재판을 받을 권리와 증인신문에서의 적법절차

형사소송법에서 정한 절차와 방식에 따른 증인신문절차를 거치지 아니한 채 증인에 대하여 선서 없이 법관이 임의의 방법으로 청취한 진술과 그 진술의 형식적 변형에 불과한 증거(녹음파일 등)는 적법한 증거조사 절차를 거치지 않은

증거로서 증거능력이 없다. 따라서 사실인정의 자료로 삼을 수도 없고, 피고인이나 변호인이 그러한 절차 진행에 동의하였다거나 사후에 그와 같은 증거조사 결과에 대하여 이의를 제기하지 아니하고 그 녹음파일 등을 증거로 함에 동의하였더라도 그 위법성이 치유되지 않는다.

대판 2024.9.12. 2020도14843

위 대법원 판결은 공판절차에서 증인신문절차에 위반한 하자는 피고인의 동의로도 치유되지 않는다는 점을 명확히 하였다는 점에 의의가 있다.

(판 례) 공정한 재판을 받을 권리와 입증책임 분배

공정한 재판을 받을 권리는 원칙적으로 당사자주의와 구두변론주의가 보장되어 소송의 당사자에게 공격·방어권을 충분히 행사할 기회를 부여하는 것을 주된 내용으로 한다. 공정한 재판을 받을 권리는 변론 과정에서뿐만 아니라, 증거의 판단, 법률의 적용 등 소송 전 과정에서 적용된다. 어떠한 요증사실의 존부가 확정되지 않았을 때 그 사실이 존재하지 않는 것으로 취급되어 법률판단을 받게 되는 불이익인 증명책임의 분배 문제도 공정한 재판을 받을 권리의 보호범위에 해당한다.

이 사건 법률조항(공익사업을 위한 토지 등의 취득 및 보상에 관한 법률 제85조 제2항)은 보상금증감소송에서 행정청이 아닌 사업시행자를 피고로 하도록 정하고 있는바, 소송의 형태를 행정소송상 항고소송으로 구성하지 아니하여 원고인 피수용자가 정당한 보상금에 대한 증명책임을 부담하게 될 가능성이 있어 정당한 보상금에 대해 증명을 하지 못하는 한 피수용자는 패소할 수밖에 없는 위험을 부담하게 된다.

그런데 재판청구권은 원칙적으로 제도적으로 보장되는 성격이 강하므로, 그에 관하여는 상대적으로 폭넓은 입법형성권이 인정된다(헌재 2012.12.27. 2011헌바155, 판례집 24-2하, 433,440). 특히 토지수용사건에서 보상금증감에 관한 다툼이 발생한 경우 이를 항고소송으로 할지, 다른 별도의 행정소송 형태로 정할지 여부, 그리고 다른 행정소송 형태로 정할 때 누구를 당사자로 할지 등을 정하는 것은 원칙적으로 입법자가 행정소송법의 체계, 소송 대상물의 성격, 분쟁의 일회적 해결 가능성 등을 고려하여 형성할 정책적 문제라고 할 것이므로, 이 사건 법률조항이 청구인의 공정한 재판을 받을 권리를 침해하는지는 그러한 입법형성이 재판의 공정성을 훼손할 정도로 현저히 불합리한 입법형성을 함으로써 그 한계를 벗어났는지 여부에 의하여 결정된다.

헌재 2013.9.26. 2012헌바23, 공보 204, 1328,1330

(판 례) 소송구조에 대한 재판의 관할 법원

이 사건 법률조항(소송구조에 대한 재판을 소송기록을 보관하고 있는 법원이 하도록 한 민사소송법 제128조 제3항)에 의하면 판결 선고 후 상소심 법원으로 소송기록이 송부되기 전에 소송구조를 신청할 경우 원심법원이 소송구조 여부를 판단하게 되는바, 이는 소송구조에 관한 심리가 상소장 심사와 밀접하게 관련되어 있고 그 판단이 비교적 용이하여 원심법원이 이를 담당하여도 무리가 없고 오히려 신속한 소송구조를 촉진할 수 있기 때문이다. 원심법원이 신청인에 대해 패소판결을 선고하였으므로 상소심에서도 패소판결이 유지될 것으로 보아 소송구조신청을 기각할 가능성이 있지만, 상소장을 제출하면서 원심에 제출하지 아니한 증거를 새로 제출하는 경우, 상급심에서 다투어 볼 만한 법리가 문제된 경우 등에는 원심법원이 소송구조신청을 인용할 가능성도 있다. 한편, 소송구조신청이 기각된 경우, 신청인은 즉시항고, 재항고를 통하여 구제를 받을 수 있다. 또한, '소송구조제도의 운영에 관한 예규' 제2조의2에서는 각급 법원에 소송구조 전담재판부를 설치하여 운영할 수 있도록 하여, 본안사건의 판단으로부터 자유로운 소송구조 전담재판부가 소송구조 여부를 판단함으로써 원심법원의 선입견을 배제하면서도 원심재판장의 상소장심사권이 형해화되는 것을 방지하고 있다. 그렇다면 원심법원이 아닌 상소심법원이 소송구조신청사건을 판단하도록 규정하지 않았다는 점만으로 이 사건 법률조항이 공정한 재판을 받을 권리를 침해하였다고 할 수 없다.

헌재 2016.7.28. 2015헌마105 등, 공보 238, 1249

형사소송법상 구속기간을 제한한 규정이 도리어 피고인의 공정한 재판을 받을 권리를 침해하는 것이 아니냐는 주장이 제기된 사건이 있다. 구속기간 내에 심리를 마쳐 판결을 선고하려는 법원의 실무관행 때문에 구속기간 제한이 오히려 피고인의 공격·방어권을 제한한다는 것이다. 그러나 헌법재판소는 이 조항이 신체의 자유를 보장하기 위한 것이며 합헌이라고 결정하였다(헌재 2001.6.28. 99헌가14).

또한 헌법재판소 판례에 의하면, 소송의 지연을 목적으로 함이 명백한 경우에 기피신청을 받은 법원 또는 법관이 이를 기각할 수 있도록 규정한 형사소송법 규정(제20조 제1항)은 공정한 재판을 받을 권리를 침해하는 것이 아니며 합헌이라고 판시하였다(헌재 2006.7.27. 2005헌바58). 기피신청에 대한 결정이 확정되기 전에 기피신청을 당한 법관으로 하여금 소송절차를 정지하지 않고 종국판결을 선고할 수 있도록 하는 민사소송법 규정도 합헌이라고 하였다(헌재 2024.8.29. 2021헌바146; 변론종결일이 지난 다음 기피신청을 한 사례이다).

그 밖에도 헌법재판소는 '특정범죄신고자 등 보호법' 중 증인의 인적사항이 증인신문의 모든 과정에서 공개되지 아니하도록 한 조항(제11조 제2항, 제3항) 및 재판장이 피고인을 퇴정시키고 증인신문을 행할 수 있도록 규정한 조항(제11조 제6항)은 증인보호를 위한 조치로서 공정한 재판을 받을 권리를 침해하는 것이 아니며 합헌이라고 결정하였다(헌재 2010.11.25. 2009헌바57). 또한 피고인 등의 증거신청에 대하여 법원의 재량에 의하여 증거채택여부를 결정할 수 있도록 한 형사소송법 규정은 합헌이고(헌재 2012.5.31. 2010헌바403), 재판장은 증인이 피고인의 면전에서 충분한 진술을 할 수 없다고 인정되는 때에는 피고인을 퇴정하게 하고 진술하게 할 수 있도록 한 규정도 합헌이라고 하였다(헌재 2012.5.31. 2010헌바403; 헌재 2012.7.26. 2010헌바62).

헌법재판소는 성폭력범죄 피해아동의 진술이 수록된 영상녹화물에 관하여 피해아동의 법정진술 없이도 증거능력을 인정할 수 있도록 규정한 아동·청소년의 성보호에 관한 법률 조항은 피고인의 공정한 재판을 받을 권리를 침해하지 않는다고 하였다(헌재 2013.12.26. 2012헌바108; 이에 대하여는 공정한 재판을 받을 권리의 핵심적인 내용인 반대신문권을 완전히 박탈함으로써 최소한의 절차적 정의를 갖추지 못한 것이므로 위헌이라는 3인 재판관의 반대의견이 있다. 다만 이 사건 및 헌재 2016.12.29. 2015헌바221 결정에서 반대신문권을 헌법상의 권리로 명시한 것은 아니고 공정한 재판을 받을 권리의 한 내용으로 보았다). 또한 형사소송법상 당연히 증거능력이 인정되는 서류로 규정되어 있는 '기타 특히 신용할 만한 정황에 의하여 작성된 문서'에 '공범이 다른 사건에서 피고인으로서 한 진술을 기재한 공판조서'가 포함된다고 해석하는 것이 피고인의 공정한 재판을 침해하는 것이 아니라고 하였다(헌재 2013.10.24. 2011헌바79). 그러나 영상물에 수록된 '19세 미만 성폭력범죄 피해자'의 진술에 관하여 조사 과정에 동석하였던 신뢰관계인 내지 진술조력인의 법정진술에 의하여 그 성립의 진정함이 인정된 경우에도 증거능력을 인정할 수 있도록 정한 '성폭력범죄의 처벌 등에 관한 특례법' 규정은 피고인의 반대신문권이 보장되어 있지 않아 공정한 재판을 받을 권리를 침해한다고 하였다(헌재 2021.12.23. 2018헌바524; 3인 재판관은 미성년 피해자의 보호가 더 중한 법익이라는 이유로 합헌의견을 개진하였다. 신뢰관계인에 대한 반대신문권이 보장되어 있고, 영상물에 담긴 진술의 증명력을 부인할 수도 있고, 법원의 판단에 따라 미성년 피해자에 대한 반대신문을 할 수도 있다는 이유를 들었다).

헌법재판소에 의하면, 형의 집행 및 수용자의 처우에 관한 법률 제88조가 사복착용에 관한 법 제82조를 준용하지 않는 결과 수형자가 민사재판의 당사자로 법정에 출석할 때 사복착용이 불허되더라도, 민사재판에서는 법관이 당사자의 복장에 따라 불리한 심증을 갖거나 불공정한 재판진행을 하게 될 우려가 있다고 볼 수는 없으므로 수형자의 공정한 재판을 받을 권리가 침해되는 것은 아니다. 그러나 비록 수형자라 하더라도 확정되지 않은 별도의 형사재판에서만큼은 미결수용자와 같은 지위에 있는 것이므로, 수형자가 별건 형사재판의 피고인으로 재판받는 경우에 사복착용을 불허하는 것은 그를 죄 있는 자에 준하여 취급함으로써 법률적 · 사실적 측면에서 유형 · 무형의 불이익을 주는 것으로 수형자의 공정한 재판을 받을 권리, 인격권, 행복추구권을 침해한다(헌재 2015.12.23. 2013헌마712). 이 결정에 따라 개정 형집행법(법률 제14281호, 2016.12.2., 일부개정)은 형사사건으로 수사 또는 재판을 받고 있는 수형자, 사형확정자에 대하여도 수사, 재판 등에 참석할 때는 사복을 착용할 수 있도록 하였다(제88조).

4. 군사재판을 받지 않을 권리

헌법 제27조 제2항에 따라 일반 국민(군인 또는 군무원이 아닌 이른바 민간인)은 일정한 예외를 제외하고 원칙적으로 군사재판을 받지 않을 권리를 가진다. 군사법원에 의한 군사재판은 헌법 제110조에 그 근거를 갖고 있고, 헌법재판소 판례도 특별법원으로서의 군사법원제도 자체는 합헌으로 보고 있다(헌재 1996.10.31. 93헌바25).

민간인이 군사재판을 받는 경우는 두 경우이다. ① 중대한 군사상 기밀 · 초병 · 초소 · 유독음식물공급 · 포로 · 군용물에 관한 죄 중 법률이 정한 경우 및 ② 비상계엄이 선포된 경우이다. '중대한'이라는 제한규정은 '군사상 기밀'에 관한 죄만이 아니라 열거된 모든 범죄(초병 · 초소……에 관한 범죄)에 해당한다. 계엄법에 의하면 비상계엄이 선포된 경우, 법률에 열거된 범죄에 한하여 민간인이 군사재판을 받는다(제10조).

또한 계엄법에 의하면, 비상계엄 해제 후에도 대통령은 필요하다고 인정할 때에는 군사법원의 재판권을 1월 이내에 한하여 연기할 수 있다고 규정하고 있다(제12조). 대법원의 다수의견은 이 조항이 합헌이라고 판시하였다(대판 1985.5.28. 81도1045). 이 조항도 2025년 법개정으로 폐지되었다.

군사재판의 재판관의 자격이나 군사법원의 운영 등은 일반법원에 비하여 독립성과 전문성에서 문제점을 안고 있기 때문에 민간인에 대한 군사재판은 예외적인 경우에 그쳐야 한다. 입법론으로는 평시에는 군사법원제도를 폐지해야 한다는 주장이 제기되고 있다.

5. 대법원의 재판을 받을 권리의 인정 여부

재판청구권은 대법원에 의한 재판을 받을 권리를 포함하느냐가 문제된다. 학설은 견해가 갈린다. 과거 제1공화국 헌법하의 헌법위원회 결정에 의하면, 최종심을 대법원이 아니라 고등법원으로 한 법률규정에 대하여, 최고·최종심인 대법원의 심판을 받을 권리를 박탈한 것이라 하여 위헌으로 결정한 예가 있다(농지개혁법 조항에 대한 위헌결정. 1952.9.9; 비상사태하의 범죄처벌에 관한 특별조치령 조항에 대한 위헌결정. 1952.9.9). 그러나 지금의 헌법재판소는 일관되게 재판청구권은 대법원의 재판을 받을 권리를 포함하지 않는다고 보고 있다(헌재 1993.11.25. 91헌바8).

현행 '상고심절차에 관한 특례법'은 다음과 같이 '상고심리불속행'(上告審理不續行) 제도를 규정하고 있다. "제4조(심리의 불속행) ① 대법원은 상고이유에 관한 주장이 다음 각 호의 어느 하나의 사유를 포함하지 아니한다고 인정하면 더 나아가 심리를 하지 아니하고 판결로 상고를 기각한다. 1. 원심판결이 헌법에 위반하거나 헌법을 부당하게 해석한 경우, 2. 원심판결이 명령·규칙 또는 처분의 법률위반 여부에 대하여 부당하게 판단한 경우, 3. 원심판결이 법률·명령·규칙 또는 처분에 대하여 대법원 판례와 상반되게 해석한 경우, 4. 법률·명령·규칙 또는 처분에 대한 해석에 관하여 대법원판례가 없거나 대법원판례를 변경할 필요가 있는 경우, 5. 제1호부터 제4호까지의 규정 외에 중대한 법령위반에 관한 사항이 있는 경우, 6. 민사소송법 제424조 제1항 제1호부터 제5호까지에 규정된 사유가 있는 경우." 헌법재판소는 이 규정이 합헌이라고 판시하였다(헌재 2005.9.29. 2005헌마567).

또한 헌법재판소는 심리불속행 상고기각판결에 판결이유를 생략할 수 있도록 한 조항도 합헌이라고 판시하였다(헌재 2009.5.20. 2007헌마589).

생각건대 원칙적으로 재판청구권은 대법원의 재판을 받을 권리를 포함한다고 보아야 할 것이다. 다만 입법자는 어느 범위에서 이 권리를 구체화할 것인지에 관하여 입법형성의 자유를 가지며 여기에는 과소보호금지의 원칙이 적용된다고 볼 것이다.

다음은 상소제한 등에 관한 주요 헌법재판소 판례이다.

* '금융기관의 연체대출금에 관한 특별조치법'상 연체대출금에 관한 경매절차에 있어서 경락허가결정에 대한 항고를 하고자 하는 자는 담보로서 경락대금의 10분의 5에 해당하는 현금 등을 공탁하여야 한다는 규정은 자력(資力)이 없는

항고권자에게 과다한 경제적 부담을 지게 함으로써 부당하게 재판청구권을 제한하는 내용이므로 위헌(헌재 1989.5.24. 89헌가37등).

* 소액사건심판법에서 소액사건에 관하여 일반사건에 비하여 상고 및 재항고를 제한하고 있는 것은 합헌(헌재 1992.6.26. 90헌바25).
* '반국가행위자의 처벌에 관한 특별조치법'에서 피고인이 체포되거나 임의로 검사에게 출석하지 아니하면 상소를 할 수 없도록 제한한 것과 상소권회복청구의 길을 전면 봉쇄한 것은 결국 상소권을 본질적으로 박탈하는 것이어서 위헌(헌재 1993.7.29. 90헌바35).
* 구 '소송촉진 등에 관한 특례법'에 의한 상고이유 제한 및 상고허가제는 합헌(헌재 1995.1.20. 90헌바1).
* 재심을 청구할 권리가 재판을 받을 권리에 당연히 포함된다고 할 수 없다(헌재 1996.3.28. 93헌바27).
* 채무자가 경락허가결정(競落許可決定)에 대하여 항고할 때 경매대금의 10분의 1에 해당하는 금액 또는 유가증권을 공탁하도록 한 민사소송법 규정은 합헌(헌재 1996.4.25. 92헌바30).
* 범죄인인도법상 법원의 범죄인인도심사를 서울고등법원의 전속관할로 하고 그 심사결정에 대한 불복절차를 인정하지 않은 것은 합헌(헌재 2003.1.30. 2001헌바95).
* 형사소송법상 소송기록접수통지를 받은 후 일정한 기간 내 상고이유서를 제출하지 않은 경우 상고기각결정을 하도록 규정하고 있는 규정은 합헌(헌재 2004.11.25. 2003헌마439).
* 재판을 받을 권리가 항소심재판을 받을 권리를 반드시 포함하는 것이 아니므로 형사소송법상 소송기록접수통지를 받은 후 일정한 기간 내 항소이유서를 제출하지 아니한 경우 항소기각결정을 하도록 한 규정은 합헌(헌재 2005.3.31. 2003헌바34).
* 소송기록접수통지를 받은 후 20일의 기간 내에 상고이유서를 제출하지 아니한 경우 판결로 상고를 기각하도록 한 민사소송법 제429조 본문규정은 합헌(헌재 2008.10.30. 2007헌마532).
* 과학기술의 발전으로 인해 기존의 확정판결에서 인정된 사실과는 다른 새로운 사실이 드러난 경우를 민사소송법상 재심사유로 인정하지 않고 있는 것은 법치주의에 내재된 법적 안정성을 보호하기 위한 것으로 합헌(헌재 2009.4.30. 2007헌바121).
* 국가의 부동산 소유권 취득이 점유취득시효의 완성에 따른 것으로 정당하다는 법원의 판결이 확정된 후 그 부동산이 개인의 소유로 밝혀진 경우를 민사소송

법상 재심사유로 삼지 않는 것은 합헌(헌재 2009.10.29. 2008헌바101).

* '특수임무수행자보상에 관한 법률'상 보상금 등의 지급결정에 동의한 때에는 특수임무수행 등으로 인하여 입은 피해에 대하여 재판상 화해가 성립된 것으로 보는 것은 합헌(헌재 2009.4.30. 2006헌마1322).
* 형사소송법상의 즉시항고기간을 3일로 규정한 것은 재판청구권의 침해가 아니고, 그 기간을 1주일로 정하고 있는 민사소송법과의 관계에서 청구인을 차별적으로 취급하고 있는 것도 아니다(헌재 2011.5.26. 2010헌마499).
* 집행관의 집행처분에 대한 이의재판에 대하여 통상항고를 허용하지 않는 민사집행법 규정은 합헌(헌재 2011.10.25. 2010헌바486등).
* 재정결정에 대하여 불복할 수 없도록 규정한 형사소송법 제262조 제4항은 '불복'에 재항고가 포함되는 것으로 해석하는 한 위헌(헌재 2011.11.24. 2008헌마578).
* 항소인이 소정의 기간 내에 항소장에 법률의 규정에 따른 인지를 붙이지 아니한 흠을 보정하지 아니한 때에는 원심재판장의 명령으로 항소장을 각하하여야 한다는 민사소송법 규정은 합헌(헌재 2012.7.26. 2009헌바297).
* 고소인・고발인만을 검찰청법상 항고권자로 규정하고 피의자에게 항고권을 인정하지 않는 검찰청법 규정은 합헌(헌재 2012.7.26. 2010헌마642).
* 매각허가결정에 대하여 항고하고자 하는 사람은 매각대금의 10분의 1에 해당하는 금전 또는 유가증권을 공탁하도록 하고, 이를 이행하지 않을 경우 항고를 각하하도록 한 규정은 합헌(헌재 2012.7.26. 2011헌바283).
* 재심사유를 상소심에서 주장한 경우 그 재심사유를 이유로 재심의 소를 제기할 수 없도록 규정한 민사소송법 규정은 합헌(헌재 2012.12.27. 2011헌바5).
* 항소심에서 심판대상이 된 사항에 한하여 법령위반의 상고이유로 삼을 수 있도록 상고를 제한하는 형사소송법 규정은 재판청구권을 침해하지 않는다(헌재 2015.9.24. 2012헌마798; 항소심의 심판대상이 되지 않았던 사항이라도 항소심 판결에 위법이 있는 경우 대법원은 그 위법이 판결에 영향을 미친 헌법・법률・명령 또는 규칙의 위반이라고 판단한 때에는 직권으로 심판할 수 있으므로, 항소심 판결 자체의 위법을 시정할 기회는 피고인에게 보장되어 있다는 점이 고려되었다).
* 재심사유를 알고도 주장하지 아니한 때에는 재심의 소를 제기할 수 없도록 규정한 민사소송법 규정은 합헌(헌재 2015.12.23. 2015헌바273).

6. 재판청구권의 제한

(1) 헌법직접적 제한

헌법 제27조 제2항은 재판청구권에 대한 헌법직접적 제한을 규정하고 있다. ①

군인이나 군무원은 군사법원의 재판을 받는다. ② 일반 민간인도 중대한 군사상 기밀·초병·초소·유독음식물공급·포로·군용물에 관한 죄 중 법률이 정한 경우, 그리고 비상계엄이 선포된 경우에 군사법원의 재판을 받는다.

헌법 제110조 제4항도 헌법직접적 제한을 규정하고 있다. 비상계엄하의 군사재판에서 다음의 경우에 단심(單審)으로 할 수 있다. ① 군인·군무원의 범죄, ② 일반 민간인의 군사에 관한 간첩죄 및 초병·초소·유독음식물공급·포로에 관한 중 법률이 정하는 경우.

헌법 제64조 제4항도 헌법직접적 제한규정이다. 국회가 행한 국회의원의 자격심사, 징계, 제명에 대하여는 법원에 제소할 수 없다. 헌법은 '법원'에 제소할 수 없다고 규정하고 있지만, 국회의 자율권에 비추어 법원만이 아니라 헌법재판소에 대하여도 청구할 수 없다고 할 것이다.

(2) 법률에 의한 제한

재판청구권을 제한하는 법률로 법원조직법, 민사소송법, 형사소송법, 행정소송법, 군사법원법, 헌법재판소법 등이 있다. 재판청구권을 보장하기 위해서는 입법자에 의한 재판청구권의 구체적 형성이 불가피하므로, 입법자에게는 상대적으로 광범위한 입법형성권이 인정된다(헌재 2024.7.18. 2022헌바4).

제소(提訴)기간의 제한은 '사실상 재판의 거부'에 해당할 정도로 재판청구권의 본질적 내용을 침해하지 않고 합리적 필요가 인정되는 경우에는 합헌으로 인정된다. 그러나 그 규정이 모호하고 불완전하여 오해의 소지가 많은 경우에는 불변기간 명확성의 원칙에 반하는 것으로 위헌이 된다(헌재 1993.12.23. 92헌바11).

(판 례) 출소기간 제한(인신보호법상 피수용자인 구제청구자의 즉시항고 제기기간을 3일로 정한 것의 위헌성)

인신보호법상 피수용자인 구제청구자는 자기 의사에 반하여 수용시설에 수용되어 인신의 자유가 제한된 상태에 있으므로 그 자신이 직접 법원에 가서 즉시항고장을 접수할 수 없고, 외부인의 도움을 받아서 즉시항고장을 접수하는 방법은 외부인의 호의와 협조가 필수적이어서 이를 기대하기 어려운 때에는 그리 효과적이지 않으며, 우편으로 즉시항고장을 접수하는 방법도 즉시항고장을 작성하는 시간과 우편물을 발송하고 도달하는 데 소요되는 시간을 고려하면 3일의 기간이 충분하다고 보기 어렵다.

인신보호법상으로는 국선변호인이 선임될 수 있지만, 변호인의 대리권에 상소권까지 포함되어 있다고 단정하기 어렵고, 그의 대리권에 상소권이 포함되어 있다고 하더라도 법정기간의 연장 등 형사소송법 제345조 등과 같은 특칙이 적용될 여지가 없으므로 3일의 즉시항고기간은 여전히 과도하게 짧은 기간이다. 즉시항고 대신 재청구를 할 수도 있으나, 즉시항고와 재청구는 개념적으로 구분되는 것이므로 재청구가 가능하다는 사실만으로 즉시항고 기간의 과도한 제약을 정당화할 수는 없다.

나아가 즉시항고 제기기간을 3일보다 조금 더 긴 기간으로 정한다고 해도 피수용자의 신병에 관한 법률관계를 조속히 확정하려는 이 사건 법률조항의 입법목적이 달성되는 데 큰 장애가 생긴다고 볼 수 없으므로, 이 사건 법률조항은 피수용자의 재판청구권을 침해한다.

헌재 2015.9.24. 2013헌가21, 공보 228, 1372

즉시항고 제기기간을 3일로 제한하고 있는 형사소송법 규정 역시 위헌으로 선언되었다(헌재 2018.12.27. 2015헌바77등; 다만 단순위헌을 선언할 경우 즉시항고의 기간제한이 아예 없어진다는 이유로 헌법불합치 결정). 형사소송법의 즉시항고 및 준항고와 인신보호법의 즉시항고 기간은 7일로 개정되었다.

일반적으로 개별 법률에서 당사자들의 의사와 무관하게 당사자들 사이에 합의가 이루어진 것으로 간주하는 조항은 당사자의 재판청구권을 침해하여 위헌이다.

(판 례) 학교안전법상의 합의간주 규정의 위헌성

학교안전사고에 대한 공제급여결정에 대하여 학교안전공제중앙회(이하 '공제중앙회'라 한다) 소속의 학교안전공제보상재심사위원회(이하 '재심위원회'라 한다)가 재결을 행한 경우 재심사청구인이 공제급여와 관련된 소를 제기하지 아니하거나 소를 취하한 경우에는 학교안전공제회(이하 '공제회'라 한다)와 재심사청구인 간에 당해 재결 내용과 동일한 합의가 성립된 것으로 간주하는 '학교안전사고 예방 및 보상에 관한 법률' 조항은 (……) 공제중앙회는 공제회의 상급기관이라거나 지휘·감독기관으로 볼 수 없으므로 공제중앙회 소속 재심위원회의 재심사절차는 제3자적 입장에서 공제회와 재심사청구인 사이의 사법적 분쟁을 해결하기 위한 간이분쟁해결절차에 불과하다. 따라서 이러한 재심사절차에서 공제회는 재심사청구인과 마찬가지로 공제급여의 존부 및 범위에 관한 법률상 분쟁의 일방당사자의 지위에 있으므로, 공제회 역시 이에 관하여 법관에 의하여 재판받을 기회를 보장받아야 함에도 불구하고 이를 박탈하는 것은 헌법상 용인될 수 없다. 그런데 합의간주조항은 실질적으로 재심사청구인에게

만 재결을 다툴 수 있도록 하고 있으므로, 합리적인 이유 없이 분쟁의 일방당사자인 공제회의 재판청구권을 침해한다.

헌재 2015.7.30. 2014헌가7, 공보 226, 1107

소송구조(訴訟救助)의 거부와 같이 간접적인 재판청구권 제한의 위헌 여부가 문제된다.

(판 례) 간접적인 재판청구권 제한(소송구조의 거부)

소송구조는 민사재판에 의한 권리구제절차 즉 민사소송에서 소송비용을 지출할 자력이 부족한 자에게 소송비용의 납입을 유예하거나, 변호사 보수 등의 지급을 유예하거나 또는 소송비용의 담보제공을 면제하는 등의 조력(법 제119조)을 제공함으로써 재판을 하는 국민에게 국가가 일정한 조력을 제공하는 제도이므로 우선 소송구조를 하지 않는다고 하여, 바꾸어 말하면 국가가 위에서 말한 바와 같은 조력을 제공하지 않는다고 하여 그 국민의 재판청구권이 소멸되거나 그 행사에 직접 제한을 받는다거나 하는 일은 있을 수 없으므로 소송구조의 거부 자체가 국민의 재판청구권의 본질을 침해한다고는 할 수 없다.

다만, 소송비용을 지출할 자력이 없는 국민이 적절한 소송구조를 받기만 한다면 훨씬 쉽게 재판을 받아서 권리구제를 받거나 적어도 권리의 유무에 관한 정당한 의혹을 풀어볼 가능성이 있다고 할 경우에는 소송구조의 거부가 재판청구권 행사에 대한 '간접적인 제한'이 될 수도 있고 경우에 따라서는 이것이 재판청구권에 대한 본질적인 침해까지로 확대평가될 여지도 있을 수 있다.

그러나 이러한 '간접적인 제한'의 여부가 논의될 수 있는 경우라는 것은 어디까지나 재판에 의한 권리구제의 가능성이 어느 정도 있는 경우에 한하는 것이므로 그와 같은 가능성이 전혀 없는 경우, 바꾸어 말하면 패소의 가능성이 명백한 경우는 애당초 여기에 해당할 수 없는 것이다. 이렇게 볼 때에 (민사소송)법 제118조 제1항 단서가 "다만, 패소할 것이 명백한 경우에는 그러하지 아니하다"라고 규정하여 소송구조의 불허가 요건을 정하고 있는 것은 재판청구권의 본질을 침해하는 것이 아니라고 할 것이다.

헌재 2001.2.22. 99헌바74, 판례집 13-1, 250,256-257

대법원은 민중소송인 선거소송도 신의성실의 원칙에 의한 제한이 가능하다고 한다. 신의칙에 반하는 제소는 본안판단을 하지 않고 각하판결을 한다. 참고로 행정소송법은 민사소송법 제1조와 같은 신의성실의 원칙을 규정하고 있지 않다.

(판 례) 신의성실의 원칙에 의한 재판청구권 제한

재판청구권의 행사도 상대방의 보호 및 사법기능의 확보를 위하여 신의성실의 원칙에 의하여 제한될 수 있다고 할 것이다. 선거관리위원회의 특정한 선거사무 집행 방식이 위법함을 들어 선거소송을 제기하는 경우, 이미 법원에서 그 특정한 선거사무 집행 방식이 위법하지 아니하다는 분명한 판단이 내려졌음에도 앞서 배척되어 법률상 받아들여질 수 없음이 명백한 이유를 들어 실질적으로 같은 내용의 선거소송을 거듭 제기하는 것은 상대방인 선거관리위원회의 업무를 방해하는 결과가 되고, 나아가 사법자원을 불필요하게 소모시키는 결과로도 되므로, 그러한 제소는 특별한 사정이 없는 한 신의성실의 원칙을 위반하여 소권을 남용하는 것으로서 허용될 수 없다고 보아야 한다(대법원 1999.5.28. 선고 98재다275 판결 등 참조).

대판 2016.11.24. 2016수64

(판 례) 소권 남용과 재판청구권 제한

친족법상 친자관계의 존부를 다투는 소송에서는, 친자관계가 신분관계의 기본이 되는 것으로 단순히 친자 상호 간의 관계뿐만 아니라 친족 간의 상속문제 기타 친족관계에 기초한 각종 법률관계에도 영향을 초래할 수 있으므로 진실한 신분관계를 확정하는 것은 그 자체가 법이 의도하고 있는 정당한 행위이다. 따라서 소송의 결과가 위 각종 법률관계에 영향을 미치는 것은 정당한 신분관계의 회복에 당연히 수반되는 것이므로 이를 두고 그 소송의 동기나 목적이 소권남용의 의도에서 비롯된 것으로 단정 지어 비난할 사유가 되지 못하고, 특별한 사정이 없는 한 친생자관계존재확인의 소가 소권의 남용이라는 명목으로 쉽게 배척되어서는 아니 된다.

그러나 자녀의 복리는 친자관계의 성립과 유지에서 가장 우선적으로 고려해야 할 사항이므로, 친생자관계존재확인의 소를 통해 진실한 신분관계를 귀속시키는 것이 오히려 자녀의 복리에 현저히 반하게 되는 특별한 사정이 있다면 친생자관계존재확인의 소도 예외적으로 소권남용에 해당하여 허용되지 않을 수 있다.

대판 2025.4.24. 2022므15371

다음은 재판청구권 제한에 관한 주요 헌법재판소 판례이다.

* 헌법재판에 있어서 사인이 당사자인 경우 변호사강제주의 조항은 합헌(헌재 1990. 9.3. 89헌마120).

* 형사소송법에서 변호인이 있는 피고인에게 변호인과는 별도로 공판조서열람권을 부여하지 않는다고 하더라도 합헌(헌재 1994.12.29. 92헌바31).
* 형사소송규칙에서 검사, 피고인 또는 변호인이 속기 또는 녹취를 하고자 할 때에는 미리 법원의 허가를 받아야 한다는 규정은 합헌(헌재 1995.12.28. 91헌마114).
* 인지제도에 관한 현행 민사소송등인지법은 인지액 산정비율을 통일, 일원화하였고(1천분의 5) 종전에 적용되던 비율 중 가장 낮은 비율을 채택하여 국민의 부담을 경감시키고 있으며, 법원이 소송비용을 지출할 자력이 부족한 자에 대하여는 소송상의 구조를 할 수 있게 하고 있을 뿐만 아니라 이 사건 법률조항(제2조)에 의하여 제한되는 재판청구권과 그에 의하여 추구되는 공익 사이에는 상당한 비례관계가 있다고 할 것이므로 합헌(헌재 1996.10.4. 95헌가1,4(병합)).
* 형사소송법에서 재정신청의 대상을 공무원의 직무에 관한 죄 중에서 인신구속에 관한 직무를 행하는 자 등에 의하여 발생하는 인권침해 유형의 범죄에 한정하고 있는 것은 합헌(헌재 1997.8.21. 94헌바2). 다만 2007년 형사소송법 개정으로 모든 범죄를 재정신청의 대상으로 확대하였다.
* 피고인의 소재를 확인할 수 없는 때 피고인의 진술 없이 재판할 수 있도록 제1심 공판의 특례를 규정한 '소송촉진 등에 관한 특례법' 규정(궐석재판 조항)은 위헌(헌재 1998.7.16. 97헌바22).
* 증인신문사항의 서면제출을 명하고 이를 이행하지 않을 경우에 증거결정을 취소할 수 있는 권한의 근거가 되는 형사소송법 제279조(재판장의 소송지휘권) 및 제299조(불필요한 변론 등의 제한)는 합헌(헌재 1998.12.24. 94헌바46).
* 변호사보수를 소송비용에 산입하여 패소한 당사자의 부담으로 한 구 민사소송법 규정은 합헌(헌재 2002.4.25. 2001헌바20).
* 교원징계재심위원회의 재심결정에 대하여 교원에게만 행정소송을 제기할 수 있도록 하고 학교법인에게는 이를 금지한 교원지위향상을위한특별법 규정은 위헌. 판례변경(헌재 2006.2.23. 2005헌가7).
* 사법보좌관에 의한 소송비용액 확정결정은 합헌(헌재 2009.2.26. 2007헌바8 · 84(병합)).
* 소송을 대리한 변호사에게 당사자가 지급하였거나 지급할 보수를 대법원규칙이 정하는 범위 안에서 소송비용으로 인정한 민사소송법 규정은 합헌(헌재 2011.5.26. 2010헌바204).
* 소가에 따라 제1심 소정의 인지액을 정하고, 항소장에는 제1심 소장 인지액의 1.5배의 인지를 붙이도록 규정하고 있는 민사소송 등 인지법 규정은 합헌(헌재 2011.8.30. 2010헌바427).

* 당사자가 신청한 증거로서 법원이 필요하지 아니하다고 인정한 것은 조사하지 아니할 수 있도록 규정한 민사소송법 규정은 합헌(헌재 2011.10.25. 2010헌바64).
* 노동위원회에 대한 부당해고 구제신청을 부당해고가 있었던 날로부터 3개월 이내로 하도록 규정한 근로기준법 기준은 합헌(헌재 2012.2.23. 2011헌마233).
* 교도소장이 출정비용납부거부 또는 상계동의거부를 이유로 수용자의 행정소송 변론기일에 수용자의 출정을 제한하는 것은 재판청구권을 침해하여 위헌(헌재 2012.3.29. 2010헌마475).
* 공판조서의 절대적 증명력을 규정한 형사소송법 규정은 그 절대적 증명력이 공판기일의 소송절차에 한하여 인정되고, 형사소송법은 공판조서 기재의 정확성을 담보하기 위해 작성주체, 방식, 기재요건 등에 관하여 엄격히 규정하고 있으며, 피고인 등으로 하여금 공판조서에 대한 열람 또는 등사 등을 통하여 기재내용에 대한 이의를 진술할 수 있도록 함으로써 기본권 침해를 최소화하고 있으므로 재판을 받을 권리를 침해한다고 볼 수 없다(헌재 2012.4.24. 2010헌바379).
* 민사소송의 당사자가 2회에 걸쳐 기일에 불출석하고 그로부터 1개월 이내에 기일지정신청이 없는 경우 소가 취하된 것으로 간주하는 민사소송법 규정은 합헌(헌재 2012.11.29. 2012헌바180).
* 검사의 사건 종결 전의 압수물에 대한 폐기는 증거신청권을 포함하는 피고인의 공정한 재판을 받을 권리를 침해하여 위헌(헌재 2012.12.27. 2011헌마351).
* 패소할 것이 분명한 경우에는 소송구조를 하지 않을 수 있게 하는 민사소송법 규정은 합헌(헌재 2013.2.28. 2010헌바450 등; 민사소송의 당사자는 형사피고인과는 본질적인 차이가 있으므로 평등권의 침해도 없다).
* 기피신청에 대한 재판을 그 신청을 받은 법관의 소속 법원 합의부에서 하도록 한 민사소송법 규정은 공정한 재판을 받을 권리를 침해하지 않는다(헌재 2013.3.21. 2011헌바219).
* 공시송달의 방법으로 기일통지서를 송달받은 당사자가 변론기일에 출석하지 아니한 경우, 자백간주 규정을 준용하지 않는 규정이 당사자의 효율적이고 공정한 재판을 받을 권리를 침해하는 것은 아니다(헌재 2013.3.21. 2012헌바128).
* 소송비용을 패소한 당사자가 부담하도록 규정한 민사소송법 규정은 합헌(헌재 2013.5.30. 2012헌바335: 헌재 2018.3.29. 2017헌바56 결정은 이 조항이 동시이행 관계와 관련한 상환이행청구의 경우에 대한 별도의 예외규정을 두지 않았다고 하더라도 마찬가지라고 하였다).
* 재판업무의 수행상 필요가 있는 경우 고등법원 부로 하여금 그 관할구역 안의 지방법원 소재지에서 사무처리를 할 수 있도록 한 법원조직법 규정은 합헌(헌재 2013.6.27. 2012헌마1015; 가령 서울고등법원 춘천재판부).

* 택지개발촉진법이 확인된 협의의 성립이나 내용을 다툴 수 없도록 규정한 공익사업을 위한 토지 등의 취득 및 보상에 관한 법률을 준용하는 것은 재판청구권을 침해하는 것이 아니다(헌재 2013.7.25. 2011헌바274).
* 항소심 기일에 2회 불출석한 경우 항소취하 간주를 규정한 민사소송법 규정은 합헌(헌재 2013.7.25. 2012헌마656).
* 증거신청의 채택 등에 대하여 법원의 재량을 인정하고 있는 형사소송법 규정은 피고인의 공정한 재판을 받을 권리를 침해하는 것이 아니다(헌재 2013.8.29. 2011헌바253 등).
* 무죄판결이 확정된 형사피고인에게 국선변호인의 보수에 준하여 변호사 보수를 보상하여 주도록 규정한 형사소송법 규정은 합헌(헌재 2013.8.29. 2012헌바168).
* 변호사와 접견하는 경우에도 수용자의 접견은 원칙적으로 접촉차단시설이 설치된 장소에서 하도록 규정하고 있는 형의 집행 및 수용자의 처우에 관한 법률 시행령은 재판청구권을 침해한다(헌법불합치결정을 하고 잠정 적용을 명함. 헌재 2013.8.29. 2011헌마122).
* 재정신청사건의 심리 중 그 기록의 열람 또는 등사를 금지하고 있는 형사소송법 규정은 재판청구권을 침해하지 않는다(헌재 2013.9.26. 2012헌바34).
* 수형자인 청구인이 헌법소원 사건의 국선대리인인 변호사를 접견함에 있어서 그 접견내용을 녹음, 기록한 피청구인(교도소장)의 행위는 청구인의 재판을 받을 권리를 침해한다(헌재 2013.9.26. 2011헌마398).
* 민법상 비영리법인의 청산인을 해임하는 재판에 대하여 불복신청을 할 수 없도록 규정한 비송사건절차법 규정은 민사소송법 제449조에 따라 대법원에 특별항고를 제기할 수도 있으므로 청구인의 재판을 받을 권리를 침해하지 않는다(헌재 2013.9.26. 2012헌마1005).
* 정식재판 청구기간을 약식명령의 고지를 받은 날로부터 7일 이내로 정하고 있는 형사소송법 규정은 재판청구권을 침해하는 것이 아니다(헌재 2013.10.24. 2012헌바428).
* 민사소송절차의 소장에 일률적으로 인지를 첩부하도록 하면서 인지액의 상한을 규정하지 아니한 '민사소송 등 인지법' 규정은 재판청구권을 침해하거나 평등권을 침해하지 않는다(헌재 2015.6.25. 2014헌바61; 국가의 불법행위에 기한 손해배상소송을 구하는 경우에도 소장에 인지를 첩부하도록 한 것이 평등위반이라고 주장하였음).
* 법원 직권으로 원고에게 소송비용에 대한 담보제공을 명할 수 있도록 한 민사소송법 규정은 합헌(헌재 2016.2.25. 2014헌바366).
* 토지수용위원회의 수용재결서를 받은 날로부터 60일 이내에 보상금증감청구소송을 제기하도록 한 토지보상법 조항은 합헌(헌재 2016.7.28. 2014헌바206).

* 경정청구기간을 법정신고기한이 지난 후 3년 이내로 정하고 있는 국세기본법 조항은 합헌(헌재 2016.10.27. 2015헌바195).
* 소취하간주의 경우 소송비용을 원칙적으로 원고가 부담하도록 한 민사소송법 규정은 합헌(헌재 2017.7.27. 2015헌바1).
* 개인회생절차에서 면책취소신청 기각결정에 대한 즉시항고의 근거규정을 두고 있지 아니한 '채무자 회생 및 파산에 관한 법률' 조항은 합헌(헌재 2017.7.27. 2016헌바212; 개인회생채권자가 회생절차의 개시부터 면책에 이르기까지 이의 또는 불복을 제기할 수 있는 충분한 절차가 마련되어 있음을 이유로 하였다).
* 항소심 확정판결에 대한 재심소장에 붙일 인지액을 항소장에 붙일 인지액과 같게 정한 민사소송 등 인지법 규정은 합헌(헌재 2017.8.31. 2016헌바447).
* 국세정보통신망에 저장하는 방법에 의한 전자송달의 효력발생시점을 송달할 서류가 국세정보통신망에 저장된 때로 정하고 있는 국세기본법 조항은 합헌(헌재 2017.10.26. 2016헌가19; 전자송달을 받겠다고 신청한 경우에 한정하여 전자송달이 이루어진다는 점을 이유로 하였다).
* 취소소송 제기 시 집행부정지원칙을 취하고 회복하기 어려운 손해를 예방하기 위하여 긴급한 필요가 있다고 인정할 때 집행정지를 결정할 수 있도록 규정한 행정소송법 규정은 합헌(헌재 2018.1.25. 2016헌바208).
* 행정소송법상 취소소송의 제기기간을 처분 등이 있음을 안 날로부터 90일 이내로 제한한 규정은 합헌(헌재 2018.6.28. 2017헌바66).
* 송달받을 사람의 동거인이 정당한 사유 없이 송달받기를 거부하는 경우 유치송달을 할 수 있도록 한 민사소송법 규정은 합헌(헌재 2018.7.26. 2016헌바159).
* 매각허가결정에 대한 항고 시 보증으로 매각대금의 10분의 1에 해당하는 금전 또는 유가증권을 공탁하게 하고, 이를 증명하는 서류를 제출하지 않은 경우 결정으로 각하하도록 규정한 민사집행법 규정은 합헌(헌재 2018.8.30. 2017헌바87).
* 특허무효심결에 대한 소는 심결의 등본을 송달받은 날부터 30일 이내에 제기하도록 한 특허법 규정은 합헌(헌재 2018.8.30. 2017헌바258).
* 즉시항고 제기기간을 3일로 제한한 형사소송법 규정은 위헌(헌재 2018.12.27. 2015헌바77등; 헌법불합치 결정).
* 행정소송에서 인지액과 송달료 납부를 명하는 보정명령을 받고도 보정기간 내에 이를 이행하지 않은 원고에 대해 재판장으로 하여금 명령으로 소장을 각하하도록 한 행정소송법의 민사소송법 준용 규정은 합헌(헌재 2019.9.26. 2019헌바219).
* 의견제출 기한 내에 감경된 과태료를 자진납부한 경우 해당 질서위반행위에 대한 과태료 부과 및 징수절차는 종료한다고 규정한 질서위반행위규제법 조항은

합헌(헌재 2019.12.27. 2017헌바413).

* 판단누락을 이유로 든 재심의 제기기간을 판결이 확정된 뒤 그 사유를 안 날로부터 30일 이내로 제한한 민사소송법 규정은 합헌(헌재 2019.12.27. 2018헌바84).
* 신주발행무효확인의 제소기간을 신주발행일로부터 6월내로 제한한 상법 규정은 합헌(헌재 2020.3.26. 2017헌바370).
* 기피신청을 받은 법관은 기피재판에 관여하지는 못하지만 의견을 진술할 수 있도록 한 민사소송법 규정은 공정한 재판을 받을 권리의 침해가 아니다(헌재 2020.6.25. 2017헌바516).
* 자격정지 이상의 형을 받은 전과가 있는 자를 그 형이 실효되었는지를 불문하고 선고유예의 결격자로 규정한 형법 제59조 제1항 단서는 공정한 재판을 받을 권리의 침해가 아니다(헌재 2020.6.25. 2018헌바278).
* 형의 선고를 하는 때에 피고인에게 소송비용의 부담을 명하는 근거가 되는 형사법 규정은 합헌(헌재 2021.2.25. 2018헌바224: 소송비용의 범위는 '형사소송비용 등에 관한 법률'에서 정한 증인·감정인등과 관련된 비용 등으로 제한되어 있고, 피고인은 불복할 수 있으며, 빈곤을 이유로 추후 집행 면제를 신청할 수 있다는 점을 이유로 들었다).
* 형의 선고와 함께 소송비용 부담의 재판을 받은 피고인이 빈곤을 이유로 해서만 집행면제를 신청할 수 있도록 한 형사소송법 규정은 합헌(헌재 2021.2.25. 2019헌바64).
* 변경회생계획의 인가 여부에 대한 재판의 방식을 '결정'으로, 변경회생계획인가결정에 대한 불복방식을 '즉시항고'로 각 정한 채무자회생법 규정은 합헌(헌재 2021. 7.15. 2018헌바484).
* 변호사의 자격이 있는 자에게 더 이상 세무사 자격을 부여하지 않는 세무사법 조항과 이 조항의 시행일과 시행일 당시 종전 규정에 따라 세무사의 자격이 있던 변호사는 개정 규정에도 불구하고 세무사 자격이 있는 것으로 변호사의 세무사 자격에 관한 경과조치를 정하고 있는 세무사법 부칙 조항은 합헌(헌재 2021. 7.15. 2018헌마279등; 신뢰보호원칙이나 평등원칙 위반도 아니라고 하였다. 다만 본문 조항에 대해서는 4인의 위헌의견이, 부칙조항에 대해서는 5인의 헌법불합치의견이 있다).
* 법원이 열람·등사 허용결정을 하였음에도 검사가 열람·등사를 거부한 행위는 청구인의 신속하고 공정한 재판을 받을 권리 및 변호인의 조력을 받을 권리를 침해한다(헌재 2022.6.30. 2019헌마356; 검사는 당해 사건 기록이 아니고 별건으로 공소제기되어 확정된 기록이라 관련성이 없다는 이유로 거부하였다).
* 이의신청에 대한 재결서를 받은 날부터 60일 이내에 행정소송을 제기하도록 한 '공익사업을 위한 토지 등의 취득 및 보상에 관한 법률' 규정은 합헌(헌재 2022.9.29. 2022헌바32).

* 공공단체인 한국과학기술원의 총장이 교원소청심사위원회의 결정에 대하여 행정소송법으로 정하는 바에 따라 소송을 제기할 수 없도록 하는 구 '교원의 지위 향상 및 교육활동 보호를 위한 특별법' 규정은 합헌(헌재 2022.10.27. 2019헌바117; 광주과학기술원에 대한 합헌결정은 헌재 2022.10.27. 2021헌마1557).
* 행정소송에 관하여 변론을 종결할 때까지만 청구의 취지 또는 원인을 변경할 수 있도록 하는 행정소송법 규정은 합헌(헌재 2023.2.23. 2019헌바244).
* 전자문서 등재사실을 통지한 날부터 1주 이내에 확인하지 아니하는 때에는 통지한 날부터 1주가 지난 날에 송달된 것으로 보는 '민사소송 등에서의 전자문서 이용 등에 관한 법률' 규정(헌재 2024.7.18. 2022헌바4).
* 매각허가결정에 대한 소유자의 항고가 기각되면 공탁한 항고보증금을 돌려 줄 것을 요구하지 못하도록 규정한 민사집행법 규정(헌재 2025.1.23. 2021헌바100; 항고보증금의 액수가 과도하다고 보기 어렵고 일정한 경우 항고보증금을 반환받을 수도 있다는 이유를 들었다).

7. 무죄추정의 원칙

(1) 의 의

헌법 제27조 4항은 "형사피고인은 유죄의 판결이 확정될 때까지는 무죄로 추정된다"고 규정하고 있다. 무죄추정의 원칙은 재판을 받을 권리와 관련하여 규정되어 있지만 형사절차 전반과 일반적인 법영역에도 적용되는 원칙이다. 이 원칙은 일찍이 1789년 프랑스 인권선언 제9조에서 명시되었다. 우리 헌법에서는 1980년 제5공화국 헌법 이래 규정되어 있고, 형사소송법에서 다시 이를 명시하고 있다(제275조의2. "피고인은 유죄의 판결이 확정될 때까지는 무죄로 추정된다").

무죄추정은 객관적인 법원칙일 뿐 아니라 개인의 기본권이다(약칭 '무죄추정권'). 헌법재판소 판례도 '무죄추정을 받을 권리'라는 표현을 사용하고 있다(헌재 1994.4.28. 93헌바26).

(2) 무죄추정을 받는 주체

헌법은 '형사피고인'이 무죄추정을 받는다고 규정하고 있으나, 형사피고인만이 아니라 공소제기 전의 형사피의자에게도 당연히 무죄추정권이 인정된다. 헌법재판소 판례도 이를 확인하고 있다(헌재 1992.1.28. 91헌마111).

(3) '유죄판결 확정'의 의미

무죄추정은 유죄의 판결이 확정될 때까지 인정된다. '유죄판결'이란 실형선고 판결만이 아니라 집행유예, 선고유예, 형의 면제를 모두 포함한다(형사소송법 제321조, 제322조). 확정판결의 효력이 부여된 약식명령이나 즉결심판도 무죄추정 종료사유인 유죄판결에 포함된다. 면소(免訴)판결(형사소송법 제326조)이나 공소기각(형사소송법 제327조, 제328조)은 유·무죄의 실체적 판결이 아니라 형식적 재판이므로 무죄추정은 그대로 유지된다.

유죄판결의 확정은 상소기간의 도과(渡過), 상소권 포기, 상소 취하, 대법원의 판결선고 등에 의하여 발생한다.

(4) 무죄추정의 내용

무죄추정의 원칙은 형사피의자나 형사피고인이 유죄로 확정되기 전에는 원칙적으로 죄가 없는 자와 마찬가지로 취급되어야 하고, 불이익을 주더라도 필요최소한에 그쳐야 한다는 원칙이다(헌재 1997.5.29. 96헌가17). 이 원칙은 형사절차에서만이 아니라 일반 법생활의 영역에서 그 밖의 기본권제한에도 적용된다.

(판 례) 변호사에 대한 업무정지명령

이 사건 법률조항(변호사법 제102조(업무정지명령) ① 법무부장관은 변호사가 공소제기되거나 제97조에 따라 징계 절차가 개시되어 그 재판이나 징계 결정의 결과 등록취소, 영구제명 또는 제명에 이르게 될 가능성이 매우 크고, 그대로 두면 장차 의뢰인이나 공공의 이익을 해칠 구체적인 위험성이 있는 경우에는 법무부징계위원회에 그 변호사의 업무정지에 관한 결정을 청구할 수 있다. 단서 생략)은 공소제기된 변호사에 대하여 유죄의 개연성을 전제로 업무정지라는 불이익을 부과할 수 있도록 하고 있으나, 이 사건 법률조항에 의한 업무정지명령은 의뢰인의 이익과 법적 절차의 공정성·신속성 및 그에 대한 국민의 신뢰라는 중대한 공익을 보호하기 위한 잠정적이고 가처분적 성격을 가지는 것으로, 법무부장관의 청구에 따라 법무부징계위원회라는 합의제 기관의 의결을 거쳐 업무정지명령을 발할 수 있도록 하는 한편, 해당 변호사에게 청문의 기회를 부여하고, 그 기간 또한 원칙적으로 6개월로 정하도록 함으로써, 그러한 불이익이 필요최소한에 그치도록 엄격한 요건 및 절차를 규정하고 있다. 따라서 이 사건 법률조항은 무죄추정의 원칙에 위반되지 아니한다.

헌재 2014.4.24. 2012헌바45, 판례집 26-1 하, 41,42

무죄추정의 원칙의 내용은 세 가지로 구분하여 볼 수 있다.

① 증거법상 차원에서 '의심스러울 때에는 피고인에게 유리하게'라는 원칙이다. 법원이 피고인에게 유죄판결을 하려면 증거에 의해 '합리적 의심의 여지가 없을 정도로'(beyond a reasonable doubt) 범죄사실의 증명이 있어야 한다. 그렇지 않을 때에는 '의심스러울 때에는 피고인에게 유리하게'라는 법원칙에 따라서 무죄판결을 선고하여야 한다(형사소송법 제325조. "피고사건이 범죄로 되지 아니하거나 범죄사실의 증명이 없는 때에는 판결로써 무죄를 선고하여야 한다"). 또한 형사절차에서는 민사소송절차에서와 달리 피고인에게 입증책임을 부담시킬 수 없다.

② 형사절차에서의 불이익처우는 원칙적으로 금지된다. 검찰 등이 직무상 지득한 피의사실을 공판청구 전에 공표하면 피의사실공표죄로 처벌된다(형법 제126조). 또한 수사와 재판은 불구속이 원칙이다(헌재 1992.1.28. 91헌마111).

그 밖에도 피의자·피고인은 원칙적으로 일반 국민과 동일한 처우를 받는다. 공판정에서는 원칙적으로 피고인의 신체를 구속하지 못한다(형사소송법 제280조 본문). 구속피의자를 신문할 때에 포승, 수갑 등 계구를 사용한 것은 위헌이며 금지된다(헌재 2005.5.26. 2001헌마728). 또한 미결수용자가 수사 또는 재판을 받을 때 재소자용 의류를 착용하게 하는 것은 위헌이며 금지된다(헌재 1999.5.27. 97헌마137).

헌법재판소는 미결구금일수 산입범위 결정을 법관의 재량에 맡긴 형법규정은 무죄추정 및 적법절차 위반으로 위헌이며, 미결구금일수는 전부 형기에 산입되어야 한다고 판시하였다(헌재 2009.6.26. 2007헌바25).

③ 형사절차 이외에서의 불이익 처우도 원칙적으로 금지된다. 형사절차에서만이 아니라 그 밖의 영역에서의 기본권제한 등 불이익처우도 원칙적으로 금지된다(헌재 1990.11.19. 90헌가48).

형사절차 이외에서의 불이익처우에 대하여 위헌이 결정된 여러 헌법재판소 판례가 있다.

* 변호사에 대하여 공소가 제기되었다는 사실만으로 판결 확정시까지 업무정지 명령을 내릴 수 있도록 한 구 변호사법 규정(헌재 1990.11.19. 90헌가48).
* 형사사건으로 기소된 교원에 대하여 필요적 직위해제처분을 하도록 한 구 사립학교법 규정(헌재 1994.7.29. 93헌가3,7(병합)).
* 형사사건으로 기소되면 필요적으로 직위해제처분을 하도록 한 구 국가공무원법 규정(헌재 1998.5.28. 96헌가12). 그러나 대법원판례에 의하면, "공무원에게 징

계사유가 인정되는 이상 관련된 형사사건이 아직 유죄로 확정되지 아니하였거나 수사기관에서 이를 수사 중에 있다하여도 징계처분은 할 수 있는 것"이라고 한다(대판 1984.9.11. 84누110).

* 지방자치단체의 장이 금고 이상의 형을 받고 그 형이 확정되지 아니한 경우, 부단체장이 그 권한을 대행하도록 규정한 지방자치법 규정은 무죄추정 원칙 및 과잉금지 원칙 위반으로 헌법에 불합치(강원도지사 사건. 헌재 2010.9.2. 2010헌마418).

그 밖에 무죄추정의 원칙에 관한 주요 헌법재판소 판례는 다음과 같다.

* 직접주의와 전문법칙(傳聞法則)의 예외를 규정한 형사소송법 제314조는 합헌(헌재 1994.4.28. 93헌바26).
* 구 관세법상 몰수할 것으로 인정되는 물품을 압수한 경우에 있어서 범인이 당해관서에 출두하지 아니하거나 또는 범인이 도주하여 그 물품을 압수한 날로부터 4월을 경과한 때에는 당해 물품은 별도의 재판이나 처분 없이 국고에 귀속한다는 규정은 위헌(헌재 1997.5.29. 96헌가17).
* 형사소송에서 수사 담당 경찰공무원을 증인으로 인정한 것은 합헌(헌재 2001.11.29. 2001헌바41).
* 사업자단체의 독점규제및공정거래법 위반행위가 있을 때 공정거래위원회가 당해 사업자단체에 대하여 '법위반사실의 공표'를 명할 수 있도록 한 규정은 위헌(헌재 2002.1.31. 2001헌바43).
* 공정거래법상 부당내부거래에 대한 과징금 부과처분에 대하여 공정력과 집행력을 인정한다고 하여 이를 확정판결 전의 형벌집행과 같은 것으로 보아 무죄추정의 원칙에 위반된다고 할 수 없으므로 합헌(헌재 2003.7.24. 2001헌가25).
* 교도소에 수용된 때에는 국민건강보험급여를 정지하도록 한 국민건강보험법 규정은 수용자에게 불이익을 주기 위한 것이 아니라, 국가의 보호, 감독을 받는 수용자의 질병치료를 국가가 부담하는 것을 전제로 수용자에 대한 의료보장제도를 합리적으로 운영하기 위한 것이므로 합헌(헌재 2005.2.24. 2003헌마31등).
* 형사사건으로 기소된 국가공무원을 직위해제할 수 있도록(임의적 직위해제) 규정한 구 국가공무원법 규정은 합헌(헌재 2006.5.25. 2004헌바12).
* 지방자치단체의 장이 공소제기된 후 구금상태에 있는 경우 부단체장이 그 권한을 대행하도록 한 지방자치법 규정은 무죄추정의 원칙에 반하지 않는다(헌재 2011.4.28. 2010헌마474; 동 사건에서 4인 재판관은 범죄사실의 인정 또는 유죄의 인정에서 비롯되는 불이익 내지는 유지를 근거로 하는 사회윤리적 비난이 아니라는 이유로, 다른

4인 재판관은 직무정지가 유죄인정을 전제로 하는 불이익에는 틀림없으나 그 불이익이 비례의 원칙을 존중한 것으로 필요최소한도로 그치므로 예외적으로 무죄추정의 원칙에 저촉되지 않는다고 하였다. 이강국 재판관은 무죄추정의 원칙에 반한다고 하였다).

* 기소된 범죄가 합의부 관할사건인 경우에만 피고인에게 국민참여재판 신청권을 부여한 국민참여재판법 조항은 피고인에 대한 범죄사실 인정이나 유죄판결을 전제로 하여 불이익을 과하는 것이 아니므로 무죄추정의 원칙과 무관하다(헌재 2015.7.30. 2014헌바447).
* 형사재판에 계속 중인 사람에 대하여 출국을 금지할 수 있다고 규정한 출입국관리법 조항은 국가의 형벌권을 피하기 위하여 해외로 도피할 우려가 있는 경우 법무부장관으로 하여금 출국을 금지할 수 있도록 하는 것일 뿐이므로, 무죄추정의 원칙에서 금지하는 유죄 인정의 효과로서의 불이익 즉, 유죄를 근거로 형사재판에 계속 중인 사람에게 사회적 비난 내지 응보적 의미의 제재를 가하는 것은 아니므로 무죄추정의 원칙에 반하지 않는다(헌재 2015.9.24. 2012헌바302).
* 1심 결정에 의한 소년원 수용기간을 항고심 결정에 의한 보호기간에 산입하는 규정을 두지 않은 소년법 제33조는 소년의 개선과 교화를 목적으로 하는 것으로서 형사사건과는 구별되는 소년보호사건의 특성상 무죄추정의 원칙과 관련이 없다(헌재 2015.12.23. 2014헌마768. 또한 법원은 소년원 수용처분에 관하여 '장기' 또는 '단기'로만 그 종류를 결정할 뿐이고, 수용 중 교정성적이 양호한 경우에는 임시퇴원을, 교정목적이 달성된 경우에는 퇴원도 가능하게 하여 부당하게 장기간 수용되는 일이 없도록 하고 있으므로 신체의 자유를 침해하는 것도 아니라고 하였다).

8. 형사피해자의 재판절차진술권

헌법은 피의자·피고인의 권리만이 아니라 형사피해자를 보호하기 위하여 범죄피해구조청구권(제30조) 외에 재판절차에서의 진술권을 보장하고 있다(제27조 제5항).

(판 례) 형사피해자 재판절차진술권의 취지와 성격

형사피해자의 재판절차진술권은 범죄로 인한 피해자가 당해 사건의 재판절차에 증인으로 출석하여 자신이 입은 피해의 내용과 사건에 관하여 의견을 진술할 수 있는 권리를 말하는데, 이는 피해자 등에 의한 사인소추를 전면 배제하고 형사소추권을 검사에게 독점시키고 있는 현행 기소독점주의의 형사소송체계 아래에서 형사피해자로 하여금 당해 사건의 형사재판절차에 참여하여 증언하는 이외에 형사사건에 관한 의견진술을 할 수 있는 청문의 기회를 부여함

으로써 형사사법의 절차적 적정성을 확보하기 위하여 이를 기본권으로 보장하는 것이다(헌재 1989.4.17. 선고 88헌마3, 판례집 1, 31 참조).

2) 헌법 제27조 제5항이 정한 법률유보는 (……) 기본권으로서의 재판절차진술권을 보장하고 있는 헌법규범의 의미와 내용을 법률로써 구체화하기 위한 이른바 기본권형성적 법률유보에 해당한다(헌재 1993.3.11. 92헌마48, 판례집 5-1, 121,130). 따라서 헌법이 보장하는 형사피해자의 재판절차진술권을 어떠한 내용으로 구체화할 것인가에 관하여는 입법자에게 입법형성의 자유가 부여되고 있으며, 다만 그것이 재량의 범위를 넘어 명백히 불합리한 경우에 비로소 위헌의 문제가 생길 수 있다.

헌재 2003.9.25. 2002헌마533, 판례집 15-2 상, 479,485

형사피해자의 범위는 간접적으로 불이익을 받은 자를 포함한다.

(판 례) 형사피해자의 범위

(헌법 제27조 제5항의) 형사피해자의 개념은 반드시 형사실체법상의 보호법익을 기준으로 한 피해자개념에 한정하여 결정할 것이 아니라 형사실체법상으로는 직접적인 보호법익의 향유주체로 해석되지 않는 자라 하더라도 문제된 범죄행위로 말미암아 법률상 불이익을 받게 되는 자의 뜻으로 풀이하여야 할 것이다.

교통사고로 사망한 사람의 부모는 형사소송법상 고소권자의 지위에 있을 뿐만 아니라, 비록 교통사고처리특례법의 보호법익인 생명의 주체는 아니라고 하더라도, 그 교통사고로 자녀가 사망함으로 인하여 극심한 정신적 고통을 받은 법률상 불이익을 입게 된 자임이 명백하므로, 헌법상 재판절차진술권이 보장되는 형사피해자의 범주에 속한다.

헌재 2002.10.31. 2002헌마453, 공보 74, 142

형사소송법은 피해자가 증인으로서 진술할 권리를 규정하고 있다(제294조의2. "① 법원은 범죄로 인한 피해자 또는 그 법정대리인의 신청이 있는 때에는 그 피해자등을 증인으로 신문하여야 한다. 다만, 다음 각 호의 어느 하나에 해당하는 경우에는 그러하지 아니하다. 2. 피해자등 이미 당해 사건에 관하여 공판절차에서 충분히 진술하여 다시 진술할 필요가 없다고 인정되는 경우 3. 피해자등의 진술로 인하여 공판절차가 현저하게 지연될 우려가 있는 경우").

그러나 형사피해자가 증인으로 진술할 권리가 사실상 검사와 법관의 판단에 좌우되고, 정작 피해자 자신은 사건의 실체 및 재판과정을 정확히 알지 못한다는 비판에 따라 2025. 3. 18. 개정 형사소송법(법률 제20796호, 2025.9.19. 시행) 제294조의4는 소송계속 중인 사건의 피해자와 그 법정대리인 등이 소송기록의 열람 또는 등사를 신청하는 경우 재판장은 이를 원칙적으로 허가하되, 예외적으로 허가하지 아니하거나 사용 목적의 제한 또는 조건을 붙여 허가하는 경우에는 열람 또는 등사를 신청한 자에게 그 이유를 통지하도록 하였다. 법 개정이유에 "범죄피해자의 알 권리 및 형사절차 참여권을 실질적으로 보장하기 위[한]" 것임을 명시하였다.

한편 범죄피해자보호법(2010.5.14 전부개정)은 피해자의 재판절차진술 등 형사절차 참여를 보장하고 있다(제8조 "① 국가는 범죄피해자가 해당 사건과 관련하여 수사담당자와 상담하거나 재판절차에 참여하여 진술하는 등 형사절차상의 권리를 행사할 수 있도록 보장하여야 한다. ② 국가는 범죄피해자가 요청하면 가해자에 대한 수사결과, 공판기일, 재판결과, 형집행 및 보호관찰 집행 상황 등 형사절차 관련 정보를 대통령령으로 정하는 바에 따라 제공할 수 있다"). 2014년 개정법은 제8조의2를 신설하여 국가로 하여금 수사 및 재판 과정에서 범죄피해자에 대하여 재판절차 참여 진술권 등 형사절차상 범죄피해자의 권리에 관한 정보, 범죄피해 구조금 지급 및 범죄피해자 보호·지원 단체 현황 등 범죄피해자의 지원에 관한 정보 및 그 밖에 범죄피해자의 권리보호 및 복지증진을 위하여 필요하다고 인정되는 정보의 제공의무를 신설하였다.

헌법재판소는 '표시·광고의 공정화에 관한 법률'에 따라 부당한 표시·광고행위를 심사하고 고발·행정처분의 권한이 있는 공정거래위원회가 가습기살균제 제품 관련 인터넷 신문기사 3건을 심사대상에서 제외한 것은, 이를 신고한 청구인의 재판절차진술권을 침해한다고 하였다(헌재 2022.9.29. 2016헌마773; 표시광고법상의 공정위의 전속고발권 규정과 신문기사의 형식을 띠더라도 그 내용에 따라 광고에 해당한다는 대법원 판례가 주요 이유가 되었다).

헌법재판소는 형사피해자를 제외하고 검사 또는 피고인에게만 상소권을 준 형사소송법 제338조 제1항이 형사피해자의 재판절차진술권을 침해한 것은 아니며 합헌이라고 판시하였다(헌재 1998.10.29. 97헌마17). 형사소송법이 재정신청에 대한 결정을 구두변론에 의하지 않을 수 있도록 규정한 것도 합헌이다(헌재 2018.4.26. 2016헌마1043). 형사피해자를 약식명령의 고지 대상자 및 정식재판청구권자에서 제외한 규정도 합헌이다(헌재 2019.9.26. 2018헌마1015).

한편 업무상과실 또는 중대한 과실로 인한 교통사고로 말미암아 피해자로 하여금 중상해에 이르게 한 경우까지 공소를 제기할 수 없도록 하는 것은 교통사고 피해자의 재판절차진술권을 침해하는 것이라고 판시하였다(헌재 2009.2.26. 2005헌마764).

(판 례) 친족상도례 규정의 위헌성

직계혈족, 배우자, 동거친족, 동거가족 또는 그 배우자간의 권리행사방해죄는 그 형을 면제하도록 한 형법 제328조 제1항은 재산범죄의 가해자와 피해자 사이의 일정한 친족관계를 요건으로 하여 일률적으로 형을 면제하도록 규정하고 있는바, 적용대상 친족의 범위가 지나치게 넓고, 심판대상조항이 준용되는 재산범죄들 가운데 불법성이 경미하다고 보기 어려운 경우가 있다는 점에서 제도적 취지에 부합하지 않는 결과를 초래할 우려가 있고, 미성년자나 질병, 장애 등으로 가족과 친족 사회 내에서 취약한 지위에 있는 구성원에 대한 경제적 착취를 용인할 우려가 있다. 그럼에도 법관으로 하여금 이러한 사정을 전혀 고려할 수 없도록 하고 획일적으로 형면제 판결을 선고하도록 한 심판대상조항은 형사피해자가 법관에게 적절한 형벌권을 행사하여줄 것을 청구할 수 없도록 하는 것으로서 입법재량을 일탈하여 현저히 불합리하거나 불공정하므로 형사피해자의 재판절차진술권을 침해한다.

(헌법불합치결정)

헌재 2024.6.27. 2020헌마468, 공보 333, 1182

Ⅳ. 형사보상청구권

> **(헌법 제28조)** 형사피의자 또는 형사피고인으로서 구금되었던 자가 법률이 정하는 불기소처분을 받거나 무죄판결을 받은 때에는 법률이 정하는 바에 의하여 국가에 정당한 보상을 청구할 수 있다.

1. 의　　의

형사보상청구권은 형사피의자 또는 형사피고인으로 구금되었던 자가 법률이 정한 불기소처분을 받거나 무죄판결을 받은 경우에 그 손실에 대한 보상을 국가에 대하여 청구할 수 있는 권리이다. 신체의 자유의 침해에 대하여 사후에 구제받을 수 있는 권리에 해당한다.

과거의 헌법에서는 형사피고인의 권리로 규정하였으나, 현행 헌법은 형사피고인만이 아니라 형사피의자의 권리로 확대하여 규정하였다. 형사보상청구권을 구체화한 법률로 형사보상 및 명예회복에 관한 법률(약칭 '형사보상법')이 있다.

2. 형사보상청구권의 법적 성격

형사보상청구권은 손실보상청구권의 성격을 갖는다. 국가에 대하여 불법행위책임을 묻는 것이 아니라 결과에 대하여 무과실책임을 지우는 것이다. 따라서 형사보상청구권의 행사와 별도로 국가배상청구권을 행사할 수 있다(형사보상법 제6조 제1항).

헌법 문언상 "법률이 정하는 바에 의하여" 형사보상을 청구할 수 있다고 규정되어 있지만, 형사보상청구권은 헌법에 의해 직접 효력을 발생하는 구체적 권리라고 본다.

3. 형사보상청구권의 내용

(1) 형사보상청구권의 성립 요건

첫째, 그 주체는 '형사피의자 또는 형사피고인'으로서 구금되었던 자이다. 형사피의자는 범죄의 혐의를 받아 수사기관의 수상대상으로 되어 있는 자로서, 아직 공소제기가 되어 있지 않은 자이다. 형사피고인은 형사사건에서 공소가 제기된 자이다.

둘째, '구금되었던 자'이어야 한다. 불구속으로 수사를 받거나 기소된 자는 해당되지 않는다.

셋째, 형사피의자의 경우, '법률이 정하는 불기소처분'을 받았어야 한다. 형사보상법(제27조 제1항)에 의하면 다음의 경우에는 형사보상청구권이 인정되지 않는다. ① 구금된 이후 공소를 제기하지 아니하는 처분을 할 사유가 있는 경우, ② 공소를 제기하지 아니하는 처분이 종국적이 아닌 경우, ③ 공소를 제기하지 아니한 처분이 형사소송법 제247조 제1항의 규정에 의한 것일 경우, 즉 기소유예에 해당하는 경우이다. 기소유예는 범죄의 혐의가 인정되고 소송조건이 구비된 경우이지만 검사의 재량으로 기소를 제기하지 않는 것이며, 기소편의주의에 따른 것이다.

넷째, 형사피고인의 경우, '무죄판결'을 받았어야 한다. 주위적 공소사실이 무죄라면 예비적 공소사실은 유죄인 경우에도 무죄재판을 받은 경우에 해당한다는 것이 판례이다(대결 2016.3.11. 자 2014모2521; 다만 형사보상법 제4조 제3호를 유추적용하여 법원의 재량으로 보상청구의 전부 또는 일부를 기각할 수 있을 뿐이다). 이 때는 주문이 아니라 이유에서 무죄로 판단된다.

(판 례) 형사보상청구권 행사요건인 무죄판결의 의미

헌법 제28조는 "형사피의자 또는 형사피고인으로서 구금되었던 자가 법률이 정하는 불기소처분을 받거나 무죄판결을 받은 때에는 법률이 정하는 바에 의하여 국가에 정당한 보상을 청구할 수 있다."고 규정하고, 형사보상 및 명예회복에 관한 법률(이하 '형사보상법'이라 한다) 제2조 제1항은 "형사소송법에 따른 일반 절차 또는 재심이나 비상상고 절차에서 무죄재판을 받아 확정된 사건의 피고인이 미결구금을 당하였을 때에는 이 법에 따라 국가에 대하여 그 구금에 대한 보상을 청구할 수 있다."고 규정하고 있다. 이와 같은 형사보상법 조항은 입법 취지와 목적 및 내용 등에 비추어 재판에 의하여 무죄의 판단을 받은 자가 재판에 이르기까지 억울하게 미결구금을 당한 경우 보상을 청구할 수 있도록 하기 위한 것이므로, 판결 주문에서 무죄가 선고된 경우뿐만 아니라 판결 이유에서 무죄로 판단된 경우에도 미결구금 가운데 무죄로 판단된 부분의 수사와 심리에 필요하였다고 인정된 부분에 관하여는 보상을 청구할 수 있고, 다만 형사보상법 제4조 제3호를 유추적용하여 법원의 재량으로 보상청구의 전부 또는 일부를 기각할 수 있을 뿐이다. (……)

원심은 주위적 공소사실인 특정범죄가중법 위반(절도)의 점을 판결 이유에서 무죄로 판단하고 예비적 공소사실인 점유이탈물횡령의 점에 대하여 유죄를 선고한 경우를 형사보상법 제2조 제1항이 정한 '무죄재판을 받은 경우'에 해당한다고 볼 수 없다고 판단하였으니, 원심결정에는 형사보상법 제2조 제1항을 위반하여 재판에 영향을 미친 위법이 있다.

대결 2016.3.11.자 2014모2521

형식적 의미의 무죄판결이 아니라도, "면소 또는 공소기각의 재판을 받은 자는 면소 또는 공소기각의 재판을 할 만한 사유가 없었더라면 무죄의 재판을 받을 만한 현저한 사유가 있거나 치료감호법 제7조(심신장애자, 친고죄에서 고소·고발이 없거나 반의사불벌죄에서 처벌불원의 의사표시가 있는 경우 및 기소유예의 경우)에 따라 치료감호의 독립 청구를 받은 피치료감호청구인의 치료감호사건이 범죄로 되지 아니하거나 범죄사실의 증명이 없는 때에 해당되어 청구기각의 판결을 받아 확정된 경우에는" 형사보상을 청구할 수 있다(같은 법 제26조 제1항 제1, 2호). 2023. 12. 29. 개정법은 '헌재 2022.2.24. 2018헌마998등' 결정에 따라 제3호를 추가하여 "헌법재판소법에 따른 재심 절차에서 원판결보다 가벼운 형으로 확정됨에 따라 원판결에 의한 형 집행이 재심 절차에서 선고된 형을 초과한 경우"에도 형사보상을 하는 규정을 추가하였다. 대법원은 치료감호와 같은 명문규정이 없는 보호감호처분에도 형사보상이 인정된다고

한다(대결 2004.10.18.자 2004코1(2004오1)).

면소의 판결은 사면, 공소시효 완성 등의 경우에 내려지며(형사소송법 제326조), 공소기각의 판결은 친고죄의 경우에 고소 취소가 있는 경우 등에 내려진다(형사소송법 제327조).

다섯째, 공무원의 고의 · 과실은 요하지 않는다. 결과에 대하여 무과실책임을 인정하는 것이다.

여섯째, 보상을 받을 자가 다른 법률에 따라 손해배상을 청구하는 것을 금지하지 아니한다(제6조 제1항).

일곱째, 법원은 보상결정이 확정되었을 때에는 2주일 내에 보상결정의 요지를 관보에 게재하여 공시하여야 한다(제25조 제1항).

한편 다음의 하나에 해당하는 경우에 법원은 재량에 의하여 보상청구의 전부 또는 일부를 기각할 수 있다. ① 형사미성년 또는 심신장애로 인해 무죄를 받은 경우, ② 본인이 수사 또는 심판을 그르칠 목적으로 허위자백을 하거나 다른 유죄의 증거를 만듦으로써 기소, 미결구금, 또는 유죄재판을 받게 된 것으로 인정된 경우, ③ 1개의 재판으로써 경합범의 일부에 대하여 무죄재판을 받고 다른 부분에 대하여 유죄재판을 받았을 경우(형사보상 및 명예회복에 관한 법률 제4조). ④ 피의자보상의 경우에는 위 ③ 요건 대신에 '보상을 하는 것이 선량한 풍속이나 그 밖에 사회질서에 위배된다고 인정할 특별한 사정이 있는 경우'로 대체된다(제27조 제2항).

(2) 형사보상의 내용

형사보상청구의 요건이 충족되면 국가는 '정당한 보상'을 해야 한다. 정당한 보상이란, 물질적 · 정신적 손실에 대한 완전한 보상을 의미한다. 형사보상 및 명예회복에 관한 법률에 의하면, 구금일수에 따라 1일당 보상청구의 원인이 발생한 연도의 최저임금법에 따른 일급 최저임금액 이상 대통령령으로 정하는 금액 이하의 비율에 의한 보상금을 지급한다(제5조 제1항).

법원은 보상금액을 산정할 때, 경찰 · 검찰 · 법원의 각 기관의 고의 또는 과실 유무와 무죄재판의 실질적 이유가 된 사정을 고려하여야 한다(제5조 제2항). 위에서 언급한 형사보상청구권의 성립에 공무원의 고의나 과실이 필요하지 않다는 점과 구별하여야 한다.

한편 당해 형사소송에서의 변호사비용은 형사보상의 내용에 포함되지 아니하고, 형사소송법상의 비용보상의 소를 제기하여야 하는데(형사소송법 제194조의2 내지 5), 이 경우 변호사비용은 민사소송의 경우와 달리 국선변호인의 보수를 기준으로 하고(법 제194조의4 제1항), 헌법재판소는 최근 위 조항에 대하여 평등원칙에 위반되지 않는다고 하였다(헌재 2012.3.29. 2011헌바19; 헌법재판소는 위 소송비용청구권은 헌법상의 형사보상청구권과는 달리 법률상의 권리로 보았다).

보상청구는 무죄재판을 한 법원에 대하여 하여야 한다(같은 법 제7조). 보상청구는 무죄재판이 확정된 날로부터 1년 이내에 하여야 한다는 규정에 대하여 헌법재판소는 헌법불합치 결정을 내렸다. 제척기간 1년은 지나치게 짧아 입법재량의 한계를 일탈한 것이라고 보았다(헌재 2010.7.29. 2008헌가4). 이에 따라 보상청구는 무죄재판이 확정된 사실을 안 날부터 3년, 무죄재판이 확정된 때부터 5년 이내에 하여야 하는 것으로 법이 개정되었다(제8조). 보상청구를 받은 법원은 검사와 청구인의 의견을 들어야 하고, 6개월 이내에 보상결정을 하여야 한다(제14조 제2, 3항). 보상청구재판은 법원합의부 관할이다(제14조 제1항). 한편 피의자보상의 경우에는 불기소처분을 한 지방검찰청(지청의 경우에는 지청검사가 속한 지방검찰청)에 대하여 하여야 하며(같은 법 제27조 제1항), 불기소처분의 고지 또는 통지를 받은 날로부터 1년 이내에 하여야 한다(같은 조 제3항).

헌법재판소는 형사보상의 청구에 대하여 한 보상의 결정에 대하여 불복을 신청할 수 없다는 형사보상법 조항(제19조 제1항)은 형사보상청구권 및 재판청구권의 본질적 내용을 침해하는 것이며 위헌이라고 결정하였다(헌재 2010.10.28. 2008헌마514). 이에 따라 보상결정에 대하여는 1주일 이내에 즉시항고를, 청구기각결정에 대하여는 즉시항고를 할 수 있도록 법이 개정되었다(제20조).

금전적인 보상과는 별도로, 명예회복제도도 마련되어 있다. 즉 무죄재판을 받아 확정된 사건의 피고인은 무죄재판이 확정된 때부터 3년 이내에 확정된 무죄재판사건의 재판서를 법무부 인터넷 홈페이지에 게재하도록 해당 사건을 기소한 검사가 소속된 지방검찰청(지방검찰청 지청을 포함한다)에 청구할 수 있고(제30조), 청구를 받은 날부터 1개월 이내에 무죄재판서를 법무부 인터넷 홈페이지에 게재하여야 한다(제32조 제1항).

나아가 2014년 개정 형법은 무죄판결 공시 취지의 선고를 의무화하되, 피고인이 동의하지 아니하거나 피고인의 동의를 받을 수 없는 경우는 예외로 한다고 규정하였다(제58조).

4. 형사소송법상의 비용보상청구권

2007.6.1. 형사소송법이 개정되면서 기존의 형사보상제도와는 별개로 무죄판결이 확정된 피고인이 구금 여부와 상관없이 재판에 들어간 비용의 보상을 법원에 청구할 수 있도록 하는 내용의 비용보상청구 제도가 마련되었다. 형사소송법 제194조의2 내지 제194조의5에 따른 비용보상청구 제도는 형사사법절차에 내재하는 불가피한 위험성으로 인해 손해를 입은 사람에게 그 위험에 관한 부담을 덜어주기 위해 국가의 고의나 과실 여부를 불문하고 그 손해를 보상해주는 것이다. 이는 구금되었음을 전제로 하는 헌법 제28조의 형사보상청구권이나 국가의 귀책사유를 전제로 하는 헌법 제29조의 국가배상청구권이 헌법적 차원에서 명시적으로 규정되어 보호되고 있는 것과 달리, 입법자가 입법의 목적, 국가의 경제적·사회적·정책적 사정들을 참작하여 제정하는 법률에 적용요건, 적용대상, 범위 등 구체적인 사항이 규정될 때 비로소 형성되는 권리이다(헌재 2012.3.29. 2011헌바19).

이러한 법률상의 비용보상청구권은 청구인의 귀책사유와 무관하게 일률적으로 '무죄판결이 확정된 날로부터 6개월'이라는 지나치게 짧은 제척기간의 적용을 받는데(형사소송법 제194조의3 제2항), 헌법재판소는 동 조항을 합헌이라 판시하였다. 그러나 2014. 12. 30 개정을 통해 '무죄판결이 확정된 사실을 안 날부터 3년, 무죄판결이 확정된 때부터 5년 이내에 하여야 한다'고 규정하고 있다.

(판 례) 비용보상청구권 단기 제척기간의 합헌성

형사소송법상 인정되는 무죄판결의 확정에 따른 비용보상청구권은 법률로 형성된 권리로서 그 행사기간을 정하는 것은 입법재량의 영역에 속하고, 입법자에게 주어진 합리적 재량의 한계를 벗어난 것이 아닌 한 위헌이라고 단정할 수 없다. 형사소송법상 비용보상청구는 재판과정에서 피고인이 지출한 소송비용 중 일정 부분을 간편한 절차를 통해 손쉽게 보전해 주려는 제도로서 그 보상기준이 법령에 구체적으로 정해져 있다. 따라서 비용보상청구인은 무죄판결의 확정, 재판진행경과, 변호인 선임과 같은 객관적 재판 진행상황에 관한 간단한 소명만 하면 되고, 그 밖에 특별한 증명책임이나 절차적 의무를 부담하지 않는다. 그러므로 심판대상조항이 정한 무죄판결 확정일로부터 6개월이라는 기간이 현실적으로 비용보상청구권 행사를 불가능하게 하거나 현저한 곤란을 초래할 정도로 지나치게 짧다고 단정할 수 없다.

(이정미 재판관 등 5인의 위헌의견)

심판대상조항이 6개월의 제척기간이 지나면 비용보상청구권을 행사할 수 없도록 함으로써, 비용보상에 관한 국가의 채무관계를 조기에 확정하고 예산 수립 시 불안정성을 제거하여 국가재정을 합리적으로 운영하려는 입법목적이 정당하고, 그 수단이 적절함은 수긍할 수 있다.

그런데 권리관계를 조속히 확정하기 위하여 제척기간을 단기로 규정하는 것은 권리의 행사가 용이하고 일상적으로 빈번히 발생하는 것이거나 권리의 행사로 인하여 상대방의 지위가 특별히 불안정해지는 경우 또는 권리의 행사 여부에 따라 상대방 또는 제3자의 의무나 법적 지위가 달라지는 경우 등 법률관계를 보다 신속히 확정하여 분쟁을 방지할 필요가 있는 경우이다(헌재 2010.7. 29. 2008헌가4 참조).

그러나 형사소송법상 비용보상청구권은 위에서 열거하는 어떠한 사유에도 해당하지 아니하고 달리 그 제척기간을 단기로 규정해야 할 합리적인 이유를 찾기 어렵다. 오히려 비용보상청구제도가 2007. 6. 1. 형사소송법 개정을 통하여 비로소 도입되었고, 법원이 무죄선고를 하면서 피고인에게 형사비용보상청구의 절차에 관하여 아무런 안내도 하지 아니하고 있어 현재 피고인은 물론, 법률전문가들조차도 대부분 그 존재 자체를 모르고 있는 실정이다. 또한 비용보상청구권은 국가의 형사사법작용에 의해 불가피하게 지출된 소송비용 중 일정 부분을 보전해주려는 것이므로 일반적인 사법상의 권리보다 더 확실하게 보호되어야 할 권리이다. 그럼에도 불구하고 합리적인 이유도 없이 그 청구기간을 6개월이라는 극히 단기로 제한한 것은 입법목적의 달성에 필요한 정도를 넘어선 과도한 것이라고 볼 수밖에 없다.

더욱이 심판대상조항은 피고인이 무죄판결의 확정사실을 알고 있었는지 또는 피고인에게 귀책사유가 있었는지 여부와 관계없이 일률적으로 그 제척기간을 무죄판결이 확정된 때부터 진행한다고 규정하고 있고, 달리 그 기산점에 관한 예외를 인정하지 아니하고 있다. 그러나 형사소송법에서는 피고인이 재정하지 아니한 가운데 재판할 수 있는 예외적인 경우(제277조, 제277조의2, 제306조 제4항, 제330조, 제365조 등)를 상정하고 있으며, 재심의 경우에는 검사나 법정대리인, 심신장애자의 친족 등이 재심청구를 할 수 있어 피고인이 재판의 진행이나 무죄판결의 선고 사실을 모르고 있는 경우가 발생할 수 있다. 그럼에도 불구하고 이러한 경우까지 청구권자의 귀책사유와 무관하게 '무죄판결이 확정된 날부터 6개월' 이라는 극히 단기의 제척기간을 규정한 것은 피고인의 비용보상청구를 현저히 곤란하게 하거나 사실상 불가능하게 하는 것과 다름없다.

따라서 심판대상조항은 입법목적 달성에 필요한 정도를 넘어서 비용보상청구권자의 재판청구권 및 재산권을 제한한 것으로서 침해의 최소성 원칙에 위배된다 할 것이다.

헌재 2015.4.30. 2014헌바408등, 판례집 27-1 하, 1,7-10

V. 국가배상청구권

> **(헌법 제29조)** ① 공무원의 직무상 불법행위로 손해를 받은 국민은 법률이 정하는 바에 의하여 국가 또는 공공단체에 정당한 배상을 청구할 수 있다. 이 경우 공무원 자신의 책임은 면제되지 아니한다.
>
> ② 군인·군무원·경찰공무원 기타 법률이 정하는 자가 전투·훈련 등 직무집행과 관련하여 받은 손해에 대하여는 법률이 정하는 보상외에 국가 또는 공공단체에 공무원의 직무상 불법행위로 인한 배상은 청구할 수 없다.

1. 의 의

국가배상청구권이란 공무원의 직무상 불법행위로 손해를 받은 국민이 국가에 대하여 손해배상을 청구할 수 있는 권리이다. 공무원의 직무상 불법행위에 대하여 국가가 손해배상책임을 지게 함으로써 손해를 받은 국민이 손해를 확실하고 충분하게 전보(塡補)받을 수 있게 한다는 점에 이 권리의 의의가 있다. 예컨대 사법경찰관이 피의자를 심문하면서 폭행을 가했다면 피의자는 국가에 대하여 손해배상을 청구할 수 있다.

역사적으로 서구에서 '왕은 잘못을 저지를 수 없다'라는 국가무책임의 원칙이 있었으나 이러한 원칙이 극복되어 국가책임제도가 인정되면서 국가배상청구권이 보장되기에 이르렀다. 국가책임제도에는 ① 국가기관의 불법한 행위로 인한 손해의 전보를 책임지게 하는 경우와 ② 적법한 행위로 인한 손실의 전보를 책임지게 하는 경우가 구별된다. 전자에 대응하는 것이 국가배상청구권이고, 후자에 대응하는 것이 국가에 대한 손실보상청구권이다(손실보상청구권의 헌법상 근거조항으로 재산권의 수용 등에 관한 헌법 제23조 제3항과 형사보상청구권에 관한 헌법 제28조가 있다).

2. 국가배상청구권의 법적 성격

(1) 국가배상책임의 성질

공무원의 불법행위에 대하여 국가가 배상책임을 지는 논거 또는 책임의 성질에 대하여 크게 세 가지 견해가 있다.

① 대위책임설(代位責任說)에 의하면, 공무원에 대신하여 사용자로서의 국가가 책임을 지는 것이라고 한다.

② 자기책임설(自己責任說)에 의하면, 공무원에 대신하여 국가가 책임을 지는 것이 아니라, 국가 자신의 자기책임이라고 본다. 이 견해는 위험을 조성하는 자가 그로 인해 발생하는 손해에 대하여 책임을 진다는 위험책임의 사상에 근거하고 있다.

③ 중간설에 의하면, 공무원의 고의 또는 중과실(重過失)로 인한 불법행위는 국가기관의 행위로 볼 수 없으므로 대위책임이고, 공무원의 경과실(輕過失)로 인한 불법행위는 국가 자신의 행위로 보아야 하므로 자기책임이라고 한다.

과거에는 대위책임설이 통설이었으나 근래에는 자기책임설이 주류를 형성하고 있다. 국가배상책임은 위험책임의 성격을 지니므로 자기책임으로 보는 것이 타당하다고 본다. 중간설은 공무원의 고의나 중과실의 경우에 한하여 국가가 공무원에게 구상권(求償權)을 갖는다는 국가배상법 규정(제2조 2항)과 잘 부합하는 것처럼 보이지만, 구상권 인정 여부는 국가배상책임의 성질과 무관하게 정책적 고려에 의해 정할 수 있다고 볼 것이다.

(2) 공권(公權)인가 사권(私權)인가

국가배상청구권이 공법상의 공권인가 사법상의 사권인가에 대하여 견해가 갈린다. 이 문제에 상응하여 국가배상청구권에 관한 국가배상법이 공법인가 사법인가에 대하여도 견해가 갈린다.

① 공권설의 논거로서, 국가배상청구권은 행정청의 행위 등 공법상의 원인에 의하여 발생한 것이고, 국가배상법에서 사법상의 손해배상청구권과 다른 여러 특칙이 적용되는 점 등을 근거로 든다.

② 사권설의 논거로서, 국가배상청구권은 국가가 사적인 지위에서 지는 책임에 상응하는 것이고, 국가배상법 제8조("……이 법에 규정된 사항 외에는 민법에 따른다. ……")에 비추어 이 법이 민법의 특별법적 지위에 있는 것으로 볼 수 있다는 점 등을 근거로 든다.

다수 학설의 경향은 공권설을 취하고 있다. 이 문제의 현실적인 실익은 국가배상청구권에 관한 소송이 행정소송법에 의하는가 아니면 민사소송법에 의하는가에 있는데, 실무상으로는 민사소송법에 의하고 있다.

(3) 절차권적 성격과 재산권적 성격

국가배상청구권은 절차권적 성격과 아울러 재산권적 성격도 지닌다. 헌법재판소 판례도 이와 같이 보고 있다(헌재 1997.2.20. 96헌바24).

(4) 직접적 효력을 갖는지의 여부

헌법 제29조는 국가배상청구권에 관하여 "……법률이 정하는 바에 의하여…… 청구할 수 있다"고 규정하고 있다. 이 법률유보 조항의 해석과 관련하여 국가배상청구권이 헌법규정만으로 직접 효력을 발생하는지 또는 법률이 제정되어야만 행사될 수 있는지에 대하여 견해가 갈린다. 다수의 견해는 직접 효력을 발생한다고 보며, 이 견해가 권리보호의 관점에서 타당하다. 다만 국가배상법이 이미 제정되어 있으므로 이 문제는 이론적 논의에 불과하다.

3. 국가배상청구권의 주체

국가배상청구권의 주체는 국민이다. 국가배상법은 외국인에 대하여 상호주의 원칙에 따라 제한적으로 인정한다(제7조 "이 법은 외국인이 피해자인 경우에는 해당국가와 상호보증이 있을 때에만 적용한다"). 다만 상호보증은 우리나라와 외국 사이에 조약이 체결되어 있을 것까지 요하는 것은 아니다.

(판 례) 국가배상청구권에서의 상호보증의 의미

국가배상법 제7조는 우리나라만이 입을 수 있는 불이익을 방지하고 국제관계에서 형평을 도모하기 위하여 외국인의 국가배상청구권의 발생요건으로 '외국인이 피해자인 경우에는 해당 국가와 상호보증이 있을 것'을 요구하고 있는데, 해당 국가에서 외국인에 대한 국가배상청구권의 발생요건이 우리나라의 그것과 동일하거나 오히려 관대할 것을 요구하는 것은 지나치게 외국인의 국가배상청구권을 제한하는 결과가 되어 국제적인 교류가 빈번한 오늘날의 현실에 맞지 아니할 뿐만 아니라 외국에서 우리나라 국민에 대한 보호를 거부하게 하는 불합리한 결과를 가져올 수 있는 점을 고려할 때, 우리나라와 외국 사이에 국가배상청구권의 발생요건이 현저히 균형을 상실하지 아니하고 외국에서 정한 요건이 우리나라에서 정한 그것보다 전체로서 과중하지 아니하여 중요한 점에서 실질적으로 거의 차이가 없는 정도라면 국가배상법 제7조가 정하는 상호보증의 요건을 구비하였다고 봄이 타당하다. 그리고 이와 같은 상호보증은 외국의 법령, 판례 및 관례 등에 의하여 발생요건을 비교하여 인정되면 충분하고 반드시 당사국과의 조약이 체결되어 있을 필요는 없으며, 당해 외국에서 구체적으로 우리나라 국민에게 국가배상청구를 인정한 사례가 없더라도 실제로 인정될 것이라고 기대할 수 있는 상태이면 충분하다(대법원 2004.10.28. 선고 2002다74213 판결, 대법원 2013.2.15. 선고 2012므66, 73 판결 등 참조).

이러한 법리와 기록에 비추어 살펴보면, 원고는 일본인으로서 피고 소속 공무원의 위법한 직무집행으로 인한 피해에 대하여 국가배상법의 적용을 받으려면 일본에서 우리나라 국가배상법 제7조가 정하는 상호보증이 있어야 하는데, 일본 국가배상법 제1조 제1항은 "국가 또는 공공단체의 공권력을 행사하는 공무원이 그 직무를 행함에 있어서 고의 또는 과실로 위법하게 타인에게 손해를 가한 때에는 국가와 공공단체는 이를 배상할 책임이 있다."고 규정하고, 제6조는 "이 법률은 외국인이 피해자인 경우에는 상호보증이 있을 때에만 이를 적용한다."고 규정함으로써 국가배상청구권의 발생요건 및 상호보증에 관하여 우리나라 국가배상법과 동일한 내용을 규정하고 있으므로, 일본에서의 국가배상청구권의 발생요건이 현저히 균형을 상실하지 아니하고 우리나라 국가배상법이 정한 그것보다 전체로서 과중하지 아니하여 중요한 점에서 실질적으로 거의가 차이가 없다고 할 수 있다. 또한 위 규정에 비추어 보면 우리나라 국민이 일본에서 국가배상청구를 할 경우 그 청구가 인정될 것이 기대될 뿐만 아니라 실제로 일본에서 다수의 재판례를 통하여 우리나라 국민에 대한 국가배상청구가 인정되고 있으므로, 우리나라와 일본 사이에 국가배상법 제7조가 정하는 상호보증이 있는 것으로 봄이 타당하다.

대판 2015.6.11. 2013다208388

한국에 주둔하는 미합중국군대의 구성원 · 고용원 또는 한국증원군대구성원(카투사)의 공무집행 중의 행위로 피해를 받은 자도 국가배상법에 따라 대한민국에 대하여 배상을 청구할 수 있다(약칭 '한미행정협정' 제23조 제5항).

군인 · 공무원 · 경찰공무원 등의 경우에는 헌법 제29조 제2항에서 특별한 제한을 가하고 있다(뒤의 설명 참조).

4. 국가배상청구권의 내용

국가배상청구권의 내용은 국가배상법에 구체화되어 있다. 이 법률은 공무원의 직무상 불법행위로 인한 손해 이외에 도로 · 하천 기타 공공의 영조물의 설치 · 관리상의 하자(흠)로 인한 손해배상청구에 대해서도 규정하고 있다(제5조). 여기에서는 공무원의 직무상 불법행위로 인한 손해배상의 경우를 중심으로 설명한다.

(1) 국가배상청구권의 성립요건

국가배상청구권이 성립하려면 '공무원'의 '직무상' '불법행위'로 인한 '손해 발생'이 있어야 한다.

① '공무원'이라 함은 국가공무원법과 지방공무원법에 의하여 공무원 신분을 갖는 자에 한하지 않으며, 공무를 위탁받아 이에 종사하는 모든 사람을 포함한다. 대법원판례에 의하면, 동원기간 중의 향토예비군(대판 1970.5.26. 70다471), 구청청소차 운전사(대판 1971.4.6. 70다2955), 집행관(집달리)(대판 1966.1.25. 65다2318), 지방자치단체로부터 '교통할아버지'로 선정된 노인(대판 2001.1.5. 98다39060) 등은 공무원에 해당하며, 반면 의용소방대원(대판 1963.12.12. 63다467)은 이에 해당하지 않는다고 본다.

헌법재판소 판례 중에는 반대의견이기는 하지만 대통령도 국가배상법상의 공무원에 해당한다는 설시도 있다(헌재 2018.8.30. 2015헌마861). 대법원은 국회의원도 예외적으로 이에 해당할 수 있다고 설시한 바 있다.

(판 례) 국회의원의 입법행위 또는 입법부작위가 국가배상법 제2조 제1항의 위법행위에 해당하는 경우

국회의원의 입법행위는 그 입법 내용이 헌법의 문언에 명백히 위배됨에도 불구하고 국회가 굳이 당해 입법을 한 것과 같은 특수한 경우가 아닌 한 국가배상법 제2조 제1항 소정의 위법행위에 해당한다고 볼 수 없고, 같은 맥락에서 국가가 일정한 사항에 관하여 헌법에 의하여 부과되는 구체적인 입법의무를 부담하고 있음에도 불구하고 그 입법에 필요한 상당한 기간이 경과하도록 고의 또는 과실로 이러한 입법의무를 이행하지 아니하는 등 극히 예외적인 사정이 인정되는 사안에 한정하여 국가배상법 소정의 배상책임이 인정될 수 있으며, 위와 같은 구체적인 입법의무 자체가 인정되지 않는 경우에는 애당초 부작위로 인한 불법행위가 성립할 여지가 없다.

대판 2008.5.29. 2004다33469

② '직무상'의 의미에 관하여 해석상 여러 문제가 있다. '직무의 범위'에 관하여 권력작용에 한하지 않고 비권력적인 관리작용(공물관리 등)도 포함하지만, 사경제(私經

濟) 주체로서의 작용은 포함하지 않는다고 보는 것이 다수의 견해이고, 또한 근래 대법원 판례의 경향이다(대판 2001.1.5. 98다39060등).

'직무의 내용'에 관하여 행정작용만이 아니라 입법작용과 사법작용도 포함된다. 다만 입법작용과 사법작용에 대하여 어떤 경우에 국가배상책임이 인정되는지에 관해서는 견해가 일정하지 않다. 대법원판례의 입장은 아래와 같다.

(판 례) 입법작용에 대한 국가배상책임 인정 여부

우리 헌법이 채택하고 있는 의회민주주의하에서 국회는 다원적 의견이나 갖가지 이익을 반영시킨 토론과정을 거쳐 다수결의 원리에 따라 통일적인 국가의사를 형성하는 역할을 담당하는 국가기관으로서 그 과정에 참여한 국회의원은 입법에 관하여 원칙적으로 국민 전체에 대한 관계에서 정치적 책임을 질 뿐 국민 개개인의 권리에 대응하여 법적 의무를 지는 것은 아니므로, 국회의원의 입법행위는 그 입법 내용이 헌법의 문언에 명백히 위반됨에도 불구하고 국회가 굳이 당해 입법을 한 것과 같은 특수한 경우가 아닌 한 국가배상법 제2조 제1항 소정의 위법행위에 해당된다고 볼 수 없다.

대판 1997.6.13. 96다56115

(판 례) 사법작용에 대한 국가배상책임 인정 여부

법관이 행하는 재판사무의 특수성과 그 재판과정의 잘못에 대하여는 따로 불복절차에 의하여 시정될 수 있는 제도적 장치가 마련되어 있는 점 등에 비추어 보면, 법관의 재판에 법령의 규정을 따르지 아니한 잘못이 있다 하더라도 이로써 바로 그 재판상 직무행위가 국가배상법 제2조 제1항에서 말하는 위법한 행위로 되어 국가의 손해배상책임이 발생하는 것은 아니고, 그 국가배상책임이 인정되려면 당해 법관이 위법 또는 부당한 목적을 가지고 재판을 하는 등 법관이 그에게 부여된 권한의 취지에 명백히 어긋나게 이를 행사하였다고 인정할 만한 특별한 사정이 있어야 한다고 해석함이 상당하다.

대판 2001.4.24. 2000다16114

(판 례) 헌법재판소결정에 대한 국가배상책임 인정

헌법재판소 재판관이 청구기간 내에 제기된 헌법소원심판청구 사건에서 청구기간을 오인하여 각하결정을 한 경우, 이에 대한 불복절차 내지 시정절차가 없는 때에는 국가배상책임(위법성)을 인정할 수 있다

대판 2003.7.11. 99다24218

국가배상법은 "직무를 집행하면서"라고 규정하고 있는데(제2조 제1항), 대법원판례에 의하면, 직무행위 자체만이 아니라 직무와 밀접히 관련된 행위를 포함하며(대판 1994.5.27. 94다6741), 실질적으로 직무집행행위가 아니라도 외관상 직무집행으로 보이는 경우까지 포함한다고 본다(대판 2001.1.5. 98다39060).

국가 등 행정주체가 사인의 지위에서 행한 사경제작용으로 인하여 발생한 손해에 대해서는 국가 등 행정주체가 사법상의 손해배상책임을 진다. 따라서 국가배상법이 아닌 민법의 규정에 따른다.

③ '불법행위'라 함은 고의 · 과실에 의한 법령위반행위를 말한다. 고의 · 과실을 엄격히 해석하면 국민의 권리구제가 불충분할 우려가 있다. 고의 · 과실을 완화하여 해석하려는 것이 근래 학설의 경향이다.

(판 례) 국가배상책임에서의 법령위반의 의미

(교정시설 과밀수용을 이유로 국가를 상대로 하여 손해배상을 청구한 사건이다)

국가배상책임에서 공무원의 가해행위는 법령을 위반한 것이어야 하는데, 여기서 법령을 위반하였다 함은 엄격한 의미의 법령 위반뿐 아니라 인권존중, 권력남용금지, 신의성실과 같이 공무원으로서 마땅히 지켜야 할 준칙이나 규범을 지키지 않고 위반한 경우를 포함하여 널리 그 행위가 객관적인 정당성을 결여하고 있음을 뜻한다(대법원 2020.4.29. 선고 2015다224797 판결 등 참조). 따라서 교정시설 수용행위로 인하여 수용자의 인간으로서의 존엄과 가치가 침해되었다면 그 수용행위는 공무원의 법령을 위반한 가해행위가 될 수 있다(대법원 2018.10.25. 선고 2013다44720 판결 참조).

대판 2022.7.14. 2017다266771

(판 례) 법원의 문서송부요구를 검사가 거절한 행위에 대한 국가배상책임

법원이 형사소송절차에서의 피고인의 권리를 실질적으로 보장하기 위하여 마련되어 있는 형사소송법 등 관련 법령에 근거하여 검사에게 어떠한 조치를 이행할 것을 명하였고, 관련 법령의 해석상 그러한 법원의 결정에 따르는 것이 당연하고 그와 달리 해석될 여지가 없는 경우라면, 법에 기속되는 검사로서는 법원의 결정에 따라야 할 직무상 의무도 있다 할 것이다(대법원 2012.11.15. 선고 2011다48452 판결 등 참조). 법원이 형사소송법 제272조 제1항에 따라 송부요구한 서류가 피고인의 무죄를 뒷받침할 수 있거나 적어도 법관의 유 · 무죄에 대한 심증을 달리할 만한 상당한 가능성이 있는 중요증거에 해당하는데도 정당한 이유 없이 피고인 또는 변호인의 열람 · 지정 내지 법원의 송부요구를 거절하

는 것은, 피고인의 신속·공정한 재판을 받을 권리와 변호인의 조력을 받을 권리를 중대하게 침해하는 것이다(대법원 2012.5.24. 선고 2012도1284 판결 등 참조).

대판 2022.9.16. 2022다236781

대법원은 위와 같은 취지에서 헌법상 과잉금지의 원칙 내지 비례의 원칙을 위반하여 국민의 기본권을 침해한 국가작용은 국가배상책임에 있어 법령을 위반한 가해행위가 된다고 하였다(대판 2022.9.29. 2018다224408; 이른바 '미군 기지촌' 성매매 여성들이 불법적인 강제격리수용 등으로 성병을 관리한 것이 위법이라고 주장한 사건이다).

헌법재판소는 공무원의 고의 또는 과실을 그 요건으로 규정함으로써 무과실책임을 인정하지 않는 국가배상법은 국민의 헌법상 국가배상청구권을 침해하는 것이 아니라고 하였다(헌재 2015.4.30. 2013헌바395). 한편, 대법원은 유신헌법 하에서의 긴급조치에 의거하여 이루어진 수사나 유죄판결은 공무원의 고의 또는 과실에 의한 불법행위에 해당하지 않는다고 하였다.

(판 례) 위헌무효인 법률에 근거하여 이루어진 수사, 기소, 유죄판결이 국가배상책임을 구성하는지 여부(유신헌법 하의 긴급조치)

형벌에 관한 법령이 헌법재판소의 위헌결정으로 소급하여 효력을 상실하였거나 법원에서 위헌·무효로 선언된 경우, 그 법령이 위헌으로 선언되기 전에 그 법령에 기초하여 수사가 개시되어 공소가 제기되고 유죄판결이 선고되었더라도, 그러한 사정만으로 수사기관의 직무행위나 법관의 재판상 직무행위가 국가배상법 제2조 제1항에서 말하는 공무원의 고의 또는 과실에 의한 불법행위에 해당하여 국가의 손해배상책임이 발생한다고 볼 수는 없다.

「국가안전과 공공질서의 수호를 위한 대통령긴급조치」(이하 '긴급조치 제9호'라 한다)는 그 발령의 근거가 된 구 대한민국헌법(1980.10.27. 헌법 제9호로 전부 개정되기 전의 것. 이하 '유신헌법'이라 한다) 제53조가 규정하고 있는 요건 자체를 결여하였을 뿐만 아니라, 민주주의의 본질적 요소이자 유신헌법과 현행 헌법이 규정한 표현의 자유, 영장주의와 신체의 자유, 주거의 자유, 청원권, 학문의 자유를 심각하게 제한함으로써 국민의 기본권을 침해한 것이므로 위헌·무효라고 할 것이다(대법원 2013.4.18.자 2011초기689 전원합의체 결정 참조). 그러나 당시 시행 중이던 긴급조치 제9호에 의하여 영장 없이 피의자를 체포·구금하여 수사를 진행하고 공소를 제기한 수사기관의 직무행위나 긴급조치 제9호를 적용하여 유죄판결을 선고한 법관의 재판상 직무행위는 유신헌법 제53조 제4항이 "제1항과 제2항의 긴급조치는 사법적 심사의 대상이 되지 아니한다."고 규정하고 있었고 긴급조치 제9호가 위헌 · 무효임이 선언되지 아니하였던 이상, 공무원의 고의 또는 과실에 의한 불법행위에 해당한다고 보기 어렵다. 다만 긴급조치 제9호 위반의 유죄판결에 대하여 재심절차에서 무죄판결이 확정되었다면 피고인이나 그 상속인은 일정한 요건 아래 「형사보상 및 명예회복에 관한 법률」에 따른 형사보상을 청구하여 그 피해에 대한 정당한 보상을 받을 수 있을 것이다.

한편 국가기관이 수사과정에서 한 위법행위로 수집한 증거에 기초하여 공소가 제기되고 유죄의 확정판결까지 받았으나 재심절차에서 형사소송법 제325조 후단의 '피고사건이 범죄사실의 증명이 없는 때'에 해당하여 무죄판결이 확정된 경우에는 유죄판결에 의한 복역 등으로 인한 손해에 대하여 국가의 손해배상책임이 인정될 수 있다. 이 경우 재심절차에서 무죄판결이 확정될 때까지는 채권자가 손해배상청구를 할 것을 기대할 수 없는 객관적 장애사유가 있었다고 볼 것이고, 채권자가 재심무죄판결 확정일부터 6개월 내에 손해배상청구의 소를 제기하지는 아니하였더라도 그 기간 내에 「형사보상 및 명예회복에 관한 법률」에 따른 형사보상청구를 한 경우에는 형사보상결정 확정일부터 6개월 내에 손해배상청구의 소를 제기하였다면 상당한 기간 내에 권리를 행사한 것으로 볼 수 있으므로, 채무자인 국가의 소멸시효 완성의 항변은 신의성실의 원칙에 반하는 권리남용으로 허용될 수 없다(대판 2013.12.12. 선고 2013다201844 참조).

그러나 긴급조치 제9호 위반의 유죄판결에 대한 재심절차에서 피고인에게 적용된 형벌에 관한 법령인 긴급조치 제9호가 위헌 · 무효라는 이유로 형사소송법 제325조 전단에 의한 무죄판결이 확정된 경우에는 다른 특별한 사정이 없는 한 수사과정에서 있었던 국가기관의 위법행위로 인하여 재심대상판결에서 유죄가 선고된 경우라고 볼 수 없으므로, 그와 같은 내용의 재심무죄판결이 확정되었다는 사정만으로는 위 가.항의 법리에 비추어 볼 때 유죄판결에 의한 복역 등이 곧바로 국가의 불법행위에 해당한다고 볼 수 없고, 그러한 복역 등으로 인한 손해를 수사과정에서 있었던 국가기관의 위법행위로 인한 손해라고 볼 수 없으므로 국가의 손해배상책임이 인정된다고 하기 어렵다. 이 경우에는 국가기관이 수사과정에서 한 위법행위와 유죄판결 사이에 인과관계가 있는지를 별도로 심리하여 그에 따라 유죄판결에 의한 복역 등에 대한 국가의 손해배상책임의 인정 여부를 정하여야 할 것이다. 그리하여 공소가 제기된 범죄사실의 내용, 유죄를 인정할 증거의 유무, 재심개시결정의 이유, 채권자를 포함하여 사건 관련자가 재심무죄판결을 받게 된 경위 및 그 이유 등을 종합하여, 긴급조치 제9호의 위헌 · 무효 등 형사소송법 제325조 전단에 의한 무죄사유가 없었더라면 형사소송법 제325조 후단에 의한 무죄사유가 있었음에 관하여 고도의 개연성이 있는 증명이 이루어진 때에는 국가기관이 수사과정에서 한 위법행위와 유죄판결 사이에 인과관계를 인정할 수 있을 것이고, 그에 따라 유죄판결에 의한 복역 등에 대하여 국가의 손해배상책임이 인정될 수 있다고 할 것이다.

대판 2014.10.27. 2013다217962

그러나 최근 위 판례를 폐기, 변경하였다. 즉, 긴급조치의 발령·적용·집행은 '**일련의 국가작용**'이고, '**전체적으로 보아**' 그 정당성을 결여하였다고 하였다.

(판 례) 긴급조치의 발령·적용·집행과 국가배상책임

보통 일반의 공무원을 표준으로 공무원이 직무를 집행하면서 객관적 주의의무를 소홀히 하고 그로 말미암아 그 직무행위가 객관적 정당성을 잃었다고 볼 수 있는 때에 국가배상법 제2조가 정한 국가배상책임이 성립할 수 있다. 공무원의 직무행위가 객관적 정당성을 잃었는지는 행위의 양태와 목적, 피해자의 관여 여부와 정도, 침해된 이익의 종류와 손해의 정도 등 여러 사정을 종합하여 판단하되, 손해의 전보책임을 국가가 부담할 만한 실질적 이유가 있는지도 살펴보아야 한다.

구 국가안전과 공공질서의 수호를 위한 대통령긴급조치(1975.5.13. 대통령긴급조치 제9호, 이하 '긴급조치 제9호'라고 한다)는 위헌·무효임이 명백하고 긴급조치 제9호 발령으로 인한 국민의 기본권 침해는 그에 따른 강제수사와 공소제기, 유죄판결의 선고를 통하여 현실화되었다. 이러한 경우 긴급조치 제9호의 발령부터 적용·집행에 이르는 일련의 국가작용은, 전체적으로 보아 공무원이 직무를 집행하면서 객관적 주의의무를 소홀히 하여 그 직무행위가 객관적 정당성을 상실한 것으로서 위법하다고 평가되고, 긴급조치 제9호의 적용·집행으로 강제수사를 받거나 유죄판결을 선고받고 복역함으로써 개별 국민이 입은 손해에 대해서는 국가배상책임이 인정될 수 있다.

대판(전합) 2022.8.30. 2018다212610

④ '손해 발생'과 공무원의 직무상 불법행위 사이에는 상당인과관계가 있어야 한다.

그 밖에 국가배상법에 의하면 "자동차손해배상보장법에 따라 손해배상의 책임이 있을 때"에도 국가배상법에 따라 손해배상을 해야 한다고 규정하고 있다(제2조 제1항).

(2) 배상책임자

배상책임자는 국가 또는 공공단체이다. 국가배상법은 국가 또는 지방자치단체에

한정하고 있다(제2조). 지방자치단체 이외의 공공단체(영조물법인 등의 공법상 법인)에 관해서는 민법에 의한다.

공무원의 선임·감독자와 봉급 등의 비용부담자가 다른 경우에 비용부담자도 책임을 지며(같은 법 제6조), 피해자는 선택하여 청구할 수 있다.

(3) 공무원에 대한 구상(求償)

"공무원에게 고의 또는 중대한 과실이 있으면 국가나 지방자치단체는 그 공무원에게 구상할 수 있다"(국가배상법 제2조 2항). 경과실의 경우에는 구상할 수 없다.

(4) 공무원 자신의 책임(선택적 청구의 인정 여부)

헌법 제29조 제1항 단서는 "공무원 자신의 책임은 면제되지 아니한다"고 규정하고 있다. 이 조항의 의미에 관하여 견해가 갈린다. ① 공무원 개인이 피해자에게 직접 배상책임을 진다는 견해, ② 국가와 공무원 사이의 내부관계에서 구상에 따른 책임을 진다는 견해, ③ 공무원 자신의 민·형사책임이나 징계책임이 면제되지 않는다는 일반적 원칙을 규정한 것뿐이고, 피해자에게 직접 손해배상책임을 지는지 여부까지 규정한 것은 아니라고 보는 견해 등이 대립한다.

대법원 판례에 의하면, 공무원의 고의·중과실의 경우에는 피해자가 선택적으로 배상청구를 할 수 있고, 공무원의 경과실의 경우에는 공무원에게 배상청구를 할 수 없다고 한다.

(판 례) 선택적 청구권의 인정 여부

헌법 제29조 제1항 단서는 공무원이 한 직무상 불법행위로 인하여 국가 등이 배상책임을 진다고 할지라도 그 때문에 공무원 자신의 민·형사책임이나 징계책임이 면제되지 아니한다는 원칙을 규정한 것이나, 그 조항 자체로 공무원 개인의 구체적인 손해배상책임의 범위까지 규정한 것으로 보기는 어렵다. (……)

국가배상법 제2조 제1항 본문 및 제2항의 입법 취지는 공무원의 직무상 위법행위로 타인에게 손해를 끼친 경우에는 변제자력이 충분한 국가 등에게 선임감독상 과실 여부에 불구하고 손해배상책임을 부담시켜 국민의 재산권을 보장하되, 공무원이 직무를 수행함에 있어 경과실로 타인에게 손해를 입힌 경우에는 그 직무수행상 통상 예기할 수 있는 흠이 있는 것에 불과하므로, 이러한 공무원의 행위는 여전히 국가 등의 기관의 행위로 보아 그로 인하여 발생한 손해에 대한 배상책임도 전적으로 국가 등에만 귀속시키고 공무원 개인에게는 그로 인한 책임을 부담시키지 아니하여 공무원의 공무집행의 안정성을 확보하고, 반면에 공무원의 위법행위가 고의·중과실에 기한 경우에는 비록 그 행위가 그의 직무와 관련된 것이라고 하더라도 그와 같은 행위는 그 본질에 있어서 기관행위로서의 품격을 상실하여 국가 등에게 그 책임을 귀속시킬 수 없으므로 공무원 개인에게 불법행위로 인한 손해배상책임을 부담시키되, 다만 이러한 경우에도 그 행위의 외관을 객관적으로 관찰하여 공무원의 직무집행으로 보여질 때에는 피해자인 국민을 두텁게 보호하기 위하여 국가 등이 공무원 개인과 중첩적으로 배상책임을 부담하되 국가 등이 배상책임을 지는 경우에는 공무원 개인에게 구상할 수 있도록 함으로써 궁극적으로 그 책임이 공무원 개인에게 귀속되도록 하려는 것이라고 봄이 합당하다. (……)

공무원이 직무수행 중 불법행위로 타인에게 손해를 입힌 경우에 국가 등이 국가배상책임을 부담하는 외에 공무원 개인도 고의 또는 중과실이 있는 경우에는 불법행위로 인한 손해배상책임을 진다고 할 것이지만, 공무원에게 경과실뿐인 경우에는 공무원 개인은 손해배상책임을 부담하지 아니한다고 해석하는 것이 헌법 제29조 제1항 본문과 단서 및 국가배상법 제2조의 입법취지에 조화되는 올바른 해석이다. (……)

공무원의 직무상 위법행위가 경과실에 의한 경우에는 국가배상책임만 인정하고 공무원 개인의 손해배상책임을 인정하지 아니하는 것이 피해자인 국민의 입장에서 보면 헌법 제23조가 보장하고 있는 재산권에 대한 제한이 될 것이지만, 이는 공무수행의 안정성이란 공공의 이익을 위한 것이라는 점과 공무원 개인책임이 인정되지 아니하더라도 충분한 자력이 있는 국가에 의한 배상책임이 인정되고 국가배상책임의 인정 요건도 민법상 사용자책임에 비하여 완화하고 있는 점 등에 비추어 볼 때, 헌법 제37조 제2항이 허용하는 기본권 제한 범위에 속하는 것이라고 할 것이다.

대판 1996.2.15. 95다38677

생각건대 국가배상청구권을 인정하는 취지가 국민의 손해전보라는 권리구제기능만이 아니라 공무원의 위법행위의 억제기능에도 있다고 본다면 공무원의 고의·중과실이냐 경과실이냐의 여부를 불문하고 피해자에게 선택적 청구권을 인정하는 것이 타당할 것이다. 또한 배상책임의 성질을 어떻게 보느냐와 선택적 청구권 인정 여부가 직결된 문제라고 보기도 어렵다.

(5) 배상 청구절차와 배상의 범위

배상금을 지급받고자 하는 자는 배상심의회에 배상신청을 해야 한다(국가배상법 제12조 제1항). 과거에는 배상심의회의 결정을 거친 후가 아니면 국가배상법에 의한 손해배상의 소송을 제기할 수 없도록 하였고('배상심의결정 전치주의'), 헌법재판소 결정은 이를 합헌이라고 보았다(헌재 2000.2.24. 99헌바17). 그러나 법률개정에 의하여 현행 법률은 배상심의회에 배상신청을 하지 않고도 소송을 제기할 수 있도록 규정하고 있다(같은 법 제9조. '임의적 전치주의'). 이는 신속한 권리구제의 절차를 보장하기 위한 것이다.

배상의 범위에 관하여 헌법 제29조 제1항은 "정당한 배상"을 청구할 수 있다고 규정하고 있다. 이 조항은 제5공화국 헌법에서 규정된 이래 지속되고 있는 것이다. 정당한 배상이란 불법행위와 상당인과관계에 있는 손해 전액의 완전한 배상을 의미한다.

(6) 국가배상청구권의 소멸시효

국가배상청구권의 소멸시효에 관하여는 국가재정법 규정(제96조 제2항, 제1항)이 적용된다. 이에 따라 불법행위 종료일로부터 5년간 이를 행사하지 아니하면 시효로 소멸한다. 대법원도 "국가배상법 제2조 제1항 본문 전단 규정에 따른 국가에 대한 손해배상청구권은 그 불법행위의 종료일로부터 국가재정법 제96조 제2항, 제1항에 정한 5년의 기간 동안 이를 행사하지 아니하면 시효로 인하여 소멸하는 것"이라고 판시하였다(대판 2008.11.27. 2008다60223). 그러나 소멸시효의 중단이나 정지에 관하여는 민법의 규정이 적용된다(국가재정법 제96조 제3항).

한편 헌법재판소는 국가배상청구권에 대하여 소멸시효를 배제하는 등의 특별규정을 두지 아니한 것은 헌법에 위반되지 않는다고 결정하였다(헌재 2011.9.20. 2010헌바116).

그러나 위의 설명들은 일반적인 공무원의 직무상 불법행위로 손해를 받은 국민의 손해배상청구에 관해서만 타당한 설명이다. 민간인 집단희생, 중대한 인권침해, 조작의혹사건 등 국가기관이 국민에게 누명을 씌워 불법행위를 자행한 경우까지 이를 그대로 관철하는 것은 국가의 기본권 보호의무, 정의에 관념에 정면으로 반하기 때문이다.

(판 례) 국가기관의 조작 · 은폐 등 중대한 인권침해 사건에 대한 국가배상청구권에도 단기소멸시효가 적용되는지 여부

민법상 소멸시효제도의 일반적인 존재이유는 '법적 안정성의 보호, 채무자의 이중변제 방지, 채권자의 권리불행사에 대한 제재 및 채무자의 정당한 신뢰 보호'에 있다. 이와 같은 민법상 소멸시효제도의 존재 이유는 국가배상청구권의 경우에도 일반적으로 타당하고, 특히 국가의 채무관계를 조기에 확정하여 예산 수립의 불안정성을 제거하기 위해서는 국가채무에 대해 단기소멸시효를 정할 필요성도 있다. 그러므로 심판대상조항들이 일반적인 공무원의 직무상 불법행위로 손해를 받은 국민의 국가배상청구권에 관한 소멸시효 기산점과 시효기간을 정하고 있는 것은 합리적인 이유가 있다.

그러나 일반적인 국가배상청구권에 적용되는 소멸시효 기산점과 시효기간에 합리적 이유가 인정된다 하더라도, 과거사정리법 제2조 제1항 제3호에 규정된 '민간인 집단희생사건', 제4호에 규정된 '중대한 인권침해 · 조작의혹사건'의 특수성을 고려하지 아니한 채 민법 제166조 제1항, 제766조 제2항의 '객관적 기산점'이 그대로 적용되도록 규정하는 것은 국가배상청구권에 관한 입법형성의 한계를 일탈한 것인데, 그 이유는 다음과 같다.

민간인 집단희생사건과 중대한 인권침해 · 조작의혹사건은 국가기관이 국민에게 누명을 씌워 불법행위를 자행하고, 소속 공무원들이 조직적으로 관여하였으며, 사후에도 조작 · 은폐함으로써 오랜 기간 진실규명이 불가능한 경우가 많아 일반적인 소멸시효 법리로 타당한 결론을 도출하기 어려운 문제들이 발생하였다. 이에 2005년 여 · 야의 합의로 과거사정리법이 제정되었고, 그 제정 경위 및 취지에 비추어볼 때 위와 같은 사건들은 사인간 불법행위 내지 일반적인 국가배상 사건과 근본적 다른 유형에 해당됨을 알 수 있다.

이와 같은 특성으로 인하여 과거사정리법에 규정된 위 사건 유형에 대해 일반적인 소멸시효를 그대로 적용하기는 부적합하다. 왜냐하면 위 사건 유형은 국가가 현재까지 피해자들에게 손해배상채무를 변제하지 않은 것이 명백한 사안이므로, '채무자의 이중변제 방지'라는 입법취지가 국가배상청구권 제한의 근거가 되기 어렵기 때문이다. 또한 국가가 소속 공무원을 조직적으로 동원하여 불법행위를 저지르고 그에 관한 조작 · 은폐를 통해 피해자의 권리를 장기간 저해한 사안이므로, '채권자의 권리불행사에 대한 제재 및 채무자의 보호가치 있는 신뢰 보호'라는 입법취지도 그 제한의 근거가 되기 어렵기 때문이다. 따라서 위와 같은 사건 유형에서는 '법적 안정성'이란 입법취지만 남게 된다. 그러나 국가배상청구권은 단순한 재산권 보장의 의미를 넘어 헌법 제29조 제1항에서 특별히 보장한 기본권으로서, 헌법 제10조 제2문에 따라 개인이 가지는

기본권을 보장할 의무를 지는 국가가 오히려 국민에 대해 불법행위를 저지른 경우 이를 사후적으로 회복·구제하기 위해 마련된 특별한 기본권인 점을 고려할 때, 국가배상청구권의 시효소멸을 통한 법적 안정성의 요청이 헌법 제10조의 국가의 기본권 보호의무와 헌법 제29조 제1항의 국가배상청구권 보장 필요성을 완전히 희생시킬 정도로 중요한 것이라 보기 어렵다.

구체적으로 살펴보면, 불법행위의 피해자가 '손해 및 가해자를 인식하게 된 때'로부터 3년 이내에 손해배상을 청구하도록 하는 것은 불법행위로 인한 손해배상청구에 있어 피해자와 가해자 보호의 균형을 도모하기 위한 것이므로, 과거사정리법 제2조 제1항 제3, 4호에 규정된 사건에 민법 제766조 제1항의 '주관적 기산점'이 적용되도록 하는 것은 합리적 이유가 인정된다. 그러나 국가가 소속 공무원들의 조직적 관여를 통해 불법적으로 민간인을 집단 희생시키거나 장기간의 불법구금·고문 등에 의한 허위자백으로 유죄판결을 하고 사후에도 조작·은폐를 통해 진상규명을 저해하였음에도 불구하고, 그 불법행위 시점을 소멸시효의 기산점으로 삼는 것은 피해자와 가해자 보호의 균형을 도모하는 것으로 보기 어렵고, 발생한 손해의 공평·타당한 분담이라는 손해배상제도의 지도원리에도 부합하지 않는다. 그러므로 과거사정리법 제2조 제1항 제3, 4호에 규정된 사건에 민법 제166조 제1항, 제766조 제2항의 '객관적 기산점'이 적용되도록 하는 것은 합리적 이유가 인정되지 않는다.

결국, 민법 제166조 제1항, 제766조 제2항의 객관적 기산점을 과거사정리법 제2조 제1항 제3, 4호의 민간인 집단희생사건, 중대한 인권침해·조작의혹사건에 적용하도록 규정하는 것은, 소멸시효제도를 통한 법적 안정성과 가해자 보호만을 지나치게 중시한 나머지 합리적 이유 없이 위 사건 유형에 관한 국가배상청구권 보장 필요성을 외면한 것으로서 입법형성의 한계를 일탈하여 청구인들의 국가배상청구권을 침해한다.

헌재 2018.8.30. 2014헌바148 등, 공보 263, 1394,1395

위 헌법재판소 결정의 취지에 따라 대법원은 1991년 발생한 이른바 강기훈 유서대필 사건 관련 국가배상청구소송에서 대한민국을 상대로 수사과정의 개별 불법행위(수사기관의 한계를 넘은 위법한 피의자조사, 변호인과의 접견교통권 침해, 피의사실 공표)를 이유로 하여 손해배상을 청구하는 부분에 대하여는 중대한 인권침해사건·조작의혹사건에서 공무원의 위법한 직무집행으로 입은 손해에 관한 국가배상청구에 해당하므로 장기소멸시효가 적용되지 않는다고 하였다(대판 2022.11.30. 2018다247715).

5. 국가배상청구권의 제한(군인 등에 대한 국가배상청구권 제한)

(1) 개 관

국가배상청구권에 대한 헌법직접적 제한으로 헌법 제29조 제2항이 있다. “군인・군무원・경찰공무원 기타 법률이 정하는 자”가 “전투훈련 등 직무집행과 관련하여 받은 손해”에 대하여는 “법률이 정하는 보상”을 받을 수 있을 뿐이고 배상을 청구할 수 없다고 규정하고 있는 것이다. 예컨대 군인이 사격훈련 중 과실로 옆의 다른 군인에게 부상을 입힌 경우, 피해자인 군인은 국가에 대하여 손해배상을 청구할 수 없다.

이 조항은 1972년 유신헌법에서 처음 규정된 이래로 지속되고 있다. 유신헌법에서 이 조항이 설치된 것은 1971년의 대법원판례의 판지(判旨)를 뒤엎기 위한 것이었다. 이 대법원 판결은 당시의 국가배상법상 군인 등에 대한 국가배상청구권 제한규정을 위헌이라 하였는데(대판 1971.6.22. 70다1010), 위헌판결을 받은 이 법률규정과 마찬가지 취지의 규정을 헌법에 명시함으로써 위헌 논란을 봉쇄한 것이다.

국가배상법은 헌법규정을 구체화하여 “군인・군무원・경찰공무원 또는 향토예비군대원이 전투・훈련 등 직무집행과 관련하여 전사・순직하거나 공상을 입은 경우에 본인이나 그 유족이 다른 법령에 따라 재해보상금・유족연금・상이연금 등의 보상을 지급받을 수 있을 때에는 이 법 및 민법에 따른 손해배상을 청구할 수 없다”고 규정하고 있다(제2조 제1항 단서).

우선 유의할 점은, 이 조항에 의해 군인 등이 국가배상청구를 할 수 없는 것은 전투 등 직무집행과 관련하여 받은 손해에 한정되며, 군인 등이라도 자신의 직무집행과 관련 없이 다른 공무원의 직무상 불법행위에 의해 손해를 받은 경우에는 국가배상청구권이 인정된다는 점이다. 또한 이 조항은 공상(公傷)을 입은 군인등이 국가배상청구에 앞서 다른 보상금을 지급받은 때에만 적용된다는 취지이므로, 이와 반대로 국가배상을 먼저 받은 뒤 보상금을 받을 때에는 적용되지 않는다(대판 2017.2.3. 2014두40012). 2025.1.7. 개정・시행된 국가배상법(법률 제20635호) 제2조는 제3항을 신설하여 “제1항 단서에도 불구하고 전사하거나 순직한 군인・군무원・경찰공무원 또는 예비군대원의 유족은 자신의 정신적 고통에 대한 위자료를 청구할 수 있다”고 규정하였다.

헌법 제29조 제2항과 국가배상법 제2조 제1항 단서의 조항을 흔히 ‘이중배상금지’조항이라고 부르고 있으나 이는 잘못된 것이다. 이 조항은 군인 등이 특별법에 의한 '보상'을 받을 수 있는 경우에는 국가에 대한 손해배상청구를 인정하지 않는 것이므로 '이중적인 배상'을 금지하는 것이 아니라 아예 배상을 인정하지 않는 것이다. 특별법에 의한 보상은 사회보장적 성격의 것이며 손해배상의 성격은 아니다.

주의할 점이 있다. 국가배상청구권의 내용을 구체적으로 형성하는 것이 아니라 국가배상법의 제정을 통해 이미 형성된 국가배상청구권의 행사를 제한하는 법률에 대한 위헌심사에는 과잉금지원칙이 적용된다. 따라서 '민주화운동 관련자 명예회복 및 보상 심의위원회'의 보상금 등 지급결정에 동의한 경우 '민주화운동과 관련하여 입은 피해'에 대해 재판상 화해가 성립한 것으로 간주하는 법률 규정은 신청인의 재판청구권을 침해하는 것은 아니나, 정신적 손해까지도 국가배상청구권을 행사할 수 없도록 하는 것은 피해의 최소성 원칙에 반한다(헌재 2018.8.30. 2014헌바180등). 같은 내용을 규정한 5·18민주화운동보상법 규정 역시 위헌으로 결정되었다(헌재 2021.5.27. 2019헌가17).

이와 달리 특수임무수행자 등이 보상금 등의 지급결정에 동의한 때에는 특수임무수행 또는 이와 관련한 교육훈련으로 입은 피해에 대하여 재판상 화해가 성립된 것으로 보는 '특수임무수행자 보상에 관한 법률' 규정 가운데, 특수임무수행 또는 이와 관련한 교육훈련으로 입은 피해 중 '정신적 손해'에 관한 부분은 국가배상청구권 또는 재판청구권을 침해하지 않는다는 것이 판례이다(헌재 2021.9.30. 2019헌가28). 특수임무수행자보상심의위원회는 위원 구성에 제3자성과 독립성이 보장되어 있고, 보상금등 지급 심의절차의 공정성과 신중성이 갖추어져 있다. 특수임무수행자는 보상금등 지급결정에 동의할 것인지 여부를 자유롭게 선택할 수 있으며, 보상금등을 지급받을 경우 향후 재판상 청구를 할 수 없음을 명확히 고지받고 있다는 점을 이유로 들었다.

헌법재판소는 순직한 군인의 '유족'이 다른 법령에 따라 보상을 지급받을 수 있을 때에는 국가에 대하여 손해배상을 청구할 수 없도록 규정한 국가배상법 제2조 제1항은 헌법 제29조 제2항 '기타 법률이 정하는 자'라는 규정의 위임범위를 일탈한 것이 아니라고 하였다(헌재 2024.8.29. 2021헌바86등). 재판관 3인은 군인 등의 국가배상청구권을 제한하는 헌법조항이 신설되었던 1972년으로부터 50여년이 지난 현재에는 국가의 재정이 당시와 비교할 수 없을 정도로 나아졌고, 따라서 주요 입법목적이 소멸되었다고 볼 수 있으므로 다음에 있을 헌법 개정 시에는 헌법 제29조 제2항의 개정이 필요하다는 보충의견을 개진하였다.

(2) 헌법재판소 판례

군인 등의 국가배상청구권을 제한하는 국가배상법 제2조 제1항 단서가 위헌이라는 주장에 대해 헌법재판소는 일관되게 이를 인용하지 않고 합헌이라고 보고 있다(헌재 1995.12.28. 95헌바3; 헌재 1996.6.13. 94헌마118; 헌재 2001.2.22. 2000헌바38; 헌재 2005.5.26. 2005헌바28). 이 문제에 관한 일련의 헌법재판에서 특이한 것은 청구인측이 헌법 제29조 제2항의 위헌(헌법규정의 위헌성)을 주장하였다는 점이다. 즉 국가배상법 제2조 제1항 단서가 근거하고 있는 헌법 제29조 제2항은 헌법 제10조의 인간의 존엄과 가치, 헌법 제11조의 평등의 원칙, 헌법 제29조 제1항의 국가배상청구권 보장 등에 위반한다고 주장한 것이다. 그러나 헌법재판소는 이를 받아들이지 않았다. 헌법 제29조 제2항의 위헌을 주장하는 부분에 대하여는 이를 심판대상으로 인정하지 않고 각하한 것이다.

(판 례) 국가배상법 제2조 제1항 단서의 위헌 여부

헌법은 전문과 각 개별조항이 서로 밀접한 관련을 맺으면서 하나의 통일된 가치 체계를 이루고 있는 것으로서, 헌법의 제 규정 가운데는 헌법의 근본가치를 보다 추상적으로 선언한 것도 있고, 이를 보다 구체적으로 표현한 것도 있으므로 이념적 · 논리적으로는 규범상호간의 우열을 인정할 수 있는 것이 사실이다. 그러나, 이때 인정되는 규범상호간의 우열은 추상적 가치규범의 구체화에 따른 것으로 헌법의 통일적 해석에 있어서는 유용할 것이지만, 그것이 헌법의 어느 특정규정이 다른 규정의 효력을 전면적으로 부인할 수 있을 정도의 개별적 헌법규정상호간에 효력상의 차등을 의미하는 것이라고는 볼 수 없다.

국가배상법 제2조 제1항 단서는 헌법 제29조 제1항에 의하여 보장되는 국가배상 청구권을 헌법 내재적으로 제한하는 헌법 제29조 제2항에 직접 근거하고, 실질적으로 그 내용을 같이하는 것이므로 헌법에 위반되지 아니한다.

헌재 1995.12.28. 95헌바3, 판례집 7-2, 841,841-842

한편 헌법재판소는 일반국민이 공동불법행위자인 군인의 부담부분에 관하여 국가에 대하여 구상권 행사를 할 수 없다고 해석하는 한 국가배상법 제2조 제1항 단서는 위헌이라고 한정위헌결정을 내렸다(헌재 1994.12.29. 93헌바21). 앞의 헌법재판소 결정(95헌바3)은 동 결정이 이 한정위헌결정(93헌바21)에 아무 영향을 미치지 않는다고 첨언하였다.

(판 례) 공동불법행위자인 군인의 부담부분에 대한 구상권 행사

국가배상법 제2조 제1항 단서 중 군인에 관련되는 부분을, 일반국민이 직무집행 중인 군인과의 공동불법행위(共同不法行爲)로 직무집행 중인 다른 군인에게 공상을 입혀 그 피해자에게 공동의 불법행위로 인한 손해를 배상한 다음 공동불법행위자인 군인의 부담부분에 관하여 국가에 대하여 구상권(求償權)을 행사하는 것을 허용하지 않는다고 해석한다면, 이는 위 단서 규정의 헌법상 근거규정인 헌법 제29조가 구상권의 행사를 배제하지 아니하는데도 이를 배제하는 것으로 해석하는 것으로서 합리적인 이유 없이 일반국민을 국가에 대하여 지나치게 차별하는 경우에 해당하므로 헌법 제11조, 제29조에 위반되며, 또한 국가에 대한 구상권은 헌법 제23조 제1항에 의하여 보장되는 재산권이고 위와 같은 해석은 그러한 재산권의 제한에 해당하며 재산권의 제한은 헌법 제37조 제2항에 의한 기본권제한의 한계 내에서만 가능한데, 위와 같은 해석은 헌법 제37조 제2항에 의하여 기본권을 제한할 때 요구되는 비례의 원칙에 위배하여 일반국민의 재산권을 과잉제한하는 경우에 해당하여 헌법 제23조 제1항 및 제37조 제2항에도 위반된다.

헌재 1994.12.29. 93헌바21, 판례집 6-2, 379

그 밖에 헌법재판소 결정에 의하면 국가배상법 제2조 제1항 단서 중의 '경찰공무원'은 전투경찰순경을 포함한다고 보았다(헌재 1996.6.13. 94헌마118).

VI. 범죄피해자구조청구권

> **(헌법 제30조)** 타인의 범죄행위로 인하여 생명·신체에 대한 피해를 받은 국민은 법률이 정하는 바에 의하여 국가로부터 구조를 받을 수 있다.

1. 의 의

범죄피해자구조청구권은 타인의 범죄로 인하여 생명 또는 신체의 피해를 입은 국민(피해자 또는 유족)이 국가에 대하여 금전적인 구조(救助)를 청구할 수 있는 권리이다.

과거에는 범죄피의자의 권리보호에 치중하였으나, 근래에는 범죄의 증가와 그 피해의 심각성이 증대됨에 따라 범죄피해자의 보호가 국가의 중요한 임무로 부각되었다.

이에 따라 새로운 기본권의 하나로 등장한 것이 범죄피해자구조청구권이다. 이것은 현행 헌법에서 처음 규정된 기본권이다. 이에 관한 법률로 범죄피해자보호법이 있다.

종전에 있었던 범죄피해자구조법은 범죄피해자보호법에 통합되었다(2010.5.14). 범죄피해자보호를 위한 법률로 그 밖에, 범죄피해자보호기금법, '가정폭력방지 및 피해자보호 등에 관한 법률', '성매매방지 및 피해자보호 등에 관한 법률' 등이 있다.

(판 례) 범죄로부터 국민을 보호할 국가의 의무(검사의 불기소처분으로 인한 기본권침해)

국가기관이 공소권을 독점하고 피해자에 의한 복수를 허용하지 아니하면서 자력구제를 아주 제한적으로만 인정하고 있는 법제도는 국가에 의한 피해자 보호가 충분히 이루어질 때 비로소 그 존재의의가 있는 것이다. 따라서 범죄로부터 국민을 보호하여야 할 국가의 의무가 이루어지지 아니할 때 국가의 의무 위반을 국민에 대한 기본권 침해로 규정할 수 있다. 이 경우 개인의 법익을 직접 침해하는 것은 국가가 아닌 제3자의 범죄행위이므로 위와 같은 원초적인 행위 자체를 기본권침해 행위라고 규정할 수는 없으나, 이와 같은 침해가 있음에도 불구하고 이것을 배제하여야 할 국가의 의무가 이행되지 아니한다면 이 경우 국민은 국가를 상대로 헌법 제10조, 제11조 제1항 및 제30조(이 사건과 같이 생명·신체에 대한 피해를 받은 경우)에 규정된 보호의무 위반 또는 법 앞에서의 평등권 위반이라는 기본권 침해를 주장할 수 있는 것이다.

헌재 1989.4.17. 88헌마3, 판례집 1, 31,36-37

2. 범죄피해자구조청구권의 법적 성격

범죄피해구조청구권은 국가배상청구권의 성격과 사회권의 성격을 아울러 가지고 있다. 먼저, 국가가 범죄를 예방하지 못한 데 대한 책임을 묻는다는 점에서 국가배상청구권의 성격을 지닌다. 이 점은 애초의 구 범죄피해자구조법에 규정되었던 "생계유지가 곤란한 사정"이라는 권리성립요건을 삭제한 점에서 두드러진다고 할 수 있다. 한편 "피해의 전부 또는 일부를 배상받지 못함"을 범죄피해자보호법상 구조금청구요건으로 규정하고 있는 데에서 나타나는 것처럼, 사회보장의 취지에서 인정된 사회권적 성격도 지닌다. 위에서 지적한 점("생계유지가 곤란한 사정"이라는 요건의 삭제)에도 불구하고 사회권적 성격은 범죄피해자보호법에 여전히 나타나 있다(예컨대, 같은 법 제22조에 의하면 구조금액을 대통령령으로 정함에 있어서 피해자 또는 유족의 "생계유지상황"을 참작하도록 규정하고 있다).

헌법 제30조는 "법률이 정하는 바에 의하여" 구조청구를 할 수 있다고 규정하고 있다. 이 규정에도 불구하고 이 조항은 직접효력규정으로 보는 것이 다수의 견해이다. 권리보호의 측면에서 이러한 견해가 타당하다. 다만 이미 법률이 제정되어 있으므로 이 문제는 이론적 문제일 뿐이다.

3. 범죄피해자구조청구권의 내용

범죄피해자보호법에 의하면 범죄피해구조청구권의 주체는 '구조피해자', 즉 '구조대상 범죄피해'를 받은 사람이다. '구조대상 범죄피해'란, "대한민국의 영역 안에서 또는 대한민국의 영역 밖에 있는 대한민국의 선박이나 항공기 안에서 행하여진 사람의 생명 또는 신체를 해치는 죄에 해당하는 행위(「형법」 제9조, 제10조 제1항, 제12조, 제22조 제1항에 따라 처벌되지 아니하는 행위를 포함하며, 같은 법 제20조 또는 제21조 제1항에 따라 처벌되지 아니하는 행위 및 과실에 의한 행위는 제외한다)로 인하여 사망하거나 장해 또는 중상해를 입은 것을 말한다." 재산침해의 범죄피해자는 주체로 인정되지 않는다. '장해'란, "범죄행위로 입은 부상이나 질병이 치료(그 증상이 고정된 때를 포함한다)된 후에 남은 신체의 장해로서 대통령령으로 정하는 경우를 말한다." '중상해'란, "범죄행위로 인하여 신체나 그 생리적 기능에 손상을 입은 것으로서 대통령령으로 정하는 경우를 말한다"(제3조 제4호-제6호).

외국인은 상호주의 원칙에 따라 해당 국가의 상호보증이 있는 경우에만 인정된다(제23조).

구조금의 지급요건은 다음 두 가지 사유 중 어느 하나에 해당하는 경우이다. "1. 구조피해자가 피해의 전부 또는 일부를 배상받지 못하는 경우 2. 자기 또는 타인의 형사사건의 수사 또는 재판에서 고소·고발 등 수사단서를 제공하거나 진술, 증언 또는 자료제출을 하다가 구조피해자가 된 경우"(제16조).

구조피해자나 유족이 해당 구조대상 범죄피해를 원인으로 하여 국가배상법이나 그 밖의 법령에 따른 급여 등을 받을 수 있는 경우에는 대통령령으로 정하는 바에 따라 구조금을 지급하지 아니한다(제20조).

국가는 구조피해자나 유족이 해당 구조대상 범죄피해를 원인으로 하여 손해배상을 받았으면 그 범위에서 구조금을 지급하지 아니한다(제21조).

구조금을 지급받으려면 각 지방검찰청에 설치된 범죄피해구조심의회에 신청하여야 한다(제24조, 제25조).

4. 범죄피해자구조청구권의 제한

구조금신청은 구조대상 범죄피해의 발생을 안 날부터 3년이 지나거나 발생한 날부터 10년이 지나면 할 수 없다(제25조 제2항).

또한 다음의 경우에는 구조금의 전부 또는 일부를 지급하지 아니한다. ① 구조피해자와 가해자 사이에 일정한 친족관계가 있는 경우, ② 구조피해자가 해당 범죄행위를 교사 또는 방조하거나 유발하는 등 일정한 귀책사유가 있는 경우, ③ 기타 구조금 지급이 사회통념에 위배된다고 인정되는 경우(제19조).

제 15 장
사 회 권

I. 서 설

사회권은 20세기 이후 복지국가의 이념에 따라 특히 경제적·사회적 약자를 보호하고 실질적 평등을 실현하기 위하여 보장되는 기본권이다. 사회권이라는 용어 외에 사회적 기본권, 생존권, 생활권 등의 용어가 혼용되고 있다. 헌법재판소 판례는 사회적 기본권, 생존권, 생존권적 기본권 등 여러 용어를 사용하고 있다.

사회권을 헌법상 명시적으로 규정한 초기의 대표적 예는 1919년의 독일 바이마르 헌법이다. 이 헌법은 '인간다운 생활'을 보장하기 위한 경제질서, 소유권의 공공복리 적합 의무, 근로자의 단결권 등 여러 사회권 조항을 두었다. 이것은 1917년의 러시아 사회주의 혁명으로 인한 사회주의의 확산에 대응하는 의미를 지니는 것이었다.

사회권 또는 사회적 기본권이라는 용어에서 '사회적'이라는 말의 의미가 무엇인지에 대해서는 여러 논의가 있다. 이 말은 프랑스의 초기 사회주의자 생 시몽(Saint Simon)에서 유래하는 것으로 알려져 있고, 1930년대에 독일의 헌법학자 헬러(H. Heller)는 '사회적 법치국가'라는 개념을 사용하였다. 2차대전 후 독일 기본법은 사회권에 관한 조항을 두지 않는 대신, 사회국가(Sozialstaat)의 원리를 명시하였다(제20조 제1항. "독일연방공화국은 민주적, 사회적 연방국가이다"). 사회적이라는 용어의 연원에서부터 오늘날까지의 사용례를 보면, 그 핵심적 의미는 빈곤으로부터의 해방과 인간다운 생활의 보장에 있다.

우리의 1948년 제헌헌법은 바이마르 헌법의 영향을 많이 받았으며, 여러 사회권 조항을 두었다. 특히 근로자의 이익분배균점권(利益分配均霑權)이라는 헌법사적으로 특이한 규정을 둔 점이 이채롭다(제18조 제2문. "영리를 목적으로 하는 사기업체에 있어서는 근로자는 법률의 정하는 바에 의하여 이익의 분배에 균점할 권리가 있다"). 이 조항은 헌법 제정 당시 사회주의 세력에 대응하기 위한 체제방어적 고려에서 나온 것이다. 제헌헌법 이래 우리 헌법은 사회권 조항을 지속적으로 유지하고 있다.

우리 헌법의 사회권 조항은 ① 인간다운 생활을 할 권리(제34조), ② 교육을 받을 권리(제31조), ③ 근로의 권리(제32조), ④ 노동3권(제33조), ⑤ 환경권(제35조), ⑥ 혼인과 가족생활 및 보건의 권리(제36조)로 구성되어 있다. 이 가운데 인간다운 생활을 할 권리는 사회보장을 받을 권리(사회보장수급권)를 핵심 내용으로 하면서 여러 사회권을 포괄하는 포괄적 사회권이라고 할 수 있다.

Ⅱ. 사회권의 법적 성격

1. 자유권과의 대비

사회권의 법적 성격은 여러 면에서 자유권과 대비된다. ① 이념적 토대에 있어서, 자유권은 개인주의적 자유주의와 형식적 평등에, 사회권은 공동체주의와 실질적 평등에 기초한다. ② 자유권은 국가의 부작위를 요청하는 소극적인 방어권의 성격인데 대하여, 사회권은 국가의 작위(인간다운 생활을 영위하기 위한 수단과 여건의 제공이라는 사실적인 급부)를 요청하는 적극적인 급부청구권으로서의 성격을 갖는다. ③ 법적 효력의 면에서, 자유권은 현실적인 법적 효력을 갖는 구체적 권리인 데 대하여, 사회권은 제한된 의미에서 구체적 권리의 성격을 지닌다.

사회권의 목록에 포함되는 것으로 통상 분류되는 기본권 중에는 자유권적인 성격을 지닌 것들이 있다. 예컨대 교육을 받을 권리에 관련된 일부 권리들(부모의 학교선택권, 교원의 수업의 자유 등) 또는 근로자의 단결권 등은 자유권적 성격을 지닌다.

2. 구체적 권리인가의 여부

사회권의 법적 성격에 관하여 가장 중요한 문제는 사회권이 구체적인 권리로서의 성격을 갖는가라는 법적 효력에 관한 것이다. 이에 관하여 종래 다음과 같은 여러 학설이 제시되어 왔다. ① 개인의 권리가 아니라 단순히 입법 방침을 규정한 것이라는 프로그램 규정설, ② 개인의 권리가 아니라 국가의 의무를 규정한 것이라는 견해, ③ 개인이 입법을 요구할 수 있는 법적 권리이지만, 이를 구체화하는 법률이 제정되어야 행사할 수 있다는 추상적 권리설, ④ 국가에 의한 침해의 배제를 청구할 수 있고, 국가의 입법부작위에 대해 그 위헌성을 재판을 통해 확인받을 수 있다는 점에서 현실적인 법적 효력을 갖는다는 구체적 권리설 등이 그것이다. 이 문제에 관한 판례의 입장은 명백하지 않다.

(판 례) 인간다운 생활을 할 권리의 침해에 대한 위헌심사(생계보호기준 위헌확인)

모든 국민은 인간다운 생활을 할 권리를 가지며 국가는 생활능력 없는 국민을 보호할 의무가 있다는 헌법의 규정은 모든 국가기관을 기속하지만, 그 기속의 의미는 적극적·형성적 활동을 하는 입법부 또는 행정부의 경우와 헌법재판에 의한 사법적 통제기능을 하는 헌법재판소에 있어서 동일하지 아니하다.

위와 같은 헌법의 규정이, 입법부나 행정부에 대하여는 국민소득, 국가의 재정능력과 정책 등을 고려하여 가능한 범위 안에서 최대한으로 모든 국민이 물질적인 최저생활을 넘어서 인간의 존엄성에 맞는 건강하고 문화적인 생활을 누릴 수 있도록 하여야 한다는 행위의 지침 즉 행위규범으로서 작용하지만, 헌법재판에 있어서는 다른 국가기관 즉 입법부나 행정부가 국민으로 하여금 인간다운 생활을 영위하도록 하기 위하여 객관적으로 필요한 최소한의 조치를 취할 의무를 다하였는지를 기준으로 국가기관의 행위의 합헌성을 심사하여야 한다는 통제규범으로 작용하는 것이다(……).

국가가 행하는 생계보호가 헌법이 요구하는 객관적인 최소한도의 내용을 실현하고 있는지의 여부는 결국 국가가 국민의 "인간다운 생활"을 보장함에 필요한 최소한도의 조치는 취하였는가의 여부에 달려있다고 할 것인바, "인간다운 생활"이란 그 자체가 추상적이고 상대적인 개념으로서 그 나라의 문화의 발달, 역사적·사회적·경제적 여건에 따라 어느 정도는 달라질 수 있는 것일 뿐만 아니라, 국가가 이를 보장하기 위한 생계보호 수준을 구체적으로 결정함에 있어서는 국민 전체의 소득수준과 생활수준, 국가의 재정규모와 정책, 국민 각 계층의 상충하는 갖가지 이해관계 등 복잡하고도 다양한 요소들을 함께 고려하여야 한다. 따라서 생계보호의 구체적 수준을 결정하는 것은 입법부 또는 입법에 의하여 다시 위임을 받은 행정부 등 해당기관의 광범위한 재량에 맡겨져 있다고 보아야 한다.

그러므로 국가가 인간다운 생활을 보장하기 위한 헌법적 의무를 다하였는지의 여부가 사법적 심사의 대상이 된 경우에는, 국가가 생계보호에 관한 입법을 전혀 하지 아니하였다든가 그 내용이 현저히 불합리하여 헌법상 용인될 수 있는 재량의 범위를 명백히 일탈한 경우에 한하여 헌법에 위반된다고 할 수 있다.

헌재 1997.5.29. 94헌마33, 판례집 9-1, 543,553-555

(판 례) 국가의 사회권보장의무(장애인을 위한 저상버스 도입)

사회적 기본권(헌법 제31조 내지 제36조)이 국가에게 그의 이행을 어느 정도 강제할 수 있는 의무를 부과하기 위해서는, 국가의 다른 과제보다도 사회적 기본권이 규정하는 과제를 우선적으로 실현하여야 한다는 우위관계가 전제가 되어야 하는데, 사회적 기본권에 규정된 국가의 의무가 그렇지 못한 국가의 의무에 대하여 입법과정이나 정책결정과정에서, 무엇보다도 예산책정과정에서 반드시 우선적 이행을 요구할 수가 없다.

사회적 기본권과 경쟁적 상태에 있는 국가의 다른 중요한 헌법적 의무와의 관계에서나 아니면 개별적인 사회적 기본권 규정들 사이에서의 경쟁적 관계에서 보나, 입법자는 사회·경제정책을 시행하는 데 있어서 서로 경쟁하고 충돌하는 여러 국가목표를 균형있게 고려하여 서로 조화시키려고 시도하고, 매 사안마다 그에 적합한 실현의 우선순위를 부여하게 된다. 국가는 사회적 기본권에 의하여 제시된 국가의 의무와 과제를 언제나 국가의 현실적인 재정·경제능력의 범위 내에서 다른 국가과제와의 조화와 우선순위결정을 통하여 이행할 수밖에 없다.

그러므로 사회적 기본권은 입법과정이나 정책결정과정에서 사회적 기본권에 규정된 국가목표의 무조건적인 최우선적 배려가 아니라 단지 적절한 고려를 요청하는 것이다. 이러한 의미에서 사회적 기본권은, 국가의 모든 의사결정과정에서 사회적 기본권이 담고 있는 국가목표를 고려하여야 할 국가의 의무를 의미한다.

헌재 2002.12.18. 2002헌마52, 판례집 14-2, 904,909-910

위 판례들은 앞의 학설 가운데 입법방침설을 제외한 어느 입장에서도 해석할 수 있는 것으로 보인다. 분명한 것은 사회권을 보장하는 입법이 없거나 지나치게 불충분한 경우에 헌법소원 등 재판을 통해 위헌 확인을 청구할 수 있다는 것, 그리고 입법이 없으면 헌법규정만으로 급부를 청구할 수 없다는 것이다. 이러한 법적 상태나 지위를 단순히 국가의 의무로 볼 것인지 또는 개인의 권리로 볼 것인지, 개인의 권리로 본다면 어떤 성격의 권리로 볼 것인지는 권리의 개념을 어떻게 정의하고 이해하느냐에 달려 있다. 개인의 권리이냐 여부의 핵심적 요소를 사법적(司法的) 구제의 가부(可否)에 있다고 본다면, 입법부작위에 대한 위헌 확인을 구할 수 있다는 점에서 구체적 권리성이 있다고 볼 것이다. 헌법소원은 개인의 기본권 침해를 요건으로 하는 것인데, 헌법소원을 통한 위헌 확인의 청구가 인정되고 있다는 것은 사회권이 개인의 권리임을 인정한다는 의미이다. 다만 재판을 통한 구제의 대상이 급부 자체가 아니라 입법부작위의 위헌 확인에 그치므로, '**제한된 구체적 권리**'라고 할 것이다.

위 판례 가운데 국가유공자예우법 사건의 결정이유는 앞뒤가 일관되지 않으며 불명확하다. 이 결정은 "…… 급부를 요구할 수 있는 구체적인 권리가 상황에 따라서는 직접 도출될 수 있다"고 하면서도, "이러한 구체적 권리는 …… 법률을 통하여 구체화할 때에 비로소 인정되는 법률적 차원의 권리"라고 말하고 있다. '구체적 권리가 직접 도출된다'는 의미는 헌법에서 직접 도출되는 헌법상의 권리라는 의미라고 할 것인데, 뒷부분에서는 이 구체적 권리가 '법률적 차원의 권리'라고 말함으로써 일관성을 잃고 있다. 그럼에도 이 결정이유 부분은 후일의 다른 결정에서 지속되고 있다(헌재 2000.6.1. 98헌마216; 헌재 2003.5.15. 2002헌마90등).

한편 위의 생계보호기준 사건의 결정은 사회권의 구체적 내용이 광범한 입법재량에 맡겨져 있다고 하면서, 이에 대한 위헌심사기준은 재량의 범위를 명백히 일탈하였는지 여부의 심사, 즉 "인간다운 생활을 보장함에 필요한 최소한도의 조치는 취하였는가 여부"의 심사라고 보고 있다.

Ⅲ. 인간다운 생활을 할 권리

> **(헌법 제34조)** ① 모든 국민은 인간다운 생활을 할 권리를 가진다.
> ② 국가는 사회보장·사회복지의 증진에 노력할 의무를 진다.
> ③ 국가는 여자의 복지와 권익의 향상을 위하여 노력하여야 한다.
> ④ 국가는 노인과 청소년의 복지향상을 위한 정책을 실시할 의무를 진다.
> ⑤ 신체장애자 및 질병·노령 기타의 사유로 생활능력이 없는 국민은 법률이 정하는 바에 의하여 국가의 보호를 받는다.
> ⑥ 국가는 재해를 예방하고 그 위험으로부터 국민을 보호하기 위하여 노력하여야 한다.

1. 의 의

헌법 제34조 제1항이 규정하는 '인간다운 생활을 할 권리'는 다음의 두 가지 의미를 지닌다. ① 우선 모든 사회권을 포괄하는 포괄적 사회권으로서의 지위를 지닌다. 그 내용은 최저한도의 인간다운 생활을 하기 위한 급부를 국가에게 요구할 수 있는 권리이다. 헌법재판소는 "인간다운 생활을 할 권리는 여타 사회적 기본권에 관한 헌법규범들의 이념적인 목표를 제시"하고 있다고 판시하였으며(헌재 1995.7.21. 93헌가14; 헌재 2000.6.1. 98헌마216), 명시적으로 '포괄적 사회권'이라는 설명을 하고 있지는 않다. ② 동시에 이 권리는 사회보장을 받을 권리라는 개별적인 사회권의 근거가 된다. 이를 **사회보장권** 또는 **사회보장수급권**(社會保障受給權)이라 부른다(사회권의 법적 성격에 관한 앞의 헌법재판소 판례 참조. '구 국가유공자예우 등에 관한 법률'. 헌재 1995.7.21. 93헌가14).

2. 인간다운 생활을 할 권리의 법적 성격과 주체

(1) 제한적인 구체적 권리

인간다운 생활을 할 권리는 앞에서 설명한 대로 '제한적인 구체적 권리'의 성격을 가진다. 즉 입법이 없으면 헌법규정만으로 급부를 청구할 수 없으나, 입법이 없거나 지나치게 불충분한 경우에는 이에 대해 헌법재판을 통하여 위헌확인을 청구할 수 있다는 제한적 의미에서 구체적 권리의 성격을 가진다(학설 및 헌법재판소 판례와 그 해석에 관해서는 앞의 사회권의 법적 성격에 관한 부분을 참조).

(2) 주 체

인간다운 생활을 할 권리에 근거한 사회보장수급권은 국민의 권리이며, 원칙적으로 외국인에게 인정되지 않는다고 본다. 그러나 국민기초생활보장법은 일정한 외국인에게 수급권을 인정하고 있다(제5조의2. "국내에 체류하고 있는 외국인 중 대한민국 국민과 혼인하여 본인 또는 배우자가 임신 중이거나 대한민국 국적의 미성년 자녀를 양육하고 있거나 배우자의 대한민국 국적인 직계존속과 생계나 주거를 같이하고 있는 사람으로서 대통령령으로 정하는 사람이 이 법에 따른 급여를 받을 수 있는 자격을 가진 경우에는 수급권자가 된다"). 이것은 헌법상 외국인에게 사회보장수급권을 인정하지 않고 있으나 법률상 일부 외국인에게 한정적으로 이를 인정하는 것이다.

(3) 보충성의 원칙과 광범한 입법재량

사회보장수급권은 수급자가 자신의 생활 유지와 향상을 위하여 최대한 스스로 노력하는 것을 전제로 이를 보충하는 것을 원칙으로 한다. 이것을 '보충성의 원칙'이라고 한다. 국민기초생활보장법은 이 원칙을 명시하고 있다(제3조 제1항. "이 법에 따른 급여는 수급자가 자신의 생활의 유지·향상을 위하여 그 소득, 재산, 근로능력 등을 활용하여 최대한 노력하는 것을 전제로 이를 보충·발전시키는 것을 기본원칙으로 한다").

(판 례) 보충성의 원칙

1997년 이후 IMF 관리체제하에서 대량의 실업자가 발생하고 빈곤 인구가 급증하는 등 인간다운 생활을 할 권리를 위협받는 국민들이 대폭 증가하게 되었으나 구 생활보호법만으로는 그 해결의 한계에 봉착하자 국가는 최소한의 사회안전망(social safety net)으로서 1999.9.7. 국민기초생활보장법(법률 제6024호)을 제정하였는바, (……) 이 법에 의한 급여의 기준을 건강하고 문화적인 최저생활을 유지할 수 있는 것으로 정하면서도(제4조), 이 법에 의한 급여는 수급자가 자신의 생활의 유지·향상을 위하여 그 소득·재산·근로능력 등을 활용하여 최대한 노력하는 것을 전제로 이를 보충·발전시키는 것을 기본원칙으로 하며, 부양의무자의 부양과 다른 법령에 의한 보호는 이 법에 의한 급여에 우선하여 행하여지는 것으로 한다고 함으로써(제3조), 이 법에 의한 급여가 어디까지나 보충적인 것임을 명시하고 있다.

헌재 2004.10.28. 2002헌마328, 판례집 16-2 하, 195,205-206

한편 입법자가 법률에 의하여 사회보장수급권을 구체화함에 있어서 입법자에게 광범한 입법재량이 부여된다는 것이 헌법재판소 판례의 일관된 논지이다.

(판 례) 사회보장수급권과 입법형성 재량

헌법의 규정에 의거하여 국민에게 주어지게 되는 사회보장에 따른 국민의 수급권은 국가에게 적극적으로 급부를 요구할 수 있는 권리를 주된 내용으로 하기 때문에, 국가가 국민에게 '인간다운 생활을 할 권리'를 보장하기 위하여 국가의 보호를 필요로 하는 국민들에게 한정된 가용자원을 분배하는 이른바 사회보장권에 관한 입법을 할 경우에는 국가의 재정부담능력, 전체적인 사회보장수준과 국민감정 등 사회정책적인 고려, 제도의 장기적인 지속을 전제로 하는 데서 오는 제도의 비탄력성과 같은 사회보장제도의 특성 등 여러 가지 요소를 감안하여야 하는 것이어서 입법자에게 광범위한 입법재량이 부여되지 않을 수 없고, 따라서 헌법상의 사회보장권은 그에 관한 수급요건, 수급자의 범위, 수급액 등 구체적인 사항이 법률에 규정됨으로써 비로소 구체적인 법적 권리로 형성되는 것이다.

헌재 2000.6.1. 98헌마216, 판례집 12-1, 622,640-641

따라서 사회보장적 성격의 보험급여에 해당하는 산업재해보상보험법상의 유족급여에서 직계혈족의 배우자를 유족의 범위에 포함시키지 않더라도 헌법에 위반되지 않는다(헌재 2012.3.29. 2011헌바133). 업무상 질병으로 인한 업무상 재해에 있어 업무와 재해 사이의 상당인과관계에 대한 입증책임에 관하여, 이를 주장하는 근로자나 그 유족에게 책임을 부담시키는 산업재해보상보험법 규정이 근로자나 그 유족의 사회보장수급권을 침해하는 것은 아니다(헌재 2015.6.25. 2014헌바269). 공무원연금법에 따른 퇴직연금일시금을 지급받은 사람 및 그 배우자를 기초연금수급권자의 범위에서 제외한 기초연금법 규정도 인간다운 생활을 할 권리의 침해가 아니다(헌재 2018.8.30. 2017헌바197등).

(4) 재산권으로서의 성격

사회보장수급권은 재산권으로서의 성격도 지닌다. 헌법재판소 판례에 의하면, "사회보험법상의 지위는 청구권자에게 구체적인 급여에 대한 법적 권리가 인정되어 있는 경우에 한하여 재산권의 보호대상이 된다. …… 의료보험수급권은 의료보험법상 재산권의 보장을 받는 공법상의 권리이다"(헌재 2000.6.29. 99헌마289, 판례집 12-1, 913,914). 그러나 공법상의 권리라는 성격 때문에 재산권적 요소에 대한 제한이 인정된다.

(판 례) 연금수급권의 재산권적 성격과 그 한계(공무원연금법)

연금수급권에 재산권의 성격이 일부 있다 하더라도 그것은 이미 사회보장법리의 강한 영향을 받지 않을 수 없다 할 것이고, 또한 사회보장수급권과 재산권의 두 요소가 불가분적으로 혼재되어 있다면 입법자로서는 연금수급권의 구체적 내용을 정함에 있어 이를 하나의 전체로서 파악하여 어느 한 쪽의 요소에 보다 중점을 둘 수도 있다 할 것이다. 따라서 연금수급권의 구체적 내용을 형성함에 있어서 입법자는 청구인들의 주장과 같이 반드시 민법상 상속의 법리와 순위에 따라야 하는 것이 아니라, 이 법의 입법목적 달성에 알맞도록 독자적으로 규율할 수 있고, 여기에 필요한 정책판단 · 결정에 관하여는 일차적으로 입법자의 재량에 맡겨져 있다.

헌재 1999.4.29. 97헌마333, 판례집 11-1, 503,513-514

(판 례) 장해급여제도의 성격과 그 보호

장해급여제도는 본질적으로 소득재분배를 위한 제도가 아니고, 손해배상 내지 손실보상적 급부인 점에 그 본질이 있는 것으로, 산업재해보상보험이 갖는 두 가지 성격 중 사회보장적 급부로서의 성격은 상대적으로 약하고 재산권적인 보호의 필요성은 보다 강하다고 볼 수 있어 다른 사회보험수급권에 비하여 보다 엄격한 보호가 필요하다.

장해급여제도에 사회보장 수급권으로서의 성격도 있는 이상 소득재분배의 도모나 새로운 산재보상사업의 확대를 위한 자금마련의 목적으로 최고보상제를 도입하는 것 자체는 입법자의 결단으로서 형성적 재량권의 범위 내에 있다고 보더라도, 그러한 입법자의 결단은 최고보상제도 시행 이후에 산재를 입는 근로자들부터 적용될 수 있을 뿐, 제도 시행 이전에 이미 재해를 입고 산재보상수급권이 확정적으로 발생한 청구인들에 대하여 그 수급권의 내용을 일시에 급격히 변경하여 가면서까지 적용할 수 있는 것은 아니라고 보아야 할 것이다.

헌재 2009.5.28. 2005헌바20, 공보 152, 1065

3. 인간다운 생활을 할 권리의 내용

(1) 국가의 사회보장 의무와 사회보장수급권

헌법 제34조는 제2항 이하에서 국가의 의무에 관하여, 국가의 사회보장 · 사회복지 증진의무(제2항), 여자의 복지 향상을 위한 의무(제3항), 노인과 청소년의 복지 향상을 위한 의무(제4항), 신체장애자 등 생활능력이 없는 국민의 보호의무(제5항), 재해예방과 국민보호 의무(제6항)를 규정하고 있다. 이 규정들은 국가가 "노력할 의무를 진다", "노력하여야 한다" 또는 "국가의 보호를 받는다" 등의 표현으로 나타나 있는데, 그 문언상의 표현에도 불구하고 단순한 도덕적 의무가 아니라 법적 구속력을 지닌 법적 의무라고 보아야 할 것이다. 또한 국가의 이러한 의무는 국민의 사회보장수급권을 전제로 이에 대응한 의무라고 볼 것이다.

(판 례) 국가의 사회보장의무

장애인의 복지를 향상해야 할 국가의 의무가 다른 다양한 국가과제에 대하여 최우선적인 배려를 요청할 수 없을 뿐 아니라, 나아가 헌법의 규범으로부터는 '장애인을 위한 저상버스의 도입'과 같은 구체적인 국가의 행위의무를 도출할 수 없는 것이다. 물론 모든 국가기관은 헌법규범을 실현하고 존중해야 할 의무가 있으므로, 행정청은 그의 행정작용에 있어서 헌법규범의 구속을 받는다. 그러나 국가에게 헌법 제34조에 의하여 장애인의 복지를 위하여 노력을 해야 할 의무가 있다는 것은, 장애인도 인간다운 생활을 누릴 수 있는 정의로운 사회질서를 형성해야 할 국가의 일반적인 의무를 뜻하는 것이지, 장애인을 위하여 저상버스를 도입해야 한다는 구체적 내용의 의무가 헌법으로부터 나오는 것은 아니다.

헌재 2002.12.18. 2002헌마52, 판례집 14-2, 904,910

(판 례) 시각장애인 보호를 위한 안마사자격에서 비맹제외

헌법 제34조 제5항은 신체장애자를 비롯한 생활능력이 없는 국민에 대하여 국가의 보호의무를 천명하고 있는바, 이는 장애인에 대한 차별금지를 규정한 장애인복지법 제8조 제1항 및 사회보장과 고용촉진 등을 규정한 '장애인 권리선언' 등의 정신과도 상통하는 것으로서 이러한 국가의 보호의무는 입법자의 입법을 통하여 구체화될 필요가 있다. 다시 말하면, 입법자는 장애인의 연령·능력·장애의 종류 및 정도에 따라 적정한 교육을 받고 적성과 능력에 맞는 직업에 종사할 수 있도록 직업훈련, 취업알선, 고용 등 필요한 복지정책을 강구해야 하는데, 특히 장애의 정도가 심하여 자립하기가 어려운 중증장애인에 대하여는 보다 적극적인 정책이 요청된다고 할 것이다.

이러한 장애인에 대한 복지정책은 제1차적으로는 장애인의 생존권을 보장하는 데 있지만 거기에 그쳐서는 안 되고, 사회통합의 이념에 기초하여 소수자인 장애인이 진정한 사회공동체의 일원으로 대우받을 수 있도록 제반 여건을 형성하는 데에도 초점을 맞추어 헌법 제10조 및 제34조에 따라 인간의 존엄과 가치를 지키며 인간다운 삶을 영위할 수 있도록 하여야 한다. 다만, 장애인에 대한 적극적인 복지정책은 때로 일반국민에 비하여 장애인을 우대하는 형태로 나타나게 되는데, 그로 말미암아 일반국민의 기본권 행사가 제한받게 될 경우 입법자로서는 장애인의 보호와 일반국민의 기본권 보장이라는 양 법익 사이에 조화와 균형을 이룰 수 있도록 하여야 하므로 그와 같은 범위 안에서 형성의 자유를 가진다고 할 것이다.

헌재 2008.10.30. 2006헌마1098, 공보 145, 1554,1562

위 판례들은 국가의 의무가 일반적 의무이지 구체적 의무는 아니라고 말하고 있는데, 그 논지가 명확하지 않다. 국가의 의무는 최소한 이상의 보장을 해야 할 구체적 의무라고 보아야 한다.

장애인 지원이 국가의 구체적 의무인지 여부 및 입법형성권의 범위가 얼마나 넓

은지와 관계없이 장애인 지원이 평등원칙에 위반되는지 여부는 심사할 수 있다.

(판 례) 일정 범위의 사람에 대한 지원을 제한한 장애인활동 지원에 관한 법률의 위헌 심사

65세 미만의 비교적 젊은 나이인 경우, 일반적 생애주기에 비추어 자립 욕구나 자립지원의 필요성이 높고, 질병의 치료효과나 재활의 가능성이 높은 편이므로 노인성 질병이 발병하였다고 하여 곧 사회생활이 객관적으로 불가능하다거나, 가내에서의 장기요양의 욕구·필요성이 급격히 증가한다고 평가할 것은 아니다. 또한 활동지원급여와 장기요양급여는 급여량 편차가 크고, 사회활동 지원 여부 등에 있어 큰 차이가 있다. 그럼에도 불구하고 65세 미만의 장애인 가운데 일정한 노인성 질병(치매·뇌혈관성 질환 등을 말한다; 저자)이 있는 사람의 경우 일률적으로 활동지원급여 신청자격을 제한한 데에 합리적 이유가 있다고 보기 어려우므로 심판대상조항은 평등원칙에 위반된다.

헌재 2020.12.23. 2017헌가22 등, 공보 291, 64

(판 례) 장애인 특별교통수단을 마련하지 않은 입법부작위

장애인은 국가·사회의 구성원으로서 모든 분야의 활동에 참여할 권리를 가지고(장애인복지법 제4조 제2항), 인간으로서의 존엄과 가치 및 행복을 추구할 권리를 보장받기 위하여 장애인이 아닌 사람들이 이용하는 시설과 설비를 동등하게 이용하고 정보에 자유롭게 접근할 수 있는 권리를 가진다(장애인·노인·임산부 등의 편의증진 보장에 관한 법률 제4조). (……)

심판대상조항(표준휠체어만을 기준으로 휠체어 고정설비의 안전기준을 정하고 있고, 청구인은 누워서 이동할 수밖에 없는 장애인을 위한 휠체어 고정설비 안전기준이 규정되지 않은 교통약자의 이동편의 증진법 시행규칙 별표1의2: 저자)은 교통약자의 이동편의를 위한 특별교통수단에 표준휠체어만을 기준으로 휠체어 고정설비의 안전기준을 정하고 있어 표준휠체어를 사용할 수 없는 장애인은 안전기준에 따른 특별교통수단을 이용할 수 없게 된다. 침대형 휠체어만을 이용할 수 있는 장애인은 장애의 정도가 심하여 특수한 설비가 갖춰진 차량이 아니고서는 사실상 이동이 불가능하다.그럼에도 불구하고 표준휠체어를 이용할 수 없는 장애인에 대한 고려 없이 표준휠체어만을 기준으로 고정설비의 안전기준을 정하는 것은 불합리하고, 특별교통수단에 장착되는 휠체어 탑승설비 연구·개발사업 등을 추진할 국가의 의무를 제대로 이행한 것이라 보기도 어렵다.누워서 이동할 수밖에 없는 장애인을 위한 휠체어 고정설비 안전기준 등을 별도로 규정한다고 하여 국가의 재정적 부담이 심해진다고 볼 수도 없다. 제4차 교통약자 이동편

의 증진계획이 표준휠체어를 사용할 수 없는 장애인을 위한 특별교통수단의 도입 등을 계획하고 있기는 하나, 일부 지방자치단체에서 침대형 휠체어가 탑승할 수 있는 특수형 구조차량을 운행하였다가 침대형 휠체어 고정장치에 대한 안전기준이 없어 운행을 중단한 점에서 볼 수 있듯이 그 안전기준의 제정이 시급하므로 위와 같은 계획이 있다는 사정만으로 안전기준 제정 지연을 정당화하기 어렵다. 따라서 심판대상조항은 합리적 이유 없이 표준휠체어를 이용할 수 있는 장애인과 표준휠체어를 이용할 수 없는 장애인을 달리 취급하여 청구인의 평등권을 침해한다.

헌재 2023.5.25. 2019헌마1234, 공보 320, 947

(판 례) 장애인의 접근권

장애인의 접근권은 헌법상 인간의 존엄과 가치 및 행복을 추구할 권리를 장애인에게도 동등하게 보장하고, 사회적 약자인 장애인이 인간다운 생활을 하는 데 필수적인 전제가 되는 권리로서, 비록 헌법에 명시되지는 않았으나 앞서 살펴본 헌법 규정들로부터 도출되는 기본권으로서의 지위를 가진다.

다만 장애인의 접근권이 접근에 대한 방해의 금지를 구하는 소극적 · 방어적인 수준을 넘어 비장애인과 동등한 수준의 접근을 보장할 수 있는 특정 시설과 설비를 설치할 것을 국가나 사인(사인)에게 적극적으로 요구할 수 있는 권리로 구체화되기 위해서는 이를 위한 법률이 필요하다 할 것이고, 국가는 제한된 재정 능력과 사회 · 경제적 발전 수준 등을 고려하여 장애인에 대한 접근권이 적절히 보장되도록 필요한 조치를 취할 의무가 있다.

대판(전합) 2024.12.19. 2022다289051

국가가 헌법상 사회보장 의무를 다하였는지의 여부는 국민연금 등의 사회보험의 방식만이 아니라 각종의 사회부조(社會扶助)의 방식 등을 총괄한 수준을 가지고 판단하여야 한다.

(판 례) 총괄적 수준에 의한 판단

국가가 국민의 인간다운 생활을 보장하기 위하여 행하는 사회부조에는 (구)생활보호법에 의한 생계보호(이 사건 생계보호) 외에 다른 법령에 의하여 행하여지는 것도 있으므로(구 생활보호법 제4조 제2항 참조) 국가가 행하는 생계보호의 수준이 그 재량의 범위를 명백히 일탈하였는지의 여부, 즉 인간다운 생활을 보장하기 위한 객관적 내용의 최소한을 보장하고 있는지의 여부는 (구)생활보호법에 의한 생계보호급여만을 가지고 판단하여서는 아니 되고 그 외의 법령에 의거하여 국가가 생계보호를 위하여 지급하는 각종 급여나 각종 부담의 감면 등을 총괄한 수준을 가지고 판단하여야 한다.

헌재 1997.5.29. 94헌마33, 판례집 9-1, 543,555

한편, 헌법재판소는 '장애인고용촉진 및 직업재활법'상의 고용의무조항 및 고용부담금조항을 합헌이라고 판단하였다.

(판 례) 고용의무조항 및 고용부담금조항의 합헌성

이 사건 고용의무조항 및 고용부담금조항은 장애인이 그 능력에 맞는 직업생활을 통하여 인간다운 생활을 할 수 있도록 장애인의 고용을 촉진하기 위한 것으로 그 입법목적의 정당성이 인정되고, 사업주에게 일정한 비율의 장애인을 고용할 의무를 부과하고 이를 지키지 못한 사업주에게 부담금을 부과하는 것은 장애인고용을 촉진한다는 입법목적을 달성하기 위한 효과적인 방법이므로 방법의 적절성도 인정된다. 또한 달리 이보다 덜 침해적인 방법으로 사업주에게 장애인 고용의무를 강제할 방법을 찾기 어렵고, 장애인 의무고용률의 수준 또는 장애인 고용부담금의 금액이 과도하다고 볼 수 없어 최소침해성원칙에 위반되지 아니하며, 장애인의 고용촉진이라는 공익은 그로 인하여 제한되는 청구인의 직업의 자유 및 재산권에 비하여 적지 않다고 할 것이어서 법익의 균형성도 충족한다. 그러므로 이 사건 고용의무조항 및 고용부담금조항은 청구인의 직업의 자유 및 재산권을 침해하지 아니한다.

헌재 2012.3.29. 2010헌바432, 판례집 24-1 상, 494,495

(2) 급부의 수준

국가에 요구할 수 있는 급부의 수준이 어느 정도인가에 관하여 헌법재판소 판례는 '최소한의 물질적 생활'의 유지에 필요한 급부라고 해석하고 있다(헌재 1995.7.21. 93헌가14; 헌재 2000.6.1. 98헌마216; 헌재 2004.10.28. 2002헌마328등). 그러나 단순한 물질적 생활이라기보다 '건강하고 문화적인 최저한도의 생활'에 필요한 급부라고 해석하여야 할 것이다(참고. 일본 헌법 제25조 1항: "모든 국민은 건강하고 문화적인 최저한도의 생활을 하는 권리를 가진다"). 그런데 헌법재판소 판례는 다음과 같이 '최소한의 물질적 생활'의 의미마저 매우 낮은 수준으로 해석하고 있다.

(판 례) 최저생계비 미달의 생계보호수준

인간다운 생활을 보장하기 위한 객관적 내용의 최소한을 보장하고 있는지의 여부는 생활보호법에 의한 생계보호급여만을 가지고 판단하여서는 아니 되고 그 외의 법령에 의거하여 국가가 생계보호를 위하여 지급하는 각종 급여나 각종 부담의 감면 등을 총괄한 수준을 가지고 판단하여야 한다. (……)

비록 위와 같은 생계보호의 수준이 일반 최저생계비에 못 미친다고 하더라도 그 사실만으로 곧 그것이 헌법에 위반된다거나 청구인들의 행복추구권이나 인간다운 생활을 할 권리를 침해한 것이라고는 볼 수 없다 할 것이다.

헌재 1997.5.29. 94헌마33, 판례집 9-1, 543,555-556

한편 급부의 수준에 관하여 실제의 입법에서는 헌법재판소의 심판기준보다 높은 수준을 규정하고 있다. 국민기초생활보장법(폐지된 구 '생활보호법'을 대체하는 신법)에 의하면, "이 법에 따른 급여는 건강하고 문화적인 최저생활을 유지할 수 있는 것이어야 한다"고 규정하고 있다(제4조).

수급권자에 대한 급여는 수급자의 필요에 따라 생계급여, 주거급여, 의료급여, 교육급여, 해산급여(解産給與), 장제급여(葬祭給與), 자활급여의 전부 또는 일부를 실시한다. 차상위계층에 속하는 사람에 대한 급여는 보장기관이 차상위자의 가구별 생활여건을 고려하여 예산의 범위에서 생계급여와 자활급여를 제외한 기타 급여의 전부 또는 일부를 실시할 수 있다(제7조).

(3) 사회보험 · 사회부조 · 사회복지 · 사회보상

헌법의 문언은 사회보장과 사회복지를 구별하여 규정하고 있다. 그러나 사회보장의 개념에 사회복지가 포함된다고 본다. 사회보장이란, "출산, 양육, 실업, 노령, 장애, 질병, 빈곤 및 사망 등의 사회적 위험으로부터 모든 국민을 보호하고 국민 삶의 질을 향상시키는 데 필요한 소득 · 서비스를 보장하는 사회보험, 공공부조, 사회서비스를 말한다"(사회보장기본법 제3조 제1호). ① 사회보험이란, 사회적 위험을 보험방식에 의해 대처하는 사회보장제도이며, 건강보험, 산업재해보상보험, 국민연금, 고용보험 등이 있다. ② 사회부조(社會扶助) 또는 공공부조란, 국가 및 지방자치단체의 책임하에 생활유지능력이 없거나 생활이 어려운 국민의 최저생활을 보장하고 자립을 지원하는 제도이며, 이에 관한 법률로 국민기초생활보장법 등이 있다. ③ 사회복지란, 사회적 도움을 필요로 하는 국민에게 보건 · 주거 · 교육 · 고용 등의 분야에서 지원하는 제도이며, 이에 관한 법률로 장애인복지법, 노인복지법, 아동복지법 등이 있다. 그 밖에 국가유공행위로 인한 피해를 보상하는 사회보상(社會報償)도 사회보장에 해당한다('국가유공자 등 예우 및 지원에 관한 법률' 등).

2015. 7. 1.부터는 국가가 적극적으로 사회보장급여 지원을 받지 못하는 지원대상자를 발굴하여 지원하도록 하는 '사회보장급여의 이용 · 제공 및 수급권자 발굴에 관한 법률(법률 제12935호)'이 시행되었다.

(판 례) 사회보험료 형성의 원칙(국민건강보험법)

사회보험료를 형성하는 2가지 중요한 원리는 '보험의 원칙'과 '사회연대의 원칙'이다. 보험의 원칙이란 소위 등가성의 원칙이라고도 하는데, 이는 보험료와 보험급여 간의 등가원칙을 말한다. 물론, 사회보험에서는 사보험에서와 달리 각 피보험자에 대한 개별등가원칙이 적용되는 것은 아니지만, 사회보험 또한 보험료를 주된 재원으로 하는 보험의 성격을 가지고 있기 때문에, 보험자의 전체적 재정과 관련하여 보험자의 수입이 보험급여를 포함한 전체 지출을 충당할 수 있도록 개인의 보험료가 산정되어야 한다.

한편 사회보험은 사회국가원리를 실현하기 위한 중요한 수단이라는 점에서, 사회연대의 원칙은 국민들에게 최소한의 인간다운 생활을 보장해야 할 국가의 의무를 부과하는 사회국가원리에서 나온다. 보험료의 형성에 있어서 사회연대의 원칙은 보험료와 보험급여 사이의 개별적 등가성의 원칙에 수정을 가하는 원리일 뿐만 아니라, 사회보험체계 내에서의 소득의 재분배를 정당화하는 근거이며, 보험의 급여수혜자가 아닌 제3자인 사용자의 보험료 납부의무(소위 '이질부담')를 정당화하는 근거이기도 하다. 또한 사회연대의 원칙은 사회보험에의 강제가입의무를 정당화하며, 재정구조가 취약한 보험자와 재정구조가 건전한 보험자 사이의 재정조정을 가능하게 한다.

헌재 2000.6.29. 99헌마289, 판례집 12-1, 913,943-944

(4) 그 밖의 주요 판례

다음은 인간다운 생활을 할 권리에 관한 주요 헌법재판소 판례이다.

* 시각장애인에 대해서만 안마사 자격인정을 받도록 하는 비맹제외기준의 설정은 시각장애인의 인간다운 생활을 할 권리를 실현시키는 것으로서 합헌(헌재 2008.10.30. 2006헌마1098).

* '대학원에 재학 중인 사람'과 '부모에게 버림받아 부모를 알 수 없는 사람'에 대하여 조건 부과 유예사유를 두지 않은 국민기초생활 보장법 시행령 규정은

합헌(헌재 2017.11.30. 2016헌마448; 국민기초생활 보장법이 조건 부과 유예 대상자에 해당하지 않는다고 하더라도, 수급자의 개인적 사정을 고려하여 그 조건의 제시를 유예할 수 있도록 하는 제도를 별도로 두고 있으므로 국가가 실현해야 할 객관적 내용의 최소한도의 보장에도 이르지 못하였다거나 헌법상 용인될 수 있는 재량의 범위를 명백히 일탈하였다고 보기 어렵다고 하였다).

* 기초연금 수급권자의 범위에서 공무원연금법상 퇴직연금일시금을 받은 사람과 그 배우자를 제외하면서 이 일시금으로 인한 소득기반을 공유하였는지 여부를 불문하고 있는 공무원연금법 규정은 합헌(헌재 2020.5.27. 2018헌바398).
* 노인장기요양보험법상 노인성 질병은 크게 치매, 뇌졸중질환, 동맥경화성 질환, 파킨슨 관련 질환으로 분류할 수 있다. 이러한 노인성 질병의 구체적 증상이나 경과는 질병의 종류와 발병시기, 각 개인의 건강상태 및 치료 상황에 따라 다르다. 65세 미만의 나이인 경우, 일반적 생애주기에 비추어 사회활동이 활발한 때이므로 자립 욕구나 자립지원의 필요성이 높고, 노인성 질병의 조기 발견에 따른 치료효과나 재활의 가능성이 높은 편이다. 따라서 노인성 질병이 발병하였다고 하여 곧 사회생활이 객관적으로 불가능하다거나, 가내에서의 장기요양의 욕구·필요성이 급격히 증가한다고 평가하기 어렵다. 그럼에도 불구하고 심판대상조항이 65세 미만의 장애인 가운데 일정한 노인성 질병이 있는 사람의 경우 일률적으로 활동지원급여 신청자격을 제한한 것은 불합리한 차별로서 평등원칙에 위배하여 헌법에 위반된다(헌재 2020.12.23. 2017헌가22등).
* 신문의 편집인 등으로 하여금 아동보호사건에 관련된 아동학대행위자를 특정하여 파악할 수 있는 인적 사항 등을 신문 등 출판물에 싣거나 방송매체를 통하여 방송할 수 없도록 하는 '아동학대범죄의 처벌 등에 관한 특례법' 규정은 헌법 제34조 제4항의 청소년 보호를 위하여 필요한 것으로 표현의 자유나 알 권리 침해가 아니다(헌재 2022.10.27. 2021헌가4).

Ⅳ. 교육을 받을 권리

> **(헌법 제31조)** ① 모든 국민은 능력에 따라 균등하게 교육을 받을 권리를 가진다.
> ② 모든 국민은 그 보호하는 자녀에게 적어도 초등교육과 법률이 정하는 교육을 받게 할 의무를 진다.
> ③ 의무교육은 무상으로 한다.
> ④ 교육의 자주성·전문성·정치적 중립성 및 대학의 자율성은 법률이 정하는 바에 의하여 보장된다.
> ⑤ 국가는 평생교육을 진흥하여야 한다.

> ⑥ 학교교육 및 평생교육을 포함한 교육제도와 그 운영, 교육재정 및 교원의 지위에 관한 기본적인 사항은 법률로 정한다.

1. 의 의

교육은 개인이 인격을 형성하고 인간다운 생활을 할 수 있는 토대가 된다. 근대 초기에 교육은 개인의 사적 영역에 맡겨져 있었으나, 국가에 의한 공교육제도가 등장하면서 교육을 받을 권리가 국민의 기본권으로 보장되기에 이르렀다. 바이마르헌법은 무상의 의무교육제도를 규정하였고, 제2차 대전 후 독일기본법, 프랑스헌법, 이탈리아헌법을 비롯한 각국의 헌법에서 교육에 관한 규정을 명시하고 있다. 우리 헌법의 교육을 받을 권리에 관한 규정은 일본헌법과 유사하다.

(판 례) 교육을 받을 권리의 의의

헌법 제31조 제1항은 "모든 국민은 능력에 따라 균등하게 교육을 받을 권리를 가진다."고 규정하여 국민의 교육받을 권리를 보장하고 있는바, 이러한 '수학권'(修學權)은 통상 국가에 대하여 교육조건의 개선 · 정비와 교육기회의 균등한 보장을 적극적으로 요구할 수 있는 권리로 이해되고 있다. 수학권의 보장은 인간으로서의 존엄과 가치를 가지고 행복을 추구하며(헌법 제10조 전문) 인간다운 생활을 영위하는 데(헌법 제34조 제1항) 필수적인 조건이고, 헌법 제31조 제2항 내지 제6항 소정 부모의 자녀교육의무, 무상의무교육, 교육의 자주성 · 전문성 · 정치적 중립성 및 대학의 자율성, 평생교육의 진흥, 교육제도와 그 운영 · 교육재정 및 교원지위의 법률주의 등은 수학권의 효율적인 보장을 위한 규정이다.

헌재 2007.12.27. 2005헌가11, 판례집 19-2, 691

위 판례에 의하면, 교육을 받을 권리는 ① 국가에 의한 교육조건의 개선 · 정비를 요구할 수 있는 권리, ② 교육기회의 균등한 보장을 요구할 수 있는 권리를 의미한다. 또한 헌법 제31조 제1항과 동조 제2항 내지 제6항과의 관계에 대해서, 후자는 전자의 효율적인 보장을 위한 규정이라고 풀이하고 있다.

최근의 판례에 따라 달리 표현하면, "교육을 받을 권리는 국가로부터 교육에 필요한 시설의 제공을 요구할 수 있는 권리 및 각자의 능력에 따라 교육시설에 입학하여 배울 수 있는 권리를 의미한다(헌재 1991.2.11. 90헌가27, 판례집 3, 11,18-19; 헌재 1992.11.12. 89헌마88, 판례집 4, 739,750-752 참조)"(헌재 2013.5.30. 2011헌바227).

(판 례) 교육을 받을 권리의 기능

우리 헌법은 문화국가 · 민주국가 · 사회국가 · 복지국가에서 차지하는 교육의 중요성을 감안해서 교육을 모든 국민의 권리로 규정함과 동시에 국가와 국민의 공동의무임을 명백히 밝히고 있다.

교육을 받을 권리는, 첫째 교육을 통해 개인의 잠재적인 능력을 계발시켜줌으로써 인간다운 문화생활과 직업생활을 할 수 있는 기초를 마련해 주고, 둘째 문화적이고 지적인 사회풍토를 조성하고 문화창조의 바탕을 마련함으로써 헌법이 추구하는 문화국가를 촉진시키고, 셋째 합리적이고 계속적인 교육을 통해서 민주주의가 필요로 하는 민주시민의 윤리적 생활철학을 어렸을 때부터 습성화시킴으로써 헌법이 추구하는 민주주의의 토착화에 이바지하고, 넷째 능력에 따른 균등한 교육을 통해서 직업생활과 경제생활영역에서 실질적인 평등을 실현시킴으로써 헌법이 추구하는 사회국가, 복지국가의 이념을 실현한다는 의의와 기능을 가지고 있다.

헌재 1994.2.24. 93헌마192, 판례집 6-1, 173,177

2. 교육을 받을 권리의 법적 성격

교육을 받을 권리는 국가에 대하여 교육기회의 제공을 요구하는 권리라는 데에 핵심이 있고, 이 점에서 사회권으로서의 성격을 갖는다. 국민의 교육을 받을 권리에 대응하여 국가는 교육제도를 설정하고 유지하며, 교육조건을 정비할 의무를 진다.

(판 례) 교육을 받을 권리와 국가의 의무

'교육을 받을 권리'란, 국민이 위 헌법규정을 근거로 하여 직접 특정한 교육제도나 학교시설을 요구할 수 있는 권리라기보다는 모든 국민이 능력에 따라 균등하게 교육을 받을 수 있는 교육제도를 제공해야 할 국가의 의무를 규정한 것이다. 즉, '교육을 받을 권리'란, 모든 국민에게 저마다의 능력에 따른 교육이 가능하도록 그에 필요한 설비와 제도를 마련해야 할 국가의 과제와 아울러 이를 넘어 사회적 · 경제적 약자도 능력에 따른 실질적 평등교육을 받을 수 있도록 적극적인 정책을 실현해야 할 국가의 의무를 뜻한다. 이에 따라 국가는 다른 중요한 국가과제 및 국가재정이 허용하는 범위 내에서 민주시민이 갖추어야 할 최소한의 필수적인 교육과정을 의무교육으로서 국민 누구나가 혜택을 받을 수 있도록 제공해야 한다.

헌재 2000.4.27. 98헌가16등, 판례집 12-1, 427,448-449

위 판례에서 보듯이 교육을 받을 권리는 직접 특정한 교육기회의 제공을 요구할 수 있는 구체적인 권리는 아니다. 다만 헌법 제31조 제2항, 제3항에서 규정하는 것과 같은 무상의 의무교육을 중심으로 하는 교육제도를 설치하도록 요구하고 국가의 의무불이행에 대하여 위헌 확인을 구할 수 있다는 의미에서 제한된 구체적 권리라고 할 수 있다.

한편 아래에서 보는 것처럼, 교육을 받을 권리는 교육의 자유와 불가분의 관계에 있다. 교육을 받을 권리는 곧 '자유로운 교육'을 받을 권리를 의미한다.

3. 교육을 받을 권리의 내용

(1) '능력에 따라' 교육을 받을 권리

여기에서 '능력'은 학습의 능력을 말한다. 재산 등의 경제적 능력을 의미하지 않음은 물론이다. 능력에 따른 교육이란, 학습능력에 상응하는 적절한 교육을 말한다. 육체적 또는 정신적으로 학습능력이 낮은 사람에게는 그에 상응하는 교육을 배려하여야 한다.

(2) '균등하게' 교육을 받을 권리

'균등하게' 교육을 받을 권리가 있다는 것은 두 가지 의미이다. ① 소극적으로 교육기회의 불합리한 차별을 받지 않을 권리이다. "모든 국민은 성별, 종교, 신념, 인종, 사회적 신분, 경제적 지위 또는 신체적 조건 등을 이유로 교육에 있어서 차별을 받지 아니한다"(교육기본법 제4조 제1항). ② 적극적으로 경제적 약자가 실질적인 평등한 수준의 교육을 받을 수 있도록 정책적 배려를 요구할 수 있는 권리이다. "국가와 지방자치단체는 학습자가 평등하게 교육을 받을 수 있도록 지역 간의 교원 수급 등 교육여건 격차를 최소화하는 시책을 마련하여 시행하여야 한다"(교육기본법 제4조 제2항). 다만 적극적 의미의 균등한 교육을 받을 권리는 제한된 구체적 권리로서, 과소보호금지 원칙의 위반 여부를 확인받을 수 있는 데에 그친다.

(판 례) 균등한 교육을 받을 권리

헌법 제31조 제1항에서 보장되는 교육의 기회균등권은 '정신적 · 육체적 능력 이외의 성별 · 종교 · 경제력 · 사회적 신분 등에 의하여 교육을 받을 기회를 차별하지 않고, 즉 합리적 차별사유 없이 교육을 받을 권리를 제한하지 아니함과 동시에 국가가 모든 국민에게 균등한 교육을 받게 하고 특히 경제적 약자가 실질적인 평등교육을 받을 수 있도록 적극적 정책을 실현해야 한다는 것'을 의미하므로(헌재 1994.2.24. 93헌마192, 판례집 6-1, 173,177-178), 실질적인 평등교육을 실현해야 할 국가의 적극적인 의무가 인정되지만, 이러한 의무조항으로부터 국민이 직접 실질적 평등교육을 위한 교육비를 청구할 권리가 도출되는 것은 아니다.

헌재 2003.11.27. 2003헌바39, 판례집 15-2, 297,310

서울대학교 2023학년도 저소득학생 특별전형의 모집인원을 모두 수능위주전형으로 선발하도록 정한, 2021.4.29.자 '서울대학교 2023학년도 대학 신입학생 입학전형 시행계획'은 충분히 예측할 수 있었고, 서울대 입학 기회 자체가 박탈되는 것이 아니므로 균등하게 교육을 받을 권리를 침해하지 않는다고 하였다(헌재 2022.9.29. 2021헌마929). 같은 취지에서 지방대학의 한의과대학 입학자 중 해당지역출신자의 수가 충청권, 호남권, 대구·경북권, 부산·울산·경남권의 경우 학생 입학 전체인원의 40% 이상, 강원권과 제주권의 경우 학생 입학 전체인원의 20% 이상이 되도록 규정한 '지방대학 및 지역균형인재 육성에 관한 법률 시행령' 조항은 신뢰보호의 원칙이나 과잉금지의 원칙을 위반하여 교육을 받을 권리를 침해하지 않는다고 하였다(헌재 2025.7.17. 2021헌마1572; 구 시행령 상의 비율은 각 30%, 15%였다).

검정고시로 고등학교 졸업학력을 취득한 사람들의 수시모집을 제한하는 국립대학교의 입시요강은 균등하게 교육을 받을 권리를 침해한다(헌재 2017.12.28. 2016헌마649).

(3) '자유로운 교육'을 받을 권리

국민이 받는 교육의 내용과 방법은 국가가 일방적으로 결정할 수 있는 것이 아니다. 국민은 국가에 대하여 교육조건의 정비를 요구하는 권리 이전에 스스로 자유롭게 학습할 수 있는 학습의 자유를 가진다. 역사적으로도 교육에 관한 국민의 권리는 사교육의 자유에서 출발하였다. 또한 교원도 교육에 있어서 일정한 범위의 교육의 자유를 가진다. 부모도 자녀의 사교육만이 아니라 학교교육에 대해서도 일정한 교육의 자유를 가진다. 이처럼 교육을 받을 권리는 교육의 자유와 불가분하게 관련되어 있다.

(판 례) 고등학교 자진퇴학일과 고졸검정고시 자격 제한

심판대상조항(고등학교 퇴학일부터 검정고시 공고일까지의 기간이 6개월 이상이 되지 않은 사람은 고졸검정고시에 응시할 수 없도록 규정한 '초·중등교육법 시행규칙' 제35조 제6항 제2호 본문; 저자)은 고등학교 퇴학자의 고졸검정고시의 응시를 영구히 제

한하는 것이 아니라 퇴학일로부터 일정기간 응시자격을 제한하는 것으로서, (……) 심판대상조항에 의하여 제한받는 사익은 자신이 원하는 시기에 고등학교졸업의 학력인정을 취득하려는 것에 불과한 반면, 심판대상조항이 추구하는 공익은 고등학교 퇴학자의 고졸검정고시 응시 증가를 억제하여 정규 학교교육과정의 이수를 유도함으로써 공교육의 내실화를 도모하고자 하는 것으로, 달성하려는 공익이 제한받는 사익보다 큰 점 등을 종합하여 보면, 심판대상조항은 청구인들의 교육을 받을 권리를 침해한다고 볼 수 없다.

헌재 2022.5.26. 2020헌마1512등, 공보 308, 762

교육에 있어서 부모와 교원의 자유를 중심으로 하는 교육의 자유는 인간으로서의 존엄과 행복추구권에 근거한다고 할 수 있고, 아울러 교육을 받을 권리의 전제를 이룬다고 할 수 있다. 교육의 자유는 뒤에서 살펴보는 교육권(敎育權)의 소재(所在)의 문제와 직결되어 있다.

'자유로운 교육'을 받을 권리와 관련하여 학교교육 가운데 '사학의 자유'가 문제된다. 헌법재판소 판례는 사립학교 설립·운영의 자유가 헌법상 교육을 받을 권리 등에 근거한 기본권의 하나라고 보면서, 그 제한에 대하여 "합리적인 입법한계를 벗어나 자의적으로 그 본질적 내용을 침해하였는지 여부에 따라 판단되어야 할 것이다"라고 판시하고 있다.

(판 례) 사학의 자유와 국가적 통제

사립학교를 자유롭게 운영할 자유는 비록 헌법에 독일기본법 제7조 제4항과 같은 명문규정은 없으나 헌법 제10조에서 보장되는 행복추구권의 한 내용을 이루는 일반적인 행동의 자유권과 모든 국민의 능력에 따라 균등하게 교육을 받을 권리를 규정하고 있는 헌법 제31조 제1항 그리고 교육의 자주성·전문성·정치적 중립성 및 대학의 자율성을 규정하고 있는 헌법 제31조 제4항(원문에는 제3항으로 기재되어 있으나 명백한 오기이다; 저자)에 의하여 인정되는 기본권의 하나라 하겠다. (……)

사립학교의 경우에도 국·공립학교와 설립주체가 다를 뿐(초·중등교육법 제3조, 고등교육법 제3조) 교직원(초·중등교육법 제19조, 고등교육법 제14조), 교과과정(초·중등교육법 제23조, 고등교육법 제21조), 교과용도서의 사용(초·중등교육법 제29조) 등에 있어서 동일하므로 이와 같은 교육의 개인적, 국가적 중요성과 그 영향력의 면에서 국·공립학교와 본질적인 차이가 있을 수 없다. (……)

국가는 모든 학교제도의 조직, 계획, 운영, 감독에 관한 포괄적인 권한 즉,

학교제도에 관한 전반적인 형성권과 규율권을 부여받았다고 할 수 있다. 다만 그 규율의 정도는 그 시대의 사정과 각급 학교에 따라 다를 수밖에 없는 것이므로 교육의 본질을 침해하지 않는 한 궁극적으로는 입법권자의 형성의 자유에 속하는 것이라 할 수 있다(헌재 1991.7.22. 89헌가106, 판례집 3, 387,409-410; 헌재 2000.4.27. 98헌가16등, 판례집 12-1, 427,449 참조).

따라서 이 사건 법률조항(사립학교법 제28조. 재산의 관리와 보호; 저자)이 사립학교운영의 자유를 제한하고 있다 하더라도 그 위헌여부는 입법자가 기본권을 제한함에 있어 헌법 제37조 제2항에 의한 합리적인 입법한계를 벗어나 자의적으로 그 본질적 내용을 침해하였는지 여부에 따라 판단되어야 할 것이다.

(합헌 결정)

헌재 2001.1.18. 99헌바63, 판례집 13-1, 60,68-70

헌법재판소는 사립 초·중등학교의 장을 1회에 한하여 중임할 수 있도록 하는 사립학교법 규정을 합헌이라고 하였다(헌재 2022.3.31. 2018헌바522; 학교장의 직업선택의 자유를 침해하지도 않고, 대학교의 장과 비교하여 평등원칙 위반도 아니라고 하였다).

학교설립인가를 받지 않고 학교의 명칭을 사용하거나 학생을 모집하여 시설을 사실상 학교의 형태(이른바 '비인가 대안교육시설')로 운영하는 행위를 처벌하는 초·중등교육법 조항은 죄형법정주의의 명확성원칙을 위배하거나 사학의 자유를 침해하는 것은 아니다(헌재 2019.2.28. 2017헌마460; 헌재 2020.10.29. 2019헌바374).

(판 례) 사학의 자유와 그 제한(개방이사제 등)

가. 개방이사제에 관한 사립학교법 제14조 제3항, 제4항은 사립학교운영의 투명성과 공정성을 제고하고, 학교구성원에게 학교운영에 참여할 기회를 부여하기 위한 것으로서, 개방이사가 이사 정수에서 차지하는 비중, 대학평의원회와 학교운영위원회가 추천하는 개방이사추천위원회 위원의 비율, 학교법인 운영의 투명성 확보를 위한 사전적·예방적 조치의 필요성 등을 고려할 때 학교법인의 사학의 자유를 침해한다고 볼 수 없다. (……)

사. 사립학교법 제54조의3 제3항은 학교법인의 이사장과 배우자, 직계존속 및 직계비속과 그 배우자의 관계에 있는 자가 당해 학교법인이 설치·경영하는 학교의 장에 임명되기 위해서는 이사 정수의 3분의 2 이상의 찬성과 관할청의 승인을 얻도록 하고 있는데, 이는 학교법인의 경영과 학교행정을 인적으로 분리함으로써 학교의 자주성을 보호하고 사학운영의 공공성과 투명성을 제고하고자 하는 것으로 이사장의 배우자 등의 직업의 자유나 학교법인의 사립

학교 운영의 자유를 침해한다고 볼 수 없다.

헌재 2013.11.28. 2007헌마1189등, 공보 206, 1666,1667

생각건대, 사립학교 운영에 대하여 국가적 통제가 필요하지만, 국·공립학교에 비해서는 상대적으로 교육의 자유 범위가 더 넓게 인정될 필요가 있다. 이와 관련하여 헌법재판소는 최근 "충남교육감이 삼성 임직원 자녀 전형에 70%, 사회적 배려자에 20%, 일반 전형에 10%를 배정한 충남삼성고 입학전형요강을 승인한 것은 기업형사립고의 특성을 감안한 것으로 근거리 통학을 원하는 탕정면 거주 중학생들의 평등권을 침해한 것은 아니"라고 판시하였다(헌재 2015.11.26. 2014헌마145). 사립유치원의 교비회계에 속하는 예산·결산 및 회계 업무를 교육부장관이 지정하는 정보처리장치로 처리하도록 규정한 '사학기관 재무·회계 규칙'(교육부령)은 유아교육의 공공성과 직결되는 사립유치원의 재정 회계의 건전성과 투명성을 확보하기 위한 것으로 사립학교 운영의 자유를 침해하는 것은 아니다(헌재 2021.11.25. 2019헌마542등; 헌법재판소는 위 규칙은 재산권과는 무관하다, 즉 별도의 재산권 제한은 인정되지 않는다고 하였다).

(4) '교육'을 받을 권리

교육을 받을 권리의 대상이 되는 교육은 학교교육과 사회교육이다. 학교교육에 관한 법률로 유아교육법, 초·중등교육법, 고등교육법 등이 있다. 학교교육 가운데 의무교육은 무상교육이다. 사회교육은 국민의 평생교육을 위한 것이며(교육기본법 제10조), 평생교육은 학교교육을 제외한 모든 형태의 조직적인 교육활동을 말한다(평생교육법 제2조).

(5) 인격발현권과의 구별

수능시험을 준비하면서 무엇을 어떻게 공부하여야 할지에 관하여 스스로 결정할 자유는 교육권으로 포섭되는 것이 아니라 자신의 교육에 관하여 스스로 결정할 권리, 즉 교육을 통한 자유로운 인격발현권으로 포섭된다. 따라서 '2018학년도 대학수학능력시험 시행기본계획' 중 대학수학능력시험의 문항 수 기준 70%를 한국교육방송공사(EBS) 교재와 연계하여 출제한다는 부분은 수험생의 자유로운 인격발현권 제한에 해당하여 과잉금지원칙의 적용을 받는다. 다만 수능시험 출제 방향이나 원칙에 관한 국가의 입법형성권을 고려하여 피해의 최소성 원칙 심사가 다소 완화된다(헌재 2018.2.22. 2017헌마691).

4. 의무교육

국민은 교육을 받을 권리가 있을 뿐 아니라 그 보호하는 자녀에게 교육을 받게 할 의무가 있다. 이 의무의 주체는 학령아동을 보호하는 자, 즉 민법상의 친권자 또는 후견인이다.

의무교육의 범위는 "초등교육 및 법률이 정하는 교육"이다. 교육기본법에 의하면, "의무교육은 6년의 초등교육과 3년의 중등교육으로 한다"(제8조). 현재 3년의 중등교육까지 전면 실시되고 있다. 구 교육법에서는 3년의 무상의무교육인 중등교육은 대통령령이 정하는 바에 따라 순차적으로 실시한다고 규정했었고, 헌법재판소 판례는 이것이 합헌이라고 판시하였다(헌재 1991.2.11. 90헌가27).

의무교육은 무상으로 하는데, 무상의 범위가 어디인지가 문제된다. ① 법률에 정한 바에 따른다는 견해, ② 수업료 면제를 의미한다는 견해, ③ 취학에 필요한 모든 비용을 포함한다는 견해 등이 갈린다. 생각건대 기본적으로 수업료를 면제하되, 그 이상의 취학에 필요한 비용(교과서, 학용품 등)은 국가의 재정을 고려한 입법재량에 따른다고 볼 것이다.

(판 례) 의무교육 무상의 범위와 학교운영지원비

헌법 제31조 제3항에 규정된 의무교육 무상의 원칙에 있어서 무상의 범위는 헌법상 교육의 기회균등을 실현하기 위해 필수불가결한 비용, 즉 모든 학생이 의무교육을 받음에 있어서 경제적인 차별 없이 수학하는 데 반드시 필요한 비용에 한한다고 할 것이며, 수업료나 입학금의 면제, 학교와 교사 등 인적·물적 기반 및 그 기반을 유지하기 위한 인건비와 시설유지비, 신규시설투자비 등의 재원마련 및 의무교육의 실질적인 균등보장을 위해 필수불가결한 비용은 무상의 범위에 포함된다.

그런데 학교운영지원비는 그 운영상 교원연구비와 같은 교사의 인건비 일부와 학교회계직원의 인건비 일부 등 의무교육과정의 인적기반을 유지하기 위한 비용을 충당하는데 사용되고 있다는 점, 학교회계의 세입상 현재 의무교육기관에서는 국고지원을 받고 있는 입학금, 수업료와 함께 같은 항에 속하여 분류되고 있음에도 불구하고 학교운영지원비에 대해서만 학생과 학부모의 부담으로 남아있다는 점, 학교운영지원비는 기본적으로 학부모의 자율적 협찬금의 외양을 갖고 있음에도 그 조성이나 징수의 자율성이 완전히 보장되지 않아 기본적

이고 필수적인 학교 교육에 필요한 비용에 가깝게 운영되고 있다는 점 등을 고려해보면 이 사건 세입조항은 헌법 제31조 제3항에 규정되어 있는 의무교육의 무상원칙에 위배되어 헌법에 위반된다.

헌재 2012.8.23. 2010헌바220, 공보 191, 1574

(판 례) 무상급식이 의무교육의 범위에 포함되는지 여부

헌법 제31조 제3항에 규정된 의무교육의 무상원칙에 있어서 의무교육 무상의 범위는 원칙적으로 헌법상 교육의 기회균등을 실현하기 위해 필수불가결한 비용, 즉 모든 학생이 의무교육을 받음에 있어서 경제적인 차별 없이 수학하는 데 반드시 필요한 비용에 한한다.

따라서, 의무교육에 있어서 무상의 범위에는 의무교육이 실질적이고 균등하게 이루어지기 위한 본질적 항목으로, 수업료나 입학금의 면제, 학교와 교사 등 인적·물적 시설 및 그 시설을 유지하기 위한 인건비와 시설유지비 등의 부담제외가 포함되고, 그 외에도 의무교육을 받는 과정에 수반하는 비용으로서 의무교육의 실질적인 균등보장을 위해 필수불가결한 비용은 무상의 범위에 포함된다. 이러한 비용 이외의 비용을 무상의 범위에 포함시킬 것인지는 국가의 재정상황과 국민의 소득수준, 학부모들의 경제적 수준 및 사회적 합의 등을 고려하여 입법자가 입법정책적으로 해결해야 할 문제이다.

학교급식은 학생들에게 한 끼 식사를 제공하는 영양공급 차원을 넘어 교육적인 성격을 가지고 있지만, 이러한 교육적 측면은 기본적이고 필수적인 학교교육 이외에 부가적으로 이루어지는 식생활 및 인성교육으로서의 보충적 성격을 가지므로 의무교육의 실질적인 균등보장을 위한 본질적이고 핵심적인 부분이라고까지는 할 수 없다.

이 사건 법률조항들은 비록 중학생의 학부모들에게 급식관련 비용의 일부(급식종사자의 인건비와 연료비)를 부담하도록 하고 있지만, 학부모에게 급식에 필요한 경비의 일부를 부담시키는 경우에 있어서도 학교급식 실시의 기본적 인프라가 되는 부분(급식시설·설비의 설치·유지부분)은 배제하고 있으며, 국가나 지방자치단체의 지원으로 학부모의 급식비 부담을 경감하는 조항이 마련되어 있고, 특히 저소득층 학생들을 위한 지원방안이 마련되어 있다는 점 등을 고려해 보면, 이 사건 법률조항들이 입법형성권의 범위를 넘어 헌법상 의무교육의 무상원칙에 반하는 것으로 보기는 어렵다.

헌재 2012.4.24. 2010헌바164, 판례집 24-1 하, 49,50

(판 례) 의무교육의 무상성과 학교용지를 위한 부담금

헌법은, 모든 국민은 그 보호하는 자녀에게 적어도 초등교육과 법률이 정하는 교육을 받게 할 의무를 지고(헌법 제31조 제2항), 의무교육은 무상으로 한다(헌법 제31조 제3항)고 규정하고 있다. 이러한 의무교육제도는 국민에 대하여 보호하는 자녀들을 취학시키도록 한다는 의무부과의 면보다는 국가에 대하여 인적·물적 교육시설을 정비하고 교육환경을 개선하여야 한다는 의무부과의 측면이 보다 더 중요한 의미를 갖는다. 의무교육에 필요한 학교시설은 국가의 일반적 과제이고, 학교용지는 의무교육을 시행하기 위한 물적 기반으로서 필수조건임은 말할 필요도 없으므로 이를 달성하기 위한 비용은 국가의 일반재정으로 충당하여야 한다. 따라서 적어도 의무교육에 관한 한 일반재정이 아닌 부담금과 같은 별도의 재정수단을 동원하여 특정한 집단으로부터 그 비용을 추가로 징수하여 충당하는 것은 의무교육의 무상성을 선언한 헌법에 반한다.

헌재 2005.3.31. 2003헌가20, 판례집 17-1, 294

(판 례) 의무교육과 사립학교

사립학교는 국가의 공교육 실시를 위한 재정적 투자능력의 한계를 자발적으로 보완해 주는 역할을 수행하면서 공교육의 일익을 담당하고 있는 것도 사실이다(헌재 2013.11.28. 2009헌바206등 참조).

그러나 헌법 제31조 제3항의 의무교육 무상의 원칙은 교육을 받을 권리를 보다 실효성 있게 보장하기 위하여 의무교육 비용을 학령아동의 보호자 개개인의 직접적 부담에서 공동체 전체의 부담으로 이전하라는 명령일 뿐, 의무교육의 비용을 오로지 국가 또는 지방자치단체의 예산으로 해결해야 함을 의미하는 것은 아니다(헌재 2008.9.25. 2007헌가1 참조). 즉, 초·중등교육법 제12조 제4항을 비롯하여 의무교육 등에 소요되는 경비의 재원에 관한 규정들은 헌법이 규정한 의무교육 무상의 원칙에 따라 경제적 능력에 관계없이 교육기회를 균등하게 보장하기 위하여 의무교육대상자의 학부모 등이 교직원의 보수 등 의무교육에 관련된 경비를 부담하지 않도록 국가와 지방자치단체에 교육재정을 형성·운영할 책임을 부여하고, 그 재원 형성의 구체적인 내용을 규정하고 있는 데 그칠 뿐, 더 나아가 의무교육을 위탁받은 사립학교를 설치·운영하는 학교법인 등과의 관계에서 관련 법령에 의하여 이미 학교법인이 부담하도록 규정되어 있는 경비까지 종국적으로 국가나 지방자치단체의 부담으로 한다는 취지까지 규정한 것으로 볼 수는 없다(대법원 2015.1.29. 선고 2012두7387 판결 참조).

헌재 2017.7.27. 2016헌바374, 공보 250, 788,791

그 밖에 헌법재판소는 헌법 제31조 제2항 내지 제3항으로부터 직접 의무교육 경비를 중앙정부로서의 국가가 부담하여야 한다는 결론은 도출되지 않으며, 지방교육재정교부금법에서 의무교육 경비를 교부금과 지방자치단체의 일반회계로부터의 전입금으로 충당토록 규정한 것 등은 위헌이 아니라고 판시하였다(헌재 2005.12.22. 2004헌라3).

5. 교육의 자주성 · 전문성 · 정치적 중립성 및 대학의 자율성의 보장

교육제도에 관한 헌법상의 원칙은 교육의 자주성 · 전문성 · 정치적 중립성 및 대학의 자율성 보장이다. 그 내용은 법률이 정하는 바에 의한다. ① 교육의 자주성은 교육에 대한 공권력 개입의 한계를 설정한 것이며, 학교운영의 자율성 보장, 교직원 · 학생 · 학부모 및 지역주민의 학교운영 참여의 보장 등을 내용으로 한다(교육기본법 제5조). ② 교육의 전문성은 교육의 실시에 있어서 교육전문가, 특히 교원의 권한 보장을 중심으로 한다. 교육의 자주성과 전문성 보장은 뒤에서 보는 교육권의 소재 문제와 관련하여 중요한 헌법적 근거조항이 된다. ③ 교육의 정치적 중립성은 교육이 "정치적 · 파당적 또는 개인적 편견을 전파하기 위한 방편으로 이용되어서는 아니 된다"(같은 법 제6조)는 것이고, 교원의 정치활동 금지 등으로 구체화된다(교육공무원법 제51조, 국가공무원법 제65조, 제78조, 사립학교법 제55조). 다만 대학교원의 정당가입 등은 인정된다(정당법 제22조). (대학의 자율성에 관해서는 앞의 '학문의 자유'를 참조)

(판 례) 교육의 자주성 · 전문성 · 정치적 중립성의 보장

교육의 자주성 · 전문성 · 정치적 중립성을 헌법이 보장하고 있는 이유는 교육이 국가의 백년대계의 기초인 만큼 국가의 안정적인 성장 발전을 도모하기 위해서는 교육이 외부세력의 부당한 간섭에 영향받지 않도록 교육자 내지 교육전문가에 의하여 주도되고 관할되어야 할 필요가 있다는 데서 비롯된 것이라고 할 것이다. 그러기 위해서는 교육에 관한 제반정책의 수립 및 시행이 교육자에 의하여 전담되거나 적어도 그의 적극적인 참여하에 이루어져야 함은 물론 교육방법이나 교육내용이 종교적 종파성과 당파적 편향성에 의하여 부당하게 침해 또는 간섭당하지 않고 가치중립적인 진리교육이 보장되어야 할 것이다. 특히 교육의 자주성이 보장되기 위하여서는 교육행정기관에 의한 교육내용에 대한 부당한 권력적 개입이 배제되어야 할 이치인데, 그것은 대의정치(代議政治), 정당정치하에서 다수결의 원리가 지배하는 국정상의 의사결정방법은

당파적인 정치적 관념이나 이해관계라든가 특수한 사회적 요인에 의하여 좌우되는 경우가 많기 때문이다.

헌재 1992.11.12. 89헌마88, 판례집 4, 739,762

(판 례) 교육의 정치적 중립성과 교원지위 법정주의(교원의 선거운동 금지)

이 사건 사립교원 선거운동 금지조항의 선거운동의 자유 침해 여부에 대한 논의는, 교원으로서의 지위에서 요구되는 정치적 중립성의 요청과 교원의 학생에 대한 전인적 영향 등에 비추어 볼 때, 앞서 살펴본 이 사건 공무원 선거운동 금지조항의 선거운동의 자유 침해 여부와 동일한 결론이 도출될 것이다.

그런데 국·공립교원과 달리 사립교원은 공무원으로서의 지위가 인정되지 아니한다는 점으로 인하여, 앞서 살펴본 바와 같은 논의를 원용하는 것이 그 성질에 반하는 것이 아닌지 문제된다. 그러나 사립교원이 국·공립교원과 달리 공무원으로서의 지위가 인정되지 아니한다 하더라도, 교육공무원으로 하여금 선거운동을 금지한 이유의 상당 부분은 그 소속학교의 설립주체와 무관하게 헌법이 보장하는 교육의 정치적 중립성과 '교원'이라는 특수성에 기인하는 점, 헌법이 규정하고 있는 교원의 사회적 책임성과 교원지위의 법정주의는 국·공립교원에게만 인정되는 것이 아닌 점, 사립학교의 경우에도 국·공립학교와 설립주체가 다를 뿐 교직원의 지위와 사회보장, 교과과정 등에 있어서 유사하므로, 교육의 개인적·국가적 중요성과 그 영향력의 면에서 국·공립학교와 본질적인 차이가 없는 점, 교육의 정치적 중립성의 요청은 교육이 국가권력이나 정치적 세력으로부터 부당한 간섭을 받지 아니할 뿐만 아니라 그 본연의 기능을 벗어나 정치영역에 개입하지 않아야 한다는 점에서 인정되는 것으로, 이는 교원의 소속기관에 따라 달라질 수 있는 것이 아닌 점 등을 종합할 때, 공무원으로서의 지위가 인정되지 아니한다는 이유가 사립교원의 선거운동 금지조항의 선거운동의 자유 침해 여부를 살핌에 있어 별다른 고려요소가 될 수는 없다.

따라서 이 사건 사립교원 선거운동 금지조항 역시 앞서 살펴본 바와 같은 이유로 과잉금지원칙을 위배하여 선거운동의 자유를 제한한다고 보기 어렵다.

헌재 2012.7.26. 2009헌바298, 공보 190, 1317,1322

(판 례) 교육의 자주성과 전문성

(사립학교에 학교운영위원회의 의무적 설치. 합헌결정)

일반적으로, 교육의 자주성이란 교육내용과 교육기구가 교육자에 의하여 자주적으로 결정되고 행정권력에 의한 통제가 배제되어야 함을 의미한다. 이는 교사의 교육시설 설치자·교육감독권자로부터의 자유, 교육내용에 대한 교육

행정기관의 권력적 개입의 배제 및 교육관리기구의 공선제 등을 포함한다. 또한 교육의 전문성이란 교육정책이나 그 집행은 가급적 교육전문가가 담당하거나, 적어도 그들의 참여하에 이루어져야 함을 말한다.

헌재 2001.11.29. 2000헌마278, 판례집 13-2, 762,773

(판 례) 교육위원의 겸직금지와 교육의 전문성

(구)지방교육자치법은 교육위원 정수의 1/2 이상은 교육 또는 교육행정경력이 15년 이상 있는 자로 하고(제8조) 집행기관인 교육감의 자격도 교육 또는 교육전문직 경력이 20년 이상인 자로 하는 등(제32조 제2항) 교육의 자주성·전문성이 충분히 보장되도록 규정하고 있으므로, 교원과 교육위원의 겸직을 금지하였다는 것만으로 그 입법취지나 전문적 관리의 원칙 등 지방교육자치의 지도원리가 침해되었다고 할 수는 없다.

헌재 1993.7.29. 91헌마69, 판례집 5-2, 145,153-154

(판 례) 지방교육자치와 교육의 자주성

(교육위원선거에서의 선거운동방법 제한. 합헌결정)

지방교육자치도 지방자치권행사의 일환으로서 보장되는 것이므로, 중앙권력에 대한 지방적 자치로서의 속성을 지니고 있지만, 동시에 그것은 헌법 제31조 제4항이 보장하고 있는 교육의 자주성·전문성·정치적 중립성을 구현하기 위한 것이므로, 정치권력에 대한 문화적 자치로서의 속성도 아울러 지니고 있다. 이러한 '이중의 자치'의 요청으로 말미암아 지방교육자치의 민주적 정당성요청은 어느 정도 제한이 불가피하게 된다. 지방교육자치는 '민주주의·지방자치·교육자주'라고 하는 세 가지의 헌법적 가치를 골고루 만족시킬 수 있어야만 하는 것이다. '민주주의'의 요구를 절대시하여 비정치기관인 교육위원이나 교육감을 정치기관(국회의원·대통령 등)의 선출과 완전히 동일한 방식으로 구성한다거나, '지방자치'의 요구를 절대시하여 지방자치단체장이나 지방의회가 교육위원·교육감의 선발을 무조건적으로 좌우한다거나, '교육자주'의 요구를 절대시하여 교육·문화분야 관계자들만이 전적으로 교육위원·교육감을 결정한다거나 하는 방식은 그 어느 것이나 헌법적으로 허용될 수 없다.

헌재 2000.3.30. 99헌바113, 판례집 12-1, 359,368-369

'지방교육자치에 관한 법률'(제10046호, 2010.2.26. 개정)은 부칙 제2조 제1항에서 교육위원회 및 교육의원 제도는 2014. 6. 30. 폐지된다고 규정하였고, 이에 따라 시·도 의회의 교육·학예에 관한 사무를 심사하는 상임위원회는 시·도의회 의원으로만 구성된다. 교육감은 주민의 직선제로 선출된다(법 제43조).

다음은 교육의 자주성과 전문성에 관한 그 밖의 주요 헌법재판소 판례이다.

* 피교육자인 예술영재들의 고등학교 내신성적 산정에서 특정한 방식을 채택하지 않았다고 하여 교육의 전문성이 침해받았다고 할 수 없다(헌재 1996.4.25. 94헌마119).
* 근무성적이 극히 불량한 때를 면직사유로 규정한 사립학교법 규정이 교육의 자주성을 침해한다고 할 수 없다(헌재 1997.12.24. 95헌바29등).
* 사립학교교원의 면직절차에서 임면권자의 재량권 남용으로 인한 폐해를 방지하기 위하여 교원징계위원회의 동의절차를 두었다면 비록 직권면직 절차에 징계절차를 준용하지 않아 유리한 진술을 할 수 있는 기회가 주어지지 않았다고 하여 이것만을 가지고 헌법상 보장된 교육의 자주성 등이 침해되었다고 볼 수 없다(헌재 1997.12.24. 95헌바29등).
* 교육감선거에 있어서 '정당의 선거관여행위 금지'를 규정하고 있는 지방교육자치법 제46조는 교육감후보자가 과거 특정 정당의 당원이었다는 사실을 표현함으로써 유권자들이 교육감을 선출하는 과정에서 간접적으로 정당의 영향력이 나타날 수 있는 가능성을 차단함으로써 교육의 정치적 중립성을 확보하고자 하므로 헌법에 위반되지 아니한다(헌재 2011.12.29. 2010헌마285).
* 고등교육법, 사립학교법, 지방자치법 등을 종합하면 (광역)지방자치단체의 학교설치, 운영 및 지도에 관한 지역적 특성에 따라 달리 다루어야 할 필요성이 있는 사무로서 유아원부터 고등학교 및 이에 준하는 학교에 관한 사무에 한하여 이를 자치사무로 보아야 할 것이고, 대학의 설립 및 대학생정원 증원 등 운영에 관한 사무는 국가적 이익에 관한 것으로서 전국적인 통일을 기할 필요성이 있는 국가사무로 보아야 한다(헌재 2012.7.26. 2010헌라3).

6. 교육제도 법정주의

헌법 제31조 제6항은 교육제도, 교육재정 및 교원의 지위에 관한 기본적 사항은 국회가 제정한 법률로 정하도록 규정하고 있다. 이를 넓은 의미의 교육제도 법정주의(法定主義) 또는 교육제도 법률주의라고 부른다. 같은 뜻으로 교육법정주의라는 용어도 사용된다.

(판 례) 교육제도 법정주의의 의의(1)

교육제도의 법정주의라고도 [불]리는 이 헌법조항의 취지는 교육에 관한 기본정책 또는 기본방침을 최소한 국회가 입법절차를 거쳐 제정한 법률(이른바 형식적 의미의 법률)로 규정함으로써 국민의 교육을 받을 권리가 행정기관에 의하여 자의적으로 무시되거나 침해당하지 않도록 하고, 교육의 자주성과 중립성도 유지하려는 것이다.

반면 교육제도에 관한 기본방침을 제외한 나머지 세부적인 사항까지 반드시 형식적 의미의 법률만으로 정하여야 하는 것은 아니다. 그러므로 입법자가 정한 기본방침을 구체화하거나 이를 집행하기 위한 세부시행 사항은 여기서의 기본적인 사항에는 해당하지 않는다고 할 것이다.

헌재 1991.2.11. 90헌가27, 판례집 3, 11,27

(판 례) 교육제도 법정주의의 의의(2)

헌법은 국민의 수학권(헌법 제31조 제1항)의 차질 없는 실현을 위하여 교육제도와 교육재정 및 교원제도 등 기본적인 사항이 법률에 의하여 시행되어야 할 것을 규정(헌법 제31조 제6항)하는 한편 교육의 자주성 · 전문성 · 정치적 중립성(및 대학의 자율성)도 법률이 정하는 바에 의하여 보장되어야 할 것을 규정(헌법 제31조 제4항)하고 있는데, 위와 같은 넓은 의미의 "교육제도 법률주의"는 후술하는 바와 같이 국가의 백년대계인 교육이 일시적인 특정정치 세력에 의하여 영향을 받거나 집권자의 통치상의 의도에 따라 수시로 변경되는 것을 예방하고 장래를 전망한 일관성이 있는 교육체계를 유지 · 발전시키기 위한 것이며 그러한 관점에서 국민의 대표기관인 국회의 통제하에 두는 것이 가장 온당하다는 의회민주주의 내지 법치주의 이념에서 비롯된 것이다. 이는 헌법이 한편으로는 수학권을 국민의 기본권으로서 보장하고 다른 한편으로 이를 실현하는 의무와 책임을 국가가 부담하게 하는 교육체계를 교육제도의 근간으로 하고 있음을 나타내는 것이라고 할 수 있는 것이다.

헌재 1992.11.12. 89헌마88, 판례집 4, 739,752

교육제도 법정주의에 관한 헌법 제31조 제6항의 규정은 교육에 관한 결정권이 누구에게 있느냐는 교육권의 소재에 관한 문제에서 특히 국가에게 교육권이 있다는 주장의 근거조항이 되고 있다. 이 점은 특히 위 판례(2)에서 나타나 있다. 교육제도에 관한 주요 법률로, 교육기본법, 초 · 중등교육법, 고등교육법, 사립학교법, '지방교육자치에 관한 법률', 교육세법 등이 있다.

(판 례) 교원지위 법정주의

여기서 말하는 "교원의 지위"란 교원의 직무의 중요성 및 그 직무수행능력에 대한 인식의 정도에 따라서 그들에게 주어지는 사회적 대우 또는 존경과 교원의 근무조건·보수 및 그 밖의 물적 급부 등을 모두 포함하는 의미이다. 따라서 헌법 제31조 제6항은 단순히 교원의 권익을 보장하기 위한 규정이라거나 교원의 지위를 행정권력에 의한 부당한 침해로부터 보호하는 것만을 목적으로 한 규정이 아니고, 국민의 교육을 받을 기본권을 실효성 있게 보장하기 위한 것까지 포함하여 교원의 지위를 법률로 정하도록 한 것이다.

이 헌법조항에 근거하여 교원의 지위를 정하는 법률을 제정함에 있어서는 교원의 기본권보장 내지 지위보장과 함께 국민의 교육을 받을 권리를 보다 효율적으로 보장하기 위한 규정도 반드시 함께 담겨 있어야 한다. 그러므로 위 헌법조항을 근거로 하여 제정되는 법률에는 교원의 신분보장, 경제적·사회적 지위보장 등 교원의 권리에 해당하는 사항뿐만 아니라 국민의 교육을 받을 권리를 저해할 우려가 있는 행위의 금지 등 교원의 의무에 관한 사항도 규정할 수 있는 것이므로 결과적으로 교원의 기본권을 제한하는 사항까지도 규정할 수 있게 되는 것이다(헌재 1991.7.22. 89헌가106, 판례집 3, 387,416-417).

헌재 1998.7.16. 96헌바33등, 판례집 10-2, 116,143-144

위 판례에서 특기할 것은, 교원지위 법정주의가 단지 교원의 권리보장만이 아니라 교원의 기본권 제한 규정의 근거가 된다고 밝힌 점이다. 아울러 헌법재판소는 교원지위 법정주의에 관해 아래와 같은 해석을 덧붙이고 있다.

(판 례) 교원지위 법정주의와 교원의 신분보장

교원의 지위에 관한 '기본적인 사항'은 다른 직종의 종사자들의 지위에 비하여 특별히 교원의 지위를 법률로 정하도록 한 헌법규정의 취지나 교원이 수행하는 교육이라는 직무상의 특성에 비추어 볼 때 교원이 자주적·전문적·중립적으로 학생을 교육하기 위하여 필요한 중요한 사항이라고 보아야 한다. 그러므로 입법자가 법률로 정하여야 할 기본적인 사항에는 무엇보다도 교원의 신분이 부당하게 박탈되지 않도록 하는 최소한의 보호 의무에 관한 사항이 포함된다.

헌재 2003.2.27. 2000헌바26, 판례집 15-1, 176,187-188

결국 위 판례들에 따르면, 교원지위 법정주의 조항에 근거하여 교원의 권리 보장만이 아니라 그 제한도 가능하지만, 교원의 신분보장에 관한 최소한의 보호규정을 두어야 한다는 것이다.

한편 헌법재판소 판례 중에는 교원지위 법정주의 조항(헌법 제31조 제6항)이 노동3권 조항(헌법 제33조 제1항)보다 우선 적용된다고 본 것이 있다.

(판 례) 교원지위 법정주의와 노동3권 조항

비록 사립학교법의 위 법률 조항들이 교원이 근로자의 근로기본권을 제한하고 있다고 하더라도 그것만으로 근로기본권에 관한 헌법 제33조 제1항의 규정을 내세워 바로 헌법에 위반된다고 단정할 수는 없다. 왜냐하면 헌법 제31조 제6항은 앞서 밝힌 바와 같이 국민의 교육을 받을 기본적인 권리를 보다 효과적으로 보장하기 위하여 교원의 보수 및 근무조건 등을 포함하는 개념인 "교원의 지위"에 관한 기본적인 사항을 법률로서 정하도록 한 것이므로 교원의 지위에 관련된 사항에 관한 한 위 헌법조항이 헌법 제33조 제1항에 우선하여 적용된다고 보아야 할 것이기 때문이다.

헌재 1991.7.22. 89헌가106, 판례집 3, 387,419-420

위 판례는 교원지위 법정주의 조항을 마치 모든 교원의 노동3권에 대한 헌법 직접적 제한인 것처럼 해석하고 있다. 교원지위 법정주의 조항은 교원의 지위를 보호하는 데에 그 기본 취지가 있는 것이며, 이를 교원의 기본권에 대한 특별한 예외적 제한의 근거로 삼는 것은 전혀 근거가 없는 자의적 해석이다(뒤의 노동3권 참조). 교원지위에 관한 법률로, 교육공무원법, 사립학교법, 교원지위향상을 위한 특별법 등이 있다(대학교수 재임용제도에 관한 판례는 앞의 '학문의 자유'(대학의 자치) 참조).

(판 례) 사립학교 교원에 대한 재심결정의 불복

교원지위법에 의한 재심위원회의 재심은 청구인들이 주장하는 바와 같이 징계처분 등을 한 학교법인 등과 교원 사이의 사법상 법률관계를 조정 · 해결하기 위한 것이 아니라, 국가가 교육기관에 대한 감독권에 기하여 사립학교 교원에 대하여도 국 · 공립학교 교원과 똑같이 신분보장을 해 주기 위하여 특별히 마련한 행정심판에 유사한 구제절차라고 할 것이다. 따라서 사립학교 교원에 대한 재심결정도 청구인들 주장과 같이 학교법인 등과 교원 사이의 대등한 사법상의 분쟁에 관한 일반적인 행정처분이 아니라, 국 · 공립학교 교원에 대한 재심결정과 마찬가지로 감독자인 국가의 감독대상자인 학교법인 등에 대한 감독권 행사로서의 처분으로서 행정심판의 재결에 유사한 것으로 보아야 할 것이다.

그런데 감독권 행사인 재심결정에 대하여 감독대상자인 학교법인 등이 불복,

행정소송을 할 수 있도록 허용할 것인지 여부는 결국 교육제도와 교원의 지위를 어떻게 정할 것인가에 관한 문제로서 입법정책에 속하는 사항이라고 할 것인데, 이 사건 법률조항이 재심결정에 대하여 교원만이 불복할 수 있도록 허용하고 학교법인 등은 국·공립학교 교원에 대한 징계처분권자와 마찬가지로 재심결정에 불복할 수 없도록 제한한 것은, 국가가 모든 교원의 징계처분 등에 대하여 균형 있게 감독하고 특히 사립학교 교원에 대하여 국·공립학교 교원과 똑같이 신분보장을 해 주기 위한 것으로서 합리적인 이유가 있다고 할 것이므로, 헌법 제11조 제1항(평등의 원칙)에 위반된다고 할 수 없다.

헌재 1998.7.16. 95헌바19, 판례집 10-2, 89,105-106

(판 례) 사립학교 교원에 대한 재심결정의 불복(판례변경)

교원이 제기한 민사소송에 대하여 응소하거나 피고로서 재판절차에 참여함으로써 자신의 권리를 주장하는 것은 어디까지나 상대방인 교원이 교원지위법이 정하는 재심절차와 행정소송절차를 포기하고 민사소송을 제기하는 경우에 비로소 가능한 것이므로 이를 들어 학교법인에게 자신의 침해된 권익을 구제받을 수 있는 실효적인 권리구제절차가 제공되었다고 볼 수 없다. (……) 그리고 학교법인에게 재심결정에 불복할 제소권한을 부여한다고 하여 이 사건 법률조항이 추구하는 사립학교 교원의 신분보장에 특별한 장애사유가 생긴다든가 그 권리구제에 공백이 발생하는 것도 아니므로 이 사건 법률조항은 분쟁의 당사자이자 재심절차의 피청구인인 학교법인의 재판청구권을 침해한다.

또한 학교법인은 그 소속 교원과 사법상의 고용계약관계에 있고 재심절차에서 그 결정의 효력을 받는 일방 당사자의 지위에 있음에도 불구하고 이 사건 법률조항은 합리적인 이유 없이 학교법인의 제소권한을 부인함으로써 헌법 제11조의 평등원칙에 위배되고, 사립학교 교원에 대한 징계 등 불리한 처분의 적법여부에 관하여 재심위원회의 재심결정이 최종적인 것이 되는 결과 일체의 법률적 쟁송에 대한 재판권능을 법원에 부여한 헌법 제101조 제1항에도 위배되며, 행정처분인 재심결정의 적법여부에 관하여 대법원을 최종심으로 하는 법원의 심사를 박탈함으로써 헌법 제107조 제2항에도 아울러 위배된다.

이 사건 법률조항은 헌법에 위반되므로, 우리 재판소가 종전의 헌재 1998. 7.16. 95헌바19등 결정에서 이와 견해를 달리하여 이 사건 법률조항이 헌법에 위반되지 아니한다고 판시한 의견은 이를 변경하기로 한다.

헌재 2006.2.23. 2005헌가7등, 판례집 18-1 상, 58,60-61

한편 헌법재판소는 사립학교 교원이 파산선고를 받으면 당연퇴직하도록 한 사립학교법 규정은 사립학교 교원의 직업선택의 자유를 침해하는 것은 아니라고 보았다(헌재 2008.11.27. 2005헌가21).

또한 사립학교의 경우에도 국·공립학교와 마찬가지로 학교급식 시설·경비의 원칙적 부담을 학교의 설립경영자로 하는 구 학교급식법 규정은 사립학교 운영의 자유를 침해하는 것이 아니며 합헌이라고 판시하였다(헌재 2010.7.29. 2009헌바40).

7. 교육권의 소재

교육에 관한 주체로서 부모(또는 학생), 교원, 단위학교, 국가 등 여러 교육주체가 있다. 이들 교육주체는 교육에 관하여 일정한 권리 또는 권한을 갖는데, 이 권리 또는 권한이 서로 충돌할 때 누가 우선하느냐는 문제가 제기된다. 교육에 관한 많은 법적 쟁점들은 이 문제에 관한 것이다.

각 교육주체가 교육에 관해 갖는 권리 또는 권한을 '교육권'이라는 용어로 표현할 수 있다. 본래 이 말은 일본에서 사용되어 왔고, 우리나라에서 이 용어를 차용해 왔다. 종래 우리나라에서 이 용어는 다의적으로 사용되어 왔고, 헌법재판소 판례에서 이 용어가 쓰인 경우도 있지만(예컨대 헌재 2000.4.27. 98헌가16), 명확한 개념 정의는 제시되지 않고 있다. 교육권이라는 용어를 '교육에 관한 권리 또는 권한'을 총칭하는 의미로 사용하는 것이 적절하다.

(판 례) 부모의 교육권과 국가의 교육권

(헌법 제31조) 제6항은 "학교교육 및 평생교육을 포함한 교육제도와 그 운영, 교육재정 및 교원의 지위에 관한 기본적인 사항은 법률로 정한다"고 함으로써 학교교육에 관한 국가의 권한과 책임을 규정하고 있다. 위 조항은 국가에게 학교제도를 통한 교육을 시행하도록 위임하였고, 이로써 국가는 학교제도에 관한 포괄적인 규율권한과 자녀에 대한 학교교육의 책임을 부여받았다. 따라서 국가는 헌법 제31조 제6항에 의하여 모든 학교제도의 조직, 계획, 운영, 감독에 관한 포괄적인 권한, 즉, 학교제도에 관한 전반적인 형성권과 규율권을 가지고 있다.

학교교육의 영역에서도 부모의 교육권이 국가의 교육권한에 의하여 완전히 배제되는 것은 아니다. 학교교육을 통한 국가의 교육권한은 부모의 교육권 및 학생의 인격의 자유로운 발현권, 자기결정권에 의하여 헌법적인 한계가 설정된다. 그러나 학교교육에 관한 한, 국가는 헌법 제31조에 의하여 부모의 교육권으로부터 원칙적으로 독립된 독자적인 교육권한을 부여받았고, 따라서 학교교육에 관한 광범위한 형성권을 가지고 있다. 그러므로 국가에 의한 의무교육의 도입이나 취학연령의 결정은 헌법적으로 하자가 없다(헌재 1994.2.24. 93헌마192, 판례집 6-1, 173 참조). 학교제도에 관한 국가의 규율권한과 부모의 교육권이 서로 충돌하는 경우, 어떠한 법익이 우선하는가의 문제는 구체적인 경우마다 법익형량을 통하여 판단해야 하는데, 자녀가 의무교육을 받아야 할지의 여부와 그의 취학연령을 부모가 자유롭게 결정할 수 없다는 것은 부모의 교육권에 대한 과도한 제한이 아니다. 마찬가지로 국가는 교육목표, 학습계획, 학습방법, 학교제도의 조직 등을 통하여 학교교육의 내용과 목표를 정할 수 있는 포괄적인 규율권한을 가지고 있다.

(다) 부모의 교육권과 국가의 교육책임과의 관계

위에서 본 바와 같이, 자녀의 교육은 헌법상 부모와 국가에게 공동으로 부과된 과제이므로 부모와 국가의 상호연관적인 협력관계를 필요로 한다. 자녀의 교육은 일차적으로 부모의 권리이자 의무이지만, 헌법은 부모 외에도 국가에게 자녀의 교육에 대한 과제와 의무가 있다는 것을 규정하고 있다. 국가의 교육권한 또는 교육책임은 무엇보다도 학교교육이라는 제도교육을 통하여 행사되고 이행된다. 자녀에 대한 교육의 책임과 결과는 궁극적으로 그 부모에게 귀속된다는 점에서, 국가는 제2차적인 교육의 주체로서 교육을 위한 기본조건을 형성하고 교육시설을 제공하는 기관일 뿐이다. 따라서 국가는 자녀의 전반적인 성장과정을 모두 규율하려고 해서는 아니 되며, 재정적으로 가능한 범위 내에서 피교육자의 다양한 성향과 능력이 자유롭게 발현될 수 있는 학교제도를 마련하여야 한다.

따라서 자녀의 양육과 교육에 있어서 부모의 교육권은 교육의 모든 영역에서 존중되어야 하며, 다만, 학교교육의 범주 내에서는 국가의 교육권한이 헌법적으로 독자적인 지위를 부여받음으로써 부모의 교육권과 함께 자녀의 교육을 담당하지만, 학교 밖의 교육영역에서는 원칙적으로 부모의 교육권이 우위를 차지한다.

헌재 2000.4.27. 98헌가16등, 판례집 12-1, 427,449-451

(판 례) 부모 및 학생의 학교선택권과 고교평준화 정책

(1) 학생의 학교선택권

(……) 헌법 제10조에 의하여 보장되는 행복추구권은 일반적인 행동의 자유와 인격의 자유로운 발현권을 포함하는바, 학생은 교육을 받음에 있어서 자신의 인격, 특히 성향이나 능력을 자유롭게 발현할 수 있는 권리가 있다. 학생은

인격의 발전을 위하여 어느 정도는 부모와 학교의 교사 등 타인에 의한 결정을 필요로 하는 아직 성숙하지 못한 인격체이지만, 부모와 국가에 의한 교육의 단순한 대상이 아닌 독자적인 인격체이며, 그의 인격은 성인과 마찬가지로 보호되어야 하기 때문이다.

따라서 헌법은 국가의 교육권한과 부모의 교육권의 범주 내에서 학생에게도 자신의 교육에 관하여 스스로 결정할 권리, 즉 자유롭게 교육을 받을 권리를 부여하고(헌재 2000.4.27. 98헌가16, 판례집 12-1, 427,455-456 참조), 학생은 국가의 간섭을 받지 아니하고 자신의 능력과 개성, 적성에 맞는 학교를 자유롭게 선택할 권리를 가진다(……).

(2) 학부모의 학교선택권

(……) 이러한 부모의 자녀교육권은 학교영역에서는 부모가 자녀의 개성과 능력을 고려하여 자녀의 학교교육에 관한 전반적 계획을 세운다는 것에 기초하고 있으며, 자녀 개성의 자유로운 발현을 위하여 그에 상응한 교육과정을 선택할 권리, 즉 자녀의 교육진로에 관한 결정권 내지는 자녀가 다닐 학교를 선택하는 권리로 구체화된다(헌재 2009.4.30. 2005헌마514, 판례집 21-1 하, 185,190-191 참조). (……)

라. 이 사건 시행령조항의 과잉금지원칙 위반 여부

(……) 고교평준화제도는 앞서 본 바와 같이 그동안 30년이 넘게 우리나라 교육제도의 근간을 이루어 왔으며, 평준화의 틀 내에서 학생과 학부모의 학교선택권을 보장하기 위한 여러 보완조치들이 함께 마련되어 시행되어 왔다.

우선 법(초·중등교육법; 저자) 시행령 제81조 제5항에 의하여 선복수지원·후추첨제를 채택하여 각 시·도 교육감이 이를 자율적으로 시행할 수 있도록 하였고, 현재 모든 시·도에서 이 방식을 채택하여 학교선택권이 강화됨으로써 고등학교 입시정책의 중심이 학교선택제 쪽으로 이동되고 있다고 평가된다.

또한, 특수목적고등학교(법 시행령 제90조) 및 특성화고등학교(법 시행령 제91조)를 두고, 그 밖에 대안학교(초·중등교육법 제60조의3)의 법적 근거를 마련하는 등 학교의 다양성을 확대하여 왔으며, 자립형 사립고등학교(법 시행령 제91조의3)와 자율형 공립고등학교(법 시행령 제91조의4)로 지정받아 운영할 수 있도록 법적 근거를 마련하여 학교선택권을 더욱 확대하였다.

나아가 2011. 3. 18. 법 시행령 개정을 통하여 고교평준화정책 시행 지역을 교육과학기술부령으로 정하던 것을 시·도 조례로 정하도록 하고, 일정한 객관적 요건을 갖추고 타당성조사 및 여론조사를 거치도록 하여 고교평준화정책 시행의 객관적 타당성 및 민주적 정당성을 강화하였다.

이와 같이, 추첨 배정을 받기 전에 학교를 선택 지원할 수 있는 기회가 대폭 확대되고, 고교평준화정책 시행 지역을 결정함에 있어서 객관적 타당성 및 민주적 정당성이 제고된 상황 등을 고려하면, 중학교 교육의 정상화 및 학교·지역 간 격차 해소 등 입법목적을 달성하는데 적합한 다른 대체수단이 존재한다고 보기도 어렵고 또한 고교평준화제도를 통하여 달성하고자 하는 위와 같은 공익이 침해되는 청구인들의 학교선택권보다 크다고 할 것이다.

헌재 2012.11.29. 2011헌마827, 판례집 24-2 하, 250,260-265

(판 례) 교원의 교재선택권과 그 제한(국정교과서제도)

헌법은 교육제도 법률주의를 명시하고 있기 때문에 교육제도의 일환인 교과서제도에 대하여서도 법률주의의 원칙에 따를 수밖에 없는 것은 너무나 당연하다. (……)

초·중·고교교육에 있어서 교과용 도서에 국가가 관여하는 이유는 초·중·고교의 교육이 가지는 특성과 그에 따르는 국가의 책무 때문이다. 일반적으로 초·중·고교교육 등 보통교육의 단계에서는 전문적인 지식의 습득이나 세계관, 사회관, 인생관 등에 대한 심오한 진리를 탐구하는 것보다는 각자가 사회의 구성원으로서 독자적인 생활영역을 구축하는 데 필요한 기본적인 품성과 보편적인 자질을 배양하는 데 중점을 두고 있기 때문에(교육법 제93조, 제94조, 제100조, 제101조, 제104조, 제105조 참조) 보통교육의 과정에 있어서는 학교의 지역별·공사(公私)별·교육환경별 차이, 교원의 자질별·능력별 차이, 교과의 과목별·내용별 차이 등을 가능한 한 축소시켜 피교육자에게 질적으로나 양적으로 균등한 교육을 제공하는 것이 바람직하다고 할 수 있다.

그런데 보통교육의 과정에 있는 학생은 사물의 시비, 선악을 합리적으로 분별할 능력이 미숙하기 때문에 가치편향적이거나 왜곡된 학문적 논리에 대하여 스스로 이를 비판하여 선별 수용할 것을 기대하기 어려우며, 따라서 공교육 책임을 지고 있는 국가가 어떤 형태로 이에 간여하는 것은 불가피한 것이라 할 수 있는 것이다. 다만, 교과서제도에 대해서 국가가 어느 정도까지 관여할 수 있느냐 하는 정도와 한계의 문제는 초·중·고교 교육의 단계와 교과과목에 따라 달라질 수 있고, 국가가 관여하는 경우에도 정부가 지방의 교육자치체제를 어느 정도로 허용하느냐에 따라 다양한 모습을 지닐 수 있는 것이다. (……)

국민의 수학권과 교사의 수업의 자유는 다 같이 보호되어야 하겠지만 그 중에서도 국민의 수학권이 더 우선적으로 보호되어야 한다. (……)

국정교과서제도는 교과서라는 형태의 도서에 대하여 국가가 이를 독점하는 것이지만, 국민의 수학권의 보호라는 차원에서 학년과 학과에 따라 어떤 교과용 도서에 대하여 이를 자유발행제로 하는 것이 온당하지 못한 경우가 있을 수 있고 그러한 경우 국가가 관여할 수밖에 없다는 것과 관여할 수 있는 헌법적 근거가 있다는 것을 인정한다면 그 인정의 범위 내에서 국가가 이를 검·인정제로 할 것인가 또는 국정제로 할 것인가에 대하여 재량권을 갖는다고 할 것이다. 따라서 중학교의 국어교과서에 관한 한, 교과용도서의 국정제는 학문의 자유나 언론·출판의 자유를 침해하는 제도가 아님은 물론 교육의 자주성·전문성·정치적 중립성과도 무조건 양립되지 않는 것이라 하기 어려우므로 청구인의 심판청구를 기각하기로 하여 주문과 같이 결정한다.

헌재 1992.11.12. 89헌마88, 판례집 4, 739,752,754-755,769

교육권의 소재에 관한 판례의 경향을 두 가지 유형, 즉 ① **통제지향적 결정**과 ② **자율지향적 결정**으로 구분할 수 있다. 국가-단위학교-교원-부모(또는 학생, 주민) 사이의 각각의 관계에서 표기 순서를 기준으로 앞쪽의 주장을 받아들였느냐 또는 뒤쪽의 주장을 받아들였느냐에 따라, 앞쪽의 주장을 인정한 결정을 통제지향적 결정, 뒤쪽의 주장을 인정한 결정을 자율지향적 결정이라고 부를 수 있다. 이런 기준에서 보면 종래 헌법재판소 결정들은 압도적으로 통제지향적 성향을 나타내고 있다. 이것은 교육에 있어서 교육의 자유라는 측면을 소홀히 보았기 때문이다. 부모, 교원, 단위학교의 교육의 자유를 확대하는 해석이 필요하다.

V. 근로의 권리

(헌법 제32조) ① 모든 국민은 근로의 권리를 가진다. 국가는 사회적·경제적 방법으로 근로자의 고용의 증진과 적정임금의 보장에 노력하여야 하며, 법률이 정하는 바에 의하여 최저임금제를 시행하여야 한다.

② 모든 국민은 근로의 의무를 진다. 국가는 근로의 의무의 내용과 조건을 민주주의원칙에 따라 법률로 정한다.

③ 근로조건의 기준은 인간의 존엄성을 보장하도록 법률로 정한다.

④ 여자의 근로는 특별한 보호를 받으며, 고용·임금 및 근로조건에 있어서 부당한 차별을 받지 아니한다.

⑤ 연소자의 근로는 특별한 보호를 받는다.

⑥ 국가유공자·상이군경 및 전몰군경의 유가족은 법률이 정하는 바에 의하여 우선적으로 근로의 기회를 부여받는다.

1. 의 의

근로의 권리는 개인이 국가나 타인의 방해를 받지 않고 자유롭게 근로의 기회를 가지며, 나아가 국가에 대하여 근로의 기회 제공에 노력할 것을 요구할 수 있는 권리이다. 근로 또는 노동이란 경제적 소득이 주어지는 육체적 및 정신적 활동을 가리키며, 그 중에서도 헌법 규정에서 중심적 의미를 갖는 것은 사용자로부터 임금을 받는 것을 대가로 제공되는 임금노동이다.

근로의 권리는 바이마르헌법에서 규정되었고(제163조 제2항. "모든 독일인에게 경제적 노동에 의해 생계를 유지할 기회가 제공되어야 한다. 적당한 노동의 기회가 제공되지 않은 자에게는 필요한 생계를 배려한다"), 2차대전 후 이탈리아헌법 등에서 명시되었다. 우리 헌법에서도 제헌헌법이래 규정되어 왔다.

2. 근로의 권리의 주체와 법적 성격

근로의 권리는 국민의 권리이며, 원칙적으로 외국인은 그 주체로 인정되지 않는다. 그러나 근로의 권리가 자유권적 기본권의 성격을 갖는 경우에는 외국인의 기본권 주체성도 인정된다(제3편, 제2장, Ⅰ. 2. 외국인, 판례참조). 근로기준법은 "국적·신앙 또는 사회적 신분을 이유로 근로조건에 대한 차별적 처우를 하지 못한다"(제6조)고 규정하고 있는데, 이것은 근로자인 외국인에게 차별대우를 하지 말라는 것이지, 외국인에게 사회권으로서의 근로의 권리를 헌법상 보장한 것은 아니다. 대법원 판례는 외국인이 취업자격을 갖고 있지 않더라도 근로기준법상 근로자에 해당한다고 보았다(대판 1995.9.15. 94누12067).

(판 례) 근로조건과 외국인의 기본권 주체성

(고용 허가를 받아 국내에 입국한 외국인근로자의 출국만기보험금을 출국 후 14일 이내에 지급하도록 한 '외국인근로자의 고용 등에 관한 법률' 조항의 위헌성이 문제된 사안임)

헌법상 근로의 권리는 '일할 자리에 관한 권리'만이 아니라 '일할 환경에 관한 권리'도 의미하는데, '일할 환경에 관한 권리'는 인간의 존엄성에 대한 침해를 방어하기 위한 권리로서 외국인에게도 인정되며, 건강한 작업환경, 일에 대한 정당한 보수, 합리적인 근로조건의 보장 등을 요구할 수 있는 권리 등을 포함한다. 여기서의 근로조건은 임금과 그 지불방법, 취업시간과 휴식시간 등 근로계약에 의하여 근로자가 근로를 제공하고 임금을 수령하는 데 관한 조건들이고, 이 사건 출국만기보험금은 퇴직금의 성질을 가지고 있어서 그 지급시기에 관한 것은 근로조건의 문제이므로 외국인인 청구인들에게도 기본권 주체성이 인정된다.

불법체류자는 임금체불이나 폭행 등 각종 범죄에 노출될 위험이 있고, 그 신분의 취약성으로 인해 강제 근로와 같은 인권침해의 우려가 높으며, 행정관청의 관리 감독의 사각지대에 놓이게 됨으로써 안전사고 등 각종 사회적 문제를 일으킬 가능성이 있다. 또한 단순기능직 외국인근로자의 불법체류를 통한 국내 정주는 일반적으로 사회통합 비용을 증가시키고 국내 고용 상황에 부정적 영향을 미칠 수 있다.

따라서 이 사건 출국만기보험금이 근로자의 퇴직 후 생계 보호를 위한 퇴직금의 성격을 가진다고 하더라도 불법체류가 초래하는 여러 가지 문제를 고려할 때 불법체류 방지를 위해 그 지급시기를 출국과 연계시키는 것은 불가피하므로 심판대상조항이 청구인들의 근로의 권리를 침해한다고 보기 어렵다.

헌재 2016.3.31. 2014헌마367, 공보 234, 610,611

근로의 권리는 자유권으로서의 측면과 사회권으로서의 측면을 아울러 가진다. 국가나 타인의 방해 없이 근로의 기회를 자유롭게 가질 권리라는 점에서는 자유권의 성격을 가지며(이 점에서는 직업의 자유와 중첩된다), 국가에 대하여 근로의 기회 제공에 노력할 것을 요구할 수 있는 권리라는 점에서는 사회권으로서의 성격을 갖는다. 이 양면의 성격 가운데 중심적 의미를 갖는 것은 사회권으로서의 근로의 권리이다. 사회권으로서의 근로의 권리는 앞서 설명한 의미의 '제한된 구체적 권리'로서의 성격을 갖는다. 국가는 입법을 비롯한 경제적 · 사회적 정책을 통해 근로의 기회 제공에 노력할 의무를 지며, 개인은 직접 구체적인 일자리의 제공을 청구할 수는 없지만 국가의 부작위에 대한 위헌 확인을 청구할 수 있다.

(판 례) 직장존속청구권(입법에 의한 정리해고)

근로의 권리는 사회적 기본권으로서, 국가에 대하여 직접 일자리(직장)를 청구하거나 일자리에 갈음하는 생계비의 지급청구권을 의미하는 것이 아니라, 고용증진을 위한 사회적 · 경제적 정책을 요구할 수 있는 권리에 그친다. 근로의 권리를 직접적인 일자리 청구권으로 이해하는 것은 사회주의적 통제경제를 배제하고, 사기업 주체의 경제상의 자유를 보장하는 우리 헌법의 경제질서 내지 기본권규정들과 조화될 수 없다.

마찬가지 이유로 근로의 권리로부터 국가에 대한 직접적인 직장존속청구권을 도출할 수도 없다. 단지 (……) 사용자의 처분에 따른 직장 상실에 대하여 최소한의 보호를 제공하여야 할 의무를 국가에 지우는 것으로 볼 수는 있을 것이나, 이 경우에도 입법자가 그 보호의무를 전혀 이행하지 않거나 사용자와 근로자의 상충하는 기본권적 지위나 이익을 현저히 부적절하게 형량한 경우에만 위헌 여부의 문제가 생길 것이다. (……)

국가가 근로관계의 존속을 보호하기 위한 최소한의 보호조치를 취하고 있는지의 여부는 이 사건 법률조항만에 의할 것이 아니라, 노사관계에 관한 법체계 전반을 통하여 판단하여야 할 것인바, 현행법제상 근로관계의 존속보호를 위하여 국가가 마련하고 있는 보호조치로는 다음과 같은 것들이 있고, 이로써 －청구인들을 포함하여－ 근로자들에게 최소한의 보호조치는 제공되고 있다 할 것이다.

① 집단적 근로관계법에 의한 사적자치의 보충(……), ② 법원을 통한 근로관계의 보호(……), ③ 고용보험제도 등(……).

헌재 2002.11.28. 2001헌바50, 판례집 14-2, 668,677-681

또한 헌법재판소에 의하면, 근로의 권리에서 직장 상실로부터 근로자를 보호하여 줄 것을 청구할 수 있는 권리가 나오는 것은 아니기 때문에, 사용자로 하여금 2년을 초과하여 기간제 근로자를 사용할 수 없도록 한 '기간제 및 단시간근로자 보호 등에 관한 법률' 조항은 기간제 근로자의 계약의 자유를 침해하는지 여부가 문제될 따름이라고 하면서 동 조항을 합헌으로 결정하였다(헌재 2013.10.24. 2010헌마219등).

(판 례) 기간제 근로계약

기간제 근로계약을 제한 없이 허용할 경우, 일반 근로자층은 단기의 근로계약 체결을 강요당하더라도 이를 거부할 수 없을 것이고, 이 경우 불안정 고용은 증가할 것이며, 정규직과의 격차는 심화될 것이므로 이러한 사태를 방지하기 위해서는 기간제근로자 사용기간을 제한하여 무기계약직으로의 전환을 유도할 수밖에 없다.

사용자로 하여금 2년을 초과하여 기간제근로자를 사용할 수 없도록 한 심판대상조항으로 인해 경우에 따라서는 개별 근로자들에게 일시 실업이 발생할 수 있으나, 이는 기간제근로자의 무기계약직 전환 유도와 근로조건 개선을 위해 불가피한 것이고, 심판대상조항이 전반적으로는 고용불안 해소나 근로조건 개선에 긍정적으로 작용하고 있다는 것을 부인할 수 없으므로 기간제근로자의 계약의 자유를 침해한다고 볼 수 없다.

헌재 2013.10.24. 2010헌마219등, 공보 205, 1529

3. 근로의 권리의 내용

근로의 기회를 가질 자유 및 근로의 기회 제공을 국가에 청구할 수 있는 권리를 보장하기 위하여 헌법 제32조는 다음의 여러 규정을 두고 있다.

(1) 국가의 고용증진의무

국민의 근로의 권리에 대응하여, 국가는 사회적·경제적 방법으로 노동자의 고용증진에 노력하여야 한다(헌법 제32조 제1항 제2문). "노력하여야 한다"는 표현은 법적 의무가 아닌 것처럼 보일 수 있으나, 이것은 단순한 도덕적 의무가 아니라 법적 의무라고 해석해야 할 것이다. 이 의무를 이행하기 위한 법률로, 고용정책기본법, 고용보험법, 직업안정법, 근로자직업능력개발법 등이 있다.

국가는 고용증진의무를 지지만 기업에 대하여 고용을 강제할 수는 없다. 고용강제는 영업의 자유 또는 재산권의 위헌적 침해가 된다.

(2) 생계비지급청구권 인정 여부

근로의 의사와 능력이 있음에도 근로의 기회를 갖지 못한 국민은 국가에 대해 실업수당과 같은 생계비지급을 청구할 수 있는가. 이에 관해서는 견해가 갈린다. 생각건대 국가의 고용증진 노력에도 불구하고 자본주의체제하에서 국가의 근로기회 제공능력에는 한계가 있으며, 여기에 대한 대체적인 수단으로서 개인의 생계비지급청구권이 인정된다고 볼 것이다. 다만 이 권리는 '제한된 구체적 권리'이다. 이 권리의 헌법적 근거는 인간다운 생활을 할 권리에서 도출되는 사회보장수급권에서 찾을 수 있다.

(3) 적정임금 보장과 최저임금제 시행

국가는 적정임금의 보장에 노력하여야 하며, 법률에 의하여 최저임금제를 시행하여야 한다(헌법 제32조 제1항 제2문). 적정임금이란 건강하고 문화적인 생활을 할 수 있는 정도의 임금을 말한다. 최저임금은 최소한의 물질적인 생활을 유지하기 위한 임금이다. 위 헌법 규정에 의하여 최저임금을 청구할 수 있는 권리가 도출되는 것은 아니다. 따라서 의무복무사병에 대한 낮은 수준의 봉급표는 합헌이라는 것이 판례이다

(헌재 2012.10.25. 2011헌마307). 최저임금법에 의하면, "최저임금은 근로자의 생계비, 유사근로자의 임금, 노동생산성 및 소득분배율을 고려하여 정한다. 이 경우 사업의 종류별로 구분하여 정할 수 있다"(제4조 제1항). 한편 근로기준법상의 평균임금이란 "이를 산정하여야 할 사유가 발생한 날 이전 3개월 동안에 그 근로자에게 지급된 임금의 총액을 그 기간의 총일수로 나눈 금액을 말한다. 근로자가 취업한 후 3개월 미만인 경우도 이에 준한다"(제2조 제1항 제6호).

(판 례) 평균임금을 정할 행정입법 작위의무

산업재해보상보험법 제4조 제2호 단서 및 근로기준법시행령 제4조는 근로기준법과 같은법 시행령에 의하여 근로자의 평균임금을 산정할 수 없는 경우에 노동부장관으로 하여금 평균임금을 정하여 고시하도록 규정하고 있으므로, 노동부장관으로서는 그 취지에 따라 평균임금을 정하여 고시하는 내용의 행정입법을 하여야 할 의무가 있다고 할 것인바, 노동부장관의 그러한 작위의무는 직접 헌법에 의하여 부여된 것은 아니나, 법률이 행정입법을 당연한 전제로 규정하고 있음에도 불구하고 행정권이 그 취지에 따라 행정입법을 하지 아니함으로써 법령의 공백상태를 방치하고 있는 경우에는 행정권에 의하여 입법권이 침해되는 결과가 되는 것이므로, 노동부장관의 그러한 행정입법 작위의무는 헌법적 의무라고 보아야 한다.

헌재 2002.7.18. 2000헌마707, 판례집 14-2, 65,65-66

근로기준법에서 담보채권보다 퇴직금을 우선하도록 규정한 데 대해 헌법재판소는 헌법불합치결정을 내렸다(헌재 1997.8.21. 94헌바19). 이에 대응하여, 일정한 요건과 범위 안에서 국가가 임금채권을 지급보장하는 임금채권보장법이 제정되어 있다.

(4) 근로조건 기준의 법정(法定)

"근로조건의 기준은 인간의 존엄성을 보장하도록 법률로 정한다"(헌법 제32조 제3항). 근로조건을 법률로 정하도록 한 것은 근로자의 인간 존엄성을 보장하기 위해서만이 아니라, 근로자와 사용자간의 사회적 평화를 위하여 민주적 정당성이 있는 입법자가 이를 정할 필요가 있기 때문이다(헌재 1996.8.29. 95헌바36).

대법원은 "근로조건은 근로자와 사용자가 동등한 지위에서 자유의사에 따라 결정하여야 한다"고 규정한 근로기준법 제4조의 노사대등결정 원칙이 위 헌법 조항을 구체화한 것으로 본다.

(판 례) 근로조건 기준 법정주의와 노사대등 결정 원칙

종래 대법원은, 취업규칙의 작성·변경이 근로자가 가지고 있는 기득의 권리나 이익을 박탈하여 불이익한 근로조건을 부과하는 내용일 때에는 종전 근로조건 또는 취업규칙의 적용을 받고 있던 근로자의 집단적 의사결정방법에 의한 동의를 받아야 하지만, 해당 취업규칙의 작성 또는 변경이 그 필요성 및 내용의 양면에서 보아 그에 의하여 근로자가 입게 될 불이익의 정도를 고려하더라도 여전히 해당 조항의 법적 규범성을 시인할 수 있을 정도로 사회통념상 합리성이 있다고 인정되는 경우에는 종전 근로조건 또는 취업규칙의 적용을 받고 있던 근로자의 집단적 의사결정 방법에 의한 동의가 없다는 이유만으로 그의 적용을 부정할 수는 없다는 취지로 판단하여 왔다(인용한 '종전 판례'는 생략: 저자) (……)

사용자가 취업규칙을 근로자에게 불리하게 변경하면서 근로자의 집단적 의사결정방법에 따른 동의를 받지 못한 경우, 노동조합이나 근로자들이 집단적 동의권을 남용하였다고 볼 만한 특별한 사정이 없는 한 해당 취업규칙의 작성 또는 변경에 사회통념상 합리성이 있다는 이유만으로 그 유효성을 인정할 수는 없다. 그 이유는 다음과 같다.

① 위 규정들의 취지와 관계에 비추어 보면, 취업규칙의 불리한 변경에 대하여 근로자가 가지는 집단적 동의권은 사용자의 일방적 취업규칙의 변경 권한에 한계를 설정하고 헌법 제32조 제3항의 취지와 근로기준법 제4조가 정한 근로조건의 노사대등결정 원칙을 실현하는 데에 중요한 의미를 갖는 절차적 권리로서, 변경되는 취업규칙의 내용이 갖는 타당성이나 합리성으로 대체될 수 있는 것이라고 볼 수 없다.

② 대법원은 1989년 근로기준법이 집단적 동의 요건을 명문화하기 전부터 이미 취업규칙의 불리한 변경에 대하여 근로자의 집단적 동의를 요한다는 법리를 확립하였다(대법원 1977.7.26. 선고 77다355 판결 참조). 대법원은 근로기준법이 사용자에게 취업규칙의 작성을 강제하고 이에 법규범성을 부여한 것은 종속적 노동관계의 현실에 입각하여 실질적으로 불평등한 근로자의 권익을 보호, 강화하여 그들의 기본적 생활을 향상시키려는 목적에서라고 보아, 취업규칙의 변경에 의하여 기존 근로조건의 내용을 근로자에게 불리하게 변경하려면 종전 취업규칙의 적용을 받고 있던 근로자들의 집단적 의사결정 방법에 의한 동의를 요한다고 판단한 것이다. 즉, 근로자의 집단적 동의권은 명문의 규정이 없더라도 위와 같은 근로조건의 노사대등결정 원칙과 근로자의 권익 보장에 관한 근로기준법의 근본정신, 기득권 보호의 원칙으로부터 도출된다. 이러한 집단적 동의는 단순히 요식적으로 거쳐야 하는 절차 이상의 중요성을 갖는 유효

요건이다. 나아가 현재와 같이 근로기준법이 명문으로 집단적 동의절차를 규정하고 있음에도 취업규칙의 내용에 사회통념상 합리성이 있다는 이유만으로 근로자의 집단적 동의를 받지 않아도 된다고 보는 것은 취업규칙의 본질적 기능과 그 불이익변경 과정에서 필수적으로 확보되어야 하는 절차적 정당성의 요청을 도외시하는 것이다.

③ (……) 사용자가 근로자의 집단적 동의를 받지 않은 채 일방적으로 근로조건을 불리하게 변경한 경우에까지 사회통념상 합리성을 이유로 그 유효성을 인정하여 근로조건의 통일성을 도모할 필요가 있다고 볼 수도 없다. 근로조건의 유연한 조정은 사용자에 의한 일방적 취업규칙 변경을 승인함으로써가 아니라, 단체교섭이나 근로자의 이해를 구하는 사용자의 설득과 노력을 통하여 이루어져야 한다. (……)

④ 대법원은 단체협약에 사용자의 조합원에 대한 인사처분 시 노동조합의 동의를 받도록 하는 규정이 있을 때 사용자가 노동조합의 동의 없이 조합원에 대한 인사처분을 하였다면 이는 원칙적으로 무효이고, 다만 노동조합이 동의권을 남용한 것으로 평가할 수 있는 경우 그 인사처분은 유효하다는 견해를 취하였다(대법원 2012.6.28. 선고 2010다38007 판결 등 참조). 단체협약은 법률보다 하위의 규범임에도 대법원은 단체협약에 의하여 발생한 노동조합의 동의권을 침해하여 행해진 인사처분을 무효라고 보았고, 다만 지나치게 경직되게 해석할 경우 발생할 문제점을 유연하게 해결하기 위하여 동의권 남용 법리를 통해 구체적 타당성을 확보하였다. 취업규칙의 불이익변경에 대하여는 단체협약보다 상위 규범인 법률에서 근로자의 집단적 동의권을 부여하고 있으므로, 취업규칙을 근로자에게 불리하게 변경하면서 근로자의 집단적 동의를 받지 않았다면 이를 원칙적으로 무효로 보되, 다만 노동조합이나 근로자들이 집단적 동의권을 남용한 경우에 한하여 유효성을 인정하는 것이 단체협약에 의한 노동조합의 동의권에 관한 위 대법원 판례의 태도와 일관되고 법규범 체계에 부합하는 해석이다.

⑤ 종전 판례는 불리하게 변경된 취업규칙 조항의 법적 규범성을 시인할 수 있을 정도로 사회통념상 합리성이 있다고 인정되는 경우에는 종전 근로조건 또는 취업규칙의 적용을 받고 있던 근로자의 집단적 의사결정방법에 의한 동의가 없다는 이유만으로 그 적용을 부정할 수는 없다고 보면서, 사회통념상 합리성의 유무는 취업규칙의 변경에 의하여 근로자가 입게 될 불이익의 정도, 사용자 측의 변경 필요성의 내용과 정도, 변경 후 취업규칙 내용의 상당성, 대상조치 등 관련된 다른 근로조건의 개선상황, 노동조합 등과의 교섭경위 및 노동조합이나 다른 근로자의 대응, 동종 사항에 관한 국내의 일반적인 상황 등을

종합적으로 고려하여 판단하여야 한다고 보았다. 그러나 사회통념상 합리성이라는 개념 자체가 매우 불확정적이어서 어느 정도에 이르러야 법적 규범성을 시인할 수 있는지 노동관계 당사자가 쉽게 알기 어려울 뿐만 아니라, 개별 사건에서 다툼의 대상이 되었을 때 그 인정 여부의 기준으로 대법원이 제시한 요소들을 종합적으로 고려한 법원의 판단 역시 사후적 평가일 수밖에 없는 한계가 있다. 이에 취업규칙 변경의 효력을 둘러싼 분쟁이 끊이지 않고 있고, 그 유효성이 확정되지 않은 취업규칙의 적용에 따른 법적 불안정성이 사용자나 근로자에게 끼치는 폐해 역시 적지 않았다.

⑥ 그럼에도 종전 판례의 해석은 근로자의 집단적 동의가 없더라도 일정한 경우 사용자에 의한 일방적인 취업규칙의 작성 또는 변경으로 기존 근로조건을 낮추는 것을 인정하는 것이어서 강행규정인 근로기준법 제94조 제1항 단서의 명문 규정에 반하는 해석일 뿐만 아니라, 근로기준법이 예정한 범위를 넘어 사용자에게 근로조건의 일방적인 변경 권한을 부여하는 것이나 마찬가지여서 헌법 정신과 근로자의 권익 보장에 관한 근로기준법의 근본 취지, 근로조건의 노사대등결정 원칙에 위배된다.

대판(전합) 2023.5.11. 2017다35588등

위 대법원 전원합의체 판결은 종전의 많은 판결들을 폐기한 것으로 보인다. 이 판결에서 '사회통념상 합리성'이라는 매우 불확정한 개념을 판단 근거로 삼을 수 없다는 점을 명확히 하였기 때문에 많은 논란이 예상된다.

(판 례) 근로기준법의 적용범위 제한

헌법 제32조 제3항은 "근로조건의 기준은 인간의 존엄성을 보장하도록 법률로 정한다"고 규정하고 있는바, 인간의 존엄에 상응하는 근로조건의 기준이 무엇인지를 구체적으로 정하는 것은 일차적으로 입법자의 형성의 자유에 속한다고 할 것이고, '상시 사용 근로자수 5인'이라는 기준에 따라 근로기준법의 전면적용 여부를 달리한 것에는 합리적 이유가 있다고 인정되고, 그 기준이 인간의 존엄성을 전혀 보장할 수 없을 정도라고 볼 수 없으므로 위 헌법조항에 위반된다고 할 수 없다.

헌재 1999.9.16. 98헌마310, 판례집 11-2, 373

상시 4명 이하의 근로자를 사용하는 사업 또는 사업장에 대하여 대통령령으로 정하는 바에 따라 근로기준법의 일부 규정을 적용할 수 있도록 위임한 근로기준법 규정은 법률유보원칙이나 포괄위임금지원칙에 반하지 않는다(헌재 2019.4.11. 2013헌바112). 이에 따라 근로기준법 시행령이 4명 이하의 근로자를 사용하는 사업 또는 사업장에 적용될 모법 조항 중 부당해고제한 조항과 노동위원회 구제절차 조항을 포함하지 않는다고 하여 평등권이나 근로의 권리를 침해하는 것은 아니다(헌재 2019.4.11. 2017헌마820). 4주간을 평균하여 1주간의 소정근로시간이 15시간 미만인 근로자, 즉 이른바 '초단시간근로자'를 퇴직급여제도의 적용대상에서 제외하고 있는 '근로자퇴직급여 보장법' 규정도 합헌이라는 것이 판례이다(헌재 2021.11.25. 2015헌바334등: 다만 평등원칙 위반이라는 3인의 반대의견이 있다). 또한 동물의 사육 사업 근로자에 대하여 근로기준법 제4장에서 정한 근로시간 및 휴일 규정의 적용을 제외하도록 한 근로기준법 규정은 근로의 권리나 평등권 침해가 아니라고 한다(헌재 2021.8.31. 2018헌마563; 다만 이 결정은 기각의견 1인, 헌법불합치의견 5인, 각하의견 3인으로 재판관의 의견이 나뉜 기각주문결정이다. 5인의 헌법불합치의견은 "현재 우리나라 축산업은 지위가 불안정한 일용직 내지 임시직 근로자가 다수를 차지하는 구조를 가지고 있어, 사적 합의를 통하여 합리적인 근로조건을 정하기 어려운 상황이다. 위와 같은 점에서 축산업 근로자들에게 육체적 · 정신적 휴식을 보장하고 장시간 노동에 대한 경제적 보상을 해야 할 필요성이 요청됨에도 불구하고, 심판대상조항은 축산 사업장을 근로기준법 적용 제한의 기준으로 삼고 있어 축산업 근로자들의 근로 환경 개선과 산업의 발전을 저해하고 있다. 따라서 이 조항은 인간의 존엄을 보장하기 위한 최소한의 근로조건 마련에 미흡하여 청구인의 근로의 권리를 침해한다"고 하였다).

(판 례) 산업재해보상보험법의 적용범위 제한

산업재해를 입은 근로자에 대한 보상을 어떻게 할 것인가의 문제도 헌법 제32조 제3항이 의미하는 근로조건에 관한 기준의 한 문제로 볼 수 있다. (……) 이 사건 법률조항에 의하여 일정 범위의 사업을 적용대상에서 제외한 것은 위에서 본 산재보험의 특성상 사업규모와 산재발생률 등을 참작하여 현 단계에서 강제적 보험관계를 통한 재해보상 등의 필요성이 크지 않다는 합리적 판단에 기인한 것이라고 볼 수 있다. 따라서 이 사건 법률조항은 헌법 제32조 제3항의 규정에 위반된다고 볼 수 없다(헌재 1996.8.29. 95헌바36, 판례집 8-2, 90, 97-98 참조).

헌재 2003.7.24. 2002헌바51, 판례집 15-2, 103,119

(판 례) 근로기준법상 해고의 기준과 명확성의 원칙

이 사건 법률조항이 형사처벌의 대상이 되는 해고의 기준을 일반추상적 개념인 "정당한 이유"의 유무에 두고 있기는 하지만, 그 의미에 대하여 법적 자

문을 고려한 예견가능성이 있고, 집행자의 자의가 배제될 정도로 의미가 확립되어 있으며, 입법 기술적으로도 개선가능성이 있다는 특별한 사정이 보이지 아니하므로 헌법상 명확성의 원칙에 반하지 아니한다.

헌재 2005.3.31. 2003헌바12, 판례집 17-1, 340,341

헌법재판소는 판례를 변경하여 월급근로자로서 6개월이 되지 못한 자를 해고예고제도의 적용예외 사유로 규정하고 있는 근로기준법 규정은 근로의 권리를 침해한다고 하였다.

(판 례) 근로기간 6개월 미만자에 대한 해고예고제도 적용예외가 위헌인지 여부

근로기준법에 마련된 해고예고제도는 근로조건의 핵심적 부분인 해고와 관련된 사항일 뿐만 아니라, 근로자가 갑자기 직장을 잃어 생활이 곤란해지는 것을 막는 데 목적이 있으므로, 근로자의 인간 존엄성을 보장하기 위한 합리적 근로조건에 해당한다. 따라서 근로관계 종료 전 사용자로 하여금 근로자에게 해고예고를 하도록 하는 것은 개별 근로자의 인간 존엄성을 보장하기 위한 최소한의 근로조건 가운데 하나에 해당하므로, 해고예고에 관한 권리는 근로의 권리의 내용에 포함된다. (……)

심판대상조항은 월급근로자에 대하여 근로관계의 성질과 관계없이 근무기간이 6개월 지나기 전에는 해고예고수당을 지급하지 않고 예고 없이 해고할 수 있도록 하고 있는데, 이처럼 월급근로자로서 6개월이 되지 못한 사람을 해고예고 적용대상에서 제외하는 합리적 근거는 찾기 어렵다. 오히려 월급근로자로서 6개월이 되지 못한 사람은 대체로 기간의 정함이 없는 근로계약을 체결한 사람들로서 근로계약의 계속성에 대한 기대가 크다고 볼 수 있으므로, 이들에 대한 해고는 근로기준법 제35조의 다른 사유들과 달리 예상하기 어려운 돌발적 해고에 해당한다. (……)

근무기간이 6개월 미만인 월급근로자의 경우 해고예고제도 적용대상에서 제외되면 전형적 상용근로자임에도 불구하고 단지 근무기간이 6개월이 되지 아니하였다는 이유만으로 아무런 예고 없이 직장을 상실하게 될 수 있다.

그렇다면 "월급근로자로서 6개월이 되지 못한 자"를 해고예고제도의 적용대상에서 배제하고 있는 심판대상조항은, 입법자가 근로자에 대한 보호의무에서 요구되는 최소한의 절차적 규율마저 하지 아니한 것으로 입법재량권의 행사에 있어 헌법상 용인될 수 있는 재량의 범위를 벗어난 것이라고 보아야 한다. 근무기간이 6개월 미만인 월급근로자의 경우 해고예고제도 적용대상에서 제외되면 전형적 상용근로자임에도 불구하고 단지 근무기간이 6개월이 되지 아니하

였다는 이유만으로 아무런 예고 없이 직장을 상실하게 될 수 있다. (……)

심판대상조항은 근무기간 6개월 미만인 월급근로자를 근무기간 6개월 이상인 월급근로자나 월급제 이외의 형태로 보수를 받는 근로자와 합리적 근거 없이 차별 취급을 하고 있으므로, 헌법 제11조의 평등원칙에 위반된다. (……)

심판대상조항과 실질적으로 동일한 내용을 규정한 구 근로기준법(1997. 3. 13. 법률 제5309호로 개정되고 2007. 4. 11. 법률 제8372호로 전부개정되기 전의 것) 제35조 제3호가 헌법에 위반되지 아니한다고 판시하였던 종전의 선례(헌재 2001.7.19. 99헌마663 결정)는 이 결정과 저촉되는 범위에서 이를 변경한다.

헌재 2015.12.23. 2014헌바3, 판례집 27-2 하, 553,556-559

헌법재판소의 위 위헌결정에 따라 근로기준법 제35조 제1호는 예고해고의 적용예외의 대상이 되는 계속 근무기간을 3개월로 단축하였다. 헌법재판소는 3개월 이상 근무한 경우에는 임시고용관계로 보기 어렵다는 이유로 개정된 동 조항을 합헌이라고 하였다(헌재 2017.5.25. 2016헌마640). 동물의 사육 사업 근로자에 대하여 근로기준법에서 정한 근로시간 및 휴일 규정의 적용을 제외하도록 한 근로기준법 규정은 근로의 권리나 평등권 침해가 아니라는 것이 판례이다(헌재 2021.8.31. 2018헌마563; 다만 이 결정은 기각의견 1인, 헌법불합치의견 5인, 각하의견 3인으로 재판관의 의견이 나뉜 기각주문 결정이다. 5인의 헌법불합치의견은 "현재 우리나라 축산업은 지위가 불안정한 일용직 내지 임시직 근로자가 다수를 차지하는 구조를 가지고 있어, 사적 합의를 통하여 합리적인 근로조건을 정하기 어려운 상황이다. 위와 같은 점에서 축산업 근로자들에게 육체적 · 정신적 휴식을 보장하고 장시간 노동에 대한 경제적 보상을 해야 할 필요성이 요청됨에도 불구하고, 심판대상조항은 축산 사업장을 근로기준법 적용 제한의 기준으로 삼고 있어 축산업 근로자들의 근로 환경 개선과 산업의 발전을 저해하고 있다. 따라서 이 조항은 인간의 존엄을 보장하기 위한 최소한의 근로조건 마련에 미흡하여 청구인의 근로의 권리를 침해한다"고 하였다).

헌법재판소는 매월 1회 이상 정기적으로 지급하는 상여금 등 및 복리후생비의 일부를 최저임금에 산입하도록 하고 최저임금 산입을 위하여 임금지급 주기에 관한 취업규칙을 변경하는 경우 노동조합 또는 근로자 과반수의 동의를 받을 필요가 없다는 특례를 규정한 최저임금법 조항은 근로자의 근로의 권리와 단체교섭권을 침해하지 않는다고 하였다(헌재 2021.12.23. 2018헌마629등).

(5) 여자근로의 보호와 차별금지

"여자의 근로는 특별한 보호를 받으며, 고용 · 임금 및 근로조건에 있어서 부당한 차별을 받지 아니한다"(헌법 제32조 제4항). 이에 관한 법률로 근로기준법, '남녀고용평등과 일·가정 양립 지원에 관한 법률', 양성평등기본법, 영유아보육법(嬰幼兒保育法) 등이 있다.

근로기준법은 남녀의 차별적 대우를 금지하고(제6조), 특히 임산부의 보호를 위한 규정(제74조)을 두고 있다. '남녀고용평등과 일·가정 양립 지원에 관한 법률'은 모집과 채용에서의 차별금지(제7조), 동일노동에 대한 동일임금(제8조), 승진·정년·퇴직·해고 등에서의 차별금지(제10조, 제11조), 직장 내 성희롱금지(제2장 제2절) 등을 규정하고, 특히 간접적인 차별도 금지한다. 간접차별은 "사업주가 채용조건이나 근로조건은 동일하게 적용하더라도 그 조건을 충족할 수 있는 남성 또는 여성이 다른 한 성에 비하여 현저히 적고 그에 따라 특정 성에게 불리한 결과를 초래하며 그 조건이 정당한 것임을 입증할 수 없는 경우"를 말하는데, 다만 직무의 성격에 비추어 특정 성이 불가피하게 요구되는 경우, 임산·출산·수유(授乳) 등 모성보호를 위한 경우, 적극적 고용개선조치(현존하는 고용차별을 없애거나 고용평등을 촉진하기 위하여 잠정적으로 특정 성을 우대하는 조치)의 경우는 제외한다(제2조 제1호, 제3호).

(6) 연소자의 근로보호

"연소자의 근로는 특별한 보호를 받는다"(헌법 제32조 제5항). 근로기준법은 15세 미만의 자를 근로자로 사용하지 못하되 취직인허증을 소지한 자는 예외로 하고(제64조), 18세 미만의 자를 유해 위험사업에 사용하지 못하게 하며(제65조), 그 밖에 근로시간을 제한하는 등의 소년보호조항을 두고 있다(제5장).

(7) 국가유공자 등에 대한 우선적 근로기회 부여

"국가유공자·상이군경 및 전몰군경의 유가족은 법률이 정하는 바에 의하여 우선적으로 근로의 기회를 부여받는다"(헌법 제32조 제6항). 국가는 국가유공자 등에게 우선적으로 근로의 기회를 부여할 의무가 있다. 이에 관한 법률로 '국가유공자 등 예우 및 지원에 관한 법률'이 있다. 이 법률은 국가유공자와 그 유족에 대하여 보상금 지급, 수업료면제 등의 교육보호, 일반직공무원 등의 일정 비율 이상의 채용의무, 기업체 등의 우선고용의무 등을 규정하고 있다.

(판 례) 국가유공자 등을 예우할 국가의 의무와 입법재량

헌법은 국가유공자 등에게 우선적으로 근로의 기회를 제공할 국가의 의무만을 명시하고 있지만 이는 헌법이 국가유공자 등이 조국광복과 국가민족에 기

여한 공로에 대한 보훈의 한 방법을 구체적으로 예시한 것일 뿐이며, 동 규정과 헌법전문에 담긴 헌법정신에 따르면 국가는 "사회적 특수계급"을 창설하지 않는 범위 내에서(헌법 제11조 제2항 참조) 국가유공자 등을 예우할 포괄적인 의무를 지고 있다고 해석된다. 이와 같은 국가의 의무를 이행함에 있어 가능하다면 그들의 공훈과 희생에 상응한 예우를 충분히 하는 것이 바람직할 것이지만, 국가재정능력에 한계가 있으므로 국가보훈적인 예우의 방법과 내용 등은 입법자가 국가의 경제수준, 재정능력, 국민감정 등을 종합적으로 고려하여 구체적으로 결정해야 하는 입법정책의 문제로서 폭넓은 입법재량의 영역에 속한다고 할 것이고, 따라서 국가보훈 내지 국가보상적인 수급권도 법률에 규정됨으로써 비로소 구체적인 법적 권리로 형성된다고 할 것이다.

헌재 1995.7.21. 93헌가14, 판례집 7-2, 1,19-20

(판 례) 국가유공자 등의 고용명령

2. 국가유공자등예우및지원에관한법률 제34조 제1항은 "국가보훈처장은 취업을 희망하는 취업보호대상자를 지정하여 대통령령이 정하는 바에 따라 업체 등에 대하여 그를 고용할 것을 명할 수 있다"라고 하여 고용명령을 재량행위의 형식으로 규정하고 있으나, 위 법시행령 제55조 제1항은 고용명령에 의한 취업을 원하는 취업보호대상자는 취업희망신청서를 제출하여 고용명령을 신청할 구체적인 신청권을 규정하고 있으므로, 피청구인 국가보훈처장의 고용명령을 통한 취업보호를 의무가 아닌 단순한 권한행사로 보기는 어렵고, 국가보훈처장에게는 고용명령에 의한 취업보호와 관련하여 일정한 작위의무가 인정된다고 보아야 한다.

3. 고용명령의 특성을 고려해 볼 때, 국가보훈처장은 취업희망신청자가 동의하지 않는 한 독자적인 판단만으로 고용명령을 발할 수 없다고 할 것이고, 반드시 취업희망신청자가 희망하는 업체에 대하여 고용명령을 하여야 할 의무가 있다고 볼 수도 없다. 또한 현실적으로 대상업체 등의 여건을 무시한 일방적인 고용명령으로는 취업보호라는 본래의 목적을 달성하기 어려우므로, 고용명령을 발하기 전에 대상업체 등과 충분한 협의를 거쳐 합의를 이끌어내는 것이 바람직하다. 그렇다면 국가보훈처장에게 고용명령에 의한 취업보호와 관련하여 인정되는 작위의무의 범위는 취업보호대상자가 제출하는 취업희망신청서를 접수하고, 취업희망신청자와의 취업상담을 거쳐 업체 등을 대상으로 취업희망신청자에 대한 취업알선을 함에 그친다고 할 것이고, 국가보훈처장에게 그 독자의 의사와 판단만으로는 실행하기가 곤란하거나 불가능한 고용명령에까지 나아가야 할 작위의무를 인정하기는 어렵다.

헌재 2004.10.28. 2003헌마898, 판례집 16-2, 212,212-213

국가유공자 등에 대한 우선적 근로기회 부여는 헌법에 근거를 갖고 있지만, 그러나 모든 우선취업제도가 합헌이라고 볼 수는 없으며, 과잉보호는 평등권 침해로 헌법위반이 된다.

(판 례) 공무원채용시험에서 국가유공자 등에 대한 가산점제도(판례변경)

(국·공립학교의 채용시험에 국가유공자와 그 가족이 응시하는 경우 만점의 10퍼센트를 가산하도록 규정하고 있는 '국가유공자 등 예우 및 지원에 관한 법률' 및 같은 취지의 '독립유공자예우에 관한 법률', '5·18민주유공자예우에 관한 법률'이 기타 응시자들의 평등권과 공무담임권을 침해하는지 여부. 헌법불합치 결정)

가. 헌법재판소는 헌재 2001.2.22. 선고 2000헌마25 결정(이하 '종전 결정'이라 한다)에서, 이 사건 조항과 동일한 내용을 지닌 구 국가유공자 등 예우 및 지원에 관한 법률 규정(제34조 제1항 중 동법 제30조 제1호 소정의 '국가기관' 부분)이 일반 응시자의 평등권이나 공무담임권을 침해하지 않는다고 판단하였다. 이 사건에서는 다음과 같은 점에서 종전 결정과 달리 판단될 필요가 있다.

(1) 가산점 수혜대상이 되는 취업보호대상자가 1984년 이후 대폭 증가하여 온 것에 더하여, 종전 결정 이후인 2002년에는 광주민주유공자 예우에 관한 법률이, 2004년에는 특수임무수행자 지원에 관한 법률이, 해당자들과 그 유가족에게 가산점 혜택이 주어지고 있다. 또한 2000년부터 보훈대상자(가산점 수혜대상자)가 비약적으로 증가하고 있으며, 이는 보훈대상자가 되는 가족들이 늘어나기 때문이다.

(2) (……) 2005.6.30. 현재 우선적 근로기회를 부여받은 취업보호대상자(가산점 수혜자)는 86,862명인데 이 중 7,013명(8%)만이 국가유공자(상이군경 등 포함) 본인이고, 79,849명(92%)이 그들의 유·가족이며, 그 중 국가유공자의 자녀가 차지하는 비율은 83.7%(72,777명)이다. 이러한 추세는 국가유공자 가산점제도가 오늘날 국가유공자 본인을 위한 것이라기보다는 그 가족을 위한 것으로 변질되고 있는 것을 보여준다.

(3) 종전 결정에서 헌법재판소는 헌법 제32조 제6항의 "국가유공자·상이군경 및 전몰군경의 유가족은 법률이 정하는 바에 의하여 우선적으로 근로의 기회를 부여받는다"는 규정을 넓게 해석하여, 이 조항이 국가유공자 본인뿐만 아니라 가족들에 대한 취업보호제도(가산점)의 근거가 될 수 있다고 보았다. 그러나 오늘날 가산점의 대상이 되는 국가유공자와 그 가족의 수가 과거에 비하여 비약적으로 증가하고 있는 현실과, 취업보호대상자에서 가족이 차지하는 비율, 공무원시험의 경쟁이 갈수록 치열해지는 상황을 고려할 때, 위 조항의 폭넓은 해석은 필연적으로 일반 응시자의 공무담임의 기회를 제약하게 되는 결과가

될 수 있으므로 위 조항은 엄격하게 해석할 필요가 있다. 이러한 관점에서 위 조항의 대상자는 조문의 문리해석대로 "국가유공자", "상이군경", 그리고 "전몰군경의 유가족"이라고 봄이 상당하다.

나. (1) 이 사건 조항은 일반 응시자들의 공직취임의 기회를 차별하는 것이며, 이러한 기본권 행사에 있어서의 차별은 차별목적과 수단 간에 비례성을 갖추어야만 헌법적으로 정당화될 수 있다.

'국가유공자의 가족'의 경우 가산점의 부여는 헌법이 직접 요청하고 있는 것이 아니고, 그러한 법률상의 입법정책은 능력주의 또는 성과주의를 바탕으로 하여야 하는 공직취임권의 규율에 있어서 중요한 예외를 구성한다. 헌법적 요청이 있는 경우에는 합리적 범위 안에서 능력주의가 제한될 수 있지만, 단지 법률적 차원의 정책적 관점에서 능력주의의 예외를 인정하려면 해당 공익과 일반응시자의 공무담임권의 차별 사이에 엄밀한 법익형량이 이루어져야 한다.

이 사건 조항으로 인한 공무담임권의 차별효과는 앞서 본 바와 같이 심각한 반면, 국가유공자 가족들에 대하여 아무런 인원제한도 없이 매 시험마다 10%의 높은 가산점을 부여해야만 할 필요성은 긴요한 것이라고 보기 어렵고, 입법목적을 감안하더라도 일반 응시자들의 공무담임권에 대한 차별효과가 지나친 것이다. (……) 이 사건 조항의 차별로 인한 불평등 효과는 입법목적과 그 달성수단 간의 비례성을 현저히 초과하는 것이므로, 이 사건 조항은 청구인들과 같은 일반 공직시험 응시자들의 평등권을 침해한다.

(2) 이 사건 조항이 공무담임권의 행사에 있어서 일반 응시자들을 차별하는 것이 평등권을 침해하는 것이라면, 같은 이유에서 이 사건 조항은 그들의 공무담임권을 침해하는 것이다.

다. 이 사건 조항이 일반 응시자의 공무담임권과 평등권을 침해한다는 판단과는 달리, 국가기관이 채용시험에서 국가유공자의 가족에게 10%의 가산점을 부여하는 규정이 기본권을 침해하지 아니한다고 판시한 종전 결정(헌재 2001.2.22. 선고 2000헌마25 결정)은 이 결정의 견해와 저촉되는 한도 내에서 이를 변경한다.

라. 이 사건 조항의 위헌성은 국가유공자 등과 그 가족에 대한 가산점제도 자체가 입법정책상 전혀 허용될 수 없다는 것이 아니고, 그 차별의 효과가 지나치다는 것에 기인한다. 그렇다면 입법자는 공무원시험에서 국가유공자의 가족에게 부여되는 가산점의 수치를, 그 차별효과가 일반 응시자의 공무담임권 행사를 지나치게 제약하지 않는 범위 내로 낮추고, 동시에 가산점 수혜 대상자의 범위를 재조정하는 등의 방법으로 그 위헌성을 치유하는 방법을 택할 수 있을 것이다. 따라서 이 사건 조항의 위헌성의 제거는 입법부가 행하여야 할 것이므로 이 사건 조항에 대하여는 헌법불합치결정을 하기로 한다. 한편 입법자

가 이 사건 조항을 개정할 때까지 가산점 수혜대상자가 겪을 법적 혼란을 방지할 필요가 있으므로, 그 때까지 이 사건 조항의 잠정적용을 명한다.

헌재 2006.2.23. 2004헌마675등, 공보 113, 373,373-375

한편 헌법재판소는 '국가유공자등 예우 및 지원에 관한 법률' 등에서 국·공립학교 채용시험의 합격자를 결정할 때 선발예정인원을 초과하여 동점자가 있는 경우, 동점자처리에서 국가유공자와 그 유족·가족에게 우선권을 주도록 하고 있는 규정을 합헌이라고 판시하였다(헌재 2006.6.29. 2005헌마44). 또한 같은 법률에서 국가유공자의 자녀가 생존한 경우 국가유공자의 손자녀가 예외적으로 취업보호를 받을 수 있도록 규정하면서도 국가유공자의 자녀가 사망한 경우 그 자녀, 즉 국가유공자의 손자녀를 이러한 취업보호의 대상에 포함시키지 아니한 규정이 평등권 침해가 아니라고 보았다(헌재 2006.6.29. 2006헌마87). 최근 헌법재판소는 국가유공자에게 우선적 근로의 기회를 제공함에 있어서 공무원 채용시험의 가점대상이 되는 공무원에 계약직 공무원을 배제하였다고 하여 위헌이라 할 수 없다고 하였다(헌재 2012.11.29. 2011헌마533). 선발예정인원이 3명 이하인 채용시험의 경우 가점을 받을 수 없도록 한 국가유공자법 규정도 합헌이다(헌재 2016.9.29. 2014헌마541). 또한 지도직 공무원(농촌지도사 등)을 가점 대상에서 제외하더라도 합헌이다(헌재 2016.10.27. 2014헌마254등). 6·25전쟁에 참전하여 전투 중 전사하거나 부상을 입은 군경들 중에서도 '제주도지구 전투, 여수·순천 및 지리산지구 전투, 서남지구 전투경찰대 전투 중에 전사한 군경'의 자녀는 다른 경우에 비하여 희생의 정도 및 사회·경제적인 어려움에 처했을 가능성이 더 크고 추가적인 보상의 필요성도 더 절실하다고 볼 수 있으므로, 결과적으로 '위 전투들의 전투기간 중 부상 후 사망한 군경'의 자녀와의 사이에 차별적 취급이 발생하였다고 하더라도 이에 대한 합리적인 이유를 확인할 수 있어 평등의 원칙에 위배되지 않는다(헌재 2018.11.29. 2017헌바252).

Ⅵ. 노동3권

> **(헌법 제33조)** ① 근로자는 근로조건의 향상을 위하여 자주적인 단결권·단체교섭권 및 단체행동권을 가진다.
> ② 공무원인 근로자는 법률이 정하는 자에 한하여 단결권·단체교섭권 및 단체행동권을 가진다.

③ 법률이 정하는 주요방위산업체에 종사하는 근로자의 단체행동권은 법률이 정하는 바에 의하여 이를 제한하거나 인정하지 아니할 수 있다.

1. 의 의

근로자의 단결권 · 단체교섭권 · 단체행동권을 총칭하여 노동3권 또는 근로3권이라 부른다. 근로의 권리가 근로의 기회를 확보하고 유지하기 위한 권리인데 대하여, 노동3권은 근로조건의 유지나 향상을 위하여 근로자가 집단적으로 갖는 권리이다.

노동력이라는 상품의 특수성으로 인하여 현실적으로 노사 간에는 힘의 차이가 있다. 이 때문에 근로자는 사용자보다 열등한 불리한 지위에 서지 않을 수 없다. 노동3권은 이러한 열등한 지위에 있는 근로자를 사용자와 대등한 지위에 서게 하기 위한 권리이다.

시민혁명 시기에는 영업의 자유와 근로의 자유라는 이름 아래 근로자의 단결은 금지되었다. 그러나 산업혁명 이래 노동운동을 통하여 노동조합을 결성하는 근로자의 단결권이 법적으로 승인받게 되었다. '혼자서 할 자유가 있다면 집단으로 할 자유도 있다'는 논리가 법적으로 수용된 것이다. 바이마르헌법은 단결의 자유를 규정하였고, 2차대전 후 이탈리아헌법, 일본헌법 등 현대의 여러 헌법은 노동3권을 명시적으로 보장하고 있다. 우리 헌법도 제헌헌법 이래 이를 명시하고 있다.

노동3권에 속하는 단결권 · 단체교섭권 · 단체행동권은 근로조건의 유지 · 향상을 위한다는 공통의 목적을 갖고 있을 뿐 아니라 기능적으로 밀접한 관련을 갖고 있다. 단결권은 단체교섭권의 전제가 되며, 단체행동권은 단체교섭권을 위한 수단의 의미를 지닌다. 노동3권 중에서도 단결권은 가장 기초가 되는 권리이다(독일 기본법처럼 단결권만을 명시하는 예도 있다).

2. 노동3권의 법적 성격

헌법의 기본권 조항에서 노동3권은 사회권 조항에 위치하고 있다. 그러나 노동3권은 사회권적 성격과 더불어 자유권의 성격을 지니고 있다. 즉 노동3권은 본질적으로 단결의 자유, 단체교섭의 자유 및 단체행동의 자유를 의미한다. 우리 제헌헌법 제18조에서도 "근로자의 단결, 단체교섭과 단체행동의 자유는 법률의 범위 내에서 보장된다"고 규정하였는데, 제3공화국헌법 이래 "단결권 · 단체교섭권 · 단체행동권"이라는 규정으로 바뀌었다.

노동3권이 자유권의 성격을 지닌다는 것은 국가가 근로자의 단결·단체교섭·단체행동을 방해하지 못한다는 의미이며, 이 점에서는 결사의 자유를 비롯한 표현의 자유 및 일반적 행동의 자유와 중첩된다고 할 수 있다. 그럼에도 노동3권을 별도의 기본권으로 명시하고 보장하는 것은 일반적인 자유권만으로는 단결의 자유 등이 보장되기 어렵기 때문이다. 즉 국가 자신이 단결의 자유 등을 침해하지 않을 뿐만 아니라 사용자가 이를 침해하지 못하도록 입법을 통해 보장하지 않으면 안 되는 것이다.

노동3권이 사회권적 성격을 갖는 것은 다음 두 가지 점에서 그러하다. 첫째, 국가는 근로자가 사용자와 실질적으로 대등한 지위를 가질 수 있는 법적 제도를 마련할 입법의무를 지며, 근로자는 이러한 입법을 요구할 권리를 갖는다. 즉 국가는 근로자가 노동3권의 행사로 인한 형사책임 및 민사책임을 지지 않도록 법적 보장을 하고, 사용자가 정당한 이유 없이 단체교섭과 단체협약체결을 거부할 수 없는 단체협약제도 등의 법제도를 구비하도록 입법할 의무를 지며, 근로자는 이러한 입법을 요구할 권리를 지닌다. 둘째, 국가에 대한 이러한 권리는 근로자의 인간다운 생활을 보장하기 위한 것이다. 이처럼 노동3권은 자유권의 성격과 함께 사회권의 성격을 아울러 지닌다. 헌법재판소 판례는 노동3권이 '사회적 보호기능을 담당하는 자유권' 또는 **'사회권적 성격을 띤 자유권'**이라고 말한다.

(판 례) 노동3권의 법적 성격

헌법 제33조 제1항이 보장하는 근로3권은 근로자가 자주적으로 단결하여 근로조건의 유지·개선과 근로자의 복지증진 기타 사회적·경제적 지위의 향상을 도모함을 목적으로 단체를 자유롭게 결성하고, 이를 바탕으로 사용자와 근로조건에 관하여 자유롭게 교섭하며, 때로는 자신의 요구를 관철하기 위하여 단체행동을 할 수 있는 자유를 보장하는 자유권적 성격과 사회·경제적으로 열등한 지위에 있는 근로자로 하여금 근로자단체의 힘을 배경으로 그 지위를 보완·강화함으로써 근로자가 사용자와 실질적으로 대등한 지위에서 교섭할 수 있도록 해주는 기능을 부여하는 사회권적 성격도 함께 지닌 기본권이다.

근로3권은 근로자가 국가의 간섭이나 영향을 받지 아니하고 자유롭게 단체를 결성하고 그 목적을 집단으로 추구할 권리를 보장한다는 의미에서 일차적으로 자유권적 성격을 가지나 고전적인 자유권이 국가와 개인 사이의 양자관계를 규율하는 것과는 달리 국가·근로자·사용자의 3자관계를 그 대상으로 한다.

따라서 근로3권은 국가공권력에 대하여 근로자의 단결권의 방어를 일차적인 목표로 하지만, 근로3권의 보다 큰 헌법적 의미는 근로자단체라는 사회적 반대세력의 창출을 가능하게 함으로써 노사관계의 형성에 있어서 사회적 균형을 이루어 근로조건에 관한 노사간의 실질적인 자치를 보장하려는 데 있다. 경제적 약자인 근로자가 사용자에 대항하기 위해서는 근로자단체의 결성이 필요하고 단결된 힘에 의해서 비로소 노사관계에 있어서 실질적 평등이 실현된다. 다시 말하면, 근로자는 노동조합과 같은 근로자단체의 결성을 통하여 집단으로 사용자에 대항함으로써 사용자와 대등한 세력을 이루어 근로조건의 형성에 영향을 미칠 수 있는 기회를 가지게 되므로 이러한 의미에서 근로3권은 '사회적 보호기능을 담당하는 자유권' 또는 '사회권적 성격을 띤 자유권'이라고 말할 수 있다.

이러한 근로3권의 성격은 국가가 단지 근로자의 단결권을 존중하고 부당한 침해를 하지 아니함으로써 보장되는 자유권적 측면인 국가로부터의 자유뿐이 아니라, 근로자의 권리행사의 실질적 조건을 형성하고 유지해야 할 국가의 적극적인 활동을 필요로 한다. 따라서 근로3권의 사회권적 성격은 입법조치를 통하여 근로자의 헌법적 권리를 보장할 국가의 의무에 있다. 이는 곧, 입법자가 근로자단체의 조직, 단체교섭, 단체협약, 노동쟁의 등에 관한 노동조합관련법의 제정을 통하여 노사간의 세력균형이 이루어지고 근로자의 근로3권이 실질적으로 기능할 수 있도록 하기 위하여 필요한 법적 제도와 법규범을 마련하여야 할 의무가 있다는 것을 의미한다.

헌재 1998.2.27. 94헌바13등, 판례집 10-1, 32,43-45

3. 노동3권의 주체와 효력

(1) 노동3권의 주체

노동3권의 주체는 근로자이다. 근로자란 종속적 임노동(賃勞動)으로 생활하는 자를 말한다. '노동조합 및 노동관계조정법'(이하 '노조법'으로 약칭함)에 의하면 "근로자라 함은 직업의 종류를 불문하고 임금 · 급료 기타 이에 준하는 수입에 의하여 생활하는 자를 말한다"(제2조 제1호). 종속적 노동에 종사하는 자만이 근로자에 해당하는데, 종속성의 의미는 넓게 보아야 할 것이다.

외국인이 노동3권의 주체가 될 수 있는지에 대하여 견해가 갈린다. 노동3권은 국민인 근로자의 권리이며, 외국인은 그 주체로 인정되지 않는다고 본다. 다만 법률로 이를 인정하는 것은 별개의 문제이다.

(판 례) 외국인의 단결권 주체성

노동조합법상 근로자라 함은 '직업의 종류를 불문하고 임금 · 급료 기타 이에 준하는 수입에 의하여 생활하는 사람'을 말하고(제2조 제1호), 그러한 근로자는 자유로이 노동조합을 조직하거나 이에 가입할 수 있으며(제5조), 노동조합의 조합원은 어떠한 경우에도 인종, 성별, 연령, 신체적 조건, 고용형태, 정당 또는 신분에 의하여 차별대우를 받지 아니한다(제9조).

한편 구 출입국관리법(2010. 5. 14. 법률 제10282호로 개정되기 전의 것) 관련 규정에 의하면, 외국인이 대한민국에서 취업하고자 할 때에는 대통령령이 정하는 바에 따라 취업활동을 할 수 있는 체류자격(이하 '취업자격'이라고 한다)을 받아야 하고, 취업자격 없이 취업한 외국인은 강제퇴거 및 처벌의 대상이 된다.

위 각 규정의 내용이나 체계, 그 취지 등을 종합하여 살펴보면, 노동조합법상 근로자란 타인과의 사용종속관계하에서 근로를 제공하고 그 대가로 임금 등을 받아 생활하는 사람을 의미하며, 특정한 사용자에게 고용되어 현실적으로 취업하고 있는 사람뿐만 아니라 일시적으로 실업 상태에 있는 사람이나 구직 중인 사람을 포함하여 노동3권을 보장할 필요성이 있는 사람도 여기에 포함되는 것으로 보아야 한다(대법원 2004.2.27. 선고 2001두8568 판결, 대법원 2014.2.13. 선고 2011다78804 판결, 대법원 2015.1.29. 선고 2012두28247 판결 등 참조). 그리고 출입국관리 법령에서 외국인고용제한규정을 두고 있는 것은 취업자격 없는 외국인의 고용이라는 사실적 행위 자체를 금지하고자 하는 것뿐이지, 나아가 취업자격 없는 외국인이 사실상 제공한 근로에 따른 권리나 이미 형성된 근로관계에 있어서 근로자로서의 신분에 따른 노동관계법상의 제반 권리 등의 법률효과까지 금지하려는 것으로 보기는 어렵다(대법원 1995.9.15. 선고 94누12067 판결 등 참조).

따라서 타인과의 사용종속관계하에서 근로를 제공하고 그 대가로 임금 등을 받아 생활하는 사람은 노동조합법상 근로자에 해당하고, 노동조합법상의 근로자성이 인정되는 한, 그러한 근로자가 외국인인지 여부나 취업자격의 유무에 따라 노동조합법상 근로자의 범위에 포함되지 아니한다고 볼 수는 없다.

대판(전합) 2015.6.25. 2007두4995

위 대법원 판결이 외국인 근로자의 단결권을 명시적으로 인정하였는가에 대하여는 견해가 나뉠 수 있다. 그러나 위 판결이 위 판시에 이어 "원심은 취업자격 없는 외국인도 노동조합 결성 및 가입이 허용되는 근로자에 해당한다고 보고 (……) 원심의 이러한 판단은 정당하[다]"고 한 점에 비추어 보면 우리 대법원 판례는 외국인 근로자의 단결권을 인정하였다고 볼 수밖에 없을 것이다.

노동3권은 근로자 개인의 권리일 뿐 아니라 단체도 그 주체가 된다(예컨대 노동조합의 연합체를 결성할 권리 등).

(2) 노동3권의 효력

노동3권은 국가에 대한 효력을 가지며, 국가에 의하여 침해당하지 않을 자유권으로서의 성격을 지닌다. 노동3권의 행사에 대하여 형사책임을 물을 수 없다(노조법 제4조).

노동3권은 사인(私人) 간에도 효력을 가지며, 이 점에서 이 권리를 헌법에서 명시적으로 보장하는 특별한 의미가 있다. 직접적 효력을 갖는지 간접적 효력을 갖는지에 대하여는 견해가 갈린다. 노동3권은 국가만이 아니라 사용자가 이를 침해할 수 없다는 데에 그 본래의 의미가 있는 것이며, 사인 간에 직접 효력을 갖는다고 본다. 사용자는 노동3권의 행사로 인한 손해에 대하여 손해배상을 청구할 수 없다(같은 법 제3조).

4. 노동3권의 내용

(1) 단결권

단결권은 근로자가 근로조건의 유지 향상을 위하여 단체를 결성하는 권리이다. 근로조건의 유지 · 향상을 위한 근로자의 단체는 곧 노동조합을 가리키므로, 단결권이란 노동조합을 결성하는 권리라고 할 수 있다. 노조법에 의하면, "노동조합이라 함은 근로자가 주체가 되어 자주적으로 단결하여 근로조건의 유지 · 개선 기타 근로자의 경제적 · 사회적 지위의 향상을 도모함을 목적으로 조직하는 단체 또는 그 연합단체를 말한다"(제2조 제4호). 노동조합은 규약에 의해 법인으로 할 수 있다(같은 법 제6조).

노조법 제10조, 제12조는 노동조합을 설립할 때 행정관청에 설립신고서를 제출하게 하고 그 요건을 충족하지 못하는 경우 설립신고서를 반려하도록 규정하고 있는데, 헌법재판소는 위 규정이 노조법상 요구되는 요건만 충족되면 노동조합의 설립이 자유롭다는 점에서 헌법이 금지하는 결사에 대한 허가제가 아니라고 하였다(헌재 2012.3.29. 2011헌바53).

단결권에는 노동조합을 결성하는 권리 외에도, 노동조합에 가입, 활동하는 권리 및 노동조합 자체의 활동의 권리도 포함된다. 단결권은 본질적으로 단결의 자유를 뜻하며, 결사의 자유를 근로자의 근로조건의 향상을 위하여 특별히 보장한다는 의미를 지닌다. 국가나 사용자는 이를 방해하거나 침해할 수 없다. 사용자의 단결권 침해는 부당노동행위가 된다(같은 법 제81조). 복수노동조합 설립의 자유도 인정된다(같은 법 제81조 제2호. 법률개정 2006.12.30. 시행일 2011.7.1).

(판 례) 단결권의 내용(집단적 단결권)

헌법 제33조 제1항은 근로자의 단결권 · 단체교섭권 · 단체행동권 등 근로3권을 보장하고 있는데, 이 때 단결권에는 개별 근로자가 노동조합 등 근로자단체를 조직하거나 그에 가입하여 활동할 수 있는 개별적 단결권뿐만 아니라 근로자단체가 존립하고 활동할 수 있는 집단적 단결권도 포함된다.

헌법재판소도 헌법 제33조 제1항은 근로자 개인의 단결권만이 아니라 근로자단체 자체의 단결권 보장, 즉 근로자단체의 존속, 유지, 발전, 확장 등을 국가공권력으로부터 보장하고(단체존속의 권리), 근로자단체의 조직 및 의사형성절차에 관하여 규약의 형태로 자주적으로 결정하는 것을 보장하며(단체자치의 권리), 근로조건의 유지와 향상을 위한 근로자단체의 활동, 즉 단체교섭, 단체협약 체결, 단체행동, 단체의 선전 및 단체가입의 권유 등을 보호하는 것(단체활동의 권리)을 포함한다고 판시한 바 있다(헌재 1999.11.25. 95헌마154, 판례집 11-2, 555,572-573 참조).

헌재 2013.7.25. 2012헌바116, 공보 202, 977,979

(판 례) 전교조와 해직 교원들의 단결권

이 사건 법률조항(교원의 노동조합 설립 및 운영 등에 관한 법률'의 적용을 받는 교원의 범위를 초 · 중등학교에 재직 중인 교원으로 한정하고 있는 동법 제2조)은 대내외적으로 교원노조의 자주성과 주체성을 확보하여 교원의 실질적 근로조건 향상에 기여한다는 데 그 입법목적이 있는 것으로 그 목적이 정당하고, 교원노조의 조합원을 재직 중인 교원으로 한정하는 것은 이와 같은 목적을 달성하기 위한 적절한 수단이라 할 수 있다.

교원노조는 교원을 대표하여 단체교섭권을 행사하는 등 교원의 근로조건에 직접적이고 중대한 영향력을 행사하고, 교원의 근로조건의 대부분은 법령이나 조례 등으로 정해지므로 교원의 근로조건과 직접 관련이 없는 교원이 아닌 사람을 교원노조의 조합원 자격에서 배제하는 것이 단결권의 지나친 제한이라고 볼 수 없고, 교원으로 취업하기를 희망하는 사람들이 '노동조합 및 노동관계조정법'(이하 '노동조합법'이라 한다)에 따라 노동조합을 설립하거나 그에 가입하는 데에는 아무런 제한이 없으므로 이들의 단결권이 박탈되는 것도 아니다.

이 사건 법률조항 단서는 교원의 노동조합 활동이 임면권자에 의하여 부당하게 제한되는 것을 방지함으로써 교원의 노동조합 활동을 보호하기 위한 것이고, 해직 교원에게도 교원노조의 조합원 자격을 유지하도록 할 경우 개인적 인 해고의 부당성을 다투는 데 교원노조의 활동을 이용할 우려가 있으므로, 해고된 사람의 교원노조 조합원 자격을 제한하는 데에는 합리적 이유가 인정된다.

한편, 교원이 아닌 사람이 교원노조에 일부 포함되어 있다는 이유로 이미 설립신고를 마치고 활동 중인 노동조합을 법외노조로 할 것인지 여부는 법외노조통보 조항이 정하고 있고, 법원은 법외노조통보 조항에 따른 행정당국의 판단이 적법한 재량의 범위 안에 있는 것인지 충분히 판단할 수 있으므로, 이미 설립신고를 마친 교원노조의 법상 지위를 박탈할 것인지 여부는 이 사건 법외노조통보 조항의 해석 내지 법 집행의 운용에 달린 문제라 할 것이다. 따라서 이 사건 법률조항은 침해의 최소성에도 위반되지 않는다.

이 사건 법률조항으로 인하여 교원 노조 및 해직 교원의 단결권 자체가 박탈된다고 할 수는 없는 반면, 교원이 아닌 자가 교원노조의 조합원 자격을 가질 경우 교원노조의 자주성에 대한 침해는 중대할 것이어서 법익의 균형성도 갖추었으므로, 이 사건 법률조항은 청구인들의 단결권을 침해하지 아니한다.

헌재 2015.5.28. 2013헌마671등, 공보 224, 126

위 결정에서 주목할 만한 점이 있다. 교원의 정치적 기본권이나 노동권에 대한 심사기준으로 헌법 제31조 제6항의 교원지위법정주의를 적용하지 않았다는 것이다. "청구인들의 단결권을 침해하는지 여부를 판단함에 있어서는 이러한 교원의 직무 및 근로관계의 특수성을 고려할 필요가 있다"고 설시하고 있지만, 실제로는 과잉금지의 원칙을 적용하여 피해의 최소성과 법익의 균형성 심사를 하였다.

판례는 한 걸음 더 나아가 단결권은 노동3권의 핵심이고, 대학교원들에게 단결권조차 인정하지 않는 '교원의 노동조합 설립 및 운영 등에 관한 법률' 제2조 본문은 목적의 정당성조차 인정되지 않아 헌법에 합치되지 않는다고 하였다(헌재 2018.8.30. 2015헌가38). 이 결정에서는 사립대학교수와 공무원인 국공립대학교교수를 구분하여 전자에는 과잉금지원칙 위반 여부를, 후자에는 입법형성권 한계 일탈 여부를 심사기준으로 판단하였다. 주의할 점은 이 결정에서도 공무원인 대학교원에게 적용되는 입법형성권의 한계를 헌법 제31조 제6항의 교원법정주의가 아닌 제33조 제2항을 기준으로 판단하였다는 것이다. 2020년 개정 교원노조법은 그 적용대상에 유아교육법상의 교원과 고등교육법상의 교원(강사는 제외)을 포함시켰다.

단결권은 단결하지 않을 자유, 즉 소극적 단결권도 포함하느냐에 대하여 견해가 갈린다. 긍정설은 단결권이 본질적으로 시민적 결사의 자유의 성격을 지니는 점을 강조한다. 반면 부정설은 단결권이 단순한 결사의 자유와 다른 사회권적 성격을 지님을 중시한다. 긍정설은 단결권을 약화시키는 문제점이 있고, 반면 부정설은 단결권이 본질적으로 단결의 자유를 의미한다는 점과 상충된다. 노조법에 의하면, 노동조합 가입을 의무화하는 제도, 즉 유니언 숍(union shop)을 인정하지 않되, 근로자 3분의 2 이상이 가입하여 있는 노동조합의 경우에는 예외적으로 이를 인정한다(제81조 제2호). 이것은 긍정설과 부정설을 절충한 것이라고 할 수 있다. 유니온 숍 협정의 효력은 근로자의 노동조합 선택의 자유 및 지배적 노동조합이 아닌 노동조합의 단결권이 영향을 받지 아니하는 근로자, 즉 어느 노동조합에도 가입하지 아니한 근로자에게만 미친다(대판 2019.11.28. 2019두47377). 헌법재판소는 예외적으로 유니언 숍을 인정한 위 조항을 합헌이라고 판시하였다.

(판 례) 유니언 숍 협정

가. 이 사건 법률조항은 노동조합의 조직유지·강화를 위하여 당해 사업장에 종사하는 근로자의 3분의 2 이상을 대표하는 노동조합(이하 '지배적 노동조합'이라 한다)의 경우 단체협약을 매개로 한 조직강제[이른바 유니언 샵(Union Shop) 협정의 체결]를 용인하고 있다. 이 경우 근로자의 단결하지 아니할 자유와 노동조합의 적극적 단결권(조직강제권)이 충돌하게 되나, 근로자에게 보장되는 적극적 단결권이 단결하지 아니할 자유보다 특별한 의미를 갖고 있고, 노동조합의 조직강제권도 이른바 자유권을 수정하는 의미의 생존권(사회권)적 성격을 함께 가지는 만큼 근로자 개인의 자유권에 비하여 보다 특별한 가치로 보장되는 점 등을 고려하면, 노동조합의 적극적 단결권은 근로자 개인의 단결하지 않을 자유보다 중시된다고 할 것이고, 또 노동조합에게 위와 같은 조직강제권을 부여한다고 하여 이를 근로자의 단결하지 아니할 자유의 본질적인 내용을 침해하는 것으로 단정할 수는 없다.

나. 이 사건 법률조항은 단체협약을 매개로 하여 특정 노동조합에의 가입을 강제함으로써 근로자의 단결선택권과 노동조합의 집단적 단결권(조직강제권)이 충돌하는 측면이 있으나, 이러한 조직강제를 적법·유효하게 할 수 있는 노동조합의 범위를 엄격하게 제한하고 지배적 노동조합의 권한남용으로부터 개별근로자를 보호하기 위한 규정을 두고 있는 등 전체적으로 상충되는 두 기본권 사이에 합리적인 조화를 이루고 있고 그 제한에 있어서도 적정한 비례관계를 유지하고 있으며, 또 근로자의 단결선택권의 본질적인 내용을 침해하는 것으로도 볼 수 없으므로, 근로자의 단결권을 보장한 헌법 제33조 제1항에 위반되지 않는다.

헌재 2005.11.24. 2002헌바95등, 판례집 17-2, 392,392-393

한편, 위 결정에서 헌법재판소는 "근로자가 노동조합을 결성하지 아니할 자유나 노동조합에 가입을 강제당하지 아니할 자유, 그리고 가입한 노동조합을 탈퇴할 자유는 근로자에게 보장된 단결권의 내용에 포섭되는 권리로서가 아니라 헌법 제10조의 행복추구권에서 파생되는 일반적 행동의 자유 또는 제21조 제1항의 결사의 자유에서 그 근거를 찾을 수 있다"고 하였다.

제3자가 특정인의 특정 노동조합에의 가입사실을 공개하는 것은 단결권의 침해가 된다는 것이 대법원판례이다.

(판 례) 노조가입 교사 명단 공개와 단결권

이 사건 정보는 기관(학교)명, 교사명, 담당교과, 교원단체 및 노동조합 가입현황 등 특정 개인을 식별하거나 교원단체 및 노동조합 가입자 개인의 조합원 신분을 알 수 있는 내용을 담고 있음을 알 수 있다.

위 법리에 비추어 보면, 이 사건 정보는 개인정보자기결정권의 보호대상이 되는 개인정보에 해당하므로, 이 사건 정보를 일반 대중에게 공개하는 행위는 해당 교원들의 개인정보자기결정권의 침해에 해당한다고 봄이 상당하다. 또한 위와 같은 조합 가입 여부에 관한 개인정보가 공개될 경우 원고 전국교직원노동조합(이하 '전교조'라고 한다)에 속한 조합원들이 조합을 탈퇴하거나, 비조합원들이 조합에 가입하는 것을 꺼리게 될 수 있어 원고 전교조 역시 그 존속, 유지, 발전에 지장을 받을 수 있으므로, 이 사건 정보를 일반 대중에게 공개하는 행위는 원고 전교조의 그러한 권리를 침해하는 경우에 해당한다고 봄이 상당하다.

대판 2014.7.24. 2012다49933

(2) 단체교섭권

단체교섭권은 근로자 단체가 근로조건에 관하여 사용자와 교섭하는 권리이다. 단체교섭은 단체협약의 체결을 목적으로 한다. 헌법재판소 판례는 단체교섭권에 단체협약체결권이 포함되어 있다고 본다.

(판 례) 단체교섭권과 단체협약체결권

헌법 제33조 제1항이 "근로자는 근로조건의 향상을 위하여 자주적인 단결권, 단체교섭권, 단체행동권을 가진다"고 규정하여 근로자에게 "단결권, 단체교섭권, 단체행동권"을 기본권으로 보장하는 뜻은 근로자가 사용자와 대등한 지위에서 단체교섭을 통하여 자율적으로 임금 등 근로조건에 관한 단체협약을 체결할 수 있도록 하기 위한 것이다. 비록 헌법이 위 조항에서 '단체협약체결권'을 명시하여 규정하고 있지 않다고 하더라도 근로조건의 향상을 위한 근로자 및 그 단체의 본질적인 활동의 자유인 '단체교섭권'에는 단체협약체결권이 포함되어 있다고 보아야 한다.

헌재 1998.2.27. 94헌바13등, 판례집 10-1, 32,42

단체교섭권의 주체를 노동조합에 한정시킬 것인지 노동조합이 아닌 근로자단체에도 인정할 것인지 여부는 입법재량에 속한다고 할 것이다. 노조법은 노동조합에 대해서만 단체교섭권을 인정한다(같은 법 제29조). 한편 복수노동조합이 설립된 사업장에서는 교섭대표노동조합을 정하여 교섭창구를 단일화하여야 한다(같은 법 제29조의 2). 헌법재판소는 위 교섭창구단일화 조항에 대하여 합헌결정을 내렸다.

(판 례) 복수노동조합의 경우 교섭창구단일화 조항의 합헌성

노동조합 및 노동관계조정법'상의 교섭창구단일화제도는 근로조건의 결정권이 있는 사업 또는 사업장 단위에서 복수 노동조합과 사용자 사이의 교섭절차를 일원화하여 효율적이고 안정적인 교섭체계를 구축하고, 소속 노동조합과 관계없이 조합원들의 근로조건을 통일하기 위한 것으로, 교섭대표노동조합이 되지 못한 소수 노동조합의 단체교섭권을 제한하고 있지만, 소수 노동조합도 교섭대표노동조합을 정하는 절차에 참여하게 하여 교섭대표노동조합이 사용자와 대등한 입장에 설 수 있는 기반이 되도록 하고 있으며, 그러한 실질적 대등성의 토대 위에서 이뤄낸 결과를 함께 향유하는 주체가 될 수 있도록 하고 있으므로 노사대등의 원리 하에 적정한 근로조건의 구현이라는 단체교섭권의 실질적인 보장을 위한 불가피한 제도라고 볼 수 있다.

더욱이 '노동조합 및 노동관계조정법'은 위와 같은 교섭창구단일화제도를 원칙으로 하되, 사용자의 동의가 있는 경우에는 자율교섭도 가능하도록 하고 있고, 노동조합 사이에 현격한 근로조건 등의 차이로 교섭단위를 분리할 필요가 있는 경우에는 교섭단위를 분리할 수 있도록 하는 한편, 교섭대표노동조합이 되지 못한 소수 노동조합을 보호하기 위해 사용자와 교섭대표노동조합에게 공정대표의무를 부과하여 교섭창구단일화를 일률적으로 강제할 경우 발생하는 문제점을 보완하고 있다.

한편, 청구인들은 소수 노동조합에게 교섭권을 인정하는 자율교섭제도 채택을 주장하고 있으나, 이 경우 하나의 사업장에 둘 이상의 협약이 체결·적용됨으로써 동일한 직업적 이해관계를 갖는 근로자 사이에 근로조건의 차이가 발

생될 수 있음은 물론, 복수의 노동조합이 유리한 단체협약 체결을 위해 서로 경쟁하는 경우 그 세력다툼이나 분열로 교섭력을 현저히 약화시킬 우려도 있으므로 자율교섭제도가 교섭창구단일화제도보다 단체교섭권을 덜 침해하는 제도라고 단언할 수 없다.

따라서 위 '노동조합 및 노동관계조정법' 조항들이 과잉금지원칙을 위반하여 청구인들의 단체교섭권을 침해한다고 볼 수 없다.

헌재 2012.4.24. 2011헌마338, 판례집 24-1 하, 235,236

헌법재판소는 헌재 2024.6.27. 2020헌마237등 결정으로 교섭창구단일화 조항의 합헌성을 다시 확인하였다. 그러나 종전 결정이 만장일치였으나, 2024년 결정에는 4인 재판관의 반대의견이 있다. 교섭대표노동조합이 사용자와 잠정적으로 합의한 단체협약안에 대한 확정절차에 소수 노동조합이 참여할 수 있는 규정이 없고, 정보제공이나 단순 의견수렴 등의 절차 외에 소수 노동조합이 교섭대표노동조합의 단체교섭 및 단체협약 체결 과정에서 자신의 의사를 실질적으로 반영시킬 수 있는 방법이나 수단에 관한 규정도 없으며, 공정대표의무만으로는 소수 노동조합의 단체교섭권 침해를 최소화하기 위하여 필요한 절차적 참여권이 제대로 보장되고 있다고 보기 어렵고, 자율적 개별교섭 및 교섭단위 분리 제도 또한 교섭창구 단일화 제도의 합헌성을 담보하기에는 충분하지 못하다는 이유를 들었다.

노동조합의 대표자는 단체교섭 및 단체협약 체결의 권한을 가진다. 노동조합으로부터 단체교섭 또는 단체협약 체결의 권한을 위임받은 자는 위임받은 범위 안에서 그 권한을 행사할 수 있다(같은 법 제29조).

(판 례) 노동조합 대표자의 단체교섭·단체협약체결의 권한

노동조합의 대표자 또는 노동조합으로부터 위임을 받은 자에게 단체교섭권과 함께 단체협약체결권을 부여한 이 사건 법률조항의 입법목적은 노동조합이 근로3권의 기능을 보다 효율적으로 이행하기 위한 조건을 규정함에 있다 할 것이다. 따라서 비록 이 사건 법률조항으로 말미암아 노동조합의 자주성이나 단체자치가 제한되는 경우가 있다고 하더라도 이는 근로3권의 기능을 보장함으로써 산업평화를 유지하고자 하는 중대한 공익을 위한 것으로서 그 수단 또한 필요·적정한 것이라 할 것이므로 헌법에 위반된다고 할 수 없다.

헌재 1998.2.27. 94헌바13등, 판례집 10-1, 32,33

단체교섭의 대상은 근로조건에 관한 사항이다. 경영에 관한 사항은 원칙적으로 대상이 아니지만, 근로조건에 영향을 미치는 한에 있어서는 경영에 관한 사항도 교섭의 대상이 된다고 볼 것이다.

(판 례) 사용자의 경영권에 속하는 사항과 단체교섭

단체협약 중 조합원의 차량별 고정승무발령, 배차시간, 대기기사 배차순서 및 일당기사 배차에 관하여 노조와 사전합의를 하도록 한 조항은 그 내용이 한편으로는 사용자의 경영권에 속하는 사항이지만 다른 한편으로는 근로자들의 근로조건과도 밀접한 관련이 있는 부분으로서 사용자의 경영권을 근본적으로 제약하는 것은 아니라고 보여지므로 단체협약의 대상이 될 수 있고 그 내용 역시 헌법이나 노동조합법 기타 노동관계법규에 어긋나지 아니하므로 정당하다.

대판 1994.8.26. 93누8993

(판 례) 업무상 재해로 인한 사망 등의 경우 조합원의 직계가족 등을 채용하기로 하는 내용의 단체협약이 무효인지 여부

사용자가 노동조합과의 단체교섭에 따라 업무상 재해로 인한 사망 등 일정한 사유가 발생하는 경우 조합원의 직계가족 등을 채용하기로 하는 내용의 단체협약을 체결하였다면, 그와 같은 단체협약이 사용자의 채용의 자유를 과도하게 제한하는 정도에 이르거나 채용 기회의 공정성을 현저히 해하는 결과를 초래하는 등의 특별한 사정이 없는 한 선량한 풍속 기타 사회질서에 반한다고 단정할 수 없다.

대판(전합) 2020.8.27. 2016다248998

(판 례) 공무원 노동조합의 단체교섭 대상에 정책결정에 관한 사항 배제

국회는 헌법 제33조 제2항에 따라 공무원인 근로자에게 단결권·단체교섭권·단체행동권을 인정할 것인가의 여부, 어떤 형태의 행위를 어느 범위에서 인정할 것인가 등에 대하여 광범위한 입법형성의 자유를 가진다(헌재 2007.8.30. 2003헌바51등, 판례집 19-2, 215,227-229; 헌재 2008.12.26. 2006헌마462, 판례집 20-2하, 748,756 등 참조).

이 사건 규정에서 국가나 지방자치단체가 그 권한으로 행하는 정책결정에 관한 사항이나 임용권의 행사와 같은 기관의 관리·운영 사항이 근무조건과 직접 관련되지 않는 경우 이를 교섭대상에서 제외하도록 한 이유는 이러한 사항은 행정기관이 전권을 가지고 자신의 권한과 책임하에 집행하여야 할 사항들이어서 교섭대상이 되기에 부적합하고, 그럼에도 불구하고 이러한 사항들을

교섭대상에서 제외하지 않는다면 이들 사항에 대한 노조의 끊임없는 교섭요구로 정책결정이 지연되거나 교섭사항 여부를 둘러싼 혼란을 불러올 우려가 있기 때문이다. 이와 같이 이 사건 규정은 비교섭사항에 대한 해당 행정기관의 책임행정을 달성하고 교섭사항을 둘러싼 혼란을 방지하기 위한 것으로서 그 입법목적이 정당하고, 위 사항들을 비교섭대상으로 함으로써 책임행정의 달성은 물론 정책결정의 지연 등을 방지할 수 있다는 점에서 입법목적을 달성하는데 적절한 수단이 된다.

헌재 2013.6.27. 2012헌바169, 판례집 25-1, 519,530-531

노조법에 의하면 "노동조합과 사용자 또는 사용자단체는 정당한 이유 없이 교섭 또는 단체협약의 체결을 거부하거나 해태하여서는 아니 된다"(제30조 제2항). 사용자가 정당한 이유 없이 단체교섭을 거부하거나 해태하면 부당노동행위가 된다(같은 법 제81조 제3호). 이 점에서 단체교섭권은 단순한 단체교섭의 자유 이상의 권리임을 알 수 있고, 이것은 헌법이 결사의 자유와 별도로 노동3권을 명시함으로써 발생하는 효력이다.

(판 례) 사용자의 단체교섭거부 금지

이 사건 법률 조항(사용자의 부당노동행위에 관한 노동조합및노동관계조정법 제81조 제3호)은 헌법상 보장된 단체교섭권을 실효성 있게 하기 위한 것으로서 정당한 입법목적을 가지고 있다. 입법자는 이 사건 조항으로써 사용자에게 성실한 태도로 단체교섭 및 단체협약체결에 임하도록 하는 수단을 택한 것인데, 이는 위와 같은 입법목적의 달성에 적합한 것이다. 한편 이 사건 조항은 사용자로 하여금 단체교섭 및 단체협약체결을 일방적으로 강요하는 것은 아니며 "정당한 이유 없이 거부하거나 해태"하지 말 것을 규정한 것일 뿐이고, 어차피 노사간에는 단체협약을 체결할 의무가 헌법에 의하여 주어져 있는 것이므로, 이 사건 조항이 기본권 제한에 있어서 최소침해성의 원칙에 위배된 것이라고 단정할 수 없다. 또한 이 사건 조항은 노동관계 당사자가 대립의 관계로 나아가지 않고 대등한 교섭주체의 관계로서 분쟁을 평화적으로 해결하게 함으로써 근로자의 이익과 지위의 향상을 도모하고 헌법상의 근로3권 보장 취지를 구현한다는 공익을 위한 것인 데 비해, 이로 인해 제한되는 사용자의 자유는 단지 정당한 이유 없는 불성실한 단체교섭 내지 단체협약체결의 거부 금지라는 합리적으로 제한된 범위 내의 기본권 제한에 그치고 있으므로, 법익간의 균형성이 위배된 것이 아니다. 따라서 이 사건 조항이 비례의 원칙에 위배하여 청구인의 계약의 자유, 기업활동의 자유, 집회의 자유를 침해한 것이라 볼 수 없다.

이 사건 법률 조항은 사용자만의 단체협약체결 기타의 단체교섭 거부 혹은 해태를 금지하고 있지만, 헌법이 근로자에게 단체교섭권 등 근로3권을 보장하고 있고 그러한 권리가 사용자의 불성실한 단체교섭 태도로 인하여 약화되는 것을 방지하기 위한 것이므로 그 차별이 자의적인 것이라거나 비합리적인 것이라 단정할 수 없다.

헌재 2002.12.18. 2002헌바12, 판례집 14-2, 824,824-825

단체교섭은 노사 간의 협의(노사협의)와 구별된다. '근로자참여 및 협력증진에 관한 법률'은 노사협의회제도를 규정하고 있다. 노사협의회는 "근로자와 사용자가 참여와 협력을 통하여 근로자의 복지증진과 기업의 건전한 발전을 도모하기 위하여 구성하는 협의기구"(같은 법 제3조 제1호)이다. 노사협의회제도와 단체교섭제도는 목적과 성격 등에 있어서 서로 다르다. 단체교섭은 근로자의 근로조건의 유지 향상을 위한 것이지만, 노사협의는 노사 간의 협력을 도모하기 위한 것이다. 기능적으로 양 제도는 실제에 있어서 조화될 수도 있고 갈등할 수도 있지만, 단체교섭을 비롯한 노동조합의 활동은 법제도상 노사협의회제도에 의해 영향받지 않는다(같은 법 제5조. "노동조합의 단체교섭이나 그 밖의 모든 활동은 이 법에 의하여 영향을 받지 아니한다"). 또한 단체교섭은 쟁의행위를 동반할 수 있지만, 노사협의는 그렇지 않다.

헌법재판소는 최근 사용자가 노동조합의 운영비를 원조하는 행위를 부동노동행위로 금지하는 노동조합법 규정을 과잉금지원칙을 적용하여 위헌이라 판단하였다.

(판 례) 사용자의 노동조합 운영비 원조 금지 규정의 위헌성

운영비원조금지조항(사용자가 노동조합의 운영비를 원조하는 행위를 부당노동행위로 금지하는 '노동조합 및 노동관계조정법' 제81조 제4호; 저자)은 사용자로부터 노동조합의 자주성을 확보하여 궁극적으로 근로3권의 실질적인 행사를 보장하기 위한 것으로서 그 입법목적이 정당하다.

운영비 원조 행위가 노동조합의 자주성을 저해할 위험이 없는 경우에는 이를 금지하더라도 위와 같은 입법목적의 달성에 아무런 도움이 되지 않는다. 그런데 운영비원조금지조항은 단서에서 정한 두 가지 예외를 제외한 일체의 운영비 원조 행위를 금지함으로써 노동조합의 자주성을 저해할 위험이 없는 경우까지 금지하고 있으므로, 입법목적 달성을 위한 적합한 수단이라고 볼 수 없다.

사용자의 노동조합에 대한 운영비 원조에 관한 사항은 대등한 지위에 있는 노사가 자율적으로 협의하여 정하는 것이 근로3권을 보장하는 취지에 가장 부

합한다. 따라서 운영비 원조 행위에 대한 제한은 실질적으로 노동조합의 자주성이 저해되었거나 저해될 위험이 현저한 경우에 한하여 이루어져야 한다.

그럼에도 불구하고 운영비원조금지조항은 단서에서 정한 두 가지 예외를 제외한 일체의 운영비 원조 행위를 금지하고 있으므로, 그 입법목적 달성을 위해서 필요한 범위를 넘어서 노동조합의 단체교섭권을 과도하게 제한한다. 운영비원조금지조항으로 인하여 오히려 노동조합의 활동이 위축되거나 노동조합과 사용자가 우호적이고 협력적인 관계를 맺기 위해서 대등한 지위에서 운영비 원조를 협의할 수 없게 되는데, 이는 실질적 노사자치를 구현하고자 하는 근로3권의 취지에도 반한다(……).

헌법재판소는 2014.5.29. 2010헌마606 결정에서 전임자 급여 지급 금지 등에 관한 노동조합법 제24조 제2항, 제4항, 제5항이 단체교섭권 등을 침해하지 않는다고 판단하였다. 전임자급여 지원 행위와는 달리 운영비 원조 행위에 대해서는 노동조합법 제81조 제4호에서 사용자의 부당노동행위로서 금지하고 있을 뿐, 노동조합이 운영비 원조를 받는 것 자체를 금지하거나 제한하는 별도의 규정이 없고, 금지의 취지와 규정의 내용, 예외의 인정 범위 등이 다르므로, 노동조합의 단체교섭권을 침해하는지 여부를 판단하면서 운영비 원조 행위를 전임자급여 지원 행위와 동일하게 볼 수 없다.

이상의 내용을 종합하여 보면, 운영비원조금지조항이 단서에서 정한 두 가지 예외를 제외한 운영비 원조 행위를 일률적으로 부당노동행위로 간주하여 금지하는 것은 침해의 최소성에 반한다.

(헌법불합치결정)

헌재 2018.5.31. 2012헌바90, 공보 260, 825,826

2020년 개정 노동조합법은 노동조합의 자주적인 운영 또는 활동을 침해할 위험이 없는 범위에서의 운영비 원조행위를 부당노동행위의 예외로 추가하였다.

(3) 단체행동권

단체행동권의 의미가 무엇인가에 관해서는 우선 단체행동과 쟁의행위(爭議行爲)가 동일한지 여부를 검토하여야 한다. 노조법에 의하면, 쟁의행위라 함은 "파업·태업·직장폐쇄 기타 노동관계 당사자가 그 주장을 관철할 목적으로 행하는 행위와 이에 대항하는 행위로서 업무의 정상적인 운영을 저해하는 행위"를 말한다(제2조 제6호). 쟁의행위의 이러한 정의에 비추어 보면, 단체행동은 한편에서 쟁의행위보다 좁고, 다른 한편에서는 쟁의행위보다 넓다고 할 수 있다. 즉 단체행동은 근로자의 행위만을 가리키는 데 대하여 쟁의행위는 사용자의 직장폐쇄 등의 행위를 포함하며, 다른 한편, 단체행동은 근로자의 쟁의행위만이 아니라 쟁의행위 이외의 근로자의 집단행동(예컨대 '업무의 정상적인 운영을 저해하지 않는' 수준의 가두시위 등)도 포함한다. 그러나 헌법재판소 판례는 단체행동권을 근로자의 쟁의권과 동일한 의미로 해석하고 있다.

(판 례) 단체행동권의 의미

단체행동권이라 함은 노동쟁의가 발생한 경우 쟁의행위를 할 수 있는 쟁의권을 의미하며, 이는 근로자가 그의 주장을 관철하기 위하여 업무의 정상적인 운영을 저해하는 행위를 할 수 있는 권리라고 할 수 있다.

헌재 1998.7.16. 97헌바23, 판례집 10-2, 243,252

법률로 사용자의 직장폐쇄를 인정하는 것이 근로자의 단체행동권에 대한 위헌적인 침해가 아니냐에 대하여 견해가 갈리고 있다. 직장폐쇄는 사용자의 영업의 자유(직업의 자유)에 근거한 것으로, 노동3권의 법익과 균형을 이루는 합헌적 제도라고 본다.

단체행동권을 비롯한 노동3권은 "근로조건의 향상을 위하여" 인정되는 것이므로 근로조건 향상과 무관한 정치파업 등은 인정되지 않는다.

(판 례) 근로조건과 무관한 단체행동

근로조건의 유지 또는 향상을 주된 목적으로 하지 않는 쟁의행위는 노동조합및노동관계조정법의 규제대상인 쟁의행위에 해당하지 않는다고 할 것이다.

살피건대, 청구인들이 전교조 조합원으로서 다수 조합원들과 함께 집단 연가서를 제출한 후 수업을 하지 않고 무단 결근 내지 무단 조퇴를 한 채 교육인적자원부가 추진하고 있는 교육행정정보시스템(NEIS) 반대집회에 참석하는 등의 쟁의행위는 청구인들이 자인하는 바와 같이 주로 학생들의 사생활의 비밀과 자유를 침해하는 교육행정정보시스템(NEIS)의 시행을 저지하기 위한 목적으로 이루어진 것인바, 청구인들의 행위는 직접적으로는 물론 간접적으로도 근로조건의 결정에 관한 주장을 관철할 목적으로 한 쟁의행위라고 볼 수 없어 노동조합및노동관계조정법의 적용대상인 쟁의행위에 해당하지 않는다고 할 것이다.

그렇다면 청구인들의 행위가 형법상 업무방해죄에 의하여 규율되는 것은 별론으로 하고 교원노조법 제8조의 쟁의행위에 해당하지 아니함에도 이에 해당하는 것으로 보아 청구인들에게 교원노조법위반죄를 인정하고 기소를 유예한 피청구인의 이 부분 불기소처분은 교원노조법 제8조의 쟁의행위에 관한 법리해석에 위법이 있다 할 것이다.

헌재 2004.7.15. 2003헌마878, 공보 95, 775,775-776

(판 례) 경영상 조치와 쟁의행위

구조조정이나 합병 등 기업의 경쟁력을 강화하기 위한 경영주체의 경영상 조치는 원칙적으로 노동쟁의의 대상이 될 수 없고, 그것이 긴박한 경영상의 필요나 합리적인 이유 없이 불순한 의도로 추진되는 등의 특별한 사정이 없는 한 노동조합이 그 실시를 반대하기 위하여 벌이는 쟁의행위에는 목적의 정당성을 인정할 수 없다.

대판 2003.11.13. 2003도687

단체행동권을 비롯한 노동3권은 "자주적인" 것이어야 한다. 이 요건과 관련하여 단체교섭이나 쟁의행위에 대한 제3자 개입금지의 합헌성 여부가 문제되는데, 헌법재판소 판례는 이를 합헌이라고 보았다.

(판 례) 제3자 개입금지

(구 노동쟁의조정법) 제13조의2가 규정하는 제3자 개입금지는 헌법이 인정하는 근로3권의 범위를 넘어선 행위를 규제하기 위한 입법일 뿐, 근로자가 단순한 상담이나 조력을 받는 것을 금지하고자 하는 것은 아니므로, 근로자 등의위 기본권을 제한하는 것이라고는 볼 수 없다. 또한 노동관계 당사자가 아니면서 쟁의행위에 개입한 제3자는 헌법 제33조 제1항에 의한 권리를 보장받을 수 있는 주체도 아니다.

헌재 1990.1.15. 89헌가103, 판례집 2, 4,17

(판 례) 제3자의 '간여'금지

이 사건 법률조항(노동조합및노동관계조정법 제40조 제2항. "제1항 각 호 외의 자는 단체교섭 또는 쟁의행위에 간여하거나 이를 조종 · 선동하여서는 아니 된다")에서 말하는 "간여"란, 단체교섭이나 쟁의행위에 관련된 제3자의 행위를 전체적으로 평가하여 볼 때 단체교섭이나 쟁의행위의 강요 · 유도 · 조장 · 억압 등 노동관계 당사자의 자유롭고 자주적인 의사결정에 영향을 미칠 만한 간섭행위를 포괄하는 것으로 보아야 할 것이고, 이러한 의미는 자의를 허용하지 않는 통상의 해석방법에 의하여 누구나 파악할 수 있다 할 것이다. 따라서 이 사건 법률조항은 죄형법정주의가 요구하는 처벌법규의 명확성원칙에 위반된 것이라 할 수 없을 뿐만 아니라, 이 사건 법률조항을 위헌으로 판단하여야 할 다른 사유도 찾아볼 수 없다.

헌재 2004.12.16. 2002헌바57, 판례집 16-2, 461

노조법 개정으로 제3자 개입제한 조항은 삭제되었다(제40조 삭제. 법률개정 2006.12.30).

근로자의 쟁의행위가 정당성이 인정되는 경우에는 형사책임이 면제되고 민사상 손해배상책임이 발생하지 않는다(노조법 제3조, 제4조). 그러나 정당성이 인정되지 않는 쟁의행위는 업무방해죄로 처벌될 수 있다.

(판 례) 쟁의행위의 면책과 한계(1)

쟁의행위는 업무의 저해라는 속성상 그 자체 시민형법상의 여러 가지 범죄의 구성요건에 해당될 수 있음에도 불구하고 그것이 정당성을 가지는 경우에는 형사책임이 면제되며, 민사상 손해배상 책임도 발생하지 않는다. 이는 헌법 제33조에 당연히 포함된 내용이라 할 것이며, 정당한 쟁의행위의 효과로서 민사 및 형사면책을 규정하고 있는 현행 노동조합및노동관계조정법 제3조와 제4조 및 구 노동쟁의조정법 제8조, 구 노동조합법 제2조 등은 이를 명문으로 확인한 것이라 하겠다.

그러나 모든 쟁의행위가 면책되는 것은 아니며, 헌법에서 단체행동권을 보장한 취지에 적합한 쟁의행위만이 면책된다는 내재적인 한계가 있다. 이것이 바로 쟁의행위의 정당성의 문제이다. 헌법재판소도 노동관계 당사자가 쟁의행위를 함에 있어서는 그 목적, 방법 및 절차상의 한계를 존중하지 않으면 아니 되며 그 한계를 벗어나지 아니한 범위 안에서 관계자들의 민사상 및 형사상 책임이 면제되는 것이다. (……) 쟁의행위는 노동관계 당사자가 임금 및 근로조건 등을 정하는 단체협약을 체결함에 있어서 보다 유리한 결과를 자신에게 가져오게 하기 위하여 행사하는 최후의 강제수단이다. 따라서, 쟁의행위는 주로 단체협약의 대상이 될 수 있는 사항을 목적으로 하는 경우에만 허용되는 것이고, 단체협약의 당사자가 될 수 있는 자에 의하여서만 이루어져야 하는 것이다(헌재 1990.1.15. 89헌가103, 판례집 2, 14)라고 판시하여 쟁의행위에 내재적 한계가 있음을 분명히 하였다.

그렇기 때문에 노동조합및노동관계조정법 제4조(구 노동조합법 제2조) 단서는 쟁의행위에 관하여 어떠한 경우에도 폭력이나 파괴행위는 정당한 행위로 해석되어서는 아니 된다는 대원칙을 선언하고 있고, 나아가 같은 법 제37조는 쟁의행위의 기본원칙으로서, 쟁의행위는 그 목적방법 및 절차에 있어서 법령 기타 사회질서에 위반되어서는 아니 되고(제1항), 조합원은 노동조합에 의하여 주도되지 아니한 쟁의행위를 하여서는 아니 된다(제2항)고 규정하고 있는바, 이는 곧 쟁의행위의 정당성 판단의 기준을 입법화한 것이라고 볼 수 있다. (……)

집단적 노무제공의 거부와 관련된 대법원 판례의 요지는, 파업 등의 쟁의행위는 본질적 필연적으로 위력에 의한 업무방해의 요소를 포함하고 있어 폭행 협박 또는 다른 근로자들에 대한 실력행사 등을 수반하지 아니하여도 그 자체만으로 위력에 해당하므로, 정당성이 인정되어 위법성이 조각되지 않는 한 업무방해죄로 형사처벌할 수 있다는 것이다. 이러한 대법원 판례는 기본적으로 정당한 권리행사를 제한하는 것이 아니라고 할 것이다.

헌재 1998.7.16. 97헌바23, 판례집 10-2, 243,252-255

그러나 헌법재판소의 위 판례 및 그 판단의 근거로 제시된 대법원 판례는 과거 '법률상 음란물로 인정되지 않는 경우에만 표현의 자유의 보호대상이 된다'는 논리와 마찬가지로, '근로자들의 파업은 원칙적으로 업무방해죄에 해당하지만, 위법성이 조각되는 경우에만 헌법상 단체행동권으로 보호받는다'는 논리임에 다름 아니라는 비판을 받아왔다. 이에 대법원은 판례를 변경하여 근로자들은 원칙적으로 쟁의행위를 할 자유를 가지지만, 쟁의행위가 형법상 위력에 해당하는 것으로 평가되는 경우에만 헌법상 보호받는 단체행동권의 한계를 벗어난 것으로 처벌할 수 있다고 하였다.

(판 례) 쟁의행위의 면책과 한계(대법원 판례변경)

업무방해죄는 위계 또는 위력으로써 사람의 업무를 방해한 경우에 성립한다(형법 제314조 제1항). 위력이라 함은 사람의 자유의사를 제압·혼란케 할 만한 일체의 세력을 말한다.

근로자가 그 주장을 관철할 목적으로 근로의 제공을 거부하여 업무의 정상적인 운영을 저해하는 쟁의행위로서의 파업(노동조합 및 노동관계조정법 제2조 제6호)도, 단순히 근로계약에 따른 노무의 제공을 거부하는 부작위에 그치지 아니하고 이를 넘어서 사용자에게 압력을 가하여 근로자의 주장을 관철하고자 집단적으로 노무제공을 중단하는 실력행사이므로, 업무방해죄에서 말하는 위력에 해당하는 요소를 포함하고 있다.

그런데 근로자는, 헌법 제37조 제2항에 의하여 국가안전보장·질서유지 또는 공공복리 등의 공익상의 이유로 제한될 수 있고 그 권리의 행사가 정당한 것이어야 한다는 내재적 한계가 있어 절대적인 권리는 아니지만, 원칙적으로는 헌법상 보장된 기본권으로서 근로조건 향상을 위한 자주적인 단결권·단체교섭권 및 단체행동권을 가진다(헌법 제33조 제1항).

그러므로 쟁의행위로서의 파업이 언제나 업무방해죄에 해당하는 것으로 볼 것은 아니고, 전후 사정과 경위 등에 비추어 사용자가 예측할 수 없는 시기에 전격적으로 이루어져 사용자의 사업운영에 심대한 혼란 내지 막대한 손해를 초래하는 등으로 사용자의 사업계속에 관한 자유의사가 제압·혼란될 수 있다고 평가할 수 있는 경우에 비로소 그 집단적 노무제공의 거부가 위력에 해당하여 업무방해죄가 성립한다고 봄이 상당하다.

이와 달리, 근로자들이 집단적으로 근로의 제공을 거부하여 사용자의 정상적인 업무운영을 저해하고 손해를 발생하게 한 행위가 당연히 위력에 해당함을 전제로 하여 노동관계 법령에 따른 정당한 쟁의행위로서 위법성이 조각되는 경우가 아닌 한 업무방해죄를 구성한다는 취지로 판시한 대법원 1991.4.23. 선고 90도2771 판결, 대법원 1991.11.8. 선고 91도326 판결, 대법원 2004.5.27. 선고 2004도689 판결, 대법원 2006.5.12. 선고 2002도3450 판결, 대법원 2006.5.25. 선고 2002도5577 판결 등은 이 판결의 견해에 배치되는 범위 내에서 이를 변경한다.

대판(전합) 2011.3.17. 2007도482

대법원은 근로자의 쟁의행위가 형법상 정당행위에 해당하기 위한 요건을 설정한 위 기준은 쟁의행위의 목적을 알리는 등 적법한 쟁의행위에 통상 수반되는 부수적 행위가 형법상 정당행위에 해당하는지를 판단할 때에도 동일하게 적용된다고 하였다(대판 2022.10.27. 2019도10516). 그러나 헌법재판소는 파업에 형법상의 업무방해죄가 적용될 수 있다는 입장이다.

(판 례) 쟁의행위의 면책과 한계(2)

대법원은 2007도482 전원합의체 판결에서 심판대상조항에 대한 확립된 해석을 제시하고 있으므로, 헌법재판소는 이를 존중하여 그 조항의 위헌 여부를 판단해야 한다. 따라서 이 사건에서 문제가 되는 것은 심판대상조항이 '사용자가 예측할 수 없는 시기에 전격적으로 이루어져 사용자의 사업운영에 심대한 혼란 내지 막대한 손해를 초래한 집단적 노무제공 거부행위'를 위력에 의한 업무방해죄로 처벌하는 부분이 근로자들의 단체행동권을 침해하는지 여부이다.

심판대상조항은 노사관계의 형성에 있어 사회적 균형을 이루기 위해 필요한 범위를 넘는 사용자의 영업의 자유에 대한 침해를 방지하고 개인과 기업의 경제상의 자유와 거래질서를 보장하며, 경우에 따라 국민의 일상생활이나 국가의 경제적 기능에 부정적인 영향을 미치는 행위를 억제하기 위한 것이므로, 입법목적의 정당성 및 수단의 적합성이 인정된다.

근로자들의 단체행동권은 집단적 실력행사로서 위력의 요소를 가지고 있으므로, 사용자의 재산권이나 직업의 자유, 경제활동의 자유를 현저히 침해하고, 거래질서나 국가 경제에 중대한 영향을 미치는 일정한 단체행동권의 행사에 대하여는 제한이 가능하다. 헌법재판소는 심판대상조항에 대하여 이미 세 차례에 걸쳐 합헌결정(97헌바23, 2003헌바91, 2009헌바168)을 내리면서 '권리행사로서의 성격을 갖는 쟁의행위에 대한 형사처벌이 단체행동권의 보장 취지에 부합하지 않는다는 점'과, '단체행동권의 행사로서 노동법상의 요건을 갖추어 헌법적으로 정당화되는 행위를 구성요건에 해당하는 행위로 보고 다만 위법성이 조각되는 것으로 해석하는 것은 기본권의 보호영역을 하위 법률을 통해 축소하는 것임'을 밝힌 바 있다. 이후 대법원은 2007도482 전원합의체 판결에서 구성요건해당성 단계부터 심판대상조항의 적용범위를 축소함으로써 헌법재판소 선례가 지적한 단체행동권에 대한 과도한 제한이나 위축 문제를 해소하였다. 이에 따라 심판대상조항에 의하여 처벌되는 쟁의행위는 단체행동권의 목적에 부합한다고 보기 어렵거나 사용자의 재산권, 직업의 자유 등에 중대한 제한을 초래하는 행위로 한정되므로, 심판대상조항은 침해의 최소성 및 법익균형성 요건을 갖추었다. 따라서 심판대상조항은 단체행동권을 침해하지 않는다.

(유남석 재판관 등 5인의 일부 위헌의견)

이 사건의 쟁점은 심판대상조항이 쟁의행위 중 유형력이 수반되지 않은 채 단순히 근로자들이 사업장에 출근하지 않음으로써 집단적으로 노무제공을 거부하는 행위(이하 '단순파업'이라 한다)를 위력에 의한 업무방해죄의 처벌대상으로 하는 것이 단체행동권을 침해하는지 여부이다. 대법원은 2007도482 전원합의체 판결에서 위력의 포섭 범위를 축소하였으나, 이로 인하여 단순파업이 형사처벌의 대상이 된다는 규범 내용이 변경된 것은 아니다.

심판대상조항은 위법한 쟁의행위로부터 사용자의 영업이나 사업수행이 방해되는 것을 방지하고 노동관계를 공정하게 조정하여 산업평화 유지 및 국민경제 발전에 기여하기 위한 것이므로, 입법목적의 정당성 및 수단의 적합성은 인정된다.

그런데 심판대상조항은 이미 노동조합법상 쟁의행위의 주체, 시기, 절차, 방법 등을 제한하는 상세한 규정이 있음에도 '위력에 의한 업무방해'라는 포괄적인 방식으로 대부분의 노동조합법상 처벌조항보다 더 중한 형으로 단순파업 그 자체에 대하여도 형사처벌이 가능하도록 규정하여 근로자들이 단체행동권 행사를 주저하게 하는 위축효과를 초래하고 있다.

단순파업은 어떠한 적극적인 행위요소도 포함하지 않은 소극적인 방법의 실력행사로서, 그 본질에 있어 근로계약상 노무제공을 거부하는 채무불이행과 다를 바 없어, 단순파업 그 자체를 형사처벌의 대상으로 하는 것은 사실상 근로자의 노무제공의무를 형벌의 위하로 강제하는 것일 뿐만 아니라, 노사관계에 있어 근로자 측의 대등한 협상력을 무너뜨려 단체행동권의 헌법상 보장을 형해화할 위험도 존재한다.

대법원이 2007도482 전원합의체 판결에서 단순파업의 위력 해당 여부에 대한 판단기준으로 전격성과 결과의 중대성을 들어 위력의 포섭 범위를 제한하고 있으나, 쟁의행위의 정당성 여하는 쟁의행위의 전후 사정과 경위 등을 종합하여 사후적으로 결정되는 것이므로, 법률에 문외한이라고 할 수 있는 근로자들이 사전에 노동조합법상의 정당성 문제를 명확하게 판단한다는 것을 기대하기는 어렵다. 따라서 근로자들은 단순파업에 나아가는 경우에도 항상 심판대상조항에 의한 형사처벌의 위험을 감수하여야 하므로, 이는 그 자체로 단체행동권의 행사를 위축시킬 위험이 있다.

단순파업은 그 본질에 있어 근로계약상 채무불이행의 문제이므로, 정당성을 결여한 단순파업에 대해서는 민사상으로 책임을 추궁할 수 있고 이로써 정당성이 인정되지 않는 파업을 억지하는 효과를 기대할 수 있다. 그럼에도 제재수단으로 형벌을 택한 것은 형벌의 보충성 및 최후수단성 원칙에 부합한다고 보기 어렵다. 따라서 단순파업 그 자체에 대해 형법상 위력에 의한 업무방해죄로 처벌하도록 한 심판대상조항은 피해의 최소성 원칙에 위배된다.

또한, 심판대상조항은 근로자의 단체행동권 행사에 심대한 위축효과를 야기하고, 노동조합법이 공정하게 조정하고 있는 노사 간의 균형을 허물어뜨릴 뿐만 아니라, 국가가 노사 간의 자율적인 근로관계 형성을 위한 전제조건을 제대로 마련한 것이라고 보기도 어려워, 달성하고자 하는 공익에 비하여 제한되는 사익이 더 크므로, 법익의 균형성 원칙에도 위배된다.

그러므로 심판대상조항 중 근로조건의 향상을 위한 쟁의행위 가운데 집단적 노무제공 거부행위인 단순파업에 관한 부분은 단체행동권을 침해한다.

(일부위헌 의견이 다수이나, 정족수 미달로 합헌 결정)

헌재 2022.5.26. 2012헌바66, 공보 308, 1,2

5. 노동3권의 제한

노동3권에 대한 제한은 두 가지로 구분된다. ① 헌법 제33조 제2항과 제3항에 의한 헌법직접적 제한(공무원 및 주요방위산업체 종사자에 대한 제한), ② 헌법 제37조 제2항에 근거한 법률에 의한 제한이다. 노동3권이 '자주적'이고 '근로조건의 향상을 위한' 것이어야 한다는 점은 노동3권의 제한이라기보다 그 요건에 해당한다.

(1) 공무원의 노동3권 제한

헌법 제33조 제2항은 두 가지 의미를 지닌다. ① 모든 공무원이 아니라 법률로 정하는 공무원에 한하여 노동3권이 인정된다는 것이며, 이 점에서 노동3권에 대한 헌법직접적 제한이다. ② 어느 범위의 공무원에게 어느 정도의 노동3권이 인정되느냐는 법률에 맡겨져 있고, 이 점에서 기본권 형성적 법률유보에 해당한다.

국가공무원법은 공무원의 노동운동을 금지하되 '사실상 노무에 종사하는 공무원에 한하여' 이를 허용하고 있고(제66조), 지방공무원법도 같은 규정을 두고 있다(제58조). 국가공무원복무규정은 '사실상 노무에 종사하는 공무원'이란, 과학기술정보통신부 소속 현업기관의 작업 현장에서 노무에 종사하는 우정직공무원(우정직공무원의 정원을 대체하여 임용된 일반임기제공무원 및 시간선택제일반임기제공무원을 포함한다)으로서 일정한 범위의 자를 제외한 자라고 규정하고 있다(제28조). 이를 '현업공무원'이라고 부른다. 한편 '공무원의 노동조합설립 및 운영 등에 관한 법률'(2005.1.27 제정)은 위 법률 조항의 적용을 배제하는 특별법이다. 2021.1.5. 개정 공무원노조법은 공무원 노동조합의 가입 기준 중 공무원의 직급 제한을 폐지하고, 퇴직공무원, 소방공무원 및 교원을 제외한 교육공무원의 공무원 노동조합 가입을 허용하였다(제6조).

(판 례) 공무원의 노동3권과 사실상 노무에 종사하는 공무원

일반적으로 말하여 공무원이란 직접 또는 간접적으로 국민에 의하여 선출 또는 임용되어 국가나 공공단체와 공법상의 근무관계를 맺고 공공적 업무를 담당하고 있는 사람들을 가리킨다고 할 수 있고, 공무원도 각종 노무의 대가로 얻는 수입에 의존하여 생활하는 사람이라는 점에서는 통상적인 의미의 근로자적인 성격을 지니고 있으므로(근로기준법 제14조, 제16조, 노동조합법 제4조 등 참조) 헌법 제33조 제2항 역시 공무원의 근로자적 성격을 인정하는 것을 전제로 규정하고 있다.

그러나 공무원은 그 임용주체가 궁극에는 주권자인 국민 또는 주민이기 때문에 국민전체에 대하여 봉사하고 책임을 져야 하는 특별한 지위에 있고, 그가 담당한 업무가 국가 또는 공공단체의 공공적인 일이어서 특히 그 직무를 수행함에 있어서 공공성·공정성·성실성 및 중립성 등이 요구되기 때문에 일반근로자와는 달리 특별한 근무관계에 있는 사람이다(……).

헌법 제33조 제2항이 공무원의 근로3권을 제한하면서 근로3권이 보장되는 주

체의 범위를 법률에 의하여 정하도록 위임한 것은 다음과 같은 의미를 갖는다.

그 하나는 공무원은 국민전체에 대한 봉사자이며, 그 담당직무의 성질이 공공성 · 공정성 · 성실성 및 중립성이 보장되어야 한다는 특수한 사정이 있으므로 이러한 사정을 고려하여, 전체국민의 합의를 바탕으로 입법권자의 구체적인 입법에 의하여 공적이고 객관적인 질서에 이바지하는 공무원제도를 보장 · 보호하려는 것이다.

다른 하나는 입법권이 국가사회공동체의 역사 · 문화에 따라 형성된 공무원제도의 유지 · 발전과 공무원제도의 다른 쪽 당사자로서 주권자인 전체국민의 복리를 고려하고, 헌법상 보장된 공무원제도 자체의 기본틀을 해하지 않는 범위 내에서 그 제도에 관련된 여러 이해관계인의 권익을 서로 조화하면서 공공복리의 목적아래 통합 · 조정할 수 있음을 의미하는 것이다. (……)

입법권자가 헌법 제33조 제2항의 규정에 따라 근로3권의 주체가 될 수 있는 공무원의 범위를 정함에 있어서는 근로3권을 보장하고 있는 헌법의 정신이 존중되어야 함은 물론 국제사회에 있어서의 노동관계 법규 등도 고려되어야 한다. 그러나 다른 한편, 근로자인 공무원의 직위와 직급, 직무의 성질, 그 시대의 국가 · 사회적 상황 등도 아울러 고려하여 합리적으로 결정하여야 한다. 이때에 비로소 헌법상 근로자에 대한 근로3권의 보장을 통하여 실현되어야 할 가치질서와, 합리적인 직업공무원제도의 유지 · 발전을 통하여 달성되어야 할 주권자인 전체국민의 공공복리의 목적이 적절히 조화될 수 있을 것이기 때문이다.

입법자가 고려하여야 할 위와 같은 여러 가지 입법상의 참작사유 등에 미루어 위 법률조항을 살펴볼 때, 위 법률조항이 근로3권이 보장되는 공무원의 범위를 사실상의 노무에 종사하는 공무원에 한정하고 있는 것은, 근로3권의 향유주체가 되는 공무원의 범위를 정함에 있어서 공무원이 일반적으로 담당하는 직무의 성질에 따른 공공성의 정도와 현실의 국가 · 사회적 사정 등을 아울러 고려하여 사실상의 노무에 종사하는 자와 그렇지 아니한 자를 기준으로 삼아 그 범위를 정한 것으로 보인다. 이러한 입법내용은 앞서 본 바와 같이 헌법상 근로자에 대한 근로3권의 실질적 보장이 전제되고 있으면서도 헌법 제33조 제2항이 근로3권이 보장되는 공무원의 범위를 법률에 의하여 정하도록 유보함으로써 공무원의 국민 전체에 대한 봉사자로서의 지위 및 그 직무상의 공공성 등의 성질을 고려한 합리적인 공무원제도의 보장, 공무원제도와 관련한 주권자 등 이해관계인의 권익을 공공복리의 목적아래 통합 조정하려는 의도와 어긋나는 것이라고는 볼 수 없다. 그러므로 위 법률조항은 입법권자가 근로3권의 향유주체가 될 수 있는 공무원의 범위를 정하도록 하기 위하여 헌법 제33조 제2항이 입법권자에게 부여하고 있는 형성적 재량권의 범위를 벗어난 것이 아니며, 따라서 헌법에 위반하는 것이라고 할 수는 없다.

헌재 1992.4.28. 90헌바27, 판례집 4, 255,264-268

(판 례) 공무원의 노동3권의 제한과 과잉금지원칙 적용여부

공무원인 근로자 중 법률이 정하는 자 이외의 공무원에게는 그 권리행사의 제한뿐만 아니라 금지까지도 할 수 있는 법률제정의 가능성을 헌법에서 직접 규정하고 있다는 점에서 헌법 제33조 제2항은 특별한 의미가 있다. 따라서 헌법 제33조 제2항이 규정되지 아니하였다면 공무원인 근로자도 헌법 제33조 제1항에 따라 노동3권을 가진다 할 것이고, 이 경우에 공무원인 근로자의 단결권·단체교섭권·단체행동권을 제한하는 법률에 대해서는 헌법 제37조 제2항에 따른 기본권제한의 한계를 준수하였는가 하는 점에 대한 심사를 하는 것이 헌법원리로서 상당할 것이나, 헌법 제33조 제2항이 직접 '법률이 정하는 자'만이 노동3권을 향유할 수 있다고 규정하고 있어서 '법률이 정하는 자' 이외의 공무원은 노동3권의 주체가 되지 못하므로, 노동3권이 인정됨을 전제로 하는 헌법 제37조 제2항의 과잉금지원칙은 적용이 없는 것으로 보아야 할 것이다.

헌재 2007.8.30. 2003헌바51, 판례집 19-2, 213,225

(판 례) 공무원의 노동3권 제한조항과 명확성의 원칙

지방공무원법(이하 '법'이라 한다) 제58조 제1항에서 규정하고 있는 '노동운동'의 개념은 그 근거가 되는 헌법 제33조 제2항의 취지에 비추어 근로자의 근로조건의 향상을 위한 단결권·단체교섭권·단체행동권 등 근로3권을 기초로 하여 이에 직접 관련된 행위를 의미하는 것으로 좁게 해석하여야 하고, '공무 이외의 일을 위한 집단행위'의 개념도 헌법상의 집회·결사의 자유와 관련시켜 살펴보면 모든 집단행위를 의미하는 것이 아니라 공무 이외의 일을 위한 집단행위 중 공익에 반하는 행위로 축소하여 해석하여야 하며, 법원도 위 개념들을 해석·적용함에 있어서 위와 유사한 뜻으로 명백히 한정해석하고 있다. 아울러 '사실상 노무에 종사하는 공무원'의 개념은 공무원의 주된 직무를 정신활동으로 보고 이에 대비되는 신체활동에 종사하는 공무원으로 명확하게 해석된다. 그렇다면, 위 개념들은 집행당국에 의한 자의적 해석의 여지를 주거나 수범자의 예견가능성을 해할 정도로 불명확하다고 볼 여지가 없다.

헌재 2005.10.27. 2003헌바50등, 판례집 17-2, 238,238-239

헌법 제33조 제2항에 따른다면, 법률로서 모든 공무원에게 전면적으로 단체행동권을 부인하는 것은 허용되는가. 헌법재판소 판례에 의하면 이는 허용되지 않으며

위헌이라고 본다. 적어도 일정한 범위의 공무원에게는 단체행동권까지 인정되어야 한다고 해석하는 것이다.

(판 례) 공무원의 단체행동권

현행 헌법 제33조 제2항은 구헌법과는 달리 국가공무원이든 지방공무원이든 막론하고 공무원의 경우에 전면적으로 단체행동권을 제한하거나 부인하는 것이 아니라 일정한 범위 내의 공무원인 노동자의 경우에는 단결권・단체교섭권을 포함하여 단체행동권을 갖는 것을 전제하였으며, 다만 그 구체적인 범위는 법률에서 정하여 부여하도록 위임하고 있다.

모든 공무원에게 단체행동권, 즉 쟁의권을 근본적으로 부인하고 있는 노동쟁의조정법 제12조 제2항 중 「국가・지방자치단체에 종사하는 노동자」에 관한 부분은 현행헌법 제33조 제2항의 규정과 저촉되고 충돌되는 것으로 헌법 제37조 제2항의 일반적 법률유보조항에 의하여서도 정당화될 수 없는 것이지만, 헌법 제33조 제2항의 규정은 일부 공무원에게는 단체행동권을 주지 않는다는 것도 전제하고 있으므로 합헌적인 면도 포함되어 있다. 따라서 위 규정은 단순위헌선언을 하여 무효화시킬 법률이 아니고, 앞으로 현행 헌법규정과 충돌됨이 없이 합헌의 상태가 되도록 고쳐져서 재정비되어야 할 규정이다.

헌재 1993.3.11. 88헌마5, 판례집 5-1, 59

(판 례) 사실상 노무에 종사하는 공무원의 노동3권의 범위(입법부작위 위헌확인)

1. '공무원의 노동조합 설립 및 운영 등에 관한 법률'(이하 '공무원노조법'이라 한다)에 의하면, 지방공무원 중 기능직공무원과 고용직공무원은 모두 공무원노동조합에 가입할 수 있고, 단결권과 단체교섭권을 가진다. 그런데 만일 지방공무원법 제58조 제2항에 따라 제정된 조례가 기능직공무원을 '사실상 노무에 종사하는 공무원'의 범위에 포함시킨다면 기능직공무원들은 공무원노조법의 적용대상에서 제외되어 단결권과 단체교섭권은 물론 단체행동권까지 가질 수 있게 되는바, 해당 조례가 어떻게 제정되는지에 따라 기능직공무원인 청구인들이 향유할 수 있는 근로3권의 범위가 달라지게 된다. 따라서 이 사건 부작위에 의하여 청구인들의 기본권이 침해될 가능성이 있으며 아울러 청구인들은 이 사건 심판청구에 관한 자기관련성도 인정된다.

2. 지방공무원법 제58조 제2항은 '사실상 노무에 종사하는 공무원'의 구체적인 범위를 조례로 정하도록 하고 있기 때문에 그 범위를 정하는 조례가 제정되어야 비로소 지방공무원 중에서 단결권・단체교섭권 및 단체행동권을 보장받게 되는 공무원이 구체적으로 확정된다. 그러므로 지방자치단체는 소속 공무원

중에서 지방공무원법 제58조 제1항의 '사실상 노무에 종사하는 공무원'에 해당하는 지방공무원이 단결권 · 단체교섭권 및 단체행동권을 원만하게 행사할 수 있도록 보장하기 위하여 그 구체적인 범위를 조례로 제정할 헌법상 의무를 부담하며, 지방공무원법 제58조가 '사실상 노무에 종사하는 공무원'에 대하여 단체행동권을 포함한 근로3권을 인정하더라도 업무 수행에 큰 지장이 없고 국민에 대한 영향이 크지 아니하다는 입법자의 판단에 기초하여 제정된 이상, 해당 조례의 제정을 미루어야 할 정당한 사유가 존재한다고 볼 수도 없다.

3. 헌법 제33조 제2항과 지방공무원법 제58조 제1항 단서 및 제2항에 의하면 조례에 의하여 '사실상 노무에 종사하는 공무원'으로 규정되는 지방공무원만이 단체행동권을 보장받게 되므로 조례가 아예 제정되지 아니하면 지방공무원 중 누구도 단체행동권을 보장받을 수 없게 된다. 따라서 이 사건 부작위는 청구인들이 단체행동권을 향유할 가능성조차 봉쇄하여 버리는 것으로 청구인들의 기본권을 침해한다.

헌재 2009.7.30. 2006헌마358, 판례집 21-2 상, 292,292-293

그러나 직무수행과 관련하여 일정 부분 공무원으로 의제될 뿐인 청원경찰에게 노동운동을 금지하는 국가공무원법 규정을 준용하는 것은 헌법에 위반된다.

(판 례) 청원경찰의 노동운동 금지 조항의 위헌성

청원경찰은 일반근로자일 뿐 공무원이 아니므로 원칙적으로 헌법 제33조 제1항에 따라 근로3권이 보장되어야 한다. 청원경찰은 제한된 구역의 경비를 목적으로 필요한 범위에서 경찰관의 직무를 수행할 뿐이며, 그 신분보장은 공무원에 비해 취약하다. 또한 국가기관이나 지방자치단체 이외의 곳에서 근무하는 청원경찰은 근로조건에 관하여 공무원뿐만 아니라 국가기관이나 지방자치단체에 근무하는 청원경찰에 비해서도 낮은 수준의 법적 보장을 받고 있으므로, 이들에 대해서는 근로3권이 허용되어야 할 필요성이 크다.

청원경찰에 대하여 직접행동을 수반하지 않는 단결권과 단체교섭권을 인정하더라도 시설의 안전 유지에 지장이 된다고 단정할 수 없다. 헌법은 주요방위산업체 근로자들의 경우에도 단체행동권만을 제한하고 있고, 경비업법은 무기를 휴대하고 국가중요시설의 경비 업무를 수행하는 특수경비원의 경우에도 쟁의행위를 금지할 뿐이다.

청원경찰은 특정 경비구역에서 근무하며 그 구역의 경비에 필요한 한정된 권한만을 행사하므로, 청원경찰의 업무가 가지는 공공성이나 사회적 파급력은 군인이나 경찰의 그것과는 비교하여 견주기 어렵다. 그럼에도 심판대상조항은 군인이

나 경찰과 마찬가지로 모든 청원경찰의 근로3권을 획일적으로 제한하고 있다.

이상을 종합하여 보면, 심판대상조항이 모든 청원경찰의 근로3권을 전면적으로 제한하는 것은 과잉금지원칙을 위반하여 청구인들의 근로3권을 침해하는 것이다.

심판대상조항의 위헌성은 모든 청원경찰에 대해 획일적으로 근로3권 전부를 제한하는 점에 있으며, 입법자는 청원경찰의 구체적 직무내용, 근무장소의 성격, 근로조건이나 신분보장 등을 고려하여 심판대상조항의 위헌성을 제거할 재량을 가진다. 만약 심판대상조항에 대해 단순위헌결정을 하여 즉시 효력을 상실시킨다면, 근로3권의 제한이 필요한 청원경찰까지 근로3권 모두를 행사하게 되는 혼란이 발생할 우려가 있다. 그러므로 심판대상조항에 대하여 잠정적용 헌법불합치결정을 선고하되, 입법자는 늦어도 2018. 12. 31.까지 개선입법을 하여야 한다.

헌재 2017.9.28. 2015헌마653, 공보 252, 1012

(2) 교원의 노동3권 제한

공무원인 교원(국공립학교 교원)에 대하여는 헌법 제33조 제2항이 적용된다. 따라서 이들의 노동3권은 특별한 제한을 받는다. 그러나 사립학교 교원에 관한 한, 헌법 직접적 제한은 없으며 헌법 제37조 제2항에 의한 일반적 법률유보의 적용을 받을 뿐이다. 그럼에도 불구하고 헌법재판소 판례는 사립학교 교원의 노동3권을 전면 금지하는 것이 합헌이라고 판시하였다.

(판 례) 사립학교 교원의 노동3권

헌법 제31조 제6항은 국민의 교육을 받을 기본적 권리를 보다 효과적으로 보장하기 위하여 교원의 보수 및 근무조건 등을 포함하는 개념인 "교원의 지위"에 관한 기본적인 사항을 법률로써 정하도록 한 것이므로 교원의 지위에 관련된 사항에 관한 한 위 헌법조항이 근로기본권에 관한 헌법 제33조 제1항에 우선하여 적용된다.

사립학교 교원에게 헌법 제33조 제1항에 정한 근로3권의 행사를 제한 또는 금지하고 있다고 하더라도 이로써 사립학교교원이 가지는 근로기본권의 본질적 내용을 침해한 것으로 볼 수 없고, 그 제한은 입법자가 교원지위의 특수성과 우리의 역사적 현실을 종합하여 공공의 이익인 교육제도의 본질을 지키기 위하여 결정한 것으로 필요하고 적정한 범위 내의 것이다.

헌재 1991.7.22. 89헌가106, 판례집 3, 387,387-388

위 판례는 교원의 지위를 법률로 정하도록 규정한 헌법 제31조 제6항을 마치 모든 교원의 노동3권에 대한 헌법직접적 제한인 것처럼 해석하고 있다. 교원지위 법정주의 조항은 교원의 지위를 보호하는 데에 그 기본 취지가 있는 것이며, 이를 교원의 기본권에 대한 특별한 예외적 제한의 근거로 삼는 것은 전혀 근거가 없는 자의적 해석이다. 국공립학교 교원과 사립학교 교원은 직무의 동질성이 있는데 이를 교원의 노동3권 법제도에 반영할 필요가 있다면, 사립학교 교원에게 일정한 범위의 노동3권을 인정하고 이와 동등한 내용의 노동3권을 국·공립학교 교원에게도 인정하여야 한다.

위 결정 이후에 제정된 '교원의 노동조합설립 및 운영 등에 관한 법률'(약칭 '교원노조법')은 국·공립학교와 사립학교를 불문하고 초·중고교 교원의 단결권과 단체교섭권(단체협약체결권 포함)을 인정하되 쟁의행위는 금지하고 있다. 교원노조법에 의하면 교원은 특별시·광역시·도·특별자치도 단위 또는 전국 단위에 한하여 노동조합을 설립할 수 있다(제4조).

교원노조법은 개별 학교에서의 교원노조를 인정하지 않는 것에 대응하여, 사립학교의 경우에 개별 학교법인은 단체교섭의 상대방이 될 수 없고, 사립학교 설립·경영자가 전국 또는 시·도 단위로 연합하여 교섭에 응하도록 규정하고 있다(제6조). 헌법재판소는 이 조항이 합헌이라고 판시하였다(헌재 2006.12.28. 2004헌바67).

(3) 주요방위산업체 근로자의 단체행동권 제한

헌법 제33조 제3항은 "법률이 정하는 주요방위산업체에 종사하는 근로자의 단체행동권은 법률이 정하는 바에 의하여 이를 제한하거나 인정하지 아니할 수 있다"고 규정하고 있다. 이 조항에 따라 '주요' 방위산업체 근로자에 한하여, '단체행동권'을 제한 또는 금지할 수 있다. 이 조항에 근거하여 노조법은 "방위사업법에 의하여 지정된 주요방위산업체에 종사하는 근로자중 전력, 용수 및 주로 방산물자를 생산하는 업무에 종사하는 자는 쟁의행위를 할 수 없으며 주로 방산물자를 생산하는 업무에 종사하는 자의 범위는 대통령령으로 정한다"고 규정하고 있다(제41조 제2항). 방위사업법에 의하면 방위산업체(방산업체)는 주요방산업체와 일반방산업체로 구분하여 지정된다(제35조).

(4) 헌법 제37조 제2항에 의한 제한

노동3권은 헌법 제33조 제2항, 제3항에 의한 헌법직접적 제한 이외에 헌법 제37조 제2항의 일반적 법률유보에 의하여 제한될 수 있다. 노조법은 노동3권에 대한 여러 제한규정을 두고 있다.

종래 특히 직권중재제도에 관하여 많은 논란이 있었다. 이 제도에 따르면 필수공익사업에서 노동쟁의가 발생한 경우에 노동위원회 위원장이 직권으로 중재회부결정을 할 수 있도록 되어 있었다. 이 제도가 과잉금지의 원칙에 위배하여 근로자의 단체행동권을 침해하는 것인지 여부에 관하여, 헌법재판소 다수의견은 이를 합헌으로 판시하였다(헌재 2003.5.15. 2001헌가31). 그 후 법률개정으로 직권중재제도는 폐지되었다. 그 대신 '필수유지업무'제도가 신설되고, 필수공익사업에 대체근로를 허용하고 있다. 필수유지업무제도에 의하면, 필수공익사업의 업무로서 그 업무의 정지 또는 폐지로 공중의 생명·보건 또는 신체의 안전이나 공중의 일상생활을 현저히 위태롭게 하는 업무를 필수유지업무로 규정하고 쟁의행위기간 중에도 정당한 유지·운영 의무를 부과하고 있다. 노사 당사자는 필수유지업무의 유지·운영수준, 필요인력 등을 정한 협정을 체결하도록 하되, 협정 체결이 곤란한 경우에는 당사자 일방 또는 쌍방이 노동위원회에 신청하여 필수유지업무의 유지·운영수준 등을 결정하도록 하고 있다(노조법 제42조의2 내지 제42조의6, 제43조. 법률개정 2006.12.30).

(판 례) 단체교섭권의 제한(구 한국고속철도건설공단법)

(건설교통부장관의 승인을 얻어야만 한국고속철도건설공단의 조직, 인사, 보수 및 회계에 관한 규정이 효력을 갖도록 한 구 한국고속철도건설공단법 제31조가 헌법상 보장된 단체교섭권을 침해하는지 여부. 합헌결정)

1. 헌법 제33조 제1항이 보장하는 단체교섭권은 어떠한 제약도 허용되지 아니하는 절대적인 권리가 아니라 헌법 제37조 제2항에 의하여 국가안전보장·질서유지 또는 공공복리 등의 공익상의 이유로 제한이 가능하며, 그 제한은 노동기본권의 보장과 공익상의 필요를 구체적인 경우마다 비교형량하여 양자가 서로 적절한 균형을 유지하는 선에서 결정된다.

2. 한국고속철도건설공단(이하 '공단'이라 한다)은 이윤추구를 목적으로 하는 사기업이 아니라 우리나라의 철도 교통망의 확충을 위한 고속철도를 효율적으로 건설함으로써 국민의 교통편의를 증진하기 위하여 설립된 공법인으로서, 국민의 세금으로 충당되는 정부의 출연으로 사업비와 운영비를 조달하며, 사업계획의 수립, 예산의 편성과 결산, 조직 및 인사 등에 있어서 국가의 엄격한 지도·감독을 받는다. (……)

공단의 단체협약 중 보수, 인사에 관한 사항은 단체협약 당사자 사이의 단순한 단체협약이라는 의미를 넘어 국고 부담의 증가를 초래함으로써 결과적으로 공단의 사업계획과 예산의 변경을 수반할 수밖에 없으므로 보수, 인사에 관한 사항을 단체협약으로 정하거나 이를 변경하는 경우에도 건설교통부장관의 승인을 얻도록 하는 것은 불가피한 제한이며, 인사 및 보수 등에 관한 규정을 건설교통부장관이 승인하지 않는 경우에는 장관의 불승인 처분에 대하여 행정소송으로 다툴 수 있으므로, 건설교통부장관의 자의적인 불승인에 대하여 이를 시정할 방법이 있다.

그렇다면 이 사건 법률조항으로 인한 단체교섭권에 대한 제한의 정도가 공단의 공익성에 비추어 타당한 범위 내로서 과도한 제한으로 볼 수 없으므로, 이 사건 법률조항이 단체교섭권을 침해하여 헌법을 위반하였다고 볼 수 없다.

(재판관 김영일 등 3인의 반대의견)

우리 헌법이 제33조에서 공무원 및 주요방위산업체에 종사하는 근로자의 근로3권과 관련하여 특별한 규정을 두고 있는 취지에 비추어 볼 때 이들을 제외한 근로자에 대한 근로3권의 제한은 그 제한이 헌법적으로 정당화되려면 보다 엄격한 요건을 충족시켜야 한다. (……)

고도의 공익성을 띤 사업을 행하는 공단의 인사, 보수 등에 관한 사항에 대한 규제는 사실상 공단 임원에 대한 인사권 및 공단에 대한 관리·감독권 등을 통하여 이루어질 수 있고, 공단의 노사 간에 발생하는 분쟁 역시 기본적으로는 현행 노사관계법이 마련하고 있는 제도로 해결하는 것이 바람직함에도 불구하고, 공단 노사 간의 자율적인 단체교섭을 통하여 체결된 단체협약 조항의 효력 유무를 노사관계의 제3자인 건설교통부장관의 승인 여부에 맡기는 것은 근로자의 단체협약체결권을 형해화시킨 것으로 헌법상 과잉금지원칙에 위배하여 단체교섭권을 침해한 것이다.

헌재 2004.8.26. 2003헌바28, 판례집 16-2, 240,240-242

(판 례) 필수유지업무 종사자에 대한 단체행동권 제한

필수유지업무는 필수공익사업 중 그 업무가 정지되거나 폐지되는 경우 공중의 생명·건강 또는 신체의 안전이나 공중의 일상생활을 현저히 위태롭게 하는 업무이므로 이에 대해 아무런 제한 없이 근로자의 쟁의권을 인정한다면 공중의 생명이나 신체, 건강 등은 위험에 처해질 수밖에 없다. 따라서 공중의 생명, 건강, 신체의 안전 및 일상생활을 현저히 위태롭게 하지 않도록 그 필요 최소한에 해당하는 필수유지업무에 대해 쟁의권 행사를 제한하는 것은 기본권 제한의 한계를 벗어난 것이라고 볼 수 없다. 더욱이 필수유지업무제도는 쟁의행위에 대한 사전적 제한이라는 성격을 가지지만, 필수유지업무제도를 통해 보호하려는 공중의 생명이나 건강은 그 침해가 현실화된 이후에는 회복이 어려운 점, 필수유지업무에 대한 쟁의행위 금지 범위를 자율적 협정을 통해 정하는 해당 사업장의 종사자들은 필수유지업무로서 공중의 생명이나 건강 등에 위협

을 가하지 않을 수준을 충분히 예상할 수 있으므로 이를 사전적으로 정하는 것이 불가능하지 않은 점 등에 비추어 볼 때, 이 사건 쟁의권 제한이 사전제한이라 하더라도 이것이 과잉금지원칙에 위반된다고 볼 수 없다.

헌재 2011.12.29. 2010헌바385, 공보 183, 123,124

(판 례) 특수경비원의 단체행동권 제한

(재판관 유남석 등 5인의 위헌의견)

특수경비원(공항, 항공기 등 대통령령이 정하는 국가중요시설의 경비 및 도난·화재 그 밖의 위험발생을 방지하는 업무에 종사하는 경비원, 경비업법 제2조제1호마목; 저자)은 공무원인 근로자 또는 법률이 정하는 주요방위산업체에 종사하는 근로자가 아닌 일반근로자로서 단체행동권이 철저하게 보장되어야 하고, 쟁의권은 단체행동권 중에서도 핵심적인 권리이다. 따라서 특수경비원이 근무하는 시설의 중요성이나 담당하는 업무의 공공성이 크다는 이유만으로 쟁의행위의 전면 금지와 같은 중대한 기본권 제한이 정당화될 수는 없다. (……)

쟁의행위로 인한 사회적 혼란은 헌법이 정상적인 업무의 저해를 본질로 하는 쟁의권을 단체행동권의 일환으로 보장함으로써 필연적으로 예정된 부분이므로, 이를 이유로 기본권 자체를 대폭 제한하기보다는 입법목적을 달성하면서도 기본권 제한을 최소화하는 방법을 모색하여야 한다. 이를 위한 다양한 대안이 존재함에도 불구하고, 심판대상조항은 기본권 제한을 완화하거나 보상할 수 있는 어떠한 조치조차 없이 일반근로자인 특수경비원의 쟁의행위를 획일적·전면적으로 금지하고 있다. 따라서 심판대상조항은 침해의 최소성을 갖추지 못하였다.

(정족수 미달로 합헌결정)

헌재 2023.3.23. 2019헌마937, 공보 318, 756,757

그 밖에 헌법재판소 판례는 노조법에서 "사업장의 안전보호시설에 대하여 정상적인 유지·운영을 정지·폐지 또는 방해하는 행위는 쟁의행위로서 이를 행할 수 없다"고 한 규정(제42조 제2항)이 명확성의 원칙이나 과잉금지 원칙에 위반하지 않는다고 보고 합헌결정을 내렸다(헌재 2005.6.30. 2002헌바83).

또한 헌법재판소는 공항·항만 등 국가중요시설의 경비업무를 담당하는 특수경비원에게 경비업무의 정상적인 운영을 저해하는 일체의 쟁의행위를 금지하는 것(경비업법 제15조 제3항)은 필요불가결한 최소한의 수단이라고 판시하였다(헌재 2009.10.29. 2007헌마1359).

한편 노동조합을 비과세대상으로 규정하지 않았다고 하여 근로3권을 침해하는 것은 아니라고 판시하였다(헌재 2009.2.26. 2007헌바27). 또한, 최근에는 노동조합으로 하여금 행정관청이 요구하는 경우에 결산결과와 운영사항을 보고하도록 하고, 이에 위반한 경우 과태료를 부과하도록 한 조항은 단결권 중 노동조합의 자주적인 운영에 대한 자유를 침해하는 것은 아니라고 하였다(헌재 2013.7.25. 2012헌바116).

Ⅶ. 환 경 권

> **(헌법 제35조)** ① 모든 국민은 건강하고 쾌적한 환경에서 생활할 권리를 가지며, 국가와 국민은 환경보전을 위하여 노력하여야 한다.
> ② 환경권의 내용과 행사에 관하여는 법률로 정한다.
> ③ 국가는 주택개발정책 등을 통하여 모든 국민이 쾌적한 주거생활을 할 수 있도록 노력하여야 한다.

1. 서 설

환경권은 산업화에 따른 공해문제에 대응하기 위해 등장한 새로운 기본권의 하나이다. 환경권의 성립에 중요한 계기가 된 것은 1969년 미국의 '국가환경정책법'(National Environmental Policy Act) 제정과 1972년의 유엔 인간환경회의에서의 환경권 선언이다. 그리스헌법, 스페인헌법 등에서 환경권조항을 두고 있고, 독일 기본법은 자연적 생활기반을 보호할 국가의 의무를 규정하고 있다. 우리 헌법은 제5공화국헌법에서 처음 환경권조항을 두었다. 현행헌법은 문언의 일부를 수정하고 '쾌적한 주거생활의 권리'를 추가로 규정하였다.

환경권의 의미에 관하여 환경의 개념을 어떻게 정의하느냐를 둘러싸고 견해가 갈린다. ① 자연환경만으로 보는 견해, ② 자연환경 외에 물리적 인공환경을 포함하는 견해, ③ 사회적·문화적 환경까지 포함하는 견해 등이 제시되고 있다. 제5공화국헌법은 "깨끗한 환경에서 생활할 권리"라고 규정하였는데, 현행헌법은 "건강하고 쾌적한 환경에서 생활할 권리"라고 규정하여 환경의 의미를 확대하고 있다. 환경정책기본법에 의하면 환경이란 자연환경과 생활환경을 말한다고 정의한다(제3조 제1호). 자연환경이란 "지하·지표(해양을 포함한다) 및 지상의 모든 생물과 이들을 둘러싸고 있는 비생물적인 것을 포함한 자연의 상태(생태계 및 자연경관을 포함한다)"를 말하고, 생활환경이란, “대기, 물, 토양, 폐기물, 소음 · 진동, 악취, 일조(日照), 인공조명, 화학물질 등 사람의 일상생활과 관계되는 환경”을 말한다(같은 법 제3조 제2호, 제3호). 우리 헌법상 환경이란, 자연환경과 생활환경 및 ‘쾌적한 주거생활의 권리’(헌법 제35조 제3항)를 포함한다고 본다. 그러나 하급법원 판례 중에는 환경의 의미에 사회적, 문화적 환경까지 포함된다고 본 것이 있다(부산고법 1995.5.18. 95카합5).

(판 례) 환경의 개념

‘건강하고 쾌적한 환경에서 생활할 권리’를 보장하는 환경권의 보호대상이 되는 환경에는 자연환경뿐만 아니라 인공적 환경과 같은 생활환경도 포함된다. 환경권을 구체화한 입법이라 할 환경정책기본법 제3조에서도 환경을 자연환경과 생활환경으로 분류하면서, 생활환경에 소음 · 진동 등 사람의 일상생활과 관계되는 환경을 포함시키고 있다. 그러므로 일상생활에서 소음을 제거 · 방지하여 정온한 환경에서 생활할 권리는 환경권의 한 내용을 구성한다.

헌재 2008.7.31. 2006헌마711, 공보 142, 1146,1148

2. 환경권의 법적 성격과 효력

환경권의 법적 성격에 관하여 여러 견해가 있다. ① 인간의 존엄과 행복추구권에 기초한 사회권으로 보는 견해, ② 자유권과 절차권 및 사회권 등이 혼합된 권리로 보는 견해, ③ 권리와 의무가 혼합된 것으로 보는 견해 등이 제시되고 있다.

환경권은 자유권과 사회권의 양면적 성격을 가진다고 본다. 국가의 환경침해를 금지하고 자유롭게 쾌적한 환경을 누리는 권리라는 면에서는 자유권의 성격을 지니고, 국가가 환경의 보전과 개선을 위한 조치를 취하도록 청구하는 권리라는 면에서는 사회권의 성격을 지닌다. 자유권적 측면에서는 구체적 권리라고 할 것이고, 사회권적 측면에서는 다른 사회권과 마찬가지로 제한된 구체적 권리라고 볼 것이다. 대법원 판례는 환경권 조항에서 구체적 권리가 직접 발생하지는 않는다고 본다.

(판 례) 환경권의 법적 성격(1)

환경권은 명문의 법률규정이나 관계 법령의 규정 취지 및 조리에 비추어 권리의 주체, 대상, 내용, 행사 방법 등이 구체적으로 정립될 수 있어야만 인정되는 것이므로(대결 1995.5.23.자 94마2218 참조), 사법상의 권리로서의 환경권을 인정하는 명문의 규정이 없는데도 환경권에 기하여 직접 방해배제청구권을 인정할 수는 없다 할 것이다.

대판 1999.7.27. 98다47528

환경권의 실체적 성격과 관련하여, 환경권을 일종의 재산권으로 파악하는 견해도 있다. 환경권에 포함된 경제적 이익의 측면을 인정할 수 있으나, 통상적인 재산권과는 다르다고 할 것이다. 환경권은 여러 사람들이 공유하는 성격이 강하고 처분가능성의 면에서도 차이가 있다.

또한 환경권에 인격권의 성격이 있다는 견해도 있다. 환경권이 인간의 존엄에 기초한다는 점에서 그러한 성격을 찾아볼 수 있겠으나, 인격권적 성격은 대부분의 기본권에 공통된다고 볼 것이다.

한편 환경권은 국가에 대해서만이 아니라 사인 간에서도 효력을 갖는다. 헌법 제35조 제1항은 국가만이 아니라 국민도 환경보전에 노력하여야 한다고 규정하고 있는데, 이 규정은 환경권이 사인 간에서 직접적 효력을 갖는다는 해석의 근거가 될 수 있다. 그러나 위 판례에 나타나 있는 것처럼, 대법원은 환경권의 사인 간에서의 직접적 효력을 부인하고 있다.

(판 례) 환경권의 법적 성격(2)

환경권은 건강하고 쾌적한 생활을 유지하는 조건으로서 양호한 환경을 향유할 권리이고, 생명·신체의 자유를 보호하는 토대를 이루며, 궁극적으로 '삶의 질' 확보를 목표로 하는 권리이다. 환경권을 행사함에 있어 국민은 국가로부터 건강하고 쾌적한 환경을 향유할 수 있는 자유를 침해당하지 않을 권리를 행사할 수 있고, 일정한 경우 국가에 대하여 건강하고 쾌적한 환경에서 생활할 수 있도록 요구할 수 있는 권리가 인정되기도 하는바, 환경권은 그 자체 종합적 기본권으로서의 성격을 지닌다.

헌재 2008.7.31. 2006헌마711, 공보 142, 1146,1148

헌법재판소는 공직선거법의 확성기 사용 조항은 환경권을 침해한다고 하여 헌법불합치결정을 하였다(헌재 2019.12.27. 2018헌마730). 과소보호금지 심사기준을 적용하였는데, 정온한 생활환경이 보장되어야 할 주거지역에서 출퇴근 이전 및 등하교 이후 시간대에 규제기준이 없다는 이유를 들었다. 헌법재판소는 결정이유에서 "국가는 사인인 제3자에 의한 국민의 환경권 침해에 대해서도 적극적으로 기본권 보호조치를 취할 의무를 진다"고 설시하였다.

3. 환경권의 내용

환경권은 ① 소극적으로 환경 침해를 금지하고 그 침해 배제를 청구할 수 있는 권리(환경침해배제청구권), ② 적극적으로 환경보전과 개선을 위한 조치를 취하도록 청구할 수 있는 권리(환경보전개선청구권) 및 ③ 쾌적한 주거생활의 권리를 내용으로 한다. 국가는 이에 대응하여 환경보전을 위하여 노력할 의무를 진다.

헌법은 환경권의 내용과 행사는 법률로 정한다고 규정한다(제35조). 환경권 보장에 관한 법률로, 환경정책기본법을 비롯하여 대기환경보전법, 물환경보전법, 먹는물관리법, 소음·진동관리법, 자연환경보전법, 자연공원법, '야생생물 보호 및 관리에 관한 법률,' 환경영향평가법, 폐기물관리법 등이 있다. 쾌적한 주거생활의 권리에 관한 법률로는 주택법, 택지개발촉진법, '민간임대주택에 관한 특별법' 등이 있다.

환경정책기본법에 의하면, 국가 및 지방자치단체는 환경보전계획을 수립하여 시행할 책무를 지며, 환경오염의 사전예방을 위한 시책을 강구하여야 한다(제4조, 제7조의2).

(판 례) 수질개선부담금 부과

이 헌법조항(제35조 제1항)은 환경정책에 관한 국가적 규제와 조정을 뒷받침하는 헌법적 근거가 되며, 국가는 환경정책 실현을 위한 재원마련과 환경침해적 행위를 억제하고 환경보전에 적합한 행위를 유도하기 위한 수단으로 수질개선부담금과 같은 환경부담금을 부과·징수하는 방법을 선택할 수 있는 것이다.

따라서 이 사건 법률조항에서 특별히 먹는샘물제조업자라는 집단을 선정하여 수질개선부담금을 부과한 것도 타당성이 있다 할 것이다.

헌재 1998.12.24. 98헌가1, 판례집 10-2, 819,836

(판 례) 국가의 쾌적한 주거생활 조성의무

토지초과이득세법은 (……) 오로지 당해 토지상에 현재 건축물이 존재하고 있는지의 여부에만 관심을 두고 이에 따라서 토초세 과세 여부를 결정하도록 되어 있다. 이는 (……) "모든 국민은 인간다운 생활을 할 권리를 가진다. 국가는 사회보장·사회복지의 증진에 노력할 의무를 진다"고 규정한 헌법 제34조 제1항, 제2항과 "국가는 주택개발정책 등을 통하여 모든 국민이 쾌적한 주거생활을 할 수 있도록 노력하여야 한다"고 규정한 헌법 제35조 제1항 등의 정신에도 배치되는 경우가 될 수 있다.

헌재 1994.7.29. 92헌바49등, 판례집 6-2, 64,112

주의할 점이 있다. 환경정책기본법상의 환경기준은 행정기관을 직접 기속하거나 국민의 권리·의무를 규율하는 것이 아니라 행정이 달성·유지하기 위해 노력해야 할 목표에 불과하다(헌재 2016.12.29. 2015헌바280). 그러나 '기후위기 대응을 위한 탄소중립·녹색성장 기본법'(약칭: '탄소중립기본법')은 국제기준에 맞춘 온실가스 총배출 감축 목표를 구체적으로 규정하지 않았다는 이유로 위헌결정을 받았다.

(판 례) 2030년까지의 온실가스 배출량 감축목표만 규정한 탄소중립기본법의 위헌성

국가가 국민의 건강하고 쾌적한 환경에서 생활할 권리에 관한 보호의무를 다하지 않았는지를 헌법재판소가 심사할 때에는 '과소보호금지원칙'의 위반 여부를 기준으로 삼아, 개별 사례에서 기본권침해가 예상되어 보호가 필요한 '위험상황'에 대응하는 '보호조치'의 내용이, 문제 되는 위험상황의 성격에 상응하는 보호조치로서 필요한 최소한의 성격을 갖고 있는지에 따라 판단하는데, 위험상황의 성격 등은 '과학적 사실'과 '국제기준'에 근거하여 객관적으로 검토되어야 한다.

탄소중립기본법 제8조 제1항 및 같은 법 시행령 제3조 제1항이 설정한 중장기 감축목표와 이 사건 부문별 및 연도별 감축목표가 과소보호금지원칙을 위반하였는지 여부는 기후위기라는 위험상황의 성격에 상응하는 보호조치로서 필요한 최소한의 성격을 갖추었는지를 기준으로 판단하며, 온실가스 감축의 구체적인 목표치가 전 지구적인 감축 노력의 관점에서 우리나라가 기여해야 할 몫에 부합하는지, 감축목표 설정의 체계가 기후변화의 영향과 온실가스 배출 제한의 측면에서 미래에 과중한 부담을 이전하지 않는 방식으로, 또한 온실가스 감축이 실효적으로 담보될 수 있는 방식으로 제도화되어 있는지 등을 과학적 사실과 국제기준을 고려하여 판단하여야 한다. (…)

탄소중립기본법 제8조 제1항(및 시행령에서 2030년까지의 중장기 감축목표로서 국가 온실가스 배출량을 2018년 대비 40%만큼 감축한다고 규정하고; 저자 첨가) 2031년부터 2049년까지의 감축목표에 관하여 어떤 형태의 정량적 기준도 제시하지 않은 것은, 같은 조 제4항의 온실가스 감축목표 재설정 주기나 범위 등 관련 법령의 체계를 살펴보더라도 2050년 탄소중립의 목표 시점에 이르기까지 점진적이고 지속적인 감축을 실효적으로 담보할 수 없으므로, 미래에 과중한 부담을 이전하는 방식으로 온실가스 감축목표를 규율한 것이다. 구체적인 감축목표를 정할 때 단기적일 수도 있는 정부의 상황 인식에만 의존하는 구조로는 온실가스 감축정책의 적극성 및 일관성을 담보하기 어렵다.

따라서 탄소중립기본법 제8조 제1항은 2031년부터 2049년까지의 감축목표

에 대한 규율에 관하여 기후위기라는 위험상황에 상응하는 보호조치로서 필요한 최소한의 성격을 갖추지 못하였으므로 과소보호금지원칙을 위반하였다. (……) 2031년부터 2049년까지의 감축목표에 관하여 대강의 정량적 수준도 규정하지 않고 이에 관해 정부가 5년마다 정하도록 한 것은 의회유보원칙을 포함하는 법률유보원칙을 위반한 것이다.

헌재 2024.8.29. 2020헌마389등, 판례집 36-2, 217,219-220

4. 환경권의 제한

환경권도 헌법 제37조 제2항에 의한 제한이 가능하다. 특히 경제개발과 같은 공공복리를 위한 제한이 문제된다. 경제개발 등의 이익과 환경권의 대립에 있어서 어느 것이 우선하는가는 개별적인 이익형량을 통하여 판단되어야 한다.

(1) 수인한도이론

환경권제한과 관련하여 판례에서 수인한도이론(受忍限度理論)이 채택되어 있다. 이에 따르면 환경침해에 의해 피해가 발생하더라도 이를 참고 받아들여야 할 일정한 범위가 있으며, 이 범위를 넘는 경우에 한하여 위법성이 인정된다.

(판 례) 수인한도

피고들의 공장에서 배출된 공해물질로 인하여 초래된 환경오염의 정도에 비추어 볼 때 원고들이 구체적인 발병에 이르지는 아니하였다 하여도 적어도 장차 발병 가능한 만성적인 신체건강상의 장해를 입었고 이는 통상의 수인한도를 넘는다고 할 것인바, 위와 같은 환경오염을 초래한 피고들의 행위는 생활환경의 보호와 그 침해에 대한 구제를 규정하고 있는 헌법 제35조 및 환경보전법 제60조 등에 비추어 볼 때 그 위법성이 있다할 것이므로 피고들은 공동불법행위자로서 이로 인한 손해를 배상할 책임이 있다 할 것 (……)

대판 1991.7.26. 90다카26607

(판 례) 수인한도 판단에서 고려할 요소

침해가 사회통념상 일반적으로 수인할 정도를 넘어서는지 여부는 피해의 성질 및 정도, 피해이익의 공공성과 사회적 가치, 가해행위의 태양, 가해행위의 공공성과 사회적 가치, 방지조치 또는 손해회피의 가능성, 공법적 규제 및 인·허가 관계, 지역성, 토지이용의 선후관계 등 모든 사정을 종합적으로 고려하여 판단하여야 할 것이다.

대판 1995.9.15. 95다23378

(2) 환경권과 재산권의 충돌

환경권의 제한은 흔히 재산권이나 직업의 자유(영업의 자유)와의 충돌의 형태로 나타난다. 이 기본권의 충돌에서 어느 것이 우선하는가라는 문제가 제기된다. 아래 판례의 반대의견이나 보충의견에서 보는 것처럼, 환경권이 재산권과 같은 경제적 자유보다 우선하는 지위에 있다는 견해가 있다. 그러나 어느 하나가 항상 우선한다고 볼 것은 아니며 개별적인 경우마다 구체적인 이익형량을 통하여 판단하여야 할 것이다.

(판 례) 환경권 우위의 인정여부

(이른바 그린벨트사건에서 이영모재판관의 반대의견)

모든 국민이 건강하고 쾌적한 환경에서 생활할 수 있는 환경권(헌법 제35조)은 인간의 존엄과 가치·행복추구권의 실현에 기초가 되는 기본권이므로 사유재산권인 토지소유권을 행사하는 경제적 자유보다 우선하는 지위에 있다고 본다.

헌재 1998.12.24. 89헌마214등, 판례집 10-2, 927,969

(판 례) 환경권 우위의 인정여부

(이른바 러브호텔사건의 보충의견)

지방자치단체가 환경오염의 우려가 있는 행위를 제한하는 지역을 조례로 구체적으로 지정하지 않고 있다는 사유만으로 환경오염의 우려가 있는 행위가 무제한적으로 허용된다고 보는 것은, 환경권을 재산권이나 영업의 자유보다 우위에 있는 기본권으로 보장하면서, 환경보전을 국가나 지방자치단체의 의무인 동시에 그에 의하여 자유와 권리가 제한되는 국민 자신의 의무이기도 한 것으로 규정하고 있는 헌법과 환경관련 법률의 이념에 어긋나는 해석이다.

대판 1999.8.19. 98두1857

5. 환경권 침해에 대한 구제

국가의 환경침해 행위에 대해서는 행정소송이나 국가배상청구 등을 통해 구제를 받을 수 있다. 국가가 환경보전과 개선의 의무를 태만히 하는 경우에는 헌법소원을 통하여 입법부작위에 대한 위헌확인을 청구할 수 있다고 볼 것이다.

사인의 행위로 인한 환경침해에 대해서는 손해배상청구나 가해행위의 중지청구

(中止請求)의 소송을 통하여 구제받을 수 있다. 이 경우에 실체법적 측면에서 특히 문제되는 것은 인과관계의 입증 문제이다. 환경소송에서 환경오염의 원인과 피해 사이의 인과관계에 대하여 과학적인 엄격한 입증을 요구한다면 피해구제가 매우 어렵게 된다. 이 때문에 환경소송에서는 인과관계 입증의 정도를 완화할 필요가 있다. 이에 관하여 대법원 판례는 이른바 개연성(蓋然性)이론을 택하고 있다. 환경오염으로 인한 피해자가 인과관계 존재의 개연성을 증명하면 족하고, 피고는 반증으로 인과관계 부존재를 증명하지 않는 한 책임을 면하지 못한다는 것이다.

(판 례) 개연성이론

일반적으로 불법행위로 인한 손해배상청구사건에 있어서 가해행위와 손해발생간의 인과관계의 입증책임은 청구자인 피해자가 부담하나, 수질오탁으로 인한 이 사건과 같은 공해로 인한 손해배상청구 소송에 있어서는 기업이 배출한 원인물질이 물을 매체로 간접적으로 손해를 끼치는 수가 많고 공해문제에 관하여는 현재의 과학수준으로 해명할 수 없는 분야가 있기 때문에 가해행위와 손해발생 간의 인과관계의 고리를 모두 자연과학적으로 증명하는 것은 곤란 내지 불가능한 경우가 대부분이므로 피해자에게 사실적 인과관계의 존재에 관한 엄밀한 과학적 증명을 요구함은 공해의 사법적 구제의 사실상 거부가 될 우려가 있는 반면에 가해기업은 기술적 경제적으로 피해자보다 원인조사가 훨씬 용이할 뿐 아니라 그 원인을 은폐할 염려가 있어, 가해기업이 배출한 어떤 유해한 원인물질이 피해물건에 도달하여 손해가 발생하였다면 가해자측에서 그 무해함을 입증하지 못하는 한 책임을 면할 수 없다고 봄이 사회형평의 관념에 적합하다.

대판 1984.6.12. 81다558

실체법적 측면에서의 또다른 문제는 무과실책임을 인정할 것이냐의 문제다. 과실책임의 원칙에 입각하는 한, 환경소송에서의 피해구제에는 한계가 있다. 따라서 입법을 통하여 무과실책임을 인정할 필요성이 제기된다. 환경정책기본법은 "환경오염 또는 환경훼손으로 피해가 발생한 경우에는 해당 환경오염 또는 환경훼손의 원인자가 그 피해를 배상하여야 한다. 환경오염 또는 환경훼손의 원인자가 둘 이상인 경우에 어느 원인자에 의하여 제1항에 따른 피해가 발생한 것인지를 알 수 없을 때에는 각 원인자가 연대하여 배상하여야 한다"고 하여 무과실책임을 규정하고 있다(제44조).

대법원도 "환경정책기본법 제31조 제1항 및 제3조 제1호, 제3호, 제4호에 의하면, 사업장 등에서 발생되는 환경오염으로 인하여 피해가 발생한 경우에는 당해 사업자는 귀책사유가 없더라도 그 피해를 배상하여야 하고, 위 환경오염에는 소음 · 진동으로 사람의 건강이나 환경에 피해를 주는 것도 포함되므로, 이 사건 원고들의 손해에 대하여 피고는 그 귀책사유가 없더라도 특별한 사정이 없는 한 이를 배상할 의무가 있다고 할 것이다"(대판 2001.2.9. 99다55434)라고 하여, 무과실책임을 인정하고 있다.

한편 절차법적 측면에서 환경권보호를 위한 특별한 제도의 필요성이 있다. 환경분쟁조정법은 환경분쟁조정위원회를 설치하고 이에 의한 알선 · 조정(調停) · 재정(裁定) 등의 절차를 규정하고 있다. 그 밖에 환경소송에서 원고적격의 확대 또는 집단소송제도의 도입 필요성이 제기되고 있다.

Ⅷ. 혼인·가족생활·모성 및 보건에 관한 권리

> **(헌법 제36조)** ① 혼인과 가족생활은 개인의 존엄과 양성의 평등을 기초로 성립되고 유지되어야 하며, 국가는 이를 보장한다.
> ② 국가는 모성의 보호를 위하여 노력하여야 한다.
> ③ 모든 국민은 보건에 관하여 국가의 보호를 받는다.

1. 서 설

혼인과 가족생활의 보장은 이미 바이마르 헌법에서 명시되었고, 2차대전 후 독일기본법, 이탈리아헌법, 일본헌법 등에서 규정되었다.

우리 헌법도 제헌헌법 이래 혼인과 보건의 보호에 관한 규정을 두고 있다. 현행헌법은 혼인과 가족생활 및 보건에 관한 보호에 덧붙여, 특히 모성의 보호에 관한 규정을 새로이 명시하였다.

혼인과 가족생활의 보호는 사회영역의 자율성을 확보하기 위한 토대가 된다는 점에서 특별한 의미가 있다.

2. 혼인과 가족생활에 관한 권리

헌법 제36조 제1항은 혼인과 가족생활이 "개인의 존엄과 양성의 평등을 기초로" 성립되고 유지되어야 한다고 규정하고 있다. 이것은 특히 과거의 봉건적인 가부장적 가족제도를 부정하고 근대적 가족제도의 보장을 강조한 것이다.

헌법 제36조 제1항의 법적 성격에 관하여 여러 견해가 있다. 자유권적 성격, 사회권적 성격, 제도보장의 성격, 또는 그 혼합적 성격을 지닌다는 견해 등이 제시되고 있다.

(판 례) 헌법 제36조 제1항의 법적 성격(1)

(과외교습금지에 대한 위헌결정)

헌법 제36조 제1항은 "혼인과 가족생활은 개인의 존엄과 양성의 평등을 기초로 성립되고 유지되어야 하며, 국가는 이를 보장한다"고 하여 혼인 및 그에 기초하여 성립된 부모와 자녀의 생활공동체인 가족생활이 국가의 특별한 보호를 받는다는 것을 규정하고 있다. 이 헌법규정은 소극적으로는 국가권력의 부당한 침해에 대한 개인의 주관적 방어권으로서 국가권력이 혼인과 가정이란 사적인 영역을 침해하는 것을 금지하면서, 적극적으로는 혼인과 가정을 제3자 등으로부터 보호해야 할 뿐이 아니라 개인의 존엄과 양성의 평등을 바탕으로 성립되고 유지되는 혼인·가족제도를 실현해야 할 국가의 과제를 부과하고 있다.

헌재 2000.4.27. 98헌가16등, 판례집 12-1, 427,445

(판 례) 헌법 제36조 제1항의 법적 성격(2)

(부부자산소득 합산과세에 대한 위헌결정)

헌법 제36조 제1항은 혼인과 가족생활을 스스로 결정하고 형성할 수 있는 자유를 기본권으로서 보장하고, 혼인과 가족에 대한 제도를 보장한다. 그리고 헌법 제36조 제1항은 혼인과 가족에 관련되는 공법 및 사법의 모든 영역에 영향을 미치는 헌법원리 내지 원칙규범으로서의 성격도 가지는데, 이는 적극적으로는 적절한 조치를 통해서 혼인과 가족을 지원하고 제삼자에 의한 침해 앞에서 혼인과 가족을 보호해야 할 국가의 과제를 포함하며, 소극적으로는 불이익을 야기하는 제한조치를 통해서 혼인과 가족을 차별하는 것을 금지해야 할 국가의 의무를 포함한다.

헌재 2002.8.29. 2001헌바82, 판례집 14-2, 170,180

위 판례에서 나타나 있는 것처럼, 헌법 제36조 제1항은 혼인과 가족생활의 자율성을 침해받지 않을 자유권 및 제도보장으로서의 성격을 가지며, 아울러 국가의 적극적 보호를 요구하는 사회권적 성격을 지닌다고 볼 것이다.

헌법재판소도 최근 1990년 개정 민법의 시행일 이전에 성립된 전처의 출생자와 계모 사이의 법정혈족관계를 소멸시키도록 한 민법 부칙 조항은 인간으로서의 존엄과 가치 및 가족생활을 자유롭게 형성할 권리를 침해하는 것이 아니고, 전래의 가족제도의 보장 및 이에 관한 신뢰보호원칙에 위반되지 않는다고 판시하였다(헌재 2011. 2.24. 2009헌바89등).

다음은 혼인과 가족생활의 권리에 관한 주요 헌법재판소 판례이다.

(판 례) 혼인 종료 후 300일 이내에 출생한 자를 전남편의 친생자로 추정하는 조항의 위헌성

오늘날 이혼 및 재혼이 크게 증가하였고, 여성의 재혼금지기간이 2005년 민법개정으로 삭제되었으며, 이혼숙려기간 및 조정전치주의가 도입됨에 따라 혼인 파탄으로부터 법률상 이혼까지의 시간간격이 크게 늘어나게 됨에 따라, 여성이 전남편 아닌 생부의 자를 포태하여 혼인 종료일로부터 300일 이내에 그 자를 출산할 가능성이 과거에 비하여 크게 증가하게 되었으며, 유전자검사 기술의 발달로 부자관계를 의학적으로 확인하는 것이 쉽게 되었다. (……)

이와 같이 민법 제정 이후의 사회적 · 법률적 · 의학적 사정변경을 전혀 반영하지 아니한 채, 이미 혼인관계가 해소된 이후에 자가 출생하고 생부가 출생한 자를 인지하려는 경우마저도, 아무런 예외 없이 그 자를 전남편의 친생자로 추정함으로써 친생부인의 소를 거치도록 하는 심판대상조항은 입법형성의 한계를 벗어나 모가 가정생활과 신분관계에서 누려야 할 인격권, 혼인과 가족생활에 관한 기본권을 침해한다.

헌재 2015.4.30. 2013헌마623, 판례집 27-1 하, 107,108

(판 례) 사실혼 배우자의 상속권 불인정

이 사건 법률조항이 사실혼 배우자에게 상속권을 인정하지 아니하는 것은 상속인에 해당하는지 여부를 객관적인 기준에 의하여 파악할 수 있도록 함으로써 상속을 둘러싼 분쟁을 방지하고, 상속으로 인한 법률관계를 조속히 확정시키며, 거래의 안전을 도모하기 위한 것이다. (……)

법률혼주의를 채택한 취지에 비추어 볼 때 제3자에게 영향을 미쳐 명확성과 획일성이 요청되는 상속과 같은 법률관계에서는 사실혼을 법률혼과 동일하게 취급할 수 없으므로, 이 사건 법률조항이 사실혼 배우자의 평등권을 침해한다고 보기 어렵다.

법적으로 승인되지 아니한 사실혼은 헌법 제36조 제1항의 보호범위에 포함되지 아니하므로, 이 사건 법률조항은 헌법 제36조 제1항에 위반되지 않는다.

헌재 2014.8.28. 2013헌바119, 판례집 26-2 상, 311

한편, 위 결정에서 헌법재판소는 "혼인이란 양성이 평등하고 존엄한 개인으로서 (……) 생활공동체를 이루는 것"이라고 설시하였는데, 이것은 동성혼을 부인하고 있는 것으로 해석될 수 있다.

(판 례) 혼인한 자의 차별취급(부부자산소득 합산과세)

헌법 제36조 제1항은 혼인과 가족에 관련되는 공법 및 사법의 모든 영역에 영향을 미치는 헌법원리 내지 원칙규범으로서의 성격도 가지는데, 이는 적극적으로는 적절한 조치를 통해서 혼인과 가족을 지원하고 제삼자에 의한 침해 앞에서 혼인과 가족을 보호해야 할 국가의 과제를 포함하며, 소극적으로는 불이익을 야기하는 제한조치를 통해서 혼인과 가족을 차별하는 것을 금지해야 할 국가의 의무를 포함한다. 이러한 헌법원리로부터 도출되는 차별금지명령은 헌법 제11조 제1항에서 보장되는 평등원칙을 혼인과 가족생활영역에서 더욱 더 구체화함으로써 혼인과 가족을 부당한 차별로부터 특별히 더 보호하려는 목적을 가진다. 이 때 특정한 법률조항이 혼인한 자를 불리하게 하는 차별취급은 중대한 합리적 근거가 존재하여 헌법상 정당화되는 경우에만 헌법 제36조 제1항에 위배되지 아니한다. (……)

부부자산소득 합산과세는 헌법 제36조 제1항에 의해서 보호되는 혼인한 부부에게 조세부담의 증가라는 불이익을 초래한다. (……) 자산소득합산과세를 통해서 얻게 되는 공익보다는 혼인한 부부의 차별취급으로 인한 불이익이 더 크다고 할 것이므로, 양자간에는 균형적인 관계가 성립한다고 볼 수 없다.

(……) 이 사건 법률조항이 자산소득합산과세제도를 통하여 합산대상 자산소득을 가진 혼인한 부부를 소득세부과에서 차별취급하는 것은 중대한 합리적 근거가 존재하지 아니하므로 헌법상 정당화되지 아니한다. 따라서 혼인관계를 근거로 자산소득합산과세를 규정하고 있는 이 사건 법률조항은 혼인한 자의 차별을 금지하고 있는 헌법 제36조 제1항에 위반된다.

헌재 2002.8.29. 2001헌바82, 판례집 14-2, 170,180-182

(판 례) 종합부동산세의 세대별 합산규정의 위헌성

특정한 조세 법률조항이 혼인이나 가족생활을 근거로 부부 등 가족이 있는 자를 혼인하지 아니한 자 등에 비하여 차별 취급하는 것이라면 비례의 원칙에 의한 심사에 의하여 정당화되지 않는 한 헌법 제36조 제1항에 위반된다 할 것인데, 이 사건 세대별 합산규정은 생활실태에 부합하는 과세를 실현하고 조세회피를 방지하고자 하는 것으로 그 입법목적의 정당성은 수긍할 수 있으나, 가족 간의 증여를 통하여 재산의 소유 형태를 형성하였다고 하여 모두 조세회피

의 의도가 있었다고 단정할 수 없고, 정당한 증여의 의사에 따라 가족 간에 소유권을 이전하는 것도 국민의 권리에 속하는 것이며, 우리 민법은 부부별산제를 채택하고 있고 배우자를 제외한 가족의 재산까지 공유로 추정할 근거규정이 없고, 공유재산이라고 하여 세대별로 합산하여 과세할 당위성도 없으며, 부동산 가격의 앙등은 여러 가지 요인이 복합적으로 작용하여 발생하는 것으로서 오로지 세제의 불비 때문에 발생하는 것만이 아니며, 이미 헌법재판소는 자산소득에 대하여 부부간 합산과세에 대하여 위헌 선언한 바 있으므로 적절한 차별취급이라 할 수 없다.

또한 부동산실명법상의 명의신탁 무효 조항이나 과징금 부과 조항, 상속세 및 증여세법상의 증여 추정규정 등에 의해서도 조세회피의 방지라는 입법목적을 충분히 달성할 수 있어 반드시 필요한 수단이라고 볼 수 없다.

이 사건 세대별 합산규정으로 인한 조세부담의 증가라는 불이익은 이를 통하여 달성하고자 하는 조세회피의 방지 등 공익에 비하여 훨씬 크고, 조세회피의 방지와 경제생활 단위별 과세의 실현 및 부동산 가격의 안정이라는 공익은 입법정책상의 법익인데 반해 혼인과 가족생활의 보호는 헌법적 가치라는 것을 고려할 때 법익균형성도 인정하기 어렵다. 따라서 이 사건 세대별 합산규정은 혼인한 자 또는 가족과 함께 세대를 구성한 자를 비례의 원칙에 반하여 개인별로 과세되는 독신자, 사실혼 관계의 부부, 세대원이 아닌 주택 등의 소유자 등에 비하여 불리하게 차별하여 취급하고 있으므로, 헌법 제36조 제1항에 위반된다.

헌재 2008.11.13. 2006헌바112, 판례집 20-2 하, 1, 2-3

(판 례) 동성동본 금혼규정

(재판관 김용준 등 5인의 단순위헌의견)

(……) 경제적으로 고도로 발달한 산업사회인 현대의 자유민주주의사회에서 동성동본금혼을 규정한 민법 제809조 제1항은 이제 사회적 타당성 내지 합리성을 상실하고 있음과 아울러 "인간으로서의 존엄과 가치 및 행복추구권"을 규정한 헌법이념 및 "개인의 존엄과 양성의 평등"에 기초한 혼인과 가족생활의 성립·유지라는 헌법규정에 정면으로 배치될 뿐 아니라 남계혈족에만 한정하여 성별에 의한 차별을 함으로써 헌법상의 평등의 원칙에도 위반되며, 또한 그 입법목적이 이제는 혼인에 관한 국민의 자유와 권리를 제한할 "사회질서"나 "공공복리"에 해당될 수 없다는 점에서 헌법 제37조 제2항에도 위반된다할 것이다.

(재판관 정경식 등 2인의 헌법불합치의견)

민법 제809조 제1항이 헌법에 위반된다는 결론에는 다수의견과 견해를 같이 한다. 그러나 동성동본제도는 수백년간 이어져 내려오면서 우리 민족의 혼인풍속이 되었을 뿐만 아니라 윤리규범으로 터잡게 되었고 혼인제도는 입법부인 국회가 우리민족의 전통, 관습, 윤리의식 등 여러 가지 사정을 고려하여 입법정책적으로 결정하여야 할 입법재량사항이므로, 비록 위 조항에 위헌성이 있다고 하여도 헌법재판소가 곧바로 위헌결정을 할 것이 아니라 입법형성권을 가지고 있는 국회가 우리민족의 혼인풍속, 윤리의식, 친족관념 및 그 변화 여부, 동성동본금혼제도가 과연 사회적 타당성이나 합리성을 완전히 상실하였는지 여부, 그 제도의 개선방법, 그리고 동성동본금혼제도를 폐지함에 있어 현행 근친혼금지규정이나 혼인무효 및 취소에 관한 규정을 새로 정비할 필요는 없는지 등을 충분히 고려하여 새로이 혼인제도를 결정할 수 있도록 헌법불합치결정을 하여야 한다.

(헌법불합치결정)

헌재 1997.7.16. 95헌가6등, 판례집 9-2, 1,1-2

(판 례) 호주제

3. 가. 심판대상조항인 민법 제778조, 제781조 제1항 본문 후단, 제826조 제3항 본문이 그 근거와 골격을 이루고 있는 호주제는 "호주를 정점으로 가(家)라는 관념적 집합체를 구성하고, 이러한 가를 직계비속남자를 통하여 승계시키는 제도", 달리 말하면 남계혈통을 중심으로 가족집단을 구성하고 이를 대대로 영속시키는 데 필요한 여러 법적 장치로서, 단순히 집안의 대표자를 정하여 이를 호주라는 명칭으로 부르고 호주를 기준으로 호적을 편제하는 제도는 아니다.

(……) 라. 오늘날 가족관계는 한 사람의 가장(호주)과 그에 복속하는 가속(家屬)으로 분리되는 권위주의적인 관계가 아니라, 가족원 모두가 인격을 가진 개인으로서 성별을 떠나 평등하게 존중되는 민주적인 관계로 변화하고 있고, 사회의 분화에 따라 가족의 형태도 모와 자녀로 구성되는 가족, 재혼부부와 그들의 전혼소생자녀로 구성되는 가족 등으로 매우 다변화되었으며, 여성의 경제력 향상, 이혼율 증가 등으로 여성이 가구주로서 가장의 역할을 맡는 비율이 점증하고 있다. 호주제가 설사 부계혈통주의에 입각한 전래의 가족제도와 일정한 연관성을 지닌다고 가정하더라도, 이와 같이 그 존립의 기반이 붕괴되어 더 이상 변화된 사회환경 및 가족관계와 조화되기 어렵고 오히려 현실적 가족공동체를 질곡하기도 하는 호주제를 존치할 이유를 찾아보기 어렵다.

4. 호주제의 골격을 이루는 심판대상조항들이 위헌으로 되면 호주제는 존속하기 어렵고, 그 결과 호주를 기준으로 가별로 편제토록 되어 있는 현행 호적법이 그대로 시행되기 어려워 신분관계를 공시·증명하는 공적 기록에 중대한

공백이 발생하게 되므로, 호주제를 전제하지 않는 새로운 호적체계로 호적법을 개정할 때까지 심판대상조항들을 잠정적으로 계속 적용케 하기 위하여 헌법불합치결정을 선고한다.

헌재 2005.2.3. 2001헌가9등, 판례집 17-1, 1,2

(판 례) 부성주의(父姓主義)

(부성의 사용을 강제하는 것이 부당한 것으로 판단되는 경우에 대해서까지 부성주의의 예외를 규정하지 않고 있는 민법조항에 대한 헌법불합치 결정)

(재판관 윤영철 등 5인의 의견)

(1) 양계 혈통을 모두 성으로 반영하기 곤란한 점, 부성의 사용에 관한 사회일반의 의식, 성의 사용이 개인의 구체적인 권리의무에 영향을 미치지 않는 점 등을 고려할 때 민법 제781조 제1항 본문(2005.3.31. 법률 제7427호로 개정되기 전의 것) 중 "자(子)는 부(父)의 성(姓)과 본(本)을 따르고" 부분(이하 '이 사건 법률조항'이라 한다)이 성의 사용 기준에 대해 부성주의를 원칙으로 규정한 것은 입법형성의 한계를 벗어난 것으로 볼 수 없다.

(2) 출생 직후의 자(子)에게 성을 부여할 당시 부(父)가 이미 사망하였거나 부모가 이혼하여 모가 단독으로 친권을 행사하고 양육할 것이 예상되는 경우, 혼인외의 자를 부가 인지하였으나 여전히 모가 단독으로 양육하는 경우 등과 같은 사례에 있어서도 일방적으로 부의 성을 사용할 것을 강제하면서 모의 성의 사용을 허용하지 않고 있는 것은 개인의 존엄과 양성의 평등을 침해한다.

(3) 입양이나 재혼 등과 같이 가족관계의 변동과 새로운 가족관계의 형성에 있어서 구체적인 사정들에 따라서는 양부 또는 계부 성으로의 변경이 개인의 인격적 이익과 매우 밀접한 관계를 가짐에도 부성의 사용만을 강요하여 성의 변경을 허용하지 않는 것은 개인의 인격권을 침해한다.

(4) 이 사건 법률조항의 위헌성은 부성주의의 원칙을 규정한 것 자체에 있는 것이 아니라 부성의 사용을 강제하는 것이 부당한 것으로 판단되는 경우에 대해서까지 부성주의의 예외를 규정하지 않고 있는 것에 있으므로 이 사건 법률조항에 대해 헌법불합치결정을 선고하되 이 사건 법률조항에 대한 개정 법률이 공포되어 2008.1.1. 그 시행이 예정되어 있으므로 2007.12.31.까지 이 사건 법률조항의 잠정적인 적용을 명함이 상당하다.

(재판관 송인준, 전효숙의 의견)

(1) 이 사건 법률조항은 모든 개인으로 하여금 부의 성을 따르도록 하고 모의 성을 사용할 수 없도록 하여 남성과 여성을 차별취급하고 있으면서도 그와 같은 차별취급에 대한 정당한 입법목적을 찾을 수 없어 혼인과 가족생활에 있

어서의 양성의 평등을 명하고 있는 헌법 제36조 제1항에 위반된다.

(2) 이 사건 법률조항은 혼인과 가족생활에 있어 개인의 성을 어떻게 결정하고 사용할 것인지에 대해 개인과 가족의 구체적인 상황이나 의사를 전혀 고려하지 않고 국가가 일방적으로 부성의 사용을 강제하고 있음에도 그와 같은 부성 사용의 강제에 대한 구체적인 이익을 찾을 수 없어 혼인과 가족생활에 있어서의 개인의 존엄을 보장한 헌법 제36조 제1항에 위반된다.

(3) 이 사건 법률조항이 헌법에 위반되므로 위헌결정을 하여야 할 것이지만 헌법재판소가 이 사건 법률조항에 대해 위헌결정을 선고한다면 성의 결정과 사용에 대한 아무런 기준이 없어지게 되어 법적 공백과 혼란이 예상되므로 이 사건 법률조항이 개정되어 시행되기 전까지는 그 효력을 유지시켜 잠정적인 적용을 허용하는 내용의 헌법불합치결정을 선고함이 상당하다.

헌재 2005.12.22. 2003헌가5등, 판례집 17-2, 544,545

(판 례) 8촌 이내의 혈족 간 혼인금지 및 무효 조항의 위헌성

이 사건 금혼조항은, 촌수를 불문하고 부계혈족 간의 혼인을 금지한 구 민법상 동성동본금혼 조항에 대한 헌법재판소의 헌법불합치 결정의 취지를 존중하는 한편, 우리 사회에서 통용되는 친족의 범위 및 양성평등에 기초한 가족관계 형성에 관한 인식과 합의에 기초하여 혼인이 금지되는 근친의 범위를 한정한 것이므로 그 합리성이 인정되며, 입법목적 달성에 불필요하거나 과도한 제한을 가하는 것이라고는 볼 수 없으므로 침해의 최소성에 반한다고 할 수 없다. 나아가 이 사건 금혼조항으로 인하여 법률상의 배우자 선택이 제한되는 범위는 친족관계 내에서도 8촌 이내의 혈족으로, 넓다고 보기 어렵다. 그에 비하여 8촌 이내 혈족 사이의 혼인을 금지함으로써 가족질서를 보호하고 유지한다는 공익은 매우 중요하므로 이 사건 금혼조항은 법익균형성에 위반되지 아니한다.

헌재 2022.10.27. 2018헌바115, 공보 33, 1321,1322

위 금혼조항에 대하여는 헌법불합치결정을 선언하여야 한다는 4인 재판관의 반대의견이 있다.

(판 례) 공무원연금법상의 급여청구권 압류금지조항의 위헌성

(재판관 이진성 등 5인의 위헌의견)

자녀양육권은 혼인과 가족생활을 국가가 보장하여야 한다고 규정한 헌법 제36조 제1항, 행복추구권을 보장하는 헌법 제10조 및 열거되지 아니한 기본권도 보장하도록 하는 헌법 제37조 제1항으로부터 도출되는 기본권임과 동시에,

자녀가 정상적인 사회적 인격체로 성장할 수 있도록 돌보아야 하는 부모의 헌법상 의무이고, 부모의 양육에 따라 자녀가 누리는 이익도 헌법의 보호를 받는 법익이다.

양육비채권은 부모가 실제로 공동으로 자녀를 양육하지 못하는 경우에, 부모의 공동부담으로 이루어지는 자녀 양육의 물적 기초를 이루는 재산권으로서, 자녀양육권과도 긴밀한 관련을 가진다.

공무원연금법은 수급권자 본인 뿐 아니라 그가 부양하여야 할 가족의 생활안정도 도모하고 있다. 그러므로 압류금지조항의 입법목적에는 수급권자의 자녀 등 부양가족의 생활을 보호하는 것이 포함된다. 그러나 수급권자가 양육비를 지급하지 아니하여 양육비채권을 집행채권으로 하여 공무원연금법상 수급권을 압류하고자 하는 경우는 수급권자와 양육대상인 자녀의 이해관계가 상충되는 상황이다. 이 경우 압류금지조항은 수급권자 본인과 그와 같이 사는 가족만의 생활을 보호하는 기능을 하고, 양육대상인 자녀의 생활보호를 도외시하는 결과를 가져온다.

양육비를 법원이 정할 경우 부모의 소득 등 재산 상황과 그 밖의 사정을 참작하므로, 다른 채권에 비하여 양육비를 집행채권으로 하여 공무원연금 수급권에 강제집행을 하더라도 수급권자의 생계를 위협하는 가혹한 결과를 가져올 우려는 적다.

압류금지조항이 보호하고자 하는 수급권자 본인 및 그와 같이 사는 가족의 생활보호와, 양육비채권자 및 양육대상 자녀의 법익 사이의 균형이 준수되었는지는 압류금지조항이 없다고 가정할 경우와 있을 때의 법익의 보호정도를 비교함으로써 알 수 있다. 압류금지조항이 없더라도 민사집행법에 따라 수급권자 본인 및 그와 같이 사는 가족은 보호를 받고, 양육비채권의 금액도 수급권자의 생계나 복리에 위해가 될 정도로 과다한 경우가 발생하기 어렵다. 반면, 압류금지조항은 공무원연금수급권 전부에 전혀 압류를 할 수 없도록 하고, 법원이 조정할 여지도 두고 있지 않으며, 연금액이 생계비를 넘어서는 다액이라도 예외를 두고 있지 않으므로, 양육비채권자의 자녀양육권과 재산권에 가해지는 불이익의 정도는 심하다. 특히, 헌법 제36조 제1항의 혼인 및 가족생활의 보장은 미성년의 자녀들이 건강한 환경에서 교육받고 성장할 수 있도록 부모의 자녀양육을 보호할 국가의 과제를 포함하고 있고, 양육비채권은 양육의 필수불가결한 물적 기초를 이루는 것과 동시에 부모가 헌법상 자녀양육의 의무를 이행하기 위한 것임을 고려할 때, 압류금지조항에 의하여 발생하는 청구인의 자녀양육권과 재산권의 제한은 규범적 측면에서도 중대하다.

이와 같이, 압류금지조항 중 집행채권이 양육비채권인 경우는 법익균형성을 충족하지 못하여, 과잉금지원칙을 위반하여 청구인의 자녀양육권과 재산권을 침해하므로, 헌법에 위반된다(정족수 미달로 합헌결정: 압류제한조항에 대하여는 1개월간의 생계비에 해당하는 금액의 압류를 제한할 뿐이라는 이유로 전원일치 합헌결정을 하였다).

헌재 2018.7.26. 2016헌마260, 공보 262, 1274,1275

(판 례) 독신자의 가족생활의 자유와 입양권 제한

심판대상조항(원칙적으로 3년 이상의 혼인 중인 부부만이 친양자 입양을 할 수 있도록 규정하여 독신자는 친양자 입양을 할 수 없도록 규정한 민법 제908조의2 제1항 제1호임)은 친양자가 안정된 양육환경을 제공할 수 있는 가정에 입양되도록 하여 양자의 복리를 증진시키기 위해, 친양자의 양친을 기혼자로 한정하였다. 독신자 가정은 기혼자 가정과 달리 기본적으로 양부 또는 양모 혼자서 양육을 담당해야 하며, 독신자를 친양자의 양친으로 하면 처음부터 편친가정을 이루게 하고 사실상 혼인 외의 자를 만드는 결과가 발생하므로, 독신자 가정은 기혼자 가정에 비하여 양자의 양육에 있어 불리할 가능성이 높다. 나아가 독신자가 친양자를 입양하게 되면 그 친양자는 아버지 또는 어머니가 없는 자녀로 가족관계등록부에 공시되어, 친양자의 친생자로서의 공시가 사실상 의미를 잃게 될 수 있다. 한편, 입양특례법에서는 독신자도 일정한 요건을 갖추면 양친이 될 수 있도록 규정하고 있으나, 입양의 대상, 요건, 절차 등에서 민법상의 친양자 입양과 다른 점이 있으므로, 입양특례법과 달리 민법에서 독신자의 친양자 입양을 허용하지 않는 것에는 합리적인 이유가 있다. 따라서 심판대상조항은 독신자의 평등권을 침해한다고 볼 수 없다.

심판대상조항은 친양자가 안정된 양육환경을 제공할 수 있는 가정에 입양되도록 하여 양자의 복리를 증진하는 것을 목적으로 한다. 독신자 가정은 기혼자 가정에 비하여 양자의 양육에 있어 불리할 가능성이 높으므로, 독신자를 친양자의 양친에서 제외하는 것은 위 입법목적을 달성하기 위한 적절한 수단이다. 아울러 성년의 독신자는 비록 친양자 입양을 할 수는 없지만 일반입양에 의하여 가족을 형성할 수 있고, 민법 제781조에 따라 법원의 허가를 얻어 양자의 성·본을 양친의 것과 동일하게 변경할 수 있을 뿐만 아니라, 일반입양 사실은 가족관계증명서만으로는 외부에 드러나지 않는다. 비록 일반입양의 경우 양자의 입양 전 친족관계가 유지되지만, 일반입양을 통해서도 양자가 가족구성원으로서 동질감과 소속감을 느낄 수 있는 가정환경의 외관을 조성하는 것이 가능하다. 심판대상조항으로 인하여 양자가 혼인관계를 바탕으로 한 안정된 가정에 입양되어 더 나은 양육조건에서 성장할 수 있게 되므로 양자의 복리가 증진되

는 반면, 독신자는 친양자 입양을 할 수 없게 되어 가족생활의 자유가 다소 제한되지만 여전히 일반입양은 할 수 있으므로 제한되는 사익이 위 공익보다 결코 크다고 할 수 없다. 결국 심판대상조항은 과잉금지원칙에 위반하여 독신자의 가족생활의 자유를 침해한다고 볼 수 없다.

(이정미 재판관 등 5인의 위헌의견)

기혼자 중 친양자의 양친에 적합하지 아니한 사람이 있을 수 있듯이, 독신자 중에서도 양자의 복리에 도움을 주는 양육환경을 제공할 수 있는 사람이 있을 수 있으며, 친양자 입양 당시의 혼인관계는 입양 후 이혼 등으로 인하여 변경될 수 있으므로, 친양자 입양 당시 기혼이라는 점이 양자의 복리증진에 적합한 양육환경을 절대적으로 담보해 주는 것은 아니다. 현행 친양자제도는 아동의 복리를 확보할 수 있도록 법원의 허가 절차를 두고 있으므로, 독신자가 친양자 입양을 신청하더라도 법원이 여러 가지 사정을 고려하여 친양자 입양의 허가 여부를 결정할 수 있다. 편친가정에 대한 사회적 편견은 타파되어야 할 대상인바, 이를 이유로 독신자의 친양자 입양을 봉쇄하는 것은 오히려 이러한 사회적 편견을 강화시키는 것이어서 타당하지 않다. 가족관계등록부에 아버지 또는 어머니만 기재하는 것 또한 친생자 관계를 공시하는 방법이므로, 독신자에게 친양자 입양을 허용한다고 하여 가족관계등록부에 입양사실이 공시되는 것은 아니다. 입양특례법상의 입양과 민법상의 친양자 입양은 법원이 양친이 될 사람의 입양 동기와 양육능력 등을 고려하여 허가 여부를 결정한다는 점에서 동일하므로, 민법상의 친양자 입양에서만 독신자를 양친에서 제외하여야 할 만큼 입양특례법과 민법 사이에 본질적인 차이가 있다고 할 수 없다. 이러한 사정을 종합하면 독신자라는 이유만으로 친양자 입양을 원천적으로 봉쇄하는 것은 양자의 복리실현에 적절한 수단이라고 볼 수 없다.

독신자가 일반입양을 할 수 있다 하더라도, 친양자 입양이 일반입양보다 양자와 양친 사이에 보다 견고하고 안정된 친자관계를 발생시킬 수 있고, 일반입양의 경우 양자의 성과 본의 변경이 이루어지지 않을 수 있으며, 일반입양이 친양자 입양보다 가족관계등록법상의 증명서를 통해 외부에 드러날 가능성이 더 크므로, 입양가정에 완전히 동화되어 양친과 양자 사이에 친부모, 자녀와 다름없는 관계가 형성될 수 있는 최상의 양육환경을 만들어 주고자 하는 독신자에게, 일반입양이 친양자 입양을 대신할 수 있다고 할 수 없다.

따라서 심판대상조항은 독신자의 평등권 및 가족생활의 자유(가족생활을 스스로 결정하고 형성할 수 있는 자유; 저자)를 침해한다.

(5인의 위헌의견이 다수이나 정족수 미달로 합헌 결정)

헌재 2013.9.26. 2011헌가42, 공보 204, 1285

기타 혼인과 가족생활에 관한 헌법재판소 판례를 살펴보면 다음과 같다. 1세대 3주택 이상 보유자에 대하여 중과세를 규정하고 있는 소득세법 규정에 대하여 혼인으로 새로이 1세대를 이루는 자에 대한 예외를 규정하고 있지 않아 이러한 자들의 혼인의 자유 또는 혼인에 따른 차별금지원칙에 위반된다고 하였다(헌재 2011.11.24. 2009헌바146). 또한 친생부인의 소의 제척기간을 “부(夫)가 그 사유가 있음을 안 날로부터 2년내”로 정한 것은 부(夫)가 가정생활과 신분관계에서 누려야 할 인격권, 행복추구권 및 개인의 존엄과 양성의 평등에 기초한 혼인과 가족생활에 관한 기본권을 침해하지 않는다고 판시하였다(헌재 2015.3.26. 2012헌바357). 출생신고시 자녀의 이름에 사용할 수 있는 한자의 범위를 ‘통상 사용되는 한자(인명용 한자)’로 제한하고 있는 가족관계등록법 규정은 부모의 자녀의 이름을 지을 자유를 침해하는 것이 아니다(헌재 2016. 7.28. 2015헌마964; 한글로 기재가능하고, 한자가 병기되지 않는 제한을 받을 뿐이며, 공적 장부 이외의 사적 생활영역에서는 해당 한자를 사용할 수 있다는 점 및 전산시스템 관리라는 현실적 측면이 고려되었다). 입양의 당사자가 모두 출석하지 않더라도 신고인이 출석하지 아니한 당사자의 신분증명서를 제시할 경우 별도로 그 당사자의 의사를 확인하지 않고 입양신고서를 수리하도록 한 ‘가족관계의 등록 등에 관한 법률’ 조항은 입양당사자의 가족생활의 자유를 침해하지 않는다(헌재 2022.11.24. 2019헌바108).

3. 모성의 보호에 관한 권리

국가는 모성의 보호를 위하여 노력할 의무를 진다. 이에 대응하여 국민은 국가에 대하여 모성의 보호를 요구할 수 있는 권리를 가진다. 이 권리는 사회권의 성격을 지닌다. 모성보호에 관한 법률로 모자보건법, 한부모가족지원법 등이 있다.

모성보호에 관한 판례로, 분만급여를 제한한 법률조항에 대하여 합헌결정을 내린 예가 있다(헌재 1997.12.24. 95헌마390).

4. 보건에 관한 권리

보건에 관하여 국가의 보호를 받을 권리는 사회권의 성격을 지닌다. 이에 관한 법률로 보건의료기본법, 국민건강보험법, 국민건강증진법, ‘공공보건의료에 관한 법률’, 학교보건법, 의료법, 약사법 등 다수의 법률이 있다.

다음은 보건의 권리에 관한 주요 헌법재판소 판례이다.

* 의료법에서 무면허 의료행위를 일률적이고 전면적으로 금지하고 처벌하는 것은 합헌(헌재 1996.10.31. 94헌가7).
* 치과전문의 자격시험을 실시하지 않은 것은 보건의 권리의 침해에 해당하지 않으나 입법부작위에 의한 직업의 자유의 침해로서 위헌(헌재 1998.7.16. 96헌마246).
* 국민에게 건강보험에의 가입의무를 강제로 부과하고 경제적 능력에 따른 보험료를 납부하도록 하는 국민건강보험법의 규정은 합헌(헌재 2003.10.30. 2000헌마801).
* 경과실로 인한 범죄행위에 기인하는 보험사고에 대하여 의료보험급여를 부정하는 것은 우연한 사고로 인한 위험으로부터 다수의 국민을 보호하고자 하는 사회보장제도로서의 의료보험의 본질을 침해하여 위헌(헌재 2003.12.18. 2002헌바1).
* 일정한 시설에서 금연구역 지정을 의무화한 것은 합헌(헌재 2004.8.26. 2003헌마457).
* 교도소에 수용된 때에는 국민건강보험급여를 정지하도록 한 국민건강보험법 규정은 수용자의 건강권, 인간의 존엄성, 행복추구권, 인간다운 생활을 할 권리를 침해하는 것으로 볼 수 없으므로 합헌(헌재 2005.2.24. 2003헌마31등).

제 16 장
저 항 권

Ⅰ. 저항권의 의의

저항권의 개념은 저항권의 성격을 어떻게 이해하느냐에 따라 다르지만, 넓게 '국가권력의 불법한 행사에 대하여 실력으로 저항하는 권리'라고 정의할 수 있다. 여기서 국가권력의 '불법한' 행사의 의미를 자연법적 정의에 위반하는 의미로 파악하는 저항권 개념이 있고, 이와 달리 실정적인 헌법에 위반하는 의미로 파악하는 저항권 개념이 있다.

헌법재판소 판례 중에는 저항권을 "국가권력에 의하여 헌법의 기본원리에 대한 중대한 침해가 행하여지고 그 침해가 헌법의 존재 자체를 부인하는 것으로서 다른 합법적인 구제수단으로는 목적을 달성할 수 없을 때에 국민이 자기의 권리 · 자유를 지키기 위하여 실력으로 저항하는 권리"로 파악한 것이 있다(헌재 1997.9.25. 97헌가4). 이것은 위의 후자의 관점에서 저항권을 이해한 것이다. 이 판례는 뒤에 다시 다룬다.

Ⅱ. 저항권 사상의 역사적 전개

1. 근대 이전

저항권 사상은 고대 그리스에서 이미 그 싹을 보이고 있다. 소포클레스(Sophocles)의 비극 '안티고네'(*Antigone*)에서 신의 명령에 따라 왕명에 거역하는 이야기가 나온다. 플라톤(Platon)과 아리스토텔레스(Aristoteles)는 폭군살해론을 전개하였다.

중세에도 기독교 교리와 함께 저항권사상이 논의되었다. 아우구스티누스(Augustinus)는 폭군살해를 부정하였지만 토마스 아퀴나스(Thomas Aquinas)는 이를 긍정하였다. 이후 칼빈(Calvin)의 후계자들은 폭군방벌론(暴君放伐論)이라고 불리는 저항권론을 주장하였다. 동양에서도 고래로 폭군에 대한 저항은 역성혁명(易姓革命)사상으로 나타났다.

2. 록크의 저항권이론과 근대 인권선언

근대적 의미의 저항권사상을 이론화한 것은 명예혁명의 이론가 록크(J. Locke)이다. 그에 의하면 자연상태에서 인간은 생명·자유·재산의 자연권을 가지며, 그 보호를 목적으로 사회계약에 의해 권력을 정부에 신탁한다. 그런데 만일 권력이 그 본래의 목적을 위반하여 행사되는 경우에는 그 권력은 애초에 이를 준 사람들에게 환원되지 않으면 안 된다. 이것이 곧 저항권이다. 이처럼 록크의 저항권이론은 자연권이론과 신탁(trust)이론에 기초하고 있다.

다만 록크는 타협적 사상가답게 저항권의 실제 행사에 관해 여러 제약적인 단서를 첨부하였다. 입법부는 저항의 대상에서 제외되며, 행정부에 대한 저항의 경우에도 국왕의 대권(prerogative)은 대상이 되지 않는다고 보았다.

록크의 저항권사상은 미국과 프랑스의 시민혁명에 영향을 끼쳤다. 이것은 이들 나라의 인권선언에 명백히 나타나 있다. 1776년의 미국 독립선언에는 다음과 같이 저항권이 명시되어 있다. "어떠한 형태의 정부라도 이러한 목적(생명·자유·행복추구의 권리의 보장)을 훼손하기에 이른 경우에는 인민은 이를 변경하거나 폐지하고 그들의 안전과 행복을 가져올 수 있는 원리에 기초하여, 또 그러한 형태로 권력을 조직하여 새로운 정부를 조직하는 권리를 가진다."

1789년의 프랑스 인권선언 제2조에서도 아래와 같이 저항권을 자연권의 하나로 규정하였다. "모든 정치적 결사의 목적은 인간의 자연적이고 소멸될 수 없는 권리를 보전함에 있다. 그 권리란 자유, 재산, 그리고 압제에 대한 저항이다." 이후 프랑스의 1793년 헌법도 저항권을 명시하였다. 이처럼 근대 시민혁명기에 저항권은 인권을 보장하기 위한 최후의 담보로서 자연권의 하나로 파악되었다.

3. 현대헌법과 저항권

제2차 대전이 끝난 후 저항권사상은 다시 한번 강조되기에 이른다. 이것은 나치즘에 대한 반성에서 나온 것이다. 현대의 저항권사상은 오래 동안 이 사상과 멀리 떨어져 있던 독일에서 강력하게 재생하였다. 1946년의 독일 헷센(Hessen) 주헌법에서 저항권을 명시하였고, 브레멘(Bremen) 주헌법 등 다른 주에서도 이를 규정하였다.

서독 기본법은 애초에는 저항권조항을 두지 않았으나, 1968년의 제17차 기본법 개정에 의하여 다음과 같은 저항권조항(제20조 제4항)을 추가하였다. “모든 독일인은 이러한 질서(민주적 · 사회적 · 연방국가적 질서)를 폐지하려고 하는 모든 자에 대하여 다른 구제수단이 불가능한 때에는 저항할 권리를 가진다.” 이 조항은 1956년 연방헌법재판소가 내린 공산당(KPD) 위헌판결(BVerfGE 5,85)의 취지를 반영한 것이다. 독일 공산당은 자신의 반정부행위를 저항권이론에 의해 방어하려 하였는데, 재판소는 공산당의 행위가 저항권에 해당하지 않는다고 보았지만 저항권 자체는 이를 긍정하였다. 특히 이 판결은 다음과 같이 저항권 행사의 요건을 제시한 점에서 주목되는 것이었다. “명백한 불법정부에 대한 저항권은 오늘날의 법률관에 의할 때 당연한 것으로 인정된다. 그러한 정부에 대해서는 통상적인 법적 수단이 소용없음을 경험을 통해 알고 있기 때문이다.” “개개의 위법(위헌)에 대한 저항권은 단순히 보수적인 의미로, 즉 법질서의 유지 또는 재건을 위한 헌법보장 수단으로서만 존재할 수 있다. 그리고 저항권을 가지고 투쟁할 수 있는 불법은 명백한 것이어야 한다. 법질서에 따라 강구할 수 있는 모든 법적 수단이 유효한 구제수단이 될 수 있는 전망이 거의 없고 저항권의 행사가 법의 유지 또는 회복을 위하여 남겨진 유일한 수단이어야 한다.”

독일 기본법에서의 저항권의 명시적 인정은 저항권사상의 관한 새로운 차원을 여는 것이라는 점에서 주목할 만하다. 종래의 저항권은 실정법을 뛰어넘는 초실정법적인 것이었다. 그러나 독일 기본법의 저항권은 현대 입헌민주주의하에서의 저항권, 헌법이 인정하는 실정법상의 저항권이라는 점에서 새로운 것이다.

Ⅲ. 저항권의 법적 성격

저항권의 법적 성격은 ① 전통적인 저항권과 ② 현대적 저항권을 구별하여 보아야 한다. 전통적인 저항권은 록크의 이론에서와 같은 자연권으로서의 저항권이다. 이것은 자연법상의 자연권에 근거하여 실정법질서에 실력으로 저항하는 것이다.

이와는 달리, 독일 기본법상의 저항권과 같은 현대적 저항권은 헌법을 초월한 자연법상의 권리가 아니라 헌법 내에서 헌법을 수호하기 위한 저항권이다. 이것은 실정법을 초월한 저항권이 아니라 실정법화된 저항권이다. 이런 뜻에서 전통적 저항권은 자연권으로서의 저항권이고, 현대적 저항권은 실정권으로서의 저항권이다.

Ⅳ. 저항권의 유형

1. 개 관

위에서 본 것처럼, 저항권은 그 근거 또는 법적 성격의 관점에서 ① 자연권인 저항권, ② 실정권인 저항권으로 구분할 수 있다.

한편 저항권 행사에서 폭력을 사용하는지 여부를 기준으로 ① 적극적 저항권, ② 소극적 저항권으로 구분할 수 있다. 소극적 저항권은 흔히 '시민불복종'(civil disobedience)라고 불린다. 시민불복종은 적극적으로 폭력을 사용하지 않을 뿐이고, 법령위반행위를 한다는 점에서 적극적인 저항권과 다르지 않다.

2. 시민불복종

시민불복종은 소로우(Henry David Thoreau)의 '시민불복종론'(*On the Duty of Civil Disobedience*, 1849)을 계기로 특히 미국을 중심으로 전개되었다. 소로우의 시민불복종론은 '현명한 소수자'의 권리와 의무로서 주장된 것으로, 그 논거를 오늘날 그대로 수용하기는 어렵다.

시민불복종론은 현대 입헌민주주의하에서 새롭게 변용되어 발전되고 있다. 대표적으로 롤즈(John Rawls)의 이론을 들 수 있다. 사회계약론자인 그에 의하면, 입헌민주주의 정부하에서 사람들은 그들이 부정의(不正義)하다고 생각하는 법에 대해서도 복종할 원칙적 의무를 지는데, 그러나 부정의가 일정한 한계를 넘는 경우에 시민불복종이 인정될 수 있다. 시민불복종은 다수자에 대한 경고이며 일정한 조건하에서 정당화된다. 첫째, 정의에 대한 중대하고 명백한 침해에 대해서만 인정된다. 둘째, 통상적인 법적 구제수단을 거쳤어야 한다. 셋째, 시민불복종을 행하는 반대자들은 유사한 상황의 다른 모든 사람들에게도 이를 인정하여야 한다. 넷째, 본래 의도된 목적이 증진되어야 하며, 그런 의미에서 전략적으로도 합리적이어야 한다. 이와 같은 시민불복종이 입헌정부하에서 적절히 행사된다면 정부를 보다 확고히 정의롭게 만드는 안전장치가 된다("The Justification of Civil Disobedience", Kent ed., Revolution and the Rule of Law, 1971).

한편 드워킨(Ronald Dworkin)은 일종의 자연법론이라고 부를 수 있는 전제 하에 제한된 범위의 시민불복종을 인정한다(*A Matter of Principle*, ch.4. 1985). 이들의 시민불복종론은 모두 한정적 조건하에서 제한된 범위의 시민불복종을 인정하고 있다. 이들은 사회계약론과 다수결원칙이 일정한 한계를 지니고 있다고 보고, 이 같은 한계에서 시민불복종의 근거를 찾고 있다.

V. 우리 헌법과 저항권

1. 헌법규정

우리 헌법에는 저항권에 관하여 직접 명시한 규정은 없다. 역대 헌법 모두에서 그러하다. 그러나 1962년의 제3공화국헌법 전문에서 "4·19의거……의 이념을 계승"한다고 규정하였고, 이 규정이 1980년 제5공화국 헌법에서 삭제된 후, 현행 헌법에서 다시 "4·19민주이념을 계승"한다고 규정하고 있다. 4·19이념을 법적으로 어떻게 평가할 것인가에 관해서는 여러 견해가 있을 수 있지만, 그 핵심은 저항권의 천명과 그 행사에 있다고 볼 수 있다. 이렇게 본다면 우리 헌법은 간접적으로나마 저항권을 인정하고 있다고 해석할 수 있다.

2. 판　　례

우리 대법원은 1975년의 긴급조치위반사건의 판결에서 저항권을 부정하였다. 이후 10·26 이후의 김재규(金載圭)사건에서 소수의견은 저항권을 인정하였다(대판 1980. 5.20. 80도306).

(판 례) 긴급조치위반과 저항권

소위 저항권에 의한 행위이므로 위법성이 조각된다고 하는 주장은 그 저항권 자체의 개념이 막연할 뿐만 아니라, 논지에 있어서도 구체적인 설시가 없어 주장의 진위를 파악하기 어려우나, 이 점에 관한 일부 극소수의 이론이 주장하는 개념을 살핀다면, 그것은 실존하는 실정법질서를 무시한 초실정법적인 자연법질서 내에서의 권리주장이며, 이러한 전제하에서의 권리로써 실정적 법질서를 무시한 행위를 정당화하려는 것으로 해석되는바, 실존하는 헌법적 질서를 전제로 한 실정법의 범위 내에서 국가의 법질서 유지를 그 사명으로 하는 사법기능을 담당하는 재판권행사에 대하여는 실존하는 헌법적 질서를 무시하고 초법규적인 권리개념으로서 현행 실정법에 위배된 행위의 정당화를 주장하는 것은 그 자체만으로서도 이를 받아들일 수 없는 것이(다).

대판 1975.4.8. 74도3323

한편 헌법재판소는 저항권이 헌법상 기본권으로 인정되는지 여부에 관하여 불명확한 태도를 보이고 있는데, 대법원 판례처럼 이를 전적으로 부인하고 있지는 않다. 아래의 헌법재판소 판례에 나타난 저항권 개념은 위헌적인 권력행사에 대하여 저항하는 권리, 즉 현대적 저항권에 속한다고 풀이할 수 있다.

(판 례) 저항권과 입법과정의 하자

저항권이 헌법이나 실정법에 규정이 있는지 여부를 가려볼 필요도 없이 제청법원이 주장하는 국회법 소정의 협의 없는 개의시간의 변경과 회의일시를 통지하지 아니한 입법과정의 하자는 저항권행사의 대상이 되지 아니한다. 왜냐하면 저항권은 국가권력에 의하여 헌법의 기본원리에 대한 중대한 침해가 행하여지고 그 침해가 헌법의 존재 자체를 부인하는 것으로서 다른 합법적인 구제수단으로는 목적을 달성할 수 없을 때에 국민이 자기의 권리·자유를 지키기 위하여 실력으로 저항하는 권리이기 때문이다.

헌재 1997.9.25. 97헌가4, 판례집 9-2, 332,338

(판 례) 내란행위의 정당성 요건

(재판관 김진우 등 3인의 반대의견)

내란행위의 정당성은 내란행위가 정의·인도(人道)와 동포애에 입각하여 사회적 폐습과 불의를 타파하고 자유민주적 기본질서를 더욱 확고히 하기 위한 것으로서 국민의 주권을 회복하거나 확립하기 위한 것인지의 여부, 내란행위에 나아가기 이전에 헌법과 법률이 정하는 절차에 따라 평화적으로 정치·사회적 모순과 갈등을 해소하기 위한 최선의 노력을 했는지의 여부, 그 행위에 나아가게 된 배경과 명분 및 당시의 시대적 상황에 비추어 그 행위가 다른 선택의 여지가 없을 정도로 불가피한 것이었는지의 여부, 그 행위로 인한 국민의 피해를 최소화하기 위하여 최선의 조치를 취했는지의 여부, 피해보상 등 권리구제를 위한 충분한 조치를 다했는지의 여부 등을 종합적으로 고려하여 객관적으로 판단되어야 할 것이다.

따라서 위와 같은 여러 기준에 비추어 보아 내란행위의 정당성이 인정되지 아니할 경우에는 설사 내란행위자들이 그 목적을 달성하여 국가권력을 장악하고 국민을 지배하였다고 하더라도 그 행위의 위법성은 소멸되지 아니하며 처벌될 수 있다고 보아야 한다.

헌재 1995.12.15. 95헌마221등, 판례집 7-2, 697,756

3. 우리 헌법상 저항권의 성격과 행사요건

대법원 판례에서 저항권을 '일부 극소수의 이론'으로 보는 것은 사실과 맞지 않는다. 그뿐만 아니라 저항권을 실정법상 인정될 수 없는 것으로 보는 것도 잘못이다. 위에서 본 것처럼 입헌민주주의하에서의 현대적인 저항권은 실정법상 인정될 수 있는 것이다. 헌법 전문의 4·19이념을 근거로 인정되는 우리 헌법상의 저항권의 성격은 이러한 실정법상 인정되는 저항권, 곧 헌법을 수호하기 위한 저항권으로 파악할 수 있다.

이러한 성격의 저항권을 행사하기 위한 요건으로, 독일 연방헌법재판소의 공산당 위헌 판결에서 제시된 요건이 우리 헌법상으로도 적용될 수 있다. ① 헌법질서의 유지 또는 회복을 위한 목적이어야 한다. 그러한 의미에서 저항권은 보수적인 목적을 위한 것이다. ② 헌법질서에 대한 침해가 명백하여야 한다. ③ 헌법과 법률에서 인정된 법적 구제수단을 모두 거친 후, 최후의 수단으로서 인정될 수 있다.

제 17 장

기본의무

I. 서　　설

1. 기본의무의 의의

기본의무란 국민이 국가의 존속을 위하여 부담하는 헌법상 의무이다. 국민의 의무 가운데 헌법상 부담하는 의무라는 의미에서 기본의무라고 부른다.

근대 이래의 헌법은 국민의 기본권 보장을 중심으로 하는 것이었지만, 동시에 국민이 국가에 대하여 일정한 의무를 진다는 것은 시민혁명 당시에도 이미 인정되었다. 예컨대 프랑스 인권선언 제12조는 "인간과 시민의 권리의 보장은 공공의 무력을 필요로 한다"고 규정한 데 이어, 제13조는 "공공의 무력을 유지하기 위하여 그리고 행정의 비용을 위하여 일반적인 조세는 불가결하다. 이는 모든 시민에게 그들의 능력에 따라 평등하게 배분되어야 한다"고 명시하였다. 한편 20세기 이래 사회국가사상이 확산되면서 기본의무의 내용도 확장되었다.

2. 기본의무의 분류

기본의무는 형식적으로 ① 헌법상 명시된 기본의무, ② 헌법상 명시되지 않은 기본의무로 구분된다. 우리 헌법상 명시된 기본의무로는 납세의 의무(제38조), 국방의 의무(제39조), 재산권행사의 공공복리적합의무(제23조 제2항), 교육의 의무(제31조 제2항), 근로의 의무(제32조 제2항), 환경보전 의무(제35조 제1항)가 있다. 헌법상 명시되지 않은 기본의무로는 헌법과 법령을 준수할 법준수 의무를 들 수 있다.

법준수 의무는 전체 실정법질서의 근본을 이루는 국민의 의무이며, 헌법에 명시되지 않더라도 실정법질서에 당연히 전제된 것이라고 할 수 있다. 법준수 의무의 한계를 이루는 것이 저항권이다.

한편 기본의무를 역사적, 내용적 관점에서 보아 ① 전통적 기본의무, ② 현대적 기본의무로 구분할 수 있다. 전통적 의무에 속하는 것으로 국방의 의무와 납세의 의무를 들 수 있다. 현대적 기본의무는 사회국가의 등장과 함께 성립된 것으로, 우리 헌법상 재산권행사의 공공복리적합의무, 교육의 의무, 근로의 의무, 환경보전 의무가 여기에 속한다.

3. 기본의무의 법적 성격

기본의무는 국가의 존재를 전제로 한다. 그런 의미에서 기본의무는 실정법상 의무이다. 이에 대하여 기본의무 중에는 국민의 의무와 구별되는 인간의 의무가 있다는 견해가 있다. 헌법재판소는 국민의 기본의무 이행이 국민의 기본권 행사를 위한 반대급부로서 예정된 것은 아니라고 본다(헌재 2007.6.28. 2004헌마644등).

기본의무는 곧 기본권 제한의 의미를 가진다. 납세의 의무는 국민의 재산권 제한의 의미를 지니며, 국방의 의무는 국민의 생명권과 자유권을 제한하는 의미를 갖는다. 따라서 기본의무를 법률로 구체화하는 경우에 기본권 제한에 적용되는 법원칙들(예컨대 법률의 명확성의 원칙, 평등의 원칙, 비례의 원칙 등)이 적용된다.

헌법재판소는 남자에 한정한 병역의무 부과에 관한 사건에서 평등권 침해 여부를 심사한 결과 합헌이라고 결정하였다. 이 결정에서 일부 재판관의 의견에 의하면, 국방의 의무를 부과하는 법률은 국민의 기본권을 제한하는 법률과 그 차원이 다른 것이어서, 그 위헌 여부를 심사함에 있어서는 개별 기본권을 과잉제한하느냐 하는 문제는 논할 필요가 없고, 오직 국방의 의무라는 기본의무를 부과한 것이 헌법적 관점에서 볼 때 그 목적에 있어 정당한지 또 그 부과내용에 있어 합리적이고 공평한 것이었는지를 따짐으로써 충분하다고 한다(헌재 2010.11.25. 2006헌마328).

(판 례) 의무규정에 대한 최소침해성 판단방법

어떤 법률의 입법목적이 정당하고 그 목적을 달성하기 위해 국민에게 의무를 부과하고 그 불이행에 대해 제재를 가하는 것이 적합하다고 하더라도 입법자가 그러한 수단을 선택하지 아니하고도 보다 덜 제한적인 방법을 선택하거나, 아예 국민에게 의무를 부과하지 아니하고도 그 목적을 실현할 수 있음에도 불구하고 국민에게 의무를 부과하고 그 의무를 강제하기 위하여 그 불이행에 대해 제재를 가한다면 이는 과잉금지원칙의 한 요소인 "최소침해성의 원칙"에 위배된다.

헌재 2006.6.29. 2002헌바80, 판례집 18-1 하, 196,207

Ⅱ. 납세의 의무

▌ **(헌법 제38조)** 모든 국민은 법률이 정하는 바에 의하여 납세의 의무를 진다.

1. 납세의 의무의 의의와 주체

납세의 의무는 조세를 납부할 의무이다. 조세란 국가 또는 지방자치단체가 재정에 충당할 목적으로 특정한 반대급부 없이 국민일반에게 강제적으로 부과하는 금전적 부담이다. 특별한 과제의 수행을 위하여 이와 특별한 관련이 있는 사람에게 부과하는 특별부담금(예컨대 수질개선부담금 등)과 구별된다.

납세의 의무의 주체는 국민이다. 외국인은 국내에 재산을 가지고 있거나 과세대상이 되는 행위를 한 경우에 납세의 의무를 지는데, 조약에 의해 납세의무가 면제될 수 있다.

2. 납세의 의무에 관한 원칙

납세의 의무의 내용에 관한 기본적인 원칙으로 ① 조세법률주의, ② 조세평등주의가 있다.

조세법률주의란 조세의 부과는 반드시 국회가 제정한 법률에 의하여야 한다는 원칙이다. 이는 '대표 없이 조세 없다'는 사상에 기초한다. 그 헌법적 근거는 헌법 제38조("……법률이 정하는 바에 의하여……") 및 헌법 제59조("조세의 종목과 세율은 법률로 정한다")이다. 조세법률주의의 내용으로 과세요건 법정주의, 과세요건 명확주의, 소급과세 금지 등을 들 수 있다.

(판 례) 조세법률주의와 조례에 의한 지방세 부과

조세법률주의의 이념은 과세요건을 법률로 명확하게 규정하여 국민의 재산권을 보호함은 물론 국민생활의 법적 안정성과 예측가능성을 보장하기 위한 것이므로, 그 핵심 내용은 과세요건법정주의와 과세요건명확주의이다.

과세요건법정주의는 "조세는 국민의 재산권을 침해하는 것이 되기 때문에 납세의무를 발생하게 하는 납세의무자·과세물건·과세표준·과세기간·세율 등 과세요건과 조세의 부과·징수절차를 모두 국민의 대표기관인 국회가 제정한 법률로써 규정하여야 한다"는 원칙을 말하며(헌재 1989.7.21. 선고 89헌마38 결정등 참조), 과세요건명확주의는 과세요건에 관한 법률규정의 내용이 지나치게 추상적이거나 불명확하면 이에 대한 과세관청의 자의적인 해석과 집행을 초래할 염려가 있으므로 그 규정내용이 명확하고 일의적이어야 한다는 것을 의미한다(헌재 1992.12.24. 선고 90헌바21 결정 등 참조) (……).

지방자치법 제126조는 "지방자치단체는 법률이 정하는 바에 의하여 지방세를 부과·징수할 수 있다"라고 하고, 지방세법 제3조는 지방세의 부과와 징수에 관하여 필요한 사항은 지방자치단체가 "조례"로써 정하도록 하고 있다. 이렇게 지방세법이 지방세의 부과와 징수에 관하여 필요한 사항을 조례로 정할 수 있도록 한 것은 지방세법은 그 규율대상의 성질상 어느 정도 요강적 성격(要綱的 性格)을 띨 수밖에 없기 때문이라고 해석된다. 왜냐하면 비록 국민의 재산권에 중대한 영향을 미치는 지방세에 관한 것이라 하더라도 중앙정부가 모든 것을 획일적으로 확정하는 것은 지방자치제도의 본래의 취지를 살릴 수 없기 때문이다. 더구나 지방세법의 규정에 의거하여 제정되는 지방세부과에 관한 조례는 주민의 대표로 구성되는 지방의회의 의결을 거치도록 되어 있으므로 법률이 조례로써 과세요건 등을 확정할 수 있도록 조세입법권을 부분적으로 지방자치단체에 위임하였다고 하더라도 조세법률주의의 바탕이 되고 있는, "대표 없이는 조세 없다"는 사상에 반하는 것도 아니다.

헌재 1995.10.26. 94헌마242, 판례집 7-2, 521,533,535-536

헌법재판소 판례의 다수의견에 의하면, 조세특례제한법에서의 업종분류에 있어서 통계청장이 고시하는 한국표준산업분류에 의하도록 규정한 것이 합헌이라고 판시하였다. 그러나 소수의견은 행정규칙인 고시에 입법사항을 위임하는 것은 조세법률주의 위반이라고 보았다(헌재 2006.12.28. 2005헌바59).

(판 례) 과세요건명확주의와 포괄적 위임 금지

구 소득세법(1992.12.8. 법률 제4520호로 개정되기 전의 것) 제5조 제6호 (자)목 중 "1세대 1주택" 부분은 그 사전적 의미와 투기적 목적이 없는 주택의 양도에 대하여 양도소득세를 부과하지 아니함으로써 국민의 주거생활의 안정 및 거주이전의 자유를 보장하여 주려는 위 조항의 입법취지에 비추어 볼 때 지나치게 추상적이고 불명확하여 과세관청의 자의적인 해석과 집행을 초래할 염려가 있다고 할 수 없으므로 과세요건 명확주의에 반한다고 할 수 없다.

위임입법에 있어 위임의 구체성, 명확성의 요구 정도는 그 규율대상의 종류와 성격에 따라 달라질 것이지만 특히 처벌법규나 조세법규와 같이 국민의 기본권을 직접적으로 제한하거나 침해할 소지가 있는 법규에서는 구체성, 명확성의 요구가 강화되어 그 위임의 요건과 범위가 일반적인 급부행정의 경우보다 더 엄격하게 제한적으로 규정되어야 하는 반면에, 규율대상이 지극히 다양하거나 수시로 변화하는 성질의 것일 때에는 위임의 구체성, 명확성의 요건이 완화될 수도 있을 것이며, 조세감면규정의 경우에는 법률의 구체적인 근거 없이 대통령령에서 감면대상, 감면비율 등 국민의 납세의무에 직접 영향을 미치는 감면요건 등을 규정하였는가 여부도 중요한 판단기준이 된다.

투기적 목적이 없는 "1세대 1주택" 양도의 범위를 법률로써 모두 규율하는 것은 불가능하거나 부적당하므로 이 사건 규정이 양도소득세가 면제되는 "1세대 1주택" 양도의 구체적 범위를 대통령령으로 정하도록 위임한 것은 정당하고, 이 사건 규정은 그 입법목적이나 위임배경 등을 참작하여 양도소득세가 면제되는 "1세대 1주택"의 범위만을 구체적으로 정하도록 대통령령에 위임하고 있어서 대통령령으로 정하여질 사항은 주택의 보유기간이나 일시적인 다주택 소유의 문제 등 투기적 목적의 인정 여부와 관계되는 사항이 될 것임을 쉽게 예측할 수 있으므로 이 사건 규정이 포괄적 위임에 해당한다고는 볼 수 없다.

헌재 1997.2.20. 95헌바27, 판례집 9-1, 156,156-157

조세평등주의는 헌법 제11조의 평등의 원칙을 조세의 부과, 징수에 적용한 것이다. 이를 공평부담의 원칙이라고도 한다.

(판 례) 조세평등주의

조세평등주의는 법앞의 평등의 원칙을 조세의 부과와 징수과정에서도 구현함으로써 조세정의를 실현하려는 원칙이다. 이러한 조세공평주의의 원칙에 따라 과세는 개인의 경제적 급부능력을 고려한 것이어야 하고, 동일한 담세능력자에 대하여는 원칙적으로 평등한 과세가 있어야 한다. 또 나아가 특정의 납세의무자를 불리하게 차별하는 것이 금지될 뿐만 아니라 합리적 이유 없이 특별한 이익을 주는 것도 허용되지 아니한다. 조세란 공공경비를 국민에게 강제적으로 배분하는 것으로서 납세의무자 상호간에는 조세의 전가관계가 있으므로 특정인이나 특정계층에 대하여 정당한 이유 없이 면세·감세 등의 조세우대조치를 하는 것은 다른 납세자에게 그만큼 과중과세를 하는 결과가 되기 때문이다(헌재 1995.6.29. 선고 94헌바39 결정 참조).

헌재 1995.10.26. 94헌마242, 판례집 7-2, 521,529-530

(판 례) 조세감면의 우대조치와 조세평등주의

조세감면의 우대조치는 조세평등주의에 반하고 국가나 지방자치단체의 재원의 포기이기도 하여 가급적 억제되어야 하고 그 범위를 확대하는 것은 결코 바람직하지 못하므로 특히 정책목표달성에 필요한 경우에 그 면제혜택을 받는 자의 요건을 엄격히 하여 극히 한정된 범위 내에서 예외적으로 허용되어야 한다.

헌재 1996.6.26. 93헌바2, 판례집 8-1, 525,526

(판 례) 담세능력의 원칙과 단일세율의 적용(구 '금융실명거래 및 비밀보장에 관한 법률')

이 사건 법률조항은 유독 금융소득에 대해서만은 분리과세방식을 취하여 단일세율을 적용하고 있으며, (……) 담세능력의 원칙은 소득이 많으면 그에 상응하여 많이 과세되어야 한다는 것, 즉 담세능력이 큰 자는 담세능력이 작은 자에 비하여 더 많은 세금을 낼 것과, 최저생계를 위하여 필요한 경비는 과세로부터 제외되어야 한다는 최저생계를 위한 공제를 요청할 뿐 입법자로 하여금 소득세법에 있어서 반드시 누진세율을 도입할 것까지 요구하는 것은 아니다. 소득에 단순 비례하여 과세할 것인지 아니면 누진적으로 과세할 것인지는 입법자의 정책적 결정에 맡겨져 있다. 그러므로 이 사건 법률조항이 소득계층에 관계없이 동일한 세율을 적용한다고 하여 담세능력의 원칙에 어긋나는 것이라 할 수 없다.

헌재 1999.11.25. 98헌마55, 판례집 11-2, 593,609

그 밖에 헌법재판소 판례에 의하면, 이자소득과 배당소득의 합계금액이 일정액(4천만원) 이하인 경우는 종합소득과세표준에 합산되지 않고 분리과세만 되도록 규정한 소득세법 규정이 조세평등주의에 위반하지 않는다고 판시하였다(헌재 2006.11.30. 2006헌마489).

한편 국민이 납세의무자로서 국가의 재정지출에 대하여 직접 감시할 권리가 헌법상 열거되지 않은 기본권으로 인정되느냐에 대하여 헌법재판소는 이를 부정하고 있다.

(판 례) 재정지출에 대한 납세자의 직접적 감시권 인정 여부

청구인들은 납세의무자인 국민은 열거되지 않은 기본권(헌법 제37조 제1항)으로서 자신이 납부한 세금을 국가가 효율적으로 사용하는지를 감시하고 그 사용에 대해 이의를 제기하거나 잘못된 사용의 중지를 요구할 수 있는 권리를 가진다고 주장하면서, 행정중심복합도시 건설에 천문학적인 건설비용이 소요됨에도 불구하고 주요행정기관의 분산배치로 말미암아 행정기능과 업무효율이 저하되고 수도권과 충청권의 통합성장에 따른 국토불균형 현상이 오히려 심화되는 등 부작용이 발생하여 수도권과밀해소를 통한 국가균형발전과 국가경쟁력 강화라는 목적달성이 불가능하므로 이 사건 법률은 국민의 혈세를 낭비할 뿐이라고 주장한다.

행정중심복합도시의 건설로 말미암아 여러 부작용과 폐해가 발생하여 막대한 재원을 투자하였음에도 불구하고 그에 상응하는 결실보다는 엄청난 국력의 낭비가 초래될 수도 있다는 청구인들의 예상이 전혀 근거가 없거나 불합리한 것으로 볼 수는 없다. 그러나 헌법상 조세의 효율성과 타당한 사용에 대한 감시는 국회의 주요책무이자 권한으로 규정되어 있어(헌법 제54조, 제61조) 재정지출의 효율성 또는 타당성과 관련된 문제에 대한 국민의 관여는 선거를 통한 간접적이고 보충적인 것에 한정되며, 재정지출의 합리성과 타당성 판단은 재정분야의 전문성을 필요로 하는 정책판단의 영역으로서 사법적으로 심사하는 데에 어려움이 있을 수 있다. 게다가 재정지출에 대한 국민의 직접적 감시권을 기본권으로 인정하게 되면 재정지출을 수반하는 정부의 모든 행위를 개별 국민이 헌법소원으로 다툴 수 있게 되는 문제가 발생할 수 있다. 따라서 청구인이 주장하는 재정사용의 합법성과 타당성을 감시하는 납세자의 권리를 헌법에 열거되지 않은 기본권으로 볼 수 없으므로 그에 대한 침해의 가능성 역시 인정될 수 없다.

헌재 2005.11.24. 2005헌마579등, 판례집 17-2, 521-522

그 밖에 조세부과에 관한 주요 헌법재판소 판례를 보면 아래와 같다.

* 취득세 부과에 있어서 비업무용 토지를 취득하는 법인을 자연인보다 불이익하게 취급하는 것은 조세 평등주의에 위배되지 않으며 합헌(헌재 2000.2.24. 98헌바94).
* 소득세할 주민세의 납부불성실가산세 산정시에 미납된 기간을 전혀 고려하지

않은 구 지방세법 규정은 헌법상 비례의 원칙에 위반되어 위헌(헌재 2005.10.27. 2004헌가21).

* 법인세할 주민세의 신고의무와 납부의무 중 하나만을 불이행한 사람과 두 가지 의무 모두를 불이행한 사람을 구별하지 아니하고 동일한 율로 가산세를 부과하고, 납부불성실가산세 산정시에 미납된 기간을 전혀 고려하지 않은 구 지방세법 규정은 헌법상 비례의 원칙에 위반되어 위헌(헌재 2005.10.27. 2004헌가22).
* 양도소득세의 과세대상을 "제1호 내지 제4호 외에 대통령령이 정하는 자산의 양도로 인하여 발생하는 소득"이라고 규정하고 있는 구 소득세법 규정은 조세법률주의 및 포괄위임입법금지원칙에 위반되어 위헌(헌재 2006.2.23. 2004헌가26).
* 부모로부터 가업의 주식 등을 이전받고 대통령령으로 정한 방식, 즉 증여세 과세표준 신고기한까지 가업에 종사하고 증여일부터 5년 이내에 가업 회사의 대표이사로 취임함으로써 가업을 승계한 수증자에 대하여 증여세를 감경해주되, 처음부터 가업승계를 하지 않거나 일단 가업승계를 하였으나 계속해서 가업에 종사하지 아니한 수증자에 대하여 가업승계 증여세 과세특례를 배제하고 통상적인 '상속세 및 증여세법'에 따른 증여세를 부과하도록 한 조세특례제한법상의 가업승계 증여세 과세특례제도는 조세법률주의, 의회유보의 원칙, 포괄위임금지원칙 및 조세평등주의에 위배되지 않는다(헌재 2025.7.17. 2020헌바557).

Ⅲ. 국방의 의무

> **(헌법 제39조)** ① 모든 국민은 법률이 정하는 바에 의하여 국방의 의무를 진다.
> ② 누구든지 병역의무의 이행으로 인하여 불이익한 처우를 받지 아니한다.

1. 국방의 의무의 의의와 주체

국방의 의무는 외부의 침략으로부터 국가의 독립을 유지하고 영토를 보전할 국민의 의무이다.

국방의 의무의 주체는 국민이며, 외국인은 그 주체가 아니다. 남성만이 아니라 여성도 국방의 의무의 주체이다. 병역법상 여성은 병역의무의 대상이 아니지만, 이것이 헌법상 요청이라고 할 수는 없다.

2. 국방의 의무의 내용

국방의 의무의 내용은 "법률이 정하는 바에 의하여" 구체화된다. 헌법재판소 판례에 의하면, 국방의 의무는 병역법상의 직접적인 병력형성의무만이 아니라, 예비군법·민방위기본법 등에 의한 간접적인 병력형성의무 및 기타 국방에 협력할 의무를 포함한다.

(판 례) 국방의 의무의 내용

국방의 의무는 외부 적대세력의 직·간접적인 침략행위로부터 국가의 독립을 유지하고 영토를 보전하기 위한 의무로서, 현대전이 고도의 과학기술과 정보를 요구하고 국민전체의 협력을 필요로 하는 이른바 총력전인 점에 비추어 ① 단지 병역법에 의하여 군복무에 임하는 등의 직접적인 병력형성의무만을 가리키는 것이 아니라, ② 병역법, 향토예비군설치법, 민방위기본법, 비상대비자원관리법 등에 의한 간접적인 병력형성의무 및 ③ 병력형성이후 군작전명령에 복종하고 협력하여야 할 의무도 포함하는 개념이다.

헌재 2002.11.28. 2002헌바45, 판례집 14-2, 704

국방의 의무의 내용은 헌법 제11조의 평등의 원칙에 부합하여야 한다. 여성에 대한 병역면제는 전투행위 적합성에 관한 상대적 차이 등에 비추어 합리적 차별이라고 본다. 헌법재판소 다수의견은 병역의무를 남자만에 한정한 병역법 규정이 합헌이라고 보았다(헌재 2010.11.25. 2006헌마328. 앞의 평등권에 관한 판례인용 참조). 미국 대법원 판례도 여성에 대한 병역면제를 합헌이라고 보았다(*Rostker v. Goldberg*, 1981).

병역의무의 평등한 이행을 확보하기 위한 조치의 위헌심사에는 합리성 기준이 적용된다. 가령 1993.12.31. 이전에 출생한 재외국민 2세도 18세 이후 통틀어 3년을 초과하여 국내에 체재한 경우 재외국민 2세 지위를 상실할 수 있도록 한 병역법 시행령 조항은 병역의무 회피 방지를 위한 합리적인 이유가 있으므로 헌법에 위반되지 않는다(헌재 2021.5.27. 2019헌마177등).

헌법재판소는 이른바 양심적 병역거부를 인정하지 않는 것이 합헌이라고 하였던 판례를 변경하여, 대체복무제를 규정하지 않은 것이 위헌이라고 하였다(앞의 '양심의 자유' 참조). 헌법재판소는 대체복무기관을 교정시설로 한정하고, 근무도 합숙으로 하고, 그 기간도 36개월로 하여 병역의무기간보다 2배나 길게 규정한 대체역의 편입 및 복무 등에 관한 법률 및 동시행령 조항을 합헌이라고 하였다(헌재 2024.5.30. 2021헌마117등).

병역의무의 면제나 감경 등 병역우대조치는 합리적 기준에 따라 그 범위를 최소화하여야 한다. 헌법재판소 판례에 의하면, 통상 31세가 되면 입영의무 등이 감면되나 해외체재를 이유로 병역연기를 한 사람에게는 36세가 되어야 이에 해당되도록 한 구 병역법의 규정은 입법재량을 벗어나지 않은 것이며 합헌이라고 보았다(헌재 2004.11.25. 2004헌바15).

(판 례) 병역우대조치

병역의무는 다른 사람에 의한 대체적 이행이 불가능한 일신 전속적 의무이기 때문에 병역우대조치의 남발은 그에 의하여 병역감경을 받는 특정한 병역의무자들의 병역부담을 다른 병역의무자들에게 전가하는 결과를 가져와 병역평등의 이념에 반하고 국민의 국방의식을 저하시킬 수 있으므로 입법자는 병역감경대상자를 설정함에 있어서 합리적인 기준에 따라 병역감경이 절실하거나 시급하다고 인정되는 사람으로 그 범위를 최소화할 필요성이 있다.

헌재 2005.9.29. 2004헌마804, 공보 108, 1054

3. 병역의무이행으로 인한 불이익처우 금지

헌법 제39조 제2항은 병역의무 이행으로 인하여 불이익한 처우를 받지 아니한다고 규정하고 있다. 여기서 '불이익한' 처우란 사실상의 불이익이 아니라 법적인 불이익을 말한다.

(판 례) 병역의무불이행으로 인한 불이익처우 금지와 제대군인 가산점제도

병역법에 따라 군복무를 하는 것은 국민이 마땅히 하여야 할 이른바 신성한 의무를 다 하는 것일 뿐, 국가나 공익목적을 위하여 개인이 특별한 희생을 하는 것이라고 할 수 없다. 국민이 헌법에 따라 부과되는 의무를 이행하는 것은 국가의 존속과 활동을 위하여 불가결한 일인데, 그러한 의무를 이행하였다고 하여 이를 특별한 희생으로 보아 일일이 보상하여야 한다고 할 수는 없는 것이다.

그러므로 헌법 제39조 제2항은 병역의무를 이행한 사람에게 보상조치를 취하거나 특혜를 부여할 의무를 국가에게 지우는 것이 아니라, 법문 그대로 병역의무의 이행을 이유로 불이익한 처우를 하는 것을 금지하고 있을 뿐이다. 그리고 이 조항에서 금지하는 "불이익한 처우"라 함은 단순한 사실상, 경제상의 불

이익을 모두 포함하는 것이 아니라 법적인 불이익을 의미하는 것으로 보아야 한다. 그렇지 않으면 병역의무의 이행과 자연적 인과관계를 가지는 모든 불이익－그 범위는 헤아릴 수도 예측할 수도 없을 만큼 넓다고 할 것인데－으로부터 보호하여야 할 의무를 국가에 부과하는 것이 되어 이 또한 국민에게 국방의 의무를 부과하고 있는 헌법 제39조 제1항과 조화될 수 없기 때문이다.

그런데 가산점제도는 이러한 헌법 제39조 제2항의 범위를 넘어 제대군인에게 일종의 적극적 보상조치를 취하는 제도라고 할 것이므로 이를 헌법 제39조 제2항에 근거한 제도라고 할 수 없다.

헌재 1999.12.23. 98헌마363, 판례집 11-2, 770,783-784

헌법재판소 판례에 의하면, 전투경찰순경으로서 대간첩작전을 수행하는 것은 넓은 의미에서 국방의 의무를 수행하는 것으로 볼 수 있으며, 이를 병역의무의 이행으로 인한 불이익한 처우로 볼 수 없다고 하였다(헌재 1995.12.28. 91헌마80). '병역을 필한 자'로 국가정보원 7급 경쟁시험 응시자격을 제한하는 것도 현역군인(장교) 신분자가 병역의무 이행 중 입은 불이익에 불과하며, 병역의무 이행을 이유로 한 불이익은 아니라고 보았다(헌재 2007.5.31. 2006헌마627).

헌법재판소는 최근 공무원임용시험 합격 후 병역의무이행으로 인하여 공무원으로 임용이 뒤늦게 된 자들에 대하여 공무원연금법의 적용대상을 차별하고 있는 규정에 대하여 합헌결정을 하였다. 그러나 공무원임용지연이 자의에 의한 것이 아니고, 더욱이 병역의무이행인 경우까지 차별하는 것은 불합리하다는 반대의견이 있다.

(판 례) 병역의무이행으로 인한 공무원임용지연과 공무원연금법상의 차별

(청구인은 2008.1.11. 2008학년도 경기도 공립 초등교사 임용후보자 선정경쟁시험에 합격한 후 2008.4.17. 공익근무요원으로 소집되어, '교사임용후보자명부작성규칙'(1991.2.19. 교육부령 제592호로 개정된 것) 제8조에 따라 임용을 연기하고 병역의무를 이행하였다)

개정 공무원연금법이 시행된 2010.1.1. 이전부터 공무원으로 임용되어 재직 중이었던 자들은, 공무원으로 임명된 날이 속하는 달부터 일정금액을 기여금으로 납부하여 온 자들로, 개정 전 공무원연금법에 따라 60세에 도달하면 퇴직연금 수급권이 발생할 것이라는 점과 유족연금이 퇴직연금액의 100분의 70에 해당하는 금액이 될 것이라는 점에 대해 나름대로 구체적인 신뢰를 형성하여 왔다는 점에서 2010.1.1. 이전에 공무원으로 임용될 수 있는 자격을 취득하였을 뿐 실제로 재직하거나 기여금을 납부한 사실이 전혀 없어 개정 전 공무원연금법의 적용을 받게 될 것이라는 점에 대하여 구체적인 신뢰를 형성하였다고 볼

수 없는 청구인과는 구별되므로, 이 사건 부칙조항들이 임용일자를 기준으로 일률적으로 개정 전 공무원연금법의 적용 여부를 결정하도록 규정하고 있는 것에는 합리성이 인정된다.

(재판관 목영준, 이정미의 반대의견)

입법자로서는 임용시험 합격 후 바로 공무원으로 임용될 수 있었음에도 불구하고 다름 아닌 병역의무의 이행을 위하여 임용을 유예한 자들이 불이익한 차별취급을 받지 않도록 경과규정을 마련하는 등 적절한 조치를 취했어야 할 것임에도, 이 사건 부칙조항들이 개정 전 공무원연금법의 적용 여부를 임용시기에 의하여 일률적으로 결정되도록 규정하고 있는 것은 청구인과 같이 병역의무의 이행으로 인하여 임용시기가 늦어진 자들을 합리적 이유 없이 차별취급하고 있는 것이다.

헌재 2012.8.23. 2010헌마197, 공보 191, 1639,1640

반면, 공무원 재직 중이었던 자는 병역의무라는 불가피한 사유로 직무수행을 하지 못한 것이기 때문에 경력평정에 병역기간을 전부 반영하지만, 공무원으로 임용되기 전 병역의무를 이행한 자는 제대군인을 우대한다는 이유로 병역기간을 60퍼센트만큼 공무원 경력으로 인정하는 지방공무원임용령이 공무담임권을 침해한다거나 헌법 제39조 제2항 위반은 아니라고 한다(헌재 2018.7.26. 2017헌마1183).

한편, 헌법재판소는 공익근무요원의 경우와 달리 산업기능요원의 군 복무기간을 공무원 재직기간으로 산입하지 않도록 한 제대군인지원에 관한 법률 조항은 합헌이라고 판시하였다(헌재 2012.8.23. 2010헌마328).

또한, 판례에 의하면, 구 조세특례제한법 제70조 제1항이 농지대토로 인한 양도소득세의 감면요건으로 '직접 경작'을 규정하고 있을 뿐, 병역의무 이행 그 자체를 이유로 양도소득세 감면대상에서 제외하는 것은 아니므로 이 규정이 병역의무 이행을 이유로 불이익을 주는 것이 아니라고 한다(헌재 2015.5.28. 2014헌바261등). 다만 여기에 대한 반대의견이 제시되어 있다.

Ⅳ. 그 밖의 기본의무

우리 헌법은 전통적인 기본의무인 납세의 의무, 국방의 의무 이외에, 현대적인 기본의무인 재산권행사의 공공복리적합의무, 교육의 의무, 근로의 의무, 환경보전의 의무를 명시하고 있다. 이 가운데 재산권행사의 공공복리적합의무와 교육의 의무에 관해서는 앞의 재산권 보장, 교육을 받을 권리에서 각각 설명하였다.

1. 근로의 의무

헌법 제32조는 제1항에서 근로의 권리를 규정한 데 이어, 제2항에서 “모든 국민은 근로의 의무를 진다. 국가는 근로의 의무의 내용과 조건을 민주주의원칙에 따라 법률로 정한다”고 규정하고 있다.

역사적으로 근로의 의무는 본래 사회주의국가의 헌법에서 중시되어온 것이며, 바이마르헌법은 이를 도덕적 의무로 규정하였다(제163조 제1항). 우리 헌법은 제헌헌법 이래 근로의 권리와 함께 근로의 의무를 규정하여 왔다.

근로의 의무의 법적 성격에 관하여 이를 법적 의무로 보는 견해와 윤리적 의무로 보는 견해가 갈린다. 근로의 의무는 제한된 의미에서 법적 의무라고 볼 것이다. 첫째, 근로의 능력과 기회가 있음에도 불구하고 근로를 하지 않는 자에게는 생계비지급청구권과 같은 사회보장수급권을 법률로 제한할 수 있다. 둘째, 근로의 적극적 강제는 법률에 의하지 않는 강제노역의 금지(헌법 제12조 제1항), 직업선택의 자유의 일부로서의 무직업의 자유에 비추어 원칙적으로 인정되지 않지만, 예외적으로는 법률에 의하여 인정될 수 있다고 볼 것이다(예컨대 전시와 같은 국가비상시의 예외적인 강제적 근로).

2. 환경보전의 의무

헌법 제35조 제1항은 환경권을 규정하면서 국가만이 아니라 “국민은 환경보전을 위하여 노력하여야 한다”고 규정하고 있다. 이 조항은 “……노력하여야 한다”라고 표현하고 있어서 이를 도덕적 의무로 해석하는 견해가 있지만, 법적 의무로 해석하여야 할 것이다. 개인의 환경침해 행위는 환경보호를 위한 여러 법률에 의해 법적 제재의 대상이 된다.

제 4 편

통치구조

제 1 장

통치구조의 기본원리

I. 서 설

1. 국가권력의 근거 · 목적 · 조직 · 행사방식

국가권력, 즉 국가의 통치권은 통치기구인 국가기관을 통해 행사된다. 통치기구를 어떻게 구성하고 개개의 국가기관에 어떤 권한을 부여하며 그 상호관계를 어떻게 설정하느냐를 총칭하여 통치구조라고 부른다. 근래 '통치'라는 용어가 국민을 지배대상으로 파악하는 관념을 반영한다는 이유로 그 사용을 기피하는 경향이 있지만, 국민이 통치권의 지배대상이 됨은 부인할 수 없는 사실이다.

우리 헌법처럼 자유민주적 기본질서에 입각한 헌법에 있어서 그 통치구조의 기본원리는 ① 통치권의 근거, ② 통치권의 목적, ③ 통치권의 조직, ④ 통치권의 행사방식의 측면에서 다음과 같이 정리할 수 있다. 첫째, 통치권의 근거 또는 정당성은 국민주권의 원리에 입각한다. 국민주권의 원리는 일반적으로 국민대표제를 통하여 실현된다(국민주권에 관해서는 제2편, 제4장 참조). 둘째, 통치권의 목적은 국민의 기본권 보장에 있다. 셋째, 통치권의 조직은 권력분립의 원리에 따른다. 넷째, 통치권의 행사방식에 관한 기본원리는 법치주의 원리이다(법치주의에 관해서는 제2편 제9장 참조). 통치구조에 관한 이들 원리 가운데 아래에서는 국민대표제, 권력분립의 원리 및 정부형태에 관하여 살펴본다.

2. 국가기관

(1) 국가기관의 개념

국가기관은 국가의 통치권을 담당하고 행사하는 기관이다. 본래 국가기관의 개념은 과거 독일의 전통적인 국법학(國法學)에서 옐리네크(G. Jellinek) 등을 중심으로 전개된 것이다. 군주주권론과 구별되는 국가주권론의 토대로서 국가법인설을 확립하면서 이와 관련하여 국가기관 이론이 발전하였다. 이에 따르면 국가기관의 개념은 다음과 같이 정리할 수 있다.

국가가 통일적인 조직적 단체라고 한다면 국가기관의 존재는 필연적이다. 국가기관을 구성하고 담당하는 것은 1인 또는 다수의 자연인이며 이 자연인의 의사가 국가의 의사가 된다. 국가는 국가기관을 통하여 비로소 활동할 수 있고, 국가기관의 행위는 국가의 행위로 간주된다.

국가와 국가기관의 관계에 관하여, 일반적으로 국가만이 인격을 갖는다고 보며, 국가기관의 인격은 부정된다. 이 점에서 대리(代理)의 개념에 있어서 본인과 대리인이라는 두 인격의 존재를 전제하는 것과 다르다.

국가기관은 법인격을 갖지 않는다고 하더라도, 기관담당자는 그 기관의 지위에 따른 권한, 즉 그 직무를 행하는 권한을 가질 수 있다.

(2) 국가기관의 종류

국가기관은 여러 가지로 분류되는데 그 중에서 기본적인 것으로, 직접기관과 간접기관의 구분이 있다. 옐리네크에 의하면 **'직접기관'**이란 헌법에서 직접 그 존재와 지위를 부여한 국가기관이다. 절대군주제에서의 군주 또는 공화제에서의 의회 등이 여기에 해당한다. **'간접기관'**은 직접 헌법에 근거한 기관이 아니라 직접기관으로부터의 개별적인 위임에 의해 설치되는 기관이며, 행정관청이 여기에 해당한다.

오늘날에는 국가기관의 일종으로 **'헌법기관'**이라는 용어가 사용되는 예가 있다. 헌법기관이란 헌법에서 직접 그 존재와 지위, 권한이 규정된 국가기관으로 이해할 수 있다. 이와 대비되는 것이 법률에 근거하는 **'법률상의 기관'**이다.

국가기관 가운데 국가 의사의 최고 결정권을 갖는 기관을 **최고기관**이라고 부른다. 최고기관은 국가의사의 영역에 따라 여럿일 수 있다. 통상적으로 대통령제 국가의 경우, 대통령, 의회, 대법원이 최고기관에 속한다.

그 밖에 단독기관과 합의기관의 구분이 있다. '**단독기관**'은 대통령처럼 한사람으로 구성되는 기관이고, '**합의기관**'은 의회나 내각처럼 복수의 담당자로 구성되는 기관이다.

(3) 국가기관으로서의 국민

국가기관의 개념과 관련하여 특히 논의되는 사항이 있다. 국민도 국가기관의 하나에 해당하느냐는 문제이다. 이에 관하여 이를 긍정하는 견해와 부정하는 견해가 갈린다.

긍정설에 의하면 국민은 주권보유자일 뿐만 아니라 **주권행사기관**으로서의 지위도 가지며, 주권행사기관으로서의 국민은 곧 국가기관으로서의 국민을 의미한다고 한다. 국가기관으로서의 국민은 구체적으로 유권자의 총체를 뜻한다고 본다.

반면 부정설에 의하면 국민은 국가권력의 정당성의 근거일 뿐이지 국가기관 그 자체는 아니라고 본다.

생각건대 이 문제는 국민주권의 의미를 어떻게 이해하느냐의 문제와 관련된다. 국민주권을 단순히 국가권력의 정당성의 근거가 국민에게 있다는 의미만으로 한정하여 보는 것은 국민주권을 관념화하고 현실적으로 무력하게 한다고 볼 것이다. 국민주권에는 국민이 현실적으로도 권력을 행사한다는 요소가 포함된다고 보아야 하며, 이런 의미에서 긍정설이 타당하다.

Ⅱ. 국민대표제

1. 직접민주제와 간접민주제

국민주권의 원리를 실현하는 통치구조는 기본적으로 두 가지 형태로 나뉜다. **직접민주제**와 **간접민주제**가 그것이다. 직접민주제는 국민이 직접 국가의사의 결정에 참여하는 제도이며, 간접민주제는 국민을 대표하는 기관이 국가의사를 결정하는 제도이다. 세계의 대부분의 국가는 간접민주제를 기본으로 한다. 간접민주제(대의민주제)를 채택하는 이유는 두 가지로 집약할 수 있다. 첫째, 소도시국가가 아닌 이상, 전 국민이 국정에 직접 참여할 수 없다는 물리적 한계이다. 둘째, 현대 국가의 입법과 행정에는 고도의 전문성과 기술성이 요구되기 때문에 간접민주제가 더 적합하다는 것이다. 다만 오늘날 정보기술의 비약적 발전 및 대중의 지적 수준의 향상을 배경으로 직접민주제의 실현가능성이 커졌다는 주장이 대두되고 있다.

간접민주제의 이론적 토대를 이루는 것이 국민대표제(또는 대의제) 이론이다. 현행 우리 헌법은 국민대표제에 관한 직접적인 명시적 규정은 두지 않고 있다. 외국 헌법 가운데에는 국민대표제에 관하여 명시한 예들을 볼 수 있다. 독일 기본법은 "독일연방의회의원은 국민전체의 대표자이고 명령과 지시에 구속되지 않으며 자신의 양심에만 따른다"고 규정하고 있다(제38조 제1항). 프랑스 제5공화국헌법은 "국민은 그들의 대표자에 의하여, 그리고 국민투표수단을 통하여 주권을 행사한다"(제3조 제1항), "모든 강제위임은 무효이다"(제27조 제1항)라고 규정하고 있다. 한편 일본 헌법은 "양 의원은 전 국민을 대표하는 선거된 의원으로 조직한다"고 규정하고 있다(제43조 제1항).

2. 고전적인 국민대표제의 이론과 그 변용

(1) '순수대표' 이론

국민대표라는 관념은 근대 의회제도의 발전과 더불어 일찍이 영국에서 16세기부터 18세기에 걸쳐 형성되었다. 영국의 정치사상가 버크(Edmund Burke, 1729-1797)가 의원의 지위를 가리켜, '선거구를 대표하는 의원이 아니라 왕국 의회의 의원'이라고 말한 것은 그 일례이다.

한편 이론적 차원에서 국민대표 이론이 활발히 전개된 것은 대혁명 이래의 프랑스에서이다. 프랑스에서의 국민대표제 이론은 국민주권의 원리와 직결되어 전개되어 왔다. 프랑스 대혁명 후의 1791년 헌법은 "여러 도(道)에서 선출된 대표자는 개개의 도의 대표자가 아니라 전 국민의 대표자이다. 대표자에게 지령을 주는 것은 허용되지 않는다"(제3편 제1장 제3절 제7조)고 명시하였다. 또한 이 헌법은 선거에 의하지 않는 국왕에 대해서도 의회와 함께 대표자로서의 지위를 부여하였다. 이것은 당시의 대표 관념이 대표자의 국민으로부터의 독립을 강조했음을 나타낸다.

프랑스 대혁명 이래 고전적인 국민대표제 이론의 특징은 다음 세 가지로 집약할 수 있다. ① 국민이 선거에 의해 대표자를 선출하는 행위는 국민의 주권 자체를 위임하는 것이 아니라, 단지 주권의 행사를 위임하는 데 불과하다. 이것은 주권을 양도할 수 없다는 이론과 조화시키기 위한 것이다. ② 주권은 국민 전체에 속하고 이를 분할할 수 없기 때문에, 주권의 행사에 있어서도 개개의 대표자에게 개별적으로 위임하는 것이 아니라 의회 전체에 위임하는 것이다. 즉 전체국민이 의회전체에 주권행사를 위임하는 집합적 위임인 것이다. ③ 위의 집합적 위임과 직결되는 것으로, 대표자인 의회는 국민으로부터 독립한 지위를 갖는다. 이것은 대표자에 대해 지시하고 명령하는 중세 입헌주의에서의 강제위임(또는 명령적 위임)을 부정하는 것이다. 루쏘(Jean-Jacques Rousseau, 1712-1778)와 같이 개개 시민의 총체인 인민(peuple)이 주권자라고 보는 인민주권론에 의하면, 국정담당자에 대한 인민의 강제위임이 정당화된다. 그러나 프랑스 1791년 헌법에 나타난 이론에 의하면, 주권자는 개인과 구별되는 관념적인 국민(nation)이며, 국민의 의회에 대한 주권행사의 위임은 선거인이 기대하는 특정한 행위를 실행하도록 의무지우는 것이 아니라, 대표위임(또는 자유위임)이다. 즉 대표자인 의회의 의사가 국민의 의사로 간주되는 것이다. 달리 말하면, 대표자에 앞서 국민의사가 존재한다고 보는 것이 아니라, 국민의사는 대표자에 의해 창설되는 것으로 보는 것이다. 이처럼 국민의 국민대표에 대한 위임은 주권행사의 위임이고, 집합적 위임이며, 대표위임이다. 이같은 국민대표제 이론을 '순수대표' 이론이라고 부른다.

(2) '반대표' 이론

프랑스 대혁명 시기로부터 약 1세기가 지난 19세기 말엽, 보통선거제도가 성립되어 가면서 고전적인 순수대표 이론에 변용을 가하는 '반대표'(半代表)의 이론이 제시된다. 그 대표적 이론가가 에즈멩(Adhémar Esmein, 1848-1913)이다. 반대표 이론에서는 대표자와 피대표자의 의사가 일치되어야 한다고 보며, 대표제는 직접민주제의 대체물로 본다. 이에 따르면 기본적으로 강제위임을 부정하는 대표위임론을 유지하되, 제도적으로 국민투표제와 같은 직접민주제와 의회제의 결합 가능성을 제시한다. 순수대표 이론이 의회의 국민으로부터의 독립을 강조한 것과 달리, 반대표 이론은 의회가 국민의사의 반영에 소홀한 것에 대응하여 의회와 국민과의 의사의 합치를 강조한다. 달리 말하면, 고전적인 순수대표 이론에서 대표자는 국민을 '의사'에 있어서 대표한다면, 반대표 이론에서 대표자는 국민을 '표시'에 있어서 대표한다고 보는 것이다.

3. '국민대표' 개념의 법적 성격과 현대적 의의

(1) '대표'의 의미

특정한 국가기관이 국민을 '대표'한다는 것은 무슨 의미인가. '갑'이 '을'을 대표한다는 것은 갑의 의사를 을의 의사로 본다는 것이다. 대표(representation)란 국가나 그 밖의 단체에서 그 단체의 특정한 기관의 의사를 그 단체 구성원의 의사로 보는 것을 말한다. 역사적으로 의회는 국민대표기관으로 인정되어 왔는데, 의회가 국민대표기관이라는 의미는 의회의 의사를 국민의 의사로 본다는 의미이다.

(2) 국민대표 개념에 관한 학설

국민과 대표기관 사이의 관계를 어떻게 볼 것이냐, 달리 말하면 국민대표기관의 의사를 국민의 의사로 보는 의미 또는 근거가 무엇이냐에 관해서는 종래 여러 학설이 제시되어 왔다. 이를 크게 둘로 나누어 볼 수 있다. 하나는 법적 대표설이고, 다른 하나는 정치적 대표설이다. 전자는 대표기관의 의사를 법적으로 국민의 의사로 본다는 것이다. 후자는 대표기관의 의사를 국민의 의사로 본다는 것은 법적으로 그렇다는 것이 아니라 정치적 의미에 불과하다는 것이다.

법적 대표설에 속하는 것으로 ① 위임관계설, ② 법정대표설, ③ 헌법적 대표설이 있다.

위임관계설의 대표적인 예는 프랑스에서의 고전적인 순수대표 이론이다. 즉 국민은 국민대표기관에게 주권행사를 위임한 것이며, 이것은 집합적 위임이고, 강제위임을 부정하는 대표위임이라는 이론이다.

법정대표설로는 옐리네크의 이론을 들 수 있다. 그에 의하면 국민은 선거에 의해 대표자를 선정하는 제1차 기관이고, 국민대표인 의회는 제2차 기관, 즉 기관의 기관이며, 제2차 기관의 의사는 제1차 기관의 의사로 간주된다. 선거는 단순히 대표자를 선정하는 것이 아니라, 국민과 대표자와의 계속적인 결합, 즉 기관관계를 구성하는 것이며, 이러한 기관관계는 그 성질상 법적 관계로만 존재할 수 있다.

헌법적 대표설에 따르면 국민대표기관의 권한은 국민의 위임이 아니라 헌법에서 직접 나오며, 헌법을 전체적으로 이해한 결과로 의회가 국민대표라고 한다. 헌법적 대표설에 속하는 대표적 견해에 의하면, 우리 헌법상 제1조 제2항의 "모든 권력은 국민으로부터 나온다"는 규정에 따라 국민으로부터 유래하는 입법권을 가진 국회는 국민의 헌법적 대표기관이며, 국회의원의 국가이익우선의무조항(헌법 제46조 제2항)은 헌법적 대표설에 의해서만 이해할 수 있다고 한다. 나아가 이 견해에 의하면 국회만이 아니라 대통령, 헌법재판소, 법원도 주권행사기관으로서 국민대표기관에 해당한다고 본다.

한편 **정치적 대표설**에 의하면 국민과 의회의 관계는 어떠한 법적 또는 헌법적 대표관계를 의미하는 것이 아니며, 의회가 전체국민의 의사를 정치적 또는 이념적으로 대표한다거나 또는 대표하여야 한다는 것으로 본다.

생각건대 위의 어느 하나의 학설만으로 국민대표의 의미와 성격을 충분히 설명하기는 어렵다. ① 위임관계설은 주권 자체가 아니라 주권행사만을 위임한다고 보면서도 주권보유자인 국민이 대표자에게 명령, 지시를 할 수 없다는 점을 설명하기 어렵다. ② 옐리네크의 법정대표설은 선거에 의해 국민과 대표자의 관계가 종속적인 기관관계를 구성하고 있다고 보는데, 선거가 국민과 대표자 간의 선임관계를 넘어 법적으로 기관관계를 구성한다는 근거를 제시하지 못하고 있다. ③ 헌법적 대표설은 헌법상 국민주권 조항에서 근거를 찾고 있는데, 이에 따른다면 의회만이 아니라 여러 국가기관들이 모두 국민대표기관이 되는 결과가 되며, 국민대표기관과 국가기관과의 구별은 사라지게 된다. ④ 한편 정치적 대표설은 역사적으로 특히 의회를 국민대표기관으로 인정해온 사실을 경시하는 것일 뿐만 아니라, 특히 헌법이 직접 국민대표기관을 명시하는 경우에 그 법적 의미를 무시한다는 데에 문제가 있다.

(3) 국민대표 개념의 현대적 의의

의회와 같은 특정한 국가기관이 국민대표기관이라는 것, 즉 대표기관의 의사를 국민의 의사로 본다는 것은 실제의 사실을 말하는 것은 아니다. 실제로 국민의 의사와 대표기관의 의사는 일치하지 않는 경우가 많다. 또한 국민이 선거를 통해 대표기관을 구성한 다음에는 국민과 대표기관 사이에 실질적인 법적 관계가 존재하지 않는다. 선거는 국가기관을 선임하는 행위이며, 선임한 자가 선임된 자에 대하여 지시하거나 명령할 수 있는 것은 아니다. 루쏘가 영국인은 선거하는 순간만 자유롭고 그 후에는 곧 다시 노예가 된다고 말한 것은 이 점에서는 옳다. 이렇게 볼 때 국민과 대표기관(의회)과의 관계를 대표관계로 부른다고 하더라도 이 대표관계의 의미는 공허하며, 하나의 이데올로기적 의제(擬制)에 불과하다고 할 수 있다.

그렇다면 국민대표 이론은 법적으로 전혀 무의미한 것인가. 본래 국민대표 이론의 역사적 의미는 직접민주제를 부정하고 의회의 최고기관으로서의 법적 지위를 정당화하기 위한 것이었다. 더 나아가 이 이론은 국민대표기관에 의한 간접민주제가 단순히 편의적인 의미에서 직접민주제의 대체물이 아니라, 직접민주제보다 의회를 중심으로 하는 간접민주제가 더 우월한 가치를 지닌다는 엘리뜨주의적 관점을 옹호하기 위한 이론이었다. 이런 관점에서 보면 국민대표 이론의 현대적 의의는, 과연 오늘날에도 간접민주제가 직접민주제보다 더 우월한가, 그리고 이 점과 관련하여, 국민대표기관이 과연 국민의 의사를 충실히 반영하고 있는가라는 문제와 관련된다고 할 수 있다. 국민대표 이론이 오늘날에도 지속적인 의미를 지니려면, 구체적으로 다음과 같은 문제들이 검토되어야 한다.

① 선거제도가 국민의 의사를 충실히 반영하고 있는가. 이와 관련하여 특히 비례대표제가 적극적인 의미를 지니게 된다. ② 의회와 같은 국민대표기관이 입법 등 그 권한행사에 있어서 국민의 의사를 충실히 반영하고 있는가. 이와 관련하여 국민대표제를 보완하는 국민투표제, 국민소환제 등 직접민주제가 적극적인 의미를 지니게 된다. ③ 정당정치의 발전과 더불어, 선출된 국가기관이 국민의 의사보다 정당의 의사를 더 반영하는 경향을 법적으로 어느 정도까지 수용할 것인가. 이와 관련하여 특히 의원의 정당에 대한 기속, 즉 자유위임에 대한 정당국가적 제한을 어느 정도로 인정할 것인지가 문제된다.

4. 한국헌법상 국민대표제

(1) 관련된 헌법 및 법률규정과 판례

현행 한국헌법은 특정 국가기관이 '국민대표'라는 명시적 규정을 두고 있지는 않다. 과거 제4공화국헌법은 "국민은 그 대표자나 국민투표에 의하여 주권을 행사한다"(제1조 제2항)는 규정을 두고 있었다. 헌법에 국민대표에 관한 명시적 규정이 없다고 하더라도, 국민대표제의 본질적 의미가 국민주권을 실현하는 간접민주제의 정당성 부여에 있다고 볼 때, 헌법상 국민주권조항(제1조), 국회의 입법권과 국회의원선거조항(제40조, 제41조), 행정권수반으로서의 대통령과 대통령선거조항(제66조, 제67조) 및 국회의원의 국가이익우선의무조항(제46조 제2항) 등을 국민대표제에 관한 근거조항으로 볼 수 있다.

한편 국회법은 국민대표에 관한 명시적 규정을 두고 있다. "이 법은 …… 국민의 대의기관인 국회의 민주적이고 효율적인 운영에 기여함을 목적으로 한다"(제1조). "의원은 국민의 대표자로서 소속정당의 의사에 기속되지 아니하고 양심에 따라 투표한다"(제114조의2).

헌법재판소 판례 중에도 다음과 같이 국회가 국민대표기관임을 지적한 것이 있다. "국회의 권위를 존중하고 국민대표기관으로서의 본질적 기능을 보장하기 위해서……"(헌재 1989.9.8. 88헌가6, 판례집 1, 199,256). "대의제민주주의에 바탕을 둔 우리 헌법의 통치구조에서 선거제도는 국민의 주권행사 내지 참정권행사의 과정으로서 국가권력의 창출과 국가 내에서 행사되는 모든 권력의 정당성을 국민의 정치적인 합의에 근거하게 하는 통치기구의 조직원리이다"(헌재 1996.8.29. 96헌마99, 판례집 8-2, 199, 206-207).

한편 우리 헌법은 국민대표제를 기본으로 하면서 이를 보완하는 직접민주제로서 국민투표제를 규정하고 있다(제72조, 제130조 제2항). 이것은 '반대표' 이론을 반영한 것이라 할 수 있다.

(2) 헌법상 국민대표기관

우리 헌법상 어떤 기관이 국민대표기관에 해당하느냐가 문제된다. 국민대표기관의 개념을 인정하는 이상, 국회가 국민대표기관임에는 이견이 없다. 우리 헌법처럼 대통령제를 취하는 국가에서는 대통령 역시 국민대표기관이라고 보아야 할 것이다. 대통령제는 의회와 대통령이 이원적으로 각기 민주적 정당성을 갖는 데에 기본적 특성이 있으며, 대통령도 국민대표기관에 해당한다.

그 밖에 헌법재판소, 법원도 국민대표기관으로 보는 견해가 있다. 그러나 이들 기관은 국민의 선거에 의해 구성되지 않는다는 점에서 국민대표기관이라고 보기 힘들다. 프랑스 1791년 헌법처럼 국왕도 대표자라고 규정한 예가 있고, 과거 일본제국헌법 하의 귀족원을 국민대표기관이라고 본 견해도 있었지만, 국민주권의 원리 하에서는 선거에 의한 국가기관만이 국민대표기관이라고 보아야 할 것이다. 선거와 대표기관 사이에 실질적인 법적 관계가 없다고 하더라도, 선거는 의제적(擬制的)이나마 국민대표기관 개념을 인정하기 위한 전제조건이라고 볼 것이다.

Ⅲ. 권력분립의 원리

1. 서 설

(1) 권력분립의 의의

권력분립의 원리는 근대헌법상 국가권력의 조직에 관한 기본원리이다. 이 원리는 국민주권, 기본권 보장과 함께 근대헌법의 기본원리를 구성한다. 권력분립이란 국가작용을 그 성질에 따라 입법·행정·사법으로 구분하여, 이를 각각 다른 기관에 담당시키고, 이들 기관 상호 간에 '견제와 균형'의 관계를 설정하는 통치권의 조직원리이다.

권력분립 원리는 자유주의적 조직원리이다. 권력이 분산되지 않고 하나의 기관에 집중되면 필연적으로 그 남용을 가져오고 이에 따라 개인의 자유는 침해받을 위험이 있기 때문에 권력분립이 요청되는 것이다.

통상적인 의미의 권력분립은 입법권·행정권·사법권의 3권분립과 같은 '수평적 권력분립'을 의미하지만, 넓은 의미에서는 '수직적 권력분립'을 포함한다. 수직적 권력분립은 지방자치제를 통한 중앙정부와 지방정부 간의 권력분립으로 나타난다.

용어상의 문제로, 행정권과 집행권, 또는 행정부와 집행부의 용어가 혼용되고 있다. 현행 우리 헌법에서 '**행정부**'라는 용어는 대통령을 제외하고 국무총리, 국무회의, 행정각부 및 감사원을 포함하는 의미로 사용되고 있고, 대통령과 행정부를 합하여 '**정부**'라는 용어를 사용하고 있다. 정부라는 용어가 흔히 다의적으로 사용되고 있음에 비추어 혼란을 피하기 위해, 아래에서 일반적 용어로서는 입법부 및 사법부에 대응하는 의미로 **집행부**라는 용어를 쓰되 부분적으로는 통상적인 용어법에 따라 행정부라는 용어를 혼용하고, 한국헌법을 설명하는 부분에서는 헌법전에 따라 정부, 행정부라는 용어를 쓰기로 한다.

한편 우리 헌법은 '행정권'이라는 용어에 관하여, "행정권은 대통령을 수반으로 하는 정부에 속한다"고 하여(제66조 제4항) 이를 집행권과 마찬가지 의미로 사용하고 있다. 즉 행정부라는 용어는 좁게 쓰면서 행정권이라는 용어는 넓게 쓰고 있다.

(2) 권력분립과 국민주권

권력분립은 국민주권과 더불어 근대헌법의 기본원리를 구성하지만 권력분립과 국민주권 사이에는 서로 긴장관계를 갖는 측면이 있다. 근대적 주권 개념의 성립은 신분제적 중간집단으로부터 개인을 해방하고 근대 국민국가에의 권력집중을 전제하는 것이었다. 그렇기 때문에 권력분립은 국민주권의 자연스런 귀결로서가 아니라, 국민주권에도 불구하고 주장되었다는 성격이 있다. 특히 루소는 주권은 단일하고 불가분하다는 이론에 근거하여 권력분립론에 반대하였다고 보는 것이 일반적 견해이다. 그러나 루소가 권력분립론을 단순히 부정한 것은 아니라는 다른 해석도 있다. 즉 루소는 인민만이 입법권을 갖는다고 주장함과 동시에 인민이 집행권까지 가져서는 안 된다고 함으로써 일반의사의 표현(즉 입법)과 그 집행을 구분하였다는 것이다.

실제에 있어서 인민주권론에 따라 민주정치를 강조하는 경우에는 권력분립이 채택되지 않고 권력이 집중된다. 예컨대 과거 소련(蘇聯)의 '민주집중제(民主集中制)'가 그것이다. 이처럼 권력분립과 국민주권은 서로 긴장관계의 측면을 지니지만, 양자 간에 서로 결합되는 성격이 있음을 간과하지 말아야 한다. 우선 권력분립은 각각의 권력의 엄격한 분리와 불간섭을 의미하는 것이 아니라 상호 견제와 균형이라는 결합의 측면을 지닌다. 또한 국민주권을 실질적으로 이해하면 개인의 기본권 보장에 그 근본적 취지가 있는 것이므로, 기본권 보장을 위해 권력을 분립한다는 것은 국민주권과 조화되는 의미를 지닌다고 할 수 있다.

2. 권력분립론의 역사적 전개

(1) 록크의 권력분립론

록크(John Locke, 1632-1704)는 그의 '시민정부론'(*Two Treatises of Government*, 1690)에서 자유주의적 입장에 서서 권력분립론을 주장하였다. 그는 국가권력을 입법권, 행정권, 동맹권으로 구분하고 다음과 같이 설명한다. 입법권(legislative power)은 국가권력이 공동체와 그 구성원들의 보전을 위해 어떻게 행사되어야 할 것인지를 법률로 정하는 권력이다. 행정권(executive power)은 법률을 집행하는 권력이다. 이 두 권력을 동일한 기관에 귀속시키면 권력자의 약점을 유혹하여 자기의 이익을 공익보다 우선시키기 때문에 양 권력을 다른 기관에 속하도록 해야 한다. 한편 동맹권(federative power)은 전쟁과 평화와 동맹 등 대외관계를 처리하는 권력이다. 동맹권은 행정권보다 법률에 구속되는 정도가 작다는 점에서 행정권과 구별된다. 그러나 동맹권은 공익을 위하여 행정권의 담당자에게 속하여야 한다. 이처럼 록크의 권력분립론은 국가권력의 성질상으로는 3권분립론이고(왕의 대권까지 포함시켜 4권분립론으로 이해하는 입장도 있음), 그 담당자에 비추어 보면 2권분립론이라고 할 수 있다.

(2) 몽테스키외의 권력분립론

몽테스키외(1689-1755)는 '법의 정신'(*Esprit des Lois*, 1748)에서 18세기 전반 영국의 정치제도를 모델로 하여 다음과 같이 3권분립론을 전개한다. 국가에는 세 가지 권력이 있다. 첫째의 권력은 '입법권', 둘째의 권력은 '만민법을 집행하는 권력', 셋째의 권력은 '시민법을 집행하는 권력'이다. 입법권은 법률을 제정하고 개정하는 권력이다. 만민법의 집행권은 전쟁과 강화, 대사 파견, 치안유지와 침략 대비를 하는 권력이다. 시민법의 집행권은 범죄를 처벌하고 개인의 쟁송을 재판하는 권력이다. 사람들은 셋째의 권력을 재판권, 둘째의 권력을 행정권이라고 부른다.

몽테스키외가 말하는 만민법의 집행권은 록크가 말하는 행정권과 동맹권을 모두 포함하는 것이라고 할 수 있다. 그는 또한 록크와는 달리 재판권을 별개의 권력으로 구분하고 있다. 다만 몽테스키외에 의하면 재판권을 담당하는 독립한 기관을 설치할 것은 아니며 배심재판이 바람직하다고 한다. 몽테스키외의 권력분립론을 편의상 입법권 · 행정권 · 사법권의 3권분립론이라 부른다.

몽테스키외의 3권분립론은 다음 세 가지 내용으로 집약된다. 첫째, 입법권과 행정권이 통합되어 동일한 사람이나 집단에 속하는 경우에 자유는 존재하지 않는다. 둘째, 재판권이 입법권 · 행정권과 분리되지 않는 경우에도 자유는 존재하지 않는다. 셋째, 자유를 더 잘 보장하기 위해서는 각 권력이 다른 권력을 억지하는 권능을 보장하여야 하며, 이 점은 특히 입법권과 행정권과의 관계에서 문제된다. 예컨대 행정권에 대해 법률거부권 및 입법부 소집 및 폐회의 권능이 보장되어야 한다. 요컨대 입법권 · 행정권 · 재판권 중 둘 이상의 권력이 동일한 사람이나 집단에 속해서는 안 된다는 것이 그의 3권분립론의 요지이다.

몽테스키외의 3권분립론에 관하여 특히 유의할 점이 있다. 그의 주장은 세 권력이 각각 다른 기관에 분리 · 독점되어야 한다는 것이 아니며, 위의 법률거부권의 강조에서 보는 것처럼, 특히 입법과 행정 간의 엄격한 분리를 부정하고 있다는 것이다.

이처럼 권력분립론은 록크에 의해 처음 주창되고, 몽테스키외에 의해 오늘날의 3권분립론의 원형이 제시되었다. 1789년 프랑스 인권선언 제16조는 "권리의 보장이 되지 않고 권력의 분립이 확정되어 있지 않은 사회는 헌법을 갖고 있는 것이 아니다"라고 명시하였다. 또한 미국헌법 제정 당시의 '연방주의자 논집'(제47편)에서도 몽테스키외의 권력분립론이 다루어지고 있다.

(3) 뢰벤슈타인의 새로운 국가기능 3분론

뢰벤슈타인(Karl Loewenstein, 1891-1973)은 국가기능을 입법, 행정, 사법 기능으로 구분하는 고전적인 권력분립론을 비판하고 국가기능의 새로운 3분론(三分論)을 제시하였다. 그는 국가기능을 ① 정책결정, ② 정책집행, ③ 정책통제로 구분한다.

정책결정(policy determination)은 국가공동체의 주요한 정책선택이다. 예컨대 정부형태의 선택, 자유무역과 보호무역의 선택, 정교분리 여부의 선택, 동맹과 중립의 선택 등을 들 수 있다. 주요한 정책결정들은 소수의 사람들이 주도하는 것이 보통이다. 보이지 않는 권력소지자들에 의해 정책결정이 고취되거나 영향받는 경우에도 그 공식화와 합법화는 행정부와 의회 같은 정당한 권력소지자들에게 맡겨진다.

정책집행(policy execution)은 정책결정을 시행하기 위한 도구이다. 흔히 이것은 시행입법으로 나타난다. 다수의 법률들은 이미 정해진 정책결정을 시행하기 위한 것이다. 입법은 낡은 권력분립론에서는 국가의 다른 활동과 분리된 고유한 기능으로 분류되었지만, 이제는 더 이상 그렇지 않다. 정책집행의 가장 보편적인 측면은 정책결정을 적용하는 행정(administration)이다. 입법과 행정만이 아니라 재판도 기본적으로 정책집행이다.

정책통제(policy control)는 새로운 국가기능 3분론의 핵심에 해당한다. 역사적으로 입헌주의는 정치권력 제한을 위한 가장 효율적 수단의 탐색이었다. 정책통제는 정부형태에 따라 다르게 나타나며, 행정부, 의회, 선거민 등 모든 권력소지자가 이 기능을 맡는다. 예컨대 의회의 내각불신임, 행정부의 의회해산권, 대통령의 법률안 거부권, 위헌법률심사권 등이 여기에 해당한다. 정책통제기능의 핵심은 정치적 책임을 묻는 것이다.

뢰벤슈타인의 새로운 국가기능 3분론은 20세기의 다원주의적 대중사회의 현실에 적합한 동태적인 정치권력과정 분석이론이라고 할 수 있다.

3. 권력분립의 실제와 그 유형

권력분립론은 실제에 있어서 국가와 시대에 따라 여러 형태로 나타났다. 그 실제의 유형은 두 가지 기준에서 나누어 볼 수 있다. 하나는 입법부와 집행부의 관계에 따른 유형이고, 다른 하나는 사법부의 지위에 따른 유형이다.

(1) 입법부와 집행부의 관계에 따른 유형

권력분립은 입법부와 집행부의 관계가 어떠한가에 따라서, ① 의회가 국정의 중심이 되는 입법부 우위의 유형, ② 집행부가 입법부에 비해 우위를 차지하는 집행부 우위의 유형, ③ 입법부와 집행부의 균형관계의 유형으로 구분할 수 있다.

입법부우위 유형은 프랑스 제3, 제4공화국의 의원내각제에서 전형적으로 나타났던 유형이다. 프랑스는 전통적으로 의회가 국정의 중심을 차지해 왔다. 집행부우위 유형은 영국의 의원내각제에서 나타난 유형이다. 내각이 의회보다 우월한 위치에 서는 관계이다. 균형관계 유형은 미국의 대통령제에서 나타난 유형이다. 다만 이러한 유형 분류는 고정적인 것은 아니다. 영국의 의원내각제는 본래 입법부와 집행부의 균형관계에서 출발한 것이지만, 실제의 운영을 통하여 집행부 우위로 나타났다. 한편 미국의 대통령제는 본래 집행부와 입법부가 동격의 지위에 서는 균형관계를 상정한 것이지만, 실제로는 양자의 관계는 시대에 따라 다르게 나타났다. 19세기까지는 입법부 중심이었으나. 20세기 이래 대통령 중심의 관계로 나타나고 있다.

(2) 사법부의 지위에 따른 유형

사법부가 국정에서 차지하는 위치 또는 사법부 권위의 높고 낮음에 따라서, ① 높은 사법부 지위의 유형과 ② 낮은 사법부 지위의 유형으로 구분할 수 있다. 역사적으로 보면 높은 사법부 유형은 영미에서 나타난 유형이고, 낮은 사법부 유형은 독일, 프랑스 등 대륙에서 나타난 유형이다. 영국과 그 영향을 받은 미국에서는 사법부가 높은 권위를 지니고 사법부 중심의 법의 지배의 원리가 작동되어 왔다. 특히 미국에서는 법원의 위헌심사제를 통해 사법부의 지위가 강화되었다. 반면 독일, 프랑스에서는 전통적으로 법원이 군주에 종속하였고 법원에 대한 신뢰가 낮았다. 또한 사법권은 민·형사 재판권만을 의미하였고, 행정재판소가 관할하는 행정소송은 행정권에 속하였다.

다만 오늘날에는 이러한 전통적인 유형도 변화하였고, 특히 독일에서는 위헌심사제의 채택 등을 통해 사법부의 지위가 강화되어 왔다.

4. 권력분립제의 현대적 변모

현대 국가에서 전통적인 권력분립제는 크게 변화하는 양상을 보여왔다. 그 변화의 양상은 대체로 다음과 같은 세 가지로 집약할 수 있다.

① 집행부와 입법부의 관계에서 전반적으로 집행부가 우위를 점하게 되었다는 점이다. 본래 근대헌법에서는 일반적으로 의회 중심의 입법부 우위의 형태를 취하였다. 그러나 20세기 이래 사회국가 사상이 부각되고 국가의 적극적 기능이 강조되는 적극국가의 경향과 더불어 집행부의 역할이 증대되고 집행권이 비대하게 되었다. 이에 따라 집행부가 국정의 중심이 되는 **'행정국가'** 현상이 현저히 나타나게 된 것이다.

② 정당이 국가의사의 형성에 실질적으로 주도적 역할을 하는 **'정당국가'** 현상이 나타나면서 권력분립제가 변질하였다. 본래 권력분립제에서는 입법부와 집행부의 분리를 전제하였지만, 정당을 통하여 양자의 **권력융합** 현상을 가져왔다. 또한 전통적인 권력분립제에서는 입법부와 집행부의 관계가 문제의 중심이었으나, 정당정치의 발전과 더불어 이제는 집행부를 장악한 집권당과 그 반대당의 관계가 문제의 중심으로 나타나게 되었다. 즉 입법부 대 집행부의 관계 대신에 집권당 대 반대당의 관계에

로 국정의 중심이 이전된 것이다.

③ 입법부와 집행부의 권력융합 현상에 따라 정치권력에 대한 통제가 중요한 과제로 부각되면서, 사법부의 정치권력 통제의 역할이 중시되고 그 지위가 강화되었다. 여기에 중요한 기여를 한 것이 위헌심사제이다. 최근에는 이런 경향이 더욱 심화되면서 **'사법국가'** 또는 **'사법통치'** 현상을 둘러싼 논의가 부각되고 있다('사법통치'에 관해서는 제1편, 제1장, VII, 3. (3) 참조).

위와 같은 권력분립제의 현대적 변모에서 그 핵심이 되는 것은 전통적인 의회중심주의의 퇴조이다. 행정권과 사법권이 강화되면서 의회지위의 하락을 가져온 것이다. 다만 최근에 다시 의회 권한의 강화가 강조되고 있는 경향을 주목해야 한다(이에 관해서는 뒤의 제4편, 제2장, Ⅰ. '의회제'에 관한 설명 참조).

5. 미국헌법에서의 권력분립 원리

몽테스키외는 영국의 제도를 모델로 하면서 3권분립론을 제시하였지만, 그가 말한 3권분립론을 실제로 가장 가깝게 실현한 것은 그의 사후에 등장한 미국헌법에서이다. 미국헌법은 권력분립론에 입각한 근대헌법의 원형이라고 할 수 있다. 대통령제를 취한 미국헌법상 권력분립이 무엇을 의미하며, 그 취지가 무엇인지는 우리 헌법상 권력분립제를 이해하는 데에도 중요한 참고가 된다.

(1) '엄격한 분리'인가 '견제와 균형'인가

미국헌법상 권력분립론의 이해를 위해 우선 주목할 것은 견제와 균형(checks and balances)의 원리이다. 헌법제정자들이 애당초 의도했던 것은 엄격한 권력의 분리가 아니라 특정 권력이 여러 기관에 중첩되는 것이었고, 견제와 균형은 바로 이것을 지칭하는 것이었다. '연방주의자 논집'(*The Federalist Papers*)에서 매디슨(James Madison, 1751-1836)은 몽테스키외를 인용한 뒤에 이렇게 말한다. "이들 부(府)가 널리 서로 연결되고 섞여서 각 부에게 다른 부에 대한 헌법적 통제를 가하지 않는다면, 자유로운 정부의 본질적 요소를 이루는 (권력)분립이 실제로 적절히 유지될 수 없다"(〈연방주의자 논집〉, 제48편). 헌법제정자들은 '연합규약(Articles of Confederation)시대에 각 주의 입법부들이 행한 권력남용을 경계했던 것이다. 아울러 유의할 것은 권력분립의 또 다른 목적이 있었다는 점이다. 그것은 국정의 효율성이다. 연합규약의 큰 결함은 강력한 행정기관의 부재에 있었고, 헌법제정자들은 집행부를 분리시킴으로써 국정의 효율성을 높이려 했던 것이다.

미국헌법 제정 이후, 권력구조에 관한 핵심적 쟁점은 각 부의 분리 · 독립을 강조하느냐 아니면 상호견제를 통한 상호의존을 옹호하느냐에 관한 것이었다. 1791년의 헌법개정 당시, 일부 주들은 엄격한 권력의 분리를 명시하는 개정안을 추진했으나 성공치 못했다. 19세기 말의 대법원 판결은 각 부가 그 고유의 권한행사에 한정되어야 함을 강조했지만(*Kilbourn v. Thompson*, 1881), 이후 이 견해는 유지되지 못했다. 20세기 초의 한 대법원 판결은 이 점에 대해 다음과 같이 변화된 입장을 보여주고 있다. "권력분립은 각 부를 자율적으로 만든 것이 아니라…… 각 부를 다른 부에게 의존하게 내버려두었다"(*Meyers v. U.S.*, 1926).

(2) 입법부와 집행부 사이의 우열관계

본래 미국헌법은 입법부와 집행부 사이의 이상적인 균형의 형태를 취하였으나, 실제로는 시대에 따라 양자의 우열관계는 변화하였다. 대체로 19세기까지는 의회 우월의 구조로 나타났으나, 20세기 이후 변모를 나타내어 왔다. 국제적 책임부담의 증가와 아울러 1930년대의 대공황을 배경으로 집행부 권한이 강화되었다. 대통령 권한의 강화와 의회 권한의 상대적 약화는 특히 전쟁 등 대외관계에서 두드러졌으며, 이른바 '제왕적 대통령직'에 대한 비판을 불러왔다(Arthur Schlesinger Jr., *The Imperial Presidency: With a New Epilogue*, 1989 참조).

(3) 권력분립에 관한 헌법해석

시대적 변화에도 불구하고 미국헌법의 권력분립 원리는 여전히 유지되고 있다. 권력분립에 관한 미국헌법의 이념을 한마디로 요약하면, "기능적 독립(functional independence)이라기보다 제도적 상호의존(institutional interdependence)"이라고 할 수 있다. 또한 권력분립은 "정치철학적 산물이라기 보다 실제적 경험의 소산"이며, "중요한 것은 권력분립의 추상적 이론이 아니라 실제의 작용을 통해 헌법이 규정한 현실의 권력분립이다." 헌법의 구조 속에 나타나 있지 않음에도 불구하고 추상적 이론을 앞세워 헌법전의 명시적 규정을 뛰어넘지 말아야 한다. 헌법의 구조, 즉 헌법의 명시적 규정과 묵시적인 구도가 가장 중시되어야 한다(Laurence H. Tribe, *American Constitutional Law*, 3rd ed., 2000).

권력분립에 관한 헌법해석과 관련하여 특히 유의할 것은 이 문제에 관한 법원의 역할에 관해서이다. 대법원이 권력분립 문제를 '재판할 수 없는' 문제라고 판결하지는 않았지만, 이 문제에 대한 헌법적 원리라고 부를 수 있는 것은 상대적으로 적다고 할 수 있다. 권력분립에 관한 헌법적 원리라고 말할 수 있는 것들이 있다고 하더라도 이것들은 몇 안 되는 큰 사건에서 도출된 것이다. 따라서 이 분야에서 법이라고 말할 수 있는 것의 상당부분은 실제의 역사적 사실과 큰 차이가 없다고 할 수 있다.

미국헌법상 권력분립 원리의 실제 적용과 해석이 한국헌법의 해석과 관련하여 주는 시사점은 다음과 같이 요약할 수 있다. ① 대통령제의 원형인 미국헌법상 권력분립 원리는 본질적으로 '견제와 균형'에 있다는 점이다. ② 권력분립은 실제적 경험의 소산이며, 중요한 것은 추상적 이론이 아니라 실제의 작동을 통해 나타난 현실의 권력분립이라는 점이다. ③ 헌법의 명시적 및 묵시적 구도가 중시되어야 하는데, 특히 묵시적 구도의 이해에 있어서, 역사적 배경과 근본 취지를 존중해야 한다는 점이다.

6. 한국헌법에서의 권력분립 원리

(1) 역대헌법에서의 권력분립

제헌헌법 이래 정부형태의 변천과 함께 권력분립의 내용도 변천을 거쳐 왔다. 이를 입법부와 집행부 간의 우열관계를 중심으로 보기로 한다.

제헌헌법은 대통령제와 의원내각제를 혼합하면서, 집행부 내부에서도 이원정부제적인 요소를 갖고 있었다. 대체로 집행부가 상대적 우위에 있는 형태라고 할 수 있다. 제2공화국헌법은 의원내각제 하에서 균형관계의 권력분립제를 취하였다. 제3공화국헌법은 미국식 대통령제에 가까운 정부형태를 취하였으며, 헌법현실에서는 집행부 우위로 나타났다. 제4공화국 및 제5공화국헌법은 기본적으로 강한 집행부에 의한 권위주의 체제라고 할 수 있다.

(2) 현행헌법에서의 권력분립 : 권력의 분산과 상호견제

현행헌법은 제4 · 제5공화국헌법의 권위체제를 버리고 대체적으로 제3공화국헌법에 가까운 정부형태를 취하면서 권력분립의 원리에 입각하고 있다. 헌법은 입법권은 국회에(제40조), 행정권은 대통령을 수반으로 하는 정부(집행부)에(제66조 제4항), 사법권은 법원에 속한다고(제101조 제1항) 하여 권력을 분산한 다음, 다음과 같이 상호 견제와 균형의 장치를 규정하고 있다.

첫째, 국회는 정부에 대하여 다음과 같은 견제권을 갖는다. 국무총리임명동의권(제86조 제1항), 국무총리 · 국무위원 해임건의권(제63조), 대통령 및 고위 공무원에 대한 탄핵소추권(제65조), 국무총리 · 국무위원 · 정부위원 출석답변요구권(제62조), 예산안심의확정권(제54조), 중요조약에 대한 체결 · 비준동의권(제60조), 국정감사권과 국정조사권(제61조), 긴급명령 및 긴급재정경제명령 · 처분 승인권(제76조), 계엄해제요구권(제77조 제5항), 대통령의 대법원장 · 대법관 임명에 대한 동의권(제104조), 대통령의 헌법재판소장 임명에 대한 동의권(제111조 제4항), 대통령의 일반사면에 대한 동의권(제79조 제2항) 등.

둘째, 대통령은 국회에 대하여 다음과 같은 견제권을 갖는다. 법률안거부권(제53조), 국회임시회집회요구권(제47조), 국회출석발언 · 의견표시권(제81조), 긴급명령권 및 긴급재정경제명령권(제76조), 계엄선포권(제77조), 중요정책 국민투표회부권(제72조) 등.

셋째, 정부와 법원은 다음과 같이 상호견제권을 갖는다. 정부는 법원에 대하여, 대통령의 대법원장 · 대법관임명권(제104조), 정부의 법원예산편성권(제54조), 계엄선포권(제77조), 사면 · 감형 · 복권권(제79조) 등의 견제권을 갖는다. 반면 법원은 정부에 대하여 명령 · 규칙 · 처분의 위헌 · 위법심사권(제107조) 등의 견제권을 갖는다.

넷째, 국회와 법원은 다음과 같이 상호견제권을 갖는다. 국회는 법원에 대하여, 대법원장 · 대법관 임명동의권(제104조), 법원조직에 관한 법률제정권(제102조 제3항), 법원예산의결권(제54조), 국정감사권과 국정조사권(제61조), 법관탄핵소추권(제65조) 등의 견제권을 갖는다. 반면 법원은 국회에 대하여, 위헌법률심판제청권(제107조 제1항) 등의 견제권을 갖는다.

다섯째, 헌법재판소는 위헌법률심판권, 헌법소원심판권, 권한쟁의심판권, 탄핵심판권, 정당해산심판권을 통해 정부와 국회를 견제할 수 있다(제111조). 반면 국회는 헌법재판소재판관 선출권(제111조 제3항), 헌법재판소장 임명동의권(제111조 제4항), 헌법재판소에 관한 법률제정권(제113조 제3항), 국정감사권과 국정조사권(제61조), 헌법재판소예산의결권(제54조), 헌법재판소재판관 탄핵소추권(제65조) 등을 갖는다. 또한 정부는 대통령의 헌법재판소장 · 재판관 임명권(제111조 제2항, 제3항, 제4항), 헌법재판소예산안편성권(제54조 제2항) 등을 통해 헌법재판소에 대한 견제권을 갖는다.

(3) 현행헌법상 권력분립의 특징

첫째, 입법부와 집행부 간의 우열관계에 있어서, 집행부가 우월한 지위에 있다고 할 수 있다. 대통령은 헌법적 차원의 효력을 갖는 계엄선포권, 법률적 효력을 갖는 긴급명령 · 긴급재정경제명령권, 중요정책 국민투표회부권, 헌법개정안 발의권 등을 가지며, 이들 권한은 미국 대통령제에서 대통령에게 인정되지 않는 강력한 권한이다.

다만 실제의 운용에 있어서, 대통령소속정당이 국회의원총선거에서 다수의석을 차지하지 못하는 분할정부(divided government)현상(이른바 '여소야대'현상)이 빈발하여, 국회가 대통령을 강력하게 통제하는 현상이 빈번하게 나타나고 있다(제2편, 제1장, IX, 1, '분할정부현상' 참조).

둘째, 헌법재판소제도의 도입, 특히 헌법소원제도의 채택을 통해 헌법재판소에 의한 정치권력 통제가 강화되었다. 세계적으로 '사법통치'라 불리는 헌법재판의 정치적 역할 증대가 한국에서도 나타나고 있는 것이다(제2편, 제1장, IX, 2, '헌법재판의 활성화' 참조).

셋째, 헌법현실에 있어서 정당정치와 더불어 입법부 대 집행부의 관계 대신에 집권당 대 반대당의 관계에로 국정의 중심이 이전되는 현대적 양상이 한국의 경우에도 나타나고 있다. 한국의 정당은 미국과 달리 정당기율(party discipline)이 강한 것이 특징적이며, 이 때문에 특히 분할정부 하에서 헌정운용의 효율성이 저하되는 문제점을 나타내고 있다.

Ⅳ. 정부형태

1. 정부형태의 의의

정부형태(forms of government)란 국가권력, 즉 통치권이 제도적으로 조직화된 형태를 말한다. 통치권을 그 기능에 따라 입법권 · 행정권 · 사법권으로 구분한다면, 입법권 · 행정권 · 사법권을 어떠한 기관에 부여하고 그 기관 상호간의 관계를 어떻게 설정하느냐에 따라 정부형태가 정해진다. 여기에서 '정부'란 입법부 · 집행부 · 사법부를 모두 포함하는 의미이지만, 실제에 있어서 정부형태는 주로 입법부와 집행부의 상호관계가 어떠한가에 따라 상이하다.

정부형태는 기본적으로 통치권이 집중되느냐 아니면 분산되느냐에 따라 달라진다. 즉 통치권이 통제되지 않고 집중되는 **전제주의**냐 또는 통치권이 분산되고 통제되는 **입헌주의**냐에 따라 정부형태가 다르다. 권력분립 원리에 따라 통치권이 분산 · 통제되는 입헌주의를 전제할 때, 정부형태란 곧 권력분립이 구체화된 형태를 의미한다.

2. 종래의 대표적 정부형태 분류

종래 정부형태의 분류로서, 대통령제, 의원내각제, 그 밖의 특수한 정부형태로 구분하는 것이 일반적이었다. 이보다 더 구체화된 정부형태 분류론 가운데 대표적 예로 뢰벤슈타인의 분류와 뒤베르제(Maurice Duverger)의 분류를 들 수 있다.

(1) 뢰벤슈타인의 분류

뢰벤슈타인에 의하면(*Political Power and the Governmental Process*, 1957; *Verfassungslehre*, 1969), 정부형태는 먼저 **전제주의**(autocracy) 정부와 **입헌주의**(constitutionalism) 정부로 구분된다. 전제주의는 단일한 권력소지자를 특징으로 하며, 입헌주의는 헌법절차에 따라 여러 독립한 권력소지자가 공존하고 협력하는 체제이다.

전제주의에 속하는 정부형태 가운데 본질적인 차이가 있는 것은 **권위주의** 정부(authoritarian regime)와 **전체주의** 정부(totalitarian regime)의 구분이다. 권위주의 정부는 단일한 권력소지자가 정치권력을 독점하고 국가의사 형성에 피치자(被治者)의 참여를 인정하지 않는 정부이다. 권위주의 정부의 예로, 입헌민주주의 체제 이전의 유럽의 군주제, 또는 현대의 신대통령제(neopresidentialism, 뒤의 '대통령제' 참조)를 들 수 있다. 전체주의 정부는 권위주의적 성격에 더하여 사회통제를 위한 일정한 요소들이 더 부가된 것이다. 즉 시민들의 사적 생활과 정신, 습속을 통제하는 지배적 이데올로기, 통제도구로서의 경찰 기구 및 단일한 정당이 그것이다. 이탈리아의 파시즘, 독일의 나치즘, 소련의 공산주의가 그 대표적 예이다.

입헌주의 가운데 피치자 대중이 정치과정에 참여하는 체제가 **입헌민주주의**(constitutional democracy)이다. 입헌민주주의는 의회, 정부(집행부), 인민이라는 3각 권력배치의 형태를 취한다. 입헌민주주의 정부형태는 다음의 여섯 가지 기본 형태로 구분할 수 있다.

① **직접민주주의**(direct democracy). 이것은 유권자집단으로 조직된 인민이 우월한 권력소지자가 되는 정부형태이다. 고대 그리스의 도시국가, 13세기 이래 스위스 칸톤(canton)의 체제가 대표적 예이다.

② **회의제정부**(assembly government). 이것은 인민대표로서의 의회가 우월한 권력소지자가 되는 정부형태이다. 프랑스 대혁명 후 '국민공회'가 채택한 1793년 헌법(일명 '쟈코방' 헌법)의 정부형태가 그 예이다. 선거로 구성된 입법부가 다른 모든 국가

기관보다 절대 우월한 지위를 갖는 체제이다. 소련의 1936년 스탈린헌법의 정부형태도 회의제정부를 모델로 한 것이다.

③ **의회주의**(parliamentarism). 이것은 정부를 구성하는 내각이 동시에 의회의 구성원이 됨으로써, 즉 정부를 의회에 통합시킴으로써 의회와 정부의 균형이 시도되는 정부형태이다('의회주의'는 우리나라에서 통상적으로 '의원내각제'라고 불린다). 그러나 이것은 실제에 있어서 두 가지 형태로 나타난다. 하나는 의회가 내각보다 우위의 형태이며, 다른 하나는 내각이 의회보다 우위의 형태이다. 의회우위 형태의 대표적 예는 프랑스 1875년 헌법(제3공화국헌법)에서 볼 수 있고, 이를 '고전적 의회주의'(classical parliamentarism)라고 부른다.

고전적 의회주의와 구별되는 여러 형태가 있다. 바이마르 공화국이나 핀란드는 '혼합 의회주의'(hybrid parliamentarism) 또는 '이원정부제'(the dual executive)라고 부를 수 있다. 한편 프랑스 제5공화국은 '제어된 의회주의'(gebändigter Parlamentarismus)이다(일반적으로 한국에서는 바이마르공화국, 핀란드, 프랑스 제5공화국의 정부형태를 '이원정부제'라고 부른다. 뒤의 설명 참조).

④ **내각정부제**(cabinet government). 이것은 의회주의의 영국형을 말한다. 즉 내각이 의회보다 우월한 정부형태이다(종래 우리나라에서 흔히 사용되어온 용어를 빌린다면, '내각책임제'라고 번역할 수 있다. 다만 우리나라에서는 '의원내각제'와 '내각책임제'가 같은 의미로 혼용되고 있다). 정확히 말하면, 영국의 1911년 의회법(Parliament Act) 이래, 내각이 하원보다 우월한 정부형태이다.

⑤ **대통령제**(presidentialism). 이것은 의회와 정부가 상호 분리되어 있으면서, 국가의사 형성을 위하여 협력하도록 되어 있는 정부형태이다. 즉 통합 대신에 상호조정에 의한 상호의존의 형태이다. 미국의 정부형태가 여기에 해당한다.

⑥ **집정부제**(directory government). 이것은 스위스의 정부형태를 가리키는 것으로, 정부가 단체적(collegiate) 구조로 된 정부형태이다.

(2) 뒤베르제의 분류

뒤베르제에 의하면(김병규 역, 정치제도와 헌법, 1979), 자유주의적 민주주의의 형태는 선거제도, 정당제도, 의회와 정부의 관계에 따라 여러 가지로 분류될 수 있는데, 의회와 정부의 관계에서 보면, 먼저 **유럽형** 제도(의회제)와 **미국형** 제도(대통령제)로 구분된다.

유럽형은 의회가 정부의 정치적 책임을 물을 수 있다는 의미에서 의회제이다. 유럽형은 영국에 기원을 두지만, 19세기와 20세기에 걸쳐 정당제도에 따라 다른 형태로 나타났다. 유럽형은 **영국체제**와 **대륙형체제**로 구분된다. 영국체제는 1회의 다수투표제(소선거구제)에 의거하는 양당제에 따라 움직인다. 정부는 동질적이고, 안전하며, 의회 다수는 정부에 복종한다. 시민은 의회의원선거에서 정부를 선출한다. 반면 대륙형체제는 비례대표제나 반(半)다수투표제에 의거하는 다당제에 따라 움직인다. 정부는 대체로 연립에 의지하며, 덜 동질적이고 덜 안정적이다. 의회는 정부를 덜 따른다. 의회의원선거에서 시민이 직접 정부를 선출하게 되지는 않는다.

대륙형체제는 다시 **다수의회제**와 **비**(非)**다수의회제** 및 **반**(半)**대통령제**로 구분된다. 다수의회제는 정부가 의회에서 안정된 다수를 확보하고 보통 전 회기동안 지속되는 의회제이다. 독일과 스칸디나비아 국가들(스웨덴, 노르웨이, 덴마크)이 여기에 속한다. 독일은 양당제에 가까운 체제이다. 스웨덴 등은 다당제이지만 두 개의 견고한 연합을 형성하여 양당제와 비슷하다.

비다수의회제는 정부가 의회에서 안정되고 동질적인 다수를 확보하지 못하고, 의회의 불신임투표에 의해 좌우되는 의회제이다. 프랑스 제3 · 4공화국, 이탈리아, 네덜란드, 벨기에 등이 여기에 속한다.

반대통령제는 국가원수가 국민의 직접선거로 선출되고 통상적인 의회제에서의 국가원수 권한을 넘는 권한을 갖는 것이 특징이다. 또한 의회의 불신임투표에 의해 내각은 전복될 수 있다. 프랑스 제5공화국이 그 대표적 예이다.

3. 리파트의 복합적 정부형태 유형론 : 다수결주의 모델과 합의제 모델

정부형태를 입법부와 집행부의 상호관계를 중심으로 이해하더라도, 전통적인 좁은 의미의 정부형태(대통령제 · 의원내각제 · 이원정부제 · 기타 특수한 정부형태 등)의 분류만으로는 그 실제의 차이를 설명하기 힘들다. 정부형태는 입법부와 집행부의 상호관계에 관한 직접적인 법제도만이 아니라, 의원선거제도와 정당체제(양당제 또는 다당제) 등 그 밖의 여러 요인들에 따라 상이하게 나타난다. 앞의 뒤베르제의 분류론에서도 이미 이러한 여러 요인들이 고려되고 있지만, 최근에 특히 주목을 받고 있는 것은 리파트(Arend Lijphart)의 새로운 복합적인 유형론이다(*Patterns of Democracies*, 1999; "Constitutional Choices for New Democracies", *2 Journal of Democracy 1*, 1991).

리파트는 민주주의를 '국민에 의한, 국민을 위한 정부'(government by and for the people)라고 이해하는 기초적인 정의에서 출발하여, 이 정의가 제기하는 기본적인 물음을 제시한다. 즉 국민들의 의견이 불일치하고 다양한 선호를 갖는 경우에, 누가 통치하고 누구의 이익에 따라 통치할 것이냐는 것이다. 이 물음에 대한 답으로 두 가지의 모델이 있다. 하나는 다수결주의 모델이고, 다른 하나는 합의제 모델이다.

다수결주의 모델(majoritarian model)은 위의 물음에 대해 '국민의 다수'라고 답한다. 이에 반하여 **합의제 모델**(consensus model)은 '가능한 많은 국민'이라고 답한다. 합의제 모델은 다수결주의를 단지 최소한 요건으로 받아들일 뿐이며, 이에 만족하지 않고 이 다수의 크기를 최대화하려고 한다. 다수결주의 모델은 정치권력을 단순한 다수의 손에 집중시키려는 데 반하여, 합의제 모델은 권력을 여러 방식으로 공유하고 분산하며 제한하려고 한다.

위의 어느 모델이냐에 따라 열 가지의 차이가 도출된다. 이 열 가지의 차이는 두 차원으로 나누어 묶어볼 수 있다.

첫 번째 차원은 '집행부-정당 차원'(executives-parties dimension)이다. 이 차원에서 다음 다섯 가지 차이점이 나타난다(앞에 기술하는 것이 다수결주의의 속성이고, 뒤의 것이 합의제 모델의 속성이다). ① 집행권이 다수를 점한 단일 정당의 내각에 집중되는가, 아니면 광범한 다당연립의 집행권 공유인가. ② 집행부와 입법부의 관계에서 집행부가 우위인가, 아니면 양자의 권력균형인가. ③ 양당제인가, 아니면 다당제인가. ④ 다수대표제 또는 비(非)비례대표제의 선거제도인가, 아니면 비례대표제 선거제도인가. ⑤ 여러 이익집단이 자유로운 경쟁을 벌이는 다원주의적 이익집단 체제인가, 아니면 타협과 협력을 목표로 하는 조정적이고 조합주의적인 이익집단 체제인가.

두 번째 차원은 '연방적-단일적 차원'(federal-unitary)이다. 이 차원에서 다음 다섯 가지 차이점이 나타난다. ① 단일한 집중적 정부인가, 아니면 연방적이고 분권화된 정부인가. ② 입법권이 일원(unicameral)에 집중되는가, 아니면 동등하게 강력하면서 다르게 구성되는 양원 간에 입법권이 분할되는가. ③ 단순 다수결에 의해 헌법개정이 이루어질 수 있는 연성헌법인가, 아니면 특별 다수결에 의해 헌법개정이 이루어질 수 있는 경성헌법인가. ④ 입법의 합헌성에 관하여 입법부가 최종 결정권을 갖는 체제인가, 아니면 대법원이나 헌법재판소에 의한 위헌법률심사가 인정되는 체제인가. ⑤ 중앙은행이 집행부에 의존하는가, 아니면 독립하는가.

리파트는 이러한 모델에 따라 36개 민주주의 국가를 분석한다. 순수하거나 순수에 가까운 다수결주의 국가는 실제로 매우 드물다. 그 대표적 예는 영국, 뉴질랜드, 과거 영국식민지였던 카리브 해 국가들이다. 다수결주의 모델의 원형이라고 할 국가는 영국이기 때문에 이 모델을 웨스트민스터 모델(Westminster model)이라고 부를 수 있다. 한편 대부분의 민주국가는 합의제 모델의 속성을 지닌다. 그 대표적 예는 스위스, 벨지움, 유럽연합 등이다.

리파트는 두 모델의 평가기준으로 경제정책결정의 효율성 및 민주주의의 질(質)이라는 두 기준을 설정한다. 그의 분석에 의하면, 통치의 효율성 면에서 두 모델 사이에 큰 차이는 없으나, 민주주의의 질 면에서는 합의제 모델이 전반적으로 상당히 높게 나타난다. 이런 분석의 결과에 따라 리파트는 민주화과정의 국가나 신생 민주주의 국가에 대해 합의제 모델을 취할 것을 권하고 있다.

4. 정부형태 유형론의 평가와 정리

(1) 종래의 정부형태 유형론에 대한 평가

뢰벤슈타인의 분류에서 먼저 주목되는 것은 의회주의(프랑스 제3공화국의 의원내각제)와 내각정부제(영국의 내각책임제)의 구분이다. 의회와 내각 사이에서 실제로 누가 우월한 지위에 있느냐에 따라 위의 두 제도를 구별하는 것은 동태적인 관점에서 매우 의미있다고 할 것이다. 다만 실제의 동태를 중시한다면 비단 의원내각제의 경우만이 아니라 다른 정부형태에 관해서도 이러한 관점을 적용해야 할 것인데, 의원내각제에 대해서만 이런 관점을 적용한 것은 일관성을 결여한 것이라고 할 것이다. 또한 뢰벤슈타인의 분류는 기본적으로 외형상의 정부형태론을 넘지 못하고 있다.

뒤베르제의 분류는 두 가지 점에서 특징적이다. 첫째, 기본적으로 지역적 기준으로 유형을 구분한다는 점이다. 이것은 역사적으로 각국의 정부형태 채택이 지역적 영향을 받아온 것이 크다는 점에서 나름의 근거를 지닌다. 둘째, 입법부와 집행부의 외형적 관계만이 아니라 정당체제 등 실제의 동태적 측면을 고려하고 있다는 점이다. 이 점은 특히 유럽 대륙형체제를 다시 다수의회제와 비다수의회제로 구분한 점에서 나타난다. 이 점에서 뒤베르제의 분류는 뢰벤슈타인보다 진일보한 것이라고 볼 수 있다.

정당체제 등을 고려한 뒤베르제의 심층적 분류는 리파트에 의해서 더 강화되고 있다. 리파트는 의원선거제도와 정당체제 등을 고려한 복합적이고 심층적인 유형론을 제시하고 있다(뒤에서 그의 복합적 유형론에 기초하여 정부형태와 선거제도의 결합유형을 정리하였다). 리파트의 복합적 유형론은 근래 우리나라에서의 정치제도 개혁론에 대해서 특별히 시사하는 점이 있다. 정부형태 문제와 의원선거제도 문제는 동시에 다루어져야 한다는 점이다. 특히 정부형태 문제를 떠나서 의원선거제도의 변경만을 논하는 것은 잘못된 것이다. 의원선거제도의 평가는 정부형태와의 관련 속에서만 이루어져야 하기 때문이다. 예컨대 비례대표제에 대한 평가는 정부형태에 따라 다를 수 있다.

(2) 입헌민주주의 정부형태의 기본유형

이상의 검토에 비추어 볼 때, 입헌민주주의 국가의 정부형태는 다음 네 가지 기본유형으로 분류해 볼 수 있다. ① 미국을 원형으로 하는 대통령제, ② 영국을 원형으로 하는 의원내각제, ③ 대통령제와 의원내각제 요소가 특수한 형태로 혼합된 프랑스 제5공화국 등의 이원정부제, ④ 스위스 등 그 밖의 특수한 정부형태.

대통령제와 의원내각제의 핵심적 구별기준은 '입법부와 집행부의 성립 및 존속의 상호독립' 여하에 있다(뒤의 대통령제, 의원내각제의 본질적 개념요소에 관한 설명 참조). 대통령제 요소와 의원내각제 요소를 혼합한 정부형태는 이 기준에 따라 대통령제 또는 의원내각제의 어느 하나에 속한다고 보는 것이 적절하다. 다만 대통령제와 의원내각제 요소를 혼합하되 위 기준에 따라 어느 하나로 분류되기 힘든 경우가 있는데, 프랑스 제5공화국 등 이원정부제가 그것이다(뒤의 이원정부제 참조). 그 밖에 스위스는 의원내각제나 이원정부제와도 다른 특수한 혼합적 정부형태이다(뒤의 '의원내각제의 변형' 참조).

(3) 정부형태와 선거제도의 결합유형과 그 성격

민주정치에 영향을 미치는 기본적 제도로서 대통령제 · 의원내각제 등의 정부형태만이 아니라 특히 선거제도가 중요하다. 같은 정부형태 하에서도 선거제도가 어떠하냐에 따라 정당체제(양당제 또는 다당제)에 영향을 주고 거기에 따라 헌법현실이 달리 나타난다. 이러한 관점에서 리파트의 이론을 토대로 하여, 정부형태와 선거제도의 결합유형을 다음 네 가지로 분류해 볼 수 있다.

① 미국형(대통령제＋다수대표제)

② 라틴아메리카형(대통령제＋비례대표제)

③ 영국형(의원내각제＋다수대표제)

④ 유럽대륙형(의원내각제＋비례대표제)

다만 위의 네 유형의 어느 하나에 포함시키기 어려운 특이한 경우들이 있다. 대통령제와 의원내각제의 혼합형태인 프랑스가 그 일례이다.

앞의 네 유형의 성격을 어떻게 규정지을 수 있는가. 리파트의 다수결주의 모델과 합의제 모델의 구분을 토대로, 여기에 양자의 어느 한 모델에 가깝다고 할 수 없는 혼합 모델을 첨가한다면, 이에 따라 다음과 같이 정리할 수 있다.

① 미국형: 다수결주의 모델
② 라틴아메리카형: 혼합 모델
③ 영국형: 다수결주의 모델
④ 유럽대륙형: 합의제 모델

위의 각 유형별 성격규정에 관하여 유의할 점이 있다. 미국형은 다수결주의 모델에 속하지만, 리파트의 이론적 기준과 분석에 의하면, 미국은 다수결주의의 전형적 예는 아니다(리파트에 의하면, 다수결주의의 전형은 영국이다).

아래에서 가장 보편적 정부형태라고 할 대통령제와 의원내각제 및 이원정부제에 관하여 그 성립배경, 특징적 요소 및 실제를 재정리해 보기로 한다.

5. 대통령제

(1) 대통령제의 성립배경, 특징적 요소 및 실제

대통령제(presidentialism, presidential system)의 원형은 1787년에 제정된 미국헌법상의 대통령제이다. 미국헌법의 제정자들은 몽테스키외의 '법의 정신'에 나타난 권력분립론에 영향을 받았다. 이들은 식민지 모국이었던 당시 영국의 제한군주제에서의 군주를 민선의 대통령으로 대체하였다.

미국헌법은 두 차원에서 권력분산을 꾀하였다. 하나는 수평적 차원의 권력분산이고, 이것은 권력분립론에 입각한 대통령제로 나타났다. 다른 하나는 수직적 차원의 권력분산으로, 이것은 연방제로 나타났다. 권력분립론에 따른 대통령제를 취한 것은 전제정치를 우려함과 함께, 다른 한편으로 효율적인 행정부를 원했기 때문이다, 헌법제정자들은 13주의 연합규약 시대에 겪었던 혼란과 비효율을 경계하였다(앞의 '미국헌법에서의 권력분립 원리' 참조).

미국 대통령제를 원형으로 할 때, **대통령제의 특징적인 기본 요소**를 무엇이라고 볼 것인가. 의원내각제와 대비한 대통령제의 정의에 관하여 학자들의 견해는 일정치 않다.

리파트에 의하면 다음 세 가지를 그 특징적 요소라고 본다. ① 행정부 수반인 대통령의 임기가 고정되어 있고, 위법행위로 인한 탄핵을 제외하고는, 의회의 불신임결의에 의하여 강제로 사임당하지 않는다. ② 대통령은 국민의 직선 또는 국민이 선출한 선거인단에 의한 간선에 의해 선출된다. ③ 행정부 최고의 결정권이 내각과 같은 집단이 아니라 1인에게 부여된다(리파트, 앞의 책).

슈거트-메인웨어링(Matthew Soberg Shugart-Scott Mainwaring)에 의하면 대통령제의 기본 특징은 ① '분리된 성립'(separate origin), 즉 분리된 국민 선거, ② '분리된 존속'(separate survival), 즉 대통령과 입법부의 고정적 임기에 있다(Mainwaring and Shugart eds., *Presidentailism and Democracy in Latin America*, 1997).

한편 뢰벤슈타인은 대통령제의 기본 특징을 권력소지자 간의 '공동조정에 의한 상호의존'(interdependence by co-ordination)에서 찾는다. 이것은 의원내각제에서 의회와 행정부가 서로 풀 수 없이 얽힌 '통합에 의한 상호의존'(interdependence by integration)과 다르다. '공동조정에 의한 상호의존'에 있어서는 독립한 권력소지자들이 각기 자신의 영역에서 자율적으로 기능하되, 미리 정한 상호 접촉점에서 서로 협력하지 않으면 안 된다. 이 협력은 권력의 공유를 의미한다(뢰벤슈타인, 앞의 책).

생각건대 슈거트-메인웨어링의 견해처럼, 대통령제를 의원내각제와 구별짓는 핵심적 요소는 **'입법부와 행정부의 성립 및 존속의 상호독립'**에 있다고 볼 것이다. 즉 입법부와 행정부가 각각 국민의 별개의 선거를 통해 성립하며, 정해진 임기 동안 상대방의 정치적 신임에 의존하지 않고 각각의 임기가 보장된다. 의회는 대통령이나 장관을 불신임할 수 없고, 대통령은 의회를 해산할 수 없다.

이 같은 핵심적 요소 외에 학자들이 대통령제의 특징적 요소로 드는 것 중에 특히 다음 두 가지를 중요한 것으로 들 수 있다. ① 입법부와 행정부의 구성에 있어서 동일인이 동시에 양쪽의 구성원이 될 수 없다. 즉 입법부와 행정부 간의 겸직금지이다. 이것은 의원내각제에서 의회의원이 동시에 내각구성원이 됨을 원칙으로 하는 것과 대비된다. ② 행정부의 일원적 구성이다. 대통령은 행정부 수반인 동시에 국가의 원수이다. 이것은 의원내각제에서의 행정부의 이원적 구성과 대비된다. 의원내각제에서는 상징적이고 의례적인 국가원수(군주 또는 대통령)와 실질적인 행정권의 수반인 수상 및 내각이 분화되어 있다. 그 밖에도 미국 대통령제는 여러 특징들을 갖고 있다. 장관은 내각과 같은 집합체를 구성하지 않으며, 대통령에 대한 협조자에 불과하다. 또한 행정부는 법안을 제출할 수 없다. 반면 의회는 대통령이나 장관의 출석요구권이나 질의권을 갖지 않는다.

미국 대통령제의 실제는 정당정치의 발전과 더불어 변화되어 왔다. 대통령이 그의 정치적 리더십을 의회에 관철시키는 연결장치가 되는 것은 정당이다. 그러나 미국 대통령제에서 대통령이 그의 의사를 의회에 관철시키는데 장애가 되는 요인들이 있다. ① 대통령소속정당이 의회소수당이 되는 분할정부(divided government. 통칭 '여소야대') 현상이다. 특히 대통령임기 중에 실시되는 의회선거, 즉 중간선거를 통해 분할정부 현상이 빈번하게 발생한다. ② 미국 정당의 느슨한 정당기율(party discipline)이다. 분할정부가 아니라 대통령소속정당이 의회다수당이 되는 단일정부(unified government)라고 하더라도 정당내부의 기율이 약하기 때문에 교차표결(cross-voting)이 흔히 행해진다. 이 점과 관련된 것으로, 양대 정당 내부에서 지역에 따라 성향이 둘로 갈라지는 것이 보통이므로 실제로는 4당제와 유사하다는 지적도 있다. 또한 정당은 지방분권화되어 있다.

입법부와 행정부 간의 우열관계에 있어서 미국 대통령제는 역사적으로 상당한 변화를 겪어왔다. 우드로 윌슨(Woodrow Wilson)은 의회의 지배적 우월성을 비판하면서, 미국의 정부형태를 '의회정부'(Congressional Government)라고 부르는 것이 더 실제와 부합한다고 보았다(W. Wilson, Congressional Government, 1885). 그러나 20세기 이래 점차 대통령의 지위가 강화되는 경향을 보여 왔다(앞의 '미국헌법에서의 권력분립원리' 참조).

(2) 대통령제의 변형

미국의 대통령제는 세 갈래 경로로 외국에 전파되었다. ① 먼저 미국과 지리적으로 인접한 라틴아메리카 국가들이 스페인 등의 식민지를 벗어나면서 대통령제를 채택하였다. ② 제2차 세계대전 이후 새로 등장한 아시아·아프리카의 많은 국가들이 대통령제를 채택하였다. ③ 의원내각제의 전통이 강한 유럽에서 일부 국가들이 대통령제의 요소를 대폭 혼합한 정부형태를 택하였다. 독일 바이마르공화국, 핀란드, 프랑스 제5공화국 등 이원정부제를 취한 국가들이 그 예이다(뒤의 '이원정부제' 참조).

라틴아메리카와 아시아·아프리카의 대통령제는 대통령제의 원형인 미국과 달리 여러 의원내각제적 요소를 혼합시킨 것이 많다.

뢰벤슈타인은 정부형태에 관련하여 '**신대통령제**'(neopresidentialism)라는 용어를 사용한다. 그에 의하면 신대통령제는 대통령제라는 명칭 외에는 미국 대통령제와 공통점이 없다. 신대통령제는 대통령이 다른 모든 국가기관에 우월하며, 대통령이 국가권력을 사실상 독점하는 체제이다. 투표권의 고의적 제한이나 선거과정의 조작 등을 통해 국가의사 형성에 대한 국민참여는 배제된다. 의회나 명목적으로 독립한 법원이 존재하더라도 이들 기관은 엄격히 대통령에 종속된다. 이것은 입헌주의 체제가 아니라 권위주의적(authoritarian) 체제이다. 신대통령제는 특히 제1차 세계대전 이후에 많이 등장하였다. 초기의 예로 케말 파샤(Kemal Pasha)의 튀르키예를 들 수 있다. 또한 이집트의 나세르(Nasser)헌법(1956)이나 고 딘 디엠(Ngo Dinh Diem)의 남베트남 헌법(1956)도 여기에 속한다. 한국의 대통령제도 이승만에 의해 신대통령제로 왜곡되었다고 지적한다.

(3) 대통령제에 대한 평가

대통령제에 대한 평가는 학자에 따라 다르지만, 대체로 비판적 견해들이 많다. 뢰벤슈타인은 다음과 같이 대통령제를 비판한다. 대통령제는 실제로 작동하기 가장 어려운 제도이다. 미국 대통령제는 외국에 이식되어 뿌리를 내리지 못했다. 유럽의 의회주의 위에 민선(民選)의 독립된 대통령이 접목되었을 때 그것은 곧 '죽음의 키스'였다. 라틴아메리카에 이식된 대통령제는 군사독재자지배(*caudillismo*)라는 라틴아메리카식 권위주의로 변질되었다. 미국에서의 대통령제는 거의 미국 특유의 경험이며, 미국의 기적은 그 헌법 때문이 아니라 헌법에도 불구하고 이루어진 것이다.

반면 미국 외의 다른 나라에서 대통령제가 실패한 것은 대통령제 자체의 결함 때문이라기보다 경제적, 문화적 요인 등, 제도 외적인 요인 때문이라는 견해도 있다. 뒤베르제는 미국 대통령제의 장점으로 의견의 통일성, 권력의 안전, 행동의 효율성과 신속성 등을 든다.

대통령제에 대한 비판은 최근에도 지속되고 있다. 새로 민주화과정에 들어선 국가들에게 바람직한 정부형태가 무엇이냐는 주제와 관련하여 대통령제 비판론이 강하다. 대표적으로 린즈(Juan Linz)를 들 수 있다(J. Linz, "The Perils of Presidentialism", *1 Journal of Democracy 1*, 1990). 그의 대통령제 비판의 요지는 이러하다. 미국 외에는 칠레만이 대통령제 하에서 약 1세기 반에 걸쳐 비교적 안정된 입헌정치를 해왔으나 칠레의 민주정치마저 1970년대에 들어와 붕괴하였다. 대통령제는 두 가지 구조적 특성을 갖는다. 첫째, **'민주적 정당성의 충돌'**이다. 국민으로부터의 민주적 정당성을 지닌 국가기관으로 대통령만이 아니라 의회가 존재하며, 양자가 충돌할 때 이를 민주적으로 해결할 원리가 없다. 둘째, 대통령임기가 고정되어 있어서 그때그때 요구되는 지속적 재조정의 여지가 없다. 즉 안정된 행정부 추구가 경직성을 가져온다. 또한 대통령선거는 '승자독식'의 '제로섬 선거'이며, 이것은 의원내각제에서의 권력공유와 대비된다.

반면 호로위츠(Donald L. Horowitz)는 린즈의 견해를 다음과 같이 반박한다(Horowitz, "Comparing Democratic Systems", *1 Journal of Democracy 4*, 1990). 대통령제 하

에서 정치적 불안을 겪고 있는 예로 린즈가 들고 있는 것은 라틴아메리카 국가들인데, 아시아 · 아프리카 국가들 중에 의원내각제를 취하면서 정치적 불안을 겪고 있는 여러 나라들이 있다. 또한 라틴아메리카 국가들 중에서도 콜롬비아, 베네주엘라, 브라질, 아옌데(Allende) 사회주의 정권 이전의 칠레 등, 대통령제를 취하면서 중도적이고 화해적인 정치를 해온 여러 실례가 있는데, 이를 예외적인 것으로 간주하고 있다. 미국의 예에 대해서도 정당제도의 특수성으로 인한 예외로 보고 있다. 요컨대 성공의 요인은 대통령제 외의 여러 가지에서 찾고, 실패의 원인은 대통령제에 돌리고 있다.

한편 라틴아메리카에서의 대통령제 실패에 대하여 다음과 같은 분석이 있다. 라틴아메리카의 대통령제는 대체로 다당제와 결합되었다. 이것은 매우 위험하다. 대통령제에서의 대립과 정체(停滯)는 특히 다당제의 경우에 심각하다. 대립과 정체는 흔히 독재를 유발하였다(Scott Mainwaring, "Presidentialism in Latin America", *25 Latin American Research Review 1*, 1990).

생각건대 린즈 등이 지적하는 것처럼, 대통령제가 '민주적 정당성의 충돌'이라는 구조적인 결함을 갖고 있음은 부인하기 어렵다. 또한 경험적으로 미국 외에 대통령제를 성공적으로 운영한 예가 드물다는 점도 간과할 수 없다. 반면 뒤베르제가 지적한 것처럼 대통령제의 여러 장점이 있는 것도 사실이다. 제도의 선택에는 다양한 관점에서의 고려가 필요하며, 특히 특정한 정치문화에 적합한 제도가 무엇이냐를 판단하는 것이 중요하다.

6. 의원내각제

(1) 의원내각제의 성립배경, 특징적 요소 및 실제

의원내각제(parliamentarism, parliamentary system)는 오늘날 입헌민주주의국가에서 가장 보편적인 정부형태이다. 종래 우리나라에서는 '의원내각제'와 '내각책임제'라는 용어가 혼용되어 왔다. 의원내각제라는 용어가 원어의 적절한 번역어라고 보기는 어렵지만, 장기간 관용적으로 사용되어온 점에 비추어 그대로 사용하기로 한다.

대통령제가 인위적으로 고안된 제도인 것과 달리, 의원내각제는 영국에서 오랜 역사적 과정을 거치면서 서서히 형성되어온 제도이다. 1688년의 명예혁명 뒤 군주의 대권(royal prerogative)이 서서히 사라지면서 내각이 독자적인 기관으로 등장하였고, 이후 19세기의 선거개혁과 함께 의회(하원)와 내각이 중심이 되는 권력관계가 형성되었다.

영국을 그 원형으로 하는 **의원내각제의 공통적인 특징적 요소**는 대통령제와 대비하여 다음 두 가지로 집약할 수 있다. ① 행정부의 수반인 수상(prime minister)과 내각이 입법부에 책임을 진다. 즉 행정부 지도부의 존속이 입법부의 신임에 의존하며 입법부의 불신임결의에 의하여 해임될 수 있다. ② 행정부 수반인 수상은 입법부에 의해 선출된다. 그 선출의 방식에는 여러 형태가 있다. 영국의 경우, 형식적으로는 군주가 의회 다수당의 당수를 수상에 임명한다. 독일에서는 하원에서 수상을 선출한다.

위의 두 기본적 요소, 즉 행정부 수반인 수상을 의회에서 선출하고 수상이 의회에 책임을 진다는 점 이외에, 의원내각제의 구조적 특징으로서 다음 여러 가지를 들 수 있다. ① 행정부 최고의 결정권이 1인이 아니라 내각이라는 집단에 부여된다. 내각에서 수상의 지위는 수상이 지배적 위치에 있는 형태로부터 다른 각료와 사실상 동등한 지위에 있는 형태까지 나라에 따라 일정하지 않지만, 상대적으로 고도의 집단적 결정이 이루어진다는 점에 공통적인 특징이 있다. ② 내각의 각료는 원칙적으로 의회의 의원이다. 영국에서 이 원칙은 헌법적 관행으로 되어있다. 이 원칙의 논거는 각료가 의원이 아닌 경우보다는 의원들로 구성되는 경우에, 의회가 내각에 대해 더 강한 통제를 할 수 있다는 점에 있다. ③ 행정부가 이원적으로 구성된다. 즉 상징적이고 의례적인 국가원수(군주 또는 대통령)와 실질적인 행정권의 수반인 수상과 내각이 분화되어 있다. ④ 입법부가 내각불신임권을 갖는 것에 대응하여, 행정부는 입법부를 해산할 권한을 갖는다. 영국의 경우, 내각의 의회해산권은 사실상 무제한적이다. 그러나 의원내각제로 분류되는 국가들 중에 의회해산권이 제한되거나(예컨대 독일) **의회해산권이 인정되지 않는 경우**(예컨대 노르웨이)도 있다.

의원내각제의 실제는 나라에 따라 상이하다. 영국의 의원내각제는 본래 의회와 내각이 균형관계를 이루는 제도이다. 이것을 뒷받침하는 것이 내각의 의회해산권과 의회의 내각불신임권이다. 뢰벤슈타인의 표현을 빌리면, 이 두 상호의존적인 권한은 피스톤과 실린더처럼 일체를 이룬다. 이들 상호적인 권한이 적절히 연결되어 있지 않은 경우, 예컨대 내각의 의회해산권이 위축되거나 반대로 의회의 내각불신임권이 제한되는 경우에 의원내각제는 그 본래의 형태대로 작동되기 힘들다. 전자의 경우 **의회우월**의 관계가 이루어지고, 후자의 경우에는 **내각우월**의 관계가 형성된다. 그 어느 쪽으로 나타나는가에 영향을 주는 중요한 요인은 정당체제(양당제냐 다당제냐), 그리고 정당의 내부기율의 강도(특히 교차표결의 인정 여부) 여하이다. 이것은 각국의 자발적 선택보다는 역사적 경험과 정치문화적 속성에 따라 결정되는 것이 보통이다.

내각우월(강한 내각, 약한 의회)의 형태는 영국이 전형이며, 유럽대륙에서 이와 유사한 경우는 독일이다. 반면 의회우월(강한 의회, 약한 내각)의 전형은 프랑스 제3·4공화국에서 볼 수 있다.

영국의 경우, 양당제와 강한 내부기율에 의해서 의회다수당과 내각이 완전 일치되는 형태를 나타내고, 그 결과 강한 내각에 대해 의회가 자발적으로 종속하는 내각우월의 관계를 형성하였다. 내각은 의회의 절대다수당의 지도자들로 구성되어 있으므로 의회의 불신임투표를 염려할 필요가 없다. 다수당이 분열하는 것은 극히 예외적이므로 의회에 대한 내각의 책임은 사실상 사라진다. 반면 내각이 의회(하원)를 해산하는 것은 실제로 다음 두 경우 중의 하나이다. 하나는, 내각에 가장 유리하다고 판단하는 때에 하원을 해산하는 것이고, 다른 하나는 내각과 반대당이 매우 중대한 문제로 대립하여 있는 경우에 국민투표같은 역할을 기대하여 하원을 해산하는 것이다.

반면 프랑스 제3·4공화국의 경우, 약한 내각과 강한 의회의 형태는 특히 내각의 극심한 불안정으로 나타났다. 제3공화국 65년간 100여 차례의 개각이 있었고, 제4공화국의 약13년간 25회의 개각이 있었다. 내각의 불안정을 가져온 요인으로 여러 가지가 지적된다. 첫째, 다당제와 약한 정당 내부기율이다. 둘째, 의회주의에 대한 강한 신뢰와 강력한 행정부에 대한 거부감이다. 셋째, 의회해산권의 오용(誤用)과 경솔한 행사로 인해 사실상 이를 행사하기 힘들 정도로 의회해산권이 쇠퇴하였다는 점이다.

(2) 의원내각제의 변형

영국의 의원내각제는 세 갈래로 외국에 전파되었다. ① 먼저 유럽대륙의 여러 나라가 이 제도를 택하였다. 프랑스 제3공화국(1875년부터 제2차 대전까지) 및 제4공화국(1946년부터 1958년까지), 북유럽국가들과 베네룩스 3국을 비롯하여 유럽의 대부분 국가가 의원내각제를 취하였다. ② 영국 식민지였던 나라들, 즉 캐나다, 호주, 뉴질랜드, 인도 등이 의원내각제를 취하였다. ③ 그 밖에 일본, 이스라엘 및 보츠와나, 모리셔스 등 일부 아프리카 국가를 들 수 있다.

의원내각제의 공통적인 기본요소(행정부 수반인 수상의 의회선출 및 수상의 의회에 대한 책임)에 비추어 의원내각제 해당 여부가 문제되는 예로 1996년부터 2001년까지의 **이스라엘**을 들 수 있다. 이스라엘은 1996년에 수상 직선제를 채택하였다. 이에 따르면 의회 선거와 동시에 수상을 국민의 직선으로 선출한다. 의회는 수상을 해임할 수 있는 권한을 가지며, 반면 수상은 의회를 해산할 권한을 갖는다. 수상해임이나 의회해산의 경우에 수상선거와 의회선거가 행해진다. 이 제도는 수상직선이라는 점에서 의원내각제라고 보기 어렵다. 이스라엘은 2001년에 수상직선제를 폐지하였다.

위의 기준에 의하면 내각의 의회해산권을 의원내각제의 필수요소라고 하기 어렵다. **노르웨이**의 경우, 내각의 의회해산권을 인정하지 않는다.

독일의 경우, 내각불신임과 의회해산권을 각각 제한적으로만 인정한다. 의회(하원)는 후임자를 선출한 후에 수상을 불신임할 수 있으며, 이를 '**건설적 불신임제**'라고 부른다. 반면 의회해산은 다음 경우에 인정된다. 첫째 의회 과반수의석을 차지하지 못하거나 연정에 실패하여 다수당의 수상후보가 재적과반수를 얻지 못했을 때, 대통령은 수상을 임명하든지(소수정부 Minderheitsregierung) 또는 의회를 해산할 수 있다(독일기본법 제63조 제4항 제3문). 둘째 수상이 의회(Bundestag)에 신임을 요구했음에도 신임에 필요한 의회 절대과반수를 얻지 못했을 때, 대통령은 수상의 요청에 따라 의회를 해산할 수 있다(독일기본법 제68조 제1항). 셋째는 헌법상 근거가 없지만 판례가 인정한 것으로서, 수상이 의도적으로 의회해산을 목적으로 의회에 신임을 요구하고 야당뿐만 아니라 고의로 여당도 신임을 거부하여 과반수를 얻지 못하였을 때, 대통령은 수상의 요청에 따라 의회를 해산할 수 있다(BVerfGE 114,121). 의회는 본래 스스로 해산할 권한이 없으나, 이를 통해 자진해산권(Selbstauflösung)이 인정될 수 있다. 뢰벤슈타인은 독일의원내각제를 '통제된 의원내각제'(controlled parliamentarism)라고 부른다.

그 밖에 의원내각제를 취하면서 각료의 의원직겸임을 인정하지 않는 예로, 네덜란드, 노르웨이, 룩셈부르크를 들 수 있다.

한편 **스위스**의 경우, 내각에 해당하는 '연방위원회'가 의회에서 선출된다는 점에서는 의원내각제의 성격을 갖고 있지만, 연방위원회를 구성하는 7인의 위원들이 고정된 임기를 갖고 있고 의회의 불신임권이 인정되지 않는다는 점에서는 대통령제의 성격을 지닌다. 이 점에서 스위스는 의원내각제도 아니고 대통령제도 아닌, 혼합형의 특수한 정부형태라고 할 수 있다.

(3) 의원내각제에 대한 평가

민주주의국가의 대부분은 의원내각제를 취하고 있다(리파트에 의하면 1996년의 시점에서 19년 이상 민주주의를 지속하고 있는 36개 국가 중 30개 국가가 의원내각제 국가이다). 의원내각제는 대통령제가 지닌 구조 자체의 결함을 지니고 있지 않다. 즉 의원내각제에서는 대통령제에서와 같은 대통령과 의회의 '정당성의 충돌'이 발생하지 않는다.

또한 린즈, 리파트 등이 지적하는 것처럼, 특히 양극화되거나 다원적으로 분열된 사회에서 다당제와 비례대표제 하에 의원내각제를 취하는 경우, 연립형성의 가능성이 커진다(예컨대 벨기에의 경우). 대통령제 하에서 행정권이 승자독식(勝者獨食)되는 것과 달리, 의원내각제에서는 권력공유에 의해 협의민주주의(consociational democracy)가 가능하다는 것이다. 협의민주주의는 행정권이 다수파에 집중되는 다수파민주주의(majoritarian democracy)와 대비되는 개념이다.

같은 의원내각제라고 하더라도 그 실제는 정당정치에 의해 좌우된다. 정당체제가 양당제냐 다당제냐, 정당내부기율이 강한가 약한가, 정당 사이의 타협적 정치문화인가 대결적 정치문화인가 등에 따라 의원내각제의 실제는 달리 나타난다. 영국의 경우, 양당제와 강한 정당기율을 바탕으로 강력하고 안정적인 내각우위의 관계가 형성되어 왔다. 반면 프랑스 제3·4공화국의 경우, 다당제와 약한 정당기율, 대결적 정치문화 등으로 인해 극심한 내각불안정을 가져왔다. 유의할 것은, 다당제 그 자체가 반드시 불안정한 내각을 초래한 것은 아니라는 점이다. 북유럽국가의 경우, 전통적으로 다당제이면서도 안정적이고 지속적인 내각을 유지해왔다.

정당정치의 발전 외에도 의원내각제의 성공을 위한 몇 가지 요인이 있다. ① 안정적인 관료제가 필요하다. 프랑스 제3·4공화국이 빈번한 내각교체에도 불구하고 비교적 상당기간 지속될 수 있었던 것은 안정된 관료제 덕분이다. ② 군주 또는 대통령이 높은 권위와 국민적 존경의 대상이 될 수 있어야 한다. 이들이 비록 실질적 행정권을 행사하지 못한다고 하더라도 권위를 바탕으로 국정조정자의 기능을 수행할 수 있다. ③ 궁극적으로 정치문화의 성향이 대결적이기보다 타협지향적이어야 한다. 과거 남부유럽국가들에서 민주주의가 뒤처진 것은 근본적으로 대결적 정치문화의 전통 때문이라는 지적이 있다.

한국의 경우, 제2공화국에서 의원내각제를 취한 경험이 있으나 실패로 끝났다. 불과 10개월이 안 되는 기간에 3회의 전면개각이 있었고, 각료 평균수명이 2개월에 불과하였다. 한국에서 의원내각제를 취하는 경우, 부정부패가 심화되고 지역주의가 고착될 것이라는 우려가 제기되고 있다.

7. 이원정부제

(1) 이원정부제의 성립배경과 특징적 요소

이원정부제(the dual executive system)는 대통령제와 의원내각제의 요소들을 혼합하되 특수한 형태로 혼합된 정부형태이다. 이원정부제에 속하는 대표적 예로 프랑스를 들 수 있고, 핀란드, 오스트리아, 포르투갈, 아일랜드, 아이슬란드가 이 유형에 속한다. 그 밖에 과거의 독일 바이마르공화국이 여기에 속한다. 우리나라에서는 이를 '이원집정부제'라고 부르기도 한다. 뒤베르제는 이를 '반(半)대통령제'(semipresidential government)라고 부른다.

이원정부제는 프랑스 제3공화국에서와 같은 의원내각제의 결함, 즉 다당제와 강한 의회로 인한 폐해를 피하려는 취지로 시도되었다. 전통적인 의회중심의 정치제도를 기반으로 하되, 통상적인 의원내각제와 달리, 국민이 선출하는 대통령에게 일정한 실질적 권한을 부여하는 제도이다.

이원정부제의 특징적인 정형적 요소들은 다음 세 가지로 집약된다. ① 행정권이 대통령과 내각에 이원적으로 분할된다. 이원정부제라는 명칭은 바로 이 특징에 연원을 두고 있다. ② 대통령은 국민에 의해 선출된다. 대체로 국민직선제에 의하지만, 1958년부터 1962년 사이의 프랑스 제5공화국, 1991년 개헌 전의 핀란드처럼 간선제에 의한 예도 있다. ③ 수상을 수반으로 하는 내각은 의회에 대해 책임을 진다. 즉 의회에 의해 불신임당할 수 있다.

이처럼 이원정부제는 대통령제와 의원내각제의 요소를 혼합하고 있다. 대통령을 국민이 선출하며, 대통령이 일정한 실질적 행정권을 갖는다는 점에서는 대통령제의 성격을 갖는다. 반면 의회가 내각불신임권을 갖는 점에서는 의원내각제의 성격을 지닌다.

우리나라에서 일부 견해에 의하면 이원정부제를 독자적 정부형태로 분류하지 않고 대통령제와 의원내각제의 절충적 정부형태에 속하는 것으로 보고 있다. 그러나 **이원정부제를 독자적 정부형태의 하나로 분류하는 데에는 나름의 근거가 있다**. 일반적으로 대통령제와 의원내각제를 혼합한 절충적 정부형태는 대통령제와 의원내각제 중 어느 하나를 기본으로 하면서 다른 요소들을 부분적으로 혼합한 것이다. 이 점에서 이들 절충적 정부형태의 대부분은 대통령제 또는 의원내각제 중 하나에 속하는 정부형태라고 할 수 있다. 그런데 프랑스 제5공화국을 비롯하여 이원정부제에 속한다고 보는 정부형태들은 대통령제 또는 의원내각제에 속한다고 보기 힘든 경우이다. 이들 정부형태가 대통령제 또는 의원내각제에 속한다고 보기 힘든 가장 결정적인 이유는 실질적 행정권이 이원화되어 있기 때문이다. 대통령제와 의원내각제를 구분짓는 가장 결정적 요소는 입법부와 행정부의 성립·존속이 상호 독립되어 있느냐 또는 의존하여 있느냐에 있다. 그런데 이원정부제의 경우, 행정권이 이원화되어 그 일부

(대통령)는 입법부로부터 독립한 반면, 다른 일부(내각)는 입법부에 의존하여 있는 것이다. 이 때문에 이원정부제는 대통령제 또는 의원내각제의 어느 하나에 속한다고 볼 수 없다. 바로 이 점에서 이원정부제는 다른 절충적 정부형태와는 다른 독특한 특징을 갖고 있는 것이다. 이렇게 볼 때, 이원정부제는 다른 일반적인 절충적 정부형태와 다른 독자적 정부형태라고 봄이 타당하다.

(2) 이원정부제의 세 유형

대통령제와 의원내각제를 혼합한 정부형태는 대체로 다음 두 유형 중의 하나에 속한다. 그 하나는 대통령제의 골격에 부분적으로 의원내각제 요소를 혼합한 것이고, 다른 하나는 의원내각제의 골격에 부분적으로 대통령제 요소를 혼합한 것이다. 여기에서 그 골격이 대통령제인가 의원내각제인가의 구별 기준은 앞에서 지적한 것처럼 다음 두 요소이다. 첫째, 실질적 행정부 수반을 국민이 선출하는가 또는 의회가 선출하는가. 둘째, 실질적 행정부 수반이 의회에 의해 불신임당하여 해임될 수 있는가. 그런데 이원정부제의 경우에는 실질적 행정권이 대통령과 내각에 나뉘어 있으므로, 위 기준에 따르건대 어느 하나에 속한다고 말하기 어려운 것이다.

다만 이원정부제에서 실질적 행정권을 대통령과 내각에 이원화하되, 실제로 누가 더 우월한 권한을 갖는가에 따라 대통령제에 가까운 형태와 의원내각제에 가까운 형태로 구분할 수 있다. 오스트리아, 포르투갈, 아일랜드, 아이슬란드의 경우, 수상을 수반으로 하는 내각이 우월하다고 할 수 있고 이 점에서 의원내각제에 가깝다. **핀란드**는 이들 네 나라에 비해 대통령권한이 더 강화되어 있다고 할 수 있지만, 전반적으로 의원내각제에 가깝다고 할 수 있다. 핀란드는 1991년 헌법개정에 의해 대통령의 의회해산권을 삭제하였고, 대통령 선출을 간선제에서 국민직선제로 변경하였다(리파트, 앞의 책 참조).

프랑스 제5공화국은 이원정부제 중에서도 특수한 경우이다. 프랑스는 위의 다른 나라들에 비해 대통령 권한이 가장 강하다고 할 수 있는데, 그 실제의 운영에서 더욱 특수한 양상을 보여주고 있다. 1986년까지 실질적인 행정부 수반은 분명히 대통령이었는데, 다만 당시에도 대통령 권력의 기반은 헌법상 대통령의 명시적 권한보다는 의회 다수당의 지지에 있었다. 그러나 1986년 의회선거의 결과, 사회당의 미테랑(Mitterand)대통령 하에 반대당의 시라크(Chirac)가 수상이 되어 이른바 '동거정부'가 등장하면서 사정은 바뀌게 되었다. 외교와 국방에 관한 일부 영역을 제외하고는 수상이 실질적으로 행정부 수반의 지위를 차지하게 된 것이다. 1986-1988년의 이러한 상황은 1993-1995년 및 1997-2002년의 동거정부 하에서 반복되었다. 뒤베르제는 이 같은 프랑스의 특수한 경우에 대하여, 정치상황에 따라 대통령제와 의원내각제 사이를 오가는 체제라고 지칭하였다. 즉 대통령소속정당과 의회다수당이 일치하는 경우에는 대통령제로 운영되고, 양자가 불일치하는 동거정부의 경우에는 의원내각제로 운영된다는 것이다. 그러나 대통령 임기를 국회의원의 임기와 같이 5년으로 하는 2000년의 개헌 후 첫 선거가 있은 2002년 이후에는 동거정부가 출현하지 않고, 대통령제와 유사하게 운영되고 있었다. 그러나 2024년 9월 총선 결과 마크롱 대통령(중도)이 우파 공화당 소속 총리를 임명함으로써 4번째 동거정부가 출현하였다. 총선에서 1위는 좌파연합, 2위는 대통령 소속 중도 앙상블, 3위는 극우 인민전선이 차지하였다. 공화당은 4위에 그쳤는데, 마크롱이 여당에 가장 덜 위협적인 정당을 선택한 것으로 평가된다.

이처럼 이원정부제에 속한다고 볼 수 있는 국가 가운데, 프랑스를 제외한 다른 나라들은 의원내각제에 가까운 정부형태라고 볼 수 있는 반면, 프랑스는 선거결과에 따라 대통령제 또는 의원내각제로 운영되는 특수한 혼합 정부형태라고 할 수 있다. 다시 말하면, 이원정부제는 대통령제와 의원내각제 요소가 혼합된 정부형태의 하나로서, 일정한 공통요소를 기반으로 하고 있고, 실질적으로 대통령이 우월한가 또는 수상을 수반으로 하는 내각이 우월한가에 따라 ① **의원내각제에 가까운 이원정부제**와 ② **대통령제에 가까운 이원정부제**로 구분할 수 있다. 실제로 이원정부제를 취하는 국가의 대부분은 의원내각제에 가까운 형태이지만, ③ 프랑스는 선거결과에 의해 대통령제 또는 의원내각제의 어느 하나로 운영되는 특수한 형태이다. 이를 '**가변적 이원정부제**'라고 부를 수 있다.

(3) 이원정부제에 대한 평가

위에서 지적한 것처럼, 이원정부제에 해당한다고 볼 경우에도 실질적으로 대통령이 우월한가 또는 수상을 수반으로 하는 내각이 우월한가에 따라서 의원내각제에 가까운 이원정부제와 대통령제에 가까운 이원정부제로 구분할 수 있고, 다만 프랑스는 선거결과에 의해 대통령제 또는 의원내각제의 어느 하나로 운영되는 특수한 형태이다.

바이마르공화국의 이원정부제는 실패한 예로 꼽힌다. 대통령과 의회다수파가 불일치하는 상황에서 양자가 타협 없는 갈등으로 치달았기 때문이다. 한편 프랑스 제5공화국의 이원정부제는 프랑스헌정사에 비추어보는 한 성공적으로 평가될 수 있다.

프랑스는 제3·4공화국 하의 전통적인 의원내각제 하에서 극심한 정치적 불안정을 겪었다. 그러나 제5공화국헌법에서 대통령제 요소를 크게 혼합한 이원정부제를 취하면서 그 고질적인 정치적 불안을 완화시켜왔다. 프랑스의 이원정부제는 선거결과에 따라 이를 존중하는 방향에서 탄력적으로 운영하는 데에 특징이 있다. 동일한 헌법규범 하에서 선거결과에 따라 정부형태가 달리 나타나는 것이다. 그런 점에서 '가변적 정부형태'라고 부르는 것이 적절하다.

이원정부제는 그 실제 운영에서 성공적인 경우도 있고 실패한 경우도 있지만, 제도 자체로서는 심각한 취약점을 안고 있다. 그것은 대통령제의 경우와 유사하게 '정당성의 충돌'을 안고 있다는 점이다. 대통령의 소속정당과 의회다수파가 상이한 경우에 그 갈등을 어떻게 해결하느냐라는 어려운 문제가 제기된다. 그뿐만 아니라 양자가 일치하는 경우에도 행정권의 이원화는 그 자체로서 정치적 갈등의 소지를 안고 있다.

우리나라에서는 1980년 초, 헌법개정 논의 과정에서 이원정부제 채택이 논의된 적이 있다. 그 후 1998-1999년, 김대중 대통령 하에서 이른바 '공동정부'라는 이름으로 이원정부제와 유사한 헌정운영을 경험하였다. 이후에도 현행 헌법 하에서 이원정부제적 운영의 가능성에 관하여 논의가 지속되었다(뒤의 설명 참조).

8. 한국헌법상 정부형태

(1) 역대 헌법상 정부형태

① 1948년 제헌헌법은 대통령제와 의원내각제 요소를 혼합한 정부형태를 취했다. 대통령이 행정부 수반이라는 점에서는 대통령제 요소를 지녔지만, 다음과 같은 여러 의원내각제 요소를 혼합하였다. 우선 대통령을 국회가 선출하였다. 또한 국회가 선출하는 부통령 외에 국무총리를 두었고, 국무총리는 대통령이 임명하되 국회의 승인을 얻도록 하였으며, 대통령·국무총리·국무위원으로 구성된 국무원은 의결기관이었다.

이 같은 정부형태의 성격에 대하여 기본적으로 대통령제에 의원내각제 요소를 가미한 것으로 보는 것이 일반적 견해이고, 이를 이원정부제적 성격을 갖는 것으로 보는 견해도 있다. 그러나 **제헌헌법의 정부형태를 기본적으로 대통령제나 이원정부제의 일종으로 보는 것은 타당하지 않다**. 왜냐하면 대통령을 국민이 선출하지 않고 국회에서 선출하는 점에서 대통령제나 이원정부제의 핵심요소를 갖추지 않고 있기 때문이다. 이 점에서 제헌헌법의 형태는 대통령제 요소와 의원내각제 요소가 혼합된 정부형태라고 보는 것이 적절하다.

1952년 제1차 개헌에 의해 대통령 직선제가 채택된 점에서 기본적으로 대통령제 골격을 가졌다고 할 수 있는데, 반면 국회의 국무원불신임권 등 의원내각제 요소를 강화하였다. 그 후 1954년 제2차 개헌에서 국무총리제를 폐지하는 등, 의원내각제 요소를 축소함으로써 대통령제적 성격은 더 강화되었다.

헌법규범상의 정부형태와는 별개로, 제1공화국의 실제 헌정운영은 대체로 권위주의적인 '신대통령제'에 가까웠다고 할 수 있다.

② 제2공화국 헌법은 의원내각제 정부형태를 취하였다. 대통령은 국회에서 선출되고, 거의 의례적 권한만을 가졌다. 국무총리는 행정권이 속하는 국무원 수반이며, 대통령이 지명하여 하원인 민의원의 동의를 얻도록 하였다. 국무원은 민의원에 대해 연대책임을 지며, 반면 민의원해산권을 가졌다.

③ 제3공화국 헌법은 대통령제의 골격을 취하되, 부분적으로 의원내각제 요소를 가미하였다. 대통령은 행정권 수반으로서 국민이 직선하며, 국회에 대해 정치적 책임을 지지 않았다. 의원내각제 요소로는, 국무총리를 두고 국무총리에게 국무위원임명제청권을 준 점, 국회에 국무총리 · 국무위원 해임건의권을 부여한 점, 정부에 법률안제출권을 준 점 등을 들 수 있다. 그 밖에도 1969년 제6차 개헌에서 국회의원의 국무총리 · 국무위원 겸직을 법률을 통해 허용할 수 있게 하였다.

한편 제3공화국 헌법은 정당국가를 지향하여 정당에 대해 특권을 부여한 점에 특색이 있다. 대통령선거와 국회의원선거에서 정당 추천을 필수적으로 요구하고, 국회의원이 소속정당을 이탈하거나 변경한 때, 또는 소속정당이 해산된 때에는 의원자격을 상실시켰다.

④ 제4공화국의 이른바 유신헌법은 헌법규범 자체가 반(反)입헌주의적인 권위주의 헌법에 속한다. 정부형태의 외양은 대통령제를 골격으로 하고 여기에 여러 다른 요소들을 혼합하였으나, 이미 헌법규범상 대통령에게 권한이 집중되었다. 대통령에게 국회해산권, 헌법적 효력을 갖는 긴급조치권, 국회의원 3분의 1 추천권, 중요정책에 대한 국민투표회부권 등을 부여하였다. 국회 외에 통일주체국민회의를 두고, 여기에 대통령선출권, 국회의원 3분의 1 선출권을 주었다. 대통령 3기 연임 조항이 삭제되고 무제한 중임이 허용되었다. 또한 국회의 국정감사권을 폐지하는 등 국회권한을 축소하였다. 한편 무소속 입후보를 인정하여 정당특혜를 삭제하였다.

헌정의 실제에서는 특히 긴급조치권을 남용, 악용하였다. 제4공화국의 정부형태는 규범과 실제에서 모두 권위주의적인 신대통령제에 해당한다고 볼 수 있다.

⑤ 제5공화국 헌법의 정부형태 역시 기본적으로 제4공화국 헌법의 골격을 유지하되 부분적으로 변경을 가한 것이다. 대통령선출에 관하여 간선제를 유지하였고, 대통령에게 국회해산권, 비상조치권 등을 인정하였다. 다만 대통령 단임제를 규정하는 등, 권위주의적 요소를 약간 축소하였다. 그러나 전반적으로는 권위주의적인 신대통령제에 해당한다고 볼 수 있다.

헌정의 실제에서 '공포정치'가 지속된 점에서 보면, 제5공화국은 제4공화국보다 더 전제주의적 성격이 강했다고 할 수 있다.

(2) 현행 헌법상 정부형태 : 대통령제의 변형

① 현행 1987년 헌법은 제4공화국 및 제5공화국 헌법의 권위주의적 성격에서 벗어나 입헌주의를 회복한 헌법이다. 현행 헌법의 정부형태는 대통령제를 기본으로 하면서 부분적으로 의원내각제 요소와 그 밖의 특별한 요소(미국 대통령제에서 인정되지 않는 특별한 요소)를 혼합한 것이다.

현행 헌법은 다음과 같이 대통령제의 핵심요소를 갖추고 있다. 최고 행정권자인 대통령을 국민이 선출하고(제66조 제4항, 제67조 제1항), 대통령이 국회에 대해 정치적 책임을 지지 않는다. 그 밖에 대통령의 법률안거부권(제53조), 대법원장 · 대법관 임명권 등을 인정하는 점(제104조)은 미국 대통령제와 공통점이다.

한편 다음과 같은 의원내각제 요소를 혼합하고 있다. 첫째, 부통령을 두지 않고 국무총리를 두고 있다(제86조). 둘째, 정부는 법률안제출권을 가지고 있다(제52조). 셋째, 국회의원의 국무위원 겸직을 금지하지 않는다(제43조, 국회법 제29조). 넷째, 국무총리 · 국무위원의 국회출석 · 발언권 및 국회의 국무총리 · 국무위원 출석 · 답변요구권이 인정되어 있다(제62조).

국무총리 임명에 대한 국회의 동의권을 의원내각제 요소로 보는 것이 일반적이지만, 여기에는 의문이 있다. 미국 대통령제에서도 대통령의 고위 공무원 임명에 상원의 동의를 얻도록 규정하고 있기 때문이다(미국 헌법 제2조 제2항 제2절).

그 밖에 다음과 같은 점에서 프랑스 제5공화국의 이원정부제와 유사하다. 대통령에게 긴급명령권(제76조), 계엄권(제77조) 등의 국가긴급권 및 중요정책 국민투표회부권(제72조)이 인정되어 있다.

이처럼 현행 헌법의 정부형태는 대통령제를 기본으로 하면서 부분적으로 의원내각제 요소와 프랑스 제5공화국의 이원정부제 요소가 혼합된 정부형태이다. 기본적으로 대통령제에 속하되 '**대통령제의 변형**'의 하나라고 할 것이다.

헌법재판소는 현행 헌법상 정부형태가 '대통령중심제'(헌재 1994.4.28. 89헌마221) 또는 '대통령제'(헌재 1995.7.21. 92헌마177)라고 보고 있다.

(판 례) 우리 헌법상 정부형태

우리 헌법은 자유민주적 기본질서의 보호를 그 최고의 가치로 하여, 이를 구현할 통치기구로서 입법권은 국회(헌법 제40조)에, 행정권은 대통령을 수반으로 하는 정부(헌법 제66조 제4항)에, 사법권은 법관으로 구성된 법원(헌법 제101조 제1항)에 각각 속하게 하는 권력분립의 원칙을 취하는 한편, 대통령은 국가의 원수로서 외국에 대하여 국가를 대표하며(헌법 제66조 제1항), 그에게 국가의 독립·영토의 보전, 국가의 계속성과 헌법을 수호할 책무를 부여하고(같은 조 제2항), 조국의 평화적 통일을 위한 성실한 의무를 지우고 있는(같은 조 제3항) 등 이른바 대통령중심제의 통치기구를 채택하고 있다. 또한 헌법은 대통령중심제를 취하면서도 전형적인 부통령제를 두지 아니하고, 국무총리제를 두고 있는 점이 특징이다(헌법 제86조).

헌재 1994.4.28. 89헌마221, 판례집 6-1, 239,259-260

② 현행 헌법의 정부형태는 기본적으로 제3공화국 헌법상의 정부형태와 유사하다. 다만 다음의 점에서는 제3공화국 헌법과 다르다. 첫째, 제3공화국 헌법에서는 국무총리 임명에 국회 동의가 필요하지 않았으나, 현행 헌법상으로는 국회 동의가 필요하다. 둘째, 제3공화국 헌법은 무소속후보를 불허하는 등의 정당특혜를 인정하였으나, 현행 헌법은 이를 인정하지 않는 등, 정당국가적 성격을 완화하고 있다. 셋째, 위헌법률심사권에 관하여, 제3공화국 헌법은 일반 법원에게 이를 인정하였으나, 현행 헌법은 헌법재판소에 이를 인정하고 있다.

③ 현행 헌법은 기본적으로 대통령제를 취하고 있으나, 다음의 여러 가지 점에서 미국 대통령제와 다르다. 첫째, 위에서 지적한 의원내각제 요소들. 둘째, 위에서 지적한 프랑스 제5공화국의 이원정부제적 요소들. 셋째, 대통령에게 헌법개정발안권을 인정한 점. 넷째, 국회 단원제를 취한 점. 다섯째, 국회의 국정감사권을 인정한 점. 여섯째, 헌법재판소 제도를 취한 점 등이다.

(3) 현행 헌법상 정부형태의 실제 운용상 특징과 과제

현행 헌법상 대통령제의 실제 운용은 헌정사상 전혀 새로운 양상을 보여주고 있

다. 과거의 대통령제 운용에서는 분할정부(이른바 '여소야대')현상을 볼 수 없었다. 그러나 1987년 이후에는 분할정부 현상이 빈번히 발생하고 있다. 이것은 정당체제가 다당제로 나타나고, 대통령과 국회의원 임기 차이로 인해 동시선거가 이루어지지 못한 데에 주로 기인한다. 지금까지 분할정부 하에서의 헌정운용은 성공적이지 못하였고 정당 간의 극심한 갈등을 드러내왔다(앞의 제2편, 제1장, IX, '1. 분할정부현상' 참조).

분할정부 상황에 대한 대응방식의 하나로, **이원정부제적 헌정운용의 가능성 여부**가 논의된다. 현행 헌법상 이원정부제적 운용은 다음과 같은 경우에 예상될 수 있다. 분할정부 하에서 대통령이 지명한 국무총리 피지명자가 국회 동의를 얻지 못하고 국회 다수당(단일 정당이든 또는 반대당 연립이든)이 원하는 자가 국무총리로 임명되어, 국무총리가 실질적으로 국무위원 임명제청권을 행사하는 경우이다. 그러나 이런 경우가 발생하더라도 국무총리가 대통령과의 관계에서 독자적으로 행사할 수 있는 실질적 권한이 없으므로, 대통령 스스로 자신의 권한을 사실상 위임하지 않는 한, 행정권이 이원적으로 분할되기는 어렵다.

위와 같은 경우와는 차이가 있지만, 행정권의 이원적 분할은 김대중 대통령 하에서 '공동정부' 형태로 나타난 적이 있다. 또한 2005년, 노무현 대통령 하에서의 이른바 '연정'(聯政)제안도 이원정부제적 대응방식을 의도한 것이라고 볼 수 있다. 분할정부 하에서 어떻게 효율적인 헌정운용을 할 것인가. 이 문제는 현행 헌법상 대통령제 운용의 성패를 가르는 관건이라고 할 수 있다.

제 2 장

국 회

I. 의 회 제

1. 서 설

근대 입헌주의의 전개과정에서 의회는 중심적인 국가기관으로 자리잡아 왔다. 의회라는 국가기관은 다음 두 가지를 그 필수적 요소로 한다. ① 국민의 선거로 선출된 의원을 그 구성요소로 하는 합의체이다. ② 국가작용의 중요한 영역에서 결정권을 가지며, 그 핵심이 되는 것은 입법권과 예산의결권이다. 의회의 이러한 정의에 비추어 보면, 일례로 한국의 제4공화국 헌법상의 통일주체국민회의는 ②의 요소를 결여하고 있으므로 의회가 아니다. 의회가 제도화되어 있는 경우에 이를 '의회제'라고 하며, 의회제를 헌정의 중심으로 삼는 원리를 '의회주의'라고 부른다.

흔히 19세기는 '의회의 세기'라고 불린다. 의회가 중심적 국가기관의 역할을 담당하게 된 것은 의회야말로 군주주권에 대항하여 국민주권주의를 실현하는 국민대표기관으로 인식되었기 때문이다. 여기에서 대표의 의미는 중세 신분제 등족회의(等族會議)에서의 명령적 위임과는 다른 것이었다. 의회는 의원들의 선출 모체인 국민들로부터 독립한 대표기관으로 여겨졌다('순수대표'이론). 이 점은 또한 직접민주주의의 부정을 의미하였다. 의회제는 국민이 직접 국정에 참여하는 것이 아니라, '재산과 교양'을 지닌 대표자들의 자유로운 토론과 다수결에 의한 통치를 이상적인 것으로 보았다. 다만 19세기 후반에 이르면, 명령적 위임을 부정하는 대표이론의 골간은 유지하면서도, 대표기관인 의회가 국민의 실제의 의사를 반영해야 한다는 점이 강조되기에 이른다.

2. '의회제의 위기'와 '의회의 복권'

19세기가 '의회의 세기'라고 불린 것과 달리, 20세기 전반은 흔히 '의회제의 위기' 또는 '의회의 몰락'으로 특징 지워진다. 의회제의 위기는 다음의 여러 현상으로 나타났다. ① 러시아의 사회주의혁명은 입헌주의적 의회주의를 부정하는 것이었다. ② 독일의 나치즘, 이탈리아의 파시즘 등 역시 입헌주의적 의회주의를 부인하는 것이었다. ③ 입헌주의적 의회주의를 유지한 서구국가에서도 행정부 우위현상이 나타났다. ④ 제2차 세계대전 이후 등장한 신생국가의 대부분도 권위주의 정부를 벗어나지 못했다.

의회제의 위기를 가져온 원인으로 여러 가지를 지적할 수 있다. ① 극심한 계급적 및 이념적 대립이다. 이로 인하여 근본적으로 사회의 동질성이 무너졌다. ② 의회의 부패이다. 의회가 사회세력, 특히 기업가의 금력에 의해 좌우됨에 따라, 국민대표라기보다 특정집단의 대변기관으로 변질하는 양상을 보였다. ③ 의회의 무능이다. 복지국가의 이념에 따라 국가 기능이 확대되면서 행정권이 강화되고 전문성이 중시되는데, 의회는 전문적 능력에서 행정부보다 뒤떨어지게 되었다.

그러나 제2차 세계대전 이후, 서구 여러 나라에서 의회제 위기에 대한 대응책이 시도되었다. 선거제도와 정치자금제도를 개혁하고(국고보조금제도 등의 채택), 의회다수파의 형성과 유지를 위한 제도적 방책을 강구하였다(의원내각제 국가에서의 대통령제 요소 도입이나 독일의 건설적 불신임투표제도 채택 등). 특히 1960년대 이래 미국, 영국, 독일 등의 의회가 행정부에 대한 통제 기능을 강화하는 등 그 지위를 높여갔다. 이를 가리켜 '의회의 복권(復權)'이라고 부르기도 한다. 또한 권위주의 국가들도 1970년대 이후 세계적인 '민주화의 물결'과 함께 점차 민주화되면서 의회주의가 살아나게 되었다.

다만 20세기 후반의 전반적인 의회주의의 부활에도 불구하고 이를 제한하는 특징도 나타나고 있다. 특히 주목할 것은 사법통치(juristocracy)의 경향이다(앞의 제1편, 제1장, VII의 '사법통치' 참조). 위헌법률심사제도가 확산되면서 정치의 사법화 현상이 나타나고 헌법재판의 정치적 비중이 무겁게 되었다. 이것은 곧 의회가 대변하는 다수자 권력에 대한 불신과 통제를 뜻하는 것이다.

의회주의의 이념을 살리기 위해서는 기본적으로 극단적인 이념적 대립을 극복해야 하고, 정경유착에 의한 부패를 막아야 하며, 의회의 전문적 능력을 높여야 한다.

3. 의회의 기능적 유형

의회의 실제적 기능이 어디에 있는지는 나라에 따라 차이가 있다. 의회의 유형을 그 실제 기능에 따라 나누어 보면, ① 미국형 의회, ② 영국형 의회로 구분해 볼 수 있다. 전자는 의회가 실질적으로 정책의 형성·결정의 기능을 하는 유형이다. 반면 후자는 의회가 정책결정의 장소로서보다는 주로 논쟁의 장소로서 기능하는 유형이다. 전자를 '변환적'(transformative) 의회, 후자를 '경합장소'(arena)로서의 의회라고 부르기도 한다(Nelson Polsby의 이론). 서구의 다른 나라들은 대체로 위 두 유형의 중간적 유형에 해당한다.

한국의 의회는 현행 헌법의 시행 이래, 변환적 기능이 강화되었다고 볼 수 있다. 특히 여소야대라고 불리는 분할정부(divided government) 하에서는 의회의 변환적 기능이 강력하게 나타나고 있다.

Ⅱ. 국회의 헌법상 지위

국회는 헌법상 국민대표기관, 입법기관, 정책통제기관 및 국가최고기관으로서의 지위를 가진다.

1. 국민대표기관

전통적으로 국회는 국민대표기관으로서 인식되어 왔다. 우리 헌법상 국회가 국민대표기관임을 명시한 조항은 없지만, 국회가 국민대표기관으로서의 지위를 갖는다고 보는 것이 일반적인 견해이다. 국회가 국민을 '대표'하는 기관이라는 의미는 국회의 의사를 국민의 의사로 본다는 의미이다. 이것이 법적인 의미에서 그러한 것인가 아니면 단순한 정치적 의미에 그치는가에 관해서는 학설이 갈린다. 이에 관하여 '법적 대표설'과 '정치적 대표설'이 대립하고, 법적 대표설은 다시 위임관계설, 법정대표설, 헌법적 대표설 등으로 갈려 있으나, 어느 하나의 학설만으로 국민대표의 의미와 성격을 충분히 설명하기는 어렵다(상세한 것은 앞의 제4편, 제1장, Ⅱ. '국민대표제' 참조).

헌법재판소 판례 중에는 국회가 국민대표기관이라고 밝힌 예가 있다("국회는 국민의 대표기관, 입법기관으로서 폭넓은 자율권을 가지고 있고, 그 자율권은 권력분립의 원칙이나 국회의 지위, 기능에 비추어 존중되어야 하는 것……” 헌재 1997.7.16. 96헌라2, 판례집 9-2, 154,165; 2006.2.23. 2005헌라6등).

국회가 국민대표기관이라는 것, 즉 국회의 의사를 국민의 의사로 본다는 것은 실제의 사실을 말하는 것은 아니다. 실제로 국민의 의사와 국회의 의사는 일치하지 않는 경우가 많다. 또한 국민이 선거를 통해 국회를 구성한 다음에는 국민과 국회 사이에 실질적인 법적 관계는 존재하지 않는다. 국회의원선거는 국회의원을 선임하는 행위이며, 국민이 국회의원에 대하여 지시하거나 명령할 수 있는 것은 아니다. 그러나 국회가 국민대표기관이라는 것이 법적으로 전혀 무의미한 것이라고 볼 수는 없다. 본래 국민대표 이론의 역사적 의미는 직접민주제를 부정하고 의회의 최고기관으로서의 법적 지위를 정당화하기 위한 것이었다.

오늘날에도 국회의 국민대표기관으로서의 지위가 의미를 지니려면, 국민의 의사를 충실히 반영하기 위한 제도적 방안이 보완되어야 한다. 구체적으로 ① 국민의 의사를 충실히 반영하기 위한 선거제도의 채택, ② 직접민주제적 요소의 적정한 가미, ③ 국회의원의 정당대표화 경향에 대한 적정한 통제 등이 강구될 필요가 있다.

2. 입법기관

(1) 국회가 입법기관이라는 의미

국회는 입법권을 갖는다(헌법 제40조. “입법권은 국회에 속한다”). 국회의 권한 가운데에서 입법권은 가장 핵심적인 권한이며, 입법권은 의회의 필수적인 개념요소이다.

입법권은 법률 제정의 권한이다. ‘입법’의 의미에 관해서는 ① **‘형식적 의미의 법률’**을 정립하는 권한으로 보는 견해와 ② **‘실질적 의미의 법률’**을 정립하는 권한으로 보는 견해로 갈린다. ‘형식적 의미의 법률’이란 규범의 내용을 묻지 않고 규범의 형식상 ‘법률’이라고 하는 국회 제정의 법규범을 가리킨다. ‘실질적 의미의 법률’이란 규범의 형식을 묻지 않고 규범의 내용상 특정한 내용의 규범을 가리킨다. 실질적 의미의 법률에 관해서는 규범의 내용을 무엇이라고 보느냐에 따라 여러 견해가 있다. 종래의 대표적 견해는 이를 ‘법규’, 즉 국민의 권리를 제한하거나 의무를 부과하는 사항으로 보았다(‘법규설’). 근래에는 이보다 더 넓게 보는 견해가 제시되고 있다. 즉 법률이란 ‘일반적 규범’을 뜻하며, 실질적 의미의 입법이란 일반적 규범의 정립을 뜻한다고 본다(‘일반적 규범설’).

입법의 의미를 형식적 의미의 법률 정립으로 보는 것은 일종의 순환논법이며, 타당하지 않다. 실질적 의미의 법률 정립으로 보는 견해 가운데 법규설은 너무 좁다고 할 것이며, 일반적 규범설이 타당하다(뒤의 '입법권' 참조).

국회가 입법기관이라는 뜻은 실질적 의미의 입법은 오직 국회만이 이를 법률의 형식으로 정립할 수 있다는 것이다(이른바 '국회중심입법의 원칙'). 다만 여기에는 헌법이 정한 일정한 예외가 인정된다. 대법원규칙, 대통령령, 총리령, 부령, 긴급명령, 조약, 조례 등은 실질적 의미의 입법에 해당하지만, 국회 외의 기관에 그 제정권한을 인정한 예외적 경우이다.

(2) 입법기관으로서의 지위의 변질

국회의 헌법상 지위의 핵심은 입법기관이라는 데에 있다. 그러나 국회의 입법기관으로서의 실질적 지위는 변질 또는 퇴색하고 있다. 이것은 우리 국회만이 아니라 각국의 의회에 대해 공통적으로 지적되는 사항이다.

첫째, 오늘날 실제의 입법과정에서 실질적으로 중심적 역할을 하는 것은 행정부, 정당 및 각종의 사회단체이다. 국회의 최종적 의결에 앞서 행정부와 정당이 입법의 주도적 역할을 하고 여기에 사회단체가 영향력을 미치는 것이 일반적 현상이다. 사회단체로서는 과거에 이익단체가 중심을 이루었으나 근래에는 비정부기부(NGO) 등 이른바 시민단체가 영향력을 확대하고 있다.

우리 헌법은 대통령제를 취하면서도 정부에 법률안제출권을 인정하고 있다. 종래에는 정부가 제출하는 '**정부제출입법**'이 입법의 중심을 차지해왔던 데 비하여, 근래에는 국회의원들의 법률안제출에 의한 '**의원발의입법**'이 증가하고 있다. 그러나 의원발의입법의 형식을 취하는 경우에도 실제로는 정부가 주도하는 예가 적지 않다.

둘째, 입법과정에서 국회의 실질적 역할이 저하되고 있을 뿐만 아니라, 입법의 내용 또는 성격이 변질되고 있다. 입법의 내용과 성격이 고도로 다양화하고 전문화함에 따라 법률은 규율사항의 골격만을 규정하고(이른바 '골격입법'), 나머지 구체적인 내용은 대통령령 등 행정입법에 위임하는 위임입법이 증대하고 있다. 위임입법의 증대는 법률로 모든 필요한 사항을 규정하기 어렵다는 입법기술상의 이유만이 아니라, 탄력적인 법률집행의 필요성에 비추어 불가피한 측면이 있다. 그러나 위임입법의 과잉은 국회의 입법기관으로서의 지위를 저하시키고 있다.

이같이 국회의 입법기관으로서의 실질적 지위가 저하하는 현상을 가리켜 국회의 '통법부화'(通法府化)라고 부르기도 한다. 그러나 국회의 입법기관으로서의 실질적 지위가 저하하고 있더라도, 입법과정에서 국회의 의결절차가 필수적인 점은 변함이 없다. 또한 헌법은 위임입법의 한계를 규정하고 있으며(제75조, 제95조), 지나친 위임입법의 폐해를 줄이기 위한 통제방안이 강구되고 있다.

3. 정책통제기관

국회는 정부를 견제하는 정책통제기관으로서 중요한 지위를 갖는다. 본래 국회는 입법권과 예산안의결권 등을 통해 정책결정기관으로서의 지위를 갖지만, 현대 국가의 기능 확대가 주로 행정부 강화로 나타남에 따라 입법기관 등 정책결정기관으로서의 국회의 지위는 저하되고 있다. 이에 따라 정부를 비판하고 견제하는 정책통제기관으로서의 국회의 지위가 더 중요한 의미를 지니게 되었다. 오늘날 국회의 실질적인 주된 존재의의는 정책통제기관이라는 데에서 찾을 수 있다.

정부에 대한 국회의 정책통제기능은 헌법상 다음과 같은 여러 권한에 의해 수행되고 있다. 국무총리임명동의권(제86조 제1항), 국무총리·국무위원에 대한 출석요구권·질문권(제62조 제2항) 및 해임건의권(제63조), 탄핵소추권(제65조), 긴급명령·긴급재정경제명령 승인권(제76조), 계엄해제요구권(제77조 제5항), 조약체결동의권(제60조), 국정감사권 및 국정조사권(제61조) 등. 또한 예산안의결권 등 국회의 본래의 권한도 정책통제의 의미를 지닌다.

한편 국회는 법원이나 헌법재판소같은 사법기관에 대해서도 통제기능을 갖는다. 이러한 기능을 수행하는 국회의 헌법상 권한으로, 대법원장·대법관 임명동의권(제104조), 헌법재판소재판관 선출권 및 헌법재판소장 임명동의권(제111조 제3항, 제4항), 탄핵소추권, 국정감사권 및 국정조사권, 예산안의결권 등을 들 수 있다.

4. 최고기관 여부

국회가 국가의 최고기관인가에 관하여 이를 인정하는 견해와 부정하는 견해가 갈린다. 최고기관 개념을 인정하는 입장에 서는 경우, 최고기관이란 국가기관 가운데 국가 의사의 최고 결정권을 갖는 기관을 가리킨다. 최고기관의 개념을 인정하는 경우에도 최고기관은 하나인가 또는 여럿일 수 있는가에 관해 논의가 있다.

국회가 최고기관이냐의 문제는 특히 일본 헌법의 해석과 관련하여 제기되었다. 일본 헌법은 "국회는 국권(國權)의 최고기관이다"(제41조)이라고 규정하고 있다. 이 조항에 관한 지배적 학설에 의하면, 국회가 주권자인 국민에 의해 직접 선출되고, 입법권을 비롯한 중요한 권한을 갖는 국정의 중심기관이라는 점을 강조하는 정치적 의미일 뿐이며, 법적인 의미를 갖는 것은 아니라고 보고 있다.

최고기관의 의미를 국가 의사의 최고 결정권을 갖는 기관이라고 이해한다면, 우리 헌법상으로도 최고기관의 의미를 인정할 수 있고, 국회는 최고기관으로서의 지위를 갖는다고 할 것이다. 그러나 권력분립의 원리에 따라 최고기관은 국가의사의 영역에 따라 여럿일 수 있다고 본다. 우리 헌법상, 국회만이 아니라 대법원과 헌법재판소도 최고기관의 하나라고 볼 것이다. 다만 이처럼 최고기관이 여럿임에 비추어, 국회가 최고기관이라는 점이 특별한 의미를 지니기는 어렵다고 할 것이다.

Ⅲ. 국회의 구성·조직과 운영

1. 국회의 구성

(1) 의회구성의 방식 : 단원제와 양원제

의회구성의 방식에는 단원제(일원제)와 양원제(이원제)의 두 가지가 있다. 단원제는 하나의 합의체, 양원제는 두 개의 합의체로 구성된다.

단원제와 양원제는 각각의 존재이유를 가지고 있다. 주권은 단일 불가분하다는 민주주의 이론에 따른다면 국민의사를 대표하는 의회는 하나로 구성하는 것이 당연하다. '제2원은 제1원과 일치하면 무용하며, 불일치하면 유해하다.' 또한 단원제의 실제적인 장점으로는 ① 시간과 비용의 면에서 유리하고, ② 사회구성이 복잡하지 않은 사회에 적합하다.

반면 양원제의 존재이유는 그 유형에 따라 상이하다. 양원제에서 상원(제2원)의 구성·성격은 ① 귀족원(貴族院)형(영국, 일본의 메이지헌법), ② 연방형(미국, 독일), ③ 민주적 상원형(프랑스 제3·4공화국, 일본, 한국의 제2공화국) 등으로 나눌 수 있다. 민주적 상원형의 존재이유로는 ① 하원의 경솔과 과오를 회피하고, ② 하원의 정부와의 충돌을 완화하며, ③ 사회구조가 다원화된 사회에 적합하다.

양원제에서 양원의 권한관계는 양원이 대등한 유형과 차등을 두는 유형으로 구분된다. 후자의 경우에는 하원이 우월한 경우가 많지만, 미국처럼 상원이 우월한 경우도 있다(미국의 경우, 상원에게만 인정되는 권한으로 대통령의 고위공무원임명에 대한 동의권 및 조약체결동의권이 있다).

(2) 한국헌법상 국회의 구성

현행 한국헌법상 국회는 단원제로 구성된다. "국회는 국민의 보통·평등·직접·비밀선거에 의하여 선출된 국회의원으로 구성된다"(제41조 제1항).

과거 제1공화국헌법에서 1952년의 제1차 헌법개정으로 양원제를 채택하였으나 실시되지 않았다. 1960년의 제2공화국헌법 하에서 처음으로 민의원(하원)과 참의원(상원)으로 구성된 양원제를 시행하였다. 당시의 양원제에서 민의원의원은 소선거구제로 선출하고 임기는 4년으로 하였다. 참의원의원은 특별시와 도를 선거구로 하는 대선거구제로 선출하고, 임기는 6년으로 하되 3년마다 의원 2분의 1을 개선하도록 하였다. 민의원은 국무원불신임의결권과 국무총리임명동의권을 가졌다.

제3공화국헌법 이래 현행헌법에 이르기까지는 단원제를 유지하고 있다.

2. 국회의 내부조직

헌법은 국회의 내부조직에 관하여 의장과 부의장에 관하여 규정하고 있다(제48조). 그 밖의 내부조직에 관해서는 국회법에서 규정하고 있다.

(1) 의장과 부의장

(헌법 제48조) 국회는 의장 1인과 부의장 2인을 선출한다.

국회법에 의하면 의장과 부의장은 국회에서 무기명투표로 선거하되 재적의원 과반수의 득표로 당선된다(제15조 제1항). 의장과 부의장의 임기는 2년으로 한다. 다만, 국회의원 총선거 후 처음 선출된 의장과 부의장의 임기는 그 선출된 날부터 개시하여 의원의 임기 개시 후 2년이 되는 날까지로 한다. 보궐선거로 당선된 의장 또는 부의장의 임기는 전임자 임기의 남은 기간으로 한다(제9조).

의장은 "국회를 대표하고 의사를 정리하며, 질서를 유지하고 사무를 감독한다"(제10조). 의원이 의장으로 당선된 때에는 당선된 다음 날부터 그 직에 있는 동안은 당적을 가질 수 없다. 당적을 이탈한 의장이 그 임기를 만료한 때에는 당적을 이탈할 당시의 소속정당으로 복귀한다(제20조의2).

부의장에 관한 국회법 규정에 의하면 "① 의장이 사고가 있을 때에는 의장이 지정하는 부의장이 그 직무를 대리한다. ② 의장이 심신상실 등 부득이한 사유로 의사표시를 할 수 없게 되어 직무대리자를 지정할 수 없는 때에는 소속의원수가 많은 교섭단체소속인 부의장의 순으로 의장의 직무를 대행한다"(제12조).

(2) 위원회

법률안심의를 비롯한 국회의 의안심의과정은 소수의 의원들로 구성되는 위원회를 중심으로 행하여진다. 이를 '위원회중심주의'라고 부르며, '본회의중심주의'에 대비된다.

위원회의 실제 운영에 큰 영향을 주는 것은 정당기율(政黨紀律)의 정도이다. 위원회제도의 발달과 정당기율의 정도에 따라 각국의 위원회제도를 다음 세 유형으로 구분할 수 있다. ① 위원회제도가 발달하고 정당기율이 약한 미국형, ② 위원회제도가 발달하지 않고 정당기율이 강한 영국형, ③ 위원회제도가 발달하고 정당기율이 강한 유럽대륙형(독일, 프랑스, 이탈리아 등).

(판 례) 상임위원회 제도와 위원회 중심주의(국회의원과 상임위원장간의 권한쟁의)

우리나라 국회의 의안 심의는 본회의 중심이 아닌 소관 상임위원회 중심으로 이루어지며, 이른바 '위원회 중심주의'를 채택하고 있다(헌재 2003.10.30. 2002헌라1, 판례집 15-2 하, 17,30 참조). 위원회의 역할은 국회의 예비적 심사기관으로서 회부된 안건을 심사하고 그 결과를 본회의에 보고하여 본회의의 판단자료를 제공하는 데 있다.

국회의 의결을 요하는 안건에 대하여 의장이 본회의 의결에 앞서 소관위원회에 안건을 회부하는 것은 국회의 심의권을 위원회에 위양하는 것이 아니고, 그 안건이 본회의에 최종적으로 부의되기 이전의 한 단계로서, 소관위원회가 발의 또는 제출된 의안에 대한 심사권한을 행사하여 사전 심사를 할 수 있도록 소관위원회에 송부하는 행위라 할 수 있다. 상임위원회는 그 소관에 속하는 의안, 청원 등을 심사하므로, 국회의장이 안건을 위원회에 회부함으로써 상임위원회에 심사권이 부여되는 것이 아니고, 심사권 자체는 법률상 부여된 위원회의 고유한 권한으로 볼 수 있다(국회법 제36조, 제37조 참조).

헌재 2010.12.28. 2008헌라7등, 판례집 22-2 하, 567,578

국회법상 위원회에는 상임위원회와 특별위원회가 있다(제35조). 상임위원회는 17개이며, 국회운영위원회, 법제사법위원회, 정무위원회, 기획재정위원회, 교육위원회, 과학기술정보방송통신위원회, 외교통일위원회, 국방위원회, 행정안전위원회, 문화체육관광위원회, 농림축산식품해양수산위원회, 산업통상자원중소벤처기업위원회, 보건복지위원회, 환경노동위원회, 국토교통위원회, 정보위원회, 여성가족위원회가 있다(제37조). 언론과 정계에서는 18개 상임위원회를 말하는데 이는 상설특별위원회인 예산결산특별위원회를 추가하여 일컫는 것이다. 국회 누리집에도 위원회 현황에서 17개 상임위와 함께 예산결산특별위원회를 소개하고 있다.

상임위원은 교섭단체소속의원수의 비율에 의하여 각 교섭단체대표의원의 요청으로 의장이 선임 및 개선(改選)한다(제48조 제1항). 상임위원의 임기는 2년으로 한다(제40조 제1항).

헌법재판소는 사법개혁특별위원회 위원의 개선은 국회의장이 국회의 자율권에 근거하여 내부적으로 회의체 기관을 구성·조직하는 것으로서, 이 개선행위가 교체된 국회의원의 심의·표결권을 침해하는지 여부는 헌법이나 법률을 명백히 위반한 흠이 있는지를 심사하는 것으로 충분하다고 하였다. 나아가 자유위임원칙은 헌법이 추구하는 가치를 보장하고 실현하기 위한 통치구조의 구성원리 중 하나이므로, 다른 헌법적 이익에 언제나 우선하는 것이 아니고, 국회의 기능 수행을 위해서 필요한 범위 내에서 제한될 수 있다고 하였다(헌재 2020.5.27. 2019헌라1). 이 결정에는 정당기속은 정치현실에 불과하고 자유위임원칙에 우월한 것이 아니므로 청구인의 권한을 침해한 것이라는 반대의견이 있다.

한편 이 결정에서는 '위원을 개선할 때 임시회의 경우에는 회기 중에 개선될 수 없고'라는 국회법 제48조 제6항 본문의 해석도 쟁점이었다. 다수의견은 위 임시회를 위원을 선임 또는 개선한 '당해 임시회(동일 회기)'를 의미한다고 보았고, 소수의견은 정기회에 대비되는 임시회를 의미한다고 보았다.

국회는 수개의 상임위원회소관과 관련되거나 특히 필요하다고 인정한 안건을 효율적으로 심사하기 위하여 본회의의 의결로 특별위원회를 둘 수 있다(제44조 제1항). 특별위원회에는 예산결산특별위원회(제45조), 윤리특별위원회(제46조), 인사청문특별위원회(제46조의3)가 있다.

소관위원회는 다른 위원회와 협의하여 연석회의를 열고 의견을 교환할 수 있다. 그러나 표결은 할 수 없다(제63조).

그 밖에 전원위원회(全院委員會)제도가 있다. "국회는 위원회의 심사를 거치거나 위원회가 제안한 의안중 정부조직에 관한 법률안, 조세 또는 국민에게 부담을 주는 법률안등 주요의안의 본회의 상정전이나 본회의 상정후에 재적의원 4분의 1 이상의 요구가 있는 때에는 그 심사를 위하여 의원전원으로 구성되는 전원위원회를 개회할 수 있다. 다만, 의장은 주요의안의 심의등 필요하다고 인정하는 경우 각 교섭단체대표의원의 동의를 얻어 전원위원회를 개회하지 아니할 수 있다"(제63조의2 제1항). 전원위원회는 수정안을 제출할 수 있다(제2항). 전원위원회 위원장은 국회의장이 지명하는 부의장으로 한다(제3항). 전원위원회는 재적위원 5분의 1 이상의 출석으로 개회하고, 재적위원 4분의 1 이상의 출석과 출석위원 과반수의 찬성으로 의결한다(제4항).

① 위원회는 소관 사항을 분담 · 심사하기 위하여 상설소위원회를 둘 수 있고, 필요한 경우 특정한 안건의 심사를 위하여 소위원회를 둘 수 있다. 이 경우 소위원회에 대하여 국회규칙으로 정하는 바에 따라 필요한 인원 및 예산 등을 지원할 수 있다. ② 상임위원회는 소관 법률안의 심사를 분담하는 둘 이상의 소위원회를 둘 수 있다. ③ 소위원회는 폐회 중에도 활동할 수 있으며, 법률안을 심사하는 소위원회는 매월 3회 이상 개회한다(제57조 제1항, 제2항, 제6항).

위원회중심주의는 의회기능의 확대에 따라 의사운영의 효율성과 전문성을 높인다는 취지를 갖고 있다. 특히 오늘날에는 위원회의 심사가 소위원회를 중심으로 행하여지는 경향이 강해지면서 '소위원회중심주의'라고까지 불린다. 그러나 이러한 위원회중심주의는 문제점들을 안고 있다. 첫째, 소관 위원회 소속이 아닌 의원은 의안의 구체적 내용에 관해 잘 알 수 없다. 둘째, 소규모의 위원회는 이익집단의 로비에 취약하다.

위원회중심주의의 문제점에 대응하여 2005년의 국회법 개정을 통해 다음과 같은 개선책을 규정하였다. 상임위원은 소관 상임위원회의 직무와 관련한 영리행위를 하지 못한다(제40조의2). 의장은 발의 또는 제출된 의안과 직접적인 이해관계를 가지는 위원이 소관 상임위원회 재적위원 과반수로 해당 의안의 심사에 공정을 기할 수 없다고 인정하는 경우에는 그 의안을 국회운영위원회와 협의하여 다른 위원회에 회부하여 심사하게 할 수 있다(제81조 제3항). 그 밖에 소위원회 회의록 작성을 의무화하였다(과거의 제69조 제4항 단서 삭제).

(3) 교섭단체

국회법에 의하면 "국회에 20인 이상의 소속의원을 가진 정당은 하나의 교섭단체가 된다. 그러나 다른 교섭단체에 속하지 아니하는 20인 이상의 의원으로 따로 교섭단체를 구성할 수 있다"(제33조 제1항). "교섭단체의 대표의원은 그 단체의 소속의원이 연서 · 날인한 명부를 의장에게 제출하여야하며, 그 소속의원에 이동이 있거나 소속정당의 변경이 있을 때에는 그 사실을 지체없이 의장에게 보고하여야 한다"(제33조 제2항).

교섭단체는 정당 중심으로 국회를 운영하기 위한 제도이다. 교섭단체는 의원의 발언(제104조), 상임위원회 배정(제48조) 등에 관하여 권한을 가진다.

(판 례) 교섭단체제도

교섭단체(Negotiation Group)는 원칙적으로 국회에 일정수 이상의 의석을 가진 정당에 소속된 의원들로 구성되는 원내의 정당 또는 정파를 말한다. 정당은 국민의 정치적 의사형성을 목적으로 하는 국민의 자발적 조직이다. 따라서, 원내에 의석을 확보한 정당은 정당의 정강정책을 소속의원을 통하여 최대한 국정에 반영하고 소속의원으로 하여금 의정활동을 효율적으로 할 수 있도록 권고·통제할 필요가 있다. (……) 교섭단체는 정당국가에서 의원의 정당기속을 강화하는 하나의 수단으로 기능할 뿐만 아니라 정당소속 의원들의 원내 행동통일을 기함으로써 정당의 정책을 의안심의에서 최대한으로 반영하기 위한 기능도 갖는다.

헌재 2003.10.30. 2002헌라1, 판례집 15-2 하, 17,30

(판 례) 의원의 소속 상임위원회 강제전임과 자유위임

현대의 민주주의가 종래의 순수한 대의제 민주주의에서 정당국가적 민주주의의 경향으로 변화하고 있음은 주지하는 바와 같다. 다만, 국회의원의 국민대표성보다는 오늘날 복수정당제하에서 실제적으로 정당에 의하여 국회가 운영되고 있는 점을 강조하려는 견해와, 반대로 대의제 민주주의 원리를 중시하고 정당국가적 현실은 기본적으로 국회의원의 전체국민대표성을 침해하지 않는 범위내에서 인정하려는 입장이 서로 맞서고 있다. 국회의원의 원내활동을 기본적으로 각자에 맡기는 자유위임은 자유로운 토론과 의사형성을 가능하게 함으로써 당내민주주의를 구현하고 정당의 독재화 또는 과두화를 막아주는 순기능을 갖는다. 그러나 자유위임은 의회내에서의 정치의사형성에 정당의 협력을 배척하는 것이 아니며, 의원이 정당과 교섭단체의 지시에 기속되는 것을 배제하는 근거가 되는 것도 아니다. 또한 국회의원의 국민대표성을 중시하는 입장에서도 특정 정당에 소속된 국회의원이 정당기속 내지는 교섭단체의 결정(소위 '당론')에 위반하는 정치활동을 한 이유로 제재를 받는 경우, 국회의원 신분을 상실하게 할 수는 없으나 "정당내부의 사실상의 강제" 또는 소속 "정당으로부터의 제명"은 가능하다고 보고 있다. 그렇다면, 당론과 다른 견해를 가진 소속 국회의원을 당해 교섭단체의 필요에 따라 다른 상임위원회로 전임(사·보임)하

는 조치는 특별한 사정이 없는 한 헌법상 용인될 수 있는 "정당내부의 사실상 강제"의 범위내에 해당한다고 할 것이다.

헌재 2003.10.30. 2002헌라1, 판례집 15-2 하, 17,18-19

교섭단체 중심의 국회운영은 정당정치를 실현하기 위한 것이지만, 의원의 원내활동을 원칙적으로 의원의 자율에 맡기는 자유위임의 원칙에 비추어 정당국가적 제한을 어느 정도 인정할 것인가에 관해서는 견해의 대립이 있다. 교섭단체를 중심한 정당국가적 국회운영은 정당정치의 현실을 감안하여야 하며, 의원의 정당에의 예속은 한정적으로 인정되어야 할 것이다(제2편, 제7장, I, 3. 정당과 현대민주정치 참조).

3. 국회의 운영과 의사원칙

> **(헌법 제47조)** ① 국회의 정기회는 법률이 정하는 바에 의하여 매년 1회 집회되며, 국회의 임시회는 대통령 또는 국회재적의원 4분의 1 이상의 요구에 의하여 집회된다.
> ② 정기회의 회기는 100일을, 임시회의 회기는 30일을 초과할 수 없다.
> ③ 대통령이 임시회의 집회를 요구할 때에는 기간과 집회요구의 이유를 명시하여야 한다.
> **(헌법 제49조)** 국회는 헌법 또는 법률에 특별한 규정이 없는 한 재적의원 과반수의 출석과 출석의원 과반수의 찬성으로 의결한다. 가부동수인 때에는 부결된 것으로 본다.
> **(헌법 제50조)** ① 국회의 회의는 공개한다. 다만, 출석의원 과반수의 찬성이 있거나 의장이 국가의 안전보장을 위하여 필요하다고 인정할 때에는 공개하지 아니할 수 있다.
> ② 공개하지 아니한 회의내용의 공표에 관하여는 법률이 정하는 바에 의한다.
> **(헌법 제51조)** 국회에 제출된 법률안 기타의 의안은 회기중에 의결되지 못한 이유로 폐기되지 아니한다. 다만, 국회의원의 임기가 만료된 때에는 그러하지 아니하다.

헌법은 국회 운영에 관하여 정기회와 임시회에 관하여 규정하고 있고(제47조), 의사원칙에 관해서는 다수결원칙과 정족수(제49조), 의사공개의 원칙(제50조), 회기계속의 원칙(제51조)을 규정하고 있다. 한편 국회법은 의사원칙에 관하여 일사부재의의 원칙 등을 규정한다.

(1) 입법기와 회기

입법기(立法期) 또는 의회기(議會期)란, 국회가 총선거에 의하여 구성된 후 의원의 임기만료까지의 기간을 말한다.

회기(會期)란 입법기 내에서 국회가 집회하여 폐회할 때까지의 활동기간을 말한다. 국회의 회기는 정기회냐 임시회냐에 따라 그 기간이 다르다. 정기회의 회기는 100일을, 임시회의 회기는 30일을 초과할 수 없다(헌법 제47조 제2항). "국회의 회기는 의결로 정하되, 의결로 연장할 수 있다"(국회법 제7조 제1항). 제4공화국 헌법 및 제5공화국 헌법은 국회의 회기에 관하여 연간일수를 제한하였으나, 현행 헌법은 이 규정을 삭제하였다.

"국회는 의결로 기간을 정하여 휴회할 수 있다. 국회는 휴회 중이라도 대통령의 요구가 있을 때, 의장이 긴급한 필요가 있다고 인정할 때 또는 재적의원 4분의 1이상의 요구가 있을 때에는 회의를 재개한다"(국회법 제8조).

국회법 제51조의 회기계속의 원칙 규정이나 제53조의 폐회 중 상임위원회의 정례회의 규정 등에 비추어 보면 국회의 회기는 본회의만을 의미한다. 다만 회기 중에만 인정되는 국회의원의 불체포특권을 폐회 중의 위원회 활동에도 인정할 것인가의 문제는 별개의 문제이다.

(2) 정기회와 임시회

정기회는 법률이 정하는 바에 의하여 매년 1회 집회한다(헌법 제47조 제1항). 국회법에 의하면, 정기회는 매년 9月 1日에 집회하며, 그 날이 공휴일인 때에는 그 다음 날에 집회한다(제4조). 정기회의 회기는 100일로 한다(국회법 제5조의2 제2항 제2호).

정기회의 주요 업무는 예산안을 심의·확정하는 것이다. 또한 국회는 국정전반에 관하여 소관 상임위원회별로 매년 정기회 집회일 이전에 감사시작일부터 30일 이내의 기간을 정하여 감사를 실시한다. 다만, 본회의 의결로 정기회 기간 중에 감사를 실시할 수 있다('국정감사 및 조사에 관한 법률' 제2조 제1항). 그 밖에 본회의는 회기 중 기간을 정하여 국정전반 또는 국정의 특정분야를 대상으로 정부에 대하여 질문('대정부질문')을 할 수 있다(국회법 제122조의2 제1항).

임시회는 대통령 또는 국회재적의원 4분의 1 이상의 요구에 의하여 집회된다(헌법 제47조 제1항). 대통령이 임시회 집회를 요구할 때에는 기간과 집회요구의 이유를 명시하여야 한다(헌법 제47조 제3항).

의장은 임시회의 집회 요구가 있을 때에는 집회기일 3일 전에 공고한다. 이 경우 둘 이상의 집회 요구가 있을 때에는 집회일이 빠른 것을 공고하되, 집회일이 같은 때에는 그 요구서가 먼저 제출된 것을 공고한다. 내우외환, 천재지변 또는 중대한 재정·경제상의 위기가 발생한 경우 또는 국가의 안위에 관계되는 중대한 교전 상태나 전시·사변 또는 이에 준하는 국가비상사태인 경우에는 집회기일 1일 전에 공고할 수 있다. 국회의원 총선거 후 첫 임시회는 의원의 임기 개시 후 7일에 집회하며, 처음 선출된 의장의 임기가 폐회 중에 만료되는 경우에는 늦어도 임기만료일 5일 전까지 집회한다. 다만, 그 날이 공휴일인 때에는 그 다음 날에 집회한다(국회법 제5조).

의장은 국회의 연중 상시 운영을 위하여 각 교섭단체 대표의원과의 협의를 거쳐 매년 12월 31일까지 다음 연도의 국회 운영 기본일정(국정감사를 포함한다)을 정하여야 한다. 다만, 국회의원 총선거 후 처음 구성되는 국회의 해당 연도 국회 운영 기본일정은 6월 30일까지 정하여야 한다. 연간 국회 운영 기본일정은 다음의 기준에 따라 작성한다. 임시회는 2월 · 3월 · 4월 · 5월 및 6월 1일과 8월 16일에 집회한다. 다만, 국회의원총선거가 있는 월의 경우에는 임시회를 집회하지 아니하며, 집회일이 공휴일인 때에는 그 다음날에 집회한다. 회기는 30일(8월 16일에 집회하는 임시회의 회기는 8월 31일까지)로 한다. 위 임시회의 회기 중 한 주(週)는 제122조의2의 규정에 따라 정부에 대하여 질문(대정부질문)을 행한다(이에 따라 1, 3, 5, 7월에 임의로 소집되는 임시회에서는 대정부질문을 생략할 수 있다)(국회법 제5조의2).

위원회는 본회의의 의결이 있거나 의장 또는 위원장이 필요하다고 인정할 때, 재적위원 4분의 1 이상의 요구가 있을 때에 개회한다(국회법 제52조). 상임위는 매월 2회 이상, 법률안을 심사하는 소위원회는 매월 3회 이상 개회하는 것을 원칙으로 한다(제49조의2 제2항, 제57조 제6항 본문). 국회운영위원회, 정보위원회, 여성가족위원회, 특별위원회 및 예산결산특별위원회의 경우에는 위원장이 개회 횟수를 달리 정할 수 있다(제49조의2 제3항). 국회운영위원회, 정보위원회 및 여성가족위원회의 법률안을 심사하는 소위원회의 경우에는 소위원장이 개회 횟수를 달리 정할 수 있다(제57조 제6항 단서). 위원장은 위원회 회의가 종료되면 그 다음 날까지 소속 위원의 회의 출석 여부를 국회공보 또는 인터넷 홈페이지에 공개하여야 한다(제49조의3).

(3) 다수결원칙과 정족수

헌법 제49조는 다수결원칙을 규정하고 있다("국회는 헌법 또는 법률에 특별한 규정이 없는 한 재적과반수의 출석과 출석의원 과반수의 찬성으로 의결한다").

정족수(定足數)에는 의사정족수와 의결정족수가 있다. 의사정족수(議事定足數)는 회의를 개의(開議)하는데 필요한 의원의 수를 말하고, 의결정족수(議決定足數)는 의안의 의결에 필요한 의원의 수를 말한다.

국회법에 의하면 본회의는 재적의원 5분의 1이상의 출석으로 개의한다(제73조 제1항). 위원회는 재적위원 5분의 1 이상의 출석으로 개회하고, 재적위원 과반수의 출석과 출석위원 과반수의 찬성으로 의결한다(제54조).

국회의 의결정족수에는 일반정족수와 특별정족수가 있다. 일반정족수는 재적과반수의 출석과 출석의원 과반수의 찬성이며, 가부동수인 때에는 부결된 것으로 본다(헌법 제49조).

특별정족수에 관한 헌법규정은 다음과 같다.

① 대통령이 거부한 법률안에 대한 재의결. 재적의원 과반수의 출석과 출석의원 3분의 2 이상의 찬성(제53조 제4항).

② 국무총리·국무위원 해임건의. 재적의원 3분의 1 이상의 발의와 재적의원 과반수의 찬성(제63조 제2항).

③ 국회의원 제명. 재적의원 3분의 2 이상의 찬성(제64조 제3항).

④ 탄핵소추의결. 대통령의 경우에는 재적의원 과반수의 발의와 재적의원 3분의 2 이상의 찬성, 그 밖의 경우에는 재적의원 3분의 1 이상의 발의와 재적의원 과반수의 찬성(제65조 제2항).

⑤ 계엄해제요구. 재적의원 과반수의 찬성(제77조 제5항).

⑥ 헌법개정안 의결. 재적의원 3분의 2 이상의 찬성(제130조 제1항).

한편 이른바 **'날치기'의안통과**가 헌법상 다수결 원칙 등에 위반하느냐 여부가 문제된다. 이 문제에 관한 국회의장과 야당 국회의원들 사이의 권한분쟁사건에서 헌법재판소 재판관들의 의견이 갈림으로써 다수의견이 형성되지 않았다. 이 사건에서 피청구인(국회의장)이 야당 국회의원인 청구인들에게 변경된 개의시간을 통지하지도 않은 채 비공개로 본회의를 개의하는 등의 절차로 법률안 가결을 선포한 것이 청구인인 국회의원들의 법률안 심의·표결의 권한을 침해한 것인지의 여부와 그로 인하여 위 가결선포행위가 위헌인지의 여부가 심판청구되었다. 6인 재판관의 다수의견은 위 법률안 처리과정이 야당 국회의원들의 헌법상 법률안 심의·표결권을 침해한 것이라고 선언하였다. 그러나 법률안 가결선포행위의 위헌 여부에 관하여는 인용의견이 과반수에 이르지 못하여 청구가 기각되었다. 3인 재판관은 야당 국회의원들의 헌법상 법률안 심의·표결권을 침해하였다고 인정하면서도, 그 의결절차가 헌법규정을 명백히 위반한 흠이 있다고는 볼 수 없다고 하였다. 반면 다른 3인 재판관은 가결선포행위가 다수결원리를 규정한 헌법 제49조에 명백히 위반되는 것이라고 보았다. 한편 나머지 3인 재판관은 심판대상이 되지 않는다고 하여 각하의견을 제시하였다.

(판 례) 다수결원칙과 이른바 '날치기'통과의 위헌 여부

(2) 권한침해확인청구에 대한 판단

피청구인이 국회법 제76조 제3항을 위반하여 청구인들에게 본회의 개의일시를 통지하지 않음으로써 청구인들은 이 사건 본회의에 출석할 기회를 잃게 되었고 그 결과 이 사건 법률안의 심의·표결과정에도 참여하지 못하게 되었다. 따라서 나머지 국회법 규정의 위반여부를 더 나아가 살필 필요도 없이 피청구인의 그러한 행위로 인하여 청구인들이 헌법에 의하여 부여받은 권한인 법률안 심의·표결권이 침해되었음이 분명하다.

(3) 이 사건 법률안 가결선포행위의 위헌확인청구에 대한 판단

(가) 재판관 김용준, 재판관 김문희, 재판관 이영모의 의견

(……) 국회의 입법과 관련하여 일부 국회의원들의 권한이 침해되었다 하더라도 그것이 입법절차에 관한 헌법의 규정을 명백히 위반한 흠에 해당하는 것이 아니라면 그 법률안의 가결선포행위를 무효로 볼 것은 아니라고 할 것인바, 우리 헌법은 국회의 의사절차에 관한 기본원칙으로 제49조에서 '다수결의 원칙'을, 제50조에서 '회의공개의 원칙'을 각 선언하고 있으므로, 이 사건 법률안의 가결선포행위의 효력 유무는 결국 그 절차상에 위 헌법규정을 명백히 위반한 흠이 있는지 여부에 의하여 가려져야 할 것이다.

(……) 피청구인의 이 사건 법률안의 가결선포행위에는 위에서 본 바와 같은 국회법위반의 하자는 있을지언정 입법절차에 관한 헌법의 규정을 명백히 위반한 흠이 있다고 볼 수 없으므로, 이를 무효라고 할 수는 없다.

(나) 재판관 이재화, 재판관 조승형, 재판관 고중석의 의견

(……) 피청구인은 위 국회법규정에 위반하여 청구인들에게 본회의 개의일시를 알리지 않음으로써 본회의에의 출석가능성을 배제한 가운데 본회의를 개의하여, 신한국당 소속의원들만 출석한 가운데 그들만의 표결로 이 사건 법률들이 가결되었음을 선포한 것이므로, 피청구인의 이 사건 법률안의 가결선포행위는 국회의원인 청구인들의 권한을 침해한 것임과 아울러 다수결원리를 규정한 헌법 제49조에 명백히 위반되는 것이라고 아니할 수 없다.

헌재 1997.7.16. 96헌라2, 판례집 9-2, 154,171-175

위 판례의 김용준 등 3인 재판관 의견에서, 날치기통과가 야당 국회의원들의 '헌법상' 권한을 침해한다고 보면서도, 그 입법절차가 국회법 위반일 뿐이고 위헌이 아니라고 본 것은 일관성이 없는 것으로 보인다.

위 판례와 유사한 판례가 이후 반복되었다(헌재 2000.2.24. 99헌라1).

헌법재판소는 언론관계법 변칙처리에 관한 권한쟁의심판에서도 유사한 입장을

유지하고 있다. 재판관 다수의견은 국회의장의 법률안 가결선포행위가 청구인 국회의원들의 법률안 심의·표결권을 침해하였다고 인정하면서도 가결선포행위에 관한 무효확인 청구를 기각하였다.

(판 례) 언론관계법 변칙처리(국회의원과 국회의장 등 간의 권한쟁의)

(아래 내용은 결정문의 주요내용을 요약한 것임)

(사실관계)

국회의장은 2009.7.22. 11시경 방송법과 구 신문법 등 언론관계 개정법률안을 국회본회의에 직권상정하였다. 의장은 민주당 소속 국회의원들의 출입문 봉쇄로 본회의장에 진입하지 못하자 부의장에게 의사진행을 위임하였다. 부의장은 심사보고나 제안설명은 단말기 회의록, 회의자료로 대체하고, 질의와 토론을 실시하지 않겠다고 선언하였다. 먼저 신문법안 표결이 이루어져 가결이 선포되었다. 이어 방송법안 표결을 진행하였다. 투표종료가 선언되고 투표종료버튼이 눌러졌는데, 전자투표 전광판에는 국회 재적 294인, 재석 145인, 찬성 142인, 반대 0인, 기권 3인이라고 표시되었다. 이에 국회부의장은 "재석의원이 부족해서 표결 불성립되었으니 다시 투표해 주시기 바랍니다"라고 하여 다시 투표가 진행되었다. 전자투표 게시판에 재적 294인, 재석 153인, 찬성 150인, 반대 0인, 기권 3인으로 투표 결과가 집계되자, 부의장은 방송법안 가결을 선포하였다.

본회의 진행 당시 일부 야당소속 의원들은 '대리투표 무효' 등의 구호를 외치며 곳곳에서 국회부의장의 의사진행을 저지하려고 하면서 한나라당 소속 의원들과 몸싸움을 벌이고 있었다.

청구인들은 방송법안 가결선포가 일사부재의의 원칙에 위반하였고, 신문법안 표결과정에 권한 없는 자에 의한 표결이 있었으며, 제안취지 설명절차 및 질의·토론 절차가 생략되는 등 국회의원들의 법률안 심의·표결권을 침해하였다고 주장하면서 법안 가결선포의 무효확인을 구하는 권한쟁의심판을 청구하였다.

(주문 요지)

피청구인 국회의장이 신문법 및 방송법 개정법률안의 가결을 선포한 행위는 청구인들의 법률안 심의·표결권을 침해한 것이다.

청구인들의 피청구인 국회의장에 대한 신문법, 방송법 등 개정법률안의 각 가결선포행위에 관한 무효확인 청구를 모두 기각한다.

(재판관 의견 주요내용 : 신문법안 가결선포행위에 대한 무효확인 청구의 인용 여부)

1) 재판관 민형기, 재판관 목영준의 기각의견

"앞서 본 바와 같이 신문법안 가결선포행위가 청구인들의 법률안 심의·표결권을 침해한 것으로 볼 수는 없으므로, 위 가결선포행위가 청구인들의 심의·표결권을 침해함을 전제로 구하는 무효확인 청구는 나아가 판단할 필요 없이 이유 없다."

2) 재판관 이강국, 재판관 이공현의 기각의견

"권한쟁의심판 결과 드러난 위헌·위법 상태를 제거함에 있어 헌법재판소는 피청구인의 정치적 형성권을 가급적 존중하여야 하므로, 재량적 판단에 의한 무효확인 또는 취소로 처분의 효력을 직접 결정하는 것은 권한질서의 회복을 위하여 헌법적으로 요청되는 예외적인 경우에 한정되어야 한다.

이 사건에 있어서도 국회의 입법에 관한 자율권을 존중하는 의미에서 헌법재판소는 처분의 권한 침해만을 확인하고, 권한 침해로 인하여 야기된 위헌·위법상태의 시정은 피청구인에게 맡겨 두는 것이 바람직하다."

3) 재판관 김종대의 기각의견

"피청구인의 가결선포행위가, 무효나 취소소송의 대상이 될 수 있는 행정처분의 성격을 갖는 경우가 아닌 한, 국회의 법률제정과정에서 비롯된 국회의원과 국회의장 사이의 이 사건 권한쟁의심판사건에 있어서 헌법재판소의 권한쟁의심판권은 피청구인이 청구인들의 심의·표결권을 침해하였는지 여부를 확인하는 것에 그치고, 그 후 법률안 가결선포행위의 효력에 대한 사후의 조치는 오직 국회의 자율적 의사결정에 의하여 해결할 영역에 속한다."

4) 재판관 이동흡의 기각의견

"이 사건 각 법률안 가결선포행위의 무효 여부는 그것이 입법 절차에 관한 헌법의 규정을 명백히 위반한 흠이 있는지 여부에 의하여 가려져야 한다.

이 사건 신문법안은 재적의원 과반수의 출석과 출석의원 중 압도적 다수의 찬성으로 의결되었는바, 위 법률안 의결과정에서 피청구인의 질의·토론에 관한 의사진행이 국회법 제93조에서 규정한 절차를 위반하였다 하더라도, 다수결의 원칙(헌법 제49조), 회의공개의 원칙(헌법 제50조)등 헌법의 규정을 명백히 위반한 경우에 해당하지 아니하므로 무효라고 할 수 없다."

5) 재판관 조대현, 재판관 송두환의 인용의견

"신문법안은 위원회의 심사를 거치지 아니하여 국회 본회의에서 질의·토론을 생략할 수 없음에도 불구하고 제안취지 설명이나 질의·토론 절차를 거치지 아니한 채 표결된 것이므로, 국회의 의결을 국민의 의사로 간주하는 대의효과를 부여하기 위한 실질적 요건을 갖추지 못하였다. 따라서 신문법안에 대한 국회의 의결은 국민의 의사로 간주될 수 없으므로 무효라고 봄이 상당하다. 더

구나 신문법안의 경우 질의 · 토론 절차가 생략된 점 외에도, 표결 절차의 공정성, 표결 결과의 진정성을 의심하지 않을 수 없는바, 위의 사유들은 중첩적으로 결합하여 중대한 무효사유를 구성한다."

6) 재판관 김희옥의 인용의견

"권한쟁의심판제도는 국가권력의 통제를 통한 권력분립의 실현과 소수의 보호를 통한 민주주의의 실질화, 객관적 헌법질서 유지 및 관련 국가기관의 주관적 권한의 보호를 목적으로 한다. 헌법재판소법 제61조 제2항, 제66조 제1, 2항도 권한쟁의심판이 객관적 쟁송과 주관적 쟁송의 성격을 동시에 지니고 있음을 나타낸다. 따라서 신문법안의 가결을 선포한 피청구인의 행위가 헌법과 국회법에 위배되는 것으로 인정한 이상 무효확인 청구를 인용함이 상당하다."

헌재 2009.10.29. 2009헌라8등, 판례집 21-2 하, 14

위 결정 이후 이 사건 청구인(국회의원들)은 피청구인(국회의장)을 상대로 다시 권한쟁의심판을 청구하였다. 위 결정의 주문에서 청구인의 법률안 심의 · 표결권 침해를 인정한 이상, 위 주문의 기속력에 따라 피청구인은 청구인들에게 이 사건 각 법률안에 대한 심의 · 표결권을 행사할 수 있는 조치를 취하여야 함에도 불구하고 피청구인이 아무런 조치를 취하지 않은 부작위는 청구인의 법률안 심의 · 표결권을 침해한다고 주장한 것이다.

헌법재판소는 이 청구를 기각하였다(헌재 2010.11.25. 2009헌라12). 재판관 4인은 각하의견을, 재판관 1인은 기각의견을, 재판관 4인은 인용의견을 개진하여 권한쟁의심판의 심판정족수를 충족하지 못하였는데, 각하의견은 이 사건 심판청구를 받아들일 수 없다는 결론에 한하여는 기각의견과 견해가 일치하고, 각하의견과 기각의견을 합하면 권한쟁의심판의 심판정족수가 충족되므로 이 같은 결론에 이른 것이다(결정요지에 관하여 뒤의 헌법재판소 권한쟁의심판 결정의 효력 참조).

또 다른 권한쟁의사건에서는 국회 상임위원회에서의 심의절차 하자가 문제되었다. 미국과의 이른바 FTA 비준동의안 심의과정에서 피청구인인 외교통상통일위원회 위원장은 질서유지권의 행사로서 회의장 출입문을 폐쇄하여 청구인인 야당의원들의 출입을 봉쇄한 가운데 의안을 상정하고 법안심사소위원회에 회부하였다.

헌법재판소는 재판관 7 : 2의 의견으로 청구인들의 권한침해확인청구를 인용하였으나, 위 동의안 상정 · 회부행위에 대한 무효확인청구는 재판관 6인의 의견으로 이를 기각하였다. 재판관 다수의견에 따르면, 위 상정 · 회부행위는 헌법 제49조의 다수결의 원리, 헌법 제50조 제1항의 의사공개의 원칙과 이를 구체적으로 구현하는 국회법 제54조, 제75조 제1항에 반하는 위헌, 위법한 행위로서, 청구인들의 심의권을 침해하였으나, 이 사건 동의안과 관련한 현재의 제반 상황, 이 사건 각 처분에 존재하는 하자가 본회의 심사에서 치유될 가능성 등을 감안하여, 청구인들의 이 사건 상정 · 회부행위에 대한 무효확인청구는 이를 기각한 것이다. 재판관 1인은 위 동의안 상정 · 회부행위에 대한 무효확인청구도 인용하여야 한다는 일부 반대의견을, 재판관 2인은 권한침해확인청구 및 처분무효확인청구 모두 심판청구의 이익이 없으므로 이를 각하하여야 한다는 반대의견을 개진하였다(헌재 2010.12.28. 2008헌라7).

2022년 상반기 국회 법제사법위원회에서 당시 여당 의원 1명이 이른바 위장탈당하여 여야간 조정위원회 구성을 여당에 유리하게 한 후, 검사 수사권 제한 관련 법률안들이 통과되었고, 이후 본회의에도 상정되어 의결되었다. 이 사건을 다룬 헌재 결정에서도 그 결론은 마찬가지였다. 법제사법위원회위원장의 의안처리가 법사위원인 국회의원들의 심의표결권을 침해하였다는 견해가 다수(5인)였으나, 이를 무효로 할 수는 없다는 의견이 다수(5인)였다. 또한, 법사위원회에서의 통과가 유효한 이상 국회의장의 법률안 가결선포행위는 국회의원들의 심의표결권을 침해하지 않는다는 의견이 다수(5인)였다(헌재 2023.3.23. 2022헌라2).

(4) 의사공개의 원칙

국회의 회의는 공개를 원칙으로 한다(헌법 제50조 제1항 본문). 이것은 국민이 국회의 활동을 감시할 수 있게 하기 위한 것이다.

의사공개의 원칙에 대하여 여러 제한이 인정된다. 우선 헌법에 의하면 "출석의원 과반수의 찬성이 있거나 의장이 국가의 안전보장을 위하여 필요하다고 인정할 때에는 공개하지 않을 수 있다"(제50조 제1항 단서). 그 밖에 국회법은 의사공개의 원칙과 그 제한에 대하여 다음과 같이 여러 규정을 두고 있다.

"본회의는 공개한다. 다만, 의장의 제의 또는 의원 10인 이상의 연서에 의한 동의로 본회의의 의결이 있거나 의장이 각 교섭단체대표의원과 협의하여 국가의 안전보장을 위하여 필요하다고 인정할 때에는 공개하지 아니할 수 있다"(제75조 제1항).

"① 위원회에서는 의원이 아닌 자는 위원장의 허가를 받아 방청할 수 있다.

② 위원장은 질서를 유지하기 위하여 필요한 때에는 방청인의 퇴장을 명할 수 있다"(제55조).

"정보위원회의 회의는 공개하지 아니한다. 다만, 공청회 또는 제65조의2의 규정에 의한 인사청문회를 실시하는 경우에는 위원회의 의결로 이를 공개할 수 있다"(제

54조의2 제1항).

(판 례) 헌법상 의사공개의 원칙의 의미와 정보위원회 비공개 조항의 위헌성

헌법 제50조 제1항으로부터 일체의 공개를 불허하는 절대적인 비공개가 허용된다고 볼 수는 없다. 회의의 내용이 국가안전보장에 영향을 미치지 아니하는 경우나 회의의 구성원인 출석의원 과반수가 회의의 공개에 찬성하는 경우에도 회의를 공개할 수 없도록 정하여, 국회의 회의의 공개를 원천적으로 차단하는 것은 헌법 제50조 제1항의 문언에 정면으로 반하기 때문이다. 따라서 특정한 내용의 국회의 회의나 특정 위원회의 회의를 일률적으로 비공개한다고 정하면서 공개의 여지를 차단하는 것은 헌법 제50조 제1항에 부합하지 아니한다. (……)

정보위원회의 실효성을 위해서는 국가안전보장에 위험이 발생할 여지가 없는 한 회의를 공개하여 국민의 비판 또는 견제가 가능하도록 운영되어야 한다. 그럼에도 불구하고, 심판대상조항은 정보위원회의 회의 일체를 비공개 하도록 정하고 있다. 위원회의 의결로 공개할 수 있는 것도 공청회와 인사청문회뿐이어서(국회법 제54조의2 제1항 단서), 이를 제외하고는 출석한 정보위원 과반수의 찬성이 있거나, 정보위원장이 국가의 안전보장과 무관하다고 인정한 경우에도 회의를 공개할 수 없다. 이로 인해 정보위원회 활동에 대한 국민의 감시와 견제는 사실상 불가능하게 되는 바, 이는 헌법 제50조 제1항에 위배되는 것이다.

헌재 2022.1.27. 2018헌마1162등, 공보 304, 270,276

"소위원회의 회의는 공개한다. 다만, 소위원회의 의결로 공개하지 아니할 수 있다"(제57조 제5항).

"① 회의록은 의원에게 배부하고 일반에게 반포한다. 그러나 의장이 비밀을 요하거나 국가안전보장을 위하여 필요하다고 인정한 부분에 관하여는 발언자 또는 그 소속 교섭단체대표의원과 협의하여 이를 게재하지 아니할 수 있다. …… ④ 공개하지 아니한 회의의 내용은 공표되어서는 아니된다. 다만, 본회의의 의결 또는 의장의 결정으로 제1항 단서의 사유가 소멸되었다고 판단되는 경우에는 이를 공표할 수 있다"(제118조).

"본회의 또는 위원회의 의결로 공개하지 아니하기로 한 경우를 제외하고는 의장이나 위원장은 회의장안(본회의장은 방청석에 한한다)에서의 녹음·녹화·촬영 및 중계방송을 국회규칙이 정하는 바에 따라 허용할 수 있다"(제149조의2 제1항).

(판 례) 위원회의 의사공개의 원칙과 그 제한(방청 제한)

헌법 제50조 제1항은 "국회의 회의는 공개한다"라고 하여 의사공개의 원칙을 규정하고 있는바, 이는 단순한 행정적 회의를 제외하고 국회의 헌법적 기능과 관련된 모든 회의는 원칙적으로 국민에게 공개되어야 함을 천명한 것으로서, 의사공개원칙의 헌법적 의미, 오늘날 국회기능의 중점이 본회의에서 위원회로 옮겨져 위원회중심주의로 운영되고 있는 점, 국회법 제75조 제1항 및 제71조의 규정내용에 비추어 본회의든 위원회의 회의든 국회의 회의는 원칙적으로 공개되어야 하고, 원하는 모든 국민은 원칙적으로 그 회의를 방청할 수 있다.

국회법 제55조 제1항은 위원회의 공개원칙을 전제로 한 것이지, 비공개를 원칙으로 하여 위원장의 자의에 따라 공개여부를 결정케 한 것이 아닌바, 위원장이라고 하여 아무런 제한없이 임의로 방청불허 결정을 할 수 있는 것이 아니라, 회의장의 장소적 제약으로 불가피한 경우, 회의의 원활한 진행을 위하여 필요한 경우 등 결국 회의의 질서유지를 위하여 필요한 경우에 한하여 방청을 불허할 수 있는 것으로 제한적으로 풀이되며, 이와 같이 이해하는 한, 위 조항은 헌법에 규정된 의사공개의 원칙에 저촉되지 않으면서도 국민의 방청의 자유와 위원회의 원활한 운영간에 적절한 조화를 꾀하고 있다고 할 것이므로 국민의 기본권을 침해하는 위헌조항이라 할 수 없다.

헌재 2000.6.29. 98헌마443, 판례집 12-1, 886,887

(5) 회기계속의 원칙

"국회에 제출된 법률안 기타의 의안은 회기 중에 의결되지 못한 이유로 폐기되지 아니한다. 다만, 국회의원의 임기가 만료된 때에는 그러하지 아니하다"(헌법 제51조). 이처럼 우리 헌법은 원칙적으로 회기계속의 원칙을 취하고, 다만 의원임기만료의 경우에만 회기불계속을 택하고 있다.

(판 례) 회기계속의 원칙과 위증죄 고발

(…) 나. 고발의 주체인 위원회의 해석과 관련하여

살피건대, ① 국회에서의 증언 · 감정 등에 관한 법률 제15조 제3항은 같은 법 제1항 본문에 따른 고발을 증인을 조사한 본회의 또는 위원회의 의장 또는 위원장의 명의로 하도록 규정하는바, 위 고발은 증인을 조사한 위원회가 존속하는 것을 전제로 한다고 봄이 상당한데, 회기가 바뀌어 위원회의 인적구성에 일부 변동이 있다고 하여도 상설기구인 상임위원회가 더 이상 존속하지 않는다고 보기는 어려운 점(이러한 점에서 활동기간의 만료로 소멸하는 경우 그 권한 또는 사무의 승계가 이루어지지 않는 특별위원회와는 차이가 있다), ② 헌법 제51조는 국회 회기계속의 원칙을 규정하고 있는바, 증인을 조사한 본회의의 회기가 종료하더라도 국회의원의 임기가 만료될 때까지는 해당 증인의 위증에 대한 고발을 할 수 있다고 보는 것이 위 원칙에 부합하고, 이는 국회의 기관으로서 국회의 기능을 수행하는 상임위원회의 경우에도 동일하다고 해석함이 타당한 점, ③ 증인이 위증을 하더라도 증언 내용과 관련된 다른 증인들의 증언 및 객관적인 자료들을 대조하는 등 추가조사를 한 후에 비로소 혐의가 드러나고 그 과정에서 적지 않은 시일이 소요되는 것이 일반적이며, 법 제15조 제1항은 고발의 주체를 정하고 있을 뿐 고발기간을 제한하는 규정을 두고 있지 않은데, 증언이 이루어진 해당 회기의 위원회가 고발을 하여야 한다고 해석하면 명문에도 없는 고발기간을 창설하는 결과가 되어 국회에서의 위증죄를 엄단하려는 국회증언감정법의 입법취지에 반하는 점 등을 종합하여 보면, 법 제15조 제1항에서 규정한 고발주체인 상임위원회가 증인을 조사한 상임위원회와 동일한 회기에 개최되어야 한다고 보기 어렵다.

수원지법 2020.11.19. 2020고합570(항소심 및 상고심은 단순히 항소·상고기각이다. 대판 2021.10.14. 2021도8960)

미국 등의 국가는 회기불계속의 원칙을 취하고 있다. 회기계속의 원칙은 의안심사의 신속성을 높일 수 있다는 장점이 있고, 반면 회기불계속의 원칙은 의안제출의 남용을 막는 효과가 있다.

(6) 일사부재의의 원칙

일사부재의(一事不再議)의 원칙이란, 국회에서 부결된 의안을 같은 회기 중에 다시 제출하지 못한다는 원칙이다. 이것은 의사진행의 능률을 높이고, 특히 소수파에 의한 의사방해를 막기 위한 것이다. 국회법은 일사부재의의 원칙을 규정하고 있다(제92조. "부결된 안건은 같은 회기 중에 다시 발의 또는 제출하지 못한다").

그러나 표결에 이르지 않고 철회된 의안은 같은 회기 중이라도 다시 발의될 수 있다고 볼 것이다. 또한 부결된 안건이라도 다음 회기에서 다시 발의할 수 있다.

표결이 이루어졌으나 의사정족수 미달로 확인된 경우, 이를 부결로 볼 것인지 의결이 성립하지 않은 것으로 볼 것인지에 대하여는 다툼이 있다. 앞서 살펴본 방송법안 권한쟁의심판청구 사건에서 헌법재판소는 5 : 4로 위와 같은 경우 일사부재의 원칙에 위반된다고 하였다.

(판 례) 의사정족수 미달로 확인된 표결의 효력

(재판관 조대현 등 5인의 위법의견)

헌법 제49조 및 국회법 제109조는 의결정족수에 관하여 일부 다른 입법례와는 달리, 의결을 위한 출석정족수와 찬성정족수를 병렬적으로 규정하고 있고, '재적의원 과반수의 출석'과 '출석의원의 과반수의 찬성'이라는 규정의 성격이나 흠결의 효력을 별도로 구분하여 규정하고 있지 아니하다. (……)

결국 방송법 수정안에 대한 1차 투표가 종료되어 재적의원 과반수의 출석에 미달되었음이 확인된 이상, 방송법 수정안에 대한 국회의 의사는 부결로 확정되었다고 보아야 하므로, 피청구인이 이를 무시하고 재표결을 실시하여 그 표결 결과에 따라 방송법안의 가결을 선포한 행위는 일사부재의 원칙(국회법 제92조)에 위배하여 청구인들의 표결권을 침해한 것이다.

(재판관 이강국 등 4인의 적법의견)

헌법 제49조 및 국회법 제109조의 '재적의원 과반수의 출석'이라는 의결정족수는 국회의 의결을 유효하게 성립시키기 위한 전제요건인 의결능력에 관한 규정으로서, '출석의원 과반수의 찬성'이라는 다수결 원칙을 선언한 의결방법에 관한 규정과는 그 법적 성격이 구분된다. 따라서 의결정족수에 미달한 국회의 의결은 유효하게 성립한 의결로 취급할 수 없다. (……)

따라서 방송법 수정안에 대한 투표가 종료된 결과 재적의원 과반수의 출석이라는 의결정족수에 미달된 이상, 방송법 수정안에 대한 국회의 의결이 유효하게 성립되었다고 할 수 없으므로, 피청구인이 방송법 수정안에 대한 재표결을 실시하여 그 결과에 따라 방송법안의 가결을 선포한 것이 일사부재의 원칙에 위배된다고 할 수 없다.

헌재 2009.10.29. 2009헌라8, 판례집 21-2 하, 14,21-22

Ⅳ. 국회의원 선거

> **(헌법 제41조)** ① 국회는 국민의 보통·평등·직접·비밀선거에 의하여 선출된 국회의원으로 구성한다.
> ② 국회의원의 수는 법률로 정하되, 200인 이상으로 한다.
> ③ 국회의원의 선거구와 비례대표제 기타 선거에 관한 사항은 법률로 정한다.

국회는 국회의원으로 구성되며, 국회의원은 국민의 선거로 선출된다. 헌법 제41조는 국회의원 선거에 관하여 세 가지 기본사항을 규정하고 있다. ① 선거의 기본원

칙은 보통 · 평등 · 직접 · 비밀선거의 원칙이다(제1항). ② 국회의원의 정수는 법률로 정하되('국회의원정수 법률주의'), 200인 이상으로 한다(제2항). ③ 선거구 · 비례대표제 등 선거제도는 법률로 정한다('선거제도 법률주의')(제3항). 비례대표제에 관하여 법률로 정한다는 규정이 비례대표제 채택을 전제한 것이냐에 관해서는 해석상 견해 차이가 있을 수 있다(이에 관하여 후술 참조).

1. 선거의 의의

선거는 다수인이 국가기관의 담당자인 공무원을 선출하는 행위이다. 다수인에 의한 선출이라는 점에서 단일한 임명권자(예컨대 대통령)에 의한 임명행위와 다르다. 선거는 통상적으로 선거인의 투표에 의하지만, 투표행위는 선거의 한 방법이며, 투표 외의 방법도 있을 수 있다.

국민주권의 원리에 따라 주권은 전체 국민에 속하며, 각 개인은 국가의 의사결정에 참여하는 참정권을 갖는다. 참정권에 속하는 대표적인 권리가 선거권이다. 선거는 국민주권을 실현하는 핵심적 수단이며, 선거를 통해 국가권력은 정당성을 갖게 된다.

국민대표 이론에 의하면 국회는 국민대표기관이며, 국회의원 선거는 국민대표기관의 구성원을 선임하는 의미를 지닌다. 그러나 국민이 선거를 통해 대표기관을 구성한 다음에는 국민과 대표기관 사이에 실질적인 법적 관계가 존재하지 않는다. 선거는 국가기관을 선임하는 행위이며, 선임한 자가 선임된 자에 대하여 지시하거나 명령할 수 있는 것은 아니다(앞의 '국민대표제' 참조).

(판 례) 국민주권과 선거

민주국가에서의 국민주권의 원리는 무엇보다도 대의기관의 선출을 의미하는 선거와 일정사항에 대한 국민의 직접적 결단을 의미하는 국민투표에 의하여 실현된다. 특히 선거는 오늘날의 대의민주주의에서 주권자인 국민이 주권을 행사할 수 있는 가장 의미 있는 수단이며, 모든 국민이 선거권과 피선거권을 가지며 균등하게 선거에 참여할 기회를 가진다는 것은 민주국가에서 국가권력의 민주적 정당성을 담보하는 불가결의 전제이다.

헌재 2003.9.25. 2003헌마106, 판례집 15-2 상, 516,532

2. 선거의 기본원칙

헌법 제41조 제1항은 국회의원선거의 기본원칙으로서 보통·평등·직접·비밀선거의 원칙을 규정하고 있다. 이 원칙들은 대통령선거에 대해서도 적용된다(헌법 제67조 제1항). 대법원은 최근 이러한 선거의 기본원칙은 정당의 당내경선에도 적용된다고 판시하였다(제2편 제7장 Ⅳ. 2. 참조).

보통·평등·직접·비밀선거의 원칙 외에 자유선거의 원칙도 선거의 기본원칙에 속한다.

(1) 보통선거

보통선거란 사회적 신분·재산·교육정도 등에 관계없이 원칙적으로 일정한 연령에 달한 모든 자에게 선거권을 인정하는 것이다. 보통선거는 제한선거와 대비된다. 보통선거의 원칙은 국민주권과 평등의 원칙에 근거한다.

(판 례) 선거권 제한입법의 심사기준

선거권을 제한하는 입법은 모든 국민은 "법률이 정하는 바에 의하여" 선거권을 가진다고 규정한 헌법 제24조에 따라 곧바로 정당화될 수는 없고, 헌법 제37조 제2항의 규정에 따라 국가안전보장·질서유지·공공복리를 위하여 필요하고 불가피한 예외적인 경우에만 그 제한이 정당화될 수 있으며, 그 경우에도 선거권의 본질적인 내용을 침해할 수 없다. 더욱이 보통선거의 원칙은 선거권자의 능력, 재산, 사회적 지위 등의 실질적인 요소를 배제하고, 성년자이면 누구라도 당연히 선거권을 갖는 것을 요구하므로, 보통선거의 원칙에 반하는 선거권 제한의 입법을 하기 위해서는 헌법 제37조 제2항의 규정에 따른 한계가 한층 엄격히 지켜져야 한다. 선거권을 제한하는 입법을 심사함에 있어서는 선거권 제한 여부 및 적용범위의 타당성에 관하여 보통선거원칙에 입각한 선거권 보장과 그 제한의 관점에서 헌법 제37조 제2항에 따라 엄격한 비례심사를 하여야 한다.

헌재 2017.5.25. 2016헌마292등, 판례집 29-1, 209,218-219

선거권자의 연령은 공직선거법상 18세로 규정되어 있다(제15조 제1항). 선거권의 제한은 최소한에 그쳐야 한다. 헌법재판소는 선거권제한이 최소한에 그쳐야 한다고 하면서도 선거권의 내용을 어떻게 정할 것인가는 입법재량에 속한다고 판시하고 있다(헌재 2004.3.25. 2002헌마411, 판례집 16-1, 468,478)(앞의 '선거권' 참조).

(2) 평등선거

평등선거는 평등의 원칙을 선거제도에 적용한 것이다. 평등선거는 차등선거와 대비되며, 다음 두 가지 내용을 의미한다. 첫째, 선거인의 투표가치가 평등해야 한다는 것이다. 둘째, 선거의 전 과정에서 선거에 참여하는 모든 자에게 차별을 금지하고 기회의 균등을 보장해야 한다는 것이다.

투표가치의 평등은 단지 '1인 1표'만이 아니라 1표의 실질적인 성과가치도 평등할 것을 요구한다. 이와 관련하여 선거구인구불평등에 의한 투표가치의 불평등이 문제된다(이에 관해서 앞의 제3편 제7장 평등권, IV, 2, (2) 정치적 영역에서의 차별 참조).

비례대표 의석배분에서 별도의 정당투표없이 지역구후보자에 대한 투표의 결과를 기준으로 삼는 것은 평등선거 위반이다. 지역구선거에서 무소속후보자에 대한 투표는 비례대표의원 선출에는 기여하지 못하므로 투표가치의 불평등을 초래하기 때문이다(헌재 2001.7.19. 2000헌마91, 판례집 13-2, 77).

선거과정에서의 차별금지와 기회균등에 관해서는 여러 헌법재판소 판례가 있다. 기초의회의원선거에서 정당표방의 금지는 위헌이다(헌재 2003.1.30. 2001헌가4, 판례집 15-1, 7). 개인후원회 설치에 있어 국회의원과 지방자치단체장을 차별하는 것은 합헌이다(헌재 2001.10.25. 2000헌바5, 판례집 13-2, 469). 후보자 기호결정에서 무소속후보자를 차별하는 것은 합헌이다(헌재 1996.3.28. 96헌마9등, 판례집 8-1, 289). 무소속후보자에게만 선거권자 추천을 받도록 한 것은 합헌이다(헌재 1996.8.29. 96헌마99, 판례집 8-2, 199). 기탁금 액수가 과다한 것은 위헌이며, 무소속후보자에 대한 기탁금 액수에 차등을 둔 것도 위헌이다(헌재 1989.9.8. 88헌가6, 판례집 1, 199)(앞의 제3편 제7장 평등권, IV, 2, (2) 정치적 영역에서의 차별 참조).

선거에서 기회균등의 원칙은 정당에 대해서도 적용된다(헌재 1991.3.11. 91헌마21, 판례집 3, 91)(그 밖에 선거권 및 피선거권 차별에 관해서 앞의 제13장 참정권 참조).

(3) 직접선거

직접선거는 선거권자의 투표에 의해 선거결과가 직접 결정되는 것이다. 직접선거는 간접선거와 대비된다. 선거권자의 의사를 왜곡하는 중간선거인 제도는 직접선거 원칙에 반한다. 비례대표제 선거에서 별도의 정당투표를 행하지 않고 지역구후보자에 대한 투표결과를 의석배분 기준으로 삼는 것은 직접선거 원칙에 위반된다.

(판 례) 직접선거와 비례대표제

직접선거의 원칙은 선거결과가 선거권자의 투표에 의하여 직접 결정될 것을 요구하는 원칙이다. 국회의원선거와 관련하여 보면, 국회의원의 선출이나 정당의 의석획득이 중간선거인이나 정당 등에 의하여 이루어지지 않고 선거권자의 의사에 따라 직접 이루어져야 함을 의미한다.

역사적으로 직접선거의 원칙은 중간선거인의 부정을 의미하였고, 다수대표제하에서는 이러한 의미만으로도 충분하다고 할 수 있다. 그러나 비례대표제하에서 선거결과의 결정에는 정당의 의석배분이 필수적인 요소를 이룬다. 그러므로 비례대표제를 채택하는 한 직접선거의 원칙은 의원의 선출뿐만 아니라 정당의 비례적인 의석확보도 선거권자의 투표에 의하여 직접 결정될 것을 요구하는 것이다.

헌재 2001.7.19. 2000헌마91, 판례집 13-2, 77,95-96

(4) 비밀선거

비밀선거는 선거인의 투표 내용을 알 수 없도록 하는 것이다. 비밀선거는 공개선거와 대비된다. 비밀선거는 선거인의 자유로운 의사결정을 보장하기 위한 것이다.

비밀선거는 구체적으로 투표의 비밀을 말하고, 투표의 비밀은 선거인의 의사가 투표행위를 통하여 확정적으로 표시된 '투표의 결과'를 의미하는 것으로 해석하여야 한다는 것이 판례이다(대구지법 2006.11.22. 2006고합721: 확정).

공직선거법은 투표의 비밀을 보장하기 위하여 제167조에서 "① 투표의 비밀은 보장되어야 한다. ② 선거인은 투표한 후보자의 성명이나 정당명을 누구에게도 또한 어떠한 경우에도 진술할 의무가 없으며, 누구든지 선거일의 투표마감시각까지 이를 질문하거나 그 진술을 요구할 수 없다. 다만, 텔레비전방송국 · 라디오방송국 · 신문 등의 진흥에 관한 법률 제2조제1호가목 및 나목에 따른 일간신문사가 선거의 결과를 예상하기 위하여 선거일에 투표소로부터 50미터 밖에서 투표의 비밀이 침해되지 않는 방법으로 질문하는 경우에는 그러하지 아니하며 이 경우 투표마감시각까지 그 경위와 결과를 공표할 수 없다. ③ 선거인은 자신이 기표한 투표지를 공개할 수 없으며, 공개된 투표지는 무효로 한다"라고 규정하고 있다.

신체의 장애로 인하여 자신이 기표할 수 없는 선거인에 대해 투표보조인이 가족이 아닌 경우 반드시 2인을 동반하여서만 투표를 보조할 수 있도록 정하고 있는 공직선거법 규정은 비밀선거에 대한 예외이지만 선거의 공정성 확보를 위한 불가피한 선거권 제한이라는 것이 판례이다(헌재 2020.5.27. 2017헌마867).

또한 제241조 제1항에서 선거인의 투표의 비밀을 침해하거나 투표소로부터 50미터 이내에서 출구조사를 한 경우 처벌하는 규정을 두고 있다.

(5) 자유선거, 기타

자유선거는 선거의 전 과정에서 선거권자, 후보자, 정당 등 모든 선거참여자의 자유로운 의사결정 및 의사실현을 보장하는 것이다. 자유선거의 원칙은 투표의 자유, 입후보의 자유, 선거운동의 자유 등을 그 내용으로 한다.

헌법은 명시적으로 자유선거의 원칙을 규정하고 있지 않으나, 국민주권, 참정권, 언론·출판·집회·결사의 자유에 관한 헌법규정은 자유선거 원칙의 헌법상 근거가 된다. 헌법재판소는 자유선거의 원칙이 헌법상 원칙이라고 보면서, 그 근거를 국민주권의 원리, 의회민주주의의 원리 및 참정권에 관한 규정에서 찾고 있다. 또한 선거운동의 자유는 언론·출판·집회·결사의 자유에 근거한다고 보고 있다(헌재 2001.8.30. 99헌바92, 판례집 13-2, 174,193)(앞의 제11장 표현의 자유, XII. 선거운동의 자유 등 참조).

그 밖에 선거제도를 법률로 정함에 있어서 국민주권의 원리를 침해하여서는 안 된다. 이 점과 관련하여 이른바 최소투표율제가 문제된다. 당선인 결정을 위해 선거권자의 일정 비율 이상이 반드시 투표에 참여해야 하는가라는 문제이다. 헌법재판소에 의하면, **최소투표율제**를 채택하지 않더라도 국민주권 원리에 반하지 않으며 합헌이라고 판시하였다. 또한 투표를 하지 않는 경우에 과태료나 벌금 등을 과하는 **투표강제**는 자유선거의 원칙에 위반한다고 보고 있다.

2008.2.29. 개정 공직선거법은 선거권행사를 법적 의무로 규정하고 있으나, 제재조항을 두고 있지는 않다(제6조 제4항). 다만 선거인의 투표참여를 촉진하기 위하여 일정 범위의 편의나 인센티브를 제공할 수 있도록 하였다(동조 제2항).

(판 례) 선거의 대표성 확보와 최소투표율제

입법자가 당선인 결정을 유효하도록 하기 위해 선거권자의 일정비율 이상이 반드시 투표에 참가해야만 한다는 의미의 최소투표율을 법률로 정할 것인지 여부, 또는 그러한 제도를 도입할 때 어느 정도의 수치로 지정할 것인지에 대한 명확한 헌법적 기준은 없으므로 청구인들의 위와 같은 주장은 헌법적으로 정당하지 않은 주장이라고 하지 않을 수 없다.

(……) 선거의 대표성확보를 위해 최소투표율제를 채택할 것까지 요구할 수는 없다. 선거의 대표성 확보는 모든 선거권자들에게 차등 없이 투표참여의 기회를 부여하고, 그 투표에 참여한 선거권자들의 표를 동등한 가치로 평가하여 유효투표 중 다수의 득표를 얻은 자를 당선인으로 결정하는 현행 방식에 의해 충분히 구현된다고 해야 하는 것이다.

(……) 차등 없이 투표참여의 기회를 부여했음에도 불구하고 자발적으로 투표에 참가하지 않은 선거권자들의 의사도 존중해야 할 필요가 있다. 만약 청구인들이 주장하는 바와 같은 최소투표율제도를 도입하게 되면 투표실시결과 그러한 최소투표율에 미달하는 투표율이 나왔을 때 그러한 최소투표율에 도달할 때까지 투표를 또 다시 실시하지 않을 수 없게 되는데, 그것을 막기 위해 선거권자들로 하여금 투표를 하도록 강제하는 과태료나 벌금 등의 수단을 채택하게 된다면 자발적으로 투표에 참가하지 않은 선거권자들의 의사형성의 자유 내지 결심의 자유를 부당하게 축소하고 그 결과로 투표의 자유를 침해하여 결국 자유선거의 원칙을 위반할 우려도 있게 된다(헌재 1994.7.29. 93헌가4등, 판례집 6-2, 15, 2; 헌재 1995.4.20. 92헌바29, 판례집 7-1, 499, 506 참조).

(……) 이른바 최소투표율제를 택하고 있지 않다는 이유만으로 헌법상 요구된 선거의 대표성의 본질을 침해한다거나 그로 인해 국민주권 원리를 침해하고 있다고 하기 어렵다

헌재 2003.11.27. 2003헌마259, 판례집 15-2 하, 339,347-349

3. 선거제도 : 선거구제(選擧區制)와 대표제

(1) 선거제도 법률주의와 비례대표제 채택 여부

헌법 제41조 제3항은 "국회의원의 선거구와 비례대표제 기타 선거에 관한 사항은 법률로 정한다"고 하여 선거제도 법률주의를 규정하고 있다.

위 조항에서 '비례대표제에 관한 사항은 법률로 정한다'는 규정의 해석상 문제가 제기된다. 이 규정은 비례대표제 채택을 전제하여 그 구체적 내용을 법률로 정한다는 의미인가 또는 비례대표제 채택 여부 자체부터 법률로 정한다는 의미인가.

헌법재판소 판례 중에 위 문제에 관하여 다음과 같이 판시한 것이 있다. "헌법 제41조 제3항은 '국회의원의 선거구와 비례대표제 기타 선거에 관한 사항은 법률로 정한다'고 규정하고 있으므로 비례대표제를 실시할 경우 구체적으로 어떤 형태로 구현할지는 일차적으로 입법자의 형성에 맡겨져 있다고 할 것이다"(헌재 2001.7.19. 2000헌마91, 판례집 13-2, 77,93). 이 판시 부분은 비례대표제 채택 여부 자체가 법률에 맡겨

져 있는 것으로 보고 있다. 이러한 해석이 타당하다고 본다. 과거의 전국구제에서는 정당명부에 대한 별도의 투표를 행하지 않았으므로 이를 엄격한 의미의 비례대표제로 보기 어려웠으나, 현행 공직선거법은 지역구후보에 대한 투표와 별개의 정당투표를 하는 1인2표제를 택함으로써 본래의 비례대표제를 부분적으로 채택하고 있다.

(2) 선거구제와 대표제의 유형

선거구(選擧區)란 선거인의 집합(선거인단)을 구분하는 기준이 되는 구역을 말한다. 선거구는 ① **소선거구**, 즉 1인을 선출하는 선거구와 ② **대선거구**, 즉 2인 이상을 선출하는 선거구로 구분된다. 과거 일본의 선거구제처럼 1선거구에서 3-5인을 선출하는 제도를 중선거구제로 불렀으나, 엄격히 말하면 이것은 대선거구제의 일종이다.

대표제란 국민의사를 반영하는 대표의 방법을 말한다. 대표제는 선거구와 투표방법의 결합에 따라 다음과 같은 여러 유형으로 구분된다.

① **다수대표제**. 이것은 선거인의 다수파로부터 의원을 선출시키려는 제도이다. 1선거구에서 다수 득표를 한 1인을 선출하는 소선거구제 또는 대선거구 완전연기(完全連記)투표제가 이에 속한다. 다수대표제는 상대다수대표제와 절대다수대표제로 구분된다. 전자는 상대다수 득표자를 당선인으로 하고(영국과 미국 등), 후자는 제1회의 투표에서 절대다수 득표자가 없을 때에 제2회의 투표에서 상대다수 득표자를 당선인으로 한다(프랑스 제3공화국 및 현재의 제5공화국 등).

다수대표제는 다수파의 의석독점을 가져오기 쉬우며, 이에 따라 사표(死票)가 많이 나온다. 절대다수대표제는 다당제를 유발하는 경향이 있고, 다당제의 상황 하에 제2회의 투표에서 정당연합을 촉진한다.

② **소수대표제**. 이것은 선거인의 소수파로부터 의원을 선출할 수 있게 하는 제도이다. 대선거구 단기(單記)투표제 또는 대선거구 제한연기(制限連記)투표제가 이에 속한다. 과거 일본의 중선거구제는 대선거구 단기투표제에 해당한다.

소수대표제를 취하더라도 소수파로부터의 의원 선출이 확실히 보장되는 것은 아니다. 또한 소수대표제에서는 동일 정당의 후보끼리의 경쟁이라는 문제가 생긴다.

③ **비례대표제**. 이것은 각 정당에게 득표수에 비례하여 의석을 배분하는 제도이다. 비례대표제에는 다양한 방법이 있다. 일반적으로 취하는 것은 고정명부식(또는 구속명부식)이다. 고정명부식은 각 정당이 순위를 붙여 작성한 후보자명부에 선거인이 투표하고 각 정당명부의 득표수에 따라 당선자수를 결정하는 제도이다. 명부식을 취하되 선거인이 특정 후보에 대한 선호를 나타낼 수 있는 비(非)고정명부식(비구속명부

식) 제도도 있다.

한편 비례대표제와 소선거구제를 결합하는 제도가 있다. 여기에는 독일식 비례대표제와 소선거구 · 비례대표 병립제가 있다. **독일식 비례대표제**는 기본적으로 비례대표제를 취하되 소선거구 다수대표제를 혼합하는 제도이다. 선거인은 소선거구의 후보자에 대한 제1투표와 각 주 마다의 정당명부에 대한 제2투표를 행한다('1인2표제'). 정당의 총 의석은 제2투표의 득표율에 따라 결정된다. 이 때 각 주 마다의 명부를 연결하여 전국적인 정당 득표수를 계산하기 때문에 전국을 1선거구로 하는 비례대표제에 가깝다. 각 정당은 제2투표에 따라 배정된 의석수의 틀 안에서 먼저 소선거구에서의 당선인을 우선적으로 의원으로 정하고, 그 나머지를 정당명부의 순위에 따라 의원으로 정한다. 제2투표의 결과로 정당에 배정된 총 의석수보다 소선거구 당선인 수가 많을 때에는 소선거구 당선인을 그대로 인정하며, 이에 따라 의원 총수가 늘어나게 된다. 이를 초과의석(Überhangmandat)이라 하는데, 최근 독일연방헌법재판소는 이러한 초과의석이 직접선거, 평등선거원칙에 위반된다고 결정했다(BVerfGE 121,266). 독일 제도는 비례대표제의 틀 안에서 소선거구제의 인물선거적 요소를 혼합한 것이다.

소선거구 · 비례대표 병립제는 1인2표제를 취하되 위의 독일제도와 구별된다. 병립제에서는 비례대표 의석수와 소선거구 의석수가 미리 정해져 있고, 선거인은 각각의 선거에서 1표를 행사한다. 소선거구 선거와 비례대표 선거가 각각 별개로 독립하여 결합된다. 독일제도가 기본적으로 비례대표제인 것과는 달리, 병립제는 서로 다른 성격의 두 제도를 결합시킨 것이다. 1994년 이래 일본 중의원선거제도가 이 방식을 취하고 있다. 우리나라의 현행 국회의원선거제도도 이 유형에 속한다.

비례대표제는 무엇보다도 정당에 대한 선거인의 지지를 정확하게 의석배정에 반영한다('대표의 정확성'). 또한 직능대표제의 기능을 살릴 수 있다. 반면 일반적 견해에 따르면, 비례대표제는 다당제를 유발하는 경향이 있으며, 다당제는 그 밖의 다른 요인들과 결합하여 정치적 불안정을 가져올 수 있다. 또한 다당제 하에서는 선거인의 의사와 관계없이 정당끼리의 연립에 의해 정권의 이합집산이 나타날 수 있다. 그 뿐만 아니라 정당의 후보자명부 작성에 있어서 얼마나 당내 민주주의적 절차가 지켜지느냐가 문제이다.

(3) 선거구제 · 대표제의 선택

어떠한 선거제도(선거구제 · 대표제)가 바람직한가를 일률적으로 말하기는 어렵다.

각국의 정치제도, 정치문화, 사회적 성격 등이 다르기 때문이다. 이 점을 전제하면서 선거제도의 선택에 있어서 근본적으로 고려해야 할 사항들이 있다.

첫째, 선거제도가 지향하는 목표설정을 **'대표의 정확성'**('민주적 대표성')**에 둘 것인가 또는 '정치적 안정'에 둘 것인가** 하는 것이다. 전자의 견해에 의하면 선거를 통해 국민의 의사를 거울처럼 의회구성에 반영해야 한다고 본다. 반면 후자의 견해에 의하면 선거는 단지 대표를 선출하는데 그치지 않고 그 대표들을 통해 '작동할 수 있는 정치권력'을 창출하여 정치적 안정과 통합을 이루는 것이 중요하다고 본다.

이른바 '뒤베르제의 법칙'(Duverger's law)에 의하면 소선거구제(상대다수 1회투표제)는 양당제를 가져오고, 비례대표제는 다당제를 가져온다고 한다. 여기에 근거하여, 양당제를 조성하는 소선거구제는 정치적 안정에 기여하며, 다당제를 가져오는 비례대표제는 정치적 불안정을 초래한다고 보는 것이 통상적인 견해이다. 그러나 이에 대해서는 유의할 점이 있다. 우선 뒤베르제의 법칙에 대한 예외적 경우들이 있다. 소선거구제를 취하는 영국에서도 1920년대에 3당체제가 성립하였고, 제2차 대전 이후 독일에서 비례대표제를 취했지만 양당제에 가까운 정당체제를 나타내 왔다. 뿐만 아니라 비례대표제가 곧 정치적 불안을 가져온다는 견해도 일반화하기 어렵다. 특히 북유럽의 경우, 비례대표제와 다당제 하에서도 장기간의 정치적 안정을 누려왔다.

전반적으로 보면, 사회구성의 균질성(均質性)의 정도가 강한 국가에서는 소선거구제가 적합한 반면, 사회구성이나 국민의 가치관이 다원화된 국가에서는 비례대표제가 오히려 정치적 안정을 위한 조건을 조성할 수 있다고 할 수 있다. 유럽에서 제1차 세계대전 이후 비례대표제의 채택이 확산되었는데, 이는 산업화에 따른 사회적 갈등과 다원적 사회분화를 배경으로 한다.

둘째, **정부형태가 무엇이냐(대통령제냐 의원내각제냐)에 따라 선거제도에 대한 정치적 평가가 다를 수 있다**는 것이다. 일반적인 견해에 의하면, 대통령제에서 비례대표제를 취하는 것은 바람직하지 못하다고 본다. 비례대표제는 다당제를 유발하고 다당제는 분할정부(이른바 '여소야대')를 초래하기 쉬우며, 분할정부 하에서는 대통령과 의회 간의 갈등과 정체(停滯)가 심해지기 때문이다. 그러나 이와 다른 관점도 있다. 대통령제 하에서 분할정부 상황에서만 의회의 독자성과 행정부 견제가 기대될 수 있다는 것이다.

그 밖의 고려사항으로, 특히 우리나라의 경우에는 지역적 갈등을 완화할 수 있는 선거제도가 무엇이냐가 문제된다. 지역주의적 정당체제를 완화하기 위해 비례대표제 또는 중선거구제가 바람직하다는 견해가 제시되고 있다.

과거 일본의 중선거구제는 선거결과의 면에서 비례대표제와 유사한 정치적 효과를 가져왔다. 이 점에 비추어 이를 '준(準)비례대표제'(semi-proportional representation system)라고 부르기도 한다(Arend Lijphart).

(4) 공직선거법상 국회의원선거제도

현행 공직선거법상 국회의원선거제도는 소선거구 · 비례대표 병립제를 채택하고 있다. 지역구의원선거는 소선거구 상대다수대표제이며, 비례대표의원선거는 고정명부식이다(제21조, 제188조, 제189조).

(판 례) 소선거구 다수대표제의 합헌성

소선거구 다수대표제는 다수의 사표가 발생할 수 있다는 문제점이 제기됨에도 불구하고 정치의 책임성과 안정성을 강화하고 인물 검증을 통해 당선자를 선출하는 등 장점을 가지며, 선거의 대표성이나 평등선거의 원칙 측면에서도 다른 선거제도와 비교하여 반드시 열등하다고 단정할 수 없다. 또한 비례대표선거제도를 통하여 소선거구 다수대표제를 채택함에 따라 발생하는 정당의 득표비율과 의석비율간의 차이를 보완하고 있다. 그리고 유권자들의 후보들에 대한 각기 다른 지지는 자연스러운 것이고, 선거제도상 모든 후보자들을 당선시키는 것은 불가능하므로 사표의 발생은 불가피한 측면이 있다. (……) 따라서 심판대상조항이 청구인의 평등권과 선거권을 침해한다고 할 수 없다.

헌재 2016.5.26. 2012헌마374, 공보 236, 926,927

의원정수는 지역구국회의원 254명과 비례대표국회의원 46명을 합하여 300명이다(제21조 제1항).

2020.1.15. 개정 공직선거법은 비례대표국회의원의석을 해당 정당의 비례대표국회의원선거득표비율과 연동하여 의석할당정당에 배분하기 위한 연동배분의석수, 잔여배분의석수 및 조정의석수의 계산방법을 정하되, 2020.4.15. 실시하는 제21대 총선에서는 의석 배분에 관한 특례를 두었다(제189조 및 부칙 제4조). 이와 같은 '연동형비례대표제'는 여야의 극한 대립 속에 신속처리안건으로 지정되어 의결되었다. 그러나 제1야당과 여당 모두 이른바 '위성정당'을 만들어 대응함으로써 그 취지는 무산되었다.

대법원은 "정당의 내부질서에 대한 규제는 필요최소한도에 그쳐야 한다"고 하면서, 비록 거대정당들이 '위성정당'을 만들어 이들이 비례대표국회의원을 공천하였다고 하더라도 그 공천이 해당 위성정당의 당헌·당규에 따라 민주적 심사절차를 거쳤기 때문에, 이를 선거무효의 사유로 삼을 수는 없다고 하였다(대판 2021.12.30. 2020수5011).

현행 비례대표국회의원의석의 배분방법은 다음과 같다(제189조 제2항). 다만 부칙에서는 2020년 제21대 총선에는 이와 약간 다른 방식이 적용된다고 규정하였다. 비례대표국회의원선거 득표비율은 각 의석할당정당의 득표수를 모든 의석할당정당의 득표수의 합계로 나누어 산출한다(제189조 제3항).

1. 각 의석할당정당에 배분할 의석수('연동배분의석수')는 다음 계산식에 따른 값을 소수점 첫째자리에서 반올림하여 산정한다. 이 경우 연동배분의석수가 1보다 작은 경우 연동배분의석수는 0으로 한다.

$$\text{연동배분의석수} = \frac{\left(\text{국회의원정수} - \text{의석할당정당이 추천하지 않은 지역구국회의원 당선인수}\right) \times \text{해당 정당의 비례대표국회의원선거 득표비율} - \text{해당 정당의 지역구국회의원당선인수}}{2}$$

2. 제1호에 따른 각 정당별 연동배분의석수의 합계가 비례대표국회의원 의석정수에 미달할 경우 각 의석할당정당에 배분할 잔여의석수('잔여배분의석수')는 다음 계산식에 따라 산정한다. 이 경우 정수(整數)의 의석을 먼저 배정하고 잔여의석은 소수점 이하 수가 큰 순으로 각 의석할당정당에 1석씩 배분하되, 그 수가 같은 때에는 해당 정당 사이의 추첨에 따른다.

$$\text{잔여배분의석수} = \left(\text{비례대표국회의원 의석정수} - \text{각 연동배분의석수의 합계}\right) \times \text{비례대표국회의원선거 득표비율}$$

3. 제1호에 따른 각 정당별 연동배분의석수의 합계가 비례대표국회의원 의석정수를 초과할 경우에는 제1호 및 제2호에도 불구하고 다음 계산식에 따라 산출된 수('조정의석수')를 각 연동배분의석 할당정당의 의석으로 산정한다. 이 경우 산출방식에 관하여는 제2호 후단을 준용한다.

$$\text{조정의석수} = \text{비례대표국회의원 의석정수} \times \text{연동배분의석수} \div \text{각 연동배분의석수의 합계}$$

현행 국회의원선거구획정위원회와 관련한 주요내용은 다음과 같다. 국회의원지역구의 공정한 획정을 위하여 임기만료 국회의원선거의 선거일 전 18개월부터 해당 국회의원선거에 적용되는 국회의원지역구의 명칭·구역이 확정되어 효력이 발생하는 날까지 중앙선거관리위원회에 소속된 독립의 지위를 가지는 국회의원선거구획정위원회를 두도록 하였다(제24조 제1항 및 제2항). 국회의원선거구획정위원회는 중앙선거관리위원회 위원장이 위촉하는 9명의 위원으로 구성하되, 위원장은 위원 중에서 호선한다(제24조 제3항). 국회의 소관 상임위원회 또는 선거구획정에 관한 사항을 심사하는 특별위원회는 중앙선거관리위원회 위원장이 지명하는 1명과 학계·법조계·언론계·시민단체·정당 등으로부터 추천받은 사람 중 8명을 의결로 선정하여 국회의원선거구획정위원회 설치일 전 10일까지 중앙선거관리위원회 위원장에게 통보하여야 하고, 국회의원선거구획정위원회 위원의 임기는 국회의원선거구획정위원회의 존속기간으로 한다(제24조 제4항부터 제6항까지).

국회의원 및 당원 등은 국회의원선거구획정위원회 위원이 될 수 없고, 그 신분은 명예직으로 한다(제24조 제7항 및 제8항). 국회의원선거구획정위원회는 국회의원지역구를 획정함에 있어서 국회에 의석을 가진 정당에게 선거구획정에 대한 의견진술의 기회를 부여하여야 한다(제24조 제10항). 국회의원선거구획정위원회는 제25조 제1항에 규정된 기준에 따라 작성되고 재적위원 3분의 2 이상의 찬성으로 의결한 선거구획정안과 그 이유 및 그 밖에 필요한 사항을 기재한 보고서를 임기만료에 따른 국회의원선거의 선거일 전 13개월까지 국회의장에게 제출하여야 한다(제24조 제11항).

국회는 국회의원지역선거구를 선거일 전 1년까지 확정하여야 한다(제24조의2 제1항). 만일 이 기간까지 국회가 선거구를 획정하지 않으면 어떻게 되는가. 입법의무이행을 지체하였으므로 위헌이기는 하나, 선거일 전에 입법을 하여 후보등록 및 선거가 정상적으로 이루어진 경우에는 권리보호의 이익이 없다는 것이 헌법재판소의 입장이다.

(판 례) 선거구입법 부작위 위헌확인

헌법 제41조 제3항은 국회의원선거에 있어 필수적인 요소라고 할 수 있는 선거구에 관하여 직접 법률로 정하도록 규정하고 있으므로, 피청구인에게는 국회의원의 선거구를 입법할 명시적인 헌법상 입법의무가 존재한다. 나아가 헌법이 국민주권의 실현 방법으로 대의민주주의를 채택하고 있고 선거구는 이를 구현하기 위한 기초가 된다는 점에 비추어 보면, 헌법 해석상으로도 피청구인에게 국회의원의 선거구를 입법할 의무가 인정된다. 따라서 헌법재판소가 입법개선시한을 정하여 헌법불합치결정을 하였음에도 국회가 입법개선시한까지 개선입법을 하지 아니하여 국회의원의 선거구에 관한 법률이 존재하지 아니하게 된 경우, 국회는 이를 입법 하여야 할 헌법상 의무가 있다.

헌법재판소는 구 선거구구역표에 대하여 헌법불합치결정을 하면서 피청구인에게 1년 2개월 동안 개선입법을 할 수 있는 기간을 부여하였는데, 이는 선거구 획정을 진지하게 논의하고 그에 따른 입법을 하기에 불충분한 시간이었다고 볼 수 없는 점, (……) 이 사건 입법부작위는 합리적인 기간 내의 입법지체라고 볼 수 없고, 이러한 지체를 정당화할 다른 특별한 사유를 발견할 수 없다. 그렇다면 피청구인은 선거구에 관한 법률을 제정하여야 할 헌법상 입법의무의 이행을 지체하였다.

헌법소원심판청구가 적법하려면 심판청구 당시는 물론 결정 당시에도 권리보호이익이 존재해야 하는데, 2016. 3. 2. 피청구인이 선거구를 획정함으로써 선거구에 관한 법률을 제정하지 아니하고 있던 피청구인의 입법부작위 상태는 해소되었고, 획정된 선거구에서 국회의원후보자로 출마하거나 선거권자로서 투표하고자 하였던 청구인들의 주관적 목적이 달성되었으므로, 청구인들의 이 사건 입법부작위에 대한 심판청구는 권리보호이익이 없어 부적법하다.

헌재 2016.4.28. 2015헌마1177등, 판례집 28-1 하, 판례집 12-1, 141,142

위와 같이 선거구가 획정되지 않은 경우, 공직선거법 위반행위에 대한 법원의 판단은 경우를 나누어 살펴보아야 한다. 기부행위의 상대방이 되는 '당해 선거구 안에 있는 자', '선거구민과 연고가 있는 자'에서의 선거구는 법상의 선거구구역표에 규정되어 있는 선거구를 말하므로 이 구역표가 효력을 상실하여 새로 만들어지기 전에는 선거구라는 것이 없으므로 공직선거법상 제한되는 기부행위 금지규정 위반으로 처벌할 수 없다(대판 2017.10.31. 2016도19447). 반면 매수죄의 상대방이 되는 선거인이 반드시 선거할 선거구가 획정되어 있어야 하거나 유효한 선거구가 존재하여야 하는 것은 아니고 다가올 선거일을 기준으로 판단할 때 매수행위로써 영향을 미치고자 하는 선거가 실시되는 지역의 선거인으로 될 수 있는 사람이면 족하다(대판 2017.12.5. 2017도6510). 선거구획정안을 회부받은 위원회는 이를 지체 없이 심사하여 국회의원 지역선거구의 명칭과 그 구역에 관한 규정을 개정하는 법률안을 제안하여야 하고, 위원회는 국회의원선거구획정위원회가 제출한 선거구획정안을 그대로 반영하되, 선거구획정안이 제25조 제1항의 기준에 명백하게 위반된다고 판단하는 경우에는 그 이유를 붙여 재적위원 3분의 2 이상의 찬성으로 국회의원선거구획정위원회에 선거구획정안을 다시 제출하여 줄 것을 1회에 한하여 요구할 수 있다(제24조의2 제3항). 선거구획정안을 다시 제출할 것을 요구받은 국회의원선거구획정위원회는 그 요구를 받은 날부터 10일 이내에 선거구획정안을 마련하여 국회의장에게 제출하여야 하고, 이 경우 선거구획정안의 위원회 회부에 관하여는 같은 조 제2항을 준용한다(제24조의2 제4항).

선거구법률안은 국회법 제86조에 따른 법제사법위원회의 체계 · 자구 심사 대상에서 제외하고, 국회의장은 선거구법률안 또는 선거구법률안이 포함된 법률안이 제안된 후 처음 개의하는 본회의에 이를 부의하여야 하며, 이 경우 본회의는 국회법 제95조 제1항 및 제96조에도 불구하고 선거구법률안 또는 선거구법률안이 포함된 법률안을 수정 없이 바로 표결한다(제24조의2 제5항 및 제6항).

비례대표의원선거는 정당명부에 대한 투표에 의하며, 이에 따라 선거인은 지역구선거에서 1표, 비례대표선거에서 1표를 행사한다('1인2표제'). 구 선거법에서는 비례대표의원 선출을 위해 정당명부에 대한 별도의 투표를 행하지 않고 지역구선거에서의 득표율에 따라 의석을 배정하였으나, 헌법재판소는 이것이 직접선거와 평등선거의 원칙에 대한 위반이라고 판시하였다(헌재 2001.7.19. 2000헌마91등).

비례대표의석의 배정은 비례대표의원선거에서 유효투표총수의 100분의 3 이상을 득표하였거나 지역구의원선거에서 5석 이상의 의석을 차지한 정당('의석할당정당')에 한한다. 이를 **'저지조항'** 또는 **'봉쇄조항'**이라고 부른다. 이것은 과도한 정당난립을 방지하고, 특히 과격한 정당의 의회진출을 저지하기 위한 것이다.

참고로, 독일 연방헌법재판소는 최근 독일 내 유럽의회 의원선거에서 5%의 지지를 얻지 못한 정당에게 비례대표배분을 허용하지 않는 저지조항을 정당의 선거평등과 기회평등을 침해하는 위헌적인 규정이라고 판결하였다(BVerfGE 129,300(2011)).

비례대표의원 의석배정은 의석할당정당이 비례대표의원선거에서 얻은 득표비율에 따라 배분한다. 의석할당정당의 득표비율은 각 의석할당정당의 득표수를 모든 의석할당정당의 득표수의 합계로 나누어 산출한다. 각 의석할당정당의 득표비율에 비례대표의원 의석정수를 곱하여 산출된 수의 정수(整數)의 의석을 당해 정당에 먼저 배분하고 잔여의석은 소수점 이하 수가 큰 순으로 각 정당에 1석씩 배분하되, 그 수가 같은 때에는 당해 정당 사이의 추첨에 의한다(제189조).

현행 소선거구 · 비례대표 병립제에 대해서는 비례대표의석수를 높여야 한다는 주장이 제기되고 있다. 이 주장은 특히 다음 두 가지를 논거로 하고 있다. 첫째, 국회의원의 정책능력을 높이고 직능대표적 기능을 살리기 위해 필요하다. 둘째, 특정지역에서 특정정당이 거의 모든 의석을 독점하거나 압도적 우위를 차지하는 지역정당체제를 완화하기 위해 필요하다. 그러나 이 주장에 대해서는 다음과 같은 문제점이 따른다. 첫째, 비례대표의석수가 증가할수록 다당제 유발효과가 커지는데, 대통령제 하에서 다당제는 분할정부의 문제점을 초래한다. 둘째, 정당명부작성에 있어서 매관매직의 위험을 방지하고 당내 민주주의를 확보한다는 전제조건이 충족되어야 한다.

(판 례) 비례대표국회의원 당선인이 선거범죄로 인한 당선무효가 된 때 의석승계를 금지하는 것이 대의제민주주의, 자기책임원리, 과잉금지원칙에 위반되는지 여부

심판대상조항은 선거범죄를 범한 비례대표국회의원 당선인 본인의 의원직 박탈로 그치지 아니하고 그로 인하여 궐원된 의석의 승계를 인정하지 아니함으로써 결과적으로 그 정당에 비례대표국회의원의석을 할당받도록 한 선거권자들의 정치적 의사표명을 무시하고 왜곡하는 결과를 초래한다는 점에서 헌법의 기본원리인 대의제 민주주의 원리에 부합되지 않는다고 할 것이다. 또한 심판대상조항이 정하고 있는 위와 같은 승계의 예외사유는 심판대상조항으로 인하여 불이익을 입게 되는 소속 정당이나 후보자명부상의 차순위 후보자의 귀책사유에서 비롯된 것이 아니라 당선인의 선거범죄에서 비롯된 것이라는 점에서 자기책임의 범위를 벗어나는 제재라고 할 것이다. (……)

심판대상조항은 (……) 비례대표국회의원 후보자명부상의 차순위 후보자의 승계까지 부인함으로써 선거를 통하여 표출된 선거권자들의 정치적 의사표명을 무시·왜곡하는 결과를 초래하고, 선거범죄에 관하여 귀책사유도 없는 정당이나 차순위 후보자에게 불이익을 주는 것은 필요 이상의 지나친 제재를 규정한 것이라고 보지 않을 수 없으므로, 과잉금지원칙에 위배하여 청구인들의 공무담임권을 침해한[다].

헌재 2009.10.29. 2009헌마350등, 판례집 21-2 하, 426,433-434

위 다수의견에 대하여 다음과 같은 반대의견이 있다. 비례대표제 선거에 있어서는 정당이 주도적이고 직접적인 역할을 하고, 전국을 단위로 하는 비례대표국회의원 선거는 지방선거의 그것보다 정당의 주도적 역할이나 책임이 더욱 중요시될 수밖에 없으며, 당선인의 당선이 무효가 된 경우에 그 궐원된 의석과 승계를 어떤 기준과 방식에 의하여 정할 것인지는 원칙적으로 입법자의 재량에 맡겨져 있고, 오히려 선거범죄로 당선무효가 된 경우에 그 의석승계를 금지하는 것이 왜곡된 선거인들의 선거의사를 바로잡는 것이라고 한다.

4. 국회의원선거에 관한 기타 주요 사항

(1) 선거의 종류

국회의원선거에는 총선거, 재선거 및 보궐선거가 있다.

총선거는 국회의원의 임기만료에 따라 의원 전원을 선출하는 선거이다(공직선거법 제14조 제2항).

재선거는 다음의 경우에 실시한다. ① 당해 선거구의 후보자가 없는 때, ② 당선인이 없는 때, ③ 선거의 전부무효의 판결 또는 결정이 있는 때, ④ 당선인이 임기 개시전에 사퇴하거나 사망한 때, ⑤ 당선인이 임기 개시전에 피선거권상실 등으로 당선이 무효로 된 때, ⑥ 선거비용의 초과지출, 선거사무장 등의 선거범죄로 당선이 무효로 된 때(제195조). '일부재선거'란 선거의 일부무효의 판결이 있는 때에 무효로 된 당해 투표구의 재선거를 실시하여 다시 당선인을 결정하는 것이다(제197조).

보궐선거는 지역구선출의원에 궐원이 생긴 때에 실시한다. 비례대표선출의원에 궐원이 생긴 때에는 선거관리위원회가 정당의 후보자명부의 순위에 따라 승계할 자를 결정한다(제200조). 임기만료일 전 180일 이내에 궐원이 생긴 때에는 승계를 허용하지 않는다는 단서조항에 대해 헌법재판소는 헌법불합치 결정을 내렸다.

(판 례) '임기만료일 전 180일 이내에 비례대표국회의원에 궐원이 생긴 때' 승계를 허용하지 아니한 조항의 위헌여부

심판대상조항은 임기만료일 전 180일 이내에 비례대표국회의원에 궐원이 생긴 때에는 정당의 비례대표국회의원 후보자명부에 의한 의석 승계를 인정하지 아니함으로써 결과적으로 그 정당에 비례대표국회의원의석을 할당받도록 한 선거권자들의 정치적 의사표명을 무시하고 왜곡하는 결과가 된다. (……) 따라서 심판대상조항은 선거권자의 의사를 무시하고 왜곡하는 결과를 낳을 수 있고, 의회의 정상적인 기능 수행에 장애가 될 수 있다는 점에서 헌법의 기본원리인 대의제 민주주의 원리에 부합되지 않는다고 할 것이다.

심판대상조항은 앞에서 본 바와 같이 대의제 민주주의 원리에 부합되지 아니하는 것으로서 합리적 이유 없이 비례대표국회의원선거를 통하여 표출된 선거권자들의 정치적 의사표명을 무시, 왜곡하는 결과를 초래할 뿐이라 할 것이므로, 수단의 적합성 요건을 충족한 것으로 보기 어렵다. 나아가 비례대표국회의원의 전체 임기(4년)의 1/8 정도에 해당하는 180일이라는 기간은 비례대표국

회의원으로서 국정을 수행함에 있어 결코 짧지 않은 기간이라 할 수 있고, 잔여임기가 180일 이내인 경우에 궐원된 비례대표국회의원의 의석 승계를 일체 허용하지 아니하는 것은 그 입법목적에 비추어 지나친 것이어서 침해의 최소성원칙에도 위배된다. 따라서 심판대상조항은 과잉금지원칙에 위배하여 청구인들의 공무담임권을 침해한 것이다.

헌재 2009.6.25. 2008헌마413, 판례집 21-1 하, 928,928-929

지역구국회의원 · 지방의회의원 및 지방자치단체의 장의 보궐선거 · 재선거, 지방의회의원의 증원선거는 매년 4월과 10월 마지막 수요일에 실시하도록 하고 있는데, 잦은 보궐선거로 인한 정치적 대립과 재정부담 등의 비판이 있었다. 이에 개정 공직선거법(법률 제13334호, 2015.6.19. 개정)은 제35조 제2항 제1호에 따른 보궐선거등의 선거일을 4월 중 첫 번째 수요일로 하고, 임기만료에 따른 선거가 있는 연도에는 제35조 제2항 제1호에 따른 보궐선거 등은 그 선거일에 실시하지 아니하고 임기만료에 따른 선거의 선거일에 동시 실시하되, 대통령선거가 있는 연도에는 제35조 제2항 제1호에 따른 보궐선거 등의 선거일에 보궐선거등을 실시하고 대통령선거의 선거일 전 30일까지 실시사유가 확정된 보궐선거 등은 대통령선거와 동시 실시하도록 하였다(제35조 제2항 및 제203조 제3항 · 제4항).

보궐선거 등의 경우, 선거일부터 임기만료일까지의 기간이 1년 미만인 경우에는 보궐선거 등을 실시하지 아니할 수 있다(제201조).

천재 · 지변 기타 부득이한 사유로 인하여 선거를 실시할 수 없거나 실시하지 못한 때에는 대통령이 선거를 연기하여야 한다(제196조).

(2) 선거에 관한 소송

선거에 관한 소송에는 두 종류가 있다. 선거의 효력에 관한 소송을 '선거소송', 당선에 관한 소송을 '당선소송'이라고 한다.

선거소송은 선거절차의 하자 등의 이유로 선거의 효력에 관하여 다투는 소송이며, 선거인, 정당 또는 후보자가 선거일로부터 30일 이내에 당해 선거구선거관리위원회 위원장을 피고로 대법원에 제기할 수 있다(제222조). 선거소송은 행정소송법 제3조 제3호가 규정하고 있는 민중소송이다(대판 2016.11.24. 2016수64).

당선소송은 등록무효, 피선거권상실, 당선인 결정 등의 하자를 이유로 당선의 효력을 다투는 소송이며, 정당 또는 후보자가 당선인 결정일로부터 30일 이내에 그 사유에 따라 당선인 또는 선거관리위원회위원장을 피고로 대법원에 제기할 수 있다(제223조).

선거에 관한 소송에서 선거에 관한 규정에 위반된 사실이 있는 때라도 선거의 결과에 영향을 미쳤다고 인정하는 때에 한하여 선거의 전부나 일부의 무효 또는 당선의 무효를 판결한다(제224조). 이 점에서 사정판결(事情判決)의 성격을 지닌다.

널리 선거에 관한 쟁송(爭訟)에는 소송 외에 선거소청(選擧訴請)이 있다. 선거소청이란 선거의 효력이나 당선의 효력에 이의가 있는 선거인, 정당 또는 후보자가 선거관리위원회에 제기하는 심판의 청구를 말한다. 선거소청은 지방의회의원 및 지방자치단체장 선거에서 인정되며, 선거소청을 거쳐야 소송을 제기할 수 있다. 시·도지사 선거 및 비례대표 시·도의원 선거에서는 중앙선거관리위원회에 대한 소청을 거쳐 대법원에 제소할 수 있고, 그 밖의 지방자치선거(지역구 시·도의원 선거, 자치구·시·군의 장 및 의원 선거)에서는 시·도선거관리위원회에 대한 소청을 거쳐 고등법원에 제소할 수 있다(제219조). 반면 국회의원선거에서는 선거소청을 거치지 않고 직접 대법원에 제소하게 되어 있다.

선거에 관한 소청이나 소송은 다른 쟁송에 우선하여 신속히 결정 또는 재판하여야 하며, 소송에 있어서 수소법원(受訴法院)은 소가 제기된 날부터 180일 이내에 처리하여야 한다(제225조). 그러나 이 규정은 훈시규정으로 해석된다(헌재 2009.7.30. 2007헌마732).

(3) 선거범죄와 당선무효

선거범죄에 관한 소송은 위에서 말한 선거에 관한 소송(선거소송이나 당선소송)과 구별된다. 공직선거법은 여러 유형의 선거범죄에 관하여 규정하고 있다(제230조 이하). 다음과 같은 선거범죄의 경우에는 당선무효의 사유가 된다.

공고된 선거비용제한액의 200분의 1이상을 초과지출한 이유로 선거사무장, 선거사무소의 회계책임자가 징역형 또는 300만원 이상의 벌금형의 선고를 받은 때에는 그 후보자의 당선은 무효로 한다. 또한 정치자금법상 일정한 선거비용관련 위반행위로 선거사무소의 회계책임자가 징역형 또는 300만원 이상의 벌금형의 선고를 받은 때에는 그 후보자의 당선은 무효로 한다. 다만 다른 사람의 유도 또는 도발에 의하여 당해 후보자의 당선을 무효로 되게 하기 위하여 지출한 때에는 그러하지 아니하다(제263조).

당선인이 당해 선거에 있어서 공직선거법에 규정된 죄와 정치자금법 제49조(선거비용관련 위반행위에 관한 벌칙)의 죄를 범함으로 인하여 징역 또는 100만원 이상의 벌금형의 선고를 받은 때에는 그 당선은 무효로 한다(제264조).

선거사무장 · 선거사무소의 회계책임자(선거사무소의 회계책임자로 선임 · 신고되지 아니한 자로서 후보자와 통모하여 당해 후보자의 선거비용으로 지출한 금액이 선거비용제한액의 3분의 1 이상에 해당되는 자를 포함한다) 또는 후보자(후보자가 되고자 하는 자를 포함한다)의 직계존 · 비속 및 배우자가 공직선거법 제230조(매수 및 이해유도죄) 내지 제234조(당선무효유도죄), 제257조(기부행위의 금지제한등 위반죄) 제1항 중 기부행위를 한 죄 또는 정치자금법 제45조(정치자금부정수수죄) 제1항의 정치자금 부정수수죄를 범함으로 인하여 징역형 또는 300만원 이상의 벌금형의 선고를 받은 때(선거사무장, 선거사무소의 회계책임자에 대하여는 선임 · 신고되기 전의 행위로 인한 경우를 포함한다)에는 그 후보자(대통령후보자, 비례대표국회의원후보자 및 비례대표지방의회의원후보자를 제외한다)의 당선은 무효로 한다. 다만 다른 사람의 유도 또는 도발에 의하여 당해 후보자의 당선을 무효로 되게 하기 위하여 죄를 범한 때에는 그러하지 아니하다(제265조).

일정한 선거범죄에 대해서는 비용반환(제265조의2), 일정한 기간, 일정한 공직에 취임할 수 없는 등(제266조) 제재가 뒤따르며, 이러한 제한은 합헌이다(헌재 2008.4.24. 2005헌마857; 2006헌바43등).

2000.2.16. 개정 공직선거법 제270조는 '선거범의 재판기간에 관한 **강행규정**'이라는 표제로 "선거범과 그 공범에 관한 재판은 다른 재판에 우선하여 신속히 하여야 하며, 그 판결의 선고는 제1심에서는 공소가 제기된 날부터 6월 이내에, 제2심 및 제3심에서는 전심의 판결의 선고가 있은 날부터 각각 3월 이내에 **반드시** 하여야 한다"고 규정하고 있다. 그러나 이 규정은 사문화(死文化)되었다고 해도 과언이 아니다.

(4) 기 타

그 밖에 국회의원 선거권과 피선거권에 관해서는 제3편, 제13장 참정권에서, 선거운동의 자유에 관해서는 제3편, 제11장, XII 정치적 표현의 자유에서 설명하였다.

한편 이른바 국민의 **'국회구성권'**이 인정되느냐가 문제된 판례가 있다. 국회의원 선거의 결과로 나타난 분할정부(이른바 여소야대)의 상황을 바꾸기 위해 인위적으로 당적을 바꾸게 한 것이 국민의 국회구성권에 대한 위헌적 침해라고 주장하여 헌법소원이 제기되었다. 헌법상 국민주권주의(제1조 제2항) 및 보통 · 평등 · 직접 · 비밀선거에 의한 국회구성에 관한 조항(제41조 제1항)으로부터 국민의 '국회구성권'이 도출되고, 여기에는 정당간 의석분포를 결정할 권리인 '국회구도결정권'이 포함된다는 주장이다.

이에 대해 헌법재판소는 판시하기를, 국민과 국회의원은 명령적 위임관계에 있는 것이 아니라 자유위임관계에 있으므로, 유권자가 설정한 국회의석분포에 국회의원들을 기속시키고자 하는 내용의 '국회구성권'이라는 기본권은 헌법상 인정될 여지가 없다고 하여 각하하였다(헌재 1998.10.29. 96헌마186, 판례집 10-2, 600).

V. 국회의원의 지위

> **(헌법 제42조)** 국회의원의 임기는 4년으로 한다.
> **(헌법 제43조)** 국회의원은 법률이 정하는 직을 겸할 수 없다.
> **(헌법 제44조)** ① 국회의원은 현행범인인 경우를 제외하고는 회기중 국회의 동의없이 체포 또는 구금되지 아니한다.
> ② 국회의원이 회기전에 체포 또는 구금된 때에는 현행범인이 아닌 한 국회의 요구가 있으면 회기중 석방된다.
> **(헌법 제45조)** 국회의원은 국회에서 직무상 행한 발언과 표결에 관하여 국회외에서 책임을 지지 아니한다.
> **(헌법 제46조)** ① 국회의원은 청렴의 의무가 있다.
> ② 국회의원은 국가이익을 우선하여 양심에 따라 직무를 행한다.
> ③ 국회의원은 그 지위를 남용하여 국가·공공단체 또는 기업체와의 계약이나 그 처분에 의하여 재산상의 권리·이익 또는 직위를 취득하거나 타인을 위하여 그 취득을 알선할 수 없다.

1. 국회의원의 헌법상 지위

국회의원은 ① 국회의 구성원, ② 국민대표자, ③ 소속정당의 정당원으로서의 지위를 갖는다. 헌법재판소는 권한쟁의심판과 관련하여 국회의원의 헌법상 국가기관으로서의 지위도 인정하였다(헌재 1997.7.16. 96헌라2).

(1) 국회의 구성원으로서의 지위

국회의원은 국민의 선거로 선출되는 국회의 구성원이다. 국회구성원으로서 국회의원은 헌법 제7조에서 규정한 공무원에 속한다. 따라서 국회의원은 "국민전체에 대한 봉사자이며 국민에 대하여 책임을 진다." 또한 국가공무원법상 "선거에 의하여 취임하는" 정무직공무원에 해당한다(국가공무원법 제2조 제3항 제1호 가).

(2) 국민대표자로서의 지위

국회의원은 국민대표자로서의 지위를 갖는다. 국회의원의 국민대표자로서의 의미에 관해서는 국회의 국민대표기관으로서의 의미에 관해서와 마찬가지로 여러 학설이 갈리는데, 어느 하나의 학설만으로 '대표자'의 의미를 충분히 설명할 수는 없다고 본다(앞의 '국민대표제', '국민대표기관' 참조).

국회의원이 특정한 지역구에서 선출되더라도 국회의원은 그 지역구주민만이 아니라 국민전체를 대표한다. 그러나 선거를 통해 국회의원이 선출된 다음에는 국민과 국회의원 사이에 실질적인 법적 관계는 존재하지 않는다. 선거는 국회의원을 선임하는 행위이며, 국민이 국회의원에 대하여 지시하거나 명령할 수는 없다('자유위임'의 원칙).

헌법재판소 판례에 의하면, 우리 헌법은 국회의원을 자유위임의 원칙하에 두었다고 보면서, 그 근거를 헌법 제7조 제1항("공무원은 국민전체에 대한 봉사자이며, 국민에 대하여 책임을 진다"), 제45조(국회의원의 발언·표결에 대한 면책특권), 제46조 제2항(국회의원의 국가이익우선의무)에서 찾고 있다(헌재 1994.4.28. 92헌마153, 판례집 6-1, 415).

(3) 소속정당의 정당원으로서의 지위

국회의원은 소속정당의 정당원으로서의 지위를 갖는다. 정당이 국정운영의 중심이 되는 정당국가적 경향에 따라, 국회의원이 소속정당의 정당원으로서 갖는 지위는 더욱 중시된다. 국회의원의 소속정당의 정당원으로서의 지위 또는 정당대표적 성격은 정당기율(party discipline)의 정도에 따라 다르다. 우리나라 정당은 대체로 미국 정당에 비해 정당기율이 강하다.

국회의원의 정당대표적 성격은 사실상의 측면만이 아니라 법률상으로도 나타나 있다. 국회법에 따라 국회운영은 정당을 단위로 하는 교섭단체 중심으로 이루어진다. 특히 비례대표국회의원의 정당대표성은 매우 강하다. 공직선거법에 의하면, 비례대표국회의원이 소속정당의 합당·해산 또는 제명 외의 사유로 당적을 이탈·변경하거나 2 이상의 당적을 가진 때에는 퇴직하게 되어 있다(제192조 제4항).

국회의원의 정당대표적 성격을 법적으로 어느 정도 인정하느냐는 곧 국회의원의 정당에 대한 기속(羈束)을 법적으로 어느 정도까지 인정하느냐의 문제로 나타난다. 이에 관련하여 특히 문제되는 것은 자유위임(自由委任)의 원칙, 즉 국회의원의 발언·표결 등의 활동을 국회의원의 자율적 결정에 맡기는 원칙을 정당의 결정에 의해 어느 정도 제약할 수 있느냐는 것이다.

이 문제에 관해 헌법은 "국회의원은 국가이익을 우선하여 양심에 따라 직무를 수행한다”(제46조 제2항)고 규정하고 있고, 나아가 국회법은 “의원은 국민의 대표자로서 소속정당의 의사에 기속되지 아니하고 양심에 따라 투표한다”(제114조의2)고 하여 자유투표의 원칙을 규정하고 있다. 그러나 실제로 국회의원이 정당의 의사에 기속되어 행동하는 것을 법적으로 규제할 수는 없다. 반대로 국회의원이 정당의 의사에 반하여 행동하는 데 대하여 법적 제재를 가할 수는 없다. 다만 사실상 정당 내부에서 제재를 가하는 것은 허용되며 이는 별개의 문제이다.

헌법재판소 판례에 의하면, 국회의원의 상임위원회 소속에 관하여 교섭단체의 필요에 따라 다른 상임위원회로 강제전임하는 조치는 헌법상 인정된다고 보았다(헌재 2003.10.30. 2002헌라1, 판례집 15-2, 17)(앞의 제2편, 제7장, I, 3. 정당과 현대 민주정치 참조).

국회의원의 정당원으로서의 지위와 국민대표자로서의 지위가 충돌하는 경우에 어느 지위가 우선하는가라는 문제가 있다. 위의 국회법 조항(제114조의2)에 의하면 국민대표자로서의 지위가 우선한다. 그런데 국민대표자라는 의미는 국민의 의사에 기속되는 강제위임의 원칙이 아니라 자유위임의 원칙에 따라 해석되어야 하므로, 위의 문제는 곧 국회의원의 정당에 대한 기속을 법적으로 어느 정도까지 인정하느냐는 문제로 환원된다.

2. 국회의원자격의 발생과 소멸

(1) 의원자격의 발생

국회의원의 자격은 선거에 당선되어, 헌법과 법률이 정한 임기가 개시되는 때에 발생한다. 공직선거법은 국회의원 임기 개시에 관하여 “총선거에 의한 전임의원의 임기만료일의 다음 날부터 개시된다”고 규정하고, 다만 의원임기 개시 후에 실시되는 선거에 의한 의원의 임기는 당선이 결정된 때부터 개시된다고 규정하고 있다(제14조 제2항).

(2) 의원자격의 소멸

국회의원자격의 소멸 사유에는 여러 가지가 있다.

① **임기만료**. 임기가 만료되면 당연히 의원직을 상실한다. 국회의원의 임기는 4년이다(헌법 제42조). 임기란 의원으로서의 자격을 갖는 기간이다. 중임제한은 없다. 의원임기 개시 후에 실시되는 선거에 의한 의원의 임기는 전임자 또는 같은 종류의 의원의 잔임기간이다(공직선거법 제14조 제2항).

② **사직**. 사직은 의원 자신의 의사에 의하여 의원직을 사임하는 것이다. 국회는 그 의결로 의원의 사직을 허가할 수 있다. 폐회 중에는 의장이 이를 허가할 수 있다(국회법 제135조).

국회의 사직 허가가 자유재량인지의 여부, 즉 사직이 무제한적으로 인정되느냐 여부가 문제된다. 생각건대 사직에 국회의 허가를 요하도록 한 것은 사직이 자의에 의한 것인지를 확인할 기회를 가짐과 동시에 신중한 의사 결정을 위한 것으로 볼 수 있다. 사직의 의사가 자의에 의한 것인 한, 사직은 무제한하게 인정되어야 할 것이다.

③ **퇴직**. 법률상 퇴직의 사유가 발생하면 별도의 행위없이 의원직을 상실한다. 국회법상 퇴직의 사유는 겸직할 수 없는 직에 취임한 경우, 형벌의 확정 등에 의해 피선거권이 상실된 경우 등이다(제136조). 공직선거법에 따라 당선무효된 경우(제263조 이하)에도 퇴직된다.

④ **제명**. 제명은 국회의원 징계의 일종이다. 의원을 징계하려면 국회재적의원 3분의 2 이상의 찬성이 있어야 하며, 이에 대하여는 법원에 제소할 수 없다(헌법 제64조 제3,4항). 법원에 제소할 수 없게 한 것은 국회의 자율성을 위한 것이다. 징계로 제명된 자는 그로 인한 보궐선거에서 후보자가 될 수 없다(국회법 제164조).

⑤ **자격심사**. 국회는 의원의 자격을 심사할 수 있다(헌법 제64조 제2항). 자격심사란 피선거권이 있는지 여부, 겸직금지규정에 해당하는지 여부 등 의원으로서의 법적 자격을 갖추었는지를 심사하는 것이다. 의원이 다른 의원의 자격에 대하여 이의가 있을 때에는 30인 이상의 연서로 자격심사를 의장에게 청구할 수 있다(국회법 제138조). 자격이 없는 것을 의결함에는 재적의원 3분의 2이상의 찬성이 있어야 한다(제142조 제3항). 이 의결에 대해서는 법원에 제소할 수 없다(헌법 제64조 제4항). 이 역시 국회의 자율성을 위한 것이다.

⑥ **비례대표의원의 당적이탈 · 변경**. 비례대표의원이 소속정당의 합당 · 해산 또는 제명 외의 사유로 당적을 이탈 · 변경하거나 2 이상의 당적을 가지고 있는 때에는 퇴직된다(공직선거법 제192조 제4항). 그러나 소속정당으로부터 제명된 경우에는 의원직을 상실하지 않는다.

한편 정당이 강제해산된 경우에 해산된 정당의 소속의원이 의원직을 상실하는지에 관해서는 법률에 직접적인 명시적 규정이 없으며, 학설은 갈린다. 입법으로 해결하는 것이 바람직하지만, 해석론으로서는 의원직을 상실하지 않는다고 봄이 타당하다(앞의 제1편, 제7장, VI. 정당의 해산 참조).

3. 국회의원의 헌법상 특권

헌법은 국회의원에게 불체포특권 및 발언·표결의 면책특권을 부여하고 있다(헌법 제44조, 제45조). 이러한 특권은 국회가 헌법상의 그 권한을 충실히 행사할 수 있게 하기 위한 것이고, 특히 행정부에 대한 견제의 기능을 보장하기 위한 것이다.

국회의원에 대한 특권은 이미 영국의 1689년 권리장전(Bill of Rights)에서 규정되었으며, 1787년의 미국헌법도 불체포특권과 면책특권의 조항을 두고 있다(제1조 제6항).

(1) 의원의 불체포특권

헌법 제44조는 의원의 불체포특권을 규정하고 있다. "① 국회의원은 현행범인 경우를 제외하고는 회기중 국회의 동의 없이 체포 또는 구금되지 아니한다. ② 국회의원이 회기 전에 체포 또는 구금된 때에는 현행범이 아닌 한 국회의 요구가 있으면 회기 중 석방된다."

불체포특권은 국회의원 개인의 범죄행위에 대하여 면책특권을 주는 것이 아니라, 의원의 자유로운 활동의 보장을 통해 국회의 기능을 확보하기 위한 것이다. 따라서 불체포특권의 내용은 이러한 취지에 비추어 타당한 범위 내에서 인정된다.

① 현행범인 경우에는 아무 특권이 인정되지 않는다. 이 경우에는 의원의 활동을 억압하기 위한 체포·구금이라고 볼 수 없기 때문이다. 현행범이라도 회의장 안에서는 의장의 명령없이 체포할 수 없다(국회법 제150조).

② 회기 중에 한하여 특권이 인정된다. 회기 중이란 국회의 집회일로부터 폐회일까지를 말하며, 휴회 중의 기간을 포함한다. 회기가 아닌 동안에는 국회의 기능과 직접 관련이 없기 때문에 특권이 인정되지 않는다. 회기 전에 체포·구금된 경우라도 회기 중 국회의 요구가 있으면 회기 중 석방된다.

계엄선포 중에는 현행범인 경우를 제외하고는 회기 중인지 여부를 불문하고 체포·구금되지 않는다(계엄법 제13조). 이것은 계엄선포 중에 국회의 계엄해제요구권 등 계엄에 대한 통제권을 보장하기 위한 것이다.

③ 국회의 동의가 있으면 특권이 인정되지 않는다. 국회의 동의가 있다는 것은 곧 국회의 기능을 저해하기 위한 체포·구금이 아님을 뜻하기 때문이다.

④ 체포·구금은 형사절차상의 체포·구금에 한하는지 또는 행정상 절차에 의한

신체구속 등 모든 체포·구금을 포함하는지에 대해 논의가 있다. 국회 기능을 보장하기 위한 불체포특권의 취지에 비추어 모든 체포·구금을 포함한다고 보는 것이 타당하다.

⑤ 국회의 동의에 관하여 조건부 동의 또는 기한부 동의가 인정되는지에 관해 논의가 있다. 동의 여부에 관해 국회의 재량적 의결권이 인정되므로, 대(大)는 소(小)를 포함한다는 논리에 따라 조건부 또는 기한부 동의도 인정된다고 볼 것이다.

⑥ 체포·구금된 의원에 대하여 회기 중 국회가 석방요구를 하려면, 재적의원 4분의 1 이상의 연서로 그 이유를 첨부하여 의장에게 석방요구서를 제출하여야 한다(국회법 제28조). 석방요구의 의결은 일반의결정족수에 의한다(국회법 제109조 참조). 석방요구에 따라 회기 중 석방하더라도, 회기가 끝난 후 다시 구금할 수 있다.

⑦ 불체포특권의 효과는 체포·구금되지 않는 것에 한정될 뿐이므로, 국회의 석방요구에 따라 석방하더라도 검찰의 수사·소추나 법원의 재판의 진행이 정지되는 것은 아니다.

⑧ 불체포특권은 국회의 기능을 보장하기 위한 것이지만 남용의 폐해도 있다. 이른바 '방탄국회'라고 하여 의원의 체포를 막기 위해 임시회가 소집되는 사례가 있다. 그러나 이러한 폐해를 막기 위해 법률로 불체포특권을 제한할 수는 없다. 2016년 개정 국회법은 체포동의안이 본회의 보고 후 72시간 이내에 표결되지 않는 경우에는 그 이후에 최초로 개의하는 본회의에 상정하여 표결하도록 하였다(제26조 제2항 단서).

(2) 의원의 발언·표결에 관한 면책특권

헌법 제45조는 의원의 발언·표결에 관한 면책특권을 규정하고 있다. "국회의원은 국회에서 직무상 행한 발언과 표결에 관하여 국회 외에서 책임을 지지 아니한다."

이 특권은 의원의 발언이 민사상 불법행위나 형사상 범죄가 성립하더라도 책임을 지지 않는 책임면제특권을 뜻한다. 이 점에서 단순히 체포·구금되지 않는 데에 불과한 불체포특권과 차이가 있다.

면책특권의 법적 성격이 위법성조각(阻却)인지 또는 책임면제에 그치는 것인지에 대해 논의가 있다. 위법성조각을 의미하는 것은 아니며 책임면제에 그친다고 보는 것이 일반적 견해이며 이 견해가 타당하다.

불체포특권과 마찬가지로 면책특권 역시 국회의원의 자유로운 활동을 통해 국회 기능을 보장하려는 데에 그 취지가 있다. 따라서 그 내용도 이 취지에 비추어 타당한 범위에서 인정된다.

① **면책특권의 주체**는 국회의원이다. 국무위원을 겸하는 의원의 경우, 의원으로서의 발언과 국무위원으로서의 발언을 구별하여 전자에 대해서만 면책특권을 인정해야 한다는 견해가 있다. 그러나 양자를 구별하기 힘든 경우가 있는 점 등에 비추어 어느 자격에서의 발언이냐를 구분하지 않고 특권을 인정하는 것이 타당하다고 본다.

국회의원 외에 의원 보좌관 등에 대해서도 면책특권이 인정되느냐는 문제가 있다. 이것은 의원의 발언·표결을 보좌하는 행위, 즉 방조행위도 면책의 대상이 되느냐는 문제이기도 하다. 이에 관해 방조행위는 면책대상이 아니라는 견해가 있다.

생각건대 의원의 발언·표결을 방조하는 의원 보좌관 등의 행위에 대해서도 면책특권을 보장해야 할 것이다. 면책특권은 의원 개인을 위한 특권이 아니라 국회 활동의 보장을 위한 것이므로 이런 취지에 비추어 의원보좌관 등의 방조행위도 면책대상이 된다고 보아야 할 것이다.

(참고·미국판례) 의원보좌관에 대한 면책특권

의원 보좌관은 의원의 '분신'(alter ego)이며, 의원과 '하나로 취급되어야 한다.' 면책특권의 대상이 되는 입법적 행위를 보좌하는 행위도 면책대상이 된다 (*Gravel v. U.S.*, 1972). 미국헌법의 규정은 의원의 면책특권만을 명시하고 있으나(제1조 제6항), 판례는 이를 확대하여 해석하고 있다.

② **면책대상행위**는 "직무상 국회 내에서 행한 발언과 표결"이다.

'직무상' 행한 것에 한하여 특권이 인정되므로, 직무와 무관한 발언에 대해서는 특권이 인정되지 않는다. 그러나 직무에 부수하는 행위도 직무상 행한 것으로 보아야 할 것이다. 대법원은 의원이 본회의에서 발언할 원고를 사전에 의사당 내의 기자실에서 기자들에게 배포한 행위도 면책대상이 된다고 판시하였다.

(판 례) 직무부수행위에 대한 면책

국회의원의 면책특권의 대상이 되는 행위는 직무상의 발언과 표결이라는 의사표현행위 자체에 국한되지 아니하고 이에 통상적으로 부수하여 행하여지는 행위까지 포함하고, 그와 같은 부수행위인지 여부는 결국 구체적인 행위의 목적, 장소, 태양 등을 종합하여 개별적으로 판단할 수밖에 없다. 원고의 내용이 공개회의에서 행할 발언내용이고(회의의 공개성), 원고의 배포시기가 당초 발언하기로 예정된 회의 시작 30분 전으로 근접되어 있으며(시간적 근접성), 원고 배포의 장소 및 대상이 국회의사당 내에 위치한 기자실에서 국회출입기자들만을 상대로 한정적으로 이루어지고(장소 및 대상의 한정성), 원고 배포의 목적이 보도의 편의를 위한 것(목적의 정당성)이라면, 국회의원이 국회본회의에서 질문할 원고를 사전에 배포한 행위는 면책특권의 대상이 되는 직무부수행위에 해당한다.
대판 1992.9.22. 91도3317

'국회 내에서' 행한 발언·표결에 대해 특권이 인정된다. '국회 내'란 국회의사당 안에서만을 의미하는 것이 아니라, 국회의 공식적인 활동이 행하여지는 장소를 의미한다. 따라서 예컨대 위원회가 의사당 밖의 장소에서 집회하는 경우에도 면책대상이 된다.

'발언과 표결'에 대해 특권이 인정된다. 발언은 의제에 관한 연설, 질문, 토론 등을 포함하며 넓게 해석하여야 한다. 발언과 표결 외에도 발의나 자료제출요구 등 발언·표결에 부수하는 활동도 면책대상이 된다.

(판 례) 발언·표결 외의 부수활동에 대한 면책

면책특권의 대상이 되는 행위는 국회의 직무수행에 필수적인 국회의원의 국회 내에서의 직무상 발언과 표결이라는 의사표현행위 자체에만 국한되지 않고 이에 통상적으로 부수하여 행하여지는 행위까지 포함되므로, 국회의원이 국회의 위원회나 국정감사장에서 국무위원·정부위원 등에 대하여 하는 질문이나 질의는 국회의 입법활동에 필요한 정보를 수집하고 국정통제기능을 수행하기 위한 것이므로 면책특권의 대상이 되는 발언에 해당함은 당연하고, 또한 국회의원이 국회 내에서 하는 정부·행정기관에 대한 자료제출의 요구는 국회의원이 입법 및 국정통제 활동을 수행하기 위하여 필요로 하는 것이므로 그것이 직무상 질문이나 질의를 준비하기 위한 것인 경우에는 직무상 발언에 부수하여 행하여진 것으로서 면책특권이 인정되어야 한다.
대판 1996.11.8. 96도1742

면책대상행위인지 여부가 문제되는 여러 경우가 있다.

엄격하게 언론행위에 한정되는지 또는 의사방해 등의 물리적 행동도 포함하는지에 관해 논의가 있다. 생각건대 발언과 표결에 부수하여 행하여진 물리적 행동도 면책대상이 된다고 보아야 할 것이며, 구체적으로는 행동의 태양(態樣) 등을 고려하여 판단해야 할 것이다.

의사당 밖에서 행하는 기자회견이나 보도자료 배포 등은 면책대상이 되지 않는다. 면책이 되는 의사당 안에서의 발언이라도 이를 의사당 밖에서 발표하거나 출판

하는 것은 면책되지 않는다. 대법원은 국회의원이 구 국가안전기획부 내 정보수집팀이 대기업 고위관계자와 중앙일간지 사주 간의 사적 대화를 불법 녹음한 자료를 입수한 후 그 대화내용과, 대기업으로부터 이른바 떡값 명목의 금품을 수수하였다는 검사들의 실명이 게재된 보도자료를 작성하여 국회 법제사법위원회 개의 당일 국회의원회관에서 기자들에게 배포한 것은 면책특권의 대상이 되는 직무부수행위에 해당이 된다고 판시하였다. 그러나 검사들의 실명이 게재된 보도자료를 자신의 인터넷 홈페이지에 게재한 행위는 면책특권의 범위에 포함되지 않는다는 점을 전제로 하여, 형법상의 정당행위에 해당하지 않는다고 판단하였다(대판 2011.5.13. 2009도14442).

의원의 발언이 허위인 경우에도 면책되느냐는 문제가 있다. 대법원판례에 의하면, 명백히 허위임을 알지 못했다면 발언 내용이 허위라고 하더라도 면책대상이 된다고 보고 있다.

(판 례) 허위발언에 대한 면책

(의원이 예산결산위원회에서 국무위원을 상대로 대정부질의를 하던 중, 노무현대통령 측근인 모씨에게 불법선거자금이 전달되었다고 발언하면서 수사를 촉구하였다. 모씨는 이 발언의 내용이 악의의 허위라고 주장하여 명예훼손으로 손해배상청구소송을 제기하였다. 대법원은 원고패소의 원심을 확정하였다.)

발언 내용이 허위라는 점을 인식하지 못했다면 비록 발언 내용에 다소 근거가 부족하거나 진위 여부를 확인하기 위한 조사를 제대로 하지 않았다고 하더라도, 그것이 직무 수행의 일환으로 이뤄진 것인 이상 면책특권의 대상이 된다. (……) 발언 내용이 허위라고 생각하면서도 발언을 했다기보다는 미처 진위 여부를 정확히 파악하지 못한 채 발언을 했다고 봄이 상당하므로 당시 발언이 면책특권의 범위를 벗어나는 것이라고 보기 어렵다.

대판 2007.1.12. 2005다57752

③ **면책의 효과**는 "국회 외에서 책임을 지지 않는다"는 것이다. 이것은 법적 책임, 즉 민사상 및 형사상 책임을 지지 않는다는 것이다. 형사소송이 제기된 경우에는 형사소송법 제327조 제2호의 "공소제기의 절차가 법률의 규정에 위반하여 무효인 때"에 해당되므로 공소기각의 판결을 한다. 면책의 효과는 임기가 만료된 후에도 유지된다.

'국회 외에서' 책임을 지지 않는 것이므로, 국회 안에서 징계책임을 물을 수는 있다.

국회 외에서 책임을 지지 않는다는 것은 민사상 및 형사상의 법적 책임을 지지 않는다는 것이므로, 소속정당으로부터 제명을 당할 수는 있으며, 그 밖의 정치적 책임을 추궁당하는 것은 별개의 문제이다.

④ **면책특권의 남용**이 문제되고 있다. 이에 따라 면책특권을 제한해야 한다는 주장이 제기되고 있다. 독일 기본법은 면책특권이 "중상적 모욕(verleumderische Beleidigung)에는 적용되지 않는다"고 규정하고 있다(제46조 제1항). 이 같은 제한을 가하자는 주장이 있으나, 이를 위해서는 헌법개정이 필요하다. 법률에 의한 이 같은 제한은 위헌이며 인정될 수 없다.

국회법에 의하면 "의원은 본회의 또는 위원회에서 다른 사람을 모욕하거나 다른 사람의 사생활에 대한 발언을 할 수 없다"(제146조)고 규정하고 있는데, 이 규정의 위반은 징계대상이 될 수 있지만, 면책특권에는 영향이 없다.

4. 국회의원의 권한과 의무

(1) 국회의원의 권한

국회의원은 국회의 구성원으로서 국회의 여러 권한의 행사에 참여한다. 국회법은 이에 관하여 임시회 소집요구권(제5조), 의안발의권(제79조, 제79조의2), 발언권(제99조~제108조), 표결권(제109조~제114조의2), 정부에 대한 질문권(제122조, 제122조의2, 제122조의3) 등을 규정하고 있다. 의안의 발의에는 의원 10인 이상의 찬성이 필요하다(국회법 제79조 제1항).

이른바 **'날치기통과'**에 관하여 국회의원의 법률안 심의 · 표결권에 대한 위헌적 침해가 아니냐는 문제가 제기된다. 헌법재판소 판례에 의하면, 국회의장이 야당의원들에게 개의일시를 통지하지 않음으로써 출석의 기회를 박탈한 채 본회의를 개의하고 법률안을 가결 · 처리한 경우, 야당의원들의 헌법상 법률안 심의 · 표결권을 침해하였다고 인정하면서도, 법률안 가결선포행위의 위헌 여부에 관해서는 인용의견이 과반수에 이르지 아니하여 기각하였다(헌재 1997.7.16. 96헌라2, 판례집 9-2, 154).

또한 헌법재판소는 국회 본회의에서 일부 국회의원들이 의사진행을 방해하는 가운데 법률안을 가결 · 선포한 행위가 국회의원들의 법률안 심의 · 표결권을 침해하는지에 관한 권한쟁의사건에서도 인용의견이 부족하여 기각하였다(헌재 2000.2.24. 99헌라1, 판례집 12-1, 115). 그 밖에도 유사한 판례가 있다(헌재 2009.10.29. 2009헌라8 · 9 · 10; 헌재 2010.11.25. 2009헌라12).

이 같은 판례의 동향은 국회의원의 법률안 심의 · 표결권 보장에 미흡하다고 볼 수 있는데, 다른 한편으로는 국회의 자율성 존중이라는 의미도 있다.

한편 의원은 법률이 정하는 바에 의하여 수당과 여비를 받는다(국회법 제30조). 이에 관한 법률로 '국회의원 수당 등에 관한 법률'이 있으며, 이 법률에 따라 수당, 입법활동비 등을 지급받는다.

(2) 국회의원의 의무

헌법 제46조는 국회의원의 청렴의 의무(제1항), 국가이익우선 의무(제2항), 지위남용에 의한 이권운동금지의 의무(제3항)를 규정하고 있다. 이 가운데 "국회의원은 국가이익을 우선하여 양심에 따라 직무를 수행한다"는 국가이익우선 의무 조항은 국회의원에 대한 '자유위임'원칙의 근거조항의 하나가 된다(앞의 국회의원의 '소속정당의 정당원으로서의 지위' 참조).

위와 같은 국회의원의 헌법상의 의무를 담보하기 위한 제도의 하나로 공직자윤리법은 국회의원이 보유한 직무관련성 있는 주식을 매각하거나 백지신탁하도록 규정하고 있는데, 헌법재판소는 최근 위 규정에 대하여 합헌결정을 하였다(헌재 2012.8.23. 2010헌가65).

국회의원의 겸직금지도 의원의 헌법상 의무의 하나이다(헌법 제43조. "국회의원은 법률이 정하는 직을 겸할 수 없다"). 2013년 개정 국회법은 국회의원의 겸직금지에 관하여 다음과 같이 규정하고 있다. ① 의원은 국무총리 또는 국무위원의 직, 공익 목적의 명예직, 다른 법률에서 의원이 임명 · 위촉되도록 정한 직, 정당법에 따른 정당의 직 이외의 다른 직을 겸할 수 없다(제29조 제1항). ② 의원이 당선 전부터 제1항 각 호의 직 이외의 직을 가진 경우에는 임기개시일 전까지(재선거 · 보궐선거 등의 경우에는 당선이 결정된 날의 다음 날까지) 그 직을 휴직 또는 사직하여야 한다. 다만, 공공기관의 운영에 관한 법률 제4조에 따른 공공기관(한국은행을 포함한다)의 임직원, 농업협동조합법 · 수산업협동조합법에 따른 조합, 중앙회와 그 자회사(손자회사를 포함한다)의 임직원, 정당법 제22조 제1항에 따라 정당의 당원이 될 수 있는 교원의 직을 가진 경우에는 임기개시일 전까지 그 직을 사직하여야 한다(제2항). ③ 의원이 제1항 각 호의 직을 겸하는 경우에 그에 따른 보수(실비변상은 제외한다)를 받을 수 없다(제8항). ④ 의원은 그 직무 외에 영리를 목적으로 하는 업무에 종사할 수 없다. 다만, 의원 본인 소유의 토지 · 건물 등의 재산을 활용한 임대업 등 영리업무를 하는 경우로서 의원의 직무수행에 지장이 없는 경우에는 그러하지 아니하다(제29조의2 제1항). ⑤ 의원이 당선 전부터 제1항 단서의 영리업무 이외의 영리업무에 종사하는 경우에는 임기개시 후 6개월 이내에 그 영리업무를 휴업 또는 폐업하여야 한다(제2항).

2021년 '공직자의 이해충돌 방지법'이 제정됨에 따라 2021.5.18. 개정 국회법은 다음과 같은 규정을 신설하였다. ① 국회의원 선출 직후 사적 이해관계를 등록하도록 하였다(제32조의2). 다만 개정 국회법 시행일을 2022.5.30.으로 하여, 제21대 국회의원은 2022.4.15.까지 사적 이해관계를 등록하도록 하여 후반기 원구성부터 이해충돌을 고려하여 위원을 선임하도록 하였다(부칙 제3조). ② 이해충돌 여부에 관한 윤리심사자문위원회의 의견을 고려하여 위원회 위원을 선임하도록 하고(제32조의4), 위원 선임 후에도 이해충돌 상황을 인지한 경우 스스로 신고·회피하도록 하였다(제32조의5). ③ 의원의 이해충돌 방지에 관한 사항을 윤리심사자문위원회에서 담당하도록 하고, 윤리심사자문위원회를 윤리특별위원회 소속에서 국회 소속으로 변경하였다(제46조의2). ④ 국회의장 및 교섭단체 대표의원은 의원의 이해충돌 여부에 관한 윤리심사자문위원회의 의견을 고려하여 의원을 위원회 위원으로 선임하는 것이 공정을 기할 수 없는 뚜렷한 사유가 있다고 인정할 때에는 해당 위원회의 위원으로 선임 또는 선임 요청을 하지 못하도록 하였다(제48조의2 제1항). ⑤ 사적 이해관계 등록 규정 위반, 이해충돌 신고 규정 위반, 표결 등에 대한 회피신청 의무 위반 및 「공직자의 이해충돌 방지법」 위반을 의원 징계사유에 추가하였다(제155조 제3호의2부터 제3호의4까지 및 제15호의2).

그 밖에 의원은 국회법상 품위유지 의무(제25조), 회의질서유지 의무(제145조), 모욕적 발언과 사생활관련 발언 금지의무(제146조), 폭력행사 및 발언방해금지 의무(제147조) 등을 진다.

의원이 일정한 의무위반을 한 경우에는 징계대상이 된다(국회법 제155조 이하).

Ⅵ. 국회의 권한

1. 개 관

헌법상 국회의 권한을 그 실질적 내용에 따라 다음 여러 가지로 구분할 수 있다. ① 입법권, ② 재정에 관한 권한, ③ 조약체결동의권 등 대외관계에 관한 권한, ④ 국정감사 및 국정조사권, ⑤ 중요 고위공무원 선출권 및 임명동의권, ⑥ 국무총리·국무위원 해임건의권 등 정부견제권, ⑦ 탄핵소추권, ⑧ 헌법개정에 관한 권한, ⑨ 국회자율권.

위의 구분은 편의적인 것이다. 예컨대 재정에 관한 권한은 부분적으로 입법권과 중복된다('조세법률주의' 등). 또한 정부통제권은 극히 포괄적인 개념이다. 입법권, 재정에 관한 권한, 국정감사권 및 국정조사권, 탄핵소추권, 중요공무원 선임권·임명동의권 등 국회 권한의 거의 대부분이 정부통제의 기능을 수행한다.

2. 입 법 권

▮ **(헌법 제40조)** 입법권은 국회에 속한다.

(1) '입법'의 의미

입법권의 의미는 '입법'의 의미를 어떻게 이해하느냐에 따라 좌우된다. 입법의 의미에 관해서는 ① '형식적 의미의 법률'을 정립하는 것으로 보는 견해와 ② '실질적 의미의 법률'을 정립하는 것으로 보는 견해가 갈린다.

'형식적 의미의 법률'이란 규범의 내용에 관계없이 규범의 형식상 '법률'이라는 국회 제정의 법규범을 뜻한다. **'실질적 의미의 법률'**이란 규범의 형식에 관계없이 규범의 내용상 특정한 내용의 법규범을 가리킨다(이른바 '이중적 법률개념'). 이 가운데 실질적 의미의 법률에 관해서는 규범의 내용을 무엇이라고 보느냐에 따라 크게 두 견해로 나뉜다. ① **'법규설'**과 ② **'일반적 규범설'**이 그것이다.

법규설에 의하면, 입법이란 '법규'를 정립하는 것이라고 한다. 전통적인 의미의 법규(Rechtssatz)란, 국민의 권리를 직접 제한하거나 의무를 부과하는 법규범을 말한다. 입법의 개념을 이 같은 의미의 법규의 정립으로 보는 견해는 19세기 후반 독일의 입헌군주제 시대에 등장한 것으로, 국민의 '자유와 재산'을 제한하는 규범의 정립만을 의회의 권한으로 유보하려는 취지에서 나온 것이다. 즉 당시에 군주와 의회 사이의 권한배분에 관한 대립에서, 아직 약체였던 민주적 세력이 국민의 이익에 가장 관계가 깊은 사항만을 군주로부터 빼앗아 의회에 귀속시키려는 정치적 의미를 지닌 것이었다. 이 견해에 따르면, 법규는 의회가 제정해야 한다고 보는 것이다. 즉 실질적 의미의 법률은 형식적 의미의 법률로 정립되지 않으면 안 된다는 것이다.

한편 일반적 규범설에 의하면, 입법이란 '일반적 규범'을 정립하는 것이라고 한다('일반적·추상적 규범'이라고도 부르지만, 양자를 합하여 '일반적 규범'이라고 부를 수 있다).

'일반적' 규범이란, 규범이 불특정 다수인에 대하여, 그리고 불특정 다수의 사건에 대하여 적용됨을 의미한다. 즉 일반적 규범설에 의하면, 불특정 다수 및 불특정 다수의 사건에 적용되는 보편적 규범의 정립 권한이 의회에 속한다고 보는 것이다. 이 견해는 실질적 의미의 법률의 개념을 법규설보다 더 확장하는 것이다.

생각건대 헌법 제40조의 "입법권은 국회에 속한다"는 규정에서 '입법'의 의미는 일반적 규범설에 따라 해석하는 것이 타당하다고 본다. 우선 형식적 의미의 법률로 보는 견해는 다음과 같은 이유로 타당하지 않다. 국회에 속하는 입법권의 의미를 형식적 의미의 법률의 정립으로 보는 것은, 국회가 제정하는 법률의 정립 권한이 국회에 속한다는 것으로, 이것은 순환논법에 지나지 않는다. 또한 국회가 어떤 내용의 규범이든 이를 법률의 형식으로 정립할 수 있다고 한다면, 이는 권력분립의 원리를 무의미하게 만드는 결과가 될 것이다.

실질적 의미의 법률로 해석하는 견해 가운데, 전통적인 법규설은 법률의 의미를 너무 좁게 한정하는 것이기 때문에 타당하지 않다. 법규설에 따르면, 국민의 권리의무에 직접 관계되지 않는 사항, 예컨대 국가기관의 조직에 관한 사항은 법률에 해당하지 않는다고 보는 것인데 이는 타당하지 않다. 앞에서 지적한 것처럼, 전통적인 법규설은 과거 19세기 입헌군주제 헌법 하에서 최소한의 범위의 입법권을 의회에 유보하려는 것이었다. 그러나 오늘날의 입헌민주주의 헌법 하에서는 실질적 의미의 법률을 확대하여 일반적 규범으로 보는 것이 타당하다.

실질적 의미의 법률을 일반적 규범설에 따라 이해하더라도 다음과 같은 두 가지 문제가 남는다. 첫째, 일반적 규범의 정립 권한은 국회만이 갖는 것인가, 아니면 국회 외의 기관에도 인정될 수 있는가. 둘째, 입법권이 국회에 속한다는 것은 '일반적' 규범의 정립 권한만이 국회에 속하며, 일반성이 없는 규범의 정립 권한은 국회에 속하지 않는다는 것인가. 만일 그렇다면 '처분적 법률'('개별법률')은 인정되지 않는 것인가. 아래에서 이들 문제를 다룬다.

(2) 입법권이 '국회에 속한다'의 의미

일반적 규범의 정립, 즉 실질적 의미의 입법의 권한이 '국회에 속한다'는 것은 ① 국회중심입법의 원칙, ② 국회단독입법의 원칙을 의미한다.

국회중심입법의 원칙이란 실질적 의미의 입법권은 원칙적으로 국회에 속하며, 국회 외의 국가기관은 헌법이 특별히 정한 예외적 경우에만 입법권이 인정된다는 것이다.

헌법이 정한 특별한 예외로서 대통령령(제75조), 총리령 및 부령(제95조)과 같은 행정입법이 인정된다(뒤의 '대통령령 제정권'에 관한 설명을 참조). 또한 대법원규칙(제108조), 헌법재판소규칙(제113조 제2항), 중앙선거관리위원회규칙(제114조 제6항), 자치규정(제117조 제1항) 등이 인정된다.

일반적 규범 가운데 일정한 사항은 반드시 법률의 형식에 의해 국회가 제정하여야 한다. 국회가 법률의 형식으로 정립해야 할 일반적 규범의 내용을 **법률사항** 또는 **입법사항**이라고 부른다(헌법 제60조는 국회의 조약체결동의권에 관해 규정하면서 '입법사항'이라는 용어를 사용하고 있다). 헌법은 기본권제한은 법률로써 해야 한다고 규정하고 있고(제37조 제2항), 그 밖에도 개별적인 기본권조항에서 법률로써 규정할 법률사항들을 규정하고 있다(예컨대 헌법 제12조 제1항의 체포·구금 등의 법률주의 등). 또한 국가기관의 조직 등에 관한 법률사항(예컨대 헌법 제41조의 국회의원선거제도 법률주의 등) 및 국가의 중요정책에 관한 법률사항(예컨대 헌법 제2조 제1항의 국적에 관한 법률주의 등)을 규정하고 있다.

이처럼 헌법에서 명시한 법률사항 외에 어떠한 사항을 국회의 법률의 형식으로 제정할 것인가, 그리고 법률사항에 관하여 국회가 어느 정도로 상세하게 규정할 것인가가 문제된다.

(판 례) 국회의 입법권(법률사항)

우리 헌법 제40조의 의미는 적어도 국민의 권리와 의무의 형성에 관한 사항을 비롯하여 국가의 통치조직과 작용에 관한 기본적이고 본질적인 사항은 반드시 국회가 정하여야 한다는 것이다.

헌재 1998.5.28. 96헌가1, 판례집 10-1, 509,515

위 판례에서 제시하고 있는 것처럼, 법률사항의 실체적 내용은 "국민의 권리와 의무의 형성에 관한 사항을 비롯하여 국가의 통치조직과 작용에 관한 기본적이고 본질적인 사항"이라고 할 것인데, '기본적이고 본질적인 사항'이 어디까지인지는 국회의 재량적 판단에 맡겨져 있다고 할 것이다. 기본권의 제한과 실현을 비롯하여 국가와 그 구성원에게 기본적이고 중요한 의미를 갖는 영역은 의회가 스스로 그 본질적 사항을 결정하여야 한다는 것을 **의회유보의 원칙**이라고 부른다(앞의 제3편, 제3장, III, 4. 기본권제한의 형식 참조).

한편 **국회단독입법의 원칙**이란 국회의 입법은 원칙적으로 국회 외의 기관의 참여가 필요없이 국회 단독으로 이루어진다는 것을 말한다. 그러나 여기에도 일정한 예외가 인정된다. 헌법상 법률안 제출권은 국회만이 아니라 정부에게도 인정되며(제52조), 대통령은 법률안거부권과 법률안공포권을 갖는다(제53조).

이러한 예외가 인정되는 것은 권력분립 원리의 본질에 기인한다. 권력분립 원리는 권력의 엄격한 기능적 독립이 아니라 상호 견제와 균형에 그 본질이 있기 때문이다.

(3) 처분적 법률의 문제

입법권을 일반적 규범의 정립 권한이라고 한다면, 국회는 일반성을 지니지 않는 규범은 정립할 수 없는가. 일반성이 없는 법률, 즉 특정한 사람이나 특정한 사건에 대해서만 차별적으로 적용되는 법률을 처분적 법률 또는 개별법률이라고 부른다.

처분적 법률은 평등의 원칙과 권력분립의 원칙에 대한 위반이 아니냐는 문제를 제기한다. 제2차 세계대전 후 독일에서 사회국가 원리의 진전과 함께 개별사건에 관한 법률의 제정이 늘어나면서 이를 처분적 법률(Maßnahmegesetz)이라고 부르며 논의가 전개되었다.

헌법재판소 판례에 의하면 처분적 법률의 성격이 있다는 것만으로 곧 금지되는 것은 아니며, 구체적으로 평등의 원칙 또는 권력분립의 원칙의 위반 여부를 판단해야 한다(헌재 1996.2.16. 96헌가2등; 헌재 2005.6.30. 2003헌마841)(앞의 제3편, 제3장 기본권의 제한, III, 4, (2) 일반성의 요건 참조).

(4) 입법권의 한계

국회의 입법권은 헌법에 적합하게 행사되어야 한다. 헌법적합성은 단지 헌법조항(constitutional rules)에의 적합성만이 아니라 헌법원리(constitutional principles)에의 적합성도 의미한다. 헌법원리도 헌법의 일부이기 때문이다(앞의 제2편, 제2장, II, 1. 헌법원리의 법적 의의 참조). 헌법적합성을 결여한 법률은 헌법위반이며 무효이다. 헌법적합성 여부는 위헌법률심판, 헌법소원심판, 또는 권한쟁의심판에 의하여 판단된다.

입법권의 또 다른 한계로서 흔히 '국제법존중주의'를 든다. 그러나 국제법존중주의의 의미를 정확히 이해해야한다. 국제법존중주의란 국내법이 국제법을 위반하면 곧 위헌이라는 의미는 아니다. 국제법 가운데 조약은 국내 법률과 동등한 효력을 지니며, 다만 '일반적으로 승인된 국제법규' 중에는 법률보다 상위의 효력을 인정해야 할 것이 있다(앞의 제2편, 제6장, III, 2, (5) '국제법존중주의'의 의미 참조).

위와 같은 입법권의 한계 내에서 국회는 입법형성의 자유, 즉 입법재량권을 가진다.

(판 례) 입법재량

입법목적을 달성하기 위하여 가능한 여러 수단 가운데 어느 것을 선택할 것인가의 문제는 그 결정이 현저하게 불합리하고 불공정한 것이 아닌 한 입법부의 재량에 속하는 것이라 할 것이(다).

헌재 1996.2.29. 94헌마213, 판례집 8-1, 147,166

(판 례) 시혜적 법률과 입법형성의 자유

(사회보장적 내지 사회복지적인 목적으로 특별히 제정한 시혜적인) 법률에 있어서는 국민의 권리를 제한하거나 새로운 의무를 부과하는 법률과는 달리 입법자에게 보다 광범위한 입법형성의 자유가 인정된다고 할 것이다. 그러므로 입법자는 그 입법의 목적, 수혜자의 상황, 국가예산 내지 보상능력 등 제반사항을 고려하여 그에 합당하다고 스스로 판단하는 내용의 입법을 할 권한이 있다고 할 것이고, 그렇게 하여 제정된 법률의 내용이 현저하게 합리성이 결여되어 있는 것이 아닌 한 헌법에 위반된다고 할 수는 없다.

헌재 1993.12.23. 89헌마189, 판례집 5-2, 622,640

(5) 입법절차

(헌법 제52조) 국회의원과 정부는 법률안을 제출할 수 있다.

(헌법 제53조) ① 국회에서 의결된 법률안은 정부에 이송되어 15일이내에 대통령이 공포한다.

② 법률안에 이의가 있을 때에는 대통령은 제1항의 기간내에 이의서를 붙여 국회로 환부하고, 그 재의를 요구할 수 있다. 국회의 폐회중에도 또한 같다.

③ 대통령은 법률안의 일부에 대하여 또는 법률안을 수정하여 재의를 요구할 수 없다.

④ 재의의 요구가 있을 때에는 국회는 재의에 붙이고, 재적의원과반수의 출석과 출석의원 3분의 2이상의 찬성으로 전과 같은 의결을 하면 그 법률안은 법률로서 확정된다.

⑤ 대통령이 제1항의 기간내에 공포나 재의의 요구를 하지 아니한 때에도 그 법률안은 법률로서 확정된다.

⑥ 대통령은 제4항과 제5항의 규정에 의하여 확정된 법률을 지체없이 공포하여야 한다. 제5항에 의하여 법률이 확정된 후 또는 제4항에 의한 확정법률이 정부에 이송된 후 5일이내에 대통령이 공포하지 아니할 때에는 국회의장이 이를 공포한다.

⑦ 법률은 특별한 규정이 없는 한 공포한 날로부터 20일을 경과함으로써 효력을 발생한다.

입법의 절차는 법률안 제출, 법률안의 심의와 의결, 법률안의 서명과 공포로 이루어진다.

① **법률안 제출**. 법률안은 국회의원과 정부가 제출할 수 있다(헌법 제52조). 미국 대통령제에서는 정부의 법률안 제출권이 인정되지 않지만, 우리 헌법은 정부의 법률안 제출권을 인정하고 있다.

국회법상 국회의원의 의안발의에는 의원 10인 이상의 찬성이 필요하며(제79조 제1항), 이것은 법률안 제출에도 적용된다. 국회법은 위원회도 법률안을 제출할 수 있다고 규정하고 있는데, 이 때 제출자는 위원장이 된다(제51조). 국회법이 단순히 '위원회'라고만 규정하였으므로 상임위원회는 물론 특별위원회도 법률안을 제출할 수 있다고 본다. 정부가 법률안을 제출하는 경우에는 국무회의의 심의를 거쳐야 한다(헌법 제89조 제3호).

예산 또는 기금상의 조치를 수반하는 법률안을 제출하는 경우에는 그 시행에 수반될 것으로 예상되는 비용에 대한 추계서를 제출하여야 한다. 정부제출 법률안의 경우에는 비용추계서와 함께 재원조달방안에 관한 자료를 첨부하여야 한다(국회법 제79조의2).

최근의 입법경향을 보면 의원발의입법이 증가하고 있다. 그러나 의원발의입법의 형식을 취하는 경우에도 실제로는 정부가 입법을 주도하는 예가 적지 않다.

② **법률안의 심의와 의결**. 법률안이 제출되면 국회의장은 이를 본회의에 보고하고, 소관 **상임위원회**에 회부한다(국회법 제81조). 법률안은 소관 상임위원회와 법제사법위원회의 심의와 의결을 거친 뒤 본회의에 상정된다.

국회법에 따라 위원회는 특정한 안건의 심사를 위하여 **소위원회**를 둘 수 있으며, 소관사항에 관한 상설소위원회를 둘 수 있다(제57조).

위원회는 법률안의 입법취지·주요내용 등을 국회공보 등에 게재하여 **입법예고**할 수 있다(제82조의2).

위원회 또는 소위원회는 중요한 안건 또는 전문지식을 요하는 안건을 심사하기 위하여 그 의결 또는 재적위원 3분의 1 이상의 요구로 **공청회**를 열고 이해관계자 또는 학식·경험이 있는 자(진술인)로부터 의견을 들을 수 있다(제64조). 위원회는 중요한 안건의 심사에 필요한 경우 증인·감정인·참고인으로부터 증언·진술의 청취와 증거의 채택을 위하여 그 의결로 **청문회**를 열 수 있다. 법률안 심사를 위한 청문회의 경우에는 재적위원 3분의 1 이상의 요구로 개회할 수 있다(제65조). 제정법률안 및 전부개정법률안에 대하여는 공청회 또는 청문회를 개최하여야 한다. 다만 위원회의 의결로 이를 생략할 수 있다(제58조 제6항).

(판 례) 입법절차와 청문권

국민들이 선출한 국회의원들이 의회에서 공개적인 토론과 타협을 통하여 적법한 절차를 거쳐 제정하는 법률에 대하여, 그 내용이 기본권을 제약하는 법률이라는 이유로 국민들에게 사전 청문절차를 보장하지 않았다고 다투는 것은 대표를 통하여 국민의 의사를 국가정책에 반영하는 의회주의와 대의민주주의의 기본취지에 부합되지 않는다. 그 경우 국민들은 입법절차라는 절차적 적법절차를 이미 받은 것으로 볼 수 있다. 따라서 적법절차원칙에 의하여 해석상 도출되는 청문절차에 대한 요구에 의하여 헌법이 명문으로 인정한 국회의 입법권을 제약하는 것은 헌법체계적으로도 적절한 것으로 볼 수 없다.

헌재 2005.11.24. 2005헌마579, 판례집 17-2, 481,520

국회의장은 심사기간을 정하여 안건을 위원회에 회부할 수 있다. 위원회가 이유없이 그 기간 내에 심사를 마치지 아니한 때에는 다른 위원회에 회부하거나 바로 본회의에 부칠 수 있다(제85조). 위원회에서 본회의에 부의할 필요가 없다고 결정된 의안은 본회의에 부의하지 아니한다. 그러나 위원회의 결정이 본회의에 보고된 날로부터 폐회 또는 휴회 중의 기간을 제외한 7일 이내에 의원 30인 이상의 요구가 있을 때에는 그 의안을 본회의에 부의하여야 한다. 이 요구가 없을 때에는 그 의안은 폐기된다(제87조).

(판 례) 국회의장의 직권상정

본회의 직권상정에 앞서 중간보고를 듣는 목적은 위원회의 심사상황을 파악하고 앞으로의 심사전망 등을 판단하기 위한 것으로, 그 형식은 서면 외에 구두로도 할 수 있다. 그런데 이 사건 기록에 나타난 자료에 의하면, 피청구인이 2005.6.30. 심사기간을 같은 해 9.16.까지로 정하여 사립학교법 중 개정법률안을 교육위원회에 회부하였음에도 불구하고 교육위원회가 지정된 심사기간 내에 심사를 마치지 못하였을 뿐만 아니라 서면 중간보고도 하지 않자, 피청구인은 교육위원장과의 전화 등을 통하여 심사보고를 구두로 듣고 심사상황을 계속 파악하여 오다가 결국 더 미룰 수 없다고 판단하여 직권상정한 사실을 인정할 수 있는바, 이러한 사정에 비추어 볼 때 피청구인이 국회법 제85조 제2항을 위반하였다고 보기 어렵다.

헌재 2008.4.24. 2006헌라2, 판례집 20-1 상, 438,446

위원회에서 법률안의 심사를 마치거나 입안한 때에는 **법제사법위원회**에 회부하여 "체계와 자구(字句)에 대한 심사"를 거쳐야 한다(제86조). 법제사법위원회 경유는 필수적 절차이다. 이에 관하여 체계와 자구에 대한 심사를 넘어 법률안 내용의 심사까지 한다는 비판 및 입법을 지연시키는 수단으로 변질되고 있다는 비판이 있고, 그 존속론과 폐지론이 대립하고 있다. 생각건대 법제사법위원회에 의한 심사는 첫째, 법률의 위헌 여부의 사전 심사적 기능을 하고, 둘째, 다른 법률과의 상충 여부를 심사하며, 셋째, 법률안에 대한 이해관계 상충을 조정하는 기능을 한다는 점에서 긍정적으로 평가할 필요가 있다. 다만 이 같은 취지의 긍정적 기능을 살리기 위해 법제사법위원회의 기능과 심사범위를 "체계와 자구(字句)에 대한 심사"보다 확대하여 이를 국회법에 명시하는 것이 바람직하다.

위원회의 심사를 거치거나 위원회가 제안한 법률안 중 정부조직에 관한 법률안, 조세 또는 국민에게 부담을 주는 법률안 등 주요 의안의 본회의 상정 전이나 상정 후에 재적의원 4분의 1 이상의 요구가 있는 때에는 그 심사를 위하여 의원전원으로 구성되는 전원위원회를 개최할 수 있다(제63조의2). 전원위원회의 주요 기능은 수정안 제출이다. 전원위원회 제도는 위원회중심주의로 인한 본회의 절차의 형식화를 보완하는데 의미가 있다.

위원회의 심사를 마친 후 법률안은 본회의에 상정된다. 본회의는 위원장의 심사보고를 들은 후 질의와 토론을 거쳐 표결한다. 다만 본회의의 의결로 질의와 토론 또는 그중의 하나를 생략할 수 있다(제93조). 최근 헌법재판소는 국회의장이 국회의원의 반대토론 신청이 적법하게 이루어졌음에도 이를 허가하지 아니하고 나아가 토론절차를 생략하기 위한 의결을 거치지도 않은 채 법률안에 대한 표결절차를 진행한 것은 국회의원의 법률안 심의 · 표결권을 침해한 것이라 하였다(헌재 2011.8.30. 2009헌라7; 다만 그 법률안가결선포행위를 취소 또는 무효로 하지는 않았다).

국회법 제95조는 본회의에서 수정동의를 제출할 수 있도록 규정하고 있는데, '원안의 취지 및 내용과의 직접 관련성'을 그 요건으로 명시하고 있다.

(판 례) 수정동의안과 원안의 취지 및 내용과의 직접 관련성

국회법 제95조 제5항의 입법취지는 원안에 대한 위원회의 심사절차에서 심사가 이루어질 여지가 없는 경우에는 수정동의의 제출을 제한함으로써 위원회중심주의를 공고히 하는 것이다.

국회법 제95조 제5항 본문의 문언, 입법취지, 입법경과를 종합적으로 고려하면, 위원회의 심사를 거쳐 본회의에 부의된 법률안의 취지 및 내용과 직접 관

련이 있는지 여부는 '원안에서 개정하고자 하는 조문에 관한 추가, 삭제 또는 변경으로서, 원안에 대한 위원회의 심사절차에서 수정안의 내용까지 심사할 수 있었는지 여부'를 기준으로 판단하는 것이 타당하다.

(이선애 재판관 등 4인의 반대의견)

본회의에서 수정동의로 법률개정안의 수정안을 발의하는 것을 제한하는 국회법 제95조 제5항 소정의 '원안의 취지 및 내용과의 직접 관련성'의 의미를 해석하기 위해서는 문언 자체의 개념상 의미에 더하여 법률개정안의 구조적 본질 및 법률개정안 수정의 내재적 한계, 국회법 제95조 제5항의 입법과정과 입법취지, 국회법의 다른 조항과의 관계 등을 종합적으로 고려하여 해석하여야 한다. '원안의 취지 및 내용과의 직접 관련성'은 원안과 수정안의 근본 목적이 동일하여야 한다는 '원안의 취지와 수정안 취지 사이의 직접 관련성', 수정안의 내용인 개정법률 조항이 원안이 법률개정을 통해 실현하고자 하는 근본 목적을 이루기 위한 적절한 수단이 되는 관계에 있어야 한다는 '원안의 취지와 수정안의 내용 사이의 직접 관련성', 원안과 수정안의 각 개정법률 조항이 동일한 주제(主題)를 다루어야 한다는 '원안의 내용과 수정안의 내용 사이의 직접 관련성'으로 나누어 볼 수 있다. 국회법 제95조 제5항 소정의 수정안은 위 3가지의 직접 관련성을 모두 갖추어야 할 것이고, 만일 그 중 단 하나의 직접 관련성이라도 흠결할 경우에는 수정동의를 통해 발의할 수 있는 적법한 수정안이 될 수 없다.

헌재 2020.5.27. 2019헌라6등, 판례집 32-1 하, 214,217,220-221

본회의는 재적과반수 출석과 출석과반수 찬성으로 의결한다. 가부동수인 때에는 부결된 것으로 본다(헌법 제49조).

2012년 국회의 쟁점안건 심의과정에서 물리적 충돌을 방지하고 안건이 대화와 타협을 통하여 심의되며, 소수 의견이 개진될 수 있는 기회를 보장하면서도 효율적으로 심의되도록 하기 위하여 국회법이 개정되었다(법률 제11453호, 2012.5.25; 속칭 '국회선진화법'). 그 주요내용은 다음과 같다.

첫째, 위원회에 회부되어 상정되지 아니한 의안(예산안, 기금운용계획안 및 임대형 민자사업 한도액안은 제외)은 제59조에 따른 숙려기간 경과 후 30일이 경과한 날 이후 처음으로 개회하는 위원회에 상정된 것으로 본다(제59조의2).

둘째, 의장의 직권상정 요건을 천재지변, 전시·사변 또는 이에 준하는 국가비상사태 및 각 교섭단체대표의원 간 합의가 있는 경우로 한정하되, 천재지변·국가비상사태의 경우에는 각 교섭단체대표의원 간 협의하도록 하였다(제85조 제1항 및 제86조

제2항).

셋째, 위원회에 회부된 안건에 대하여 재적의원 과반수 또는 소관 위원회 재적위원 과반수가 서명한 신속처리안건지정동의를 의장 또는 소관 위원회 위원장에게 제출하여 재적의원 5분의 3 이상 또는 소관 위원회 재적위원 5분의 3 이상이 찬성하였을 때에는 신속처리대상안건으로 지정하고, 위원회가 해당 안건을 신속처리대상안건으로 지정한 날부터 180일(법제사법위원회 체계 · 자구심사의 경우에는 90일) 이내에 심사를 완료하지 아니한 때에는 법제사법위원회로 회부되거나 본회의에 부의된 것으로 보며, 본회의에 부의된 것으로 보는 신속처리대상안건은 60일 이내에 본회의에 상정되어야 하되, 60일 이내에 본회의에 상정되지 아니한 때에는 그 기간 경과 후 처음으로 개의되는 본회의에 상정되는 것으로 하였다(제85조의2).

(판 례) 국회선진화법의 위헌여부

3. 국회법 제85조의2 제1항에 의하면, 소관 위원회 재적위원 과반수가 서명한 신속처리안건지정동의가 소관 위원회 위원장에게 제출되어야 위원장은 무기명투표로 표결을 실시할 의무를 부담하게 되는 것이고, 소관 위원회 소속 위원들도 비로소 신속처리안건지정동의를 표결할 권한을 가지게 된다. 이 사건의 경우 신속처리대상안건 지정동의가 적법한 요건을 갖추지 못하였으므로, 이 사건 표결실시 거부행위로 인하여 기재위 소속 위원인 청구인 나○린의 신속처리안건지정동의에 대한 표결권이 직접 침해당할 가능성은 없다. (……) 따라서 이 사건 표결실시 거부행위는 청구인 나○린의 신속처리안건지정동의에 대한 표결권을 침해하거나 침해할 위험성이 없으므로 이에 대한 심판청구는 부적법하다.

4. 가. 국회법 제85조 제1항의 직권상정권한은 국회의 수장이 국회의 비상적인 헌법적 장애상태를 회복하기 위하여 가지는 권한으로 국회의장의 의사정리권에 속하고, 의안 심사에 관하여 위원회 중심주의를 채택하고 있는 우리 국회에서는 비상적 · 예외적 의사절차에 해당한다. 국회법 제85조 제1항 각 호의 심사기간 지정사유는 국회의장의 직권상정권한을 제한하는 역할을 할 뿐 국회의원의 법안에 대한 심의 · 표결권을 제한하는 내용을 담고 있지는 않다. 국회법 제85조 제1항의 지정사유가 있다 하더라도 국회의장은 직권상정권한을 행사하지 않을 수 있으므로, 청구인들의 법안 심의 · 표결권에 대한 침해위험성은 해당안건이 본회의에 상정되어야만 비로소 현실화된다. 따라서 이 사건 심사기간 지정 거부행위로 말미암아 청구인들의 법률안 심의 · 표결권이 직접 침해당할 가능성은 없다.

나. '의장이 각 교섭단체대표의원과 합의하는 경우'를 심사기간 지정사유로 규정한 국회법 제85조 제1항 제3호가 헌법에 위반된다고 하더라도, 법률안에 대한 심사기간 지정 여부에 관하여는 여전히 국회의장에게 재량이 인정되는 것이지 법률안에 대한 심사기간 지정 의무가 곧바로 발생하는 것은 아니다. 따라서 국회법 제85조 제1항 제3호의 위헌 여부는 이 사건 심사기간 지정 거부행위의 효력에 아무런 영향도 미칠 수 없다.

헌재 2016.5.26. 2015헌라1, 판례집 28-1 하, 170,171-172

신속처리안건 지정동의안 심의는 그 대상이 된 위원회 회부 안건 자체의 심의가 아니라, 이를 신속처리대상안건으로 지정하여 의사절차의 단계별 심사기간을 설정할 것인지 여부를 심사하는 것이고, 국회법상 이에 대한 질의나 토론이 필요하다는 규정이 없으므로 신속처리안건 지정동의안에 대한 표결 전에 그 대상이 되는 법안의 배포나 별도의 질의 · 토론 절차를 거치지 않았다고 하여 절차상 위법한 것은 아니라고 한다(헌재 2020.5.27. 2019헌라3등).

넷째, 위원회는 예산안, 기금운용계획안, 임대형 민자사업 한도액안 및 세입예산안 부수 법률안으로 지정된 법률안에 대한 심사를 매년 11월 30일까지 마쳐야 하고, 심사를 마치지 아니한 경우 해당 의안은 그 다음날에 본회의에 바로 부의된 것으로 본다(제85조의3).

다섯째, 정기회 기간 중에는 예산안 처리에 부수하는 법률안만 위원회 또는 본회의에 상정할 수 있도록 제한하는 규정을 삭제하였다(제93조의2 제2항 삭제).

여섯째, 의원은 재적의원 3분의 1 이상의 요구가 있는 경우 본회의 심의 안건에 대하여 시간의 제한을 받지 않고 무제한 토론할 수 있고, 무제한 토론(필리버스터)을 실시하는 본회의는 '1일 1차 회의'의 원칙에도 불구하고 무제한 토론 종결 선포 전까지 산회하지 아니하도록 하며, 무제한 토론 종결은 더 이상 토론할 의원이 없거나, 재적의원 3분의 1 이상이 제출한 토론 종결동의를 재적의원 5분의 3 이상의 찬성으로 의결한 경우 또는 무제한 토론 중 회기가 종료된 경우에 하도록 하였다(제106조의2). 제19대 국회 막바지인 2016.2.23.부터 3.2.까지 28명의 야당의원이 9일 동안 192시간 26분 동안 필리버스터를 한 적이 있다. 대상이 된 법안은 테러방지법이었다.

(판 례) 무제한토론의 입법취지와 대상

무제한토론제도의 입법취지는 '소수 의견이 개진될 수 있는 기회'를 보장하면서도, 의사절차가 지나치게 지연되거나 안건에 대한 처리 자체가 불가능하게 되는 것을 방지하여 '안건에 대한 효율적인 심의'가 이루어지도록 하는 것이다.

국회법 제7조에 따라 집회 후 즉시 의결로 국회의 회기를 정하는 것이 국회법이 예정하고 있는 국회의 정상적인 운영 방식이다. 무제한토론 역시 국회가 집회 후 즉시 의결로 국회의 회기를 정하여 해당 회기의 종기가 정해져 있는 상태에서 실시되는 것을 전제로 하여, 해당 회기의 종기까지만 보장되도록 규정되어 있다(국회법 제106조의2 제8항).

'회기결정의 건'에 대하여 무제한토론이 실시되는 경우, 무제한토론을 할 의원이 더 이상 없거나 무제한토론의 종결동의가 가결되지 않으면, 국회가 해당 회기를 정하지 못하게 된다. 국회법 제106조의2 제8항은 무제한토론을 실시하는 중에 해당 회기가 끝나는 경우 해당 안건은 바로 다음 회기에서 지체 없이 표결하도록 규정하고 있으나, 이미 헌법 제47조 제2항에 의하여 종료된 해당 회기를 그 다음 회기에 이르러 결정할 여지는 없다. 결국 '회기결정의 건'에 대하여 무제한토론이 실시되면, 무제한토론이 '회기결정의 건'의 처리 자체를 봉쇄하는 결과가 초래된다. 이는 당초 특정 안건에 대한 처리 자체를 불가능하게 하는 것이 아니라 처리를 지연시키는 수단으로 도입된 무제한토론제도의 취지에 반할 뿐만 아니라, 국회법 제7조에도 정면으로 위반된다.

(……) 그렇다면, '회기결정의 건'은 그 본질상 국회법 제106조의2에 따른 무제한토론의 대상이 되지 않는다고 보는 것이 타당하다.

헌재 2020.5.27. 2019헌라6등, 판례집 32-1 하, 214,215-216

일곱째, 의원은 의장석 또는 위원장석을 점거하여서는 아니 되고, 점거한 의원이 의장 또는 위원장의 조치에 불응하는 경우 징계안을 바로 본회의에 부의하여 지체 없이 의결하도록 하였다(제148조의2, 제155조 제10호 및 제156조 제7항).

여덟째, 의원의 국회 회의장 출입을 방해하는 행위를 금지하고, 위반행위에 대하여 징계할 수 있도록 하였다(제148조의3 및 제155조 제11호).

2013년 개정 국회법은 '누구든지'(따라서 국회의원도 포함한다) 국회의 회의를 방해할 목적으로 회의장 또는 그 부근에서 폭력행위 등을 하는 것을 금지하고(제165조), 국회 회의를 방해할 목적으로 폭력행위 등을 한 자를 형법상 폭행죄 · 공무집행방해죄 등보다 높은 형량으로 처벌하도록 하는 국회 회의 방해죄를 신설하였다(제166조).

③ **법률안의 정부이송과 공포**. 본회의에서 법률안이 의결되면 국회의장이 이를 정부에 이송한다(헌법 제53조 제1항, 국회법 제98조 제1항). 정부는 이송된 법률안을 국무회의의 심의에 부치며(헌법 제89조 제3호), 이의가 없을 때에는 대통령이 서명하고 국무총리와 관계 국무위원이 부서한다(헌법 제82조). 이로써 법률이 확정된다.

대통령은 법률안이 정부에 이송된 날로부터 15일 이내에 법률을 공포한다(헌법 제53조 제1항).

대통령이 법률안에 이의가 있으면 정부에 이송된 지 15일 이내에 이의서를 붙여 국회로 환부하고 그 재의를 요구할 수 있다. 국회 폐회 중에도 같다. 다만 법률안의 일부에 대하여 또는 법률안을 수정하여 재의 요구를 할 수는 없다. 재의 요구가 있으면 국회는 재의에 붙이고, 재적과반수 출석과 출석 3분의 2 이상의 찬성으로 재의결하면 법률안은 법률로 확정된다(헌법 제53조 제2항 내지 제4항). 대통령이 15일 이내에 공포를 하지 않고 재의 요구도 하지 않는 경우에 그 법률안은 법률로 확정된다(헌법 제53조 제5항).

대통령은 재의결에 의해 확정된 법률, 또는 재의를 요구하지 않고 15일을 경과함으로써 확정된 법률을 지체없이 공포하여야 한다. 재의 요구 없이 15일을 경과하여 법률이 확정된 후 5일 이내에 대통령이 공포하지 않거나, 또는 재의결되어 정부에 이송된 후 5일 이내에 대통령이 공포하지 않을 때에는 국회의장이 공포한다(헌법 제53조 제6항).

법률의 공포는 법률의 효력발생 요건이다. 공포는 관보에 게재하는 것으로 한다('법령 등 공포에 관한 법률' 제11조). 대법원 판례에 의하면 "관보 게재일이라 함은 관보에 인쇄된 발행일자를 뜻하는 것이 아니고 관보가 전국의 각 관보보급소에 발송 배포되어 이를 일반인이 열람 또는 구독할 수 있는 상태에 놓이게 된 최초의 시기를 뜻한다"(대판 1969.11.25. 69누129). '법령 등 공포에 관한 법률' 제12조에 따르면 법령 등의 공포 또는 공고일은 그 법령 등을 게재한 관보 또는 신문이 발행된 날로 한다.

(판 례) 미군정법령의 공포

미군정기 법령의 체계와 제정 · 공포방식 및 관련자료에 비추어 볼 때 구 국방경비법은 군정장관이 직권에 의하여 법령으로 제정한 것이거나, 조선경비청에 대한 규정을 개정하는 기타 법규로서 군정청관보에의 게재가 아닌 다른 방법에 의하여 공포한 것이라고 볼 수 있고, 특히 구 국방경비법 제32조, 제33조는 1948.7.5. 전부터 이미 존재하고 있었다고 볼 수 있는 점, 같은 법은 정부수립후 1962.1.20. 폐지될 때까지 유효한 법률로 취급받고 유효한 법률이었음을 전제로 입법이 되는 등 국민들과 법제정당국 및 법집행당국 등에 의하여 실질적으로 규범력을 갖춘 법률로 승인된 점 등을 종합하여 볼 때 구 국방경비법의 유효한 성립을 인정함이 합리적이므로, 구 국방경비법 제32조와 제33조의 성립절차상 하자로 인하여 심판대상조항이 헌법 제12조 제1항 후문의 적법절차원칙에 위배된다고 볼 수는 없다.

헌재 2001.4.26. 98헌바79, 판례집 13-1, 799,800

위 판례는 미군정법령의 하나인 구 국방경비법의 공포 여부에 대한 입증이 없음에도 불구하고 공포된 것으로 추정하여 그 성립의 유효성을 인정하고 있다. 과연 이러한 추정이 헌법상 인정될 수 있는지는 문제이다.

④ **법률의 효력발생**. 법률은 특별한 규정이 없는 한 공포한 날로부터 20일을 경과함으로써 효력을 발생한다(헌법 제53조 제7항). 실제로는 개개 법률의 부칙에서 시행일을 명시하는 경우가 많다. '법령 등 공포에 관한 법률'에 의하면, 국민의 권리제한 또는 의무부과와 직접 관련되는 법률은 긴급히 시행하여야 할 특별한 사유가 있는 경우를 제외하고는 공포일로부터 적어도 30일이 경과한 날로부터 시행되도록 하여야 한다(제13조의2). 다만 대통령령에서 법률의 시행일을 정하는 경우도 있다. '법률 제16908호 검찰청법 일부개정법률 및 법률 제16924호 형사소송법 일부개정법률의 시행일에 관한 규정'(대통령령 제31091호, 2020.10.7. 제정)은 위 법률들의 시행일을 규정하였다. '법령 등 공포에 관한 법률' 제5조는 법률 공포문에 공포일을 명기하여야 한다고 규정하고, 시행일에 관해서는 제13조의2와 같이 규정하고 있을 뿐이다. 위 법률들이 부칙에서 시행일을 따로 규정하지 않았던 사정이 있었다.

3. 재정에 관한 권한

(헌법 제54조) ① 국회는 국가의 예산안을 심의・확정한다.
② 정부는 회계연도마다 예산안을 편성하여 회계연도 개시 90일전까지 국회에 제출하고, 국회는 회계연도 개시 30일전까지 이를 의결하여야 한다.
③ 새로운 회계연도가 개시될 때까지 예산안이 의결되지 못한 때에는 정부는 국회에서 예산안이 의결될 때까지 다음의 목적을 위한 경비는 전년도 예산에 준하여 집행할 수 있다.
1. 헌법이나 법률에 의하여 설치된 기관 또는 시설의 유지・운영
2. 법률상 지출의무의 이행
3. 이미 예산으로 승인된 사업의 계속

(헌법 제55조) ① 한 회계연도를 넘어 계속하여 지출할 필요가 있을 때에는 정부는 연한을 정하여 계속비로서 국회의 의결을 얻어야 한다.
② 예비비는 총액으로 국회의 의결을 얻어야 한다. 예비비의 지출은 차기국회의 승인을 얻어야 한다.

(헌법 제56조) 정부는 예산에 변경을 가할 필요가 있을 때에는 추가경정예산안을 편

> 성하여 국회에 제출할 수 있다.
> **(헌법 제57조)** 국회는 정부의 동의없이 정부가 제출한 지출예산 각항의 금액을 증가하거나 새 비목을 설치할 수 없다.
> **(헌법 제58조)** 국채를 모집하거나 예산외에 국가의 부담이 될 계약을 체결하려 할 때에는 정부는 미리 국회의 의결을 얻어야 한다.
> **(헌법 제59조)** 조세의 종목과 세율은 법률로 정한다.

(1) 개 관

재정이란 국가나 공공단체가 그 존립과 활동에 필요한 재화를 취득 · 관리 · 사용하는 모든 작용을 말한다. 헌법은 국회의 재정에 관한 권한으로 ① 조세에 관한 입법권(조세법률주의)(제59조), ② 예산안 심의 · 확정권(제54조-제57조), ③ 결산심사권(제99조) 및 예비비지출승인권(제55조 제2항), ④ 국채모집동의권(제58조) 등 기타 재정적 권한을 규정하고 있다.

역사적으로 근대 의회제도는 재정에 대한 의회의 통제를 중심으로 발전하여 왔다. 영국에서 이미 1215년의 대헌장 이래로 군주의 과세권에 대한 동의기관으로서 의회가 발전되어 왔으며, 1689년의 권리장전 이후에는 과세권만이 아니라 지출에 대해서도 의회의 동의가 필요하게 되었다.

국가의 재정에 관한 중요사항은 국회의 의결에 근거하지 않으면 안 되며, 이를 **재정국회의결주의**(또는 재정국회중심주의)라고 부를 수 있다.

이와 관련된 것으로 **재정민주주의**라는 용어가 사용된다. 재정민주주의는 재정을 민주적 통제 하에 두어야 한다는 원칙으로, 재정국회의결주의도 그 내용의 하나라고 할 수 있다. 다만 재정민주주의를 국회의결주의와 구별하여, 국민이 직접 재정에 참여해야 한다는 의미로 사용하는 경우도 있다. 국가재정법은 예산 · 기금의 불법지출에 대한 국민감시의 권리를 규정하고 있다. "① 국가의 예산 또는 기금을 집행하는 자, 재정지원을 받는 자, 각 중앙관서의 장(그 소속기관의 장을 포함한다) 또는 기금관리주체와 계약 그 밖의 거래를 하는 자가 법령을 위반함으로써 국가에 손해를 가하였음이 명백한 때에는 누구든지 집행에 책임 있는 중앙관서의 장 또는 기금관리주체에게 불법지출에 대한 증거를 제출하고 시정을 요구할 수 있다. ② 제1항의 규정에 따라 시정요구를 받은 중앙관서의 장 또는 기금관리주체는 대통령령이 정하는 바에 따라 그 처리결과를 시정요구를 한 자에게 통지하여야 한다. ③ 중앙관서의 장 또는 기금관리주체는 제2항의 규정에 따른 처리결과에 따라 수입이 증대되거나 지출이 절약된 때에는 시정요구를 한 자에게 제49조의 규정에 따른 예산성과금을 지급할 수 있다”(제100조).

그러나 국가재정법상 **국민감시의 권리**는 법률상의 권리일 뿐이다. 헌법재판소는 재정지출에 대한 국민의 감시권을 헌법상 기본권으로 인정하지 않고 있다.

(판 례) 재정지출에 대한 국민의 감시권

행정중심복합도시의 건설로 말미암아 여러 부작용과 폐해가 발생하여 막대한 재원을 투자하였음에도 불구하고 그에 상응하는 결실보다는 엄청난 국력의 낭비가 초래될 수도 있다는 청구인들의 예상이 전혀 근거가 없거나 불합리한 것으로 볼 수는 없다. 그러나 헌법상 조세의 효율성과 타당한 사용에 대한 감시는 국회의 주요책무이자 권한으로 규정되어 있어(헌법 제54조, 제61조) 재정지출의 효율성 또는 타당성과 관련된 문제에 대한 국민의 관여는 선거를 통한 간접적이고 보충적인 것에 한정되며, 재정지출의 합리성과 타당성 판단은 재정분야의 전문성을 필요로 하는 정책판단의 영역으로서 사법적으로 심사하는 데에 어려움이 있을 수 있다. 게다가 재정지출에 대한 국민의 직접적 감시권을 기본권으로 인정하게 되면 재정지출을 수반하는 정부의 모든 행위를 개별 국민이 헌법소원으로 다툴 수 있게 되는 문제가 발생할 수 있다.

따라서 청구인이 주장하는 재정사용의 합법성과 타당성을 감시하는 납세자의 권리를 헌법에 열거되지 않은 기본권으로 볼 수 없으므로 그에 대한 침해의 가능성 역시 인정될 수 없다.

헌재 2005.11.24. 2005헌마579, 판례집 17-2, 481,522

(2) 조세법률주의

헌법 제59조는 “조세의 종목과 세율은 법률로 정한다”라고 조세법률주의를 규정하고 있다. 또한 헌법 제38조의 “모든 국민은 법률이 정하는 바에 의하여 납세의 의무를 진다”는 규정도 조세법률주의의 근거가 된다. 조세법률주의는 영미에서의 ‘대표없이 조세없다’(No tax without representation)는 원칙에 연원을 두고 있다.

① 조세란 국가 또는 공공단체가 그 경비에 충당하기 위하여 국민 일반에게 강제적으로 징수하는 금전적 급부이다. 조세는 무상으로 강제징수하는 것이므로, 수수료(국가나 공공단체가 공적 역무에 대한 반대급부로서 징수하는 요금) 또는 사용료(공공시설 등의 사용에 대해 징수하는 요금)와는 구별된다. 또한 국민 일반에게 징수한다는 점에서 부담금(특정한 공익사업에 특별한 관계가 있는 자에게 그 경비의 전부나 일부를 부과하는 금전적 부담)과도 구별된다. 수수료 · 사용료 · 부담금 등은 조세와 구별되지만 이것들이

국민의 권리에 대한 제한에 해당하는 경우에는 헌법 제37조 제2항의 규정에 따라 법률에 근거하여야 한다. 지방자치법은 지방자치단체의 사용료, 수수료, 분담금 부과에 관하여 규정하고 있다(제136조 이하)(부담금과 재산권 제한에 관하여, 앞의 제3편, 제12장, I, 7. 조세 · 부담금과 재산권 참조).

② 조세법률주의는 **과세요건법률주의**와 **과세요건명확주의**를 핵심으로 한다. 조세에 관하여 법률로 정해야 하는 사항으로 헌법은 조세의 '종목과 세율'을 규정하고 있는데, 그 밖에 납세의무자, 과세대상물건, 과세표준 등의 과세요건과 과세절차에 관해서도 법률로 정해야 한다. 또한 조세법률주의는 조세에 관한 법률규정이 명확해야 할 것을 요구한다. 나아가 조세법규의 해석에 있어서 엄격한 해석을 요구하며, 유추해석이나 확장해석은 허용되지 않는다.

(판 례) 조세법률주의의 핵심(1)

조세법률주의는 조세는 국민의 재산권을 침해하는 것이 되므로 납세의무를 성립시키는 납세의무자, 과세물건, 과세표준, 과세기간, 세율 등의 모든 과세요건과 조세의 부과 · 징수절차는 모두 국민의 대표기관인 국회가 제정한 법률로 이를 규정하여야 한다는 것(과세요건 법정주의)과 또 과세요건을 법률로 규정하였다고 하더라도 그 규정내용이 지나치게 추상적이고 불명확하면 과세관청의 자의적인 해석과 집행을 초래할 염려가 있으므로 그 규정내용이 명확하고 일의적이어야 한다는 것(과세요건 명확주의)을 그 핵심적 내용으로 하고 있다.

헌재 1992.12.24. 90헌바21, 판례집 4, 890,899

(판 례) 조세법률주의의 핵심(2)

어떠한 사안이 국회가 형식적 법률로 스스로 규정하여야 하는 본질적 사항에 해당되는지는, 구체적 사례에서 관련된 이익 내지 가치의 중요성, 규제 또는 침해의 정도와 방법 등을 고려하여 개별적으로 결정하여야 하지만, 규율대상이 국민의 기본권 및 기본적 의무와 관련한 중요성을 가질수록 그리고 그에 관한 공개적 토론의 필요성 또는 상충하는 이익 사이의 조정 필요성이 클수록, 그것이 국회의 법률에 의해 직접 규율될 필요성은 더 증대된다.

헌법 제37조 제2항, 제38조, 제59조, 제75조에 비추어 보면, 국민에게 납세의 의무를 부과하기 위해서는 조세의 종목과 세율 등 납세의무에 관한 기본적, 본질적 사항은 국민의 대표기관인 국회가 제정한 법률로 규정하여야 하고, 법률의 위임 없이 명령 또는 규칙 등의 행정입법으로 과세요건 등 납세의무에 관한 기본적, 본질적 사항을 규정하는 것은 헌법이 정한 조세법률주의 원칙에 위배된다. 특히 법인세, 종합소득세와 같이 납세의무자에게 조세의 납부의무뿐만 아니라 스스로 과세표준과 세액을 계산하여 신고하여야 하는 의무까지 부과하는 경우에는 신고의무 이행에 필요한 기본적인 사항과 신고의무불이행 시 납세의무자가 입게 될 불이익 등은 납세의무를 구성하는 기본적, 본질적 내용으로서 법률로 정하여야 한다.

대판(전합) 2015.8.20. 2012두23808

(판 례) 조세법규의 해석

형벌조항의 경우 헌법상 규정된 죄형법정주의(헌법 제12조 제1항, 제13조 제1항)에 의해 입법목적이나 입법자의 의도를 감안한 유추해석이 일체 금지되고 법률조항의 문언의 의미를 엄격하게 해석할 것이 요구된다. 또한 국민의 재산권과 밀접한 관련을 갖고 있는 조세법의 해석에 있어서도 조세법률주의의 원칙상(헌법 제59조) 과세요건, 절차, 결과 등 모든 면에서 엄격하게 법문언대로 해석하여야 하고 합리적인 이유 없이 확장해석하거나 유추해석할 수는 없다. 그러므로 형벌조항이나 조세관련 법규를 해석함에 있어서, '유효한' 법률조항의 불명확한 의미를 논리적·체계적 해석을 통해 합리적으로 보충하는 데에서 더 나아가, 해석을 통하여 전혀 새로운 법률상의 근거를 만들어 내거나, 기존에는 존재하였으나 실효되어 더 이상 존재한다고 볼 수 없는 법률조항을 여전히 '유효한' 것으로 해석한다면, 이는 법률해석의 한계를 벗어나는 것으로서, '법률의 부존재'로 말미암아 형벌의 부과나 과세의 근거가 될 수 없는 것을 법률해석을 통하여 이를 창설해 내는 일종의 '입법행위'에 해당하므로 헌법상의 권력분립원칙에 반할 뿐만 아니라 죄형법정주의, 조세법률주의의 원칙에도 반하는 것이다.

헌재 2012.5.31. 2009헌바123, 판례집 24-1 하, 281,297

조세법률주의는 소급과세금지도 포함한다. 그러나 이미 성립한 납세의무의 구체적인 내용을 변경하는 것이 아니라 국세 부과권의 제척기간만을 연장하는 것은 소급과세금지의 원칙에 위반되지 않는다(헌재 2012.12.27. 2011헌바132).

③ 조세의 부과에 관하여 1년세주의(一年稅主義)와 **영구세주의**(永久稅主義)의 구분이 있다. 1년세주의는 조세 부과에 매년 의회의 의결을 거치도록 하는 것이다. 영구세주의는 법률의 형식으로 조세를 부과함으로써 법률이 존속하는 동안 계속해서 과세할 수 있도록 하는 것이다. 본래 1년세주의는 조세에 관한 의회통제의 강화를 의미한다. 우리 헌법이 조세법률주의를 택하고 있음은 곧 영구세주의를 채택함을 의미한다.

④ 조세관련 입법의 위헌심사기준은 과잉금지원칙이 적용되나, 비례심사의 강도는 완화된다.

(판 례) 조세관련 입법의 위헌심사기준

조세 관련 법률의 목적이나 내용은 기본권 보장의 헌법이념과 이를 뒷받침하는 과잉금지원칙 등 헌법상 제반 원칙에 합치되어야 하고, 과잉금지원칙 등에 어긋나 국민의 재산권을 침해하여서는 아니 된다. 다만, 오늘날에 있어서 조세는 국가의 재정수요를 충족시킨다고 하는 본래의 기능 외에도 소득의 재분배, 자원의 적정배분, 경기의 조정 등 여러 가지 기능을 가지고 있으므로, 국민의 조세부담을 정함에 있어서 재정·경제·사회정책 등 국정전반에 걸친 종합적인 정책판단을 필요로 하고, 소득 성질의 차이 등을 이유로 하여 그 취급을 달리하는 것은 입법자가 소득세제 전반 또는 입법목적 기타 여러 가지 경제상황을 고려하여 결정할 수 있다는 점에서 비례심사의 강도는 완화될 필요가 있다(헌재 2011.10.25. 2010헌바21등 참조).

헌재 2018.6.28. 2016헌바347 등, 공보 261, 1097

⑤ **조세법률주의의 예외**에 해당하는 몇 가지 문제가 있다. 첫째, **행정입법에의 위임**이 인정된다. 그러나 위임입법의 한계를 넘지 말아야 하며, 일반적·포괄적 위임은 인정되지 않는다.

(판 례) 조세법과 위임입법

이 사건 위임조항은 기준시가(基準時價)의 내용 자체에 관한 기준이나 한계는 물론 내용 결정을 위한 절차조차도 규정함이 없이 기준시가의 내용 및 그 결정절차를 전적으로 대통령령이 정하는 바에 의하도록 하였다. 이는 어떤 사정을 고려하여, 어떤 내용으로, 어떤 절차를 거쳐 양도소득세 납세의무의 중요한 사항 내지 본질적 내용인 기준시가를 결정할 것인가에 관하여 과세권자에게 지나치게 광범한 재량의 여지를 부여함으로써, 국민으로 하여금 소득세법만 가지고서는 양도소득세 납세의무의 존부 및 범위에 관하여 개략적으로나마 이를 예측하는 것조차 불가능하게 하고, 나아가 대통령을 포함한 행정권의 자의적인 행정입법권 및 과세처분권 행사에 의하여 국민의 재산권이 침해될 여지를 남김으로써 국민의 경제생활에서의 법적 안정성을 현저히 해친 입법으로서 조세법률주의 및 위임입법의 한계를 규정한 헌법의 취지에 반한다.

헌재 1995.11.30. 91헌바1, 판례집 7-2, 562,563

헌법재판소는 지방세법에서 재산세 별도합산과세대상 토지의 범위를 대통령령으로 정하도록 한 것은 헌법상 조세법률주의 내지 포괄위임입법금지원칙에 반하지 않고, 청구인들의 재산권이나 평등권을 침해하는 것도 아니라고 판시하였다(헌재 2010.12.28. 2009헌바145). 또한 재산세 분리과세대상 토지의 범위를 대통령령에 위임하고 있는 구 지방세법 규정에 대해서도 유사한 취지로 판시한 바 있다(헌재 2010.2.25. 2008헌바34).

둘째, 지방자치단체의 **조례에 의한 지방세** 부과가 문제된다. 지방자치법은 "지방자치단체는 법률로 정하는 바에 따라 지방세를 부과·징수할 수 있다"고 규정하고(제152조), 지방세기본법은 "지방자치단체는 지방세의 세목, 과세대상, 과세표준, 세율 그 밖에 부과 징수에 필요한 사항을 정할 때에는 이 법 또는 지방세관계법에서 정하는 범위에서 조례로 정하여야 한다"고 규정하고 있다(제5조 제1항).

조례로 지방세의 세목, 과세대상, 과세표준, 세율 등을 정하는 것은 조세법률주의의 위반이 아니냐는 문제가 제기된다. 조례는 헌법이 명시적으로 인정한 지방자치단체의 자치규정의 하나이고(헌법 제117조 제1항), 조례로써 하되 지방세관계법에서 규정한 지방세 부과에 관한 일반적 기준의 범위 내에서 정하도록 되어 있고, 헌법이 보장하는 지방자치제도의 보장을 위해 필요한 것이므로 위헌이 아니라고 보는 것이 타당하다.

셋째, 조약으로 조세에 관하여 규정하는 경우가 있다. 관세법은 조약에 의한 관세양허 등에 관하여 규정하고 있다(제73조, 제78조 이하). 국회의 동의를 얻어 체결한 조약은 법률과 동등한 효력을 지니므로 조약에 의한 관세 양허는 조세법률주의 위반이라고 할 수 없다.

넷째, 대통령의 긴급재정경제명령으로 조세에 관하여 규정할 수 있을 것이다. **긴급재정경제명령**은 법률의 효력을 지니므로(헌법 제76조 제1항), 이것은 조세법률주의 위반이라고 할 수 없다.

⑥ 조세법률주의는 조세가 형식적으로 법률에 근거해야 한다는 형식적 조세법률주의에 그치는 것이 아니라, 조세의 목적이나 내용이 기본권보장을 비롯한 헌법원리에 합치해야 한다는 **실질적 조세법률주의**를 의미한다.

(판 례) 실질적 조세법률주의

헌법 제38조, 제59조가 선언하는 조세법률주의도 이러한 실질적 법치주의를 뜻하는 것이므로 비록 과세요건이 법률로 명확히 정해진 것일지라도 그것만으로 충분한 것이 아니고 조세법의 목적이나 내용이 기본권보장의 헌법이념과 이를 뒷받침하는 헌법상의 제원칙에 합치되지 아니하면 아니된다.

헌재 1992.2.25. 90헌가69, 판례집 4, 114,121

실질적 조세법률주의에 포함되는 주요 내용으로 **조세평등주의**를 들 수 있다. 조세평등주의는 평등원칙의 조세법적 표현이다. 그 밖에 실질적 조세법률주의의 내용으로 소급과세입법금지 등 신뢰보호의 원칙 등을 들 수 있다(소급과세입법금지 등 신뢰보호의 원칙과 재산권에 관하여 앞의 제3편, 제12장, I, 8. 재산권보장에 관한 그 밖의 문제들 참조).

그러나 세법상의 과세표준이 납세의무자의 경제적 의미의 소득과 반드시 일치하도록 세법을 정하여야 할 입법자의 구체적 입법의무가 헌법해석상 도출되는 것은 아니다(헌재 2011.10.25. 2010헌바21). 따라서 법인의 토지 등 양도소득을 토지 등의 양도소득에서 양도 당시의 장부가액을 차감한 금액으로 하도록 규정하고 있는 구 법인세법 조항은 실질적 조세법률주의에 반하거나 재산권을 침해하는 것은 아니다(헌재 2017.11.30. 2016헌바182).

(판 례) 조세평등주의

조세평등주의는 위 헌법규정에 의한 평등의 원칙 또는 차별금지의 원칙의 조세법적 표현이라고 할 수 있다. 따라서 국가는 조세입법을 함에 있어서 조세의 부담이 공평하게 국민들 사이에 배분되도록 법을 제정하여야 할 뿐만 아니라, 조세법의 해석·적용에 있어서도 모든 국민을 평등하게 취급하여야 할 의무를 진다. 이러한 조세평등주의의 이념을 실현하기 위한 법 제도의 하나가 바로 국세기본법 제14조에 규정한 실질과세의 원칙이라고 할 수 있다. 또한 이러한 조세평등주의는 정의의 이념에 따라 "평등한 것은 평등하게", 그리고 "불평등한 것은 불평등하게" 취급함으로써 조세법의 입법과정이나 집행과정에서 조세정의(租稅正義)를 실현하려는 원칙이라고 할 수 있다.

헌재 1989.7.21. 89헌마38, 판례집 1, 131,141-142

(판 례) 조세평등주의와 입법형성의 자유

오늘날 세원(稅源)이 극히 다양하고, 납세의무자인 국민의 담세능력에도 차이가 많을 뿐만 아니라, 조세도 국가재원의 확보라는 고전적 목적 이외에 다양한 정책적 목적 하에 부과되고 있기 때문에 조세법의 영역에서는 입법자에게 광범위한 형성권이 부여되어 있다(헌재 1996.8.29. 92헌바46, 판례집 8-2, 17, 24). 따라서 취득세의 입법과 관련하여서도 입법자는 모든 과세대상을 동일하게 취급할 것인가 아니면 특정의 대상에 대하여는 이와 구별하여 중과세할 것인가, 중과세할 경우 그 대상을 무엇으로 한정할 것이며 그 세율은 어느 정도로 할 것인가 등에 관하여 광범위한 입법형성의 자유를 갖는다고 할 수 있다. 다만 이러한 결정을 함에 있어서도 입법자는 재정정책적, 국민경제적, 사회정책적, 조세기술적 제반 요소들에 대한 교량을 통하여 그 조세관계에 맞는 합리적인 조치를 하여야만 평등의 원칙에 부합할 수 있으며, 그러한 결정이 비합리적이고 불공정한 조치라고 인정될 때에는 조세평등주의에 반하여 위헌이 된다고 할 것이다(헌재 1996.8.29. 95헌바41, 판례집 8-2, 107, 116-117).

헌재 1999.2.25. 96헌바64, 판례집 11-1, 96,108-109

(판 례) 조세평등주의(특수관계인에 대한 증여)

이 사건 증여재산가액 조항(최대주주 등이 그의 친족 등 특수관계인에게 당해 법인의 주식 등을 증여한 후 특수관계인이 얻은 상장에 따른 이익에 대하여 과세하는 '상속세 및 증여세법' 제41조의3 제1항)은 특수관계인이 최대주주등으로부터 증여받은 재산으로 최대주주등 외의 사람으로부터 주식을 취득하는 경우에도 최대주주등으로부터 직접 주식을 증여받거나 유상으로 취득한 경우와 동일하게 증여세 과세대상으로 삼고 있다. 이는 전자의 경우에도 특수관계인이 최대주주등으로부터 증여받은 재산으로 주식을 취득함으로써 그 주식에 포함된 상장이익을 무상으로 얻을 수 있었다는 점에서, 순수한 상장이익만을 놓고 보면, 최대주주등으로부터 주식에 포함된 상장이익을 직접 증여받은 후자의 경우와 그 경제적 효과가 동일하기 때문이므로, 이들을 서로 다르게 취급하여야 할 필요성이 없다.

따라서 이 사건 증여재산가액 조항이 이들을 동일하게 취급한다고 하더라도 조세평등의 원칙을 위배하였다고 볼 수 없다.

헌재 2015.9.24. 2012헌가5등, 공보 228, 1355,1362

(판 례) 회원제 골프장 입장료에 대한 부가금

수많은 체육시설 중 유독 골프장 부가금 징수 대상 시설의 이용자만을 국민체육진흥계정 조성에 관한 조세 외적 부담을 져야 할 책임이 있는 집단으로 선정한 것에는 합리성이 결여되어 있다. 골프장 부가금 등을 재원으로 하여 조성된 국민체육진흥계정의 설치 목적이 국민체육의 진흥에 관한 사항 전반을 아우르고 있다는 점에 비추어 볼 때, 국민 모두를 대상으로 하는 광범위하고 포괄적인 수준의 효용성을 놓고 부담금의 정당화 요건인 집단적 효용성을 갖추었다고 단정하기도 어렵다.

> 심판대상조항이 규정하고 있는 골프장 부가금은 일반 국민에 비해 특별히 객관적으로 밀접한 관련성을 가진다고 볼 수 없는 골프장 부가금 징수 대상 시설 이용자들을 대상으로 하는 것으로서 합리적 이유가 없는 차별을 초래하므로, 헌법상 평등원칙에 위배된다.
>
> 헌재 2019.12.27. 2017헌가21, 판례집 31-2 하, 8,10

그 밖에, 헌법재판소는 수입신고가 수리된 물품이 그 수리 후 계속 지정보세구역에 장치되어 있는 중에 재해로 인하여 멸실되거나 변질 또는 손상으로 인하여 그 가치가 감소된 때에는 관세의 전부 또는 일부를 환급할 수 있도록 한 관세법 규정은 조세평등주의에 위배되지 않는다고 한다. 지정보세구역은 외국으로부터 도착한 화물에 대한 관세의 확보, 반입목적에 맞는 합당한 관리 및 신속한 통관 등 관세행정의 필요에 의하여 운영되나, 특허보세구역은 보세구역을 설치·운영하는 사인의 이익을 보호하기 위한 측면이 강하고, 그에 따라 지정보세구역에는 세관장의 직접적인 통제가 인정되는 반면, 특허보세구역은 특허보세구역 운영인의 관리 아래 있다는 점을 이유로 들었다(헌재 2015.6.25. 2013헌바193).

(3) 예산안 심의·확정권

헌법 제54조는 국회의 예산안 심의·확정권을 규정하고 있고, 제55조 이하 제57조에서 관련 규정을 두고 있다.

① **예산**이란 1회계연도에 있어서 국가의 재정행위의 준칙(準則)이며, 세입예산과 세출예산으로 구성된다. 국가의 세입과 세출을 의회의 통제 하에 두는 것은 근대국가의 일반적 원칙이다.

예산을 법률의 형식으로 하느냐 또는 법률과 별개의 형식으로 하느냐는 국가에 따라 다르다. 영국·독일·프랑스·미국 등은 예산과 법률의 형식을 구별하지 않고 예산도 법률의 형식을 취하고 있다(예산법률주의). 이와 달리 우리나라와 일본 등은 예산을 법률과 구별하고 있다. 헌법은 헌법 제40조에서 국회의 입법권을 규정한 것과 별개로 헌법 제54조에서 예산안 심의·확정권을 규정하고 있다.

예산의 법적 성질에 관하여 논의가 있다. 예산은 법률과 다른 형식을 취하고 있지만, 국가의 재정행위에 구속력을 미친다는 점에서 법규범의 일종으로 보는 것이 일반적 견해이다.

② **예산의 효력**은 세입예산과 세출예산 사이에 차이가 있다. 세출예산은 법적

구속력을 갖지만, 세입예산은 단순한 예정표에 지나지 않는다. 세출예산은 지출의 목적, 금액, 연도에 관하여 구속력을 가지며, 세출예산에 계상(計上)되어 있지 않으면 지출할 수 없다. 반면 세입예산에 계상되어 있더라도 그것만으로는 징수할 수 없으며, 세입을 위해서는 예산과 별도로 법률의 근거가 있어야 한다.

예산은 1회계연도에만 효력을 지닌다(예산1년주의). 이에 대한 예외로서 계속비(繼續費)제도가 있다. "한 회계연도를 넘어 계속하여 지출할 필요가 있을 때에는 정부는 연한을 정하여 계속비로서 국회의 의결을 얻어야 한다"(헌법 제55조 제1항).

예산은 국가기관만을 구속하며, 일반 국민을 직접 구속하는 것은 아니다. 이 점에서 법률과 다르다.

③ **예산과 법률**은 별개 형식의 법규범이며 여러 차이가 있다. 첫째, 제안권자에 차이가 있다. 법률안 제출권은 국회의원과 정부에게 인정되지만, 예산안 제출권은 정부에게만 인정된다. 둘째, 성립 절차에서 차이가 있다. 국회의 법률안 심의에서 정부 제출법률안에 대해서도 정부의 동의없이 수정·증보할 수 있으나, 예산안 심의에서는 정부의 동의없이 지출예산 각항의 금액을 증액하거나 새 비목(費目)을 설치할 수 없다(헌법 제57조). 또한 국회가 의결한 법률안에 대하여는 대통령의 거부권이 인정되지만, 국회가 확정한 예산안에 대해서는 대통령의 거부권이 인정되지 않는다. 셋째, 효력상 차이가 있다. 법률은 개폐될 때까지 계속 효력을 가지나, 예산은 1회계연도에만 효력을 지닌다. 법률은 국가기관과 국민 모두를 구속력을 가지나, 예산은 국가기관에 대해서만 효력을 가진다.

예산과 법률은 이처럼 여러 차이가 있기 때문에 **예산과 법률의 관계**가 문제된다. 세출을 위해서는 세출예산에 계상되어 있어야 할 뿐만 아니라, 지출의 근거가 되는 법률이 있어야 한다. 반면 세입을 위해서는 비록 세입예산에 계상되어 있지 않더라도 법률의 근거가 있으면 징수할 수 있다.

예산과 법률의 불일치는 특히 세출예산의 경우에 문제된다. 첫째, 세출예산은 성립되어 있는데, 지출의 근거가 되는 법률이 제정되어 있지 않는 경우에 문제가 발생한다. 둘째, 법률은 제정되어 있는데, 그 집행을 위한 세출예산이 성립되어 있지 않은 경우에 문제가 발생한다.

위의 첫째 경우, 즉 세출예산은 성립되어 있는데 지출의 근거가 되는 법률이 제정되어 있지 않는 경우, 정부는 법률안을 제출하여 국회의 의결을 구하여야 할 것인데, 국회가 그 법률을 제정할 의무가 있는 것은 아니다. 한편 둘째 경우, 즉 법률은 제정되어 있는데 그 집행을 위한 세출예산이 성립되어 있지 않은 경우, 정부는 법률의 집행의 의무가 있다고 할 것이므로, 정부는 법률의 집행에 필요한 세출예산을 계상할 의무를 진다고 할 것이다. 만일 세출예산이 계상되어 있지 않은 경우에는 추가경정예산안을 편성하여 제출하거나(헌법 제56조) **예비비** 지출의 방법 등이 있다. "예비비는 총액으로 국회의 의결을 얻어야 한다. 예비비의 지출은 차기국회의 승인을 얻어야 한다"(헌법 제55조 제2항).

예산과 법률의 불일치를 방지하기 위한 방안으로 국회법은 다음의 규정을 두고 있다. "① 의원 또는 위원회가 예산 또는 기금상의 조치를 수반하는 의안을 발의 또는 제안하는 경우에는 그 의안의 시행에 수반될 것으로 예상되는 비용에 대한 추계서를 아울러 제출하여야 한다. ② 정부가 예산 또는 기금상의 조치를 수반하는 의안을 제출하는 경우에는 그 의안의 시행에 수반될 것으로 예상되는 비용에 대한 추계서와 이에 상응하는 재원조달방안에 관한 자료를 의안에 첨부하여야 한다"(제79조의2).

④ **예산안 심의 · 확정의 절차**. 예산안 제출권은 정부에게만 있다. 정부는 매년 회계연도 개시 90일 전까지 국회에 제출하고, 국회는 회계연도 개시 30일 전까지 이를 의결하여야 한다(헌법 제54조 제2항). 국가의 회계연도는 매년 1월 1일에 시작하여 12월 31일에 종료한다(국가재정법 제2조).

예산안 심의는 본회의에서의 정부의 시정연설, 소관 상임위원회의 예비심사, 예산결산특별위원회의 심사, 본회의 의결의 순서에 의한다(국회법 제84조).

국회는 정부의 동의없이 정부가 제출한 지출예산 각항의 금액을 증가하거나 새 비목(費目)을 설치할 수 없다(헌법 제57조). 이것은 국가재정의 전체적 통일성을 유지하기 위한 것이다.

국회가 예산안 심의를 전부 거부할 수 있느냐에 관해 논의가 있다. 부분적 수정은 가능하지만 전부 거부는 인정되지 않는다고 보아야 한다.

국회가 의결한 예산은 정부에 이송되어 대통령이 공고한다. 공고는 관보에 게재하여 한다('법령 등 공포에 관한 법률'제11조). 법률의 공포와는 달리, 예산의 공고는 효력발생요건이라고 볼 수 없다.

⑤ **임시예산**(준예산)**과 추가경정예산**. 새로운 회계연도가 개시될 때까지 예산안이 의결되지 못한 때에는 정부는 국회에서 예산안이 의결될 때까지 다음의 목적을 위한 경비를 전년도 예산에 준하여 집행할 수 있다. 첫째, 헌법이나 법률에 의하여 설치된 기관 또는 시설의 유지 · 운영, 둘째, 법률상 지출의무의 이행, 셋째, 이미 예산으로 승인된 사업의 계속(헌법 제54조 제3항). 이를 임시예산 또는 준예산이라고 한다.

예산에 변경을 가할 필요가 있을 때에는 정부는 추가경정예산안(追加更正豫算案)을 편성하여 국회에 제출할 수 있다. 이것은 예비비로 충족되지 않는 경우를 대비한 제도이다. 국가재정법에 따르면 다음 어느 하나에 해당하게 되어 이미 확정된 예산에 변경을 가할 필요가 있는 경우에는 추가경정예산안을 편성할 수 있다. "1. 전쟁이나 대규모 자연재해가 발생한 경우 2. 경기침체 · 대량실업 등 대내 · 외 여건에 중대한 변화가 발생하였거나 발생할 우려가 있는 경우 3. 법령에 따라 국가가 지급하여야 하는 지출이 발생하거나 증가하는 경우"(제89조).

(4) 결산심사권 및 예비비지출승인권

헌법은 감사원의 직무에 관한 조항에서 "감사원은 세입 · 세출의 결산을 매년 검사하여 대통령과 차년도 국회에 그 결과를 보고하여야 한다"고만 규정할 뿐(제99조), 국회의 결산심사에 관하여 직접 명시하고 있지 않다. 이 때문에 국회가 헌법상 결산심사권을 갖는지에 관해 논의의 여지를 남기고 있다. 감사원의 국회에 대한 결산검사의 보고는 국회의 결산심사를 위한 것으로 해석해야 할 것이다. 국가재정법과 국회법은 국회의 결산심사에 관하여 규정하고 있다.

정부는 감사원의 검사를 거친 결산 및 첨부 서류를 다음 연도 5월 31일까지 국회에 제출하여야 한다(국가재정법 제61조). 국회에 제출된 결산은 예산안과 마찬가지로 상임위원회와 예산결산특별위원회의 심사를 거쳐 본회의의 의결을 거치도록 되어 있다(국회법 제84조). 결산의 심사결과 위법 또는 부당한 사항이 있는 때에 국회는 본회의 의결 후 정부 또는 해당기관에 변상 및 징계조치 등 그 시정을 요구하고, 정부 또는 해당기관은 시정요구를 받은 사항을 지체없이 처리하여 그 결과를 국회에 보고하여야 한다(국회법 제84조 제2항).

한편 예비비의 지출은 차기 국회의 승인을 얻어야 한다(헌법 제55조 제2항). 정부는 예비비로 사용한 금액의 총괄명세서를 다음 연도 5월 31일까지 국회에 제출하여 그 승인을 얻어야 한다(국가재정법 제52조 제4항).

(5) 국채모집동의권 등 기타 재정적 권한

정부가 국채를 모집하거나 예산 외에 국가의 부담이 될 계약을 체결하려 할 때에는 미리 국회의 의결을 얻어야 한다(헌법 제58조).

대통령이 긴급재정경제명령처분을 한 때에는 지체없이 국회에 보고하여 그 승인을 얻어야 하고, 그 승인을 얻지 못한 때에는 그 명령 또는 처분은 그 때부터 효력을 상실한다(헌법 제76조 제3항, 제4항).

한편 국회는 기금(基金)에 관한 통제권도 갖는다. 기금은 국가가 특정한 목적을 위하여 특정한 자금을 신축적으로 운용할 필요가 있을 때에 한하여 법률로써 설치하며, 세입세출예산에 의하지 아니하고 운용할 수 있다(국가재정법 제5조). 정부는 기금운용계획안을 회계연도 개시 120일 전까지 국회에 제출하여야 한다(국가재정법 제68조). 국회는 기금운용계획안을 회계연도개시 30일 전까지 심의 · 확정한다(국회법 제84조의2).

4. 조약체결동의권 등 대외관계에 관한 권한

> **(헌법 제60조)** ① 국회는 상호원조 또는 안전보장에 관한 조약, 중요한 국제조직에 관한 조약, 우호통상항해조약, 주권의 제약에 관한 조약, 강화조약, 국가나 국민에게 중대한 재정적 부담을 지우는 조약 또는 입법사항에 관한 조약의 체결 · 비준에 대한 동의권을 가진다.
> ② 국회는 선전포고, 국군의 외국에의 파견 또는 외국군대의 대한민국 영역 안에서의 주류에 대한 동의권을 가진다.

(1) 조약체결동의권

국회는 일정한 중요 조약의 체결에 대한 동의권을 갖는다(헌법 제60조 제1항).

① 국회의 **동의를 필요로 하는 대상**은 모든 조약이 아니라, 헌법에 열거된 "상호원조 또는 안전보장에 관한 조약, 중요한 국제조직에 관한 조약, 우호통상항해조약, 주권의 제약에 관한 조약, 강화조약, 국가나 국민에게 재정적 부담을 지우는 조약 또는 입법사항에 관한 조약"에 한정된다.

'중요한' 국제조직에 관한 조약에 한정한 데에는 특별한 배경이 있다. 국제조직의 수효가 너무 많기 때문만이 아니라, 과거 북한과의 외교적 경쟁 속에서 비공개로 조약체결을 추진할 필요성이 있었기 때문이다. '우호통상항해조약'은 국가 간 외교관계가 수립된 후 체결되는 포괄적이고 기본적인 조약이며, 통상에 관한 모든 조약을 포함하는 것은 아니다. '입법사항'에 관한 조약이 무엇인지 문제된다. 입법사항이란 일반적 규범 가운데 국회가 법률의 형식으로 제정해야 할 사항을 말하며, 실질적으로는 "국민의 권리와 의무의 형성에 관한 사항을 비롯하여 국가의 통치조직과 작용에 관한 기본적이고 본질적인 사항"(헌재 1998.5.28. 96헌가1, 판례집 10-1, 509,515)을 의미한다.

국회의 동의없이 체결되는 조약을 '**행정협정**'이라고 부르는 경우가 있다. 본래

행정협정(executive agreement)이라는 용어는 미국에서 유래한 것이다. 미국 헌법상 대통령의 조약체결에 대해 상원의 동의를 받도록 규정하고 있는데(제2조 제2항 제2절), 미국 대통령들은 종래 관행적으로 일정한 범위의 조약을 상원의 동의 없이 체결하면서 이를 행정협정이라고 불러왔다. 예컨대 해외주둔미군의 지위에 관한 행정협정이 그 일례이다. 유의할 것은 '대한민국과 아메리카합중국 간의 상호방위조약 제4조에 의한 시설과 구역 및 대한민국에서의 합중국군대의 지위에 관한 협정'(SOFA)은 미국에 대해서 행정협정이지만, 한국의 대해서는 국회동의가 필요한 조약이라는 점이다. 헌법재판소 판례에 의하면, "이 사건 조약은 그 명칭이 "협정"으로 되어 있어 국회의 관여없이 체결되는 행정협정처럼 보이기도 하나 우리나라의 입장에서 볼 때에는 외국군대의 지위에 관한 것이고, 국가에게 재정적 부담을 지우는 내용과 입법사항을 포함하고 있으므로 국회의 동의를 요하는 조약으로 취급되어야 한다"(헌재 1999.4.29. 97헌가14, 판례집 11-1, 273).

국회동의를 얻어 체결되는 조약이냐 아니냐는 조약의 국내적 효력의 순위에 영향을 미치므로 중요한 의미를 지닌다. 국회동의를 얻은 조약은 법률과 동등한 효력을 지니며, 국회동의가 필요없이 체결된 조약은 법률보다 하위의 효력을 갖는다는 것이 통설의 입장이다.

② **남북한 간의 합의서**는 조약에 해당하느냐가 문제된다. 만일 조약에 해당한다면 그 내용이 헌법 제60조 제1항에 해당하는 경우 국회의 동의를 받아야 할 것이다.

헌법 제6조와 제60조 등에서 말하는 조약의 의미는 국제법상 일반적인 조약의 의미와 달리 볼 특별한 이유가 없다. 그렇다면 조약의 의미는 '국제법 주체 사이의 문서에 의한 합의'라고 정의할 수 있다. 여기에는 국가와 국가 간의 문서에 의한 합의만이 아니라, 국가 외의 국제법 주체 간의 문서에 의한 합의도 포함된다(예컨대 국가와 국제조직 사이의 문서에 의한 합의). 나아가 남북한과 같은 이른바 '분단체'(分斷體) 또는 분단국가 간의 문서에 의한 합의도 당사자가 여기에 법적 효력을 부여하고 있다면 역시 조약으로 볼 수 있을 것이다. 이런 의미에서 헌법상 조약이란, '대한민국의 주권이 현실적으로 미치지 않는 일정한 국제법 주체와 체결된 문서상의 합의'라고 정의할 수 있다. 이렇게 보면 남북한 간의 합의서 또는 협정에 대해 남북한이 여기에 법적 효력을 부여한다면, 이 합의서는 곧 헌법상 조약에 해당한다고 볼 것이다.

1992년의 남북기본합의서는 국회동의 없이 체결되었고, 합의서에 대해 정부, 대법원 및 헌법재판소는 조약으로서의 효력과 법적 성격을 인정하지 않았다(앞의 제2편,

제4장, IV, 2. 남북한관계에 관한 영토조항의 법적 의미 참조).

남북한 간의 조약체결이 곧 북한에 대한 국가승인을 의미하는 것은 아니다. 국가승인을 의미하지 않는다는 의사를 합의서에 표시할 수 있다.

③ 헌법은 국회가 조약의 **'체결 · 비준'**에 대한 동의권을 가진다고 규정하고 있다. 조약의 체결 · 비준은 대통령의 권한이다(헌법 제73조). '체결'이란 조약을 국내적으로 최종 성립시키는 절차이며, '비준'이란 해당 국가기관(통상적으로 국가원수)이 조약의 성립을 확인하는 절차이다. 모든 조약의 체결에 비준 절차를 거치는 것은 아니며, 비준 절차의 유무는 조약체결당사국에 의하여 결정된다.

④ **동의의 시기**는 사전(事前)동의이다. 즉 체결 전에 이루어져야 한다. 동의는 조약의 국내적 효력발생을 위한 요건이다.

⑤ 이른바 **수정동의**(修正同意)가 인정되는지 문제된다. 국회가 동의를 할 때 내용에 대한 수정을 가할 수 있느냐는 것이다. 이 문제는 수정동의의 사례가 있었던 미국에서 특히 논의되어 왔다. 수정동의는 수정되지 않은 원안에 대한 거부인 동시에 수정된 조약안의 새로운 제안을 의미한다. 이 점에서 수정동의 자체는 원안에 대한 동의거부를 뜻한다.

⑥ **조약 폐기의 권한**이 누구에게 있느냐는 문제가 있다. 우리나라에서 이에 관한 헌법적 논의는 거의 찾아볼 수 없다. 조약체결에 국회의 동의를 받은 조약의 경우, 그 폐기에도 국회의 동의를 받아야 하는지 또는 국회의 동의없이 대통령이 단독으로 폐기할 수 있는지가 문제된다.

미국의 경우, 조약체결에 상원의 동의를 받도록 되어 있지만 그 폐기에 관하여 명시적 규정이 없기 때문에 많은 논란이 되어 왔다. 종래 이에 관해 대통령에게 있다는 견해와 대통령이 상원의 동의를 받아 폐기할 수 있다는 견해 등이 대립되어 왔고, 실제 사례를 보면 각 견해를 뒷받침하는 여러 상이한 선례들이 있었다. 근래의 예로 1979년, 미국과 중화민국과의 상호방위조약의 폐기의 경우, 미국 카터(J. Carter)대통령은 독자적으로 폐기통고를 하였다.

생각건대 우리 헌법의 해석상, 조약체결에 국회동의를 받은 경우라고 하더라도 그 폐기는 대통령 독자적으로 할 수 있다고 볼 것이다. 우리 헌법은 전반적으로 대통령에게 대외문제에 관한 권한을 부여하되(제73조 등), 국회의 일정한 견제권을 인정하고 있다. 대외문제에 관하여 특별히 국회의 견제권을 명시하지 않은 경우에는 대통령에게 포괄적인 권한이 있다고 보아야 할 것이다.

한편 통상조약 체결 절차의 투명성을 제고하고, 효율적인 통상협상을 추진하기 위하여 '통상조약의 체결절차 및 이행에 관한 법률'(법률 제11149호, 2012.1.17.)이 제정되었다.

(2) 선전포고동의권 등 기타 대외관계에 관한 권한

국회는 선전포고, 국군의 외국파견, 외국군대의 대한민국 영역 안에서의 주류에 대한 동의권을 갖는다(헌법 제60조 제2항).

선전포고는 대통령이 행하는데(헌법 제73조), 사전에 국회동의를 받아야 한다. 미국 헌법상 선전포고권을 의회에 부여하고 있는 것(제1조 제8항 제11절)과 대비된다.

헌법재판소는 이라크파병에 대한 헌법소원 청구를 각하하였다("이 사건 파견결정은 그 성격상 국방 및 외교에 관련된 고도의 정치적 결단을 요하는 문제로서, 헌법과 법률이 정한 절차를 지켜 이루어진 것임이 명백하므로, 대통령과 국회의 판단은 존중되어야 하고 헌법재판소가 사법적 기준만으로 이를 심판하는 것은 자제되어야 한다." 헌재 2004.4.29. 2003헌마814, 판례집 16-1, 601,602).

5. 국정감사권 및 국정조사권

> **(헌법 제61조)** ① 국회는 국정을 감사하거나 특정한 국정사안에 대하여 조사할 수 있으며, 이에 필요한 서류의 제출 또는 증인의 출석과 증언이나 의견의 진술을 요구할 수 있다.
> ② 국정감사 및 조사에 관한 절차 기타 필요한 사항은 법률로 정한다.

(1) 개 관

국정조사권은 영국에서 기원한 제도이다. 미국 헌법은 국정조사에 관한 규정이 없음에도 헌법제정 초기에서부터 국정조사가 행하여졌으며, 대법원 판결과 입법에 의해 의회의 조사권이 인정되었다.

우리나라의 제헌헌법은 국정감사권을 규정하였다. 다만 그 의미는 현재의 국정감사와 다른 국정조사의 의미였다. 제3공화국 헌법은 약간의 규정 변경을 가하면서 국정감사권 조항을 유지하였다. 제4공화국 헌법은 국정감사권 조항을 폐지하였다. 이어서 제5공화국 헌법은 국정조사권 규정을 명시하였다. 현행 헌법은 국정감사권 규정을 부활시킴과 함께 국정조사권 규정을 명시하였다. 국정감사조사에 관한 법률로 국회법 및 '국정감사 및 조사에 관한 법률'(약칭 국정감사 · 조사법)이 있다.

국정감사 · 조사권의 기능은 국회의 입법권을 비롯한 여러 권한 행사를 실효적으로 실질화하고, 특히 국정에 관한 조사를 통해 국민에게 필요한 정보를 제공하는 데에 있다. 국정감사·조사권은 국회의 정부통제를 위한 효과적인 수단이 된다.

(2) 국정감사권과 국정조사권의 차이와 성격

국정감사권과 국정조사권의 성격에 관하여 국회의 독립적 권한인지 또는 보조적 권한인지가 논의되고 있다. 국정감사권은 독립적 권한이고 국정조사권은 보조적 권한이라는 견해, 양자 모두 보조적 권한이라는 견해 등이 제시되고 있다.

이 문제에 관해서는 먼저 양자의 차이를 검토할 필요가 있다. 양자는 모두 국정사안(國政事案)에 관하여 조사하기 위하여 필요한 서류의 제출 요구, 증인의 출석·증언과 의견진술을 요구하는 점에서 마찬가지이다. 양자의 차이는 ① 국정감사는 국회의 별도의 의결이 필요없이 법률에 의해 특정한 시기에 행하여지는 데 대하여, 국정조사는 국회의 의결이 필요하고, ② 국정감사는 국정전반에 관하여 행하여지는데, 국정조사는 특정한 국정사안에 관하여 행하여지는 점에 있다.

국정감사는 우리나라 제헌헌법에서부터 채택된 한국 고유의 제도라고 할 수 있고, 별도의 국회 의결이 필요없다는 점에서 특히 소수당에게 매우 유효한 정부통제수단이 되어 왔다. 반면 국정조사는 미국의 예에서 보는 것처럼, 헌법상 특별한 근거조항이 없더라도 의회의 권한 행사를 실효적으로 보조하기 위한 당연한 부수적 권한으로 이해되어 왔다. 이 같은 점에 비추어 국정감사권은 독립적 권한이고 국정조사권은 보조적 권한으로 보는 것이 타당하다고 본다.

(3) 국정감사·조사의 발동·시행주체·대상·방법 등

① 국정감사는 국정감사·조사법에 따라 정기회 집회일 이전에 감사시작일부터 30일 이내의 기간을 정하여 감사를 실시한다. 다만, 본회의 의결로 정기회 기간 중에 감사를 실시할 수 있다(제2조 제1항).

국정조사에는 재적의원 4분의 1 이상의 요구가 있어야 한다(같은 법 제3조 제1항). 그러나 조사의 시행을 위해서는 조사위원회가 조사의 목적, 조사할 사안의 범위와 방법, 조사기간 및 조사경비 등을 기재한 조사계획서를 본회의에 제출하여 승인을 얻어야 하므로(같은 법 제3조 제4항 등), 실질적으로는 일반 의결정족수에 의한 동의가 없으면 조사가 행하여질 수 없다.

② 국정감사의 시행주체는 소관 상임위원회이다. 국정조사의 시행주체는 소관 상임위원회 또는 특별위원회이다. 감사·조사를 행하는 위원회는 소위원회나 반(班)을

구성하여 조사를 시행할 수 있다(같은 법 제3조-제5조).

③ 국정감사의 대상은 "국정전반"이지만(제2조 제1항), 그 대상기관은 다음과 같이 규정되어 있다. "1. 정부조직법 기타 법률에 의하여 설치된 국가기관. 2. 지방자치단체 중 특별시·광역시·도. 다만, 그 감사범위는 국가위임사무와 국가가 보조금 등 예산을 지원하는 사업으로 한다. 3. '공공기관의 운영에 관한 법률' 제4조에 따른 공공기관·한국은행·농업협동조합중앙회·수산업협동중앙회. 4. 제1호 내지 제3호 외의 지방행정기관·지방자치단체·감사원법에 의한 감사원의 감사대상기관. 다만, 이 경우 본회의가 특히 필요하다고 의결한 경우에 한한다"(같은 법 제7조).

국정조사의 대상은 "특정한 국정사안"이며, 조사범위는 조사위원회의 조사계획서에서 구체화된다(같은 법 제3조).

④ 국정감사·조사의 방법은 필요한 서류의 제출 요구, 증인·감정인·참고인의 출석·증언·감정과 의견진술의 요구를 하고 검증하는 것이다. 증거의 채택이나 증거조사를 위하여 청문회를 개최할 수 있다. 증인·감정인·참고인의 증언·감정 등의 절차는 '국회에서의 증언·감정 등에 관한 법률'에 의한다(같은 법 제10조).

감사·조사는 공개를 원칙으로 하며, 다만 위원회의 의결로 달리 정할 수 있다(같은 법 제12조).

⑤ 감사·조사를 행하는 위원회는 증인이 정당한 이유없이 출석하지 아니하는 때에는 그 의결로 동행을 명령할 수 있다. 동행명령장은 국회사무처 소속공무원이 집행한다(국회에서의 증언·감정 등에 관한 법률 제6조). 동행명령을 거부한 자는 국회모욕죄로 처벌된다(제13조). 정당한 이유없이 불출석하거나 고의로 출석요구서를 회피한 자, 서류제출 요구를 거절한 자, 선서·증언·감정을 거부한 자는 처벌된다(제12조). 본회의 또는 위원회는 증인·감정인 등이 불출석 등의 죄, 국회모욕죄, 위증 등의 죄를 범하였다고 인정하는 때에는 고발하여야 한다(제15조).

국회에서 선서한 증인이나 감정인이 허위의 진술(위증)이나 감정을 한 때에는 1년 이상 10년 이하의 징역에 처하도록 하여(제14조), 형법상의 위증죄(5년 이하의 징역 또는 1천만원 이하의 벌금)보다 무거운 법정형을 규정한 것은 평등원칙에 반하지 않는다고 한다(헌재 2015.9.24. 2012헌바410).

(4) 국정감사·조사권의 한계

국정감사·조사권의 한계는 첫째, 권력분립의 원리에서 오는 한계, 둘째, 기본권 보장에서 오는 한계로 구분하여 볼 수 있다. 국정감사·조사법은 "감사 또는 조사는 개인의 사생활을 침해하거나 계속(繫屬) 중인 재판 또는 수사 중인 사건의 소추에 관여할 목적으로 행사되어서는 아니된다"고 규정하고 있다(제8조).

① 권력분립의 원리에서 오는 한계로서, 첫째, **사법권과의 관계에서 오는 한계**가 있다. 국정감사·조사법은 "감사 또는 조사는 ……계속(繫屬) 중인 재판…에 관여할 목적으로 행사되어서는 아니된다"고 규정하고 있다(제8조). 이것은 사법권 독립의 원칙에서 오는 한계이다. 여기에서 '관여'의 의미가 무엇인지, 진행 중인 재판은 전혀 조사의 대상으로 삼을 수 없다는 것인지 여부가 문제된다. 진행 중인 사건에서 법관의 소송지휘를 조사하거나 재판 내용의 타당성 여부를 조사하는 것은 관여에 해당하며 허용되지 않는다고 볼 것이다. 그러나 재판에서 심리 중인 사건의 사실에 관하여 국회의 권한행사의 목적으로 조사하는 것은 허용된다고 볼 것이다(예컨대 국무위원이 관계된 사건에서 해임건의권 행사와 관련하여 조사하는 경우 등). 진행 중인 재판의 기초로 되어 있는 사실에 관하여 재판과 병행하여 조사 대상으로 삼는 것 자체가 금지되는 것은 아니다.

둘째, **검찰권과의 관계에서 오는 한계**가 있다. 국정감사·조사법은 "…… 수사 중인 사건의 소추에 관여할 목적으로 행사되어서는 아니된다"고 규정하고 있다. 이에 관해서도 '관여'의 의미가 문제된다. 검찰권은 행정권에 속하지만 사법권에 준하는 성질을 갖고 있기 때문에 사법권에 준하는 독립성이 인정되지 않으면 안된다. 기소 여부에 관하여 정치적 압력을 가할 목적으로 조사하거나, 소추의 내용을 조사하는 것, 수사 진행에 중대한 장해를 주는 방법으로 조사하는 것 등은 허용되지 않는다고 볼 것이다. 그러나 수사 중인 사건의 기초가 되는 사실에 관하여 국회의 권한행사의 목적으로 수사와 병행하여 조사하는 것은 허용된다고 할 것이다.

셋째, **국가비밀보호의 필요성에서 오는 한계**가 있다. 이에 관하여 '국회에서의 증언·감정 등에 관한 법률'은 다음과 같이 규정하고 있다.

"① 국회로부터 공무원 또는 공무원이었던 자가 증언의 요구를 받거나, 국가기관이 서류제출을 요구받은 경우에 증언할 사실이나 제출할 서류의 내용이 직무상 비밀에 속한다는 이유로 증언이나 서류제출을 거부할 수 없다. 다만, 군사·외교·대북관계의 국가기밀에 관한 사항으로서 그 발표로 말미암아 국가안위에 중대한 영향을 미친다는 주무장관(대통령 및 국무총리의 소속기관에서는 당해 관서의 장)의 소명(疎明)이 증언 등의 요구를 받은 날로부터 5일 이내에 있는 경우에는 그러하지 아니하다.

② 국회가 제1항 단서의 소명을 수락하지 아니할 경우에는 본회의의 의결로, 폐회 중에는 당해 위원회의 의결로 국회가 요구한 증언 또는 서류의 제출이 국가의 중

대한 이익을 해친다는 취지의 국무총리의 성명을 요구할 수 있다.

③ 국무총리가 제2항의 성명의 요구를 받은 날로부터 7일 이내에 그 성명을 발표하지 아니하는 경우에는 증언이나 서류제출을 거부할 수 없다"(제4조).

위 법률에 의하면 군사·외교·대북관계의 국가기밀에 관한 사항에 관해서는 주무장관의 소명이나 국무총리의 성명에 의해 증언이나 서류제출을 거부할 수 있다고 규정하고 있다. 그러나 국가기밀 보호의 이익이 국회의 조사 필요성보다 항상 우월하다고 볼 수는 없으며, 어느 것이 우월한가는 개별적인 경우마다 이익형량에 따라 판단해야 할 것이다. 이 점에서 보면 위 법률규정이 일방적으로 국가기밀보호를 우선시하고 있는 것은 헌법상 문제가 있다.

권력분립의 원리에서 오는 감사·조사권의 한계와 관련하여 미국에서의 '**행정부특권**'(executive privilege)의 원칙을 참고할 필요가 있다. 행정부특권의 원칙이란 의회 또는 법원이 대통령이나 다른 행정부 공무원에 대해 문서 또는 정보의 제출을 명령하는 경우에 일정한 사항에 대하여 이를 거부할 수 있다는 원칙이다. 종래 이 특권이 주장되어온 사항으로 다음 세 가지를 들 수 있다. 첫째, 외교·군사 문제, 둘째, 수사 중이거나 재판 중인 사건에 관한 기록이나 문서, 셋째, 행정부 내부에서의 의견 교환에 관한 정보·문서. 이에 관한 의회와 대통령 간의 대립은 대개의 경우 정치적으로 해결되어 왔으나, 이 문제가 재판에서 다투어진 드문 사례가 있다.

(참고·미국판례) 행정부특권

이른바 워터게이트 사건에서 상원 특별조사위원회가 닉슨 대통령에게 녹음테이프 등의 자료 제출을 요구하였으나 닉슨은 행정부특권을 주장하고 이를 거부하였다. 조사위원회는 연방지방법원에 이 거부가 위헌·위법이라는 선언적 판결을 청구하였다. 연방지방법원은 이 청구를 기각하면서, 조사위원회의 자료조사 필요성이 행정부의 비밀유지 이익을 능가할 만큼 충분하지 못하다고 보았다(*Senate Select Com. on Presidential Campaign Activities v. Nixon,* 370F. Supp.521, 1974). 이 판결은 연방항소법원에서도 유지되었다(498F.2d725, 1974). 연방항소법원은 특히 하원 법사위원회가 대통령에 대한 탄핵안을 심의 중이었으므로 행정부의 위법행위를 조사하여 알리려는 목적은 이에 의해 수행되고 있었음을 강조하였다. 이 판결에서 본건의 경우에 행정부 비밀유지의 이익이 우월하다고 보았지만, 행정부특권의 절대성을 인정하지 않고 원칙적으로 이익형량에 의거한 점에서 주목된다.

② **기본권보장에서 오는 한계**가 있다. 국정감사·조사법은 감사·조사가 개인의 사생활을 침해할 수 없다고 규정하고 있다(제8조). 또한 이 법률은 다음과 같이 일정한 증언거부권을 인정하고 있다. 증인의 증언 등에 관하여 '국회에서의 증언·감정 등에 관한 법률'을 적용한다고 규정하고 있고(제10조 제4항, 제5항), '국회에서의 증언·감정 등에 관한 법률'은 형사소송법의 증언거부권 조항(제148조의 친족 등 근친자의 형사책임에 관한 증언거부권, 제149조의 변호사·의사 등의 업무상 비밀에 관한 증언거부권)을 준용하고 있다(제3조). 그 밖에 증인의 변호인 대동(帶同) 등 증인보호에 관한 규정이 적용된다('국회에서의 증언·감정 등에 관한 법률' 제9조).

위 법률에서 명시적으로 규정한 것 외에도 기본권보장을 위한 여러 한계가 문제된다. 헌법 제12조 제2항의 '형사상 자기에게 불리한 진술을 강요당하지 않을 권리'는 감사·조사에서도 적용된다고 할 것이다.

(참고·미국판례) 형사상 자기에게 불리한 진술을 거부할 특권

미국 헌법의 형사상 자기에게 불리한 진술을 거부할 특권(수정 제5조. privilege against self-incrimination)은 의회조사에도 적용된다. 연방대법원 판례에 의하면, 증인이 이 특권을 주장한다고 하여 곧 인정되는 것은 아니며, 그의 진술이 형사소송에서 유죄의 증거가 될 합리적 우려가 있는 경우에만 인정된다(*Hoffman v. U.S.*, 1951). 이 특권은 개인의 것이기 때문에 법인을 위해 인정될 수 없고, 대표의 자격에서 소지하고 있는 기록에 대해서는 인정되지 않는다(*McPhaul v. U.S.*, 1960).

사생활 침해만이 아니라, 사상의 자유를 비롯한 양심의 자유를 침해하는 조사에 대해서도 증언 거부 등이 인정된다고 할 것이다.

(참고·미국판례) 표현의 자유 보장에서 오는 조사의 한계

1950년대에 공산주의자 색출을 위한 의회 조사에서 표현의 자유와의 충돌에 관한 여러 판례가 있다. 조사 근거가 되는 의회결의의 내용이 막연하거나 질문의 조사 주제와의 관련성이 충분하지 못하다는 이유 등으로 증언거부에 대한 의회모욕죄 처벌을 인정하지 않은 판례가 있다(*Watkins v. U.S.*, 1957; *Sweezy v. New Hampshire*, 1957 등). 반면 이익형량의 기준을 적용하여 증언거부에 대한 의회모욕죄 처벌을 인정한 판례가 있다(*Barenblatt v. U.S.*, 1959).

(참고 · 미국판례) 증인의 절차적 보호

의회의 조사에서의 증인의 절차적 권리는 형사피고인의 권리와는 성질상 차이가 있으며, 특히 반대신문의 기회는 권리로서 인정되지 않는다(*U.S. v. Fort*, 443F.2d.670(D.C.Cir., 1970), *cert. denied*, 403U.S.932(1971)).

(5) 국정감사 · 조사 결과의 처리

국회는 본회의의 의결로 감사 · 조사의 결과를 처리한다. 감사 · 조사의 결과 정부 또는 해당기관의 시정을 요구하고(관계자의 문책 등을 포함), 정부 또는 해당기관에서 처리함이 타당하다고 인정되는 사항은 정부 또는 해당기관에 이송한다. 정부 또는 해당기관은 시정요구나 이송받은 사항을 지체없이 처리하고 그 결과를 국회에 보고하여야 한다. 국회는 처리결과 보고에 대하여 적절한 조치를 취할 수 있다(국정감사 · 조사법 제16조).

(6) 국정감사제도에 대한 평가

국정감사권과 국정조사권이 병존하는 데 대한 비판이 있다. 특히 국정감사권을 폐지하자는 주장이 제기되고 있다. 국정감사에서 여러 부작용이 나타나고 있는 것은 사실이지만, 우리 헌법의 고유한 제도로서의 국정감사권 제도는 계속 유지할 필요가 있다. 국정감사권은 국회의 의결이 필요없다는 데에 특징이 있고, 이 때문에 소수당의 유력한 정부견제 수단이 된다. 국정조사권은 형식상 재적의원 4분의 1 이상으로 발의할 수 있지만, 실제로 국정조사가 시행되려면 일반의결정족수에 의한 찬성이 필요하다. 이 때문에 정부통제 수단으로서 한계가 있다.

6. 중요 고위공무원 선출권 및 임명동의권

국회는 중요한 고위공무원을 직접 선출하거나 대통령의 고위공무원 임명에 대한 동의권을 행사한다. 이를 헌법기관 구성에 관한 권한이라고 부르기도 한다.

(1) 중요 고위공무원 선출권

국회는 헌법재판소 재판관 9인 중 3인을 선출한다(헌법 제111조 제3항). 또한 중앙선거관리위원회 위원 9인 중 3인을 선출한다(제114조 제2항). 국회의 이 권한은 대통령, 대법원장과 함께 헌법재판소 및 중앙선거관리위원회를 구성하는 권한이다. 헌법재판소와 중앙선거관리위원회는 모두 정치적 중립성이 요구되는 기관이며(헌법 제112조 제2항, 제114조 제4항), 헌법은 그 구성에 고전적 3권분립의 원리를 적용하여 국회, 대통령, 대법원장에게 균등한 선출권을 배분하고 있다.

(판 례) 국회의 헌법재판소 재판관 선출을 통한 헌법재판소 구성권과 대통령의 임명의무

헌법 제111조 제3항의 문언이나 그 취지에 비추어보면, 헌법이 재판관 임명과 관련하여 청구인에게 부여한 선출권은 헌법재판소 구성에 관한 독자적이고 실질적인 것으로서, 대통령은 청구인이 재판관으로 선출한 사람에 대하여 임의로 그 임명을 거부하거나 선별하여 임명하는 등 청구인이 선출한 사람을 실질적으로 심사하여 재판관 임명 여부를 결정할 재량권이 없으며, 다만 헌법 제111조 제2항과 헌법재판소법 제5조에서 정한 자격요건을 갖추지 못한 사람이 재판관으로 선출되거나 그 선출과정에 의회민주주의를 원칙으로 하는 헌법 및 국회법 등 법률을 위반한 하자가 있는 경우에 임명을 보류하고 재선출을 요구할 수 있다.

대통령의 재판관 임명권 행사는 그의 권한인 동시에 헌법기관인 헌법재판소가 구성되어 헌법 수호와 국민의 기본권 보장을 위하여 중립적인 지위에서 헌법재판기능을 수행할 수 있도록 할 헌법상 의무이기도 하므로, 대통령 또는 대통령의 권한을 대행하는 국무총리나 국무위원은 청구인이 재판관으로 선출한 사람이 헌법과 헌법재판소법에서 정한 자격요건을 갖추고 그 선출과정에 의회민주주의를 원칙으로 하는 헌법 및 국회법 등 법률을 위반한 하자가 없는 한 그 사람을 재판관으로 임명할 헌법상 의무를 부담한다. (……)

대통령 또는 그 권한대행이 자신에게 재판관 임명권이 있음을 이유로 정당한 사유 없이 청구인이 선출한 사람을 임명하지 않는 것은 헌법이 국민의 대표기관인 청구인에게 부여한 헌법재판소 구성권을 형해화하는 것으로 허용될 수 없다. 피청구인의 이 사건 임명부작위는 헌법에 의하여 부여된 청구인의 재판관 선출을 통한 헌법재판소 구성권을 침해한 것이다.

헌재 2025.2.27. 2025헌라1, 공보 341, 284,285

(2) 중요 고위공무원 임명동의권

국회는 대통령의 국무총리, 감사원장, 헌법재판소장, 대법원장 및 대법관의 임명에 대한 동의권을 갖는다(헌법 제86조 제1항, 제98조 제2항, 제111조 제4항, 제104조 제1항 제2항).

국무총리는 대통령 보좌기관이며, 그 임명에 국회동의를 받도록 한 것은 대통령에 대한 견제를 위한 것이다. 흔히 국무총리 임명에 대한 국회의 동의권을 의원내각제적 요소라고 설명하는 것이 보통이다. 그러나 **국무총리제 자체는 의원내각제적 요소라고 할지라도, 그 임명에 대한 국회동의권을 의원내각제적 요소라고 단정하기는 어렵다**. 미국 대통령제에서도 대통령의 고위 공무원 임명에 상원의 동의를 얻도록 하고 있기 때문이다.

감사원은 대통령 소속 하에 설치되지만(헌법 제97조) 직무에 관하여 독립의 지위를 가진 정치적 중립기관이며(감사원법 제2조, 제10조), 그 독립성과 정치적 중립성을 보장하기 위하여 감사원장 임명에 국회 동의를 받도록 한 것이다.

헌법재판소장, 대법원장 및 대법관은 모두 정치적 중립성을 요구받고 있으므로(헌법 제112조 제2항, 법원조직법 제49조 제3호), 그 중립성을 보장하고 대통령을 견제하기 위해 그 임명에 국회 동의를 받도록 한 것이다.

(3) 국회의 인사청문회

국회는 국회법(제65조의2)과 인사청문회법에 따라 일정한 고위 공직후보자에 대한 인사청문회를 연다.

① 인사청문회의 청문대상이 되는 공직후보자는 두 부류로 나눌 수 있다. 첫째, 국회가 그 임명에 동의권을 갖거나 직접 선출권을 갖는 경우이다. 국무총리, 감사원장, 대법원장, 대법관, 헌법재판소장, 국회선출 헌법재판소재판관 3인, 국회선출 중앙선거관리위원회위원 3인이 여기에 해당한다(국회법 제46조의3). 둘째, 국회가 그 임명에 동의권을 갖거나 직접 선출권을 갖고 있지 않지만, 해당 법률과 인사청문회법에 따라 청문대상이 되는 경우이다. 국무위원, 방송통신위원회위원장, 국가정보원장, 국세청장, 검찰총장, 경찰청장, 합동참모의장, 대통령 선임의 헌법재판소재판관과 중앙선거관리위원회위원, 대통령당선인이 지명하는 국무위원후보자, 대법원장 지명의 헌법재판소재판관과 중앙선거관리위원회위원이 여기에 해당한다(국회법 제65조의2 제2항).

인사청문회 실시기관은 위의 어느 부류이냐에 따라 다르다. 첫째 부류는 인사청문특별위원회, 둘째 부류는 소관 상임위원회가 실시한다(국회법 제46조의3, 제65조의2).

인사청문회를 실시한 위원회의 위원장은 인사청문경과를 본회의에 보고한다. 위의 둘째 부류의 경우에 의장은 인사청문경과보고서를 대통령, 대통령당선인 또는 대법원장에게 송부하여야 한다(인사청문회법 제11조 제2항). 둘째 부류의 경우에 인사청문의 결과, 부적절하다는 보고서를 채택하더라도 법적 구속력은 없다. 실제로 부적절하다는 보고서에도 불구하고 대통령이 임명한 경우가 있다(예컨대 2003년 4월, 고영구 국가정보원장의 경우).

(판 례) 인사청문회 판정의 효력

대통령은 그의 지휘 · 감독을 받는 행정부 구성원을 임명하고 해임할 권한(헌법 제78조)을 가지고 있으므로, 국가정보원장의 임명행위는 헌법상 대통령의 고유권한으로서 법적으로 국회 인사청문회의 견해를 수용해야 할 의무를 지지는 않는다. 따라서 대통령은 국회 인사청문회의 판정을 수용하지 않음으로써 국회의 권한을 침해하거나 헌법상 권력분립원칙에 위배되는 등 헌법에 위반한 바가 없다.

헌재 2004.5.14. 2004헌나1, 판례집 16-1, 609,650

② 현행 인사청문회제도 가운데 위의 둘째 부류, 즉 국회가 그 임명에 동의권을 갖거나 직접 선출권을 갖고 있지 않지만 해당 법률과 인사청문회법에 따라 청문대상이 되는 경우에, 이 **인사청문회제도의 위헌 여부**가 문제된다. 인사청문회제도는 미국에서 발전되어온 제도로 그 성격은 국정조사라고 할 수 있다. 따라서 인사청문회 역시 의회의 권한행사를 보조하기 위한 것이다. 즉 인사청문회는 의회의 헌법상 권한행사를 보조하는 범위 안에서 인정되는 것이다. 미국 헌법상으로는 대통령의 고위공직자 임명에 대한 상원의 동의권(제2조 제2항 제2절)을 보조하기 위한 것이다.

그런데 우리나라의 현행 인사청문회제도에 의하면, 국회가 임명동의권이나 기타 헌법상 관여의 권한을 갖고 있지 않은 공직자에 대해서도 인사청문회를 실시하도록 규정하고 있다(국회법 제65조의2 제2항). 이것은 헌법상 대통령 또는 대법원장의 권한에 대한 위헌적 침해의 소지가 있다. 국회의 국정조사권에는 권력분립 원리에서 오는 한계가 있으며, 마찬가지로 인사청문회 실시의 권한에도 헌법상 권력분립 원칙에서 오는 한계가 있다. 인사청문회는 단순히 국회의 의견을 표시하는 것이 아니라 국정조사처럼 법적 강제력을 가지고 의견진술이나 자료제출요구 등을 할 수 있는 것이므로 헌법상 근거가 있지 않으면 안 된다. 대통령의 검찰총장 등 임명에 대하여 국회는 이에 직접 관여할 헌법상 권한을 갖고 있지 않다. 미국에서 상원의 인사청문의 대상이 광범한 것은 미국 헌법에 근거규정이 있기 때문이다. 우리 헌법과 달리 미국 헌법은 대통령이 상원의 동의를 얻어 임명하는 공직자의 범위에 관하여 "…… 헌법에 특별히 정하지 않고 법률에서 규정하는 그 밖의 모든 합중국 공무원"이라고 광범하게 규정하고 있다(제2조 제2항 제2절).

7. 탄핵소추권

> **(헌법 제65조)** ① 대통령 · 국무총리 · 국무위원 · 행정각부의 장 · 헌법재판소 재판관 · 법관 · 중앙선거관리위원회 위원 · 감사원장 · 감사위원 기타 법률이 정한 공무원이 그 직무집행에 있어서 헌법이나 법률을 위배한 때에는 국회는 탄핵의 소추를 의결할 수 있다.
> ② 제1항의 탄핵소추는 국회재적의원 3분의 1이상의 발의가 있어야 하며, 그 의결은 국회재적의원 과반수의 찬성이 있어야 한다. 다만, 대통령에 대한 탄핵소추는 국회재적의원 과반수의 발의와 국회재적의원 3분의 2이상의 찬성이 있어야 한다.
> ③ 탄핵소추의 의결을 받은 자는 탄핵심판이 있을 때까지 그 권한행사가 정지된다.
> ④ 탄핵결정은 공직으로부터 파면함에 그친다. 그러나, 이에 의하여 민사상이나 형사상의 책임이 면제되지는 아니한다.

(1) 탄핵제도의 의의

탄핵제도(impeachment)는 일반적인 사법절차나 징계절차에 의해 법적 책임을 묻기 어려운 고위 공직자가 위법행위를 한 때에 그 공직자를 공직에서 파면시키는 제도이다. 탄핵제도는 14세기 영국에서 기원한 것으로 알려져 있고, 일찍이 미국 헌법에 규정되었다. 탄핵소추기관이나 탄핵심판기관 등 구체적인 제도는 나라에 따라 차이가 있다. 미국 헌법에서는 의회 하원이 탄핵소추를 하고, 상원이 탄핵심판을 한다(제1조 제2항 제5절, 제3항 제6절).

우리 헌법은 제헌헌법 이래 탄핵제도를 존속시켜오고 있다. 현행 헌법은 탄핵소추권은 국회에(제65조), 탄핵심판권은 헌법재판소에 부여하고 있다(제111조 제1항 제2호). 탄핵결정의 효과는 공직에서의 파면에 그치므로(제65조 제4항), 현행 탄핵제도는 징계적 제재의 성격을 지닌다.

고위 공직자 중 특히 국무총리 · 국무위원에 대해서는 국회의 해임건의권이 인정되는데, 해임건의권은 정치적 책임까지 물을 수 있는 반면 법적 구속력이 없다. 이에 비해 탄핵은 법적 책임을 묻는 제도이며 탄핵에 대해 법적 구속력이 인정되는 점에서 차이가 있다.

실제의 탄핵사건으로, 1985년 10월 유태흥 대법원장에 대한 탄핵소추안이 발의된 후 국회에서 부결된 사례가 있고, 그 후 검찰총장 등에 대해 탄핵소추안이 발의되어 폐기되거나 부결된 사례가 있다. 2004년 3월 12일, 노무현 대통령에 대한 탄핵소추안이 국회 재적의원 271인 중 193인의 찬성으로 가결되었고, 5월 14일 헌법재판소는 탄핵심판청구를 기각하였다(헌재 2004.5.14. 2004헌나1).

(2) 탄핵소추대상자

탄핵소추대상자는 대통령 · 국무총리 · 국무위원 · 행정각부의 장 · 헌법재판소 재판관 · 법관 · 중앙선거관리위원회 위원 · 감사원장 · 감사위원 · 기타법률이 정한 공무원이다(헌법 제65조 제1항).

'기타 법률이 정하는 공무원'에 해당하는 경우로 각급 선거관리위원회 위원(선거관리위원회법 제9조 제2호), 경찰청장(경찰법 제11조 제6항), 검사(검찰청법 제37조), 방송통신위원회위원장(방송통신위원회의 설치 및 운영에 관한 법률 제6조), 원자력안전위원회위원장(원자력안전위원회의 설치 및 운영에 관한 법률 제6조), 고위공직자범죄수사처의 처장 · 차장 · 수사처검사('고위공직자범죄수사처 설치 및 운영에 관한 법률' 제14조)가 있다. '특별검사의 임명 등에 관한 법률'은 특별검사 및 특별검사보도 탄핵의 대상임을 명시하고 있다(제16조). 나아가 개별 사건의 특별검사와 특별검사보 역시 탄핵의 대상이 됨을 규정하고 있다(가령 '드루킹 특검법'과 '국정농단 특검법' 제16조).

윤석열 정부 들어 모두 13건의 탄핵소추 의결이 있었다. 이 중 4건은 제21대 국회가, 9건은 2024년 총선 후 출범한 제22대 국회가 의결한 것이다. 탄핵소추 대상자는 대통령, 대통령권한대행 국무총리, 법무부장관, 행정안전부장관, 감사원장, 방송통신위원장, 경찰청장, 6명의 검사였다. 이 중 헌법재판소가 탄핵심판청구를 인용, 즉 파면결정을 한 것은 윤석열 대통령이 유일하다.

(3) 탄핵소추사유

탄핵소추의 사유는 "직무집행에 있어서 헌법이나 법률에 위배한 때"이다(헌법 제65조 제1항). 정치적 무능력이나 정책결정상의 잘못 등은 탄핵소추사유가 되지 않는다.

(판 례) 탄핵소추사유(1)(정치적 이유의 배제)

비록 대통령의 '성실한 직책수행의무'는 헌법적 의무에 해당하나, '헌법을 수호해야 할 의무'와는 달리, 규범적으로 그 이행이 관철될 수 있는 성격의 의무가 아니므로, 원칙적으로 사법적 판단의 대상이 될 수 없다고 할 것이다. 대통령이 임기 중 성실하게 의무를 이행했는지의 여부는 주기적으로 돌아오는 다음 선거에서 국민의 심판의 대상이 될 수 있을 것이다. 그러나 대통령 단임제를 채택한 현행 헌법 하에서는 대통령은 법적으로 뿐만 아니라 정치적으로도 국민에 대하여 직접적으로는 책임을 질 방법이 없고, 다만 대통령의 성실한 직책수행의 여부가 간접적으로 그가 소속된 여당에 대하여 정치적인 반사적 이익 또는 불이익을 가져다 줄 수 있을 뿐이다.

헌법 제65조 제1항은 탄핵사유를 '헌법이나 법률에 위배한 때'로 제한하고 있고, 헌법재판소의 탄핵심판절차는 법적인 관점에서 단지 탄핵사유의 존부만을 판단하는 것이므로, 이 사건에서 청구인이 주장하는 바와 같은 정치적 무능력이나 정책결정상의 잘못 등 직책수행의 성실성여부는 그 자체로서 소추사유가 될 수 없어, 탄핵심판절차의 판단대상이 되지 아니한다.

헌재 2004.5.14. 2004헌나1, 판례집 16-1, 609,653-654

(판 례) 탄핵소추사유(2)('헌법과 법률'의 의미)

헌법은 탄핵사유를 "헌법이나 법률에 위배한 때"로 규정하고 있는데, '헌법'에는 명문의 헌법규정뿐만 아니라 헌법재판소의 결정에 의하여 형성되어 확립된 불문헌법도 포함된다. '법률'이란 단지 형식적 의미의 법률 및 그와 등등한 효력을 가지는 국제조약, 일반적으로 승인된 국제법규 등을 의미한다.

헌재 2004.5.14. 2004헌나1, 판례집 16-1, 609,633

'직무집행'이란 직무에 수반하는 모든 행위를 포함한다. 시간적 범위에 관하여 논의가 있으나, 현직에서의 직무집행만에 한정하며, 전직에서의 직무집행은 포함하지 않는다.

(판 례) 탄핵소추 사유(3)('직무집행'의 의미)

'직무집행에 있어서'의 '직무'란, 법제상 소관 직무에 속하는 고유 업무 및 통념상 이와 관련된 업무를 말한다. 따라서 직무상의 행위란, 법령 · 조례 또는 행정관행 · 관례에 의하여 그 지위의 성질상 필요로 하거나 수반되는 모든 행위나 활동을 의미한다. 이에 따라 대통령의 직무상 행위는 법령에 근거한 행위뿐만 아니라, '대통령의 지위에서 국정수행과 관련하여 행하는 모든 행위'를 포괄하는 개념으로서, 예컨대 각종 단체 · 산업현장 등 방문행위, 준공식 · 공식만찬 등 각종 행사에 참석하는 행위, 대통령이 국민의 이해를 구하고 국가정책을 효율적으로 수행하기 위하여 방송에 출연하여 정부의 정책을 설명하는 행위, 기자회견에 응하는 행위 등을 모두 포함한다.

헌재 2004.5.14. 2004헌나1, 판례집 16-1, 609,633

(판 례) 탄핵소추사유(4)('직무집행'의 시간적 범위)

헌법 제65조 제1항은 '대통령…이 그 직무집행에 있어서'라고 하여, 탄핵사유의 요건을 '직무' 집행으로 한정하고 있으므로, 위 규정의 해석상 대통령의 직위를 보유하고 있는 상태에서 범한 법위반행위만이 소추사유가 될 수 있다고 보아야 한다. 따라서 당선 후 취임 시까지의 기간에 이루어진 대통령의 행위도 소추사유가 될 수 없다. 비록 이 시기 동안 대통령직인수에 관한 법률에 따라 법적 신분이 '대통령당선자'로 인정되어 대통령직의 인수에 필요한 준비작업을 할 수 있는 권한을 가지게 되나, 이러한 대통령당선자의 지위와 권한은 대통령의 직무와는 근본적인 차이가 있고, 이 시기 동안의 불법정치자금 수수 등의 위법행위는 형사소추의 대상이 되므로, 헌법상 탄핵사유에 대한 해석을 달리할 근거가 없다.

헌재 2004.5.14. 2004헌나1, 판례집 16-1, 609,651-652

'헌법이나 법률을 위배한 때'의 의미에 관하여 특히 문제되는 것은 위배의 정도에 관한 것이다. 헌법이나 법률을 위배하는 모든 행위가 탄핵소추사유가 되는지 또는 '중대한' 위배행위만 탄핵소추사유가 되는지가 문제된다.

헌법재판소는 대통령탄핵심판사건에서 판시하기를, '헌법이나 법률에 위배했는지의 여부'와 '파면할 것인지의 여부'를 구분하고 있다. 즉 헌법·법률에 위배했다고 인정하면서도 파면을 정당화할 정도로 '중대한' 법위반에 해당하지 않는다고 하여 청구를 기각하고 있다.

(판 례) 탄핵사유(5)('중대한' 법위반)

헌법은 제65조 제4항에서 "탄핵결정은 공직으로부터 파면함에 그친다."고 규정하고, 헌법재판소법은 제53조 제1항에서 "탄핵심판청구가 이유 있는 때에는 헌법재판소는 피청구인을 당해 공직에서 파면하는 결정을 선고한다."고 규정하고 있는데, 여기서 '탄핵심판청구가 이유 있는 때'를 어떻게 해석할 것인지의 문제가 발생한다.

헌법재판소법 제53조 제1항은 헌법 제65조 제1항의 탄핵사유가 인정되는 모든 경우에 자동적으로 파면결정을 하도록 규정하고 있는 것으로 문리적으로 해석할 수 있으나, 이러한 해석에 의하면 피청구인의 법위반행위가 확인되는 경우 법위반의 경중을 가리지 아니하고 헌법재판소가 파면결정을 해야 하는바, 직무행위로 인한 모든 사소한 법위반을 이유로 파면을 해야 한다면, 이는 피청구인의 책임에 상응하는 헌법적 징벌의 요청 즉, 법익형량의 원칙에 위반된다.

따라서 헌법재판소법 제53조 제1항의 '탄핵심판청구가 이유 있는 때'란, 모든 법위반의 경우가 아니라, 단지 공직자의 파면을 정당화할 정도로 '중대한' 법위반의 경우를 말한다.

나. '법위반의 중대성'에 관한 판단 기준

(1) '법위반이 중대한지' 또는 '파면이 정당화되는지'의 여부는 그 자체로서 인식될 수 없는 것이므로, 결국 파면결정을 할 것인지의 여부는 공직자의 '법위반 행위의 중대성'과 '파면결정으로 인한 효과' 사이의 법익형량을 통하여 결정된다고 할 것이다. 그런데 탄핵심판절차가 헌법의 수호와 유지를 그 본질로 하고 있다는 점에서, '법위반의 중대성'이란 '헌법질서의 수호의 관점에서의 중대성'을 의미하는 것이다. 따라서 한편으로는 '법위반이 어느 정도로 헌법질서에 부정적 영향이나 해악을 미치는지의 관점'과 다른 한편으로는 '피청구인을 파면하는 경우 초래되는 효과'를 서로 형량하여 탄핵심판청구가 이유 있는지의 여부 즉, 파면여부를 결정해야 한다.

헌재 2004.5.14. 2004헌나1, 판례집 16-1, 609,654-655

참고로 미국 헌법상 탄핵소추사유는 우리 헌법보다 더 구체적으로 규정되어 있는데("반역죄, 수뢰죄, 기타 중한 범죄와 경죄". 제2조 제4항), 그럼에도 불구하고 실제의 적용을 보면, 이 제도의 역사적 배경과 취지를 중시하여 탄력적으로 해석하고 있다. 최근의 닉슨 대통령과 클린턴 대통령에 대한 탄핵사건에서 하원 법사위원회는 '중한 범죄와 경죄'의 엄격한 정의를 시도하지 않았다.

(4) 탄핵소추절차

대통령에 대한 탄핵소추는 국회 재적의원 과반수의 발의와 재적의원 3분의 2 이상의 찬성으로 의결한다. 그 외의 경우에는 재적의원 3분의 1 이상의 발의와 재적의원 과반수의 찬성으로 의결한다(헌법 제65조 제2항). 그런데 대통령 권한대행인 국무총리(혹은 부총리) 탄핵의 경우 의결정족수는 어떤지 논란이 있었다. 헌법재판소는 국회 재적의원 과반수의 찬성으로 탄핵소추 의결을 하여 탄핵심판 청구를 한 것이 적법하다고 하였다(헌재 2025.3.24. 2024헌나9). 또한 여당 의원들이 가중된 의결정족수가 아닌 일반 의결정족수로 대통령 권한대행인 국무총리에 대한 탄핵소추를 의결한 것은 자신들의 심의·표결권이 침해되었다고 주장한 탄핵심판청구를 부적법하다고 보아 각하하였다(헌재 2025.4.10. 2024헌라8). 위 두 사건 모두 재적의원 3분의 2라는 가중된 의결정족수가 필요하다는 재판관 2인의 의견이 있다. 국무총리·국무위원에 대한 탄핵소추 발의·의결정족수는 해임건의를 위한 발의·의결정족수와 동일하다.

탄핵소추의 절차는 국회법에서 규정하고 있다. ① 탄핵소추의 발의가 있은 때에는 의장은 발의된 후 처음 개의하는 본회의에 보고하고, 본회의는 의결로 법제사법위원회에 회부하여 조사하게 할 수 있다. ② 본회의가 제1항에 의하여 법제사법위원회에 회부하기로 의결하지 아니한 때에는 본회의에 보고된 때로부터 24시간 이후 72시간 이내에 탄핵소추의 여부를 무기명투표로 표결한다. 이 기간 내에 표결하지 아니한 때에는 그 탄핵소추안은 폐기된 것으로 본다(제130조).

(판 례) 탄핵소추절차(국회의 조사)

피청구인은 국회가 대통령에 대한 탄핵소추를 하려면 소추의 사유와 그 증거를 충분히 조사하여 헌법재판소가 즉시 탄핵심판의 당부를 판단할 수 있을 정도로 소추사유와 증거를 명백하게 밝혀야 한다고 주장한다. 물론, 국회가 탄핵소추를 하기 전에 소추사유에 관하여 충분한 조사를 하는 것이 바람직하나, 국회법 제130조 제1항에 의하면 "탄핵소추의 발의가 있은 때에는 …본회의는 의결로 법제사법위원회에 회부하여 조사하게 할 수 있다."고 하여, 조사의 여부를 국회의 재량으로 규정하고 있으므로, 이 사건에서 국회가 별도의 조사를 하지 않았다 하더라도 헌법이나 법률을 위반하였다고 할 수 없다.

헌재 2004.5.14. 2004헌나1, 판례집 16-1, 609,629

헌법재판소 판례에 의하면 탄핵소추절차에는 적법절차 원칙이 적용되지 않는다.

(판 례) 탄핵소추절차와 적법절차

피청구인은 이 사건 탄핵소추를 함에 있어서 피청구인에게 혐의사실을 정식으로 고지하지도 않았고 의견 제출의 기회도 부여하지 않았으므로 적법절차원칙에 위반된다고 주장한다.

여기서 피청구인이 주장하는 적법절차원칙이란, 국가공권력이 국민에 대하여 불이익한 결정을 하기에 앞서 국민은 자신의 견해를 진술할 기회를 가짐으로써 절차의 진행과 그 결과에 영향을 미칠 수 있어야 한다는 법원리를 말한다. (……)

그런데 이 사건의 경우, 국회의 탄핵소추절차는 국회와 대통령이라는 헌법기관 사이의 문제이고, 국회의 탄핵소추의결에 의하여 사인으로서의 대통령의 기본권이 침해되는 것이 아니라, 국가기관으로서의 대통령의 권한행사가 정지되는 것이다. 따라서 국가기관이 국민과의 관계에서 공권력을 행사함에 있어서 준수해야 할 법원칙으로서 형성된 적법절차의 원칙을 국가기관에 대하여 헌법을 수호하고자 하는 탄핵소추절차에는 직접 적용할 수 없다고 할 것이고, 그 외 달리 탄핵소추절차와 관련하여 피소추인에게 의견진술의 기회를 부여할 것을 요청하는 명문의 규정도 없으므로, 국회의 탄핵소추절차가 적법절차원칙에 위배되었다는 주장은 이유 없다.

헌재 2004.5.14. 2004헌나1, 판례집 16-1, 609,631-632

(5) 탄핵소추의 효과

탄핵소추 의결을 받은 자는 탄핵심판이 있을 때까지 그 권한행사가 정지된다(헌법 제65조 제3항). 탄핵소추의결서가 헌법재판소·피소추자와 그 소속기관의 장에게 송달된 때에는 피소추자의 권한행사는 정지되며, 임명권자는 피소추자의 사직원을 접수하거나 해임할 수 없다(국회법 제134조 제2항).

탄핵결정이 있으면 공직으로부터 파면된다. 탄핵결정이 있더라도 민사상, 형사상 책임은 면제되지 않는다(헌법 제65조 제4항)(헌법재판소의 탄핵심판에 관하여는 후술 참조).

8. 국무총리·국무위원 해임건의권 등 정부견제권

(1) 국무총리·국무위원 해임건의권

> **(헌법 제63조)** ① 국회는 국무총리 또는 국무위원의 해임을 대통령에게 건의할 수 있다.
> ② 제1항의 해임건의는 국회재적의원 3분의 1이상의 발의에 의하여 국회재적의원 과반수의 찬성이 있어야 한다.

① 국회의 국무총리·국무위원 해임건의권은 유력한 정부통제 수단의 하나이다. 과거 제3공화국 헌법(제59조)에서도 국회의 국무총리·국무위원 해임건의권을 규정하였는데, 제4공화국 헌법(제97조) 및 제5공화국 헌법(제99조)은 국무총리·국무위원에 대한 해임의결권을 규정하였다. 현행 헌법은 다시 해임건의권을 규정하고 있다.

② **해임건의 사유**에는 아무 제한이 없다. 따라서 위헌 또는 위법한 행위가 없더라도 정치적 책임을 물어 해임건의를 할 수 있다. 이 점에서 탄핵소추 사유가 위헌 또는 위법의 경우에 한정되는 것과 다르다.

③ 해임건의를 하려면 재적의원 3분의 1 이상의 발의와 재적의원 과반수의 찬성

이 있어야 한다.

해임건의 의결정족수를 일반의결정족수보다 엄격히 한 것은 **헌법정책상 문제**를 제기한다. 해임건의권을 규정한 본 조항이 없더라도 국회는 일반적인 의안으로서 국무총리 · 국무위원 해임건의를 의결할 수 있다고 할 것이다. 이 경우에는 일반적인 발의요건과 일반의결정족수에 의하면 될 것이다. 그런데 본 조항을 두고 그 의결정족수를 특별의결정족수로 함으로써 도리어 해임건의를 어렵게 만들고 있다. 국회의 정부통제권을 강화하는 의미라면 차라리 이 조항을 두지 말아야 할 것이다.

④ **해임건의 효과**에 관하여 견해가 갈린다. 대통령에 대한 법적 구속력이 없다는 견해와 법적 구속력이 있다는 견해가 대립한다.

제4공화국 헌법이나 제5공화국 헌법에서 해임'의결'이라고 규정한 것과 달리 해임'건의'라고 규정하고 있으므로 법적 구속력은 인정되지 않는다고 봄이 타당하다. 더구나 제3공화국 헌법에서 해임건의권을 규정하면서 "대통령은 특별한 사유가 없는 한 이에 응하여야 한다"라고 명시했던 것과 달리 현행 헌법은 그러한 규정마저 두지 않고 있다.

헌법재판소는 해임건의권에 대해 법적 구속력을 인정하지 않는다.

(판 례) 해임건의권의 효력

국회는 국무총리나 국무위원의 해임을 건의할 수 있으나(헌법 제63조), 국회의 해임건의는 대통령을 기속하는 해임결의권이 아니라, 아무런 법적 구속력이 없는 단순한 해임건의에 불과하다. 우리 헌법 내에서 '해임건의권'의 의미는, 임기 중 아무런 정치적 책임을 물을 수 없는 대통령 대신에 그를 보좌하는 국무총리 · 국무위원에 대하여 정치적 책임을 추궁함으로써 대통령을 간접적이나마 견제하고자 하는 것에 지나지 않는다. 헌법 제63조의 해임건의권을 법적 구속력 있는 해임결의권으로 해석하는 것은 법문과 부합할 수 없을 뿐만 아니라, 대통령에게 국회해산권을 부여하고 있지 않는 현행 헌법상의 권력분립질서와도 조화될 수 없다.

헌재 2004.5.14. 2004헌나1, 판례집 16-1, 609,650-651

실제로 국회의 국무위원 해임건의에 대해 대통령이 받아들이지 않은 사례가 있다. 2003년 9월, 국회가 김두관 행정자치부장관에 대해 해임건의를 의결하였으나, 대통령은 즉각 이를 수용하지 않았고, 후일 김장관이 스스로 사임하였다.

(2) 국무총리 · 국무위원 등 출석요구 · 질문권

> **(헌법 제62조)** ① 국무총리 · 국무위원 또는 정부위원은 국회나 그 위원회에 출석하여 국정처리상황을 보고하거나 의견을 진술하고 질문에 응답할 수 있다.
> ② 국회나 그 위원회의 요구가 있을 때에는 국무총리 · 국무위원 또는 정부위원은 출석 · 답변하여야 하며, 국무총리 또는 국무위원이 출석요구를 받은 때에는 국무위원 또는 정부위원으로 하여금 출석 · 답변하게 할 수 있다.

국회의 국무총리 · 국무위원 · 정부위원 출석요구 · 질문권은 의원내각제적 요소에 해당하는 것으로, 국회의 정부견제 수단이 된다.

출석요구의 주체는 국회 본회의 또는 위원회이며, 그 의결에 의한다. 국무총리가 출석요구를 받은 때에는 국무위원으로 하여금, 국무위원이 출석요구를 받은 때에는 정부위원으로 하여금 대리하여 출석 · 답변하게 할 수 있다. 이 경우 의장 또는 위원장의 동의를 얻어야 한다(국회법 제121조). 정부조직법에 의하면 "국무총리실의 실장 및 차장, 특임장관 밑의 차관, 부 · 처 · 청의 처장 · 차관 · 청장 · 차장 · 실장 · 국장 및 차관보와 외교통상부의 본부장은 정부위원이 된다"(제10조).

본회의 또는 위원회는 특정한 사안에 대하여 질문하기 위하여 대법원장 · 헌법재판소장 · 중앙선거관리위원회위원장 · 감사원장 또는 그 대리인의 출석을 요구할 수 있다(국회법 제121조 제5항).

(3) 그 밖의 정부견제권

넓게 보면 국회의 모든 권한은 정부견제 또는 정부통제의 기능을 갖는다. 그 자체 직접적인 정부견제권의 성격을 지닌 국정감사 · 조사권, 국무총리 · 국무위원 해임건의권, 국무총리 · 국무위원 등 출석요구 · 질문권 외에, 국회의 본질적인 권한인 입법권과 재정적 통제권도 정부견제의 수단이 된다. 정부제출법률안의 부결이나 세출예산의 삭감은 강력한 정부견제권으로서의 성격을 갖는다. 그 밖에 대통령의 각종 공직임명에 대한 동의권, 조약체결동의권 및 전쟁선포 · 군대외국파견 · 외국군대주류 동의권 등 대외관계에 관한 견제권, 탄핵소추권 등은 모두 정부견제권의 성격을 지닌다.

이들 권한 외에 헌법상 국회의 정부견제권에 해당하는 것으로, 계엄해제요구권(제77조 제5항), 긴급명령 및 긴급재정경제명령 · 처분 승인권(제76조 제3항), 대통령의 일반사면에 대한 동의권(제79조 제2항)이 있다.

9. 헌법개정에 관한 권한

국회는 헌법개정에 관하여 ① 헌법개정안 발의권(헌법 제128조), ② 헌법개정안 의결권(헌법 제130조 제1항)을 갖는다. 헌법개정안 발의권은 국회 외에 대통령에게도 인정된다. 국회의 헌법개정안 발의에는 재적의원 과반수가 필요하다. 국회 또는 대통령이 제안한 헌법개정안은 대통령이 이를 20일 이상 공고하여야 하며, 공고한 날로부터 60일 이내에 국회에서 의결하여야 한다. 국회의 의결은 재적의원 3분의 2 이상의 찬성에 의한다(헌법 제129조, 제130조).

국회는 헌법개정안 의결에 있어서 수정없이 표결하여야 한다. 헌법개정안은 국회에서 기명투표로 표결한다(국회법 제112조 제4항).

10. 국회의 자율권

> **(헌법 제64조)** ① 국회는 법률에 저촉되지 아니하는 범위안에서 의사와 내부규율에 관한 규칙을 제정할 수 있다.
> ② 국회는 의원의 자격을 심사하며, 의원을 징계할 수 있다.
> ③ 의원을 제명하려면 국회재적의원 3분의 2이상의 찬성이 있어야 한다.
> ④ 제2항과 제3항의 처분에 대하여는 법원에 제소할 수 없다.

(1) 자율권의 의의와 내용

국회의 자율권이란 국회의 내부적 사항에 관하여 다른 국가기관의 간섭을 받지 않고 국회가 스스로 결정할 수 있는 권한이다. 국회의 자율권은 권력분립 원리에 입각하여 국회의 기능을 보장하기 위한 것이다.

자율권의 내용은 규칙제정권, 내부조직 구성과 재정의 자율권, 의사의 자율권, 의원신분에 관한 자율권 등으로 나눌 수 있다.

① 국회는 **국회규칙 제정권**을 갖는다. 국회는 헌법과 법률에 저촉되지 않는 범위 안에서 의사와 내부규율에 관한 규칙을 제정할 수 있다(헌법 제64조 제1항).

국회의 의사와 내부규율에 관해서는 이미 국회법에서 상세한 규정을 두고 있으므로, 실제로 국회규칙의 내용은 세부적이고 기술적인 사항을 다루고 있다.

국회규칙은 '법률에 저촉되지 아니하는 범위 안에서' 제정될 수 있으므로 법률보다 하위의 효력을 갖는다. 국회규칙이 법률에 저촉되는지 여부에 관하여 사법적 통제가 인정되느냐는 문제가 제기될 수 있다. 국회의 자율성 존중을 위하여 사법적 판단을 자제하는 것이 타당하다고 본다. 그러나, 예컨대 국회방청규칙이 일반 국민의 방청권을 특별히 제한하는 규정을 두었을 때, 또는 국회정보공개규칙이 공개대상정보를 심히 제한하고 있을 때와 같이 국회규칙이 국민의 알권리 등 기본권을 침해하는 경우 이에 대한 사법심사는 예외적으로 허용된다고 볼 것이다.

② 국회는 **내부조직 구성과 재정에 관한 자율권**을 갖는다. 국회는 의장과 부의장의 선출, 각종 위원회의 조직과 위원선정, 국회직원의 임면권을 갖는다. 국회법은 국회의 기관으로 국회사무처, 국회도서관, 국회예산정책처, 국회입법조사처를 두고 있다(제21조-제22조의3).

국회의 경비는 독립하여 국가예산에 이를 계상한다. 정부가 국가재정법(제40조 제2항)에 의하여 국회소관 세출예산요구액의 삭감에 대해 의장의 의견을 구하고자 할 때에는 그 삭감내용 및 사유를 기재하여 의장에게 송부하여야 한다(국회법 제23조).

③ 국회는 **의사(議事)의 자율권**을 갖는다. 국회는 헌법과 국회법 및 국회규칙에 따라 국회의 개회, 휴회, 폐회, 의사진행, 내부질서 유지 등 의사에 관하여 자율적으로 결정할 수 있다.

의장은 국회를 대표하고 의사를 정리하며, 질서를 유지하고 사무를 감독한다(국회법 제10조). 의장은 국회 안에서 국회의 질서를 유지하기 위하여 경호권을 행한다(같은 법 제143조). 의원이 본회의 또는 위원회의 회의장에서 국회법 또는 국회규칙에 위배하여 회의장의 질서를 문란하게 한 때에는 의장 또는 위원장은 이를 경고 또는 제지할 수 있으며, 이에 불응하는 의원의 발언을 금지하고 퇴장시킬 수 있다(같은 법 제145조).

④ 국회는 **의원신분에 관한 자율권**을 갖는다. 국회는 의원의 자격을 심사하고 징계할 수 있다(헌법 제64조 제2항).

자격심사권은 피선거권의 유무 등 의원자격요건을 심사하는 권한이다. 의원이 다른 의원의 자격에 대하여 이의가 있을 때에는 30인 이상의 연서로 자격심사를 의장에게 청구할 수 있다(국회법 제138조). 의원자격 없음을 의결함에는 재적의원 3분의 2 이상의 찬성이 있어야 한다(같은 법 제142조).

징계권에는 제명이 포함되며, 제명에는 재적의원 3분의 2 이상의 찬성이 있어야 한다(헌법 제64조 제3항).

자격심사와 징계에 대해서는 법원에 제소할 수 없다(헌법 제64조 제4항). 이것은 국회의 자율권을 보장하기 위한 것이다. 헌법은 '법원'에 제소할 수 없다고 규정하고 있는데, **헌법재판소에 제소할 수 있는지 여부**에 대해 견해가 갈린다. 국회 자율권 존중의 필요성은 법원만이 아니라 헌법재판소에 대해서도 요구된다고 볼 것이므로, 헌법재판소에도 제소할 수 없다고 할 것이다.

그 밖에도 의원신분에 관한 자율권으로, 의원 체포·구금에 대한 동의와 석방요구(헌법 제44조), 의원 사직의 허가(국회법 제135조), 징계(제155조 이하) 등의 권한이 있다.

(2) 자율권의 한계

국회의 내부사항에 관한 자율권은 권력분립의 원리에 입각한 것이지만 무한계는 아니다. 특히 문제되는 것은 국회 내부사항에 대한 사법적 통제의 인정 여부이다. 국회의 입법절차나 의사절차가 헌법이나 법률에 위반하는 명백한 흠이 있는 때에는 사법심사 대상이 된다고 보아야 한다.

(판 례) 국회 자율권의 한계

(야당 국회의원들에게 변경된 개의시간을 통지하지도 않은 채 비공개로 본회의를 개의하는 등 헌법 및 국회법이 정한 절차를 위반하여 위 법률안을 가결시킴으로써 국회의원의 법률안 심의·표결권을 침해하였다고 주장하면서 그 권한침해의 확인과 아울러 위 가결선포행위에 대한 위헌확인을 구하는 국회의원과 국회의장 간의 권한쟁의심판)

국회는 국민의 대표기관, 입법기관으로서 폭넓은 자율권을 가지고 있고, 그 자율권은 권력분립의 원칙이나 국회의 지위, 기능에 비추어 존중되어야 하는 것이지만, 한편 법치주의의 원리상 모든 국가기관은 헌법과 법률에 의하여 기속을 받는 것이므로 국회의 자율권도 헌법이나 법률을 위반하지 않는 범위내에서 허용되어야 하고 따라서 국회의 의사절차나 입법절차에 헌법이나 법률의 규정을 명백히 위반한 흠이 있는 경우에도 국회가 자율권을 가진다고는 할 수 없다.

헌법 제64조도 국회의 자율권에 관하여 국회는 법률에 저촉되지 아니하는 범위 안에서 의사와 내부규율에 관한 규칙을 제정할 수 있고, 의원의 자격심사·징계·제명에 관하여 자율적 결정을 할 수 있다고 규정하고 있다.

이 사건은 국회의장이 국회의원의 헌법상 권한을 침해하였다는 이유로 국회의원인 청구인들이 국회의장을 상대로 권한쟁의심판을 청구한 사건이므로 이 사건 심판대상은 국회의 자율권이 허용되는 사항이라고 볼 수 없고, 따라서 헌법재판소가 심사할 수 없는 국회내부의 자율에 관한 문제라고 할 수는 없다.

(법률안 가결선포행위의 위헌 여부에 관한 인용의견이 과반수에 이르지 아니하여 기각)

헌재 1997.7.16. 96헌라2, 판례집 9-2, 154,165

위 판례에서 보는 것처럼, 국회 내부사항에 관한 헌법재판소의 심사는 '헌법이나 법률의 규정을 명백히 위반한 흠이 있는 경우'에 한하여 인정된다. 국회의 의사절차에 관하여 국회의 자율권에 속한다고 하여 권한쟁의심판 청구를 각하한 판례들도 있다(예컨대 국무총리 임명동의안에 대한 투표에 관하여 개표절차를 진행하여 표결결과를 선포하지 아니함으로써 국회의원들의 임명동의안에 대한 표결권을 침해하였는지 여부에 관한 국회의원과 국회의장 간의 권한쟁의심판. 헌재 1998.7.14. 98헌라3, 판례집 10-2, 74). 또한 사립학교법 개정안을 본회의 취지설명이나 찬반토론 없이 표결에 들어간 것이 당시 상황을 근거로 국회의원들의 심의·표결권을 침해하지는 않았다고 결정한 사례도 있다(헌재 2008.4.24. 2006헌라2).

한편 언론관계법 변칙처리 사건에서는 국회의원들의 법률안 심의·표결권을 침해하였다고 인정하면서도 가결선포행위에 관한 무효확인 청구를 기각하였다(헌재 2009.10.29. 2009헌라8·9·10(병합)).

제 3 장

정 부

먼저 용어의 사용에 관하여 유의할 점이 있다. 집행부, 행정부, 정부라는 용어가 일반적으로 또는 학문적으로 혼용되고 있다.

집행부라는 말은 일반적 · 학문적으로 입법부, 사법부와 대비되는 의미로 사용된다. 이러한 의미의 집행부는 행정부와 혼용되는 경우가 많다.

행정부라는 말은 일반적 · 학문적으로 집행부와 혼용된다. 그러나 실정법상 우리 헌법전에서 행정부라는 용어는 일반적 · 학문적 의미보다 좁은 의미로 쓰인다. 즉 헌법 제4장 제2절에서 '행정부'는 국무총리 · 국무위원 · 국무회의 · 행정각부 · 감사원을 포괄하는 의미로 쓰이며, 대통령을 제외한 개념이다.

정부라는 말은 일반적 · 학문적으로 다의적으로 쓰인다. 넓은 의미의 정부는 입법부, 사법부, 집행부를 모두 포함하는 의미로 쓰이고, 좁은 의미의 정부는 집행부 또는 행정부와 같은 의미로 쓰인다. 그러나 우리 헌법전에서 정부라는 용어는 헌법전상의 '행정부'와 '대통령'을 포괄하는 의미로 쓰인다. 즉 헌법 제4장의 '정부'는 일반적 · 학문적 용어로서의 집행부 또는 행정부와 거의 같은 의미로 사용된다(헌법 제7장에서 규정하는 선거관리위원회는 헌법전상 정부와 구별되고 있는데, 그 성질에 비추어 보면 학문적으로 집행부에 속한다고 할 수 있다).

한편 헌법은 '행정권'이 정부에 속한다고 규정함으로써(제66조 제4항), 행정권이라는 말을 일반적 · 학문적 용어와 동일한 의미로 사용하고 있다.

이 제3장에서 정부, 행정부라는 용어는 헌법전상의 의미로 사용된다.

Ⅰ. 대통령의 지위

1. 대통령의 헌법상 지위

> **(헌법 제66조)** ① 대통령은 국가의 원수이며, 외국에 대하여 국가를 대표한다.
> ② 대통령은 국가의 독립 · 영토의 보전 · 국가의 계속성과 헌법을 수호할 책무를 진다.
> ③ 대통령은 조국의 평화적 통일을 위한 성실한 의무를 진다.
> ④ 행정권은 대통령을 수반으로 하는 정부에 속한다.

(1) 서 설

대통령의 '헌법상 지위'란, 헌법상 대통령의 권한과 역할에 비추어 본 대통령의 헌법상 위치를 말하며, 특히 다른 국가기관과의 대비 하에서 그 헌법상 위치를 가리킨다.

대통령의 헌법상 지위는 각국의 정부형태에 따라 다르다. 대통령제 국가에서 대통령은 대외적으로 국가를 대표하는 동시에 실질적인 집행부 수반으로서의 지위를 지닌다. 의원내각제 국가에서 대통령은 상징적 · 의례적으로 국가를 대표하는 동시에, 또한 상징적 · 의례적으로 집행부 수반으로서의 지위를 지닌다. 한편 이원정부제 국가에서 대통령은 상징적 · 의례적으로 국가를 대표하는 동시에 수상과 함께 실질적으로 집행권을 분담하는 지위를 갖는다.

현행 우리 헌법의 정부형태는 대통령제를 기본으로 하면서 부분적으로 의원내각제 요소와 이원정부제 요소가 혼합된 정부형태이다. 현행 우리 헌법상 대통령의 지위는 국가원수로서의 지위와 정부수반으로서의 지위로 나누어 볼 수 있다.

(2) 국가원수로서의 지위

① 대통령은 국가원수로서의 지위를 갖는다. 우리 헌법에서 대통령을 국가원수로 명시한 것은 제2공화국 헌법부터이며, 유신 이래로 지금까지 유지되고 있다. 제헌헌법과 제3공화국 헌법은 대통령이 행정권의 수반이며, 외국에 대해 국가를 대표한다는 규정만을 두었다. 제4공화국 헌법에서 대통령을 국가원수라고 명시한 것은 대통령에게 정부수반 이상으로서의 지위를 부여하고 실질적으로 정부형태를 권위주의 정부화하기 위한 것이었다. 현행 헌법상 대통령을 국가원수라고 규정하고 있는 것이 헌법정책적으로 타당한지에 대해서는 의문이 있지만, 그 의미는 입헌주의 원리에 따

라 재해석되어야 할 것이다.

② **'국가원수'의 의미**가 무엇인지가 문제된다. 본래 국가원수(head of state, Staatsoberhaupt)라는 개념은 군주제 국가에서 군주에게 다른 국가기관에 비해 우월적 지위를 주기 위해 만들어진 것이며, 국가를 자연인에 견주어 이해하는 국가유기체설 이론에 의한 것이다. 그런데 입헌주의의 전개에 따라 군주의 권한이 제한되고, 공화국에서 대통령이 나타남에 따라 국가원수의 개념도 변질되고 있다. 오늘날 국가원수라는 개념을 그대로 사용한다면, 각국의 군주와 대통령의 공통적 요소를 추출하여 그 의미를 구성할 수 있다. 이렇게 본다면, 국가원수란 상징적·의례적으로 국가를 대표하는 동시에 형식적으로 집행부 수반으로서의 지위를 갖는 국가기관이며, 실질적인 권한을 갖는가 여부는 각국에 따라 다르다고 할 수 있다. 상징적·의례적인 권한만을 갖는 국가원수를 **형식적 국가원수**, 실질적 권한을 갖는 국가원수를 **실질적 국가원수**라고 부를 수 있다.

우리 헌법상 대통령은 실질적 국가원수로서의 지위를 갖는다. 헌법상 국가원수의 지위를 다음과 같이 대외적 측면과 대내적 측면으로 나누어 볼 수 있다.

③ 대통령은 **대외적 측면의 국가원수**로서 다음과 같은 권한을 갖는다. 외국에 대하여 국가를 대표한다(제66조 제1항). 조약을 체결하고. 선전포고를 하며. 외교사절을 신임·접수 또는 파견한다(제73조). 조약체결, 선전포고, 외교사절 신임 등의 권한은 외국에 대해 국가를 대표하는 구체적 표현이다.

한편 **대내적 측면의 국가원수**로서 갖는 권한은 그 성격상 세 가지 부류로 나눌 수 있다. 첫째, 상징적·의례적 지위에서 오는 권한으로, 훈장 등 영전(榮典) 수여권이 있다(제80조). 둘째, 실질적 권한으로서, 사면권(제79조), 대법원장·대법관 임명권(제104조), 헌법재판소장 임명권(제111조 제4항)이 있다. 셋째, 실질적 권한 가운데 예외적으로 강화된 권한으로서, 계엄선포 및 긴급명령권·긴급재정경제명령처분권과 같은 국가긴급권(제76조, 제77조), 중요정책에 대한 국민투표회부권(제72조), 헌법개정안발의권(제128조 제1항)이 있다.

(3) 정부수반으로서의 지위

대통령은 행정권을 행사하는 정부수반으로서의 지위를 갖는다(제66조 제4항). 정부수반으로서의 지위를 형식상 두 측면으로 나눌 수 있다. 첫째, **최고 행정권담당자로서의 지위**이다(행정권의 개념에 관해서는 뒤의 대통령의 권한 참조). 이 지위에서 대통령은 다음의 권한들을 갖는다. 국군통수권(제74조), 대통령령제정권(제75조), 법률안거부권

(제53조 제2항), 공무원임면권(제78조), 예산안제출권(제54조 제2항) 및 예산집행권, 행정정책결정·집행권(제66조 제4항). 한편 헌법재판소재판관 3인 임명권(제111조 제3항) 및 중앙선거관리위원회위원 3인 임명권(제114조 제2항)은 성질상 행정권 행사라고 보기 어렵지만, 각각 국회 및 대법원장과 대등한 지위에서 행사하는 것이므로 최고 행정권담당자로서의 지위에서 나오는 권한이라고 할 것이다.

둘째, **국무회의 의장으로서의 지위**이다(제88조 제3항). 다만 국무회의는 심의기관이며 심의결과가 대통령을 구속하지 못하므로, 최고행정권자로서의 지위와 국무회의 의장으로서의 지위의 구별은 실질적인 의미를 갖지 못한다.

(4) 대통령의 의무와 대통령의 지위

헌법 제66조 제2항과 제3항은 대통령의 의무로서, '국가의 독립, 영토의 보전, 국가의 계속성과 헌법을 수호할 책무' 및 '조국의 평화적 통일을 위한 성실한 의무'를 규정하고 있다. 이 취지는 대통령취임선서조항에서 다시 강조되고 있다(제69조). 대통령의 이러한 의무는 국가원수로서의 지위 및 정부수반으로서의 지위 모두에 관련된 것으로 볼 것이다. 헌법재판소는 대통령의 헌법수호의무가 국가원수 및 정부수반으로서의 지위 모두에 관련된 것으로 보고 있다.

(판 례) 대통령의 헌법수호의무

'헌법을 준수하고 수호해야 할 의무'가 이미 법치국가원리에서 파생되는 지극히 당연한 것임에도, 헌법은 국가의 원수이자 행정부의 수반이라는 대통령의 막중한 지위를 감안하여 제66조 제2항 및 제69조에서 이를 다시 한번 강조하고 있다. 이러한 헌법의 정신에 의한다면, 대통령은 국민 모두에 대한 '법치와 준법의 상징적 존재'인 것이다.

헌재 2004.5.14. 2004헌나1, 판례집 16-1, 609,613

2. 대통령 선거

(헌법 제67조) ① 대통령은 국민의 보통·평등·직접·비밀선거에 의하여 선출한다.
② 제1항의 선거에 있어서 최고득표자가 2인이상인 때에는 국회의 재적의원 과반수가 출석한 공개회의에서 다수표를 얻은 자를 당선자로 한다.
③ 대통령후보자가 1인일 때에는 그 득표수가 선거권자 총수의 3분의 1이상이 아니면 대통령으로 당선될 수 없다.
④ 대통령으로 선거될 수 있는 자는 국회의원의 피선거권이 있고 선거일 현재 40세에

> 달하여야 한다.
> ⑤ 대통령의 선거에 관한 사항은 법률로 정한다.
> **(헌법 제68조)** ① 대통령의 임기가 만료되는 때에는 임기만료 70일 내지 40일전에 후임자를 선거한다.
> ② 대통령이 궐위된 때 또는 대통령 당선자가 사망하거나 판결 기타의 사유로 그 자격을 상실한 때에는 60일이내에 후임자를 선거한다.

(1) 대통령선거제도 : 비교법적 개관

정부형태에 따라 대통령선거제도는 차이가 있다.

① 대통령제 국가에서는 국민선출제로 하되 국민직선제와 국민간선제로 나뉜다. 국민간선제는 다시 두 가지 방법으로 나뉜다. 첫째는 선거만을 위한 선거인단을 선출하여 이 선거인단에서 선거하는 방법이다(예컨대 미국, 한국의 제5공화국). 둘째는 기존의 국가기관이나 그 연합체에서 선출하는 방법이다(한국의 제4공화국의 통일주체국민회의).

미국의 현행 간선제는 실제로 직선제와 큰 차이가 없다. 1796년 이래 각 주법에 의하면, 일반국민의 1단계 투표로 선출된 선거인단은 2단계 투표에서 반드시 소속정당의 후보자에게 투표해야 하므로 1단계 투표의 결과만으로 당선자는 사실상 결정된다. 한편 미국 간선제의 문제점으로 지적되는 것은 이른바 소수파 대통령(minority president)이 출현할 수 있다는 점이다. 이것은 선거인단 선출을 위한 1단계 투표가 주 단위로 행하여지고, 각 주의 최고득표자가 주에 할당된 선거인단 전부를 차지하게 되어있는 제도 때문이다. 이러한 제도 하에서는 1단계 투표에서 전국적인 최다득표 후보가 총선거인수 확보에서는 2위가 될 가능성이 생긴다. 이 때문에 직선제 개헌론이 제기되고 있는 실정이다.

본래 미국에서 간선제를 채택한 것은 건국 당시의 열악한 교통수단으로 인한 직선제 시행의 어려움만이 아니라 직선제에서 예상되는 '열기와 홍분'을 가라앉히기 위해서였다. 간선제에서 선거인단의 2단계 투표의 결과가 일반국민의 1단계 투표의 결과와 같을 때에는 2단계 투표는 불필요한 것이 되고, 만일 다를 때에는 반민주적이라는 비판이 따른다.

② 의원내각제 국가에서 대통령은 의회에서 선출하는 것이 일반적이다. 독일의 경우, 연방의회의원 및 각 주의회가 선출한 동수의 대표로 구성되는 연방회의(Bundesversammlung)에서 선출한다(독일 기본법 제54조).

③ 이원정부제 국가에서 대통령 선출방법은 일정하지 않다. 대체로 국민직선제에

의하지만, 1958년부터 1962년 사이의 프랑스 제5공화국, 1991년 개헌 전의 핀란드처럼 간선제에 의한 예도 있다. 현재의 프랑스는 직선제를 취하되, 절대다수득표자가 없을 때에 결선투표를 행한다. 이것은 다당제의 전통 하에서 대통령당선자의 정당성을 강화하려는 취지이다.

(2) 한국 헌법상 대통령선거제도

제헌헌법은 국회에서 대통령을 선출하였고, 1952년 1차 개헌으로 직선제를 택하였다. 제2공화국의 의원내각제 하에서는 민의원과 참의원의 양원합동회의에서 선거하였다. 제3공화국 헌법은 직선제를 채택하였다. 제4공화국 헌법은 통일주체국민회의에서 선출하는 간선제를 택하였다. 제5공화국 헌법도 간선제를 취하되, 국민의 선거인단 선출에 이은 선거인단의 대통령선출의 방법을 취하였다.

현행 헌법은 직선제를 택하고 있다. 국민의 보통·평등·직접·비밀선거에 의하며, 후보자가 1인일 때에는 그 득표수가 선거권자 총수의 3분의 1 이상이어야 당선될 수 있다. 피선거권 연령은 40세이다(제67조). 결선투표제는 택하고 있지 않다. 대통령선거의 구체적 절차는 공직선거법에서 규정하고 있다(선거제도의 일반적 사항에 관하여 앞의 국회의원선거제도 참조).

최근 헌정사상 처음으로 제1야당 대표로 36세인 인물이 선출되면서 대통령 피선거권 연령도 낮추어야 한다는 논의가 있다. 1962년 제5차 개정헌법 제64조 제2항에서 처음으로 대통령 피선거권 연령제한 규정을 두었다. 제헌헌법과 제2공화국 헌법은 국회에서 대통령을 선출하였으므로 국회의원 피선거권 연령제한 규정이 그대로 적용되었다. 1952년 1차 개정 헌법 제53조에서는 대통령 선거에 관한 사항은 법률로 정한다고 하여 선거법에 위임하였고, 대통령·부통령선거법 제2조가 40세 연령제한 규정을 두었다. 1952년 제2대 국회 회의속기록에 따르면 대통령 피선거권 연령을 40세로 정한 특별한 이유가 있는 것은 아니고 예로부터 우리 국민정서상 40세 정도는 되어야 외부의 유혹에 빠지지 않는다(불혹, 不惑)는 공감대에 따른 것이라고 하였다. 1919년 9. 11. 대한민국임시정부헌법 제13조 역시 대통령의 자격 연령은 만 40세 이상으로 한다고 명시하였다.

3. 대통령의 임기 · 권한대행 · 특권 · 의무 등 신분에 관한 사항

(1) 대통령취임선서

> **(헌법 제69조)** 대통령은 취임에 즈음하여 다음의 선서를 한다. "나는 헌법을 준수하고 국가를 보위하며 조국의 평화적 통일과 국민의 자유와 복리의 증진 및 민족문화의 창달에 노력하여 대통령으로서의 직책을 성실히 수행할 것을 국민 앞에 엄숙히 선서합니다."

취임선서의 법적 성격에 관하여 헌법재판소는 판시하기를, "헌법 제69조는 단순히 대통령의 취임선서의무만을 규정한 것이 아니라, 헌법 제66조 제2항 및 제3항에 규정된 대통령의 헌법적 책무를 구체화하고 강조하는 실체적 내용을 지닌 규정이다" 라고 보았다(헌재 2004.5.14. 2004헌나1, 판례집 16-1, 609,646). 그러나 헌법재판소는 대통령취임선서 중 '성실한 직책수행의무'는 사법적 판단의 대상이 되지 않는다고 보았다.

(판 례) 성실한 직책수행의무

헌법 제69조는 대통령의 취임선서의무를 규정하면서, 대통령으로서 '직책을 성실히 수행할 의무'를 언급하고 있다. 비록 대통령의 '성실한 직책수행의무'는 헌법적 의무에 해당하나, '헌법을 수호해야 할 의무'와는 달리, 규범적으로 그 이행이 관철될 수 있는 성격의 의무가 아니므로, 원칙적으로 사법적 판단의 대상이 될 수 없다고 할 것이다.

헌재 2004.5.14. 2004헌나1, 판례집 16-1, 609,614

(2) 대통령의 임기

> **(헌법 제70조)** 대통령의 임기는 5년으로 하며, 중임할 수 없다.
> **(헌법 제128조)** ② 대통령의 임기연장 또는 중임변경을 위한 헌법개정은 그 헌법개정 제안 당시의 대통령에 대하여는 효력이 없다.

① 대통령 임기는 5년 단임제이다. 제5공화국 헌법은 7년 단임제를 규정했었다.

근래 **5년 단임제의 문제점**이 논의되고 있다. 첫째, 국회의원 임기 4년과의 차이로 인한 문제점이다. 임기의 불일치로 인해 동시선거가 치러질 수 없는데, 이것은 분할정부(이른바 '여소야대') 현상을 촉진한다. 분할정부는 대통령과 국회의 대립으로 정치적 갈등과 국정의 정체(停滯)를 가져온다. 또한 잦은 중간선거로 인해 지속적인 국정운영이 어렵다. 둘째, 중임을 허용하지 않는 단임제에서 오는 문제점이다. 단임제는 졸속적 정책추진과 성급하고 무책임한 업적주의의 폐해를 가져온다. 이 때문에 4년 중임제 개헌론이 제기되고 있다.

② 대통령의 궐위 등으로 행하여진 선거에서 선출된 후임자의 임기는 전임자의 잔여임기가 아니라 새로운 임기가 시작된다. 그런데 헌법은 대통령이 궐위된 때 또는 대통령당선자가 사망하거나 판결 등으로 자격을 상실한 때에는 60일 이내에 후임자를 선거한다고 규정하고 있을 뿐이고(제68조 제2항), **후임자의 임기개시일**에 관한 규정이 없다. 이것은 중대한 **헌법의 흠결**이다. 공직선거법은 "대통령의 임기는 전임 대통령의 임기만료의 다음날 0시부터 개시된다. 다만, 전임자의 임기가 만료된 후에 실시하는 선거와 궐위로 인한 선거에 의한 대통령의 임기는 당선이 결정된 때로부터 개시된다"고 규정하고 있다(제14조 제1항). 후임자 임기개시일은 법률이 아니라 헌법에서 규정할 헌법사항이라고 볼 것이다(헌법 부칙 제2조 제2항은 "이 헌법에 의한 최초의 대통령의 임기는 이 헌법시행일로부터 개시한다"고 규정하고 있다).

(3) 대통령 권한대행

> **(헌법 제71조)** 대통령이 궐위되거나 사고로 인하여 직무를 수행할 수 없을 때에는 국무총리, 법률이 정한 국무위원의 순서로 그 권한을 대행한다.

① **권한대행자**는 1순위가 국무총리이고, 그 다음은 법률(정부조직법)이 정한 국무위원의 순서에 의한다.

② **권한대행의 사유**는 대통령의 '궐위' 또는 '사고이다. 궐위란 사망, 사직, 탄핵결정에 의한 파면, 선거에 관한 소송에 의한 당선무효 등으로 대통령직이 공석이 된 것을 말한다. '사고'란 대통령이 재임하고 있으나, 질병, 탄핵소추로 인한 직무집행정지 등으로 직무를 수행할 수 없는 경우를 말한다.

③ **권한대행의 필요 여부의 결정**을 누가 어떠한 절차로 하는가라는 문제가 있다. 이것은 특히 '사고로 인하여 직무를 수행할 수 없을 때'의 경우에 문제된다. 이에 관하여 헌법은 명시적 규정을 두고 있지 않다. 이 역시 헌법의 흠결이라고 볼 것이다.

'직무를 수행할 수 없는 사고'에 해당하는지 여부의 결정은 일차적으로 대통령의 의사표시에 의하여야 할 것이지만, 대통령 자신의 의사표시가 불가능한 경우, 또는 대통령이 정상적 의사표시를 할 수 없는 정신이상 상태인 경우에 누가 결정하느냐가 문제된다.

생각건대 이에 관해서는 헌법개정을 통해 구체적으로 명시하는 것이 필요하고, 헌법개정이 있을 때까지는 차선책으로 법률을 통해 규정하는 것이 바람직하다. 입법이 있을 때까지의 보충적 해석론으로서, 권한대행 1순위자인 국무총리가 국무회의의 심의를 거쳐 결정하되 국회의장 및 헌법재판소장에게 통고해야 할 것이라고 본다.

참고로 이 문제에 관한 외국 입법례를 본다. 프랑스 헌법은 대통령이 직무수행 불능상태인지 여부의 결정을 헌법재판기관인 헌법평의회가 결정하도록 규정하고 있다(제7조).

한편 미국 헌법은 1967년의 수정헌법 제25조를 통해 상세한 규정을 두고 있다. 대통령이 직무를 수행할 수 없음을 상원 임시의장과 하원의장에게 문서로써 전달하는 경우에, 그리고 대통령이 그 반대의 문서를 발송할 때까지 부통령이 권한대행으로서 직무를 수행한다. 부통령 및 행정각부 주요공무원(또는 의회가 법률로 정하는 집단)의 다수가 대통령이 그 직무를 수행할 수 없음을 상원 임시의장과 하원 의장에게 문서로써 전달하는 경우에는 부통령이 즉시 대통령 권한대행으로서 직무를 수행한다. 그 후 대통령이 직무를 수행할 수 있음을 상원 임시의장과 하원 의장에게 문서로써 전달하는 때에는, 부통령 및 행정각부 주요공무원(또는 의회가 법률로 정하는 집단)의 다수가 4일 이내에 대통령의 직무수행 불능을 문서로써 전달하지 않는 한, 대통령은 그 권한과 직무를 회복한다. 이와 같은 헌법개정이 있기 전에는 대통령과 부통령이 권한대행의 조건에 관하여 미리 서신을 교환한 사례들이 있었다.

④ **권한대행의 직무범위**가 문제된다. 권한대행의 직무는 잠정적인 현상유지에 한정되고, 정책변경이나 인사이동은 할 수 없다는 견해가 있다. 프랑스 헌법은 대통령의 궐위 또는 영구적 직무수행 불능의 기간에 내각불신임과 헌법개정을 못한다고 규정하고 있다(제7조). 생각건대 원칙적으로 현상유지에 한정된다고 볼 것이지만, 국가긴급사태에 있어서 긴급권행사 등은 인정된다고 할 것이다. '현상유지'와 관련하여 인사권의 범위가 문제된다. 우선 행정부를 살펴보자. 역대 대통령 권한대행 중 장관을 임명한 사례는 보이지 않는다. 그러나 한국마사회 등 많은 공공기관의 장 임명은 종래 여러 차례 이루어졌다. 이 두 가지 경우, 당·부당의 문제는 있을 수 있으나 위헌으로 보기는 어렵다.

그러나 행정부 외의 다른 헌법기관 구성권 문제는 달리 보아야 한다. 헌법은 대통령에게 대법원장 및 대법관 임명권, 헌법재판관 중 3인 및 헌법재판소장 임명권,

중앙선거관리위원회 위원 중 3인의 임명권을 부여하고 있는데, 이는 국민이 직접 뽑은, 즉 직접적인 민주적 정당성이 있는 대통령만이 행사할 수 있는 권한이지 대행이 행사할 수 있는 권한은 아니다. 반면 국회 선출 3인 및 대법원장 지명 3인의 헌법재판관 6인에 대하여 가지는 대통령의 임명권은 형식적 임명권에 불과하기 때문에 오히려 대통령 권한대행은 이들을 임명할 의무를 진다고 보아야 한다. 국회 선출 및 대법원장 지명의 중앙선거관리위원회 위원 6명에 대해서는 대통령이 형식적 임명권도 갖지 않기 때문에 이 문제는 생기지 않는다.

그렇다면 권한대행이 헌법상 행정부로 분류되는 감사원의 원장 및 위원을 임명할 수는 있는가. 감사원장의 임명에 국회의 동의가 필요하고, 감사원장의 제청으로 감사위원을 임명한다는 헌법 규정, 직무상 독립이어야 하는 감사원의 특성 및 감사원법 규정 취지를 고려하면 감사원장 및 감사위원의 임명도 불가능하다고 보아야 한다.

헌법재판소는 한덕수 대통령 권한대행이 임기가 만료되는 대통령 몫(임명)의 헌법재판관 2인의 후임을 지명한 것이 헌법재판소의 헌법소원심판 계속 중인 청구인의 재판을 받을 권리를 침해하였다고 주장하면서 새로운 헌법소원심판청구와 동시에 제기된 위 지명의 효력정지가처분신청을 인용하였다.

(판 례) 대통령 권한대행이 대통령 몫의 헌법재판관을 임명할 수 있는지 여부

대통령의 권한을 대행하는 국무총리가 재판관을 지명하여 임명할 권한을 행사할 수 있다고 단정할 수 없고, 만약 그러한 권한이 없다면 헌법소원심판을 청구하여 그 사건이 계속 중인 신청인은 재판을 받을 권리를 침해받게 될 수 있다. 피신청인이 이 사건 후보자를 재판관으로 지명함으로써 그 임명절차가 공식적으로 개시된 이상, 피신청인이 가까운 장래에 이 사건 후보자를 재판관으로 임명할 것임이 확실히 예측된다고 볼 수 있으므로, 이 사건 가처분신청의 본안심판이 명백히 부적법하거나 이유 없다고 단정할 수 없다.

피신청인이 이 사건 후보자를 재판관으로 임명하고 나면, 신청인이 적시에 이 사건 후보자의 재판관 지위를 다투거나 이 사건 후보자가 심리에 관여하는 것을 막을 수 있을지 불분명하고, 종국결정이 선고되는 경우 재심이 허용되지 않을 가능성도 존재하므로, 신청인은 회복하기 어려운 중대한 손해를 입을 위험이 있고, 손해를 방지할 긴급한 필요도 인정된다.

가처분을 인용할 경우 재판관 2인의 임명이 지연될 것이나, 7인의 재판관이 사건을 심리하여 결정할 수 있다. 반면 가처분이 기각되었다가 종국결정에서 청구가 인용될 경우 이 사건 후보자가 관여한 결정 등의 효력에 의문이 제기되

는 등 헌법재판소의 심판 기능 등에 극심한 혼란이 발생하게 되고, 만일 재심이 허용되지 않는다면 헌법재판의 규범력이 현저히 약화될 것이며, 재심이 허용되는 경우에도 법적 안정성을 심각하게 저해할 수 있다. 결국 이 사건에서 가처분을 인용한 뒤 종국결정에서 청구가 기각되었을 때 발생하게 될 불이익보다 가처분을 기각한 뒤 청구가 인용되었을 때 발생하게 될 불이익이 더 크므로, 이 사건 신청을 인용함이 상당하다.

헌재 2025.4.16. 2025헌사399, 공보 343, 574(결정요지)

결정요지에는 빠져있지만, 결정문에서는 "'헌법과 법률이 정한 자격과 절차'에 의하여 임명된 '재판관'에 의한 헌법재판을 받을 권리"가 침해될 가능성이 있다고 하였다. 한편 새로 선출된 이재명 대통령은 취임 즉시 이들 2인 재판관의 지명을 철회하였다.

(4) 대통령의 형사상 특권

> **(헌법 제84조)** 대통령은 내란 또는 외환의 죄를 범한 경우를 제외하고는 재직중 형사상의 소추를 받지 아니한다.

위 규정에 의한 대통령의 형사상 특권은 원활한 직무수행을 보장하기 위한 것이다. 따라서 재직 중에 한하여 특권이 인정되며, 퇴직 후에는 소추당할 수 있다. 재직 중이라도 내란·외환의 죄를 범한 경우에는 소추당할 수 있다. 또한 재직 중이라도 민사상 책임은 면제되지 않는다.

'소추'는 일반적으로 '기소'를 뜻한다. 넓게는 형사상의 소를 제기하여 수행하는 과정도 포함한다.

소추 이전 단계인 수사는 가능한지, 나아가 강제수사도 가능한지가 문제된다. 이에 대하여는 다음과 같은 견해들이 있다. 첫째, 소추할 수 없으므로 수사도 불가능하다는 소극설의 입장이다. 수사는 소추를 전제한다는 점을 근거로 한다. 둘째, 강제수사까지 가능하다는 적극설의 입장이다. 수사는 '소추'와는 구별되고, 법문(法文)에서 소추라고 규정했음을 근거로 삼는다. 셋째는 절충설이다. 임의수사는 가능하나, 강제수사는 불가능하다는 입장이다. 절충설도 세분하면 다시 나뉜다. 강제수사는 절대 불가능하다는 입장, 그리고 이와 달리, 국회의 대통령에 대한 탄핵소추의결로 인해 그 권한이 정지된 경우에는 강제수사까지 가능하다는 견해이다. 생각건대 절충설 가운데, 임의수사는 가능하되, 강제수사는 절대 불가능하다는 견해가 타당하다고 본다. 대통령의 소추면제 특권은 대통령의 원활한 직무수행을 보장하기 위한 것이다. 이 점에서만 보면 수사 역시 대통령 직무수행을 저해할 것이므로 소극설이 타당할 것이다. 그러나 이것은 사법 정의(司法 正義) 실현의 측면을 지나치게 경시한 입장이다. 수사의 지연은 증거확보 등에 장애가 될 것이기 때문이다. 반면 적극설처럼 강제수사까지 인정한다면 소추까지 허용하는 경우와 큰 차이 없이 대통령 직무수행을 방해하게 될 것이므로 이 역시 수용하기 어렵다. 한편 절충설을 취하되 탄핵소추의결로 인한 권한정지 기간에 강제수사를 허용하는 입장도 문제이다. 최종적으로 탄핵결정이 기각되는 경우를 감안하면 대통령의 원활한 직무수행을 위해 적절치 않다고 본다. 대통령의 원활한 직무수행을 고려하면서 사법 정의 실현도 감안하는 입장, 즉 임의수사만 허용된다고 보는 견해가 타당하다.

대통령의 재직 중 형사상 소추가 면제되는 기간에는 공소시효가 정지된다, 헌법재판소도 이른바 12 · 12사건에 관한 헌법소원 결정에서 그러한 취지로 판시하였다.

(판 례) 대통령 재직 중 공소시효의 정지

공소시효제도나 공소시효정지제도의 본질에 비추어 보면, 비록 헌법 제84조에는 "대통령은 내란 또는 외환의 죄를 범한 경우를 제외하고는 재직중 형사상의 소추를 받지 아니한다"고만 규정되어 있을 뿐 헌법이나 형사소송법 등의 법률에 대통령의 재직중 공소시효의 진행이 정지된다고 명백히 규정되어 있지는 않다고 하더라도, 위 헌법규정의 근본취지를 대통령의 재직중 형사상의 소추를 할 수 없는 범죄에 대한 공소시효의 진행은 정지되는 것으로 해석하는 것이 원칙일 것이다. 즉 위 헌법규정은 바로 공소시효진행의 소극적 사유가 되는 국가의 소추권행사의 법률상 장애사유에 해당하므로, 대통령의 재직중에는 공소시효의 진행이 당연히 정지되는 것으로 보아야 한다.

헌재 1995.1.20. 94헌마246, 판례집 7-1, 15,49

한편 '헌정질서파괴범죄의 공소시효 등에 관한 특례법'(제정 1995.12.21)은 형법상 내란 · 외환의 죄에 대해서도 공소시효가 정지된다고 규정하고 있다(이른바 '5 · 18특별법' 사건에 관한 헌법재판소 결정에 관해서는 앞의 제3편, 제8장, IV, 2, (2) 형벌불소급의 원칙 참조).

(5) 대통령의 의무

> **(헌법 제66조)** ② 대통령은 국가의 독립·영토의 보전·국가의 계속성과 헌법을 수호할 책무를 진다.
> ③ 대통령은 조국의 평화적 통일을 위한 성실한 의무를 진다.
> **(헌법 제83조)** 대통령은 국무총리·국무위원·행정각부의 장 기타 법률이 정하는 공사의 직을 겸할 수 없다.

① 헌법 제66조 제2항과 제3항에서 대통령의 **국가독립·영토보전·국가계속성 및 헌법수호 의무**, 그리고 **평화통일의 성실한 의무**를 규정한 것은 대통령의 국가원수 및 정부수반으로서의 의무를 총체적으로 표현한 것이다. 이 규정이 탄핵사유의 근거가 될 수 있는지가 문제된다. 헌법재판소는 대통령의 선거법 위반행위가 헌법준수와 수호의 의무에 위반한 것으로 탄핵소추사유에 해당한다고 보면서도, 파면을 정당화할 정도로 '중대한' 법위반에 해당하지는 않는다고 보았다.

(판 례) 대통령의 헌법준수·수호 의무

'헌법을 준수하고 수호해야 할 의무'가 이미 법치국가원리에서 파생되는 지극히 당연한 것임에도, 헌법은 국가의 원수이자 행정부의 수반이라는 대통령의 막중한 지위를 감안하여 제66조 제2항 및 제69조에서 이를 다시 한번 강조하고 있다. 이러한 헌법의 정신에 의한다면, 대통령은 국민 모두에 대한 '법치와 준법의 상징적 존재'인 것이다. 이에 따라 대통령은 헌법을 수호하고 실현하기 위한 모든 노력을 기울여야 할 뿐만 아니라, 법을 준수하여 현행법에 반하는 행위를 해서는 안 되며, 나아가 입법자의 객관적 의사를 실현하기 위한 모든 행위를 해야 한다. 행정부의 법존중 의무와 법집행 의무는 행정부가 위헌적인 것으로 간주하는 법률에 대해서도 마찬가지로 적용된다. 위헌적인 법률을 법질서로부터 제거하는 권한은 헌법상 단지 헌법재판소에 부여되어 있으므로, 설사 행정부가 특정 법률에 대하여 위헌의 의심이 있다 하더라도, 헌법재판소에 의하여 법률의 위헌성이 확인될 때까지는 법을 존중하고 집행하기 위한 모든 노력을 기울여야 한다. (……)

결론적으로, 대통령이 국민 앞에서 현행법의 정당성과 규범력을 문제 삼는 행위는 법치국가의 정신에 반하는 것이자, 헌법을 수호해야 할 의무를 위반한 것이다.

헌재 2004.5.14. 2004헌나1, 판례집 16-1, 609,646-648

대통령취임선서에서 규정한 '**성실한 직무수행의무**'도 헌법적 의무에 해당하는데, 헌법재판소는 이것이 사법적 판단의 대상이 될 수 없다고 보고 있다(헌재 2004.5.14. 2004헌나1, 판례집 16-1, 609).

또한 헌법재판소는 **선거법상 공무원의 정치적 중립의무**의 조항은 대통령에게도 적용되며(헌재 2004.5.14. 2004헌나1), 선거활동에 관하여 대통령의 정치활동의 자유와 선거중립의 의무가 충돌하는 경우에는 선거중립의무가 강조되며 우선된다고 보았다(헌재 2008.1.17. 2007헌마700).

공직선거법 제9조 제1항은 공무원의 중립의무에 관해 "공무원 기타 정치적 중립을 지켜야 하는 자(기관 · 단체를 포함한다)는 선거에 대한 부당한 영향력의 행사 기타 선거결과에 영향을 미치는 행위를 하여서는 아니된다"고 규정하고 있는데, 헌법재판소 다수의견은 이 조항이 합헌이라고 판시하였다.

(판 례) 대통령의 선거중립의무

(국회의원 선거과정에서 대통령의 발언이 공직선거법 제9조 제1항 위반이라고 보고, 이에 대해 중앙선거관리위원회 위원장이 대통령에게 중립의무준수 요청을 하였다. 이에 대해 대통령이 기본권침해를 주장하여 헌법소원을 제기한 사건이다)

(결정요지)

이 사건 법률조항을 정무직 공무원의 정치활동을 허용하고 있는 국가공무원법 조항과 종합하여 살펴보면, 정무직 공무원은 평소 정치적 · 정무적 활동을 할 수 있으나 선거에 대하여는 부당한 영향력의 행사 기타 선거결과에 영향을 미치는 행위를 하여서는 안 된다는 취지이다. ① 이 사건 법률조항은 입법목적과 입법경위, 수범자의 범위 및 선거과정의 특징을 고려할 때 명확성의 원칙에 반하지 않는다. ② 표현의 자유의 침해 여부를 살펴보면, 대통령의 정치인으로서의 지위가 인정된다고 하더라도 선거활동에 관하여는 선거중립의무가 우선되어야 하며, 이 사건 법률조항은 단지 선거가 임박한 시기에 부당한 영향력을 행사하는 방법으로 선거결과에 영향을 미치는 행위만을 제한적으로 금하고 있으므로 과잉금지원칙에 위반되어 정치적 표현의 자유를 침해한다고 볼 수 없다. 따라서 이 사건 법률조항은 헌법에 위반되지 않는다.

헌재 2008.1.17. 2007헌마700

② 대통령은 **겸직금지의 의무**를 지며, 국무총리 · 국무위원 · 행정각부의 장, 기타 법률이 정하는 공사(公私)의 직을 겸할 수 없다. 이것은 대통령과 국무총리 · 국무위원 사이에도 권력분립에 유사한 원리가 적용되어야 하기 때문이다. 또한 영리적

행위도 금지된다고 본다.

(6) 전직 대통령에 대한 예우

(헌법 제85조) 전직대통령의 신분과 예우에 관하여는 법률로 정한다.

전직 대통령 예우에 관한 법률로 '전직대통령 예우에 관한 법률'이 있다. 다음의 경우에는 일정한 사항('필요한 기간의 경호 · 경비)을 제외하고는 전직대통령으로서의 예우를 하지 아니한다. "1. 재직중 탄핵결정을 받아 퇴임한 경우 2. 금고 이상의 형이 확정된 경우 3. 형사처분을 회피할 목적으로 외국정부에 대하여 도피처 또는 보호를 요청한 경우 4. 대한민국의 국적을 상실한 경우"(제7조 제2항).

전직 대통령 중 직전 대통령은 국가원로자문회의의 의장이 된다(헌법 제90조 제2항). 국가원로자문회의는 임의적 자문기구이며 현재 구성되어 있지 않다.

Ⅱ. 대통령의 권한

1. 개 관

대통령의 권한은 여러 기준에서 분류될 수 있다. 앞에서 본 것처럼 대통령의 헌법상 지위라는 관점에서 국가원수의 지위에서 오는 권한과 정부수반의 지위에서 오는 권한으로 나누고, 전자를 다시 대외적 측면의 권한과 대내적 측면의 권한으로 구분할 수 있다.

대통령의 헌법상 지위 및 권한의 내용과 성격을 종합적으로 고려하여 다음과 같이 그 권한을 분류할 수 있다.

① 국가원수의 지위에서 오는 국정 통할(統轄)의 권한으로, 중요정책 국민투표회부권, 헌법개정안 발의권이 있다.

② 대외관계에 관한 권한으로, 조약체결권, 전쟁선포 · 강화권, 외교사절 신임 · 접수 · 파견권이 있다.

③ 헌법기관구성에 관한 권한으로, 대법원장과 대법관 임명권, 헌법재판소장과 헌법재판소재판관 임명권, 중앙선거관리위원회위원 임명권, 국무총리와 국무위원 임명권, 감사원장과 감사위원 임명권이 있다.

④ 국가긴급권으로, 계엄선포권, 긴급명령권, 긴급재정경제명령·처분권이 있다.

⑤ 대내적 국가원수 지위에서 오는 권한으로, 영전수여권 등이 있다. 위의 헌법기관 구성에 관한 권한의 일부 및 국가긴급권도 대내적 국가원수의 지위에서 오는 권한으로 볼 수 있다.

⑥ 행정에 관한 권한으로, 최고의 행정권 및 그 구체적 내용으로서, 국군통수권, 대통령령제정권, 공무원임면권, 재정에 관한 권한, 위헌정당해산제소권, 국무회의 등 각종 회의 주재권이 있다.

⑦ 입법 및 국회에 관한 권한으로, 법률안제출권, 법률안거부권, 법률안공포권, 임시국회 소집요구권, 국회출석발언권이 있다.

⑧ 사법에 관한 권한으로, 사면·감형·복권의 권한이 있다.

2. 국정 통할의 권한

대통령은 국가원수의 지위에서 국정을 통할하는 권한으로, 중요정책 국민투표회부권 및 헌법개정안 발의권을 갖는다. 이들 권한은 정부수반의 지위를 넘는 지위에서 오는 권한이며, 미국 대통령제에서는 인정되지 않는 것이다.

(1) 중요정책 국민투표회부권

> **(헌법 제72조)** 대통령은 필요하다고 인정할 때에는 외교·국방·통일 기타 국가안위에 관한 중요정책을 국민투표에 붙일 수 있다.

① 현행 헌법상 국민투표제도는 두 경우에 인정되어 있다. 그 하나는 헌법 제72조에 따라 대통령이 임의적으로 중요정책을 국민투표에 부치는 경우이고, 다른 하나는 헌법개정안에 대한 필수적인 국민투표이다.

국민투표제도는 국민소환제와 더불어 직접민주주의 실현을 위한 대표적 제도이다. 일반적으로 국민투표는 그 성격이나 기능에 따라 **레퍼렌덤**(referendum)과 **플레비시트**(plebiscite)라는 두 종류로 나뉜다. 그러나 양자의 구별은 명확하지 않다. 일반적으로 전자는 헌법안이나 법률안의 결정에 관해 국민의사를 묻는 것이고, 후자는 집권자의 신임투표와 같이 권력유지 수단으로서의 국민투표라고 이해되고 있다. 플레비시트는 나폴레옹형(型) 국민투표라고도 불린다. 나폴레옹은 새 헌법의 채택, 종신통령 취임, 황제 즉위를 위해 세 차례 국민투표를 이용했다(국민투표 등 직접민주주의제도에 관하여 앞의 제3편, 제13장 참정권, IV. 국민투표권 참조).

국민투표제도는 대의민주제를 보완하여 직접민주주의 이념을 실현한다는 긍정적 측면이 있는 반면, 현실적으로는 대중영합주의에 의거한 권위주의의 방편으로 이용되기 쉽다는 부정적 측면이 있다.

한국 헌정사상 국민투표는 지금까지 6회 실시되었다. 그 중 5회는 헌법개정안에 대한 것이었고, 1975년 2월 12일의 국민투표는 유신헌법의 존속 여부와 대통령신임에 관한 것이었다.

현행 헌법상 대통령의 중요정책 국민투표회부권에 관한 조항은 그 대상과 효력에 관하여 매우 불투명하게 규정되어 있어서 해석상 여러 문제점을 제기하고 있다.

② **국민투표회부의 대상**에 관하여 헌법은 "외교 · 국방 · 통일 기타 국가안위에 관한 중요정책"이라고 규정하고 있다. '외교 · 국방 · 통일'에 한정할 것인지 **대내적인 중요정책도 포함하는지**가 문제된다. '기타' 국가안위에 관한 중요정책이라고 규정하고 있고, 대외정책과 대내정책의 엄격한 구별도 힘들므로, 외교 · 국방 · 통일 등 대외관계에 관한 것만이 아니라 대내적인 정책도 '국가안위에 관한 중요정책'인 한, 포함된다고 본다.

대통령 신임투표가 인정되는지에 관해 논의가 있다. 헌법재판소는 대통령탄핵사건에서 이를 부정하면서, 나아가 정책에 대한 국민투표에 결부하여 신임을 묻는 것도 인정되지 않는다고 보고 있다.

(판 례) 대통령 신임투표

선거는 '인물에 대한 결정' 즉, 대의제를 가능하게 위한 전제조건으로서 국민의 대표자에 관한 결정이며, 이에 대하여 국민투표는 직접민주주의를 실현하기 위한 수단으로서 '사안에 대한 결정' 즉, 특정한 국가정책이나 법안을 그 대상으로 한다. 따라서 국민투표의 본질상 '대표자에 대한 신임'은 국민투표의 대상이 될 수 없으며, 우리 헌법에서 대표자의 선출과 그에 대한 신임은 단지 선거의 형태로써 이루어져야 한다. (……)

대통령이 자신에 대한 재신임을 국민투표의 형태로 묻고자 하는 것은 헌법 제72조에 의하여 부여받은 국민투표부의권을 위헌적으로 행사하는 경우에 해당하는 것으로, 국민투표제도를 자신의 정치적 입지를 강화하기 위한 정치적 도구로 남용해서는 안 된다는 헌법적 의무를 위반한 것이다. 물론, 대통령이 위헌적인 재신임 국민투표를 단지 제안만 하였을 뿐 강행하지는 않았으나, 헌법상 허용되지 않는 재신임 국민투표를 국민들에게 제안한 것은 그 자체로서 헌법 제72조에 반하는 것으로 헌법을 실현하고 수호해야 할 대통령의 의무를 위반한 것이다.

헌재 2004.5.14. 2004헌나1, 판례집 16-1, 609,648-650

법률안을 국민투표에 붙일 수 있는지에 관하여 견해가 갈린다. 프랑스 제5공화국 헌법처럼 법률안을 국민투표에 붙여 확정시킬 수 있다는 명시적 규정이 없으므로, 법률안을 국민투표에 붙여 법률을 제정할 수는 없다고 보아야 한다(프랑스 제5공화국 헌법 제11조에 의하면, 대통령은 공권력의 조직, 경제사회정책과 공공서비스의 개혁, 조약체결의 수권에 관한 정부제출 법률안을 국민투표에 붙일 수 있고, 찬성으로 결정되면 이를 공포해야 한다고 규정하고 있다). 다만 '외교 · 국방 · 통일 기타 국가안위에 관한 중요정책'은 대부분 법률의 제정을 필요로 하는 입법사항에 해당할 것이므로, 특정 정책이 국민투표에서 통과되는 경우, 그 실시를 위한 입법과정에 대해 국민투표의 결과가 어떤 법적 효력을 미치는지가 문제된다.

③ 대통령이 중요정책에 관하여 **국민투표에 붙일 것인지 여부는 대통령의 재량**이다. 헌법재판소 판례도 이 점을 확인하고 있다(위의 대통령탄핵사건 판례인용 참조).

④ 국민투표에서 특정 정책이 찬성을 얻은 경우에 그 **법적 효과**가 문제된다. 위에서 말한 것처럼, 법률안을 국민투표를 통해 확정하는 것은 인정되지 않는다고 보아야 한다. 프랑스 제5공화국 헌법의 경우, 국민투표를 통해 확정된 법률이 의회제정법률보다 더 우월한 효력을 지니며 위헌심사의 대상이 되지 않는다고 보고 있다. 이것은 국민의 직접적 의사표시에 의한 결정을 의회 의사보다 중시하는 입장을 반영한 것이지만, 이것은 어디까지나 헌법이 국민투표에 의한 입법을 명시적으로 인정함을 전제한 것이다.

우리 헌법상 국민투표에 의한 입법이 인정되지 않는다고 하더라도, 국민투표에서 찬성을 얻은 정책을 입법화하는 경우에 **국민투표 찬성의 결과가 국회 입법에 어떠한 법적 효력을 미치느냐**가 문제된다. 이 점에 관해 헌법은 아무 규정을 두지 않고 있다. 이것은 중대한 헌법의 흠결이다. 생각건대 해석론으로서는 국회가 사실상의 입법의무를 진다고 볼 것이며, 그 이상의 엄격한 법적 효과를 인정하기는 어렵다고 본다. 비견하자면, 국회의 대통령에 대한 국무총리 · 국무위원 해임건의가 법적 구속력을 갖지는 않지만 사실상의 구속력을 갖는 것과 유사하다고 볼 것이다.

⑤ 국민투표제도는 직접민주주의의 이념을 살릴 수 있는 순기능이 있는 반면, 대중영합주의적 독재의 수단이 되기 쉽다는 역기능 때문에 비판의 대상이 된다. 이러

한 일반론과는 별도로 현행 헌법상 중요정책 국민투표회부권이 **헌정 운영상 의미를 가질 수 있는 측면**이 있다. 현행 헌법의 운용상 특징의 하나는 분할정부 현상이 빈번하다는 점인데(앞의 제2편, 제1장, IX, 1. 분할정부 현상의 상례화 참조), 중요정책 국민투표회부권은 분할정부 하에서 대통령과 의회의 대립을 제도적으로 해결할 수 있는 수단이 될 수 있다는 점이다. 다만 위에서 지적한 것처럼 그 법적 효과에 관한 규정이 불명확하고 흠결되어 있다는 문제점이 있다.

(2) 헌법개정안 발의권

> **(헌법 제128조)** ① 헌법개정은 국회재적의원 과반수 또는 대통령의 발의로 제안된다.

대통령의 헌법개정안 발의권은 국가원수로서의 지위에서 오는 권한으로 볼 수 있고, 정부수반의 지위에서 도출되기는 어렵다고 할 것이다. 미국 헌법은 대통령에게 헌법개정안 발의권을 인정하지 않고 있다.

우리의 역대 헌법은 제3공화국 헌법을 제외하고는 대통령의 헌법개정안 발의권을 인정하였다. 헌법정책적으로 대통령에게 헌법개정안 발의권을 인정하는 것은 바람직하지 않다고 본다. 실제로 대통령의 헌법개정안 발의권은 과거 악용된 사례가 많았다.

3. 대외관계에 관한 권한

> **(헌법 제73조)** 대통령은 조약을 체결·비준하고, 외교사절을 신임·접수 또는 파견하며, 선전포고와 강화를 한다.

대통령은 국가원수로서 외국에 대하여 국가를 대표하며(헌법 제66조 제1항), 이 지위에서 구체화된 권한으로, 조약체결권, 외교사절 신임·접수·파견권, 전쟁선포·강화권을 갖는다.

① 조약의 '비준'은 체결절차의 일부이며, 통상적으로 국가원수가 조약의 성립을 확인하는 절차이다. 모든 조약의 체결에 비준 절차를 거치는 것은 아니며, 비준 절차의 유무는 조약체결당사국에 의하여 결정된다.

② '외교사절'이란 외국이나 국제조직과 교섭하기 위해 파견하는 사절이다. '신임'은 외교사절 파견을 위해 외교사절에게 신임장을 주는 것이고, '접수'는 외국의

외교사절의 신임장을 접수하여 외교활동을 수락하는 것이며, '파견'은 우리나라 외교사절을 외국이나 국제조직에 보내는 것을 말한다.

③ '선전포고'는 전쟁을 법적으로 개시하는 의사표시이며, '강화'(講和)는 전쟁을 법적으로 종결시키고 평화를 회복하는 교전국간의 합의이다. 강화는 강화조약에 의한다.

④ 일정한 조약의 체결, 선전포고, 국군의 외국파견 또는 외국군대의 주류에 대해서는 국회의 동의를 받아야 한다(헌법 제60조). 본래 역사적으로 대외관계에 관한 권한은 정부의 전속적 권한이었으나 근대 입헌주의의 발전과 더불어 의회의 관여와 통제를 받게 되었다.

4. 헌법기관 구성에 관한 권한

헌법상 대통령은 대법원장과 대법관 임명권(제104조), 헌법재판소장과 헌법재판소재판관 3인 임명권(제111조 제2항, 제3항, 제4항), 중앙선거관리위원회위원 3인 임명권(제114조 제2항), 국무총리와 국무위원 임명권(제86조 제1항, 제87조 제1항), 감사원장과 감사위원 임명권(제98조)을 갖는다.

헌법기관 구성에 관한 대통령의 이러한 권한은 성질상 두 부류로 나눌 수 있다. 하나는 **국가원수의 지위에서 오는 권한**이고, 다른 하나는 **정부수반의 지위에서 오는 권한**이다. 전자에 속하는 것으로, 대법원장과 대법관 임명권, 헌법재판소장 임명권이 있다. 후자에 속하는 것으로, 국무총리와 국무위원 임명권, 감사원장과 감사위원 임명권, 헌법재판소재판관 3인 임명권, 중앙선거관리위원회위원 3인 임명권이 있다. 앞에서 말한 대로 헌법재판소재판관 3인 임명권 및 중앙선거관리위원회위원 3인 임명권은 성질상 행정권 행사라고 보기 어렵지만, 각각 국회 및 대법원장과 대등한 지위에서 행사하는 것이므로 정부수반의 지위에서 나오는 권한이라고 할 것이다. 다만 헌법재판소 재판관 중 국회선출 3인 및 대법원장 지명 3인도 형식적으로는 대통령이 임명하는데(제111조 제2항), 이 점에서는 대통령이 국가원수 지위에서 행사하는 권한의 성격을 지닌다.

5. 국가긴급권

(1) 개 관

① 국가긴급권(Staatsnotrecht) 또는 긴급권이란 전쟁·내란·경제공황·자연재해 등 국가의 긴급사태에 대응하기 위하여 특별히 인정되는 권한이다. 국가긴급권이 발동된 상태를 위기정부(crisis government)라고 부른다.

국가긴급권은 평상시를 전제한 헌법조항만으로는 긴급사태에 대응하기 어렵기 때문에 예외적으로 인정되는 권한이다. 국가긴급권의 내용은 입헌주의 원리를 일시적으로 정지하는 것이며, 권력분립 원리에 배치되는 권력집중 또는 기본권에 대한 예외적 제한을 인정한다.

② 종래 국가긴급권에는 **헌법상 제도화된 것**과 **헌법을 초월한 것**의 두 종류가 있는 것으로 설명되어 왔다. 예컨대 슈미트(C. Scmitt)는 전자를 위임적 독재(kommissarische Diktatur), 후자를 주권적 독재(souveräne Diktatur)라고 불렀고, 로시터(Clinton Rossiter)는 전자를 입헌적 독재(constitutional dictatorship)라고 불렀다.

과거 우리나라에서 1971년 '국가보위에 관한 특별조치법', 1972년 10월 17일의 비상조치(이른바 '10월 유신')가 발동되었을 때, 이를 초헌법적인 국가긴급권이라고 옹호하는 견해가 있었다. 그러나 오늘날 초헌법적인 국가긴급권은 인정되지 않는다고 할 것이며, 그것은 단지 위헌적인 조치라고 볼 것이다.

(판 례) 국가보위에관한특별조치법의 위헌성

국가비상사태의 선포를 규정한 특별조치법 제2조는 헌법에 한정적으로 열거된 국가긴급권의 실체적 발동요건 중 어느 하나에도 해당되지 않은 것으로서 '초헌법적 국가긴급권'의 창설에 해당되나, 그 제정 당시의 국내외 상황이 이를 정당화할 수 있을 정도의 '극단적 위기상황'이라 볼 수 없다. 또한 국가비상사태의 해제를 규정한 특별조치법 제3조는 대통령의 판단에 의하여 국가비상사태가 소멸되었다고 인정될 경우에만 비상사태선포가 해제될 수 있음을 정하고 있을 뿐 국회에 의한 민주적 사후통제절차를 규정하고 있지 아니하며, 이에 따라 임시적·잠정적 성격을 지녀야 할 국가비상사태의 선포가 장기간 유지되었다. 그렇다면 국가비상사태의 선포 및 해제를 규정한 특별조치법 제2조 및 제3조는 헌법이 인정하지 아니하는 초헌법적 국가긴급권을 대통령에게 부여하는 법률로서 헌법이 요구하는 국가긴급권의 실체적 발동요건, 사후통제 절차,

시간적 한계에 위반되어 위헌이고, 이를 전제로 한 특별조치법상 그 밖의 규정들도 모두 위헌이다.

헌재 2015.3.26. 2014헌가5, 판례집 27-1 상, 226,227

③ **국가긴급권의 기능**은 국가 긴급사태의 극복을 통해 헌법을 보장한다는 데에서 찾을 수 있다. 국가긴급권은 입헌주의의 일시적 예외를 허용하는 점에서 반입헌주의적 성격을 갖는 측면이 있으나, 그 내용이 입헌주의 원리의 핵심을 보장하고 또한 헌법이 미리 예정한 한도에서 발동되는 경우에는 헌법보장적 기능을 갖는다. 저항권이 국민들로부터, 즉 아래로부터의 예외적 헌법보장 수단이라고 한다면, 국가긴급권은 위로부터의 예외적 헌법보장수단이라고 할 수 있다.

④ **각국의 긴급권제도**는 나라에 따라 차이가 있다. 과거 역사적 경험을 보면, 영국과 미국에서 국가긴급권은 입헌주의 회복과 헌법보장의 기능을 수행해온 반면, 프랑스와 독일에서는 입헌주의 침해의 경우가 많았다.

미국에서의 국가긴급권은 어디까지나 의회가 수권한 범위 내에서 인정되는 제한적 범위의 것이다. 반면 프랑스 제5공화국 헌법상 대통령의 비상대권은 헌법적 차원의 효력을 갖는 매우 강력한 것이다(제16조).

한편 독일 기본법상의 국가긴급권제도는 양자의 중간적 수준의 것이라고 볼 수 있다. 긴급사태를 여러 종류로 구분하고, 그 대응조치를 차별화하고 있는 것이 특징이다. 무력공격을 받거나 그 직접적 위협이 있는 경우에 선포되는 방위사태(Verteidigungsfall)의 경우, 정부의 요청에 따라 의회의 특별의결정족수에 의한 확인을 받아야 하고, 이것이 불가능한 경우 공동위원회의 확인을 받도록 하며, 이것 역시 불가능할 때에는 공격 개시 시점에 공포된 것으로 간주된다. 방위사태 하에서는 예외적인 입법절차가 적용된다(제115a조 이하).

⑤ **국가긴급권제도의 딜레마**가 있다. 국가긴급권제도는 남용의 위험성이 있고 자칫 헌법보장이 아니라 헌법침해의 위험을 안고 있다. 그 위험성을 막기 위하여 요건과 효과를 엄격히 제한하면 긴급사태 대응을 위한 효율이 떨어질 수 있다. 반면 효율을 높이기 위해 요건을 완화하고 예외적 조치를 광범히 허용하는 경우에는 남용의 위험성이 있다. 긴급사태에 대한 효율적 대응과 그 남용의 위험성 방지라는 상반된 두 가지 요청을 어떻게 조정하고 조화시키느냐는 것이 국가긴급권제도의 어려운 과제이다.

⑥ **역대 우리 헌법상 국가긴급권제도**는 여러 변화를 거쳐 왔다. 제헌헌법은 대

통령의 계엄선포권과 긴급명령권 · 긴급재정처분권을 규정하였다. 제2공화국 헌법은 계엄제도와 긴급재정명령처분권을 인정하고, 긴급명령권은 폐지하였다. 제3공화국 헌법은 계엄제도와 함께 긴급명령권 · 긴급재정경제명령처분권을 규정하였다. 제4공화국 헌법은 계엄제도와 더불어 대통령의 긴급조치권을 규정하였다. 제5공화국 헌법은 계엄제도를 존속하면서 대통령의 비상조치권을 규정하였다. 현행 헌법은 계엄제도를 유지하면서, 긴급명령권 · 긴급재정경제명령처분권을 규정하고 있다.

역대 헌법에서 계속 유지되어온 것은 계엄제도이다. 다만 계엄에 관한 헌법규정에는 약간의 변화가 있어왔다. 반면 긴급명령권 등의 제도에는 큰 변화가 있었다. 긴급명령권이나 긴급재정명령권은 법률의 효력을 갖는 것인데, 제4 · 5공화국 헌법에서는 이를 폐지하였다. 그 대신 제4공화국 헌법은 긴급조치권을, 제5공화국 헌법은 비상조치권을 규정하였다. 긴급조치권과 비상조치권은 헌법적 효력을 갖는다는 점에서 긴급명령권 · 긴급재정경제명령권보다 더 강력한 권한이었다.

(2) 긴급명령권 및 긴급재정경제명령처분권

> **(헌법 제76조)** ① 대통령은 내우 · 외환 · 천재 · 지변 또는 중대한 재정 · 경제상의 위기에 있어서 국가의 안전보장 또는 공공의 안녕질서를 유지하기 위하여 긴급한 조치가 필요하고 국회의 집회를 기다릴 여유가 없을 때에 한하여 최소한으로 필요한 재정 · 경제상의 처분을 하거나 이에 관하여 법률의 효력을 가지는 명령을 발할 수 있다.
> ② 대통령은 국가의 안위에 관계되는 중대한 교전상태에 있어서 국가를 보위하기 위하여 긴급한 조치가 필요하고 국회의 집회가 불가능한 때에 한하여 법률의 효력을 가지는 명령을 발할 수 있다.
> ③ 대통령은 제1항과 제2항의 처분 또는 명령을 한 때에는 지체없이 국회에 보고하여 그 승인을 얻어야 한다.
> ④ 제3항의 승인을 얻지 못한 때에는 그 처분 또는 명령은 그때부터 효력을 상실한다. 이 경우 그 명령에 의하여 개정 또는 폐지되었던 법률은 그 명령이 승인을 얻지 못한 때부터 당연히 효력을 회복한다.
> ⑤ 대통령은 제3항과 제4항의 사유를 지체없이 공포하여야 한다.

① 긴급명령권과 긴급재정경제명령처분권은 국회 제정의 법률로 정해야 할 사항 또는 국회 의결을 거쳐야 할 사항을 대통령의 명령이나 처분으로 행할 수 있다는 점에서 권력분립 원리에 대한 예외를 허용하는 제도이다. 이와 유사한 제도는 일본의 구 헌법(메이지 헌법) 등에서 인정되었으나, 오늘날 구미의 입헌민주주의 국가에서는 거의 인정되지 않는 제도이다. 한국 헌법에서 이 제도를 인정하는 것은 한국의 특수

한 국가안보 상황에서 그 존립근거를 찾을 수 있다.

② **긴급명령의 발동요건**은 다음과 같다. 첫째, '국가의 안위에 관계되는 중대한 교전상태에 있어서 국가를 보위하기 위하여 긴급한 조치가 필요'하여야 한다. 여기에서 유의할 것은 '중대한 교전상태' 에 있어야 한다는 점, 그리고 '국가 보위'를 위한 소극적 목적에 한정된다는 점이다. 교전상태인지 여부는 선전포고의 유무에 관계없이 실질적으로 판단되어야 한다. 둘째, '국회 집회가 불가능한 때'이어야 한다는 점이다. '국회 집회의 불가능'이란 단순히 국회 집회를 기다릴 시간적 여유가 없다는 것이 아니라 사실상 집회가 불가능한 것을 말한다. 국회가 폐회 중인지 여부를 불문한다.

절차상 요건은 아래와 같다. 첫째, 국무회의 심의를 거쳐야 한다(헌법 제89조 제5호). 둘째, 지체없이 국회에 보고하여 그 승인을 얻어야 한다. 승인을 얻지 못한 때에는 그 효력을 상실한다. 이 경우 명령에 의해 개정 또는 폐지되었던 법률은 그 명령이 승인을 얻지 못한 때부터 당연히 효력을 회복한다(헌법 제76조 제4항). 대통령은 그 사유를 지체없이 공포하여야 한다(헌법 제76조 제5항).

긴급명령은 '국회의 집회가 불가능한 때에 한하여' 인정되는데, 다른 한편 지체없이 국회의 승인을 얻어야 한다고 규정한 것은 일견 모순된 것처럼 보인다. 집회가 불가능한 때에 한하여 인정되지만, 집회가 가능한 빠른 시간 내에 승인을 받아야 한다는 의미로 해석해야 할 것이다.

긴급명령의 효력은 법률과 동등하다.

긴급명령에 대한 사법적 통제가 인정된다. 법률의 효력을 갖는 긴급명령에 대해 법률에 대해서와 마찬가지로 헌법재판소에 의한 위헌법률심판 또는 헌법소원심판이 가능하다.

③ **긴급재정경제명령**의 발동요건은 다음과 같다. 첫째, "내우 · 외환 · 천재 · 지변 또는 중대한 재정 · 경제상의 위기에 있어서 국가의 안전보장 또는 공공의 안녕질서를 유지하기 위하여 긴급한 조치가 필요"하여야 한다. 안전보장 또는 안녕질서 유지와 같은 소극적 목적을 위하여서만 인정되고, 또한 사후적 대응책으로서만 인정되며 사전예방적으로는 인정되지 않는다. 둘째, "국회의 집회를 기다릴 여유가 없을 때에 한하여" 인정된다. '국회의 집회를 기다릴 여유가 없을 때'라 함은 국회가 폐회 중이거나 집회가 불가능한 경우를 말하며, 휴회 중인 경우는 해당되지 않는다고 본다.

절차적으로는 국무회의의 심의를 거쳐야 한다. 지체없이 국회에 보고하여 그 승인을 얻어야 하며, 승인을 얻지 못한 때에는 그 명령은 효력을 상실한다. 이 경우 그 명령에 의하여 개정 또는 폐지되었던 법률은 그 명령이 승인을 얻지 못한 때부터 당연히 그 효력을 회복한다. 대통령은 그 사유를 지체없이 공포하여야 한다.

(판 례) 긴급재정경제명령의 발동요건(금융실명제 사건)

긴급재정경제명령은 정상적인 재정운용 · 경제운용이 불가능한 중대한 재정 · 경제상의 위기가 현실적으로 발생하여(그러므로 위기가 발생할 우려가 있다는 이유로 사전적 · 예방적으로 발할 수는 없다) 긴급한 조치가 필요함에도 국회의 폐회 등으로 국회가 현실적으로 집회될 수 없고 국회의 집회를 기다려서는 그 목적을 달할 수 없는 경우에 이를 사후적으로 수습함으로써 기존질서를 유지 · 회복하기 위하여(그러므로 공공복리의 증진과 같은 적극적 목적을 위하여는 발할 수 없다) 위기의 직접적 원인의 제거에 필수불가결한 최소의 한도 내에서 헌법이 정한 절차에 따라 행사되어야 한다.

그리고 긴급재정경제명령은 평상시의 헌법 질서에 따른 권력행사방법으로서는 대처할 수 없는 중대한 위기상황에 대비하여 헌법이 인정한 비상수단으로서 의회주의 및 권력분립의 원칙에 대한 중대한 침해가 되므로 위 요건은 엄격히 해석되어야 할 것이다.

헌재 1996.2.29. 93헌마186, 판례집 8-1, 111,120-121

긴급재정경제명령은 법률의 효력을 갖는다. 또한 '최소한으로 필요한 ' 한도 안에서 인정된다. 이것은 남용의 위험성을 경계한 것이다.

긴급재정경제명령은 법률과 마찬가지로 헌법재판소의 위헌법률심판 또는 헌법소원에 의한 통제의 대상이 된다.

④ **긴급재정경제처분**의 발동요건과 절차는 긴급재정경제명령과 동일하다. 긴급재정경제처분은 예컨대 예산이나 국가의 부담이 될 계약의 체결처럼 국회의 의결이 필요한 조치를 그 의결 없이 행한다는 데에 취지가 있다. 긴급재정경제처분이 법률의 효력을 갖는다고 명시되어 있지는 않지만, 국회 의결이 필요한 처분을 그 의결 없이 행한다는 점에서 긴급명령이나 긴급재정경제명령처럼 법률과 유사한 차원의 효력을 갖는다고 할 수 있다.

긴급재정경제처분에 대해서는 법원 또는 헌법재판소에 의한 사법적 통제가 인정된다.

(3) 계엄선포권

> **(헌법 제77조)** ① 대통령은 전시·사변 또는 이에 준하는 국가비상사태에 있어서 병력으로써 군사상의 필요에 응하거나 공공의 안녕질서를 유지할 필요가 있을 때에는 법률이 정하는 바에 의하여 계엄을 선포할 수 있다.
> ② 계엄은 비상계엄과 경비계엄으로 한다.
> ③ 비상계엄이 선포된 때에는 법률이 정하는 바에 의하여 영장제도, 언론·출판·집회·결사의 자유, 정부나 법원의 권한에 관하여 특별한 조치를 할 수 있다.
> ④ 계엄을 선포한 때에는 대통령은 지체없이 국회에 통고하여야 한다.
> ⑤ 국회가 재적의원 과반수의 찬성으로 계엄의 해제를 요구한 때에는 대통령은 이를 해제하여야 한다.

① 계엄선포권은 '전시·사변 또는 이에 준하는 국가비상사태'에 '병력으로써' 이에 대응할 수 있는 대통령의 권한이다. 계엄제도의 핵심은 병력을 사용하는 데에 있다. 계엄에 관한 법률로 계엄법이 있다.

계엄의 종류에는 비상계엄과 경비계엄이 있다. 비상계엄과 경비계엄 사이에는 요건과 효력상 차이가 있으며, 비상계엄이 그 요건상 더 엄격하고, 효력상으로도 더 강력한 효력을 갖는다.

② **계엄선포의 요건**으로서 공통적인 것은 '전시·사변 또는 이에 준하는 국가비상사태'에 있다는 것, 그리고 '병력'으로써 대응할 필요가 있다는 것이다. 병력을 사용하지 않으면 안될 만큼 사태가 중대하지 않으면 계엄선포를 할 수 없다.

계엄법에 의하면 비상계엄은 "전시·사변 또는 이에 준하는 국가비상사태 시 적과 교전상태에 있거나 사회질서가 극도로 교란되어 행정 및 사법기능의 수행이 현저히 곤란한 경우에 군사상의 필요에 응하거나 공공의 안녕질서를 유지하기 위하여 선포한다"(제2조 제2항). 구 계엄법에서는 '적과 교전상태'에 있는 것이 필수적 요건이었으나 현행 법률에서는 반드시 교전상태가 있음이 필수적 요건이 아니며, 그 밖에 '사회질서가 극도로 교란'된 경우에도 인정된다. 이것은 비상계엄선포 요건을 크게 완화한 것이다. 반면 경비계엄은 "전시·사변 또는 이에 준하는 국가비상사태에 있어서 사회질서가 교란되어 일반행정기관만으로는 치안을 확보할 수 없는 경우에 공공의 안녕질서를 유지하기 위하여 선포한다"(제2조 제3항).

절차적 요건으로서, 대통령은 계엄을 선포할 때에는 국무회의의 심의를 거쳐야 하며(헌법 제89조 제5호), 선포한 후 지체없이 국회에 통고하여야 한다(헌법 제77조 제4

항). 국회가 폐회 중인 때에는 지체없이 국회 집회를 요구하여야 한다(계엄법 제4조 제2항).

③ 계엄의 효력에 관한 기본적인 공통사항으로 계엄법은 다음과 같이 규정하고 있다. 대통령이 계엄을 선포할 때에는 계엄사령관 등을 공고하여야 한다(제3조). 계엄사령관은 계엄의 시행에 관하여 국방부장관의 지휘·감독을 받는다. 다만 전국을 계엄지역으로 하는 경우와 대통령이 직접 지휘·감독을 할 필요가 있는 경우에는 대통령의 지휘·감독을 받는다(제6조 제1항). 이에 따라 계엄사령관을 지휘·감독할 때 국가 정책에 관계되는 사항은 국무회의의 심의를 거쳐야 한다(제6조 제2항). 계엄지역 안의 행정기관 및 사법기관은 지체없이 계엄사령관의 지휘·감독을 받아야 한다(제8조).

계엄의 효력은 **비상계엄과 경비계엄 사이에 차이**가 있다. 비상계엄이 선포된 경우에는 "법률이 정하는 바에 의하여 영장제도, 언론·출판·집회·결사의 자유, 정부나 법원의 권한에 관하여 특별한 조치를 할 수 있다"(헌법 제77조 제3항). 경비계엄의 경우에는 이러한 특별한 조치가 인정되지 않는다.

계엄법에 의하면 비상계엄의 경우 계엄사령관은 다음과 같은 특별조치권을 갖는다. 첫째, "군사상 필요한 때에는 체포·구금·압수·수색·거주·이전·언론·출판·집회·결사 또는 단체행동에 대하여 특별한 조치를 할 수 있다." 둘째, "법률이 정하는 바에 의하여 동원 또는 징발할 수 있으며, 필요한 경우에는 군수로 제공할 물품의 조사·등록과 반출금지를 명할 수 있다." 셋째, "작전상 부득이한 경우에는 국민의 재산을 파괴 또는 소각(燒却)할 수 있다"(제9조). 특별조치의 대상에 관하여 위헌 여부의 문제가 있다. 또한 특별조치의 효력에 관해서도 논의가 있다(이들 문제에 관해서는 제3편, 제4장, I, 2. 계엄에 의한 기본권 제한 참조).

국민의 재산을 파괴 또는 소각한 경우에 발생한 손실에 대하여는 정당한 보상을 하여야 한다. 다만 그 손실이 교전 상태에서 발생한 경우는 그러하지 아니하다. 손실보상은 다른 법률에 특별한 규정이 있는 경우를 제외하고는 현금으로 지급하여야 한다(제9조의2, 제9조의3. 2006.10.4. 신설).

또한 비상계엄 하에서는 재판을 받을 권리에 대한 예외적 조치가 인정된다. 비상계엄의 경우에는 군인·군무원이 아닌 국민도 군사법원의 재판을 받는다(헌법 제27조 제2항, 계엄법 제10조). 또한 "비상계엄하의 군사재판은 군인·군무원의 범죄나 군사에 관한 간첩죄의 경우와 초병·초소·유독음식물공급·포로에 관한 죄 중 법률이 정한 경우에 한하여 단심으로 할 수 있다. 다만 사형을 선고한 경우에는 그러하지 아니하다"(헌법 제110조 제4항).

그 밖에도 비상계엄과 경비계엄 사이에 효력상 차이가 있다. 비상계엄 하에서 계엄사령관은 계엄지역 안의 "모든 행정사무와 사법사무"를 관장한다. 반면 경비계엄 하에서 계엄사령관은 계엄지역 안의 "군사에 관한 행정사무와 사법사무"를 관장한다(계엄법 제7조).

계엄 시행 중 국회의원은 현행범인인 경우를 제외하고는 체포·구금되지 아니한다(계엄법 제13조).

④ 국회는 **계엄의 해제**를 요구할 수 있다. 여기에는 의원 재적과반수의 찬성이 필요하다. 국회의 해제요구가 있으면 대통령은 계엄을 해제하여야 한다(헌법 제77조 제5항). 국회의 해제요구가 없더라도 대통령은 사태가 평상상태로 회복되면 계엄을 해제하여야 한다. 한편 국방부장관, 행정안전부장관은 계엄 상황이 평상상태로 회복된 경우에는 국무총리를 거쳐 대통령에게 계엄의 해제를 건의할 수 있다(계엄법 제11조).

비상계엄이 해제된 날로부터 모든 행정사무와 사법사무는 평상상태로 복귀한다. 비상계엄의 해제와 동시에 군사법원에 계속 중인 재판사건(군인·군무원이 아닌 일반국민의 범죄사건)의 관할은 일반법원에 속한다. 다만 대통령이 필요하다고 인정할 때에는 군사법원의 재판권을 1개월의 범위에서 연기할 수 있다(계엄법 제12조). 이 단서조항의 위헌 여부가 문제되는데, 대법원의 다수의견은 이를 합헌이라고 보았다(대판 1985.5.28. 81도1045).

⑤ 계엄선포권에 대한 국회의 통제 외에 **사법적 통제**가 인정되느냐가 문제된다.

대법원 판례에 의하면, 대통령의 계엄선포 행위는 당연무효의 경우가 아닌 한, 그 당·부당(當·不當)은 사법심사의 대상이 아니라고 한다(대재(大裁) 1964.7.21. 64초4). 다만 비상계엄의 선포나 확대가 국헌문란의 목적을 달성하기 위하여 행하여진 경우에는 법원은 그 자체가 범죄행위에 해당하는지 여부에 관하여 심사할 수 있다고 한다(대판 1997.4.17. 96도3376). 한편, 헌법재판소는 대통령의 긴급재정경제명령 발동의 합헌성 여부는 헌법소원심판의 대상이 된다고 보고 있다(헌재 1996.2.29. 93헌마186, 앞의 인용판례 참조).

2024년 12월 3일 윤석열 대통령의 비상계엄 선포로 인한 대통령 탄핵심판에서 헌법재판소는 다음과 같이 비상계엄 선포에 대한 사법심사가 인정된다고 보았다. "고위공직자의 헌법 및 법률 위반으로부터 헌법질서를 수호하고자 하는 탄핵심판의 취지 등을 고려하면, 이 사건 계엄 선포가 고도의 정치적 결단을 요하는 행위라 하더라도 그 헌법 및 법률 위반 여부를 심사할 수 있다"(헌재 2025.4.4. 2024헌나8).

비상계엄 선포에 대한 사법심사 가부에 관하여 지금까지 대법원과 헌법재판소의 판례 추이를 보면, 어떤 일관성을 찾아볼 수 없으며, 사건마다의 상황, 특히 정치적 상황에 따라 개별적 접근 태도를 보여주고 있다.

12 · 3 계엄선포와 윤석열 대통령 탄핵 이후 법률 제20993호로 개정된 계엄법(2025.7.22. 개정 및 시행)의 주요내용은 다음과 같다.

① 대통령이 계엄을 선포하거나 변경하고자 할 때에는 국무회의의 심의를 거쳐야 한다. 이 경우 국무회의의 일시 · 장소, 출석자의 수 및 성명, 발언 내용 등을 기록한 회의록을 즉시 작성하여야 한다(제2조 제5항). ② 대통령이 계엄을 선포하였을 때에는 지체 없이 국회에 통고하여야 하고, 통고할 때에는 제2조제5항 후단에 따라 작성된 회의록을 국회에 제출하여야 한다(제4조 제1항). ③ 계엄사령관의 특별조치권의 대상에서 거주 · 이전을 삭제하였다(제9조 제1항). ④ 누구든지 계엄 선포 이후 국회의원 및 국회 소속 공무원의 국회 경내(국회 청사 외곽 경계의 안쪽을 말한다. 이하 같다) 출입 및 회의를 방해하여서는 아니 된다(제11조의2). ⑤ 비상계엄 해제 후 군사법원의 1개월 재판연기권을 삭제하였다(제12조 제2항 단서 삭제). ⑥ 국회가 계엄 해제를 요구하기 위하여 본회의를 개의하는 경우 제1항에도 불구하고 현행범인 국회의원을 체포 또는 구금하고 있는 행정기관 등은 국회의원이 해당 안건을 심의하기 위한 본회의에 출석할 수 있도록 조치하여야 한다(제13조 제2항).

6. 영전수여권

(헌법 제80조) 대통령은 법률이 정하는 바에 의하여 훈장 기타의 영전을 수여한다.

대통령의 영전수여권은 국가원수의 지위에서 나오는 권한이라고 할 수 있다. 다만 영전의 내용에 따라서는 정부수반의 지위에서 오는 것으로 볼 경우도 있다.

영전(榮典)이란 명예를 표창하는 취지로 인정되는 법률상의 특수지위를 말한다. 영전 수여에는 국무회의 심의를 거쳐야 한다(헌법 제89조 제8호). 영전은 이를 받은 자에게만 효력이 있고, 어떠한 특권도 따르지 않는다(헌법 제11조 제3항).

7. 행정에 관한 권한

(헌법 제66조) ④ 행정권은 대통령을 수반으로 하는 정부에 속한다.

(1) 최고의 행정권행사

대통령은 정부 수반으로서 최고의 행정권담당자이다. 정부 수반으로서 대통령이 행사하는 권한을 최고의 행정권이라고 부를 수 있다. 최고의 행정권은 행정에 관한 최고의 결정권이며, 모든 행정기관을 지휘·감독하는 권한이다.

정부조직법에 의하면 " ① 대통령은 정부의 수반으로서 법령에 의하여 모든 중앙행정기관의 장을 지휘·감독한다. ② 대통령은 국무총리와 중앙행정기관의 장의 명령이나 처분이 위법 또는 부당하다고 인정할 때에는 이를 중지 또는 취소할 수 있다"(제11조).

헌법에서 규정한 대통령 권한 가운데 국군통수권, 대통령령제정권, 공무원임면권, 재정에 관한 권한, 위헌정당해산제소권, 국무회의 등 각종 회의 주재권 등은 최고 행정권의 구체적 내용이라고 할 수 있다.

(2) 행정권의 개념

행정권의 개념은 '행정'의 의미를 어떻게 해석하느냐에 따라 여러 견해가 갈린다. ① **형식설**에 의하면, 정부가 행사하는 모든 작용이 행정이라고 한다. 그러나 이 견해는 일종의 순환논법에 불과하다. ② **실질설**은 행정의 실질 내용을 적극적으로 설명하려고 한다. 그 대표적인 견해에 의하면, 행정이란 법 아래에서 국가목적을 적극적으로 실현하는 형성적인 국가활동을 가리킨다(이를 목적설이라고 부른다). 그러나 실질설에도 문제점이 남아 있다. 대통령령 제정 등 행정입법과 같은 실질적인 입법작용, 또는 행정심판과 같은 실질적인 사법작용이 정부에 속하는 점을 적절히 설명하기 힘들다. 반면에 모든 실질적인 행정작용이 정부에 속하는 것도 아니다(예컨대 선거관리위원회에 의한 선거관리권).

행정권의 개념에 관한 또다른 견해로 ③ **소극설** 또는 공제설(控除說)이 있다. 이에 따르면, 국가작용 가운데 입법과 사법을 제외한 나머지가 행정이라고 한다. 소극설은 국가작용이 배분되어온 역사적 과정을 잘 설명해주는 견해이다. 본래 군주에게 있던 국가작용 가운데 먼저 사법권이 법원에 의해 행사되고, 이어서 입법권이 의회에 의해 장악되면서 행정권만이 군주에게 남게 된 것이 일반적 경향이었다.

형식설과 실질설의 문제점을 감안하면 소극설이 타당한 견해라고 볼 수 있다. 소극설은 넓은 의미의 실질설에 속한다고 할 수 있고, 따라서 입법권과 사법권의 개념에 관하여 실질설을 취하는 것과 양립할 수 있다. 다만 적극적으로 행정의 실질 내용을 설명하지 못한다는 점은 한계로 남는다. 현대국가에서 행정의 영역이 점차 확대되어 왔고 또한 그 영역이 유동적이었음에 비추어 행정권의 개념을 실질적으로 명확히 정의하는 것은 쉽지 않다.

한편 행정권의 개념과 관련하여 **통치권**(Regierungsgewalt) 또는 통치의 개념이 문제된다. 통치권이나 통치라는 말은 헌법전상의 용어는 아니며 다의적으로 쓰인다. 일반적으로 통치권이란 입법·행정·사법의 어느 하나에 속한다기보다 국가 전체에 관한 고도의 정치성을 지닌 국가작용을 가리키며, 주로 국가원수의 권한을 지칭하는 의미로 사용되고 있다. 과거에 흔히 통치권의 행사는 법적 통제를 받지 않는 영역인 것처럼 주장되기도 하였으나, 오늘날 그러한 의미의 통치권은 인정될 수 없다. 통치권과 관련된 것으로 통치행위라는 용어가 있다. 통치행위란 고도의 정치성을 띤 국가작용으로 사법심사의 대상이 되지 않는 행위로 이해되어 왔는데, 모든 통치권의 행사가 곧 통치행위에 해당한다고 볼 수는 없다(통치행위에 관해서는 뒤의 법원 및 헌법재판소의 관련부분 참조). 통치권이라는 개념을 사용하더라도 행정권과의 구별이 명확한 것은 아니다. 한편 통치권을 입법권·행정권·사법권을 포괄하는 의미로 사용하는 경우가 있다.

행정권과 통치권을 합하여 집행권이라고 부르는 경우도 있다. 그러나 이러한 용어 사용이 확립된 것이라고 보기는 어렵다.

(3) 국군통수권

> **(헌법 제74조)** ① 대통령은 헌법과 법률이 정하는 바에 의하여 국군을 통수한다.
> ② 국군의 조직과 편성은 법률로 정한다.

대통령의 국군통수권에 관하여 우선 제기되는 헌법이론상 문제가 있다. 이 권한이 **국가원수의 지위에서 나오는 권한인가 아니면 정부수반의 지위에서 오는 권한**인가라는 문제이다. 이에 관하여 견해가 갈린다. 생각건대 역사적으로 국군통수권을 국가원수의 권한으로 보는 견해는 비민주적인 권위주의시대의 산물이라고 볼 것이므로, 이를 정부수반의 지위에서 나오는 권한으로 보는 것이 타당하다. 과거 제2공화국헌법에서 국군통수권을 대통령에게 부여하였으나(제61조), 이 점이 곧 국군통수권을 국가원수의 권한으로 본 결과라고 단정하기는 어렵다. 대통령에게 부분적으로 실질적 행정권을 부여한 것으로 해석할 수 있기 때문이다.

역사적으로 국군통수권에 관한 헌법제도는 **군정**(軍政)·**군령**(軍令)**분리주의**와 군

정 · 군령통합주의로 나뉜다. 국군통수권의 내용을 군정에 관한 군정권과 군령에 관한 군령권으로 구분하는데, 군정이란 군대의 행정적인 편성 · 관리에 관한 군통수작용을 뜻하고, 군령이란 군대의 행동을 지휘 · 통솔하는 군통수작용을 의미한다. 과거 독일제국이나 일본제국 하에서는 군령권을 의회의 통제를 받지 않도록 직접 국가원수의 통제 하에 두는 군정 · 군령분리주의를 취하였다. 그러나 입헌민주주의 국가에서는 군령권도 군정권과 마찬가지로 의회 통제 하에 두는 군정 · 군령통합주의를 취한다. 우리 헌법은 대통령은 헌법과 법률이 정하는 바에 의하여 국군을 통수한다고 규정하고 있는데, 이는 군정 · 군령통합주의를 취한 것이며, 군대에 대한 문민통제의 원칙을 밝힌 것으로 풀이된다.

국군통수에 관한 헌법상 규정으로서, 침략전쟁의 금지 조항(제5조 제1항), 국군의 정치적 중립성보장 조항(제5조 제2항), 군인은 현역을 면한 후가 아니면 국무총리나 국무위원이 될 수 없다는 조항(제86조 제3항, 제87조 제4항), 선전포고 및 국군의 외국파견에 대한 국회동의 조항(제60조 제2항), 군사에 관한 일정한 사항에 관한 국무회의 심의 조항(제89조 제2 · 5 · 6 · 16호), 군사정책에 관한 국가안정보장회의의 자문 조항(제91조)이 있다.

한편 국군통수에 관한 법률로, 국군조직법, 군인사법 등이 있다.

(판 례) 국군의 해외파견(1)

(시민단체, 정당의 간부들 및 일반시민들인 청구인들이 국군의 이라크 전쟁 파견결정에 의하여 기본권이 제한됨으로써 헌법소원청구의 자기관련성이 존재하는지 여부)

청구인들은 이 사건 파견결정에 대해 적법하게 헌법소원을 제기할 수 있는 자기관련성이 있다고 할 수 없어 이 사건 헌법소원 심판청구는 모두 부적법하다.

헌재 2003.12.18. 2003헌마255, 판례집 15-2 하, 655

(판 례) 국군의 해외파견(2)

이 사건 파병결정은 대통령이 파병의 정당성뿐만 아니라 북한 핵 사태의 원만한 해결을 위한 동맹국과의 관계, 우리나라의 안보문제, 국 · 내외 정치관계 등 국익과 관련한 여러 가지 사정을 고려하여 파병부대의 성격과 규모, 파병기간을 국가안전보장회의의 자문을 거쳐 결정한 것으로, 그 후 국무회의 심의 · 의결을 거쳐 국회의 동의를 얻음으로써 헌법과 법률에 따른 절차적 정당성을 확보했음을 알 수 있다. 그렇다면 이 사건 파견결정은 그 성격상 국방 및 외교에 관련된 고도의 정치적 결단을 요하는 문제로서, 헌법과 법률이 정한 절차를

> 지켜 이루어진 것임이 명백하므로, 대통령과 국회의 판단은 존중되어야 하고 헌법재판소가 사법적 기준만으로 이를 심판하는 것은 자제되어야 한다. 이에 대하여는 설혹 사법적 심사의 회피로 자의적 결정이 방치될 수도 있다는 우려가 있을 수 있으나 그러한 대통령과 국회의 판단은 궁극적으로는 선거를 통해 국민에 의한 평가와 심판을 받게 될 것이다.
>
> 헌재 2004.4.29. 2003헌마814, 판례집 16-1, 601,602

위 판례(2)는 국군의 해외파견의 위헌여부 문제에 관하여, "헌법과 법률이 정한 절차를 지켜 이루어진 것임이 명백하므로, 대통령과 국회의 판단은 존중되어야" 한다고 판시하고 있다. 이는 절차상 명백한 위헌·위법이 아닌 한, 사법심사를 자제해야 한다고 본 것이다.

한편 대통령의 국군통수권에 관한 특별한 문제로서, **작전통제권 이양**의 문제가 있다. 한국전쟁(6·25전쟁) 발발 후인 1950년 7월 14일, 이승만대통령과 맥아더 유엔사령관 사이의 공한(公翰)을 통해 한국군에 대한 작전지휘권이 유엔사령관에게 이양되었다. 그 후 1954년의 한미상호방위조약에 따라 작전지휘권은 작전통제권(operational control)으로 명칭이 변경되고 유엔사령관의 작전통제권이 확인되었다. 1978년 한미연합사령부 창설과 함께 한국군의 작전통제권은 다시 한미연합사령관에게 위임되었고, 한미연합사령관은 주한미군사령관이 맡는 것으로 되어있다.

작전통제권은 평시작전통제권과 전시작전통제권으로 구분되는데, 1994년 12월, 평시작전통제권은 한국군에 전환되었다. 그러나 전시작전통제권은 여전히 한미연합사령관이 갖고 있다. 2007년 2월 24일의 한국과 미국의 국방부장관 합의에 의해, 2012년 4월 17일, 전시작전통제권도 한국에 전환하기로 하였으나, 2010년 6월 27일, 한미정상회담을 통해 2015년 12월 1일로 연기하기로 합의하였다. 2014.10.23. 미국 워싱턴에서 열린 한미안보협의회(SCM)에서 대한민국과 미국 국방부 장관은 전시작전통제권 전환 시기를 정하지 않고 향후 전환 여부를 검토한다고 합의하였다. 2017. 10.28. 한미안보협의회(SCM)에서는 '전시작전통제권 전환의 조속한 실현을 뒷받침하기 위한 노력'을 기울일 것이라는 내용이 채택되었다.

(4) 대통령령(大統領令) 제정권

> **(헌법 제75조)** 대통령은 법률에서 구체적으로 범위를 정하여 위임받은 사항과 법률을 집행하기 위하여 필요한 사항에 관하여 대통령령을 발할 수 있다.

① 대통령령 제정권은 행정입법권의 하나이다. **행정입법**이란 행정기관에 의한 일반적 규범의 정립을 말한다. 일반적 규범을 정립하는 권한, 즉 입법권은 국회에 속하는 것이 원칙이지만, 헌법상 일정한 예외가 인정되며, 행정입법권은 그 예외의 하나이다. 헌법은 대통령령, 총리령, 부령에 관하여 규정하고 있다(제75조, 제95조).

행정권이 확대, 강화되는 현대의 행정국가에서 행정입법의 필요성과 그 증대는 불가피한 것으로 받아들여지고 있다. 입법의 내용이 전문적이고 기술적인 사항이 많아지면서 의회제정의 법률에서는 대강의 골격만을 정하는 이른바 골격입법(骨格立法)의 경향이 나타나고, 이에 따라 행정입법은 불가피하게 증대된다. 반면 행정입법은 국회중심입법의 원칙을 저해한다는 점에서 문제를 제기한다(앞의 국회의 입법권 참조). 오늘날에는 일반적으로 행정입법의 불가피성을 인정하되 그 한계를 어떻게 설정하고 그 남용을 어떻게 막을 것인가에 논의의 초점이 모아지고 있다.

② **행정입법의 종류**는 제정주체, 내용 · 성질이나 효력 등 여러 기준에 따라 다양하게 분류된다. 행정입법의 성질 · 효력에 따른 가장 일반적인 분류는 **법규명령**과 **행정규칙**의 구분이다.

법규명령이란 대외적이고 일반적인 구속력을 갖는 법규로서의 성질을 지닌 행정입법이다. 법규명령은 그 성질 · 효력의 면에서 실질적 의미의 법률과 마찬가지이며, 재판의 기준이 되는 재판규범으로서의 성질을 갖는다. 헌법에서 규정한 대통령령, 총리령, 부령은 모두 법규명령에 해당한다.

반면 행정규칙(또는 행정명령)은 법규로서의 성질을 갖지 않는 행정입법이다. 행정규칙은 국민의 권리 · 의무와 직접 관계가 없는 내용으로, 행정기관 내부의 행위기준을 정한 규범이다. 또한 재판규범으로서의 성질을 갖지 않는다. 행정규칙은 실제로 훈령 · 지시 · 고시 · 예규 · 통첩 등의 형식을 취한다.

다만 오늘날 법규명령과 행정규칙의 엄격한 구분은 흔들리고 있다. 실제에 있어서 행정규칙의 효과가 행정기관 외부에로 확대되고 그 기능이 증대하고 있다. 이에 따라 행정규칙과 관련한 개인의 권익보호가 중요한 과제로 등장하고 있다.

한편 헌법은 대통령령 및 총리령 · 부령에 관하여 **위임명령**과 **집행명령**을 구분하고 있다. 헌법은 총리령 · 부령에 관하여 '직권'으로 발할 수 있다고 하여 직권명령을 규정하고 있는데(제95조), 직권명령은 성질상 집행명령과 동일하다고 볼 수 있다.

위임명령과 집행명령의 구분은 제정의 근거 또는 법률과의 관계의 관점에 따른 것이다. 위임명령은 "법률에서 구체적으로 범위를 정하여 위임받은 사항"에 관한 명령이고, 집행명령은 "법률을 집행하기 위하여 필요한 사항"에 관한 명령이다(헌법 제

75조). 위임명령과 집행명령은 모두 그 근거가 되는 모법(母法)인 법률에 종속된다.

③ **위임명령** 또는 위임입법은 법률 또는 상위의 명령의 구체적 위임에 따라 제정된 (법규)명령이다. 위임명령은 법률의 내용을 보충하는 것이므로 이를 '보충명령'이라고도 부른다.

법률의 위임근거 없이 제정된 법규명령은 당연히 무효이다. 그러나 나중에 법 개정으로 위임의 근거가 부여되면 그때부터 유효한 법규명령으로 볼 수 있다. 물론 이때도 개정법의 위임의 한계를 벗어난 것이라면 여전히 무효이다(대판 2017.4.20. 2015두45700).

위임명령에 관한 헌법적 문제의 핵심은 **위임명령의 한계**에 관한 것이다. 이에 관하여 두 가지 문제를 구별하여야 한다. 그 하나는 위임하는 법률, 즉 수권(授權)법률이 지켜야 할 한계이고, 다른 하나는 위임을 받아 제정되는 명령, 즉 수임(受任)명령이 지켜야 할 한계이다. 헌법적으로는 주로 앞의 관점에서 위임명령의 한계가 논의된다. 위임명령의 한계, 즉 수권법률의 한계로서 헌법이 명시하고 있는 것은 포괄적 위임의 금지이다.

포괄적 위임의 금지란 "법률에서 구체적으로 범위를 정하여 위임"하여야 하며(헌법 제75조), 구체적 범위를 정하지 않은 채로 포괄적 또는 일반적으로 위임을 해서는 안 된다는 원칙이다. 즉 대통령령에 규정될 내용을 수권법률의 규정으로부터 예측할 수 있도록 구체적, 개별적으로 위임하여야 한다는 것이다. 포괄적 위임입법의 극단적 예로, 1933년 독일의 수권법(授權法, 정식명칭은 '민족 및 제국의 곤경을 제거하기 위한 법률')을 들 수 있다. 이 수권법은 의회폐지 등 특정사항을 제외한 모든 사항에 관한 법률제정의 권한을 정부에 위임하였다.

헌법재판소는 최근 의료기기 판매업자의 의료기기법 위반행위에 대하여 보건복지가족부령이 정하는 기간 이내의 범위에서 업무정지를 명할 수 있도록 한 규정은 포괄위임금지원칙에 위반된다고 하였다(헌재 2011.9. 29. 2010헌가93). 대불비용 부담금을 보건의료기관개설자에게 부과하면서 대불비용 부담금에 관하여 필요한 사항을 대통령령에 위임하도록 한 '의료사고 피해구제 및 의료분쟁 조정 등에 관한 법률' 규정 중 '납부방법 및 관리 등' 부분과 달리 '그 금액' 부분은 헌법재판소의 합헌결정 이후 추가징수가 빈번하게 발생하는 등 그 대강조차 예측할 수 없다는 사정변경이 있어 포괄위임금지원칙에 위배된다고 하였다(헌재 2022.7.21. 2018헌바504; 선행 합헌결정은 헌재 2014.4.24. 2013헌가4). 반면, 유치원 주변 학교환경위생 정화구역에서 성관련 청소년유해물건을 제작·생산·유통하는 청소년위해업소를 예외 없이 금지하는 학교

보건법이 청소년유해물건 취급업소의 결정 기준에 관하여 대통령령에 위임하고 구체적인 대상 업소는 청소년보호위원회가 결정하여 장관이 고시하도록 한 것은 포괄위임금지원칙에 위반되지 않는다고 판시하였다(헌재 2013.6.27. 2011헌바8등). 또한, 직업안정법에 따른 등록을 마친 유료직업소개사업자가 지켜야 할 준수사항의 내용을 대통령령에 위임한 직업안정법 조항 역시 포괄위임금지원칙에 위배되지 않는다고 판시하였다(헌재 2013.7.25. 2012헌바54). 운전면허를 받은 사람이 자동차등을 이용하여 살인 또는 강간 등 행정안전부령이 정하는 범죄행위를 한 때 운전면허를 필요적으로 취소하도록 하는 도로교통법 규정은 법률유보의 원칙이나 포괄위임금지원칙에 반하지 않는다(헌재 2015.5.28. 2013헌가6; 다만 과잉금지원칙위반으로 위헌선언되었다). 상호저축은행으로 하여금 신용공여 등이 금지되는 대상을 대통령령에 위임하도록 한 상호저축은행법 규정(헌재 2016.2.25. 2013헌바367), 계속거래업자와 계속거래계약을 체결한 소비자에게 일방적 해지권을 부여하면서 소비자의 해지권이 제한되는 계속거래의 유형 등을 대통령령에 위임하고 있는 방문판매법 조항(헌재 2016.6.30. 2015헌바371등), 통계청장으로 하여금 인구, 주택, 사업체 등에 관한 총조사 의무를 부과하면서, 그 범위·방법 등에 관하여 필요한 사항은 대통령령으로 정하도록 한 통계법 규정(헌재 2017.7.27. 2015헌마1094)은 모두 포괄위임금지원칙에 위반되지 않는다.

포괄적 위임에 해당되는지 여부를 판단하는 기준으로, 헌법재판소 판례는 특히 다음 두 가지 원칙을 제시한다.

첫째, 위임의 구체성 여부는 해당 위임조항만을 대상으로 판단할 것이 아니라, 수권법률의 전반적 체계와 관련규정에 비추어 판단해야 한다는 것이다.

(판 례) 포괄적 위임 여부의 판단기준(수권법률의 전반적 체계)

헌법 제75조도 "대통령령은 법률에서 범위를 정하여 위임받은 사항 …… 에 관하여 대통령령을 발할 수 있다"라고 규정하여 위임입법의 근거와 아울러 그 범위와 한계를 제시하고 있는데, "법률에서 구체적으로 범위를 정하여 위임받은 사항"이라 함은 법률에 이미 대통령령으로 규정될 내용 및 범위의 기본사항이 구체적으로 규정되어 있어서 누구라도 당해 법률로부터 대통령령에 규정될 내용의 대강을 예측할 수 있어야 함을 의미한다(헌법재판소 1991.7.8. 선고 91헌가4 결정 참조). 특히 형벌법규의 위임에 있어서는 위임법률이 그 적용을 받는 국민에 대하여 범죄의 구성요건과 형벌의 예측가능한 구체적 내용을 규정하고 있어야 한다. 그러나 그 예측가능성의 유무는 당해 특정조항 하나만을 가지고 판단할 것은 아니고 관련 법조항 전체를 유기적·체계적으로 종합판단하여야 하며,

각 대상법률의 성질에 따라 구체적 · 개별적으로 검토하여야 한다(헌법재판소 1994.6.30. 선고 93헌가15, 16, 17(병합) 결정 참조).

헌재 1994.7.29. 93헌가12, 판례집 6-2, 53,58-59

이와 같은 취지에서 헌법재판소는 총포단속법에서 화약류의 발파와 연소에 관한 기술상의 기준을 대통령령에 위임하면서 이 기준에 따르지 아니한 경우 형사 처벌하는 규정은 입법취지와 관련 법률조항을 유기적 · 체계적으로 해석하면 그 기준 역시 대략적으로 예측할 수 있으므로 합헌이라고 하였다. 다만 입법론적으로는 하위법령에 규정될 기술상 기준의 내용을 예시적으로 열거하는 등의 방식으로 법률을 정비하여 위임의 범위를 보다 명확하게 하여야 하는 것이 바람직하다고 덧붙였다(헌재 2017. 9.28. 2016헌가20). 노인장기요양보험법 제39조 제3항이 "제1항에 따른 재가 및 시설 급여비용의 구체적인 산정방법 및 항목 등에 관하여 필요한 사항은 보건복지부령으로 정한다"고 규정하였지만, 다른 조항에서 '요양급여의 실시와 그에 따른 급여비용 지급'에 관한 기본적이고도 핵심적인 사항을 규정하고 있으므로 법률유보원칙이나 포괄위임금지원칙에 위반되지 않는다(헌재 2021.8.31. 2019헌바73).

둘째, 위임의 구체성 여부는 규율대상의 성질에 따라 차별적, 유동적으로 판단해야 한다는 것이다. 예컨대 일반적으로 급부행정법규의 경우에는 처벌법규나 조세법규의 경우보다 구체성의 요건이 완화된다는 것이다.

(판 례) 포괄위임 여부의 판단기준(규율대상의 성질)

법률에 미리 대통령령으로 규정될 내용 및 범위의 기본사항을 구체적으로 규정하여 둠으로써 행정권에 의한 자의적인 법률의 해석과 집행을 방지하고 의회입법의 원칙과 법치주의를 달성하고자 하는 헌법 제75조의 입법취지에 비추어 볼 때, "구체적으로 범위를 정하여"라 함은 법률에 대통령령 등 하위법규에 규정될 내용 및 범위의 기본사항이 가능한 한 구체적이고도 명확하게 규정되어 있어서 누구라도 당해 법률 그 자체로부터 대통령령 등에 규정될 내용의 대강을 예측할 수 있어야 함을 의미한다(헌법재판소 1991.7.8. 선고 91헌가4 결정 참조). 그리고 이와 같은 위임입법의 구체성, 명확성의 요구 정도는 그 규율대상의 종류와 성격에 따라 달라질 것이지만, 특히 처벌법규나 조세법규 등 국민의 기본권을 직접적으로 제한하거나 침해할 소지가 있는 법규에서는 구체성, 명확성의 요구가 강화되어 그 위임의 요건과 범위가 일반적인 급부행정법규의 경우보다 더 엄격하게 제한적으로 규정되어야 하는 반면에, 규율대상이 지극히 다양하거나 수시로 변화하는 성질의 것일 때에는 위임의 구체성, 명확성의 요건이 완화되어야 할 것이다[헌법재판소 1991.2.11. 선고 90헌가27 결정, 1994.7.29. 선고 92헌바49 · 52(병합) 결정 각 참조].

헌재 1995.11.30. 91헌바1, 판례집 7-2, 562,591

(판 례) 포괄위임금지원칙과 예측가능성(1)

마약류사범에 대한 다른 처우는 마약류에 대한 중독성 및 높은 재범률 등 마약류사범의 특성에 대한 전문적 이해를 필요로 하므로 하위 법령에 위임할 필요성이 인정되고, 그 요건으로서 '시설의 안전과 질서유지를 위하여 필요한 범위'라 함은 마약류사범에 의한 교정시설 내 마약류 반입 및 이로 인한 교정사고의 발생을 차단하기 위한 범위를 의미하며, 그 방법으로서 '다른 수용자와의 접촉을 차단하거나 계호를 엄중히 하는 등'이란 다른 수용자와의 대면 또는 서신수수의 제한, 물품교부의 원칙적 금지 등 강화된 기본권 제한 조치는 물론 마약류사범의 특성을 고려한 재활교육, 치료 등의 조치를 의미함을 충분히 예측할 수 있으므로, 이 사건 법률조항(형의 집행 및 수용자의 처우에 관한 법률 제104조 제1항 중 "마약류사범에 대하여는 법무부령으로 정하는 바에 따라 다른 수용자와 달리 관리할 수 있다")은 포괄위임금지원칙에 위배되지 아니한다.

헌재 2013.7.25. 2012헌바63, 공보 202, 955

(판 례) 포괄위임금지원칙과 예측가능성(2)

("고용노동부장관은 거짓이나 그 밖의 부정한 방법으로 이 장의 규정에 따른 고용안정 · 직업능력개발 사업의 지원을 받은 자 또는 받으려는 자에게 대통령령으로 정하는 바에 따라 그 지원을 제한하거나 이미 지원된 것의 반환을 명할 수 있다"라고 규정한 고용보험법 제35조 제1항이 문제된 사안)

먼저 이 사건 법률조항은 사업주 등이 부정한 방법으로 지원금을 지급받는 것을 방지하려는데 그 목적이 있으므로 이 사건 법률조항에서 규정하는 '이미 지원된 것의 반환' 범위와 관련하여 대통령령에 위임될 내용은 원상회복을 위하여 사업주 등이 부정한 방법으로 지원받은 금액의 회수에 관한 것임을 쉽게 예측할 수 있다.

그러나 이 사건 법률조항에서는 지원금의 부당수령자에 대한 제재의 목적으로 '이미 지원된 것의 반환'과는 별도로 '지원을 제한'하도록 하고 있는데, 이러한 지원 제한에 대하여는 제한의 범위나 기간 등에 관하여 기본적 사항도 법률에 규정하지 아니한 채 이를 대통령령에 포괄적으로 위임하고 있다. 그리하여 구 고용보험법의 목적과 규정내용, 고용안정 · 직업능력개발사업의 취지, 지원금의 종류 및 내용 등을 체계적 · 유기적으로 종합하여 살펴보아도 일반인으로 하여금 어떤 방식으로, 어느 기간이나 정도의 범위에서 지원금의 지급이 제한되고 그 지급제한기간 동안 지원받은 금액 중 얼마까지 반환하여야 하는지 그 대강의 내용을 법률에서 전혀 예측할 수 없도록 하고 있다.

따라서 이 사건 법률조항은 고용안정 · 직업능력개발사업의 지원금을 부정수령한 사업자 등에 대한 지원금의 지급제한기간 및 반환의 내용 및 범위 등에 관한 기본적 사항을 법률에 규정하지 않은 채 이를 포괄적으로 대통령령에 위임함으로써 행정청의 자의적인 법집행을 가능하게 하고 있으므로 헌법 제75조의 포괄위임금지원칙에 위반된다.

헌재 2013.8.29. 2011헌바390, 공보 203, 1153,1156

'중소기업제품 구매촉진 및 판로지원에 관한 법률'에서 대기업과 대통령령으로 정하는 지배 또는 종속 관계에 있는 기업들의 집단에 포함되는 중소기업에 대하여 중소기업자간 경쟁입찰 참여를 제한하도록 규정하면서 '지배 또는 종속 관계'의 구체적 내용을 대통령령에 위임하였다고 하더라도, 이에 해당하는지 여부는 해당 기업의 소유 또는 경영에 영향력을 미칠 수 있는지를 기준으로 판단할 수 있으므로 예측가능성이 인정된다(헌재 2016.12.29. 2014헌바419). 소득세법의 납세의무자를 정하기 위한 주소 · 거소와 거주자 · 비거주자의 구분을 대통령령으로 정하도록 위임한 소득세법 규정도 포괄위임원칙에 반하지 않는다. 거주자와 비거주자를 구분하는 것은 국가의 과세권 확보 및 국제조세 협약상 과세관할권 설정을 위하여 변화하는 경제 현실에 대응할 필요가 있고, 주소와 거소에 관한 법률의 규정 및 이에 대한 해석으로부터 대통령령에 규정될 내용의 대강을 예측할 수 있다는 점을 이유로 들었다(헌재 2021. 10.28. 2019헌바148).

사료관리법에 따른 사료 공급에 대한 영세율 적용대상을 '대통령령으로 정하는 농민'으로 정하고 있는 조세특례제한법 규정 역시 포괄위임금지원칙에 위반되지 않는다. 헌법재판소는 행정부가 농어업과 관련된 사회적 · 경제적 변화, 그에 따른 과세정책의 향방 내지 변동 등에 즉응하여 당시 정부의 재정상황, 국내외 산업구조 등 여러 가지 요소를 종합적으로 고려하여 구체적으로 정하도록 할 필요성이 크고, 농업을 주업으로 영위한다고 볼 수 있는 개인 및 법인 등의 객관적 요건, 농업에 실제로 종사하고 있음을 입증할 만한 구체적이고 명확한 기준 등이 규정될 것임을 어렵지 않게 예측할 수 있다는 이유를 들었다(헌재 2022.12.22. 2019헌바237). 고용노동부장관이 거짓이나 그 밖의 부정한 방법으로 비용을 지원받아 직업능력개발훈련과정 인정이 취소된 사업주에게 지원받은 금액의 반환을 명하는 경우, 그 부정수급액이 대통령령으로 정하는 금액 이상이면 그 금액 이하의 금액을 고용노동부장관이 정하는 기준에 따라 추가로 징수할 수 있도록 한 '근로자직업능력 개발법' 규정 역시 합헌이다. 부정수급액의 추가징수 금액을 적절히 현실화할 수 있도록 하위법령에 위임할 필요성이 인정되고, 수범자로서는 두 기준 중 어느 하나의 상한을 적용받아 그 금액의 범위 내에서 추가징수 금액이 정해질 것임을 알 수 있기 때문이다(헌재 2022.12.22. 2019헌바183).

예측가능성과 관련하여 주의할 점이 있다. 죄형법정주의에서 말하는 예측가능성은 법률규정만을 보고서 판단할 수 있어야 하는 것이므로, 정관까지 보아야 비로소 예측가능하다면 이는 법률조항 자체의 예측가능성이 없다는 것을 의미한다는 것이다(헌재 2016.11.24. 2015헌가29).

한편 포괄위임금지원칙은 위임입법이 대법원규칙인 경우에도 적용된다(헌재 2016.7.30. 2013헌바27; 헌법 제75조와 달리 헌법 제108조는 법률의 위임을 요구하지 않으므로 포괄위임금지원칙 위반 여부를 심사할 필요가 없다는 반대의견이 있다). 헌법재판소는 판사의 근무성적평정에 관한 사항을 대법원규칙으로 정하도록 위임한 법원조직법 규정은 포괄위임금지원칙에 위반되지 않는다고 한다(헌재 2016.9.29. 2015헌바331).

포괄위임금지의 원칙 외에도, 위임명령의 한계에 관한 여러 헌법적 문제가 있다. 우선 헌법이 '**법률사항**(法律事項)'으로 정한 것에 관한 문제이다. 헌법은 기본권제한을 법률로써 해야 한다고 규정하고 있고(제37조 제2항), 그 밖에도 개별적인 기본권조항에서 법률로써 규정할 법률사항들을 규정하고 있다(예컨대 제12조 제1항의 체포 · 구금 등의 법률주의 등). 또한 조세의 종목과 세율은 법률로 정해야 한다는 조세법률주의를 규정하고 있다(제59조). 그 밖에도 국가기관의 조직 등에 관한 법률사항(예컨대 제41조의 국회의원선거제도 법률주의, 제117조 제2항의 지방자치단체 종류의 법률주의 등) 및 국가의 중요정책에 관한 법률사항(예컨대 제2조 제1항의 국적에 관한 법률주의 등)을 규정하고 있다.

헌법에서 법률사항으로 규정하는 사항에 관하여 전속적으로 법률로써만 규정할 수 있는지 또는 대통령령 등 행정입법에 위임할 수 있는지 여부, 그리고 위임할 수 있다면 어느 정도까지 법률에서 규정하고 어느 정도를 위임할 수 있는지 여부는 일률적으로 정하기 어려우며, 법률의 내용이나 성질 등에 비추어 각각 개별적으로 판단하여야 할 것이다(앞의 '죄형법정주의', '조세법률주의' 등 참조).

범죄와 형벌에 관한 사항도 행정부에 위임하는 것이 허용된다(헌재 1991.7.8. 91헌가4). 헌법재판소는 보건복지부령으로 정하는 바에 따른 '의약품등의 유통 체계 확립과 판매 질서 유지에 필요한 사항'을 위반한 약국개설자 등을 형사처벌하는 약사법 조항은 포괄위임금지원칙에 위배되지 않는다고 판시하였다(헌재 2013.8.29. 2011헌가19 등; '위 필요한 사항'이 의약품등의 조제나 성분 규제 등과는 달리 오늘날 의료영역 가운데 상당히 보편화된 영역으로 볼 수 있어 이를 미리 법률로 자세히 정하기 어려울 정도로 전문적이고 기술적인 사항이라고 볼 수 없다는 5인 재판관의 위헌의견이 다수이나 정족수 미달로 합헌 결정; 헌재 2021.10.28. 2019헌바50 결정에서는 7 : 2로 합헌선언을 하였다). 또한 헌법재판소는 '석유 및 석유대체연료 사업법'에서 석유 및 석유대체연료의 건전한 유통질서를 해치는 행위로서 대통령령으로 정하는 행위를 금지하고 처벌하는 규정은 죄형법정주의 원칙을 고려하여 위임의 필요성과 예측가능성 기준을 보다 엄격하게 해석·적용하더라도 포괄위임금지원칙에 위배되지 않는다고 하였다(헌재 2016.4.28. 2015헌바123).

수권(受權) 혹은 수임(受任)명령이 수권(授權)법률이 설정한 한계를 벗어난 경우에도 당연히 무효이다.

(판 례) 특정 사안 관련 위임 시 시행령이 위임한계를 준수하였는지 판단 기준

법률이 특정 사안과 관련하여 시행령에 위임을 한 경우 시행령이 위임의 한계를 준수하고 있는지를 판단할 때는 당해 법률 규정의 입법 목적과 규정 내용, 규정의 체계, 다른 규정과의 관계 등을 종합적으로 살펴야 한다. 법률의 위임 규정 자체가 그 의미 내용을 정확하게 알 수 있는 용어를 사용하여 위임의 한계를 분명히 하고 있는데도 시행령이 그 문언적 의미의 한계를 벗어났다든지, 위임 규정에서 사용하고 있는 용어의 의미를 넘어 그 범위를 확장하거나 축소함으로써 위임 내용을 구체화하는 단계를 벗어나 새로운 입법을 한 것으로 평가할 수 있다면, 이는 위임의 한계를 일탈한 것으로서 허용되지 않는다.

구 화물자동차 운수사업법 (동법) 시행령의 규정 형식과 내용 등에 의하면 구 화물자동차법 제19조 제1항 제11호에 규정된 "중대한 교통사고 또는 빈번한 교통사고로 많은 사상자를 발생하게 한 경우"는 빈번한 교통사고뿐 아니라 중대한 교통사고에도 '많은 사상자'의 발생을 요건으로 하고 있다고 보아야 한다. 그리고 여기에 규정된 '많은'은 문언상 복수(複數), 즉 적어도 2인 이상을 의미하므로 1인은 포함되지 않는다고 해석하는 것이 타당하다. 나아가 위와 같이 1인의 중상자가 발생한 경우를 구 화물자동차법상 제재 대상에서 제외하더라도 화물자동차의 교통사고로 인한 인명의 사상(死傷)을 억제함으로써 화물자동차 운수사업을 효율적으로 관리하고 건전하게 육성하여 공공복리의 증진에 기여하려는 구 화물자동차법의 목적에 반한다고 보기는 어렵다. 그럼에도 구

화물자동차법 시행령 제6조 제1항 [별표 1] 제12호 (가)목은 '1건의 교통사고로 인하여 2인 이하가 중상을 입은 때'를 위반차량 운행정지처분의 대상으로 규정함으로써 결과적으로 1인의 중상자가 발생한 경우도 구 화물자동차법상 제재 대상으로 삼고 있다. 앞서 본 '많은'의 문언적 의미를 비롯하여 구 화물자동차법의 입법 목적, 규정 내용, 규정 체계 등을 종합하면, 구 화물자동차법 시행령 제6조 제1항 [별표 1] 제12호 (가)목에 규정된 '2인 이하가 중상을 입은 때' 중 '1인이 중상을 입은 때' 부분은 모법인 구 화물자동차법 제19조 제1항 및 제2항의 위임범위를 벗어난 것으로서 무효이다.

대판(전합) 2012.12.20. 2011두30878

한편 **재위임**(再委任)이 인정되느냐가 문제된다. 예컨대 법률에서 대통령령으로 위임한 것을 다시 하위명령인 총리령이나 부령 등에 위임할 수 있느냐는 문제이다. 헌법은 "대통령령의 위임"으로 총리령과 부령을 발할 수 있다고 규정하여, 원칙적으로 재위임이 인정됨을 명시하고 있다. 특히 헌법은 대통령령에 관한 규정과 달리 총리령 · 부령에 관한 규정에서는 "구체적으로 범위를 정하여"라는 제한을 명시하지 않고 있다. 그러나 재위임을 하더라도 전면적인 재위임은 인정되지 않으며, 위임받은 사항의 대강을 정한 다음 특정사항에 관해서 범위를 정하여 재위임할 수 있다고 보아야 한다. 헌법재판소 판례도 같은 취지이다.

(판 례) 재위임

헌법 제95조는 "……행정각부의 장은 소관사무에 관하여……대통령령의 위임……으로……부령을 발할 수 있다"라고 규정하여 재위임의 근거를 마련하고 있지만, 대통령령의 경우와는 달리 "구체적으로 범위를 정하여"라는 제한을 규정하고 있지 아니하므로 대통령령으로 위임받은 사항을 그대로 재위임할 수 있는가에 관하여 의문이 있다. 살피건대 법률에서 위임받은 사항을 전혀 규정하지 않고 재위임하는 것은 "위임받은 권한을 그대로 다시 위임할 수 없다"는 복위임금지의 법리에 반할 뿐 아니라 수권법의 내용변경을 초래하는 것이 되고, 부령의 제정 · 개정절차가 대통령령에 비하여 보다 용이한 점을 고려할 때 재위임에 의한 부령의 경우에도 위임에 의한 대통령령에 가해지는 헌법상의 제한이 당연히 적용되어야 할 것이다.

따라서 법률에서 위임받은 사항을 전혀 규정하지 아니하고 그대로 재위임하는 것은 허용되지 않으며 위임받은 사항에 관하여 대강을 정하고 그 중의 특정사항을 범위를 정하여 하위법령에 다시 위임하는 경우에만 재위임이 허용된다.

헌재 1996.2.29. 94헌마213, 판례집 8-1, 147,162-163

그 밖에 법률에서 위임사항을 법규명령이 아니라 고시 등 **행정규칙에 위임**할 수 있느냐가 문제된다. 헌법재판소에 의하면 예외적으로 전문적·기술적 사항이나 경미한 사항으로서 업무의 성질상 위임이 불가피한 사항에 한정하여, 고시와 같은 행정규칙에 대한 위임이 인정된다고 본다.

(판 례) 행정규칙에의 위임

우리 재판소는, 고시는 그 성질이 일률적으로 판단될 것이 아니라 고시에 담겨진 내용에 따라 구체적인 경우마다 달리 결정되는 것으로(헌재 1998.4.30. 97헌마141, 판례집 10-1, 496,506 참조), 그 내용 속에 일반적·추상적 규율을 갖는 것과 구체적인 규율의 성격을 갖는 것이 있을 수 있다고 판시한 바 있다. 또한, 원칙적으로 행정규칙은 그 성격상 대외적 효력을 갖는 것은 아니나, 특별히 예외적인 경우에 대외적으로 효력을 가질 수 있는데, 그 예외적인 경우는 우리 재판소가 이미 선례에서 밝힌 바와 같이 재량권 행사의 준칙인 규칙이 그 정한 바에 따라 되풀이 시행되어 행정관행이 이룩되게 되면 평등의 원칙이나 신뢰보호의 원칙에 따라 행정기관은 그 상대방에 대한 관계에서 그 규칙에 따라야 할 자기구속을 당하게 되는 경우(헌재 1990.9.3. 90헌마13, 판례집 2, 298,303), 또는 법령의 직접적 위임에 따라 수임행정기관이 그 법령을 시행하는데 필요한 구체적 사항을 정하였을 때, 그 제정형식은 비록 법규명령이 아닌 고시·훈령·예규 등과 같은 행정규칙이더라도 그것이 상위법령의 위임한계를 벗어나지 않는 경우(헌재 1992.6.26. 91헌마25, 판례집 4, 444,449)이다. 그러나, 위와 같은 행정규칙, 특히 후자와 같은 이른바 법령보충적 행정규칙이라도 그 자체로서 직접적으로 대외적인 구속력을 갖는 것은 아니다. 즉, 상위법령과 결합하여 일체가 되는 한도 내에서 상위법령의 일부가 됨으로써 대외적 구속력이 발생되는 것일 뿐 그 행정규칙 자체는 대외적 구속력을 갖는 것은 아니라 할 것이다.

(……) (4) 이른바 법령보충적 행정규칙의 통제

위와 같이 법률이 입법사항을 고시 등에 위임하는 것이 가능하다고 하더라도 그에 관한 통제는 다음과 같은 이유로 더욱 엄격하게 행하여져야 한다.

과거 우리 나라는 행정부 주도로 경제개발·사회발전을 이룩하는 과정에서 국회는 국민의 다양한 의견을 수렴하여 입법에 반영하는 민주·법치국가적인 의회로서의 역할수행이 상대적으로 미흡하여 행정부에서 마련하여 온 법률안을 신중하고 면밀한 검토과정을 소홀히 한 채 통과시키는 사례가 적지 않았고, 그로 말미암아 위임입법이 양산된 것이 헌정의 현실이다.

한편 행정절차법은 국민의 권리 · 의무 또는 일상생활과 밀접한 관련이 있는 법령 등을 제정 · 개정 또는 폐지하고자 할 때에는 당해 입법안을 마련한 행정청은 이를 예고하여야 하고(제41조), 누구든지 예고된 입법안에 대하여는 의견을 제출할 수 있으며(제44조), 행정청은 입법안에 관하여 공청회를 개최할 수 있도록(제45조) 규정하고 있으나, 고시나 훈령 등 행정규칙을 제정 · 개정 · 폐지함에 관하여는 아무런 규정을 두고 있지 아니한다. 법규명령과 행정규칙의 이러한 행정절차상의 차이점 외에도 법규명령은 법제처의 심사를 거치고(대통령령은 국무회의에 상정되어 심의된다) 반드시 공포하여야 효력이 발생되는데 반하여, 행정규칙은 법제처의 심사를 거칠 필요도 없고 공포 없이도 효력을 발생하게 된다는 점에서 차이가 있다. 또한 우리나라에서는 위임입법에 대한 국회의 사전적 통제수단이 전혀 마련되어 있지 아니하다.

이상과 같은 여러 가지 사정을 종합하면 이 사건에서와 같이 재산권 등과 같은 기본권을 제한하는 작용을 하는 법률이 입법위임을 할 때에는 "대통령령", "총리령", "부령" 등 법규명령에 위임함이 바람직하고(헌재 1998.5.28. 96헌가1, 판례집 10-1, 509,515 참조), 금융감독위원회의 고시와 같은 형식으로 입법위임을 할 때에는 적어도 행정규제기본법 제4조 제2항 단서에서 정한 바와 같이 법령이 전문적 · 기술적 사항이나 경미한 사항으로서 업무의 성질상 위임이 불가피한 사항에 한정된다 할 것이고, 그러한 사항이라 하더라도 포괄위임금지의 원칙상 법률의 위임은 반드시 구체적 · 개별적으로 한정된 사항에 대하여 행하여져야 할 것이다.

헌재 2004.10.28. 99헌바91, 판례집 16-2 하, 104,117-120

헌법재판소는 '이동통신단말장치 유통구조 개선에 관한 법률'에서 방송통신위원회가 지원금 상한액에 대한 기준 및 한도를 정하여 고시하도록 하고, 이동통신사업자는 방송통신위원회가 고시한 상한액을 초과한 지원금을 지급할 수 없도록 하며, 대리점 및 판매점은 이동통신사업자가 위 상한액의 범위 내에서 정하여 공시한 지원금의 100분의 15의 범위 내에서만 이용자에게 지원금을 추가로 지급할 수 있도록 한 조항은 포괄위임금지원칙에 위반되지 않는다고 하였다(헌재 2017.5.25. 2014헌마844).

형벌의 구성요건 일부를 이와 같이 고시와 같은 행정규칙의 형식으로 위임하는 것도 전문적 · 기술적 지식이 요구되고 탄력적 · 기술적 대응이 필요하다면 예외적으로 허용된다(헌재 2017.9.28. 2016헌바140; 이 결정은 축산물 가공방법의 기준을 식품의약품안전처장의 고시로 정한 '축산물 위생관리법'규정을 합헌으로 선언한 것이다. 포괄위임금지원칙에도 위반되지 않는다고 하였다).

보수를 제외한 직장가입자의 소득이 대통령령으로 정하는 금액을 초과하는 경우 보수월액에 대한 보험료 외에 소득월액에 대한 보험료를 추가로 납부하도록 한 국민건강보험법 규정 역시 포괄위임금지원칙에 위반되지 않는다(헌재 2019.2.28. 2017헌바245).

한편 법률에서 위임사항을 공공단체의 **정관에 위임**할 수 있느냐는 문제가 있다. 헌법재판소는 이를 인정하면서, 특히 이 경우에는 포괄적위임금지의 원칙이 적용되지 않는다고 본다.

(판 례) 정관에의 위임(포괄적 위임금지의 배제)

헌법 제75조, 제95조의 문리해석상 및 법리해석상 포괄적인 위임입법의 금지는 법규적 효력을 가지는 행정입법의 제정을 그 주된 대상으로 하고 있다. 위임입법을 엄격한 헌법적 한계 내에 두는 이유는 무엇보다도 권력분립의 원칙에 따라 국민의 자유와 권리에 관계되는 사항은 국민의 대표기관이 정하는 것이 원칙이라는 법리에 기인한 것이다. 즉, 행정부에 의한 법규사항의 제정은 입법부의 권한 내지 의무를 침해하고 자의적인 시행령 제정으로 국민들의 자유와 권리를 침해할 수 있기 때문에 엄격한 헌법적 기속을 받게 하는 것이다. 그런데 법률이 행정부가 아니거나 행정부에 속하지 않는 공법적 기관의 정관에 특정 사항을 정할 수 있다고 위임하는 경우에는 그러한 권력분립의 원칙을 훼손할 여지가 없다. 이는 자치입법에 해당되는 영역이므로 자치적으로 정하는 것이 바람직하다.

다만 법률이 자치적인 사항을 정관에 위임할 경우 원칙적으로 헌법상의 포괄위임입법금지원칙이 적용되지 않는다 하더라도, 그 사항이 국민의 권리·의무에 관련되는 것일 경우에는, 적어도 국민의 권리와 의무의 형성에 관한 사항을 비롯하여 국가의 통치조직과 작용에 관한 기본적이고 본질적인 사항은 반드시 국회가 정하여야 한다(헌재 1998.5.28. 96헌가1, 판례집 10-1, 509, 515-516)는 법률유보 내지 의회유보의 원칙이 지켜져야 할 것이다.

헌재 2006.3.30. 2005헌바31, 판례집 18-1 상, 362,368

정관에의 위임과 관련하여 유의할 점이 있다. 정관에의 위임시 포괄위임금지원칙이 적용되지 않는다는 것은 법률에 위임규정이 있는 경우이고, 법률유보의 원칙과 관련하여 애초에 정관에 위임할 수 없는 사항들이 있다는 것이다. 죄형법정주의에 따른 사항들이 그 예이다.

(판 례) 범죄구성요건의 정관에의 위임

이 사건 (중소기업협동조합법의) 호별방문금지조항은 중소기업중앙회 임원 선거와 관련하여 '정관으로 정하는 기간에는' 선거운동을 위하여 정회원에 대한 호별방문 등의 행위를 한 경우 이를 형사처벌하도록 하고 있는바, 이때 '정관으로 정하는 기간'은 구성요건의 중요부분에 해당한다. 한편, 정관은 법인의 조직과 활동에 관하여 단체 내부에서 자율적으로 정한 자치규범으로서, 대내적으로만 효력을 가질 뿐 대외적으로 제3자를 구속하지는 않는 것이 원칙이고, 그 생성과정 및 효력발생요건에 있어 법규명령과 성질상 차이가 크다. 그럼에도 불구하고 이 사건 호별방문금지조항은 형사처벌과 관련한 주요사항을 헌법이 위임입법의 형식으로 예정하고 있지도 않은 특수법인의 정관에 위임하고 있는데, 이는 사실상 그 정관 작성권자에게 처벌법규의 내용을 형성할 권한을 준 것이나 다름없으므로 죄형법정주의에 비추어 허용되기 어렵다.

헌재 2016.11.24. 2015헌가29, 공보 242, 1828

④ **집행명령**은 "법률을 집행하기 위하여 필요한 사항"을 규율하는 명령이다. 대통령령 또는 총리령 · 부령으로 집행명령을 발할 수 있다(헌법 제75조, 제95조). 집행명령은 법률의 위임이 없더라도 직권으로 발할 수 있지만, 그 근거는 법률에 있기 때문에 법률에 종속된다. 즉 모법인 수권법률이 폐지되면 집행명령도 실효하며, 수권법률에서 규정하지 않은 새로운 법률사항에 관하여 집행명령으로 규정할 수 없다.

(판 례) 집행명령의 모법에의 종속

상위법령의 시행에 필요한 세부적 사항을 정하기 위하여 행정관청이 일반적 직권에 의하여 제정하는 이른바 집행명령은 근거법령인 상위법령이 폐지되면 특별한 규정이 없는 이상 실효되는 것이나, 상위법령이 개정됨에 그친 경우에는 개정법령과 성질상 모순, 저촉되지 아니하고 개정된 상위 법령의 시행에 필요한 사항을 규정하고 있는 이상 그 집행명령은 상위법령의 개정에도 불구하고 당연히 실효되지 아니하고 개정법령의 시행을 위한 집행명령이 제정, 발효될 때까지는 여전히 그 효력을 유지한다.

대판 1989.9.12. 88누6962

⑤ 행정입법의 불가피성은 인정되지만 그 남용을 방지할 필요가 있다. **행정입법**

에 대한 통제의 방법으로는 일반적인 행정부통제의 제도(국정감사와 국정조사, 국무총리·국무위원 해임건의, 법원과 헌법재판소에 의한 사법적 통제 등) 외에 직접적인 통제방법을 강구할 필요가 있다.

국회법은 그러한 **직접적 통제방법**의 하나를 규정하고 있다. 중앙행정기관의 장은 대통령령·총리령·부령·훈령·예규·고시 등이 제정·개정 또는 폐지되었을 때에는 10일 이내에 이를 국회 소관 상임위원회에 제출하여야 한다. 대통령령의 경우에는 입법예고를 할 때(입법예고를 생략하는 경우에는 법제처장에게 심사를 요청할 때)에도 그 입법예고안을 10일 이내에 제출하여야 한다. 중앙행정기관의 장은 위 기간 이내에 제출하지 못한 경우에는 그 이유를 소관 상임위원회에 통지하여야 한다. 상임위원회는 위원회 또는 상설소위원회를 정기적으로 개회하여 그 소관 중앙행정기관이 제출한 대통령령·총리령 및 부령의 법률 위반 여부 등을 검토하여야 한다. 상임위원회는 검토 결과 대통령령 또는 총리령이 법률의 취지 또는 내용에 합치되지 아니한다고 판단되는 경우에는 검토의 경과와 처리 의견 등을 기재한 검토결과보고서를 의장에게 제출하여야 한다. 의장은 제출된 검토결과보고서를 본회의에 보고하고, 국회는 본회의 의결로 이를 처리하고 정부에 송부하고, 정부는 송부받은 검토결과에 대한 처리 여부를 검토하고 그 처리결과를 국회에 제출하여야 한다. 상임위원회는 부령이 법률의 취지 또는 내용에 합치되지 아니한다고 판단되는 경우에는 소관 중앙행정기관의 장에게 그 내용을 통보할 수 있고, 검토내용을 통보받은 중앙행정기관의 장은 통보받은 내용에 대한 처리 계획과 그 결과를 지체 없이 소관 상임위원회에 보고하여야 한다(제98조의2).

또한 행정절차법에 의하면, 이미 입법예고 단계에서의 통제절차를 규정하고 있다. 즉 행정청은 입법예고를 하는 경우에 대통령령을 국회 소관 상임위원회에 제출하여야 한다(제42조 제2항. 신설 2006.3.24).

한편 외국에서는 행정입법 통제의 방법으로 더 강력한 제도를 채택하고 있다. 행정입법의 사후 일정한 기간 내에 이를 의회에 제출하도록 하고 의회가 적극적으로 또는 소극적으로 이를 실효시킬 수 있는 제도이다. 영국의 '제출절차'(laying procedure) 제도가 이에 해당한다. 미국에서도 이와 유사한 이른바 **'의회거부'**(congressional veto) 또는 '입법거부'(legislative veto)제도가 있었으나, 연방대법원에 의해 위헌판결을 받았다(*INS v. Chadha*, 1983). 위헌판결의 핵심적 논거는 이렇다. 미국헌법상 의회가 의결한 법률안은 대통령에게 회부되어, 대통령이 이를 받아들여 공포하거나 거부권을 행사하는 절차를 거쳐야 하는데, 의회거부는 이 절차를 거치지 않아 위헌이다. 의회거부는 의회 외부의 관련 당사자들의 법적 권리·의무를 변경하는 것이며, 이 점에서 본질적으로 입법적인 성격과 효과를 가진다. 그럼에도 불구하고 일반적인 법률안처럼 대통령에 대한 회부절차를 거치지 않은 것은 헌법위반이다.

(5) 공무원임면권

> **(헌법 제78조)** 대통령은 헌법과 법률이 정하는 바에 의하여 공무원을 임면한다.

① 대통령은 공무원을 임명하고 면직시킬 권한을 가진다. 여기에서 우선 공무원의 범위가 문제된다. **정부에 속하는 공무원에 한정되는가** 또는 국회나 법원 등 정부 외의 공무원도 포함하느냐가 문제된다.

헌법에서 특별히 대통령에게 정부 외의 고위직 공무원 임명권을 규정하고 있는 경우(대법원장, 대법관 임명권 등)를 제외하고는, 대통령의 공무원임면권은 정부소속 공무원의 임면권을 의미한다고 볼 것이다. 이렇게 해석하는 것이 국회 내부사항에 관한 국회의 자율권 및 사법권 독립의 원칙에 비추어 타당하다. 국회법에 의하면, 국회사무총장은 의장이 본회의의 승인을 얻어 임면하며(제21조 제3항), 국회도서관장·국회예산정책처장·국회입법조사처장은 의장이 국회운영위원회의 동의를 얻어 임면한다(제22조, 제22조의2, 제22조의3). 법원조직법에 의하면, 판사는 대법관 회의의 동의를 얻어 대법원장이 임명하며(제41조 제3항), 법관 이외의 법원공무원은 대법원장이 임명한다(제53조).

② 대통령의 정부 공무원 임면은 "헌법과 법률이 정하는 바에 의하여" 여러 제약을 받는다. 헌법상 **임명권 제약**으로는, 국회의 동의를 얻어야 하는 경우(국무총리, 감사원장 등. 제86조 제1항, 제98조 제2항), 일정한 기관의 제청을 받아 임명하는 경우(국무위원, 행정각부의 장 임명에 있어서 국무총리의 제청, 감사위원 임명에 있어서 감사원장의 제청 등. 제86조 제1항, 제94조, 제98조 제3항), 국무회의의 심의를 거쳐야 하는 경우(검찰총장·합동참모의장·각군참모총장·국립대학교총장·대사·기타 법률이 정한 공무원과 국영기업체관리자의 임명. 제89조 제16호), 형식적 임명권에 그치는 경우(헌법재판소재판관 중 국회선출 및 대법원장지명 재판관. 제111조 제3항) 등이 있다. 대법관의 경우는 대법원장의 제청과 국회의 동의가 모두 필요하다(제104조 제2항).

그 밖에 법률상 임명권 제약으로는, 임명자격을 제약하는 경우(교육공무원법 제3장 등), 국회 인사청문회를 거쳐야 하는 경우(국회법 제65조의2) 등이 있다(국회 인사청문회제도에 관하여는 앞의 설명 참조).

한편 **면직권 제약**으로는 공무원신분보장에 의한 제약(헌법 제7조 제2항) 등이 있다.

대통령의 공무원 임명시 국회동의를 받아야 하는 경우, 그 면직에도 국회동의를 요하느냐는 문제가 있다. 대통령의 공무원임면권에 대한 국회의 견제권은 헌법상 명시된 경우에 한정된다고 볼 것이며, 면직에는 국회동의가 필요하지 않다고 봄이 타당하다.

③ 대통령의 공무원임면권에 관한 특별한 문제로 **특별검사제**에 관한 헌법적 문제가 있다. 1999년 이래 여러 차례 특별검사제 도입을 위한 법률제정이 있었다. 처음 4회의 법률에서는 국회의장의 특별검사 임명 요청에 따라 대통령이 대한변호사협회에 2인의 후보자 추천을 의뢰하고, 그 중 1인을 대통령이 임명하는 방식을 취하였다. 2005년의 특별검사제 법률의 경우에는 대법원장이 2인의 후보를 추천하고 대통령이 그 중 1인을 임명하는 방식을 취하였다. 한편 2007년의 두 개의 특별검사 법률 가운데 하나의 법률('삼성 비자금의혹 관련 특별검사의 임명 등에 관한 법률')에서는 대한변호사협회추천 방식, 다른 하나의 법률('한나라당 대통령후보 이명박의 주가조작 등 범죄혐의의 진상규명을 위한 특별검사의 임명 등에 관한 법률')에서는 대법원장추천 방식을 택하였다. 여기에서 특별검사제 임명방식이 헌법에 부합하느냐는 문제가 제기된다.

헌법 제78조에 따라 정부소속 공무원의 임명권은 대통령에게 있다. 그런데 정부소속 공무원인 특별검사 임명에 대법원장 또는 대한변호사협회에게 독점적 추천권을 부여하는 것이 헌법에 합치하느냐는 문제이다. 생각건대 형식적으로는 대통령이 임명한다는 점, 그리고 실질적으로도 검사의 기능이 준(準)사법적인 점에 비추어 대법원장의 추천권은 합헌이라고 볼 것이다. 한편 대한변호사협회는 국가기관이 아닌 점에서 또다른 문제점을 제기하지만, 역시 형식적으로는 대통령이 임명한다는 점, 그리고 변호사가 지닌 준사법적 기능에 비추어 합헌이라고 본다.

2008년의 이른바 이명박특검법 사건('한나라당 대통령후보 이명박의 주가조작 등 범죄혐의의 진상규명을 위한 특별검사의 임명 등에 관한 법률' 사건)에서 헌법재판소의 다수의견은 대법원장의 추천에 의한 특별검사 임명을 합헌이라고 보았다. 위 특검법률에 의하면 국회의장이 대통령에게 특별검사 임명을 요청하고, 대통령은 대법원장에게 후보자추천을 의뢰하며, 대법원장은 변호사 중에서 2인의 후보자를 추천하고, 대통령은 추천후보자 2인 중에서 1인을 특별검사로 임명한다(제3조). 헌법재판소는 이러한 임명방식이 적법절차나 권력분립의 원칙에 위반하지 않는다고 판시하였다.

(판 례) 특별검사 임명방식의 위헌여부

특별검사제도는 검찰의 기소독점주의 및 기소편의주의에 대한 제도적 견제장치로서 권력형 부정사건 및 정치적 성격이 강한 사건에서 대통령이나 정치권력으로부터 독립된 특별검사에 의하여 수사 및 공소제기 · 공소유지가 되게 함으로써 법의 공정성 및 사법적 정의를 확보하기 위한 것이다. 이처럼 본질적으로 권력통제의 기능을 가진 특별검사제도의 취지와 기능에 비추어 볼 때, 특별검사제도의 도입 여부를 입법부가 독자적으로 결정하고, 특별검사 임명에 관한 권한을 헌법기관 간에 분산시키는 것이 권력분립의 원칙에 반한다고 볼 수 없다.

헌재 2008.1.10. 2007헌마1468, 판례집 20-1 상, 1,33-34

위 사건에서는 특별검사 임명방식의 위헌여부 외에도 수사대상, 참고인 동행명령제, 재판기간 등이 쟁점으로 되었는데, 다수의견에 의하면 동행명령제 조항에 대해서만 위헌이라고 판시하고 나머지 조항은 모두 합헌이라고 판시하였다. 동행명령제 조항을 위헌이라고 본 재판관들의 의견은 갈렸으며, 일부는 영장주의 위반이라고 보았고, 다른 일부는 영장주의 위반은 아니나 과잉금지원칙의 위반이라고 보았다.

헌법재판소는 국회 스스로, 특히 야당만이 특별검사를 추천하는 것도 합헌이라고 한다.

(판 례) 여당을 배제하고 야당만이 특별검사를 추천하도록 한 법률 조항의 위헌 여부

(심판대상조항은 '대통령은 특별검사를 임명하기 위한 후보자추천을 원내교섭단체 중 더불어민주당 및 국민의당에 서면으로 의뢰하여야 하고, 더불어민주당 및 국민의당이 합의한 2명의 특별검사후보자를 대통령에게 서면으로 추천하여야 한다'는 내용의 '박근혜 정부의 최순실 등 민간인에 의한 국정농단 의혹 사건 규명을 위한 특별검사의 임명 등에 관한 법률' 제3조 제2항, 제3항이다)

우리나라는 한시법으로 시행된 미국의 특별검사제도를 원형으로 하여 1999. 9. 30. 법률 제6031호로 '한국조폐공사 노동조합 파업 유도 및 전 검찰총장 부인에 대한 옷 로비 의혹사건 진상규명을 위한 특별검사의 임명 등에 관한 법률'이 제정된 이래 이 사건 법률 전까지 총 10건의 개별사건 특별검사법이 제정되었다. 각 특별검사법은 특별검사 후보자의 추천권자를 대법원장(4건) 또는 대한변호사협회(5건) 및 국회 야당(1건) 등 개별 법률마다 달리 규정하였다.

2012. 9. 21. 법률 제11484호로 제정된 '이명박 정부의 내곡동 사저부지 매입의혹사건 진상규명을 위한 특별검사의 임명 등에 관한 법률'(이하 '내곡동 특검법'이라 한다)은 이 사건 법률 이전 개별사건 특별검사법 중 가장 최근에 제정

된 것이다. 내곡동 특검법은 수사대상이 현직 대통령과 관련된 사건이었다는 점과 당시 야당이던 민주통합당만이 특별검사 후보자 2명을 대통령에게 추천하도록 한 점(제3조 제3항)에서 이전의 개별사건 특별검사법들과는 구별되는 한편, 이 사건 법률과 유사하다.

한편, 이 사건 법률이 시행된 이후 2018. 5. 29. 법률 제1522호로 제정된 '드루킹의 인터넷상 불법 댓글 조작 사건과 관련된 진상규명을 위한 특별검사의 임명 등에 관한 법률'(이하 '드루킹 특검법'이라 한다)은 수사대상을 드루킹 및 드루킹 연관 단체 회원 등이 저지른 불법 여론조작행위, 드루킹의 불법자금 관련 행위 등으로 규정하면서(제2조), 드루킹 특검법 제정 당시 야당인 자유한국당·바른미래당과, 야당인 민주평화당과 정의당의 연합교섭단체인 '평화와 정의의 의원모임'에게만 특별검사 후보자 추천권을 부여하였다(제3조 제3항).

(……) 특별검사후보자의 추천권을 누구에게 부여하고 어떠한 방식으로 특별검사를 임명할 것인지에 관한 사항 역시 사건의 특수성과 특별검사법의 도입 배경, 수사대상과 임명 관여주체와의 관련성 및 그 정도, 그에 따른 특별검사의 독립성·중립성 확보 방안 등을 고려하여 국회가 입법재량에 따라 결정할 사항이다. 그러한 국회의 결정이 명백히 자의적이거나 현저히 불합리한 것이 아닌 한 입법재량으로서 존중되어야 할 것이다.

(……) 이 사건 법률의 특수성은 현직 대통령이 의혹의 핵심으로 떠올랐다는 데 있다. 대통령과 국회 내 여당의원들이 동일한 정당에 소속됨으로써 정치적 이해관계를 공유하고 있는 정당정치의 현실을 고려할 때, 여당이 특별검사 후보자 추천권 행사에 참여하여 그 결과 임명된 특별검사에 의한 수사 및 기소는 결국 추천권자와 이해관계를 같이 할 대상을 수사하고 기소하는 결과가 될 수 있다. 특별검사제도의 도입목적은 권력형 부정사건 및 정치적 성격이 강한 사건에서 대통령이나 정치권력으로부터 독립된 특별검사에 의하여 수사 및 공소제기·공소유지가 되게 함으로써 법의 공정성 및 사법적 정의를 확보하기 위한 것이다(헌재 2008.1.10. 2007헌마1468 참조). 수사대상이 될 수도 있는 대통령이 소속된 여당이 특별검사 후보자를 추천함으로써 이해충돌 상황이 야기되면 특별검사제도의 도입목적을 저해할 우려가 있다는 판단 하에 여당은 추천권을 행사하지 않도록 입법자가 정한 것을 두고, 심판대상조항이 합리성과 정당성을 상실하였다고 보기는 어렵다.

헌재 2019.2.28. 2017헌바196, 공보 269, 247,249-250

위에서 본 바와 같이 종래 대통령 측근이나 고위공직자 등 국민적 관심이 집중된 대형 비리사건에서 검찰 수사의 공정성과 신뢰성 논란이 증폭될 때마다 여러 차례 걸쳐 특별검사제도를 도입하여 운용해왔다. 그러나 특별검사제도를 도입하기 위한 근거 법률을 제정하는 과정에서 그 도입 여부 및 특별검사의 수사 대상, 추천권자 등을 둘러싸고 여야 간에 정치적 공방 및 법적 분쟁이 끊이질 않았고, 결과적으로 특별검사의 수사 결과에 대한 불신으로까지 이어져 왔다. 이에 미리 특별검사제도의 발동 경로와 수사대상, 임명 절차 등을 법률로 제정해두고 문제가 된 사건이 발생되면 곧바로 특별검사를 임명하는 이른바 상설특별검사제도가 도입되었다. 그 근거법률인 '특별검사의 임명 등에 관한 법률'(법률 제12423호, 2014.3.18. 제정, 2014.6.19. 시행)의 주요내용은 다음과 같다.

① 특별검사의 수사대상은 국회가 정치적 중립성과 공정성 등을 이유로 특별검사의 수사가 필요하다고 본회의에서 의결한 사건과 법무부장관이 이해관계 충돌이나 공정성 등을 이유로 특별검사의 수사가 필요하다고 판단한 사건이다. 후자의 경우 법무부장관은 검찰총장의 의견을 들어야 한다(제2조).

② 특별검사의 임명절차는 다음과 같다. 특별검사의 수사가 결정된 경우 대통령은 특별검사후보추천위원회에 지체 없이 2명의 특별검사 후보자 추천을 의뢰하여야 한다. 특별검사후보추천위원회는 제1항의 의뢰를 받은 날부터 5일 내에 15년 이상 법원조직법 제42조 제1항 제1호의 직에 있던 변호사 중에서 재적위원 과반수의 찬성으로 2명의 후보자를 서면으로 대통령에게 추천하여야 한다. 대통령은 제2항의 추천을 받은 날부터 3일 내에 추천된 후보자 중에서 1명을 특별검사로 임명하여야 한다(제3조). 그러나 국가공무원법 제2조 또는 지방공무원법 제2조에 따른 공무원, 특별검사 임명일 전 1년 이내에 위 공무원의 직에 있었던 자, 정당의 당적을 가진 자 또는 특별검사 임명일 전 1년 이내에 당적을 가졌던 자, 공직선거법에 따라 실시하는 선거에 후보자(예비후보자를 포함한다)로 등록한 사람 등은 특별검사가 될 수 없다(제5조).

③ 특별검사 후보자의 추천을 위하여 국회에 특별검사후보추천위원회를 둔다. 추천위원회는 위원장 1명을 포함하여 7명의 위원으로 구성한다. 위원장은 제4항에 따른 위원 중에서 호선한다. 위원은 법무부 차관, 법원행정처 차장, 대한변호사협회장, 그 밖에 학식과 덕망이 있고 각계 전문 분야에서 경험이 풍부한 사람으로서 국회에서 추천한 4명의 어느 하나에 해당하는 사람을 국회의장이 임명하거나 위촉한다. 추천위원회는 국회의장의 요청 또는 위원 3분의 1 이상의 요청이 있거나 위원장이 필요하다고 인정할 때 위원장이 소집하고, 재적위원 과반수의 찬성으로 의결한다. 추천위원회가 제3조 제2항에 따라 특별검사 후보자를 추천하면 해당 위원회는 해산된 것으로 본다. 추천위원회 위원은 정치적으로 중립을 지키고 독립하여 그 직무를 수행한다.

그 밖에 추천위원회의 구성과 운영 등에 필요한 사항은 국회규칙으로 정한다(제4조).

④ 수사기간 등에 관하여는 특별검사는 임명된 날부터 20일 동안 수사에 필요한 시설의 확보, 특별검사보의 임명 요청 등 직무수행에 필요한 준비를 할 수 있고, 이 경우 준비기간 중에는 담당사건에 대하여 수사를 하여서는 아니 된다. 특별검사는 제1항의 준비기간이 만료된 날의 다음 날부터 60일 이내에 담당사건에 대한 수사를 완료하고 공소제기 여부를 결정하여야 한다. 특별검사가 제2항의 기간 내에 수사를 완료하지 못하거나 공소제기 여부를 결정하기 어려운 경우에는 대통령에게 그 사유를 보고하고 대통령의 승인을 받아 수사기간을 한 차례만 30일까지 연장할 수 있다. 위 보고 및 승인요청은 수사기간 만료 3일 전에 행하여져야 하고, 대통령은 수사기간 만료 전에 승인 여부를 특별검사에게 통지하여야 한다. 특별검사는 수사기간 내에 수사를 완료하지 못하거나 공소제기 여부를 결정하지 못한 경우 수사기간 만료일부터 3일 이내에 사건을 관할 지방검찰청 검사장에게 인계하여야 한다. 이 경우 비용지출 및 활동내역 등에 대한 보고에 관하여는 제17조를 준용하되, 그 보고기간의 기산일은 사건인계일로 한다(제10조).

⑤ 재판기간에 대하여는 특별검사가 공소제기한 사건의 재판은 다른 재판에 우선하여 신속히 하여야 하며, 그 판결의 선고는 제1심에서는 공소제기일부터 6개월 이내에, 제2심 및 제3심에서는 전심의 판결선고일부터 각각 3개월 이내에 하여야 한다(제11조).

⑥ 신분보장과 관련하여 특별검사 및 특별검사보는 탄핵 또는 금고 이상의 형을 선고받지 아니하고는 파면되지 아니한다(제16조).

(참고・미국판례) 특별검사제 임명방식의 위헌여부

특별검사제도를 처음 채택한 미국의 경우, 1978년의 정부윤리법에서 특별검사(independent counsel)제도를 규정하면서, 법무부장관이 컬럼비아 특별순회구 고등법원에 특별검사 임명을 요구할 수 있고, 이 고등법원이 특별검사를 임명하도록 하였다. 이 제도에서 법원이 특별검사를 임명하는 것이 권력분립 원칙에 위배되지 않느냐는 문제가 제기되었다. 연방대법원은 법원이 형사사건에서 검사 역할을 하는 변호사를 임명해온 오랜 역사 등에 비추어 이를 합헌이라고 보았다(*Morrison v. Olson*, 1988).

(6) 재정에 관한 권한

대통령은 재정에 관하여 다음과 같은 헌법상 권한을 갖는다. 예산안편성제출권(제

54조 제2항), 추가경정예산안 편성제출권(제56조), 준예산 집행권(제54조 제3항), 예비비 지출권(제55조 제2항), 국채모집권과 국가부담계약체결권(제58조), 긴급재정경제명령·처분권(제76조 제1항).

대통령의 이러한 재정적 권한 행사에 대하여 국회는 다음과 같은 통제권을 갖는다. 국회의 예산심의확정권(제54조), 국채모집 등에 대한 의결권(제58조), 예비비지출 승인권(제55조 제2항), 결산심사권(제99조), 긴급재정경제명령처분 승인권(제76조 제3항) 등.

(7) 정당해산제소권

대통령은 정당의 목적이나 활동이 민주적 기본질서에 위배될 때에 그 해산을 헌법재판소에 제소할 수 있다(헌법 제8조 제4항).

(8) 각종회의 주재권

대통령은 국무회의 의장이며(헌법 제88조 제3항), 국가안전보장회의 등을 주재한다(헌법 제91조 제2항).

8. 입법 및 국회에 관한 권한

(1) 법률안거부권

> **(헌법 제53조)** ① 국회에서 의결된 법률안은 정부에 이송되어 15일이내에 대통령이 공포한다.
> ② 법률안에 이의가 있을 때에는 대통령은 제1항의 기간내에 이의서를 붙여 국회로 환부하고, 그 재의를 요구할 수 있다. 국회의 폐회중에도 또한 같다.
> ③ 대통령은 법률안의 일부에 대하여 또는 법률안을 수정하여 재의를 요구할 수 없다.
> ④ 재의의 요구가 있을 때에는 국회는 재의에 붙이고, 재적의원과반수의 출석과 출석의원 3분의 2이상의 찬성으로 전과 같은 의결을 하면 그 법률안은 법률로서 확정된다.
> ⑤ 대통령이 제1항의 기간내에 공포나 재의의 요구를 하지 아니한 때에도 그 법률안은 법률로서 확정된다.

① 대통령은 국회에서 의결된 법률안에 이의가 있을 때 이를 다시 국회에 환부하여 재의를 요구할 수 있다. 이것이 법률안거부권이다. 이 제도는 본래 미국의 대통령

제에서 의회의 입법권에 대한 대통령의 견제수단으로 인정된 것이다. 특히 미국헌법에서는 대통령에게 법률안제출권이 없으므로 대통령이 법률안에 대해 이의를 가질 소지가 크고, 이에 따라 법률안거부권이 갖는 의의가 크다.

우리 헌법은 대통령에게 법률안제출권을 인정하지만 동시에 법률안거부권을 인정하고 있다. 법률안거부권은 국회와 대통령이 대립하는 분할정부(이른바 '여소야대')상황에서 행사될 소지가 크다. 현행 헌법의 시행 이전에는 분할정부 상황이 거의 없었으므로 법률안거부권 행사는 극히 드물었다. 그러나 현행 헌법 시행 후에는 분할정부 상황이 빈번하기 때문에 법률안거부권은 현실적으로도 중요한 의미를 지니게 되었다.

② 대통령이 법률안거부권을 행사하더라도 국회는 재의결을 통해(재적의원 과반수 출석과 출석의원 3분의 2 이상의 찬성) 거부권행사를 번복시킬 수 있다(이른바 'override'). 이처럼 **법률안거부권의 성격**은 법률안이 재의결될 때까지 법률로서의 확정을 정지시키는 데에 있다(이른바 '조건부 정지적 거부권'). 환부된 법률안에 대한 재의결은 무기명투표로 표결한다(국회법 제112조 제5항).

③ **법률안거부의 사유**에는 제한이 없다. 법률안거부권을 행사할 것인지 여부는 대통령의 재량적 판단에 맡겨져 있다. 미국에서 초기에는 법률안이 위헌이라고 판단되는 경우에 한정된다는 견해가 있었으나 오늘날에는 그러한 제한이 없다고 보는 것이 일반적이다.

④ 법률안거부는 법률안 전체에 대하여 하여야 하며, 법률안 일부에 대한 일부거부나 법률안 내용을 수정한 수정거부는 인정되지 않는다(헌법 제53조 제3항).

(참고 · 미국판례) 일부거부

미국헌법은 일부거부를 금지하는 명시적 규정을 두지 않고 있다. 일부거부(line item veto)를 인정하는 법률에 대해 연방대법원은 위헌판결을 내렸다. 법률안거부권은 의회가 의결한 법률안을 수정할 권한을 부여한 것은 아니라는 것이 그 논거이다(*Clinton v. City of New York*, 1998).

⑤ 법률안거부는 대통령이 이의있는 법률안을 국회에 되돌리는 '환부거부'이다. 이와 구별되는 것이 이른바 '**보류거부**'(pocket veto)이다. 미국헌법은 환부거부 외에 보류거부를 인정한다. 보류거부란 대통령에게 법률안이 이송된 후 이를 환부하지 않은 채, 지정된 기일(10일) 전에 의회 회기가 종료하여 폐회된 때에는 법률안이 폐기되는 것을 말한다(미국헌법 제2조 제7항 제2절). 이것은 미국의 경우, 회기불계속의 원칙을 채택하고 있음을 반영한 것이다.

그러나 우리 헌법은 회기계속의 원칙을 채택하고 있기 때문에(제51조), 국회 폐회 중에도 환부할 수 있다고 규정하고 있다(제53조 제2항 제2문). 이처럼 우리 헌법상 보류거부는 인정되지 않는다. 다만 문제되는 경우가 있다. 우리 헌법에서도 의원 임기가 만료된 때에는 예외적으로 회기불계속이 적용되므로(제51조 단서), 그 같은 경우에는 예외적으로 보류거부가 인정된다고 볼 수 있지 않느냐는 것이다. 이에 관하여 견해가 갈린다.

생각건대 의원임기 만료로 국회의 입법기 자체가 종료한 경우에는 대통령이 법률안에 이의가 있어도 환부할 대상이 없으므로 법률안은 폐기되지 않을 수 없고, 이때에는 보류거부와 마찬가지의 효과가 생긴다고 할 것이다.

실제 지난 19대 국회의 입법기가 끝날 무렵인 2016년 5월 27일, 상시 청문회를 가능하게 하는 국회법 개정안에 대해 대통령이 법률안 거부권을 행사하였다. 20대 국회가 재의결할 수 있다는 견해가 있었지만, 이런 경우 자동 폐기되는 것으로 보는 것이 타당하다.

대한민국정부 출범 이후 지금까지 대통령(또는 권한대행)이 법률안거부권을 행사한 것은 모두 108건이다. 의원내각제였던 제2공화국 헌법에는 대통령의 법률안거부권이 없는 대신 참의원의 부결권이 있었는데, 이를 넓은 의미에서의 거부권으로 본다면 당시 부결된 8건을 더하여 모두 116건이다(제2공화국 헌법 제39조 "참의원이 국회의 의결을 요하는 의안을 받은 날로부터 60일이내에 의결하지 아니할 때에는 이를 부결한 것으로 간주한다.") 윤석열 정부 들어 모두 42건의 법률안거부권 행사가 있었다. 이 중 25건은 윤석열 대통령, 8건은 한덕수 권한대행(국무총리), 9건은 최상목 권한대행(부총리)이 각 행사한 것이다. 이승만 정부의 45건 다음으로 많은 거부권 행사이다.

(2) 기타의 권한

> **(헌법 제81조)** 대통령은 국회에 출석하여 발언하거나 서한으로 의견을 표시할 수 있다.

입법 및 국회에 관한 대통령의 그 밖의 권한으로, 법률안제출권, 법률안공포권, 임시국회 소집요구권, 국회출석발언권이 있다.

정부의 **법률안제출권**(헌법 제52조)은 본래 의원내각제에서 인정되는 것이며, 미국 대통령제에서는 이를 인정하지 않는다. 우리 헌법은 대통령제의 골격을 취하면서도 정부의 법률안제출권을 인정하고 있다. 이것은 정부의 권한을 강화한 것이다.

그러나 미국에서도 대통령이 원하는 법률안이 대통령소속정당의 의원을 통해 제출되고 있다. 2011.5.19. 개정 국회법은 정부입법의 예측가능성 제고를 위하여 "정부는 부득이한 경우를 제외하고는 매년 1월 31일까지 당해연도에 제출할 법률안에 관한 계획을 국회에 통지하여야 한다. 그 계획을 변경한 때에는 분기별로 주요사항을 국회에 통지하여야 한다(법 제5조의3)"라고 하여 법률안제출계획의 통지제도를 두고 있다.

대통령은 **법률안공포권**을 갖는다(헌법 제53조 제1항, 제6항). 법률안 공포는 법률의 효력발생요건이다. 대통령은 국회에서 의결된 법률안이 정부에 이송된 날로부터 15일 이내에 이를 공포하여야 한다. 대통령이 공포나 재의 요구를 하지 않은 때에는 법률로서 확정되며, 대통령은 확정된 법률을 지체없이 공포하여야 한다. 법률이 확정된 지 5일 이내에, 또는 재의결에 의해 확정된 법률안이 정부에 이송된 후 5일 이내에 대통령이 이를 공포하지 않는 때에는 국회의장이 이를 공포한다(헌법 제53조 제6항).

대통령은 임시국회 소집요구권을 갖는다(헌법 제47조 제1항, 제3항). 또한 대통령은 국회에 출석하여 발언하거나 서한으로 의견을 표시할 수 있다(헌법 제81조).

9. 사법에 관한 권한 : 사면권

> **(헌법 제79조)** ① 대통령은 법률이 정하는 바에 의하여 사면 · 감형 또는 복권을 명할 수 있다.
> ② 일반사면을 명하려면 국회의 동의를 얻어야 한다.
> ③ 사면 · 감형 및 복권에 관한 사항은 법률로 정한다.

사법에 관한 대통령의 권한으로, 대법원장 · 대법관 임명권, 헌법재판소장 및 재판관3인 임명권, 법원예산안편성제출권, 법원에 관한 법률안제출권, 사면권이 있다. 여기에서 사면권에 관해 설명한다.

(1) 사면권의 의의

사면이란 사법부 외의 국가기관(주로 국가원수인 기관)이 형의 선고의 효력이나 소추권을 소멸시키는 것을 말한다. 넓은 의미의 사면에는 감형 · 복권을 포함시킬 수 있다.

사면권은 권력분립 원칙에 대한 중대한 예외이며, 특히 사법권에 대한 예외적 제한이다. 또한 사면 가운데 일반사면은 실질적으로 입법과 마찬가지이기 때문에 입법권에 대한 중대한 제한이 된다.

역사적으로 사면권은 전제군주시대의 유물이며, 근대 계몽주의 시대 이래로 많은 비판을 받아왔다. 그럼에도 불구하고 오늘날 사면권이 존속될 수 있는 근거가 무엇이냐는 문제가 제기된다. 법철학자 라드브루흐(Gustav Radbruch, 1878-1949)가 사면제도에 관해 지적하는 것처럼, 실정법질서는 완전할 수 없고 모든 실정법에는 의심의 여지가 있다고 할 것이므로, 이를 보완하는 기능을 할 수 있는 것이 사면제도라고 볼 것이다. 사면제도가 순기능을 수행할 수 있다면, 그것은 획일적 정의에 따르는 문제점을 시정하여 구체적 형평을 실현하는 것이다. 그러나 실제로는 사면권이 남용되는 경우가 빈번하여 비판의 대상이 되고 있다.

사면권의 주체는 국가에 따라 다르며, 국가원수나 정부수반 또는 의회에 부여되고 있다.

(판 례) 사면의 개념

사면은 형의 선고의 효력 또는 공소권을 상실시키거나, 형의 집행을 면제시키는 국가원수의 고유한 권한을 의미하며, 사법부의 판단을 변경하는 제도로서 권력분립의 원리에 대한 예외가 된다. 사면제도는 역사적으로 절대군주인 국왕의 은사권(恩赦權)에서 유래하였으며, 대부분의 근대국가에서도 유지되어 왔고, 대통령제국가에서는 미국을 효시로 대통령에게 사면권이 부여되어 있다. 사면권은 전통적으로 국가원수에게 부여된 고유한 은사권이며, 국가원수가 이를 시혜적으로 행사한다. 현대에 이르러서는 법 이념과 다른 이념과의 갈등을 조정하고, 법의 이념인 정의와 합목적성을 조화시키기 위한 제도로도 파악되고 있다.

헌재 2000.6.1. 97헌바74, 공보 46, 448,449-450

(2) 사면의 종류와 감형·복권

대통령은 "법률이 정하는 바에 의하여" 사면·복권·감형을 명할 수 있으며, 사면·감형·복권에 관한 사항은 법률로 정한다. 사면에 관한 법률로 사면법이 있다.

사면법에 의하면 사면에는 **일반사면**과 **특별사면**이 있다. 일반사면이란 죄의 종류를 정하여 그 죄를 범한 모든 사람에 대해 공소권을 상실시키거나 형의 언도의 효력을 상실시키는 것이다. 특별사면이란 형의 언도를 받은 특정한 사람에 대해 형의 집행을 면제하거나 형의 언도의 효력을 상실시키는 것이다(제5조).

(판 례) 사면의 효과

사면법 제5조 제1항 제1호 소정의 '일반사면은 형의 언도의 효력이 상실된다.'는 의미는 형법 제65조 소정의 '형의 선고는 효력을 잃는다.'는 의미와 마찬가지로 단지 형의 선고의 법률적 효과가 없어진다는 것일 뿐 형의 선고가 있었다는 기왕의 사실 자체의 모든 효과까지 소멸한다는 뜻은 아니다.

대판 1995.12.22. 95도2446

(판 례) 특별사면과 재심청구

유죄판결 확정 후에 형 선고의 효력을 상실케 하는 특별사면이 있었다고 하더라도, 형 선고의 법률적 효과만 장래를 향하여 소멸될 뿐이고 확정된 유죄판결에서 이루어진 사실인정과 그에 따른 유죄 판단까지 없어지는 것은 아니므로, 유죄판결은 형 선고의 효력만 상실된 채로 여전히 존재하는 것으로 보아야 하고, 한편 형사소송법 제420조 각 호의 재심사유가 있는 피고인으로서는 재심을 통하여 특별사면에도 불구하고 여전히 남아 있는 불이익, 즉 유죄의 선고는 물론 형 선고가 있었다는 기왕의 경력 자체 등을 제거할 필요가 있다. 그리고 형사소송법 제420조가 유죄의 확정판결에 대하여 선고를 받은 자의 이익을 위하여 재심을 청구할 수 있다고 규정하고 있는 것은 유죄의 확정판결에 중대한 사실인정의 오류가 있는 경우 이를 바로잡아 무고하고 죄 없는 피고인의 인권침해를 구제하기 위한 것인데, 만일 특별사면으로 형 선고의 효력이 상실된 유죄판결이 재심청구의 대상이 될 수 없다고 한다면, 이는 특별사면이 있었다는 사정만으로 재심청구권을 박탈하여 명예를 회복하고 형사보상을 받을 기회 등을 원천적으로 봉쇄하는 것과 다를 바 없어서 재심제도의 취지에 반하게 된다. 따라서 특별사면으로 형 선고의 효력이 상실된 유죄의 확정판결도 형사소송법 제420조의 '유죄의 확정판결'에 해당하여 재심청구의 대상이 될 수 있다.

대판 2015.5.21. 2011도1932

일반적으로 일반사면은 국가의 경사와 같은 특별한 경우나 정치적 목적으로 행하고, 특별사면은 교화를 위한 형사정책적 목적에서 행한다고 설명되지만, 실제로 이러한 구분과 맞지 않는 많은 사례들이 있다.

감형은 형의 언도를 받은 자에 대해 형의 집행을 경감하거나 형을 가볍게 변경하는 것이다. 복권은 형의 언도로 인해 법령이 정한 자격을 상실 또는 정지된 자에 대해 자격을 회복시키는 것이다(제5조). 감형 · 복권은 각각 일반감형 · 복권과 특별감형 · 복권으로 구분된다. 행정법규위반에 대한 과벌(科罰)과 징계법규위반에 대한 징계 등에 대해서도 사면에 관한 규정을 준용한다(제4조).

일반사면 · 감형 · 복권은 대통령령에 의한다(제8조). 특히 일반사면은 국회의 동의를 얻어야 한다. 이것은 일반사면이 법률의 개정과 유사한 효과를 갖기 때문이다. 일반감형 · 복권에는 국회동의가 필요하지 않다.

특별사면 및 특별감형 · 복권은 대통령이 행한다(제9조). 법무부장관은 특별사면 및 특별감형 · 복권을 상신(上申)하며, 법무부장관이 상신할 때에는 **사면심사위원회**의 심사를 거쳐야 한다(제10조). 사면심사위원회의 위원장은 법무부장관이며, 위원은 법무부장관이 임명 또는 위촉하되 위원 9인 중 4인은 공무원 아닌 자를 위촉하여야 한다(제10조의2).

모든 사면 · 감형 · 복권은 국무회의 심의를 거쳐야 한다(헌법 제89조 제9호).

(3) 사면권의 한계와 통제

징계에 대하여 사면에 관한 규정이 적용되지만(사면법 제4조), 사면권은 탄핵결정을 받은 자에 대해서는 행사될 수 없다고 보아야 한다. 우리 헌법은 이에 관한 명시적 규정이 없으나, 이는 사면권의 내재적 한계로 보아야 할 것이다. 미국헌법은 탄핵받은 자를 사면할 수 없다고 명시하고 있다(제2조 제2항 제1절).

대통령의 사면권행사는 사법심사의 대상이 되지 않는다고 보는 것이 일반적이다. 그러나 사면권행사의 위법성이 일견 명확한 경우에는 사법심사의 대상이 된다고 보아야 할 것이다.

실제로 대통령의 사면권은 남용되는 경우가 적지 않다. 특히 정치적으로 편향된 사면권행사에 대해 강한 비판이 행하여지고 있다. 사면권 남용을 통제하는 방법으로, 사면 대상이 되는 범죄를 한정하는 방안, 형의 언도를 받은 후 일정기간을 경과한 경우에만 대상으로 하는 방안 등이 거론되고 있다.

10. 대통령 권한행사의 방법

> **(헌법 제82조)** 대통령의 국법상 행위는 문서로써 하며, 이 문서에는 국무총리와 관계 국무위원이 부서한다. 군사에 관한 것도 또한 같다.

(1) 문서에 의한 행위와 국무총리 · 관계국무위원의 부서

대통령의 국법상 행위는 문서로 행하여야 한다. 대통령의 '국법상 행위'란 법적

효력을 지닌 대통령의 권한행사를 말한다. 이는 권한행사의 객관적인 명확성을 위한 것이다.

그러나 대통령의 국법상 행위를 문서로 행한다는 헌법규정으로 인하여, 이른바 전자(電子)정부를 위한 전자결재가 인정되지 않는 문제점이 있다. 전자정부법 제2조도 전자문서, 전자화문서, 전자서명의 대상으로 "국회 · 법원 · 헌법재판소 · 중앙선거관리위원회의 행정사무를 처리하는 기관, 중앙행정기관(대통령 소속 기관과 국무총리 소속 기관을 포함한다) 및 그 소속 기관, 지방자치단체"만을 규정하고 있어 대통령의 국법상 행위는 여전히 종이문서에 의하여만 할 수 있다.

대통령이 문서로 행하는 국법상 행위에는 국무총리와 관계국무위원이 부서(副署)하여야 한다. 이것은 대통령의 권한행사에 대해 국무총리와 관계국무위원이 함께 책임을 진다는 것을 의미한다. 이와 관련하여 **부서없는 대통령 행위의 효력**이 문제된다. 이 문제에 관해 학설은 갈린다. 부서가 없으면 무효라는 견해, 부서가 없더라도 무효는 아니지만 위헌이므로 탄핵사유가 된다는 견해가 대립한다. 생각건대 부서가 없으면 무효라고 보아야 할 것이다. 이렇게 해석하면 부서제도는 대통령의 권한행사에 대한 정부 내부로부터의 중요한 견제수단이 된다. 그러나 대통령은 부서를 하지 않는 국무총리나 관계국무위원을 임의로 면직시킬 수 있으므로 실제로 부서제도가 대통령에 대한 견제수단이 되기는 어렵다.

(2) 국무회의의 심의

대통령이 국법상 행위를 함에 있어서 헌법 제89조에 열거된 사항에 관해서는 반드시 국무회의의 심의를 거쳐야 한다. 그러나 국무회의는 의결기관이 아니라 심의기관에 불과하므로 심의의 결과가 대통령을 구속하지는 못한다.

국무회의 심의를 거쳐야 하는 사항에 관해 심의를 거치지 않은 경우에 그 효력이 문제된다. 이에 관하여 견해가 갈린다. 무효로 보는 견해, 무효는 아니지만 위헌이므로 탄핵사유가 된다는 견해가 대립한다. 생각건대 "……심의를 거쳐야 한다"는 헌법의 문언에 충실하게 무효로 보아야 할 것이다. 대통령 권한행사에 대한 정부 내부로부터의 최소한 견제절차는 충실히 준수되어야 한다.

(3) 각종 자문기관의 자문

헌법은 대통령의 자문에 응하기 위한 여러 자문기관에 관해 규정하고 있다. 국가원로자문회의, 국가안전보장회의, 민주평화통일자문회의, 국민경제자문회의가 그

것이다.

위의 여러 자문기구 가운데 국가안전보장회의는 필수적으로 설치해야하는 자문기관이며(제91조. "……국가안전보장회의를 둔다"), 나머지는 임의적 자문기관이다("……둘 수 있다" 헌법 제90조, 92조, 93조). 임의기관 중 민주평화통일자문회의와 국민경제자문회의가 설치되어 있다. 그 밖에 과학기술혁신 등을 위한 대통령자문기구를 둘 수 있다는 헌법 제127조에 따라, 국가과학기술자문회의가 설치되어 있다.

이들 자문기관은 대통령의 재량적 판단에 따른 자문에 응하는 기관이며, 그 의견이 대통령을 구속하지는 못한다. 특히 국가안전보장회의의 경우, "국무회의의 심의에 앞서" 대통령의 자문에 응한다고 규정하고 있다(헌법 제91조 제1항).

(4) 국회의 동의 또는 승인

대통령의 일정한 권한행사에 대하여는 국회의 사전동의 또는 사후승인이 필요하다. 헌법에 따라 사전 동의를 얻어야 하는 경우로, 특정조약의 체결·비준(제60조 제1항), 선전포고와 국군해외파견 및 외국군대의 국내주류(제60조 제2항), 일반사면(제79조 제2항), 국무총리·감사원장 임명(제86조 제1항, 제98조 제2항), 대법원장·대법관 임명(제104조 제1항, 제2항), 헌법재판소장 임명(제111조 제4항)이 있다. 국채모집이나 국가부담계약의 체결에도 미리 국회의 의결을 얻어야 한다(제58조).

사후승인을 얻어야 하는 경우로는, 예비비지출(제55조 제2항)과 긴급명령 또는 긴급재정경제명령·처분(제76조 제3항)이 있다.

Ⅲ. 행 정 부

헌법의 편제에 의하면 '정부'는 대통령과 행정부로 구성되며, '행정부'는 국무총리와 국무위원, 국무회의, 행정각부, 감사원으로 구성된다.

1. 국무총리

> **(헌법 제86조)** ① 국무총리는 국회의 동의를 얻어 대통령이 임명한다.
> ② 국무총리는 대통령을 보좌하며, 행정에 관하여 대통령의 명을 받아 행정각부를 통할한다.
> ③ 군인은 현역을 면한 후가 아니면 국무총리로 임명될 수 없다.

(1) 국무총리제도의 의의

우리 헌법은 기본적으로 대통령제를 취하면서 미국의 대통령제와는 달리 부통령을 두지 않고 미국 대통령제에서 볼 수 없는 국무총리제를 설치하고 있다. 역대 헌법에서 국무총리제의 성격은 변천을 겪어왔다.

제헌헌법은 대통령제와 의원내각제가 혼합된 정부형태를 취하였고, 부통령을 두면서도 동시에 국무총리를 두었다. 국무총리는 대통령이 임명하고 국회의 승인을 얻도록 하였다. 국무총리는 대통령 보좌기관으로서, 합의체 의결기관인 국무원의 부의장이었다. 국회는 국무총리에 대한 불신임권을 갖지 못하였다.

제1차 개헌에 의해 국무총리와 국무위원은 국회에 대하여 연대책임을 지게 되었다. 제2차 개헌에서는 국무총리제를 폐지하였다.

제2공화국헌법은 의원내각제를 취하였고, 국무총리는 의원내각제에서의 수상의 지위를 가졌다. 국무총리는 대통령이 지명하여 하원인 민의원의 동의를 얻도록 하였다. 국무총리는 국무회의 의장이었다.

제3공화국헌법은 대통령제를 취하면서 부통령을 두지 않고 국무총리제를 취하였다. 국무총리는 국회동의 없이 대통령이 임명하였다. 국무총리는 대통령의 보좌기관으로 국무회의 부의장이었고, 국무위원 임명제청권과 해임건의권을 가졌다. 국회는 국무총리·국무위원 해임건의권을 가졌다.

제4공화국헌법은 권위주의적 대통령제를 취하면서, 국무총리제를 두었다. 국무총리는 국회의 동의를 얻어 대통령이 임명하였다. 국무총리는 대통령 보좌기관으로 국무회의 부의장이었고, 국무위원 임명제청권과 해임건의권을 가졌다. 국회는 국무총리 해임의결권을 가졌고, 국무총리에 대한 해임의결이 있으면 국무총리와 국무위원 전원을 해임하도록 하였다.

제5공화국헌법은 제4공화국헌법의 정부형태에 약간의 변경을 가하였으나 기본적으로는 유사한 성격을 유지하였다. 국무총리에 관한 규정은 제4공화국헌법과 거의 동일하였다. 제4공화국헌법과 달리, 국회의 국무총리 해임의결은 국회의 임명동의 후 1년 이내에는 할 수 없도록 하였다.

(2) 국무총리의 헌법상 지위

국무총리의 헌법상 지위는 두 가지 측면에서 볼 수 있다. 첫째, 대통령과의 관계에서 어떠한 지위에 있느냐, 둘째 다른 국무위원 또는 행정각부의 장과의 관계에서 어떤 지위에 있느냐이다. 위의 첫째 측면에서 국무총리는 대통령의 보좌기관이며, 둘째의 측면에서 정부의 제2인자이다.

① **국무총리는 대통령의 보좌기관**이다(헌법 제86조 제2항). 행정권의 최고 담당자는 대통령이며, 국무총리는 대통령과의 관계에서 독자적인 권한을 행사하는 것이 아니라, 대통령의 권한행사를 보좌하는 지위에 있다. 뒤의 설명처럼 국무총리의 헌법상 권한 가운데 대통령과의 관계에서 실질적으로 독자적인 권한으로 볼 수 있는 것은 거의 없다. 국무총리의 기본적 직무는 "대통령의 명을 받아" 행정각부를 통할하는 것이다.

국무총리가 대통령과의 관계에서 일정한 독자적 권한을 행사하는 이원정부제적 운영의 가능성에 관하여 논의가 있다(이에 관하여 앞의 '한국헌법상 정부형태' 참조).

② **국무총리는 정부의 제2인자**이다. 국무총리는 대통령의 모든 국법상 행위에 부서하고(헌법 제82조), 국무회의 부의장이며(헌법 제88조 제3항), 대통령권한대행 제1순위자이다(헌법 제71조). 또한 국무총리는 국무위원·행정각부의 장의 임명제청권과 국무위원 해임건의권을 갖는다(헌법 제87조 제1항, 제3항, 제94조).

국무총리는 정부의 제2인자로서 중앙행정관청으로서의 지위를 갖는다. 국무총리는 행정각부를 통할하며(헌법 제86조 제2항), 총리령을 발할 수 있다(헌법 제95조).

국무총리 소속하에 설치된 중앙행정기관으로 금융위원회('금융위원회의 설치 등에 관한 법률'), 공정거래위원회('독점규제 및 공정거래에 관한 법률'), 국민권익위원회('부패방지 및 국민권익위원회의 설치와 운영에 관한 법률') 등이 있다.

국무총리가 정부의 제2인자라고 하더라도, 대통령 외의 모든 행정기관이 국무총리의 통할을 받는 것은 아니다. 행정부에 속하는 기관 중, 감사원은 대통령직속의 중앙행정기관이며, 대통령비서실, 국가안보실, 대통령경호처, 국가정보원 등도 대통령직속기관이다. 아래 헌법재판소 판례에서 보는 것처럼, 국무총리의 통할을 받지 않는 행정기관을 법률로 설치하더라도, 그것만으로 곧 위헌이라고 볼 수는 없다.

(판 례) 국무총리의 지위

헌법 제86조 제2항은 그 위치나 내용으로 보아 국무총리의 헌법상 주된 지위가 대통령의 보좌기관이라는 것과 그 보좌기관인 지위에서 행정에 관하여 대통령의 명을 받아 행정각부를 통할할 수 있다는 것을 규정한 것일 뿐, 국가의 공권력을 집행하는 행정부의 조직은 헌법상 예외적으로 열거되어 있거나 그 성질상 대통령의 직속기관으로 설치할 수 있는 것을 제외하고는 모두 국무총리의 통할을 받아야 하며, 그 통할을 받지 않는 행정기관은 법률에 의하더라도 이를 설치할 수 없음을 의미한다고는 볼 수 없을 뿐만 아니라, 헌법 제94조, 제95조 등의 규정취지에 비추어 정부의 구성단위로서 그 권한에 속하는 사항을 집행하는 모든 중앙행정기관이 곧 헌법 제86조 제2항 소정의 "행정각부"라고 볼 수도 없으므로, 결국 정부조직법 제14조가 국가안전기획부를 대통령직속기관으로 규정하고 있다 하더라도 위 규정이 헌법 제86조 제2항에 위반된다 할 수 없다.

헌재 1994.4.28. 89헌마86, 판례집 6-1, 371,372

③ 국무총리와 다른 국무위원과의 관계에 관련된 것으로, **국무총리가 사임하거나 해임되면 다른 국무위원 전원도 해임되거나 사임해야 하느냐**는 문제가 있다. 이에 관하여 헌법은 명시적 규정을 하지 않고 있다. 제4공화국헌법 및 제5공화국헌법에서는 국회가 국무총리 해임의결을 하면 국무위원 전원을 해임해야 한다고 명시하였다. 생각건대 대통령의 국무위원 임명은 국무총리의 제청에 따른 것이지만, 헌법에 명시적 조항이 없을 뿐만 아니라 그 제청에 구속력이 없음에 비추어, 국무총리 사임이나 해임으로 국무위원 전원이 해임되거나 사임해야 된다고 볼 것은 아니라고 본다.

(3) 국무총리의 임명과 해임

① 국무총리는 **국회의 동의**를 얻어 대통령이 임명한다(헌법 제86조 제1항). 제3공화국헌법에서는 국무총리 임명에 국회동의가 필요하지 않았다. 이원정부제를 취하는 프랑스 제5공화국헌법에서도 수상 임명에 의회동의를 받지 않는다. 국무총리 임명에 국회동의를 얻도록 하는 것은 의원내각제 요소를 가미한 것이라고 설명하는 것이 보통이지만, 다르게 볼 여지가 있다. 미국헌법에서도 대통령의 고위 공무원 임명에 상원의 동의를 받도록 규정하고 있다. 우리 헌법상 국무총리 임명에 국회동의를 얻도록 한 규정은 국회의 대통령 견제장치라고 이해하는 것이 타당하다.

대통령이 국회동의를 얻지 않은 상태에서 이른바 **'국무총리 서리**(署理)'를 임명하는 것이 위헌이 아니냐는 문제가 있다. 제4공화국헌법 이래 법적 근거가 없이 국무총리 서리 임명이 관행처럼 지속되었으나, 현행 헌법 시행 후 김영삼 대통령 시대에 이 제도를 없앴다. 그러나 그 후 김대중 대통령 취임 후 다시 변칙적인 서리 임명이 있었고, 이에 대해 권한쟁의심판이 청구되었으나 각하되었다(헌재 1998.7.14. 98헌라1).

생각건대 국무총리 서리 임명은 헌법적 근거가 없으며 위헌이라고 할 것이다. 국회동의는 사전 동의를 말하고, 이는 국무총리 임명의 필수적 요건이다.

② 군인은 현역을 면한 후가 아니면 국무총리로 임명될 수 없다(헌법 제86조 제3항). 이것은 문민통제(civilian control)를 위한 것이다.

국무총리와 국회의원은 겸직이 가능하다. 헌법은 이를 금지하는 규정을 두지 않고 있으며, 국회법은 이를 허용하고 있다(제29조).

③ 헌법은 국회가 국무총리 해임건의권을 갖는다고 규정할 뿐이고, 국무총리 해임에 관하여 그 밖에 별도의 규정을 두지 않고 있다. 국무총리 임명권자인 대통령이 임의로 국무총리를 해임할 수 있다고 볼 것이다(국회의 국무총리 해임건의권의 의의와 그 효과에 관하여는 앞의 국회의 권한에 관한 설명을 참조).

(4) 국무총리의 권한

헌법상 국무총리의 권한은 다음과 같다.

① **국무위원 및 행정각부의 장의 임명제청권과 국무위원 해임건의권**을 갖는다(제87조 제1항, 제3항, 제94조). 국무총리의 임명제청 절차의 헌법적 효력에 관하여 견해의 차이가 있다. 임명제청이 없더라도 임명은 유효하되 위헌으로 탄핵사유가 된다는 견해가 있으나, 임명제청이 없으면 임명이 무효라고 할 것이다. 임명제청은 제청에 그치며 대통령에 대한 구속력은 없다.

국무총리의 국무위원 해임건의권은 건의에 그치므로 대통령에 대한 구속력은 없다. 대통령은 국무총리의 국무위원 해임건의가 없더라도 임의로 국무위원을 해임할 수 있다.

국무총리의 국무위원 임명제청권에 비추어 국무총리의 사임 또는 해임이 있으면 국무위원 전원이 해임되거나 사임해야 하는가라는 문제가 있다. 이를 긍정하는 견해가 있으나, 명시적 규정이 없으므로 이를 긍정하기 어렵다(앞의 국무총리의 지위에 관한 설명 참조).

국무총리의 국무위원 및 행정각부의 장의 임명제청권과 국무위원 해임건의권은 대통령에 대한 구속력이 없으므로 이들 권한이 대통령과의 관계에서 실질적인 독자적 권한이라고 볼 수 없다.

② 대통령의 국법상 행위에 대한 **부서권**(副署權)을 갖는다(제82조). 부서의 효력에 관하여 견해의 차이가 있으나, 부서없는 대통령의 권한행사는 위헌무효라고 볼 것이다. 그러나 대통령의 국무총리 해임권에 제한이 없으므로 부서권을 실질적 권한이라고 보기는 어렵다.

③ **국무회의 부의장**으로서 국무회의 심의에 참여한다(제88조 제3항). 국무회의는

심의기관에 불과하며 그 심의 결과가 대통령을 구속하지는 못하므로 이 권한이 실질적인 독자적 권한이라고 할 수는 없다.

④ 대통령을 보좌하여 **행정각부를 통할하는 권한**을 갖는다(제86조 제2항). 행정각부를 통할한다 함은 행정각부의 사무를 조정하거나 어느 하나의 부에 속한다고 보기 어려운 사무를 관장함을 말한다. 정부조직법에 의하면, "① 국무총리는 대통령의 명을 받아 각 중앙행정기관의 장을 지휘·감독한다. ② 국무총리는 중앙행정기관의 장의 명령이나 처분이 위법 또는 부당하다고 인정될 경우에는 대통령의 승인을 받아 이를 중지 또는 취소할 수 있다"(제18조). 행정각부 통할권은 대통령의 명을 받아 행사하는 것이므로 이 권한 역시 대통령과의 관계에서 실질적인 독자적 권한이라고 볼 수 없다.

⑤ 소관사무에 관하여 법률이나 대통령령의 위임 또는 직권으로 총리령을 발할 수 있다(제95조). 총리령에는 위임명령과 직권명령이 있다. 직권명령은 법률이나 대통령령의 집행을 위한 집행명령을 말한다(앞의 대통령령 제정권과 행정입법에 관한 설명 참조).

총리령과 부령(部令)**의 효력상 우열관계**가 문제된다. 이에 관하여 총리령이 우월하다는 견해와 양자가 동등한 효력을 갖는다는 견해가 대립한다. 국무총리의 행정각부 통할권에 비추어 총리령이 우월하다고 볼 것이다. 그러나 법제 실무와 관련하여서는 이론상 문제에 불과하다. 현행 법제 실무에서는 시행령은 모두 대통령령의 형식으로 발령되고, 총리령은 모두 시행규칙에만 발령되는 형식이다. 헌법이 부령을 발령할 수 있는 기관을 '행정각부'로 한정하고 있기 때문에 이들 행정각부에 해당하지 않는 국민권익위원회, 공정거래위원회, 금융위원회, 국무조정실, 법제처, 국가정보원 등의 소관업무와 관련한 시행규칙이 총리령으로 발행될 따름이다.

⑥ **국회출석·발언권**을 갖는다. 국무총리는 "국회나 그 위원회에 출석하여 국정처리상황을 보고하거나 의견을 진술하고 질문에 응답할 수 있다"(제62조 제1항). 반면 국회나 그 위원회의 요구가 있으면 출석·답변해야 할 의무를 진다(제62조 제2항).

⑦ **대통령권한대행권**을 갖는다. 대통령이 궐위되거나 사고로 인하여 직무를 수행할 수 없을 때에는 국무총리는 제1순위의 권한대행자가 된다(제71조). 권한대행의 사유, 권한대행 필요 여부의 결정권자, 권한대행자의 직무범위 등에 관하여 여러 논의가 있다(앞의 대통령 권한대행 참조).

제1순위 대통령권한대행자를 국무총리로 정한 것에 대하여 헌법정책적으로 바람직하지 못하다는 비판이 있다. 국민이 국무총리를 직접 선출하지 않으므로 민주적 정당성이 취약하다는 것이다. 반면 국회의장이 권한대행을 하는 경우에는 민주적 정당성 측면에서는 나을 것이지만, 정부정책의 일관성이나 정부와 국회와의 관계에 비추어 또다른 문제가 발생한다. 이 점에서 대통령권한대행의 문제에 관한 한, 부통령제가 바람직할 것이다. 그러나 부통령제가 바람직한가에 관해서는 이 문제 외에 고려할 사항들이 있다.

위에서 본 것처럼, 국무총리의 권한 가운데 대통령과의 관계에서 실질적으로 독자적 권한으로 볼 수 있는 것은 찾기 어렵다. 실질적 의미를 지닌 권한은 대통령권한대행권인데, 이 권한은 극히 예외적 경우에만 행사할 수 있는 것이다.

2. 국무위원

> **(헌법 제87조)** ① 국무위원은 국무총리의 제청으로 대통령이 임명한다.
> ② 국무위원은 국정에 관하여 대통령을 보좌하며, 국무회의의 구성원으로서 국정을 심의한다.
> ③ 국무총리는 국무위원의 해임을 대통령에게 건의할 수 있다.
> ④ 군인은 현역을 면한 후가 아니면 국무위원으로 임명될 수 없다.

(1) 국무위원의 헌법상 지위와 임명·해임

국무위원은 ① 국정에 관한 대통령 보좌기관이며, ② 국무회의 구성원으로서 국정을 심의한다.

국무위원은 국무총리 제청으로 대통령이 임명하며, 군인은 현역을 면한 후가 아니면 임명될 수 없다. 국무위원의 수는 15인 이상 30인 이하이다(제88조 제2항). 국무위원 중에서 행정각부의 장이 임명된다(제94조).

헌법은 국무위원과 국회의원의 겸직을 금지하지 않으며, 국회법은 이를 허용하고 있다(제29조).

대통령은 국무위원을 임의로 해임할 수 있으며, 국무총리는 국무위원 해임을 건의할 수 있다(제87조 제3항). 또한 국회는 대통령에게 국무위원 해임을 건의할 수 있다(제63조 제1항).

(2) 국무위원의 권한

① 국무위원은 국무회의의 구성원으로 국정을 심의한다(제87조 제2항). 국무위원은 국무회의 의장에게 의안을 제출하고 국무회의의 소집을 요구할 수 있다(정부조직법 제12조 제3항). ② 대통령의 국법상 행위에 대해 관계 국무위원은 부서권을 갖는다(제82

조). ③ 국무위원은 국회나 그 위원회에 출석하여 국정처리상황을 보고하고 의견을 진술하며 질문에 응답할 수 있다. 동시에 국회나 그 위원회의 요구가 있으면 출석·답변하여야 한다(제62조). ④ 대통령이 궐위되거나 사고로 직무를 수행할 수 없을 때에는 정부조직법에 정한 순서에 따라 국무위원이 대통령권한대행권을 갖는다(헌법 제71조, 정부조직법 제12조 제2항, 제22조).

3. 국무회의

(헌법 제88조) ① 국무회의는 정부의 권한에 속하는 중요한 정책을 심의한다.
② 국무회의는 대통령·국무총리와 15인이상 30인이하의 국무위원으로 구성한다.
③ 대통령은 국무회의의 의장이 되고, 국무총리는 부의장이 된다.

(헌법 제89조) 다음 사항은 국무회의의 심의를 거쳐야 한다.

1. 국정의 기본계획과 정부의 일반정책
2. 선전·강화 기타 중요한 대외정책
3. 헌법개정안·국민투표안·조약안·법률안 및 대통령령안
4. 예산안·결산·국유재산처분의 기본계획·국가의 부담이 될 계약 기타 재정에 관한 중요사항
5. 대통령의 긴급명령·긴급재정경제처분 및 명령 또는 계엄과 그 해제
6. 군사에 관한 중요사항
7. 국회의 임시회 집회의 요구
8. 영전수여
9. 사면·감형과 복권
10. 행정각부간의 권한의 획정
11. 정부안의 권한의 위임 또는 배정에 관한 기본계획
12. 국정처리상황의 평가·분석
13. 행정각부의 중요한 정책의 수립과 조정
14. 정당해산의 제소
15. 정부에 제출 또는 회부된 정부의 정책에 관계되는 청원의 심사
16. 검찰총장·합동참모의장·각군참모총장·국립대학교총장·대사 기타 법률이 정한 공무원과 국영기업체관리자의 임명
17. 기타 대통령·국무총리 또는 국무위원이 제출한 사항

(1) 국무회의의 구성과 헌법상 지위

국무회의는 대통령·국무총리와 15인 이상 30인 이하의 국무위원으로 구성된다. 국무회의 의장은 대통령이며, 부의장은 국무총리가 맡는다.

국무회의는 정부의 중요정책에 대한 최고의 심의기관이다. 국무회의의 권한은 정

부권한에 속하는 중요정책을 심의하는 것이다.

국무위원 구성원 가운데 대통령을 제외한 국무총리 · 국무위원은 모두 기본적으로 대통령의 보좌기관이며, 이 점에서 실질적으로는 국무회의도 대통령 보좌기관으로서의 성격을 지닌다. 그러나 형식적으로 국무회의는 회의체의 기관이며, 대통령은 이 회의체의 주재자이되 구성원의 일원이다. 또한 헌법에 열거된 심의사항은 반드시 심의를 거쳐야 한다. 이 점에서 국무회의는 대통령 견제의 기능을 한다고 볼 수 있다. 다만 뒤의 설명처럼, 국무회의는 심의기관에 그치며, 심의결과가 대통령을 구속하지는 못하므로 그 견제기능은 매우 제한적인 것에 불과하다.

위와 같은 국무회의의 헌법상 지위에 비추어 볼 때, 국무회의는 미국 대통령제나 의원내각제의 내각과 다르다. 미국의 내각은 헌법상 필수적 기관이 아니지만, 국무회의는 헌법기관이다. 반면 의원내각제의 내각이 법적 구속력을 갖는 의결기관인 것과 달리, 국무회의는 의결기관이 아니며 심의기관에 불과하다.

한편 국무회의는 자문기관과 그 성격을 달리 한다. 국가안전보장회의 등 대통령 자문기관은 대통령이 자문하는 사항에 관하여 자문에 응하지만, 국무회의는 헌법 제89조에 규정한 사항에 관하여 심의하며 이 심의는 필수적이다. 반면 국무회의 심의 결과가 대통령에 대하여 법적 구속력을 갖지 못하는 점에서는 자문기관과 차이가 없다.

(2) 국무회의 심의와 그 법적 효력

국무회의는 헌법 제89조에 열거된 사항에 대하여 심의한다. 국무회의는 의장인 대통령이 소집하고 주재한다. 국무회의 운영에 관해서는 대통령령인 '국무회의규정'에서 정한다.

국무회의의 심의기관으로서의 법적 성격과 관련하여 다음과 같은 문제가 제기된다. 첫째, 심의사항의 범위는 어디까지인가. 둘째, 심의의 법적 성격은 무엇인가. 즉 심의를 거치지 않으면 어떠한 법적 효과가 발생하는가. 셋째, 심의 결과는 어떤 법적 효력을 갖는가. 즉 심의 결과는 대통령을 구속하는가.

① **심의의 범위**는 헌법 제89조에 열거된 사항에 한한다. 다만 헌법 제89조에 열거된 17개 사항 가운데 제17호 규정에 의하면, "기타 대통령 · 국무총리 또는 국무위원이 제출한 사항"으로 되어 있어서 실제로 그 범위는 대단히 광범한 사항에 걸쳐 있다. 남북관계발전기본계획을 국무회의 심의사항으로 규정하지 않아 제기되는 논란을 피하고자 개정 남북관계 발전에 관한 법률(법률 제12584호, 2014.5.20. 개정, 2014.11.

21. 시행)은 남북관계발전기본계획을 국무회의 심의사항으로 명시하였다.

② **심의는 필수적**이다. 헌법 제89조에 열거된 사항은 반드시 국무회의의 "심의를 거쳐야" 한다. 만일 심의 대상으로 열거된 사항에 관하여 심의를 거치지 않은 경우, 대통령의 행위는 무효인가. 이에 관하여 견해가 갈린다. 무효는 아니지만 위헌이므로 탄핵사유가 된다는 견해와 무효라는 견해가 대립한다. 생각건대 "심의를 거쳐야" 한다는 문언을 보거나, 국무회의에 의한 최소한의 대통령 견제라는 취지에 비추어 무효라고 보아야 할 것이다.

③ **심의 결과의 효력**에 관하여 대통령을 구속하지 않는다는 것이 일반적 견해이다. 문언상 '의결'이 아니라 '심의'라고 규정한 점, 대통령을 행정권의 수반으로 하는 대통령제의 기본 구조에 비추어, 심의 결과는 대통령에 대한 구속력이 없다고 보아야 한다. 국무회의 심의가 의결의 형식을 취하더라도 대통령에 대한 구속력이 없다(국무회의규정 제6조 제1항. "국무회의는 구성원 과반수의 출석으로 개의하고, 출석구성원 3분의 2 이상의 찬성으로 의결한다").

4. 행정각부

> **(헌법 제94조)** 행정각부의 장은 국무위원 중에서 국무총리의 제청으로 대통령이 임명한다.
>
> **(헌법 제95조)** 국무총리 또는 행정각부의 장은 소관사무에 관하여 법률이나 대통령령의 위임 또는 직권으로 총리령 또는 부령을 발할 수 있다.
>
> **(헌법 제96조)** 행정각부의 설치 · 조직과 직무범위는 법률로 정한다.

(1) 행정각부의 의의와 설치 · 조직

행정각부(行政各部)는 정부의 구성단위로서, 대통령과 국무총리의 통할 하에 대통령과 행정부의 권한에 속하는 사항을 집행하는 중앙행정기관이다.

2023년의 정부조직법 개정에 따라 행정각부는 다음 19개부로 되어 있다. 기획재정부, 교육부, 과학기술정보통신부, 외교부, 통일부, 법무부, 국방부, 행정안전부, 국가보훈부, 문화체육관광부, 농림축산식품부, 산업통상자원부, 보건복지부, 환경부, 고용노동부, 여성가족부, 국토교통부, 해양수산부, 중소벤처기업부. 2024. 1. 26. '우주항공청의 설치 및 운영에 관한 특별법' 제정 및 정부조직법 개정으로 우주항공청이 중앙행정기관으로 신설되었다.

그 밖에 정부조직법에 의하면 3개 처(處)가 설치되어 있는데(인사혁신처, 법제처, 식품의약품안전처), 이것은 국무총리 소속하의 중앙행정기관이며 행정각부는 아니다.

(판 례) 국가안전기획부(국가정보원 전신)가 행정각부에 속하지 않는 것의 위헌여부

헌법이 "행정각부"의 의의에 관하여는 아무런 규정도 두고 있지 않지만, "행정각부의 장(長)"에 관하여는 "제3관 행정각부"의 관(款)에서 행정각부의 장은 국무위원 중에서 임명되며(헌법 제94조) 그 소관사무에 관하여 법률이나 대통령령의 위임 또는 직권으로 부령을 발할 수 있다(헌법 제95조)고 규정하고 있는바, 이는 헌법이 "행정각부"의 의의에 관하여 간접적으로 그 개념범위를 제한한 것으로 볼 수 있다. 즉, 성질상 정부의 구성단위인 중앙행정기관이라 할지라도, 법률상 그 기관의 장(長)이 국무위원이 아니라든가 또는 국무위원이라 하더라도 그 소관사무에 관하여 부령을 발할 권한이 없는 경우에는, 그 기관은 우리 헌법이 규정하는 실정법적(實定法的) 의미의 행정각부로는 볼 수 없다는 헌법상의 간접적인 개념제한이 있음을 알 수 있다.

(……) 국가안전기획부는 국가안전보장에 관련되는 정보 · 보안 및 범죄수사에 관한 사무집행을 위하여 같은 법 제14조에 근거를 두고 이를 바탕으로 국가안전기획부법에 규정된 준칙에 따라서 설치된 기관으로서 그 법적 성격은 대통령직무를 보좌하기 위하여 대통령비서실(위 같은 법 제11조)과 함께 "정부조직법 제2장 대통령"의 장 안에 규정되어 있는 국가안전보장에 관련한 대통령의 직무를 보좌하는 대통령직속의 특별보좌기관이라 할 것이므로 이는 국무총리의 통할을 받는 행정각부에 속하지 아니한다 할 것이다.

(……) 따라서 그 목적 · 직무범위 · 통제방법 등의 관점에서 헌법이 요구하는 최소한의 요건은 갖추었다 할 것으로서, 국무총리의 통할을 받지 아니하는 대통령직속기관인 국가안전기획부의 설치근거와 그 직무범위 등을 정한 정부조직법 제14조와 국가안전기획부법 제4조 및 제6조의 규정은 헌법에 위배된다고 할 수 없다.

헌재 1994.4.28. 89헌마221, 판례집 6-1, 239,262-266

헌법재판소는 행정각부에 속하지 않으면서, 즉 국무총리의 통할을 받지 않고 대통령 직속기관의 중앙행정기관에 해당하는 고위공직자범죄수사처를 설치하는 것이 헌법상 금지된다고 할 수 없고, 권력분립원칙에 반하지 않는다고 하였다(헌재 2021.1.28. 2020헌마264등).

(2) 행정각부의 장(長)의 지위

행정각부의 장은 국무위원 중에서 국무총리의 제청으로 대통령이 임명한다(헌법 제94조). 따라서 모든 행정각부의 장은 국무위원이다.

행정각부의 장은 동시에 국무위원이지만, 행정각부의 장으로서의 지위와 국무위원으로서의 지위는 구별된다. 전자는 정책집행기관으로서의 지위이며, 대통령과 국무총리의 지휘·감독을 받는다. 반면 후자는 심의기관인 국무회의의 구성원으로서의 지위이며 이 지위에서 대통령·국무총리의 지휘·감독을 받는 것은 아니다.

(3) 행정각부의 장의 권한

① 행정각부의 장은 중앙행정기관으로서 법률이 정한 소관사무에 관한 결정·집행권을 가진다. 소관사무를 통할하고 소속공무원을 지휘·감독한다(정부조직법 제7조 제1항).

② 소관사무에 관하여 법률이나 대통령령의 위임 또는 직권으로 부령(部令)을 발할 수 있다(헌법 제95조)(행정입법에 관하여 앞의 대통령령, 총리령 참조).

③ 그 밖에 소속공무원에 대한 임용제청권(5급 이상)과 임용권을 가지며(국가공무원법 제32조), 국무총리 직무대행권을 갖는다(정부조직법 제22조).

5. 감 사 원

> **(헌법 제97조)** 국가의 세입·세출의 결산, 국가 및 법률이 정한 단체의 회계검사와 행정기관및 공무원의 직무에 관한 감찰을 하기 위하여 대통령 소속하에 감사원을 둔다.
>
> **(헌법 제98조)** ① 감사원은 원장을 포함한 5인이상 11인이하의 감사위원으로 구성한다.
>
> ② 원장은 국회의 동의를 얻어 대통령이 임명하고, 그 임기는 4년으로 하며, 1차에 한하여 중임할 수 있다.
>
> ③ 감사위원은 원장의 제청으로 대통령이 임명하고, 그 임기는 4년으로 하며, 1차에 한하여 중임할 수 있다.
>
> **(헌법 제99조)** 감사원은 세입·세출의 결산을 매년 검사하여 대통령과 차년도국회에 그 결과를 보고하여야 한다.
>
> **(헌법 제100조)** 감사원의 조직·직무범위·감사위원의 자격·감사대상공무원의 범위 기타 필요한 사항은 법률로 정한다.

(1) 감사원의 헌법상 지위

현행 헌법상 감사원제도가 처음 채택된 것은 제3공화국헌법에서이다. 제헌헌법

이래 그 전까지는 헌법기관으로 심계원(審計院)을 두어 회계검사권을 부여하였다. 또한 이와 별개로 법률상 감찰위원회(監察委員會)를 설치하여 행정기관과 공무원 등의 비위 등을 감찰하는 직무감찰권을 행사하도록 하였다. 감찰위원회는 1955년에 폐지되었다가 1961년에 다시 설치되었다.

1963년 제5차 개헌을 통해 심계원과 감찰위원회를 통합하여 감사원이 출범하였다. 통합의 취지는 회계검사와 직무감찰이 성질상 불가분관계일 뿐만 아니라, 양 기관의 경합으로 인한 감사 중복을 피한다는 것이었다.

현행 헌법상 감사원은 다음과 같은 지위를 가진다.

① **국가 최고감사기구**이다. 감사원은 국가의 세입·세출의 결산, 회계검사권 및 직무감찰권을 갖는 국가 최고 감사기구(supreme audit institution)이다. 개개의 행정기관들은 내부의 자체감사기구를 통해 감찰기능을 수행한다. 감사원은 국가 최고감사기구로서 이들 자체감사기구를 지도·지원한다('공공감사에 관한 법률').

② **헌법기관**이다. 감사원은 직접 헌법에 의해 설치된 헌법기관이다. 따라서 법률에 의해 그 존립 등을 변경할 수 없다. 감사원을 헌법기관으로 설정한 것은 그 독립성 보장을 위한 것으로 풀이할 수 있다.

③ **대통령 소속기관**이다. 헌법은 감사원이 대통령 소속하에 있음을 직접 규정하고 있다. 대통령 소속기관이라는 의미가 무엇인지는 명백하지 않다. 그 해석에는 두 가지 문제가 있다.

첫째, **'대통령' 소속이라고 할 때 대통령은 국가원수로서의 지위인가 아니면 정부수반으로서의 지위인가**의 문제이다. 이에 관하여 국가원수로서의 지위라는 견해가 있다. 그 취지는 그렇게 해석하는 것이 감사원의 독립성 보장에 비추어 바람직하다는 것이다. 그러나 독립성 보장이라는 취지의 긍정적 의미에도 불구하고 이 견해는 헌법체제의 측면에서 문제가 있다. 헌법의 감사원 조항은 '제4장 정부'의 '제2절 행정부'하에 '제4관 감사원'으로서 위치하고 있다. 감사원은 헌법체제상 행정부의 한 기관으로 설정되어 있는 것이다. 이 점에서 보아 감사원이 국가원수로서의 대통령 소속이라는 해석은 무리라고 보지 않을 수 없다.

둘째, **대통령 '소속하'에 있다는 것이 법적으로 무슨 의미인가**의 문제이다. 일반적으로 어느 기관의 소속하에 있다는 것은 그 기관의 지휘·감독을 받는다는 의미로 이해된다. 그러나 감사원이 대통령 소속이라는 것은 그런 뜻으로 볼 수 없다. 뒤에 보는 것처럼 감사원 직무의 독립성 때문이다. 감사원은 대통령 소속이라는 헌법의 명시적 규정에도 불구하고 그 직무의 독립성이 보장되며, 이는 법률에서도 명시되어 있다(감사원법 제2조 제1항. "감사원은 대통령에 소속하되, 직무에 관하여는 독립의 지위를 가진다").

그렇다면 감사원이 대통령 소속하에 있다는 의미는 무엇인가. 단순히 형식적으로 조직체계상 대통령 소속이라는 의미에 그치는 것인가. 아니면 이를 넘는 실질적인 의미를 지니는 것인가. 만일 후자라면 그 실질적 의미는 무엇인가. 이 문제는 특히 감사 직무의 독립성에 비추어 쉽지 않은 문제이다.

예컨대 이런 문제가 있다. 감사원법상 대통령은 광범하게 감사원 직원 임면권 등 인사권을 갖는다(제18조 등). 이에 대한 헌법적 평가는 감사원이 대통령 소속이라는 점과 감사 직무의 독립성 보장 가운데 어느 것을 중시하느냐에 따라 다르다. 특히 후술하는 것처럼 감사 직무의 독립성이 헌법상 원칙이라고 이해할 때에 이 문제에 대한 시각은 상충될 수밖에 없다. 생각건대, 일정한 범위에서 대통령의 감사원 직원 인사권을 인정하되 과도한 인사권 규정은 헌법상 용인되기 어렵다고 볼 것이다.

한편, 감사원은 대통령 소속기관이므로 국무총리의 통할을 받지 않는다. 이 점에서 행정각부와는 다르다.

④ **직무상 독립기관**이다. 감사원은 대통령 소속기관이지만 직무상 독립성을 갖는다. 이 점은 감사원법에 규정되어 있고(제2조 제1항) 헌법상 직접 명시된 것은 아니지만, 감사 직무의 독립성은 단순한 법률상 원칙이 아니라 헌법상 원칙이라고 볼 것이다. 그 논거로서 두 가지를 들 수 있다.

첫째, 헌법상 감사원에 관한 여러 규정들은 감사 직무의 독립성 보장의 취지에서 나온 것이다. 예컨대, 우선 감사원을 헌법기관으로 설정한 점, 감사원장 임명에 국회동의를 거치게 한 점, 감사원장과 감사위원 임기를 헌법에서 명시한 점 등이다. 둘째, 감사 직무의 독립성은 감사 직무의 고유한 속성 자체에서 나온 것이며, 이 점에서 헌법내재적인 원칙이라고 할 수 있다.

감사원법 및 관련 법률에서는 감사원 독립성을 위한 여러 규정을 두고 있다. 우선, 감사원의 인사·조직·예산의 자율성을 강화하기 위한 규정들이다.

"감사원 소속공무원의 임면, 조직 및 예산의 편성에 있어서는 감사원의 독립성이 최대한 존중되어야 한다"(감사원법 제2조 제2항).

"정부는 감사원의 세출예산요구액을 감액하고자 할 때에는 국무회의에서 감사원장의 의견을 구하여야 한다"(국가재정법 제41조).

그 밖에도 감사원법은 감사원의 독립성 보장을 위해 다음의 규정들을 두고 있다. 감사위원의 일정한 공직 겸직금지 및 영리사업 금지(제9조), 정당가입과 정치운동 금지(제10조), 신분보장(제8조. 탄핵결정이나 금고 이상의 형의 선고, 또는 장기 심신쇠약으로 직무수행을 할 수 없게 된 경우가 아니면 본인 의사에 반하여 면직되지 않는다).

관련 판례로서, 국회 동의 없이 감사원장 서리(署理)를 임명하는 것이 위헌이 아닌가라는 문제에 관하여 헌법재판소 다수의견은 심판청구를 각하하였다(헌재 1998.7.14. 98헌라2).

(2) 감사원의 구성: 합의제

감사원은 원장을 포함한 5인 이상 11인 이하의 감사위원으로 구성되는 합의제 기관이다. 감사원법에서는 원장 포함 7인의 감사위원으로 구성한다고 규정하고 있다(제3조). 독임제 기관이 아닌 합의제 기관으로 한 것은 감사 직무의 공정하고 신중한 처리를 위한 것으로 풀이할 수 있다.

감사원법에 의하면 감사원 조직은 크게 두 부분, 즉 감사위원회의 및 사무처로 이루어진다.

감사위원회의는 감사원의 중요사항을 의결한다. 원장을 포함한 감사위원 전원으로 구성되며, 원장이 그 의장이 된다. 감사위원회의는 재적 과반수 찬성으로 의결한다. 한편 사무처는 원장의 지휘·감독 하에 감사원의 행정사무를 처리한다. 사무처에 사무총장 1명과 그 밖의 직원을 둔다(법 제11,12,16,17조).

(3) 감사원의 권한

감사원은 결산검사권, 회계검사권, 직무감찰권 및 이에 부수하는 권한을 가진다.

① 감사원은 국가의 세입·세출의 **결산검사권**을 가진다. 매년 결산을 검사하여 대통령과 차년도 국회에 그 결과를 보고하여야 한다(헌법 제99조).

결산이란 회계연도마다 국가의 수입과 지출의 실적을 계수로 표시한 것이다. 감사원은 매년 기획재정부가 작성·제출한 정부결산서 등 관련서류를 검토하여 결산을 확인한다.

② 감사원은 국가·지방자치단체 및 법률이 정한 단체의 **회계검사권**을 가진다. 감사원은 상시로 회계를 검사할 수 있다(감사원법 제20조). 그 대상범위는 감사원법에서 규정하고 있다(제22조, 제23조).

회계검사는 회계경리의 비위 여부 등 합법성감사(legality audit)만에 그치지 않고, 근래에는 재정활동의 경제성·효율성·효과성 등 성과감사(performance audit)에까지 확장되는 경향이다.

③ 감사원은 정부조직법 등 법률에 의해 설치된 행정기관 및 지방자치단체의 사무와 그 소속 공무원의 직무에 관한 **직무감찰권**을 가진다(헌법 제97조, 감사원법 제24조). 직무감찰은 행정기관과 소속 공무원의 비위 등을 적발하고 나아가 행정운영의 개선을 추구하는 감사활동이다.

직무감찰의 대상범위에는 공무원만이 아니라 공공기관의 임직원 등 준공무원 및 사실상 공무에 종사하는 자까지 포함된다. 다만, 권력분립주의에 비추어 국회, 법원, 헌법재판소 및 선거관리위원회에 소속한 공무원은 제외한다(그러나 회계검사권 대상에는 이들 기관도 포함된다). 군기관은 제한적으로 포함된다(감사원법 제24조).

(판 례) 선거관리위원회 채용비리가 감사원의 직무감찰 범위에 포함되는지 여부

헌법 제97조는 피청구인에게 '국가'를 대상으로 한 회계검사권과 '행정기관'을 대상으로 한 직무감찰권을 부여하고 있다. 선거관리가 그 사무의 성격상 행정작용에 해당한다고 하더라도, 선거관리위원회를 독립된 헌법기관으로 설치함으로써 선거관리에 정부가 영향력을 행사할 수 없도록 하여 선거관리의 독립성과 중립성을 보장하고자 하는 것이 헌법개정권자의 의사인 점을 고려하면, 헌법상 대통령 소속으로 행정부에 속한 피청구인의 직무감찰 대상에 청구인이 당연히 포함된다고 볼 수 없다. 또한 피청구인의 직무감찰권은 행정부 내부의 통제장치로서의 성격을 갖는다고 볼 수 있는바, 정부와 독립된 헌법기관인 국회, 법원, 헌법재판소는 물론 이들 헌법기관과 마찬가지로 독립된 헌법기관으로 설치된 선거관리위원회도 헌법 제97조가 정한 피청구인의 직무감찰 대상에 포함되지 않는다고 봄이 타당하다. 더욱이 피청구인은 대통령에 소속된 행정부 기관이고 그 구성에 있어서도 대통령이 감사원장과 감사위원을 임명하고 있으며, 감사원법 제42조 제1항은 피청구인이 감사 결과 중요하다고 인정되는 사항을 대통령에게 보고하도록 규정하고 있다. 대통령은 정당민주주의 하에서 특정 정당의 당원으로서 해당 정당의 정책이나 이익과 밀접하게 관련될 가능성이 있는바, 대통령 소속기관인 피청구인이 청구인에 대하여 직무감찰을 할 수 있게 된다면 선거관리의 공정성과 중립성에 대한 국민의 신뢰가 훼손될 위험이 있다. 따라서 헌법 제97조가 정한 피청구인의 직무감찰 대상인 '행정기관 및 공무원'에 청구인과 그 소속 공무원은 포함되지 않는다고 봄이 타당하다.

위에서 살핀 헌법 제97조를 구체화한 감사원법 제24조 제1항 제1호의 '행정기관 및 그 소속 공무원'에도 청구인과 그 소속 공무원은 제외된다고 보는 것이 합헌적 법률해석의 원칙상 명백하다. 한편 감사원법 제24조 제3항은 "제1항의 공무원에는 국회·법원 및 헌법재판소에 소속한 공무원은 제외한다."라

> 고 규정하여 청구인 소속 공무원을 직무감찰 제외대상으로 명시하고 있지 않다. 그러나 정부와 독립된 헌법기관인 국회, 법원, 헌법재판소가 피청구인의 직무감찰 대상에 해당하지 않음은 앞서 본 바와 같으므로, 이들 헌법기관 소속 공무원을 직무감찰 대상에서 제외한 감사원법 제24조 제3항은 예시적 · 확인적 규정에 불과하[다]
>
> 헌재 2025.2.27. 2023헌라5, 공보 341, 275,276

위 결정에서 특히 "감사원법 제24조 제3항은 예시적 · 확인적 규정에 불과"하다는 부분은 이 조항의 입법사를 전혀 도외시한 점 등에 비추어 받아들이기 어렵다.

1995년 감사원법 개정 당시, 감사원 측(이시윤 감사원장)은 선거관리위원회의 사무 성격은 본질적으로 행정작용이기 때문에 감사 제외 대상에 포함해서는 안 된다고 주장했다. 이후 선관위를 감사 제외 대상에 포함시키려는 개정안 시도가 있었지만 받아들여지지 않았다. 이는 위 조항이 '예시'가 아니라 '열거'라는 유력한 근거인데도 헌법재판소는 이런 입법사를 무시했다. 편향적 결정이 아닐 수 없다.

감사원은 선거관리위원회에 대한 감사 결과, 채용비리에 연루된 고위직 직원과 자녀 37명을 비롯해 878건에 이르는 채용비리를 적발했다. 이것이 국민적 공분을 사면서 선거관리위원장이 사과해야 했다.

앞의 결정에서 헌법재판소는 감사원이 대통령 소속 기관이라는 점과 선거관리위원회의 독립성만 강조했다. 선거관리위원회의 독립성도 중요하지만 선거관리가 온전하려면 청렴 의무 등 넓은 의미의 신뢰가 필요한데도, 이런 고려는 찾아볼 수 없었다. 헌법재판소는 감사원이 대통령 소속 기관이어서 독립성이 침해될 수 있다는 논리만 내세웠다. 반면 감사원법에 규정된 감사원의 '직무 독립성'을 무시하였다.

헌법규정은 감사원의 직무감찰 대상에 관해 '행정기관 및 공무원'이라고만 규정할 뿐이다. 그럼에도 헌법재판소는 구체적인 법률규정 해석은 소홀히 하는 반면, 불명확한 헌법 조항만 편향적으로 해석하였다. 헌법재판소 결정 논거의 설득력 부족을 드러낸 사건이라고 하겠다.

직무감찰은 종래 비위 여부 등 합법성감사 중심이었지만, 근래 성과감사의 영역까지 확대되고 있다.

관련 판례로서, 헌법재판소 다수의견은 지방자치단체 사무의 감사대상에 관하여 위임사무나 자치사무의 구별없이 합법성감사뿐만 아니라 합목적성감사도 포함한다고 본다(헌재 2008.5.29. 2005헌라3).

④ 국회는 감사원에 대하여 사안을 특정하여 감사를 청구할 수 있다(국회법 제127조의2). 국회 요구가 있으면 감사를 하여야 한다.

한편, 국민들도 법령에 따라 국민감사청구 또는 공익감사청구를 할 수 있다('부패방지 및 국민권익위원회의 설치와 운영에 관한 법률' 제72조, 감사원훈령 '공익감사청구 처리규정' 제4조).

⑤ 감사결과 처리에는 다음의 여러 형식이 있다. 변상(辨償)책임의 판정, 징계요구, 위법·부당한 사실의 시정·주의 요구, 법령·제도·행정상 개선 요구, 업무개선의 권고·통보 등. 감사결과 범죄혐의가 있다고 인정될 때에는 수사기관에 고발하여야 한다(감사원법 제31조-제35조).

그 밖에 감사원은 감사절차, 감사사무처리 등에 관하여 감사원규칙을 제정할 수 있다(같은 법 제52조).

(4) 감사원제도 개혁논의

현행 감사원제도에 관한 개혁이 논의되고 있다. 종래 이 논의의 중심이 되어온 것은 회계검사권을 분리하여 이를 **국회에 이관하자는 주장**이다. 이것은 헌법개정을 전제한 것이다.

회계검사권을 국회에 이관하자는 견해는 특히 두 가지 점에서 타당하지 않다고 본다. 첫째, 앞에서 언급한 것처럼, 회계검사권과 직무감찰권은 동전의 앞뒷면처럼 상호불가분의 관계를 가지므로(앞의 감사원제도 출범 취지 참조), 양자의 분리를 전제한 개혁론은 바람직하지 못하다. 둘째, 감사 직무의 독립성 강화를 위해 국회 소속으로 하자는 견해도 현실에 비추어 타당하지 않다. 독립성 보장 측면에서 현재와 같은 대통령 소속의 감사원제도에 문제가 있는 것은 사실이지만, 그렇다고 국회에 이관하는 것이 대안인지는 의문이다. 왜냐하면 우리나라 의회정치의 현실에 비추어 볼 때, 국회의원의 영향력 행사로부터 감사 직무의 독립성이 지켜질지는 극히 의심스럽기 때문이다.

그렇다면 바람직한 감사원제도의 개혁 방향은 무엇인가. 현행 감사원제도의 가장 큰 문제점은 그 독립성에 관한 것이라고 할 수 있다. 이러한 관점에서 보면 감사원 개혁의 기본 문제는 그 소속 등 존립형태의 문제이다.

감사원의 존립형태를 비교법적으로 보면, 세계 주요 국가의 감사원제도는 크게 다음 세 가지로 나누어 볼 수 있다.

① **의회 소속기관** 또는 **의회 협력기관**의 형태. 미국, 영국이 이에 속한다. 미국

의 감사원(GAO, Government Accountability Office)은 법률상 어디에도 소속하지 않은 독립기관처럼 규정되어 있지만, 사실상 의회 소속처럼 의회와 긴밀한 협력관계에 있다. 영국의 감사원(NAO, National Audit Office)은 법률상 의회 소속으로 되어 있지만, 사실상 어느 기관에도 속하지 않는 독립기관에 가깝다.

② 어느 기관에도 속하지 않은 **독립기관**의 형태. 독일, 일본이 여기에 속한다. 독일 감사원(Bundesrechnungshof)은 독립된 헌법기관이다. 일본의 감사원(會計檢査院)도 독립된 헌법기관이다.

③ **행정부 소속기관**의 형태. 한국 외에 프랑스 감사원(Cour des Comptes)도 행정부 소속에 속한다. 특히 우리나라처럼 행정부 소속이면서 회계검사권만 아니라 광범한 직무감찰권도 갖는 기관은 세계적으로도 드물다.

위의 세 가지 형태 가운데 세계 주요 국가의 대부분은 의회의 소속·협력기관 또는 독립기관의 형태를 취하고 있다. 이 가운데 어느 형태가 가장 이상적이라고 할 것인가.

독립성 보장 측면에서는 어느 기관에도 속하지 않은 독립기관이 가장 바람직하다고 볼 것이다. 다만 독립기관의 경우, 감사활동이나 감사결과의 실효성 측면에서 상대적 취약성을 지니기 쉽다. 그렇더라도 시간의 경과에 따라 실효성 강화를 예상할 수 있다면, 독립기관의 형태가 이상적이라고 볼 것이다.

제 4 장
법 원

I. 서 설

1. 사법권의 개념

(헌법 제101조) ① 사법권은 법관으로 구성된 법원에 속한다.

헌법은 국가권력을 입법권, 행정권, 사법권으로 구분하고, 입법권은 국회에, 행정권은 정부에 속한다고 규정한데 이어, 사법권은 법원에 속한다고 규정하고 있다. 여기에서 사법권의 의미가 무엇인지 문제된다.

입법권, 행정권의 개념에 대해서와 마찬가지로, 사법권의 개념에 관해서도 기본적으로 형식설과 실질설이 대립한다. 형식설에 의하면, 법원에 속하는 권한이 곧 사법권이라고 말한다. 그러나 형식설은 순환논법에 불과하다. 법원에 속하는 사법권이란 무엇이냐는 물음에 대해, 법원에 속하는 권한이 사법권이라고 답할 뿐이다.

사법권의 내용이나 성격이 무엇이냐에 따라 사법권의 개념을 정의하는 것이 실질설이다. 실질설에 의할 때, '사법'(司法)이란 무엇이냐가 문제된다. 종래의 일반적 견해에 의하면, 사법의 핵심적 의미는 **'법률상의 쟁송(爭訟)을 심판'**한다는 것이다. 이러한 개념정의는 법원조직법에서 법원의 권한을 규정하는 조항에서 그대로 나타나 있다(제2조 제1항. "법원은 헌법에 특별한 규정이 있는 경우를 제외한 일체의 법률상의 쟁송을 심판하고, 이 법과 다른 법률에 의하여 법원에 속하는 권한을 가진다").

'법률상의 쟁송'이란, 당사자 간에 구체적인 권리의무 또는 법률관계의 존부(형벌권의 존부를 포함)에 관한 분쟁을 말하고, 쟁송을 '심판'한다고 함은 법의 적용을 통하여 쟁송을 종국적으로 해결하는 작용을 말한다. 이처럼 사법의 핵심적 요소는 ① 법률상의 쟁송, 즉 구체적인 법적 분쟁의 존재 및 ② 법의 적용을 통한 그 종국적 해결에 있다. '사법'의 의미와 '재판'의 의미는 역사적으로 다르게 사용된 경우도 있지만, 우리 헌법의 해석상 양자의 의미를 구별할 필요는 없다고 본다. 이렇게 보면 사법이란 곧 재판작용이라고 할 수 있다. 근대적 의미의 사법에는 앞의 두 요소 외에 ③ 독립하여 심판이 행하여진다는 것 및 ④ 법에 정한 특별한 절차에 따라 심판이 행하여진다는 요소가 부가된다.

(판 례) 사법의 본질('반국가행위자의 처벌에 관한 특별조치법'의 위헌 여부)

사법(司法)의 본질은 법 또는 권리에 관한 다툼이 있거나 법이 침해된 경우에 독립적인 법원이 원칙적으로 직접 조사한 증거를 통한 객관적 사실인정을 바탕으로 법을 해석·적용하여 유권적인 판단을 내리는 작용이라 할 것이다. 그런데 특조법(반국가행위자의 처벌에 관한 특별조치법) 제7조 제7항이 특정 사안에 있어 법관으로 하여금 증거조사에 의한 사실판단도 하지말고, 최초의 공판기일에 공소사실과 검사의 의견만을 듣고 결심하여 형을 선고하라는 것은 입법에 의해서 사법의 본질적인 중요부분을 대체시켜 버리는 것에 다름 아니어서 우리 헌법상의 권력분립원칙에 어긋나는 것이다. 우리 헌법은 권력 상호간의 견제와 균형을 위하여 명시적으로 규정한 예외를 제외하고는 입법부에게 사법작용을 수행할 권한을 부여하지 않고 있다. 그런데도 입법자가 법원으로 하여금 증거조사도 하지 말고 형을 선고하도록 하는 법률을 제정한 것은 헌법이 정한 입법권의 한계를 유월하여 사법작용의 영역을 침범한 것이라고 할 것이다.

따라서 특조법 제7조 제7항 본문은 사법권의 법원에의 귀속을 명시한 헌법 제101조 제1항에도 위반된다.

헌재 1996.1.25. 95헌가5, 판례집 8-1, 1,18-19

사법은 민사재판과 형사재판만이 아니라 행정재판도 포함한다. 과거 프랑스, 독일 등 유럽대륙국가에서 행정사건의 재판은 일반적인 민·형사재판과 달리 일반 법원이 아니라 별도로 독립한 행정법원이 담당하고 행정법원을 형식상 정부에 속하는 것으로 하였다(이른바 '**행정형국가**'). 이와 달리 영국과 미국에서는 행정재판도 일반 법원의 관할로 하였다(이른바 '**사법형국가**'). 우리 헌법은 "명령·규칙·처분이 헌법이나 법률에 위반되는 여부가 재판의 전제가 된 경우에는 대법원은 이를 최종적으로 심사할 권한을 가진다"고 규정하여(제107조 제2항), 처분에 대한 심판권이 최종적으로 대법원에 속함을 명시하고 있다. 이는 우리 헌법이 사법형국가의 예에 따르고 있음을 나타내는 것이다.

헌법재판도 사법에 포함되느냐가 문제된다. 우리 헌법은 명령 · 규칙 · 처분의 위헌 여부는 대법원이 최종적으로 심사한다고 규정하지만, 위헌법률심판 등은 별도로 설치되는 헌법재판소가 담당한다고 규정하고 있다. 헌법재판소가 담당하는 헌법재판의 성격을 사법작용의 일종으로 볼 것인지 또는 사법작용과 구별되는 제4의 작용으로 볼 것인지에 관하여 논의가 있다. 헌법재판의 특수성이 인정되지만, 헌법재판도 사법의 개념요소들을 충족시키고 있으므로 사법작용에 속한다고 본다(뒤의 헌법재판소 참조).

사법권이 법원에 속한다 함은 위와 같은 '법률상 쟁송의 심판권'이 법원에 속한다는 의미이다. 그러나 그렇다고 하여 모든 사법권이 오직 법원만에 속한다는 의미는 아니다. 위의 설명처럼 헌법재판의 대부분은 법원이 아닌 헌법재판소가 담당한다. 다른 한편, 법원에 속하는 모든 권한이 사법권에 해당하는 것도 아니다. 법원은 소송사건에 해당하지 않는 비송사건(非訟事件)을 비송사건절차법에 따라 관할한다. 또한 실질적 의미의 사법권에 해당하지 않는 사법행정권과 사법입법권(대법원규칙제정권 등)을 행사한다.

2. 사법권의 특성

(1) 정치중립적 권력

사법권의 특성은 입법권 · 행정권과 같은 다른 국가권력과의 대비를 통해 잘 드러난다. 사법권은 국가권력의 일종이지만 입법권 · 행정권과 같은 '정치적 권력'과 달리 '비정치적 권력' 또는 '정치중립적 권력'이라고 불린다. 입법권을 행사하는 의회의 의원이나 행정권을 행사하는 행정부 수반(대통령)은 국민의 선거에 의해 직접 선출된 사람들로 구성된다. 반면 사법권을 행사하는 법관들은 국민의 선거로 선출되는 것이 아니며, 정치활동이 금지된다. 이처럼 사법권은 선거나 정당과 직접 관련되지 않는다는 점에서 비정치적 또는 중립적 권력이다. 사법권의 정치적 중립성은 재판의 공정성을 확보하기 위한 것이다.

다만 사법권의 정치적 중립성에 관하여 유의할 점이 있다. 사법권의 행사는 정치중립적이어야 하고 이를 위해 법관의 정치적 중립성이 요청되지만, 현실적으로 재판이 정치중립적으로 행사되느냐는 별개의 문제이다. 실제에 있어서 법관에 대해 정치적 영향력이 미친다는 점, 그리고 판결이 정치적 효과와 정치적 의미를 지닌다는 점을 부인하기는 어렵다.

(2) '법에 의해 구속되는 권력'

사법권은 '법에 의해 구속되는 권력'이라는 점에서 특히 입법권과 구별된다. 입법권은 법을 정립하는 권력인데 비해, 사법권은 정립된 법에 구속되어 법을 선언하는 권력이다. 재판을 가리키는 라틴어 '*juris dictio*', 독일어 'Rechtsprechung'은 '법을 말한다'는 의미이다.

그러나 재판이 법을 말하는 작용이라고 해서 재판이 단순히 법을 확인하는 작용에 그치는 것은 아니다. 법의 해석과 적용의 과정에는 법을 창조하는 성격이 내재되어 있다. 법의 해석 · 적용 과정에는 불가피하게 가치판단의 선택 과정이 개재되어 있고, 이 과정에서 법관의 법창조적, 법형성적 작용이 행하여진다. 이런 점에서는 사법권 역시 법을 정립하는 성격을 지닌다고 할 수 있다(앞의 '헌법의 해석' 참조).

(3) '가장 덜 위험한 권력'

사법권은 행정권과 마찬가지로 법에 의해 구속되는 권력이고 그런 점에서 법을 집행하는 권력이라고 할 수 있다. 그러나 행정권이 법을 능동적으로 집행하고 그 과정에서 광범한 재량을 가지면서 정책을 형성하는 권력인데 비하여, 사법권은 '수동적으로' 당사자의 제소를 기다려 오직 무엇이 법인지를 '판단'하는 권력이다.

이러한 점과 관련하여, 미국헌법 제정당시의 헌법사상을 가장 잘 보여주는 '연방주의자 논집'(*The Federalist Papers*)에서 해밀턴(Alexander Hamilton, 1755-1804)은 사법부의 특성에 관하여 다음과 같이 말하고 있다. "사법부는 그 기능의 성질상 헌법의 정치적 권리들에 대해 언제나 가장 덜 위험할(the least dangerous) 것이다. 왜냐하면 정치적 권리들을 해칠 능력이 가장 적기 때문이다. 사법부는 집행부나 입법부와 반대로 칼이나 돈지갑에 대한 영향력이 없다. …… 진실로 말하건대 사법부는 힘(force)도 의지(will)도 없고 단지 판단(judgment)을 할 뿐이며, 그 판단의 실효성을 위해서도 궁극적으로 집행기관의 도움에 의존하지 않으면 안 된다. …… 사법부는 권력의 세 기관 가운데 비할 바 없이 가장 약한 기관이며, 다른 두 기관을 결코 성공적으로 공격할 수 없고, 그들로부터 자신을 방어하기 위해서는 모든 가능한 주의가 필요하다. 또한 분명한 것은, 비록 법원이 이따금 개인을 억압할 수 있다고 하더라도, 사법부가 진실로 입법부와 집행부로부터 떨어져 있는 한, 인민들의 일반적인 자유가 법원에 의해 위협당할 수는 없다는 것이다"(*The Federalist* No. 78).

Ⅱ. 사법권의 독립

> **(헌법 제101조)** ③ 법관의 자격은 법률로 정한다.
> **(헌법 제103조)** 법관은 헌법과 법률에 의하여 그 양심에 따라 독립하여 심판한다.
> **(헌법 제104조)** ① 대법원장은 국회의 동의를 얻어 대통령이 임명한다.
> ② 대법관은 대법원장의 제청으로 국회의 동의를 얻어 대통령이 임명한다.
> ③ 대법원장과 대법관이 아닌 법관은 대법관회의의 동의를 얻어 대법원장이 임명한다.
> **(헌법 제105조)** ① 대법원장의 임기는 6년으로 하며, 중임할 수 없다.
> ② 대법관의 임기는 6년으로 하며, 법률이 정하는 바에 의하여 연임할 수 있다.
> ③ 대법원장과 대법관이 아닌 법관의 임기는 10년으로 하며, 법률이 정하는 바에 의하여 연임할 수 있다.
> ④ 법관의 정년은 법률로 정한다.
> **(헌법 제106조)** ① 법관은 탄핵 또는 금고이상의 형의 선고에 의하지 아니하고는 파면되지 아니하며, 징계처분에 의하지 아니하고는 정직·감봉 기타 불리한 처분을 받지 아니한다.
> ② 법관이 중대한 심신상의 장해로 직무를 수행할 수 없을 때에는 법률이 정하는 바에 의하여 퇴직하게 할 수 있다.

1. 서 설

(1) 사법권 독립의 의미

사법권 독립의 원리에는 크게 두 측면이 있다. 그 하나는 국가의 통치권의 하나로서 사법권이 입법권이나 행정권으로부터 분리되어 독립된 국가기관에 주어지는 것을 말한다. 이것은 근대 헌법의 원리인 권력분립주의에 근거한다. 이 측면에서의 사법권 독립은 곧 법원의 독립 또는 사법부의 독립을 의미한다. 다른 하나는 개개의 재판이 법관 외의 어떠한 권력이나 세력으로부터 간섭받지 않고 독립하여 행하여져야 한다는 것이다. 이 측면에서의 사법권 독립은 곧 **재판의 독립**을 의미한다. 나아가 이와 더불어 재판의 독립을 위한 법관의 독립, 특히 **법관의 신분상의 독립**이 요청된다. 이같은 여러 의미의 사법권 독립 가운데 그 핵심을 이루는 것은 재판의 독립이다. 종래 재판의 독립을 물적(物的) 독립, 법관의 신분상 독립을 인적(人的) 독립이라고 불러왔다.

우리 헌법은 제103조에서 재판의 독립을 규정하고, 제106조의 법관 신분보장 등을 통해 법관의 신분상 독립을 규정하고 있다. 지금과 같은 제103조의 규정은 제3공화국헌법 이래 존속되어온 것으로, 일본헌법 규정과 유사하다(제76조 제3항. "모든 재판관은 그 양심에 따라 독립하여 그 직권을 행사하며 이 헌법과 법률에만 구속된다").

(2) 권력분립론 및 법치주의와 사법권 독립

사법권 독립은 근대 입헌주의의 주요 내용의 하나를 이루어 왔다. 일찍이 몽테스키외는 권력분립론을 전개하면서 다음과 같이 사법권 독립을 주장하였다. "만일 재판권이 입법권과 결합하면 시민의 생명 및 자유에 대한 권력은 자의적(恣意的)으로 될 것이다. 왜냐하면 재판관이 입법자도 되는 셈이기 때문이다. 만일 재판권이 집행권과 결합되면 재판관은 압제자의 힘을 가질 수 있게 될 것이다"('법의 정신' 제11편 제6장). 이처럼 몽테스키외는 권력남용으로부터 자유를 지키기 위해 입법권 및 집행권으로부터 사법권이 독립되어야 한다고 주장하였다.

이와 마찬가지 취지는 미국헌법의 아버지의 한 사람인 해밀턴의 논설에서도 볼 수 있다. 그는 사법부를 '가장 덜 위험한 권력'이라고 보면서도, "사법부가 입법부나 집행부로부터 자신을 방어할 수 있도록 모든 가능한 주의를 기울일 필요가 있다. …… 만일 재판권이 입법권과 집행권과 분리되지 않으면 자유는 없다"고 말하였다('연방주의자 논집' 제78편).

한편 재판의 독립이라는 의미의 사법권 독립은 사법작용이 지니는 특수성에서 도출될 수 있다. 재판은 법을 해석하고 적용하는 작용이며 이를 담당하는 법관은 오직 법에만 구속될 것이 요청된다. 즉 재판의 독립은 법치주의를 실현하기 위한 수단이라는 의미를 지닌다. 법의 지배가 이루어지기 위해서는 법관은 오직 법에 따라서 재판해야 한다. 이처럼 사법권 독립의 핵심인 재판의 독립은 법치주의의 핵심적 요소를 이룬다. 이 점은 특히 영미(英美)의 '법의 지배'(rule of law)의 원리에서 강조되어 왔다. 자의적 지배를 배제하는 법치주의는 종국적으로 법을 선언하고 심판하는 권력인 사법권의 독립 없이는 이루어질 수 없다.

(3) 권력분립론의 현대적 변모와 사법권 독립

본래 근대 권력분립론에서 그 중심적 의미를 지닌 것은 입법권과 행정권의 분리 및 상호견제였다. 그러나 20세기 이래 현대국가에서 정당을 통한 입법권·행정권의 권력융합 현상이 나타나면서, 입법권·행정권과 같은 정치적 권력에 대한 통제가 중요한 과제로 부각되었다. 바로 이러한 점 때문에 현대국가에서 사법권 독립의 의의가 더욱 강조된다.

정치적 권력에 대한 사법적 통제는 통상적인 재판을 통해서만이 아니라 특히 위헌심사제에 의하여 더욱 강화되고 있다. 이러한 경향이 심화되면서 이른바 '사법통치' 현상에 관한 논의가 전개되고 있다(앞의 제1편, 제1장, Ⅶ, 3. (3) '사법통치' 참조).

한국헌정사에서 사법권독립 침해에 관한 극적 사건으로 1971년의 이른바 **'사법파동'**을 들 수 있다. 이 사건은 서울지방검찰청 공안부검사들이 서울형사지방법원의 두 판사와 입회서기에 대해 구속영장을 신청함으로써 발단되었다. 피의사실은 재판부가 증인검증 출장시에 비행기탑승료, 여관비 등을 수뢰했다는 것이었다. 이에 법원은 영장신청을 기각하였고, 이후 100여명의 판사가 집단사표를 제출하는 등, 법조계는 일대 파란을 겪었다. 이 사건의 배경은 일련의 시국사건 재판에 대한 집권세력의 불만이었다. 또한 이 사건 직전에 있었던 대법원의 위헌판결(군인·군속에 대한 국가배상청구권을 부인한 국가배상법 제2조 제1항 단서조항 위헌판결)도 사법파동을 야기한 중요한 계기의 하나였다. 뿐만 아니라 1972년의 유신헌법과 함께 새로 대법원을 구성하면서, 이 위헌판결에 찬성했던 대법원판사들은 재임명되지 못하였다.

2. 법원의 독립

사법권 독립의 첫 번째 의미는 법원의 독립, 즉 국가기관의 구성에 있어서 법원이 국회·정부로부터 독립한다는 것이다. 그러나 법원의 독립이 곧 법원에 대한 국회·정부의 관여를 일체 금지하는 것은 아니며, 법원에 대한 일정한 견제권이 인정된다.

(1) 국회로부터의 독립

법관의 인사는 원칙적으로 국회로부터 독립되어 있다. 법원을 구성하는 법관과 국회의원의 겸직은 허용되지 않는다(국회법 제29조 제1항 제1호). 그러나 대법원장 임명 및 대법관의 임명에 대해 국회는 동의권을 가지며(헌법 제104조), 이를 통해 법원의 인사에 관여하는 기회를 갖는다.

국회의 국정감사권 및 국정조사권은 법원에 대해서도 행사될 수 있지만, 여기에는 사법권 독립에서 오는 한계가 있다. 국정감사·조사법은 "감사 또는 조사는 ……계속(繫屬) 중인 재판…에 관여할 목적으로 행사되어서는 아니된다"고 규정하고 있다

(제8조). 진행 중인 사건에서 법관의 소송지휘를 조사하거나 재판 내용의 타당성 여부를 조사하는 것은 '관여'에 해당하며 허용되지 않는다고 볼 것이다. 그러나 진행 중인 재판의 기초로 되어 있는 사실에 관하여 재판과 병행하여 조사 대상으로 삼는 것 자체가 금지되는 것은 아니다(앞의 국회의 국정감사권 · 국정조사권 참조).

국회로부터의 법원의 독립에 기본적인 한계를 설정하는 것은 국회의 법률제정권이다. 국회는 법원에 관한 법률의 제정을 통하여 법원을 견제한다. 법원에 관한 법률의 제정과정에 법원이 직접 관여할 기회를 갖지 못함은 법원의 독립에 큰 제약이 된다. 특히 법원은 그 자신에 관한 사안에 관해서도 법률안제출권을 갖지 못한다. 법원에 관한 법률안이라도 정부 또는 국회의원을 통해 제안될 수밖에 없다. 다만 법원에 관한 입법에 관하여 법원이 의견을 제시할 수 있는 제도는 인정되어 있다. 법원조직법은 "대법원장은 법원의 조직, 인사, 운영, 재판절차, 등기, 가족관계등록 기타 법원 업무에 관련된 법률의 제정 또는 개정이 필요하다고 인정하는 경우에는 국회에 서면으로 그 의견을 제출할 수 있다."고 규정하고 있다(제9조 제3항). 그 밖에 법원은 대법원규칙제정권을 통하여 제한적이나마 실질적인 입법권을 행사할 수 있다.

외국 헌법 중에는 법원에 법률안제출권을 인정하는 예가 있다(예컨대 브라질 헌법 제61조).

(2) 정부로부터의 독립

역사적으로 사법권독립의 핵심은 행정권으로부터의 독립에 있었다. 법관의 인사는 원칙적으로 정부로부터 독립되어 있다. 행정부서의 공무원과 법관의 겸직은 인정되지 않는다(법원조직법 제49조 제2호). 그러나 정부는 법원구성에 관하여 일정한 관여권을 가진다. 대법원장은 국회동의를 얻어 대통령이 임명하며, 대법관은 대법원장 제청으로 국회동의를 얻어 대통령이 임명한다(헌법 제104조). 과거 유신헌법에서는 대법원장 · 대법관 외의 일반 법관(즉 판사)의 임명권까지도 대통령에게 부여하였다.

정부로부터의 법원의 독립에 큰 제약을 가하는 것은 정부의 예산안편성제출권이다(헌법 제54조 제2항). 법원예산안도 정부가 편성 · 제출한다. 다만 국가재정법은 법원과 같은 '독립기관'(국가재정법 제6조)의 예산편성에 관하여 특별한 규정을 두고 있다. "① 정부는 독립기관의 예산을 편성함에 있어 당해 독립기관의 장의 의견을 최대한 존중하여야 하며, 국가재정상황 등에 따라 조정이 필요한 때에는 당해 독립기관의 장과 미리 협의하여야 한다. ② 정부는 제1항의 규정에 따른 협의에도 불구하고 독립기관의 세출예산요구액을 감액하고자 할 때에는 국무회의에서 당해 독립기관의 장의 의견을 구하여야 하며, 정부가 독립기관의 세출예산요구액을 감액한 때에는 그 규모 및 이유, 감액에 대한 독립기관의 장의 의견을 국회에 제출하여야 한다”(제40조).

외국헌법 중에는 법원의 재정적 독립을 배려하여 특별한 규정을 두는 경우가 있다. 예컨대 미국헌법은 판사의 보수액을 그 재직 중 삭감하지 못한다고 명시하고 있다(제3조 제1항).

3. 법관의 신분상 독립

법관의 신분상 독립이란, 법관인사의 독립, 법관자격제, 법관임기의 보장과 정년제, 법관의 신분보장 등을 총칭한다. 법관의 신분상 독립은 재판의 독립을 보장하기 위한 것이다.

(1) 법관인사의 독립

대법원장과 대법관을 제외한 일반 법관을 ‘판사’라고 부른다(법원조직법 제5조 제1항). 판사는 대법원장이 임명하되, 대법관회의의 동의를 얻어야 한다(법원조직법 제41조 제3항). 판사의 임명에 국회와 정부의 관여는 배제된다. 과거 유신헌법상에서는 대통령이 일반 법관, 즉 판사를 임명하도록 규정하였는데, 이것은 1971년의 ‘사법파동’과 같은 사태(앞의 ‘서설’ 참조)를 염려한 것으로, 사법권독립을 저해하는 것이었다.

한편 판사의 보직(補職)은 대법원장이 행한다(법원조직법 제44조 제1항). 법관인사에 관한 대법원장 자문기관으로 법관인사위원회가 있다(같은 법 제25조의2).

법관의 인사(人事)는 독립적이어야 하지만, 정부와 국회의 관여가 완전히 배제되는 것은 아니다. 대법원장과 대법관 임명은 대통령이 하며, 국회의 동의를 얻어야 한다.

법관인사의 독립 및 재판의 독립과 관련하여 이른바 ‘**법관계급제**’가 문제된다. 법원조직법에 의하면 법관의 종류는 대법원장, 대법관, 판사의 세 직급으로 분류될 뿐이지만(법원조직법 제4조, 제5조), 실질적으로는 지방법원 합의부 판사로부터 대법원장에 이르기까지 다단계의 법관직급이 존재하며, 특히 고등법원 부장판사의 보직은 사실상 대단히 경쟁적인 승진으로 인식되고 있다. 최근 법원조직법 개정(법률 제17125호, 2020.3.24.)을 통하여 고등법원 부장판사 직위는 폐지되었다.

이 같은 실질적인 법관계급제는 재판의 독립을 저해하는 가장 큰 요소로 지적되고 있다. 판사 보직권이 대법원장에게 있으므로 판사들이 재판을 함에 있어서 사실상 대법원장의 보직권을 의식하지 않을 수 없고, 이에 따라 실질적으로 대법원장의 성향이 재판에 영향을 미치지 않느냐는 우려가 제기된다. 그런데 대법원장 임명권은 대통령에게 있으므로, 대통령의 성향이 대법원장의 판사 보직권을 통하여 간접적으로 판사의 재판에 영향을 미치는 결과가 된다는 문제까지 제기될 수 있다.

(2) 법관의 자격제 · 임기제 · 정년제

"법관의 자격은 법률로 정한다"(헌법 제101조 제3항). 법원조직법에 의하면 판사의 임용자격은 "사법시험에 합격하여 사법연수원의 소정 과정을 마친 자" 또는 " 변호사의 자격이 있는 자"이다(제42조 제2항). 한편 변호사법에 의하면 변호사 자격은 "사법시험에 합격하여 사법연수원의 과정을 마친 자" 또는 "판사나 검사의 자격이 있는 자" 또는 "변호사시험에 합격한 자"로 되어 있고(제4조), 검찰청법에 의하면 검사의 자격은 "사법시험에 합격하여 사법연수원 과정을 마친 사람" 또는 "변호사 자격이 있는 사람"으로 되어 있다(제29조). 결국 판사의 자격은 "사법시험에 합격하여 사법연수원의 소정 과정을 마친 자" 또는 "변호사시험에 합격한 자"이다. 법관자격제는 소정의 자격을 갖춘 자만이 법관이 될 수 있게 함으로써 사법권 독립을 보장하는 기능을 한다.

현행 법원조직법(2024.10.16. 개정 및 시행, 법률 제20465호)상 법관의 자격은 다음과 같다. 우선 대법관은 20년 이상의 법조경력이 있는 45세 이상이어야 한다(제42조 제1항). 판사는 5년 이상의 법조경력이 있어야 한다(같은 조 제2항; 현행법 개정 전에는 10년 이상의 법조경력을 요하였다). 다만 단독으로 재판을 하기 위해서는 10년 이상의 법조경력이 필요하고, 그 미만인 경우에는 합의부 재판장이 될 수도 없다(제42조의3).

대법원장과 대법관의 임기는 6년이며, 일반 법관(즉 판사)의 임기는 10년이다. 대법원장의 중임은 금지되며, 대법관과 판사는 연임할 수 있다. 한편 법관의 정년은 법률로 정하며, 대법원장과 대법관은 70세, 판사는 65세가 정년으로 되어 있다(제45조 제4항).

법관의 임기제 · 정년제는 종신제와 대비된다. 사법권 독립을 위해서는 임기제 · 정년제보다 미국과 같은 종신제가 더 바람직하지만, 반면 종신제는 법관의 보수화를 가져옴으로써 사회변동에 따른 재판의 현실적응성을 떨어뜨리는 문제점이 있다.

(판 례) 법관 정년제

법관정년제를 규정한 것은 한편으로는 정년연령까지 그 신분이 보장되는 측면이 있다. 청구인은 그 법관정년제 자체를 문제삼고 있는바, 이 점에 관하여는 우리 헌법상 법관정년제를 채택하고 있어서, 위에서 본 바와 같이 원칙적으로 위헌성판단의 대상이 되지 아니한다.

(……) 학자에 따라서는 사법권의 독립을 보다 효과적으로 이룩하기 위하여 법관정년제를 폐지하고 종신제로 가야 한다는 견해가 있다. 그런데, 궁극적으로 이 문제는 사법권 독립, 사법의 민주화, 사법의 보수화 · 관료화 · 노쇠화 방지 등을 비교 형량한 헌법정책 내지 입법정책의 문제라고 할 것이다.

헌재 2002.10.31. 2001헌마557, 판례집 14-2, 541,552-553

판사의 연임에 관하여 헌법은 "……법률이 정하는 바에 의하여 연임할 수 있다"고 규정하고 있다(제105조 제3항). 이 규정의 의미에 관하여 두 가지 해석의 가능성이 있다. 그 하나는 임기제에 중점을 두고, 재임명 여부는 임명권자인 대법원장의 자유재량에 있다고 보는 견해이다. 다른 하나는 재임명하는 것을 원칙으로 하고, 재임명에 부적합한 명백한 결격사유가 없는 한, 재임명해야 하는 것으로 보는 견해이다. 사법권 독립의 취지에 비추어 후자의 해석이 타당하다고 본다.

과거에 판사의 연임발령을 하지 않은 사례들이 있었고, 이것이 사법권 독립의 침해가 아니냐는 논란이 있었다. 이 점을 감안하여 현행 법원조직법은 연임에 관하여 과거보다 구체적 규정을 두고 있다(제45조의2. "① 임기가 만료된 판사는 대법관회의의 동의를 얻어 대법원장의 연임발령으로 연임한다. ② 대법원장은 다음 각호의 어느 하나에 해당한다고 인정되는 판사에 대하여는 연임발령을 하지 아니한다. 1. 신체 또는 정신상의 장해로 인하여 판사로서 정상적인 직무를 수행할 수 없는 경우 2. 근무성적이 현저히 불량하여 판사로서 정상적인 직무를 수행할 수 없는 경우 3. 판사로서의 품위를 유지하는 것이 현저히 곤란한 경우 ③ 판사의 연임절차에 관하여 필요한 사항은 대법원규칙으로 정한다"). 이 규정은 재임명에 관한 헌법조항(제105조 제3항)의 의미에 관하여 위의 두 해석 가운데 후자의 해석에 따른 것으로 볼 것이다.

한편 법관의 신분상 독립과 관련된 것으로, 법관의 **파견근무제**가 있다. "대법원장은 다른 국가기관으로부터 법관의 파견근무요청이 있을 경우에 업무의 성질상 법관을 파견하는 것이 타당하다고 인정되고 당해 법관이 이에 동의하는 경우에는 그 기간을 정하여 이를 허가할 수 있다"(법원조직법 제50조).

(3) 법관의 신분보장과 정치적 중립성의 보장

법관은 탄핵 또는 금고 이상의 형에 의하지 아니하고는 파면되지 아니하며, 징계처분에 의하지 아니하고는 정직·감봉 기타 불리한 처분을 당하지 아니한다(헌법 제106조 제1항; 법원조직법 제46조 제1항). 법관의 징계처분에는 정직·감봉·견책의 3종류가 있다(법관징계법 제3조).

법관이 중대한 심신상의 장애로 직무를 수행할 수 없을 때에는 법률이 정하는 바에 의하여 퇴직하게 할 수 있다(헌법 제106조 제2항). 대법관인 경우에는 대법원장의 제청으로 대통령이, 판사인 경우에는 대법원장이 퇴직을 명할 수 있다(법원조직법 제47조).

한편 사법권 독립과 재판의 공정성을 위해서는 법관의 정치적 중립성이 보장되어야 한다. 법관은 국회의원·지방의회의원·행정부서의 공무원이 될 수 없고, "정치운동에 관여하는 일"이 금지된다(법원조직법 제49조). 2020년 개정 법원조직법은 법관의 임용 결격사유에 정당의 당원 또는 당원의 신분을 상실한 날로부터 3년이 경과되지 아니한 사람, 교육감선거 외의 공직선거에 (예비)후보자로 등록한 날로부터 5년이 경과되지 아니한 사람, 대통령선거에서 후보자의 당선을 위하여 자문이나 고문의 역할을 한 날로부터 3년이 경과되지 아니한 사람, 대통령비서실 소속의 공무원으로서 퇴직 후 3년이 지나지 아니한 사람을 추가하였다(제43조). 또한 법관은 대통령비서실에 파견되거나 대통령비서실의 직위를 겸임할 수 없고, 법관으로서 퇴직 후 2년이 지나지 아니한 사람은 대통령비서실의 직위에 임용될 수 없다는 조항을 신설하였다(제50조의2).

(판 례) 과거 3년 이내의 당원 경력을 법관 임용 결격사유로 정한 법원조직법

현행법상 공무담임권을 지나치게 제한하지 않으면서 법관(대법원장·대법관·판사)이 정치적 중립성을 준수하고 재판의 독립을 지킬 수 있도록 하는 제도적 장치는 이미 존재한다. 즉, 법관의 정당가입 및 정치운동 관여 금지, 임기 보장, 탄핵제도, 제척·기피·회피제도, 심급제 등을 통해 법관의 정치적 중립과 재판의 독립을 제도적으로 보장하고, 재판의 객관성과 공정성이 유지되도록 하고 있다. 특히 대법원장과 대법관은 국회에서 인사청문 절차를 거치므로, 판사보다 더 엄격한 수준에서 정치적 중립성에 대한 검증이 이루어지고 있다. 가사 과거에 당원 신분을 취득한 경력을 규제할 필요성이 있더라도, 적극적으로 정치적 활동을 하였던 경우에 한하여 법관 임용을 제한할 수 있고, 이에 법원조직법은 관련 규정을 별도로 두고 있다. 그럼에도 불구하고, 심판대상조항과 같

이 과거 3년 이내의 모든 당원 경력을 법관 임용 결격사유로 정하는 것은, 입법목적 달성을 위해 합리적인 범위를 넘어 정치적 중립성과 재판 독립에 긴밀한 연관성이 없는 경우까지 과도하게 공직취임의 기회를 제한한다.

헌재 2024.7.18. 2021헌마460, 공보 334, 1255

위 결정에는 대법원장과 대법관에는 위 결격사유 조항이 적용되어야 한다는 2인 재판관의 일부위헌의견이 있다.

4. 재판의 독립

헌법 제103조는 "법관은 헌법과 법률에 의하여 그 양심에 따라 독립하여 심판한다"고 하여 법관의 직무상의 독립, 즉 재판의 독립을 규정하고 있다. 재판의 독립은 사법권 독립의 핵심을 이룬다. 재판의 독립을 법관의 '물적(物的) 독립'이라고도 부른다.

재판의 독립은 소극적 측면과 적극적 측면의 두 측면으로 나누어 볼 수 있다. 첫째, 소극적 측면에서 재판의 독립은 재판에 대한 외부적 간섭의 금지를 뜻한다. 즉 법관이 심판을 함에 있어서 어떠한 외부적 간섭도 허용되지 않는다. 둘째, 적극적 측면에서 재판의 독립은 법관이 헌법과 법률 및 양심에 따라 심판한다는 것을 의미한다.

(1) 외부적 간섭의 금지

법관이 심판을 함에 있어서 어떠한 외부적 간섭도 금지된다. ① 국회나 정부의 간섭은 금지된다. 국회의 국정감사·조사권도 계속(繫屬) 중인 재판에 관여할 수 없다(국정감사·조사법 제8조).

② 법원 내부에서도 개개 법관의 심판에 간섭할 수 없다. 상급심법원이라도 하급심법원의 심판에 간섭할 수 없다. 법원장도 개개 법관의 심판에 간섭할 수 없고, 합의부 재판에서도 다른 법관에게 간섭할 수 없다.

③ 국가기관 외에 사회적 간섭도 인정되지 않는다. 그런 의미에서 재판은 여론으로부터 독립한다. 이 점에 관하여, 진행 중인 재판에 대한 언론기관의 비판적 보도가 인정되느냐가 문제된다. 이 문제는 사법권 독립과 표현의 자유의 충돌의 문제이다. 생각건대 진행 중인 재판에 대한 보도가 재판의 공정성을 침해할 명백하고 현존하는 위험이 있다면 이를 제한할 수 있다고 볼 것이다.

(참고 · 미국판례) *Bridges v. State of California*(1941).

재판에 대한 언론보도는 재판의 진행에 대한 '심각한 간섭의 명백 · 현존하는 위험'(clear and present danger of serious interference)이 없는 한 이를 처벌할 수 없다.

(2) 헌법과 법률에 따른 심판

법관은 "헌법과 법률에 의하여" 재판한다(헌법 제103조). 즉 법관은 재판을 함에 있어서 헌법과 법률에 구속된다. 여기에서 '헌법과 법률'이라 함은 헌법과 법률(국회가 제정한 형식적 의미의 법률)을 포함한 모든 실정법을 뜻한다. 법규범 상호간에 저촉이 있다고 판단하는 경우에는 상위법규범을 우선시켜야 한다. 법률이 헌법에 위반한다고 판단하는 때에는 헌법재판소에 위헌법률심판을 제청하여 그 결정에 따라 재판하며, 명령 · 규칙 · 처분의 위헌 · 위법 여부는 법관 스스로 심사한다(헌법 제107조 제1항, 제2항).

법관이 '헌법과 법률에 의하여' 재판한다는 것은 법관이 자의적으로 재판해서는 안 되며 실정법에 구속된다는 것을 뜻하는데, 실정법의 해석과 적용의 과정에서 법관의 주관적 가치판단의 개입이 문제된다(이에 관해서는 앞의 '헌법해석의 본질' 참조).

(3) 양심에 따른 심판

법관은 헌법과 법률에 의하여 "그 양심에 따라 독립하여 심판한다"(헌법 제103조). 여기서 '양심에 따른' 심판의 의미가 문제된다. '양심'의 의미에 관하여 견해가 나뉜다.

① **주관적 양심설**에 의하면, 양심에 따른 심판이란 법관 개인이 스스로 도덕적으로 옳다고 믿는 바에 따라 심판하는 것을 뜻한다고 본다. ② **객관적 양심설**에 의하면, 양심에 따른 심판이란 법관의 개인적 양심이 아니라 법관으로서의 직업적 양심에 따라 심판하는 것을 뜻한다고 본다. 통설적 견해는 객관적 양심설을 취한다.

생각건대 개인적 양심과 직업적 양심을 명확하고 엄격히 구별하기는 어렵다고 본다. 통설적 견해처럼 양심이란 법관으로서의 직업적 양심이라고 볼 것이지만, 직업적 양심이란 무엇이며, 그것이 법관의 주관적 양심과 전혀 별개의 것인가는 매우 어려운 문제이다. 법관으로서의 직업적 양심이란, 법관이 적용할 법규범 안에 객관적으로 존재하는 가치관을 의미한다고 볼 것인데, 법규범에 내재하는 가치관을 인식하는 과정에서 법관의 개인적 가치관이 개입할 소지를 전혀 부정하기는 어렵다. 다만 법관의 개인적 가치관은 법규범의 텍스트와 구조에 비추어 객관적으로 수용할 수 있는 범위 안의 것이어야 한다(앞의 '헌법해석의 본질' 참조). 이렇게 이해하는 한, 객관적 양심과 주관적 양심을 엄격히 구별하는 자체가 적절치 않다고 본다. 다만 양심에 따른 심판이 개인의 자의적(恣意的) 판단을 배제하는 것임은 분명하다.

법관의 양심에 따른 심판과 관련하여, 법관의 **양형**(量刑)**결정권**과 그 제한이 문제된다. 법원조직법에 의하면, 공정하고 객관적인 양형을 실현하기 위하여 대법원에 양형위원회를 설치하며 이 위원회에서 양형기준을 설정한다. 법관은 양형기준을 존중하여야 한다. 다만 양형기준은 법적 구속력을 갖지 아니한다. 양형기준을 벗어난 판결을 하는 경우에는 판결서에 양형의 이유를 기재하여야 하는데, 다만 약식절차 또는 즉결심판절차에 의하여 심판하는 경우에는 그러하지 아니하다(제81조의2-제81조의7).

헌법재판소에 의하면, 법관의 양형결정권을 극도로 제한하는 것은 위헌이라고 보았다(헌재 1992.4.28. 90헌바24). 그러나 집행유예의 요건으로 "3년 이하의 징역 또는 금고의 형을 선고할 경우"로 한정하고 있는 것이 법관의 양형판단권을 근본적으로 제한하거나 사법권의 본질을 침해한 것은 아니라고 보았다(헌재 1997.8.21. 93헌바60).

(판 례) 법관의 양형결정권에 대한 제한

이 사건 법률조항(특정범죄가중처벌등에 관한 법률 제5조의3. 도주차량운전자의 가중처벌)에 해당하는 사건은 그 죄질의 형태와 정상의 폭이 넓어 탄력적으로 운용하여야 할 성질의 것인데 그 법정형이 최하 10년 이상의 유기징역과 무기징역 및 사형으로 규정하고 있어서 실무상 법관이 양형을 선택하고 선고하는데에 그 재량의 폭이 너무 한정되어 인간존중의 이념에 따라 재판을 할 수 없을 뿐 아니라 양형상 참작할 만한 사유가 있어서 최대한 작량감경을 하더라도 별도의 법률상 감경사유가 없는 한 집행유예를 선고할 수 없도록 법관의 양형선택과 판단권을 극도로 제한하고 있고 또 범죄자의 귀책사유에 알맞는 형벌을 선고할 수 없도록 법관의 양형결정권을 원천적으로 제한하고 있는 것이다.

헌재 1992.4.28. 90헌바24, 판례집 4, 225,238-239

5. 국민주권과 사법권 독립

(1) 국민주권과 사법권 독립의 상충과 그 해결

국민주권의 원리와 사법권 독립의 원리는 양립할 수 있는가. 국민주권의 원리에 관하여 '국민' 및 '주권'의 의미는 다의적으로 해석되고 있는데(앞의 '국민주권' 참조), 국민주권의 기본적인 요청은 국가권력이 국민의 의사에 의해 정당화되지 않으면 안 된다는 것이다. 그렇다면 이 같은 국민주권의 요청과 재판의 독립은 양립될 수 있는가.

국민주권의 원리에 비추어 보면, 입법작용이나 행정작용만이 아니라 사법작용 역시 국민적 정당성을 갖추어야 한다. 이런 관점에서 보면 사법권 행사에도 국민적 통제가 이루어져야 한다. 반면 사법권에 대한 국민적 통제는 사법권 독립을 침해할 위험성이 있다. 앞에서 본 것처럼, 재판의 독립은 법치주의를 실현하기 위한 핵심적 수단이다. 법치주의가 이루어지려면 법관은 오직 법에 따라서 재판해야 한다. 이러한 관점에서 보면, 재판은 다수 여론으로 나타나는 국민의 의사로부터도 간섭받지 말아야 한다는 것이 요청된다. 국민주권의 원리를 재판에 대해 일방적으로 관철시키는 것은 재판의 독립을 침해할 염려가 있는 것이다. 이 같은 국민주권과 사법권 독립의 상충 또는 길항(拮抗)을 어떻게 해결할 것인가. 이 해결의 방향은 두 가지로 나뉜다.

제1의 방향은 사법권 독립을 위해 국민주권의 원리를 제한적으로 수용하는 것이다. 법관이 재판에서 해석·적용하는 법률은 국민주권이 구체화된 산물이므로, 법관이 법률에 따라 재판하는 한, 이것으로 국민주권의 요청은 실현된다는 것이다.

제2의 방향은 국민주권의 원리를 강조하여 사법권에 대한 국민적 통제까지 요구하는 것이다. 재판에 대한 국민적 통제가 사법권 독립에 반(反)하는 것은 아니라고 보는 것이다.

위의 제1의 방향은 직업법관제도로 나타나며, 재판에 대한 직접적인 국민참가는 인정하지 않는다. 제2의 방향은 배심제나 참심제 같은 국민의 재판참가제도 등으로 나타난다.

국민주권과 사법권 독립의 상충을 해결하려는 위의 두 방향은 각기 문제점을 안고 있다. 제1의 방향은 '법에 따른' 재판에 내재하는 고유한 문제점을 지니고 있다. 직업적 법관이 객관적으로 오직 '법에 따라' 재판한다고 하지만, 법관에 의한 법의 해석·적용 과정에는 불가피하게 가치관의 선택이 개입할 수밖에 없고, 이 때 법관의 편향적 가치관이 재판에 영향을 미칠 우려가 있다. 한편 제2의 방향은 제1의 방향의 지닌 문제점에서 그 정당성을 찾는다. 즉 직업적 법관이 지닌 한계를 피할 수 없고 바로 그 한계 때문에 사법권에 대한 국민참가가 정당화된다는 것이다. 그러나 사법권에 대한 국민참가에도 문제점이 따른다. 국민참가는 사법작용이 대중영합주의로 흐를 위험이 있다. 사법작용에 국민주권 또는 민주주의 원리를 극단적으로 관철시키려다 보면, 거꾸로 민주주의적 가치의 합리적 실현이 저해될 수 있는 것이다.

몽테스키외나 해밀턴은 사법권 독립을 주장하면서도 모두 배심제를 지지함으로써 재판에 대한 국민의 참가를 옹호하였다. 몽테스키외는 영국의 배심제에 공감하면서, 상설적인 재판기관을 설치하지 않고 인민들 중에서 선임되는 사람들로 임시 재판소를 구성하는 것을 통해 자유의 보장이 가능하다고 보았다. 해밀턴은 법관의 대중영합을 경계하는 한편, 배심재판을 전제적 권력으로부터의 자유보장 수단으로 보았다.

우리나라는 과거 오래 동안 재판은 오직 전문적이고 직업적인 법관만에 의해 수행되어야 하며, 국민은 그 객체일 뿐이라는 인식이 지배해 왔다. 그러나 '국민의 형사재판참여에 관한 법률'의 제정(2007.6.1)을 통해 한국식 배심제를 채택하였다. 이로써 위의 제2의 방향을 택하게 된 것이다.

(2) 국민의 사법참가(司法參加)

국가의 사법작용에 국민이 참가하는 제도를 국민의 사법참가라고 부른다. 국민의 사법참가의 방법은 세 가지로 나누어 볼 수 있다.

① 법관 선임과정에서의 국민참가제이다. 여기에는 미국의 여러 주에서 실시하는 법관 선거제, 대법관에 대한 일종의 국민소환제라고 할 수 있는 일본의 최고재판소 재판관 국민심사제 등이 있다.

② 재판과정에서의 국민참가제이다. 영미의 배심제, 독일 등 유럽 여러 나라의 참심제(參審制) 등이 그 대표적 형태이다. 최근 우리나라에서도 형사재판에 대한 국민참여제도를 채택하였다('국민의 형사재판참여에 관한 법률'). 그 밖에 우리나라의 민사조정법에 따른 민사조정제도 등도 재판참가의 방법으로 볼 수 있다.

③ 그 밖에 광의의 국민참가제로 볼 수 있는 것들이 있다. 준사법(準司法)이라고 할 수 있는 검찰권 행사에의 국민참가제도로서, 미국의 대배심(大陪審, grand jury)제도, 일본의 검찰심사회(檢察審査會) 제도 등이 있다. 우리나라도 검찰의 의사결정 과정에 국민의 의견을 직접 반영하여 수사의 공정성과 투명성을 제고하고 국민의 인권을

보장하기 위하여, 지방검찰청 및 차장 검사를 두고 있거나 부를 두고 있는 지청 단위별로 '검찰시민위원회'를 두고 있다. 검찰시민위원회의 심의대상은 공소제기, 불기소처분, 구속취소 및 구속영장 재청구의 적정성이다. 사법행정에 관한 각종 위원회에 일반 국민이 참여하는 제도도 광의의 국민참가제이다.

Ⅲ. 법원의 조직과 권한

(헌법 제101조) ① 사법권은 법관으로 구성된 법원에 속한다.
② 법원은 최고법원인 대법원과 각급법원으로 조직된다.
③ 법관의 자격은 법률로 정한다.

(헌법 제102조) ① 대법원에 부를 둘 수 있다.
② 대법원에 대법관을 둔다. 다만, 법률이 정하는 바에 의하여 대법관이 아닌 법관을 둘 수 있다.
③ 대법원과 각급법원의 조직은 법률로 정한다.

(헌법 제104조) ① 대법원장은 국회의 동의를 얻어 대통령이 임명한다.
② 대법관은 대법원장의 제청으로 국회의 동의를 얻어 대통령이 임명한다.
③ 대법원장과 대법관이 아닌 법관은 대법관회의의 동의를 얻어 대법원장이 임명한다.

(헌법 제105조) ① 대법원장의 임기는 6년으로 하며, 중임할 수 없다.
② 대법관의 임기는 6년으로 하며, 법률이 정하는 바에 의하여 연임할 수 있다.
③ 대법원장과 대법관이 아닌 법관의 임기는 10년으로 하며, 법률이 정하는 바에 의하여 연임할 수 있다.
④ 법관의 정년은 법률로 정한다.

(헌법 제107조) ① 법률이 헌법에 위반되는 여부가 재판의 전제가 된 경우에는 법원은 헌법재판소에 제청하여 그 심판에 의하여 재판한다.
② 명령 · 규칙 또는 처분이 헌법이나 법률에 위반되는 여부가 재판의 전제가 된 경우에는 대법원은 이를 최종적으로 심사할 권한을 가진다.
③ 재판의 전심절차로서 행정심판을 할 수 있다. 행정심판의 절차는 법률로 정하되, 사법절차가 준용되어야 한다.

(헌법 제108조) 대법원은 법률에 저촉되지 아니하는 범위안에서 소송에 관한 절차, 법원의 내부규율과 사무처리에 관한 규칙을 제정할 수 있다.

1. 서 설

법원은 법관으로 구성되며, 법원의 조직은 최고법원인 대법원과 각급법원(하급법원)으로 이루어진다. 하급법원을 어떻게 조직하는가는 법률에 맡겨져 있다.

법원의 조직을 계층적으로 최고법원과 하급법원으로 구성하는 것은 재판의 심급제(審級制)에 기초한다. 재판제도에 상소(上訴)를 인정하여 하급심과 상급심의 심급(審級)을 두는 것은 다음과 같은 이유 때문이다. 첫째, 재판에는 오류의 가능성이 있고, 오류가 발생한 경우에 이를 시정하는 기회가 마련되어야 한다. 둘째, 법의 해석과 적용에서 각 법원의 불일치를 조정하고 국가 법질서의 통일성을 유지할 필요가 있으며, 이를 위해 상급심을 담당하는 상급법원을 둘 필요가 있다.

법원의 조직에 관한 법률로 법원조직법이 있다. 이에 따르면 법원은 다음의 6종류로 한다. ① 대법원, ② 고등법원, ③ 특허법원, ④ 지방법원, ⑤ 가정법원, ⑥ 행정법원, ⑦ 회생법원(제3조 제1항). 지방법원 및 가정법원의 사무의 일부를 처리하게 하기 위하여 그 관할구역 안에 지원(支院)과 가정지원, 시법원(市法院) 또는 군법원(郡法院)(이 둘을 총칭하여 '시군법원'이라 한다) 및 등기소를 둘 수 있다. 다만 지방법원및 가정법원의 지원은 2개를 합하여 1개의 지원으로 할 수 있다(제3조 제2항).

법원조직은 기본적으로 대법원 · 고등법원 · 지방법원의 3단계로 구성된다. 특허법원은 고등법원급이고, 가정법원, 행정법원, 회생법원은 지방법원급이다.

2. 대 법 원

(1) 대법원의 지위

대법원의 헌법상 지위는 다음 네 가지로 나누어 볼 수 있다. 이 가운데 첫째 및 둘째는 국가기관 조직상의 지위이고, 셋째 및 넷째는 작용 또는 기능상의 지위이다.

첫째, 대법원은 **국가 최고기관**의 지위를 가진다. 대법원은 대통령, 국회, 헌법재판소와 더불어 국가 최고기관의 하나이다. 대법원은 헌법재판소와 함께 국가의 사법권을 담당하는 최고기관이다.

둘째, 대법원은 법원 가운데 **최고법원**으로서의 지위를 가진다. 헌법은 대법원이 최고법원이라고 명시하고 있다(제101조 제2항). 대법원은 최종 상급심법원이며, 아울러 최고의 사법행정기관으로서의 지위를 가진다.

셋째, 대법원은 **기본권보장기관**으로서의 지위를 가진다. 대법원은 국민 사이의 분쟁해결을 위한 기관에 그치지 않고, 국가권력에 의한 국민의 기본권 침해로부터 이를 구제해주는 기본권보장기관이다.

넷째, 대법원은 **헌법보장기관**으로서의 지위를 가진다. 대법원은 법률의 위헌 여부가 재판의 전제가 된 경우에 위헌법률심판을 헌법재판소에 제청하는 권한을 가진다. 하급법원도 이 권한을 가진다(헌법 제107조 제1항). 대법원은 또한 명령·규칙·처분의 위헌 여부가 재판의 전제가 된 경우에 이를 최종적으로 심사할 권한을 가진다(헌법 제107조 제2항).

(2) 대법원의 구성

대법원에 대법원장과 대법관을 둔다(헌법 제102조 제2항, 제104조 제1항). 대법관의 수는 대법원장을 포함하여 14인으로 한다(법원조직법 제4조 제2항, 개정 2007.12.27).

① **대법원장·대법관의 임명**. 대법원장은 국회의 동의를 얻어 대통령이 임명한다. 대법관은 대법원장의 제청으로 국회의 동의를 얻어 대통령이 임명한다(헌법 제104조 제1항, 제2항).

대법원장과 대법관의 임명방식은 변천을 거쳐 왔다. 과거 제2공화국헌법에서는 법관자격이 있는 자로 구성되는 선거인단에서 대법원장과 대법관을 선출하는 선거제도를 취하였으나(제78조), 시행되지는 못했다. 한편 제3공화국헌법에서는 법관추천회의제도를 두었다. 대법원장은 법관추천회의의 제청에 의하여 대통령이 국회에 동의를 요청하고 동의를 얻으면 대통령이 임명하여야 한다. 대법원판사(당시의 헌법은 대법관이라는 명칭을 피하고 '대법원판사'라는 명칭을 썼다)는 대법원장이 법관추천회의의 동의를 얻어 제청하고 대통령이 임명하며, 이 경우에 제청이 있으면 대통령은 임명하여야 한다. 법관추천회의는 법관 4인, 변호사 2인, 대통령이 지명하는 법률학교수 1인, 법무부장관과 검찰총장으로 구성한다(제99조). 이처럼 제2공화국헌법 및 제3공화국헌법에서는 대법원장과 대법관선출에 정부 또는 대통령이 직접 관여할 권한을 인정하지 않았다. 제2공화국헌법의 제도는 속칭 법조인의 직선제이며, 제3공화국헌법의 제도는 일종의 간선제라고 할 수 있다.

② **대법원장의 지위와 권한**. 첫째 대법원장은 최고법원인 대법원의 수장(首長)이다. 대법원장은 국가 최고기관의 하나인 법원을 대표한다. 또한 최고의 사법행정권자로서 대법원과 각급법원의 행정사무를 총괄하며 관계공무원을 지휘·감독한다(법원조직법 제9조 제1항, 제13조 제2항).

둘째, 대법원장은 **대법관회의**의 의장이다(같은 법 제16조 제1항). 대법관회의는 대법원장을 포함한 대법관 전원으로 구성되며, 다음 사항은 대법관회의의 의결을 거쳐야 한다. 1. 판사의 임명 및 연임에 대한 동의, 2. 대법원규칙의 제정과 개정 등에 관한 사항, 3. 판례의 수집·간행에 관한 사항, 4. 예산요구, 예비금지출과 결산에 관한 사항, 5. 다른 법령에 의하여 대법관회의의 권한에 속하는 사항, 6. 특히 중요하다고 인정되는 사항으로서 대법원장이 부의한 사항(같은 법 제17조). 대법관회의는 대법관 전원의 3분의 2이상의 출석과 출석인원 과반수의 찬성으로 의결하며, 의장은 가부동수인 때에 결정권을 가진다(같은 법 제16조 제2항, 제3항).

셋째, 대법원장은 **대법원전원합의체**의 재판장이다. 대법원의 심판권은 대법관전원의 3분의 2이상의 합의체인 대법원전원합의체에서 행하는데 대법원장은 그 재판장이 된다(같은 법 제7조 제1항).

대법원장은 위와 같은 지위에서 다음의 권한을 가진다. 대법관임명제청권(헌법 제104조 제2항), 판사임명 · 보직권(헌법 제104조 제3항, 법원조직법 제44조), 헌법재판소재판관 3인 지명권(헌법 제111조 제3항), 중앙선거관리위원회위원 3인 지명권(헌법 제114조 제2항), 법원직원임명권(법원조직법 제53조) 등의 사법행정권, 법률제정 · 개정에 관한 의견제출권(법원조직법 제9조 제3항).

대법원장 자문기관으로 **사법정책자문위원회**(같은 법 제25조)와 **법관인사위원회**(같은 법 제25조의2)가 있다. 사법정책자문위원회는 임의적 기관이며, 법관인사위원회는 필수적 기관이다. 법관인사위원회는 법관의 인사에 관한 기본계획의 수립 및 인사운영을 위한 자문기관이다.

③ 대법원에 "법률이 정하는 바에 의하여 대법관이 아닌 법관을 둘 수 있다"(헌법 제102조 제2항 단서). 이것은 대법원의 업무가 과중한 경우를 대비한 규정으로 볼 수 있다. 법원조직법에 의해 현재 대법원에 **재판연구관**을 두고 있다. 재판연구관은 대법원장의 명을 받아 사건의 심리 및 재판에 관한 조사 · 연구업무를 담당한다. 재판연구관은 판사로 보하거나 3년의 기간 내에 범위를 정하여 판사가 아닌 자를 임명할 수 있다(제24조). 재판연구관은 직접 대법원의 재판에 참여하는 것은 아닌데, 이 점을 이유로 재판연구관은 헌법 제102조 제2항 단서에서 규정하는 "대법관이 아닌 법관"에 해당하지 않는다는 견해가 있다.

④ "대법원에 **부**(部)를 둘 수 있다"(헌법 제102조 제1항). 법원조직법에 의하면, 대법원의 심판권은 대법관전원의 3분의 2이상의 합의체에서 이를 행하되, 다만 대법관 3인이상으로 구성된 부에서 먼저 사건을 심리하여 의견이 일치한 때에 한하여 그 부에서 재판할 수 있다. 그러나 다음의 경우에는 대법원전원합의체에서 심판하여야 한다. 1. 명령 또는 규칙이 헌법에 위반함을 인정하는 경우 2. 명령 또는 규칙이 법률에 위반함을 인정하는 경우 3. 종전에 대법원에서 판시한 헌법 · 법률 · 명령 또는 규칙의 해석적용에 관한 의견을 변경할 필요가 있음을 인정하는 경우 4. 삭제 5. 부에서 재판함이 적당하지 아니함을 인정하는 경우(제7조).

⑤ 대법원의 소속기관으로, 법원행정처, 사법연수원, 사법정책연구원, 법원공무원 교육원, 법원도서관 등이 있다(법원조직법 제7편).

법원행정처는 법원의 인사 · 예산 · 회계 · 시설 · 통계 · 송무 · 등기 · 가족관계 등록 · 공탁 · 집행관 · 법무사 · 법령조사 및 사법제도연구에 관한 사무 등 사법행정 사무를 관장한다(법원조직법 제19조). 법원행정처에 처장과 차장을 둔다. 처장은 대법관 중에서 대법원장이 보한다(같은 법 제68조 제1항, 개정 2007.12.27). 차장은 판사 중에서 대법원장이 보한다(같은 법 제68조 제2항).

그 밖에 대법원에 **양형위원회**(量刑委員會)를 둔다. 양형위원회는 양형기준을 설정 · 변경하고, 이와 관련된 양형정책을 연구 · 심의할 수 있다(같은 법 제81조의2).

(3) 대법원의 권한

대법원은 최고법원으로서 일정한 관할의 재판권을 가진다. 또한 대법원규칙제정권 등의 사법입법권 및 최고의 사법행정권을 가진다.

① 대법원은 헌법 및 법원조직법과 그 밖의 법률에서 정하는 재판권을 가진다. 첫째, 대법원은 다음 사건의 **종심**(終審) **심판권**을 가진다. “1. 고등법원 또는 항소법원(抗訴法院) · 특허법원의 판결에 대한 상고사건(上告事件) 2. 항고법원(抗告法院) · 고등법원 또는 항소법원 · 특허법원의 결정 · 명령에 대한 재항고사건(再抗告事件) 3. 다른 법률에 의하여 대법원의 권한에 속하는 사건”(법원조직법 제14조). 또한 군사법원의 상고심을 관할한다(헌법 제110조 제2항). 대법원의 심판은 원칙적으로 법률심(法律審)이며, 사실심(事實審)은 하급법원이 담당한다.

법원조직법 외의 다른 법률에 의해 대법원은 다음 사건을 관할한다. 공직선거법에 따라 대법원은 대통령, 국회의원, 시 · 도지사, 비례대표 시 · 도의원의 선거소송(협의의 선거소송 및 당선소송)재판권을 가진다(제222조, 제223조). 대법원의 선거소송재판권은 시심(始審)이며 동시에 종심이다. 또한 국민투표법에 따라 **국민투표무효의 소송**을 관할한다(제92조). 그 밖에 지방자치법에 따라 대법원은 지방자치단체의 장과 지방의회 간의 **기관소송**을 관할한다(제107조 제3항).

둘째, 대법원은 **위헌법률심판제청권**, 즉 법률의 위헌여부의 심판을 헌법재판소에 제청할 권한을 가진다(헌법 제107조 제1항, 헌법재판소법 제41조). 이 권한은 모든 법원이 갖는 권한이다.

법원의 위헌법률심판제청권은 법률의 위헌 여부가 “재판의 전제가 된 경우”에 한하여 인정된다(헌법 제107조 제1항). 헌법재판소에 의하면, “재판의 전제성(前提性)이라 함은, 첫째 구체적인 사건이 법원에 계속(係屬)중이어야 하고, 둘째 위헌여부가 문제되는 법률이 당해 소송사건의 재판과 관련하여 적용되는 것이어야 하며, 셋째 그 법률이 헌법에 위반되는지의 여부에 따라 당해 사건을 담당한 법원이 다른 내용의 재판을 하게 되는 경우를 말한다"(헌재 1992.12.24. 92헌가8, 판례집 4, 853).

법원은 문제되는 법률의 조항이 위헌이라는 '합리적 의심'이 있을 때 심판제청을 한다. "헌법 제107조 제1항과 헌법재판소법 제41조(위헌여부심판의 제청), 제43조(제청서의 기재사항) 등의 각 규정의 취지는, 법원은 문제되는 법률조항이 담당법관 스스로의 법적 견해에 의하여 단순한 의심을 넘어선 합리적인 위헌의 의심이 있으면 위헌여부심판을 제청하라는 취지이다"(헌재 1993.12.23. 93헌가2, 판례집 5-2, 578,592). '합리적 의심'이란 '단순한 의심'과 '확신'의 중간 정도에 해당한다.

법원의 위헌법률심판제청은 법원의 직권 또는 당사자의 신청에 의한다(헌법재판소법 제41조 제1항). 대법원 외의 법원이 제청할 때에는 대법원을 거쳐야 한다(같은 법 제41조 제5항). '대법원을 거쳐야 한다'는 것은 단순히 확인을 위한 형식적인 절차이며, 대법원이 이를 심사하여 헌법재판소에 대한 제청을 봉쇄할 수 있는 것은 아니다.

셋째, 대법원은 **명령 · 규칙 · 처분의 위헌 · 위법 심사권**을 가진다. 이 권한은 모든 법원이 갖는 권한이며, 대법원은 최종적인 심사권을 가진다(헌법 제107조 제2항).

법원의 명령 · 규칙 · 처분의 위헌 · 위법 심사권은 명령 · 규칙 · 처분의 위헌 · 위법 여부가 '재판의 전제가 된 경우에' 한하여 인정된다(헌법 제107조 제2항). 대법원이 '최종적으로'심사한다는 의미는 대법원만이 아니라 각급법원이 심사권을 갖되 대법원이 최종심으로서 심사할 권한을 갖는다는 것이다.

헌법 제107조 제2항은 명령 · 규칙의 위헌 여부에 대한 헌법재판소의 심판권을 배제하는 것은 아니다(뒤의 헌법재판소의 헌법소원심판권 참조). 헌법재판소에 의하면 "헌법 제107조 제2항이 규정한 명령 · 규칙에 대한 대법원의 최종심사권이란 구체적인 소송사건에서 명령 · 규칙의 위헌여부가 재판의 전제가 되었을 경우 법률의 경우와는 달리 헌법재판소에 제청할 것 없이 대법원이 최종적으로 심사할 수 있다는 의미이며, 명령 · 규칙 그 자체에 의하여 직접 기본권이 침해되었음을 이유로 하여 헌법소원심판을 청구하는 것은 위 헌법규정과는 아무런 상관이 없는 문제이다"(헌재 1990.10.15. 89헌마178, 판례집 2, 365).

② 대법원은 소송과 법원에 관한 일정한 사법입법권을 가진다. 사법입법권의 핵심은 **대법원규칙제정권**이다. "대법원은 법률에 저촉하지 아니하는 범위 안에서 소송에 관한 절차, 법원의 내부규율과 사무처리에 관한 규칙을 제정할 수 있다"(헌법 제

108조). 대법원규칙의 제정과 개정은 대법관회의의 의결에 의한다(법원조직법 제17조 제2호).

본래 법원의 규칙제정권은 역사적으로 영미법계 국가에 특유한 제도이며, 대륙법계 국가에서는 볼 수 없었던 제도이다. 소송과 법원에 관한 규칙제정권은 그 성질상 입법작용에 속하지만, 이를 법원에 부여하는 취지는 다음과 같다. 첫째, 법원의 자율성 보장을 통해 사법권독립에 기여한다. 둘째, 법원의 전문적 지식과 실제의 경험을 활용한다. 셋째, 규칙의 현실적 적응성과 기동성을 높인다.

대법원규칙제정권에 관한 몇 가지 헌법해석상의 문제가 제기된다.

첫째, 규칙제정권의 근거에 관하여, 법률의 구체적 위임에 의거해서만 제정할 수 있는가 여부이다. 반드시 법률의 구체적 위임을 필요로 하는 것은 아니며, 법률에서 정하고 있지 않은 사항에 관하여 법률의 위임없이 제정할 수 있다고 보아야 할 것이다. 다만 형사소송절차에 관해서는 죄형법정주의 및 적법절차에 관한 헌법 제12조 제1항의 규정에 비추어, 법률에서 중요한 사항을 규정한 경우에 그 세부에 관해서만 대법원규칙으로 제정할 수 있다고 보아야 할 것이다.

둘째, 규칙제정권의 범위에 관하여, 헌법에 규정된 사항("소송에 관한 절차" 및 "법원의 내부규율과 사무처리에 관한" 사항)에 국한되느냐 여부이다. 헌법의 규정을 열거조항이 아니라 예시조항으로 보는 것이 타당하다. 다만 헌법규정을 넓게 해석하는 한, 어느 쪽으로 해석하든 실제로 큰 차이는 없다고 할 것이다.

셋째, 대법원규칙과 법률의 효력상 우열에 관한 문제이다. "법률에 저촉하지 아니하는 범위 안에서"라는 헌법의 명시적 규정에 따라서, 대법원규칙이 법률보다 하위의 효력을 지닌다고 볼 것이다.

한편 대법원규칙제정권 외에 대법원의 사법입법적 권한으로서, **대법원장의 법률제정 · 개정에 관한 의견제출권**이 있다. "법원장은 법원의 조직, 인사, 운영, 재판절차, 등기, 가족관계등록 기타 법원업무에 관련된 법률의 제정 또는 개정이 필요하다고 인정하는 경우에는 국회에 서면으로 그 의견을 제출할 수 있다"(법원조직법 제9조 제3항).

그 밖에 대법원에 설치하는 양형위원회는 **양형기준을 설정 · 변경**할 수 있다(같은 법 제81조의2). 법관은 형의 종류를 선택하고 형량을 정함에 있어서 양형기준을 존중하여야 한다. 다만 양형기준은 법적 구속력을 갖지 아니한다(같은 법 제81조의7).

③ 대법원은 사법행정에 관한 권한을 가진다. 사법행정이란 재판권행사를 위해 필요한 모든 행정작용을 말하며, 법원의 인사 · 예산 · 회계 · 시설 · 통계 · 송무 · 등

기 · 가족관계등록 · 공탁 · 집행관 · 법무사 · 법령조사 및 사법제도연구에 관한 행정을 포함한다.

대법원장은 사법행정사무를 총괄하며, 사법행정사무에 관하여 관계공무원을 지휘 · 감독한다(같은 법 제9조 제1항). 대법원장은 사법행정사무의 지휘 · 감독권의 일부를 법률 또는 대법원규칙이 정하는 바에 의하여 또는 대법원장의 명으로 법원행정처장이나 각급법원의 장, 사법연수원장, 법원공무원교육원장 또는 법원도서관장에게 위임할 수 있다(같은 법 제9조 제2항). 사법행정사무를 관장하기 위하여 대법원에 법원행정처를 둔다(같은 법 제19조).

3. 각급법원

법원조직법에 의하면, 대법원의 하급법원인 각급법원으로, 고등법원, 특허법원, 지방법원, 가정법원, 행정법원, 회생법원을 설치하고 있다(제3조 제1항).

각급법원에 사법행정에 관한 자문기관으로 판사회의를 두며, 그 조직과 운영에 필요한 사항은 대법원규칙으로 정한다(제9조의2). 또한 각급법원에 사무국 등의 국(局)을 둔다(제10조).

(1) 고등법원

고등법원은 전국적으로 여섯 곳, 즉 서울특별시, 수원시, 대전광역시, 대구광역시, 부산광역시, 광주광역시에 설치되어 있다('각급 법원의 설치와 관할구역에 관한 법률' 별표 1). 2024.12.20. 법 개정으로 2026.3.1.부터는 인천고등법원이 신설된다.

고등법원의 심판권은 판사 3인으로 구성되는 합의부에서 행한다(제7조 제3항).

법원조직법에 의하면 고등법원은 다음 사건을 관할한다. "1. 지방법원합의부 · 가정법원합의부 또는 행정법원의 제1심 판결 · 심판 · 결정 · 명령에 대한 항소 또는 항고사건 2. 지방법원단독판사 · 가정법원단독판사의 제1심 판결 · 심판 · 결정 · 명령에 대한 항소 또는 항고사건으로서 형사사건을 제외한 사건중 대법원규칙으로 정하는 사건 3. 다른 법률에 의하여 고등법원의 권한에 속하는 사건"(제28조).

(2) 특허법원

특허법원은 고등법원급에 해당하며, 대전광역시에 설치되어 있다('각급법원의 설치와 관할구역에 관한 법률' 별표 1). 법원조직법에 의하면 특허법원의 심판은 판사 3인으로 구성되는 합의부에서 행한다(제7조 제3항).

특허법원은 다음 사건을 관할한다. "1. 특허법 제186조 제1항, 실용신안법 제33조, 디자인보호법 제75조 및 상표법 제86조 제2항이 정하는 제1심 사건 2. 다른 법률에 의하여 특허법원의 권한에 속하는 사건"(제28조의4).

(3) 지방법원

지방법원은 원칙적으로 제1심을 관할하는 법원이다. 법원조직법에 의하면, 지방법원의 사무의 일부를 처리하기 위하여 그 관할구역 안에 지원(支院), 가정지원, 시·군법원, 등기소를 둘 수 있다(제3조 제2항). 지방법원의 지원과 가정지원에 부(部)를 둘 수 있다(제31조 제5항). 가정지원은 가정법원이 설치되지 아니한 지역에서 가정법원의 권한에 속하는 사항을 관할한다(제31조의2).

지방법원 및 지방법원지원의 심판은 단독판사에 의하는 경우와 합의부에 의하는 경우가 구분된다. 지방법원과 지방법원지원의 합의부는 일정한 중요한 사건의 제1심을 관할하고, 지방법원본원 합의부 및 춘천지방법원 강릉지원 합의부는 지방법원단독판사의 판결·결정·명령에 대한 항소 또는 항고사건 중 고등법원 관할에 해당하지 아니하는 사건을 제2심으로 심판한다(제32조).

시·군법원은 소액사건심판법의 적용을 받는 민사사건, 즉결심판의 대상이 되는 일정한 경미한 범죄사건 등을 관할한다(제34조).

(4) 가정법원

가정법원은 가정에 관한 사건과 소년에 관한 사건을 관할하는 법원으로, 지방법원과 동급의 법원이다. 법원조직법에 의하면, 가정법원에 지원을 둘 수 있다(제3조 제2항). 가정법원에 부(部)를 둔다(제38조).

가정법원 및 가정법원지원 합의부는 가사소송법에서 정한 가사소송(家事訴訟) 등 일정한 사건의 제1심을 관할하고, 가정법원본원 합의부 및 춘천가정법원 강릉지원 합의부는 가정법원단독판사의 판결·심판·결정·명령에 대한 항소 또는 항고사건 중 고등법원 관할에 해당하지 아니하는 사건을 제2심으로 심판한다(제40조).

(5) 행정법원

행정법원은 행정소송사건을 심판하는 법원이며, 지방법원과 동급의 법원이다. 행정법원은 서울특별시에 설치되어 있다('각급법원의 설치와 관할구역에 관한 법률' 별표 1).

법원조직법에 의하면, 행정법원의 심판권은 판사 3인으로 구성된 합의부에서 행한다. 다만 단독판사가 심판할 것으로 행정법원 합의부가 결정한 사건의 심판권은 단독판사가 이를 행한다(제7조 제3항 단서).

행정법원은 행정소송법에서 정한 행정사건과 다른 법률에 의하여 행정법원의 권한에 속하는 사건을 제1심으로 심판한다(제40조의4).

(6) 회생법원

회생법원은 채무자 회생 및 파산에 관한 법률에 따른 회생사건 및 파산사건을 심판하는 법원으로, 지방법원과 동급의 법원이다. 회생법원은 현재 서울특별시, 부산광역시, 수원시에 설치되어 있다. 회생법원의 심판은 지방법원의 그것과 거의 동일하다(제40조의6, 7). 2024.12.20. 법 개정으로 2026.3.1.부터는 대전 · 대구 · 광주광역시에도 회생법원이 신설된다.

4. 특별법원

> **(헌법 제110조)** ① 군사재판을 관할하기 위하여 특별법원으로서 군사법원을 둘 수 있다.
> ② 군사법원의 상고심은 대법원에서 관할한다.
> ③ 군사법원의 조직 · 권한 및 재판관의 자격은 법률로 정한다.
> ④ 비상계엄하의 군사재판은 군인 · 군무원의 범죄나 군사에 관한 간첩죄의 경우와 초병 · 초소 · 유독음식물공급 · 포로에 관한 죄중 법률이 정한 경우에 한하여 단심으로 할 수 있다. 다만, 사형을 선고한 경우에는 그러하지 아니하다.

(1) 특별법원의 의의

특별법원이란 재판관의 자격이나 임명방식 또는 상소제도에 있어서 일반 법원의 조직상 원칙을 따르지 않는 법원이다. 특별법원은 재판의 독립의 면에서 일반 법원보다 취약하다. 특별법원을 '예외법원'이라고 부르기도 한다.

일반 법원의 조직에 속하면서 다만 특정한 부류의 사건을 전담하는 법원, 예컨대 가정법원, 특허법원, 행정법원은 특별법원이 아니다. 이를 특수법원 또는 전문법원이라고 부르기도 한다.

(2) 특별법원의 금지

특별법원은 헌법에서 정한 예외를 제외하고는 금지된다. 특별법원의 설치는 사법권 독립의 원칙에 부합하지 않으며 법치주의 원리를 훼손하는 것이기 때문에 인정되지 않는다. 군사법원은 헌법에서 예외적으로 인정한 특별법원이다(제110조).

행정기관에 의한 행정심판은 재판의 전심(前審)절차로서 인정되지만(헌법 제107조 제3항), 행정기관이 종심(終審)으로서 재판하는 것은 인정되지 않는다. 뿐만 아니라 최종적으로 대법원에 의한 재판절차가 인정되더라도, 일반 법관의 자격이 없는 심판관에 의해 사실심(事實審)이 종료되는 것은 인정되지 않으며 위헌이다. 구 특허법에서 특허청의 심판에 불복하는 경우에 바로 법률심인 대법원에 제소할 수 있도록 규정하였는데, 헌법재판소는 이 규정이 법관에 의한 재판을 받을 권리를 침해한 것이라 하여 헌법불합치 결정을 내렸다(헌재 1995.9.28. 92헌가11등).

(3) 군사법원

군사법원은 군사재판을 관할하기 위한 특별법원이다. 군사법원은 다음과 같은 점에서 특별법원의 성격을 지닌다.

첫째, 군사법원의 재판관은 "헌법과 법률이 정한 법관"(헌법 제27조 제1항)이라고 할 수 없다. 군사법원의 재판관의 임명과 자격은 군사법원법에서 규정하고 있으며(제23조, 제24조), 법원조직법에서 규정하는 일반법관의 임명·자격과 다르다.

과거 군사법원법에 의하면, 군사법원은 고등군사법원과 보통군사법원의 2종으로 한다(제5조). 군사법원의 재판관은 군판사(軍判事)와 심판관(審判官)으로써 하고, 재판장은 선임재판관이 된다(제22조 제3항). 군판사는 각군참모총장이 소속 군법무관(軍法務官)중에서 임명하는 것을 원칙으로 한다(제23조). 심판관은 "다음 각호의 자격을 갖춘 장교중에서 관할관이 임명한다. 1. 법에 관한 소양이 있는 사람 2. 재판관으로서의 인격과 학식이 충분한 사람"(제24조). 재판관은 관할관이 지정한다(제25조). 고등군사법원의 관할관은 국방부장관으로 하며, 보통군사법원의 관할관은 그 설치되는 부대와 지역의 사령관 장 또는 책임지휘관으로 하되, 다만 국방부보통군사법원의 관할관은 고등군사법원의 관할관이 겸임한다(제7조).

둘째, 군사법원의 조직과 운영 및 소송절차 등은 군사법원법에서 규정하고 있으며, 일반법원과 다르다.

셋째, 군사법원의 상고심은 대법원에서 관할하지만(헌법 제110조 제2항), 일정한 예외가 인정되고 있다. 즉 "비상계엄하의 군사재판은 군인·군무원의 범죄나 군사에 관한 간첩죄의 경우와 초병·초소·유독음식물공급·포로에 관한 죄 중 법률이 정한 경우에 한하여 단심(單審)으로 할 수 있다. 다만 사형을 선고한 경우에는 그러하지 아니하다"(헌법 제110조 제4항). 이처럼 군사법원의 재판관 임명·자격 및 소송절차 등은 일반법원에 비하여 그 독립성이나 전문성에서 취약하며, 또한 대법원에 의한 상고심 재판의 원칙에 대한 예외가 인정되고 있다. 이러한 점들에 비추어 군사법원은 특별법원에 해당한다.

군사법원은 특별법원에 해당하지만 헌법에서 명시적으로 인정한 예외이며 그 설치는 합헌이다. 헌법재판소는 군사법원의 설치가 합헌이라고 판시하였다. 그러나 현행 군사법원제도에 대해서는 재판관구성방식 등에 관해 여러 비판이 있다. 특히 문제가 되는 것은 실형이 선고되는 경우 그 형을 임의로 감경할 수 있도록 한 관할관의 확인조치이다(군사법원법 제379조). 입법론으로는 평시에는 군사법원제도를 폐지해야 한다는 주장이 제기되고 있다.

2016.1.16. 법률 제13722호로 개정되고, 2017.7.7.부터 시행된 군사법원법의 주요 개정내용은 다음과 같다.

평시의 사단(함대, 비행단)급 보통군사법원을 폐지하고 원칙적으로 군단급 이상의 부대에서 설치·운영하도록 하였다(제6조 제2항). 또한 심판관 제도를 원칙적으로 폐지하여 보통군사법원도 군판사 3명을 재판관으로 하여 재판부를 구성하도록 하였다(제26조 제1항). 다만 관할관이 지정한 사건(제15장의 강간과 추행의 죄는 제외한 군형법 및 군사기밀보호법 위반 사건)에서는 심판관 1명을 재판관으로 한다(제27조의2).

또한 군사법원을 실제 운용함에 있어서 가장 큰 비난을 받았던 관할관의 확인감경권을 대폭 제한하였다. 즉 관할관은 무죄, 면소, 공소기각, 형의 면제, 형의 선고유예, 형의 집행유예, 사형, 무기징역 또는 무기금고의 판결을 제외한 판결을 확인하여야 하며, 피고인이 작전, 교육 및 훈련 등 업무를 성실하고 적극적으로 수행하는 과정에서 발생한 범죄에 한정하여 선고된 형의 3분의 1 미만의 범위에서 그 형을 감경할 수 있도록 하였다(제379조 제1항).

2021.9.24. 법률 제18465호로 개정되고, 2022.7.1.부터 시행된 군사법원법은 다음과 같은 내용을 개정, 추가하였다. ① 성폭력범죄, 군인등의 사망사건의 원인이 되는 범죄 및 군인등이 그 신분을 취득하기 전에 저지른 범죄를 군사법원의 재판권에서 제외하였다(제2조 제2항). 그러나 국방부장관은 제2항에 해당하는 죄의 경우에도 국가안전보장, 군사기밀보호, 그 밖에 이에 준하는 사정이 있는 때에는 해당 사건을 군사법원에 기소하도록 결정할 수 있다. 다만, 해당 사건이 법원에 기소된 이후에는 그러

하지 아니하다(제2조 제3항). ② 군사재판 항소심을 서울고등법원으로 이관하는 한편, 군단급 이상의 부대에 설치되어 1심 군사재판을 담당하던 보통군사법원을 폐지하고 국방부에 각 군 군사법원을 통합하여 중앙지역군사법원 · 제1지역군사법원 · 제2지역군사법원 · 제3지역군사법원 · 제4지역군사법원을 설치하였다(개정전 제5조 삭제, 제6조 및 제10조, 별표 1 신설). ③ 관할관 확인제도를 폐지하고, 심판관 관련 규정도 삭제하여 민간 법원의 조직구성과 유사하게 군사법원에서는 군판사 3명을 재판관으로 하고, 군사법원에 부(部)를 두도록 하였다(제8조 및 제22조). ④ 전시 군사법원의 설치근거와 관할, 재판관으로 심판관 지정 · 판결의 확인조치 등 관할관의 권한, 전시 군검찰부의 설치근거와 군검찰부에 대한 지휘관의 지휘권 등 전시 특례를 신설하였다(제534조의2부터 제534조의18까지 신설).

2023년 해병대원 사망사건을 계기로 2025년 1월 31일, 군사법원법 개정이 있었다. 개정 군사법원법(법률 제20736호. 시행은 2025.8.1.)에 따르면, 재판권이 군사법원에 있지 아니한 범죄를 인지한 경우 지체 없이 그 사건을 관할 수사기관으로 이첩하도록 하고, 이첩이 지연될 경우 관할 수사기관이 군 수사기관에 해당 사건의 이첩을 요구할 수 있도록 하며, 이 경우 군검사 또는 군사법경찰관은 지체 없이 요구에 따르도록 규정하였다(제228조의3). 또한 국방부장관과 각 군 참모총장의 구체적 사건 지휘 · 감독에 대해서는 서면에 의한 지휘 · 감독을 명문화하고, 군검사의 수사직무 독립성을 보장하는 규정을 마련하였다(제39조의2).

Ⅳ. 사법절차와 운영의 기본원칙

> **(헌법 제101조)** ② 법원은 최고법원인 대법원과 각급법원으로 조직된다.
> **(헌법 제109조)** 재판의 심리와 판결은 공개한다. 다만, 심리는 국가의 안전보장 또는 안녕질서를 방해하거나 선량한 풍속을 해할 염려가 있을 때에는 법원의 결정으로 공개하지 아니할 수 있다.

1. 심 급 제

(1) 3심제(三審制)의 원칙

재판은 상급심과 하급심의 심급제(審級制)의 구조 안에서 행하여진다. 심급제는 재판의 오류를 시정하고, 통일적인 법의 해석 · 적용을 위한 것이다. 심급제에 따라서

"상급법원의 재판에 있어서의 판단은 당해 사건에 관하여 하급심을 기속한다"(법원조직법 제8조).

법원조직법에 의하면, 심급제의 구조는 원칙적으로 3심제를 취하고 있다. 일반적인 민사·형사재판의 경우, 원칙적으로 지방법원(지원)합의부－고등법원－대법원의 3심제를 취하며, 일정한 경미한 사건의 경우, 지방법원(지원)단독판사－지방법원본원합의부－대법원의 3심제를 취한다.

법률에서 원칙적으로 3심제를 취하고 있지만, 헌법상 반드시 3심제를 취해야 하는 것은 아니다. 어떠한 형태의 심급제를 취할 것인지는 입법정책상의 문제이다.

모든 재판에서 최종심을 반드시 대법원이 관할해야 하느냐에 관해서는 견해가 갈린다. 헌법재판소 판례에 의하면, 헌법상 '대법원의 재판을 받을 권리'가 인정되는 것은 아니라고 한다(앞의 '재판을 받을 권리' 참조).

(판 례) 대법원에 대한 상고제한(소액사건에서의 상고제한)

> 헌법조항에서 "법원은 최고법원인 대법원과 각급법원으로 구성한다"고 규정하였지만 이것이 각급법원의 심리를 거치고 난 뒤에는 어느 사건이건 막론하고 차별없이 모두 대법원에 상고할 수 있다는 취지의 규정으로는 이해되지 않는다. 그렇다면 상고제한의 특례입법이 현행 헌법 체제와의 조화를 외면하였다고 보기도 어려울 것으로, 결국 헌법에 어긋나는 입법이라고는 할 수 없을 것이다.
>
> 헌재 1992.6.26. 90헌바25, 판례집 4, 343,352-353

생각건대 헌법상 반드시 3심제를 취해야 하는 것은 아니지만, 대법원을 최고법원이라고 명시한 헌법규정에 비추어 원칙적으로 최종심은 대법원이 관할해야 한다고 볼 것이다. 다만 합리적 이유가 있는 경우에 예외적으로 대법원에 대한 상고가 제한될 수 있다고 할 것이다.

(2) 3심제의 예외

법률에 의하면 3심제의 원칙에 대한 예외로서 일정한 경우에 2심제 또는 단심제가 인정되고 있다.

2심제가 적용되는 경우는 특허소송과 지방자치단체 선거소송(광의)의 일부이다. ① 특허소송은 특허청장 소속하의 특허심판원(特許審判院)의 심판에 불복하는 경우, 제1심을 특허법원(고등법원급), 제2심인 종심을 대법원이 관할한다(법원조직법 제28조의4).

② 지방자치단체선거 중에 기초자치단체장, 기초의회의원, 광역의회 지역구의원의 선거소송 및 당선소송은 시 · 도 선거관리위원회에 대한 선거소청을 거쳐, 제1심을 고등법원, 제2심인 종심을 대법원이 관할한다(공직선거법 제222조 제2항, 제223조 제2항).

단심제가 적용되는 경우는 선거소송의 일부와 비상계엄하의 군사재판의 일부 및 법관징계에 대한 취소소송이다. ① 대통령선거와 국회의원선거의 선거소송 및 당선소송은 대법원이 관할한다(제222조 제1항, 제223조 제1항). 광역자치단체장선거와 광역의회 비례대표의원선거에서의 선거소송 및 당선소송은 중앙선거관리위원회에 대한 선거소청을 거쳐 대법원이 관할한다(제222조 제2항, 제223조 제2항). ② 비상계엄하의 군사재판은 군인 · 군무원의 범죄를 비롯한 일정한 범죄에 한하여 사형의 경우를 제외하고 군사법원의 단심으로 한다(헌법 제110조 제4항). ③ 법관이 법관징계위원회의 징계처분에 대하여 불복하려는 경우에는 징계처분이 있음을 안 날부터 14일 이내에 전심절차를 거치지 아니하고 대법원에 징계처분의 취소를 청구하여야 하고, 대법원은 단심으로 재판한다(법관징계법 제27조).

(판 례) 법관징계처분취소청구소송을 단심으로 한 규정의 위헌성 여부

법관징계법 제27조가 법관의 징계처분의 취소를 청구하는 사건을 대법원이 단심으로 재판하도록 규정한 것은 그 불복절차를 간명하게 함과 동시에 법관의 지위를 조속히 안정시킴으로써 법관의 독립과 신분보장을 실질적으로 보장하려는 취지에서 나온 것으로서 합리적인 근거가 있다고 할 것이므로, 이를 가리켜 징계처분을 받는 법관의 재판청구권 또는 평등권을 침해하는 것이라고는 할 수 없다고 할 것이다.

그리고 법관징계법 제27조의 위와 같은 성격과 취지에 비추어 볼 때, 대법원장의 징계처분에 대한 취소청구사건뿐만 아니라 법관징계위원회의 징계결정의 효력을 다투는 사건이나 법관징계에 관련된 신청사건 등도 모두 대법원의 전속관할에 속한다고 봄이 상당하다.

대결 2007.12.21.자 2007무151

2. 공개재판의 원칙

(1) 공개재판의 의미

재판의 공개는 근대적 재판의 본질적 요소의 하나이다. 공개재판은 재판의 공정성을 위한 것이며, 이를 통해 재판에 대한 국민의 신뢰를 높일 수 있다.

헌법 제27조 제3항은 특히 형사피고인의 공개재판을 받을 권리를 보장하고 있는데, 헌법 제109조는 형사재판만이 아니라 원칙적으로 모든 재판에서 "재판의 심리와 판결은 공개한다"고 규정하고 있다.

재판의 '심리'란 소송의 당사자가 법관의 면전에서 질문을 받고 변론을 하는 과정을 말한다. 민사소송에서의 구두변론, 형사소송에서의 공판기일(公判期日)의 절차가 여기에 해당한다. '판결'이란 사건에 대한 법원의 판단으로서 법정(法定)의 서면으로 작성하여 선고함으로써 성립한다. 민사소송의 경우, 원고의 청구의 적부(適否)에 대한 소송판결, 또는 청구의 당부(當否)에 대한 본안판결로 나타난다. 소송절차상의 결정이나 명령은 여기에 해당하지 않는다. 형사소송의 경우, 유·무죄의 실체적 판결 또는 공소기각·면소 등의 형식적 판결로 나뉜다.

공개되어야 할 '재판'의 의미와 관련하여, 민사·형사의 소송절차에 한정하느냐 또는 비송사건(非訟事件)도 포함하느냐에 관하여 논의가 있다. 비송사건이란 사인 간의 권리의무에 국가가 개입하여 법원이 일정한 법률관계를 형성하는 것이며, 민사소송사건 이외의 사건을 말한다. 비송사건의 절차는 소송사건의 절차처럼 엄격하거나 획일적이지 않은 것이 특색이다. 비송사건의 경우에는 공개의 원칙이 적용되지 않는다고 보는 것이 다수 학설이다. 비송사건절차법에 의하면 "심문은 공개하지 아니한다. 그러나 법원은 상당하다고 인정하는 자에게 방청을 허가할 수 있다"(제13조).

'공개한다'는 것은 누구나 방청할 수 있음을 말한다. 다만 법정의 규모, 법정질서의 유지 등을 위해 미리 방청권을 발행하고 방청권 소지자에게만 방청을 허용하는 것은 공개재판의 원칙에 반하지 않는다(대판 1990.6.8. 90도646).

'공개'의 의미에 관하여, 방청 결과를 보도하는 **재판보도의 자유**가 문제된다. 재판의 보도는 표현의 자유에 속하며, 국민의 알 권리를 충족시키는 것이기도 하다. 그러나 재판에 관한 보도의 자유는 무제한한 것이 아니며, 재판의 공정한 진행이나 소송당사자의 권리보호를 위해 일정한 제한을 가할 수 있다. 그 구체적 한계는 이익형량에 의하여 판단하여야 한다.

법원조직법에 의하면 "누구든지 법정 안에서는 재판장의 허가없이 녹화·촬영·중계방송 등의 행위를 하지 못한다"(제59조). 가사소송법(家事訴訟法)에 의하면 "가정법원에서 처리중이거나 처리한 사건에 관하여는 성명·연령·직업 및 용모 등을 볼 때 본인이 누구인지 짐작할 수 있는 정도의 사실이나 사진을 신문·잡지 그 밖의 출판물에 게재하거나 방송할 수 없다"(제10조). 또한 소년법에서도 이와 동일한 취지의 규정을 두고 있다(제68조).

(판 례) 판결의 공개

공보판사가 원고에 대한 형사사건 판결문을 확정 전에 취재기자로 하여금 열람하도록 한 행위는 개인정보 제공에 관한 개인정보보호법 규정과 확정 판결서 등의 열람·복사에 관한 형사소송법 규정에 위반될 여지가 없지는 않다.

그러나 (……) 공보판사의 위와 같은 판결문 공개 행위는 공보판사의 업무로 인한 행위로서 그 필요성과 정당성이 인정되므로 고의 또는 과실로 원고의 명예 또는 그 밖의 인격권과 개인정보자기결정권을 침해한 위법행위라고 단정하기 어렵고 달리 이를 인정할 만한 증거가 없다.

헌법은 판결의 공개를 일반원칙으로 선언하면서 판결의 공개에 대하여는 심리의 공개와 달리 어떠한 제한 사유도 인정하고 있지 않다. 법원은 판결의 공개 등 재판의 대상이 된 구체적인 사건의 진행의 결과에 대한 '재판보도'와 관련하여 법원홍보업무에관한내규에 따라 각급법원 등에 공보관(공보판사)을 두고 공보판사로 하여금 관련 업무를 담당하게 하고 있다. (……)

전주지방법원 공보판사는 ① 공보판사실 등 법원 내 한정된 공간에서 ② 법원출입기자 등 특정인을 상대로 ③ 재판보도를 위해 ④ 특정사건이 아닌 당일 또는 그 근래에 선고된 사건의 판결 내용을 열람하게 한 것으로 보인다. 설령 원고의 주장과 같이 그 과정에서 원고의 관련 형사사건 판결문에 대한 비실명 조치가 이루어지 않았다고 하더라도 원고에 대한 개인정보가 유출되거나 부당한 목적을 위해 사용될 가능성은 없었을 것으로 판단된다. 또한 특별한 사정이 없는 한 재판의 심리와 선고는 일반에 공개하여야 하므로(법원조직접 제57조 제1항) 피고 2 기자로서는 관련 형사사건 재판의 방청을 통해서 관련 형사사건의 내용을 취재하여 보도할 수 있었을 것으로 보인다.

전주지방법원 공보판사의 기자에 대한 판결문 공개행위는 '재판보도'와 관련한 국민의 알권리 등을 위한 것으로 그 과정에서 침해될 수 있는 사생활의 자유와 비밀 등의 이익에 비추어 그 이익이 부족하다고 보이지는 않는다.

서울고법 2021.10.8. 2020나2024562(대판 2022.8.19. 2021다286352로 확정)

공개재판의 원칙에 위반하는 것은 위헌이며 상소이유가 된다. 형사소송법에 의하면 공판의 공개에 관한 규정에 위반하면 항소이유가 된다(제361조의5 제9호). 민사소송법에 의하면 변론공개의 규정에 위반하면 절대적 상고이유가 된다(제424조 제5호).

또한 법원의 증인신문절차에서의 재판공개금지결정이 헌법 제109조와 법원조직법 제57조 제1항에 규정된 사유에 해당하지 않음에도 불구하고 이루어진 경우에는 공개재판의 원칙에 위반되고, 나아가 그러한 증인신문절차에서 이루어진 증인의 증언은 증거능력이 없다(대판 2005.10.28. 2005도5854).

(2) 공개재판의 예외

재판의 공개가 원칙이지만 일정한 예외가 인정된다. "심리는 국가의 안전보장 또는 안녕질서를 방해하거나 선량한 풍속을 해할 염려가 있을 때에는 법원의 결정으로 공개하지 아니할 수 있다"(헌법 제109조 단서). 비공개는 '심리'에 한정하며, 판결은 반드시 공개하여야 한다. 판결의 선고 자체가 국가의 안전보장이나 선량한 풍속 등을 해할 염려가 있다고 볼 수는 없으며, 판결 자체의 공개는 법의 공개성과 마찬가지로 근대법의 본질적 요소의 하나라고 할 수 있다.

심리의 비공개의 결정은 이유를 개시(開示)하여 선고하여야 한다. 심리의 비공개 결정을 한 경우에도 재판장은 적당하다고 인정되는 자의 재정(在廷)을 허가할 수 있다(법원조직법 제57조 제2항, 제3항).

앞에서 설명한 것처럼, 재판의 비공개를 규정한 여러 법률들이 있다(비송사건절차법 제13조; 가사소송법 제10조; 소년법 제68조).

3. 법정질서의 유지

재판의 권위와 공정한 진행을 보장하기 위하여 법정질서의 유지가 필요하다. 법원조직법은 이에 관한 여러 규정을 두고 있다.

"법정의 질서유지는 재판장이 이를 행한다." "재판장은 법정의 존엄과 질서를 해할 우려가 있는 자의 입정(入廷)금지 또는 퇴정(退廷)을 명하거나 기타 법정의 질서유지에 필요한 명령을 발할 수 있다"(제58조 제1항, 제2항). "누구든지 법정 안에서는 재판장의 허가없이 녹화 · 촬영 · 중계방송 등의 행위를 하지 못한다"(제59조). "재판장은 법정에 있어서의 질서유지를 위하여 필요하다고 인정할 때에는 개정전후를 불문하고 관할경찰서장에게 국가경찰공무원의 파견을 요구할 수 있다"(제60조 제1항). "법원은 직권으로 법정 내외에서 제58조 제2항의 명령 또는 제59조에 위반하는 행위를 하거나 폭언 · 소란 등의 행위로 법원의 심리를 방해하거나 재판의 위신을 현저하게 훼손한 자에 대하여 결정으로 20일 이내의 감치(監置) 또는 100만원 이하의 과태료에 처하거나 이를 병과할 수 있다"(제61조 제1항).

그 밖에도 법정의 존엄과 질서유지 및 법원청사의 방호를 위하여 대법원과 각급법원에 법원경비관리대를 둔다(제55조의2). 또한 대법원 및 각급법원에 법원경위를 둔다(제64조).

대법원판례에 의하면, 필요적 변호사건이라도 법정질서유지를 위한 변호인 퇴정명령과 이로 인한 변호인없는 개정 · 심리를 예외적으로 인정하고 있다(대판 1990.6.8. 90도646).

V. 사법권의 한계

앞에서 설명한 것처럼 사법권의 실질적 의미는 재판권, 즉 '법률상의 쟁송의 심판권'이다. 실질적인 사법권의 범위에는 민사소송, 가사(家事)소송, 형사소송, 군사재판, 행정소송, 특허소송, 선거소송, 헌법소송의 재판권이 포함된다.

성질상 사법권에 속하는 것이라고 하더라도 사법권 행사가 제한되는 일정한 경우가 있다. 또한 사법권의 실질적 의미 자체에서 오는 사법본질적 또는 내재적 한계가 있다. 이 두 경우를 합하여 사법권의 한계라고 부른다. 법원의 사법권의 한계를 다음 여러 관점에서 나누어 볼 수 있다.

1. 사법본질적 한계

사법권의 사법본질적 한계란 사법의 실질적 의미에 내재하는 한계를 말한다. 법원조직법에서 법원의 권한으로 규정하고 있는 것처럼, 사법이란 '법률상의 쟁송을 심판'하는 것이다(제2조 제1항). 따라서 법률상의 쟁송이 존재하지 않거나 그 심판의 필요성이 없다면 사법권은 행사될 수 없다. 이를 다음과 같이 나누어 설명할 수 있다.

① **사건성**(事件性)이 있어야 한다. 사건성 또는 구체적 사건성이란 법률상의 쟁송이 존재함을 뜻한다. '법률상의 쟁송'이란, 당사자 간에 구체적인 권리의무 또는 법률관계의 존부(형벌권의 존부를 포함)에 관한 분쟁을 말한다. 따라서 구체적 사건과 관련없이 추상적으로 법규범을 해석하는 것은 소송의 대상이 되지 않는다.

② **사건의 성숙성**이 인정되어야 한다. 사건의 성숙성(ripeness)이란, 장래에 예상되는 분쟁이 아니라 사건이 현재 존재하여야 함을 뜻한다.

③ **당사자적격**이 인정되어야 한다. 당사자적격(當事者適格)이란, 구체적 분쟁에 관하여 소송당사자로서 소송을 수행할 자격을 말한다. 당사자적격이 인정되려면 구체적 분쟁에서 원칙적으로 자신의 권리 또는 법률상 보호받는 이익의 침해가 있어야

한다. 그러한 권리 또는 이익의 침해가 인정되지 않는 제3자는 당사자적격이 인정되지 않는다.

④ **소(訴)의 이익**이 인정되어야 한다. 구체적 분쟁의 당사자로서 소송을 수행할 실질적 이익이 있어야 한다. 소의 이익의 요건은 소송의 남용을 방지하고 법원의 부담을 경감해주는 데에 의의가 있으나, 너무 엄격히 적용하는 경우에는 국민의 재판을 받을 권리를 침해하기 쉽다.

당사자적격과 소의 이익의 인정 여부는 소송의 종류에 따라 탄력적으로 판단되어야 한다. 헌법소송이나 환경소송 등, 공익적 고려가 중시되는 소송에서는 당사자적격과 소의 이익의 요건을 지나치게 엄격히 적용해서는 안 된다.

위의 네 가지 요건을 합하여 광의의 사건성이라고 부를 수 있다. 그런데 현행 법률 가운데에는 광의의 사건성의 요건이 충족되지 않은 듯이 보임에도 불구하고 법원의 재판권을 인정하는 예가 있다. 민중소송(民衆訴訟)이 그것이다. 민중소송이란, "국가 또는 공공단체의 기관이 법률에 위반되는 행위를 한 때에 직접 자기의 법률상 이익과 관계없이 그 시정을 구하기 위하여 제기하는 소송"이다(행정소송법 제3조 제3호). 민중소송과 기관소송(機關訴訟)을 합하여 객관적 소송(客觀的 訴訟)이라고 부른다. 기관소송이란, "국가 또는 공공단체의 기관 상호간에 있어서의 권한의 존부 또는 그 행사에 관한 다툼이 있을 때에 이에 대하여 제기하는 소송"(행정소송법 제3조 제4호 본문)이다.

현행 법률상 민중소송에 해당하는 대표적 예로, 공직선거법상의 선거소송이 있다. 대통령선거 및 국회의원선거에서 선거의 효력에 이의가 있는 선거인, 정당(후보자를 추천한 정당), 또는 후보자는 당해 선거관리위원회위원장을 피고로 하여 대법원에 선거소송을 제기할 수 있다(제222조 제1항). 또한 지방의회의원 및 지방자치단체의 장의 선거에서 선거의 효력에 이의가 있는 선거인, 정당(후보자를 추천한 정당), 또는 후보자는 선거관리위원회에 대한 소청(訴請)을 거쳐 대법원(비례대표 시·도의원선거 및 시·도지사선거의 경우) 또는 고등법원(지역구 시·도의원 및 기초단체의 장과 의원선거의 경우)에 선거소송을 제기할 수 있다(제222조 제2항). 그 밖에 국민투표법에 의한 국민투표무효의 소송도 민중소송에 해당한다. 국민투표의 효력에 관하여 이의가 있는 투표인은 중앙선거관리위원회위원장을 피고로 하여 대법원에 제소할 수 있다(제92조).

위의 선거소송이나 국민투표무효소송에 관하여, 이들 소송은 법원조직법 제2조 제1항에서 규정하는 '법률상의 쟁송'에 해당하지 않으며, 이 조항의 후단에서 말하는 '다른 법률에 의하여 법원에 속하는 권한'에 해당하는 것으로 보는 것이 일반적 견해이다.

생각건대 이러한 일반적 견해는 재검토될 필요가 있다. 이들 소송은 순전한 추상적인 법해석과는 다른 것이며, 사건성이 전혀 없다고 볼 것은 아니다. 선거소송에서 제소자인 선거인 자신의 권리 또는 법률상의 이익의 침해가 없다고 할 수는 없다. 이렇게 본다면 선거소송과 같은 민중소송의 심판도 실질적인 사법권에 포함된다고 할 것이다.

2. 헌법상의 명시적 한계

법원의 사법권 행사에 대해 헌법상 명시적 규정을 통해 한계가 설정된 경우들이 있다.

① **헌법재판소의 관장사항**은 법원의 사법권이 미치지 않는다(헌법 제111조 제1항). 헌법재판소가 관장하는 위헌법률심판, 탄핵심판, 정당해산심판, 기관간의 권한쟁의심판, 헌법소원심판은 성질상 사법작용에 해당하지만 헌법이 명시적으로 규정한 법원의 사법권의 한계이다.

헌법에 의하여 체결된 조약은 국내법과 같은 효력을 지니며, 조약의 국내적 적용에 관하여 법원의 재판권이 미친다. 조약 가운데 법률과 동등한 효력을 갖는 조약, 즉 그 체결에 국회의 동의를 얻어 체결된 **조약의 위헌 여부**에 관해서는 일반 법률의 위헌심판과 마찬가지로 헌법재판소가 그 심판권을 갖는다. 이 문제를 흔히 국제법상의 한계로서 다루고 있으나, 이 문제는 국제법상의 한계는 아니다.

② **국회의원의 자격심사 · 징계 · 제명**은 국회가 행하며, 이에 대하여는 법원에 제소할 수 없다(헌법 제64조 제4항). 이것은 국회의 자율권 존중의 취지에서 나온 것이다.

③ **비상계엄하의 군사재판**은 일정한 경우에 단심으로 한다. "비상계엄하의 군사재판은 군인 · 군무원의 범죄나 군사에 관한 간첩죄의 경우와 초병 · 초소 · 유독음식물공급 · 포로에 관한 죄 중 법률이 정한 경우에 한하여 단심으로 할 수 있다. 다만, 사형을 선고한 경우에는 그러하지 아니하다"(헌법 제110조 제4항). 이것은 대법원의 군사재판에 대한 상고심 관할권을 배제한 점에서 법원의 사법권을 제한한 것이다.

④ **유신헌법** 제53조 제4항의 "제1항과 제2항의 **긴급조치**는 사법적 심사의 대상이 되지 아니한다"는 규정이 현행 헌법에 의하여 효력을 상실한 경우(현행 헌법은 대통령에게 비상시에 대처하기 위한 국가긴급권으로 계엄 및 법률의 효력을 가지는 긴급명령, 긴급

재정 · 경제명령 및 긴급재정 · 경제처분만을 인정하고 있음), 위 긴급조치의 위헌여부를 심사할 수 있는가, 심사할 수 있다면 심사기관은 헌법재판소인가 법원인가가 문제된다. 이에 대하여 우리 대법원은 유신헌법상의 긴급조치는 법률로 볼 수 없으므로 법원이 그 위헌여부의 심사를 할 수 있다고 하였다. 그러나 최근 헌법재판소는 긴급조치는 위헌법률심판의 대상이 된다고 하면서 대법원에 이어 다시 위헌결정을 하였다.

(판 례) 유신헌법상의 긴급조치의 위헌심사가부와 그 심사기관 및 위헌여부

(1) 긴급조치에 대한 사법심사의 가부

(……) 유신헌법 제53조 제4항이 " 제1항과 제2항의 긴급조치는 사법적 심사의 대상이 되지 아니한다."고 규정하고 있어, 대법원은 유신헌법 아래서, 긴급조치는 유신헌법에 근거한 것으로서 사법적 심사의 대상이 되지 아니하므로 그 위헌 여부를 다툴 수 없다는 취지의 판시를 한 바 있다(대법원 1977.3.22. 선고 74도3510 전원합의체 판결, 대법원 1977.5.13.자 77모19 전원합의체 결정 등 참조).

그러나 재심소송에서 적용될 절차에 관한 법령은 재심판결 당시의 법령이므로, 사법적 심사의 대상이 되는지 여부는 현재 시행 중인 대한민국헌법(이하 '현행 헌법'이라 한다)에 기하여 판단하여야 한다. 현행 헌법 제76조는 대통령의 긴급명령 · 긴급재정경제명령 등 국가긴급권의 행사에 대하여 사법심사배제 규정을 두고 있지 아니하다. (……) 따라서 이 사건 재심절차를 진행함에 있어, 모든 국민은 유신헌법에 따른 절차적 제한을 받음이 없이 법이 정한 절차에 의해서 긴급조치의 위헌성 유무를 따지는 것이 가능하므로, 이와 달리 유신헌법 제53조 제4항에 근거하여 이루어진 긴급조치에 대한 사법심사가 불가능하다는 취지의 위 대법원 판결 등은 더 이상 유지될 수 없다.

(2) 긴급조치의 위헌심판기관

(……) 위헌심사의 대상이 되는 '법률'이라 함은 '국회의 의결을 거친 이른바 형식적 의미의 법률'을 의미하고(대법원 2008.12.24. 선고 2006도1427 판결, 헌법재판소 1996.6.13. 선고 94헌바20 전원재판부 결정 등 참조), 위헌심사의 대상이 되는 규범이 형식적 의미의 법률이 아닌 때에는 그와 동일한 효력을 갖는 데에 국회의 승인이나 동의를 요하는 등 국회의 입법권 행사라고 평가할 수 있는 실질을 갖춘 것이어야 한다.

유신헌법 제53조 제3항은 대통령이 긴급조치를 한 때에는 지체 없이 국회에 통고하여야 한다고 규정하고 있을 뿐, 사전적으로는 물론이거니와 사후적으로도 긴급조치가 그 효력을 발생 또는 유지하는 데 국회의 동의 내지 승인 등을 얻도록 하는 규정을 두고 있지 아니하고, 실제로 국회에서 긴급조치를 승인하

는 등의 조치가 취하여진 바도 없다. 따라서 유신헌법에 근거한 긴급조치는 국회의 입법권 행사라는 실질을 전혀 가지지 못한 것으로서, 헌법재판소의 위헌심판대상이 되는 '법률'에 해당한다고 할 수 없고, 긴급조치의 위헌 여부에 대한 심사권은 최종적으로 대법원에 속한다.

(3) 긴급조치 제1호의 위헌 여부

(가) 국가긴급권은 국가가 중대한 위기에 처하였을 때 그 위기의 직접적 원인을 제거하는 데 필수불가결한 최소의 한도 내에서 행사되어야 하는 것으로서, 국가긴급권을 규정한 헌법상의 발동 요건 및 한계에 부합하여야 하고, 이 점에서 유신헌법 제53조에 규정된 긴급조치권 역시 예외가 될 수는 없다.

(나) 유신헌법도 제53조 제1항, 제2항에서 긴급조치권 행사에 관하여 '천재 · 지변 또는 중대한 재정 · 경제상의 위기에 처하거나, 국가의 안전보장 또는 공공의 안녕질서가 중대한 위협을 받거나 받을 우려가 있어, 신속한 조치를 할 필요'가 있을 때 그 극복을 위한 것으로 한정하고 있다. 그러나 이에 근거하여 발령된 긴급조치 제1호의 내용은 대한민국헌법을 부정, 반대, 왜곡 또는 비방하는 일체의 행위, 대한민국헌법의 개정 또는 폐지를 주장, 발의, 제안 또는 청원하는 일체의 행위와 유언비어를 날조, 유포하는 일체의 행위 및 이와 같이 금지된 행위를 권유, 선동, 선전하거나, 방송, 보도, 출판 기타 방법으로 이를 타인에게 알리는 일체의 언동을 금하고(제1항 내지 제4항), 이 조치를 위반하거나 비방한 자는 법관의 영장 없이 체포, 구속, 압수, 수색하며 15년 이하의 징역에 처한다(제5항)는 것으로, 유신헌법 등에 대한 논의 자체를 전면금지함으로써 이른바 유신체제에 대한 국민적 저항을 탄압하기 위한 것임이 분명하여 긴급조치권의 목적상의 한계를 벗어난 것일 뿐만 아니라, 위 긴급조치가 발령될 당시의 국내외 정치상황 및 사회상황이 긴급조치권 발동의 대상이 되는 비상사태로서 국가의 중대한 위기상황 내지 국가적 안위에 직접 영향을 주는 중대한 위협을 받을 우려가 있는 상황에 해당한다고 할 수 없으므로, 그러한 상황에서 발령된 긴급조치 제1호는 유신헌법 제53조가 규정하고 있는 요건을 결여한 것이다. (……)

(라) 결국 이 사건 재판의 전제가 된 긴급조치 제1호 제1항, 제3항, 제5항을 포함하여 긴급조치 제1호는 헌법에 위배되어 무효이다.

이와 달리 유신헌법 제53조에 근거를 둔 긴급조치 제1호가 합헌이라는 취지로 판시한 대법원 1975. 1. 28. 선고 74도3492 판결, 대법원 1975. 1. 28. 선고 74도3498 판결, 대법원 1975. 4. 8. 선고 74도3323 전원합의체 판결과 그 밖에 이 판결의 견해와 다른 대법원판결들은 모두 폐기한다.

대판(전합) 2010.12.16. 2010도5986

(판 례) 유신헌법상의 긴급조치가 위헌법률심판의 대상이 되는지 여부 및 위헌여부

가. 헌법 제107조 제1항, 제2항은 법원의 재판에 적용되는 규범의 위헌 여부를 심사할 때, '법률'의 위헌 여부는 헌법재판소가, 법률의 하위 규범인 '명령 · 규칙 또는 처분' 등의 위헌 또는 위법 여부는 대법원이 그 심사권한을 갖는 것으로 권한을 분배하고 있다. 이 조항에 규정된 '법률'인지 여부는 그 제정 형식이나 명칭이 아니라 규범의 효력을 기준으로 판단하여야 하고, '법률'에는 국회의 의결을 거친 이른바 형식적 의미의 법률은 물론이고 그 밖에 조약 등 '형식적 의미의 법률과 동일한 효력'을 갖는 규범들도 모두 포함된다. 따라서 최소한 법률과 동일한 효력을 가지는 이 사건 긴급조치들의 위헌 여부 심사권한도 헌법재판소에 전속한다.

나. (1) 유신헌법 일부 조항과 긴급조치 등이 기본권을 지나치게 침해하고 자유민주적 기본질서를 훼손하였다는 반성에 따른 헌법 개정사, 국민의 기본권의 강화 · 확대라는 헌법의 역사성, 헌법재판소의 헌법해석은 헌법이 내포하고 있는 특정한 가치를 탐색 · 확인하고 이를 규범적으로 관철하는 작업인 점에 비추어, 헌법재판소가 행하는 구체적 규범통제의 심사기준은 원칙적으로 헌법재판을 할 당시에 규범적 효력을 가지는 현행헌법이다.

(2) 국가긴급권의 행사라 하더라도 헌법재판소의 심판대상이 되고, 긴급조치에 대한 사법심사 배제조항을 둔 유신헌법 제53조 제4항은 입헌주의에 대한 중대한 예외일 뿐 아니라, 현행헌법이 반성적 견지에서 사법심사배제조항을 승계하지 아니하였으므로, 현행헌법에 따라 이 사건 긴급조치들의 위헌성을 다툴 수 있다. (……)

라. (1) 헌법을 개정하거나 다른 내용의 헌법을 모색하는 것은 주권자인 국민이 보유하는 가장 기본적인 권리로서, 가장 강력하게 보호되어야 할 권리 중의 권리에 해당하고, 집권세력의 정책과 도덕성, 혹은 정당성에 대하여 정치적인 반대의사를 표시하는 것은 헌법이 보장하는 정치적 자유의 가장 핵심적인 부분이다. 정부에 대한 비판 일체를 원천적으로 배제하고 이를 처벌하는 긴급조치 제1호, 제2호는 대한민국 헌법의 근본원리인 국민주권주의와 자유민주적 기본질서에 부합하지 아니하므로 기본권 제한에 있어서 준수하여야 할 목적의 정당성과 방법의 적절성이 인정되지 않는다. 긴급조치 제1호, 제2호는 국민의 유신헌법 반대운동을 통제하고 정치적 표현의 자유를 과도하게 침해하는 내용이어서 국가긴급권이 갖는 내재적 한계를 일탈한 것으로서, 이 점에서도 목적의 정당성이나 방법의 적절성을 갖추지 못하였다.

(2) 긴급조치 제1호, 제2호는 국가긴급권의 발동이 필요한 상황과는 전혀 무관하게 헌법과 관련하여 자신의 견해를 단순하게 표명하는 모든 행위까지 처벌하

고, 처벌의 대상이 되는 행위를 전혀 구체적으로 특정할 수 없으므로, 표현의 자유 제한의 한계를 일탈하여 국가형벌권을 자의적으로 행사하였고, 죄형법정주의의 명확성 원칙에 위배되며, 국민의 헌법개정권력의 행사와 관련한 참정권, 국민투표권, 영장주의 및 신체의 자유, 법관에 의한 재판을 받을 권리 등을 침해한다.

헌재 2013.3.21. 2010헌바132등, 공보 198, 472,473

3. 국제법상의 한계

국제법상 **외교사절의 재판면제특권**이 인정된다. '외교관계에 관한 비엔나협약'에 의하면 외교사절은 접수국의 재판권으로부터 면제되며, 우리나라도 이 조약에 가입하고 있다. 국제관습법상 국가의 주권적 행위는 재판권이 면제되나 사법적(私法的) 행위는 사법심사의 대상이 된다(대판(전합) 1998.12.17. 97다39216, 헌재 2017.5.25. 2016헌바388). 미군정청이 남한 내 일본화폐를 금융기관에 예입하도록 하는 내용의 법령을 제정한 행위는 전자의 예이고, 주한미군에 근무하는 대한민국 국민인 군무원의 고용·해고에 관한 사항은 후자의 예에 속한다. 다만 외국의 사법적 행위가 주권적 활동에 속하는 것이거나 이와 밀접한 관련이 있어서 이에 대한 재판권의 행사가 외국의 주권적 활동에 대한 부당한 간섭이 될 우려가 있다는 등의 특별한 사정이 있는 경우에는 재판권을 행사할 수 없다(위 대법원 판결). 그 밖에도 '주한미군의 지위에 관한 협정'(SOFA)에 따라 주한미군의 범죄에 대한 재판권이 제한된다.

(판 례) 외국이 외교공관으로 부동산 점유하는 경우와 주권면제

부동산 점유 주체가 외국이라는 이유만으로 부동산 소재지 국가 법원의 재판권에서 당연히 면제된다고 보기 어렵고, (……) 다만 외교공관은 한 국가가 자국을 대표하여 외교 활동을 하고 자국민을 보호하며 영사 사무 등을 처리하기 위하여 다른 국가에 설치한 기관이므로, 외국이 부동산을 공관지역으로 점유하는 것은 그 성질과 목적에 비추어 주권적 활동과 밀접한 관련이 있다고 볼 수 있고, 국제법상 외국의 공관지역은 원칙적으로 불가침이며 접수국은 이를 보호할 의무가 있다. (……)

그러나, 외국의 공관지역 점유로 부동산에 관한 사적 권리나 이익이 침해되었음을 이유로 해당 국가를 상대로 차임 상당의 부당이득반환을 구하는 판결절차는 그 자체로 외국의 공관지역 점유에 영향을 미치지 아니하고, 그 청구나 그에 근거한 판결이 외교공관의 직무 수행과 직접적인 관련성이 있다고 보기

도 어렵다.

대판 2023.4.27. 2019다247903

4. 통치행위

(1) 의의와 문제점 : 진정한 통치행위와 비(非)진정한 통치행위

사법권의 한계로서 가장 많은 논란이 되어온 것은 이른바 통치행위이다. 일반적으로 통치행위란 고도의 정치성이 있는 국가행위로서 사법적 심사의 대상에서 제외되는 행위를 말한다.

각국의 법원은 헌법상 또는 법률상의 명시적 근거가 없음에도 불구하고 고도의 정치성이 있는 국가기관의 행위를 재판대상에서 배제하여 왔으며, 이를 독일에서는 통치행위(Regierungsakt), 영국에서는 대권행위(prerogative), 미국에서는 정치문제(political question)라고 불러왔다. 다만 미국에서의 정치문제는 반드시 국가기관의 행위에 한정하지 않고, 제소된 사안(事案)의 성질이 고도의 정치성을 지닌 것이면(예컨대 정당 내부의 문제) 이를 정치문제라고 불러온 점에서 약간의 의미의 차이가 있다.

통치행위에 관한 여러 논의가 혼란스럽게 보이는 것은 통치행위의 개념 자체에 관한 다음의 기본적인 문제가 분명히 정리되지 않고 있기 때문이다. 종래 통치행위라는 이름 아래 서로 성질이 다른 다음의 두 가지 경우를 모두 뒤섞어서 통치행위라고 불러왔다.

첫째는 정부 또는 의회와 같은 정치적 기관의 행위가 헌법상 또는 법률상의 요건이나 제한에 위반했다는 주장에 대하여 법원이나 헌법재판소가 그 위헌 또는 위법 여부의 판단을 회피하는 경우이다. 이 경우에 법원은 문제된 사안이 위헌 또는 위법일지도 모르지만 법원이 심사할 성질이 아니라고 하여 판단을 회피한다. 이 경우를 '**진정한 통치행위**'라고 할 수 있다.

둘째는 법원이 어떤 국가기관의 행위가 헌법이나 법률에 위반하지 않았다고 보는 전제 위에서, 그 행위가 적절하고 타당한 것인지는 정치적인 문제이므로 관여할 것이 아니라고 판단하는 경우이다. 예컨대 대통령의 어떤 외국 정부에 대한 승인 여부의 결정에 대해 법원이 이 정치적 결정의 법적 효력을 인정하여 구속력을 부여하는 것은 법원이 법적 판단을 회피한 것이 아니라, 외국정부의 승인 여부가 대통령의 헌법상 권한이며, 정부승인 여부는 대통령의 재량적 판단에 달려 있다고 보기 때문이다. 이 경우를 '**비**(非)**진정한 통치행위**'라고 할 수 있다.

위의 두 경우 가운데 비진정한 통치행위는 성질상 자유재량행위에 해당하며, 재량의 성격이 정치적인데 지나지 않는다. 뒤에서 지적하는 것처럼 어떤 행위가 자유재량에 해당한다는 법원의 판단은 사법적 판단을 아니 한 것이 아니라 위법하지 않다는 사법적 판단을 내린 것이다. 이렇게 볼 때 통치행위는 오직 진정한 통치행위만을 가리킨다고 보아야 하며, 비진정한 통치행위, 즉 정치적 성격의 자유재량행위까지 통치행위의 개념에 포함시키는 것은 적절하지 않다.

이처럼 통치행위의 개념을 한정하더라도 다음과 같은 문제들이 제기된다. ① 통치행위에 대해 사법적 판단을 배제하는 근거는 무엇인가. ② 어떤 행위들이 통치행위에 해당하는가. ③ 통치행위를 인정하더라도 거기에 일정한 한계가 있는가.

(2) 판 례

통치행위에 관한 대법원판례 및 헌법재판소판례를 살펴본다.

(판 례) 비상계엄선포(1)(이른바 6.3사태)

우리나라 현정세가 북한집단과 정전상태에 있고 북한 집단이 휴전선이북에 막대한 병력을 집중하여 호시탐탐 남침을 노리고 있을 뿐 아니라 가진 방법으로 간첩을 남파하여 치안교란과 파괴공작을 감행하고 있는 현대전적인 양상을 이루고 있는 이즈음 1964.3월 이후 접종하는 데모로 말미암아 민심불안으로 인한 치안상태가 문란하여 오던 중 특히 1964.6.3 데모로 서울특별시 일원의 경찰에 의한 치안유지가 극도로 곤란하게 된 상황아래 같은 날 대통령이 그 재량에 의하여 서울지역에 선포한 비상계엄은 헌법 제75조나 계엄법 제4조 같은 법 시행령 제4조에 규정한 법정 요건을 명백히 갖추지 못하여 위 비상계엄의 선포가 당연히 무효라고는 볼 수 없으며 당연무효로 판단할 수 없는 계엄에 대하여서는 그 계엄의 선포가 옳고 그른 것은 국회에서 판단하는 것이고 법원에서 판단할 수 없다고 해석하는 것이 헌법 제75조 제4, 5항의 규정 취지에 부합된다 할 것이므로 금번비상계엄이 법률상 성립될 수 없고 따라서 이 계엄에 기인하여 설치된 수도경비사령부 계엄보통군법회의는 적법한 군법회의라 할 수 없으니 같은 군법회의는 피고인에 대한 재판권이 없다는 취지의 재정신청이유는 이유없음에 돌아간다 할 것이고(……).

대재(大裁) 1964.7.21. 64초3

(판 례) 비상계엄선포(2)(이른바 10.26사태)

(……) 위와 같은 사태 아래서, 국가를 보위하며 국민의 자유와 복리의 증진

에 노력하여야 할 국가원수인 동시에 행정의 수반이며 국군의 통수자인 대통령(권한대행)이 제반의 객관적 상황에 비추어서 그 재량으로 비상계엄을 선포함이 상당하다는 판단밑에 이를 선포하였을 경우, 그 행위는 고도의 정치적, 군사적 성격을 띠는 행위라고 할 것이어서, 그 선포의 당, 부당을 판단할 권한과 같은 것은 헌법상 계엄의 해제 요구권이 있는 국회만이 가지고 있다고 할 것이고, 그 선포가 당연 무효의 경우라면 모르되, 사법기관인 법원이 계엄선포의 요건의 구비 여부나 선포의 당, 부당을 심사하는 것은, 사법권의 내재적인 본질적 한계를 넘어서는 것이 되어, 적절한 바가 못된다 할 것이므로(대법원 1964.7.21. 자 64초3, 64초4, 64초6 등 각 재정 참조), 위의 비상계엄이 법적 요건을 구비하지 아니한 것이어서 효력이 없는 것이라는 견해를 전제로 하여 군법회의가 재판권이 없다는 논지 주장은 이유없다.

대재(大裁) 1979.12.7. 79초70

(판 례) 비상계엄선포(3)(이른바 전두환 · 노태우 5.18내란행위)

대통령의 비상계엄의 선포나 확대 행위는 고도의 정치적 · 군사적 성격을 지니고 있는 행위라 할 것이므로, 그것이 누구에게도 일견하여 헌법이나 법률에 위반되는 것으로서 명백하게 인정될 수 있는 등 특별한 사정이 있는 경우라면 몰라도, 그러하지 아니한 이상 그 계엄선포의 요건 구비 여부나 선포의 당 · 부당을 판단할 권한이 사법부에는 없다고 할 것이나, 비상계엄의 선포나 확대가 국헌문란의 목적을 달성하기 위하여 행하여진 경우에는 법원은 그 자체가 범죄행위에 해당하는지의 여부에 관하여 심사할 수 있다.

대판 1997.4.17. 96도3376

(판 례) 긴급재정경제명령의 발동(1)(금융실명제)

금융실명거래및비밀보장에관한긴급재정경제명령(이하 긴급명령이라 한다)은 그 발동 당시 헌법 제76조 제1항에서 정한 긴급재정 · 경제명령의 발동요건이 갖추어져 있었다고 보이고 국회의 승인을 얻었으므로 헌법상의 긴급재정 · 경제명령으로서 유효하게 성립하였다고 할 것이고, 위와 같이 긴급명령이 유효하게 성립한 이상 가사 그 발동의 원인이 된 '내우 · 외환 · 천재 · 지변 또는 중대한 재정 · 경제상의 위기'가 사라졌다고 하여 곧바로 그 효력이 상실되는 것이라고는 할 수 없다.

대판 1997.6.27. 95도1964

(판 례) 남북정상회담과 대북송금사건

남북정상회담의 개최는 고도의 정치적 성격을 지니고 있는 행위라 할 것이므로 특별한 사정이 없는 한 그 당부를 심판하는 것은 사법권의 내재적 · 본질적 한계를 넘어서는 것이 되어 적절하지 못하지만, 남북정상회담의 개최과정에서 위 피고인들이 공모하여 재정경제부장관에게 신고하지 아니하거나 통일부장관의 협력사업 승인을 얻지 아니한 채 위와 같이 북한측에 사업권의 대가 명목으로 4억 5,000만 달러를 송금한 행위 자체는 헌법상 법치국가의 원리와 법앞에 평등원칙 등에 비추어 볼 때 사법심사의 대상이 된다.

대판 2004.3.26. 2003도7878

(판 례) 긴급재정경제명령의 발동⑵(금융실명제)

대통령의 긴급재정경제명령은 중대한 재정 경제상의 위기에 처하여 국회의 집회를 기다릴 여유가 없을 때에 국가의 안전보장 또는 공공의 안녕질서를 유지하기 위하여 필요한 경우에 발동되는 일종의 국가긴급권으로서 대통령이 고도의 정치적 결단을 요하고 가급적 그 결단이 존중되어야 할 것임은 법무부장관의 의견과 같다.

그러나 이른바 통치행위를 포함하여 모든 국가작용은 국민의 기본권적 가치를 실현하기 위한 수단이라는 한계를 반드시 지켜야 하는 것이고, 헌법재판소는 헌법의 수호와 국민의 기본권 보장을 사명으로 하는 국가기관이므로 비록 고도의 정치적 결단에 의하여 행해지는 국가작용이라고 할지라도 그것이 국민의 기본권 침해와 직접 관련되는 경우에는 당연히 헌법재판소의 심판대상이 될 수 있는 것일 뿐만 아니라, 긴급재정경제명령은 법률의 효력을 갖는 것이므로 마땅히 헌법에 기속되어야 할 것이다.

따라서 이 사건 긴급명령이 통치행위이므로 헌법재판의 대상이 될 수 없다는 법무부장관의 주장은 받아들일 수 없다.

헌재 1996.2.29. 93헌마186, 판례집 8-1, 111,115-116

(판 례) 국군의 해외파견결정

이 사건 파견결정은 그 성격상 국방 및 외교에 관련된 고도의 정치적 결단을 요하는 문제로서, 헌법과 법률이 정한 절차를 지켜 이루어진 것임이 명백하므로, 대통령과 국회의 판단은 존중되어야 하고 우리 재판소가 사법적 기준만으로 이를 심판하는 것은 자제되어야 한다. 오랜 민주주의 전통을 가진 외국에서도 외교 및 국방에 관련된 것으로서 고도의 정치적 결단을 요하는 사안에 대하여는 줄곧 사법심사를 자제하고 있는 것도 바로 이러한 취지에서 나온 것이라 할 것이다. 이에 대하여는 설혹 사법적 심사의 회피로 자의적 결정이 방치될 수도 있다는 우려가 있을 수 있으나 그러한 대통령과 국회의 판단은 궁극적으로는 선거를 통해 국민에 의한 평가와 심판을 받게 될 것이다.

헌재 2004.4.29. 2003헌마814, 판례집 16-1, 601,606-607

(판 례) 신행정수도건설

신행정수도건설이나 수도이전의 문제가 정치적 성격을 가지고 있는 것은 인정할 수 있지만, 그 자체로 고도의 정치적 결단을 요하여 사법심사의 대상으로 하기에는 부적절한 문제라고까지는 할 수 없다. 더구나 이 사건 심판의 대상은 이 사건 법률의 위헌여부이고 대통령의 행위의 위헌여부가 아닌바, 법률의 위헌여부가 헌법재판의 대상으로 된 경우 당해법률이 정치적인 문제를 포함한다는 이유만으로 사법심사의 대상에서 제외된다고 할 수는 없다.

헌재 2004.10.21. 2004헌마554, 판례집 16-2 하, 1,35

(판 례) 개성공단 전면중단 조치

개성공단 전면중단 조치가 고도의 정치적 결단을 요하는 문제이기는 하나, 조치 결과 개성공단 투자기업인 청구인들에게 기본권 제한이 발생하였고, 국민의 기본권 제한과 직접 관련된 공권력의 행사는 고도의 정치적 고려가 필요한 행위라도 헌법과 법률에 따라 결정하고 집행하도록 견제하는 것이 헌법재판소 본연의 임무이므로, 그 한도에서 헌법소원심판의 대상이 될 수 있다. (……) 통일부장관의 조정명령에 관한 '남북교류협력에 관한 법률' 제18조 제1항 제2호, 대통령의 국가의 계속성 보장 책무, 행정에 대한 지휘·감독권 등을 규정한 헌법 제66조, 정부조직법 제11조 등이 근거가 될 수 있으므로, 헌법과 법률에 근거한 조치로 보아야 한다.

헌재 2022.1.27. 2016헌마364, 공보 304, 255,256

그 밖에 국회의 의결절차의 위헌 여부에 관해서, 헌법재판소는 이 사안이 심판대상에서 제외된다고 보지는 않는다. "국회의 의사절차나 입법절차에 헌법이나 법률의 규정을 명백히 위반한 흠이 있는 경우에도 국회가 자율권을 가진다고는 할 수 없다"고 한다(헌재 1997.7.16. 96헌라2; 헌재 2000.2.24. 99헌라1. 앞의 '국회의 운영과 의사원칙' 참조).

한편 언론관계법안 변칙처리 사건에서는 다수의견이 가결선포행위의 무효확인 청구를 기각하였으나 그 이유에 관하여 다수의견은 형성되지 않았으며, 일부 재판관만이 사법심사 자제가 필요하다는 의견을 제시하였다(헌재 2009.10.29. 2009헌라8·9·10(병합)).

국회 소위원회의 방청불허행위의 위헌 여부에 관한 사건에서도 헌법재판소는 심판을 회피하지 않았다. 헌법재판소는 심사를 행한 결과로서, 방청불허행위가 국회 자율권의 범위를 넘지 않았다고 판시하였다(헌재 2000.6.29. 98헌마443).

또한 헌법재판소는 "한미연합 군사훈련 결정이 통치행위에 해당한다고 보기 어렵다"고 판시하였다(헌재 2009.5.28. 2007헌마369).

대통령의 지방자치단체장 선거일 불공고(不公告)행위에 대한 헌법소원청구사건에서는 권리보호의 이익이 없다는 이유로 각하하였는데, 그 결정이유에서 다음과 같이 설시하였다. "이 사건과 같이 고도의 정치적 성격을 지닌 사건에서는 여당과 야당이 타협과 대결을 통하여 국정을 해결하는 정치부인 국회에서 우선적으로 이 사안을 다룰 필요가 있다. 뿐만 아니라 국회가 이 문제를 해결하겠다고 나선다면, 사법기관의 일종인 헌법재판소로서는 이를 존중함이 마땅하다고 본다"(헌재 1994.8.31. 92헌마126, 176,192).

중앙선거관리위원회위원장의 대통령에 대한 선거중립의무준수요청은 대통령의 행위가 공직선거법에 위반되는지 여부를 판단한 것이어서 이를 통치행위와 유사한 고도의 정치적 행위라거나 권력분립의 원칙상 그 판단을 극히 존중해야 할 사안으로 보기 어렵고, 정치적 문제로서 사법적 판단을 자제해야 하는 경우가 아니라는 헌법재판소 판례도 있다(헌재 2008.1.17. 2007헌마700).

위 판례 가운데 **대법원판례**를 보면, 대통령의 비상계엄선포 행위에 대하여 제한된 범위에서 통치행위를 인정하고 있다. 즉 명백한 당연무효가 아닌 한 계엄선포요건의 해당 여부에 관한 심사를 하지 않는다는 것이다(이 판결은 아래에서 소개하는 일본 최고재판소 판결인 이른바 '砂川判決'의 논지와 유사하다). 다만 5·18내란행위사건의 경우, 거기에 덧붙여 국헌문란의 목적을 위한 행위의 경우에는 범죄행위에 해당하는지 여부에 관하여 심사할 수 있다고 보고 있다. 그러나 금융실명제를 위한 긴급재정경제명령 발동에 관해서는 발동요건에 해당한다고 판단하고 있으며, 이는 긴급재정경제명령 발동이 통치행위에 해당하지 않는다는 전제에 서있는 것으로 보인다. 한편 대북송금사건에서는 통치행위를 인정하되 기본권보장과 법치주의원리에 의한 한계가 있다고 하여, 제한된 범위에서 이를 인정하며, 대북송금행위의 위법 여부는 사법심사의 대상이 된다고 보고 있다.

대법원판례에서 제한적 범위의 통치행위를 인정하는 근거를 보면, 사건마다 차이를 보이고 있다. 6·3사태사건에서는 계엄선포행위가 대통령의 재량행위라고 보고 있으며, 10·26사태사건에서는 계엄선포의 당·부당 심사가 사법권의 내재적 본질적 한계를 넘는 것이라고 보고 있다. 대북송금사건에서는 법원 스스로의 사법적 자제가 바람직하다는 견해와 아울러 사법권의 내재적 제약에 속한다는 견해를 함께 나타내고 있다.

한편 **헌법재판소판례**를 보면, 금융실명제를 위한 긴급재정경제명령사건에서는 통치행위를 인정하되 국민의 기본권침해와 직접 관련이 있는 경우에는 심판대상이 된다고 보고, 이 사건의 경우, 심사결과 발동요건을 충족한다고 보고 있다. 국군해외파병사건에서는 헌법 및 법률상의 절차를 거친 것이 명백한 이상, 실체적 위헌 여부의 심사는 자제되어야 한다고 보고 있다. 신행정수도건설사건에서는 법률의 위헌여부에 관해 당해법률이 정치적인 문제를 포함한다는 이유만으로 사법심사의 대상에서 제외된다고 할 수는 없다고 보고 있다.

이들 헌법재판소판례들은 통치행위 개념을 인정하되, 기본권침해와 직접 관련이 있는 경우에는 심사대상이 된다고 봄으로써 이 개념을 제한적으로 인정하거나, 헌법 및 법률의 절차에 관한 명백한 위반이 있으면 심사대상이 될 수 있다는 듯한 여지를 남기고 있다. 이런 점에서 보면, 헌법재판소판례도 통치행위를 제한적으로 인정하고 있다고 할 수 있다. 인정 근거에 관해서는 국군해외파병사건에서 판시하기를, 사법적 기준만으로 심판하는 것은 자제되어야 한다고 보고 있다.

이처럼 대법원판례 및 헌법재판소판례는 모두 통치행위 개념을 인정하되 제한적으로 이를 인정하고 있다. 그 제한의 내용은 명백한 당연무효이거나, 기본권침해와 직접 관련되거나, 국헌문란의 목적의 범죄행위이거나 등의 경우에는 심사대상이 된다는 것이다. 그리고 통치행위의 인정 근거는 사법권의 내재적 한계라거나 또는 사법적 자제가 바람직하다는 견해의 어느 하나 또는 양자가 함께 제시되고 있다. 실제로 통치행위에 해당한다고 보아 심사를 하지 않은 사안은 대통령의 비상계엄선포행위와 국군해외파병결정이다.

2025년 4월 4일의 윤석열 대통령 탄핵심판 결정에서 헌법재판소는 다음과 같이 비상계엄 선포의 위법여부가 사법심사 대상이 된다고 보았다.

"고위공직자의 헌법 및 법률 위반으로부터 헌법질서를 수호하고자 하는 탄핵심판의 취지 등을 고려하면, 이 사건 계엄 선포가 고도의 정치적 결단을 요하는 행위라 하더라도 그 헌법 및 법률 위반 여부를 심사할 수 있다"(헌재 2025.4.4. 2024헌나8)(제4편 제5장 VI. 참조).

(참고 · 미국판례) *Baker v. Carr*(1962).

정치문제(political question)에 관한 대표적 연방대법원판례는 *Baker v. Carr*사건(1962)이다. 이 판결 이전에 선거구인구불평등의 위헌 여부의 문제는 정치문제에 해당한다고 하여 심사가 회피되었으나, 이 판결에서 처음으로 이 문제가 정치문제가 아니라고 보고 심사하였다. 이 판결은 정치문제의 징표로서 세 가지 기준을 제시하고 있다. 첫째, 헌법규정상 법원 이외의 다른 기관에 맡겼다고 입증할 수 있는 경우, 둘째, 사법적 판단의 기준이 결여된 경우, 셋째, 신중한 고려가 필요한 경우이다. 그러나 2019년 Rucho v. Common Cause(588 U.S. 684) 사건에서 '특정 정당에 유리한 선거구획정'(partisan gerrymandering)은 사법심사를 하기에 적합하지 않은 정치문제이고, 의회가 해결할 문제라고 하였다.

미국의 **베트남전쟁 참전에 관한 소송**에서도 정치문제의 원칙이 논란되었다. 베트남전쟁 참전에 관한 법적 논란은 두 가지로, 국제법 위반 여부 및 헌법 위반 여부였다. 위헌 여부의 쟁점은 헌법상 규정된 의회의 선전포고가 없었으므로 대통령이 의회의 헌법상 권한을 침해하지 않았느냐는 것이다. 대부분의 하급심판결은 정치문제의 원칙을 근거로 위헌 여부의 판단을 거부하였다. 연방대법원은 이들 사건에서 실체적인 본안판단을 내리지 않았으며, 베트남문제 소송에서 연방대법원이 정치문제의 원칙을 적용한 예는 없다. 근래 미국판례에서 정치문제를 이유로 사법심사를 거부한 사례는 찾아보기 힘들다.

(참고 · 일본판례) 미 · 일안보조약과 미군의 일본주둔(최고재판소 1959.12.16 판결. 이른바 '스나가와(砂川)판결')

미 · 일안보조약에 따른 미군의 일본주둔이 일본헌법 제9조의 평화조항에 위반하지 않느냐는 문제가 다루어진 대표적 사건이다. 동경지방재판소는 미군주둔이 헌법상 전력(戰力)보유금지를 규정한 조항의 위반이라고 보았다. 최고재판소는 이를 파기, 환송하였다. 최고재판소에 의하면, 외국군대는 헌법이 금지한 전력에 해당하지 않는다고 보았으며, 또한 안보조약은 고도의 정치성을 갖는 것으로, "일견(一見) 극히 명백하게 위헌무효라고 인정되지 않는 한, 재판소의 사법심사권의 범위 밖에 있다"고 보았다. 이 판결은 우리 대법원의 6.3사태판결의 논지와 유사하다.

(참고 · 일본판례) 중의원(衆議院)해산의 위헌여부(최고재판소 1960.5.8 판결. 이른바 '도마베치(苫米地)판결')

중의원해산의 사유와 절차가 위헌이어서 무효라는 주장에 대하여 최고재판소는 통치행위론을 적용하여 심사를 거부하였다. 이 판결에 따르면, 중의원해산행위는 "재판소의 심사권 밖에 있고, 그 판단은 주권자인 국민에 대하여 정치적 책임을 지는 정부, 국회 등의 정치부문의 판단에 맡겨져 있으며, 최종적으로는 국민의 정치판단에 맡겨져 있다"고 하였다. 그리고 이러한 "사법권에 대한 제약은 결국 3권분립의 원리에 유래하며, 당해 국가행위의 고도의 정치성, 재판소의 사법기관으로서의 성격, 재판에 필연적으로 수반하는 절차상의 제약 등에 비추어, 특정의 명문에 의한 한정은 없더라도, 사법권의 헌법상의 본질에 내재하는 제약이라고 이해해야 할 것이다"고 판시하였다. 이 판결은 사법권의 내재적 제약설에 입각하고 있다.

(3) 학 설

통치행위 인정 여부에 관한 견해는 크게 세 부류로 나누어 볼 수 있다. ① 통치행위 부정설이다. 헌법과 법률상 근거가 없이 사법심사를 거부하거나 회피할 수 없다는 것이다. ② 통치행위를 일반적으로 인정하는 견해이다. 명시적인 법적 근거규정이 없더라도 사법권 대상에서 제외되는 사안을 법원이 스스로 결정할 수 있다는 견해이다. ③ 통치행위를 인정하되 제한적으로 인정하는 견해이다. 기본권침해에 관한 사건 등에서는 인정할 수 없다는 것이다.

우리나라 학설의 일반적 경향은 위의 셋째 견해, 즉 통치행위를 제한적으로 인정하는 견해를 취하고 있다. 그 중에서도 통치행위를 극히 예외적으로만 인정할 수 있다는 견해가 주류를 이루고 있는 것으로 보인다. 판례의 입장도 이와 마찬가지로 볼 수 있다.

통치행위 인정의 근거에 관한 견해는 크게 세 부류로 나누어 볼 수 있다. ① 사법권의 내재적 제약설(內在的 制約說)이다. 통치행위는 권력분립 원리에 비추어 사법권의 대상이 되지 않으며, 사법심사를 할 수 없다는 것이다. ② 사법자제설(司法自制說)이다. 통치행위에 대해서도 사법심사가 가능하지만, 권력분립 원리에 비추어 보거나 사법의 정치화를 피하기 위하여 사법심사를 자제하는 것이 바람직하다는 것이다. ③ 자유재량행위설(自由裁量行爲說)이다. 통치행위는 자유재량행위에 해당하며, 자유재량행위가 사법심사 대상에서 제외되는 것처럼 통치행위도 사법심사 대상에서 제외된다는 것이다.

우리나라 학설은 대체로 사법자제설 또는 내재적 제약설의 어느 하나 또는 양자를 함께 취하고 있다. 판례의 입장도 이와 마찬가지로 보인다. 비상계엄선포사건(10.26사태사건)에서는 내재적 제약설에 입각하고 있고, 국군해외파병사건에서는 사법자제설에 따르고 있다.

통치행위 인정의 범위에 관해서 기본권침해에 관한 사안에 대해서는 인정되지 않는다고 보는 등, 대체로 매우 제한적으로 인정해야 한다고 보면서도 구체적으로는 다양한 견해가 제시되고 있다. 이에 관하여 흔히 국가승인 또는 정부승인 등 외교적 행위는 통치행위에 해당한다고 보는 것이 일반적이다. 그 밖에 국회의 의결 등 국회의 자율에 관한 사항, 대통령의 선전포고와 계엄선포, 대통령의 영전수여 등이 통치행위에 해당한다는 견해가 있다.

(4) 판례 및 학설의 비판적 검토

통치행위 인정 여부에 관하여 이론적으로는 통치행위부정설이 단순하고 명확하다. 헌법과 법률에 명시적 근거가 없는 이상, 사법심사 대상에서 제외되는 사안을 인정할 수 없다는 것은 논리적으로 명료하다. 또한 통치행위를 부정하는 것이 입헌주의 옹호의 견지에서 타당하다고 할 수 있다. 그러나 절대적인 부정설에도 문제가 없지 않다고 본다. 실정법상 명시적 근거규정이 없는 한, 사법권의 한계를 절대로 인정할 수 없다는 것은 지나친 실정법만능적 사고가 아니냐는 비판의 여지가 있다. 실제로 법원이나 헌법재판소가 제한적이지만 통치행위를 인정하고 있는 이상, 그 인정의 이유와 근거가 타당한지 여부를 검토하는 것은 필요하다.

인정 근거에 관한 세 가지 견해 중, 내재적 제약설과 사법자제설은 모두 근본적으로 권력분립 원리에서 그 근거를 찾는다는 점은 공통적이라고 볼 수 있는데, 양자 사이에는 차이가 있다. 내재적 제약설은 통치행위에 대해 심사할 수 없으며 심사해서는 안된다는 것인데 비해, 사법자제설은 심사할 수 있지만 심사하는 것이 바람직하지 않으므로 자제한다는 것이다.

생각건대 내재적 제약설은 권력분립 원리를 경직하게 인식하는 것이며, 권력분립 원리의 핵심이 견제와 균형에 있음을 제대로 인식하지 못하는 것이라고 할 수 있다. 한편 자유재량행위설은 앞에서 설명한 것처럼(진정한 통치행위와 비진정한 통치행위의 구분), 통치행위의 개념 자체를 잘못 이해한 것이다. **통치행위를 인정하는 한, 그 근거는 사법자제설에서 찾는 것이 타당**하다고 본다. 사법심사의 기준이 명료하지 않다거나, 사법적 판단보다 정치적 기관인 정부나 국회에 최종적 판단을 맡기는 것이 적절하다고 스스로 판단하는 경우에 극히 예외적으로 통치행위를 인정하는 것은 수용할 수 있을 것이다. 다만 이 경우에도 국민의 기본권을 직접 침해하는 사안에서는 이 개념을 내세워 사법판단을 회피해서는 안 될 것이다.

윤석열 대통령 탄핵심판 결정에서 헌법재판소는 비상계엄 선포의 위법여부가 사법심사 대상이 된다고 보았다. "고위공직자의 헌법 및 법률 위반으로부터 헌법질서를 수호하고자 하는 탄핵심판의 취지 등을 고려하면, 이 사건 계엄 선포가 고도의 정치적 결단을 요하는 행위라 하더라도 그 헌법 및 법률 위반 여부를 심사할 수 있다" (헌재 2025.4.4. 2024헌나8)(제4편 제5장 VI. 참조).

우리 판례에서 실제로 인정한 통치행위의 사례는 대통령의 비상계엄선포와 국군해외파병결정이다. 그러나 이 두 결정은 각각 문제점을 지니고 있다. 비상계엄선포는 헌법과 법률에 그 요건이 명시되어 있을 뿐만 아니라 직접 기본권침해에 관련되기 때문에 제한적으로라도 이를 통치행위로 인정한 것은 타당하지 못하다. 한편 국군해외파병사건의 경우, 침략전쟁인지 여부에 관한 사법적 판단을 자제하여야 한다고 보고 있는데, 이것은 헌법재판소가 다른 결정에서 침략전쟁에 강제되지 않을 평화적 생존권을 기본권으로 인정하고 있는 점(헌재 2006.2.23. 2005헌마268)에 비추어 문제를 안고 있었다. 기본권침해에 관련된 사안에서 통치행위를 인정할 수 없기 때문이다. 헌법재판소는 그 후 판례를 변경하여 이른바 평화적 생존권을 기본권으로 인정하지 않고 있다(헌재 2009.5.28. 2007헌마369).

어떤 사안이 통치행위에 해당하는지에 관하여 대부분의 학설은 전형적으로 외교적 행위가 여기에 해당한다고 본다. 그러나 **국가승인 등 외교적 행위의 대부분은 정치성이 높은 자유재량행위**이며, 이것은 앞의 개념에서 검토한 것처럼 **비진정한 통치행위일 뿐**이다. 또한 대외적 문제만이 아니라, 대통령의 영전수여 등, 흔히 통치행위의 사례로 거론되는 행위의 대부분도 자유재량행위에 해당한다고 볼 것이다.

2025년 4월 4일의 윤석열 대통령 탄핵심판에 이르기까지 통치행위론에 관한 대법원과 헌법재판소의 판례 추이를 보면, 어떤 원리적 일관성을 찾아볼 수 없다. 개개 사건마다의 상황, 특히 정치적 상황에 따라 개별적 접근 태도를 나타내고 있다.

5. 권력분립 원리에서 오는 한계로 논의되는 몇 가지 문제

통치행위 외에 그 밖에도 권력분립 원리에서 오는 사법권의 한계로 논의되는 몇 가지 문제들이 있다.

① 행정청의 **자유재량행위**는 사법심사의 대상이 되지 않는다는 견해가 있었다. 행정청의 자유재량권에 속하는 행위는 재량권의 일탈이나 남용이 없는 한 법원의 심사 대상이 안되며, 이것은 권력분립 원리에서 오는 사법권의 한계라는 설명이다.

그러나 행정청의 자유재량행위가 사법심사의 대상이 되지 않는다는 설명은 정확한 것이 못된다. 자유재량행위라고 하더라도 재량권의 일탈 · 남용이 있으면 위법한 행위이므로, 법원으로서는 재량권의 일탈 · 남용의 여부를 심사해야 하고, 그 결과 일탈・남용이 없다고 판단하여 청구를 기각한다면, 이것은 사법심사를 아니한 것이 아니라 사법심사를 행한 것이라고 보아야 한다. 자유재량행위에 속한다고 판단하는 것은 곧 위법하지 않다는 사법적 판단을 행한 것이다. 이렇게 볼 때, 행정청의 자유재량행위도 사법권 행사의 대상이 된다고 보아야 한다.

② 이른바 **특별권력관계에서의 처분**은 사법심사의 대상이 되지 않는다는 견해가 있다. 그러나 종래의 특별권력관계라고 하는 개념은 오늘날의 입헌민주주의 헌법하에서 그대로 유지될 수 없다(앞의 '특수신분관계와 기본권제한' 참조). 공무원, 수형자 등 특수신분관계에서 발생하는 사안도 사법심사의 대상이 된다. 다만 특수신분관계에서의 처분이 자유재량행위에 해당하는 경우에 이것은 사법심사의 대상이 되지 않는다는 견해가 있을 수 있으나, 위 설명처럼 자유재량행위도 사법심사의 대상이 된다고 보아야 한다.

③ 행정소송에서 **의무이행판결**(義務履行判決)이 인정되지 않으며 이것은 권력분립 원리에서 오는 한계라고 보는 견해가 있다. 의무이행판결이란 행정청의 거부처분이 위법한 경우, 또는 행정청이 일정한 처분을 해야 할 법적 의무가 있음에도 불구하고 이를 하지 않는 경우에 행정청에 대하여 적극적으로 일정한 처분을 할 것을 명하는 판결이다.

현행 행정소송법상 행정청의 부작위에 대하여 부작위위법확인소송이 인정되고 있는데(제4조), 의무이행소송을 명시적으로 인정한 규정은 없다. 명시적 규정이 없음에도 의무이행소송이 인정되느냐에 관해서는 학설이 갈린다. 종래 부정설이 통설이었으나, 근래에는 한정된 범위에서 허용된다는 견해가 부각되고 있다. 대법원판례는 일관하여 이를 인정하지 않고 있다(대판 1992.11.10. 92누1629 등).

생각건대 권력분립 원리를 논거로 의무이행판결을 부정하는 종래의 견해는 재검토될 필요가 있다. 부정설에 의하면 의무이행판결은 법원이 행정권을 행사하는 것과 마찬가지이며 이것은 권력분립 원리에 반한다고 보고 있다. 그러나 권력분립 원리의 핵심은 행정권과 사법권의 엄격한 분리에 있는 것이 아니라 상호 견제와 균형에 있으며, 추상적인 권력분립 원리를 내세워 의무이행판결이 헌법상 인정되지 않는다고 볼 수는 없다. 의무이행판결이 인정되느냐 여부는 헌법원리에서 직접 도출된다고 보기 어렵고, 그 인정 여부는 입법정책상의 문제라고 보아야 할 것이다.

위에서 본 것처럼, 권력분립 원리에서 오는 한계로 논의되어 온 위의 사안들은 모두 사법권의 한계라고 볼 수 없는 것들이다.

6. 자율적 단체의 내부사항에 관한 분쟁

(1) 이른바 부분사회론(部分社會論)

정당, 종교단체, 대학 등 자율적인 단체의 내부사항에 관한 분쟁에 관해서는 법률상의 쟁송에 해당하더라도 사법심사가 미치지 않는다는 주장이 있다. 이러한 주장은 이른바 부분사회론이라고 하여 일본에서 제기된 것이다. 일본에서는 최고재판소 판례에서 이 견해가 제시된 이래 부분사회론을 둘러싸고 학설이 전개되어왔다. 우리나라에서도 정당, 종교단체 등의 내부사항에 관하여 사법심사가 미치지 않는다는 취지의 여러 판례가 있다.

다음은 일본에서 부분사회론을 제시했던 대표적 판례이다.

(참고・일본판례) 대학의 학점불인정처분(최고재판소 1977.3.1 판결)

국립대학의 학생에 대한 학점불인정에 관한 분쟁에서 최고재판소는 이 사안이 사법심사의 대상이 되지 않는다고 판시하였다. "대학은 국공립이든 사립이든 불문하고 …… 자율적, 포괄적인 권능을 가지고 일반사회와는 다른 특수한 부분사회를 형성하고 있다." "학점부여행위는 그것이 일반시민법질서와 직접 관계를 갖는다고 인정할 특별한 사정이 없는 한, 순전한 대학내부의 문제로서 대학의 자주적, 자율적 판단에 맡겨야 할 것이며, 사법심사의 대상이 되지 않는다."

(2) 정당의 내부사항에 관한 분쟁

정당의 당직자 선출이나 선거후보자 선출 또는 당원의 제명처분 등과 같은 정당 내부사항에 관하여 분쟁이 있을 때 이것이 사법심사의 대상이 되느냐 여부가 문제된다. 우리의 하급심판례들은 사안에 따라 차이가 있다.

(판 례) 신민당총재단 직무집행정지가처분

(1979년 당시 야당인 신민당총재단 선거과정에서 대의원자격이 없는 자들이 투표하였다는 이유로 총재단 직무집행정지가처분 신청이 있었다. 법원은 정당의 내부적 법률관계도 사법심사의 대상이 된다고 보면서 가처분결정을 내렸다. 앞의 제2편, 제7장, II 2 '정당의 법적 성격' 참조)

정당내의 내부적 의사결정과정에 다툼이 있는 경우 정당의 특수성과 자율성을 강조하여 독일 정당법에서처럼 별도의 중재재판제도를 두고 있지 아니하고 우리 헌법이 정당해산에 관하여서만 헌법위원회의 권한에 두고 있는 우리 법제하에서는 통상의 민사사건과 마찬가지로 법원의 사법심사의 대상이 된다 할 것이고 (……) 이 사건을 정치문제 내지 사법의 자제 등의 논리에 의하여 사법심사의 대상이 될 수 없다는 주장은 받아들일 수 없다.

서울민사지법(제16부) 1979.9.8. 79카21709

(판 례) 당헌 개정 의결절차

이 사건 전국위원회의 당헌 개정 결의는 이 사건 위임장에 의한 의결 자체가 서면이나 대리인에 의결 금지를 규정한 정당법에 위배되어 피신청인의 당헌이 규정하고 있는 의사정족수 및 의결정족수에도 현저하게 미달할 뿐만 아니라, 의결권자들이 이 사건 위임장으로 한 포괄적인 의결권 위임도 위법하고, 나아가 의장이 직접 참석한 전국위원들에게 의결의 기회조차 부여하지 않은 절차적으로 중대한 위법이 있어 부존재 또는 무효라고 할 것이다.

서울남부지법 2011.6.28.자 2011카합342

또한, 공직선거후보자 추천에 관한 정당내부의 분쟁에 관해서도 사법심사 대상이 된다고 보고 공천효력정지 가처분결정을 내린 하급심판례가 있다(서울지방법원 남부지원 2000.3.24.자 2000카합489. 앞의 제2편, 제7장, IV 2 '정당의 목적 · 조직 · 활동의 민주성' 참조).

그러나 정당공천과 관련하여 경쟁력 등이 부족한 일정 비율의 후보자를 공천에서 원칙적으로 배제하는 소위 '컷오프 제도'는 그 기준 및 심사절차가 별다른 합리적인 이유 없이 정해졌다거나 현저히 자의적으로 적용되었다고 볼 만한 특별한 사정이 없는 한 이는 정당의 자율적 영역에 속한다는 하급심 판례도 있다(서울남부지법 2012.3.20.자 2012카합177).

한편 미국 대법원판례를 보면, 대통령후보선출을 위한 전당대회 대의원자격에 관한 사건에서 이 사안은 사법적 개입 없이 정당에 의해 해결되는 것이 적절하다고 보았다(*O'Brien v. Brown*, 1972. 앞의 제2편, 제7장, IV 2 '정당의 목적 · 조직 · 활동의 민주성' 참조).

(참고 · 일본판례) 당원제명(최고재판소 1988.12.20. 판결)

공산당당원의 제명처분의 효력에 관한 사건에서 최고재판소는 다음과 같이 법원의 심사에 한계가 있다고 판시하였다. 정당은 결사의 자유에 근거하여 임의로 결성된 정치단체이며, 의회민주주의를 지탱하는 매우 중요한 존재이기 때문에, “고도의 자주성과 자율성을 주어 자주적으로 조직운영을 할 수 있는 자유를 보장하지 않으면 안 된다.” 정당의 당원에 대한 처분이 “일반 시민법질서와 직접 관계를 갖지 않는 내부적 문제에 그치는 한, 재판소의 심판권은 미치지 않는다.” “일반시민으로서의 권리이익을 침해하는 경우에도 그 처분의 당부(當否)는 당해 정당이 자율적으로 정한 규범이 공서양속(公序良俗)에 반하는 등의 특별한 사정이 없는 한 그 규범에 비추어, 그리고 그러한 규범이 없는 때에는 조리(條理)에 근거하여, 적정절차에 따라 행하여졌는가 아닌가에 따라서 결정해야 할 것이며, 그 심리도 이 점에 한정된다.”

위에서 본 것처럼, 미국과 일본 판례들이 정당 내부사항에 관하여 사법심사를 자제하고 있는 것과 달리, 우리 하급심판례들 중에는 정당의 내부사항에 관해 적극적으로 사법심사를 행한 예들이 있다. 이것은 미국 · 일본과 달리 우리 헌법은 특별히 정당에 관한 조항을 두고 있고, 나아가 정당법에서 정당내부사항에 관하여 상세히 규정하고 있는 점에 근거한 것이라고 하겠다.

(3) 종교단체의 내부사항에 관한 분쟁

종교단체가 그 교인에 대해 내리는 징계처분은 예외적인 경우에 한하여 소송의 대상이 될 수 있다.

(판 례) 교인에 대한 징계

피고(기독교 대한성결교회)의 장로면직 및 출교처분이 종교단체의 교리를 확립하고 단체 및 신앙상의 질서를 유지하기 위하여 교인으로서 비위가 있는 자에게 종교적인 방법으로 징계제재한 종교단체내의 규제에 불과하고 그것이 교인 개인의 특정한 권리 · 의무에 관계되는 법률관계를 규율하는 것이라고 볼 수 없다면 확인소송의 대상이 될 수 없고 이 같은 판단은 평등권 등의 헌법상 규정에 위배되지 아니한다.

대판 1980.10.11. 83다233

헌법상 정교분리의 원칙(제20조 제2항)에 따라 원칙적으로 종교단체의 내부사항에 관해서는 국가의 사법권이 미치지 않는다고 보아야 한다(앞의 ‘정교분리의 원칙’ 참조). 특히 교리에 관한 분쟁에 관하여 사법권은 개입할 수 없다. 교직자 선임이나 징계 등 종교단체 내부에서의 지위에 관한 분쟁에 관해서는 구체적인 경우에 따라 구별하여 판단해야 할 것이다. 단체내부에서의 지위에 관한 분쟁이라도 교리문제가 전제된 경우에는 심사대상이 되지 않는다고 보아야 할 것이고, 그 밖의 경우에도 종교단체 자체의 판단이 존중되어야 할 것이다. 다만 종교단체 내부사항은 어떤 경우에도 사법심사 대상이 되지 않는다고 보기는 어렵다.

(참고 · 일본판례) 종교법인 대표임원지위에 관한 분쟁(최고재판소 1993.9.7. 판결)

종교법인 일련정종(日蓮正宗)에 속하는 사찰의 주지가 종교법인 대표임원의 지위에 있는 자를 상대로, 그가 대표임원 지위를 갖지 않는다는 확인을 구하는 소송을 제기하였다. 이 종교법인의 규칙에 따르면 대표임원 취임의 전제로 법주(法主)가 되어야 하고 법주가 되려면 일정한 종교적 행위를 거쳐야 하는데, 그 종교적 행위가 있었는지 여부가 쟁점이 되었다. 제1심은 법률상의 쟁송에 해당하지 않는다고 보아 소를 각하하였고, 항소심에서는 항소를 기각하였다. 최고재판소는 상고를 기각하면서 다음과 같이 판시하였다.

"특정의 자(者)가 종교단체의 종교활동상의 지위에 있음에 기초하여 종교법인인 당해 종교단체 대표임원의 지위에 있음이 다투어지고 있는 경우에, 재판소는 원칙적으로 이 자가 종교활동상의 지위에 있는가 아닌가를 심리, 판단해야 할 것인데, 다른 한편, 종교상의 교리나 신앙의 내용에 관한 사항에 관해서까지 재판소의 심판권이 미치는 것은 아니다," "따라서 특정한 자의 종교활동상의 지위의 존부(存否)를 심리, 판단하는데 관해서 당해 종교단체의 교리나 신앙의 내용에 들어가 심리, 판단함이 필요불가결한 경우에는, 재판소는 그 자가 종교활동상의 지위에 있는가 아닌가를 심리, 판단할 수 없고, 그 결과, 종교법인의 대표임원의 지위의 존부에 관해서도 심리, 판단할 수 없게 된다."

(4) 결론적 고찰

부분사회론에 관하여 일본의 유력한 학설은 이렇게 평가한다. 법질서의 다원성을 강조하는 일반적이고 포괄적인 부분사회론은 타당하지 않다. 각각의 단체의 목적 · 성질 · 기능은 서로 다르며, 그 자율성 · 자주성을 뒷받침하는 헌법상의 근거도 각각 상이하기 때문에, 그 차이 등을 고려하여 개별적이고 구체적으로 판단하여야 한다.

이 같은 평가는 타당하다고 볼 것이다. 부분사회론은 사회의 자율적 질서의 존중을 표방하지만, 그에 따른 문제점도 간과하지 말아야 한다. 자율적 단체들이 일종의 '사회적 권력'으로서 작용하는 경우에는 개인의 자율성과 자유가 침해받기 쉽다. 이 같은 개인의 자유에 대한 침해에 대하여는 사법적 구제가 요청된다. 단체의 자율성과 개인의 자유를 조정하는 균형적 접근이 바람직할 것이다.

제 5 장

헌법재판소

I. 헌법재판제도 개관

1. 헌법재판의 의의

(1) 헌법재판의 개념

헌법재판이란 헌법규정과 관련한 분쟁이 발생한 경우에 헌법규범을 기준으로 이를 유권적으로 해결하는 국가작용을 말한다. 헌법재판의 구체적 내용은 국가의 제도에 따라 다르지만, 그 중심은 법률이나 명령·처분 등의 헌법위반 여부를 심판하는 '위헌심사'이다. 미국에서는 이를 사법심사(judicial review)라고 부른다. 위헌심사의 핵심은 법률의 위헌심사, 즉 '위헌법률심사'이다. 독일에서는 법령에 대한 위헌심사를 규범통제(Normenkontrolle)라고 부른다.

규범통제제도는 **'구체적 규범통제'**와 **'추상적 규범통제'**로 구분된다. 구체적 규범통제는 법령의 위헌 여부가 재판의 전제가 된 경우에 소송당사자나 법원의 직권으로 법령의 위헌 여부를 심사하는 제도이다. 추상적 규범통제는 법령의 위헌 여부가 재판의 전제가 되는 경우가 아니라도 일정한 국가기관의 심사 청구에 따라 법령의 위헌 여부를 심사하는 제도이다.

규범통제 외에 위헌여부의 판단을 전제로 하는 헌법소원(憲法訴願)(위헌적 공권력 행사로 인한 기본권침해에 대하여 개인이 직접 구제를 청구하는 제도), 위헌정당해산심판, 탄핵심판, 국가기관 간의 권한쟁의(權限爭議)에 대한 심판, 연방제국가에서의 연방과 주 사이의 분쟁에 대한 심판 등이 넓은 의미의 헌법재판에 포함되며, 선거재판을 포함시키는 경우도 있다.

(2) 헌법재판의 이론적 토대

헌법재판을 인정하는 이론적 토대는 헌법이 국가의 실정법 질서에서 최고법규범이라는 데에 있다. 헌법이 최고법규범임을 실제로 보장하기 위해서는 헌법에 위반하는 법률이나 그 밖의 공권력 행사가 무효임을 심판하는 제도가 필요하다. 최고법규범인 헌법의 효력을 그 침해로부터 보호하자는 것이 헌법재판의 근본취지이다.

헌법의 최고법규범적 성격은 성문(成文)의 경성(硬性)헌법의 경우에 확실히 나타난다. 헌법의 최고법규범성을 보장하는 헌법재판 역시 성문의 경성헌법을 전제로 한다. 헌법전이 없는 불문헌법의 경우에도 위헌심사가 불가능한 것은 아니라고 생각할 수 있지만, 현실적으로는 기대하기 힘들다. 연성(軟性)헌법의 경우에는 특히 법률과의 관계에서 그 최고규범적 성격이 약화되므로 헌법재판이 실현되기 어렵다. 영국헌법은 기본적으로 불문헌법이고 연성헌법이므로 영국에는 위헌심사제도가 없다.

(3) 헌법재판의 기능

헌법재판을 통해 헌법의 법규범으로서의 효력, 즉 규범력을 기대할 수 있게 된다. 헌법재판제도의 유무 및 그 실효적 운용 여부는 헌법의 규범력을 좌우하는 결정적 요소이다. 헌법재판제도가 없거나 실제로 작동되지 않으면 헌법은 직접적 효력을 갖지 못하고 단순한 정치적 선언에 그치기 쉽다. 헌법재판의 기본적 기능은 헌법의 침해로부터 헌법을 보호하는 **헌법보장**의 기능이다.

헌법재판에 의해 헌법의 규범력이 생기게 되면 이를 통해 헌법재판은 여러 기능을 수행할 수 있다. 헌법은 기본권보장을 위한 규범이고 권력제한규범이기 때문에 헌법재판에 의해 **기본권보장**의 기능과 **권력제한**의 기능을 기대할 수 있다.

한편 헌법은 정치성이 강한 법규범이며, 헌법재판은 정치적 분쟁을 해결하는 **정치적 분쟁 해결**의 기능을 수행한다. 반면 헌법재판은 정치적 분쟁을 사법의 장으로 끌어들이는 '정치의 사법화'현상을 유발하기도 한다.

2. 헌법재판제도의 연혁

(1) 헌법재판제도의 유래

헌법재판의 핵심인 위헌법률심사는 미국의 연방대법원 판례를 통해 처음 시작되었다. 그 효시가 된 것이 1803년의 *Marbury v. Madison* 판결이다. 이 판결을 통한 헌법재판의 시작은 정치적 사건에 얽힌 우연의 소산이었다.

1800년 대통령선거에서 토마스 제퍼슨(Thomas Jefferson)이 당선되어 연방주의자당(Federalist Party)으로부터 민주당으로 정권이 교체되었다. 제2대 대통령 죤 애덤즈(John Adams)는 퇴임하기 직전에 마버리(Marbury)라는 사람을 비롯한 많은 연방주의자들을 판사로 임명하였는데, 국무장관 죤 마셜(John Marshall)이 실수로 마버리에 대한 임명장 교부를 하지 않았다. 마셜은 곧 대법원장 취임이 예정되어 있던 차였다. 제3대 대통령 제퍼슨의 취임 후 국무장관 제임스 매디슨(James Madison)은 대통령의 명령에 따라 마버리에게 임명장을 주지 않았다. 마버리는 국무장관 매디슨에게 임명장 교부를 청구하는 직무이행소송을 제기하였다. 이 소송은 법률에 따라 제1심 관할인 연방대법원에 제기되었다. 마셜은 자신의 실수로 초래된 이 소송의 재판장을 맡게 된 것이다.

마셜은 일종의 딜레마에 빠지게 되었다. 임명장 교부를 명하는 판결을 하는 경우에는 국무장관이 이를 무시하고 불이행할 것이 예견되었다. 반면 임명장 불교부가 위법임에도 불구하고 이것이 적법하다고 판결한다면 이는 법원의 정치적 굴복을 의미할 것이었다. 마셜은 교묘한 절충적인 선택을 택하였다. 마셜은 먼저 임명장 불교부가 위법이며 이에 대해 직무이행영장(mandamus)으로 구제받을 수 있다고 보았다. 그러나 그는 직무이행영장을 발부하지 않았는데, 그 이유를 다음과 같이 제시하였다. 마셜에 의하면, 이 사건과 같은 경우 헌법에 따르면 연방대법원은 오직 상소심만 관할할 수 있는데, 이 사건에 적용된 법률에 의하면 연방대법원이 제1심을 관할하도록 규정하였다. 법원이 적용할 법률이 헌법과 충돌하는 경우에 법원은 이를 적용할 수 없으며, 법률의 위헌 여부의 판단은 재판에 따르는 법원의 부수적 권한이다. 판결을 통해 대법원장 마셜은 법적 의무와 헌법해석에 관한 문제에서 사법부가 입법부와 행정부에 우월하다는 원칙을 유지하면서, 현실적으로는 정치적으로 적응하는 선택을 취한 것이다. 법원의 부수적인 위헌법률심사권의 이론적 토대는 이 판결 이전에 이미 '연방주의자 논집' 제78편에서 해밀턴에 의해 제시된 바 있다.

(2) 헌법재판제도의 확산

미국에 이어 법원에 의한 위헌법률심사제를 채택한 것은 1868년의 노르웨이이다. 이후 제1차 세계대전이 지난 1920년, 오스트리아에서 켈젠(H. Kelsen)의 주창으로 헌법재판소가 설치되었다. 이것은 세계 최초의 헌법재판소였다. 그 후 일부 동유럽국가에서 헌법재판소를 설치하였으나 제2차 세계대전 중 모두 폐지되고 말았다. 1943년에 아이슬란드가 위헌법률심사제를 채택하였는데, 이로써 제2차 세계대전 종전까지

이 제도를 가진 나라는 3개 국가에 불과하였다.

이차대전 이후 1940년대와 1950년대를 거쳐 신헌법의 제정을 통해 독일, 이탈리아, 오스트리아, 프랑스, 일본 등이 위헌법률심사제를 채택하였고, 1950년대와 1960년대에는 식민지에서 벗어난 아시아 아프리카 국가들의 일부가 이 제도를 도입하였다.

이후 1970년대 남유럽 국가들에 민주화 바람이 불면서 1975년에 그리스, 1978년에 스페인, 1982년에 포르투갈에 헌법재판소가 설치되었다. 이어서 1980년대 말엽과 1990년대 초 중엽, 남아프리카와 라틴 아메리카 국가의 신헌법에서 이 제도가 채택되었다. 같은 시기에 소련과 동유럽에 민주화 물결이 닥치면서 1989년에 헝가리, 1991년에 러시아 등 그 밖의 동유럽국가에 이 제도가 확장되어 갔다.

이같이 위헌법률심사제의 채택이 특히 민주화 현상과 관련하여 나타났음을 알 수 있다. 한편 이러한 현상과는 별개로 1979년 이후 세계 여러 나라에서 이 제도가 채택되었다. 스웨덴(1979), 이집트(1980), 캐나다(1982), 벨기에(1985), 뉴질랜드(1990), 멕시코(1994), 이스라엘(1955) 등.

오늘날 위헌법률심사제를 갖고 있는 나라는 90개 이상에 이른다. 이런 현상을 가리켜 **'사법통치'**(juristocracy)라고 부른다(앞의 제1편, 제1장, VI, 3 (3) 사법통치 참조). 특히 주목할 것은 1970년대 이후 세계사적인 민주화 물결의 도래와 함께 헌법재판제도가 전 지구적 차원으로 확대되어 왔다는 점이다. 이와 관련된 문제로 사법적극주의와 사법소극주의의 대립이 논의되고 있다(앞의 제1편, 제3장 II. '헌법해석과 사법소극주의·사법적극주의' 참조).

3. 헌법재판제도의 유형

(1) 재판기관을 기준으로 한 유형 : 분산형과 집중형

헌법재판을 담당하는 재판기관이 분산되어 있느냐(decentralized) 또는 특정한 별도의 기관에 집중되어 있느냐(centralized)에 따라 분산형과 집중형으로 구분할 수 있다. 이 구분은 비교법학자 카펠레티(Mauro Cappelletti)에 의한 것이다(*Judicial Process in Comparative Perspective*, 1989).

분산형은 일반 법원에 위헌심사권을 부여하는 제도이다. 미국이 대표적 예이며, 노르웨이, 스웨덴, 덴마크 등 스칸디나비아 국가들, 캐나다 및 일본, 그리고 한국의 과거 제3공화국이 이 유형에 속한다. 분산형의 헌법재판은 일반 법원이 구체적인 소송사건에서 적용할 법령의 위헌 여부가 쟁점으로 제기되는 경우, 재판의 전제로서 부수적으로 행하는 헌법재판이다. 분산형에서는 규범통제 가운데 구체적 규범통제만이 인정된다.

집중형은 특정한 별도의 단일한 기관에 헌법재판의 권한을 집중시키는 제도이다. 집중형은 헌법재판소 형태를 취하는 것이 대다수이다. 오스트리아의 헌법재판소가 이 유형의 시초이며, 독일, 이탈리아, 스페인 등 유럽의 여러 국가들이 이 유형을 취하고 있다.

집중형에서는 규범통제 가운데 구체적 규범통제 외에 추상적 규범통제를 인정하는 예가 적지 않다. 독일, 오스트리아, 스페인 등의 헌법재판소제도가 그 대표적 경우이다.

집중형에 속하지만 헌법재판소처럼 사법기관의 성격을 갖지 않고 그 구성 및 운용에서 정치기관의 성격을 갖는 형태도 있다. 프랑스 제4공화국헌법 하의 헌법위원회(comité constitutionnel)가 그 대표적 예이다. 프랑스 제5공화국헌법 하의 헌법평의회(conseil constitutionnel)도 처음에는 이 같은 정치기관적 성격이었으나 1970년대 이래 사법기관적 성격을 강화시켜 왔다. 프랑스의 헌법평의회는 대통령과 상원 및 하원의장이 각각 3명씩 임명하는 9인 및 당연직인 전직대통령으로 구성되며, 법관의 자격을 요구하지 않는다.

(2) 법률의 발효 시점을 기준으로 한 유형 : 사후심사형과 사전심사형

헌법재판의 핵심인 위헌법률심사의 시점을 기준으로, 법률의 성립 후에 심사하는 사후심사형과 법률의 성립 전에 심사하는 사전심사형으로 구분할 수 있다. 대부분의 위헌법률심사제는 사후심사형이다.

사전심사형에 속하는 대표적 예는 프랑스의 헌법평의회제도이다. 법률안이 의회에서 의결된 후 공포 전에 일정한 청구권자가 헌법평의회에 위헌심사를 청구할 수 있다. 위헌심사청구권자는 헌법평의회 위원 임명권자인 대통령, 상원의장, 하원의장 및 수상, 그리고 각 원(院)의 의원 60명이다. 프랑스는 2008년 헌법개정을 통해 사후심사제도를 도입했다.

(3) 헌법재판제도의 각 유형에 대한 평가

먼저 분산형과 집중형을 대비해보면, 각각의 제도의 이론적 논거와 관련하여 특히 권력분립 원리에 대한 이해에 있어서 차이가 있다. 미국과 같은 분산형은 일반 법

원이 소송사건을 재판함에 있어서 그 적용법령의 위헌 여부를 심사하는 것은 헌법의 최고규범성에 비추어 불가피하게 부수하는 것이며 사법권의 범위에 속한다고 본다. 이에 대하여 유럽국가들, 특히 프랑스의 경우, 한편에서 제정법우위의 사상이 강하고 다른 한편에서 법원의 반민주성에 대한 우려가 크기 때문에 법원에 의한 위헌심사를 본질적으로 정치적 행위로 평가한다. 이에 따라 위헌심사의 권한을 일반 법원이 아닌 별도의 독립적 기관에 부여함이 타당하다고 보는 것이다. 나아가 이 별도의 독립기관의 구성 및 관할권에 있어서 헌법재판의 정치적 성격을 반영시키려 한다.

이 같은 이론적 차원을 떠나서, 실제의 헌법재판의 효율성의 측면에서 보면 분산형보다 집중형이 더 바람직하다고 본다. 왜냐하면 헌법재판을 담당하는 재판관들의 사법적 태도에 있어서 별도의 독립적 기관에 의한 집중형의 경우가 더 적합하고 적극적이기 때문이다. 분산형의 경우, 일반 법원의 판사들은 헌법재판이 그들의 중심적 업무가 아니라고 여기기 쉽고, 통상적 재판에서 요구되는 법기술적 접근을 벗어나기 힘들다. 헌법재판을 위해서는 그 가치지향적, 정치적 성격에 부합하는 더 고도의 재량적 감각이 요구되는데, 일반 법원의 판사들은 이 면에서 상대적으로 부적합하다.

한편 프랑스와 같은 사전심사형은 위헌법률의 제정을 사전예방할 수 있다는 장점이 있다. 사후심사의 결과 위헌결정이 선고되는 경우에는 법적 안정성이 깨지고 현실적인 혼란을 피하기 어렵다. 반면 사전심사형의 경우, 위헌심사청구권자가 그 권한을 남용할 우려가 있다. 또한 사전심사만으로 위헌법률을 모두 예방하기는 어려우므로, 이를 도입하더라도 사후심사제도에 추가하는 것이 바람직할 것이다.

4. 헌법재판의 특성과 한계

(1) 헌법재판의 특성

헌법재판은 헌법적 분쟁이 발생한 경우 헌법을 해석하고 적용하는 재판의 일종이다. 이 점에서 헌법재판은 사법작용에 속한다고 볼 수 있다. 그러나 헌법재판은 다른 통상적인 민·형사재판과 다른 특별한 성격을 지니고 있다. 이 특성은 헌법의 특성에서 비롯한다. 헌법은 다른 법규범에 비해 정치성이 강하다. 헌법은 정치적 소산이며 또한 정치권력을 규율대상으로 하기 때문에 어떠한 문제가 헌법재판에 회부된다는 것은 곧 '정치의 사법화'를 의미한다. 또한 헌법재판과정에서의 헌법의 해석과 적용에도 정치적, 가치지향적 요소가 크게 작용하며 이런 뜻에서 헌법재판은 '사법의 정치화'를 의미한다. 이 같은 점에 비추어 보면 헌법재판은 정치작용이라고 볼 수 있다. 이처럼 헌법재판은 사법작용이되 정치성이 강한 **정치적 사법작용**이라고 할 수 있다(헌법재판의 성격을 사법작용, 행정작용, 입법작용이 아닌 제4의 국가작용으로 보는 견해도 있다).

헌법재판의 정치적 성격은 재판기관의 구성방식에 따라 차이가 생길 수 있다. 프랑스 제5공화국처럼 재판관 자격요건에서 법관자격을 요구하지 않고 정치인들이 참여하는 경우에 그 정치성은 더 강화된다.

또한 헌법재판은 **입법작용의 성격**도 지닌다. 헌법해석은 다른 실정법 해석과 달리 법창조적 성격이 강하다(앞의 제1편, 제3장 '헌법해석' 참조). 위헌법률심사의 결과 위헌무효의 결정이 내려지는 경우 이것은 실질적으로 입법작용이라고 할 수 있다. 특히 추상적 규범통제는 구체적인 소송사건과 관계없이 법률을 무효화시킬 수 있는 것이므로 입법작용의 성격이 더욱 강하다.

헌법재판의 핵심인 위헌법률심사는 입법부 우위의 관념에 대한 도전을 의미한다. 헌법재판은 근본적으로 **의회 불신을 반영하는 제도**라고 할 수 있다.

(2) 헌법재판의 한계

헌법재판에 한계가 있느냐 여부는 헌법재판의 특성과 관련된다. 헌법재판이 사법작용임을 강조하면 사법권의 한계로 인정되는 일반적 사항들이 헌법재판에도 적용된다고 할 수 있다(앞의 '사법권의 한계' 참조). 반면 헌법재판의 정치성을 강조하면 일반적인 사법권 한계론이 헌법재판에는 그대로 적용되지 않는다고 할 수 있다. 일반적으로는 일반 법원에 의한 분산형의 경우, 사법권 한계론이 헌법재판에도 대체로 그대로 적용되는 반면, 집중형의 경우에는 그 한계가 축소된다고 볼 것이다. 집중형의 경우에도 그 구성·운용의 면에서 정치기관적 성격이 강한 경우에는 헌법재판의 한계가 더욱 축소되거나 부인될 수 있다.

헌법재판의 한계로서 특히 문제되는 것은 통치행위 또는 정치문제에 대한 재판이다. 이 문제는 일반 법원의 사법권의 한계로서도 논의되는 것이다. 헌법재판의 대상에서 제외되는 국가작용은 원칙적으로 없다고 볼 것이며, 다만 사법자제설의 입장에서 극히 예외적으로 인정될 뿐이라고 할 것이다(앞의 '통치행위' 참조).

5. 한국 헌법재판제도의 변천

건국 이래 역대 헌법을 통해 한국의 헌법재판제도는 다양한 변모를 거쳐 왔다.

정치기관적 성격이 강한 헌법위원회제도, 일반 법원에 의한 미국식 분산형제도, 집중형인 유럽식 헌법재판소제도 등 여러 유형의 제도를 경험하고 있다.

(1) 제헌헌법상의 헌법재판제도

제헌헌법에서는 위헌법률심판을 담당하는 기관으로 헌법위원회를 두었다. 헌법위원회는 부통령을 위원장으로 하고 대법관 5인과 국회의원 5인으로 구성되었다. 이 점에서 정치적 성격이 강한 기관이었다고 할 수 있다. 헌법위원회는 상설기구는 아니었다.

제1공화국 하에서 모두 7건의 위헌심판 제청이 있었으며, 헌법위원회는 이 중 2건에서 위헌결정을 내렸다. 위 2건은 농지개혁법과 '비상사태하의 범죄처벌에 관한 특별조치령'에 관한 것인데, 2건 모두 대법원에의 상고권 제한에 관한 것이었다.

한편 탄핵사건의 심판을 위하여 별도의 탄핵재판소를 두었다. 탄핵재판소 재판장은 부통령이 담당하고, 심판관은 대법관 5인과 국회의원 5인으로 구성되었다.

(2) 제2공화국 헌법상의 헌법재판제도

제2공화국 헌법은 제헌헌법과는 달리 상설기구로 별도의 헌법재판소를 두었다. 헌법재판소는 9인의 심판관으로 구성되며, 심판관은 법관의 자격을 가져야 하고, 대통령·대법원·참의원이 각각 3인씩 선임하도록 되어 있었다.

헌법재판소는 위헌법률심사, 헌법에 관한 최종적 해석, 국가기관간의 권한쟁의, 정당의 해산, 탄핵재판, 대통령·대법원장과 대법관의 선거에 관한 소송을 관할하였다. 위헌법률심사에 있어서는 구체적 규범통제 이외에 소송사건이 법원에 계속되어 있지 않은 경우에도 일반 국민이 법률의 위헌여부 또는 헌법의 최종적 해석을 제청할 수 있도록 하여 일종의 민중소송 형태로 위헌심사를 제청할 수 있었다는 점이 특이하다(구 헌법재판소법 제10조 제2항. 제정 1961.4.17. 법률 제601호). 그러나 헌법재판소법이 제정된 지 1개월 만에 5·16 군사 쿠데타가 발생하여 헌법재판소는 실제로 구성되지 못하였다.

(3) 제3공화국 헌법상의 헌법재판제도

제3공화국 헌법은 위헌법률심사권을 일반 법원에 부여하여 미국식의 분산형 제도를 채택하였다. 또한 대법원에 정당해산심판권을 부여하였다. 한편 탄핵심판은 탄핵심판위원회가 담당하였는데, 탄핵심판위원회는 대법원장을 위원장으로 하고, 대법원판사 3인과 국회의원 5인으로 구성되었다.

위헌심사의 실제를 보면, 대법원은 '징발법 부칙 제3항에 의한 징발재산의 보상에 관한 건'이라는 대통령령의 규정(제2조. "구 법령에 의하여 징발된 재산에 대한 보상금은 1965년부터 1974년까지 매년 예산의 범위 안에서 지급한다")은 헌법 제20조 제3항에서 말하는 '정당한 보상' 규정에 위반한다고 판시하였다(대판 1967.11.2. 67다1334).

또한 대법원은 군인 등에 대한 이중배상을 금지한 국가배상법 제2조 제1항 단서 및 위헌판결의 정족수를 강화한 법원조직법 제59조 제1항 단서에 대하여, 전자는 평등권 및 국가배상청구권 등의 위반으로, 후자는 대법원의 위헌결정에 특별한 정족수 제한규정을 두지 않은 헌법 제102조에 위반된다는 이유로 위헌판결을 내렸다(대판 1971.6.22. 70다1010). 이 판결은 제3공화국 하에서 법률에 대해 위헌판결을 내린 유일한 사건이었다.

한편 제3공화국 헌법이 분산형 제도를 채택한 결과 하급심에서도 다수의 위헌판결이 나왔다(국가배상법 제9조의 배상심의 전치주의에 대한 위헌판결, 서울민사지법 1967.12. 26. 67가9299등).

(4) 제4공화국 헌법상의 헌법재판제도

제4공화국 헌법(유신헌법)은 헌법위원회를 두어 위헌법률심사, 탄핵심판, 정당해산심판을 관할하도록 하였다. 당시 헌법위원회법에서 법관 자격을 갖지 않는 자에게도 위원 자격을 부여한 점이 특색이다.

그러나 실제로 단 한 건의 헌법재판도 이루어지지 않았다. 헌법위원회법에 의하면 위헌법률심사에 있어서 대법원은 문제된 법률이 헌법에 위반되지 않는다고 판단하는 경우에 헌법위원회에 송부하지 않을 권한을 가졌는데, 대법원이 헌법위원회에 송부한 사건은 하나도 없었기 때문이다.

(5) 제5공화국 헌법상의 헌법재판제도

제5공화국 헌법은 유신헌법상의 헌법위원회 제도를 거의 그대로 계승하였고, 역시 단 한 건의 위헌법률심판도 이루어지지 않았다.

(6) 현행 헌법상의 헌법재판제도

현행 헌법은 헌법재판소제도를 채택하고 있다. 제2공화국 헌법에서 헌법재판소제도를 규정한 적이 있으나 실제로 구성되지는 못했으므로 현행 제도는 최초로 실시되고 있는 헌법재판소제도이다.

한편 재판의 전제가 되는 명령·규칙·처분의 위헌심사는 일반 법원이 관할하며(헌법 제107조 제2항), 이 점에서 헌법재판기관이 헌법재판소와 법원으로 이원화되어 있다.

헌법재판소는 위헌법률심판, 탄핵심판, 정당해산심판, 권한쟁의심판, 헌법소원심판을 관장한다. 현행 제도는 독일의 헌법재판소제도 등을 모델로 하였으나, 독일과는 달리 추상적 규범통제, 선거소송 관할권은 갖고 있지 않으며, 헌법소원의 대상에서 법원 판결은 제외하고 있다. 재판관 자격은 법관 자격을 가진 자로 한정하고 있는 점 등에 비추어 사법기관의 성격이 강하다고 할 수 있다.

실제의 운용에서 헌법재판소는 매우 활발한 활동을 전개해왔다. 헌법재판의 활성화는 현행 헌법의 운용상 두드러진 특징으로 꼽을 수 있다(앞의 제1편, 제1장, IX, 2. '헌법재판의 활성화' 참조). 현행 헌법 하의 헌법재판 활성화는 근본적으로 정치적 민주화를 배경으로 하지만, 중요한 제도적 요인의 하나는 미국식의 분산형을 취하지 않고 집중형인 헌법재판소제도를 택하였다는 데에서 찾을 수 있다. 헌법재판 전담기관의 설치는 재판관들로 하여금 일종의 '기관이기주의'적 태도를 취하게 하였고, 이것이 재판관들의 사법적극주의적 태도를 촉발했다고 볼 수 있다.

Ⅱ. 현행 헌법재판소제도 개관

> **(헌법 제111조)** ① 헌법재판소는 다음 사항을 관장한다.
> 1. 법원의 제청에 의한 법률의 위헌여부 심판
> 2. 탄핵의 심판
> 3. 정당의 해산 심판
> 4. 국가기관 상호간, 국가기관과 지방자치단체 및 지방자치단체 상호간의 권한쟁의에 관한 심판
> 5. 법률이 정하는 헌법소원에 관한 심판
>
> ② 헌법재판소는 법관의 자격을 가진 9인의 재판관으로 구성하며, 재판관은 대통령이 임명한다.
>
> ③ 제2항의 재판관중 3인은 국회에서 선출하는 자를, 3인은 대법원장이 지명하는 자를 임명한다.
>
> ④ 헌법재판소의 장은 국회의 동의를 얻어 재판관 중에서 대통령이 임명한다.
>
> **(헌법 제112조)** ① 헌법재판소 재판관의 임기는 6년으로 하며, 법률이 정하는 바에 의하여 연임할 수 있다.

② 헌법재판소 재판관은 정당에 가입하거나 정치에 관여할 수 없다.
③ 헌법재판소 재판관은 탄핵 또는 금고이상의 형의 선고에 의하지 아니하고는 파면되지 아니한다.

(헌법 제113조) ① 헌법재판소에서 법률의 위헌결정, 탄핵의 결정, 정당해산의 결정 또는 헌법소원에 관한 인용결정을 할 때에는 재판관 6인 이상의 찬성이 있어야 한다.
② 헌법재판소는 법률에 저촉되지 아니하는 범위안에서 심판에 관한 절차, 내부규율과 사무처리에 관한 규칙을 제정할 수 있다.
③ 헌법재판소의 조직과 운영 기타 필요한 사항은 법률로 정한다.

1. 헌법재판소의 헌법상 지위

헌법재판소는 헌법상 그 권한의 측면에서 헌법재판기관이며, 그 기능의 측면에서 헌법보장기관이고, 그 성격상 사법기관이되 정치적 사법기관이라고 할 수 있다. 또한 국가의 최고기관의 하나라고 할 수 있다.

(1) 헌법재판기관

헌법재판소는 위헌법률심판, 탄핵심판, 정당해산심판, 권한쟁의심판, 헌법소원심판의 권한을 갖는 헌법재판기관이다. 다만 현행 헌법상 광의의 모든 헌법재판을 헌법재판소가 독점적으로 관할하는 것은 아니다. 재판의 전제가 되는 명령·규칙·처분의 위헌심사권은 일반 법원이 갖고 있고(헌법 제107조 제2항), 선거소송의 재판권은 대법원이 갖는다(공직선거법 제222조, 제223조). 이처럼 광의의 헌법재판기관이 헌법재판소와 법원에 이원화되어 있다고 할 수 있지만, 헌법재판소는 헌법재판의 핵심인 위헌법률심사권을 비롯하여 대부분의 헌법재판을 관할하는 중심적 헌법재판기관이다.

(2) 헌법보장기관

헌법재판소는 그 기능의 측면에서 헌법보장의 기능을 행하는 헌법보장기관이다. 헌법보장 기능을 내용적으로 보면, 기본권 보장의 기능, 권력제한의 기능 등으로 구체화할 수 있다. 현행 헌법은 특히 헌법소원심판권을 헌법재판소에 부여하고 있으며, 이 점에서 기본권보장기관으로서의 헌법재판소의 지위는 매우 높고 강하다고 할 것이다.

헌법보장의 기능을 하는 것은 헌법재판소만이 아니며, 법원 또한 사법권 행사를 통하여 헌법보장의 기능을 행하고, 대통령과 국회 역시 그러한 기능을 수행하지만,

그 중에도 헌법재판소는 최고의 헌법보장기관이라고 할 수 있다. 헌법재판소는 대통령과 국회 등 정치적 기관에 대한 권력제한 기능을 갖기 때문이다.

'헌법의 수호자'가 누구냐에 관하여 독일 바이마르 공화국시대에 논쟁이 있었다. 슈미트(C. Schmitt)는 대통령이 헌법의 수호자라고 주장한 데 대하여, 켈젠(H. Kelsen)은 헌법재판소와 같은 사법기관이 헌법의 수호자라고 반박하였다. 켈젠의 주장에 따라 오스트리아에 세계 최초로 헌법재판소가 설치되었다.

(3) 정치적 사법기관

헌법재판의 성격에 관하여 앞에서 설명한 것처럼, 헌법재판은 사법작용이되 정치성이 강한 정치적 사법작용이다. 정치성의 정도는 헌법재판기관의 구성방식 등에 따라 차이가 있다. 현행 헌법상의 헌법재판소는 재판관의 자격을 법관 자격을 가진 자로 한정하고 있고, 사법적 절차에 따라 재판하도록 되어 있기 때문에 기본적으로 사법기관의 성격을 지닌다. 다만 헌법해석의 정치성에 비추어 사법기관이되 정치적 사법기관이라고 할 수 있다.

헌법재판소가 사법기관이라고 한다면 사법권을 갖는 법원, 특히 최고법원인 대법원과의 관계가 문제된다. 이 문제는 아래에서 따로 다룬다.

(4) 국가최고기관

헌법재판소가 국가최고기관이냐에 관하여 견해의 대립이 있다. 부정론에 의하면 헌법재판소는 대통령·국회·법원과 더불어 통치권의 일부를 행사하는 헌법기관의 하나일 뿐이라고 본다.

생각건대 우리 헌법상 권력분립의 원리에 따라 최고기관은 국가의사의 영역에 따라 여럿이라고 볼 수 있고, 대통령·국회·대법원과 더불어 헌법재판소도 최고기관의 하나라고 할 수 있다. 다만 이처럼 최고기관이 여럿임에 비추어, 최고기관에 관한 논의는 특별한 의미를 지니기는 어렵다고 할 것이다(앞의 '국회의 헌법상 지위' 참조).

2. 헌법재판소와 법원의 관계

헌법은 제5장에서 법원을 사법권의 담당기관으로 규정하고, 이와 별도로 제6장에서 헌법재판소를 위헌법률심판 등을 관장하는 헌법재판기관으로 규정하고 있다. 이처럼 헌법의 체제 면에서 법원과 헌법재판소는 별도의 국가기관으로 규정되어 있다.

그러나 헌법재판소가 담당하는 헌법재판의 권한도 그 성질상 사법권에 해당하는 것이며, 법원만이 아니라 헌법재판소도 사법권의 담당기관, 즉 사법기관이라고 할 수 있다. 이처럼 현행 헌법상 사법기관은 법원과 헌법재판소로 이원화되어 있다. 여기에서 각기 사법기관인 법원과 헌법재판소의 관계가 문제된다.

(1) 대등한 사법기관으로서의 관계

헌법 제101조 제1항은 사법권이 법원에 속한다고 규정하고 있지만, 헌법 제111조 제1항에서 헌법재판소가 관장한다고 규정한 사항에 대해서는 사법권을 행사할 수 없다. 사법권의 일부인 헌법재판권은 헌법재판소의 권한에 속한다.

헌법재판소와 법원은 그 담당하는 사법권의 영역이 상이할 뿐, 어느 한 기관이 다른 기관에 비해 우월한 지위에 있다고 볼 수 없다. 양자는 각각 사법기관으로서 헌법 및 법률상으로는 대등한 관계에 있다. 헌법재판소법에 의하면 헌법재판소장의 대우와 보수는 대법원장의 예에 의하며, 재판관의 대우와 보수는 대법관의 예에 의한다(제15조).

헌법재판소 재판관 3인은 대법원장이 지명하며, 이 점에서 대법원이 헌법재판소보다 우월한 지위에 있지 않느냐고 볼 여지가 있지만, 이 점만으로 대법원이 우월하다고 말하기는 어렵다. 다만 실제의 헌법재판관 선임에서 대법관 경력이 없는 전직 판사들을 재판관으로 임명하는 사례가 반복되고 있어서 사실상 대법원이 우위에 있다는 평가가 있을 수 있는데, 이것은 법제도상이 아닌 사실상의 문제이다.

(2) 헌법재판에서의 권한분할과 상호 기능적 관련

재판권 가운데 헌법재판권은 헌법재판소에 부여되어 있지만, 광의의 헌법재판권 모두를 헌법재판소가 독점하는 것은 아니다. 재판을 전제로 하는 명령·규칙·처분의 위헌심사권은 일반 법원이 가진다(헌법 제107조 제2항). 또한 선거소송(선거무효소송과 당선무효소송)의 재판권은 대법원이 갖는다(공직선거법 제222조, 제223조).

헌법재판소가 관장하는 헌법재판의 영역에서도 법원과 헌법재판소는 기능적으로 상호 연관되어 있다. 헌법재판소의 위헌법률심판권은 원칙적으로 법원의 심판제청을 전제로 한다(헌법 제107조 제1항). 구체적인 소송에서 적용법률이 위헌이라고 의심되는 경우, 법원은 이 문제를 스스로 판단할 수 없으며, 재판절차를 정지하고 헌법재판소에 심판을 제청한 뒤, 헌법재판소의 결정에 따라 재판을 하여야 한다.

(3) 상호 경합적 관계

헌법재판소의 권한쟁의심판과 법원의 기관소송의 관계가 문제된다. 헌법은 "국가기관 상호간, 국가기관과 지방자치단체간 및 지방자치단체 상호간의 권한쟁의에 관한 심판"을 헌법재판소의 관장사항으로 규정하고(제111조 제1항 제4호), 헌법재판소법도 같은 규정을 두고 있다(제2조). 한편 행정소송법에 따라 법원은 기관소송의 재판권을 갖는다. 기관소송이란 "국가 또는 공공단체의 기관 상호간에 있어서의 권한의 존부 또는 그 행사에 관한 다툼이 있을 때에 이에 대하여 제기하는 소송"이다(행정소송법 제3조 제4호). 이 양자의 경합에 관하여 행정소송법은 다음과 같이 명시적 규정으로 해결하고 있다. 즉 헌법재판소법 제2조의 규정에 의하여 헌법재판소의 관장사항으로 되는 소송은 행정소송법상의 기관소송에서 제외한다고 규정하고 있다(제3조 제4호 단서). 그 밖의 문제에 관해서는 뒤에서 설명한다.

(4) 상호 갈등의 관계

헌법재판소와 법원의 권한이 상호 갈등하는 여러 경우가 있다. 첫째, 명령·규칙의 위헌심사에 관한 상호갈등이다. 헌법 제107조 제2항은 명령·규칙처분의 위헌여부가 재판의 전제가 되는 경우에 대법원이 최종적 심사권을 가진다고 규정하고 있다. 그러나 헌법재판소 판례에 의하면, 명령·규칙에 의하여 개인의 기본권이 직접 침해되는 경우에는 명령·규칙을 대상으로 헌법소원을 청구할 수 있다고 판시하고 있다. 이 판례에 따르면 명령·규칙의 위헌심사권은 법원의 독점적 권한이 아니다. 대법원은 이에 대하여 법원의 권한을 침해한 것이라고 주장하였다. 그러나 헌법재판소에 의하면, 명령·규칙에 대한 대법원의 최종적 위헌적 심사권은 구체적 소송에서 "재판의 전제가 된 경우"(헌법 제107조 제1항)에 한하며, 명령·규칙이 직접 기본권을 침해하는 경우에 그 명령·규칙을 대상으로 직접 헌법소원 청구가 가능하다고 반박하였다(법무사시험 시행에 관한 대법원규칙에 관한 사건. 헌재 1990.10.15. 89헌마178). 따라서 동일한 대상에 대하여 헌법재판소와 법원이 다른 해석과 결정을 내릴 소지가 있다.

둘째, 헌법재판소의 변형결정의 효력에 관한 상호갈등이다. 헌법재판소의 위헌결정, 헌법소원인용결정은 모든 국가기관을 구속하는 기속력을 갖는데(헌법재판소법 제47조 제1항, 제76조 제1항, 제6항), 위헌결정의 일종인 한정위헌결정도 기속력을 갖느냐가 문제된다. 구체적으로는 헌법재판소의 한정위헌결정에서 나타난 법률해석을 법원이 따라야 하는가의 문제이다. 이에 대하여 대법원은 한정위헌결정의 기속력을 부인하고, 법률해석권은 법원의 고유한 권한이라고 주장한다(증여세 등 부과처분 취소사건. 대판 1996.4.9. 95누11405). 이후에도 대법원은 한정위헌결정에 대하여 계속하여 기속력을 부인하고 있다(대판 2001.4.27. 95재다14).

셋째, 법원의 재판에 대한 헌법소원의 인정에 관한 상호갈등이다. 헌법재판소법은 법원의 재판을 헌법소원 대상에서 제외하고 있다(제68조 제1항). 그런데 헌법재판소 판례에 의하면, 헌법재판소가 위헌으로 결정하여 그 효력을 전부 또는 일부 상실하거나 위헌으로 확인된 법률을 법원이 적용함으로써 국민의 기본권을 침해한 경우에도 법원의 재판에 대한 헌법소원이 허용되지 않는 것으로 해석하는 한도 내에서는 이 조항이 헌법에 위반된다고 결정하였다(양도소득세 등 부과처분의 취소사건. 헌재 1997.12.24. 96헌마172). 즉 헌법재판소의 위헌결정에 불복하는 법원의 재판에 대해서는 예외적으로 헌법소원이 인정된다고 본 것이다.

이상과 같이 헌법재판소와 법원이 충돌하는 경우에는 가급적 상호 협력을 통해 조화를 꾀하여야 할 것이지만, 실제로 이것이 이루어지지 못한다면 입법적으로 해결해야 할 것이다.

3. 헌법재판소의 구성

헌법재판소의 구성에 관해서는 헌법 및 헌법재판소법, 헌법재판소규칙에서 규정하고 있다.

(1) 헌법재판소 구성의 원리

헌법재판소 재판관의 자격, 선임방식, 임기제나 연임제 등 헌법재판소 구성을 어떻게 할 것이냐에 관해서 기본적으로 고려해야 할 사항들이 있다. ① 재판관의 민주적 정당성의 문제이다. 헌법재판에 대한 부정적 견해의 주된 논거는 민주적 정당성을 지닌 의회의 입법을 무효화시키는 것에 대한 비판이다. 이 문제는 특히 재판관 선임방식과 관련된다. ② 헌법재판의 전문성의 문제이다. 이 문제는 특히 재판관의 자격과 관련된다. ③ 헌법재판의 독립성 또는 중립성의 문제이다. 이 문제는 특히 재판관의 임기제 및 연임제, 신분보장, 정치적 중립 등과 관련되며, 선임방식과도 연관된다.

(2) 재판관의 선임

헌법재판소는 대통령이 임명하는 9인의 재판관으로 구성된다. 재판관 중 3인은 국회에서 선출하고, 3인은 대법원장이 지명하는 자를 임명한다(헌법 제111조 제2항, 제3항). 국회에서 선임하는 3인과 대법원장이 지명하는 3인을 대통령이 임명하는 것은 형식적 절차이며, 그런 뜻에서 형식적 임명권이라고 부를 수 있다.

실질적인 재판관 선임권자를 대통령 3인, 국회 3인, 대법원장 3인으로 배분한 것은 외견상 3권분립 원리에 따른 것처럼 보인다. 그러나 이러한 방식은 특히 재판관의 민주적 정당성의 관점에서 문제점을 갖고 있다. 특히 문제가 되는 것은 대법원장의 3인 선임이다. 국회나 대통령은 국민에 의해 직접 선출된 것과 달리 대법원장은 국민이 직접 선출하지 않으며, 이 점에서 민주적 정당성이 취약하다. 그뿐만 아니라 이러한 선임방식은 마치 대법원이 헌법재판소보다 우위에 있는 듯한 관념을 낳기 쉽다. 이러한 문제점을 시정하기 위해서는 모든 재판관을 국회에서 선출하거나 또는 대통령과 국회가 선임하는 방식이 적절하다.

독일 연방헌법재판소의 경우, 의회(상하 양원)에서 재판관 전원을 선출한다. 미국 연방대법원의 경우에는 대법관 전원에 대해 상원의 동의를 얻어 대통령이 임명한다.

(3) 재판관의 자격

헌법재판소 재판관은 법관의 자격이 있어야 한다(헌법 제111조 제2항). 헌법재판소법에 의하면 "재판관은 15년 이상 다음 각호의 1에 해당하는 직에 있던 40세 이상의 사람 중에서 임명한다. 다만 다음 각호 중 2 이상의 직에 있던 사람의 재직기간은 이를 통산한다. 1. 판사 · 검사 · 변호사 2. 변호사의 자격이 있는 사람으로서 국가기관, 국영 · 공영 기업체, 공공기관의 운영에 관한 법률 제4조에 따른 공공기관 또는 그 밖의 법인에서 법률에 관한 사무에 종사한 사람 3. 변호사의 자격이 있는 사람으로서 공인된 대학의 법률학조교수 이상의 직에 있던 사람"(제5조 제1항).

2020년 개정 헌법재판소법은 재판관의 임용 결격사유에 정당의 당원 또는 당원의 신분을 상실한 날로부터 3년이 경과되지 아니한 사람, 교육감선거 외의 공직선거에 (예비)후보자로 등록한 날로부터 5년이 경과되지 아니한 사람, 대통령선거에서 후보자의 당선을 위하여 자문이나 고문의 역할을 한 날로부터 3년이 경과되지 아니한 사람을 추가하였다(제5조 제2항).

재판관 자격을 법관 자격을 가진 자로 한 것은 헌법재판이 기본적으로 사법작용임에 비추어 타당한 측면이 있다. 그러나 헌법재판이 통상적인 사법작용과 달리 정치성을 지닌 점을 감안하면 법관 자격을 가진 자로 한정한 것은 문제점이 있다고 할 것이다. 재판관 가운데 일정한 수 이상은 법관 자격을 가진 자로 할 필요가 있을 것이지만, 법관 자격이 없더라도 입법 또는 행정 전문가나 법학교수에게도 재판관 자격을 인정할 필요가 있다. 일반적으로 법관 자격을 가진 자라고 하더라도 헌법적 판단을 위한 소양을 갖추지 못한 경우가 많고 실제 임명되는 사례를 보더라도 그러한 경우가 적지 않음에 비추어, 전문성 제고를 위해서도 자격을 확대할 필요가 있다. 오스트리아, 스페인 등의 경우, 행정공무원이나 법학교수 경력자에게도 재판관 자격을 인정하고 있다.

(4) 재판관의 임기·연임·정년

재판관의 임기는 6년이며, 연임할 수 있다(헌법 제112조 제1항). 재판관의 정년은 70세로 한다(헌법재판소법 제7조).

재판관의 임기제, 연임제, 정년제는 헌법재판의 독립성, 정치적 중립성 문제와 관련된다. 연임제는 연임을 의식한 재판의 우려 때문에 독립성 또는 정치적 중립성을 저해할 염려가 있다. 이 점에서는 종신제가 좋지만 종신제는 재판 성향이 시대적 변화에 부응하지 못하고 보수적으로 기울어질 우려가 있다. 이러한 점을 고려하면 단임제와 정년제를 취하는 것이 바람직하다.

(5) 재판관의 신분보장 및 정치적 중립성 보장 등

재판관은 탄핵 또는 금고 이상의 형의 선고에 의하지 아니하고는 파면되지 아니한다(헌법 제112조 제3항). 또한 재판관은 정당에 가입하거나 정치에 관여할 수 없다(헌법 제112조 제2항). 이것은 헌법재판의 독립성과 정치적 중립성을 보장하기 위한 것이다. 헌법의 강한 정치성 때문에 헌법재판의 정치성은 불가피하지만, 헌법재판이 정치적 당파성에 빠지는 것은 피해야 한다.

재판관은 헌법과 법률에 의하여 그 양심에 따라 독립하여 심판한다(헌법재판소법 제4조). 재판관은 국회 또는 지방의회의원의 직, 국회·정부 또는 법원의 공무원직, 법인·단체 등의 고문·임원 또는 직원의 직을 겸할 수 없고, 영리를 목적으로 하는 사업을 영위할 수 없다(같은 법 제14조).

(6) 헌법재판소 소장

헌법재판소의 장은 국회의 동의를 얻어 재판관 중에서 대통령이 임명한다(헌법 제

111조 제4항). 헌법재판소장은 헌법재판소를 대표하고 헌법재판소의 사무를 통리(統理)하며, 소속공무원을 지휘·감독한다(헌법재판소법 제12조 제3항). 헌법재판소장이 궐위되거나 사고로 인하여 직무를 수행할 수 없을 때에는 다른 재판관이 헌법재판소규칙이 정하는 순서에 의하여 그 권한을 대행한다(같은 법 제12조 제4항). 헌법재판소장 권한대행 순서 등을 헌법이나 법률이 아닌 헌법재판소규칙으로 규정한 것에 대한 강한 비판에 따라 2025.1.31. 개정·시행된 헌법재판소법(법률 제20769호)은 제12조의2를 신설하여 "① 헌법재판소장이 일시적인 사고로 인하여 직무를 수행할 수 없을 때에는 재판관 중 임명일자 순으로 그 권한을 대행한다. 다만, 임명일자가 같을 때에는 연장자 순으로 대행한다. ② 헌법재판소장이 궐위(闕位)되거나 1개월 이상 사고로 인하여 직무를 수행할 수 없을 때에는 재판관 중 재판관회의에서 선출된 사람이 그 권한을 대행한다. 다만, 그 권한대행자가 선출될 때까지는 제1항에 해당하는 사람이 권한을 대행한다"고 규정하였다.

대법원장, 대법관, 헌법재판관의 임기를 헌법이 직접 규정하고 있는 것과 달리, **헌법재판소장의 임기**에 대하여는 헌법과 헌법재판소법 모두 침묵하고 있다. 헌법은 또한 "재판관 중에서" 헌법재판소장을 임명하도록 규정하고 있다(제111조 제4항). 이와 관련하여 아래의 두 가지 문제가 발생할 수 있다. 실제로 이들 문제는 지난 2006년, 전효숙 헌법재판소장(후보) 임명동의와 관련하여 논란을 야기하였다.

첫째, 헌법재판소장으로 임명되기 위해서는 헌법재판관으로 임명되는 것이 선행되어야 하는가의 문제이다. 물론 기존의 헌법재판관 중 1인을 헌법재판소장으로 임명할 때에는 이 문제는 제기되지 않으며, 아래의 둘째 문제, 즉 임기에 관한 문제만 남게 된다. 이 문제에 관해서는 헌법 문언에 충실하게 재판관으로 일단 임명되고 난 후에야 헌법재판소장으로 임명될 수 있다는 견해가 있다. 구체적으로는 재판관이 되기 위한 인사청문회와 헌법재판소장이 되기 위한 인사청문회라는 2회의 인사청문회를 거쳐야 한다는 것이다.

그러나 위와 같은 견해는 타당하지 못하다. 헌법 문언을 있는 그대로 보더라도 "재판관 중에서" 헌법재판소장을 임명하도록 규정하고 있을 뿐이며, 중복지명 및 동의(청문)절차를 2회 거치도록 한 것이라고는 볼 수 없다. 그러한 경우 절차상의 번거로움과 시간의 낭비만 초래할 뿐이다. 또한 재판관과 헌법재판소장이 되기 위한 절차를 동시에 진행하는 것을 금지한 규정도 찾아볼 수 없다. 실제 선례를 보더라도 제1, 제2, 제3기 헌법재판소장 모두 재판관과 헌법재판소장의 임명절차를 별개로 진행하지 않았다. 이와 관련된 문제로, 헌법은 제94조에서 "행정각부의 장은 국무위원 중에서 국무총리의 제청으로 대통령이 임명한다"라고 규정하고 있는데, 대통령이 국무위원으로 먼저 임명한 후 이와 별개 절차로 각부 장관으로 임명한 경우는 없었다. 2006.12.30. 개정 국회법은 제65조의2 제4항을 신설하여, "헌법재판소 재판관 후보자가 헌법재판소장 후보자를 겸하는 경우 제2항 제1호의 규정에 불구하고 제1항의 규정에 따른 인사청문특별위원회의 인사청문회를 연다. 이 경우 제2항의 규정에 따른 소관상임위원회의 인사청문회를 겸하는 것으로 본다"는 규정을 두어 위와 같은 문제를 입법적으로 해결하였다.

둘째, 기존의 헌법재판관이 새로이 헌법재판소장이 되었을 때 그 임기는 헌법재판관으로서의 잔여 임기만인가 아니면 새로이 임기를 시작하는가의 문제이다. 만일 헌법재판소장으로 임명되기 전에 헌법재판관 직을 사퇴한 경우에는 헌법재판관의 연임규정에 의하여 헌법재판소장에 임명된 때로부터 새로이 그 임기가 시작된다고 보아야 할 것이다. 그러나 기존의 재판관 직을 유지하면서 헌법재판소장으로 임명되었을 때에는 잔여 임기만 보장된다고 보는 것이 타당하다.

(7) 기타 헌법재판소의 조직

헌법재판소에 **재판관회의**를 둔다. 재판관회의는 재판관 전원으로 구성하며, 헌법재판소장이 의장이 된다. 재판관회의는 재판관 7인 이상의 출석과 출석인원과반수 찬성으로 의결하며, 의장은 표결권을 가진다. 다음 사항은 재판관회의의 의결을 거쳐야 한다. 1. 헌법재판소규칙의 제정과 개정, 및 입법의견의 제출에 관한 사항 2. 예산요구, 예비금지출과 결산에 관한 사항 3. 사무처장 · 사무차장 · 헌법연구관 및 3급이상 공무원의 임면에 관한 사항 4. 특히 중요하다고 인정되는 사항으로서 헌법재판소장이 부의하는 사항(헌법재판소법 제16조).

그 밖에 보조기관으로, 헌법재판소 사무처, 헌법연구관, 헌법연구관보를 두며, 헌법연구위원을 둘 수 있다(같은 법 제17조-제19조의3). 또한 연구와 교육을 위하여 헌법재판연구원을 둔다(제19조의4).

4. 헌법재판소의 권한

헌법재판소는 헌법 제111조 제1항에 따라 위헌법률심판, 탄핵심판, 정당해산심판, 권한쟁의심판, 헌법소원심판의 권한을 가진다.

위헌법률심판은 재판의 전제가 된 경우에 위헌심사를 하는 구체적 규범통제에 한하여 인정되며, 독일, 오스트리아 등에서 인정하는 추상적 규범통제는 인정되지 않는다. 독일, 오스트리아 등의 헌법재판소에서 인정되는 선거재판은 대법원의 관할이다. 헌법소원제도는 현행 헌법에서 최초로 인정된 것이다. 헌법의 최종적인 해석에 관한 포괄적인 권한은 제2공화국 헌법의 헌법재판소에 인정되었으나 현행 헌법에서는 인정되지 않고 있다.

헌법재판에 부수하는 헌법재판소의 권한으로, 헌법재판소규칙제정권이 있다(헌법 제113조 제2항. "헌법재판소는 법률에 저촉하지 아니하는 범위 안에서 심판에 관한 절차, 내부규율과 사무처리에 관한 규칙을 제정할 수 있다"). 헌법재판소규칙은 대국민적 구속력을 가지는 법규명령에 해당한다.

헌법재판소장은 헌법재판소의 조직 · 인사 · 운영 · 심판절차 그 밖에 헌법재판소의 업무에 관련된 법률의 제정 또는 개정이 필요하다고 인정하는 경우에는 국회에 서면으로 그 의견을 제출할 수 있다(헌법재판소법 제10조의2).

Ⅲ. 일반심판절차

헌법재판소법에 의하면 헌법재판소의 심판절차는 각종 심판에 일반적으로 적용되는 일반심판절차와 개별심판에 적용되는 특별심판절차로 구분된다.

심판절차에 관하여 헌법재판소법에 특별한 규정이 있는 경우를 제외하고는 헌법재판의 성질에 반하지 않는 한도 내에서 민사소송에 관한 법령의 규정을 준용한다(헌법재판소법 제40조 제1항 전문). 따라서 헌법소원을 제기하려고 하는 자는 같은 사유의 사건이 헌법소원심판에 계속 중인 때에는 새로운 헌법소원심판을 청구하지 않고 공동심판참가나 보조참가를 할 수 있다(헌재 2019.2.28. 2017헌마374등; 사회복무요원의 봉급이 현역병과 같은 수준으로 최저생계비에도 못 미친다는 이유로 헌법소원심판을 청구한 상태에서 다른 사회복무요원들이 각 참가한 사건이다). 그러나 규범통제절차인 위헌법률심판절차에 있어서는 대립당사자 개념을 상정할 수 없을 뿐만 아니라, 보조참가인에게 이른바 참가적 효력을 미치게 할 필요성이 존재한다고 볼 수도 없기 때문에, 보조참가를 규정하고 있는 민사소송법 제71조는 위헌법률심판의 성질상 준용하기 어렵다(헌재 2024.1.25. 2021헌가14).

이와 더불어 탄핵심판의 경우에는 형사소송에 관한 법령을, 권한쟁의심판 및 헌법소원심판의 경우에는 행정소송법을 함께 준용한다(같은 법 제40조 제1항 후문). 이 경우 형사소송에 관한 법령 또는 행정소송법이 민사소송에 관한 법령과 저촉될 때에는 민사소송에 관한 법령은 준용하지 않는다(같은 법 제40조 제2항).

(판 례) 소송비용 부담 규정이 헌법재판에 준용되는지 여부

헌법재판의 정의나 헌법소원심판이 수행하는 객관적인 헌법질서에 관한 수호·유지기능, 그리고 헌법소원심판의 직권주의적 성격과 심판비용의 국가부담 원칙, 변호사강제주의, 국선대리인제도 등에 관한 헌법재판소법의 규정 내용 등을 종합하여 보면, 당사자비용을 제외한 심판비용을 국가가 모두 부담하는 헌법소원심판절차에서 청구인이 승소하였는지 아니면 패소하였는지를 구분하지 않고 승소자의 당사자비용을 그 상대방인 패소자에게 반드시 부담시켜야만 하는 민사소송법과 행정소송법의 소송비용에 관한 규정들을 준용하는 것은 헌법재판의 성질에 반한다.

헌재 2015.5.28. 2012헌사496, 판례집 27-1 하, 393

1. 재 판 부

(1) 전원재판부와 지정재판부

헌법재판소의 심판은 헌법재판소법(이하 '법'이라 약칭한다)에 특별한 규정이 있는 경우를 제외하고는 재판관 전원으로 구성되는 재판부, 즉 전원재판부에서 관장한다. 재판장은 헌법재판소장이 맡는다(법 제22조). 재판부는 재판관 7인 이상 출석으로 사건을 심리한다(법 제23조 제1항).

헌법재판소장은 헌법소원심판사건에서 재판관 3인으로 구성되는 지정재판부를 두어 사전 심사를 담당하게 할 수 있다(법 제72조 제1항).

(2) 재판관 제척·기피·회피

법원의 재판과 마찬가지로 헌법재판소 심판에서도 재판관에 대한 제척, 기피, 회피가 인정된다(법 제24조).

제척이란 재판관이 구체적 사건에 관하여 법률이 정하는 특수한 관계가 있는 경우에 법률상 당연히 그 사건에 관한 직무집행에서 제외되는 것을 말한다. 제척사유는 ① 재판관이 당사자이거나 당사자의 배우자 또는 배우자이었던 경우, ② 재판관과 당사자간에 친족의 관계가 있거나 이러한 관계가 있었던 경우, ③ 재판관이 사건에 관하여 증언이나 감정을 할 경우, ④ 재판관이 사건에 관하여 당사자의 대리인이 되

거나 되었던 경우, ⑤ 기타 재판관이 헌법재판소 외에서 직무상 또는 직업상의 이유로 사건에 관여하였던 경우이다(법 제24조 제1항).

기피란 재판관에게 심판의 공정을 기대하기 어려운 사정이 있는 경우에 당사자의 신청에 의하여 그 재판관을 직무집행에서 제외시키는 것이다(법 제24조 제3항). 동일한 사건에 2명 이상의 재판관을 기피할 수 없는데 (법 제24조 제4항), 심리정족수 부족으로 인하여 헌법재판소의 심판기능이 중단되는 상태를 방지하기 위한 것이고, 전원재판부의 재판관 결원을 보충할 수 있는 제도가 없다는 점 등을 고려하면 청구인의 공정한 재판을 받을 권리 침해가 아니다(헌재 2016.11.24. 2015헌마902).

회피란 재판관이 위의 제척이나 기피의 사유가 있다고 하여 스스로 특정사건의 직무집행을 피하는 것이다(법 제24조 제5항).

2. 당사자와 대표자 · 대리인

헌법재판의 심판을 청구하는 청구인과 그 상대방인 피청구인을 당사자라고 한다. 당사자는 헌법재판의 종류에 따라 다르다.

각종 심판절차에서 정부가 당사자인 때에는 법무부장관이 이를 대표한다(법 제25조 제1항).

국가기관 또는 지방자치단체가 당사자인 경우, 변호사 또는 변호사의 자격이 있는 소속직원을 대리인으로 선임하여 심판을 수행하게 할 수 있다(법 제25조 제2항).

사인(私人)이 당사자인 경우, 변호사를 대리인으로 선임하지 아니하면 심판청구를 하거나 심판수행을 하지 못한다. 다만 당사자가 변호사 자격이 있는 때에는 그러하지 아니하다(법 제25조 제3항). 이를 **변호사강제주의**라고 한다. 헌법재판소는 변호사강제주의 조항을 합헌이라고 결정하였다(헌재 1990.9.3. 89헌마120등).

헌법재판 가운데 사인이 당사자인 경우는 헌법소원심판뿐이라고 하겠는데, 헌법재판소 판례에 의하면 탄핵심판의 경우에도 사인이 당사자라고 보고 변호사강제주의가 적용된다고 한다(헌재 1990.9.3. 89헌마120등). 헌법소원심판절차에서는 국선대리인 제도를 규정하고 있다(법 제70조).

3. 심 리

재판부는 재판관 7인 이상의 출석으로 사건을 심리한다(법 제23조 제1항). 재판관이 임기만료로 퇴직하여 재판관의 공석 상태가 된 경우, 즉 7인 재판관을 구성하지 못할 때에는 헌법재판소는 전혀 심리할 수 없는지 문제된다. 국회의 탄핵소추의결에 따라 직무가 정지된 방송통신위원장이 '신속한 헌법재판을 받을 권리' 침해를 이유로 위 조항에 대한 헌법소원심판청구와 함께 효력정지가처분을 신청하자 헌법재판소는 가처분신청을 인용하였다.

(판 례) 헌법재판관 7인 이상의 출석으로 사건을 심리한다는 헌법재판소 규정의 효력정지

국회의 탄핵소추 의결을 받은 신청인은 헌법재판소의 탄핵심판이 있을 때까지 그 권한행사가 정지된다. 따라서 신청인으로서는 헌법재판소법 제23조 제1항으로 인하여 회복하기 어려운 중대한 손해를 입을 위험이 있고, 3명의 재판관 퇴임이 임박한 만큼 손해를 방지할 긴급한 필요도 인정된다.

가처분을 인용하더라도 이는 의결정족수가 아니라 심리정족수에 대한 것에 불과하므로, 공석인 재판관이 임명되기를 기다려 결정을 할 수도 있다. 다만 보다 신속한 결정을 위하여 후임 재판관이 임명되기 전에 쟁점을 정리하고 증거조사를 하는 등 사건을 성숙시킬 필요가 있다. 그런데 가처분신청을 기각하면, 그 후 본안심판의 종국결정에서 청구가 인용되더라도 이러한 절차를 제때에 진행하지 못하여 신청인의 신속한 재판을 받을 권리 등 기본권은 이미 침해된 이후이므로 이를 회복하기는 매우 어렵다. 결국 이 사건에서 가처분을 인용한 뒤 종국결정에서 청구가 기각되었을 때 발생하게 될 불이익보다 가처분을 기각한 뒤 청구가 인용되었을 때 발생하게 될 불이익이 더 크다.

다만 이 사건에서는 재판관이 임기만료로 퇴직하여 재판관의 공석 상태가 된 경우가 문제되는 것이고 신청인이 실질적으로 다투고자 하는 바도 이와 같으므로 헌법재판소법 제23조 제1항 중 재판관이 임기만료로 퇴직하여 재판관의 공석 상태가 된 경우에 적용되는 부분에 한하여 그 효력을 정지함이 상당하다.

헌재 2024.10.14. 2024헌사1250, 공보 337, 1577

위 결정은 재판관 3인의 퇴임일 3일 전에 있었다. 이후 헌법재판소는 6인 체제에서 사건을 심리하였고, 2025년 1월 2일 재판관 2인이 임명되었다. 2025년 4월 9일, 9인 재판관 체제를 갖추었다.

심리방식은 **구두변론**과 **서면심리**로 구분된다. 탄핵심판, 정당해산심판, 권한쟁의심판은 구두변론에 의한다. 위헌법률심판과 헌법소원심판은 서면심리에 의하되, 다만 재판부가 필요하다고 인정하는 경우에는 변론을 열어 당사자 · 이해관계인 기타

참고인의 진술을 들을 수 있다(법 제30조).

재판부는 사건심리를 위하여 필요하다고 인정하는 경우에는 당사자의 신청 또는 직권에 의하여 **증거조사**를 할 수 있다(법 제31조).

법률의 위헌결정, 탄핵의 결정, 정당해산의 결정 또는 헌법소원에 관한 인용결정이나 종전에 헌법재판소가 판시한 헌법 또는 법률의 해석 적용에 관한 의견을 변경하는 경우에는 종국심리에 관여한 재판관 6명 이상의 찬성이 있어야 한다(제23조 제2항). 5인의 다수의견은 종전 의견의 변경이나 심판정족수 미달인 경우, 법정 의견은 4인의 소수의견이고 5인의 다수의견이 별개의견이 된다(헌재 2020.5.27. 2018헌바465; 개발이익환수에 관한 법률상 비상장법인의 과점주주에게 제2차 납부의무를 부과하는 개발부담금은 '실질적인 조세'라는 종전 견해와 달리, 5인 재판관은 '부담금'이라고 판단한 사안이다).

심판의 변론과 결정의 선고는 **공개**한다. 다만 서면심리와 평의(評議)는 공개하지 않는다(법 제34조 제1항). 평의는 일반 민·형사 재판에서의 합의과정에 해당한다. 법원의 재판과 마찬가지로 국가안전보장, 안녕질서 또는 선량한 풍속을 해할 우려가 있는 때에는 재판부 결정으로 변론은 공개하지 않을 수 있다(법 제34조 제2항, 법원조직법 제57조).

심판기간에 관한 규정을 보면, 심판사건을 접수한 날로부터 180일 이내에 종국결정의 선고를 하여야 하되, 재판관 궐위로 7인의 출석이 불가능한 때에는 그 궐위된 기간은 심판기간에 산입하지 않는다(법 제38조). 그러나 실제로 이 기간은 잘 준수되고 있지 않으며, 훈시규정으로 해석되고 있다.

일사부재리의 원칙에 따라, 이미 헌법재판소의 심판을 거친 동일한 사건에 대해서는 다시 심판할 수 없다(법 제39조).

심판비용은 국가부담으로 한다. 다만 당사자의 신청에 의한 증거조사의 비용은 헌법재판소규칙이 정하는 바에 따라 그 신청인에게 부담시킬 수 있다. 헌법소원심판의 청구인에 대해서는 헌법재판소규칙으로 정하는 공탁금의 납부를 명할 수 있고, 심판청구를 각하할 경우, 또는 심판청구를 기각할 경우에 그 심판청구가 권리남용이라고 인정되는 경우에는 공탁금의 전부 또는 일부의 국고귀속을 명할 수 있다(법 제37조).

4. 가 처 분

가처분(假處分)은 종국적인 본안결정의 실효성을 확보하기 위하여 임시적인 지위를 정하는 잠정적인 조치이다. 헌법재판소법은 정당해산심판과 권한쟁의심판에 대하여서만 가처분에 관한 규정을 두고 있다(제57조, 제65조). 헌법소원심판 등 가처분에 관한 명문규정이 없는 심판절차에서 가처분이 인정되는가에 관하여 견해가 대립하고 있다.

인정설에 의하면, 헌법재판소의 심판절차에 관하여 헌법재판소법에 특별한 규정이 있는 경우를 제외하고는 민사소송에 관한 법령의 규정을 준용하며, 특히 헌법소원심판의 경우에 행정소송법을 준용하도록 한 규정(법 제40조)에 따라 가처분규정이 없는 헌법소원심판에 있어서도 가처분이 인정될 수 있다는 점, 위헌임이 명백한 법률에 대하여 가처분으로 미리 그 효력을 정지시킬 필요가 있는 점 등, 헌법소원심판에서도 가처분을 인정할 수 있다고 한다.

반면 부정설에 의하면, 헌법소원심판에도 일반적으로 가처분이 허용된다면 헌법재판소법이 정당해산심판과 권한쟁의심판만에 특별히 가처분 규정을 둘 필요가 없다는 점, 헌법재판소법 제40조에서 심판절차에 관하여 민사소송법을 준용하도록 한 조항은 가처분의 절차에 관하여 민사소송법을 준용하라는 취지로 해석될 따름이고 가처분의 근거규정이 될 수는 없다는 점 등을 근거로 든다.

헌법재판소 판례는 헌법소원심판에서도 가처분이 인정될 수 있다고 본다.

(판 례) 사법시험응시횟수를 제한한 사법시험령 효력정지가처분 사건

헌법재판소법은 정당해산심판과 권한쟁의심판에 관해서만 가처분에 관한 규정(같은 법 제57조 및 제65조)을 두고 있을 뿐, 다른 헌법재판절차에 있어서도 가처분이 허용되는가에 관하여는 명문의 규정을 두고 있지 않다. 그러나 위 두 심판절차 이외에 같은 법 제68조 제1항 헌법소원심판절차에 있어서도 가처분의 필요성은 있을 수 있고, 달리 가처분을 허용하지 아니할 상당한 이유를 찾아볼 수 없으므로 위 헌법소원심판청구사건에서도 가처분이 허용된다고 할 것이다.

헌재 2000.12.8. 2000헌사471, 판례집 12-2, 381,384-385

헌법재판소는 법률에 대한 헌법소원심판에서도 같은 결정을 내렸다. 기간임용제 교원 재임용 탈락의 당부에 대하여 다시 심사할 수 있도록 하면서, 재임용 탈락이 부당하였다는 결정에 대하여 청구인(학교법인)은 소송으로 다투지 못하도록 하고 있는 대학교원 기간임용제 탈락자 구제를 위한 특별법 제9조 제1항의 효력을 가처분으로 정지시켜야 할 필요성이 있다고 하였다(헌재 2006.2.23. 2005헌사754). 법무부장관에게

변호사시험의 합격자가 결정되면 즉시 합격자의 성명을 공개하는 방법으로 공고하도록 하는 변호사시험법 제11조의 해당 부분도 효력을 정지시켰다(헌재 2018.4.26. 2018헌사242등). 모든 경우에 권한쟁의심판에서의 가처분과 마찬가지로 가처분을 인용한 뒤 종국결정에서 청구가 기각되었을 때 발생하게 될 불이익보다 가처분을 기각한 뒤 청구가 인용되었을 때 발생하게 될 불이익이 더 큰 경우에만 가처분신청을 인용한다고 하였다.

생각건대 헌법소원심판이나 위헌법률심판에서도 가처분을 인정할 필요가 있고 이를 금지할 정당한 이유가 없다고 본다. 따라서 이들 심판절차에서도 가처분을 허용해야 할 것이다.

5. 종국결정

재판부가 심리를 마치면 종국결정을 한다. 종국결정은 일정한 사항을 기재한 결정서에 의하며, 심판에 관여한 재판관은 결정서에 의견을 표시하여야 한다. 종국결정은 관보에 게시함으로써 공시한다(법 제36조).

결정정족수에 관한 헌법재판소법 규정에 의하면, 재판부는 종국심리에 관여한 재판관의 과반수의 찬성으로 사건에 관한 결정을 한다. 다만 다음 어느 하나의 경우에는 재판관 6인 이상의 찬성이 있어야 한다. ① 법률의 위헌결정, 탄핵의 결정, 정당해산의 결정, 또는 헌법소원에 관한 인용(認容)결정을 하는 경우, ② 종전에 헌법재판소가 판시한 헌법 또는 법률의 해석적용에 관한 의견을 변경하는 경우(제23조 제2항). 결국 종국결정 가운데 권한쟁의심판의 경우에만 과반수 찬성으로 결정이 내려진다.

결정의 형식(형태)을 보면, 심판청구가 부적법할 경우 각하(却下)결정을 하고, 심판청구가 적법하지만 이유가 없는 경우에 기각(棄却)결정을 하며, 심판청구가 적법하고 이유가 있는 경우에는 인용(認容)결정을 한다. 위헌법률심판과 헌법소원심판의 결정형식에 관해서는 뒤에 따로 설명한다.

헌법재판소는 심판의 유형에 따라 사건부호를 다음과 같이 표시한다.

'헌가'는 위헌법률심판사건, **'헌나'**는 탄핵심판사건, **'헌다'**는 정당해산심판사건, **'헌라'**는 권한쟁의심판사건, **'헌마'**는 헌법재판소법 제68조 제1항에 의한 헌법소원심판사건(권리구제형 헌법소원), **'헌바'**는 헌법재판소법 제68조 제2항에 의한 헌법소원심판사건(위헌심사형 헌법소원), **'헌사'**는 각종 신청사건(가처분 신청 등), **'헌아'**는 각종 특별사건(재심 등).

6. 결정의 효력

헌법재판소의 결정은 확정력, 기속력, 법규적 효력을 갖는다. 확정력은 일반 법원의 재판에서 인정되는 것과 마찬가지의 효력이고, 기속력 및 법규적 효력은 헌법재판이 갖는 객관적 법질서 형성의 기능에서 오는 특수한 효력이다.

(1) 확정력

헌법재판소법은 결정의 확정력에 관한 명시적 규정을 두고 있지 않다. 그러나 이 법률에서 "헌법재판소는 이미 심판을 거친 동일한 사건에 대하여는 다시 심판할 수 없다"(제39조)라고 **일사부재리의 원칙**을 명시하고 있는 점, 심판절차에 관하여 일반적으로 민사소송법을 준용하고 있는 점에 비추어 확정력이 인정된다는 것이 일반적 견해이다. 확정력은 불가변력, 불가쟁력 및 기판력을 포함한다.

첫째, **불가변력**(不可變力)이란 결정이 선고되면 헌법재판소는 스스로 내린 결정을 취소하거나 변경시킬 수 없음을 말한다. 이를 '자기구속력'이라고도 부른다. 이것은 헌법재판소 자신에 대하여 발생하는 효력이다.

둘째, **불가쟁력**(不可爭力)이란 헌법재판소 결정에 대하여 상급심이 존재하지 않기 때문에 이에 불복신청이 인정되지 않음을 말한다. 이것은 당사자에 대하여 발생하는 효력이다. 이를 '형식적 확정력'이라고 부른다.

셋째, **기판력**(旣判力)이란 재판의 뒤에 행하는 후행(後行) 심판에서 동일한 사항에 대하여 당사자가 다시 심판을 청구하지 못하고, 헌법재판소도 그 판단 내용에 구속됨을 말한다. 이를 '실체적 확정력'이라 부른다.

(2) 기속력(羈束力)

기속력이란 헌법재판소의 결정을 모든 국가기관이 준수해야 함을 말한다. 이러한 결정준수의무에 따라, 모든 국가기관은 결정에서 다루어진 심판대상만이 아니라 이와 동일한 내용의 공권력의 행사 또는 불행사를 반복하지 말아야 하는 반복금지의무를 진다.

헌법재판소법은 위헌법률심판에서 "법률의 위헌결정은 법원 기타 국가기관 및 지방자치단체를 기속한다"라고 규정하고 있다(제47조 제1항). 또한 "헌법소원의 인용결정은 모든 국가기관과 지방자치단체를 기속한다"라고 규정하고 있다(제75조 제1항).

나아가 권한쟁의에서도 "헌법재판소의 권한쟁의심판의 결정은 모든 국가기관과 지방자치단체를 기속한다"라고 규정하고 있다(제67조 제1항).

(3) 법규적 효력

법규적 효력이란 법규범에 대한 헌법재판소의 위헌결정이 당사자와 국가기관만이 아니라 일반 사인(私人)에게도 그 효력이 미치는 것을 말한다. 국가기관만이 아니라 일반 국민도 위헌결정을 받은 법규범에 구속받지 않는다. 이를 '일반적 효력' 또는 '대세적(對世的) 효력'이라고도 부른다.

7. 재 심

헌법재판소 결정에 대한 재심의 허용 여부에 관하여 헌법재판소법은 명시적 규정을 두지 않고 있다. 헌법재판소 판례에 의하면 "헌법재판은 그 심판의 종류에 따라 그 절차의 내용과 결정의 효과가 한결 같지 아니하기 때문에 재심(再審)의 허용 여부 내지 허용 정도는 심판절차의 종류에 따라 개별적으로 판단되어야 한다"(헌재 1995.1.20. 93헌아1, 판례집 7-1, 113).

헌법재판소 판례에 따르면, 헌법재판소법 제68조 제2항의 위헌심사형 헌법소원의 경우, "재심을 허용하지 아니함으로써 얻을 수 있는 법적 안정성의 이익이 재심을 허용함으로써 얻을 수 있는 구체적 타당성의 이익보다 훨씬 높을 것으로 쉽사리 예상할 수 있고, 따라서 헌법재판소의 이러한 결정에는 재심에 의한 불복방법이 그 성질상 허용될 수 없다고 보는 것이 상당하다"(헌재 1992.6.26. 90헌아1)라고 판시하여 이를 부정하고 있다.

한편 헌법재판소법 제68조 제1항의 권리구제형 헌법소원의 경우, 헌법재판소는 초기에 "헌법재판소의 결정에 대한 재심은 재판부의 구성이 위법한 경우 등 절차상 중대하고도 명백한 위법이 있어서 재심을 허용하지 아니하면 현저히 정의에 반하는 경우에 한하여 제한적으로 허용될 수 있을 뿐이고…… 판단유탈은 재심사유가 되지 아니한다"(헌재 1995.1.20. 93헌아1)고 판시하였다. 그러나 "헌법재판은 그 심판의 종류에 따라 그 절차의 내용과 결정의 효과가 한결같지 아니하기 때문에 재심의 허용여부 내지 허용정도 등은 심판절차의 종류에 따라서 개별적으로 판단될 수밖에 없다"면서 이후 판례를 변경하여, 공권력의 작용을 대상으로 하는 권리구제형 헌법소원절차에 있어서만 판단유탈도 재심사유로 인정하였다(불기소처분취소 재심사건. 헌재 2001.

9.27. 2001헌아3). 또한 헌법재판소가 적법한 사전구제절차를 거친 불기소처분취소 청구를 잘못 기재된 사실조회 결과를 근거로 적법한 사전구제철차를 거치지 아니한 것으로 보아 각하한 경우에는 재심사유에 해당한다(헌재 2011.2.24. 2008헌아4).

정당해산결정은 대체정당이나 유사정당의 설립까지 금지하는 효력을 가지므로 정당해산심판절차에서는 재심을 허용하지 아니함으로써 얻을 수 있는 법적 안정성의 이익보다 재심을 허용함으로써 얻을 수 있는 구체적 타당성의 이익이 더 크므로 재심이 허용된다는 것이 판례이다(헌재 2016.5.26. 2015헌아20).

Ⅳ. 위헌법률심판

1. 서 설

현행 헌법상 법령에 대한 '위헌심사'는 이원화되어 있다. 즉 법률의 위헌심사와 명령 · 규칙 · 처분의 위헌심사를 구분하여, 전자는 헌법재판소가, 후자는 원칙적으로 일반 법원이 위헌심사권을 가지고 있다(헌법 제107조 제1항, 제2항, 제111조 제1항 제1호).

헌법재판소에 의한 '위헌법률심사'를 가리켜 헌법은 '법원의 제청에 의한 위헌여부 심판'이라고 부르고(제111조 제1항), 헌법재판소법은 이를 약칭하여 '위헌법률심판' 이라고 부른다(제4장 제1절).

헌법에 의하면 위헌법률심사는 위헌법률심판절차에 의하도록 되어 있지만, 헌법재판소법(이하 '법'이라 약칭한다)에 의하면 위헌법률심사가 인정되는 또 하나의 절차가 있다. 즉 법 제68조 제2항에 의한 절차이다. 이 절차는 형식적으로는 헌법소원절차이지만 실질적으로는 위헌법률심사이며, 이를 흔히 '위헌심사형 헌법소원' 또는 '규범통제형 헌법소원'이라고 부른다.

결국 현행 제도상 실질적인 위헌법률심사는 두 가지 절차, 즉 위헌법률심판(법원의 제청에 의한 위헌여부 심판)과 위헌심사형 헌법소원을 통해 가능하다. 후자에 관해서는 뒤에 설명한다.

현행 위헌법률심판제도는 사후심사형 제도이고, 또한 구체적 규범통제 제도이다. 위헌법률심판의 권한은 헌법재판소가 갖지만, 이 권한은 법원의 제청에 의한다. 즉 위헌여부 심판의 제청권은 일반 법원이 담당하고 그 위헌여부의 결정권은 헌법재판소가 갖는다.

2. 위헌법률심판의 제청

(1) 제청권자

위헌법률심판은 법률의 위헌여부가 재판의 전제가 된 경우에 법원만이 제청할 수 있다. 여기서의 법원은 소송법상의 법원으로서 개개의 재판부(합의부 또는 단독)를 말한다. 군사법원을 포함한다. 개인의 제소 또는 심판청구만으로 위헌법률심판을 할 수 없다(헌재 1994.6.30. 94헌아5).

법원은 직권 또는 당사자의 신청에 의한 결정으로 헌법재판소에 심판을 제청한다(법 제41조 제1항). 당사자의 제청 신청이 기각되는 경우, 이에 대하여 항고할 수 없다(법 제41조 제4항). 당사자의 신청이 법원에 의해 기각된 경우, 그 당사자는 법 제68조 제2항에 의해 헌법소원의 형태로 위헌여부의 심판을 청구할 수 있다.

(2) 제청여부의 결정기준

법원이 헌법재판소에 제청할 것인지 여부의 결정기준은 '합리적 위헌의 의심'이 있는지 여부이다("법원은 문제되는 법률조항이 담당법관 스스로의 법적 견해에 의하여 단순한 의심을 넘어선 합리적인 위헌의 의심이 있으면 위헌여부심판을 제청하라는 취지이다." 헌재 1993.12.23. 93헌가2, 판례집 5-2, 578,592). 합리적 위헌의 의심이란 위헌의 '확신'과 '단순한 의심' 사이의 중간수준이라고 할 수 있다.

(3) 제청의 절차와 효과

법원이 제청을 할 때에는 대법원을 거쳐야 한다(법 제41조 제5항). 이 경우 대법원은 제청을 심사할 권한을 갖지 않으며, 제청을 거부할 수 없다.

법원이 헌법재판소에 제청하면 당해 소송사건의 재판은 헌법재판소의 위헌여부의 결정이 있을 때까지 정지된다. 다만 법원이 긴급하다고 인정하는 경우에는 종국재판 외의 소송절차를 진행할 수 있다(법 제42조 제1항).

(4) 특수한 문제

위헌법률심판절차 이외의 심판절차에서 법률의 위헌여부가 그 심판의 전제가 된 경우에 어떻게 할 것인지가 문제된다. 예컨대 탄핵심판사건에서 피소추자가 자신의 위법행위 인정의 전제가 된 법률이 위헌임을 주장하는 경우에 어떻게 할 것이냐는 문제이다.

헌법소원심판의 경우, 공권력의 행사 또는 불행사가 위헌인 법률 또는 법률조항에 기인한 것이라고 인정될 때에는 인용결정에서 당해 법률 또는 법률조항이 위헌임을 선고할 수 있도록 규정하고 있다(법 제75조 제5항). 실제로 그러한 여러 사례가 있다(변호인접견방해 사건. 헌재 1992.1.28. 91헌마111; 미결수 서신검열 사건. 헌재 1995.7.21. 92헌마144).

그러나 탄핵심판, 정당해산심판, 권한쟁의심판의 경우에 어떻게 할 것인지는 법에 명시적 규정이 없다. 입법의 흠결이라고 할 것이다. 생각건대 이 경우에는 각 심판절차에서의 부수적인 선결문제로서 헌법재판소 스스로 직권에 의하여 심판할 수 있다고 볼 것이다.

3. 위헌법률심판의 대상

(1) 법 률

위헌법률심판의 대상은 원칙적으로 국회가 입법절차에 따라 제정한 법률, 즉 '형식적 의미의 법률'만이다(헌재 1996.6.13. 94헌바20, 판례집 8-1, 475,482).

제청 당시에 공포되었으나 시행되지 않은 법률은 대상이 되지 않는다(헌재 1997.9.25. 97헌가4).

폐지된 법률 또는 법률조항은 원칙적으로 대상이 되지 않는다(헌재 1989.5.24. 88헌가12). 그러나 폐지된 법률이라도 다음과 같은 경우에는 예외적으로 대상이 될 수 있다. 첫째, 구법의 위헌여부가 신법이 소급적용될 수 있기 위한 전제문제일 경우이다(헌재 1989.7.14. 88헌가5등). 둘째, 폐지된 법률에 의하여 법익침해상태가 계속되는 경우이다(헌재 1989.12.18. 89헌마32등).

국회의 입법이 없는 입법부작위는 대상이 되지 않는다. 다만 헌법재판소 판례에 의하면, 법률이 존재하되 불완전하거나 불충분한 이른바 '부진정(不眞正)입법부작위'의 경우에는 불완전하거나 불충분한 법률조항 자체를 대상으로 위헌제청해야 한다(헌재 1996.3.28. 93헌바27). 입법이 아예 없는 '진정(眞正)입법부작위'의 경우, 예외적으로 헌법소원의 대상이 될 수 있다(뒤의 설명 참조).

이미 위헌결정이 선고된 법률에 대한 심판제청은 부적법하며 대상이 되지 않는다(헌재 1989.9.29. 89헌가86; 헌재 1994.8.31. 91헌가1).

(2) 조 약

조약 가운데 국회의 동의를 얻어 체결된 조약은 법률과 동등한 효력을 가지며, 따라서 대상이 될 수 있다(이른바 '한미행정협정' 사건. 헌재 1999.4.29. 97헌가14). 법률보다 하위의 효력을 갖는 조약은 명령 · 규칙의 위헌심사에 관한 헌법 제107조 제2항에 비추어 일반 법원이 심사한다고 볼 것이다.

(3) 긴급명령 · 긴급재정경제명령

대통령의 긴급명령 · 긴급재정경제명령은 법률의 효력을 가지므로 위헌법률심판의 대상이 된다. 헌법재판소는 헌법소원심판사건에서 긴급재정경제명령이 심판 대상이 된다고 판시하였다("비록 고도의 정치적 결단에 의하여 행해지는 국가작용이라고 할지라도 그것이 국민의 기본권 침해와 직접 관련되는 경우에는 당연히 헌법재판소의 심판대상이 될 수 있는 것일 뿐만 아니라, 긴급재정경제명령은 법률의 효력을 갖는 것이므로 마땅히 헌법에 기속되어야 할 것이다." 헌재 1996.2.29. 93헌마186, 판례집 8-1, 111,116).

(4) 그 밖의 문제

헌법조항도 위헌법률심판의 대상이 되느냐는 문제가 있다. 헌법조항 상호간에도 규범적 우열관계가 있다고 보고, 이에 따라 효력상 차이를 인정하는 견해에 의하면, 효력상 하위규정에 대한 위헌심사가 인정된다고 본다. 그러나 헌법재판소 판례는 헌법의 개별규정 자체는 심사대상이 안 된다고 판시하였다(헌재 1995.12.28. 95헌바3; 헌재 1996.6.13. 94헌바20; 헌재 2001.2.22. 2000헌바38).

(판 례) 헌법조항에 대한 위헌심사(국가배상청구권제한에 관한 헌법 제29조 제2항에 관한 위헌소원)

(1) 헌법 제111조 제1항 제1호, 제5호 및 헌법재판소법 제41조 제1항, 제68조 제2항은 위헌심사의 대상이 되는 규범을 "법률"로 명시하고 있으며, 여기서 "법률"이라 함은 국회의 의결을 거쳐 제정된 이른바 형식적 의미의 법률을 의미한다. 따라서 위와 같은 형식적 의미의 법률과 동일한 효력을 갖는 조약 등이 위헌심사의 대상에 포함되는 것은 별론으로 하고 헌법의 개별규정 자체가 위헌심사의 대상이 될 수 없음은 위 각 규정의 문언에 의하여 명백하다.

(2) 이에 대하여 청구인들은 위 헌법조항부분은 국민이 헌법상의 기본권으로 향유하는 국가배상청구권을 행사할 수 없는 자를 법률에 의하여 정할 수 있도록 규정하고 있으므로 이는 헌법 제11조, 제23조 제1항, 제29조 제1항, 제37조

제2항으로 표현되는 헌법정신 내지는 헌법핵에 위반되어 무효라고 주장한다.

살피건대, 헌법은 전문과 단순한 개별조항의 상호관련성이 없는 집합에 지나지 않는 것이 아니고 하나의 통일된 가치체계를 이루고 있으며 헌법의 제규정 가운데는 헌법의 근본가치를 보다 추상적으로 선언한 것도 있고 이를 보다 구체적으로 표현한 것도 있으므로, 이념적 · 논리적으로는 헌법규범상호간의 가치의 우열을 인정할 수 있을 것이다. 그러나 이 때 인정되는 헌법규범상호간의 우열은 추상적 가치규범의 구체화에 따른 것으로서 헌법의 통일적 해석을 위하여 유용한 정도를 넘어 헌법의 어느 특정규정이 다른 규정의 효력을 전면 부인할 수 있는 정도의 효력상의 차등을 의미하는 것이라고는 볼 수 없다.

더욱이 헌법개정의 한계에 관한 규정을 두지 아니하고 헌법의 개정을 법률의 개정과는 달리 국민투표에 의하여 이를 확정하도록 규정하고 있는(헌법 제130조 제2항) 현행의 우리 헌법상으로는 과연 어떤 규정이 헌법핵 내지는 헌법제정규범으로서 상위규범이고 어떤 규정이 단순한 헌법개정규범으로서 하위규범인지를 구별하는 것이 가능하지 아니하며, 달리 헌법의 각 개별규정 사이에 그 효력상의 차이를 인정하여야 할 아무런 근거도 찾을 수 없다.

나아가 헌법은 그 전체로서 주권자인 국민의 결단 내지 국민적 합의의 결과라고 보아야 할 것으로, 헌법의 개별규정을 헌법재판소법 제68조 제1항 소정의 공권력 행사의 결과라고 볼 수도 없다(이상 헌법재판소 1995.12.28. 선고 95헌바3 결정 참조).

(3) 결국 위 헌법조항부분에 대한 이 사건 심판청구는 위헌심사의 대상이 될 수 없는 헌법의 개별규정에 대한 것으로서 부적법한 것이다.

헌재 1996.6.13. 94헌바20, 판례집 8-1, 475,482-484

우리 헌법재판소와 달리, 독일연방헌법재판소 판례에 의하면, 위헌법률심판의 대상에는 헌법도 포함된다(BVerfGE 3,225).

한편 **명령 · 규칙**의 위헌여부는 헌법 제107조 제2항에 따라 일반 법원이 스스로 심사하므로 위헌법률심판의 대상이 되지 않는다(헌재 1996.10.4. 96헌가6). 다만 명령 · 규칙이 법률과 결합하여 전체적으로 어떤 법적 효력을 갖는 경우에는 명령 · 규칙을 법률내용의 판단 근거로 삼을 수는 있을 것이다(정기간행물 등록제 사건. 헌재 1992.6.26. 90헌가23).

우리 대법원은 유신헌법상 사법심사의 대상에서 제외되는, 즉 헌법적 효력을 가졌던 대통령의 긴급조치가 현행 헌법에서 폐지된 경우에는 위 긴급조치에 대한 위헌여부는 법원에서 심사할 수 있다고 판시한 바 있다(제4편, 제4장, V. 사법권의 한계, 2.

헌법상의 명시적 한계 참조).

조례나 **관습법**의 위헌여부는 일반 법원 스스로 심사할 수 있다는 것이 대법원의 입장이나, 헌법재판소는 관습법 역시 법률과 동일한 효력을 갖는 것이므로 위헌법률심판의 대상이 된다고 한다.

(판 례) 일반법원의 관습법 위헌여부 심사

관습법이란 사회의 거듭된 관행으로 생성한 사회생활규범이 사회의 법적 확신과 인식에 의하여 법적 규범으로 승인·강행되기에 이른 것을 말하고, 그러한 관습법은 바로 법원(法源)으로서 법령과 같은 효력을 가져 법령에 저촉되지 아니하는 한 법칙으로서의 효력이 있는 것인바(대법원 1983.6.14. 선고 80다3231 판결 참조), 사회의 거듭된 관행으로 생성한 어떤 사회생활규범이 법적 규범으로 승인되기에 이르렀다고 하기 위하여는 그 사회생활규범은 헌법을 최상위 규범으로 하는 전체 법질서에 반하지 아니하는 것으로서 정당성과 합리성이 있다고 인정될 수 있는 것이어야 하고, 그렇지 아니한 사회생활규범은 비록 그것이 사회의 거듭된 관행으로 생성된 것이라고 할지라도 이를 법적 규범으로 삼아 관습법으로서의 효력을 인정할 수 없다고 할 것이다.

그런데 제정 민법(1958.2.22. 법률 제471호로 공포되어 1960.1.1.부터 시행된 것)이 시행되기 전에 존재하던 관습 중 "상속회복청구권은 상속이 개시된 날부터 20년이 경과하면 소멸한다"는 내용의 관습은 이를 적용하게 되면 위 20년의 경과 후에 상속권 침해행위가 있을 때에는 침해행위와 동시에 진정상속인은 권리를 잃고 구제를 받을 수 없는 결과가 되므로 진정상속인은 모든 상속재산에 대하여 20년 내에 등기나 처분을 통하여 권리확보를 위한 조치를 취하여야 할 무거운 부담을 떠안게 되는데, 이는 소유권은 원래 소멸시효의 적용을 받지 않는다는 권리의 속성에 반할 뿐 아니라 진정상속인으로 하여금 참칭상속인에 의한 재산권침해를 사실상 방어할 수 없게 만드는 결과로 되어 불합리하고, 헌법을 최상위 규범으로 하는 법질서 전체의 이념에도 부합하지 아니하여 정당성이 없으므로, 위 관습에 법적 규범인 관습법으로서의 효력을 인정할 수 없다고 할 것이다.

그럼에도 불구하고, 위 관습에 법적 규범인 관습법으로서의 효력을 인정하고 이를 적용하여 원고들의 이 사건 청구가 상속개시일로부터 20년이 경과됨으로써 소멸되었다고 판단한 원심판결에는 관습법에 관한 법리를 오해하여 판결에 영향을 미친 위법이 있다고 할 것이다.

이와 달리, 위 관습을 법적 규범인 관습법으로서의 효력이 있는 것으로 보아 이를 적용할 수 있다고 판시한 대법원 1981.1.27. 선고 80다1392 판결, 1991.

4.26. 선고 91다5792 판결, 1998.4.24. 선고 96다8079 판결 등은 이 판결의 견해에 배치되는 범위 내에서 이를 모두 변경하기로 한다.

대판(전합) 2003.7.24. 2001다48781

(판 례) 관습법이 위헌법률심판의 대상인지 여부(1)

(……) 이 사건 관습법은 민법 시행 이전에 상속을 규율하는 법률이 없는 상황에서 재산상속에 관하여 적용된 규범으로서 비록 형식적 의미의 법률은 아니지만 실질적으로는 법률과 같은 효력을 갖는다.

헌법 제111조 제1항 제1호, 제5호 및 헌법재판소법 제41조 제1항, 제68조 제2항에 의하면 위헌심판의 대상을 '법률'이라고 규정하고 있는데, 여기서 '법률'이라고 함은 국회의 의결을 거친 이른바 형식적 의미의 법률뿐만 아니라 법률과 동일한 효력을 갖는 조약 등도 포함된다(헌재 1995.12.28. 95헌바3, 판례집 7-2, 841,846; 헌재 1996.6.13. 94헌바20, 판례집 8-1, 475,482; 헌재 2001.9.27. 2000헌바20, 판례집 13-2, 322,327 참조). 이처럼 법률과 동일한 효력을 갖는 조약 등을 위헌심판의 대상으로 삼음으로써 헌법을 최고규범으로 하는 법질서의 통일성과 법적 안정성을 확보할 수 있을 뿐만 아니라, 합헌적인 법률에 의한 재판을 가능하게 하여 궁극적으로는 국민의 기본권 보장에 기여할 수 있게 된다. 그렇다면 법률과 같은 효력을 가지는 이 사건 관습법도 당연히 헌법소원심판의 대상이 되고, 단지 형식적인 의미의 법률이 아니라는 이유로 그 예외가 될 수는 없다.

헌재 2013.2.28. 2009헌바129, 판례집 25-1, 15,18-19

헌법재판소의 위 결정은 전원일치 의견이었다. 1인의 반대의견은 재판의 전제성을 부인한 것이지 관습법의 대상성을 부인한 것은 아니었다. 그러나 최근의 결정에서는 관습법이 위헌법률심판의 대상이 되지 않는다는 3인의 반대의견이 있었다.

(판 례) 관습법이 위헌법률심판의 대상인지 여부(2)

(이진성 재판관 등 3인의 각하의견)

관습법은 형식적 의미의 법률과 동일한 효력이 없으므로 헌법재판소의 위헌법률심판이나 헌법재판소법 제68조 제2항에 따른 헌법소원심판의 대상이 될 수 없다. 관습법의 승인, 소멸은 그것에 관한 사실인정이 전제되어야 하고, 법원(法院)이 관습법을 발견하고 법적 규범으로 승인되었는지 여부를 결정할 뿐 아니라 이미 승인된 관습법의 위헌, 위법 여부는 물론 그 소멸 여부에 대하여도 판단하고 있으므로 관습법에 대한 위헌심사는 법원이 담당하는 것이 타당하다. 이 사건에서 적용된 구 관습법은 민법의 시행으로 인하여 이미 폐지된 것으로서 청구인은 구 관습법의 위헌성을 다투는 형식을 취하고 있으나, 실제로는 폐지된 구 관습법에 의하여 이미 정리된 재산분배의 사실관계를 다투는 것에 불과하여 만약 헌법재판소가 이 사건에서 이미 폐지된 구 관습법을 위헌이라고 선언한다면 그것은 실제로는 헌법재판소법 제68조 제1항에 의하여 금지된 재판소원을 인용하는 것과 다를 것이 없다. 따라서 이 사건 관습법은 헌법소원심판의 대상이 되지 않아 이 사건 헌법소원심판청구를 모두 각하하여야 한다.

(각하의견에 대한 재판관 조용호의 보충의견)

관습법은 헌법상 근거를 가진 것이 아닐 뿐만 아니라 국회가 관여한 바도 없기 때문에 관습법에 대한 위헌심사는 헌법이 예정하고 있는 것이 아니다. 관습법을 헌법재판소의 위헌심사의 대상으로 한다면, 나아가 '법의 일반 원칙'인 조리(條理)도 위헌심사의 대상이 된다고 보아야 할 것인데, 이러한 결과가 우리 헌법이 예정한 헌법재판소의 규범통제기능에 속하지 아니함은 분명하다. 민법 제1조는 민사관계를 규율하는 기준·원칙과 그 순서를 정하고 있는 것이지, 관습법에 대하여 법률과 같은 효력을 인정하는 취지가 아니다. 법의 존재형식 내지 인식근거로서 법원(法源)은 헌법에서 선언되어야 하나 우리 헌법은 관습법에 관하여 아무런 언급도 하고 있지 않다.

헌재 2016.4.28. 2013헌바396등, 공보 235, 725,726

4. 위헌법률심판 제청의 전제요건 : 재판의 전제성

법원이 위헌법률심판을 제청하기 위해서는 구체적 사건에 적용할 법률이 "재판의 전제가 된 경우"(헌법 제107조 제1항)에 한한다. 이 점에서 현행 제도는 구체적 규범통제에 해당한다.

(1) 재판의 '전제성'의 의미

재판의 '전제성', 즉 재판의 '전제가 되는 경우'라 함은 "첫째 구체적인 사건이 법원에 계속 중이어야 하고, 둘째 위헌여부가 문제되는 법률이 당해 소송사건의 재판과 관련하여 적용되는 것이어야 하며, 셋째 그 법률이 헌법에 위반되는지의 여부에 따라 당해 사건을 담당한 법원이 다른 내용의 재판을 하게 되는 경우를 말한다" (헌재 1992.12.24. 92헌가8, 판례집 4, 853).

위의 둘째 요건, 즉 재판과 관련하여 적용되는 법률이어야 한다는 것은 직접 적용되는 것에 한하지 않고 간접 적용되는 것도 포함한다(헌재 1996.12.26. 94헌바1; 헌재 2000.1.27. 99헌바23). 법원이 선택적 청구 중 하나를 받아들인 판결이 확정된 경우, 법원의 심판대상이 되지 않게 된 나머지 선택적 청구에 적용되는 법률조항들은 재판의 전제성이 없다(헌재 2017.5.25. 2016헌바373). 예비적 공소사실에 적용되는 법률조항은 재판의 전제성이 일반적으로 부인된다는 견해도 있다. 그러나 헌법재판소는 위헌소원심판(헌바)사건에서 주위적 공소사실이 유죄로 확정된 경우에 이와 같이 판단하였을 따름이다(헌재 2019.2.28. 2018헌바8). 헌법재판소는 위헌법률심판(헌가)사건에서 제청법원이 주위적 공소사실이 무죄로 선고될 가능성이 높아 예비적 공소사실이 판단의 대상이 될 수 있기 때문에 그 법률 조항을 재판의 전제성이 있다고 보아 위헌법률심판을 제청한 경우 법원의 견해를 존중하여 재판의 전제성을 인정하였다(헌재 2007.7.26. 2006헌가4). 당해 사건에 직접 적용되는 법률이 아니라면 당해 사건에서 고려되는 측면이 있다고 하더라도 이 요건을 충족하지 못한다. 따라서 어업허가구역 밖에서의 조업행위를 기소한 형사재판에서 어업허가구역의 범위를 판단할 때 고려되는 해상경계에 대한 행정관습법은 처벌의 근거조항이 아니라 청구인의 조업구역을 확인하는 고려요소에 불과하므로 재판의 전제성이 인정되지 않는다(헌재 2016.12.29. 2013헌바436). 당해 사건이 재심사건인 경우, 심판대상조항이 '재심청구 자체의 적법 여부에 대한 재판'에 적용되는 법률조항이 아니라 '본안 사건에 대한 재판'에 적용될 법률조항이라면 '재심청구가 적법하고, 재심의 사유가 인정되는 경우'에 한하여 재판의 전제성이 인정될 수 있다(헌재 2011.4.28. 2009헌바169).

(판 례) 간접적용되는 법률의 재판의 전제성 인정

당해사건은 형사사건으로서 공소장에 적용법조로 기재되지 않은 병역종류조항은 당해사건에 직접 적용되는 조항이 아니지만(병역법 제5조 제1항은 병역을 현역·예비역·보충역·제1국민역 및 제2국민역으로만 구분하고 대체복무를 규정하지 않고 있고, 제88조 제1항은 정당한 사유 없이 입병하지 않은 경우 3년 이하의 징역에 처한다고 규정하고 있다; 저자), 심판청구된 법률조항의 위헌 여부에 따라 당해사건 재판에 직접 적용되는 법률조항의 위헌 여부가 결정되거나 당해사건 재판의 결과가 좌우되는 경우 또는 당해사건의 재판에 직접 적용되는 규범의 의미가 달라짐으로써 재판에 영향을 미치는 경우 등에는 간접 적용되는 법률조항에 대하여도 재판의 전제성을 인정할 수 있다(헌재 2011.10.25. 2010헌바476 참조).

병역종류조항이 양심적 병역거부자에 대한 대체복무제를 포함하고 있지 않다는 이유로 위헌으로 결정된다면, 양심적 병역거부자가 현역입영 또는 소집

통지서를 받은 후 3일 내에 입영하지 아니하거나 소집에 불응하더라도 대체복무의 기회를 부여받지 않는 한 당해 형사사건을 담당하는 법원이 무죄를 선고할 가능성이 있으므로, 병역종류조항의 위헌 여부에 따라 당해사건 재판의 결과가 달라질 수 있다. 따라서 병역종류조항은 재판의 전제성이 인정된다.

헌재 2018.6.28. 2011헌바379 등, 공보 261, 1017,1027

(판 례) 재심재판의 전제성(1)

재심의 청구를 받은 법원은 재심의 심판에 들어가기 전에 먼저 재심의 청구가 이유 있는지 여부를 가려 이를 기각하거나 재심개시의 결정을 하여야 하고, 재심개시의 결정이 확정된 뒤에 비로소 재심대상인 사건에 대하여 다시 심판을 하게 되는 등 형사소송법은 재심의 절차를 '재심의 청구에 대한 심판'과 '본안사건에 대한 심판'이라는 두 단계 절차로 구별하고 있다. 그러므로 당해 재심사건에서 아직 재심개시결정이 확정된 바 없는 이 사건의 경우 심판청구가 적법하기 위해서는 이 사건 법률조항의 위헌 여부가 '본안사건에 대한 심판'에 앞서 '재심의 청구에 대한 심판'의 전제가 되어야 하는데, '재심의 청구에 대한 심판'은 원판결에 형사소송법 제420조 각 호, 헌법재판소법 제47조 제3항 소정의 재심사유가 있는지 여부만을 우선 심리하여 재판할 뿐이어서, 원판결에 적용된 법률조항일 뿐 '재심의 청구에 대한 심판'에 적용되는 법률조항이라고 할 수 없는 이 사건 법률조항에 대해서는 재판의 전제성이 인정되지 않는다.

헌재 2011.2.24. 2010헌바98, 판례집 23-1 상, 136

(판 례) 재심재판의 전제성(2)

확정된 유죄판결에서 처벌의 근거가 된 법률조항은 '재심의 청구에 대한 심판', 즉 재심의 개시 여부를 결정하는 재판에서는 재판의 전제성이 인정되지 않고, 재심의 개시결정 이후의 '본안사건에 대한 심판'에 있어서만 재판의 전제성이 인정됨이 원칙이다. 다만 재심대상사건의 재판절차에서 그 처벌조항의 위헌성을 다툴 수 없는 규범적 장애가 있는 특수한 상황인 경우에는 예외적으로 재판의 전제성이 인정된다.

심판대상조항(집시법상의 불법시위 선동 조항; 필자)은 확정된 유죄판결에서 처벌의 근거가 된 법률조항이고, 당해사건 법원은 재심사유가 존재하지 아니한다는 이유로 재심청구 기각결정에 대한 즉시항고를 기각하였으므로, 원칙적으로 재판의 전제성이 인정되지 아니한다. 또한 제5공화국 헌법에서 위헌법률심판제도를 마련하고 있었고 실제로 대법원이 국가보위입법회의가 제정한 다른 법률에 대해서 제한적으로나마 위헌 심사를 하였던 점, "긴급조치는 사법적 심사의 대상이 되지 아니한다."고 본문에서 규정하였던 유신헌법과 달리 제5공화국 헌법은 부칙에서 "국가보위입법회의가 제정한 법률과 이에 따라 행하여진 재판 및 예산 기타 처분 등은 그 효력을 지속하며, 이 헌법 기타의 이유로 제소하거나 이의를 할 수 없다."고 규정하고 있어 양자 사이에 그 위치 및 문언상의 차이가 명백한 점 등에 비추어 보면, 청구인에게 재심대상사건의 재판절차에서 그 처벌조항의 위헌성을 다툴 수 없는 규범적 장애가 있었다고 볼 수 없으므로, 심판대상조항에 대해서 예외적으로 재판의 전제성을 인정할 수도 없다.

헌재 2018.3.29. 2016헌바99, 판례집 30-1 상, 381,382

위 결정에 대해서는 비판의 여지가 있다. 제5공화국 당시 집회시위법 위반 사건에서 법원이 해당 조문을 위헌심판제청할 것을 기대하는 것은 사실상 불가능하였다. 또한 헌법재판소는 대법원이 부분적으로 위헌심사한 점을 각하 결정의 근거로 들었으나, 대법원은 불송부 결정을 하였고, 따라서 실제 위헌심판제청한 사건이 한 건도 없었다는 점을 고려하면 이는 규범적 장애와 동일한 효과를 갖는 사실적 장애로 보아야 할 것이다.

위의 셋째 요건, 즉 법원이 다른 내용의 재판을 하게 되는 경우란 "주문이 달라지는 경우 및 비록 재판의 주문(主文) 자체에는 아무런 영향을 주지 않는다고 하더라도 재판의 결론을 이끌어내는 이유를 달리 하는데 관련되어 있거나 또는 재판의 내용과 효력에 관한 법률적 의미가 전혀 달라지는 경우"를 포함한다(헌재 1992.12.24. 92헌가8, 판례집 4, 853).

따라서 헌법재판소가 어느 법률조항을 위헌으로 선언하더라도 그에 따라 당해사건에서 법원이 다른 내용의 판단을 할 수 없는 경우에는 그 법률조항은 재판의 전제성이 인정되지 않는다. 가령 형사소송법 제56조의2 제1항이 피고인의 신청이 없는 경우에도 공판정에서의 심리를 녹음 또는 녹화하도록 규정하지 아니하여 위헌이라고 하더라도 법원은 청구인에 대하여 다른 내용의 재판을 할 수 없으므로 위 조항은 재판의 전제성이 없다(헌재 2012.4.24. 2010헌바379).

헌법재판소 판례에 의하면, 당해 사건에 관한 재판에서 승소판결을 받았다고 하더라도 그 판결이 확정되지 아니한 이상 상소절차에서 그 주문이 달라질 수 있으므로, 파기환송 전 항소심에서 승소판결을 받았다는 사정만으로는 재판의 전제성을 부인할 수 없다(헌재 2013.6.27. 2011헌바247). 또한 헌법불합치결정에서 정한 잠정적용기간 동안 헌법불합치결정을 받은 법률조항에 따라 퇴직연금환수처분이 이루어졌고,

환수처분의 후행처분으로 압류처분이 내려진 경우, 압류처분의 무효확인을 구하는 당해 소송에서 헌법불합치결정에 따라 개정된 법률조항은 당해 소송의 재판의 전제가 된다고 할 수 없다(헌재 2013.8.29. 2010헌바241).

(판 례) 위임조항과 재판의 전제성

이 사건 위임조항(형의 집행 및 수용자의 처우에 관한 법률 제41조 제4항 "접견의 횟수 · 시간 · 장소 · 방법 및 접견내용의 청취 · 기록 · 녹음 · 녹화 등에 관하여 필요한 사항은 대통령령으로 정한다")은 접견내용의 녹음 · 녹화 등에 관하여 필요한 사항을 포괄적으로 위임하고 있을 뿐 접견기록물을 수사기관에 제공하는 것에 대하여는 구체적으로 위임하고 있지 않고, '접견내용의 녹음 · 녹화에 필요한 사항'이라는 문구만으로는 접견내용의 녹음 · 녹화 자체와는 구별되는 독자적인 기본권 제한의 내용인 접견기록물 제공행위를 할 수 있다는 것을 예측할 수도 없다. 따라서 이 사건 위임조항은 교정시설의 장이 '범죄의 수사와 공소의 제기 및 유지에 필요한 때'에 접견기록물을 관계기관에 제공할 수 있도록 규정한 형집행법 시행령 제62조 제4항 제2호의 수권규정이 될 수 없다. 결국 이 사건 위임조항은 당해사건에 적용되는 법률조항이라고 볼 수 없어 당해사건의 재판의 전제가 되지 아니하므로 이 사건 위임조항에 대한 심판청구는 부적법하다.

(이진성 재판관 등 3인의 반대의견)

다수의견은 단순히 이 사건 위임조항이 형집행법 시행령 제62조 제4항 제2호의 수권규정이 되지 못한다는 이유로 재판의 전제성을 부정하고 있다. 형집행법 시행령 제62조 제4항 제2호의 수권규정이 이 사건 위임조항인데도 다수의견이 이를 부정하는 이유는 이 사건 위임조항이 접견내용의 녹음 · 녹화에 관하여 필요한 사항을 대통령령에 위임하였음에도, 형집행법 시행령 제62조 제4항 제2호가 접견기록물을 관계기관에 제공하는 내용까지 규정하고 있기 때문인데, 이는 이 사건 위임조항이 포괄위임금지원칙 또는 법률유보원칙을 위반하였는지 본안에 나아가 밝혀야 할 사안이다. 따라서 수권규정인 이 사건 위임조항이 위헌으로 선언되면, 형집행법 제62조 제4항 제2호도 위헌 · 무효가 될 수 있고, 그에 따라 이 사건 녹음파일 제공행위의 법적 근거가 없어지게 되어 당해 사건의 재판에 영향을 줄 수 있으므로 이 사건 위임조항의 재판의 전제성은 인정된다.

헌재 2016.11.24. 2014헌바401, 공보 242, 1851,1852

(2) '재판'의 의미

재판의 전제성 요건에서의 재판은 그 형식 여하(판결, 결정, 명령 등)를 불문한다.

체포·구속·압수·수색영장, 구속적부심사, 보석허가재판도 재판의 개념에 포함된다(구속영장청구사건. 헌재 1996.2.16. 96헌가2등; 보석허가결정사건. 헌재 1993.12.23. 93헌가2). 또한 본안에 관한 재판인가 소송절차에 관한 재판인가를 불문하며, 종국재판만이 아니라 중간재판도 포함한다(증거채부결정. 헌재 1996.12.26. 94헌바1; 구속기간갱신결정. 헌재 2001.6.28. 99헌가14).

(3) 재판의 전제성 요건의 심사

재판의 전제성 요건을 갖추고 있는지 여부에 관하여 헌법재판소는 법원의 견해를 존중함을 원칙으로 한다(헌재 1996.10.4. 96헌가6; 헌재 1999.9.16. 98헌가6). 그러나 헌법재판소는 재판의 전제성 요건의 충족여부에 관하여 직권으로 이를 조사할 수 있다(헌재 1993.5.13. 92헌가10등; 헌재 1999.9.16. 99헌가1).

재판의 전제성은 위헌제청의 시점만이 아니라 위헌법률심판 도중에도 지속되어야 한다. 따라서 위헌법률심판의 계속 중 당사자가 소의 취하 등의 형태로 당해 소송을 종료시키거나, 당해 소송 계속 중 위헌심판대상 법률조항이 개정되어 당해 소송에서 그것이 더 이상 적용될 수 없는 경우에는 재판의 전제성 요건을 상실하여 각하된다(헌재 2000.8.31. 97헌가12). 그러나 예외가 인정된다. "법률조항의 위헌여부의 해명이 헌법적으로 중요성이 있는데도 그 해명이 없거나, 동 법률조항으로 인한 기본권의 침해가 반복될 위험성이 있는데도 좀처럼 그 법률조항에 대한 위헌심판의 기회를 갖기 어려운 경우"에는 예외적으로 심판의 필요성을 인정할 수 있다(헌재 1993.12.23. 93헌가2).

(판 례) 재판의 전제성과 심판이익

(청구인은 난민불인정처분을 받았고, 강제퇴거명령 및 보호명령의 취소를 구하는 행정소송을 제기하면서 보호명령의 근거조항인 출입국관리법 제63조 제1항에 대하여 위헌법률심판제청신청을 하였으나, 기각되자 위헌소원심판을 청구하였다. 한편 청구인은 위헌소원심판청구 후 난민불인정처분의 취소의 소를 제기하여 승소확정되었다)

청구인이 이 사건 심판청구 후인 2014. 4. 25. 난민불인정처분 취소소송에서 승소하고, 2014. 12. 24. 그 판결이 확정되자, 청구인에 대한 보호가 완전히 해제되었는바, 이로써 위 보호명령으로 인하여 청구인이 입은 권리와 이익의 침해는 해소되었으므로, 설령 이 사건 법률조항에 대하여 위헌결정이 선고되어 이미 확정된 위 보호명령 취소청구사건에 대한 재심이 개시되더라도 그 소는 위 보호명령의 취소를 구할 이익이 없어 부적법하여 각하될 수밖에 없다.

(……) 이 사건 심판청구는 재판의 전제성 요건을 갖추지 못하여 부적법하다.

(이정미 재판관 등 4인의 반대의견)

헌법재판소는 위헌법률심판 제청신청인이 추징금 미납을 이유로 출금금지처분을 받았다가 심판청구 후 출국금지기간이 만료됨으로써 재판의 전제성이 소멸한 사건에서, 비록 당해소송에서 출국금지처분의 취소를 구하는 청구는 권리보호이익을 상실하였으므로 출국금지처분의 근거조항에 대한 위헌 여부를 판단할 소의 이익은 소멸하였으나, 위 조항의 위헌 여부는 출국의 자유와 관계되는 중요한 헌법문제로 헌법재판소의 해명이 필요하고 기본권 침해의 논란이 반복될 것임이 명백하다는 이유로 심판의 이익을 인정한 바 있다(헌재 2004.10. 28. 2003헌가18).

그럼에도 다수의견은 이 사건 법률조항에 대하여 예외적으로 심판의 이익이 인정되는 경우인지에 대한 아무런 판단 없이 단지 심리기간 중 소의 이익이 소멸되었다는 이유로 재판의 전제성이 없어 부적법하다고 판단하였는바, 이는 종래 헌법재판소의 확립된 입장에 정면으로 반한다. 이는 재판의 전제성이라는 요건을 기계적으로 적용하면서 나아가 판단하여야 할 헌법적 해명의 필요성에 대해서는 아무런 언급조차 하지 않은 채 본안 판단을 회피하는 것에 불과하다. (……) 2015년도 8월 기준 통계를 보면, 보호 중인 외국인 중 일반 불법체류자(528명)의 평균 보호기간은 약 12일 정도에 불과하므로 이들이 이 사건 법률조항의 위헌 여부를 다툴 가능성은 거의 없다. 반면, 보호 중인 난민신청자(16명)의 평균 보호기간은 약 425일에 달하므로, 결국 이 사건 법률조항의 위헌성을 다툴 실익이 있는 자들은 장기 보호의 문제가 발생하는 위 소수의 난민신청자들이라고 볼 수 있다. 그렇다면 이 사건과 같이 난민신청자가 제기한 사건에서 이 사건 법률조항에 대한 헌법적 해명을 할 필요성이 더욱 크다고 할 것이며, 이 사건에서 판단하지 않는다면 앞으로 또 다른 난민신청자가 행정소송과 헌법소원을 제기하는 것을 기다려야 이 사건 법률조항의 위헌 여부에 대한 헌법적 해명을 할 수 있을 것이므로 해명의 필요성은 충분히 인정된다.

나아가 이 사건 법률조항에 의한 보호명령이 재차 이루어질 수 있고, 현재도 일부 난민신청자들이 이 사건 법률조항에 의해 장기 보호되고 있어 기본권 침해 논란이 계속되고 있으므로, 심판의 이익이 인정된다.

헌재 2016.4.28. 2013헌바196, 공보 235, 716,718-719

위 사건의 반대의견은 강제퇴거명령을 받은 자에 대한 보호와 관리는 필요하나, 보호기간의 상한이 없고 난민신청자들을 다른 강제퇴거대상자와 동일하게 규율하고 있어 신체의 자유를 침해하고, 보호의 개시, 연장에 관하여 제3의 중립적 기관이나 사법기관의 관여가 전혀 없다는 점에서 적법절차원칙에도 위반된다고 하였다.

이러한 심판의 이익은 헌법소원사건에서도 마찬가지이다. 헌법재판소는 소위 '물대포 사건'에서도 집회 · 시위는 이미 종료되었고, 경찰의 물대포 사용은 앞으로 반복될 여지가 없어 심판의 이익이 없다고 판단한 사례가 있다(헌재 2014.6.26. 2011헌마815). 그러나 헌법재판소의 선고 얼마 후 경찰은 물대포를 사용하여 시위를 진압하였다. 이후 물대포를 사용한 시위진압이 이어지자 헌법재판소는 물대포 사용 시위진압이 경찰청 내부의 살수차 운용지침에만 근거하고 있으므로 법률유보원칙에 위반하여 신체의 자유와 집회의 자유를 침해한 것으로 위헌이라는 결정을 내렸다(헌재 2018.5.31. 2015헌마466; 다만 견해변경을 명시하지는 않았다).

5. 위헌법률심판의 기준

(1) 헌 법

위헌법률심판의 기준, 즉 심판의 준거(準據)는 헌법이다. 여기에서의 헌법은 원칙적으로 형식적 의미의 헌법, 즉 헌법전의 모든 규정을 말한다(앞의 제1편, 제1장, IV. 1. '위헌심사기준으로서의 헌법' 참조).

헌법 전문(前文)이 심판기준이 되는지가 문제된다. 전문도 재판규범으로서의 성격을 지니며 원칙적으로 심판기준이 된다고 보지만, 전문의 규정만을 직접적인 근거로 심판할 수 있는지 여부는 전문 내용에 따라 판단해야 한다고 볼 것이다(앞의 제2편, 제2장, I. '헌법 전문' 참조). 헌법재판소 판례 중에 전문 규정(3 · 1정신)을 근거로 개별적 기본권성을 도출할 수 없다고 본 것이 있다(헌재 1990.4.2. 89헌가113).

관습헌법도 헌법의 법원으로서 심판기준이 된다(앞의 제1편, 제1장, V. 2. '관습헌법' 참조). 헌법판례는 심판기준이 아니며, 판례헌법은 인정되지 않는다고 본다(앞의 제1편, 제1장, V. 3. '헌법판례의 법원성' 여부).

(2) 헌법원리

헌법원리(constitutional principles)는 개개 헌법규정의 원천이 되는 원리이며, 헌법 전체에 투영된 공동체의 기본적 가치이다. 헌법원리도 헌법의 일부라고 할 수 있고, 심판의 기준이 된다. 헌법재판소 판례 중에 헌법의 개별규정(제37조 제2항)과 관련시켜서 '법치주의 원리' 또는 '민주주의 원리'를 심판기준으로 삼은 예가 있다(헌재 1999.5.27. 98헌바70).

(3) 그 밖의 문제

자연법 또는 정의의 원칙이 심판기준이 될 수 있느냐는 문제가 있다. 이 문제는 자연법의 존재를 인정하느냐 여부에 달려있다. 우리 헌법은 다른 자유민주주의국가의 헌법과 마찬가지로 자연법의 원리로 이해되어온 내용들을 기초로 하고 있으므로('자연법의 헌법화') 헌법재판에서 자연법을 끌어댈 필요는 없다(앞의 제1편, 제2장, II, 1. '자연법론과 법실증주의' 참조).

국제법이 심판기준이 되느냐는 문제가 있다. 국제법의 일반원칙에 헌법적 효력을 부여한다면 이를 심판기준으로 삼을 수 있다고 볼 것이지만, 그러한 헌법적 효력을 인정할 수 없으므로 국제법은 심판기준이 된다고 할 수 없다(앞의 제2편, 제6장, III. '국제법의 국내적 효력', 및 제3편, 제5장, III, 3. '국제인권조약에 근거한 국내에서의 사법적 구제' 참조).

심판의 관점이 문제된다. 헌법재판소는 당사자가 청구한 헌법의 심사기준에 얽매이지 않고, 즉 변론주의에 구속되지 않고, 모든 헌법적인 관점에서 심사한다. 예컨대 심판청구인이 학문의 자유 위반만을 주장하더라도 헌법재판소는 표현의 자유 위반을 이유로 해당 법률(조항)을 위헌으로 선언할 수 있다. 헌법재판소 판례도 위헌심사의 기준에 관하여 "헌법재판소는 … 위헌법률심판절차에 있어서 규범의 위헌성을 제청법원이나 제청신청인이 주장하는 법적 관점에서만이 아니라 심판대상규범의 법적 효과를 고려하여 모든 헌법적인 관점에서 심사한다. 법원의 위헌제청을 통하여 제한되는 것은 오로지 심판의 대상인 법률조항이지 위헌심사의 기준이 아니다(자도소주구입제도 사건. 헌재 1996.12.26. 96헌가18, 판례집 8-2, 680,690-691).

6. 위헌법률심판의 범위

헌법재판소의 심판범위는 원칙적으로 법원에 의하여 심판제청된 법률 또는 법률조항만에 한정된다. 이것은 구체적 규범통제제도에서 오는 필연적인 결과이다.

다만 헌법재판의 실무상 심판대상을 확장할 필요가 인정되는 경우가 있다. 헌법재판소에 의하면 법적 통일성이나 소송경제(訴訟經濟: 소송에서 재판기관이나 당사자 등의 노력과 경비 등의 부담을 될 수 있는 대로 줄이려는 이념) 등의 관점에서, 심판제청된 법률이나 법률조항에 한정하지 않고 관련되는 다른 법률이나 법률조항에까지 불가피하게 심판대상을 확장해야 할 경우를 인정한다(헌재 1996.11.28. 96헌가13등).

7. 위헌법률심판의 결정과 그 효력

위헌법률심판에서 법률의 위헌결정을 할 때에는 재판관 6인 이상의 찬성이 있어야 한다(헌법 제113조 제1항). 헌법재판소법은 위헌법률심판의 결정에 관하여 "헌법재판소는 제청된 법률 또는 법률조항의 위헌여부만을 결정한다. 다만 법률조항의 위헌결정으로 인하여 당해 법률 전부를 시행할 수 없다고 인정될 때에는 그 전부에 대하여 위헌의 결정을 할 수 있다"고 규정하고(제45조), 위헌결정의 효력에 관하여 규정하고 있다(제47조).

(1) 결정의 유형

위헌법률심판의 종국결정에는 세 가지 기본유형, 즉 ① 각하결정, ② 합헌결정, ③ 위헌결정이 있다. 각하결정은 심판제청이 부적법한 경우에 내려지며, 합헌결정과 위헌결정은 본안(本案)에 관한 결정이다. 결정의 유형은 결정 주문(主文)의 형식과 관련된다.

헌법재판소법은 헌법재판소가 법률의 '위헌여부만을 결정한다'고 규정하고 있으나(제45조), 실제의 판례를 통하여 여러 유형(형식)의 변형결정(變形決定)이 내려지고 있다. 헌법재판소는 변형결정의 성격을 위헌결정의 일종으로 보고 있는데, 여기에서는 구분하여 설명한다.

(2) 합헌결정

합헌결정은 심판대상이 된 법률 또는 법률조항이 헌법에 위반되지 않거나 위헌이라고 인정되지 않는 경우에 내려진다. 합헌결정은 "… 헌법에 위반되지 아니한다"는 주문의 형식으로 표시한다.

심판의 결과, 5인 재판관이 위헌의 의견인 경우, 헌법 제113조 제1항에 따라 위헌결정을 할 수 없다. 이러한 경우 과거에 헌법재판소는 단순한 합헌결정(이른바 '**단순합헌**'결정)과 구별하여 "… 헌법에 위반된다고 선언할 수 없다"는 주문의 형식을 취하였다. 이를 '**위헌불선언**(違憲不宣言)'결정이라고 불렀다. 그러나 1996년 2월 16일의 결정(96헌가2등) 이래 이를 별개의 결정형식으로 구분하지 않고 합헌결정의 형식으로 표시하고 있다.

합헌결정의 효력에 관하여 특히 **기속력이 인정되는지**에 대해 견해의 대립이 있다. 부정설의 근거는 첫째, 헌법재판소법 제47조 제1항이 위헌결정에 기속력이 있음을 명시한 점, 둘째, 이 법 제23조 제2항 제2호에서 "종전에 헌법재판소가 판시한 헌법 또는 법률의 해석적용에 관한 의견을 변경"할 수 있음을 명시한 점 등이다. 긍정설의 근거는 첫째, 헌법재판소법 제47조 제1항에서 위헌결정에 대해서만 명시적으로 기속력을 인정하는 규정을 둔 것은 합헌결정의 경우 법률조항이 계속 효력을 갖기 때문에 구태여 기속력을 명시할 필요가 없다는 점, 둘째, 합헌결정이 내려진 법률에 대해 위헌여부를 계속 논의하는 것은 법률생활의 안정을 해친다는 점 등을 든다.

생각건대 헌법재판소법 제23조에서 제2항 제2호에서 법률의 해석적용의 변경을 명시적으로 인정한 점, 헌법재판관 구성의 변동에 따라 해석이 달라질 수 있는 점 등에 비추어 부정설이 타당하다고 본다.

헌법재판소 판례는 부정설에 따르고 있다. 합헌결정된 법률에 대해 또다시 위헌심판 제청이 있는 경우, 헌법재판소는 각하결정을 내리지 않고 이를 심판대상으로 인정하고 있다(헌재 1993.3.11. 90헌가70등).

합헌결정은 국회의 입법권을 기속하지 않는다. 국회는 입법형성권을 가지므로 합헌결정된 법률이라도 폐지하거나 개정할 수 있다.

(3) 위헌결정

위헌결정은 "… 헌법에 위반된다"는 주문의 형식을 취한다. **위헌결정정족수**는 재판관 6인 이상의 찬성이다(헌법 제113조 제1항).

위헌결정의 범위에 관하여, 법률조항의 위헌결정으로 인하여 당해 법률 전부를 시행할 수 없다고 인정될 때에는 그 전부에 대하여 위헌의 결정을 할 수 있다(헌법재판소법 제45조 단서). 이를 '법률전부위헌결정'이라 부르기도 한다.

심판대상 법률조항과 불가분한 특별한 관계가 있는 다른 법률조항에 대해서도 위헌결정을 할 수 있다(헌재 1989.11.20. 89헌가102; 헌재 1991.11.25. 91헌가6등). 이를 '부수적 위헌결정'이라 부르기도 한다.

위헌결정의 효력에 관하여 헌법재판소법은 위헌결정의 기속력, 위헌결정된 법률의 효력상실 등을 규정하고 있다(제47조). "① 법률의 위헌결정은 법원 기타 국가기관 및 지방자치단체를 기속한다. ② 위헌으로 결정된 법률 또는 법률의 조항은 그 결정이 있는 날로부터 효력을 상실하다. 다만, 형벌에 관한 법률 또는 법률의 조항은 소급하여 그 효력을 상실한다. ③ 제2항 단서의 경우에 위헌으로 결정된 법률 또는 법률의 조항에 근거한 유죄의 확정판결에 대하여는 재심을 청구할 수 있다. ④ 제3항의 재심에 대하여는 형사소송법의 규정을 준용한다."

① 위헌결정은 **기속력**을 가진다. 기속력이란 다른 국가기관이 위헌결정에 위반하는 공권력을 행사할 수 없도록 구속하는 효력을 말한다. 이에 관하여 여러 문제가 논의되고 있다.

첫째, 기속력이 미치는 대상은 '법원 기타 국가기관 및 지방자치단체'이다.

(판 례) 위헌결정의 기속력과 소송판결의 기판력

소송판결의 기판력은 그 판결에서 확정한 소송요건의 흠결에 관하여 미치는 것이지만, 당사자가 그러한 소송요건의 흠결이 보완된 상태에서 다시 소를 제기한 경우에는 그 기판력의 제한을 받지 않는다(대법원 2003.4.8. 선고 2002다70181 판결 등 참조) (……)

헌법재판소는 이 사건 선행소송에서 각하판결이 확정된 후인 2018. 8. 30. 위 조항의 '민주화운동과 관련하여 입은 피해' 중 불법행위로 인한 정신적 손해에 관한 부분은 국가배상청구권을 침해하여 헌법에 위반된다는 결정(헌법재판소 2018.8.30. 선고 2014헌바180 등 전원재판부 결정, 이하 '이 사건 위헌결정'이라 한다)을 선고하였다. 이 사건 위헌결정은 '민주화운동과 관련하여 입은 피해' 중 일부인 '불법행위로 인한 정신적 손해' 부분을 위헌으로 선언함으로써 그 효력을 상실시켜 구 민주화보상법 제18조 제2항의 일부가 폐지되는 것과 같은 결과를 가져오는 결정으로서 법원에 대한 기속력이 있다. 따라서 구 민주화보상법에 따른 보상금 등을 받더라도 불법행위로 인한 정신적 손해에 대해서는 재판상 화해가 성립된 것으로 볼 근거가 사라졌다(대법원 2020.10.29. 선고 2019다249589 판결, 대법원 2020.11.26. 선고 2019다2049 판결 등 참조).

대판 2023.2.2. 2020다270633

국회도 기속하는가에 관하여 견해가 갈린다. 국회도 가급적 위헌결정을 존중하여 위헌결정된 법률과 동일하거나 유사한 입법을 하지 말아야 할 것이지만, 국회의 광범한 입법형성권을 감안할 때 반복적인 입법이 절대 금지된다고 볼 수는 없다.

(판 례) 반복입법인지 여부

(노동단체의 정치자금기부를 금지한 정치자금법이 헌재 1999.11.25. 95헌마154 결정으로 위헌선언되었는데, 이후 법개정을 통하여 모든 단체의 정치자금 기부를 절대적으로 금지하도록 한 규정이 신설되었다)

이 사건 기부금지 조항은 ① 직접적인 규율영역이 단체의 행위가 아닌 자연인의 행위라는 점에서 종전에 위헌결정된 법률조항과 문언적으로 구별되고, ②

그 전제가 되는 법률조항을 살피더라도, 구 정치자금법 제12조 제1항은 노동단체 이외의 단체의 정치자금 기부까지도 포괄하는 것이라는 점에서 종전에 위헌결정된 법률조항과 전적으로 동일한 경우에 해당하지 않으며, ③ 종전에 위헌결정된 법률조항이 연혁적으로 노동단체의 정치활동을 금지하기 위한 여러 법률들의 규제조치의 일환을 이루고 있었던 것으로서, 다른 법률에 의한 노동단체의 정치활동 금지가 해제된 이후에도 여전히 남아서 다른 단체와 차별적으로 노동단체의 정치자금 기부를 금지하는 것이었던 반면, 이 사건 기부금지 조항이 전제하고 있는 단체의 정치자금 기부금지 규정(구 정치자금법 제12조 제1항)에는 노동단체에 대한 차별적 규제의 의도가 전혀 존재하지 않는다는 점에서 종전의 위헌결정된 법률조항과 실질적으로 동일하거나 본질적으로 유사한 것으로 보기 어렵다.

헌재 2010.12.28. 2008헌바89, 판례집 22-2 하, 659,668-669

헌법재판소는 여기에 포함되지 않는다고 볼 것이다. 상황의 변화에 따라 국회가 반복입법을 하는 경우나 헌법재판소 구성이 변동되는 경우를 감안하면 헌법재판소가 종전과 다른 결정을 할 수 있다고 볼 것이다.

둘째, 위헌결정의 기속력은 단순한 위헌결정('단순위헌결정')만이 아니라 변형결정인 헌법불합치결정, 한정합헌결정, 한정위헌결정에도 인정된다(헌재 1997.12.24. 96헌마172등).

셋째, 기속력을 갖는 것은 결정의 주문에 한정하는가 또는 결정이유도 포함하는가에 관하여 견해가 갈린다. 결정이유 가운데 주문과 직접 관련되는 중요이유도 기속력을 갖는다고 볼 것이다.

(판 례) 헌법불합치결정의 기속력에 저촉되지 않는다고 한 사례

헌법재판소는 2005헌바33 결정에서 구 공무원연금법(1995. 12. 29. 법률 제5117호로 개정되고, 2009. 12. 31. 법률 제9905호로 개정되기 전의 것) 제64조 제1항 제1호(이하 '구법조항'이라 한다)가 공무원의 '신분이나 직무상 의무'와 관련이 없는 범죄의 경우도 퇴직급여의 감액사유로 삼는 것이 퇴직공무원들의 기본권을 침해한다고 판시하였는데, 공무원의 직무와 관련이 없는 범죄라 할지라도 고의범의 경우에는 공무원의 법령준수의무, 청렴의무, 품위유지의무 등을 위반한 것으로 볼 수 있으므로 이를 퇴직급여의 감액사유에서 제외하지 아니하더라도 위 결정의 취지에 반한다고 볼 수 없다.

헌재 2016.6.30. 2014헌바365, 판례집 28-1 하, 516,517

② 위헌결정은 **일반적 효력**을 가진다. 위헌결정된 법률은 심판제청된 당해 사건에서만 적용이 배제되는데 그치는 것이 아니라, 위헌결정된 법률(조항) 자체가 효력을 상실한다. 이를 '법규적 효력'이라 부르기도 한다. 미국과 같이 구체적 규범통제만 인정되는 제도에서는 당해사건에 한하여 적용배제에 그치는 개별적 효력만 인정되는데, 현행 제도는 구체적 규범통제만 인정하면서도 위헌결정에 일반적 효력을 인정하고 있다. 이에 따라 위헌결정된 법률은 국가기관만이 아니라 일반 국민에게도 효력을 상실한다. 이를 '객관적 규범통제'라 부르기도 한다.

③ 위헌결정의 **효력의 시간적 범위**가 문제된다. 구 헌법재판소법은 "위헌으로 결정된 법률 또는 법률의 조항은 그 결정이 있는 날로부터 효력을 상실하다. 다만, 형벌에 관한 법률 또는 법률의 조항은 소급하여 그 효력을 상실한다"고 규정하였다(제47조 제2항). 즉 위헌결정은 원칙적으로 '결정이 있는 날로부터' **장래효**(將來效)를 갖되, 예외적으로 형벌조항은 **소급효**(遡及效)를 갖는다는 것이다.

2014년 개정 헌법재판소법은 구법의 제47조 제2항 단서를 삭제하고, 제3항에서 "제2항에도 불구하고 형벌에 관한 법률 또는 법률의 조항은 소급하여 그 효력을 상실한다. 다만, 해당 법률 또는 법률의 조항에 대하여 종전에 합헌으로 결정한 사건이 있는 경우에는 그 결정이 있는 날의 다음 날로 소급하여 효력을 상실한다"고 규정하였다. 이로써 형벌 조항의 위헌결정에 대하여 제한적 소급효를 인정하게 된 것이다. 이에 따라 2015.2.26. 2009헌바17등 사건에서 위헌결정된 형법상의 간통죄 조항은 최종 합헌결정(헌재 2007헌가17등)이 있었던 2008.10.30. 다음날부터 효력을 상실하는 것으로 되었다.

헌법재판소법 제47조 제4항에 따라 재심을 청구할 수 있는 '위헌으로 결정된 법률 또는 법률의 조항에 근거한 유죄의 확정판결'이란 헌법재판소의 위헌결정으로 인하여 같은 조 제3항의 규정에 의하여 소급하여 효력을 상실하는 법률 또는 법률의 조항을 적용한 유죄의 확정판결을 의미한다. 따라서 위헌으로 결정된 법률 또는 법률의 조항이 같은 조 제3항 단서에 의하여 종전의 합헌결정이 있는 날의 다음 날로 소급하여 효력을 상실하는 경우 합헌결정이 있는 날의 다음 날 이후에 유죄판결이 선고되어 확정되었다면, 비록 범죄행위가 그 이전에 행하여졌더라도 그 판결은 위헌결정으로 인하여 소급하여 효력을 상실한 법률 또는 법률의 조항을 적용한 것으로서 '위헌으로 결정된 법률 또는 법률의 조항에 근거한 유죄의 확정판결'에 해당하므로 이에 대하여 재심을 청구할 수 있다.

(판 례) 형벌규정에 대한 위헌결정의 소급효 제한 규정의 평등원칙 위반 여부

헌법재판소가 2009. 11. 26. 혼인빙자간음죄 처벌조항에 대하여 과거 합헌결정을 변경하여 위헌결정을 선고하면서 위헌결정의 효력을 완전히 과거로 소급하는 것에 대한 비판이 제기되었다. 헌법재판소가 합헌결정을 통해 그 정당성을 인정한 사실이 있음에도 불구하고, 그 이후 위헌결정이 선고되었다는 이유로 합헌결정 이전에 해당 형벌조항으로 처벌받았던 모든 사람을 무죄로 인정하고 국가로부터 보상금까지 받을 수 있도록 하는 것이 과연 우리 헌법이 추구하는 정의 관념에 부합하는지에 관한 의문이 본격적으로 제기되기 시작한 것이다. (……)

형벌조항에 대한 위헌결정의 효력과 관련하여 과거의 완전 소급효 입장을 버리고 종전에 합헌결정이 있었던 시점까지 그 소급효를 제한하는 부분 소급효로 입장을 변경하였다. 헌법재판소의 합헌결정을 통해 과거의 어느 시점에서는 합헌이었음이 인정된 형벌조항에 대하여는 위헌결정의 소급효를 제한함으로써 그동안 쌓아 온 규범에 대한 사회적인 신뢰와 법적 안정성을 확보할 수 있도록 한 것이다. 법률의 합헌성에 관한 최종 판단권이 있는 헌법재판소가 당대의 법 감정과 시대상황을 고려하여 합헌이라는 유권적 확인을 하였다면, 그러한 사실 자체에 법적 의미를 부여하고 존중할 필요가 있다. 헌법재판소가 특정 형벌법규에 대하여 과거에 합헌결정을 하였다는 것은, 적어도 그 당시에는 당해 행위를 처벌할 필요성에 대한 사회구성원의 합의가 유효하다는 것을 확인한 것이므로, 합헌결정이 있었던 시점 이전까지로 위헌결정의 소급효를 인정할 근거가 사라지기 때문이다.

해당 형벌조항이 성립될 당시에는 합헌적이며 적절한 내용이었다고 하더라도 시대 상황이 변화하게 되면 더 이상 효력을 유지하기 어렵거나 새로운 내용으로 변경되지 않으면 안 되는 경우가 발생할 수 있다. 그런데 합헌으로 평가되던 법률이 사후에 시대적 정의의 요청을 담아내지 못하게 되었다고 하여 그동안의 효력을 전부 부인해 버린다면, 끊임없이 개별 규범의 소멸과 생성이 반복되고 효력이 재검토되는 상황에서 법집행의 지속성과 안정성이 깨지고 국가형벌권에 대한 신뢰는 무너져 버릴 우려가 있다. 그러므로 현재의 상황에서는 위헌이라 하더라도 과거의 어느 시점에서 합헌결정이 있었던 형벌조항에 대하여는 위헌결정의 소급효를 제한함으로써 그동안 쌓아 온 규범에 대한 사회적인 신뢰와 법적 안정성을 확보하는 것이 중요하다는 입법자의 결단에 따라, 심판대상조항에서 위헌결정의 소급효를 제한한 것이므로 이러한 소급효 제한이 불합리하다고 보기는 어렵다.

헌재 2016.4.28. 2015헌바216, 공보 235, 759,761-762

헌법재판소의 위헌결정에 장래효만을 인정할 것인지, 소급효까지 인정할 것인지, 제한적 소급효를 인정할 것인지 또는 개별사건별로 그 효력을 헌법재판소가 따로 정하도록 할 것인지는 법적 안정성과 구체적 타당성이라는 법의 두 이념 중 어디에 더 큰 비중을 두는가에 따라 달라질 수 있다. 위헌결정의 효력발생시기의 문제는 입법정책의 문제라 할 것이다. 따라서 위헌결정에 원칙적으로 장래효만을 인정하고 있는 헌법재판소법 규정이 헌법위반이라고 할 수는 없다(헌재 1993.5.13. 92헌가10등).

④ 위헌결정의 효력의 객관적 범위도 문제된다. 이는 위헌결정의 효력을 규정하고 있는 헌법재판소법 제47조, '위헌으로 결정된 법률 또는 법률의 조항'을 법원이 구체적 사건에서 어떻게 해석하는가의 문제이다. 첫째, 헌법재판소가 심판대상을 확장하지 않았는데도 동일한 법리가 적용된다는 이유로 법원이 심판대상에 포함되지 않은 내용(규정)에까지 위헌결정의 효력을 확장해석하는 경우가 있다. 둘째, 구법에 대하여만 위헌결정이 있었는데 신법이 구법과 같거나 그 내용은 그대로인 채 자구만 변경된 경우, 법원이 구체적 사건에서 신법에 대하여도 위헌결정이 있었다고 해석하는 경우가 있다.

(판 례) 집시법상 단순참가자에 대한 위헌결정을 주최자에도 확장한 사례

(헌법재판소는 2014. 3. 27. 선고 2010헌가2, 2012헌가13(병합) 사건에서 야간시위의 단순 참가자를 처벌하는 집회 및 시위에 관한 법률 제23조 제3호에 대하여 "집시법 제10조 본문 중 '시위'에 관한 부분 및 제23조 제3호 중 '제10조 본문' 가운데 '시위'에 관한 부분은 각 '해가 진 후부터 같은 날 24시까지의 시위'에 적용하는 한 헌법에 위반된다"는 결정을 선고하였다. 이후 야간시위의 주최자를 처벌하는 위 집시법 제23조 제1호가 문제된 사안이다)

위 헌법재판소 결정은 그 주문의 표현 형식에도 불구하고 집시법의 위 각 조항의 '시위'에 관한 부분 중 '해가 진 후부터 같은 날 24시까지' 부분이 헌법에 위반된다는 일부 위헌의 취지라고 보아야 하므로, 헌법재판소법 제47조에서 정한 위헌결정으로서의 효력을 갖는다. 그리고 집시법 제23조는 집시법 제10조 본문의 야간 시위 부분을 공통의 처벌근거로 삼고 있고 다만 야간 시위를 주최한 자(제1호)인지 단순참가자(제3호)인지에 따라 법정형을 달리하고 있는바, 위 헌법재판소 결정은 비록 집시법 제23조 중 제3호에 규정된 참가자에 대한 것이기는 하지만 집시법 제10조 본문의 야간 시위 중 위 시간대의 부분에 대하여 위헌결정을 한 것이므로, 야간 시위 금지 위반으로 기소된 주최자에 대하여도 위 위헌결정의 효력이 미친다.

대판 2014.7.10. 2011도1602

(판 례) 자구만 변경된 경우 신법에도 위헌결정의 효력이 미친다고 한 사례

그 자구만이 형식적으로 변경된 데 불과하여 그 개정 전후 법률조항들 자체의 의미내용에 아무런 변동이 없고, 개정 특가법조항이 해당 법률의 다른 조항이나 관련 다른 법률과의 체계적 해석에서도 구 특가법조항과 다른 의미로 해석될 여지가 없어 양자의 동일성이 그대로 유지되고 [있는 경우, 구법에 대한] 위헌결정의 주문에 개정 특가법조항이 표시되어 있지 아니하더라도 그 위헌결정의 효력은 개정 특가법조항의 해당 부분에 대하여도 미친다.

대판 2014.8.28. 2014도5433

주의할 점이 있다. 첫째, 위 경우에서 신·구법은 다른 의미로 해석될 여지가 없어 동일성이 그대로 유지되어 있어야 한다는 점이다. 둘째, 반대의 경우, 즉 '개정 법률조항'에 대한 위헌결정이 있는 경우에는, 비록 그 법률조항의 개정이 자구만 형식적으로 변경한 것에 불과하여 개정 전후 법률조항들 사이에 실질적 동일성이 인정된다 하더라도 '개정 법률조항'에 대한 위헌결정의 효력이 '개정 전 법률조항'에까지 그대로 미친다고 할 수 없다. 이는 헌법재판소가 '개정 법률조항'에 대한 위헌결정의 이유에서 '개정 전 법률조항'에 대하여 한 종전 합헌결정의 견해를 변경한다는 취지를 밝히는 경우에도 마찬가지이다(대결 2020.2.21.자 2015모2204).

한편 위헌결정에 의한 법률의 효력 상실의 성질에 관하여 이론적 대립이 있다. 첫째는 **당연무효설**이다. 이에 따르면 위헌결정된 법률은 '처음부터 당연히' 무효라고 본다. 즉 위헌인 법률은 원천적으로 무효이며, 위헌결정은 이를 확인할 뿐인 '확인적 성격'을 갖는다고 본다. 둘째는 **폐지무효설**이다. 이에 따르면 위헌결정에 의하여 비로소 효력을 상실한다고 본다. 즉 위헌결정은 '형성적 성격'을 갖는다고 본다.

장래효인가 소급효인가라는 효력상실 시점의 문제를 당연무효설과 폐지무효설의 대립과 직결시켜 볼 것인가에 관하여 견해의 대립이 있다. 이를 직결시켜서 장래효는 폐지무효설에 입각하고, 소급효는 당연무효설에 입각한다는 견해가 있다. 이에 대하여 효력상실의 시점과 효력상실의 성질의 문제는 별개이며 직결시켜 볼 것은 아니라는 견해가 있다. 후자에 따르면 장래효냐 소급효냐의 문제는 법적 안정성이냐 구체적 정의냐의 선택의 문제이고 이는 정책적 판단의 문제라고 본다. 즉 폐지무효설에 의하더라도 소급효를 인정할 수 있고, 당연무효설에 의하더라도 장래효를 인정할 수 있다는 것이다.

생각건대 효력상실 시점의 문제는 기본적으로 정책적 선택의 문제라고 볼 것이다. 현행 제도가 원칙적으로 장래효를 인정한 것은 법적 안정성을 중시한 때문이며, 예외

적으로 형벌조항에 대해 제한적 소급효를 인정한 것은 구체적 정의를 살릴 필요성과 법적 안정성의 요구를 절충한 것이며, 동시에 헌법재판소의 기존 결정을 존중한 것이다. 한편 외국의 경우, 독일에서는 소급무효를 원칙으로 하고, 반면 오스트리아에서는 장래무효를 원칙으로 하되 예외적으로 소급무효를 인정한다.

형벌에 관한 규정이라고 하더라도, 불처벌의 특례를 규정한 경우처럼, 당해 결정에 대한 위헌결정의 소급효를 인정할 경우 오히려 형사처벌을 받지 않았던 자들을 처벌하게 되는 경우에는 소급효가 인정되지 아니한다(헌재 1997.1.16. 90헌마110등).

유의할 것은, 형사실체법 규정에 대한 위헌결정에만 소급효가 인정되고 형사소송법 등의 절차규정에 대한 위헌결정에는 소급효가 인정되지 않는다는 점이다. 헌법재판소는 구속영장의 효력에 관한 형사소송법 제331조 단서에 관한 위헌법률심판에서 형사절차규정에 대한 위헌결정은 소급효를 갖지 않는다고 판시하였다(헌재 1992.12. 24. 92헌가8).

일반법규에 대한 위헌결정과 달리 형벌법규의 위헌결정에 한하여 소급효를 인정한다고 하여 이것이 헌법상의 평등원칙 위반이라고는 할 수 없다(헌재 2001.12.20. 2001헌바7등).

한편 헌법재판소 판례에 의하면, **형벌규정이 아닌 경우에도 소급효의 확대**를 인정한다.

첫째, 위헌법률심판의 전제가 된 **당해사건**에는 소급효가 인정된다. 이것은 재판을 전제한 구체적 규범통제제도의 성격상 불가피한 것이다.

둘째, 이른바 '병행(竝行)사건'에도 소급효가 인정된다. **병행사건**이란 위헌결정이 있기 전에 이와 동종의 위헌여부 문제에 관하여 헌법재판소에 심판제청을 했거나 법원에 심판제청의 신청을 한 경우의 당해 사건, 또는 심판제청의 신청을 아직 하지 않았지만 당해 법률조항이 적용되어 법원에 계속 중인 사건을 말한다. 헌법재판소는 구체적 사안이 병행사건에 해당하는지 여부는 헌법재판소가 위헌선언을 하면서 직접 그 결정주문에서 밝히지 않았다면, 구체적 사실관계를 기초로 법원이 판단할 사항이라고 판시하였다(헌재 2013.6.27. 2010헌마535).

셋째, 소급효를 인정하여도 법적 안정성을 해할 우려가 없고, 소급효의 부인이 정의와 형평에 심히 배치되는 경우이다. 이른바 일반사건이다.

(판 례) 형벌법규가 아닌 경우 위헌결정의 예외적 소급효

형벌법규이외의 일반 법규에 관하여 위헌결정에 불소급의 원칙을 채택한 법

> 제47조 제2항 본문의 규정 자체에 대해 기본적으로 그 합헌성에 의문을 갖지 않지만 위에서 본바 효력이 다양할 수밖에 없는 위헌결정의 특수성때문에 예외적으로 그 적용을 배제시켜 부분적인 소급효의 인정을 부인해서는 안 될 것이다. 우선 생각할 수 있는 것은, 구체적 규범통제의 실효성의 보장의 견지에서 법원의 제청 · 헌법소원의 청구 등을 통하여 헌법재판소에 법률의 위헌결정을 위한 계기를 부여한 당해사건, 위헌결정이 있기 전에 이와 동종의 위헌 여부에 관하여 헌법재판소에 위헌제청을 하였거나 법원에 위헌제청신청을 한 경우의 당해 사건, 그리고 따로 위헌제청신청을 아니하였지만 당해 법률 또는 법률의 조항이 재판의 전제가 되어 법원에 계속 중인 사건에 대하여는 소급효를 인정하여야 할 것이다. 또 다른 한가지의 불소급의 원칙의 예외로 볼 것은, 당사자의 권리구제를 위한 구체적 타당성의 요청이 현저한 반면에 소급효를 인정하여도 법적 안정성을 침해할 우려가 없고 나아가 구법에 의하여 형성된 기득권자의 이익이 해쳐질 사안이 아닌 경우로서 소급효의 부인이 오히려 정의와 형평 등 헌법적 이념에 심히 배치되는 때라고 할 것으로, 이때에 소급효의 인정은 법 제47조 제2항 본문의 근본취지에 반하지 않을 것으로 생각한다. 어떤 사안이 후자와 같은 테두리에 들어가는가에 관하여는 다른 나라의 입법례에서 보듯이 본래적으로 규범통제를 담당하는 헌법재판소가 위헌선언을 하면서 직접 그 결정주문에서 밝혀야 할 것이나, 직접 밝힌 바 없으면 그와 같은 경우에 해당하는가의 여부는 일반 법원이 구체적 사건에서 해당 법률의 연혁 · 성질 · 보호법익 등을 검토하고 제반이익을 형량에서 합리적 · 합목적적으로 정하여 대처할 수밖에 없을 것으로 본다.
>
> 헌재 1993.5.13. 92헌가10등, 판례집 5-1, 226,250-251

대법원은 위와 같은 헌법재판소의 예외적 소급효 인정에서 더 나아가 위헌결정은 위헌결정 이후에 제소된 동종(同種)의 **일반 사건**에도 그 효력을 미친다고 한다. 즉 전면적으로 소급효를 인정하고 있다(대판 1992.2.14. 91누1462외 다수). 다만 대법원은 법적 안정성의 유지나 당사자의 신뢰보호를 위하여 불가피한 경우에는 위헌결정의 소급효를 제한하기도 하고(대판 1994.10.25. 93다42740), 확정판결의 기판력이나(대판 1993.4.27. 92누9777) 행정처분의 확정력(대판 1994.10.28. 92누9463) 등 다른 법리에 의하여 소급효를 제한하기도 한다.

정리하자면 헌법재판소는 '당해사건'과 '동종사건'에 확대하여 소급효를 인정하고, 대법원은 더 나아가 '병행사건' 및 '일반사건'에도 소급효를 인정하되 일정한 제한을 가하고 있다. 헌법재판소도 최근에는 대법원과 마찬가지로 위헌결정 이후에 제소된 사건(일반사건)이라도 구체적 타당성의 요청이 현저하고 소급효의 부인이 정의와 형평에 반하는 경우에는 예외적으로 소급효를 인정할 수 있다고 판시하였다(헌재 2013.6.27. 2010헌마535).

(4) 변형결정의 의의와 유형

① 위헌법률심판에서 단순합헌결정이나 단순위헌결정 이외의 결정 유형을 이론상 변형결정이라고 부른다. **변형결정의 인정여부**에 관하여 긍정설과 부정설로 갈린다. 이 대립은 기본적으로 헌법재판소법 제45조 본문 규정("헌법재판소는 제청된 법률 또는 법률조항의 위헌여부만을 결정한다.")의 해석상 대립과 관련되어 있다. 부정설은 "위헌여부만"이라고 규정하고 있음을 근거로 한다. 반면 긍정설은 "위헌여부"에는 변형결정이 포함된다고 해석한다.

헌법재판소는 판례를 통해 여러 유형의 변형결정을 내려왔다. 이에 따르면 입법형성권에 대한 존중, 법적 공백으로 인한 법적 혼란의 방지 등을 위해 변형결정이 필수적으로 요청되며, 헌법재판소가 이를 재량으로 인정할 수 있다고 본다(헌재 1989.9.8. 88헌가6).

② **변형결정의 유형**은 기본적으로 한정합헌결정, 한정위헌결정, 헌법불합치결정으로 나누어 볼 수 있다. 헌법재판소는 과거에 위헌불선언결정, 일부위헌결정, 조건부위헌결정 등의 결정형식을 취한 경우가 있으나 지금은 이런 유형을 사용하지 않는다.

헌법재판소는 한정합헌결정, 한정위헌결정, 헌법불합치결정과 같은 변형결정이 모두 위헌결정에 해당하며, 모두 기속력을 가진다고 한다(헌재 1997.12.24. 96헌마172).

(5) 한정합헌결정

① 한정합헌결정이란 법률규정의 해석상 여러 가지로 해석이 가능한 경우, 위헌이라는 해석을 배제하고 합헌으로 해석되도록 축소 · 한정함으로써 법률의 효력을 유지시키는 결정형식이다.

한정합헌결정은 "……해석 하에 헌법에 위반되지 아니한다" 또는 "……해석하는 한 헌법에 위반되지 아니한다"는 주문으로 표시된다(헌재 1990.4.2. 89헌가113; 헌재 1994.8.31. 91헌가1).

한정합헌결정의 대표적 예로 국가보안법 제7조에 관한 사건을 들 수 있다. 이 사건에서 헌법재판소는 "국가보안법 제7조 제5항은 각 그 소정행위(所定行爲)에 의하면 국가의 존립 · 안전이나 자유민주적 기본질서에 실질적 해악을 줄 명백한 위험성이 있는 경우에만 처벌되는 것으로 축소해석하는 한 헌법에 위배되지 아니한다"고 판시하였다(헌재 1990.6.25. 90헌가11, 판례집 2, 165).

한정합헌결정은 '합헌적 법률해석'의 소산이라고 할 수 있다(합헌적 법률해석의 원칙에 관하여 앞의 제1편, 제3장, III. '합헌적 법률해석' 참조).

② 한정합헌은 법률의 여러 해석 가운데 위헌적 의미의 내용을 배제하는 것이며, 그런 한에서는 부분적으로 위헌결정을 의미한다고 볼 수 있다. 이 점에서 헌법재판소는 한정합헌이 '질적 일부위헌'이며, 그 결정에 재판관 6인 이상의 찬성이 필요하다고 한다(헌재 1992.2.25. 89헌가104; 헌재 1994.4.28. 92헌가3등). 나아가 헌법재판소는 한정합헌결정이 위헌결정의 일종이기 때문에 기속력을 가진다고 본다(헌재 1992.2.25. 89헌가104; 헌재 1997.12.24. 96헌마172).

③ 이처럼 헌법재판소는 한정합헌결정을 위헌결정의 일종으로 보고 있지만, 한정합헌결정을 하는 경우, 해당 법률조항은 그대로 유지된다. 한정합헌결정의 형식은 입법권존중과 법적 안정성을 위해 필요하지만, 반면 **남용의 우려**가 있음을 유의해야 한다. 합헌적 법률해석에 한계가 있듯이 법률의 문의적(文意的) 한계와 법목적적 한계를 넘는 한정합헌결정은 피해야 한다. 특히 종래 실제로 행하여져오던 해석·적용과 전혀 다른 해석에 입각한 한정합헌결정은 정치적 타협에 불과하다.

(6) 한정위헌결정

① 한정위헌결정이란 법률규정의 해석상 여러 가지로 해석이 가능한 경우, 위헌으로 해석되는 부분만을 한정하여 그 법률규정의 해석·적용에서 배제하는 결정형식이다.

한정위헌결정은 "……해석하는 한 헌법에 위반된다" 또는 "……범위 내에서 헌법에 위반된다" 또는 "……포함시키는 것은 헌법에 위반된다"는 주문으로 표시된다(헌재 1992.6.26. 90헌가23; 헌재 1997.11.27. 95헌바38; 헌재 1991.4.1. 89헌마160).

한정위헌결정의 대표적 예의 하나로 과거의 '정기간행물의 등록 등에 관한 법률' 제7조의 위헌여부에 관한 사건을 들 수 있다. 이 사건에서 헌법재판소는 "본 법률 제7조 제1항 제9호에서의 '해당시설'은 임차 또는 리스 등에 의하여도 갖출 수 있는 것이므로 …… 해당시설을 자기소유이어야 하는 것으로 해석하는 한 신문발행인의 자유를 제한하는 것으로서 허가제의 수단으로 남용될 우려가 있으므로 …… 과잉금지의 원칙이나 비례의 원칙에 반한다"라고 판시하였다(헌재 1992.6.26. 90헌가23, 판례집 4, 300).

한정위헌결정도 한정합헌결정과 마찬가지로 합헌적 법률해석의 소산이라고 볼 수 있다. 또한 한정위헌결정도 위헌결정의 일종이며, 그 결정에 6인 재판관 이상의 찬성이 필요하다. 한정위헌결정이 내려진 경우에도 해당 법률조항의 문언은 유지된다.

헌법재판소는 최근 법률이 전부 개정되었고, 종전 부칙규정이 개정법에 규정되어 있지 않는 경우에 그 부칙은 소멸되었다고 보아야 하고, 위 부칙이 효력이 있다고 해석하는 한 헌법에 위반된다고 하였다(헌재 2012.5.31. 2009헌바123등).

(판 례) 부칙의 효력과 관련한 법원 재판의 당부를 심사하여 한정위헌결정한 경우

이 사건 부칙조항은 과세근거조항이자 주식상장기한을 대통령령에 위임하는 근거조항이므로 이 사건 전문개정법의 시행에도 불구하고 존속하려면 반드시 위 전문개정법에 그 적용이나 시행의 유예에 관한 명문의 근거가 있었어야 할 것이나, 입법자의 실수 기타의 이유로 이 사건 부칙조항이 이 사건 전문개정법에 반영되지 못한 이상, 위 전문개정법 시행 이후에는 전문개정법률의 일반적 효력에 의하여 더 이상 유효하지 않게 된 것으로 보아야 한다. 비록 이 사건 전문개정법이 시행된 1994.1.1. 이후 제정된 조세감면규제법(조세특례제한법) 시행령들에서 이 사건 부칙조항을 위임근거로 명시한 후 주식상장기한을 연장해 왔고, 조세특례제한법 중 개정법률(2002.12.11. 법률 제6762호로 개정된 것)에서 이 사건 부칙조항의 문구를 변경하는 입법을 한 사실이 있으나, 이는 이미 실효된 이 사건 부칙조항을 위임의 근거 또는 변경대상으로 한 것으로서 아무런 의미가 없을 뿐만 아니라, 이 사건 부칙조항과 같은 내용의 과세근거조항을 재입법한 것으로 볼 수도 없다.

(……) 이 사건 부칙조항이 실효되었다고 해석하면, 이미 상장을 전제로 자산재평가를 실시한 법인에 대한 사후관리가 불가능하게 되는 법률의 공백상태가 발생하고, 종래 자산재평가를 실시하지 아니한 채 원가주의에 입각하여 성실하게 법인세 등을 신고·납부한 법인이나 상장기간을 준수한 법인들과 비교하여 볼 때 청구인들을 비롯한 위 해당 법인들이 부당한 이익을 얻게 되어 과세형평에 어긋나는 결과에 이를 수도 있다.

그러나, 과세요건법정주의 및 과세요건명확주의를 포함하는 조세법률주의가 지배하는 조세법의 영역에서는 경과규정의 미비라는 명백한 입법의 공백을 방지하고 형평성의 왜곡을 시정하는 것은 원칙적으로 입법자의 권한이고 책임이지 법문의 한계 안에서 법률을 해석·적용하는 법원이나 과세관청의 몫은 아니다. 뿐만 아니라 구체적 타당성을 이유로 법률에 대한 유추해석 내지 보충적 해석을 하는 것도 어디까지나 '유효한' 법률조항을 대상으로 할 수 있는 것이지 이미 '실효된' 법률조항은 그러한 해석의 대상이 될 수 없다.

따라서 관련 당사자가 공평에 반하는 이익을 얻을 가능성이 있다 하여 이미

실효된 법률조항을 유효한 것으로 해석하여 과세의 근거로 삼는 것은 과세근거의 창설을 국회가 제정하는 법률에 맡기고 있는 헌법상 권력분립원칙과 조세법률주의의 원칙에 반한다.

따라서, 이 사건 전부개정법의 시행에도 불구하고 이 사건 부칙조항이 실효되지 않은 것으로 해석하는 것은 헌법상의 권력분립원칙과 조세법률주의의 원칙에 위배되어 헌법에 위반된다.

헌재 2012.5.31. 2009헌바123, 판례집 24-1 하, 281,282-283

그러나 위 헌법재판소 결정에 대하여는 첫째, 부칙의 효력 여부를 결정하는 것은 헌법사항(헌법재판소의 관할)이라기보다는 법률사항(법원의 관할)으로 보는 것이 일반적이고, 둘째, 합헌적 법률해석은 어떤 법률조항이 합헌인 부분과 위헌인 부분을 모두 포함하고 있을 때 위헌적인 부분을 제거하는 법률해석인데, 위 판례의 경우는 이에 해당하지 않으며, 셋째, 헌법재판소의 결정은 사실상 아래에서 살펴볼 법원의 재판의 당부(當否)를 심사한 것이라는 비판이 있다.

(판 례) 법률이 전문 개정된 경우 개정 전 법률 부칙 규정의 효력

법률의 개정시에 종전 법률 부칙의 경과규정을 개정하거나 삭제하는 명시적인 조치가 없다면 개정 법률에 다시 경과규정을 두지 않았다고 하여도 부칙의 경과규정이 당연히 실효되는 것은 아니지만, 개정 법률이 전문 개정인 경우에는 기존 법률을 폐지하고 새로운 법률을 제정하는 것과 마찬가지여서 종전의 본칙은 물론, 부칙 규정도 모두 소멸하는 것으로 보아야 하므로 종전의 법률 부칙의 경과규정도 실효된다고 보는 것이 원칙이지만, 특별한 사정이 있는 경우에는 그 효력이 상실되지 않는다고 보아야 할 것인바(대법원 2002.7.26. 선고 2001두11168 판결 등 참조), 여기에서 말하는 '특별한 사정'이라 함은 전문 개정된 법률에서 종전의 법률 부칙의 경과규정에 관하여 계속 적용한다는 별도의 규정을 둔 경우뿐만 아니라, 그러한 규정을 두지 않았다고 하더라도 종전의 경과규정이 실효되지 않고 계속 적용된다고 보아야 할 만한 예외적인 특별한 사정이 있는 경우도 포함된다고 할 것이고, 이 경우 예외적인 '특별한 사정'이 있는지 여부를 판단함에 있어서는 종전 경과규정의 입법 경위 및 취지, 전문 개정된 법령의 입법 취지 및 전반적 체계, 종전의 경과규정이 실효된다고 볼 경우 법률상 공백상태가 발생하는지 여부, 기타 제반 사정 등을 종합적으로 고려하여 개별적·구체적으로 판단하여야 한다.

그런데 이 사건 부칙규정은 자산재평가 특례제도 규정인 종전의 제56조의2

가 삭제되면서 위 규정에 의하여 이미 자산재평가를 실시한 법인만을 사후적으로 규율하기 위하여 당해 법인의 상장기한 및 미상장시 기존의 자산재평가의 효력(제1항), 법인이 자산재평가를 취소한 경우의 효력(제2항) 등을 정하는 한편, 그 상장기한에 대하여만 대통령령에 구체적으로 위임하였으므로, 전문 개정된 조세감면규제법에서 이 사건 부칙규정을 계속하여 적용한다는 내용의 경과규정 등을 두지 않더라도 이미 폐지된 자산재평가 특례제도와 관련된 사항을 충분히 규율할 수 있다고 보아 전문 개정된 조세감면규제법은 이에 대한 별도의 경과규정을 두지 않은 것으로 보이는 점, 전문 개정된 조세감면규제법의 시행으로 인하여 이 사건 부칙규정의 효력이 1994.1.1.자로 상실되는 것으로 본다면 종전의 제56조의2에 따라 자산재평가를 실시한 법인에 대하여는 사후관리가 불가능하게 되는 법률상 공백상태에 이르게 되는 점, 이에 따라 상장기한 내에 상장을 하지 않은 법인에 대하여는 이미 실시한 자산재평가를 자산재평가법에 의한 재평가로 보지 않게 됨에도 불구하고, 그 재평가차액을 당해 재평가일이 속하는 사업연도의 소득금액계산상 익금에 산입하지 못하거나(이 사건 부칙규정 제1항의 실효) 재평가를 취소한 법인에 대하여는 재평가된 자산가액을 기초로 계상한 감가상각비나 양도차익 등을 재계산하지 못한다면(이 사건 부칙규정 제2항의 실효), 이는 종전의 제56조의2에 따른 자산재평가를 실시하지 아니한 채 원가주의에 입각하여 법인세 등을 신고 · 납부하여 온 법인이나 상장기한 내에 상장을 실시한 법인에 비하여 합리적인 이유 없이 우대하는 결과가 되어 조세공평주의 이념에 반하게 되는 점, 반면에 종전의 제56조의2에 의하여 이미 자산재평가를 한 법인에 대하여 이 사건 부칙규정을 적용하여 과세를 하더라도 이를 두고 그 법인에게 예측하지 못한 부담을 지우는 것으로서 법적 안정성을 해친다고 보기는 어려운 점 등을 종합하여 보면, 이 사건 부칙규정은 전문 개정된 조세감면규제법의 시행에도 불구하고, 실효되지 않았다고 볼 '특별한 사정'이 있다고 보아야 할 것이다.

대판 2008.11.27. 2006두19419

한편, 위 헌법재판소 결정 이후에 동일한 부칙조항의 효력이 문제된 사건에서 이전에 위 부칙의 효력에 관한 한정위헌결정이 있었다는 확인결정을 한 바 있다(헌재 2012.7.26. 2009헌바35등; 다만 이 결정이 위 2009헌바123 결정보다 먼저 접수된 사정이 있었다). 동일한 내용의 한정위헌결정이 있는 법률조항의 위헌성이 문제된 경우에는, 위헌부분을 제거한 나머지 부분에 대해 합헌결정을 하는 것이 일반적이다(가령 재판소원을 금지한 헌법재판소법 제68조 제1항에 대한 헌재 2012.7.26. 2011헌마728).

② **한정위헌결정과 한정합헌결정의 관계**가 문제된다. 헌법재판소는 한정위헌결정을 한정합헌결정과 실질적으로 동일한 것으로 이해하고 있다(헌재 1994.4.28. 92헌가3; 헌재 1997.12.24. 96헌마172). 양자는 주문의 형식에서는 구별되는데, 어느 주문형식을 취할 것인가는 구체적 사안에 따라 결정할 문제라고 한다(헌재 1994.4.28. 92헌가3).

(판 례) 한정위헌결정과 한정합헌결정의 관계

헌법재판소의 법률에 대한 위헌결정에는 단순위헌결정은 물론, 한정합헌 한정위헌결정과 헌법불합치결정도 포함되고 이들은 모두 당연히 기속력을 가진다.

즉, 헌법재판소는 법률의 위헌여부가 심판의 대상이 되었을 경우, 재판의 전제가 된 사건과의 관계에서 법률의 문언, 의미, 목적 등을 살펴 한편으로 보면 합헌으로 다른 한편으로 보면 위헌으로 판단될 수 있는 등 다의적인 해석가능성이 있을 때 일반적인 해석작용이 용인되는 범위내에서 종국적으로 어느 쪽이 가장 헌법에 합치되는가를 가려, 한정축소적 해석을 통하여 합헌적인 일정한 범위내의 의미내용을 확정하여 이것이 그 법률의 본래적인 의미이며 그 의미 범위내에 있어서는 합헌이라고 결정할 수도 있고, 또 하나의 방법으로는 위와 같은 합헌적인 한정축소 해석의 타당영역밖에 있는 경우에까지 법률의 적용범위를 넓히는 것은 위헌이라는 취지로 법률의 문언자체는 그대로 둔 채 위헌의 범위를 정하여 한정위헌의 결정을 선고할 수도 있다.

위 두 가지 방법은 서로 표리관계에 있는 것이어서 실제적으로는 차이가 있는 것이 아니다. 합헌적인 한정축소해석은 위헌적인 해석 가능성과 그에 따른 법적용을 소극적으로 배제한 것이고, 적용범위의 축소에 의한 한정적 위헌선언은 위헌적인 법적용 영역과 그에 상응하는 해석 가능성을 적극적으로 배제한다는 뜻에서 차이가 있을 뿐, 본질적으로는 다 같은 위헌결정이다(헌법재판소 1992.2.25. 선고 89헌가104 결정).

헌재 1997.12.24. 96헌마172, 판례집 9-2, 842,860-861

위와 같은 판례의 입장에 대하여 학설의 일부는 양자를 구조적으로 별개의 것으로 이해한다. 이에 따르면 한정합헌결정은 합헌으로 해석되는 의미 이외의 나머지 부분은 모두 위헌임을 확정하는 것인데 비하여, 한정위헌결정은 단지 당해 사건에서 위헌으로 확정할 수 있는 부분만 판단하고 나머지 부분에 대해서는 판단을 유보하는 것이라고 한다. 따라서 양자는 서로 바꿀 수 있는 결정형식이 아니라고 한다.

생각건대 헌법재판소 판례의 의견처럼 한정위헌결정과 한정합헌결정이 표리관계에 있는 경우가 있지만, 일부 학설의 비판처럼 **모든 경우에 양자가 표리관계에 있다고 할 수는 없다**. 즉 양자를 실질적으로 동일한 결정이라고 볼 수는 없다. 현행 제도가 구체적 규범통제인 점을 고려할 때, 해당 법률조항을 심판의 전제가 된 당해 소송사건에 적용하는 한 위헌이라면 한정위헌의 형식을 취해야 할 것이고, 당해 소송사건에 적용하는 한 합헌이라면 한정합헌의 형식을 취해야 할 것이다. 예컨대 국가보안법 적용사건에서 다의적 해석가능성이 있는 경우, 당해 소송사건에 적용하는 한 위헌이라면 한정위헌결정을 해야 하고, 당해 소송사건에 적용하는 한 합헌이라면 한정합헌결정을 해야 할 것이다.

③ **한정위헌결정의 효력**에 관하여 유의할 점이 있다. 한정위헌결정이 내려지면 해당 법률조항의 위헌인 부분(의미내용)은 효력을 상실한다. 앞에서 본 것처럼, 헌법재판소에 의하면 한정위헌결정도 위헌결정에 속하므로 기속력과 일반적 효력을 가진다(헌재 1997.12.24. 96헌마172).

그러나 대법원은 한정위헌결정의 기속력을 부인하면서, 한정위헌결정은 법원을 기속하지 못한다고 한다.

(판 례) 한정위헌결정의 기속력부인

특정 법률 또는 법률조항의 전부나 그 일부가 소멸되지 아니하거나 문언이 변경되지 않은 채 존속하고 있는 이상, 구체적 사건에 있어서 당해 법률 또는 법률조항의 의미·내용과 적용범위가 어떠한 것인지를 정하는 권한 곧 법령의 해석·적용 권한은 바로 사법권의 본질적 내용을 이루는 것으로서, 전적으로 대법원을 최고법원으로 하는 법원에 전속하는 것이다. (……)

그러므로 한정위헌 결정에 표현되어 있는 헌법재판소의 법률해석에 관한 견해는 법률의 의미·내용과 그 적용범위에 관한 헌법재판소의 견해를 일응 표명한 데 불과하여 이와 같이 법원에 전속되어 있는 법령의 해석·적용 권한에 대하여 어떠한 영향을 미치거나 기속력도 가질 수 없다고 하지 않을 수 없다.

대판 1996.4.9. 95누11405

생각건대 위와 같은 대법원 판례의 입장은 헌법재판소에 위헌법률심사권을 부여한 헌법의 취지를 경시한 것이다. 대법원의 의견처럼 법률의 해석권한은 사법권의 일부이며 이는 헌법이 보장하는 것이다. 그러나 헌법이 헌법재판소를 설치하고 위헌법률심사권을 부여한 이상, 법원의 법률해석권은 헌법재판소의 위헌법률심사권의 범위 안에서 이루어져야 한다. 위헌법률심사는 법률의 해석을 전제하므로 헌법재판소가 법률의 위헌여부를 심사하기 위하여 심사대상인 법률의 의미를 해석하는 것은 불가피한 것이다.

대법원이 한정위헌결정의 기속력을 부인하는 것은 근본적으로 변형결정의 형식을 부인하는 태도에서 나온 것으로 보인다. 그러나 앞에서 설명한 것처럼 변형결정의 형식은 불가피한 것으로 인정되어야 한다.

헌법재판소는 최근 형벌규정에 대한 한정위헌결정은 재심사유가 되지 않는다고 하면서 재심신청을 각하한 대법원 판결을 취소하였다. 헌법재판 역사상 두 번째의 재판취소 결정이다.

(판 례) 대법원 판결 취소(결정요지 발췌)

1. 재판소원금지조항의 위헌 여부에 대한 판단

헌법이 법률에 대한 위헌심사권을 헌법재판소에 부여하고 있으므로, 법률에 대한 위헌결정의 기속력을 부인하는 법원의 재판은 그 자체로 헌법재판소 결정의 기속력에 반하는 것일 뿐만 아니라 법률에 대한 위헌심사권을 헌법재판소에 부여한 헌법의 결단에 정면으로 위배된다.

헌법의 최고규범성을 수호하고 헌법이 헌법재판소에 부여한 법률에 대한 위헌심사권을 회복하기 위해서는 헌법재판소법 제68조 제1항 본문의 '법원의 재판'의 범위에서 '법률에 대한 위헌결정의 기속력에 반하는 재판' 부분을 명시적으로 제외하는 위헌결정을 하고, 위와 같은 법원의 재판에 대해서 예외적으로 헌법소원심판을 허용할 필요가 있다.

헌법재판소는 헌재 2016.4.28. 2016헌마33 사건에서 헌법재판소법 제68조 제1항 본문 중 '법원의 재판' 가운데 '헌법재판소가 위헌으로 결정한 법령을 적용함으로써 국민의 기본권을 침해한 재판' 부분에 대하여 위헌결정을 한 바 있다. 그러나 위 결정의 효력은 위 부분에 국한되므로, 재판소원금지조항의 적용 영역에서 '법률에 대한 위헌결정의 기속력에 반하는 재판' 부분을 모두 제외하기 위해서는 해당 부분에 대한 별도의 위헌결정이 필요하다.

따라서 헌법재판소는 이번 결정에서 재판소원금지조항 가운데 '법률에 대한 위헌결정의 기속력에 반하는 재판' 부분은 헌법에 위반된다고 선언한다.

2. 이 사건 재심기각결정들에 대한 판단

헌법재판소는 2012.12.27. 2011헌바117 결정에서 "형법 제129조 제1항의 '공무원'에 구 '제주특별자치도 설치 및 국제자유도시 조성을 위한 특별법' 제299조 제2항의 제주특별자치도통합영향평가심의위원회 심의위원 중 위촉위원이 포함되는 것으로 해석하는 한 헌법에 위반된다."는 한정위헌결정을 하였다.

이는 형벌 조항의 일부가 헌법에 위반되어 무효라는 내용의 일부위헌결정으로, 법 제75조 제6항, 제47조 제1항에 따라 법원과 그 밖의 국가기관 및 지방자치단체에 대하여 기속력이 있다. 그런데 이 사건 재심기각결정들은 이 사건 한정위헌결정의 기속력을 부인하여 헌법재판소법에 따른 청구인들의 재심청구를 기각하였다. 따라서 이 사건 재심기각결정들은 모두 '법률에 대한 위헌결정의 기속력에 반하는 재판'으로 이에 대한 헌법소원은 허용되고 청구인들의 헌법상 보장된 재판청구권을 침해하였으므로, 법 제75조 제3항에 따라 취소되어야 한다.

(청구인들에 대한 유죄판결은 이 사건 한정위헌결정이 이루어지기 전에 확정된 재판으로 그에 대한 구제는 재심절차에 의해서만 가능하고, 따라서 이 사건 한정위헌결정 이전에 확정된 청구인들에 대한 유죄판결은 법률에 대한 위헌결정의 기속력에 반하는 재판이라고 볼 수 없으므로 이에 대한 심판청구는 부적법하다고 하였다)

헌재 2022.6.30. 2014헌마760

헌법재판소의 위 결정은 집행력이 없다는 점에서 법원의 재심개시를 강제할 수는 없다. 나아가 법원이 재심개시결정을 한 후, 재심(본안)청구를 기각한 경우에도 헌법재판소의 결정이 아무런 실효성을 가질 수 없다는 한계가 있다.

(7) 헌법불합치결정

① 헌법불합치결정이란 심판대상인 법률(조항)이 위헌이라고 하더라도 단순위헌결정을 하는 것이 아니라 헌법에 합치하지 아니한다는 선언에 그치고, 해당 법률(조항)의 형식적 효력을 일정한 시점까지 존속시키는 결정형식이다.

헌법불합치결정이 **단순위헌결정과 다른 기본적 차이**는 해당 법률조항이 헌법위반임에도 불구하고 형식적 효력을 유지한다는 점이다. 형식적 효력은 유지하되 그 적용·집행을 금지하는 경우가 많지만, 일정한 시점까지 적용·집행을 허용하는 경우도 있다.

② 헌법불합치결정의 **근거 또는 필요성**은 다양하지만, 전형적으로는 단순위헌결정으로 인한 법적 공백과 법생활의 혼란을 방지할 필요가 있는 경우이다. 예컨대 선거법의 규정이 위헌이지만 재선거나 보궐선거에 대비하여 효력을 지속시키는 경우(기탁금제도 사건. 헌재 1989.9.8. 88헌가6), 또는 세법규정이 위헌이지만 기납세자와 미납세자 간의 형평이나 조세수입 손실에 대비할 필요가 있는 경우(토지초과이득세법 사건. 헌재 1994.7.29. 92헌바49) 등이다. 또한 국가로부터 급부를 받는 수혜적 법률의 경

우, 수혜내용이 평등위반으로 위헌이지만 불평등한 혜택이나마 중단되는 결과를 피하기 위해 헌법불합치결정을 내리는 예도 있다. 수혜적 법률에 대하여 위헌결정을 하더라도 기존의 수혜자들에 대한 수혜의 근거가 소멸되지 않는 경우에는 단순위헌결정을 하는 것이 원칙이다(헌재 2012.6.27. 2010헌마716; 혈우병 환자에 대한 일부 의약품에 대한 요양급여 인정대상 환자로 ''83.1.1. 이후에 출생한 환자'로 규정한 보건복지부 고시).

형벌조항에 대하여 헌법불합치결정이 가능한가에 대하여 논의가 있지만, 헌법재판소는 최근의 야간옥외집회에 관한 집시법 규정에 관한 결정 등 여러 사건에서 형벌법규에 대하여 헌법불합치결정을 하였다. 형사실체법 규정에 대한 헌법불합치결정에만 소급효가 인정되고, 형벌에 관한 법률 또는 법률의 조항이더라도 처벌되지 않는 사유를 규정한 것이라면 위헌결정의 소급효를 인정할 경우 오히려 그 조항에 따라 형사처벌을 받지 않았던 사람들에게 형사상의 불이익이 미치게 되므로 소급효가 인정되지 않는다는 점은 단순위헌결정에서와 같다(대판 2025.3.13. 2024도19846; 친족상도례에 의한 형 면제를 규정한 형법 제328조 제1항에 대한 헌법불합치결정의 소급효가 문제된 사건이다).

실제를 보면, 헌법재판소가 단순히 입법자의 입법형성권 보장 등을 내세워 헌법불합치결정을 남용한다는 비판이 따르고 있다. 독일에서는 1970년 연방헌법재판소법 개정을 통해 헌법불합치결정의 명시적 근거를 마련하였다.

③ 헌법불합치결정을 할 때에는 해당 법률의 형식적 **효력이 지속되는 시한**을 명시하는 것이 일반적이다. 효력종료의 시점을 정하지 않은 예도 있다(토지초과이득세법 사건. 헌재 1994.7.29. 92헌바49).

④ 헌법불합치결정은 입법자에게 위헌상태를 제거하도록 입법을 촉구하는 취지를 수반한다. 입법촉구의 취지는 결정의 주문이 아니라 결정이유를 통해 제시된다. 이를 **입법촉구결정**이라고 부르기도 하는데 이것은 헌법불합치결정과 별개의 결정형식은 아니다. 입법촉구는 입법자를 구속하는 것은 아니다. 이와 달리 본래 좁은 의미의 입법촉구결정 또는 입법개선촉구결정은 합헌결정을 하되, 장래 위헌으로 될 가능성이 있는 경우에 행하는 결정형식이다(이른바 '아직은 합헌'). 독일에서는 이런 결정의 예가 있으나, 우리나라에서는 결정주문에서 이런 결정형식을 취한 예를 아직 볼 수 없다.

⑤ 위에서 본 것처럼, 헌법불합치결정은 여러 다양한 형태가 있기 때문에 그 **주문의 형식**도 다양하다. "……헌법에 합치되지 아니한다"(시한을 정하지 않고 적용중지하는 경우. 헌재 1994.7.29. 92헌바49등), "……헌법에 합치되지 아니한다. 위 법률조항은 ……까지 효력을 지속한다"(시한부 효력을 지속하는 경우. 헌재 1989.9.8. 88헌가6등),

"……헌법에 합치하지 아니한다. 위 법률조항은 입법자가 ……까지 개정하지 않으면 (몇년 몇월 몇일) 그 효력을 상실한다. 법원 기타 국가기관 및 지방자치단체는 입법자가 개정할 때까지 위 법률조항의 적용을 중지하여야 한다"(시한부로 적용중지하는 경우. 동성동본금혼규정 사건. 헌재 1997.7.16. 95헌가6) 등이다.

헌법불합치결정도 위헌결정의 일종이므로 그 결정에는 재판관 6인 이상의 찬성이 필요하다.

⑥ **헌법불합치결정의 효력**에 관해 논의되는 여러 문제가 있다. 앞에서 설명한 것처럼, 헌법불합치결정으로 형식적 효력을 유지시키면서 적용 중지를 명하는 경우가 있는가 하면, 잠정적인 적용을 명하는 경우도 있다.

헌법불합치결정도 위헌결정이므로 기속력을 가진다. 법원 기타 국가기관 및 지방자치단체는 이에 기속된다.

(판 례) 헌법불합치결정의 기속력

헌법재판소의 또 다른 변형결정의 하나인 헌법불합치결정의 경우에도 개정입법시까지 심판의 대상인 법률조항은 법률문언의 변화없이 계속 존속하나, 헌법재판소에 의한 위헌성 확인의 효력은 그 기속력을 가지는 것이다.

헌재 1997.12.24. 96헌마172, 판례집 9-2, 842,861

헌법재판소가 적용 중지를 명하는 경우에 당해 법원은 정지된 재판을 진행할 수 없고, 입법개선이 있은 후 새 법률에 따라 재판한다. 잠정적 적용을 명하는 경우에는 법원은 이에 따라 재판을 진행하여야 한다(헌재 1995.9.28. 92헌가11). 그러나 이 경우 위헌으로 선언된 조항이 그대로 적용되는 것은 아님을 유의하여야 한다.

(판 례) 헌법불합치결정의 효력

헌법불합치결정(헌법재판소 2010.6.24. 선고 2008헌바128 전원재판부 결정)에 나타난 구 군인연금법(2011.5.19. 법률 제10649호로 개정되기 전의 것) 제23조 제1항(이하 '구법 조항'이라 한다)의 위헌성, 구법 조항에 대한 헌법불합치결정 및 잠정적용 이유 등에 의하면, 헌법재판소가 구법 조항의 위헌성을 확인하였음에도 일정 시한까지 구법 조항의 계속 적용을 명한 것은 구법 조항에 근거한 기존 상이연금 지급대상자에 대한 상이연금 지급을 계속 유지할 필요성 때문이고, 구법 조항이 상이연금 지급대상에서 배제한 '퇴직 후 폐질상태가 확정된 군인'에 대한 상이연금수급권 요건 및 수준, 군인연금법상 관련 규정의 정비 등에 관한 입법형성권 존중이라는 사유는 구법 조항에 대하여 단순 위헌결정을 하는 대신 입법개선을 촉구하는 취지가 담긴 헌법불합치결정을 해야 할 필요성에 관한 것으로 보일 뿐, 구법 조항에 의한 불합리한 차별을 개선입법 시행 시까지 계속 유지할 근거로는 보이지 않는다. 따라서 위 헌법불합치결정에서 구법 조항의 계속 적용을 명한 부분의 효력은 기존 상이연금 지급대상자에게 상이연금을 계속 지급할 수 있는 근거규정이라는 점에 미치는 데 그치고, 나아가 '군인이 퇴직 후 공무상 질병 또는 부상으로 인하여 폐질상태로 된 경우'에 대하여 상이연금 지급을 배제하는 근거규정이라는 점까지는 미치지 않는다고 보는 것이 타당하다. 즉 구법 조항 가운데 해석상 '군인이 퇴직 후 공무상 질병 등으로 인하여 폐질상태로 된 경우'를 상이연금 지급대상에서 제외한 부분은 여전히 적용중지 상태에 있다고 보아야 한다.

어떤 법률조항에 대하여 헌법재판소가 헌법불합치결정을 하여 입법자에게 그 법률조항을 합헌적으로 개정 또는 폐지하는 임무를 입법자의 형성 재량에 맡긴 이상, 개선입법의 소급적용 여부와 소급적용 범위는 원칙적으로 입법자의 재량에 달린 것이기는 하지만, 구 군인연금법(2011.5.19. 법률 제10649호로 개정되기 전의 것) 제23조 제1항(이하 '구법 조항'이라 한다)에 대한 헌법불합치결정(헌법재판소 2010.6.24. 선고 2008헌바128 전원재판부 결정)의 취지나 위헌심판의 구체적 규범통제 실효성 보장이라는 측면을 고려할 때, 적어도 헌법불합치결정을 하게 된 당해 사건 및 헌법불합치결정 당시에 구법 조항의 위헌 여부가 쟁점이 되어 법원에 계속 중인 사건에 대하여는 헌법불합치결정의 소급효가 미친다고 해야 하므로, 비록 현행 군인연금법 부칙(2011.5.19.)에 소급 적용에 관한 경과조치를 두고 있지 않더라도 이들 사건에 대하여는 구법 조항을 그대로 적용할 수는 없고, 위헌성이 제거된 현행 군인연금법 규정이 적용되는 것으로 보아야 한다.

해병대 부사관으로 복무하다가 만기 전역한 후 외상후성 정신장애가 발생한 갑이 관할관청에 상이연금 지급청구를 하였으나 구 군인연금법(2011.5.19. 법률 제10649호로 개정되기 전의 것) 제23조 제1항에서 정한 '공무상 질병 또는 부상으로 인하여 폐질상태로 되어 퇴직한 때'에 해당하지 않는다는 이유로 거부되자 법원에 거부처분 취소를 구하는 소송을 제기하는 한편 취소소송 계속 중 위 조항에 대한 위헌확인을 구하는 헌법소원을 제기하여 헌법불합치결정을 받은 사안에서, 이는 '당해 사건'으로서 헌법불합치결정의 소급효가 미치는 경우에 해당하므로, 비록 현행 군인연금법 부칙(2011.5.19.)에 그 소급 적용에 관한 경과규정이 없더라도 법 개정을 통해 위헌성이 제거된 현행 군인연금법의 상이연금 관련 규정이 적용되어야 한다.

대판 2011.9.29. 2008두18885

헌법재판소가 야간옥외집회에 관한 집시법규정 사건에서 헌법불합치 결정을 내리면서 잠정적용을 명한 후, 하급심 재판에서 무죄를 선고하기도 하고 유죄를 선고하기도 하는 등 혼선을 빚은 바 있다. 대법원은 이러한 문제를 정리하면서 헌법불합치결정은 위헌결정이므로 무죄를 선고하여야 한다고 하였다.

(판 례) 형벌법규에 대한 헌법불합치결정의 효력(1)

나. 헌법재판소의 헌법불합치결정은 헌법과 헌법재판소법이 규정하고 있지 않은 변형된 형태이지만 법률조항에 대한 위헌결정에 해당하고[대법원 2009. 1.15. 선고 2004도7111 판결, 헌법재판소 2004.5.27. 선고 2003헌가1, 2004헌가4(병합) 전원재판부 결정 등 참조], 집시법 제23조 제1호는 집회 주최자가 집시법 제10조 본문을 위반할 것을 구성요건으로 삼고 있어 집시법 제10조 본문은 집시법 제23조 제1호와 결합하여 형벌에 관한 법률조항을 이루게 되므로, 집시법의 위 조항들(이하 '이 사건 법률조항'이라 한다)에 대하여 선고된 이 사건 헌법불합치결정은 형벌에 관한 법률조항에 대한 위헌결정이라 할 것이다. 그리고 헌법재판소법 제47조 제2항 단서는 형벌에 관한 법률조항에 대하여 위헌결정이 선고된 경우 그 조항이 소급하여 효력을 상실한다고 규정하고 있으므로, 형벌에 관한 법률조항이 소급하여 효력을 상실한 경우에 당해 조항을 적용하여 공소가 제기된 피고사건은 범죄로 되지 아니한 때에 해당한다 할 것이고, 법원은 그 피고사건에 대하여 형사소송법 제325조 전단에 따라 무죄를 선고하여야 한다(대법원 1992.5.8. 선고 91도2825 판결, 대법원 2010.12.16. 선고 2010도5986 전원합의체 판결 등 참조).

대판(전합) 2011.6.23. 2008도7562

대법원의 위와 같은 판단은 형벌법규에 대한 헌법재판소의 헌법불합치결정 이후 법개정이 이루어진 경우에도 동일하게 적용된다.

(판 례) 형벌법규에 대한 헌법불합치결정의 효력(2)

법원이 헌법 제107조 제1항 등에 근거하여 법률의 위헌 여부의 심판제청을 하는 것은 그 전제가 된 당해 사건에서 위헌으로 결정된 법률조항을 적용하지 않으려는 데에 그 목적이 있다는 점과 헌법재판소법 제45조, 제47조의 규정 취지에 비추어 볼 때, 위와 같은 헌법재판소의 헌법불합치결정은 당해 사건인 이 사건에 적용되는 법률조항에 대한 위헌결정에 해당하는 것이다. 한편, 구법 제19조는 당사자의 행위가 구법 제6조 제1항의 규정에 위반한 것을 구성요건으로 삼고 있으므로 구법 제6조 제1항 본문 제2호는 구법 제19조와 결합하여 형벌에 관한 법률조항을 이루는 것이라고 볼 수 있는바, 형벌에 관한 법률조항에 대하여 위헌결정이 선고되는 경우 그 법률조항의 효력이 소급하여 상실되고, 당해 사건뿐만 아니라 위헌으로 선언된 형벌조항에 근거한 기존의 모든 유죄확정판결에 대해서까지 전면적으로 재심이 허용된다는 헌법재판소법 제47조 제2항 단서, 제3항의 규정에 비추어 볼 때, 위와 같이 헌법불합치결정의 전면적인 소급효가 미치는 형사사건에서 법원은 헌법에 합치되지 않는다고 선언된 구법 제6조 제1항 본문 제2호를 더 이상 피고인에 대한 처벌법규로 적용할 수 없다.

또한, 구법 제6조 제1항 본문 제2호에 대하여 헌법불합치결정이 선고된 이후에 2005.3.24. 법률 제7396호로 개정된 학교보건법 제6조 제1항 본문 제2호의2 등은 피고인이 공소사실 기재와 같은 행위를 한 다음에 입법화된 것임이 분명하므로, 이미 헌법에 합치되지 않는다고 선언된 구법을 토대로 하여 개정된 법률조항을 소급적용하여 피고인을 처벌하는 것은 헌법 제12조 제1항 및 제13조 제1항의 명문규정에 위배되어 허용될 수 없는 것이다(헌법재판소 1989.7.14. 선고 88헌가5 등 결정, 헌법재판소 1996.2.16. 선고 96헌가2 등 결정 참조).

대판 2009.1.15. 2004도7111

헌법재판소가 헌법불합치결정을 하면서 잠정적용을 명한 사건(헌재 2011.6.30. 2008헌바166 등)과 관련하여, 법원은 위헌소원 청구인들의 본안사건(수용재결취소)청구를 기각하였다(대판 2012.8.30. 2012두11638등). 위헌결정과 같은 취지의 헌법불합치결정을 이끌어 낸 당사자들의 권리는 구제되지 못하는 상황이 벌어졌다. 헌법재판소는 위 청구인들이 대법원 등의 판결을 취소하여 달라는 헌법소원사건에서 법원의 판단은 잠정적용을 명한 헌법불합치결정의 기속력에 반하지 않는다고 판시하였다(헌재 2013.9.26. 2012헌마806).

(판 례) 비형벌조항에 대한 헌법불합치결정의 소급효

헌법불합치결정이 선고된 경우 위헌결정과 달리 입법개선을 기다려 개선된 입법을 소급적으로 적용함으로써 합헌적 상태를 회복할 수 있으나, 헌법불합치결정도 위헌결정의 일종이므로 그 결정의 효력은 결정이 있는 날로부터 발생하고, 위헌결정의 경우와 같은 범위에서 소급효가 인정된다. 따라서 헌법불합치결정에 따른 개선입법이 소급적용되는 범위도 위헌결정에서 소급효가 인정되는 범위와 같으므로, 특별한 사정이 없는 한 헌법불합치결정 당시의 시점까

지 소급되는 것이 원칙이다.

대판 2024.10.8. 2024다241510

헌법불합치결정에서의 입법촉구는 국회에 대해 기속력이 없다. 국회가 입법개선을 하지 않는 경우에는 입법부작위로 인한 기본권침해에 대해 헌법소원을 할 수 있다.

입법자가 입법개선을 하면 신법이 소급하여 적용된다(헌재 1995.7.27. 93헌바1). 그러한 의미에서 헌법불합치결정도 소급효를 가진다. 비형벌조항에 대하여 잠정적용 헌법불합치결정이 선고되었으나 위헌성이 제거된 개선입법이 이루어지지 않은 채 개정시한이 지남으로써 법률조항의 효력이 상실되었다면 그 효과는 장래를 향해서만 미친다. 개정시한이 지난 후 개선입법이 이루어졌으나 소급효를 규정하는 경과규정을 두고 있지 아니한 경우에 법원으로서는 헌법불합치결정에서 정한 개정시한까지는 종전의 법률을 그대로 적용하여 재판할 수밖에 없다는 것이 대법원의 입장이다(대판 2024.9.27. 2018재두178).

헌법불합치결정도 단순위헌결정과 마찬가지로 일반 국민들에게 일반적 효력을 가진다. 그 내용은 불합치결정에서 적용중지를 명하는가 또는 적용을 명하는가에 따라 정해진다. 불합치결정에서 정한 법률효력의 시한이 지나면 해당 법률은 일반적으로 효력을 상실하게 된다.

8. 가 처 분

위헌법률심판에서 재판의 전제가 된 법률(조항)의 적용을 정지시키는 가처분이 허용되느냐가 문제된다. 헌법재판소법은 위헌법률심판에서 가처분이 인정되는지에 관하여 명시적 규정을 두지 않고 있다. 학설은 인정설과 부인설이 갈린다.

이를 인정할 필요성이 있고 금지할 정당한 이유가 없으므로 허용해야 할 것이다(앞의 III. 일반심판절차, 4. 가처분 참조).

9. 결정서 송달과 소송절차의 속개

헌법재판소가 종국결정을 하면 결정일로부터 14일 이내에 대법원을 거쳐 결정서 정본을 제청법원에 송달한다(헌법재판소법 제46조).

제청법원은 심판제청으로 정지되었던 소송절차를 속개하며, 헌법재판소 결정에 따라 재판한다(헌법 제107조 제1항).

V. 헌법소원심판

1. 서 설

(1) 헌법소원의 의의

헌법소원(憲法訴願)이란 공권력의 행사 또는 불행사로 인하여 헌법상 보장된 기본권을 침해받은 자가 헌법재판기관에 그 침해의 구제를 청구하는 제도이다. 헌법 제111조 제1항은 헌법재판소의 관장사항으로 "법률이 정하는 헌법소원에 관한 심판"을 규정하고, 헌법재판소법은 "공권력의 행사 또는 불행사로 인하여 헌법상 보장된 기본권을 침해받은 자는 법원의 재판을 제외하고는 헌법재판소에 헌법소원심판을 청구할 수 있다"고 헌법소원제도의 의의를 밝히고 있다(제68조 제1항 본문)(이하 헌법재판소법을 '법'이라 약칭한다).

헌법소원제도는 개인이 직접 헌법재판기관에 제소하여 헌법상 기본권 침해를 구제받을 수 있는 제도라는 점에서 의의가 크다. 독일, 오스트리아, 스페인 등 유럽 각국에서 시행하고 있다. 우리나라에서는 현행 헌법에서 처음 채택되었고, 독일 제도를 모델로 하였다.

(2) 헌법소원의 기능

헌법소원제도의 기능은 두 가지로 집약할 수 있다. 첫째, 개인의 기본권보장의 기능이다. 개인이 직접 헌법재판기관에 제소하여 구제받을 수 있는 주관적 권리구제 제도라는 점에서 이 제도의 특별한 존재의의가 있다. 둘째, 헌법보장의 기능이다. 헌법소원제도는 공권력이 기본권에 기속되게 함으로써 헌법보장의 기능을 수행한다. 기본권보장기능이 개인의 주관적 측면에서 본 것이라면 헌법보장기능은 객관적 측면에서 본 것이다. 이런 뜻에서 이중적 기능을 행한다고 할 수 있다(헌재 1995.7.21. 92헌마144).

(3) 헌법소원제도의 법률유보

헌법 제111조 제1항은 헌법재판소의 관장사항의 하나로 "법률이 정하는 헌법소원에 관한 심판"을 규정할 뿐이고, 헌법소원제도의 내용에 관하여는 법률에 위임하고 있다. 이것은 헌법소원제도의 내용을 전면적으로 법률에 위임한다는 의미는 아니며, 구체적인 입법형성을 입법자에게 위임하되 헌법소원제도의 핵심적 내용을 배제할 수 없음을 뜻한다.

위의 문제는 특히 헌법재판소법 제68조 제1항에서 헌법소원심판에 관해 규정하면서 "재판을 제외"한 점과 관련된다. 재판을 헌법소원대상에서 제외한 것이 위헌이냐 여부가 문제되는데, 헌법재판소는 합헌이라고 판시하였다(헌재 1997.12.24. 96헌마172).

2. 헌법소원의 종류

헌법재판소법은 두 종류의 헌법소원을 규정하고 있다. 하나는 이 법 제68조 제1항에 의한 헌법소원이고, 다른 하나는 이 법 제68조 제2항에 의한 헌법소원이다. 흔히 전자를 '**권리구제형** 헌법소원', 후자를 '**위헌심사형**(또는 규범통제형) 헌법소원'이라고 부른다. 위헌심사형 헌법소원을 '**위헌소원**'이라고 약칭하기도 한다. 본래의 헌법소원은 권리구제형 헌법소원이며, 위헌심사형 헌법소원은 우리나라의 독특한 제도이다.

위헌심사형 헌법소원은 법원의 소송사건에서 위헌법률심판의 제청신청이 기각된 당사자가 헌법재판소에 직접 위헌법률심사를 청구할 수 있는 제도이다(법 제68조 제2항. "제41조 제1항의 규정에 의한 법률의 위헌여부심판의 제청신청이 기각된 때에는 그 신청을 한 당사자는 헌법재판소에 헌법소원심판을 청구할 수 있다"). 이 제도는 법률에서 헌법소원심판이라는 용어를 쓰고 있으나 그 성질은 규범통제, 즉 위헌법률심판이라고 할 수 있다.

헌법재판소는 초기에 위헌심사형 헌법소원을 헌법소원의 일종으로 보는 입장을 취하기도 했으나, 지금은 위헌법률심사제도의 하나로 보고 있다. 헌법재판소법 제68조 제2항에 의한 심판절차에도 이 법 제41조의 위헌법률심판에 관한 규정들이 대부분 그대로 적용된다.

위헌심사형 헌법소원은 헌법소원 대상에서 재판을 제외한데 따른 문제점을 보완하기 위한 것이다. 구체적 소송사건에서 적용할 법률이 위헌임에도 불구하고 법원이 위헌법률심판의 제청을 하지 않는 경우, 그 당사자는 상급심을 모두 거친 후에 위헌인 법률을 적용한 재판에 대하여 헌법소원을 제기할 수 있어야 한다. 그러나 헌법재판소법은 재판에 대한 헌법소원을 인정하지 않으므로 이 경우에 구제받을 방법이 없게 된다. 이러한 문제점을 보완하기 위해 위헌법률심판제청의 신청을 기각당한 당사자가 직접 헌법재판소에 위헌법률심사를 청구할 수 있는 제도를 마련한 것이다.

권리구제형 헌법소원과 위헌심사형 헌법소원은 심판청구요건, 심판대상 등이 서로 다르다(헌재 1994.4.28. 89헌마221). 그러나 제68조 제1항의 헌법소원심판청구와 제2항의 헌법소원심판청구를 함께 제기할 수 있다(헌재 2010.3.25. 2007헌마933).

아래의 설명은 권리구제형 헌법소원을 중심으로 한 것이며, 위헌심사형 헌법소원에 관한 사항은 그에 이어 따로 묶어서 설명한다.

3. 헌법소원심판의 청구권자

헌법소원심판의 청구권자는 "공권력의 행사 또는 불행사로 인하여 헌법상 보장된 기본권을 침해받은 자"이다(법 제68조 제1항).

헌법상 기본권을 침해받은 자가 청구할 수 있으므로 기본권 주체가 될 수 있는 자만이 청구인 적격이 인정된다.

(1) 자연인

대한민국 국적을 가진 모든 자연인은 기본권 주체이며 따라서 헌법소원을 청구할 수 있다. 반면 외국인, 즉 외국국적을 가진 자 또는 무국적자인 자연인의 경우, 외국인에게도 인정되는 기본권에 관련해서만 청구인이 될 수 있다(앞의 제3편, 제2장, I '기본권의 주체' 참조).

심판 도중에 청구인이 사망한 경우 원칙적으로 심판이 종료된다(헌재 1992.11.12. 90헌마33). 그러나 예외적으로 재산권처럼 일신전속적(一身專屬的) 성격이 약한 기본권의 경우에는 상속인에 의한 헌법소원절차의 수계(受繼)가 가능하다(헌재 1993.7.29. 92헌마234).

(2) 사법상의 법인 또는 단체

사법(私法)상의 법인이나 기타 법인이 아닌 단체도 기본권의 주체가 될 수 있는 범위에서 청구권자가 될 수 있다(헌재 1991.6.3. 90헌마56).

법인이나 단체는 그 자신의 기본권을 직접 침해 당한 경우에만 헌법소원심판을 청구할 수 있으며, 법인이나 단체의 구성원을 위하여 또는 구성원을 대신하여 청구할 수는 없다(헌재 1991.6.3. 90헌마56; 헌재 1995.7.21. 92헌마177). 법인이나 단체의 내부기관은 청구할 수 없다(한국영화인협회 감독위원회 사건. 헌재 1991.6.3. 90헌마56).

정당은 권리능력없는 사단의 일종으로서 헌법소원을 청구할 수 있고(헌재 1991.3.11. 91헌마21), 노동조합도 청구할 수 있다(헌재 1991.11.25. 95헌마154; 현행 노동조합법 제6조는 노동조합은 그 규약으로 법인으로 할 수 있다고 규정하고 있다).

헌법재판소 판례에 의하면, 중·고등학교는 교육을 위한 시설에 불과하여 민법상 권리능력이나 민사소송법상 당사자능력이 없으므로 헌법소원 청구능력이 없고, 학교법인이 헌법소원을 청구할 수 있을 뿐이다(헌재 1993.7.29. 89헌마123). 영유아의 보육을 위한 시설에 불과한 민간어린이집은 헌법소원심판을 제기할 당사자능력이 있는 법인에 해당하지 않는다(헌재 2013.8.29. 2013헌마165; 검사는 어린이집이 법인임을 전제로 양벌규정에 따라 어린이집에 대하여 기소유예처분을 하였는바, 헌법재판소는 어린이집에 대한 위 기소유예처분이 무효라고 보았다).

(3) 국가기관과 공법인

국가나 국가기관은 기본권을 보호할 책임과 의무를 질 뿐이고 기본권 주체가 아니므로 헌법소원을 청구할 수 없다(헌재 1994.12.29. 93헌마120). 헌법재판소는 국회노동위원회(헌재 1994.12.29. 93헌마120), 국회의원(헌재 1995.2.23. 90헌마125), 지방자치단체장(헌재 1997.12.24. 96헌마365), 지방의회(헌재 1998.3.26. 96헌마345), 교육위원회위원(헌재 1995.9.28. 92헌마23)에 대하여 헌법소원 청구능력을 부인하였다.

국가기관도 예외적으로 항고소송의 당사자가 될 수 있다는 대법원 판례가 있으나(대판 2013.7.25. 2011두1214; 이 사건은 경기도 선거관리위원회 위원장이 원고가 되어 국민권익위원회가 원고에게 한 신분보장조치요구처분의 취소를 구하는 소를 제기한 사안이다. 위 처분에 대한 불복방법이 없었다는 특별한 사정이 고려되었다), 헌법재판소법 제68조 제1항의 헌법소원 청구인 적격은 인정되지 않는다. 국가기관에는 침해되는 기본권이 인정될 수 없기 때문이다. 행정소송법 제12조가 원고적격을 '처분등의 취소를 구할 법률상 이익이 있는 자'로 규정하고 있는 반면, 헌법재판소법 제68조 제1항은 청구인 적격을 '헌법상 보장된 기본권을 침해받은 자'로 한정하고 있음을 유의하여야 한다. 그러나 국가기관이 예외적으로 항고소송의 당사자가 될 수 있는 경우에는 헌법재판소법 제68조 제2항의 헌법소원(위헌소원)은 제기할 수 있음은 물론이다.

국가기관의 담당자가 **국가기관의 지위와 별개로 개인의 지위에서 헌법소원을 청구할 수 있느냐**가 문제된다. 대통령의 발언이 공무원의 선거중립의무를 규정한 공직선거법 제9조 제1항에 위반되었다고 판단한 중앙선거관리위원회 위원장이 대통령에게 선거중립의무 준수 요청을 한데 대하여 대통령은 개인의 정치적 표현의 자유를 침해하였다고 하여 헌법소원을 청구하였다. 헌법재판소 다수의견은 다음과 같은 이유로 청구인 적격을 인정하였다. '원칙적으로 국가기관은 기본권의 수범자로서 국민의 기본권을 보호할 의무를 지고 있으므로 헌법소원을 제기할 수 없으나, 언제나 그러한 것은 아니고, 심판대상 조항이나 공권력작용이 공적 과제를 수행하는 주체의 권한 내지 직무영역을 제약하는 성격이 강한 경우에는 기본권주체성이 부인되나, 일반 국민으로서 국가에 대하여 가지는 헌법상의 기본권을 제약하는 성격이 강한 경우에는 기본권주체성을 인정할 수 있다'(헌재 2008.1.17. 2007헌마700).

생각건대 국가기관 담당자가 국가기관의 지위를 떠나 개인의 지위에서 헌법소원을 청구할 수는 있다고 할 것이다. 그러나 위 사건의 경우, 대통령의 발언이 그의 직무와 무관한 것이라고 보기 어렵기 때문에 청구인 적격이 없다고 보았어야 할 것이다.

국가나 국가기관 외에 공법인도 원칙적으로 기본권 주체성이 인정되지 않으므로 헌법소원을 청구할 수 없다. 헌법재판소에 의하면 농지개량조합을 **공법인**이라고 보아 헌법소원 청구능력을 부인하였다(헌재 2000.11.30. 99헌마190).

그러나 공법인이라고 하더라도 예외적으로 청구인 적격을 인정할 수 있는 경우가 있다. 예컨대 국·공립대학이나 국·공영방송국 등처럼 공법인이 국가로부터 일정한 자율권을 갖는 경우에 그 자율권의 행사자의 지위에서 기본권주체성이 인정될 수 있고 그런 한에서 헌법소원 청구능력을 인정할 수 있다. 헌법재판소는 국립 서울대학교가 대학자율의 영역에서 기본권주체성을 갖는다고 판시한 예가 있다(서울대학교입시요강 사건. 헌재 1992.10.1. 92헌마68등). 다만 유의할 것은 이 사건에서 청구인과 피청구인(서울대학교)의 관계는 기본권주체와 공권력담당자와의 관계일 뿐 기본권주체 상호간의 관계로 볼 수는 없다는 점이며, 이 점에서 이 판례는 문제점을 지닌다.

4. 헌법소원심판 청구의 절차와 청구기간

(1) 서면주의, 변호사강제주의, 공탁금 납부 등

헌법소원심판의 청구는 서면으로 해야 하고, 청구서에 일정한 사항을 기재하여야 한다(법 제26조, 제71조). 다만 2009.12.29. 개정 헌법재판소법은 "제5장 전자정보처리조직을 통한 심판절차의 수행" 규정을 신설하여, 전자문서의 접수도 서면접수와 동일한 효력을 가지고, 당사자에 대한 소송서류의 송달 역시 전자적 송달에 의한 것도 가능하도록 하였다. 이 경우 전자정보처리조직을 이용하여 제출된 전자문서는 전자정보처리조직에 전자적으로 기록된 때에 접수된 것으로 본다(법 제76조, 제78조).

사인인 청구인은 변호사를 대리인으로 선임하여야 하여야 하며('변호사강제주의'), 다만 청구인이 변호사 자격을 가지고 있는 경우에는 그러하지 아니하다(법 제25조 제3항). 변호사를 선임할 자력이 없는 경우에는 국선대리인 선임을 신청할 수 있다. 또한 헌법재판소가 공익상 필요하다고 인정할 때에는 국선대리인을 선임할 수 있다. 그러나 심판청구가 명백히 부적법하거나 이유없는 경우 또는 권리의 남용이라고 인정되는 경우에는 국선대리인을 선정하지 아니할 수 있다(법 제70조 제1항, 제2항, 제3항).

변호사의 자격이 없는 청구인이 한 심판청구나 주장은 변호사인 대리인이 추인한 경우에 한하여 효력이 있고, 위와 같은 추인이 없는 한 대리인의 심판청구서에 기재되어 있지 아니한 청구인의 그 전의 심판청구 내용은 심판대상이 되지 않음이 원칙이다(헌재 2012.10.25. 2011헌마307). 그러나 헌법재판소는 심판청구서에 기재된 청구취지에 구애됨이 없이 청구인 등의 주장요지를 종합적으로 검토하여 침해된 기본권과 침해의 원인이 되는 공권력을 직권으로 조사하여 심판대상을 확정하여야 한다(헌재 2012.8.23. 2008헌마430).

헌법재판소는 청구인에게 헌법재판소규칙으로 정하는 공탁금의 납부를 명할 수 있고, 심판청구를 각하할 경우, 또는 심판청구를 기각할 경우에 그 심판청구가 권리남용이라고 인정되는 경우에는 공탁금의 전부 또는 일부의 국고귀속을 명할 수 있다(법 제37조 제2항, 제3항). 이것은 헌법소원 청구의 남용을 막기 위한 것이다.

헌법재판소 다수의견에 의하면, 헌법소원심판이 청구되더라도 심판대상인 피의사실(被疑事實)에 대한 공소시효는 정지되지 않는다(헌재 1993.9.27. 92헌마284).

(2) 청구기간

법 제68조 제1항에 의한 헌법소원(권리구제형)의 심판은 그 사유가 있음을 안 날로부터 90일 이내에, 그 사유가 있은 날부터 1년 이내에 청구하여야 한다. 다만 다른 법률에 의한 구제절차를 거친 헌법소원의 심판은 그 최종결정을 통지받은 날로부터 30일 이내에 청구하여야 한다(법 제69조 제1항). 법 제68조 제2항에 의한 헌법소원(위헌심사형)은 위헌여부심판의 제청신청을 기각하는 결정을 통지받은 날부터 30일 이내에 청구하여야 한다(법 제69조 제2항). 또한 헌법재판소 결정에 대하여 판단누락을 이유로 하는 재심청구의 제기기간은 결정서의 정본을 송달받은 날로부터 30일 이내이다(헌재 2012.4.24. 2012헌아208).

사유가 '있은 날'과 사유가 있음을 '안 날'의 규정 가운데 어느 하나의 기간을 경과하면 청구할 수 없다. 기본권 침해사유 발생일로부터 1년이라는 청구기간을 준수하지 못한 데에 정당한 사유가 인정되더라도, 기본권 침해사유를 안 날로부터 90일이라는 청구기간을 준수하지 못한 경우에는 심판청구가 부적법하여 각하된다(헌재 2024.4.25. 2021헌마473).

사유가 '있은 날'이란 공권력 행사에 의해 기본권침해가 발생한 날을 말한다. 공권력의 불행사로 인한 기본권침해의 경우에는 불행사가 지속되는 한 기간의 제약을 받지 않고 청구할 수 있다(헌재 1994.12.29. 89헌마2).

사유가 있음을 '안 날'이란 공권력행사에 의한 기본권침해의 사실관계를 안 날을 말하며, 그 위헌성으로 인해 헌법소원 대상이 됨을 안 날을 말하는 것은 아니다.

다른 사전구제절차를 거쳐 청구하는 경우 그것이 부적법한 구제절차인 때에는 부적법한 구제절차의 결과를 안 날이 아니라, 본래 기본권침해를 안 날을 말한다(헌재 1993.7.29. 92헌마6).

특히 문제되는 것은 **법령에 대한 헌법소원의 청구기간**이다. 법령으로 인해 직접 기본권침해가 발생하는 경우 법령을 대상으로 헌법소원을 청구할 수 있는데(이른바 '법령소원'), 이러한 법령소원의 청구기간 기산점(起算點)이 문제된다. 이에 관하여 헌법재판소는 경우를 나누어 판단하고 있다.

첫째, 법령의 시행과 동시에 기본권침해가 있는 경우, 법령이 시행된 사실을 안 날부터 90일 이내에, 법령이 시행된 날부터 1년 이내에 청구하여야 한다(헌재 1999.4.29. 96헌마352). 법령조항이 그 자구만 수정되었을 뿐 이전의 조항과 비교하여 실질적인 내용에 변화가 없어 청구인이 기본권을 침해당하고 있다고 주장하는 내용에 전혀 영향을 주지 않는다면, 청구기간의 기산은 이전의 법령을 기준으로 한다(헌재 2017.12.28. 2015헌마997).

둘째, 법령의 시행 후 그 법령에 해당하는 사유가 발생함으로써 기본권침해가 있는 경우, 그 사유가 발생하였음을 안 날부터 90일 이내에(헌재 1996.8.29. 94헌마113), 그 사유가 발생한 날부터 1년 이내에(헌재 1998.7.16. 95헌바19) 청구하여야 한다.

위의 둘째의 경우의 기산점에 관하여 헌법재판소 판례의 변경이 있었다. 초기 판례에 의하면, 현실적으로 기본권침해가 발생하지 않았더라도 "침해가 확실히 예상되는 등 실체적 요건이 성숙하여 헌법재판에 적합하게 된 때"를 기산점으로 잡았다(헌재 1990.6.25. 89헌마220). 그러나 그 후 판례를 변경하여, '침해가 확실히 예상되는 때'

가 아니라 현실적으로 '침해받은 때'를 기산점으로 하였다(헌재 1996.3.28. 93헌마198).

헌법재판소에 의하면 "청구기간 산정의 기산점이 되는 '법령에 해당하는 사유가 발생한 날'이란 법령의 규율을 구체적이고 현실적으로 적용 받게 된 최초의 날을 의미하는 것으로 보는 것이 상당하다. 즉, 일단 '법령에 해당하는 사유가 발생'하면 그 때로부터 당해 법령에 대한 헌법소원의 청구기간의 진행이 개시되며, 그 이후에 새로이 '법령에 해당하는 사유가 발생'한다고 하여서 일단 개시된 청구기간의 진행이 정지되고 새로운 청구기간의 진행이 개시된다고 볼 수는 없다"(헌재 2004.11.25. 2004헌마178). 선거여론조사 결과 공표를 제한하는 공직선거법 규정에 대한 헌법소원심판 청구에서, 청구인이 선거권자로서 해당 조항을 적용받은 최초의 선거일을 기준으로 청구기간 준수 여부를 판단하여야 한다(헌재 2024.4.25. 2020헌마371).

한편 기본권을 침해하는 법률의 부칙에서 일정한 유예기간을 둔 경우에도 해당 법률의 시행일에 기본권 침해가 이미 구체적이고 현실적으로 발생하였다는 것이 헌법재판소의 과거 판례였다(헌재 2011.3.31. 2010헌마45). 그러나 헌법재판소는 최근 견해를 변경하여, 시행유예기간 동안에는 기본권 행사에 있어서 어떠한 구체적, 현실적 제약을 받지 않으므로 유예기간 경과일이 기산점이라고 하였다(헌재 2020.4.23. 2017헌마479).

헌법재판소는 헌법소원심판을 청구할 수 있는 기간을 제한하고 있는 법 제69조 제1항의 위헌확인을 구하는 사건에서도 바로 그 조항에 근거하여 청구기간이 지났음을 이유로 각하결정을 할 수 있다고 한다(헌재 2013.2.28. 2011헌마666).

5. 헌법소원의 대상

(1) 개 관

헌법소원의 대상은 기본권을 침해하는 "공권력의 행사 또는 불행사"이다. "공권력의 행사 또는 불행사"란 입법권·행정권·사법권을 행사하는 모든 국가기관과 공공단체(지방자치단체·영조물법인 등)의 권력적 작용을 말하며, 작위(作爲)와 부작위(不作爲)를 포함한다.

직접 법적 효과를 발생시키는 법적 행위만이 아니라 권력적 **사실행위**도 포함한다(국제그룹해체 사건. 헌재 1993.7.29. 89헌마31).

국가·공공단체의 사법(私法)상 행위는 포함되지 않는다(한국증권거래소의 주권상장폐지결정 사건. 헌재 2005.2.24. 2004헌마442).

외국 또는 국제기관의 작용은 대상이 되지 않는다(여권압수 등 위헌확인 사건. 헌재 1997.9.25. 96헌마159).

(2) 입법작용

① **법률**은 구체적인 집행행위를 기다려 기본권 침해를 가져오는 것이 보통이다. 그러나 법률이 집행행위를 기다리지 않고 직접 현재에 기본권을 침해하는 경우에는 법률 그 자체에 대한 헌법소원 청구가 인정된다. 법률 자체가 직접 기본권을 침해하는 경우에 법률의 효력을 직접 다투는 소송은 인정되지 않기 때문에 구제절차를 거치지 않고 곧바로 헌법소원을 제기할 수 있다(헌재 1990.6.25. 89헌마220). 이를 **'법률소원'**이라고 부르며, 명령 등에 대한 헌법소원을 포함하여 **'법령소원'**이라고 부르기도 한다.

입법부작위는 두 경우로 구분된다. 첫째는 '진정(眞正)입법부작위'이다. 이것은 헌법상 입법의무가 있음에도 입법자가 전혀 입법을 하지 않는 경우이다. 이 경우 헌법재판소는 제한적으로 다음의 경우에 한하여 헌법소원 대상으로 인정한다. 즉 "헌법에서 기본권보장을 위하여 법령에 명시적인 입법위임을 하였을 때, 그리고 헌법해석상 특정인에게 구체적인 기본권이 생겨 이를 보장하기 위한 국가의 행위의무 내지 보호의무가 발생하였을 때"이다(헌재 1989.3.17. 88헌마1, 판례집 1, 9). 진정입법부작위에 대해 헌법소원을 인정한 예로 조선철도주식 사건이 있다(헌재 1994.12.29. 89헌마2). 반면, 헌법재판소는 선거일 당일 투표소에 수화통역인을 배치하도록 하는 내용이 법률을 제정할 헌법상 작위의무는 인정되지 않는다고 보았다(헌재 2013.8.29. 2012헌마840). 독립유공자를 예우할 의무, 일본군 위안부들을 보호할 헌법 의무는 있으나(제2편 제2장 Ⅰ. 1. 참조), 6·25전쟁 중 본인의 의사에 반하여 북한에 의하여 강제로 납북된 '전시납북자' 및 그 가족에 대한 보상입법을 마련할 헌법 의무는 인정되지 않는다(헌재 2022.8.31. 2019헌마1331).

둘째는 '부진정(不眞正)입법부작위'이다. 이것은 입법자가 어떤 사항에 관해 입법을 했지만 입법에 결함이 있는 경우이다. 예컨대, 새마을금고법상 '선거범죄를 범하여' 징역형 또는 100만 원 이상의 벌금형을 선고받은 사람에 대하여 임원의 자격을 제한하도록 규정하면서도, 선거범죄와 다른 죄의 경합범인 경우에 분리 선고하도록 하는 규정을 두지 않는 것이 그 예이다(헌재 2014.9.25. 2013헌바208). 이 경우 결함이 있는 입법을 대상으로 적극적인 위헌사유를 근거로 헌법소원을 제기하여야 한다(헌재 1996.10.31. 94헌마108).

② **조약**은 헌법소원의 대상이 된다(한일어업협정 사건. 헌재 2001.3.21. 99헌마139등). 그러나 **헌법규정** 자체는 대상이 되지 않는다(헌법 제29조 제2항 사건. 헌재 1996.6.13. 94헌마118).

(3) 행정작용

① 행정작용은 공권력의 작용 가운데 기본권 침해의 소지가 가장 많은 경우이다. 그러나 대부분의 행정작용은 헌법소원의 대상에서 배제되고 있다. 현행 헌법재판소법은 헌법소원의 보충성을 규정하고 있어서 사전에 다른 구제절차를 거쳐야 하고(제68조 제1항 단서), 대부분의 행정작용은 행정소송의 대상이 된다. 그런데 법원의 재판은 헌법소원의 대상이 아니기 때문에(법 제68조 제1항 후단) 행정소송의 재판을 대상으로 헌법소원을 제기할 수 없다. 이에 따라 헌법소원의 대상이 되는 행정작용은 행정소송의 대상이 되지 않는 행정작용에 국한되고 있다.

이 문제와 관련하여, 행정소송의 원인이 된 이른바 '**원**(原)**행정처분**'을 대상으로 하는 헌법소원이 인정되느냐가 문제된다. 학설은 긍정설과 부정설이 갈리지만, 헌법재판소 판례는 원행정처분에 대한 헌법소원을 인정하지 않고 있다(헌재 1998.5.28. 91헌마98). 다만 예외적으로 행정처분에 대한 법원의 재판이 헌법소원 대상이 되어 그 재판 자체가 취소되는 경우에 한하여 원행정처분을 대상으로 헌법소원을 제기할 수 있다고 한다(헌재 1997.12.24. 96헌마172등).

(판 례) 원행정처분에 대한 헌법소원

원행정처분에 대한 헌법소원심판청구를 받아들여 이를 취소하는 것은, 원행정처분을 심판의 대상으로 삼았던 법원의 재판이 예외적으로 헌법소원심판의 대상이 되어 그 재판 자체까지 취소되는 경우에 한하여, 국민의 기본권을 신속하고 효율적으로 구제하기 위하여 가능한 것이고, 이와는 달리 법원의 재판이 취소되지 아니하는 경우에는 확정판결의 기판력으로 인하여 원행정처분은 헌법소원심판의 대상이 되지 아니한다고 할 것이다. 원행정처분에 대하여 법원에 행정소송을 제기하여 패소판결을 받고 그 판결이 확정된 경우에는 당사자는 그 판결의 기판력에 의한 기속을 받게 되므로, 별도의 절차에 의하여 위 판결의 기판력이 제거되지 아니하는 한, 행정처분의 위법성을 주장하는 것은 확정판결의 기판력에 어긋나기 때문이다. 따라서 법원의 재판이 위 96헌마172등 사건과 같은 예외적인 경우에 해당하여 그 역시 동시에 취소되는 것을 전제로 하지 아니하는 한, 원행정처분의 취소 등을 구하는 헌법소원심판청구는 허용되지 아니한다고 할 것이다. 뿐만 아니라 원행정처분에 대한 헌법소원심판청구를 허용하는 것은, “명령 · 규칙 또는 처분이 헌법이나 법률에 위반되는 여부가 재판의 전제가 된 경우에는 대법원은 이를 최종적으로 심사할 권한을 가진다”고 규정한 헌법 제107조 제2항이나, 원칙적으로 헌법소원심판의 대상에서 법원의 재판을 제외하고 있는 헌법재판소법 제68조 제1항의 취지에도 어긋나는 것이다.

헌재 1998.5.28. 91헌마98, 판례집 10-1, 660,671-672

② **통치행위**라고 하더라도 기본권침해와 관련되는 경우에는 헌법소원의 대상이 된다(헌재 1996.2.29. 93헌마186)(앞의 제4장, V. 4. ‘통치행위’ 참조).

③ 명령 · 규칙 등 **행정입법**의 위헌여부는 헌법 제107조 제2항에 따라 “재판의 전제가 된 경우”에 대법원이 최종적으로 심사한다. 대법원 판례에 의하면 “구체적 사건의 심판을 위한 선결문제로서 행정입법의 위법성을 주장하여 법원에 대하여 당해 사건에 대한 적용 여부의 판단을 구할 수 있을 뿐 행정입법자체의 합법성의 심사를 목적으로 하는 독립한 신청을 제기할 수는 없다”(대판 1994.4.26. 93부32).

그러나 헌법재판소 판례에 의하면, 별도의 집행행위를 기다리지 않고 행정입법으로 인해 직접 기본권을 침해당한 경우에는 행정입법을 대상으로 헌법소원을 제기할 수 있다(헌재 1990.10.15. 89헌마178).

행정입법부작위도 직접 기본권침해가 발생하면 헌법소원의 대상이 될 수 있다(전문의자격시험불실시 사건. 헌재 1998.7.16. 96헌마246). 이 사건은 의료법이 “전문의의 자격인정을 받은 자가 아니면 전문과목을 표시하지 못한다. 전문의의 자격인정 및 전문과목에 관하여 필요한 사항은 대통령령으로 정한다”고 명시하였는데도 행정입법을 하지 않은 경우이다. 그런데 헌법재판소는 ‘국군포로의 송환 및 대우 등에 관한 법률’이 “귀환하기 전에 사망한 국군포로에게 억류기간 중의 행적이나 공헌의 정도에 상응하는 예우를 할 수 있다”라고 규정한 경우에도 대통령에게 시행령 제정의무가 있다고 하였다(헌재 2018.5.31. 2016헌마626). 북한에서 사망한 국군포로의 자녀로서 북한이탈주민인 청구인의 명예권을 침해하였다는 것이다. 다만 재판관 3인의 반대의견과 같이 행정입법 제정이 법률의 집행에 필수적인데도 이를 이행하지 않은 경우가 아닌, 법률의 시행 여부나 시행 시기까지 행정권에게 위임하여 재량권을 부여한 경우에도 행정입법 작위의무가 있다고 할 수는 없다고 할 것이다.

④ 고시 · 훈령 · 예규 등 **행정규칙**은 행정조직 내부적으로 효력을 가질 뿐이고

대외적 구속력이 없다. 따라서 원칙적으로 헌법소원의 대상이 되지 않는다(검찰사건사무규칙 사건. 헌재 1991.7.8. 91헌마42; 지방공무원 공로연수 운영지침 사건. 헌재 2006.12.26. 2006헌마1373). 그러나 행정규칙이라고 하더라도 실질적으로 대외적 구속력이 있는 경우에는 헌법소원의 대상이 될 수 있다(교육위원회인사관리원칙 사건. 헌재 1990.9.3. 90헌마13; 식품접객업소영업행위제한기준 사건. 헌재 2000.7.20. 99헌마455).

그런데 대법원 판례에 의하면, "고시(告示)가 일반적 · 추상적 성격을 가질 때에는 법규명령 또는 행정규칙에 해당할 것이지만, 다른 집행행위의 매개 없이 그 자체로서 직접 국민의 구체적인 권리의무나 법률관계를 규율하는 성격을 가질 때에는 항고소송의 대상이 되는 행정처분에 해당한다"고 판시하고 있다(대결 2003.10.9.자 2003무23; 대판 2006.9.22. 2005두2506). 이에 따른다면 집행행위의 매개 없이 그 자체로서 직접 국민의 구체적인 권리의무나 법률관계를 규율하는 고시에 대해서는 보충성의 원칙에 의해 헌법소원 대상이 되지 않는다.

그러나 헌법재판소는 여전히 비록 행정규칙이라고 하더라도 자기구속의 법리에 따라 대외적 구속력을 갖게 되는 경우에는 헌법소원의 대상이 되는 공권력의 행사에 해당한다고 하고 있다.

(판 례) 행정규칙에 대한 헌법소원

(파산면책자인 청구인들이 국민주택기금 수탁자인 농협, 우리은행에 각 전세자금 대출신청을 하였으나, 농협과 우리은행이 국토해양부장관의 '저소득가구 전세자금 지원기준' 및 '국민주택기금 운용 및 관리규정'에 따라 대출자격부적격자확인을 받자, 위 기준 및 규정에 대하여 헌법소원을 청구한 사안임)

이 사건 전세자금 지원기준은 국토해양부장관이 국민주택기금 중 저소득세입자의 주거안정을 위한 저소득가구 전세자금 대출제도의 운용을 위하여 그 대출대상 및 대출 절차 등을 정하고 있는 행정규칙이므로 원칙적으로 헌법소원의 대상이 되는 '공권력의 행사'에 해당하지 않는다. 다만 행정규칙이 재량권행사의 준칙으로서 그 정한 바에 따라 되풀이 시행되어 행정관행을 이루게 되어 평등의 원칙이나 신뢰보호의 원칙에 따라 행정기관이 그 상대방에 대한 관계에서 그 규칙에 따라야 할 자기구속을 당하게 되는 경우에는 대외적인 구속력을 갖게 되어 헌법소원의 대상이 된다(헌재 2005.5.26. 2004헌마49, 판례집 17-1, 754,761 참조).

이 사건 전세자금 지원기준 역시 그 직접적인 상대방은 기금수탁자인 농협중앙회와 우리은행이지, 기금의 운용에 따라 지원을 받는 국민은 아니다. 그러나 국민주택기금의 기금수탁자인 농협중앙회와 우리은행은 실질적으로 이러한 지원기준에 따라 전세자금 지원에 관한 사무를 처리할 수밖에 없고, 이 사건에서도 농협중앙회와 우리은행이 청구인들에게 각 대출자격이 없다고 결정한 것은 이들이 파산면책자로서 이 사건 심판대상조항에서 정한 신용관리대상자와 여신취급 제한대상자에 해당하기 때문이다.

그렇다면, 이 사건 심판대상조항은 대외적 구속력이 있는 공권력의 행사로서 헌법소원의 대상이 되는 공권력의 행사라고 보아야 할 것이다.

헌재 2011.10.25. 2009헌마588, 공보 181, 1637,1639

다만 헌법재판소는 최근에 '고시'의 '행정처분성'을 넓게 인정하는 듯한 결정을 내렸다.

(판 례) 고시의 행정처분성과 보충성

구 감염병예방법 제49조 제1항은 감염병을 예방하기 위하여 질병관리청장, 시·도지사 또는 시장·군수·구청장에게 각 호에 규정하는 '조치'를 하도록 규정하였는바, 피청구인은 위 조항에 근거한 조치로서 관내 음식점 및 PC방의 관리자·운영자들에 대하여 영업시간을 제한하거나 이용자 간 거리를 두도록 의무를 부여하는 내용의 심판대상고시를 발령하였다. 또한 이 사건 방역조치 고시는 모두 집합제한 조치의 내용과 적용 대상자를 명시하면서 법적 근거로 구 감염병예방법 제49조 제1항 제2호 등을 명시하고, 처분의 효력발생일을 특정하였다. 나아가 이 사건 방역조치 고시에는 모두 행정절차법 제21조 제4항 제1호에 따른 처분의 사전통지가 생략되었으며 처분 당사자는 행정절차법 제24조 제1항에 따라 처분서의 교부를 요청할 수 있다는 점을 기재하고 있고, 이 처분에 불복하거나 이의가 있는 경우 행정심판 또는 취소소송을 제기할 수 있다는 점도 명시되어 있다.

위와 같은 사정을 종합하면, 심판대상고시는 관내 음식점 및 PC방의 관리자·운영자들에게 일정한 방역수칙을 준수할 의무를 부과하는 것으로서, 피청구인은 구 감염병예방법 제49조 제1항 제2호에 근거하여 행정처분을 발하려는 의도에서 심판대상고시를 발령한 것이다. 대법원도 심판대상고시와 동일한 규정 형식을 가진 피청구인의 대면예배 제한 고시(서울특별시고시 제2021-414호)가 항고소송의 대상인 행정처분에 해당함을 전제로 판단한 바 있다(대법원 2022.10.27.자 2022두48646 판결). 그러므로 심판대상고시는 항고소송의 대상인 행정처분에 해당한다.

헌재 2023.5.25. 2021헌마21, 공보 320, 961,964

행정규칙 중 공권력 행사라기보다는 국가나 지방자치단체가 사경제주체로서의 활동 지침을 규정한 예규가 예외적으로 헌법소원의 심판대상이 되는지는 견해의 대립이 있다. 헌법재판소는 이를 긍정하고 있다.

(판 례) 행정자치부의 부정당업자 제재 예규에 대한 헌법소원

이 사건 예규조항(계약의 체결·이행 등과 관련한 금품 제공 등으로 부정당업자 제재 처분을 받은 자를 일정 기간 위와 같은 수의계약의 계약상대자에서 배제하도록 규정한 행정자치부예규인 '지방자치단체 입찰 및 계약 집행기준'; 저자)은 상위법령의 위임에 따라 '지방자치단체를 당사자로 하는 계약에 관한 법률'상 수의계약의 계약상대자 선정 기준을 구체화한 것이고, 국가가 일방적으로 정한 기준에 따라 지방자치단체와 수의계약을 체결할 자격을 박탈하는 것은 상대방의 법적 지위에 영향을 미치므로, 이 사건 예규조항은 헌법소원의 대상이 되는 공권력의 행사에 해당한다.

헌재 2018.5.31. 2015헌마853, 공보 260, 896,897

⑤ 행정청의 장래의 활동기준을 정한 **행정계획**은 대외적 구속력이 없는 사실상의 준비행위에 불과하지만, 직접 기본권침해가 발생했다고 인정되는 경우에는 예외적으로 헌법소원의 대상이 될 수 있다(서울대입시요강 사건. 헌재 1992.10.1. 92헌마68등). 그 명칭이 계획이라고 하더라도 법규명령의 효력을 갖는 행정규칙(예규)인 계획도 있다. 항공보안법에 따라 국토교통부장관이 수립·시행하는 국가항공보안계획이 그 예이다. 이러한 행정계획 중 승객의 인격권을 제한하는 검색조항에 대해서는 헌법소원을 제기할 수 있다(헌재 2018.2.22. 2016헌마780).

(판 례) 정부의 가상통화 관련 긴급대책이 공권력 행사에 해당하는지 여부

'금융위원회가 2017. 12. 28. 시중 은행들을 상대로 가상통화 거래를 위한 가상계좌의 신규 제공을 중단하도록 한 조치'(이하 '이 사건 중단 조치'라 한다) 및 '금융위원회가 2018. 1. 23. 가상통화 거래 실명제를 2018. 1. 30.부터 시행하도록 한 조치'(이하 '이 사건 실명제 조치'라 하고, '이 사건 중단 조치'와 합하여 이를 '이 사건 조치'라 한다)는 '특정 금융거래정보의 보고 및 이용 등에 관한 법률' 등에 따라 자금세탁 방지의무 등을 부담하고 있는 금융기관에 대하여, 종전 가상계좌가 목적 외 용도로 남용되는 과정에서 자금세탁 우려가 상당하다는 점을 주지시키면서 그 우려를 불식시킬 수 있는 감시·감독체계와 새로운 거래체계, 소위 '실명확인 가상계좌 시스템'이 정착되도록, 금융기관에 방향을 제시하고

자발적 호응을 유도하려는 일종의 '단계적 가이드라인'에 불과하다. 은행들이 이에 응하지 아니하더라도 행정상, 재정상 불이익이 따를 것이라는 내용은 확인할 수 없는 점, 이 사건 조치 이전부터 금융기관들이 상당수 거래소에는 자발적으로 비실명가상계좌를 제공하지 아니하여 왔고 이를 제공해오던 거래소라 하더라도 위험성이 노정되면 자발적으로 제공을 중단해 왔던 점, 이 사건 조치 이전부터 '국제자금세탁방지기구'를 중심으로 가상통화 거래에 관한 자금세탁 방지규제가 계속 강화되어 왔는데 금융기관들이 이를 고려하지 않을 수 없었던 점, 다른 나라에 비견하여 특히 가상통화의 거래가액이 이례적으로 높고 급등과 급락을 거듭해 왔던 대한민국의 현실까지 살핀다면, 가상통화 거래의 위험성을 줄여 제도화하기 위한 전제로 이루어지는 단계적 가이드라인의 일환인 이 사건 조치를 금융기관들이 존중하지 아니할 이유를 달리 확인하기 어렵다. 이 사건 조치는 당국의 우월적인 지위에 따라 일방적으로 강제된 것으로 볼 수 없으므로 헌법소원의 대상이 되는 공권력의 행사에 해당된다고 볼 수 없다.

(이선애 재판관 등 4인의 반대의견)

이 사건 조치의 내용을 살피면 정부당국이 '가상통화 거래 실명제 실시'를 염두에 두고 '신규 비실명가상계좌 발급을 통한 가상통화 거래 제한'이라는 특정 법적 효과 발생을 실질적인 목적으로 삼았고, 금융회사등이 이에 불응하면 '자금세탁행위나 공중협박자금조달행위 등을 효율적으로 방지하기 위한 금융회사등의 조치의무' 위반과 같은 추상적 의무위반사항을 상정하고 시정명령, 영업 정지 요구, 과태료 등의 제재조치를 가할 가능성을 배제할 수 없다. 일부 은행들은 일부 가상통화 거래소에 비실명가상계좌를 제공해 오면서 수수료 등 상당 수익을 얻던 중에 이 사건 중단 조치로 비로소 그 제공을 중단했고, 은행들은 가상통화 취급업소와 실명확인 입출금계정 서비스 관련 계약체결 대상을 선정함에 관한 자율성이 있을 뿐 가상통화 거래 실명제 시행 그 자체는 다른 예외나 선택의 여지없이 이 사건 실명제 조치로 강제되었다. 이를 종합하면, 이 사건 조치는 비권력적·유도적 권고·조언·가이드라인 등 단순한 행정지도로서의 한계를 넘어 규제적·구속적 성격을 상당히 강하게 갖는 것으로서, 헌법소원의 대상이 되는 공권력의 행사라고 봄이 상당하다.

헌재 2021.11.25. 2017헌마1384등, 공보 302, 1508,1509

위 결정에서 법정의견은 "가상통화 거래소에 대한 신규 가상계좌 제공 중단을 요청 받은 은행들이 당국의 요청에 따르지 아니할 경우 은행들에 행정상·재정상 불이익이 따를 것이라는 내용은 달리 확인할 수 없다"는 점을 강조하였다. 반면 이 사건 조치가 공권력의 행사에 해당한다고 본 4인 재판관의 반대의견은 "제재조치를 가할 가능성을 배제할 수 없(고), …… 이 사건 조치가 있기 직전까지 일부 은행들은 일부 가상통화 거래소에 비실명가상계좌를 제공해 왔고, 수수료 등 상당 수익을 얻던 중에 이 사건 중단 조치로 비로소 그 제공을 중단했다"는 점을 강조하였다. 헌법재판소는 금융위원회 부위원장 주재로 2017. 9. 29. 개최된 가상통화 TF 회의에서 발표된 '모든 형태의 ICO를 금지할 방침' 역시 안내 · 권고 · 정보제공행위에 불과하고, 헌법소원의 대상인 공권력의 행사가 아니라고 하였다(헌재 2022.9.29. 2018헌마1169).

⑥ 행정청의 기타 행위 가운데 헌법소원 대상 여부가 문제되는 경우들이 있다. **권력적 사실행위**에 대해 헌법소원을 인정한 예가 있다(국제그룹해체 사건. 헌재 1993.7.29. 89헌마31). 그 밖에 **행정청의 부작위**(헌재 1995.7.21. 94헌마136), **행정청의 거부행위**(헌재 1999.6.24. 97헌마315), **민원서류**(옥외집회신고서)**의 반려행위**(헌재 2008.5.29. 2007헌마712) 등에 대해 헌법소원을 인정한 사례가 있다. 교도소나 구치소의 수용자가 교정시설 외부로 나갈 경우 도주 방지를 위하여 수용자의 발목에 전자발찌를 부착하도록 규정한 교정본부의 운영방안이 공권력의 행사가 아니고, 개별 교도소장이나 구치소장의 전자발찌 부착행위가 권력적 사실행위로서 헌법소원심판의 대상이 되는 공권력행사이다(헌재 2018.5.31. 2016헌마191등). 헌법재판소는 경찰이 시위현장에서 참가자에게 직사살수하여 사망케 한 사건에서 해당 직사살수행위는 생명권과 집회시위의 자유를 침해한 위헌적인 권력적 사실행위라고 하였다(헌재 2020.4.23. 2015헌마1149). 육군훈련소장이 청구인들로 하여금 육군훈련소 내 종교행사에 참석하도록 한 이 사건 종교행사 참석조치는 피청구인이 우월적 지위에서 청구인들에게 일방적으로 강제한 행위로서 권력적 사실행위에 해당한다(헌재 2022.11.24. 2019헌마941; 정교분리원칙에 위배되어 종교의 자유를 침해한다고 하였다).

행정청의 내부행위 역시 공권력 행사에 해당하지 않는다. 가령 교육부장관의 '교육공무원이 금품수수 등 4대 비위로 징계를 받은 경우에는 징계기록 말소기간을 불문하고 교장임용 제청 대상에서 배제'하기로 한 '교장임용 제청 기준 강화방안'은 교육공무원법에 따른 자신의 임용제청권을 어떻게 행사할 것인지를 정한 내부적 행위에 불과하고 국민에게 직접 효력을 갖는다고 볼 수 없기 때문이다(헌재 2018.6.28. 2015헌마1072). 이에 해당하는 것들은 다음과 같다. 수사기관의 형사입건(헌재 2016.3.22. 2016헌마166), 내사 및 진정 종결처리(헌재 2018.7.17. 2018헌마564 및 헌재 2010.9.14. 2010헌마557), 사법시험 채점행위(헌재 2004.3.16. 2004헌마148), 대통령의 법률안제출행위(헌재 2006.3.14. 2006헌마204), 국립대학 · 총장의 교수재임용추천거부행위(헌재 1993.

5.13. 91헌마190), 국회 동의 전 대통령의 국군 해외파견 결정이나 국무회의의 심의·의결(헌재 2003.12.18. 2003헌마255등, 헌재 2003.12.18. 2003헌마225). 대통령기록물 소관 기록관이 대통령기록물을 중앙기록물관리기관으로 이관하는 행위 및 대통령권한대행이 대통령지정기록물의 보호기간을 지정하는 행위(헌재 2019.12.27. 2017헌마359등).

⑦ 국가(산업인력공단 포함)에서 실시하는 각종 시험의 공고는 특정의 사실을 불특정 다수에게 알리는 행위로서 그것이 공권력의 행사에 해당하는지 여부에 대해서는 일률적으로 말할 수 없고, 개별 공고의 내용과 관련 법령의 규정에 따라 구체적으로 판단하여야 한다. 따라서 응시자격, 시험일자, 시험장소 등이 그 공고를 통하여 비로소 확정되는 경우에는 그 공고 행위를 헌법소원의 대상이 되는 공권력의 행사로 볼 수 있지만(헌재 2001.9.27. 2000헌마159; 헌재 2019.5.30. 2018헌마1208등), 이러한 사항들이 이미 법령에 구체적으로 정해져 있어 공고가 단지 그와 실질적으로 동일한 내용을 확인하는 의미에 불과한 경우에는 이로 인하여 새로운 권리제한이 발생하지 아니하므로 헌법소원의 대상이 되는 공권력의 행사라 볼 수 없다(헌재 1997.12.19. 97헌마317; 헌재 2008.7.31. 2007헌마601).

⑧ 헌법재판소는 **검사의 불기소처분**에 대하여 헌법소원을 인정해왔다(헌재 1989.4.17. 88헌마3). 이것은 과거 형사소송법상 재정신청절차가 매우 좁게 인정되어 고소인의 권리보호를 위한 견제수단이 필요했기 때문이었다. 실제로 헌법소원사건 가운데 가장 많은 사건은 불기소처분사건이었다. 검사직무대리나 군검사도 피청구인이 되는 검사에 포함된다(헌재 2019.6.28. 2017헌마882; 헌재 2019.7.25. 2018헌마698).

그러나 2007년 형사소송법 개정에 따라 재정신청제도가 전면 확대되어, 고소권자로서 고소를 한 자가 불기소처분통지를 받은 때에는 당해 지방검찰청 소재지의 관할 고등법원에 재정신청을 할 수 있게 되었다(제260조. 시행 2008.1.1.). 그런데 검사의 불기소처분에 대해 법원의 재정신청절차를 거친 경우에는 원처분인 불기소처분에 대해 헌법소원이 인정되지 않는다(헌재 1998.8.27. 97헌마79). 뒤의 설명처럼 재판에 대해서는 헌법소원이 인정되지 않기 때문이다. 이에 따라 불기소처분에 대해서는 헌법소원을 청구할 수 없게 된 것이다. 다만 불기소처분이 재정신청의 대상이 되지 아니하는 등 적절한 권리구제 수단이 없는 경우에는 헌법소원심판을 청구할 수 있다(헌재 2008.11.27. 2008헌마399·400(병합)).

고소를 한 바 없는 범죄피해자는 고소인이 아니므로 검사의 불기소처분에 대하여 검찰청법상의 항고, 재항고 또는 형사소송법상의 재정신청 절차에 의한 구제를 받을 방법이 없으므로 곧바로 헌법소원심판을 청구할 수 있다(헌재 2008.12.26. 2008헌마

387). 이 때 침해되는 기본권은 평등권과 재판절차진술권이다. 또한 검사로부터 기소유예처분을 받은 피의자도 항고, 재항고 등의 절차에 의한 구제를 받을 방법이 없으므로 곧바로 헌법소원심판을 청구할 수 있다(헌재 2013.9.26. 2012헌마562). 이 때 침해되는 기본권은 평등권과 행복추구권이다. 또한 헌법재판소법 제75조 제5항에 따라 기소유예처분을 취소하면서 동 처분의 근거가 된 법률에 대하여도 위헌선언을 할 수 있다(헌재 2015.3.26. 2014헌마1089; 정신보건법상의 양벌규정을 위헌으로 선언한 사례).

과거 헌법재판소는 '혐의없음처분'(헌재 1989.7.14. 89헌마10), '죄가 안 됨' 처분(헌재 2001.10.25. 2001헌마515), 기소중지처분(헌재 1991.4.1. 90헌마115), 기소유예처분(헌재 1999.3.25. 98헌마303), '공소권없음처분'(헌재 1998.10.29. 98헌마292)에 대한 헌법소원을 인정하였다. 반면 기소처분은 독립하여 헌법소원의 대상이 안된다고 판시하였다(헌재 1992.12.24. 90헌마158).

(4) 사법작용

① 헌법재판소법 제68조 제1항은 헌법소원 대상에서 **법원의 재판을 제외**하고 있다. 독일, 오스트리아 등에서 재판도 헌법소원 대상으로 삼고 있는 것과는 다른 제도다. 입법 당시 논란이 있었지만 대법원 위의 제4심을 인정할 수 없다는 이유로 채택된 규정이다.

여기에서 '법원의 재판'은 넓게 해석되고 있다. 종국판결 외에 중간판결뿐만 아니라 소송절차상의 여러 부수적 결정도 포함되는 것으로 본다(헌재 1992.12.24. 90헌마158). 최근의 실례로, 인터넷회선을 통하여 송·수신하는 전기통신의 감청을 대상으로 하는 법원의 통신제한조치에 대한 허가(헌재 2018.8.30. 2016헌마263), 판사의 디엔에이감식시료채취영장 발부(헌재 2018.8.30. 2016헌마344)에 대한 헌법소원은 부적법하다.

법 제68조 제1항에서 재판을 헌법소원 대상에서 제외한 것이 위헌이 아니냐는 문제가 있다. 그러나 헌법재판소는 "법원의 재판을 헌법소원심판의 대상에 포함시켜야 한다는 견해는 기본권보호의 측면에서는 보다 이상적이지만, 이는 헌법재판소의 위헌결정을 통하여 이루어질 문제라기보다 입법자가 해결해야 할 과제이다"라고 하여 위헌이 아니라고 판시하였다(헌재 1997.12.24. 96헌마172등, 판례집 9-2, 842,858-859).

② 헌법재판소에 의하면 법원의 재판도 **예외적으로 헌법소원의 대상이 되는 경우**가 있다. 헌법재판소가 위헌으로 결정한 법률을 법원이 적용하는 경우에 이 재판에 대한 헌법소원이 인정되지 않는다고 해석한다면, 법 제68조 제1항은 그런 한도에서 위헌이라고 하여 한정위헌 결정을 내린 것이다(헌재 1997.12.24. 96헌마172등).

위 사건의 개요는 이러하다. 소득세법에 따른 과세처분에 대해 청구인은 그 취소를 구하는 행정소송을 제기하였다. 청구가 기각되자 청구인은 대법원에 상고하였고, 상고심 계속 중 헌법재판소는 해당 소득세법 조항에 대해 한정위헌결정을 내렸다(94헌바40, 95헌바13병합). 그런데 대법원은 이 한정위헌결정에도 불구하고 해당 법률조항이 유효하다고 보면서, 위 과세처분이 적법하다고 본 원심이 정당하다고 판단하여 상고를 기각하였다(대판 1996.4.9. 95누11405). 이에 청구인은 이 과세처분이 위헌결정으로 효력을 상실한 법률조항에 근거한 것이며, 이로 인해 기본권을 침해받았다는 이유로 위 과세처분의 취소를 구하는 헌법소원심판을 청구함과 아울러, 헌법소원의 대상에서 법원의 재판을 제외하고 있는 헌법재판소법 제68조 제1항 및 위 대법원판결의 위헌선언을 구하는 헌법소원심판을 청구하였다.

헌법재판소는 "헌법재판소법 제68조 제1항 본문의 '법원의 재판'에 헌법재판소가 위헌으로 결정한 법령을 적용함으로써 국민의 기본권을 침해한 재판도 포함되는 것으로 해석하는 한도 내에서, 헌법재판소법 제68조 제1항은 헌법에 위반된다"고 판시하면서, 아울러 위 대법원판결 및 원 과세처분을 취소하는 결정을 내렸다(헌재 1997.12.24. 96헌마172, 판례집 9-2, 842,848-849).

헌법재판소는 지속적으로 대법원 판결을 취소하고 있다(헌재 2022.7.21. 2013헌마242). 조세감면규제법 부칙이 실효되지 않았다고 판단한 대법원 판결 이후, 위 부칙이 실효되지 않은 것으로 해석하면 위헌이라고 헌법재판소가 결정하자, 청구인이 대법원에 재심청구를 하였고, 대법원은 이를 기각하였다(대판 2013.3.28. 2012재두299). 헌법재판소는 이 재심기각판결을 취소한 것이다. 헌법재판소와 법원의 입장이 20년 넘게 평행선을 달리고 있는데, 이번 사건의 경우 헌법재판소가 한정위헌으로 결정한 법률조항을 법원이 적용한 사안이 아니라, 헌법재판소법 제75조 제7항이 규정한 재심사유에 해당하지 않는다고 판단한 판결을 취소한 것이기 때문에 논란이 되고 있다. 다수의견은 이 사건 재심기각판결은 '법률에 대한 위헌결정의 기속력에 반하는 재판'에 해당한다고 하였다. 다만 재심기각판결이 원행정처분을 심판의 대상으로 한 것은 아니라는 이유로 원행정처분은 취소하지 않았다. 헌법재판소는 같은 날 같은 이유를 들어, 2013헌마496 결정에서는 대법원 2013.11.15.자 2013두14665 판결 및 원심인 고등법원 판결을, 2013헌마497 결정에서는 대법원 2013.9.12.자 2013두10601 판결 및 고등법원 판결을 취소하였다. 이 결정들에서도 원행정처분은 취소하지 않았다.

위헌결정에 따르지 않는 재판에 대한 헌법소원은 위헌결정이 내려진 이후의 재판에 대해서만 인정된다(헌재 1998.4.30. 92헌마239).

위헌으로 선언된 긴급조치 위반으로 체포·구금되었음을 이유로 하는 국가배상청구소송에서 국가책임을 인정하지 않은 법원의 판결은 헌법소원의 대상이 되는 판결이 아니다. 다만 반대의견은 도저히 묵과할 수 없는 부정의한 결과가 되는 법원의 판결은 예외적으로 재판소원의 대상이 된다고 한다(헌재 2019.2.28. 2016헌마56). 그러나 이후 대법원은 2022년 전원합의체 판결로 체포, 구속, 기소 및 법원의 판결을 포함한 일련의 국가작용이 전체로 보아 위헌이므로 국가배상책임이 인정된다고 하였다(제3편 제14장 Ⅴ. 4. 참조).

③ **소송지휘** 또는 **재판진행**에 관한 사항은 그 자체가 재판장의 결정이나 명령으로서 법원의 재판에 해당하고, 도한 그것이 비록 재판의 형식이 아닌 사실행위로 행하여졌다고 하더라도 종국판결이 선고된 이후에는 종국판결에 흡수·포함되어 그 판결에 대한 상소에 의하여만 불복이 가능하므로 헌법소원의 대상이 될 수 없다(헌재 2012.7.26. 2011헌바268).

④ **재판의 지연**은 헌법소원의 대상이 될 수 없다. 재판지연은 법원의 재판절차에 관한 것으로 볼 수 있기 때문이다(헌재 1998.5.28. 96헌마46).

⑤ 대법원규칙 제정이나 그 부작위와 같은 **사법입법**에 대해서도 헌법소원이 인정된다(법무사법시행규칙 사건. 헌재 1990.10.15. 89헌마178). 헌법재판소 판례는 재심소장을 법원행정처 송무국장이 '민원에 대한 회신' 형식으로 반려했을 경우 이를 공권력행사로 인정하였다(헌재 2007.2.22. 2005헌마645).

⑥ **헌법재판소 결정**은 헌법소원 대상이 되지 않는다. 헌법재판소가 이미 한 결정에 대해서는 자기기속력 때문에 이를 취소·변경할 수 없다(헌재 1989.7.24. 89헌마141).

(5) 기타 공권력작용

자치입법인 **조례** 자체가 기본권을 침해하는 경우 조례에 대한 헌법소원이 인정된다(헌재 1995.4.20. 92헌마264등). 그러나 대법원 판례에 의하면 조례가 집행행위 없이 직접 국민의 권리의무에 영향을 미치는 경우에 그 조례는 항고소송의 대상이 되는 행정처분에 해당한다(대판 1996.9.20. 95누8003). 위 대법원판례 이후 헌법재판소는 조례에 대한 헌법소원심판에서 청구기간을 도과하였다는 이유로 각하하는 등(헌재 1998.10.15. 96헌바77) 본안판단을 하지 않았으나, 서울시와 부산시의 사설학원의 심야교습을 금지하는 내용의 조례에 대한 헌법소원심판청구사건 등에서는 본안판단을 하여 기각하였다(헌재 2009.10.29. 2008헌마635).

(판 례) 조례에 대한 헌법소원

'옥외광고물 등 관리법'제4조 제2항, 법 시행령 제25조 제3항, '신행정수도 후속대책을 위한 연기·공주지역 행정중심복합도시 건설을 위한 특별법'제60조의2 제1항, 제3항에 비추어 보면, 이 사건 고시(특정구역 안에서 업소별로 표시할 수 있는 광고물의 총 수량을 1개로 제한한 행정중심복합도시건설청 고시; 저자)는 고시라는 명칭에도 불구하고 조례의 효력을 가지므로 심판대상조항들은 헌법소원의 대상이 되는 공권력 행사에 해당하며, 처분적 조례(상대방이나 적용사건이 특정되는 조례; 저자)에 해당한다고 보기 어려울 뿐만 아니라 항고소송의 대상이 되는 행정처분에 해당하는지 여부 또한 불확실하므로 보충성의 예외에 해당한다.

헌재 2016.3.31. 2014헌마794, 공보 234, 651,652

지방자치단체가 조례제정을 지체한 진정입법부작위에 대해 헌법소원을 인용한 헌법재판소 결정이 있다(헌재 2009.7.30. 2006헌마358. 앞의 제3편 제15장 VI, 5 (1) '공무원의 노동3권 제한' 참조).

국립대학교 총장임용후보자 선정에 관한 규정은 영조물법인의 훈령인데 행정규칙인지 자치규범인지 명확하게 판단하지는 않았으나 헌법소원의 대상이 되는 공권력의 행사에 해당한다는 것이 판례의 입장이다(헌재 2018.4.26. 2014헌마274). 대한변호사협회는 변호사 등록에 관한 한 국가의 공행정사무를 수행하는 공법인으로서의 공권력행사의 주체라는 것이 판례이다(헌재 2019.11.28. 2017헌마759). 대한변호사협회는 변호사법에서 위임받은 변호사 광고에 관한 규제를 설정함에 있어서도 공법인으로서 공권력 행사의 주체가 된다(헌재 2022.5.26. 2021헌마619).

그 밖에 헌법재판소는 어린이헌장의 제정·선포행위는 공권력의 행사로 볼 수 없기 때문에 헌법소원 대상이 되지 않는다고 판시하였다(헌재 1989.9.2. 89헌마170).

또한 표준어를 교양있는 사람들이 두루 쓰는 현대 서울말로 정함을 원칙으로 하고 있는 표준어 규정(문교부고시)은 공권력의 행사에 해당하지 않는다고 보았다(헌재 2009.5.28. 2006헌마618).

그러나 국가인권위원회의 진정기각결정(헌재 2008.11.27. 2006헌마440), 공정거래위원회의 심의절차종료결정 및 심사불개시결정(헌재 2011.12.29. 2011헌마100)은 공권력의 행사로서 헌법소원심판의 대상이 된다. 다만, 공정거래위원회가 '표시·광고의 공정화에 관한 법률' 위반을 이유로 한 경고는 국민의 권리의무에 직접 영향을 미치는 처분에 해당하므로 행정소송의 대상이 되고, 따라서 헌법소원의 대상이 되지 않는다는 것이 판례이다(헌재 2012.6.27. 2010헌마508).

6. 헌법소원의 적법요건

헌법소원심판을 청구하기 위해서는 기본권 침해, 법적 관련성, 보충성, 권리보호이익 및 심판이익 등 적법요건을 갖추어야 한다.

(1) 기본권 침해

헌법소원은 "헌법상 보장된 기본권을 침해받은" 경우에 할 수 있다(법 제68조 제1항). ① 여기에서 '헌법상 보장된 기본권'이 무엇을 의미하는지 문제된다.

(판 례) '헌법상 보장된 기본권'의 의미

헌법소원심판을 청구할 수 있기 위하여는 청구인의 "헌법상 보장된 기본권"이 침해되어야 한다. 여기서 헌법상 보장된 기본권이 구체적으로 무엇을 의미하는지는 반드시 명확하지는 않다. 우리 헌법 제2장 국민의 권리와 의무(제10조 내지 제39조) 가운데에서 의무를 제외한 부분이 원칙적으로 기본권에 해당함은 인정할 수 있으나, 그에 한정할 것인지 또는 헌법상의 위 규정들 이외에서도 기본권성을 인정할 수 있는지, 나아가서 헌법의 명문의 규정이 없다하더라도 인정되는 기본권이 존재하는지, 존재한다면 구체적으로 어떠한 것인지에 대하여는 반드시 명확하다고만은 할 수 없다. 따라서 이 문제는 결국 개별적·구체적인 헌법해석에 의하여 해결하는 수밖에 없으나, 그것에 내재하는 의미를 "헌법에 의하여 직접 보장된 개인의 주관적 공권"이라고 파악할 수 있다.

헌재 2001.3.21. 99헌마139등, 판례집 13-1, 676,692-693

헌법재판소는 위의 기준에 따라, 헌법전문에 기재된 '3·1정신'으로부터 개별적 기본권을 도출해낼 수는 없다고 보았다. 한편 지방자치법에서 규정한 주민투표권은 법률상의 권리이며 헌법이 보장하는 기본권이라고 할 수는 없다고 판시하였다(헌재 2001.6.28. 2000헌마735). 다만 주민투표권이 헌법상 기본권이 아닌 법률상의 권리에 해당한다 하더라도 비교집단 상호간에 차별이 존재할 경우에 헌법상의 평등권 심사까지 배제되는 것은 아니다(헌재 2007.6.28. 2004헌마643). 또한 유권자가 설정한 국회의석분포에 국회의원들을 기속시키고자 하는 내용의 '국회구성권'이라는 기본권은 인정할 수 없으며(헌재 1998.10.29. 96헌마186), 단순한 독점적 영업이익의 상실도 기본권 침해로 볼 수 없다고 판시하였다(헌재 2000.1.27. 99헌마660). 또한 납세자의 권리는 헌법상 보장된 권리로 볼 수 없으므로 납세자의 권리침해는 헌법소원심판의 이유가 될 수 없다(헌재 2009.10.29. 2007헌바63)고 보았다.

반면 지방자치단체의 폐치분합에 관해서는 인간다운 생활을 할 권리, 환경권 등 기본권과 관련이 있다고 보아 헌법소원 대상이 된다고 보았다(헌재 1994.12.29. 94헌마201).

② 기본권 '침해'가 있어야 헌법소원을 제기할 수 있다. 공권력 작용이 개인의 권리나 의무에 영향을 미치지 않는 경우에는 침해가 있다고 볼 수 없다. 예컨대 민원인에 대한 단순한 회신은 법적 구속력이 없기 때문에 소원의 대상이 되지 않는다(헌재 1989.7.28. 89헌마1). 국가기관 사이의 내부적 행위도 소원의 대상이 되지 않는다. 예컨대 대통령의 법률안제출 행위는 소원 대상으로 인정되지 않는다(헌재 1994.8.31. 92헌마174).

입법절차의 하자를 이유로 헌법소원심판을 청구할 수 있느냐가 문제된다. 헌법재판소에 의하면 이른바 날치기 법률안통과의 경우, 단순히 입법절차가 헌법이나 국회법에 위반했다는 사유만으로 헌법소원이 인정되지 않으며, 다만 국회의원이 국회의장을 상대로 권한쟁의심판을 청구할 수 있다고 보았다(헌재 1998.8.27. 97헌마8).

③ 헌법재판소는 기본권 침해의 유무에 관하여 헌법소원심판의 청구인의 주장에만 한정하지 않고, 가능한 모든 범위에서 직권으로 이를 심사한다(헌재 1989.9.4. 88헌마22등).

(2) 법적 관련성

헌법소원심판의 청구인은 기본권 침해와 법적 관련성이 있어야 한다. 법적 관련성은 자기의 기본권이, 현재, 그리고 직접 침해받은 경우에만 인정된다. 즉 기본권 침해의 자기관련성, 현재성, 직접성이 인정되어야 헌법소원을 제기할 수 있다.

① **자기관련성**(自己關聯性)이란 공권력작용에 의해 자기의 기본권을 침해받은 자만이 소원을 제기할 수 있음을 말한다. 제3자는 특별한 사정이 없는 한 기본권침해에 직접 관련되었다고 볼 수 없다(헌재 1997.3.27. 94헌마277). 간접적, 사실적 또는 경제적 이해관계로만 관련이 있는 제3자는 원칙적으로 헌법소원을 제기할 수 없다(헌재 1993.3.11. 91헌마233). 법이 일반게임제공업자를 그 수범자로 명시하고 있는 게임물 이용자는 제3자에 해당하여 기본권침해의 자기관련성이 인정되지 않는다(헌재 2022.5.26. 2020헌마670등).

수혜적 법령의 경우에는 수혜범위에서 제외된 자가 자신이 평등원칙에 반하여 수혜대상에서 제외되었다는 주장을 하거나, 비교집단에게 혜택을 부여하는 법령이 위헌이라고 선고되어 그러한 혜택이 제거된다면 비교집단과의 관계에서 청구인의 법적 지위가 상대적으로 향상된다고 볼 여지가 있는 때에 청구인이 그 법령의 직접적인 적용을 받는 자가 아니라고 할지라도 자기관련성을 인정할 수 있다(헌재 2013.12.26. 2010헌마789 참조). 소득세법은 종교인의 경우 일반 국민에 비하여 비과세될 수 있는 기타소득의 범위를 넓게 설정하고, 소득의 종류로 근로소득과 기타소득을 선택할 수 있도록 하거나 그 밖에 세무조사 과정에서 세무공무원의 질문 · 조사권의 범위를 제한하는 등의 혜택을 주고 있는데, 이들 혜택이 제거되더라도 일반 국민인 청구인들의 납세의무나 세무조사 과정에서 공무원의 질문 · 조사를 받을 의무의 내용에 영향을 미침으로써 위 청구인들의 법적 지위가 향상될 여지가 있다고 보기 어려워, 일반 국민인 청구인들은 위 소득세법상 종교인 혜택 조항에 관한 자기관련성이 인정되지 않는다(헌재 2020.7.16. 2018헌마319).

그러나 공권력 작용이 제3자의 기본권을 직접적이고 법적으로 침해하고 있는 경우에는 예외적으로 제3자의 자기관련성을 인정할 수 있다. "어떠한 경우에 제3자의 자기관련성을 인정할 수 있는가의 문제는 무엇보다도 법의 목적 및 실질적인 규율대상, 법규정에서의 제한이나 금지가 제3자에게 미치는 효과나 진지성의 정도, 규범의 직접적인 수규자에 의한 헌법소원제기의 기대가능성 등을 종합적으로 고려하여 판단해야 한다"(헌재 1997.9.25. 96헌마133).

애매한 경우에 자기관련성을 인정한 사례로서, 광고방송물사전심의제도를 규정한 법령에 관한 사건에서 광고제작에 참여하는 광고인들에게 기본권침해의 자기관련성을 인정한 경우(헌재 1998.11.26. 94헌마207), 주식회사임원의 업무상횡령사건에서 회사가 아닌 주주에게 자기관련성을 인정한 경우(헌재 1991.4.1. 90헌마65) 및 쇠고기수입업자들을 수범자로 하는 미국산쇠고기수입위생조건에 대하여 소비자인 일반 국민들도 자기관련성을 인정한 경우(헌재 2008.12.26. 2008헌마419등) 등이 있다. 방송통신위원회가 지원금 상한액에 대한 기준 및 한도를 정하여 고시하도록 하고, 이동통신사업자는 방송통신위원회가 고시한 상한액을 초과한 지원금을 지급할 수 없도록 하며, 대리점 및 판매점은 이동통신사업자가 위 상한액의 범위 내에서 정하여 공시한 지원금의 100분의 15의 범위 내에서만 이용자에게 지원금을 추가로 지급할 수 있도록 한 '이동통신단말장치 유통구조 개선에 관한 법률' 조항은 이용자들이 이동통신단말장치를 구입하는 가격에 직접 영향을 미치므로 이동통신단말장치를 구입하려고 하는 자들은 위 조항에 대하여 자기관련성이 있다(헌재 2017.5.25. 2014헌마844).

(판 례) 자기관련성의 넓은 인정

헌법재판소의 심판에 있어서는 반드시 그 청구서에 표시된 권리에 구애되는 것이 아니라 청구인(부동산중개법인; 저자)이 주장하는 침해된 기본권과 침해의 원인이 되는 공권력의 행사를 직권으로 조사하여 판단할 수 있는 것인데(헌재 1997.1.16. 90헌마110등), 심판대상조항이 중개보조원과 중개의뢰인 사이의 직접 거래를 금지함에 따라 청구인은 자신의 중개의뢰인과 중개보조원 사이의 거래를 중개할 수 없게 되었으므로, 적어도 법인인 청구인의 직업수행의 자유(영업의 자유) 등을 제한하고 있다고 판단되고, 이러한 측면에서 직권으로 청구인에게 자기관련성을 인정할 수 있다.

헌재 2019.11.28. 2016헌마188, 판례집 31-2 상, 517,520-521

자기관련성을 부인한 사례로서는, 후보자가 자신이 선거운동원으로 활용하고자 하는 자의 선거운동을 금하고 있는 법률규정의 위헌여부를 다툰 경우(헌재 1997.9.25. 96헌마133), 학교법인에 대한 과세처분에 관하여 재학생들이 헌법소원을 제기한 경우(헌재 1993.7.29. 89헌마123), 세무대학교폐지법률에 대하여 이 대학에 입학을 목표로 공부하는 고등학생들이 그 위헌여부를 다툰 경우(헌재 2001.2.22. 99헌마613), 백화점셔틀버스 운행금지 법률에 관하여 소비자들이 위헌여부를 다툰 경우(헌재 2001.6.28. 2001헌마132), 간행물 판매업자에게 간행물 가격의 10퍼센트까지 소비자에게 경제상 이익을 제공할 수 있도록 한 규정에 대하여 출판업자들이 위헌여부를 다툰 경우(헌재 2011.4.28. 2010헌마602), 배아연구에 관련된 직업의 종사자들이 생명윤리법상 잔여배아 폐기에 관한 규정의 위헌 여부를 다툰 경우(헌재 2010.5.27. 2005헌마346), 보육교사 2급 자격을 취득하기 위해 이수해야 하는 보육 관련 교과목 중 일부를 대면 교과목으로 지정한 영유아보육법 시행규칙 조항을 학점은행제 원격교육훈련기관 운영자들이 다툰 경우(헌재 2016.11.24. 2016헌마299) 등이 있다.

청구인들이 용적률을 제한하는 조례에 대한 헌법소원심판을 청구하여 심판계속 중 당해 토지를 신탁회사에 신탁함으로써 그 소유권을 상실한 경우 자기관련성은 부인된다(헌재 2022.7.21. 2019헌마757). 학교의 장에 대하여 체육장 등 학교시설에 설치하는 인조잔디 및 탄성포장재는 한국산업표준인증을 받은 제품을 사용하도록 하고, 설치한 인조잔디 및 탄성포장재의 유해물질 발생 여부 등을 주기적으로 점검하여 필요한 조치를 하도록 한 학교보건법 시행규칙 규정에 대하여 인조잔디의 설치업 및 탄성포장재의 설치업을 영위하는 회사들은 자기관련성이 없다(헌재 2024.4.25. 2020헌마108).

② **현재성**이란 공권력작용으로 인한 기본권침해가 현재 발생하고 있음을 말한다. 장래 침해가 예견되는 경우는 원칙적으로 헌법소원이 인정되지 않는다.

다만 기본권침해가 장래에 발생하더라도 침해 발생이 확실히 예측되는 경우에는 예외적으로 현재성이 인정된다(서울대학교입시요강 사건. 헌재 1992.10.1. 92헌마68등).

현재성이 인정된 사례로서, 가정의례에 관한 법률의 규정에 대하여 결혼을 앞둔 자가 헌법소원을 제기한 경우(헌재 1998.10.15. 98헌마168), 입후보제한에 관한 선거법 조항에 관하여 입후보예정자가 후보자등록개시일 전에 헌법소원을 제기한 경우(헌재 1999.5.27. 98헌마214), 공포된 법률이 시행되기 전에 헌법소원을 제기한 경우(헌재 1994.12.29. 94헌마201) 등이 있다.

현재성이 부인된 사례로서는, 형사소송법상 재정신청제도를 제한한 규정에 관하여 아직 고소 또는 고발을 한 사실이 없는 청구인이 장래의 잠재적인 권리침해의 우려를 이유로 헌법소원을 제기한 경우(헌재 1989.7.21. 89헌마12)가 있다. 헌법재판소는 시장·군수·구청장으로 하여금 주민등록증 발급신청서를 관할 경찰서 지구대장 등에게 보내도록 한 주민등록법 시행규칙 규정에 대하여 주민등록증 발급신청을 하지 않은 청구인에게 기본권침해의 자기관련성 및 현재성이 인정되는지 않는다고 본 선례를 변경하여 자기관련성 및 현재성을 인정하였다. 청구인에게 기본권 침해는 청구인이 주민등록증 발급신청서를 제출할 의무를 부담하게 된 때 발생한다는 이유를 들었다(헌재 2024.4.25. 2020헌마542; 재판관 2인의 기각의견, 재판관 4인의 인용의견 및 재판관 3인의 각하의견으로 의견이 나뉘어 심판청구는 기각되었다).

③ **직접성**이란 공권력작용이 청구인의 기본권을 직접 침해하여야 함을 말한다. 직접성이 특히 문제되는 것은 법령에 대한 헌법소원('**법령소원**')의 경우이다. 법령소원이 인정되려면 법률조항의 구체적 집행행위를 기다리지 않고 법률조항 자체만으로 기본권을 직접 침해하여야 한다.

(판 례) 헌법소원심판청구의 직접성 요건

법령에 근거한 구체적인 집행행위가 재량행위인 경우에는 법령은 집행기관에게 기본권침해의 가능성만을 부여할 뿐 법령 스스로가 기본권의 침해행위를 규정하고 행정청이 이에 따르도록 구속하는 것이 아니며, 기본권의 침해는 집행기관의 의사에 따른 집행행위, 즉 재량권의 행사에 의하여 비로소 이루어지고 현실화되므로, 이러한 경우에는 법령에 의한 기본권침해의 직접성이 인정될 여지가 없는 것이다. (……)

이 사건 법률조항특정 범죄자에 대한 위치추적 전자장치 부착 등에 관한 법률(제23조)에 관하여, 청구인이 주장하는 기본권침해의 법률효과는 치료감호심의위원회가 가출소되는 피보호감호자에 대하여 사회보호법에 따른 준수사항의 이행 여부 확인 등을 위하여 전자장치 부착을 결정함에 따라 비로소 발생하는 것이지, 치료감호심의위원회의 가출소자에 대한 전자장치 부착결정의 근거가 된 이 사건 법률조항 자체에 의한 것은 아니다.

헌재 2011.5.26. 2010헌마365, 공보 176, 846,849

법률조항의 구체적 집행행위가 존재하는 경우라도 그 집행행위에 대한 구제절차가 없거나 구제절차가 있더라도 구제의 기대가능성이 없는 경우에는 직접 법령을 대상으로 소원을 청구할 수 있다(헌재 1997.8.21. 96헌마48).

법령에서 제재수단으로 형벌이나 행정벌 등 벌칙을 규정한 경우, 형벌이나 행정벌의 부과를 집행행위라고 볼 수 없으며, 제재의 근거인 법률조항을 대상으로 헌법소원을 제기할 수 있다(헌재 1998.3.26. 97헌마194). 다만 벌칙조항에 대하여는 그 법정형이 체계정당성에 어긋난다거나 과다하다는 등 그 자체가 위헌임을 주장하는 경우에는 직접성을 인정할 수 있다(헌재 2009.4.30. 2007헌마103).

법률조항의 구체화를 위하여 하위규범의 시행을 예정하고 있는 경우(위임입법), 당해 법률조항의 직접성은 부인되며 이를 상대로 헌법소원을 제기할 수 없다(헌재 1996.2.29. 94헌마213). 그러나 법규범의 내용이 일의적이고 명백한 것이어서 집행행위 이전에 이미 국민의 권리관계를 변동시키거나 법적 지위가 그 집행행위의 유무나 내용에 의하여 좌우될 수 없을 정도로 확정된 상태인 경우에는 당해 법령의 기본권 침해의 직접성을 인정할 수 있다(헌재 2011.10.25. 2010헌마661). 다만 수권규정으로서의 법률조항과 그 하위법령인 시행령이 불가분적으로 결합된 것으로 인정되는 경우에는 양자 모두에 직접성이 인정된다(헌재 2012.8.23. 2010헌마328).

(판 례) 법률과 시행령 모두에 직접성을 인정한 사례

공무원연금법 제23조 제3항은 보충역소집에 의한 군 복무기간에 대하여 대통령령으로 정하는 기간을 공무원 재직기간에 산입할 수 있다고 규정하고 있을 뿐이고, 위 규정의 위임에 따라 제정된 공무원연금법 시행령 제16조의2에 의하여 비로소 산업기능요원의 복무기간이 공무원 재직기간에 산입되지 않게 되는바, 그런 점에서 공무원연금법 제23조 제3항에 대한 청구는 직접성 요건이 흠결되어 부적법한 것이 아닌지 문제가 된다.

그런데 청구인은 공무원연금법 제23조 제3항이 보충역소집에 의한 복무기간을 공무원 재직기간에 산입할 수 있도록 하는 혜택을 부여하였음에도 공무원연금법 시행령 제16조의2가 산업근무요원으로 근무한 자신에게는 그 혜택을 부여하지 않는 것이 평등권을 침해하여 헌법에 위반된다고 다투고 있는바, 이는 앞서 본 바와 같이 수권조항인 공무원연금법 제23조 제3항이 하위법령인 공무원연금법 시행령 제16조의2와 서로 불가분의 관계를 이루면서 전체적으로 하나의 규율 내용을 형성하고 있는 경우라고 할 수 있어, 수권조항과 시행령조항 모두에 대해 기본권 침해의 직접성을 인정할 수 있다 할 것이므로, 공무원연금법 제23조 제3항에 대한 이 사건 심판청구는 직접성 요건을 충족한다 할 것이다.

헌재 2012.8.23. 2010헌마328, 공보 191, 1646,1649

부진정 입법부작위를 다투는 형태의 헌법소원의 경우에도 직접성의 요건이 동일하게 요구된다(헌재 2010.7.29. 2009헌마51).

직접성을 인정한 사례로서, 생활보호법의 위임에 따라 보건복지부장관이 고시한 생계보호기준은 직접 대외적 효력을 가지며, 이 기준에 따른 지급행위는 단순한 사실적 집행행위에 불과하다고 본 경우(헌재 1997.5.29. 94헌마33) 등이 있다.

직접성을 부인한 사례로서, 도시계획법상 개발제한구역에 관한 규정은 건설부장관의 지정·고시라는 집행행위를 필요로 한다고 본 경우(헌재 1991.6.3. 89헌마46), 사법시험의 선발예정인원과 합격자결정방식 등에 관한 사법시행령 조항은 구체적 집행행위가 필요하다고 본 경우(헌재 2002.2.28. 99헌마693) 등이 있다.

헌법재판소는 최근 의료인 면허의 필요적 취소사유와 면허취소 후 재교부금지기간을 규정하고 있는 의료법 조항에 대하여 면허취소 또는 면허재교부 거부라는 구체적인 집행행위가 있을 때 기본권 침해가 발생하는 것이므로 위 의료법 조항은 기본권 침해의 직접성이 없다고 판시하였다(헌재 2013.7.25. 2012헌마934). 그러나 위 의료법 조항과 동일한 내용을 규정하고 있는 변호사법 조항에 대하여는 직접성을 인정한 바 있어(헌재 2006.4.27. 2005헌마997) 논란이 예상된다. 헌법재판소는 최근 2회 이상 음주운전 시 운전면허를 필요적으로 취소하도록 한 도로교통법 규정은 직접성을 갖추지 못하였다고 하였다. 운전면허 취소처분이라는 구체적인 집행행위가 있을 때 비로소 기본권 침해가 발생하는 것이다(헌재 2025.6.27. 2022헌마1505등).

(3) 보충성

① 헌법소원심판은 "다른 법률에 구제절차가 있는 경우에는 그 절차를 모두 거친 후가 아니면 청구할 수 없다"(헌법재판소법 제68조 제1항 단서). 이를 보충성의 요건이라 한다. 보충성의 요건은 헌법소원제도가 최종적인 구제수단인 점을 나타내는 것이다.

먼저 거쳐야 할 구제절차는 직접적인 구제절차를 말하며, 간접적이거나 보충적인 구제절차는 해당하지 않는다. 헌법재판소는 손해배상청구나 손실보상청구는 여기의 구제절차에 해당하지 않으며(헌재 1989.4.17. 88헌마3), 행형법상 청원제도 역시 해당하지 않는 것으로 보았다(헌재 1989.10.29. 98헌마4).

'다른 구제절차를 거친 후'란 적법하게 거친 경우를 말한다. 따라서 예컨대 행정심판을 거치지 않아 행정소송이 각하된 경우(헌재 1994.6.30. 90헌마107), 또는 행정소송을 제기하였다가 소송을 취하하거나 취하간주된 경우(헌재 1999.9.16. 98헌마265)는 구제절차를 거쳤다고 볼 수 없다.

다른 구제절차는 사전에 거쳐야 하지만, 헌법소원을 먼저 제기한 후 종국결정 전에 다른 구제절차를 거친 경우에는 사전 구제절차를 거치지 않은 하자가 치유가 된다고 본다(헌재 1996.3.28. 95헌마211).

② **법령소원**, 즉 법령에 대한 헌법소원이 인정되는 것은 보충성이라는 제약을 받지 않기 때문이다. 법령에 의해 직접 기본권침해가 발생하는 경우 일반법원에 소송을 제기하여 그 법령 자체의 효력을 다툴 수 있는 제도가 없다(대판 1994.4.26. 93부32). 따라서 이런 경우에는 다른 구제절차가 없으므로 바로 헌법소원을 제기할 수 있다(헌재 1996.10.4. 94헌마68).

③ 보충성의 요건 및 '재판소원'(재판에 대한 헌법소원)의 원칙적 금지로 인해 대부분의 **행정작용에 대한 헌법소원**은 인정되지 않는다. 행정작용으로 인한 기본권침해의 경우, 보충성의 요건에 따라 다른 구제절차를 거쳐야 하는데 대부분의 행정작용에 대해 행정소송이 인정되고 재판에 대해서는 헌법소원이 인정되지 않기 때문이다. 따라서 행정소송의 대상이 되지 않는 행정작용에 대해서만 헌법소원이 인정된다. 이것은 헌법소원제도의 큰 한계이다.

④ **보충성의 예외**가 인정되는 경우가 있다. 첫째, 사전에 다른 구제절차를 거칠 것을 기대하기 어려운 경우이다. 헌법재판소에 의하면 청구인의 불이익으로 돌릴 수 없는 정당한 이유있는 착오로 전심 구제절차를 거치지 않은 경우, 전심절차를 거쳐도 권리구제의 가능성이 거의 없는 경우, 또는 권리구제절차의 허용여부가 객관적으

로 불확실하여 전심절차 이행의 기대가능성이 없는 경우에는 보충성의 예외를 인정하여 바로 헌법소원을 제기할 수 있다(헌재 1995.12.28. 91헌마80).

헌법재판소 판례에 의하면, 교도소장이 미결수용자에 대해 행한 서신검열, 서신지연발송 및 지연교부행위는 이른바 권력적 사실행위로서 행정심판이나 행정소송의 대상이 된다고 단정하기도 어려울 뿐 아니라 설사 그 대상이 된다고 하더라도 이미 종료된 행위로서 소의 이익이 부정될 가능성이 많아 헌법소원심판을 청구하는 외에 달리 효과적인 구제방법이 있다고 보기 어려우므로 보충성의 원칙에 대한 예외에 해당한다고 판시하였다(헌재 1995.7.21. 92헌마144). 반면 청구인의 청구를 인용한 원심판결을 대법원이 파기환송하여 원심에 계속 중인 경우에 원심판결을 파기환송했다는 점만으로는 권리구제의 가능성이 거의 없어 보충성의 예외가 인정되는 경우에 해당한다고 볼 수 없다(헌재 1999.12.23. 97헌마136).

또한 최근의 사례로서, 이른바 촛불시위 사건의 현행범으로 체포되어 경찰서 유치장에 구금되었던 자가 자신에 대한 구금이 불필요하게 장기간 계속된 것으로서 기본권을 침해하였다며 제기한 헌법소원에서, 체포적부심사절차를 거치지 않았기 때문에 보충성의 원칙에 반하여 부적법하다고 각하결정하면서, 체포적부심사절차를 몰랐다는 점은 보충성의 예외로 인정할 수 없다고 판시하였다(헌재 2010.9.30. 2008헌마628).

둘째, 법률상 구제절차가 없는 경우이다. 예컨대 일정한 행정작용에 대해 행정소송의 대상이 되지 않는다는 일관된 대법원판례가 있는 경우가 이에 해당한다(헌재 1993.5.13. 91헌마190).

종전의 헌법재판소 판례에 따르면, 국가인권위원회의 진정 기각결정에 대하여 국가인권위원회법이 불복수단으로 어떠한 구제절차를 마련해 놓고 있지 않고, 법원의 확립된 판례에 의하여 위 결정에 대하여 행정처분성이 인정되고 있는 것도 아니므로 보충성의 예외가 인정되었다(헌재 2009.2.26. 2008헌마275). 그러나 대법원이 계속하여 국가인권위원회의 진정 기각 또는 각하결정을 항고소송의 대상이 되는 처분으로 판단함에 맞추어(대판 2009.4.9. 2008두16070; 대판 2015.1.29. 2014두42711), 헌법재판소도 견해를 변경하여 위 진정 기각결정에 대한 헌법소원은 보충성을 갖추지 못하였다고 하였다(헌재 2015.3.26. 2013헌마214등).

(4) 권리보호이익 및 심판이익

① 헌법소원심판을 청구하려면 권리보호의 이익, 즉 권리보호의 필요성이 있어야 한다. 헌법재판소에 의하면 "권리보호이익 내지 소의 이익은, 국가적 · 공익적 입장

에서는 무익한 소송제도의 이용을 통제하는 원리이고, 당사자의 입장에서는 소송제도를 이용할 정당한 이익 또는 필요성을 말하는 것으로, '이익 없으면 소 없다'라는 법언이 지적하듯이 소송제도에 필연적으로 내재하는 요청이다. 따라서 권리보호이익이라는 헌법소원심판의 적법요건은 헌법재판소법 제40조 제1항에 의하여 준용되는 민사소송법 내지 행정소송법 규정들에 대한 해석상 인정되는 일반적인 소송원리이지 헌법재판소법 제68조 제1항 소정의 '기본권의 침해를 받은'이라는 부분의 해석에서 직접 도출되는 것은 아니다"(헌재 2001.9.27. 2001헌마152, 판례집 13-2, 447-448). 권리보호이익의 유무를 판단함에 있어서는 다른 구제수단의 유무 등을 기준으로 신중히 판단하여야 한다(헌재 2001.9.27. 2001헌마152).

권리보호이익은 헌법소원심판 청구의 시점만이 아니라 결정 당시에도 존재해야 한다. 심판계속 중에 사실관계 또는 법률관계의 변동으로 기본권침해가 종료한 경우에는 원칙적으로 권리보호이익이 없다(헌재 1997.3.27. 93헌마251).

청구인이 심판절차 계속 중에 사망하였다고 하더라도 권리보호이익이 인정되는 경우가 있다. 예컨대 헌법재판소가 헌법소원을 인용한다면 형사소송법상 그 배우자나 직계친족 등은 확정된 유죄판결에 대하여 재심을 청구할 수 있는 것이므로 권리보호의 이익이 있다(헌재 1997.1.16. 89헌마240).

헌법재판소가 헌법불합치결정을 하면서 입법자의 법률 개정 시한을 정하고 그때까지는 잠정적용을 명한 경우, 별건의 헌법소원심판청구에서 동일한 법률조항의 위헌확인을 구하는 것은 권리보호이익이 없다는 것이 판례이다(헌재 2016.3.31. 2014헌마785). 이 사건은 성폭력처벌법이 성범죄자들의 신상정보를 20년 동안 보존·관리하도록 하는 조항에 관한 것이었다. 그러나 헌법재판소의 이러한 판시에는 다음과 같은 문제점이 있다. 첫째, 헌법재판소가 주문에서 법률 개정 시한을 정하지 않은 경우에는(가령 헌재 2012.8.23. 2010헌바28) 권리보호이익이 있다는 것인지 불분명하다. 둘째, 위헌결정의 이유에 기속력이 있는지에 대하여는 다툼이 있으므로, 별건의 심판청구의 이유가 앞선 헌법불합치결정의 이유와 다른 때에는 어떻게 되는지 불분명하다. 가령 과잉금지원칙 위반으로 한 헌법불합치결정에 대하여 영장주의나 죄형법정주의 위반을 후행 청구의 이유로 하는 경우이다.

② 헌법소원은 주관적 권리구제만이 아니라 객관적 헌법질서 보장의 기능도 겸하는 것이다. 따라서 청구인의 권리구제에는 도움이 되지 않더라도 심판이익이 있다고 인정되면 심판하여야 한다.

권리보호이익이 없음에도 예외적으로 심판이익이 인정되는 경우란, 같은 유형의 기본권침해가 반복될 위험이 있는 경우, 또는 헌법질서의 수호·유지를 위해 헌법적 해명이 긴요한 경우이다(헌재 1991.7.8. 89헌마181; 헌재 1997.11.27. 94헌마60). 기소유예 처분을 받은 피의자가 헌법소원심판을 청구하였으나 해당 피의사실의 공소시효가 완성된 경우에도 권리보호이익이 인정된다(헌재 2024.2.28. 2023헌마739).

헌법재판소 초기 판례에 의하면 기본권침해의 반복 위험성은 단순히 추상적이거나 이론적 가능성이 아니라 구체적인 것이어야 하고(헌재 1994.7.29. 91헌마137; 헌재 1996.11.28. 92헌마108), 반복 위험성의 입증책임은 청구인에게 있다(헌재 1991.7.8. 89헌마181). 그러나 근래의 판례 중에는 추상적 반복위험성만으로 권리보호이익을 인정할 수 있는 것처럼 해석할 여지가 있는 결정도 볼 수 있다("불법체류 외국인에 대한 보호 및 강제퇴거는 앞으로도 반복될 것이 예상되어 이에 대한 헌법적 해명이 필요하므로, 권리보호이익이 인정된다." 헌재 2012.8.23. 2008헌마430). 반면, 경찰서장이 밀양송전탑 사건에서 철거대집행이 실시되는 동안 청구인들을 철거대상시설인 움막들 밖으로 강제 이동시킨 행위는 특정한 상황에서의 개별적 특성이 강한 공권력행사로서 앞으로도 구체적으로 반복될 위험성이 있다고 보기 어려워 심판의 이익이 인정되지 않는다고 하였다(헌재 2018.8.30. 2014헌마681; 심판의 이익을 인정한 4인의 반대의견이 있다).

침해행위가 이미 종료되었으나 예외적으로 심판이익이 인정된 사례로서, 변호인 접견방해 사건(헌재 1992.1.28. 91헌마111), 수사기록열람 사건(헌재 1997.11.27. 94헌마60), 미결수용자에게 재소자용 수의를 입게 한 사건(헌재 1999.5.27. 97헌마137등), 수형자서신검열 사건(헌재 1998.8.27. 96헌마398), 선거 종료 후 기탁금제도에 대해 판단한 사건(헌재 1995.5.25. 92헌마269등), 선거 종료 후 선거연령제한에 대해 판단한 사건(헌재 1997.6.26. 96헌마89), 경찰관들이 집회 현장에서 참가자들을 촬영한 행위(헌재 2018.8.30. 2014헌마843) 등이 있다.

국회의원선거구 획정과 관련하여, 헌법재판소의 헌법불합치 결정에서 정한 입법개선시한이 경과하였음에도 국회가 아무런 법개정을 하지 않자 예비후보자들이 입법부작위위헌확인을 청구한 사안에서, 심판청구 이후 국회가 국회의원 선거구를 획정함으로써 청구인들의 주관적 목적이 달성되어 권리보호이익이 소멸하였다는 것이 판례이다(헌재 2016.4.28. 2015헌마1177등).

7. 사전심사와 심리

(1) 사전심사

헌법재판소장은 재판관 3인으로 구성되는 지정재판부로 하여금 헌법소원의 사전심사를 담당하게 할 수 있다(법 제72조 제1항). 권리구제형 헌법소원과 위헌심사형 헌법소원을 불문하고 동일하다.

지정재판부는 다음의 하나에 해당하는 경우에 지정재판부 재판관 전원일치의견으로 청구를 각하한다. 첫째, 다른 사전구제절차를 모두 거치지 않은 경우나 법원의 재판에 대하여 심판이 청구된 경우, 둘째, 청구기간이 경과된 경우, 셋째, 변호사를 대리인으로 선임하지 않은 경우, 넷째, 기타 심판청구가 부적법하고 그 흠결을 보정할 수 없는 경우(법 제72조 제3항).

지정재판부는 전원일치의견으로 각하결정을 하지 않은 경우에는 결정으로 헌법소원을 재판부에 회부하여야 한다. 심판청구 후 30일이 경과할 때까지 각하결정이 없는 때에는 심판회부결정이 있는 것으로 본다(법 제72조 제4항).

(2) 심 리

헌법소원은 서면심리에 의한다. 다만 재판부는 필요하다고 인정하는 경우에는 변론을 열어 당사자, 이해관계인 기타 참고인의 진술을 들을 수 있다(법 제30조 제2항).

헌법소원심판에는 헌법재판의 성질에 반하지 아니하는 한도 내에서 민사소송에 관한 법령의 규정 및 행정소송법을 함께 준용한다(법 제40조 제1항).

헌법소원심판의 심리에는 직권주의가 적용된다. 헌법재판소는 당사자의 주장에만 한정하지 않고 가능한 모든 범위에서 기본권침해의 유무를 직권으로 심사하여야 한다(헌재 1989.9.4. 88헌마22).

그 밖에 헌법재판소법은 심리절차에 관하여, 심판청구서의 송달(제27조 제1항), 심판청구의 보정(補正)(제28조), 피청구인의 답변서 제출(제29조), 자료제출요구(제32조), 이해관계기관 등의 의견제출(제74조 제1항) 등에 관하여 규정하고 있다.

8. 가 처 분

헌법소원심판에서 가처분이 인정되느냐에 관해 헌법재판소법은 명시적 규정을 두지 않고 있다. 학설은 인정설과 부인설이 갈리지만, 헌법재판소 판례는 이를 인정한다(앞의 III. 일반심판절차, 4. 가처분 참조).

9. 종국결정

(1) 종국결정의 종류와 정족수

심리를 마치면 종국결정을 한다. 종국결정에는 기본적으로 각하결정, 기각결정, 인용결정이 있고, 그 밖에 특수한 결정유형으로 심판절차종결선언이 있다.

각하결정은 심판청구가 부적법한 경우에 내리는 결정이다. 각하결정은 지정재판부에서 하는 경우 및 전원재판부에서 하는 경우가 있다.

기각결정은 심판청구가 이유없는 때에 내리는 결정이다. 기각결정에는 기속력이 발생하지 않는다.

인용결정은 심판청구가 이유있는 때에 내리는 결정이다(아래에서 설명).

심판절차종결선언은 각하결정처럼 본안판단에 들어가지 않는 결정이다. 청구인의 사망 또는 심판청구의 취하 등의 경우에 심판절차 종료를 명확히 확인하는 의미를 지닌다. 헌법소원심판절차에 피청구인의 답변서가 제출되지 않은 경우 소 취하에 관한 민사소송법 규정이 적용되어 청구인은 피청구인의 동의 없이 심판청구를 취하할 수 있는데, 주문은 "이 사건 헌법소원심판절차는 청구인의 심판청구 취하로 2024.5.7. 종료되었다."이다. 주의할 점이 있다. 변호사인 대리인의 추인 없이 단독으로 헌법소원심판청구를 취하할 수 있는데, 일단 효력이 발생한 헌법소원심판청구의 취하를 철회할 수는 없다(헌재 2024.6.27. 2024헌마352).

종국결정은 종국심리에 관여한 재판관 과반수 찬성으로 성립하되, 인용결정을 하는 경우 및 종전에 판시한 헌법 또는 법률의 해석적용에 관한 의견을 변경하는 경우에는 재판관 6인 이상의 찬성이 있어야 한다(법 제23조 제2항).

(2) 인용결정

① 본안심리의 결과 청구가 이유있는 경우에 인용결정을 한다.

인용결정을 할 때에는 인용결정서의 주문에서 침해된 기본권과 침해의 원인이 된 공권력의 행사 또는 불행사를 특정하여야 한다(법 제75조 제2항).

헌법재판소는 기본권침해의 원인이 된 공권력의 행사를 취소하거나 그 불행사가 위헌임을 확인할 수 있다(법 제75조 제3항).

헌법재판소가 공권력의 불행사에 대한 인용결정을 한 때에는 피청구인은 결정취지에 따라 새로운 처분을 하여야 한다(법 제75조 제4항).

헌법재판소는 공권력의 행사 또는 불행사가 위헌인 법률 또는 법률조항에 기인하는 것이라고 인정될 때에는 인용결정에서 당해 법률 또는 법률조항이 위헌임을 선고할 수 있다(법 제75조 제5항).

② **인용결정의 종류**에는 취소결정, 위헌확인결정이 있고, 법령에 대한 헌법소원심판의 경우에는 단순위헌결정과 변형결정(헌법불합치결정, 한정합헌결정, 한정위헌결정)이 있다.

취소결정은 위헌적인 기본권침해의 원인이 된 공권력행사를 취소하는 결정이다. 행정행위에 대한 헌법소원심판청구를 인용하는 경우에 취소결정을 한다(예컨대 수사기록복사신청 거부행위에 대한 취소결정. 헌재 1991.5.13. 90헌마133). 과거에는 검사의 불기소처분에 대한 심판청구를 인용하는 경우에 취소결정하는 예가 많았다.

위헌확인결정은 두 경우에 내려진다. 첫째, 공권력의 불행사가 위헌인 경우에 위헌확인결정을 한다. 둘째, 기본권 침해행위가 종료하였으나 심판이익이 인정되어 심판하는 경우에 그 종료된 행위가 위헌인 때에도 위헌확인결정을 한다(예컨대 헌재 1992.1.28. 91헌마111).

취소결정이나 위헌확인결정의 경우, 공권력의 행사 또는 불행사가 위헌인 법률 또는 법률조항에 기인하는 것이라고 인정될 때에는 당해 법률 또는 법률조항이 위헌임을 선고할 수 있다(법 제75조 제5항. 이른바 '**부수적 규범통제**'). 이것은 취소결정이나 위헌확인결정에 부수하여 내려지는 것이다. 기소유예처분의 취소를 구하는 헌법소원에서도 부수적 규범통제가 인정된다(헌재 2013.2.28. 2012헌마427). 이러한 부수적 위헌결정이 행하여지는 때에는 위헌법률심판에서의 위헌결정의 형식과 효력에 관한 규정(법 제45조, 제47조)이 준용된다(법 제75조 제6항). 부수적 위헌결정은 단순위헌결정(헌재 1992.1.28. 91헌마111) 또는 변형결정(헌재 1995.7.21. 92헌마144)의 형태를 취한다.

'부수적 규범통제'와 유사한 용어이지만 이와 구별되는 것으로 '부수적 위헌선언'이 있다. 이것은 심판대상인 법률조항을 위헌으로 선고하는 경우, 이 조항과 밀접한 관련이 있는 부수적 조항을 함께 위헌으로 선언하는 것이다(헌재 2001.6.28. 2000헌마91).

법령소원에서의 인용결정은 위헌법률심판에서와 마찬가지로 단순위헌결정 또는 변형결정의 형태를 취한다. 단순위헌결정의 경우에는 그 주문에서 침해된 기본권 및 침해원인인 법률(조항)을 특정하여야 하고, 변형결정의 경우에는 침해된 기본권 및 침해원인인 법률(조항)의 부분을 특정하여야 한다(법 제75조 제2항).

③ **인용결정의 효력**에 관하여 헌법재판소법은 "헌법소원의 인용결정은 모든 국가기관과 지방자치단체를 기속한다"고 규정하고 있다(제75조 제1항). 즉 인용결정은 기속력을 가진다.

헌법재판소가 공권력의 불행사에 대한 인용결정을 할 때에는 피청구인은 결정취지에 따라 **새로운 처분**을 하여야 한다(법 제75조 제4항).

법령소원의 위헌결정은 일반적 효력(법규적 효력)을 가진다. 그 밖에 인용결정은 종국결정이 갖는 일반적 효력인 확정력(불가변력, 불가쟁력, 기판력)을 가진다.

법령소원 및 부수적 규범통제의 경우, 위헌으로 결정된 법령에 근거한 유죄의 확정판결에 대하여 재심을 청구할 수 있다(법 제75조 제6항, 제47조 제3항).

10. 위헌심사형 헌법소원심판

(1) 법적 성질

헌법재판소법 제68조 제2항은 "제41조 제1항의 규정에 의한 법률의 위헌여부심판의 제청신청이 기각된 때에는 그 신청을 한 당사자는 헌법재판소에 헌법소원심판을 청구할 수 있다"고 규정하고 있다. 이 조항에 의한 헌법소원심판, 즉 위헌심사형 헌법소원심판(약칭 '위헌소원')은 법률상 헌법소원심판으로 표현되고 있으나, 그 실질은 위헌법률심판에 해당한다. 따라서 위헌법률심판에 관한 규정들이 대부분 위헌심사형 헌법소원심판에도 적용된다(앞의 '헌법소원의 종류' 참조). 아래에서 위헌법률심판의 경우와 다른 점 등 유의할 점을 정리한다.

(2) 심판대상

위헌심사형 헌법소원의 심판대상은 위헌법률심판 제청신청에 대한 기각결정이 아니라, 재판의 전제가 된 법률의 위헌여부이다. 법률의 의미는 위헌법률심판에서와 동일하다. 대통령령은 위헌소원의 대상이 되지 않는다(헌재 1997.10.30. 95헌바7; 헌재 2007.4.26. 2005헌바51).

헌법재판소 다수의견에 의하면, 법률조항 자체가 아니라 법률조항에 대한 법원의 해석을 다투는 것은 부적법하며 위헌소원의 대상이 되지 않는다(헌재 2007.4.26. 2004헌바19). 문제는 법률조항 자체가 아니라 법률조항의 특정한 해석을 다투는 소위 '한정위헌청구'가 인정되는가 하는 점이다. 헌법재판소는 사안별로 달리 판단하였는데, 이른바 '선해(善解)의 적법성' 이론을 원용하여 한정위헌청구를 적법한 것으로 받아들이는 경우를 상세히 설명하였다(헌재 2008.11.27. 2004헌바54). 그러나 헌법재판소는 한정위헌청구를 원칙적으로 적법한 것으로 보면서, 법원의 해석 역시 헌법재판소의 규범통제의 대상임을 명백히 하였다.

(판 례) 한정위헌청구의 적법성(판례변경)

(3) 구체적 규범통제절차에서 법률조항에 대한 해석·적용과 헌법재판소의 권한

일반적으로 민사·형사·행정재판 등 구체적 법적 분쟁사건을 재판함에 있어 재판의 전제가 되는 법률 또는 법률조항에 대한 해석과 적용권한은 사법권의 본질적 내용으로서 대법원을 최고법원으로 하는 법원의 권한에 속하는 것이다.

그러나 다른 한편 헌법과 헌법재판소법은 구체적 규범통제로서의 위헌법률심판권과 '법' 제68조 제2항의 헌법소원심판권을 헌법재판소에 전속적으로 부여하고 있다. 그리고 헌법재판소가 이러한 전속적 권한인 위헌법률심판권 등을 행사하기 위해서는 당해사건에서 재판의 전제가 되는 법률조항이 헌법에 위반되는지의 여부를 심판하여야 하는 것이고, 이때에는 필수적으로 통제규범인 헌법에 대한 해석·적용과 아울러 심사대상인 법률조항에 대한 해석·적용을 심사하지 않을 수 없는 것이다. 그러므로 일반적인 재판절차에서와는 달리, 구체적 규범통제절차에서의 법률조항에 대한 해석과 적용권한은 (대)법원이 아니라 헌법재판소의 고유권한인 것이다.

그럼에도 불구하고 구체적 규범통제 절차에서도 헌법재판소의 법률에 대한 해석·적용권한을 부정하고 오로지 법원만이 법률의 해석·적용권한을 가지고 있다는 주장은 일반 재판절차에 있어서의 법률의 해석·적용권한과 규범통제절차에 있어서의 법률의 해석·적용권한을 혼동한 것이다(……).

(5) 한정위헌청구

(가) 그렇기 때문에 구체적 규범통제절차에서 제청법원이나 헌법소원청구인이 심판대상 법률조항의 특정한 해석이나 적용부분의 위헌성을 주장하는 한정위헌청구 역시 원칙적으로 적법한 것으로 보아야 할 것이다. 그 이유는 다음과 같다.

첫째, 앞서 본 바와 같이 규범통제절차에 있어서 한정위헌결정은 법리상 당연하면서도 불가피한 것이고, 따라서 그러한 취지에서 헌법재판소는 한정위헌결정을 계속해 오면서도 제청법원이나 헌법소원청구인은 원칙적으로 한정위헌청구를 할 수 없고, 위에서 본 바와 같은 예외적인 경우에만 한정위헌청구를 할 수 있다고 하는 종래의 선례들은 사리상으로도 합당하지 않은 것이다.

둘째, 제청법원이나 헌법소원청구인이 당해사건 재판의 근거가 되는 법률조항 그 자체나 그 전체의 위헌성을 주장하지 않고 당해 법률조항의 특정한 해석가능성이나 적용 가능성에 대하여만 제한적·한정적으로 위헌을 주장한다면 헌법재판소로서는 제청법원 등이 주장하는 범위 내에서 위헌여부를 심판하는 것이 원칙이며, 그 이외의 부분까지 위헌여부를 심판하게 된다면 그것은 헌법재판에서 요구되는 직권주의를 감안하더라도, 헌법재판소법상의 신청주의나 적법요건으로서의 재판의 전제성에 위반될 수 있는 것이다. 그러므로 제청법원 등이 하는 한정위헌청구는 자칫 헌법재판소가 소홀히 할 수 있는 당해 법률조항에 대한 한정위헌결정 여부를 헌법재판소로 하여금 주의깊게 심사하도록 촉구하여 위헌의 범위와 그에 따른 기속력의 범위를 제한적으로 정확하게 한정할 수 있게 할 것이고, 그 결과 규범통제절차에 있어서 위헌여부심판권의 심사지평을 넓힐 수 있게 될 것이어서, 금지되어서는 안될 뿐만 아니라 오히려 장려되어야 할 것이다.

셋째, 한정위헌청구는 입법권에 대한 자제와 존중의 표현이다. 즉, 헌법재판소를 포함한 모든 국가기관과 국민은 헌법상의 권력분립원리에서 파생된 입법권에 의한 입법을 존중하여야 하는 것인바, 한정위헌청구에 따른 한정위헌결정은 당해 법률조항 중 위헌적인 해석이나 적용부분만을 제거하고 그 이외의 (합헌인) 부분은 최대한 존속시킬 수 있는 것이어서 입법권에 대한 자제와 존중의 결과가 되는 것이고 따라서 헌법질서에도 더욱 부합하게 되는 것이다.

(나) 결국, 한정위헌청구는 원칙적으로 적법한 것으로 보아야 할 것이다. 따라서 앞서 본 바와 같이 종래 헌법재판소 선례들이 한정위헌청구는 원칙적으로 부적법하지만 예외적으로는 적법하다고 보는 입장은 합당하지 못한 것이다.

(6) 한정위헌청구가 부적법한 경우

다만, 구체적 규범통제절차에서 법률조항에 대한 특정적 해석이나 적용부분의 위헌성을 다투는 한정위헌청구가 원칙적으로 적법하다고 하더라도, 재판소원을 금지하고 있는 '법' 제68조 제1항의 취지에 비추어 한정위헌청구의 형식을 취하고 있으면서도 실제로는 당해사건 재판의 기초가 되는 사실관계의 인정이나 평가 또는 개별적·구체적 사건에서의 법률조항의 단순한 포섭·적용에 관한 문제를 다투거나 의미있는 헌법문제를 주장하지 않으면서 법원의 법률해석이나 재판결과를 다투는 경우 등은 모두 현행의 규범통제제도에 어긋나는 것으로서 허용될 수 없는 것이다.

(7) 소결

그렇다면 종래 이와 견해를 달리하여 한정위헌청구를 원칙적으로 부적법하다고 판시한 우리 재판소 결정들(헌재 2000.7.20. 98헌바74; 헌재 2001.9.27. 2000헌바20; 헌재 2003.11.27. 2002헌바102; 헌재 2005.7.21. 2001헌바67; 헌재 2007.4.26. 2004헌바19등)은 위의 판시취지와 저촉되는 한도 내에서 변경하기로 한다.

헌재 2012.12.27. 2011헌바117, 공보 195, 104,108-109

그러나 위헌소원사건에서 한정위헌청구를 적법한 것으로 인정할 경우, 헌법재판소가 사실상 법원의 재판의 당부를 심사하는 것이므로, 합리적 범위 내에서 이를 제한할 필요가 있다.

위헌심사형 헌법소원은 법률의 위헌성을 적극적으로 다투는 제도이므로 '법률의 부존재', 즉 입법부작위를 다투는 것은 그 자체로 허용되지 아니하고, 다만 법률이 불완전·불충분하게 규정되었음을 근거로 법률 자체의 위헌성을 다투는 취지로 이해될 경우에는 그 법률이 당해 사건의 재판의 전제가 된다는 것을 요건으로 허용될 수 있다(헌재 2011.5.26. 2010헌바202).

(3) 심판청구와 적법요건

법원이 위헌법률심판 제청신청에 대해 기각결정이 아니라 각하결정의 형식을 취한 경우에도 심판청구가 허용된다(헌재 1989.12.18. 89헌마32등).

법원으로부터 위헌제청신청기각을 받음이 없이 제기한 위헌심사형 헌법소원심판청구는 부적법하다(헌재 2009.6.9. 2009헌마264).

위헌소원의 청구인적격은 행정청에게도 인정되고, 본안소송의 보조참가인(행정청 포함)도 위헌소원심판을 청구할 수 있다(헌재 2008.4.24. 2004헌바44).

법 제68조 제2항 제2문은 "이 경우 그 당사자는 당해 사건의 소송절차에서 동일한 사유를 이유로 다시 위헌여부심판의 제청을 신청할 수 없다"고 규정하고 있다. 헌법재판소에 의하면 여기에서 '당해 사건의 소송절차'란 당해 사건의 상소심 소송절차(헌재 2007.7.26. 2006헌바400) 및 파기환송되기 전후의 절차(헌재 2013.6.27. 2011헌바247)를 포함한다.

심판청구를 하더라도 재판은 정지되지 않는다. 심판청구가 인용된 경우에 당해 헌법소원과 관련된 소송사건이 이미 확정된 때에는 당사자는 재심을 청구할 수 있다(법 제75조 제7항). 재심에서 형사사건에는 형사소송법을, 그 외의 사건에서는 민사소송법을 각 준용한다(제8항). 국가배상사건인 당해사건 확정판결에 대하여 헌법재판소 위헌결정을 이유로 한 재심의 소를 제기할 경우, 재심제기기간은 헌법재판소법 제75조 제8항, 민사소송법 제456조 제1항에 따라 재심사유를 안 날로부터 30일 이내가

된다. 헌법재판소는 이 규정이 재판청구권이나 평등권을 침해하지는 않는다고 하였다(헌재 2020.9.24. 2019헌바130; 민사사건에서의 일반 사유로 인한 재심청구권자와 형사사건에서 위헌결정을 받고 형사사건 재심을 청구하는 자와의 차별이 문제된다).

심판청구의 요건으로서 재판의 전제성이 요구된다(위헌소원에서의 재판의 전제성 요건에 관한 주요 판례로 다음을 참조. 헌재 2007.12.27. 2006헌바34). 권리구제형 헌법소원(법 제68조 제1항에 의한 헌법소원)에서와 같은 적법요건(법적 관련성, 보충성, 권리보호이익 등)은 요구되지 않는다.

제1심인 당해사건에서 법 제68조 제2항의 헌법소원을 제기한 자들이 당해사건의 항소심에서 항소를 취하하여 원고 패소의 원심판결이 확정된 경우, 당해사건에 적용되는 법률이 위헌으로 결정되면 확정된 원심판결에 대하여 재심청구가 가능하므로(법 제75조 제7항) 원심판결의 주문이 달라질 수 있다. 따라서 이 경우 재판의 전제성이 인정된다. 같은 이유로 약식절차로 과태료 부과처분을 받고, 이 결정에 대한 이의신청을 하면서 위헌법률심판제청신청을 하였는데, 법원이 다시 과태료 부과결정을 하면서 제청신청을 기각하자, 위헌소원심판만을 청구하고 과태료 결정에는 항고하지 않아 확정된 경우에도 재판의 전제성은 인정된다(헌재 2018.11.29. 2017헌바465).

최근 헌법재판소는 일제에 의하여 군무원으로 강제동원되어 그 노무 제공의 대가를 지급받지 못한 미수금피해자가 제기한 위헌소원 심판청구에 대해 결정을 내렸다. 심판대상의 하나는 대일 민간 청구권을 제한한 한일청구권협정('대한민국과 일본국 간의 재산 및 청구권에 관한 문제의 해결과 경제협력에 관한 협정.' 1965.12.18. 조약 제172호) 제2조 제1항, 제3항이었다. 헌법재판소는 당해사건에 적용되는 법률조항이라고 보기 어려우므로 재판의 전제성이 없다는 이유로, 이 부분에 관한 청구를 각하하였다(헌재 2015.12.23. 2009헌바317).

헌법재판소는 위헌소원에서도 권리구제형 헌법소원에서처럼 지정재판부에 의한 사전심사제를 적용하고 있다.

위헌심사형 헌법소원의 청구기간은 위헌심판의 제청신청을 기각하는 결정을 통지받은 날로부터 30일임은 이미 설명하였다. 그런데 이 제청신청 기각이 반드시 본안판단과 별개의 결정으로 통지되는 것은 아님을 유의하여야 한다.

(판 례) 형사판결로 위헌심판 제청신청 기각을 선고한 경우의 위헌소원 청구기간 기산점

결정의 형식으로 하여야 할 재판을 '판결'로 선고하였다고 하여 위법하다고 할 수 없고, 형사소송법 제42조 전문은 "재판의 선고 또는 고지는 공판정에서

는 재판서에 의하여야" 한다고 규정하고 있다. 따라서 공판정에서 위헌법률심판제청신청에 대한 기각 결정을 형사사건에 대한 판결과 동시에 선고하는 경우 이를 별도의 재판서에 의하지 아니하고 하나의 판결문에 의하여 하는 것도 가능하고, 이 경우 그 통지는 형사소송법 제43조에 따라 위헌법률심판제청신청에 대한 기각 취지의 주문을 낭독하는 방법으로 하여야 한다.

공판정에서 청구인이 출석한 가운데 재판서에 의하여 위헌법률심판제청신청을 기각하는 취지의 주문을 낭독하는 방법으로 재판의 선고를 한 경우, 청구인은 이를 통하여 위헌법률심판제청신청에 대한 기각 결정을 통지받았다고 보아야 하므로 그로부터 30일이 경과한 후 제기된 헌법소원 심판청구는 청구기간을 경과한 것으로서 부적법하다.

헌재 2018.8.30. 2016헌바316, 공보 263, 1424

(4) 가처분

위헌법률심판에서 법률의 적용을 정지시키는 가처분이 인정되느냐 여부에 관해 견해의 대립이 있다(앞의 III. 일반심판절차, 4. 가처분 참조). 이를 허용해야 한다는 해석에 따른다면 마찬가지로 위헌심사형 헌법소원에서도 이를 인정해야 할 것이다.

위헌심사형 헌법소원심판을 청구하더라도 소원의 전제가 된 재판이 정지되지 않는데, 가처분으로 재판을 정지시킬 수 있느냐가 문제된다. 헌법재판소법 제75조 제7항에 의해 재심청구가 인정되고 있는 것과는 별개로, 재판정지의 불가피한 필요성이 인정되는 경우에는 이를 허용해야 할 것이다. 헌법재판소 판례 중에는 이 같은 가처분신청을 기각한 예가 있다(헌재 1993.12.20. 93헌사81).

(5) 결 정

위헌법률심판에서와 마찬가지로 각하, 합헌, 위헌의 결정을 한다. 위헌결정의 경우, 단순위헌만이 아니라 헌법불합치 · 한정합헌 · 한정위헌 등 다양한 형태가 있다.

Ⅵ. 탄핵심판

탄핵제도 전반 및 국회의 탄핵소추권에 관해서는 앞에서 설명하였다(앞의 제2장, VI, 7. 탄핵소추권 참조). 아래에서 헌법재판소의 탄핵심판절차 및 결정 등에 관하여 설명한다.

1. 탄핵심판의 청구

탄핵심판의 청구인은 국회이고, 국회 법제사법위원회 위원장이 소추위원이 된다(헌법재판소법 제49조 제1항). 실제 노무현 대통령 탄핵심판결정에서 헌법재판소는 그 결정문의 당사자란에 "청구인 국회, 소추위원 국회 법제사법위원회 위원장"으로 표시한 바 있다.

소추위원은 헌법재판소에 소추의결서의 정본을 제출하여 심판을 청구한다(법 제49조 제2항). 즉 심판청구는 문서주의에 의한다. 그러나 법 제70조에 따라 전자적 방법에 의하여도 심판을 청구할 수 있다.

2. 탄핵심판의 절차

탄핵심판은 구두변론에 의한다(법 제30조 제1항). 당사자가 변론기일에 출석하지 아니한 때에는 다시 기일을 정하여야 하고, 다시 정한 기일에도 출석하지 아니한 때에는 그 출석없이 심리할 수 있다(법 제52조).

소추위원은 심판의 변론에 있어서 피청구인(피소추자)를 신문(訊問)할 수 있다(법 제49조 제2항).

재판부는 심리를 위하여 필요하다고 인정하는 경우에는 당사자의 신청 또는 직권에 의하여 증거조사를 할 수 있다(법 제31조). 또한 다른 국가기관이나 공공단체의 기관에 대하여 심판에 필요한 사실을 조회하거나 기록의 송부나 자료의 제출을 요구할 수 있다. 다만 재판·소추 또는 범죄수사가 진행중인 사건의 기록에 대하여는 송부를 요구할 수 없다(법 제32조).

헌법재판소는 탄핵심판 계속 중 피청구인이 임기만료로 퇴직한 경우, 탄핵심판청구는 부적법하다고 한다.

(판 례) 탄핵심판 계속 중 피청구인이 임기만료로 퇴직한 경우, 탄핵심판청구가 적법한지 여부

헌법 제65조 제4항 전문은 "탄핵결정은 공직으로부터 파면함에 그친다."라고 규정하고, 헌법재판소법 제53조 제1항도 "피청구인을 해당 공직에서 파면하는 결정을 선고한다."라고 규정함으로써, 탄핵심판이 피청구인을 해당 공직

에서 파면할 것인지 여부를 판단하는 절차임을 명확히 하고 있다. 탄핵심판의 이익이란 탄핵심판청구가 이유 있는 경우에 피청구인을 해당 공직에서 파면하는 결정을 선고할 수 있는 가능성을 상정하여 탄핵심판의 본안심리에 들어가 그 심리를 계속할 이익이다. 이것은 본안판단에 나아가는 것이 탄핵심판절차의 목적에 기여할 수 있는지 여부에 관한 문제이다. 이를 통해 무익한 탄핵심판절차의 진행이 통제되고, 탄핵심판권 행사의 범위와 한계가 설정된다. 탄핵심판절차는 파면결정을 선고함으로써 헌법의 규범력을 확보하기 위한 수단이므로, 파면을 할 수 없어 목적 달성이 불가능하면 심판의 이익은 소멸한다.

(재판관 이미선의 각하의견)

(……) 탄핵은 국회의 행정부 및 사법부에 대한 견제를 통해 헌법을 수호하고자 하는 데 그 목적이 있으므로 그 본질상 피청구인이 탄핵심판 중 계속해서 해당 공직을 보유할 것을 요구한다고 볼 수 없다. (……) 현행 헌법재판소법 아래에서는 탄핵심판 계속 중 피청구인의 임기가 만료하여 해당 공직에서 퇴직한 경우 심판요건을 갖추지 못한 것으로 볼 수밖에 없다.

(재판관 문형배의 심판절차종료의견)

이미 법관의 임기제·연임제에 따라 피청구인에게 퇴직의 효력이 발생한 이상 그 효력을 부정하면서까지 탄핵심판절차가 계속 진행된다고 볼 수는 없다. 또한 탄핵소추 의결을 받은 자는 탄핵심판이 있을 때까지 권한행사가 정지되므로, 심판절차종료선언을 한다고 하여 탄핵제도를 둔 취지가 몰각된다고 보기 어렵다. 국회의 탄핵소추절차와 헌법재판소의 탄핵심판절차는 독립된 절차이므로, 탄핵소추 당시 피청구인이 공직에 있어 적법하게 소추되었더라도 탄핵심판 계속 중 그 직에서 퇴직하였다면 이는 심판절차의 계속을 저지하는 사유로서 탄핵심판절차를 종료하여야 할 사유에 해당한다. 그러므로 이 사건 탄핵심판은 피청구인이 임기만료로 퇴직하여 법관의 신분을 상실한 2021. 3. 1. 그 절차가 종료되었다고 할 것이다.

(유남석 등 3인 재판관의 인용의견)

탄핵심판은 공직의 강제 박탈이라는 주관소송으로서의 성격뿐만 아니라 헌법질서의 회복과 수호를 목적으로 하는 객관소송으로서의 성격도 강하게 가지고 있고, 고위공직자의 임기만료 근접 시기에 이루어진 위헌·위법행위에 대한 헌법적 통제를 통해 탄핵심판제도의 실효성을 확보할 필요성이 크며, 피청구인의 행위가 얼마나 중대한 헌법 또는 법률 위반인지를 규명하는 것은 헌법질서의 수호·유지의 관점에서 파면 여부 그 자체에 대한 판단 못지않게 탄핵심판에서 핵심적인 부분이라는 점을 고려할 필요가 있다. 이 사건은 사법부 내부로부터 발생한 재판의 독립 침해 문제가 탄핵소추의결에까지 이른 최초의 법관

탄핵 사건으로서, 헌법재판소가 우리 헌법질서 내에서 재판 독립의 의의나 법관의 헌법적 책임 등을 규명하게 된다면 앞으로 발생할 수 있는 법관의 재판상 독립침해 문제를 사전에 경고하여 이를 미리 예방할 수 있을 것이다. 이와 같은 점에서 이 사건은 헌법적 해명의 필요성이 인정되므로, 심판의 이익을 인정할 수 있다.

헌재 2021.10.28. 2021헌나1, 판례집 33-2, 321,321-330

탄핵소추대상자가 퇴직한 뒤 또다른 탄핵심판대상의 직에 임명된 경우, 가령 위의 경우에 법관 퇴직과 동시에 감사위원이나 중앙선거관리위원회 위원에 임명된 경우까지 위 결정이 그대로 유지될지는 의문이다. 심판계속 중 총선으로 다수당이 바뀐 경우 국회동의를 요하는 직에 임명되는 경우도 상정할 수 있다. 탄핵, 즉 파면결정은 5년 동안 공직에의 취임이 금지된다는 효과가 있다. 사법행정권의 한계를 밝히고 사법부 내부로부터 발생하는 법관의 독립 침해 문제를 해명하는 것은 사법부에 대한 기능적 권력통제로서 앞으로 발생할 수 있는 법관의 재판상 독립 침해 문제를 미리 예방하는 경고적 기능을 수행한다는 점을 강조한 반대(인용)의견이 타당하다고 본다.

심판의 범위는 탄핵소추의 사유에 한정된다.

(판 례) 탄핵심판의 대상과 범위

헌법재판소는 사법기관으로서 원칙적으로 탄핵소추기관인 국회의 탄핵소추의결서에 기재된 소추사유에 의하여 구속을 받는다. 따라서 헌법재판소는 탄핵소추의결서에 기재되지 아니한 소추사유를 판단의 대상으로 삼을 수 없다. 그러나 탄핵소추의결서에서 그 위반을 주장하는 '법규정의 판단'에 관하여 헌법재판소는 원칙적으로 구속을 받지 않으므로, 청구인이 그 위반을 주장한 법규정 외에 다른 관련 법규정에 근거하여 탄핵의 원인이 된 사실관계를 판단할 수 있다. 또한, 헌법재판소는 소추사유의 판단에 있어서 국회의 탄핵소추의결서에서 분류된 소추사유의 체계에 의하여 구속을 받지 않으므로, 소추사유를 어떠한 연관관계에서 법적으로 고려할 것인가의 문제는 전적으로 헌법재판소의 판단에 달려있다.

헌재 2004.5.14. 2004헌나1, 판례집 16-1, 609,610

피청구인에 대한 탄핵심판청구와 동일한 사유로 형사소송이 진행되고 있는 때에는 재판부는 심판절차를 정지할 수 있다(법 제51조). 헌법재판소는 검사에 대한 탄핵

사건(형사재판에서는 1심 유죄판결 후 항소심 진행 중이었다)에서 심판절차를 정지하는 결정을 한 바 있다(2023헌나3). 대통령 탄핵에서는 심판절차 정지규정이 적용되지 않는다는 견해도 있다.

탄핵심판절차에 관하여 헌법재판소법이 특별히 정하는 경우를 제외하고는 헌법재판의 성질에 반하지 아니하는 한도 내에서 민사소송에 관한 법령과 형사소송에 관한 법령을 준용한다. 다만 형사소송에 관한 법령이 민사소송에 관한 법령과 저촉될 때에는 민사소송에 관한 법령은 준용하지 아니한다(법 제40조).

3. 탄핵심판의 결정

(1) 결정의 유형과 정족수

탄핵심판청구가 부적법한 경우에는 각하결정을 한다. 청구가 이유있는 때에는 파면결정을 한다. 청구가 이유없는 때에는 기각결정을 한다.

탄핵결정, 즉 파면결정을 할 때에는 재판관 6인 이상의 찬성이 있어야 한다(헌법 제113조 제1항, 법 제23조 제2항 제1호).

탄핵결정의 내용은 피청구인을 당해 공직에서 파면하는 것이다(법 제53조 제1항). 피청구인이 결정선고 전에 당해 공직에서 파면된 때에는 청구를 기각하여야 한다(법 제53조 제2항).

(2) 탄핵결정의 사유

탄핵결정의 사유는 "직무집행에 있어서 헌법이나 법률을 위반한 때"이다(헌법 제65조 제1항, 법 제48조). 유의할 점은 위법행위의 존재만으로는 부족하고 법위반의 중대성이 인정되어야 한다는 점이다. 2004년의 대통령탄핵심판사건에서 헌법재판소는 '헌법이나 법률에 위배했는지의 여부'와 '파면할 것인지의 여부'를 구분하고, 헌법·법률에 위배했다고 인정하면서도 파면을 정당화할 정도로 '중대한' 법위반에 해당하지 않는다고 하여 청구를 기각하였다(헌재 2004.5.14. 2004헌나1)(앞의 국회의 탄핵소추권 참조).

이 판례에 따르면 탄핵소추의 요건은 직무집행에 관한 위법행위의 존재이며, 탄핵결정의 사유는 파면할 정도의 '중대한' 위법행위의 존재이다.

(판 례) '법위반의 중대성'에 관한 판단 기준

'법위반이 중대한지' 또는 '파면이 정당화되는지'의 여부는 그 자체로서 인식될 수 없는 것이므로, 결국 파면결정을 할 것인지의 여부는 공직자의 '법위반 행위의 중대성'과 '파면결정으로 인한 효과' 사이의 법익형량을 통하여 결정된다고 할 것이다. 그런데 탄핵심판절차가 헌법의 수호와 유지를 그 본질로 하고 있다는 점에서, '법위반의 중대성'이란 '헌법질서의 수호의 관점에서의 중대성'을 의미하는 것이다. 따라서 한편으로는 '법위반이 어느 정도로 헌법질서에 부정적 영향이나 해악을 미치는지의 관점'과 다른 한편으로는 '피청구인을 파면하는 경우 초래되는 효과'를 서로 형량하여 탄핵심판청구가 이유 있는지의 여부 즉, 파면여부를 결정해야 한다.

헌재 2004.5.14. 2004헌나1, 판례집 16-1, 609,655

공소권 남용으로 각하판결을 받은 검사에게 그 공소권 행사의 위헌·위법을 이유로 탄핵소추가 이루어진 사건에서 헌법재판소는 탄핵심판청구를 기각하였다(헌재 2024.5.30. 2023헌나2). 재판관 3인은 공소권 남용이 '그 직무집행에 있어서 헌법이나 법률을 위배한 때'에 해당하지 않는다는 이유로, 재판관 2인은 검찰청법 및 국가공무원법 위반에 해당하나 직권남용으로 보기는 어려워 파면을 정당화할 수 있을 정도로 중대한 법위반이 있다고 볼 수는 없다는 이유를 들어 기각의견을 내었다. 재판관 4인은 자신이 기소유예처분을 한 사건을 다시 공소제기를 한 것은 직권남용죄에 해당하고 파면을 정당화할 중대한 법위반에 해당한다고 하면서 반대의견을 내었다. 4인 재판관의 반대의견은 민주적 정당성이 있는 대통령 파면에서와 같은 법위반의 중대성을 판단할 수는 없다고 하였다.

헌법재판소는 2025년 4월 4일의 윤석열 대통령 탄핵심판에서 '법위반의 중대성'에 관하여 다음과 같이 판시하였다.

"피청구인은 국회와의 대립 상황을 타개할 목적으로 이 사건 계엄을 선포한 후 군경을 투입시켜 국회의 헌법상 권한 행사를 방해함으로써 국민주권주의 및 민주주의를 부정하고, 병력을 투입시켜 중앙선관위를 압수·수색하도록 하는 등 헌법이 정한 통치구조를 무시하였으며, 이 사건 포고령을 발령함으로써 국민의 기본권을 광범위하게 침해하였다. 이는 법치국가원리와 민주국가원리의 기본원칙들을 위반한 것으로서 그 자체로 헌법질서를 침해하고 민주공화정의 안정성에 심각한 위해를 끼쳤으므로 헌법수호의 관점에서 용납될 수 없는 중대한 법 위반에 해당한다. 한편 국회가 신속하게 비상계엄해제요구 결의를 할 수 있었던 것은 시민들의 저항과 군경의 소극

적인 임무 수행 덕분이었으므로, 이는 피청구인의 법 위반이 중대하지 않다고 볼 수는 없다”(헌재 2025.4.4. 2024헌나8).

(판 례) 국무총리(한덕수) 탄핵

(문형배 재판관 등 4인의 기각의견)

피청구인은 국회가 선출한 3인을 헌법재판관으로 임명하여야 할 헌법상 구체적 작위의무를 부담하고 있음에도 불구하고, 국회로부터 헌법재판관 선출 통지를 받기도 전에 국무회의나 담화문 등을 통하여 여야의 합의를 전제로 헌법재판관을 임명하겠다는 취지로 발언하는 등 국회가 선출한 3인을 헌법재판관으로 임명하지 않겠다는 거부 의사를 미리 종국적으로 표시함으로써, 헌법상의 구체적 작위의무를 위반하였다. 따라서 피청구인은 헌법 제66조, 제111조 및 국가공무원법 제56조 등을 위반하였고, 이는 헌법상 탄핵소추사유인 ‘그 직무집행에 있어서 헌법이나 법률을 위배한 때’에 해당한다.

다만, 피청구인의 헌법재판관 임명 거부가 현직 대통령에 대한 탄핵심판을 진행하는 헌법재판소를 무력화시키기 위한 목적 또는 의사에 기인하였다고까지 인정할 증거나 객관적 자료는 발견되지 않는 점 등을 고려하면, 피청구인의 헌법 및 법률 위반이 임명권자인 대통령을 통하여 간접적으로 부여된 국민의 신임을 배반한 경우에 해당한다고 단정할 수 없다. 따라서 피청구인에 대한 파면 결정을 정당화하는 사유가 존재한다고 볼 수 없다.

헌재 2025.3.24. 2024헌나9, 공보 342, 407,408

위 결정에는 헌법이나 법률에 위반된 사실이 없다는 1인의 기각의견, 중대한 법 위반에 해당한다는 1인의 인용(파면)의견, 가중된 의결정족수가 필요하다는 2인의 각하의견이 있다.

(3) 탄핵심판결정의 효력

탄핵심판결정의 효력발생시점에 관하여 법률의 명시적 규정은 없다. 탄핵심판의 결정 선고시점이 결정의 효력발생시점이라고 볼 것이다.

탄핵결정(파면결정)이 내려지면 다음의 효력이 발생한다. ① 피청구인은 선고시점부터 당해 공직에서 파면된다(헌법 제65조 제4항, 법 제53조 제1항).

② 탄핵결정에 의하여 민사상이나 형사상의 책임이 면제되는 것은 아니다(헌법 제65조 제4항, 법 제54조 제1항).

③ 탄핵결정에 의하여 파면된 자는 결정선고가 있은 날로부터 5년을 경과하지 않으면 공무원이 될 수 없다(법 제54조 제2항).

④ 탄핵결정을 받은 자를 대통령이 사면할 수 있느냐가 문제된다. 이에 관하여 헌법이나 법률의 직접적인 명시적 규정은 없다. 사면법은 사면대상에서 탄핵결정받은 자를 명시하지 않고 있는데(제3조), 다른 한편 징계에 대하여 사면에 관한 규정이 적용된다고 명시하고 있다(제4조).

생각건대 탄핵결정으로 파면된 자는 사면할 수 없으며, 이는 사면권의 내재적 한계로 보아야 할 것이다. 참고로 미국헌법은 탄핵받은 자를 사면할 수 없다고 명시하고 있다(제2조 제2항 제1절).

(판 례) 대통령 박근혜 탄핵결정

라. (……) 헌법재판소법 제53조 제1항은 '탄핵심판 청구가 이유 있는 경우' 피청구인을 파면하는 결정을 선고하도록 규정하고 있다. 대통령을 탄핵하기 위해서는 대통령의 법 위배 행위가 헌법질서에 미치는 부정적 영향과 해악이 중대하여 대통령을 파면함으로써 얻는 헌법 수호의 이익이 대통령 파면에 따르는 국가적 손실을 압도할 정도로 커야 한다. 즉, '탄핵심판청구가 이유 있는 경우'란 대통령의 파면을 정당화할 수 있을 정도로 중대한 헌법이나 법률 위배가 있는 때를 말한다. (……)

마. (……) 피청구인은 최○원이 추천한 인사를 다수 공직에 임명하였고 이렇게 임명된 일부 공직자는 최○원의 이권 추구를 돕는 역할을 하였다. 피청구인은 사기업으로부터 재원을 마련하여 재단법인 미르와 재단법인 케이스포츠(다음부터 '미르'와 '케이스포츠'라고 한다)를 설립하도록 지시하였고, 대통령의 지위와 권한을 이용하여 기업들에게 출연을 요구하였다. ... 피청구인의 이러한 일련의 행위는 최○원 등의 이익을 위해 대통령으로서의 지위와 권한을 남용한 것으로서 공정한 직무수행이라 할 수 없다. 피청구인은 헌법 제7조 제1항, 국가공무원법 제59조, 공직자윤리법 제2조의2 제3항, 부패방지권익위법 제2조 제4호 가목, 제7조를 위반하였다. (……)

바. (……) 대통령의 지위를 이용하여 기업으로 하여금 재단법인에 출연하도록 한 피청구인의 행위는 해당 기업의 재산권 및 기업경영의 자유를 침해한 것이다. (……)

사. (……) 피청구인의 지시와 묵인에 따라 최○원에게 많은 문건이 유출되었고, 여기에는 대통령의 일정 · 외교 · 인사 · 정책 등에 관한 내용이 포함되어 있다. 이런 정보는 대통령의 직무와 관련된 것으로, 일반에 알려질 경우 행정

목적을 해할 우려가 있고 실질적으로 비밀로 보호할 가치가 있으므로 직무상 비밀에 해당한다. 피청구인이 최○원에게 위와 같은 문건이 유출되도록 지시 또는 방치한 행위는 국가공무원법 제60조의 비밀엄수의무를 위반한 것이다. (……)

차. (……) 세월호 참사에 대한 피청구인의 대응조치에 미흡하고 부적절한 면이 있었다고 하여 곧바로 피청구인이 생명권 보호의무를 위반하였다고 인정하기는 어렵다.

카. 대통령의 '직책을 성실히 수행할 의무'는 헌법적 의무에 해당하지만, '헌법을 수호해야 할 의무'와는 달리 규범적으로 그 이행이 관철될 수 있는 성격의 의무가 아니므로 원칙적으로 사법적 판단의 대상이 되기는 어렵다. 세월호 참사 당일 피청구인이 직책을 성실히 수행하였는지 여부는 그 자체로 소추사유가 될 수 없어, 탄핵심판절차의 판단대상이 되지 아니한다.

타. 피청구인은 최○원에게 공무상 비밀이 포함된 국정에 관한 문건을 전달했고, 공직자가 아닌 최○원의 의견을 비밀리에 국정 운영에 반영하였다. 피청구인의 이러한 위법행위는 피청구인이 대통령으로 취임한 때부터 3년 이상 지속되었다. 피청구인은 국민으로부터 위임받은 권한을 사적 용도로 남용하여 적극적·반복적으로 최○원의 사익 추구를 도와주었고, 그 과정에서 대통령의 지위를 이용하거나 국가의 기관과 조직을 동원하였다는 점에서 법 위반의 정도가 매우 중하다. 대통령은 공무 수행을 투명하게 공개하여 국민의 평가를 받아야 한다. 그런데 피청구인은 최○원의 국정 개입을 허용하면서 이 사실을 철저히 비밀에 부쳤고, 그에 관한 의혹이 제기될 때마다 이를 부인하며 의혹 제기 행위만을 비난하였다. 따라서 권력분립원리에 따른 국회 등 헌법기관에 의한 견제나 언론 등 민간에 의한 감시 장치가 제대로 작동될 수 없었다. 이와 같은 피청구인의 일련의 행위는 대의민주제의 원리와 법치주의의 정신을 훼손한 것으로서 대통령으로서의 공익실현의무를 중대하게 위반한 것이다.

결국 피청구인의 이 사건 헌법과 법률 위배행위는 국민의 신임을 배반한 행위로서 헌법수호의 관점에서 용납될 수 없는 중대한 법 위배행위라고 보아야 한다. 그렇다면 피청구인의 법 위배행위가 헌법질서에 미치게 된 부정적 영향과 파급 효과가 중대하므로, 피청구인을 파면함으로써 얻는 헌법수호의 이익이 대통령 파면에 따르는 국가적 손실을 압도할 정도로 크다고 인정된다.

(재판관 김이수, 재판관 이진성의 보충의견)

피청구인은 생명권 보호의무를 위반하지는 않았지만, 헌법상 성실한 직책수행의무 및 국가공무원법상 성실의무를 위반하였다. 다만 그러한 사실만으로는 파면 사유를 구성하기 어렵다.

(재판관 안창호의 보충의견)

이 사건 탄핵심판은 보수와 진보라는 이념의 문제가 아니라 헌법질서를 수호하는 문제로, 정치적 폐습을 청산하기 위하여 파면결정을 할 수밖에 없다.

헌재 2017.3.10. 2016헌나1, 공보 245, 1,1-3

위 탄핵결정에서 "'탄핵심판청구가 이유 있는 경우'란 대통령의 파면을 정당화할 수 있을 정도로 중대한 헌법이나 법률 위배가 있는 때"라고 밝히고 있다. '중대한 법위반'에 한정시킨 점은 선례(헌재 2004.5.14. 2004헌나1)와 차이가 없다.

탄핵제도의 특성은 법위반을 사유로 한다는 점이다. 단지 정치를 못했다는 이유로 탄핵할 수 없다. 그러면서도 정치적 성격이 있다. 미국 헌법에서 의회 상·하원 의결만으로 탄핵절차를 종결시키고 있음은 이 점을 말해준다. 우리 헌법은 국회의 탄핵소추와 헌법재판소의 탄핵결정에 따르도록 하여, 정치적 성격과 사법적 성격을 혼합하고 있다.

위 대통령 박근혜 탄핵결정 이유에서 가장 주목할 점은 무엇인가. 헌법재판소가 대통령의 '헌법 위배' 여부에 초점을 맞추고 있다는 점이다. 탄핵 사유는 "직무집행에 있어서 헌법이나 법률을 위배"(헌법 제65조 제1항)했느냐 여부이다(우리 헌법과 달리, 미국 헌법은 "반역죄, 수뢰죄, 또는 기타 범죄 및 경범죄 등"을 탄핵사유로 규정하고 있다).

헌법 위배와 법률 위배의 차이는 무엇인가. 헌법에 담긴 규정들은 법률의 규정에 비해 더 추상적이다. 헌법 규정들의 상당 부분은 원리(principles)의 성격을 지닌다. 규칙(rules) 성격의 규정이 양자택일인 데 비하여(예컨대 대통령 임기 '5년'이며, 다른 해석의 여지가 없다), 원리 성격의 규정은 일도양단이 아니라 정도(程度)의 성격을 지니며 그 해석에서 불확정적인 영역이 넓다(예컨대 대통령 취임선서 내용 규정 가운데, "… 대통령으로서의 직책을 성실히 수행"한다는 규정).

탄핵결정 이유에서 구체적 예를 보자. 여러 탄핵 사유 가운데 핵심의 하나는 대통령의 수뢰 혐의 관련 부분이다. 이 부분에서 헌법재판소는 "피청구인은 직접 또는 경제수석비서관을 통하여 대기업 임원 등에게 미르와 케이스포츠에 출연할 것을 요구하였다. … 대통령의 지위를 이용하여 기업으로 하여금 재단법인에 출연하도록 한 피청구인의 행위는 해당 기업의 재산권 및 기업경영의 자유를 침해한 것이다"라고 하여 헌법 위배를 인정했다. 형사법상 수뢰죄나 유사 범죄 혐의 등 '법률 위배'의 문제는 직접 다루지 않았다. 이 점은 형사소송이 예상되는 상황이었으므로 헌재로서는 불가피하기도 하였다.

또 다른 예를 보기로 한다. 헌법재판소는 이렇게 말했다. "피청구인은 최○원이 추천한 인사를 다수 공직에 임명하였고 이렇게 임명된 일부 공직자는 최○원의 이권 추구를 돕는 역할을 하였다. … 피청구인의 이러한 일련의 행위는 최○원 등의 이익을 위해 대통령으로서의 지위와 권한을 남용한 것으로서 공정한 직무수행이라 할 수 없다. 피청구인은 헌법 제7조 제1항, 국가공무원법 제59조, 공직자윤리법 제2조의2 제3항, 부패방지권익위법 제2조 제4호 가목, 제7조를 위반하였다."

여기에서 헌법재판소는 대통령이 "공무원은 국민전체에 대한 봉사자"라는 헌법 제7조 제1항에 위배했음을 지적하고, 이어서 법률 위배도 근거로 삼고 있다. 그렇지만 그 법률 규정들도 추상적인 원리 성격의 규정인 점에서 헌법 위배 사유와 큰 차이가 없다. 예를 들어 국가공무원법 제59조 규정을 보자. "공무원은 국민 전체의 봉사자로서 친절하고 공정하게 직무를 수행하여야 한다."

이처럼 원리 성격의 추상적 헌법 규정 위배에 집중함으로써 헌법재판소는 탄핵 인용 여부 판단에서 상당 범위의 재량의 폭을 갖게 되었다. 원리 성격의 헌법이나 법률의 조항의 해석·적용은 늘 반론의 소지를 넓게 남기게 마련이다. 이 점은 재판관 일부의 보충의견에서도 드러난다.

재판관 김이수·이진성의 보충의견은 세월호 사건과 관련한 부분에서, "피청구인은 생명권 보호의무를 위반하지는 않았지만, 헌법상 성실한 직책수행의무 및 국가공무원법상 성실의무를 위반하였다. 다만 그러한 사실만으로는 파면 사유를 구성하기 어렵다"는 개별적 의견을 첨부하였다.

비록 위 부분에 국한된 것은 아니다. 보충의견이 제시한 문제는 다른 여러 쟁점들에 관해서도 상당 부분 마찬가지로 제기될 수 있는 소지를 지닌 것이었다.

한편, 재판관 안창호의 보충의견은 과연 적절한지 의문이다. 위 결정요지 인용문에는 빠져있지만, 안 재판관은 보충의견에서 '현행 헌법상 권력구조의 문제점' 및 나아가 '현행 헌법상 권력구조의 개혁과제'까지 논급하고 있다. 이것은 과도한 부가의견이다. 재판관의 법창조적 기능은 불가피하거나 예외적 경우에 머물러야 한다.

헌법재판소는 박대통령 탄핵결정에서 대통령의 법률위반보다 헌법위반에 집중함으로써 재량의 폭을 넓게 확보했다. 이 결정은 1987년 이래 현행 헌법 최대의 위기를 슬기롭게 극복해냈다. 근본적으로는 초유의 '촛불시위' 상황이 헌법재판소 결정에 결정적으로 작용했음을 부인하기 어렵다.

2024년 12월 3일 22시 27분경, 대통령 윤석열은 대통령실에서 대국민담화를 통해 비상계엄을 선포하였다. 대국민담화의 내용은 '대한민국은 야당의 탄핵과 특검,

예산삭감 등으로 국정이 마비된 상태이며, 북한 공산세력의 위협으로부터 자유대한민국을 수호하고 헌정질서를 지키기 위해 비상계엄을 선포한다'는 것이었다.

12월 4월 1시 2분경, 국회 본회의에서 의원 170인이 발의한 비상계엄해제요구결의안이 재석 190인 중 찬성 190인으로 가결되었다. 대통령은 12월 4일 4시 20분경 대통령실에서 비상계엄을 해제하겠다는 내용의 대국민담화를 발표하였고, 같은 날 4시 29분경 국무회의에서 계엄 해제안이 의결되었다.

2024년 12월 4일, 국회에서 대통령에 대한 탄핵소추안이 발의되었고, 12월 7일, 국회본회의에서 탄핵소추안에 대한 표결을 실시하였지만, 의결정족수 부족으로 투표가 불성립하였다. 국회는 12월 14일, 국회(임시회) 본회의에서 탄핵소추안을 재적의원 300인 중 204인의 찬성으로 가결하였고, 소추위원은 같은 날 헌법재판소에 대통령에 대한 탄핵심판을 청구하였다.

(판 례) 대통령 윤석열 파면 결정(2024헌나8. 2025년 4월 4일, 결정 선고의 요지)

▣ 먼저, 적법요건에 관하여 살펴보겠습니다.

① 이 사건 계엄 선포가 사법심사의 대상이 되는지에 관하여 보겠습니다. 고위공직자의 헌법 및 법률 위반으로부터 헌법질서를 수호하고자 하는 탄핵심판의 취지 등을 고려하면, 이 사건 계엄 선포가 고도의 정치적 결단을 요하는 행위라 하더라도 그 헌법 및 법률 위반 여부를 심사할 수 있습니다.

② 국회 법사위의 조사 없이 이 사건 탄핵소추안을 의결한 점에 대하여 보겠습니다.

헌법은 국회의 소추 절차를 입법에 맡기고 있고, 국회법은 법사위 조사 여부를 국회의 재량으로 규정하고 있습니다. 따라서 법사위의 조사가 없었다고 하여 탄핵소추 의결이 부적법하다고 볼 수 없습니다.

③ 이 사건 탄핵소추안의 의결이 일사부재의 원칙에 위반되는지 여부에 대하여 보겠습니다. 국회법은 부결된 안건을 같은 회기 중에 다시 발의할 수 없도록 규정하고 있습니다. 피청구인에 대한 1차 탄핵소추안이 제418회 정기회 회기에 투표 불성립되었지만, 이 사건 탄핵소추안은 제419회 임시회 회기 중에 발의되었으므로, 일사부재의 원칙에 위반되지 않습니다. 한편 이에 대해서는 다른 회기에도 탄핵소추안의 발의 횟수를 제한하는 입법이 필요하다는 재판관 정형식의 보충의견이 있습니다.

④ 이 사건 계엄이 단시간 안에 해제되었고, 이로 인한 피해가 발생하지 않았으므로 보호이익이 흠결되었는지 여부에 대하여 보겠습니다. 이 사건 계엄이 해제되었다고 하더라도 이 사건 계엄으로 인하여 이 사건 탄핵 사유는 이미 발

생하였으므로 심판의 이익이 부정된다고 볼 수 없습니다.

⑤ 소추의결서에서 내란죄 등 형법 위반 행위로 구성하였던 것을 탄핵심판 청구 이후에 헌법 위반 행위로 포섭하여 주장한 점에 대하여 보겠습니다. 기본적 사실관계는 동일하게 유지하면서 적용법조문을 철회·변경하는 것은 소추사유의 철회·변경에 해당하지 않으므로, 특별한 절차를 거치지 않더라도 허용됩니다. 피청구인은 소추사유에 내란죄 관련 부분이 없었다면 의결정족수를 충족하지 못하였을 것이라고도 주장하지만, 이는 가정적 주장에 불과하며 객관적으로 뒷받침할 근거도 없습니다.

⑥ 대통령의 지위를 탈취하기 위하여 탄핵소추권을 남용하였다는 주장에 대하여 보겠습니다. 이 사건 탄핵소추안의 의결 과정이 적법하고, 피소추자의 헌법 또는 법률 위반이 일정 수준 이상 소명되었으므로, 탄핵소추권이 남용되었다고 볼 수 없습니다. 그렇다면 이 사건 탄핵심판청구는 적법합니다.

한편 증거법칙과 관련하여, 탄핵심판절차에서 형사소송법상 전문법칙을 완화하여 적용할 수 있다는 재판관 이미선, 김형두의 보충의견과, 탄핵심판절차에서 앞으로는 전문법칙을 보다 엄격하게 적용할 필요가 있다는 재판관 김복형, 조한창의 보충의견이 있습니다.

▣ 다음으로 피청구인이 직무집행에 있어 헌법이나 법률을 위반하였는지, 피청구인의 법위반 행위가 피청구인을 파면할 만큼 중대한 것인지에 관하여 살펴보겠습니다. 우선 소추사유별로 살펴보겠습니다.

① 이 사건 계엄 선포에 관하여 보겠습니다.

○ 헌법 및 계엄법에 따르면, 비상계엄 선포의 실체적 요건 중 하나는 '전시·사변 또는 이에 준하는 국가비상사태로 적과 교전 상태에 있거나 사회질서가 극도로 교란되어 행정 및 사법 기능의 수행이 현저히 곤란한 상황이 현실적으로 발생하여야 한다'는 것입니다.

피청구인은 야당이 다수의석을 차지한 국회의 이례적인 탄핵소추 추진, 일방적인 입법권 행사 및 예산 삭감 시도 등의 전횡으로 인하여 위와 같은 중대한 위기상황이 발생하였다고 주장합니다.

피청구인의 취임 후 이 사건 계엄 선포 전까지 국회는 행안부장관, 검사, 방통위 위원장, 감사원장 등에 대하여 총 22건의 탄핵소추안을 발의하였습니다. 이는 국회가 탄핵소추사유의 위헌·위법성에 대해 숙고하지 않은 채 법 위반의 의혹에만 근거하여 탄핵심판제도를 정부에 대한 정치적 압박수단으로 이용하였다는 우려를 낳았습니다.

그러나 이 사건 계엄 선포 당시에는 검사 1인 및 방통위 위원장에 대한 탄핵심판절차만이 진행 중이었습니다.

피청구인이 야당이 일방적으로 통과시켜 문제가 있다고 주장하는 법률안들은 피청구인이 재의를 요구하거나 공포를 보류하여 그 효력이 발생되지 않은 상태였습니다.

2025년도 예산안은 2024년 예산을 집행하고 있었던 이 사건 계엄 선포 당시 상황에 어떠한 영향을 미칠 수 없고, 위 예산안에 대하여 국회 예결특위의 의결이 있었을 뿐 본회의의 의결이 있었던 것도 아닙니다.

따라서 국회의 탄핵소추, 입법, 예산안 심의 등의 권한 행사가 이 사건 계엄 선포 당시 중대한 위기상황을 현실적으로 발생시켰다고 볼 수 없습니다. 국회의 권한 행사가 위법·부당하더라도, 헌법재판소의 탄핵심판, 피청구인의 법률안 재의요구 등 평상시 권력행사방법으로 대처할 수 있으므로, 국가긴급권의 행사를 정당화할 수 없습니다.

피청구인은 부정선거 의혹을 해소하기 위하여 이 사건 계엄을 선포하였다고도 주장합니다. 그러나 어떠한 의혹이 있다는 것만으로 중대한 위기상황이 현실적으로 발생하였다고 볼 수는 없습니다.

또한 중앙선관위는 제22대 국회의원 선거 전에 보안 취약점에 대하여 대부분 조치하였다고 발표하였으며, 사전·우편 투표함 보관장소 CCTV영상을 24시간 공개하고 개표과정에 수검표 제도를 도입하는 등의 대책을 마련하였다는 점에서도 피청구인의 주장은 타당하다고 볼 수 없습니다.

결국 피청구인이 주장하는 사정을 모두 고려하더라도, 피청구인의 판단을 객관적으로 정당화할 수 있을 정도의 위기상황이 이 사건 계엄 선포 당시 존재하였다고 볼 수 없습니다.

헌법과 계엄법은 비상계엄 선포의 실체적 요건으로, '병력으로써 군사상의 필요에 응하거나 공공의 안녕질서를 유지할 필요와 목적이 있을 것'을 요구하고 있습니다. 그런데 피청구인이 주장하는 국회의 권한 행사로 인한 국정마비 상태나 부정선거 의혹은 정치적·제도적·사법적 수단을 통하여 해결하여야 할 문제이지 병력을 동원하여 해결할 수 있는 것이 아닙니다.

피청구인은 이 사건 계엄이 야당의 전횡과 국정 위기상황을 국민에게 알리기 위한 '경고성 계엄' 또는 '호소형 계엄'이라고 주장하지만, 이는 계엄법이 정한 계엄 선포의 목적이 아닙니다.

또한 피청구인은 계엄 선포에 그치지 아니하고 군경을 동원하여 국회의 권한 행사를 방해하는 등의 헌법 및 법률 위반 행위로 나아갔으므로, 경고성 또는 호소형 계엄이라는 피청구인의 주장을 받아들일 수 없습니다.

그렇다면 이 사건 계엄 선포는 비상계엄 선포의 실체적 요건을 위반한 것입니다.

○ 다음으로, 이 사건 계엄 선포가 절차적 요건을 준수하였는지에 관하여 보겠습니다.

계엄의 선포 및 계엄사령관의 임명은 국무회의의 심의를 거쳐야 합니다. 피청구인이 이 사건 계엄을 선포하기 직전에 국무총리 및 9명의 국무위원에게 계엄 선포의 취지를 간략히 설명한 사실은 인정됩니다. 그러나 피청구인은 계엄사령관 등 이 사건 계엄의 구체적인 내용을 설명하지 않았고 다른 구성원들에게 의견을 진술할 기회를 부여하지 않은 점 등을 고려하면 이 사건 계엄 선포에 관한 심의가 이루어졌다고 보기도 어렵습니다.

그 외에도, 피청구인은 국무총리와 관계 국무위원이 비상계엄 선포문에 부서하지 않았음에도 이 사건 계엄을 선포하였고, 그 시행일시, 시행지역 및 계엄사령관을 공고하지 않았으며, 지체 없이 국회에 통고하지도 않았으므로, 헌법 및 계엄법이 정한 비상계엄 선포의 절차적 요건을 위반하였습니다.

② 국회에 대한 군경 투입에 관하여 보겠습니다.

피청구인은 국방부장관에게 국회에 군대를 투입할 것을 지시하였습니다. 이에 군인들은 헬기 등을 이용하여 국회 경내로 진입하였고, 일부는 유리창을 깨고 본관 내부로 들어가기도 하였습니다.

피청구인은 육군특수전사령관 등에게 '의결정족수가 채워지지 않은 것 같으니, 문을 부수고 들어가서 안에 있는 인원들을 끄집어내라'는 등의 지시를 하였습니다. 또한 피청구인은 경찰청장에게 계엄사령관을 통하여 이 사건 포고령의 내용을 알려주고, 직접 6차례 전화를 하기도 하였습니다. 이에 경찰청장은 국회 출입을 전면 차단하도록 하였습니다. 이로 인하여 국회로 모이고 있던 국회의원들 중 일부는 담장을 넘어가야 했거나 아예 들어가지 못하였습니다.

한편, 국방부장관은 필요시 체포할 목적으로 국군방첩사령관에게 국회의장, 각 정당 대표 등 14명의 위치를 확인하라고 지시하였습니다. 피청구인은 국가정보원 1차장에게 전화하여 국군방첩사령부를 지원하라고 하였고, 국군방첩사령관은 국가정보원 1차장에게 위 사람들에 대한 위치 확인을 요청하였습니다.

이와 같이 피청구인은 군경을 투입하여 국회의원의 국회 출입을 통제하는 한편 이들을 끌어내라고 지시함으로써 국회의 권한 행사를 방해하였으므로, 국회에 계엄해제요구권을 부여한 헌법 조항을 위반하였고, 국회의원의 심의·표결권, 불체포특권을 침해하였습니다.

또한 각 정당의 대표 등에 대한 위치 확인 시도에 관여함으로써 정당활동의 자유를 침해하였습니다.

피청구인은 국회의 권한 행사를 막는 등 정치적 목적으로 병력을 투입함으로써, 국가 안전보장과 국토방위를 사명으로 하여 나라를 위해 봉사하여 온 군인들이 일반 시민들과 대치하도록 만들었습니다. 이에 피청구인은 국군의 정치적 중립성을 침해하고 헌법에 따른 국군통수의무를 위반하였습니다.

③ 이 사건 포고령 발령에 관하여 보겠습니다.

피청구인은 이 사건 포고령을 통하여 국회, 지방의회, 정당의 활동을 금지함으로써 국회에 계엄해제요구권을 부여한 헌법 조항, 정당제도를 규정한 헌법 조항과 대의민주주의, 권력분립원칙 등을 위반하였습니다. 비상계엄하에서 기본권을 제한하기 위한 요건을 정한 헌법 및 계엄법 조항, 영장주의를 위반하여 국민의 정치적 기본권, 단체행동권, 직업의 자유 등을 침해하였습니다.

④ 중앙선관위에 대한 압수 · 수색에 관하여 보겠습니다.

피청구인은 국방부장관에게 병력을 동원하여 선관위의 전산시스템을 점검하라고 지시하였습니다. 이에 따라 중앙선관위 청사에 투입된 병력은 출입통제를 하면서 당직자들의 휴대전화를 압수하고 전산시스템을 촬영하였습니다. 이는 선관위에 대하여 영장 없이 압수 · 수색을 하도록 하여 영장주의를 위반한 것이자 선관위의 독립성을 침해한 것입니다.

⑤ 법조인에 대한 위치 확인 시도에 관하여 보겠습니다.

앞서 말씀드린 바와 같이, 피청구인은 필요시 체포할 목적으로 행해진 위치 확인 시도에 관여하였는데, 그 대상에는 퇴임한 지 얼마 되지 않은 전 대법원장 및 전 대법관도 포함되어 있었습니다. 이는 현직 법관들로 하여금 언제든지 행정부에 의한 체포 대상이 될 수 있다는 압력을 받게 하므로, 사법권의 독립을 침해한 것입니다.

지금까지 살펴본 피청구인의 법위반 행위가 피청구인을 파면할 만큼 중대한 것인지에 관하여 보겠습니다.

피청구인은 국회와의 대립 상황을 타개할 목적으로 이 사건 계엄을 선포한 후 군경을 투입시켜 국회의 헌법상 권한 행사를 방해함으로써 국민주권주의 및 민주주의를 부정하고, 병력을 투입시켜 중앙선관위를 압수 · 수색하도록 하는 등 헌법이 정한 통치구조를 무시하였으며, 이 사건 포고령을 발령함으로써 국민의 기본권을 광범위하게 침해하였습니다. 이러한 행위는 법치국가원리와 민주국가원리의 기본원칙들을 위반한 것으로서 그 자체로 헌법질서를 침해하고 민주공화정의 안정성에 심각한 위해를 끼쳤습니다.

한편 국회가 신속하게 비상계엄해제요구 결의를 할 수 있었던 것은 시민들의 저항과 군경의 소극적인 임무 수행 덕분이었으므로, 이는 피청구인의 법 위반에 대한 중대성 판단에 영향을 미치지 않습니다.

대통령의 권한은 어디까지나 헌법에 의하여 부여받은 것입니다. 피청구인은 가장 신중히 행사되어야 할 권한인 국가긴급권을 헌법에서 정한 한계를 벗어나 행사하여 대통령으로서의 권한 행사에 대한 불신을 초래하였습니다. 피청구인이 취임한 이래 야당이 주도하고 이례적으로 많은 탄핵소추로 인하여 여러 고위공직자의 권한행사가 탄핵심판 중 정지되었습니다. 2025년도 예산안에 관하여 헌정 사상 최초로 국회 예산결산특별위원회에서 증액 없이 감액에 대해서만 야당 단독으로 의결하였습니다. 피청구인이 수립한 주요 정책들은 야당의 반대로 시행될 수 없었고, 야당은 정부가 반대하는 법률안들을 일방적으로 통과시켜 피청구인의 재의 요구와 국회의 법률안 의결이 반복되기도 하였습니다. 그 과정에서 피청구인은 야당의 전횡으로 국정이 마비되고 국익이 현저히 저해되어 가고 있다고 인식하여 이를 어떻게든 타개하여야만 한다는 막중한 책임감을 느끼게 되었을 것으로 보입니다. 피청구인이 국회의 권한 행사가 권력 남용이라거나 국정마비를 초래하는 행위라고 판단한 것은 정치적으로 존중되어야 합니다.

그러나 피청구인과 국회 사이에 발생한 대립은 일방의 책임에 속한다고 보기 어렵고, 이는 민주주의 원리에 따라 해소되어야 할 정치의 문제입니다. 이에 관한 정치적 견해의 표명이나 공적 의사결정은 헌법상 보장되는 민주주의와 조화될 수 있는 범위에서 이루어져야 합니다. 국회는 소수의견을 존중하고 정부와의 관계에서 관용과 자제를 전제로 대화와 타협을 통하여 결론을 도출하도록 노력하였어야 합니다. 피청구인 역시 국민의 대표인 국회를 협치의 대상으로 존중하였어야 합니다. 그럼에도 불구하고 피청구인은 국회를 배제의 대상으로 삼았는데 이는 민주정치의 전제를 허무는 것으로 민주주의와 조화된다고 보기 어렵습니다.

피청구인은 국회의 권한 행사가 다수의 횡포라고 판단했더라도 헌법이 예정한 자구책을 통해 견제와 균형이 실현될 수 있도록 하였어야 합니다. 피청구인은 취임한 때로부터 약 2년 후에 치러진 국회의원선거에서 피청구인이 국정을 주도하도록 국민을 설득할 기회가 있었습니다. 그 결과가 피청구인의 의도에 부합하지 않더라도 야당을 지지한 국민의 의사를 배제하려는 시도를 하여서는 안 되었습니다. 그럼에도 불구하고 피청구인은 헌법과 법률을 위반하여 이 사건 계엄을 선포함으로써 국가긴급권 남용의 역사를 재현하여 국민을 충격에 빠트리고, 사회·경제·정치·외교 전 분야에 혼란을 야기하였습니다. 국민 모두의 대통령으로서 자신을 지지하는 국민을 초월하여 사회공동체를 통합시켜야 할 책무를 위반하였습니다. 군경을 동원하여 국회 등 헌법기관의 권한을 훼손하고 국민의 기본적 인권을 침해함으로써 헌법수호의 책무를 저버리고 민주공화국의 주권자인 대한국민의 신임을 중대하게 배반하였습니다.

결국 피청구인의 위헌·위법행위는 국민의 신임을 배반한 것으로 헌법수호의 관점에서 용납될 수 없는 중대한 법 위반행위에 해당합니다. 피청구인의 법 위반행위가 헌법질서에 미친 부정적 영향과 파급효과가 중대하므로, 피청구인을 파면함으로써 얻는 헌법 수호의 이익이 대통령 파면에 따르는 국가적 손실을 압도할 정도로 크다고 인정됩니다. 이에 재판관 전원의 일치된 의견으로 주문을 선고합니다.

탄핵 사건이므로 선고시각을 확인하겠습니다. 지금 시각은 오전 11시 22분입니다.

주문 피청구인 대통령 윤석열을 파면한다.

헌재 2025.4.4. 2024헌나8

2024년 12월 3일 대통령 윤석열의 비상계엄 선포는 '기이한' 계엄선포였다. 당시의 상황에 비추어 비상계엄 선포의 실체적, 절차적 요건이 충족되지 않았음은 일견 명백하였다고 보아도 지나치지 않다. 탄핵 인용 여부는 대통령의 헌법 및 법률 위반의 '중대성' 여부, 곧 파면할 만큼 법위반이 중대한가 여부의 판단에 달려있었다.

실체적 판단에 앞서 절차적 문제로서 우선 중요한 사항은 이 사안이 사법심사의 대상이 되는가, 이른바 '통치행위' 문제였다. 헌재는 이 사안에 관해 다음과 같이 간략히 대응하였다.

비상계엄 선포와 같은 국가긴급권 행사는 "대통령의 고도의 정치적 결단을 요한다"고 보면서도, "탄핵심판절차는 고위공직자가 권한을 남용하여 헌법이나 법률을 위반하는 경우 그 권한을 박탈함으로써 헌법질서를 지키는 헌법재판이라는 점을 고려하면(헌재 2017.3.10. 2016헌나1 참조), 비록 이 사건 계엄 선포가 고도의 정치적 결단을 요하는 행위라 하더라도 탄핵심판절차에서 그 헌법 및 법률 위반 여부를 심사할 수 있다고 봄이 상당하다. 따라서 이 사건 계엄 선포행위가 통치행위이므로 사법심사의 대상이 될 수 없다는 피청구인의 주장은 받아들일 수 없다."고 판시하였다.

'중대성' 심사에 관하여 대통령 측 변론 가운데 주목받을 만한 점은 "계엄이 국회의 해제 요구로 단시간 안에 해제되었고, 이로 인한 피해가 발생하지 않았으므로 보호이익이 흠결"되었다는 주장이다. 그러나 이 점에 관해서도 헌재는 단순히 취급하였다. "이 사건 계엄이 해제되었다 하더라도 이 사건 계엄으로 인하여 이미 발생한 이 사건 탄핵사유를 이유로 피청구인에 대한 탄핵 여부를 심판할 이익이 부정된다고 볼 수 없으므로, 피청구인의 이 부분 주장을 받아들이지 아니한다."

또한 헌재는 이 점과 관련, 단시간 내의 계엄 해제의 배경에 관하여 다음과 같이 설시하였다. “국회가 신속하게 비상계엄해제요구 결의를 할 수 있었던 것은 시민들의 저항과 군경의 소극적인 임무 수행 덕분이었으므로, 이는 피청구인의 법 위반에 대한 중대성 판단에 영향을 미치지 않습니다.” 이 점은 이른바 ‘경고성’ 계엄선포라는 대통령 주장과도 관련된다. 그러나 헌재는 동원된 군병력의 규모가 전례에 비추어 소규모라는 주장을 전혀 고려하지 않았다. 이 사건의 핵심적 쟁점이라고 볼 ‘중대성’ 심사에서 헌재는 일사불란할 정도로 단호하고 일방적으로 판정하였다.

결국 헌재는 전원일치 결정으로 탄핵심판청구를 인용하면서 대통령 파면을 선고하였다. “피청구인의 위헌·위법행위는 국민의 신임을 배반한 것으로 헌법수호의 관점에서 용납될 수 없는 중대한 법 위반행위에 해당합니다. 피청구인의 법 위반행위가 헌법질서에 미친 부정적 영향과 파급효과가 중대하므로, 피청구인을 파면함으로써 얻는 헌법 수호의 이익이 대통령 파면에 따르는 국가적 손실을 압도할 정도로 크다고 인정된다.”

Ⅶ. 정당해산심판

정당해산에 관해서는 이미 앞에서 설명하였다(앞의 제2편, 제7장, VI. 정당의 해산 참조). 아래에서는 정당해산심판에 관한 헌법재판소법 규정을 중심으로 설명한다.

정당해산심판의 청구인은 정부이며, 국무회의 심의를 거쳐 청구한다(헌법 제8조 제4항, 법 제55조).

심판의 **피청구인**은 정당이다. 창당준비위원회를 결성한 후 정당설립의 요건을 갖추고 등록절차만 남겨둔 상태의 조직도 여기의 정당에 해당한다고 볼 것이다. 정당의 부분조직도 대상이 된다는 견해가 있다. 그러나 정당과 독립한 정당 방계조직은 대상이 안 된다고 할 것이다.

헌법재판소는 정당해산심판 청구를 받은 때에는 청구인의 신청 또는 직권으로 종국결정의 선고시까지 피청구인의 활동을 정지하는 가처분결정을 할 수 있다(법 제57조).

정당해산심판의 청구가 있는 때, 가처분결정을 한 때 및 그 심판이 종료한 때에는 헌법재판소장은 그 사실을 국회와 중앙선거관리위원회에 통지하여야 한다(법 제58조 제1항).

정당해산심판절차에는 민사소송에 관한 법령이 준용되는데, 형사소송에 관한 법령을 준용하지 않았다고 하여 정당의 공정한 재판을 받을 권리가 침해되었다고 할 수는 없다는 것이 판례이다(헌재 2014.2.27. 2014헌마7).

정당해산심판의 결정에는 각하결정, 기각결정 및 해산결정이 있다. 정당해산을 명하는 결정이 선고된 때에는 그 정당은 해산된다(법 제59조).

정당해산을 명하는 결정서는 피청구인 외에 국회 · 정부 및 중앙선거관리위원회에도 이를 송달하여야 한다(법 제58조 제2항).

정당해산결정의 집행은 정당법의 규정에 의하여 중앙선거관리위원회가 행한다(제60조).

Ⅷ. 권한쟁의심판

1. 서 설

(1) 권한쟁의심판의 의의

권한쟁의심판은 "국가기관 상호간, 국가기관과 지방자치단체간 및 지방자치단체 상호간"에 권한의 존부 또는 범위에 관하여 다툼이 있을 때에 이를 심판하는 제도이다(헌법 제111조 제1항 제4호, 헌법재판소법 제61조 제1항).

권한쟁의심판은 국가기관이나 지방자치단체의 권한분쟁을 해결함으로써 "국가기능의 원활한 수행을 도모하고 국가권력간의 균형을 유지하여 헌법질서를 수호 · 유지하고자 하는 제도"이다(헌재 1997.7.16. 96헌라2, 판례집 9-2, 134,163).

오늘날 권한쟁의심판제도는 위의 기능에서 더 나아가 정치적 소수파가 다수파를 견제하는 기능도 수행한다. 특히 독일의 경우, 정당을 통한 의회와 정부의 통합에 따라 야당이 정부 · 여당을 견제하는 수단으로 권한쟁의심판제도가 활용된다.

연혁적으로 우리 헌법사에서 처음 권한쟁의심판제도를 채택한 것은 제2공화국헌법이다. 당시 헌법은 헌법재판소의 권한사항으로 '국가기관간의 권한쟁의'를 규정하였는데, 실제로 시행되지는 못했다. 현행 헌법에서 다시 채택된 이 제도는 제2공화국 헌법에서보다 심판대상을 더 확대하고 있다.

(2) 권한쟁의심판의 성격

권한쟁의심판은 국가기관이나 지방자치단체의 '권한'에 관한 분쟁을 심판하는 것이다. 권한(Kompetenz, competence)이란 개인의 주관적 권리와 구별되는 것으로, 국가나 지방자치단체 등 공법인 또는 그 기관이 유효하게 일정한 행위를 할 수 있는 법적인 능력을 말한다. 이러한 권한에 관한 분쟁은 객관적인 법규범에 관한 분쟁이며, 그 심판은 객관소송으로서의 성격을 가진다.

(3) 현행 제도의 내용상 특징

① 현행 권한쟁의심판제도는 두 가지 부류의 권한쟁의를 포함한다. 첫째, 동일한 법적 주체의 내부기관 사이의 권한쟁의이다. 국가기관간의 권한쟁의가 여기에 해당한다. 둘째, 상이한 법적 주체 사이의 권한쟁의이다. 국가기관과 지방자치단체간 및 지방자치단체 상호간의 권한쟁의가 여기에 해당한다.

② 현행 권한쟁의심판제도에서 심판대상이 되는 권한쟁의는 헌법상의 분쟁만이 아니라 법률상의 분쟁을 포함한다(법 제61조 제2항. "제1항의 심판청구는 피청구인의 처분 또는 부작위가 헌법 또는 법률에 의하여 부여받은 청구인의 권한을 침해하였거나 침해할 현저한 위험이 있는 때에 한하여 이를 할 수 있다"). 이에 따라 헌법재판소의 권한쟁의심판권과 일반 법원의 행정소송 관할권과의 중복이 생길 수 있다(이에 관하여 뒤의 설명 참조).

2. 권한쟁의심판의 종류와 당사자

헌법 및 헌법재판소법에 의한 현행 권한쟁의심판에는 세 종류가 있다. ① 국가기관 상호간의 권한쟁의심판, ② 국가기관과 지방자치단체간의 권한쟁의심판, ③ 지방자치단체 상호간의 권한쟁의심판(헌법 제111조 제1항 제4호, 법 제62조). 지방자치단체 내의 기관 상호간의 권한쟁의는 행정소송법상 기관소송에 의해 처리된다(행정소송법 제3조 제4호).

(1) 국가기관 상호간의 권한쟁의

① 헌법재판소법은 국가기관 상호간의 권한쟁의를 "국회, 정부, 법원 및 중앙선거관리위원회 상호간의 권한쟁의"라고 규정하고 있다(제62조 제1항 제1호). 이 규정에서 명시한 국가기관들이 예시적이냐 열거적(한정적)이냐가 문제된다.

헌법재판소 판례는 초기에 이를 열거조항으로 해석했으나(헌재 1995.2.23. 90헌라1), 후에 판례를 변경하여 예시조항이라고 해석하였다.

(판 례) 권한쟁의당사자인 국가기관의 의미(국회의원과 국회의장간의 권한쟁의)

> 헌법 제111조 제1항 제4호 소정의 '국가기관'에 해당하는지 아닌지를 판별함에 있어서는 그 국가기관이 헌법에 의하여 설치되고 헌법과 법률에 의하여 독자적인 권한을 부여받고 있는지 여부, 헌법에 의하여 설치된 국가기관 상호간의 권한쟁의를 해결할 수 있는 적당한 기관이나 방법이 있는지 여부 등을 종합적으로 고려하여야 할 것이다.
>
> 헌재 1997.7.16. 96헌라2, 판례집 9-2, 154,163

위 판례에 의하면 권한쟁의당사자로 인정되느냐 여부의 가장 중요한 기준은 헌법에 의하여 설치된 헌법기관이냐 여부이다. 이에 따르면 국회, 정부와 같은 전체기관만이 아니라 전체기관의 부분인 부분기관도 그 독자적 권한에 관하여 권한쟁의당사자가 될 수 있다. '국민'은 권한쟁의심판의 당사자가 되는 국가기관이 아니다(헌재 2017.5.25. 2016헌라2).

국가인권위원회는 헌법에 의하여 설치된 국가기관이 아니고 법률에 의하여 설치된 국가기관이므로 권한쟁의심판을 청구할 당사자능력이 없다(헌재 2010.10.28. 2009헌라6).

② 국회에 속하는 국가기관으로, 국회의원(헌법 제41조), 국회의장(헌법 제48조)도 당사자가 될 수 있다(헌재 1997.7.16. 96헌라2; 헌재 1998.8.27. 97헌마8; 헌재 2000.2.24. 99헌라2). 국회의 각 위원회나 그 위원장(헌법 제62조)도 당사자가 될 수 있다. 그런데 법률의 제·개정 행위를 다투는 권한쟁의심판의 경우에는 국회가 피청구인이 되고, 국회의장 및 상임위원회 위원장은 피청구인 적격이 없다(헌재 2016.5.26. 2015헌라1). 또한 헌법 제62조가 '국회의 소위원회'를 명시하지 않고 있고, 국회법 제57조는 소위원회는 위원회의 의결에 따라 설치되는 위원회의 부분기관에 불과하므로 소위원회 및 그 위원장은 권한쟁의심판의 당사자가 될 수 없다(헌재 2020.5.27. 2019헌라4).

③ 정부에 속하는 국가기관으로, 대통령, 국무총리, 행정각부의 장, 국무위원, 감사원장, 감사위원 등이 당사자가 될 수 있다. 다만 정부 안의 부분기관 사이의 권한분쟁은 그 대부분이 상급기관(최종적으로는 대통령)의 조정에 의해 해결된다. 헌법 제89조 제10호는 '행정각부간의 권한의 획정'을 국무회의 심의사항으로 규정하고 있다. 따라서 정부에 속하는 국가기관이 권한쟁의심판의 당사자로 되는 것은 주로 국회나 지방자치단체 등 외부 기관과 권한분쟁이 생긴 경우일 것이다. 국가경찰위원회 역시 국회가 제정한 경찰법에 의하여 비로소 설립된 기관이므로 당사자능력이 없다(헌재 2022.12.22. 2022헌라5).

(판 례) 검사의 권한쟁의심판에서의 당사자 능력

'검사'는 헌법 제4장(정부)에서 명시적으로 그 설치가 규정되어 있지 않다. 다만, 헌법 제2장(국민의 권리와 의무)의 신체의 자유와 주거의 자유에 관한 규정에 검사의 영장신청권이 명시되어 있고(헌법 제12조 제3항, 제16조), 헌법 제4장(정부)에서는 국무회의의 심의사항에 관한 규정에 검찰총장의 임명이 언급되어 있을 뿐이다(헌법 제89조 제16호). 이를 '헌법에 의해 설치되는 국가기관'의 조직법적 · 기능법적 기초로 볼 수 있을지 문제 된다. (……)

이와 같이 '검사'는 헌법 제4장(정부)에서 명시적으로 그 설치가 규정되어 있지 아니하고, 헌법에 규정된 영장신청권자로서의 검사는 '검찰권을 행사하는 국가기관'으로서 일반적 의미의 검사를 의미하므로 '검찰청법상 검사'와 일치하는 것이 아닌 점을 고려하면, 검찰청법상 검사인 청구인은 당사자능력 인정의 전제인 '헌법에 의해 설치된 국가기관'에 해당되지 않는다고 판단할 여지도 있다.

다만, 헌법은 검찰청법상 검사의 경우 '검찰총장과 검사'로 구성된다는 조직법적 기초를 규정하는 것으로 해석할 여지가 있고(헌법 제89조 제16호), 수사기관이 국민의 신체의 자유와 주거의 자유를 제한하기 위해서는 '검찰권을 행사하는 국가기관'인 일반적 의미의 검사(검찰청법상 검사 포함)의 영장신청권의 통제를 받아야 한다는 기능법적 기초를 규정하는 것으로 해석할 여지가 있다는 점에서(헌법 제12조 제3항, 제16조), 검찰청법상 검사를 '헌법에 의해 설치된 국가기관'이 아니라고 단정하기 어려운 측면도 있다. 또한 검찰청법상 검사는 영장신청권을 행사하고(헌법 제12조 제3항, 제16조) 공익의 대표자로서 범죄수사, 공소제기 및 그 유지에 필요한 사항 등에 관한 직무를 담당하여(검찰청법 제4조 제1항) 헌법과 법률에 의해 독자적인 권한을 부여받고 있다. 그러므로 청구인 검사들에게도 일응 권한쟁의심판에서 일반적인 당사자능력을 인정할 수 있다.

헌재 2023.3.23. 2022헌라4, 공보 318, 619,627-628

④ 법원에 속하는 국가기관으로, 대법원과 각급 법원이 당사자가 될 수 있다(국회의원과 법원 간의 권한쟁의. 헌재 2010.7.29. 2010헌라1). 또한 중앙선거관리위원회와 각급 선거관리위원회가 당사자능력을 가진다.

⑤ 헌법재판소는 스스로 당사자가 될 수 없다고 할 것이다. 자기소송(自己訴訟), 즉 자기자신에 대한 재판은 인정될 수 없기 때문이다.

⑥ **정당**은 국가기관이 아니므로 당사자가 될 수 없다. 다만 정당은 자신의 기본권이 침해된 경우에 헌법소원을 청구할 수 있다.

독일에서는 정당을 권한쟁의당사자로 인정하고 있다. 이것은 정당국가화의 경향에 따라 소수파에게 다수파 견제수단을 마련해 줄 필요가 있기 때문이다.

(2) 국가와 지방자치단체간의 권한쟁의

① 헌법재판소법은 국가와 지방자치단체간의 권한쟁의를 "가. 정부와 특별시·광역시 또는 도(道)간의 권한쟁의심판 나. 정부와 시·군 또는 지방자치단체인 구(자치구)간의 권한쟁의 심판"이라고 규정하고 있다(제62조 제1항 제2호).

위 규정에서 '정부'라는 규정의 의미가 문제된다. 이것은 예시적인 규정으로 보아야 한다. 따라서 정부 안의 부분기관 및 국회, 법원 등도 지방자치단체와의 권한쟁의에서 당사자가 될 수 있다고 볼 것이다. 헌법재판소도 "헌법재판소법은 국가기관과 지방자치단체 간의 권한쟁의심판에 대한 국가기관측 당사자로 '정부'만을 규정하고 있지만, 이 규정의 '정부'는 예시적인 것이므로 대통령이나 행정각부의 장 등과 같은 정부의 부분기관뿐 아니라 국회도 국가기관과 지방자치단체 간 권한쟁의심판의 당사자가 될 수 있다"고 하였다(헌재 2003.10.30. 2002헌라1; 헌재 2005.12.22. 2004헌라3). 뒤의 것은 서울특별시가 국회를 피청구인으로, 의무교육 비용부담 주체를 국가가 아닌 지방자치단체로 규정한 교육자치법 등을 제정한 행위를 침해의 원인으로 하여 권한쟁의심판을 청구한 사건이다.

② 헌법재판소 판례에 의하면 지방자치단체는 자치사무에 관해서만 권한쟁의심판 당사자가 될 수 있으며, 위임사무에 관해서는 당사자가 될 수 없다. 또한 이 판례에 의하면 광역지방자치단체장이 행정심판의 재결청의 지위에서 행한 처분은 국가기관의 지위에서 행한 것이므로 이에 관한 기초지방자치단체와의 권한쟁의는 지방자치단체 상호간의 권한쟁의가 아니라 국가기관과 지방자치단체간의 권한쟁의로 보아야 한다(헌재 1999.7.22. 98헌라4).

헌법재판소는 최근 교육감 소속 교육장·장학관 등에 대한 징계사무는 교육공무원법령 등에 의하여 교육감에게 위임된 국가사무이고 지방자치단체의 사무가 아니므로, 교육과학기술부장관이 교육감 소속 교육장·장학관 등에 대하여 징계의결을 요구한 행위는 교육감의 권한을 침해하거나 침해할 현저한 위험이 없다고 판시하였다 (헌재 2013.12.26. 2012헌라3. 각하; 그러나 이 사건 징계의결요구가 있은 이후인 2012.12.11. 교육공무원법 및 지방공무원법이 개정되어 교육감 소속 장학관 등 교육전문직원이 국가공무원에서 지방공무원으로 그 신분이 전환되었다. 따라서 이 결정은 개정된 법률 하에서의 징계사무의 성격을 밝힌 것은 아니라고 할 것이다).

(3) 지방자치단체 상호간의 권한쟁의

① 헌법재판소법은 지방자치단체 상호간의 권한쟁의를 "가. 특별시·광역시 또는 도 상호간의 권한쟁의심판 나. 시·군 또는 자치구 상호간의 권한쟁의심판 다. 특별시·광역시 또는 도와 시·군 또는 자치구간의 권한쟁의심판"이라고 규정하고 있다(제62조 제1항 제3호). 즉 지방자치단체 상호간의 권한쟁의를 세 가지 유형으로 나누어, 광역자치단체 상호간, 기초자치단체 상호간 및 광역자치단체와 기초자치단체간의 권한쟁의로 구분하고 있다.

지방자치단체의 장은 지방자치단체의 기관일 뿐이며 권한쟁의심판의 당사자가 될 수 없다. 다만 지방자치법은 지방자치단체의 장에게 지방자치단체의 통할대표권을 부여하고 있기 때문에 단체장이 권한쟁의심판에서 지방자치단체를 대표한다(지방자치법 제101조. "지방자치단체의 장은 지방자치단체를 대표하고, 그 사무를 총괄한다").

그러나 지방자치단체의 장이 국가위임 사무에 대해 국가기관의 지위에서 처분을 행한 경우에는 권한쟁의 심판청구의 당사자가 될 수 있으며, 이 때에는 지방자치단체와 국가기관 사이의 권한다툼으로 볼 수 있다(헌재 2006.8.31. 2003헌라1).

② 헌법재판소법 제62조 제2항은 "권한쟁의가 지방교육자치에 관한 법률 제2조의 규정에 의한 교육·학예에 관한 지방자치단체의 사무에 관한 것인 때에는 교육감이 제1항 제2호 및 제3호의 당사자가 된다"고 규정하고 있다. 이 조항에서 교육감이 '당사자'가 된다고 규정하고 있으나, 그 취지는 당사자인 지방자치단체를 대표한다는 의미라고 볼 것이다.

'지방교육자치에 관한 법률'에 의하면 지방자치단체의 교육·학예에 관한 사무를 광역자치단체의 사무로 하고 그 집행기관으로 교육감을 두고 있다(제2조, 제18조). 따라서 앞의 헌법재판소법 규정에 따라 교육감이 당사자 역할을 수행하는 것은 광역자치단체의 권한쟁의심판이다. 헌법재판소도 지방자치단체 상호간의 권한쟁의심판을 규정하는 헌법재판소법 제62조 제1항 제3호를 국가기관에서와 같이 예시적으로 해석할 필요성 및 법적 근거가 없다고 하면서, 지방자치단체와 그 집행기관인 교육감 사이의 내부적 분쟁은 권한쟁의심판에 속하지 않는다고 한다(헌재 2016.6.30. 2014헌라1).

3. 법원의 행정재판 관할권과의 관계

헌법재판소의 권한쟁의심판권과 법원의 행정재판 관할권과의 관할중복은 다음 두 경우에 문제된다.

(1) 행정소송법상 기관소송과의 관계

행정소송법은 행정소송의 종류의 하나로 기관소송을 규정하고 있다. 기관소송이란 "국가 또는 공공단체의 기관 상호간에 있어서의 권한의 존부 또는 그 행사에 관한 다툼이 있을 때에 이에 대하여 제기하는 소송"이며, "다만 헌법재판소법 제2조의 규정에 의하여 헌법재판소의 관장사항으로 되는 소송은 제외한다"(제3조 제4호). 이처럼 일반 법원이 관할하는 행정소송법상의 기관소송은 헌법재판소가 관장하는 국가기관 상호간의 권한쟁의를 제외한 것이다.

이에 따라 행정소송법상 기관소송은 공공단체의 기관 상호간 권한쟁의만을 대상으로 하게 되었다. 여기에 해당하는 것으로, ① 지방자치단체의 장과 지방의회 사이의 기관소송(대법원이 관할. 지방자치법 제107조 제3항, 제172조 제3항), ② 교육감과 시·도의회 사이의 기관소송(대법원이 관할. '지방교육자치에 관한 법률' 제28조 제3항)이 있다.

(판 례) 기관소송 법정주의

(국민권익위원회가 소방청장에게 소속 본부장에 대한 징계조치를 요구하자 소방청장이 이에 불복하여 항고소송을 제기하였고, 법원은 처분성 및 원고적격 등 소송요건을 모두 인정한 사안이다)

국가기관 등 행정기관(이하 '행정기관 등'이라 한다) 사이에 그 권한의 존부와 범위에 관하여 다툼이 있는 경우에 이는 통상 내부적 분쟁이라는 성격을 띠고 있어 상급관청의 결정에 따라 해결되거나 법령이 정하는 바에 따라 '기관소송'이나 '권한쟁의심판'으로 다루어진다.

그런데 법령이 특정한 행정기관 등으로 하여금 다른 행정기관을 상대로 제재적 조치를 취할 수 있도록 하면서, 그에 따르지 않으면 그 행정기관에 대하여 과태료를 부과하거나 형사처벌을 할 수 있도록 정하는 경우가 있다. 이러한 경우에는 단순히 국가기관이나 행정기관의 내부적 문제라거나 권한 분장에 관한 분쟁으로만 볼 수 없다. 행정기관의 제재적 조치의 내용에 따라 '구체적 사실에 대한 법집행으로서 공권력의 행사'에 해당할 수 있고, 그러한 조치의 상대방인 행정기관이 입게 될 불이익도 명확하다. 그런데도 그러한 제재적 조치를 기관소송이나 권한쟁의심판을 통하여 다툴 수 없다면, 제재적 조치는 그 성격상 단순히 행정기관 등 내부의 권한 행사에 머무는 것이 아니라 상대방에 대한 공권력 행사로서 항고소송을 통한 주관적 구제대상이 될 수 있다고 보아야 한다. 기관소송 법정주의를 취하면서 제한적으로만 이를 인정하고 있는 현행 법령의 체계에 비추어 보면, 이 경우 항고소송을 통한 구제의 길을 열어주는 것이 법치국가 원리에도 부합한다. 따라서 이러한 권리구제나 권리보호의 필요성이 인정된다면 예외적으로 그 제재적 조치의 상대방인 행정기관 등에게 항고소송 원고로서의 당사자능력과 원고적격을 인정할 수 있다.

대판 2018.8.1. 2014두35379

(2) 지방자치법상 소송과의 관계

① 지방자치법은 **지방자치단체장의 위법 · 부당한 명령 · 처분의 시정에 관련한 소송**에 대해 규정하고 있다. "제169조 ① 지방자치단체의 사무에 관한 그 장의 명령이나 처분이 법령에 위반되거나 현저히 부당하여 공익을 해친다고 인정되면 시 · 도에 대하여는 주무부장관이, 시 · 군 및 자치구에 대하여는 시 · 도지사가 기간을 정하여 서면으로 시정할 것을 명하고, 그 기간에 이행하지 아니하면 이를 취소하거나 정지할 수 있다. 이 경우 자치사무에 관한 명령이나 처분에 대하여는 법령을 위반하는 것에 한한다. ② 지방자치단체의 장은 제1항에 따른 자치사무에 관한 명령이나 처분의 취소 또는 정지에 대하여 이의가 있으면 그 취소처분 또는 정지처분을 통보받은 날부터 15일 이내에 대법원에 소(訴)를 제기할 수 있다."

그런데 국가나 상급지방자치단체가 내린 시정명령이나 취소 · 정지 처분이 지방자치단체의 권한을 침해한다고 판단되는 경우, 위의 규정에 따라 대법원에 제소하는 것과는 별개로 헌법재판소에 권한쟁의심판을 청구할 수도 있다. 이러한 경우 대법원과 헌법재판소 사이에 관할권 경합이 생길 수 있다. 최근 교육과학기술부장관의 시정명령에 대하여 전라북도(교육감)이 권한쟁의 심판청구를 한 사건이 실제 있었고, 헌법재판소는 위 시정명령은 권한쟁의 심판의 대상이 되는 처분에 해당한다고 판시하였다(헌재 2011.8.30. 2010헌라4; 다만 권한침해상태가 이미 종료하여 권리보호의 이익이 없어 심판청구를 각하하였다).

② 2009년 개정 지방자치법은 제4조 제3항을 신설하여 법 시행 이후 완공되는 공유수면 매립지가 속할 지방자치단체를 행정안전부장관이 결정하도록 하고, 이러한 결정을 위한 신청을 의무로 규정하며, 개정 지방자치법 시행 전에 이미 준공검사를 받은 매립지라 하더라도 법 시행 후에 지적공부에 등록하려면 그 전에 행정안전부장관에의 신청 및 결정 절차를 반드시 거치도록 하였다. 제8항은 지방자치단체의 장이 이러한 행정안전부장관의 결정에 이의가 있으면 그 결과를 통보받은 날부터 15일 이내에 대법원에 소송을 제기할 수 있다고 규정하고 있다.

이 점과 관련하여 지방자치법 제4조 제8항 및 제169조 제2항이 헌법 제111조 제1항 제4호(헌법재판소의 권한쟁의심판권) 위반으로 위헌이 아니냐는 문제가 제기된다. 헌법재판소는 최근 매립지의 관할이 문제된 사건에서 방론으로 지방자치법 제4조 제8항에 따라 대법원에 소를 제기하여야 한다고 하였다(헌재 2020.7.16. 2015헌라3; 헌법재판소는 지방자치법 규정에 따라 행정안전부장관의 결정 전에는 어느 지방자치단체도 매립지에 대한 권한이 없으므로 자치권한의 침해가 없다는 이유로 각하하였다). 지방자치법 제169조의 기관소송에도 위 방론이 그대로 적용될지는 지켜보아야 한다.

③ 또한 지방자치법은 **지방자치단체장에 대한 직무이행명령에 관련한 소송**에 대해 규정하고 있다. "제170조 ① 지방자치단체의 장이 법령의 규정에 따라 그 의무에 속하는 국가위임사무나 시 · 도위임사무의 관리와 집행을 명백히 게을리하고 있다고 인정되면 시 · 도에 대하여는 주무부장관이, 시 · 군 및 자치구에 대하여는 시 · 도지사가 기간을 정하여 서면으로 이행할 사항을 명령할 수 있다. …… ③ 지방자치단체의 장은 제1항의 이행명령에 이의가 있으면 이행명령서를 접수한 날부터 15일 이내에 대법원에 소를 제기할 수 있다. 이 경우 지방자치단체의 장은 이행명령의 집행을 정지하게 하는 집행정지결정을 신청할 수 있다."

위의 규정에 의한 소송은 자치사무가 아니라 위임사무에 관련한 것이다. 그런데 지방자치단체는 자치사무에 관한 권한이 침해되거나 침해될 우려가 있는 때에 한하여 권한쟁의심판을 청구할 수 있다(헌재 1999.7.22. 98헌라4). 따라서 위임사무에 관련한 위의 분쟁에 관하여 권한쟁의심판을 청구할 수 없고, 권한쟁의심판과의 관할중복은 생기지 않는다.

4. 권한쟁의심판의 청구

(1) 심판청구의 절차

심판청구를 하려면 심판청구서를 헌법재판소에 제출하여야 한다. 심판청구서에 기재할 사항은 ① 청구인 또는 청구인이 속한 기관 및 심판수행자 또는 대리인의 표시, ② 피청구인의 표시, ③ 심판대상이 되는 피청구인의 처분 또는 부작위, ④ 청구의 이유, ⑤ 기타 필요한 사항이다(법 제64조).

국회가 본회의 의결을 통해 그 권한 실현 의사를 결정하고 나아가 그와 같이 결정된 의사가 다른 국가기관에 의하여 침해되었음을 확인한 경우에는, 국회의장은 그 대표권에 기하여 청구인의 권한이 침해받고 있는 데에 대한 방어적 행위로서 해당 국가기관을 상대로 권한쟁의심판을 청구할 수 있고, 권한쟁의심판을 청구하기 위한 별도의 본회의 의결이 필요한 것은 아니다(헌재 2025.2.27. 2025헌라1).

(2) 청구인적격과 제3자 소송담당

① 청구인적격, 즉 청구인으로서 당사자적격을 가지려면 우선 '헌법 또는 법률에 의하여 부여받은 권한'을 가진 자이어야 한다. 검사의 수사권을 제한하는 법률개정행위에 대하여 수사권·소추권을 직접적으로 행사하지 아니하는 법무부장관에게는 당사자적격이 인정되지 않는다(헌재 2023.3.23. 2022헌라4).

② 청구인적격과 관련하여 이른바 **'제3자 소송담당'**이 문제된다. 기관을 구성하는 부분이 기관 전체의 권한에 관하여 권한쟁의심판을 청구하는 당사자가 될 수 있느냐는 문제이다. 예컨대 국회의 교섭단체가 국회의 권한 침해를 주장하여 정부를 상대로 권한쟁의심판을 청구할 수 있는가라는 문제이다. 이 문제는 특히 독일에서 정당국가화의 경향과 관련하여 소수파보호의 필요성 때문에 논의되었다. 독일 연방헌법재판소법은 제3자 소송담당을 명시적으로 인정하고 있다.

우리나라에서는 이에 관한 입법이 없다. 학설은 갈린다. 헌법재판소 판례도 이를 인정한 예가 없다. 다만 '국무총리서리임명에 관한 국회의원과 대통령간의 권한쟁의' 사건에서 일부 재판관들이 제3자 소송담당을 인정하는 의견을 제시하였다.

이 사건에서 재판관 1인(김용준 재판관)은 제3자 소송담당을 소수파보호제도로 이해하여, 일정수 이상의 소수의원이나 소수의원으로 구성된 교섭단체에게 국회를 위한 심판청구인적격을 인정하면서, 재적과반수의 다수의원이나 그 교섭단체는 청구인적격이 없다고 보았다. 반면 재판관 3인(김문희 재판관 외)은 국회의원들에게 국회권한침해에 관한 청구인적격을 인정하였다(헌재 1998.7.14. 98헌라1).

위 사건 이후에도 헌법재판소는 국회의원들의 제3자 소송담당을 부인하는 결정을 지속하고 있다. 세계무역기구(WTO)와의 쌀협상에 관한 합의문 작성이 국회동의 없이 이루어진데 대해, 국회의 조약체결동의권과 국회의원의 심의표결권을 침해한 것이라고 주장하여 국회의원 일부가 정부를 상대로 권한쟁의심판을 청구하였다. 헌법재판소 다수의견은 국회의원의 제3자 소송담당을 인정할 수 없다고 하여 각하결정을 내렸다. 재판관 1인(송두환 재판관)은 이를 인정해야 한다는 반대의견을 제시했다(헌재 2007.7.26. 2005헌라8). 이후에도 이 같은 결정이 유지되었다(한·미자유무역협정에 관한 국회의원과 정부간의 권한쟁의 사건. 헌재 2007.10.25. 2006헌라5; '예산외에 국가의 부담이 될 계약'의 체결에 대한 국회의 동의권 및 국회의원의 심의·표결권 침해에 관한 국회의원과 대통령 등 간의 권한쟁의 사건. 헌재 2008.1.17. 2005헌라10; 'WTO 정부조달협정 개정의정서'를 국회의 동의없이 체결, 비준한 것에 대한 국회의원들과 대통령 간의 권한쟁의 사건. 헌재 2015.11.26. 2013헌라3).

생각건대 우리나라에서도 야당의 정부·여당에 대한 견제수단의 필요성이 인정되고 있음에 비추어 원칙적으로 제3자 소송담당을 인정해야 할 것이다.

(3) 심판청구의 사유

심판청구는 "피청구인의 처분 또는 부작위가 헌법 또는 법률에 의하여 부여받은 청구인의 권한을 침해하였거나 침해할 현저한 위험이 있는 때에 한하여 이를 할 수 있다"(법 제61조 제2항).

① 피청구인의 **'처분'**은 개별적인 행정행위만이 아니라 일반적 법규범의 정립행위 등도 포함하는 넓은 개념이다. 헌법재판소는 국회의장이 야당의원들에게 개의일시를 통지하지 않고 행한 본회의 개의, 법률안가결선포행위를 처분에 해당한다고 판시하였다(헌재 1997.7.16. 96헌라2). 사실행위도 일정한 법적 문제를 야기하는 경우에는 처분에 해당한다.

② 피청구인의 **'부작위'**는 헌법상 또는 법률상의 작위의무가 있음에도 불구하고 이를 이행하지 아니하는 것을 말한다(헌재 1998.7.14. 98헌라3). 단순한 사실상의 부작위는 이에 해당하지 않는다.

③ 청구인의 **'헌법 또는 법률에 의하여 부여받은 권한'**을 침해하거나 그 현저한 위험이 있는 때에 한하여 청구할 수 있다. 헌법상 권한만이 아니라 법률상 권한도 포함되는 점을 유의해야 한다.

(판 례) 권한의 의미(교원단체가입현황 공개행위. 국회의원과 법원 간의 권한쟁의)

권한쟁의심판에서 다툼의 대상이 되는 권한이란 헌법 또는 법률이 특정한 국가기관(이하 지방자치단체를 포함한다)에 대하여 부여한 독자적인 권능을 의미하는바, 각자의 국가기관이 권한쟁의심판을 통해 주장할 수 있는 권한은 일정한 한계 내에 제한된 범위를 가지는 것일 수밖에 없으므로, 국가기관의 모든 행위가 권한쟁의심판에서 의미하는 권한의 행사가 될 수는 없으며, 국가기관의 행위라 할지라도 헌법과 법률에 의해 그 국가기관에게 부여된 독자적인 권능을 행사하는 경우가 아닌 때에는 비록 국가기관의 행위가 제한을 받더라도 권한쟁의심판에서 말하는 권한이 침해될 가능성은 없는 것이다.

(각하결정)

헌재 2010.7.29. 2010헌라1, 판례집 22-2 상, 201,207

헌법재판소는 국회가 선거제도에 관한 공직선거법을 개정한 행위는 국회의원들의 법률안 심의·표결권을 침해할 가능성조차 없다고 하였다(헌재 2020.5.27. 2019헌라 6등).

헌법재판소는 최근 재판관 전원의 일치된 의견으로, 지방자치단체인 청구인이 기관위임사무를 수행하면서 지출한 경비에 대하여 기획재정부장관인 피청구인에게 예산배정요청을 하였으나 피청구인이 이를 거부한 경우, 위 거부처분이 청구인의 권한을 침해하거나 침해할 현저한 위험이 있으므로 취소되어야 한다는 취지의 권한쟁의 심판청구는 권한의 존부 또는 범위에 관한 다툼이 아니고, 위 거부처분으로 인하여 헌법 또는 법률이 부여한 청구인의 권한이 침해될 가능성도 없으므로 위 권한쟁의심판청구는 부적법하다는 결정을 선고하였다(서울특별시 은평구와 기획재정부장관 간의 권한쟁의. 헌재 2010.12.28. 2009헌라2).

(판 례) 검사의 수사권 제한 법률개정과 검사의 수사·소추권 침해가능성

국가기관의 '헌법상 권한'은 국회의 입법행위를 비롯한 다양한 국가기관의 행위로 침해될 수 있다. 그러나 국가기관의 '법률상 권한'은, 다른 국가기관의 행위로 침해될 수 있음은 별론으로 하고, 국회의 입법행위로는 침해될 수 없다. 국가기관의 '법률상 권한'은 국회의 입법행위에 의해 비로소 형성·부여된 권한일 뿐, 역으로 국회의 입법행위를 구속하는 기준이 될 수 없기 때문이다. 따라서 문제 된 침해의 원인이 '국회의 입법행위'인 경우에는 '법률상 권한'을 침해의 대상으로 삼는 심판청구는 권한침해가능성을 인정할 수 없다. 이 사건 법률개정행위는 검사의 수사권 및 소추권을 조정·배분하는 내용을 담고 있으므로, 해당 수사권 및 소추권이 검사의 '헌법상 권한'인지 아니면 '법률상 권한'인지 문제 된다. 수사 및 소추는 우리 헌법상 본질적으로 행정에 속하는 사무이므로, 특별한 사정이 없는 한 '대통령을 수반으로 하는 행정부'(헌법 제66조 제4항)에 부여된 '헌법상 권한'이다. 그러나 수사권 및 소추권이 행정부 중 어느 '특정 국가기관'에 전속적으로 부여된 것으로 해석할 헌법상 근거는 없다. 이에 헌법재판소는, 행정부 내에서 수사권 및 소추권의 구체적인 조정·배분은 헌법사항이 아닌 '입법사항'이므로, 헌법이 수사권 및 소추권을 행정부 내의 특정 국가기관에 독점적·배타적으로 부여한 것이 아님을 반복적으로 확인한 바 있다(94헌바2, 2007헌마1468, 2017헌바196, 2020헌마264등). 같은 맥락에서 입법자는 검사·수사처검사·경찰·해양경찰·군검사·군사경찰·특별검사와 같은 '대통령을 수반으로 하는 행정부' 내의 국가기관들에, 수사권 및 소추권을 구체적으로 조정·배분하고 있다.

헌법 제12조 제3항, 제16조는 검사의 영장신청권을 규정한다. 이에 헌법재판

소는, 헌법상 영장신청권 조항은 수사과정에서 남용될 수 있는 다른 수사기관의 강제수사를 '법률전문가인 검사'가 합리적으로 '통제'하기 위한 취지에서 도입된 것임을 확인한 바 있다(96헌바28등). 물론 헌법은 검사의 수사권에 대해 침묵하므로, 입법자로서는 영장신청권자인 검사에게 직접 수사권을 부여하는 방향으로 입법형성을 하여 영장신청의 신속성·효율성을 증진시킬 수 있다. 그러나 형사절차가 규문주의에서 탄핵주의로 이행되어 온 과정을 고려할 때, 수사기관이 자신의 수사대상에 대한 영장신청 여부를 스스로 결정하도록 하는 것은 객관성을 담보하기 어려운 구조라는 점도 부인하기 어렵다. 이에 영장신청의 신속성·효율성 측면이 아니라, 법률전문가이자 인권옹호기관인 검사로 하여금 제3자의 입장에서 수사기관의 강제수사 남용을 통제하는 취지에서 영장신청권이 헌법에 도입된 것으로 해석되므로, 헌법상 검사의 영장신청권 조항에서 '헌법상 검사의 수사권'까지 도출된다고 보기 어렵다.

결국 이 사건 법률개정행위는 검사의 '헌법상 권한'(영장신청권)을 제한하지 아니하고, 국회의 입법행위로 그 내용과 범위가 형성된 검사의 '법률상 권한'(수사권·소추권)이 법률개정행위로 침해될 가능성이 있다고 볼 수 없으므로, 권한침해가능성이 인정되지 아니한다.

헌재 2023.3.23. 2022헌라4, 공보 318, 619

지방지치법 제4조 제1항에 규정된 지방자치단체의 구역은 주민·자치권과 함께 자치단체의 구성요소이고, 자치권이 미치는 관할구역의 범위에는 육지는 물론 바다도 포함되므로, 공유수면에 대해서도 지방자치단체의 자치권한이 미친다(헌재 2015.7.30. 2010헌라2).

한편 관습행정법상의 권한도 권한쟁의심판의 요건인 권한에 포함되는지에 관하여 헌법재판소는 다음과 같이 판시한 바 있다.

(판 례) 관습행정법상의 권한도 권한쟁의심판의 요건인 권한에 포함되는지 여부

피청구인은 어업면허사무가 충청남도에서 피청구인에게 위임된 1993년경 이후부터 줄곧 자신이 이 사건 쟁송해역에 대한 어업면허사무를 담당해 왔고, 이에 대하여 그 어느 지방자치단체도 아무런 이의를 제기한 바 없으므로, 이 사건 쟁송해역에 관한 관할권한이 피청구인에게 속한다는 행정관습법이 성립하였다고 주장한다. (……)

이 사건 쟁송해역에 관한 관할권한이 피청구인에게 속한다는 행정관습법이 성립되었다고 볼 수 없고, 달리 이를 인정할 증거도 없다.

특히 죽도리의 관할 변경을 위하여 이 사건 대통령령이 제정되었다는 점을 고려하면, 설사 이 사건 쟁송해역에 관한 관할권한이 피청구인에게 속한다는 행정관습법이 존재하였다 하더라도, 그러한 종전 관행을 규범내용으로 하는 행정관습법이 이 사건 대통령령 시행 이후에도 계속 존속한다고 보기는 어렵다. 이는 그간의 관행이 관성으로 인해 새롭게 변경된 규범질서를 미처 따라가지 못한 것에 불과한데, 관습법은 실정법의 공백이 발생한 경우에 이 공백을 보충하기 위하여 인정되는 것일 뿐, 관습법에 실정법과 충돌하는 내용이나 실정법을 개폐하는 효력이 허용되는 것은 아니기 때문이다.

결국 이 사건 쟁송해역에 관한 관할권한이 피청구인에게 속한다는 행정관습법이 성립되었다고 볼 수는 없다.

헌재 2015.7.30. 2010헌라2, 공보 226, 1120,1126-1127

위 사건에서 헌법재판소는 형식적으로는 행정관습법이 존재할 수 있음을 인정하였다고 볼 수밖에 없다. 또한 행정관습법의 효력(법규범의 단계구조)에 대하여, 즉 법률인지 명령에 해당하는 것인지에 대하여는 언급이 없고, 다만 대통령령에 의하여서도 개폐될 수 있는 것으로 판시한 것에 의의가 있다.

헌법재판소는 공유수면 매립지의 경계는 '종전의 바다'가 기준이라는 종전 견해를 변경하여 형평의 원칙에 따라 판단하여야 한다고 하였다(헌재 2019.4.11. 2015헌라2). 2009년 개정 지방자치법은 공유수면 매립지가 속할 지방자치단체를 행정안전부장관이 결정하도록 규정하여 입법으로 해결하였다. 헌법재판소도 이 점을 명백히 하면서 앞서 살펴본 바와 같이 지방자치단체는 대법원에 기관소송을 제기하여야 한다고 하였다(헌재 2020.7.16. 2015헌라3).

④ **'권한의 침해'**는 이미 발생하여 현재 지속되는 침해를 말하고, **'침해할 현저한 위험'**은 침해의 개연성이 현저히 높은 상황을 말한다.

(판 례) 자치재정권의 침해가능성

지방재정법 제29조, 같은 법 시행령 제36조 및 경기도 조례 제6조는 시·군 특별조정교부금의 배분에 관하여 정하고 있는바, 특별조정교부금은 위 규정에 따라 청구인에게 허용되는 수입원이며, 이 사건의 경우 청구인은 피청구인의 2020. 3. 30. 보도자료 내용에 따라 재난기본소득을 지급할 경우 남양주시 인구 1인당 1만 원으로 계산된 약 70억 원을 특별조정교부금 형태로 도의 재정지원을 받을 수 있다는 구체적인 기대가 형성되어 남양주 시민에 대하여 재난기본소득을 지급하였음에도 이 사건 배분 제외행위로 인하여 특별조정교부금을 전혀 지급받지 못하여 그 자치재정 운영에 차질이 생길 위험이 있는 점을 고려할 때, 이 사건 배분 제외행위는 특별조정교부금에 관한 청구인의 권한과 구체적으로 관련이 있으며, 청구인의 자치재정권이 침해될 가능성이 있다고 볼 수 있다. 따라서 이 사건 심판청구는 적법하다.

헌재 2022.12.22. 2020헌라3, 공보 315, 62,65

지방자치단체 사이에 해상 관할권에 관한 다툼이 있고, 일방의 이의제기를 타방이 무시하고 기존 처분의 연장처분을 한 태도를 감안하면 피청구인의 장래처분으로 인하여 청구인의 권한이 침해될 위험성이 있다고 판단한 사례도 있다(헌재 2024.8.29. 2022헌라1).

한편 권한침해(광역자치단체의 기초자치단체에 대한 감사)가 이미 종료된 경우에도 같은 유형의 침해행위가 반복될 위험이 있고, 쟁점에 대한 해명의 필요성이 인정되는 경우에는 심판의 이익을 인정할 수 있다(헌재 2022.8.31. 2021헌라1; 헌재 2023.3.23. 2020헌라5).

(4) 청구기간

권한쟁의심판 청구는 그 사유가 있음을 안 날로부터 60일 이내에, 그 사유가 있은 날로부터 180일 이내에 하여야 한다(법 제63조 제1항).

이 기간은 불변기간이며(법 제63조 제2항), 헌법재판소가 이 기간을 늘이거나 줄일 수 없다. 다만 민사소송법을 준용하여 부가기간(민사소송법 제172조 제1항, 제2항)이나 추후보완(제173조 제1항) 등 일정한 예외가 인정될 수 있다(법 제40조).

피청구인의 부작위의 경우에는 부작위가 계속되는 한 청구할 수 있으며, 청구기간 제한은 적용되지 않는다.

심판청구를 변경한 경우에는 정정신청서를 제출한 때를 기준으로 청구기간 도과 여부를 판단한다(헌재 1999.7.22. 98헌라4).

(5) 청구의 취하

청구인은 심판청구를 취하할 수 있다. 권한쟁의심판은 객관적 법질서 보호를 위한 객관적 소송이지만, 권한분쟁이 해소되어 더 이상 심판이익이 없는 경우에는 청구의 취하를 인정할 필요가 있다. 헌법재판소는 민사소송법을 준용하여 청구의 취하를 인정한다(헌재 2001.6.28. 2000헌라1).

5. 권한쟁의심판의 대상

(1) 개 관

① 권한쟁의심판의 대상은 청구인과 피청구인 사이에 "권한의 존부 또는 범위에 관하여 다툼이 있을 때", "피청구인의 처분 또는 부작위가 헌법 또는 법률에 의하여 부여받은 청구인의 권한을 침해하였거나 침해할 현저한 위험이 있는"지 여부이다(법 제61조 제1항, 제2항). 국회가 선출한 헌법재판소 재판관을 대통령(혹은 권한대행)이 임명하지 않았음을 이유로 국회가 권한쟁의심판을 청구하는 경우 재판관의 지위의 확인을 구하는 청구 또는 피청구인으로 하여금 재판관 임명을 명하는 결정을 구하는 청구는 허용되지 않는다. 즉 심판대상이 아니다(헌재 2025.2.27. 2025헌라1).

② "권한의 존부 또는 범위"라고 규정하고 있으나, '권한'만이 아니라 '의무'의 존부 또는 범위도 대상이 된다고 할 것이다. 직무상의 권한은 임의로 처분하거나 포기할 수 있는 것이 아니고 직무상 의무의 관념을 포함하기 때문이다.

헌법재판소 판례 중에도 권한쟁의심판의 기능에 관하여 "…… 그 권한과 의무의 한계를 명확히 함으로써 ……"라고 판시한 예가 있다(헌재 1995.2.23. 90헌라1).

(2) 소극적 권한쟁의

심판의 대상에 관하여 이른바 소극적 권한쟁의가 포함되는지 여부가 문제된다. 소극적 권한쟁의란 특정한 사안에 관하여 분쟁당사자가 서로 자신의 권한이 아니라고 주장하는 권한쟁의이다. 소극적 권한쟁의가 인정되는지 여부에 관하여 학설은 갈린다.

① 긍정설은 헌법 제111조 제1항 제4호에서 규정한 권한쟁의는 모든 유형의 권한쟁의를 포함한 것이라는 점, 헌법재판소법 제61조 제1항의 "권한의 존부 또는 범위에 관한 다툼"에는 소극적 권한쟁의도 포함된다는 점, 객관적 권한질서의 유지와 국가업무의 지속적 수행을 위해 필요하다는 점 등을 근거로 한다.

② 부정설은 소극적 권한쟁의의 인정여부는 입법에 맡겨져 있고, 헌법재판소법 제61조 제2항은 "권한이 침해되었거나 침해될 현저한 위험"이 있는 때를 요건으로 규정하고 있으므로 적극적 권한쟁의를 전제한다는 점, 행정소송법상 부작위위법확인소송 등 다른 사법적 구제수단이 있다는 점 등을 근거로 한다.

③ 헌법재판소 판례 중에는 이 문제에 관한 두 개의 사건이 있다. 어업면허 유효

기간연장 불허가처분에 따른 손실보상금지급사무에 관한 권한을 다툰 포항시와 정부간의 권한쟁의 사건(각하결정. 헌재 1998.6.25. 94헌라1), 시화공업단지내 공공시설 관리권에 관한 시흥시와 정부간의 권한쟁의 사건(기각결정. 헌재 1998.8.27. 96헌라1)이 그것이다. 그러나 이들 사건에서 소극적 권한쟁의 인정여부의 문제가 결정적 쟁점으로 다루어지지는 않았다.

생각건대 헌법과 법률규정은 이 문제에 관하여 어느 쪽으로도 분명한 근거를 제시하고 있지 않다. 국가기관이나 지방자치단체가 서로 그 권한을 미룸으로써 야기되는 폐해를 줄이고 국가업무의 지속적 수행을 위해서는 소극적 권한쟁의를 인정할 필요가 있다.

6. 심리와 가처분

(1) 심 리

권한쟁의심판은 구두변론에 의한다(법 제30조 제1항).

권한쟁의심판은 객관적 법규범에 관한 분쟁을 심판하는 제도이기 때문에 청구인과 피청구인 외에 제3자에게 영향을 미칠 소지가 크다. 제3자의 소송참가에 관해서는 행정소송법과 민사소송법이 준용된다(법 제40조, 행정소송법 제17조).

(2) 가처분

헌법재판소는 권한쟁의심판에서 “직권 또는 청구인의 신청에 의하여 종국결정의 선고시까지 심판대상이 된 피청구인의 처분의 효력을 정지하는 결정을 할 수 있다”(법 제65조).

헌법재판소법은 처분의 효력을 정지하는 가처분만을 규정하고 있으나, 행정소송법과 민사소송법의 준용에 의해(법 제40조) 그 밖의 다른 내용의 가처분도 허용된다고 할 것이다.

7. 결 정

(1) 심판정족수

권한쟁의심판은 재판관 7명 이상의 출석으로 심리하며(법 제23조 제1항), 종국심리에 관여한 재판관의 과반수 찬성으로 결정한다(법 제23조 제2항).

(2) 결정의 유형과 내용

종국결정에는 각하결정, 기각결정, 인용결정의 세 유형이 있다. 그 밖에 청구취하의 경우에 심판절차종료선언을 한다.

① 각하결정은 심판청구가 형식적 적법요건을 구비하지 않아 부적법한 경우에 내려진다.

② 심판청구가 이유없으면 기각결정, 이유있으면 인용결정이 내려진다. 심판청구에 이유있는지 여부에 관한 본안판단은 두 단계의 과정을 포함한다. 첫째는 "심판의 대상이 된 국가기관 또는 지방자치단체의 권한의 존부 또는 범위"에 관한 판단이다(법 제66조 제1항). 이 과정은 일정한 권한사항이 청구인 또는 피청구인 중 누구에게 속하는지에 관한 판단인 경우도 있지만, 실제의 다툼에서 중심적인 것은 권한의 소재 자체보다는 피청구인의 권한행사가 청구인의 권한을 침해하였는지 여부의 판단이다. 권한침해 청구사유 중 일부만 인정되는 경우, 가령 감사 항목 중 일부에만 위법성이 인정되는 경우에는 일부인용결정을 한다(헌재 2023.3.23. 2020헌라5).

둘째의 과정은 첫째의 과정에서 이유있는 것으로 인정한 경우의 2차적 과정이다. "헌법재판소는 권한침해의 원인이 된 피청구인의 처분을 취소하거나 그 무효를 확인할 수 있고, 헌법재판소가 부작위에 대한 심판청구를 인용하는 결정을 한 때에는 피청구인은 결정취지에 따른 처분을 하여야 한다"(법 제66조 제2항).

인용결정은 위 2차적 과정의 내용에 따라 **처분취소**결정, **무효확인**결정, **부작위위법확인**결정으로 구분된다. 1차적 과정이 본안판단의 필수적 부분인데 비하여, 2차적 과정은 재판부의 재량에 따른 부가적 부분이다.

③ 심판절차종료선언은 청구인이 권한쟁의심판청구를 취하하거나, 침해당하였다고 주장하는 권한이 일신전속적이고 당해 청구인이 사망한 경우에 한다. 헌법재판소는 "청구인이 법률안 심의·표결권의 주체인 국가기관으로서의 국회의원 자격으로 권한쟁의심판을 청구하였다가 심판절차 계속 중 사망한 경우, 국회의원의 법률안 심의·표결권은 성질상 일신전속적인 것으로 당사자가 사망한 경우 승계되거나 상속될 수 없어 그에 관련된 권한쟁의심판절차 또한 수계될 수 없으므로, 권한쟁의심판청구는 청구인의 사망과 동시에 당연히 그 심판절차가 종료된다"고 하였다(헌재 2010.11.25. 2009헌라12). 국회의원의 임기가 만료된 경우도 마찬가지이다(헌재 2024.6.27. 2022헌라3).

(3) 결정의 효력

① "헌법재판소의 권한쟁의심판의 결정은 모든 국가기관과 지방자치단체를 기속한다"(법 제67조 제1항). 즉 권한쟁의심판의 결정은 기속력을 가진다. 인용결정이든 기각결정이든 모두 기속력을 가지며, 이 점에서 헌법소원의 경우 인용결정만 기속력을 갖는 것과 다르다.

② 피청구인은 청구인의 권한을 침해한 자신의 처분 또는 부작위를 제거하고 이를 반복하지 말아야할 의무를 진다. 부작위에 대한 인용결정의 경우, 피청구인은 결정취지에 따른 처분을 하여야 한다(법 제66조 제2항).

③ 피청구인의 처분을 취소하는 결정은 그 처분의 상대방에 대하여 이미 생긴 효력에 영향을 미치지 아니한다(법 제67조 제2항). 즉 **처분취소결정의 소급효는 제한**된다. 이것은 제3자의 법적 지위 보호와 법적 안정성을 위한 것이다.

(판 례) 권한쟁의심판 결정의 기속력의 내용 및 작위의무의 존부

(이 결정은 언론관계법 변칙처리에 관한 권한쟁의심판에서의 기각결정(헌재 2009.10. 29. 2009헌라8 · 9 · 10병합) 이후 다시 제기된 권한쟁의심판의 결정이다. 청구인 주장에 따르면, 앞의 결정의 주문에서 청구인의 법률안 심의 · 표결권 침해를 인정한 이상, 위 주문의 기속력에 따라 법률안에 대한 심의 · 표결권을 행사할 수 있는 조치를 취하여야 함에도 불구하고 피청구인이 아무런 조치를 취하지 않은 부작위는 청구인의 법률안 심의 · 표결권을 침해했다는 것이다. 헌법재판소는 이 청구를 기각하였다. 재판관 4인은 각하의견을, 재판관 1인은 기각의견을, 재판관 4인은 인용의견을 개진하였다. 각하의견은 이 사건 심판청구를 받아들일 수 없다는 결론에 한하여는 기각의견과 견해가 일치하고, 각하의견과 기각의견을 합하면 권한쟁의심판의 심판정족수가 충족되므로 기각결정을 내린 것이다. 이 결정은 국회에서의 입법절차상의 하자를 대상으로 하는 권한침해확인결정의 기속력의 내용이 무엇인지, 그로 인하여 발생하는 작위의무의 존부 및 내용에 관한 최초의 결정이었으나 다수의견은 형성되지 못하였다. 아래 내용은 헌법재판소가 작성한 결정요지를 요약한 것이다)

(재판관 이공현 등 4인 재판관의 각하의견)

헌법재판소의 권한쟁의심판의 결정은 모든 국가기관과 지방자치단체를 기속(헌법재판소법 제67조 제1항)하는바, 권한침해의 확인결정에도 기속력이 인정된다. 그러나 그 내용은 장래에 어떤 처분을 행할 때 그 결정의 내용을 존중하고 동일한 사정 하에서 동일한 내용의 행위를 하여서는 아니 되는 의무를 부과하는 것에 그치고, 적극적인 재처분 의무나 결과제거 의무를 포함하는 것은 아니다. 재처분 의무나 결과제거 의무는 처분 자체가 위헌 · 위법하여 그 효력을 상실하는 것을 전제하는데, 이는 처분의 취소결정이나 무효확인 결정에 달린 것이기 때문이다.

헌법재판소법은 헌법재판소가 피청구인이나 제3자에 대하여 적극적으로 의무를 부과할 권한을 부여하고 있지 않고, 부작위에 대한 심판청구를 인용하는 결정을 한 때에 피청구인에게 결정의 취지에 따른 처분의무가 있음을 규정(헌법재판소법 제66조 제2항 후단)할 뿐이다. 따라서 헌법재판소가 피청구인의 처분을 직접 취소하거나 무효확인함으로써 그 기속력의 내용으로서 피청구인에게 원상회복의무가 인정되는 것은 별론으로 하고, 헌법재판소가 권한의 존부 및 범위에 관한 판단을 하면서 피청구인이나 제3자인 국회에게 직접 어떠한 작위의무를 부과할 수는 없으며, 권한의 존부 및 범위에 관한 판단 자체의 효력으로 권한침해행위에 내재하는 위헌·위법상태를 적극적으로 제거할 의무가 발생한다고 보기도 어렵다.

따라서 위 2009헌라8등 사건에서 헌법재판소가 권한침해만을 확인하고 권한침해의 원인이 된 처분의 무효확인이나 취소를 선언하지 아니한 이상, 종전 권한침해확인결정의 기속력으로 피청구인에게 종전 권한침해행위에 내재하는 위헌·위법성을 제거할 적극적 조치를 취할 법적 의무가 발생한다고 볼 수 없으므로, 이 사건 심판청구는 부적법하다.

(재판관 김종대의 기각의견)

모든 국가기관과 지방자치단체는 헌법재판소의 권한쟁의심판사건에 관한 결정에 기속되는바(헌법재판소법 제67조 제1항), 헌법재판소가 국가기관 상호간의 권한쟁의심판을 관장하는 점, 권한쟁의심판의 제도적 취지, 국가작용의 합헌적 행사를 통제하는 헌법재판소의 기능 등을 종합하면, 권한침해확인결정의 기속력을 직접 받는 피청구인은 그 결정을 존중하고 헌법재판소가 그 결정에서 명시한 위헌·위법성을 제거할 헌법상의 의무를 부담한다.

권한쟁의심판은 본래 청구인의 「권한의 존부 또는 범위」에 관하여 판단하는 것이므로, 종전 권한침해확인결정이 갖는 기속력의 본래적 효력은 피청구인의 이 사건 각 법률안 가결선포행위가 청구인들의 법률안 심의·표결권을 위헌·위법하게 침해하였음을 확인하는 데 그친다. 그 결정의 기속력에 의하여 법률안 가결선포행위에 내재하는 위헌·위법성을 어떤 방법으로 제거할 것인지는 전적으로 국회의 자율에 맡겨져 있다. 따라서 헌법재판소가 「권한의 존부 또는 범위」의 확인을 넘어 그 구체적 실현방법까지 임의로 선택하여 가결선포행위의 효력을 무효확인 또는 취소하거나 부작위의 위법을 확인하는 등 기속력의 구체적 실현을 직접 도모할 수는 없다.

일반적인 권한쟁의심판과는 달리, 국회나 국회의장을 상대로 국회의 입법과정에서의 의사절차의 하자를 다투는 이 사건과 같은 특수한 유형의 권한쟁의심판에 있어서는 헌법재판소법 제66조 제2항을 적용할 수 없다. 「처분」은 본래 행정행위의 범주에 속하는 개념일 뿐 입법행위를 포함하지 아니하고, 「입법 관련 행위」에 대한 권한침해확인결정의 구체적 실현방법은 국회의 자율에 맡겨지는데, 국회법이나 국회규칙 어디에도 이에 관하여 국회의 자율권을 제한하는 규정이 없으며, 법률안 가결선포행위를 무효확인하거나 취소할 경우 그것은 실질적으로 해당 법률 전체의 효력을 무효화하는 결과를 초래하기 때문이다. 이러한 점 때문에 권한침해확인결정의 기속력에도 일정한 한계가 있다.

이 사건 심판청구 취지가 2009헌라8등 결정의 기속력 실현의 한 방법으로 이 사건 각 법률안 가결선포행위를 취소하는 등 재입법을 위한 특정한 작위의무의 이행을 구하는 것이라면, 위 결정이 갖는 기속력의 한계를 벗어나 부당하다. 단순히 피청구인에게 이 사건 각 법률안 가결선포행위의 위헌 · 위법성을 제거할 의무가 있다는 확인을 구하는 취지라면, 이는 종전 권한침해확인결정의 기속력에 의하여 이미 발생한 것이므로 거듭 구할 필요성이 없다.

따라서, 이 사건 심판청구는 어느 모로 보나 이유 없어 기각함이 상당하다.

(재판관 조대현 등 3인 재판관의 인용의견)

헌법재판소가 권한쟁의심판에 의하여 국회의 입법절차가 위법하게 진행되어 일부 국회의원의 심의 · 표결권이 침해되었다고 확인하면, 그 결정의 기속력에 의하여 국회와 국회의원들은 위법하게 진행된 심의 · 표결절차의 위법성을 제거하고 침해된 국회의원의 심의 · 표결권을 회복시켜줄 의무를 부담한다. 권한쟁의심판의 결정이 확인결정이어서 국회의 심의 · 표결행위나 법률안 가결선포행위를 직접 소멸시키는 형성적 효력이 없다 하더라도, 심의 · 표결절차의 위법성과 국회의원들의 권한이 침해된 사실을 확인한 이상 그 한도에서는 기속력을 가지고, 그 기속력은 권한침해확인결정에 의하여 확인된 위헌 · 위법성을 시정하여 침해된 권한을 회복시키라는 것이다.

2009헌라8등 권한침해확인결정의 기속력에 의하여 국회는 이 사건 각 법률안에 대한 심의 · 표결절차 중 위법한 사항을 시정하여 청구인들의 침해된 심의 · 표결권한을 회복시켜줄 의무를 부담한다. 따라서 국회는 이 사건 각 법률안을 다시 적법하게 심의 · 표결하여야 한다. 이를 위하여 필요한 경우에는 이 사건 각 법률안에 대한 종전 가결선포행위를 스스로 취소하거나 무효확인할 수도 있고, 신문법과 방송법의 폐지법률안이나 개정법률안을 상정하여 적법하게 심의할 수도 있고, 적법한 재심의 · 표결의 결과에 따라 종전의 심의 · 표결절차나 가결선포행위를 추인할 수도 있을 것이다.

2009헌라8등 결정이 신문법안과 방송법안에 대한 가결선포행위의 무효확인청구를 기각하였지만, 그것이 권한침해확인 결정의 기속력을 실효시키거나 배제하는 것은 아니다. 위 결정이 위 무효확인청구를 기각한 것은 위법한 심의 ·

표결절차를 시정하는 구체적인 절차와 방법은 국회의 자율에 맡기는 것이 바람직하다고 본 것일 뿐이다.

결국 2009헌라8등 권한침해확인결정에도 불구하고, 국회가 이 사건 각 법률안에 대한 심의·표결절차의 위법성을 바로잡고 침해된 청구인들의 심의·표결권을 회복시켜줄 의무를 이행하지 않는 것은 헌법재판소의 종전 결정의 기속력을 무시하고 청구인들의 심의·표결권 침해상태를 계속 존속시키는 것이므로, 이 사건 심판청구를 받아들여야 한다.

(재판관 이강국의 인용의견)

헌법재판소법 66조 제1항에 의한 권한침해확인 결정의 기속력은 모든 국가기관으로 하여금 헌법재판소의 판단에 저촉되는 다른 판단이나 행위를 할 수 없게 하고, 헌법재판소의 결정 내용을 자신의 판단 및 조치의 기초로 삼도록 하는 것이며, 특히 피청구인에게는 위헌·위법성이 확인된 행위를 반복하여서는 안 될 뿐만 아니라 나아가 헌법재판소가 별도로 취소 또는 무효확인 결정을 하지 않더라도 법적·사실적으로 가능한 범위 내에서 자신이 야기한 위헌·위법 상태를 제거하여 합헌·합법 상태를 회복하여야 할 의무를 부여하는 것으로 보아야 한다.

법 제66조 제1항에 의한 권한침해 여부는 헌법재판소가 필요적으로 심판하여야 하지만, 같은 조 제2항 전문에 의한 처분의 취소 또는 무효확인은 재량으로 직권 또는 당사자의 청구에 의하여 부가적으로 선고할 수 있다. 국가기관 상호 간의 권한쟁의에 있어서 헌법재판소는 원칙적으로 심판대상인 피청구인의 처분의 위헌·위법만을 확인하고, 처분의 취소나 무효확인과 같은 형성적 결정을 하는 것은 자제해야 한다. 피청구인에게 여러 가지의 정치적 형성가능성이 존재하는 경우 헌법재판소에 의한 취소 또는 무효확인과 같은 독자적인 형성행위에 의해서는 궁극적으로 합헌적인 상태를 회복할 수 없기 때문이다.

국회는 국민의 직접선거에 의하여 선출된 국회의원들로 구성된 합의체의 국가의사결정기관으로서 민주적 정당성이 강한 국민의 대의기관이고, 광범위한 입법형성권을 가진 입법기관이며 국정통제기관이며, 국회의 자율권은 헌법적으로 보장된다(제64조 제1항). 따라서 헌법재판소는 국회의 입법과정에서 발생하는 구성원 간의 권한침해에 관하여는 원칙적으로 피청구인의 처분이나 부작위가 헌법과 법률에 위반되는지 여부만을 밝혀서 그 결정의 기속력 자체에 의하여 피청구인으로 하여금 스스로 합헌적인 상태를 구현하도록 함으로써 손상된 헌법상의 권한질서를 다시 회복시키는 데에 그쳐야 하고, 이를 넘어 법 제66조 제2항 전문에 의한 취소나 무효확인의 방법으로 처분의 효력에 관한 형성적 결정을 함으로써 국가의 정치적 과정에 적극적으로 개입하는 것은 바람직하지 않다. 피청구인을 포함하여 국회 역시 '국가기관 상호존중의 원칙'에 따라 헌법재판소의 이러한 자제를 존중하여 그 결정취지에 따라 자율적으로 위헌 · 위법 상태를 제거하는 것이 마땅하다.

2009헌라8등 사건의 주문 제2항에서 피청구인이 청구인들의 위 법률안에 대한 심의 · 표결권을 침해하였음이 확인된 이상, 주문 제4항에서 위 법률안 가결 선포행위에 대한 무효확인 청구가 기각되었다고 하더라도, 피청구인은 위 권한침해확인 결정의 기속력에 의하여 권한침해처분의 위헌 · 위법 상태를 제거할 법적 작위의무를 부담하고, 그 위헌 · 위법 상태를 제거하는 구체적 방법은 국회나 국회를 대표하는 피청구인의 자율적 처리에 맡겨져야 한다. 그런데 피청구인은 위 주문 제2항의 기속력에 따른 법적 작위의무를 이행하지 아니할 뿐만 아니라 위 주문 제4항에서 무효확인 청구가 기각되었음을 이유로 더 이상의 법적 작위의무가 없다는 취지로 적극적으로 다투고 있으므로, 이 사건 청구는 인용되어야 한다.

헌재 2010.11.25. 2009헌라12

제 6 장

선거관리위원회

(헌법 제114조) ① 선거와 국민투표의 공정한 관리 및 정당에 관한 사무를 처리하기 위하여 선거관리위원회를 둔다.
② 중앙선거관리위원회는 대통령이 임명하는 3인, 국회에서 선출하는 3인과 대법원장이 지명하는 3인으로 구성한다. 위원장은 위원 중에서 호선한다.
③ 위원의 임기는 6년으로 한다.
④ 위원은 정당에 가입하거나 정치에 관여할 수 없다.
⑤ 위원은 탄핵 또는 금고 이상의 형의 선고에 의하지 아니하고는 파면되지 아니한다.
⑥ 중앙선거관리위원회는 법령의 범위 안에서 선거관리·국민투표관리 또는 정당사무에 관한 규칙을 제정할 수 있으며, 법률에 저촉되지 아니하는 범위 안에서 내부규율에 관한 규칙을 제정할 수 있다.
⑦ 각급 선거관리위원회의 조직·직무범위 기타 필요한 사항은 법률로 정한다.

(헌법 제115조) ① 각급 선거관리위원회는 선거인명부의 작성 등 선거사무와 국민투표사무에 관하여 관계 행정기관에 필요한 지시를 할 수 있다.
② 제1항의 지시를 받은 당해 행정기관은 이에 응하여야 한다.

(헌법 제116조) ① 선거운동은 각급 선거관리위원회의 관리 하에 법률이 정하는 범위 안에서 하되, 균등한 기회가 보장되어야 한다.
② 선거에 관한 경비는 법률이 정하는 경우를 제외하고는 정당 또는 후보자에게 부담시킬 수 없다.

I. 서 설

헌법은 선거관리 등을 위한 별도의 독립한 헌법기관인 선거관리위원회에 관하여 규정하고 있다. 선거관리는 그 성질상 행정작용에 속하지만 특히 공정성과 정치적 중립성이 강조되는 국가작용이며, 우리 헌정사에서의 특별한 경험에 비추어 헌법에서 별도로 선거관리기관에 관해 규정한 것이다. 본래 제헌헌법에는 선거관리기관에 관한 규정이 없었고 당시의 내무부에서 선거관리를 담당하였으나, 1960년 3.15부정선거로 인한 4.19혁명 후, 제2공화국헌법에서 처음으로 선거관리기관인 '중앙선거위원회' 설치에 관하여 규정한 것이다.

선거관리기관에 관한 외국의 제도는 국가에 따라 다양하며 법률에서 규정하는 경우가 많다. 참고로 미국의 경우, 연방법률에 의해 연방선거위원회(Federal Election Commitee)가 설치되어 있다. 위원 8인 중 6인은 대통령이 상원의 동의를 얻어 임명하며, 2인은 당연직으로 상·하원 사무총장이 맡는다. 임명직 6인 중 동일한 정당에서 3인 이상 임명될 수 없다. 위원장은 임명직 위원 중에서 호선한다. 독일의 경우, 연방법률에 의하여 연방선거위원회(Bundeswahlausschuß)가 설치되어 있다. 위원장은 연방내무장관이 임명하며, 관례상 연방통계청장이 위원장으로 임명된다. 위원장을 포함하여 위원은 9인이고, 위원장이 임명한다. 위원은 비상근, 명예직이다.

Ⅱ. 선거관리위원회의 조직

선거관리위원회는 중앙선거관리위원회와 각급선거관리위원회로 구성된다.

1. 중앙선거관리위원회

중앙선거관리위원회는 대통령이 임명하는 3인, 국회에서 선출하는 3인과 대법원장이 지명하는 3인으로 구성한다. 위원장은 위원 중에서 호선한다. 위원의 임기는 6년으로 한다. 위원은 정당에 가입하거나 정치에 관여할 수 없다. 위원은 탄핵 또는 금고 이상의 형의 선고에 의하지 아니하고는 파면되지 아니한다(헌법 제114조 제2항-제5항). 위원은 국회의 인사청문을 거쳐 임명·선출 또는 지명하여야 한다(선거관리위원회법 제4조 제1항).

중앙선거관리위원회 구성에 있어서 대통령, 국회, 대법원장이 각각 3인씩 선임하도록 한 방식은 3권분립론을 반영하는 외양을 보이고 있다. 그러나 이것은 형식적인 것이며, 헌법정책적으로 적절하다고 보기는 어렵다. 특히 대법원장은 국민이 직접 선출하지 않은 점에 비추어 대법원장에게 위원 3인의 지명권을 준 것은 타당하지 않다.

선거관리위원회법에 의하면, 위원 중 1인은 상임위원으로 하며, 위원 중에서 호선한다(제6조 제1항, 제2항). 중앙선거관리위원회에 사무처를 두며, 사무총장은 국무위원급의 정무직으로 한다(제15조).

2. 각급선거관리위원회

각급선거관리위원회의 조직 · 직무범위 기타 필요한 사항은 법률로 정한다(헌법 제114조 제7항). 선거관리위원회법에 의하면, 각급선거관리위원회는 특별시 · 광역시 · 도선거관리위원회(약칭 시 · 도선거관리위원회) 위원 9인, 구 · 시 · 군선거관리위원회 위원 9인, 읍 · 면 · 동선거관리위원회 위원 7인으로 구성된다(제2조).

시 · 도선거관리위원회 위원은 중앙선거관리위원회가 위촉하고, 구 · 시 · 군선거관리위원회 위원은 시 · 도선거관리위원회가 위촉하며, 읍 · 면 · 동선거관리위원회 위원은 구 · 시 · 군선거관리위원회가 위촉한다. 위원의 일부는 국회에 교섭단체를 둔 정당이 추천하되 정당원이 아니어야 한다. 법관과 법원공무원 및 교육공무원 이외이 공무원은 각급선거관리위원회의 위원이 될 수 없다(제4조).

Ⅲ. 선거관리위원회의 직무와 권한

1. 선거관리위원회의 직무

선거관리위원회의 직무는 다음과 같다. ① 국가 및 지방자치단체의 선거에 관한 사무, ② 국민투표에 관한 사무, ③ 정당에 관한 사무, ④ 법령에 따른 공공단체 선거('위탁선거')에 관한 사무, ⑤ 기타 법령으로 정하는 사무(헌법 제114조 제1항, 선거관리위원회법 제3조). 선거관리위원회법에 의하면, 중앙선거관리위원회는 위 사무를 통할 · 관리하며, 각급선거관리위원회는 위 사무를 수행함에 있어 하급선거관리위원회를 지휘 · 감독한다(제3조 제3항).

'공공단체등 위탁선거에 관한 법률'(2023.3.2. 개정 및 시행, 법률 제19227호) 제3조 제1호는 선거관리위원회의 위탁선거 규정의 적용을 받는 '공공단체등'을 다음과 같이 구분하고 있다. "가. 「농업협동조합법」, 「수산업협동조합법」 및 「산림조합법」에 따른 조합 및 중앙회, 나. 「중소기업협동조합법」에 따른 중소기업중앙회, 「새마을금고법」에 따른 금고와 중앙회 및 「도시 및 주거환경정비법」에 따른 조합과 조합설립

추진위원회, 다. 그 밖의 법령에 따라 임원 등의 선출을 위한 선거의 관리를 선거관리위원회에 위탁하여야 하거나 위탁할 수 있는 단체[「공직선거법」 제57조의4(당내경선사무의 위탁)에 따른 당내경선 또는 「정당법」 제48조의2(당대표경선사무의 위탁)에 따른 당대표경선을 위탁하는 정당을 제외한다], 라. 그 밖에 가목부터 다목까지의 규정에 준하는 단체로서 임원 등의 선출을 위한 선거의 관리를 선거관리위원회에 위탁하려는 단체."

법 제4조는 위탁선거를 의무위탁선거와 임의위탁선거로 나누고 있다. '의무위탁선거'는 법 제3조 제1호 가목에 해당하는 공공단체등이 위탁하는 선거와 다목에 해당하는 공공단체등이 선거관리위원회에 위탁하여야 하는 선거를 말한다. '임의위탁선거'는 법 제3조 제1호 나목 및 라목에 해당하는 공공단체등이 위탁하는 선거와 다목에 해당하는 공공단체등이 선거관리위원회에 위탁할 수 있는 선거이다.

2. 선거 및 국민투표의 관리

선거관리위원회의 기본적인 직무는 선거 및 국민투표의 공정한 관리이다. 이를 위하여 선거관리위원회는 다음과 같은 사무를 행하고 권한을 행사한다.

① 선거계도(啓導)를 한다. "각급선거관리위원회는 선거권자의 주권의식의 앙양을 위하여 상시 계도를 실시하여야 한다." "선거 또는 국민투표가 있을 때에는 각급선거관리위원회는 그 주관하에 문서 · 도서 · 시설물 · 신문 · 방송등의 방법으로 투표방법 · 기권방지 기타 선거 또는 국민투표에 관하여 필요한 계도를 실시하여야 한다" (선거관리위원회법 제14조, 제1항, 제2항).

② 선거법위반행위에 대한 중지 · 경고 등을 한다. "각급선거관리위원회의 위원 · 직원은 직무수행중에 선거법위반행위를 발견한 때에는 중지경고 또는 시정명령을 하여야 하며, 그 위반행위가 선거의 공정을 현저하게 해치는 것으로 인정되거나 중지 · 경고 또는 시정명령을 불이행하는 때에는 관할수사기관에 수사의뢰 또는 고발할 수 있다"(같은 법 제14조의2). 중앙선거관리위원회위원장의 대통령에 대한 선거중립의무준수요청도 이러한 중지 · 경고의 일환으로 볼 수 있고, 이는 헌법소원의 대상이 되는 공권력의 행사에 해당한다(헌재 2008.1.17. 2007헌마700).

③ 선거사무 등에 관하여 관계행정기관에 지시를 할 수 있다. "각급선거관리위원회는 선거인명부의 작성 등 선거사무와 국민투표사무에 관하여 관계행정기관에 필요한 지시를 할 수 있다." "지시를 받은 당해 행정기관은 이에 응하여야 한다"(헌법 제115조). "선거사무를 위하여 인원 · 장비의 지원 등이 필요한 경우에는 행정기관에 대

하여는 지시 또는 협조요구를, 공공단체 및 은행법 제2조의 규정에 의한 금융기관(개표사무종사원을 위촉하는 경우에 한한다)에 대하여는 협조요구를 할 수 있다." "지시를 받거나 협조요구를 받은 행정기관·공공단체 등은 우선적으로 이에 응하여야 한다"(선거관리위원회법 제16조).

④ 법령에 관한 의견표시를 할 수 있다. "중앙선거관리위원회는 선거·국민투표 및 정당관계법률의 제정·개정 등이 필요하다고 인정하는 경우에는 국회에 그 의견을 서면으로 제출할 수 있다"(같은 법 제17조 제2항).

3. 정당에 관한 사무

정당법에 따른 정당에 관한 사무는 선거관리위원회가 담당한다(헌법 제114조 제1항, 선거관리위원회법 제3조). 정당법에 의하면 선거관리위원회는 정당의 등록 등에 관한 사항(제2장), 정당의 등록취소 등에 관한 사항(제7장) 등을 관리하고, 헌법재판소의 위헌정당해산결정을 집행한다. 또한 선거관리위원회는 정당원의 수와 정당의 활동상황 등에 관하여 정기보고를 받으며(제35조), 정당에 대하여 보고 또는 자료제출 등의 요구를 할 수 있되, 다만 당원명부는 그러하지 아니하다(제36조).

정치자금법에 따른 정치자금에 관한 사무도 선거관리위원회가 담당한다. 선거관리위원회는 기탁금의 기탁, 배분, 지급 등에 관한 사항(제4장), 국고보조금의 배분 등에 관한 사항(제5장) 등을 관리한다.

4. 규칙제정권

중앙선거관리위원회는 법령의 범위 안에서 선거관리·국민투표관리 또는 정당사무에 관한 규칙을 제정할 수 있으며, 법률에 저촉되지 아니하는 범위 안에서 내부규율에 관한 규칙을 제정할 수 있다(헌법 제114조 제6항). 중앙선거관리위원회가 제정하는 규칙은 공직선거법에서 위임된 사항과 선거관리 등에 필요한 세부사항을 규정하는 법규명령이다.

중앙선거관리위원회에 의한 규칙은 그 내용에 따라 ① 선거관리·국민투표관리 또는 정당사무에 관한규칙과 ② 선거관리위원회의 내부규율에 관한 규칙으로 나눌 수 있다. 헌법에 의하면, 전자는 "법령의 범위 안에서", 후자는 "법률에 저촉하지 아니하는 범위 안에서" 제정할 수 있다.

"법률에 저촉하지 아니하는 범위 안에서" 제정한다 함은 반드시 법률의 구체적 위임을 필요로 하는 것은 아니며, 법률에서 정하고 있지 않은 사항에 관하여 법률의 위임없이 제정할 수 있다고 보아야 할 것이다. 한편 "법령의 범위 안에서" 제정한다 함은 법률만이 아니라 명령에도 저촉하지 말아야 한다는 것을 의미한다.

Ⅳ. 선거운동과 선거경비에 관한 원칙

1. 선거운동에 관한 원칙

헌법에 의하면, "선거운동은 각급 선거관리위원회의 관리 하에 법률이 정하는 범위 안에서 하되, 균등한 기회가 보장되어야 한다"(제116조 제1항). 선거운동에 관한 원칙으로 헌법이 명시한 것은 두 가지이다. 첫째, 선거운동은 '법률이 정하는 범위 안에서 하여야' 한다는 것이고, 둘째, 균등한 기회의 보장이다.

선거운동은 '법률이 정하는 범위 안에서 하여야' 한다고 규정되어 있지만, 그 의미는 선거운동의 주체 · 방법 · 기간 등 그 허용범위를 입법자의 재량에 맡긴다는 뜻은 아니라고 해석해야 한다. 선거운동의 자유는 표현의 자유의 일종이며, 기본적으로 표현의 자유에 관한 헌법적 보호를 받는다. 아래에 보는 것처럼 헌법재판소 판례도 이와 마찬가지의 입장을 취한다. 선거법의 기본이념은 자유선거와 공정선거이다. 과거 우리의 선거법은 공정선거의 이념을 편향적으로 강조하면서 선거운동의 자유를 과도하게 제한하였으나, 점차 선거운동의 자유를 확대하여 왔다(선거운동의 자유에 관하여는 앞의 제3편, 제11장, XII 참조).

(판 례) 선거운동의 법률적 제한

> 헌법 제116조 제1항은"선거운동은 각급 선거관리위원회의 관리하에 법률이 정하는 범위 안에서 하되, 균등한 기회가 보장되어야 한다"라는 별도의 규정을 두고 있다. 그러나 이 규정의 의미를 선거운동의 허용범위를 아무런 제약 없이 입법자의 재량에 맡기는 것으로 해석하여서는 아니된다. 오히려 위에서 본 바와 같이 선거운동은 국민주권 행사의 일환일 뿐 아니라 정치적 표현의 자유의 한 형태로서 민주사회를 구성하고 움직이게 하는 요소이므로 그 제한입법에 있어서도 엄격한 심사기준이 적용된다 할 것이다.
>
> 헌재 1994.7.29. 93헌가4, 판례집 6-2, 15,30

한편 기회균등의 원칙은 공정선거의 이념에 근거한다. 기회균등의 원칙에 비추어, 특히 후보자나 정당 간의 불합리한 차별이 문제된다(이에 관하여는 앞의 제3편, 제11장, XII, 2, (7) 선거운동과 후보자 차별 참조).

2. 선거경비의 국고부담

헌법 제116조 제2항은 선거경비 국고부담의 원칙을 규정하고 있다. 이 조항의 해석에서 먼저 '선거에 관한 경비', 즉 선거경비의 의미가 문제된다. 협의의 선거경비는 선거관리비용을 뜻하고, 광의의 선거경비는 선거관리비용 외에 후보자 · 정당이 행하는 선거운동의 비용까지 포함한다. 헌법 제116조 제2항의 선거경비는 광의의 선거경비로 보아야 할 것이다. 선거관리비용을 국고에서 충당하는 것은 당연한 것이고, 한편 선거운동비용은 후보자나 정당의 이익을 위한 비용이라는 측면이 없지 않지만, 그보다도 국정에 반드시 필요한 과정인 선거에 참여하는 비용으로 이해하여야 할 것이다. 이런 관점에서 선거운동비용도 원칙적으로 국고에서 부담하는 것이 타당하다. 공직선거법은 후보자 · 정당이 부담하는 선거운동비용을 '선거비용'이라고 부르면서, 선거 후에 국가 또는 지방자치단체의 부담으로 선거비용을 보전(補塡)하는데 관하여 규정하고 있다(제122조의2). 그러나 실질적인 선거운동비용 가운데 '선거비용'에 포함되지 않는 부분이 적지 않으며(제120조), 선거비용 보전대상에서 제외되는 여러 항목이 있다(제122조의2, 제2항).

"선거에 관한 경비는 법률이 정하는 경우를 제외하고는 정당 또는 후보자에게 부담시킬 수 없다"(헌법 제116조 제2항)는 규정은, 법률에 의하기만 하면 선거경비를 정당 또는 후보자에게 부담시킬 수 있다는 의미가 아니라, 선거경비는 원칙적으로 국가가 부담하되, 예외적으로 정당 · 후보자에게 부담시키는 경우에는 반드시 법률로 정하여야 한다는 뜻이다.

(판 례) 선거경비 일부의 후보자부담

헌법 제116조 제2항은 법률이 정하는 경우에는 선거에 관한 경비의 일부를 후보자에게 부담시킬 수 있도록 규정하고 있고, 시 · 도지사선거에 들어가는 일체의 비용을 지방자치단체가 부담하도록 하는 것은 주민의 조세부담이나 지방재정형편에 비추어 반드시 적절하다고 할 수 없으므로 당선될 가능성이 희박함에도 무리하게 입후보를 한 것으로 보여지는 득표율이 저조한 후보자에 대하여는 선거비용의 일부인 선전벽보 및 선거공보의 작성비용을 부담시키는 것이 부당하다고 할 수 없다.

그러므로 시·도지사선거에서 후보난립을 방지하고, 아울러 위 과태료 및 대집행비용과 선전벽보 및 선거공보의 작성비용 등을 예납하도록 하기 위한 기탁금제도는 그 기탁금액이 지나치게 많지 않는 한 이를 위헌이라고 할 수는 없다.

헌재 1996.8.29. 95헌마108, 판례집 8-2, 167,178

지방선거의 비용을 지방자치단체가 부담하도록 정한 공직선거법 조항은 지방자치단체의 자치권을 침해한 것이라고 볼 수 없다(헌재 2008.6.26. 2005헌라7).

그 밖에 공직선거법은 후보자가 부담하는 선거운동비용, 즉 선거비용의 상한액을 설정하고 있다(제121조). 선거비용의 초과지출로 선거사무장이나 선거사무소 회계책임자가 징역형 또는 300만원 이상의 벌금형을 선고받은 때에는 그 후보자의 당선은 무효로 한다. 선거사무소 회계책임자가 정치자금법상 선거비용관련 위반행위로 징역형 또는 300만원 이상의 벌금형의 선고를 받은 때에도 그 후보자의 당선은 무효로 한다(제263조 제1항, 제2항).

선거비용제한액의 설정은 공정선거의 이념에서 나오는 기회균등의 원칙에 입각한 것이다. 선거비용제한액이 설정되지 않으면 재력있는 후보에게 유리하며, 불법 정치자금을 유발하게 되고, 정경유착을 가져오기 쉽다는 폐단이 있다. 반면 선거비용제한액의 설정이 선거운동의 자유를 제한하는 측면이 있으나, 이는 공정선거를 위한 불가피한 제한으로 보아야 한다. 그러나 미국 대법원판례는 선거비용상한액 설정이 위헌이라고 판시하였다.

(참고·미국판례) 선거운동비용 상한액설정과 표현의 자유(*Buckley v. Valeo*, 1976).

이 사건에서 연방선거운동법의 여러 조항의 위헌 여부가 문제되었다. 그 중의 하나는 연방의회선거에서 선거운동비용 지출액을 제한하는 규정이었다. 연방대법원의 다수의견에 의하면, 선거운동비용 지출액 제한은 후보자의 언론의 수량을 제한하는 것이며 표현의 자유의 위헌적 침해라고 보았다. 반면, 후원금액의 제한은 부패를 방지하기 위한 것이며 합헌이라고 보았다.

제 7 장
지방자치

(헌법 제117조) ① 지방자치단체는 주민의 복리에 관한 사무를 처리하고 재산을 관리하며, 법령의 범위 안에서 자치에 관한 규정을 제정할 수 있다.
② 지방자치단체의 종류는 법률로 정한다.
(헌법 제118조) ① 지방자치단체에 의회를 둔다.
② 지방의회의 조직·권한·의원선거와 지방자치단체의 장의 선임방법 기타 지방자치단체의 조직과 운영에 관한 사항은 법률로 정한다.

Ⅰ. 서 설

1. 지방자치의 의의

헌법은 지방자치단체와 그 조직에 관한 규정을 두어 지방자치제도를 보장하고 있다. 헌법재판소는 지방자치제도의 의미를 다음과 같이 설명한다(지방자치에 관한 아래의 서술에는 주로 다음 문헌을 참고하였다. 김철용, 〈행정법Ⅱ〉, 박영사, 2006; 이기우·하승수, 〈지방자치법〉, 대영문화사, 2007).

(판 례) 지방자치제도의 의의

지방자치제도라 함은 일정한 지역을 단위로 일정한 지역의 주민이 그 지방주민의 복리에 관한 사무·재산관리에 관한 사무·기타 법령이 정하는 사무(헌법 제117조 제1항)를 그들 자신의 책임하에서 자신들이 선출한 기관을 통하여 직접 처리하게 함으로써 지방자치행정의 민주성과 능률성을 제고하고 지방의 균형있는 발전과 아울러 국가의 민주적 발전을 도모하는 제도이다.

헌재 1991.3.11. 91헌마21, 판례집 3, 91,99-100

2. 지방자치의 본질 : 주민자치와 단체자치

지방자치란 무엇이냐는 문제는 지방자치의 본질을 무엇으로 보느냐에 달려 있다. 지방자치의 본질적 요소가 무엇인지에 관하여는 종래 두 가지 관념이 전개되어 왔다.

첫째, 지방자치를 **주민자치**로 이해하는 관념이다. 이에 따르면 지방자치의 본질은 지방의 사무를 지방의 주민의 의사에 의해 처리하는 것이라고 본다. 이것은 지방자치를 민주주의의 관점에서 파악한 것이며, 이를 흔히 '정치적 의미의 자치'라고 부른다. 이 관념은 일찍이 영국에서 발전되어 왔다. 주민자치의 입장에서는 특히 지방의 공공행정을 직업관료가 아닌 주민인 명예직 공무원이 수행하는 것을 강조하였다.

둘째, 지방자치를 **단체자치**로 이해하는 관념이다. 이에 따르면 지방자치의 본질은 국가 안의 일정한 지역을 토대로 하는 단체(지방자치단체)가 국가로부터 독립하여 그 기관을 통해 지방의 사무를 처리하는 것이라고 본다. 이것은 지방자치를 지방분권적 관점에서 파악한 것이며, 이를 흔히 '법적인 의미의 자치'라고 부른다. 이 관념은 독일 등 유럽대륙에서 발전되어 왔다. 단체자치의 입장에서는 국가관료체제로부터 지방자치단체의 법적인 분리를 강조하였다.

이처럼 지방자치의 본질적 요소를 무엇으로 보느냐에 관해서는 역사적으로 차이가 있으나, 오늘날 지방자치는 이 두 요소를 모두 포함한다고 보는 것이 일반적 견해이다.

생각건대 지방자치의 본질은 주민자치에 있고 이를 법적으로 보장하기 위한 수단이 단체자치라고 볼 것이다. 우리 헌법의 지방자치에 관한 조항은 지방자치단체와 그 조직을 중심으로 규정되어 있어서, 외견상 마치 단체자치 중심의 지방자치 관념에 입각한 것처럼 보인다. 이것은 헌법의 지방자치 조항이 법적인 측면에 치중한 결과라고 할 것인데, 그렇다고 이것이 지방자치의 본질적 요소가 주민자치에 있음을 부정하는 것은 아니라고 볼 것이다.

3. 지방자치권의 근거

지방자치단체가 자치권을 갖는 근거에 관하여 종래 견해가 갈려왔다. 첫째, **고유권설**(固有權說)이다. 이에 따르면 국가 이전에 지방자치단체가 자연법상의 고유한 권리로서 자치권을 갖는다고 본다.

둘째, **전래권설**(傳來權說)이다. 이에 따르면 지방자치권은 국가에서 전래하는 것이며, 국가가 승인하는 한도에서 인정되는 것이라고 본다. 이를 자치위임설이라고도 부른다.

우리 헌법은 지방자치를 헌법에서 직접 보장하는 조항을 두고 있고 이에 근거하여 지방자치권이 보장되고 있다. 헌법이 보장하는 지방자치의 성질을 어떻게 이해할 것인가에 관하여, 이를 전래권설에 따라 해석하는 입장과 고유권설에 따라 해석하는 입장이 갈린다. 다수설인 제도보장설에 의하면, 전통적인 지방자치제도의 핵심을 법률로 침해하지 못하도록 헌법적으로 보장하는 것이라고 한다. **제도보장설**은 기본적으로 전래권설에 속하는 것으로 볼 수 있다.

(판 례) 지방자치제도의 헌법적 보장

지방자치제도의 헌법적 보장의 구체적인 내용을 확정하려면 위의 헌법규정의 규범적 의미내용을 검토하고 그것에 따라서 지방자치의 이념과 이의를 분명하게 밝혀내는 것이 중요하다고 하겠다. 이 헌법적 보장은 한마디로 국민주권의 기본원리에서 출발하여 주권의 지역적 주체로서의 주민에 의한 자기통치의 실현으로 요약할 수 있고, 이러한 지방자치의 본질적 내용인 핵심영역은 어떠한 경우라도 입법 기타 중앙정부의 침해로부터 보호되어야 한다는 것을 의미한다. 다시 말하면 중앙정부의 권력과 지방자치단체간의 권력의 수직적 분배는 서로 조화가 요청되고 그 조화과정에서 지방자치의 핵심영역은 침해되어서는 안되는 것이므로, 이와 같은 권력분립적 · 지방분권적인 기능을 통하여 지역주민의 기본권 보장에도 이바지하는 것이다.

헌재 1998.4.30. 96헌바62, 판례집 10-1, 380,384-385

4. 지방자치의 현대적 의의

(1) 지방자치와 민주주의 · 권력분립 및 행정의 능률성

지방자치는 흔히 '풀뿌리 민주주의'(grassroots democracy)라고 불리며, '민주주의의 학교'라고 부른 학자도 있다(영국 정치학자 브라이스, James Bryce). 지방자치는 국민주권의 원리를 지방적 차원에서 실현하는 제도라고 하겠다. 2014.1.21. 지방자치법(법률 제12280호) 제30조는 "지방자치단체에 주민의 대의기관인 의회를 둔다"고 개정되었다. 이는 지방의회의 법적 지위가 지역 주민의 대의기관임을 명문화하여 지방의회가 지방자치단체의 독립된 기관임을 밝힌 것이다. 국민주권의 지방적 실현의 방법으로 대표자의 선출을 통한 주민의 간접적 참여만이 아니라 주민의 직접적 참여(주민투표, 주민소환, 주민소송 등)가 강조되는 것이 현대적 추세이다.

또한 지방자치는 자유주의의 이념에 따라 권력분립을 수직적 차원에서 실현하는 제도이다. 오늘날의 권력분립은 수평적 차원의 입법권 · 행정권 · 사법권의 분리와 상호견제 · 조정만이 아니라, 국가권력을 수직적 차원에서 중앙정부와 지방정부 간에 분산시키는 지방분권을 통해 확대되고 있다.

한편 지방자치는 민주주의와 자유주의의 실현을 위한 제도일 뿐만 아니라, 행정의 능률성을 높이는 제도로서 의미를 지닌다. 지방자치단체의 사무는 지역의 고유한 사무인 자치사무(고유사무), 그리고 국가사무의 일부를 위임받은 위임사무로 나눌 수 있는데, 자치사무는 물론이고 위임사무도 지역사정에 친근한 주민과 그 대표자들이 처리함으로써 행정의 능률성을 높일 수 있다.

(2) 지방자치와 정당정치

지방자치를 지방행정에 한정하느냐 또는 '지방정치'까지 포함하는 것으로 보느냐에 관하여 논란이 있다. 행정과 정치의 개념구분부터 문제가 되지만, 행정은 기술적이고 전문적인 영역인데 비하여, 정치는 이것을 넘는 정책적 결정의 영역이라고 보는 일반적 관념에 비추어 본다면, 지방자치는 단순히 지방행정에 머물지 않고 지방정치를 포괄한다고 보는 것이 타당하다. 지방자치단체를 지방정부(local government)라고 부르는 것은 지방자치가 지방정치를 포함한다는 의미로 이해할 수 있다.

지방자치가 지방정치를 포함하느냐의 문제는 지방자치에 정당정치를 인정하느냐의 문제와 직결된다. 지방자치에 정당참여를 인정하느냐는 구체적으로 지방자치선거에 정당참여를 인정하느냐 여부로 나타난다. 지방자치에 지방정치가 포함되는 것으로 보는 한, 원칙적으로 지방자치선거에 정당참여를 인정해야 한다. 다만 정당정치의 발전 수준 및 지방자치의 성숙도에 비추어 합리적 제한을 가할 수 있다고 볼 것이다.

종래 특히 기초자치단체선거에서 정당참여의 인정 여부에 관하여 많은 논란이 있었다. 정당배제론은 지방자치의 중앙정치 예속화, 정쟁(政爭)으로 인한 지방행정의 파행, 지역사회의 분열 등을 이유로 내세웠고, 정당참여론은 지방자치의 정착을 위해 오히려 정당참여가 필요하다고 주장하였다. 이러한 논란 속에 입법도 여러 차례 변천을 거쳐왔다. 1990년의 지방의회의원선거법 및 지방자치단체의장선거법은 시·도의 선거에서만 정당공천을 허용하고 시·군·자치구의 선거에서는 정당의 공천과 선거운동을 금지하였다. 1994년의 공직선거및선거부정방지법은 광역자치단체선거에서뿐만 아니라 기초자치단체선거에서도 정당의 참여를 허용하였다. 1995년 4월 1일의 공직선거및선거부정방지법은 기초자치단체장선거에서는 정당의 참여를 허용하되 기초의회의원선거에서는 정당의 참여를 불허하였다. 2005년의 공직선거법은 기초의회의원선거에서도 정당참여를 인정함으로써 모든 지방선거에 정당참여가 인정되고 있다.

헌법재판소는 기초의회의원선거에서 후보자의 정당표방 금지가 위헌이 아니냐는 문제에 관하여 처음에 이를 합헌으로 보았으나, 나중에 판례를 변경하여 위헌으로 판시하였다.

(판 례) 기초의회의원선거에서 후보자의 정당표방 금지

1. 모든 선거 중 기초의회의원선거의 후보자만 정당표방을 금지할 것인가의 문제는 헌법상의 정당보호 및 지방자치제의 제도적 보장, 우리의 정치문화와 지방자치에 대한 국민의식 등 제반사정을 헤아려 입법자가 결정해야 될 입법재량의 영역에 속하는 것이다.

2. 우리의 정치현실 및 정당운영의 비민주성, 지연·혈연·학연이 좌우하는 선거풍토와 그 위에 지방자치를 실시한 경험이 일천(日淺)하다는 점을 감안할 때, 기초의회의원선거에 정당추천후보자의 참여를 허용한다면, 정당은 그 후보자의 당락뿐만 아니라 선출된 의원의 의정활동 전반에 걸쳐 직·간접으로 영향을 미치게 되고, 이것은 지역의 특성에 따라 자율적으로 운영되어야 할 기초의회의 결정이 정당의 의사에 따라 그 결론이 바뀌게 됨을 뜻한다. 그 결과 기초의회가 정당의 의사에 따라 움직인다면, 기초의회는 본래의 목적과 기능을 상실하여 형해화(形骸化)한 모습으로 남게 된다. 따라서 이 사건 법률조항의 입

법목적은 기초의회의 구성 및 활동에 정당의 영향을 배제함으로써 지역실정에 맞는 순수한 지방자치를 실현하기 위한 필요불가결한 것으로 그 목적이 정당하다고 할 것이다.

3. 그 밖의 공직선거와 비교할 때에 기초의회의원선거의 후보자에 한정하여 정당표방금지라는 정치적 생활영역에 있어서의 차별취급을 한 이 조항은 헌법이 추구하는 지방자치의 제도적 보장을 위한 입법목적에 필요불가결한 것으로써, 그 목적달성을 위한 수단 또한 필요·최소한의 부득이한 경우로 인정되므로 평등원칙에 위반되지 않는다.

헌재 1999.11.25. 99헌바28, 판례집 11-2, 543,543-544

(판 례) 기초의회의원선거에서 후보자의 정당표방 금지(판례변경)

지방분권 및 지방의 자율성이 보장되도록 하겠다는 것 자체에 대하여는 정당성을 부인할 여지가 없으나, 그를 위해 기초의회의원선거에서 정당의 영향을 배제하고 인물 본위의 투표가 이루어지도록 하겠다는 구체적 입법의도에 대하여는 그 정당성이 의심스럽다. 선거에 당하여 정당이냐 아니면 인물이냐에 대한 선택은 궁극적으로 주권자인 국민의 몫이고, 입법자가 후견인적 시각에서 입법을 통하여 그러한 국민의 선택을 대신하거나 간섭하는 것은 민주주의 이념에 비추어 바람직하지 않기 때문이다. (……)

무엇보다도, 법 제84조는 법익의 균형성의 관점에서 문제가 많다고 아니할 수 없다. 우선, 앞에서도 본 바와 같이, 위 조항은 지방자치 본래의 취지 구현이라는 입법목적의 달성에 기여하는 효과가 매우 불확실하거나 미미하다. 또, 위 조항은 우리나라 정당의 지나친 당 수뇌부 위주의 운영과 지역분할구도를 고려하여 만들어진 것으로 보이나, 그럼에도 불구하고 정당의 영향을 배제하는 것이 곧 지방자치의 발전에 보탬이 될 것이라고 단정할 수 없다. 지방자치는 단순히 주민 근거리 행정(住民近距離行政)의 실현이라는 행정적 기능만 있는 것이 아니라, 지역 내의 가치분배에 관한 갖가지 정책을 지방에서 자율적으로 수립해 나가는 정치형성적 기능도 아울러 가지는데, 이러한 정치형성적 기능과 관련하여 정당은 민의의 결집·인재의 발굴·중앙과 지방의 매개·책임정치의 실현 등 여러 가지 순기능을 담당할 수 있기 때문이다. 영국·프랑스·독일·일본 등 지방자치의 오랜 전통을 가진 선진 민주주의 국가들 대다수가 정당의 지방선거 참여를 허용하고 있는 것도 바로 이러한 이유 때문이라고 할 것이다. 한편, 정당의 지방선거 참여로 파생되는 부작용들은 따지고 보면 정당 내부의 분권화 및 민주화가 덜 이루어진 데에서 기인하는 바가 더 크다. 그런데, 정당의 지방선거 참여는 오히려 지방의 유능한 인원을 정당에 충원하고 정당의 지방조직을 활성화함으로써 정당의 분권화 · 민주화를 촉진하는 면도 있다. 더구나, 최근 지역주의가 상대적으로 약화되고, 혁신정당이 제도권 정치에 진입하고, 1인 2표의 정당명부식 비례대표제가 시행되며, 국민참여경선제 등 상향식 공천제도가 활용되기 시작하는 등 우리의 정치환경이 급속도로 발전적 변화를 이룩하는 추세에 있는 점에 비추어 볼 때, 향후 정당배제를 통해 얻게 될 이익보다 그로 인한 손실에 더 무게가 실릴 것으로 예측된다. 따라서, 단순히 정당배제라는 미봉책을 통해 정당참여로 인한 역기능뿐 아니라 순기능까지 함께 제거하는 것은 지방자치 발전의 차원에서도 바람직하지 않은 것으로 생각된다.

헌재 2003.1.30. 2001헌가4, 판례집 15-1, 7,17-19

5. 헌법상 지방자치제도의 연혁

1948년 제헌헌법은 지방자치에 관한 규정을 두었고 1952년에 처음으로 지방의회의원선거가 실시되었다. 1960년의 제2공화국헌법은 지방자치단체장 가운데 특히 시 · 읍 · 면장은 주민의 직접선거에 의한다고 명시하였고, 법률개정에 의해 시 · 도지사도 직선제로 하였다. 1962년 제3공화국헌법은 부칙에서 지방의회 구성시기를 법률로 정한다고 규정하였는데, 실제로는 법률이 제정되지 않음으로써 지방의회가 구성되지 않았다. 1972년 유신헌법은 부칙에서 통일이 이루어질 때까지 지방의회를 구성하지 않는다고 명시하였다. 1980년 제5공화국헌법은 부칙에서 지방의회는 지방자치단체의 재정자립도를 감안하여 순차적으로 구성하되 그 구성시기는 법률로 정한다고 규정하였는데, 실제로는 법률이 제정되지 않아 구성되지 못하였다.

1987년 현행헌법은 지방의회의원선거와 지방자치단체장선임방법을 법률로 정한다고 규정하였다. 1988년에 지방자치법이 개정되었고, 1991년에 지방의회가 구성되었다. 지방자치단체장은 처음에 국가가 임명하는 방식을 취하였으나, 1995년에 지방의회의원과 지방자치단체장 동시선거가 행하여졌다.

지방자치법은 1988년 전면개정된 이후 33년 만에 2021.1.12., 다시 전부 개정되었다(법률 제17893호, 2022.1.13. 시행). 주요 내용은 다음과 같다. ① 주민중심의 지방자치를 구현하고 지방자치단체의 자율성 강화와 이에 따른 투명성 및 책임성을 확보하기 위하여 지방자치단체의 기관구성을 다양화할 수 있는 근거를 마련하였다. ② 지방자치단체에 주민에 대한 정보공개 의무를 부여하였다. ③ 중앙지방협력회의의 설치 근거를 마련하며, 특별지방자치단체의 설치 · 운영에 관한 법적 근거도 새로 마련하였다. ④ 주민의 조례에 대한 제정과 개정 · 폐지 청구에 관한 사항을 현행 법률에서 분리하여 별도의 법률로 제정하도록 하였다.

지방자치에 관한 법률로 지방자치법 외에, 주민투표법, '주민소환에 관한 법률', '제주특별자치도 설치 및 국제자유도시 조성을 위한 특별법', '강원특별자치도 설치 및 미래산업글로벌도시 조성을 위한 특별법' 등이 있다. 제주특별법은 2021년 지방자치법 전면개정 이전인 2017년부터 지방의회와 집행기관의 구성을 달리할 수 있도록 하였고(제8조 제1항), 지방자치단체인 시·군을 두지 않고 행정시를 두도록 하였다(제10조 제1항 및 제2항). 강원특별법은 주민투표에 관한 특례조항을 두어 주민투표청구권자 총수의 30분의 1 이상 5분의 1 이하의 범위에서 도조례로 정하는 수 이상의 서명으로 요건을 완화하였다(제14조).

수도권 집중화에 따른 지역 간 불균형을 해소하고, 지역의 특성에 맞는 자립적 발전과 지방자치분권 등을 통해 지역이 주도하는 지역균형발전을 추진함으로써 국민 모두가 어디에 살든 균등한 기회를 누릴 수 있는 지방시대를 효율적으로 구현하기 위하여 '지방자치분권 및 지방행정체제개편에 관한 특별법'과 '국가균형발전 특별법'을 통합하여 2023.6.9. 법률 제19430호로 '지방자치분권 및 지역균형발전에 관한 특별법'을 제정하였다(2023.7. 10. 시행).

그간의 지방자치 실시의 경험을 통해 긍정적 면과 부정적인 면이 아울러 나타나고 있다. 긍정적인 면으로 지방행정에 대한 주민참여의 확대를 들 수 있고, 부정적 면으로는 지방자치조직상의 갈등, 재정적 낭비와 부정부패 등을 들 수 있다.

Ⅱ. 지방자치제도의 헌법적 보장

앞에서 본 것처럼, 헌법에 의한 지방자치의 보장을 제도보장설에 따라 이해하는 것이 일반적 견해이다. 즉 지방자치의 보장을 제도보장의 일종으로 보는 것이다(앞의 제3편, 제1장, III, 3. 기본권과 제도보장 참조). 지방자치제도를 헌법적으로 보장한다는 것은 지방자치제도의 본질적 내용을 보장한다는 것이며, 지방자치제도의 본질적 내용을 법률에 의해서도 폐지하거나 변경할 수 없다는 것을 뜻한다.

그렇다면 지방자치제도의 본질적 내용이란 무엇인가. 첫째, 지방자치단체의 존립 자체이다. 일정한 지역의 사무를 자치적으로 처리하는 지방자치단체는 반드시 존재하여야 한다는 것이다. 다만 지방자치단체의 종류는 법률로 정하므로(헌법 제117조 제

2항), 지방자치단체의 종류는 법률로 변경될 수 있고, 개개의 지방자치단체가 다른 지방자치단체와 통·폐합될 수도 있다. 즉 특정한 지방자치단체의 존속이 헌법상 보장되는 것은 아니다. 한편 2012.6.27. 헌정사상 최초로 지방자치단체(청주시와 청원군)의 통합에 대한 주민투표가 있었고, 2013. '충청북도 청주시 설치 및 지원특례에 관한 법률'이 제정되었다(법률 제11624호, 2013.1.23.).

(판 례) 지방자치단체의 폐치(廢置)·분합(分合)

자치제도의 보장은 지방자치단체에 의한 자치행정을 일반적으로 보장한다는 것뿐이고 특정자치단체의 존속을 보장한다는 것은 아니며 지방자치단체의 폐치·분합에 있어 지방자치권의 존중은 위에서 본 법정절차의 준수로 족한 것이다. 그러므로 군 및 도의회의 결의에 반하여 법률로 군을 폐지하고 타시에 병합하여 시를 설치한다 하여 주민들의 자치권을 침해하는 결과가 된다거나 헌법 제8장에서 보장하는 지방자치제도의 본질을 침해하는 것이라고 할 수 없다. 더구나 이 사건의 경우는 주민의견조사 결과 주민의 압도적 다수가 영일군의 폐지와 포항시와의 통합에 찬성하였으므로 지방자치단체의 의회(군·도)의 의견에 반하여 영일군을 폐지하고 폐지된 영일군 일원과 포항시를 통합하여 포항시를 설치하였다 하여 적법절차에 흠이 있거나 지방자치제도의 본질을 침해한 것이라고 할 수 없다.

헌재 1995.3.23. 94헌마175, 판례집 7-1, 438,452-453

(판 례) 지방자치제도의 본질적 내용

헌법은 제117조와 제118조에서 '지방자치단체의 자치'를 제도적으로 보장하고 있는바, 그 보장의 본질적 내용은 자치단체의 보장, 자치기능의 보장 및 자치사무의 보장이다. 이와 같이 헌법상 제도적으로 보장된 자치권 가운데에는 소속 공무원에 대한 인사와 처우를 스스로 결정하고 자치사무의 수행에 있어 다른 행정주체(특히 국가)로부터 합목적성에 관하여 명령·지시를 받지 않는 권한도 포함된다고 볼 수 있다.

다만, 지방자치의 본질상 자치행정에 대한 국가의 관여는 가능한 한 배제하는 것이 바람직하지만, 지방자치도 국가적 법질서의 테두리 안에서만 인정되는 것이고, 지방행정도 중앙행정과 마찬가지로 국가행정의 일부이므로, 지방자치단체가 어느 정도 국가적 감독, 통제를 받는 것은 불가피하다. 즉, 지방자치단체의 존재 자체를 부인하거나 각종 권한을 말살하는 것과 같이 그 본질적 내용을 침해하지 않는 한 법률에 의한 통제는 가능하다. 결국, 지방자치단체의 자

> 치권은 헌법상 보장을 받고 있으므로 비록 법령에 의하여 이를 제한하는 것이 가능하다고 하더라도 그 제한이 불합리하여 자치권의 본질을 훼손하는 정도에 이른다면 이는 헌법에 위반된다.
>
> 헌재 2008.5.29. 2005헌라3, 판례집 20-1 하, 41,48-49

둘째, 지방자치단체의 조직에 관하여 지방의회와 지방자치단체의 장을 설치하는 것이다(헌법 제118조). 지방의회의원의 선거나 지방자치단체장의 선임방법 등, 지방자치단체의 조직에 관한 사항은 법률에 위임하고 있지만, 지방의회와 지방자치단체장 설치를 법률로 폐지할 수 없다.

셋째, '주민의 복리에 관한 사무'(헌법 제117조 제1항)를 지방자치단체가 자치적으로 처리하는 것이다. 주민의 복리에 관한 모든 사무는 지방자치단체가 자치적으로, 즉 자기책임 하에 처리할 수 있어야 한다. 이를 '지방고권'(地方高權)이라고 부르기도 한다. 여기에는 자치행정권만이 아니라 특히 재산관리 등을 포함한 자치재정권 및 자치입법권이 포함되어야 한다.

지방자치제도의 헌법적 보장은 이 같은 지방자치제도의 본질적 내용을 법률로써 폐지하거나 변경시킬 수 없다는 의미이다.

전반적으로 우리의 학설과 판례는 지방자치의 법적 문제를 국가와 지방자치단체 사이의 객관적인 권한배분의 문제로 보는 경향이 강하다. 이런 경향에 대하여 비판적인 견해가 제시되고 있다. 즉 헌법의 지방자치 보장을 객관적인 제도보장의 관점만이 아니라, 국가에 대한 지방자치단체의 주관적인 법적 지위와 방어권으로서의 자치권 보장으로 이해하는 것이 필요하다는 것이다. 생각건대 여기에서 더 나아가 지방자치단체의 사무처리에 대한 주민의 직접적인 참여권의 보장을 헌법의 지방자치 보장의 핵심적 요소로 보는 관점이 필요하다.

Ⅲ. 지방자치단체의 의의 및 법적 지위와 종류

1. 지방자치단체의 의의

지방자치단체는 국가 안의 일정한 지역을 기초로, 그 지역 안의 모든 주민을 구성원으로 하여, 법률의 범위 안에서 자치권(자치적 지배권)을 행사하는 공법상의 법인이다. 지방자치단체의 구성요소는 ① 지역, ② 주민, ③ 자치권이다.

첫째, 지방자치단체는 국가 안의 일부 지역을 그 구역으로 한다는 점에서 국가와 다르다. 둘째, 지방자치단체는 주민을 구성요소로 하는 사단이다. 주민은 지방자치단체의 구역 안에 주소를 가진 자이다(지방자치법 제16조). 셋째, 지방자치단체는 그 관할에 속하는 사무를 자기책임 하에 처리할 수 있는 자치권을 갖는다. 자치권의 내용은 주민의 복리에 관한 사무를 처리하는 '자치행정권', 재산을 관리하는 '자주재정권', 법령의 범위 안에서 자치에 관한 규정을 제정하는 '자치입법권' 등이다(헌법 제117조 제1항). 자치권의 구체적 내용은 법률에 의해 정하여지지만, 지방자치의 핵심을 이루는 본질적 내용은 침해할 수 없다.

지방자치단체는 이처럼 지역, 주민, 자치권을 구성요소로 하는 공법상의 법인이다(지방자치법 제3조 제1항. "지방자치단체는 법인으로 한다").

2. 지방자치단체의 법적 지위

지방자치단체는 공법상의 법인이며, 따라서 권리・의무의 주체가 되는 권리능력을 갖는다. 이 점에서 법인격이 없는 국가의 행정기관과 다르다. 지방자치단체의 권리능력은 공법상의 법률관계에 한하지 않으며, 사법상의 법률관계에서도 인정된다.

또한 지방자치단체는 행위능력을 갖는다. 다만 감독청의 동의나 승인을 받아야 하는 등, 그 행위능력이 법률에 의해 제한되는 경우가 있다.

지방자치단체가 헌법상 기본권주체가 되느냐에 관하여 논의가 있다. 헌법재판소에 의하면 지방자치단체는 공권력을 행사하며 기본권주체가 될 수 없다(헌재 1997.12. 24. 96헌마365등). 일부 학설에 의하면 평등권, 재산권, 절차적 기본권 등 성질상 지방자치단체가 누리기에 적합한 기본권은 지방자치단체도 이를 향유할 수 있다고 본다.

3. 지방자치단체의 종류

지방자치단체의 종류는 법률로 정한다(헌법 제117조 제2항). 지방자치법에 의하면 지방자치단체는 크게 **일반지방자치단체**(또는 보통지방자치단체)와 **특별지방자치단체**로 나뉜다(제2조). 이 구분은 지방자치단체의 업무가 일반적인 것이냐 특수한 것이냐에 따른 것이다(일반지방자치단체 또는 보통지방자치단체라는 용어는 이론상의 용어이며, 실정법상 용어는 아니다).

일반지방자치단체는 다음 두 종류로 나뉜다. ① 특별시, 광역시, 도, 특별자치도(이를 이론상 '광역지방자치단체'라 부른다. 법률에서는 이를 '시·도'라 약칭한다), ② 시, 군, 구(자치구)(이를 이론상 '기초지방자치단체'라 부른다). 특별자치도에 해당하는 것으로 제주·강원특별자치도가 있다. '서울특별시 행정특례에 관한 법률' 및 제주·강원특별자치도법이 있다(앞의 Ⅰ. 5. 지방자치제도의 연혁 참조).

지방자치단체를 광역자치단체와 기초자치단체의 이원적 구조로 설정하는 것이 타당한가에 관하여 종래 여러 논의가 있어 왔다. 현재와 같은 이원적 구조와 달리 일원화하자는 견해가 제시되어 있고, 일원화하자는 견해도 어떤 방향에서 일원화할 것인지에 관하여 여러 견해가 갈린다.

기초지방자치단체와 광역지방자치단체의 관계는 원칙적으로 상호독립적이며, 상하관계는 아니다. 다만 시·군·구의 조례·규칙은 시·도의 조례·규칙에 위반할 수 없는 등의 제한이 있다(지방자치법 제24조). 양자는 법령의 범위에서 협력하여야 한다(같은 법 제147조). 시·도지사는 시·군·구에 대한 지도감독권을 갖는데(같은 법 제166조-제172조), 이는 시·도지사가 지방자치단체장으로서가 아니라 국가감독기관으로서의 지위에서 행사하는 것이라고 볼 것이다.

2개 이상의 지방자치단체가 공동으로 특정한 목적을 위하여 광역적으로 사무를 처리할 필요가 있을 때에는 특별지방자치단체를 설치할 수 있다. 이 경우 특별지방자치단체를 구성하는 지방자치단체는 상호 협의에 따른 규약을 정하여 구성 지방자치단체의 지방의회 의결을 거쳐 행정안전부장관의 승인을 받아야 한다(제199조 제1항). 특별지방자치단체는 법인으로 한다(제199조 제3항). 특별지방자치단체의 구역은 구성 지방자치단체의 구역을 합한 것으로 한다. 다만, 특별지방자치단체의 사무가 구성 지방자치단체 구역의 일부에만 관계되는 등 특별한 사정이 있을 때에는 해당 지방자치단체 구역의 일부만을 구역으로 할 수 있다(제201조). 부산울산경남특별연합, 경기남부연합, DMZ특별연합 등이 논의되었으나, 현재 특별지방자치단체에 해당하는 것은 없다. 한편, 2개 이상의 지방자치단체가 하나 또는 둘 이상의 사무를 공동으로 처리할 목적으로 설립된 법인체인 지방자치단체조합도 있다(제176조). 특별지방자치단체가 지방자치법 제12장 제199조 이하에 규정되어 있는 것을 보면 특별지방자치단체와는 구별된다. 지방자치단체조합을 설립을 할 때 시·도는 행정안전부장관의, 시·군·자치구는 시·도지사의 승인을 받아야 한다. 2023년 현재 5개 지방자치단체조합이 있다. 부산진해경제자유구역청, 광양만권경제자유구역청, 대구경북경제자유구역청, 지리산권관광개발조합, 지역상생발전기금조합. 지방자치단체조합은 조례제정권이 없는 등 일정한 제약이 있다.

Ⅳ. 지방자치단체의 조직

1. 헌법상의 원칙

헌법은 지방자치단체의 조직에 관하여, 지방의회를 둔다는 것, 지방의회의원을 선거한다는 것, 및 지방자치단체의 장을 설치한다는 것을 규정할 뿐이고, 그 밖에 지방자치단체 조직에 관한 사항은 법률에 위임하고 있다(제118조).

지방의회의원선거에 관하여 법률로 정한다는 것은 의원을 주민의 선거로 선출한다는 것을 의미한다. 따라서 의원을 중앙정부나 지방자치단체장이 임명하는 것은 헌법에 위반한다. 한편 지방자치단체의 장의 선임방법은 법률로 정하도록 되어 있으므로, 그 구체적 방법은 입법재량에 맡겨져 있다.

지방의회와 지방자치단체장의 관계에 관하여 헌법은 직접 규정하고 있지 않으며, 이를 법률에 위임하고 있다. 헌법재판소는 지방자치단체장이 지방의회 직원을 임명하도록 한 지방자치법 조항을 합헌이라고 하면서 지방자치단체장과 지방의회의 관계에 대하여 다음과 같이 판시하고 있다.

(판 례) 지방자치단체장과 지방의회의 관계(지방의회 직원 임명)

지방자치단체 내 지방의회와 지방자치단체의 장 사이의 관계는, 헌법이 지방자치를 규정하면서 유독 지방의회의 존속을 명시하고 있고(헌법 제118조 제1항), 헌법 제118조 제2항에 따른 지방자치법이 우리의 지방자치제도를 형성하면서 지방의회와 지방자치단체의 장에게 상호 독자적 권한을 부여하고 있는 점 등을 종합할 때 상호 견제와 균형의 관계로 설명된다. 즉 지방의회는 지방자치법 제39조에 따라 지방자치단체의 중요한 사항에 대해 의결하며, 지방자치단체의 장은 같은 법 제101조에 따라 지방자치단체를 대표하고 사무를 통할하는 집행기관이다. 이처럼 지방자치법은 지방자치단체의 의사를 내부적으로 결정하는 최고의결기관으로 지방의회를 두고, 지방자치단체의 대표로서 외부적으로 지방자치단체의 의사를 표명하고 그 사무를 통할하는 집행기관으로 지방자치단체의 장을 두고 있다. 대법원도 "지방자치법상 지방자치단체의 집행기관과 지방의회는 서로 분립되어 제각각 그 고유권한을 행사하되 상호견제의 범위 내에서 상대방의 권한 행사에 대한 관여가 허용되는 것"(대판 2000.11.10. 2000추36 등)이라고 보고 있다. 결국 헌법상 권력분립의 원리는 지방의회와 지방자치단체의 장 사이에서도 상호 견제와 균형의 원리로서 실현되고 있다.

다만 지방자치단체의 장과 지방의회는 정치적 권력기관이긴 하지만 지방자치제도가 본질적으로 훼손되지 않는다면, 중앙 · 지방 간 권력의 수직적 분배라고 하는 지방자치제의 권력분립적 속성상 중앙정부와 국회 사이의 구성 및 관여와는 다른 방법으로 국민주권 · 민주주의원리가 구현될 수 있다. 따라서 지방의회와 지방자치단체의 장 사이에서의 권력분립제도에 따른 상호견제와 균형의 원리 역시 그 구체적인 실현은, 국회와 중앙정부 사이의 원칙적인 권력분립과는 달리 현재 우리 사회 내 지방자치의 수준과 특성을 감안하여 국민주권 · 민주주의원리가 최대한 구현될 수 있도록 하는 효율적이고도 발전적인 방식이 되어야 한다. (……)

특히 심판대상조항에 따른 지방의회 의장의 추천권이 적극적이고 실질적으로 발휘된다면 지방의회 사무직원의 임용권이 지방자치단체의 장에게 있다고 하더라도 그것이 곧바로 지방의회와 집행기관 사이의 상호 견제와 균형의 원리를 침해할 우려로 확대된다거나 또는 지방자치제도의 본질적 내용을 침해한다고 볼 수는 없다.

헌재 2014.1.28. 2012헌바216, 판례집 26-1 상, 87,94-98

2021.1. 개정 지방자치법은 지방의회의 역량 강화를 위하여 지방의회에 정책지원 전문인력을 둘 수 있도록 하고, 지방의회 사무기구 인력운영의 자율성을 제고하기 위하여 지방의회 사무직원에 대한 임면 · 교육 · 훈련 · 복무 · 징계 등을 지방의회의 의장이 처리하도록 하였다(제41조 및 제103조 제2항). 2023.3.21. 개정 법률은 지방자치단체의 장이 지방공사 사장과 지방공단의 이사장, 지방자치단체 출자 · 출연 기관의 기관장 등의 직위 중 조례로 정하는 직위의 후보자에 대해 지방의회에 인사청문을 요청할 수 있도록 하고, 이 경우 지방의회의 의장은 인사청문회를 실시한 후 그 경과를 지방자치단체의 장에게 송부하도록 하였다(제47조의2).

헌법은 지방자치단체의 조직에 관하여 '법률'로 정한다고 규정하고 있는데, 이는 지방자치단체 조직에 관한 모든 사항을 법률로 정하여야 한다는 것은 아니며, 법률에 저촉하지 않는 한, 지방자치단체의 조례로 정할 수 있다고 보아야 할 것이다.

2. 지방자치법 등 법률상의 기본적 내용

지방자치단체의 조직형태는 각국의 전통에 따라 상이하다. 그 유형은 지방자치단체의 의사를 결정하는 의결기관과 그 집행기관의 관계를 어떻게 설정하느냐에 따라 기관대립형, 기관통합형, 절충형의 세 유형으로 구분하는 것이 보통이다. 기관대립형은 국가조직상 대통령제 원리를 적용한 것이고, 기관통합형은 의원내각제 원리를 적용한 것이다(용어상 '기관대립형 · 기관통합형' 대신에 '기관독립형 · 기관의존형'이라고 부르는 견해가 있다. 실질 내용에 비추어 보면 기관독립형 · 기관의존형이라는 용어가 더 적절하다).

지방자치법이 정하고 있는 조직형태는 기관독립형이다. 지방의회와 지방자치단체장을 분립시키고 양자는 서로 견제 · 균형의 관계에 있다(제5장, 제6장). 그러나 2021.1.12. 개정 지방자치법은 지방자치단체의 의회 및 집행기관의 구성을 따로 법률로 정하는 바에 따라 달리 할 수 있도록 하며, 이 경우에는 「주민투표법」에 따른 주민투표를 실시하여 주민의 의견을 듣도록 하였다(제4조). 이는 곧 기관의존형의 조직형태를 선택할 수도 있다는 것을 뜻한다. 다만 아직 이와 같은 법률은 제정되어 있지 않다.

지방의회의원 선거는 주민의 직접선거에 의하며(지방자치법 제38조), 선거의 방법 등은 공직선거법에서 정하고 있다. 지방의회의원은 지역구의원과 비례대표의원으로 구성된다. 광역지방의회의 경우, 시 · 도별 지역구의원 총정수는 그 관할구역 안의 자치구 · 시 · 군 수의 2배수로 하되, 100분의 11의 범위에서 조정할 수 있고, 자치구 · 시 · 군의 지역구 시 · 도의원 정수는 최소 1명으로 한다. 비례대표의원정수는 당해 시 · 도의회의원정수의 100분의 10으로 하되, 단수(端數)는 1로 본다(공직선거법 제22조). 기초지방의회의 경우, 시 · 도별 자치구 · 시 · 군의회 의원의 총정수는 별표 3과 같이 하며, 자치구 · 시 · 군의회의 의원정수는 당해 시 · 도의 총정수 범위 내에서 제24조(선거구획정위원회)의 규정에 따른 당해 시 · 도의 자치구 · 시 · 군의원선거구획정위원회가 자치구 · 시 · 군의 인구와 지역대표성을 고려하여 중앙선거관리위원회규칙이 정하는 기준에 따라 정한다. 자치구 · 시 · 군의회의 최소정수는 7인으로 한다(공직선거법 제23조 제1항, 제2항). 비례대표 자치구 · 시 · 군의원정수는 자치구 · 시 · 군의원정수의 100분의 10으로 하고, 단수는 1로 본다(공직선거법 제23조 제3항). 지방의회의원임기는 4년이다(지방자치법 제39조).

헌법재판소는 비례대표지방의회의원 당선인이 선거범죄로 인하여 당선이 무효로 된 때 의석승계를 금지한 공직선거법 규정을 위헌으로 결정하였다(헌재 2009.6.25. 2007헌마40).

지방자치단체장 선거는 주민의 직접선거에 의한다(지방자치법 제107조, 공직선거법 제20조 제4항). 지방자치단체장의 보궐선거는 국회의원이나 지방의회의원의 경우와 달리 매년 2회 실시한다(제35조 제2항). 지방자치단체장의 임기는 4년이며, 계속 재임은 3기에 한한다(지방자치법 제108조).

2021.1.12. 개정 지방자치법은 지방자치단체의 의회 및 집행기관의 구성을 따로 법률로 정하는 바에 따라 달리 할 수 있도록 함에 따라 지방자치단체장 선임방법이 반드시 선거이어야 할 필요는 없다. 이는 곧 의원내각제 형태의 지방정부도 구성할 수 있다는 것을 뜻한다. 이러한 법 개정이 지방자치단체장 선거권이 헌법 제24조의 선거권에 포함되고, 지방자치의 본질적 내용이며, 관습헌법상으로도 기본권이 되었다는 헌법재판소의 판시(헌재 2016.10.27. 2014헌마797)에 정면으로 반한다는 의문이 제기될 수 있다. 그러나 공직선거법 제1조가 명문으로 헌법에 의한 선거와 지방자치법에 의한 선거를 구분하고 있다는 점에서 헌법재판소 결정은 많은 비판을 받았고, 헌법소원기각결정에는 기속력이 인정되지 않기 때문에 위와 같은 법률 개정이 위헌은 아니다.

(판 례) 지방자치단체 장의 계속 재임 3기 제한 규정의 위헌 여부

가. 지방자치단체 장의 계속 재임을 3기로 제한한 지방자치법 제87조 제1항은 그 시행과 동시에 지방자치단체 장들의 기본권을 침해하는 것이 아니다. 법률 시행 후 지방자치단체 장들이 3기 초과 연임을 하고자 하는 경우에 비로소 기본권 침해가 구체적으로 현실화된다.

나. 지방자치단체 장의 계속 재임을 3기로 제한한 규정의 입법취지는 장기집권으로 인한 지역발전저해 방지와 유능한 인사의 자치단체 장 진출확대로 대별할 수 있는바, 그 목적의 정당성, 방법의 적절성, 피해의 최소성, 법익의 균형성이 충족되므로 헌법에 위반되지 아니한다.

다. 같은 선출직공무원인 지방의회의원 등과 비교해볼 때, 지방자치의 민주성과 능률성, 지방의 균형적 발전의 저해요인이 될 가능성이 상대적으로 큰 지방자치단체 장의 장기 재임만을 규제대상으로 삼아 달리 취급하는 데에는 합리적인 이유가 있다고 할 것이므로, 평등권을 침해하지 않는다.

라. 지방자치단체 장에 대한 선거권을 행사함에 있어서 투표할 대상자가 스스로 또는 법률상의 제한으로 입후보를 하지 아니하는 경우 입후보자의 입장

에서 공무담임권 제한의 문제가 발생하겠지만, 선거권자로서는 후보자의 선택에 있어서의 간접적이고 사실상의 제한에 불과할 뿐 그로 인하여 선거권자가 자신의 선거권을 행사함에 있어서 침해를 받게 된다고 보기 어렵다.

마. 지방자치단체 장의 계속 재임을 3기로 제한하더라도 그것만으로는 주민의 자치권을 심각하게 훼손한다고 볼 수 없다. 더욱이 새로운 자치단체 장 역시 주민에 의하여 직접 선출되어 자치행정을 담당하게 되므로 주민자치의 본질적 기능에 침해가 있다고 보기 어렵다. 따라서 지방자치단체 장의 계속 재임을 3기로 제한한 규정이 지방자치제도에 있어서 주민자치를 과도하게 제한함으로써 입법형성의 한계를 벗어났다고 할 수 없다.

(재판관 권 성, 송인준, 주선회의 반대의견)

지방자치제도 하에서 무엇이 지역주민의 이익과 복리를 위하여 가장 좋은 것인지에 관한 결정권은 지역주민 스스로에게 있다. 지역발전에 가장 적합한 자가 누구인지는 주민 스스로 결정하며, 그 결정에는 정당성이 부여되고, 결정의 결과에 대하여는 주민 스스로의 책임이 뒤따른다. 이러한 자율과 책임을 인정하지 않고, 함부로 타율적 · 외부적인 조건과 한계를 설정하는 것은 그 자체로 "자치"의 본질과 조화되지 않는다. 결국 이 사건 법률조항은 민주주의 및 지방자치의 기본원리에 반하여, 부적절하고 지나친 방법을 통하여 자치단체 장들의 공무담임권을 침해함으로써 헌법에 위반된다 할 것이다.

헌재 2006.2.23. 2005헌마403, 판례집 18-1 상, 320,321

V. 지방자치단체의 사무와 권한

1. 지방자치단체의 사무

지방자치단체의 사무는 세 가지 종류로 나눌 수 있다. ① **자치사무**(고유사무). 헌법 제117조 제1항에서 규정한 '주민의 복리에 관한 사무'가 여기에 해당하며, 다만 이 가운데 법령에 의해 국가나 기타 다른 행정주체에게 부여된 사무를 제외한다. ② **단체위임사무**. 이것은 법령에 의해 국가 또는 다른 지방자치단체가 그 처리를 위임한 사무이다. 단체위임사무는 자치사무는 아니지만 법령의 위임에 의해 당해 지방자치단체의 사무로 된 것이다(지방자치법 제13조 제1항. "지방자치단체는 관할 구역의 자치사무와 법령에 따라 지방자치단체에 속하는 사무를 처리한다"). ③ **기관위임사무**. 이것은 국가나 다른 지방자치단체가 그의 사무를 지방자치단치의 장에게 그 처리를 위임한 사무이다. 지방자치단체의 기관인 단체장(시 · 도지사, 시장 · 군수 · 구청장)에게 위임한 것인 점에서, 단체에게 위임한 단체위임사무와 다르다. 단체장이 기관위임사무를 처리하는 경우, 그는 지방자치단체장의 지위가 아니라 국가행정기관으로서의 지위에서 이를 행하는 것이다. 지방자치법은 국가사무의 위임에 관하여 규정하고 있는데, 이는 기관위임사무의 근거가 되는 규정이다(제115조 "시 · 도와 시 · 군 및 자치구에서 시행하는 국가사무는 시 · 도지사와 시장 · 군수 및 자치구의 구청장에게 위임하여 수행하는 것을 원칙으로 한다. 다만, 법령에 다른 규정이 있는 경우에는 그러하지 아니하다").

위의 어느 사무에 해당하느냐에 따라 지방의회의 관여, 국가감독의 정도, 경비부담, 조례제정권 등에 있어서 차이가 있다.

2. 지방자치단체의 권한

헌법은 "지방자치단체는 주민의 복리에 관한 사무를 처리하고 재산을 관리하며, 법령의 범위 안에서 자치에 관한 규정을 제정할 수 있다"(제117조 제1항)라고 규정하여 지방자치단체의 권한을 보장하고 있다. 지방자치단체의 권한은 그 내용에 따라 자치조직권, 자치행정권, 자치입법권, 자치재정권 등으로 구분된다.

자치조직권은 지방자치단체의 조직을 단체 스스로 결정하는 권한이다. 헌법은 지방자치단체의 조직과 운영에 관한 사항은 법률로 정한다고 규정하고 있는데(제118조 제2항), 법률에 저촉하지 않는 한, 조례와 같은 자치입법으로 조직에 관하여 정할 수 있다.

자치행정권은 지방자치단체의 사무를 집행하는 권한이다. 자치행정권은 각종의 법률에 의한 제한을 받는다.

자치재정권은 지방자치단체의 경비에 충당하기 위한 수입과 지출을 자기책임 하에 운영할 수 있는 권한이다. 자치재정권은 헌법과 법률에 의한 제한을 받는다. 지방자치의 현실을 보면 지방자치단체의 재정자립도가 낮고 국가나 상급 지방자치단체에의 의존도가 높은 실정이다.

자치입법권에 관해서는 아래에 별도로 설명한다.

지방자치단체의 관할구역은 주민, 자치권한과 더불어 지방자치의 3요소를 이루는 것으로, 지방자치단체가 자치권한을 행사할 수 있는 장소적 범위를 의미한다(헌재 2006.8.31. 2004헌라2). 자치권한이 미치는 범위는 육지뿐만 아니라 바다(공유수면)도 포함된다(헌재 2004.9.23. 2000헌라2). 육지의 경우 원칙적으로 행정구역은 종전에 의하지만, 변경 · 폐치 · 분합은 법률로 정하고, 경계변경은 대통령령으로 정한다(지방자치법 제4조 제1항). 바다의 경우 법률상 경계는 존재하지 않지만 관습법적으로 인정하는 것이 가능하다(헌재 2006.8.31. 2003헌라1).

3. 자치입법권

헌법 제117조 제1항은 "지방자치단체는 ……법령의 범위 안에서 자치에 관한 규정을 제정할 수 있다"라고 규정하고 있다. 이것은 지방자치의 헌법적 보장의 필수적 내용으로서 특히 자치입법권이 포함되어 있음을 명시한 것이다. 자치입법권을 법률에 의해 부정할 수 없다.

지방자치법은 자치입법의 형식으로서 조례와 규칙에 관하여 규정한다(제3장). 조례는 지방의회가 제정하는 것이고, 규칙은 지방자치단체장이 제정하는 것이다. 한편 '지방교육자치에 관한 법률'에 의하면, 교육감은 법령 또는 조례의 범위 안에서 교육규칙을 제정할 수 있다(제25조). 그 밖에 지방의회는 내부운영에 관한 의회규칙을 제정할 수 있다(지방자치법 제52조).

(1) 조 례

조례는 지방자치단체가 지방의회의 의결에 의해 제정하는 자치입법이다(지방자치법 제28조, 제47조 제1항). 지방자치법은 "지방자치단체는 법령의 범위 안에서 그 사무에 관하여 조례를 제정할 수 있다. 다만 주민의 권리 제한 또는 의무 부과에 관한 사항이나 벌칙을 정할 때에는 법률의 위임이 있어야 한다"고 규정하고 있다(제22조 제1항). 이 조항의 해석에 관하여 조례제정권의 범위와 한계 등이 문제된다.

① 지방자치단체는 '그 사무에 관하여' 조례를 제정할 수 있다. 여기의 '사무'란 자치사무와 단체위임사무라고 보는 것이 다수의 견해이다. 기관위임사무는 원칙적으로 조례제정권의 범위에 속하지 않는다. 다만 실제로 개별 법령에서 기관위임사무에 관한 일정한 사항을 조례에 위임하는 경우가 있다. 이를 **'위임조례'**라고 부른다. 대법원판례는 "기관위임사무에 있어서도 그에 관한 개별법령에서 일정한 사항을 조례로 정하도록 위임하고 있는 경우에는 위임받은 사항에 관하여 개별법령의 취지에 부합하는 범위 내에서 이른바 위임조례를 정할 수 있다"고 하여 한정적으로 위임조례의 제정을 인정하고 있다(대판 2000.5.30. 99추85등).

② 지방자치단체는 **'법령의 범위 안에서'** 조례를 제정할 수 있다(헌법 제117조 제1항, 지방자치법 제22조 제1항). '법령의 범위 안에서'라 함은 '법령에 위반하지 않는 범위 안에서'라는 뜻이다. 즉 법령에 위반하는 조례는 효력이 없다(대판 2003.9.23. 2003추13등). 이를 **'법령우위의 원칙'**이라고 부른다. 여기의 '법령'이란 법률과 명령을 뜻하며, 명령에는 법규명령(대통령령, 총리령, 부령 등)만이 아니라 행정규칙(훈령, 고시 등)도 포함된다고 볼 것이다.

'법령에 위반하지 않는 범위 안에서' 조례를 제정할 수 있으므로, 원칙적으로 법률의 위임이 없더라도 조례를 제정할 수 있다(대판 1992.6.23. 92추17등). 다만 지방자치법은 "주민의 권리 제한 또는 의무 부과에 관한 사항이나 벌칙을 정할 때에는 법률의 위임이 있어야 한다"고 제한을 가하고 있다(제22조 제1항 단서). 또한 법령에서 조례로 정하도록 위임한 사항은 그 법령의 하위 법령에서 그 위임의 내용과 범위를 제한하거나 직접 규정할 수 없다(제22조 제2항).

③ 지방자치법에 의하면 시·군 및 자치구의 조례는 상급자치단체인 시·도의 조례나 규칙을 위반하여서는 아니 된다(제30조).

④ 지방자치법에 의하면 "주민의 권리 제한 또는 의무 부과에 관한 사항이나 벌칙을 정할 때에는 법률의 위임이 있어야 한다"(제22조 단서). 즉 주민의 권리 제한 또는 의무 부과에 관한 사항이나 벌칙에 관한 조례의 제정에는 **법률유보의 원칙**이 적용된다. 이 법률조항은 지방자치단체의 조례제정권을 크게 제한하는 규정이며, 이 조항의 합헌성 여부에 관하여 논란이 있다.

위헌론의 논거는 이러하다. 첫째, 헌법 제117조 제1항은 "법령의 범위 안에서" 조례를 제정할 수 있다고 규정하고 있는데, 하위법인 법률에서 거기에 덧붙여 법률의 위임을 요구하는 것은 조례제정권을 위헌적으로 침해하는 것이다. 둘째, 헌법 제37조 제2항에서 국민의 기본권 제한은 법률로 하도록 규정하고 있으나, 헌법이 별도로 지방자치를 보장하고 있기 때문에 지방자치를 위한 조례제정에는 법률유보의 요건이 적용되지 않는다.

반면 합헌론은 다음과 같이 주장한다. 첫째, 헌법 제37조 제2항에 따라 지역주민의 권리 제한도 법률의 근거가 필요하며, 따라서 법률의 위임이 필요하다. 둘째, 민주적 정당성의 측면에서 지방의회와 국회를 동일시할 수 없다.

생각건대 위헌론과 합헌론을 가르는 기본적인 차이는 헌법 제37조 제2항과 제117조 제1항과의 관계를 어떻게 보느냐이다. 지방자치를 보장한 헌법 제117조 제1항을 제37조 제2항에 대한 특별법적 위치에 있다고 본다면 위헌론이 타당하다고 할 것이지만, 과연 그렇게 볼 논거가 있느냐는 문제가 있다. 헌법 제37조 제2항에 따라 법률의 위임이 필요하다고 보되, 다만 지방자치의 헌법적 보장의 취지를 고려하여 포괄적 위임을 인정하는 등, 행정입법에의 위임의 경우와 차별적으로 취급하는 것이 적절하다고 본다.

헌법재판소와 대법원의 판례에 의하면, 주민의 권리 의무에 관한 사항을 조례로 정하는 경우, 법률의 위임이 필요하되 포괄적 위임이 인정된다고 보고 있다.

(판 례) 주민의 권리의무에 관한 조례제정과 법률의 위임(1)(담배자동판매기설치금지조례)

이 사건 조례들은 담배소매업을 영위하는 주민들에게 자판기 설치를 제한하는 것을 내용으로 하고 있으므로 주민의 직업선택의 자유 특히 직업수행의 자유를 제한하는 것이 되어 지방자치법 (구)제15조 단서 소정의 주민의 권리의무에 관한 사항을 규율하는 조례라고 할 수 있으므로 지방자치단체가 이러한 조례를 제정함에 있어서는 법률의 위임을 필요로 한다.

그런데 조례의 제정권자인 지방의회는 선거를 통해서 그 지역적인 민주적 정당성을 지니고 있는 주민의 대표기관이고, 헌법이 지방자치단체에 대해 포괄적인 자치권을 보장하고 있는 취지로 볼 때 조례제정권에 대한 지나친 제약은 바람직하지 않으므로 조례에 대한 법률의 위임은 법규명령에 대한 법률의 위임과 같이 반드시 구체적으로 범위를 정하여 할 필요가 없으며 포괄적인 것으로 족하다고 할 것이다.

헌재 1995.4.20. 92헌마264, 판례집 7-1, 564,572

(판 례) 주민의 권리의무에 관한 조례제정과 법률의 위임(2)(공유수면점용료징수조례)

법률이 주민의 권리의무에 관한 사항에 관하여 구체적으로 아무런 범위도 정하지 아니한 채 조례로 정하도록 포괄적으로 위임하였다고 하더라도, 행정관청의 명령과는 달라, 조례도 주민의 대표기관인 지방의회의 의결로 제정되는 지방자치단체의 자주법인 만큼, 지방자치단체가 법령에 위반되지 않는 범위 내에서 주민의 권리의무에 관한 사항을 조례로 제정할 수 있는 것이다.

대판 1991.8.27. 90누6613

(2) 규 칙

규칙은 지방자치단체의 장이 제정하는 자치입법이다. 지방자치법은 "지방자치단체의 장은 법령 또는 조례의 범위에서 그 권한에 속하는 사무에 관하여 규칙을 제정할 수 있다"고 규정하고 있다(제23조).

① 규칙제정은 법령이나 조례의 개별적 위임이 있는 경우에 한하여 인정된다. 이 점에서 포괄적 위임이 인정되는 조례의 경우와 다르다.

② 규칙은 '지방자치단체장의 권한에 속하는 사무'에 관하여 제정할 수 있다. 여기에는 자치사무와 단체위임사무만이 아니라, 기관위임사무도 포함된다. 기관위임사무는 지방자치단체장이 국가의 하부행정청의 지위에서 하는 국가사무이다.

③ 규칙은 '법령과 조례가 위임한 범위에서' 제정할 수 있으므로, 법령과 조례에 위반해서는 안 된다. 조례가 규칙보다 우위에 있다.

④ 시 · 군 · 자치구의 규칙은 상급자치단체인 시 · 도의 규칙에 위반해서는 안 된다(지방자치법 제30조).

⑤ 주민은 권리 · 의무와 직접 관련되는 규칙에 대한 제정 및 개정 · 폐지 의견을 지방자치단체의 장에게 제출할 수 있고, 지방자치단체의 장은 제출된 의견에 대하여 그 의견이 제출된 날부터 30일 이내에 검토 결과를 통보하여야 한다(제20조).

Ⅵ. 지방자치단체와 국가의 관계

1. 기본원리

지방자치단체의 자치권의 근거에 관하여 전래권설(傳來權說)에 입각하여 보는 것이 다수의 견해이다. 제도보장설은 넓은 의미에서 전래권설에 속한다고 할 수 있다. 이러한 관점에서 보는 한, 지방자치단체는 기본적으로 국가의 일부분이며, 국가 법질서의 제약을 받는다. 다른 한편, 헌법의 지방자치제도 보장에 의하여 지방자치단체는 국가로부터의 자율성을 갖는다. 자율성의 내용과 정도는 법률에 의해 구체화되지만, 법률에 의하더라도 지방자치제도의 핵심적 내용을 침해해서는 안 된다.

지방자치에 관한 현행의 각종 법률에 비추어 보면, 지방자치단체와 국가의 관계는 국가우위의 상하관계라고 할 수 있다. 지방자치단체의 중앙정부에 대한 직접적인 견제수단은 극히 미약하다. 지방자치법에 의하면 지방자치단체장 협의체 등을 설치하여 법령 등에 관해 행정안전부 장관을 거쳐 정부에 의견을 제출할 수 있는 정도에 불과하다(제165조).

최근 '중앙지방협력회의의 구성 및 운영에 관한 법률'이 제정되었다(법률 제18297호, 2021.7.13. 제정, 2022.1.13. 시행). 중앙지방협력회의는 다음의 사항을 심의한다. 1.

국가와 지방자치단체 간 협력에 관한 사항, 2. 국가와 지방자치단체의 권한 · 사무 · 재원의 배분에 관한 사항, 3. 지역 간 균형발전에 관한 사항, 4. 지방자치단체의 재정 및 세제에 영향을 미치는 국가 정책에 관한 사항, 5. 그 밖에 지방자치 발전에 관한 사항(제2조). 중앙지방협력회의는 대통령, 국무총리, 기획재정부장관, 교육부장관, 행정안전부장관, 국무조정실장, 법제처장, 시 · 도지사, 시 · 도의회 의장 협의체의 대표자, 시장 · 군수 · 자치구의 구청장 협의체의 대표자 및 시 · 군 · 자치구의회의 의장 협의체의 대표자 등으로 구성한다(제3조 제1항). 대통령은 중앙지방협력회의의 의장으로서 회의를 소집하며, 국무총리와 시 · 도지사협의회장은 중앙지방협력회의의 공동부의장이 된다(제3조 제2항, 제3항). 국가 및 지방자치단체는 협력회의의 심의 결과를 존중하고 성실히 이행하여야 하고, 심의 결과에 따른 조치 계획 및 이행 결과를 협력회의에 보고하여야 한다(제4조 제1항, 제2항).

2. 국회의 지방자치단체에 대한 관여

헌법은 지방자치단체의 종류 및 조직 · 운영에 관한 사항을 법률로 정하도록 규정하고 있으며(제117조 제2항, 제118조 제2항), 지방자치제도의 구체적 내용은 법률에 의해 구체화된다. 이처럼 국회는 지방자치에 관한 입법권을 통하여 지방자치단체에 관여한다.

국회는 입법권 외에도 예산안심의의결권, 국정감사권을 통하여 지방자치단체에 관여한다. '국정감사 및 조사에 관한 법률'에 의하면, 국정감사는 원칙적으로 광역자치단체(특별시 · 광역시 · 도 등)를 대상으로 하며, 감사범위는 국가위임사무와 국가가 보조금 등 예산을 지원하는 사업으로 한다(제7조). 본회의가 특히 필요하다고 의결하는 경우에는 기초자치단체에 대하여도 국정감사를 행할 수 있다(제7조 제4호).

3. 국가행정기관의 지방자치단체에 대한 관여

국가행정기관은 지방자치단체에 대해 감독권을 갖는다. 이를 국가감독이라고 부른다(국회나 법원의 관여를 국가감독에 포함시키는 견해도 있다). 행정각부 장관을 비롯한 국가의 중앙행정기관은 지방자치단체에 대한 지도 · 감독권을 가지며, 광역자치단체장도 국가기관의 지위에서 기초자치단체에 대한 지도 · 감독권을 갖는다(지방자치법 제184조, 제185조). 행정안전부장관은 지방자치제도, 지방자치단체의 사무지원 · 재정 ·

세제, 낙후지역 등 지원, 지방자치단체간 분쟁조정 등에 관한 사무를 관장한다(정부조직법 제34조).

국가감독의 수단으로는 조언, 권고, 지도, 자료제출요구, 지원, 시정명령, 취소·정지, 재의요구, 제소, 직무이행명령, 감사, 분쟁조정 등이 있다(지방자치법 제9장). 중앙행정기관의 장과 지방자치단체의 장이 사무를 처리할 때 의견을 달리하는 경우 이를 협의·조정하기 위하여 국무총리 소속으로 행정협의조정위원회를 둔다(지방자치법 제187조).

행정안전부장관이나 시·도지사는 지방자치단체의 자치사무에 관하여 보고를 받거나 서류·장부 또는 회계를 감사할 수 있다. 이 경우 감사는 법령위반사항에 대하여만 실시한다(지방자치법 제190조 제1항). 감사의 요건과 범위는 아래 헌법재판소 결정에서 보는 것처럼 엄격히 한정된다(헌재 2009.5.28. 2006헌라6).

(판 례) 자치사무에 대한 합목적성 감사의 위헌성

지방자치단체의 자치권 보장을 위하여 자치사무에 대한 감사는 합법성 감사로 제한되어야 하는바, 포괄적·사전적 일반감사나 법령위반사항을 적발하기 위한 감사는 합목적성 감사에 해당하므로 구 지방자치법 제171조 제1항 후문 상 허용되지 않는다는 점은 헌법재판소가 2009. 5. 28. 2006헌라6 결정에서 확인한 바 있다. 이 사건 자료제출요구는 헌법재판소가 위 결정에서 허용될 수 없다고 확인한 자치사무에 대한 포괄적·사전적 감사나 법령위반사항을 적발하기 위한 감사 절차와 그 양태나 효과가 동일하고, 감사자료가 아닌 사전조사자료 명목으로 해당 자료를 요청하였다고 하여 그 성질이 달라진다고 볼 수 없다.

헌재 2022.8.31. 2021헌라1, 공보 311, 1115

시·군 및 자치구의 법령위반에 대한 국가의 실효성 있는 통제 수단이 없다는 지적에 따라 2021.1. 개정 지방자치법은 주무부장관에게 기초지방자치단체에 대한 직접의 적법성 통제를 강화하였다. 주무부장관은 자치사무에 관한 시장·군수 및 자치구의 구청장의 명령이나 처분이 법령에 위반됨에도 불구하고 시·도지사가 시정명령을 하지 아니하면 시·도지사에게 시정명령을 하도록 명할 수 있고, 시·도지사가 시정명령을 하지 아니하면 주무부장관이 직접 시정명령과 명령·처분에 대한 취소·정지를 할 수 있고, 시·군 및 자치구의회의 의결이 법령에 위반됨에도 불구하고 시·도지사가 재의를 요구하게 하지 아니하면 시장·군수 및 자치구의 구청장에

게 재의를 요구하게 할 수 있도록 하였다(제188조, 제192조).

한편 감사원법에 따라 감사원은 지방자치단체에 대한 회계감사와 직무감찰의 권한을 가진다(제22조, 제24조). 그 밖에 대통령령, 총리령, 부령 등 행정입법은 지방자치단체에 대한 광범한 관여수단이 된다.

(판 례) 감사원의 지방자치단체 사무와 지방공무원의 직무감찰 범위

헌법은 국가의 세입 · 세출의 결산, 국가 및 법률이 정한 단체의 회계검사와 행정기관 및 공무원의 직무에 대한 감찰을 하기 위하여 대통령 소속하에 감사원을 두고(제97조), 감사원의 조직 · 직무범위 · 감사위원의 자격 · 감사대상 공무원의 범위 기타 필요한 사항은 법률로 정한다고 규정하고 있다(제100조). 이에 따라 직무감찰의 범위를 정한 감사원법 제24조 제1항 제2호에 의하면, 지방자치단체의 사무와 그에 소속한 지방공무원의 직무는 감사원의 감찰사항에 포함되며, 여기에는 공무원의 비위사실을 밝히기 위한 비위감찰권뿐만 아니라 공무원의 근무평정 · 행정관리의 적부심사분석과 그 개선 등에 관한 행정감찰권까지 포함된다고 해석된다.

(재판관 3인의 반대의견)

헌법상 규정된 감사원의 감사권과 지방자치단체의 자치권을 규범적으로 조화롭게 해석한다면, 우선 지방자치단체의 (단체)위임사무는 그 본질이 국가사무이므로 감사원은 당연히 합법성 감사는 물론, 합목적성 감사도 할 수 있다고 보아야 할 것이지만, 지방자치단체의 자치사무에 대한 자치권 보장은 지방자치권의 최소한의 본질적 요구이므로 그에 대하여 감사원은 합법성의 감사, 즉 법령의 위반 여부에 대하여만 감사권을 행사할 수 있고 그 합목적성에 대하여는 감사권을 행사할 수는 없다고 해석하는 것이 상당하다고 할 것이다(따라서 앞에서 본 바와 같은 '국정감사 및 조사에 관한 법률' 제7조 제2호와 지방자치법 제171조의 규정은 정당하다).

다수의견과 같이, 감사원이 지방자치단체의 (단체)위임사무뿐만 아니라, 자치사무에 대하여까지 합법성 감사뿐만 아니라 합목적성 감사까지 하게 된다면 지방자치단체는 자치사무에 대하여 자율적인 정책결정을 하기 어렵고, 그로 인하여 지방자치단체는 독립성과 자율성을 크게 제약받아 중앙정부의 하부행정기관으로 전락할 우려가 다분히 있게 되어 지방자치제도의 본질적 내용을 침해하게 될 것이다.

따라서 이 사건 관련규정, 특히 제24조 제1항 제2호 소정의 '지방자치단체의 사무에 대한 감찰' 부분을 해석함에 있어 지방자치단체의 사무 중 자치사무에 대한 합목적성 감찰까지 포함된다고 해석하는 한 그 범위 내에서는 위헌이라

고 할 것이다.

헌재 2008.5.29. 2005헌라3, 판례집 20-1 하, 41,49-54

(판 례) 행정안전부 등 중앙행정기관의 지방자치단체 자치사무 감사

앞서 본 바와 같이 이 사건 관련규정(구 지방자치법 제158조 단서; 저자)은 문언대로 중앙행정기관의 지방자치단체의 자치사무에 대한 감사범위를 법령위반사항으로 한정하고 있다고 엄격히 해석하여야 하는데, 이 사건 관련규정상의 감사개시에 어떠한 요건이 필요한 것인지에 대해서는 헌법이나 지방자치법 등 어디에도 명시적인 규정이 없다.

그러나 지방자치단체에 대하여 중앙행정기관은 합목적성 감독보다는 합법성 감독을 지향하여야 하고 중앙행정기관의 무분별한 감사권의 행사는 헌법상 보장된 지방자치단체의 자율권을 저해할 가능성이 크므로, 이 사건 관련규정상의 감사에 착수하기 위해서는 자치사무에 관하여 특정한 법령위반행위가 확인되었거나 위법행위가 있었으리라는 합리적 의심이 가능한 경우이어야 하고, 또한, 그 감사대상을 특정해야 한다고 봄이 상당하다. 따라서 전반기 또는 후반기 감사와 같은 포괄적·사전적 일반감사나 위법사항을 특정하지 않고 개시하는 감사 또는 법령위반사항을 적발하기 위한 감사는 모두 허용될 수 없다. 왜냐하면 법령위반 여부를 알아보기 위하여 감사하였다가 위법사항을 발견하지 못하였다면 법령위반사항이 아닌데도 감사한 것이 되어 이 사건 관련규정 단서에 반하게 되며, 이것은 결국 지방자치단체의 자치사무에 대한 합목적성 감사는 안 된다고 하면서 실제로는 합목적성 감사를 하는 셈이 되기 때문이다.

헌재 2009.5.28. 2006헌라6, 공보 152, 1050,1056-1057

한편, 2021.1. 개정 지방자치법은 국가와 지방자치단체 간의 협력을 도모하고 지방자치 발전과 지역 간 균형발전에 관련되는 중요 정책을 심의하기 위하여 중앙지방협력회의를 두고, 그 구성 및 운영에 관한 사항은 따로 법률로 정하도록 하였다(제186조).

4. 사법기관의 지방자치단체에 대한 관여

법원의 지방자치단체에 대한 관여는 소송을 통해 이루어진다. 여기에는 세 가지 경우가 있다. 첫째는 지방자치단체의 장의 위법한 행정으로 주민의 권리가 침해가 된 경우에 주민이 제기하는 행정소송이다. 둘째, 국가가 지방자치단체의 자치권을 침

해하는 경우에 지방자치단체가 법원에 그 구제를 청구하는 소송이다. 지방자치법에 의하면, 지방자치단체장(지방의회 직원의 임면에 관한 사항은 지방의회 의장)의 명령 · 처분에 대한 주무부장관의 취소 · 정지에 이의가 있는 때, 또는 지방자치단체장에 대한 주무부장관의 직무이행명령에 이의가 있는 때에 지방자치단체장은 대법원에 제소할 수 있다(제188조, 제189조). 셋째, 지방의회의 의결이 법령에 위반한다고 판단되는 때에 국가가 감독기관의 지위에서 법원에 제기하는 소송이다. 지방자치법에 의하면, 주무부장관은 지방의회에서 재의결된 사항이 법령에 위반된다고 판단됨에도 불구하고 해당 지방자치단체장이 소를 제기하지 아니하면 그 지방자치단체장에게 제소를 지시하거나 직접 제소 및 집행정지결정을 신청할 수 있다. 재의결된 사항이 둘 이상의 부처와 관련되거나 주무부장관이 불분명하면 행정안전부장관이 재의 요구 또는 제소를 지시하거나 직접 제소 및 집행정지 결정을 신청할 수 있다(제192조).

한편 헌법재판소도 그 심판권을 통하여 지방자치단체에 관여한다. 첫째, 지방자치단체의 공권력 행사 또는 불행사로 인하여 기본권을 침해받은 자가 헌법소원심판을 청구하는 경우이다(헌법재판소법 제68조 제1항). 둘째, 지방자치단체와 국가기관 사이의 권한쟁의심판이 제기되는 경우이다(헌법재판소법 제61조, 제62조).

Ⅶ. 지방자치단체 상호간의 관계

1. 기본원리

지방자치단체는 각각 독립된 법인격을 가지며 그 상호간의 관계는 기본적으로 **대등관계**이다. 여기에서 특히 문제되는 것은 광역자치단체(특별시 · 광역시 · 도 · 특별자치도)와 기초자치단체(시 · 군 · 구)의 관계이다. 광역자치단체와 기초자치단체의 관계도 원칙적으로 대등관계라고 할 수 있으나, 광역자치단체가 기초자치단체에 관여할 수 있는 여러 제도가 인정되고 있다. 지방자치법에 의하면 "지방자치단체는 법령이나 상급 지방자치단체의 조례를 위반하여 그 사무를 처리할 수 없다"(제12조 제3항). "시 · 군 및 자치구의 조례나 규칙은 시 · 도의 조례나 규칙을 위반하여서는 아니 된다"(제30조). 또한 시 · 도지사는 시 · 군 · 구에 대한 지도감독권을 갖는다(제188조-제192조).

지방자치단체는 또한 상호간 **협력관계**에 있다. 지방자치단체의 사무는 서로 복잡하게 연관되어 있기 때문에 개별 지방자치단체가 독자적으로 처리하기 어려운 경우가 많으며, 이러한 경우에 각 지방자치단체는 서로 협력하여 사무를 처리할 필요가 있다.

지방자치단체 상호간의 협력에 의한 사무처리는 헌법에 기초한다고 할 수 있다. 지방자치단체는 헌법 제117조에 의해 자치권을 가지며, 이 자치권에 기초하여 그 사무를 독자적으로 또는 다른 지방자치단체와 협력하여 공동으로 처리할 수 있다. 지방자치법은 지방자치단체 상호간의 협력의 원칙을 규정하고 있다. "지방자치단체는 다른 지방자치단체로부터 사무의 공동처리에 관한 요청이나 사무처리에 관한 협의·조정·승인 또는 지원의 요청을 받으면 법령의 범위에서 협력하여야 한다"(제164조 제1항).

2. 지방자치단체 상호간 협력의 형태

지방자치법은 지방자치단체 상호간 협력의 형태로 다음 여러 가지를 규정하고 있다. ① **사무의 위탁**. 이것은 지방자치단체나 그 장이 소관 사무의 일부를 다른 지방자치단체나 그 장에게 위탁하여 처리하게 하는 것이다(제168조). ② **행정협의회**. 지방자치단체는 2개 이상의 지방자치단체에 관련된 사무의 일부를 공동으로 처리하기 위하여 관계 지방자치단체 간의 행정협의회를 구성할 수 있다(제169조). ③ **지방자치단체조합**. 이것은 2개 이상의 지방자치단체가 하나 또는 둘 이상의 사무를 공동으로 처리하기 위하여 설립하는 공법상의 법인이다(제176조). ④ **지방자치단체의 장 등의 협의체**. 지방자치단체의 장이나 지방의회의 의장은 상호 간의 교류와 협력을 증진하고, 공동의 문제를 협의하기 위하여 전국적 협의체를 설립할 수 있다(제182조).

3. 지방자치단체 상호간의 분쟁조정

지방자치단체 상호간 또는 지방자치단체의 장 상호간에 분쟁이 발생하는 경우, 그 해결의 방법으로 크게 두 가지가 있다. 하나는 사법적 방법이며, 여기에는 법원의 기관소송 또는 헌법재판소의 권한쟁의심판이 있다. 다른 하나는 상급감독기관에 의한 분쟁조정이다.

지방자치법은 상급감독기관에 의한 분쟁조정에 관하여 규정하고 있다. "지방자치단체 상호 간이나 지방자치단체의 장 상호 간 사무를 처리할 때 의견이 달라 다툼이 생기면 다른 법률에 특별한 규정이 없으면 행정안전부장관이나 시 · 도지사가 당사자의 신청에 따라 조정(調整)할 수 있다. 다만, 그 분쟁이 공익을 현저히 저해하여 조속한 조정이 필요하다고 인정되면 당사자의 신청이 없어도 직권으로 조정할 수 있다"(제165조 제1항). "행정안전부장관이나 시 · 도지사가 제1항의 분쟁을 조정하고자 할 때에는 관계 중앙행정기관의 장과의 협의를 거쳐 제166조에 따른 지방자치단체중앙분쟁조정위원회나 지방자치단체지방분쟁조정위원회의 의결에 따라 조정하여야 한다"(제165조 제3항).

Ⅷ. 지방자치에 있어서 주민의 직접참여제도

1. 주민의 직접참여의 의의

지방자치의 본질은 주민자치에 있다. 즉 지방의 사무를 지방 주민의 의사에 처리하는 것이 지방자치의 본질이다. 다만 실제적 제약에 의하여 지방의 모든 사무를 주민이 직접 결정할 수는 없고 지방자치에서도 대의제의 채택이 불가피하다. 헌법은 지방자치의 필수적 요소로서 지방의회 설치를 규정하고 있다(제118조). 그러나 대의제의 문제점과 한계를 보완하기 위하여 지방자치에 있어서 주민의 직접적 참여를 인정하는 제도가 필요하다.

직접민주제는 중앙정부 차원에서도 대의제를 보완하는 제도로서 의미를 갖지만, 특히 지방자치에서 더욱 중요성을 지닌다. 우선 지역규모의 측면에서 지방정부는 중앙정부보다 작은 단위이므로 직접민주제를 실현할 수 있는 실제적 가능성이 더 크다. 그뿐만 아니라 오늘날의 지방자치에서는 특히 주민의 구체적 필요에 따른 급부행정이 중요한 의미를 가지므로, 이런 관점에서 주민의 직접참여는 사회국가적 기능을 수행하는 제도로서 의미를 지닌다.

'지방분권 및 지방행정체제개편에 관한 특별법'은 "국가 및 지방자치단체는 주민참여를 활성화하기 위하여 주민투표제도 · 주민소환제도 · 주민소송제도 · 주민발의제도를 보완하는 등 주민직접참여제도를 강화하여야 한다"고 규정하였다(제15조 제1항). 현행 법률에서 인정되고 있는 주민의 직접참여제도로는 조례의 제정 및 개폐 청구, 주민감사청구, 주민투표, 주민소환, 주민소송 등이 있다.

2. 조례 및 규칙의 제정 및 개폐 청구

개정 전 지방자치법은 조례의 제정 및 개폐 청구에 관하여 제15조에서 상세한 규정을 두었다. 2021.1. 전면개정 지방자치법은 주민의 조례의 제정 및 개폐 청구권만을 규정하고 청구권자·청구대상·청구요건 및 절차에 관한 사항은 따로 법률로 정한다고 규정하였다(제19조). 조례의 제정·개폐 청구제도는 주민발안(住民發案)에 해당한다.

이에 따라 2021년 '주민조례발안에 관한 법률'이 제정되어 2022. 1. 13.부터 시행되었다. 주민조례청구권자는 18세 이상의 주민으로서 해당 지방자치단체의 관할 구역에 주민등록이 되어 있거나, '출입국관리법' 제10조에 따른 영주할 수 있는 체류자격 취득일 후 3년이 지난 외국인으로서 같은 법 제34조에 따라 해당 지방자치단체의 외국인등록대장에 올라 있는 사람이다(제2조). 2023년 개정법은 국가 및 지방자치단체에 주민조례청구 요건, 참여·서명방법, 절차 등에 대한 홍보 의무를 부여하고(제3조 제3항), 지방의회 의장의 주민조례청구에 대한 수리·각하 여부 결정 기한(열람기간이나 심사·결정이 끝난 날부터 3개월 이내) 규정을 신설하였다(제12조 제2항).

3. 주민감사청구

주민감사청구는 지방자치단체와 그 장의 권한에 속하는 사무의 처리가 법령에 위반하거나 공익을 현저히 해한다고 인정되는 경우에 지방자치단체의 주민 일정 수 이상의 연서로 감사를 청구할 수 있는 제도이다. 지방자치법에 의하면 "지방자치단체의 18세 이상의 주민은 시·도는 300명, 제198조에 따른 인구 50만 이상 대도시는 200명, 그 밖의 시·군 및 자치구는 150명을 넘지 아니하는 범위에서 그 지방자치단체의 조례로 정하는 18세 이상의 주민 수 이상의 연서로, 시·도에서는 주무부장관에게, 시·군 및 자치구에서는 시·도지사에게 그 지방자치단체와 그 장의 권한에 속하는 사무의 처리가 법령에 위반되거나 공익을 현저히 해친다고 인정되면 감사를 청구할 수 있다. 다만, 다음 각 호의 어느 하나에 해당하는 사항은 감사청구의 대상에서 제외한다. 1. 수사나 재판에 관여하게 되는 사항 2. 개인의 사생활을 침해할 우려가 있는 사항 3. 다른 기관에서 감사하였거나 감사 중인 사항. 다만, 다른 기관에서 감사한 사항이라도 새로운 사항이 발견되거나 중요 사항이 감사에서 누락된 경우와 제17조 제1항에 따라 주민소송의 대상이 되는 경우에는 그러하지 아니하다. 4. 동일한 사항에 대하여 제17조 제2항 각 호의 어느 하나에 해당하는 소송이 진행 중이거나 그 판결이 확정된 사항”(제21조 제1항, 제2항). 주민감사청구는 사무처리가 있었던 날이나 끝난 날부터 3년이 지나면 제기할 수 없다(제3항).

“주무부장관이나 시 · 도지사는 감사청구를 수리한 날부터 60일 이내에 감사청구된 사항에 대하여 감사를 끝내야 하며, 감사결과를 청구인의 대표자와 해당 지방자치단체의 장에게 서면으로 알리고, 공표하여야 한다”(제21조 제9항).

4. 주민투표

주민투표는 지방자치단체의 주요 결정사항을 주민의 투표에 의하여 결정하는 제도이다. “지방자치단체의 장은 주민에게 과도한 부담을 주거나 중대한 영향을 미치는 지방자치단체의 주요 결정사항 등에 대하여 주민투표에 부칠 수 있다”(지방자치법 제14조 제1항). 주민투표의 대상 · 발의자 · 발의요건 · 투표절차 등에 관한 사항은 주민투표법에서 규정하고 있다.

주민투표권자는 19세 이상의 주민이다. 대한민국에 계속 거주하는 외국인으로서 일정한 요건을 갖춘 자에게도 이를 인정한다(주민투표법 제5조).

주민투표권 인정의 요건으로서 “그 지방자치단체의 관할구역에 주민등록이 되어 있는 자”에 한정한 구 주민투표법 규정(제5조 제1항)에 대해 헌법재판소는 헌법불합치 결정을 내리고, 2008.12.31.을 시한으로 입법자가 개정할 때까지 잠정적용을 명하였다(헌재 2007.6.28. 2004헌마643). 이 결정은 주민등록만을 기준으로 주민투표권을 인정함으로써 주민등록을 할 수 없는 국내거주 재외국민의 주민투표권을 박탈하고 있는 주민투표법 규정의 위헌성을 확인한 결정이다.

(판 례) 국내거주 재외국민의 주민투표권

(결정요지)

국내거주 재외국민은 주민등록법에 따라 해외이주를 포기한 후가 아니면 주민등록을 할 수 없고 재외동포법에 의한 국내거소신고만을 할 수 있으므로, 결국 이 사건 법률조항에 의하여 주민투표권을 행사할 수 없게 된다. 국내거주 재외국민은 소득활동이 있을 경우 납세의무를 부담하며 남자의 경우 병역의무 이행의 길도 열려 있다. 나아가 당해 지방자치단체의 구역 내에서 ‘주민등록이 된 국민인 주민’과 같은 환경 하에서 생활하면서 동등한 책임을 부담하고 또

권리를 향유한다.

이 사건 법률조항 부분은 주민등록만을 요건으로 주민투표권의 행사 여부가 결정되도록 함으로써 '주민등록을 할 수 없는 국내거주 재외국민'을 '주민등록이 된 국민인 주민'에 비해 차별하고 있고, 더 나아가 '주민투표권이 인정되는 외국인'과 '주민투표권이 인정될 여지가 있는 외국국적동포'와의 관계에서도 차별을 행하고 있는 바, 그와 같은 차별에 아무런 합리적 근거도 인정될 수 없으므로 국내거주 재외국민인 청구인들의 헌법상 기본권인 평등권을 침해하는 것으로 위헌이다.

헌재 2007.6.28. 2004헌마643, 판례집 19-1, 843

위의 헌법재판소 결정 이후 주민투표법이 개정되어 '재외동포의 출입국과 법적 지위에 관한 법률' 제6조에 따라 국내거소신고가 되어 있는 재외국민에게도 주민투표권이 인정되고 있다(제5조 제1항 제1호).

한편 주민투표대상은 "주민에게 과도한 부담을 주거나 중대한 영향을 미치는 지방자치단체의 주요결정사항으로서 그 지방자치단체의 조례로 정하는 사항"이다(같은 법 제7조 제1항). 다만 다음 사항은 제외한다. "1. 법령에 위반되거나 재판중인 사항 2. 국가 또는 다른 지방자치단체의 권한 또는 사무에 속하는 사항 3. 지방자치단체의 예산·회계·계약 및 재산관리에 관한 사항과 지방세·사용료·수수료·분담금 등 각종 공과금의 부과 또는 감면에 관한 사항 4. 행정기구의 설치·변경에 관한 사항과 공무원의 인사·정원 등 신분과 보수에 관한 사항 5. 다른 법률에 의하여 주민대표가 직접 의사결정주체로서 참여할 수 있는 공공시설의 설치에 관한 사항. 다만, 제9조제5항의 규정에 의하여 지방의회가 주민투표의 실시를 청구하는 경우에는 그러하지 아니하다. 6. 동일한 사항(그 사항과 취지가 동일한 경우를 포함한다)에 대하여 주민투표가 실시된 후 2년이 경과되지 아니한 사항(같은 법 제7조 제2항)."

"주민투표에 부쳐진 사항은 주민투표권자 총수의 3분의 1 이상의 투표와 유효투표수 과반수의 득표로 확정된다. 다만, 다음 각호의 1에 해당하는 경우에는 찬성과 반대 양자를 모두 수용하지 아니하거나, 양자택일의 대상이 되는 사항 모두를 선택하지 아니하기로 확정된 것으로 본다. 1. 전체 투표수가 주민투표권자 총수의 3분의 1에 미달되는 경우 2. 주민투표에 부쳐진 사항에 관한 유효득표수가 동수인 경우"(같은 법 제24조 제1항). 다만 전체 투표수가 주민투표권자 총수의 3분의 1에 미달되는 때에는 개표를 하지 아니한다(동조 제2항).

주민투표권은 헌법이 보장하는 지방자치제도나 참정권에 포함되는 것은 아니고,

법률이 보장하는 참정권에 해당할 뿐이다(헌재 2001.6.28. 2000헌마735).

5. 주민소환

주민소환은 선거에 의해 선출된 지방자치단체 공직자를 주민의 투표로 해임시킬 수 있는 제도이다. 주민소환제는 직접민주제적인 주민참여제도의 하나이며, 미국, 독일, 일본, 스위스 등에서 채택하고 있다. 우리나라에서는 2006년 '주민소환에 관한 법률'이 제정되어 지방의회의원이나 지방자치단체장에 대한 주민소환이 인정되고 있으며, 2007년 12월 12일 하남시장과 3인의 시의회의원들에 대한 주민소환투표가 최초로 실시되어 두 명의 시의원이 소환되었다.

주민소환투표권자는 19세 이상의 주민이다. 영주체류자격이 있는 외국인으로서 일정한 요건을 충족하는 자에게도 인정된다('주민소환에 관한 법률' 제3조).

주민투표의 경우와 달리 국내거주 재외국민에게 주민소환권은 인정되지 아니한다.

주민소환의 대상은 지방자치단체의 장과 지역구 지방의회의원이다. 비례대표 지방의회의원은 대상에서 제외된다(같은 법 제7조 제1항). 일본에서 채택되어 있는 지방의회 해산청구제도는 인정되지 않고 있다.

주민소환의 사유는 제한되어 있지 않다. 위법행위가 있는 경우에 한하지 않는다. 그런 의미에서 주민소환제는 정치적 책임을 묻는 제도라고 할 수 있다. 헌법재판소도 주민소환은 대표자에 대한 신임을 묻는 것으로서 그 속성은 재선거와 다를 바 없다는 점을 들어, 주민소환투표의 청구 시 청구사유를 명시하지 아니하고 청구사유의 진위 여부에 대한 확인을 규정하지 아니하고 있는 주민소환에 관한 법률 규정을 합헌이라고 판시하였다(헌재 2011.3.31. 2008헌마355).

주민소환투표의 청구는 주민의 일정한 수 이상의 서명으로 관할 선거관리위원회에 한다(같은 법 제7조). 이 때 반드시 청구사유가 기재되고 관할선거관리위원회가 검인한 서명부에 서명을 받아야 하며(제9조 제1항), 이러한 형식을 갖추지 못했을 경우에는 무효이다(수원지법 2007.9.13. 2007구합7360).

주민소환투표청구를 위한 서명요청 활동은 '소환청구인서명부를 제시'하거나 '구두로 주민소환투표의 취지나 이유를 설명하는' 경우로만 엄격히 제한되어 있다(제10조 제4항). 최근 헌법재판소는 이에 위반할 경우 형사처벌하고 있는 주민소환에 관한 법률 제32조 제1호 중 제10조 제4항 관한 부분에 대하여, 명확성원칙에 반하지 아니하고, 과잉금지원칙에 위배되어 표현의 자유를 침해하지도 않으므로, 헌법에 위반되지 아니한다는 결정을 선고하였다.

(판 례) 주민소환투표청구를 위한 서명요청활동의 엄격한 제한의 위헌 여부

1. 입법목적의 정당성 및 수단의 적절성

주민소환제란 지방자치단체의 특정 공직에 있는 자가 주민의 신뢰에 반하는 행위를 하고 있다고 생각될 때 임기 종료 전에 주민이 직접 그 해직을 청구하는 제도로서, 지방행정을 통제하고 주민의 대표자기관이나 행정기관에 대하여 주민에 대한 책임성을 확보하는 효율적 수단인 한편, 정치적으로 악용·남용되거나 민주적 정당성에 기반한 선출직 공직자의 활동을 위축시킬 수도 있으므로, 대의제의 본질적인 부분을 침해하지 않도록 극히 예외적이고 엄격한 요건을 갖춘 경우에 한하여 주민소환을 인정하는 것이 바람직하다. 이 사건 법률조항은 서명요청이라는 표현의 방법을 '소환청구인서명부를 제시'하거나 '구두로 주민소환투표의 취지나 이유를 설명'하는 방법, 두 가지로만 엄격히 제한함으로써, 첫째, 서명요청 활동을 주민소환투표청구권자들과의 진정한 의사소통이 더욱 보장되는 방법으로 엄격하게 제한시켜 주민소환투표청구가 정치적으로 악용·남용되는 것을 방지함과 동시에, 둘째, 서명요청 활동 단계에서 흑색선전이나 금품 살포와 같은 부정한 행위가 이루어지는 것을 방지함으로써 주민소환투표청구권자의 진정한 의사가 왜곡되는 것을 방지하려는데 그 입법목적이 있다. 따라서 입법목적의 정당성 및 수단의 적절성은 인정된다.

2. 침해의 최소성

주민소환제도의 남용 내지 악용을 막기 위해서는 주민소환투표청구의 요건을 어렵게 하고 이를 충족하는 과정에서 진지한 사회적 합의와 숙고가 이루어질 수 있도록 하며, 그와 같은 합의의 과정에서 흑색선전이나 금품 살포 등 부정행위가 개입하여 주민소환투표청구권자의 진의가 왜곡되는 것을 막아야 할 필요성이 매우 크다. 따라서 주민소환투표청구를 위한 서명요청 활동의 방법을 위 두 가지로만 엄격하게 제한하는 것이 이 사건 법률조항의 입법목적 달성에 필요한 최소한의 범위를 넘은 것이라 보기는 어렵다. 게다가 이 사건 법률조항은 '주민소환투표청구에 관한 의사표시를 요구하는' 내용의 표현활동을 방법적으로 제한하고 있을 뿐, 서명요청의 의사가 배제되어 있는 단순한 의견개진이나 준비활동 등 정치적·사회적 의견 표명은 제한하고 있지 않은 점, 또한 주민소환에 관한 법률은 서명요청 활동을 할 수 있는 자의 수를 한정하고 있지 않고, 서명요청 활동기간 역시 60일 이내 또는 120일 이내로서 결코 짧다고 할 수 없는 점 등에 비추어 볼 때, 이 사건 법률조항이 주민소환투표청구를 위하여 요구되는 많은 수의 서명을 받는 것을 사실상 불가능하게 함으로써 청구인

의 주민소환투표청구권을 형해화하는 것이라고 보기도 어렵다. 따라서 침해의 최소성 요건도 충족한다.

3. 법익균형성

이 사건 법률조항으로 인하여 제한되는 개인의 표현의 자유 등 사익에 비하여 주민소환투표제도의 부작용 억제를 통한 대의제 원리의 보장과 소환대상자의 공무담임권 보장, 지방행정의 안정성 보장이라는 공익이 훨씬 크므로, 법익균형성 요건도 충족한다.

헌재 2011.12.29. 2010헌바368, 공보 183, 117,117-118

주민소환투표의 청구를 제한하는 기간이 설정되어 있다. 선출직 지방공직자의 임기개시일부터 1년이 경과하지 아니한 때와 임기만료일부터 1년 미만일 때 및 해당선출직 지방공직자에 대한 주민소환투표를 실시한 날부터 1년 이내인 때가 그것이다(같은 법 제8조). 대상자는 관할 선거관리위원회가 주민소환투표안을 공고한 때부터 투표결과를 공표할 때까지 그 권한행사가 정지된다(같은 법 제21조).

주민소환은 주민소환투표권자 총수의 3분의 1 이상의 투표와 유효투표 총수 과반수의 찬성으로 확정된다(같은 법 제22조 제1항). 다만 전체 주민소환투표자의 수가 주민소환투표권자 총수의 3분의 1에 미달하는 때에는 개표를 하지 아니한다(동조 제2항). 실제 2009.8.26. 실시된 제주도지사 주민소환투표에서 투표율이 3분의 1 요건에 미달해 개표되지 않았다.

(판 례) 주민소환제도의 위헌성 여부

가. 주민소환의 청구사유에 제한을 두지 않은 것은 주민소환제를 기본적으로 정치적인 절차로 설계함으로써 위법행위를 한 공직자뿐만 아니라 정책적으로 실패하거나 무능하고 부패한 공직자까지도 그 대상으로 삼아 공직에서의 해임이 가능하도록 하여 책임정치 혹은 책임행정의 실현을 기하려는데 그 입법목적이 있다.

입법자는 주민소환제의 형성에 광범위한 입법재량을 가지고, 주민소환제는 대표자에 대한 신임을 묻는 것으로 그 속성이 재선거와 같아 그 사유를 묻지 않는 것이 제도의 취지에도 부합하며, 비민주적, 독선적인 정책추진 등을 광범위하게 통제한다는 주민소환제의 필요성에 비추어 청구사유에 제한을 둘 필요가 없고, 업무의 광범위성이나 입법기술적인 측면에서 소환사유를 구체적으로 적시하기 쉽지 않으며, 청구사유를 제한하는 경우 그 해당 여부를 사법기관에서 심사하게 될 것인데 그것이 적정한지 의문이 있고 절차가 지연될 위험성이 크므로, 법이 주민소환의 청구사유에 제한을 두지 않는 데에는 나름대로 상당한 이유가 있고, 청구사유를 제한하지 아니한 입법자의 판단이 현저하게 잘못되었다고 볼 사정 또한 찾아볼 수 없다. 또 위와 같이 청구사유를 제한하지 않음으로써 주민소환이 남용되어 공직자가 소환될 위험성과 이로 인하여 주민들이 공직자를 통제하고 직접참여를 고양시킬 수 있는 공익을 비교하여 볼 때, 법익의 형량에 있어서도 균형을 이루었으므로, 위 조항이 과잉금지의 원칙을 위반하여 청구인의 공무담임권을 침해하는 것으로 볼 수 없다.

나. 주민소환투표의 구체적인 요건을 설정하는 데 있어 입법자의 재량이 매우 크고, 이 청구요건이 너무 낮아 남용될 위험이 클 정도로 자의적이라고 볼 수 없으며, 법 제7조 제3항과 법 시행령 제2조가 특정 지역 주민의 의사에 따라 청구가 편파적이고 부당하게 이루어질 위험성을 방지하여 주민들의 전체 의사가 어느 정도 고루 반영되도록 하고 있으므로, 이 조항이 과잉금지원칙에 위반하여 청구인의 공무담임권을 침해한다고 볼 수 없다.

다. 주민소환투표의 청구기간을 제한한 것은, 선출직 공직자의 임기 초에는 소신에 따라 정책을 추진할 수 있는 기회를 주어야 하는 점, 임기 종료가 임박한 때에는 소환의 실익이 없는 점을 고려하고, 주민소환투표가 부결되었음에도 반복적으로 주민소환투표를 청구하는 폐해를 방지하려는데 그 입법목적이 있으므로, 주민소환투표에 회부되어 부결되었음에도 불구하고 소정의 기간 내에 반복적으로 소환투표를 청구하는 경우가 아닌 한, 제2, 제3의 청구를 할 수 있고 그것을 제한하여야 할 이유도 없다.

따라서, 법 제8조가 사실상 동일한 청구사유에 의하여 주민소환투표를 재청구하는 것을 막는 규정을 두지 아니하였다고 하여 이로써 청구인의 공무담임권이 침해된다고 보기 어렵다.

라. 주민소환투표 청구는 일정 수 이상 주민의 서명을 요하므로, 이와 관련한 서명요청은 필수적으로 보장되어야 하는 활동이나 이를 주민소환투표 운동에 속하는 것으로는 보기 어려운 점, 서명요청 활동이 있더라도 실제로 청구요건을 갖추어 주민소환투표 청구가 이루어질 것인지 사전에 알 수 없기 때문에, 주민소환투표 청구가 이루어지기 전 단계에서부터 소환대상 공직자에게 소환반대 활동의 기회를 보장할 필요가 없고, 이를 허용할 경우 행정공백의 상태가 불필요하게 늘어나는 점, 관할 선거관리위원회는 주민소환투표 청구가 이루어진 후 주민소환투표대상자에게 소명할 기회를 제공하고(법 제14조), 주민소환투표가 발의된 이후에는 소환대상자의 반대운동이 가능하여(법 제17조, 제18조), 전체적으로 공정한 반대활동 기회가 보장되고 있는 점 등을 종합적으로 고려하면, 법 제9조 제1항이 과잉금지원칙에 반하여 청구인의 공무담임권을 침해한다

고 볼 수 없다.

마. 법 제21조 제1항의 입법목적은 행정의 정상적인 운영과 공정한 선거관리라는 정당한 공익을 달성하려는데 있고, 주민소환투표가 공고된 날로부터 그 결과가 공표될 때까지 주민소환투표 대상자의 권한행사를 정지하는 것은 위 입법목적을 달성하기 위한 상당한 수단이 되는 점, 위 기간 동안 권한행사를 일시 정지한다 하더라도 이로써 공무담임권의 본질적인 내용이 침해된다고 보기 어려운 점, 권한행사의 정지기간은 통상 20일 내지 30일의 비교적 단기간에 지나지 아니하므로, 이 조항이 달성하려는 공익과 이로 인하여 제한되는 주민소환투표 대상자의 공무담임권이 현저한 불균형 관계에 있지 않은 점 등을 고려하면, 위 조항이 과잉금지의 원칙에 반하여 과도하게 공무담임권을 제한하는 것으로 볼 수 없다. 또 대통령 등 탄핵소추 대상 공무원의 권한행사 정지와 주민소환대상 공무원의 권한행사 정지는 성격과 차원을 달리하여, 양자를 평등권 침해 여부 판단에 있어 비교의 대상으로 삼을 수 없으므로, 탄핵소추대상 공무원과 비교하여 평등권이 침해된다는 청구인의 주장도 이유 없다.

바. 주민소환투표권자 총수의 3분의 1 이상의 투표와 유효투표 총수 과반수의 찬성으로 주민소환이 확정되도록 한 법 제22조 제1항이 객관적으로 볼 때 그 요건이 너무 낮아 주민소환이 아주 쉽게 이루어질 수 있는 정도라고 보기 어려운 점, 일반선거와 달리 주민소환투표에 최소한 3분의 1 이상의 투표율을 요구하여 상대적으로 엄격한 요건을 설정하고 있는 점, 요즈음 지방선거의 투표율이 저조하고, 주민소환투표가 평일에, 다른 선거 등과 연계되지 아니한 채 독자적으로 실시될 가능성이 많은 점 등을 감안해 볼 때 위 요건이 너무 낮다고 볼 수 없고, 근본적으로 이는 입법재량 사항에 속하므로, 이 조항이 과잉금지원칙을 위반하여 청구인의 공무담임권을 침해한다고 볼 수 없다. 또, 제명대상 국회의원과 주민소환 대상 지방자치단체장을 평등권 침해 여부 판단에 있어 비교의 대상으로 삼을 수는 없으므로, 국회의원의 경우는 재적의원 3분의 2 이상의 찬성이 있어야 제명되는 점에 비추어(헌법 제64조 제3항) 평등권이 침해된다는 청구인의 주장도 받아들일 수 없다.

(재판관 조대현, 김종대, 민형기, 목영준의 일부 반대의견이 있음)

헌재 2009.3.26. 2007헌마843, 공보 150, 738,744-750

6. 주민소송

주민소송은 지방자치단체의 위법한 재무회계행위 등에 대해 이를 방지 · 시정하거나 손해를 구제받기 위하여 주민이 제기하는 소송이다. 특정 개인이 아닌 주민 전체의 이익을 위한 소송인 점에서 공익소송의 일종이라고 할 수 있다. 우리나라는 2005년 1월 27일의 지방자치법 개정으로 주민소송제도를 도입하여 2006년 1월 1일부터 시행하고 있다. 우리나라의 주민소송제도는 일본의 주민소송제도를 모델로 한 것이다. 본래 주민소송제도의 대표적 예는 미국의 납세자소송(taxpayer's action)이며, 일본의 제도는 미국의 제도를 참고한 것이다.

지방자치법에 의하면, 주민소송은 주민감사청구를 전제로 인정된다(이른바 '주민감사청구 전치주의').

(판 례) 감사청구가 각하된 경우에도 전치요건을 충족하는지 여부

이 사건의 쟁점은 감사기관인 문화체육관광부장관이 이 사건 감사청구에 대하여 각하결정을 하였음에도 불구하고 이 사건 주민소송이 지방자치법 제17조 제1항에서 정한 '주민감사청구 전치요건'을 충족한 것으로 볼 수 있는지 여부이다.

(……) 지방자치법 제16조 제1항에서 규정한 '해당 사무의 처리가 법령에 위반되거나 공익을 현저히 해친다고 인정되면'이란 감사기관이 감사를 실시한 결과 피감기관에 대하여 시정요구 등의 조치를 하기 위한 요건 및 주민소송에서 법원이 본안에서 청구를 인용하기 위한 요건일 뿐이고, 주민들이 주민감사를 청구하거나 주민소송을 제기하는 단계에서는 '해당 사무의 처리가 법령에 반하거나 공익을 현저히 해친다고 인정될 가능성'을 주장하는 것으로 족하며, '해당 사무의 처리가 법령에 반하거나 공익을 현저히 해친다고 인정될 것'이 주민감사청구 또는 주민청구의 적법요건이라고 볼 수는 없다. 왜냐하면 '해당 사무의 처리가 법령에 반하거나 공익을 현저히 해친다고 인정되는지 여부'는 감사기관이나 주민소송의 법원이 구체적인 사실관계를 조사·심리해 보아야지 비로소 판단할 수 있는 사항이기 때문이다. 만약 이를 주민감사청구의 적법요건이라고 볼 경우 본안의 문제가 본안 전(前) 단계에서 먼저 다루어지게 되는 모순이 발생할 뿐만 아니라, 주민감사를 청구하는 주민들로 하여금 주민감사청구의 적법요건으로 '해당 사무의 처리가 법령에 위반되거나 공익을 현저히 해친다고 인정될 것'을 증명할 것까지 요구하는 불합리한 결과가 야기될 수 있다. (……)

주민소송은 주민들이 해당 지방자치단체의 장을 상대방으로 하여 감사청구한 사항과 관련이 있는 해당 지방자치단체의 조치나 부작위의 당부를 다투어 위법한 조치나 부작위를 시정하거나 또는 이와 관련하여 해당 지방자치단체에 손해를 야기한 행위자들을 상대로 손해배상청구 등을 할 것을 요구하는 소송

이지, 감사기관이 한 감사결과의 당부를 다투는 소송이 아니다. (……)

주민감사청구를 통해 행정내부적으로 1차적으로 시정할 수 있는 기회가 부여되었음에도, 감사기관이 사실관계를 오인하거나 또는 법리를 오해하여 주민감사청구를 기각하거나 각하한 경우 또는 주민감사청구를 인용하면서도 피감기관에 대하여 충분하지 않은 시정조치를 요구한 경우에는, 주민감사를 청구한 주민들로 하여금 감사기관의 위법한 결정을 별도의 항고소송의 대상으로 삼아 다투도록 할 것이 아니라, 지방자치법이 규정한 다음 단계의 권리구제절차인 주민소송을 제기할 수 있도록 하는 것이 분쟁의 1회적이고 효율적인 해결 요청과 주민감사청구 전치를 규정한 지방자치법의 입법취지에 부합한다.

대판 2020.6.25. 2018두67251

주민소송의 원고는 주민감사청구를 한 주민이며, 피고는 당해 지방자치단체의 장이다(제17조 제1항).

주민소송의 대상은 공금의 지출에 관한 사항, 재산의 취득 · 관리 · 처분에 관한 사항, 해당 지방자치단체를 당사자로 하는 매매 · 임차 · 도급 계약이나 그 밖의 계약의 체결 · 이행에 관한 사항 또는 지방세 · 사용료 · 수수료 · 과태료 등 공금의 부과 · 징수를 게을리한 사항을 감사청구한 경우에 그 감사청구한 사항과 관련이 있는 위법한 행위나 업무를 게을리 한 사실이다.

(판 례) 감사청구와 주민소송의 관련성

주민감사청구가 '지방자치단체와 그 장의 권한에 속하는 사무의 처리'를 대상으로 하는 데 반하여, 주민소송의 대상은 주민감사를 청구한 사항과 관련이 있는 것으로 충분하고, 주민감사를 청구한 사항과 반드시 동일할 필요는 없다. 주민감사를 청구한 사항과 관련성이 있는지 여부는 주민감사청구사항의 기초인 기초적 사실관계와 기본적인 점에서 동일한지 여부에 따라 결정되는 것이며 그로부터 파생되거나 후속하여 발생하는 행위나 사실은 주민감사청구사항과 관련이 있는 것으로 보아야 한다.

대판 2020.7.29. 2017두63647

감사청구를 한 주민은 다음에 해당하는 경우에 주민소송을 제기할 수 있다. ① 주무부 장관 또는 시 · 도지사가 감사청구를 수리한 날부터 60일(감사기간이 연장된 경우에는 연장기간이 끝난 날)을 경과하여도 감사를 종료하지 아니한 경우, ② 주무부 장관 또는 시 · 도지사가 통지하고 공표한 감사 결과(다른 기관이 감사한 경우에는 그 감사

결과)나 주무부 장관 또는 시 · 도지사가 감사 결과에 따라 행한 조치 요구에 불복이 있는 경우, ③ 주무부 장관 또는 시 · 도지사의 조치 요구를 지방자치단체의 장이 이행하지 아니 한 경우, ④ 지방자치단체의 장의 이행 조치에 불복이 있는 경우(제17조 제1항).

주민소송으로 청구할 수 있는 소송의 형태는 다음 4개이다. ① 해당 행위를 계속하면 회복하기 곤란한 손해를 발생시킬 우려가 있는 경우에는 그 행위의 전부나 일부를 중지할 것을 요구하는 소송, ② 행정처분인 해당 행위의 취소 또는 변경을 요구하거나 그 행위의 효력 유무 또는 존재 여부의 확인을 요구하는 소송, ③ 게을리한 사실의 위법 확인을 요구하는 소송, ④ 해당 지방자치단체의 장 및 직원, 지방의회의원, 해당 행위와 관련이 있는 상대방에게 손해배상청구 또는 부당이득반환청구를 할 것을 요구하는 소송(다만, 그 지방자치단체의 직원이 '지방재정법' 제94조나 '회계관계직원 등의 책임에 관한 법률' 제4조에 따른 변상책임을 져야 하는 경우에는 변상명령을 할 것을 요구하는 소송을 말한다)(제17조 제2항). 이 가운데 ①의 형태의 소송은 해당 행위를 중지할 경우 생명이나 신체에 중대한 위해가 생길 우려가 있거나 그 밖에 공공복리를 현저하게 저해할 우려가 있으면 제기할 수 없다(제17조 제3항). 위 2017두63647 판결은 용인경전철 사업의 수요예측 실패로 인하여 용인시가 거액의 사업운영비를 부담하게 되자, 용인시 주민들이 용인시장 등을 상대로 손해배상청구의 소를 제기한 사건의 환송판결이었다. 재상고심에서 대법원은 종전 환송판결과 마찬가지로 용인시와 계약을 체결한 한국교통연구원 및 소속 연구원들도 주민소송의 상대방이 될 수는 있으나, 소속 연구원들에 대해서는 배상책임을 인정하기는 어렵다고 하였다(대판 2025.7.16. 2024두39158).

주민소송은 제17조 제1항 각호에 규정된 60일이 끝난 날, 지정된 처리기간이 끝난 날 또는 통지를 받은 날로부터 90일 이내에 제기하여야 한다(제17조 제4항). 주민소송의 관할 법원은 해당 지방자치단체의 사무소 소재지를 관할하는 행정법원(행정법원이 설치되지 아니한 지역에서는 행정법원의 권한에 속하는 사건을 관할하는 지방법원본원)이다(제17조 제9항).

판례색인

우리나라

[헌법재판소]

[대 법 원]

[하 급 심]

미 국

독 일

일 본

사항색인

ㄱ

ㄴ

ㅅ

ㅇ

ㅈ

헌법재판소법

[법률 제20769호 일부개정 2025. 1. 31.]

제1장 총 칙

제1조 (목적) 이 법은 헌법재판소의 조직 및 운영과 그 심판절차에 관하여 필요한 사항을 정함을 목적으로 한다.

제2조 (관장사항) 헌법재판소는 다음 각 호의 사항을 관장한다.

1. 법원의 제청(提請)에 의한 법률의 위헌(違憲) 여부 심판
2. 탄핵(彈劾)의 심판
3. 정당의 해산심판
4. 국가기관 상호간, 국가기관과 지방자치단체 간 및 지방자치단체 상호간의 권한쟁의(權限爭議)에 관한 심판
5. 헌법소원(憲法訴願)에 관한 심판

제3조 (구성) 헌법재판소는 9명의 재판관으로 구성한다.

제4조 (재판관의 독립) 재판관은 헌법과 법률에 의하여 양심에 따라 독립하여 심판한다.

제5조 (재판관의 자격) ① 재판관은 다음 각 호의 어느 하나에 해당하는 직(職)에 15년 이상 있던 40세 이상인 사람 중에서 임명한다. 다만, 다음 각 호 중 둘 이상의 직에 있던 사람의 재직기간은 합산한다.

1. 판사, 검사, 변호사
2. 변호사 자격이 있는 사람으로서 국가기관, 국영·공영 기업체, 「공공기관의 운영에 관한 법률」 제4조에 따른 공공기관 또는 그 밖의 법인에서 법률에 관한 사무에 종사한 사람
3. 변호사 자격이 있는 사람으로서 공인된 대학의 법률학 조교수 이상의 직에 있던 사람

② 다음 각 호의 어느 하나에 해당하는 사람은 재판관으로 임명할 수 없다.

1. 다른 법령에 따라 공무원으로 임용하지 못하는 사람
2. 금고 이상의 형을 선고받은 사람
3. 탄핵에 의하여 파면된 후 5년이 지나지 아니한 사람
4. 「정당법」 제22조에 따른 정당의 당원 또는 당원의 신분을 상실한 날부터 3년이 경과되지 아니한 사람
5. 「공직선거법」 제2조에 따른 선거에 후보자(예비후보자를 포함한다)로 등록한 날부터 5년이 경과되지 아니한 사람
6. 「공직선거법」 제2조에 따른 대통령선거에서 후보자의 당선을 위하여 자문이나 고문의 역할을 한 날부터 3년이 경과되지 아니한 사람

③ 제2항제6호에 따른 자문이나 고문의 역할을 한 사람의 구체적인 범위는 헌법재판소규칙으로 정한다.

제6조 (재판관의 임명) ① 재판관은 대통령이 임명한다. 이 경우 재판관 중 3명은 국회에서 선출하는 사람을, 3명은 대법원장이 지명하는 사람을 임명한다.

② 재판관은 국회의 인사청문을 거쳐 임명·선출 또는 지명하여야 한다. 이 경우 대통령은 재판관(국회에서 선출하거나 대법원장이 지명하는 사람은 제외한다)을 임명하기 전에, 대법원장은 재판관을 지명하기 전에 인사청문을 요청한다.

③ 재판관의 임기가 만료되거나 정년이 도래하는 경우에는 임기만료일 또는 정년도래일까지 후임자를 임명하여야 한다.

④ 임기 중 재판관이 결원된 경우에는 결원된 날부터 30일 이내에 후임자를 임명하여야 한다.

⑤ 제3항 및 제4항에도 불구하고 국회에서 선출한 재판관이 국회의 폐회 또는 휴회 중에 그 임기가 만료되거나 정년이 도래한 경우 또는 결원된 경우에는 국회는 다음 집회가 개시된 후 30일 이내에 후임자를 선출하여야 한다.

제7조 (재판관의 임기) ① 재판관의 임기는 6년으로 하며, 연임할 수 있다.

② 재판관의 정년은 70세로 한다.

제8조 (재판관의 신분 보장) 재판관은 다음 각 호의 어느 하나에 해당하는 경우가 아니면 그 의사에 반하여 해임되지 아니한다.

1. 탄핵결정이 된 경우
2. 금고 이상의 형을 선고받은 경우

제9조 (재판관의 정치 관여 금지) 재판관은 정당에 가입하거나 정치에 관여할 수 없다.

제10조 (규칙 제정권) ① 헌법재판소는 이 법과 다른 법률에 저촉되지 아니하는 범위에서 심판에 관한 절차, 내부 규율과 사무처리에 관한 규칙을 제정할 수 있다.

② 헌법재판소규칙은 관보에 게재하여 공포한다.

제10조의2 (입법 의견의 제출) 헌법재판소장은 헌법재판소의 조직, 인사, 운영, 심판절차와 그 밖에 헌법재판소의 업무와 관련된 법률의 제정 또는 개정이 필요하다고 인정하는 경우에는 국회에 서면으로 그 의견을 제출할 수 있다.

제11조 (경비) ① 헌법재판소의 경비는 독립하여 국가의 예산에 계상(計上)하여야 한다.

② 제1항의 경비 중에는 예비금을 둔다.

제2장 조 직

제12조 (헌법재판소장) ① 헌법재판소에 헌법재판소장을 둔다.

② 헌법재판소장은 국회의 동의를 받아 재판관 중에서 대통령이 임명한다.

③ 헌법재판소장은 헌법재판소를 대표하고, 헌법재판소의 사무를 총괄하며, 소속 공무원을 지휘·감독한다.

④ <삭제>

제12조의2 (헌법재판소장의 권한대행) ① 헌법재판소장이 일시적인 사고로 인하여 직무를 수행할 수 없을 때에는 재판관 중 임명일자 순으로 그 권한을 대행한다. 다만, 임명일자가 같을 때에는 연장자 순으로 대행한다.

② 헌법재판소장이 궐위(闕位)되거나 1개월 이상 사고로 인하여 직무를 수행할 수 없을 때에는 재판관 중 재판관회의에서 선출된 사람이 그 권한을 대행한다. 다만, 그 권한대행자가 선출될 때까지는 제1항에 해당하는 사람이 권한을 대행한다.

③ 제2항 단서의 권한대행자는 제2항의 사유가 생긴 날부터 7일 이내에 제2항 본문의 권한대행자를 선출하기 위한 재판관회의를 소집하여야 한다.

④ 제2항 본문의 권한대행자는 재판관 전원의 3분의 2를 초과하는 인원의 출석과 출석인원 과반수의 찬성으로 선출한다. 다만, 1차 투표결과 피선자(被選者)가 없을 때에는 최고득표자와 차점자에 대하여 결선투표를 하여 그 중 다수득표자를 피선자로 하되, 다수득표자가 2명 이상일 때에는 연장자를 피선자로 한다.

제13조 <삭제>

제14조 (재판관의 겸직 금지) 재판관은 다음 각 호의 어느 하나에 해당하는 직을 겸하거나 영리를 목적으로 하는 사업을 할 수 없다.

1. 국회 또는 지방의회의 의원의 직
2. 국회·정부 또는 법원의 공무원의 직
3. 법인·단체 등의 고문·임원 또는 직원의 직

제15조 (헌법재판소장 등의 대우) 헌법재판

소장의 대우와 보수는 대법원장의 예에 따르며, 재판관은 정무직(政務職)으로 하고 그 대우와 보수는 대법관의 예에 따른다.

제16조 (재판관회의) ① 재판관회의는 재판관 전원으로 구성하며, 헌법재판소장이 의장이 된다.

② 재판관회의는 재판관 전원의 3분의 2를 초과하는 인원의 출석과 출석인원 과반수의 찬성으로 의결한다.

③ 의장은 의결에서 표결권을 가진다.

④ 다음 각 호의 사항은 재판관회의의 의결을 거쳐야 한다.

1. 헌법재판소규칙의 제정과 개정, 제10조의2에 따른 입법 의견의 제출에 관한 사항
2. 예산 요구, 예비금 지출과 결산에 관한 사항
3. 사무처장, 사무차장, 헌법재판연구원장, 헌법연구관 및 3급 이상 공무원의 임면(任免)에 관한 사항
4. 특히 중요하다고 인정되는 사항으로서 헌법재판소장이 재판관회의에 부치는 사항

⑤ 재판관회의의 운영에 필요한 사항은 헌법재판소규칙으로 정한다.

제17조 (사무처) ① 헌법재판소의 행정사무를 처리하기 위하여 헌법재판소에 사무처를 둔다.

② 사무처에 사무처장과 사무차장을 둔다.

③ 사무처장은 헌법재판소장의 지휘를 받아 사무처의 사무를 관장하며, 소속 공무원을 지휘·감독한다.

④ 사무처장은 국회 또는 국무회의에 출석하여 헌법재판소의 행정에 관하여 발언할 수 있다.

⑤ 헌법재판소장이 한 처분에 대한 행정소송의 피고는 헌법재판소 사무처장으로 한다.

⑥ 사무차장은 사무처장을 보좌하며, 사무처장이 부득이한 사유로 직무를 수행할 수 없을 때에는 그 직무를 대행한다.

⑦ 사무처에 실, 국, 과를 둔다.

⑧ 실에는 실장, 국에는 국장, 과에는 과장을 두며, 사무처장·사무차장·실장 또는 국장 밑에 정책의 기획, 계획의 입안, 연구·조사, 심사·평가 및 홍보업무를 보좌하는 심의관 또는 담당관을 둘 수 있다.

⑨ 이 법에 규정되지 아니한 사항으로서 사무처의 조직, 직무 범위, 사무처에 두는 공무원의 정원, 그 밖에 필요한 사항은 헌법재판소규칙으로 정한다.

제18조 (사무처 공무원) ① 사무처장은 정무직으로 하고, 보수는 국무위원의 보수와 같은 금액으로 한다.

② 사무차장은 정무직으로 하고, 보수는 차관의 보수와 같은 금액으로 한다.

③ 실장은 1급 또는 2급, 국장은 2급 또는 3급, 심의관 및 담당관은 2급부터 4급까지, 과장은 3급 또는 4급의 일반직국가공무원으로 임명한다. 다만, 담당관 중 1명은 3급 상당 또는 4급 상당의 별정직국가공무원으로 임명할 수 있다.

④ 사무처 공무원은 헌법재판소장이 임면한다. 다만, 3급 이상의 공무원의 경우에는 재판관회의의 의결을 거쳐야 한다.

⑤ 헌법재판소장은 다른 국가기관에 대하여 그 소속 공무원을 사무처 공무원으로 근무하게 하기 위하여 헌법재판소에의 파견근무를 요청할 수 있다.

제19조 (헌법연구관) ① 헌법재판소에 헌법재판소규칙으로 정하는 수의 헌법연구관을 둔다.

② 헌법연구관은 특정직국가공무원으로 한다.

③ 헌법연구관은 헌법재판소장의 명을 받아 사건의 심리(審理) 및 심판에 관한 조사·연구에 종사한다.

④ 헌법연구관은 다음 각 호의 어느 하나에 해당하는 사람 중에서 헌법재판소장이 재판관회의의 의결을 거쳐 임용한다.

1. 판사·검사 또는 변호사의 자격이 있는

사람
2. 공인된 대학의 법률학 조교수 이상의 직에 있던 사람
3. 국회, 정부 또는 법원 등 국가기관에서 4급 이상의 공무원으로서 5년 이상 법률에 관한 사무에 종사한 사람
4. 법률학에 관한 박사학위 소지자로서 국회, 정부, 법원 또는 헌법재판소 등 국가기관에서 5년 이상 법률에 관한 사무에 종사한 사람
5. 법률학에 관한 박사학위 소지자로서 헌법재판소규칙으로 정하는 대학 등 공인된 연구기관에서 5년 이상 법률에 관한 사무에 종사한 사람

⑤ <삭제>

⑥ 다음 각 호의 어느 하나에 해당하는 사람은 헌법연구관으로 임용될 수 없다.
1. 「국가공무원법」 제33조 각 호의 어느 하나에 해당하는 사람
2. 금고 이상의 형을 선고받은 사람
3. 탄핵결정에 의하여 파면된 후 5년이 지나지 아니한 사람

⑦ 헌법연구관의 임기는 10년으로 하되, 연임할 수 있고, 정년은 60세로 한다.

⑧ 헌법연구관이 제6항 각 호의 어느 하나에 해당할 때에는 당연히 퇴직한다. 다만, 「국가공무원법」 제33조제5호에 해당할 때에는 그러하지 아니하다.

⑨ 헌법재판소장은 다른 국가기관에 대하여 그 소속 공무원을 헌법연구관으로 근무하게 하기 위하여 헌법재판소에의 파견근무를 요청할 수 있다.

⑩ 사무차장은 헌법연구관의 직을 겸할 수 있다.

⑪ 헌법재판소장은 헌법연구관을 사건의 심리 및 심판에 관한 조사·연구업무 외의 직에 임명하거나 그 직을 겸임하게 할 수 있다. 이 경우 헌법연구관의 수는 헌법재판소규칙으로 정하며, 보수는 그 중 고액의 것을 지급한다.

제19조의2 (헌법연구관보) ① 헌법연구관을 신규임용하는 경우에는 3년간 헌법연구관보(憲法硏究官補)로 임용하여 근무하게 한 후 그 근무성적을 고려하여 헌법연구관으로 임용한다. 다만, 경력 및 업무능력 등을 고려하여 헌법재판소규칙으로 정하는 바에 따라 헌법연구관보 임용을 면제하거나 그 기간을 단축할 수 있다.

② 헌법연구관보는 헌법재판소장이 재판관회의의 의결을 거쳐 임용한다.

③ 헌법연구관보는 별정직국가공무원으로 하고, 그 보수와 승급기준은 헌법연구관의 예에 따른다.

④ 헌법연구관보가 근무성적이 불량한 경우에는 재판관회의의 의결을 거쳐 면직시킬 수 있다.

⑤ 헌법연구관보의 근무기간은 이 법 및 다른 법령에 규정된 헌법연구관의 재직기간에 산입한다.

제19조의3 (헌법연구위원) ① 헌법재판소에 헌법연구위원을 둘 수 있다. 헌법연구위원은 사건의 심리 및 심판에 관한 전문적인 조사·연구에 종사한다.

② 헌법연구위원은 3년 이내의 범위에서 기간을 정하여 임명한다.

③ 헌법연구위원은 2급 또는 3급 상당의 별정직공무원이나 「국가공무원법」 제26조의5에 따른 임기제공무원으로 하고, 그 직제 및 자격 등에 관하여는 헌법재판소규칙으로 정한다.

제19조의4 (헌법재판연구원) ① 헌법 및 헌법재판 연구와 헌법연구관, 사무처 공무원 등의 교육을 위하여 헌법재판소에 헌법재판연구원을 둔다.

② 헌법재판연구원의 정원은 원장 1명을 포함하여 40명 이내로 하고, 원장 밑에 부장, 팀장, 연구관 및 연구원을 둔다.

③ 원장은 헌법재판소장이 재판관회의의 의결을 거쳐 헌법연구관으로 보하거나 1급인 일반직국가공무원으로 임명한다.

④ 부장은 헌법연구관이나 2급 또는 3급 일반직공무원으로, 팀장은 헌법연구관이나 3급 또는 4급 일반직공무원으로 임명하고, 연구관 및 연구원은 헌법연구관 또는 일반직공무원으로 임명한다.

⑤ 연구관 및 연구원은 다음 각 호의 어느 하나에 해당하는 사람 중에서 헌법재판소장이 보하거나 헌법재판연구원장의 제청을 받아 헌법재판소장이 임명한다.

1. 헌법연구관
2. 변호사의 자격이 있는 사람(외국의 변호사 자격을 포함한다)
3. 학사 또는 석사학위를 취득한 사람으로서 헌법재판소규칙으로 정하는 실적 또는 경력이 있는 사람
4. 박사학위를 취득한 사람

⑥ 그 밖에 헌법재판연구원의 조직과 운영에 필요한 사항은 헌법재판소규칙으로 정한다.

제20조 (헌법재판소장 비서실 등) ① 헌법재판소에 헌법재판소장 비서실을 둔다.

② 헌법재판소장 비서실에 비서실장 1명을 두되, 비서실장은 1급 상당의 별정직국가공무원으로 임명하고, 헌법재판소장의 명을 받아 기밀에 관한 사무를 관장한다.

③ 제2항에 규정되지 아니한 사항으로서 헌법재판소장 비서실의 조직과 운영에 필요한 사항은 헌법재판소규칙으로 정한다.

④ 헌법재판소에 재판관 비서관을 둔다.

⑤ 재판관 비서관은 4급의 일반직국가공무원 또는 4급 상당의 별정직국가공무원으로 임명하며, 재판관의 명을 받아 기밀에 관한 사무를 관장한다.

제21조 (서기 및 정리) ① 헌법재판소에 서기(書記) 및 정리(廷吏)를 둔다.

② 헌법재판소장은 사무처 직원 중에서 서기 및 정리를 지명한다.

③ 서기는 재판장의 명을 받아 사건에 관한 서류의 작성·보관 또는 송달에 관한 사무를 담당한다.

④ 정리는 심판정(審判廷)의 질서유지와 그 밖에 재판장이 명하는 사무를 집행한다.

제 3 장 일반심판절차

제22조 (재판부) ① 이 법에 특별한 규정이 있는 경우를 제외하고는 헌법재판소의 심판은 재판관 전원으로 구성되는 재판부에서 관장한다.

② 재판부의 재판장은 헌법재판소장이 된다.

제23조 (심판정족수) ① 재판부는 재판관 7명 이상의 출석으로 사건을 심리한다.

② 재판부는 종국심리(終局審理)에 관여한 재판관 과반수의 찬성으로 사건에 관한 결정을 한다. 다만, 다음 각 호의 어느 하나에 해당하는 경우에는 재판관 6명 이상의 찬성이 있어야 한다.

1. 법률의 위헌결정, 탄핵의 결정, 정당해산의 결정 또는 헌법소원에 관한 인용결정(認容決定)을 하는 경우
2. 종전에 헌법재판소가 판시한 헌법 또는 법률의 해석 적용에 관한 의견을 변경하는 경우

제24조 (제척·기피 및 회피) ① 재판관이 다음 각 호의 어느 하나에 해당하는 경우에는 그 직무집행에서 제척(除斥)된다.

1. 재판관이 당사자이거나 당사자의 배우자 또는 배우자였던 경우
2. 재판관과 당사자가 친족관계이거나 친족관계였던 경우
3. 재판관이 사건에 관하여 증언이나 감정(鑑定)을 하는 경우
4. 재판관이 사건에 관하여 당사자의 대리인이 되거나 되었던 경우
5. 그 밖에 재판관이 헌법재판소 외에서 직무상 또는 직업상의 이유로 사건에 관여한 경우

② 재판부는 직권 또는 당사자의 신청에 의하여 제척의 결정을 한다.

③ 재판관에게 공정한 심판을 기대하기 어

려운 사정이 있는 경우 당사자는 기피(忌避)신청을 할 수 있다. 다만, 변론기일(辯論期日)에 출석하여 본안(本案)에 관한 진술을 한 때에는 그러하지 아니하다.

④ 당사자는 동일한 사건에 대하여 2명 이상의 재판관을 기피할 수 없다.

⑤ 재판관은 제1항 또는 제3항의 사유가 있는 경우에는 재판장의 허가를 받아 회피(回避)할 수 있다.

⑥ 당사자의 제척 및 기피신청에 관한 심판에는 「민사소송법」 제44조, 제45조, 제46조제1항 · 제2항 및 제48조를 준용한다.

제25조 (대표자 · 대리인) ① 각종 심판절차에서 정부가 당사자(참가인을 포함한다. 이하 같다)인 경우에는 법무부장관이 이를 대표한다.

② 각종 심판절차에서 당사자인 국가기관 또는 지방자치단체는 변호사 또는 변호사의 자격이 있는 소속 직원을 대리인으로 선임하여 심판을 수행하게 할 수 있다.

③ 각종 심판절차에서 당사자인 사인(私人)은 변호사를 대리인으로 선임하지 아니하면 심판청구를 하거나 심판 수행을 하지 못한다. 다만, 그가 변호사의 자격이 있는 경우에는 그러하지 아니하다.

제26조 (심판청구의 방식) ① 헌법재판소에의 심판청구는 심판절차별로 정하여진 청구서를 헌법재판소에 제출함으로써 한다. 다만, 위헌법률심판에서는 법원의 제청서, 탄핵심판에서는 국회의 소추의결서(訴追議決書)의 정본(正本)으로 청구서를 갈음한다.

② 청구서에는 필요한 증거서류 또는 참고자료를 첨부할 수 있다.

제27조 (청구서의 송달) ① 헌법재판소가 청구서를 접수한 때에는 지체 없이 그 등본을 피청구기관 또는 피청구인(이하 "피청구인"이라 한다)에게 송달하여야 한다.

② 위헌법률심판의 제청이 있으면 법무부장관 및 당해 소송사건의 당사자에게 그 제청서의 등본을 송달한다.

제28조 (심판청구의 보정) ① 재판장은 심판청구가 부적법하나 보정(補正)할 수 있다고 인정되는 경우에는 상당한 기간을 정하여 보정을 요구하여야 한다.

② 제1항에 따른 보정 서면에 관하여는 제27조제1항을 준용한다.

③ 제1항에 따른 보정이 있는 경우에는 처음부터 적법한 심판청구가 있은 것으로 본다.

④ 제1항에 따른 보정기간은 제38조의 심판기간에 산입하지 아니한다.

⑤ 재판장은 필요하다고 인정하는 경우에는 재판관 중 1명에게 제1항의 보정요구를 할 수 있는 권한을 부여할 수 있다.

제29조 (답변서의 제출) ① 청구서 또는 보정 서면을 송달받은 피청구인은 헌법재판소에 답변서를 제출할 수 있다.

② 답변서에는 심판청구의 취지와 이유에 대응하는 답변을 적는다.

제30조 (심리의 방식) ① 탄핵의 심판, 정당해산의 심판 및 권한쟁의의 심판은 구두변론에 의한다.

② 위헌법률의 심판과 헌법소원에 관한 심판은 서면심리에 의한다. 다만, 재판부는 필요하다고 인정하는 경우에는 변론을 열어 당사자, 이해관계인, 그 밖의 참고인의 진술을 들을 수 있다.

③ 재판부가 변론을 열 때에는 기일을 정하여 당사자와 관계인을 소환하여야 한다.

제31조 (증거조사) ① 재판부는 사건의 심리를 위하여 필요하다고 인정하는 경우에는 직권 또는 당사자의 신청에 의하여 다음 각 호의 증거조사를 할 수 있다.

1. 당사자 또는 증인을 신문(訊問)하는 일
2. 당사자 또는 관계인이 소지하는 문서 · 장부 · 물건 또는 그 밖의 증거자료의 제출을 요구하고 영치(領置)하는 일
3. 특별한 학식과 경험을 가진 자에게 감정을 명하는 일
4. 필요한 물건 · 사람 · 장소 또는 그 밖의

사물의 성상(性狀)이나 상황을 검증하는 일

② 재판장은 필요하다고 인정하는 경우에는 재판관 중 1명을 지정하여 제1항의 증거조사를 하게 할 수 있다.

제32조 (자료제출 요구 등) 재판부는 결정으로 다른 국가기관 또는 공공단체의 기관에 심판에 필요한 사실을 조회하거나, 기록의 송부나 자료의 제출을 요구할 수 있다. 다만, 재판·소추 또는 범죄수사가 진행 중인 사건의 기록에 대하여는 송부를 요구할 수 없다.

제33조 (심판의 장소) 심판의 변론과 종국결정의 선고는 심판정에서 한다. 다만, 헌법재판소장이 필요하다고 인정하는 경우에는 심판정 외의 장소에서 변론 또는 종국결정의 선고를 할 수 있다.

제34조 (심판의 공개) ① 심판의 변론과 결정의 선고는 공개한다. 다만, 서면심리와 평의(評議)는 공개하지 아니한다.

② 헌법재판소의 심판에 관하여는 「법원조직법」 제57조제1항 단서와 같은 조 제2항 및 제3항을 준용한다.

제35조 (심판의 지휘와 법정경찰권) ① 재판장은 심판정의 질서와 변론의 지휘 및 평의의 정리(整理)를 담당한다.

② 헌법재판소 심판정의 질서유지와 용어의 사용에 관하여는 「법원조직법」 제58조부터 제63조까지의 규정을 준용한다.

제36조 (종국결정) ① 재판부가 심리를 마쳤을 때에는 종국결정을 한다.

② 종국결정을 할 때에는 다음 각 호의 사항을 적은 결정서를 작성하고 심판에 관여한 재판관 전원이 이에 서명날인하여야 한다.

1. 사건번호와 사건명
2. 당사자와 심판수행자 또는 대리인의 표시
3. 주문(主文)
4. 이유
5. 결정일

③ 심판에 관여한 재판관은 결정서에 의견을 표시하여야 한다.

④ 종국결정이 선고되면 서기는 지체 없이 결정서 정본을 작성하여 당사자에게 송달하여야 한다.

⑤ 종국결정은 헌법재판소규칙으로 정하는 바에 따라 관보에 게재하거나 그 밖의 방법으로 공시한다.

제37조 (심판비용 등) ① 헌법재판소의 심판비용은 국가부담으로 한다. 다만, 당사자의 신청에 의한 증거조사의 비용은 헌법재판소규칙으로 정하는 바에 따라 그 신청인에게 부담시킬 수 있다.

② 헌법재판소는 헌법소원심판의 청구인에 대하여 헌법재판소규칙으로 정하는 공탁금의 납부를 명할 수 있다.

③ 헌법재판소는 다음 각 호의 어느 하나에 해당하는 경우에는 헌법재판소규칙으로 정하는 바에 따라 공탁금의 전부 또는 일부의 국고 귀속을 명할 수 있다.

1. 헌법소원의 심판청구를 각하하는 경우
2. 헌법소원의 심판청구를 기각하는 경우에 그 심판청구가 권리의 남용이라고 인정되는 경우

제38조 (심판기간) 헌법재판소는 심판사건을 접수한 날부터 180일 이내에 종국결정의 선고를 하여야 한다. 다만, 재판관의 궐위로 7명의 출석이 불가능한 경우에는 그 궐위된 기간은 심판기간에 산입하지 아니한다.

제39조 (일사부재리) 헌법재판소는 이미 심판을 거친 동일한 사건에 대하여는 다시 심판할 수 없다.

제39조의2 (심판확정기록의 열람·복사)

① 누구든지 권리구제, 학술연구 또는 공익 목적으로 심판이 확정된 사건기록의 열람 또는 복사를 신청할 수 있다. 다만, 헌법재판소장은 다음 각 호의 어느 하나에 해당하는 경우에는 사건기록을 열람하거나 복사하는 것을 제한할 수 있다.

1. 변론이 비공개로 진행된 경우

2. 사건기록의 공개로 인하여 국가의 안전보장, 선량한 풍속, 공공의 질서유지나 공공복리를 현저히 침해할 우려가 있는 경우
3. 사건기록의 공개로 인하여 관계인의 명예, 사생활의 비밀, 영업비밀(「부정경쟁방지 및 영업비밀보호에 관한 법률」 제2조제2호에 규정된 영업비밀을 말한다) 또는 생명·신체의 안전이나 생활의 평온을 현저히 침해할 우려가 있는 경우

② 헌법재판소장은 제1항 단서에 따라 사건기록의 열람 또는 복사를 제한하는 경우에는 신청인에게 그 사유를 명시하여 통지하여야 한다.

③ 제1항에 따른 사건기록의 열람 또는 복사 등에 관하여 필요한 사항은 헌법재판소규칙으로 정한다.

④ 사건기록을 열람하거나 복사한 자는 열람 또는 복사를 통하여 알게 된 사항을 이용하여 공공의 질서 또는 선량한 풍속을 침해하거나 관계인의 명예 또는 생활의 평온을 훼손하는 행위를 하여서는 아니 된다.

제40조 (준용규정) ① 헌법재판소의 심판절차에 관하여는 이 법에 특별한 규정이 있는 경우를 제외하고는 헌법재판의 성질에 반하지 아니하는 한도에서 민사소송에 관한 법령을 준용한다. 이 경우 탄핵심판의 경우에는 형사소송에 관한 법령을 준용하고, 권한쟁의심판 및 헌법소원심판의 경우에는 「행정소송법」을 함께 준용한다.

② 제1항 후단의 경우에 형사소송에 관한 법령 또는 「행정소송법」이 민사소송에 관한 법령에 저촉될 때에는 민사소송에 관한 법령은 준용하지 아니한다.

제 4 장 특별심판절차

제 1 절 위헌법률심판

제41조 (위헌 여부 심판의 제청) ① 법률이 헌법에 위반되는지 여부가 재판의 전제가 된 경우에는 당해 사건을 담당하는 법원(군사법원을 포함한다. 이하 같다)은 직권 또는 당사자의 신청에 의한 결정으로 헌법재판소에 위헌 여부 심판을 제청한다.

② 제1항의 당사자의 신청은 제43조제2호부터 제4호까지의 사항을 적은 서면으로 한다.

③ 제2항의 신청서면의 심사에 관하여는 「민사소송법」 제254조를 준용한다.

④ 위헌 여부 심판의 제청에 관한 결정에 대하여는 항고할 수 없다.

⑤ 대법원 외의 법원이 제1항의 제청을 할 때에는 대법원을 거쳐야 한다.

제42조 (재판의 정지 등) ① 법원이 법률의 위헌 여부 심판을 헌법재판소에 제청한 때에는 당해 소송사건의 재판은 헌법재판소의 위헌 여부의 결정이 있을 때까지 정지된다. 다만, 법원이 긴급하다고 인정하는 경우에는 종국재판 외의 소송절차를 진행할 수 있다.

② 제1항 본문에 따른 재판정지기간은 「형사소송법」 제92조제1항·제2항 및 「군사법원법」 제132조제1항·제2항의 구속기간과 「민사소송법」 제199조의 판결 선고기간에 산입하지 아니한다.

제43조 (제청서의 기재사항) 법원이 법률의 위헌 여부 심판을 헌법재판소에 제청할 때에는 제청서에 다음 각 호의 사항을 적어야 한다.
1. 제청법원의 표시
2. 사건 및 당사자의 표시
3. 위헌이라고 해석되는 법률 또는 법률의 조항
4. 위헌이라고 해석되는 이유
5. 그 밖에 필요한 사항

제44조 (소송사건 당사자 등의 의견) 당해 소송사건의 당사자 및 법무부장관은 헌법재판소에 법률의 위헌 여부에 대한 의견서를 제출할 수 있다.

제45조 (위헌결정) 헌법재판소는 제청된 법

률 또는 법률 조항의 위헌 여부만을 결정한다. 다만, 법률 조항의 위헌결정으로 인하여 해당 법률 전부를 시행할 수 없다고 인정될 때에는 그 전부에 대하여 위헌결정을 할 수 있다.

제46조 (결정서의 송달) 헌법재판소는 결정일부터 14일 이내에 결정서 정본을 제청한 법원에 송달한다. 이 경우 제청한 법원이 대법원이 아닌 경우에는 대법원을 거쳐야 한다.

제47조 (위헌결정의 효력) ① 법률의 위헌결정은 법원과 그 밖의 국가기관 및 지방자치단체를 기속(羈束)한다.

② 위헌으로 결정된 법률 또는 법률의 조항은 그 결정이 있는 날부터 효력을 상실한다.

③ 제2항에도 불구하고 형벌에 관한 법률 또는 법률의 조항은 소급하여 그 효력을 상실한다. 다만, 해당 법률 또는 법률의 조항에 대하여 종전에 합헌으로 결정한 사건이 있는 경우에는 그 결정이 있는 날의 다음 날로 소급하여 효력을 상실한다.

④ 제3항의 경우에 위헌으로 결정된 법률 또는 법률의 조항에 근거한 유죄의 확정판결에 대하여는 재심을 청구할 수 있다.

⑤ 제4항의 재심에 대하여는 「형사소송법」을 준용한다.

제 2 절 탄핵심판

제48조 (탄핵소추) 다음 각 호의 어느 하나에 해당하는 공무원이 그 직무집행에서 헌법이나 법률을 위반한 경우에는 국회는 헌법 및 「국회법」에 따라 탄핵의 소추를 의결할 수 있다.

1. 대통령, 국무총리, 국무위원 및 행정각부(行政各部)의 장
2. 헌법재판소 재판관, 법관 및 중앙선거관리위원회 위원
3. 감사원장 및 감사위원
4. 그 밖에 법률에서 정한 공무원

제49조 (소추위원) ① 탄핵심판에서는 국회 법제사법위원회의 위원장이 소추위원이 된다.

② 소추위원은 헌법재판소에 소추의결서의 정본을 제출하여 탄핵심판을 청구하며, 심판의 변론에서 피청구인을 신문할 수 있다.

제50조 (권한 행사의 정지) 탄핵소추의 의결을 받은 사람은 헌법재판소의 심판이 있을 때까지 그 권한 행사가 정지된다.

제51조 (심판절차의 정지) 피청구인에 대한 탄핵심판 청구와 동일한 사유로 형사소송이 진행되고 있는 경우에는 재판부는 심판절차를 정지할 수 있다.

제52조 (당사자의 불출석) ① 당사자가 변론기일에 출석하지 아니하면 다시 기일을 정하여야 한다.

② 다시 정한 기일에도 당사자가 출석하지 아니하면 그의 출석 없이 심리할 수 있다.

제53조 (결정의 내용) ① 탄핵심판 청구가 이유 있는 경우에는 헌법재판소는 피청구인을 해당 공직에서 파면하는 결정을 선고한다.

② 피청구인이 결정 선고 전에 해당 공직에서 파면되었을 때에는 헌법재판소는 심판청구를 기각하여야 한다.

제54조 (결정의 효력) ① 탄핵결정은 피청구인의 민사상 또는 형사상의 책임을 면제하지 아니한다.

② 탄핵결정에 의하여 파면된 사람은 결정 선고가 있은 날부터 5년이 지나지 아니하면 공무원이 될 수 없다.

제 3 절 정당해산심판

제55조 (정당해산심판의 청구) 정당의 목적이나 활동이 민주적 기본질서에 위배될 때에는 정부는 국무회의의 심의를 거쳐 헌법재판소에 정당해산심판을 청구할 수 있다.

제56조 (청구서의 기재사항) 정당해산심판의 청구서에는 다음 각 호의 사항을 적어야 한다.

1. 해산을 요구하는 정당의 표시
2. 청구 이유

제57조 (가처분) 헌법재판소는 정당해산심판의 청구를 받은 때에는 직권 또는 청구인의 신청에 의하여 종국결정의 선고 시까지 피청구인의 활동을 정지하는 결정을 할 수 있다.

제58조 (청구 등의 통지) ① 헌법재판소장은 정당해산심판의 청구가 있는 때, 가처분결정을 한 때 및 그 심판이 종료한 때에는 그 사실을 국회와 중앙선거관리위원회에 통지하여야 한다.

② 정당해산을 명하는 결정서는 피청구인 외에 국회, 정부 및 중앙선거관리위원회에도 송달하여야 한다.

제59조 (결정의 효력) 정당의 해산을 명하는 결정이 선고된 때에는 그 정당은 해산된다.

제60조 (결정의 집행) 정당의 해산을 명하는 헌법재판소의 결정은 중앙선거관리위원회가 「정당법」에 따라 집행한다.

제 4 절 권한쟁의심판

제61조 (청구 사유) ① 국가기관 상호간, 국가기관과 지방자치단체 간 및 지방자치단체 상호간에 권한의 유무 또는 범위에 관하여 다툼이 있을 때에는 해당 국가기관 또는 지방자치단체는 헌법재판소에 권한쟁의심판을 청구할 수 있다.

② 제1항의 심판청구는 피청구인의 처분 또는 부작위(不作爲)가 헌법 또는 법률에 의하여 부여받은 청구인의 권한을 침해하였거나 침해할 현저한 위험이 있는 경우에만 할 수 있다.

제62조 (권한쟁의심판의 종류) ① 권한쟁의심판의 종류는 다음 각 호와 같다.

1. 국가기관 상호간의 권한쟁의심판
   국회, 정부, 법원 및 중앙선거관리위원회 상호간의 권한쟁의심판
2. 국가기관과 지방자치단체 간의 권한쟁의심판
   가. 정부와 특별시·광역시·특별자치시·도 또는 특별자치도 간의 권한쟁의심판
   나. 정부와 시·군 또는 지방자치단체인 구(이하 "자치구"라 한다) 간의 권한쟁의심판
3. 지방자치단체 상호간의 권한쟁의심판
   가. 특별시·광역시·특별자치시·도 또는 특별자치도 상호간의 권한쟁의심판
   나. 시·군 또는 자치구 상호간의 권한쟁의심판
   다. 특별시·광역시·특별자치시·도 또는 특별자치도와 시·군 또는 자치구 간의 권한쟁의심판

② 권한쟁의가 「지방교육자치에 관한 법률」 제2조에 따른 교육·학예에 관한 지방자치단체의 사무에 관한 것인 경우에는 교육감이 제1항제2호 및 제3호의 당사자가 된다.

제63조 (청구기간) ① 권한쟁의의 심판은 그 사유가 있음을 안 날부터 60일 이내에, 그 사유가 있은 날부터 180일 이내에 청구하여야 한다.

② 제1항의 기간은 불변기간으로 한다.

제64조 (청구서의 기재사항) 권한쟁의심판의 청구서에는 다음 각 호의 사항을 적어야 한다.

1. 청구인 또는 청구인이 속한 기관 및 심판수행자 또는 대리인의 표시
2. 피청구인의 표시
3. 심판 대상이 되는 피청구인의 처분 또는 부작위
4. 청구 이유
5. 그 밖에 필요한 사항

제65조 (가처분) 헌법재판소가 권한쟁의심판의 청구를 받았을 때에는 직권 또는 청구인의 신청에 의하여 종국결정의 선고 시

까지 심판 대상이 된 피청구인의 처분의 효력을 정지하는 결정을 할 수 있다.

제66조 (결정의 내용) ① 헌법재판소는 심판의 대상이 된 국가기관 또는 지방자치단체의 권한의 유무 또는 범위에 관하여 판단한다.

② 제1항의 경우에 헌법재판소는 권한침해의 원인이 된 피청구인의 처분을 취소하거나 그 무효를 확인할 수 있고, 헌법재판소가 부작위에 대한 심판청구를 인용하는 결정을 한 때에는 피청구인은 결정 취지에 따른 처분을 하여야 한다.

제67조 (결정의 효력) ① 헌법재판소의 권한쟁의심판의 결정은 모든 국가기관과 지방자치단체를 기속한다.

② 국가기관 또는 지방자치단체의 처분을 취소하는 결정은 그 처분의 상대방에 대하여 이미 생긴 효력에 영향을 미치지 아니한다.

제 5 절　헌법소원심판

제68조 (청구 사유) ① 공권력의 행사 또는 불행사(不行使)로 인하여 헌법상 보장된 기본권을 침해받은 자는 법원의 재판을 제외하고는 헌법재판소에 헌법소원심판을 청구할 수 있다. 다만, 다른 법률에 구제절차가 있는 경우에는 그 절차를 모두 거친 후에 청구할 수 있다.

② 제41조제1항에 따른 법률의 위헌 여부 심판의 제청신청이 기각된 때에는 그 신청을 한 당사자는 헌법재판소에 헌법소원심판을 청구할 수 있다. 이 경우 그 당사자는 당해 사건의 소송절차에서 동일한 사유를 이유로 다시 위헌 여부 심판의 제청을 신청할 수 없다.

제69조 (청구기간) ① 제68조제1항에 따른 헌법소원의 심판은 그 사유가 있음을 안 날부터 90일 이내에, 그 사유가 있는 날부터 1년 이내에 청구하여야 한다. 다만, 다른 법률에 따른 구제절차를 거친 헌법소원의 심판은 그 최종결정을 통지받은 날부터 30일 이내에 청구하여야 한다.

② 제68조제2항에 따른 헌법소원심판은 위헌 여부 심판의 제청신청을 기각하는 결정을 통지받은 날부터 30일 이내에 청구하여야 한다.

제70조 (국선대리인) ① 헌법소원심판을 청구하려는 자가 변호사를 대리인으로 선임할 자력(資力)이 없는 경우에는 헌법재판소에 국선대리인을 선임하여 줄 것을 신청할 수 있다. 이 경우 제69조에 따른 청구기간은 국선대리인의 선임신청이 있는 날을 기준으로 정한다.

② 제1항에도 불구하고 헌법재판소가 공익상 필요하다고 인정할 때에는 국선대리인을 선임할 수 있다.

③ 헌법재판소는 제1항의 신청이 있는 경우 또는 제2항의 경우에는 헌법재판소규칙으로 정하는 바에 따라 변호사 중에서 국선대리인을 선정한다. 다만, 그 심판청구가 명백히 부적법하거나 이유 없는 경우 또는 권리의 남용이라고 인정되는 경우에는 국선대리인을 선정하지 아니할 수 있다.

④ 헌법재판소가 국선대리인을 선정하지 아니한다는 결정을 한 때에는 지체 없이 그 사실을 신청인에게 통지하여야 한다. 이 경우 신청인이 선임신청을 한 날부터 그 통지를 받은 날까지의 기간은 제69조의 청구기간에 산입하지 아니한다.

⑤ 제3항에 따라 선정된 국선대리인은 선정된 날부터 60일 이내에 제71조에 규정된 사항을 적은 심판청구서를 헌법재판소에 제출하여야 한다.

⑥ 제3항에 따라 선정한 국선대리인에게는 헌법재판소규칙으로 정하는 바에 따라 국고에서 그 보수를 지급한다.

제71조 (청구서의 기재사항) ① 제68조제1항에 따른 헌법소원의 심판청구서에는 다음 각 호의 사항을 적어야 한다.

1. 청구인 및 대리인의 표시

2. 침해된 권리
3. 침해의 원인이 되는 공권력의 행사 또는 불행사
4. 청구 이유
5. 그 밖에 필요한 사항

② 제68조제2항에 따른 헌법소원의 심판청구서의 기재사항에 관하여는 제43조를 준용한다. 이 경우 제43조제1호 중 "제청법원의 표시"는 "청구인 및 대리인의 표시"로 본다.

③ 헌법소원의 심판청구서에는 대리인의 선임을 증명하는 서류 또는 국선대리인 선임통지서를 첨부하여야 한다.

제72조 (사전심사) ① 헌법재판소장은 헌법재판소에 재판관 3명으로 구성되는 지정재판부를 두어 헌법소원심판의 사전심사를 담당하게 할 수 있다.

② <삭제>

③ 지정재판부는 다음 각 호의 어느 하나에 해당되는 경우에는 지정재판부 재판관 전원의 일치된 의견에 의한 결정으로 헌법소원의 심판청구를 각하한다.

1. 다른 법률에 따른 구제절차가 있는 경우 그 절차를 모두 거치지 아니하거나 또는 법원의 재판에 대하여 헌법소원의 심판이 청구된 경우
2. 제69조의 청구기간이 지난 후 헌법소원심판이 청구된 경우
3. 제25조에 따른 대리인의 선임 없이 청구된 경우
4. 그 밖에 헌법소원심판의 청구가 부적법하고 그 흠결을 보정할 수 없는 경우

④ 지정재판부는 전원의 일치된 의견으로 제3항의 각하결정을 하지 아니하는 경우에는 결정으로 헌법소원을 재판부의 심판에 회부하여야 한다. 헌법소원심판의 청구 후 30일이 지날 때까지 각하결정이 없는 때에는 심판에 회부하는 결정(이하 "심판회부결정"이라 한다)이 있는 것으로 본다.

⑤ 지정재판부의 심리에 관하여는 제28조, 제31조, 제32조 및 제35조를 준용한다.

⑥ 지정재판부의 구성과 운영에 필요한 사항은 헌법재판소규칙으로 정한다.

제73조 (각하 및 심판회부 결정의 통지) ① 지정재판부는 헌법소원을 각하하거나 심판회부결정을 한 때에는 그 결정일부터 14일 이내에 청구인 또는 그 대리인 및 피청구인에게 그 사실을 통지하여야 한다. 제72조제4항 후단의 경우에도 또한 같다.

② 헌법재판소장은 헌법소원이 제72조제4항에 따라 재판부의 심판에 회부된 때에는 다음 각 호의 자에게 지체 없이 그 사실을 통지하여야 한다.

1. 법무부장관
2. 제68조제2항에 따른 헌법소원심판에서는 청구인이 아닌 당해 사건의 당사자

제74조 (이해관계기관 등의 의견 제출) ① 헌법소원의 심판에 이해관계가 있는 국가기관 또는 공공단체와 법무부장관은 헌법재판소에 그 심판에 관한 의견서를 제출할 수 있다.

② 제68조제2항에 따른 헌법소원이 재판부에 심판 회부된 경우에는 제27조제2항 및 제44조를 준용한다.

제75조 (인용결정) ① 헌법소원의 인용결정은 모든 국가기관과 지방자치단체를 기속한다.

② 제68조제1항에 따른 헌법소원을 인용할 때에는 인용결정서의 주문에 침해된 기본권과 침해의 원인이 된 공권력의 행사 또는 불행사를 특정하여야 한다.

③ 제2항의 경우에 헌법재판소는 기본권 침해의 원인이 된 공권력의 행사를 취소하거나 그 불행사가 위헌임을 확인할 수 있다.

④ 헌법재판소가 공권력의 불행사에 대한 헌법소원을 인용하는 결정을 한 때에는 피청구인은 결정 취지에 따라 새로운 처분을 하여야 한다.

⑤ 제2항의 경우에 헌법재판소는 공권력의 행사 또는 불행사가 위헌인 법률 또는

법률의 조항에 기인한 것이라고 인정될 때에는 인용결정에서 해당 법률 또는 법률의 조항이 위헌임을 선고할 수 있다.

⑥ 제5항의 경우 및 제68조제2항에 따른 헌법소원을 인용하는 경우에는 제45조 및 제47조를 준용한다.

⑦ 제68조제2항에 따른 헌법소원이 인용된 경우에 해당 헌법소원과 관련된 소송사건이 이미 확정된 때에는 당사자는 재심을 청구할 수 있다.

⑧ 제7항에 따른 재심에서 형사사건에 대하여는 「형사소송법」을 준용하고, 그 외의 사건에 대하여는 「민사소송법」을 준용한다.

제 5 장 전자정보처리조직을 통한 심판절차의 수행

제76조 (전자문서의 접수) ① 각종 심판절차의 당사자나 관계인은 청구서 또는 이 법에 따라 제출할 그 밖의 서면을 전자문서(컴퓨터 등 정보처리능력을 갖춘 장치에 의하여 전자적인 형태로 작성되어 송수신되거나 저장된 정보를 말한다. 이하 같다)화하고 이를 정보통신망을 이용하여 헌법재판소에서 지정·운영하는 전자정보처리조직(심판절차에 필요한 전자문서를 작성·제출·송달하는 데에 필요한 정보처리능력을 갖춘 전자적 장치를 말한다. 이하 같다)을 통하여 제출할 수 있다.

② 제1항에 따라 제출된 전자문서는 이 법에 따라 제출된 서면과 같은 효력을 가진다.

③ 전자정보처리조직을 이용하여 제출된 전자문서는 전자정보처리조직에 전자적으로 기록된 때에 접수된 것으로 본다.

④ 제3항에 따라 전자문서가 접수된 경우에 헌법재판소는 헌법재판소규칙으로 정하는 바에 따라 당사자나 관계인에게 전자적 방식으로 그 접수 사실을 즉시 알려야 한다.

제77조 (전자서명 등) ① 당사자나 관계인은 헌법재판소에 제출하는 전자문서에 헌법재판소규칙으로 정하는 바에 따라 본인임을 확인할 수 있는 전자서명을 하여야 한다.

② 재판관이나 서기는 심판사건에 관한 서류를 전자문서로 작성하는 경우에 「전자정부법」 제2조제6호에 따른 행정전자서명(이하 "행정전자서명"이라 한다)을 하여야 한다.

③ 제1항의 전자서명과 제2항의 행정전자서명은 헌법재판소의 심판절차에 관한 법령에서 정하는 서명·서명날인 또는 기명날인으로 본다.

제78조 (전자적 송달 등) ① 헌법재판소는 당사자나 관계인에게 전자정보처리조직과 그와 연계된 정보통신망을 이용하여 결정서나 이 법에 따른 각종 서류를 송달할 수 있다. 다만, 당사자나 관계인이 동의하지 아니하는 경우에는 그러하지 아니하다.

② 헌법재판소는 당사자나 관계인에게 송달하여야 할 결정서 등의 서류를 전자정보처리조직에 입력하여 등재한 다음 그 등재 사실을 헌법재판소규칙으로 정하는 바에 따라 전자적 방식으로 알려야 한다.

③ 제1항에 따른 전자정보처리조직을 이용한 서류 송달은 서면으로 한 것과 같은 효력을 가진다.

④ 제2항의 경우 송달받을 자가 등재된 전자문서를 헌법재판소규칙으로 정하는 바에 따라 확인한 때에 송달된 것으로 본다. 다만, 그 등재 사실을 통지한 날부터 1주 이내에 확인하지 아니하였을 때에는 등재 사실을 통지한 날부터 1주가 지난 날에 송달된 것으로 본다.

⑤ 제1항에도 불구하고 전자정보처리조직의 장애로 인하여 전자적 송달이 불가능하거나 그 밖에 헌법재판소규칙으로 정하는 사유가 있는 경우에는 「민사소송법」에 따라 송달할 수 있다.

제6장 벌 칙

제79조 (벌칙) 다음 각 호의 어느 하나에 해당하는 자는 1년 이하의 징역 또는 100만원 이하의 벌금에 처한다.

1. 헌법재판소로부터 증인, 감정인, 통역인 또는 번역인으로서 소환 또는 위촉을 받고 정당한 사유 없이 출석하지 아니한 자
2. 헌법재판소로부터 증거물의 제출요구 또는 제출명령을 받고 정당한 사유 없이 이를 제출하지 아니한 자
3. 헌법재판소의 조사 또는 검사를 정당한 사유 없이 거부·방해 또는 기피한 자

부 칙 〈제20769호, 2025. 1. 31.〉

이 법은 공포한 날부터 시행한다.

[저자 약력]

1947년생
서울대학교 법과대학 졸업(1970)
서울대학교 법학석사(1972)
미국 텍사스(오스틴)대학교 비교법학석사(1976)
서울대학교 법학박사(1979)
미국 캘리포니아(버클리)대학교 로스쿨 객원연구원, 미국학술단체연합회(ACLS) 펠로우(1983-1984)
미국 워싱턴대학교(UW) 로스쿨 객원연구원(1996-1997)
한국공법학회 회장(2004-2005)
헌법재판소 자문위원(2005-2007)
국민권익위원회 위원장(2008-2009)
한양대학교 법과대학, 법과대학원 교수(1985-2011)
감사원장(2011-2013)

[주요 저서 및 논문]

미국헌법과 대외문제(삼영사, 1979)
법사회학(민음사, 1986; 아르케, 2000)
입헌주의를 위한 변론(고시계, 1987)
사법개혁 이제부터(효형출판, 1995)
헌법연구(법문사, 1995)
우리는 어디로 가고 있는가?(백산서당, 2007)
법 앞에 불평등한가? 왜?(법문사, 2015)
헌법의 이름으로(사계절, 2018)
"헌법재판소의 정치적 역할 : '제한적 적극주의'를 넘어서", 헌법실무연구, 제6권, 2005
"전환시대의 헌법과 헌법학", 헌법학연구, 제25권 제2호, 2019
"Law and Society Studies in Korea : Beyond the Hahm Theses", *Law & Society Review*, Vol. 23, No. 5(1989)
"Judicial Review and Social Change in the Korean Democratizing Process", *The American Journal of Comparative Law*, Vol. 41, No. 1(1993)
"In the Name of Constitutional Law: Reflections on Recent Korean Constitutional Adjudication with Special Reference to President Park's Impeachment Case", *Hong Kong Law Journal*, Vol. 49, Part 3(2019)

헌법강의 [제14판]

2009년 2월 28일 초판 발행
2011년 2월 15일 제2판 발행
2012년 2월 29일 제3판 발행
2013년 2월 28일 제4판 발행
2014년 2월 28일 제5판 발행
2016년 2월 28일 제6판 발행
2018년 1월 20일 제7판 발행
2019년 6월 15일 제8판 발행
2020년 8월 25일 제9판 발행
2021년 8월 25일 제10판 발행
2022년 8월 25일 제11판 발행
2023년 8월 15일 제12판 발행
2024년 8월 15일 제13판 발행
2025년 9월 1일 제14판 1쇄 발행

저 자 양 건
발행인 배 효 선
발행처 도서출판 法 文 社
주 소 10881 경기도 파주시 회동길 37-29
등 록 1957년 12월 12일 / 제2-76호 (윤)
전 화 (031)955-6500~6 FAX (031)955-6525
E-mail (영업) bms@bobmunsa.co.kr
(편집) edit66@bobmunsa.co.kr
홈페이지 http://www.bobmunsa.co.kr
조 판 법 문 사 전 산 실

정가 60,000원 ISBN 978-89-18-91620-0